*Meiner Frau,*
*Verena Kessel*

Helmut Zander

# Anthroposophie in Deutschland

## Theosophische Weltanschauung und gesellschaftliche Praxis 1884–1945

Band 1

2., durchgesehene Auflage

Vandenhoeck & Ruprecht

Die Umschlagabbildung zeigt die »Ansicht des weissen Pols«
der Farbenkugel Philipp Otto Runges (1809).

Mit 4 Abbildungen und 33 Tabellen

Bibliografische Information der Deutschen Nationalbibliothek

Die Deutsche Nationalbibliothek verzeichnet diese Publikation in der Deutschen Nationalbibliografie; detaillierte bibliografische Daten sind im Internet über http://dnb.d-nb.de abrufbar.

ISBN 978-3-525-55452-4



Satz: Daniela Weiland, Göttingen.
Druck und Bindung: ⊛ Hubert & Co., Göttingen.

Gedruckt auf alterungsbeständigem Papier.

# Inhaltsübersicht

## Band 1



## Band 2

# Inhalt

Steiners Theosophie

# Verzeichnis der Tabellen und Chronologien

# 1. Die Gegenwart einer unerforschten Vergangenheit

»Die vor rund 70 Jahren von Rudolf Steiner vorgestellte Idee einer funktionalen Gliederung der Gesellschaft in die drei Bereiche der Kultur, des Staates und der Wirtschaft könnte ein Entwurf für die Gesellschaft der Zukunft sein ... (Beifall bei den Grünen) ... Eine konstruktive Aufnahme seiner Ideen in den 20er Jahren hätte jedenfalls – diese Behauptung kann in der historischen Rückschau gewagt werden – die Katastrophe der Terrorherrschaft der Nazis und des Zweiten Weltkrieges vermeiden helfen. (Zustimmung bei den Grünen).«[1]

Otto Schily, Bundesinnenminister in der rot-grünen Koalition von 1998 bis 2005, hielt diese Alternative 1986 den Abgeordneten des Deutschen Bundestages vor Augen, als er noch Mitglied der Grünen war und die Flick-Affäre die deutsche Politik käuflich erscheinen ließ. Ein »dritter Weg« zwischen Kapitalismus und Kommunismus schien als Vision einer von Steiner inspirierten Politik auf. Schily war nicht der einzige Grüne mit anthroposophischem Hintergrund, die Gründungsgeschichte der Partei insbesondere im deutschen Südwesten ist eng mit dem anthroposophischen Achberger Kreis verbunden. Auch Schilys Bruder Konrad engagierte sich gesellschaftspolitisch, er war Mitbegründer der ersten deutschen privaten Universität in Witten-Herdecke, einer von Anthroposophen gegründeten und in anthroposophischem Geist geführten Einrichtung. Damit betritt man die Welt einer durch »Esoterik« geprägten gesellschaftlichen Praxis, über die wir noch wenig wissen.

Die Weltanschauung Rudolf Steiners prägt auch die Waldorfschulen, die sich seit den siebziger Jahren in einem Gründungsboom befinden und deren Schulzahl sich seitdem mehr als verfünffacht hat, so daß sie nach den kirchlichen Schulen den größten nichtstaatlichen Schulverband bilden. Die Existenz eines anthroposophisch ausgerichteten Bankensektors dokumentiert die Gemeinschaftsbank für Leihen und Schenken, die 2003 die zahlungsunfähige Ökobank übernahm. Den erfolgreichen Einsatz für die Einführung von Volksbegehren in Bayern, Hamburg und Thüringen halten sich, um ein letztes Beispiel aus der Politik zu nennen, anthroposophische »Initiativen für direkte Demokratie« mit zu Gute; deren reale Bedeutung ist schwer zu ermitteln, aber wohl nicht marginal.

---

[1] Schily: Debattenbeitrag, 13. März 1986. Schily, aus anthroposophischem Elternhaus stammend, hat seine Nähe zur Anthroposophie auch als aktiver Politiker nicht verleugnet. 1996 verfaßte er ein Nachwort zu Steiners »Kernpunkten der sozialen Frage«, in dem er Steiners Vorstellungen selektiv interpretierte. Die autoritären Hintergründe (s. 14.5.1g) kommen nicht vor, statt dessen behauptete er, Steiners »Kernpunkte der sozialen Frage« seien »nur als Einübung eines realitätszugewandten Denkens« aufzufassen; ders.: Nachwort, 167. Bei Schily wird aus Steiners Dreigliederung ein föderales und liberales Projekt (S. 170). Am 2. Oktober 2004 besuchte er das Priesterseminar der Christengemeinschaft in Stuttgart und diskutierte über »Ausländerpolitik und Dreigliederungsgedanke«; Delfino / Hecker: Im Spannungsfeld von Gegensätzen.

In den Bereichen privater Lebensführung ist die Präsenz anthroposophischer Vorstellungen vermutlich noch bedeutender. Steiners medizinische Vorstellungen genießen als »ganzheitliche« Therapien ein hohes Ansehen in der Bevölkerung und sollen in Baden-Württemberg von einem Viertel der Internisten akzeptiert sein; die anthroposophischen Heilmittel (»Weleda«) besitzen für viele längst nicht mehr den Geruch des »Ätherischen«. Auch anthroposophische Nahrungsmittel (»Demeter«) haben den Weg aus dem Alternativmilieu in bürgerliche Haushalte gefunden, sich mit »Hess-Natur« zu kleiden, hat nichts Esoterisches mehr (die Firma gehört inzwischen über Neckermann zum Quelle-Konzern), und daß die Deutsche Bahn anthroposophische Designer für die Gestaltung neuer Zugabteile beschäftigte, dürfte vielen kaum bewußt sein. Aber derartige manifeste Wirkungen sind nur eine Seite der anthroposophischen Präsenz. Die mentalen Wirkungen reichen weit darüber hinaus und sind schwer greifbar. Insbesondere in alternativkulturellen Segmenten findet sich kaum eine Bewegung, in der nicht auch anthroposophische Einflüsse nachweisbar wären, andererseits gibt es keinen gesellschaftlichen Bereich jenseits dieses Milieus, der von ihrer Weltanschauung dominant geprägt wäre.

Außerhalb Deutschlands ist die politische Bedeutung der Theosophie noch größer – zumindest in historischer Perspektive und im Blick auf die theosophische Muttergesellschaft, aus der die Anthroposophie 1912 hervorging. In Ceylon baute Henry Steel Olcott das Schulwesen auf und ermöglichte damit eine breite Bildung außerhalb der christlichen Missionsschulen. Annie Besant gründete die Universität von Benares, half, den Hinduismus zu revitalisieren und stärkte damit den Widerstandswillen gegen die britische Herrschaft, wofür sie 1919 mit der Präsidentschaft des indischen Nationalkongresses geehrt wurde.

Auch in vielen Biographien haben theosophische Einflüsse tiefe Spuren hinterlassen. Kandinsky schuf sein erstes abstraktes Gemälde, das zum Ursprung der Abstraktion in der Kunstgeschichte stilisiert wurde, in der Phase seiner Beschäftigung mit Steiner. William Butler Yeats lud in Blavatskys Logen am Ende des 19. Jahrhunderts seine Poesie mit »esoterischen« Vorstellungen auf, während Michael Ende in seinen Kinderbüchern den Himmel mit Steiners Architekturen möblierte. Die Gerüchte über Albert Einsteins Lektüren in Blavatskys »Geheimlehre« stehen im Raum, und von den subkutanen Wirkungen, etwa bei Ernst Bloch, Alma Mahler-Werfel oder Arnold Schönberg, wird noch die Rede sein (s. 19.2.2a). Andererseits wissen wir über die Aussteiger aus der Theosophie und die vom theosophischen Denken Abgestoßenen oder Verletzten, über die (Re-)Konversionen aus der Theosophie in andere Weltanschauungen, namentlich in die christlichen Kirchen hinein, kaum etwas.

Vielleicht verkörpert die Theosophie schließlich eine heute kaum noch wahrgenommene, epochale Zäsur: Sie war vermutlich die erste nichtchristliche Religionsgründung nach der Antike in Europa. Dies ist natürlich eine Frage der Definition von Religion, aber den Versuch, über allen philosophischen und religiösen Traditionen und jenseits aller religiösen Gesellschaften aller Kontinente und Zeiten eine neue, synkretistische Orientierung zu bieten, verfolgte sie mit dem Anspruch, Religion in Weltanschauung aufzuheben.

Doch solche Erfolgsgeschichten verzerren die Proportionen gesellschaftlicher Relevanz. Im Vergleich mit den großen Faktoren der deutschen Geschichte, mit der Arbeiterbewegung, den Kirchen oder den Parteien, und angesichts der Tatsache, daß die kulturellen Leistungen in Naturwissenschaften und Technik, im Bildungsbereich oder in der Kunst zumeist ohne theosophische Einflüsse (oder kritisch gegenüber der Theosophie) entstanden, waren Theosophie und Anthroposophie Erscheinungen von begrenzter Relevanz, selbst dann, wenn man eine kleine Mitgliederzahl nicht mit geringer Wirkung gleichsetzen darf. Es geht im folgenden deshalb nicht darum, ein scheinbar verkanntes gesellschaftliches Segment zu einem entscheidenden Motor kultureller Entwicklung aufzuwerten, sondern nachweisbare gesellschaftliche Wirkungen einer Minorität wahrzunehmen und eine vorläufige Position in einer Debatte zur Diskussion zu stellen, in der »Schlußpunkte« polemischer Verdammung und elitärer Selbstüberhöhung eine lange Tradition besitzen.

Im Zentrum meines Interesses stehen die Prozesse kultureller Pluralisierung in den Jahrzehnten um 1900, deren Ergebnis unter anderem die Theosophie und die Anthroposophie waren, wobei beide diese Entwicklung in hoher Ambivalenz förderten und gleichzeitig aufzuheben trachteten. In meiner Analyse liegen Schwerpunkte auf folgenden Themenfeldern:

- Die Bedeutung von Minderheitenkulturen für eine Gesellschaft, insbesondere hinsichtlich der politischen, kulturellen und weltanschaulichen Relevanz von Dissentern am Beispiel der Theosophie in Deutschland;
- die Frage der kulturellen Traditionen in der Theosophie, sowohl organisatorisch mit Blick auf ältere Weltanschauungsvereinigungen als auch inhaltlich hinsichtlich subkutaner (»esoterischer«) Kontinuitäten, insbesondere des identitätsphilosophischen, monistischen und hermetischen Denkens;
- die Rolle von Fremdheitserfahrungen bei der Veränderung des hegemonialen Weltbildes, wozu bei der Theosophie sowohl die Begegnung mit neuerschlossenem historischem Material als auch mit fremden Kulturen, insbesondere der indischen, zählt;
- die Strategien zur Bewältigung des Historismus, der ein entscheidendes Moment, vielleicht das Zentrum der kulturellen Pluralisierungserfahrung war;
- das Selbstverständnis der Theosophie als »Wissenschaft«, traten Theosophen doch mit dem Anspruch auf, die Geltungssicherheit der empirischen Naturwissenschaften in kulturelle Kontexte zu übertragen;
- die Folgen einer transnationalen Konstitution, wie sie um 1900 nur wenige Vereinigungen besaßen, für die Vereinsorganisation und die universalistische Programmatik unter den Bedingungen des Nationalismus, insbesondere während des Ersten Weltkrieges;
- die Sozialform der zwischen Verein und sozialer Bewegung organisierten Weltanschauung;
- das Verhältnis der Theosophie zur Demokratie als Bedingung der Organisation von Partizipation unter der Bedingung gesellschaftlicher Pluralität;
- schließlich geht es immer wieder um die praktische Umsetzung der theosophischen Theorie.

Die Abschnitte, in denen diese Themen zur Sprache kommen, namentlich die Untersuchungen zur Organisation »vagierender« Religiosität (s. 4.4), zum Verhältnis von Historismus und Theosophie (s. 7.11) und zu Steiners Wissenschaftsverständnis (s. 9.6), sind für die wissenschaftlichen Analysen zentral. Das »geheime« Zentrum der Theosophie hingegen liegt an anderer Stelle und quer zu allen Themen: Es ist der Anspruch auf »höhere« Erkenntnis, von der Erkenntnistheorie bis zur Praxis; man mag das exemplarisch in den einschlägigen Abschnitten zu Steiners gesellschaftspolitischem Programm (s. 14.5.1g) oder zur Waldorfpädagogik (s. 15.5.3a) nachlesen.

All dies war nicht ohne ein – mitunter leidenschaftliches – Bad in den Quellen zu haben, die auf drei Ebenen erschlossen sind:

- Die *Darstellung* des historischen Materials erfolgt relativ ausführlich, da angesichts fast völlig fehlender wissenschaftlicher, vor allem quellengestützter und kontextualisierender Forschungen zur Theosophie augenblicklich noch jede Untersuchung bei der Erschließung der Quellen anzusetzen und das Material auszubreiten hat. Werke aus der theosophischen respektive anthroposophischen Innenperspektive sind dafür zumeist nicht verwertbar, da ihr dominierendes Sinnstiftungsinteresse bislang kaum zu kritischen Darstellungen der eigenen Tradition geführt hat.
- Aus diesem Grund habe ich durchweg eine eingehende *Kontextualisierung* des Materials vorgenommen. Theosophen und Anthroposophen haben bislang zu den kulturellen Bedingungen ihrer Weltanschauung nur einen sehr begrenzten und allzuoft keinen Zugang gefunden. Man betrachtete die Anthroposophie im Kern als eine Art zeitloser Philosophia perennis, dergegenüber die historisch-kritische Kontextualisierung zu einem sekundären oder gar »falschen« Verständnis führe. Wissenschaftliche Analytik und theosophischer Wahrheitsanspruch treffen bis heute als vielfach unvereinbar scheinende Kategorien aufeinander. Aufgrund dieser theosophischen Dekontextualisierung besitzt die Aufdeckung zeitgenössischer Verflechtungen einen hohen Stellenwert in dieser Arbeit, von der makrohistorischen Integration der Theosophie in den Historismus bis zur mikroskopischen Untersuchung des Zusammenhangs von zeitgenössischer Flugzeugtechnik und theosophischen Visionen. Aus theosophischer Binnenperspektive wird dabei ein weltanschauliches Zentralstück, die kulturelle Invarianz der »höheren« Erkenntnis, in Frage gestellt, während aus historiographischer Außenperspektive die Historisierung der Theosophie ins Zentrum der Produktion theosophischer Vorstellungen vorstößt[2].

---

[2] Der historisch-kritische Rekurs ist in Diskussionen mit Anthroposophen immer wieder begründungsbedürftig, gilt die Historisierung doch vielen Anthroposophen als geistlose Suche im Staub der Geschichte, bei der gerade das von Steiner vermittelte »lebendige« Verhältnis zum Geist verfehlt werde. Dies sehe ich anders. Der Blick auf die Quellen schützt vor den eigenen Projektionen und ermöglicht eine Interpretation »im Geiste« Steiners. Demgegenüber sind ein vorschnelles oder intuitives Verständnis Filter vor den Eigenheiten von Steiners Denken.
Wie schwer sich Anthroposophen damit tun, zeigt exemplarisch die Auseinandersetzung um die Arbeiten Christoph Lindenbergs, der vorsichtig historisch-kritisch arbeitete, indem er Aussagen aus unterschiedlichen Perioden einander gegenüberstellte. Für manche Anthroposophen betrieb er Ver-

- Die *Interpretationen* zur Theosophie erfolgen sowohl mit Hilfe geschichtswissenschaftlicher Theorien als auch mit Deutungsansätzen aus anderen Disziplinen. Der sich aus dieser Konstellation ergebende Methodenpluralismus reicht von statistischen Erhebungen bis zur intellectual history, integriert politik- und sozialhistorische, wissenschaftsgeschichtliche und im engeren Sinn kulturhistorische Analysen. Diese Pluralität ist Ausdruck einer Historiographie, die sich von den Verabsolutierungen einzelner methodischer Zugänge gelöst hat. Zugleich korrespondiert dieser Ansatz mit der Heterogenität der Theosophie und ihrer Themen. Als »monistische« Vereinigung, die den Anspruch erhob, alle gesellschaftlichen Bereiche abzudecken, von der Epistemologie über eine Dramenkonzeption bis zur Gesellschaftstheorie, von der künstlerischen Gestaltung ihrer Logenräume bis zur Durchführung okkultistisch-»physikalischer« Experimente sprengt sie jeden Rahmen akademischer Methoden- und Fächerabgrenzung.

Meine Überlegungen umfassen folgende Kapitel:

*Historiographie*. In diesem Kapitel stelle ich die Theosophie in den Kontext der Forschungen zur Geschichte minoritärer Vereinigungen in Deutschland (Kap. 2).

*Geschichte*. Die weitgehend unbekannte Geschichte theosophischer Gesellschaften in Deutschland ließ sich mit neuerschlossenem Quellenmaterial rekonstruieren (Kap. 3). Zur Kontextualisierung ist die außerdeutsche Theosophie vor 1900 skizziert, die die Entwicklung in Deutschland mit ihren organisatorischen und ideengeschichtlichen Vorgaben entscheidend prägte. Dabei präsentiere ich wichtige Teile der in Deutschland nicht rezipierten historiographischen Literatur aus dem angelsächsischen Raum.

Die lebensweltliche und vereinsgeschichtliche Kontextualisierung der Theosophie in dem Kapitel zur Sozialstruktur (Kap. 4) beruht auf der Auswertung sozialstatistischer Befunde zur Adyar-Theosophie aus bislang unausgewerteten Quellen. Sie ermöglichen die Bestimmung von sozialen Schichtungen und von Geschlechter- und Konfessionsverteilungen sowie die Beschreibung des vereinsinternen Lebens. Mit Hilfe soziologischer Theorien versuche ich, die soziale Konstitution der Adyar-Theosophie näher zu analysieren: Max Webers Charisma-Theorie ist bislang nur in wenigen Fällen auf die Genese von Vereinigungen um 1900 angewandt worden. Die Integration des Konzeptes sozialer Bewegungen in die Vereinsgeschichte ermöglicht es, die Konstitution der Theosophie zwischen der Abgrenzung als Verein und der Offenheit als Bewegung zu beschreiben und sie als Lösung der Spannung zwischen dem Anspruch allumfassender Integration und der faktisch unaufhebbaren Pluralität weltanschaulicher Orientierungen zu analysieren.

Schon in diesem historischen Kapitel rückt zunehmend die Person Rudolf Steiners (1861–1925) und die mit ihm verbundene Adyar-Theosophie, die, wie gesagt, seit 1912 Anthroposophie hieß, ins Zentrum meiner Darstellung. Gab es vor dem Ersten Weltkrieg noch bedeutende konkurrierende theosophische

---

rat am geistigen Erbe Steiners, in der Außenperspektive bleibt er noch weitgehend vor den Toren der Wissenschaft (vgl. Kap. 8, Anm. 3).

Protagonisten und Organisationen, so nahm deren Bedeutung nach 1918 ab. Abgesehen von Johannes Maria Verweyen gab es keine Leitfigur mehr im theosophischen Milieu, die es mit Steiner hätte aufnehmen können. Seit dem Ende des Zweiten Weltkriegs sind die theosophischen Vereinigungen sehr klein; die theosophische Tradition wird heute durch die Anthroposophie repräsentiert.

*Die Geschichte der Weltanschauung Rudolf Steiners* beginnt mit seinem Idealismus vor 1900 (Kap. 5–6). Die Anthroposophie als spezifisch deutsche Form der Theosophie ist kaum verständlich ohne diese intellektuelle Sozialisation Steiners. Ohne Goethe und Kant, aber auch ohne die Gegenbewegung zu Nietzsche bleibt sein Denkweg unverständlich. Eine Biographie Steiners ist diese Arbeit jedoch, trotz der Dominanz seiner Person, nicht. Vergleichbare Untersuchungen fehlen für andere philosophisch ambitionierte Theosophen, etwa für Verweyen, Franz Hartmann oder Gottfried von Purucker.

*Theosophische Weltanschauung.* In diesem Themenfeld (Kap. 7–9) findet sich das Herzstück einer intellectual history von Steiners Theosophie. Der Angelpunkt liegt theosophischerseits in der Beanspruchung »hellsichtiger«, »clairvoyanter«, »höherer« Erkenntnis, die den »garstigen Graben« (Lessing) zwischen Wahrheit und historisch bedingter Erkenntnis überbrücken soll. Dieses Kapitel ist ein historisch-kritischer Gegenentwurf zu der theosophischen Behauptung einer Weltanschauungsproduktion, die weitgehend unabhängig von historischen Zusammenhängen sei. Quellenanalytisch gelingt dies durch das Aufdecken von Kontexten sowie von älteren Positionen Steiners, die er im Lauf der Jahre (etwa in Neuauflagen) eliminiert oder überarbeitet hat. Inhaltlich steht die Bedeutung und Zuordnung zentraler Traditionsbestände, indischer und europäischer, »esoterischer«, christlicher, populärwissenschaftlicher oder theosophischer Einflüsse im Mittelpunkt. Weitgehend unbekannt war bislang die vereinsinterne Vermittlung der theosophischen Programmatik in der »Esoterischen Schule«; an ihr läßt sich die Produktion sozialer Kohäsion durch die elitäre Verwaltung theosophischer Inhalte studieren.

Diese Untersuchungen dienen als Ausgangspunkt für die Analyse von Entstehungsgründen, Konstruktionsverfahren und historischen Kontexten der theosophischen Weltanschauung. Ich vertrete dabei die These, daß der Historismus als Relativierungs- und folglich Pluralisierungsfaktor, mit dem und gegen den die Theosophie entstand, die Theosophie entscheidend prägte. Die wissenschaftstheoretische Debatte um die »naturwissenschaftliche« Objektivität der theosophischen Epistemologie erhält von dieser Problemstellung her ihre Schärfe und konkretisierte sich in den Auseinandersetzungen um das kulturelle Gedächtnis und um die Konstruktion von Tradition, die von der Theosophie als Kampf um kulturelle Hegemonie verstanden wurden.

Steiners Christologie (Kap. 8) war dabei ein zentraler Bereich der Ausbildung seines Selbstverständnisses: Sie spielte wohl eine zentrale Rolle bei der religiösen Vertiefung seiner zu Anfang idealistisch rezipierten Theosophie, wurde dann zum Vehikel des innertheosophischen Machtkampfes und dabei weltanschaulich ausgestaltet, war sicher ein zunehmender Faktor seiner persönlichen Religiosität, und schließlich profilierte er damit die Anthroposophie gegenüber konkurrierenden Theosophien.

Ein weiteres Charakteristikum der Theosophie war ihr Wissenschaftsanspruch (Kap. 9), vermittels dessen sie hermeneutische Gewißheit durch empirisches Wissen zu ersetzen suchte, um sich als »moderne« Weltanschauung im Sinne naturwissenschaftlicher Verfahren und ihrer objektivierbaren Ergebnisse zu etablieren. Die Theosophie beanspruchte, den Mehrwert einer »objektiven« »übersinnlichen« Dimension dem naturwissenschaftlichen Materialismus entgegenzusetzen und ihn so überbieten zu können. Im Rahmen dieser Dialektik von Unterwerfung unter die naturwissenschaftliche Methodologie bei gleichzeitigem Anspruch auf inhaltliche Überbietung sind die entscheidenden wissenschaftshistorischen Fragen zu stellen: nach dem Verhältnis zur religiös imprägnierten »romantischen« Naturphilosophie und zum religiösen Empirismus des Spiritismus.

*Ästhetische Expressionen.* Parallel zur Konstruktion des kognitiv ausgerichteten Weltanschauungsgebäudes begann Steiner, der Theosophie ästhetische Ausdrucksmittel zu schaffen, die ihre Ideen sinnlich erfahrbar machen sollten: Freimaurerei, Theaterpraxis, Architektur und Eurythmie (Kap. 10–13). Ihre Inhalte waren zwar unterschiedlich, aber in ihrer Funktion stimmten sie überein: Sie konnten die Komplexität des theosophischen Weltanschauungssystems auf ein augenfälliges Maß reduzieren und die intellektuelle Überlast dieser Lese- und Reflexionskultur kompensieren, aber sie konnten auch Erfahrungsbereiche eröffnen, die bei dem üblicherweise verkopften Zugang zur Theosophie unzugänglich blieben.

*Praxisfelder.* Der Erste Weltkrieg politisierte die Theosophie in Deutschland und überführte ihre abgeschlossene Vereinsexistenz und die ausgeprägte spirituelle Innerlichkeit in eine offenere gesellschaftliche Praxis. Die Anstöße dazu kamen durchweg von außen.

Politikgeschichtlich steht die Frage im Mittelpunkt, in welchem Ausmaß die Theosophie bereit war, sich an der Gestaltung der ersten deutschen Republik zu beteiligen, welche Ziele sie dabei verfolgte und welche politischen Instrumente sie dazu bereit hielt (Kap. 14). Die nach 1918 unter dem Namen »Dreigliederung« von Steiner konzipierte Gesellschaftstheorie werde ich auf ihre ideengeschichtlichen Kontexte und auf ihr Verhältnis zur demokratischen Organisation gesellschaftlicher Pluralität untersuchen, insbesondere auf die Frage nach der Beziehung zwischen der als nicht demokratisierbarer erklärten übersinnlichen Einsicht und den auf Mehrheitsentscheidungen beruhenden Entscheidungen über die Ordnung der Gesellschaft.

Vor diesem Hintergrund analysiere ich die weiteren Praxisbereiche, die heute das Bild der Anthroposophie in der Öffentlichkeit prägen und inzwischen eine weitaus größere Bedeutung als die Dreigliederung besitzen: Die Pädagogik (Waldorfschulen), die anthroposophische Medizin und die Landwirtschaft (»biologisch-dynamischer Landbau«) (Kap. 15–17).

*Neuer Kult.* Eine Sonderrolle besitzt die anthroposophisch inspirierte Kirche, die »Christengemeinschaft«, deren Errichtung mitten in der Gründungsphase praxisorientierter Tochtergesellschaften nochmals eine weltanschauliche Vermittlungsorganisation, strukturell vergleichbar der »Esoterischen Schule« oder der Freimaurerei, darstellt (Kap. 18).

*Pluralisierung und Minderheitenkultur.* Abschließend frage ich nach neuen Perspektiven einer Geschichte der Theosophie in Deutschland und nach den gesellschaftlichen Wirkungen theosophischer Gesellschaften. Dies ist nur eine Anregung für weitere Forschungen: Die von der Theosophie geprägten Lebensläufe, die Reflexe in der Ideengeschichte oder die gesellschaftspolitischen Wirkungen sind ein weites, noch kaum abgeschrittenes Feld.

Ich hoffe, daß die Summe des Ganzen mehr ist als ein Puzzle spannender oder wichtiger oder auch nur absonderlicher Teile. Meine Absicht war, den Prozeß der Pluralisierung europäischer Gesellschaften an der Geschichte einer Gruppe sichtbar zu machen. Ich hoffe, daß zugleich die Vernetzung vielfältigster Segmente der Kultur in der Theosophie und die wechselseitige Beeinflussung von »hegemonialer« und »minoritärer« Kultur greifbar werden.

Eine letzte Bemerkung gilt den Grenzen dieser Arbeit. Als ich beschloß, nach einigen Studien zur Theosophie deren Geschichte in Deutschland zu schreiben, plante ich ein kleines, handbuchartiges Werk, das die karge Literatur und den – bis auf Steiners Œuvre – schmalen Quellenbestand präsentieren würde. An einem überschaubaren Gegenstand wollte ich die Geschichte des 19. Jahrhunderts en miniature schreiben und mit einer »esoterischen« Minderheit pars pro toto eine alternative Sicht auf die hegemonialen Kulturen Europas eröffnen, um den »Gegen«kulturen ein Stück historischer Gerechtigkeit widerfahren zu lassen und spannende Details, etwa deren innovative Leitungen, aufzuzeigen. Aber die Entwicklungen der vergangenen Jahre – namentlich die Öffnung bis dato verschlossener und die Entdeckung neuer Archivbestände sowie die Etablierung des Forschungsfeldes der »Esoterik«geschichte – haben diese Absicht zur Makulatur gemacht. Trotz des Umfangs der vorliegenden Darstellung ist klar, daß in sehr vielen Fragen weiterhin Diskussions- und Forschungsbedarf besteht. Mit diesen beiden Bänden liegt eine Zwischensumme vor, die, wie jede wissenschaftliche Publikation, keine »höhere« Einsicht beansprucht und darauf angelegt ist, weitere Untersuchungen zu ermöglichen, die sie eines guten Tages ersetzen werden. Doch zugleich ist die Quantität auch Ausdruck einer qualitativen, weitreichenden kulturellen Wendung: Europa ist dabei, seine hegemoniale, vom großkirchlichen Christentum geprägte Kultur in der Perspektive von Minderheiten gegenzulesen.

# Kontexte

# 2. Historiographie

## 2.1 Forschungsgeschichte

### *2.1.1 Religion und Weltanschauung um 1900*

Bis heute könne man, monierte Wolfgang Schieder 1993, »noch immer nicht feststellen, daß die Religionsgeschichte des 19. oder gar des 20. Jahrhunderts in Deutschland in die moderne Sozialgeschichtsschreibung integriert sei«[1]. Zwar gab es die Erforschung des politischen Katholizismus, aber schon hinsichtlich des Protestantismus fehlte eine vergleichbar intensive Forschung, wohingegen die »marginale Religiosität« »einen ... sozialgeschichtlich noch so gut wie unerforschten Bereich« darstelle[2]. Damit ging die deutsche Forschung einen historiographischen Sonderweg, insbesondere im Vergleich mit der angelsächsischen Welt, wo Dissenter als konstitutive Faktoren der politischen und gesellschaftlichen Entwicklung intensiv erforscht werden: in England im Antagonismus von Church und Chapel seit dem ausgehenden 16. Jahrhundert, in den Vereinigten Staaten aufgrund der Gründungsgeschichte durch vornehmlich protestantische Gemeinschaften im 17. Jahrhundert. Auch gegenüber der französischen Forschung, die in der Auseinandersetzung um die laïcité und die Revitalisierung religiöser Milieus im 19. Jahrhundert marginale religiöse Gruppen erforscht hat, ist der Abstand beträchtlich[3]. Vergleichbares gilt für die Niederlande, wo die calvinistische Staatskirche andere Denominationen nie verdrängen konnte und wollte.

Die Gründe für den spezifisch deutschen Weg liegen in einem komplexen Problemgeflecht: Dazu gehört die Randständigkeit der Kultur- und Sozialgeschichte bis in die sechziger Jahre, die dominierende Bedeutung der Großkirchen, das lange Zeit nur mäßige Interesse für die Geschichte des 19. Jahrhunderts oder auch die vielen historiographischen Theorien innewohnenden Säkularisierungsannahmen, die die Religionen in evolutionstheoretischen Konzepten künftig marginalisiert oder gar eliminiert sahen und so die Motivation dämpften, Religion als virulenten Faktor gesellschaftlicher Veränderungen wahrzunehmen. Zu den forschungspragmatischen Problemen zählt darüber hinaus die disziplinäre Zersplitterung der Erforschung religiöser und weltanschaulicher Gruppen

---

[1] Schieder: Sozialgeschichte der Religion im 19. Jahrhundert, 11. Ein signifikantestes Beispiel für die Marginalisierung religionskultureller Fragen bot Wehler: Das Deutsche Kaiserreich 1871–1918, 118, der Religion nur knapp unter dem Stichwort »Legitimationsideologie« behandelte; in seiner Deutschen Gesellschaftsgeschichte, München 1987 ff., ist dieses Defizit allerdings behoben.

[2] So schon 1987 Schieder: Religion in der Sozialgeschichte, 25.

[3] Die Literatur zu den außerdeutschen Entwicklungen ist immens und berührt die Situation in Deutschland materialiter fast nicht. Ich beschränke mich deshalb auf bibliographische Hinweise zum engeren Umfeld der Theosophie.

(etwa zwischen Geschichtswissenschaft, Theologie, Volkskunde, Europäischer Ethnologie und Religionswissenschaft, teilweise auch Germanistik und Kunstgeschichte), die weder den erreichten Forschungsstand noch Forschungslücken leicht sichtbar werden ließ[4].

In den letzten Jahren hat sich jedoch die Forschungssituation dramatisch verändert. Die europäische Religionsgeschichte unter Einschluß ihrer minoritären Gruppierungen ist zu einem akzeptierten Forschungsgegenstand geworden. Die aktuelle kulturelle Pluralisierung hat historiographische Rückfragen nach ihrer Genese freigesetzt und diesen Forschungen ein Interesse entgegengebracht, das vor Jahren noch undenkbar war. Namentlich die Erforschung der Esoterik hat von diesem Umbruch in ungeahntem Ausmaß profitiert (s. u. 2.1.2). Die geschichtswissenschaftliche Forschung wurde in Deutschland Mitte der siebziger Jahre von Sozialhistorikern angestoßen, namentlich von Wolfgang Schieder[5]. Eine wichtige Rolle spielte in Deutschland dann Thomas Nipperdey, der in seiner Aufmerksamkeit für religionshistorische Fragen ein Schüler Franz Schnabels blieb und in dessen Œuvre Religion als Ausdruck des bürgerlichen Selbstverständnisses bis hinein in deviante Vorstellungen und Gruppen einen festen Platz erhielt[6]. Diese Fragen sind inzwischen etwa bei Lucian Hölscher und seinen Schülern ein wich-

---

[4] Weite Teile der europäischen Religionsgeschichte wurden nur im Rahmen der Kirchengeschichte erforscht. In der Konzentration auf die Großkirchen blieben nichthegemoniale Gemeinschaften mit Ausnahme klassischer protestantischer »Sekten« für die Jahrzehnte um 1900 fast unerforscht. Normativ war unter der Voraussetzung der institutionellen Norm der »Kirche« die Polarität von Orthodoxie und Häresie leitend. Inzwischen gibt es in Deutschland eine recht intensive Debatte zwischen Kirchen- und Allgemeinhistorikern, in deren Gefolge mit der Demonopolisierung der kirchenhistorischen Religionsgeschichtsschreibung ein deutscher Sonderweg endet. Vgl. zu dieser historiographischen Debatte das Themenheft »Zur Historik Kirchlicher Zeitgeschichte« von »Kirchliche Zeitgeschichte« (5/1992), insbesondere Blessing: Kirchengeschichte in historischer Sicht, 14–59, sowie: Kirchliche Zeitgeschichte. Urteilsbildung und Methoden.
Die historisch arbeitende Religionswissenschaft hat dieses Forschungsdefizit nicht gefüllt, da sie ihre Identität stark in Abgrenzung zur theologischen Religionsgeschichte suchte und sich dabei auf außereuropäische und nichtchristliche sowie auf historisch alte Religionen konzentrierte. Im Hintergrund steht die Geschichte der Religionswissenschaft in Deutschland, die sich im europäischen Vergleich sehr spät aus der Theologie herausgelöst hatte, nicht zuletzt weil religionswissenschaftliche Fragestellungen von der liberalen protestantischen Theologie um 1900 intensiv traktiert wurden und die ersten Religionswissenschaftler (mehrheitlich evangelische) Theologen waren; vgl. Kohl: Geschichte der Religionswissenschaft, 250.
Andere Fächer waren in Deutschland für die materiale Erforschung marginaler Religionen und namentlich für die Geschichte der Theosophie kaum von Bedeutung. Die Religionssoziologie hat vor allem für methodische Fragen und in der Analyse von historischen Phänomenen mit Hilfe soziologischer Theorien wichtige Beiträge geliefert (vgl. Tyrell: Religionssoziologie). Die Volkskunde respektive Europäische Ethnologie hat zwar die Erforschung der »Volks«religiosität vorangetrieben und die sozialhistorische Relativierung der Elitenreligion vorbereitet (Schieder: Religionsgeschichte als Sozialgeschichte, 294–296), aber in Deutschland keine materialen Beiträge zum dem Typ weltanschaulicher Vereinigungen geliefert, wie ihn die Theosophie darstellt.

[5] Initialwirkung hatte Wolfgang Schieders Aufsatz: »Kirche und Revolution. Zur Sozialgeschichte der Trierer Wallfahrt«. Vgl. auch ders.: Einleitung (in: Volksreligiosität); ders.: Religion in der Sozialgeschichte. Ein Überblick über die neuere Forschung bei dems.: Sozialgeschichte der Religion im 19. Jahrhundert.

[6] Eine Zäsur bildete Nipperdeys Buch: Religion im Umbruch (1988).

tiger Forschungsbereich[7], aber darüber hinaus ist die Religionskultur um 1900 zu einem breiten Forschungsfeld geworden[8]. Auch die Religionswissenschaft hat sich in den neunziger Jahren der neueren Religionsgeschichte geöffnet[9].

Zwei klassische Konfliktfelder in der Geschichtswissenschaft können heute hinsichtlich der Erforschung religiöser und weltanschaulicher Gruppen als entschärft gelten[10]: Zum einen sollte eine antagonistische Konkurrenz zwischen der Kulturgeschichte und der Politik- oder Sozialgeschichte der Vergangenheit angehören. Die Gefahr, durch einen kulturhistorischen Zugriff »soziale Ungleichheit, ökonomische Konstellationen und politische Macht- und Herrschaftsverhältnisse« aus den Augen zu verlieren[11], ist zwar ebensowenig von der Hand zu weisen wie die potentiellen Defizite der Historischen Sozialwissenschaft hinsichtlich einer intellectual history, aber in der vorliegenden Untersuchung versuche ich gerade, wie schon andere Vorgänger, zu demonstrieren, daß die Kombination unterschiedlicher historiographischer Ansätze und Methoden gegenstandsadäquat ist, ohne mit diesem integrativen Methodenpluralismus auch nur unterschwellig eine methodische Totalität auf einer Metaebene zu installieren. Zum anderen haben die Vorbehalte gegenüber einem stark biographischen Zugriff, wie er im folgenden hinsichtlich Rudolf Steiners teilweise zum Tragen kommt, abgenommen. Die Potenzen einer Verschränkung von Sozial- und Strukturgeschichte mit der Personal- und Ereignisgeschichte wird heute nicht mehr geleugnet[12].

---

[7] Hölscher: Weltgericht oder Revolution; ders.: Die Religion des Bürgers; ders.: Bürgerliche Religion im protestantischen Deutschland des 19. Jahrhunderts; ders.: Geschichte der protestantischen Frömmigkeit. Zu den hier einschlägigen Arbeiten aus seinem Schülerkreis vgl. die Dissertation von Ribbat: Religiöse Erregung, und von Sawicki: Leben mit den Toten.

[8] Dazu: Kultur und Kulturwissenschaften um 1900, 2 Bde., hg. v. R. vom Bruch / G. Hübinger; Besier: Religion. Nation. Kultur; Kulturprotestantismus, hg. v. H. M. Müller; Der deutsche Protestantismus um 1900, hg. v. F. W. Graf u. a.; Religion im Kaiserreich, hg. v. O. Blaschke u. a.; Vom Weltbildwandel zur Weltanschauungsanalyse, hg. v. V. Drehsen u. a. Signifikant ist auch die wie selbstverständliche Einbeziehung religiöser Dimensionen bei Wehler im Gegensatz zu früheren Arbeiten (s. o. Anm. 1).

[9] Zu den Pionieren gehörten Karl Hoheisel (Bonn), der wohl als erster mit der Erforschung esoterischer Gruppen begann, gefolgt von Burkhard Gladigow, Günter Kehrer (beide Tübingen) oder von Christoph Elsas (Marburg). Programmatisch hat Gladigow: Gegenstände und wissenschaftlicher Kontext von Religionswissenschaft, den religionswissenschaftlichen Forschungshorizont durch die Interpretation von Religion als »kulturspezifischem Deutungs- und Symbolsystem« (S. 33) kulturwissenschaftlich geöffnet. Die Optionen einer europäischen Religionsgeschichte schließen inzwischen durchweg auch minoritäre europäische Strömungen ein. Vgl. ders.: Europäische Religionsgeschichte, oder Elsas: Religionsgeschichte Europas: Als Indiz für die inzwischen erreichte Akzeptanz vgl. Kippenberg / von Stuckrad: Einführung in die Religionswissenschaft.

[10] Zur Debatte: Kulturgeschichte heute, hg. v. W. Hardtwig u. a.; Kultur und Geschichte, hg. v. Ch. Conrad u. a.; Wehler: Die Herausforderung der Kulturgeschichte. Inzwischen ist die Kulturwissenschaft lexikonfähig geworden; vgl. das Handbuch der Kulturwissenschaften, hg. v. F. Jaeger u. a.

[11] Hardtwig / Wehler: Einleitung (in: Kulturgeschichte heute), 13.

[12] Die Krise der Biographik, die in der »wissenschaftsgeschichtlich zu erklärenden scharfen Trennung zwischen der Ereignis- und Personengeschichte auf der einen und der Sozial- und der Strukturgeschichte auf der anderen Seite« begründet war (Schulze: Die Biographie in der »Krise der Geschichtswissenschaft«, 513) und hinter der geschichtsphilosophisch das Verhältnis von (strukturellem) Determinismus zur (Handlungs-)Freiheit stand, gehören der Vergangenheit an. »Lebenslauf« und »Biographie«, also sozial institutionalisierte Faktoren auf der einen und individuell normierte Selektionen auf der anderen (Hahn: Biographie und Lebenslauf, 93–95), schließen sich heute nicht mehr aus. Daß Margit Szöllösi-Janzes mit ihrer Biographie Fritz Habers den Hedwig Hintze-Preis

Die Erforschung kleiner weltanschaulicher Gemeinschaften und »vagierender« Religiosität profitiert von dieser Öffnung des historischen Forschungsfeldes mit zeitlicher Verzögerung gegenüber der Erforschung hegemonialer Religionsformen. Angesichts des Forschungsrückstandes sind wir allerdings für Deutschland von Arbeiten, die Synthesen etwa hinsichtlich der gesellschaftlichen und politischen Rolle marginaler Religionsgemeinschaften bieten, noch weit entfernt, der Rückstand insbesondere gegenüber der angelsächsischen und französischen Forschung bleibt beträchtlich. Die vorhandenen Anregungen, Ansätze und Ergebnisse im Bereich der Geschichte der Theosophie zusammenzuführen, ist eine der Absichten der vorliegenden Arbeit.

*Auswahlbibliographie: Minoritäre Religion und Religiosität um 1900*

Monte Verità (1980). Berg der Wahrheit. Lokale Anthropologie als Beitrag zur Wiederentdeckung einer neuzeitlichen sakralen Topographie, hg. v. H. Szeemann, Locarno / Mailand (religionsgeographische Pionierarbeit zu einem teilweise esoterisch beeinflußten Siedlungsprojekt).

Helmut Obst (1980): Apostel und Propheten der Neuzeit. Gründer christlicher Religionsgemeinschaften des 19. und 20. Jahrhunderts ($^{1}$1980), Göttingen $^{4}$2000 (Standardwerk der Pluralisierung des Christentums im 19. Jahrhundert).

Thomas Nipperdey (1988): Religion im Umbruch. Deutschland 1870–1918, München; geringfügig verändert in ders.: Deutsche Geschichte 1866–1918, Bd. I, München 1990, 428–530, unter der Überschrift »Die Unkirchlichen und die Religion« (wichtiger Anstoß für die Identifizierung des Problemfeldes marginaler Religion und Religiosität und für die Akzeptanz in der Geschichtswissenschaft).

Sylvia Paletschek (1990): Frauen und Dissens. Frauen im Deutschkatholizismus und in den freien Gemeinden 1841–1852, Göttingen (materialreiche Studie zum lange vernachlässigten Deutschkatholizismus; vgl. auch Holzem, 1994).

Monika Fick (1993): Sinnenwelt und Weltseele. Der psychophysische Monismus in der Literatur der Jahrhundertwende, Tübingen (wichtig für die pantheisierende Hintergrundreligiosität; weiterhin hilfreich in diesem Feld Walter Gebhard: »Der Zusammenhang der Dinge«: Weltgleichnis und Naturverklärung im Totalitätsbewußtsein des 19. Jahrhunderts, Tübingen 1984).

Andreas Holzem (1994): Kirchenreform und Sektenstiftung. Deutschkatholiken, Reformkatholiken und Ultramontane am Oberrhein 1844–1866), Paderborn (Herausarbeitung der rationalistischen Tradition im Deutschkatholizismus).

Martin Baumann (1993): Deutsche Buddhisten. Geschichte und Gemeinschaften, Marburg $^{2}$1995 (grundlegende Arbeit zur Rezeption des Buddhismus in Deutschland um 1900; davon nicht überholt ist Klaus-Josef Notz: Der Buddhismus in Deutschland in seinen Selbstdarstellungen. Eine religionswissenschaftliche Untersuchung zur religiösen Akkulturationsproblematik, Frankfurt a. M. u. a. 1984).

Handbuch zur »Völkischen Bewegung« 1871–1918 (1996), hg. v. U. Puschner u. a., München u. a. (umfangreiche Sammlung von Studien zum völkischen Denken unter Einschluß seiner religiösen Implikate).

Ulrich Linse (1996): Geisterseher und Wunderwirker. Heilssuche im Industriezeitalter, Frankfurt a. M. (erste neuere Arbeit zur Geschichte des Spiritismus, exemplarisch anhand der spiritistischen Kirche Joseph Weißenbergs; Linses ältere Arbeiten zur Al-

---

des Verbandes der Historiker und Historikerinnen Deutschlands erhielt, ist auch ein symbolischer Akt der neuen Wertschätzung von Biographien.

ternativbewegung, in denen allerdings religionshistorische Themen kaum eine Rolle spielen, sind weiterhin für das Umfeld der Theosophie wichtig: Barfüßige Propheten. Erlöser der zwanziger Jahre, Berlin 1983; Zurück, o Mensch, zur Mutter Erde. Landkommunen in Deutschland 1890–1933, München 1983; Ökopax und Anarchie. Die Geschichte der ökologischen Bewegung in Deutschland, München 1986).

Christoph Ribbat (1996): Religiöse Erregung. Protestantische Schwärmer im Kaiserreich, Frankfurt a. M. / New York (ein erster Überblick über dissentierende charismatische Gruppen um 1900).

Versammlungsort moderner Geister (1996). Der Eugen Diederichs Verlag – Aufbruch ins Jahrhundert der Extreme, hg. v. G. Hübinger, München (Weltanschauungspolitik des Eugen Diederichs Verlags; weiterhin wichtig Erich Viehöfer: Der Verleger als Organisator. Eugen Diederichs und die bürgerlichen Reformbewegungen der Jahrhundertwende, Frankfurt a. M. 1988).

Eva Barlösius (1997): Naturgemäße Lebensführung. Zur Geschichte der Lebensreform um die Jahrhundertwende, Frankfurt a. M. / New York (u. a. Nachweis der vornehmlich protestantischen Klientel der Lebensreformbewegungen).

Frank Simon-Ritz (1997): Die Organisation einer Weltanschauung. Die freigeistige Bewegung im Wilhelminischen Deutschland, Gütersloh 1997 (Genese des freigeistigen Milieus und seiner Anschauungen, nicht zuletzt des Monistenbundes).

Handbuch der deutschen Reformbewegungen 1880–1933 (1998), hg. v. D. Kerbs / J. Reulecke, Wuppertal (Überblick über die Reformbewegungen um 1900 mit einem eigenen Kapitel zu religiösen Gruppierungen; weiterhin anregend Corona Hepp: Avantgarde. Moderne Kunst, Kulturkritik und Reformbewegungen nach der Jahrhundertwende [[1]1987], München [2]1992).

Handbuch literarisch-kultureller Vereine, Gruppen und Bünde 1825–1933 (1998), hg. v. W. Wülfing u. a., Stuttgart / Weimar (Überblick über literarische Vereinigungen unter starker Berücksichtigung weltanschaulicher Motive).

Mystique, mysticisme et modernité en Allemagne autour de 1900 (1998), hg. v. M. Baßler / H. Châtellier, Straßburg (Überblick über den fast ubiquitär verbreiteten Mystik-Begriff um 1900, zugleich mit viel Material zum Spiritismus).

Die Lebensreform (2001). Entwürfe zur Neugestaltung von Leben und Kunst um 1900, hg. v. K. Buchholz u. a., 2 Bde., Darmstadt (umfassende Darstellung der Lebensreformbewegung unter Berücksichtigung religiöser Strömungen).

Protestantismus und Ästhetik (2001). Religionskulturelle Transformationen am Beginn des 20. Jahrhunderts, hg. v. V. Drehsen u. a. Gütersloh (Aufsatzsammlung zu protestantischen Dissentern in Deutschland).

Uwe Puschner (2001): Die völkische Bewegung im wilhelminischen Kaiserreich. Sprache – Rasse – Religion, Darmstadt (systematische Studie mit hoher Berücksichtigung der religiösen Einfärbung des »Volkstums«denkens).

Völkische Religion und Krisen der Moderne (2001). Entwürfe »arteigener« Glaubenssysteme seit der Jahrhundertwende, hg. v. J. H. Ulbricht / St. von Schnurbein, Würzburg (Aufsatzsammlung zur Ausformung »arteigener«, nationalistisch oder rassistisch komponierter Religionsformen).

Harald Haury (2005): Von Riesa nach Schloß Elmau. Johannes Müller (1864–1949) als Prophet, Unternehmer und Seelenführer eines völkisch-naturfrommen Protestantismus, Gütersloh (wichtiger, mit Steiner fast gleichaltriger Grenzgänger eines charismatischen, alternativreligiösen Protestantismus).

### *2.1.2 Esoterik*

Die Esoterik ist ein Teilbereich der quantitativ marginalen Religion und Religiosität (zur Begriffsgeschichte s. u. 2.2.2). Die Probleme der Erforschung minoritärer Gruppen potenzieren sich hier, da esoterische Gruppen in der kontinentaleuropäischen Geschichte bislang kaum politisch relevant wurden und deshalb auch keine den Dissentern in England und den Vereinigten Staaten vergleichbaren Forschungen auf sich gezogen haben. Da mit der Abschottung von der Öffentlichkeit auch die Ausgrenzung der Wissenschaft verbunden war, sind Quellen zu esoterischen Gruppen oft schwer erreichbar. Zudem bilden reale und fiktionale Gegenstände ihrer Geschichte ein vorderhand ununterscheidbares Amalgam, dessen historisch-kritische Analyse weitenteils noch aussteht. Diese historiographische Basisarbeit prägt auch wesentliche Teile meiner Arbeit.

Gleichwohl muß man in den letzten Jahren von fast revolutionären Fortschritten bei der Implantierung der Esoterikgeschichte sprechen, zu der auch die deutsche Forschung wenn nicht institutionell, so doch hinsichtlich ihrer Forschungsarbeiten aufgeschlossen hat[13]. Allerdings sind die Vorbehalte von Teilen der scientific community noch nicht überwunden[14].

Die Präsentation der für die Theosophie in Deutschland wichtigen Literatur hat aufgrund der internationalen Entstehungs- und Verbreitungsgeschichte »esoterischer« Phänomene in Rechnung zu stellen, daß heterodoxes Wissen transnational verbreitet war.[15] Die uferlose fremdsprachige Literatur habe ich auf funda-

---

[13] Zu den herausragenden ausländischen Forschungsinstitutionen zählen der seit 1979 existierende, auf Initiative Henri Corbins eingerichtete Lehrstuhl von François Secret zur Histoire de l'Esotérisme chrétien (Schwerpunkt: christliche Kabbala), den seit 1979 Antoine Faivre an der Ecole pratique des hautes études in Paris innehatte (Chaire d'Histoire des courants ésotériques et mystiques dans l'Europe moderne et contemporaine); dazu Hanegraaff: Beyond the Yates Paradigm, 22. Seit 2002 ist Faivres Lehrstuhl von Jean-Pierre Brach, einem Fachmann für frühneuzeitliche Esoterik und Numerologie, besetzt. Seit 1999 existiert der Lehrstuhl von Wouter J. Hanegraaff für »Geschiedenis van de hermetische filosofie en verwante stromingen« an der Universität Amsterdam, wo auch die Zeitschrift »Aries« herausgegeben wird. Weitere Forschungsinstitutionen sind die seit 1980 existierende Hermetic Academy in Dallas oder die Amsterdamer Bibliotheca Philosophica Hermetica, dazu kommen einzelne Lehrstuhlinhaber, bei denen die Geschichte esoterischer Strömungen eine wichtige Rolle spielt, etwa die esoterische Religiosität bei Karl Hoheisel (Universität Bonn, Seminar für Vergleichende Religionswissenschaft) oder die Freimaurerforschung bei Monika Neugebauer-Wölk an der Universität Halle (Institut für Geschichte). In den Vereinigten Staaten hat Arthur Versluis, Professor an der Universität von Michigan für amerikanische Kultur, einen Forschungsschwerpunkt im Bereich Esoterik (vgl. sein Werk The esoteric origins of the American Renaissance). In das Umfeld gehören auch die in den letzten Jahren entstandenen Lehrstühle für Freimaurergeschichte für Andrew Prescott (Universität Sheffield) und für Ton van de Sande (Universität Leiden) sowie für das Feld der Esoterik der Lehrstuhl von Nicholas Goodrick-Clarke (Universität Exeter); weitere Schwerpunkte gibt es zur Geschichte des »Mysticism« in Canterbury (»University of Kent«) und für Astrologie and der Universität Bath. Überblick über die Wissenschaftslandschaft bei Faivre: Esoterik im Überblick, 149–154, sowie auf den Internetseiten des Lehrstuhls in Amsterdam (www.amsterdamhermetica.nl) und der European Society for the Study of Western Esotericism (www.esswe.org).

[14] Vgl. die Aufforderung hinsichtlich der Aufklärungsforschung von Neugebauer-Wölk: Die Geheimnisse der Maurer, und die Äußerungen Hammermayers unten, Anm. 34.

[15] Über die transnationale Verflechtung um 1900 sind wir inzwischen durch Hoffmann: Geselligkeit und Demokratie, unterrichtet. Die Theosophie kommt aber praktisch nicht vor. Zu den religiösen Dissentern s. u. Anm. 71.

mentale und für den engeren Bereich der Theosophie wichtige Titel beschränkt. Da ich die These vertrete, daß das »esoterische« Wissen der Theosophie *primär* in die Kategorie der Zeitgeschichte gehört und (im Gegensatz zum theosophischen Selbstverständnis) erst sekundär »philosophia perennis« wurde, kann ein Überblick über Esoterik bis zum 18. Jahrhundert (Alchemie, Rosenkreuzer, Freimaurer) weitgehend entfallen. Gleichwohl werden wichtige konzeptionelle Forschungsdebatten vielfach an Gegenständen aus der frühen Neuzeit geführt.

Die Esoterik des 19. Jahrhunderts ist hingegen in den letzten Jahren ein wenig in den Hintergrund getreten. Für die Theosophie ist allerdings sehr hilfreich, daß der Spiritismus in den letzten Jahren intensiver erforscht wurde, da ihm alle Gründungsmitglieder der Theosophischen Gesellschaft entstammen. Doch haben die Transformationen des Spiritismus in die Theosophie nur begrenzte Aufmerksamkeit gefunden, so daß es unumgänglich war, die Geschichte des Spiritismus in dem für eine Einordnung der Theosophie notwendigen Maß zu rekonstruieren (s. 3.2.1, vgl. auch 9.5.1). Auch die esoterischen Strömungen des späten 19. und frühen 20. Jahrhunderts im Umfeld der Theosophie sind nur punktuell gut erforscht, für Deutschland fast gar nicht. Die okkultistischen Bewegungen, die etwa seit den 1880er Jahren in vermutlich vielen europäischen Ländern, nachweislich aber in den für Deutschland wichtigen Staaten Großbritannien, Frankreich und Russland sowie darüber hinaus in den USA eine Hochkonjunktur besaßen, sind immerhin in länderspezifischen Veröffentlichungen zugänglich, doch fehlen Arbeiten, die das internationale Netzwerk des Okkultismus um 1900 untersuchten; vielleicht ist dazu die Zeit noch nicht reif. Überblicksarbeiten über okkultistische Vereinigungen in Deutschland reproduzieren allerdings häufig nur die Lücken der Sekundärliteratur; der Mangel an Einzelstudien zu Regionen, Personen oder Vereinigungen ist weiterhin groß.

Eine zentrale Frage der Esoterikforschung betrifft eine operationalisierbare Definition von Esoterik. Für die inhaltliche Bestimmung hat Antoine Faivre in einem grundlegenden Vorschlag, in dem er 1992 die luftigen Debatten erstmals auf ein diskutables Fundament gestellt hat, vier »notwendige und hinreichende« »Denkformen« benannt:

- die Deutung von Zusammenhängen als »Entsprechungen«,
- die Vorstellung einer »lebenden Natur«,
  Erkenntnis durch »Imagination« und »Mediation« (Vermittlung) und
- die Veränderung des Menschen als »erleuchtete« »Transmutation«.

Kontingente Elemente sind für ihn darüber hinaus die Bildung einer »Konkordanz« aller religiösen Traditionen und die »Transmission« der Erkenntnisse in einem Meister-Schüler-Verhältnis[16]. Die Herkunft dieser Elemente aus frühneuzeitlichen Strömungen ist evident, der Begriff der Transmutation stammt beispielsweise aus der Alchemie. Überraschenderweise ist die Dimension des Geheimen oder Verborgenen kein Bestandteil der Definition Faivres, und auch die Dimension weitreichender, oft transreligiöser, manchmal sogar absoluter Wahrheitsansprüche kommt bei Faivre nur schwach vor, auch die Geschichtskonzep-

[16] Faivre: Esoterik im Überblick, 24–33.

tion einer primordialen Welt, wie sie in der »philosophia perennis« artikuliert wird und sich in der Hermetik häufig findet, fehlt.

Man kann die von Faivre vorgelegten »Denkformen« meines Erachtens weitenteils als Derivate der neuplatonischen Philosophie und seiner identitätsphilosophischen Weltdeutung, die im Mittelalter nur in wenigen Texten zur Verfügung stand, seit der Renaissance aber unter gebildeten Europäern breiter rezipiert wurde, lesen; sie lassen sich recht präzise mit dem Begriff »Hermetik«, der auch in der frühen Neuzeit in Diskursen verwandt wurde, bezeichnen. Der Neoplatonismus konnte engste Verbindungen mit dem Christentum (und Judentum und Islam) eingehen, blieb aber aufgrund seines monistischen Ansatzes eine kosmologisch und anthropologisch differente Konzeption, die sich zudem in Europa zumindest bis in 18. Jahrhundert fast ausschließlich in einem christlich (oder jüdisch oder islamisch) bestimmten Interpretationsraum und nicht als eigenständige Religion findet. In diesem Kontext war Esoterik, so eine Überlegung von Neugebauer-Wölk, als eine personal angelegte »religiöse *Konzeption*« zu verstehen, »also Esoterik gegen das Christentum als Paradigma abzugrenzen, nicht Esoteriker gegen Christen«[17].

Aber auch eine dergestalt variierte Definition Faivres birgt für das 19. Jahrhundert Probleme. Sie liegen weniger in ihrem abgeschlossenen Kanon von Merkmalen oder in ihren Randunschärfen – dies ist ein Problem jeder Definition und ließe sich durch eine Deutung als idealtypische Definitionselemente entschärfen – oder in dem Bezug auf neuplatonisches Denken, als vielmehr in der Applikation auf Gruppen des 19. und 20. Jahrhunderts. Der Spiritismus beispielsweise, eine der wirkungsmächtigsten und sehr weit verbreiteten alternativreligiösen Strömungen um 1900, läßt sich mit Faivres vier Kernkriterien nicht fassen. Der für den Spiritismus zentrale empiriegestützte Wissenschaftsanspruch kommt bei Faivre nicht vor. Damit fehlt auch für die Theosophie ein zentrales Kennzeichen, das man zu einem nachgerade zentralen Element der Esoterik des 19. Jahrhunderts erheben kann. Letztlich ist es schwierig, mit der Definitionselementen Faivres den Phänomenreichtum von der frühneuzeitlichen Hermetik über den Spiritismus zur Theosophie zu erfassen. Sie besitzen ihre größte Erklärungskraft für frühneuzeitliche Strömungen, und als heuristisches Instrument hat sie auch darüber hinaus bleibenden Wert. Je weiter das 19. und 20. Jahrhundert allerdings fortschreitet, desto schwieriger wird ihre Anwendung auf Gruppen, die sich als »esoterisch« verstehen oder von Forschern so klassifiziert werden. Dahinter steht ein gravierendes konzeptionelles Problem: Esoterik ist ein wissenschaftlich konstruierter Begriff, der sekundär auf Phänomene bezogen wurde, die sich selbst so nie bezeichnet haben. Die Selbstbezeichnung als »Esoteriker« seit dem 20. Jahrhundert ist denn auch eine Wirkung kulturgeschichtlicher Wissenschaft auf das religiöse Feld. Inzwischen hat sich allerdings der Begriff der Esoterik (englisch »esotericism«, französisch »l'ésotérisme«) so weit etabliert, daß er als Chiffre, die ein Bündel divergierender Forschungen zusammenbindet, akzeptiert wird, wobei »esoterische« Phänomene weiterhin über unterschiedliche Merkmale definiert werden.

---

[17] Neugebauer-Wölk: Esoterik und Christentum vor 1800, 143.

Ein sozialstrukturelle Umschreibung ohne inhaltliche Prädikate bietet die Bestimmung von Esoterik als (quantitativ) minoritäre Positionen oder Gruppen. Damit läßt sich meines Erachtens auch dann sinnvoll arbeiten, wenn man diese Definition erweitert und Esoterik als (qualitativ) marginales Phänomen versteht. Auch wenn sich esoterische Vorstellungen (im Sinn Faivres) im Zentrum der majoritären respektive hegemonialen europäischen Kultur finden, woran nach den neueren Forschungen kein Zweifel mehr bestehen kann[18], wurde daraus in der Vergangenheit kein dominant kulturprägendes Phänomen[19]. Das Problem dieses Ansatzes liegt an einer anderen Stelle: Eine soziologische Definition ohne inhaltliche Bestimmungen ist unbrauchbar, weil sie das Spezifikum esoterischer Gruppen nicht erfaßt. In der Identifizierung von minoritär / marginal mit esoterisch würde jede kleine oder abweichende Gruppe zu einer esoterischen. Vergleichbare Unschärfen besitzen auch pragmatische Definitionen, etwa diejenige Monika Neugebauer-Wölks, »Esoterik« als historisch unbesetzten Begriff (im Gegensatz zu Hermetik oder Okkultismus) zu benutzen, der keine Strömung gegenüber anderen privilegiere[20], oder Wouter Hanegraaffs in Diskussionen vorgetragenes Plädoyer, wissenssoziologisch die von der Universitätswissenschaft mißachteten Dimensionen der europäischen Religionsgeschichte unter Esoterik zu fassen.

Angesichts dieses Dilemmas hat Kocku von Stuckrad vorgeschlagen, »das Esoterische« (im Neutrum) »als Diskurselement« (im Singular) zu bestimmen. Er »identifiziert« es über vier Elemente, mit denen »Esoterik« kommunikativ und in diesem Sinne als Diskurs(element) konstituiert werde: »Erkenntnisansprüche« mit dem Ziel »absoluten Wissens«, »Dialektik von Verborgenem und Offenbartem«, »›Alterität‹ oder ›Devianz‹« und »holistische oder monistische« »Motive«[21]. Mit dieser Definition beschreibt er im materialen Teil seines Buches jedoch über weite Teile Traditionen, die klassischerweise das Prädikat »hermetisch« tragen und die auch Faivre unter seiner Esoterik-Definition rubriziert, während etwa der Spiritismus, der mit der Kategorie Monismus nicht faßbar ist, bei Stuckrad eliminiert wird[22]. Signifikanterweise verzichtet der »Dictionary of

---

[18] Vgl. die Arbeit von Zimmermann: Das Weltbild des jungen Goethe; Geyer: Verborgene Weisheit; Kemper: Deutsche Lyrik der frühen Neuzeit.

[19] Wenn Monika Neugebauer-Wölks These zutrifft, daß die Hexenvorstellungen einen neuplatonischen (und in diesem Sinn esoterischen) Hintergrund besitzen (dies.: Wege aus dem Dschungel), hätte man hier ein Beispiel für eine zeitweilige starke Prägung eines zentralen Bereichs der europäischen Geschichte durch neuplatonische Ideen. Auch für die arcana imperii in der frühneuzeitlichen Staatspolitik kann man esoterische Wurzeln annehmen (dies.: Arkanwelten im 18. Jahrhundert). Wieweit man daraus eine gesellschaftspolitische Einwirkung auf die hegemoniale Kultur erschließen kann, muß die künftige Forschung zeigen.

[20] Neugebauer-Wölk: Einleitung (in: Aufklärung und Esoterik), 9, insbesondere hinsichtlich des Konkurrenzbegriffs Hermetik.

[21] Zu »das Esoterische« s. Stuckrad: Was ist Esoterik?, 20, die »Identifikationen« ebd., 21 f. »Diskurse« verwendet Stuckrad offenbar weitgehend synonym mit »Diskursfeldern« und »Diskussionen« (ebd. 16 f.).

[22] Der Spiritismus kommt nur kurz als Vorfeld der Theosophie Blavatskys vor (ebd., 200–202). Zudem enthält die Definition starke strukturalistische Elemente, die nicht nur auf »esoterische« Positionen anwendbar ist, so daß die Definition stärker als diejenige Faivres nur als Set von Definitionsmerkmalen greift.

Gnosis and Western Esotericism« auf eine Definition der Esoterik[23]. Die gleichwohl höchst virulente Debatte um den Esoterikbegriff verdankt sich nicht zuletzt disziplinpolitischen Motiven: Es geht zum einen um den Versuch, mögliche Gemeinsamkeiten bislang aus der Geschichtsforschung arbiträr ausgeschiedener Felder zu bestimmen – aber diese Perspektive geht nicht vom Forschungsgegenstand aus, sondern von der scientific community. Zum anderen hat der Begriff eine wissenschaftspolitische Funktion bekommen: bestehende Forschungseinrichtungen zu legitimieren und neuen Forschungsprojekten und Finanzierungsanträgen einen wissenschaftlich anerkannten Begriff zur Verfügung zu stellen. Dies ist angesichts des Forschungsdefizits vorerst durchaus legitim.

Gleichwohl scheint mir von Stuckrads Ansatz einen wichtigen Ansatz zu beinhalten. Es gibt Topoi, die man im Sinne Faivres als »formes de pensée« verstehen kann und die in Diskursen immer wieder neu konstelliert werden. Die Vorstellung einer allbelebten Natur kann mit einem dem Motiv des göttlichen Menschen zusammentreten, das Konzept einer »Entwicklung« des Kosmos mit der Wissensvermittlung in einem Lehrer-Schüler-Verhältnis zusammenfallen. Hier liegt der Kern meines Verständnisses von Esoterik: Nur in immer wieder differenzierten Konstellationen »esoterischer« (d.h. in der Außen- oder Innenperspektive als esoterisch bezeichneter) Elemente gibt es konkrete Esoterik. Esoterik ist angesichts der Konstellationsfreiheit dieser »Denkformen« mehr ein Rahmenbegriff mit offenen Grenzen als ein präzise definierter Gegenstandsbereich.

Folglich gibt es eine sachgemäße Anwendung des Esoterikbegriffs meines Erachtens nur in regionalen Forschungsfeldern, etwa für die genannten frühneuzeitlichen, identitätsphilosophisch (»neuplatonisch«) beeinflußten Strömungen oder Gruppen, die häufig das Prädikat »hermetisch« erhielten und erhalten[24]. Auch die Theosophie kann man mit einigen zentralen Elementen Faivres respektive von Stuckrads als »esoterische« Weltanschauung definieren:

- Das Denken in »Entsprechungen« findet sich zumindest in Einzelfällen, etwa bei Steiners »symptomatologischem« Geschichtsdenken (s. 14.3.1b);
- die »lebende Natur« kann man im spiritualisierten Kosmos wiederfinden, der sich gleichzeitig als »holistisches« Universum verstehen läßt;
- »Imagination« und »Mediation« (Vermittlung) sind Elemente in einer esoterischen Schule, in der im Einblick in höhere Welten »absolutes Wissen« vermittelt werden soll, das in seiner Verborgenheit eine eigene Dignität gegenüber der »exoterischen« Dimension der Theosophischen Gesellschaft beansprucht;

---

[23] Hanegraaff: Introduction, S. XI.

[24] Für die Hermetik würde vermutlich ein Merkmalspaar von ideen- und sozialgeschichtlichen Faktoren ausreichen: (1.) Eine monistische Kosmologie und damit Anthropologie: eine »lebendige Natur« im Sinne Faivres oder eine holistische Konstruktion im Sinne von Stuckrads, als Ausdruck einer zumeist neuplatonisch eingefärbten Denktradition. (2.) Eine zumindest partiell verborgene Existenz, weil deviante respektive alternativreligiöse Inhalte (gegenüber einer Schöpfungstheologie und der damit verbundenen Autonomisierung des Individuums) transportiert werden, die im mainstream der christlichen Traditionen – vergleichbares gilt für Judentum und Islam – nicht akzeptiert wurden.

- die »erleuchtete« »Transmutation« des Menschen kann man im erleuchteten Adepten umgesetzt sehen.

Man kann die Theosophie angesichts der beanspruchten Opposition zum religiösen mainstream und angesichts faktischer Marginalität auch als alteritäres oder deviantes Phänomen betrachten – wenn man die Überschneidungen mit ebendiesem mainstream in der Konstruktionslogik der Theosophie und in den Biographien von Theosophen und Theosophinnen im Auge behält.

Hingegen hat man im Wissenschaftsbegriff, etwa in der spezifischen Stellung der Theosophie zwischen old science und new science (s. 9.5.2c), eine Weiterung, die aus den Merkmalen der Hermetik hinausführt (wenngleich sich diese Elemente bereits in der old science, etwa bei Newton, ansatzweise finden lassen) und die in vielen Esoterikdefinitionen zu kurz kommt. Darüber hinaus gibt es zwei weitere fundamentale soziologische Unterschiede zur frühneuzeitlichen Situation: Im 19. Jahrhundert bot die Vereinigungsfreiheit erstmals die Möglichkeit, sich als esoterische Vereinigung jenseits informeller Kontakte zu organisieren (vgl. hinsichtlich der Theosophie Kap. 4.4). Eine weitere Differenz betrifft den publikumswirksamen Einsatz des Arkanum in einer faktisch zensurfreien Gesellschaft, die medialen Strukturen folgt, die sich von der öffentlichen Präsentation in der Frühen Neuzeit tief unterscheiden. Angesichts solcher Differenzen bleibt eine Einbeziehung der Theosophie in die Esoterik eine Entscheidung, die ich treffe und die man teilen kann, aber nicht muß. Ich benutze deshalb »Esoterik« oft in Anführungszeichen, als Hinweis auf eine Definitionsentscheidung, die auch anders hätte ausfallen können.

*Auswahlbibliographie: Geschichte der Esoterik*

Carl Kiesewetter (1891): Geschichte des neueren Okkultismus. Geheimwissenschaftliche Systeme von Agrippa von Nettesheim bis zu Carl du Prel, Leipzig (bis heute unersetztes, materialreiches Überblickwerk, das gerade für die 1880er Jahre wichtige Informationen liefert, da Kiesewetter Mitglied okkultistischen Szene war und über gute, auch interne Kenntnisse verfügte).

Ingrid Besser (1945): Die Presse des neueren Okkultismus in Deutschland von 1875 bis 1933, Diss. Leipzig (unvollständiger und in den negativen Kommentierungen tendenziöser, aber unersetzter Überblick über esoterische Zeitschriften[25]).

Max Dessoir (1917): Vom Jenseits der Seele. Die Geheimwissenschaften in kritischer Betrachtung, Stuttgart $^{6}$1931 [Nachdrucke 1967 und 1979] (älteres Standardwerk des von spiritistischen Neigungen zur wissenschaftlichen Erforschung des Okkultismus gewechselten Autors).

Rudolf Tischner (1960): Geschichte der Parapsychologie, Tittmoning (Überblicksdarstellung auf der Grundlage älterer Vorarbeiten, in der viele schwer auffindbare oder ansonsten verlorene Information stecken, die der Verfasser aufgrund seiner Zugehörigkeit zu spiritistischen Gruppen gesammelt hat).

[25] Inzwischen zu ergänzen durch: Die Zeitschriften des deutschen Sprachgebietes von 1871 bis 1900 (ebenfalls unvollständig). Spezialbibliographien fehlen weitgehend. Einige spiritistische Zeitschriften bei Linse: Der Spiritismus in Deutschland, 112 f.; wenige okkultistische und theosophische Zeitschriften um 1900 bei Zander: Sozialdarwinistische Rassentheorien, 250. Vgl. auch die Bibliographie in Kap. 3.16.

Frances A. Yates (1964): Giordano Bruno and the Hermetic Tradition, London [Nachdruck London 2002] (zentrales Werk für den Beginn der neueren Esoterikforschung mit der inzwischen obsoleten These von entscheidenden Wurzeln der new science in der Hermetik).

Rolf Christian Zimmermann (1969): Das Weltbild des jungen Goethe. Studien zur hermetischen Tradition des deutschen 18. Jahrhunderts, 2 Bde., München (epochemachendes Werk für die Forschungsgeschichte der Esoterik in Deutschland, in dem – zum Erscheinungszeitpunkt hoch umstritten – die Bedeutung der Hermetik für Goethe dokumentiert wurde. Bd. 1: $^{2}$2002 mit einer Saldierung zum Stellenwert der Hermetik in Goethes Entwicklung).

Janos Frecot / Johann Friedrich Geist / Diethard Kerbs (1972): Fidus, 1868–1948. Zur ästhetischen Praxis bürgerlicher Fluchtbewegungen, Neuauflage mit einem Vorwort von G. Mattenklott und einer Forschungsübersicht von Ch. Weller, Frankfurt a. M. 1997 (Biographische Studie über den theosophisch beeinflußten Künstler Fidus, i. e. Hugo Höppener, mit wichtigen Perspektiven in dessen Umfeld).

James Webb (1974): The Occult Underground, La Salle (Ill.) (Überblickswerk über den anglo-amerikanischen Okkultismus); ergänzt von Webb durch: The Occult Establishment, La Salle (Ill.) 1976, und: The Harmonious Circle. The Lives of G. I. Gurdjeff, P. D. Ouspensky, and their Followers ($^{1}$1980), Boston $^{2}$1987.

Adolf Kurzweg (1976): Die Geschichte der Berliner »Gesellschaft für Experimental-Psychologie mit besonderer Berücksichtigung ihrer Ausgangssituation und des Wirkens von Max Dessoir, Diss. Berlin (außerordentlich wichtige und unersetzte Pionierarbeit zur Geschichte des Spiritismus in Deutschland und seiner Bearbeitung in der Frühgeschichte der [Para-] Psychologie).

Karl Richard Hermann Frick (1978): Die Erleuchteten, 2 Bde. in 3 Teilen, Graz. Bd. II: Licht und Finsternis. Gnostisch-theosophische und freimaurerisch-okkulte Geheimgesellschaften bis an die Wende zum 20. Jahrhundert. Wege in die Gegenwart, Teil 2: Geschichte ihrer Lehren, Rituale und Organisationen, Graz (Fricks Band II / 2 ist ein umfangreiches, hilfreiches Überblickswerk von additivem Charakter. Die Ausführungen sind lückenhaft und manchmal falsch, aber angesichts fehlender Detailforschungen war bislang oft nicht mehr zu leisten; leider nur mit kursorischen Quellenangaben).

Epochen der Naturmystik (1979), hg. v. A. Faivre / R. Ch. Zimmermann, Berlin (Erfassung der pantheisierenden naturphilosophischen Hintergrundreligiosität vor allem in der Frühen Neuzeit).

Hans-Jürgen Glowka (1981): Deutsche Okkultgruppen 1875–1937, München (lexikalisches Überblickswerk).

Janet Oppenheim (1985): The other world. Spiritualism and psychical research in England, 1850–1914, London u. a. (grundlegende Arbeit zum Übergangsfeld vom praktischen Spiritismus zur »psychical research«).

Antoine Faivre (1986): Accès de l'ésotérisme occidental, 2 Bde., Paris $^{2}$1996 [Nachdruck der Erstausgabe mit neuem bibliographischen Anhang] (Standardwerk und weiterhin die wichtigste Veröffentlichung eines der besten Kenner esoterischer Strömungen; Aufsatzsammlung mit weitem Horizont, Schwerpunkt in der frühen Neuzeit bis ins 18. Jahrhundert. Trotz der rasanten Fortschritte in den letzten Jahren hat sich jede Forschung mit Faivres großem Wurf auseinanderzusetzen).

The Spiritual in Art (1986). Abstract Painting 1890–1985, Boston (Standardwerk zum Verhältnis von moderner Kunst und Esoterik).

Antoine Faivre (1992): L'ésotérisme, Paris $^{2}$1993 [deutsch u. d. T. Esoterik, Braunschweig 1996, und überarbeitet u. d. T. Esoterik im Überblick, Freiburg i. B. 2001] (kurzer, populär konzipierter Überblick mit wichtigen Überlegungen zur Semantik, vgl. Faivre 1986).

Christoph Bochinger (1994): »New Age« und moderne Religion. Religionswissenschaftliche Analysen, Gütersloh (Analyse der sozialen Produktion eines esoterischen Milieus, darüber hinaus viel historisches Material zum Umfeld der Theosophie).

Antoine Faivre / Karen-Claire Voss (1995): Western Esotericism and the Science of Religions, in: Numen, Bd. 42, 48–77 (Überblick über die Gegenstände und Konzeptionen der Forschung).

Okkultismus und Avantgarde (1995). Von Munch bis Mondrian 1900–1915 (Ausstellungskatalog Frankfurt a. M. 1995), Ostfildern (wichtiges Material, in vielen Artikeln aber unkritisch; grundlegend weiterhin: The Spiritual in Art, 1986).

Wouter J. Hanegraaff (1996): New Age Religion and Western Culture. Esotericism in the mirror of secular thought, Leiden u. a. (materialreiche Studie zum Umfeld der Theosophie in der New Age-Bewegung; These der genuin religiösen Konstitution des »New Age«).

Linse (1996): Geisterseher und Wunderwirker (s. o. Anhang zu 2.1.1) (Geschichte des Weißenbergianischen Spiritismus und sozialhistorische Einordnung der spiritistischen Bewegung).

Im Reich der Phantome (1997). Fotographie des Unsichtbaren (Ausstellungskatalog Mönchengladbach u. a. 1997 / 98), Ostfildern (Geschichte der medialen Darstellung des Spiritismus mit gutem Bildmaterial).

Florian Maurice (1997): Freimaurerei um 1800. Ignaz Aurelius Feßler und die Reform der Großloge Royal York in Berlin, Tübingen (wichtige Arbeit zur »esoterischen« Maurerei um 1800, die bedeutendes Material für die mental-kulturelle Vorgeschichte der Theosophie bietet).

Dictionnaire critique de l'ésotérisme (1998), hg. v. J. Servier, Paris (umfangreiches Lexikon mit Artikeln sehr unterschiedlicher, teilweise exzellenter Qualität, dem gleichzeitig wichtige Lemmata fehlen; der Herausgeber scheint der These einer philosophia perennis nahezustehen)[26].

From Poimandres to Jacob Böhme (2000). Gnosis, Hermetism and the Christian Tradition, hg. v. R. van den Broek / C. van Heertum, Amsterdam 2000 (zur Debatte um die Konstruktion einer »gnostischen« Tradition als einer Dimension der Esoterik)[27].

Mystique, mysticisme et modernité (1998) (s. o. Anhang zu 2.1.1) (wichtige Beiträge zum Spiritismus).

Michael Stausberg (1998): Faszination Zarathushtra. Zoroaster und die europäische Religionsgeschichte der frühen Neuzeit, 2 Bde., Berlin u. a. (große Studie zur Traditionsgeschichte der Zarathustra-Vorstellung als einer wichtigen Referenz der neuzeitlichen Religionsgeschichte; paradigmatische Arbeit zur Transformation und kulturellen Kontextualisierung eines »esoterischen« Topos).

---

[26] Viele Lexika zur Esoterik sind oft Materialsammlungen unter beschränkter Einbeziehung der wissenschaftlichen Literatur und häufig mit fehlender kritischer Distanz zum Gegenstand. Wissenschaftlich brauchbar sind Shepard: Encyclopedia of Occultism & Parapsychology. Vgl. aber im Anhang zu 2.1.2 den Dictionary of Gnosis and Western Esotericism (2005).
Im deutschen Sprachraum wird Miers: Lexikon des Geheimwissens (1970, [6]1986 [unveränderter Nachdruck]), München [7]1993 [de facto erste veränderte Auflage] viel benutzt. In dem Werk ist viel und teilweise abgelegenes Material verarbeitet, allerdings unsystematisch, unkritisch und mit vielen Fehlern. Problematisch auch Iwersen: Lexikon der Esoterik.

[27] Die Versuche, Gnosis oder gnostisches Denken als Teil der esoterischen Traditionen zu identifizieren, haben augenblicklich Konjunktur, allerdings sind die Probleme angesichts der Tatsache, daß es sich bei »der« Gnosis immer um eine Zuschreibung handelt, beträchtlich. Der oben genannte Band beschränkt sich im wesentlichen auf die Asclepius-Rezeption in der Antike und im Mittelalter, den Versuch einer Spurensuche bis in die Neuzeit in: Gnosis and Hermeticism from Antiquity to Modern Times, hg. v. R. van den Broek u. a.

Western Esotericism and the Science of Religion (1998). Selected Papers presented at the 17th congress of the Internationals Association for the History of religions, Mexico City 1995, hg. v. A. Faivre / W. J. Hanegraaff, Löwen (eine der ersten Zusammenführungen der wissenschaftlichen Esoterikdebatten).

Corinna Adele Treitel (1999): A Science for the Soul. Occultism and the Genesis of German Modern [überarbeiteter Druck Baltimore / London 2004[28]] (Überblick über den Okkultismus in Deutschland um 1900; These der Modernität des Okkultismus).

Aufklärung und Esoterik (1999), hg. v. M. Neugebauer-Wölk / H. Zaunstöck, Hamburg (exzellente Pionierarbeit zur frühneuzeitlichen Esoterik, die aus dem Stand den Anschluß der deutschen an die internationale Forschung hergestellt hat)[29].

Antike Weisheit und kulturelle Praxis (2001). Hermetismus in der Frühen Neuzeit, hg. v. A.-Ch. Trepp / H. Lehmann, Göttingen (wie »Aufklärung und Esoterik« [1999] ein ausgezeichneter Überblick über die frühneuzeitliche Forschung).

Aries (2001). Journal for the Study of Western Esotericism, Leiden 2001 ff. (wissenschaftliches Kommunikationsorgan zu Erforschung der westlichen Esoterik).

Ésotérisme, gnoses & imaginaire symbolique (2001). Mélanges offerts à Antoine Faivre, hg. v. R. Caron u. a., Löwen (materialreicher Band mit Beiträgen zu allen Feldern vor allem der frühneuzeitlichen Esoterik).

Rosenkreuz als europäisches Phänomen im 17. Jahrhundert (2002), hg. v. von der Bibliotheca Philosophica Hermetica, Amsterdam (als Beispiel für den Stand der sehr intensiven Rosenkreuzerforschung, deren Doyen Carlos Gilly von der Amsterdamer Bibliotheca Philosophica Hermetica ist).

Diethard Sawicki (2002): Leben mit den Toten: Geisterglauben und die Entstehung des Spiritismus in Deutschland 1770–1900, Paderborn u. a. (Pionierarbeit zur Geschichte des Spiritismus in Deutschland).

Kocku von Stuckrad (2003): Geschichte der Astrologie. Von den Anfängen bis zur Gegenwart, München (verläßlicher Überblick über die europäische Geschichte der Astrologie).

Harald Lamprecht (2004): Neue Rosenkreuzer. Ein Handbuch, Göttingen (erste Zusammenstellung der für Steiner als Referenzhorizont wichtigen Rosenkreuzerszene des 19. Jahrhunderts).

Kocku von Stuckrad (2004): Was ist Esoterik? Kleine Geschichte des geheimen Wissens, München (Überblick von der Antike bis ins 20. Jahrhundert; zur Esoterik-Definition von Stuckrads s. o.).

Hermann E. Stockinger (2004): Die hermetisch-esoterische Tradition unter besonderer Berücksichtigung der Einflüsse auf das Denken Johann Christian Edelmanns (1698–1767), Hildesheim u. a. (sehr umfangreicher Überblick von der Antike bis ins 18. Jahrhundert).

Dictionary of Gnosis and Western Esotericism (2005), 2 Bde., hg. v. W. Hanegraaff u. a., Leiden / Boston (exzellentes Standardwerk mit einer umfassenden und historisch-kritischen Bestandsaufnahme der Esoterikforschung. Es gibt allerdings die Tendenz, historische Kontinuitäten oder strukturelle Analogien etwa hinsichtlich der Gnosis stark zu machen und so die Geschichte einer alternativen religiösen Tradition zu konstruieren).

Priska Pytlik (2005): Okkultismus und Moderne. Ein kulturhistorisches Phänomen und seine Bedeutung für die Literatur um 1900, Paderborn u. a. (instruktive Studie über die Attraktivität des Spiritismus im intellektuellem Milieu von Literaten).

---

[28] Zuerst unter: Avatars of the Soul, Diss. Cambridge (Mass.) [Harvard], 1999.

[29] Neugebauer-Wölk eine Vielzahl weiterer, sehr wichtiger Arbeiten vorgelegt: Esoterische Bünde und Bürgerliche Gesellschaft; ›Höhere Vernunft‹ und ›Höheres Wissen‹; Esoterik in der Frühen Neuzeit.

### *2.1.3 Die Theosophie als internationale Bewegung*

Bis in die siebziger Jahre hinein gab es kaum wissenschaftliche Untersuchungen zur Theosophie, doch ist seitdem im angelsächsischen Raum eine intensive Forschungstätigkeit in Gang gekommen, in deren Rahmen Untersuchungen zu Teilen der Frühgeschichte, einige Länderstudien sowie eine Reihe von Spezialstudien entstanden sind (s. u. im Anhang). Darunter sind als Quellenedition die materialreich kommentierten Werke Blavatskys von besonderer Bedeutung (Blavatsky 1951–1985), wohingegen eine wissenschaftlich befriedigende Biographie aussteht und angesichts fehlender Vorarbeiten so bald nicht zu erwarten ist (vgl. aber Mead 1980). Auch zu anderen Persönlichkeiten der ersten und zweiten Gründergeneration, zu Olcott (Prothero 1996), Leadbeater (Tillett 1982), Besant (Nethercot 1961 / 63) und Krishnamurti (Lutyens 1975) sind in den letzten Jahren Biographien erschienen. Diese Literatur ist in den wenigen deutschsprachigen Veröffentlichungen zur Geschichte der Theosophie praktisch nicht rezipiert worden. Ein Grund dürfte sein, daß unter diesen Arbeiten keine den deutschsprachigen Raum in Mittel- und Ost-Europa behandelt oder nennenswert berührt.

*Auswahlbibliographie: Theosophie als internationale Bewegung*

H. P. BLAVATSKY (1951–1985): Collected Writings, hg. v. B. de Zirkoff, 14 Bde., Wheaton (Ill.), teilweise auch Adyar, London und / oder Los Angeles (Werkausgabe, veranstaltet von Theosophen, mit einer kenntnisreichen Kommentierung von de Zirkoff, einem weitläufigen Verwandten Blavatskys).

Arthur Hobard NETHERCOT (1961 / 63): The First Five Lives of Annie Besant, London; ders.: The Last Four Lives of Annie Besant, London (materialreiche Standardbiographie Besants aus theosophischer Perspektive).

Mary LUTYENS (1975): Krishnamurti. The Years of Awakening London [deutsch 1981] (Biographie Krishnamurtis von seiner Erzieherin, einer Enkelin Bulwer-Lyttons).

Bruce F. CAMPBELL (1980): Ancient Wisdom Revived. A History of the Theosophical Movement, Berkely (Calif.) u. a. (solider und kritischer Überblick von einem der Theosophie nahestenden Autor).

Marion MEAD (1980): Madame Blavatsky. The Woman behind the Myth, New York (aus der publizierten Literatur gearbeitete, kritische Biographie).

Gregory TILLETT (1982): The Elder Brother. A Biography of Charles Webster Leadbeater, London (kritische Biographie).

THEOSOPHICAL HISTORY (1985 ff.), hg. v. J. A. Santucci, Fullerton (zentrales wissenschaftliches Organ für die Erforschung der Theosophie).

Michael GOMES (1987): The Dawning of the Theosophical Movement, Wheaton (Ill.) (Frühgeschichte der Theosophie bis zur Übersiedlung Blavatskys und Olcotts nach Indien).

Catherine Lowman WESSINGER (1988): Annie Besant and Progressive Messianism (1847–1933), Lewiston / Queenston (Herausarbeitung der apokalyptischen Dimension in Besants Denken).

Jean Overton FULLER (1988): Blavatsky and her teachers. An investigative biography, London o. J. (Biographie aus theosophischer Perspektive, aber mit kritischen und anregenden Überlegungen).

Stephan HOLTHAUS (1989): Theosophie – Speerspitze des Okkultismus, Asslar (Überblick aus evangelikaler Perspektive, oberflächlich).

Stephen PROTHERO (1996): The White Buddhist. The Asian Odyssey of Henry Steel Olcott, Bloomington/Indianapolis, ursprünglich unter dem Titel »Henry Steel Olcott (1832–1907) and the Construction of Protestant Buddhism«, Diss. Harvard 1990 (Biographie Olcotts, These der fortdauernd protestantischen Prägung seiner Theosophie).

Anne TAYLOR (1992): Annie Besant. A Biography, Oxford (solide Biographie mit dem Schwerpunkt auf der vortheosophischen Phase[30])

THEOSOPHICAL HISTORY (1993 ff.). Occasional papers, hg. v. J. A. Santucci, Fullerton (eine Reihe kurzer Einzelpublikationen zur Geschichte der Theosophie).

Stephen PROTHERO (1993): From Spiritualism to Theosophy. »Uplifting« a Democratic Tradition, in: Religion and American Culture Jg. 3, 197–216 (Deutung der Theosophie als Versuch einer intellektuellen Aufwertung des Spiritismus).

Hans-Jürgen RUPPERT (1993): Theosophie – unterwegs zum okkulten Übermenschen, Konstanz (populärwissenschaftlicher Überblick eines protestantischen Theologen).

Peter WASHINGTON (1993): Madame Blavatskys Baboon. Theosophy and the Emergence of Western Guru, London (kritischer und anregender, nachgerade »frecher« Überblick über die Geschichte der theosophischen Gesellschaften).

Joscelyn GODWIN (1994): The Theosophical Enlightenment, New York (wichtige und anregende Publikation zur Geschichte der Theosophie bis zum Ende des 19. Jahrhunderts und eine Pionierarbeit in der kulturhistorischen Situierung. These der aufklärerischen Tradition in der Theosophie, wichtig hinsichtlich der Auseinandersetzungen zwischen christlichen und »indischen« Strömungen in der Theosophie).

Michael GOMES (1994): Theosophy in the Nineteenth Century. Annoted Bibliography, New York/London (Literatur, beschränkt auf den angelsächsischen Bereich; Zeitschriftenverzeichnis).

Sylvia CRANSTON (1993) (unter Mitarbeit von Carey Williams [i. e. Caren M. Elin]): HPB. Leben und Werk der Helena Blavatsky, Begründerin der Modernen [sic] Theosophie (1993), Satteldorf 1995 (umfangreiche, aber hagiographische Biographie).

Herman Ary Oscar de TOLLENAERE (1996): The Politics of Divine Wisdom. Theosophy and labour, national, and women's movements in Indonesia and South Asia 1875–1947, Leiden (Untersuchung der politischen Aktivitäten und Programmatik der Theosophischen Gesellschaft).

Brendan James FRENCH (2000): The Theosophical Masters. An Investigation into the Conceptual Domains of H. P. Blavatsky and C. W. Leadbeater, 2 Bde., Diss. Sydney (Untersuchung zur Funktion der »Meister« in der Theosophie, zugleich aber eine Geschichte insbesondere der zweiten Generation von Theosophen).

Joy DIXON (2001): Divine Feminine. Theosophy and Feminism in England, Baltimore/London (genderhistorische Studie zur Feminisierung der Theosophie unter Besant und zu politischen Umsetzung, insbesondere im Rahmen der britischen Frauenbewegung).

[Helena Petrovna BLAVATSKY] (2003): The Letters of H. P. Blavatsky, Bd. 1: 1861–1879, hg. v. J. Algeo, Wheaton (Ill.)/Madras [Chennai] (erster Band einer neuen Ausgabe der Briefe Blavatskys[31]).

---

[30] Eine kritische Biographie Besants für ihre theosophische Phase fehlt. Der Titel von Livia Lucchini: Blavatsky e Besant. Il Fulmine e il Tuono, Turin 1991, war mir nicht zugänglich.

[31] Eine kritische Briefausgabe war von dem Australier John Cooper geplant, der aber inzwischen verstorben ist. Vgl. zu der Ausgabe von Algeo, dem Vize-Präsidenten der Theosophischen Gesellschaft, die Rezension von Deveney: The Letters of H. P. Blavatsky.

### *2.1.4 Theosophie und Anthroposophie in Deutschland*

Die Geschichte der Theosophie in Deutschland – gemeint ist immer die Theosophie in der Nachfolge Blavatskys, nicht die ältere und parallel weiterbestehende Tradition der christlichen Theosophie mit Wurzeln in der Frühen Neuzeit (s. u. 2.2.2) – ist unerforscht. Es gibt keine Erfassung der Quellen, keine zuverlässige Übersicht über Gruppierungen, keine Analyse von Programmschriften, die wissenschaftlichen Ansprüchen genügt. Selbst in Werken mit wissenschaftlichem Anspruch finden sich oft viele Fehler[32]. Die Gründe des per saldo großen Forschungsdefizits sind vielfältiger Natur: Lange Zeit suchte man primär die weltanschauliche Auseinandersetzung und war mit historisch-kritischer Forschung überfordert[33], das wissenschaftliche Forschungsinteresse war gering[34], die Quellenbestände waren lange klein, verstreut und unerfaßt. Die umfangreichen Bestände in Dornach konnten nur selektiv oder (meist) überhaupt nicht benutzt werden, und durch die theologische Beschäftigung schien die Theosophie dann doch bearbeitet. Schließlich gibt es ein deutsches Sonderproblem, weil viele theosophische Gesellschaften nach dem Verbot in der NS-Zeit nicht oder nur noch als sehr kleine Gruppen existierten und die in Anthroposophische Gesellschaft umbenannte Adyar-Theosophie die Wahrnehmung der ehemals bunten theosophischen Landschaft in Deutschland monopolisierte. Anthroposophischerseits kommt hinzu, daß Steiner seine Theosophie als Alternative zur historisch-kritischen Methode verstand und sich Anthroposophen bis heute immens schwer mit einer historisch-kritischen Aufarbeitung seines Œuvres tun[35]. Es gibt allerdings Indizien, daß sich dies ändert. So hat sich die »Forschungsstelle Kulturimpuls« in Dornach einer quellenkritischen historischen Aufarbeitung verschrieben und

---

[32] Etwa bei Stuckrad: Was ist Esoterik?: Steiner wurde nicht »zusammen« mit Marie von Sivers Generalsekretär der deutschen Sektion (S. 209); er war nicht Mitglied der Esoterischen Schule Blavatskys (ebd.), sondern Besants; die Behauptung Steiners, er habe als erster eine Esoterische Schule eingerichtet (S. 210), trifft so nicht zu; die Gründung der Anthroposophischen Gesellschaft erfolgte nicht 1913 (ebd.), sondern 1912.

[33] Dies gilt angesichts unaufgearbeiteter Quellen und Kontexte grosso modo für die gesamte Literatur aus der ersten Hälfte des 20. Jahrhunderts.
Neben den im Anhang genannten Publikation gehören zur dialogisch orientierten Literatur u. a. die Dissertation des kulturanalytisch interessierten evangelischen Theologen Hoffmann: Die Anthroposophie Rudolf Steiners und die »Moderne Geisteswissenschaft« (betreut von dem parapsychologisch interessierten Philosophen August Messer), oder polemische Werke wie die des Offiziers Gerold von Gleichs, der seinen Sohn an die Theosophie »verloren« hatte, wie er meinte (Rudolf Steiner als Prophet; ders.: Vom Geheimen und öffentlichen Wirken Rudolf Steiners).

[34] Ludwig Hammermayers Charakterisierung des Forschungsinteresses an der lange vernachlässigten Freimaurerforschung könnte man ohne Abstriche auch auf die theosophischen Gesellschaften beziehen: »Um es simpel zu sagen: Die ›historische Zunft‹ hielt das Thema für nicht seriös, nicht aktuell, nicht opportun, auch nicht für sonderlich ergiebig.« Hammermayer: Zur Geschichte der europäischen Freimaurerei, 28.

[35] Exemplarisch ist dafür die Auseinandersetzung um Christoph Lindenbergs Buch »Individualismus und offenbare Religion« aus dem Jahr 1970, in dem er auf Veränderungen in Erst- und Zweitauflagen von Steiners Werken hingewiesen hatte (s. Kap. 8, Anm. 3). Diese Konflikte tauchen aber bei Nachdrucken von Erstausgaben oder beim Hinweis auf historische Kontexte in der Gesamtausgabe von Steiners Werken immer wieder auf.

überdies die Geschichte der Anthroposophie nach Steiners Tod zu einem ihrer Arbeitsschwerpunkte gemacht.

Wissenschaftlich solide Forschungen in größerem Ausmaß gibt es nur bei theologischen Publikationen, wo sich im Interesse einer Differenzbestimmung von christlicher Theologie und theosophischer (respektive anthroposophischer) Weltanschauung gehaltvolle Analysen finden. Hier sind wichtige historiographische Fragen behandelt, stehen aber meist nicht im Mittelpunkt des Interesses.

Von den älteren Werken sind als Materialfundus einige theologische Werke aufgrund der zeitnah gesammelten Informationen bis heute von Nutzen (etwa Frohnmeyer 1920, Kully 1926), weitere ältere historiographisch einschlägige Veröffentlichungen sind an einer Hand abzählbar (Hauer 1922, Fischer 1973, Frick 1978). Die anthroposophischen Darstellungen zur eigenen Geschichte entsprechen durchweg nicht wissenschaftlichen Standards. Drei Arbeiten sind von besonderer wissenschaftlicher Bedeutung: Ein Meilenstein für die Erforschung der Theosophie in Deutschland war eine Doppelpublikation von Norbert Klatt (1993/1996): Er hat den Nachlaß von Wilhelm Hübbe-Schleiden, einem führenden Theosophen um 1900, erschlossen und ein Korrespondentenverzeichnis mit bio-bibliographischen Angaben erstellt. Die im ersten Werk mit abgedruckten Briefe Hübbe-Schleidens bilden – bis auf die »Gesamtausgabe« der Werke Steiners (s.u.) – die einzige größere Quellenpublikation. Sodann hat Werner Thiede 2001 im Rahmen einer Arbeit über die Theologie des kosmischen Christus die Genese von Steiners christologischen Vorstellungen im Rahmen theosophischer Auseinandersetzungen offengelegt. Uwe Werner hat schließlich im gleichen Jahr eine quellengesättigte Untersuchung über die Anthroposophen im Nationalsozialismus vorgelegt, die einen tiefen Blick in die Pressionen und die Überlebensstrategien ermöglicht, denen Gruppen wie die Anthroposophen ausgesetzt waren. Ich selbst habe mehrere Detailstudien verfaßt, die einzelne Aspekte vertiefen oder komplexe Fragen auslagern; sie sind an den jeweiligen Sachstellen genannt. Daß sich die Forschung in Deutschland bewegt, wird nicht zuletzt an einer Reihe von Magisterarbeiten deutlich, die inzwischen entstanden sind; auch ihre Ergebnisse sind, soweit sie mir zur Verfügung gestellt wurden, eingearbeitet.

Biographien existieren für die meisten deutschen Theosophen nicht, selbst für zentrale Personen fehlen teilweise rudimentäre Daten (z.B. für Franz Hartmann oder Hugo Vollrath). Die Ausnahme bildet Rudolf Steiner, dessen Äußerungen in der Gesamtausgabe gesammelt sind und über dessen Vita viele Memoirenschreiber berichten[36]. Das Material ist in mehreren Biographien gesichtet, doch sind nur wenige für die Forschung relevant (Wachsmuth 1941, Bock 1961, Wehr 1982, Lindenberg 1988/1997). In wissenschaftlicher Perspektive ist die Situation gleichwohl unbefriedigend, da trotz Lindenbergs großem Doppelwerk, einer chronologischen Darstellung von Steiners Leben Tag für Tag (1988) und

[36] Schon die monographischen Erinnerungen an Rudolf Steiner bilden ein umfangreiches Corpus; bibliographisch zusammengestellt bei Lindenberg: Steiner (Chronik), 636–539, und bei dems.: Steiner (Biographie), II, 999–1003. Untersuchungen über die Verläßlichkeit der Memoiren stehen allerdings noch aus; vgl. dazu Lindenberg: Fehler, Erfindungen und Fälschungen.

seiner zweibändigen Biographie (1997), eine quellenkritische Biographie fehlt. Unter dem Reichtum des von Lindenberg ausgebreiteten und teilweise erstmals erschlossenen Materials sind seine problematischen Deutungstendenzen nicht leicht sichtbar[37]; zentrale Gründe meiner Kritik an Lindenbergs Biographie von 1997 sind

- sein weitgehender Verzicht auf eine kulturhistorische Kontextualisierung Steiners, insbesondere hinsichtlich des theosophischen Milieus, so daß seine Darstellung einer Verfälschung der meines Erachtens relevanten Abhängigkeiten nahekommt.
- Eine Beschäftigung oder gar Auseinandersetzung mit der Sekundärliteratur unterbleibt fast vollständig.
- Die Tendenz seiner Deutung Steiners als Führer und okkulter Forscher ist hagiographisch, Steiners Selbstdeutung als hellseherischer Okkultist wird nicht mit alternativen Deutungsmöglichkeiten abgeglichen.

*Auswahlbibliographie: Theosophie / Anthroposophie in Deutschland*
Die ältere Literatur findet sich bei Stieglitz (1955, s. u.), 335–342[38]. Ausgespart sind die zahlreichen Veröffentlichungen zu den »Tochterbewegungen« oder zu Detailfragen; sie sind, wie auch Magisterarbeiten, in den jeweiligen Kapiteln genannt.

Kurt Leese (1917): Moderne Theosophie. Ein Beitrag zum Verständnis der geistigen Strömungen der Gegenwart, Vorträge 1917, Druck [1]1918, Berlin (stark überarbeitet) [2]1921 (sehr verständnisvoller Versuch eine systematischen Gesamtdeutung, mit Kritik aus theologischer Perspektive. Zusammen mit dem Werk Dessoirs [s. o. 2.1.2] die Pionierarbeit der deutschen Theosophieforschung).

Johannes Frohnmeyer (1920): Die theosophische Bewegung. Ihre Geschichte, Darstellung und Beurteilung, Stuttgart (zeitnahe Arbeit eines evangelischen Theologen mit hilfreichen historischen Informationen).

Jakob Wilhelm Hauer (1921): Die Anthroposophie als Weg zum Geist, in: Die Tat, 12/1921, 801–824 (eine der ersten öffentlichkeitswirksamen Kritiken der Veränderungen von Steiners Anschauungen in seinen Werken).

Jakob Wilhelm Hauer (1922): Werden und Wesen der Anthroposophie. Eine Wertung und eine Kritik. Vier Vorträge, Stuttgart [Neuauflage 2004] (Pionierarbeit der Analyse der theosophischen Vorbilder Steiners, in der Diktion der tagespolitischen Auseinandersetzung der zwanziger Jahre verhaftet).

Max Kully (1926): Die Wahrheit über die Theo-Anthroposophie als eine Kulturverfallserscheinung, o. O., o. J. (Leipzig 1926) (scharfe, teilweise polemische Kritik des katholischen Pfarrers von Dornach, aber mit vielen heute schwer erreichbaren Informationen)[39].

---

[37] Die Auseinandersetzung mit Lindenbergs Deutungen einzelner Sachverhalte nehme ich an den jeweils einschlägigen Stellen vor. Diese Detailkritik gibt es auch in der anthroposophischen Literatur, vgl. etwa zur Weihnachtstagung 1923 Saacke: Zur Steiner-Biographie Christoph Lindenbergs.

[38] Vgl. auch Zander: Neuere Veröffentlichungen zum Verhältnis von Anthroposophie und Christentum. Die bei von Stieglitz genannte Literatur ist, soweit ich sie für historische Fragen benutzt habe, an den entsprechenden Stellen genannt.

[39] Zum Umfeld Kullys jetzt GA 255b,418 f.

Guenther WACHSMUTH (1941): Rudolf Steiners Erdenleben und Wirken, Dornach ²1951 (umfangreiche Biographie von einem Mitarbeiter Steiners, aber massiv hagiographisch).

Klaus von STIEGLITZ (1955): Die Christosophie Rudolf Steiners. Voraussetzungen, Inhalt und Grenzen, Witten a. d. Ruhr 1955 (Pionierarbeit einer intensiven Auseinandersetzung mit Steiners Texten hinsichtlich dessen Christologie, deren Ergebnisse weiterhin Geltung besitzen; die zum Erscheinungszeitpunkt wegweisende Analyse des Materials ist aus heutiger Perspektive historiographisch unzureichend und jetzt teilweise durch Thiede [2001] überholt).

Emil BOCK (1961): Rudolf Steiner. Studien zu seinem Lebensgang und Lebenswerk, [unverändert] Stuttgart ³1990 (Pionierarbeit einer teilweise auf Archivalien gestützten Darstellung von Steiners Leben. Bock war Mitarbeiter Steiners und Priester der Christengemeinschaft.).

Hermann Rudolf FISCHER (1973): 100 Jahre »Theosophische Gesellschaft«. Ein geschichtlicher Überblick, Calw o. J. [1973? 1975?] (auf Kernfakten reduzierter, in manchen Punkten unzutreffender, aber angesichts fehlender Forschung unverzichtbarer Überblick des aus der Internationalen Theosophischen Verbrüderung stammenden Autors).

Christoph LINDENBERG (1970): Individualismus und offenbare Religion. Rudolf Steiners Zugang zum Christentum, Stuttgart ²1995 (Pilotstudie zu den Veränderungen von Steiners Auffassungen vor allem zwischen 1890 und etwa 1902, unter Anthroposophen zeitweise hoch umstritten[40]).

DAS WIRKEN RUDOLF STEINERS (1975–1987). Vier Bildbände zu Rudolf Steiners Lebensgang[41], hg. v. W. Rath [Bd. I] / G. Hartmann [Bd. II] / W. Groddeck [Bd. III] / H. H. Schöffler, Schaffhausen [Bd. IV], Schaffhausen [Bd. I–III] / Dornach [Bd. IV] (ausgezeichnetes Bildmaterial zu Rudolf Steiner und seinem Lebensumfeld mit teilweise sehr informativen Texten).

Gerhard WEHR (1982): Rudolf Steiner. Leben, Erkenntnis, Kulturimpuls, München ²1987 (abwägende und wohlwollende Biographie des Steiner sympathisch zugeneigten Autors. In der zweiten Auflage mit einer biographischen Skizze zu Marie von Sivers).

Bodo von PLATO (1986): Zur Entwicklung der Anthroposophischen Gesellschaft. Ein historischer Überblick, Stuttgart (kurzer, aber hilfreicher Überblick über die Geschichte der Anthroposophischen Gesellschaft, der viele der schwierigen Phasen anspricht).

DIE ANTHROPOSOPHISCHEN ZEITSCHRIFTEN VON 1903 BIS 1985 (1987). Bibliographie und Lebensbilder, hg. v. G. Deimann u. a., Stuttgart (verläßliche und materialreiche Erfassung).

Christoph LINDENBERG (1988): Rudolf Steiner. Eine Chronik 1861–1925, Stuttgart (Chronik von Steiners Leben Tag für Tag; Grundlage einer jeden Beschäftigung mit Steiners Biographie).

MARIE STEINER-VON SIVERS – EIN LEBEN FÜR DIE ANTHROPOSOPHIE (1988). Eine biographische Dokumentation in Briefen und Dokumenten, Zeugnissen von Rudolf Steiner, Maria Strauch, Edouard Schuré und anderen, hg. v. H. Wiesberger, Dornach ²1989 (dokumentenreiche Materialsammlung zur Biographie von Steiners Frau).

Wolfgang KLINGLER (1989): Gestalt der Freiheit. Das Menschenbild Rudolf Steiners, Stuttgart (Versuch, die Unterschiede in Steiners Menschenbild vor und nach 1900 als Aspekte einer einheitlichen Konzeption zu relativieren).

---

[40] S. o. Anm. 35.

[41] Bis Bd. 2 lautete der Untertitel: Drei Bildbände zu Rudolf Steiners Lebensgang.

Thomas GEISEN (1992): Anthroposophie und Gnostizismus. Darstellung, Vergleich und theologische Kritik, Paderborn / München u. a. (umfangreiche Materialsammlung zum Verhältnis von Anthroposophie und Gnosis / Gnostizismus, mit der unzutreffenden These einer antiken gnostischen Tradition, die zur Theosophie führe).

Emanuel ZEYLMANS VAN EMMICHOVEN (1992): Wer war Ita Wegman? 3 Bde., Heidelberg (materialreiche Studie zu einer der wichtigsten Mitarbeiterinnen und Lebensgefährtin Steiners während seiner letzten Lebensjahre).

Christoph LINDENBERG (1992): Rudolf Steiner, mit Selbstzeugnissen und Bilddokumenten, Reinbek (populäre Biographie, kritischer als Lindenbergs opus magnum von 1997).

JAHRBUCH FÜR ANTHROPOSOPHISCHE KRITIK (1993 ff.), hg. v. L. Ravagli, München (anthroposophische Zeitschrift mit Beiträgen zu einer kritischen Bearbeitung der anthroposophischen Geschichte, auch hinsichtlich tabuisierter Themen)[42].

Norbert KLATT (1993): Theosophie und Anthroposophie. Neue Aspekte zu ihrer Geschichte aus dem Nachlaß von Wilhelm Hübbe-Schleiden (1846–1916) mit einer Auswahl von 81 Briefen, Göttingen (Pionierarbeit der archivalischen Erschließung theosophischer Quellen, unverzichtbar für die theosophische Geschichte bis zum Ersten Weltkrieg).

Helmut ZANDER (1995): Reinkarnation und Christentum. Rudolf Steiners Theorie der Wiederverkörperung im Dialog mit der Theologie, Paderborn (systematische Darstellung von Steiners Reinkarnationsvorstellung, historiographisch unzureichend).

Norbert KLATT (1996): Der Nachlaß von Wilhelm Hübbe-Schleiden in der Niedersächsischen Staats- und Universitätsbibliothek Göttingen. Verzeichnis der Materialien und Korrespondenten mit bio-bibliographischen Angaben, Göttingen (materialreiche Sammlung zu den schwer faßbaren Biographien von Theosophen um 1900).

Christoph LINDENBERG (1997): Rudolf Steiner. Eine Biographie, 2 Bde., Stuttgart (materialreiche und unverzichtbare, aber nicht ausreichend kritische Lebensbeschreibung Steiners, s. o.).

Klaus BANNACH (1998): Anthroposophie und Christentum. Eine systematische Darstellung ihrer Beziehung im Blick auf die neuzeitliche Naturerfahrung, Göttingen (beeindruckende, augenblicklich wichtigste Arbeit zur theologischen Verhältnisbestimmung von Anthroposophie und Christentum, historiographisch in der Kernthese einer Abhängigkeit Steiners von Schelling aber falsch).

Uwe WERNER (1999) (unter Mitwirkung von Christoph Lindenberg): Anthroposophen in der Zeit des Nationalsozialismus (1933–1945), München (materialgesättigte Darstellung des Archivars der Anthroposophischen Gesellschaft am Goetheanum in Dornach, der allerdings nur »Teile« einiger Dornacher Bestände einsehen konnte [S. 2]. Seine ausgezeichnete Darstellung bricht mit der unkritischen Geschichtsschreibung im anthroposophischen Milieu. Bewertungsdifferenzen mit der nichtanthroposophischen Historiographie bewegen sich im Rahmen eines wissenschaftlich zu führenden Diskurses (vgl. etwa Kap. 3, Anm. 1061); dieses Buch ist die mit weitem Abstand wichtigste Veröffentlichung eines Anthroposophen zur Geschichte der Anthroposophie. Die Berücksichtigung der wissenschaftlichen NS-Forschung ist schwach).

Christiane HAID (2001): Auf der Suche nach dem Menschen. Die anthroposophische Jugend- und Studentenarbeit in den Jahren 1920–1931 mit einem skizzenhaften Ausblick bis in die Gegenwart, Dornach 2001 (Haid bietet wichtiges Quellenmaterial zur Rolle jugendbewegter Impulse und zu dem Schisma in der Anthroposophischen Gesellschaft

---

[42] Viele Autoren des Herausgebergremiums dieser Zeitschrift und in ihrem Umfeld bemühen sich um eine Relativierung der normativen Vorgaben und um eine kritische Forschung, ich denke hier etwa an Günter Röschert.

in der Weimarer Zeit; aufgrund der verständnisvollen Darstellung dieser Gruppen zugleich eine implizite Kritik am mainstream der Anthroposophischen Gesellschaft).

Werner Thiede (2001): Wer ist der kosmische Christus? Karriere und Bedeutungswandel einer modernen Metapher, Göttingen (Habilitationsschrift Universität Bayreuth 2000, bahnbrechende Analysen zur Genese von Steiners Christologie und zum Verhältnis zwischen Steiner und Besant).

Helmut Zander (2001): Anthroposophische Rassentheorie. Der Weltgeist auf dem Weg durch die Rassengeschichte, in: Völkische Religion und Krisen der Moderne. Entwürfe »arteigener« Glaubenssysteme seit der Jahrhundertwende, hg. v. St. von Schnurbein / J. H. Ulbricht, Würzburg, 292–341 (Analyse von Steiners Rassentheorie).

Ders. (2002): Die Anthroposophie – eine Religion?, in: Hairesis (Festschrift Karl Hoheisel), hg. v. M. Hutter, W. Klein / U. Vollmer (Jahrbuch für Antike und Christentum, Erg. Bd. 24), Münster, 525–538 (These, daß Steiner den Religionsbegriff nur ablehnt, um ihn in der Theosophie zu überbieten).

Günter Röschert (2003): Kontinuität und Wandel, in: Lorenzo Ravagli / Günter Röschert, Kontinuität und Wandel. Zur Geschichte der Anthroposophie im Werk Rudolf Steiners, Stuttgart (offene Auseinandersetzung um die Veränderungen in Steiners Auffassungen zwischen 1890 und 1902, mit harmonisierender Tendenz).

Helmut Zander (2003): Der Generalstabschef Helmuth von Moltke d. J. und das theosophische Milieu um Rudolf Steiner, in: Militärgeschichtliche Zeitschrift, Jg. 62, 423–458 (Aufarbeitung der Beziehung Steiners zu Moltke und zu Steiners Rolle im Ersten Weltkrieg).

Ders. (2003): Theosophische Orte: Über Versuche, ein Geheimnis zu wahren und öffentlich zu wirken, in: Österreichische Zeitschrift für Geschichtswissenschaften, Jg. 13, Heft 4, 119–147 (Deutung der theosophischen Orte im Rahmen der kulturellen Raumordnung um 1900).

Anthroposophie im 20. Jahrhundert (2003). Ein Kulturimpuls in biographischen Portraits, hg. v. B. von Plato, Dornach (Biographien mit schwer erreichbarem Material, vielfach aus deutlich anthroposophischer Perspektive).

Robin Schmidt (2003): Glossar. Stichworte zur Geschichte des anthroposophischen Kulturimpulses, in: Anthroposophie im 20. Jahrhundert. Ein Kulturimpuls in biographischen Portraits, hg. v. B. von Plato, Dornach 2003, 963–1054 (Wichtigster Überblick über die Geschichte der Anthroposophischen Gesellschaft unter Verwendung teilweise abgelegener Quellen. Findet sich völlig zu Unrecht als Anhang zu der Biographiensammlung und verdiente eine eigenständige Publikation).

Helmut Zander (2004): Theosophische Zeitschriften in Deutschland bis 1945, in: Aufbrüche, Seitenpfade, Abwege. Suchbewegungen und Subkulturen im 20. Jahrhundert (Festschrift für Ulrich Linse), hg. v. J. Baumgartner / B. Wedemeyer-Kolwe, Würzburg, 99–120 (Zusammenstellung theosophischer Zeitschriften; eine bibliographisch gekürzte und zugleich mit neuem Material ergänzte Zusammenstellung findet sich in Kap. 3, Anhang).

## 2.2 Die Theosophie im Kontext weltanschaulicher Pluralisierung im 19. Jahrhundert

Die Theosophie galt um 1900 vielen als erratische Entwicklung, als »anglo-indischer« Import oder als Randerscheinung. Polemische Ausgrenzung und schlichte Unkenntnis kamen dabei zusammen und bestimmen bis heute ein Bild der Theosophie, in dem ihre Verbindungen zu zeitgleichen Gruppen und Strömungen abgeblendet sind. Hinzu kommt, daß die Kontexte, in die man die Theosophie hätte einstellen müssen, wenig bekannt waren und bis heute weitgehend unerforscht blieben. Diese Zusammenhänge kommen in den Kapiteln dieser Arbeit immer wieder im einzelnen zur Sprache, doch zuvor situiere ich die Theosophie in drei fundamentalen Kontexten, um aus unterschiedlichen Perspektiven den Ort der Theosophie im Prozeß der Pluralisierung zu markieren.

### *2.2.1 Religiöser Dissens in Deutschland*

Die Geschichte der Theosophie bleibt unverständlich, wenn man sich nicht zwei Dimensionen religiöser Pluralisierung in Deutschland vor Augen hält: zum einen die – jedenfalls im Vergleich mit vielen europäischen Nachbarn – marginale Rolle dissentierender Gemeinschaften bis weit in die zweite Hälfte des 19. Jahrhunderts hinein und zum anderen die dann um 1900 ausgesprochen lebendigen und vielfältigen Szenen alternativreligiöser, weltanschaulicher oder lebensreformerischer Gruppen. Diese Kulturen sind aufgrund unzureichender Forschungen für Deutschland aber bislang nur teilweise überschaubar. Ich skizziere deshalb dieses Umfeld, soweit es nötig ist, um die Kontexte und Eigenheiten der Theosophie zu profilieren.

Religiöse Gemeinschaften außerhalb der großen Kirchen waren in Deutschland kleine Gruppen, teilweise mit verschwindend geringen Mitgliederzahlen (Tab. 2.1). Kulturell prägend und politisch dominant war der großkirchliche »konfessionelle Gegensatz als Grundtatsache«[43]. Die Religionsstatistik dokumentiert, daß bis zum ersten Weltkrieg die Pluralisierung der religiösen Landschaft vor allem zugunsten der christlichen Dissenter verlief, die zwischen Reichsgründung und Kriegsbeginn ihre Zahl mehr als verdreifachten, ohne aber einen Anteil von knapp einem halben Prozent zu übersteigen. Schon vor dem Krieg schnellten allerdings die Zahlen der als nichtchristliche Dissenter gezählten Gruppen in die Höhe: 1910 hatten sie sich gegenüber 1900 mehr als verzwölffacht und in absoluten Zahlen mit den christlichen Dissentern fast gleichgezogen. In dieses Wachstumssegment gehörten auch die Theosophen, doch dürften sie in den Zahlen aufgrund des vermutlich seltenen Kirchenaustritts kaum oder überhaupt nicht enthalten sein. Nach dem Krieg wurden die christlichen Dissenter zu einer quantitativ marginalen Größe, wohingegen die »anderen«

[43] Nipperdey: Deutsche Geschichte 1866–1918, I, 528.

Religionsgemeinschaften in absoluten wie in relativen Zahlen zur drittgrößten Gruppierung heranwuchsen und auch das Judentum überflügelten. Der signifikante Rückgang der Mitgliederzahlen im Protestantismus legt darüber hinaus nahe, daß die Mehrzahl der Mitglieder »anderer« Gemeinschaften aus den protestantischen Kirchen kam; diese statische Plausibilität läßt sich mit qualitativen Daten erhärten (s. 4.1.1a).

Die Grenzen zwischen religiösen Gemeinschaften waren fließend, biographische oder weltanschauliche Übergänge – nacheinander oder zeitgleich – häufig, Doppelmitgliedschaften nicht selten, schon weil Trennungen nicht gewollt oder vor 1918 rechtlich schwierig waren. Auch die Theosophie dokumentiert diese Unschärfe: Sie war keine christliche Gemeinschaft, wenngleich in den meisten Gruppen (und nach 1900 zunehmend) christliche Elemente betont wurden. Sie trug vielmehr Züge einer Kulturreligion, besaß aber in ihren Riten hohe Eintrittsschranken. Die Theosophie bediente sich mit der synkretistischen Weltanschauungskonstruktion aus dem breiten Angebot vagierender Religiosität, schloß aber auch die individualistische Privatkonfession in einen institutionellen Rahmen ein. Und die Mitglieder dürften fast immer in ihrer angestammten Religionsgemeinschaft verblieben sein. Die Erforschung dieser multiplen weltanschaulichen Orientierungen bei Personen und Gruppen gehört zu den spannenden Forschungsaufgaben zur Geschichte des Kaiserreichs. Der folgende Überblick über religiöse Gemeinschaften übernimmt deshalb noch die vermeintlich trennscharfen Abgrenzungen einer Statistik, die es real nicht gibt.

*Christliche Gemeinschaften* bildeten die älteste Gruppe organisierter Dissenter; sie sind schlecht erforscht[44], ein Überblick über die existierenden Gruppen fehlt (vgl. Tab. 2.2). Sie stellten sich explizit in die christliche Tradition und grenzten sich zugleich oft als Reformbewegungen von den großkirchlichen Formen des Christentums ab. Aber der Vollzug einer Trennung war oft nicht eindeutig, weil sich viele Reformguppierungen als innerkirchliche Bewegungen verstanden und teilweise erst in einem Prozeß der Differenzbestimmung und manchmal wider Willen ausgeschlossen wurden; umgekehrt gab es Prozesse einer allmählichen Wiederannäherung separierter Gemeinschaften, zudem die schwer kalkulierbaren Doppelmitgliedschaften. Daß die kleinen Gemeinschaften mit ihren Abgrenzungen auf Defizite der großkirchlichen Konfessionen reagierten, ist eine Art communis opinio – von Vertretern beider Seiten. Dabei standen die dissentierenden Gemeinschaften in vielen, vielleicht in den meisten Fällen pietistischen Frömmigkeitstraditionen respektive einer erwecklichen Spiritualität nahe, außerdem spielten apokalyptische Motive eine wichtige Rolle. Die in Tab. 2.2 genannten Baptisten stehen nur exemplarisch für die evangelischen Freikirchen als dem vermutlich größten und rapide wachsenden Konfessionsverband. Vielfach kamen die Anstöße zur Gründung aus dem Ausland, neben dem angelsächsischen vor allem aus dem westschweizerisch-südostfranzösischen Raum (Genf, Bern, Waadtland, Lyon)[45]. Dabei standen »Konfessionsgemeinden«

[44] Ein Überblick über größere Vereinigungen bei Obst: Apostel und Propheten der Neuzeit.
[45] Hoenen: Die Freien evangelischen Gemeinden in Deutschland, 12–24; vgl. auch 40–44.

*Tab. 2.1:* Religionsstatistik des Deutschen Reiches
Großkirchen und Minderheiten (ausgewählte Daten) 1871 bis 1933

| | evangelische Kirchen | katholische Kirche[1] | christliche Dissenter[2] | Juden[3] | andere Religionsgemeinschaften[4] |
|---|---|---|---|---|---|
| 1871 | 25.581.685 = 63,31 % | 14.869.292 = 36,21 % | 82.158 = 0,20 % | 512.153 = 1,25 % | 13.504 = 0,03 % |
| 1885 | 29.369.847 = 62,68 % | 16.785.734 = 35,82 % | 125.673 = 0,27 % | 563.172 = 1,20 % | 11.278 = 0,024 % |
| 1900 | 35.231.104 = 62,50 % | 20.327.913 = 36,10 % | 203.793 = 0,36 % | 586.833 = 1,00 % | 17.535 = 0,10 % |
| 1910[5] | 39.991.421 = 61,59 % | 23.821.453 = 36,69 % | 283.946 = 0,44 % | 615.021 = 0,95 % | 214.152 = 0,32 % |
| 1910[6] | 38.117.501 = 65,21 % | 19.326.369 = 33,06 % | 261.695[7] = 0,44 % | 538.912 = 0,92 % | 210.437[8] = 0,36 % |
| 1925 | 40.014.677 = 64,12 % | 20.193.334 = 32,36 % | 87.580 = 0,14 % | 564.379 = 0,9 % | 1.550.649 = 2,48 % |
| 1933 | 40.865.151 = 61,28 % | 21.172.087 = 31,76 % | 34.927 = 0,05 % | 499.682 = 0,75 % | 2.646.614 = 3,40 % |

[1] 1927 und 1934: »römisch-katholisch«.
[2] 1880, 1889 und 1905: »sonstige«; 1910 und 1922: »andere«; 1934: »andere Christen«.
[3] »Israeliten«.
[4] 1880: »andere und ohne Angabe der Religion«; 1889: »Bekenner anderer Religionen und Personen unbekannter Religion«; 1905, 1910 und 1922: »andere«; 1927 und 1934: »sonstige«.
[5] Gebietsstand 1910.
[6] Gebietsstand 1922.
[7] Zur Errechung vgl. die folgende Anmerkung.
[8] Angaben für »andere Religionsgemeinschaften« nach: Statistisches Jahrbuch für das Deutsche Reich, Berlin 1927, Im 1927 veröffentlichten Jahrbuch sind nur die Prozentangaben für das Jahr 1910 (Gebietsstand 1922) angegeben. In den 1921/22 veröffentlichten Angaben fehlt die Rubrik »andere Religionsgemeinschaften«. Die Zahlen für die »anderen Religionsgemeinschaften« wurden deshalb aus der Gesamtmenge des Jahre 1910 [Gebietsstand 1922] ermittelt und aus der Rubrik »sonstige« herausgerechnet (die Angaben für »sonstige« belief sich auf 472.132 Personen, entsprechend 0,81 %).

Quellen:
1871: Statistisches Jahrbuch für das Deutsche Reich, Berlin 1880, 13.
1885: Dass., Berlin 1889, 7.
1900: Dass., Berlin 1905, 5.
1910 [1910]: Dass., Berlin 1915, 9 (Gebietsstand 1910).
1910 [1922]: Dass., Berlin 1921/22, 12 (Gebietsstand 1922, ohne Abstimmungsgebiete).
1925: Dass., Berlin 1927, 9.
1933: Dass., Berlin 1934, 14.

*Tab. 2.2:* Christliche Gemeinschaften in Deutschland um 1900. Chronologisch nach ihrer erstmaligen Präsenz in Deutschland

*Mennoniten* Taufgesinnte. Gründer Menno Simons (1492–1559). 1903: 18.000 Mitglieder (RE[3] XII, 616).

*Quäker* Spiritualisten. Gründer George Fox (1624–1691). 1909 weniger als 30 Mitglieder (RGG[1] IV, 2001. Dahinter dürften beträchtliche Identifizierungsunsicherheiten stehen, vgl. Rolffs: Das kirchliche Leben, 294).

*Herrnhuter Brüdergemeine* Spiritualisten. Gegründet 1722 von Nikolaus Ludwig Graf Zinzendorf. 1910 23 Gemeinden (19 im Reich, zwei in der Schweiz und in den Niederlanden) mit 8.016 Mitgliedern (RGG[1] II, 2144).

*Methodistischen Gemeinschaften* Spiritualistisch. In den 1730er Jahren durch die Brüder John und Charles Wesley und andere entstanden. 1850 erste Kreise in Deutschland (Bremen) durch ausgewanderte und zum Methodismus übergetretene Deutsche in Amerika. Bischöfliche Methodistenkirche: 1870 7.461 Mitglieder, 1918 28.906 Mitglieder. Zusammenschlüsse u. a. mit den *Vereinigten Brüdern in Christo (»Otterbeinianern«)* 1905 (RGG[1] IV, 341; Strahm: Die Bischöfliche Methodistenkirche yy 3 f.).

*Swedenborgianer* Neuoffenbarung. Spiritus Rector Emmanuel Swedenborg (1688–1772). 1913 seien »die einst … sehr blühenden deutschen Swedenborg-Gemeinden sind jetzt auf spärliche Reste zusammengeschmolzen« (RGG[1] V, 1026).

*Evangelische Gemeinschaft (»Albrechtseute«)* Spiritualisten. Gründer Jakob Albrecht in den 1790er Jahren in Pennsylvania. 1895: 6.751 Mitglieder (RE[3] V, 667), 1909: 11.470 Mitglieder (RGG[1] I,328).

*Mormonen* Neuoffenbarung. 1830 von Joseph Smith in den USA gegründet. 1913: 5.050 Mitglieder in Deutschland und der Schweiz (RGG[1] IV, 506 f.).

*Altlutheraner* Separierte. Entstanden in den 1830er Jahren gegen die preußische Kirchenunion. 1906: in Preußen 58.049 Mitglieder, außerhalb Preußens um 1900 etwa 13.300 Personen (RGG[1] I, 417 f.).

*Lorber-Gemeinschaft* Neuoffenbarung. Anhänger der seit 1840 von Jakob Lorber verfaßten »Neusalemsschriften«. Keine Zahlen über Anhänger um 1900 bekannt.

*Katholisch-apostolische Gemeinden (»Irvingianer«)* Apokalyptiker / hochkirchlich. In den 1830er Jahren von Edward Irving und Henry Drummond gegründet. In Deutschland Übertritt ganzer protestantischer Gemeinden. Um 1900 60.000 Mitglieder in Norddeutschland, 5.000 bis 7.000 in Süddeutschland. *Apostelamt Juda*: 1902 aus den Katholisch-apostolischen Gemeinden entstanden. Keine Zahlenangaben vorhanden. *Neuapostolische Gemeinde* (»Neuirvingianer«): Entstanden aus den Katholisch-apostolischen Gemeinden, seit 1906 als Neuapostolische Gemeinde. 1909 etwa 70.000 Mitglieder in Deutschland und den Niederlanden. *Gemeinschaft des göttlichen Sozialismus – Apostelamt Juda*: 1923 aus der Neuapostolischen Gemeinde entstanden (Schröter: Die Katholisch-apostolischen Gemeinden, 186 [Zahlen 1900]; Handbuch Religiöse Gemeinschaften [⁴1993], 259 f. 272 [Apostelamt Juda]; Ribbat: Religiöse Erregung, 77 [Zahlen 1909]).

*Adventisten vom Siebenten Tag* Apokalyptiker. Entstanden seit 1831 in den USA. 1909 in Deutschland (»einschließlich Deutsch-Afrika«) 6.400 Personen (RGG[1] I, 165). *Milleniums-Adventisten*. 1909 in Deutschland präsent (RGG[1] I, 167); keine Zahlen über Anhänger vorhanden.

*Baptisten* Taufgesinnte. In Deutschland 1834 erste Erwachsenentaufe von Johann Gerhard Oncken in Hamburg durch amerikanische Baptisten. 1882 16.468 Mitglieder, 1907 37.044 Mitglieder (RGG[1] II, 910; Balders: Theurer Bruder Oncken, 40 [zu 1834] und 166 [zu 1882]).

*Darbysten* Apokalyptiker. In den 1830er/40er Jahren von John Nelson Darby in England gegründet. Seit 1854 in Deutschland aktiv; 1909 ca. 3.000 Personen (RGG[1] I, 1973).

*Lichtfreunde* Rationalisten (ursprünglich protestantisch). Entstanden zu Beginn der 1840 Jahre. 1850 etwa 50.000 Mitglieder. Durch staatliche Repression seit Ende 1848 weitgehend aufgerieben und 1859 mit den ebenfalls stark dezimierten *Deutschkatholiken* im *Bund freier religiöser Gemeinden Deutschlands* vereinigt (Brederlow: »Lichtfreunde«, 112–115 [Entstehung und Auflösung]; Paletschek: Frauen und Dissens, 73 [zu 1850]).

*Deutschkatholizismus* Rationalisten (ursprünglich katholisch). Entstanden 1847/48. 1848 etwa 60.000 Mitglieder; um 1900 drastisch geschrumpft. Zur Bedeutung für die Theosophie s. u. (Zahlen nach Nipperdey: Deutsche Geschichte 1800–1866, 412).

*Nazarener* Neuoffenbarungsgemeinschaft auf Grundlage der Kundgaben von Johann Jakob Wirz von 1858. Bereits 1888 (400 bis 500 Mitglieder) waren sie offenbar fast wieder verschwunden (Dresbach: Die protestantischen Sekten der Gegenwart, 117).

*Heilsarmee* Spiritualisten, sozial-caritativ. 1860 von dem ehemaligen Methodisten William Booth in London gegründet, seit 1886 in Deutschland. Keine Angaben zur Mitgliederzahl um 1900, aber 145 »Korps«. 1911: 224 »Korps« (Gruner: Revolutionäres Christentum, I,232 [historische Angaben]; I,232–238 [Zahlen]).

*Gesellschaft zur Sammlung des Volkes Gottes in Jerusalem* Rationalisten. Auch Templer oder Hofmannianer genannt. Keine Angaben über Mitgliederzahlen vorhanden (Rohnert: Kirche, Kirchen und Sekten, 239–242).

*Reichsbruderbund* Rationalisten. Ende der 1880er Jahre wird von einer teilweisen Rückkehr in die protestantische Landeskirche berichtet. Der Reichsbruderbund dürfte um 1900 nicht mehr existiert haben (Rohnert: Kirche, Kirchen und Sekten, 242).

*Zeugen Jehovas* Apokalyptiker. In der zweiten Hälfte der 1870er Jahre von Charles Taze Russel gegründet, der seit 1891 auch in Deutschland als Prediger aktiv war. Erster »Pilgrim« 1903, schon bald auch Abspaltungen in Deutschland. 1918: 5.545 »Verkündiger« (Hellmund: Geschichte der Zeugen Jehovas [unpaginiert], Abschnitt IV,1, erste Seite).

*Christian Science* Rationalisten/Heilungsbewegung. 1879 von Mary Baker Eddy in den USA gegründet, in Deutschland offiziell am 1. März 1899 etabliert (RGG[1] II, 1180). Im Wissenschaftsglauben frappante Übereinstimmungen mit der Theosophie (s. u.). Keine Angaben über Mitgliederzahlen um 1900 vorhanden.

*Christlich-katholische Kirche in Zion* Heilungskirche. Von John Alexander Dowie in den 1880er Jahren gegründet. Zwischen 1900 und 1904 nach eigenen Angaben Taufe von 800 Personen (Kirchen und Sekten der Gegenwart, Hg. Kalb [1905], 489).

Quellen:
Abkürzungen: RE[3] = Realencyclopädie für protestantische Theologie und Kirche ([3]1896–1913). RGG[1] = Die Religion in Geschichte und Gegenwart ([1]1909–1913).

älterer Tradition neben »konfessionsübergreifenden Freiwilligkeitsgemeinden«[46], die damit eine Organisationsform prägten, die auch für die Theosophie charakteristisch wurde.

Eine herausgehobene Bedeutung besaß für die christentumskritische Pluralisierung der Deutschkatholizismus einschließlich der mit ihm verbundenen Lichtfreunde[47]. Deren aus der rationalistischen Aufklärungstheologie stammenden Vorstellungen[48] bildeten den Ansatzpunkt einer Transformationsgeschichte, die zu freichristlichen und später freireligiösen Gemeinschaften führte. Sie legten also zunächst ihr konfessionelles Profil, dann ihr Christentum und schließlich teilweise die Religion ab und vollzogen die Transformation »von der Religionspartei zur Weltanschauungspartei«[49]. Darüber hinaus sind die synkretistischen Entwicklungen im Deutschkatholizismus von paradigmatischer Bedeutung für die religiöse Kulturgeschichte seit dem späten 19. Jahrhundert. In Predigten finden sich religionsgeschichtliche, geschichtliche und naturwissenschaftliche Fragen[50], der Rückgriff auf völkische Traditionen war um 1900 häufig[51]. Wichtige Elemente des theosophischen Weltanschauungsprogramms waren darin strukturell enthalten.

Zum Umfeld des christlichen Dissenses gehörte ein buntes Spektrum weiterer Gruppen. Man kann die Freimaurerei dazu zählen, die in ihren Riten Funktionen der ästhetischen Deutung von Lebensvollzügen in einer um 1900 vornehmlich protestantischen Klientel übernahm. Sie zählten 1878 41.614 Mitglieder in 352 Logen, 1919 waren es 60.320 Brüder in 607 Logen[52], womit die Freimaurer zu den zahlenmäßig großen Weltanschauungsalternativen gehörten. Die meisten theosophischen Gruppen haben versucht, deren Riten zu adaptieren. Quantitativ beträchtlich dürfte auch der Spiritismus[53] gewesen sein, dessen Mitglieder in die Tausende gingen[54] und der in Deutschland offenbar kaum nichtchristliche Ausprägungen besaß. Auf die entscheidende Vorläuferrolle des Spiritismus für die Theosophie komme ich noch mehrfach zu sprechen. Völkisch-religiöse Gruppierungen bildeten (etwa die Germanisch-deutsche Religions-Gemeinschaft oder der Germanenorden) wie die Spiritisten wohl eher selten eigenständige Religionsvereinigungen. Als Organisation blieben sie klein, auch wenn ihre Auf-

---

[46] Heinrichs: Freikirchen – eine moderne Kirchenform, 427.

[47] Zur neueren Forschung Paletschek: Frauen und Dissenz; Holzem: Kirchenreform und Sektenstiftung. Weiterhin wichtig die politik- und ideengeschichtlich ausgerichteten Arbeiten von Brederlow: »Lichtfreunde« und Freie Gemeinden, und von Graf: Die Politisierung des religiösen Bewußtseins. Bahn: Deutschkatholiken und Freireligiöse, hat die Transformation des Deutschkatholizismus in christentumsdistanzierte Religionsformen um 1900 beschrieben.

[48] Dazu Stollenwerk: Der Deutschkatholizismus.

[49] Graf: Die Politisierung des religiösen Bewußtseins, 17.

[50] Paletschek: Frauen und Dissens, 105.

[51] Bahn: Deutschkatholiken und Freireligiöse, 127.

[52] Peters: Geschichte der Freimaurerei im Deutschen Reich, 270.

[53] Vgl. exemplarisch zum christlichen Profil Kurzweg: Die Geschichte der Berliner »Gesellschaft für Experimental-Psychologie«, 50–52.

[54] So folgten Joseph Weißenberg 1926 bei seinem Austritt aus der evangelischen Kirche »mehrere Tausend« Anhänger; Handbuch Religiöse Gemeinschaften ([4]1993), hg. v. H. Reller u. a., 323.

fassungen in mentaler Hinsicht wesentlich weiter verbreitet waren[55]; quantitative Daten fehlen. Typisch »okkultistische« Gruppen (wie die diversen Rosenkreuzergemeinschaften um 1900) sind zwar für die Vorgeschichte der Theosophie bedeutsam, waren jedoch in der gesamtgesellschaftlichen Präsenz und Wirkung in Deutschland marginal.

*Nichtchristliche Religionen* verstanden sich als Alternative zur hegemonialen europäischen Tradition. Allerdings bilden die Überschneidungen mit tradierten christlichen Vorstellungen – wie auch bei der Theosophie – ein komplexes Kapitel. Dazu zählt der Buddhismus, der seit den 1860er Jahren durch Übersetzungen, seit den Jahren um 1900 auch institutionell präsent war[56]. Er blieb quantitativ klein, besaß aber in der Rezeption als philosophische Religion eine beträchtliche Wirkung unter Gebildeten. Islamische Gruppierungen scheinen vor dem Ersten Weltkrieg nicht entstanden zu sein, im übrigen galt der Islam vielfach als untergehende Religion[57]. Gruppen wie die Mazdaznan-Bewegung waren vor dem Ersten Weltkrieg zumindest quantitativ verschwindend klein. In den nichtchristlichen Bereich gehören, mit beträchtlichen Randunschärfen, auch die freireligiösen und freigeistigen Gruppierungen der Jahrhundertwende[58]. Sie bildeten eine weltanschaulich breit gefächerte Bewegung, die 1912 im Weimarer Kartell (gegründet 1909) immerhin 25.000 Mitglieder zählte[59].

*Kulturreligiöse Vereinigungen und Bewegungen*, die religiöse Fragen implizit thematisierten, gab es um 1900 in unüberschaubarer Zahl. Das Spektrum reicht vom idealistischen »Eucken-Bund« bis zu Wagners Kunstreligion in Bayreuth, von der »Kosmik« der Literaten des George-Kreises bis zur religionsproduktiven Nietzsche-Rezeption und zu »religiösen« Lebensreformbewegungen oder den politischen Religionen. Dazu zählen auch naturwissenschaftlich oder naturphilosophisch orientierte Gruppen wie der Monistenbund[60], mit denen die Theosophie das Interesse an der weltanschaulichen Verwertung naturwissenschaftlicher Vorstellungen teilte. Der Monistenbund wiederum steht für eine breite, naturwissenschaftsfromme Bildungsbewegung im Kaiserreich, die, wie Andreas Daum herausgearbeitet hat, in weiten Teilen das genaue Gegenteil der materialistischen Religionskritik war, die ihm bislang zumeist unterstellt wurde:

> »Hervor tritt ein Welt- und Naturverständnis, das in beträchtlichem Ausmaß von vorrationalen und antimaterialistischen, von idealistischen und ästhetischen Kategorien

[55] Vgl. Handbuch zur »Völkischen Bewegung« 1871–1918; Völkische Religion und Krisen der Moderne.

[56] Baumann: Deutsche Buddhisten; Notz: Der Buddhismus in Deutschland.

[57] Eine der frühesten Gründungen war wohl die Ahmadiyya in den zwanziger Jahren (Handbuch Religiöse Gemeinschaften [⁴1993], hg. v. H. Reller u. a., 795). Die Untergangsperspektive 1912 bei Becker: Islam, 743: Wenn sich der Islam nicht ans »europäische Geistesleben« anpasse, »sind seine Tage gezählt«.

[58] Dazu Simon-Ritz: Die Organisation einer Weltanschauung, 57–165; Bahn: Deutschkatholiken und Freireligiöse.

[59] Simon-Ritz: Die Organisation einer Weltanschauung, 159.

[60] Simon-Ritz: Die Organisation einer Weltanschauung; Lübbe: Politische Philosophie in Deutschland, 127–172. Daneben Drehsen / Zander: Rationale Weltveränderung, und Hübinger: Die monistische Bewegung, 246–259.

bestimmt wurde. Nicht der Widerspruch, sondern die Versöhnung von religiösem Bedürfnis und wissenschaftlichem Denken erscheint hier als Leitidee«[61].

In dieses Feld gehört auch der sich wissenschaftlich verstehende Okkultismus (s. u. 2.2.2 und 9.5.2), der wiederum breite Überschneidungen mit der Theosophie besaß.

Die Abgrenzung zwischen religiösen und säkularen Vereinigungen ist an den Rändern der »Kulturreligion« schwierig, aber mit dem Begriff »Weltanschauung« (s. u. 2.2.2) stand ein integrativer Terminus zur Verfügung, der die Unterscheidung zwischen Religion und säkularer Weltdeutung durch erweiterte Randunschärfen überbrückte und versprach, die Begrenztheit positiver Religionen in der Universalität eines autonom konzipierten Überbaus aufzuheben. Mit diesem Konzept stand der deutschen Theosophie ein Begriff zur Verfügung, den die ausländischen Schwestergesellschaften so nicht besaßen und den Steiner zu einem Schibboleth seines Selbstverständnisses machte.

Als »*vagierende Religiosität*« hat Nipperdey (in Aufnahme eines Terminus, der möglicherweise von Ernst Troeltsch stammt) »eine außerkirchliche Religiosität, jedenfalls im bürgerlichen Milieu: keine Religion eigentlich, aber eine religiöse Gestimmtheit«[62] umschrieben. Damit bot er eine Kategorie an, die die negativen Konnotation des Begriffs »Religiosität« zurücknahm[63] und die Engführungen klassischer Organisationsbegriffe, in denen schon kulturreligiöse Gruppierungen nicht mehr unterzubringen sind, hinter sich ließ. Zugleich wurde der Blick frei für die Religionsproduktion »hinter« den hegemonialen (Groß-)Kirchen. Die Theosophie mit ihren Synkretismen sowohl bei der Vereinsprogrammatik als auch bei den individuellen Mitgliedern ist mit derartigen Milieus eng verbunden, wenngleich die Inhalte dieser vagierenden »Ströme« bislang aufgrund fehlender Forschungen zu Biographien oder einzelnen Topoi nur schwer greifbar sind.

Folgende Ergänzungen zu Nipperdeys Anstoß schlage ich vor:

1. *Eine sozialstrukturelle Bedingung vagierender Religiosität waren neue Zugriffsmöglichkeiten und Vermittlungswege von Wissen.* Im Verlauf des 18. und insbesondere im 19. Jahrhundert hat sich die Präsenz religionsgeschichtlichen Materials durch Publikation von Materialien der europäischen Religionsgeschichte (sowohl »orthodoxer« wie »häretischer« Herkunft) sowie von außereuropäischen Religionen dramatisch verändert (s. 7.11.1a). Die leichte Zugänglichkeit des Materials hatte einen massiven Verlust gesellschaftlicher Kontrolle – sowohl kirchlicher wie wissenschaftlicher Institutionen – über religionsgeschichtliches Wissen zur Folge, religionsgeschichtliches Wissen vagierte. Die Freisetzung aus autoritativen Deutungskriterien erleichterte dessen bricolageartige Neukonstellation und die weltanschauliche Verwertung: Wenn etwa Jesus zum Arier wurde

---

[61] Daum: Wissenschaftspopularisierung im 19. Jahrhundert, 14.

[62] Nipperdey: Deutsche Geschichte 1866–1918, I, 521.

[63] Neben der meist positiv gewerteten individuellen »Religiosität« war sie vor allem in ihren kollektiven, »mentalen« Sozialformen (etwa als »Volksreligiosität«) traditionell in der historischen Sozialforschung in Opposition zu »Hochformen« der Religion definiert (vgl. zur Problematik etwa den Band Volksreligiosität in der modernen Sozialgeschichte, hg. v. W. Schieder).

oder die Freimaurerei sich Wurzeln in den antiken Mysterienkulten verschaffte, verdankten sich diese Konstruktionen einem weitgehenden Verzicht auf hermeneutische Minimalbedingungen. Diese Nutzung des Materials setzte allerdings Lesefähigkeit und Sprachkenntnisse voraus und war deshalb zumeist ein Phänomen gebildeter Mittel- und Oberschichten. Die liberalisierte Wissensdiffusion beruhte wiederum auf einem expandierenden Verlagswesen, in den sich nicht nur Eugen Diederichs als Vermittlungsagentur »moderner Religion« verstand[64].

2. *In der vagierenden Religiosität dominierten vermutlich spezifische Inhalte.* Der Begriff der vagierenden Religiosität wird häufig als Container für alles und jedes benutzt. Demgegenüber halte ich es für wahrscheinlich, daß die inhaltlichen Verdichtungen, wie sie sich in der Memoirenliteratur des Wilhelminischen Deutschland (die mit quantitativen Studien analysiert werden müßte), im Verlagsprogramm von Diederichs oder in den Veröffentlichungen zur »modernen Religion« um 1900 finden[65], einen inneren Kanon gebildet haben dürften: pantheisierende Naturphilosophie, Autonomisierung der Soteriologie, »mystische« Innerlichkeit und oft ein gesellschaftspolitischer Quietismus.

3. *Wichtige Träger dürften Protestanten gewesen sein.* Zwar ist die Identifizierung einer Konfessionszugehörigenkeit oft schwierig, doch bildete das protestantische Bildungsbürgertum (abgeschwächt gilt das folgende auch für gebildete Katholiken und Juden) einen Fluktuationsraum, in dem es eine Tradition individualisierter Glaubensentscheidungen unter Einbeziehung »häretischer« und institutionell vielfach ungebundener Inhalte gab[66]. Nipperdeys Festlegung auf eine »außerkirchliche Religiosität« unterschlägt diesen Hintergrund. Namentlich die von der Theosophie propagierte Dogmenfreiheit (s. 7.4.5c) dürfte auch eine Legitimationskonstruktion vagierender Religiosität gewesen sein, aber die Wurzeln dieser Kritik an der Verbindlichkeit von Dogmen liegen in der Neologie des 18. und in den Apostolikumstreiten des 19. Jahrhunderts.

Ich beschließe diesen Überblick im großem Maßstab mit einigen systematisierenden Überlegungen.

(1.) Deutschland sei, so eine These in der wissenschaftlichen Literatur, eine Gesellschaft ohne dissentierende Religion gewesen[67]. Von der Stimmigkeit einer

[64] Zur Verlagsgeschichte: Versammlungsort moderner Geister, hg. v. G. Hübinger; und weiterhin Viehöfer: Der Verleger als Organisator.

[65] Vgl. Meyer-Benfey: Moderne Religion, oder Kalthoff: Die Religion der Modernen. Kalthoffs Werks liest sich wie eine Illustration zu Nipperdeys Konzept der vagierenden Religiosität: Moderne Religion sei »ganz und gar untheologisch, unkirchlich« (ebd. 5), individualistisch, »aus dem Quell des eigenen Lebens geschöpft und aus der Tiefe des eigenen Gemütes geboren« (ebd. 7), konsequenterweise auch pluralistisch und synkretistisch: »Hier heißt es eben: mancherlei Gaben und *vielerlei* Geister! Es gibt keine Seligkeit mehr für alle, sondern jeder sucht sich seine eigene, besondere Seligkeit« (ebd. 9, Hervorhebung Kalthoff).

[66] Vgl. etwa Graf: Das Laboratorium der Moderne, 245. 247, und meine Ergebnisse zur theosophischen Klientel (s. 4.1.1a) oder diejenigen von Barlösius: Naturgemäße Lebensführung.

[67] Vgl. Hübinger: Die monistische Bewegung, 258, der von einem »Land ohne etablierte Sektenkultur« spricht, oder die viel engere These von Wehler: Das Deutsche Kaiserreich, 120, Deutschland sei ein Land »völlig ohne Freikirchen« gewesen.

solchen Faktenbehauptung hängt die Stellung der Theosophie im Ensemble religiöser Differenzierungsprozesse ab. Bejaht man diese These, bekäme die Theosophie einen exklusiven Stellenwert, würde ihre Initialfunktion für die Entstehung kultureller Pluralität noch größer, als sie ohnehin schon ist. Angesichts der ermittelbaren Vielfalt von Religionskulturen ist allerdings das traditionelle monolithische Bild und damit die Rolle der Theosophie zu relativieren. Gleichwohl: Qualitativ dürften Dissenter in Deutschland im Vergleich etwa mit Großbritannien eine kleine Gruppe gebildet haben; auch politisch waren ihre Ambitionen und ihr Einfluß wohl geringer.

(2.) Genaue quantitative Aussagen über dissentierende Milieus lassen sich angesichts fehlender Zahlen oder systematischer Probleme (Doppelmitgliedschaften) beim momentanen Stand der Forschung nicht machen. Die Angaben in der Religionsstatistik des Deutschen Reiches dürfte aber die Entwicklungstendenz anzeigen.

(3.) Die Konzentration auf dissentierende Religion vernachlässigt zwangsläufig und bewußt die großkirchlichen Gravitationszentren. Allerdings ergriffen die Erweckungsbewegungen innerhalb des großkirchlichen Protestantismus – es sei nur an kategorial so unterschiedliche Phänomene wie Johann Heinrich Wicherns innere Mission oder den Württemberger Pietismus erinnert – vermutlich wesentlich größere Kreise als die separierten Gemeinschaften. Und von den fortwirkenden Deutungsnormen der hegemonialen Traditionen wird bei der Theosophie immer wieder die Rede sein.

(4.) Im 19. Jahrhundert verselbständigten sich ehemals innerkirchliche Frömmigkeitsformen organisatorisch separierter Gruppierungen[68]; die Aufladung mit nichtchristlichen Traditionen wie in der Theosophie folgte am Ende des 19. Jahrhunderts.

(5.) Aller Wahrscheinlichkeit nach waren die Städte ein Zentrum dissentierender Religion, um 1900 sicher Berlin, Hamburg, Stuttgart, Elberfeld und München. Möglicherweise waren namentlich gemischtkonfessionelle Gebiete dissensproduktiv (Lucian Hölscher). Regionale Verteilungsunterschiede sind möglicherweise je nach dem Typus einer religiösen Gemeinschaft zu unterscheiden; der pietistische Südwesten, das katholische Bayern und das lutherisch(-calvinistische) Preußen haben sicherlich andere Varianten des Dissenses befördert.

(6.) Der soziale Status der Mitglieder ist vermutlich gruppenspezifisch zu differenzieren. Ribbat hat etwa die plausible These vertreten, daß die Erweckungsbewegungen vor allem Unterschichten ergriffen haben[69]. Bei den Freikirchen, die Heinrichs in Wuppertal untersucht hat, muß man offenbar von einer Mittelschichtsklientel ausgehen[70], in der Theosophie lassen sich Mitglieder aus dem gehobenen Bürgertum und aus Oberschichten nachweisen (s. 4.1.3). Religiöser

---

[68] So auch Ribbat: Religiöse Erregung, 21.

[69] Ebd., 21; Ribbat spricht zwar generalisierend von »den außerkirchlichen Religionsgemeinschaften«, meint aber de facto die erwecklichen Segmente dissentierender Religion.

[70] Heinrichs: Freikirchen, 136f., zumeist nur indirekte Hinweise, etwa S. 192f.

Dissens ging quer durch alle Schichten, prägte sich allerdings inhaltlich wie organisatorisch unterschiedlich aus.

(7.) Die Wurzeln dissentierender Religionsgemeinschaften liegen vielfach im anglo-amerikanischen Bereich. Die institutionelle Pluralisierung wurde wesentlich von außen angestoßen und erstreckte sich, was die Religionsstatistik nicht sichtbar macht, bis weit in die Formulierung inhaltlicher Fragen hinein[71]. Auch die Theosophie war ein Ergebnis dieser Einflüsse.

(8.) Die »Versöhnung« von Naturwissenschaft und Religion[72] fand in Deutschland zwar eine breite Resonanz, wurde aber nur zur Grundlage weniger *institutionalisierter* religiöser Gemeinschaften. Gruppen, die im angelsächsischen Bereich Massenbewegegungen waren (wie der Spiritismus) oder zumindest einen großen Zulauf fanden (wie Christian Science), hatten in Deutschland eine unvergleichbar geringere Bedeutung. Die Theosophie besetzte damit in Deutschland einen Bereich, der ansonsten in kulturreligiösen Weltanschauungsgemeinschaften oder in der freireligiösen Szene eine zentrale Rolle spielte.

### *2.2.2 Die Diversifizierung des semantischen Feldes »Esoterik«*

Begriffe eröffnen Kategorien zur Wahrnehmung und Einordnung historischer Phänomene. Dies ist bei einem Konsens über das Verhältnis von Erkenntnisobjekt und Begriff ein bloßes Zuordnungsproblem, doch hinsichtlich der Theosophie eröffnet dieser Schritt schwierige und teilweise hoch emotionale Auseinandersetzungen, weil Begriffe um 1900 auch Kampfplätze zur normativen Ordnung der Welt waren. Bis heute ist die Differenz zwischen theosophischer Innen- und wissenschaftlicher Außenwahrnehmung hinsichtlich zentraler Begriffe zur Einordnung der Theosophie gravierend. Dazu kommt, daß zentrale Begriffe um 1900 anders besetzt waren als heute, und die Äquivozität der einschlägigen Begriffe war in allen hier relevanten Zeiträumen hoch[73].

Das Wort *Weltanschauung* wurde am Ende des 18. Jahrhunderts geprägt (Kant, 1788) und war ein um 1900 in Deutschland weit verbreiteter Begriff, den die Theosophie auch für sich selbst verwandte. Er besaß sowohl die Option einer subjektiven Weltdeutung als auch einen Integrations- und Überbietungsanspruch, um die Pluralität von Weltdeutungsansprüchen aufzuheben[74]. In diesem Totalitätsanspruch war der Weltanschauungsbegriff eine Reaktion auf die Plu-

---

[71] Bei der Lektüre von Schriften dieser Gruppen springen die angelsächsischen Bezüge immer wieder ins Auge. Systematisch für die Traktatliteratur dazu Ünlüdag: Mentalität und Literatur, etwa S. 86f. Für das frühe 19. Jahrhundert Burkhardt: Christoph Gottlob Müller.

[72] Daum: Das versöhnende Element in der neuen Weltanschauung; dazu ders.: Wissenschaftspopularisierung im 19. Jahrhundert, 193–202.

[73] Ob der Versuch von Faivre: Questions of Terminology, Begriffe sozialen Bewegungen zuzuordnen, greift, müßte in einer komparativen Studie geklärt werden.

[74] Zum Material vgl. Meier: »Weltanschauung«, der meines Erachtens in seinen Differenzierungen des Begriffsgebrauchs diese zentrale integrative Funktion, die zumindest in populären Nutzungen dominiert, überdeckt.

ralisierungsvorgänge des 19. Jahrhunderts mit einer im Kern antipluralistischen Intention.

*Religion.* Der Religionsbegriff verdankt seine Karriere einem strukturell vergleichbaren Integrationsanspruch angesichts einer ungewollten Pluralisierung, der Konfessionalisierung im 16. Jahrhundert[75]. Sah die Gründergeneration der Theosophie in den 1870er Jahren die Nähe und die Überschneidungen zur Religion noch relativ deutlich, hat Rudolf Steiner eine Gegenposition bezogen und das Religionsprädikat für die Theosophie (und später für die Anthroposophie) explizit abgelehnt. Da in der Theosophie allerdings klassische Bereiche der Religionsphänomenologie, etwa Gott / das Göttliche, die Welt und ihre Entstehung oder Anthropologie und Soteriologie zentrale Themen sind, wird sie in der Außenwahrnehmung vielfach als Religion eingestuft. Dies geschieht meines Erachtens zu Recht, da der Grund für Steiners Distanz gegenüber dem Religionsbegriff in seinem Anspruch auf die Überbietung partieller Sinndeutungen durch eine monistische »Weltanschauung« liegt. Er verstand die Theosophie mithin als eine Form »höherer« Religion und lehnte mit diesem Ziel den allgemeinen Religionsbegriff für die Theosophie ab. Steiner suchte also religiöse Inhalte in der Theosophie und gerade keine prinzipielle Religionsdistanz, wollte mithin Religion in Theosophie aufheben. Der Streit geht dann um die Frage, ob die Theosophie auf dieser Metaebene etwas anderes (im theosophischen Selbstverständnis: etwas »höheres«) als Religion geworden sei. Ich meine nicht, aber Theosophen und namentlich Steiner sind da ganz anderer Auffassung[76].

*Okkultismus.* Für die Selbstdefinition der Theosophie ist der Okkultismusbegriff zentral. »Okkultismus« gehört um 1900 zu einem ausufernden und kaum erschlossenen Begriffsfeld, in dem sich auch die Begriffe Esoterik, Geheimwissenschaft, Gnosis, Magie, Mesmerismus, Kabbala, Orientalismus, sciences psychiques, Spiritismus und Wissenschaft oder die Komposita mit den Präfixen »Arkan«-, »Geheim«- oder »Hiero«- finden[77]. Eine Begriffsgeschichte für das 19. und 20. Jahrhundert fehlt.

Das Adjektiv »occultus« (verborgen) ist als Terminus für verborgenes Wissen schon in der Antike bekannt. In der Renaissance wurde der Begriff 1533 durch die Schrift Agrippas von Nettesheim »De occulta philosophia« gegen die nichtphilosophische Magie abgegrenzt und möglicherweise durch paracelsistische Schriften popularisiert. Die Belege bis ins 19. Jahrhundert hinein sind reichhaltig und lückenlos, allerdings nur für die adjektivische Verwendung[78]. Das Substantiv

---

[75] Ausführlich Feil: Religio.

[76] Dazu Zander: Die Anthroposophie – eine Religion?, 525–538. Die Frage, ob man die Theosophie dem Christentum zuordnen kann, ist Thema einer kontroversen Debatte. Man gelangte damit in eine Auseinandersetzung um Steiners Definition der Theosophie, die er aus inhaltlichen wie machtpolitischen Gründen als spezifisch christliche Form verstand und sie damit gegenüber der »anglo-indischen« Muttergesellschaft abzugrenzen trachtete.

[77] Vgl. etwa die Zusammenstellungen bei Laurant: l'Esotérisme chrétien, 19–27, oder Secret: Du »De occulta philosophia« à l'occultisme, 55, oder bei Treitel: Avatars of the Soul, 65–99.

[78] Nachweise bei Secret: Du »De occulta philosophia« à l'occultisme, 55–81, auch mit Belegen zu Synonymen.

»Okkultismus« ist augenblicklich erst 1842 in Frankreich nachweisbar[79]. Eine entscheidende Rolle für die Popularisierung des Substantivs wird Eliphas Levi (i. e. Alphonse Louis Constant) zugeschrieben, der den Begriff in den 1850er Jahren popularisierte[80]. In deutschen Publikationen scheint der Okkultismusbegriff im Laufe des 20. Jahrhunderts immer diffusere Konnotationen erhalten zu haben, auch in der wissenschaftlichen Literatur[81], gefördert möglicherweise durch das unübersichtliche, oben angedeutete Begriffsumfeld, und so wurde er zu einem Sammelbegriff für alles, was irgendwie als verborgen oder unzugänglich galt. Er scheint heute – legt man die Systematik der Buchhandelskataloge zugrunde – zum Synonym für »Irrationales«, der (Natur-)Wissenschaft Unzugängliches zu werden. Damit würde er die Semantik um 1900 in ihr Gegenteil kehren.

Meines Erachtens wurde »Okkultismus« um 1900 in Deutschland weitenteils präzise verwandt und kennzeichnete den »wissenschaftlichen« – gemeint war: mit naturwissenschaftlichen Mitteln und unter dem Anspruch naturwissenschaftlicher Erklärungsreichweite erfolgenden – Versuch, eine verborgene Realität der Welt zu erfassen. Kürzer gesagt: Okkultismus wurde als Metaphysik mit empirischen Methoden verstanden. In Frankreich wird dieser Vorgang besonders deutlich, da »occultisme« den Begriff der »sciences occultes« ersetzte[82]. In dieser empirisierenden Zuspitzung hatten schon Mesmerismus und Spiritismus das Adjektiv »okkult« verwandt, und mit dieser Bedeutung verbreitete sich der Begriff »Okkultismus« seit den 1880er Jahren in allen europäischen Sprachen (England 1881, Deutschland 1891, Italien um 1900)[83], teilweise unter entscheidendem Einfluß von Theosophen.

Bei Steiner findet sich der Begriff Okkultismus in diesem Sinn und durchgängig in seinem theosophischen Werk, also ab etwa 1900. Dabei dominiert der Bezug auf eine verborgene, okkulte Tradition der europäischen Religionsgeschichte, und Steiner stellte sich in die Tradition der »okkultistischen Bewe-

---

[79] In Jean-Baptiste Richard de Radonvilliers' Dictionnaire des mots nouveaux; Hanegraaf: Occult / Occultism, 887.

[80] Eliphas Levi: Dogme et rituel de la haute magie ([1]1854–1856), Wien 1925, I, 8, und ders.: Histoire de la magie ([1]1860), Wien 1978, I, 10. 37. 71; II, 65. 214. Diese Nachweise nach Bender, Hans / Bonin: Okkultismus, 1142.

[81] Vgl. etwa Grundmann: Religiöse Bewegungen im Mittelalter, 16[4], der den Begriff auf mittelalterliche Phänomene (hier: »Teufelsanbetung«) anwandte. Auch Adornos Verdikt ist verallgemeinernd, jedoch noch mit einem Reflex auf den physikalistischen Anspruch: Okkultismus sei »ein Symptom der Rückbildung des Bewußtseins« und »die Metaphysik der dummen Kerle«; Adorno: Minima Moralia, 271. 274. Noch Bochinger: »New Age« und moderne Religion, 271, sieht eine synonyme Verwendung von »esotérisme« und »occultisme« als Sammelbegriff für »verschiedene magische Künste«.

[82] Trésor de la langue française. Dictionnaire de la langue du XIXe et du XXe siècle (1789–1960), Bd. 12, Paris 1986, 388; Bender / Bonin: Okkultismus, 1143 f.

[83] Erstbeleg von »Occultism« in England 1881 bei Blavatskys Vertrautem A. P. Sinnett; vgl. The Oxford English Dictionary, Bd. X, London [2]1989, 681. – In Deutschland könnte »Okkultismus« 1891 von Karl Kiesewetter in seiner »Geschichte des neueren Okkultismus« eingeführt worden sein; so das Deutsche Fremdwörterbuch, hg. v. H. Schulz / O. Basler, II, 239. Was die Behauptung von Tischner: Geschichte der Parapsychologie, 212, bedeutet, Kiesewetter habe den Begriff Okkultismus »wieder« eingeführt, ist unklar. – Für Italien vgl. die Belege für »occultismo« um 1900 in: Grande Dizionario della lingua italiana, Bd. XI, Turin 1981, 788.

gung«[84]. In diesem Horizont formulierte er sein Ideal »objektiver« Erkenntnis religionsgeschichtlicher Phänomene und trat damit in den Kontext einer empiristischen Begründung »geisteswissenschaftlicher« Erkenntnisse ein.

*Esoterik.* Auch der Begriff Esoterik dürfte im 19. Jahrhundert, als Ableitung von dem schon in der Antike verwandten Adjektiv »esoterikós« (innen / innerlich, Oppositionsbegiff zu exoterikós) geprägt worden sein[85]. Der Erstbeleg für das Substantiv stammt augenblicklich aus dem Jahr 1828, als Jacques Matter in seiner »Histoire critique du gnosticisme« mit »ésotérisme« eine Tradition geheimer Schulen mit verborgenem Wissen und einer Einweihung der Adepten bezeichnete[86]. Diese Definitionsmerkmale haben sich auch später durchgängig mit dem »Esoterik«-Begriff verbunden. Dazu kam schon bei Matter ein weiteres Kennzeichen: Er war antihistoristisch ausgerichtet und sollte eine Wissensgewinnung jenseits der Quellenprobleme philologischer Wissenschaft ermöglichen. In England ist der Begriff »esoterism« 1835, »esotericism« 1846 belegt[87]. In Frankreich scheint der Begriff in den Jahren 1840 / 1845 populärer geworden zu sein[88]; die lange vermutete Prägung durch Eliphas Levi[89] war mithin eine Popularisierung.

Die frühe Geschichte des Begriffs Esoterik in Deutschland ist ungeklärt. Das Substantiv »Esoterismus« ist bislang erstmalig in der Übersetzung von Matters »Histoire critique du gnosticisme« 1844 nachweisbar[90], aber noch um 1900 ist in den einschlägigen philologischen oder enzyklopädischen Lexika nur das Adjektiv »esoterisch« in der Bedeutung eines »verborgenen«, elitären Wissens (außerdem das Substantiv »Esoteriker«) belegt. 1909 aber indiziert die Verwendung des Begriffs »Esoterik« bei Guido List eine Popularisierung[91]. In der Theosophie war das Adjektiv esoterisch verbreitet[92], wurde von Steiner aber erst 1924 bei der Wiedererrichtung der Esoterischen Schule voll übernommen. Auch der Bedeutungshorizont dieses Begriffs ist inzwischen bis zur Unschärfe verallgemeinert worden[93].

*Theosophie* ist seit der Mitte des 16. Jahrhunderts als Begriff für spekulative christliche Philosophie oder weisheitliche Gotteserkenntnis eingebürgert[94], zu deren Erlangung vielfach ein besonderes Wissen oder eine durch Schulung ermöglichte »Schau« vorausgesetzt wurde[95]. Blavatskys Theosophie besitzt mit diesen Kennzeichen nur oberflächliche, strukturelle Gemeinsamkeiten. Die Wahl

[84] GA 254,49; vgl. auch ebd., 48.
[85] Zur Begriffsgeschichte Riffard: L'Esotérisme, 83–88.
[86] Matter: Histoire critique du gnosticisme, II, 83; Hinweis auf diesen Beleg bei Laurant: L'Esotérisme Chrétien, 19.
[87] The Oxford English Dictionary, Bd. V, London ²1989, 393 f.
[88] 1840 benutzt von Pierre Leroux nach: Trésor de la langue française. Dictionnaire de la langue du XIX^e et du XX^e siècle (1789–1960), Bd. VII, Paris 1980, 126; 1845 benutzt von Bescherelle, nach: Grand Larousse de la langue française en sept volumes, Bd. VI, Paris 1973, 1736.
[89] So noch die Vermutung bei Bochinger: »New Age« und moderne Religion, 271.
[90] Matter: Kritische Geschichte des Gnosticismus, II, 54.
[91] List: Die Religion der Ario-Germanen in ihrer Esoterik und Exoterik.
[92] Etwa Sinnett: Die Esoterische Lehre oder Geheimbuddhismus.
[93] Vgl. Bochinger: »New Age« und moderne Religion, 374–377.
[94] Faivre: Theosophy, 465 f.
[95] Hoheisel: Theosophie, 868.

dieses Begriffs für den Namen der Theosophischen Gesellschaft im Jahr 1875 trägt Züge des Zufälligen, war jedenfalls kein Ergebnis einer reiflichen Entscheidung unter Berücksichtigung der historischen Semantik; in den Augen der Gründungsmitglieder wurde ein okkultismusnah eingestufter, aber unbesetzter Begriff belegt (s. 3.2.1). Die Verwendung des Begriffs als christliche Theosophie wurde seitdem zunehmend durch seine Besetzung im Sinne Blavatskys und Olcotts zurückgedrängt[96].

*Parapsychologie.* Okkultismus und Esoterik changierten um 1900 zwischen wissenschaftlicher und weltanschaulicher Nutzung, wobei die weltanschauliche Vereinnahmung zunehmend die Begriffsverwendung prägte. Als Gegenreaktion läßt sich die Ausbildung von Neologismen im Umfeld der frühen Psychologie respektive der »psychical research« lesen[97], die eine eindeutig wissenschaftliche Terminologie sicherstellen sollte. Verbreitet wurde in Deutschland der Begriff Parapsychologie, der 1889 von dem ehemals spiritismusnahen Psychologen Max Dessoir (s. 9.5.1b) geprägt wurde[98].

### *2.2.3 Vereinsbildung als Pluralisierungsfaktor*

Die Theosophie ist evidenterweise durch die Möglichkeit einer institutionellen Formierung zu einem Faktor nachhaltiger Bedeutung geworden. Dieser vereinshistorische Kontext als Bedingung für die Selbstorganisation der Gesellschaft ist für Deutschland partiell gut erforscht[99]. Die umfangreiche Literatur konzentriert sich auf die schrittweise Durchsetzung der Vereinigungsfreiheit als wesentlicher Voraussetzung der gesellschaftlichen und politischen Emanzipation des Bürgertums im frühen 19. Jahrhundert; demgegenüber steht eine vergleichbar intensive Erforschung der Entwicklung und (veränderten) Bedeutung von Vereinen um 1900 noch aus[100].

Die großen Kontroversen der Vereinsdebatte des 19. Jahrhunderts waren im Übergang zum 20. Jahrhundert weitgehend entschärft. Vor allem die Dekorporierung wichtiger gesellschaftlicher Bereiche und das Recht der selbstorganisierten Assoziation waren nach der Revolution von 1848 mit regionalen Unterschieden durchgesetzt worden, mit Einschränkungen allerdings für politische

---

[96] Vgl. die quantitative Parität bereits in den Artikeln zur Theosophie im Lexikon: Die Religion in Geschichte und Gegenwart, Bd. V, Tübingen 1913, 1209–1216. In Meyers Enzyklopädischem Lexikon (Bd. 23, Mannheim 1978, S. 411) kommt die christliche Theosophie nicht mehr vor.

[97] Wie umkämpft dieses Definitionsareal war, mag man an der Vielzahl konkurrierender Alternativtermini ablesen: Kritischer Okkultismus, Wissenschaftlicher Okkultismus, métapsychik, psychical research, sciences occultes; Bonin: Parapsychologie, 116.

[98] Erstbeleg nach Bonin, ebd., 116.

[99] Forschungsgeschichtlich wirkungsmächtig Nipperdey: Verein als soziale Struktur. Neuere Überblicke in: Vereinswesen und bürgerliche Gesellschaft in Deutschland, hg. v. O. Dann; Hardtwig: Verein. Mit einer weiten Perspektive über das 19. Jahrhundert hinaus ders.: Genossenschaft, Sekte, Verein in Deutschland. Vgl. auch Hoffmann: Geselligkeit und Demokratie.

[100] Dazu Tenfelde: Die Entfaltung des Vereinswesens, der Strukturveränderungen im Vereinswesen benennt, die über den von ihm prioritär behandelten Zeitraum hinaus gelten. Darüber hinaus gibt es eine Vielzahl von Studien über einzelne Vereine und Städte respektive Regionen, in denen jedoch zumeist theoretische Reflexionen nur themenbezogen vorkommen.

Vereine und nachträglich wieder eingeschränkt im Kulturkampf durch das Jesuitengesetz vom 4. Juli 1872 und in der Auseinandersetzung mit der Sozialdemokratie durch das Sozialistengesetz vom 21. Oktober 1878. Eine Vereinheitlichung der Vereinsgesetzgebung brachte 1900 das Bürgerliche Gesetzbuch, in dem für »Idealvereine« das Normativsystem, das nur die Rahmenbedingungen der Zulässigkeit einer Vereinsgründung benannte, gegenüber dem Einzelfall genehmigenden Konzessionssystem durchgesetzt wurde. Den Weg in ein liberales Vereinsrecht ebnete schließlich ein Aufruf des Rates der Volksbeauftragten am 12. November 1918[101]. Die zwischen 1896 und 1902 gegründeten theosophischen Gesellschaften profitierten von den bis dato erreichten Liberalisierung, nur in Einzelfällen ist von Behinderungen durch das Vereinsrecht die Rede.

Wesentlich komplexer sind demgegenüber die sozialstrukturellen Veränderungen des Vereinswesens in den Jahrzehnten um 1900:

(1.) In der zweiten Hälfte des 19. Jahrhunderts kam es zu einer immensen *Zunahme von Vereinsgründungen*, parallel zum Abebben der politischen Diskussion um die Vereinsfreiheit im Verlauf ihrer faktischen Durchsetzung[102]. So stieg nach Tornow die Zahl der Vereine in München von 30 im Jahre 1830 über 150 (1850) und auf 3.225 im Jahr 1990[103], wobei die Zahl der Mitglieder je Verein schneller wuchs als die Zahl der Vereine[104]. Vereine wurden zu einem alltagsprägenden »Strukturprinzip der bürgerlichen Gesellschaft«[105].

(2.) Als wesentliche soziale *Trägerschichten* identifiziert Tenfelde »stadtbürgerliche Mittelschichten«[106]. Dies dürfte für die Theosophie nur partiell zutreffen, hier dominierte eine ökonomisch sehr gut situierte Schicht (s. 4.1.3b)[107].

(3.) Der Ursprung von Vereinen lag im 19. Jahrhundert vornehmlich in der *Stadt*[108]. Diese topographische Zuweisung trifft für die Theosophie in vollem Umfang zu.

(4.) *Medien.* Ein im großen und ganzen problemlos funktionierendes Druck- und Postwesen ermöglichte die Erweiterung der öffentlichen Wirkung und eine überregionale Vereinsorganisation: »Kein lebendiger Verkehr der Gleichge-

---

[101] Huber: Deutsche Verfassungsgeschichte seit 1789, V, 738. Dazu Tillmann: Staat und Vereinigungsfreiheit; Hueber: Das Vereinsrecht im Deutschland.

[102] Tenfelde: Die Entfaltung des Vereinswesens, 55; Hoffmann: Geselligkeit und Demokratie.

[103] Tornow: Das Münchner Vereinswesen, 89. 263.

[104] Vgl. etwa die Zahlen bei Tenfelde: Die Entfaltung des Vereinswesens, 60; Großvereine mit tausenden von Mitgliedern entstanden erst in der zweiten Hälfte des 19. Jahrhunderts.

[105] Tenfelde: Die Entfaltung des Vereinswesens, 110. Hardtwig: Verein, 828, spricht von einer »völligen Durchdringung des Alltagslebens«.

[106] Tenfelde: Die Entfaltung des Vereinswesens, 73; auf Seite 63 spricht er von »mittelständischen Erwerbsgruppen«.

[107] Die soziale Schichtung der Mitglieder dürfte vereinsspezifisch sehr unterschiedlich gewesen sein. Unterschichtsorientierte Vereinigungen dominierten in der Arbeiterbewegung, es gab Organisationen mit einem beträchtlichen Mittelschichtsanteil wie etwa die Kriegervereine (so Zimmermann: »Der feste Wall gegen die rote Flut«, 331, und bei Rohkrämer: Der Militarismus der »kleinen Leute«, 275), und eben auch ausgesprochene Mittel- und Oberschichtsvereinigungen, zu denen auch die Freimaurerei oder der Monistenbund gezählt haben dürften.

[108] Tenfelde: Die Entfaltung des Vereinswesens, 71–73.

sinnten ... ohne die mächtigen Schwingen der Presse«, die das »bedeutendste Werkzeug und Vehikel der Öffentlichkeit überhaupt«[109] geworden sei, hieß es um 1860. Für die überregionale und internationale Organisation der Theosophie war diese Mediennutzung konstitutiv.

(5.) Mit ihrem Internationalismus ging die Theosophie über die mit der Vereinigungsfreiheit einhergehende Bildung überregionaler Vereine hinaus. Als transnationale Gesellschaften besaßen sie eine Pilotfunktion in der Aufweichung des nationalstaatlichen Organisationsrahmens.

(6.) Mit der partiellen Organisation als *Geheimgesellschaft* im Rahmen der »Esoterischen Schule« (s. 7.10) griff die Theosophie ein Element aus der Frühgeschichte des Vereinswesens auf. Allerdings wandelten sich die Ziele der Geheimhaltung. Es ging nicht mehr um den Schutz des demokratischen und egalitären Umgangs miteinander und um die Sicherung der theosophischen Vorstellungen vor dem Zugriff des Staates[110], es ging letztlich überhaupt nicht mehr um gesellschaftliche oder politische Ziele, sondern um die prinzipielle Verheimlichung von Arkana und um eine machtförmige Strukturierung des vereinsinternen Raums.

(7.) Die theosophischen Gesellschaften gehören zum Typus von Vereinen mit *universalistischer Ausrichtung*. Allerdings kamen sie erst spät zu einer praktischen Umsetzung einer vom Anspruch her alle Lebensbereiche prägenden Praxis, wie sie einem großen Teil der Religions- und Weltanschauungsgemeinschaften um die Jahrhundertwende eignete. Dieser Typus war ein Gegenmodell zu der schon von Nipperdey als charakteristisch für die Vereinsgeschichte des frühen 19. Jahrhunderts beobachteten Spezialisierung[111] und ist wohl als Gegenbewegung gegen eine gesellschaftliche Differenzierung, deren Ausdruck und Motor die Vereine waren, zu deuten.

(8.) Die in der Vereinsforschung vorgetragene These, Vereine als Reaktion auf die Zerstörung traditioneller Lebenswelten zu interpretieren, wie es vor allem im Hinblick auf die Arbeiterbewegung geschehen ist[112], gilt für die Theosophie mit einer Perspektivverschiebung. Die kompensatorischen Funktionen betrafen nicht nur sozialstrukturelle Veränderungen ihrer Herkunftsmilieus, sondern auch und vielleicht noch stärker mentale Verwerfungen. In der Reaktion auf den Historismus und die durch ihn ausgelösten Sinn- und Orientierungsprobleme wird dieser Zusammenhang zur Sprache kommen (s. 7.11).

---

[109] Aus der Presse der Hirsch-Dunckerschen Gewerkvereine Ende der 1860er Jahre, zit. nach ebd., 80.

[110] Vgl. Hardtwig: Verein, 796–798, und dazu Fischer: Die Aufklärung und ihr Gegenteil, und Habermas: Strukturwandel der Öffentlichkeit. Die Arkanriten finden in der Literatur über die Funktion des Geheimnisses meist wenig Beachtung.

[111] Nipperdey: Verein als soziale Struktur, 23–29. Nipperdey sah allerdings in diesem Zusammenhang auch schon, daß es in frühen Vereinsgeschichte Gegentendenzen, er spricht von Entpartikularisierung, gab, der er allerdings für die Vereinsgeschichte keine großen Wirkungen zubilligte (vgl. die Überlegungen ebd., 25).

[112] Tenfelde: Die Entfaltung des Vereinswesens, 82 f.

Ein intrikates Problemfeld bildete hinsichtlich der theosophischen Gesellschaften das Religionsrecht, da sie faktisch religiöse Assoziationen waren, sich jedoch als Weltanschauungsvereinigungen verstanden. In der gesellschaftlichen Aufmerksamkeit wurde der Unterschied zwischen Religions- und Weltanschauungsgemeinschaften allerdings nur partiell nachvollzogen und nach dem Ersten Weltkrieg denn auch verfassungsrechtlich nivelliert[113]. Die theosophischen Gesellschaften befanden sich mithin nicht rechtlich, wohl aber mental im Bannkreis des deutschen Religionsrechtes, das einen wichtigen Reflex normativer Vorstellungen der hegemonialen Kultur gegenüber dissentierenden religiösen Gemeinschaften bildete und Grenzen der kulturellen Akzeptanz von religiöser Devianz aufzeigte.

In der zentralen Frage der Religionsfreiheit existieren mehrere Rechtsbereiche nebeneinander: die Individualrechte von Glaubens- und Bekenntnisfreiheit, die Kultusfreiheit als Recht der privaten oder öffentlichen Religionsausübung und schließlich die Vereinigungsfreiheit für religiöse Gemeinschaften. Die Theosophie traf auf ein in Deutschland lange gewachsenes, erst in den Jahren ihres eigenen Entstehens weitgehend liberalisiertes, aber weiterhin in der Veränderung begriffenes Regelwerk. 1869 war im Norddeutschen Bund die »Gleichberechtigung der Konfessionen in bürgerlicher und staatsbürgerlicher Beziehung« festgelegt worden[114], eine 1871 als Reichsgesetz übernommene Regelung, die die staatskirchliche Verfassung in den protestantischen Territorien regelte. Die Praxis war jedoch vielfach komplexer, weil die Regelungen auf Landesebene sehr unterschiedlich blieben und teilweise staatskirchliche Strukturen perpetuierten[115]. Im »Kulturkampf« zeigte sich seit 1871 zudem, daß die Auseinandersetzung um kulturelle Hegemonie längst nicht befriedet war. Noch 1902 wurde der »Toleranzantrag« des Zentrums, der eine freie und öffentliche Religionsübung, vollständige Assoziationsfreiheit im gesamten Reich und das Ende der Staatskirche bedeutet hätte, in einer emotionalen Debatte abgelehnt[116].

Wie prekär die Situation für kleinere Gemeinschaften sein konnte, zeigte sich nach 1848 an der Geschichte der Deutschkatholiken, die mit den Lichtfreunden nicht zuletzt aufgrund des staatlichen Drucks 1859 im Bund freier religiöser Gemeinden Deutschlands aufgingen[117]. Solch massive und effektive etatistische Unterdrückungsmaßnahmen gab es am Ende des 19. Jahrhunderts nicht mehr, doch war immerhin die Ausweisung mormonischer Missionare aus Preußen

---

[113] In der Weimarer Reichsverfassung, Art. 137,7 (inkorporiert in Art. 140 des Grundgesetzes), wurden Weltanschauungsgemeinschaften strukturäquivalent zu Religionsgemeinschaften behandelt.

[114] Abgedruckt in Huber: Dokumente zur deutschen Verfassungsgeschichte, II, 312.

[115] In Sachsen etwa war mit Gesetz vom 20. Juni 1870 die öffentliche Religionsübung nur mit staatlicher Erlaubnis gestattet (Friedberg: Lehrbuch des katholischen und evangelischen Kirchenrechts, 117), ebenso in Braunschweig, während in Mecklenburg bis 1903 nur der lutherischen Konfession die öffentliche Religionsausübung zugestanden wurde (Listl: Die Religionsfreiheit als Individual- und Verbandsgrundrecht, 46. 50). In anderen Territorien hingegen wurde die Duldung privatrechtlich organisierter Religionsgesellschaften erweitert (Friedberg: Lehrbuch des katholischen und evangelischen Kirchenrechts, 116).

[116] Text und Debatten in: Archiv für katholisches Kirchenrecht 82/1902, zweites Heft, separate Paginierung.

[117] Brederlow: »Lichtfreunde«, 112–115.

noch 1903 ein Faktor öffentlicher Aufmerksamkeit[118]. Die Bruchlinien der rechtlichen Religionstoleranz um 1900 sind allerdings noch schlecht erforscht. Erst mit dem genannten Aufruf des Rats der Volksbeauftragen vom 12. November 1918 wurde die allgemeine Religionsfreiheit realisiert, und in der Weimarer Verfassung 1919 auch die Staatskirche abgeschafft (Art. 137,1). Seitdem galten »für die Entstehung neuer Religionsgesellschaften ... die allgemeinen Vorschriften des Vereinsrechts«[119].

Die Theosophie ist, soweit mir bekannt, mit dem Religionsrecht des Kaiserreichs nicht in Konflikt gekommen, mit den dahinter stehenden normativen Vorstellungen gleichwohl. Die erhaltenen polizeilichen Überwachungsberichte und die Auseinandersetzung mit den Kirchen dokumentieren die zwischen Religion und Weltanschauung changierenden Vorbehalte, mit denen die Theosophie um 1900 zu rechnen hatte. Im übrigen haben die staatlichen Stellen die Sanktionsoptionen des Religionsrechts nicht aus den Augen verloren[120]. Ob die dezidierte Selbstklassifizierung der Theosophie als Weltanschauungsvereinigung mit dem religionsrechtlichen Problemfeld zu tun hatte, ist unklar und jedenfalls nicht auszuschließen.

## 2.3 Deutungskategorien: Modernisierung, Säkularisierung, Pluralisierung

Pluralisierung ist ein Element gesellschaftlicher Differenzierung und läßt sich damit als Faktor kultureller Modernisierung lesen. Die Theosophie hat sich selbst dezidiert als Modernisierungsfaktor verstanden, wohingegen viele Kritiker und Wissenschaftler auf ihre antimodernen Züge verwiesen. Deskriptive und normative Momente durchdringen sich mithin im Deutungshorizont dieser Arbeit. Meine Entscheidung, auf den hochnormierten Begriff der »Modernisierung« zu verzichten, ist allerdings eine problematische Lösung, da die Diskussion um die Transformation der deutschen Gesellschaft am Modernisierungsparadigma entlang – präziser gesagt: in Auseinandersetzung mit unterschiedlichen Modernisierungstheorien – geführt wird und dabei eine Dichte erreicht hat, die durch keine andere Theorieformation zur Analyse sozialen Wandels erreicht wird[121].

---

118 Köhler: Mormonen, 506. Meyer: Ursprung und Geschichte der Mormonen, dokumentierte sein Interesse an diesen Fragen, bezog sich allerdings nicht auf die Situation in Preußen, sondern auf seine Erfahrungen in den Vereinigten Staaten.

119 Ebers: Artikel 137, 138, 140, 141. Religionsgesellschaften, 373.

120 Vgl. etwa die »Präsidialverfügung« des Polizeidirektors Freiherr von der Heydte vom 12.2.1913, der die Mysterienspiele der Steinerschen Theosophen in München beobachten ließ, da es sich durchaus um »religiöse Zusammenkünfte im Sinne des § 9 der VI. Verfassungsbeilage« handeln könne (Staatsarchiv München, Pol. Dir. 682). Auch die Leipziger Observationsberichte (s. 3.5.2a) rekurrieren auf diesen Rechtsrahmen. In Österreich kam es hingegen zur »Sistierung« der Vereinsarbeit; John Cordes: Report of the T.S. in Austria (an Annie Besant), 1.10.1920, SdM 1291-1-4, Bll. 63–65, Bl. 63. Auch in den zwanziger Jahren gab es staatliche Überwachung und Zugriffe; vgl. Treitel: A Science for the Soul, 200–209.

121 So schon in der Tendenz Wehler: Modernisierungstheorie und Gesellschaftsgeschichte, 40. Diese Tendenz dokumentiert in epischer Breite auch der Tagungsband des 25. Deutschen Soziologentags

Die Entstehung neuerer Modernisierungstheorien ist wissenschaftsgeschichtlich eng mit gesellschaftlichen Transformationsdiagnosen – oft »Krisen«erfahrungen genannt – ihrer Autoren verbunden. Talcott Parsons hatte in der Notwendigkeit, ständigen Wandel ohne Brüche und Systemkrisen bewältigen zu müssen, ein Strukturmerkmal »moderner« Gesellschaften identifiziert[122]. Das in diesem Kontext diskutierte zentrale Lösungsangebot, Modernisierung als »Fortschritt« zu verstehen, möglicherweise sogar evolutiv konstruiert, wurde von der Theosophie emphatisch aufgegriffen. Im Gegensatz dazu kritisierte aber bereits die erste Generation der soziologischen »Klassiker« um 1900 (u.a. Durckheim, Simmel, Sombart, Tönnies, Weber) durchweg die Fortschrittsimplikate von Theorien der Moderne[123], während die nach 1945 einsetzende Rezeption von mehr oder minder offenen fortschrittslogischen Implikaten bestimmt war[124].

Die in diesen Debatten mitverhandelte Frage des Verhältnisses von formaler, vor allem in Systemtheorien favorisierter Modernisierung zu ihren materialen Komponenten führte in den achtziger und neunziger Jahren des 20. Jahrhunderts unter Historikern an einem Exempel, der Partizipation des Nationalsozialismus an der Modernisierungsgeschichte der Neuzeit, zu einer kontroversen Debatte. Der Fokus dieser Auseinandersetzung war jedoch nicht die prinzipielle Erklärungsreichweite von Modernisierungstheorien, sondern die damit real oder vermeintlich verbundene »Historisierung« oder Relativierung des Nationalsozialismus und seiner Verbrechen[125]. Diese Debatten sind hinsichtlich der

---

1990, »Die Modernisierung moderner Gesellschaften«. Die sozialwissenschaftlichen Debatten sind greifbar in: Theorien des sozialen Wandels. Kritische Reflexionen finden sich neben den vorgenannten Publikationen auch bei Resasade: Zur Kritik von Modernisierungstheorien, und bei Wehling: Die Moderne als Sozialmythos. Das Angebot einer kritischen Operationalisierung bei van der Loo / van Reijen: Modernisierung.

122 Parsons: Das System moderner Gesellschaften, 11.

123 Dahme: Der Verlust des Fortschrittsglaubens, 196–221, und Wehling: Die Moderne als Sozialmythos, 64–67.

124 Dabei stand insbesondere das angelsächsischen Modell politischer Modernisierung (Verfassungsstaat, Parlamentarisierung, individuelle Freiheiten, deren rechtsstaatliche Absicherung, ökonomischer Liberalismus) im Hintergrund; vgl. Lepsius: Soziologische Theoreme über die Sozialstruktur der »Moderne«, 13–19. Zu den bis in die konkrete (Entwicklungs-) Politik reichenden Konsequenzen vgl. Wehling: Die Moderne als Sozialmythos, 107–151.

125 Die Debatte ist ausgesprochen komplex, weil weitere und umstrittene Interpretationselemente der deutschen Geschichte, insbesondere die Sonderwegdebatte, mit ihr verknüpft sind. Gleichwohl ist diese Diskussion hinsichtlich der Rolle von Modernisierungstheorien instruktiv, insbesondere weil die normativen Implikate von Modernisierungstheorien zum Problem wurden: Der deutsche Sonderweg als (bloß) partielle Modernisierung kann die Katastrophe des Nationalsozialismus erklären und zur Akzeptanz der spezifisch deutschen Schuldgeschichte führen, er kann aber auch über die Deutung als einmaliger Sonderfall bei der These der Unwiederholbarkeit und der politischen Relativierung des Nationalsozialismus enden. Mit dieser Diskussion waren zusätzlich Fragen der politischen Ausrichtung der Bundesrepublik verbunden; die Aufdeckung der Defizite der deutschen Demokratiegeschichte sollte deren Anschluß an die westeuropäische Demokratietradition sichern. Innerhalb dieser Debatten war die Kontroverse über die materiale Modernität des Nationalsozialismus (etwa hinsichtlich Ökonomisierung, Sozialpolitik, Professionalisierung, Volksparteistruktur, Stellung der Frau, Klassendifferenzen) und deren Intentionalität resp. der Demodernisierungseffekte von besonderer Brisanz, weil die Modernität des Nationalsozialismus revisionistisch bis hin zur Relativierung seiner Verbrechen gelesen werden konnte. Daß in dieser Diskussion um die Modernität des Nationalsozialismus aktuelle politische Debatten geführt wurden (Kapitalismuskritik resp. Entlastung der

Theosophie insoweit von Bedeutung, als in ihnen die konzeptionellen Probleme von Modernisierungstheorien (insbesondere Normativität, Ambivalenzen, Geltungsreichweiten, Verwendungsinteressen) diskutiert wurden.

Das historiographische Kernproblem von Modernisierungstheorien ist die Deckungslücke zwischen ihrer normativen Theorie und der empirischen Bestätigung[126]. So lassen sich evolutive Verläufe oft nur unter Relativierung oder Mißachtung von Diskontinuitäten, die als Umwege oder Retardierungen in eine Fortschrittsgeschichte integriert und marginalisiert werden, konstruieren. Damit verliert die historische Alterität ihr Eigenrecht im Namen einer determinierten Teleologie. Zudem unterstellt die Kontinuität scheinbar linearer Modernisierungen in zirkulärer Begründung eine vorgeblich problemlose Hegemonie »der Moderne« in der Durchsetzungsgeschichte von Modernisierungen. Zu den fortschrittstheoretisch eingeklammerten (respektive verdrängten) Problemen gehören beispielsweise die unterschiedlichen Geschwindigkeiten von Modernisierungsprozessen (etwa in Kultur, Technik, Ökonomie), die Eliminierung gesellschaftlicher Akteure in der anonymisierenden Terminologie eines »sich vollziehenden« Prozesses »der« Modernisierung, die Verstärkung (vermeintlicher) Traditionalismen als Modernisierungsfolgen, die Unterschiedlichkeiten von Modernisierungsprozessen in verschiedenartigen Kulturen sowie letztendlich die Koexistenz qualitativ unterschiedlicher Modernisierungsprozesse. Für Herbert Schnädelbach sind deshalb Modernisierungstheorien ein »Sozialmythos«[127].

In Reaktion auf derartige Probleme von Modernisierungstheorien sind in der Forschung Auswege innerhalb des Modernisierungsparadigma gesucht worden. Dazu gehören systemtheoretische Modelle, die auf formale Transformationsprozesse abheben, die etwa mit struktureller Pluralisierung oder Differenzierung arbeiten oder Modernität über den Grad der Anpassungsfähigkeit sozialer Systeme an Systembedingungen definieren. Von implizit normativen Festlegungen werden auch sie gleichwohl nicht frei. Theorien »partieller Modernisierung« distanzieren sich hingegen von der Ubiquität der Modernisierungsprozesses[128], etwa in »›skeptischen‹ Modernisierungstheorien«, die mit der autoritären Zivilisierung des Subjektes (Norbert Elias), einer Disziplinierung

deutschen Tradition; vgl. Frei: Wie modern war der Nationalsozialismus?) verkompliziert die Lage, doch hat im Kern der »scharfe Reduktionismus« (ebd., 377) von Prinz und Zitelmann, deren Lösung der NS-Weltanschauung »von allen ethischen Normen und politischen Optionen« (ebd., 375), die Kritik von Historikern hervorgerufen.

Vgl. Nationalsozialismus und Modernisierung, hg. v. M. Prinz u. a. Zur weitläufigen Diskussion um diese Veröffentlichung Frei: Wie modern war der Nationalsozialismus?, und Mommsen: Noch einmal: Nationalsozialismus und Modernisierung. Zum Anstoß Broszat: Plädoyer für eine Historisierung des Nationalsozialismus (1985).

[126] Auf dem »Prüfstand der empirischen Bewährung«, meinte schon Wehler: Modernisierungstheorie und Gesellschaftsgeschichte, 20, sei die »Ausbeute mancher Modernisierungstheorien bis heute recht mager geblieben«. »Die Modernisierungstheorien müssen fraglos die Kluft zwischen Theorie und Praxis stärker als bisher überwinden.« (ebd., 40)

[127] Schnädelbach: Die Aktualität der »Dialektik der Aufklärung«, 25. Zur Debatte vgl. Wehler: Modernisierungstheorie und Gesellschaftsgeschichte, 18–33; Wehling: Die Moderne als Sozialmythos; van der Loo / van Reijen: Modernisierung, 18–28.

[128] Etwa Rüschemeyer: Partielle Modernisierung.

und Unterdrückung (Michel Foucault) oder der Eingrenzung individueller Freiheiten durch Staat oder »System« (Jürgen Habermas) rechnen. Nicht zuletzt gibt es Konzepte, die diese Ambivalenzen in einer Selbstreflexivität des modernisierten Modernisierungsprozesses aufheben (prominent Ulrich Beck)[129]; aber damit wird das Fortschrittsprogramm (nur) auf eine metatheoretische Ebene gehoben.

Hinsichtlich der Theosophie liegt das zentrale Problem in der Ambivalenz von Modernisierungsprozessen[130]. Viele historiographische Applikationen von Modernisierungstheorien arbeiten weiterhin mit einer Dichotomie »moderner« und »traditionaler« Tatbestände und kanonisieren damit die Gegenwart zum normativen Bezugspunkt der Vergangenheit[131]. Im kritischen Blick auf die Geschichte jedoch bilden Überschneidungen, Parallelen, Vernetzungen oder variable Konjunktionen von als modern oder traditional normierten Phänomenen die Regel. Moderne Phänomene können traditionale, seien sie transformiert oder weitgehend unverändert erhalten, inkorporieren, sie können traditionale Elemente sogar neu produzieren, während traditionale Phänomene sich als modern verstehen und ihrerseits als modern definierte Elemente aufnehmen können. Hans van der Loo und Willem van Reijen haben im Rahmen eines stark systemtheoretisch geprägten Ansatzes die Ambivalenzen auf der Ebene von vier Modernisierungsparadoxa beschrieben[132]:

- Die zunehmende *Differenzierung* nötige gleichzeitig zu verstärkter Zusammenarbeit oder zur Schaffung neuer »Integrationseinheiten«;
- die *Individualisierung* werde durch neue soziale Abhängigkeiten oder durch Identitätsprobleme konterkariert;
- die *Domestizierung der Natur* führe gleichzeitig in eine Abhängigkeit von der Technik.

[129] Neuerdings hat Mergel: Geht es weiterhin voran?, 229, für eine Pluralisierung von Modernisierungswegen und -zielen plädiert, wobei er aber nicht ausschließen mag, daß die »reflexive Modernisierung« auch als allgemeiner Kern einer geschichtsphilosophischen Modernisierungstheorie Bestand haben könnte. Noch deutlicher pluralisierungskritische Töne gibt es in der Politikwissenschaft, wo der Zusammenbruch der kommunistischen Staaten die fundamentale Differenz realisierter politischer Optionen und damit auch theoretische Gegenmodelle beseitigt hat. Vgl. Beyme: Transformationstheorie, 100, der nach 1989 zwar eine Konjunktur von Transformationstheorien, aber auch »das Ende der Pluralität von Entwicklungswegen« gekommen sah.

[130] Bereits die Klassiker wußten um deren Gegenläufigkeit, vgl. van der Loo / van Reijen: Modernisierung, 15–18. 23. Ein Versuch der Rettung des Potentials von Modernisierungstheorien durch Pluralisierung ihrer normativen Optionen bei Mergel: Geht es weiterhin voran?, 214–216. Jüngst hat Rohkrämer: Eine andere Moderne?, diese Ambivalenz am Beispiel der bürgerlichen Technikkritik herausgearbeitet. »Nicht die Flucht aus der Moderne war das zivilisationskritische Ziel, sondern eine andere Moderne.« (ebd., 344)

[131] Um nur drei Beispiele zu nennen: Wehler: Modernisierungstheorie und Gesellschaftsgeschichte, 14 f.; Kuhlemann: Modernisierung und Disziplinierung, 43 f.; Back: »Zeitgemäßer Fortschritt«, 10. Die Relativierung als »idealtypische« Konstruktion verschleiert meines Erachtens vielfach nur die hermeneutischen Probleme. Demgegenüber sieht die Normalität der Ungleichzeitigkeit in der deutschen Geschichte scharf Hardtwig: Der deutsche Weg in die Moderne.

[132] Ebd., 34–40.

- *Rationalisierung* wird mit Pluralisierung identifiziert, deren Modernisierungsparadoxon ebenfalls in neuen »Integrationseinheiten« bestehe[133].

Allein das vierte Paradoxon scheint mir hinsichtlich der Theosophie einer Ergänzung bedürftig. Das Paradoxon der Rationalisierung liegt auch in der Produktion oder Förderung oder schlicht in der Unaustilgbarkeit »anderer« Rationalitäten, etwa einer Wertrationalität, die von einer Zweckrationalität nicht eliminiert werden kann[134].

Ohne derartige Verklammerungen gegenläufiger Prozesse, wie Loo und van Reijen sie vornehmen und die die klaren Konturen des traditionellen Modernisierungskonzeptes zerstören, ist die Theosophie nicht zu verstehen. Um meine darauf beruhende Vermeidung des Modernisierungsbegriffs zu illustrieren, greife ich einigen Ergebnissen meiner Untersuchungen vor: Steiner forderte die Geltung der new science für die Theosophie, hielt aber an der Rationalität der okkultistischen Methodologie der old science fest; er postulierte die Unabhängigkeit des theosophischen Schülers, bestand aber auf einer autoritär strukturierten »Esoterischen Schule«; neben der Egalität der theosophischen Bruderschaft stand die Hierarchisierung der Rassen; die in der Kleidungs- und Architekturästhetik sichtbare soziale Disziplinierung verlief parallel zu den Freiräumen der Lebensgestaltung, die sich vielen Frauen eröffneten; und die Autonomie der Subsysteme in der Dreigliederung besaß nur äußerlich »moderne« Züge, die Machtverwaltung war elitär und hatte ein antidemokratisches Gesellschaftsverständnis zur Folge. In all diesen Fragen besetzte die Theosophie sowohl »moderne« als auch »nicht-« oder »gegenmoderne« Positionen.

Im Kontext der historiographischen Modernisierungsdebatte bestätigen diese Ergebnisse den bereits vielfach vollzogenen Abschied von undialektischen Modernisierungstheorien. Die Theosophie bestärkt die Einsicht, daß es – ich verzichte auf die Anführungszeichen – modernisierungsresistente Bestände in modernen Gesellschaften gibt und gegenmoderne Vorstellungen gerade in virulenten Modernisierungsprozessen an Plausibilität gewinnen können. In der aktuellen Forschungsdebatte um die Theosophie scheinen mir diese kritischen Revisionen der Modernisierungsdebatte noch unzureichend berücksichtigt. Nach der lange Zeit sehr kritischen Bewertung der Theosophie im Rahmen negativ konnotierter »Sekten-« oder »Okkultismus-«definitionen nehmen aber augenblicklich die Tendenzen zu, die Theosophie als aufklärerische und in diesem Sinn moderne Vereinigung zu verstehen, wie es prononciert Joscelyn Godwin in seinem Buch The Theosophical Enlightenment getan hat[135]. Demgegenüber halte

---

133 Van der Loo und van Reijen nennen sie »generalisierte kulturelle Systeme«, die mithin der Differenzierung zuzuordnen sind; ebd., 36.

134 An anderer Stelle, nämlich bei ebendieser Zuordnung von Zweck- und Wertrationalität bei Weber, sehen van der Loo und van Reijen diese Ambivalenz aber genau; ebd., 126–130. Möglicherweise erklärt sich dieses Problem aus der weitgehenden Ausblendung inhaltlich-normativer Komponenten, die das Konzept von van der Loo und van Reijen wie andere systemtheoretische Ansätze auch prägt.

135 Godwin: The Theosophical Enlightenment.

ich diese modernisierende Vereindeutigung für ebenso unangemessen wie die antimoderne Ausgrenzung.

Die Probleme der Bestimmung von Modernisierungsprozessen finden sich, vielfach in zugespitzter Form, in der Bestimmung des Verhältnisses von Religion und Modernisierung wieder. Religion galt traditionell vielfach als modernisierungsfeindlich oder zumindest als prominentestes Modernisierungsopfer, weil Modernisierung mit Säkularisierung korreliert wurde. Allerdings hat die undifferenzierte Säkularisierungsthese mit ihren offenen oder unterschwelligen geschichtsphilosophischen Finalisierungen in den letzten Jahren beträchtliche Kritik erfahren[136]. Sie betrifft zuvorderst den Geltungsbereich des Säkularisierungsbegriffs: Zielt er auf Religion im allgemeinen, auf eine religiöse Gemeinschaft im besonderen (in Europa zumeist auf das Christentum) oder nur auf besondere Institutionalisierungsformen der (christlichen) Religion wie die Kirche? In diesem Koordinatennetz changiert der Säkularisierungsbegriff dann zwischen Religionsverlust und der Transformation von Religion respektive ihrer Vergesellschaftungsformen.

Die schon zu Zeiten der Gründung der Theosophischen Gesellschaft kämpferischste Fassung des Säkularisierungsbegriffs, derzufolge eine »moderne« Gesellschaft religiöse Vereinigungen und Weltdeutungen verabschieden werde, hat heute am stärksten ihre Plausibilität eingebüßt. Historiker haben das fundamentum in re dieses Säkularisierungsbegriffs bestritten: Es gibt im 19. und 20. Jahrhundert keine empirischen Daten, die ein »Absterben« der Religion belegen[137]. Dabei geht es nicht um ein Dementi, daß Menschen areligiös werden, religiöse Gemeinschaften verschwinden oder metaphysische Deutungsangebote nurmehr historisches Interesse besitzen, sondern um die fortschrittstheoretische, oft deterministische Teleologisierung dieses Vorgangs und damit um die geschichtsphilosophische Folgerung, daß diese religionslose Säkularität ein Charakteristikum »moderner« Gesellschaften sei. Nach Hölscher muß man im Gegenteil für das 19. Jahrhundert per saldo von einer Intensivierung religiöser Praktiken sprechen, wenn man sich von der Fixierung auf wenige und quantifizierbare Größen (wie den Gottesdienstbesuch – natürlich von Großkirchen, könnte man ergänzen) löst[138]. Selbst die Verweltanschaulichung von Wissenschaft, die lange als zentrale Agentur der Eliminierung religiöser Konnotationen galt, war genau dies im 19. Jahrhundert nicht in erster Linie, wie Andreas Daum in gut begründeter Revision eines fast klassischen Topos nachweist[139]. Daß im übrigen der Maßstab problematisch ist, an dem der Rückgang von Religion gemessen wird, nämlich eine monolithische religiöse Gesellschaft der Frühen Neuzeit oder des

---

[136] Zur Behauptung der philosophischen »Legitimität« der säkularisierten Neuzeit Blumenberg: Die Legitimität der Neuzeit. Vgl. auch Martin: A General Theory of Secularization; Marramao: Die Säkularisierung. Wie auch Historiker ihre Maßstäbe oft an der philosophischen Säkularisierungsnorm gewonnen haben, zeigt Chadwick: The Secularization of the European Mind.

[137] Dazu: Säkularisierung, Dechristianisierung, Rechristianisierung, hg. v. H. Lehmann, oder als soziologische Stimmen in historiographischer Perspektive Tyrell: Religionssoziologie; Evers: Religiöser Revivalismus und Modernität.

[138] Hölscher: Die Religion des Bürgers, 615 f.

[139] Daum: Wissenschaftspopularisierung im 19. Jahrhundert.

Mittelalters, läßt sich in weiten Bereichen als interessengeleitete Konstruktion von Vergangenheit lesen[140].

Wenn das Verschwinden von Religion kein belegbarer Inhalt von zeitlich und regional unbegrenzten Säkularisierungsbegriffen ist, bleibt nur die Beschreibung von Transformationsvorgängen sinnvoll. In der auffälligsten Variante, die gerade hinsichtlich der Theosophie immer wieder in der zeitgenössischen wie aktuellen Literatur angeführt wird, kennzeichnet Transformation den Übergang von einer christlichen in eine nichtchristliche Religiosität. Ein solcher Vorgang ist um 1900 äußerst selten zu beobachten, neben der Theosophie (teilweise bei gleichzeitiger Rechristianisierung der Theosophie!) etwa bei den europäischen Buddhisten, die allerdings in den zwanziger Jahren realisierten, in welchem Ausmaß die philosophische Interpretation des Buddhismus von Vorstellungen der christlichen Tradition geprägt war[141]. Hingegen findet sich vermutlich am häufigsten (aber längst nicht ausreichend untersucht) die binnenchristliche Transformation großkirchlicher Vergemeinschaftungsformen, wobei die »Produkte« dieses Prozesses um 1900 wohl nur in geringem Ausmaß in einen individuellen oder vereinsmäßig organisierten Atheismus führen, sondern meist in kleinere religiöse Gemeinschaften und individuelle Formen von Religiosität – wobei sich im katholischen Deutschland diese Prozesse vermutlich in geringerem Ausmaß als im protestantischen Raum finden[142] und selbst im Protestantismus diese »Erosion« großkirchlich institutionalisierter Religion in Schüben von Ent- und Verkirchlichungstendenzen verlief. Zu den Phänomenen binnenchristlicher Transformation zählt aber auch die Übertragung einer religiösen Praxis in religiös aufgeladene bürgerliche Lebensformen[143] oder auch die gegenläufige Resakralisierung, etwa in hochkirchlichen oder in kultzentrierten Gemeinschaften außerhalb der Kirchen.

In einer zweiten Variante läßt Säkularisierung sich als Immanentisierung von Religion begreifen. Im hegemonialen Definitionshorizont der europäischen Religionsgeschichte, wo Religion konstitutiv an Transzendenz gekoppelt ist, erscheint Immanenz als Religionsverlust. In den Pantheismusdebatten der europäischen Religionsgeschichte ist diese Wertung immer wieder vorgenommen worden[144]. Allerdings sind mit transzendenzbezogenen Religionsdefinitionen pantheisierende Religionen nicht zu erfassen, dies gilt namentlich für die Theosophie. In welcher Fassung man auch immer den Säkularisierungsbegriff benutzt, umfaßt er sowohl religionsdestruktive wie religionsproduktive Tendenzen.

Ich verzichte in dieser Arbeit deshalb weitgehend sowohl auf die Modernisierungs- als auch auf die Säkularisierungsterminologie zugunsten des Plurali-

---

140 So Linse: Säkularisierung oder neue Religiosität?, 117.

141 Dabei geht es etwa in der »Anatta«-Kontroverse um die Frage nach der Formulierbarkeit eines »Selbst« oder einer »Person« im Rahmen der buddhistischen Tradition, vgl. Notz: Der Buddhismus in Deutschland, 58–67. Zur Überbetonung der Dechristianisations-These vgl. auch Schieder: Säkularisierung und Sakralisierung, 309.

142 Diese These ist umstritten, vgl. aber Anderson: Die Grenzen der Säkularisierung.

143 Vgl. Hölscher: Die Religion des Bürgers; ders.: Secularization and Urbanization, 272.

144 Prominent für Deutschland ist dafür etwa die »Atheismusdebatte« im Pantheismusvorwurf gegenüber Fichte oder die Karriere des Begriffs der »Wiederverzauberung«, der 1981 im Umfeld der von der Theosophie mit angestoßenen New Age-Diskussion von Berman: Wiederverzauberung der Welt, popularisiert wurde.

sierungsbegriffs, der aufgrund seiner geringeren normativen Einfärbung nicht zur häufigen Klarstellung (ungewollter) normativer Implikate nötigt, gleichwohl aber die Option offenhält, Ambivalenzen und Gegenläufigkeiten in einer »modernen« Gesellschaft als Teil des Pluralisierungsprozesses und mit einem pluralen Theorieangebot zu interpretieren.

## 2.4 Quellen und Quellenprobleme

### *2.4.1 Archiv- und Sammlungsbestände*

Die archivalische Situation ist hinsichtlich der Steinerschen Theosophie – also der Theosophischen Gesellschaft Adyar zwischen 1902 und 1912 und der seitdem existierenden Anthroposophischen Gesellschaft – im Prinzip gut, da im Archiv der Rudolf Steiner-Nachlaßverwaltung im Schweizerischen Dornach (nahe Basel) in Haus Duldeck Steiners Nachlaß vorhanden ist und biographische Dokumente systematisch gesammelt werden. Diese Bestände dürften zumindest für die beiden letzten Lebensjahrzehnte Steiners fast die gesamten biographisch relevanten Dokumente umfassen und bieten auch für die davorliegenden Jahre umfassendes Material. Eine Übersicht über das in der Nachlaßverwaltung liegende Material ist öffentlich allerdings nur in sehr groben Zügen zu erhalten[145]. In der Vergangenheit war die Benutzung durch eine undurchschaubare und selektive Zutrittsregelung erschwert, sofern sie überhaupt möglich war[146]. Doch hat sich in den vergangenen Jahren, insbesondere seit Walter Kugler Leiter der Nachlaßverwaltung ist, die Situation grundlegend verändert. Texte aus Steiners Œuvre, die bislang als streng geheim galten, wurden publiziert, der Zugang zu den Archivmaterialien wird leichter gewährt. Der Versuch ist unverkennbar, den abgeschlossenen Raum der vereinsinternen Aufarbeitung zu verlassen und sich

[145] Anonym: Die Rudolf Steiner-Nachlaßverwaltung, 13. Hier ist von »Tausenden von Vortragsnachschriften und Notizzetteln, einigen hundert Briefen, Notizbüchern, Skizzen usw.« die Rede. Dazu kommen die Skizzen, Tafelzeichnung oder Plastinate des »künstlerischen Werks«. Die wichtigsten Materialien sollen seit einigen Jahren in einem speziellen kleinen Bunker lagern. Bei Mommsen: Die Nachlässe in den deutschen Archiven, I, 501, sind eine Reihe von Korrespondenzpartnern erwähnt, deren Briefe teilweise noch unveröffentlicht sind. Aus Leihgaben zu Ausstellungen lassen sich weitere Teile insbesondere des künstlerischen Bestandes ermitteln, etwa in: Berlin um 1900, hg. v. E. Roters; Okkultismus und Avantgarde (Ausstellungskat. Frankfurt a. M. 1995); Der Hang zum Gesamtkunstwerk, hg. v. H. Szeemann; Die Lebensreform, hg. v. K. Buchholz. Andererseits gibt es – neben mutmaßlich gefälschten Texten (s. u. Anm. 197) – Steiner sicher zuweisbare Texte, die der Nachlaßverwaltung nicht bekannt sind.

[146] Am 3. April 1990 wurde mir seitens der Nachlaßverwaltung mitgeteilt: »Das Rudolf Steiner-Archiv der Rudolf Steiner-Nachlassverwaltung dient ausschliesslich dem Zweck der Herausgabe von Rudolf Steiners Werken und ist für Aussenstehende nicht zugänglich. Wir sind in keiner Weise, auch platzmässig, nicht auf auswärtige Besucher eingerichtet und müssen alle Anfragen dieser Art abschlägig bescheiden.« Auch Anthroposophen ist es in der Vergangenheit nicht besser ergangen. Christoph Lindenberg blieb jedenfalls nur die Möglichkeit, seine »Chronik« den Mitarbeitern des Archivs »zur Durchsicht und für Verbesserungsvorschläge vorzulegen«; Lindenberg: Steiner (Chronik), 14. Hingegen hat Raub: Rudolf Steiner und Goethe, 278, einen nur (aber immerhin) selektiven Einblick erhalten.

auf eine öffentliche Auseinandersetzung einzulassen[147]. Auch mir wurde Einblick in wichtige Unterlagen gewährt[148].

Die Unterlagen der Anthroposophischen Gesellschaft werden ebenfalls in Dornach, und zwar im Archiv der Gesellschaft in den Räumen des Goetheanum, verwahrt (diejenigen zur Theosophischen Gesellschaft Adyar liegen teilweise auch in Steiners Nachlaß). Auch hier hat es in den vergangenen Jahren vermehrt Kooperationen mit nichtanthroposophischen Wissenschaftlern gegeben; für diese Offenheit steht nicht zuletzt der neue Leiter, Uwe Werner[149].

Im Vergleich mit der Anthroposophie ist die Quellensituation aller anderen theosophischen Gesellschaften im 20. Jahrhundert nur in Einzelfällen befriedigend, meist jedoch katastrophal. Blieben die anthroposophischen Bestände durch die Verbringung in die Schweiz vor dem Zugriff der Nationalsozialisten in ihren Kernteilen, namentlich im Nachlaß Steiners, geschützt, so wurden Archive und Sammlungen der in Deutschland ansässigen theosophischen Vereinigungen – soweit sie nicht vorher untergegangen waren – von der Gestapo beschlagnahmt. Daher konnten oft keine nennenswerten Unterlagen gerettet werden[150].

Die Archivbestände vieler theosophischer Gruppen sind großenteils zur Zeit nicht auffindbar und teilweise sicher verloren[151]. Größere Bestände finden sich an folgenden Orten:

– Der sehr gut erschlossene Nachlaß von Wilhelm Hübbe-Schleiden in der Staats- und Universitätsbibliothek Göttingen[152] bietet das entscheidende Ma-

[147] Zu den vereinsintern spektakulären Schritten gehörte schon 1987 die Veröffentlichung der maurerischen Materialien (s. 10.1). Inzwischen ist die Nachlaßverwaltung von der Rudolf Steiner-Halde in das Haus Duldeck umgezogen und präsentiert sich viel offener als zuvor, etwa mit einer ständigen Ausstellung und der im Vorraum des Archivs hinter Glaswänden aufgestellten Bibliothek Steiners. Neben der Betreuung des Archivmaterials gilt das Interesse der Archivleitung inzwischen der Präsentation des Materials, namentlich der Wandtafelzeichnungen. Zu den Versuchen eines Einstiegs in die öffentliche Debatte zählt ein Studientag am 30.10.2004, den man als Ansatz sehen kann, den tiefen Graben zwischen universitärer Forschung und vereinsinterner Aufarbeitung langsam einzuebnen. Geichwohl bleibt das Archiv eine private Einrichtung, die von ihrem Recht Gebrauch macht, den Zugang nicht bedingungslos zu gewähren.

[148] Ich danke Walter Kugler und Vera Koppehel, daß mir die Abschrift des Briefwechsels von Annie Besant mit Rudolf Steiner und mit Marie von Sivers zugänglich gemacht wurde und ich einen Blick in die Kopien von Steiners Notizbüchern im Umfeld des Münchener Kongresses werfen konnte.

[149] Vgl. das Nachwort. – Dazu kommt relevantes Material zur Anthroposophie und zu Steiner in weiteren Archiven im Umfeld des Goetheanum, insbesondere im Nachlaß Albert Steffens im »Haus Hansi« (Dornach) und im Nachlaß Ita Wegmans in der Ita Wegman-Klinik in Arlesheim. Diese beiden kooperieren seit 2004 mit der Nachlaßverwaltung und dem Archiv der Anthroposophischen Gesellschaft. Angesichts der jahrzehntelangen »Nicht-Beziehung« zwischen diesen Institutionen ist das ein bemerkenswerter Indikator für ein gewandeltes Verhältnis untereinander, das hoffentlich auch ein gutes Omen für die Forschung darstellt.

[150] Briefliche Mitteilung von Eva Maas (Vorsitzende der Theosophischen Gesellschaft Adyar in Deutschland) vom 11. Oktober 1989 und die briefliche Mitteilung von Hans Beetz (Vorsitzender der Theosophischen Gesellschaft in Deutschland) vom 6. November 1989 (vgl. auch Anm. 159). Gleichwohl ist weiterhin unklar, wieviel Material in privater Hand vor der Gestapo gerettet werden konnte und wo es sich heute befindet.

[151] Vgl. die Nachrichten zu den Archiven der Adyar-Theosophie nach 1912, Kap. 3, Anm. 572.

[152] Siehe Klatt: Der Nachlaß von Wilhelm Hübbe-Schleiden, und ders.: Theosophie und Anthroposophie (hier zur Akquisitionsgeschichte S. 26–28).

terial für die Frühgeschichte der Adyar-Theosophie in den letzten Jahrzehnten des 19. Jahrhunderts und viele Dokumente für die Steiner-kritische Adyar-Theosophie bis zum Tod Hübbe-Schleidens (1916).
- Im Archiv der Theosophischen Gesellschaft Adyar liegt die Korrespondenz mit der deutschen Sektion für den gesamten Zeitraum der ersten Hälfte des 20. Jahrhunderts[153].
- Im Moskauer »Sonderarchiv« befinden sie sich Teile der von der SS geraubten Bestände der theosophischen Gesellschaften im deutschsprachigen Raum; sie stammen weitenteils oder vollständig aus dem Reichssicherheitshauptamt. In größerem Umfang sind Archivalien der österreichischen Adyar-Theosophie, insbesondere Korrespondenzen der Liberal Katholischen Kirche, erhalten, außerdem Mitgliederlisten.
- Das Bundesarchiv Berlin besitzt weitere Teile der Sammlungen aus dem Reichssicherheitshauptamt: Archivteile mehrerer theosophischer Gesellschaften, außerdem die Korrespondenz mit NS-Stellen und die Dokumentation der Überwachung[154].
- Mit den Vereinsregisterakten im Sächsischen Staatsarchiv Leipzig lassen sich die Strukturdaten vieler theosophischer Vereinigungen ermitteln, da sie in Leipzig ihr »Hauptquartier« hatten.
- Im Landesarchiv Coburg liegen Teile des Nachlasses von Hermann Rudolph und Materialien aus dem Umfeld der Internationalen Theosophischen Verbrüderung.

Darüber hinaus gibt es, soweit mir augenblicklich bekannt ist, in Landes- und Kommunalarchiven meist nur marginale, oft trümmerhafte und meist zufällige Überlieferungen[155]. In Vereinsregisterakten und regionalen Archiven dürfte sich noch vielerorts Material befinden, das für die lokale Geschichte theosophischer Gruppen zu verarbeiten wäre. Dies konnte im Rahmen der vorliegenden Arbeit nicht geleistet werden, wäre aber insbesondere für Berlin (hier sind allerdings die wichtigen Akten des Amtsgerichts Charlottenburg im Zweiten Weltkrieg verbrannt), Hamburg, München und Stuttgart wünschenswert. Auch versteckte Informationen, etwa in Polizeiberichten oder in regionalen NS-Akten, konnten nur punktuell ausgewertet werden.

---

153 Vgl. Anm. 191.

154 Allerdings sind vermutlich nur (kleine?) Teile von theosophischen Archiven ins Reichssicherheitshauptamt gelangt. Einige Archive sind, wie das der Adyar-Theosophie, schon vor der NS-Zeit weitgehend verlorengegangen, andere konnten möglicherweise in Deutschland zwischen Machtergreifung und Verbot in Sicherheit gebracht werden. Halbwegs vollständige Archive dürften vom Umfang her eher die Bestände der Liberal-Katholischen Kirche in Moskau mit einem oder mehr Regalmetern umfassen. Offen ist auch die Geschichte der theosophischen Bibliotheken, die in die Hände der Nationalsozialisten fielen. Die Sammlung im Reichssicherheitshauptamt ist momentan nicht nachweisbar und möglicherweise zerstört. Schroeder: Die Bibliotheken des RSHA, 6, berichtet, daß dort der »Aufbau der Bibliothek der Geheimwissenschaften (Theosophie, Okkultismus usw.)« betrieben wurde, kann allerdings keine genaueren Angaben über das Schicksal der theosophischen Bibliotheken machen, weder hinsichtlich der Sammlung noch des Verbleibs in den chaotischen Endkriegswochen.

155 Diese Vermutung stützt sich auf meine Korrespondenz mit allen Landesarchiven und den wichtigen Städten, in denen sich größere theosophische Vereinigungen befanden.

Aufgrund dieser archivalischen Situation hat das gedruckte, nicht notwendig für die Öffentlichkeit gedachte Material für diese Arbeit einen zentralen Stellenwert erhalten: Interne Mitteilungen, Vereinszeitschriften, Kongreßprotokolle, Traktatliteratur oder Rundbriefe, die sich in theosophischen Bibliotheken, vornehmlich im Ausland (Schweiz, Niederlande) befinden.

*Anhang: Benutzte Archive und Sammlungen*[156]

ADYAR (nahe Madras [Chennai]), Archiv im Hauptquartier der Theosophischen Gesellschaft Adyar: Korrespondenz mit der deutschen Sektion.

AMSTERDAM, Bibliotheca Philosophica Hermetica: rosenkreuzerische und andere esoterische graue Literatur des 19. Jahrhunderts.

AMSTERDAM, Bibliothek der Theosophischen Gesellschaft (Tolstraat 154): graue Literatur der Theosophischen Gesellschaft Adyar, vereinsinterne Publikationen (insbesondere Jahrbücher), theosophische Literatur[157].

BAYREUTH, Deutsches Freimaurermuseum Bibliothek: masonische Literatur.

BERLIN, Archiv des Diakonischen Werks der Evangelischen Kirche in Deutschland, Sammlung der Apologetischen Centrale: Beobachtung der Theosophie durch Theologen.

BERLIN, Auktionshaus Stargardt: Unveröffentlichte Briefe von Theosophen.

BERLIN, Berlinische Galerie: Unterlagen der Ausstellung und Publikation Berlin um 1900 (Sammlung Eberhardt Roters).

BERLIN, Bundesarchiv: Theosophica und Akten zur Überwachung der theosophischen Gesellschaften aus dem Bestand des Reichssicherheitshauptamtes.

BERLIN, Evangelisches Zentralarchiv: Bestände Evangelisches Konsistorium der Mark Brandenburg und Evangelischer Oberkirchenrat zu »Sekten«: Beobachtungsberichte marginaler religiöser Gemeinschaften.

BERLIN, Universitätsbibliothek der Freien Universität: inkorporierte Bibliothek Henri Birven mit seltener esoterischer Literatur.

COBURG, Landesarchiv: Vereinsakten der Internationalen Theosophischen Verbrüderung und persönliche Korrespondenzen und Manuskripte von Mitgliedern, u.a. von Hermann Rudolph und Walter Einbeck; abgegeben 1977 von Hermann Rudolf Fischer.

COBURG, Staatsbibliothek: Bibliothek von Hermann Rudolph Fischer (Internationale Theosophische Verbrüderung) mit teilweise sehr seltener theosophischer Literatur; Herkunft u.a. aus den Buchbeständen von Walter Einbeck, Hermann Fischer, Max Göppert und Ernst Voss.

DORNACH, Archiv der Anthroposophischen Gesellschaft: Materialien zur Geschichte der Anthroposophischen Gesellschaft, Pläne für den Johannesbau und das Goetheanum, Nachlässe von Anthroposophen.

DORNACH, Bibliothek im Goetheanum: umfassende Sammlung anthroposophischer, nicht zuletzt grauer Literatur.

DORNACH, Rudolf Steiner-Nachlaßverwaltung: fast der gesamte Nachlaß Steiners, darunter seine Bibliothek, die Modelle für den Johannesbau und das Goetheanum.

FRANKFURT AM MAIN, Stadtarchiv, Bestände Theosophische Gesellschaften: lokale Unterlagen über die Internationale Theosophische Verbrüderung.

---

156 Die bei Mommsen: Die Nachlässe in den deutschen Archiven, I, 369, angegebene Fundstelle in der Universitätsbibliothek Basel, Nachlaß Overbeck (ohne nähere Angaben), hat sich als nicht zutreffend erwiesen.

157 Das Archiv der Amsterdamer Theosophischen Gesellschaft soll in das Amsterdamer Gemeentearchief übertragen werden.

Freiburg im Breisgau, Büchersammlung des Instituts für Grenzgebiete der Psychologie und Psychohygiene, das der Universität Freiburg i.Br. assoziiert ist: Wichtigste Sammlung parapsychologischer und »esoterischer« Literatur im deutschen Sprachraum, die seit Jahren mit Hilfe der Deutschen Forschungsgemeinschaft erweitert wird und in der Universitätsbibliothek inkorporiert ist. Diese einzigartige Bibliothek mit ihrer jahrelangen Sammlungstradition ist für die Forschung in Deutschland von unschätzbarem Wert.

Göttingen, Universitäts- und Staatsbibliothek, Handschriftenabteilung, Nachlaß Wilhelm Hübbe-Schleiden: Theosophie im 19. Jahrhundert und Steiner-kritische Strömungen in der Theosophischen Gesellschaft Adyar.

Göttingen, Universitäts- und Staatsbibliothek, inkorporierte Bibliothek Hübbe-Schleidens: frühe, zumeist ausgesprochen seltene theosophische Literatur des späten 19. und frühen 20. Jahrhunderts[158].

Halle, Seminar für Ökumenik und Religionswissenschaft der Theologischen Fakultät der Martin-Luther-Universität, »Esoterik-Bibliothek«: Umfangreiche Sammlung »esoterischer« Literatur.

Karlsruhe, Badische Landesbibliothek, Nachlaß Alexander von Bernus: Korrespondenz Steiners im Umfeld der Zeitschrift »Das Reich«.

Karlsruhe, Generallandesarchiv, Bestand Staatsministerium: Staatliche Beobachtung theosophischer Gesellschaften im Ersten Weltkrieg; Bestand Kultusministerium: Schriften und Material theosophischer Gesellschaften.

Köln, Deutsches Tanzarchiv, Korrespondenz Rudolf von Laban.

Leipzig, Sächsisches Staatsarchiv, Vereinsregisterakten: Strukturdaten zu vielen theosophischen Vereinigungen, Oberservationsmaterial der polizeilichen Überwachung.

Marbach, Deutsches Literaturarchiv, Bestand Cotta'sche Buchhandlung: Briefwechsel Steiners im Rahmen seiner Goethe-Editionen.

Moskau, Zentrum für die Aufbewahrung Historisch-Dokumentarischer Sammlungen (früher: »Sonderarchiv« Moskau): Aktenbestände zu aus dem Reichsicherheitshauptamt theosophischen Gesellschaften, teilweise aus deren Archiven.

München, Bayerisches Hauptstaatsarchiv, Bestände Reichsstatthalter Epp und Gestapo-Leitstelle München: Auflösung der theosophischen Gesellschaften.

München, Staatsarchiv, Bestand Polizeidirektion: polizeiliche Beobachtung theosophischer Gesellschaften, Vereinsregisterakten.

München, Stadtbibliothek, Monacensia, Literaturarchiv: Teilnachlaß Gabriel von Max (Theosophie vor 1900).

München, Stadtbibliothek: Sammlung okkultistischer Literatur des 19. Jahrhunderts, Nachlaßteile (Gabriel Max, Gustav Meyrink).

Nürnberg, Germanisches Nationalmuseum Nürnberg, Teilnachlaß Gabriel von Max: Korrespondenz zur Frühgeschichte der Theosophie in den 1880er Jahren.

Nürnberg, Landeskirchliches Archiv: Personalakten Friedrich Rittelmeyer.

Nürnberg, Stadtbibliothek: Publikationen der Theosophischen Gesellschaft Point Loma.

Paris, Bibliothèque Nationale: Literatur zum französischen Okkultismus.

Stuttgart, Bibliothek der Anthroposophischen Gesellschaft: graue und seltene Literatur zur Geschichte von Theosophie und Anthroposophie bis in die zwanziger Jahre.

Stuttgart, Hauptstaatsarchiv, Bestand Staatsministerium: Dokumente zu Steiners Aktivitäten in der Dreigliederungsbewegung in Stuttgart 1919.

---

158 Hierbei handelt es sich aber vermutlich nur um einen Teil seiner Bibliothek. Teile davon konnte Ernst Pieper nach 1945 kaufen; Fielitz-Coniar: T.S. in Germany (1946), 45.

WIEN, Archiv der Technischen Universität Wien: Personalakt Rudolf Steiner.
WIEN, Österreichische Nationalbibliothek: Manuskripte von Friedrich Eckstein.

Dazu kommen Unterlagen in meinem Besitz[159].

### *2.4.2 Die »Gesamtausgabe« der Werke Steiners*

Den mit Abstand wichtigsten Zugang zu Steiners Vorstellungen, zur Geschichte der Adyar-Theosophie bis 1912 und überhaupt zur Geschichte der Anthroposophie bis zu Steiners Tod bilden seine Schriften und Vorträge, die in der Gesamtausgabe mit dem Anspruch auf Vollständigkeit gesammelt werden. Der riesige Umfang von Steiners Œuvre und mithin der meisten Monographien der Gesamtausgabe ist vor allem ein Ergebnis der Vortragstätigkeit in der theosophischen Phase, wohingegen er in dieser Zeit nur noch drei monographische Werke verfaßt hat, die nicht als Fortsetzungsartikel oder aus Vortragsmitschriften entstanden sind[160]. Die Vorträge wurden anfangs gegen seinen ausdrücklichen Willen mitgeschrieben[161], teilweise entstanden »schriftliche Ausarbeitungen« (GA 255b,5)[162], die für Vorträge bis ungefähr 1905 als Grundlagen der heutigen Ausgaben. Angesichts ihrer unkontrollierten Verbreitung, aber auch zur Versorgung der Zweige der Theosophischen Gesellschaft ließ Steiner die Vorträge schon vor dem Krieg mitstenographieren. Von den etwa 6.000 Vorträgen sind ungefähr 4.500 mitgeschrieben worden, davon 2.500 in den Jahren 1916 bis 1924 von der Berufsstenographin Helene Finckh[163]. Erst mit ihren Übertragungen kann man von verläßlichen Mitschriften ausgehen, während andere Stenographen teilweise nur Kernsätze mitgeschrieben haben. Die gedruckten Klartexte wurden von Steiner bis auf wenige Ausnahmen nicht mehr durchgesehen, so daß fehlerhafte Mitschriften und Klartextübertragungen oder bewußte Veränderungen ein intrikates Problemfeld bilden (s. u.). Seine von Anfang an schriftlich verfaßten Monographien hat Steiner allerdings mehrfach überarbeitet und damit einen wichtigen Schlüssel zur Genese seiner Weltanschauungsproduktion geliefert. Nach Steiners Tod im Jahr 1925 gab seine Frau Marie Steiner (gest. 1948) federführend Steiners Werke heraus und griff von »Glättungen« bis zu inhaltlichen Revisionen

---

[159] Dazu zählen Korrespondenzen mit Hans Beetz, Berlin, Vorsitzender der Theosophischen Gesellschaft in Deutschland; Eva Maas, Hanau, Generalsekretärin der Theosophischen Gesellschaft Adyar in Deutschland; Hans Tenten, Würzburg, Meister vom Stuhl der Freimaurerloge »Zu den zwei Säulen an der festen Burg«. Außerdem Bestände Grauer Literatur, darunter frühe Drucke der Zyklen Steiners, Unterlagen zum »Nachlaßstreit« um Steiners Erbe, Mitteilungsblätter und (alte) Prospekte.

[160] »Theosophie« (1904); »Geheimwissenschaft im Umriß« (1910); »Die Kernpunkte der sozialen Frage« (1919). Die »Anthroposophie« aus dem Jahr 1910 (GA 45) ist signifikanterweise Fragment geblieben.

[161] Anonym: Vom Stenogramm zum gedruckten Text, 25 und 26.

[162] Für Vorträge bis etwa 1905 dienten diese von Hörern erstellten Texte teilweise als Publikationsgrundlage (GA 255b,5).

[163] Ebd., 25 f.; nach den Übersichtsbänden, I, 347, handelt es sich um mehr als 6.000 Vorträge.

in die Texte ein[164]; diese Veränderungen werden aber teilweise in der Gesamtausgabe heute wieder zurückgenommen[165].

Seit 1955/56 gibt die »Nachlaßverwaltung« die »Gesamtausgabe« der Werke Steiners heraus[166]. Diese Institution verwaltet heute auch den wesentlichen Teil seines schriftlichen Nachlasses, ohne daß ihre Bestände genau bekannt wären (s. o.). Neben den Schriften befinden sich dort Steiners Notizbücher, die Stenogramme und Klartextübertragungen seiner Vorträge sowie sein »künstlerischer Nachlaß« (GA K 12–58). Dazu kommen, neben den eigenen Briefen, viele (in einem unbekannten Ausmaß unveröffentlichte) Briefe an Steiner, etwa von Annie Besant oder Franz von Brentano[167]. Die Akquisitionsgeschichte dieses Archivs ist in Teilen ungeklärt[168], gleichfalls läßt sich momentan kein Überblick über die Steineriana außerhalb Dornachs gewinnen.

Bei der Gesamtausgabe handelt es sich um ein gewaltiges, noch unabgeschlossenes Editionsprojekt, das bislang einschließlich der Veröffentlichung von Steiners Zeichnungen etwa 400 Bände umfaßt; die allermeisten Bände der Gesamtausgabe beinhalten Vorträge, Tondokumente gibt es nicht[169]. Für die historiographische Arbeit bedeutet diese Publikation einerseits eine große Hilfe, da sie eine große Materialmenge öffentlich zugänglich macht, die teilweise ohne das hochspezialisierte Wissen der Dornacher Archivare und Archivarinnen (etwa hinsichtlich der zu Beginn des 20. Jahrhunderts gebräuchlichen Stenographiesysteme) wohl verschlossen bleiben würde. In den letzten Jahren wurden auch, gegen Widerstände in der Anthroposophischen Gesellschaft, bislang geheimgehaltene Teile aus Steiners Werk gedruckt – allerdings nicht ganz freiwillig[170]. An-

---

[164] Viele Beispiele bei Ballmer: Editorin Marie Steiner. Glättend veränderte sie, um nur ein Beispiel zu nennen, »derjenige, der den Menschen ... beobachtet« in: »wenn man den Menschen ... beobachtet« (S. 21). Tiefer geht die Änderung der Überschrift »Der Egoismus in der Philosophie« (1899) in »Der Individualismus in der Philosophie« (S. 30 f.), so daß Steiners selbstformulierte Nähe zum zeitgenössischen Anarchismus vor 1900 unsichtbar wurde.

[165] Die in der letzten Anmerkung genannten Veränderungen Marie Steiners sind seit der Gesamtausgabe aus dem Jahr 1961 zumindest hinsichtlich des Originaltitels nicht zurückgenommen, wohl aber sind die Verweise auf Tucker und Mackay wieder eingefügt (GA 30,99.151). Es ist unklar, in welchem Ausmaß ihre Eingriffe revidiert wurden. Nach den Stichproben Ballmers dürfte Marie Steiner eine sehr große Zahl von Texten verändert haben. In einzelnen Fällen belegt jedenfalls die Gesamtausgabe, daß man »Sinn-Korrekturen« Marie Steiners zumindest bei schlechter Stenogramm-Lage noch lange den Vorzug gab (GA 245,172). Dieser Band wird heute nicht mehr aufgelegt, die Texte sind auf andere Bände verteilt.

[166] Dazu: Rudolf Steiner Gesamtausgabe, hg. v. der Rudolf Steiner-Nachlaßverwaltung. Der Beginn der Arbeit wird zumeist auf 1955/56 datiert, so in Rudolf Steiner. Katalog des Gesamtwerks. Gesamtverzeichnis 2002 [Buchhandelsprospekt des Rudolf Steiner-Verlags], Dornach 2002, S. III.

[167] Mommsen: Die Nachlässe in den deutschen Archiven, I, 501.

[168] So fehlen beispielsweise Steiners Briefe im Nachlaß Hübbe-Schleiden in Göttingen und sind inzwischen von der Nachlaßverwaltung (Steiner: Briefe [1953/1955], Bd. I) publiziert worden. Die Umstände der Entnahme sind unklar: vgl. Klatt: Theosophie und Anthroposophie, 31.

[169] Anonym: Die Rudolf Steiner-Nachlaßverwaltung, 13.

[170] Vgl. zum inneranthroposophischen Widerstand hinsichtlich der Materialien zur Freimaurerei Bolliger: Der Einbezug der Freimaurerei in die Anthroposophie Rudolf Steiners, 3; zu den Unterlagen aus der Esoterischen Schule Barkhoff: Rudolf Steiners erkenntniskultische Arbeit, 31.
Die Erosion der Geheimhaltung von Texten Steiners wurde durch zwei äußere Vorgänge verstärkt: Zum einen kursierten viele »geheime« Texte – darunter auch gefälschte – in interessierten Kreisen, andere Texte wurden im Ausland gedruckt, z. B. in den achtziger Jahren im Amsterdamer Cagliostro-

dererseits ist die Gesamtausgabe aufgrund ihrer Editionsprobleme ein schwankender Boden. Ihre Ausgaben widersprechen oft den Forderungen von Treu und Glauben, und sie entspricht nicht den Kriterien einer kritischen Werkausgabe.

Fairerweise muß man festhalten, daß sich die Editionspraxis in den letzten Jahren tiefgreifend verändert hat: Es wurden nicht nur Arkantexte publiziert, sondern auch die Begründungen zu Entscheidungen für Lesarten angeben, Veränderungen bei neuen Editionen offengelegt oder anonymisierte Personen mit Namen genannt[171]. Ich habe den Eindruck, daß bei den Herausgebern der Gesamtausgabe die Bereitschaft besteht, eine Edition vorzulegen, die in einem vertretbaren Rahmen eine Interpretation darstellt – denn dies ist jede Edition. Die Offenlegung der Editionsentscheidungen (deren Nachvollziehbarkeit angesichts der Stenogramme engste Grenzen gesetzt sind) ist dabei ein entscheidender Schritt. Ob schlußendlich alle Materialen veröffentlicht werden, ist von außen schwer zu beurteilen. Angesichts der bisher vollzogenen, teilweise unpopulären Publikationsentscheidungen sollte man der neuen Generation von Herausgebern (im Gegensatz zur ihren Vorgängern) nicht unterstellen, Materialien zurückzuhalten. Mir scheint, daß die Gesamtausgabe auf dem Weg ist, eine verläßliche Grundlage für den Umgang mit Steiners Werk zu werden.

Gleichwohl füge ich kritische Bemerkungen zur Gesamtausgabe an: Zum einen werden darin grundsätzliche hermeneutische Probleme mit diesem Textkorpus deutlich, zum anderen sind sie eine notwendige Hilfe zum Umgang insbesondere mit älteren GA-Bänden.

(1.) Das leitende *Editionsprinzip* der Gesamtausgabe ist eine im wesentlichen sachliche, daneben eine nach öffentlichen und nichtöffentlichen Vorträgen sowie nach monographischen Schriften und Sammelwerken unterscheidende Ordnung. Aufgrund dieses Sachgebietsprinzips werden Texte getrennt, etwa durch Teilung von Briefen, wobei sogar ein Verweis auf den abgetrennten Teil fehlen kann (s. u., Punkt 5). Zudem ist die Sachanordnung nicht stringent durchgehalten; so steht ein Teil der Erläuterungen zu den Freimaurer-Riten (GA 93) an einer anderen Stelle als die Riten selbst (Ga 265). Diese sachfremde Anordnung von GA-Bänden ist auch ein Hinweis auf geänderte Editionsprinzipien[172].

---

Verlag. Zum anderen beschränkte die 1995 abgelaufene urheberrechtliche Schutzfrist (Rudolf Steiner Gesamtausgabe, 13) rechtliche Möglichkeiten der Verhinderung der Weiterverbreitung.
Es ist allerdings eine ganz andere Frage, ob man sich diesen Zwängen beugen soll. Die Freimaurer gehen hier einen anderen Weg, indem sie die geheimen Rituale als symbolischen Akt der Hochschätzung ihres Arkanbereichs nicht publizieren, obwohl sie durch »Verräterschriften« inzwischen publiziert sind.

[171] Vgl. die Besprechung der neuen Ausgabe von Steiners Briefwechsel mit seiner Frau (Zander: Neuer Umgang mit dem Werk Rudolf Steiners?). Siehe auch unten Anm. 192.

[172] Die Aussage, daß eine »endgültige Einteilung und Gliederung … erst im Zeitpunkt der Herausgabe getroffen werden« kann (Rudolf Steiner: Das Gesamtwerk. Katalog 1990 [Buchhandelsprospekt des Rudolf Steiner-Verlags], Dornach 1989, 78), dürfte sowohl auf ein teilweise ungeklärtes Publikationsprogramm als auch auf ein gewandeltes Editionskonzept deuten. Darauf deuten auch nachträglich eingefügte GA-Nummern, etwa für den »Lehrgang« »Grundelemente der Esoterik« (GA 93a) oder heute aufgegebene Nummern, etwa GA 245, die »Anweisungen für eine esoterische Schulung«.

(2.) *Steiners Veränderungen* an Texten, die alle Themenbereiche betreffen, bleiben unkenntlich, da in der Gesamtausgabe Drucke letzter Hand vorgelegt werden. Wichtige Werke hat er allerdings bis zu seinem Tod immer wieder überarbeitet. Diese Eingriffe wurden schon zu Steiners Lebzeiten bekannt, etwa 1921 durch Jakob Wilhelm Hauer[173]. Steiner selbst äußerte 1918, daß er »einen Berg von Neuauflage-Korrekturen zu bewältigen« habe (GA 39,471), aber das ganze Ausmaß seiner Überarbeitungen ist augenblicklich unübersehbar. Für die Editoren der Gesamtausgabe bildet(e) Steiner selbst dabei das größte Problem, weil er inhaltliche Veränderungen seiner Positionen ausdrücklich bestritt[174]. Seitens der Herausgeber begegnet man diesem Problem aber in den letzten Jahren durch den Nachdruck von Erstausgaben, teilweise mit Angabe der Veränderungen[175].

Die Probleme der von Steiner vorgenommenen Veränderungen werden an einem Detail deutlich, dem Austausch von »Theosophie« durch »Anthroposophie« respektive »Geisteswissenschaft« auf »ausdrückliche Angabe Rudolf Steiners« hin[176]. In weiten Teilen folgt die Gesamtausgabe weiterhin dieser Vorgabe Steiners. Der Begriff Theosophie / theosophisch könne, so ein Kommentar in der Gesamtausgabe, »um Verwechslungen zu vermeiden, an den sachlich in Betracht kommenden Stellen durch ›Geisteswissenschaft‹ oder ›geisteswissenschaftlich‹ oder ›spirituell‹ ersetzt werden« (GA $52^2$,425)[177]. Manchmal kann auch »Theosophen, Anthroposophen« nebeneinanderstehen (GA $286^3$,29), wo etwa noch 1946 die Anthroposophen fehlten[178], an anderen Stellen hat man das Adjektiv theosophisch ganz gestrichen[179]. Erst im Blick auf die Trennungsgeschichte zwischen Theosophischer und Anthroposophischer Gesellschaft wird deutlich, daß hinter

---

[173] Hauer: Die Anthroposophie als Weg zum Geist, 810f. Vgl. die Bestreitung inhaltlicher Änderungen durch Steiners Anhänger ebd.

[174] Hier nur einige Beispiele, weitere finden sich in dieser Arbeit. 1914 erschienen »Die Rätsel der Philosophie« (GA 18) als Neuausgabe der »Welt- und Lebensanschauungen im 19. Jahrhundert« (1900 / 1901). Er habe, so Steiner, »zwar im einzelnen viel *erweitert* und *ergänzt*«, »aber der Inhalt des alten Buches [ist] in das neue im wesentlichen wörtlich *unverändert* übergegangen«; die »geringfügigen Änderungen« und eine »geänderte Ausdrucksweise« begründete er mit dem »größeren Zusammenhang« der Neuausgabe (GA $18^9$,19). Diese Qualifizierung ist schlicht falsch; ich komme darauf mehrfach zu sprechen, vgl. nur exemplarisch 9.3.2a. Die »Philosophie der Freiheit« ($^1$1893) veröffentlichte er erneut 1918 mit der Erklärung, er habe sich entschlossen, sie »im wesentlichen fast gänzlich unverändert wieder zu veröffentlichen. Nur längere Zusätze habe ich zu einer ganzen Reihe von Abschnitten gemacht« (GA 4,10). Dieser Hinweis unterschlägt, daß Steiner über Zusätze hinaus den Text verändert hat, auch mit Sinnveränderungen (s. 6.7). Vergleichbares hat sich bei der Neuauflage von »Goethes Weltanschauung« ($^1$1897) (s. 5.6.3) oder der »Theosophie« ($^1$1904) (s. 7.3) ereignet.

[175] Steiner: Die Philosophie der Freiheit (photomechanischer Nachdruck der Erstauflage, hg. v. K. F. David); ders.: Das Christentum als mystische Tatsache (Reprint der Erstauflage, hg. v. M. Barkhoff); ders: Theosophie. Die Textentwicklung in den Auflagen 1904–1922 (hg. v. D. Hartmann).

[176] So die redaktionelle Erläuterung in GA $93^3$,17.

[177] Vgl. auch die als begründungsbedürftig notierte Abweichung von dieser Vorgabe in GA $93^3$,17.

[178] Steiner: »Und der Bau wird Mensch«, 22. Nicht zu klären war, ob auch eine »Theosophische Gesellschaft« mit einer »geisteswissenschaftlichen Bewegung« – beide Termini stehen heute parataktisch nebeneinander (GA 52,402 f.) – redaktionell gleichgesetzt wurden. In seltenen Ausnahmefällen kann man aus einer Textstelle erschließen, daß »Anthroposophie« redaktionell eingefügt wurde (z. B. GA 265,125).

[179] So in GA $145^5$,11. Hier steht »meine lieben Freunde« statt: »meine lieben theosophischen Freunde«; Steiner: Welche Bedeutung hat die okkulte Entwickelung des Menschen (1913 / 14), 6.

der Eliminierung des Begriffs Theosophie eine inhaltliche und machtpolitische Auseinandersetzung steckt (s. 3.4.5).

(3.) Die *Stenogramme* bilden die philologisch größte Herausforderung der GA. Die Entschlüsselung der verschiedenen und teilweise heute ungebräuchlichen Kurzschriften und die Bewertung der sehr unterschiedlichen Kompetenz der Stenographen ist faktisch nur den Spezialisten am Dornacher Archiv möglich. Diese Dechiffrierung ist eine Leistung, die man nicht hoch genug schätzen kann. Die Klartexterstellung bildet allerdings aufgrund der mangelnden Kompetenz vieler Schreiber, aufgrund von Hörschwierigkeiten und durch die Übertragen in Langschrift Fehlerquellen eigener Art[180]. In neueren Ausgaben finden sich zunehmend Hinweise auf Änderungen gegenüber alten Auflagen nach der Überprüfung von Stenogrammen[181] oder auf Leseschwierigkeiten, manchmal werden sogar parallele Überlieferungen dokumentiert[182]. Bei älteren Ausgaben ist aber von philologischer Gewissenhaftigkeit bis zur Kollage alles möglich[183]. Ohnehin verlangten die Stenogramme eine eigene Hermeneutik: Hier wären Eigenheiten von Stenographen herauszuarbeiten, Kommasetzungen grundsätzlich in Frage zu stellen, manche Vorträge mehr als Referate der Mitschreibenden denn als Wortlaut Steiners zu betrachten; an diesem Punkt ist auch meine Arbeit noch defizitär.

---

[180] Vgl. Anonym: Vom Stenogramm zum gedruckten Text, 27. Es bräuchte eine Hermeneutik des Umgangs mit den Stenogrammen und eine Einschätzung jedes Stenographen hinsichtlich seiner Schreibfähigkeiten und seiner Deutungstendenzen bei der Klarschrifterstellung.

[181] Beispielsweise in GA 110,194; auch in den Beiträgen zur Gesamtausgabe finden sich derartige Listen, z. B. Frenz / Friedenthal: Zu einigen neuen Textänderungen.

[182] In GA 331 (1989) hat der Herausgeber Walter Kugler Probleme im Klartext benannt (S. 304) und problematische Stellen im Anhang zitiert (etwa S. 307). In GA 266a-c (1995–1998), ediert von Hella Wiesberger und Maria Martina Sam, sind unterschiedliche Mitschriften abgedruckt, Ergänzungen kenntlich gemacht, Namen der Mitschreiber und Probleme nachträglicher Aufzeichnungen genannt. Auf »stilistische Redaktionen« habe man weitgehend verzichtet (GA 266a,12).

[183] Die Frage, wie zuverlässig oder wörtlich die zugrundeliegenden Aufzeichnungen sind, ob mehrere Aufzeichnungen verglichen und kollationiert wurden, läßt sich zumeist nicht beantworten. So hieß es beispielsweise 1981, aufgrund einer »zweiten Nachschrift« sei eine Neuausgabe »in ungewöhnlichem Maß verändert«; es seien »viele Wortlaute dieser neugefundenen Nachschrift in die erste hineingearbeitet worden, sofern sie Ergänzungen erhielten«; vgl. GA 53, Taschenbuchausgabe 1995, 502[393]. Nur in Ausnahmefällen erfährt man etwas von unterschiedlichen handschriftlichen Vorlagen (GA 245,168 f.) oder von der notizartigen Qualität der Unterlagen (GA 93a,14 f.). Oder: Was bedeutet es für einen gedruckten Text, wenn sich »die Herausgeber« bei nicht sehr zuverlässig nachgeschriebenen Konferenzen der Waldorfschule »vor die Aufgabe gestellt« sahen, »die Bruchstücke richtig ineinanderzufügen, damit sie sich gegenseitig ergänzen und stützen«? Welche Hermeneutik steckt hinter dem Rat, der Leser sei in dieser Lage »zu starker und aktiver innerer Arbeit aufgerufen, um das, was uns nur wie in einer andeutenden Partitur vorliegt, zu einem klingenden Bilde lebendig zu machen«? (GA 300a,9) Das Bemühen um eine verläßliche Textgrundlage ist, um im Bild zu bleiben, etwas anderes als die rekonstruktive Aufführung einer Symphonie. Oder: Hinweise auf Textlücken sind im Prinzip hilfreich, doch was soll man mit der Information einer »lückenhaften« Mitschrift anfangen (GA 245,124), wenn der darauf folgende Text keine Lücken mehr nachweist? Auf einer Editorentagung sind 1990 anscheinend diesbezüglich wenig schmeichelhafte Worte gefallen. In einem Pressebericht hieß es: »Aus den schwer entzifferbaren Stenogramm-Bergen der Vorträge von Rudolf Steiner haben dessen texthungrige geistige Erben bisher, wenig zimperlich, Leseversionen hergestellt. Erst allmählich ist den Nachlaßverwaltern bewußt geworden, daß ein nach mehreren Zeugnissen redigierter Mischtext nie so authentisch ist wie eine seiner lückenhaften Vorlagen.« Saltzwedel: Gralshüter des Wortlauts.

(4.) *Umfeldmaterialen* werden im Umfeld der Gesamtausgabe seit Jahrzehnten veröffentlicht[184] und in den letzten Jahren auch zunehmend für die Herstellung und Kommentierung des Textes in der Gesamtausgabe nutzbar gemacht. So wurden aus Steiners riesigem Konvolut von Notizbüchern die entsprechenden Notate in neueren Ausgaben häufig beigefügt[185]. Zeichnungen, mit denen er seine Vorträge illustrierte und die seit 1919 systematisch gesammelt wurden, werden in einer eigenen Reihe herausgegeben (GA K 58) oder in die entsprechenden Vorträge eingestellt. Eine systematische Aufarbeitung der Bibliothek Steiners (ca. 9.000 Bände und einige hundert Zeitschriften[186]) mit ihren Anstreichungen oder die Aufarbeitung der zur Mitnahme auf Reisen herausgetrennten Blättern wäre wünschenswert. Dann wären aber auch andere Zugriffe Steiners auf Literatur in Erwägung zu ziehen, etwa aus der Universitätsbibliothek Basel[187].

(5.) Steiners *Briefkorpus* ist nachlässig erfaßt. Die Aussage, »alle erhalten gebliebenen« Briefe seien in die Gesamtausgabe eingefügt (GA 38,9), verdeckt Briefbestände, die man nicht veröffentlichen wollte oder mangels Zugriff nicht konnte oder um die man nicht wußte. Von den Archivaren der Nachlaßverwaltung wird offenbar keine systematische Suche nach Briefen und Vorträgen Steiners außerhalb Dornachs betrieben, obwohl viele Briefe Steiners leicht zugänglich in öffentlichen oder privaten Sammlungen liegen, und seit langem bekannte Konvolute werden in den vorliegenden Briefbänden nicht erwähnt[188]. Andere Fundstellen außerhalb des Dornacher Archivs wurden seitens der Nachlaßverwaltung zwar konsultiert, doch nur partiell berücksichtigt, etwa die Steineriana des Deutschen Literatur-Archivs in Marbach[189]. Gleichzeitig ist die Überprüfung der Arbeit der Nachlaßverwaltung schwierig, da die Briefausgaben (etwa GA 38 f.) keine Pro-

---

[184] Nachrichten aus der Rudolf Steiner-Nachlaßverwaltung, 1949–1969; fortgesetzt als: Beiträge zur Rudolf Steiner-Gesamtausgabe, 1970 ff.

[185] Dazu das illustrative Material in: The Notebooks of Rudolf Steiner, hg. v. E. Watari u. a. Mir wurden einzelne Kopien der Notizbücher zugänglich gemacht.

[186] Anonym: Vom Stenogramm zum gedruckten Text, 31.

[187] Dies geschieht inzwischen in Einzelfällen, vgl. etwa GA 284$^3$,186.

[188] Nur einige exemplarische Hinweise: Unbekannte Briefempfänger erwähnt Hauer: Werden und Wesen der Anthroposophie, 43. In GA 38,9 werden ohne Empfängernamen Briefe genannt, die als verloren zu gelten hätten. Einige Briefe Steiners an Alexander von Bernus wurden seit 1949 publiziert in: Worte der Freundschaft für Alexander von Bernus, 110–112. Weitere Briefteile bei Schmitt: Alexander von Bernus, 108 f. Auf weitere Briefe an und von Bernus ist in Erde und Kosmos, 6 / 1980, 21–25, verwiesen. Kleeberg veröffentlichte 1928 einen Brief, den er von Steiner erhalten hatte; Kleeberg: Wege und Worte ($^2$1961), 29–31. Diese Liste ließe sich leicht beträchtlich verlängern. Die Existenz anderer Briefe kann man vermuten. Sollte es etwa an Graf Polzer-Hoditz, dem Steiner kurz vor seinem Tod die Sorge um seine beiden Geschwister anvertraute und den er »meinen Freund« nannte (GA 39,482), nur einen einzigen Brief (GA 39,481) gegeben haben? Angesichts der gespannten Beziehungen von Polzer-Hoditz zur Anthroposophischen Gesellschaft nach Steiners Tod dürften seine Briefe nicht nach Dornach in Verwahr gekommen sein. Auch der größte Teil der Korrespondenz mit dem Haus Moltke oder mit Ita Wegman (s. 16.6) liegt nicht in der Nachlaßverwaltung und wurde erst durch die Aktivitäten außerhalb des Archivs öffentlich bekannt, obwohl man um die Bestände intern lange wußte; zur Nutzung der Moltke-Korrespondenz vgl. Zander: Der Generalstabschef Helmuth von Moltke, 425$^9$.

[189] Die Briefe und Telegramme Steiners an die Cotta'sche Buchhandlung im Zusammenhang mit Steiners Editionen in diesem Verlag sind nur selektiv erfaßt, da die anderen Schriftstücke »wenig aussagend« seien (GA 39,544). Dies kann man auch anders sehen (s. 15.5.1).

venienzangaben bieten; ob sich alle in der Gesamtausgabe publizierten Briefe im Besitz der Nachlaßverwaltung befinden, ist unklar. Ohnehin ist das Ausmaß der in Dornach verwahrten oder auch nur bekannten Briefe unbekannt.

Dazu kommen weitere Einzelprobleme:

- Da auch die Briefe und Briefbände dem Sachgebietsprinzip untergeordnet wurden, finden sie sich an unterschiedlichsten Stellen: Zusammengestellt in Einzelausgaben (GA 38f.; GA 262f.) oder in Themenbänden über die Gesamtausgabe verstreut, so im Umfeld des esoterischen Schulungsmaterials (GA 245; GA 266), in den Freimaurer-Materialien (GA 265) oder in Materialien zur Gesellschaftsgeschichte (GA 260a).
- Die Teilung von Briefen nach Inhalten (z. B. GA 265,70) ist eine eigenwillige Usance.
- Undurchsichtig ist sowohl hinsichtlich der Editionsplanung wie der Bestände das für diese Arbeit sehr wichtige Korpus der Briefe, die im Zusammenhang mit der Theosophischen Gesellschaft stehen. Ein Teil der Briefe Steiners an Theosophen war vor dem Start der Gesamtausgabe veröffentlicht worden (Steiner 1953, Anhang II), doch steht eine Publikation in der Gesamtausgabe aus[190].
- Schließlich gibt es Unklarheiten, Unzuverlässigkeiten und Kürzungen[191].

Die Neuausgabe der Briefe Steiners mit Marie von Sivers (GA 262$^2$), in der die sehr persönlichen Grußformeln nicht mehr fehlen und auch die Namen nicht mehr anonymisiert sind[192], ist allerdings ein Indikator, daß man sich von der alten Praxis distanziert.

---

[190] Eine Briefausgabe wurde 1985 in GA 38,9 als GA 263 angezeigt. Inzwischen ist allerdings der Band mit den Briefen an Edith Maryon unter der GA-Nummer 263 / 1 erschienen. Da dieser Band fast nichts mit der theosophischen Bewegung zu tun hat, stellt sich die Frage, in welchem Rahmen oder ob die Veröffentlichung der Briefe an Maryon überhaupt geplant war. Die Existenz des Briefwechsels mit Besant ist nachzulesen bei Mommsen: Die Nachlässe in den deutschen Archiven, 501. Die schon in Angriff genommene Veröffentlichung eines Teils der Theosophica ist nun durch den Tod des beabsichtigten Bearbeiters, Julius Zoll, verschoben.

[191] Unklar ist etwa, ob der »Brief an ein Mitglied vom 2. Januar 1905« (GA 93a,272) damals schon irgendwo veröffentlicht war. Ob er überhaupt veröffentlicht werden soll und wieweit noch ausstehende GA-Bände als Auffangbecken auch für solche Briefe gedacht sind, bleibt offen.
Zu den schlichten Unzuverlässigkeiten einige Beispiele. Der letzte Brief Steiners ist in der GA kommentarlos auf den 27. März 1925, drei Tage vor Steiners Tod, datiert (GA 39,482.602); bei einer Faksimile-Veröffentlichung des Briefes wird dieser Tag dann nur noch als das Datum des Poststempels genannt (Polzer-Hoditz: Erinnerungen an Rudolf Steiner, 245; eine möglicherweise ein Datum bezeichnende Ziffergruppe läßt sich in der Faksimile-Ausgabe nicht eindeutig entziffern). Oder: Ein Brief Steiners an einen nicht ermittelbaren Empfänger vom 12. April 1909 ist in den Beiträgen zur Rudolf Steiner Gesamtausgabe veröffentlicht (Nr. 57, 1977, 15f.), jedoch nicht in der GA selbst. Und: Abkürzungen sind nach einem uneinheitlichen System manchmal aufgelöst und manchmal nicht (z. B. GA 262,106.102 oder GA 39,403.359). Last but not least: Die ersten Bezüge auf Nietzsche in GA 39,136.187 sind über das Namensregister nicht aufzufinden, obwohl es zwei für Steiners Wandlungen nicht unwichtige Stellen sind. Gekürzt sind offenbar – auch hier nur Beispiele – Briefe an Schroer oder Suphan (GA 39,87.120), der Brief an Suphan auf fünf Zeilen.

[192] Ein berühmter »Fall« war Theodor Reuß, von dem Steiner maurerische Riten erstanden hatte und der in diesem Briefwechsel mit »X« anonymisiert war. Kennern war immer klar, wer sich

(6.) *Vorstadien und Entwürfe* werden nur ausnahmsweise dokumentiert, etwa bei den Vorstufen der Mysteriendramen (GA 44). Im Regelfall ist es jedoch nicht möglich, Steiners Weg vom Manuskript zum Text nachzuvollziehen[193]. Faksimiles handschriftlicher Überarbeitungen lassen in einzelnen Fällen beträchtliche Veränderungen vermuten: Die ersten gedruckten Abschnitte von »Mein Lebensgang« (GA 28,7) weichen deutlich vom »Entwurf zur ersten Seite« ab[194], die (seltene) Überarbeitung eines Vortrags belegt beträchtliche Redaktionen Steiners[195]. Häufig hat Steiner allerdings auch fast druckreif geschrieben; die Wucherungen Proustscher Manuskripte gibt es bei Steiner nicht.

(7.) Die *Authentizität* von Steiners Texten in der Gesamtausgabe und von »wilden« Drucken ist schwer – und für Außenstehende kaum – zu überprüfen. Seitens der Nachlaßverwaltung sind in den letzten Jahren einige der im anthroposophischen Umfeld Steiner zugeschriebenen Texte ihm abgesprochen worden[196], andere konnten als Übernahmen aus den Werken Blavatskys identifiziert werden[197].

(8.) *Wissenschaftlichkeit* ist kein primäres Kriterium der Gesamtausgabe. Sie ist eine Leseedition für Anthroposophen, denen es vornehmlich um die Aneignung von Steiners Lehren geht, nicht aber um kritische Auseinandersetzung[198]. Sie finanzieren letztlich zu einem wesentlichen Teil die Ausgabe[199]. Dies erklärt nicht nur die Erstellung »lesbarer« Texte, sondern auch die knappe und vor allem unkritische Kommentierung. Zugegebenermaßen ist die Quellen- und Literaturlage etwa zur Esoterikgeschichte oft schwierig (und die Anmerkungen der Gesamtausgabe haben auch mir in verzwickten Sachlagen oft weitergeholfen). Aber wissenschaftliche und kritische Materialien werden nur selten, und dann oft selektiv, herangezogen. Dazu ein Beispiel: Die Erinnerungen Richard Spechts werden im einer Briefausgabe ausschnittweise zitert (GA 38,318 f.), doch kommen dabei nur positive Aspekte zur Sprache; im übrigen wird der Fundort der

---

dahinter verbarg, und in Publikationen für Mitglieder konnte man dieses offene Geheimnis denn auch lesen; Hörtreiter: Rezension von Möller / Howe: Merlin Peregrinus, 242.

193 So ist etwa eine erste Fassung der »Geheimwissenschaft« nicht publiziert (s. 7.5.1).

194 Hemleben: Rudolf Steiner, 164. Der Entwurf zeigt allerdings keine Korrekturen, so daß unklar ist, auf welchem Weg (Fahnenkorrekturen?) die veröffentlichte Textfassung entstand.

195 Abgebildet in: Anonym: Vom Stenogramm zum gedruckten Text, 29.

196 Kugler: Der Fall Marcello Haugen. Weitere Beispiele in: ders.: Das Problem der Authentizität. Ein eigenes Problem soll die Handschrift Marie Steiners bilden, die sich von derjenigen ihres Mannes oft nur schwer zu unterscheiden lasse.

197 Pfeifer: Zur Buchbesprechung von Lothar-Arno Wilke über »Die Tempellegende«, 48. Vgl. auch Wiesberger: Nachtrag zum Band »Die Tempellegende und die Goldene Legende«.

198 Manche Anthroposophen haben, jedenfalls in publikumswirksamen Veröffentlichungen, demonstrativ keine Probleme mit der Dornacher Editionspraxis: »Daß die Auswahl der Werke Rudolf Steiners nicht als kritische Edition erfolgen kann, ist angesichts der – teilweise noch nicht aufgearbeiteten – Materialfülle begreiflich. Andererseits wird die von der Nachlaßverwaltung vorgelegte Arbeit den meisten kritischen Prüfungskriterien gerecht, so daß ein Verzicht auf ein explizit historisch-kritisches Bemühen nicht ins Gewicht fällt.« Becker / Schreiner: Vorwort (in: Im Mittelpunkt der Mensch, hg. v. H. Weisberger), 10 f.

199 Der aktuelle Umsatzrückgang beim Rudolf Steiner-Verlag – da immer weniger junge Anthroposophen die Bände der Gesamtausgabe kaufen – zwang den Verlag bereits, sein angestammtes Domizil in Dornach aufzugeben; vgl. Goetheanum 80 / 2001, 88.

Quelle verschwiegen[200]. Zwar nähern sich die Bände der letzten Jahre etwa durch die Offenlegung von Editionsentscheidungen wissenschaftlichen Standards an, aber keiner auch der neuesten Bände der Gesamtausgabe läßt eine Einbeziehung der in den letzten Jahren sprudelnden wissenschaftlichen Literatur oder Debatten erkennen. Dabei gehe ich bis zum Gegenbeweis davon aus, daß in Dornach keine pseudonymen Steiner-Texte hergestellt werden, wie aufgrund der sich unentwegt vermehrenden GA-Nummern vermutet wird.

(9.) Angesichts eines *fehlenden Editionsplans* ist für Außenstehende kaum nachvollziehbar, welche Teile des Materials in der Gesamtausgabe (noch) nicht publiziert wurden. So sind Steiners Äußerungen in den Auseinandersetzung der Adyar-Theosophie bis 1912, die in den internen »Mitteilungen« abgedruckt sind, (bislang) nicht in der Gesamtausgabe enthalten. Zumindest in Einzelfällen sind bei Vorträgen Steiners Vorworte, die in den maschinenschriftlichen Zyklen noch vorhandenen waren, nicht in die Gesamtausgabe übernommen[201].

(10.) Die *Titel und Überschriften* stammen nur teilweise von Steiner, wohl die Mehrzahl wurde von den Herausgebern geschaffen (vgl. GA $52^{2}$,425). Manchmal wurden auch Überschriften Steiners abgeändert (z. B. GA 245,167); erst in neueren GA-Ausgaben gibt es dazu Hinweise.

(11.) Die Gesamtausgabe bereitet schließlich auf einer *formalen Ebene* Schwierigkeiten, insofern sich bei Neuauflagen oft die Seitenzahlen verschieben[202], bei Taschenbuchausgaben wiederum manchmal Teile weggelassen sind. Es ist deshalb nicht möglich, ausschließlich nach der GA-Nummer zu zitieren[203].

Die aus diesen Problemen resultierenden Interpretationsschwierigkeiten sind gewaltig und, dies gestehe ich offen, von mir nicht in jedem Fall adäquat gelöst, weil man letztlich jeden Text Steiners philologisch auf seine Verläßlichkeit abklopfen müßte; dies ist angesichts der Stenogrammprobleme vielleicht eine verzeihbare Schwäche. Schwerer wiegt, daß ich nicht alle Aussagen intensiv kontextualisiert habe. Dies ist zwar in vielen Fällen geschehen, etwa im zweiten Theologenzyklus (s. 18.2.3), mußte in anderen jedoch aufgrund des dazu nötigen Zeitaufwands unterbleiben. Künftige Arbeiten werden ihrer Kontextualisierung deshalb auch meine Interpretationen kritisch lesen. Eine vergleichsweise geringe Bedeutung habe ich hingegen der Unterscheidung zwischen geheimen und öffentlichen Vorträge beigemessen, da sie sich hinsichtlich der weltanschaulichen Inhalte kaum unterscheiden. In wenigen Fällen gibt es allerdings signifikante Differenzen, die

---

[200] Specht: Aus Rudolf Steiners Jugendzeit.

[201] Etwa die erste Ansprache Steiners im Ausland nach der Trennung von der Theosophischen Gesellschaft, die im Manuskriptdruck vorhanden ist (Steiner: Welche Bedeutung hat die okkulte Entwickelung des Menschen, vor dem ersten Vortrag, S. 1–6), aber in GA 145 fehlt.

[202] Explizit benannt – aber dies ist die Ausnahme – etwa im Kommentar zu GA 73,377. Es kann dann gleich mehrfach zu Seitenverschiebungen kommen, dokumentiert für die heutige GA 327 bei Finsterlin: Stimmt der Text?

[203] Anthroposophen zitieren angesichts der Auflagenvielfalt deshalb oft nach ganzen Vorträgen (mit Datum) und schicken die Leser in das Suchspiel, dort ein Zitat wiederzufinden.

sich in ihren brisantesten Fällen auf den kaschierten Elitenanspruch der anthroposophischen »Eingeweihten« beziehen.

*Anhang: Literatur zur Erschließung der Gesamtausgabe*

Unmittelbar nach Steiners Tod haben Anthroposophen damit begonnen, Steiners Werk zu erschließen. Diese Hilfsmittel sind bis heute unverzichtbar.

Carlo Septimus Picht (1926): Das literarische Lebenswerk Rudolf Steiners, Dornach (unersetzte Übersicht zum schriftlichen Werk Steiners).

Adolf Arenson (1930): Leitfaden durch 50 Vortragszyklen Rudolf Steiners, Stuttgart $^{9}$1991 (Sachregister zu Steiners Vorträgen).

Hans Schmidt (1950): Das Vortragswerk Rudolf Steiners. Verzeichnis der von Rudolf Steiner gehaltenen Vorträge, Ansprachen, Kurse und Zyklen, Dornach $^{2}$1978 (Erfassung von Steiners Vorträgen).

Emil Mötteli u. a. (1961–1982): Übersichtsbände zur Rudolf Steiner Gesamtausgabe, 3 Bde., Dornach (Bd. I: $^{2}$1984) (bibliographische Angaben, Sachregister sowohl zum schriftlichen wie zum Vortragswerk, Werk- und Vortragsverzeichnis).

Christian Karl (1991/1993): Handbuch zum Vortragswerk Rudolf Steiners, 2 Bde., Schaffhausen (Sachregister zu Steiners Vorträgen).

Emil Mötteli (1998): Register zur Rudolf Steiner Gesamtausgabe, 3 Bde. in 4 Teilen, Dornach: [I] Sachwortregister in zwei Bänden, durchgehend paginiert, [II] Personenregister, [III] Stichwortverzeichnis und Titelverzeichnis (umfangreichstes Registerwerk zur Rudolf Steiner-Gesamtausgabe).

Anthroposophie (2000). Die Geisteswissenschaft Rudolf Steiners. Ein alphabetisches Nachschlagewerk in 14 Bänden unter weitestgehender Verwendung des Originalwortlautes von Rudolf Steiner. Mit über 7.400 Stichworten und auch oder umfangreichen Artikeln. Illustriert ($^{1}$1995), Oberdorf/Schweiz (lexikalisch aufgebautes Sachregister, unkritisch inhaltlich harmonisierend).

Gesamtausgabe online (2004), unter www.rudolf-steiner.com[204] (2004 ins Netz gestellte, gescannte Gesamtausgabe, in der allerdings (noch) die Materialien der esoterischen Schule [etwa GA 264–270] und die Priesterzyklen [GA 342–346] fehlen).

[204] Dabei dürfte die zeitweilig vorhandene kommerzielle elektronische Ausgabe (www.rudolf-steiner.de/www.datenbank-anthroposophie.de) die Entscheidung vorangetrieben haben, seitens der Nachlaßverwaltung eine eigene Ausgabe ins Netz zu stellen.

# Geschichte

# 3. Theosophische Gesellschaften im deutschsprachigen Raum

## 3.1 Disposition, Quellen, Literatur

Rudolf Steiners Anthroposophische Gesellschaft, also bis 1912 die deutsche Sektion der Adyar-Theosophie, repräsentiert heute die Theosophie in Deutschland. Dies ist in etwa das Gegenteil der Konkurrenz theosophischer Gesellschaften um 1900, als die Theosophische Gesellschaft Adyar keineswegs die größte unter ihnen bildete. Ein gutes halbes Dutzend überregional organisierter Gesellschaften steckte damals ihre Claims ab[1]:

- die Theosophische Gesellschaft Adyar (Leitung: Blavatsky, Olcott, Besant),
- die Theosophische Gesellschaft Point Loma (Leitung: Tingley),
- die Theosophische Gesellschaft New York (Leitung: Hargrove),
- die Internationale Theosophische Verbrüderung (Leitung: Hartmann, Rudolph),
- die Anthroposophische Gesellschaft (Leitung: Steiner),
- die Tempelgesellschaft (Leitung: La Due),
- die Supernationale Theosophische Gesellschaft (Leitung: Vollrath).

Dieser institutionengeschichtliche Zugriff über vereinsmäßig organisierte Gruppen hat den Vorteil, das schwer durchschaubare Netz des theosophischen Milieus zu strukturieren, und er wehrt der Täuschung, daß es »die« Theosophie im Singular gebe[2]. Aber er fordert zugleich einen hohen Preis, denn gerade die innovativen Existenzformen bleiben im Abseits des historischen Blicks: etwa die theosophische »Bewegung« mit ihren osmotischen Grenzen (s. 4.4.2b), die Mehrfachmitgliedschaften in alten und neuen Weltanschauungsvereinigungen, namentlich in den christlichen Kirchen und den theosophischen Gruppen, die mentale Diffusion theosophischer Vorstellungen in nicht-theosophische Bereiche der Gesellschaft, die Wanderung von Personen durch verschiedene Gemeinschaften. Auch bleiben kleine und kleinste Gemeinschaften dann weitgehend unberücksichtigt, es existierte eine noch unbekannte Zahl lokaler und personenbezogener Vereinigungen, theosophischer Lebensgemeinschaften und Konventikel mit spezifischen (etwa »rosenkreuzerischen«, »astrologischen« oder sozialreformerischen) Zusatzinteressen. Diese organisatorische Diffusion der Theosophie war mit einer inhaltlichen verbunden, namentlich von lebensreformerischen und neureligiösen Vorstellungen, von denen sich die theosophischen oft nicht scharf trennen lassen. Spätestens in den Köpfen der Menschen blühten

---

[1] Auf die Verwendung von Eigennamen habe ich aufgrund der hohen Ähnlichkeit zugunsten topographischer Namen (mit dem Ortsnamen des jeweiligen »Hauptquartiers«) verzichtet.

[2] Kritisch gegenüber der Unterschlagung innertheosophischer Pluralität Santucci: Does Theosophy exist in the Theosophical Society?

*Chronologie:* Geschichte der theosophischen Gesellschaften

| | | |
|---|---|---|
| 1875 | 17. Nov. | Gründung der Theosophischen Gesellschaft in New York. |
| 1878 | | Blavatsky und Olcott ziehen nach Indien. |
| 1884 | 27. Juli | Gründung der Theosophischen Sozietät Germania. |
| 1885 | Dez. | Veröffentlichung des Hodgson-Report, in dem Blavatsky des spiritistischen Betrugs überführt wird. |
| 1886 | | Auflösung der Theosophischen Sozietät Germania. |
| 1892 | | Hübbe-Schleiden gründet in Berlin die Theosophische Vereinigung. |
| 1894 | 29. Juni | Gründung der Deutschen Theosophischen Gesellschaft. |
| 1896 | 24. Juni | Gründung einer deutschen Sektion der Theosophical Society in America, die sich in den nächsten Jahren weiter spaltet. |
| 1897 | 3. Sept. | Franz Hartmann gründet die Internationale Theosophische Verbrüderung in München. |
| 1902 | 19. Okt. | Gründung der deutschen Sektion der Theosophischen Gesellschaft Adyar, Wahl Steiners zum Generalsekretär. |
| 1906 | | Leadbeater-Affäre. |
| 1907 | 1. Mai | Besant zur Präsidentin der Theosophischen Gesellschaft Adyar gewählt. |
| | 18.–28. Mai | Münchener Kongreß und Anwesenheit Besants in Deutschland. Steiner und Besant trennen die Esoterische Schule. |
| 1908 | 26. Okt. | Ausschluß Hugo Vollraths aus der deutschen Sektion der Adyar-Theosophie. |
| 1909 | 6. Okt. | Krishnamurti wird zum Weltenlehrer gekürt. |
| 1911 | 9. Mai | Gründung des Johannesbau-Vereins. |
| | 16. Dez. | Bund für anthroposophische Arbeit konstituiert. |
| 1912 | Aug. | Hübbe-Schleiden gründet den »Undogmatischen Verband«. |
| | 28. Dez. | Gründung der Anthroposophischen Gesellschaft. |
| 1913 | 7. März | Besant schließt die deutsche Sektion aus der Theosophischen Gesellschaft Adyar aus. |
| 1919/1924 | | Gesellschaftliche Aktivitäten Steiners. |

synkretistische Amalgame. Hoch institutionalisierte Gruppen und individuelle Rezipienten sind die Pole eines theosophischen Milieus, das die folgenden Darstellungen grob kartieren.

Solide Literatur gibt es nur in homöopathischen Dosen, einzig für die Adyar-Theosophie und für die Anthroposophie stehen nennenswerte Vorarbeiten zur Verfügung[3]. Einschlägiges Quellenmaterial und Literatur sind bei den jeweiligen Gruppen genannt (vgl. auch den Überblick in 2.1.4). Allerdings ist in den letzten Jahren das Interesse der Forschung an der Theosophie auch in Deutschland erwacht, so daß inzwischen einige Kollegen und Kolleginnen an vergleichbaren Arbeiten sitzen, während zu Beginn meiner Forschung die Finger einer Hand mehr als ausreichten, wenn man die wissenschaftlichen Forscherinnen zählen wollte.

Schwierig ist die Situation auch hinsichtlich der Quellen. Abgesehen von den Dokumenten zur Anthroposophischen Gesellschaft in Dornach ist die Lage desolat. Allerdings wurden in den letzten Jahren wichtige Bestände wieder zugänglich: etwa der Nachlaß von Wilhelm Hübbe-Schleiden in Göttingen, die Akten aus dem Reichssicherheitshauptamt in Berlin und Moskau, die lokalen Akten in Leipzig oder das Archiv der Theosophischen Gesellschaft Adyar im indischen Adyar[4]. Das archivalische Material konnte längst nicht umfassend berücksichtigt werden, nicht zuletzt weil die Masse des Materials aus den zwanziger und dreißiger Jahren stammt, auf denen der Schwerpunkt dieser Arbeit nicht liegt. Andererseits ließen sich Lücken, insbesondere in den frühen Jahren, durch Zeitschriften schließen, da die Theosophie ein ausgesprochen literates Milieu bildete; die Zeitschriften habe ich – wenn auch themenbezogen – systematisch durchgesehen; ein Zeitschriftenverzeichnis liegt vor (s. u. 3.16).

---

[3] Ich habe mich dabei auf Deutschland konzentriert, doch ist die internationale Literatur weitgehend berücksichtigt, schon aufgrund ihrer fehlenden Rezeption in Deutschland, aber natürlich auch, um den Kontext der Theosophie in Deutschland angemessen darstellen zu können.
Zu den neueren historiographischen Werken zählen nicht zuletzt Seminar- und Magisterarbeiten. Mehrere sind im Umfeld von Heinz Mürmel (Universität Leipzig) entstanden, darunter die Magisterarbeit von Bernadette Bigalke zur Leipziger Theosophie in den dreißiger Jahren. Die ebenfalls dort geschriebene Arbeit von Mielke: Zur Theosophie in Leipzig zu Beginn des 20. Jahrhunderts, habe ich nur in kurzen Auszügen gesehen. Momentan entstehen an anderen Universitäten Arbeiten: von Jessica Klein (Düsseldorf) zu Johannes Maria Verweyen und von Katharina Revenda Brandt (Bremen / Groningen) zu Marie von Sivers-Steiner.

[4] Die Akten aus Moskau und Adyar sind aufgrund des aufwendigen Zugangs überproportional präsent.

## 3.2 Die Entstehung einer internationalen Weltanschauungsgemeinschaft

### *3.2.1 Von der »Empirie« zur Hermeneutik – die Entstehung der Theosophie aus dem Geist des Spiritismus (1870er Jahre)*

Am 17. September 1875 brachen einige Spiritisten symbolisch mit ihrer Vergangenheit. In sensibler Wahrnehmung des Plausibilitätsverlustes der spiritistischen Theorie, nämlich der empirischen Unbeweisbarkeit des »Jenseits« und forciert durch öffentlichkeitswirksame Betrugsfälle, gründeten Helena Petrowna Blavatsky (1831–1891) und Henry Steel Olcott (1832–1907) im Verein mit weiteren Gesinnungsgenossen in New York die Theosophische Gesellschaft. An die Stelle der medialen Vermittlung von Jenseitskontakten sollte die hermeneutische Aneignung der Religionsgeschichte treten. Mit dieser Wandlung des Spiritismus – jedenfalls des empirisch ausgerichteten Flügels[1] – in Theosophie begann das theosophische Herz zu schlagen[2], und von diesem Startpunkt aus ist die theosophische Programmatik zu verstehen: Der Anspruch auf religiösen Universalismus und die Hoffnung auf »objektive« Erkenntnis sind Transformationsprodukte der »Universalien« des Spiritismus, mit dem die Theosophie im gesamten hier behandelten Zeitraum in einer Art Haßliebe verbunden blieb.

Der Weg zu diesem Angelpunkt und die weitere Geschichte der Theosophischen Gesellschaft[3] sind untrennbar mit dem Leben der beiden »theosophical twins«, Blavatsky und Olcott, den fast mythischen Gründergestalten, verbunden. An den Schnittstellen ihrer gemeinsamen Interessen für den Okkultismus und der gegensätzlichen Auffassungen über den Weg der Theosophischen

---

[1] Die spiritistische Bewegung war höchst plural. Ein stark spirituell ausgerichteter Exponent wie Andrew Jackson Davis kannte zwar eine objektivierende Epistemologie, aber keinen experimentellen Zugriff, wie er für viele Séancen charakteristisch war; für klärende Hinweise danke ich Eberhard Bauer. – Die religionspsychologische Dimension des Spiritismus, der »reale« Gegensstand spiritistischer Erfahrungen, ist nicht Gegenstand meiner Analysen.
Auch in Deutschland gab es diese unterschiedlichen Spiritismen, vgl. die beiläufigen Beobachtungen bei Linse: »Das Buch der Wunder und Geheimwissenschaften«, 228. 234.

[2] Die These der theosophischen Transformation des Spiritismus durchzieht diese Arbeit. Dazu sehr kursorisch Ellwood: The American Theosophical Synthesis. Prothero: From Spiritualism to Theosophy, hat den Prozeß der Transformation des Spiritismus in Theosophie sozialhistorisch als Versuch angesehen, der geistig anspruchslosen Bewegung des Spiritismus einen intellektuell ambitionierten Überbau zu verschaffen.
Neben der Theosophie entstand auch die Christian Science Mary Baker Eddys reaktiv auf den Spiritismus; vgl. Braude: Radical Spirits, 177–191. Auch Baker Eddys zentrales Anliegen war, wie im Spiritismus, die empirische Dignität von Religion, bei ihr namentlich des Christentums, zu erweisen (Moore: The Occult Connection?, 143–149).

[3] Wichtige englischsprachige Literatur ist im folgenden eingearbeitet. Neuere Forschungen zur Theosophie finden sich in der Zeitschrift Theosophical History. Literatur zum Spiritismus s. 9.5.1.
Eine im Blick auf die Geschichte der Theosophie in Deutschland hinreichend detaillierte Darstellung der internationalen Geschichte, die zudem die wichtigen Anschlußstellen meiner Deutungen aufweisen würde, gibt es nicht. Ich habe deshalb diesen Horizont vergleichsweise dicht geschildert. Auch die Zitate aus schwer erreichbaren theosophischen Zeitschriften sowie Archivmaterialien sind recht ausführlich wiedergegeben. Dies entspricht nicht immer ihrem Stellenwert im Gesamtzusammenhang dieser Arbeit, erleichtert aber künftige Forschungen.

Gesellschaft wurden die wichtigsten theosophischen Positionen bestimmt[4]. Von diesen beiden Schlüsselfiguren bildet biographiehistorisch besonders die charismatische Blavatsky ein Problem[5], da sie ihr Leben mit einem Kranz von Legenden umgab. 1831 wurde sie im ukrainischen Jekaterinoslaw (seit 1926 Dnepropetrowsk) als erstes von drei Kindern geboren. Ihre Mutter, Helena Pavlovna de Fadeef, war eine gebildete, schriftstellerisch tätige Frau aus zaristischem Adel, ihr Vater, der deutschstämmige Peter von Hahn, diente als Offizier in der russischen Armee. Zu dem wenigen, was man über ihre Jugendjahre verläßlich weiß, gehören eine religiöse Sozialisation in das russisch-orthodoxe Christentum[6], aber auch Kontakte zur St. Petersburger Bohème, außerdem Berichte über eine »vivid imagination«[7] und mesmeristische Interessen. Sie dürfte schon in ihrer Erziehung wichtigen Werken der europäischen Literatur begegnet sein[8]; ihre Neigung, dezidiert fiktionale Literatur zu verfassen, die sie vor und zeitgleich mit ihren weltanschaulichen Schriften produzierte[9], dürfte hier ihre Wurzeln besitzen. Mit 17 Jahren heiratete sie den 40jährigen Vize-Gouverneur von Armenien, Nikifor Blavatsky. Damit begann ihr lebenslanges Wanderleben.

Kurz nach der Hochzeit im Jahr 1849 verließ sie ihren Mann, kehrte zu ihrem Großvater zurück und floh nach Istanbul. Dann verlieren sich ihre Spuren für ein Vierteljahrhundert in einem noch kaum gelichteten Nebel, den sie selbst nicht aufgehellt hat, weil sie später in diese Jahre ihre Lehrzeit bei geheimen Meistern in Tibet legte. Die theosophische Geschichtsschreibung sieht sie bis Mitte der fünfziger Jahre in Griechenland, Ägypten und Frankreich, in Nord- und Südamerika, auf den Karibischen Inseln, dann in Ceylon, Indien und auf Java, in Japan und in Tibet und in Europa – und in fast all diesen Ländern in den kommenden Jahren erneut[10]. 1858 ist sie, eigenen Aussagen zufolge, zum Spiritismus konvertiert[11]. Ein weltanschaulich hoch belastetes Kapitel stellen ihre »Reisen« nach Tibet dar, wohin sie 1856 und 1868 mit ihrem »Meister« Morya gereist sein

[4] Der Zugriff auf die Geschichte der Theosophie entlang dieser Biographien erfolgt aus pragmatischen Gründen. Er läßt sich wirkungsgeschichtlich rechtfertigen, hat allerdings seine Schwächen, weil Theosophen, die den Weg zur Institutionalisierung nicht mitgingen, nur noch als Randfiguren auftauchen. Allerdings ist eine kritische Geschichte der Theosophie außerhalb Deutschlands auch nicht Thema dieser Arbeit.

[5] Zur biographischen Literatur s. 2.1.3. Hilfreich Meade: Madame Blavatsky, eine auf der Grundlage der publizierten Quellen erarbeitete, kritische Biographie mit dem Schwerpunkt auf den Jugendjahren und der Zeit vor der Gründung der Theosophischen Gesellschaft. Vgl. auch die Chronologien in den jeweiligen Bänden von Boris de Zirkoff in Blavatsky: Collected Writings.

[6] Cranston: HPB, 30.

[7] Campbell: Ancient Wisdom Revived, 3.

[8] Meade: Madame Blavatsky, 17 f.

[9] Frenschkowski: Okkultismus und Phantastik, weist die Kenntnis von Edward Bellamy, Henry Rider Haggard, E. T. A. Hoffmann, Victor Hugo, Edgar Allan Poe, Mary Shelley, Robert Louis Stevenson und anderen nach, vor allem die überragende Bedeutung Edward Bulwer-Lyttons.

[10] Viele Reisen, die sie unternommen zu haben behauptete, waren schon vom Zeitbudget her wohl nicht möglich, vgl. Meade: Madame Blavatsky, 69. Zu der weiterhin höchst unsicheren Quellenlage hinsichtlich ihrer Reisen in den fünfziger Jahren Deveney: The Travels of H. P. Blavatsky.

[11] Meade: Madame Blavatsky, 73.

will[12]; stichhaltige Belege gibt es dafür nicht. Aber angesichts der selbst in theosophischen Kreisen beträchtlich differierenden (Zeit-)Angaben[13] sowie der großen Schwierigkeiten, damals das schwer erreichbare und für Fremde fast verschlossene Tibet zu bereisen, ist ein solcher Besuch unwahrscheinlich. Vermutlich hat erst Alexandra David-Néel 1920 als erste Europäerin Tibet bereist[14], Blavatsky dürfte allerdings in die nordindische Grenzregion des Himalaya gelangt sein[15]. Das Motiv im Himalaya wohnender Mahatmas könnte sie indischen Vorstellungen entnommen haben (zu den Meistern s. u. 3.2.4)[16].

Aus einer Liaision mit dem Opernsänger Agardi Metrovitch soll ein Kind hervorgegangen sein[17]. 1867 soll sie in der Schlacht von Mentana auf Seiten der Truppen Garibaldis teilgenommen und Olcott noch Jahre später eine dabei zurückgebliebene Musketenkugel in der rechten Schulter gezeigt haben[18]. Erfahrungen mit Drogen (Haschisch) sind in diesen Jahren wahrscheinlich, aber schwer dokumentierbar[19].

Spiritistische Aktivitäten hat Blavatsky von Jugend an gepflegt und nie ganz aufgegeben. Als sie sich 1871 und 1872 wieder in Ägypten aufhielt, gründete sie die kurzlebige Société Spirite; doch wurde sie des Betrugs überführt, da eine »materialisierte« Hand sich als ausgestopfter Handschuh herausgestellt hatte[20]. Vsevolod Sergejevich Solovjoff (dem Bruder des bekannteren Wladimir Sergejewitsch) gestand sie, in welchem Ausmaß der Spiritismus zeitweise ihre geistige Heimat war. »Spiritism is a great truth, and I will serve it to the grave«, »nobody wants me, I am altogether superfluous in the world. … Now the spirits are my brothers and sisters, my father and mother«[21]. Zugleich muß sie sich mit okkultistischer Literatur beschäftigt haben, wobei Ägypten eine besondere Rolle als (vermeintlicher) Hort ältester Weisheit gespielt haben dürfte. Vermutlich hat sie mit der Brotherhood of Luxor als ägyptischer Gruppe der Universal Mystic

---

[12] Cranston: HPB, 91. 116–120; zu Meister Morya vgl. Frick: Die Erleuchteten, II/2, 261.

[13] Campbell: Ancient Wisdom Revived, 59 f.

[14] Es gab allerdings Berichte über Frauen, die zumindest im indischen Randgebiet zu Tibet gereist waren. Dazu zählt möglicherweise eine – signifikanterweise ihren Vornamen nicht nennende – »Mrs. Hervey« sowie die Engländerin Dr. Susie Carson Rijnhart (Meade: Madame Blavatsky, 70). Wohl in den neunziger Jahren hatte sich aber Henry S. Landor durch Tibet bewegt und darüber das vielgelesene Buch »Auf verbotenen Wegen durch Tibet« (dt. [1]1898) verfaßt.

[15] Santucci: Blavatsky, 177.

[16] Glasenapp: Das Indienbild deutscher Denker, 197.

[17] Santucci: Blavatsky, 178, bezweifelt allerdings aufgrund medizinischer Befunde, daß Blavatsky überhaupt schwanger werden konnte. Über die Beziehung zu Metrovitch vgl. Meade: Madame Blavatsky, 68–93. Mead rechnet sogar damit, daß der 1861 oder 1862 in Tiflis verkrüppelt geborene und jung verstorbene Juri nicht Blavatskys einziges Kind gewesen sein könnte.

[18] Cranston: HPB, 114 f.

[19] Campbell: Ancient Wisdom Revived, 5.

[20] Ebd., 6.

[21] Aus Blavatskys Briefen an Solovyoff, zit. nach Farquhar: Modern Religious Movements, 216. An den von Solovjoff wiedergegebenen Blavatsky-Briefen ist allerdings die Frage nach ihrer Authentizität aufgebrochen, einsetzend mit der von dem verstorbenen John Cooper geplanten, nun von John Algeo 2003 edierten ersten Band der Briefe Blavatskys; vgl. dazu Deveney: The Letters of H. P. Blavatsky. Vgl. auch die Plädoyers, die bei Solovjoff abgedruckten Briefe als Fälschungen zu betreiben, in Fohat 8/2004, Heft 3.

Brotherhood zusammengearbeitet[22]. Und auch als spiritistische Malerin war sie tätig[23].

Im Juli 1873 segelte sie von Paris nach New York. Hier lernte sie den ein Jahr jüngeren, aus einem presbyterianischem Pfarrhaus stammenden Olcott kennen[24]: ein Agrarfachmann, im Sezessionskrieg Offizier auf Seiten der Konföderierten, später Anwalt, in spiritistischen und mesmeristischen Kreisen zu Hause und in Freimaurerlogen aktiv – und offenbar kein Freund von Traurigkeiten. Olcott schrieb später, er sei in den siebziger Jahre »a man of clubs, drinking parties, mistresses, a man absorbed in all sorts of worldly public and private untertakings« gewesen[25]. Im Umkreis spiritistischer Séancen der Familie Eddy, einer der Wurzeln der 1879 gegründeten Christian Science, traf Olcott 1874 Blavatsky zum ersten Mal[26] und trat in diesem Zirkel auch selbst als Medium für Materialisationen und Jenseitskontakte auf[27]. In der ersten Hälfte des Jahres 1875 war auch Blavatsky in spiritistischen Zirkeln ausgesprochen aktiv[28], während Olcott im Mai 1875 in New York den Miracle Club gründete[29]. In dieser für die Theosophie wichtigen Vorphase änderte sich auch für kurze Zeit Blavatskys privates Leben. Sie war seit April in zweiter Ehe mit dem Russen Michael C. Betanelly verheiratet, von dem sie aber drei Jahre später wieder geschieden wurde[30].

Blavatskys spiritistische Aktivitäten kamen 1875 zu einem formalen Ende. Die Relevanz dieses einschneidenden Schritts wird vor dem Hintergrund der Positionen des empiristischen Spiritismus erst deutlich, die ich deshalb kurz skizziere[31]: Diese Form Spiritismus läßt sich als eine Jenseitskommunikation beschreiben, in der man mit Geistern entweder über menschliche Medien kommunizierte oder von ihnen Nachrichten (über Pendel, bewegte Tische oder Schreibtafeln) erhielt. Im späten 19. Jahrhundert erweiterten sich die Manifestationsformen durch »Materialisationen« (etwa von »Ektoplasma«), die gerne photographisch »dokumentiert« wurden[32]. So galten in diesem »naturwissenschaftlichen« Ansatz Kontakte mit Geistern oder Verstorbenen nicht mehr als kontingentes, sondern als produzierbares und reproduzierbares Geschehen. Nicht mehr Gebet oder Magie, sondern der veralltäglichte »Verkehr« mit der Geisterwelt kennzeichnete den neuen Zugang zum Jenseits[33]. Kulturhistorisch sind dabei zwei Kontexte wichtig:

---

[22] Zu diesen Gruppen, die in den europäisch-amerikanischen Okkultismus des 19. Jahrhunderts gehören, vgl. Godwin: The Theosophical Enlightenment, 282 f. 364.
[23] Deveney: H. P. Blavatsky and Spirit Art.
[24] Zur Biographie Prothero: The White Buddhist; daneben Murphet: Hammer on the Mountain; zum Vater Blavatsky: Collected Writings, I, 503 f.
[25] Campbell: Ancient Wisdom Revived, 8.
[26] Olcott: Old Diary Leaves, 3.
[27] Cranston: HPB, 167, unter Verweis auf Olcotts Old Diary Leaves.
[28] Cranston: HPB, 171–176.
[29] Campbell: Ancient Wisdom Revived, 26.
[30] Ebd., 23.
[31] Ausführlicher s. Kap. 9.
[32] Vgl.: Im Reich der Phantome (Ausstellungskat. Mönchengladbach u. a. 1997 / 87).
[33] Vgl. dazu die instruktiven Beispiele bei Lang / McDannell: Der Himmel, 388–403.

(1.) Die Empirisierung der Jenseitskommunikation, wesentlich vorbereitet durch den Mesmerismus, war eine Reaktion auf die Verwissenschaftlichung von Weltdeutungsmustern. Spiritisten wollten von ihrem methodischen Anspruch her die Verfahren der empirischen Naturwissenschaften, also die objektivierbaren, intersubjektiv überprüfbaren und reproduzierbaren Verfahren – so zumindest ihr Selbstverständnis – anwenden: Dieser Spiritismus galt als Naturwissenschaft. Derartige Jenseitsvisionen besetzten den von der Astronomie als jenseitigen Wohnbereich Gottes und seiner Heiligen leergefegten Himmel mit ihrer Geisterwelt neu.

(2.) Diese Empirisierung erfolgte ohne Rückgriff auf kirchliche Vermittlung und mußte sich gegen die Kritik der Kirchen, die die Metaphysik auf Physik reduziert sahen, etablieren. Dies implizierte eine Demokratisierung im Umgang mit dem Jenseits. Formal, indem die Kontakte mit der »übersinnlichen« Welt im Prinzip allen offenstanden (gleichwohl durch Medien und ihre »Führer« oft hierarchisiert wurden), aber auch inhaltlich: So verkündeten in Frankreich die vielfach weiblichen Medien egalitäre Botschaften wie die Gleichberechtigung der Frauen[34], oder deutsche Spiritisten aus der Mittel- und Unterschicht nutzten Reinkarnation, sich zu Erlösergestalten aufzubauen[35].

Sozialgeschichtlich war der Spiritismus 1848 in den Vereinigten Staaten zum Massenphänomen geworden, als in Gegenwart der Töchter des Methodisten John D. Fox in Hydesville »unerklärliche« Klopfgeräusche registriert und als Kontakte zu Geistern im Jenseits interpretiert wurden[36]. Am »spirit rapping« nahmen zu den Hochzeiten ein bis zwei Millionen Menschen (bei einer Einwohnerzahl von etwa 25 Millionen) teil[37]. Ökonomisch standen dabei die Auswirkungen der industriellen Revolution und theologiegeschichtlich die starke Stellung des Christentums von Dissentern im Hintergrund, ideengeschichtlich Kosmologien und Utopien von Emanuel Swedenborg bis Charles Fourier; einmal mehr sind die Auswirkungen des Mesmerismus – Séancen und Medien kehrten wieder, der somnambule Zustand wurde zur »Trance« – unübersehbar. Bereits zehn Jahre nach den Ereignissen von Hydesville hatte die spiritistische Bewegung als Massenphänomen ihren Zenit in Amerika allerdings schon überschritten. Betrügereien, die den Spiritismus als alter ego begleiteten, hatten die Dignität spiritistischer Phänomene diskreditiert, die Fox-Sisters ihre Jenseitserfahrungen 1888 widerrufen, die Technik ihres Betrugs – die Klopfgeräusche waren mit dem dicken Zeh erzeugt worden – öffentlich demonstriert[38]. In Deutschland verlief die Geschichte nochmals komplizierter, weil in der Mitte des 19. Jahrhunderts im europäisch-amerikanischen Vergleich nur geringe spiritistische Aktivitä-

---

[34] S.u. Anm. 43.

[35] Linse: Geisterseher und Wunderwirker, 131 f.

[36] Isaacs: The Fox Sisters. Die Vorgeschichte dieses Spiritismus ist, namentlich für Deutschland, kaum erforscht. Die Empirisierung der Metaphysik, etwa durch den Mesmerismus, spielte eine wichtige Rolle.

[37] Unterschiedliche Zahlenangaben bei Campbell: Ancient Wisdom, 26, und Bauer: Spiritismus (1990), 975.

[38] Isaacs: The Fox Sisters, 104 f.

ten bestanden und die Hochphase des Spiritismus in den 1880er Jahren erst anbrach[39].

Frauen scheinen in allen Ländern eine wichtige Rolle gespielt und die Mehrheit der »Medien« gestellt zu haben[40]; die herausragende Rolle von Frauen in der Theosophie ist wohl nicht ohne den spiritistischen Vorlauf zu verstehen. Gleichwohl blieb der emanzipatorische Impuls gebrochen. Einerseits konnten sie eine soziale Rolle von hohem Prestige spielen, die ihnen die Möglichkeit zur Artikulation emanzipatorischer Vorstellungen – etwa der Gleichberechtigung[41] – gab, andererseits blieb die Kontrolle von Medien durchweg in den Händen männlicher »Geisterführer«. Frauen wurden zumal dann mit einer medialen Rolle prämiert, wenn sie männliche Rollenerwartungen erfüllten[42]. Wie weit die emanzipatorische Praxis reichte, wird augenblicklich kontrovers diskutiert[43]. Die machtpolitische Zuspitzung der Artikulation weiblicher Interessen blieb jedenfalls der Frauenbewegung vorbehalten, und zu den Beispielen dafür zählt Owen auch Annie Besant[44]. Die theosophischen Frauen nahmen eine Mittelstellung zwischen dem apolitischen Spiritismus und der machtpolitisch agierenden Frauenbewegung ein: Blavatsky nahm den Weg vom spiritistischen Medium zur Führerin der Theosophischen Gesellschaft und eliminierte die Männerdomäne der »Seelenführer«, Besant suchte in ihrem gesellschaftlichen Programm auch den Einfluß auf die politische Macht und mischte sich namentlich in Indien in die Politik ein.

1875 gehörten Blavatsky und Olcott zu denjenigen, die in den damals virulenten Debatten um Täuschungen den Plausibilitätsverlust der spiritistischen Theorie gespürt haben müssen. Blavatsky selbst dürfte als ehemalige Betrügerin nur allzugut um die Absturzkanten des Spiritismus gewußt haben. Letztlich stand der zentrale Anspruch dieses Spiritismus, mit naturwissenschaftlichen Mitteln eine neue Metaphysik fundieren zu können, zur Disposition. Ohne eine beweisbare Jenseitskommunikation verlor er aber sowohl gegenüber den Naturwissenschaften als auch gegenüber der Theologie seine Identität. Wie andere in okkultistischen Gruppen suchten die beiden eine neue Grundlage in literarischen Texten[45] – später sollten persönliche »Erfahrungen« dazukommen.

In dieser Situation trafen sich am 7. September 1875 siebzehn Personen in Blavatskys Wohnung, um George Henry Felts Vortrag über »The Lost Canon of Proportion of the Egyptians« zu hören[46]. Nachdem Felt erklärt habe, die ägyp-

---

[39] Umfassend Sawicki: Leben mit den Toten, bes. 282–296. Zu Details, die die deutsche Situation und ihr Umfeld betreffen s. 9.5.1.

[40] Für die Vereinigten Staaten Braude: Radical Spirits; exemplarisch auch die Biographie der wegen ihrer Propaganda für freie Liebe bekanntgewordenen Spiritistin Victoria Woodhull von Goldsmith: Other Powers; für Frankreich Edelman: Voyantes, guérisseuses et visionnaires; für Großbritannien Owen: The Darkened Room. Eine vergleichbare Studie für Deutschland fehlt.

[41] Vgl. Edelman: Voyantes, guérisseuses et visionnaires, 115 f., die dabei frühsozialistische Traditionen plausibel machen kann.

[42] Vgl. Owen: The Darkened Room, 202–242, oder Bauer: Spiritismus und Okkultismus, 65.

[43] Vgl. etwa Braude: Radical Spirits.

[44] Owen: The Darkened Room, 211.

[45] Auch die Societas Rosicruciana in Anglia hatte vier Jahre zuvor ihre Zielsetzung als »purely literary and antiquarian« definiert; zit. nach Gilbert: »The Supposed Rosy Crucian Society«, 394.

[46] Olcott: Old Diary Leaves, 115.

tischen Priester seien seinen Forschungen zufolge »adepts in magical science« gewesen, sei der Beschluß gefallen, eine Gesellschaft für »occult research« zu gründen[47]. Daß damit eine Abwendung von den empiristischen Séance-Praktiken impliziert war, dokumentiert eine Entscheidung, die seitdem und bis heute das theosophische Vereinsleben prägt: »One of the first steps was to collect a library.«[48] Die Abdrängung des Spiritismus dauerte allerdings noch Jahrzehnte[49]. Als Bürge für die Plausibilität der neuen Orientierung wurde ein Autor gehandelt, der bis zu Steiner den Schlüssel für esoterisches Wissen bieten sollte: Edward Bulwer-Lytton und sein Roman Zanoni[50]. Um den Namen der neuen Gesellschaft ging es in einer »grave discussion« anderthalb Wochen später:

> »Several [names] were suggested, among them, if I recollect aright, the Egyptological, the Hermetic, the Rosicrucian, etc., but none seemd just the thing. At last, in turning over the leaves of the Dictionary, one of us came across the word ›Theosophy‹, whereupon, after discussion, we unanimously agreed that that was the best of all; since it both expressed the esoteric truth we wished to reach and covered the ground of Felt's methods of occult scientific research.«[51]

Seitdem gilt der 7. September 1875 als Gründungstag der Theosophischen Gesellschaft[52].

Es lohnt sich, diese Entwicklungen vom September 1875 kurz unter die Lupe zu nehmen. Den Ausgangspunkt der Transformation des Spiritismus in Theosophie bildete der Rückgriff auf ein »ägyptisches« Thema, mithin auf eine »alte Weisheitstradition«; Ausgangspunkt war also keine spiritistische Séance. Die neue Aufgabe der »occult research« führt ins Herz der theosophischen Alternative, dem Austausch der beweisbaren Manifestationen aus dem Jenseits zugunsten der Erforschung religionsgeschichtlicher Traditionen. Aber dies sollte »scientific research« bleiben, der Wissenschaftsanspruch, sicherlich *auch* ein spiritistisches Erbe, setzte sich durch. Hier lag die entscheidende theosophische Umorientierung von der Empirie zur Hermeneutik.

Die Debatte um den Namen der neuen Gesellschaft dokumentiert, daß sich die neue Position keineswegs in einem herrenlosen Gelände befand: »Ägyptisch« könnte Blavatsky zu sehr an ihre Vergangenheit, etwa in der Brotherhood of Luxor, erinnert haben. Der Terminus »hermetisch« hingegen war möglicherweise schon zu diesem Zeitpunkt christlich konnotiert, eine für die gegenüber dem Christentum sehr distanzierte, ja oft polemische Blavatsky kaum akzeptable Option. Hermetik wurde jedenfalls zum Schlüsselbegriff der »christlich-esoterischen« Opposition in der Theosophischen Gesellschaft (s. 8.4.1). Das Prädikat »rosenkreuzerisch« wiederum war gerade zu einem Label für ein weltanschauliches Konkurrenzprodukt geworden, dessen sich Rudolf Steiner bald wieder

---

47 Ebd., 117.

48 Ebd., 120.

49 Schon die Übergangssituation war wesentlich komplexer, insofern die Evokation von »Elementargeistern« für Felt konstitutiv mit zur Theosophie gehörte (vgl. Santucci: Nouvelle lumière sur George Henry Felt, bes. 58); es war eine Situation im Übergang – noch für Jahrzehnte.

50 Olcott: Old Diary Leaves, 123. Zu Bulwer s. 7.5.5b.

51 Ebd., 132.

52 Blavatsky: Collected Writings, I, 123.

bedienen sollte[53]. Weniger klar ist, weshalb man sich nicht »okkultistische« Gesellschaft nannte; vielleicht waren die empiristischen Erinnerungen bei diesem Begriff zu stark, um die Abwendung vom Spiritismus zu symbolisieren, vielleicht klang er auch nicht ausreichend nach einer großen »alten« Tradition. Eben diese Funktion erfüllte in den Augen der Teilnehmer offenkundlich der Begriff »Theosophie«, der sich im Sinnes eines alten Wissens über Gott oder das Göttliche verstehen ließ und dessen historische Wurzeln in der christlichen Theosophie der Frühen Neuzeit[54] offenbar nicht mehr bekannt waren oder als wenig störend erschienen.

Die neue Gesellschaft erhielt bald eine voluminöse Grundlagenschrift: Blavatskys »Isis Unveiled« aus dem Jahr 1877, ein Versuch, moderne Wissenschaft und okkulte Tradition als kulturelle Avantgarde auszuweisen. Dieses Werk dürfte auch ein Schachzug in einer innertheosophischen Konkurrenz gewesen sein, lag doch seit 1875 Emma Hardinge-Brittens »Art Magic« vor, 1876 folgte Countess Marie Caithness' »Old Truths in a New Light«, beides kompendienartige Zusammenstellungen okkultistischer Vorstellungen[55]. Blavatskys weit über 1.000 Seiten starkes Werk stieg schnell zum Standardwerk auf. Doch geriet es ebensoschnell in die Kritik, weil Kenner der Szene realisierten, daß Blavatsky aus den Werken Dritter geschöpft und teilweise ohne Quellenangabe abgeschrieben hatte. Olcott selbst hat 1895 wichtige Vorlagen (etwa Eliphas Lévi) genannt[56], um aber zugleich festzuhalten, Blavatsky habe ihre Informationen »from the Astral-Light« und von den »›Brothers‹, ›Adepts‹, ›Sages‹, ›Masters‹«[57]. William Emmette Coleman, ein amerikanischer Orientalist und Okkultismus-Forscher, konnte im vergangenen Jahrhundert etwa 2.000 Referenzstellen aus über 100 Titeln der okkultistischen Literatur, insbesondere des 19. Jahrhunderts, nachweisen[58]. Olcott hat bestätigt, daß sich in Blavatskys Bibliothek etwa hundert okkultistische Bücher befunden haben[59], darunter viele der von Coleman angeführten. Campbell hat Dutzende dieser Stellen nachgeprüft und »in every case, I found the passage

---

[53] Vgl. Godwin: The Theosophical Enlightenment, 247–275. Allerdings finden sich in Blavatskys Nachlaß Hinweise, daß man eine »rosenkreuzerische« Ausrichtung erwog, »Meister« hätten sie zur Gründung einer »Rosicrucian Lodge« angehalten (Blavatsky: Collected Writings, I, 73; vgl. auch ebd., I, 121).

[54] Dazu Faivre: Theosophy (1987); ders.: Accès de l'ésotérisme occidental, II, 45–167; ders.: Christian Theosophy.

[55] Campbell: Ancient Wisdom Revived, 32; Godwin: Theosophical Enlightenment, 303–306. Lady Marie Caithness (1830–1895), Spanierin von Geburt (dazu Godwin: Lady Caithness), gehört in das weitere Umfeld der christlich-hermetischen Reaktion auf die indische Ausrichtung der Theosophie (s. u. 3.2.4).

[56] Dutzende Bücher esoterischer Literatur seien Blavatsky gebracht worden, während sie an der Isis Unveiled schrieb, unter anderem »King's Gnostics«, »Jennings' Rosicrucians«, »Moor's Hindu Pantheon«, »Eliphas Levi's various works«, »Jacolliot's twenty-seven volumes« oder die Werke Max Müllers; so Olcott: Old Diary Leaves, 207.
Insbesondere Eliphas Lévis Bedeutung dürfte hoch zu veranschlagen sein. Olcott berichtete im Supplement des Theosophist, 10 / 1898–99, S. XXVI, daß »Baron Spedalieri« Blavatsky »precious books« und Manuskripte von Lévi vermacht habe. Noch 1888 zeugt eine große Zahl von Buchbesprechungen im Theosophist von der fortbestehenden Wertschätzung Lévis.

[57] Olcott: Old Diary Leaves, 208.

[58] Campbell: Ancient Wisdom Revived, 33 f.

[59] Olcott: Old Diary Leaves, 207.

from Isis verbatim in the source given by Coleman«[60]. Darüber hinaus ist auch die zumeist unterstellte alleinige Autorschaft Blavatskys zu revidieren. Olcott hat detaillierte Auskünfte über seine Beteiligung an der Entstehung der »Isis Unveiled« gegeben[61]. »I corrected every page of her manuscript several times, and every page of the proofs; wrote many paragraphs for her, … helped her to find out quotations«[62]. Dieser kompilatorische Charakter der »Isis« steht in einem spannungsvollen Verhältnis zu Blavatskys Darstellung ihrer Unterrichtung durch »Meister«.

Die inhaltlichen Grundlinien der »Isis« bilden ein evolutionistischer Pantheismus, die Behauptung, die verschüttete Weisheit aller Religionen wieder ans Licht zu bringen, sowie die These einer geheimen Bruderschaft[63], verbunden mit einer harschen Kritik am Christentum, insbesondere in seiner kirchlichen Gestalt[64], sowie die Rückbindung an die europäische Hermetik, wie sie der ägyptisierende Titel »Isis« programmatisch dokumentiert. Strukturell hat Blavatsky wichtige Grundlinien ihres Weltbildes auch später beibehalten, jedoch nach der Übersiedlung nach Indien massive Erweiterungen und Veränderungen vorgenommen (s. u. 3.2.3–4). Die »Isis« war als Arrangement aus der europäischen esoterischen Tradition ihr kompilatorisches Jugendwerk.

So wichtig wie die programmatische Neuausrichtung der ehemaligen Spiritisten war die mehr oder minder subkutane Kontinuität der spiritistischen Vergangenheit. Davon wird noch mehrfach, auch bei Rudolf Steiner, zu reden sein, aber sie manifestierte sich bereits in den drei Zwecken, die sich die Theosophische Gesellschaft in ihre Statuten schrieb, als sie im September 1878 in der Auseinandersetzung und der Identitätsfindung gegenüber dem Arya Samaj erstmals drei theosophische Prinzipien artikulierte, die in immer neuen Auslegungen das theosophische Selbstverständnis begründeten:

»1. The study of occult science;
2. The formation of a nucleus of a universal brotherhood; and
3. The revival of Oriental literature and philosophy.«[65]

(ad 1.) Im ersten Zweck steckte die Bereitschaft, den Kampf mit den Naturwissenschaften, namentlich mit den positivistischen und antimetaphysischen Varianten, im Blick auf deren vermeintliches Definitionsmonopol über die Wirklichkeit aufzunehmen. In diesem Ausspruch ist die Weiterführung spritistischer Ansprüche ganz offensichtlich.

---

[60] Campbell: Ancient Wisdom Revived, 34.

[61] Olcott: Old Diary Leaves, 202–254. Daneben hat Alexander Wilder mitgearbeitet; Santucci: Blavatsky, 180.

[62] Olcott: Old Diary Leaves, 208. Angesichts des Produktionsprozesses von Blavatskys Geheimlehre sind Olcotts Aussagen glaubwürdig, trotz des nicht spannungsfreien Verhältnisses zwischen Blavatsky und Olcott.

[63] Damit griffen Theosophen einen Begriff egalitärer Vergemeinschaftung mit einer langen europäischen Tradition auf; vgl. die große Zahl der Belege bei Hardtwig: Genossenschaft, Sekte, Verein. Konkret könnte der Begriff der »Universal Mystik Brotherhood« aus Mackenzie's »Royal Masonic Cyclopaedia« stammen (Campbell: Ancient Wisdom Revived, 24).

[64] Campbell, ebd., 37–39.

[65] Olcott: Old Diary Leaves, 401.

(ad 2.) Im zweiten Zweck formulierte man das Ideal einer egalitären Gesellschaft in dem Versuch, eine alle Kulturen und Religionsgemeinschaften überschreitende Gemeinschaft zu bilden. Gegner waren die hierarchisch organisierten Weltanschauungsorganisationen, namentlich an die Kirchen hat man bei Blavatsky immer zu denken. Zugleich war diese Bruderschaft aber auch Trägerin eines weltanschaulichen Superioritätsanspruchs, sie war eine Art gnostischer Avantgarde. Aus dieser Verbindung zwischen universellem und elitärem Anspruch entstand die spezifische Organisationsstruktur der Theosophie: Sie betrieb sowohl öffentliche Werbung, hielt aber zugleich ihre Arkana, etwa die Esoterische Schule, vor den Augen des Publikums verborgen.

(ad 3.) Im dritten Zweck findet sich die hermeneutische Wende zur religionshistorischen Arbeit. Diese Öffnung bedeutete für die Theosophie das Ende des eurozentrischen Blicks. Vor allem indische Religionen wurden konstitutiv für das theosophische Selbstverständnis. Aber auch die antiken und überhaupt die »geheimen« Religionen zählten aufgrund dieses Impulses zum alternativen Kosmos der Theosophie, so daß der Anspruch einer synkretistischen Universalreligion entstand, die alle Weltanschauungen, auch das Christentum, in einer höheren Wissenschaft oder Weltanschauung »aufheben« wollte. Später hieß dieser Punkt »Studium der vergleichenden Religionswissenschaft«[66], und man greift nicht zu weit, hier eine Quelle der Religionswissenschaft und ihrer wissenschaftlichen Institutionalisierung im auslaufenden 19. Jahrhundert zu sehen. Mit diesem Programm wollte die Theosophie den Spiritismus hinter sich lassen.

### *3.2.2 Exkurs: Einige Wurzeln der Theosophie in der europäischen Esoterik des 19. Jahrhunderts*

Die Theosophie war ein Neuansatz in der westlichen Religionsgeschichte, soweit man angesichts der konstitutiven Traditionsbindung jeder Innovation von einem Neubeginn reden mag. Ihre Erfolgsgeschichte, durch die konkurrierende Gruppen marginal erscheinen, hat ihre Wahrnehmung als einzigartiges Phänomen verstärkt. Deshalb hat man lange Zeit die Frage nach den Wurzeln gar nicht erst ernsthaft gestellt – selbst die evidenten Beziehungen zum Spiritismus haben bis heute keine eigenständige Studie gefunden. Diese historiographische Abstinenz wurde durch zwei Faktoren verstärkt: Zum einen galt die Verwurzelung in einer »Urgeschichte« der Menschheit, wie sie die Theosophie behauptete, der historisch-kritischen Wissenschaft schon immer als interessegeleitete Fiktion[67], zum anderen aber stand die historische Wissenschaft selbst vor einem

[66] Cranston: HPB, 190f.

[67] »Indische Theosophie« war am Anfang des zwanzigsten Jahrhunderts unter wissenschaftlichen Orientalisten ein Synonym für das philosophische und religiöse Denken Indiens, etwa bei Oltramare: Histoire des idées théosophiques, oder bei Gomperz: Die indische Theosophie. Die Adyar-Theosophie spielte dabei keine Rolle. 1914 hat Speyer: Die indische Theosophie, in einem Anhang die Adyar-Theosophie einer vernichtenden Kritik hinsichtlich ihrer Beanspruchung indischer Traditionen unterzogen und als eklektischen »Mischmasch« von Traditionen gegeißelt (S. 314).

massiven Problem, insofern die Geschichte der (Vorläufer der) Esoterik zwischen dem späten 18. Jahrhundert und der zweiten Hälfte des neunzehnten ein riesiges Forschungsdesiderat war – und letztlich ist dies bis heute so. In diesem Feld gibt es zwar den Mesmerismus, der leidlich gut erforscht ist, hierhin gehören dem Spiritismus strukturverwandte Phänomene, theurgisch arbeitende Gruppen, Hochgradmaurer und initiatische Vereinigungen[68], doch letztlich ist dieses Gebiet bislang nicht einmal verläßlich kartiert.

Klar ist nur, daß der Spiritismus nicht das einzige und auch nicht das letzte Wort zu den Traditionskontexten der Theosophie ist. Wenn sie sich religionsgeschichtlich in eine bis in die Antike zurückreichende Kette einreihte, konnte sie auf Muster einer esoterischen Traditionskonstruktion zurückgreifen. Die Geschichte einer philosophia perennis, die seit der Renaissance populär und in der Freimaurerei zu Traditionsgeschichten verdichtet worden war, etwa in der Ableitung der Maurerei aus den antiken Mysterien, hatte im 19. Jahrhundert zu Historiographien okkulter, oft »Magie« genannter Überlieferungen geführt: zu Alfred Higgins' »Anacalypsis« (1836), Joseph Ennemosers »Geschichte der Magie« (1844) oder Eliphas Lévis »Histoire de la Magie« (1860). Die Idee einer hermeneutischen Umformung des Empirismus war en vogue. Und auch die Religionswissenschaft sekundierte in diesen Jahren, indem sie Panoramen einer evolutionären Entwicklung der Religion konstruierte[69].

Dazu kommt ein Segment, das in den letzten Jahren erforscht wurde und eher in die Tradition des empirischen Spiritismus gehört, die »praktische Magie«, über deren Scheitern (vermutlich auch ihrer eigenen Aktivitäten) Blavatsky am Ende ihrer »Entschleierten Isis« geklagt hatte[70]. Dazu gehört namentlich die »Hermetic Brotherhood of Luxor« im unmittelbaren Vorfeld der Theosophischen Gesellschaft in den Vereinigten Staaten[71]. Diese »Bruderschaft von Luxor« trug bereits die »Brüderlichkeit« im Namen, die die Theosophen in ihre Prinzipien schrieben, und besaß einen Bezug auf Ägypten, der im Gründungsakt der Theosophischen Gesellschaft noch zur Debatte gestanden hatte. Sie dürfte bereits in den 1870er Jahren existiert haben[72] und nahm wesentliche Elemente der Theosophie vorweg:

(1.) Die Bruderschaft verstand sich als initiatische Gemeinschaft. Sie nahm gegen eine vergleichsweise bescheidene Gebühr[73] Mitglieder auf und versprach, die zu höherer Einsicht zu führen. »Clairvoyance, Clairaudience & Intuition«[74], also nicht mehr unterbewußter Mediumismus waren das Ziel – genau dies wird Steiner später als Kriterium zur Abgrenzung der Theosophie vom Spiritismus defi-

---

68 Zu präspiritistischen Phänomenen Sawicki: Leben mit den Toten; ders.: Die Gespenster und ihr Ancien régime. – Zur Hochgradmaurerei s. 10.3. Die theurgischen Gruppen sind ein kaum erforschtes Kapitel, Beispiele lassen sich allerdings leicht beibringen.

69 Wichtige Hinweis dazu bei Linse: Theosophische Gesellschaft, 401 f.

70 Vgl. die Zurückhaltung gegenüber »praktischen Magiern«; Blavatsky: Isis entschleiert, II, 643.

71 Godwin u. a.: The Hermetic Brotherhood of Luxor.

72 Ebd., 6. 92. 95.

73 Die Eintrittsgebühr betrug 5 $, pro anno wurden 1,25 $ fällig, bei jeder Initiation weitere 5 $; ebd., 90.

74 So Peter Davidson (1837–1915), ebd., 73; zu ihm ebd., 22–32.

nieren. »The immediate goal was not the specific content of any given revelation or vision, but the development of the faculty of intuition or clairvoyance itself.«[75] In mehreren Graden und hochrituellen Veranstaltungen[76], einem offenkundlichen Erbe der Hochgradmaurerei, sollten die Initianden dieses Ziel erreichen. Diese Dimension haben Theosophen erst sekundär ihrem ursprünglichen Programm angefügt.

(2.) Neben der kognitiven oder meditativen Einsicht förderte die Bruderschaft den »praktischen« Okkultismus, für dessen Durchsetzung wohl Paschal Beverly Randolph (1825–1875), ein ehemaliger Mesmerist und Spiritist, eine entscheidende Rolle spielte[77]. Emma Hardinge Britten (1823–1899), eine weitere Protagonistin der Bruderschaft[78], hat die erwarteten höheren Fähigkeiten 1887 genau beschrieben: »Perfect mastery of the individual's own spirit.« »He must be enabled by practice, to telegraph, mentally, with his fellow associates, and present himself, spiritually, in their minds. … he must be enabled to summon to his presence elementary spirits« und »be able to invoke Planetary and even Solar Spirits, and commune with them to a certain degree.« »The arts necessary for study to the practical occultist are, in addition to those prescribed in speculative occultism, a knowledge of the qualities of drugs, vapours, minerals, electricity, perfumes, fumigations, and all kinds of anaesthetics.«[79] Das spiritistische Programm wurde also materialiter akzeptiert, aber aus der Verfügungsgewalt von Medien und Medienführern herausgenommen und in die Selbstmächtigkeit des Adepten überführt.

(3.) Ein tiefer Unterschied zur Theosophie lag allerdings in der Rolle der Sexualität, die insbesondere bei Randolph eine zentrale Rolle spielte und für deren Praktizierung er die »Brotherhood of Eulis« schuf. Randolph betrachtete Sexualität als Agens der Evolution und als Möglichkeit, den Menschen mit höheren, göttlichen Sphären zu vereinen. Auch Drogen wurden bei den Riten eingesetzt[80], wobei die Regeln in der Brotherhood of Eulis stark an lebensreformerische Sexualpraktiken erinnern: regelmäßiges Baden, hartes Bett, häufiges nacktes Sonnenbaden, Geschlechtsverkehr nur bei »loving passion« und bis zum Orgasmus beider Partner[81].

(4.) Schließlich besetzte die Hermetic Brotherhood of Luxor in Gestalt von Randolph den Begriff der Rosenkreuzerei für sich, er nannte seine Lehre »Rosicrucian«[82] – doch galten ihm die Rosenkreuzer nur als die »most notable« Grup-

---

[75] Ebd., 73.

[76] Ebd., 70 f. (Grade). 75 (Riten). Die obligate Verpflichtung zur Geheimhaltung ebd., 91.

[77] Zu seiner Biographie Deveney: Paschal Beverly Randolph.

[78] Zu ihrer Biographie Godwin u. a.: The Hermetic Brotherhood of Luxor, 56–61.

[79] Die drei Zitate ebd., 285. 286. 287.

[80] Zur Sexualität ebd., 71, und die Dokumente S. 234–278; zur »Brotherhood of Eulis« S. 43; zu den Drogen etwa S. 45. 75. Konsequenterweise fehlte die Reinkarnation mit ihrer Abwertung des Körpers; vgl. S. 71.

[81] Deveney: Paschal Beverly Randolph, 339.

[82] Godwin u. a.: The Hermetic Brotherhood of Luxor, 41.

pierung der bis in die Antike zurückverlegten Traditionen[83]. Auch vor diesem Hintergrund erhält die Ablehnung der Bezeichnung »Rosenkreuzer« für die zu gründende Theosophische Gesellschaft eine tagespolitische Aktualität.

Aus dieser zeitlichen und programmatischen Nähe ergab sich im Laufe der Jahre ein virulentes Konkurrenzverhältnis der Bruderschaft von Luxor zur Theosophischen Gesellschaft, da es eine große Zahl von Doppelmitgliedschaften gab und viele »theosophische« Vorstellungen aus der Bruderschaft oder ihrem Umfeld stammen dürften. Blavatsky besaß jedenfalls intensive Kenntnisse von Randolph und akzeptierte, um ein Beispiel zu nennen, etwa keine Reinkarnation – bis auf die exakt der bei Randolph angegebenen Sonderfälle. Nur in Ausnahmen dürfte es umgekehrt zu einem Transfer von der Theosophie in die Bruderschaft von Luxor gekommen sein, etwa bei der siebenteiligen Hüllenanthropologie. Angesichts dieser Gemengelage waren die Polemiken zwischen Theosophen und Mitgliedern der Bruderschaft gegen Ende des 19. Jahrhunderts endlos: Die Bruderschaft verstand sich als dezidiert westlicher Orden gegen die »indische« Theosophie und behauptete, den für westliche Menschen passenden Weg zu besitzen; sie lehre, im Gegensatz zur Theosophie, »no ›creed‹«, aber eben dies beanspruchte die Theosophie auch für sich. Und wenn aus der Bruderschaft die Warnung vor spiritistischen Täuschungen zu hören war, konnte man das Angebot an die von den indischen Meistern enttäuschten Theosophen gleich mithören – was Randolph nicht davon abhielt, eigene Kontakte mit dem Pharao »Ramus / Thothmor« oder dem offenbar noch lebenden Perser Pul ali Beg zu behaupten[84].

Die entscheidende Einsicht aus diesem Quellenmaterial lautet, daß die Theosophie in weit geringerem Maß, als lange gedacht, kreative Programmgestaltung betrieb. Fast alles, was sie propagierte, etwa eigenständige Clairvoyance statt Mediumismus, dürfte in ihrem Umfeld schon oder gleichzeitig gedacht worden sein. Auch die später hinzugekommenen Elemente wie die stark initiatische Komponente einschließlich der Freimaurerei, die seit Besant die Theosophie mitprägte, hatten Vorläufer in der Hermetic Brotherhood of Luxor. Und vieles, was sich unter Theosophen nicht findet, läßt sich als Gegenposition zu den Praktiken der Bruderschaft verstehen, etwa die Körperdistanz im Vergleich zur offensiv propagierten sexuellen »Magie«. Gerade in der Theosophie Steiners muß man die fehlenden sexualmagischen Praktiken wohl weniger als Leerstelle denn vielmehr Gegenposition deuten.

Man könnte nun zwei Schritte weitergehen und erstens weitere parallel existierende okkulte Gemeinschaften auf ihr Verhältnis zur Theosophie untersuchen. Dies ist augenblicklich ein uferloses Unterfangen, da die Landschaft dieser Gruppen noch kaum kartiert ist. Wichtig wären aber sicher die rosenkreuzerischen Gruppen, von denen in der zweiten Hälfte des 19. Jahrhunderts fast ein

---

[83] Zit. nach ebd., 95; Rückverlagerung 93.

[84] Doppelmitgliedschaften: ebd., 6. 52; vgl etwa das Leben von Thomas H. Burgoyne (1855?–1895?) (i. e. Thomas Henry Dalton) 33–39. Reinkarnation: 53. 60. 186; Hüllenanthropologie: 53. Die Polemik gegen die »indische« Theosophie: 6. Westlicher Weg: 332; »No ›creed‹« 333; Täuschungen: 45; Randolphs Meister: 41.

Dutzend entstand[85]. Mit der frühneuzeitlichen Rosenkreuzertradition hatten sie kaum mehr als den Namen gemein, die Behauptung von Anciennität gehörte unter ihnen zu den üblichen Legitimitätsstrategien. Gegenüber der Theosophie postulierten diese Rosenkreuzer die zentrale Bedeutung der christlichen Tradition, wobei mit »rosenkreuzerisch« immer ein alternatives, nicht großkirchliches Christentum gemeint war. Die Theosophen hingegen, insbesondere in der ersten Generation und vor allem Blavatsky, machten Christentumskritik und die Distanzierung von dieser europäischen Tradition zu einem Markenzeichen. Auf der Ebene der Mitglieder dürften die Grenzen allerdings fließend geblieben sein und Doppelmitgliedschaften waren vermutlich nicht selten, so daß die Auseinandersetzung um die Rolle des Christentums respektive der »rosenkreuzerischen« Tradition der Theosophie nach außen wie vereinsintern eine Vielzahl von Konflikten bescherte; davon wird noch mehrfach die Rede sein. Institutionsgeschichtlich muß man für die Entstehungsjahre der Theosophie zumindest auf zwei Organisationen verweisen.

- Die Societas Rocicruciana in Anglia[86], 1865 in London von Freimaurern gegründet, markierte nach dem Abbruch der frühneuzeitlichen Rosenkreuzertradition den fast mythischen Neubeginn. Die treibende Kraft war Robert Wenthworth Little gewesen, seit 1892 amtierte William Wynn Westcott, der auch Theosoph war, als »Supremus Magus«. Man kann die »SRIA« als einen »Verein für geheimwissenschaftlich interessierte Freimaurer« betrachten[87], und gerade hierin bildete sie eine Vorläuferin wie Konkurrentin der Theosophie.
- Den Gegenpol bildete der Hermetic Order of the Golden Dawn[88], der 1888 aus der Societas Rocicruciana in Anglia heraus entstanden war. Er stellte statt der theoretischen Ausrichtung der Muttergesellschaft die praktische Magie in den Vordergrund. Es ging damit einen ähnlichen Weg wie die Hermetic Brotherhood of Luxor, pflegte aber weitaus stärker die gruppenbezogenen Riten als die eher auf individuelle Praktiken zielende Hermetic Brotherhood. Damit wurde der Golden Dawn zu einer der der vielleicht wichtigen, sicher aber schillerndsten Gruppen in diesem Milieu, der etwa Okkultisten wie Aleister Crowley an (seit 1898 Mitglied) oder Theodor Reuß anzog. In den Jahrzehnten um 1900 war der Golden Dawn zeitweilig *die* Chiffre für geheime, rituelle Praxis.

In einem zweiten Schritt könnte man die Wurzeln derartiger Gruppierungen ausgraben. Wo sie liegen könnten, läßt sich nochmals am Beispiel der Bruderschaft von Luxor illustrieren. Der Spiritismus würde wohl eine Rolle spielen, dessen Gruppen mit freier Liebe vermutlich die Hermetic Brotherhood inspiriert hatten, wovon man sich jedoch aus Gründen der Imagepflege distanzierte. Mit der Hochschätzung willentlicher »magischer« Akte käme man möglicherweise zum

[85] Dazu den Überblick von Lamprecht: Neue Rosenkreuzer.
[86] Dazu ebd., 60–78.
[87] Ebd., 74.
[88] Gilbert: Hermetic Order of the Golden Dawn.

amerikanischen Mesmerismus der 1850er/60er Jahre. Hingegen könnte es sich bei dem vermeintlichen Vorgänger, »Chevalier Louis de B-«, dessen Werk Britten publizierte, um eine fiktive Gestalt handeln. Sicher spielte Max Theon (ca. 1847/50–1927) eine wichtige Rolle, der ursprünglich wohl Louis Maximilian Bimstein hieß und polnischer chassidischer Jude gewesen war. Er hatte vielleicht die Rigveda gelesen und war als persönlicher Lehrer ohne Gruppenbildung aktiv gewesen, und er war vielleicht ein Vorbild für verborgene Meister. Natürlich müßte man an weitere persönliche Beziehungen zu Societas Rosicruciana in Anglia denken, zu der das Bruderschaftsmitglied Peter Davidson enge Verbindungen besessen habe[89]. Britten hingegen hat selbst das Gerücht ausgestreut, sie habe in den 1830/40er Jahren einem Orphic Circle angehört – der ein wichtiges Gelenkstück der »magischen« Praxis vom späten 18. ins 19. Jahrhundert bildete[90].

Die älteren Wurzeln der Theosophie verschwinden – noch – im historischen Zwielicht. Godwin hat auf aufklärerische Traditionen verwiesen[91], etwa auf Charles Dutois' Vorstellungen einer natürlichen Religion, aber damit hätten sich Theosophen nicht zufrieden gegeben. Sie haben immer wieder den Anspruch erhoben, auf ältere Traditionen zurückzugreifen, etwa auf die Hermetik der Frühen Neuzeit, und davon wird mehrfach die Rede sein. Doch sollte die Theosophie nach ihrem Selbstverständnis in die tiefsten Sedimente der Geschichte reichen, etwa ins alte Ägypten oder das alte Indien. »Old wisdom revived« hieß letztlich, eine philosophia perennis wiederzubeleben, die in den Uranfänge der Menschheit gründe. Aber diese Geschichte der europäischen Esoterik ist ein Forschungsfeld, über dem sich die Schleier gerade erst lichten.

### *3.2.3 Von New York nach Madras: religiöse Globalisierung (1875 bis 1882)*

In den Jahren nach 1875 ging es mit der Theosophischen Gesellschaft, die zwischen spiritismusnahen Experimenten und kulturgeschichtlichen Ambitionen schwankte, kontinuierlich bergab[92]. Auf der Suche nach neuen Wirkungsmöglichkeiten ging Olcott 1878 eine Verbindung mit dem neohinduistischen Arya Samaj von Swami Dayanand Sarasvati ein, der die Veden zu revitalisieren und eine übergreifende Religion zu etablieren suchte, also strukturell ähnliche Ziele wie die Theosophen verfolgte. Mitte 1878 firmierte die Theosophische Gesellschaft eine zeitlang als The Theosophical Society of the Arya Samaj, doch angesichts hinduistischer Dominanzansprüche trennte man sich bald wieder[93]. Gleichzeitig oder wenig später muß Blavatsky auch freimaurerische Verbindun-

---

[89] Zur Biographie Godwin u. a.: The Hermetic Brotherhood of Luxor, 8–21.

[90] Spiritismus und freie Liebe: Godwin u. a.: The Hermetic Brotherhood of Luxor, 59. Zum amerikanischen Mesmerismus siehe ebd., 215. »Chevalier Louis de B-«: Godwin: Theosophical Enlightenment, 205–212. Max Theon: Godwin u. a.: Hermetic Brotherhood of Luxor, 8–21. Davidson: s. o., Anm. 74. Zum Orphic Circle Mathiesen: Britten, Emma (Floyd) Hardinge, 204 f.

[91] Godwin: Theosophical Enlightenment, 1–48.

[92] Campbell: Ancient Wisdom Revived, 75 f.

[93] Ebd., 77.

gen, vermittelt nicht zuletzt durch John Yarker, geknüpft haben[94]; aus dem maurerischen Umfeld dürften Paßworte und geheime Fingerzeichen stammen, die bei ihr des öfteren belegt sind[95].

Im Dezember 1878 zogen Blavatsky und Olcott nach Indien, wo sie nach einem Aufenthalt in Bombay 1882 in Adyar nahe Madras (heute Chennai) ihr »Hauptquartier« aufschlugen[96]. Nach der hermeneutischen Wende erfolgte die Zuwendung zum östlichen Denken – ein hochkomplexer Prozeß, der in Detailfragen noch zu analysieren sein wird. Diese Zuwendung mündete bereits am 25. Mai 1880 in beider Zuwendung oder Übertritt zum Buddhismus[97]. Dies war ein revolutionärer Akt von hochsymbolischer Bedeutung, der die selbstverständliche Dominanz des europäisch-christlichen Denkens unter Europäern und nicht zuletzt unter den meist in Indien geborenen »Anglo-Indians« in Frage stellte. Allerdings macht schon Olcotts Interpretation seines Buddhismus deutlich, daß sich indische und europäische Deutungsmuster verschränkten:

> »Our Buddhism was that of the Master-Adept Gautama Buddha, which was identically the Wisdom Religion of the Aryan Upanishads, and the soul of all the ancient world-faiths. Our Buddhism was, in a word, a philosophy, not a creed.«[98]

Blavatsky und Olcott sahen im Buddhismus eine philosophische Weisheitsreligion, und nicht, wie viele Europäer, ein absterbendes Relikt der Religionsgeschichte. Die immensen Wirkungen dieses Übertritts lagen in einer Mischung aus theoretischer Begründung und praktischer Umsetzung. In Indien etablierten sie das Motto der Theosophischen Gesellschaft, das deren Wahrheitsanspruch gegenüber den etablierten Religionen artikulierte, »No Religion is higher than the Truth« – eine Übernahme des möglicherweise mißverstandenen Familienmottos des Maharadja von Benares[99], und Olcott formulierte eine systematisierte Grundlegung buddhistischen Denkens in seinem 1881 erschienenen »Buddhistischen Katechismus«, der noch zu seinen Lebzeiten vierzig Auflagen erlebte und auch von Buddhisten geschätzt wurde[100]. Zugleich nahm er ein großangeleg-

---

[94] Godwin: Theosophical Enlightenment, 288 f. (vgl. auch 10.3.2).

[95] Solovyoff: A Modern Priestress of Isis, 26; Godwin: Theosophical Enlightenment, 287.

[96] Campbell: Ancient Wisdom Revived, 84 f.

[97] Godwin: Theosophical Enlightenment, 321 f.; Campbell: Ancient Wisdom Revived, 83. Man kann darüber streiten, ob »taking the pansil« eine Konversion im Sinn der europäischen Religionstradition war. In der Rezeption ist dieser Schritt allerdings meist als Bruch mit der Herkunftstradition gelesen worden, sicher war es eine demonstrative Anerkennung des Buddhismus.

[98] Zit. nach Campbell: Ancient Wisdom Revived, 83. Olcotts und Blavatskys Übertritt zum Buddhismus zog Probleme mit dem überreligiösen Absolutheitsanspruch der Theosophie nach sich. Nicht zuletzt deshalb stufte Olcott den Buddhismus als Philosophie ein; vgl. Jackson: The Oriental Religions and American Thought, 163 f. Später zog Besants Wendung zum Hinduismus vergleichbare Konflikte nach sich (ebd., 166).

[99] The Theosophist 11 / 1890, 665. Schon Blavatsky hatte diese Herkunft in der »Geheimlehre« offengelegt, aber möglicherweise den ursprünglichen Sinn (Kein Bekenntnis über die Wahrheit) nicht verstanden oder bewußt uminterpretiert; Glasenapp: Das Indienbild deutscher Denker, 196.

[100] Campbell: Ancient Wisdom Revived, 84. Allerdings war dieser Katechismus umstritten. Der »high priest« Sumagala hatte gedroht, öffentlich gegen den Text Stellung zu beziehen, wenn Olcott seine Interpretation des »Nirwana« nicht ändere. Erst als Olcott einlenkte, ließ er »in agreement with the Canon of the Southern Buddhist Church« dem Werk seine Zustimmung eindrucken (Jackson: The Oriental Religions and American Thought, 164, unter Verweis auf Olcotts Old diaries leaves

tes Erziehungsprogramm in Angriff, indem er in den ersten zehn Jahren seines asiatischen Aufenthaltes in Ceylon sechzig Schulen unter der Ägide der Theosophischen Gesellschaft gründete (aus denen bei der Nationalisierung des Schulwesens im Jahr 1960 ungefähr 400 Einrichtungen geworden waren)[101], die ein alternatives Bildungsprogramm zu den christlichen Missionsschulen darstellten und Teile der ceylonesischen Elite prägten. Olcott galt deshalb vielen als Reinkarnation des großen Königs Ashoka[102].

Für Indien war der 1880 zur Theosophie gestoßene Allan Octavian Hume von ähnlich großer Bedeutung. Er bereiste 1884 / 85 Indien, um die unterschiedlichen Ethnien und kulturellen Milieus in Indien zu einer Organisation ihrer Interessen zu bewegen und – mit Billigung des Vizekönigs Lord Dufferin – eine »Indian Party« ins Leben zu rufen. Der 1885 erstmals tagende »Indian National Congress« hatte hier seine Wurzeln[103]. Die politische Bedeutung der Theosophischen Gesellschaft für die nationale Selbstfindung Indiens war in den ersten Jahrzehnten vor und nach der Jahrhundertwende von außerordentlicher Bedeutung, weil sie zum einen das Selbstwertgefühl der Inder und ihrer Kultur stärkte, und zwar aus den Reihen der dominanzheischenden Europäer, und zum anderen politikrelevante Organisationsformen, die für die indische Unabhängigkeitsbewegung eine mitentscheidende Rolle spielten, schufen.

### *3.2.4 Blavatskys theosophische Vita zwischen der Hodgson-Affaire und der Abfassung der »Secret Doctrine« (1884 bis 1891)*

Blavatskys Interessen waren zu diesem Zeitpunkt im Gegensatz zu Olcott deutlich anders und vor allem unpolitisch gelagert. Sie sammelte seit 1874 in Notizbüchern Material zur Religionsgeschichte[104], das in die 1884 erstmals angekündigte »Secret Doctrine« eingeflossen sein dürfte. Für die weitere Geschichte der Theosophischen Gesellschaft ist allerdings ihre fortgesetzte Beschäftigung mit spiritistischen Praktiken von ähnlicher Bedeutung, da sie letztendlich diesen Teil der theosophischen Weltanschauung so diskreditierten, daß er zumindest aus der Programmatik der Theosophischen Gesellschaft verschwand. Beispielsweise »fand« Blavatsky um 1880 herum[105] bei einem Nachmittagstee zu sechs Tassen und Untertellern das fehlende siebte Set im Boden[106], doch hielten sich schon zu diesem Zeitpunkt die Gerüchte, das Geschirr sei vorab vergraben worden[107]. Gleichzeitig »besorgte« sie eine verschwundene Brosche wieder – die sie vorher

2,301). »Sumagala later recalled his endorsement, citing major discrepances between the Catechism and Theravada Doctrine« (so Jackson ebd., mit Verweis auf: High-Priest Sumagala and the Theosophical Society, in: Maha-Body 14, April 1906, 57–58).

[101] Campbell: Ancient Wisdom Revived, 84.

[102] Nachweise bei Tollenaere: The Politics of Divine Wisdom, 62.

[103] Campbell: Ancient Wisdom Revived, 81 f.

[104] Gomes: The Dawning of the Theosophical Movement, 235.

[105] Campbell: Ancient Wisdom Revived, 80.

[106] Cranston: HPB, 268–272.

[107] Campbell: Ancient Wisdom Revived, 80.

bei einem Pfandleiher erstanden hatte[108]. Allerdings hatte auch Olcott seinem Interesse an »praktischer Magie« (die sich allerdings auch als Versuche »naturwissenschaftlicher« Experimente deuten lassen) zumindest zu Beginn der indischen Jahre nicht abgeschworen; noch in den 1880er Jahren hielt er eine »magnetische Séance« ab[109].

Blavatsky arbeitete ihre weltanschaulichen Vorstellungen unter dem Eindruck der indischen Erfahrungen um. Eine wichtige Veränderung bildete dabei die stark erhöhte Wertschätzung der »Mahatmas«, für Blavatsky namentlich »Koot Hoomi« und »Morya«. Ein Mahatma sei ein Mitglied der Großen Weißen Bruderschaft, »who, by special training and education, evolved those higher faculties and has attained that spiritual knowledge which ordinary humanity will acquire after passing through numberless series of incarnations during the process of cosmic evolution«[110]. Diese Meister haben Blavatsky zufolge per Post oder auf »okkulte« Weise Briefe geschickt. Blavatskys Mitarbeiter Alfred Percy Sinnett (1840–1921) erhielt so über 100 Mahatmabriefe, die die Grundlage seiner Bücher »The Occult World« und »Esoteric Buddhism« bildeten[111]. Auch in die Streitigkeiten um die weltanschauliche Ausrichtung der Theosophischen Gesellschaft mischten sich die »Meister« ein. Anna Kingsford, die in London für die christlich-hermetische Fraktion stand (s. u.), wurde wegen ihrer Divergenzen mit Sinnett von »Koot Hoomi« mit dem Ausschluß aus der Theosophischen Gesellschaft bedroht[112]. Die Vorbilder für derartige Meistergestalten liegen trotz des indischen Begriffs mutmaßlich vor allem in der europäischen Tradition[113]; schon Blavatskys spiritistischer Geist »King John« hatte sich nicht nur in Séancen, sondern auch brieflich geäußert[114]. Damit nahm er offenbar eine Tradition auf, hatte doch ein »John King« 1852 dem Farmer Jonathan Koons in Ohio Briefe in ein »eigens dafür gebautes angeblich hermetisch geschlossenes Gebäude« ex-

---

[108] Ebd., 81 f.; Farquhar: Modern Religious Movements, 228–231.

[109] Solovyoff: A Modern Priestress of Isis, 54; die Veranstaltung fand wohl 1884 statt.

[110] Blavatsky: Mahatmas and Chelas (Juli 1884), in: dies.: Collected Writings, VI, 239.

[111] Campbell: Ancient Wisdom Revived, 57, und Cranston: HPB, 273. Die Briefe liegen heute in der British Library.

[112] Godwin: Theosophical Enlightenment, 345 f.

[113] French: The Theosophical Masters, bestätigt, daß die Wurzeln der Meistervorstellung in den Führergestalten des Spiritismus, vor allem in John King, der seit den 1850er Jahren auch Blavatsky und Olcott erschienen sei, liegen (S. 85–92). Der rosenkreuzerische Meister, der für die Theosophie und namentlich bei Steiner eine herausgehobene Rolle spielen sollte, war dabei nur ein Typus unter anderen, wobei Blavatsky hier von Bulwer-Lyttons »Zanoni« abhängig war, der mit diesem Roman wohl wider Willen ein Mythopoem in der Berufung auf die Rosenkreuzertradition geschaffen hatte (S. 557–607). In diesem Rahmen hat French die Meister als Gegenprojekt zu einer säkularisierten Welt gedeutet, als »the possibility of attaining physical, spiritual, moral, and sapiental perfection« (S. 603), und dabei auch als Beweis für die Wirkungskraft der übersinnlichen Welt, als »proof of the penetration of the divine into the humane sphere« (S. 604). Andererseits gab es auch in Indien die Geschichten verborgener Asketen mit außergewöhnlichen Eigenschaften (Campbell: Ancient Wisdom Revived, 56).
Ob es über die spiritistischen Quellen hinaus ältere weitere Wurzeln gibt, bliebe zu überprüfen. In der Maurerei bilden die »geheimen Oberen« in der Strikten Observanz eine strukturanaloge Vorstellung, Man konnte auch, insbesondere mit Edouard Schurés Konzeption, auf die »Weisen« der Renaissance-Esoterik zurückgreifen (Faivre: Esoterik im Überblick, 108 f.).

[114] Campbell: Ancient Wisdom Revived, 22 f.

pediert[115]. Gleichwohl handelt es sich bei der massiven Ausfaltung des Meister-Topos um ein Produkt aus Blavatskys indischen Jahren. Ob oder wieweit es sich bei den Mahatmas um eine Fiktion handelte, ist eine in der Forschung derzeit diskutierte Frage[116]; möglicherweise lassen sich zumindest einige reale Korrespondenzpartner ausmachen, so daß man mit einer komplexen Überlagerung von Realität und Fiktion rechnen müßte.

Die »Mahatma«-Briefe führten zum größten Skandal in der Geschichte der Theosophischen Gesellschaft. Dabei spielte das in Adyar üblich gewordene Zustellungsverfahren eine wesentliche Rolle. Briefe an die Meister und von ihnen wurden durch einen Schrein vermittelt, der in einem »occult room« neben Blavatskys Schlafzimmer an Drähten von der Decke hing. Während einer Europareise von Blavatsky und Olcott veröffentlichten Alexis und Emma Coulomb – sie waren Blavatsky aus spiritistischen Zeiten bekannt und arbeiteten bei ihr als Haushälterehepaar – im Jahr 1884 Briefe, in denen Blavatsky offen von Betrugspraktiken gesprochen habe: Mit einer Puppe »Christoph« habe sie Erscheinungen vorgetäuscht, und die Mahatmabriefe seien gefälscht. Eine Untersuchung des Schreins habe ergeben, so die Coulombs, daß er mit einer beweglichen Rückwand versehen gewesen sei und vor einem Loch in der Wand gehangen habe, wodurch Blavatsky von Ihrem Schlafraum aus habe Briefe im Schrein deponieren können[117]. Die Vorwürfe des Betrugs wurden von Franz Hartmann (zur Person s. u. 3.11.1) zurückgewiesen[118], das Loch in der Wand etwa habe es vor Blavatskys Abreise noch nicht gegeben, doch verbrannten er und William Quan (Quentin) Judge (1851–1896) den Schrein[119].

Zum Skandal wurde die »Coulomb-Affaire« im folgenden Jahr durch den »Hodgson-Report« der Society of Psychical Research. Angesichts fortwährender Debatten über die Seriosität der Theosophischen Gesellschaft und ihrer Vertreter war Richard Hodgson auf Anregung Olcotts[120] von der Society beauftragt worden war, den Ereignissen in Indien nachzugehen. Der aus einem methodistischem Elternhaus stammende Hodgson gehörte nach einer atheistischen Phase zu den ersten Mitgliedern der neugegründeten Society of Psychical Research und wurde 1886 von William James als Sekretär der American Society of Psychical Research in die Vereinigten Staaten gerufen[121]. Hodgson hatte in Adyar noch während Blavatskys Abwesenheit die Örtlichkeiten besichtigt. Sein Untersuchungsbericht bestätigte in weiten Teilen die Darstellungen der Coulombs, und Hodgson kam

115 Frenschkowski: Okkultismus und Phantastik, 65.

116 Johnson: The Initiates of the Theosophical Masters. Daß der Meister Koot Hoomi eine reale Person gewesen sei, wurde schon vor 1900 vermutet; vgl. Harrison: Das Transcendentale Weltall, 32f.

117 Campbell: Ancient Wisdom Revived, 88f.

118 Neben Hartmann war ein weiterer deutscher Theosoph, Rudolf Gebhard (zur Person s. u. 3.3.1), zusammen mit Olcott nach Adyar gereist, so Ernst Pieper: At the cradle of the Theosophical Society in Germany, Hektographie, 1948, 15 S. (Archiv Adyar, File 122), 11.

119 Campbell: Ancient Wisdom Revived, 90f. Die Verteidiger Blavatskys behaupteten, Schrank und Wanddurchbrüche stammten von Alexis Coulomb; vgl. Cranston: HPB, 327f.

120 Cranston: HPB, 319.

121 Zur Biographie Baird: Richard Hodgson; zur religiösen Sozialisation ebd., 3f., zur Society of Psychical Research ebd., 5f., zum Weg nach Amerika ebd., 32f.

zu dem Urteil, daß die von Blavatsky behaupteten Phänomene, soweit er sie habe nachverfolgen können, Betrug seien[122]. In der Folgezeit wurde mit Hilfe von Graphologen vor allem um die Frage gestritten, ob Blavatsky die Mahatmabriefe selbst geschrieben habe oder ob mehrere Hände bei der Abfassung nachweisbar seien[123]. Unabhängig von der Verfasserfrage war allerdings schon seit 1883 klar, daß der »Meister« gute Kenntnisse in der amerikanischen okkultistischen Literatur besitzen mußte, fanden sich doch in den Mahatma-Briefen wörtliche Zitate aus einer Schrift des Spiritisten Henry Kiddle[124]. Noch 1904, als eine englische Expedition in das bis dato Ausländern verschlossene Lhasa kam, gehörte die theosophische Frage nach den Mahatmas zum intellektuellen Reisegepäck, das der Leiter, Major Laurence Austin Waddell, mitgenommen hatte, und er erhielt vom Regenten die Antwort, das es weder Mahatmas gebe noch eine Geheimlehre existiere[125].

In Adyar traf Blavatsky, die nach den Veröffentlichungen der Coulombs nach Indien zurückgeeilt war, auf Hodgson. Unter dem Eindruck der Kritik, die er in theosophischen Kreisen verbreitete, verließ die gesundheitlich angeschlagene Theosophin am 31. März 1885 Indien für immer[126]. Die Veröffentlichung des Hodgson-Reports, der im Dezember 1885 erschien, erlebte sie in Europa. Nach einer erneuten Wanderschaft durch Italien, die Schweiz, Deutschland und Belgien ließ sie sich 1887 für ihre vier letzten Lebensjahre in London nieder.

Nach der räumlichen Trennung der beiden Gründer brach bald ein Konflikt aus, in dem sich zwei unterschiedliche Konzepte über die Ausgestaltung der Theosophischen Gesellschaft gegenüberstanden. Den gesellschaftsreformerisch ambitionierten Olcott kann man als Gegenpol zur esoterisch orientierten Blavatsky sehen und Olcotts demokratische Ziele im Gegensatz zu Blavatskys hierarchischem Denken[127], oder auch einen Antagonismus zwischen der charismatischen Führergestalt Blavatsky und dem organisatorischen Kopf Olcott, zwischen Mystik und Institution postulieren[128]. Letztlich ging es um die Machtfrage in der Theosophischen Gesellschaft. Die 1888 beschlossene Aufteilung in regionale

---

122 Hodgson: Report on Phenomena connected with Theosophy. Der Hodgson-Report wird auch von Campbell: Ancient Wisdom Revived, 93, im wesentlichen als zutreffend angesehen. Selbst Blavatsky hatte zugestanden, daß Hodgson bei seiner Ankunft durchaus wohlwollend gewesen war (ebd., 92) und offenbar während der Reise begeistert in Sinnetts aus den Mahatmabriefen kompilierten Werk Occult World las (Cranston: HPB, 337).

123 Für eine (zumindest partielle) Autorschaft Blavatskys sprechen klassische Argumente wie Schreib- und Trennungsfehler sowie semantisch und grammatisch falsche Wendungen, die typisch für Blavatskys Englisch, das sie erst spät gelernt hatte, waren, und die sich auch in den Mahatmabriefen fanden; vgl. Farquhar: Modern Religious Movements, 257. Diese Argumente treffen aber teilweise auch auf Inder, für die Englisch nicht Muttersprache war, zu. Die Blavatsky-nahe Literatur macht demgegenüber die Unterschiede in den Handschriften stark, so Cranston: HPB, 328–337. Eine neuere Stellungnahme aus der Society for Psychical Research stellt in Frage, daß alle Brief von Blavatsky gefälscht seien, vgl. Harrison: J'accuse.

124 Godwin: Theosophical Enlightenment, 347.

125 Speyer: Die indische Theosophie, 317.

126 Cranston: HPB, 344.

127 Prothero: From Spiritualism to Theosophy, 207 f.

128 Campbell: Ancient Wisdom Revived, 96 f.; man kann allerdings auch Olcott Zentralismus und Blavatsky eine Tendenz zur Regionalisierung und Individualisierung unterstellen; ebd., 96.

Sektionen etwa gründete nicht nur in einem rasanten Wachstum[129], sondern auch in gegenläufigen Vorstellungen zwischen Olcott und Blavatsky über die Organisation der Theosophischen Gesellschaft. Die Fehde führte zu einer Teilung der Macht. Olcott wurde Führer der Gesamtgesellschaft und Blavatsky Leiterin der »Esoteric Section« (auch: »Eastern School« oder »Eastern Section«) (s. 7.10.1a). Blavatsky schuf sich in dieser Auseinandersetzung ihr eigenes Publikationsmedium, die Zeitschrift Lucifer, während Olcott den Zugriff auf The Theosophist behielt[130]. Dem Streit zwischen den beiden »twins«, der die Theosophische Gesellschaft bis an den Rand des Zerbrechens führte, ist auch die Regelung zuzuschreiben, daß mit dem Tod Blavatskys 1891 die britische zugunsten der bereits bestehenden europäischen Sektion mit Besant als Präsidentin aufgelöst wurde[131], ein Akt, der die Gründung der deutschen Sektion im Jahr 1902 nach sich ziehen sollte.

In London erschien 1888 Blavatskys opus magnum, das zur inhaltlichen Grundlage ihrer Theosophie – in Teilen auch derjenigen Steiners – und darüber hinaus zu einem der wichtigsten Referenzwerke der europäischen Esoterikszene um 1900 werden sollte: ihre »Secret Doctrine«, die in ihrer Entstehungsgeschichte und Programmatik die Heterogenität von Blavatskys Lebensgeschichte mit ihren programmatischen Wandlungen bündelte. Im Januar 1884 hatte Blavatsky erstmals eine erweiterte und mit neuen Lehren versehene Überarbeitung der »Isis« angekündigt[132]. Doch erschien der erste Band (»Cosmogenesis«) erst am 1. November 1888, der zweite (»Anthropogenesis«) zwei Monate später, am 28. Dezember[133]. Blavatsky plante noch weitere Bände und arbeitete offenbar bis zu ihrem Tod an einem dritten Band, der jedoch zu ihren Lebzeiten nicht mehr publiziert wurde[134]. Die Zusammenstellung des Materials war ihr ohne Olcott anscheinend schwer gefallen. Das Manuskript von mehreren tausend Seiten hatte sie an Subba Row, einen ihr vertrauten Theosophen, geschickt, der eine Bearbeitung mit der Begründung ablehnte, es handle sich um »a hopeless jumble«[135]. Den drei Fuß hohen Blätterberg bearbeiteten in London schließlich zwei junge Theosophen, die Brüder Keightley, die das Konvolut auf vier Abteilungen – kosmische Evolution, menschliche Evolution, Leben großer Okkultisten, praktischer Okkultismus – aufteilten, wobei Blavatsky immer wieder durch Einfügungen von Material eingriff. Ed Fawcett fügte naturwissenschaftliche »quotations« hinzu und schrieb viele Seiten der naturwissenschaftlichen Ausführungen, bei der Kommentierung der »Stanzen des Dzyan« (s. u.) half schließlich Richard Harte[136],

[129] Ebd.

[130] Vgl. Prothero: From Spiritualism to Theosophy, 210.

[131] Campbell: Ancient Wisdom Revived, 99.

[132] De Zirkoff: Rebirth of the Occult Tradition; van Marter: Das Schreiben und Veröffentlichen der Geheimlehre, 81. Zu den Produktionsphasen in Deutschland vgl. Kap. 3.3, Anm. 31.

[133] Van Marter: Das Schreiben und Veröffentlichen der Geheimlehre, 91 f.

[134] Ebd., 92.

[135] Zit. nach ebd., 40.

[136] Produktionsprozeß nach Campbell, ebd., 40 f. Eine »paranormale« Entstehungsgeschichte ist mithin keine notwendige Annahme. Die traditionelle theosophische Literatur erwägt zwischen automatischem Schreiben, Clairvoyance und alchemistischen Tinkturen der Meister im Manuskript der

und die Rolle ihres Privatsekretärs George R. S. Mead ist kaum zu überschätzen[137].

Gegenüber dem offen kompilatorischen Ansatz in der »Isis« hatte Blavatsky einen anderen Ausgangspunkt gewählt. Die »Secret Doctrine« beruhe auf den »Stanzen« des Buches »Dzyan«, die eine kurze Darstellung der Kosmo- und Anthropogenese zu sein beanspruchten und als deren Kommentar man die »Secret Doctrine« verstehen kann. Dabei handle es sich um ein tibetisches Buch, das der europäischen Forschung unbekannt geblieben sei und zu den ältesten Werken der Weltliteratur gehöre. Das Fundament war also von West nach Ost, von europäischer (ägyptischer) Hermetik auf asiatisches Geheimwissen und von spiritistischer Sekundär- auf religiöse Primärliteratur verlagert worden; mediale Kundgaben spielten keine Rolle mehr. Der rote Faden war eine evolutionäre Geschichte der Kosmologie und Anthropologie. Allerdings blieb das Problem einer nachweisbaren Vorlage offen. René Guenon hatte die Quelle des Dzyan im tibetischen Kanjur und Tanjur gesucht[138], Gershom Scholem sie im kabbalistischen Sifra Di-Zeniutha zu finden gemeint[139], David Reigle sie seiner Meinung nach im tibetischen Buch des Kiu-te aufgespürt[140], William Emmette Coleman hielt die Stanzen für eine Kompilation Blavatskys[141]. Immerhin könnte der Briff Dzyan aus der buddhologischen Literatur des 19. Jahrhunderts stammen[142]. Sicher ist hingegen für das Gesamtwerk, daß sich viele religionsgeschichtliche Quellen in der zeitgenössischen okkultistischen Literatur finden, Coleman wies – wie schon hinsichtlich der »Isis« – Hunderte von nicht belegten Zitaten oder Bezügen nach[143]. Schließlich öffnet ein genauer Blick auf die Interferenzen von fiktionaler Literatur und weltanschaulichem Text bei Blavatsky eine ausgesprochen unscharfe Grenze. Sie war Autorin und zugleich Leserin von phantastischer Literatur, liebte insbesondere Edward Bulwer-Lytton (der noch für Steiner eine wichtige Rolle spielte), so daß in der »Secret Doctrine« eine Trennung der Quellengattungen nicht immer möglich ist[144].

Inhaltlich hat Blavatsky wesentliche Positionen gegenüber der »Isis« verändert: Die östlichen Religionen genossen nun eine deutlich höhere Wertschätzung, die zyklische Kosmologie dürfte sich indischen Anregungen verdanken,

---

Secret Doctrine eine Vielzahl von Optionen, die durchweg auf Hinweise Blavatskys zurückgehen; vgl. etwa Barborka: H. P. Blavatsky, Tibet and Tulku, 145–306.

[137] Godwin: Mead, George Robert Stowe.

[138] Guénon: Le Théosophisme, 97.

[139] Scholem: Die jüdische Mystik, 430 (unter Rückgriff auf den jüdischen Theosophen A. L. Bosmann). Schon vorher hatte Scholem kabbalistische Sekundärquellen identifiziert; ders.: Bibliographia kabbalistica, 216; er nannte Knorr von Rosenroth, Franck und Ginsburg.

[140] Reigle: Die Bücher des Kiu-te.

[141] Vgl. Campbell: Ancient Wisdom Revived, 49, und Farquhar: Modern Religious Movements, 263.

[142] Die »Dhyáni-Buddhas« sind als Boddhisatvas mehrfach erwähnt bei Hodgson: Essays on the Languages, 27. 54. 58. 64. Diese Quelle hat schon 1922 Hauer: Werden und Wesen der Anthroposophie, 22, entdeckt.

[143] Vgl. Campbell: Ancient Wisdom Revived, 49, und Farquhar: Modern Religious Movements, 262 f.

[144] Frenschkowski: Okkultismus und Phantastik, 70–99.

die dreiteilige Anthropologie war zu einer siebenteiligen mutiert[145], und die 1877 noch abgelehnte Reinkarnationslehre gehörte nun zum Lehrbestand. Andererseits waren wichtige Elemente, etwa der pantheistische Ansatz, die Auseinandersetzung mit den Naturwissenschaften oder die evolutive Grundströmung, erhalten geblieben. Die »Secret Doctrine« ist ein heterogenes Werk, dessen disparater Charakter bis heute durch die mühsame Gliederung des Materials nicht verdeckt wird. So stand der Verehrung unter Okkultisten die Ablehnung von Außenstehenden gegenüber: Die teilweise vernichtende Kritik, die – exemplarisch – Max Müller, der vielleicht bedeutendste Indologe um 1900, artikulierte, betraf nahezu flächendeckend die Differenzen zu einer wissenschaftlichen Bearbeitung asiatischer Kulturen[146]: Blavatskys »esoterische« Quellenbehauptungen, ihre Deutungen der indischer Literatur oder ihre Sprachkenntnissen in der »Isis Unveiled« und der »Secret Doctrine«.

Der Wandel in Blavatyks Vorstellungen, den die »Secret Doctrine« dokumentierte, bot an einem Punkt, der Relativierung des Christentums, die mit der Wendung nach Asien und zum Buddhismus einherging und mit Blavatskys polemischer Kritik an Christentum und Kirche verbunden sein konnte, beträchtlichen Konfliktstoff. In Europa, wo die Mitglieder aus dem Christentum kamen und ihm vielfach eng verbunden blieben, führte dies zu einer Gegenbewegung, einer »hermetic reaction«[147], die mit den Namen von Anna Kingsford (1846–1888) und Edward Maitland (1824–1897) verbunden ist. Maitland hatte sich auf den kirchlichen Dienst vorbereitet, Kingsford war 1870 zum Katholizismus konvertiert, und beide blieben dem Christentum auch nach ihrem Eintritt in die Theosophie verbunden. Kingsford hatte ihr Gegenprogramm mit einer allegorischen Bibelauslegung spirituell unterfüttert, die in der Verkündigung eines spiritualistischen und esoterischen Christentums mündete, das sie 1882 in »The Perfect Way. Or, the Findings of Christ« publizierte. Im Frühjahr 1884 gingen Kingsford und Maitland noch einen Schritt weiter und gründeten The Hermetic Lodge of the Theosophical Society – mit Zustimmung Olcotts und unter heftiger Kritik Blavatskys, die unerwartet auf der Gründungsversammlung aufgetaucht war[148]. Damit hatte sich innerhalb der Theosophischen Gesellschaft eine Richtung etabliert, die die christliche Esoterik propagierte und ein Gegenprogramm zu Blavatskys buddhistischer Orientierung bereithielt. Vermutlich hat Anna Kingsfords früher Tod, die 1888 mit 42 Jahren starb, die Ausbreitung dieses Segmentes noch zu Blavatskys Lebzeiten in Grenzen gehalten. Aber in der Kooperation zwischen Besant und Leadbeater sollte nach Blavatskys Tod die Theosophie in den neunziger Jahren erneut mit christlichen Vorstellungen aufgeladen werden.

---

[145] So differenzierte sie in ihrem Buch Isis, II, 112, zwischen dem Körper, der Seele und dem Intellekt (den sie auch Geist oder Nous nannte). In der Geheimlehre, I, 263 f., bot sie hingegen eine siebenteilige Gliederung. Blavatsky hatte schon selbst eine Interpretationsvorgabe dieses Widerspruchs gegeben und die Siebenzahl als Ausfaltung der Triade gedeutet, die schließlich in einer 49teiligen Gliederung aufgehen werde (ebd., III, 544).

[146] Müller: Esoterischer Buddhismus.

[147] Dieser Terminus und die folgenden Informationen nach Godwin: The Theosophical Enlightenment, 333–346.

[148] Ebd., 344.

Blavatskys letztes vollendetes Werk bildete »The Voice of the Silence« aus dem Jahr 1889, Anweisungen für einen Schulungsweg. All dies war Literatur für eine bildungsbürgerliche Klientel[149]. Am 8. Mai 1891 starb sie in London. Ihr Todesdatum wurde als »Weißer Lotus Tag« auch für die deutschen Theosophen ein hoher Feiertag.

Blavatsky war eine charismatische Frau von hohem Engagement und unbändiger, rastloser Aktivität. Aber ihre Weltanschauungsproduktion blieb so umstritten, wie sie es als Person zu Lebzeiten gewesen war. Der der Theosophie nahestehende Bruce F. Campbell hat dafür drei Gründe angeführt[150]: Blavatskys Rekurs auf die Meister, ihre zentrale Legitimationsinstanz, sei unglaubwürdig: Der behauptete Besuch bei den Meistern im Himalaja sei aus politischen wie geographischen Gründen fast unmöglich gewesen, abgesehen davon, daß es keine biographischen Belege für deren Existenz gebe. Sodann: die Inkonsistenzen ihrer theosophischen Schriften, wie sie etwa zwischen der »Isis« und der »Secret Doctrine« bestehen, neutralisierten den Wahrheitsanspruch, mit dem beide Werke auftreten. Schließlich: Die Unfähigkeit Blavatskys, ihre Manuskripte zu ordnen, wie es insbesondere bei der »Secret Doctrine« nachweisbar ist, schwäche das Vertrauen in ihre Einsicht in ein großes Ganzes und stehe in direktem Widerspruch zu ihrer Aussage, von den Meistern einen Plan für ihr Werk erhalten zu haben. Ihre Betrugsgeschichten wird man daneben nicht vergessen. Darüber hinaus haben die Forschungen Colemans der Existenz außergewöhnlicher Quellen oder von »paranormalen« Fähigkeiten wie des »automatischen Schreibens« ihre Plausibilität genommen: Blavatsky hat die okkulte Literatur des 19. Jahrhunderts wie einen Steinbruch benutzt. 1886 blickte die fast 55jährige in einer von ihr »My Confession« genannten Passage auf ihr Leben zurück, die ein Gespür für die Brüche ihrer eigenen Biographie vermuten läßt:

> »So there will be the truth about H. P. Blavatsky, in which psychology and her own and others' immorality and Rome and politics and all her own and others filth once more will be set out to God's world. I shall conceal nothing. It will be a Saturnalia of the moral depravity of mankind, this confession of mine, a worthy epilogue of my stormy life.«[151]

### *3.2.5 Die Präsidentschaft Olcotts und Besants (1891 bis zum Ersten Weltkrieg)*

Nach Blavatskys Tod im Jahr 1891 brachen die Streitigkeiten der Erben zuerst im Kampf um die Führung in der »Esoteric School« aus. Judge, Gründungsmitglied der Theosophischen Gesellschaft, schlug vor, die Leitung zwischen ihm und

---

149 Über die soziale Zusammensetzung der Theosophischen Gesellschaft liegen mir keine genauen Angaben vor. Qualitative Stichproben legen einen hohen Anteil von Mitgliedern des Adels und des gehobenen Bürgertums nahe, vgl. Tollenaere: The Politics of Divine Wisdom, 97–102; seine punktuellen Erhebungen weisen auf eine hohe Präsenz von Adeligen, Geschäftsleuten, Offiziere, Kinder aus Klerikerfamilien und Justizangehörigen hin. Dieser Befund würde strukturell den Daten entsprechen, die sich für Deutschland erheben lassen (s. u. 3.11.3 oder 3.12, v. a. auch 4.1.2c).

150 Campbell: Ancient Wisdom Revived, 60.

151 Zit. nach Farquhar: Modern Religious Movements, 212 f.

Annie Besant, die erst 1889 zur Theosophischen Gesellschaft gestoßen war und von Blavatsky noch kurz vor ihrem Tod den Titel der »chief secretary« erhalten hatte, zu teilen, wie es dann auch zwei Briefe des »Meisters Morya« bestätigten. Es stellte sich jedoch heraus, daß das Siegel der Briefe aus dem Besitz Blavatskys stammte und ihr von Olcott als Geschenk für die Meister übergeben worden war, so daß Judge unter dringenden Betrugsverdacht geriet[152]. Die mit allen Tricks, Gerichtsverhandlungen und über die Presse ausgetragene Auseinandersetzung führte 1895 schließlich zur Niederlage Judges und zu seinem Austritt, dem fast die gesamte amerikanische Sektion folgte. Annie Besant war nach dieser ersten großen Sezession die unumschränkte Leiterin der Esoterischen Schule und wurde im Laufe der Jahre eine die Theosophische Gesellschaft mit einem eigenständigen Profil prägende Frau. Sie wurde für Steiner nicht nur durch ihre Schriften, wie Blavatsky, sondern auch durch persönliche Begegnungen zu einer zentralen Bezugsperson. Steiners Geschichte mit der Theosophie ist in gewisser Weise seine Geschichte mit dieser Frau.

Annie Besant (1847–1933)[153] wurde als Tochter des iro-englischen Arztes William Burton Persse Wood und der irischen Mutter Emily Morris geboren und calvinistisch erzogen, entwickelte aber später Neigungen zum Katholizismus und besaß über Edward Bouverie Pusey Zugang zum hochkirchlichen Anglikanismus. Frank Besant, einen anglikanischen Geistlichen, heiratete sie mit zwanzig Jahren. Nach ihrer Scheidung 1873 wurde sie Freidenkerin, ein Jahr später Redakteurin im atheistischen »National Reformer« von Charles Bradlaugh. Sie kämpfte als Frauenrechtlerin für Kontrazeptiva und gegen die Abtreibung, engagierte sich für die irische Unabhängigkeit, war seit 1884 in der sozialistischen Arbeiterbewegung aktiv und betrachtete sich zwölf Jahre lang als Agnostikerin. Im Umfeld des Todes von Bradlaughs Tochter Alice im Dezember 1889 beschäftigte sie sich mit dem Spiritismus und revidierte wohl ihren Agnostizismus[154]. Sie stieß dann auf zwei Bücher Sinnetts[155] (vermutlich darunter seinen »Esoteric Buddhism« aus dem Jahr 1883). Im Zusammenhang mit einer Rezension von Blavatskys »Secret Doctrine« suchte sie Blavatskys Bekanntschaft und wurde, anscheinend auch unter dem Eindruck einer Hypnosesitzung, deren Anhängerin.

Ähnlichkeiten mit Blavatskys Biographie fallen ins Auge: ihre unabhängige Frauenrolle, die Suche nach weltanschaulicher Sicherheit, ihr Führungsanspruch. Frappierender aber noch sind die strukturellen Resonanzen mit Steiners Biographie: Beide durchlebten intensive »metaphysische« Zeiten – Besant in ihrer hochkirchlichen Phase, Steiner in seinem Idealismus – um danach ins »athei-

---

[152] Campbell: Ancient Wisdom Revived, 104–106.

[153] Die Angaben zur Biographie weitgehend nach Nethercot: The First Five Lives of Annie Besant; ders.: The Last Four Lives of Annie Besant. Nicht erreichbar war: Livia Lucchini: Blavatsky e Besant. Il Fulmine e il Tuono, Turin 1991. – Besant gilt Nethercot, wie meist in der Literatur, in den 1880er Jahren als Atheistin. Taylor: Annie Besant, 222, macht allerdings darauf aufmerksam, daß damit keine Leugnung Gottes, sondern agnostisch seine Unerkennbarkeit oder Unbeweisbarkeit gemeint war.

[154] Hier folge ich Taylor, ebd., 220, die damit die Rolle der Lektüre von Blavatskys Secret Doctrine für ihren Weg zur Theosophie Religion relativiert.

[155] Ebd., 224.

stische« Lager umzuschwenken; beide hatten, wenn auch in unterschiedlicher Intensität, Anschluß an die Arbeiterbewegung, und für beide war der Eintritt in die Theosophische Gesellschaft wohl die Erlösung von ihren weltanschaulichen Orientierungsproblemen. Möglicherweise hat Steiner diese Ähnlichkeiten gesehen[156]. Daß beide recht eigensinnige Personen waren und große Probleme hatten, Distanz und Nähe in ihrem Verhältnis mit Bedacht zu bestimmen, sollte sich im Lauf ihrer Zusammenarbeit zeigen. Auch für Besant bedeutete der Eintritt in die Theosophie die Begegnung mit asiatischen Religionen, sie verlagerte allerdings den Schwerpunkt vom Buddhismus der Gründergeneration auf den Hinduismus, den sie tatkräftig förderte[157].

Nach der Niederlage und dem Tod von Judge (gest. 1896) besaß sie in Europa und Amerika eine dominierende Stellung, in Indien verstärkte sie im Engagement für die dortige Nationalbewegung (ohne allerdings ihre Loyalität gegenüber dem Empire zu lockern) ihre Position[158], und sie repräsentierte, auch in Deutschland wahrgenommen, die Theosophische Gesellschaft auf wichtigen Veranstaltungen wie dem Parlament der Religionen 1893 in Chicago[159]. Die Neugründung der deutschen Sektion im Jahr 1902 fällt in diese Phase des inneren organisatorischen Ausbaus.

Zugleich suchte sie sich als spirituelle Führerin zu etablieren, wobei der gleichaltrige Charles Webster Leadbeater (1847–1934) eine zentrale Rolle spielte[160]; auch er war zeitweilig eine wichtige Bezugsperson für Steiner. Leadbeater war 1878 in der Church of England ordiniert worden, gab sein Amt jedoch schon zu Beginn der achtziger Jahre auf[161] und kam 1883 zur Theosophie. Im Jahr darauf trat er als möglicherweise erster christlicher Geistlicher zum Buddhismus über[162]. Noch unter Blavatsky war er mit der Leitung eines esoterischen Kreises beauftragt worden, 1895 ernannte Besant ihn zum »Assisant Secretary«[163].

Besants Zusammenarbeit mit Leadbeater zog eine Neuausrichtung der Theosophie nach sich und rehabilitierte die »praktische Magie«. Die Ergebnisse der praktischen »Forschung« veröffentlichten beide in mehreren Publikationen, so

---

[156] Steiner bezeichnete sie am 8.10.1902 als »*religiöses Genie* … Auch sie ist hervorgegangen aus der modernen Naturwissenschaft, sie hat früher in England in sozialistischen Arbeiterkreisen die deutschen Materialisten interpretiert. Sie hat alle Leiden der Erkenntnis kosten müssen«. (Steiner: Monismus und Theosophie, 754) Dies könnte in wesentlichen Teilen auch für Steiners Leben gelten. Diese Passage fehlt an der entsprechenden Stelle in GA 51,314.

[157] Im Gegensatz zu Olcott und Blavatsky konvertierte Besant aber wohl nicht formal. Sie habe dem Hinduismus nicht beitreten können, »weil sie der weißen Rasse angehört«, meinte der deutsche Generalsekretär Fieltz-Coniar: Die Aufgaben der Theosophischen Gesellschaft, 113.

[158] Nethercot: The Last Four Lives of Annie Besant, 87.

[159] Campbell: Ancient Wisdom Revived, 102; Religions-Kongreß in Chicago, 1173. Dazu Lüddeckens: Das Weltparlament der Religionen, 191.

[160] Zur Biographie Tillett: The Elder Brother. Nach Michel: Charles W. Leadbeater, 17f., hat Leadbeater die Geschichte seiner ersten Lebensjahre vermutlich in Daten und Fakten gefälscht. Michel bietet eine an Leadbeaters Spiritualität orientierte Biographie Leadbeaters.

[161] Campbell: Ancient Wisdom Revived, 114 (Ordination); Frick: Die Erleuchteten, II/2, 274 (Amtsverzicht).

[162] Campbell: Ancient Wisdom Revived, 114.

[163] Frick: Die Erleuchteten, II/2, 274 (Beauftragung); Nethercot: The Last Four Lives of Annie Besant, 47 (»Assisant Secretary«).

1895 die Theorien zu »Gedankenformen«, der Wahrnehmung menschlicher Auren[164], veröffentlicht 1902 als »Thought-Forms« (s. 9.5.2b), Ende der neunziger Jahre folgten Reinkarnationsfiliationen (1913 als »Man: Whence, How and Whither«)[165], 1908 (oder 1909) erschien die »Occult Chemestry«, in sie auf der Grundlage »okkulter Experimente« Moleküle beschrieben, in die sie sich hineinversetzt hatten. Dies war ein tiefer Schnitt in der Weltanschauungsgeschichte der Theosophie, dessen Bedeutung man leicht unterschätzt. Hier begab sich die zweite Generation von Theosophen an die Reempirisierung der Theosophie. Die hermeneutische Wende, die Blavatsky gegen den Spiritismus und die auf praktische Magie setzenden okkulten Vereinigungen des späten 19. Jahrhunderts zum Proprium der Theosophie gemacht hatte, wurde damit partiell eingezogen. Der Spagat zwischen »empirischer« und religionshistorischer Ausrichtung wurde damit wieder breiter – eine etwa für Steiner, wie sich noch zeigen wird, wichtige Konstellation. Darüber hinaus spielte Leadbeater eine entscheidende Rolle bei der Etablierung ritueller Dimensionen in der Liberal-Katholischen Kirche und bei den endzeitlichen Erwartungen, wie sie sich in Krishnamurti ausprägten – von all dem wird noch zu reden sein.

1897 gab Besant den dritten Band von Blavatskys »Secret Doctrine« heraus, der nachgelassenes Material und Unterlagen aus Blavatskys Unterweisung ihrer esoterischen Schüler beinhalten soll. Die exakte Genese des dritten Bandes ist unklar. Er wurde unter dem Titel »Esoterik« aus Papieren, die »ganz ungeordnet« waren und »keine in die Augen springende Reihenfolge« hatten[166], herausgegeben. Sie selbst berichtet von der Drucklegung »under my own eyes«[167], die eigentliche editorische Arbeit soll George R.S. Mead geleistet haben. Ihr Anspruch auf die Verwaltung des spirituellen Erbes Blavatskys war unübersehbar. Daneben veröffentlichte sie eigene Werke, etwa »The Ancient Wisdom. An Outline of Theosophical Teachings« (1897) und »Esoteric Christianity or the lesser Mysteries« (1901), griff also Blavatskys teilweise polemische Christentumskritik nicht auf. Mitten aus ihrer hinduistischen Phase heraus wandte sie sich damit, dies wird für Steiner wichtig, seit etwa 1896 wieder dem Christentum zu, darin vermutlich von Leadbeater beeinflußt, aber wohl auch gegen die innertheosophische »hermetisch-christliche« Konkurrenz[168]. Sowohl ihre eigenen Werke, namentlich die christentumsbezogenen, als auch die mit Leadbeater gemeinsam veröffentlichten Schriften erlangten teilweise für Steiner eine hohe Bedeutung.

Mit Leadbeater verband sich der erste große Skandal in Besants Laufbahn. 1906 stellte sich heraus, daß Leadbeater unter dem Anspruch esoterischer Schulung Jungen vor der Pubertät Anweisungen zur Masturbation gegeben hatte,

---

[164] Ebd., 51.

[165] Ebd., 48f. Die erste öffentlichkeitswirksame Veröffentlichung erfolgte 1913 als »Man: Whence, How and Whither«, eine Reaktion auf den Titel des darwinistischen Werks »Man, Whence and How« (1877) von Besants ehemaligem sozialistischen Mitkämpfer Bradlaugh (Nethercot: The Last Four Lives of Annie Besant, 202).

[166] Besants Vorrede in Blavatsky: Geheimlehre, III, S. XIX.

[167] Witness for the Prosecution, 23.

[168] Nethercot: The Last Four Lives of Annie Besant, 63. 75. Vgl. unter dieser Rücksicht ihren Artikel »Theosophical Society«

»only as a prophylactic«, wie er gestanden habe[169]. Dies führte zu einer Debatte um die Rolle von Sexualität und Homosexualität in der Theosophischen Gesellschaft und, im Rahmen von sexualitätstheoretischen Debatten im Viktorianischen England, um die Rolle von Sexualität und Spiritualität[170]. Leadbeater mußte auf alle Ämter verzichten, wurde jedoch 1908 wieder in die Theosophische Gesellschaft integriert[171], worauf Tausende die Gesellschaft verließen; allein in England sollen 700 Mitglieder unter der Führung von George R. S. Mead ausgetreten sein[172]. Im Ersten Weltkrieg gehörte er zu den Mitbegründern der Liberal-Katholischen Kirche (s. u. 3.7.1). Sein Einfluß auf Annie Besant ist wohl kaum zu überschätzen: Er hat nicht nur persönlich auf sie gewirkt, sondern wohl auch, wie zuvor schon ihr Sekretär Earnest Wood, ihre Schriften korrigiert[173].

Nach Olcotts Tod wurde Besant 1907 Präsidentin der Theosophischen Gesellschaft, in der Konkurrenz zu Rudolf Steiner ein durchaus konkfliktträchtiger Tatbestand (s. u. 3.4.3). Mit ihrem Amtsantritt kam es zu einer Neuausrichtung der Theosophischen Gesellschaft. Neben die genannten weltanschaulichen Neujustierungen trat die Formierung der Esoterischen Schule (s. 7.10.1b) und eine Feminisierung der Theosophie[174]. Auffällig war das erhöhte sozialpolitische Engagement. 1898 hatte sie als Gegengewicht gegen christliche Ausbildungsinstitutionen in Benares das »Central Hindu College« gegründet, die Keimzelle der »Benares Hindu University«[175], und die Gründung hinduistischer Mädchenschulen[176] gehörte zu ihren Pionierleistungen für die Frauenemanzipation. 1913 setzte sie sich gegen Kinderheirat und das Kastensystem und für die unteren Klassen ein; aufgrund ihres Engagements für die Unabhängigkeit Indiens seit 1910 wurde sie 1916 wegen publizistischer Aktivitäten in Haft genommen. 1917 wählten die Mitglieder des Indischen Nationalkongresses die 70jährige in Anerkennung ihrer Bemühungen um die indische Unabhängigkeit und die Revitalisierung des Hinduismus als Nicht-Inderin zur Präsidentin[177]. Auch in Deutschland wurde sie vor der Jahrhundertwende offenbar vor allem wegen ihres sozialen Engagements wahrgenommen und weniger als Theosophin[178]. Allerdings büßte sie – und in der Folge auch die Theosophische Gesellschaft – ihre Reputation in beträchtli-

[169] So Besant gegenüber der Esoterischen Schule, zit. nach Tillett: The Elder Brother, 88. Vgl. auch Campbell: Ancient Wisdom Revived, 116.

[170] Dixon: Divine Feminine, 94–118.

[171] Campbell: Ancient Wisdom Revived, 116. 118. Das genaue Prozedere ist bei Campbell widersprüchlich. Vgl. auch Tillett: The Elder Brother, 77–102.

[172] Campbell: Ancient Wisdom Revived, 118 (Austritte allgemein); Frohnmeyer: Die theosophische Bewegung, 25 (Austritte in England). Auch Sinnett kehrte Besants Gesellschaft den Rücken (Dixon: Divine Feminine 90). Später war Sinnetts Veröffentlichung der Mahatma-Briefe (1923) ein Versuch, die Gesellschaft wieder zu den Prinzipien Blavatskys zurückzuführen (ebd., 91).

[173] Campbell: Ancient Wisdom Revived, 118 (persönliche Wirkung); Frick: Die Erleuchteten, II / 2, 275 (Korrektur von Schriften).

[174] Viel Material bei Dixon: Divine Feminine. Dazu ein Beispiel: Bis zum Beginn der zwanziger Jahre stieg die Quote der Frauen unter den neu Eingetretenen auf etwa 75 Prozent (ebd., 68. 228).

[175] Lütt: The Movement for the Foundation of the Benares Hindu University.

[176] Campbell: Ancient Wisdom Revived, 119.

[177] Nethercot: The Last Four Lives of Annie Besant, 213–304; Sarma: Hinduism through the Ages, 119 f.

[178] Vgl. Anonym: Annie Besant.

chem Ausmaß wieder ein, als sie gegenüber dem Massaker von Amritsar im Jahr 1919, als britische Truppen protestierende Inder erschossen und das zu einer der Initialzündungen der indischen Unabhängigkeitsbewegung wurde, eine ambivalente Haltung einnahm. Führende Repräsentanten Indiens, etwa Radhakrishna, behielten sie aber als wichtige Figur im indischen Unabhängigkeitskampf im Gedächtnis[179]. Gleichwohl täuscht die Konzentration auf heute als wegweisend wahrgenommene politische Anstrengungen über die konservativen Dimensionen in Besants politischen Aktivitäten hinweg (s. 14.2.2).

Den Höhepunkt Ihrer Laufbahn erreichte sie in den zwanziger Jahren, als auch die Theosophische Gesellschaft ihren höchsten Mitgliederstand im 20. Jahrhundert erreichte (1928: 45.000 Mitglieder [s. Kap. 4, Tab. 4.8]). Hatte sich die Abspaltung der amerikanischen Adyar-Theosophen (1896) noch kompensieren lassen und war die für Deutschland einschneidende Sezession der Anthroposophen unter Steiner (1912) für die Gesamtgesellschaft eher eine Marginalie geblieben, entwickelten sich die Vorgänge um den Hindujungen Krishnamurti zur Zäsur. Sie hatte ihn mit Leadbeater seit 1909 als neue Inkarnation des Maitreya-Buddha erkoren und für ihn den »Orden vom Stern des Ostens« als eigene Organisation gegründet (s. u. 3.4.5a). Als Krishnamurti sich 1929 von seiner Rolle als Weltenlehrer und von der Theosophischen Gesellschaft lossagte, kam es erneut zu einer Krise, von der sich die Theosophische Gesellschaft nicht mehr erholte. Am 20. September 1933 starb Besant, kurz vor ihrem 87. Geburtstag. Ihr Nachfolger, George Arundale, stand der Theosophischen Gesellschaft bis 1945 vor; er versuchte, die Theosophie wieder stärker als individuelle Praxis zu formen und teilte Besants hohes Interesse an vereinsförmigen Ausformungen der Theosophie nicht.

Für die Organisationsgeschichte der Theosophischen Gesellschaft bleibt die Einschätzung der Ära Besant ambivalent. Der gesellschaftspolitischen Bedeutung für die Entwicklung in Indien und dem Wachstum der Theosophischen Gesellschaft steht die Spaltung der theosophischen Bewegung gegenüber. Die Trennung der amerikanischen Sektion unter Judge im Jahr 1895 noch während der Präsidentschaft Olcotts erweist sich im Rückblick als Beginn einer vielfältigen Dissoziationsgeschichte, die nach dem Tod Blavatskys einsetzte und in deren Folge die Theosophie um die Jahrhundertwende in mehrere konkurrierende Gemeinschaften zerfiel. Unter ihrer Ägide haben aber diese Spaltungen bis dahin unbekannte Ausmaße angenommen. Sie hob zwar als eine ihrer ersten Amtshandlungen das Verbot der Doppel- oder Mehrfachmitgliedschaften in anderen theosophischen Vereinigungen auf[180], aber der Prozeß des Sezessionen setzte sich fort. Schon 1908 trennte sich die Freie Internationale Sektion ab, der etwa ein so illustrer Kopf wie Bertram Keightly angehörte[181].

---

179 Radhakrishnan: Wissenschaft und Weisheit, 54, glaubt, daß »die Theosophische Gesellschaft … unter der Leitung von Annie Besant dem Hinduismus einen modernen und universellen Charakter« gab.

180 Vgl. Neue Lotusblüten 1 / 1908, 63.

181 Die Sektion bestehe für diejenigen, »die die Beschlüsse und Ansichten der Majorität aus innerer Überzeugung nicht anzunehmen imstande sind«; nach: Theosophie 1 / 1910–11, 190. Jedes Land

Soziologisch ist es nicht überraschend, daß die innertheosophischen Auseinandersetzungen in der Ära Besant zu einer Geschichte der Trennungen wurden. Mit dem Tod von Blavatsky als charismatischer Führergestalt brachen die bis dahin oft nur notdürftig geregelten Konflikte voll auf und konnten von dem Organisator Olcott nicht beigelegt werden. Besant machte mit ihrer selbstbewußten, kollegialen oder gar demokratischen Umgangsformen abgeneigten Machtausübung als »esoteric autocrat«[182] in der »Esoterischen Schule« nichts leichter. Dazu traten die Genderkonflikte der stark weiblich geprägten Adyar-Theosophie. Zugleich ließen sich eigenständige Führungspersönlichkeiten der zweiten Generation nicht mehr so leicht einbinden; auch Steiner gehörte dazu. Die programmatische Grundlage der Dogmenfreiheit bildete dabei einen argumentativen Sprengsatz. Sie wurde für jede Abspaltung zur Begründung, die eigene inhaltliche (und in der Konsequenz organisatorische) Differenz zu Adyar als legitime Verwirklichung theosophischer Prinzipien zu deuten. Dahinter wirkten allerdings auch makropolitische Faktoren, auf die die Theosophie keinen Einfluß besaß und über deren Wirkungen man sich vielfach kaum im Klaren gewesen sein dürfte: Die dauerhaften Trennungen verliefen entlang nationalstaatlicher Grenzen, die Theosophie war unfähig, sich der nationalen Organisation von Kultur zu erwehren. Besants Parteinahme zu Beginn des Ersten Weltkriegs (s. u. 3.5.2a) ist dafür signifikant.

---

solle einen eigenen Sekretär erhalten, und ab 49 Mitgliedern werde Besant ein Diplom ausstellen (S. 191). Für Deutschland habe Vollrath die Vertretung übernommen (ebd.).

[182] So Tollenaere: The Politics of Divine Wisdom, 73. Besant habe sich auch als »a quite unwarrantable power« bezeichnet (zit. nach ebd.).

## 3.3 Die Adyar-Theosophie in Deutschland: Die Gründungsjahre (1884 bis 1902)

Von der Geschichte der Theosophie in Deutschland[1] im Singular zu sprechen hieße, etwas zu unterstellen, das vor allem im Kopf des Historikers existiert. Vielmehr handelt es sich, vergleichbar der internationalen Ebene, um eine oft unstete Abfolge von Gründungen und Auflösungen, von Transformationen und Revisionen, öfter von personellen als von institutionellen Kontinuitäten. Es waren vielfach Versuche, Zusammenschlüsse herzustellen, die entgegen der intendierten harmonischen Koexistenz das Differenzbewußtsein stärkten und die Spaltungen verfestigten. Die Theosophie in Deutschland war zudem vor allem lokal organisiert, doch ist diese Basis aufgrund der fehlenden Forschungen zu Zeit fast nicht rekonstruierbar.

Auch für die deutsche Theosophie hätte man die Geschichte des Spiritismus nachzuerzählen, der hier eine eigene Nationalkultur entwickelte, die mit der in den Vereinigten Staaten zwar fundamentale Gemeinsamkeiten, aber eben auch signifikante Differenzen besitzt[2]. Mit Carl du Prel (1839–1899) besaß sie für das ausgehende 19. Jahrhundert eine philosophisch ambitionierte Führungsfigur, der ein transzendentales Subjekt, neue Sinne zur Wahrnehmung des jenseitigen Welt und eine »Geisterwelt« postulierte, aber auch Albert Schrenck-Notzing (1862–1929), der die Empirisierung massiv vorantrieb und letztlich für eine weltimmanente, »animistische« Deutung der psychischen Phänomene plädierte. Der Offenbarungsspiritismus wiederum stellte in religionsförmigen Gesellschaften eine ganz eigene Sozialform dar. Der Spiritismus war pluriform, und die Theo-

---

[1] Die Frühgeschichte der theosophischen Gesellschaften in Deutschland ist kaum erforscht. Die einzige Ausnahme bildet die hervorragende Arbeit von Klatt: Theosophie und Anthroposophie. Ein unentbehrliches Hilfsmittel ist auch seine Publikation: Der Nachlaß von Wilhelm Hübbe-Schleiden. Dazu kommen noch die Überblickshinweise bei Frick: Die Erleuchteten, II/2, und bei Fischer: 100 Jahre »Theosophische Gesellschaft«; Fischer kommt aus der Internationalen Theosophischen Verbrüderung und war der Neffe von Hermann Rudolph. Diese Publikationen neben Klatt sind hilfreich, aber unvollständig und vielfach unzutreffend. Frick hängt teilweise von Fischer ab, wie er selbst schreibt (S. 308). Bei beiden fehlt die lokale Ebene, auch die größeren überregionalen Vereinigungen sind nur teilweise erfaßt, und die Zuordnung von einzelnen Gruppen zu den jeweiligen theosophischen Denominationen ist insbesondere bei Frick manchmal falsch. Zu den Gruppen, die nicht zur Adyar-Theosophie gehören, vgl. Fischer, ebd., 19–23. 25–31, und Frick, ebd., II/2,301. 307–311. Die Kapitel bei Lindenberg: Steiner (Biographie), gehen nicht in die Tiefe, sind steinerzentriert und in Bezug auf ihn unkritisch. Dieses Kapitel mußte aufgrund der schlechten Forschungslage im Gegensatz zur Geschichte der Theosophie auf der internationalen Ebene weitgehend neu erarbeitet werden. Vermutlich wird die weitere Aufarbeitung von Zeitschriften und lokalen Archivbeständen, sowie die weitere Einbeziehung der Dornacher Bestände noch Erweiterungen und Korrekturen nach sich ziehen.

[2] Vgl. die für die Wissenschaftsgeschichte wichtigen Dimensionen der Spiritismusgeschichte in Kap. 9.5.1. Die Geschichte des deutschen Spiritismus um 1900 wird hier hier nicht aufgearbeitet, da in naher Zukunft einschlägige Arbeiten zu erwarten sind. Dazu zähle ich insbesondere die Dissertation von Tomas Kaiser über Karl du Prel. Mißlicherweise spart Sawicki: Leben mit den Toten, die Phase um 1900 weitgehend aus. Zum Spiritismus von Unterschichten und seiner religionsförmigen Vereinsstrukturen vgl. aber Linse: Geisterseher und Wunderwirker, zum Verhältnis von Spiritismus und Literatur vgl. Pytlik: Okkultismus und Moderne. Den Vorträgen und Gesprächen mit diesen Autoren und mit Eberhard Bauer verdanke ich wichtige Informationen und Anregungen.

sophie war es in seiner Tradition nicht minder. Man müßte im einzelnen genau darauf achten, aus welchem Segment des Spiritismus die Theosophen kamen.

Eine erste theosophische Vereinigung, die »Loge Isis«, soll 1879 in Hamburg durch »Dr. Wiesendanger« gegründet worden sein[3]; nähere Informationen fehlen. In den nächsten Jahren fand die Theosophie in Deutschland kaum Aufmerksamkeit: »Bis zum Jahr 1885 war die Sache in den deutschredenden Ländern so ziemlich unbekannt. Da und dort gab es einen vereinzelten Theosophen von der Art des Dr. Hübbe-Schleiden«, meinte der protestantische Theologe Johannes Frohnmeyer[4]. Die Theosophie besaß in diesem Jahr ihren Schwerpunkt in Indien. 1887 befanden sich von den 169 Zweigen der Theosophischen Gesellschaft 146 Zweige (= 86 %) in Asien, 13 in Amerika und nur sieben in Europa[5]. Diese Größenverhältnisse machen deutlich, warum sich die Bezeichnung »anglo-indische« Theosophie so tief in den deutschen Sprachgebrauch der Jahrhundertwende eingeschrieben hat.

### *3.3.1 Die Theosophische Sozietät Germania (1884 bis 1886)*

Die institutionell folgenreiche Geschichte der Theosophie begann 1884 im Haus der Familie Gebhard[6], einer Elberfelder Fabrikantenfamilie, die als Besitzer einer Seidenfabrik zur ökonomischen Oberschicht zählte und, wie Solovyoff berichtet, das »beste Haus« am Ort besaß[7]. Vater Gustav Gebhard (1828–1900) gehörte zu den Mitbegründern der Deutschen Bank[8]. Seine Frau Mary (1831-1891)[9], eine aus Irland stammende l'Estrange, war vermutlich die entscheidende Person für die theosophischen Kontakte im Hintergrund. Sie pflegte schon vor der Gründung esoterische Interessen und galt als »Schülerin« des französischen Ok-

---

[3] Miers: Lexikon des Geheimwissens ([7]1993), 617; der Name der Loge könnte sich auf Blavatskys Buch »Isis unveiled« beziehen.

[4] Frohnmeyer: Die theosophische Bewegung (1920), 30.

[5] Hartmann: Die »theosophische Gesellschaft in Indien, 269. Hartmann nennt für 1887 folgende Zweige: Indien 135, Burma 3, Ceylon 8, England 1, Schottland 1, Irland 1, Frankreich 1, Amerika 13, Griechenland 1, Niederlande 1, Rußland 1, West-Indien 1, Afrika 1, Australien 1.

[6] Die eindrücklichste Schilderung dieses Hauses hat Friedrich Eckstein hinterlassen; Hevesi: Mac Eck's sonderbare Reisen, 48–58.

[7] Solovyoff: A Modern Priestress of Isis, 76. Zur Familie siehe de Zirkoff, in: Blavatsky: Collected Writings, VI, 434–446.

[8] An der ersten General-Versammlung vom 21. März 1879 nahm Gustav Gebhard als einer von 23 Personen teil. Er zählte auch zu den ersten Zeichnern des Aktienkapitals von fünf Millionen Talern mit einem Betrag von 55.000 Talern. Von 1879 bis 1899 gehörte er dem Aufsichtsrat (bis 1890 Verwaltungsrat) der Deutschen Bank an (freundliche Mitteilung von Reinhard Frost, Historisches Institut der Deutschen Bank, vom 1.4.2005).

[9] Ihre Lebensdaten nach Frick: Die Erleuchteten, II / 2, 296. Er verwechselt allerdings vermutlich ihren Sohn Arthur mit ihrem Mann Franz. – Zur Biographie Mary Gebhards siehe de Zirkoff, in: Blavatsky: Collected Writings, VI, 434; ihr konfessioneller Hintergrund ist unklar, sie soll nach protestantischem wie katholischem Ritus geheiratet haben. Solovyoff: A Modern Priestress of Isis, 73, spricht von einer »Schülerin« Lévis, de Zirkoff von mehreren wechselseitigen Besuchen. Nach Frick: Die Erleuchteten, II / 2, 296, gehörte sie zu Lévis »Vertrauten«; hier auch der Hinweis auf den Briefwechsel.

kultisten Eliphas Lévi[10]. 1871 hatte Lévi sie in Elberfeld besucht, wo man »ihm am Platzhof 12 einen ›okkulten Raum‹, also ein Chambre d'opération im Sinne der französischen esoterischen Schule eingerichtet« hatte[11]. Kurz nach der Ankunft von Blavatsky und Olcott in Bombay (also um 1879/80) nahm sie auch mit diesen beiden Kontakt auf[12]. In Elberfeld besaß sie einen eigenen »okkulten Raum«: eine Bibliothek, wo man im »gedämpften Licht« indische Accessoires und Sterntafeln bewundern konnte und wo sie »ganze Pakete von Notizen und Original-Aufschreibungen« Eliphas Lévis aufbewahrte[13], hatte sie doch sieben Jahre lang von ihm Schulungsunterlagen erhalten[14]. Hier hingen vermutlich auch »lebensechte Portraits« der Mahatmas Morya und Koot Hoomi, gemalt von Hermann Schmiechen (1856–1914), der enge Beziehungen zu Gebhards unterhielt[15]. Frau Blavatsky befand sich zu diesem Zeitpunkt (1884) nach ihrer »Flucht« aus Indien aufgrund des Hodgson-Skandals zwar auch in Europa, traf aber erst zwei Wochen nach der Gründung in Elberfeld ein[16], wo sie sechs Tage lang bei Gebhards logierte[17] und auch vier »Meisterbriefe« empfing[18]. Franz Hartmann (1838–1912), eine weitere zentrale Figur der deutschen Theosophie, hielt sich hingegen in Indien auf, wo er die Geschäfte der Adyar-Theosophie führte[19].

Am 27. Juli 1884 um 7$^{06}$ Uhr, wie das Horoskop präzise vermerkte[20], wurde die »Theosophische Sozietät Germania« unter Olcotts Vorsitz ins Leben gerufen, mit Wilhelm Hübbe-Schleiden als Präsidenten, Mary Gebhard als Vize-Präsidentin, ihrem Mann Gustav als Schatzmeister, deren Sohn Franz als Sekretär und dem Sohn Rudolf als einfachem Mitglied[21]. Man formulierte die theosophischen »Hauptzwecke« folgendermaßen:

---

[10] »She had been so fortunate as to be accepted as a pupil by the late Eliphas Levi«; Olcott (?): Madame Gebhard, S. XLVI. Nach Hevesi: Mac Eck's sonderbare Reisen, 49, soll sie bei ihrem jahrelangen Aufenthalt in Paris zu seinem Schülerkreis gehört und ihm »hundert Francs« für jede Stunde gezahlt haben.

[11] Frick: Die Erleuchteten, II/2, 296.

[12] Nach Olcott (?): Madame Gebhard, eröffnete sie die Korrespondenz mit beiden kurz nach deren Ankunft in Bombay im Dezember 1879 (Ransom: A Short History, 138).

[13] Nach Hevesi: Mac Eck's sonderbare Reisen, 49. Möglicherweise stammen Fricks Informationen aus dieser Quelle.

[14] »During seven years [she] received from his hand a course of written instructions«; Olcott (?): Madame Gebhard. Diese instructions seien großenteils im Theosophist veröffentlicht worden, nach Hevesi: Mac Eck's sonderbare Reisen, 49, seien sie als »Unpublished writings von Eliphas Lévy« in Madras (handschriftliche Korrektur in dem mir vorliegenden Ausgabe: Kalkutta) publiziert.

[15] Solovyoff: A Modern Priestress of Isis, 77 f.

[16] Frick: Die Erleuchteten, II/2, 296.

[17] Brief von Gustav Gebhard an Gabriel von Max, 3.9.1884, Germanisches Nationalmuseum Nürnberg, Teilnachlaß Gabriel von Max, I c 74.

[18] Pieper: At the cradle of the Theosophical Society in Germany (Kap. 3.2, Anm. 118), 9. Sie wurden wohl 1941 von der Gestapo beschlagnahmt; dazu (aber nur hinsichtlich zweier Meisterbriefe) Klatt: Theosophie und Anthroposophie, 30. Gebhard: A word to brother Theosophists, S. CXXXIV–CXXXVII, berichtete von einem Brief seines Vaters Gustav, wonach ein Meisterbrief »in his own house [in Elberfeld] under almost text conditions« geschrieben worden sei (S. CXXXV).

[19] Frick: Die Erleuchteten, II/2, 297.

[20] Klatt: Theosophie und Anthroposophie, 61.

[21] Ebd., 62. 275; die Angabe zum Vater in ders.: Der Nachlaß von Wilhelm Hübbe-Schleiden, 98; Mitgliedschaft Rudolf Gebhards siehe Tab. 3.1. Die Gründungsurkunde findet sich im Nachlaß Hübbe-Schleiden, 812, 2.1, Bl. 1. Bei der vorbereitenden Sitzung am 27.7.1884 in Elberfeld war

»*erstens*, – einen Kern für eine ~~Universelle Brüderschaft~~ sich über die ganze Menschheit ohne Unterschied der Rasse oder des Glaubensbekenntnisses verbreitende Vereinigung zu bilden;
*zweitens*, – das Studium der Arischen und anderer Orientalischer Literaturen, Religionen und Wissenschaften zu fördern und der Bedeutung derselben in weiteren Kreisen Anerkennung zu verschaffen;
*drittens*, – die bisher unbekannten Gesetze der Natur zu erforschen und die im Menschen vorhandenen psychischen Fähigkeiten zu entwickeln.«[22]

Zwei Wochen später, am 9. August 1884, traf man sich im feudalen Anwesen des Malers Gabriel von Max in Ambach am Starnberger See[23]. Neben Hübbe-Schleiden, Frau Gebhard und Olcott war nun auch Carl du Prel anwesend, der zum »Ersten Vice-Präsidenten« ernannt wurde[24], außerdem Carl W. Sellin, ein Hamburger Gymnasialprofessor, sowie Caroline Gräfin Spreti, eine Schwester Franz Hartmanns, und ihr Ehemann[25]. Theodor Reuß behauptete später, er sei bereits 1885 Mitglied der Theosophischen Gesellschaft gewesen[26]. Soziologisch gehörten die Mitglieder, soweit sich Berufe ermitteln lassen, dem höheren Bürgertum und dem niederen Adel an, gut ein Drittel unter ihnen (13 von 36 Personen), waren Frauen (s. u. Tab. 3.1). Innerhalb der nächsten Monaten trat Julius Eillis aus St. Petersburg bei (1885)[27], Franz Hartmann stieß im Herbst 1885 zur Germania[28], und der Bonner »Prof. Fincklenburg« signalisierte Interesse an der theosophischen Bewegung[29]. Gabriel von Max demonstrierte seine Verbunden-

---

Olcott anwesend, außerdem Agathe Haemmerlé aus Odessa, die als Schriftführerin amtierte, und Elliot Coues aus Washington (ebd., 812, 2.1, Bl. 4). In den Vorstand wurden gewählt: Vorsitz: Hübbe-Schleiden, Stellvertretender Vorsitz: Mary Gebhard, Schatzmeister: Consul Gebhard; Sekretariat: Franz Gebhard (vgl. das gedruckte Sitzungsprotokoll, ebd., Bl. 12).

[22] Satzungen der Theosophischen Societät Germania, Zweig-Gesellschaft der »Theosophical Society«, Elberfeld 1885 (Cover), 26 Seiten; Nachlaß Hübbe-Schleiden, 812,2.1, Bl. 16–31. Ergänzung auf dem Titelblatt (= S. 1) »Zweig-Gesellschaft für Deutsch redende Länder«; Hauptzwecke S. 15. Streichung im ersten Zweck original, handschriftlich ersetzt durch das nachfolgende »sich über die« und ergänzt durch »verbreitende Vereinigung«.

[23] Nachlaß Hübbe-Schleiden, 321, Nr. 2, Anlage. Als neue Mitglieder wurden geführt: »Carl Freiherr du Prel, Professor Gabriel Max und Frau Emma Max, Fräulein Mimmie Kitzing, Adolf Graf von Spreti und Caroline Gräfin von Spreti, Hauptmann Franz Urban, sämmtlich aus München und Herr Ernst von Weber aus Dresden« (ebd., 812, 2.1, Bl. 10).

[24] Die Anwesenheit Olcotts nach Frick: Die Erleuchteten, II / 2, 297. Die Wahl du Prels in: Nachlaß Hübbe-Schleiden, 812, 2.1, Bl. 10. Du Prel habe das Interesse gehabt, Studien zu den indischen Fakiren zu machen; nachdem sich diese Erwartung zerschlagen habe, sei auch sein Interesse an der Theosophie erloschen (freundliche Mitteilung von Tomas Kaiser).

[25] Frick: Die Erleuchteten, II / 2, 297.

[26] Möller / Howe: Merlin Peregrinus, 93. Dafür habe ich im Hübbe-Schleiden-Nachlaß keinen Beleg gefunden.

[27] Brief von Hübbe-Schleiden an Gabriel von Max, 26.10.1885, Germanisches Nationalmuseum Nürnberg, Teilnachlaß Gabriel von Max, I c 110.

[28] Den Beitritt berichtet Hübbe-Schleiden: Franz Hartmann, 363. Als weitere Mitglieder werden genannt: der Hamburger Theosoph Bernhard Hubo (Klatt: Der Nachlaß von Wilhelm Hübbe-Schleiden, 138 f.). Sodann: Schulte von Brühl, Lazar Ger. Protitsch (Kreisgerichtsrat aus Krajagerac, Serbien; Nachlaß Hübbe-Schleiden, 812, 12 / 2), wohl auch (Constance Gräfin?) Wachtmeister, »Mrs. M. Gebhard« und »Mr. J. Gebhard« (Brief von Franz Gebhard an Miss Arundale (London), 1. Februar 1886, Nachlaß Hübbe-Schleiden, 812, 1.1, Bl. 9.

[29] Brief von Gustav Gebhard an Gabriel von Max, 21.9.1884, Germanisches Nationalmuseum Nürnberg, Teilnachlaß Gabriel von Max, I c 74.

heit mit der Zentrale in Adyar, indem er eine »Gabe« an den »occult room in Adyar« spendete[30].

Aber bald aber zogen dunkle Wolken über der jungen deutschen Theosophie auf. Nachdem Blavatsky im Gefolge der Untersuchungen Hodgsons Indien fluchtartig verlassen hatte, befand sie sich nun in Europa, wo sie von 1884 bis 1886 unter anderem in Würzburg wohnte und die Gebhards in Elberfeld besuchte sowie an ihrer Secret Doctrine arbeitete[31]. Schon Anfang 1886 brach die theosophische Arbeit in Deutschland zusammen. Aufgrund der von Hodgson beigebrachten Betrugsindizien traten 18 der 33 Mitglieder aus der Theosophischen Gesellschaft wieder aus (Tab. 3.1), unter ihnen am 8. Februar 1886 kurzzeitig auch Hübbe-Schleiden[32]. Blavatsky versuchte in einem langen Schreiben, die Vorwürfe zu entkräften[33], Handschriftenexperten sollten in graphologischen Gutachten Klarheit schaffen[34], doch am 31. Dezember 1886 löste sich die Theosophische Sozietät Germania mit zwölf gegen drei Stimmen auf[35]. Hübbe-Schleiden wollte angesichts der Betrugsgeschichte andere Projekte vielleicht nicht belasten: Zum einen gab er seit 1886 die Zeitschrift Sphinx heraus, die sich in dieser Anfangszeit »Monatsschrift für die geschichtliche und experimentelle Begründung der übersinnlichen Weltanschauung auf monistischer Grundlage« nannte und damit ein klassisch okkultistisches Programm (»experimentelle Begründung«),

---

Weitere Interessenten: Pastor Bartels aus Sülze bei Bergen bei Celle (Nachlaß Hübbe-Schleiden, 812, 1.3), H. Biltz aus Göttingen, der durch Max Dessoir von der Theosophischen Gesellschaft in Deutschland erfahren hatte (ebd., 812, 1.5), Carl Buddeus, Villa Heinrichshof in Dorf bei Bozen (ebd., 812, 1.6), H. Dempuroef (?) aus Köln weiß aus den Bayreuther Blättern von der Theosophischen Gesellschaft (ebd., 812, 1.8), Oberst Josef von Dervent aus Marburg / Steiermark, er sei seit 50 Jahren »Spiritualist« (ebd., 812, 1.9), der »praktische Magnetopath« Theodor Diesel (ebd., 812, 1.10), Odo Huschke, München (ebd., 812, 1.24), Emil Kohn, Advokaturskonzipient, Jungbunzlau / Böhmen (ebd., 812, 1.27), Oxen (ebd., 812, 1.34), Ivan Plesnicar, aktiver K[öniglicher] Sanitätsoffizier, Kragujevac in Serbien, weiß von der Theosophischen Gesellschaft aus den Psychischen Studien (ebd., 812, 1.35), Giulietta von Pott, Stiftsdame aus Graz in der Steiermark (ebd., 812, 1.36), Max Seiling, Helsingfors, dankt für Sinnetts »Esoterischen Buddhismus« (ebd., 812, 1.40), J. L. Weyß aus Wien (ebd., 812, 1.49), Wiesendanger aus Hamburg (ebd., 812, 1.50), Winter aus Braunschweig (ebd., 812, 1.52), Regierungsrat Friedrich Zimmermann, hat von der Theosophischen Gesellschaft aus einer »Zeitungsnotiz« erfahren (ebd., 812, 1.52).

[30] Brief von Gustav Gebhard an Gabriel von Max, 21.9.1884, Germanisches Nationalmuseum Nürnberg, Teilnachlaß Gabriel von Max, I c 74.

[31] De Zirkoff: Rebirth of the Occult Tradition, 11–15. Die Details von Blavatskys Aufenthalt in Deutschland sind noch nicht ausreichend recherchiert, die Informationen bei de Zirkoff lassen sich leicht vermehren. Aufgrund eines verstauchten Fußknöchels blieb sie offenbar längere Zeit (seit Ende 1885?) in Würzburg. Hier habe sie »the introduction and three chapters« abgeschlossen (The Theosophist, Supplement, Februar 1886, S. XXXI) und intensiv an der »Secret Doctrine« gearbeitet (ebd., Supplement, Juli 1886, S. CXL).

[32] Hübbe-Schleiden hat »umgehend sein Mitgliedsdiplom wieder zurück[gefordert]«; Klatt: Theosophie und Anthroposophie, 63.

[33] Nachlaß Hübbe-Schleiden, 33, Nr. 2.

[34] Vgl. Kiesewetter: Geschichte des neueren Okkultismus, 502. Auch Mitglieder der deutschen Sektion beteiligten sich daran. Gustav Gebhard »sent a letter written by one of the Masters in his own house under almost text conditions, and also a letter written by Madame Blavatsky, to the first government expert at Berlin, who gave his written testimony that it was impossible that the two letters could have been written in the same hand«; Gebhard: A word to brother Theosophists, S. CXXXV f.

[35] Auflösung: Nachlaß Hübbe-Schleiden, 812, 2; Beilage; Stimmenverhältnis ebd., 812, Bl. 12 / 1. Die Minderheit bestand aus Mary und Gustav Gebhard sowie Franz Hartmann.

*Tab. 3.1:* Mitglieder der Theosophischen Sozietät Germania, 1884 bis 1886

| Mitgliedsnummer | Name (Amt)[1] Beruf[2] | Wohnsitz | Aufnahme | Austritt |
|---|---|---|---|---|
| 1. | Mary Gebhard (Vice-Präsident) | Elberfeld, Platzhoffstr. 12 | 15.5.1883 | |
| 2. | Consul Gebhard [Gustav?] (Schatzamt) Fabrikant | Elberfeld, Platzhoffstr. 12 | 27.5.1884 | |
| 3. | Arthur H. Gebhard, Fabrikant, Großkaufmann | New York | 27.9.1883 | 15.2.1886 |
| 4. | Rudolf E. Gebhard, Teilhaber der Seidenfabriken Gebhard, Privatgelehrter | Elberfeld, Platzhoffstr. 12 | | 14.11.1883 |
| 5. | Dr. Wilhelm Hübbe-Schleiden, (Präsident), Kaufmann, Beamter | Hamburg | 27.7.1884 | 8.2.1886[3] |
| 6. | Franz Gebhard (Secretair), Fabrikant | Elberfeld, Villa Vera | 27.7.1884 | |
| 7. | Alme Gebhard | Elberfeld, Villa Vera | 27.7.1884 | |
| 8. | Oscar von Hoffmann | Leipzig | 3.8.1884 | 11.1.1886 |
| 9. | Evelina von Hoffmann | Leipzig | 3.8.1884 | 11.1.1886 |
| 10. | Theodor Diesel, »Magnetopath« | München | 7.8.1884 | |
| 11. | Ernst von Weber, Heilpraktiker | Dresden | 9.8.1884 | |
| 12. | Prof. Gabriel Max, Maler | München | 9.8.1884 | 1886 |
| 13. | Frau Emma Max | München | 9.8.1884 | 1886 |
| 14. | Fräulein Mimmi Kitzing | München | 9.8.1884 | 1886 |
| 15. | Karl Freiherr du Prel (Vice-Präsident), Soldat, Privatgelehrter | München | 9.8.1884 | 1886 |
| 16. | Albertine Freifrau du Prel | München | 9.8.1884 | |
| 17. | Adolf Graf von Spreti, Gutsbesitzer | München | 9.8.1884 | |
| 18. | Caroline Gräfin von Spreti | München | 9.8.1884 | |
| 19. | Hauptmann Franz Urban | München | 9.8.1884 | 2.1.1887 |
| 20. | Baron Adolf von Hoffmann | London | 25.5.1884[4] | |
| 21. | Dr. Hermann Urban, Arzt | Aibling | 24.5.1885 | 2.1.1887 |
| 22. | Dr. Franz Hartmann, Arzt | Adyar | | |
| 23. | Prof. Carl Wilhelm Sellin, Lehrer | Hamburg | Febr. 1886 | |
| 24. | Otto Neuburg | Barmen | 12.12.1884 | |
| 25. | Albr. Wilh. Sellin, Kolonialdirektor | Leipzig | 19.1.1885 | 7.2.1886 |
| 26. | Frau Caroline Sellin | Leipzig | 29.1.1885 | 7.2.1886 |
| 27. | Bernhard Hubo, Kaufmann | Hamburg | 8.2.1886 | |
| 28. | Aug. Niemann, Schriftsteller[6], Offizier | Gotha | 22.2.1885 | |
| 29. | Dr. Carl von Bergen, Herausgeber | Stockholm | 10.6.1885 | |
| 30. | Sophie von Bergen | Stockholm | 10.6.1885 | |

| Mitgliedsnummer Name (Amt)[1] Beruf[2] | | Wohnsitz | Aufnahme | Austritt |
|---|---|---|---|---|
| 31. | Frau Franziska Lacher | München | 17.6.1885 | 9.6.1886 |
| 32. | Frau Marie von Schneeweiss | München | 17.6.1885 | 9.6.1886 |
| 33. | Julius Gillis | St. Petersburg | | 16.12.1886 |
| 34. | Carl Kiesewetter, Privatgelehrter | München | 10.8.1885 | 8.2.1886 |
| 35. | Frau Sophie Sprenger | Kempten | 25.9.1885 | |
| 36. | Frau Anna S.E. Conrad | New York | 7.10.1884 | 15.2.1886 |

1 Vornamen ergänzt; Titel als Namensbestandteile aus dem Original übernommen; die Amtsbezeichnungen sind Selbstbezeichnungen.
2 Berufsangaben ohne Nachweis nach Klatt: Der Nachlaß von Wilhelm Hübbe-Schleiden.
3 Handschriftliche Ergänzung, vermutlich in der Schrift von Hübbe-Schleiden: »hat aber unmittelbar darauf sein Diplom wieder zurückgefordert und erhalten«.
4 Nachtrag † [gestorben]; weiterer Nachtrag: er sei von Hübbe-Schleiden »als Mitglied aufgeführt. Hat ein Lebenszeichen gegeben«.
5 Nachlaß Hübbe-Schleiden, Nr. 812, 1.10.
6 »Redakteur des Goth. Hofkalenders«; Niemann war dessen Hauptschriftleiter.

Quelle: Nachlaß Hübbe-Schleiden, 812 / 2.1, Bl. 56–57.

kombiniert mit einem hermeneutischem (»geschichtliche Begründung«) verfolgte. Zum anderen hat sich in seinem Nachlaß eine riesige Materialsammlung für ein »Palingenie«-Buch erhalten, mit dem er eine umfassende Darstellung seiner Weltanschauung unter weitläufiger Integration naturwissenschaftlicher Theorien plante[36].

### *3.3.2 Reorganisationsversuche (1887 bis 1902)*

Die weitere Entwicklung in Deutschland scheint ausgesprochen mühsam verlaufen zu sein. Hartmann berichtete 1887, daß es in Deutschland »einige Mitglieder« gebe, die aber »nicht als *Gesellschaft* organisiert sind«[37]. Ende der achtziger Jahre gibt es Nachrichten von einer theosophischen Gruppierung in München, der Theodor Reuß und Karl Kellner angehörten; sie sollen maurerische Hochgrad-Riten gepflegt und eine rosenkreuzerisch ausgerichtete Theosophie betrieben haben[38]. In der Schweiz versuchte Hartmann, der 1885 endgültig aus Indien nach Europa zurückgekehrt war[39], mit Unterstützung der Gräfin Wachtmei-

36 Nachlaß Hübbe-Schleiden, 444–483; vgl. die Einordnung dieses Komplexes bei Zander: Die Geschichte der Seelenwanderung, 488 f. Eine verläßliche Datierung dieser Materialien liegt allerdings bislang nicht vor.

37 Hartmann: Die »theosophische Gesellschaft« in Indien, 269. Nach The Theosophist 9 / 1887–88, S. LIII, sei Baron Ernst von Weber ein »non official member« gewesen. Unklar ist die Bedeutung einer Aussage von Hübbe-Schleiden: Franz Hartmann, 363, daß die Zahl der Mitglieder der Germania auf 36 Mitglieder angestiegen sei.

38 Frick: Die Erleuchteten, II / 2, 302.

39 Ebd., II / 2, 298.

ster, einer Vertrauten Blavatskys, 1888 ein »Laienkloster ... am Ufer des Lago Maggiore« für »persons of either sex« zu gründen[40], möglicherweise mit »rosenkreuzerischen« Intentionen[41], jedenfalls »to enter a higher life« und unter Kauf von Aktienanteilen von »$ 500 each« an der Einrichtung[42]. Doch dieser Versuch blieb erfolglos. In Wien existierte vom Herbst 1889 bis zum Herbst 1890 eine theosophische Gruppe (s. u. 3.6.1).

Nach dem Zusammenbruch der Sozietät Germania wurde Hübbe-Schleidens Zeitschrift Sphinx zum Kristallisationsmedium theosophischer Interessen. In ihrem Umkreis organisierte sich ein Teil der Leserschaft als theosophische Zirkel[43]. Seit 1892 führte die bis dahin spiritistisch ausgerichteten Monatsschrift den Untertitel »Organ der theosophischen Vereinigung« und firmierte als »Vereinsorgan« der am 7. Dezember 1892 in Berlin im »kleinen Kreis« gegründeten Theosophischen Vereinigung[44]. Wie uneindeutig Hübbe-Schleiden noch 1892 zwischen Spiritismus und Theosophie schwankte und wie wenig man ihn von seiner später vereindeutigten Identifikation mit der Theosophie her lesen darf, dokumentierte er im November dieses Jahres. Er wolle, schrieb er dem Maler Gabriel von Max, eine »spiritistische« Gesellschaft organisieren:

> »Mit der englischen Theosoph. Gesellschaft trete ich in keine äußere Verbindung, sondern bleibe ganz unabhängig. Deutschland ist und war ja von jeher das Land der Theosophie und der originalen Mystik.«[45]

Das Verhältnis zur Theosophischen Gesellschaft Adyar wollte er nach der Gründung einer theosophischen Loge so unabhängig wie möglich gestaltet wissen, insofern man »formell ... in gar keinem Verhältnisse« stehe, doch vertrete man »genau dieselbe« Theosophie. Die Theosophische Vereinigung aber »betont«, so

---

[40] Deutsches Zit. nach Möller / Howe: Merlin Peregrinus, 207. Möller und Howe datieren die Pläne auf 1889. Hinweise aber schon in dem Artikel: A lay convent (November 1888), S. XIV (englisches Zit.). In Hartmanns Buch: Ein Abenteuer unter den Rosenkreuzern (1899), 21, finden sich Ausführungen über »Das theosophische Kloster auf einem Berg«. Derartige elitäre »Kloster«pläne waren in diesen Jahren häufig, vgl. Treiber: Nietzsches »Kloster für freiere Geister«; das strukturelle Äquivalent in der Theosophischen Gesellschaft wurde später die Esoterische Schule (s. 7.10).

[41] Diese Vermutung bei Miers: Lexikon des Geheimwissens ([7]1993), 276 f., der (ohne Nachweis) weitere rosenkreuzerisch inspirierte Ordens(mit)gründungen Hartmanns vermutet.

[42] Anonym: A lay convent, S. XXIV.

[43] Klatt: Theosophie und Anthroposophie, 64.

[44] Hübbe-Schleiden: Die Theosophische Vereinigung, 193; »Vereinsorgan« ebd., 197. Mit der Einrichtung als theosophisches Vereinsorgan wurde auch eine Rubrik »theosophische Vereinigung« eingerichtet, die aber nicht auf Dauer Bestand hatte. Raatz: Geschichte der Theosophischen Gesellschaft in Deutschland, 218, nannte sie »Freie Theosophische Vereinigung«. Im Oktober 1893 zeigte Hübbe-Schleiden in der Sphinx dann an, daß er »fortan wieder die sachliche Redaktion der Sphinx und die Leitung der Theosophischen Gesellschaft übernehme«; Sphinx 8 / 1893, Bd. 17, 404. Die genauen Hintergründe dieser Äußerung harren noch der Nachforschung.
Daneben gab es auch deutschsprachige Logen im Ausland, die aber mit den Theosophen in Deutschland keinen Kontakt hatten. So erhielt am 12.11.1890 die »Deutsch Theosophische Gesellschaft« in Philadelphia (Pennsylvania) ihren Charter; The Theosophist 12 / 1890–92, Supplement Juni, S. LXXVI.

[45] Brief von Hübbe-Schleiden an Gabriel von Max, 22.11.1892, Germanisches Nationalmuseum Nürnberg, Teilnachlaß Gabriel von Max, I c 110; Unterstreichung im Original. Nur wenig später machte allerdings der mit Hübbe-Schleiden gut bekannte Ludwig Deinhard in der Sphinx das Problem der Verifizierbarkeit spiritistischer Aussagen zum Ansatzpunkt, Spiritismus und Theosophie als Gegensätze zu interpretieren; Deinhard: Spiritismus oder Theosophie.

Hübbe-Schleiden, »nachdrücklicher, daß die Wahrheit auch in den christlichen Ueberlieferungen zu finden ist, wenn man ... nicht durch eine dogmatische Brille blind gemacht ist«[46].

Solche Äußerungen sind, wie auch Hartmanns »rosenkreuzerische« Aktivitäten (s. u. 3.11.1), von hoher Bedeutung hinsichtlich Steiners späterer eigener Selbststilisierung als christlicher »Rosenkreuzer«, da sie belegen, daß die Debatte um die Rolle des Christentums im theosophischen Weltanschauungskomplex nicht nur in England (s. o. 3.4.2) ein Thema war. Hübbe-Schleidens Beharren auf den europäischen Traditionen dokumentieren auch die im Frühjahr 1893 erschienenen ersten Bände einer »Theosophischen Bibliothek« beim Braunschweiger Verlag C. A. Schwetschke, die diese europäische, näherhin deutsche Ausrichtung zum Programm erhoben: Die ersten Bände boten Schriften von J. B. Kerning[47], also des »theosophischen« (im klassischen Sinn) Freimaurers Johann Baptist Krebs (1774–1851). Die Akzeptanz christlicher Traditionen war allerdings prekär, weil man meinte, sich nach zwei Seiten abgrenzen zu müssen: Gegenüber den Großkirchen, dies hatte ja seit Blavatsky Tradition, aber auch gegenüber anderen kleinen christlichen Gemeinschaften (»Sekten«). Noch im selben Jahr lehnte Hübbe-Schleiden die »Theosophie« der »Neuoffenbarungen« Jakob Lorbers ab, denen sich Julius Engel, ein Okkultist, der drei Jahre später der Theosophischen Gesellschaft beitrat[48], zugewandt hatte: »Jedenfalls sind sie *keine Theosophie*«; seine Anhänger verhielten sich dogmatisch und »mißbrauchen« den Begriff Theosophie[49]. Die Durchsetzung der »wahren« theosophischen Dogmen hielt er für zwingend:

> »Indessen kann es nur eine Frage der Zeit sein, daß auch sie einsehen werden, daß die *Person* des Meisters für sie nur Führer und Vorbild ist, daß sie aber *ihr Heil* nur in *sich selbst* zu schaffen und nur *selbst* sich zu *erlösen* haben.«[50]

Im April 1893 teilte Hübbe-Schleiden mit, daß die Theosophische Gesellschaft (gemeint war wohl die Theosophische Vereinigung) auf 440 Mitglieder angewachsen sei[51]. Im November gründete er in Berlin dann einen weitgehend öffentlich arbeitenden »Esoterischen Kreis«[52], der sich »die Besprechung *theoretischer* und *praktischer Fragen* im Sinne *esoterischer Weltanschauung*« zum Zweck

---

[46] Hübbe-Schleiden: T.V. und T.S., 95.

[47] Ders.: Theosophische Bibliothek, 96.

[48] Klatt: Der Nachlaß von Wilhelm Hübbe-Schleiden, 82; zur Lorber-Sympathie Engels vgl. Hübbe-Schleiden: Die Bietigheimer Neu-Theosophie, 285 f.

[49] Ebd., 284. 286. Auch Papus' Martinisten stünden, so Olcott im Februar 1896, »in gar keinem Zusammenhange mit der T.S.«; Sphinx 11 / 1896, Bd. 22, 368.

[50] Hübbe-Schleiden: Die Bietigheimer Neu-Theosophie, 285.

[51] Sphinx, Bd. 16, 1893, 184. Hartmann: Die »Theosophische Gesellschaft« und ihr Zweck, berichtete von einer Zweiggesellschaft in Deutschland. In Österreich gebe es zwei Logen in Wien und Prag (S. 64), die aber aufgrund der gesetzlichen Bestimmungen – Hartmann sprach davon, daß man »eine Art von ›Freimaurerei‹ witterte« – sich nicht als Vereine konstituieren konnten, so daß die Mitglieder nur als Einzelmitglieder der europäischen Sektion geführt wurden (S. 65).

[52] Ob hier eine Anspielung auf Besants »Esoterische Schule« vorliegt, ist unklar. Die Veröffentlichung der Themen der Gesprächsabende (vgl. Hübbe-Schleiden: Die Gesprächs-Abende des Esoterischen Kreises) läßt allerdings an eine ganz andere Funktion, an Mitgliederwerbung statt an die Bildung eines Arkankreises, denken.

setzte[53] und dessen Mitglieder der Theosophischen Gesellschaft Adyar beitreten mußten[54]. Am 29. Juni 1894 kam es dann erneut zur Gründung einer theosophischen Organisation durch die Überführung der 1892 gegründeten Theosophischen Vereinigung in die Adyar-Theosophie[55]. Möglicherweise hatte es aus der Mitgliedschaft Druck auf diesen Anschluß hin gegeben, da sich am 31. März 1894 unter der Leitung des ehemaligen Fabrikbesitzers und späteren Kunstmalers Otto Huschke[56] eine »Münchener Theosophische Gesellschaft« beim Amtsgericht eintragen ließ[57], die sich als »Secte der grossen Theosophischen Gesellschaft in London« betrachtete und dementsprechend die Statuten der englischen Gesellschaft ihrem vereinsrechtlichen Registrierungsantrag beigelegt hatte. Auch einzelne Theosophen hatten sich bereits der Theosophischen Gesellschaft Adyar angeschlossen, um die Trennung zu beenden – eine Entwicklung, die Hübbe-Schleiden kritisch als Zersplitterung kommentierte[58].

Wie schon 1884 wurde auch zehn Jahre später, am 29. Juni 1894, die Deutsche Theosophische Gesellschaft (D.T.G.) in Berlin im Beisein von Olcott etabliert, aber nun als Zweig der von London aus verwalteten europäischen Sektion[59]. Die Spannungen mit Adyar konnten zumindest zu diesem Zeitpunkt beigelegt werden. Zum einen waren die finanziellen Pflichtzahlungen an die Zentrale in Adyar umstritten gewesen[60], vielleicht aufgrund der Höhe: 1895 betrugen sie mehr als die Hälfte der Mitgliedsbeiträge[61]. Zum anderen wollte Hübbe-Schleiden die »deutsche« Ausrichtung beibehalten; in dogmatischen Fragen ging es also um die gleichen Konfliktlinien, die später Rudolf Steiner gegenüber Adyar aufbauen sollte. Schließlich versuchte Hübbe-Schleiden, die Eigenständigkeit der deutschen Theosophie durch die Kontrolle des Eintritts in die neue Gesellschaft zu erhalten:

> »Während der T.V. [Theosophischen Vereinigung] alle diejenigen angehören, die erst weniger tief in das Wesen der Theosophie eingedrungen sind und deshalb auch sich noch an nationale Schranken gebunden sehen, schließen sich der allgemeinen ›Theosophischen Gesellschaft‹ alle diejenigen an, welche in diesem Streben schon die Geistesgemeinschaft der gesamten Menschheit fühlen und in denen das Leben dieses weiteren und höheren Bewußtseins pulsiert.«[62]

---

[53] Ders.: Der Zweck des Esoterischen Kreises, 161.

[54] Raatz: Geschichte der Theosophischen Gesellschaft, 218.

[55] Klatt: Theosophie und Anthroposophie, 65.

[56] Biographische Angaben zu Huschke nach Klatt: Der Nachlaß von Wilhelm Hübbe-Schleiden, 149. Huschke ist 1908 offenbar als Anhänger Steiners gestorben (GA 261,51).

[57] Brief von Otto Huschke, 2.4.1894; Staatsarchiv München, Pol. Dir. München 678. Vgl. auch die Ankündigung einer Münchener Gruppe innerhalb der Theosophischen Gesellschaft Adyar von Huschke: Zur Kenntnisnahme für Theosophen. Als Vorsitzender wurde im Juli 1894 in der »Sphinx« 9 / 1894, Bd. 19, 75, Ludwig Deinhard genannt.

[58] Vgl. Hübbe-Schleidens kritischen Kommentar (ohne Titel) zur Ankündigung Huschkes, in: Sphinx 9 / 1894, Bd. 18, 403, wo sich auch der Hinweis auf Einzelpersonen findet.

[59] Klatt: Theosophie und Anthroposophie, 65. Die Satzungen sind abgedruckt in: Sphinx 9 / 1894, Bd. 19, 216–229.

[60] Vgl. Hübbe-Schleiden: Deutsche Theosophische Gesellschaft, 214 f.

[61] 1895 waren von Mitgliedsbeiträgen in Höhe von 627,65 RM an die Theosophische Gesellschaft in London 370,69 RM überwiesen worden; Sphinx, Bd. 21, 1895, 172.

[62] Hübbe-Schleiden: Deutsche Theosophische Gesellschaft, 213.

Die Deutsche Theosophische Gesellschaft sollte »an die Stelle des Esoterischen Kreises« treten[63], der hier als »höher« entwickelter Kern der deutschen theosophischen Vereinigung erschien. Der Generalsekretär der europäischen Sektion, George R. S. Mead, stimmte einer schrittweisen Überleitung der Mitglieder, abhängig von ihren Kenntnissen der Theosophie, zu[64]. Vermutlich ging es bei dieser Regelung um die Zugangskontrolle der immerhin etwa 800 Mitglieder der Theosophischen Vereinigung[65].

Die Deutsche Theosophische Gesellschaft bestand über lange Zeit vor allem aus der mitgliederstarken Berliner Loge und blieb programmatisch auf den deutschen Kulturraum bezogen. In ihren Satzungen forderte der erste »Zweck«, »in den Ländern deutscher Zuge den Kern einer Geistesgemeinschaft zu bilden«, und der fünfte, »theosophische Schriften ins Deutsche zu übersetzen und zu verbreiten«[66]. Präsident war in Berlin bis zu seiner Indienreise im Herbst 1894 Hübbe-Schleiden, danach Gustav Gebhard, im Präsidium saß auch Theodor Reuß. Vorsitzender wurde zuerst Hugo Göring, Redakteur der Sphinx, wenig später Julius Engel, Maler sowie Professor und Bibliothekar an der Kunstgewerbe- und Handwerkerschule in Magdeburg und Erforscher der Geschichte der Illuminaten, seit 1899 schließlich Sophie Gräfin Brockdorff, die mit ihrem Mann für die weitere Entwicklung der Theosophischen Gesellschaft in Deutschland entscheidend wurde (s. u. 3.4.2)[67]. Sie gründete neben der Deutschen Theosophischen Gesellschaft einen eigenen theosophischen Zirkel, der Engel zum Rücktritt und 1899 zum Aufbau einer eigenen Loge in Charlottenburg veranlaßte[68]. Auch in anderen Städten kam es seit 1894 zur Gründung lokaler Logen, in München, Hamburg, Kassel, Düsseldorf oder – durch Hübbe-Schleiden – in Hannover[69].

Seit 1896 wirkten sich die internationalen Spaltungen der Theosophischen Gesellschaft auch in Deutschland aus und führten zur Entstehung der Gruppen unter der Führung von Tingley, Hargrove und Hartmann (s. u. 3.9–11). Weil viele Theosophen diese Entwicklungen negativ bewerteten, setzten zu Beginn des 20. Jahrhunderts Einigungsversuche ein, sowohl seitens der Tingley-Theosophie durch Paul Raatz, als auch durch Theosophen Hartmanns sowie von der Adyar-Seite durch Hübbe-Schleiden[70]. Tingely hatte sich mit Hübbe-Schleiden

---

[63] Ebd.

[64] Nach ebd., 215.

[65] Ebd.

[66] Satzungen der Deutschen Theosophischen Gesellschaft (in: Sphinx, 1894, 216, § 3).

[67] Für den 6. und 7. November 1897 ist in Berlin »in den Räumen der Theosoph. Bibliothek unter dem Vorsitze des Herrn Grafen Brockdorff« der vierte Jahrestag der Deutschen Theosophischen Gesellschaft belegt; ([Autor unbekannt] 8. Mitteilung, Berlin, Dec[embe]r. 1897, handschriftlich, ein Blatt [Nachlaß Hübbe-Schleiden, 816]).

[68] Nicht nachgewiesene Angaben dieses Abschnitts nach Klatt: Theosophie und Anthroposophie, 65.

[69] Nachlaß Hübbe-Schleiden, 825.

[70] Ebd., 802,1 (Bemühungen von Paul Raatz); vgl. auch ebd., 65,1, Nr. 82 (Hübbe-Schleiden an Ludwig Deinhard 9.10. [1901] Fragment).
Die Bemühungen der Theosophen Hartmannscher Provenienz sind durch einen Brief von Arthur Weber, Edwin Böhme und Hermann Rudolph an Olcott (14.6.1900) und zwei Antwortbriefe Olcotts dokumentiert (15.6.1900 / 17.11.1900) (The Theosophist 22 / 1900–1901, Supplement De-

möglicherweise während ihres »Kreuzzugs« 1896 getroffen[71], und ihre Theosophen erließen auf ihrer Generalversammlung vom 13. April 1901 den Aufruf, die »Schuld« für die »Zersplitterung der Theosophischen Gesellschaft« auch in der eigenen Vereinigung zu suchen[72], ein seltenes Eingeständnis, da man die Gründe für Spaltungen bei der jeweils anderen Gruppe zu suchen pflegte. Eine von Hübbe-Schleiden am 25. August 1901 zusammengerufene Versammlung blieb allerdings aufgrund nicht näher identifizierbarer Meinungsverschiedenheiten erfolglos[73] und führte offenbar im Gegenteil durch die verstärkten Bemühungen, nun auch eine deutsche Sektion der Theosophischen Gesellschaft Adyar zu gründen, zu einer Vertiefung der Spaltungen[74]. Die Absicht, in einem ein- oder zweijährigen Turnus einen Kongreß zusammenzurufen und einen zu diesem Zweck bestellten »Exekutivrat« einzurichten[75], wurde durch die Entwicklungen der kommenden Monate und Jahre überholt. Immerhin erschien in diesen Jahren die deutsche Übersetzung von Blavatskys »Secret Doctrine«, womit das entscheidende Referenzwerk der Theosophie dem deutschen Sprachkreis zur Verfügung stand[76].

Die Praxis des Vereinslebens vor 1900 läßt sich nur in Umrissen ermitteln, dürfte aber in seinen wesentlichen Elementen der später ermittelbaren Praxis (s. 4.2) geähnelt haben: Leseabende sind als sicher vorauszusetzen, von Paul Raatz ist aus dem Jahr 1901 die Initiative zu einer Korrespondenz-Arbeit bekannt, bei der die Mitglieder (die weit verstreut gelebt haben dürften) schriftlich mit der Theosophie vertraut gemacht werden sollten[77]. Öffentliche Vorträge wurden vielfach angekündigt[78], ein »Vortrag im Walde« bildete sicher die Ausnahme[79]. Der Verweis auf die Bibliothek fehlt selten[80]. Schwieriger ist die Frage zu klären, ob es rituelle Veranstaltungen gab. Da Blavatsky seit 1877 maurerisch tätig war und Besant es

zember 1900, S. VII–VIII. VIII. IX–X). Weber, Böhme und Rudolph erkundigten sich bei Olcott nach den Möglichkeiten der Gründung einer Adyar-Sektion, nachdem man sich im Juni mit Olcott getroffen hatte (S. IX; vgl. Kap. 3.4, Anm. 16). Aber Olcott betrachtete die Hartmannsche Theosophie als »widerrechtliche« Sezession (S. IX) und forderte einen Neueintritt in die Adyar-Theosophie (S. X), zu dem es aber nicht kam.

[71] Brief von Hargrove an Hübbe-Schleiden, 2.7.1896: Tingley wünsche Hübbe-Schleiden »tomorrow« zu sehen; Hartmann werde wahrscheinlich auch anwesend sein; Nachlaß Hübbe-Schleiden, 813.

[72] Aufruf an alle Mitglieder der Theosophischen Gesellschaft (in: Theosophisches Leben, 1901–02), 59.

[73] Ein Kongreßbericht sprach kryptisch von »verschiedensten Ansichten und Meinungen«; Anonym: Aus der Bewegung, 155. Vgl. auch Schwabe: Aus der Bewegung. In dieser Veranstaltung hatten wohl (und zusätzlich?) Fragen der Zusammenarbeit der nationalen Sektion der Tingley-Theosophie zur Debatte gestanden, vgl. Raatz: Notiz.

[74] Klatt: Theosophie und Anthroposophie, 74.

[75] Anonym: Aus der Bewegung, 155.

[76] Die drei Textbände erschienen in Faszikeln zwischen 1897 und 1902; Daten nach den Akquisitionsangaben im Quartkatalog der Bayerischen Staatsbibliothek München.

[77] Raatz: Abteilung für Schüler der Theosophie.

[78] Z. B. in: Theosophisches Leben 5 / 1902–03, 32.

[79] Aus der Bewegung, in: ebd., 6 / 1903–04, 175. Im Jahr zuvor war jedoch eine einseitige Betonung der Philosophie gerügt und ein Mangel an »Kunst, Poesie, Musik etc.« gerügt worden; Allgemeiner theosophischer Kongress für Deutschland, Österreich und die Schweiz (in: ebd. 5 / 1902–03), 156.

[80] Z. B. in ebd., 5 / 1902–03, 32.

ab 1902 wurde, überdies der in maurerischen Riten unermüdliche Reuß mehrmals in exponierten Funktionen auftaucht und sich immer wieder die Selbstbezeichnung als »Loge« findet, ist nicht auszuschließen, daß es auch zeremonielle Handlungen gegeben hat; nachzuweisen sind sie derzeit nicht.

Die Gründe für die Vielzahl der Spaltungen wurden zumeist in inhaltlichen Fragen gesucht. Aber eben diese Differenzen in Weltanschauungsfragen waren im Prinzip tabuisiert, da man sich als dogmenfreie Institution verstand und im Konfliktfall das abstrakte Kriterium der Wahrheit zugleich als Kriterium sozialer Integration ansetzte, wie es Hübbe-Schleiden im Jahr 1900 formulierte: »Wir haben es aber nicht mit Namen und Personen zu thun, sondern mit der Sache und der Wahrheit selbst«[81]. Diese Konzeption war ohne Streitigkeiten extrem integrationsfähig, im Konfliktfall bot sie hingegen kein Instrumentarium zur Klärung unterschiedlicher Standpunkte. Von den inhaltlichen Kontroversen waren zwei wichtig. Sicher hat zum einen die Kulturdifferenz zwischen Europa und Asien eine Rolle gespielt, wie der Rekurs auf »deutsche«, »christliche« oder »rosenkreuzerische« Positionen chiffriert zeigt. Zum anderen blieb ein Konflikt virulent, der zwar zunehmend an Schärfe verlor, jedoch nie ganz verschwand: Auch in Deutschland war die Theosophie ein Kind des Spiritismus und entledigte sich nur langsam ihrer Vergangenheit. Mit Hübbe-Schleiden und insbesondere mit du Prel gehörten der Theosophischen Sozietät Germania herausragende Vertreter des deutschen Spiritismus an, auch bei anderen Mitgliedern würde eine intensivere Untersuchung ihrer Vorstellungen vermutlich spiritistische Tendenzen dokumentieren. Gabriel von Max etwa ist dafür ein gutes Beispiel[82]. Außenstehenden Spiritisten ist folglich in den Jahren um 1900 die Differenz zwischen Spiritismus und Theosophie nicht deutlich geworden, etwa Georg von Langsdorff (1822–1921)[83], und noch 1894 brachte der Spiritist Hans von Gumppenberg vor allem die Gemeinsamkeiten in Anschlag: »Der Vorstoss des modernen Mysticismus gegen die mechanistische Weltauffassung erfolgt in zwei Sturmkolonnen: einer theosophischen und einer spiritistischen.«[84] Am Vorabend der Gründung der deutschen Sektion der Adyar-Theosophie gab es in Deutschland vier Logen innerhalb der europäischen Sektion (s. S. 121).

Die strukturellen Schwierigkeiten der deutschen Situation zu Beginn des Jahres 1902 lassen sich durch zwei Stichworte kennzeichnen: Spaltung und Konkurrenz. In den ersten fünfzehn Jahren ihres Bestehens war die Theosophie

---

[81] Zit. nach Klatt: Theosophie und Anthroposophie, 66.

[82] Seine weltanschaulichen Vorstellungen sind schlecht aufgearbeitet. Die Münchner Stadtbibliothek, Monacensia, Literaturarchiv, Teilnachlaß Gabriel von Max, verwahrt eine intensiv von Max benutzte und bearbeitete Ausgabe von Justinus Kerners »Seherin von Prevorst«, und in seinen Briefen dokumentiert er spiritistische Auffassungen. So verstehe man unter dem »volksthümlichen Ausdruck Spiritualismus« »eine Erweiterung der naturwissenschaftlichen Erkentniß [sic]« (Brief von Gabriel von Max an Emil Mariot, 26.1.1880, Münchner Stadtbibliothek, Monacensia, Literaturarchiv, Teilnachlaß Gabriel von Max, Sammelstück Nr. 10.), und der »Körper ist also der Induktionsapparat« (von Max, Notizen über Übersinnliches, Beilage Nr. 7, in Justinus Kerner, Die Seherin von Prevorst, Tübingen [4]1846, ebenfalls im Literaturarchiv der Stadtbibliothek München).

[83] Von Langsdorff: Spiritualismus und Theosophie; er hielt Theosophie im Sinne der christlich-theosophischen Tradition für einen Aspekt des Spiritismus (S. 382).

[84] Gumppenberg, Hans von: Metaphysische Rundschau, 1052.

*Tab. 3.2:* Logen der Theosophischen Gesellschaft Adyar in Deutschland 1900 / 1901

| Ort | Name (Ausstellung des Charter) | Präsident 1900 / 1901 | Sekretär(in) 1900 / 1901 |
|---|---|---|---|
| Berlin | Berlin-Loge (1894) | --- / Hübbe-Schl. | Brockdorff / ders. |
| Hamburg | Hamburg-Loge (1898) | Bernh. Hubo / ders. | J. Gustav Scharlau / ders. |
| Hannover | Hannover-Loge (1898) | Hübbe-Schl. / ders. | Günther Wagner / Julius Lange |
| Charlottenburg | Charlbg. T.S. (1899) | --- / --- | Julius Engel / Frl. Foerstermann |

Quellen:
General Report of the Twenty-Fourth Anniversary of the Theosophical Society, Anhang (mit eigener Paginierung) an: The Theosophist 21 / 1900, 85, und General Report of the Twenty-Fifth Anniversary of the Theosophical Society, Anhang (mit eigener Paginierung) an: The Theosophist 22 / 1901.

In dieser Aufstellung fehlt die 1894 gegründete Münchener Gruppe, die sich offenbar bereits 1896 wieder aufgelöst hatte 1. Der Leipziger Zweig der Theosophischen Gesellschaft Adyar wurde im April 1902 gegründet 2, also noch vor der Gründung der deutschen Sektion am 19. Oktober 1902, doch datierte ihr »Charter«, die von der Zentrale in Adyar ausgestellte formelle Gründungsurkunde, erst vom 20. Februar 1903 3.

[1] Briefumschlag mit einer mit Fragezeichen versehenen Auflösungsnotiz vom 7.3.1896; Staatsarchiv München, Pol. Dir. München 678. Allerdings wurde sie noch im Theosophist 18 / 1896–97 unter Otto Huschke als bestehend geführt.
[2] Theosophische Gesellschaft Hauptquartier Adyar, revidierte Satzungen vom 17.4.1906 (StA Leipzig, PP-V 245), Titelblatt.
[3] Theosophische Gesellschaft, Satzungen vom 17.4.1906 (StA Leipzig, PP-V 245), § 1.

unfähig, eine einheitliche Organisation zu schaffen oder die unterschiedlichen Organisationen friedlich koexistieren zu lassen; dabei blieb es auch im 20. Jahrhundert. Auch inhaltliche Debatten boten hier keinen Ausweg, da der theosophische Monismus keine organisatorische Einheit nach sich zog, und auch neue Integrationsthemen waren nicht in Sicht, da alle Profilierungen, indische oder europäische, buddhistische oder rosenkreuzerische, englische oder deutsche Theosophie differenzierend wirkten. Ein Überdruß an dieser Situation in einer Gesellschaft, die sich als »Bruderschaft« aller Menschen verstand, ist in der im folgenden beschriebenen Geschichte der Gründung der deutschen Sektion der Theosophischen Gesellschaft Adyar immer wieder zu spüren. Die Lage für einen organisationsstarken oder weltanschaulich ambitionierten oder charismatischen Führer war günstig.

## 3.4 Die Adyar-Theosophie in Deutschland: Die deutsche Sektion unter Rudolf Steiner (1902 bis 1912)

| | |
|---|---|
| Gründungsdatum | 19. Oktober 1902 |
| Vorsitzender | Rudolf Steiner |
| Adresse | Motzstraße 17, Berlin |
| Verlag | Philosophisch-Theosophischer Verlag, gegründet 1908, umbenannt 1913 in Philosophisch-Anthroposophischer Verlag. Seit 1920 existiert auch der Verlag Die Kommenden. |
| Zeitschriften | Der Vahân; Lucifer, fortgesetzt als Luzifer Gnosis[1]; Mitteilungen für die Mitglieder der Deutschen Sektion der Theosophischen Gesellschaft. |

### *3.4.1 Rudolf Steiner – eine biographische Skizze*

Die Geschichte der deutschen Sektion der Adyar-Theosophie ist seit dem zweiten und erfolgreichen Gründungsversuch im Jahr 1902 untrennbar mit der Person Rudolf Steiners (1861–1925) verknüpft. Von ihm wird in den kommenden Kapiteln immer wieder die Rede sein, außerhalb der vereinsgeschichtlichen Kapitel ist er der zentrale Fokus dieses Buches[2].

Steiner war ein Kind des Habsburgerreiches, wo er am 25. Februar 1861 im kroatischen Kraljevec in der Familie eines kleinen Bahnbeamten geboren wurde. Seine Jugend verbrachte er umzugsbedingt an verschiedenen Orten im Wiener Becken. Steiner wurde zwar katholisch getauft, doch war sein Vater in diesen Jahren ein »Freigeist« (GA 28,22). Eine religiöse Sozialisation hat es vermutlich kaum gegeben. Die Technik auf den Bahnstationen habe ihn, wie Steiner in seiner Autobiographie an seinem Lebensende schreibt, fasziniert (z.B. ebd., 24), und dieser Hintergrund dürfte eine wichtige Rolle bei seinem Entschluß für das Studium naturwissenschaftlicher Fächer gespielt haben. Daneben sind die Erwartungen des autoritären Vaters hoch zu veranschlagen; offenbar sollte dem Sohn durch das Studium der Aufstieg gelingen, der dem Vater unerreichbar gewesen war.

1879 immatrikulierte sich Steiner sich an der Technischen Universität Wien, vermutlich mit dem Ziel, (Realschul-?)Lehrer zu werden[3]. In Wien lernte Stei-

---

[1] Von der »Gnosis« stammt in »Lucifer Gnosis« das fast DIN-A 4 große Format mit zwei Kolumnen. In der »Gnosis« gab es allerdings nur Weltanschauungsliteratur.

[2] Die wichtigste Grundlage einer Biographie Steiners ist das Datengerüst von Lindenberg: Steiner (Chronik); eine umfangreiche Deutung bei dems.: Steiner (Biographie). Weiterhin hilfreich Wehr: Rudolf Steiner. Zur Literatur vgl. auch 2.1.4; eine kritische Biographie fehlt. Im folgenden geht es nur um eine Übersicht seiner Lebensstationen.

[3] Dies legt der Personalakt nahe, der ein breites Fächerspektrum dokumentiert (Mathematik, Physik, Chemie, Botanik, Zoologie, Mineralogie Geologie); Technische Universität Wien. Hauptkatalog (Auszug Rudolf Steiner). Schröer habe Steiner immer den »Lehramtskandidaten« genannt; David: Rudolf Steiners Studienjahre, 207. Bei David auch die Dokumentation der belegten Fächer und der durchweg exzellenten Noten (S. 207 f.).

ner den philosophischen Idealismus kennen (Schelling, Franz von Brentano), aber entscheidend wurde die Beschäftigung mit Goethe, dem er im germanistischen Begleitstudium, vermittelt durch den Protestanten und Goethe-Fachmann Julius Schröer, begegnete. Die fünfzehnjährige Beschäftigung mit Goethes Werken (1882 bis 1897) hat Steiners Weltbild wesentlich geprägt, allerdings vermittelt durch die hermeneutische Brille des nachhegelschen Idealismus (s. 5.6). Nach dem Sommersemester 1883 brach Steiner sein Studium ab[4], 1890 übersiedelte er nach Weimar. Seine philosophischen Interessen schlugen sich ein Jahr später in einer Promotion über Fichtes Wissenschaftslehre bei dem Rostocker Platonexperten Heinrich von Stein nieder. 1893 veröffentlichte Steiner sein philosophisches Hauptwerk (so seine Selbsteinschätzung), die »Philosophie der Freiheit«, in deren monistischem Konzept er die These der realen Existenz von Ideen und ihrer Erkennbarkeit vertrat. Die mit dieser Arbeit wohl erhoffte akademische Karriere scheiterte.

Steiner wandte sich nun von der zunehmend weniger geliebten Editionstätigkeit ab, trat seit 1895 als bekennender Nietzscheaner auf (s. 6.3) und zog 1897 nach Berlin. Der 36jährige befand sich in einer midlife-crisis, während der er wesentliche Elemente seines bisherigen Lebens in Frage stellte und die zu den spannendsten und umtriebigsten seines Lebens gehört. Er übernahm die Redaktion der Zeitschrift »Magazin für Litteratur«[5] und kam in Kontakt mit Berliner Literaten- und Bohème-Kreisen. Im Lesezirkel Die Kommenden lernte er Käthe Kollwitz, Else Lasker-Schüler, Erich Mühsam und Stefan Zweig kennen, er gehörte mit Otto Erich Hartleben, Otto Julius Bierbaum und Paul Scheerbarth zur Stammbesatzung am disputierenden »Verbrechertisch«, stritt mit dem Herausgeber der Zukunft, Maximilian Harden, besaß Kontakte mit der Friedrichshagener Dichtergruppe und zur Neuen Gemeinschaft in Schlachtensee[6]. 1899 heiratete er Anna Eunike, seine frühere Hauswirtin in Weimar, als Trauzeuge fungierte John Henry Mackay, eine zentrale Figur des literarischen Anarchismus, dem sich auch Steiner zu diesem Zeitpunkt zugehörig fühlte (s. 6.5.1). Seit 1899 war er bis 1905 auch – vermutlich aus finanziellen Gründen – als Dozent an der von Karl Liebknecht gegründeten Arbeiter-Bildungsschule tätig, wo er die Bekanntschaft Rosa Luxemburgs machte. Zwischen 1898 und 1900 rechnete er mit seinen früheren Idealen gnadenlos ab und war Atheist. Schon 1895 hatte er die Theosophen verrissen: »Nichts als Redensarten … die inneren Erlebnisse sind nichts als Heuchelei« (GA 32,195)[7].

---

[4] Ebd., 208.

[5] Im September 1900 berichtete Eduard von Hartmann das on-dit, Steiner habe das Magazin für 500 Reichsmark »gepachtet«; Drews / Hartmann: Philosophischer Briefwechsel, 275.

[6] Namen nach dem Gästebuch der »Kommenden« (Berlinische Galerie, Unterlagen der Ausstellung und Publikation: Berlin um 1900 [Sammlung Eberhardt Roters]). Zum Verbrechertisch vgl. Stargardt, Auktionskatalog 617 (1979), S. 164 (Nr. 491).

[7] Hübbe-Schleiden behauptete 1913, Steiner habe ihn in seiner »*vor*-theosophischen Periode« in Döhren (bei Hannover) besucht und ihn gefragt: »Wie ist es möglich, dass ein so intelligenter Mensch, wie Sie, der Theosophischen Gesellschaft angehört?« Hübbe-Schleiden: Denkschrift, 64. Dabei kommt allerdings nur ein enges Zeitfenster um 1900 in Betracht, da Steiner Hübbe-Schleiden erst im Umfeld der Theosophischen Gesellschaft kennenlernte; vielleicht handelte es sich um den 10. November 1901 (Lindenberg: Steiner [Chronik], 190).

In dieser Situation wurde Steiner 1900 als Referent über Nietzsche in den theosophischen Zirkel von Sophie Gräfin und Cai Graf Brockdorff eingeladen, während er von Zeitgenossen im Winter 1900 / 1901 als »führender Philosoph« wahrgenommen wurde[8]. Bei der nun folgenden Konversion in die Theosophie spielte vermutlich Marie von Sivers, seine spätere zweite Frau, eine entscheidende Rolle[9]. Von diesem Zeitpunkt an war Steiners Leben untrennbar mit der Geschichte der deutschen Sektion der Theosophischen Gesellschaft Adyar verbunden. Von Sivers gab ihre Karriere als Schauspielerin für die Theosophie und seinetwegen auf und begleitete ihn über lange Jahre als Lebensgefährtin, bis beide 1914 heirateten. Sie war die zentrale Stelle für die Verwaltungsarbeit in der Theosophischen Gesellschaft, sie war auch die Managerin des Philosophisch-Theosophischen Verlages und Herausgeberin von Steiners Vorträgen und Schriften, und sie kooperierte mit ihm in der Ausbildung wichtiger Felder der deutschen Adyar-Theosophie (Freimaurerei, Theater, Rezitation).

Seit 1902 errichtete Steiner das organisatorische und weltanschauliche Gebäude der Theosophie, dessen Elemente in dieser Arbeit analysiert werden: Er leitete die Adyar-Theosophie einschließlich ihrer esoterischen Schule (1904), erstand einen freimaurerischen Ritus (1905) und publizierte in schneller Folge die kanonischen Werke für seine Anhänger: Die »Theosophie« (1904 [GA 9]), den Schulungsweg (1904 / 05 [GA 10]), die Schilderungen »Aus der Akasha-Chronik« (1904 / 08 [GA 11]) die Kosmologie in der »Geheimwissenschaft im Umriß« (1904 / 10 [GA 13]) (s. 7.3–6). Vor dem Ersten Weltkrieg entwickelte Steiner eine Christologie, die er zunehmend als Differenzkriterium seiner Theosophie ausbaute (s. Kap. 8). In den letzten Jahren vor dem Ersten Weltkrieg kamen ästhetische Praktiken hinzu: Die Eurythmie (1911 / 12), die Mysteriendramen (1910 bis 1913), und seit 1913 wurde im Schweizerischen Dornach der Johannesbau errichtet (s. 12.4). Am 28. Dezember 1912 vollzog Steiner den Bruch mit Annie Besant und der Theosophischen Gesellschaft Adyar, von nun an hießen seine Anhänger »Anthroposophen« (s. 3.4.5).

Nach dem Ersten Weltkrieg entstanden die anthroposophischen Praxisfelder, von denen einige heute das Außenbild der Anthroposophischen Gesellschaft wesentlich prägen: die »Dreigliederung« genannte Gesellschaftstheorie (1919), die Waldorfpädagogik (1919), die anthroposophische Medizin (vor allem seit 1920) und der anthroposophischen Landbau (1924) (s. Kap. 14–17). 1922 schließlich gründete er die Christengemeinschaft, eine anthroposophisch inspirierte Kirche. Zeitgenossen erschien Steiner am Ende seiner Kräfte, »müder als ein Mensch sein darf«[10]. Am 30. März 1925 starb Rudolf Steiner an einer unbekannten To-

[8] Eduard von Hartmann, in: Drews / Hartmann: Philosophischer Briefwechsel, 285.

[9] Eine sehr solide kommentierte Materialsammlung, die allzu bescheiden nur »biographische Dokumentation« heißt, stammt von Wiesberger: Marie Steiner-von Sivers. Eine kritische Biographie Marie von Sivers gehört zu den Desideraten der Anthroposophieforschung. Eine Skizze liegt vor von Brandt: Marie von Sivers, mit der Absicht, ihre Rolle gegenüber dem alles überschattenden Rudolf Steiner aufzuwerten, wie es auch schon das Anliegen Wiesbergers war.

[10] Hayek: Eine Begegnung mit Dr. Rudolf Steiner, 8 (Begegnung am 13.6.1922).

desursache[11]. Seine Leiche wurde – gegen seinen Willen[12] – verbrannt. Die Urne stand lange im Goetheanum, bis die Asche am 3. November 1992[13] nahe dem Goetheanum beigesetzt wurde.

### *3.4.2 Die Gründung der deutschen Sektion*

Im Vorfeld der Sektionsgründung[14], vom 11. bis 17. Juni 1900, visitierte Olcott einmal mehr Deutschland und besuchte Hamburg, Hannover und Leipzig, offenbar jedoch nicht Berlin[15]. In Leipzig, einem der großen Zentren der Theosophie in Deutschland, wo sich keine Loge der Adyar-Theosophie befand, kam es zu einem Gespräch mit Franz Hartmann[16], aber auch zur Konfrontation mit

---

[11] Steiner war sicher von der übermäßigen Anstrengungen ausgemergelt, aber dies war wohl nicht die Todesursache. Häufig wurde erwogen, Steiner könne vergiftet worden sein, wogegen sich aber Zeylmans: Wer war Ita Wegman?, I, 243–246, aussprach. Alternativ gilt dann ein Prostata- oder Magen-Darm-Krebs als Todesurache. Neuerdings hat Röschert: Die Todeskrankheit Rudolf Steiners, die bisherigen Antworten unter Berufung auf den Brief des Arztes Werner Hartinger in Frage gestellt. So wurde der Rat des Arztes Ludwig Noll zur Einweisung in das Baseler Spital, möglicherweise zwecks Katheterisierung, nicht befolgt (Röschert, 206). Überdies gibt es Unterlagen über eine Obduktion, wobei aber offenbar unklar ist, wo und wann sie vorgenommen wurde (ebd., 208). Deren Ergebnis (»Prostata-Hypertrophie, Chron. Cystis, Hypertrophie der Blase, Rententio urinae, Peri- und Paracystis, peritonitis adhaesiva« [ebd., 206]) sei aber nicht als zum Tode führend anzusprechen. Deshalb sei die Frage der Vergiftung neu zu diskutieren.

[12] Hartinger bei Röschert, ebd., 208.

[13] Hasler u. a.: Der Gedenkhain, 3.

[14] Eine quellengestützte und kritische Darstellung der Entstehungs- und Spaltungsgeschichte der Adyar-Theosophie in Deutschland fehlt. Außerordentlich hilfreich sind aber auch hier die Ausführungen bei Klatt: Theosophie und Anthroposophie, auf die ich immer wieder zurückgreife. Allein seine unzureichende Heranziehung der in der Gesamtausgabe der Werke Steiners vorhandenen Informationen und der theosophischen Zeitschriftenliteratur der Vorkriegsjahre läßt sich kritisch anmerken. Die Darstellung bei Lindenberg: Steiner (Biographie), bleibt dahinter zurück, ist völlig auf Steiner bezogen und gegenüber seinem Handeln unkritisch. So sind für Lindenberg etwa die Protagonisten neben Steiner bei der Sektionsgründung nur »insgesamt erhebliche Störpotentiale« (ebd., I, 339). Allerdings liefert er neben Klatt die erste zusammenhängende Darstellung der Geschichte der Adyar-Theosophie bis 1914. Einen hilfreichen Überblick, der auch die negativen Seiten nicht ausspart, hat von Plato: Zur Entwicklung der Anthroposophischen Gesellschaft, vorgelegt. Der Darstellung von Kreutzer: Starke Einheit in der freien Vielfalt, fehlt jeder kritische und kontextualisierende Zugriff.
Ein großer Teil des Briefwechsels zwischen Hübbe-Schleiden und Steiner (und Besant) ist auf nicht nachvollziehbaren Wegen aus dem Nachlaß Hübbe-Schleiden entnommen oder entwendet worden, möglicherweise über Emil Bock (Klatt: Theosophie und Anthroposophie, 31. 33). Die in der Rudolf Steiner-Nachlaßverwaltung verwahrten Teile des Briefwechsels zwischen Hübbe-Schleiden und Steiner wurden außerhalb der Gesamtausgabe der Schriften Steiners publiziert (Steiner: Briefe). Wenn diese Dokumente, wie beabsichtigt, in der Gesamtausgabe veröffentlicht werden, wird möglicherweise klarer werden, wie die Briefe ins Dornacher Archiv kamen und welche Dokumente in Dornach zu diesen Vorgängen noch liegen.
Unterlagen aus dem Archiv der Theosophischen Gesellschaft in Adyar habe ich wegen der schlechten Erreichbarkeit und aufgrund der weiterhin unveröffentlichten Paralleldokumente aus der Nachlaßverwaltung relativ ausführlich wiedergegeben. Ob der Briefwechsel in Adyar komplett erhalten ist, kann nur ein Abgleich mit den Dornacher Beständen zeigen; zumindest habe ich einzelne Briefe, die in der GA nachgewiesen sind, in Adyar nicht gefunden, etwa einen Brief an Olcott vom Anfang 1907 (GA $262^2$,173 f.).

[15] Anonym: The President-Founder in Germany.

[16] Ransom: A Short History, 335.

dessen Anhängern, denen Olcott absprach, Siegel und Namen der Theosophischen Gesellschaft rechtens zu führen[17]. Ob sich hinter dieser Reise der Versuch verbarg, nochmals alle theosophischen Gruppierungen zu vereinen, oder ob Olcott nur die Bedingungen einer Sektionsgründung sondieren wollte, ist unklar. Daß sich organisatorische Veränderungen anbahnten, war jedenfalls offensichtlich; im Hintergrund der Sektionsbildung stand eine europaweite Tendenz in der Theosophischen Gesellschaft Adyar, nationale Einheiten aus der »europäischen« Sektion mit ihrem Sitz in London herauszulösen[18].

Unter den deutschen Adyar-Theosophen dürfte um die zu erwartenden Posten schon zu diesem Zeitpunkt der Machtpoker begonnen haben, der im Frühjahr 1902 schärfere Formen annahm[19]. Der Verleger Richard Bresch hatte als erster Anfang Februar seine Kandidatur bei Hübbe-Schleiden angemeldet, in »rabiater« Form, wie Hübbe-Schleiden bemerkte[20]. Bresch war seit 1899 Herausgeber (anfangs gemeinsam mit Cai Graf von Brockdorff) der theosophischen Mitgliederzeitschrift Der Vâhan, die aufgrund des Rechtes, die Übersetzung von Artikeln des Londoner Theosophist zu drucken, offiziösen Charakter besaß. Am 25. Februar berichtete Hübbe-Schleiden vom Eingang einer weiteren Kandidatur, derjenigen Günther Wagners aus Lugano[21], außerdem gehörten er selbst und Ludwig Deinhard zu den potentiellen Kandidaten[22]; von Rudolf Steiner war zu diesem Zeitpunkt noch keine Rede. Neben der Kandidatenfrage stand das Problem konkurrierender theosophischer Gruppierungen im Raum, für Hübbe-Schleiden ging es dabei vor allem um die Franz Hartmann und Katherine Tingley folgenden Theosophen[23]. Kandidatenkür und Vereinigungsfrage gedachte Hübbe-Schleiden in einem Geniestreich zu lösen: Wagner und er sollten ihre Bewerbungen zurückziehen, um für Edwin Böhme von der »Hartmann-Gesellschaft« in Leipzig den Platz als Generalsekretär zu räumen[24]. Dieser Deal platzte jedoch auf einer »*ausserordentlichen* Versammlung« der »Theosophischen Gesellschaft in Hamburg, Zweig der (allgemeinen) Theosophischen Gesellschaft (Adyar)« am 26. April 1902[25]. Die Delegierten fühlten sich offenbar von Hübbe-Schleiden hintergangen, wenn man der Darstellung Bernhard Hubos, eines erklärten Gegners von Hübbe-Schleiden, glauben darf[26]. Der düpierte

---

17 Anonym: The President-Founder in Germany.

18 Vgl. die Äußerungen Besants während der Gründungsversammlung der deutschen Sektion: Bresch (?): Die Bildung der deutschen Sektion [Teil 1], 62.

19 Die Schachzüge der Sektionsgründung sind bei Klatt: Theosophie und Anthroposophie, 73–77, beschrieben und in einem Briefanhang (S. 131–168) dokumentiert.

20 Brief von Hübbe-Schleiden an Ludwig Deinhard, 9.2.1902 (ebd., 132).

21 Brief von Hübbe-Schleiden an Ludwig Deinhard, 25.2.1902 (ebd., 133).

22 Brief von Hübbe-Schleiden an Ludwig Deinhard, 6.3.1902 (ebd., 134 f.).

23 Brief von Hübbe-Schleiden an Ludwig Deinhard, 9.2.1902 (ebd., 132).

24 Brief von Hübbe-Schleiden an Ludwig Deinhard, 17.4.1902 (ebd., 139); Bresch sprach von der »Hartmann-Böhme-Gesellschaft« in: Der Vâhan 3/1901–1902, 170.

25 Paul Raatz hatte seitens der Tingley-Theosophie für den 12. April 1902 ebenfalls zu einer »Generalversammlung« eingeladen; ob sie stattfand und welche Bedeutung sie hatte, ist offen; Ankündigung in: Theosophisches Leben 5/1902–03, 32. In den folgenden Heften findet sich kein Bericht der Versammlung; möglicherweise handelt es sich um die Pfingst-Versammlung.

26 Hubo: Protokoll der ausserordentlichen Versammlung der Theosophischen Gesellschaft, 169.

Bresch sprach von »Stellenschacher«[27] und sandte Olcott am 12. Juni einen Brief mit der »von sieben Logen unterzeichneten Applikation zur Begründung einer deutschen Sektion der T.S.«, um sich wohl als geeigneter Kandidat für das neue Amt zu empfehlen[28].

Zu diesem Zeitpunkt dürfte Steiner, obwohl er erst am 11. Januar 1902 der Theosophischen Gesellschaft beigetreten war, als Kandidat für den Posten des Generalsekretärsposten gehandelt worden sein[29]. Dies jedenfalls ergibt sich aus Hübbe-Schleidens privater Korrespondenz und war im Mai auch im Vâhan zu lesen[30]. Im Juni verstärkte eine Demarche von Sophie Gräfin Brockdorff »im Namen einer grösseren Anzahl der ältesten Mitglieder der D.T.G.« die Option auf Steiner: Er werde »die Saat, welche Dr. Hübbe-Schleiden ausstreute, weiter der Reife entgegenführen«[31].

Eine weitere Runde im Kandidatenpoker wurde mit identischen Fronten zwischen Bresch und Hubo auf der einen und Hübbe-Schleiden und seinen Mitstreitern auf der anderen Seite gespielt, aber von letzteren mit der neuen Karte Rudolf Steiner. Die mit dem 30. Juli 1902 beginnenden, oft langen und zahlreichen Briefe Steiners an Hübbe-Schleiden dokumentieren, daß Steiner, nachdem er Hübbe-Schleiden 1892 noch gnadenlos verrissen hatte[32], ihm zu diesem Zeitpunkt loyal gegenüberstand und ihn sogar außerordentlich schätzte, wie er auch der gegenüber strategischem Lob unverdächtigen Marie von Sivers anvertraute: »In Hübbe-Schleiden lebt eine wirkliche geistesentwicklungsgeschichtliche *Potenz*; in den Herren Hubo und Bresch gar nicht.« (GA 262$^2$,43) In diesem Sinn schrieb Steiner seiner Frau Anna, »daß das Recht auf Hübbe-Schleidens Seite ist und daß der Bresch ein minderwertiger Fanatiker ist« (GA 39,411). Steiners intensive Korrekturen und Erweiterungsvorschläge für Hübbe-Schleidens 1902 erschienenes Buch »Diene dem Ewigen«, das als breitenwirksames Einführungswerk in die Theosophie gedacht war (s. 7.2 [August 1902]), belegen die vertrauensvolle Zusammenarbeit ebenso wie das Hübbe-Schleiden von Steiner mehrfach gegebene, schriftlich niedergelegte Versprechen, »daß die Sektion nicht in einem anderen Geiste gegründet werden darf als in dem von *Ihnen* vertretenen«[33]: Er könne darüber hinaus »nie etwas anderes im Rahmen der Theosophischen Gesellschaft tun …, als was auch ihren Intentionen entsprechen wird«[34]. Steiner bezog sich damit offenbar auf eine Art Konsensformel der Hübbe-Schleiden-Fraktion in der

---

[27] Bresch: Redaktionelle Nachbemerkung zum Protokoll, 170.

[28] Brief von Bresch an Olcott, 12.6.1902, S. 1 (TheosA Adyar, File 118).

[29] Klatt: Theosophie und Anthroposophie, 75, mit präziser Quellenangabe. Deshalb ziehe ich seine Angabe der Datierung des Eintritts auf den 17. Januar bei Lindenberg: Steiner (Chronik), 194, vor. Steiner berichtete 1911, also in seiner Distanzierungsphase, daß dies auf Bitten von Cai Graf Brockdorf geschehen sei und er das Diplom ohne die Zahlung des Mitgliedsbeitrags erhalten habe (GA 264,407).

[30] Brief von Hübbe-Schleiden an Ludwig Deinhard, 29.4.1902 (in: Klatt: Theosophie und Anthroposophie, 142); Bresch: Redaktionelle Nachbemerkung zum Protokoll.

[31] Sophie Gräfin Brockdorff: ohne Titel, in: Der Vâhan 3 / 1901–1902, 188.

[32] »Zeus im Frack mit der weißen Binde« (GA 30,510); vgl. dazu Lindenberg: Steiner (Biographie) I, 347.

[33] Brief von Steiner an Hübbe-Schleiden, 30.7.1902 (in: Steiner: Briefe, II, 262).

[34] Brief von Steiner an Hübbe-Schleiden, 16.8.1902 (ebd., II, 269 f.); vgl. auch ebd., II, 266. 274. 282 f.

»Theosophischen Gesellschaft«, der Sache nach hatte schon Gräfin Brockdorff eben dies in ihrer Option für Steiner vom Juni 1902 gesagt. Daß Steiner später eigene Wege ging und letztlich Hübbe-Schleiden ausbootete, hat Hübbe-Schleiden als Bruch dieses »Versprechens« interpretiert und nie verwunden[35].

Aus Steiners Briefen an Hübbe-Schleiden lassen sich mehrere Konfliktlinien ermitteln, die in dieser Debatte und in den innertheosophischen Auseinandersetzungen der folgenden Jahre immer wieder auftauchten: Da ging es zum ersten um die grundsätzliche weltanschauliche Ausrichtung der Theosophischen Gesellschaft. Steiner verkündete, er wolle über Blavatsky und Besant hinausgehen[36], Bresch wurde eine buddhistische Orientierung unterstellt[37]. An anderer Stelle legte Steiner Bresch aber auch die Äußerung in der Mund, »die deutsche Theosophie« zu vertreten[38], wobei »echt deutsche Theosophie« jedoch Steiner selbst gerne bieten wollte[39]. Wie diese Ausrichtungen en détail ausgesehen haben, ist augenblicklich unklar[40], wenn es denn genauere Vorstellungen gab. Ein weiterer Konfliktbereich betraf die Kommunikationsorgane in der Gesellschaft, namentlich den Zugriff auf die Mitgliederzeitung, da zu diesem Zeitpunkt die Darstellung und Interpretation offiziöser Positionen in Breschs Vâhan erfolgte. Steiner war schon im Juli 1902 der Meinung, »daß von einer Führung des Sektionsorgans von dieser Seite« – damit meinte er Bresch und Hubo – »auch nicht im entferntesten die Rede sein kann«[41]. Ein wichtiger Etappensieg scheint für Steiner nach seinem Besuch auf dem theosophischen Kongreß in London vom 1. bis 11. Juli 1902 erreicht[42]. Er berichtete jedenfalls Hübbe-Schleiden im August, die Übersetzungsrechte seien »uns«, also wohl der von ihm und Hübbe-Schleiden vertretenen Richtung, zugeschlagen worden[43]. Am 16. September war Steiner faktisch am Ziel. Gräfin Brockdorff signalisierte die Bereitschaft, ein alternatives »Monatsschrift-Projekt« zu finanzieren[44], die Rede war von einer »Fundirung mit 10.000 Mark«[45]. Die Gründungsversammlung sekundierte Hübbe-Scheiden, ohne Bresch auszuschalten: »Dieses Unternehmen … wurde begrüsst, ein eigenes Sektionsorgan solle nicht bestehen, jedoch auch der ›Vâhan‹ die Sektionsnachrichten veröffentlichen.«[46] Am Tag nach der Sektionsgründung kündigte Steiner seine Monatsschrift Luzifer an. Die Sektionsentscheidung bedeutete zwar eine Rücknahme von Hübbe-Schleidens Absicht, den Luzifer zum Sektionsor-

---

35 Vgl. Klatt: Theosophie und Anthroposophie, 72. 79.

36 Brief von Steiner an Hübbe-Schleiden, 16.8.1902 (in: Steiner: Briefe, II, 271).

37 Brief von Steiner an Hübbe-Schleiden, 30.7.1902 (ebd., II, 263).

38 Brief von Steiner an Hübbe-Schleiden, 14.8.1902 (ebd., II, 266).

39 Brief von Steiner an Hübbe-Schleiden, 13.10.1902 (ebd., II, 310).

40 Zu einer Ermittlung bedürfte es der Analyse der weltanschaulichen Positionen der Protagonisten in diesem Streit, etwa Breschs und Hübbe-Schleidens.

41 Brief von Steiner an Hübbe-Schleiden, 30.7.1902 (in: Steiner: Briefe, II, 260); vgl. auch ebd., II, 265. 268.

42 Daten nach Lindenberg: Steiner (Chronik), 197.

43 Brief von Steiner an Hübbe-Schleiden, 23.8.1902 (in: Steiner: Briefe, II, 284).

44 Brief von Steiner an Hübbe-Schleiden, 16.9.1902 (ebd., II, 297).

45 Brief von Hübbe-Schleiden an Ludwig Deinhard, 3.10.1902 (in: Klatt: Theosophie und Anthroposophie, 163); Lindenberg: Steiner (Biographie), I, 358, berichtet von »einer Reihe von Spenden«.

46 Hubo: Protokoll, 61 f.

gan zu machen[47], aber auch Bresch lehnte 1902 konziliant ab, dem Vâhan diese Funktion zuzuweisen[48]. Längerfristig hatte Bresch gegen die sich bei Steiner anbahnende Machtakkumulation im Medienbereich keine Chance. Seit Juni 1903 erschien Steiners Luzifer mit weltanschaulichen Texten als Konkurrenzorgan zum Vâhan[49], und seit November 1905 besaß er ein eigenes Korrespondenzblatt, die »Mitteilungen«. Mit dem Juni-Heft 1906 stellte der Vâhan sein Erscheinen ein[50].

Schließlich ging es, und an diesem Punkt spitzte sich der Konflikt im Sommer 1902 zu, um die strategische Nutzung von Verfahrensfragen, konkret: Wer konnte am schnellsten die Mindestanzahl von Logen zusammenbringen, möglicherweise durch die schnelle Gründung neuer Ortsgruppen, um die Gründungsurkunde (im theosophischen Sprachgebrauch »Charter« oder »Application«) von Adyar zu beantragen, um dann die Sektion in seinem Sinne ausrichten zu können[51]? Bresch hatte im Juni ein Gesuch zur Gründung einer Sektion eingereicht, doch hatte Bertram Keightley, der Generalsekretär der britischen Sektion, der zugleich für die nicht selbständigen Landesgesellschaften in Europa verantwortlich war, Hübbe-Schleiden davon unterrichtet, so daß dieser ein eigenes Gesuch nachreichen konnte[52]. Keightley dürfte in Adyar maßgebend für die Protektion Steiners gewesen sein, da er an Olcotts Stelle faktisch die Sektionsgründung begleitete und sehr positive Einschätzungen über Steiner erhalten hatte[53]. Spätestens am 20. August muß auch Steiner von diesen Winkelzügen unterrichtet gewesen sein[54]. Am 21. August erfuhr er von Hübbe-Schleiden, daß der Charter für die deutsche Sektion im Supplement des Theosophist, des offiziellen Verlautbarungsorgans der Theosophischen Gesellschaft, veröffentlicht

47 Brief von Hübbe-Schleiden an Ludwig Deinhard, 3.10.1902 (ebd., 163).

48 Klatt: Theosophie und Anthroposophie, 148[6].

49 Brief von Hübbe-Schleiden an Ludwig Deinhard, 3.10.1902 (in: Klatt: Theosophie und Anthroposophie, 163).

50 Vgl. Steiner: Briefe, II, 422 f.

51 Vgl. etwa die Versuche zur Wiederbelebung einer Münchener Loge durch Hübbe-Schleiden und seinen Mitstreiter Ludwig Deinhard; Klatt: Theosophie und Anthroposophie, 149[15], und den Brief von Hübbe-Schleiden an Ludwig Deinhard, 19.6.1902 (ebd., 149).

52 Vgl. oben Anm. 28 und den Brief von Hübbe-Schleiden an Ludwig Deinhard, 19.6.1902 (ebd., 149).

53 Er beschrieb Steiner gegenüber Olcott vom Hörensagen her als »literary, cultivated, wide-minded man & I hear much good of him« (Brief Keightley an Olcott, 19.6.1902, S. 2 [TheosA Adyar, File 118]). Aber Keightley war durchaus realistisch: »How far Theosophy has taken a *real* hold upon him I cannot judge not knowing him personally« (ebd., S. 2). Im Juli lernte er aber Steiner kennen, und zwischen beiden ergab sich offenbar ein enger, lange dauernder Kontakt (Lindenberg: Steiner [Biographie], I, 341 f.). Keightleys Rolle wird in den Berichten an Olcott über den Fortgang der Bemühungen deutlich. So versicherte er dem Präsidenten, daß es die von Bresch genannten sieben Logen in Deutschland wirklich gebe (Brief von Keightley an Olcott, 20.6.1902, S. 1 [TheosA Adyar, File 118]) und kennzeichnete Hübbe-Schleiden als die zentrale Figur: »Nothing will be done in Germany as long as everything remains in his hand« (ebd.). Mit Besant hatte er sich abgesprochen, »to give them [wohl Hübbe-Schleiden und Steiner] a chance & doing something by forming a German Section« (ebd.). Olcott übernahm schließlich Keightleys Bewertungen Steiners aus dem Brief vom 19. Juni bis in einzelne Formulierungen hinein in seiner Grußadresse zur Wahl Steiners; Olcott: The Presidents Adress, 3.

54 Brief von Steiner an Hübbe-Schleiden, 20.8.1902 (in: Steiner: Briefe, II, 280).

worden sei[55]; damit galt wohl die deutsche Sektion als begründet[56]. »Ich kann mich nicht nur, sondern ich muß mich im Besitz des Charter betrachten«[57], schrieb Steiner triumphierend an Hübbe-Schleiden. Nun war der Führungsplatz der formal konstituierten Sektion zu besetzen, und hier wollte Steiner offenbar ein fait accompli mit Hilfe einer »schriftlichen Gründung der Sektion« (vermutlich: der Vorbereitung der schriftlichen Grundlagen) schaffen[58]. Dazu verschickte er um den 28. August herum Hübbe-Schleidens Entwurf der Statuten an die Mitglieder[59]. Dieser Versuch jedoch scheiterte, Hübbe-Schleiden verwies vor allem auf den Einspruch Bernhard Hubos[60]. So hegte Steiner noch in den letzten Septembertagen Zweifel, ob für ihn eine Mehrheit auf der Gründungsversammlung zustande kommen würde[61], auch Hübbe-Schleiden blieb unsicher[62]. Beide wollten jedenfalls auf eine Sektionsgründung mit Bresch eher verzichten, als ihn zum Vorsitzenden zu küren[63]. Aber die Gewichte müssen sich in diesen Tagen immer stärker zugunsten Steiners verschoben haben. Am 20. September erhielt auch Steiners Lebensgefährtin Marie von Sivers einen Platz im Machtzentrum, sie »übernimmt die Geschäfte der Deutschen Theosophischen Gesellschaft und der Theosophischen Bibliothek«[64]. Am 8. Oktober muß sich Steiner seiner Sache zumindest so sicher gefühlt haben, daß er sich erstmals in aller Öffentlichkeit zur Theosophie bekannte, in einem Vortrag über »Monismus und Theosophie« im monistischen Giordano Bruno-Bund[65]. Bei all diesen Operationen dürfte neben Hübbe-Schleiden Cai Graf Brockdorff, in dessen privaten Räumen sich die Theosophische Bibliothek befand[66], eine zentrale Rolle zwischen den Fronten, aber zugunsten Steiners gespielt haben[67] (und vermutlich in ähnlicher Weise Brockdorffs Frau).

Den Adyar-Theosophen dürfte klar gewesen sein, daß die Zeit zu einer Sektionsgründung drängte, weil seit 1901 verschiedene theosophische Gruppen die schon genannten Versuche zur Einigung der deutschen Theosophen lancierten

[55] Brief von Hübbe-Schleiden an Steiner, 21.8.1902 [Auszug] (in: ebd., II, 422.)

[56] Vgl. den Brief von Hübbe-Schleidens an Ludwig Deinhard, 3.10.1902 (in: Klatt: Theosophie und Anthroposophie, 161).

[57] Brief von Steiner an Hübbe-Schleiden, 23.8.1902 (in: Steiner: Briefe, II, 284).

[58] Ebd.

[59] Brief von Steiner an Hübbe-Schleiden, 28.8.1902 (ebd., II, 292).

[60] Brief von Hübbe-Schleiden an Ludwig Deinhard, 10.10.1902 (in: Klatt: Theosophie und Anthroposophie, 166).

[61] Brief von Steiner an Hübbe-Schleiden, 25.9.1902 (in: Steiner: Briefe, II, 300).

[62] Brief von Hübbe-Schleiden an Ludwig Deinhard, 26.9.1902 (in: Klatt: Theosophie und Anthroposophie, 157).

[63] Zu Hübbe-Schleiden vgl. seine Briefe an Ludwig Deinhard, 26. und 30.9.1902 (ebd., 157. 159); zu Steiner seinen Brief an Hübbe-Schleiden, 25.9.1902 (in: Steiner: Briefe, II, 299 f.).

[64] Lindenberg: Steiner (Chronik), 200.

[65] GA 51,311–316 (s. 7.2). Dieser Vortrag war wohl weniger eine Frage »guten Stils«, »vor dem Giordano Bruno-Bund Rechenschaft« über seinen Schritt zur Theosophie abzulegen (so Lindenberg: Rudolf Steiner [1992], 75), dafür bestand hinsichtlich keiner dieser Vereinigungen ein Anlaß. Vielmehr kreuzten sich an diesem Punkt schlicht zwei Lebenslinien, die vortheosophische und die theosophische, wobei Steiner offenbar die Vorbehalte gegenüber der Theosophie, die dabei zu Tage traten, unterschätzt hatte.

[66] Bresch (?): Die Bildung der deutschen Sektion [Teil 1], 61.

[67] Vgl. Brief von Steiner an Hübbe-Schleiden, 30.7.1902 (in: Steiner: Briefe, II, 262).

(s. o. 1.2), wohl immer auch mit dem Hintergedanken, dann die Führung der gesamten Theosophie in Deutschland zu übernehmen. Dies blieb auch 1902 so. Die »Hartmannianer« hatten sich schon an Pfingsten (18. Mai) »zu einem geschlossenen Ganzen« organisiert[68] und am 20. und 21. September 1902 in Berlin einen Kongreß veranstaltet[69], auf dem sowohl Franz Hartmann als auch Paul Raatz (als Repräsentant der Tingley-Theosophie) anwesend waren[70]. Hübbe-Schleiden hatte offenbar für eine Kooperation plädiert und wäre möglicherweise auch zu dem Kongreß gegangen, doch Steiner lehnte dies dezidiert ab[71]. Der dürre Bericht in der Vereinszeitschrift der Tingely-Theosophie läßt zudem vermuten, daß es auch auf dieser Veranstaltung Konflikte über den weiteren Kurs hinsichtlich der Kooperation theosophischer Gruppen gab[72]. Zu einer Zusammenarbeit mit der Adyar-Theosophie kam es jedenfalls nicht.

Am 3. Oktober überredete Hübbe-Schleiden den weiterhin zögernden Steiner zur Sektionsgründung am 19. Oktober und schärfte nur noch einen Punkt ein: Wenn Breschs Vâhan offizielle Sektionszeitschrift würde, solle auf die Sektionsgründung verzichtet werden[73]. Annie Besant war sich allerdings über die Verläßlichkeit der Sektionsgründung weiterhin im unklaren. Sie wolle, schrieb sie Steiner am 6. Oktober, nur kommen, wenn die Gründung sicher sei[74]. Zeitgleich kam es zu einem letzten Versuch, die Vereinigung der theosophischen Gruppen von der Tingely-Richtung aus zu steuern. Die »Konvention« der »Theosophischen Gesellschaft (Deutscher Zweig)« verkündete am 11. Oktober, man wolle gleichgesinnten »Religionen und religiösen Körperschaften« ›die Hand reichen‹ und »sich in Harmonie mit denselben« »erklären«[75]. Auch diesem Unternehmen war jedoch kein Erfolg beschieden.

Am 19. Oktober trat dann die deutsche Sektion der Theosophischen Gesellschaft Adyar zu ihrem dreitätigen Konvent[76] zusammen, um die offizielle und öffentliche Sektionsgründung nach der schon erfolgten prinzipiellen Zusage (s. o.) aus Adyar durchzuführen. Cai Graf Brockdorff wohnte zu diesem Zeitpunkt

---

[68] Brief von Hübbe-Schleiden an Ludwig Deinhard, 6.5.1902 (in: Klatt: Theosophie und Anthroposophie, 144).

[69] Angekündigt als: Allgemeiner Theosophischer Kongress, in: Theosophisches Leben 5/1902–03, 138–139. Bereits am 25. August 1901 war allerdings schon Hübbe-Schleidens Einigungsversuch gescheitert (s. 3.3.2).

[70] Lindenberg: Steiner (Chronik), 200; Lindenberg bietet allerdings die vermutlich unzutreffende Datumsangabe 19./20. September.

[71] Brief von Steiner an Hübbe-Schleiden, 16.9.1902 (in: Steiner: Briefe, II, 296 f.). Strategische Begründungen, die mit einer gewissen Wahrscheinlichkeit eine Rolle gespielt haben, nannte Steiner nicht; kurz zuvor hatte er jedoch Hartmann vorgeworfen, zu plakativ vorzugehen und sich zu wenig mit »Einzelfragen« auseinanderzusetzen; Brief von Steiner an Hübbe-Schleiden, 5.9.1902 (ebd., II, 295).

[72] Allgemeiner theosophischer Kongreß, 155–156. Die Äußerung »zur sichtbaren Zufriedenheit *aller* wurde beschlossen, *gar keine* Geschäftsordnung anzunehmen« (ebd., 155) kann auf pure Harmonie, aber eben auch auf einen verdrängten Konflikt verweisen. Und wie so oft, muß man hinter Verfahrensfragen Machtfragen vermuten.

[73] Brief von Hübbe-Schleiden an Ludwig Deinhard, 3.10.1902 (in: Klatt: Theosophie und Anthroposophie, 163).

[74] Brief Besant an Steiner, 6.10.1902, Nachlaß Steiner.

[75] Anonym: Proklamation, in: Theosophisches Leben 5/1902–03, 170–171, S. 171.

[76] Tagung bis zum 21. Oktober nach Lindenberg: Steiner (Chronik), 203.

bereits in Meran, doch konnte man seine Wohnung noch benutzen[77]. 50 bis 60 Personen waren anwesend[78], darunter zehn Logen durch folgende Vertreter[79]:

| | |
|---|---|
| Berlin | Rudolf Steiner |
| Charlottenburg | Julius Engel |
| Hamburg | Bernhard Hubo |
| Hannover | Wilhelm Eggers |
| Lugano | Wilhelm Hübbe-Schleiden |
| München | Ludwig Deinhard |
| Düsseldorf | Bruno Berg |
| Kassel | Gustav F. Scharlau |
| Stuttgart | Friedrich Pfundt |
| Leipzig | Richard Bresch |

Die Wahl des Generalsekretärs ging sogleich am ersten Tag glatt vonstatten: Steiner wurde gewählt, wohl schon deshalb, so die Vermutung Hübbe-Schleidens, weil kein anderer Kandidat – der nur aus einer der lange miteinander verfeindeten Parteien hätte kommen können – mehrheitsfähig war[80]. In der Liste der Vorstandsmitglieder fanden sich aber Vertreter aller Flügel: Steiner als Generalsekretär, Henriette von Holten als Schatzmeisterin sowie Julius Engel, Marie von Sivers, Gustav Rüdiger, Wilhelm Hübbe-Schleiden, Ludwig Deinhard, Günther Wagner, Bernhard Hubo, Adolf Kolbe, Bruno Berg, Ludwig Noll, Adolf Martin Oppel und Richard Bresch[81]. Dieser personalpolitische Kompromiß sollte allerdings in den kommenden Monaten und Jahren zerbrechen. Viele Führungsmitglieder der ersten Stunde brachen mit Steiner (Engel, Hübbe-Schleiden, Bresch), andere verschwanden aus unbekannten Gründen, und letztlich gehörten dauerhaft nur von Sivers und Noll zur Leitungsebene in Steiners Theosophie. Am 20. Oktober wurde die Gründungscharta von der erst am Abend zuvor eingetroffenen Annie Besant überreicht[82], mit der er in den kommenden Jahren häufiger zusammentraf[83]. Die Aufnahme Steiners in die Esoterische Schule am 23. Oktober schließlich (s. 7.10.1c) besiegelte seinen Aufstieg auch ins spirituelle und machtpolitische Zentrum der Theosophischen Gesellschaft.

---

[77] Bresch (?): Die Bildung der deutschen Sektion (Teil 1), 61.

[78] Hubo: Protokoll, 62.

[79] Ebd., 61; die Hamburger Loge ist bei Hubo unter den zehn präsenten Logen nicht erwähnt, wohl aber bei Lindenberg: Steiner (Chronik) 202, der die Namen der Vertreter nicht nennt.

[80] Brief von Hübbe-Schleiden an Ludwig Deinhard, 7.10.1902 (in: Klatt: Theosophie und Anthroposophie, 164).

[81] Hubo: Protokoll, 61.

[82] Bresch (?): Die Bildung der deutschen Sektion [Teil 1], 62. Mit Olcott hatte Steiner offenbar keinen Kontakt; ihn hat Steiner wohl erst 1903 kennengelernt (GA $264^2$,411).

[83] Lindenberg: Steiner (Chronik), nennt folgende Zeitabschnitte: 1.–11. Juli 1902 (London), 19. bis mindestens 23. Oktober 1902 (Berlin) [in diesem Zusammenhang gab es eine Vortragsreise Besants (GA 28,315)], 30. Juni–20. Juli 1903 (London), 7.–14. Mai 1904 (London), 15.–24. September 1904 (Vortragsreise Besants in Deutschland), 6.–10. Juli 1905 (London). Weitere Treffen gab es 1907 (s. u. 3.4.3e) und 1909 (s. 8.2.5). Zu Steiners Kontakten nach England vgl. Villeneuve: Rudolf Steiner in Britain.

*Tab. 3.3:* Die Zweige der deutschen Sektion im Jahr 1902

| Zweig | Charter | Präsident / in | Sekretär / in |
|---|---|---|---|
| Berlin | 16.7.1894 | Rudolf Steiner | [Kai Graf] Brockdorff |
| Theos. Gesellsch. Charlottenburg | 3.8.1898 | Julius Engel | Gustav Rüdiger |
| Kassel | 12.2.1902 | Franziska Vormbaum | Robert Sabczak |
| Düsseldorf | 14.2.1902 | Carl Schmieder | Wilhelm Floetgen |
| Hamburg | 27.3.1898 | Bernhard Hubo | Victoria Paulsen |
| Hannover | 7.3.1898 | Wilh. Hübbe-Schleiden | L. Julius Lang |
| Leipzig | 20.2.1902 | Hugo Aurig | Richard Bresch |
| Lugano | 9.5.1902 | Günther Wagner | Carl Franken |
| München | 16.3.1894<br>24.6.1902 | Ludwig Deinhard | Aug[usta] Rieper |
| Stuttgart | 14.5.1902 | Adolf Martin Oppel | Theo Ehrle |

Angaben nach: The Theosophist 24 / 1902–03, S. 102.
Bei München sind zwei Gründungsdaten angegeben. Bei Berlin ist Gräfin Brockdorff als Sekretärin unwahrscheinlich, da sie in offiziellen Funktionen nicht auftauchte. Bei Rieper dürfte es sich um eine Frau handeln (vgl. Lindenberg: Steiner [Chronik], 259); die Vornamen sind von mir ergänzt.

Steiner hatte in diesen Monaten des Jahres 1902 viel auf die Karte Theosophie gesetzt und gewonnen. Allerdings täuscht die Konzentration auf die Eroberung des Generalsekretärspostens darüber hinweg, wie unsicher er sich seiner Sache lange gewesen sein muß. Eine schwankende Haltung belegen nicht nur seine schon genannten Zweifel und sein Zaudern bis in den September 1902 hinein, sondern auch seine neben der Vorbereitung der Sektionsgründung weiterlaufenden Bemühungen, eine lebensweltliche Basis außerhalb der Theosophie zu finden. Noch im Juni 1902 hatte er versucht, in der Wiener Wochenzeitschrift Die Zeit eine Anstellung als Redakteur im Feuilleton zu erhalten (GA 39,409 f.), doch der Vorstoß schlug fehl, obwohl die Beschaffung angemessener Kleidung »die Taschen völlig geleert« hatte (GA 38,410); aber dies war vermutlich nahe an Steiners ökonomischem Normalzustand in diesen Jahren. Auch die Veranstaltungen an der Arbeiter-Bildungsschule hat er bis Dezember 1905 weiter fortgeführt, ob aus finanziellen oder ideellen Gründen oder um sich ein Stück Unabhängigkeit neben der Theosophie zu erhalten, bleibe dahingestellt. Am Abend des zweiten Tages der Gründungsversammlung sei er jedenfalls seinen dortigen Vortragsverpflichtungen nachgekommen (GA 258,44).

Letztlich hatte Steiner nur Chancen, den Posten des Generalsekretärs zu erobern, weil er keiner der alten innertheosophischen Parteien mit ihren tief ausgehobenen Gräben angehörte. Dazu kommt, daß einflußreiche Mitglieder wie Graf Brockdorff und der nicht ungeschickt taktierende Hübbe-Schleiden ihn für geeignet hielten und durchsetzten; daß Steiner beiden auch als kompetent galt, war darüber hinaus eine wichtige, aber allein nicht ausreichende Voraussetzung. Beide haben jedoch Steiner als Organisator wie Weltanschauungskonstrukteur unterschätzt, aber das war zu diesem Zeitpunkt noch nicht absehbar.

Steiners Versuche, sich Optionen neben der Theosophie offenzuhalten, signalisierten wohl zweierlei: Er war zum einen längst nicht so tief und endgültig Theosoph geworden, wie die Wahl in ein zentrales Leitungsamt vermuten läßt. Zum anderen spielten neben (oder vor?) weltanschaulichen Gründen ökonomische Notwendigkeiten eine Rolle. Schon Hübbe-Schleiden hatte jedenfalls am 6. Mai angesichts eines potentiellen Generalsekretärs, der »unbemittelt ist und von der Hand in den Mund lebt«, geäußert, daß Steiner nicht in seiner Funktion »*als* Gen. Sekretär besoldet werden« dürfe[84]. Aber offenbar hatte Gräfin Brockdorff schon Nebenwege gebahnt, um ihm zumindest den »bescheidensten Lebensunterhalt« zu sichern[85]. Da Steiner nach 1902 neben den Einkünften aus seiner Tätigkeit an den Berliner Arbeiterbildungsschulen praktisch über keine Einnahmen außerhalb der Theosophie verfügte, dürfte ihm aus der Tätigkeit in der Theosophischen Gesellschaft de facto eine pekuniäre Lebenssicherung erwachsen sein; an den finanziellen Potenzen der Theosophischen Gesellschaft bestehen jedenfalls keine Zweifel (s. 4.1.3b). Schon bald war die ökonomische Konsolidierung auch äußerlich unübersehbar: Als ihn Spechts, seine Gasteltern aus Wiener Zeiten, nach dem Aufstieg in der Theosophischen Gesellschaft wiedersahen, waren sie »freudig erstaunt: er fuhr im Auto in kostbarem Pelz vor«[86]. Für Steiner wurde die Finanzierungsfrage indes zum Ansatzpunkt einer ihn lebenslang begleitenden Polemik, da undurchschaubar war (letztlich bis heute unklar ist), wie und in welcher Höhe er von den Mitgliedern finanziert wurde. Er soll ein Gehalt oder eine Spende von 30.000 Reichsmark, nach anderen Aussagen 2.000 Reichsmark (monatlich?) erhalten haben[87], Hübbe-Schleiden berichtete von einem Reisekosten-Etat in Höhe von 30.000 bis 40.000 Mark[88], Lindenberg behauptet, Steiner habe durch seine Vortragstätigkeit »weitgehend seinen Lebensunterhalt« bestritten[89].

---

84 Brief von Hübbe-Schleiden an Ludwig Deinhard, 6.5.1902 (in: Klatt: Theosophie und Anthroposophie, 143); Hervorhebung im Original.

85 Brief von Hübbe-Schleiden an Ludwig Deinhard, 6.5.1902 (ebd.).

86 Specht: Aus Rudolf Steiners Jugendzeit.

87 Von Hugo Vollrath soll der Vorwurf gegenüber Steiner stammen, »ein zu großes Gehalt« empfangen zu haben (Steiner: Welche Bedeutung hat die okkulte Entwickelung, 4). Vollrath habe Besant geschrieben, daß Steiner »2.000 Mk. aus der Sektionskasse« erhalte (MAG I/2, 4). Dagegen wandte sich Steiner dezidiert: »Ich war stets *gegen* meine Honorierung aus der Sektionskasse.« (MAG I/2, 4) Ob dies bedeutet, daß er aus einem anderen Topf bezahlt wurde, oder er es falsch fand, *daß* er aus der Sektionskasse Geld erhielt, ist unklar. Auch Besant gegenüber wies Steiner Vollraths Behauptung zurück, er habe »1.200 Mk bzw 2.000 Mk« erhalten, zurück. Dieses Geld sei für das Berliner Hauptquartier bestimmt gewesen; auch seine Reisen seien nicht durch »Sektionsbeiträge gezahlt worden, sondern auf andere Art«; Brief Steiner an Besant, Mitte Februar 1909, Nachlaß Steiner.

88 Klatt: Theosophie und Anthroposophie, 50. Auch Heims: Dr. Rudolf Steiner und seine Anhänger, 21, notierte die Behauptung Hans Freimarks, daß Steiner kein Gehalt, aber eine »Spende oder Rente« von 30.000 RM erhalten habe. Leisegang: Die Grundlagen der Anthroposophie, 48, sprach hingegen von einem »Jahresgehalt« von 30.000 RM.

89 Lindenberg: Steiner (Biographie), I, 354; Ähnlich ders.: Rudolf Steiner (1992), 75. Von theosophischen Vortragshonoraren im September 1902 hatte auch Eduard von Hartmann gehört; Drews/Hartmann: Philosophischer Briefwechsel, 345.

Eine Gehaltszahlung hat Steiner immer verneint[90], aber für die damalige Zeit wäre auch eine einmalige Zahlung von einigen tausend oder gar zehntausend Mark sehr viel Geld gewesen, dies war jedenfalls das Vielfache des Jahresgehalts eines Arbeiters. Letztlich hatte Steiner offenbar kaum Schwierigkeiten, seine Reisen, persönlichen Ausgaben (wie Lebensunterhalt, Miete, Bücherkäufe) oder seine theosophischen Projekte zu finanzieren (s. 4.1.3b).

Mit der Gründung der deutschen Sektion der Theosophischen Gesellschaft Adyar war die Vereinigungsdebatte allerdings noch nicht vom Tisch. Vom 24. bis 26. September 1904 tagte in Dresden der dritte »Allgemeine Theosophische Kongreß«, auf dem erneut über einen Zusammenschluß der zersplitterten deutschen Theosophie debattiert wurde. Hier traten die Protagonisten aller (?) großen Richtungen auf, darunter Franz Hartmann nebst seinen Anhängern Edwin Böhme und Hermann Rudolph. Für die Adyar-Theosophie waren Hermann Ahner und Steiner anwesend, der am 25. September über »Theosophie und moderne Wissenschaft« sprach[91]. Der Bericht hinterläßt den Eindruck eines relativ friedlichen Nebeneinanders, doch kam es zu keiner Überbrückung der Fronten. Ob der für das Jahr 1906 als Nachfolgeveranstaltung projektierte Kongreß in Nürnberg[92] wirklich abgehalten wurde, ließ sich nicht ermitteln.

In den Jahren bis zum Ersten Weltkrieg dominierte in den Vereinszeitschriften der verschiedenen theosophischen Richtungen eine wechselseitige Ignoranz: Man nahm sich grosso modo nicht zur Kenntnis. In den Vereinsnachrichten der deutschen Adyar-Theosophie kamen solche Bezugnahmen noch weniger (und dann eher polemisch) vor als in den Zeitschriften der konkurrierenden Gruppierungen, in denen etwa oft Bücher oder Vorträge Steiners angezeigt wurden. Ein kleines Indiz für die möglicherweise aus dem Gefühl der Überlegenheit geborenen Distanznahme gegenüber anderen theosophischen Gesellschaften ist die von Adyar-Theosophen an Steiner herangetragene Forderung, sich für seine Rede auf dem »Allgemeinen Theosophischen Kongreß« des Jahres 1904 zu rechtfertigen, was Steiner mit der Versicherung, »sich an der Organisation der anderen theosophischen Gesellschaft nicht beteiligt« zu haben, denn auch getan habe[93]. Die Londoner Zentrale der europäischen Sektion der Adyar-Theosophie könnte hier weniger Berührungsängste gezeigt haben; ihr Generalsekretär Archibald Keightley jedenfalls sandte der deutschen Vereinigung der Theosophischen Gesellschaft Point Loma zu ihren Jahresversammlungen Grußworte[94], Steiner hingegen nicht. Aufgegeben hat man die Fusionspläne nie – zumindest nicht in der Tingley-Theosophie. Auf deren Konvention vom 21./22. Mai 1910 in Berlin war immer noch von der »freiwilligen Vereinigung« der nationalen Gesellschaften die Rede[95].

---

[90] Steiner behauptete, »jegliches Gehalt abgelehnt« zu haben; Steiner: Welche Bedeutung hat die okkulte Entwickelung, 5.

[91] Bericht in: Theosophisches Leben 7/1904–05, 210. Von Steiners Vortrag sind laut Schmidt: Das Vortragswerk, 66, keine Nachschriften erhalten.

[92] Vgl. Zillmann (?): Theosophischer Kongress 1904.

[93] So Lindenberg: Steiner (Chronik), 221.

[94] Anonym: Bericht über die XVI. Konvention, 118f.; desgl., XVII. Konvention, 116f.

[95] Anonym: Bericht über die XV. Konvention. Vgl. auch Stoll: Zwanzig Jahre theosophische Arbeit, 151.

### *3.4.3 Entwicklungen und Konflikte (1902 bis 1911)*

*a. Satzung und erste Jahre*

Die neugegründete deutsche Sektion dokumentierte in ihrer ersten, von Rudolf Steiner gezeichneten Satzung aus dem Jahr 1903 (?)[96] die Kontinuität zur deutschen Theosophiegeschichte. Der Zusatz »revidiert durch den Central-Vorstand am 4. Juli 1896« blieb in der Satzung erhalten[97]. Darüber hinaus bekräftigte man die Geltung der drei »Zwecke« der Theosophischen Gesellschaft; sie lauteten in der Fassung dieser Satzung:

> »[1.] Den Kern einer allgemeinen Brüderschaft der Menschheit zu bilden, ohne Unterschied der Rasse, des Glaubens, des Geschlechts, der Kaste oder Farben,
> [2.] anzuregen zur Vergleichung der Religionssysteme und zum Studium der Philosophie und Wissenschaft,
> [3.] die noch unerklärten Naturgesetze und die im Menschen schlummernden Kräfte zu erforschen.«[98]

Ergänzend hieß es:

> »Die Theosophische Gesellschaft verfolgt weder politische noch soziale Interessen. Sie ist keine Sekte und verlangt von ihren Mitgliedern keinen Glauben an irgend ein Dogma.«[99]

Unter diesem Dach waren die Konflikte allerdings beträchtlich; deren noch kaum aufgearbeitete Geschichte wird im folgenden nachgezeichnet[100].

Doch bis 1905 standen vergleichsweise friedliche Jahre ins Haus. Es war Zeit von Steiners Inkulturation in die Theosophie: Er hielt Vorträge und verfaßte seine ersten theosophischen Schriften, übernahm wichtige Funktionen, etwa die Leitung der »Esoterischen Schule« oder der freimaurerischen Riten. Mit Adyar gab es kaum Konflikte, vielmehr verehrte Steiner Annie Besant in höchstem Maß. Die Auseinandersetzungen um Steiners Führungsrolle, wie sie sich in der Kritik Hübbe-Schleidens manifestierten[101], besaßen kaum öffentliche Resonanz, Bresch war an den Rand gedrängt. Nur in der Spaltung des Stuttgarter Zweiges im Jahr 1904 deutete sich ein Konfliktpotential an. Offenbar stritt man über Steiners Buch »Theosophie« und über die Rolle der »alten Meister«[102] – dies dürfte

---

[96] Die Satzung muß zwischen 1902 und 1907 erstellt worden sein. Das Datum post quem ergibt sich aus der Gründung der deutschen Sektion im Oktober 1902, das Datum ante quem aus der Nennung von Olcott als Präsident auf Lebenszeit (Theosophische Gesellschaft. Deutsche Sektion. Allgemeine und Sektionsverfassung nebst Satzungen, Nachlaß Hübbe-Schleiden, 800,1, S. 4, Punkt 7). Olcott starb am 17. Februar 1907; vermutlich ist die Satzung aber kurz nach Gründung der Sektion erstellt worden. Nach dem Artikel: Erste Generalversammlung der deutschen Sektion, 75, wurde am 18.10.1903 eine Satzung »definitiv festgestellt«, um die es sich hier handeln dürfte.

[97] Theosophische Gesellschaft. Deutsche Sektion, Verfassung, ebd., S. 3.

[98] Ebd., Numerierung HZ.

[99] Ebd.

[100] Eine Darstellung dieser Konfliktgeschichte bei Lindenberg: Steiner (Biographie), I, 484–504; die älteren Steiner-Biographien enthalten, wenn überhaupt (so Wehr: Rudolf Steiner, 222–229), nur disparate Teile dieser Auseinandersetzung.

[101] Vgl. Klatt: Theosophie und Anthroposophie, 77–81.

[102] Del Monte: José del Monte, 128.

ein klassischer, in weltanschauliche Fragen verpackter Autoritätskonflikt gewesen sein. Hingegen deutet die Auflösung des »Berliner Zweiges« der Deutschen Theosophischen Gesellschaft im Jahr 1905 auf eine weitere Konsolidierung zugunsten Steiners hin[103].

*b. Das »Fuente-Legat« und die Ausschaltung von Richard Bresch (1905)*

In der Mitgliederversammlung vom 22. Oktober 1905 – die Gesellschaft zählte 345 Mitglieder in 18 »Zweigen« (MTG 1,1)[104] – wurde auch eine kontroverse Debatte dokumentiert, bei der es um das »Fuente-Legat«, eine Stiftung von Salvador de la Fuente ging. Strittig war die Frage, ob Olcott die Mittel rechtmäßig verwaltet habe, als er Besant gestattete, das Legat für das »Central Hindu College« zu verwenden, das jedoch nicht zur Theosophischen Gesellschaft, für die die Mittel bestimmt gewesen seien, gehöre. Die Kritik an Olcotts Mittelzuweisung von »Bresch und Genossen« wurde in Steiners »Mitteilungen« abgelehnt, sie sei »untheosophisch« und zeige »Intoleranz« (MTG 1,6).

Schon diese bissige Formulierung indiziert, daß der großzügige Freispruch für Olcott mit alten Machtkämpfen in der deutschen Sektion zu tun hatte. Bresch, der von Steiner 1902 ausgestochene Mitbewerber für das Amt des Generalsekretärs, hatte zu Beginn der Generalversammlung erneut versucht, Steiner von diesem Posten zu verdrängen. Begründung: Früher sei Steiner Gelehrter gewesen, heute sei er Okkultist, und als solcher sei er auf einer Verwaltungsstelle ungeeignet (MTG 1,3). Es sei sogar gefährlich: »Okkultes Leben«, so wird Bresch referiert, »hänge nur zu leicht mit Schwindel, Hochstapelei und Täuschung usw. zusammen« (ebd., 1,4). Aber Steiner saß fest im Sattel: nur zwei Stimmen votierten gegen ihn (ebd.). Bresch hingegen stand am Ende seiner theosophischen Karriere, er trat mit vier weiteren Männern aus (ebd., 1,9). Damit schaltete Steiner zugleich den Vâhan aus, der seitdem durch die von Steiners treuer Anhängerin Mathilde Scholl herausgegebenen »Mitteilungen« ersetzt wurde.

Steiner war vermutlich zu diesem Zeitpunkt bereits unumschränkt waltender Führer der deutschen Adyar-Theosophen und nicht mehr aus seinem Amt zu verdrängen. In welchem Ausmaß sich die Theosophie auf Steiner hin verengte, dokumentierte man bei der Neugründung eines Stuttgarter Zweiges in diesem Jahr: Dort sollten nur Steiners Schriften gelesen werden (GA 264,447) – ein Indiz für Eigenständigkeitsbestrebungen in der deutschen Sektion, das erst im Verlauf der Trennungsgeschichte sein volles Gewicht erhält.

*c. Die Leadbeater-Affäre (1906/08)*

Die sogenannte Leadbeater-Affäre, die Auseinandersetzung über Leadbeaters Sexualerziehung von Jungen unter Einschluß von Selbstbefriedigung seit Januar 1906 (s. 3.2.5), überstand die deutsche Sektion anscheinend ohne größere

---

[103] Luzifer Gnosis, Heft 30 (erschienen in der zweiten Jahreshälfte), 1905, 573. Die Mitglieder seien »teils dem Besant-Zweig beigetreten, teils sind sie Sektionsmitglieder geworden«.

[104] Mitteilungen für die Mitglieder der Deutschen Sektion der Theosophischen Gesellschaft (Hauptquartier Adyar). Zitiert ist nach Heftnummer und Seitenzahl. Diese früher sehr schwer erreichbaren Materialien sind inzwischen als Faksimile veröffentlicht.

Erschütterungen. Leadbeater war wohl im Mai 1906 seinem Ausschluß aus der Gesellschaft durch Austritt zuvorgekommen[105], und Steiner verhielt sich in seinen Wertungen ausgesprochen moderat. Der Respekt vor Besant, die ihren engsten Mitarbeiter selbst scharf kritisierte, innerlich aber immer an ihm festhielt[106], mag mitgespielt haben, aber Steiner saß auch selbst in einer Zwickmühle, hatte er doch Leadbeater Anfang Juli 1906 als »einen der hervorragendsten Verbreiter der theosophischen Weltanschauung« (GA 264,276) bezeichnet und in den Jahren zuvor dessen Bücher als »geeignete theosophische Lektüre empfohlen« (ebd., 281). Angesichts des Vorwurfs der Pädophilie respektive der Homosexualität verlagerte Steiner das Problem in einem Rundbrief an die deutsche Sektion von der inhaltlichen auf eine formale Ebene: Als gefährlich stellte er Leadbeaters »Methoden« heraus, wobei er sowohl auf dessen okkulte »Forschungen« als auch auf dessen sexuellen Praktiken zielte (ebd., 277.281). In einem Brief an Besant schob er ein okkultes Argument mit evolutionistischem Anstrich nach, das nun doch auf inhaltliche Kompetenzen abhob: Leadbeater habe »jene Bewußtseinsstufe, welche in gedanklich-innerem Schauen besteht«, nicht erreicht; dies jedoch »fordert einfach die Stufe der Gehirnentwickelung, auf welcher der Abendländer stehen muß« (ebd., 280). Schließlich schob er Besant die Verantwortung für die Leseempfehlung der Schriften Leadbeaters zu und behauptete, »*niemals* Mr. Leadbeaters Schriften als geeignete Lektüre empfohlen« zu haben, »hätte ich ganz allein gestanden« (ebd., 281). Aber dies ist angesichts seiner expliziten Empfehlungen zum Studium Leadbeaterscher Schriften und seiner eigenen Abhängigkeit von ihnen (s. 7.2) unglaubwürdig und ein Versuch, seine Selbständigkeit in seine theosophische Lernzeit zurückzuverlagern.

*d. Die Wahl Besants zur neuen Präsidentin (1907)*

1907 stand die Neubesetzung des Präsidentenamtes an, nachdem Olcott am 17. Februar verstorben war. Der daraus entstehende Machtkampf wurde hinter den Kulissen verbissen geführt. Hier zeigte sich, daß die von Steiner hoch verehrte spirituelle Lehrerin[107] zugleich eine knallharte Machtpolitikerin war. Der äußere Grund der Fehde war eine Äußerung Olcotts, der am 5. Januar 1907 nicht nur von seinem Vorschlagsrecht legal Gebrauch gemacht[108] und Annie Besant als seine Wahl bezeichnet, sondern seine Empfehlung zusätzlich mit der Behauptung versehen hatte, die »Meister« hätten ihn auf Besant verwiesen, vermutlich weil er aufgrund der Leadbeater-Affäre um ihre Wahlchancen fürchtete[109]. Steiner hingegen war mit anderen Kritikern der Auffassung, »daß die Meister sich nicht um administrative Angelegenheiten auf dem physischen Plan kümmern« (GA 264$^2$,291) und geißelte mehrfach die typisch theosophische Mélange von esoterischer Legalität und verwaltungstechnischer Legitimität (ebd., 287–319).

[105] Tillett: The Elder Brother, 87.
[106] Ebd., 88–90.
[107] Vgl. 7.2 (April 1903) und 7.10.1c.
[108] Der Präsident besaß das Recht, einen Nachfolger zu bestimmen, der allerdings einer Zwei-Drittel-Mehrheit aller Sektionen bedurfte; Satzungen der Theosophischen Gesellschaft vom 23.12.1893, 223 (§ V.6). Datierung nach Ransom: A Short History, 366.
[109] Vgl. Ransom, ebd., 369 f.

Daß hinter dem höflichen Austausch von Argumenten die Machtfrage in der Theosophischen Gesellschaft stand, wird bei einer genaueren Analyse der Vorgänge ziemlich klar, wurde jedoch in den bisherigen Darstellungen, namentlich anthroposophischerseits, geflissentlich übersehen, weil man Steiners Trennung, zu der diese Auseinandersetzung langfristig führte, (allein) auf der »Hochebene« inhaltlicher Motive begründen wollte. In der mit Olcotts Intervention aufgeworfenen Debatte um die Rolle der Mahatmas suchte Steiner auf der Ebene der Geschäftsordnung nach einer Möglichkeit, sich einen wahlrechtlichen Zugriff auf das Präsidentenamt zu erhalten, aber zugleich ging es ihm um eine Abschottung der unkontrollierbaren Voten der »Meister« (und damit der Zentrale in Adyar). All dies lief auf eine Stärkung der Sektion hinaus, letztlich auf seine eigene Machtposition. Der machtbewußte theosophische Newcomer mußte sich im Kandidatenpoker nolens volens positionieren, wie in seinem nach Rußland verschickten Brief an Anna Minsloff vom 26. März 1907 deutlich wird, die Steiner für das Präsidentenamt ins Spiel gebracht hatte:

> »Bitte sagen Sie nur ja gar keinem Menschen, daß Sie an mich denken, denn abgesehen davon, daß das so aussichtslos als möglich ist, ist meine Aufgabe auf einem ganz anderen Gebiete gelegen, als auf dem der Verwaltung der Gesellschaft. Es muß doch darnach getrachtet werden, daß die Stellung des Präsidenten ihn immer mehr zu einer bloßen Administrativpersönlichkeit mache. Derjenige wird der beste Präsident sein, der gut die Register macht, die Schreibereien von Adyar aus besorgt und im übrigen über okkulte Dinge den Mund nicht aufmacht. Daß Mrs. Besant ihr Amt nicht so auffassen werde, das scheint der gewichtigste Grund gegen ihre Wahl zu sein.« (GA 264,297 f.)

Zumindest Minsloff lancierte Steiner als Kandidaten für die Präsidentenwahl, und auch seine Anhängerin Elise Wolfram versuchte dies offenbar[110]. Steiner berichtete 1916 gar, ihm sei die Präsidentschaft »von Indien aus« »angeboten« worden (GA 174a,127). Die Sache muß so ernst gewesen sein, daß er post festum Besant 1909 in Budapest persönlich auf das Angebot »aus Indien« ansprach (ebd.); aber 1914 behauptete Besant ihrerseits, Steiner selbst habe damals ins Präsidentenamt gedrängt (ebd., 126 )[111]. Er hielt sich zwar, jedenfalls in den Äußerungen an Minsloff, für chancenlos, aber, und dies ist der entscheidende Punkt, für geeignet. Ob er noch weitere Anstrengungen unternommen hat, Präsident der Theosophischen Gesellschaft zu werden, ist angesichts des verdeckten Taktierens schwer zu entscheiden, auszuschließen ist es nicht. Aber Steiner ließ im Brief an Minsloff auch eine strategische Rückzugsoption erkennen: Sollte Besants Wahl unvermeidbar sein, wollte er wenigstens Besants Aktionsraum eingrenzen und sie als eine Art Verwaltungsfachfrau neutralisieren.

Steiner hat also zweifelsohne versucht, die Abstimmung im Mai 1907 zu beeinflussen, ohne daß seine strategischen Ziele ganz deutlich würden. Insbesondere ist nach den vorliegenden Dokumenten unklar, ob er seine eigene Kandidatur wirklich aktiv betrieben hat oder ob er sich in realistischer Einschätzung der Machtverhältnisse für chancenlos hielt. Mit dieser machtpolitischen Ausein-

---

[110] Vollrath: Rudolf Steiner, 298.

[111] GA 174a$^2$,292 verweist auf The Theosophist XXXVI, Nr. 3, Dezember 1914, S. 196.

andersetzung war zudem eine inhaltliche verbunden. Die Instrumentalisierung der »Meister«, wie durch Olcott geschehen, mußte sein Selbstverständnis als eigenständiger, wenn nicht sogar wichtigster spiritueller Führer in der Theosophie in Frage stellen. Nicht daß er die »Meister« grundsätzlich in Frage gestellt hätte, denn deren »heilige Sache« hatte er noch im Brief an Anna Minsloff hochgehalten (GA 264,297), aber hier drohte ein spirituelles wie machtpolitisches Mittel zu entstehen, über das er nicht verfügte und vielleicht auch nicht verfügen wollte.

Schließlich dürfte in der Auseinandersetzung mit Besant noch ein psychologischer, sicher schwer zu bewertender, aber ebenso schwer von der Hand zu weisender Faktor eine wichtige Rolle spielen. Steiner, der Frauen in seiner deutschen Sektion fast ausschließlich als Verehrerinnen und Mitarbeiterinnen kannte, begegnete in Besant einer starken Frau, die ihren Führungsanspruch auf die Leitung der Theosophischen Gesellschaft einschließlich programmatischen Füllung offensiv und souverän artikulierte. Und viele, auch Männer, waren bereit, dem symbolisch Ausdruck zu verleihen: »Die Herren beugten das Knie und küssten die Hand«, wenn Besant in offizieller Funktion auftrat[112]. Der Geschlechterkonflikt des imperialen Europa war im Verhältnis zwischen Besant und Steiner personalisiert. Ein Photo beider, vielleicht beim Münchener Kongreß 1907 (s. u. 3.4.3e) aufgenommen[113], bringt die Hierarchie zum Ausdruck (Abb. 3.1): Besant sitzt auf einem Sessel, einer Art bürgerlichem Thron, bekleidet mit einem weißen Gewand, das sie in ihrer Fülle präsent macht und der leuchtende Blickfang des Photos ist. Steiner sitzt nicht, er steht daneben – eine klassische Ikonographie der Unterordnung, die von den Engeln um Gottes Thron bis zu Anton Werners Bild von der Krönung Kaiser Friedrich III. (1888) reicht. Die schmale, ins Intellektuellenschwarz gekleidete Gestalt Steiners wirkt so wie eine Assistenzfigur neben einer mater magna. Dieses Bild hat Steiner nicht auf sich sitzen lassen.

Am 28. Juni 1907 konnte Sinnett mitteilen, daß Besant von der Mehrheit der Mitglieder gewählt worden war[114]. Zwar hatten die deutschen Mitglieder im Gegensatz zur Gesamtgesellschaft ohne größere Enthaltungen zugestimmt[115], aber die Wahlanzeige in den »Mitteilungen« fiel dann doch ausnehmend kühl aus: »Erfreuliche Mitteilung«, hieß es dort kurz und bündig[116]. Ein umfangreicher Exodus von Mitgliedern blieb der deutschen Landesgesellschaft im Gegensatz zu

112 Strakosch: Lebenswege, I, 78.

113 Es kommen darüber hinaus wohl nur die wenigen Begegnungen in Frage, die Steiner zwischen 1902 und 1907 mit Besant hatte. Daß das Photo auf dem Budapester Kongreß 1909 entstand, ist zwar nicht auszuschließen, scheint mir aber aufgrund der Spannungen, die zu diesem Zeitpunkt entstanden waren, unwahrscheinlich.

114 Ransom: A Short History, 370.

115 In Deutschland waren unter den 600 Stimmen 20 ablehnende (= 3,3 %), in der Gesamtgesellschaft hingegen votierten von 12.984 Personen zwar nur 152 gegen Besant (= 1,2 %), aber 5.760 Mitglieder (= 44,4 %) enthielten sich der Stimme. Zahlen nach Lindenberg: Steiner (Biographie), I, 412, der nichts über Enthaltungen in der deutschen Sektion sagt, so daß ich unterstelle, daß es sie nicht oder nicht in größerem Ausmaß gab.

116 MTG 5,1, ähnlich GA 34,619. Der Fall Leadbeater oder die Wahl Besants nach einem »Votum« der »Meister« findet in den »Mitteilungen« keine kritische Resonanz.

*Abb. 3.1:* Annie Besant und Rudolf Steiner, möglicherweise 1907 in München.

anderen Landesgesellschaften erspart[117], aber die Tiefe und zunehmende Breite des Risses wurde in den kommenden Monaten und Jahren erkennbar.

*e. Die Teilung der Esoterischen Schule auf dem Münchener Kongreß (1907)*

In den Kontext dieser Wahl gehört ein Treffen zwischen Besant und Steiner auf dem Münchener Kongreß der europäischen Sektionen der Adyar-Theosophie, eine Veranstaltung, die alle ein bis zwei Jahre von einer Landesgesellschaft ausgerichtet wurde und als Kommunikationsbörse diente[118]. 1907 fand sie vom 18. bis zum 21. Mai in München statt und war als Selbstpräsentation der deutschen Sektion ausgelegt, aber zugleich ein Zeichen ihrer Akzeptanz im Reigen der eu-

---

[117] Dazu Dixon: Divine Feminine, 71 f.; vgl. Kap. 3.5, Anm. 4.

[118] Dieser Kongreß ist schlecht dokumentiert, da ein Kongreßband im Gegensatz zu früheren Tagungen nicht erschien, »by the default of the German section«, wie Annie Besant nach der Trennung sagte; Besant: The Stockholm Congress, 757. In den inzwischen von anthroposophischer Seite veröffentlichten Unterlagen (GA 284[3]) fehlen die Beiträge Besants. Die Wahrscheinlichkeit, daß sich entsprechende Unterlagen in Dornach befinden, ist groß, da Steiner Besant 1907, schrieb, daß eine Publikation geplant sei; Brief Steiner an Besant, ca. 24.8.1907, Nachlaß Steiner.

ropäischen Sektionen[119]. Steiner nutzte die Konferenz, um sich als europäischer Theosoph und »Rosenkreuzer« zu präsentieren. In seinem ersten Kongreßvortrag legte er die Theosophie als »Rosenkreuzereinweihung« aus (GA 284$^{3}$,48), deren Schritte er mit christlichen Themen illustrierte und die in die Tradition der europäischen Esoterik stellte[120]. Asien kam nicht vor. Besant hingegen hatte bei dieser Veranstaltung in Erinnerung gerufen, daß die Theosophie sich die »Vereinigung des Westens mit dem Osten« zur Aufgabe gemacht habe und keine Dogmen besitze (MTG 5,4), außerdem auf die »Pflicht, die Kirchen zu spiritualisieren« verwiesen und auf das »kostbare Gut« der christlichen Tradition zu achten. All dies kann man als friedfertige Mahnungen zur Eintracht lesen, zum Verzicht auf eine einseitige weltanschauliche Ausrichtung und als Akzeptanz eines spezifischen Weges der deutschen Sektion. Zur Regelung dieser spannungsvollen Harmonie fand allerdings während dieser Konferenz ein Gespräch zwischen ihm und Besant statt, bei dem sie die Übereinkunft trafen, die Esoterische Schule der Theosophischen Gesellschaft zu aufzuspalten. Damit ratifizierten beide eine Entwicklung, die Besant offenbar von Anfang an akzeptiert und möglicherweise sogar gefördert hatte. Bereits auf der Gründungsversammlung hatte sie 1902 verkündet, »jede Nation betreibe die Theosophie in anderer, in *ihrer* Weise«[121], und als Emmy von Gumppenberg 1904 Besant bat, sie als Schülerin anzunehmen, verwies Besant sie an Steiner: Sie »gehöre in seine Richtung«[122]. Noch im Sommer 1906 hatte Steiner in einem Brief an Besant festgehalten, sie habe ihm »in der Führung der E.S. Angelegenheiten in Deutschland volle Freiheit zugestanden« (GA 264,279)[123].

Ereignisnahe Aussagen von den Münchener Vereinbarungen sind augenblicklich nur von Besant zugänglich, die die Unterschiedlichkeit der weltanschaulichen Orientierung als Begründung für die Trennung angab. Sie unterrichtete Hübbe-Schleiden am 7. Juni 1907 in einem persönlichen, aber offiziösen Schreiben:

> »D. Steiner's occult training is very different from ours. He does not know the eastern way, so cannot, of course, teach ist. He teaches the Xtian [Christian] & Rosicrucian way, & this is very helpful to some, but is different from ours. He has his own School, on his own responsibility. I regard him as a very fine teacher on his own lines, & as a man of real knowledge. He & I work in thorough friendship & harmony, but along different lines.«[124]

Irgend etwas in dieser Richtung – vielleicht nicht ganz so freundlich – dürfte auch den Mitgliedern der Esoterischen Schule mitgeteilt worden sein[125].

---

[119] Vorbehalte sind etwa seitens der Führung der französischen Sektion dokumentiert (GA 262$^{2}$,183).

[120] Die Einweihung bestehe in den Stufen Fußwaschung, Geißelung, Dornenkrönung, Kreuzigung, mystischer Tod, Grablegung und Auferstehung, Himmelfahrt der Seele (GA 284$^{3}$,46). Die europäische Tradition ist nicht nur mit einer Kritik Euard von Hartmanns (ebd., 48), sondern auch mit Verweisen auf den Gral, die Alchemie oder Paracelsus präsent (ebd., 49–51).

[121] Bresch (?): Die Bildung der deutschen Sektion [Teil 1], 62.

[122] Gumppenberg: Erinnerungen an Rudolf Steiner, 54.

[123] Brief Steiner an Besant, Anfang Juli 1906, Nachlaß Steiner.

[124] Faksimile bei Bock: Rudolf Steiner, nach S. 196; Ergänzung in Klammern von mir.

[125] Den Aufzeichnungen eines Mitgliedes von einer esoterischen Stunde am 1.6.1907 zufolge dekretierte Steiner: »Wer sich in seinem Herzen mehr zu ihr [Besant] hingezogen fühlt, der kann nicht

Steiners Darstellungen datieren allesamt Jahre später. Im Dezember 1911 behauptete er, Besant habe im Gespräch mit von Sivers gesagt, »dass sie in bezug auf das Christentum nicht kompetent sei. Und deshalb trat sie sozusagen damals die Bewegung, insofern das Christentum einfliessen soll, mir ab«[126]. Dies war allerdings deutlich mehr als eine Trennung der Esoterischen Schule und implizierte eine grundlegende Trennung der theosophischen Bewegung. Anfang 1913, nach der Trennung von Adyar, berichtete Steiner, »dass in freiem Uebereinkommen mit Mrs. Besant gelegentlich des Münchener Kongresses 1907 festgesetzt wurde, dass diejenige Strömung innerhalb der Gesellschaft, welche sich für meine Forschungsresultate interessierte, sich als selbständiger und in sich geschlossener Kreis entfalten sollte«, weil Besant, so Steiner, »für das, was wir wollten, kein Verständnis hatte«; die Möglichkeit »andrer Arbeitsart« sei dadurch nicht eingeschränkt worden (MAG I / 1, 5); möglicherweise hat er auch die Autonomie seiner übersinnlichen Erkenntnis gegenüber Besant betont[127]. Spätere Äußerungen berichten von einer spannungsgeladenen Gesprächdynamik, aber davon wissen die Dokumente aus den Jahren vor dem Ersten Weltkrieg noch nichts[128]. Noch

---

länger in unserer Schule bleiben« (GA 266a,221). Und weiter: »An der Spitze unserer westlichen Schule stehen zwei Meister: der Meister Jesus und der Meister Christian Rosenkreutz.« »Die westliche Schule ist von jetzt ab der des Orients nicht mehr subordiniert, sondern koordiniert. Das, was im Auftrage der Meister des Westens durch mich gegeben wird, geht unabhängig neben dem, was Mrs. Besant im Auftrage der Meister des Ostens lehrt. Im Westen bestehen fortan die christlich-esoterische Schulung und die christlich-rosenkreuzerische Schulung. Die erstere bildet durch das Gefühl, die andere durch den Verstand. Die absterbenden Rassen im Osten brauchen noch die orientalische Schulung. Die westliche Schulung ist für die Rassen der Zukunft.« (GA 266a,227)
Auch Strakosch: Lebenswege mit Rudolf Steiner, I, 51, berichtete, daß die Mitglieder von dem Gespräch unterrichtet worden seien. Seine Formulierung der »theosophisch-buddhistischen Esoterik« bei Besant benutzt jedoch eine Terminologie, die verschärfte (oder nachträglich hineingelesene) Konflikte voraussetzt. Steiner schweigt in seinem Kongreßbericht (GA 34,591–615) allerdings über die Vereinbarung.

126 Äußerung vom 14.12.1911, zit. nach: Wiesberger: Aus dem Leben von Marie Steiner-von Sivers, 49; vgl. dazu GA 284$^3$,31. Besant habe 1907 vor einem Zeugen (in der Gesamtausgabe ist ergänzt: Marie von Sivers) gesagt, daß sie »in bezug auf das Christenum nicht kompetent sei« (GA 264$^2$,413 [14.12.1911]). Angesichts von Besants Stellungnahmen zu christologischen Fragen muß man dieses Diktum in seiner Schärfe allerdings mit einem Fragezeichen versehen.

127 Ita Wegman, die in den zwanziger Jahren ein außerordentlich enges Verhältnis zu Steiner hatte (s. 16.6.2) könnte interne Kenntnisse dokumentieren. »Unter den Freunden A. Besants war eine große Aufregung« wegen Steiners Verhalten und seiner Anprüche. »Und als Rudolf Steiner Annie Besant selber erklärte, daß er sein Wissen über die Mondsphäre hinaus von der Sonnensphäre hole mit einem Bewusstsein, das nicht erst in den Schlaf zu gehen brauche, wurde diese Sprache als ketzerisch empfunden, stolz und eigenmächtig.« Wegman: Vortragsentwurf, 295. 296. Es ist aufgrund der Konkretheit möglich, daß diese Äußerungen auf Steiner zurückgehen.

128 Dabei könnte es sich um spätere Projektionen angesichts der schmerzvollen Trennungsgeschichte handeln. Steiner schrieb 1925, daß »nach einem zwischen Mrs. Besant und mir getroffenen Übereinkommen auch der äußere Zusammenhang vollständig auf[hörte]« (GA 28,319). Dies suggeriert, daß der »innere« Zusammenhang 1907 nicht mehr bestand. Wegman notierte in den dreißiger Jahren auf einem Notizblatt: »Streit zw Annie Besant und Rudolf Steiner« (nach: Zeylmans: Wer war Ita Wegman?, I, 290). Marie Steiner hatte, wie sie 1947 zu Papier gab, bei diesem Gespräch gedolmetscht, und erinnerte sich folgendermaßen: Steiner habe »in herzlich-ehrerbietiger, aber tief eindringlicher Weise« mit Besant gesprochen und legte Besant »die für ihn eingetretene Notwendigkeit dar, seine eigene esoterische Arbeit unabhängig von der ihren, ganz auf den Boden der abendländisch-christlichen Mystik zu stellen. Sie hörte sich dieses schweigend mit ziemlich undurchdring-

1908 läßt ein Vorwort Besants zu Steiners Schulungsweg auf eine friedliche Atmosphäre schließen[129].

Letztlich gibt es über Gesprächsverlauf und konkrete Vereinbarungen keine verläßlichen und detaillierten Informationen[130]. Vermutlich war der harte Kern der Vereinbarung, daß Steiner in der Esoterischen Schule der deutschen Sektion freie Hand erhielt. Die Bedeutung dieses Treffens wird aber erst im Licht der Entwicklung der kommenden Jahre sichtbar. Im kurzfristigen Zeithorizont war sie Teil der Wahlschlacht um das Präsidentenamt; Besants Zugeständnis läßt sich als Preis für die Unterstützung der deutschen Sektion lesen[131]. Auch das Arrangement zwischen Besant und Steiner besaß ein Vorbild im Wahlkampf: Sinnett hatte Besant eine Machtteilung im Präsidentenamt vorgeschlagen, er wollte den Westen, Besant solle den Osten übernehmen[132]. Aber die Vereinbarung mit Besant ist auch im Prozeß einer inhaltlichen Abgrenzung Steiners zu lesen. Seine Neuorientierung in der Christologie läßt sich seit 1906 beobachten (s. 8.2.3), und daß Steiner am Tag nach dem Münchener Kongreß mit dem Vortragszyklus »Die Theosophie des Rosenkreuzers« begann, war zwar inhaltlich noch wenig aussagekräftig, aber ein symbolischer Akt.

### *f. Der »Fall« Hugo Vollrath und die Stabilisierung von Steiners Machtposition (1908/10)*

Schon 1908 wurde ein neues Konfliktfeld eröffnet[133], die Auseinandersetzung um Hugo Vollrath (zu seiner Biographie s. u. 3.12). Steiner berichtete auf der Generalversammlung am 26. Oktober 1908 unter »Verschiedenes« über einen ganzen Komplex von Vorwürfen, der eine lange und verquere Konfliktgeschichte vermuten läßt. Dabei spielten unter anderem folgende Vorwürfe eine Rolle:

- Es gab offensichtlich differierende Auffassungen zu den Positionen der konkurrierenden Internationalen Theosophischen Gesellschaft (gemeint ist wohl die Internationale Theosophische Verbrüderung), deren Mitglied Vollrath zu diesem Zeitpunkt ebenfalls war (MTG 8,9 f.). Aber »Dr. Vollrath« habe es »nie

---

lichem Gesichtsausdruck an, und man fühlte förmlich, welche Gedankengänge sich hinter ihrer Stirn formten.« Steiner, Marie: Geschehnisse vor dem 8. Januar 1923, 2.

[129] Besant: Foreword [17.9.1908]. In ihrem Vorwort beschrieb sie Steiners Denken als »deeply mystical Christian Theosophy«; er sei »the natural heir of the great German mystics, and adds to their profound spirituality the fine lucidity of a philosophic mind« (S. 15). Zuvor waren schon Teile von Steiners Buch im Theosophist abgedruckt worden (ebd.).

[130] Eigenhändige Aufzeichnungen im Archiv der Rudolf Steiner Nachlaßverwaltung in Dornach gibt es wohl nicht; jedenfalls finden sich in den Kopien der Tagebücher Steiners, die ich einsehen konnte, keine Notizen, auch nicht im unveröffentlichten Briefwechsel zwischen Steiner und Besant. Ob sich im Archiv der Theosophischen Gesellschaft in Adyar Unterlagen befinden, ist unklar.

[131] Die Wahl wurde für den Mai angesetzt, obwohl einige Landesgesellschaften bereits vorher gewählt hatten (Ransom: A Short History, 371). Wenn die deutsche Sektion zum Zeitpunkt des Gesprächs schon gewählt hatte (dies konnte ich nicht klären), ließe sich hinter Besants Zugeständnis ein Zeichen der Dankbarkeit lesen; wenn die Wahl noch anstand, wäre es Teil eines deals mit Steiner.

[132] Ransom, ebd.

[133] Besants Vereinsinnenpolitik bedürfte hinsichtlich der deutschen Sektion einer genaueren Untersuchung. Sie hat vermutlich Freiräume zugelassen, wie die Trennung der Esoterischen Schule und die Verselbständigung von Gruppen (siehe Kap. 3.2, Anm. 181) anzeigen, aber eben auch selbstbewußt und machtpolitisch regiert.

zu Wege gebracht, ... auch nur den Wunsch zu hegen, in unsere Art, theosophisch zu denken, sich hinein zu leben« (ebd., 8,10).

- Vollrath habe im Rahmen seiner neugegründeten »Theosophischen Centralbuchhandlung« Bücher von Steiner vertreiben wollen, wobei Steiner zuvorderst auf die ökonomische Rentabilität hingewiesen habe (ebd.)[134]. Möglicherweise klafften die ideellen und die wirtschaftlichen Ziele auseinander.
- Auch in der praktischen Umsetzung der Verlagsarbeit schieden sich die Geister. Vollrath habe eine Mappe des Münchener Kongresses von 1907 auf einem »Zettel in einem unglaublichen Rot« und dann noch als geeignetes Weihnachtsgeschenk angekündigt, echauffierte sich Steiner, der seine Geduld damit erschöpft sah (ebd.).
- In Holland seien von Vollrath ohne Steiners Plazet »Ehrenmitglieder der ›Literarischen Abteilung der Deutschen Sektion‹« ernannt worden (ebd., 8,14). Als Leiter der Leipziger Logenbibliothek, der er seit 1907 war, hatte Vollrath offenbar »eine ›literarische Abteilung‹ der Deutschen Sektion« ins Leben gerufen[135].
- Vollrath habe ein theosophisches Logo umgestaltet und statt eines theosophischen Zeichens die Buchstaben »HV« – offensichtlich das Kürzel seines Namens – eingesetzt oder das theosophische Motto »Keine Religion ist höher als die Wahrheit« durch »Ruhe ist die erste Bürgerpflicht« ersetzt (MTG 8,11). Im Rheinland wäre diese Aktion wohl als karnevalistisch wertvoll eingestuft worden, doch zwischen Berlin und Leipzig eskalierte damit die Affäre.
- Elise Wolfram, die Leiterin des Leipziger Zweiges, unterstellte Vollrath ein rufschädigendes Verhalten: »In Leipzig ist die Theosophie so diskreditiert, dass die Leute sagen, Theosophie sollte polizeilich verboten werden.« (ebd., 8,13)
- Summa summarum: Vollrath sei anzulasten, daß »er seine Sachen sozusagen als ›Adyar-Dinge‹ in die Welt hinaus drängte« (ebd., 8,12).

Der alle belastende Fluchtpunkt dieses, so Steiner, »›ersten‹ Falles ... innerhalb unserer deutschen Sektion« (MTG 8,9) war aber der Zusammenbruch des Postulates grenzenloser Toleranz und Dogmenfreiheit, wie Steiners gewundene Formulierungen über den faktischen Ausschluß Vollraths dokumentieren: Vollrath sei in einem »sozusagen real-politischen« Akt »nicht mehr als Mitglied der Deutschen Sektion zu betrachten« (ebd.) – und nicht recte rite ausgeschlossen, wie man ergänzen kann[136]. Denn die Theosophische Gesellschaft »drängt niemandem eine Meinung auf«, aber Vollrath sei »in einem Irrtum befangen« (ebd.).

---

[134] Vermutlich ging es dabei um Max Heindels »Rosicrucian Cosmo-Conception« (s. 8.4.2c), die auf Steiners Vorstellungen beruhte und die Vollrath, nachdem der Verleger Max Altmann eine Publikation nach Steiners Intervention abgelehnt hatte, als »Rosenkreuzerische Unterrichtsbriefe« auf den Markt brachte; nach Klatt: Theosophie und Anthroposophie, 111.

[135] Ravagli: Unter Hammer und Hakenkreuz, 288.

[136] Allerdings schrieb Steiner noch am 18.2.1909 Besant in einem achtseitigen Brief, daß er hinsichtlich der Mitgliedschaft Vollraths in der Theosophischen Gesellschaft beabsichtige, »to intrude upon your decision«; TheosA Adyar, File 118 (Brief S. 5). In diesen Zusammenhang war zu einem nicht genannten Zeitpunkt auch Casimir Zawadski ausgeschlossen worden (ebd., S. 6). Vollrath findet sich dann in einer theosophischen Gruppe wieder, deren Verhältnis zu Adyar momentan nicht genau bestimmbar ist, vgl. Kap. 3.2, Anm. 181.

Das Toleranzgebot sei letztlich, wenn jeder tue, was er wolle, »eben Unsinn« (ebd., 8,13), brachte Elise Wolfram die Dogmatik auf dem Punkt. Am Ende halfen alle Verweise auf »Brüderlichkeit« (ebd., 8,12) oder die Intervention eines »Pastor Wendt«, Vollrath eine Möglichkeit zu eröffnen, »sich zu ändern« (ebd.), oder die theosophischen Meriten Vollraths nichts: Seine Mitgliedschaft wurde sistiert – ein abgedämpfter Rauswurf, immerhin mit der Möglichkeit einer Reaktivierung der Mitgliedschaft zu Steiners Bedingungen (ebd., 8,13 f.). Besant vertraute Steiner in dieser Entscheidung und hielt sein Urteil für »reliable«[137]. Vollrath seinerseits hatte sich seit 1908 bei Besant beschwert, die allerdings 1909 gegenüber Steiner den Ausschluß Vollraths bestätigte[138]. Steiner schränkte ihr gegenüber jedoch im Februar 1909 auch die Option der Wiederaufnahme ein: Vollrath sei »*nicht* als ein geistig gesunder Mensch zu behandeln« (GA 265,419)[139].

Auf der Generalversammlung von 1908 setzte Steiner zudem einen Beschluß durch, der ihn als kühlen Macchiavellisten auswies. Er forderte, die Satzung so zu ändern, daß die Vorstandsmitglieder nach siebenjähriger Mitgliedschaft lebenslang dieses Amt bekleiden sollten (MTG 8,7). Er selbst hätte damit letztmalig zur Wahl gestanden, 1909 war er sieben Jahre lang Generalsekretär. Als Grund gab Steiner an, daß das rasante »Wachstum … auch etwas Gefährliches« haben könne (ebd.), möglicherweise befürchtete man durch den Eintritt von neuen Mitgliedern ein unkontrollierte Verschiebung der Machtverhältnisse. Nachdem Steiner die Versuche, die antidemokratische Revision der Statuten in einer außerordentlichen Generalversammlung zu diskutieren, vom Tisch gewischt und Vollrath erst gar nicht das Wort erteilt hatte (ebd., 8,8), war die Kritik zum Schweigen gebracht. Allein Johannes L. M. Lauweriks (s. u. 3.5.1) kritisierte die Entmündigung der deutschen Sektion und stimmte gegen Steiners monarchische Inthronisation (MTG 8,8)[140]. Immerhin stellte man dem Vorstand einen beratenden »Areopag« zur Seite, der »die Autonomie einer jeden Loge« gewährleisten sollte (ebd. 8,7).

Ende 1908 wurde Leadbeater wieder in die Theosophische Gesellschaft aufgenommen[141], ohne daß es in der deutschen Sektion deswegen zu einer Austrittswelle gekommen wäre wie in anderen Landesgesellschaften (s. o. 3.2.5). Steiner enthielt sich bei der Wiederaufnahme der Stimme (GA 264,271); außer ihm hatten nur die Sekretäre der skandinavischen Sektionen eine kritische Haltung artikuliert[142]. Die folgenden drei Jahre verliefen in der deutschen Sektion relativ ruhig, Besant lobte ihren deutschen Landessekretär regelmäßig[143]. Ein Aufruf

---

[137] Besant führte weiter aus, »I need not know the reasons which have compelled you to take the course adopted.« (Brief Besant an Steiner, 23.11.1908, Nachlaß Steiner)

[138] Am 7.1.1909 schrieb Besant an Steiner, Vollrath sende ihr »complaints« (Nachlaß Steiner). Am 18.3.1909 bestätigte Besant den Ausschluß (Brief Besant an Steiner, Nachlaß Steiner).

[139] Dies hat Steiner 1913 nochmals öffentlich wiederholt (MAG 1 / I, 6).

[140] Diese Entscheidung haben nicht alle Logen klaglos hingenommen. Die Dresdner Loge etwa beschwerte sich in einem Brief an Besant vom 6.2.1909 über Steiners Eigenmächtigkeit (TheosA Adyar, File 118).

[141] Wessinger: Annie Besant and Progressive Messianism, 74.

[142] Loyzeau de Grandmaison: La nouvelle Théosophie, 113 f.

[143] 1908 verfaßte sie ein Vorwort zur Übersetzung von Steiners »Wie erlangt man Erkenntnisse der höheren Welten« (s. o. Anm. 129), im Januar 1909 folgte ihre sehr freundliche Beurteilung Steiners, als sie seine »important series of lectures on ›The Spiritual Hierarchies‹« (heute GA 110) ankündigte

Besants aber, der im August 1910 in der »Theosophie« veröffentlicht wurde und in dem sie aufforderte, im »Bund für theosophische Arbeit« Theosophie in die soziale Praxis umzusetzen, etwa in der Erziehung oder in der Krankenpflege, fand in Deutschland offenbar nur begrenzt Resonanz[144].

### 3.4.4 *Krishnamurti*

Die lange Konfliktgeschichte zwischen Steiner und der theosophischen Muttergesellschaft trieb nun auf ihre Klimax zu. Zur Bruchstelle und Sollbruchstelle wurde der Hindujunge Krishnamurti, mit dem Besant einen neuen »Weltenlehrer«[145] (auch »Geisteslehrer« oder, so Hübbe-Schleiden, »Messias«[146]) einsetzen wollte. Schon Blavatsky hatte eine solche Gestalt 1889 im kleinen Kreis vorausgesagt, Besant dies 1896 öffentlich wiederholt[147]. Dahinter stand bei Besant die Theorie eines sich immer wieder in einem Menschen inkarnierenden Buddha-Maitreya, den sie zugleich als reinkarnierenden Christus begriff (s. 8.2.5). Darüber hinaus spielte die theosophische Rassenlehre eine wichtige Rolle: Die Heraufkunft einer neuen, »höheren« Rasse werde durch einen neuen Menschheitslehrer begleitet[148]. Der dazu gegründete »Sternbund« (s. u.), schrieb Hübbe-Schleiden im August 1911 an Steiner, »will nun auch nichts anderes als für diese 6. Wurzelrasse eine ganz universelle, dogmenlose, unkonfessionelle Religiosität anbahnen«[149]. Er hoffte eine »WeltReligion« [sic] entstehen zu sehen, »die zunächst wenigstens über alle diese fünftrassige Streiterei hinausführt«[150], während Leadbeater unterdessen in Vollraths neugegründeter Zeitschrift »Theosophie« eine zehnteilige Folge über die »die Anfänge der sechsten Wurzelrasse« veröffentlichte[151]. Wieweit darüber hinaus Besant und Leadbeater vermittels Krishnamurti an einer überirdischen Selbstüberhöhung arbeiteten, ist in der hochpolemischen Debatte nicht leicht zu ermitteln[152]. Unter den Mitgliedern der Theosophischen Gesell-

---

und schloß: »I cordially wish for the eloquent doctor a large circle of hearers.« Besant: Dr. Rudolf Steiner (im Supplement des Theosophist 30,1 / 1908–09; ohne Datierung, gehört aber aufgrund der Druckfolge in den Januar), S. XV. Im »Theosophist« erschien im Oktober 1910 eine wohlwollende Beurteilung Steiners und im März 1911 eine positive Besprechung von seiner »Theosophie«; nach Lindenberg: Steiner (Biographie), I, 487.

144 Siehe 14.2.2. Ernst Pieper vom Steiner-kritischen Flügel hatte immerhin in Düsseldorf eine »Gesellschaft zur Verbreitung der Theosophie« gegründet, in: Theosophie 2 / 1911–12, 116 (Heft Juni 1911).

145 So Besant: Warum glauben wir an das Kommen eines Weltlehrers? (1913). Von »einem grossen Lehrer« sprach Bruno: Der Bund des Sternes im Osten, 16.

146 Lichtbringer 1 / 1913, H. 3 (Juli), 55; Brief von Hübbe-Schleiden an Rudolf Steiner, 9.8.1911 (in: Klatt: Theosophie und Anthroposophie, 195).

147 Lutyens: Krishnamurti (dt.), 22. Emmy Lutyens, die Erzieherin Krishnamurtis, war die Enkelin Bulwer-Lyttons (Tillet: Elder Brother, 148).

148 Vgl. Nethercot: Last four lives, 129. Ausführlich Linse: »Universale Bruderschaft«, 611.

149 Brief von Wilhelm Hübbe-Schleiden an Rudolf Steiner, 9.8.1911 (in: Klatt: Theosophie und Anthroposophie, 197).

150 Brief von Wilhelm Hübbe-Schleiden an Gretchen Boggiani, 10.10.1911 (ebd., 207).

151 Leadbeater: Die Anfänge der sechsten Wurzelrasse.

152 Nach Frohnmeyer: Die theosophische Bewegung, 25, sollte Besant mit der Krishnamurti-Geschichte zur Regentin über Götter und Menschen werden und Leadbeater an der Schwelle zur Gött-

schaft trat dazu die durchaus irdische Erwartung, Krishnamurti werde der künftige Präsident der Theosophischen Gesellschaft sein[153]. Die Motivlage war also ausgesprochen komplex: Auf der konzeptionellen Ebene gingen zyklische Vorstellungen indischer Tradition und apokalyptische Auffassungen Europas[154] eine spezifische Mischung ein, messianische Vorstellungen standen neben evolutiven, und erneut spielte auch die machtpolitische Besetzung von Führungspositionen eine Rolle. Die dogmatische Frage nach der religiösen Funktion Krishnamurtis, die später zur Trennung der Anthroposophischen Gesellschaft führen sollte, war in der Frühphase nur ein Problem unter anderen.

Die Auseinandersetzung um Krishnamurti hatte eine längere Vorgeschichte. Schon 1904, als Steiner noch vollauf mit Erarbeitung der theosophischen Inhalte beschäftigt war, hatten Besant (oder Leadbeater)[155] einen amerikanischen Jungen, Hubert van Hook[156], Sohn des Generalsekretärs der amerikanischen Sektion der Theosophischen Gesellschaft, als künftigen Weisheitslehrer auserwählt. 1908 kündigten Besant und Leadbeater die bevorstehende Wiederkunft Christi an[157], und Besant soll auf ihrer Amerikatour im Jahr 1908 »unaufhörlich« über den neuen Weltenlehrer gesprochen haben[158]. Noch im August oder September 1909 hatte Besant gesagt, man halte »im Westen« nach dem Weltenlehrer Ausschau[159], doch Leadbeater wählte in Besants Abwesenheit von Adyar den indischen Jungen Jiddu Krishnamurti als Verkörperung des Weltenlehrers aus, wie er am 6. Oktober 1909 Besant mitteilte[160]. Aber Hubert van Hook war schon nach Adyar abgereist und Mitte November dort eingetroffen. Die gemeinsame Erziehung der Jungen wurde abgebrochen[161] und Hubert van Hook fallengelassen[162].

---

lichkeit stehen. Tendenzen der Selbstüberhöhung unterstellte man Besant und Leadbeater spätestes 1913 unter Anthroposophen. In den »Mitteilungen« wurde folgende Selbststilisierung Leadbeaters abgedruckt: »Ich habe mit Eurer Präsidentin vor dem Obersten Lenker der Evolution unseres Erdballs gestanden, und ich weiß, wovon ich spreche.« (MAG 4,19)

[153] Brief von Hübbe-Schleiden an Steiner, 4.7.1911 (in: Klatt: Theosophie und Anthroposophie, 186).

[154] Vgl. für diesen wichtigen Komplex nur exemplarisch Besant: Die Zeichen des anbrechenden Zeitalters (April 1910); dazu Wessinger: Besant. Der Kreis ließe sich leicht weiter ziehen auf poetisch oder real als gottgleich betrachtete Menschen, man denke an Stefan Georges Maxim und überhaupt an die Geschichte des »neuen Menschen« (dazu Küenzlen: Der Neue Mensch). Natürlich konnte das neue Zeitalter auch eine neue Zeitrechung haben. Johannes Hochauf benutzte eine theosophische Jahreszählung. Seine Aufnahme in die Theosophische Gesellschaft am 1.9.1931 datierte er als »10. Monat des 56. Jahres«, beginnend mit der Gründung der Theosophischen Gesellschaft im Jahr 1875 (SdA Moskau, 1516-1-36, Bl. 48).

[155] Die treibende Kraft hinter der Installierung eines Weltenlehrers war möglicherweise Leadbeater mit seiner Lektüre in den »etheric records«, aber die Frühgeschichte des Krishnamurtikomplexes ist derzeit schwer faßbar.

[156] Vgl. zu Hubert van Hook die Angaben bei Lutyens: Krishnamurti (dt.), 22. 29. 39 f. Die Jahreszahl 1904 und die Entdeckung durch Leadbeater bei Meyer: Die Bodhisattvafrage, 96.

[157] Wessinger: Besant, 74.

[158] Jayakar: Krishnamurti, 38.

[159] Meyer: Bodhisattvafrage, 114.

[160] Ebd.115–117.

[161] Lutyens: Krishnamurti (engl.), I, 27. 43 f.

[162] Meyer: Bodhisattvafrage, 115–117. Hubert van Hook und seine Mutter sollen sich 1911 Krishnamurti in Anerkennung seiner Rolle zu Füßen geworfen haben, so Lutyens: Krishnamurti (dt.), 74.

Schon im Frühsommer 1909, auf dem Budapester Kongreß[163], begann Steiner, sich mit Besant über die Funktionen eines Weltenlehrers auseinanderzusetzen (s. 8.2.5), zu diesem Zeitpunkt allerdings auf einer programmatischen Ebene, die die machtpolitischen Implikate noch in der Watte inhaltlicher Auseinandersetzungen verpackt hielt. Daß in Budapest die Möglichkeiten einer friedlichen Konfliktösung noch längst nicht ausgeschöpft waren, bestätigte in der Rückschau Steiners Partnerin Marie von Sivers, die noch 1947 einen »gütlichen Vergleich« für möglich gehalten hatte[164]; auch die Steiner in diesem Jahr verliehene Subba Row-Medaille wird man im Kontext der Konfliktmoderierung lesen. 1913 »entdeckte« Leadbeater im übrigen noch einen weiteren Jungen, Rajagopal, der »in einem zukünftigen Leben der nächste Buddha auf dem Planeten Merkur sein« werde[165], und irgendwann in diesen Jahren muß auch der russische Thronfolger Alexej in einigen Zirkeln als »Christus-Träger« auskoren gewesen sein (GA 174a,126).

Krishnamurti (1895–1986), achtes Kind einer Brahmanenfamilie, war der Sohn von Jiddu Narianiah[166], der als Witwer Sekretär in der Theosophischen Gesellschaft wurde und am 23. Januar 1909 mit vier Söhnen und einem Neffen in Adyar eintraf[167]. Drei Wochen später kam Leadbeater nach Adyar[168], der Ende April oder Anfang Mai 1909 Krishnamurti »entdeckt« haben soll[169]. Nach Krishnamurtis Bestimmung zum Weltenlehrer im Herbst erfolgte am 5. Dezember seine Aufnahme in die Esoterische Schule[170]. Am 11. Januar 1910 wurde der vierzehnjährige einer ersten Einweihung unterzogen, die möglicherweise freimaurerischen Ritualen ähnelte[171]. Noch am selben Tag gründete George Arundale den »Order of the Rising Sun«, durch den Jungen des »Central Hindu College« zu Jüngern Krishnamurtis erzogen werden sollten[172]; nach Protesten mußte Besant diese Absicht zurücknehmen. Seit April 1910 erschienen Leadbeaters »Forschungen« über die früheren, Jahrtausende zurückreichenden Inkarnationen Krishnamurtis[173]. Am 11. Dezember 1910 schließlich habe der mit Christus identische Buddha Maitreya den Körper Krishnamurtis in Besitz genommen[174]. Die Identitätsgröße Krishnamurtis in den Reinkarnationen nannte Leadbeater »Alcyone«[175], ein Name, unter dem sich der Kult um Krishnamurti in Europa

---

[163] Die Kongressakten wurden aufgrund des Todes des ungarischen Generalsekretärs und des Verlustes seiner Papiere nicht publiziert; Besant: The Stockholm Congress, 757.

[164] Steiner, Marie: Geschehnisse vor dem 8. Januar 1923, 3.

[165] Jayakar: Krishnamurti, 55.

[166] Lutyens: Krishnamurti (dt.), 11.

[167] Finsterlin: Aus der Geschichte der Adyar-Theosophie, 7.

[168] Ebd., 11.

[169] Lindenberg: Steiner (Chronik), 282.

[170] Jayakar: Krishnamurti, 42.

[171] Finsterlin: Aus der Geschichte der Adyar-Theosophie, 14. Eine solche Interpretation legen auch einige Formulierungen des Einweihungsdialogs nahe, von dem Krishnamurti brieflich an Besant berichtete; vgl. Lutyens: Krishnamurti (dt.), 49–52.

[172] Wessinger: Besant, 76; Lutyens: Krishnamurti (dt.), 63.

[173] Sie erschienen zuerst in der Zeitschrift The Theosophist und wurden später als The Lives of Alcyone veröffentlicht; vgl. Tillett: Elder Brother, 114–122; Meyer: Boddhisattva, 130.

[174] Lutyens: Krishnamurti (dt.), 63; Frohnmeyer: Die theosophische Bewegung, 26.

[175] Ebd., 23.

einbürgerte. Er ist einer reinkarnationsartigen Verwandlungsgeschichte der griechischen Mythologie entnommen, der Verwandlung Halkyones aus Gram über den Tod ihres Gatten Keyx in einen Eisvogel. Da Zeus während der Brutzeit der Eisvögel alle Winde ruhen lasse, verband sich damit die Metapher einer ruhigen, glücklichen Zeit als »halkyonischen Tagen«[176].

Noch im Dezember 1910 war ein Buch unter dem Namen Krishnamurtis erschienen, »At the Feet of the Master«, das innerhalb eines Jahres in 25 Sprachen übersetzt wurde. Die Frage nach der Autorschaft, näherhin der Verfasserschaft Krishnamurtis, wurde bald zu einem kontrovers diskutierten Thema. Viel spricht dafür, daß das Buch nicht von Krishnamurti stammte, der zu diesem Zeitpunkt nur schlecht Englisch sprach, sondern von Leadbeater[177]. Am 11. Januar 1911 wurde der Sternorden, der »Order of the Star in the East« gegründet, nominell durch Arundale[178], im gleichen Monat begann man mit der Publikation einer Zeitschrift, dem »Herold of the Star«[179]. Die Propaganda lief auf Hochtouren, nicht zuletzt durch viele Vorträge Besants, die seit dem 5. Mai 1911 mit Krishnamurti in England war und sich vier Monate lang mit ihm in Europa aufhielt[180]. Am 8. Mai, dem Weißen-Lotus-Tag in Erinnerung an den Todestag Blavatskys, deutete sie in einem Vortrag an, daß Christus in Alcyone erscheinen werde[181]. Krishnamurti wurde immer mehr zu einem Objekt kultischer, inszenierter Verehrung. So hatten sich etwa am 31. Dezember 1911 Theosophen in einer esoterischen Stunde bei der Übergabe ihrer Mitgliedsurkunden Krishnamurti zu Füßen geworfen[182]. Auch die spiritistische Vergangenheit der Theosophie feierte in diesem Kontext ihre Wiederauferstehung, Krishnamurti ließ ein Band verkaufen, das er magnetisiert habe: »3,75 francs per 10 metres«[183], während Bijoux an freimaurerische Traditionen erinnerten[184].

Seit 1912 hatte Krishnamurti in England eine Ausbildung erhalten, zuerst bei theosophischen Privatlehrern, dann an öffentlichen Schulen, ohne daß es ihm jedoch gelungen wäre, die englische Reifeprüfung abzulegen[185]. Die Anstrengungen, Krishnamurti einen ambitionierten Bildungsgang zu vermitteln, waren zweifellos groß, aber ob sie pädagogisch gut waren, steht auf einem anderen Blatt, und wieweit sie ihn seiner indischen Tradition entfremdet haben, ist inzwi-

---

176 Die Hochzeit der Rezeption des Halkyone-Motiv in der europäischen Neuzeit liegt vor 1800, doch hatte im zeitlichen Umfeld Steiners etwa Maurice Ravel 1902 eine Lieddichtung »Alcyone« (nach Ovid) vorgelegt; Kabisch: Ravel, 1337.

177 Tillett: Elder Brother, 137–139; Wessinger: Besant, 75 f.

178 Finsterlin: Aus der Geschichte der Adyar-Theosophie, 16.

179 Lutyens: Krishnamurti (engl.), I, 46.

180 Ebd., I, 48. 47.

181 Lindenberg: Steiner (Biographie), I, 485.

182 Lutyens: Krishnamurti (dt.), 72 f. Für Leadbeater ging es um ein apokalyptisches Ereignis: »Hier aber, im zwanzigsten Jahrhundert, geschah es vor unseren Augen.« (ebd., 73)

183 Besterman: Besant, 237.

184 Verkauft wurden: »Brochettes« für sechs und sieben Reichmark, »Cravattennadeln zwischen 4,20 und 7 RM«, Anhänger für 5,10 Reichsmark und Knöpfe (für Manschetten?) für 7,80 Reichsmark (Nachlaß Hübbe-Schleiden, 821, Bl. 6).

185 Holthaus: Theosophie, 48.

schen Thema kritischer Nachfragen[186]. 1912 versuchte Krishnamurtis Vater, seinen Sohn und dessen Bruder Nitya, die beide weitgehend in die Hände Besants und Leadbeaters übergegangen waren, durch einen Gerichtsbeschluß gerichtlich zurückzuerhalten, per saldo vergeblich[187]. Damit hatte Besant die Hände für ihre theosophischen Ambitionen frei, doch bedeutete ihr Krishnamurti letztlich mehr. Annie Besant hatte den Jungen auch in ihr Herz geschlossen. Ihre eigenen Kinder waren ihr bei ihrer Scheidung genommen worden[188], und vielleicht hielt sie auch deshalb an dem sie »liebenden Sohn«, wie Krishnamurti viele Briefe unterschrieb, fest. Was dies psychologisch für den Jungen bedeutete, steht hier nicht zur Debatte. Daß die Lösung von seiner »Mutter«figur Besant für Krishnamurti auch zu einer Bruchstelle mit der Theosophie werden mußte, machte der fast Vierzigjährige 1929 klar (s. u. 3.4.5e).

### *3.4.5 Der Weg zur Trennung der Anthroposophischen Gesellschaft (1911 bis 1913)*

Die Trennung von der Theosophischen Gesellschaft war eine Auseinandersetzung auf vielen Feldern. Im folgenden geht es vor allem um institutionelle Konflikte, aber im Hinterkopf sollte man immer behalten, daß Steiner zugleich ein neues inhaltliches Profil entwickelte. Das mehr als diffuse Programm einer »rosenkreuzerischen« Theosophie geronn in diesen Jahren zu einer Christologie, mit der Steiner sein Profil im Kosmos der theosophischen Weltanschauungen schärfte; aber dies ist eine ganz eigene Materie (s. Kap. 8).

*a. Sternorden versus Johannesbauverein*

Die Installierung Krishnamurtis und seines Sternordens bildete für viele Theosophen und namentlich für Steiner ein doppeltes Problem: ein inhaltliches und ein machtpolitisches. In der weltanschaulichen Frage, ob Krishnamurti eine (Art) Reinkarnation Christi sein könnte, ging es um Fragen der theosophischen Dogmatik. Dieses Problemfeld berühre ich dieser Stelle nur insoweit, als es in der zweiten Frage enthalten ist: Welche Funktion besaßen Lehrfragen für die Autorität Besants und Steiners und für die davon abhängenden institutionengeschichtlichen Konfliktlinien?[189]

[186] Jayakar: Krishnamurti, 41, spricht von einer »Dekonstruktion« von Krishnamurtis Persönlichkeit.

[187] Nach Lutyens: Krishnamurti (dt.), 90, war Krishnamurti über den Termin nach indischem Recht großjährig geworden. Nach Wessinger: Besant, 78, fiel die Entscheidung für Besant aus. Nach Lutyens: Krishnamurti (engl.), I, 69, und Jayakar: Krishnamurti, 52, entschied das Gericht gegen Besant.

[188] Nach Thiede: Wer ist der kosmische Christus? 139.

[189] Den Kleinkrieg dieses Trennungskonfliktes zeichne ich in wichtigen Linien und Details nach, aber damit sind längst nicht alle Schauplätze berücksichtigt. Zu den inhaltlichen und machtpolitischen Fragen kommen persönliche Animositäten, Mißverständnisse und symbolische Schaukämpfe. Die wichtigsten Quellen sind momentan aus der Sicht der Anhänger Steiners die »Mitteilungen« (MTG/MAG), aus der Sicht der Fraktion Hübbe-Schleidens die Dokumente bei Klatt: Theosophie und Anthroposophie. Dazu kommt Hübbe-Schleidens »Denkschrift« von 1913 und die Gegenrede

Spätestens seitdem sich Krishnamurti im Frühjahr 1911 mehrere Monate in Europa aufgehalten hatte, dürfte die Debatte um seine Person in der innertheosophischen Öffentlichkeit weitere Kreise gezogen haben, nachdem, wie gesagt, für den inneren Kreis die Auseinandersetzung spätestens seit 1909 virulent war (s. o. 3.4.4 und 8.2.5). Der im Januar 1911 gegründete Sternorden hatte seine Arbeit schon im Mai 1911, also während Krishnamurtis Europaaufenthalt, angezeigt und hatte als ersten »Grundsatz« verkündet: »Wir glauben, dass ein grosser Lehrer bald in der Welt erscheinen wird, und wir wünschen jetzt so zu leben, dass wir würdig sein mögen, Ihn bei seinem Erscheinen zu erkennen.«[190]

Ein Ungenannter äußerte in der Zeitschrift »Theosophie« 1912, »repräsentativer Vertreter des Sternbundes« zu sein, doch wolle er anonym bleiben, um »erst [zu] sehen …, wie die Rosenkreuzergesellschaft des Dr. Steiner sich zum Sternbund stellen wird«, damit eine »Sezession« vermieden werden könne[191]. Aber dies war wohl schon Teil eines Propagandaspiels, da der Ungenannte – Hübbe-Schleiden[192] – spätestens seit Juni 1911 dem »Sternorden« angehörte[193] und seit Sommer 1911 als nationaler »Vertreter des Ordens« amtierte – was er Steiner am 4. Juli 1911 auch brieflich mitgeteilt hatte: »Frau Besant« habe ihn »ohne vorherige Anfrage bei mir zum Vertreter des Order of the Star in the East für Deutschland ernannt« und Vollrath ihm »beigeordnet«[194]. Aber »mit der Meldung zur Mitgliedschaft«, ergänzte Hübbe-Schleiden seinen Brief am Rand, »war freilich selbstverständlich meine Hülfsbereitschaft erklärt«[195]. Welche Strategie Steiner im Sommer 1911 verfolgte, ist nicht ganz klar. Er könnte die Gründung des Sternordens als Angelegenheit Besants, die ihn als deutschen Generalssekretär nicht betreffe[196], betrachtet haben, und möglicherweise verfolgte er diesen Vorgang mit taktischer Gleichgültigkeit, weil er es ihm erleichterte, seine Organisationen neben der Theosophischen Gesellschaft zu gründen.

Vollrath wiederum war schon im Juni vorgeprescht und hatte verkündet, daß Besant einen Sekretär des Sternordens »für die deutschsprechenden Länder« bestimmt habe[197]. Vollrath bekleidete diese Funktion allerdings gegen Hübbe-

---

von Thekla von Reden (vgl. Anm. 258) sowie das archivalische Material in Dornach, Adyar und im Nachlaß Hübbe-Schleidens in Göttingen.

[190] Theosophie 2 / 1911–12, S. 77. Im Jahr 1912 hieß es bescheidener: »Wir wollen helfen, dass in naher Zeit ein grosser Geisteslehrer wirksam in der Welt auftreten kann. Dazu wollen wir so leben, dass wir seiner würdig werden und dass wir ihn anerkennen, wenn er kommt.« Zit. nach Hübbe-Schleiden: Die Botschaft des Friedens [unnummeriert, S. 47].

[191] Anonym: Schwarz in H. [sic], in: Theosophie 2 / 1911–12, 360.

[192] Zum Johannesbauverein s. 12.3.1; zur Wahrnehmung siehe Anonym: Orden (Bund) des Sternes im Osten, 155.

[193] Brief von Ludwig Deinhard an Wilhelm Hübbe-Schleiden, 1.7.1911 (in: Klatt: Theosophie und Anthroposophie, 182). Hübbe-Schleiden sprach vom Sommer 1911; Anonym: Antwort auf Dr. Steiners Rede, 15; vgl. auch MTG 14,2.

[194] Brief von Hübbe-Schleiden an Steiner, 4.7.1911 (in: Klatt: Theosophie und Anthroposophie, 183. 184).

[195] Brief von Hübbe-Schleiden an Steiner, 4.7.1911; vgl. den Briefentwurf ebd., 183, mit dem Auszug aus dem abgesandten Brief in MAG 3,10.

[196] Brief von Deinhard an Hübbe-Schleiden, 26.7.1911 (in: Klatt: Theosophie und Anthroposophie, 192).

[197] Vollrath (?): Der Bund des Sternes im Osten.

Schleidens Willen, wie Besant Steiner gestand[198]. Und Hübbe-Schleiden sollte mit seiner Befürchtung, daß Vollrath einen konfrontativen Kurs fahren würde, Recht behalten und war sich wohl Mitte 1911 mit Besant einig, daß Vollrath ein Belastung sei[199]. Besant entzog Vollrath am 16. November 1911 das Amt des Sekretärs des Sternordens[200]. Vollrath stellte nun in der Generalversammlung der deutschen Sektion am 10. Dezember den Antrag auf Wiedereingliederung in die deutsche Sektion, der nach einer beiderseitig polemischen Diskussion – Carl Unger für die Fraktion Steiners: Vollraths Rechtfertigung sei »Schmutz, Verleumdung, Gift und Drohung« (MTG 13,16) – abgewiesen wurde. Hübbe-Schleidens Vorstoß, die Angelegenheit nochmals zu prüfen (ebd., 13,13f.), blieb erfolglos. Der Antrag, die Unterstützer des Vollrathschen Anliegens gleich mit auszuweisen (in harmonistischer Diktion: sie möchten ihren Austritt erklären [ebd., 13,31]), fand hingegen keine Mehrheit. Der klassische Argumentationstopos der europäischen Geschichte des Ketzers vom freien Geist gegen die verknöcherte Orthodoxie wurde nun gegen Vollrath gewandt: »Diese Ketzer wollten keine Dogmen und keine offizielle Führerschaft Dr. Steiners anerkennen« hieß es ironisch in Vollraths Zeitschrift »Theosophie«[201].

Der Konflikt zwischen Steiner und Besant bewegte sich auf seinen Gipfel zu. Steiner formulierte auf der Generalversammlung im Dezember 1911 zwar nochmals eine Verehrungsadresse an seine Präsidentin (»ich muß gestehen, daß niemand Mrs. Besant mehr lieben kann als ich« [MTG 13,33]), aber der Splint war eingesetzt: Die Einsetzung Vollraths als Sekretär des Sternordens hielt Steiner nach dessen Ausschluß aus der deutschen Sektion für »ganz unverständlich« (ebd., 13,32f.). Er gestand allerdings Besant drei Monate später in einem Brief, daß eben diese Einsetzung ihr Recht gewesen sei[202].

Sein Verhalten in Sachen Krishnamurti ging nun Hand in Hand mit Maßnahmen einer organisatorischen Verselbständigung. Aus Steiners Anhängerkreis heraus wurde, nach vorgängigen Organisationen im inneren Kreis seiner Theosophen seit dem Herbst 1910, im Mai 1911 der »Johannesbau-Verein« gegründet, eine gegenüber der Theosophischen Gesellschaft eigenständige Einrichtung, auf die Besant keinen Zugriff hatte und der auch Steiner formal nicht angehörte (s. 12.3.1). Als formal unabhängige Vereinigung hatte sich also der Johannesbau-Verein den gleichen Status wie der Sternorden zugelegt. Bereits am 12. September 1911 soll Steiner, so zumindest Hübbe-Schleiden 1916, ihm mitgeteilt haben, sich mit einer »Anthroposophischen Gesellschaft« von Adyar abtrennen zu wollen[203]. Der Johannesbau-Verein, dessen Vorläufer schon seit Ende 1910 existierten, hielt jedenfalls am 12. Dezember 1911 seine erste Generalversammlung ab (MTG 12,12). Vier Tage später, am 16. Dezember 1911, konstituierte

198 Brief Besant an Steiner, 18.4.1912, Nachlaß Steiner.

199 Klatt: Theosophie und Anthroposophie, 110f.

200 Ebd., 112. Noch in einem Rundschreiben aus dem Jahr 1912 hat sie an dieser Entscheidung festgehalten; Rundschreiben Besants, datiert von Cordes auf den 17.8.1912, maschinenschriftlich, TheosA Adyar, File 118.

201 Zeitschriftenschau, in: Theosophie 3/1912–13, 176.

202 Vgl. Anm. 27.

203 Hübbe-Schleiden: Die Geschichte der theosophischen Bewegung in Deutschland, 324.

sich ein »Bund«, um »alle diejenigen zu vereinigen, welche rosenkreuzerische Geisteswissenschaft pflegen wollen« (ebd., 13,36), und der 1912, locker tagend, offenbar die Gründung einer eigenständigen Organisation Steiners präludierte[204]. Der Bund habe »weder nach Form, noch nach Inhalt das Geringste mit der Theosophischen Gesellschaft zu tun«, doch dokumentierten die »Garanten innerhalb des deutschen Sprachgebiets«, darunter Marie von Sivers (MTG 13,36), daß sich hier Anhänger Steiners in einer Konkurrenzorganisation gegenüber Adyar zusammenfanden, die wiederum keine organisatorischen Verbindungen zur deutschen Sektion der Theosophischen Gesellschaft Adyar besaß. Bereits im September 1912 müssen Gerüchte über eine Umbenennung des »Bundes« in Anthroposophische Gesellschaft die Runde gemacht haben, wohl weil es gegen das Prädikat Rosenkreuzer Vorbehalte gab[205]. Die Bildung von Organisationen, die nur für Steiner verfügbar waren, wurde also im Zeitraum der Generalversammlung vom Dezember 1911 vorangetrieben. Der Kampf um die Organisationsmacht in Deutschland war in vollem Gange.

### *b. Die Zuspitzung des Konfliktes: Genueser Kongreß – die Schweizer Logen – die Aktivitäten von Cordes und Vollrath*

In dieser Situation war für den September 1911 ein Kongreß der europäischen Sektionen der Theosophischen Gesellschaft Adyar in Genua anberaumt[206]. Hier wären sich Besant und Steiner begegnet, hier hätten sie ihre Divergenzen von Angesicht zu Angesicht austragen müssen, wie das wohl auch viele Theosophen hofften: »Es wird in Genua voraussichtlich zu sehr ernsten Auseinandersetzungen kommen, namentlich zwischen Frau Besant und Dr. Steiner«, schrieb Ludwig Deinhard an Hübbe-Schleiden[207]. Der Kongreß fiel allerdings weitgehend aus, ein im Nachhinein folgenreiches Desaster. Dies war geschehen: Die italienische Sektion hatte die Veranstaltung organisiert, die Teilnahmegebühren waren vielfach bezahlt und einige Teilnehmer schon auf der Reise (MTG 13,7), als die italienische Sektion die Veranstaltung absagte. Das Faktum war in den »Mitteilungen« vom März 1912 sachlich, wenn auch mit irritiertem Zungenschlag, nachträglich dokumentiert worden: Die Absage sei »rechtskräftig, wenn auch

---

[204] Lindenberg: Steiner (Chronik), 312. 314; an der Versammlung sollen etwa 800 Personen teilgenommen haben (ders.: Steiner [Biographie], I, 498). Lindenberg meint ebd., I, 490, daß Steiner mehr geschoben als ziehend die Gründung begleitete, doch dies scheint mir Steiners Interessen zu unterschätzen.

[205] Vreede: Brief vom 2.9.1912 an eine ungenannte Freundin (ursprünglich niederländisch). Vreede glaubte, daß der »Bund«, »was die Anhänger des Dr. betrifft, wohl bald die Th. Ges. ersetzen wird. Der ›Bund‹ heißt nun ›Anthroposophische Gesellschaft‹«. »Das Wort ›Rosenkreuzer‹ dürfen wir nicht im Namen gebrauchen, sagte der Dr., denn, obgleich wir darauf ein innerliches Recht haben, haben andere, ältere Gesellschaften ein historisches Recht auf diesen Namen.« (ebd.) Vgl. auch Anm. 223 und 235. Schmidt: Glossar, 971, spricht von einem »Bund für anthroposophische Arbeit«, dem sich »nahezu der gesamte Vorstand der deutschen Sektion als ›Garanten‹« angeschlossen habe.

[206] Klatt: Theosophie und Anthroposophie, 108, nennt als geplanten Zeitraum die Tage vom 17. bis zum 21. September, Lindenberg: Steiner (Chronik), 308, die Tage vom 16. bis 19. September 1911. Der Kongreß der europäischen Sektionen war eine Einrichtung, deren Eigengewicht gegen Adyar man durchaus kannte (MTG 13,7), die machtpolitische Konstellation war mithin unübersehbar.

[207] Brief von Deinhard an Hübbe-Schleiden, 22.8.1911 (in: Klatt: Theosophie und Anthroposophie, 200).

unverständlich« (ebd., 13,8). Entscheidend war ein Telegrammwechsel im Vorfeld gewesen: Besant hatte ihr Kommen abgesagt, worauf der italienische Generalsekretär Otto Penzig[208] sie frug, ob dann der Kongreß überhaupt noch stattfinden solle. Ihre Antwort: »President confirms her telegram yesterday abandoning Congress« (MTG 15,6). Diese Feststellung war, wie die Auslegungsgeschichte zeigte, doppeldeutig: Besant las darin nur die Absage ihrer persönlichen Anwesenheit, Penzig hingegen die Aufforderung, den gesamten Kongreß abzusagen. Besant habe – so will Penzig später erfahren haben – abgesagt, weil sie wegen einer möglichen Quarantäne-Sperre »die Gefahr vermeiden wollte, die schon für sie und ihre Gefährten, fixierte Passage auf einem Dampfer nach Indien zu verlieren«. Ob hier die wahren Motive im Machtpoker lagen (vgl. MTG 15,6), ist nicht mehr zu klären. Der Kongreß fand dann als Rumpfveranstaltung noch statt[209], die Funktion für die Austragung des Konflikts zwischen Besant und Steiner besaß er jedoch nicht mehr.

Zum realen wie symbolischen Konflikt geriet neben der Diskussion um Krishnamurti die Rolle der Schweizer Logen[210]. Die deutschsprachigen Ortsgruppen der Adyar-Theosophie sollten, einer Entscheidung Olcotts zufolge, auch zur deutschen Sektion gehören (MTG 14,13). Nun habe sich jedoch 1911 eine Welsch-Schweizer Loge in Genf in sieben Logen gespalten, die mit ihrem Abstimmungsgewicht die deutschsprachigen zum Beitritt in eine neu einzurichtende, Besant-nahe Gesamt-Schweizer Sektion habe zwingen wollen[211] – so die Interpretation aus Steiners Perspektive. Frau Besant sah dies anders: Sie wies ihn am 9. März 1911 an, »not to charge any lodge in Switzerland«, da die Diplome nun durch sie selbst ausgestellt würden[212]. Später polemisierte sie, »Dr. Steiner invaded the territories of the French and Italian Sections, and thus caused the trouble« (MTG 15,4)[213]. Steiner hingegen verwies 1913 erbittert darauf, von Besant eigenhändig eine Urkunde erhalten zu haben, in der Lugano – eine vollständig deutschsprachige Loge in der italienischen Schweiz[214] – der deutschen Sektion

---

208 Penzig war Schlesier mit italienischer Staatsbürgerschaft und Professor für Botanik in Genua; Klatt: Der Nachlaß von Wilhelm Hübbe-Schleiden, 217.

209 Klatt: Theosophie und Anthroposophie, 108; ob der Rumpfkongreß während des gesamten ursprünglich geplanten Zeitraums tagte, ist unklar.

210 Zur Geschichte der Adyar-Theosophie in der Schweiz vgl. Kap. 3.7, Anm. 11.

211 MTG 14,13. Nach Lévy: Mrs. Annie Besant, 40, sollen es vier Logen gewesen sein, die sich zur Zahl von sieben Gründungslogen teilten und sich zuletzt auf die absolute Mehrheit von zwölf Logen erhöhten; Lindenberg: Steiner (Biographie), I, 487, spricht von drei Genfer Logen.

212 Brief Besant an Steiner, 9.3.1911, Nachlaß Steiner.

213 Dahinter stand ein weiteres Problem, insoweit die nationalstaatliche Grenzziehung der theosophischen Sektionen die grenzüberschreitende Attraktivität Steiners, der den theosophischen Regularien zufolge nicht selbständig in anderen Sektionen tätig sein konnte, nicht zuließen. Am 18.3.1908 etwa berichtete Steiner Besant in einem Brief, daß er von der skandinavischen Sektion zu Vorträgen eingeladen sei (TheosA Adyar, File 118 [Brief S. 1]), am 12.12.1908 schrieb er ihr, daß es in der böhmischen und russischen Sektion Kräfte gebe, die »dependant on Germany« sein wollten (TheosA Adyar, File 118 [Brief S. 4]). 1910 existierte im russischen Kaluga dann ein Zweig »Rudolf Steiner« (The Theosophist 32/1911, 59), der 1908 seinen Charter erhalten hatte (ebd., Supplement, S. LXXXII), und in Kopenhagen hieß 1910 ein Zweig Steiner-Loge (ebd., S. XLVII). Einzelne ausländische Mitglieder waren sogar in seine Esoterische Schule übergewechselt (GA 262$^2$,257).

214 Hübbe-Schleiden: Denkschrift, 34.

zugeschlagen worden sei (ebd.). Steiner befürchtete, seine Schweizer Mitglieder würden in die frankophone Sektion der Schweiz herübergezogen[215]. Er erlaubte daraufhin mit Besants Einverständnis den deutschsprachigen Logen, eine eigene Sektion zu gründen[216]. Diese Entwicklung war insofern bedeutsam, als damit das Kardinalproblem berührt war, das letztlich auch hinter dem Sternorden stand: der Aufbau jeweils eigenständiger Organisationsstrukturen, mit dem sowohl Besant als auch Steiner zu diesem Zeitpunkt voll beschäftigt waren.

Die Polemiken nahmen in den folgenden Monaten zu. Ein erster Vorgeschmack darauf bot die Auseinandersetzung um die Rolle des gebürtigen Hamburgers John Hermann Cordes, der in Adyar Tutor von Krishnamurti war[217]. Der Hamburger Theosoph Bernhard Hubo hatte am 29. Januar 1912 einen Brief von Cordes erhalten (veröffentlicht im Dezember 1912), in dem sich Cordes als »National Repräsentative [sic] für Deutschland« beim »Council« in Adyar bezeichnete (MTG 14,9): Steiners Theosophen glaubten, Steiner werde ausgebootet, für Besants Anhänger war dies eine pragmatische Regelung, die Cordes als in Adyar lebendem Deutschen zufalle[218]. Als nachgerade perfide betrachten jedoch Steiners Anhänger die Bitte an Cordes, »soviel wie möglich private und intime Neuigkeiten zu bekommen« (ebd.): für Steiners Theosophen ein klarer Fall von Spionage, für die Gegenseite ein normaler Versuch der Informationsbeschaffung, der in jedem Land unternommen werde, um die Sektionen enger zu verbinden[219]. Daneben spielten nun auch weltanschauliche Fragen eine unübersehbare Rolle, und es ist bezeichnend, daß diese Debatte jetzt erst in Schwung kam: Hubo hatte Cordes vorgehalten, daß eine Wiederverkörperung Christi unmöglich sei, der vom Sternorden angekündigte Weltenlehrer könne nicht Christus sein (ebd., 14,10).

Neben organisationstechnischen Rochaden und wechselseitigen Dogmatisierungsvorwürfen griffen offenbar beide Seiten zu »okkulten« Autoritätsargumenten. Steiner habe 1911, berichtete jedenfalls der mit ihm zusammenarbeitende Ludwig Deinhard, ihm »zart« angedeutet, »dass er mit einem verstorbenen Mitglied der T.G. – einen Namen nannte er nicht – astraliter oder astro-mentaliter verkehre«, und Deinhard mutmaßte, dahinter könne sich Olcott verbergen[220]. Auch mit Blavatsky, so unterstellte Deinhard, pflege Steiner offenbar einen gei-

---

[215] Brief Steiner an Besant, Entwurf, 1.11.1911, Nachlaß Steiner.

[216] »Le Secrétaire Général de la Section Allemande nous a fait part de Votre permission de former und seconde séction en Suisse«; dabei handelte es sich um zwei Basler Logen sowie um diejenigen in Bern, Lugano, Neuchatel, St. Gallen und Zürich. Brief der Schweizer Logen an Besant, unterschrieben von Emil Grosheintz, einem Brief Steiners an Besant vom 30.3.1912 beiliegend; TheosA Adyar, File 118. Es muß allerdings zugleich Versuche gegeben haben, durch Pro-forma-Gründungen von Zweigen in der deutschsprachigen Schweiz die zur Sektionsgründung notwendigen sieben Zweige zu erhalten (GA 262[2],254). Nach Grosheintz-Laval: Die Feier der Grundsteinlegung, 145, hatte Besant den Charter der frankophonen Logengründung wieder zurückgezogen. Besants Vorschlag zur Sektionsgründung in einem Brief an Steiner vom 22.11.1911, Nachlaß Steiner.

[217] Klatt: Der Nachlaß von Wilhelm Hübbe-Schleiden, 59.

[218] Hübbe-Schleiden: Denkschrift, 49.

[219] Ebd., 48.

[220] Brief von Ludwig Deinhard an Hübbe-Schleiden, 26.7.1911 (in: Klatt: Theosophie und Anthroposophie, 192).

stigen Verkehr[221]; dagegen »bezweifle ich es *sehr stark*, dass Frau Besant in einem übersinnlichen Contact mit ihrer einstigen Lehrerin steht«, wohingegen er ihre Kontakte zum »Meister K. H. [Koot Hoomi]« für wahrscheinlich hielt[222]. Ob diese Argumentationen von den Protagonisten der Auseinandersetzungen wirklich benutzt worden sind, ist unklar. Gleichwohl werden hier interne Plausibilisierungen sichtbar, mit denen die offen geführten Debatten zusätzlich abgestützt und eigene Positionen immunisiert werden konnten.

Das Klima verschlechterte sich zwar weiter, doch bot Besant Steiner im Januar 1912 brieflich noch eine friedliche Konfliktlösung an:

> »Do you think, »my dear Brother, that it is wise to antagonize all the rest of Europa, by these aggressions on National Societies?« »Many Theosophists are hostile to the ›new western Rosicrucianism‹, and wish to be Theosophists, not Rosicrucians. Here will, I fear, be a rupture unless more tolerance is shown.«[223]

Dahinter schwelte weiterhin die Frage der nationalen Organisation der theosophischen Sektionen in Verbindung mit der Machtfrage in der Theosophischen Gesellschaft. Steiner verwahrte sich am 30. März jedenfalls gegenüber Besant, in der Schweiz nationale Gegensätze geschürt zu haben. So habe er denn im Prinzip auch nichts gegen die unmittelbare Anbindung an Adyar[224], um die einige Theosophen bei Besant nachgesucht hatten[225].

In einem Brief vom 8. Mai 1912, ebenfalls im Dezember 1912 veröffentlicht, führte Besant überraschenderweise – hatte sie doch die Probleme seines Verhaltens seit 1911 realisiert – einen Befreiungsschlag für Vollrath: Zum einen wiederholte sie, daß der Sternorden kein Teil der Theosophischen Gesellschaft sei, zum anderen erklärte sie, Vollraths Ausschluß aus der deutschen Sektion sei für die Gesamtgesellschaft nicht bindend: »Expulsion from a section does not carry it with it expulsion from the Theosophical Society« (MTG 14,1)[226], womit Steiner allerdings im Prinzip einverstanden gewesen war[227]. Im übrigen kenne sie Voll-

---

[221] Brief von Ludwig Deinhard an Hübbe-Schleiden, 12.12.1912 (ebd., 229). Vgl. ähnliche Praktiken im Umgang mit Eliza von Moltke (s. 9.5.1c).

[222] Brief von Ludwig Deinhard an Hübbe-Schleiden, 12.12.1912 (ebd., 229). Zum Kontakt mit Blavatsky vgl. Deinhard an Hübbe-Schleiden, 16.7.1911 (ebd., 191).

[223] Brief von Besant an Steiner, 25.1.1912, S. 4; TheosA Adyar, File 118.

[224] Brief Steiner an Besant, 30.3.1912, Entwurf, Nachlaß Steiner.

[225] Dieses Problem gab es nicht nur in der Schweiz. Im März hatte Besant Steiner unterrichtet, daß Mitglieder der Düsseldorfer Blavatsky-Loge den Antrag stellten, to »be attached directly to Adyar«; Brief Besant an Steiner, 22.3.1912, Nachlaß Steiner. Dabei handelte es sich u.a. um Ernst Pieper, J. L. M. Lauweriks und A. Lauweriks-Lemaire.

[226] Die Formulierung enthält, wenn das erste »it« nicht durch einen Übermittlungsfehler entstanden ist, einen Germanismus.
Es gab zwar die ortsgruppenunabhängigen Einzelmitgliedschaften in einer Sektion und möglicherweise auch Einzelmitgliedschaften in der Gesamtgesellschaft, so daß es möglichweise eine formaljuristische Rechtfertigung für Besants Vorgehen gibt; die machtpolitische Funktionalisierung des Arguments ist aber evident. Wie diese Äußerung Besants mit der Entfernung Vollraths vom Posten des Sekretärs des Sternordens zusammengeht, ist unklar.

[227] Steiner hatte im März Besant explizit das Recht zugestanden, Vollrath mit der Vertretung des Sternordens zu betrauen, protestierte aber gegen dessen Polemik; Brief Steiner an Besant, 30.3.1912, Entwurf, Nachlaß Steiner. Besant antwortete am 18. April, sie habe von Vollraths Polemik nichts gewußt; Brief Besant an Steiner, Nachlaß Steiner.

raths »pamphlet« von 1911, das Steiner moniert hatte, nicht, sonst hätte sie ihn nicht zum Sekretär des Sternordens gemacht, in »respect to Dr. Steiner, both as General Secretary & as a friend« (ebd., 14,2). Steiner erwiderte, daß Frau Besant schon seit 1909 durch ihn von der Problematik um Vollrath gewußt habe (ebd., 14,4), und so sei dessen Berufung in den Sternorden ein »Misstrauensvotum« gegen ihn gewesen (ebd., 14,5). Als ein solches sei auch Hübbe-Schleidens Vorwurf zu deuten, der ihn autoritärer, »päpstlicher« Tendenzen bezichtige (ebd.).

*c. Neue Logen und Trennung*

Steiner dachte nun lauter über eine Trennung nach: Am 17. Juni 1912 sinnierte er vor Mitgliedern über das Problem des »Separatismus« (GA 130$^4$,311), gemeint war natürlich von der Theosophischen Gesellschaft, und drei Tage später hagelte es offene Kritik an Besant[228]. Vielleicht hatte dies damit zu tun, daß sich auch der Konflikt um Krishnamurti verschärft hatte: Am 1. Mai 1912 hatte er auf Taormina in Sizilien eine »zweite Einweihung« erhalten, die Steiner später mit »okkulten« Argumenten kritisierte (s. 8.2.7). Gleichzeitig war man in der Leitung der Theosophischen Gesellschaft offenbar dabei, einen esoterischen Leitungskreis, dem sieben Personen angehören sollten, darunter Besant, Leadbeater und Krishnamurti, einzurichten[229]; auch hier war möglicherweise ein neuer Machtfaktor in Arbeit. Schon seit 1911 hatte Steiner die amtliche Korrespondenz mit Adyar zunehmend eingeschränkt, so daß die Bestätigung neugegründeter Logen durch Adyar zu einem Problem wurde und Besant sich immer mehr Hübbe-Schleidens als Ansprechpartner bediente[230]. Seit April 1912 beantwortete Steiner offenbar monatelang keine Briefe Besants mehr[231].

Hübbe-Schleiden war schon im Frühjahr auf der Suche nach neuen Partnern und besuchte zu Pfingsten den Kongreß der Internationalen Theosophischen Verbrüderung (also der Anhänger Hartmanns)[232], und im August 1912 gründete er einen eigenen, den »Undogmatischen Verband«[233], den Steiner anerkennen sollte[234]. Kleine, Besant-nahe Logen wurden teilweise unter Umgehung der Sta-

---

[228] Steiner unterstellte Besant am 20.6.1912, ohne ihren Namen zu nennen, »Wahrheit« »einseitig auf persönliche Autorität begründen« zu wollen (GA 133$^3$,164).

[229] Lutyens: Krishnamurti (engl.), I, 58.

[230] Klatt: Theosophie und Anthropsophie, 109.

[231] In der Rudolf Steiner-Nachlaßverwaltung stammt ein Brief Steiners an Besant, ein Entwurf, vom 30.3.1912, der nächste Brief Steiners vom 20.12.1912. Besants Anhänger haben dies erbittert registriert; vgl. Hübbe-Schleiden: Denkschrift, 56.

[232] Klatt: Theosophie und Anthroposophie, 115.

[233] Hübbe-Schleiden: Botschaft des Friedens (ohne Nummerierung), S. 45f. Dazu Klatt: Theosophie und Anthropsophie, 116. Der Gründungsaufruf unter: Undogmatischer Verband von Mitgliedern der Theosophischen Gesellschaft, begründet im August 1912. Aufruf (2 Seiten), unterzeichnet von Hübbe-Schleiden und Cordes (Nachlaß Hübbe-Schleiden, 820). Hier sind keine konkreten Gründe für die Sezession angegeben, vielmehr wird nur allgemein und wortreich zu »voller Geistesfreiheit« aufgefordert (S. 1).

[234] Unter den Papieren Hübbe-Schleidens findet sich das folgende vorgefertigte Schriftstück, das Steiner unterschreiben sollte (Nachlaß Hübbe-Schleiden, 822, Bl. 1): »Dr. Rudolf Steiner erklärt noch im Herbste 1912 eine General-Versammlung der Deutschen Sektion der Theosoph. Gesellschaft berufen zu wollen und in dieser die Aufhebung derjenigen Bestimmungen der Sektions-Satzungen zu beantragen, die mit den *allgemeinen* Satzungen und mit den *Zwecken* der Gesellschaft nicht in Ein-

tuten gegründet (GA $262^2$,265 f.), seit 1912 erschienen die Adyar-Mitteilungen, wohl als Gegenstück zu den von Steiners Anhängerin Mathilde Scholl herausgegebenen Mitteilungen der Theosophischen Gesellschaft. Spätestens am 29. August muß Steiner erwogen haben, die deutsche Sektion der Theosophischen Gesellschaft in Anthroposophische Gesellschaft umzubenennen[235]. Die Gangart wurde im Spätsommer 1912 zusehends schärfer. Anfang Juni 1912 war die Theognostische Gemeinschaft in Hannover »aus taktischen Gründen« von Adyartreuen Mitgliedern aufgelöst und noch vor der Gründung des »Undogmatischen Verbandes« in zwei neue Logen gespalten worden[236], am 2. August folgte ein Alkyone-Zweig in Göttingen, der schon in seinem Namen als Besant-treu erkennbar war und dessen Diplom vom 21. September datierte[237]. Besant gab diese Entwicklung Steiner zur Kenntnis, der darauf allerdings nicht reagierte[238]. Im August entstand eine Adyar-Loge in Leipzig, wo Cordes schon im Frühjahr 1912 Kreise, die auf Distanz zu Steiner gegangen waren, gesammelt hatte[239]. Besant setzte Steiner am 23. August von der Bitte einiger Logen um einen direkten Anschluß an Adyar in Kenntnis[240] und publizierte, da Steiner ihr nicht mehr antwortete, im Oktober ihre Beschwerden über Steiners Kommunikationsverweigerung[241]. Steiner wiederum verweigerte im Oktober 1912 Besant-nahen Logen die Aus-

---

klang stehen. Zugleich erklärt Dr. Steiner sich bereit, den ›Undogmatischen Verband‹ als unoffizielle, aber zulässige Organisation anzuerkennen und fernerhin auch Stiftungs-Urkunden für Zweige sowie Diplome für Mitglieder auszustellen, die sich innerhalb der Deutschen Sektion diesem ›Undogmatischen Verband‹ anschließen wollen. Insbesondere verspricht er, nunmehr auch die Mitglieds-Diplome für Frau Sanitätsrat Dr. Leonhardi und für Fräulein Sophie Leonhardi, beide in Leipzig, sowie auch für Herrn Carl Bayrhammer in Traunstein und für Herrn Gustav Niksic in Wien auszufertigen. München, den«.

235 Lindenberg: Steiner (Chronik), 320; vgl. Strakosch: Lebenswege, I, 242 (ohne Daten). Robert Nadler, der spätere Generalsekretär der ungarischen Sektion, schrieb Besant am 9. September 1912 (Brief, 4 Seiten): »The Bund got a new name: ›Anthroposophische Gesellschaft‹« (S. 1 f.); TheosA Adyar, File 119.

236 Theosophisches Streben 1 / 1913–15, Heft I, 22.

237 Ebd.

238 Besant zeigte Steiner am 23.8.1912 an, daß sie eine »application« an die Alcyone-Lodge (Göttingen) und die Theognostic-Lodge und die Brotherhood-Lodge (beide Hannover) ausgestellt habe. Am 23.8. berichtete sie auch, die Damen Leonardi (wohl Marie und ihre Tochter Sophie) aus Leipzig hätten für die Loge Veritas ein solchen Antrag gestellt, am 18.11. schrieb sie Steiner, die »application« sei für die Besant-Loge in Berlin und zwei weitere Berliner Logen erteilt worden (alle Briefe Nachlaß Steiner).

239 Theosophisches Streben 1 / 1913–15, Heft I, 24 f. Am 25. September trat auch die Loge Fürstenwalde von der Internationalen Theosophischen Verbrüderung in die Adyar-Theosophie über (Theosophisches Streben 1 / 1913–15, Heft II, 17), wobei die Gründe unklar sind und damit die Frage, ob dieser Schritt überhaupt etwas mit den Auseinandersetzungen um Rudolf Steiner zu tun hat, unbeantwortet bleibt.

240 Brief Besants an Steiner, London 23.8.1912, eine Seite (TheosA Adyar, File 119). Die Anträge kamen von der Alcyone Loge in Göttingen und der Theosophischen Loge in Hannover, beide Hübbe-Schleiden eng verbundenen. Besant enthielt sich trotz oder wegen der offenkundlichen vereinspolitischen Brisanz in dem Brief aber jeder Wertung und bedauerte nur, keine Post von Steiner zu erhalten.

241 In: The Theosophist 34,1 / 1912–13 (Oktoberheft). Besant hatte Steiner am 8. Mai 1912 als Reaktion auf seine Ansprache auf der deutschen Vollversammlung im Dezember 1911 geschrieben, habe aber bis zum 31. Juli 1912 keine Antwort erhalten (S. 136 f.). Sie benannte darin die Angelegenheit Vollrath und den Sternorden als zentrale Konfliktfelder.

stellung ihrer »Diplome«, nachdem er schon im Frühjahr dieses Jahres einzelnen Personen die Aufnahme verweigert hatte[242]. »In dieser Ablehnung wird mich kein Einspruch auch der Präsidentin beirren können«[243]. Seitens einer Göttinger Loge (wohl die Alkyone-Loge), die Hübbe-Schleiden gründen wollte, hielt man Steiner vor, daß »die Gesinnungsart, wie sie in ihm [dem Zweig] herrsche, nicht mit der Arbeit in der deutschen Sektion übereinstimme«, eine andere sei »bereits unabhängig an Adyar angeschlossen« (MAG 1 / I, 8), damit meinte man wohl die Leipziger Loge[244], der Steiner am 15. Oktober die Gründungsurkunde verweigert hatte[245]. Über die Bestimmungen der Satzung scheinen sich alle Beteiligten hinweggesetzt zu haben, und auch Steiner, der ja schon 1908 das Vereinsrecht nach seinem Belieben verändert hatte, dürfte als Taktiker gehandelt haben. Ende 1912 war Besant ihrerseits mehr oder weniger öffentlich dabei, eine parallele Organisationsstruktur ihr nahestehender Adyar-Logen nicht nur in der Schweiz, sondern auch in Deutschland aufzuziehen, wieder mit Hugo Vollrath als einem Exponenten (MTG 14,7 f.) und mit Hübbe-Schleiden. Am 16. November konstituierte sich eine Loge in Plauen[246], am 20. November eröffnete Vollrath mit Besants Autorisation die Leipziger Loge[247].

Am 8. Dezember 1912 schließlich wurde der Konflikt von deutscher Seite in eine Situation vorangetrieben, die eine Verständigung, an die wohl beide Seiten jetzt nicht mehr glaubten, ausschloß. An diesem Sonntag beschloß der Vorstand der deutschen Sektion, der in der Motzstraße 17, Steiners Berliner Dienst- und Wohnsitz, tagte, den Generalsekretären der Theosophischen Gesellschaft den Vorschlag zu unterbreiten, daß die nächste Generalversammlung in Adyar Annie Besant als Präsidentin absetzen solle. Die Vorwürfe des Schreibens lauteten auf »Verschleierung und Entstellung der Tatsachen«, auch habe »die Präsidentin unausgesetzt und geradezu systematisch gegen den obersten Grundsatz der Theos. Ges. (›Kein Bekenntnis über die Wahrheit‹) verstossen und in Missbrauch und Willkür die Präsidialgewalt mit Behinderung positiver Arbeit ausgeübt« (MTG 15,7). Wen man für einen geeigneten Führer hielt, erfuhren die Leser im Klartext: »Herr Dr. Rudolf Steiner ist unserer Überzeugung nach der grösste bekannte theosophische Lehrer der Gegenwart« (ebd., 15,9). Mit einem Beschluß gleichen Datums wurden die Mitglieder des Sternordens, der in Deutschland etwa 640 Anhänger gezählt haben dürfte und bei einer beträchtlichen Minderheit der

---

242 Hübbe-Schleiden: Denkschrift, 13. Vgl. Klatt: Theosophie und Anthropsophie, 117.

243 Brief von Steiner an Hübbe-Schleiden, Abschrift einer Übersetzung, 15.10.1912. In einem weiteren Brief Steiners an Hübbe-Schleiden vom selben Tag (Dornach 15.10.1912, 4 Seiten) hielt Steiner es für »unmöglich«, daß ein Zweig »direkt an Adyar und an eine besondere Sektion angeschlossen ist« (S. 1 f.); beide Briefe TheosA Adyar, File 119. Offenbar maß man dem Vorgang eine besondere Bedeutung zu, da beide Briefe in doppelter Ausfertigung vorliegen: der erste in einer handschriftlichen Übersetzung, wohl von Hübbe-Schleiden und in einer hektorgraphierten deutschen Fassung, der zweite im Original Steiners und in einer hektographierten deutschen Abschrift.

244 Vgl. Lindenberg: Steiner (Biographie), I, 500.

245 Die Verweigerung der Göttinger Urkunde datiert vom 13. Oktober; die Daten nach Lindenberg: Chronik, 321 f.

246 Theosophisches Streben 1 / 1913–15, Heft II, 17.

247 Lindenberg: Steiner (Chronik), 323.

rund 2.300 Adyar-Theosophen akzeptiert war[248], aus der deutschen Sektion ausgeschlossen (MTG 15,20)[249].

Der Schlagabtausch ging in rascher Folge weiter. Am 13. Dezember etwa wurde die österreichische Sektion unter Leitung von John H. Cordes aufgefordert, in eine Besant-nahe theosophische Gesellschaft »überzutreten«, was die Österreicher ablehnten (MTG 15,9f.). Am 14. Dezember erhielt die Blavatsky-Loge in Berlin aufgrund des Engagements von Hübbe-Schleiden ihr Diplom[250]. Am 28. Dezember 1912 schließlich schuf man den fait accompli: An diesem Tag wurde die Anthroposophische Gesellschaft gegründet[251]. Die im Dezember 1912 erscheinenden »Mitteilungen« hatten den Auseinandersetzungen im Titel schon vorsorglich Rechnung getragen: der Zusatz »Hauptquartier Adyar« zum Untertitel »Theosophische Gesellschaft« war gestrichen worden.

Doch auch damit war das Konfliktpotential noch nicht ausgereizt. Die Feindseligkeiten schlugen nun in eine personalisierte und verletzende Polemik um. Besant hatte 1912 Steiner als »reuigen Materialisten« dargestellt und ihm offensichtlich eine Konversion vom Judentum ins Christentum vorgehalten[252]; im Dezember 1912 fuhr sie in einer Ansprache vor dem General Council in Adyar schließlich eine Beschuldigung ad personam auf, die Steiner zuinnerst traf:

> »The German General Secretary, educated by the Jesuits, has not been able to shake away himself sufficiently clear of that fatal influence to allow liberty of opinion within his section.« (MAG 1/I, 10)[253]

Das war der Vorwurf des Dogmatismus, gebunden an eine Organisation, die Gesellschaft Jesu, für die Steiner zeitlebens kaum ein gutes Wort fand. Dahinter stand für Besant das Problem der westlichen oder östlichen Ausrichtung der Theosophischen Gesellschaft, wie sie im Januarheft des Theosophist schrieb:

> »The T.S. [Theosophical Society] is face to face with an organised attack, engeneered by the most dangerous enemy that liberty of thought and speech have ever had – the Jesuits. ... In Germany, they are working to secure the predominance of Christianity in the T.S., thus distorting it into a Christian Sect, and making certain its rejection in the East. They use their old weapons, – misinterpretation, slander, false charges, all levelled

---

248 Reden: Dr. Hübbe-Schleiden's Denkschrift, 33. In den Adyar-Mitteilungen 1/1912–13, 21, ist für Ende 1912 von über 600 Mitgliedern in Deutschland die Rede. 1914 soll der Sternorden insgesamt 15.000 Mitglieder gehabt haben, so Tillet: Elder Brother, 156; zu den Zahlen der Theosophischen Gesellschaft s. 4.1.1.

249 Das Schreiben ist dokumentiert bei Klatt: Theosophie und Anthroposophie, 224f. Eine Diskussion dieses Vorgangs hat es auch auf der Generalversammlung im folgenden Februar nicht gegeben (MAG 1/I, 4).

250 Theosophisches Streben 1/1913–15, Heft III, 17.

251 Marie Steiner. Briefe und Dokumente, 48; 300 Mitglieder seien in Köln aufgenommen worden.

252 Lévy: Mrs. Annie Besant, 80. Schon 1902 hatte Bresch das Gerücht verbreitet, Steiner sei Jude; so Keightly in einem Brief an Olcott, 19.6.1902, S. 3 (TheosA Adyar, File 118).

253 Die Quelle der Fehlinformationen könnte Hartmann sein, der Besant am 9.3.1908 geschrieben hatte: »He has been educated at the Jesuit college at Karlsburg (near Vienna), and I believe, he is a Jesuit still.« (TheosA Adyar, File 118) Hartmann soll aber diese Behauptung, deren Inhalt er von Steiner selbst erfahren haben will, in der Theosophischen Gesellschaft offen erzählt haben; so Hübbe-Schleiden in einem Brief an Deinhard vom 7.9.1911, zit. in: Klatt: Theosophie und Anthroposophie, 107.

against the leaders of the movement they seek to destroy; and all means are good *ad majorem Dei gloriam*. The ›Black General‹, as their head is called, has agents everywhere.« (ebd., 1/I, 11)

Steiner fühlte sich von »diesen *rein aus der Luft gegriffenen, allen wirklichen Tatsachen ins Antlitz schlagenden Behauptungen*« (ebd., 1/I, 10), so sein Kommentar, offenkundlich tief verletzt[254], und deshalb verdanken wir diesen Anschuldigungen Steiners wichtigen autobiographischen Vortrag vom 4. Februar 1913.

Aus der deutschen Perspektive sind diese Anschuldigungen immer als ein höchst persönlicher Angriff auf Steiner gelesen worden, aber dies ist bestenfalls ein Teil der Wahrheit und sicher eine zu enge Perspektive. Denn zum einen kam im Vorwurf des »Jesuitismus« die alte Debatte um die Rolle des Christentums im innertheosophischen Konzert der Religionen wieder hoch, die für Besant zusätzlich mit der Frage nach den Möglichkeiten der Akzeptanz der Theosophie »im Osten« verknüpft war. Was Steiner als persönlichen Angriff empfand, war die Wiederauflage einer beständig geführten Grundsatzdebatte unter Theosophen. Zum anderen war Jesuitismus fast ein Synonym für Dogmatismus. Schließlich sah Besant sich noch an weiteren Stellen von »jesuitischen« Feinden umstellt, sie interpretierte auch Abspaltungen in Amerika als Teile einer katholisch-jesuitischen Fronde (MAG 1/I, 11)[255]. In ihrer Wahrnehmung stand eine Geheimgesellschaft gegen die andere.

Unter dem Datum des 14. Januar 1913 drohte Besant schließlich, die Stiftungsurkunde zurückzuziehen und Steiner auszuschließen, wenn er nicht zu einigen Streitpunkten Stellung nehme, vornehmlich zur Nicht-Anerkennung von Logen und zum Ausschluß der Mitglieder des Sternordens aus der deutschen Sektion (vgl. MAG 1/I, 9). Spätestens kurz nach dem 19. Januar muß Steiner davon erfahren haben, da Marie von Sivers Steiner ihm unter diesem Datum einen Brief sandte, in dem sie ihm mitteilte, daß der Charter der deutschen Sektion ihm entzogen und Hübbe-Schleiden übertragen werden solle (GA $262^2$,269). Steiner wiederum schrieb Besant noch einen letzten Brief: Angesichts der »objektiv unwahren Behauptung«, er sei von den Jesuiten erzogen worden, überlasse er dem »Vorstande der deutschen Sektion« die Konsequenzen, also die Trennung[256]. Damit war die Konfliktgeschichte im finalen Stadium angelangt.

Am 2. Februar 1913 trat zum letzten Mal eine Generalversammlung der deutschen Sektion unter Steiners Leitung zusammen, nachdem es im Konfliktjahr 1912 keine Zusammenkunft mehr gegeben hatte. Sie hatte vor allem die Aufgabe, die Überführung der Theosophischen Gesellschaft in die Anthroposophische Gesellschaft, die am 28. Dezember 1912 im internen Kreis vollzogen worden war, von der Vereinsöffentlichkeit absegnen zu lassen. Schon vor der Versammlung hatten die »Mitteilungen« angekündigt, daß die erste Generalversammlung der Anthroposophischen Gesellschaft vom 3. bis 7. Februar stattfinden werde (MTG 15,1). Bei dieser Veranstaltung stimmte eine große Mehrheit für die

---

[254] Vgl. zu einigen Details GA $262^2$,270f.

[255] Darüber hinaus lag Besant 1913 auch mit dem Theosophen Bhagwan Das im Streit, der ihr autoritäres Verhalten kritisierte; Tollenaere: The Politics of Divine Wisdom, 79.

[256] Brief Steiner an Besant, 12.2.1913, Nachlaß Steiner.

Trennung, die wenigen Gegner, darunter Hugo Höppener (»Fidus«)[257], fanden anscheinend kaum Gelegenheit, sich Gehör zu verschaffen (ebd., 1 / I, 14 f.). Mit Datum vom 7. März 1913 schließlich setzte Annie Besant den Schlußpunkt: Sie schloß die deutsche Sektion aus der Theosophischen Gesellschaft Adyar aus (ebd., 1 / II, 7)[258]. In den »Mitteilungen« wurde dies in einer biblischen Formulierung als apokalyptische Wende gedeutet: »Das Alte ist vergangen, siehe, es ist alles neu geworden!« (ebd., 1 / I, 8, vgl. 2 Kor 5,17), und Steiner meinte, er habe »wirklich ein Martyrium« hinter sich (ebd., 1 / I, 24)[259]. Besant hingegen hielt die Abtrennung der Anthroposophischen Gesellschaft in ihrem Rechenschaftsbericht zum Jahr 1913 für den »Selbstmord« der Theosophie in Deutschland[260]. Hübbe-Schleiden suchte (erst jetzt?) Verbündete für den Sternorden in anderen theosophischen Gesellschaft[261], aber ein größerer Erfolg ist nicht bekannt.

Die traditionelle Frage post festum lautet seit den Jahren vor dem Ersten Weltkrieg: Wer war schuld? In Besants Perspektive hatte Steiner mit seiner Selbstsucht die Katastrophe verursacht, in Steiners Augen war es Besants autoritärer Machtanspruch. Bis heute prägt diese wechselseitige Verurteilung und Selbstrechtfertigung die historische Aufarbeitung unter Theosophen[262]. Demgegenüber schei-

---

[257] Vgl. die ausführliche Schilderung seiner Sicht der Generalversammlung bei Klatt: Theosophie und Anthroposophie, 231–235. 243–247.

[258] Der formelle Entzug des Charter wurde im Theosophist, 1914 / I, Supplement, S. I, unter dem Datum des 7. März 1913 verkündet; die Begründung ebd., Supplement, S. XIX–XX.
Die Anschuldigungen waren damit keineswegs zu Ende: so habe Besant ihren Brief vom 14. Januar 1913 in erweiterter Form (also verfälschend?) publiziert (MAG 3,17–22), Vorwürfe, sie habe selbst »wie die Jesuiten gehandelt« (ebd., 3,35), wurden kolportiert, oder die Diskussionen um die Überhöhung Besants aufbereitet (ebd., 4,19). Außerdem lief ein dichter publizistischer Schlagabtausch ab. Hübbe-Schleiden hatte schon 1912 seine »Botschaft des Friedens« veröffentlicht, auf die Emmy von Gumppenberg 1913 mit einem »Offenen Brief an Dr. Hübbe-Schleiden« replizierte. Hübbe-Schleiden wiederum veröffentlichte 1913 seine »Denkschrift«, dagegen setzte Thekla von Reden »Dr. Hübbe-Schleiden's Denkschrift«, ebenfalls von 1913, außerdem erschien im gleichen Jahr Eugène Lévys »Mrs. Annie Besant und die Krisis der Theosophischen Gesellschaft«; aber dies waren nur die umfänglicheren Werke dieser Fehde.

[259] In späteren Jahren hat sich Steiner zweimal ausführlicher über die Geschichte der Theosophischen Gesellschaft ausgelassen, 1915 und in seinen autobiographischen Erinnerungen aus den Jahren 1923 bis 1925, ohne aber neue Fakten zu liefern. 1915 interpretierte er seine Mitgliedschaft als »gewisse äußerliche Verbindung« (GA 254,49) und unterwarf Annie Besant faktisch einer damnatio memoriae: Er erwähnte sie einmal und bezichtigte sie des Plagiats der Gedanken von Blavatsky und Leadbeater (ebd., 27 f.). Steiner scheint seine frühere Verehrung durch Verdrängung zu bewältigen. In der Autobiographie kam Steiner nur kurz auf die Theosophische Gesellschaft zu sprechen, da deren Thematisierung für Abschnitte vorgesehen war, die er aufgrund seines Todes nicht mehr verfassen konnte. In einigen Vorgriffen war der Ton versöhnlicher, er bezeichnete sie für die ersten Jahre des 20. Jahrhunderts als »die einzige ernst zu nehmende Institution, in der reales Geistesleben vorhanden war« (GA 28,309). Dies mag allerdings auch ein Argument gewesen sein, um den eigenen Beitritt zu begründen. Den evolutiven Überbietungsanspruch behielt er allerdings bei: »Durch eine innere Notwendigkeit [ist] das Theosophische versiegt, und das Anthroposophische in einem von inneren Bedingungen bestimmten Werdegang zur Entfaltung gekommen« (ebd., 315).

[260] Theosophisches Streben 1 / 1913–15, Heft I, 2.

[261] Von Vorträgen Hübbe-Schleidens in der Hamburger Loge »Parzifal« der I.T.V. berichtet Korf: Unsere Zukunfts-Sehnsucht, 38.

[262] Die Adyar-nahe theosophische Literatur hat aufgrund der Marginalisierung bis heute kaum eine Stimme in der Deutung ihrer Vergangenheit. In der anthroposophischen Literatur hingegen wird bis heute Steiner salviert. Lindenberg: Steiner (Biographie), I, 494, etwa wies 1997 Besant in

nen mit beide Akteure mit harten und teilweise unfairen Bandagen gespielt zu haben: Steiner etwa agierte zunehmend monarchisch, wie die Fixierung seiner Rolle als lebenslänglich amtierendes Führungsmitglied 1908 belegt. Besant hat Steiners autoritären Anspruch offenbar lange Zeit, wohl bis 1911, hingenommen[263], dann allerdings mit Krishnamurti und dem Sternorden sowohl inhaltlich wie organisatorisch die Gesellschaft auf ihre Vorstellungen festzulegen versucht. Daß auch sie sich dabei autoritärer Methoden bediente, ist evident – und stieß damit auch in anderen Landessektion auf Widerstand[264]. Im Show-down des Jahres 1912 sind dann die Grenzen von Fairneß und Achtung von beiden verletzt worden, und namentlich Besant hat mit polemischen, ehrverletzenden Äußerungen wie dem Jesuitismus-Vorwurf Öl ins Feuer gegossen. Aber dies stand am Ende einer langen Konfliktgeschichte, in der beide Seiten zunehmend ihre eigenen Interessen im Blick hatten. Bei Steiner dürfte eine weitere Konfliktlinie eine wichtige Rolle gespielt haben: die Bewältigung der Trennung von der einst hoch verehrten spirituellen Lehrerin und wohl auch die Einschränkung seiner männlichen Rolle durch eine dominante Frau, aber diese Aspekte liegen außerhalb der Organisations- und Weltanschauungsgeschichte, auf die sich dieses Kapitel konzentriert.

Der neugegründeten Anthroposophischen Gesellschaft[265], deren »Ehrenpräsidium« Steiner übernommen hatte (MAG 1 / I, 25), ohne de jure ihr Leiter zu sein, zog den weitaus überwiegenden Teil der deutschen Adyar-Theosophen an sich: 2.557 Mitglieder[266] in 85 Arbeitsgruppen, davon 39 in Deutschland und die übrigen 46 in Westeuropa und den USA[267]. Nur 14 Logen und fünf weitere Zweige mit 218 Mitgliedern wurden in Deutschland als »Theosophische Gesellschaft (Adyar)« weitergeführt (s. u. 3.5.1).

Wie man sich einen solchen Wechsel unterhalb der »Hochebene« bei einem Ortsverein vorzustellen hat, läßt sich am Beispiel der Leipziger Loge nachvollziehen. Der 1902 gegründete und am 16. Juli 1906 ins Vereinsregister eingetragene Zweig[268] hatte schon am 10. Juli 1911 seine Satzung geändert, in der die Kontrollfunktion des Vorsitzenden gegenüber Eintrittswilligen gestärkt wurde, möglicherweise schon eine Reaktion auf die sich verschärfende Auseinandersetzung

der Trennungsgeschichte die Rolle der »gekränkten Unschuld« zu, und in der Neuausgabe der Briefe zwischen Steiner und Marie von Sivers galt Steiner 2002 als Opfer: Besant erscheint als »stolze wie ehrgeizige Präsidentin«, der sich Steiner »in menschen-möglichster Weise … gegenüber loyal« verhalten habe (GA $262^2$,257). In der Außenperspektive hat erstmals Klatt: Theosophie und Anthroposophie, 72. 83. 106. 117 u. ö., mit Argumenten auf Steiners problematische Rolle hingewiesen.

263 Vgl. oben Anm. 143.

264 Dixon: Divine Feminine, 87, zu einer Welle von Austritten im Zeitraum 1913 / 14.

265 Vgl. dazu einige Aufsätze in Unger: Versuch einer positiv-apologetischen Erarbeitung anthroposophischer Geisteswissenschaft, 98–102, und Marie Steiner: Briefe und Dokumente, 87–317.

266 MAG 1 / I, 25; 1913 sollen es 3.000 Mitglieder, davon 2.400 in Deutschland, gewesen sein (ebd., 4,21). Auch die Bibliothek ging in die Anthroposophische Gesellschaft über; Savitch: Marie Steiner-von Sivers, 90. Klatt: Theosophie und Anthroposophie, 124, zitiert Hübbe-Schleiden, demzufolge Steiner auch das Vermögen »geraubt« habe.

267 Lindenberg: Steiner (Chronik), 330.

268 Gründung: Theososophische Gesellschaft Hauptquartier Adyar, revidierte Satzungen vom 17.4.1906 (StL PP-V 245), Titelblatt; Eintrag 1906: Registerakte, Leitblatt (StL PP-V 245), Eintragung Nr. 1.

um die Zugangskontrolle der Zweige im Rahmen des Krishnamurti-Konflikts. Hatte es in der Satzung aus dem Jahr 1906 noch geheißen, »die Aufnahme als Mitglied kann durch den Vorsitzenden erfolgen«[269], lautete die entsprechende Formulierung nun: »Dem Vorstande bleibt über die Aufnahme als Mitglied die Entscheidung vorbehalten.«[270]

Nach der Generalversammlung der neugegründeten Anthroposophischen Gesellschaft im Februar 1913 trennte sich auch der Leipziger Zweig von der Theosophischen Gesellschaft. Am 28. Februar reichte der Vorstand beim Registergericht die handschriftlich korrigierte Satzung der Theosophischen Gesellschaft vom 10. Juli 1911 ein, in der der Leipziger Zweig, analog zur landesweiten Gesellschaft, für einen kurzen Zeitraum mit einem Doppelnamen geführt wurde: »Anthroposophische Gesellschaft (Theosophische Gesellschaft), Zweig Leipzig e. V.«; gestrichen war nur der Zusatz »Hauptquartier Adyar (Indien)«[271]. Im Text finden sich zwei gravierende Eingriffe. Die Kontrolle der Zugangs wurde erneut revidiert, der Vorbehalt des Vorstands hinsichtlich der »Aufnahme als Mitglied« durch folgende Formulierung ersetzt:

> »Der Vorstand gibt die Anmeldung an eine als Garant [zu] begreifende Vertrauenspersönlichkeit des Zentralvorstandes weiter, welche die Verantwortung für das aufzunehmende Mitglied übernimmt.«[272]

Dies läuft auf eine Entmachtung der lokalen Rekrutierungskontrolle und auf eine Zentralisierung hinaus, die die Theosophische Gesellschaft bislang so nicht kannte. Man kann darin eine Reaktion auf die Versuche in den Jahren 1911/12 sehen, die Machtbalance in der Theosophischen Gesellschaft über eine Veränderung der lokalen Einflußmöglichkeiten zu verändern.

In einer zweiten Veränderung wurden die Inhalte der theosophischen Arbeit neu definiert, indem man die drei Grundsätze grundlegend umschrieb (s. Tab. 3.4)

Die Revisionen tragen sowohl dem größeren Einfluß von Steiners Denken als auch veränderten kulturellen Problemhorizonten Rechnung. Die Rede von der »Bruderschaft« war im ersten Punkt gestrichen, ebenfalls die noch auf Indien bezogene Aufhebung der Geltung einer Kastenzugehörigkeit. Aber auch die Egalisierung ethnischer Differenzen (»Farbe«) fehlte 1913, die klassischen Abgrenzungsmuster von »Nation« und »Stand« waren hingegen dazugekommen. Die Stellung der religionsgeschichtlichen (1906, Teil b) und naturwissenschaftlichen Bezüge (1906, Teil c) war 1913 vertauscht worden, nunmehr stehen die Naturwissenschaften auf Platz zwei; dies mag mit der hohen Wertschätzung der Empirie durch Steiner (s. Kap. 9) zu tun haben. Wichtiger ist aber, daß der Bereich des »Übersinnlichen« nun nicht mehr als normaler Teilbereich der empirischen Welt galt, der durch »Naturgesetze«, wenn auch noch »unerklärte«, erklärt werden

---

269 Theososophische Gesellschaft, Satzungen vom 17.4.1906, § 2.
270 Satzungen, geändert durch die Jahres-Versammlung vom 10. Juli 1911 (StL PP-V 245), § 3.
271 Überarbeitete Satzung vom 10. Juli 1911; Anlage zum Protokoll vom 28. Februar 1913 (StL PP-V 245), Titelblatt.
272 Anthroposophische Gesellschaft (Theosophische Gesellschaft), Zweig Leipzig e. V.; überarbeitete Satzung vom 28. Februar 1913 (StL PP-V 245), § 3.

*Tab. 3.4:* Statuten der Zweiges Leipzig der Theosophischen Gesellschaft 1906 / 1913

| 17. April 1906 | 28. Februar 1913 |
|---|---|
| Der Zweck des Vereins ist, | Der Verein hat folgende Leitsätze: |
| a. den Kern einer allgemeinen Bruderschaft der Menschheit zu bilden, ohne Unterschied der Rasse, des Glaubens, des Geschlechtes, der Kaste oder Farbe. | 1. Es können in der Gesellschaft alle diejenigen Menschen brüderlich zusammenwirken, welche als Grundlage eines liebevollen Zusammenwirkens ein gemeinsames [sic] geistiges, in allen Menschenseelen betrachten, wie auch diese verschieden sein mögen in bezug auf Glauben, Nation, Stand, Geschlecht usw. |
| b. anzuregen zur Vergleichung der Religionssysteme und zum Studium der Philosophie und der Wissenschaft. | 2. Es soll die Erforschung des in allem Sinnlichen verborgenen Übersinnlichen gefördert und der Verbreitung echter Geisteswissenschaft gedient werden. |
| c. die noch unerklärten Naturgesetze und die im Menschen schlummernden Kräfte zu erforschen. | 3. Es soll die Erkenntnis des Wahrheitskernes in den verschiedenen Weltanschauungen der Völker und Zeiten gepflegt werden. |
| Der Verein verfolgt weder politische noch soziale Interessen. Er ist keine Sekte und verlangt von seinen Mitgliedern keinen Glauben an ein Dogma.[1] | Der Verein verfolgt weder politische noch soziale Interessen. Er ist keine Sekte und verlangt von seinen Mitgliedern keinen Glauben an ein Dogma.[2] |

[1] Theosophische Gesellschaft, Satzungen vom 17. April 1906 (Anm. 268), § 1.
[2] Anthroposophische Gesellschaft, Satzung vom 28. Februar 1913 (Anm. 272), § 2.

könnte. Vielmehr wurde die übersinnliche Welt als distinkte Kategorie etabliert; mutmaßlich war dies ein Reflex auf die sich durchsetzende Einsicht, daß die okkulten Welten sich eben nicht durch »normale« naturwissenschaftliche Methoden erfassen ließen.

Im dritten Punkt schließlich waren 1913 sowohl die Begriffe »Religion« als auch »Philosophie« und »Wissenschaft« zugunsten des Sammelterminus »Weltanschauungen« weggefallen, während mit der Rede vom »Wahrheitskern« ein alter theosophischer Terminus wieder aufgetaucht. Hinter dieser terminologischen Reduktion kann man einen Anspruch auf die Vereinheitlichung unterschiedlicher Weltdeutungsmodelle und zugleich auf deren Überbietung in dem für die deutsche Debatte zentralen Terminus der »Weltanschauung« lesen. Einzig die politische und soziale Abstinenz und die Ablehnung eines »Dogmas« im Schlußabschnitt blieben der Anthroposophischen Gesellschaft unverändert erhalten.

Im Vergleich mit den drastischen Eingriffen in die Selbstverständigungstexte der Satzung deuten die Mitglieder des Vorstandes[273], soweit sie sich im Vereinsregister finden, auf eine hohe Kontinuität. Dies entspricht der Beobachtung, daß die meisten Mitglieder der deutschen Sektion der Theosophischen Gesellschaft Adyar in die Anthroposophische Gesellschaft überwechselten.

*d. Die Abspaltung der deutschen Adyar-Sektion als Folge spezifisch theosophischer Probleme der Konfliktlösung*

Steiner hat nicht wegen der »Christus-Frage« mit Besant gebrochen, sondern in der Auseinandersetzung mit ihr seine Christologie zu einer bruchfähigen Differenz ausgebaut. Dies ist die zugespitzte Antithese gegen die anthroposophische Steiner-Biographik, die davon ausgeht, daß die Trennung von der Adyar-Theosophie aufgrund von »Steiners Stellung zum Christentum« als »entscheidender Differenz« (Johannes Hemleben) erfolgte[274]. Auch Gerhard Wehr sah den Bruch »angesichts der Christus-Frage«[275], und die kritische Literatur ist dieser Einschätzung weitgehend gefolgt: »Solche Geschichten wie … [den] Alcyonekult … konnte doch ein deutscher Gelehrter nicht mitmachen«, befand schon 1920 der evangelische Theologie Johannes Frohnmeyer[276]. Daß in der Christologie eine wichtige inhaltliche Differenz liegt, die zudem die Ausbildung von Steiners eigenen Vorstellungen katalytisch beschleunigte, ist nicht zu leugnen, der Stellenwert der Vorgänge um Krishnamurti in der Konfliktgenese für die Trennung ist jedoch massiv zu relativieren. Die spätere Einengung auf die Christus-Frage konnte vor allem angesichts einer über Jahrzehnte fast unbekannten Geschichte der machtpolitischen Hintergründe in der Theosophischen Gesellschaft plausibel erscheinen.

Auffälligerweise kommen in dem Disput mit Besant und ihren deutschen Repräsentanten christologische Themen kaum vor. In den Auseinandersetzungen, wie sie in den »Mitteilungen« als immerhin offiziellem Vereinsorgan dokumentiert sind, finden sich erst unter dem 2. Februar 1913 kurze Hinweise: Steiner erklärte, er habe »aus spirituellen Reinlichkeitsgründen« »die Krishnamurti-Bewegung« nicht mitmachen können (MAG 1 / I, 24); und zur Christologie referierte er nur, daß Besant ihm gesagt habe, er solle das Wort »Christus« vermeiden, weil sie diesen Begriff für das in Europa unübliche Wort »Bodhisattva« verwende (ebd., 1 / I, 6). Noch am 30. März 1912 schrieb Steiner Besant: »The Christ-question« scheine das zentrale Problem zu sein »I say with intention ›seems‹«[277]. In Wahrheit liege der Kern der Schwierigkeiten an anderer Stelle: »In the Theos. Soc. nothing else is to be taught than that which ist taught by Mrs. Besant and Mr. Leadbeater«[278].

---

[273] Vgl. deren Auflistung in 4.4.1c.

[274] Hemleben: Steiner, 84. Vgl. auch Lindenberg: Rudolf Steiner (1992), 92–96.

[275] Wehr: Rudolf Steiner, 222.

[276] Frohnmeyer: Die theosophische Bewegung, 33. Vgl. auch Badewien: Anthroposophie, 28; Holthaus: Theosophie, 76; Hutten: Seher, Grübler, Enthusiasten ([12]1982), 689.

[277] Brief von Steiner an Besant, 30.3.1912, S. 2[r]; TheosA Adyar, File 118. Es dürfte sich um Steiners Handschrift handeln.

[278] Ebd., S. 3[v].

Bezeichnend sind auch Äußerungen Steiners aus einem Vortragszyklus, den er unmittelbar nach der Trennung in Holland hielt. In einer durchaus emotionalen Diktion kam er auf die ihn bewegenden Entwicklungen zu sprechen: Man werde sagen,

> »diese deutsche Sektion habe die Mitglieder des Sternes vom Osten, also die Bekenner einer bestimmten Meinung, aus ihrer Körperschaft ausgeschlossen. Man muß in Erwägung ziehen, daß alles geschehen ist vorher von der anderen Seite, daß die deutsche Sektion nicht anders konnte, als nicht die Mitglieder des Sternes des Ostens zunächst, sondern die Persönlichkeiten, die innerhalb Deutschlands als Mitglieder des Sternes des Ostens in Betracht kamen, wirklich nicht mehr zuzulassen zu den Veranstaltungen der deutschen Sektion.«[279]

Ausgesprochen »feindlich der deutschen Sektion gegenüber« sei die Arbeit des Sternordens gewesen, von »Wühlarbeit« müsse man sprechen[280]. Die Krone sei der Vorwurf einer Erziehung durch Jesuiten gewesen[281]. Erst in seinem Schlußwort kam Steiner auf die weltanschauliche Dimension der Krishnamurti-Christus-Problematik zu sprechen[282]. In dieser Situation, in der Steiner seinen ersten größeren Vortragskurs nach dem Bruch mit Besants Theosophie hielt und in der er offenkundig das Bedürfnis verspürte, wichtige Punkte des Streites vor Beginn seiner Vorträge nochmals klarzustellen, hatten die christologischen Implikationen des Bruchs nur eine untergeordnete Bedeutung.

Damit ist nicht in Abrede gestellt, daß Steiner sich in seinen Vorträgen intensiv mit der Christologie im Umfeld der Etablierung Krishnamurtis auseinandersetzte, davon wird noch eingehend die Rede sein (s. 8.2). Aber die christologische Thematik kam bei Steiner signifikanterweise erst in dem Augenblick zum Durchbruch, als sich seine Selbständigkeitsbestrebungen mit den Interessen der Führung in Adyar unter Annie Besant immer stärker kreuzten, und konsequenterweise ist der Konflikt dann auch nicht an Sachthemen, sondern an Organisationsfragen, die zugleich Machtfragen waren, ausgebrochen, während inhaltliche Divergenzen, wie sie etwa bei der Trennung der »Esoterischen Schule« oder auf der Tagung der europäischen Sektionen der Theosophischen Gesellschaft in Budapest noch 1909 hinsichtlich eines möglichen Weltenlehrers auftraten, lösbar blieben. Der Kampf um den Sternorden war eben auch ein Stellvertreterkrieg um die Leitung in der Theosophischen Gesellschaft, der in dem Augenblick eskalierte, als von Adyar aus nicht nur ein neuer Weltenlehrer als reinkarnierter Christus gesucht, sondern auch eine »Nebenregierung« in Gestalt des Sternordens geschaffen wurde. Die sophistische Konstruktion, wie man die Einheit der Gesellschaft wahren und trotzdem separate Strukturen schaffen können, hatte Besant mit der Formel »Ausschluß aus dem Landesverband bedeutet keinen Ausschluß

---

[279] Steiner: Welche Bedeutung hat die okkulte Entwickelung des Menschen, 2 (erster Vortrag). Der Zyklus ist zwar in GA 145 veröffentlicht, die begleitenden Äußerungen Steiners fehlen hier jedoch. In Holland konnte Steiner, da die nationalen Sektionsbegrenzungen der Theosophischen Gesellschaft nicht mehr galten, erst jetzt wieder einen Vortrag halten; vgl. Lindenberg: Steiner (Biographie), I, 434.

[280] Steiner: Welche Bedeutung hat die okkulte Entwickelung, 2 (erster Vortrag).

[281] Ebd.

[282] Ebd., separate Paginierung im Anschluß an den X. Vortrag: S. 15.

aus der Gesellschaft« im Fall Hugo Vollrath vorgegeben, Steiner hat dann beim Ausschluß der Mitglieder des Sternordens mit gleicher Münze zurückgezahlt[283]. Die Krishnamurti-»Affaire« wurde zum negativen Gründungsmythos der Anthroposophie.

An den Stellen, wo dieser Machtkampf dann inhaltliche Fragen berührte, auch in der späten Stilisierung der Christus-Frage, wird ein spezielles Problem dieser Konfliktverdrängung deutlich: Inhaltlicher Dissens war in besonderem Maß stigmatisiert und als Dogmatismus verrufen. Und doch ist die Auseinandersetzung um die Christologie offenkundlich eine Auseinandersetzung um unterschiedliche Lehren im Sinn von Dogmen. Die jeweilige Berufung auf »die Wahrheit«, eventuell noch gestützt durch die unüberprüfbaren Ergebnisse jeweils unterschiedlicher »okkulter Forschungen«, endete in sich jeweils relativierenden Absolutheitsansprüchen. Aber zuzugeben, daß es einen unvermittelten Zugang zu »der Wahrheit« nicht gibt, hätte ja gerade den Einstieg in ein hermeneutisches Verhältnis zur »Wahrheit« und den Schritt zur diskursiven Auseinandersetzung mit nur relativen Ansprüchen auf die Interpretation von Wahrheit bedeutet. Damit wären zwar weltanschauliche Differenzierungen – Besant hier, Steiner dort – fixiert worden, aber derartige Aufspaltungen zu vermeiden, nicht nur als versöhnte Differenz stillzustellen, war die Theosophie ja gerade gegen die Theologie und den Historismus angetreten. Der Trennungsprozeß verdeutlicht allerdings die Aporien der Aufhebung der Relativität von Weltanschauungen in einem neuen theosophischen Monismus.

Im Rückblick läßt sich auch die Frage differenzierter beantworten, ob denn die Trennung leichthin als »Ausschluß der Deutschen Sektion aus der Theosophischen Gesellschaft« (MAG 1/II, 1) gesehen werden kann, wie es im April 1913 von den »Mitteilungen« und 1925 in Steiners Autobiographie (GA 28,310) als Sprachregelung vorgegeben wurde.[284]. Wenn man überhaupt formal argumentieren will, dann war wohl die Begründung der künfitgen Anthroposophen vom 28. Dezember 1912 der entscheidende Trennungsschnitt, bevor am 7. März 1913 Besant den »Charter« der deutschen Sektion annullierte. Formal handelte es sich 1912 um die Gründung einer separatistischen theosophischen Organisation.

Aber angesichts des eskalierenden Konflikts, bei dem nur schwer zu sagen ist, welche Seite die treibende Kraft war, enthüllen die Versuche, die Schuld an der Sprengung der Gesellschaft der jeweils anderen Seite zuzuweisen, nur das Bemühen, nicht selbst schuldig zu werden, sich nicht die Verletzung des theosophischen Harmoniepostulats zuschreiben zu müssen: die Verletzung der Prinzipien der Brüderlichkeit und der Toleranz unter dem formalen Wahrheitsbegriff »Keine Religion ist höher als die Wahrheit«, in der es eben die Dogmen nicht geben sollte, derer sich alle Seiten im Krishnamurti-Streit bedienten. Keine Seite wollte

---

[283] Die Einsicht in die soziologischen Gründe des Konfliktes findet sich vereinzelt auch in anthroposophischer Literatur, so in einem Kommentar Hella Wiesbergers in der Gesamtausgabe: »Daß es ... zur Trennung [von der Theosophischen Gesellschaft] kam, lag nicht in erster Linie in der Divergenz mit Annie Besant in bezug auf die Christus-Erkenntnis, sondern in deren unwahrem Verhalten gegenüber realen Vorgängen in der Gesellschaftsführung.« (GA 264,352)

[284] In der anthroposophischen Literatur wurde Steiners Vorgabe übernommen, z. B. bei Plato: Zur Entwicklung der Anthroposophischen Gesellschaft, 36.

als »Zerstörerin« der theosophischen Einheit und als dogmatisch argumentierende Partei dastehen. Vielleicht waren die Konflikte gerade deshalb nicht integrierbar, weil es sie vom Selbstverständnis her nicht hätte geben dürfen und ein inhaltliches Konfliktmanagement nie entwickelt wurde. Letztlich ist diese Auseinandersetzung einmal mehr ein Indiz für die Folgen der programmatischen Konfliktverdrängung in der Theosophischen Gesellschaft, in der man glaubte, in der Überbietung traditioneller Religionen einen Weg gefunden zu haben, auch deren Konfliktpotential zu eliminieren. Unter diesem Gesichtspunkt ist die Abtrennung der Anthroposophischen Gesellschaft nur ein exemplarischer Fall für die vielen Teilungen der Theosophischen Gesellschaft.

### e. *Epilog I: Krishnamurtis Vita nach der Verselbständigung der Anthroposophischen Gesellschaft*

Krishnamurtis Verhältnis zum Sternorden ist von außen kaum zu beurteilen. Zu den Zielen des Sternordens hatte er anscheinend schon früh ein zeitweilig distanziertes Verhältnis, bis er 1920 von einer Theosophin wieder für den Sternorden gewonnen werden konnte[285]. 1922 ist von einer dritten »Einweihung« die Rede[286]. Im gleichen Jahr habe er auch die Präsenz des »Lord Maitreya« gefühlt und Botschaften der Meister weitergegeben, die schon Kritik an Besants Vorstellungen enthielten[287]. Vermutlich um die Jahreswende 1925 / 26 herum kam es zur Wahl von zwölf »Aposteln« um Krishnamurti[288]. Gleichzeitig nahm Besant wohl den Anspruch Krishnamurtis zurück: Er sei nicht der Weltenlehrer, sondern »das auserwählte Vehikel …, durch das der Weltenlehrer sprechen wird«[289].

Eine Erschütterung seines Selbstverständnisse bedeutete wohl der Tod seines Bruders Nitya, der 1925 an Tuberkolose starb[290]. Am 2. August 1929 kam es dann zum entscheidenden Bruch mit Besant und der Theosophischen Gesellschaft: Auf einem theosophischen »Lager« im niederländischen Ommen löste er den Sternorden mit einer Absage an jegliche Institutionalisierung auf: »Ich behaupte, daß die Wahrheit ein wegloses Land ist«, und dem könne man sich nicht auf einem Pfad, etwa »einer Religion«, nähern[291]. Die Lösung aus den Annehmlichkeiten der theosophischen Betreuung dauerte allerdings noch Jahre. In Budapest (?) wurde Krishnamurti noch 1933 in einem Vortrag »ausgezischt und mit faulen Eiern beworfen«. Der Grund sei sein Auftreten, wie eine Zeitung meinte:

> »Und als dann der indische Jüngling einem Schlafwagen erster Klasse entstieg und ein Appartement in dem vornehmsten Rekonvalenszentensanatorium der Stadt, auf dem

---

[285] Meyer: Bodhisattva, 148 f.

[286] Ebd., 138–140. 152.

[287] Wessinger: Besant, 286 f.

[288] Zeitungsausschnitt aus: N[eues] W[iene]r Journal, 14.1.1926, S. 7; SdA Moskau, 1291-1-39, Bl. 111.

[289] Referat Besants in: Theosophisches Streben 12 / 1926, 124.

[290] Wessinger: Besant, 284; Meyer: Bodhisattva, 156 f.

[291] Krishnamurti: Die Wahrheit ist ein wegloses Land, 59. Nach anderen Aussagen fand die denkwürdige Distanzierung am 3. August statt. Vgl. die Schilderung eines »Lagers« in Ommen bei Verweyen: Heimkehr, 172 f.

Schwabenberg mietete, mehrere Schrankkoffer, eine Sekretärin, Hutschachteln und einen Diener mitbrachte, war der Teufel los.«[292]

Krishnamurti hat sich allerdings immer stärker von der Theosophie gelöst und ist in den folgenden Jahrzehnten als selbständiger Lehrer tätig gewesen[293]. Er war unwillig, vielleicht auch unfähig, einer organisierten Religion oder Weltanschauung vorzustehen und hat sich gegen die Vereinnahmungen, die ihm als junger Mann zugemutete worden waren, bis zu seinem Lebensende verwahrt. In seinen späteren Lebensjahren hat er auch auf seine Zeit als »Weltenlehrer« und »reinkarnierter Christus« zurückgeblickt: »I never denied or affirmed that I was Christ or anybody else. … Today I can only say that I consider my own person of no special importance, Christ or no Christ.«[294] Die Verantwortlichen charakterisierte er recht unterschiedlich: »The only sincere was Mrs Besant«, »Leadbeater was evil«[295], resümierte er knapp. Über Steiner hat er sich 1934/35 geäußert:

> »I have never studied Steiner, and I wish you [sein Gespärchspartner] would tell me more about him. All I know about Steiner comes from Dr Besants occasional remarks. I think she had a great admiration for Steiner's unusual gifts, and was sorry that their relationship had to be broken, but I never studied him properly. As for occult perceptions, for me they are not particularly spiritual: they are merely a certain method of investigation. That's all. They might be spiritual at times, but they are not always or necessarily so.«[296]

Nach dem Zweiten Weltkrieg wurde Krishnamurti zu einem gefragten Lehrer, insbesondere in der New Age-Bewegung. 1986 ist er hochbetagt im Alter von 91 Jahren gestorben.

*f. Epilog II: Steiners Rückblicke auf seine Zeit in der Theosophischen Gesellschaft*

Steiner hat, von marginalen Hinweisen abgesehen, sich zweimal ausführlicher über die Geschichte der Theosophischen Gesellschaft ausgelassen: in Vorträgen aus dem Jahr 1915 und in seinen autobiographischen Erinnerungen aus den Jahren 1923 bis 1925. Der Anlaß für die Vorträge aus den Jahren 1915 (GA 254) ist noch zu genauer bestimmen. Die Debatte um Alice Sprengel (s. u. 3.8.1) dürfte eine Rolle gespielt, die Beschränkung der Reise- und Vortragsmöglichkeiten in den Kriegsjahren mag eine Selbstverständigungsdebatte in Abgrenzung zur Adyar-Theosophie befördert haben, aber letztlich ist ein konkreter Grund nicht ersichtlich, insbesondere da es nicht den Anschein hat, als gäbe es eine besondere Auseinandersetzung mit den weiterbestehenden theosophischen Gruppen in Deutschland oder der Schweiz.

Neue Fakten sind Steiners Vorträgen von 1915 kaum zu entnehmen. Steiner lieferte vor allem seine Interpretation der Genese seiner Weltanschauung in Ab-

---

292 Zeitungsausschnitt aus der Bohemia, Prag, 17.1.1933, SdA Moskau, 1291-1-45, Bl. 1.
293 Zur weiteren Biographie Lutyens: Krishnamurti.
294 Landau: God is my Adventure, 201.
295 Tillett: The Elder Brother, 10.
296 Landau: God is my Adventure, 206. Am 18.9.1912 hatte Besant allerdings Krishnamurti ein nicht genanntes Buch Steiners geschickt mit der Bitte: »Please read enclosed book [of] Dr. Steiner up.« (TheosA Adyar, File 118)

grenzung zur Theosophischen Gesellschaft. Seine große Gegnerin, Annie Besant, kam kaum vor, nur ihre einmalige Erwähnung, in der Steiner sie Plagiats der Gedanken von Blavatsky und Leadbeater bezichtigte (GA 254,27 f.), durchbrach die damnatio memoriae. Erwähnung fand vor allem Blavatsky, die er entscheidend von ihrer spiritistischen, Steiner sprach mit Vorliebe von der »mediumistischen« Vergangenheit (ebd., 25), her deutete. Er attestierte ihr ein »atavistisches Hellsehen« (ebd., 27) (was im Gegensatz zum Anspruch auf seine eigene »exakte Clairvoyance« [GA 215,26] zu lesen ist), sie sei eine »grundehrliche Natur« und zugleich ein »Frechdachs« gewesen (GA 254,32.33). Letztlich ignorierte diese freundliche Bewertung Blavatskys deren eigenen Wissenschaftsanspruch, ihre hohe Bedeutung für Steiners Theosophie (s. 7.2) und degradierte sie zu einem »vormodernen« Typ okkulter Forschung. Vergleichbare Bewertungen betrafen auch andere Exponenten der Theosophie, etwa Sinnett und Scott-Elliot.

Demgegenüber profilierte er seine Anthroposophie über ihren Wissenschaftsanspruch: »Neu« sei ihr Kalkül »mit den modernen wissenschaftlichen Methoden« (GA 254,26), und einmal mehr setzte er die Anthroposophie von der »indischen Strömung des Okkultismus« – sprich: Adyar-Theosophie – ab (ebd., 69). Doch im Hintergrund sah er diese Auseinandersetzung als okkulten »Kampf« (ebd., 67): Da wird Blavatsky von einem »linken Flügel« und einer »amerikanischen Brüderschaft« beeinflußt (ebd., 32.33), da gibt es, selten präzis benannte, »treibende Kräfte« (ebd., 69) und »ungeheuer viel Berechnung« (ebd., 73). All dies lief auf eine Mythologisierung der Vereinsgeschichte hinaus, in der verdeckt agierende Größen die eigentlichen Akteure einer als Oberfläche abgewerteten sozialen Realität waren. Der Fluchtpunkt dieser Interpretationen war die kontrafaktische Behauptung seiner Eigenständigkeit:

> »Daher habe ich es stets abgelehnt, mit irgendwelchem antiquierten Okkultismus, mit irgendwelchen Brüderschaften oder Gemeinschaften dieser Art auf dem Gebiete der Esoterik irgendwie etwas zu tun haben zu wollen. Und nur unter Wahrung der vollsten Selbständigkeit arbeitete ich eine Zeitlang in gewisser äußerlicher Verbindung mit der Theosophical Society und ihren esoterischen Einrichtungen, nicht aber in ihrer Richtung. Schon im Jahre 1907 ist alles Esoterische vollständig abgetrennt worden von der Theosophical Society, und was dann weiter geschehen ist, wissen sie hinlänglich.« (ebd., 49)

Auch in den etwa zehn Jahre später verfaßten autobiographischen Aufzeichnungen präsentierte Steiner kaum neue Fakten, wohl aber neue Interpretationen. Er sprach nun nicht mehr von einer »gewissen äußerlichen Verbindung« mit der Theosophischen Gesellschaft, sondern bezeichnete sie für die ersten Jahre des 20. Jahrhunderts als »die einzige ernst zu nehmende Institution, in der reales Geistesleben vorhanden war« (GA 28,309). Die Begründung für das Ende der Mitgliedschaft in der Theosophischen Gesellschaft fiel dabei aber besonders scharf, weil mit geistiger Evolution begründet, aus: »Durch eine innere Notwendigkeit [ist] das Theosophische versiegt, und das Anthroposophische in einem von inneren Bedingungen bestimmten Werdegang zur Entfaltung gekommen« (ebd., 315).

## 3.5 Die Adyar-treuen Theosophen nach der Spaltung (1912 bis 1945)

| | |
|---|---|
| Gründungsdatum | 20. Oktober 1902 (Gründung der deutschen Sektion) 28. Dezember 1912 / 7. März 1913 (Trennung der Anthroposophischen Gesellschaft) |
| Vorsitzende | J. L. M. Lauweriks u. a. (s. u.) |
| Adresse | wechselnd |
| Verlag | Ring-Verlag |
| Zeitschriften | Theosophisches Streben (1913–1928), Adyar-Mitteilungen (1913–1914?), Der Lichtbringer (1913–1914) |

Auch außerhalb Deutschlands hatte es in den Sektionen der Theosophischen Gesellschaft Kritik an der Inthronisierung Krishnamurtis gegeben. Der der Theosophie ehemals verbundene französische Okkultist Papus (i. e. Gérard Encausse, 1865–1916), der sich 1891 von der Theosophie abgewandt hatte[1], kommentierte das Wiederkommen Christi in Krishnamurti mit der maliziösen Bemerkung »1) son père s'appelle toujours Joseph … 2) sa mère s'appelle toujours Marie«[2]. Außenstehende konnten noch beißender von Besants »Messias-Fabrik« reden[3]. Viele Sektionen meldeten Austritte. So verließen die englische Sektion mit George R. S. Mead, der die Quest-Society gründete, wohl über 700 Mitglieder[4], und aus der »Hindusektion« in Indien traten etwa 700 Mitglieder aus (MAG I / 2, 23), nachdem schon der Theosoph Bhagwan Das den Sternorden als neue Religion bezeichnet und damit als Verletzung des theosophischen Prinzips der Äquidistanz gegenüber anderen Religionen kritisiert hatte[5].

Keine Adyar-Sektion traf es aber so hart wie die deutsche. Die weitere Geschichte der nach der Sezession der Steinerschen Obödienz weiterhin zu Besant stehenden Personen und Zweige ist die (praktisch unbekannte) Geschichte eines großen Verlierers: Die meisten Mitglieder waren zu Steiner übergegangen, wichtige Strukturen zerschlagen, Archiv und Sektionsbibliothek hatte sich die Anthroposophische Gesellschaft einverleibt, das Bewußtsein der Niederlage wirkte wohl bis ins Mark demotivierend. In dieser desolaten Lage geriet die deutsche Adyar-Theosophie in den Ersten Weltkrieg, der durch Einberufungen die Mitgliederschaft weiter dezimierte, die Aufrechterhaltung der internationalen Beziehungen außerordentlich erschwerte und nationalistische Gesinnungen auch innerhalb der Theosophie hochkochen ließ. An Archivierung und Geschichtsschreibung hat in dieser Situation kaum jemand gedacht, und das wenige, was man zusammentragen konnte, ging mehr als einmal verloren, wurde durch die Nationalsozialisten erneut entwendet und ist bis heute nicht wieder aufgetaucht[6].

---

[1] Laurant: Papus, 914.

[2] Zit. nach Vulliaud: Histoires et portraits de Rose-Croix, 150.

[3] Zeitungsausschnitt ohne Herkunfts- und Datumsangabe; SdA Moskau, 1291-1-39, Bl. 102.

[4] Godwin: Mead, 785. Von 500 Austritten sprach Besant in ihrem Rechenschaftsbericht zum Jahr 1913, in: Theosophisches Streben 1 / 1913–15, Heft I, 1.

[5] Lévy: Mrs. Annie Besant und die Krisis der Theosophischen Gesellschaft, 75 f.

[6] Die damalige Generalsekretärin der Theosophischen Gesellschaft Adyar in Deutschland, Eva Maas, schrieb mir am 10. Juni 1992, daß die Gesellschaft aufgrund der Entwendung von Archivalien

So waren bislang nicht einmal die rudimentären Strukturen der Vereinsgeschichte – etwa die Namen der Vorsitzenden und die Daten wichtiger Einschnitte – bekannt. Auch die folgenden Abschnitte bilden aufgrund der dürftigen Quellenlage nur eine Skizze.

### *3.5.1 Reorganisation*

Die neue Adyar-Sektion in Deutschland umfaßte nach ihrer Reorganisation 218 Mitglieder in 19 Logen und einem Zentrum (d.h. einer Gruppierung unterhalb des Logen-Status)[7], darunter prominente Theosophen wie Fidus, Gertrud Prellwitz oder Paul Zillmann[8]. An Logen zählte Adyar immerhin halb so viele wie die Anthroposophische Gesellschaft, aber das ganze Ausmaß des Debakels offenbaren die Mitgliederzahlen: Die 218 Personen waren gerade einmal acht Prozent der deutschen Adyar-Theosophen, 92 Prozent der Mitglieder waren mit Steiner gegangen[9]. Allenfalls konnte man nach dem Transfer des Charter auf Hübbe-Schleiden am 7. März 1913, als »Reformation in Deutschland« betitelt[10], das Bewußtsein pflegen, die einzig legale Vertreterin des Erbes von Blavatsky und Besant in Deutschland zu sein[11].

Die Wiederaufbauarbeit war beschwerlich. Mit durchschnittlich einem Dutzend Mitglieder waren die Zweige klein und die Fluktuationen blieben groß. Die am 28. Februar 1914 neugegründete Dortmunder Adyar-Loge etwa startete mit zehn Mitgliedern[12]. Die Göttinger Alkyone-Loge besaß bei ihrer Gründung 1912 sieben ortsansässige Mitglieder, Ende 1913 aber nurmehr zwei Göttinger und dafür 15 auswärtige Angehörige, einschließlich der »ausserordentlichen«[13]. Da aber die auswärtigen Mitglieder über ganz Deutschland verstreut lebten, konnte man sich nur »an bestimmtem Tage zu bestimmter Zeit im Geiste bei gleicher … Lektüre« zusammenfinden[14], das Zweigleben existierte im Klartext nur in der wechselseitigen Kommemoration. Noch im Herbst 1916 wollte die neue Redakteurin des »Theosophischen Strebens« mit der neuen Vereinszeitschrift »ein Mittelpunkt für unsere über ganz Deutschland zerstreuten Freunde« sein[15]. Immerhin wuchs die Mitgliederzahl, die im »Undogmatischen Verband« am

---

durch die Nationalsozialisten »mit historischen Unterlagen äußerst dürftig bestückt« sei, »um es einmal so zu formulieren«. Auch in den von mir eingesehenen Beständen im Moskauer Sonderarchiv liegen keine Archivalien der Adyar-Theosophie. Vgl. auch Anm. 105, 124, 223 und 266.

[7] Zahlenangaben nach Lauweriks: Report of the T.S. in Germany (1913), 54.

[8] Fidus: Theosophisches Streben 1 / 1913–15, Heft I, 30, und ebd., 3 / 1916–17, Heft I–II, 8; Prellwitz: ebd., 3 / 1916–17, Heft I–II, 9; Zillmann ebd., 1 / 1913–15, Heft III, 16.

[9] Zu den Zahlen siehe Anm. 266.

[10] Mit diesem Titel wurde die Übertragung des Charter im April 1913 in den Adyar-Mitteilungen 1 / 1912–13, 39 betitelt.

[11] General Report (1913), S. LXXXVII.

[12] Theosophisches Streben 1 / 1913–15, Heft II, 18.

[13] Ebd., 1 / 1913–15, Heft I, 22.

[14] Ebd.

[15] Ebd., 3 / 1916–17, Heft V–VI, 201.

*Tab. 3.5:* Logen der Theosophischen Gesellschaft Adyar 1913

| Ort | Name | Vorsitzende(r) |
|---|---|---|
| Berlin | Blavatsky-Loge | Paul Krojanker |
| ebd. | Besant | Alice von Sonklar |
| Breslau | Der Wanderer | Andreas Wilhelm |
| Dresden | Lohengrin | Franz Alwes |
| ebd. | Parsival | --- |
| ebd. | Zum Gral | --- |
| Düsseldorf | Blavatsky-Loge | Louis Fuhrmann |
| ebd. | Alcyone | Jenny Zech |
| ebd. | Eber Sanat | Ernst Pieper |
| Fürstenwalde | Loge Fürstenwalde | Karl Wachtelborn |
| Görlitz | Besant | Frl. Ida von Voss |
| Göttingen | Alcyone | Andreas Wilhelm |
| ebd. | Freiheits-Loge | Wilhelm Hübbe-Schleiden |
| Hagen i. W. | Buddha | Johannes L. M. Lauweriks |
| Hamburg | Loge Hamburg | Oscar Friedrich Carl Hintze |
| Hannover | Bruderschafts-Loge | August Bethe |
| ebd. | Theognostische Loge | Otto Schwarz (jr.) |
| Leipzig | Zum Heiligen Gral | Marie Leonardi |
| Plauen | Loge Plauen | Oskar Walther |

Quelle: General Report (1913), S. LXXXVIII f.

1. Juni 1913 176 Mitglieder betragen hatte, durch 125 Neuzugänge (bis 1914?) an, denen 25 Austritte gegenüberstanden[16].

Seit Januar 1913 erschien in Berlin der »Lichtbringer« als Organ für den Sternorden[17], seit Ende dieses Jahres wurde zusammen mit der österreichischen Sektion das Organ »Theosophisches Streben« herausgegeben, das nur durch großzügige Spenden einzelner Mitglieder finanzierbar war[18]. Mitte 1914 plante der Generalsekretär Hermann Sixt von Kapff eine »Korrespondenz-Klasse« für Theosophen, an deren Wohnort es keinen Zweig gab[19]. Aufbauhilfe aus den ausländischen Schwestersektionen kam dabei insbesondere für die Einrichtung

[16] Ebd., 1 / 1913–15, Heft IV,11. Allerdings soll der Sternorden am 13.8.1913 715 Mitglieder gezählt haben; Nachlaß Hübbe-Schleiden, 821, Bl. 14.

[17] Theosophisches Streben 1 / 1913–15, Heft III, 13.

[18] Eine Spenderliste ebd., 1 / 1913–15, Heft I, 28, verzeichnet neben einem Dutzend einmaliger Einzelspenden zwischen 2 und 32 Reichsmark größere jährliche Beträge: Alfred Ostermann, Colmar: 500 Reichsmark; Irma de Manziarly, Paris: 100.–; Frl. J. Luise Guttmann: 100.–; Dr. Gustav Riedlin, Freiburg: 100.–. Von Ostermann ist 1918 eine weitere Spende von 500.– belegt (Theosophisches Streben 4 / 1917–18, Heft VI–VIII, 60); Riedlin war im November 1915 aus der Gesellschaft ausgetreten (Klatt: Der Nachlaß von Wilhelm Hübbe-Schleiden, 235).

[19] Theosophisches Streben 1 / 1913–15, Heft V,26.

einer »Sommerschule« auf dem Weißen Hirschen bei Dresden, die erstmals im Juni/Juli 1913 vier Wochen lang stattfand[20]. Diese »internationalen theosophischen Ferienkurse« waren auf Anregung von Irma de Manziarly, einer russischen Theosophin mit deutschem Mädchennamen (Luther), die einen Franzosen geheiratet hatte, nach Deutschland gelegt worden[21]. Ahner, Cordes, Fidus, Hübbe-Schleiden und Lauweriks nahmen teil, man studierte Blavatskys Werke und ließ sich über die okkulte Dimension von Wagners Dramen aus[22]. Der Sternorden bestand weiter und möglicherweise mit höherem Zulauf als die Zweige, jedenfalls gab Lauweriks die Zahl seiner Mitglieder im Juni 1914 mit 800 Personen und 18 Lokalsekretären (allerdings für Deutschland und Österreich zusammen) an[23]. Mit dem Wiederaufbau der Esoterischen Schule hatte Besant Hübbe-Schleiden beauftragt[24], und Mitte 1914 bildete sich eine siebenköpfige »esoterische Gruppe« im Hamburger Zweig[25]. Nach Hübbe-Schleidens Tod im Jahr 1916 übernahm Lauweriks dessen Amt als Generalsekretär, das ihm der Senior noch zu Lebzeiten übertragen hatte[26].

Die verwirrenden Probleme der Wiederaufbauarbeit spiegeln wie im Brennglas die Vorsitzenden der deutschen Sektion, die häufig wechselten und bislang weder hinsichtlich ihrer Namen noch der Amtsdauer präzise bekannt waren (s. Tab 3.6).

In die vakante Stelle des Generalsekretärs rückte als erster einer der interessantesten Theosophen ein, den die Theosophie in Deutschland kannte: der Niederländer Johannes Ludovicus Mathieu Lauweriks (1864–1932), ein Protagonist der künstlerischen Moderne in Deutschland, fast gleichalt mit Steiner[27]. Er war schon 1894 der Theosophischen Gesellschaft in den Niederlanden beigetreten und 1904

---

[20] Ebd., 1/1913–15, Heft I, 30; angekündigt waren sie für die Zeit vom 22. Juni bis zum 18. Juli 1914. Vgl. auch: Anonym: Theosophische Ferienkurse Weißer Hirsch.

[21] Theosophisches Streben 1/1913–15, Heft IV,14. Zur Biographie de Manziarlys Klatt: Der Nachlaß von Wilhelm Hübbe-Schleiden, 197.
Die Vorläufer liegen in England. 1911 hatte die Zeitschrift »Theosophie« für den Sommer die »Dritte internationale Sommerschule« in Derbyshire annonciert, nach ähnlichen Veranstaltungen in den Jahren 1909 und 1910. »Die Schule wird diesmal Vertreter aller Wissenschaften, Religionen und Künste zusammenbringen, zur Förderung der Einigkeit Ihres Ausdrucks in allen Zweigen sozialen Dienstes.« (Anonym: Dritte internationale Sommerschule, 117). Zu den Gästen gehörten Besant, Hartmann und Sinnett, als Themen waren u. a. Vorträge über »Die Wiege des Christus«, »Die religiösen Aspekte der Frauenbewegung«, »Reinkarnation«, »Mythe, Ritual und Drama« und zur Arbeiterbewegung ausgeschrieben (ebd.). Träger war das »Blavatsky-Institut«, das »dem Studium geistiger Mysterien und okkulter Philosophie im allgemeinen, und H. P. Blavatsky Werken [sic] im besonderen gewidmet« sei und in einem Gebäude »im Stile eines griechischen Tempels« logiere (Anonym: Das Blavatsky-Institut in England, 116).

[22] Anonym: Cours théosophique d'été au Weisser Hirsch.

[23] Theosophisches Streben 1/1913–15, Heft IV,15.

[24] Theosophie 5/1914–15, 336 (falsch paginiert als 236); vgl. auch Klatt: Theosophie und Anthroposophie, 124f.

[25] Theosophisches Streben 1/1913–15, Heft IV,22.

[26] Ebd., 3/1916–17, Heft VII–VIII, 199.

[27] Eine Biographie von Lauweriks fehlt. Wichtige Informationen wird es bei Bax: Het web der schepping (2006) geben. Wichtige Unterlagen sind nicht mehr vorhanden; seinen Briefwechsel hat Lauweriks vernichtet (nach Marty Bax: Lauweriks contra Rudolf Steiner 1905–1913: de strijd tussen theosofie en antroposofie en de invloed ervan op de kunst, unveröffentlichtes Manuskript).

*Tab. 3.6:* Generalsekretäre der Theosophischen Gesellschaft Adyar, 1913 bis 1948

| | |
|---|---|
| 1913–1914 | Johannes Ludovicus Mathieu Lauweriks (1864–1932) |
| 1914 | Hermann Sixt von Kapff (1848–1939) |
| 1914–1916 | Paul Krojanker (stellvertretend) (1864–1916) |
| 1916–1919 | Karl Wachtelborn (~1860 - nach 1939) |
| 1919–1920 | Baron W. E. Axel von Fielitz-Coniar (1887–1975) |
| 1920–1921 | Margarete Kamensky (?–?) |
| 1920–1921 | Otto Schwarz (?–?) |
| 1921–1928 | von Fielitz-Coniar |
| 1928–1935 | Johannes Maria Verweyen (1883–1945) |
| 1935–1937 | Eginolf von Roeder (1890–1939/45 ?) |
| 1946–1948 | von Fielitz-Coniar |

Quellen für die Amtszeiten (zu den Lebensdaten Klatt: Der Nachlaß von Wilhelm Hübbe-Schleiden):
*Lauweriks.* Klatt: Theosophie und Anthroposophie, 125. Die Angaben Fischers über eine Amtszeit bis 1917 sind falsch. Auch die Angabe, von Breuer: Gedankengebäude, 24, daß Lauweriks schon 1912 Steiners Nachfolger geworden sein, ist unzutreffend, da die Trennung der Anthroposophischen Gesellschaft erst Anfang 1913 vollzogen wurde.
*Von Kapff.* Nach Fielitz-Coniar: The T.S. in Germany (1921), 66. Nach Klatt: Theosophie und Anthroposophie, 279 (vgl. zum Amtsantritt ebd. 125), und ders.: Der Nachlaß von Wilhelm Hübbe-Schleiden, 156, soll von Kapff bis zum 1.7.1915 Präsident gewesen sein. Von Kapff wurde jedoch schon 1914 zum Kriegsdienst eingezogen, vgl. Anm. 668. Fischer: 100 Jahre »Theosophische Gesellschaft«, 22, berichtete 1973, daß Hübbe-Schleiden bis 1916 den Landesverband »geleitet« habe und Lauweriks 1917 sein Nachfolger geworden sei. Diese Aussage dürfte falsch sein, denn Fielitz-Coniar wohnte von Januar bis März 1916 bei Hübbe-Schleiden (ebd., 66) und hätte dessen Leitungsamt wohl erwähnt; Fielitz-Coniar nannte Hübbe-Schleiden nur einen »spiritual leader« (ebd., 66).
*Krojanker.* Vgl. Anm. 103.
*Wachtelborn.* Zum Beginn der Amtszeit Fielitz-Coniar: The T.S. in Germany (1921), 67. Wachtelborns Amtszeit endete mit der Generalversammlung vom 18./19. Oktober 1919 in Berlin, auf der Fielitz-Coniar gewählt wurde (Theosophisches Streben 6/1919–20, Heft IV–VI, 4). Die Angaben bei Klatt: Theosophie und Anthroposophie, 274, und ders.: Der Nachlaß von Wilhelm Hübbe-Schleiden, 88, treffen demnach nicht zu.
*Von Fielitz-Coniar* (1919–1920). Nach Klatt: Der Nachlaß von Wilhelm Hübbe-Schleiden 88, in Verbindung mit den oben gemachten Angaben zu Wachtelborn.
*Kamensky.* Fielitz-Coniar: The T.S. in Germany (1921), 67 f. In einer Selbstanzeige (Theosophisches Streben 6/1919–20, Heft VII–X, 1) schreibt Kamensky, sie sei auf der Generalversammlung vom 4. Juli 1920 in Hannover mit 16 von 17 Stimmen gewählt worden und habe das Amt von Fielitz-Coniar übernommen. Als Schatzmeister fungierte Otto Schwarz, möglicherweise der Vater von Otto Schwarz jr., der zu diesem Zeitpunkt die Bruderschaftsloge in Hannover leitete.
*Schwarz.* Fielitz-Coniar: The T.S. in Germany (1921), 68.
*Fielitz-Coniar* (1921–1928). Klatt: Theosophie und Anthroposophie, 274; ders.: Der Nachlaß von Wilhelm-Hübbe-Schleiden, 88.
*Verweyen.* s. u. 3.5.4. 1934 als Ende seiner nach Amtszeit bei Fischer: 100 Jahre »Theosophische Gesellschaft«, 22 f. Ich setze die Generalversammlung des Jahres 1935 als Ende seiner Amtstätigkeit an.
*Von Roeder.* Fischer: 100 Jahre »Theosophische Gesellschaft«, 23, und Anm. 269.
*Von Fielitz-Coniar* (1946–1948). Klatt: Theosophie und Anthroposophie, 274.

dem von Besant geprägten Freimaurer-Orden Droit Humain[28]. Auf der Pfingstversammlung 1913 wurde er provisorisch zum Generalsekretär für ein Jahr gewählt[29]. Lauweriks war 1894 Mitglied der Theosophischen Gesellschaft der Niederlande geworden[30] und lebte seit 1904 in Düsseldorf, nach seiner Berufung durch Peter Behrens an die dortige Kunstgewerbeschule. Hier begründete er im Herbst 1904 einen theosophischen Kreis »mit ungefähr 12 Mitgliedern«[31] und verfolgte damit schon früh, offen spätestens seit 1907 mit der Abtrennung der Blavatsky-Loge, eine Steiner-kritische Linie[32]. Auch der 1908 von Ernst Pieper gegründete Düsseldorfer Ring-Verlag[33], in dem seit 1913 die Schriften der Adyar-Theosophie erschienen, sowie die gleichfalls von Pieper im Juni 1911, also einen Monat nach dem ersten offiziellen Auftritt Krishnamurtis in Europa, in Düsseldorf gegründete »Gesellschaft zur Verbreitung der Theosophie«[34], gehören in diese lange und weitenteils subkutane Dissoziationsgeschichte. Unter Lauweriks' und Hübbe-Schleidens Ägide hatten sich schließlich im August 1912 vierzehn Logen zum »Undogmatischen Verband« zusammengeschlossen (s. o. 3.4.5c)[35], und mit seiner Tätigkeit im Sternorden stand Lauweriks eindeutig in Opposition zu Steiner[36].

Nach der Übertragung des Charter reorganisierte Lauweriks von Hagen aus, wo die von ihm konzipierte reformarchitektonische Siedlung »Am Stirnband«

---

[28] Dies.: De geheime Leer van Lauweriks, 22 (Beitritt 31.5.1894); Beitritt in den »Droit Humain« ebd., 23.

[29] Anonym: Die Generalversammlung der deutschen Sektion, 183.

[30] Tummers: J. L. M. Lauweriks, 12 f.

[31] Pieper: Zum Gedächtnis J. L. Lauweriks, 2; das Herbst-Datum nach Lauweriks selbst in: Theosophisches Streben 3/1916–17, Heft VII–VIII, 199.

[32] Die Entwicklung unterschiedlicher Zweige in Düsseldorf dürfte auf inhaltliche Differenzen zurückzuführen sein, an deren Artikulation Lauweriks mutmaßlich einen beträchtlichen Anteil besaß. Die Wahl des Namens der 1907 ausgegliederten »Blavatsky-Loge«, die unter seiner Leitung stand, wurde durch die Steiner-kritisch interpretierbaren Äußerungen begründet, »dass die Mitglieder das Verdienst von Frau H. P. Blavatsky für die Sache der Theosophie in der Erinnerung behalten wollen, und dass die Loge ein Organ ist, durch welches die edle, reine und erhabene Lehre von Frau Blavatsky weiter verbreitet werden soll« (MTG 5,13 f.). Die Steiner-kritische Ausrichtung bestätigt Pieper: Zum Gedächtnis J. L. Lauweriks, 2, mit einem Zitat von Lauweriks (Rückverweis auf Theosophisches Streben, Bd. 3, Nr. 7/8). Lauweriks schrieb im Herbst 1916, er habe im Herbst 1904 »nach der Absage an die anthroposophischen Bestrebungen Dr. Steiners die Blavatsky-Loge« gegründet; Theosophisches Streben 3/1916–17, Heft VII–VIII, 199. Steinberger: Esoteriker des Westens, 101, spricht vom Aufbau eines »Zweiges« durch Lauweriks. Steinberger war Vorsitzender der Frankfurter Loge der Adyar-Theosophie. Diese Loge wird in den Vereinsnachrichten erst 1907 als eigenständige geführt, für die Phase zwischen 1904 und 1907 könnte es sich um die Anlaufphase handeln. Die »Zusammenkünfte« fanden »bei Frau Smits, Oberkassel« statt (Pieper: Zum Gedächtnis J. L. Lauweriks, 2). Möglicherweise handelt es sich dabei um Clara Smits, deren Tochter Lory für die Eurythmie Steiners eine wichtige Rolle spielte (s. 13.2.1). Schon im Dezember 1911 hatte die Blavatsky-Loge keinen Vertreter zur Generalversammlung der deutschen Sektion geschickt (MTG 13,2). Die sich Steiner zuzählende Loge wuchs aber offenbar schneller als die Adyar-Loge, die nach dem Bruch von 1912/13 dann in der Besant-Obödienz blieb. Lauweriks habe, wie Steinberger: Esoteriker des Westens, 101, schreibt, »wohl als erster« erkannt, »daß durch das Vorgehen Steiners eine Krise in der Landesgesellschaft drohe«.

[33] Fischer: 100 Jahre »Theosophische Gesellschaft«, 22. Lauweriks gründete seinerseits 1908 die Kunstzeitschrift »Ring«; Pieper: Zum Gedächtnis J. L. Lauweriks, 4.

[34] Theosophie 2/1911–12, 116.

[35] Steinberger: Esoteriker des Westens, 101. Pieper: Zum Gedächtnis J. L. Lauweriks, 3, sprach Lauweriks das Verdienst zu, Hübbe-Schleiden gegenüber Steiner »entfremdet« zu haben.

[36] Klatt: Der Nachlaß von Wilhelm Hübbe-Schleiden, 183.

stand, die zerfledderte Adyar-Theosophie in Deutschland. In seine Amtszeit fällt die erste theosophische »Sommerschule« auf dem Weißen Hirschen (s. o. 3.5.1) (wo er selbst über »Architektur und Theosophie« sprechen wollte[37]), und gegen Ende 1913[38] dürfte die erste Ausgabe des Theosophischen Strebens, der neuen Sektionszeitschrift, für die er als Redakteur verantwortlich zeichnete, entstanden sein.

Nach der vereinbarten einjährigen Amtszeit stand Lauweriks auf der Jahresversammlung zu Pfingsten 1914, die am 31. Mai und 1. Juni im Hotel »Weisser Adler« in Weisser Hirsch stattfand[39], zur Wiederwahl. Schon im Vorfeld hatte es Intrigen gegen Lauweriks gegeben[40], und auf der Jahresversammlung stellte sich Hübbe-Schleiden offen gegen Lauweriks. Nachdem Hübbe-Schleiden gefordert hatte, daß der Sitz der Gesellschaft am Wohnort des Vorsitzenden sein solle[41], lehnte er »den gegenwärtigen Gen. Sekretär Herrn Lauweriks« mit der Begründung ab, daß Hagen zu »abgelegen« sei[42]. Er schlug stattdessen Berlin als zentralen Ort vor und Sixt von Kapff als Kandidaten[43].

Nach einer langen Debatte über die Kandidaten kam es am 30. Mai schließlich zur Kampfabstimmung, in der Lauweriks, vorgeschlagen von Jenny Zech aus Düsseldorf und August Bethe aus Hannover, gegen den von Hübbe-Schleiden vorgeschlagenen von Kapff antrat[44], nachdem zuvor die neue Amtsperiode auf ein Jahr beschränkt worden war[45]. Von Kapff wurde knapp mit 15 gegen 13 Stimmen gewählt[46]. Der aus Stuttgart stammende Nervenarzt[47] war vor 1900 Mitglied der Internationalen Theosophischen Verbrüderung Franz Hartmanns

---

[37] Theosophisches Streben 1 / 1913–15, I, 32.

[38] Das erste Heft des Theosophischen Strebens ist nicht datiert. Das erste Inhaltverzeichnis zählt aber ab 1913, so daß sich der erste Jahrgang bis 1915 zieht.

[39] Krojanker, Paul: Auszug aus dem stenographischen Bericht über die Generalversammlung der Theosophischen Gesellschaft in Deutschland Pfingstsamstag den 31. Mai cr. und Montag den 1. Juni 1914 im kl. Saale des Hotels »Weisser Adler« in Weisser Hirsch b. Dresden, hektographiert, 5 Seiten; Landes- und Universitätsbibliothek Göttingen, Nachlaß Hübbe-Schleiden, 800,2, auch abgedruckt in: Theosophisches Streben 1 / 1913–15, Heft V,23–25.

[40] Brief von Luise Guttmann an Krishnamurti [auf Briefpapier des Ordens des Stern im Osten], Göttingen 31.5.1913, 2 Seiten: »secretly Berlin works against him [i. e. Lauweriks]« (S. 1); TheosA Adyar, File 119.

[41] Hübbe-Schleiden, Wilhelm: Redemanuskript für die Jahresversammlung der TG Adyar, deutsche Sektion, am 31.5. / 1.6.1914, 7 DIN-A-5 Seiten, Nachlaß Hübbe-Schleiden, 800,2, S. 1.

[42] Ebd., 2.

[43] Ebd., 6. Als weitere Mitglieder nannte er: Alice von Sonklar, Paul Zillmann, Karl Wachtelborn (ebd., 7). Zillman ist auf dem hektographierten Antrag zur Vorstandswahl aber wieder gestrichen; statt seiner findet sich dort Olga von Schack.

[44] Krojanker, Paul: Auszug aus dem stenographischen Bericht über die Generalversammlung der Theosophischen Gesellschaft in Deutschland Pfingstsamstag den 31. Mai cr. und Montag den 1. Juni 1914 im kl. Saale des Hotels »Weisser Adler« in Weisser Hirsch b. Dresden, hektographiert, 5 Seiten; Landes- und Universitätsbibliothek Göttingen, Ms. Hübbe-Schleiden 800,2, S. 3 (auch abgedruckt in: Theosophisches Streben 1 / 1913–15, Heft V,23–25).

[45] Ebd., S. 4.

[46] Ebd., Bericht auch in: Anonym: Die Generalversammlung der deutschen Sektion, 183. Als weitere Funktionsträger neben von Kapff werden hier (S. 184) Paul Krojanker, Dr. Antonie Schiller, Olga Gräfin Schack, Alice von Sonklar und die Amerikanerin Virgina F. Clement genannt.

[47] Zur Biographie Klatt: Der Nachlaß von Wilhelm Hübbe-Schleiden, 156.

(s. u. 3.11.2) gewesen[48] und 1914 auch über die Theosophie hinaus als Okkultist aktiv[49].

Die Motive der Ablehnung Lauweriks' durch Hübbe-Schleiden sind nur indirekt zu ermitteln. Da Hübbe-Schleiden schon vor der Abstimmung ohne genauere Angaben von anderem, »was … öffentlich gesagt worden ist«[50], orakelt hatte, war die Ortsfrage wahrscheinlich ein vorgeschobenes Argument. Otto Schutz und Georg Bruno Haucks, beide Vertreter der Hübbe-Schleiden-Loge in Hannover, hatten noch vor der Abstimmung in einem schriftlichen Votum gegen die offenbar drohende Demontage Lauweriks Stellung bezogen:

> »Einige Anträge beschäftigen sich mit der Person des jetzigen Generalsekretärs. Wenn man sie liest, wird man das Empfinden nicht los, dass die Kritik sich dieses Herrn sehr früh bemächtigt. Vielleicht hätte mehr getan werden können, sicherlich muss mehr getan werden. … Gegen ihn zu arbeiten, weil seine Person nicht den eigenen Wünschen entspricht, ist keinesfalls ein Beweis theosophischen Strebens.«[51]

Hübbe-Schleiden notierte während der Generalversammlung: »Zufriedenheit mit Lauweriks aber nicht mit dem Gen.sekretariat«[52], wobei nicht klar ist, ob dies seine eigene oder das Referat einer fremden Position war. Die üblichen »okkulten« Argumente fehlten auch in dieser Debatte nicht. August Bethe, Vorsitzender der Bruderschafts-Loge in Hannover, forderte, »Gen. Sekr. soll Kanal für die Meister sein. Wenn das wäre, dann Dr v. Kapff nicht geeignet«. Hermann Ahner, Vorsitzender der Loge »Zum heiligen Gral« in Dresden, sah dies ganz anders: »Äußere Repräsentation erforderlich. Kapff besser als Lauweriks. Wir dürfen nicht auf diese Vorteile verzichten (Dr. H. S. [Hübbe-Schleiden] Senior)«[53].

Möglicherweise stand hinter Hübbe-Schleidens Vorgehen eine Unzufriedenheit mit Lauweriks' Sekretariatsarbeit, die er bei von Kapff organisationstechnisch und durch den Sitz in der Reichshauptstadt, die zugleich das wohl wichtigste Zentrum der deutschen Adyar-Theosophie war, besser aufgehoben sah. Aber hinter den »okkulten« Argumenten kann man auch die Auseinandersetzung zwischen einem Charismatiker, Lauweriks, und einem Verwaltungsbeamten, von Kapff, durchhören. Wenn das stimmt, hätte Hübbe-Schleiden in Lauweriks

---

[48] Mitgliederliste, StL PP-V 2561 (unter »S. von Kapff«); vgl. unten 3.11.2.

[49] Von Kapff war »Vorsitzender« des »vorbereitenden Komitees« (Prana 5/1913–14, 238) für den »ersten internationalen Okkultistischen Kongreß mit Ausstellung in Berlin vom 16.–24. Oktober 1914« (ebd., 237).

[50] Hübbe-Schleiden: Redemanuskript für die Jahresversammlung der TG Adyar (Anm. 41), 2.

[51] Schutz, Otto/Haucks, Georg Bruno: Zur Generalversammlung der Deutschen Sektion der Theosophischen Gesellschaft, Hannover, 21. Mai 1914, 4 Blätter, hektographiert, Nachlaß Hübbe-Scheiden 800,2, S. 1.

[52] Hübbe-Schleiden, Wilhelm: Notizen zur Diskussion um den Generalsekretär; auf der zweiten Seite eines Doppelblattes mit der Überschrift »Stimmen in der Gen Versammlung«, Nachlaß Hübbe-Scheiden 800,2.

[53] Ebd.; als weitere Stimme (ohne Namensnennung) notierte Hübbe-Schleiden das Votum »Nicht der Gen Sekr soll Esoterik«. In der öffentlichkeitsorientierten Perspektive der Zeitschrift Theosophie stellte man das Problem als unentscheidbar dar. »Man wußte in der Tat nicht, wer wohl für dieses … Amt zu wählen sei. Eine größere Anzahl von Logen war nicht für die Wiederwahl von Herrn Lauweriks, andererseits wollte sich auch sonst kein Kandidat finden« (Anonym: Die Generalversammlung der deutschen Sektion, 183).

auch eine charismatische Konkurrenz beseitigt, aber dies ist Spekulation. Klatt hat vermutet, Lauweriks könnte das Opfer ausländerfeindlicher Stimmungen geworden sein[54]. Von völkischen Themen war aber im Umfeld der Wahl von Kapffs nicht die Rede, und die von Klatt angefügten Belege datieren sämtlich nach der Kampfabstimmung vom 30. Mai. Sie waren vielmehr Reaktionen auf Besants antideutsche Polemiken vom November 1914[55]. Gegen eine persönlich verletzende Argumentation, wie sie bei einer »völkischen« Begründung zu vermuten wäre, spricht auch Lauweriks kontinuierliche Weiterarbeit in der Adyar-Theosophie. Schon am 1. Juni blieb er geschäftsführend während der Generalversammlung tätig, da von Kapff abreisen mußte[56], und die Redaktion des Theosophischen Strebens lag während der nächsten Jahre in Lauweriks' Hand. Gegen einen tiefen Bruch spricht auch Ernst Piepers Hinweis, daß Lauweriks mit dem Tod Hübbe-Schleidens Leiter der Esoterischen Schule in Deutschland geworden sei[57]. Erst im Herbst 1916 verließ Lauweriks Deutschland, und das mit bedauernden Worten gegenüber seinen theosophischen Freunden: »Es hat mir [sic] unsäglich viel Mühe gekostet, endlich den Entschluss zu fassen, nach einer zwölfjährigen mir zusagenden Tätigkeit ... nach Holland zurückzugehen«[58]. Auch nach dem Ersten Weltkrieg blieb Lauweriks der deutschen Sektion verbunden. Wiederum Ernst Pieper berichtet, daß er »die ersten Anfänge der Liberal-Katholischen Kirche in Deutschland möglich machte und als deren Priester am 27. April 1924 den ersten Gottesdienst in Deutschland, und zwar in Düsseldorf, feierte«[59].

### *3.5.2 Erster Weltkrieg*

*a. Nationalismus versus Internationalismus*

Die deutschen Adyar-Theosophen gerieten durch den Krieg erneut in eine existenzbedrohende Krise. Der Grundton in der theosophischen Kriegsdeutung war anfangs zumindest bei einigen Mitgliedern irenisch. Johanna Luise Guttmann etwa, die Leiterin der Göttinger Loge, stellte im Oktober 1914 neben die »Pflicht als Deutsche, als Bürger, als Menschen« zu handeln[60], den Aufruf: »Wir sind Brüder; alle Menschen sind unsere Brüder, unsere Schwestern, ohne Lan-

---

[54] Klatt: Theosophie und Anthroposophie, 125.

[55] Klatt hat aber selbst ebd., 125 f., die Wendung zu völkischen Vorstellung erst nach Ausbruch des Kriegs gesehen.

[56] Vgl. Krojanker: Auszug aus dem stenographischen Bericht [hektographierte Fassung] (Anm. 44).

[57] Pieper: Zum Gedächtnis J. L. Lauweriks, 4.

[58] Theosophisches Streben 3 / 1916–17, Heft VII–VII, 199 (Herbstheft 1916). Nach Marty Bax: (Lauweriks contra Rudolf Steiner 1905–1913: de strijd tussen theosofie en antroposofie en de invloed ervan op de kunst, unveröffentlichtes Manuskript) ist seine Rückkehr in den niederländischen Vereinsakten für den 5. / 6.12.1916 dokumentiert.

[59] Pieper: Zum Gedächtnis J. L. Lauweriks, 2. Für die Liberal-Katholische Kirche in Deutschland spielte vermutlich Ernst Pieper eine wichtige Rolle. Bei Klatt: Der Nachlaß von Wilhelm Hübbe-Schleiden, 221, wird er nicht in einer Funktion der Liberal-Katholischen Kirche genannt. Unter den theosophischen »Vereinigungen« tauchte er aber 1925 / 28 immer wieder als deren Ansprechpartner auf, und im Theosophischen Streben firmierte er als Autor einschlägiger Artikel (z. B. »Das Mysterium der Priesterweihe«).

[60] Theosophisches Streben 1 / 1913–15, Heft VI, 11.

desgrenzen, ohne Nationalität. ... Wir wollen in die Wogen des rasenden Hasses und des Rachegeschreis Gedanken der Menschenliebe ausgiessen«[61]. Ähnlich reagierte 1915 Hübbe-Schleiden, der Feindesliebe einforderte, ohne die Pflicht zur Notwehr in Frage zu stellen[62].

Die Auseinandersetzungen waren allerdings durch antideutsche, in der Diktion massive Polemiken Annie Besants, die Deutschland für den Krieg verantwortlich machte[63], im Theosophist vom November 1914 eskaliert.

> »The ›chosen people of the [German] God‹ stinks in the nostrils of Europe. This embryo-Empire of the bottomless Pit, conceived of Hatred and shaped in the womb Ambition, must never come to the birth. It is the New Barbarism; it is the antithesis of all that is noble, compassionate, and humane.«[64]

Die Drastik ihrer Ausführungen wurden im Theosophischen Streben nicht wiedergegeben[65], aber die Zeitschrift Theosophische Kultur der konkurrierenden Internationalen Theosophischen Verbrüderung ließ sich dieses Zitat nicht entgehen[66]. Derartige Rechtfertigungen des Krieges für die je eigene Seite fanden sich offenbar in allen Landesgesellschaften der Adyar-Theosophie[67]. Auch der Bruch mit der politischen Neutralität, den Führungsmitglieder wie Sinnett oder Leadbeater mit der Parteinahme für die Entente dokumentierten, war eklatant[68].

Die Auseinandersetzung wurde auch in den theosophischen Überbau getragen und dort über die theosophische Rassenlehre (s. 7.5.4/14.3.1a) geführt. Ulrich Linse hat herausgearbeitet, daß die postulierte neue sechste Unterrasse (innerhalb der fünften »Wurzelrasse«) als Vehikel der Legitimierung nationalistischer Ambitionen diente. War das »Teuto-Germanentum« die künftige neue Rasse und damit die Zeit des britischen Empire abgelaufen, so Hübbe-Schleiden[69]? Oder kam die Zeit der amerikanischen Rasse, wie Blavatsky es prophezeit und auch Besant es (ausgedehnt auf Neuseeland und Australien) verkündet hatte, um damit die Führungsrolle der angelsächsischen Welt festzuschreiben[70]? Die theosophische Theorie war politisch variabel instrumentalisierbar.

Besants antideutsche Äußerungen vom November 1914 lösten in der deut-

---

[61] Ebd., 10.

[62] Hübbe-Schleiden: Wir Theosophen im Kriege (datiert auf den Januar 1915), 6.

[63] Klatt: Theosophie und Anthroposophie, 126.

[64] Besant (anonym): On the Watch-Tower (November 1914), 103. Als Verfasserin dieser Eingangskolumme, die regelmäßig unter diesem Titel erschien, gilt Annie Besant, die auch als Herausgeberin der Zeitschrift firmierte. Bereits im Oktoberheft dieses Jahrgangs war in der Rubrik »On the Watch-Tower« von deutschen Greueltaten die Rede gewesen (S. 3). Im Dezember wurde die Abtrennung der Anthroposophie als Teil einer antibritischen Verschwörung, »to destroy the Island Empire«, interpretiert (S. 196). Dies war eine Polemik, die wie kaum sonst im publizierten Material Besants Verletzung durch die Sezession der »Steinerian Theosophy« (S. 197) durchblicken läßt.

[65] Vgl. die Paraphrase bei Hübbe-Schleiden: Wir Theosophen im Kriege, 8 f.

[66] Rudolph: Warum die »Theosophische Verbrüderung« *niemals* auf ihren internationalen Charakter verzichten kann, 188.

[67] Tollenaere: The Politics of Divine Wisdom, 156–160.

[68] Dazu Linse: »Universale Bruderschaft« oder nationaler Rassenkrieg, 611 f.

[69] Zit. nach ebd., 615; vgl. auch: Besant Stammbaum, 142 f.

[70] Ebd., Linse, 610.

schen Sektion eine »Welle der Empörung« aus[71]. Vorwürfe kamen auf, daß Besant auch die »Esoterische Schule« machtpolitisch instrumentalisiere; als ihre »Kommissäre« wurden Cordes und 1914 Lauweriks genannt (möglicherweise muß man sagen: diffamiert)[72]. Hübbe-Schleiden konterte am 19. Dezember 1915 in einem Brief an Besant, England sei ein »Vampir«, der kleinere Nationen aussauge[73]; schon im März hatte er den Vorwurf des deutschen Imperialismus mit dem Hinweis, daß Deutschland eine Kulturnation sei, zu widerlegen versucht[74] und dem britischen Hegemoniestreben die Idee eines »Völkerbundes« entgegengesetzt, der im Kern ein »europäisch *internationales*« »Arisches Reich« – gemeint war: unter deutscher Lenkung – sein werde[75]. Hübbe-Schleiden propagierte, ähnlich wie Steiner, einen theosophischen Nationalismus unter einer kulturellen Hegemonie der Deutschen.

Die Adyar-Theosophie stand damit erneut vor einer Zerreißprobe. Viele Mitglieder forderten eine Trennung von Adyar[76], andere stellten ihre Beitragszahlung ein[77]. Hübbe-Schleiden versuchte in seiner »Haßliebe«[78] zu England, die Wogen zu glätten und glaubte im Januar 1915, Besant als »Opfer« eines »Lügensystems« der englischen Presse entlasten zu können[79]; die Option, den Charter der Theosophischen Societät Germania zu reaktivieren und sich damit formell zu trennen, blieb 1915 eine Drohung[80]. Auch Lauweriks suchte den Konflikt mit Besant im Frühjahr 1915 beizulegen, indem er den »*unpolitischen internationalen Charakter*« der Theosophie beschwor[81].

Ziemlich sicher ist das »Ausscheiden«[82] des Generalsekretärs Hermann Sixt von Kapff auf Besants Angriffe zurückzuführen. Am 17. Juni 1915 hatte er sich gegen Besants Invektiven gegen die deutsche Sektion gewandt[83]. Aber dieses

71 Klatt: Theosophie und Anthroposophie, 126.

72 Theosophie 6 / 1915–16, 146.

73 Brief Hübbe-Schleiden an Besant, 19.12.1915 (in: Klatt: Theosophie und Anthroposophie, 261).

74 Hübbe-Schleiden: Deutschtum und Theosophie, 4 f.

75 Ebd., 5. Der Völkerbund fand auch in den folgenden Jahren Anerkennung in der Adyar-Theosophie; vgl. Guttmann: Einiges über den Völkerbund.

76 Klatt: Theosophie und Anthroposophie, 126.

77 Noch am 25. November 1916 hieß es im Vorstandsprotokoll, daß die Dresdner Logen »bis zur Klärung des Verhältnisses zu Adyar« die Zahlung ihrer Beiträge sistierten; Berichte und Nachrichten des theosophischen Strebens, 6.

78 So Linse: »Universale Bruderschaft« oder nationaler Rassenkrieg, 614.

79 Hübbe-Schleiden: Wir Theosophen im Kriege, 9. Seine Schrift »Morgenröte des neuen Zeitalters« machte sich der Vorstand der deutschen Sektion zu eigen (Theosophisches Streben 2 / 1915–16, Heft III–V, 2.). Vgl. Hübbe-Schleiden: Morgendämmerung des neuen Welt-Zeitalters, 476 f.

80 Linse: »Universale Bruderschaft« oder nationaler Rassenkrieg, 619.

81 Theosophisches Streben 2 / 1915–16, Heft I–II, 53. Vgl. zur irenischen Position Lauweriks auch seinen Artikel »Vom okkulten Kriegsschauplatz«. Bei Linse: »Universale Bruderschaft« oder nationaler Rassenkrieg, 620, finden sich weitere divergierende Positionen: Paul Krojanker hoffte auf den Sieg der deutschen Waffen, und Karl Wachtelborn liebäugelte mit dem Germanentum, während Ernst Pieper gegenüber Hübbe-Schleiden zumindest brieflich Besants Position gegenüber der deutschen Machtpolitik teilte.

82 So die Formulierung aus dem Protokoll der Vorstandssitzung vom 1.12.1915; Theosophisches Streben 2 / 1915–16, Heft IX–X, 210. Dahinter stand mutmaßlich Alice von Sonklar, vgl. Linse: »Universale Bruderschaft« oder nationaler Rassenkrieg, 617[45].

83 Theosophisches Streben 2 / 1915–16, Heft III–V, 1.

Schreiben hatte die Präsidentin aus Gründen der Zensur, wie sie schrieb, nicht detailliert beantwortet. Stattdessen bekräftigte sie ihre Position: »Deutschland hat durch seine äusseren Handlungen die Wahrheit dessen bewiesen, was ich mittels Kenntnis der inneren Tatsachen geschrieben habe.«[84] Dies war zugleich eine Immunisierung gegen Kritik: Die »inneren Tatsachen« waren ihr unangreifbares esoterisches Dominium. Auch eine vom deutschen Landesvorstand am 7. Dezember 1915 »befürwortete«, in der Praxis aber offenbar unwirksame Namensänderung in »Deutscher Theosophenbund«[85] ist wohl im Zusammenhang mit Besants Äußerungen zu lesen. Während des Krieges dienten nicht zuletzt Besants Ausfälle zur Legitimation der polizeilichen Überwachung und der negativen Bewertung der Adyar-Theosophie, sofern sie sich nicht vom Zentrum in Adyar und insbesondere vom »Stern des Ostens« getrennt hatte[86].

Mit der Nationalisierung der Theosophie fanden auch völkische Vorstellung Anklang. So kontaktierte Hübbe-Schleiden am 28. Juni und am 1. Juli 1915 Hermann Pohl, um in dessen Germanen-Orden einzutreten[87]. Virulenter noch waren die Aktivitäten Alice von Sonklars, die die Berliner Besant-Loge in Baldur-Loge umbenannte und dort Schriften Guido von Lists lesen ließ. Hübbe-Schleiden und Lauweriks suchten allerdings den Schaden zu begrenzen, indem sie ihr für weitergehende Germanisierungen den Rückhalt versagten; von Sonklar aus der Gesellschaft herauszudrängen, gelang aber nicht[88]. Ob die theosophische Rassenlehre hingegen, die etwa durch einen Fortsetzungsabdruck von Leadbeaters »Entstehung einer neuen Unterrasse« seit dem Mai/Juni-Heft 1916 in den Kriegsjahren wieder präsent gemacht wurde[89], auch einen nationalistischen Anstrich besaß, ist so sicher nicht. Hinter allen heute rassistisch klingenden Äußerungen (»wir, die wir der arischen Rasse angehören, haben unseren Höhepunkt noch nicht erreicht«[90]) könnte die transnationale Perspektive auch die Funktion besessen haben, theosophische Nationalismen zu pazifizieren.

Zum formellen Bruch mit Adyar kam es nicht. Hübbe-Schleidens Lavieren zwischen Internationalismus und deutscher Theosophie bestimmte die Strategie theosophischer Selbstdarstellungen auch nach seinem Tod im Jahr 1916. Linse sieht gegen Kriegsende sogar eine verstärkte Akklamation des theosophischen Ideals der Brüderlichkeit[91], und möglicherweise hat sich in der letzten Kriegsphase auch das Verhältnis zu Besant wieder leicht entspannt. Eine Indiz dafür könnte 1918 ein kurzer Artikel Februar/April-Heft des Theosophischen Strebens sein, der in hagiographischer Diktion die Jubelstimmung in Adyar bei ihrer

---

[84] Ebd., 2/1915–16, Heft IX–X, 208.

[85] Ebd., 210. Vgl. Linse: »Universale Bruderschaft« oder nationaler Rassenkrieg, 618.

[86] Stellvertretendes Generalkommando IX. Armeekorps [Observationsbericht der Theosophischen Gesellschaft Adyar], Abteilung Abw. J. Nr. 10014, Altona, den 21. Februar 1917, StL PP-V 2613, fol. 41–43, fol. 41$^{r}$.

[87] Klatt: Theosophie und Anthroposophie, 125.

[88] Vgl. Linse: »Universale Bruderschaft« oder nationaler Rassenkrieg, 618.

[89] Erste Folge in: Theosophisches Streben 3/1916–17, Heft III–IV, 84ff. Er beschrieb darin das Auftauchen einer »neuen Rasse« in Amerika und Australien aufgrund seiner eigenen Autopsie bei Reisen (ebd., 3/1916–17, Heft III–IV, 85).

[90] Ebd., 3/1916–17, Heft V–VI, 143.

[91] Linse: »Universale Bruderschaft« oder nationaler Rassenkrieg, 621.

Rückkehr von einer Reise wiedergab[92]. Doch erst in den zwanziger Jahren kam offenbar die Zeit, sich auszusöhnen.

Für staatliche Stellen blieben die Theosophen trotz der nationalen Anpassung unsichere Kantonisten. Die im Auftrag der militärischen Beobachtung aktiven Observanten hatten zwar registriert, daß aufgrund von Besants Äußerungen viele Mitglieder ausgetreten waren, aber die Adyar-treuen Theosophen galten weiterhin als Problemfälle[93]. So spreche sich der Kaufmann Oskar Friedrich Carl Hintze, der Vorsitzende der Hamburger Loge, mit seiner Frau, einer geborenen Engländerin, »durchaus antideutsch und ententefreundlich« aus[94]. Hintze habe dem Observanten, einem Hauptmann Müller, auf dessen Hinweis, »starke suggestive Kräfte« zu besitzen, geantwortet, »dann solle er [Müller] doch an den deutschen Kaiser herantreten und ihm die Begriffe ›Friede‹ und ›Menschenliebe‹ recht intensiv suggerieren«[95]. Derartige Begebenheiten werden den Hintergrund gebildet haben, weshalb das Ministerium des Inneren noch im April 1917 die Aufforderung an die militärischen Beobachtungsstellen erließ, »die Tätigkeit der Theosophen gefälligst beobachten zu lassen und gegebenenfalls gegen sie einschreiten zu wollen«[96].

*b. Vereinsleben während des Krieges*

Über die Vereinstätigkeit ist kaum etwas bekannt, da sich die Artikel im Theosophischen Streben weitgehend auf weltanschauliche Themen beschränken. Immerhin lassen sich die Strukturdaten der Zahl der Zweige und ihrer Vorsitzenden erheben[97].

Dieses Datengerüst zeigt, daß die Entwicklung stagnierte. Selbst das bescheidene Wachstum in den Jahren 1914/15 ließ sich in der zweiten Kriegshälfte nicht halten, und die relative Stabilität der Anzahl der Zweige täuscht über die hohe personelle Fluktuation in diesen Jahren hinweg. Bemerkenswert ist, daß die relativ niedrige Frauenquote in absoluten Zahlen während des Krieges sank, obwohl man angesichts der Einberufungen der Männer einen steigenden Frauenanteil hätte erwarten können[98]. Erst nach Kriegsende stieg sie wieder an.

---

92 Theosophisches Streben 4/1917–18, Heft VI–VIII, 44f.

93 Der Reichskanzler (Reichsamt des Innern). Schreiben des stellvertretenden Generalkommandos des IX. Armeekorps an den stellvertretenden Generalstab der Armee vom 21. April 1917. Generallandesarchiv Karlsruhe, Staatsministerium, 233/11049 (unpaginiert), S. 2.

94 Ebd., S. 4.

95 Ebd.

96 Ebd., Anschreiben.

97 Die Statistik im Theosophischen Streben (vgl. Tab. 3.9) weist in 14 Orten 20 Logen für 1917 aus. In diesem Jahr sind die Zweige auch seitens der militärischen Überwachung gezählt worden (Stellvertretendes Generalkommando [Observationsbericht der Theosophischen Gesellschaft Adyar], fol. 42$^{r}$ [Anm. 86]), die allerdings drei Logen mehr verzeichnete (eine mehr in Dresden und zwei mehr in Düsseldorf). Das bedeutet, daß man entweder den prekären inneren Zustand einiger Logen nicht realisierte oder die Veränderungsgeschwindigkeit sehr hoch war.

98 Daniel: Arbeiterfrauen in der Kriegsgesellschaft, hat in ihrer Studie eine denkbare Antwort geliefert: Auch die Belastung von Frauen durch die alleinige Versorgung des Haushaltes, teilweise auch durch zusätzliche Lohnarbeit, erhöhte sich. Wenngleich ihre Ergebnisse für eine andere soziale Schicht gelten, lassen sie sich möglicherweise übertragen. Ob der hohe Anteil von Männern durch verwundete oder aufgrund des hohen Alters nicht zum Wehrdienst eingezogener Männer zu erklären ist, wäre zu überlegen.

*Tab. 3.7:* Logen der Theosophischen Gesellschaft Adyar in Deutschland, 1913 bis 1920

| Ort/Name | 1913 Ende[1] | 1914 April | 1914 Juni | 1914 Nov. | 1915 März | 1916 Jan. | 1916 März | 1917 Ende | 1919 März | 1920 Mai |
|---|---|---|---|---|---|---|---|---|---|---|
| Berlin | | | | | | | | | | |
| – Adyar | – | – | – | – | – | – | – | – | – | M |
| – Besant/Baldur[2] | F | F | F | F | F | F | F | F | F | F |
| – Blavatsky-Loge | M | M | M | M | M | M | M | M | M | M |
| – du Prel | – | – | M | M | M | – | – | – | – | – |
| – Franz Hartmann | – | – | M | M | M | – | – | – | – | – |
| – Paulus | – | – | M | M | M | – | – | – | – | – |
| Breslau | | | | | | | | | | |
| – Wanderer | M | M | M | M | – | – | – | – | – | – |
| Dortmund | | | | | | | | | | |
| – Adyar | – | M | M | M | M | M | M | M | M | – |
| Dresden | | | | | | | | | | |
| – Lohengrin | M | M | M | M | M | M | M | –[3] | – | – |
| – Parsival | M | M | M | M | M | M | M | M | – | – |
| – Zum heiligen Gral | M | M | M | M | M | M | M | M | S | – |
| Düsseldorf | | | | | | | | | | |
| – Alcyone | F | F | F | F | M | M | –[4] | – | M | M |
| – Alcyone a.p.[6] | – | – | – | – | – | – | – | – | – | M |
| – Blavatsky | M | M | M | M | M | M | –[7] | –[8] | –[9] | –[10] |
| – Eber Sanat[11] | M | M | M | M | M | M | M | M | M | M |
| Dinslaken[12] | | | | | | | | | | |
| – Krishna | – | – | – | – | – | – | – | – | – | M |
| Elbing | | | | | | | | | | |
| – Parzival | – | – | – | – | – | – | – | – | F | F |
| Fürstenwalde[13] | M | M | M | M | M | M | M | M | M | M |
| Görlitz | | | | | | | | | | |
| – Besant | F | F | F | F | F | – | – | – | – | – |
| Göttingen | | | | | | | | | | |
| – Alcyone | Frl. | Frl. | Frl. | Frl. | Frl. | Frl. | – | – | – | – |
| – Freiheit | M | M | M | M | M | M | M[14] | M | M | M |
| Hagen i. W. | | | | | | | | | | |
| – Alcyone | – | – | – | – | – | – | Frl.[15] | Frl. | – | – |
| – Buddha | M | M | M | M | M | M | M | Frl. | S | S |
| Hagen-Barmen Alcyone III | – | – | – | – | – | – | – | – | – | F |
| Hamburg | | | | | | | | | | |
| – Loge Hamburg | M | M | M | M | M | M | M | S | – | – |
| – Hübbe-Schleiden | – | – | – | – | – | – | – | – | F | M |
| Hannover | | | | | | | | | | |
| – Bruderschaft | M | M | M | M | M | M | M | M | M | M |
| – Hübbe-Schleiden | – | M | M | M | M | M | M | M | S | S |
| – Theognost. G.[16] | M | M | M | M | M | M | M | M | M | M |
| – Der Kunst | – | – | – | M | M | M | M | M | S | S |

| Ort/Name | 1913 Ende[1] | 1914 April | 1914 Juni | 1914 Nov. | 1915 März | 1916 Jan. | 1916 März | 1917 Ende | 1919 März | 1920 Mai |
|---|---|---|---|---|---|---|---|---|---|---|
| Heidelberg (Licht)[17] | M | M | M | M | M | M | M | M | M | M |
| Köln (Centrum) | – | – | – | – | M | M | M | M | M | – |
| München (Centrum) | – | – | – | – | – | M | M | M | M | S |
| Leipzig – Zum Heiligen Gral | F | M | M | M | M | M | M | M | M | M |
| Nordhausen[18] – Parzival | – | – | – | – | – | – | – | – | F | M |
| Plauen – Loge Plauen | M | M | M | M | M | M | M | S | S | S |
| Summe | 20 | 22 | 25 | 26 | 26 | 23 | 21 | 20 | 23 | 23 |
| Anzahl der Frauen | 5 | 4 | 4 | 4 | 3 | 2 | 2 | 3 | 4 | 3 |
| – Frauenanteil (gerundet) | 25 % | 18 % | 16 % | 15 % | 12 % | 9 % | 10 % | 15 % | 17 % | 13 % |

Abkürzungen der Vorsitzenden: F = Frau; Frl. = Fräulein; M = Mann; S = »z. Z. schlafend«

1 Das Datum ergibt sich aus dem Inhaltsverzeichnis der ersten vier Jahrgänge.
2 Seit Januar 1915: Baldur; Vorsitzende Alice von Sonklar im gesamten Zeitraum von 1913 bis 1919.
3 Noch mit Vorsitzendem ausgedruckt, aber im mir vorliegenden Exemplar der Landes- und Stadtbibliothek Düsseldorf mit einem Balkenstempel gelöscht.
4 Vorsitzender wie in Anm. 3 mit einem Balkenstempel – auch in den nachfolgenden Heften – gelöscht.
5 Wie Anm. 4, der Name des Vorsitzenden ist jedoch durch »z. Z. schlafend« ersetzt.
6 Vollständiger Name: Alcyone albescit polus, Leiterin Frl. Johanna Luise Guttmann.
7 Wie Anm. 4.
8 Wie Anm. 4.
9 Der Vorsitzende, Herr L. Fuhrmann, ist mit einem Balkenstempel gelöscht.
10 Wie Anm. 9.
11 Vorsitzender ständig: Ernst Pieper.
12 Dinslaken-Lohberg.
13 Vorsitzender ständig: Carl Wachtelborn.
14 Als Nachfolger von Hübbe-Schleiden: Axel von Fielitz, mit Wohnsitz Weißer Hirsch bei Dresden; März 1919: Berlin, Kurfürstenstraße 111 [Pension von Bergen, nach: Theosophisches Streben 6/1919–20, Heft IV–VI, 4]; Mai 1902: Bayrischzell, Haus Nr. 93.
15 Leiterin der Loge Johanna L. Guttmann, die bis dahin Leiterin der Loge Alcyone in Göttingen war (vgl. Anm. 6); über die Umstände dieser Übersiedlung liegen keine Informationen vor.
16 Theognostische Gemeinschaft.
17 Seit Mai 1914 Loge »Licht«, zuvor »Centrum Heidelberg«.
18 Am Harz.

Quellen:
Angaben auf den Rückseiten der Titelblätter in der Zeitschrift »Theosophisches Streben«, hier dokumentiert jeweils nach einer Veränderung.

Daß der Erste Weltkrieg die Arbeit der neuorganisierten Sektion stark behindert hat, ist evident, aber auch der Schock von Steiners Sezession, »the great crisis caused by the founding of the Anthroposophical Society«[99], wirkte noch nach. Die Lage war zudem durch Einberufungen, Zensurmaßnahmen und das Verbot öffentlicher Aktivitäten verschärft worden, so daß die Aktivitäten »paralysed« waren[100]. »The section was more dormant than awake«[101], schrieb 1921 rückblickend Fielitz-Coniar. Diese Einschätzung scheint, wenn man die Zeitschrift Theosophisches Streben aus diesen Jahren liest, übertrieben, ist aber ein Stimmungsindikator. Dazu kam, was Fielitz-Coniar aber verschwieg, die massive Belastung durch die Nationalisierung der Theosophie während des Krieges.

Dazu traten Schwierigkeiten der inneren Organisation der deutschen Sektion. Von Kapff konnte schon im August 1914 aufgrund eines Einberufungsbefehls unmittelbar nach der Mobilmachung die Leitung nicht mehr wahrnehmen[102]. Vermutlich zog er sich, wie gesagt, auch wegen Besants polemischen Äußerungen über Deutschlands Rolle im Krieg zurück, aber dies ist nicht belegt. Noch 1914 übernahm Paul Krojanker, ein aus Bromberg stammender Zahnarzt und »Psycho-Pädagoge« jüdischer Herkunft, zwar die Amtsgeschäfte, bis zu seinem Tod nicht aber den Posten des Generalsekretärs[103].

Am 17. Mai 1916 starb Wilhelm Hübbe-Schleiden, der Nestor der deutschen Adyar-Theosophie. Da Hübbe-Schleidens Testamente unklar schienen[104], gab es Probleme mit der Sicherung archivalischer Materialien. Zu allem Unglück starb wenige Wochen später, am 8. Juli, auch Paul Krojanker. Sein Tod war für die deutsche Sektion auch insoweit ein schwerer Schlag, als das Archiv der Gesellschaft mit Krojankers Bibliothek nach seinem Tod von den Erben verkauft worden war und nur teilweise zurückerworben werden konnte[105]. Seine Bibliothek ging an einen Buchhändler, der mit 600 Reichsmark mehr forderte, als die Gesellschaft im November 1916 zahlen konnte, so daß man zu diesem Zeitpunkt »vorläu-

---

99 Fielitz-Coniar: The T.S. in Germany (1921), 66.

100 Ebd.

101 Ebd., 67.

102 Theosophisches Streben 1 / 1913–15, Heft VI, 9. Vom Rücktritt aufgrund des Einberufungsbefehls spricht Fielitz-Coniar: The T.S. in Germany (1921), 66.

103 Biographische Angaben nach Klatt: Der Nachlaß von Wilhelm Hübbe-Schleiden, 173. Informationen zur Sektionsleitung Krojankers sind spärlich. Im Nachlaß Hübbe-Schleiden, 828, Bl. 6, wird in einer maschinenschriftlichen Erwiderung vom 1.12.1914 eines Rundschreibens Krojanker als »Generalsekretär in Vertretung« bezeichnet. Auch in einer Vorstandssitzung vom 7. Dezember 1915 ist diese Vertretungsfunktion vorausgesetzt (Theosophisches Streben 2 / 1915–16, Heft IX–X, 210). Lauweriks sprach bei Krojankers Tod vom »zeitweiligen Generalsekretär« (ebd., 3 / 1916–17, Heft I–II, 63).

104 Berichte und Nachrichten des theosophischen Strebens, 5.

105 Fielitz-Coniar: The T.S. in Germany (1921), 67. Im Theosophischen Streben 3 / 1916–17, Heft III–IV, 127, liest sich der Beginn dieses Vorgangs wie folgt: Nach dem Schluß der Besprechung am 29. Juli seien Wilhelm Anders und Karl Wachtelborn, wie Wachtelborn selbst berichtete, »in die Wohnung des verstorbenen Herrn Krojanker [gegangen], um das Archiv zu übernehmen. Der Bruder des Verstorbenen lehnte jedoch die Herausgabe ab, bis das Vormundschaftsgericht die Aufnahme des Nachlasses vollzogen und unser Eigentum freigegeben habe.« Am 24. September 1916 war das Archiv immer noch nicht im Besitz der Theosophischen Gesellschaft; ebd., 198. Vgl. zu Restbeständen Klatt: Theosophie und Anthroposophie, 37.

fig« von einem Kauf absah[106]; über einen endgültigen Rückerwerb ist nichts bekannt.

Die »Totenweihe«[107] für die beiden Verstorbenen dokumentiert die Beharrungskraft der europäischen Traditionen in der Theosophischen Gesellschaft: Nach dem Vorspiel zu Parsifal hielt Gertrud Prellwitz eine Ansprache[108], Herr Schultz-Perytshu bot eine »esoterische Betrachtung aus dem 4. Psalm«[109], und abschließend sollte ein Stück von Johann Sebastian Bach »die Harmonie der Sphären« zum Ausdruck bringen[110]. Ein Indikator, daß im Krieg die Bindung an asiatische Traditionen gelockert wurde, dürfte auch die Änderung des Logo der Zeitschrift Theosophisches Streben seit dem März/April-Heft 1915 sein. Statt des Oroboros mit Swastika, Hexagramm, Anche, AUM-Symbol und der Umschrift »Sati annasti paro dharma«, die als »Keine Religion ist höher als die Wahrheit« übersetzt wurde, fand sich seitdem eine abstrakte Graphik aufsteigender paralleler Linien, das von Lauweriks entworfen sein könnte[111].

Am 29. Juni 1916 wurde der Heilpraktiker Karl Wachtelborn, ein ehemaliger »Hartmannianer«, der zuvor von Kapffs Stellvertreter gewesen war[112], zum Generalsekretär gewählt[113]. Über seine Amtszeit ist fast nichts bekannt. Er gab seine Position aus unbekannten Gründen 1918 wieder auf, von ihm übernahm der 31jährige Musiker Axel von Fielitz-Coniar (noch 1918?) die Leitung. Ansonsten gibt es über die Kriegsjahre kaum Informationen. Generalversammlungen wurden nicht mehr abgehalten[114], Berichte nach Adyar nicht mehr geschrieben, und manche Zweige kämpften mit dem Überleben[115]. Die deutsche Sektion der Adyar-Theosophie lag in Agonie.

---

[106] Berichte und Nachrichten des theosophischen Strebens, 6.

[107] Ebd., 1.

[108] Ebd.

[109] Ebd., 3.

[110] Ebd., 5. – Allerdings täuscht dieser Fokus darüber hinweg, daß asiatische Religionen zumindest in der Zeitschrift Theosophisches Streben (vorbehaltlich einer genauen Klärung) wohl stärker präsent waren als in den anderen theosophischen Gemeinschaften, wobei allerdings auch hier im Lauf des Krieges die Bezüge abzunehmen scheinen.

[111] Für Lauweriks' Autorschaft gibt es keine schriftlichen Belege, er hat allerdings ähnliche Muster entworfen, vgl. Maßsystem und Raumkunst (Ausstellungskat. Krefeld/Hagen 1987). Die theosophischen Einflüsse auf das Werk von Lauweriks sind zwar erkannt, seine künstlerische Arbeit im Rahmen der Theosophischen Gesellschaft liegt aber noch im Dunkeln. Ich vermute, daß auch die Illustration der bibliophilen Ausgabe von Besant: Das Rätsel des Lebens im Lichte der Theosophie, Ausgabe A, Düsseldorf (Ernst Pieper Ring-Verlag) aus dem Jahr 1911 von Lauweriks stammt. Siehe auch Anm. 27.

[112] Theosophisches Streben 2/1915–16, Heft IX–X, 210.

[113] Ebd., 3/1916–17, Heft III–IV, 127.

[114] Ebd., V–VI, 198.

[115] Vgl. etwa die offenbar mühsame aufrecht erhaltene organisatorische Kontinuität im Berliner Zweig; ebd., 196–198.

### *3.5.3 Die ersten Jahre der Weimarer Republik*

Als man sich am 18. und 19. Oktober 1919 wieder zu einem größeren Konvent traf, war die »mentality … rather irritable«, und Fielitz-Coniar hielt es 1921 für geraten, besser nicht von allen »troubles« bis zu diesem Zeitpunkt zu berichten[116]. Gleichwohl lassen sich die Vorgänge partiell rekonstruieren. 1919 stellten sich Schwierigkeiten in der Finanzierung der Vereinszeitschrift ein[117], und 1920 trat Fielitz-Coniar aus privaten Gründen vom Vorsitz zurück[118], wodurch schwere Auseinandersetzungen in der Nachfolgeregelung aufbrachen. Auf der Generalversammlung vom 4. Juli 1920 wurde die Exilrussin Margarete Kamensky[119] mit 16 von 17 Stimmen zur Generalsekretärin gewählt, während Fielitz-Coniar Stellvertreter blieb[120]. Aber nach Abschluß des Treffens blieben noch einige Mitglieder in Hannover[121] und bildeten eine Oppositionsgruppe[122], die am 18. / 19. September eine außerordentliche Generalversammlung in Düsseldorf einberief. Bei den Vorwürfen läßt sich kaum noch nachvollziehen, ob Kamensky eine (zu) eigenständige Theosophie postulierte, ob sie »illegale« Methoden angewandt hatte oder ob Neid den Ausschlag gab[123]. Es kam

---

[116] Fielitz-Loniar: The T.S. in Germany (1921), 70. In Adyar (TheosA Adyar, File 121 und 122) liegen viele Jahresberichte von Fielitz-Coniar aus den zwanziger Jahren, die hier nicht eingearbeitet sind.

[117] Am 3.12.1919 war Alfred Ostermann aus Colmar gestorben, der die Zeitschrift Theosophisches Streben (weitgehend alleine?) finanziert hatte (Theosophisches Streben 6 / 1919–20, VII–X, S. 1). Nun wurden neue Geldgeber für 400 / 500 Francs, etwa 4.000 / 5.000 Reichsmark, gesucht (ebd., 6 / 1919–20, Heft IV–VI, S. 2). 1922 wurde die Zeitschrift durch »größere Spenden« von »Herrn Cordes in Hamburg und Herrn Perez in Cairo« finanziert; Martin Boyken: General-Versammlung der Theosophischen Gesellschaft »Adyar«, Deutsche Sektion. am 2. September 1922 im Curiohaus, Hamburg. hektographiert, 9 Seiten, Nachlaß Hübbe-Schleiden, 800,2, S. 3. Vgl. auch Anm. 146.

[118] Fielitz-Coniar: The T.S. in Germany (1921), 67.

[119] Sie war die Schwester von Anna Kamensky (1867–1952), einer aus St. Petersburg gebürtigen, 1919 geflohenen Russin, die von 1908 bis 1926 Generalsekretärin der russischen Sektion war und 1927 Privatdozentin für Hindu-Philosophie an der Universität Genf wurde; Klatt: Der Nachlaß von Wilhelm Hübbe-Schleiden, 155 f.; Tollenaere: The Politics of Divine Wisdom, 151. Verwandtschaftsbeziehung nach: Managing Board of the German Section, an Besant, datiert Hannover 14.10.1920, Kopie, keine Unterschriften, 3 Bll., 3 S. (TheosA Adyar, File 120), S. 1.

[120] Selbstanzeige in: Theosophisches Streben 6 / 1919–20, Heft VII–X, S. 1. Als Schatzmeister fungierte Otto Schwarz, möglicherweise der Vater von Otto Schwarz jr., der zu diesem Zeitpunkt die Bruderschaftsloge in Hannover leitete. Stellvertretung Fielitz-Coniars nach dem Bericht über die außerordentliche Generalversammlung, Düsseldorf 18. / 19.9.1920, datiert Weimar, 21.9.1920, ein Blatt, 2 S. (TheosA Adyar, File 120), den er als Stellvertreter unterzeichnete.

[121] Report on the T.S. in Germany, 3 Bll., 3 S., hektographiert, ohne Datum, S. 2 (TheosA Adyar, File 120).

[122] Report of the Secretary of the German Section for the year July 1920–July 1921, 2 Bll., 4 S. (TheosA Adyar, File 120), S. 2 f.

[123] Vorbehalte gegenüber Kamensky seien schon vor der Wahl geäußert worden (Report on the T.S. in Germany, 3 Bll., 3 S., hektographiert, ohne Datum S. 1; TheosA Adyar, File 120).
Eine eigenständige Form der Theosophie mag man aus den Vorwürfen herauslesen, sie arbeite mit »Pseudo-Occultism« und »Hatha-Yoga«; Managing Board of the German Section (siehe Anm. 119), S. 1. Hinter dem Verweis auf Hatha-Yoga kann man die Unterstellung sexualmagischer Praktiken lesen. Eine Absage an »die practische Ausübung von Spiritismus, Hypnotismus und Pseudooccultismus jeder Art, alle derartigen Tätigkeiten, die gesundheitsschädlich sind« (letzteres möglicherweise ein kryptischer Bezug auf Hatha-Yoga) und die Bekräftigung der »geistigen Führung von Adyar«

zur Spaltung, bei der Frances Grace Boyle, Mitglied der Kamensky-Fraktion, das Archiv und die Kasse mit 3.000 Reichsmark an sich nahm[124]. Die Hannoveraner Fraktion berief für den 3. Oktober 1920 eine neue Konvention nach Hannover ein und wählte den Handlungsgehilfen, Kaufmann und Verleger Otto Schwarz[125], der bei Kamenskys Wahl zum Schatzmeister gewählt worden war[126]. Er amtierte nun als Generalsekretär der Theosophischen Deutschen Nationalgesellschaft[127]. Beide Streitparteien wandten sich wegen ihrer Anerkennung nach Adyar, doch war man in Indien offenbar schon deshalb überfordert, weil dort niemand Deutsch las[128]. Am 16. Juli 1921 erbat Schwarz von Besant seine Bestätigung[129], am 2. August zeigte Kamensky in einem Rundschreiben Besant die Wahl von Schwarz an[130]. Am 29. August schrieb Besant an Kaminsky, daß sie »hesitated to put your name down authoritatively as the General Secretary« und setzte sie nur »provisionally« ein; Cordes möge doch eine »fresh convention« organisieren[131]. Auf der Versammlung am 3./4. September 1921 wurde schließlich mit der Wahl von Fielitz-Coniar das Schisma überwunden[132].

Immerhin brach nach dem Krieg die esoterische Inklusion der deutschen Adyar-Theosophie auf. Hatte man das letzte Heft des Jahres 1919 noch mit einem fast hundertseitigen Auszug aus Besants und Leadbeaters »Der Mensch. Woher, wie und wohin?« gefüllt[133], finden sich in den folgenden Heften verstärkt sozial engagierte Artikel, etwa zu Bodenreform, Erziehung, Sozialismus und Pa-

---

finden sich allerdings schon in einem von ihr und Fielitz-Coniar unterzeichneten Schreiben (Bericht über die außerordentliche Generalversammlung, Düsseldorf 18./19.9.1920, datiert Weimar, 21.9.1920, ein Blatt, 2 S. [TheosA Adyar, File 120], S. 1 f.).
Sodann wurde der Quereinsteigerin vorgeworfen, mit fiktiven Stimmen schlafender Logen und mit Voten von Mitgliedern, die noch nicht lange genug der Theosophischen Gesellschaft beigetreten waren, gewählt worden zu sein; Report of the Secretary 1920–1921 (siehe Anm. 122), S. 2 f. Schließlich unterrichtete Kamensky am 5.10.1921 in einem Brief an Jai Rustomji Aria (TheosA Adyar, File 120), den »Recording Secretary« in Adyar (der die Logen- und Mitgliederkartei führte) darüber, daß sie im Gegensatz zu den deutschen Mitgliedern wohl ein Visum erhalten werde, um auf die Konvention in Paris zu reisen; vielleicht darf man in diesem Zusammenhang auch Neid vermuten.

124 Report of the Secretary 1920–1921 (siehe Anm. 122), S. 1. Ihre Unterstützung Kamenskys durch die Mitnahme des Archivs explizit in: Managing Board of the German Section (siehe Anm. 119), S. 2. Boyle schrieb an Aria (datiert Berlin 24.4.1921, TheosA Adyar, File 120), daß sie zugunsten von Kamensky auf eine Bewerbung für das Generalsekretariat verzichtet habe.

125 Report on the T.S. in Germany (siehe Anm. 121), S. 2. Nur rudimentäre Angaben bei Fielitz-Coniar: The T.S. in Germany (1921), 68. Biographische Angaben zu Schwarz nach Klatt: Der Nachlaß von Wilhelm Hübbe-Schleiden, 254; vgl. auch Anm. 120.

126 Theosophisches Streben 6/1919–20, Heft VII–X, 1.

127 Klatt: Der Nachlaß von Wilhelm Hübbe-Schleiden, 254. Außerhalb Deutschlands anerkannte man (teilweise?) offenbar Kamensky. Der italienische Theosoph Otto Penzig führte jedenfalls in seiner 1921 im Ring-Verlag erschienenen Broschüre »Die Theosophie und die Theosophische Gesellschaft«, S. 43, Kamensky als Repräsentantin der deutschen Adyar-Theosophie.

128 Die Sprachprobleme artikulierte Besant offen in einem Brief an Kaminsky, datiert Adyar 29.8.1921, Kopie, 2 Bll., 2 S., S. 2 (TheosA Adyar, File 120).

129 Brief von Schwarz an Besant, datiert Hannover 16.7.1921, 1 Bl., 2 S. (TheosA Adyar, File 120).

130 Kamensky, Zirkular, datiert 2.8.1921, 1 Bl., 2 S. (TheosA Adyar, File 120), S. 1.

131 Brief Besant an Kaminsky (Anm. 128), S. 1.

132 Brief von Fielitz-Coniar an Besant, datiert Bayrischzell 7.9.1921, 3 Bll., 5 S. (TheosA Adyar, File 120), S. 1 f.; vgl. auch Fielitz-Coniar: The T.S. in Germany (1921), 69.

133 Theosophisches Streben 5/1918–19, Heft III–V.

zifismus[134], und Kamensky forderte 1922 zum Beitritt in die 1915 gegründete »Brüderschaft für Erziehung« auf[135].

Erst mit dem zweiten Generalsekretariat Fielitz-Coniars seit 1921 kam die Gesellschaft in ruhigere Fahrwasser[136]. Er knüpfte wieder engere Kontakte nach Adyar, nahm jedenfalls die Tradition regelmäßiger Nachrichtenübermittlung wieder auf[137]. Am 3. und 4. September 1921 fand in Hannover eine »konstituierende Versammlung regelmäßiger deutschen Landesgesellschaft der T.G. Adyar« statt, die auf Wunsch von Besant und Cordes einberufen worden sei und auf der »251 Mitglieder und 19 Logen vertreten waren«[138]. Über Umstände und Absichten dieser Zusammenkunft berichtet Fielitz-Coniar nur kryptisch:

> »Ziel dieser Versammlung war es, unsere deutsche Landesgesellschaft auf eine breitere, gesündere Basis zu stellen und manche Schwierigkeiten, Nachwehen der letzten Jahre innerer und äußerer Disharmonie, aus der Welt zu schaffen.«[139]

Fielitz-Coniar wurde vermutlich auf dieser Tagung zum Generalsekretär gewählt und stand der Gesellschaft bis 1928 vor, doch ist seine Rolle für die Reorganisation der deutschen Adyar-Theosophie nicht leicht zu bewerten. Er lebte in Bayrischzell, während der Hauptsitz in Hamburg war, da hier die meisten Vorstandsmitglieder wohnten[140]. Fielitz-Coniar verzog schon Mitte 1923 in die Niederlande, wo er sich während dieses Sommers in Ommen, dem Ort der theosophischen Sommerschule, aufhielt; spätestens seit Anfang 1924 wohnte er in Amsterdam[141]. Aber 1922 zeugte die erste »internationale Generalversammlung«, gemeint ist unter internationaler Beteiligung, von neuem Leben in der deutschen Sektion, und neben Neugründungen konnte man in der Krishna-Loge in Dinslaken und in der Eber-Sanat-Loge in Düsseldorf »jetzt« »künstlerisch ausgestattete« Logenräume bewundern[142].

Die Generalversammlung im Jahr 1923, die, wie in den nächsten Jahren üblich, im Sitzungssaal des Curiohauses an der Rotenbaumchaussee in Hamburg stattfand, sei »trotz aller Schwierigkeiten« mit 200 Teilnehmern gut besucht gewesen[143], aber über die Hintergründe der Probleme finden sich im Jahresbericht

---

134 Totzauer: Bodenreform und Theosophie; Anonym: Ein Brief Tolstois über die Erziehung; Besant: Der zukünftige Sozialismus (1908 zuerst veröffentlicht); Fielitz-Coniar: Der 8. deutsche Pazifistenkongress. Schon am 11.7.1918 hatte Besant zur Gründung einer Organisation aufgerufen, deren Zweck es sei, »bei den sozialen und politischen Neuerungen der Gegenwart und unmittelbaren Zukunft zu helfen«; ebd., 6/1919–20, Heft I–III, 29.

135 Boyken: General-Versammlung der Theosophischen Gesellschaft »Adyar« (siehe Anm. 117), 6.

136 Fielitz-Coniars Wahl zeigte Cordes Besant in einem Brief vom 10.9.1921 an (TheosA Adyar, File 120).

137 Fielitz-Coniar: The T.S. in Germany (1921), 66.

138 Theosophisches Streben 7/1921, Heft 3, S. 1.

139 Ebd.

140 Ebd., 8/1922, 284.

141 Noch ebd., Heft 1, 1923, ist als Adresse Bayrischzell angegeben (S. 96), in den Heften 5 und 6 »z.Zt. Ommen« (S. 239. 287), seit dem Januarheft die Zocherstraat 60$^{\mathrm{III}}$ in Amsterdam, wo er über längere Zeit, sicher zwischen 1925 und 1928, wohnte.

142 Boyken: General-Versammlung der Theosophischen Gesellschaft »Adyar« (siehe Anm. 117), S. 1 (Generalversammlung), S. 3 (Logenräume).

143 Theosophisches Streben 8/1922, 283 (Zitat), und ebd., 9/1923, 185 (Teilnehmerzahl). Datum 7.–9. August: ebd., 11/1925, 133.

keine näheren Informationen. Die Präsenz einer Vielzahl von Generalsekretären aus den europäischen Nachbarländern[144] sowie des Vizepräsidenten der Theosophischen Gesellschaft, Curuppumulaggé Jinarajadasa[145], darf man wohl als symbolische Solidaritätsbekundung für den Neubeginn der deutschen Sektion lesen, die sich auch in konkreter materieller Hilfe niederschlug: Die Finanzierung der Vereinszeitschrift Theosophisches Streben wurde »von einem auswärtigen Mitgliede« gesichert[146].

Auch angesichts der Not im inflationsgeschüttelten Deutschland griff die internationale Solidarität der Theosophischen Gesellschaft. Aus Norwegen trafen 1923 Hilfsgüter ein, von »sieben warmen Frauenmänteln« über »drei große Käse« bis zu »300 Stück Seife«[147], aus den USA kam Geld[148], die englischen Logen schickten nicht nur Waren, sondern ermöglichen auch sechs deutschen Kindern längere Aufenthalte in Großbritannien[149]. Noch 1922 hatte sich die deutsche Sektion gegenüber der russischen angesichts der Folgen der Oktoberrevolution hilfreich erzeigen können[150].

1923, fünf Jahre nach dem Ende des Ersten Weltkriegs, gab es auch Versuche, sich den politischen und kulturellen Folgelasten dieser Katastrophe zu stellen. In der Vereinszeitschrift wurden mehrfach Aufrufe zur Völkerverständigung und zur Unterstützung des Völkerbundes gedruckt. Im Sommer 1923 prophezeite Fielitz-Coniar, daß »das geeinigte Europa … entstehen [werde]. Daß es bald erstehe, hängt zum großen Teile von unserer treuen Pflichterfüllung ab«[151]; zur »Erforschung des Erfolges der künstlichen Weltsprachen« wurde die Gründung eines »Comittee« beschlossen[152]. Die theosophische »Internationale Liga für Völkerverbündung«, deren deutsche Sektion unter Vorsitz ihrer Leiterin Mrs. Sharpe während der Generalversammlung 1924 tagte, stellte sich explizit hinter das Anliegen des Völkerbundes: »Der Genfer Völkerbund ist erst ein Versuch, ein Anfang.« Den »wahren Völkerbund« gelte es in Zukunft zu schaffen[153]. Dabei gab es offenbar Verbindungen zur Paneuropa-Bewegung von Richard Nikolaus Graf Coudenhove-Kalergi[154]. Wieweit dabei der Schwerpunkt auf einem »geistigen« Europa lag und wie politisch diese theosophischen Aktivitäten wurden, bliebe zu untersuchen. Jedenfalls hatte man sich mit Coudenhove-Kalergi einem Politiker angenähert, der, ähnlich dem Bruderschaftsprogramm der Theosophie, eine Einheit Europas von einer geistesaristokratischen Elite realisiert sah[155].

Fielitz-Coniar begrüßte es jedenfalls 1923 nachdrücklich, daß »mehrere Logen und Einzelmitglieder der französischen Landesgesellschaft … den Wunsch

---

144 Ebd., 8 / 1922, 283 f.
145 Ebd., 9 / 1923, 189.
146 Ebd., 8 / 1922, 284.
147 Ebd., 9 / 1923, 283.
148 Ebd., 10 / 1924, 68.
149 Ebd.
150 Ebd., 8 / 1922, 286; vgl. auch ebd., 9 / 1923, 284.
151 Ebd., 9 / 1923, 185.
152 Ebd., 184.
153 Ebd., 10 / 1924, 140.
154 Linse: »Universale Bruderschaft« oder nationaler Rassenkrieg, 622.
155 Conze: Richard Coudenhove-Kalergi, 18; Ziegerhofer-Prettenthaler: Botschafter Europas.

[haben], in engere Beziehung mit deutschen Mitgliedern zu treten, um auf diese Weise an der Versöhnung der beiden Völker mitzuwirken.«[156] Am 6. August 1924 fand dann eine »Sitzung der Theosophischen Liga für deutsch-französisch-belgische Verständigung statt«[157]. Aber der französische Repräsentant, Monsieur Demarquette, berichtete, daß »die Mitglieder in Frankreich schon sehr tätig gewesen seien, tätiger als die deutschen Mitglieder«, deren Zahl mit 32 Personen offenbar niedriger war als die der französischen Aktivisten[158]. Augenscheinlich blieben die deutschen Theosophen zurückhaltend; den besiegten und mit der Kriegsschuld behafteten Deutschen fiel eine Versöhnung wohl schwer.

Auch mit Besant kam es in diesen Jahren zur mehr oder weniger offenen Aussöhnung. Am 6. und 7. August 1924 war sie in Begleitung Krishnamurtis auf der Generalversammlung der deutschen Sektion in Hamburg anwesend[159], an der mit 150 Mitgliedern 50 Personen weniger teilnahmen als im Vorjahr[160]. Besant kam zwar nur sehr kurz, flog mit dem Flugzeug am Donnerstagnachmittag um halb vier ein und verschwand am nächsten Tag um halb drei[161], aber ein erster Schritt war getan. Deutsche Sektionsmitglieder holten sie im »Privatauto« vom Flughafen ab und brachten sie im Hotel Vier Jahreszeiten unter[162]. Dieser kostspielige Empfang war ein vielleicht erwarteter Standard bei der Unterbringung der Präsidentin, aber möglicherweise auch als noble Geste gedacht. Besant reichte in der auf englisch gehaltenen Eröffnungsansprache die Hand. Sie kam zwar nicht expressis verbis auf ihre Kriegsäußerungen zu sprechen, aber ihre ersten Worte lassen sich als Versöhnungsangebot, vielleicht sogar als Entschuldigung lesen:

> »Freunde,
> Es würde schwierig für mich sein in den Worten irgend einer Sprache die Freude darüber auszudrücken, daß ich heute in Ihrer Mitte weilen kann; denn wenn Theosophie, die Göttliche Weisheit, überhaupt etwas bedeutet, so bedeutet sie, daß wir alle eine Familie, Teile eines göttlichen Lebens sind, daß es unser aller Schicksal ist, Seite an Seite, Generation nach Generation, miteinander die große Leiter der Entwicklung zu ersteigen. Wenn wir bisweilen versagen, trägt unsere eigne Schwäche, unsere eigene Unvollkommenheit, unser Mangel an Verwirklichung des einen Lebens die Schuld daran. Brüder entzweien sich bisweilen und lieben einander trotz alledem, wenn sie

---

[156] Theosophisches Streben 9/1923, 284. Vgl. auch die Werbung für die Paneuropa-Bewegung durch die Schriftleitung des Theosophisches Strebens ebd., 11/1925, 1–4, und bei Guttmann: Einiges über den Völkerbund. Fielitz-Coniar forderte nach seiner Teilnahme an der Generalversammlung in Frankreich, daß »Deutschland und Frankreich Hand in Hand an der Befriedung Europas arbeiten«; Fielitz-Coniar: Offizielle Mitteilungen (1925), 94. Besant sprach 1928 über »Die Vereinigten Staaten von Europa« (so der Titel ihres Aufsatzes).

[157] Ebd., 10/1924, 139.

[158] Ebd., 140. 1925 mußte »das Deutsch-Französisch-Belgische Korrespondenzbüro ... auf Wunsch des französischen Sekretärs« der Theosophischen Liga erneut um die Angabe von »Einzelkorrespondenten und korrespondenzbereiten Logen« bitten; ebd., 11/1925, 27. Noch 1928 war von einer Korrespondenzliga die Rede, um »mit ausländischen Gesinnungsfreunden deutsch oder fremdsprachlich zu korrespondieren«; ebd., 14/1928, 58.

[159] Dieser Besuch dürfte durch nichtöffentliche Debatten vorbereitet worden sein, über die aber keine Informationen vorliegen.

[160] Theosophisches Streben 10/1924, 142.

[161] Ebd., 142. 144.

[162] Ebd., 142.

sich wieder treffen, und so ist die Hoffnung aller wahren Theosophen, daß das innere Leben unverändert und voll Liebe bleibt, wenn sich im äußeren auch Streitigkeiten ergeben haben mögen. Wir haben einander vermißt, als wir getrennt waren; wir freuen uns jetzt miteinander, daß wir wieder eins sind«[163].

1925 besuchte Besant wiederum Deutschland[164], und auch in diesem Jahr lassen sich einige Äußerungen als Versuch lesen, das strapazierte Verhältnis der Engländerin Besant zu den deutschen Theosophen zu verbessern. So kann man den Hinweis, daß das deutsche Volk bei der Vorbereitung der sechsten Wurzelrasse eine gewichtige Rolle spiele und gar »das englische Volk ein Volk Ihres eigenen [scil. des deutschen] Stammes ist«, als Befriedungssignal verstehen[165].

Auch die Jugendbewegung erreichte die Adyar-Theosophie. Über die Aktivitäten ist allerdings wenig zu ermitteln. Eine Vereinigung für jüngere Theosophen ab 13 Jahren namens »Tafelrunde« existierte seit 1908 in der internationalen Adyar-Theosophie[166]. Wie in Deutschland die Verbindungen zur »Jugendbewegung« im engeren Sinn aussahen, ist allerdings unklar. Offenbar gab es erst 1919 einen Versuch, die »Tafelrunde« auch in Deutschland einzurichten[167]. Sie tagte (möglicherweise in Anwesenheit Annie Besants) auf der Jahresversammlung der deutschen Sektion im folgenden Jahr, wobei Besant mit leicht resignativem Unterton die junge Generation zur Hoffnungsträgerin deklarierte: »Die junge Generation wird das zustande bringen, wovon wir Älteren geträumt und wofür wir gearbeitet haben: die wirkliche Freundschaft, die wirkliche Bruderschaft«[168]. Daneben gab es für Kinder zwischen sieben und dreizehn Jahren die »Goldene Kette«, »eine Vereinigung zum Gutsein«[169]. Am 27. Juli 1926 schließlich wurde von Besant in Ommen das »Banner der westdeutschen Gruppe der Weltfoederation der Jungtheosophen geweiht«[170].

Die in diesen Vereinigungen greifbare Wendung zur Praxis nahm im Verlauf der zwanziger Jahre zumindest im theosophischen Organogramm beträchtliche Ausmaße an. 1925 listete die Vereinszeitschrift Theosophisches Streben 18 Verei-

---

[163] Ebd., 145 f. Über diese veröffentlichten Aussagen Besants sind augenblicklich keine internen Dokumente über den Prozeß der Wiederannäherung zugänglich.

[164] Ebd., 11 / 1925, 134. 139–145; ebd., 13 / 1927, 145–151.

[165] Ebd., 11 / 1925, 147. Allerdings war mit dieser Äußerung der Superioritätsanspruch einer angloamerikanischen Rasse nicht revidiert.

[166] Gründungsdatum nach Theosophisches Streben 5 / 1918–19, Heft VI–VIII (März bis Mai 1919), 48.

[167] Vgl. den »Prospect« ebd., 5 / 1918–19, Heft VI–VIII. Die »Tafelrunde« war eingeteilt in gemischtgeschlechtliche Gruppen von »Gefährten« (13 bis 15 Jahre), »Knappen« (15 bis 21 Jahre) und »Rittern« über 21 Jahren. Die Mitglieder sollen sich »die Gestalt eines vollkommenen Königs« auswählen, wobei die Person vorgegeben wird »die Gestalt Christi«, und »nach der Wiederkehr jenes göttlichen Lehrers ausschauen« (ebd.). Die Tafelrunde ist also eine Vorfeldorganisation des Sternordens, bei dessen Sekretariat in Düsseldorf die Tafelrunde auch ihren Sitz hatte (ebd., 50). Aus einem Text über die »›Tafelrunde‹ in Deutschland« aus dem Jahr 1923 läßt sich nicht mehr entnehmen, als daß ältere Theosophen registrierten, daß es eine jüngere Generation gab; Boyken (?): Die »Tafelrunde«.

[168] Ebd., 10 / 1924, 161.

[169] Ebd., 5 / 1918–19, Heft VI–VIII, 50.

[170] Ebd., 12 / 1926, 154.

*Tab. 3.8:* Praxisorientierte Vereinigungen der Theosophischen Gesellschaft Adyar in den 1920er Jahren

Braille-Liga
Gesellschaft für neue Erziehung (bis April 1926)
Österreichische Gesellschaft zur Förderung der Theosophischen Welt-Universität (seit Juli 1926)
Internationale Liga für Verbündung der Völker
Internationale Theosophische Korrespondenzliga
Internationale Tierschutzgruppe des Orden des Sterns im Osten
Karma- und Reincarnationslegion
Kuratorium des Kinderheims Eden (bis Juli 1926
Die Goldene Kette (Eine Vereinigung für Kinder)[1] (seit März 1927)
Leihbibliothek der Deutschen Landesgesellschaft der T.G. (Adyar)
Liberal-Katholische Kirche
Tafelrunde
Theosophische Bruderschaft für Erziehung (bis Juli 1926)
Orden zur Aufrechterhaltung der ursprünglichen Verfassung und Ziele der Theosophischen Gesellschaft und der Theosophie (seit März 1927)
Theosophische Gesellschaft Adyar
Theosophische Liga für Deutsch-Französisch-Belgische Verständigung (bis Juli 1926)
Theosophische Weltuniversitäts-Gemeinschaft[2] (seit März 1927)
Theosophischer Orden des Dienens
Uralte Lebensgymnastik
Orden des Sterns im Osten
Weltbruderschaft der Künstler und Kunstfreunde
Weltföderation junger Theosophen

Daneben lassen sich noch eine »Liga des Heilens« (Theosophisches Streben 11 / 1925, 27) oder eine Initiative zur Gründung einer theosophischen Universität im indischen Madanapalle (ebd., 11 / 1925, 88) nachweisen, von einem »Theosophischen Nachrichtenbureau« ist 1926 die Rede (ebd., 12 / 1926, 122 f.). Außerdem existierte weiterhin die theosophische Co-Freimaurerei und die Organisation »Ruf der Weltmutter« (zur Rezeption in Deutschland Hintze: Joh. Luise Guttmann, 93), die Besant seit 1928 förderte. In Indien wurde für 1925 auch eine »T.G. Muslim Liga« genannt (Theosophisches Streben 11 / 1925, 108), in London habe sich eine »wissenschaftliche Gruppe« in vier Sektionen etabliert (ebd., 123).

1 In Klammern: Selbstbezeichnung.
2 Das Zentrum für Europa sollte im niederländischen Huizen entstehen, wo 1925 bereits die Grundsteine für eine Kirche der Liberal-Katholischen Kirche und für einen »Tempel der Co-Freimaurerei« gelegt worden sei; Theosophisches Streben 11 / 1925, 131.

Quelle: Theosophisches Streben, Umschlagseiten der zwanziger Jahre.

nigungen auf[171], deren Zahl trotz wechselnder Gruppen (teilweise änderten sich auch nur die Namen) bis 1928[172] konstant blieb. Die deutsche Adyar-Theosophie ging damit einen Weg, den ihre Muttergesellschaft schon seit vielen Jahren eingeschlagen hatte und den in Deutschland auch die Anthroposophische Gesellschaft nach dem Ersten Weltkrieg beschritt. Dazu kamen offenbar Versuche, die Religionen, insbesondere das Christentum, an die Theosophie zu binden[173].

171 Ebd., 11 / 1925, 29.
172 Ebd., 14 / 1928, 151.
173 In Adyar existierten 1926 »ein Hindu-Tempel und ein Buddhistischer Schrein«, Grundsteine seien gelegt für »eine christliche Kirche, eine mohamedanische [sic] Moschee und einen zoroastri-

Die innere Vitalität und die gesellschaftliche Außenwirkung all dieser Gruppen ist schwer zu beurteilen, doch vermutlich nicht bedeutend gewesen. Dafür gibt es einige indirekte Indikatoren: Außerhalb der Theosophischen Gesellschaft lassen sich augenblicklich keine Kenntnisse oder Wirkungen dieser Vereinigungen nachweisen, aber dies mag an meiner unzureichenden Quellenkenntnis liegen. Sodann hatten die deutschen Adyar-Theosophen so wenige Mitglieder, daß man von keinem großen Aktivitätspotential ausgehen kann. Deshalb ließen sich die Vereinigungen offenbar nur durch Mehrfachmitgliedschaften besonders engagierter Theosophen mit Leben erfüllen[174]. Und selbst Fielitz-Coniar als Vorsitzender der deutschen Sektion wußte über die Aktivitäten einzelner Vereinigungen kaum Bescheid[175].

1925 starb Steiner, der – in den Augen der Adyar-Theosophen – für den desaströsen Verlauf der deutschen Sektionsgeschichte seit 1913 eine entscheidende Figur war. Fielitz-Coniar widmete ihm einen ausgesprochen versöhnlichen Nachruf. Steiner habe das Amt des Generalsekretärs der deutschen Adyar-Theosophie

> »zehn Jahre lang bekleidet und durch sein Wissen, seine Energie, seine Arbeitskraft, seine künstlerischen Fähigkeiten und Gaben als Schriftsteller und Redner die Sektion zu großem Ansehen gebracht. Im Jahre 1913 gründete er die Anthroposophische Gesellschaft, der die Mehrzahl der damaligen Mitglieder unserer Landesgesellschaft beitrat, und seit dieser Zeit gingen wir getrennte Wege. Bei der Beurteilung dieser Trennung darf man aber nie vergessen, daß der Ausgangspunkt ein gemeinsamer gewesen ist. Es ist durchaus möglich, daß auch das Ziel ein gleiches ist. ... Seine Persönlichkeit, die heiß umstritten gewesen ist, ist von uns gegangen; das Werk dieses bedeutenden Wahrheitssuchers und Kämpfers um geistige Erkenntnis bleibt bestehen.«[176]

1927 fand auch Besant bei ihrem dritten Deutschland-Besuch anerkennende Worte über Steiner, auf den sie angelegentlich eines Briefes von Alice von Sonklar, der Vorsitzenden der Berliner Baldur-Loge, zu sprechen kam. Von Sonklar hatte vorgeschlagen, die vier theosophischen Bewegungen in Deutschland zu vereinigen, wozu sie offenbar nach Steiners Tod die Gelegenheit gekommen sah. Besant reagierte mit einem sowohl freundlichen als auch einseitigen Rückblick auf die zentrale Trennungsgeschichte der deutschen Adyar-Theosophie:

---

schen Feuertempel«, außerdem eine Geldsammlung für eine Synagoge; ebd., 12/1926, 91. Anfang 1926 wurde von der Bildung einer »christlich-mystischen Loge in London« gesprochen, »um die theosophische Gesellschaft und die christlichen Kirchen einander näher zu bringen«; ebd., 12/1926, 55 f. 1923 war eine »theosophische Moslemliga« gegründet worden (ebd., 11/1925, 125), während in England nach der Gründung einer »christlichen Loge« nun eine »christliche Liga innerhalb der T.G.« ins Leben gerufen werden solle (ebd., 13/1927, 110).

[174] Hintze: Joh. Luise Guttmann, 93, listete folgende Aktivitäten Guttmanns auf: »Die Goldene Kette, Die Tafelrunde, Karma- und Reinkarnationsliga, Theosophischer Orden des Dienens, Liberal-Katholische Kirche, Internationale Liga zur Verbrüderung der Völker, Co-Freimaurerei, Ruf der Weltmutter.«

[175] Zur »Weltföderation junger Theosophen«, die spätestens seit Januar 1925 in der Liste der theosophischen Vereinigungen auftauchte, schrieb Fielitz-Coniar im Juli 1925: »Ich habe einen Bericht über diese Vereinigung erhalten, doch ist bisher noch keine direkte Nachricht über die Gründung eingelaufen. In Indien haben wir eine Vereinigung von Jugendlogen, ... scheinbar ist dies jedoch in anderen Ländern nicht der Fall. Ohne Zweifel werden wir noch Einzelheiten erhalten.« (Theosophisches Streben 11/1925, 108)

[176] Ebd., 11/1925, 92. 93.

»Natürlich kenne ich die von Dr. Steiner gegründete [Gesellschaft]. Es ist, wie Sie wissen, eine Bewegung, die besonders der Verbreitung des Mystizismus[177], vom westlichen Standpunkt aus, gewidmet ist – eine sehr nützliche Sache. Ich habe es lebhaft bedauert, daß er es für besser hielt, dies außerhalb statt innerhalb der Theosophischen Gesellschaft zu tun, denn ich würde mich sehr gefreut haben, wenn er westlichen Mystizismus nicht nur in der westlichen, sondern auch in der östlichen Welt verbreitet hätte. Ich habe nie einen Grund gesehen, weshalb der Westen und der Osten ihre religiösen Schätze nicht austauschen sollten. Der einzige Grund für unsere Trennung war, daß er als Generalsekretär sich weigerte, eine Loge zu privilegieren, die nicht mit diesen Ansichten übereinstimmte. Natürlich können wir östlichen Mystizismus und die Lehren von Mme Blavatsky, einer der Gründer der Theosophischen Gesellschaft, nicht ausschließen, noch uns in die Ansichten irgendjemandes in der Bewegung einmischen. Die Bewegung muß ganz frei gehalten werden, offen für jeden, der in ihre Reihen einzutreten wünscht. Ich kenne keine Einzelheiten der gegenwärtigen Steiner-Bewegung, aber ich glaube nicht, daß es schwer sein würde, sich mit ihr zu befreunden. Schon vor Jahres sagte ich den Mitgliedern der Theosophischen Gesellschaft, daß sie vollkommen frei wären, dieser Bewegung beizutreten und zugleich Mitglieder der T.G. zu bleiben. Diese Richtung des Denkens hat genau dieselbe Berechtigung wie jede andere Ansicht.
Betreffs der anderen beiden Gesellschaften war ich nicht ganz sicher, aber Ihr Generalsekretär sagte mir, es seien Dr. Vollrath's Gesellschaft und die Internationale Theosophische Verbrüderung. Letztere kenne ich nicht, die andere kenne ich.«[178]

### *3.5.4 Die Weimarer Jahre unter Johannes Maria Verweyen*

Die zwanziger Jahre waren eine Wachstumsphase, wie die Verdopplung der Mitgliederzahl zwischen 1922 und 1928 dokumentiert.

Von Fielitz-Coniar konnte in seinem letzten Tätigkeitsbericht 1928 von der Arbeit in 21 Logen berichten[179]. Auch den punktuellen Hinweisen auf Aktivitäten läßt sich eine prosperierende Entwicklung entnehmen. So konnte sich die Weimarer Loge 1925 ein eigenes »Heim« »in dem Haus der Frau von Stein, der früheren ›Russischen Kirche‹«[180], leisten, zwischen 1923 und 1928 ist eine »Süddeutsche Sommerschule« in Bad Liebenzell, begründet von Robert Syring, belegt[181].

Nach Fielitz-Coniar trat Johannes Maria Verweyen (1883–1945) das Amt des Vorsitzenden der deutschen Sektion an[182]. Damit gelangte nochmals eine aus-

---

[177] Mystizismus ist hier positiv im Sinn von »Mystik« besetzt.

[178] Theosophisches Streben 13 / 1927, 152.

[179] Allenstein, Berlin, Bonn, Darmstadt, Dortmund, Dresden, Duisburg, Düsseldorf, Essen, Frankfurt a. M., Hamburg, Hannover, Karlsruhe, Köln, Leipzig, Mannheim, München, Nürnberg, Weimar und Wesel; Fielitz-Coniar: T.S. in Germany (1928), 75. Die Gründe der hohen Austrittszahlen 1925 / 27 sind unklar, 1929 schlug die Krishnamurti-Krise zu Buche.

[180] Theosophisches Streben 11 / 1925, 19. Der »deutsche Zweig des Theosophischen Ordens des Dienens« habe mit Hilfe einer »deutschen Theosophin in Amerika« auch ein »Ferienheim« »in Vogelsberg bei Cölleda« in Thüringen nahe Weimar erworben, zur Erholung für Mitglieder der Theosophischen Gesellschaft, des Sternordens und ihrer Freunde; ebd., 14 / 1928, 58.

[181] 1926 habe sie seit drei Jahren bestanden; für 1927 und 1928 sind Veranstaltungen dokumentiert; ebd., 12 / 1926, 92 (hier auch der Verweis auf Syring); ebd., 13 / 1927, 113; ebd., 14 / 1928, 58.

[182] Brief von Martin Boyken an den Recording Secretary der Adyar Theosophie [Ernest Wood], Amsterdam 12.9.1928 (TheosA Adyar, File 121); Boyken teilte die Wahl Verweyens mit.

nehmend interessante Person an die Spitze der deutschen Adyar-Theosophen[183]. Nach einem Studium mit Interessen an naturwissenschaftlichen Fächern[184] und einem Abschluß in Philosophie, Psychologie und Völkerkunde wurde er 1908 Dozent für Philosophie an der Universität Bonn[185], wo er bis zum Entzug seiner Lehrerlaubnis durch die Nationalsozialisten im April 1934 lehrte[186]. Schon 1912 hatte er sich für eine philosophisch reflektierte »Metaphysik« ausgesprochen und gegen eine wissenschaftliche »Polemik«, die die »Tatsachen« des Spiritismus unterdrücke[187]. Verweyen beschäftigte sich in den folgenden Jahren mit parapsychologischen Fragen, war in der Neugeist- und in der monistischen Bewegung und als Freimaurer aktiv und kam 1925 zur Theosophie. Anfang der dreißiger Jahre näherte sich der katholisch getaufte Verweyen, der 1921 aus seiner Kirche ausgetreten war, ihr erneut an (Wiedereintritt 1936) und kehrte der Theosophischen Gesellschaft den Rücken[188]. Nach der Konversion lebte er in den ersten Jahren der NS-Herrschaft als Vortragsreisender[189]. 1941 wurde Verweyen auf einer Vortragsreise verhaftet, 1942 in das Konzentrationslager Sachsenhausen überstellt[190]. Er wurde schließlich nach Bergen-Belsen verlegt, obwohl er eine

---

183 Eine ideengeschichtlich orientierte Lebensskizze liegt vor von Hellberg: Johannes Maria Verweyen. Hellberg gehörte zu Verweyens Studenten (S. 135. 147) und schrieb die Biographie des von ihm verehrten Lehrers; die Theosophie wird vollständig mit Schweigen übergangen. Eine Schrift von Schülern mit langen Passagen aus seiner Autobiographie hat Kamps: Johannes Maria Verweyen, vorgelegt. Die wichtigste Quelle für Verweyens Leben und insbesondere für seine theosophische Phase ist seine Autobiographie »Heimkehr«.
Augenblicklich wird über Verweyen intensiv gearbeitet. Heinz Robert Schlette (Bonn) hat eine philosophiehistorische Einordnung vorgelegt (Schlette: Philosophische und theologische Aspekte bei Johannes Maria Verweyen; vgl. auch ders.: J. M. Verweyens Lebensdrama), und Jessica Klein (Düsseldorf) eine dichte biographische Skizze nach teilweise intensiven Quellenstudien mit einem Verzeichnis der Publikationen Verweyens verfaßt (Klein: Gottsucher vom Niederrhein, sowie dies.: Querdenker, Missionar und Märtyrer); ein dichter Überblick bei Moll: Verweyen. Bernhard Kipping (Till, Niederrhein) legt eine umfangreiche Sammlung von Texten und Dokumenten zu Verweyens Vita an. Allen dreien danke ich für viele Anregungen und für den Austausch hilfreicher Informationen.

184 Hellberg: Johannes Maria Verweyen, 150, berichtet von einem Studium; ob er jemals in naturwissenschaftlichen Fächern eingeschrieben war, ist unklar (Mitteilung von Jessica Klein).

185 Ebd., 122f.

186 Möglicherweise unterstellten ihm die Nationalsozialisten neben katholischen auch »okkultistische« Neigungen; Höpfner: Die Universität Bonn im Dritten Reich, 51.

187 Verweyen: Philosophie des Möglichen, 145 (Vorwort 1912). Vgl. auch die Hochschätzung von Camille Flammarion ebd., 226[7]. Zu Verweyens philosophischer Position vgl. Schlette: Philosophische und theologische Aspekte bei Johannes Maria Verweyen.

188 Daten nach Verweyen: Heimkehr, 144.

189 Vgl. dazu Klein: Gottsucher vom Niederrhein, Kap. 4. Verweyen, der zu Beginn der NS-Zeit noch versucht hatte, ein kooperatives Arrangement zu finden, kam zunehmend ins Visier der Nationalsozialisten. Am 23.4.1936 erhielt die Abteilung Vortragswesen den Bescheid, Verweyen sei als »Dunkelmann übelster Sorte« mit »starken katholischen und okkulten Neigungen« anzusehen (BArch, NS 15/256, Bl. 61[r]). Gleichwohl konnte er noch jahrelang als Vortragender reisen. Am 20.1.1941 bedauerte man, »keine Handhabe« zu besitzen, »gegen Vorträge des Professor Verweyen, die von privaten Konzertdirektionen veranstaltet werden, vorzugehen« (BArch, NS 15/32, Bl. 17[r]). Und noch am 11.11.1941 antwortete die Hauptstelle des Kulturpolitischen Archivs dem Chef des SD, daß bei einer Überprüfung der »Siemens Studien-Gesellschaft für psychologische Wissenschaft e. V., Bad Homburg« Verweyen als »einer ihrer verantwortlichen Leiter« identifiziert worden sei (BArch, NS 15/63, Bl. 13[r]). Die gleiche Frage tauchte nochmals am 13.2.42 auf (ebd., Bl. 20[r]).

190 Kamps: Johannes Maria Verweyen, 24.

Möglichkeit gehabt habe, von der Transportliste gestrichen zu werden; hier starb er am 21. März 1945 an Fleckfieber[191]. Damit begann für einige Jahre eine intensive Rezeption Verweyens vor allem in katholischen Kreisen[192].

Die hier interessierende theosophische Phase läßt sich in groben Linien überblicken. Verweyen bekundete 1941, »seit 1923 eine *Erschütterung meines bis dahin gefestigten diesseitigen (monistischen) Positivismus*« erlebt zu haben, und zwar »*rein verstandesmäßig auf naturwissenschaftlichen*, allerdings aus herrschender Naturwissenschaft herausführendem, *Wege*«[193]. Er fand gegen im Frühjahr 1925 zur Adyar-Theosophie[194], und nahm, von Krishnamurti sehr beeinflußt, von 1926 bis 1928 als Gast an dessen Lagern in Ommen teil[195]. Am 29. September 1928 ließ er sich zum Priester der Liberal-Katholischen Kirche, der theosophischen Kultgemeinschaft, weihen[196] und wurde 1928 Generalsekretär der deutschen Adyar-Theosophie[197]. 1935 wurde er aus diesem Amt herausgedrängt. In seiner Autobiographie hat er Motive für seine Wendung zur Theosophie genannt: Die »Ausweitung des religionsgeschichtlichen Bewußtseins«[198] hat ihm offenbar einen neuen religiösen Horizont eröffnet (in dem er aber später zur »Absolutheit« des Christentums fand[199]); die Schulung ihm Hilfe zu einer methodisch kontrollierten Meditation gegeben und einer neuen inneren Gelassenheit[200]; die Reinkarnationslehre hat ihn offenbar zeitweilig angezogen[201], und die Brüderlichkeit unter Theosophen beschreibt er auch in der Rückschau sehr positiv[202]. Von besonderer Bedeutung war seine Wendung zur Liberal-Katholischen Kirche, in der

---

[191] Zur Streichung von der Transportliste ders.: Laßt uns ganze Christen sein, 19 f., hier nach Helberg: Johannes Maria Verweyen, 152; zum Tod Kamps: Johannes Maria Verweyen, 24.

[192] Zur katholischen Rezeption namentlich im Verweyenkreis vgl. die Werke von Kamps. Möglicherweise wirkte Verweyen mit seinem vortheosophischen Buch »Der Edelmensch und seine Werte« auf José Ortega y Gasset; dazu Schlette: Johannes Maria Verweyen. Sein Leben auf der Suche nach Wahrheit, 20.

[193] Verweyen: Heimkehr, 240. Hellberg: Johannes Maria Verweyen, 138, verknüpfte diese Erschütterung mit der die Lektüre von Schriften Einsteins im Jahr 1923.

[194] Seiner Autobiographie zufolge kam er 1925 in Wien in Kontakt mit Theosophen (Heimkehr, 165) und sei er im Frühjahr 1925 der Gesellschaft beigetreten (ebd., 172). Steinberger: Esoteriker des Westens, 160, hingegen berichtet, Verweyen sei 1927 durch den Niederländer José Vigeveno zur Theosophie gekommen. Aber Verweyens Angaben sind zumeist verläßlich, so daß kein Grund besteht, Steinberger zu folgen.

[195] Verweyen: Heimkehr, 174.

[196] Ebd., 183.

[197] Vernehmungsprotokoll Verweyens, 19.9.1934, von Verweyen unterzeichnet (BArch, R 58 / 6196, Bl. 271[r]). Das genaue Datum ist noch nicht ermittelt, wahrscheinlich ist die Übernahme im Rahmen der Jahrestagung, die in der Pfingstzeit stattzufinden pflegte.

[198] Verweyen: Heimkehr, 242.

[199] Ders.: Zurück zu Christus, 12.

[200] So schreibt er der »Gleichgültigkeit gegen die vorübergehenden Dinge« (indifference to the transistory objects)« »eine gewisse leitmotivische Bedeutung« für sein revidiertes »Bewußtsein« zu; ders.: Heimkehr, 165.

[201] Wenn Verweyen dabei etwa in »Der theosophische Typus«, 5, die »Überwindung des Ich« forderte, standen wohl weniger die buddhistische Anatta-Tradition als vielmehr eine kenotische Christologie im Hintergrund.

[202] Zur Reinkarnationslehre ders.: Heimkehr, 159–164. 193. Vgl. auch Verweyens Kritik an der negativen Wertung der Reinkarnation in Paul Scheurlens »Sekten der Gegenwart« ([4]1930), 330, in: Theosophische Studien 3 / 1931, 96. Zur Brüderlichkeit Verweyen: Heimkehr, 179. 198.

er bis 1933 seinen Dienst versah[203]; dabei spielten neben der Faszination am Kult und der Rückbindung an seine katholische Vergangenheit wohl eine charismatische Gottesdienstgestaltung eine Rolle[204]. Aber schließlich erachtete er die philosophischen Inhalte im Vergleich zur kirchlichen Tradition als zu dürftig, die Reinkarnationslehre kam in seinen Augen über ein Postulat nicht hinaus, und in kultischen Fragen präferiere er das katholische Original[205], ohne, wie er mehrfach festhielt, mit allen Inhalten der Theosophie zu brechen[206].

In der Vereinsarbeit suchte Verweyen nach Wegen jenseits verkrusteter Grenzen. In seiner Differenzierung zwischen Theosophie / theosophischer Bewegung im weiteren und Theosophischer Gesellschaft im engeren Sinn dokumentierte er auf der konzeptionellen Ebene die Perforierung der Grenzen institutionalisierter Theosophie[207]. In diesem Geist eröffnete er seine Amtszeit mit einem Aufruf an konkurrierende Theosophen und an Nichttheosophen zur Mitarbeit. Willkommen seien »nicht zuletzt auch Theologen aller Bekenntnisse, deren Absage an Theosophie und Anthroposophie oder verwandte Richtungen oftmals in bedauerlichem Mißverhältnis zu ihrer Sachkunde steht«[208]. Verweyen informierte, wie er berichtete, in einer Freimaurerloge und in seinen Philosophie-Vorlesungen über die Theosophie[209]. Der offenbar irenische Konvertit reiste viel[210] und suchte auch gezielt den Kontakt zu den getrennten Schwesterfraktionen, der Anthroposophischen Gesellschaft Rudolf Steiners und der Theosophischen Gesellschaft in Deutschland Hugo Vollraths[211]. Aber die getrennten Schwestern waren zugleich harte Konkurrenten – so habe die Adyar-Theosophie »to contend with difficul-

---

[203] Verweyen: Heimkehr, 183 (Weihe), ebd., 184 (Beendigung der Tätigkeit).

[204] Vgl. folgende Passage (ebd., 187): »Schon die Hymnen, die zu Beginn beim Einzuge der – anläßlich der Tagungen in Huizen oft viele Dutzend zählenden – Priester gesungen zu werden pflegten, schufen mit ihrem lebhaften Tempo einen guten Stimmungsboden aufnahmefreudiger Bereitschaft. Sie rissen buchstäblich jeden, auch den bedrückt erschienenen, mit sich fort und hinein in den höheren starken Kraftstrom eines auf Christus gerichteten Gemeinschaftslebens.«

[205] Kritik an der philosophischen Dürftigkeit findet sich durchgehend; zur Reinkarnationslehre ebd., 202. 768; zur Distanz gegenüber dem liberal-katholischen Kult vgl. ebd., 182.

[206] »Ich fand, daß bei »Sekten« hier und da religiöse Dinge zu vollkommenerer Darstellung gelangen können als in der Kirche« (ebd., 182).
Sein weltanschauliches Profil als Theosoph bedürfte einer genaueren Untersuchung. Ein wichtiges Element war die Erfahrbarkeit oder gar Beweisbarkeit einer übersinnlichen Welt im Rahmen naturwissenschaftlicher Verfahren (vgl. Verweyen: Die Stellung der Theosophie, 42). In diesem Rahmen deutete er auch die Funktion der Sakramente in einer empiristischen, quasi magischen Weise. Verstärkt wurde sein vortheosophischen Denken in naturwissenschaftlichen Kategorien durch die zentrale Stellung des theosophischen »Entwicklungsgedankens« und der »Fortschrittsidee« (ebd., 43. 44; vgl. auch ders.: Die Idee des Fortschritts; ders.: Die Überwindung des Zufalls). Letztlich ist seine Position allerdings komplex, immer reflektiert, und mit vielen Eigenheiten gegenüber dem main-stream der theosophischen Vorstellungen. In theologischen Fragen etwa changierte er zwischen traditional christlichen und theosophischen oder theosophisch vermittelten Positionen. Vgl. zur theosophischen Phase Verweyens meine Überlegungen in den Gaesdoncker Blättern (geplant für 2006).

[207] Verweyen: Die Stellung der Theosophie im modernen Kulturleben, 33 f.

[208] Theosophische Studien 1 / 1929, 2.

[209] Verweyen: T.S. in Germany (1931), 131.

[210] Martin Boyken an Adolf Schwarz (in Madras), Hamburg 15.11.1929, 3 Bll., 5 S. (TheosA Adyar, File 121): Verweyen sei »sehr viel auf Reisen«, deshalb blieben viele Briefe unbeantwortet (S. 3).

[211] Verweyen: T.S. in Germany, in: General Report (1929), 60.

ties arising from the spread of Anthroposophy«[212]. Wie schwierig die Situation in der deutschen Adyar-Theosophie letztlich gewesen sein muß, hielt Verweyen auf der Generalversammlung des Jahres 1930 ungeschminkt fest. Die im Rahmen seiner Vortragstätigkeit gegründeten Gruppen hätten sich in der »Mehrzahl ... nicht als lebensfähig erwiesen«[213]. Über die bestehenden Logen, die er »fast alle« besucht habe, fiel sein Urteil ambivalent, teilweise vernichtend aus:

> »Er habe sehr lebendige, arbeitsfreudige angetroffen, aber auch lauere und ganz matte. Im großen und ganzen sei er der Ansicht, daß es ziemlich aussichtslos sei, daß aus dem Schoße der bestehenden Gruppen nennenswerter Zuwachs für die T.G. erfolge. Vielmehr sei die Neubildung von Gruppen, die nicht zu groß zu sein brauchten, unsere wichtigste Aufgabe, der gegenüber jede Ichbezogenheit der alten Logen zu schweigen habe.«[214]

Das damit artikulierte Problem konnte wohl nur ein Quereinsteiger wie Verweyen auf die Agenda setzen: Er betrachtete die Theosophische Gesellschaft in Deutschland als eine verknöcherte und selbstgenügsame Vereinigung ohne Außenwirkung, für die Veränderung und Erneuerung per se konfliktträchtig sein würden. Dieser Situation entsprachen auch die harten Fakten: Rückgang der Logen und Mitglieder, schlechte Zahlungsmoral bei den Mitgliedsbeiträgen[215]. Verweyen propagierte in dieser Situation die vereinsunabhängige Außenwirkung[216] und die »Annäherung aller theosophischen Gesellschaften einschl. der anthroposophischen«[217].

Immerhin erhielt die deutsche Sektion in diesem Jahr einmal mehr Hilfestellung von anderen Zweigen der Gesellschaft. Die »Bischöfe Leadbeater und Wedgwood« besuchten als Vertreter der Liberal-Katholischen Kirche Deutschland, wo sie in der »amerikanischen Kirche« in Berlin eine Priesterweihe vornahmen und mehrere Reden hielten. In der »Hauskapelle« Walter Manns zelebrierten sie den liberal-katholischen Kult, und in der »Grunewaldvilla« Edith Andreaes, der Schwester Walter Rathenaus, die mit ihrem Mann, dem Bankier Fritz Andreae (1873–1939)[218], überzeugte Theosophin war, wohnten sie einer »garden-party« bei[219].

Die eigentliche Katastrophe für die Adyar-Theosophie bildete in diesen Jahren jedoch der Rückzug Krishnamurtis am 2. August 1929 (s. o. 3.4.4). Die Zahl der

---

212 Ebd.
213 Theosophische Studien 2/1930, 165.
214 Ebd.
215 Ebd., 166.
216 Sie sei »wichtiger als die Gründung neuer Gruppen«, ebd., 165.
217 Ebd., 166.
218 Zu beiden Andreaes vgl. Klatt: Der Nachlaß von Wilhelm Hübbe-Schleiden, 24–26. Zur Besant-Loge siehe 8.5.2a. Fritz Andreae, der der Theologenfamilie Andreae entstammte, war seit 1902 mit Edith Rathenau verheiratet (Reichshandbuch der deutschen Gesellschaft, 26). Er war vorsitzender Aufsichtsrat der Dresdner Bank, Mitglied im Zentralausschuß der Reichsbank und Mitinhaber des Bankhauses Hardy & Co. Der künstlerisch sehr interessierte Andreae förderte Max Reinhardt und war mit Max Liebermann, Gerhard Hauptmann oder Hugo von Hofmannsthal bekannt; Hintner: Andreae. Von Edith Andreae gibt es kaum biographische Daten; sie lebte von 1883 bis Anfang der 1950er Jahre.
219 Zeuger: Besuch der Bischöfe Leadbeater und Wedgewood.

Logen der mühsam wieder aufgebauten Gesellschaft sank erneut, von 44 Logen im Juli 1928 und auf 37 im November 1930[220]. Zwar zählte die Adyar-Theosophie im April 1932 wieder 40 Zweige, aber diese Zahl täuscht über den dramatischen Einbruch der Mitgliederzahlen um mehr als 50 Prozent hinweg (s. o. Tab. 3.9). Angesichts dieser Geschichte wundert es nicht, daß die inhaltliche Außenwirkung gering gewesen sein dürfte. Politische Äußerungen finden sich Ende der zwanziger und Anfang der dreißiger Jahre in den veröffentlichten und zugänglichen Materialien der deutschen Adyar-Theosophie praktisch nicht. Ein Aufsatz Verweyens über »Ibsen und das dritte Reich« artikulierte zwar die Hoffnung auf ein neues Zeitalter, aber ohne tagespolitische Bezüge[221]. Noch Ende 1932 zeigte er sich der theosophischen Sache verbal tief verbunden. Den »Dear Friends« in Adyar gestand er: »More and more I feel the very great pride to serve our T.S. and the Masters«[222].

[220] Zahlen nach den Angaben auf den Umschlagsblättern des Theosophischen Strebens. Verweyen berichtete in einem Jahresbericht (handschriftlich und in englischer Sprache, undatiert, 1930 oder später. TheosA Adyar, File 121), daß der Rückgang der Mitglieder wegen der Krishnamurti-Krise aufgehört habe.

[221] Verweyen: Ibsen und das dritte Reich.

[222] Verweyen an »Dear Frieds«, Bonn 19.11.1932, 1 Bl., 2 S., S. 2 (TheosA Adyar, File 121).

*Tab. 3.9:* Logen der Theosophischen Gesellschaft Adyar in Deutschland, 1922 bis 1948

| Ort / Name | Zeiten des Bestehens | | | |
|---|---|---|---|---|
| Allenstein | | | | |
| - Nordlicht | | Mai 1927[1]–März 1930 | | |
| Bautzen | | | | |
| - Fichte | | Jan. 1930– | April 1932 | 1948 |
| Berlin | | | | |
| - Adyar | Sept. 1922–Mai 1925/Jan. 1928–März 1930[2] | | | |
| - Baldur | Sept. 1922– | | April 1932 | |
| - Blavatsky | Sept. 1922– | | April 1932 | 1948 |
| - Christus[3] | Sept. 1922– | | April 1932 | 1948 |
| - Parzival | | Nov. 1923– | April 1932 | 1948 |
| | Sept. 1922– | | April 1932 | 1948 |
| Bonn | | | | |
| - Leadbeater | | Mai 1927– | April 1932 | 1948 |
| Bucholtwelmen[4] | | | | |
| - Glück auf | | März 1927– | April 1932 | 1948 |
| Chemnitz | | | | |
| - Kosmos | | | Jan.–April 1932 | 1948 |
| Darmstadt | | | | |
| - Shanti | | Mai 1927–vermutl. Nov. 1930 | | |
| Danzig | | | | |
| - Zentrum | | Mai 1924–Juli 1926 | | |
| Dinslaken | | | | |
| - Besant | | Jan. 1925–März 1928 | | 1948 |
| - Krishna | Sept. 1922–Juli 1927 | | | |
| - Om | | Jan. 1928– | April 1932 | 1948 |
| Dinslaken-Hiesfeld | | | | |
| - Besant | | Jan 1924 | | |
| Dortmund | | | | |
| - Rote Erde | | Mai 1927– | April 1932 | 1948 |
| - Vertrauen | | Jan. 1930– | April 1932 | 1948 |
| Dresden | | | | |
| - Weiße Lotusblume | | Jan. bis Juli 1928 | April 1932 | 1948 |
| - Harmonia | | Mai 1931– | April 1932 | |
| Duisburg | | | | |
| - Wahrheit | | Juli 1927– | April 1932 | 1948 |
| Düsseldorf | | | | |
| - Alcyone[5] | Sept. 1922–Jan. 1926 | | | |
| - Blavatsky | Sept. 1922–Juli 1926 | | | |
| - Blavatsky-Olcott | Sept. 1922–Juli 1926 | | | |
| - Duldsamkeit | | Okt. 1931– | April 1932 | |
| - Eber Sanat[6] | Sept. 1922– | | April 1932 | 1948[7] |
| - Hompesch | | Mai 1931– | April 1932 | 1948 |
| Eisenach | | | | |
| - Alcyone | | Juli 1926– | April 1932 | 1948 |
| Elberfeld | | | | |
| - Francis Bacon | | März 1929[8]– | April 1932 | 1948 |

| Ort/Name | Zeiten des Bestehens | | | |
|---|---|---|---|---|
| Elbing | | | | |
| – Parzival | Sept. 1922– | | April 1932 | 1948 |
| Erfurt | | | | |
| – Krishna | | | Jan.–April 1932 | 1948 |
| Essen | | | | |
| – Bruderschaft | | Juli 1926–Sept. 1929 | | |
| – Ekkehard | Sept. 1922–Sept. 1929 | | | |
| – Freiheit | | Jan. 1930– | April 1932 | 1948 |
| Frankfurt M. | | | | |
| – Adyar | | Mai 1927– | April 1932 | 1948 |
| Fürstenwalde | | | | |
| – Zum Licht[9] | Sept. 1922– | | April 1932 | 1948 |
| Görlitz | | | | |
| – Jakob Böhme | | Jan. und März 1930 | | |
| Göttingen | | | | |
| – Freiheit[10] | Sept. 1922–Juli 1926 | | | |
| Hagen-Barmen | | | | |
| – Alkyone III | Sept. 1922–Nov. 1923 | | | |
| Hamborn | | | | |
| – Lotus | | Mai 1925–Juli 1928 | | |
| Hamburg | | | | |
| – Adyar | | April 1932 | | 1948 |
| – Hansa | Sept. 1922–Okt. 1931 | | | 1948 |
| – Hübbe-Schleiden | Sept. 1922–Okt. 1931 | | | |
| – Jugendloge | | Jan. 1928–Jan. 1930 | | |
| – Ojai | | Mai 1927–Okt. 1931 | | |
| Hameln | | | | |
| – Bruderschaft | | | | 1948 |
| Hanau | | | | |
| – Lotus | | | | 1948 |
| Hannover | | | | |
| – Bruderschaft | Sept. 1922– | | April 1932 | 1948 |
| – Lessing | | | Jan.–April 1932 | 1948 |
| – Theognostische | Sept. 1922– | | April 1932 | 1948 |
| – Zentrum | | März 1929–Mai 1931 | | |
| Hann.-Linden | | | | |
| – Hübbe-Schleiden | | Mai–Nov. 1923 | | |
| Herne | | | | |
| – Zum Licht | | Juli 1930– | April 1932 | 1948 |
| – Zentrum | | | Jan.–April 1932 | 1948 |
| Iserlohn | | | | |
| – Buddha[11] | | März/Mai 1923. März 1929– | April 1932 | 1948 |
| Karlsruhe | | | | |
| – ? | | März 1927–Juli 1928 | | |
| Kiel | | | | |
| – Faust[12] | | Jan. 1923–Jan. 1926 | | |
| Königsberg | | | | |
| – Goethe | | | | 1948 |
| – Orpheus | | März 1925–März 1930 | | |
| – Zum hl. Gral | Sept. 1922–Sept. 1924 | | | |

| Ort / Name | Zeiten des Bestehens | | | |
|---|---|---|---|---|
| Köln | | | | |
| - Wahrheitssucher | | Mai 1928–Okt. 1931 | | |
| Krefeld | | | | |
| - Platon | | März 1929– | April 1932 | 1948 |
| Landsberg[13] | | | | |
| - Wiedergeburt | | März 1927–Juli 1928 | April 1932 | 1948 |
| - Parzifal[14] | | März 1929– | April 1932 | |
| Leipzig | | | | |
| - Beethoven | | | | |
| - Dharma | | März 1928– | April 1932 | 1948 |
| - Hepheta | Sept. 1922– | | April 1932 | 1948 |
| Lohberg | | | | |
| - Glück auf | Sept. 1922–Juli 1926 | | | |
| Löwenberg[15] | | | | |
| - Der Pfad | Sept. 1922–Mai 1931 | | | |
| Lünen (Lippe) | | | | |
| - Bruderschaft | | Jan. 1923–Juli 1928 | | |
| - Teutonia | | März 1927–Mai 1931 | | |
| Mannheim | | | | |
| - Bruderschaft | | März 1927–Juli 1928 | | |
| Menden (Westf.) | | | | |
| - Buddha | | Mai 1923–Juli 1928 | | |
| München | | | | |
| - Adyar[16] | | Nov. 1923–März 1928 | | |
| - Ananda | | Mai 1928–Okt. 1931 | | |
| Nordhausen | | | | |
| - Parzival | Sept. 1922–Juli 1926 | | | |
| Nürnberg | | | | |
| - Fränkische Leuchte | | März und Sept. 1929 | | |
| Oberhausen | | | | |
| - Isis | | | | 1948 |
| Oldenburg | | | | |
| - Lessing | | Jan. 1930 | | |
| Oranienburg | | | | |
| - Eden | | Jan. und März 1930 | | |
| Reval | | | | |
| - Lucifer[17] | | Sept. 1924–Juli 1927 | | |
| Plauen i. V. | | | | |
| - Paracelsus | | | Jan.–April 1932 | 1948 |
| Saarbrücken | | | | |
| - Streben | | Juli 1926–Juli 1927 | | |
| Schwäbisch-Gem. | | | | |
| - Zentrum | | | | 1948 |
| Stralsund | | | | |
| - Lao-tse | | Nov. 1923–Juli 1927 | | |
| Stuttgart | | | | |
| - Pythagoras | | März 1929–März 1930 | | 1948 |
| Trier | | | | |
| - Zentrum | | Okt. 1931– | April 1932 | 1948 |

| Ort / Name | Zeiten des Bestehens | | |
|---|---|---|---|
| Velbert | | | |
| - Leadbeater | Nov. 1923–Mai 1931 | | 1948[18] |
| Waldau (Oberlausitz) | | | |
| - Zentrum | Mai 1927–Sept. 1929 | | |
| Weimar | | | |
| - Hypatia | Jan 1923[19]–Juli 1928 | | |
| - Mesmer | | Jan.–April 1932 | 1948 |
| - Sonnenadler[20] (Oberhof) | Mai 1923–Juli 1925 | | |
| - Sonnenstrahl | März 1929–Okt. 1931 | | |
| Wesel[21] | | | |
| - Alkyone III | Jan. 1924–Juli 1928. 1928 | | |
| - Bruderschaft | März 1927–Sept. 1929 | | |
| - Zentrum | Jan. 1930– | April 1932 | 1948 |

Daneben gab es »Arbeitsgemeinschaften« von Logen: Berliner Logen: Juli 1926 und Januar 1930 (vgl. auch: Theosophisches Streben 12 / 1926, 92); Dinslaker Logen: seit September 1927; Hamburger Logen: März 1929 bis November 1930; Logen von Rheinland und Westfalen in Essen von Mai 1931 bis April 1932. Als Leiter der rheinisch-westfälischen Vereinigung firmiert im Januar 1932 Pfarrer A. Heidmann (privat: Breslauer Str. 96 / III, Essen), der zeitweilig Vorsitzender der Dortmunder Loge »Vertrauen« war (siehe Anm. 8).

[1] Nordlicht seit September 1927, im Mai: Zentrum.
[2] Jan. bis Juli 1928 männliche, März 1929 bis März 1930 weibliche Vorstände.
[3] März und Sept. 1929: Edith Andreae. 1948: Beatrice Flemming.
[4] Niederrhein.
[5] Vollständiger Name: Alcyone albescit polus. Der Name, der im Januar noch nach Düsseldorf (Leitung: Johanna Luise Guttmann) gehörte, ist offenbar nach Eisenach transferiert; hier leitete Helene Stolte.
[6] Ernst Pieper.
[7] Logenname 1948: Blavatsky.
[8] A. Heidmann; nach der Liste im Januar 1932 Pfarrer (Essen-Steele, Am Oberhof 42).
[9] Karl Wachtelborn.
[10] Axel von Fielitz-Coniar.
[11] 1923: Zentrum.
[12] Leitung Dr. H. P. von Lilienfeld-Toal.
[13] An der Warthe. Name der Loge erst seit 1927 dokumentiert.
[14] Vermutlich Fortführung der Loge »Wiedergeburt«; die Gründe für die Umbenennung sind unklar. Vorsitzender: Bruno Ulm.
[15] Schlesien.
[16] Noch im Juli 1928 Zentrum.
[17] Zentrum bis Juli 1925. Leiter Dr. H. P. von Lilienfeld-Toal (Pfarrer?). Als Adresse war Reval (Dom), Kirchengasse 4, Wo 5, angegeben (siehe Kiel).
[18] Logenname jetzt: Raimundus Lullus.
[19] Januar 1923: Margarete Kamensky. Auch im September 1923. November 1923: Frl. Maria Lucke.
[20] Leiterin: Gertrud Prellwitz.
[21] Der Vorsitzende, Georg Heinrici aus Wesel, der im November 1923 in Hagen-Barmen ebenfalls die Loge Alcyone III präsidierte, war auch in Wesel Vorsitzender.

Quellen:
1922–1928: Letzte Heftseite im Theosophischen Streben.
1929–1932: Letzte Heftseite in den Theosophischen Studien.
1948: Adyar, bezeichnet als 4. Jahrgang, Nr. 1 (16), Oktober 1948, hinteres Deckblatt.

*Tab. 3.10:* Mitgliederbewegung der deutschen Sektion der Adyar-Theosophie, 1922 bis 1931

| Datum | Anzahl der Mitglieder | Gründe für die Veränderung | |
|---|---|---|---|
| 1922 August | 427 | | |
| 1923 August | 683 | Neueintritte (seit Aug. 1922) | 262 |
| | | Übertritte aus anderen »Landesgesellschaften« | |
| | | Zugänge | 263 |
| | | Austritte | 9 |
| | | Übertritte in andere »Landesgesellschaften« | 1 |
| | | Abgänge | 10 |
| 1924 August | 791 | Neueintritte (seit Aug. 1923) | 199 |
| | | Übertritte aus anderen »Landesgesellschaften« | 1 |
| | | Zugänge | 200 |
| | | Austritte | 17 |
| | | Gestorben | 6 |
| | | Erloschen oder Verschollen | 54 |
| | | Übertritte in andere »Landesgesellschaften« | 15 |
| | | Abgänge | 92 |
| 1925 August | 649 | Neueintritte (seit Aug. 1924) | 102 |
| | | Übertritte aus and. Sektionen | 1 |
| | | Zugänge | 103 |
| | | Übertritt in and. Sektionen | 1 |
| | | Austritte | 48 |
| | | gestorben | 3 |
| | | erloschene Mitgliedschaften | 193 |
| | | Abgänge | 245 |
| 1926 August | 608 | | |
| 1927 August | 801 | Neueintritte | 223 |
| | | Übertritte aus and. Sektionen | 2 |
| | | Zugänge | 224 |
| | | Übertritt in and. Sektionen | 3 |
| | | Austritte | 27 |
| | | gestorben | 2 |
| | | erloschene Mitgliedschaften | 0 |
| | | Abgänge | 32 |
| 1928 Oktober | 902 | Neueintritte (seit 1.10.1927) | 311 |
| | | Übertritte aus and. Sektionen | 3 |
| | | Austritte | 20 |
| | | »dropped« members | 193 |
| 1929, 1. September | 745 | | |
| 1930 (?) | 745 | | |
| 1931 | 444 | | |

Quellen: 1922 und 1923: Theosophisches Streben 9 / 1923, 187. – 1924: ebd., 10 / 1924, 138. – 1925: ebd., 11 / 1925, 137. – 1926: ebd., 13 / 1927, 148. – 1927: ebd., 13 / 1927, 148. – 1928: Fielitz-Coniar: T.S. in Germany, in: General Report (1928) 74–75, S. 74. – 1929: Johannes Maria Verweyen, Jahresbericht, 2 Bll., 2 S., Datierung (in Adyar): 16.12.1929, S. 1. (TheosA Adyar, File 121) – 1930 / 1931: Theosophisches Streben 13 / 1927, 162–175. 176–189, und: Verweyen: T.S. in Germany (1931), 130.

### 3.5.5 *Die Zeit des Nationalsozialismus*

Die Nationalsozialisten unterdrückten und verboten schließlich die Theosophische Gesellschaft Adyar[223], in pathologischer Überschätzung ihrer geringen Bedeutung[224]. Aber dies war für die Theosophen bei der Machtübergabe an die Nationalsozialisten im Januar 1933 nicht vorhersehbar, ebensowenig wie man die Radikalisierung und Konsequenz in der Verfolgung weltanschaulicher »Gegner« durch die Nationalsozialisten realistisch einschätzte oder einschätzen konnte. Vielmehr dürften die Adyar-Theosophen, wie andere auch, gehofft haben, daß mit der Gleichschaltung und den ersten kleinen Progromen »das Schlimmste« überstanden sei. Heute wissen wir es besser, schätzen aber auch diejenigen besonders, die 1933 klarsichtig die Dimensionen der Katastrophe sahen. Die Adyar-Theosophen gehörten nicht zu den Letzteren – auch nicht Verweyen. Vielmehr hoffte man durch eine Mischung von Anpassung und Widerborstigkeit einen Ort im NS-Staat zu finden. In dieser unklaren Situation begann man zu lavieren, bis einigen, darunter auch Verweyen, der Ernst der Lage klar wurde. Diese subjektive Unklarheit ist das Dispositiv des Agierens der Adyar-Theosophen in den ersten Jahren der NS-Herrschaft.

Schon im Februar 1933 öffneten sich die Schleusen der Polemik gegen die Theosophen, von der zu diesem Zeitpunkt vor allem Rudolf Steiner und die Anthroposophie betroffen waren. Dabei spielten Mathilde und Erich Ludendorff eine unrühmliche Rolle, und diese beiden waren in den folgenden Jahre für Anschuldigungen mit paranoiden Zügen gegen alle theosophischen Vereinigungen verantwortlich: Die Theosophie erschien als Teil der »jüdisch-freimaurerischen Weltverschwörung«[225]. Aber Verweyen suchte anfangs noch die Kooperation. Er hielt 1933 einen Vortrag in der »Akademie der Lebenserneuerung«, mitbegründet von Harry Dörfel, einem NS-nahen Theosophen, von dem noch die Rede sein wird. An anderer Stelle wurde Verweyen deren »Vorsitzender« genannt. Die Akademie sei ein »Werk des Hochgradmaurers Alfred Nossig« gewesen, mit dem

---

223 Die Geschichte der Adyar-Theosophie in der NS-Zeit ist fast unbekannt, da die Archivbestände der deutschen Sektion durch die Nationalsozialisten geraubt wurden und bislang nicht wieder – auch nicht in den bekannten Moskauer Beständen des Reichssicherheitshauptamts – aufgetaucht sind. Die Nachrichten in Zeitschriften sind sehr dünn. Die archivalischen Informationen insbesondere in Adyar schließen diese große Lücke zumindest partiell und werden deshalb und wegen der schlechten Zugänglichkeit relativ ausführlich dargestellt. Ich rechne damit, daß erst die weitere Forschung einen präziseren historiographischen Rahmen für die hier weitergegebenen Informationen bereitstellen und vermutlich auch weitere Details zur Geschichte der Adyar-Theosophie im Nationalsozialismus liefern wird.

224 Man schätzte die Adyar-Theosophie auf zwei Millionen Mitglieder (BArch, R 58 / 6196, Bl. 245$^{v}$), wohingegen es in der Realität allenfalls gut 40.000 waren (s. 4.1.1f). Auch die Vermutung im SD-Hauptamt, viele Theosophen seien untergetaucht, indem sie sich einen »christlich-religiösen oder wissenschaftlichen« Anstrich gegeben hätten (BArch, R 58 / 6197, Bl. 13$^{r}$ [22.5.1941]), zeugt mehr von Bedrohungsängsten als von einer realen Untergrundexistenz von Theosophen.

225 Dazu Werner: Anthroposophen in der Zeit des Nationalsozialismus, 23–26; Zander: Der Generalstabschef Helmuth von Moltke, 449. Mathilde und Erich Ludendorff nutzten zu den Vorwürfen ihre eigenen Zeitschriften wie die Volkswarte, aber bald kamen auch NS-Publikationen wie der Judenkenner hinzu. Vgl. die Reaktionen der Adyar-Theosophen bei Koch: Bericht der Hauptversammlung 1933, 139. 141.

Verweyen noch am 3. November 1933 in Zürich einen Vortragsabend veranstaltet habe[226]. Diese Einrichtung habe von Reichsinnenminister Wilhelm Frick »den Auftrag bekommen ..., die bis heute in egoistischer Absonderung verharrenden Reform- und Heilgruppen mit milder Gewalt zur Einheit zu ermuntern«[227].

Doch noch bevor solche Einigungszumutungen konkrete Gestalt annehmen konnten, kam es im Juni 1933 in der Adyar-Theosophie zu Konflikten über das Verhältnis von nationaler Organisation und internationalistischem Anspruch, wie sie strukturgleich schon im Umfeld des Ersten Weltkriegs aufgebrochen waren. Jinarajadasa, der Leiter der Esoterischen Schule, der 1945 Präsident der Adyar-Theosophie werden sollte, hatte im Theosophist im Juni 1933 die »Verfolgung der Juden« in Deutschland kritisiert[228], woraufhin Verweyen im Herbst 1933 die deutsche Position verteidigte: Jinarajadasa mische sich ohne Kenntnis der Situation in die inneren Angelegenheiten Deutschlands ein[229]. »Die sogenannte Verfolgung der Juden [ist] in Wirklichkeit eine Verfolgung von Sozialismus und Kommunismus«[230], und insofern vermißte Verweyen »ein Wort der Anerkennung hinsichtlich der ungeheuren Arbeit, die von Adolf Hitler und dem Hitlerismus getan worden ist und unser Land und vielleicht ganz Europa vor Bolschewismus und Chaos gerettet hat«[231]. Wieweit Verweyen aus einer inhaltlichen Nähe zum Nationalsozialismus oder gar aus Überzeugung sprach oder wieweit er taktisch agierte, ist schwer zu sagen und bedürfte einer Durchsicht von Verweyens Auffassungen zu Nation und Judentum. Einerseits legen parallele Äußerungen in einem internen theosophischen Zirkularbrief nahe, daß Verweyen NS-nahe Positionen durchaus überzeugt vertreten haben dürfte[232]. Andererseits stand die

---

[226] BArch, R 58/6193, Teil 1 [zweite Folierungsreihe], fol. 25. Nossig wird u. a. als Leiter des »Jüdischen deutschen Friedensbundes« bezeichnet (ebd.). Nossig (1864–1943) war eine tragische Figur; er wurde im Warschauer Getto im Januar oder Februar 1943 von Miteingeschlossenen wegen seiner Kooperation (vermutlich mit der Gestapo) erschossen; Enzyklopädie des Holocaust, hg. v. I. Gutman, II, 1016f.

[227] Koch: Bericht der Hauptversammlung 1933, 141. Frick soll diesen Auftrag an »Prof. von Kapff« vergeben haben.

[228] Dörfel kritisierte die Besprechung »Der Terror in Deutschland« von Jinarajadasa im Theosophist; Harry Dörfel: Rundschreiben an die Mitglieder der deutschen Landesgesellschaft der T.G. Adyar, ohne Datum [Ende 1933/Anfang 1934?, nach dem 13.12.1933], 4 Bl., 4 S. (TheosA Adyar, File 121), S. 3. Es ist nicht ganz klar, ob der Artikel im Theosophist im Juni 1933 oder 1934 erschienen ist.

[229] Verweyen: Zur Frage der Adyar-Gesellschaft, 240. Die redaktionellen Angaben zu diesem Artikel sind mehrfach unzutreffend. Jinarajadasa wird fälschlich als Präsident der Adyar-Theosophie bezeichnet (S. 240), Verweyen erscheint, wofür es keine Belege gibt, als »Bischof« der Liberal-Katholischen Kirche (S. 241). Die Angaben sind in Theosophie 21/1933, 288, redaktionell berichtigt: Statt Jinarajadasa sei der Adressat »Warrington«, Verweyen sei nicht Bischof, sondern Priester der Liberal-Katholischen Kirche.

[230] Verweyen: Zur Frage der Adyar-Gesellschaft, 241. Allerdings finden sich auch Vorurteile Verweyens über eine kulturelle »Vorherrschaft« der Juden. Er kritisierte etwa die »jüdischen Witzblätter«, die »Jung und Alt verdarben«, oder sah die Verfolgung der Juden als »eine Antwort auf die Verfolgung der Nicht-Juden durch Juden, auf deren Vorherrschaft in Theater, Literatur, Handel usw.« (ebd.)

[231] Ebd. Zum Topos der Bolschewismus-Furcht vgl. Bollenbeck: Tradition, Avantgarde, Reaktion, 275–289.

[232] »Dass wir mit unseren Mitteln für den Aufbau unseres Volkes zu wirken streben und in keiner Weise gewillt sind, abseits zu stehen, oder gar dem großen Werke der nationalen Erhebung entgegenzuarbeiten, werde ich als deutscher Theosoph wie als deutscher Philosoph – nicht zuletzt als gleich-

Existenz der deutschen Sektion auf dem Spiel[233], denn Verweyen hatte sich des Zugriffs der Nationalsozialisten zu erwehren und suchte möglicherweise durch eine Nationalisierung der theosophischen Position gegenzusteuern. Allerdings blieb diese deutliche Annäherung an NS-Positionen ein Intermezzo.

Sein Brief an Jinarajadasa lag zudem mitten im Kampf um die Macht in der deutschen Sektion der Adyar-Theosophie. Diese Vorgänge lassen sich im Augenblick nur in Umrissen erkennen, machen aber exemplarisch das Handeln von vier unterschiedlich interessierten Akteuren sichtbar: der staatlichen Seite, der NS-nahen und NS-distanzierten Theosophen sowie der ausländischen Zentrale in Adyar. Eine wichtige Rolle spielte dabei Harry Dörfel[234], der offenbar versuchte, Verweyen aus dem Amt zu drängen und eine NS-konforme und von den Nationalsozialisten regelrecht anerkannte Adyar-Theosophie zu etablieren; wieweit dabei seine Intentionen und diejenigen der Gestapo konvergierten, ist zur Zeit nicht zu klären. Im April stellte Dörfel den Antrag, die Theosophische Gesellschaft gleichzuschalten – aber offenbar reagierte die Gestapo nicht darauf[235]. Dörfel behauptete dann, Verweyen sei im Mai 1933 zurückgetreten[236]. An

geschaltetes Mitglied des nationalsozialistischen Lehrerbundes gebührend zum Ausdruck bringen.« (Johannes Maria Verweyen, Zirkular, hektographiert, Bonn, 29.11.1933, 6 Bl., 6 S. [Theos Adyar, File 121], S. 1 f.) »Kein Theosoph hat den Bruderschaftsgeist in fruchtbarerer Weise vertreten als Adolf Hitler.« (ebd., S. 5) Allerdings läßt sich nicht ganz auszuschließen, daß Verweyen hier eine »offiziöse« Position artikulierte. Darauf mag die zwischen Anpassung und Widerständigkeit changierende Anerkennung der Arisierung, die von den Nationalsozialisten autoritativ gefordert wurde, bei gleichzeitiger Hervorhebung theosophischer Prinzipien deuten: »Nichts steht im Wege, daß wir den Arierparagraphen ohne Verletzung unserer Grundsätze … anerkennen und durchführen.« (ebd., S. 2).

[233] Meines Erachtens stammen Verweyens nationalistische Äußerungen nicht aus dem Zentrum seines Denkens, wenn sie nicht gar isoliert stehen, aber diese Vermutung müßte präziser belegt werden, wenn sie nicht zu einer salvatorischen Klausel verkommen soll.

[234] Biographische Daten fehlen weitgehend. Aus dem Bestand BArch, R 58/6196, lassen sich folgende Angaben zusammentragen: Wohnhaft Berlin N 65, Luxemburger Str. 29, Kunstgewerbler, römisch-katholisch getauft. 1924 Mitglied der Adyar-Theosophie, 1925 zudem der theosophischen Gesellschaft Vollraths. Er tauchte 1925 im Januar/Februar Heft des Theosophischen Strebens unter den jungen Theosophen auf. 1926 habe er gegen Alice von Sonklar den Kampf gegen die Freimaurerei aufgenommen, 1926 wurde Dörfel Vorsitzender einer nicht näher genannten theosophischen Gesellschaft in Berlin. 1936 veröffentlichte er unter dem Pseudonym »S. Ipares« (also anagramatisch Serapis) Thesen über eine freimaurerische Verschwörung unter dem Titel: Geheime Weltmächte. Unter Theosophen wußte man um dieses Pseudonym; vgl. Boyken, Martin [Briefkopf: Treasurer Theosophical Society]: Circular Letter, ohne Datum, nach dem 27. Oktober 1934? (Datierung post quem: das gerade genannte Rundschreiben Dörfels), 5 Bl., 5 S. (TheosA Adyar, File 121), S. 3.

[235] »Im April 1933 stellte der Harry Dörfler [sic] … den Antrag, die Berliner Vereinigung ›Adyar‹ im Sinne des Nationalsozialismus einer Säuberung zu unterziehen. Der Antrag blieb unbeantwortet.« BArch, R 58/6193, Teil 1 (zweite Folierungsreihe), fol. 25.

[236] Dörfel an die Jinarajadasa, Berlin 2.12.1933, 1 Bl., 1 S. (TheosA Adyar, File 121). Die gleiche Mitteilung findet sich in einem Brief Dörfels an den Präsidenten der Theosophischen Gesellschaft, 3.12.1933, 1 Bl., 1 S. (TheosA Adyar, File 121). Im Gestapobericht heißt es, »gleichzeitig« (April 1933) habe Verweyen sein Amt niedergelegt (BArch, R 58/6193, Teil 1, (zweite Folierungsreihe), fol. 26. Bruno Ulm zufolge sei den Mitgliedern im Juni 1933 mitgeteilt worden, daß Verweyen »vorläufig« sein Amt niedergelegt habe (BArch, R 58/6196, Bl. 181$^{r}$). Als Gründe gab Ulm an, Verweyen sei liberal-katholischer Priester (ebd., 181) und Mitglied in der Co-Freimaurerei (ebd., 182). Eine Vertreterversammlung, auf der offenbar ein neuer Generalsekretär gewählt werden sollte, wurde aber abgesagt. Martin Boyken und Frau Hedges traten in dieser Situation zurück, Verweyen habe Ulm gebeten, beider Ämter zu übernehmen (ebd.).

dieser Behauptung muß etwas stimmen, denn am 23. Juni 1933 hieß es auf dem theosophischen Kongreß in St. Michael in Huizen (an der Zuidersee), daß der deutsche Generalsekretär zurückgetreten und Martin Boyken stellvertretend für ihn anwesend sei[237]. Spätestens in der zweiten Oktoberhälfte habe Verweyen aber seinen Rücktritt als Mißverständnis bezeichnet[238]. Doch vom 20. November datiert eine Nachricht Boykens, daß Verweyen nun sage, er habe sich nur beurlaubt und sei nicht zurückgetreten[239]. Neun Tage später machte Verweyen in einem Zirkular deutlich, daß es sich um eine ausgedehnte Führungskrise handelte: Der Schriftführer Bruno Ulm und der Kassierer Bernhard Wand seien zurückgetreten und der »national zuverlässige« Ulm habe ihn gebeten, beide Ämter zu übernehmen[240]. Dabei wurden weitere Konfliktfelder mit den Nationalsozialisten benannt: die Liberal-Katholische Kirche, die Freimaurerei und der theosophische Pazifismus[241].

Am 2. Dezember 1933 eröffnete Dörfel in einem Brief an Jinarajadasa aufschlußreiche Details über die nationalsozialistische Unterwanderungspolitik im Zusammenhang dieser innertheosophischen Auseinandersetzungen: Am 20. August 1933 sei in Leipzig die »Theosophische Gesellschaft Leipzig«, und zwar diejenige Vollraths, staatlich anerkannt worden[242]. Er habe, schrieb Dörfel, die »Neuorganisation« »als von der Regierung anerkanntes Vorstandsmitglied der Theosophischen Gesellschaft in Deutschland übernommen« und vertrete die deutsche Sektion seit der Vorladung bei der Gestapo am 27. Oktober 1933[243]. Nach der staatlichen Anerkennung der Leipziger Vollrath-Theosophen (wo ja Dörfel auch Mitglied war) habe er »the initiative with the state-officials to get the same acknowledgement for the ›Adyar‹ Society« ergriffen; »the States Police« mache nun »general rules for <u>all</u> international societies«[244]. Dörfel habe sich selbst als neuen Kandidaten für den Vorsitz vorgeschlagen[245], möglicherweise auf einer

[237] SdA Moskau, 1291-1-24, Bl. 12.

[238] So jedenfalls die Gestapo-Information; BArch, R 58 / 6193, Teil 1 (zweite Folierungsreihe), fol. 26. – Verweyen soll sich (wohl im Spätsommer oder Herbst 1933) als »Ex-Generalsekretär« bezeichnet haben; vgl. Verweyen,: Zur Frage der Adyar-Gesellschaft, 240 (Übersetzung eines Briefes aus »The Theosophist«, in der »Theosophie«, Heft 5, September / Oktober 1933).

[239] Boyken, Martin: Zirkularbrief, 20.11.1933, 1 Bl., 1 S. (TheosA Adyar, File 121).

[240] Verweyen, Zirkular, 29.11.1933 (Anm. 232), S. 1. Zur Funktion Ulms siehe Anm. 236 und 264. Nach BArch, R 58 / 6193, Teil 1 [zweite Folierungsreihe], fol. 26 f., habe Verweyen Boyken durch Ulm ausgewechselt; Zeitpunkt und genauer Kontext sind allerdings nicht klar.

[241] Dörfels Forderung nach einer »klaren Scheidung« von der Liberal-Katholischen Kirche sei überflüssig, da er sie »praktisch stets vertreten habe« (Verweyen, Zirkular, 29.11.1933 [Anm. 232], S. 2), so Verweyen. Außerdem habe er, fügte Verweyen an, nie der Co-Freimaurerei angehört (ebd., S. 3) und sei nie Mitglied der Freimaurerei oder einer »pazifistischen Gesellschaft« gewesen (ebd.).

[242] Dörfel, Brief an die Jinarajadasa, 2.12.1933, 1 Bl., 1 S. (TheosA Adyar, File 121). Daß es sich dabei um Vollraths Gesellschaft handelte, schreibt explizit Boyken, Martin: Circular Letter, 5 Bl., 5 S., ohne Datum, nach dem 27. Oktober 1934? [Briefkopf: Treasurer Theosophical Society] (TheosA Adyar, File 121), S. 2.

[243] Dörfel, Brief an die Jinarajadasa, 2.12.1933, ebd.

[244] Nicht zuordbares Papier, unbekanntes Datum, Ende 1933 (TheosA Adyar, File 122), S. 2.

[245] Ebd., S. 3. Die damit provozierten Machtkämpfe unter den Theosophen lassen sich derzeit nur in Umrissen überblicken. Augustus Heidmann, ein Priester der Liberal-Katholischen Kirche, »has withdrawn his former proposition for electing a new president« (ebd., S. 1). Zugleich warnte Heidmann vor Dörfel (ebd., S. 4).

Generalversammlung am 3. Dezember 1933[246]. Ob es wirklich Versuche des Staates gab, eine einheitliche theosophische Gesellschaft, also eine der Reichskirche vergleichbare Institution, einzurichten, ist jedoch unklar, dies scheint vielmehr Dörfels – durchaus eigennützig angelegtes – Konzept gewesen zu sein. Dörfel betrachtete sich jedenfalls als »durch Leipziger Gleichschaltung staatlich anerkanntes Vorstandsmitglied«[247] und unterschrieb seit 1934 als »Kommissarischer Generalsekretär« der Adyar-Theosophie[248]. In Adyar allerdings stärkte man der deutschen Sektion gegen Dörfel im Januar 1934 den Rücken, indem man ihn nicht als Generalsekretär akzeptierte[249]. Am 27. Januar 1934 ging Dörfel in die Offensive und teilte in einem Zirkular mit, als »von der Geheimen Staatspolizei bevollmächtigter kommissarischer Generalsekretär« habe er »den bisherigen gesamten Vorstand der Deutschen Landesgesellschaft mit sofortiger Wirkung abgesetzt«[250]. Verweyen hingegen hatte am 13. Dezember, wie schon zitiert, Dörfel geschrieben, daß man ihn mißverstanden und er sein Amt nicht niedergelegt habe. Aber Dörfels Antwort illustrierte, daß Verweyen für ihn nur das Bauernopfer für all die Elemente in der Theosophie war, die ihm und mutmaßlich den Nationalsozialisten nicht paßten und schon bald nach der Machtübergabe inkriminiert worden waren: Dörfel verbot die Mitgliedschaft in der Co-Freimaurerei, in der Liberal-Katholischen Kirche, in der Esoterischen Schule, der Tafelrunde, der »Internationalen Liga für die Verbrüderung der Völker oder irgend einer anderen pazifistischen Organisation« und machte Propaganda für Hauers Deutsche Glaubensbewegung und deren »völkisch-germanische« Haltungen[251]. Die Themen Internationalismus, Pazifismus und Freimaurerei wurden in den folgenden Wochen zu den Angelpunkten der Auseinandersetzung um die Theosophie[252].

---

[246] Davon und einer zugleich anberaumten Vorstandswahl ist die Rede in BArch, R 58/6193, Teil 1 (zweite Folierungsreihe), fol. 26. Ob die Veranstaltung stattgefunden hat, ist unklar.

[247] Brief Dörfels an Verweyen, Berlin 3.12.1933, BArch, R 58/6200, Teil 3, Bl. 817[r].

[248] So Dörfel in einem Brief an den Vorstand der deutschen Landesgesellschaft vom 10.1.1934 (BArch, R 58/6196, Bl. 209[r]).

[249] Recording Secretary [i. e. Jai Rustomji Aria] an Dörfel, 5.1.1934, 1 Bl., 1 S. (TheosA Adyar, File 121): Er habe keine Nachricht, daß Verweyen »resigned« habe oder ein anderer Generalsekretär gewählt worden sei. Recording Secretary an Verweyen, 23.1.1934, 1 Bl., 1 S. (TheosA Adyar, File 121): Er nehme zur Kenntnis, daß Verweyen »have taken up the duties« des Generalsekretärs.

[250] Dörfel, Harry, Rundbrief, Berlin 27.1.1934, 2 Bll., 2 S. (TheosA Adyar, File 121), S. 1.

[251] Ebd., S. 2.

[252] Dazu aus der Korrespondenz der nächsten Wochen und Monate einige Beispiele (s. auch oben Anm. 241). Schon während der Vorladung Dörfels bei der Gestapo 27. Oktober 1933 sei das »Mißtrauen von Regierungsstellen gegenüber der Person des Prof. Verweyen« artikuliert worden, der »oft in Freimaurerkreisen gesprochen« habe (Dörfel: Rundschreiben an die Mitglieder der deutschen Landesgesellschaft [Ende 1933/Anfang 1934?] [siehe Anm. 228], S. 2). Verweyen habe, berichtete Boyken in seinem Schreiben an die deutsche Sektion, mit dem er auf Dörfels Brief reagiert haben dürfte, keine Chance auf Anerkennung als Generalsekretär wegen seiner »frequent« Vorträge in Logen und wegen seiner Verbindung zur theosophischen »International League for uniting all nations« (Boyken: Circular Letter [nach dem 27. Oktober 1934?] [siehe Anm. 234], S. 2). Eigentümlicherweise wurde Verweyens Mitgliedschaft in der Freimaurerei hier nicht zum Vorwurf umgemünzt. Allerdings habe »Pistor« im Judenkenner gefragt, ob Wedgwood Hochgradmaurer sei und Verweyen »since 1922 is member of Lodge Victoria (Berlin) of Grand Lodge Hamburg, working along the same rite as Co-Masonry, which received its higher degrees form the ›Supreme Counceil de France‹ [sic]«; Anonym [Ernst Pieper?]: Outline of the History of the Liberal Catholic Church in Germany and of the Present Situation, 8 Bll., 8 S., hektographiert, nachträglich datiert 1936 (TheosA Adyar, File 122),

Verweyen schloß Dörfel aufgrund dieses Verstoßes am 6. Februar 1934 samt seiner Mitarbeiterin Jutta Todtenhaupt aus der Theosophischen Gesellschaft aus und hob am 19. April die Berliner Loge auf[253]. Auch der Geheimen Staatspolizei dürfte Dörfel zu weit gegangen sein, denn sie beschied am 11. Mai, er habe »keinen Auftrag zur Vornahme von Gleichschaltungen«[254]. Vielleicht hatte auch Verweyen Einfluß auf das Geschehen nehmen können, denn er war Ende November oder im Dezember 1933 zu einer dreistündigen Unterredung bei dem Gestapa gewesen[255]. In der Erfurter Generalversammlung vom 20. Mai 1934, die Verweyens innertheosophische Gegner als »Kraftprobe« der »Freimaurerei mit dem national-sozialistischen Staat« verstanden[256], dürfte Verweyen über seine Antipoden noch obsiegt haben. Er schrieb in seinem Jahresbericht vom 30. Oktober 1934, »that I was appointed unanimously the third time as General Secretary for three years«[257]. Außerdem habe er nach Wegen gesucht, »how can be harmonized Theosophy and National Socialism«[258], und diesen Brückenschlag auch publiziert[259].

---

S. 5. Zumindest hinsichtlich Verweyens Mitgliedschaft in der Freimaurerei stimmt die Vermutung aus dem »Judenkenner«.
Boyken: Circular Letter [nach dem 27. Oktober 1934?] (siehe Anm. 234), S. 2, verwies ebenfalls auf Verweyens Verbindung zur theosophischen »International League for uniting all nations«, die den Nationalsozialisten ein Dorn im Auge gewesen sei. Dörfel machte vermutlich diese Bezüge deutlicher. Schon am 14. November hielt er Verweyen seine Werbung für die »Internat. Liga für Verbündung der Völker« vor (Brief an Verweyen, Berlin 14.11.1933, BArch, R 58 / 6200, Teil 3, Bl. 818[v]) und für die »Liga für Menschenrechte« (ebd., 819[r]). Darüber hinaus seien die Priester der Liberal-Katholischen Kirche, Bey und E. Weinrich, Mitglieder im »Europa-Bund der Volksbewußten« und hätten den »Bund völkischer Europäer« von Reventlow und Dr. von Leers kritisiert. Dies habe der theosophischen Sache sehr geschadet und sei im Reichswart diskutiert worden (Dörfel: Rundschreiben, s. o., S. 2). Boyken sekundierte, daß zwei Priester der Liberal-Katholischen Kirche sich mit der Mitgliedschaft in der »International League« diskreditiert hätten (Boyken: Circular Letter, s. o., S. 3). Erst »die Nichtzugehörigkeit zu den Arbeitskreisen von Prof. Verweyen« habe die Theosophische Gesellschaft Vollraths »restlos ›entlastet‹«, meinte Dörfel: Rundschreiben, s. o., S. 2).
Die Tafelrunde habe in Deutschland bis 1932 / 33 bestanden (BArch, R 58 / 6196, Bl. 241[r]), der Droit Humain Anfang der dreißiger Jahre in Berlin eine kleine Gruppe »zur Erkenntnis« besessen (BArch, R 58 / 6196, Bl. 240[r] / 240[v]). Die soziale Relevanz dieser Gruppierungen außerhalb des theosophischen Milieus ist aber momentan nur schwer einzuschätzen. – Pazifismus wird Verweyen bis heute kritisch vorgehalten; vgl. Tilitzki: Die deutsche Universitätsphilosophie, I, 448 f.

[253] BArch, R 58 / 6196, Bl. 223[r], Aufhebung der Berliner Loge am 19.4.34 (ebd.). Diese Informationen ebenfalls in BArch, R 58 / 6193, Teil 1 (zweite Folierungsreihe), fol. 27. Zuvor habe Verweyen Dörfel den freiwilligen Austritt nahegelegt (ebd., fol. 27).

[254] BArch, R 58 / 6196, Bl. 218[r]. Dörfel wurde nach der Anmaßung dieser Funktion »wegen dieser Verfehlung streng verwarnt, worauf er sich zurückzog, um alsdann später wieder den Kampf gegen Professor Verweyen und seine Adyar-Richtung wieder aufzunehmen« (BArch, R 58 / 6196, Bl. 246[r]). Aber die Lage muß komplizierter, vielleicht undurchsichtig gewesen sein, denn seitens des Kulturpolitischen Amtes hatte man Dörfel möglicherweise gestützt: Vollrath habe »es fertig bekommen, dass diese Gesellschaft laut Bericht des Pol. Präs. Leipzig, I. Band Bl. 81 r. vom Kulturpolitischen Amt der NSDAP gleichgeschaltet wurde« (ebd.).

[255] Ebd., Bl. 183[r].

[256] Ebd., Bl. 223[r].

[257] Verweyen: T.S. in Germany (1934), 88.

[258] Ebd., 89.

[259] Verweyen hatte seine Rede auf der Erfurter Versammlung unter dem Titel »Nationalsozialismus und Theosophie« zum Druck gegeben. Hier tauchten die üblichen Versuche auf, theosophische Eigenheiten zu wahren, in dem man sie für den Nationalsozialismus anschlußfähig formulierte: Bru-

In Adyar beargwöhnte man die Nationalisierung der Theosophie, namentlich die In-Frage-Stellung des Internationalismus. Daß Dörfel, wie er im Januar 1934 behauptete, die »drei Zwecke und Ziele [des theosophischen Programms] unverändert« gelassen habe[260], war zu diesem Zeitpunkt kaum mehr als ein kosmetisches Zugeständnis gewesen, und so wollte »S. V.«, der Stellvertreter des Präsidenten, am 13. August 1934 von Verweyen denn auch wissen, ob der erste Zweck, also das Ziel einer internationalen Bruderschaft, geändert werden solle. Dies werde man nicht akzeptieren[261]. Auch James Ingall Wedgwood, Bischof der Liberal-Katholischen Kirche, artikulierte zu einem nicht genauer bestimmbaren Zeitpunkt im Jahr 1934 Kritik an den Entwicklungen in Deutschland, und er tat dies öffentlich in einer Zeitung: »Sie fragen mich, wie Europa vor einem neuen Weltkrieg gerettet werden kann. Ich möchte Ihnen darauf antworten, daß dies unmöglich ist, solange Hitler und der Hitlerismus in Deutschland regieren.«[262]

Verweyen war im Sommer 1934, wohl seit der Pfingstversammlung im Mai, wieder eindeutig Generalsekretär der deutschen Sektion[263], aber das Leben in der Gesellschaft blieb schwierig und seine Position umstritten[264], während sich die Kämpfe in der Theosophischen Gesellschaft dramatisch entwickelten[265]. So suchten neben Dörfel auch andere Theosophen, den Machtkampf gegen Ver-

---

derschaft bedeute »dienende Hingabe« (S. 5), »Gemeinnutz geht vor Eigennutz« sei die Abwendung von der »Ich-Verblendung« (S. 6), international habe nichts mit der (sozialistischen) Internationale zu tun, Theosophen seien keine »Pazifisten« im Sinne von »Menschen ohne Rückgrat« (S. 17), man könne mit den Nationalsozialisten zwischen »Juden und Judentum«, letzteres sei »die Entartung zu Mammonismus«, unterscheiden (S. 21). So konnte Verweyen erwarten, »daß die scheinbaren Gegensätze sich in höherer Einheit auflösen und begegnen: Nationalsozialismus und Theosophie« (S. 24).

260 Dörfel, Rundbrief 27.1.1934 (Anm. 250), S. 1.

261 S. V., Stellvertreter des Präsidenten, an Verweyen, Adyar 13.8.1934, 1 Bl., 1 S. Ähnlich ein Brief im Auftrag Arundales geschriebener Brief vom 13.9.1934 an Verweyen (Kopie aus dem TheosA Adyar).

262 Zeitungsausschnitt, ohne Angabe der Zeitung und ohne Datum, SdA Moskau, 1291-1-25, Bl. 115 (handschriftlich datiert auf etwa 1934).

263 Nach der »Sommerpause« 1934 wandte sich Verweyen an die Mitglieder und sprach von einer »Neubelebung« nach der Pfingsttagung in Erfurt, allerdings bei einer offenbar kleinen Zahl; Verweyen: ohne Titel [Grußwort]. Verweyen konnte auf theosophische Gruppen in Berlin sowie auf je eine Gruppe in Dresden, Hannover und Hamburg blicken; ders.: Aus unserer Bewegung, 25 f. Zu Verweyens Redetext (»Nationalsozialismus und Theosophie«) vgl. meine Überlegungen zu Verweyen in den Gaesdoncker Blättern, 2006 [im Druck].
Der neue Präsident Arundale hatte am 30. Juli von Verweyen einen Brief erhalten, in dem er seine Wiederwahl anzeigte (Arundale an Verweyen, o. O., 13.9.1934, 2 Bll., 2 S. [TheosA Adyar, File 121], S. 2). Auch Bruno Ulm zeigte Verweyen im August in Adyar als »reelected« an (Ulm »to the Theosophical Society Adyar«, Erfurt, 21.8.1934, 1 Bl., 1 S. [TheosA Adyar, File 122]).

264 »All is difficult in our section«, schrieb Verweyen an Arundale (?); es gebe »special difficulty by the lair (?) [Lager eines wilden Tieres] of the government«; Verweyen an »dear Collegue«, Berlin 2.11.1934, 1 Bl., 1 S. (TheosA Adyar, File 122). Offenbar gab es auch erneut Auseinandersetzungen zwischen Adyar und Verweyen. So findet sich in der Korrespondenz die Frage, ob die »letzte Ansprache« Besants, die beigelegt sei (sie fehlt in Adyar), richtig übersetzt sei – Verweyen finde sie »untragbar«; Bruno Ulm [Schriftführer] und Bernhard Krause (?) [Schatzmeister] an Arundale, Erfurt, 17.12.1934, 1 Bl., 1 S. (TheosA Adyar, File 122). Ulm und Krause dokumentieren in diesen Schreiben zugleich die Vorbehalte gegenüber Verweyen, da sie »auch aus anderen Gründen glauben, daß die deutsche Sektion unter Leitung von Herrn Verweyen niemals einen Aufschwung nehmen kann«.

265 Vgl. dazu Klein: Gottsucher vom Niederrhein, Kap. 3.2.4 (S. 68 f.).

weyen mit Hilfe der Nationalsozialisten zu entscheiden[266]. Am 2. Februar 1935 mußte Verweyen bei der Gestapo erscheinen. Anschließend erläuterte er in einem Rundschreiben zwar diese Vorgänge[267], aber die Situation verschärfte sich, da Bruno Ulm und Bernhard Wand sich (jetzt?) weigerten, von ihren Ämtern zurückzutreten[268]. Offenbar hat Verweyen die Theosophen nicht mehr hinter sich bringen können. Auf einer Vertreterversammlung in Erfurt am 24. März 1935 wurde er mit 31 gegen 19 Stimmen des Amtes enthoben, Egenolf von Roeder mit 44 Jastimmen und vier Enthaltungen gewählt[269]. In Adyar wurde diese Abwahl anerkannt[270]. In seiner Autobiographie beklagte Verweyen kryptisch »Unsachlichkeit und unerleuchtetem Eifer, ... Lieblosigkeit und Taktlosigkeit« auf dieser Versammlung[271], aber damit war sein Engagement in der Theosophischen Gesellschaft Adyar beendet und eine wichtige emotionale Bedingung für die Konversion in die katholische Kirche gegeben.

Für die Adyar-Theosophen brachen die beiden letzten Jahre ihrer Vereinsexistenz an. Nach der Erfurter Versammlung lösten sich 16 Gruppen auf oder wurden aufgelöst, der deutsche Zweig umfaßte im Sommer oder Herbst 1935 noch 19 Gruppen und 346 Mitglieder[272]. Im Juli 1935 konnten deutsche Mitglieder noch den theosophischen Kongreß in Amsterdam besuchen[273], doch sind in den offiziellen Kongreßunterlagen die Namen der deutschen Teilnehmer nicht aufgeführt[274], wohl um sie nicht zu gefährden. Spätestens im Herbst gab

---

266 So schrieb Ulm am 13.3.35 an das Gestapa hinsichtlich Verweyens, daß es »grundsätzliche Verschiedenheiten in unseren beiderseitigen Auffassungen, welche sich auf das Gedankengut der Theosophischen Gesellschaft beziehen«, gebe (BArch, R 58/6196, Bl. 173r). »Schon heute bitte ich das Geheime Staatspolizeiamt um Anweisung, was geschehen soll. Wenn ich mein Amt niederlege, dann würde ich ja die Geschäftsstelle praktisch auch abzugeben haben. Ich würde das bei mir vorhandene Archiv nach meinem Dafürhalten bei dem Stande der Verpflichtungen, die ich dem Geheimen Staatspolizeiamt gegenüber eingegangen bin, nicht ohne Zustimmung des Geheimen Staatspolizeiamtes an dritte Hände abgegeben könne. Ich bitte deshalb um entsprechende Anweisungen.« (ebd., 174r). Am 4.4.1935 teilte Ulm dem Gestapa die Übergabe des Schriftenmaterials mit (ebd., 179r).

267 BArch, R 58/6203, 258.

268 BArch, R 58/6196, Bl. 169r.

269 Ulm an das Gestapa, Erfurt 1.4.35; ebd., 176r. Stellvertreterin wurde Else Otte, Schatzmeisterin Marie Taaks, den Sitz der Gesellschaft verlegte man nach Hannover, wo Taaks und Otte wohnten. Fischer: 100 Jahre »Theosophische Gesellschaft«, 22, behauptet, Verweyen sei 1934 gezwungen worden, zurückzutreten, auch Steinberger: Esoteriker des Westens, 165, nennt dieses Datum. Diese Daten dokumentieren vermutlich nur Zwischenschritte der Entmachtung Verweyens.
Über von Roeder gibt es kaum biographische Inofrmationen. Baron Dr. Egenolf von Roeder, wohnhaft in Obersasbach, wurde er 1935 genannt; Roeder an Arundale, 27.3.1935 (Kopie aus dem TheosA Adyar). In einem Brief vom 21.11.1935 (Anm. 277), firmierte er als Freiherr Roeder von Diersburg. Nach einem Eintrag im britischen Verbundkatalog COPAC wurde er 1890 geboren. 1946 galt er seit anderhalb Jahren als kriegsvermißt; Fielitz-Coniar: T.S. in Germany (1946), 45. Ob er mit dem gleichnamigen Philosophen, der nach 1945 an der Philosophisch-Theologischen Hochschule Augsburg lehrte, identisch ist, ist unklar.

270 Im Jahrbuch wurde 1935 von Roeders Jahresbericht abgedruckt; Roeder: T.S. in Germany (1934).

271 Verweyen: Heimkehr, 167. Dies dürfte sich auf die »Erfurter Tagung« beziehen, von der er an dieser Stelle mit vermutlich falschem Datum (»April 1935«) schreibt.

272 Roeder: T.S. in Germany (1934), 55.

273 24. bis 30.7.1935; SdA Moskau, 1516-1-36, Bll. 74–80.

274 Vgl. SdA Moskau, 1291-1-22/23.

es aber – nun von niederländischen Theosophen – erneut Einsprüche gegen die deutsche Rassenpolitik, gegen die sich nun von Roeder verwahrte[275], andere, wie Edith Andreae-Rathenau, fielen der Gestapo hingegen durch deutschlandkritische Aussagen auf[276]. Mit Datum vom 21. November 1935 gab der Vorstand der deutschen Sektion der Leitung in Adyar seine Selbstauflösung bekannt[277].

Aber nicht alle Theosophen gaben sich damit zufrieden. Im Januar 1936 baten Beatrice und Reinhard Flemming wegen der Auflösung der deutschen Sektion um die Zusendung von Unterlagen, um unmittelbar Mitglieder in Adyar werden zu können[278]. Auch die Esoterische Schule existierte weiterhin in diesem Jahr, umfaßte allerdings nur neun Mitglieder[279]. Am 20. Juli 1937 wurde die Theosophische Gesellschaft Adyar staatlicherseits verboten[280] und der Ring-Verlag aufgelöst[281]. Doch gab es, wie bei anderen theosophischen Gruppen, auch nach diesem Verbot eine individuelle Praxis und eine Untergrundexistenz in kleinen Gruppen[282]. Im Juni 1938 rechtfertigte Marie Taaks in einem Brief an den Präsidenten Arundale nochmals die Notwendigkeit der Kritik an Juden wegen deren »Jewish predomination«, an der es aus Adyar Kritik gegeben hatte[283]. Aus den Jahren 1940/41 ist der Gestapo Schulungsmaterial der Adyar-Theosophie in die Hände gefallen[284].

1941 suchte die SS einen finalen Schlag zu führen. Die »Aktion gegen Geheimlehren und sogenannte Geheimwissenschaften«, die Heydrich nach Rudolf Heß' Englandflug vom 10. Mai 1941 für den 9. Juni dieses Jahres anordnete,

---

275 In der niederländischen Zeitschrift Theosophia (ohne Datum, aber »S. 308«) habe es Kritik an der deutschen Rassenpolitik und der deutschen Regierung gegeben. Von Roeder verbat sich die Kritik, dies müsse die deutsche Sektion alleine regeln. »Now we support the Governement«; Egenolf von Roeder an Arundale, Obersasbach (Baden) 11.9.1935, 1 Bl., 2 S. (TheosA Adyar, File 122), S. 2.

276 Sie habe geäußert, Deutschland sei ein »Misthaufen« und sie würde lieber nach Paris ziehen; BArch, R 58/6193, Teil 1 (zweite Folierungsreihe), fol. 29. Verweyen verkehre bei ihr (ebd., fol. 30).

277 Brief von Egenolf von Roeder, Else Otte und Otto Taaks an die Zentrale in Adyar, ohne namentlich genannten Adressaten, 21.11.1935 (Kopie, TheosA Adyar).

278 Brief von Beatrice und Reinhard Flemming, Dortmund 29.1.1936, 2 Bll., 2 S. [aufgenommen als Notat: Adyar Library. Office Copy-Memo, 1 Bl., 1 S., undatiert] (TheosA Adyar, File 122); s.u. Anm. 284.

279 Brief von Martha Liedke [Leiterin der Esoterischen Schule] an Johannes Hochauf, 17.1.1936, SdA Moskau, 1516-1-36, Bll. 72. Leiter war nach Erkenntnissen der Gestapo 1937 Oscar Hintze; BArch, R 58/6193, Teil 1 (zweite Folierungsreihe), fol. 23.

280 Vgl. die Auflösungsverfügung: Bayerisches Hauptstaatsarchiv München, Bestand Reichsstatthalter Epp 638/4, und den Durchführungsbericht der Gestapo-Leitstelle München (ebenfalls Bayerisches Hauptstaatsarchiv München), Bericht vom 1. August, MA 106 690, S. 191 (1.8.1937).

281 Steinberger: Esoteriker des Westens, 169; die Literatur sei beschlagnahmt und möglicherweise vernichtet worden.

282 »In unregelmäßigen Abständen trafen sich kleine Mitgliedergruppen zum ›Kaffeetrinken‹ in Privatwohnungen«; so Schmidt: 100 Jahre Theosophische Gesellschaft Adyar, 92.

283 Marie Taaks an Arundale, hektographiert, Hannover 26.6.1938, 7 S. (TheosA Adyar, File 122), Zit. S. 3, Hinweis auf die Kritik aus Adyar S. 4. Dies ist der letzte Brief in File 122 vor dem Ende des Zweiten Weltkrieges.

284 Dabei handelt es sich um Kommentare zu theosophischen Klassikern (Besant, Leadbeater, Collins und Jinarajadasa) ohne politische Dimensionen. Die Verfasser dieser gleichwohl mutigen Publikationen waren Reinhard Georg F. Flemming und Beatrice Flemming aus Dortmund; SdA Moskau, 1516-1-43 bis 51; s.o. Anm. 279.

richtete sich anderem gegen »Anhänger der Anthroposophie, Anhänger der Theosophie und Anhänger der Ariosophie«, sowohl gegen die Organisationen als auch »gegen alle führenden und Einzelpersonen, soweit sie diese Lehren oder Wissenschaften zum Hauptberuf haben« oder »besondere Funktion« oder einen »besonderen Einfluß ausüben«[285]. Auch Schrift- und Archivmaterial sowie Bücher sollten sichergestellt werden, man rechnete also noch mit untergründigen Aktivitäten. Im Rahmen dieser Aktion wurde Verweyen am 30. Juni verhaftet[286]. Ob es zu weiteren Zugriffen kam, ist unklar.

1946 nahm die deutsche Sektion der Adyar-Theosophie ihre Arbeit wieder auf, worüber Fielitz-Coniar in einem eindrücklichen Rückblick berichtete:

> »After a pause of eleven years – caused by the despotism of the Hitler regime – the German Section has started its work again. As all the archives had been destroyed or confiscated by the Gestapo this start has been a very difficult and modest one. We had first of all to come into touch with each other again as far as we knew the respective addresses. Many members having been evacuated or bombed out and having changed their addresses it took months to re-establish the contact between such members at least who were ready to take an active part in the reconstruction work of the Theosophical Society in Germany. Letters which took only a few days in normal times take now at least three times as much before reaching their destination, if they reach at all. …
>
> This election had to be made through a vote by letter, the coming together of the members being impossible because of the difficulties in travelling, housing and feeding. … The membership is steadily increasing. The licence for free activity in the British Zone asked for on 21st September 1945 has been granted on July 17th, 1946. In the American Zone a licence is no longer necessary, as I have been informed lately. We needed only permission for the three countries of Bavaria, Württemberg-Baden and Groszhessen by the respective Ministry of Culture. The Ministry of Culture at Munich has now granted the permission for the whole of Bavaria. … Mr. Ernst Pieper at Düsseldorf has not yet got the licence for his Publishing House, the Ring-Verlag, in which German editions of important books of our Theosophical literature had been published before the war. The whole stock of this publishing house was also confiscated, together with many private Theosophical libraries throughout Germany, by the Gestapo, so that there is now a great lack of our literature in German. The tragic fact is decidedly hampering our propaganda work.
>
> Our sectional Library has had a better fate: hidden in a cellar it has escaped the grasp of the Gestapo but it is only a small one. We do hope to start a magazine as soon as the necessary capital is available and a licence given. The demand for it amongst our members is great and it would be a very useful help in the propaganda work. Mr. Pieper has had the good opportunity to buy about a thousand books, partly from the library of the late Dr. Hübbe-Schleiden so that Mr. Pieper can provide the members of his Lodge with good Theosophical literature. I wish all Lodges were as fortunate as that!«[287]

Der Adyar-Verlag existiert seit 1947 in Graz, die Vereinszeitschrift »Adyar« erscheint seit 1948[288], und auch die Institution der »Sommerschule« fand zumin-

[285] Aktion gegen Geheimlehren und sogenannte Geheimwissenschaften, 4.6.1941, gez. Reinhard Heydrich, Ausführung Albert Hartl, 9 S. und Anlage (4 S.); BArch, R 58/1029, fol. 57–70, Zit. fol. 59.

[286] Klein: Gottsucher vom Niederrhein, Kap. 2.6.

[287] Fielitz-Coniar: T.S. in Germany (1946), 44. 45.

[288] Die Zählung des mutmaßlich ersten Heftes, erschienen im Adyar-Verlag, Graz, lautet allerdings: Adyar, 4. Jahrgang, Nr 1. (16), Oktober 1948.

dest zeitweise ihre Fortsetzung[289]. Generalsekretär wurde 1946 erneut der nun fast sechzigjährige Axel von Fielitz-Coniar[290]. Mit sieben Logen, einem Zentrum und 172 Mitgliedern begann die theosophische Arbeit wieder und hatte in den ersten Jahren großen Zustrom, so daß man im Herbst 1948 schon 518 Mitglieder zählte, die im Februar 1949 auf 630 angewachsen waren[291]. Auf diesem Niveau stagnierte die Mitgliederzahl nun über Jahre[292]. 2005 war allerdings die Zahl der Mitglieder soweit gesunken, daß man die Auflösung der deutschen Sektion erwog.

[289] Fischer: 100 Jahre »Theosophische Gesellschaft«, 33.
[290] Fielitz-Coniar: T.S. in Germany (1946), 44.
[291] Adyar, 4. Jahrgang, Nr. 3 (18), Februar 1949, 16.
[292] 1952 zählte man 631 Theosophen in Deutschland; ebd., 8. Jahrgang, Nr. 3 (38), Juli 1953, 69.

## 3.6 Die Theosophische Gesellschaft Adyar in Österreich

Über die Beziehungen der theosophischen Landesverbände im deutschsprachigen Raum ist wenig bekannt. Informationen für die Gruppen außerhalb des Deutschen Reiches (und damit überschreite ich die geographischen Grenzen dieses Kapitels) gibt es vor allem für Österreich, allerdings nur für die Adyar-Theosophie, wobei für die Jahre der Habsburgermonarchie nur Fragmente vorliegen[1], die sich zudem auf den cisleithanischen Teil beschränken. Es fehlen auch Informationen für die mehrsprachige Schweiz[2]; die dortigen Entwicklungen sind aber zumindest für die Adyar-Theosophie bis zum Ersten Weltkrieg im Umfeld der Trennung der Anthroposophischen Gesellschaft greifbar (s. o. 3.4.5b).

### *3.6.1 Theosophie in Wien am Ende des 19. Jahrhunderts und Steiners Begegnungen mit der theosophischen Szene*

In Wien saßen, wie in allen Metropolen des 19. Jahrhunderts[3], schon vor 1900 auch theosophische Gruppen, mit denen Rudolf Steiner am Ende der neunziger Jahre in Kontakt trat. Sie existierten eng verknüpft mit dem Spiritismus[4], aber auch mit der künstlerischen Avantgarde, deren Treffpunkt die berühmt-berüchtigte, verrauchte Diskussionszentrale »Café Griensteidl« am Michaelerplatz war; auch Steiner ist hier regelmäßig eingekehrt[5].

---

[1] Möglicherweise gab es eine Dominanz der deutschsprachigen Theosophen. In Ungarn war beispielsweise Robert Nadler, Maler aus Pest, 1907 Vorsitzender der Budapester Loge Apollo und 1921 bis 1927 Generalsekretär der ungarischen Sektion der Adyar-Theosophie (Klatt: Der Nachlaß von Wilhelm Hübbe-Schleiden, 208).

[2] Die Anfangsphase dürfte ähnlich wie in Deutschland und Österreich verlaufen sein, also mit der Gründung einzelner Logen und Zentren vor 1900 und einer zunehmenden Institutionalisierung. Im Februar 1894 berichtete Julius Sponheimer von wöchentlichen Treffen im Zentrum Zürich und von lebhaften Diskussionen mit Spiritisten (The Vahân 3 / 1893–94, 7), im Jahr darauf ist Alfred Gysi hier als Sekretär genannt (ebd., 4 / 1894–95, 11). Im August 1899 ist das Zürcher Zentrum als Loge geführt (ebd., 9 / 1899–1900, 2), laut General Report 1900 (in: The Theosophist 22 / 1900–01, separat paginiert) ist der Charter 1896 erteilt worden. Noch 1900 wurden Sponheimer und Gysi in diesen Funktionen genannt (General Report 1901 [mit eigener Paginierung in: The Theosophist 23 / 1902], 83), aber schon am 10. Mai 1901 habe sich die Zürcher Loge aufgelöst (The Vahân 10 / 1900–01, 1). Unklar ist die Geschichte des Sprachenkonfliktes, der vor 1914 zur Spaltung der deutschsprachigen Adyar-Sektion beitrug. Die französische Sektion war noch vor der deutschen im September 1899 gegründet worden (The Vahân 9 / 1899–1900, 1). Nachdem aber zwei Genfer Logen »attached to the French Section« waren (General Report 1901 [mit eigener Paginierung in: The Theosophist 23 / 1902], 4) mutmaßte man bereits im Dezember 1901 von der Gründung einer frankophonen Sektion. Die deutsche Sektion in der Schweiz besaß 1903 11 Logen (Steiner: Report of the German Section [1903], 37).

[3] Zur intensiv erforschten Geschichte Wiens in den Jahrzehnten um 1900 vgl. exemplarisch Andics: Ringstraßenwelt; Czendes: Geschichte Wiens; Die Habsburgermonarchie 1848–1918, Bd. I; Johnston: Österreichische Kultur- und Geistesgeschichte 1848–1938; Lichtenberger: Wirtschaftsfunktion und Sozialstruktur der Wiener Ringstraße; Schorske: Wien; Springer: Geschichte und Kulturleben der Wiener Ringstraße; Vienne 1880–1939, hg. v. J. Clair; Die Wiener Moderne, hg. v. G. Wunberg.

[4] Zum spiritistischen Umfeld vgl. Bock: Rudolf Steiner, 71–78.

[5] Was Steiner von der Wiener Avantgarde wahrgenommen hat, ist nicht ganz genau auszumachen, da er nur kurze Zeit in Wien gewohnt hat. Er begann zwar im Oktober 1879 mit dem Studium

Die theosophische Szene besaß zwei herausragende Köpfe: Friedrich Eckstein und Marie Lang. Eckstein (1861–1939)[6], der schon in den siebziger Jahren Vegetarier gewesen und über Pythagoras und Neuplatoniker diskutiert haben soll[7], war mit zwanzig Jahren Fabrikdirektor geworden. Der Mäzen und Adlatus Anton Bruckners[8] und Förderer Hugo Wolfs galt als Weltreisender und lebendige Enzyklopädie[9], nannte eine beträchtliche Bibliothek sein Eigen[10] und besaß bis zum Beginn der 1890er Jahre hohes Interesse für Esoterik[11]. Der Theosophie, die er wohl durch Franz Hartmann kennengelernt hatte[12], war er über einige Jahre verbunden[13]. Im Frühjahr 1886 hatte er sich mit Frau Blavatsky in Ostende getroffen[14] und war – von ihr mit Urkunde und goldenem Rosenkreuz dekoriert – zum Präsidenten der Wiener Loge der Adyar-Theosophie und zum Generalsekretär der österreichischen Sektion der Theosophischen Gesellschaft ernannt worden[15]. Die Vereinsarbeit dürfte er zusammen mit dem Diplomaten

---

an der Wiener Technischen Hochschule, blieb jedoch im elterlichen Haus in Oberlaa, sieben bis acht Kilometer im Süden Wiens, wohnen und zog mit ihnen 1882 nach Brunn am Gebirge an den Hängen des Wienerwalds, nunmehr gut 13 Kilometer vom Stadtzentrum entfernt. Erst zwischen Oktober und November 1887 wurde er bis zum Herbst 1890 in Wien wohnhaft (Kolingasse 19, Wien IX, Mezzanin [zuletzt: 12.6.1889]). Am 26.9.1890 verzog er nach Weimar.

6 Biographische Skizzen bieten Schönherr: Wer war Friedrich Eckstein?, und Mulot-Déri: Alte ungenannte Tage (hier weitere Quellen und Literatur). In Mulot-Déris Buch »Sir Galahad« finden sich Informationen zu Eckstein im Zusammenhang mit seiner Ehe mit Bertha Diener (S. 70–82), literarische Verarbeitungen dieser Beziehung (S. 83–105), zudem Bilder von Eckstein (S. 87. 116).

7 Goodrick-Clarke: Die okkulten Wurzeln des Nationalsozialismus, 31.

8 Schönherr: Wer war Friedrich Eckstein?, 319 f.; Bock: Rudolf Steiner, 59.

9 Schönherr: Wer war Friedrich Eckstein?, 317; Bock: Rudolf Steiner, 60 f. Es gibt darüber hinaus eine Vielzahl von Anekdoten über den Wagner-Verehrer und Bayreuth-Pilger (Mulot-Déri: Alte ungenannte Tage, 297 f.) oder den Sportbegeisterten, der seine körperliche Fitness trainiert haben soll, um sich aus einem fahrenden D-Zug zu stürzen oder Jiu-Jitsu zu praktizieren (Bock, ebd., 59).
In den Nachlaßfragmenten in der Österreichischen Nationalbibliothek haben sich Manuskripte naturphilosophischen und historischen Inhalts sowie Exzerpte aus historischer und philosophischer Literatur erhalten (Ser. n. 28072–28116); vgl. auch die Materialien zu seiner Frau Helene Eckstein-Diener (ebd., Ser. nov. 28220–28224).

10 Zur Bibliothek Schönherr: Wer war Friedrich Eckstein?, 317; ein Bild seiner Bibliothek in Mulot-Déri: Sir Galahad, 82. Sie habe bei seinem Tod 16.000 Bände umfaßt, so Seiser: Friedrich Eckstein, 221.

11 Datierung dieser Zäsur nach Mulot-Déri: Alte ungenannte Tage, 300 f.; er sei allerdings weiterhin »dem Bereich von Theosophie und Mystik verhaftet« geblieben (ebd., 308). Die von Mulot-Déri vermutete stärkere Hinwendung zum Pietismus ist nicht unwahrscheinlich, vgl. seine Edition von Schriften des Comenius, Leipzig 1915.

12 Dvorak: Eine Reise nach Wien, 185 f. Eckstein habe Hartmann etwa ein Jahr lang 1885/86 beherbergt; Mulot-Déri: Alte ungenannte Tage, 299. Zu Hartmanns offenbar notorischem Geiz vgl. Dvorak, ebd., 186.

13 Genaue Daten, Tätigkeiten und Interessen sind bislang nur unzureichend recherchiert. Alle biographischen Skizzen behandeln diese Dimension kursorisch. Insbesondere Mulot-Déris lockere Bemerkungen überdecken nicht ihre schwachen Kenntnisse des theosophischen Milieus in den ansonsten gut recherchierten Informationen über Eckstein.

14 Vgl. den farbigen Bericht dieses Besuchs bei Hevesi: Mac Eck's sonderbare Reisen, 20–29.

15 Zum Treffen mit Blavatsky Bock: Rudolf Steiner, 79 f., und Mulot-Déri: Alte ungenannte Tage, 298 f. (beide ohne Quellennachweise; Mulot-Déri ist möglicherweise von Bock abhängig). Mulot-Déri ebd., 299, vermutet eine Vermittlung durch Hartmann. Beschreibung des Besuchs bei Seiser: Friedrich Eckstein, 220 f. Ein Treffen mit Annie Besant, von dem René Fülöp-Miller berichtete (nach

Carl Wenzeslaus Graf zu Leiningen-Billigheim (1823–1900) organisiert haben[16], der als Sekretär fungierte[17]. Beide nahmen an den beiden ersten Versammlungen der europäischen Sektionen der Adyar-Theosophie 1891 und 1892 teil[18]. Allerdings galt diese Wiener Loge bereits 1893 als »practically dormant«[19]. Dahinter standen möglicherweise auch rechtliche Probleme, da man hinter den theosophischen Logen freimaurerische Vereinigungen wähnte und sie verboten hatte[20]. 1896 finden sich wieder zwei Logen[21], 1897 ist von einem Leseraum die Rede[22]. Später dürfte Eckstein sich von der Theosophie distanziert haben, zeitweise soll er etwa ein Schüler von Johannes Mailänder gewesen sein[23].

Marie Lang (1858–1934) geborene Wisgrill, die zweite zentrale Figur, war in zweiter Ehe mit dem Rechtsanwalt Edmund Lang verheiratet und gründete 1893 mit Rosa Mayreder und Auguste Fickert den Allgemeinen österreichischen Frauenverein. Ihre Aktivitäten in der Frauenbewegung überschnitten sich viele Jahre lang mit ihren theosophischen. Sie war wohl mit ihrem Mann der Mittelpunkt eines theosophisch gesinnten oder interessierten Kreises, den sie im Sommer 1888 zu einem »gemeinsamen Sommeraufenthalt« in das »gerade leerstehende schön eingerichtete Schloss Bellevue«, in der Nähe Wiens auf einer Anhöhe »mit herrlichem Rundblick« einlud[24]. Hugo Wolf, der Eckstein hier eingeführt habe, und Rosa Mayreder gehörten wohl zu diesem Zirkel, auch Leiningen-Billigheim, vermutlich jedoch nicht Rudolf Steiner, der aber im Wiener Stadthaus der Langs in der Belvederestraße verkehrte[25]. Rosa Mayreder hat ihre Wahrnehmung dieses »geheiligten Geheimbundes« um Marie Lang prägnant beschrieben:

---

Schönherr: Wer war Friedrich Eckstein?, 315), ließ sich nicht weiter belegen. Eine Mitgliedschaft Ecksteins in einer rosenkreuzerischen Vereinigung behauptet Smit: Gustav Meyrink, 80.

16 Berufsangabe nach Seiser: Friedrich Eckstein, 220.

17 The Theosophist 15 / 1893–94, 20. Im Vorwort seines Buchs Was ist Mystik? bezeichnete er sich auch als »Sekretär der Wiener branch [sic]«.

18 The Vâhan 2 / 1892–93, 6 f. Ecksteins Bericht in Hevesi: Mac Eck's sonderbare Reisen, 31–35; vgl. auch 41–44.

19 The Theosophist 15 / 1893–94, 20.

20 Hartmann: Die »Theosophische Gesellschaft« und ihr Zweck, 65. Hartmann berichtete in diesem Jahr von zwei Logen, einer in Wien und einer in Prag. Wegen des Verbots sollen die Mitglieder der europäischen Sektion angehört haben.

21 Im General Report für 1896 (Stand: 27.12.1896) werden die »Vienna Lodge« (ohne Präsident, Sekretär Leiningen-Billigheim) und das »Blue Star Centre« (ohne Präsident, Sekretär Carl Weinfurter) genannt; The Theosophist 18 / 1896–97, 15.

22 Vienna Lodge, in: The Vâhan 6 / 1896–97, 5. Leiningen-Billigheim sei inzwischen von Wien nach München verzogen; sein Nachfolger sei »Herr Ludwig«. – Die weitere Geschichte der Wiener Adyar-Theosophie vor dem Ersten Weltkrieg liegt im Dunkeln. 1910 wird von der Gründung einer neuen Loge berichtet; ob es daneben andere gab, ist unklar. Eine weitere Loge wurde in diesem Jahr in Klagenfurt eröffnet (General Report für 1910, in: The Theosophist 32 / 1911, 52).

23 Meister: Hypostasierung, 143.

24 Eckstein: »Alte unnennbare Tage!«, 184. Nach Mayreder: Mein Pantheon, 178, wohnte die Familie Lang jeden Sommer mit Gästen in diesem Schloß.

25 Ecksteins Einführung durch Wolf nach Bock: Rudolf Steiner, 80. Steiners Teilnahme behauptet Mayreder: Tagebücher, 17; darauf keine Hinweise bei Eckstein: Alte unnennbare Tage, 184–186, oder in Steiners Autobiographie. Zu Steiners Präsenz im Stadthaus vgl. Bock: Rudolf Steiner, 50. 61. Leiningen-Billigheim nach Seiser: Friedrich Eckstein, 220.

»Da vermählte sich die Märchenwelt des deutschen Waldes mit den Geheimnissen des Orients …; das Christentum, bis zum Überdruß profaniert durch den Handlangerdienst im Alltag, erhielt eine neue weihevolle Gestalt, indem es sich in die Priestergewänder von Samothrake und Eleusis hüllte und wieder hinunterstieg in die Königsgrüfte der ägyptischen Pyramiden, wo es seine tiefsten Geheimnisse empfangen hatte«[26].

Über die rituellen Praktiken, die vielleicht mit der Rezeption asiatischer Vorstellungen verbunden waren, ließ sich Mayreder nicht intensiver aus, auch nicht über detaillerte Inhalte, aber Reinkarnation war sicher ein Thema[27]. Man kannte die wichtigsten theosophischen Werke, und Ecksteins bekanntermaßen beträchtliche Privatbibliothek dürfte auch andere esoterische Literatur zugänglich gemacht haben. In diesem Umfeld dürfte Steiner theosophisches Material kennengelernt haben. Er berichtete 1915, Sinnetts »Esoterischen Buddhismus« »nur einige Wochen« nach seinem Erscheinen gelesen zu haben (GA 254,37)[28].

Steiner kannte aus diesem Kreis zumindest Eckstein schon vom Café Griensteidl her. Eckstein hat den dort verkehrenden, bald 30jährigen Steiner in einem prägnanten Bild festgehalten:

»Um diese Zeit tauchte in unserem Kreise ein völlig bartloser blasser Jüngling auf, ganz schlank, mit langem Haar von dunkler Färbung. Eine scharfe Brille gab seinem Blick etwas stechendes und mit seinem langen, bis über die Knie reichenden schwarzen Tuchrock, der hochgeschlossenen Weste, der schwarzen Lavallière und dem ganz altmodischen Zylinderhut, machte er durchaus den Eindruck eines schlecht genährten Theologiekandidaten. Sein Name war Dr. Rudolf Steiner. Ich hatte ihn früher des öfteren schon in der Gesellschaft des bekannten Goethe-Forschers Prof. Karl Julius Schröer getroffen und wir hatten manche Auseinandersetzung über Goethes Symbolik gehabt. Mittlerweile war ihm irgendwie zu Ohren gekommen, daß ich mit der damals viel besprochenen Madame Blavatsky und den führenden Mitgliedern der ›Theosophischen Gesellschaft‹ in Madras in Verkehr war. Dr. Steiner erklärte mir, wie sehr ihm daran liege, über diese Dinge Näheres zu erfahren und bat mich, ihn in die ›Geheimlehre‹ [wohl Blavatskys] einzuweihen. Damit begann mein regelmäßiger Verkehr mit ihm, der viele Jahre währte und und ihn schließlich, nach langen Wandlungen und Zwischenfällen, allmählich zur Ausgestaltung seines eigenen ›anthroposophischen‹ Systems hinführte. Bei den übrigen Mitgliedern des Griensteidl-Kreises fand er wenig Anklang«.[29]

Ein »besonderes Vergnügen« genoß Eckstein, wenn Steiner mit Hermann Bahr aneinandergeriet und die beiden »ein Feuerwerk von scharfen Invektiven abbrannten«[30]. Aber mit Steiners anämischem Teint, seiner altbackenen Kleidung

---

[26] Mayreder: Mein Pantheon, 178.

[27] Ebd.

[28] Diese Äußerung ist allerdings nicht leicht zu deuten, weil Sinnetts »Geheimbuddhismus« schon 1884 auf deutsch erschienen war (englisch [1]1883). Entweder hat Steiner ein Vierteljahrhundert später die genauen Daten durcheinandergebracht oder schon früher – in einer Begegnung mit Eckstein? aus eigenem Antrieb? – Sinnett gelesen. Ich neige zu der ersten Möglichkeit, da es für eine Sinnett-Lektüre im Umkreis des Erscheinungsdatums keine Indizien gibt.

[29] Eckstein: Alte unnennbare Tage, 130 f. Steiner war zu diesem Zeitpunkt vermutlich noch nicht promoviert.

[30] Ebd., 131. Ecksteins Aussage über den jungen Steiner, »er weiß gar nichts«, findet sich ohne Quellenangabe bei Wilson: Rudolf Steiner, 101.

oder seiner Distanz zu den »übrigen Mitgliedern« des Kreises zeichnete Eckstein einen Außenseiter[31].

Auch Steiners Verhältnis zum Kreis um Marie Lang ist nur mit unscharfen Konturen erkennbar. Steiner hat hier um die Jahreswende 1889/90 bestenfalls ein knappes Jahr verbracht[32]. Lang beschrieb ihn 1890 als »feinen liebenswürdigen Mann«[33], während Steiners rückblickende Bewertung in »Mein Lebensgang« 1924 zwiespältig blieb. Durchaus wohlwollend berichtete er im gestelzten Duktus seiner späten Jahre über Marie Lang als Frau von »mystisch-theosophischer Seelenverfassung«, »edel-schöner Art« mit einer »klangvoll-eindringlichen Sprache«; aber der in ihrem Kreis rezipierten theosophischen »Geistesrichtung«, vermutlich diejenige Hartmanns, die auf Lang nur »äußerlich« gewirkt habe, billigte er »keine innere Wahrheit« zu (GA 28,118). Ihn selbst habe »weniger ihr Inhalt, als die Art, wie sie auf Menschen wirkte«, beschäftigt (ebd., 119). Auch Rosa Mayreder registrierte ihn im Frühjahr 1890 als theosophiedistanziertes Mitglied im Langschen Zirkel[34].

Doch Steiners Briefe dokumentieren eine zunehmend positive Affektion, die mit Eckstein zu tun hatte: Steiner gestand ihm im November 1890, daß er die Begegnung mit ihm »zu den allerwichtigsten« seines »Daseins« zähle, er »überhaupt ein ganz anderer wäre, wenn sie nicht eingetreten wären« und er ihm »unbegrenzt zu danken habe« (GA 39,51). Nur in Umrissen wird eine Steiner offenbar tief berührende Erfahrung sichtbar. 1888 hatte Eckstein ihn mit alchemistischen Positionen bekanntgemacht[35]. Noch Anfang November 1890 antwortete Eckstein auf Briefe Steiners und dozierte über Goethes »West-Östlichen Diwan« und die alchemistische Interpretation der katholischen Messe (ebd., 30f.). Auch mit Goethes »Märchen« beschäftigte er sich in diesen Monaten (ebd., 37.53), weitere alchemistische Literatur folgte (ebd., 52–54), aber der »unbegrenzte« Dank bezog sich dann Ende November 1890 auf eine Lektüre, die man bei Steiner sonst kaum findet: auf Jung-Stillings »Heimweh« (ebd., 51). Es

[31] Auf Steiner als Grenzgänger, wenn nicht gar als Fremden in diesem Kreis weisen auch die Schwierigkeiten hin, die Steiner mit dem »Du« in dieser Gruppe gehabt haben soll; so Ahern: Sun at midnight, 78.

[32] Nach Lindenberg: Steiner (Chronik), 93. 98, kommt der Zeitraum September/Oktober 1889 bis September 1890 in Frage. Bock: Rudolf Steiner, 63, vermutet »kaum ein halbes Jahr«.

[33] Lang an Rosa Mayreder, zit. nach Steiner: Briefe, II, 366.

[34] »Da ich ihn für einen überzeugten Theosophen hielt, vermied ich anfänglich, das Gespräch auf diesen Punkt zu lenken; … Auch er hatte sich in diesem Kreise nur mit dieser geistigen Richtung näher bekannt machen wollen, stand ihr aber viel entschiedener feindlich gegenüber als ich.« Steiner »erklärte sie rundweg als eine Schwachgeistigkeit und ermahnte mich dringend, mich gründlich von ihr abzuwenden, da sie immerhin Gefahren für die geistige Entwicklung mit sich bringe.« Mayreder: Mein Pantheon, 180. Lindenberg: Steiner (Chronik) 96, datiert diese Aussagen auf frühestens März 1890.
Die Behauptung von Kury: »Heiligenscheine eines elektrischen Jahrhunderts«, 98, Steiner sei 1897 Mitglied der Wiener Theosophischen Gesellschaft geworden, ist falsch. Sie beruft sich auf Mulot-Déri: Alte ungenannte Tage, 300, die zwar einen Beitritt 1897, aber in Berlin, behauptet; auch diese unbelegte Angabe ist falsch.

[35] Eckstein hatte Steiner Hitchcocks Buch »Remarks upon alchemy and the alchemists« (1857) mitgebracht und ihn über den legendären Schüler Zarathustra und arabischen Alchemisten Osthanes aufgeklärt (GA 38,186f.).

muß etwas zu tun haben mit Goethes »Teilhaftigsein am Weltprozesse« und der »Selbstauflösung des Individuums und dessen Wiederfinden im Weltall« als der »Vergottung des Menschen« (ebd., 52), aber mehr verriet Steiner nicht. Vielmehr meinte er, zwar über dieses »Ereignis« Eckstein berichten zu können, über ein anderes aber »schweigen« zu müssen (ebd., 51)[36]. Auf theosophische Themen im engeren Sinn finden sich in diesem Briefwechsel keine Hinweise.

Die äußerlich sichtbaren Wirkungen dieses Erlebnisses vom Winter 1890 waren aber schon ein gutes Vierteljahr später (vorerst) wieder passé. Im März 1891 schrieb Steiner aus Weimar, daß er bei Gesprächen mit der Großherzogin Sophie-Luise von Sachsen-Weimar über »Yogi, Fakire und indische Philosophie« wieder in das »mystische Element, in dem ich eine Zeitlang in Wien fast besorgniserregend geschwommen habe«, untergetaucht sei (GA 39,86). Die im »besorgniserregend« liegende Abwertung wird deutlicher im weiteren Verlauf des Briefes. Die Begeisterung der Gräfin könne dazu führen, so Steiner, daß die Mystik noch »hoffähig« werde. »Da dies wohl das letzte Stadium vor ihrem Aussterben ist, so könnte man diese Erscheinung ja mit Freuden begrüßen.« (ebd.) Die in der Abwertung der Mystik implizierte Veränderung seiner Einschätzung Ecksteins dokumentierte er im September des gleichen Jahres in eine Brief an Rosa Mayreder. Steiner sprach vage von einem »verhängnisvollen Irrtum« Ecksteins, der in dessen fehlender »Vertiefung« der »Lebensführung« und im »Herumirren in allem möglichen« gründe (ebd., 115 f.)[37]. So wundert es nicht, daß Steiner vor 1900 das Thema »Mystik« kaum noch aufgriff[38].

Als Theosoph äußert sich Steiner später ausgesprochen abweisend über die Wiener Zeit. Dieser Kontakt »musste *ohne* äußere Nachwirkung bleiben« (GA $226^2$,18), schrieb er 1907. Und die oben zitierten Bewertungen aus »Mein Lebensgang« im Jahr 1924 kommen einem Verriß gleich. Diese Distanzierungen könnten hinsichtlich der theosophischen Einflüsse zutreffen, aber die von Eckstein vermittelten sind mit solchen Äußerungen schlicht verdrängt. Doch auch theosophische Vorstellungen können auf Steiner eingewirkt haben, Blavatskys »Geheimlehre«, wenn sie denn hinter Ecksteins Hinweis (s. o.) steht, dürfte nur einen Aspekt der theosophischen Interessen im Kreis um Marie Lang gebildet haben. Steiner begann schon wenige Jahre nach seiner endgültigen theosophischen Konversion nach 1900, unterschiedslos jegliche theosophische Prägungen abzustreiten. Darüber hinaus ist die Aussage aus dem Jahr 1924 mit einer Spitze gegen Franz Hartmann versehen, dem Gegner der ersten theosophischen Jahre,

[36] Angesichts des inhaltlichen Kontextes kann man an das inhaltlich strukturgleiche Erlebnis bei seiner Schelling-Lektüre 1881 denken (s. 9.4.2), aber dies bleibt spekulativ.

[37] Für eine Auseinandersetzung mit Eckstein über die Geheimhaltung okkulten Wissens – Eckstein soll im Gegensatz zu Steiner für ein der Öffentlichkeit entzogenes Arkanwissen plädiert haben, so Steiner 1925 (GA 28,289 f.) – finden sich für die 1890er Jahre keine Hinweise. Möglicherweise spiegelt sich hier die Rückprojektion einer Position, die sich Steiner im Laufe seines Lebens immer mehr zu eigen gemacht hatte. 1891 legte Steiner nahe, daß Rosa Mayreders Kritik an Eckstein sein negatives Urteil begründet habe (GA 39,115).

[38] Am 22. Dezember 1891 sprach Steiner in einem Brief an Pauline Specht mit Bezug auf Goethes »Märchen« zwar noch von »Esoterischem« (GA 39,128), aber in einem Brief an Rosa Mayreder vom gleichen Tag lehnte er die »Gotteskindschaft« – nur wegen Weihnachten oder auch als Reflex auf Jung-Stilling? – als Begrenzung der Schöpfermacht des Menschen dezidiert ab (ebd., 132).

so daß er nicht nur seine Eigenständigkeit betonte, sondern auch eine theosophische Konkurrenz verbal ausschaltete. Hartmann veriß er noch 1897, in seiner atheistischen Phase, gnadenlos (GA 32,194–196), und Blavatskys »Geheimlehre« dürfte er erst 1902 (wieder?) intensiv studiert haben (s. 7.2 [1902]).

Vielleicht ist die negative Bewertung in Steiners Lebenserinnerungen auch darauf zurückzuführen, daß die hochgelobten persönlichen Kontakte im Laufe der Zeit austrockneten. Marie Lang, der Steiner noch 1908 bei einem Logenabend in Wien einen Besuch abstattete, wo sie den Vorsitz führte, ging später nicht nur auf Distanz zur Anthroposophie, sondern wandte sich sogar von der Theosophie ab[39]. Auch zu Friedrich Eckstein war der Kontakt spröde geworden: Bei einem Treffen »etwa 1905« sei Eckstein »entsetzt gewesen; Steiner sei ihm zeitweise nicht mehr normal vorgekommen; er habe phantastischen Unsinn vorgetragen!«[40]. Aber 1912 oder 1913 trafen sich die beiden erneut im Wiener Café Landmann.

> »Steiner habe nun vorerst gefragt: ›Sag mir, glaubst du an die Meister?‹ ...; und als Eckstein nun antwortete: ›Du bist auch einst mein Schüler gewesen und hast doch selbst einige ›Meisterinspirationen‹ als Humbug erfahren‹, habe Steiner ihm erwidert: ›Schade, dann kann ich dir auch nichts darüber mitteilen‹, – worauf Eckstein seinerseits erwiderte: ›Das tut mir leid, habe ich bisher das nicht deuten können, ohne dass es mir schliesslich etwas gebracht hat, so werde ich es auch weiterhin entbehren können.‹«[41]

1924 oder 1925 habe Steiner Eckstein für ein Brucknerbuch »mit enthusiastischem Dank geantwortet«[42], und auf dem Sterbebett erreichten Steiner 1925 Grüße Ecksteins »Zur Erinnerung an vergangene Tage der Geistesfreude«[43].

### *3.6.2 Die österreichischen Logen seit 1913*

Die österreichischen Logen der Theosophischen Gesellschaft Adyar gehörten bis 1913 zur deutschsprachigen Sektion[44]. Auch ihre Arbeit dürfte nach Abtrennung der Anthroposophischen Gesellschaft weitgehend eingeschränkt gewesen sein, wenn sie nicht ganz zum Erliegen kam. Seit 1913 hätten, wie der spätere Generalsekretär John H. Cordes berichtete, »practically the whole of the old members« die Theosophische Gesellschaft Adyar verlassen, durch Tod und Fortzug, hauptsächlich aus politischen Beweggründen, wozu er explizit Besants antideutsche Äußerungen im Krieg rechnete[45]. Die Abtrennung der Anthroposophischen Ge-

---

39 Bock: Rudolf Steiner, 63.

40 Schwab: Erinnerungen an Friedrich Eckstein, 183.

41 Ebd.

42 Ebd., 182.

43 Steiner: Briefe, Bd. I, Faksimile nach S. 136.

44 Die Geschichte der Theosophie in Österreich in diesem Zeitraum ist weitgehend unerforscht; die meisten Quellen zu diesem Kapitel stammen aus dem Sonderarchiv in Moskau, wo zumindest Unterlagen aus der Liberal-Katholischen Kirche, vor allem von John H. Cordes, liegen. Nachträglich ist mir bekannt geworden: Farkas: Theosophie in Österreich.

45 Cordes, John: Report of the T.S. in Austria [an Annie Besant], 1.10.1920, SdA Moskau, 1291-1-4, Bll. 63–65, Bl. 63; Cordes sprach von »political motives«.

sellschaft erwähnte Cordes nicht. Eine eigene Sektionszeitschrift gab es nicht mehr, aber in Kooperation mit den deutschen Adyar-Theosophen erschien seit 1913 das Theosophische Streben. Nach Beginn des Krieges war Cordes im Kastell Schlossberg in Laibach wegen seiner »ausländischen Korrespondenz« interniert, doch nach sieben Wochen, kurz vor oder im November 1914, wieder freigelassen worden[46]. Noch im Januar 1915 war die Neuwahl der Vizepräsidenten angezeigt worden[47], aber nach dem 16. August 1916 sei es dann zu einer »Sistierung« der Tätigkeit gekommen[48], offenbar durch staatliche Stellen erzwungen[49]. Bis zum »Umsturz« im November 1918 habe es keinerlei Aktivitäten mehr gegeben[50], erst im März 1919 sei die Arbeit wieder aufgenommen worden[51]. Über finanzielle und materielle Unterstützungen in Höhe von etwa 200.000 Kronen aus Italien, Norwegen und den USA, den Ländern der ehemaligen »Feinde« im Krieg, zeigte sich Cordes besonders dankbar[52].

1920 war die Mitgliederzahl seit dem (nicht genannten) letzten Stichtag von 249 Mitgliedern auf 422 gestiegen[53], die Bibliothek sei von 600 Bänden im Jahr 1916 auf 1150 im Jahr 1920 angewachsen[54]. Erster kommissarischer Leiter war nach dem Krieg Richard Weiss[55], 1920 wurde Cordes Vorsitzender und Weiss, der zugleich Sekretär des Sternordens war[56], erster Stellvertreter[57]. Für die Jahre 1913 bis 1920 nannte Cordes folgende Mitgliederzahlen[58]:

| | |
|---|---|
| 1913 (?) | 101 |
| 1916 | 252 |
| 1919 März | 97 |
| 1920 Okt. | 311[59] (13 Logen, ein Zentrum) |

46 Theosophisches Streben 1/1913–15, Heft VII, 26.
47 Ebd.
48 SdA Moskau, 1291-1-4, Bl. 1.
49 Cordes: Report of the T.S. in Austria (Anm. 45), 63.
50 SdA Moskau, 1291-1-4, Bl. 1.
51 Cordes: Report of the T.S. in Austria (Anm. 45), 63. Dies war offenbar für einzelne Mitglieder Anlaß, sich wieder der spiritistischen Tradition der Theosophie zu besinnen. Der Buchhändler Andreas Pichl gründete nach dem Ersten Weltkrieg den »Du Prel Club«, so Cordes, ebd., 64; der Gründungstermin muß zwischen dem März 1919 und dem Oktober 1920 gelegen haben.
52 Ebd., 64f.
53 SdA Moskau, 1291-1-4, Bl. 4v.
54 Ebd., Bl. 5.
55 Ebd., Bl. 1.
56 Ebd., Bl. 71.
57 Ebd., Bl. 2.
Über Cordes findet sich anläßlich eines Vortrags über Buddha in der Urania (wohl in Wien) folgende Fremdeinschätzung: »Schon die äußere Erscheinung des Vortragenden, seine Art zu sprechen und zu denken, wirkte befremdend. Man war auf europäische Verhältnisse eingestellt, auf dem Podium aber stand Indien.« Tagespost. Abendblatt. Graz 26.11.1920, S. 1, hier nach einem Ausschnit in SdA Moskau, 1291-1-4, Bl. 74. Vgl. dagegen Cordes' positive Selbsteinschätzung in ders.: Report of the T.S. in Austria (Anm. 45), 64.
58 Cordes, ebd., 63.
59 Unter Einschluß inaktiver Mitglieder kam Cordes auf offenbar auf 493 Personen; seine Angaben sind in diesem Punkt allerdings unklar.

*Tab. 3.11:* Logen der TG Adyar in Österreich 1923 bis 1929 und 1948

| Ort | Name | Zeiten des Bestehens | | |
|---|---|---|---|---|
| Bruck a. d. M. | | | | 1948 |
| Brünn | Adyar | Sept. 1923 | | |
| Gloggnitz | Gloggnitz | Sept. 1923–Jan. 1925 | | |
| Graz | Blavatsky | Sept. 1923– | Sept. 1929 | 1948 |
| | Krishnamurti | März 1927– | Sept. 1929 | 1948 |
| | Kunstloge | | | 1948 |
| | Paracelsus | | | 1948 |
| | Styria | | | |
| Hintereben | Bruderschaft | März 1928– | Sept. 1929 | |
| Kaaden | Christus u. Buddha | Sept. 1923 | | |
| Köflach | Zentrum | | | 1948 |
| Linz | Johannes | | | 1948 |
| Mödling | Phoenix | Sept. 1923–Jan. 1925 | | |
| Vöslau | Fraternitas | Nov. 1923– | Sept. 1929 | |
| Waidhofen | Siedlungsgem. | Nov. 1923– | Sept. 1929 | |
| Warnsdorf | Adyar | Nov. 1923–Juli 1926 | | |
| Wien | Alcyone | Sept. 1923– | Sept. 1929 | 1948 |
| | Aletheia | | | 1948 |
| | Arbeitsloge | März 1928– | Sept. 1929 | |
| | Einheit | | | 1948 |
| | Gnosis | Mai 1925– | Sept. 1929 | 1948 |
| | Herakles | Nov. 1923–Jan. 1928 | | |
| | Kunstloge | Sept. 1923– | Sept. 1929 | |
| | Lotus | März 1928– | Sept. 1929 | |
| | Lux in tenebris | | | 1948 |
| | Pythagoras | März 1925–Jan. 1928 | | 1948 |
| | Selene | Sept. 1923–Jan. 1928 | | |
| | Sirius | Sept. 1923–Jan. 1928 | | |
| | Stern im Osten | Sept. 1923–Jan. 1928 | | |
| | Tätigkeitsloge | Sept. 1923–Jan. 1928 | | |
| | Vajra | Sept. 1923–Jan. 1928 | | |

Für die Verringerung der Zahl der Wiener Logen im Frühjahr 1928 gibt es momentan keine Erklärung. Möglicherweise handelt es sich um eine Zusammenlegung; darauf könnte hindeuten, daß die von Cordes geleiteten Logen »Sirius« und »Stern im Osten« nicht mehr genannt werden, während Cordes weiterhin als Leiter der Loge »Alcyone« firmierte. – Vgl. zu weiteren Logen. Tab. 3.12.

[1] An der Ybbs.
[2] »Siedlungsgemeinschaft« seit März 1928.
[3] Tschechoslowakei.
[4] Leitung: Johannes Cordes.
[5] Leitung: Richard Weiß.

Quellen:
1923–1929: Letzte Heftseite Theosophischen Streben.
1948 aus: Adyar, bezeichnet als 4. Jahrgang, Nr. 1 (16), Oktober 1948, hinteres Deckblatt.

*Tab. 3.12:* Logen und Leitungspersonal in der österreichischen Sektion 1930

| Ort | Name | Gründungsdatum | Präsident(in) | Sekretär(in) |
|---|---|---|---|---|
| Wien | Alcyone | 1912 | John Cordes | Karl Riedel |
| | Art | 1920 | Frl. Elly Kastinger | Selma Schefranek |
| | Gnosis | 1924 | Fritz Schleifer | Helene Schleifer |
| | Lotus | 1927 | Rolf Jessold | Fritz Hermann |
| | Pax | 1928 | Elsa Lorsy Stephani | Ing. René Kaufmann |
| Graz | Blavatsky | 1919 | William Rooney | Bruno Donath |
| | Krishnamurti | 1925 | Dr. Norbert Lauppert | Frieda Lauppert |
| | Gnosis | 1929 | Marianne Hamik | Pia Sompek |
| Vöslau | Fraternitas | 1923 | Josef Hofbauer | Frl. Antonia Swoboda |

Quelle: SdA Moskau, 1291-1-29, fol. 25.

Die zwanziger Jahre waren für die Adyar-Theosophie in Österreich im Gegensatz zu Deutschland eine Phase beträchtlichen Wachstums. So konnte 1923 ein Kongreß der europäischen Landesgesellschaften in Wien stattfinden[60], und die Prosperität belegen auch eine Reihe von Tochtergründungen, die deutliche Parallelen zur Entwicklung der Anthroposophischen Gesellschaft aufzeigen, die in dieser Zeit gleichfalls die esoterische Arbeit zugunsten einer stärkeren gesellschaftlichen Praxis umorientierte:

(1.) Die »Kunstloge der Oesterreichischen Theosophischen Gesellschaft Adyar« dürfte seit 1920 bestanden haben[61], gegründet von Walter Klein als eigene Loge in Wien[62]. Für 1923 sind Vorträge seitens der »Kunstloge« in theosophischen Logen und »in Lehrervereinigungen« nachgewiesen, 1923 wurden folgende Angebote veröffentlicht:

»1. Vorträge über bedeutende Kunstwerke der neueren Zeit.
2. Kurse, später Schulen zur Erziehung von Künstlern, die fähig sind, ihre Arbeit im theosophischen Sinn zu verstehen und zu tun.
3. Erforschung der okkulten Gesetze der Kunst.
4. Studium der Kunst des Ostens.
5. Verbindung mit geistig ähnlich gerichteten Kunstgruppen des Auslandes.«[63]

(2.) 1921 habe der Theosoph und »Utopist Dr. Richard Weiss« ein Kinderheim eröffnet und mit der Spende von 2.000 Kronen im Januar 1922 die Realisierung

---

[60] SdA Moskau, 1291-1-26, Bl. 63.
[61] Die Kunstloge der Oesterreichischen Theosophischen Gesellschaft »Adyar«, in: Kinderheim in der Siedlung ›Eden‹ bei Hütteldorf, Wien, der oestrr. Theosoph. Brüderschaft für Erziehung [1923], SdA Moskau, 1291-1-27, fol. 37 ff. (der Archivbestand besitzt eine eigene Paginierung, nach der zitiert wird), 31–36, S. 31. In dem 1923 erschienen Heft heißt es an dieser Stelle, daß die Gruppe »seit etwa drei Jahren« bestehe.
[62] Cordes: Report of the T.S. in Austria (Anm. 45), 64.
[63] Ebd., 31.

ermöglicht[64]. Es entstand in der Siedlung ›Eden‹ bei Hütteldorf vor den Toren Wiens und wurde im Dezember 1922 eröffnet[65].

(3.) Zum 27. Januar 1922 erging die Einladung zur Gründungsversammlung der »Gesellschaft für Neue Erziehung«[66], die dann als »Österreichische Theosophische Brüderschaft für Erziehung« am 26. Mai 1922 gegründet wurde[67]. Ihr erster Vorsitzender war der »Professor« Hans Hübner[68], der 1925 als Priester der Liberal-Katholischen Kirche nachweisbar ist[69]. In der Gründungsversammlung forderte man, der Unterschied zwischen »Volks- und Mittelschulen soll wegfallen«, ebenfalls das »Prokrustes-Bett« der Klassen; »selbständige Menschen«, die nicht »äusserer Autorität« folgen, standen den Gründern vor Augen[70]. Die Erziehungsarbeit »im Heim und in der Schule«[71] ziele auf die »Betonung der Entwicklung des Charakters und der Fähigkeiten des Kindes statt der Anhäufung von Tatsachen«[72]. Diese Absichten seien zu erreichen durch

> »Gründung, Erhaltung und Führung von Schulen und Bildungsstätten, die Angehörigen eines jeden Glaubensbekenntnisses und, wo immer möglich, beiderlei Geschlechts zugänglich sind und in denen spirituelle Unterweisung ein wesentlicher Bestandteil ist«[73].

Das Programm weist enge Parallelen zu den Zielen von Steiners Waldorfpädagogik auf, mit reformpädagogischen Anstrengungen lagen Theosophen im Trend der Zeit.

Doch bereits 1922 wurde ein größeres Engagement angemahnt.

> »Leider könnte man die Klage der Präsidentin der englischen Sektion der Brüderschaft [i. e. Beatrice Ensor], nämlich, dass die Mitglieder der T.G. nicht genügend Interesse für die Erziehungsfrage zeigen, auch auf unsere Sektion beziehen.«[74]

Gleichwohl fand die Erziehungsarbeit anscheinend keine breite Grundlage bei den Mitgliedern der kleinen Gesellschaft. In einem undatierten Brief von Cécile B. Huber heißt es, daß sich die Brüderschaft »im vergangenen Jahre nicht öffentlich betätigt« habe[75]. In einem nicht genau ermittelbaren Jahr, wohl 1928[76], wurde

---

[64] Generalversammlung der Österreichischen Gesellschaft zur Förderung der Theosophischen Weltuniversität (Protokoll), SdA Moskau, 1291-1-32, Bl. 98–99; darin Rückblick von John Cordes, Bl. 99. Zu Weiss vgl. oben Text zu Anm. 55.

[65] Kinderheim in der Siedlung ›Eden‹; vgl. aber die abweichenden Angaben in Anm. 61.

[66] SdA Moskau, 1291-1-32, Bl. 74.

[67] Vgl. das Protokoll ebd., Bl. 75–76.

[68] Kinderheim in der Siedlung ›Eden‹, fol. 37 ff. (auch als: Hans Hüber).

[69] SdA Moskau, 1291-1-33, z. B. Bl. 39.

[70] Bericht über die Gründungsversammlung der Österreichischen Theosophischen Brüderschaft für Erziehung, SdA Moskau, 1291-1-32, Bll. 77–78, Bl. 77$^{v}$.

[71] Satzungen der Österreichischen Theosophischen Brüderschaft für Erziehung, SdA Moskau, 1291-1-32, Bll. 1–4, Bl. 1$^{r}$ (§ 1.0).

[72] Ebd., Bl. 1$^{v}$ (§ 1.1).

[73] Ebd., Bl. 1$^{v}$ (§ 2.1).

[74] Tätigkeitsbericht der Österreichischen Theosophischen Brüderschaft für Erziehung, SdA Moskau, 1291-1-32, Bl. 79–80. Vgl. Ransom: A Short History, 421.

[75] SdA Moskau, 1291-1-32, Bl. 7.

[76] Die behördliche Genehmigung der Umbenennung datiert vom 3. Dezember 1928; ebd., Bl. 37.

der Name in »Österreichische Gesellschaft zur Förderung der Theosophischen Weltuniversität« geändert[77], einer von Besant inaugurierten Institution. Die ursprünglich Mittel und Ziele blieben allerdings bestehen.

(4.) Ebenfalls 1922 erfolgte im Sommer die Gründung der »Siedlungsgemeinschaft Waidhofen«[78], die ein Jahr später 14 Mitglieder zählte[79]. 1923 wurde zugleich eine Waidhofener theosophische Loge ins Leben gerufen[80].

(5.) Eine Nachwuchsarbeit für junge Theosophen zwischen neun und 21 Jahren, die an die Theosophie herangeführt werden sollen[81], wurde 1923 als »Tafelrunde« eingerichtet. Die 1933 und 1934 nachweisbare Publikation »Tafelrunde« ist ein hektographiertes, erbauliches Heft im DIN-A 4 Format mit Karikaturen, Witzen und Bildergeschichten[82]. »Protector« war 1933 Besant, Senior Ritter waren Leadbeater und Arundale, »Internationale Sekretäre« Serge Brisy und Gertrud Kern[83]. Auf europäischer Ebene gab es zudem die »Europäische Föderation junger Theosophen«[84] für Mitglieder zwischen 18 und 30 Jahren[85]. Deren Wiener Gruppe begann mit ihrer Arbeit am 12. Oktober 1923[86]; ihre erste Aktivität war der Besuch der Jugendstrafanstalt in Kaiser-Ebersdorf und die Einrichtung einer Gefängnisbibliothek »mit mehr als 100 guten Büchern«[87].

Allem Anschein nach hatte sich die Arbeit in den deutschsprachigen Resten des cisleithanischen Habsburgerreiches wieder stabilisiert (siehe Tab. 3.11). Von hier aus wurden aber offenkundlich auch die theosophischen Gruppen in den ehemals habsburgischen Gebieten auf dem Balkan betreut (s. u. 3.7). Das Verhältnis zu anderen theosophischen Gruppen der untergegangenen Monarchie nach 1918 liegt allerdings noch im Dunkeln. 1931 übernahm Fritz Schleifer das Amt des Generalsekretärs von John Cordes[88]; besondere Probleme scheint es bei diesem Wechsel nicht gegeben zu haben[89]. Am 15. März 1938, drei Tage nach dem Einmarsch der deutschen Truppen, wurde die österreichische Landesgesellschaft von den Nationalsozialisten aufgelöst[90].

---

[77] Ebd., Bl. 9; vgl. Bl. 29. Zur World University vgl. Ransom: A Short History, 477.
[78] Ebd., Bl. 61.
[79] Ebd.
[80] Ebd., Bl. 66v.
[81] Im Heft: Kinderheim in der Siedlung ›Eden‹, 62.
[82] Vgl. SdA Moskau, 1516-1-130.
[83] Vgl. die Hefte in SdA Moskau, 1516-1-130.
[84] Europäische Föderation junger Theosophen, in: Kinderheim in der Siedlung ›Eden‹, 53.
[85] Ebd., 54.
[86] Ebd.
[87] Ebd., 55.
[88] Theosophische Studien 3 / 1931, 47.
[89] Möglicherweise hängt die Amtsübergabe mit Cordes' Weihe zum Bischof der Liberal-Katholischen Kirche im Jahr 1930 zusammen, in deren Folge er »Auxiliar-Bischof« für Österreich und 1935 »Regionalbischof für das südöstliche Europa« wurde; Klatt: Der Nachlaß von Wilhelm Hübbe-Schleiden, 59.
[90] BArch, R 58 / 6193, Teil 2, fol. 386; sie sei »total verjudet« gewesen (ebd., fol. 389). Seitdem ist das Archiv der österreichischen Sektion verschollen; Kury: »Heiligenscheine eines elektrischen Jahrhunderts«, 92. Ob die im Moskauer »Zentrum für die Aufbewahrung Historisch-Dokumentarischer Sammlungen« liegenden Bestände das (gesamte?) Archiv umfassen, bleibt zu klären.

Nach dem zweiten Weltkrieg wurde die Adyar-Theosophie neugegründet. Sie zählte nach einem rasanten Wachstum im Oktober 1948 dreizehn Logen und 441 Mitglieder[91], doch fielen die Mitgliederzahlen anschließend wieder[92]. Bereits im Sommer 1948 hatte man 1500 Bände der von der Gestapo geraubten Bibliothek zurückerhalten, so daß man nun wieder über einen Bestand von 3.000 Büchern verfügte.

[91] Die Logen nach: Adyar, 4. Jahrgang, Nr. 1 (16), Oktober 1948, hinteres Deckblatt; die Mitglieder (für den 1.10.1948) nach ebd., 5. Jahrgang, Nr. 2 (23), Dezember 1949, 40. Wie bei der deutschen Sektion war der Anstieg in den ersten Jahren rasant. Noch am 1. Oktober 1947 hatte man 371 Mitglieder gezählt, darunter 103 Neuzugänge, ein Jahr später waren es 450 Mitglieder; ebd., 4. Jahrgang, Nr. 2 (17), Dezember 1948, 16.

[92] 1952 zählte man 322 österreichische Theosophen; ebd., 8. Jahrgang, Nr. 3 (38), Juli 1953, 69.

## 3.7 Die Liberal-Katholische Kirche im deutschsprachigen Raum

Die meisten Unter- oder Parallelorganisationen der Adyar-Theosophie waren im deutschsprachigen Raum mit wenig Leben erfüllt, ausgenommen die Liberal-Katholische Kirche. Als Gründungsdatum galt der 13. Februar 1916, als James Ingall Wedgwood, Mitglied der altkatholischen Bewegung in England, von Frederick Samuel Willoughby in der co-maurerischen Londoner Loge in der Blomfield Road die Bischofsweihe erhielt[1]. Da Willoughby sie von Arnold Harris Mathew und dieser wiederum 1908 von dem altkatholischen Bischof von Utrecht die Bischofsweihe erhalten hatte[2], konnte man eine apostolische Sukzession beanspruchen. Darauf legte Leadbeater höchsten Wert[3]. Am 22. Juli 1916 wurde Leadbeater von Wedgwood zum Bischof geweiht und 1923 schließlich Vorsitzender Bischof der Liberal-Katholischen Kirche[4], nachdem sowohl Mathew als auch Wedgwood zur römischen Kirche zurückgekehrt waren[5]. Annie Besant gab der Liberal-Katholischen Kirche, wie man sich seit 1918 nannte[6], ihren Segen und ließ sich mit ihren Bischöfen und Priestern zusammen abbilden; so dokumentierte sie, daß diese Kirche zu den Untergruppierungen der Theosophischen Gesellschaft zählte[7]. Unklar ist, ob sie diese Kirche als Instrument für Krishnamurti konzipiert hatte[8]. Die Entstehung der Liberal-Katholischen Kirche führte allerdings in der Theosophischen Gesellschaft erneut zu einer Kritik an Leadbeater und zu einem Back-to-Blavatsky-Movement[9], außerdem war wohl auch ihre Funktion als Männerbastion in der durch Besant feminisierten Theosophie ein unterschwelliger Konfliktfaktor[10].

---

[1] Pigott: Die Liberal Katholische Kirche, 4. Ort der Weihe nach Tillett: The Elder Brother, 171, der als Datum den 11. Februar angibt. – Schon nach 1910 sollen theosophische Anschauungen in altkatholischen und anglikanischen Kreisen Eingang gefunden haben, und 1915 hatte A. H. Mathew eigenständig Bischöfe geweiht; Eggenberger: Die Kirchen, Sondergruppen und religiösen Vereinigungen ([5]1990), 195. Wedgwood war am 28.4.1909 altkatholisch ordiniert worden; French: The Theosophical Masters, 335.

[2] Frick: Die Erleuchteten, II / 2, 314, und Gründler: Lexikon der christlichen Kirchen und Sekten, II, 819.

[3] Leadbeater an Besant, 25.7.1916, zit. nach Tillett: The Elder Brother, 172.

[4] Pigott: Die Liberal Katholische Kirche, 9. 12. Zuvor hatte Leadbeater am 15.7.1916 die niederen Weihen erhalten; French: The Theosophical Masters, 335. Nach Tillett: The Elder Brother, 171, wäre er sogar erneut getauft und konfirmiert worden, falls man die Gültigkeit der anglikanischen Sakramente in Frage gestellt hätte. – Ob mit Leadbeater auch Schwierigkeiten mit der bürgerlichen Sexualmoral zusammenhängen, die man schon bald Priestern der Liberal-Katholischen Kirche nachsagte (Williams: The Passionate Pilgrim, 320), ist unklar.

[5] Frick: Die Erleuchteten, II / 2, 314.

[6] Pigott: Die Liberal Katholische Kirche, 8. Für eine kurze Zeit Ende 1917 / 18 hatte man sich »The Liberal Christian Church (Old Catholic)« genannt; Tillett: The Elder Brother, 179.

[7] Bestermann: Mrs Annie Besant, 252, und Photo 7, nach S. 236.

[8] So die Vermutung bei Verweyen: Heimkehr, 179.

[9] Washington: Madame Blavatsky's Baboon, 141 f.; Blavatsky hatte in der »Isis Unveiled« die Vorstellung einer apostolischen Sukzession scharf kritisiert.

[10] Dixon: Divine Feminine, 81–85.

Einen Weg in die christliche Ökumene fand die Liberal-Katholische Kirche nicht[11].

Ritual und Lehre, zwischen 1916 und 1920 in Kooperation zwischen Leadbeater und Wedgwood entstanden[12], bildeten eine Mischung aus katholischen und theosophischen Elementen. Eine stärkere Abhängigkeit von Eliphas Lévi und Franz Hartmann, wie teilweise behauptet, wäre erst zu belegen[13]. Mit der Siebenzahl der Sakramente[14], der hierarchischen Gliederung, der Ausstattung der Kirchen oder der liturgischen Kleidung griffen sie bewußt auf das tridentinische Erbe der römisch-katholischen und wohl auch der anglikanischen Kirche zurück[15].

In der Lehre anerkannte man Teile der altkirchlichen Dogmatik, etwa die Trinität oder eine Christologie entsprechend Nicaenum und Athanasianum, zugleich aber prägten theosophische Überzeugungen die Dogmatik: Erlösung sei »mit dem natürlichen Entwicklungsvorgange verbunden« oder »Vollendung« ein Ergebnis des »langsamen aber sicheren Fortschritts der Entwicklung«. Die Parusie Christi lehnte man zugunsten der Reinkarnationsvorstellung ab und betrachtete sich als die »wahrscheinlich … einzige christliche Kirche, in welcher Wiederverkörperung offen gelehrt wird«. Die »Gemeinschaft der Heiligen« sei eine Gruppe fortgeschrittener Menschen, »Führer« für diejenigen, »die weniger entwickelt sind«, hier dürften Vorstellungen von Blavatskys Mahatma-Konzept im Hintergrund stehen. Weder die Bibel noch die Definitionen der Kirche seien unfehlbar: »Deshalb gibt es keine Rechtgläubigkeit (Orthodoxie) und keine Irrlehre (Häresie)«, wohl aber eine »fortschreitende Offenbarung«[16]. Das spezifisch liberal-katholische Sakramentsverständnis findet sich in Leadbeaters »The Science of the Sacrament« von 1920 (deutsch 1929), in dem er unmittelbare, physikalisch meßbare übersinnliche Wirkungen der Sakramente postulierte. Bezeichnenderweise hieß der Priester im Konsekrationsgebet der »Stromweg«[17]. Dieses empiristische Wirkungsverständnis ist eine theosophische Vorstellung, die die Liberal-Katholische Kirche mit der »Christengemeinschaft« teilt.

---

[11] Ein Einzug Leadbeaters mit seinem Klerus in einen Gottesdienst in der römisch-katholischen Kathedrale von Sydney, wie ihn Verweyen: Heimkehr, 179, berichtet, war, wenn die Geschichte stimmt, eine situative, aber institutionell nie vollzogene Annäherung.

[12] Tillett: The Elder Brother, 173–175.

[13] So Frick: Die Erleuchteten, II/2, 314, hier jedoch offenkundig von Miers: Lexikon des Geheimwissens ([7]1993), 382f., abhängig.

[14] Die katholisierende Tendenz zeigt sich hier besonders deutlich. Einen Taufschein benötigten Kinder und Dissidenten obligatorisch und Protestanten fakultativ (SdA Moskau, 1291-1-33, Bl. 12), wohingegen bei römisch-katholischen, altkatholischen, griechischen und orthodoxen Christen dieser nicht nötig sei (ebd., Bl. 14).

[15] Die Kopie der hochkirchlichen Traditionen ging penibel bis in die Details. Der Bischofsornat etwa umfaßte Rochett, Kollar, Stola, Pluviale (mit Aurifrisium und Morsa), Mitra (mit Infulen), Krummstab, Pektoralkreuz, Handschuhe und Bischofsring, zu den weiteren Kleidungsmöglicheiten zählten Monzetta, Mantella oder Soutane; vgl. Leadbeater: Die Wissenschaft der Sakramente, Photos nach S. 394. 422. 430. Vgl. auch Bestermann: Besant, Photo nach S. 236.

[16] Pigott: Die Liberal Katholische Kirche, 21. 22 (altkirchlichen Dogmatik); 24. 25 (Vollendung, Entwicklung); 28 (Parusie); 29 (Wiederverkörperung); 27 (Gemeinschaft der Heiligen); 30 (keine Rechtgläubigkeit).

[17] SdA Moskau, 1291-1-35/36, Bl. 13.

### *3.7.1 Deutschland*

Seit wann es einen Zweig der Liberal-Katholischen Kirche in Deutschland gibt, ist unklar[18]. 1926 aber wurde Ernst Pieper (1878–1951) aus Düsseldorf zum Priester geweiht. Er war seit 1906/07 Mitglied der Adyar-Theosophie, Inhaber des Ring-Verlags und Leiter der Eber Sanat-Loge in Düsseldorf[19]. Er dürfte in seinem Haus mit eigener Kapelle in Düsseldorf einen Mittelpunkt der liberal-katholischen Arbeit gebildet haben. Pieper war sicher bis in die dreißiger Jahre als Priester aktiv[20]. Bis Mitte der dreißiger Jahre sind ein gutes Dutzend weiterer Priesterweihen nachweisbar[21]. Gemeinden gab es nachweisbar in Düsseldorf, Berlin, Hamburg und Elberfeld[22]. Über das Gemeindeleben ist kaum etwas bekannt. So liegen die Gründe eines 1928 belegten Streites zwischen Augustus Heidmann und Pieper im Dunkeln; Heidmann verließ daraufhin Düsseldorf und gründete in Essen eine Gemeinde[23]. Cordes berichtete 1936, er habe Heidmann als Generalvikar für das Rheinland des Amtes entheben müssen[24]; Heidmann trat später zur altkatholischen Kirche über[25].

---

[18] Über die historische Entwicklung der Liberal-Katholischen Kirche in Deutschland fehlen bislang jegliche Informationen. Diese Lücke schließt ein kleines, anonymes Manuskript im Archiv der Theosophischen Gesellschaft in Adyar: Outline of the History of the Liberal Catholic Church (Kap. 3.5, Anm. 252). Als Verfasser kommt am ehesten Ernst Pieper in Frage, der langjährig führende Kopf der Liberal-Katholischen Kirche in Deutschland (zu ihm siehe Anm. 21).

[19] Klatt: Der Nachlaß von Wilhelm Hübbe-Schleiden, 221; zum Ordinationsdatum siehe Anm. 21.

[20] 1936 berichtete Cordes, er habe Ernst Pieper suspendieren müssen, weil er »den Dienstmädchen allerhand dummes Zeug über die Jungfrau Maria im Zusammenhang mit aufgewühltem Bett, u.s.w.« »vorgeschwafelt« habe; Brief John Cordes an Emil Bene, 24.11.1936, SdA Moskau, 1291-1-49, Bl. 15.

[21] Die folgenden Angaben nach: Anonym (Pieper?): Outline of the History (Kap. 3.5, Anm. 252), soweit nicht anders angegeben, S. 1 f.
Ernst Pieper, Düsseldorf, St. Michaels-Kapelle, Paulusplatz 13, später Lindemannstr. 27, ordiniert 1926 von Wedgwood;
Ernst Breuer, Berlin, ordiniert 1927 von Wedgwood;
Heinz Nagel, ordiniert 1927 von Wedgwood; er war Herausgeber der »Frei Katholischen Blätter und Kirchlichen Nachrichten« (1935 ff.), 1937 »Generalvikar« (S. 8); im Hauptberuf war er Lehrer auf einer Gewerbeschule (S. 8);
Walter Man, Engländer in Berlin, ordiniert 1927 von Wedgwood;
Johannes Maria Verweyen, ordiniert 1928 von Wedgwood;
Fr. J. By, Berlin, ordiniert 1928 von Wedgwood;
Fr. Gerland, Berlin, ordiniert 1928 von Wedgwood;
E. Weinrich, ordiniert 1931 von Leadbeater;
Gustav Ringer, Kreuznach, ordiniert 1932 von Wedgwood in Wien;
Wilhelm Stammberger, München, ordiniert 1932 von Cordes in Wien;
Heinrich Hesselmann, Bremen, ordiniert 1934 von Bonjer;
A. Spelter, Düsseldorf, ordiniert 1932 von Wedgwood;
Wolfgang Pieper, Sohn von Ernst Pieper, ordiniert 1935 in Hamburg von Nyssens; Pieper wurde am 15.6.1936 als »Generalvikar« bezeichnet (S. 8);
Otto Taaks, ordiniert im Januar 1936 in Hamburg.

[22] Zur Berliner Gemeinde vgl. Kap. 3.5, Anm. 219, zu Hamburg und Düsseldorf die vorhergehende Anm. Elberfeld nach einer mündlichen Mitteilung von Mary Kuska vom 7.9.2004.

[23] Anonym (Pieper?): Outline of the History (Kap. 3.5, Anm. 252), S. 2

[24] Cordes an Bene, 24.11.1936 (Anm. 20).

[25] Brief Hans Zeuger an John Cordes, 26.5.1937, SdA Moskau, 1291-1-47, Bl. 102–103, Bl. 103.

Seit 1933 nannte sich die Liberal-Katholische Kirche in Deutschland Freie Katholische Kirche[26]. Am 1. Oktober 1933 konnte man immerhin noch in Neviges ein Denkmal für Annie Besant auf dem Grundstück der dortigen Gemeinde einweihen[27]. Aber schon bald wurde die Liberal-Katholische Kirche in Zeitungen und Magazinen angegriffen[28]. Pieper erhielt anderthalb Stunden lang Besuch von der Gestapo, aber der Beamte habe nur wissen wollen, ob die Priester Mitglieder in der Theosophischen Gesellschaft seien. Nach der Antwort, dies sei Privatsache, sagte der Beamte, »so far as he could see no trouble was to be feared«[29]. Nach der Auflösung der Anthroposophischen Gesellschaft sei die Liberal-Katholische Kirche in Deutschland nicht weiter belästigt worden, auch nicht der »Generalvikar« Nagel[30]. 1937 wurde aber auch die Liberal-Katholische Kirche verboten[31].

Nach dem Krieg begann eine Phase relativer Prosperität, aber heute ist die Liberal-Katholische Kirche in Deutschland eine kleine Gemeinschaft. Die Gemeinde in Hamburg besteht nicht mehr, in München existiert noch eine kleine Gruppe. Ein Zentrum befindet sich in Wolfenhausen (Taunus), nachdem man die Frankfurter Bethlehemskirche, die die Evangelische Kirche zur Verfügung gestellt hatte, nicht mehr nutzte[32]. Eine zweite Gemeinde mit etwa fünf Mitgliedern gibt es im saarländischen Lebach[33]. Darüber hinaus leben nur einzelne Mitglieder in Deutschland verstreut. Größere Gemeinde bestehen aber in Skandinavien und in den Niederlanden.

### *3.7.2 Österreich*

Die Anfänge der Liberal-Katholischen Kirche in Österreich[34] dürften in den zwanziger Jahren liegen. Dabei spielte John Cordes, der schon in der Trennungs-

---

[26] Anonym (Pieper?): Outline of the History (Kap. 3.5, Anm. 252), S. 7

[27] BArch, R 58/6193, Teil 1 (zweite Folierungsreihe), fol. 26.

[28] Anonym (Pieper?): Outline of the History (Kap. 3.5, Anm. 252), 4. Verweise auf Reventlows »Reichswart« (S. 4), 27.5.1934 (S. 6), Ludendorffs »An der heiligen Quelle deutscher Kraft« (S. 5), 5.2.1935 (S. 6) und den »Judenkenner« (S. 5).

[29] Ebd., S. 8. Daß man allerdings seitens der Gestapo einen schärferen Blick auf die Liberal-Katholische Kirche hatte, als es hier scheint, belegen die Invektiven im Zusammenhang mit der Auflösung der deutschen Sektion der Theosophischen Gesellschaft Adyar. Auch Bischof Ringer sei von der Gestapo vernommen worden (mündliche Mitteilung von Reverend Valerian Kohlhoff, 7.8.2004).

[30] Ebd., S. 8. In einem Verbotsbeschluß vom 27.12.1936 sei die Liberal-Katholische Kirche nicht erwähnt gewesen, aber »Functionaries are forbidden to be members and if they have been members they can not be promoted« (ebd., 8).

[31] Miers: Lexikon des Geheimwissens ($^7$1993), 383.

[32] Freundliche mündliche Mitteilung von Reverend Valerian Kohlhoff (Wolfenhausen) am 7.9.2004.

[33] Freundliche mündliche Mitteilung von Reverend Johannes M.U. van Driel (Lebach) am 11.9.2004.

[34] Wichtige und bislang sonst nicht greifbare Informationen haben sich im Moskauer Sonderarchiv erhalten. Sie sind als seltene und schwer greifbare Dokumente trotz ihrer punktuellen Informationen, die kein Gesamtbild der Entwicklung abgeben, intensiv ausgewertet; deshalb überschreite ich auch hier den geographischen Rahmen. Die Akten der Geschäftsführung von John Cordes dürften in den Moskauer Beständen weitgehend erhalten sein, und die dort befindlichen Informationen gehen weit über die hier wiedergegebenen hinaus.

geschichte der Anthroposophischen Gesellschaft sich Adyar-treu verhalten hatte, als Bischof eine entscheidende Rolle. Während vieler Jahre habe er Leadbeater wöchentlich einen Brief mit Nachrichten geschickt[35], und dies erwartete er auch von seinen Priestern. So sind in seiner Post, die er häufig »diktierte«[36], umfangreiche Korrespondenzen mit Priestern erhalten geblieben, die einen detailreichen Einblick in das Leben der Liberal-Katholischen Kirche ermöglichen, das sich von der Wiener Zentrale aus weit in die Länder der untergegangenen Habsburgermonarchie erstreckte.

Seit 1921 bestand eine »geschlossene Gruppe« zum Studium von Leadbeaters Werken, die eine Vorstufe zur Gründung einer Gemeinde dargestellt haben dürfte[37]. Die ältesten Tauf- und Aufnahmedokumente datieren aus dem Jahr 1925[38]. Es muß dann zu vielen Priesterweihen gekommen sein, da Cordes 1935 das Tempo der Weihen verringern wollte. Er verwies auf diejenigen, die »dabei in die Brüche gegangen sind; als da sind: Bischof Wedgwood, Bischof Kooper, Bischof Bonjer«[39]. Für ein Priesterseminar fehlten ihm die Mittel und, »was noch schwieriger ist, die richtigen Anwärter«[40]. Cordes selbst wurde 1935 als »Regionalbischof für Zentraleuropa« bezeichnet[41], ein Amt, das er Ende 1930 angetreten haben dürfte[42] und das auch Deutschland umfaßte.

Ein beträchtlicher Teil des Briefwechsels dreht sich um die Probleme mit den Priestern und der Seelsorge. So habe, um ein Beispiel zu nennen, Emil Bene aus dem rumänischen Arad, ein ehemaliges Mitglied der »griechisch-orientalischen Kirche«[43] (also der orthodoxen), seine priesterlichen Kompetenzen überschritten und Akolythen geweiht[44], außerdem Stefan Emmerich Krivany, ebenfalls aus Arad, zum Priester[45]. In den dreißiger Jahren sind sechs Priesterweihen dokumentiert: Fünf Männer waren römisch-katholisch getauft, von denen einer zur altkatholischen Kirche übergetreten war, der sechste kam aus der »griechisch-orthodoxen (russischen)« Kirche[46]. Da auch dreiviertel der Mitglieder der römisch-

---

[35] Brief Cordes an Bene, 24.11.1936 (Anm. 20), 15.

[36] Brief John Cordes an »Gaby«, 23.9.1935, SdA Moskau, 1291-1-49, Bl. 15.

[37] Im Heft: Kinderheim in der Siedlung ›Eden‹ bei Hütteldorf, Wien, der oestrr. Theosoph. Brüderschaft für Erziehung [1923], SdA Moskau, 1291-1-27, fol. 37ff. (eigene Paginierung, nach der zitiert ist), 77.

[38] SdA Moskau, 1291-1-33: 15.2.1929 (Bl. 99); 2.8.25 (Bl. 98); 1.11.1925 (Bl. 60).

[39] Brief John Cordes (?) an »August«, 11.6.1935; SdA Moskau, 1291-1-33, Bl. 5–6, Bl. 5.

[40] Ebd.

[41] Brief Emil Bene an John Cordes, 28.5.1935, SdA Moskau, 1291-1-49, Bl. 27.

[42] Brief Rudolph an John Cordes, 9.8.1935, SdA Moskau, 1291-1-44; vor bald fünf Jahren sei Cordes Bischof geworden.

[43] Brief Emil Bene an John Cordes, 30.10.1935, SdA Moskau, 1291-1-49, Bl. 25.

[44] Brief Cordes an Bene, 24.11.1936 (Anm. 20), 15.

[45] Brief John Cordes an Stefan Emmerich Krivany, 16.8.1934, SdA Moskau, 1291-1-49, Bl. 39. Bene hatte offensichtlich nicht unbeträchtliche Wissensmängel, wollte zum Beispiel den Unterschied zwischen einem »Hilfsbischof« und einem »Weihbischof« wissen (Brief Bene an Cordes, 15.10.1934, SdA Moskau, 1291-1-49, Bl. 32).

[46] SdA Moskau, 1291-1-43, Bl. 60–66. Drei der römischen Katholiken waren Kroaten, zwei waren »Jugoslawen«, also möglicherweise ebenfalls Kroaten, der sechste war ein Jugoslawe mit deutschem Namen, Nikolaus Engelhardt. Der ehemals griechisch-orthodoxe Engelhardt scheint ein interessanter Mensch gewesen zu sein. Er wird als ehemaliger russischer »Grossgrundbesitzer« und aktueller »Generalvertreter« bezeichnet, der auf der »Kaiserlichen Hochschule des Rechtes« in St. Petersburg

katholischen Kirche entstammten, entstand die Liberal-Katholische Kirche im ehemals habsburgischen Raum durch die Konversion römischer Katholiken[47]. Über die weitere soziologische Zusammensetzung gibt es kaum Informationen, allerdings Indizien für eine Altersverteilung der Neueintritte, die in etwa einer Normalverteilung in der Gesamtbevölkerung entsprechen dürfte. Die älteste, Wilhelmine Schneider, war 1862 geboren und 1933 zum Zeitpunkt ihres Eintritts 61 Jahre alt; während es sich bei den beiden Jüngsten, Johannes Hallszytz und Wilhelm Mack, um zwei Kindertaufen im Jahr 1933 handelte[48]. Angesichts der meist deutschen Namen[49] dürfte es sich bei den Mitgliedern durchweg um Menschen aus den deutschsprachigen Minderheiten der Balkangebiete des ehemaligen Habsburgerreiches gehandelt haben.

Das Gemeindeleben war durch die extreme Minoritätssituation gekennzeichnet. Im Berichtsjahr 1936/37 gab es in Jugoslawien (Kroatien) acht Gemeinden: fünf in Zagreb (die zwischen 128 und 1422 Mitglieder besaßen), zwei in Celje (mit 389 Mitgliedern) und eine in Čakovec (280 Mitglieder), also insgesamt 2.895 Mitglieder. In den alltäglichen Vollzügen zeigte sich die Minderheitslage noch schärfer. Milan Reiching aus Čakovec etwa schrieb: »Sonntags kommen einige Mitglieder zur Hl. Eucharistie, ansonsten zelebriere ich gewöhnlich alleine. Jeden zweiten Dienstag ist bei mir Logenzusammenkunft.«[50] Als »starken« Besuch bezeichnete Karl Riedel aus Weidlingen eine Zahl von 22 Meßbesuchern[51].

Die Verbindungen zwischen den internen Kreisen der Theosophischen Gesellschaft und in ihrem Umfeld sind einigermaßen unübersichtlich. Es gibt Nachrichten, daß »die R.C.-Co.F.-Angelegenheit«, also rosenkreuzerische und co-freimaurerische Aktivitäten, »nun zu einem gedeihlichen Abschluß gelangt« seien[52], an anderer Stelle ist von der Aufnahme von Mitgliedern der Esoterischen Schule der Theosophischen Gesellschaft in die Liberal-Katholische Kirche die Rede[53]; weitere Spezifizierungen fehlen allerdings.

Über die Verbotsgeschichte im Nationalsozialismus liegen kaum Informationen vor. Für Österreich muß man angesichts der reichen und, soweit ich sie ein-

promoviert worden sei, dort auch am kaiserlichen Institut für Archäologie studiert und die »Militär-Akademie für Kavallerie-Offiziere« besucht habe. Er habe Russisch, Serbo-kroatisch, Slovenisch, Deutsch, Französisch, Englisch und Italienisch in Rede und Schrift beherrscht und eine kleine Bibliothek mit 300 okkulten Büchern besessen. Cordes' Interesse reichte in dem Personalbogen bis in die ökonomische Situation des Priester: »Vermögensverhältnisse: keine unbeweglichen Vermögen; nur laufende Einkommen von der geschäftlichen Arbeit als Generalvertreter.« (SdA Moskau, 1291-1-43, Bl. 67)

[47] In Deutschland könnte es sich analog zur Mitgliederstruktur der theosophischen Gesellschaft eher um Protestanten gehandelt haben, Verweyen wäre dann eine Ausnahme. Genaue Daten fehlen jedoch.

[48] Geburtskohorten (SdA Moskau, 1291-1-40, Bll. 1–128):

| | | | | | |
|---|---|---|---|---|---|
| 1860–1869 | 3 | 1890–1899 | 28 | 1920–1929 | 10 |
| 1870–1879 | 11 | 1900–1909 | 28 | 1930–1933 | 3 |
| 1880–1889 | 19 | 1910–1919 | 19 | | |

[49] So in der Liste der Neuaufnahmen, ebd.

[50] Brief Milan Reiching an John Cordes, 3.12.1935, SdA Moskau, 1291-1-44, Bl. 76.

[51] Brief Karl Riedel an John Cordes, 25.10.1935, ebd., Bl. 91.

[52] Brief Hans Zeuger an John Cordes, 23.7.1931, ebd., Bl. 105.

[53] Brief Berthe Mascha Dominik an Margit Sombart, 15.10.1935, ebd., 1291-1-47, Bl. 26.

*Tab. 3.13:* Soziologische Daten zu den Mitgliedern der Liberal-Katholischen Kirche

Aufnahme von Mitglieder 1926 bis 1937

| | Männer | Frauen | Summe |
|---|---|---|---|
| 1926 | 0 | 4 | 4 |
| 1927 | | keine Angaben | |
| 1928 | 2 | 1 | 3 |
| 1929 | 7 | 5 | 12 |
| 1930 | 13 | 16 | 29 |
| 1931 | 9 | 14 | 23 |
| 1932 | 5 | 5 | 11* |
| 1933 | 8 | 16 | 24 |
| 1934 | 2 | 2 | 4 |
| 1935 | 1 | 2 | 3 |
| 1936 | 3 | 4 | 7 |
| 1937 | 0 | 1 | 1 |
| Summe | 50 | 70 | 121 |

| Geburtskonfessionen | |
|---|---|
| römisch-katholisch | 75 |
| protestantisch | 5 |
| evangelisch, Augsburger Bekenntnis | 4 |
| lutherisch | 7 |
| evangelisch getauft, hebräisches Bekenntnis | 1 |
| evangelisch hochkirchlich [Anglikanerin?] | 1 |
| israelitisch | 1 |
| liberalkatholisch | 2 |
| griechisch-katholisch [uniert] | 1 |
| kein Bekenntnis | 3 |
| Bekenntnis unbekannt | 12 |
| nicht getauft | 5 |
| Summe | 117 |

* Eine Person (»Mermad Mülldorfer-Ylesen«) ließ sich nicht eindeutig geschlechtsbezogen zuordnen.

Quelle: SdA Moskau, 1291-140, Bll. 1–128.

sehen konnte, anscheinend weitgehend erhaltenen Akten davon ausgehen, daß der nationalsozialistische Zugriff im Rahmen der Besetzung Österreichs im Jahr 1938 die liberal-katholischen Gemeinden unvorbereitet traf. Über eine möglicherweise klandestine Fortexistenz liegen keine Informationen vor. Nach dem Krieg sind auch in Österreich wieder Gemeinden der Liberal-Katholischen Kirche entstanden. Heute existiert eine in Graz.

## 3.8 Die Anthroposophische Gesellschaft (1912 bis 1945)

Die Theosophie Steiners erstand nach dem Bruch im Dezember 1912 als Anthroposophie wieder auf. Damit modifizierte Steiner den Namen der Muttergesellschaft. Aber vermutlich kannte er den Begriff schon aus seinen Lektüren vor 1900. Der Begriff sei »von Robert Zimmermann« »geblieben«[1], und bereits 1902 habe er während der Gründung der Theosophischen Gesellschaft den »Vortragszyklus« »Entwicklungsgeschichte der Menschheit an der Hand der Weltanschauungen von den ältesten orientalischen Zeiten bis zur Gegenwart, oder Anthroposophie« gehalten – behauptete Steiner jedenfalls 1923 (GA 258³,44)[2]. Festen Boden bekommt man erst 1909/10 unter die Füße, als Steiner einen neuen Versuch startete, in der Anthropologie Naturwissenschaft und Theosophie zu verbinden und dabei den Begriff »Anthroposophie« verwandte (s. 7.7) – sicher mit der Absicht, einen Mehrwert gegenüber der Muttergesellschaft zu benennen, aber noch kaum mit separatistischen Hintergedanken. 1912 wurde der Begriff dann in Steiners Umfeld ventiliert[3], ohne daß sich eine allzu starke Aufladung mit Bedeutung nachweisen ließe. Über die historische Tiefendimension in der frühneuzeitlichen Philosophie ist man sich sicherlich nicht im Klaren gewesen[4]. Die Verwendung des neuen Namens Anthroposophie Monate vor der Trennung zeigte allerdings, wie stark man sich bereits auseinandergelebt hatte.

Die Geschichte der Anthroposophie war streckenweise das Gegenteil zur Entwicklung der deutschen Adyar-Theosophie[5]. Die Jahre 1913/14 brachten der Anthroposophie stabile Strukturen, wachsende Mitgliederzahlen und eine internationale Expansion. Die teilweise veritablen Krisen steckte die Gesellschaft bis zu Steiners Tod weg, ohne an den Rand des Zerbrechens zu kommen. Auch die politische Bearbeitung des Ersten Weltkrieges war keine tödliche Bedrohung für die Anthroposophie (s. 14.3.1), vermutlich weil sie auf Deutschland und Steiner zentriert und noch wenig international ausgerichtet war.

### *3.8.1 Die »Dornacher Krise« von 1915*

Zwei Jahre nach der Trennung von Adyar braute sich Ungemach über der jungen Anthroposophischen Gesellschaft zusammen, begründet in Steiners ambi-

---

[1] Zimmermann: Anthroposophie im Umriß.

[2] Bei Schmidt: Das Vortragswerk, 33, ist dieser Vortrag nicht nachgewiesen.

[3] Ziegler: »Anthroposophie«, 54 f.

[4] Vgl. die nachträgliche Suche nach Wurzeln, die man bei Troxler zu finden hoffte (s. 9.4.3b). Die frühneuzeitlichen Verbindungen hat man erst nachträglich entdeckt. Vgl. den historisch ganz unbedarften Artikel des Anthroposophen Herbert Witzenmann: Anthroposophie. Eine solide Recherche des Materials hingegen bei Ziegler: »Anthroposophie«.

[5] Die Darstellung der Geschichte der Anthroposophischen Gesellschaft für die Jahre nach 1912 kann im Vergleich zur Adyar-Theosophie relativ kurz ausfallen, da ihre Geschichte bis 1925 im Rahmen der Darstellung der Praxisbereiche mit abgehandelt ist (s. Kap. 14–17). Der Ausblick auf die Entwicklungen seit Mitte der zwanziger Jahre bis zur NS-Zeit fällt aus anderen Gründen knapp aus, da diese Zeitspanne unbearbeitet ist. Die nationalsozialistische Zeit ist hingegen ist durch die Arbeit von Werner: Anthroposophen in der Zeit des Nationalsozialismus, gut erschlossen.

valenter Rolle: Er war nicht nur der spirituelle Führer, sondern auch das Objekt weiblicher Begierde. Bis 1914 war Steiner zwar mit Marie von Sivers liiert, aber nicht verheiratet[6], und seit dem Tod seiner ersten Frau Anna im Jahr 1911 auch de jure ledig. Man konnte sich mithin dem Mißverständnis hingeben, Steiner sei als Lebenspartner noch frei. Die Lage änderte sich öffentlichkeitswirksam durch Steiners Eheschließung mit Marie von Sivers am 24. Dezember 1914, die sie zur österreichischen Staatsbürgerin machte – soweit das mögliche politische Kalkül[7] –, zugleich aber Steiner den Wünschen der Anthroposophinnen entzog. Er verkündete in dieser »persönlichen« Angelegenheit (GA 253,174) am 22. August 1915, daß »die getreue Mitarbeiterin, die an meiner Seite stand so viele Jahre, und ich uns zur letzten Weihnacht verheiratet haben« (ebd., 173).

Die nun aufbrechenden Turbulenzen in der Gesellschaft kristallisierten an der Berner Anthroposophin Alice Sprengel (1871–1947), der unehelichen Tochter eines pommerschen lutherischen Pastors[8]. Sie war 1902 in die Theosophische Gesellschaft und einige Jahre später in die deutsche Sektion eingetreten (GA 253,125), wo sie wohl nicht zum engsten Kreis um Steiner gehörte[9]. Aufgrund bedeutender »Vorinkarnationen« hielt sie sich für Steiners Inspiratorin und glaubte, durch die Rolle der Theodora, die Steiner ihr in den Aufführungen der Mysteriendramen zugewiesen hatte, sowie durch ihre Rolle als »Siegelbewahrerin« »symbolisch ein Eheversprechen erhalten zu haben«[10]. Sie war kein Einzelfall und machte deutlich, daß sexuelle Wünsche durch esoterische »Vergeistigung« nur verdrängt waren[11]. Es dürfte viele Frauen gegeben haben, die ihre weltanschaulichen Interessen mit erotischen oder sexuellen Hoffnungen auf den Junggesellen Steiner verbunden hatten. Steiner reagierte mit der Pathologisierung dieser Frau[12], aber andere Anthroposophinnen standen Sprengel im Anschluß an die entscheidende Aussprache vom 21. August 1915 bei. Es

> »fand eine Diskussion statt, bei der nicht mitstenographiert wurde. Dabei müssen wohl auch Stimmen zur Verteidigung [Alice Sprengels] laut geworden sein, so daß nach der

---

[6] Im Mai 1904 müssen Steiner und Marie von Sivers über eine mögliche Ehe gesprochen haben (Brief Maria von Strauch-Spettinis vom Mai 1904, zit. in Wiesberger: Marie Steiner-von Sivers, 457), im Juni 1904 trennte sich Anna Eunike, mit der Steiner seit 1899 verheiratet war, von ihrem Mann (Lindenberg: Steiner [Biographie], I, 356).

[7] Lindenberg: Steiner (Chronik), 357.

[8] Biographische Daten nach König: Veritas Mystica Maxima.

[9] Für Königs Behauptung (ebd.), sie sei »one of Rudolf Steiner's closest colleagues in Berlin« gewesen (mit dem Hinweis: Heinrich Wendt to Yorke, 1957. Also quoted in Ellic Howe: ›The Magicians of the Golden Dawn‹, London 1972, p. 282), habe ich keine Indizien gefunden.

[10] So der Kommentar in GA 253,126. Aufgrund der finanziellen Unterstützung der offenbar hilfsbedürftigen Frau habe sie sich für eine »besondere Mission« auserkoren gesehen (Kommentar ebd., 126).

[11] Steiners deutete diese Probleme an: Es gelte »in einer okkulten Gesellschaft ... oftmals nicht als etwas Normales«, »daß sich zwei Leute ineinander verlieben« (GA 253,25).

[12] Z. B. GA 253,156. Dieser Einschätzung, gestützt auf zeitgenössische Gutachten (ebd., 153 f.), folgt die Kommentierung der Gesamtausgabe bis heute (z. B. ebd., 11). Sprengel erscheint »eindeutig als Psychopathin« (ebd., 126). Ihre Briefe haben aber vor allem Visionen zum Inhalt, die in der Außenperspektive kaum vom Hellsehen Steiners abzugrenzen sind. – Steiner soll in anderen Fällen vergleichbar reagiert und etwa Vollrath als »anormal« bezeichnet haben; vgl. Klatt: Theosophie und Anthroposophie, 193.

Erinnerung einer Teilnehmerin Rudolf Steiner mit Marie Steiner den Saal verließ mit den Worten: ›Mit einer solchen Gesellschaft kann ich nichts mehr zu tun haben!‹« (GA 253,152)

Bei dieser Aussprache war ein Brief von Heinrich und Gertrud Goesch[13] verlesen worden, der Steiner ein autoritäres Regiment und Kritikunfähigkeit vorwarf (GA 253,138), aber im Hintergrund der Kritik des psychologisch versierten Goesch dürfte auch das Verhältnis von Steiner zu Frauen eine Rolle gespielt haben. Daß hier der Nukleus der Probleme lag, dokumentierten Steiners Vorträge vom September 1915, in der er sich über Psychoanalyse und Libido, Mystik, Erotik und Liebe ausließ[14]. Dabei kam er immer wieder und explizit auf Alice Sprengel zu sprechen, wobei er in der Kombination der Darstellung der Geschichte der Anthroposophischen Gesellschaft (die er hier als »Organismus« charakterisierte [GA 253,36]) und der fast singulären Thematisierung von Sexualität und Liebe die offenkundige, wenn auch in manchen Aspekten vielleicht unterbewußte Problemkonstellation der »Dornacher Krise« indizierte. Marie Steiner übrigens assistierte ihrem Mann, indem sie auf einer eigens einberufenen Frauenversammlung am 24. September ihren Geschlechtsgenossinnen eine Literaturinterpretation ins Stammbuch schrieb, die man auch auf die Situation in der Anthroposophischen Gesellschaft hin lesen konnte:

»Die Literatur gab den Beweis, daß die wildeste erotische Phantastik der Männer nicht solche Exzesse zutage förderte wie das, was wir als Produkt der überhitzten Phantasie von Frauen vor uns hatten.« (GA 253,187)[15]

Aber mit dem Ausschluß der Protagonisten, Alice Sprengels (die in Reuß' O.T.O. wechselte und dort bis weit in die dreißiger Jahre eine führende Funktion bekleidete[16]) und der beiden Goeschs war dieser Konflikt abgedrängt. Wie viele Mitglieder aufgrund der »Dornacher Affaire« die Gesellschaft verließen, ist unbekannt.

### *3.8.2 Entwicklungen nach dem Ersten Weltkrieg bis zu Steiners Tod (1925)*

Nach dem Krieg begann eine neue Phase der Expansion durch die Etablierung praxisorientierter anthroposophischer Tochterbewegungen, die die Selbstgenüg-

---

[13] Zu Goesch s. 10.5.2 f.

[14] Abgedruckt in GA 253,64–121. Der Psychoanalyse warf Steiner eine Fixierung auf Sexualität und eine materialistische Grundhaltung vor. Im indirekten Bezug auf Sprengel liest sich dies beispielsweise folgendermaßen: »Männer und Frauen also sprechen sich so aus, … an die Stelle der Beziehungen der Seele zur geistigen Welt das zu setzen, was die Menschenseele durchpulst als mehr oder weniger … verfeinerte Erotik. Alle diese Dinge hängen doch zusammen mit dem materialistischen Grundzug unserer Zeit (ebd., 104). Steiners fehlendes Verständnis für die analytischen und therapeutischen Möglichkeiten der Psychoanalyse dürfte eine komplexe Mélange aus verdrängter eigener Sexualität, den ungeklärten Geschlechterbeziehungen in der Anthroposophischen Gesellschaft, die in Geschichten wie der »Dornacher Affaire« kulminierten, und seiner Kritik an dem antimetaphysischen Soupçon der Psychoanalyse gewesen sein.

[15] Dabei ging es um Laura Hanson, Maria Eichhorn, Margarete Beutler und Marie Madeleine von Puttkammer (GA 253,187.199).

[16] Möller / Howe: Merlin Peregrinus, 211. 221. 244. 270.

samkeit des esoterischen Konventikelwesens zeitfremd erscheinen ließ (s. Kap. 14–18). Für die innere Entwicklung der Anthroposophischen Gesellschaft kamen wichtige Anstöße auch von jüngeren Anthroposophen, die nach neuen Wegen einer spirituellen oder praxisorientierten Lebensführung suchten. Die Wendung zur Praxis war dabei Ausdruck und (unbeabsichtigt) zugleich Motor einer Binnendifferenzierung der Anthroposophischen Gesellschaft. Die daraus entstehenden Konflikte manifestierten sich im Verhältnis zu allen »Töchtern«. Schon mit den politischen und den pädagogischen Aktivitäten des Jahres 1919 wurde klar, daß diese Segmente eine Eigendynamik entfalteten, die ganz neue Anforderungen an die Integration unterschiedlicher Interessen in der Anthroposophischen Gesellschaft stellen würde.

Seit 1920 stießen zudem jugendbewegte Menschen zur Anthroposophie, die von der Kleidung über die Umgangsformen bis zu ihren Interessen ein neue Zeit repräsentierten[17]. Auch sie waren eine heterogene Gruppe. Neben den an praktischer Arbeit, namentlich an Pädagogik interessierten, für die Fritz Kübler stand, konstituierte sich ein Kreis um Wilhelm Rath und Ernst Lehrs, die Tauler lasen und einen »esoterischen Kreis« gründeten[18]. Steiner bediente beide Strömungen: Für die einen hielt er im Oktober 1922 vor etwa 100 Personen (GA 217,199) den dreizehn Vorträge umfassenden »pädagogischen Jugendkurs« (GA 217)[19], für die anderen, einen etwa zwölf Personen großen Kreis[20], gab er am 13. Juli und 30 Dezember 1923 zwei »esoterische Stunden«[21]. Parallel entwickelte sich seit 1920 eine anthroposophische Arbeit unter Studierenden im »Bund für anthroposophische Hochschularbeit«, bei der sich allerdings bereits Ende 1921 eine Tendenz zur »Verinnerlichung« (Haid) der Arbeit, also eine Abkehr von gesellschaftlichen Fragen, bemerkbar machte[22]. Diese Aktivitäten waren offenbar nicht nur ein Problem für die innere Homogenität der Anthroposophie, sondern auch eines für die Außenwirkung, denn diese jüngeren Anthroposophen boten Anlaß für »Gegner«, sich einmal mehr kritisch mit der Anthroposophie zu beschäftigen[23].

---

[17] Dazu Haid: Auf der Suche nach dem Menschen. Auf diese Arbeit greife ich zur Rekonstruktion der Einflüsse der Jugendbewegung und der Freien Anthroposophischen Gesellschaft im folgenden zurück. Sie ist materialgesättigt und vollzieht das traditionelle Verdikt der anthroposophischen Geschichtsschreibung, das insbesondere die Freie Anthroposophische Gesellschaft getroffen hat, nicht mit. Eine Kontextualisierung in die Geschichte der Jugendbewegung in der Weimarer Republik oder eine Auseinandersetzung mit den (wissenschaftlichen) Deutungen um die Rolle der Jugendbewegung fehlt allerdings. – Vergleichbare Einflüsse der Jugendbewegung finden sich auch in der Adyar-Theosophie (s. 3.5.3).

[18] Ebd., 77 f.

[19] Ein zweiter Jugendkurs fand im Sommer 1924 ohne Steiner statt (ebd., 95–99).

[20] Haid: Rath, Wilhelm, 635.

[21] GA 266c,470–485, Datierung ebd., 398. Der Kreis besteht bis heute; Haid: Auf der Suche, 89.

[22] Ebd., 39–58, Wende nach innen: ebd., 54. Über einen »Jugendzweig« in Stuttgart im Jahr 1920 gibt es offenbar kaum Informationen; vgl. ebd., 40 f.

[23] Vgl. ebd., 54. 107. Diese Auseinandersetzungen bedürften der genaueren Analyse. Auf der einen Seite gab sachliche wie polemische Kritik auf seiten der Gegner, auf der anderen Seite suchten Steiner und die Anthroposophen dem nicht nur mit Argumenten entgegenzutreten (vgl. exemplarisch GA 255b,153. 463, und Haid: Auf der Suche nach dem Menschen, 172. 467), sondern es mangelte manchen Jüngeren wohl auch an »Kompetenz« und ›Takt‹ (ebd., 107). Haid weist aber auch, den Vorgaben Steiners folgend, der »Borniertheit des Wissenschaftsbetriebs« eine erhebliche Schuld zu (ebd., 49).

Letztlich hat sich keine feste »Jugendbewegung« innerhalb der Anthroposophie etabliert, dazu waren die Interessen zu unterschiedlich. Allerdings finden sich Wirkungen in der Pädagogik und namentlich in der Christengemeinschaft[24].

Folgenreich war jedoch, daß jüngere Anthroposophen oder an der Anthroposophie Interessierte in der etablierten Anthroposophischen Gesellschaft nicht heimisch wurden. Einige von ihnen (die gerade nicht aus der Jugendbewegung kamen)[25], gründeten im Februar 1923 eine eigene, die Freie Anthroposophische Gesellschaft[26]. Dies traf bei Steiner auf eine massive Frustration über seine alte Anthroposophische Gesellschaft. Er wolle »nichts mehr mit ihr zu tun haben ... Alles, was deren Vorstände tun, widert mich an« (GA 263a,117), gestand er seiner Vertrauten Edith Maryon am 25. März in einem Brief aus Stuttgart, einem Zentrum der Auseinandersetzungen (vgl. etwa 16.7.2b). Steiner holte angesichts dieser Malaise zu einem gewaltigen Befreiungsschlag aus, der aus der Frustration geboren sein mag, aber nichtsdestoweniger mutig war: Steiner sanktionierte die Gründung einer zweiten Anthroposophischen Gesellschaft und schrieb den Jungen ein (bis 1926 allerdings unveröffentlichtes) Memorandum, um unzufriedenen alten Anthroposophen und den nachwachsenden Interessenten eine neue Heimat zu bieten[27]. Steiner ging es um »positive Orientierung«, gemeint war eine »lebendige« Anthroposophie angesichts einer etablierten Vereinigung, der er offenbar nicht mehr zutraute, die neuen Zeitströmungen aufzunehmen. »Weitherzigkeit« sollte in der Freien Anthroposophischen Gesellschaft herrschen, aber gleichzeitig sollte die Macht in den Händen überzeugter Anthroposophen bleiben: »Menschen, die nur ein allgemeines gesellschaftliches Interesse haben, ohne intensiven anthroposophischen Einschlag, sollte man nicht zu Vertrauenspersönlichkeiten ernennen«. Anfang 1924 zählte die neue Gesellschaft 22 Ortsgruppen und 300 Mitglieder, Ende 1925 waren es 1150; darunter befanden sich 200 Mitglieder aus der alten Gesellschaft, und 50 Personen waren eine Doppelmitgliedschaft eingegangen[28]. Aber selbstredend blieb auch die Freie Anthroposophische Gesellschaft von Zwistigkeiten nicht verschont, etwa angesichts der Frage, wer das »Jugenderlebnis« gehabt habe und ob dies ein Kriterium für die Zugehörigkeit zu der neuen Gesellschaft sei[29].

Zugleich nahm die etablierte Anthroposophische Gesellschaft, mit sicher über 12.000 Mitgliedern[30] die weiterhin dominierende Exponentin der Anthroposophie, den Kampf auf. Schon 1923 sprach Marie Steiner von »Konter-Revolution«, nach Steiners Tod wurde die Gangart härter: 1926/27 wußte man die Gründung eines österreichischen Arms der Freien Anthroposophie zu unterbinden, 1929 versuchten Hannoveraner Anthroposophen aus einer Waldorf-Schule, die klei-

---

[24] Zu den pädagogischen Bestrebungen Haid, ebd., 77–79. 95–104; zur Christengemeinschaft ebd., 59–70, und 18.2.6.

[25] Ebd., 116. Zu den Protagonisten gehörten René Maikowski, Ernst Lehrs und Wilhelm Raths; allerdings waren Lehrs und Raths Mitglieder des esoterischen Jugendkreisess.

[26] Ebd., 112–124.

[27] Abgedruckt ebd., 255.

[28] Ebd., 126. 130.

[29] Ebd., 128.

[30] Plato: Zur Entwicklung der Anthroposophischen Gesellschaft, 85.

ne Konkurrenz aufzulösen[31]. Und im Hintergrund kochte ein Konflikt, der das anthroposophische Postulat autonomer Erkenntnis immer wieder zum Sprengsatz für die Geschichte der Gesellschaft machte: Erneut gab es Menschen, die wie Steiner »höhere Erkenntnis« beanspruchten. In diesem Fall handelte es sich um Erna Benthien aus dem österreichischen Urfahrn, die behauptete, Vorinkarnationen in Reinkarnationsverläufen schauen zu können. Ihren Übertritt von der Allgemeinen Anthroposophischen Gesellschaft hatten die Freien Anthroposophen 1924 nicht akzeptiert, und als sich Wilhelm Rath ihr anschloß, wurde er aus der Anthroposophischen Gesellschaft gedrängt, die er 1930 verließ[32]. Im Sommer 1930 fand zudem ein Zeltlager im niederländischen Stakenberg statt, dessen Veranstaltern Marie Steiner unterstellte, mit Krishnamurtis Lagern im ebenfalls niederländischen Ommen in Verbindung zu stehen (s. o. 3.4.5e) und so an die theosophische Geschichte anzuknüpfen. Zudem signalisierte sie, daß sie weiterhin die Esoterik im Arkanraum ansiedelte und die Debatte über die »Mysterien« »auf offener Heide« für einen Verrat am »höheren Willen« hielt[33]. Im Dezember 1931 wurde die Freie Anthroposophische Gesellschaft aufgelöst, ihre Impulse sollten in die Jugendsektion der Allgemeinen Anthroposophischen Gesellschaft übergehen[34].

Aber auch an anderen Stellen in der Gesellschaft gärte es. Neben den Spannungen zu den praxisorientierten Bewegungen und zum Generationenkonflikt standen Verkrustungen, Machtkämpfe und lokale Animositäten. Die Neukonstituierung des Vorstandes und Verlegung des Sitzes der Anthroposophischen Gesellschaft von Berlin nach Stuttgart im September 1921 (GA 260a[1],712) war ein Versuch, organisatorisch neue Wege zu gehen. Aber in den folgenden Jahren wurde die Rede vom »Stuttgarter System« zum Etikett für ein Syndrom von Beharrung, Vereinsmeierei und Selbstgenügsamkeit, jedenfalls in den Augen Steiners und seiner Anhänger[35]. In einer dramatischen Nachtsitzung sprach Steiner am 30. Januar 1923 von »innerer Opposition« (GA 259,226; vgl. auch GA 258,135), die zitierte Äußerung, daß ihn das Vorstandsgehabe anwidere, gehört in diesen Kontext.

Zu den internen Problemen traten öffentliche Auseinandersetzungen um die Anthroposophie, ausgelöst durch deren gesellschaftliche Präsenz, namentlich in der Dreigliederungsbewegung und in den Waldorfschulen. Die »Gegner«, wie

---

31 Österreichische Gründung ebd., 132, Marie Steiner 136. 258, Hannoveraner Aktivitäten 139.

32 Nach Haid, ebd., 141 f. Selbst bei einer für die Entwicklungen in der Freien Anthroposophischen Gesellschaft so aufgeschlossenen Autorin wie Haid finden sich in diesem Zusammenhang Formulierungen, die die Sicht der orthodoxen Kritiker wiedergeben. Da habe es bei den damals Verantwortlichen »Besorgnis« über Raths »persönliche Entwicklung« gegeben, Rath sei »zur Rechenschaft gezogen« worden (ebd., 141). In der Diktion fair ist hingegen ihre zwei Jahre später publizierte Darstellung des Sachverhalts in Haid: Rath, 635. Rath trat 1947 wieder in die Allgemeine Anthroposophische Gesellschaft ein (ebd., 636).

33 Marie Steiner, zit. nach Haid: Auf der Suche, 198.

34 Zur Auflösung Haid, ebd., 142; zu den realen und beanspruchten Verbindungen zur Jugendsektion vgl. ebd., 145–179. Zu den Sektionen s. 15.6.3.

35 Vgl. Wehr: Rudolf Steiner, 337 f., und 16.7.2b. Zum Problemradius Lindenberg: Steiner (Biographie), 798–811. Wieweit Steiner auch mißliebige Opposition mit diesem Etikett stigmatisierte, bliebe zu prüfen.

sie bis heute in der anthroposophischen Literatur heißen (GA 255b)[36], stellten nicht nur sachliche Anfragen, sondern bedienten sich teilweise wüster Polemik: Steiner lastete man die verlorene Marneschlacht an oder unterstellte ihm mit antisemitischem Soupçon, er sei Jude; aber es gab auch ernsthafte Anfragen, etwa an die Erkenntnisgrundlagen der Weltanschauung Steiners[37]. Dazu traten die Angriffe aus völkischen Milieus, unter anderem aus der NSDAP und ihrem Umfeld, deren Bedrohungspotential allerdings bis zu Steiners Tod noch nicht in seinem ganzen Umfang sichtbar wurde[38]. Aber auch Anthroposophen im Umfeld Steiners trafen unter der Gürtellinie, so daß etwa Roman Boos wegen seiner Ausfälle gerichtlich verurteilt wurde (GA 255b,480 f.). Diese Auseinandersetzungen trugen sogar mit dazu bei, daß Steiner nicht in der Schweiz eingebürgert wurde (ebd., 582).

Aber das brennendste Feld blieben die internen Konflikte, die sich im Verlauf des Jahres 1923 soweit zugespitzt hatten, daß Steiner auf der »Weihnachtstagung« vom 24. Dezember 1923 bis zum 1. Januar 1924 einen radikalen Neuanfang suchte[39]. Es gibt kaum einen Bereich der Organisationsgeschichte der Anthroposophischen Gesellschaft, der im Kern so klar ist, zu dem es so viele Auslassungen Steiners gibt und der bis heute als »Konstitutionsfrage« so viele Debatten unter Anthroposophen hervorruft wie die Konsequenzen dieser »Weihnachtstagung«. Die machtpolitischen Auseinandersetzungen zeichne ich nicht en detail nach. Die Tiefe der Gräben mag Steiners Äußerung in einer »tumultarischen« Situation beleuchten, als er gesagt haben soll: »Ich kann mich hier wohl nur noch als eine Quantité négligeable bezeichnen während der Weihnachtstagung.«[40] Durch eine »Neugründung« genannte Statutenänderung trachtete Steiner den Gordischen Knoten der Probleme zu durchschlagen. Er gründete nun die »Allgemeine Anthroposophische Gesellschaft«, in der er nicht mehr nur faktischer Leiter, sondern auch de iure Vorsitzender war. Zugleich rief er die dem Goetheanum attachierte »Freie Hochschule für Geisteswissenschaft« (s. 15.6.3) und erneut die »esoterische Klasse« (s. 7.10.1g) ins Leben, und er schärfte, immer auf der Suche nach einer lebendigen Gesellschaft jenseits verknöcherter Vereinsmeierei, erneut die aporetische Dogmenfreiheit ein[41]. In den folgenden Monaten kann man viele Versuche ausmachen, die Anthroposophie inhaltlich und institutionell neu

---

[36] Der von Alexander Lüscher und Ulla Trapp besorgte, sorgfältig gearbeitete Band GA 255b ist eine Fundgrube für diese bislang nur schwer durchschaubaren Auseinandersetzungen, die hier erstmals dokumentiert sind. Man wünschte sich allenfalls eine größere Differenzierung unter den »Gegnern«. Ein um Verständnis bemühter Kritiker wie Kurt Leese (S. 154–156) steht letztlich neben einem polemisierenden Ex-Anthroposophen wie Max Seiling (S. 35. 332). Schon Steiner brachte für einen an der Sache interessierten »Gegner« wie Leese kaum Verständnis auf.

[37] Zu Marneschlacht und Moltke siehe GA 255b,322 f. 330–332 (s. 14.3.2a); zur Unterstellung jüdischer Abstammung ebd., 131. 224. 378. 452 f.; zur Begründungsfrage der Anthroposophie etwa ebd., 57 f.

[38] Dazu Ravagli: Unter Hammer und Hakenkreuz, 213–342; vgl. auch 14.6.5.

[39] Wehr: Rudolf Steiner, 348–357; Lindenberg: Steiner (Biographie), 854–877.

[40] Zeylmans: Ita Wegman und die Anthroposophie, 194.

[41] Steiners Forderung nach Dogmenfreiheit, die faktisch ohnehin immer scheiterte, hat ihre funktionale Spitze in einer vereinsinternen Ausrichtung: Man solle nicht die »Zugehörigkeit zur Gesellschaft von dem Bekenntnis zu dem auch nur kleinsten Dogma abhängig machen .... Und ein Dogma ist auch jeglicher Programmpunkt.« (GA 260a[1],79 [6.7.24]).

zu positionieren: Steiner distanzierte sich einmal mehr von der theosophischen Vorgeschichte der Anthroposophie (s. o. 3.4.5f)[42], er ebnete zumindest programmatisch die Differenz zur anthroposophischen »Bewegung« ein[43] oder hob die Geheimhaltung von Zyklen auf (GA 260a$^1$,357 [12.8.24]), um aber in der neu eingerichteten Esoterischen Schule wiederum Ansprachen für den Arkanzirkel zu reservieren.

Entscheidend für die weitere Geschichte wurde der neue Vorstand, den Steiner ohne demokratische Verfahren autoritativ einsetzte (GA 260,55). Als Mitglieder gehörten ihm neben seiner Frau Ita Wegman an, der Schriftsteller Albert Steffen, Steiners persönlicher Mitarbeiter Guenther Wachsmuth sowie die aus Leiden stammende Elisabeth Vreede. Dieser »esoterische Vorstand« (GA 260a$^3$,248) amtierte allein von Steiners Gnaden, besaß aber dadurch eine verfahrenstechnisch ungreifbare Legitimation. Doch hatte Steiner für die Leitungsfunktion keine Nachfolgeregelung getroffen: Er hatte sich zwar das Recht vorbehalten, einen »eventuellen Nachfolger« zu bestimmen (GA 260,51), aber genau dies nicht getan, und auch seine eigene monarchische Stellung nicht prospektiv in Frage gestellt. Diese Konstruktion sollte sich nach Steiners Tod als Pulverfaß erweisen.

### *3.8.3 Weimarer Republik und NS-Zeit*

Noch auf dem Heimweg nach der Einäscherung von Steiners Leiche soll ein Streit über die Verbringung der Urne Steiners heftig und verletzend ausgebrochen sein[44]. Dahinter stand eine Mélange aus persönlichen Animositäten (s. 16.6) und Machtambitionen auf die Leitung der Anthroposophischen Gesellschaft. Wegman wollte die esoterischen Stunden und die von Steiner regelmäßig gegebenen »Leitsätze« fortführen[45], um damit ihre Führungsrolle zu dokumentieren, doch dies schürte nur den Widerstand ihrer Gegner. Am 29. Dezember 1925 kam es zu einem hauchdünnen Kompromiß, als Steffen zum Vorsitzenden gewählt wurde, aber die Posten des zweiten Vorsitzenden und derjenige der Hochschulleitung (und damit der Esoterischen Schule) offenblieben[46]. Die Differenzen saßen allerdings bereits so tief, daß schon Ende 1925 keine regulären Vorstandssitzungen mehr anberaumt wurden[47]. Gleichwohl stieg die Zahl der Mitglieder: von 12.000

---

[42] Die »drei Grundsätze« der Theosophischen Gesellschaft hätten das Gefühl vermittelt, »etwas dogmatisch bekennen« zu müssen, »was absolut« nicht mehr »in unsere Zeit hereinpaßt« (GA 260,40), außerdem sei es schwierig, »gerade dieses sektiererische Wesen in der Anthroposophischen Gesellschaft abzustreifen« (ebd., 40).

[43] »Nicht mehr kann man unterscheiden die anthroposophische Bewegung von der Anthroposophischen Gesellschaft. Sie sind beide eins«, seitdem er Vorsitzender der Anthroposophischen Gesellschaft sei (GA 260a$^1$,355 [12.8.24]).

[44] Wehr: Rudolf Steiner, 429, behauptet eine Auseinandersetzung zwischen Ita Wegman und Marie Steiner. Nach Zeylmans, Interview, 168 f., könnte der Streit aber auch zwischen Elisabeth Vreede und Albert Steffen ausgebrochen sein.

[45] Plato: Zur Entwicklung der Anthroposophischen Gesellschaft, 79.

[46] Ebd., 80.

[47] Wehr: Rudolf Steiner, 405.

im Jahr 1923 auf 17.000 Mitglieder anno 1930, von denen nur noch 8.000 in Deutschland wohnten[48].

Parallel zu den Fehden rüsteten beide Parteien institutionell auf. 1926 interpretierten Steffen und Marie Steiner einen von Vreede inaugurierten »Weltschulverein« als Konkurrenzorganisation zur Anthroposophischen Gesellschaft und gründeten dagegen die »Rudolf-Steiner-Vereinigung«[49]. Eine weitere Stufe der Eskalation brachte das Jahr 1930, als skandinavische Mitglieder eine striktere Leitung forderten und auf der Generalversammlung Steffen per Mehrheitsentscheid die alleinige Leitung zuwiesen. Daß die Verfasser des »nordischen Antrags« dabei auf eine Amtsführung als »Diktator«[50] hofften, hat heute für Anthroposophen einen »tief bestürzenden Klang«[51], kennzeichnet aber sowohl den autoritätsverliebten Zeitgeist als auch die Frustration von Anthroposophen über die zerstrittene Gesellschaft. Die Folge war allerdings eine weitere Spaltung, deren Grenze in Deutschland zwischen dem »Initiativkreis« (Steffen, Marie Steiner) und den »Anthroposophischen Arbeitsgemeinschaften« (Wegman, Vreede) verlief[52]. Offenbar war die Weigerung Steffens, bestimmte Aufnahmeanträge zu unterschreiben, der casus belli gewesen[53]. 1934 kam es in Deutschland zum Bruch zwischen der Anthroposophischen Gesellschaft und den »Vereinigten Freien Anthroposophischen Gruppen«, weitere Trennungen trafen die niederländische und die englische Landesgesellschaft[54]. Im April 1935 folgte die symbolische Exekution der Minderheit durch die Mehrheit, Wegman, Vreede und die Leitungspersonen der »Vereinigten Freien Anthroposophischen Gruppen« wurden ihrer Vorstandsämter enthoben. Um aber das theosophische Harmoniegebot wenigsten formal zu wahren, erhielten die Ausgestoßenen den Ausschluß als »Selbstausschluß«, mithin als eigene Schuld, zugewiesen[55]. Im Gefolge dieser Auseinandersetzungen verlies auch einer der spirituell interessantesten Mitglieder die Anthroposophische Gesellschaft: Valentin Tomberg, der später zur katholischen Kirche konvertierte und eine Reihe von Mitgliedern nach sich zog. Vermutlich spielten bei dieser Trennung Fragen der Ausschließlichkeit von Steiners Offenbarungsanspruch, vielleicht auch die Christologisierung der Anthroposophie durch Tomberg eine Rolle[56], der damit einen Ansatz Steiners fortschrieb und so dessen faktisches Monopol übersinnlicher Erkenntnis in Frage stellte.

---

[48] Plato: Zur Entwicklung der Anthroposophischen Gesellschaft, 85. Vgl. zu diesem Komplex die wichtigen Informationen bei Schmidt: Glossar, 1007 f. 1018 f.

[49] Plato, ebd., 80 f.

[50] Leinhas: Zur gegenwärtigen Lage in der Anthroposophischen Gesellschaft, 26. Vgl. auch Kolisko: Eugen Kolisko, 237 f.

[51] Plato: Zur Entwicklung der Anthroposophischen Gesellschaft, 84.

[52] Ebd., 85.

[53] Zeylmans: Ita Wegman und die Anthroposophie, 179.

[54] Plato: Zur Entwicklung der Anthroposophischen Gesellschaft, 86. Die wichtigste Darstellung und Materialsammlung zu dieser Spaltungsgeschichte findet sich bei Heckmann: Valentin Tombergs Leben, 189–228. 387–529.

[55] Plato: Zur Entwicklung der Anthroposophischen Gesellschaft, 87.

[56] Vgl. Heckmann: Valentin Tombergs Leben, 359–361. Zu seinem Werk: Valentin Tomberg. Leben – Werk – Wirkung, II, 290–341.

Hinter und in dieser Auseinandersetzung wurde um einen weiteren Gegenstand gekämpft, um Steiners Nachlaß. Marie Steiner war zwar als Erbin in Steiners Testamenten eingesetzt worden, doch wurde die Frage, ob der Nachlaß ihre Privatangelegenheit oder Sache der Gesellschaft sei, zu einem zentralen Streitpunkt über Jahrzehnte. Auch dahinter stand die Debatte um die Legitimität innerhalb der Legalität: Der Nachlaß galt als Möglichkeit des Zugriffs auf das »esoterische« Vermächtnis Steiners.

Angesichts dieser endlosen Streitereien und der Konfliktunfähigkeit und Unversöhnlichkeit der anthroposophischen Führung ist es bemerkenswert, daß das Leben in den anthroposophischen Zweigen und Tochterorganisationen nicht brachlag. Sieben weitere Waldorfschulen wurden bis Anfang der dreißiger Jahre gegründet (s. 15.3.4), nach Steiners Prinzipien arbeitende Landwirte hatten sich 1927 zur Verwertungsgesellschaft »Demeter« zusammengeschlossen (s. 17.5), und die Christengemeinschaft war vor der NS-Zeit auf etwa 5.000 Personen angewachsen (s. 18.3.4). Über das Leben in den einzelnen Zweigen ist wenig zusammenfassend publiziert; an lokal übergreifenden Ereignissen seien zumindest zwei Daten festgehalten: Der Weiterbau des Goetheanum und die vollständige Aufführung beider Faust-Teile im Jahr 1938[57].

»Der 20. Januar 1933 [traf] die Anthroposophische Gesellschaft völlig unvorbereitet: die Gesellschaft hatte sich bis zu diesem Zeitpunkt nie veranlaßt gesehen, sich praktisch um politische Fragen zu kümmern«[58], so Uwe Werner, Archivar am Goetheanum in Dornach. Wie die Anthroposophen den Nationalsozialismus einschätzten und ihm begegneten, läßt sich nicht auf einen Nenner bringen: Es gab kritische, aber auch affirmative Stimmen, »Ablehnung des Nationalsozialismus« bei den einen, »Beigeisterung für Hitler« bei den anderen[59]. Umstritten ist allenfalls das quantitative Verhältnis von Zustimmung und Ablehnung, und noch komplexer und kontroverser werden die inhaltlichen (und organisationsstrukturellen) Verwandtschaften und Differenzen zwischen Anthroposophie

---

[57] Plato: Zur Entwicklung der Anthroposophischen Gesellschaft, 90; vgl. zu einem historischen Kontext 14.6.5.

[58] Werner: Anthroposophen in der Zeit des Nationalsozialismus, 7. Die Geschichte der Anthroposophie im Nationalsozialismus ist jetzt in dieser Pionierarbeit greifbar, auf die ich mich im folgenden vornehmlich stütze. Sie ist weiterhin abzugleichen mit den Arbeiten von Wagner: Anthroposophen und Nationalsozialismus, und ders.: Anthroposophen in der Zeit des Nationalsozialismus. Unersetzt ist die von Wagner herausgegebene Sammlung »Dokumente und Briefe«.
Zu den Fragen, über die man mit Werner streiten kann, gehören die Umstände des Austritts von Juden, deren Mitgliedschaft der Anthroposophischen Gesellschaft von den Nationalsozialisten angekreidet wurde. Werner berichtet darüber nur kurz. In den von Werner als »zuverlässig« (S. 27) beurteilten Erinnerungen Hans Büchenbachers, eines Anthroposophen jüdischer Abstammung, der 1935 in die Schweiz emigrieren mußte, wird hingegen die teilweise bereitwillige Bereinigung des Konfliktfeldes um jüdische Mitglieder deutlich; vgl. dazu den Teilabdruck der Erinnerungen von Büchenbacher in: Info 3, Heft 4, 1999, 16–19. Büchenbacher hielt Marie Steiner für »pronazistisch«; auch ihre Rolle scheint mir ein unterbelichtetes Kapitel bei Werner zu sein. Aber diese Defizite betreffen Detailfragen; Werners Arbeit bleibt ein solides Fundament.

[59] Zitate nach Werner: Anthroposophen in der Zeit des Nationalsozialismus, 27. Die Ablehnung bezieht sich auf den Karlsruher Zweig, wo sie »einstimmig« gewesen sei.

und Nationalsozialismus diskutiert[60]. Zumindest zu Beginn der NS-Herrschaft artikulierten sich Hoffnungen auf eine Kooperation mit den Nationalsozialisten, hinter denen wohl auch manch inhaltliche Übereinstimmung stand. So bekundete Guenther Wachsmuth, Mitglied im Vorstand der Anthroposophischen Gesellschaft, »Respekt« für »die tapfere und mutige Weise, wie die [deutsche] Regierung die Probleme anpackt« und »Sympathie« und »Bewunderung« für die Zugriff auf Probleme »durch die Führer des neuen Deutschlands«[61]. Wieweit hier Strategie und Überzeugung zusammenkamen, bleibt zu prüfen. Mitte der dreißiger Jahre dürften sich die kritischen Stimmen deutlicher artikuliert haben, und die Verbote seit Mitte der dreißiger Jahre machten den Ernst der Lage klar. Insgesamt gibt es hinsichtlich der aktiven Haltung zum Nationalsozialismus aber einen bemerkenswerten Befund: offenbar gab es fast keine Parteimitglieder unter den Anthroposophen[62].

Die Nationalsozialisten zeigten für die Anthroposophie ein geteiltes Verständnis: Sie galt als gegnerische Organisation, die esoterische Dimension blieb ihnen fremd, aber einige aus der Lebensreform stammende Elemente fanden das Interesse von Nationalsozialisten. Diese ambivalente Position drückte sich in einem widersprüchlichen Umgang mit anthroposophischen Organisationen aus,

---

[60] Abwägend urteilt für die »leitenden Anthroposophen« Werner: Anthroposophen in der Zeit des Nationalsozialismus, 26–32. Ich neige dazu, aufgrund der kursorischen Durchsicht anthroposophischer Zeitschriften, die Werner weniger stark ausgewertet hat, das autoritäre und von daher strukturell NS-nahe Potential für beträchtlich zu halten. Vgl. Zander: Der Geist auf dem Weg durch die Rassengeschichte, 327–331; vgl. auch exemplarisch die Verschränkungen von Rittelmeyers und Steiners Antijudaismus (ebd., 325–327), der im nationalsozialistischen Antisemitismus eine Überschneidungsfläche fand. Diese Dimension bedürfte allerdings einer Überprüfung.

[61] Dokumente und Briefe zur Geschichte der anthroposophischen Bewegung, hg. v. A. Wagner, I, 40 f. Wachsmuths Rolle bedürfte einer genaueren Analyse. Seine Archive seien nach seinem Tod verbrannt worden; Zeylmans: Ita Wegman und die Anthroposophie, 186; dabei dürften allerdings nur, so Uwe Werner, die Druckfahnen verbrannt worden sein. Roman Boos, Wachsmuths Vorgänger als persönlicher Referent Steiners, begrüßte den »großen Ruck« von 1933 und die »nationale Erhebung«; Roman Boos: Einleitung [Anfang Juli 1933], S. III. IV. Zu weiteren positiven Einschätzungen im Jahr 1933 siehe Werner: Anthroposophen in der Zeit des Nationalsozialismus, 36–40.

[62] Uwe Werner hat die Biographien von Anthroposophen auf eine Mitgliedschaft in der NSDAP durchgesehehen, soweit ihm dazu Daten zu Verfügung standen (Gespräch vom 3.2.2006). Als einziges Parteimitglied läßt sich offenbar nur Hanns Rascher identifizieren (zur Person Werner: Anthroposophen in der Zeit des Nationalsozialismus, 32). Der Nationalsozialist Werner Georg Haverbeck (vgl. Wagner: Anthroposophen und Nationalsozialismus, 38–49) wurde erst nach dem Krieg Pfarrer der Christengemeinschaft und Mitglied der Anthroposophischen Gesellschaft (Falter: Haverbeck, Werner Georg), während Johannes Werner Klein aus Anthroposophischer Gesellschaft und Christengemeinschaft ausgetreten war, als er Nationalsozialist wurde (Gädeke: Klein, Johannes Werner). Bei Friedrich Benesch, der nach dem Krieg über lange Jahre das Priesterseminar der Christengemeinschaft leitete, ist offenbar nicht bekannt, ob er Parteimitglied war; er agitierte allerdings als überzeugter Nationalsozialist und verschwieg diese Haltung und seine Aktivitäten nach dem Krieg (Neve: Nur »Schweigen« oder Unwahrheit?; vgl. auch Oltmann-Wendenburg: Benesch, Friedrich). Hier wäre zu diskutieren, in welchem Verhältnis politische Abstinenz und inhaltliche Distanz zum Nationalsozialismus stehen. Auch der Hamburger Aristoteles-Zweig, der sich vermutlich mehr durch pragmatische Selbstgleichschaltung denn durch eine überzeugte Annäherung an den Nationalsozialismus zu retten versuchte (Werner, ebd., 28), war wohl eine Ausnahme. Nach neueren Forschungen Peter Staudenmaiers im Bundesarchiv Berlin ist allerdings mit einer nicht unbeträchtlichen Zahl von Anthroposophen, die Mitglieder in der NSDAP oder in NS-Organisationen waren, zu rechnen (Veröffentlichung von Namen in Info3, Juni 2007).

in dem sich die polykratischen Herrschaftsstrukturen im Nationalsozialismus spiegelten: Am 1. November 1935 wurden die beiden anthroposophischen Gesellschaften verboten, während das geplante Verbot der Christengemeinschaft wegen ihres Charakters als kirchlicher Vereinigung vorerst unterblieb[63]. Von den acht Waldorfschulen waren bis 1938 fünf teils durch Verbot, teils durch Selbstauflösung geschlossen. Bei dem Versuch, die weiterexistierenden Schulen in nationalsozialistische »Versuchsschulen« zu überführen, hatte die Protektion von Rudolf Hess aufgrund seiner lebensreformerischen Interessen eine wesentliche Rolle gespielt; nach seinem Englandflug schloß die Gestapo 1941 die letzte offene Schule und verbot auch die Christengemeinschaft, von deren Priestern einige zeitweilig in Haft saßen[64]. In Ausnahmefällen wie bei der Eurythmie konnte nach dem Verbot eine Wiederzulassung im Juli 1936 erreicht werden[65], während andere Einrichtungen wie Teile der Heilpädagogik oder die »biologisch-dynamische« Landwirtschaft, an der Hess und später Himmler Interesse zeigten (s. 17.5), in der NS-Zeit überlebten. Auch die zentralen Gesellschaftsstrukturen sowie Archiv und Bibliothek blieben, da die Anthroposophische Gesellschaft im Schweizerischen Dornach ihre Zentrale hatte, im Gegensatz zu anderen theosophischen Einrichtungen vom Zugriff durch die Nationalsozialisten verschont.

Die Zeit des Nationalsozialismus bildete für die Anthroposophie eine Unterbrechung, nach der ihr Aufstieg zu einer der großen alternativkulturellen Organisationen in Deutschland bevorstand, während die theosophischen Konkurrenten in die Marginalität absanken. Die inneranthroposophischen Zwistigkeiten aus der Vorkriegszeit waren allerdings damit noch nicht überwunden. Der Nachlaßstreit flammte 1949 erneut auf, nachdem Marie Steiner mitten im Krieg, am 3. Juni 1943, einen Nachlaßverein gegründet hatte[66] und ihre Vorstandskollegen und ehemaligen Verbündeten Steffen und Wachsmuth von der Mitarbeit ausschloß. Sie konnte 1949 mit Hilfe des Obergerichts des Kantons Solothurn die Anthroposophische Gesellschaft zwingen, auf die Herausgabe der Werke Steiners zu verzichten[67]; zeitweilig wurden Steiners Bücher nicht mehr im Goetheanum verkauft[68]. Letztlich erlöste erst der Tod von Marie Steiner (1948) und Steffen (1963) die Anthroposophische Gesellschaft von den unversöhnlichen Fehden der Gründergeneration. Bis heute gibt es aufgrund dieser Geschichte zwischen Nachlaßverwaltung und Anthroposophischer Gesellschaft, die in Rufweite auf dem Dornacher Hügel sitzen, keine institutionellen Kontakte[69]. Aber in den letzten Jahren hat sich das Klima zu einem eher freundlichen und kooperativen Miteinander entspannt.

---

[63] Werner: Anthroposophen in der Zeit des Nationalsozialismus, 76–80. 146–152.

[64] Ebd., 236. 317 f.

[65] Ebd., 157 f.

[66] Sine Nefas, hg. v. K. Day u. a., 119.

[67] Ebd., 141–143.

[68] Zeylmans: Ita Wegman und die Anthroposophie, 200.

[69] Wehr: Rudolf Steiner, 407. Zur Nachkriegsentwicklung vgl. neben den anthroposophischen Zeitschriften Plato: Zur Entwicklung der Anthroposophischen Gesellschaft, 101–125, und Kreutzer: Starke Einheit in der freien Vielfalt, 107–125.

Die heutige Situation der Anthroposophischen Gesellschaft läßt sich als Ausblick im Rahmen einer historischen Darstellung nur als unsortiertes Puzzle darstellen. Sie dürfte mit über 50.000 Aktiven in allen Kontinenten inzwischen die größte Vereinigung mit theosophischen Wurzeln bilden, die Adyar-Theosophie zählt gut 30.000 Mitglieder[70]. Die Anthroposophische Gesellschaft ist damit die dynamischste Gruppe theosophischer Tradition. Durch ihre Praxisfelder übt die Anthroposophie eine breite gesellschaftliche Wirkung aus, die weit über die Mitglieder und Sympathisanten hinausgeht. Zu den noch zu Steiners Lebzeiten erschlossenen Feldern sind weitere Bereiche getreten, etwa die anthroposophischen Banken (Gemeinschaftsbank für Leihen und Schenken, Bochum / Triodos-Bank, Zeist) oder die 1982 gegründete Universität Witten-Herdecke. Überzeugte Anthroposophen sehen allerdings hier auch ein Problem: Die Akzeptanz der weltanschaulichen Grundlagen bleibe vergleichsweise gering, Anthroposophie werde pragmatisch genutzt, will man nicht gar sagen: ausgenutzt[71]. Gleichwohl ist Steiners Werk eine zentrale Umschlagsstelle für esoterisches Denken und theosophische Vorstellungen, zumindest in Deutschland. Durch die Veröffentlichung seines Œuvres, das weitestgehend frei einsehbar ist, verringert sich zwar die Abhängigkeit seiner Gedankenwelt von der Anthroposophie, doch noch herrscht ein fast symbiotisches Verhältnis seines Denkens mit der Anthroposophischen Gesellschaft: Sie ermöglicht vermittels der Nachlaßverwaltung die Edition, und sie steuert durch vereinsinterne Diskussionen und durch ihre Veröffentlichungstätigkeit die Interpretation in beträchtlichem Ausmaß. Die Anthroposophische Gesellschaft ist, unbeschadet freier anthroposophischer Vereinigungen und individueller Aneignungen, die zentrale organisatorische Größe bei der Beschäftigung mit dem Werk Steiners.

---

[70] Stand Ende 2003; freundliche Mitteilungen seitens der Anthroposophischen Gesellschaft (Heinrich P. Libardi) und der Theosophischen Gesellschaft Adyar (Conrad Jamieson).

[71] Vgl. die Monita in: Anthroposophische Gesellschaft an der Jahrtausendschwelle, hg. v. J. Wittich / Th. Stöckli, 166. 181. 250.

## 3.9 Theosophische Gesellschaft Point Loma (Katherine Tingley)

| | |
|---|---|
| Gründungsdatum | 24. Juni 1896 |
| Eigenname | Theosophische Gesellschaft in Deutschland; heute: Theosophische Gesellschaft Pasadena |
| Vorsitzende | Franz Hartmann (1896/97), Paul Raatz (1897)?, J. Th. Heller |
| amerikanische Muttergesellschaft | Theosophical Society in America |
| Vorsitzende | William Quan Judge/Katherine Tingley |
| Adressen | Königgrätzerstr. 67, Berlin SW (März 1889 bis Februar 1899[1]; ab 1.4.1899 Großbeerenstr. 3 (beide Adressen waren zugleich die Wohnungen von Paul Raatz)[2]. Nachweisbar seit 13.3.1902 Nürnberg, Obere Turmstraße 3; spätestens ab April 1909 Nürnberg, Vestnertorgraben 13[3] |
| Verlag | Verlag J. Th. Heller |
| Zeitschriften | Universale Bruderschaft, fortgesetzt als: Der Theosophische Pfad |

Seit der Sezession der amerikanischen Theosophen unter William Quan Judge im Jahr 1895 (s. o. 3.2.5) existierte in Amerika eine von Adyar unabhängige theosophische Gesellschaft. An die Spitze der Theosophical Society in America trat nach Judges Tod am 16. März 1896 Katherine Tingley (1852–1929)[4]. Sie entstammte einer puritanischen Familie, mit deren Glauben sie aber gebrochen hatte. Ihre drei Ehen blieben kinderlos, und an der Erziehung von Adoptivkindern in den 1880er Jahren scheiterte sie; sie war allerdings in den 1880/90er Jahre in anderen Bereichen sozial engagiert. Eine religiöse Prägung ist für die achtziger Jahren, wenn überhaupt, nur im Spiritismus nachweisbar[5], aber diese Verbindung galt der späteren Theosophin, wie durchgängig unter ihresgleichen, als mesalliance und wurde von ihren Biographen zu Beginn des 20. Jahrhunderts denn auch bestritten[6].

Die wohl erst um 1890 zur Theosophie gestoßene Tingley avancierte bald zur Führungsfigur der Judge-Fraktion. Den Machtkampf um seine Nachfolge entschied sie gegen Ernest T. Hargrove (?-1939) vermittels einer »okkulten«, offenkundig spiritistisch imprägnierten Legitimation in einer Séance, in der sie sich als Nachfolgerin bestätigen ließ. Bereits zwei Wochen nach Judges Tod, am 29. März 1896, wurde sie zu seiner Nachfolgerin bestimmt[7]. Ihre theosophische

[1] Vgl. die entsprechenden Hefte der Zeitschrift »Universaler Bruderbund«.

[2] Theosophisches Leben 2/1899–1900, 15.

[3] Der letzte Hinweis auf die Obere Turmstraße findet sich im Märzheft 1905.

[4] Zu Biographie und Lebenswerk Greenwalt: California Utopia.

[5] Informationen zu frühen Jahren ebd., 13 f.

[6] »Madame Tingley hat eine starke Abneigung gegen Hypnotismus, Spiritismus, okkulte Phänomene und psychische Praktiken, an denen die frühere Theosophische Gesellschaft so reich war«; Amende: Katherine Tingley's Werk, 191.

[7] Greenwalt: California Utopia, 16 f. Zur Auseinandersetzung mit Hargrove siehe Campbell: Ancient Wisdom Revived, 133–136, und Cooper: The Esoteric School Within the Hargrove Theosophical Society, 178 f.

Weltanschauung war, wie auch diejenige von Judge, nicht besonders stark von asiatischen Traditionen bestimmt, der in Blavatskys Augen »Western Occultism as the Essence combined out of all others« gesehen hatte[8].

Tingely vermittelte der amerikanischen Theosophie ein eigenständiges Gepräge, insbesondere in ihrem sozialen Engagement und durch die Gründung der utopischen Siedlung in Point Loma im Jahr 1900, wohin sie in diesem Jahr auch den Sitz der Gesellschaft, die bis dato in New York residiert hatte, verlegte; 1942 mußte das Anwesen in Point Loma aufgegeben und der Sitz nach Covina verlagert werden, heute befindet er sich in Pasadena. Für die Adyar-Theosophie blieb die Trennung der Theosophical Society in America aber nicht die einzige Sezession. Von der durch Besant reorganisierten Adyar-Theosophie trennte sich in den 1920er Jahren erneut eine größere Gruppe unter Alice A. Bailey (1880–1949) als Theosophical Association ab[9].

Unmittelbar nach ihrem Amtsantritt nahm Tingley den Kampf mit Olcott und Besant auf. Bereits am 8. Juni 1896 zog sie (bis 1897) zu einem »Kreuzzug« für die Theosophie durch Europa, um der Entwicklung der »Rasse«, die »Brüderschaft« verwirkliche, zum Durchbruch zu verhelfen[10]. Aber machtpolitisch wollte sie eine Adyar-unabhängige Organisation einrichten, wenn sie nicht gar die Hoffnung hegte, die Adyar-Logen auf ihre Seite ziehen zu können[11]. Dadurch entstanden Logen der Tingley-Theosophie in Europa und auch in Deutschland, doch in Österreich, Italien und Griechenland durfte sie aufgrund restriktiver staatlicher Auflagen nicht für ihre Theosophie werben[12]. 1897 schlug Besant zurück, als sie zusammen mit Constanze Gräfin Wachtmeister Amerika besuchte, um die Anhänger Tingleys wieder an Adyar zu binden[13]. Sie konnte dabei respektable Erfolge vorweisen, fünfzig Logen und tausende Mitglieder soll die Adyar-Theosophie danach gezählt haben[14]. 1901 folgte ein Amerikaaufenhalt Olcotts, ebenfalls mit dem Ziel, der Adyar-Theosophie wieder zur Dominanz zu verhelfen[15].

Zugleich hatte Tingley mit Spannungen in ihrer eigenen Gesellschaft zu leben, da Ernest Hargrove versuchte, sie in der Convention Mitte Februar 1898 zu stürzen. Da Tingley von diesem seit August 1897 laufenden Plan vorab erfahren hatte, ließ sie in einem Überraschungscoup eine neue Satzung beschließen und verdrängte Hargrove, der daraufhin eine eigene Gesellschaft gründete (s. u. 3.10). Hargrove gelang es auch durch gerichtliche Schritte nicht, diesen Vorgang rückgängig zu machen[16]. Nach diesen Auseinandersetzungen blieb Tingley bis zu ihrem Lebensende die unumstrittene Führungsfigur in der verbliebenen Gesellschaft.

---

[8] Blavatskys Einschätzung von Judge zit. nach Greenwalt: California Utopia, 31.

[9] Santucci: Bailey, Alice Ann.

[10] »Internationale Brüderschafts Liga« [sic], Faltblatt, offenbar für den theosophischen Kreuzzug, datiert New York 13.9.1897, Text unterzeichnet von Tingley, S. 2, in: Nachlaß Hübbe-Schleiden, 813.

[11] Propagandamaterial dazu im Nachlaß Hübbe-Schleiden, 813.

[12] Greenwalt: California Utopia, 23–34; restriktive Auflagen ebd., 29.

[13] Ebd., 35.

[14] Campbell: Ancient Wisdom Revived, 136; Mitgliederzahl S. 114.

[15] Greenwalt: California Utopia, 51.

[16] Ebd., 37–40.

Sie begann in den folgenden Jahren mit der Realisierung ihres Lebenswerks, der theosophischen Siedlung Point Loma, bei San Diego an der kalifornischen Küste gelegen. Hier setzte sie sozialreformerische Interessen in einem Ausmaß um, das die Theosophie in Deutschland in diesen Jahren nicht kannte. Die Vereinigung der »Sisters of Compassion« entstand bereits 1898 aufgrund der Notwendigkeit, verwundete, durchziehende Soldaten zu verpflegen. Seit 1900 errichtete sie in Point Loma große Gebäude, teilweise als Umbauten alter, teilweise durch die Errichtung neuer Bauten, unter anderem einen Rundtempel, ein Amphitheater und vor allem die Raja-Yoga-Akademie zur Erziehung von Kindern[17]. Diese pädagogischen Anstrengungen bildeten den Schwerpunkt der Arbeit in Point Loma. 1900 hatte die Raja-Yoga-Akademie fünf, ein Jahr später über hundert Schüler. Tingley hat dabei sicher reformpädagogische Impulse verarbeitet, so wurden hier sowohl Jungen als auch Mädchen erzogen (ob koedukativ, ist unklar). Auch die dramatischen Aufführungen, musische Elemente oder der Verzicht auf Strafen verweisen auf die Reformpädagogik, während die zumindest in den ersten Jahren abgehaltenen drillartigen Exerzierübungen am Beginn eines Tages aus der traditionellen Pädagogik kamen. Auf Kritik stieß allerdings die offenbar rigide Trennung der Kinder von ihren Eltern[18]. Eine eigene Landwirtschaft gab es in Point Loma seit 1905, wozu auch eine Seidenraupenzucht mit industrieartiger Verarbeitung gehörte. Wie sehr sie lebensreformerischen Zielen nahestand, dokumentieren einige ihrer Kampagnen: Antivivisektionismus, Abschaffung der Todesstrafe, Gefangenenfürsorge und Friedensarbeit[19]. Insbesondere ihr pazifistisches Engagement war höchst bemerkenswert (s. 14.3.1e).

Tingleys Theosophie und das Ensemble in Point Loma waren zu ihren Lebzeiten praktisch identisch. Diese Konzentration führte de facto zur Ausdünnung der übrigen Tingley-Logen in den Vereinigten Staaten, deren Mitglieder bei einer Auflösung meist in die Theosophische Gesellschaft Adyar wechselten. Andere Gruppen spalteten sich nach der Sezession Hargroves ab oder wurden bei unzureichender Unterordnung unter Tingleys »dictatorship« ausgeschlossen, etwa Robert Crosbie, der daraufhin die »United Lodge of Theosophists« gründete. Per saldo war all dies dem Wachstum von Tingleys »Bruderschaft« nicht zuträglich, 1926 dürfte sie nur etwa 5.000 Mitglieder gehabt haben[20]. Am 31. Mai 1929 verunglückte Tingley bei einem Deutschlandaufenthalt mit einem Auto nahe Osnabrück[21], bei dem sie sich zwar »nur« einen zweifachen Bruch des rechten Beines und Prellungen zuzog[22],

---

[17] »Sisters of Compassion«: Greenwalt: California Utopia, 41; Bautätigkeit ebd., 48.

[18] Pädagogische Arbeit ebd., 56–99; Anzahl der Schüler ebd., 77. 79; Aufführungen ebd., 43; musische Elemente ebd., 82; Strafen ebd., 83; Drill ebd., 84; Kritik an der Isolation der Kinder ebd., 80.

[19] Landwirtschaft ebd., 137. 151; Kampagnen ebd.167–180.

[20] Wechsel in die Adyar-Theosophie ebd., 181; Crosbie ebd., 181; Mitgliederzahl 1926: ebd., 181. Ob es sich dabei um die Mitglieder in Amerika oder in der ganzen Welt handelte, ist unklar. Dieser Schätzung von Greenwalt steht eine Angabe von 50.000 Mitgliedern gegenüber, die Joseph H. Fussell, der Generalsekretär der Bruderschaft, im gleichen Jahr machte.

[21] Das Theosophische Forum 1 / 1930, 4. Greenwalt: California Utopia, 192, lokalisiert das Unglück in der Nähe der holländischen Grenze.

[22] Greenwalt: California Utopia, 192. In der Zeitschrift Theosophie 17 / 1928–29, 319, war in Berufung auf einen Artikel des Svenska Dagbladet vom 12. August 1929 von beiden gebrochenen Beinen – explizit »rechts und links« (ebd., 320) – die Rede.

gleichwohl aber am 11. Juli 1929 im schwedischen Visingö, wohin sie sich aus dem Krankenhaus Osnabrück hatte verlegen lassen, an den Folgen des Unfalls verstarb[23]. Für das Anwesen in Point Loma bedeutete ihr Tod mittelfristig das Ende. Tingley hatte den Ort zwar zu einem eindrucksvollen Zentrum gemacht, nicht zuletzt aufgrund ihrer Fähigkeit, sehr viel Geld – Hunderttausende von Dollars – zu akquirieren. Gleichwohl war sie unfähig, diesen großen Komplex finanziell abzusichern. Unter ihrem Nachfolger Gottfried von Purucker (1874–1942) mußte Point Loma verkauft werden[24].

In Deutschland existierte seit dem »Kreuzzug« von 1896 ein Zweig der Theosophical Society in America. Er wurde am 24. Juni 1896 in Anwesenheit Tingleys und Hargroves als Universale Bruderschaft mit 25 Mitgliedern in Berlin gegründet[25], die sich den offiziellen Namen Theosophische Gesellschaft in Deutschland gab[26]. Kurzzeitig trat Franz Hartmann an ihre Spitze und fungierte als »Presid[ent] der T.S. in G. [Germania]«[27], Theodor Reuß assistierte als Vizepräsident[28]. Zu dieser Vereinigung zählten acht Logen[29], die sich aber teilweise aufgrund deutscher Vereinsgesetze formal der deutschen Point Loma-Gesellschaft nicht anschließen durften[30]. Auf der Generalversammlung am 25. April 1897 sollen »ca. 5.000 Teilnehmer« gezählt worden sein[31].

Hartmann hatte an dieser Konvention noch teilgenommen, doch gründete er am 3. September 1897 seine eigene Gesellschaft, die Internationale Theosophische Verbrüderung (s. u. 3.11). Die Tingley-Theosophie bestand aber unter Paul Raatz und dem Nürnberger Ingenieur J. Th. Heller[32] als »deutsche Sektion« der ameri-

---

23 Greenwalt: California Utopia, 193 (Verlegung); Tod nach: Theosophie 17 / 1928–29, 319.

24 Geldakquisition: Greenwalt: California Utopia, 183 f. Nach dem Übergang an einen Privatmann gehörte das Gelände der Balboa University, seit 1973 ist es im Besitz dem »Pasadena College of the Church of the Nazarene« ebd., 206.

25 Datum nach: Universaler Bruderbund 1 / 1898–99, 48. Frick: Die Erleuchteten, II / 2, 300, gibt allerdings das Datum 30. August 1896 an; Frick berichtet auch die Anwesenheit von Tingley und Hargrove.

26 Frick: Die Erleuchteten, II / 2, 300. Frick berichtet von einem Vortreffen im kleinen Kreis am 27. August. 1896 war auch in New York ein deutscher Zweig (»Germania«) innerhalb der Theosophie Tingleys gegründet worden; Theosophisches Leben 2 / 1899–1900, 15.

27 Lotusblüthen 6 / 1897, 466.

28 Frick: Die Erleuchteten, II / 2, 300.

29 Ebd., II / 2, 307. Um welche Städte es sich handelte, ist unklar. Für 1897 wird in den Lotusblüthen 6 / 1897 (in: Theosophische Rundschau), 62, die Eröffnung einer Loge in Hamburg mit 6 Mitgliedern berichtet.

30 Die am 10.6.1897 in Dresden gegründete Theosophische Vereinigung »fühlt sich durchaus als Zweig der Theosophischen Vereinigung in Europa (Deutschland), wenn ihr auch der offizielle Anschluss als solcher durch das sächsische Vereinsgesetz verboten ist«; Lotusblüthen 6 / 1897 (in: Theosophische Rundschau), 131.

31 Ebd., 47. Die Institutionalisierungsgeschichte hat sich aus unbekannten Gründen aber noch länger hingezogen. Am 16. März 1898 erst beschloß etwa die »Loge No. 1« (Berlin?), die »Konstitution des ›Universalen Bruderbundes‹ anzunehmen, worauf ihr erst der Charter ausgehändigt wurde; Universaler Bruderbund 1 / 1898–99, 32. Die Bibliothek dieser Loge wurde im Herbst 1898 eingerichtet (ebd., 64).

32 Berufsbezeichnung nach: Der Theosophische Pfad 23 / 1924, 312. Über Heller ließen sich keine weiteren biographischen Daten ermitteln. Ob er in Verbindung mit Friedrich Heller (1836–1911) stand, der 1858 die »Fabrik elektrischer Apparate für Telephonie und Signalwesen« in Nürnberg eröffnet hatte (nach: Nürnberger Stadtlexikon [online]), ist unklar. Heller wohnte zuerst in der Oberen

kanischen Theosophie weiter[33]. Zugleich löste sich 1897 The Temple of the People mit Sitz in Halcyon von Tingleys amerikanischer Theosophie, der aber erst 1931 eine eigenständige deutsche Organisation bildete (s. u. 3.13); schließlich trennten sich 1898 die Hargrove und Johnston folgenden Theosophen (s. u. 3.10).

Die genauen Umstände, wie sich in Deutschland die Hargrove/Johnston-Fraktion und derjenigen Tingleys, um die es im folgenden geht, trennten, lassen sich aufgrund fehlender Unterlagen momentan nicht aufklären[34]. Tingleys-Theosophen werden erst am 13. März 1902 wieder greifbar, als das erste Heft der Blätter für Universale Bruderschaft, später Universale Bruderschaft und seit 1910 Der Theosophischen Pfad, erschien. Die Schriftleitung übernahm Heller; nach seinem Tod (1925?) stellte das Blatt seine Erscheinen ein[35]. In dieser Zeitschrift dominierten Übersetzungen aus amerikanischen theosophischen Zeitschriften, insbesondere dem Universal Brotherhood Path; Vereinsnachrichten waren selten, in vielen Jahrgängen fehlten sie ganz[36]. Der erste Jahrgang war noch handgeschrieben und hektographiert, vom zweiten Jahrgang an handelt es sich um eine opulente Veröffentlichung mit Bildbeigaben, die zeitweise, zwischen 1909 und 1911, sogar als illustriertes Magazin erschien. Wie bei anderen theosophischen Zeitschriften wird man auch hier mit einer Fremdfinanzierung, möglicherweise durch die amerikanische Muttergesellschaft (deren Gebäude in Point Loma in keiner Ausgabe als Bild fehlte) rechnen.

Über die Vereinsgeschichte erfährt man in den ersten Jahrgängen nichts. In den Inhalten[37] lassen sich aber zwei Schwerpunkte der Tingley-Theosophie er-

---

Turmstraße 3, später Vestnertorgraben 13, betrieb eine Buchhandlung und verlegte die Schriften der Tingley-Theosophie im Selbstverlag.

[33] Fischer: 100 Jahre »Theosophische Gesellschaft«, 25; sie war jedoch zu diesem Zeitpunkt nicht, wie Fischer schreibt, die deutsche Sektion der Theosophischen Gesellschaft »Point Loma«, da die Tingley-Theosophie erst im Jahr 1900 nach Point Loma umzog. Seine Angaben sind auch ansonsten hinsichtlich der Geschichte der deutschen Gruppierungen der amerikanischen Theosophie unpräzise.

[34] Das Verhältnis der unterschiedlichen Gruppen ist augenblicklich nicht ganz genau zu durchschauen. Am 27. März 1898 traten die Zweige der »Theosophischen Gesellschaft Europa (Deutschland)« »der von Mrs. Tingley geschaffenen neuen Organisation ›Universaler Bruderbund‹« bei; Anonym: Beschlüsse der General-Versammlung der T.G.E. (D.) am 27. März 1898, 10. Die Sezession in Amerika war zu diesem Zeitpunkt in vollem Gang. Vielleicht erklärt das laufende oder noch nicht nach Europa übermittelte Verfahren, daß Raatz zu diesem Zeitpunkt noch zur Tingley-Theosophie zählte.

[35] Theosophie 17/1928–29, 320; s. u. Anm. 76.

[36] Dies gilt auch für die seit 1917 erscheinende Beilage »Die theosophische Warte«.

[37] Die Inhalte der Theosophie Tingleys stimmen in ihren Grundstrukturen mit denen der anderen theosophischen Gesellschaften überein; vermutlich gilt dies auch für viele Details. Die achtzehn Theosophischen Handbücher im Verlag für Universale Bruderschaft und Theosophie, die zwischen 1913 und 1925 in der Vereinszeitschrift offeriert wurden (Bd. I–VI auf den Umschlägen in: Der Theosophische Pfad 12/1913–14, die Bände VII–XII ebd., 18/1919–20, die Bände XIII–XVIII ebd., 24/1925, 112), lassen jedenfalls auf keine größeren Abweichungen schließen:

| | | | |
|---|---|---|---|
| I. | Elementare Theosophie | IX. | Psychismus, Geisterlehre und die Astralebene |
| II. | Die sieben Prinzipien des Menschen | X. | Das Astrallicht |
| III. | Karma | XI. | Psychometrie, Hellsehen u. Gedankenübertragung |
| IV. | Reinkarnation | XII. | Der Engel und der Dämon |
| V. | Der Mensch nach dem Tode | XIII. | nicht genannt (Titel nicht ermittelbar) |
| VI. | Kâmaloka und Devachan | XIV. | Von Gott und vom Gebet |
| VII. | Lehrer und ihre Jünger | XVII. | Die Erde, ihr Ursprung, ihre Runden und Rassen |
| VIII. | Die Lehre von den Zyklen | XVIII. | Die Söhne des Feuernebels |

kennen: Zum einen scheint die Hoffnung auf ein »neues Zeitalter« hier besonders ausgeprägt gewesen zu sein. Diese Erwartung findet sich zwar quer durch alle theosophischen Gruppen, aber die rhetorische Verve und die Vielzahl der Belege sind im Überblick auffällig[38] und möglicherweise ein Spezifikum der amerikanischen Theosophie, die damit später der New Age-Bewegung wichtige Impulse vermittelt hat. Zum anderen nahm die Erziehungsarbeit eine herausgehobene Stellung ein. Zumindest in der außerdeutschen Theosophie gab es vergleichbare Aktivitäten, etwa Besants Erziehungsprogramme, aber gegenüber der Distanz zu sozialen Fragen bei deutschen Theosophen war dies bemerkenswert. Praktische Auswirkungen fehlten zwar bei den Tingley-Theosophen in Deutschland, aber zumindest gab es eine hohe Präsenz von Erziehungsfragen in der deutschen Vereinszeitschrift[39].

1927 besuchte Tingley Deutschland. Sie war über England, Russland, Schweden und Holland gekommen, wo sie am 23. November 1907, einem Montagabend, in Nürnberg abstieg. In ihrer Begleitung befand sich Gottfried von Purucker, der ihr Nachfolger werden sollte. Der Besuch fiel wesentlich kürzer aus als vorgenommen, da sie sich in der Schweiz »einige Wochen« von einer Erkrankung, die sie sich auf der Reise zugezogen hatte, »auf ärztliche Verordnung hin« erholt hatte. Am 27. November hielt sie ihren öffentlichen Vortrag »im grossen Musiksaale des ›Industrie- und Kulturvereins‹«, der wohl den Höhepunkt ihres Aufenthaltes bilden sollte. »Nach einigen Orgelvorträgen ... erschien Frau Tingely in einem elfenbeinfarbigen, griechischen Gewand, Haar und Kleid mit Blumen geschmückt«. Ihren Vortrag hielt sie auf Englisch, anschließend wurde er »auszugsweise in deutscher Sprache wiedergegeben«. Bereits am folgenden Samstag reiste sie nach England weiter[40].

Gesellschaftspolitische Aktivitäten gab es in der deutschen Sektion offenbar kaum, aber die amerikanische Muttergesellschaft hielt daran fest und transportierte ihre Intentionen auch nach Deutschland. Der Generalsekretär Joseph H. Fussell wurde 1910 mit einem Referat von Positionen Tingleys wiedergegeben. Sie habe erwähnt die

> »Errichtung des großen Heimstatt-Gebäudes, ... die verschiedenen Raja Yoga-Schulen und Akademien, ... die Arische Theosophische Druckerei ... zur Veröffentlichung der Theosophischen Literatur, einschließlich des *Theosophical Path* und verschiedener an-

---

[38] Vgl. exemplarisch: Univerale Bruderschaft 3 / 1904–05, Heft 6, Sept. 1904, S. 1: »Ein neues Zeitalter steht vor uns.«; »Ein neues Zeitalter«, ebd., 4 / 1905–06, 96; Anonym: Die Zeichen einer neuen Zeit, Der Theosophische Pfad 10 / 1911–12, 57; Amende: An der Schwelle einer neuen Zeit, ebd., 295–300.

[39] Vgl. auch hier nur exemplarisch Anonym: »Das Problem der Erziehung«; Anonym: Die Wiederbelebung des Alten Dramas. Zur »Friedensarbeit« nach dem Ersten Weltkrieg vgl. Anm. 63; bei den »öffentlichen Sonntagsveranstaltungen« fand am 17. November 1923 in Nürnberg eine »Sonderveranstaltung« zum »Erziehungsproblem« statt, s. Universale Bruderschaft, 19 / 1920–21, 139; 1922 lautete ein Vortragsthema »Theosophie und die höhere Erziehung der Jugend«, ebd., 21 / 1922, 85.

[40] Universale Bruderschaft 6 / 1907–08, 214 (Schweizer Aufenthalt); ebd., 215 (Vortrag, Vortragsort, Auftreten, Kleidung); ebd., 216 (Vortragssprachen, Weiterreise). – Zu den Vortragsgästen gehörte auch Christian Geyer (s. 18.2.6), der sich an eine Frau in einem »weißen Kleid., um das effektvoll eine Girlande frischer Rosen geschlungen war« und eine Rede »mit viel Feuer und Zungenfertigkeit« erinnerte; Geyer: Heiteres und Ernstes, 244.

derer Werke, … das Isis-Konservatorium für Musik und Drama, die Abteilungen für Künste und Kunsthandwerk, die industriellen Abteilungen, welche Forst- und Landwirtschaft, Straßenbau, chemigraphische Kunstanstalt, chemisches Laboratorium, Landschaftsgärtnerei und viele andere Handwerksgebiete umfassen.«[41]

Realisiert wurden solche Intentionen in Deutschland erst nach dem Krieg – in der Anthroposophischen Gesellschaft.

Im Herbst 1912 war Tingley erneut in Europa, besuchte allerdings Deutschland nicht[42]. Ebensowenig tat sie dies im Sommer 1913, als sie auf dem Weg zum »Internationalen Theosophischen Friedens-Kongress« im schwedischen Visingö zwar in Bremen anlandete und auf der Rückfahrt in den Niederlanden Station machte[43]. Gründe für die Abstinenz werden nicht genannt[44]. Im Jahr 1914 suchte die Theosophische Gesellschaft Point Loma immerhin auf der Internationalen Ausstellung für Buchgewerbe und Graphik in Leipzig die öffentliche Aufmerksamkeit auf sich zu ziehen, hier war man mit einer Präsentation theosophischer Grundlagenliteratur vertreten.

Bemerkenswert ist allerdings im Kontext der Vorgeschichte des Ersten Weltkriegs und seiner sich steigernden Kriegsdrohungen der Visingöer Friedenskongreß (22. bis 29. Juni 1913), der vermutlich sowohl konkreten Kriegsbefürchtungen als auch den pazifistischen Auffassungen Tingleys entsprang: »Obgleich wir von den Schrecken des Krieges lesen«, meinte sie während der Veranstaltung, »sind wir doch geneigt, in der Freude über unsere nationalen Siege der [sic] furchtbaren Opfer von Menschenleben zu vergessen.«[45] Auf einen bevorstehenden Krieg finden sich zwar im Ankündigungsblatt keine direkten Hinweise[46], aber Kenneth Morris sah die ›starken Heere‹ und daß die Vereinbarungen der Haager Konferenz in den Wind geschlagen würden[47]. Zu den Spannungsgründen zählte für die Point Loma-Theosophen auch die »Rassen«frage. Aber in einer eigentümlichen Ambivalenz wurden Internationalismus und Rassismus verschränkt:

»Die Theosophische Bewegung … glaubt nicht an Rassenüberlegenheit als ein grundlegendes Prinzip; (obgleich natürlich zu irgend einer gegebenen Periode irgend eine Rasse, bezw. Rassen die überlegeneren sein werden)«[48].

---

[41] Fussell: Die Universale Bruderschaft und Theosophische Gesellschaft, 80; Tingleys Aussagen stammen aus einem Artikel im Metropolitan Magazine vom Oktober 1909.

[42] Tingley war mindestens zwischen dem 29. Oktober und dem 22. November in Schweden, anschließend in Dänemark; Der Theosophische Pfad 11 / 1912–13, 404–407. 484–499.

[43] Zu Bremen Bratt: Die Friedensreise Katherine Tingleys, 1. Am 13. August war sie in Amsterdam (ebd., 11 / 1912–13, 397), am 27. August in Arnheim (ebd., 309).

[44] Tingley sei, heißt es schlicht, »verhindert« gewesen, nach Deutschland zu kommen (ebd., 12 / 1913–14, 265).

[45] Vgl. den Kongreßbericht, ebd., 12 / 1913–14, 181–196. 253–262.

[46] Internationaler Theosophischer Friedens-Kongress, 22.–29. Juni 1913, Visingö, Schweden« (beigebunden dem Exemplar des Theosophischen Pfades 11 / 1912–13 der Stadtbibliothek Frankfurt a. M., nach S. 53 [Beginn von Heft 2, Mai 1913]).

[47] Ebd., 12 / 1913–14, 103.

[48] Ebd., 111.

Krieg sollte durch die Prägung des Individuums vermieden werden: »Nur durch Veredelung des Einzellebens kann ein sicherer Grund für wirksame Friedenspropaganda gelegt werden«[49], meinte Tingleys Mitarbeiter Joseph H. Fussell in einem Kongreßvortrag. Tingley selbst sah ihre Aufgabe vornehmlich in der Erziehung und dabei in der Pflicht, »die göttliche Natur in den Menschen zu wecken«[50]. In diesen Kontext gehört auch die Grundsteinlegung des »Raja-Yoga-Schulgebäudes« auf Visingö[51], die ihre pädagogischen Ambitionen in Europa präsent machen sollte. Auch die Proteste gegen die Todesstrafe in der Folgezeit kann man als eine wenig konforme Haltung gegenüber den Militarisierungstendenzen der europäischen Gesellschaften lesen[52]. Ein spezifisch politisches Programm zur Konfliktprophylaxe wurde in der Programmatik der Point Loma-Theosophie nicht sichtbar, aber bemerkenswert bleibt die Distanz zum zeitgenössischen Säbelrasseln allemal.

Unmittelbar nach Kriegsausbruch dokumentierte Tingley in einem offenen Brief, datiert auf den 4. August 1914 und veröffentlichte im Oktoberheft der deutschen Vereinszeitschrift Der Theosophische Pfad, die Ernsthaftigkeit ihres Pazifismus.

> »Meine Sympathie ist mit jedem Lande. International im Geiste, leidet mein Herz für alle. … Jene, welche angegriffen worden sind, und jene, welche angriffen, verdienen unsere mitleidsvolle Rücksichtnahme … Seid vorbereitet, nach dem Kriege zu helfen! Es besteht bereits schwerer Kummer genug in den Heimen vieler Eures Landes und anderer Länder, und er wird noch mehr werden.«[53]

Auch in einer Stellungnahme des deutschen Zweiges drückte sich dieser Internationalismus aus, wenngleich der Spagat hinsichtlich der Loyalität zur jeweils eigenen Nation den Spannungsbogen fühlbar prägte: Einerseits wurde die »Zusammengehörigkeit aller Menschen zu *einer* großen Familie« betont[54], andererseits »lehrt« die

> »Theosophie … auf eindringliche Weise die Erfüllung der Pflichten, die jedem in seinem Stand, als Bürger der Gemeinde, der Stadt und des Staats zukommen, eine Forderung, die sich unmittelbar auch aus den Pflichten ergibt, die wir der ganzen Menschheit schuldig sind«[55].

Tingley hielt ihre prinzipiell kriegskritische Position bei. Am 29. September 1914 sang der Raja Yoga-Chor auf einer Anti-Kriegskundgebung in San Diego[56], im Januar 1915 wetterte sie gegen den Krieg. Man sehe,

---

[49] Ebd., 235 f.
[50] Ebd., 253.
[51] Vgl. Internationaler Theosophischer Friedens-Kongress.
[52] Der Theosophische Pfad 13/1914–15, 181–183 und 481–483, auch 18/1919–20, 97 (1919); auch 5/1921, 77 f.
[53] Ebd., 13/1914–15, 308.
[54] Anonym: Was uns Theosophie in der gegenwärtigen Zeit zu sagen hat. Ein Vortrag, gehalten in der Zentrale für Theosophische Propaganda in Deutschland, Sitz Nürnberg, im Luitpoldhaus am 18. Oktober 1914, ebd., 13/1914–15, 314–325, S. 316.
[55] Ebd., 322.
[56] Ebd., 484.

> »daß die Völker aller Länder – kein einziges ausgenommen – trotz ihrer Ideale und Anstrengungen, in ihrer Weise eine Verbesserung herbeiführen zu wollen, in ihrer Blindheit vollständige Sklaven der Fleischtöpfe Ägyptens, Anhänger des allmächtigen Dollars, Verehrer der selbstsüchtigen Gewalt und der persönlichen Vorherrschaft geworden sind«[57].

Vom 22. bis zum 25. Juni 1915 rief sie in Point Loma ein – allerdings fast nur aus Theosophen bestehendes[58] – »Parlament des Friedens und der Universalen Bruderschaft« ein. Es besitze »in zweiundzwanzig Ländern nationale Vertreter, von welchen die Vertreter von siebzehn Ländern den Eröffnungszeremonien … beiwohnten, während die anderen ihre Grüße und die Versicherung der Mitarbeit übermittelten«; Teilnehmer aus Holland, England, Schweden, Südschweden und den Vereinigten Staaten wurden konkret genannt[59]. Der »Arische Tempel« hieß nun »Tempel des Friedens«, Tingley hielt eine flammende Anti-Kriegs-Rede, und auf einem Umzug wurde ein Panier »A Protest against War« gezeigt[60]. Zu einer stärkeren Politisierung der Kriegsfrage haben aber offenbar auch ihre verschärften Invektiven (jedenfalls in Deutschland) nicht geführt. Im Februar/März-Heft wurden im Theosophischen Pfad Zitate aus Blavatskys »Schlüssel zur Theosophie« abgedruckt, die die apolitische Programmatik der Theosophie aufriefen:

> »Fragesteller: Beteiligen Sie sich irgendwie an Politik?
> Theosoph: Als Gesellschaft meiden wird sie sorgfältig … Politische Reformen anzubahnen suchen, ehe wir nicht eine Reform der ›menschlichen Natur‹ herbeigeführt haben, heißt ›neuen Wein in alte Schläuche füllen‹.«[61]

Leider erfahren wir in der deutschen Vereinszeitschrift nicht, wie sich Tingley zum Krieg nach dem Eintritt der USA in den Ersten Weltkrieg stellte. Und wüßte man nicht, daß es 1918 ein Kriegsende gäbe, würde man es aus dem Theosophischen Pfad nicht erfahren. Daß auch Tingleys Theosophie von den Abgründen des ethnischen Nationalismus nicht verschont blieb, dokumentieren einzelne Stellungsnahmen. 1918 findet sich in der Binnenperspektive des theosophischen Internationalismus eine Kritik am Zionismus und an dem Versuch der Juden, eine eigene und dazu noch, wie man meinte, herausgehobene Rasse zu bilden[62]. Aber 1919 forderte Tingley als 15. Punkt zu Wilsons 14 Punkte-Programm eine »Friedensarbeit«, vor allem durch Erziehung[63]. Doch damit sind die politisch einschlägigen Themen der Vereinszeitschrift auch schon genannt. So wurden in

---

[57] Ebd., 476f.

[58] Greenwalt: California Utopia, 173. 175.

[59] Der Theosophische Pfad 13/1914–15, 199 (Einberufung des »Parlaments des Friedens«); ebd. (nationale Vertreter); 202 (teilnehmende Staaten).

[60] Ebd., 203–206 (Umbenennung des »Arische Tempels«, Anti-Kriegs-Rede); ebd., 13/1914–15, Photo vor S. 289 (Protestplakat).

[61] Ebd., 470. Allerdings werden auch folgende Sätze aus dem Schlüssel zur Theosophie abgedruckt: »Fragesteller: Was glauben Sie, daß man der Menschheit im weitesten Sinne schuldig ist? Theosoph: Volle Anerkennung, gleiche Rechte und gleiche Privilegien fürt alle, ohne Unterschied der Rasse, Farbe, sozialen Stellung oder Geburt.« (ebd.)

[62] B. W. K.: Die Juden-Frage.

[63] Der Theosophische Pfad 18/1919–20, 99.

den ab 1919 in Nürnberg veranstalteten »wöchentlichen öffentlichen Sonntagsveranstaltungen der ›*Universalen Bruderschaft und Theosophischen Gesellschaft*‹ im Festsaale des Luitpoldhauses«[64] offenbar keine spezifisch politischen Themen verhandelt.

Neuigkeiten zu den Aktivitäten der deutschen Point Loma-Theosophen gibt es erst 1922, als Tingley von mindestens Mitte Februar bis Mitte Juni erneut in Europa war. In Deutschland weilte sie wiederum nur sehr kurz. Von Schweden kam sie über Berlin am 22. Mai abends in Nürnberg an. Am folgenden lag hielt sie einen Vortrag im »Katharinenbau«, vermutlich der 1921 zum Konzertsaal umgebauten Katharinenkirche, über »Theosophie und einige der wichtigsten Probleme von heute«, umrahmt mit Kammermusik von Raja Yoga-Studenten; den Vortrag hielt sie wiederum auf englisch, ein deutsche Übersetzung folgte[65]. Dabei redete sie ihren deutschen Anhängern und Anhängerinnen erneut pazifistisch ins Gewissen: »Es gibt ehrenwerte Leute allerorten; es gibt Tausende, die ihr Leben für ihr Land opfern würden. Aber ich sage, *es ist besser für Sie, für Ihr Land zu leben, als dafür zu sterben.*«[66] Ein Film über Point Loma gehörte mit zum Programm, auch die Aufführung kurzer Theaterstücke wiederum durch Raja Yoga-Studenten, und am 28. Mai hielt sie einen zweiten Vortrag: »Theosophie und die höhere Erziehung der Jugend«. In der Nacht vom 29. auf den 30. Mai verließ sie Deutschland wieder[67].

Waren bis zu diesem Zeitpunkt nur Vorträge als Aktivitäten des deutschen Zweiges ausgewiesen, änderte sich nun der Zuschnitt der angezeigten Veranstaltungen. So fand am Gründonnerstag des Jahres 1924 eine »dramatische« Aufführung theosophischer Inhalte im »Katharinenbau« statt[68], und andere Veranstaltungen an diesem Ort wurden in Anführungszeichen als »Gottesdienste« bezeichnet[69]. Hier scheint sich ein Ritualisierungsbedürfnis Bahn zu brechen, das in diesem Zeitraum ja auch in der Anthroposophischen Gesellschaft zu beobachten ist.

Tingleys Aufenthalte in Deutschland häuften sich nun und wurden länger, gleichwohl blieben sie im Vergleich mit ihren Besuchen in den Nachbarländern – Schweden, England, Niederlande – kurz. 1924 war sie wiederum während eines »Kreuzzuges« durch Europa in Deutschland[70]. Am 20. September bereiteten ihr die deutschen Mitglieder einen Empfang »im Richard Wagnersaal des Grand Hotel« in Nürnberg, am nächsten Tag wohnte sie einem Sonntagsvortrag des deutschen Zweiges bei; dabei kam das »Heimtempelspiel ›Der ewige Pilger‹« zur

---

64 Ebd., 96; vgl. auch 142 f.; 19/1920–21, 39; 19/1920–21, 95. Die Veranstaltungen fanden um 10.30 Uhr statt, also zur Gottesdienstzeit.

65 Ebd., 21/1922, 81 (Ankunft); ebd. (Vortrag).

66 Ebd., 88.

67 Ebd., 84 (Film, Tanzaufführung); ebd., 85 (zweiter Vortrag); ebd., 86 (Abreise).

68 Ebd., 23/1924, 132.

69 Ebd., 168. Bei einer William Quan Judge-Feier am 21. März 1925 (Todestag) ist allerdings nur eine Ansprache dokumentiert; ebd., 24/1925, 109.

70 Ebd., 23/1924, 200. Am 19. September traf Tingley, aus Malmö kommend, über Berlin (aber ohne dortigen Aufenthalt) in Nürnberg ein, um abends einer theosophischen Vortragsveranstaltung mit Musik beizuwohnen; ebd., 264.

Aufführung. Erst am 23. hielt sie ihren eigenen Vortrag[71]. Anschließend nahm sie als amerikanische Delegierte am 23. Internationalen Weltfriedenskongreß in Berlin teil[72], wo sie am 27. September »im Oberlichtsaal der Philharmonie« eine Ansprache über »Theosophie, das All-Heilmittel für das leidende Deutschland« hielt. Sie sprach den Deutschen Mut zu und prophezeite, daß Deutschland »aufsteigen muß«: als karmische Wiedergutmachung »für alles, was Sie erlitten haben«[73]. »Da ich an Wiederverkörperung glaube, bin ich fast geneigt, zu denken, daß ich in einem früheren Leben eine Deutsche gewesen sein muß.« In wenigen Jahren werde Deutschland wieder »eine der hellsten Leuchten unter den Nationen der Welt sein«[74]. Am 7. Oktober verließ Tingley Berlin. Auch 1925 besuchte sie auf ihrer Europareise mehrere Städte in Deutschland; in Berlin hielt sie am 11. Oktober einen öffentlichen Vortrag über »Deutschlands Sendung«. Für 1926 war eine neue Europareise angekündigt, aber darüber liegen keine Informationen vor[75]. 1929 starb Tingley dann, wie schon erwähnt, an den langfristigen Folgen eines Autounfalls in Deutschland.

Die Informationslage für die Jahre zwischen 1925 und 1930 ist für Deutschland dünn, da der Theosophische Pfad nach dem Jahrgang 1925 nicht mehr nachweisbar ist. Vermutlich hatte er sein Erscheinen eingestellt. Möglicherweise leitete jetzt Georg Saalfrank von Cottbus aus die deutsche Sektion[76]. Erst 1930 wird die Quellenlage mit der neuen Vereinszeitschrift Das Theosophische Forum besser, die allerdings nur sehr wenige Vereinsnachrichten bietet. Ihre Publikation begann vermutlich nicht zufällig mit der Übernahme der Amtsgeschäfte durch Gottfried von Purucker, seit dem 11. Juli 1929 Nachfolger Tingleys[77]. Sein Vater war Deutscher und anglikanischer Geistlicher an der amerikanischen Kirche in Genf gewesen, seine Mutter Amerikanerin[78]; Purucker soll in einer Vielzahl alter und neuer Sprachen bewandert gewesen sein[79]. Eine seiner ersten Aktionen war der Versuch, an Blavatskys 100. Geburtstag im Jahr 1931 einen (letztlich gescheiterten) Schritt hin auf die Vereinigung der getrennten theosophischen Gesellschaften zu machen. Die Reflexe dieser Bemühungen finden sich auch in Deutschland. Hinsichtlich des Scheiterns wäre einmal mehr eine eigene

---

71 Ebd., 266 (Tempelspiel); ebd., 267 (Vortrag Tingleys).

72 Greenwalt: California Utopia, 179.

73 Ebd., 117 (Vortrag in der Philharmonie; Datum sic, der Vortrag ist erst im Folgejahr dokumentiert); ebd., 23 / 1924, 299 (Teilnahme am Weltfriedenskongreß); ebd., 24 / 1925, 125 (karmische Deutung).

74 Ebd., 24 / 1925, 117. 118.

75 Ebd., 294 (Deutschlandreise). Nach einem sechswöchigen Aufenthalt im schwedischen Visingö war sie nach Deutschland gekommen, von wo sie nach Paris weiterreiste, ehe sie am 31. Oktober nach San Diego zurückkehrte (ebd., 293); Ankündigung einer neuen Europa-Reise ebd., 150.

76 J. Th. Heller war wohl verstorben oder nicht mehr in der Lage, die Zeitschrift herauszugeben. Nach Fischer: 100 Jahre »Theosophische Gesellschaft«, 33, war Saalfrank zumindest nach 1945 der Leiter. Im Theosophischen Forum 1 / 1930, 8, ist Saalfrank allerdings nur als Schriftleiter geführt. In Cottbus befand sich das deutsche Zentrum spätestens 1933.

77 Datum nach Miers: Lexikon des Geheimwissens ([7]1993), 507.

78 Theosophisches Forum 1 / 1930, 5.

79 Vgl. Miers: Lexikon des Geheimwissens ([7]1993), 507; Ransom: A Short History, 495 f.

Geschichte zu erzählen[80]. Auch ein Angebot an die I.T.V. Rudolphs vom März 1931, sich mit der Point Loma-Theosophie zu vereinigen, stieß auf Ablehnung[81]. In der deutschen Vereinszeitschrift fiel die Darstellung der Person Puruckers allerdings so massiv hagiographisch aus[82], daß er eine beträchtliche Barriere für ein Zusammengehen bedeutet haben dürfte.

Die Grenzen der eigenen Gesellschaft versuchte man immerhin durchlässiger zu machen: »Mitglieder der H. P. Blavatsky- und der W.Q. Judge-Theosophischen Klubs« könnten als »befreundete Mitglieder« angesehen werden, hieß es 1930[83]. Diese »Theosophischen Klubs«, die »exoterisch gesprochen, viel lockerer organisiert sind als die Theosophische Gesellschaft« und über Satzungshoheit verfügten, sollten offenbar als eine Vorfeldorganisation zur Absenkung der Eintrittsschwelle dienen; zudem wurden »Theosophische Lotuszirkel« als »theosophische Sonntagsschulen für Kinder zwischen drei und vierzehn Jahren« angeboten. Vom 5. bis zum 17. September 1931 war Purucker im deutschsprachigen Raum, in Berlin, Cottbus, Nürnberg, Stuttgart und Bern, auch in Hamburg und Osnabrück. Informationen über diesen Aufenthalt fehlen praktisch vollständig, sieht man von dem Hinweis ab, daß er in Hamburg Hotel Vier Jahreszeiten abstieg[84].

Seit 1933 liegen Tätigkeitsberichte von Ortsgruppen vor, die allerdings kaum mehr als eine Liste von Ortsnamen mit spärlichen und zufällig wirkenden Informationen bieten: In den Bemerkungen zu Cottbus erfährt man nicht nur, daß die Zentrale von Nürnberg wegverlegt wurde, sondern erhält auch ein Panorama der verschiedenen Zirkel: »Es bestehen in Cottbus alle Grade theosophischer Schulung von unten nach oben: Lotuszirkel, je ein theosophischer Klub für Männer und für Frauen, T.G.-Loge und E.S.-Werk«[85]. Daneben gab es Substitutionen christlicher Feste, zumindest für das Osterfest, dessen Feier für das Jahr 1933 in der Cottbuser Augustaschule genauer geschildert wird: Es habe am »Karfreitag nachm. 5 Uhr im Musiksaal des Lyceums eine öffentliche theosophische Osterfeier« stattgefunden, mit folgendem Ablauf[86]:

---

[80] Vgl. zur Jahrhundertfeier Das Theosophische Forum 2/1931, 145. Nachdem eine Feier mit Besant in Point Loma gescheitert war, trat Purucker immerhin mit Arundale (und offenbar ohne Besant) auf einer gemeinsamen Feierveranstaltung am 24. Juni in London auf; vgl. ebd., 62. 191.

[81] Zum Angebot vgl. ebd., 2/1931, 43; zur Ablehnung ebd., 3/1932, 15.

[82] Vgl. die Überschrift »Der neue Führer«, ebd., 1/1930, 69; »Führerworte« Tingleys wurden allerdings weiterhin (ebd., 139) abgedruckt.

[83] Ebd., 43.

[84] Ebd., 2/1931, 20 (Vorfeldorganisationen); ebd., 149f. 165–169 (Purucker in Deutschland); ebd., 150 (Hotel Vierjahreszeiten).

[85] Berlin-Charlottenburg, Berlin-Neukölln (Neugründung), Berlin-Zehlendorf (ebd., 4/1933, 25), Bern (ebd., 30); Cottbus (»Zentrale für die deutschen Abteilungen«) (ebd., 26), Dresden (ebd., 30); Hamburg (1932 wurde hier die Herausgabe der Kinderzeitschrift, »Der Lotus-Zirkel-Bote«, geplant) (ebd., 25), Heidelberg (ebd., 29), München (ebd., 29), Nürnberg (»Früherer Stammsitz«; theosophische Klubs, getrennt für Männer und Frauen, werden erwähnt) (ebd., 27f.), Soltau (ebd., 29f.), Stuttgart (ebd., 28f.), Wien (ebd., 30). – Die Existenz der Esoterischen Schule ist auch durch Korrespondenzen belegt, z.B. vom 30.6.1935 (BArch, R 58/6198, Teil 2, Bl. 195); vertrauliche Materialien ebd., Bll. 196–205; eine Vorlage für die Einweihungszeremonie ebd., Bll. 248–253.

[86] Theosophisches Forum 4/1933, 98 (allgemeine Informationen); ebd., 99 (Augustaschule); ebd 98 (Ablauf).

1. Schubert, Streichquartett
2. »Einführende Worte«
3. Bach: »Recitativ und Arie aus der Matthäuspassion«
4. »Die Osterbotschaft der Theosophie. Vortrag«
5. Tschaikowsky, Streichquartett

Die theosophische Deutung lautet kurz und knapp: »Das Osterfest ist das Fest der Auferstehung des göttlichen Geistes, des Buddha- oder Christusgeistes in dem Menschen.«[87] Aber angesichts von 43 Mitgliedern in Deutschland[88] war der Rahmen wohl sehr bescheiden.

Die Machtergreifung der Nationalsozialisten machte sich in der Vereinszeitschrift nur an wenigen Stellen bemerkbar. Purucker, der im Juni und Juli 1933 erneut auf Vortragsreise in Europa war, konnte Deutschland nicht mehr besuchen. Der fest eingeplante Besuch »wurde jedoch aus verschiedenen wichtigen Gründen im letzten Augenblick fallen gelassen«, hieß es kryptisch[89]. Hingegen begrüßte Georg Saalfrank die »Deutschen Christen«, sah sich aber »noch nicht genügend über diese neue Bewegung unterrichtet«[90]. Für die Folgezeit fehlen Informationen über das konkrete Vereinsleben. Überraschenderweise aber steigerte das Theosophische Forum 1935 seinen Umfang um 12 auf 32 Seiten, es wurde auf besserem Papier gedruckt und erhielt einen Schutzumschlag, so daß das unscheinbare Mitgliedsblatt als ansehnliche Zeitschrift endete. Die letzte bemerkenswerte Nachricht besagte, daß auf der »Europäischen Convention« der Point Loma-Theosophie am 4. und 5. August 1935 in Cardiff auch deutsche Mitglieder waren, doch werden keine Zahlen genannt[91]. 1935 erschien das Theosophische Forum letztmalig, vermutlich wurde es eingestellt[92]. 1937 wurde auch die Theosophische Gesellschaft Point Loma verboten[93]. Zwei Nürnberger Mitglieder, Georg Geer und Helmar Scheibel, suchten allerdings Anschluß an astrologische Gruppen, möglicherweise in der Hoffnung, hier mit ihrer Weltanschauung überleben zu können[94].

Nach dem Zweiten Weltkrieg erstand die ehemalige Theosophische Gesellschaft Point Loma, die sich 1942 umbenannt hatte, als Theosophische Gesellschaft Covina neu. Heute heißt sie Theosophische Gesellschaft Pasadena und publiziert seit 1948 wieder die Zeitschrift Theosophisches Forum; von der Theosophische Gesellschaft Covina trennte sich 1951 der Theosophische Arbeitskreis Unterlengenhardt mit der Zeitschrift Theosophischer Pfad[95].

---

[87] Ebd., 4/1933, 98.
[88] BArch, R 58/6198, Teil 2, Bl. 190$^r$.
[89] Theosophisches Forum 4/1933, 103.
[90] Ebd., 110.
[91] Ebd., 6/1935, 128.
[92] Nachweis laut Zeitschriftendatenbank (online); 1948 bis 1951 erschien das Theosophische Forum nochmals.
[93] Fischer: 100 Jahre »Theosophische Gesellschaft«, 33.
[94] BArch, R 58/6197, Teil 3, Bl. 663$^r$; 22.2.1938.
[95] Fischer: 100 Jahre »Theosophische Gesellschaft«, 33 f.

## 3.10 Theosophische Gesellschaft New York (Ernest T. Hargrove / Charles Johnston)

| | |
|---|---|
| Name | Universaler Bruderbund, Theosophische Gesellschaft Europa (Deutschland), seit 1899 Theosophische Gesellschaft, Abteilung Deutschland |
| Muttergesellschaft | Theosophische Gesellschaft New York, Leiter: William Quan Judge / Ernest T. Hargrove |
| Gründungsdatum | 24. Juni 1896 |
| Vorsitzende | Franz Hartmann (1896 / 97), Paul Raatz |
| Adressen | Königgrätzerstr. 67, Berlin SW (März 1889 bis Februar 1899[1]; ab 1.4.1899 Großbeerenstr. 3 (beide Adressen waren zugleich die Wohnungen von Paul Raatz)[2]. Berlin SW, Plan Ufer 16; später Wilhelmstraße 120[I] |
| Verlag | Theosophischer Verlag |
| Zeitschriften | Theosophische Nachrichten, fortgesetzt als Universaler Bruderbund, wiederum fortgesetzt als Theosophisches Leben, zuletzt als Bruderschaft |

Die Spaltung der amerikanischen Theosophie in der Nachfolge von Judge ließ in Deutschland (neben einem Ableger von Tingleys Theosophischer Gesellschaft in Point Loma) auch einen Zweig der Theosophischen Gesellschaft New York mit den Mentoren Ernest T. Hargrove und Charles Johnston entstehen[3]. Ihr deutscher »Sekretär« Paul Julius Raatz (1869–?)[4], aus der surinamesischen Hauptstadt Paramaribo gebürtig, war Mitglied der Herrnhuter Brüdergemeine gewesen und 1893 bei der Diakonen-Anstalt der Inneren Mission in Duisburg. Der ehemalige Kaufmann arbeitete seit 1898 als Verleger, nach 1900 leitete er das »Heilinstitut ›Caritas‹« in Berlin. Raatz ist als Theosoph erstmals als Mitglied von Hübbe-Schleidens Theosophischer Vereinigung (s. o. 3.3.2) nachweisbar[5]. In der Auseinandersetzung um die Führung der Theosophischen Gesellschaft nach Blavatskys Tod ergriff er für Judge Partei und ließ sein Diplom von ihm »rektifizieren«. Wohl 1895 verließ er die Adyar-Theosophie – »leider aber nur als Einzigster«, wie er bedauernd festhielt[6]. Erst am 24. Juni 1896 konnte er in Berlin eine neue Vereinigung ins Leben rufen, die wohl auch die Keimzelle für die am 30. August 1896 gegründete Universale Bruderschaft (s. o. 3.9) bildete.

---

[1] Vgl. die entsprechenden Hefte des Universalen Bruderbundes.

[2] Theosophisches Leben 2 / 1899–1900, 15.

[3] Zur Vorgeschichte in Amerika s. o. 3.9. Die Geschichte in Deutschland ist nur in Teilen rekonstruierbar, da bislang fast keine archivalischen Materialien dieser Gruppe aufgetaucht sind und vor allem die Vereinszeitschriften zur Verfügung stehen.

[4] Biographische Daten weitgehend nach Klatt: Der Nachlaß von Wilhelm Hübbe-Schleiden, 226.

[5] Raatz: Geschichte der Theosophischen Gesellschaft, 219.

[6] Ebd., 218. Frick: Die Erleuchteten, II / 2, 300, spricht vom Frühjahr 1896 und nennt als Schriftführerin Dora Corvinus und als Kassierer Ernst Schwabe.

Tab. 3.14: Neugründungen von Zweigen der Theosophischen Gesellschaft New York 1900 bis 1912

| Ort | Gründungsdatum |
|---|---|
| Cottbus | 30. April 1900 |
| Berlin-West | 21. Dezember 1902 |
| Nordberlin | 7. Oktober 1903 |
| München | 15. Oktober 1903 |
| Heidelberg | Juli 1904 |
| Guben | 17. Juli 1904 |
| Prag | Oktober 1904 |
| Ostberlin | 18. Oktober 1904 |
| Gablonz (Böhmen) | Dezember 1904 |
| Neusalz | 1905 |
| Breslau | Januar 1905 |
| Suhl | August 1905 |
| Kiel | September 1905 |
| Kassel | November 1905 |
| Hamburg | April 1906 |
| Dresden | 9. September 1906 |
| München | 27. Februar 1907 |
| Brünn | April 1907 |
| Dresden | Mai 1908 |
| Flensburg | Juli 1908 |
| Magdeburg | Juli 1908 |
| Steglitz (Berlin) | März 1910 |
| Aussig (Böhmen) | Juli 1912 |

Quellen:
Cottbus (Theosophisches Leben 8 / 1905–06 [Fünfjahresbericht] 135; 7 / 1904–05, 90), Berlin-West (ebd., 5 / 1902–03, 216), Nordberlin (ebd., 6 / 1903–04, 227), München (ebd., 228), Heidelberg (ebd., 7 / 1904–05, 122), Guben (ebd., 143), Prag (ebd., 209), Ostberlin (ebd., 242), Gablonz in Böhmen (ebd., 272), Neusalz (ebd., 12 / 1909–10, 32 [hier genannt: dritter Jahrestag im September 1908), Breslau (ebd., 7 / 1904–05, 301), Suhl (ebd., 8 / 1905–06, 167), Kiel (ebd., 200), Kassel (ebd., 264), Dresden (ebd., 9 / 1906–07, 231), Brünn (ebd., 10 / 1907–08, 32), Flensburg (ebd., 11 / 1908–09, 128), Magdeburg (ebd., 128), Hamburg (ebd., 9 / 1906–07, 40), Steglitz [Berlin] (ebd., 12 / 1909–10, 383), Aussig (ebd., 15 / 1912–13, 121).

Für Berlin wird im Mai 1905 zudem eine »Theosophische Gesellschaft Deutscher Zweig« genannt (ebd., 8 / 1905–06, 71), die nicht weiter einordbar ist. Über die Gründe für die erneute Gründung eines Münchener Zweiges (mit nur vier Gründungsmitgliedern) gibt es keine Informationen. Der klagende Unterton der Gründungsanzeige – »Opfermütigkeit der Mitglieder«, »noch klein an Zahl«, die »wenigen Mitglieder« – läßt aber einen Konflikt nicht unwahrscheinlich erscheinen; Theosophisches Leben 10 / 1907–08, 32.

Hartmann hatte 1897 mit seinem Austritt aus der Universalen Bruderschaft Tingleys die Mehrheit der acht Logen in seine Neugründung mitgenommen, nur eine oder zwei Logen und 82 Mitglieder waren in Deutschland dem Universalen Bruderbund Hargroves verblieben[7]. Am 6. Mai 1899 ersetzte die von Raatz geleitete deutsche Sektion ihren Namen »Theosophische Gesellschaft Europa (Deutschland)« durch »Theosophische Gesellschaft, Abteilung Deutschland«[8]. Auf einem Kongreß in Berlin am 25. August 1901 hatte man dann offenbar versucht, verbliebene oder interessierte Logen zu reorganisieren[9] und zählte im Oktober 1903 schließlich sechs Zweige mit 134 Mitgliedern[10]. Regional war das Verbreitungsgebiet sehr begrenzt, es handelte sich um die Zweige Berlin, Charlottenburg, die Freie Theosophische Vereinigung (Berlin), Nordberlin, Westberlin und München[11]. Dazu kam ein Zweig im litauischen Tilsit sowie in Stuttgart, dessen Präsident Oskar Boltz sich 1913 in Steiners Theosophie wiederfand[12]. Dies war aber nur der Auftakt für rege Gründungsaktivitäten für Ortsvereine in den nächsten Jahren.

Es gab auch deutschsprachige Zweige außerhalb des deutschen Reiches[13]. Ein längerer Bericht liegt für Österreich aus dem Jahr 1905 vor[14]. Danach habe in Wien ein 1896 gegründeter Zweig bestanden, der aus einem seit 1894 bestehenden Lesezirkel hervorgegangen sei. Von Wien aus seien Gruppen in Prag, Graz, Gablonz und Eger gegründet und zehn Lesezirkel betreut worden. Der Wiener Zweig zähle 187 Mitglieder (120 Männer, 67 Frauen), von denen 120 in Wien, 72 in der »Provinz« und fünf »im Ausland« wohnten, darunter möglicherweise viele nichtkatholische Mitglieder[15]; als Vorsitzender amtierte der kaiserliche Rat Franz Lang. Aufgrund der finanziellen Ausstattung sei der Wiener Zweig in der Lage, seit 1902 einen ständigen Vortragssaal für 600 Personen zum Preis von 1:200 Kronen pro Jahr zu mieten, und dort sei auch die »Theosophische Zentral-Bibliothek« mit 1.500 Bänden aufgestellt. Zwanzig Personen träfen sich wöchentlich zu einer »Studien-Gruppe«. Damit sei der Wiener Zweig die größte Ortsgruppe im deutschen Sprachraum.

Diese Liste neuer Zweige oder der Bericht über Österreich täuschen allerdings über die Instabilität des Wachstums hinweg. Schon im Mai 1904 mußte der ge-

---

[7] Anonym: Bericht der VIII. Konvention der Theosophischen Gesellschaft, 3 (zwei Logen und 82 Mitglieder). Raatz: Geschichte der Theosophischen Gesellschaft, 219, berichtete 1913, daß nur sechs Zweige mit Hartmann gegangen seien und nur einer, der Berliner, in der amerikanischen Obödienz geblieben sei, der bis 1903 alleine bestanden habe. Möglicherweise traten einzelne Ortsvereine erst später der deutschen Sektion der Theosophischen Gesellschaft New York bei.

[8] Theososophisches Leben 2/1899–1900, 48.

[9] Schwabe: Was will der Kongress?, 241.

[10] Bericht der VIII. Konvention der Theosophischen Gesellschaft, 3 f.

[11] Ebd.; die regionalen Angaben sind Selbstbezeichnungen.

[12] Storost: Die Theosophische Gesellschaft in Tilsit, 302 (Tilsit); Aus der Bewegung, in: Theosophisches Leben, 6/1903–04, 284 (Stuttgart, datiert auf den 1. Oktober 1903); MTG 4,33 (Boltz).

[13] Ein deutscher Zweig in Chicago wurde 1905 gegründet (Theosophisches Leben 9/1906–07, 359; vgl. auch ebd., 10/1907–08, 320); ein Zweig in Smolensk von Russen am 30. Juli 1907 (ebd., 10/1907–08, 222).

[14] Ebd., 8/1905–06, 232.

[15] 1912 hieß es, daß »Katholiken, Protestanten, Juden, Spiritisten, Okkultisten, Materialisten usw.« in der Gesellschaft vertreten seien (ebd., 15/1912–13, 254).

rade anderthalb Jahre bestehende Zweig Nordberlin seine Versammlungen von der Oranienburger Straße 92[I] in die Schönhauser Allee 4, »Hagemann's Festsäle«, verlegen, da ansonsten »Stagnation« gedroht habe[16]. 1907 zog der Dresdner Zweig in das Guttemplerokal um, da er durch den Aufenthalt »in fremden Lokalen« »sehr viele« Mitglieder eingebüßt habe, der Zweig Suhl berichtete im gleichen Jahr von der »glücklich überstandenen Krisis über Sein und Nichtsein der äußeren Tätigkeit unserer Gesellschaft«[17], und der Münchener Zweig mußte ebenfalls 1907 neu gegründet werden. 1910 und 1911 werden in den Vereinsnachrichten nur acht Zweige geführt[18], deren Mitgliederzahl nach Abzug der »gestrichenen« Personen, die »keine Beiträge gezahlt haben, auch keine Entschuldigung eingereicht haben«, sich um 28 Köpfe auf 232 Personen erhöht habe[19]. Der Zweig Westberlin hatte sich inzwischen mit dem Zweig Berlin vereinigt[20], und 15 Ortsgruppen waren wieder eingegangen[21]. Am 24. Juni 1911 beschloß man die Zusammenlegung der Zweige Steglitz, Nord-Berlin und Berlin, die zusammen 129 Mitglieder zählten[22].

Der Dresdner Zweig trat 1912 aus der »Vereinigung deutscher Zweige der T.G.« aus[23]. Dahinter stand ein nicht ganz durchschaubarer Konflikt, der auftrat, nachdem die Gesellschaft ihre Organisation in nationale Zweige, die man zuvor offenbar dezidiert und programmatisch vertreten hatte, 1908 aufhob und die Theosophische Gesellschaft in Deutschland mit der Theosophischen Gesellschaft Amerika »verschmolz«[24]. In diesem Jahr wurde auch das nationale Prädikat des Gesellschaftsnamens gestrichen, die nun The Theosophical Society hieß[25]. Man habe damit, klagten Mitglieder 1910, »unseren nationalen Namen aufgegeben«[26]. Offenbar hatte man die alte Sektionsstruktur aufgelöst, in der die Vereinigung der deutschen Zweige die nationale Sektion der internationalen Gesellschaft bildete[27], gleichzeitig aber neu die »Vereinigung der deutschen Zweige der Theosophischen Gesellschaft« gegründet[28], in der aber »jeder lokale Zweig

---

[16] Ebd., 6 / 1903–04, 227; ebd., 7 / 1904–05, 64.

[17] Ebd., 9 / 1906–07, 359 (Dresden); ebd., 9 / 1906–07, 392 (Suhl).

[18] Anonym: Bericht über die XVI. Konvention, 122; die Zahlen für 1912 nach desgl., XVII. Konvention, 125.

[19] Anonym: Bericht über die XVI. Konvention, 122.

[20] Ebd.

[21] Breslau, Brünn, Charlottenburg, Cottbus, Dresden, Freie Theosophische Vereinigung (Berlin), Gablonz (Böhmen), Guben, Hamburg, Heidelberg, Kassel, Kiel, Magdeburg, Prag und Stuttgart; in Dresden hatten sich möglicherweise die beiden Zweige vereinigt.

[22] Die Wiedervereinigung der drei Berliner Zweige der T.G., in: Theosophisches Leben 14 / 1911–12, 256. Neue Mitgliederzahl ebd., 15 / 1912–13, 31. Davon hatten 80 Mitglieder dem alten Zweig Berlin und 34 den Zweigen Nord-Berlin und Steglitz angehört; 15 Personen waren neu beigetreten.

[23] Vgl. zu diesem offenbar in der deutschen Sektion kontrovers bewerteten Schritt vgl. Anonym: Bericht über die XVII. Konvention, 123 f.

[24] Raatz: Geschichte der Theosophischen Gesellschaft, 219.

[25] Theosophisches Leben 11 / 1908–09, 156. Die Aussage, daß man 1909 mit der »internationalen theosophischen Gesellschaft vereinigt« worden sei, dürfte nicht zutreffen; vermutlich geschah dies auf der 12. Konvention der deutschen Landesgesellschaft am 11. / 12. Mai 1907; vgl. Theosophisches Leben 10 / 1907–08, 90.

[26] Anonym: Bericht über die XVI. Konvention, 121.

[27] Vgl. den Bericht über die XVII. Konvention, 123.

[28] Ebd., 126.

als ein unmittelbarer Zweig der internationalen T.G. erklärt wurde«[29]. Der neuen regionalen Organisation entzog sich aber der Dresdner Zweig, der ausschließlich unmittelbar mit der Zentrale in Amerika verkehrte und nicht mehr zur deutschen Sektion gehörte; gleichwohl berichtete die Vereinszeitschrift weiterhin von seinen Aktivitäten[30]. Damit konnte Raatz 1912 nur noch fünf Zweige mit 186 Mitgliedern zählen[31]. Von den 26 seit 1897 eingerichteten Ortsgruppen waren also etwa ein Fünftel am Leben und bei der Gesellschaft geblieben. 1912 kam nur noch der Zweig im böhmischen Aussig dazu. Am 28. März 1914 schließlich gab Paul Raatz nochmals die Mitgliedszahlen bekannt: 113 Personen, darunter acht neu eingetretene[32].

Die regionale Verteilung weist ein deutliches Nord-Ost-Gefälle auf. Die Gesellschaft hatte im Westen und Süden Deutschlands kaum Gruppen organisieren können, im deutschsprachigen Raum außerhalb Deutschlands gab es nur eine Gruppierung im habsburgischen Böhmen. Letztlich war Berlin, wo – mit steigender Tendenz – durchschnittlich zwei Drittel aller Mitglieder wohnten, das dominierende Zentrum. Für das Geschäftsjahr 1911/12 wurden auch Zahlen über die finanzielle Lage mitgeteilt. Der Jahresetat betrug 697,07 Reichmark, wovon 127,55 RM, also gut 18 Prozent, an die Muttergesellschaft in Amerika flossen[33].

Das Vereinsleben bestand in seinem Kernbereich zumeist aus öffentlichen Vortrags- und internen »Studien«-Abenden[34], nur ein größerer Zweig wie der Dresdner konnte 1910/11 mit »25 Vortragsabenden, 6 Studien-Abenden, 18 Besprechungs-Abenden, 16 Mitglieder-Abenden, 1 satzungsgemäßen Hauptversammlung« ein breiteres Spektrum anbieten[35]. Die Finanzierung der Vortragsreisen herausragender Vertreter, die der Außenwirkung dienten, aber auch für den Zusammenhalt der Gruppen wichtig waren, war offenkundig nicht immer einfach und wurde teilweise über Umlagemittel finanziert[36]. Einmal im Jahr fand für die Gesamtgesellschaft eine »Konvention« als Generalversammlung statt, aber auch die einzelnen Zweige hielten wohl vielfach eine Jahresversammlung ab. Über die Zielgruppe der öffentlichen Vorträge erfährt man wenig, nur einmal wird hervorgehoben, daß ein Mitglied der Nordberliner Gruppe einen Vortrag »im Verein der Metallarbeiter vor 600 Personen über das Thema ›die Entwicklung der Gottesidee‹« gehalten hatte[37], aber dies galt als bemerkenswerte Ausnahme. Normalerweise wird man auch bei diesen Theosophen von einem

---

[29] Ebd., 123.

[30] Z.B. Theosophisches Leben 15/1912–13, 225.

[31] Anonym: Bericht über die XVII. Konvention, 125.

[32] Theosophisches Leben 17/1914–15, 190.

[33] Über entsprechende Abgaben in der Adyar-Theosophie liegen keine Zahlen vor. Sollten sie in vergleichbarer Höhe gelegen haben, würden auch sie ein weiteres Licht auf Steiners Interesse werfen, sich von der indischen Zentrale zu lösen.

[34] Vgl. Anonym: Bericht über die XVII. Konvention, 124f.

[35] Ebd., XVI. Konvention, 125.

[36] Anonym: Gründung eines Vortrags-Reisefonds, 191. Im Mai 1914 wurde der Vorschlag, den Reisefonds aufzulassen, da er seit 1911 nicht mehr benutzt worden sei, abgelehnt; die fehlende Benutzung liege an der privaten Finanzierung der Reisen; ebd., 17/1914–15, 184f.

[37] Anonym: Bericht über die XVI. Konvention, 127.

*Tab. 3.15:* Logen und Mitglieder der Theosophischen Gesellschaft New York, 1903 bis 1920

| Ort | Mitglieder | | | | | | | | | | | | | | | | | |
|---|---|---|---|---|---|---|---|---|---|---|---|---|---|---|---|---|---|---|
| | 1903 | 1904 | 1905 | 1906 | 1907 | 1908 | 1909 | 1910 | 1911 | 1912 | 1913 | 1914 | 1915 | 1916 | 1917 | 1918 | 1919 | 1920 |
| Berlin | | | 89 | | | | 99 | 113 | 131 | | 128[2] | 113 | 114 | 108 | 120 | 120 | | 100 |
| Nordberlin | | | 20 | | | | 19 | 19 | | | [3] | | | | | | | |
| Neusalz | | | | | | | | 5 | 5 | 5 | 7 | 6 | 8 | | | 5 | | |
| Suhl | 9 | | 17 | | | | 16 | 12 | 12 | | 23 | 11 | 12 | | 9 | 10 | | |
| Dresden | | | 12 | | | | 19 | 33 | (27) | | [4] | | | | | | | |
| München | | | 4 | 11 | | | 15 | 18 | 20 | | 26 | 26 | | | | | | |
| Flensburg | | | | | | | 17 | 17 | 18 | | 22 | 18 | | | | | | |
| Steglitz (Berlin) | | | | | | | 14 | 15 | [[1]] | | | | | | | | | |
| Aussig | | | | | | | | | | (5) | 6 | 8 | 9 | 10 | 7 | 7 | | |
| Brünn | | | 23 | | | | | | | | | | | | | | | |
| Cottbus | | | 12 | | | | | | | | | | | | | | | |
| Summe | | | 177 | | | | 204 | 232 | 186 | | 201 | 186[5] | 143 | 118 | 136 | 142 | | 100 |

Quellen: 1904: Theosophisches Leben 15/1912–13, 318. – 1905: ebd., 8/1905–06, 136. – 1907: Nordberlin: ebd., 10/1907–08, 255; Dresden: im April 10 Mitglieder: ebd., 32; Mai 12: ebd., 64; München: ebd., 32; Brünn: ebd., 32. – 1908: Berlin: 11/1908–09, 126; Dresden: ebd., 159; München: ebd., 192. – 1910 und 1911: Anonym: Bericht über die XVI. Konvention, 122. – 1912: Anonym: Bericht über die XVII. Konvention, 125; Aussig: ebd., 15/1912–13, 255; Dresden ist 1912 nicht mehr Mitglied, Aussig wohl noch nicht, da die Zahl für Aussig im Konventionsbericht nicht mitgezählt ist. – 1913: Theosophisches Leben 16/1913–14, 278. 1914: ebd., 17/1914–15, 190. – 1915: ebd., 18/1915–16, 66. – 1916: Protokoll der Generalversammlung des Zweiges Berlin (1916), 51 (Berlin). An einer anderen Stelle (Theosophisches Leben 19/1916–17, 168) werden für Berlin 120 Mitglieder genannt; Aussig: ebd., 19/1916–17, 165. – 1917: Berlin: 20/1917–18, 309; Suhl: ebd., 307; Aussig: ebd., 308. – 1918: Berlin: ebd., 21/1918–19, 94; Neusalz: ebd., 91; Suhl: ebd., 92; Aussig: ebd., 93. – 1920: Berlin: ebd., 23/1920–21, 56 (Annäherungsangabe: »rund 100«).

1 Der Zweig Steglitz hatte sich 1911 mit dem Zweig Berlin vereinigt, s. o. im Text
2 In seinem Jahresbericht gibt der Zweig Berlin allerdings nur eine Zahl von 115 Mitgliedern an; Theosophisches Leben 16/1913–14, 282.
3 Der Zweig Nordberlin hatte sich 1911 mit dem Zweig Berlin vereinigt, s.o.
4 Der Dresdner Zweig hatte sich 1912 abgetrennt, s. o.
5 Zwei in Bildung begriffene Ortsvereine hätten sich aufgrund des Krieges nicht konstituieren könne; Theosophisches Leben 18/1915–16, 66.

bildungsbürgerlichen Publikum auszugehen haben. Ungewöhnlich war auch ein »religiös-philosophischer Kursus«, den der »hiesige Pastor« in Flensburg leitete[38]. In den Zweigen las man Blavatskys »Stimme der Stille«[39] und gerne ihren »Schlüssel der Theosophie«[40] (die Geheimlehre wird jedoch nicht genannt), Mabel Collins' »Licht auf den Weg«[41], Schriften von Ed. Hermann und Thomas Green[42], sowie Übersetzungen aus dem Theosophical Quaterly, der Vereinszeitschrift der amerikanischen Muttergesellschaft[43]. Die Steglitzer Vereinigung nutzte auch »Zeitungsartikel« als Ausgangspunkte ihrer Debatten[44], aber auch dies scheint eine Ausnahme gewesen zu sein. Darüber hinaus gab es ein offenbar (zumindest zeitweise) gut funktionierendes Korrespondenzwesen, bei dem die »korrespondierenden Sekretäre« eines jeden Zweiges sich untereinander von den jeweiligen Zweigaktivitäten unterrichteten und dabei auch Übersetzungen aus dem Theosophical Quaterly weiterleiteten[45]. Jede Gruppe unterhielt ihre eigene Bibliothek, die Flensburger Gruppe 1911 eine mit 282, die Suhler mit 163 Bänden[46]. Der Berliner Zweig wies 1902 eine tägliche Öffnungszeit »von morgens 10 Uhr an« aus. »Die Benutzung ist *unentgeltlich* in den Räumen; ausser dem Hause geringe Vergütung. Reichhaltige Litteratur über Theosophie, Okkultismus, Mystik, Ethik und Philosophie.«[47] Die Öffnungszeiten entsprachen aber offensichtlich nicht der Nachfrage oder den Möglichkeiten, Mitarbeiter für die offenen Stunden bereitzustellen. Seit Juli 1903 waren »Bibliothek- und Lesezimmer« zwischen 17 und 20 Uhr außer an Sonntagen zugänglich[48]. Nur ausnahmsweise kam es vor, »daß Karma uns ein eigenes Zweig-Heim bescherte« (so in Dresden)[49], zumeist tagte man in gemieteten Räumen, öffentlichen Lokalen oder privaten Zimmern. Daß von einer klugen Wahl der Örtlichkeiten die öffentliche Präsenz abhing, erfuhr der Steglitzer Zweig. Der Auszug aus einem Restaurant in ein gemietetes Privatzimmer führte zu einem Rückgang der Gäste[50].

Über gesellschaftspraktische Tätigkeiten findet sich in der Vereinszeitschrift »Theosophisches Leben« kaum etwas[51]; angesichts der minutiösen Dokumenta-

---

[38] Anonym: Bericht über die XVII. Konvention, 120.

[39] Anonym: Bericht über die XVI. Konvention, 125.

[40] Anonym: Bericht über die XVII. Konvention, 120. 121 (zweimal erwähnt).

[41] Ebd., 121.

[42] Ebd.

[43] Vgl. etwa ebd., 121 f.

[44] Anonym: Bericht über die XVI. Konvention, 126.

[45] Ebd., 123. Zur Einrichtung des Korrespondenzwesen im Mai 1908 vgl. Theosophisches Leben 11 / 1908–09, 95; nachfolgende auch mehrere Hinweise auf den Brieftausch.

[46] Anonym: Bericht über die XVI. Konvention, 124 f.

[47] Theosophisches Leben 5 / 1902–03, 32.

[48] Ebd., 6 / 1903–04, 128.

[49] Anonym: Bericht über die XVI. Konvention, 126.

[50] Ebd.

[51] Im Juli 1909 wird von einer Sammlung für ein »Kinderheim im Harz« berichtet, in dem Kinder sich während einiger Wochen erholen sollen; Theosophisches Leben 12 / 1909–10, 128. Hinter Rabbatmarken der »Gesundheitszentrale«, die Raatz' theosophischer Gemeinschaft »gewidmet« seien, könnte sich eine Kooperation oder auch nur eine Dokumentation weltanschaulicher Nähe verbergen (ebd., 15 / 1912–13, 160; ebd., 17 / 1914–15, 191).

tion der Aktivitäten in den Ortsgruppen läßt dies mit hoher Wahrscheinlichkeit auf eine fehlende gesellschaftliche Dimension der theosophischen Arbeit schließen. Ob das »Theosophinum«, ein »Erziehungsheim auf theosophischer Grundlage in Jena-Unterziegenhain«, das 1905 in der Vereinszeitschrift »Theosophisches Leben« annoncierte, von einem Mitglied der Theosophischen Gesellschaft New York geleitet wurde, ist unklar. In seinem Werbetext dokumentierte es zu einem für Deutschland sehr frühen Zeitpunkt die pädagogischen Ambitionen eines einzelnen Theosophen im Umfeld der Reformpädagogik:

> »Zweck: der harmonische Mensch. – Rohkost. – Pension für Erwachsene 2 Mark pro Tag. – Vorbereitung bis zum Abitur. Freier Unterricht in allem Wissenswerten, Musik etc. – Land- und Gartenbau, Werkstätten. – Aufnahme von Knaben und Mädchen unentgeltlich. – Förderung durch Gesinnungsgenossen erbeten.«[52]

Dies dürfte dann allerdings auch schon das Äußerste an gesellschaftlicher Praxis gewesen sein, von der Politik hielt man sich vor dem Ersten Weltkrieg explizit und demonstrativ fern: »Frei von Sektentum und Politik« lautete einer der Untertitel des Theosophischen Lebens.

Allerdings verfügte man über ein gut ausgebautes Zeitschriftenwesen, wie die anderen theosophischen Gemeinschaften auch. In Berlin erschienen 1898 die »Theosophischen Nachrichten«, die, noch im selben Jahr in »Universaler Bruderbund« umbenannt, seit 1899 als »Theosophisches Leben« von Raatz bis 1922 herausgegeben wurden. Allerdings war das »Theosophische Leben« ein Zuschußunternehmen, da es nicht genügend Bezieher gab und eine Kopplung des Abonnements mit der Mitgliedschaft nicht durchsetzbar war, so daß die Zeitschrift unter anderem durch »Propaganda-Abonnements« und einen »Unterstützungs-Fonds« finanziert wurde, Raatz die Freiexemplare für die Universitäten teilweise selbst finanzierte, und jährlich 100 bis 125 Reichsmark zugeschossen werden mußten[53]. Angesichts der geringen Mitgliederzahl ist die Verlegung einer im Jahresdurchschnitt 200 bis 300 Seiten umfassenden Zeitschrift gleichwohl ein bemerkenswertes Unternehmen.

Im Verhältnis zu anderen theosophischen Gemeinschaften gab es beträchtliche Unterschiede[54]. Die Beziehung zu Tingleys Theosophen blieb sehr gespannt, in einem historischem Rückblick von Raatz aus dem Jahr 1913 war Tingleys Name einer damnatio memoriae unterworfen[55], und auch ansonsten erscheint er im Theosophischen Leben nicht. Der Umgang mit der Hartmannschen Theosophie war hingegen fast freundschaftlich. Schon bei einem »Allgemeinen theosophischen Kongress für Deutschland, Österreich-Ungarn und die Schweiz« am 20. und 21. September 1902 in Berlin, ausgerichtet von Raatzschen Theosophen,

---

[52] Theosophinum, in: ebd., 7 / 1904–05, Rückumschlag, Innenseite, nach S. 302.

[53] Anonym: Bericht über die XVII. Konvention, 127 (Kopplung des Abonnements); Theosophisches Leben 16 / 1913–14, 278 (Propaganda-Abonnements); ebd., 18 / 1915–16, 192 (Unterstützungs-Fonds); ebd., 17 / 1914–15, 189; vgl. 183 (Freiexemplare); ebd., 17 / 1914–15, 189. 192 (exemplarische Hinweise zu den Zuschüssen).

[54] Abgrenzungsbedürfnisse gab es darüber hinaus durchgängig gegenüber den Großkirchen und dem Spiritismus. Andere Gemeinschaften werden nur ausnahmsweise erwähnt, etwa die »Gesundbeter« (Christian Science), ebd., 17 / 1914–15, 176.

[55] Raatz: Geschichte der Theosophischen Gesellschaft.

war Hartmann als Redner aufgetreten[56], während auf dem »Allgemeinen theosophischen Congress für Deutschland, Österreich und die Schweiz«, den die Hartmannianer vom 24. bis zum 26. September 1904 in Dresden ausrichteten, auch Raatz sprach[57]. So fielen auch die Nachrufe auf Hartmanns Tod im Jahr 1912 sehr wohlwollend aus, wenngleich Raatz mit der Charakterisierung, Hartmann sei »gutmütig« gewesen und habe ein »großes Unterhaltungstalent« besessen, die Kleiderordnung in seiner Perspektive kaum verhüllt dokumentierte[58]. Die eigentlichen Gegner aber waren die Adyar-Theosophen. Im Mai 1911 druckte Raatz einen polemischen Verriß von Steiners Buch »Wie erlangt man Erkenntnisse der höheren Welten« aus dem Theosophical Quaterly nach, den er mit der Wertung einleitete, Steiner gehöre zu den »jesuitischen Elementen und Pseudo-Okkultisten«, die Blavatskys Lehre »vernichten«; deshalb habe Steiners Gesellschaft auch »nichts, gar nichts gemein« mit Blavatskys theosophischer Gemeinschaft[59]. Im Oktober 1912 folgte eine massive Kritik an Krishnamurtis Buch »Zu den Füßen des Meisters«, die Raatz die Gelegenheit bot, wider die »Einflüsse des Ostens«, die dem Westen aufgedrängt würden, zu polemisieren. In Wahrheit sei der Christus »ja längst erschienen«, wie er in der auch in seinem Umkreis dominierenden Ausrichtung auf eine (»esoterisch« interpretierte) christliche Tradition meinte[60].

Letztlich war aber die Entwicklung der amerikanischen Theosophie Raatzscher Obödienz in Deutschland keine Erfolgsgeschichte. Sie blieb eine kleine Gruppierung, auch im Rahmen der New Yorker Gesamtgesellschaft[61]. Die stagnierenden oder leicht rückläufigen Zahlen von Mitgliedern und Zweigen spiegeln sich in den oft resignativ gestimmten Jahresberichten, wobei vermutlich die negativen Nachrichten im Blick auf die relative Öffentlichkeit der Zeitschrift abgemildert formuliert wurden. Wenn aber der Zweig Neusalz 1911 schrieb, daß »die Gäste, die vor zwei Jahren mit so großer Lebhaftigkeit an unseren Leseabenden teilnahmen, ... jetzt nicht mehr hier [sind]; zum Teil haben sie Neusalz verlassen, zum Teil ist ihre Neugierde befriedigt«[62], oder der Zweig Nord-Berlin sich in diesem Jahr mit einer Pflanze verglich, die, »wenn sie wenig oder gar keine Blüten treibt, ... dafür ihre Wurzeln desto fester im Erdreich [verankert] und die ganze Pflanze erstarkt«[63], wird das eher pessimistische Grundgefühl offen sichtbar. Daran konnte ein Besuch von Charles Johnston aus der New Yorker Zentrale im Sommer 1911 nichts ändern. »Er denkt nicht daran, Mitglieder für

[56] Theosophisches Leben 5/1902–03, 138–140. 155f.; zu Hartmann 138. 156.
[57] Ebd., 7/1904–05, 210.
[58] Wolff: Zum Tode Dr. Franz Hartmanns; Raatz: Franz Hartmann, 218.
[59] Raatz: Die Lehren von Dr. Steiner, 52. Allerdings wurde Archibald Keightley als Repräsentant der Adyar-Theosophie häufig erwähnt, etwa im Bericht der Generalkonvention in New York 1912; Theosophisches Leben 15/1912–13, 219f.
[60] Raatz: »Zu den Füssen des Meisters«, 200.
[61] 1914 wurden für die New Yorker Konvention die dort vertretenen Zweige aufgezählt, wobei unklar ist, ob damit die Gesamtzahl der Zweige erfaßt ist. Dort werden 27 Zweige genannt (ebd., 17/1914–15, 236): USA 15; Deutschland 5; Österreich 1; England 1; Norwegen 1; Venezuela 3; Schweden 1.
[62] Anonym: Bericht über die XVI. Konvention, 125.
[63] Ebd., 127.

die T.G. zu werben, um die Mitgliederzahl zu vergrößern«, stellte Raatz in einem fast trotzigen Ton fest[64].

Der Erste Weltkrieg brachte auch die Theosophen um Raatz in die doppelte, für theosophische Gemeinschaften charakteristische Bredouille: Wie verhält man sich zu dem evidentermaßen politischen Faktor »Krieg« angesichts der programmatisch apolitischen Ausrichtung? Und wie geht man mit den aufbrechenden Nationalismen in einer international organisierten Gesellschaft um? Im ersten Kriegsheft vom Oktober 1914 spendete Raatz Trost: Der Theosoph werde »bemüht sein, bei allem äußeren Kampf die göttliche Ruhe und den inneren Frieden zu empfinden«[65]. Hingegen betonte Oskar Stoll[66] mehr die »hohe Pflicht« des Kampfes, den »uns aufgezwungenen Krieg« und »das moralische Übergewicht« der deutschen Seite und wollte die Welt »am deutschen Wesen« »genesen« sehen[67]. In einem anonymen Artikel wurden Sozialismus und Friedensbewegung verworfen, der Tod als Verneinung des Materialismus und als freiwilliges Opfer gedeutet und das »furchtbare Leiden« der Zivilbevölkerung als »unentbehrlicher Teil der Entwicklung der Seele« gerechtfertigt[68]. Die von Militarismus und Deutschtümelei getränkte Apologie erhielt im Juli 1915 eine kritische Gegenlektüre: Raatz, der ehemalige Herrnhuter, problematisierte die Spannung zwischen den »Pflichten fürs Vaterland« und »dem Gefühl und dem Bewußtsein der Einheit der ganzen Menschheit und aller Nationen«. Die Prüfung sei bestanden, sofern man diese Pflichten erfüllt habe, »ohne dabei einen Groll gegen die Feinde zu hegen und ohne uns im Innersten getrennt zu fühlen von den *Seelen* der gegen uns kämpfenden Völker«[69]. Und in einer ambivalenten Kritik wurde der Krieg als »nichts Ideales, sondern [als] ein notwendiges Übel« bezeichnet. »Er bringt alle Eigenschaften der Völker in die Erscheinung, die schlechten sowohl als auch die guten.«[70] Aber im Hintergrund standen bereits die Probleme, die in der internationalen Verfassung der Gesellschaft gründeten. Die amerikanische Zentrale hatte von der deutschen Sektion einen Protest gegen die Verletzung der belgischen Neutralität durch Deutschland verlangt, woraufhin die deutsche Seite die Verpflichtung zur politischen Neutralität der Theosophie einklagte[71].

Wie scharf die Gegensätze in der Raatzschen Theosophie aufeinanderprallten, dokumentiert das Protokoll der Generalversammlung vom 4. März 1916. Dort war zu lesen,

> »daß die Vertreter der Friedensbewegung, von denen eine ganze Anzahl auch Mitglieder der Theosophischen Gesellschaft sind, die Empfindung haben, daß für sie kein Platz mehr in der Theosophischen Gesellschaft ist«[72].

---

[64] Anonym: Bericht über die XVII. Konvention, 122.
[65] Raatz: Theosophische Gedanken über den Krieg, 213.
[66] Stoll war Funktionsträger, er amtierte 1917 als Kassierer.
[67] Stoll: Theosophische Gedanken über den Krieg, 215.
[68] Anonym: Der spirituelle Wert des Krieges; Sozialismus / Friedensbewegung ebd., 245 f.; Materialismus / freiwilliges Opfer ebd., 248; Entwicklungstheorie ebd., 250.
[69] Raatz: Unsere Vereinigung im Kriegsjahr 1914–15, 64.
[70] Ebd., 67.
[71] Ders.: Politik und Theosophische Gesellschaft.
[72] Protokoll der Generalversammlung des Zweiges Berlin, 54.

Daraufhin hatte Paul Raatz mit zwanzig weiteren Mitgliedern einen Antrag gestellt, durch den »der Anhänger der Friedensbewegung« wie auch der »Nicht-Anhänger« gleichermaßen anerkannt werden sollte:

> »Diejenige Gesellschaft, welche Beschlüsse faßt, die die Vertreter der verschiedenen Richtungen ausschließt oder auch nur abstößt, hat nicht das Recht, sich *theosophisch* zu nennen, weil solche Beschlüsse von wirklicher Unduldsamkeit gegen Meinungen zeugen, die ein reines, brüderliches Motiv und aufrichtigen Glauben aufweisen.«[73]

Diese Vorlage wurde von der Berliner Generalversammlung »einmütig« angenommen[74]. Per saldo distanzierte sich die Raatzsche Theosophie von den scharfen Varianten des deutschen Hurra-Patriotismus, und auch im Vergleich mit anderen theosophischen Vereinigungen hat man sich letztlich relativ wenig in die Kriegseuphorie ziehen lassen.

Aber die Kontakte zur amerikanischen Muttergesellschaft wurden nun dünner und auch schwieriger. Hatte man vor dem Krieg zu den Konventionen in New York zumindest dann und wann einen Vertreter der deutschen Zweige entsandt[75], dürfte in der Kriegszeit nur ein brieflicher Kontakt bestanden haben, der nach dem Kriegseintritt der USA im Jahr 1917 ganz abbrach[76]. Aber der Rückgang der Beziehungsintensität hatte auch vereinsinterne Gründe, die aber in den ersten Kriegsjahren in der Vereinszeitschrift undurchsichtig blieben. Kryptisch hieß es im April 1916, daß »manchem Mitgliede große Enttäuschung« durch das englischsprachige Mitgliedermagazin bereitet worden sei, das aufgerufen habe, »Partei zu ergreifen gegen eine bestimmte Nation«. »Durch eine ganze Anzahl von Artikeln ist die Politik in die Theosophische Gesellschaft gebracht worden«; Abonnementssistierungen und Austritte seien die Folge gewesen[77]. Der Hintergrund dieses Vorgangs wurde auf der außerordentlichen Generalversammlung des Berliner Zweiges vom 12. Oktober 1918, also in den letzten Kriegstagen, schlagartig, aber nur teilweise sichtbar. The Theosophical Quaterly, das Organ der amerikanischen Muttergesellschaft, habe seit Januar 1915 »ständig« Artikel in der Absicht veröffentlicht, »das Unrecht, das nach Meinung unserer theosophischen Kameraden in Amerika in diesem Krieg verübt worden ist, aufzudecken, bloßzustellen, anzuklagen und zur Bekämpfung dieses Unrechts aufzufordern«[78]. »Ich will gleich vorwegschicken«, fuhr Leo Schoch[79], der Berichterstatter, fort,

> »daß unsere amerikanischen Freunde dieses Unrecht auf Seiten der deutschen Regierung und der hinter ihr stehenden Kaste der Junker und Alldeutschen erblickten«, wobei vor allem die Verletzung der belgischen Neutralität kritisiert wurde. »Diese Artikel im Theosophical Quaterly wurden von mehreren Mitgliedern unseres Zweiges gele-

---

[73] Ebd., 53.

[74] Ebd., 56. Mit der amerikanischen Leitung gab es darüber noch näher zu identifizierende Auseinandersetzungen, vgl. ebd., 52.

[75] 1913 war etwa Paul Raatz in Amerika gewesen; Theosophisches Leben 16/1913–14, 279.

[76] Vgl. ebd., 19/1916–17, 159 (brieflicher Kontakt); ebd., 20/1917–18, 304 (Abbruch der Beziehungen).

[77] Raatz: Unsere »Vereinigung« im Kriegsjahr 1915/16, 157 f.

[78] Anonym: Bericht über die Ausserordentliche Generalversammlung, 176.

[79] Schoch war Funktionsträger in der Raatzschen Theosophie, im Juli 1914 etwa wird er als Revisor erwähnt; Theosophisches Leben 17/1914–15, 189.

sen, aber – wir wollen es freimütig bekennen – unsere verletzten Gefühle verhinderten [sic] uns daran, ihren Inhalt vorurteilslos und freundlich anzunehmen und jenes eingangs erwähnte Verbot der Politik bot unseren gekränkten Gefühlen eine willkommene Ausrede gegenüber den vielleicht zu schwachen Regungen unseres Gewissens.

So ließen wir und dazu verleiten – wir wollen auch dieses Bekenntnis offen vor ihnen ablegen –, den Inhalt dieser Artikel entgegen unserer Pflicht der Kenntnis unserer Zweig-Mitglieder fernzuhalten, aus falscher Furcht, die übrigen Mitglieder möchten *noch* kurzsichtiger, noch engherziger sein, als wir es waren, und unsere amerikanischen Mitglieder und damit vielleicht die ganze Theosophische Gesellschaft in Bausch und Bogen verurteilen.

So ließen wir das Ungeheuerliche geschehen ohne den geringsten Protest von unserer Seite, ließen es geschehen, trotzdem wir von unseren amerikanischen Freunden, die wir ungemein hoch geachtet und denen wir weit mehr zu verdanken hatten, als das was gewöhnliche Freunde einem geben können, – trotzdem wir von diesen Freunden inständig gebeten worden waren, sie anzuhören«[80].

Dies war nun ein außerordentliches Dokument, das die Feststellung der deutschen Kriegsschuld mit einer Akzeptanz der Kritik von außen, von den amerikanischen »Freunden«, verband. Wie sonst selten wird eine Wirkung der internationalen Konstitution der Theosophie hier greifbar. Schoch verband seine Selbstkritik schließlich mit einem Schuldbekenntnis hinsichtlich der Unterschlagung der amerikanischen Artikel:

»Diese Pflicht Ihnen gegenüber hatten wir während all der langen Kriegsjahre versäumt, und wir bereuen dies heute bitter, heute, nachdem wir zum Bewußtsein unserer Pflicht und auch zum Bewußtsein unserer Schuld erwacht sind.«[81]

Der Tagesordnungspunkt »Aufsätze des *Theosophical Quaterly*« endete nach einer langen Debatte über die Frage, ob die Artikel nachträglich gelesen werden sollten, mit einer klaren Entscheidung: »Alle, gegen eine Stimme, waren für das Studium.«[82] Paul Raatz formulierte darüber hinaus in der Diskussion noch eine persönliche Summe, die man angesichts des Scheiterns der Weimarer Republik (und trotz des hochgestimmten Tones auf den ›moralischen Sieg‹) heute nicht ohne Bewegung liest:

»Konnten wir zu Anfang des Kriegs unsere Schuld auch nicht erkennen, weil wir durch die Umstände und Verhältnisse beeinflußt waren, so haben wir doch jetzt moralisch gesiegt und können dankbar sein, daß uns dieser Krieg eine demokratische Verfassung, Geistesfreiheit gebracht hat.«[83]

---

[80] Anonym: Bericht über die Ausserordentliche Generalversammlung, 176.

[81] Ebd., 177. Die spezifisch politische Analyse blieb allerdings in Teilen theosophischen Mythologemen verpflichtet, wobei man die Möglichkeiten einer bekenntnishaften Aussprache hinsichtlich einer Politikanalyse nicht überfordern sollte. Jedenfalls deuten Hinweise wie die, daß man die Verantwortung als »Pioniere der Sache der Weißen Loge«, also den guten Kräften auf der Erde, nicht realisiert habe oder daß man sich mit den »drei Gerechten« identifizierte, die Gott gegenüber Lot zur Rettung Sodoms forderte (ebd., 176) oder daß man sich auf die Seite der »Mächte des Lichtes« zu schlagen versprach (S. 177), auf eine nichtanalytische Konfliktdiagnose.

[82] Ebd., 184.

[83] Ebd., 182.

Diese Selbstkritiken waren der Beginn dramatischer Turbulenzen in der Hargrove und Johnston nahestehenden Theosophie. In der 24. Konvention der deutschen Zweige am 20. und 21. September 1919 brach der Streit um die Haltung im Krieg erneut auf. Eine Gruppe um Leo Schoch, die bei dieser Versammlung von Oskar Stoll vertreten wurde, brachte einen Antrag ein, der amerikanischen Muttergesellschaft beizupflichten, die in ihrer Konvention 1915 eine faktisch antipazifistische Position einnahm, indem sie den »geistigen Kampf gegen Verbrechen« gefordert (und damit also den Krieg als nicht »die Bruderschaft verletzend« gerechtfertigt[84]) sowie die »individuelle Neutralität« nicht für notwendig gehalten hatte[85]. Über diesen Antrag wurde aufgrund eines Mehrheitsvotums gar nicht erst abgestimmt, da er zum einen Dogmen und zum anderen politische Positionen formuliere, die die Theosophische Gesellschaft aber beide nicht besitze[86]. Doch diese formale Ebene war offenbar nur die Rationalisierung einer emotionalen Verletzung, die Paul Raatz deutlich machte. Er hatte Johnston während des Krieges – erfolglos – gebeten, politisierende Artikel zu unterlassen[87], offenbar weil die abstrakte Aufforderung zum »Kampf« gegen Verbrechen und die Revision der Neutralität mit einer sehr konkreten antideutschen Polemik verbunden worden: Im Theosophical Quaterly sei geschrieben worden, »daß Deutschland totgeschlagen werden muß ›wie ein toller Hund‹«[88]. Vermutlich wollten Raatz und seine Anhänger aus diesem Grund die amerikanische Position nicht nachträglich mit einem Blankoscheck legitimieren.

Zur Zuspitzung hatte – wie sich im Nachhinein herausstellte – der Antrag des Zweiges Dresden beigetragen, der sich gerade »wieder ganz der Vereinigung angeschlossen« hatte[89] und forderte, die antipazifistische Position zurückzunehmen. Damit war offenkundlich eine proamerikanische Front um Schoch und eine antiamerikanische um den Dresdner Zweig entstanden. Drei Wochen nach der Septemberkonvention wurden in einer außerordentlichen Generalversammlung am 8. Oktober die ersten Folgen dieser Auseinandersetzungen sichtbar. Raatz mußte mitteilen, daß »alle Mitglieder, die den Antrag Schoch unterstützt haben, ihren Austritt aus dem Zweig und der Gesellschaft mitgeteilt haben, ebenso der Zweig Aussig«[90]. Die weiteren Folgen leitete die New Yorker Führung ein. Im

---

[84] Vgl. Theosophisches Leben 22/1919–20, 155, »Krieg« sei keine »Verletzung der Bruderschaft«.

[85] Ebd., 156.
Es gab noch eine zweite Gruppe um Hermann Zerndt, deren Rolle nicht genau zu bestimmen ist, die aber das eigene Schuldbewußtsein bis zur Unterwürfigkeit gegenüber der amerikanischen Gesellschaft steigerte: »Unsere Haltung, sowohl als Personen, wie als Zweige oder als Vereinigung, war *unrichtig*. Unser damaliger Protest gegen die bekannten Beschlüsse der Konvention der T.G. in New York war nicht nur *nicht* zutreffend, sondern auch anmaßend und ungebührlich und verletzend. In Anbetracht dessen wollen wir – geistig genommen – *bedingungslos* vor unsere weisen Freunde in Amerika hintreten und sie um Vergebung bitten.« (ebd., 157)

[86] Vgl. zur Dogmenlosigkeit ebd., 151 f. und zur politischen Neutralität ebd., 147. 148.

[87] Ebd., 148.

[88] Ebd., 149; ohne Jahresangabe wird der Artikel »Screen of Time« im Theosophical Quaterly genannt.

[89] Ebd., 155; der Zweig war 1912 ausgetreten.

[90] Ebd., 159. Leiter des Zweiges Aussig war Hermann Zerndt.

Frühjahr 1920 maßregelte sie ihre Kritiker[91]. Den von Raatz geleiteten Berliner Zweig erklärte sie als aufgelöst und schloß »19 Mitglieder des Zweiges, die den Antrag auf Zurückziehung des Konventionsbeschlusses von 1915 unterzeichnet haben«, aus der Gesellschaft aus[92]. Mit dem Austritt des Zweiges Aussig gab es die »Vereinigung deutschredender Zweige der Theosophischen Gesellschaft« noch in sieben Orten: Berlin, Neusalz, Suhl, München, Flensburg, Dresden und Wien[93]. Aber durch den Verlust der etwa hundert Mitglieder[94] des Berliner Zweiges dürften mindestens zwei Drittel der deutschen Mitglieder ausgetreten sein.

Am 30. März 1921 debattierte der Berliner Zweig über sein Verhältnis zur »Vereinigung deutscher Zweige«. Der Ausschluß wider Willen wurde mit historischem Sinn unterlegt: Schon Judge, die Vaterfigur der amerikanischen Theosophie, habe gesagt, »daß mit Ablauf des Jahrhunderts die Zentralisation in der Gesellschaft aufhören wird«[95]. Die Verstoßung wurde zu einem Symbol des kulturellen Avantgardismus. Doch offenbar endete damit die Geschichte der Theosophischen Gesellschaft New York in Deutschland. Sie war über die Spannung zwischen Nation und Internationalismus zerbrochen.

---

[91] Kurz vor März 1920, Theosophisches Leben 23 / 1920–21, 58.

[92] Ebd., 57.

[93] Hinteres Deckblatt des Heftes April 1920, im Januarheft 1920 war Aussig noch geführt worden.

[94] Ebd., 23 / 1920–21, 56.

[95] Ebd., 24 / 1921–22, 39.

## 3.11 Internationale Theosophische Verbrüderung (I.T.V.) (Franz Hartmann / Hermann Rudolph)

| | |
|---|---|
| Gründungsdatum | 3. September 1897 |
| Vorsitzende | Franz Hartmann (bis 1910), Hermann Rudolph (1910/12–1937) |
| Adressen | Leipzig; Inselstraße 25 (1898, 1900); Blumengasse 12 (1906); Königstraße 12 (seit Oktober 1916 [s. u.], 1931, 1933)[1] |
| Verlag | Theosophisches Verlagshaus, Theosophischer Kultur-Verlag (seit 1914[2]) |
| Zeitschriften | Lotusblüthen (1892–1901), Neue Lotus-Blüten (1908–1915), Theosophischer Wegweiser (1898–1908), Theosophische Kultur (1909–1937) |

Die Internationale Theosophische Verbrüderung war eine der großen theosophischen Gesellschaften in Deutschland in der ersten Hälfte des 20. Jahrhunderts[3]. Die herausgehobene Rolle dürfte mit dem Zusammenspiel von zwei Personen zusammenhängen: mit dem Spiritus rector Franz Hartmann (1838–1912) und später mit dem Organisator Hermann Rudolph (1865–1946). Hartmann war mit Steiner die bedeutendste Gestalt der Theosophie in Deutschland: Er war um eine institutionelle Formierung seiner Theosophie bemüht, blieb allerdings organisationsschwach. Eine nachhaltige Bedeutung besaß er allerdings durch seine heute kaum noch nachvollziehbare Wirkung als Redner sowie durch die Veröffentlichung ungezählter, eigener und religionsgeschichtlicher Texte, nachzulesen in seiner Zeitschrift Lotusblüten. Seine herausragende Rolle steht angesichts fast völlig fehlender Forschungen zu seiner Biographie und zu seinem Werk in einem krassen Mißverhältnis zu seiner Wahrnehmung in der theosophiegeschichtlichen

---

[1] 1898: Theosophische Gesellschaft in Deutschland. Verfassung. 1898, StA Leipzig, PP-V 2561, fol. 10–17 (mit eigener Paginierung), S. 14. – 1900: Satzungen der »Theosophischen Gesellschaft« (I.T.V.) in Deutschland. Bund der theosophischen Vereine und Gesellschaften Deutschlands, eine freie Vereinigung zur Verwirklichung der »Internationalen theosophischen Verbrüderung« (I.T.V.) [1900], StA Leipzig, PP-V 2613, fol. 20–27 (mit eigener Paginierung), S. 16. – 1906: Zumindest als Adressenangabe auf der: Einladung zum Bundestage 1906 der Theosophischen Gesellschaft in Deutschland [I.T.V.], StA Leipzig, PP-V 2613, fol. 40. – 1916: Theosophische Kultur 8/1916, 350. – 1931: Anonym: Warum verbindet sich die I.T.V. nicht mit der Supernationalen Theosophischen Gesellschaft (Sp.T.G.)?, 2.6.1931, StA Leipzig, PP-V 3892, 7 Seiten, separat paginiert, S. 1. – 1933: Deutsche Theosophische Gesellschaft e. V. Deutscher Charakter und ihre *deutsche* Sendung, 1.10.1933, StA Leipzig, PP-V 2613, fol. 77–78.

[2] Anonym: Warum verbindet sich die I.T.V. nicht, ebd., 3; zum theosophischen Verlagshaus s. 3.12.

[3] Literatur liegt außer in den Überblicken bei Frick: Die Erleuchteten, II/2, und Fischer: 100 Jahre »Theosophische Gesellschaft«, nicht vor. Hermann Fischer (1876–1953) [Lebensaten nach Frick: Die Erleuchteten, II/2, 308] war Mitglied der I.T.V. und Vorsitzender des Leipziger Zweiges.
Bigalke: Zur Theosophie in Leipzig in den Dreißiger [sic] Jahren hat die Quellen im Bundesarchiv Berlin erstmalig durchgesehen und eine ausgezeichnete Studie zum Umgang von Nationalsozialisten mit den theosophischen Gesellschaften wie der I.T.V. erstellt. Ihre Angaben für die Frühgeschichte sind manchmal unpräzise, die Belegstellen aufgrund oft summarischer Verweise nicht immer nachvollziehbar.

Forschung[4]. Eine ausführliche biographische Skizze soll diesem Mangel abhelfen und einen ersten Schritt darstellen, Hartmann zu dem ihm gebührenden Platz in der deutschen Theosophie zu verhelfen.

### *3.11.1 Franz Hartmann – eine biographische Skizze*

Franz Hartmann wurde am 22. November 1838 im bayrischen Donauwörth geboren und katholisch getauft[5]. Er erwog, wohl vor 1859, in ein Kloster einzutreten und Kapuziner zu werden[6]; das »Geheimnisvolle« der »katholischen Kirche« habe er seit seiner Kindheit geliebt[7]. In diesen Jahren, wohl ebenfalls noch vor 1859, durchlebte Hartmann eine atheistische oder agnostische Phase, konstatierte jedenfalls den Zusammenbruch seines Kirchenglaubens über Büchners »Kraft und Stoff« und über den »Affenvogt« (Karl Vogt)[8]. Ein hohes Interesse für die Naturwissenschaften, das sich auch in seinen theosophischen Jahren durchhielt[9], wozu etwa ein Interesse für phrenologische Untersuchungen zählte[10], gehört in den Kontext dieser Jahre. Hartmann trat in den fünfziger Jahren in den bayerischen Militärdienst ein und nahm am österreichisch-italienischen Krieg von 1859 teil[11]. Ob er in diesem Zeitraum europäisch-esoterische Literatur gelesen hat, ist unklar[12].

Nach dem 1862 bestandenen Apothekerexamen[13] wandte er sich dem Medizinstudium zu. Während der Universitätszeit verließ er Europa auf einer Reise in Frankreich und schiffte sich in Le Havre als Bordarzt auf dem Paketboot »Mercury« nach Amerika ein[14]. In den Vereinigten Staaten wurde er in New Orleans

---

[4] Wichtige Sammlung von Informationen bei de Zirkoff: Franz Hartmann. Skizze bei Goodrick-Clark: Hartmann. Von seinen autobiographischen Schriften ist vor allem seine ältere Veröffentlichung »Denkwürdige Erinnerungen« ([1]1898) wichtig. Nur wenige harte Fakten finden sich in dem Nachfolgeband »Unter den Adepten und Rosenkreuzern« (ca. [1]1910), worin Hartmann vor allem das Ziel verfolgte, die theosophische Weltanschauung als rosenkreuzerisches Denken zu identifizieren. Über einen Nachlaß gibt es keine Informationen. Hugo Vollrath beabsichtigte, eine Hartmann-Biographie zu verfassen (Theosophie 3 / 1912–13, 219); bei dieser Ankündigung ist es vermutlich geblieben. Nicht zugänglich war mir Hütwohl: Bibliography of Franz Hartmann.

[5] Frick: Die Erleuchteten, II / 2, 297.

[6] De Zirkoff: Franz Hartmann, 440; bestätigt bei Göring: Dr. Franz Hartmann, 4. Seiner Autobiographie zufolge wollte er »Eremit« werden (Hartmann: Denkwürdige Erinnerungen, 5).

[7] Hartmann: Denkwürdige Erinnerungen, 8.

[8] Ebd., 10. Vgl. Rudolph: Dr. Franz Hartmann (in: Lotusblüten), 263: »Franz Hartmann mußte erst die Schule der Materialismus und Spiritismus durchlaufen«; ähnlich de Zirkoff: Franz Hartmann, 440.

[9] So sei durch die Theosophie von Blavatsky und Olcott »den religiösen Lehren eine längst ersehnte wissenschaftliche Stütze zu teil« geworden; Hartmann: Ein Abschied, 819.

[10] Priem: Erinnerungen an Franz Hartmann, 231.

[11] Zirkoff: Franz Hartmann, 440.

[12] Hübbe-Schleiden: Franz Hartmann, 366, nennt in seinem Nachruf drei spirituelle Quellen: einen »alten Rosenkreuzer, namens Prestel« aus der »Umgegend von Kempten«, spiritistische Einflüsse und Kerning.

[13] Frick: Die Erleuchteten, II / 2, 297.

[14] Diese Geschichte der spontanen Abreise hat Hartmann: Denkwürdige Erinnerungen, 13 f., ausführlich geschildert. Vgl. auch Priem: Dr. Franz Hartmann, 10.

tief vom Spiritismus geprägt und sei »hellsehend und hellhörend« geworden[15]. In St. Louis (Missouri) beendete er sein Studium und ließ sich mit amerikanischer Staatsangehörigkeit dort als Arzt nieder. Nach der Gründung einer Augenklinik war bald danach in Mittelamerika unterwegs. 1872 lebte er in Georgetown (New Orleans), wo nach siebenmonatiger Ehe seine Frau 1873 starb[16]. 1881 wurde er in Georgetown in die Freimaurerloge Georgetown No. 1 aufgenommen[17].

Wohl 1878 hatte sich Hartmann mit Blavatskys »Isis Unveiled« beschäftigt[18] und trat 1882 der Theosophischen Gesellschaft in New York bei[19]. Er soll fünf Jahre in den »Felsengebirgen Colorados« gelebt haben[20]. »Hier betrieb er neben der ärztlichen und einer ausgedehnten chirurgischen Praxis den Bergbau von Gold- und Silberminen und wurde 1882 zum ›Coroner‹ gewählt.‹[21] Auch eine Erfahrung der »Herrlichkeit des Geistes« im Jahr 1883 wird in die Gebirge Colorados verlegt. »Ich warf meine philosophischen Bücher ins Feuer«, zitierte ihn Hugo Göring[22]. Insgesamt verbrachte Hartmann achtzehn Jahre in den Vereinigten Staaten[23].

1883 übersiedelte er, von Olcott aufgefordert, einer seiner Stellvertreter zu werden[24], nach Indien. Er traf am 4. Dezember 1883 in Madras ein[25] und trat am 26. Dezember 1883, sicher unter dem Einfluß von Olcott und Blavatsky, auf Ceylon zum Buddhismus über[26]. Nach dem Hodgson-Skandal blieb er zwar 1884

---

[15] Hartmann: Denkwürdige Erinnerungen, 22–37. Hartmann las Judge Edmonds, Andrew Jackson Davis, Hudson Tuttle und lernte unter anderen Medien Henry Slade kennen (ebd., 27).

[16] Alle Angaben zu Hartmanns Aufenthalt in Amerika bei Frick: Die Erleuchteten, II / 2, 298. Nach Priem: Dr. Franz Hartmann, 10, soll er fünf Jahre in Texas gelebt haben; der Zeitraum ist nicht genauer eingegrenzt.

[17] Frick: Die Erleuchteten, II / 2, 300. Miers: Lexikon des Geheimwissens ($^7$1993), 275, nennt Georgetown No. 12.

[18] Hartmann: Denkwürdige Erinnerungen, 68; zur Datierung vgl. S. 60.

[19] Frick: Die Erleuchteten, II / 2, 298. Nach Miers: Lexikon des Geheimwissens ($^7$1993), 275, soll er 1882 ein Exemplar der von Blavatskys »Isis« erhalten haben und der Theosophischen Gesellschaft beigetreten sein.

[20] Priem: Dr. Franz Hartmann, 10.

[21] Ebd., Hartmann soll in Amerika Bergwerksbesitzer gewesen sein, so Rudolph: Dr. Franz Hartmann (in: Eine Gedenkschrift), 7. – Ein Coroner war vermutlich ein öffentlich bestellter Leichenbeschauer für ungeklärte Todesfälle.

[22] Göring: Dr. Franz Hartmann, 6. Göring beruft sich bei seinem Nachruf auf schriftliche Quellen und »persönliche Mitteilungen von ihm selbst« (ebd., 1). Hartmann: Denkwürdige Erinnerungen, 66–68, beschreibt allerdings auch die Frustration über den Spiritismus, die kathartische Wirkung einer schweren Hauterkrankung im Gesicht (ebd., 66) und das Erlebnis der Lektüre von Blavatskys »Isis« (ebd., 68) wohl 1878 (vgl. ebd., 60) und über den dann vollzogenen Beitritt in die Theosophische Gesellschaft (ebd., 71)

[23] Hartmann: Denkwürdige Erinnerungen, 14.

[24] Rudolph: Dr. Franz Hartmann (in: Eine Gedenkschrift), 7. Priem: Dr. Franz Hartmann, 11, spricht nur davon, daß Olcott Hartmann eingeladen habe, »an der Leitung der Geschäfte der Gesellschaft teilzunehmen«.

[25] Priem: Dr. Franz Hartmann, 11.

[26] Übereinstimmend Zirkoff: Franz Hartmann, 446, und Frick: Die Erleuchteten, II / 2, 298. Rudolph: Dr. Franz Hartmann, 261, unterrichtet, allerdings mit einem anderen Datum, folgendermaßen über nähere Umstände: »Als Dr. Hartmann 1885 in Begleitung von Frau Blavatsky nach Europa zurückkehrte, ließ er sich während eines kurzen Besuchs in Colombo, der buddhistischen Hauptstadt Ceylons, vom dortigen Oberpriester in die buddhistische Gemeinde aufnehmen, in welcher H. P. Blavatsky schon früher Mitglied geworden war.« Fast gleichlautend in Rudolph: Dr. Franz Hartmann (in: Eine Gedenkschrift), 7.

noch nach Blavatskys Abreise in Adyar, kehrte aber am 23. April 1885 zusammen mit ihr nach Europa zurück[27]. Nachdem beide in Torre del Greco bei Neapel gewohnt hatten[28], wurde er im österreichischen Hallein Direktor einer Inhalationsanstalt für Tuberkulosekranke und revidierte seine Pläne, in die Vereinigten Staaten zurückzukehren[29]. 1885 versuchte er wohl auch, die Theosophie inhaltlich auf neue Beine zustellen und wandte sich Alois Mailänder zu[30], doch trat er 1887 in die von Paul Harald Grävell und Friedrich Eckstein gegründete Wiener theosophische Loge ein[31].

In seinen frühen Schriften bezog er sich häufig auf eine »rosenkreuzerische« Tradition, sein »Student of Occultism« (1887) etwa erschien 1899 in deutscher Übersetzung als »Ein Abenteuer unter den Rosenkreuzern«[32]. 1888 versuchte sich Hartmann möglicherweise an einer »rosenkreuzerischen« Klostergründung am Lago Maggiore (s. o. 3.3.2). Mit Karl Kellner, dem Gründer des O.T.O., war er bekannt[33], vielleicht sogar Mitglied im O.T.O.[34] Er soll auch in Kempten, in der Schweiz sowie in Dresden maurerische Rosenkreuzer-Orden ins Leben gerufen haben[35].

In den neunziger Jahren liegt eine Zeit intensiver Publikationstätigkeit Hartmanns. In den Lotusblüthen (1892–1901) und ihrer Nachfolgeschrift Neue Lotus-Blüten (1908–1915), die er herausgab und für die er wohl die Mehrzahl der Artikel verfaßte, hat er ein Vermächtnis seiner Vorstellungen hinterlassen. Dabei handelt es sich um eine Sammlung religionsgeschichtlicher Texte (Übersetzungen aus Buddhismus, Hinduismus, Kabbala, Zoroastrismus, Christentum / Mystik, Sufismus und anderen Bereichen sowie theosophischer und eben eigener Texte), die in diesen Jahren ihresgleichen suchte. Auf die Dokumentation vereingeschichtlicher Daten und von Differenzen zwischen theosophischen Richtungen hat Hartmann weitgehend verzichtet[36]. Ende der neunziger Jahre war

---

[27] Hartmann: Denkwürdige Erinnerungen, 189. Blavatsky hat Hartmann aber möglicherweise nicht getraut, vgl. Howe: Uranias Kinder, 112. Englische Theosophen belegten im übrigen Hartmann wegen seines ungepflegten Äußeren mit dem despektierlichen Spitznamen »Dirty Franz« (ebd.).

[28] Hartmann: Denkwürdige Erinnerungen, 189–199.

[29] Frick: Die Erleuchteten, II / 2, 298; vgl. auch Hartmann: Unter den Adepten und Rosenkreuzern, 69. Hartmann hatte ein »Lignosulfit« als »Inhalationsmittel gegen Lungen- und Halsleiden« entwickelt, das er versuchte, gewinnbringend, unter anderem in die USA, zu vermarkten, wohl ohne Erfolg (der Zeitpunkt dieser Aktivitäten ist nicht ganz klar); Gorsemann: Erlebnisse und Beobachtungen, 33.

[30] So jedenfalls Goodrick-Clark: Hartmann, 458.

[31] Grävell: Dr. Franz Hartmann, 178. Vgl. die mit diesen Aussagen nicht ganz zu harmonisierende Darstellung in 3.6.1. Dort auch einige Angaben zum Verhältnis von Hartmann und Eckstein.

[32] Frick: Die Erleuchteten, II / 2, 299. Die rosenkreuzerische Tradition identifizierte er über Analogieschlüsse. So habe er gesehen, daß die Lehren einer »Familie von christlichen Mystikern«, mit denen er 1885 in Neapel zusammengetroffen sei, mit denen der Rosenkreuzer und »der Geheimlehre der Indier« »genau« übereinstimmten; Hartmann: Unter den Adepten und Rosenkreuzern, 69 f.

[33] Möller / Howe: Merlin Peregrinus, 140.

[34] Miers: Lexikon des Geheimwissens ([7]1993), 277; Klatt: Der Nachlaß von Wilhelm Hübbe-Schleiden, 123. Diese maurerische Verbindung Hartmanns war Steiner bekannt, siehe GA 93,111.

[35] Miers: Lexikon des Geheimwissens ([7]1993), 276.

[36] Vgl. dazu Hartmanns Äußerungen im »Briefkasten« der Lotusblüten (5 / 1895, 232): »Die Katzbalgereien, welche zwischen den verschiedenen Mitgliedern der T.S. stattfinden, haben für uns kein Interesse, und die Abstimmungen der in Adyar versammelten Konvention, deren Zusammensetzung

er zudem intensiv an der Edition der deutschen Übersetzung von Blavatskys »Geheimlehre« beteiligt, indem er die Fahnen der von Robert Froebe (1865–?) besorgten Übersetzung las[37]; deren drei Textbände erschienen in Faszikeln zwischen 1897 und 1902 (s. 3.3.2).

In den Spaltungen der Theosophischen Gesellschaft in den 1890er Jahren nahm er Partei für William Quan Judge und unterstützte von daher Katherine Tingley[38]. 1896 gründete er in Deutschland eine Gruppe der Tingley-Theosophie, auf deren erstem Kongreß er am 29. August auch die »amerikanischen Kreuzfahrer« begrüßte[39]. 1897 jedoch rief der streitbare, »vulkanische« Hartmann[40] seine Internationale Theosophische Verbrüderung ins Leben, von der im folgenden die Rede ist. Dies bedeutete den Abschied sowohl von der Adyar-Theosophie als auch von derjenigen Tingleys. Der Grund der Trennung von Adyar könnte im Kurs Annie Besants gelegen haben, die in Hartmanns Augen die Theosophie »orientalisiere«, während »die rein humanitären Bestrebungen der amerikanischen Tingley-Gruppe« seinen eher spirituellen Vorstellungen nicht entsprochen hätten, so die Deutungen von Karl H.R. Frick[41]. Gleichwohl läßt sich Hartmann nicht leicht auf einen europäischen (»rosenkreuzerischen«) »Esoteriker« hin vereindeutigen. Mit dem Titel »Lotusblüten« hatte Hartmann einen buddhistische Assoziationen weckenden Titel für seine Zeitschrift gewählt, in der denn auch sowohl Themen der indischen wie der europäischen Religionsgeschichte aufgegriffen wurden. Aber offenkundlich war für ihn die christliche Tradition, zumindest am Ende der neunziger Jahre, (wieder?) zu einem zentralen Bezugshorizont geworden. In seinen Abschiedsworten am Ende der ersten Serie der Lotusblüthen formulierte er 1900 diese Position als Auftrag, den er von Indien mitgebracht habe:

> »Bei meiner Abreise von Indien nach Europa wurde mir daher von einem meiner indischen Lehrer der Wunsch ausgesprochen, die von Blavatsky verkündeten Lehren auch in Deutschland zur Geltung zu bringen, sie mit den Lehren der christlichen Mysteriker zu vergleichen, und die mystischen Schätze, an welchen Deutschland so reich ist, die

wir aus persönlicher Erfahrung kennen, *absolut keinen Wert.*« »Es liegt nicht in der Absicht der ›Lotusblüten‹, sich um die Reibereien, welche unter den Mitgliedern einer Sekte, Kirche oder ›theosophischen Gesellschaft‹ stattfinden, zu bekümmern, noch für irgend eine Person oder gegen eine solche Partei zu ergreifen. Die Theosophie oder Gotteserkenntnis ist die Selbsterkenntnis und hat nichts mit blossen Meinungen oder Theorien zu thun.« Derartige Äußerungen kann man bei jedem theosophischen Führer um 1900 finden, allein vermitteln die Lotusblüten den Eindruck, als habe Hartmann auch versucht, sich an seine Prinzipien zu halten.

[37] Zirkoff: Franz Hartmann, 457. Biographische Daten zu Robert Froebe sind nur in geringem Umfang bekannt. Er war 1889 Assistent an der Universitäts-Sternwarte in Wien (L. Eisenberg: Das geistige Wien, Bd. 2, 1893, zit. nach: Deutsche Biographische Enzyklopädie). In den Lotusblüten 6/1897 (Theosophische Rundschau), 129, wird er »Secretair des Theosophischen Vereins in Wien« genannt.

[38] Zirkoff: Franz Hartmann, 452. In seinen »Lotusblüten« bezeichnete sich Hartmann zeitweise als »M.D., Mitglied der Theos. Gesellsch. in Amerika«.

[39] Hartmann: Ansprache zum ersten Kongreß; vgl. zu den »Kreuzfahrern« bes. 719f.

[40] Zu Hartmann als streitbarer Existenz vgl. Rudolph: Dr. Franz Hartmann (in: Eine Gedenkschrift), 14. Als »vulkanische Natur« ist Hartmann charakterisiert bei Rantzau: In treuem Gedenken, 23.

[41] Frick: Die Erleuchteten, II/2, 307. Laut Fischer: 100 Jahre »Theosophische Gesellschaft«, 20, sollen Hartmann »gewisse brahmanische Einflüsse aus dem indischen Hauptquartier« mißfallen haben.

aber staubbedeckt in vergessenen Winkeln unserer Bibliotheken schlummerten, ans Tageslicht zu bringen.«[42]

1899 habe Hartmann, so de Zirkoff, in Hugo Vollrath einen Freund gefunden und mit ihm mehrere Vortragsreisen durchgeführt[43]. Um 1900 ist Hartmann wieder als Freimaurer, nun in sog. »winkelmaurerischen« Systemen, unter anderem in Theodor Reuß' Memphis- und Misraim-Ritus, nachweisbar (s. 10.3.2–3). 1904 zog er auf seinen Grundbesitz ins Südtiroler Algund (nahe Meran), von wo aus er nur noch selten nach Deutschland kam[44]. Möglicherweise hat er sich in diesen Jahren dem völkischen Okkultismus angenähert, er soll jedenfalls der 1905 gegründeten Guido von List-Gesellschaft angehört haben[45]. Zumindest Hübbe-Schleiden berichtet, daß Hartmann sich »in den letzten Jahren« »auch formell« wieder der Theosophischen Gesellschaft Adyar angeschlossen habe[46]. Als im Winter 1911 »seine Kräfte erlahmten«, suchte er bei seinem Bekannten, dem Schweizer Arzt H. Ottinger in Riedthäusle, und dem von ihm erfundenen »Odstrahl-Apparat« eine »Neukräftigung«[47]. Am 7. August 1912 starb er mit 73 Jahren in Kempten im Allgäu.

### *3.11.2 Organisationsgeschichte und der Aufstieg Hermann Rudolphs*

Hartmanns theosophische Gesellschaft gibt schon im Namen Internationale Theosophische Verbrüderung ihre Herkunft aus der amerikanischen Theosophie Tingleys und ihres Universal Brotherhood zu erkennen. Am 3. September 1897 wurde sie in München als deutsche Sektion mit dem Namen »Theosophische Gesellschaft in Deutschland« gegründet[48]. 1898 verlegte Hartmann das

---

[42] Hartmann: Ein Abschied, 821 f. Vgl. auch Hartmanns Antwort auf eine nicht mitgeteile Frage im »Briefkasten« der Lotusblüten (2/1893,571): »Wenn sie, wie Sie sagen, ein guter Christ sind und die Kraft des christlichen Glaubens in sich fühlen, so brauchen Sie weder eine Geheimlehre, noch eine okkulte Wissenschaft oder indische Philosophie; denn in der Kraft des wahren Glaubens liegt die Erkenntnis der Wahrheit und alles übrige ist überflüssig.« Gegenüber dem kirchlichen Christentum hielt er allerdings Abstand. Ein Anhänger notierte, Hartmann sei nicht in die Kirche gegangen; Gorsemann: Erlebnisse und Beobachtungen, 36. Das Verhältnis von Theosophie und Christentum in der Biographie Hartmanns lohnte eine nähere Untersuchung.

[43] Zirkoff: Franz Hartmann, 457.

[44] So Frick: Die Erleuchteten, II/2, 308.

[45] Klatt: Der Nachlaß von Wilhelm Hübbe-Schleiden, 123. In seiner Zeitschrift Neue Lotusblüten 1/1908, 218, schrieb Hartmann jedenfalls, daß er »mit besonderem Vergnügen« von der Gründung der Guido von List-Gesellschaft in Wien höre.

[46] Hübbe-Schleiden: Franz Hartmann, 364.

[47] In: Franz Hartmann. Sein Leben und Wirken, hg. v. G. Priem.

[48] Zur Gründung Klatt: Theosophie und Anthroposophie, 66. Nach Frohnmeyer: Die theosophische Bewegung, 30, soll sie auch Internationale Theosophische Vereinigung genannt worden sein. Vgl. im August 1897 die Ankündigung einer »Neu-Organisierung der Theosophischen Gesellschaft in Deutschland« und die Einladung zu einer »General-Versammlung« in München am 3. September, Lotusblüten (6/1897, 83). Name der Gesellschaft nach Fischer: 100 Jahre »Theosophische Gesellschaft«, 21. – Zugleich berief man sich weiterhin auf die Gründung am 30. August 1896 in Berlin; siehe Satzungen der »Theosophischen Gesellschaft« (I.T.V.) [1900] (Anm. 1), 2; vgl. dazu 3.9. Im Briefkopf behielt man jedoch die Jahresangabe 1897 bei; so: Mitgliederbewegung der Theosophischen Gesellschaft in Deutschland 1904 bis 1924, 15. März 1924, StA Leipzig, PP-V, fol. 53$^{r}$.

»Hauptquartier« der I.T.V. nach Leipzig, weil dort eine größere Zahl seiner Anhänger lebte[49]. Die Leipziger Gruppe hatte sich bereits am 15. Oktober 1896 als freie und unabhängige Vereinigung gegründet und zählte 1898 65 Mitglieder; sie blieb wohl auf Dauer die mitgliederstärkste Ortsgruppe der I.T.V.[50]

In den Statuten vom 17. November 1898 unterzeichneten für den »Rat der Theosophischen Gesellschaft in Deutschland« Franz Hartmann als »korrespondierender Sekretär«, Hermann Rudolph als »geschäftsführender Sekretär« und Georg Priem als »Kassierer«; die Adresse lautete »Centralbureau: Leipzig, Inselstrasse 25«[51]. Die drei »Zwecke« der Theosophie wurden hierarchisiert und unter der Vorgabe formuliert, »ohne einen für die Mitglieder bindenden Glauben (Dogma)« zu gelten[52]:

> 1. »Der *einzige* und für jedes Mitglied *bindende* Zweck der ›*Theosophischen Gesellschaft*‹ in allen Ländern ist: ›einen Kern einer allgemeinen, die ganze Menschheit umfassenden Verbrüderung zu bilden, ohne jeden Unterschied bezüglich der Rasse, der Nationalität, des Glaubens und der Confession, des Standes und Geschlechtes, *um welchen die überall anerkannten Ideen der allgemeinen Menschenliebe und Menschenverbrüderung sich krystallisieren und die höchsten Ideale der Menschheit sich verwirklichen können.*‹«
>
> 2. »Nebenzwecke der Gesellschaft und Mittel, durch welche die Verwirklichung der allgemeinen Menschenverbrüderung gefördert wird, sind:
> a) das *Studium* der Religionssysteme, Philosophien und Wissenschaften des Ostens und Westens zu pflegen, auf die *Wichtigkeit* dieses Studiums hinzuweisen und die erlangten Errungenschaften zu *verbreiten*;
>
> [3.] b) die in der Natur waltenden und noch wenig bekannten Gesetze des Geistes *(durch naturgemässe Entwicklung, Entfaltung und Veredelung der im Menschen noch schlummernden höheren Seelenkräfte)* zu erkennen und die erlangten Fähigkeiten in *uneigennütziger* Weise zum Besten der Menschheit zu verwenden.«[53]

Die lange Passage im ersten Punkt zur »allgemeinen Menschenliebe und Menschenverbrüderung« gehen möglicherweise auf Hartmanns Theosophie der »Liebe« zurück, auch der deutliche Verweis auf die Religionen und »Wissenschaften« des Ostens (die vor denen des Westens genannt werden) könnten seine Handschrift tragen.

Am 4. Juni 1900 gab sich die I.T.V. eine neue Satzung, in der der zweite Zweck erweitert worden war. Ziel sei es nun,

»das vorurteilsfreie und eingehende *vergleichende Studium* der verschiedenen alten und neuen Religionssysteme, Philosophien und Wissenschaften des Ostens und Westens zu pflegen, auf die *Wichtigkeit* dieses Studiums hinzuweisen, sowie die erlangten Erungenschaften zu *verbreiten*, insofern dieselben dazu dienlich

---

[49] Klatt: Theosophie und Anthroposophie, 66.

[50] Fischer, 100 Jahre »Theosophische Gesellschaft«, 26f. Mitgliederzahl ebd., 27. Zur späteren Lage in Leipzig ohne Jahresangabe und mit dem Verweis auf 150 Mitglieder siehe ebd.,

[51] Theosophische Gesellschaft in Deutschland. Verfassung. 1898 (Anm. 1), 14.

[52] Ebd., Art. I, § 1,1.

[53] Ebd., Art. I, § 2,1 (Punkt 1 und 2); Art. I, § 3 (Punkt [3]). Die drei Zwecksetzungen der deutschen Dachorganisation der I.T.V. aus dem Jahr 1912 finden sich in StA Leipzig, PP-V 3892, fol. 1f.

sind, einer höheren Weltanschauung als der materialistischen Geltung zu verschaffen.« (Unterstreichung der Veränderungen HZ)[54]

Das Prädikat der »vergleichenden« Studien sowie »alter und neuer« Religionssysteme könnte auf eine zunehmende Wahrnehmung religionswissenschaftlicher Forschungen hindeuten, während die Gründe für die Verschärfung des theosophischen Dogmas des Antimaterialismus nicht klar sind. Auch organisatorisch gab es Veränderungen. Im »Geschäfts-Ausschuss«, in dem Hartmann fehlte, saßen nun sieben Personen:

»Arthur Weber, Leipzig, Vorsitzender;
Edwin Böhme, Leipzig, Geschäftsführer;
Dr. med. Jul. Schneider, Leipzig, Schriftführer und Archivar;
Georg Priem, Leipzig, Kassierer;
Hermann Rudolph, Leipzig;
Paul Drittler, Nürnberg;
Karl Wachtelborn, Fürstenwalde (Spree).«[55]

Von diesem Personenkreis ist Karl Wachtelborn später in die Adyar-Theosophie übergewechselt, wo er am Ende des Ersten Weltkriegs als Generalsekretär fungierte (s. 3.5.1). Für die folgende Zeit liegen augenblicklich nur lückenhafte Informationen vor[56].

Die I.T.V. entwickelte in diesen Jahren ein starkes Verlagswesen: Der Theosophische Wegweiser, der in der »Theosophischen Buchhandlung« (die auch einen eigenen Buchvertrieb besaß) verlegt wurde[57], erschien von 1898 bis 1908[58]. Aufgrund der Auseinandersetzungen Hugo Vollraths mit anderen Verlagsbetrei-

[54] Satzungen der »Theosophischen Gesellschaft« (I.T.V.) [1900] (Anm. 1), 5.

[55] Ebd., 16.

[56] Eine von Frick: Die Erleuchteten, II/2, 315, angegebene Spaltung im Jahr 1908 ließ sich nicht bestätigen, und eine für das Jahr 1910 von Fischer: 100 Jahre »Theosophische Gesellschaft«, 28, genannte Verfassung war nicht auffindbar. Vermutlich handelt es sich um die 1911 verabschiedeten Statuten, die mir allerdings ebensowenig vorlagen.

[57] Buchhandlungen waren, wie die gesamte Literaturproduktion, in der Theosophie Macht- und Wirtschaftsfaktoren erster Ordnung und entsprechend häufig Gegenstand erbitterter Auseinandersetzung. Die Geschichte der Theosophischen Buchhandlung ist dafür ein Paradebeispiel, ohne das die Kämpfe augenblicklich ganz überschaubar wären. Nach Goodrick-Clarke: Die okkulten Wurzeln des Nationalsozialismus, 30 (unter Berufung auf Ellic Howe) soll das Theosophische Verlagshaus 1906 gegründet worden sein. Schon 1908 waren aber gerichtliche Auseinandersetzungen anhängig, weil Arthur Weber 1.000 Exemplare von Bulwer-Lyttons Zanoni, die ihm für einen kommissarischen Verkauf zugunsten der Theosophischen Gesellschaft überlassen worden seien, betrügerisch an Hans Fändrich verkauft habe (Brief von Max Haedicke an den Vorstand der Theosophischen Gesellschaft Leipzig, 30.5.1908, StA Coburg, ITV 1). Weber war eine zwielichtige Gestalt. Karl Seidenstücker warf ihm Verführung zum Ehebruch und Meineid vor (Notiz vom 30.4.1909, StA Coburg, ITV 1), 1911 wurde er u. a. wegen Nötigung und Urkundenfälschung zu einer Gefängnisstrafe verurteilt (Leipziger Tageblatt, 1911, Nr. 90 [der Artikel bezieht sich auf den 30. März 1922]; StA Coburg, ITV 1). Intern spielte offenbar eine Affäre Webers mit Klara Frenzel eine Rolle (Notiz von Maria Breuninger, ohne Datum [Briefe davor und danach 1909], StA Coburg, ITV 1). – Buchvertrieb nach Frick: Die Erleuchteten, II/2, 307. – 1909 war ein weiterer Prozeß anhängig, nun von Vollrath gegen Weber, dieser unterstützt von Klara Frenzel. Dabei ging es nicht zuletzt um Publikationsrechte, insbesondere an den Werken Franz Hartmanns; Vertrag zwischen Klara Frenzel und Heinrich Neuschäffer, 14.5.1909, handschriftliche Abschrift; StA Coburg, ITV 14.

[58] Bei Fischer: 100 Jahre »Theosophische Gesellschaft«, 28, ist fälschlicherweise von dem Erscheinen des »Wegweisers« in der erst 1908 gegründeten »Zentralbuchhandlung« die Rede. Nach Frick:

bern, zu denen es offenbar nach Hartmanns Rückzug aus der I.T.V. kam[59], war allerdings die Rechtslage kompliziert und umstritten (s.u. 3.12). Aus der I.T.V. heraus entstand jedenfalls 1909 der Theosophische Kultur-Verlag[60], in dem bis 1937 die Monatsschrift Theosophische Kultur verlegt wurde[61]. Außerdem erschienen »Mitteilungen« als Mitgliederzeitschrift vierteljährlich zwischen 1911 und 1937[62].

Hartmann sorgte sich offenbar wenig um die Verwaltung der I.T.V., die mit dem Umzug nach Leipzig weitenteils in den Händen von Hermann Rudolph (1865–1946) lag[63]. Hartmann habe aber die Zweige »fördernd und leitend« besucht; vermutlich dokumentieren solche und ähnliche kryptische Formulierungen (»Mystiker« wie Hartmann legten auf den »äußeren Zusammenschluß« kein Gewicht) einen weitgehenden Rückzug Hartmanns aus der organisatorischen Arbeit. 1910 legte er sein Amt als »Präsident« auch formal nieder und übergab die Leitung einem »Präsidium und Generalrat«[64]. Mit Hartmanns Tod 1912 wurde der aus Eibau (Oberlausitz) gebürtige Rudolph schließlich Generalsekretär der Hartmannschen Theosophie[65]. Nach dem Besuch von Volks- und Realschule (der »Selekta« in Riesa) hatte er in Oschatz studiert und arbeitete von 1885 bis 1935 Lehrer in Leipzig-Reudnitz[66]. Seit 1888 war er mit einer Tochter der Familie Jeremias aus Eibau oder Riesa verheiratet, in deren Elternhaus er 1887 Hübbe-Schleiden kennenlernte. Für den schon mehreren Reformbewegungen wie der Naturheilkunde und dem Vegetarismus ›nahegetretenen‹ Rudolph habe dies den Einstieg in die Theosophie bedeutet; Hübbe-Schleidens »Das Dasein als Liebe, Lust und Leid« und Hartmanns Lotusblüten sollen zentrale Lektüreerlebnisse gewesen sein[67].

Seit Hartmanns formellem Rückzug im Jahr 1910 reorganisierte Rudolph die Arbeit der I.T.V. Seit dem 1. Januar 1910 gab er die Theosophische Kultur heraus, am 27. März gründete er den Theosophischen Bruder-Orden (s.u.), im gleichen Jahr schrieb er eine neue Satzung, die 1911 angenommen wurde[68]. Die Schwerpunkte der Weltanschauung der I.T.V. dürften sich unter Rudolphs Ägide verschoben haben. Vorbehaltlich einer genaueren Inhaltsanalyse stechen 1914 folgende Merkmale ins Auge: Die affirmative Beschäftigung mit spiritistischen

---

Die Erleuchteten, II/2, 307, befand sich die Buchhandlung zuerst in der Blumengasse 12, später in der Inselstraße 29.

[59] Frick: ebd., II/2, 308.

[60] Fischer: 100 Jahre »Theosophische Gesellschaft«, 29.

[61] Ebd., 28f. Nach Bigalke: Zur Theosophie in Leipzig, Kap. 3.4, habe die Auflage 1.700 Exemplare betragen und sei »hauptsächlich von Nichtmitgliedern und ›Gönnern des theosophischen Gedankens‹« bezogen worden.

[62] Fischer: 100 Jahre »Theosophische Gesellschaft«, 28.

[63] Voss: Hermann Rudolphs organisatorische Tätigkeit, 110.

[64] Ebd., 109 (»fördernd und leitend«); 110 (»Mystiker« Hartmann); 109 (Gründung des Präsidiums).

[65] Wichtige Daten bei Klatt: Der Nachlaß von Wilhelm Hübbe-Schleiden, 238f. Zum 70. Geburtstag wurde ihm das Mai-Heft der Theosophische Kultur (27/1935) gewidmet, das aber über weite Strecken hymnischen Charakter trägt.

[66] Zur Jugend Einbeck: Hermann Rudolph, 104.

[67] Ebd., 105.

[68] Voss: Hermann Rudolphs organisatorische Tätigkeit, 110f.

Phänomenen war hoch, die christliche Ausrichtung (»Franz Hartmann lehrte die Entwicklung des Menschen zum Christus«) dominant, und die Erwartung einer »vollkommenen« Menschheit in der »sechsten und siebenten Wurzelrasse« auffallend und präludierte nationalistische Tendenzen[69].

Eine Liste der Zweige und der Mitgliederbewegung zeigt prosperierende Entwicklungen, allerdings dürfte die Entwicklung in den zwanziger Jahren stagniert haben. Von den 43 Vorsitzenden lassen sich 1914 vier Frauen identifizieren (9,3 %), unter den 15 Schriftführern waren ebenfalls vier Frauen (26,7 %)[70]; die Zahl der weiblichen Leitungsmitglieder war mithin im Vergleich zur Adyar-Theosophie klein. 1918 stieg die Zahl der Leiterinnen auf acht Frauen bei 30 Zweigen (26,6 %). Im Vergleich mit der Theosophischen Gesellschaft Point Loma verlief die Entwicklung der I.T.V. sehr positiv, verglichen mit der Adyar-Theosophie wies die I.T.V. jedoch ein deutlich geringeres Wachstum auf. Gerade in den Phasen des rasanten Wachstums von Steiners Theosophischer Gesellschaft während der Jahre vor dem Ersten Weltkrieg stagnierte die I.T.V. und legte erst nach dem Krieg wieder deutlich zu. Wie sich die Abtrennung der Theosophischen Gesellschaft in Deutschland unter Hugo Vollrath von der I.T.V. im Jahr 1923 ausgewirkt hat (s. u. 3.12), wird aus dieser Statistik nicht unmittelbar deutlich, doch deuten die fehlenden Angaben für die Jahre 1923 / 24 und der nur geringe Anstieg im Jahr 1925 möglicherweise indirekt auf diesen Aderlaß hin.

Genauere Mitgliederbewegungen liegen insbesondere für den Leipziger Zweig der I.T.V. vor, für den sich aufgrund erhaltener Mitgliederlisten sowohl Wachstum als auch Geschlechterverteilung dokumentieren lassen. Der quantitative Befund weist die Jahre vor dem Ersten Weltkrieg als Hochzeit der Leipziger Gruppe aus. Die Verringerung der Mitgliederzahl um mehr als die Hälfte im Jahr 1918 hängt sicher mit dem Krieg zusammen, aber möglicherweise waren auch vereinsinterne Entwicklungen daran beteiligt. In der konkurrierenden Zeitschrift »Theosophie« jedenfalls hieß es 1914 mit Bezug auf den Vorsitzenden, Arthur Weber: »Durch Webers Betruegereien veranlaßt, zog sich ein großer Teil der älteren Mitglieder zurück«; offenbar war die I.T.V. zu diesem Zeitpunkt in zwei Lager gespalten, die einander »mit Ohrfeigen und Polizei« gedroht haben sollen[71]. Der Anteil der Frauen war wohl immer relativ hoch, überschritt allerdings erst nach dem Ersten Weltkrieg die Marke von 50 Prozent. Auffällig ist dabei der hohe Anteil unverheirateter Frauen (»Fräulein«), der nach dem Ersten Weltkrieg mit den Kriegerwitwen noch stieg. Repräsentative sozialstatisti-

[69] Diese Beobachtungen beruhen auf einer Durchsicht von Artikeln in Theosophischen Kultur. Zum Spiritismus vgl. die Artikelfolge von Zillmann: Über den gegenwärtigen Stand der okkulten und metaphysischen Forschungen, in: Theosophische Kultur 6 / 1914, 257–266. 296–303, oder die Rubrik »Okkulte Begebenheiten«, z. B. ebd., 54–59. »Entwicklung zum Christus« bei Rudolph: Die Bedeutung Franz Hartmanns, 12. Zur Wurzelrasse ders.: Die I.T.V., 51 f.

[70] Die meisten Vornamen sind abgekürzt; da aber die Bezeichung »Frl.« sowohl bei abgekürzten wie bei ausgeschriebenen Vornamen vorgesetzt wird und unter den Schriftführern auch eine »Frau A. Ebsen« erscheint, spricht viel dafür, daß alle Frauen, unverheiratete wie verheiratete, kenntlich gemacht sind. Von den acht genannten Frauen sind sechs als unverheiratet bezeichnet.

[71] Theosophie 5 / 1914–15, 182.

*Tab. 3.16:* Zweige und Mitglieder der I.T.V.

| | interne Aufstellung | | veröffentlichte Aufstellung | | |
|---|---|---|---|---|---|
| Jahr | Zweige | Mitglieder | Jahr | Zweige | Mitglieder |
| 1904 | 31 | 650 | | | |
| 1905 | 38 | 751 | | | |
| 1906 | 37 | 777 | | | |
| 1908 | 37 | 636 | | | |
| 1910 | 36 | 628 | | | |
| 1915 | 36 | 612 | | | |
| 1916 | 31 | 706 | 1916 | 28 | 654 |
| 1917 | 31 | 803 | | | |
| 1918 | 34 | 988 | 1918 | 30 | 1.043 |
| 1919 | 34 | 1.359 | | | |
| 1920 | 34 | 1.404 | 1920 | 34 | 1.423 |
| 1921 | 36 | 1.865 | | | |
| 1922 | 38 | 2.036 | | | |
| 1923 | | | 1923 | 39 | 2.075 |
| 1924 | | | | | |
| 1925 | 40 | 2.141 | 1925 | 45 | 2.180 |
| | | | ca. 1929 | ca. 50 | über 2.000 |

Quellen:
Die interne Aufstellung in: Mitgliederbewegung der Theosophischen Gesellschaft in Deutschland 1904 bis 1924 (Anm. 48).
Die veröffentlichten Aufstellungen nach den Berichten über die jährlichen Konventionen. – 1916: Theosophische Kultur 8/1916, 252. Die Mitglieder sind 547 Mitglieder und 107 Sektionsmitglieder genannt. Man hat entweder mit einem Rückgang der Zweige im Jahr 1914 zu rechnen oder muß einen Teil der Zentren zu den Zweigen hinzuzählen – immer vorausgesetzt, die Zahlen sind überhaupt korrekt; möglicherweise fehlen die ausländischen Zweige und Mitglieder. – 1918: ebd., 10/1918, 218. – 1920: ebd., 12/1920, 222. Mitte 1920: 30 Zeige, 1447 Mitglieder; davon waren 360 Personen als Sektionsmitglieder keinen Ortszweigen angeschlossen. Die Münchener Vereinigung wurde mit 24 Mitgliedern in diesem Jahr gegründet. Die Angaben in der Tabelle für Ende 1920 in Theosophische Kultur 13/1921, 183f. In diesem Jahren waren von den 1423 Mitgliedern 357 Sektionsmitglieder. – 1923: ebd., 15/1923, 210. – 1925: ebd., 17/1925, 215. – ca. 1929 (»Ende der zwanziger Jahre«): Knollmann: Geschichte der TGD, 111.
Zweigorte: »Verzeichnis der Zweige«, 1914–1931, im Anschluß an das jährliche Inhaltsverzeichnis in der gleichen Lage (Exemplar der Universitätsbibliothek Münster). Allein die Angaben für 1914 finden sich mitten im Band (Theosophische Kultur 6/1914, 75f.). Die Verzeichnisse unterscheiden bis 1925 zwischen Theosophischer Gesellschaft (TG) und Loge, die aber nicht hierarchisch differenziert werden. Zentren sind demgegenüber Vereinigungen unterhalb des Gesellschafts- oder Logenstatus.

Zweige oder Zentren gab es zwischen 1914 und 1931 an folgenden Orten:

Berlin 1914–1931
Berlin-Wilmersdorf 1914
Bochum 1914
Bonn 1921–1931
Braunschweig 1928–1931
Bremen 1914–1931
Breslau 1930–1931
Chemnitz 1914–1931
Cottbus 1914–1931
Cunewalde (Sachsen) 1925–1931
Danzig 1914–1931
Dresden 1914–1931
Duisburg 1923–1928
Düsseldorf 1914. 1921–1923. 1925–1931
Eibau (Sachsen) 1914–1931
Erfurt 1914–1927
Forst i. L. 1914–1931
Frankfurt a.M. 1914–1931
Friedrichstadt 1914–1931
Gera (Reuss) 1914. 1919–1931
Görlitz 1914–1931
Halle a. d. Saale 1925–1931
Hamburg e. V. 1914–1918. 1920–1923. 1928–1931
Hamburg Loge Parzival 1914–1919. 1923–1928
Hamburg Loge Theosophia 1919
Hanau 1928–1931
Hannover 1918–1929
Haspe (Westfalen) 1914
Höchst am Main 1926–1927
Hohenwarte (b. Magdeb.)1914
Jena 1914. 1924–1928. 1930–1931
Karlsruhe 1921–1931
Kassel 1914–1931
Kiel Loge Hermes 1919
Kiel Theos. Gesellschaft 1918–1925
Köln 1925. 1927–1931[1]
Königsberg 1923–1931
Leipzig 1914–1931
Limburg 1918–1920
Löbau (Sachsen) 1914–931
Lübeck I 1914–1920
Lübeck II 1920–1931
Lugau (Erzgebirge) 1918–1920. 1923–1931
Magdeburg 1914–1931
Mainz 1914
Mannheim 1914–1925
Marienwerder 1921–1922
Meißen 1928–1931
München 1921–1931
Naumburg (Saale) 1914
Neugersdorf (Sachsen) 1914
Nürnberg 1921–1931
Offenburg (Baden) 1914. 1927
Oldenburg 1914–1918
Pforzheim 1914–1931
Plauen (Vogtland) 1924–1931
Potsdam 1928–1931
Rostock 1914. 1924–1931
Schkeuditz 1914
Schwarzenberg (Sachsen) 1924–1931
Seifhennersdorf 1930–1931
Stettin 1914–1931
Stuttgart 1914. 1921–1931
Tilsit 1914–1926
Ulm 1928–1931
Weimar 1914–1931
Wiesbaden 1921–1931
Wittenberge (bei Potsdam) 1914–1931
Wurzen 1914. 1922. 1925–1931
Zittau (Sachsen) 1914–1931
Zwickau (Sachsen) 1914–1931

*Außerhalb Deutschlands*
Basel 1922–1924
Bern 1919–1931
Brünn 1921–1927
Gablonz a. d. Neiße I 1919–1931
Gablonz a. d. Neiße II[2] 1924–1931
Kopenhagen 1920–1926
Luzern 1922–1925
Morchenstern bei Gablonz 1924–1931
Pernau (Estland) 1927–1931
Rojca[3] (Polen, Oberschl.) 1929–1931
Stockholm 1920–1923
Winterthur 1922–1931
Zürich 1919–1931

[1] 1928 und 1929 mit »siehe Bonn« geführt.
[2] Studienkreis Franz Hartmann.
[3] Seit 1930 als Radzionkow.

Quelle:
S. o. unter »Zweigorte«. Zwischen Logen, Zirkeln und Zentren ist nicht unterschieden. Für die Jahre 1915 bis 1917 gibt es keine Angaben. Wenn also eine Loge über den Ersten Weltkrieg hinweg als bestehend gemeldet wird, heißt diese präzise, daß sie 1914 und 1918 genannt ist.

*Tab. 3.17:* Mitglieder von Ortsgruppen der I.T.V.

| Datum | Gesamtzahl | Geschlecht Männer | Frauen | ? |
|---|---|---|---|---|
| Leipzig | | | | |
| 1896? | 47 | 27 | 4 | 16 |
| um 1912 | 267 | 137 | 104 | 29 |
| April 1918 | 129 | 56 | 72 | 1 |
| 25.2.1935 | 95 | 39 | 56 | – |
| Stettin | | | | |
| 1927 | 62 | | | |
| 1928 | 63 | | | |
| 1929 | 62 | | | |
| 1930 | 56 | | | |
| 1931 | 49 | | | |
| 1932 | 46 | | | |
| Berlin | | | | |
| Okt. 1922 | 155 | 56 | 90 | – |

Quellen und Quellenprobleme:
*Leipziger Gruppe 1896 (?)*: Mitgliederliste um 1900, StA Leipzig, PP-V 2561 (nicht foliert, erster Name: Abermeth).
Diese erste Mitgliederliste ist undatiert. Als dokumentierter Terminus ante quem kann 1912 gelten (nächstfolgende Liste), möglicherweise auch 1910, da der 1912 aufgeführte John Hermann Cordes 1910 nach Indien ging (Klatt: Der Nachlaß von Wilhelm Hübbe-Schleiden yy 59). Vieles spricht allerdings dafür, daß die Liste deutlich älter ist. Die Mitgliedschaft von Personen, die später zu den herausragenden Vertretern der Adyar-Theosophie zählten (Annie Besant, Cordes), läßt darauf schließen, daß die Liste vor der Gründung der deutschen Sektion der Theosophischen Gesellschaft Adyar im Jahr 1902 erstellt wurde; gleichwohl ist dieser Befund nicht zwingend, da sie bei auch in der Liste vor 1912 noch auftauchen und es unklar ist, ob eine Doppelmitgliedschaft dieser Adyar-Repräsentanten denkbar ist. Ein Hinweis auf eine Datierung vor 1900 dürfte die Einbindung der Liste unmittelbar im Anschluß an ein Protokoll des Polizeiamtes Leipzig vom 17. Januar 1899 sein ([Protokoll der Aussage von Hermann Rudolph auf dem] Polizeiamt Leipzig, Abtlg. IV, am 28.11.98, StA Leipzig, PP-V 2561, fol. 9v [Nachtrag 17.11.99]). Die frühe Datierung dürfte durch die geringe Mitgliederzahl bestätigt werden. Es handelte sich dann möglicherweise um die Mitgliederliste bei der Gründung der I.T.V.
Der geringe Anteil von Frauen ist teilweise ein Erhebungsproblem, da hinter abgekürzten Vornamen Frauen stehen dürften, etwa hinter »Baumann, A.« Amalie Baumann und hinter »von Sonklar« Alice von Sonklar.

*Leipziger Gruppe, spätestens 1912*: StA Leipzig, PP-V 2561, fol. 1–7. Zur Datierung siehe Anm. 1337/1338.

*Leipziger Gruppe, April 1918*: StA Leipzig, PP-V 2561, fol. 93 f. (Original)
Von dieser Mitgliederliste existieren zwei Ausfertigungen, von denen die zweite als »Abschrift« gekennzeichnet ist (StA Leipzig, PP-V 2561, fol. 85 f.). Beide sind auf den 1.4. unter dem Titel und auf den 26. 4. am Ende datiert. Sie unterscheiden sich allerdings, da im Original drei Namen nachgetragen wurden, die in der Abschrift fehlen, während drei Namen in der Abschrift (innerhalb des fortlaufenden Alphabets) im Original fehlen. In der Tabelle sind beide Listen kumuliert.

| | Teilmengen | | Anteile (in %) | | Anzahl |
|---|---|---|---|---|---|
| | Adelige | promov. | Männer | Frauen | unverheirat. Frauen* |
| Leipzig | | | | | |
| | 1 | – | 57,4 | 8,5 | 1 (=25,0 %) |
| | 1 | 7 | 51,3 | 39,0 | |
| | – | – | 43,4 | 55,8 | |
| | – | – | 41,1 | 58,9 | 17 (=30,4 %) |
| Berlin | | | | | |
| | 1 | – | 41,9 | 58,0 | 47 (=52,2 %) |

* Prozentzahl gemessen an der Gesamtzahl der Frauen.

*Leipziger Gruppe, Februar 1935*: StA Leipzig, PP-V 2561, fol. 128.
Diese Liste ist auf den 25. Februar 1935 datiert und von Hermann Fischer unterzeichnet.

*Stettiner Gruppe, 1927 bis 1929*: SdA Moskau, 1516-1-33, Bll. 91v; 1930: ebd., Bl. 113r; 1931: Bl. 115v; 1932: Bl. 130v.

*Berliner Gruppe, Oktober 1922*: Theosophische Gesellschaft in Berlin (I.T.V.), Liste der Beitragszahler, 23. Oktober 1922, SdA Moskau, 1516-1-40, fol. 80.
Die Liste aus Berlin führt die pünktlichen und säumigen Zahler auf (Mitgliedsbeitrag: 30 Mark) und enthält insofern möglicherweise eine weitgehend vollständige Liste der Mitglieder der Berlin Ortsgruppe.

sche Angaben fehlen; wann immer aber (und dies betrifft vor allem Funktionsträger) Berufe genannt werden, gehörten sie dem (oft gehobenen) Bürgertum an[72].

In der frühesten Mitgliederliste des Leipziger Zweiges, vermutlich aus dem Jahr 1896[73], finden sich eine Reihe prominenter Namen: Neben Franz Hartmann etwa Annie Besant, John Hermann Cordes sowie Sixtus von Kapff, die später in der Adyar-Theosophie aktiv waren. Paul Raatz amtierte später in der Theosophischen Gesellschaft New York, Marie Ritter tauchte noch vor dem Ersten Weltkrieg im Umfeld Steiners wieder auf (s. 16.4.2), und Paul Zillmann agierte weithin unabhängig. Offenkundlich waren die Fronten zwischen den einzelnen theosophischen Gesellschaften zu diesem Zeitpunkt noch offen. Eine weitere, wohl von 1912 stammende Mitgliederliste[74] nennt als bekanntere Theosophen Annie Besant, John H. Cordes, Fidus, Franz Hartmann, Mathieu Lauweriks und Hermann Rudolph, doch hinsichtlich der Adyar-Theosophen dürfte dies eine Zuschreibung sein. 1918 findet sich auf einer Liste als bekannterer Theosoph Hermann Rudolph, der noch im Februar 1935 eine letzte Mitgliederliste vor dem Verbot unterzeichnete[75].

In allen Leipziger Listen stammen die meisten Mitglieder aus Leipzig, einige aus der näheren Umgebung (bis hin nach Dresden), einzelne aber auch immer wieder aus dem gesamten deutschsprachigen Raum oder aus Europa und Übersee. Oft sind auch zwei oder mehr Personen gleichen Nachnamens und mit gleicher Adresse aufgeführt, so daß viele Theosophen offenbar als Familien(teile) Mitglieder in der Theosophischen Gesellschaft waren.

Die Zahl der I.T.V.-Mitglieder hat im Krieg sicher abgenommen, offenbar nicht nur durch die Kriegstoten. Anders ist die Klage, daß »das alljährliche Ausscheiden einer Anzahl Mitglieder« »wenig erfreulich« und nur durch ›För-

---

[72] 1918 ist bei Karl Gerlich aus Bautzen ausnahmsweise eine Berufsbezeichnung angegeben: Zigarrenfabrikant; Mitgliederliste 1918, Abschrift (s. Tab. 3.17). In der Originalliste, fol. 93$^{v}$ steht »Zigarrenfabrik«.

[73] Mitgliederliste um 1900, StA Leipzig, PP-V 2561 (nicht foliert, erster Name: Abermeth).– Da Paul Raatz seit 1898 Führer der Tingely-Theosophie war und er hier noch geführt wird, könnte dies ein Hinweis auf seine Mitgliedschaft vor der Trennung der I.T.V. im September 1897 sein, dann handelte es sich um die Mitgliederliste der Tingley-Gründung des Jahres 1896. Auch die weitergehende Präsenz von Personen, die im Lauf der Jahre exponierte Vertreter anderer theososphischer Vereinigungen bildeten, bildet eine starkes Argument für eine Entstehung vor den konfliktreichen Jahren 1897 und vor allem 1902.

[74] Mitgliederliste spätestens 1912, StA Leipzig, PP-V 2561, fol. 1–7. Eine sichere Datierung ante quem ergibt sich aus dem Eintrag bei Franz Hartmann, dessen Tod mit einem nachgetragenen Kreuz vor und hinter dem Namen angezeigt wird; Hartmann starb am 7. August 1912, zu diesem Zeitpunkt muß die Liste vorgelegen haben. Da sich als prominentere Theosophen neben Hartmann Annie Besant, John H. Cordes, Fidus, Johannes L. Mathieu Lauweriks und Hermann Rudolph finden, also Vertreter der Adyar-Theosophie, die sich 1902 verselbständigte, wohingegen Paul Raatz, seit 1898 Führer der Tingley-Theosophie, fehlt, läßt sich eines Datierung nach 1898 und vor 1902 vertreten. Dafür spricht auch die identische Schrift mit der mutmaßlich aus dem Jahr 1896 stammenden Liste. Paul Zillmann ist ebenfalls nicht mehr aufgeführt; andere prominente Namen sind A. Wislicenus und Alice von Sonklar.
Einzig in dieser Liste finden sich Titel, nämlich für sieben Doktoren. Bei ihnen fehlen die Vornamen; sie wurden, da es sich wahrscheinlich um Männer handelte, bei der Zählung diesen zugeschlagen.

[75] Mitgliederliste 1935, StA Leipzig, PP-V 2561, fol. 128.

derung ihrer Erkenntnis‹ zu verhindern sei[76], kaum zu verstehen. Gleichwohl konnte man am 8. Oktober 1916 ein »neues Bundesheim« in Leipzig eröffnen[77]. Aber nach dem Krieg stieg die Mitgliederzahl rasant an. 1919 erhöhte sie sich gegenüber 1918 von 988 auf 1359 Personen, also um 38 Prozent; bis 1921 kamen nochmals 506 Neueintritte hinzu, dies war (bezogen wiederum auf 1918) ein Plus von 51 Prozent[78].

Zwischen den beiden Weltkriegen befand sich die I.T.V. mit 54 Tochtergesellschaften und etwa 3.000 Mitgliedern auf dem Höhepunkt ihrer Entwicklung[79]. Aber neben vielen Eintritten[80] wurden 1925 »auch verhältnismäßig viele Austritte« beklagt. »Der Hauptgrund des Ausscheidens liegt wohl in den inneren Kämpfen«[81], ohne Angabe genauerer Umstände. Die Stagnation schon vor der Machtergreifung durch den Nationalsozialismus war unübersehbar. Für die Gesamtgesellschaft liegen zwar keine Zahlen vor, aber die am 13. Juli 1912 gegründete Ortsgruppe Stettin[82] könnte mehr als nur lokale Entwicklungen dokumentieren. Ihre Mitgliederzahl sank seit Ende der zwanziger Jahre, und bis in die Ausleihstatistiken von Büchern hinein ist die degressive Entwicklung unübersehbar[83]. Im Jahresbericht für 1931 wird ihre Situation fast ungeschminkt beschrieben: »Nach außen hin mag in der Entwickelung unserer Ortsgruppe ein scheinbarer Stillstand eingetreten sein«[84]. De facto handelte es sich um einen kontinuierlichen Schrumpfungsprozeß.

Über die Konfessionsverteilung liegen keine Angaben vor. Es ist gibt in den Mitgliederverzeichnissen allerdings Indizien, die für eine dominant protestantische Klientel sprechen: Der Einzugsbereich in der Liste der Zweige von 1914 (s. o.) ist im wesentlichen das protestantische Mitteldeutschland; die Hochschätzung Luthers ist unübersehbar (seine »Tat« sei »die Größte, die im Christentum seit seiner Gründung geschehen ist«[85]), und die Polemik gegen Katholiken ist spiegelbildlich massiv (s. u. die Bemerkungen zu »den katholischen Belgiern« oder zum katholischen Internationalismus im Jahr 1933). Letztlich waren die

---

76 Theosophische Kultur 8/1916, 252.

77 Ebd., 350.

78 Die Zahlen nach einer internen Statistik (Mitgliederbewegung, s. Anm. 48). In den 1919 genannten Zahlen (1918: 882 Mitglieder; 1919: 1043 Mitglieder) fällt der Anstieg mit 18 % nur halb so hoch aus; beträchtlich blieb er gleichwohl.

79 Fischer: 100 Jahre »Theosophische Gesellschaft«, 30.

80 243 Eintritte 1924 und 159 Eintritte bis Mitte 1925.

81 Theosophische Kultur 17/925, 215.

82 Satzungen der Theosophischen Gesellschaft in Stettin, SdA Moskau, 1516-1-33, Bl. 22.

83 Zur Mitgliederentwicklung in Leipzig und Stettin vgl. Tab. 3.17.
Die Bibliotheksstatistik des Zweiges Stettin dokumentiert folgende Entwicklung:

| Jahr | Leser | Ausleihen | Bücher | Quelle |
|---|---|---|---|---|
| 1926 | 57 | 236 | 390 | SdA Moskau, 1516-1-33, Bl. 64r |
| 1927 | 53 | 241 | – | SdA Moskau, 1516-1-33, Bl. 92v |
| 1928 | 41 | 150 | 182 | SdA Moskau, 1516-1-33, Bl. 92v |
| 1929 | – | – | 190 | SdA Moskau, 1516-1-33, Bl. 64r |
| 1930 | – | – | 174 | SdA Moskau, 1516-1-33, Bl. 113r |

84 I.T.V., Ortsgruppe Stettin, Jahresbericht für 1931 (17.2.1932), SdA Moskau, 1516-1-33, Bll. 118–119, Bl. 118.

85 Rudolph: Der Weltfriede, 371. Allerdings wurde 1918 die katholische Messe als Initiationsweg hoch geschätzt (Speck: Die heilige Messe).

Kirchen für Rudolph nur eine vorübergehende »Entwicklungsstufe der Menschheit«, ein mithin bald überwundenes Modell[86]. Gleichwohl dürfte die Kirchenbindung selten ganz gerissen sein. Als Rudolf Kaupisch, Vorstandsmitglied der I.T.V., am 17. Mai 1933 starb, wurde er mit einem kirchlichen Ritus beerdigt: »Der Priester« sprach »tief eingefühlte« Worte, der Chor singt, die Orgel spielt, durch »steile Kirchenfenster« fiel das Licht in die Kapelle, und unter Orgelklängen wurde sein Körper eingeäschert[87].

Zu vielen Details der Organisationsgeschichte gibt es momentan nur bruchstückhafte Informationen. So ist unklar, was sich hinter den Versuchen verbarg, die deutsche Sektion der I.T.V., die Theosophische Gesellschaft in Deutschland, von der Muttergesellschaft 1917 zu trennen[88]. Auch die Entwicklungen außerhalb Deutschlands liegen weitgehend im Dunkeln. Jedenfalls entwickelten sich auch Zweige in »Amerika«, England, Österreich, der Schweiz, in Rußland und Dänemark[89], über deren Größe aber keine Daten vorliegen; da die Namen der Vorsitzenden durchweg deutscher Herkunft sind, ist von deutschsprachigen Migranten auszugehen[90]. In der Schweiz existierte eine eigene Sektion, die im September 1914 in Zürich ihr drittes »Jahresfest« feierte[91]. Schließlich bestand eine relativ enge, aber nicht genau bestimmbare Verbindung zur Tempelgesellschaft (s. u. 3.13), von der »Offenbarungen« ihres Meisters »Hilarion« seit den Vorkriegsjahren bis 1928 in der Theosophischen Kultur abgedruckt wurden[92]. Bis Mitte der zwanziger Jahre bildeten diese Texte neben denjenigen Franz Hartmanns das spirituelle Rückgrat der I.T.V. in der Theosophischen Kultur.

### *3.11.3 Vereinsleben und Unterorganisationen*

Die I.T.V. besaß ein differenziertes Vereinsleben, wobei allerdings oft schwer zu auszumachen ist, wie lange die Gruppen existierten. Bei manchen ist die Grauzone zwischen Planung und Realisierung undurchschaubar, bei vielen Unterorganisationen stellt sich die Frage, wann sie mit wieviel Leben erfüllt waren. Die folgende Auflistung stellt angesichts dieser Probleme nur eine erste Zusammenstellung von Tätigkeitsbereichen dar.

Das alltägliche Vereinsleben dürfte durch Vorträge, Lektüre von Texten und damit verbundenen Gesprächen strukturiert gewesen sein. Für das Frühjahr 1931

---

[86] Rudolph: Die soziale Stellung der I.T.V., 213.

[87] Bäzner: Rudolf Kaupisch, 208f. Trotz der Erwähnung eines »Priesters« dürfte es sich um ein protestantisches Begräbnis gehandelt haben, wie die Dominanz der Reden und die Einäscherung nahelegen.

[88] Theosophische Kultur 9/1917, 219.

[89] Voss: Hermann Rudolphs organisatorische Tätigkeit, 109; vgl. auch Theosophische Kultur 6/1914, Vorsatzblatt des gebundenen Jahrgangs (Exemplar der Universitätsbibliothek Münster).

[90] Vorsatzblatt Theosophische Kultur 6/1914.

[91] Ebd., 279f.

[92] Belege in der Theosophischen Kultur zumindest seit 6/1914.

bis 1932 gibt es von der Ortsgruppe Stettin einen detaillierten Jahresbericht, der ihre Alltagsarbeit in diesen letzten Jahren ihrer Existenz dokumentiert[93]:

Vier öffentliche Vorträge (offenbar von auswärtigen Rednern):

»1. A[malie] Baumann: Die Mystik in Goethes Hexeneinmaleins (35 Besucher)
2. Gertrud Bäzner: Über geistige Stimmungen der Gegenwart (50 Besucher)
3. Erhard Bäzner: Der Tod und was dann (120 Besucher)
4. E[rnst] Voß: Die Entwicklung des menschlichen Körpers (70 Personen)«

Waren 1931 noch durchschnittlich 75 Besucher zu derartigen Veranstaltungen erschienen, hatte sich die Zahl im Folgejahr auf 69 erniedrigt.

»6 öffentliche Vorträge – gehalten von Mitgliedern der Ortsgruppe – Besucherzahl durchschnittlich 43 Personen (14 Mitglieder, 28 Gäste)
7 öffentliche Frageabende, Besucherzahl durchschnittlich 22 Personen (12 Mitglieder, 11 Gäste)
10 Studienabende mit durchschnittlich 10 Teilnehmern
5 Andachten mit durchschnittlich 12 Teilnehmern
1 Weihnachtsfeier mit 25 Teilnehmern
1 Hauptversammlung mit 9 Teilnehmern
Die Veranstaltungen wurden wie im Vorjahre in der Bismarck-Oberrealschule in den dafür vorgesehenen Räumen abgehalten. Als Veranstaltungstage waren bestimmt: der Mittwoch und der Donnerstag in jeder Woche.«

Bibliotheken gehörten auch in der I.T.V. zur Grundausstattung eines Zweiges, wobei man versuchte, nichttheosophische Literatur möglichst nicht einzustellen[94]. Für das Jahr 1928 hat die Stettiner Ortsgruppe eine qualifizierte Ausleihstatistik erstellt[95]. Von den 182 Büchern wurden 83 entliehen, bei einer Gesamtzahl von 150 Entleihungen durch 41 Benutzer. Allerdings haben die »drei eifrigsten« jeweils 16 und zweimal 15 Bücher entliehen, »so daß auf die übrigen 38 Leser im Durchschnitt nur 2,74 Bücher entfallen«. An Leihgebühren kamen 22,90 Reichsmark ein. Der Bericht verzeichnet auch die fünf meistentliehenen Werke:

| | |
|---|---|
| Annie Besant: Die uralte Weisheit | 6 Entleihungen |
| Mabel Collins: Die Lotoskönigin | 6 Entleihungen |
| Charles Webster Leadbeater: Die Devachanebene | 5 Entleihungen |
| Erhard Bäzner: Wo sind unsere Toten | 4 Entleihungen |
| Franz Hartmann: Die Bhagavad Gita | 4 Entleihungen |

[93] I.T.V. Stettin. Jahresbericht für 1932, SdA Moskau, 1516-1-33, Bl. 130–131; die im folgenden genannten Informationen befinden sich auf Bl. 130v.

[94] »Der Charakter der Zweigbibliotheken darf nicht dadurch verändert werden, daß andere als theosophische Schriften angekauft werden.« Nach einem Absatz folgt allerdings unmittelbar die Einschärfung des theosophischen Toleranzgebotes: »Die Theosophische Gesellschaft wird bestehen, solange sie an ihrer Grundlage und an dem Prinzip der Toleranz festhält«, so eine Feststellung auf dem Bundestag 1919, in: Theosophische Kultur 11/1919, 218. Eine ähnliche Äußerung fiel auf dem Bundestag 1925: »Ferner dürfen die Zweige nur Schriften aus der I.T.V.-Bücherei anschaffen. Bisher herrscht auf dem Gebiet große Verwirrung. Jedem Mitgliede steht es frei, welche Bücher es lesen und welche Entwicklungsmethode es anwenden will, aber die Gesellschaft vertritt als solche nur die theosophische Verbrüderung als das eine Entwicklungsprinzip im Weltall.« (ebd., 17/1925, 215)

[95] F. Freudenhammer: Büchereibericht für das Kalenderjahr 1928, SdA Moskau, 1516-1-33, Bl. 92v.

Die lokalen Aktivitäten dürften in der jährlich zu Pfingsten tagenden Vollversammlung zusammengeführt worden sein, die abwechselnd als »Bundestag« für die Mitglieder der I.T.V. und als »Allgemeiner Theosophischer Kongreß« – der etwa 1914 in Berlin zum achten Mal stattfand – für Mitglieder aller theosophischen Vereinigungen konzipiert war[96]. De facto waren aber auch die Kongresse vermutlich I.T.V.-interne Veranstaltungen, denn nur selten sind Vertreter anderer theosophischer Gesellschaften identifizierbar[97]. Zwischen den lokalen Gruppen vor Ort und der Gesamtgesellschaft gab es zumindest einen regionalen Zusammenschluß, den »Südwestdeutschen Verband«, der 1914 seinen achten »Verbandstag« in Pforzheim abhielt[98].

Eine hohe integrative Funktion könnten auch die »Sommerschulen« besessen haben. 1914 tagte die erste »Theosophische Sommerschule« im thüringischen Bad Blankenhain, die zweite und alle weiteren fanden seit 1920 in Bad Berka bei Weimar, letztmalig zum sechzehnten Mal vermutlich 1935[99], statt. Die Ablauf war in allen Jahren sehr ähnlich. Während der vierzehntägigen Sommerfrische bestand der Tag aus einer morgendlichen Andacht mit »Predigt«, dann folgten vor- und nachmittags Referate zu theosophischen Fragen oder »theosophischer Unterricht«[100], dazu kamen Wanderungen und oft ein öffentlicher Vortrag. Die Teilnehmerzahl pendelte sich nach einem steilen Anstieg im Jahr 1922, als über 200 Personen kamen, auf etwa 100 Teilnehmer ein.

Unter den Teilnehmern dürfte eine hohe Konstanz geherrscht haben. 25 von 110 Teilnehmern seien 1931 erstmalig dabeigewesen, während man 1933 »fast … die gleichen Teilnehmer wie früher« gezählt habe[101]. Der Anteil ausländischer Theosophen pendelte sich bei etwa zehn Prozent ein, die deutschen Mitglieder stammten vornehmlich aus dem Norden und aus Mitteldeutschland: »Aus dem Norden 34, aus dem Süden 11, der Mitte Deutschlands 57, aus dem Rheinland 12«, hieß es 1928[102]. Das Milieu dürfte weitgehend dem finanziell betuchten Bildungsbürgertum entstammt haben. Dies läßt sich jedenfalls aus den Angaben über Bürgschaften von Mitgliedern schließen[103] oder aus der 1933 übermittelten Information, daß bei der Ankunft am Bahnhof »Berge von Koffern … von freundlichen Landfrauen in Wägelchen verstaut« wurden[104]. Zwischen 1923 und

---

[96] Theosophische Kultur 6/1914, 226–279 (Kongreß in Berlin). Die Allgemeinen Kongresse fanden im Krieg nicht statt; vgl. ebd., 14/1922, 209.

[97] 1922 etwa Hugo Vollrath (ebd., 14/1922, 213).

[98] Ebd., 6/1914, 116f. 237f.

[99] Für 1914 vgl. Voss: Hermann Rudolphs organisatorische Tätigkeit, 111; Theosophische Kultur 12/1920, 315; Theosophie 5/1914–15, 192. Für 1920 Theosophische Kultur 12/1920, 315–317, für 1935 ebd., 27/1935, 214–216. Im Jahrgang 28/1936 ist von einer Sommerschule ohne Angabe von Gründen nicht mehr die Rede; von einem Verbot durch die Nationalsozialisten oder zumindest von einem Druck, nicht mehr an die Öffentlichkeit zu treten, ist auszugehen.

[100] Vgl. ebd., 15/1923, 311. Unterricht wurde an jedem Morgen von Rudolph erteilt, der, so Voss: Hermann Rudolphs organisatorische Tätigkeit, 112, im Mittelpunkt der Sommerschule gestanden habe.

[101] Ebd., 23/1931, 317 (1931); ebd., 25/1933, 314 (1933).

[102] Ebd., 20/1928, 314.

[103] Martin Drechsler etwa teilte am 19.6.1923 mit, daß er eine Hypothek von 4.500 Reichsmark, die für die Theosophische Gesellschaft auf seinem Grundstück liege, kündige; SdA Moskau, 1516-1-40, Bll. 122–123.

[104] Theosophische Kultur 25/1933, 314.

*Tab. 3.18:* Teilnehmer an der »Sommerschule der I.T.V.«, 1920 bis 1935

| Jahr | Anzahl | Ausländeranteil | Quelle in der Theosophischen Kultur |
|---|---|---|---|
| 1920 | 46 | | 12 / 1920, 315 |
| 1921 | ? | | |
| 1922 | 201 | | 14 / 1922, 315 |
| 1923 | 192 | 25 (= 13,0 %) | 15 / 1923, 311 |
| 1924 | ? | | |
| 1925 | 128 | 16 (= 12,5 %) | 17 / 1925, 313 |
| 1926 | 120 | | 18 / 1926, 314 |
| 1927 | 114 | 8 (= 7,0 %) | 19 / 1927, 316 |
| 1928 | 124 | 10 (= 8,1 %) | 20 / 1928, 314 |
| 1929 | 150 | 12 (= 8,0 %) | 21 / 1929, 313 |
| 1930 | 90 | 8 (= 8,9 %) | 22 / 1930, 283 |
| 1931 | 110 | | 23 / 1931, 317 |
| 1932 | 125 | | 24 / 1932, 314 |
| 1933 | 100 | | 25 / 1933, 314 |
| 1934 | ? | | |
| 1935 | ? | | |

1925 (sowie 1926 und 1927 und vielleicht 1928) fand zusätzlich eine »Süddeutsche Sommerschule« in Bad Liebenzell statt, die von dem Pädagogen Robert Syring organisiert wurde und zu der 1924 38 Personen kamen[105]. Von 1925 bis 1932 finden sich auch Informationen über eine Sommerschule in Oliva bei Danzig, deren Teilnehmerzahl relativ konstant bei 30 bis 40 Personen lag[106].

Schwieriger sind naturgemäß die internen Veranstaltungsformen zu ermitteln. Eine Esoterische Schule, die Hartmann noch vor 1900 gegründet haben will[107], läßt sich in den ersten Jahren nicht weiter greifen. Mit der Übernahme der Leitung durch Rudolph dürften nichtöffentliche Strukturen aber massiv verstärkt worden sein. Er rief 1910 (oder 1912) eine »Studiengemeinschaft« ins Leben, die

[105] Teilnehmerzahl für 1924 ebd., 16 / 1924, 317. Die Zahl der Sommerschulen ergibt sich aus der als »dritter« bezeichneten Veranstaltung 1925 (ebd., 17 / 1925, 316). Die Sommerschulen 1926 bis 1928 sind offenbar nur im Adyar-Organ Theosophisches Streben angekündigt worden (12 / 1926, 93; 13 / 1927, 113; 14 / 1928, 58); von der Sommerschule 1928 ist nur die Ankündigung bekannt (s. 3.5.4). Hier veröffentlichte auch Syring 1927 (S. 201–209) einen Artikel »Die Mystik im deutschen Gewande«. Dahinter verbergen sich Spannungen Syrings mit der I.T.V. (vgl. Anm. 233).

[106] Angaben zu 1925 in: Theosophische Kultur 17 / 1925, 312. Die Zahl der Teilnehmer wurde 1927 mit 30 (abends 50 bis 65) Personen angegeben (ebd., 18 / 1927, 312), 1928 mit 35 bis 40 tagsüber und 50 bis 70 abends (ebd., 20 / 1928, 312), 1932 war von 40 Teilnehmern die Rede (ebd., 24 / 1932, 40).

[107] »Die ›Blavatsky-Loge‹ der Theosophischen Gesellschaft in Deutschland ist kein öffentlicher Verein, sondern eine von dem Verfasser der ›Lotusblüthen‹ gebildete Privatgesellschaft, in welche nur diejenigen aufgenommen werden können, welche hierzu tauglich sind.« Dies sei eine »›esoterische‹ Schule«; so Hartmann im »Briefkasten« in den Lotusblüthen 8 / 1899, 78.

sich der Vermittlung theosophischer Inhalte, verbunden mit »Meditation«, widmen sollte[108]. Möglicherweise beabsichtigte er, weitere interne »Kreise« zu gründen, die aber zumindest Anfang 1918 noch nicht bestanden[109].

Jedoch war am 27. März 1910 ein »Theosophischer Bruder-Orden, Deutsche Sektion«, als eine Art esoterischer Schule gegründet worden[110]. Unter den »Pflichten der Mitglieder« findet sich die Forderung nach »täglicher Übung in der Vereinigung mit dem höheren Selbst der Menschheit bez. Erforschung und Pflege der höheren (selbstlosen) Seelenkräfte (Verbrüderung.)«[111]. Dazu kamen weitere Obliegenheiten, etwa nach »Enthaltsamkeit von berauschenden Getränken und sonstigen betäubenden Genussmitteln« und nach »Führung vegetarischer Lebensweise«[112]. Die »Heilighaltung der Ehe« sollte wohl den üblichen Gerüchten über Ausschweifungen in geheimen Gesellschaften vorbeugen, und das Verbot, »kein anderes Mitglied um finanzielle Unterstützung an[zu]gehen«[113], zielte offenbar, wie bei vergleichbaren Bestimmungen in maurerischen Kreisen, auf die Vermeidung einer ökonomischen Ausnutzung oder sogar einer wirtschaftlichen Instrumentalisierung des »Ordens«. Neben anderen Gelöbnissen, vornehmlich zur guten Lebensführung, forderte man den Mitgliedern auch ein »Schweigegelöbnis« ab[114].

Die Anklänge an freimaurerische Organisationsformen werden bei einem Blick auf den Aufbau noch deutlicher. Die Satzung sah eine logenartige Struktur vor, gegliedert in »vier Klassen (Grade)«. »Die Mitglieder des dritten Grades bilden die Grossloge der Sektion, diejenigen des vierten Grades gehören der Weltloge an. ... Dem Vorstande (Kuratorium) gehören der Grossmeister, der Grosskanzler und der Grossschatzmeister an.«[115] Dem Kuratorium sollte ein »Senat« von vier Mitgliedern zur Seite stehen. Als erster Großmeister fungierte Rudolph, als Großkanzler der »Oberzollkontrolleur Ernst Voß«, und als Großschatzmeisterin Minna Abermeth[116]. Der Eintritt wurde an eine mindestens ein-

[108] Baumann: Hermann Rudolph, 106 f. Rudolph habe die »Studiengemeinschaft« »vor ca. 25 Jahren« ins Leben gerufen. Dies kann sich auf das Jahr 1910, dem offiziellen Rückzug Hartmanns aus der Leitung, oder auf das Todesjahr Hartmanns 1912 beziehen. Es ist unklar, in welchem Verhältnis sie zum »Bruder-Orden« stand; möglicherweise machte der Studienkreis vergleichbare Angebote für Außenstehende.

[109] Auf dem Bundestag zu Pfingsten 1918 berichtete Rudolph in seinem Jahresbericht von »sieben Kreisen«: »1. öffentliche Versammlungen, 2. Mitgliederversammlungen, 3. allgemeine Andachten, 4. Studienklassen, 5. interne Andachten, der 6. und 7. Kreis sind noch nicht organisiert.« (Theosophische Kultur 10/1918, 218) Bei dieser Hierarchie von »Kreisen« kann man vermuten, daß der 6. und 7. Kreis mit dem »Theosophischen Bruder-Orden« in Verbindung standen, man dies wegen des Geheimhaltungsanspruchs aber nicht veröffentlichte.

[110] Satzung des Theosophischen-Bruder-Ordens, Deutsche Sektion, Sitz Leipzig (datiert: 3. Juni 1911), StA Leipzig, PP-V 541, fol. 3.

[111] Ebd., 4.

[112] Ebd., 4. 5.

[113] Ebd., 4 (Ehe); ebd., 5 (finanzielle Unterstützung).

[114] BArch, R 58/6200, Teil 1, Umschlag, Bl. 611, Nr. 12.

[115] Satzung des Theosophischen-Bruder-Ordens (Anm. 110), 8 (beide Zitate). Eine »Weltloge des T.B.O.« wird noch mehrfach erwähnt, z. B. ebd., 14.

[116] Ebd., 9 (Senat); Vorstandsmitglieder nach: Registerakte StA Leipzig, PP-V 541, Leitblatt; Abermeth wird in Theosophische Kultur 6/1914, 74, als Fräulein bezeichnet, es dürfte sich um Minna Abermeth handeln.

jährige Mitgliedschaft in der I.T.V. geknüpft, für Abstimmungen die Ballotage vorgeschrieben[117]. Unter der Rubrik »Vom Zeremoniell« heißt es schlicht: »Zur Erreichung ihres Zweckes arbeiten die Körperschaften des Bundes nach einem besonderen Ritual.«[118] Über die genaueren Praktiken des Theosophischen Bruder-Ordens ist jedoch nichts bekannt. Seine Funktion läßt sich aber hinlänglich deutlich bestimmen: Wie in (fast) allen theosophischen Vereinigungen wurde ein interner Kreis eingerichtet, der sich besonderen Erkenntnisanstrengungen unterwerfen sollte und sich durch organisatorische und zeremonielle Anleihen als Derivat der Freimaurerei auswies[119]. Schon Blavatasky und Steiner hatten diesen Typus eines Arkanzirkels kreiert, und möglicherweise diente Steiners Esoterische Schule mit ihrer Freimaurerei (s. 7.10.1), die er zwischen 1904 und 1906 etabliert hatte, als Vorbild. Am 29. Juni 1933 wurde der Theosophische Bruder-Orden aufgelöst[120].

Vermutlich am 12. Januar 1913 wurde die »Sumacenthy-Gesellschaft, Verein für Theosophie und psychische Forschung« mit Sitz in Leipzig, Querstraße 10 / 12, gegründet.

> »Zweck des Vereins ist Pflege der teosophischen [sic] Bestrebungen und der Experimentalpsychologie durch Vorträge, Demonstrationen und Belehrung, sowie Herausgabe des Vereinsorgans ›Neue Lotusblüten‹.«[121]

Diesen kargen Angaben ist immerhin zweierlei zu entnehmen:

(1.) Die Vereinigung soll sich der experimentellen Erforschung übersinnlicher Phänomene annehmen; daß es dabei auch um »Demonstrationen« gehen soll, kann ein methodischer Hinweis sein, aber auch eine Reaktion auf spiritistische Herausforderungen andeuten und eine Rückkehr zum »praktischen Okkultismus« signalisieren.

(2.) Daß der Verein zur I.T.V. oder ihrem Umfeld zählt, läßt sich nur aus dem Verweis auf die Neuen Lotusblüten entnehmen, dem Publikationsorgan des vier Monate zuvor verstorbenen Franz Hartmann. Allerdings fehlen die Namen der Unterschreibenden in den Mitgliederlisten der I.T.V.[122]

Als Vereinigung für psychische Forschung sollte sie vermutlich die wissenschaftlichen Ambitionen der I.T.V. abdecken, aber vielleicht handelte es sich auch nur eine Organisation zur Weiterführung der Lotusblüten, die allerdings

---

[117] Satzung des Theosophischen-Bruder-Ordens (Anm. 110), 5 f. (Mindestmitgliedschaft); ebd., 11 (Ballotage).

[118] Ebd., 10.

[119] Der Theosoph und Nationalsozialist Harry Dörfel: Geheime Weltmächte, 26, betrachtete den »Theosophischen Bruderschaft Orden« als esoterische Sektion.

[120] Registerakte StA Leipzig, PP-V 541, Leitblatt; vgl. Anm. 172.

[121] Sumacenthy-Gesellschaft. Verein für Theosophie und psychische Forschung. Statuten, StA Leipzig, PP-V 564, Absatz III; Eintrag ins Leipziger Vereinsregister am 14. März 1913. In der Theosophischen Kultur wird die Sumacenthy-Gesellschaft nicht erwähnt.

[122] Unterschrieben haben (in dieser Reihenfolge): Ernst Heinrich Lange, Paul Meuche, Carl Felix von Schlichtsgroll, Paul Jöricke, Julia Blümner, Arthur Geissler, Fritz Kneisel, Susanne Geissler; Sumacenthy-Gesellschaft, ebd., nach Absatz XIV.

1915 ihr Erscheinen einstellten. Zwischen 1920 und 1923 ist eine Blavatsky-Stiftung belegt, doch ist über ihren Zweck ist nichts bekannt[123].

Zu den spezifischen Aktivitäten der I.T.V. gehörten gottesdienstartige Feiern. Diese Ritualisierung lag nicht in den Intentionen der Gründungsmitglieder. »Die Theosophische Gesellschaft ... hat *keinen Kultus* irgend welcher Art (Ritual), und es soll ein solcher *niemals* unter irgend einem Vorwande in dieselbe eingeführt werden«[124], lautete jedenfalls die klare Bestimmung der Verfassung von 1898. Gleichwohl läßt sich spätestens 1916 ein »theosophischer Gottesdienst« nachweisen, den wiederum ein Informant der Leipziger Polizei, Teuchner, präzise dokumentiert hat[125]. Die »Gottesdienst-Ordnung« enthält folgende Elemente:

»1. Harmoniumsvorspiel.
2. Begrüßungsgebet durch den Meister.
3. Eingangs-Wechselrede zwischen Meister, Lehrer und Schüler.
4. Meditation, vom Meister gesprochen.
5. Aufnahmefeier neuer Mitglieder.
6. Gesangsvortrag ev. Solo, Quartett oder ganze Gemeinde.
7. Predigt.
8. Schluß-Wechselrede zwischen Meister, Lehrer und Schüler.
9. Allgemeine Meditation vom Prediger, Lehrer oder Schüler gesprochen.
10. Kette mit Schlußgesang, ev. Solo, Quartett oder ganze Gemeinde.«[126]

In dem Gottesdienst, dem der Polizei-Informant am 24. Februar 1916 in der »Blumengasse 12I« »beigewohnt« hat, fungierte Hermann Rudolph als Meister, Georg Priem und (Gertrud oder – wahrscheinlicher – Hermann) Fischer als Schüler und Rudolf Kaupisch als Prediger vor 32 Anwesenden »beiderlei Geschlechts«[127]. Laut Gottesdienstanweisung, so Teuchner, gab es folgendes Arrangement: Der Meister befinde sich in der Mitte am oberen Ende des Saales an einem Tisch mit zwei Kerzen, neben ihm rechts der Lehrer und links der Schüler an je einem Tisch mit einer Kerze. Der Prediger besitze gegenüber dem Meister einen erhöhten Tisch mit ebenfalls einer Kerze, während die Teilnehmer an den Längsseiten des Saales sitzen[128].

---

[123] SdA Moskau, 1516-1-40, Bll. 40. 44. 58. 53. Es ist nur bekannt, daß die Stiftung ihr Vermögen in Rentenpapieren angelegt hatte. Da nach 1923 keine Nachrichten mehr von dieser Stiftung vorliegen, könnte ihr Kapital in der Inflation zugrundegegangen sein.

[124] Theosophische Gesellschaft in Deutschland. Verfassung. 1898 (Anm. 1), Art. II (1).

[125] Theosophischer Gottesdienst, in: [Aufzeichnungen aus dem] Polizeiamt Leipzig, Politische Abteilung, den 26. Februar 1916, StA Leipzig, PP-V 2561, fol. 21r-28r. Daß »Kriminaloberwachtmeister Teuchner« präzise gearbeitet hat, ergibt sich aus dem Vergleich mit der Agende der I.T.V. vom Juni 1926 (Theosophische Andacht. Texte und Anordnung von H. Rudolph und K. Lüttgens, maschinenschriftliches Manuskript, Juni 1926, SdA Moskau, 1516-1-41), die in den vergleichbaren Teilen mit Teuchners Aufzeichnungen übereinstimmt. Auch weniger spezifische Hinweise aus der I.T.V. bestätigen Teuchners Aufzeichnungen. »Wechselreden, Harmoniumspiel und Gesang umrahmten die Predigt Erhard Bäzners (Dresden)«, hieß es 1923 (Theosophische Kultur 15/1923, 208). 1916 wird auch eine »Andacht« als Teil des Kongreßprogramms genannt; ebd., 8/1916, 255.

[126] Theosophischer Gottesdienst, ebd., 22r.

[127] Ebd.

[128] Ebd., 21v.

»Alle Tische sind mit blauen Decken behängt, der des Meisters in der Front mit dem gestickten Siegel der Internationalen Theosophischen Verbrüderung. Das Licht (Saalbeleuchtung) wird mit blauer Umhüllung versehen. Die Wände des Saales selbst sind möglichst in blau gehalten.«[129]

Bei dem Besuch Teuchners fand offensichtlich keine Aufnahme neuer Mitgliedern statt, und auch die Agende für diesen Akt hat ihm offenbar nicht vorgelegen. Dieser Ritus ist jedoch in einem Ritualbuch aus dem Jahr 1926 als Formular enthalten. In seinem Mittelpunkt stehen die »Überreichung der Dokumente und Bildnisse« sowie die »7 Gelöbnisse eines Schülers der Theosophie«[130].

Die Gottesdienstordnung ist in Teilen an einen protestantischen Predigtgottesdienst angelehnt, allerdings angereichert mit neuen Elementen. Auffällig sind die von Teuschner wiedergegebenen langen Wechselreden zwischen Meister, Lehrer und Schüler, in denen theosophische Inhalte vermittelt wurden und die in der Formel »Atma als der Vater des Alls« kulminierten[131]. In Verbindung mit der mehrteiligen »Zufluchtsformel« (etwa: »Wir nehmen unsere Zuflucht in der ewigen Wahrheit«[132]) dokumentieren sie die »indische« Semantik in der Theosophie. Die »Wechselrede zwischen Meister, Lehrer und Schüler« bezieht sich hingegen wohl nicht auf die theosophische »Meister«-Vorstellung, sondern ist offenkundlich maurerischen Vorlagen verpflichtet. Diese Gottesdienste erinnern an die freimaurerischen Aktivitäten Steiners seit 1905 (s. 10.5.2) und vor allem an dessen 1922 geschaffene »Handlungen« der Christengemeinschaft (s. 18.2.5). Der ursprüngliche Versuch, die Theosophie genau an diesem Punkt von »Religion« unterscheidbar zu machen und »*keinen Kultus* irgend welcher Art« einzuführen, ließ sich vermutlich vor allem angesichts der Bedürfnisse der Mitglieder nicht durchhalten.

---

[129] Ebd.

[130] Theosophische Andacht (Anm. 125), S. 3. Das Gelöbnis lautet (ebd.):
»1. Ich gelobe, mich zu bestreben, die Theosophie zu einem lebendigen Faktor in meinem Leben werden zu lassen.
2. Ich gelobe, für die theosophische Bewegung in der Welt einzustehen.
3. Ich gelobe, mich der Aburteilung anderer zu enthalten und Einspruch zu erheben, wenn ich einen meiner Nächsten verleumden höre.
4. Ich gelobe, beständig an der Überwindung meiner niederen Natur zu arbeiten, gegen die Schwächen anderer aber nachsichtig zu sein.
5. Ich gelobe, mich durch Studium und auf sonstige Art nach allen Kräften dazu zu befähigen, anderen Aufklärung und Hilfe zu bringen.
6. Ich gelobe, für die Förderung der theosophischen Bewegung soviel an Arbeitskraft, Geld und Zeit zu verwenden, wie ich kann.
7. Ich gebe mir das Gelöbnis, mich dem Werke der Meister zu widmen und für die Bruderschaft, Aufklärung und Erlösung der Menschheit ohne Unterlass zu wirken.«

[131] Ebd., S. 26$^{v}$.

[132] Ebd.

### *3.11.4 Der Erste Weltkrieg und der Weg der I.T.V. zwischen Nationalismus und Nationalsozialismus*

Wie alle theosophischen Vereinigungen geriet auch die I.T.V. am Anfang des 20. Jahrhunderts in den Strudel des Nationalismus. Noch die Satzung aus dem Jahr 1898 war in ihrer Abgrenzung gegen konkurrierende theosophische Vereinigungen zugleich ein Bekenntnis zum theosophischen Internationalismus. Die I.T.V. sei

> »ein selbständiger Teil der über alle Kulturländer der Erde ausgebreiteten *freien und unabhängigen, allgemeinen, internationalen* ›Theosophischen Gesellschaft‹ und hat als solche nichts mit irgendwelchen ›Geheimschulen‹ oder ›esoterischen Verbindungen‹ innerhalb oder ausserhalb der ›Theosophischen Gesellschaft‹ zu schaffen.«[133]

Zugleich fehlten in dieser Satzung jegliche Bezüge auf ein politisches Handeln. Dies bestätigte am 28. November 1898 der auf dem Polizeiamt Leipzig »der in der Amtsstelle erschienene Sekretär Rudolph«, »Lehrer an der 1. Bürgerschule«, indem er

> »erklärte, die Gesellschaft sei nur auf rein geistigem Gebiete thätig, sie werde sich jeder Thätigkeit in der Öffentlichkeit enthalten .... Er sei daher auch bereit, alles das aus dem Statut zu entfernen, was die Gesellschaft als einen sich mit öffentlichen Angelegenheiten beschäftigenden Verein erkennen lasse.«[134]

Wieweit hier Rudolphs Überzeugungen und Aussagen unter äußerem Druck vorliegen, da eine politische Betätigung das Mißtrauen staatlicher Stellen erwecken konnte, ist nicht mehr zu entscheiden[135]. Die apolitische Grundhaltung in theosophischen Kreisen und die staatlichen Zwänge könnten sich hier getroffen haben.

Im Ersten Weltkrieg zeigte sich aber, daß die Nationalisierung auch die I.T.V. ergriffen hatte und Rudolph kaum der Ireniker vom Schlage Hartmanns war. »Zwei friedvolle Staaten« – Deutschland und Österreich« – »werden von sieben anderen räuberisch überfallen«, glaubte Rudolph im September 1914[136]. Aber der Krieg sei »gerecht für alle Völker«, da in karmischer Perspektive alle »nur dasjenige ernten, was sie früher säten«, womit auch die Leiden der Menschen im Krieg erklärt seien[137]. Rudolphs deutschnationale Positionen, zu denen auch ein beträchtlicher Militarismus und Antisozialismus gehörten[138], kulminierten

---

[133] Theosophische Gesellschaft in Deutschland. Verfassung. 1898 (Anm. 1), Art. I, § 1,2. Ob sich die »Geheimschulen« kritisch auf Besants Fortführung von Blavatskys »Esoteric School of Theosophy« bezogen, ist unklar.

[134] Protokoll der Aussage von Hermann Rudolph auf dem Polizeiamt Leipzig, Abtlg. IV, am 28.11.98, StL PP-V 2561, fol. 9ʳ.

[135] Sicher erfolgte auf staatlichen Druck hin ein Eingriff in das Vereinsstatut. Der Polizeibericht vermerkte in einem Nachtrag: »Das nun eingereichte Statut entspricht nunmehr in Artikel 4 den gesetzlichen Anforderungen.« (Protokoll der Aussage von Hermann Rudolph [Anm. 125], fol. 9ᵛ). Die Vorlage fehlt allerdings.

[136] Rudolph: Der Krieg und die allgemeine Menschenverbrüderung, 322.

[137] Ebd., 326.

[138] 1917 polemisierte Rudolph gegen die »kurzsichtigen Pläne« der »sozialistischen Parteien« zur »allgemeinen Abrüstung«, die, wären sie ausgeführt worden, Deutschland schon im Ersten Weltkrieg den Entente-Mächten unterworfen hätten und die in einem möglichen künftigen Krieg, den

in massiven Feindbildern. Frankreich sei beispielsweise »bis zu seinem Untergange« »der Feind Deutschlands«[139] und »dem Untergange geweiht«, da »diesem Volke die Tiefe des Gemütes, die in der deutschen Kultur, Religion und Philosophie zum Ausdruck kommt«, fehle[140]. Die anderen Völker würden aber die Werte der »Vertreter des reinen Menschentums« im Prozeß der Reinkarnationen aufnehmen, »wie wir dies bereits bei den katholischen Belgiern und den slavischen Serben beobachten«. In dieser Perspektive erscheinen Kriege »notwendig«, »weil sie zur Entwicklung der Menschheit erforderlich sind« und führten zur »allgemeinen Menschenverbrüderung«[141]. Noch im Februar 1918 hielt Robert Syring »solche Riesenkatastrophen« für »die Geburtsstätte einer höheren Lebensart und für »Wendepunkte« »zu einem neuen Zeitalter«[142]. Wenn es gleichwohl gegenläufige Befunde gebe, daß etwa die germanischen Engländer den Krieg gegen Deutschland entfacht hätte, seien sie – hier Blavatsky verschärfend[143] – mit einer ›Vermischung‹ der Rassen zu erklären, denn »auch die germanische Rasse [ist] nicht mehr rein, sondern mit keltisch-romanischem Blut stark vermischt, was ihre teilweise Entartung, physisch wie sittlich, erklärt«[144]. Derartige Rassismen finden sich in den ersten Kriegsjahren häufiger[145]. Und noch Ende 1917, also nach den Vernichtungsschlachten bei Verdun und an der Somme, sah Rudolph den Krieg als Durchgangsstadium in »das kommende Goldene Zeitalter«[146], ganz im Rahmen der theosophischen Zukunftserwartungen. Das Dezemberheft des Jahres 1918 endete dann auch mit der Ankündigung: »Eine neue Zeit steigt herauf. Der Weltkrieg und die sich in seinem Gefolge anschließenden politischen Veränderungen sind der Anfang einer neuen Epoche in der Geschichte der Völker.«[147]

Gleichwohl bestand Rudolph darauf, den »internationalen Charakter« der »Theosophischen Verbrüderung« beizubehalten[148]. Aber dies war angesichts der weitestgehenden Beschränkung der I.T.V. auf den deutschsprachigen Raum leicht gesagt. So wirken denn auch die Ratschläge an die Adyar-Theosophie,

---

die »mongolische Rasse« gegen Europa führen könne, Deutschland »vorübergehend vernichten« würden; Rudolph: Der Weltfriede, 375.

[139] Rudolph: Der Krieg und die allgemeine Menschenverbrüderung, 322.

[140] Ebd., 329.

[141] Ebd., 329 (Belgier / Serben); ebd., 330 (Entwicklung der Menschheit); ebd., 329 (Menschenverbrüderung).

[142] Syring: Der Weltkrieg, 47.

[143] Blavatsky: Geheimlehre, II, 463 f., hatte Rassenmischungen unter Berufung auf Jean-Louis-Armand de Quatrefages de Bréau (1810–1892) – einem dezidierten Gegner Gobineaus – noch positiv bewertet. Einmal mehr schlägt sich in dieser Veränderung von Vorstellungen ein Wechsel der biologischen Anthropologie in der theosophischen Theorie nieder.

[144] Rudolph: Der Krieg und die allgemeine Menschenverbrüderung, 327.

[145] Vgl. Rudolphs Behauptung, mit dem Krieg werde die »Blüte und Weltmachtstellung« der »germanischen Rasse« eingeleitet (Theosophische Kultur 8 / 1916, 190), oder: Die I.T.V. habe die Aufgabe, »die arische Rasse vor dem Missbrauch der geistigen Kräfte zu bewahren« (ebd., 34).

[146] Rudolph: Der Weltfriede, 375.

[147] Theosophische Kultur 10 / 1918, 384.

[148] Rudolph: Warum die »Theosophische Verbrüderung« *niemals* … verzichten kann, 188. Eine Verteidigung des Internationalismus von Rudolph auch im Januar 1917; ders.: Zur Geschichte der I.T.V., 20.

trotz Besants antideutscher Polemik am theosophischen Internationalismus festzuhalten, wie ein oberlehrerhafter Hinweis aus sicherer Entfernung. Wie eng Rudolphs Grenzen abgesteckt waren, hat er selbst deutlich gesagt: »Das internationale Wirken der I.T.V. besteht in der Weckung des Volkstums, der Liebe zum Volke, weil diese der Träger ist, in dem und durch den sich das Menschentum offenbaren kann.«[149] Wenig später distanzierte sich gleichwohl auch die I.T.V. von Besant, die mit Leadbeater nicht mehr »als Vertreter der Verbrüderung« angesehen werden könne[150].

Den staatlichen Stellen galt die I.T.V. während des Krieges gleichwohl als staatsgefährdende Gruppierung. Am 18. April 1918 wurde die Leipziger Polizei in einem Schreiben des Zweiten Sächsischen Armeekorps angewiesen, die Theosophie zu observieren, da ein »sachlicher Zusammenhang mit der Deutschen Friedensgesellschaft gegeben ist«[151]. Die »stark deutschfeindlichen Druckschriften (Besant usw.) [sind] derart sicherzustellen, dass sie wenigstens den Nichtmitgliedern künftighin verschlossen bleiben«[152]. In der Überprüfung von Doppelmitgliedschaften durch die Leipziger Polizei stellte sich dann heraus, daß sechs Mitglieder (von insgesamt 129) auch der Deutschen Friedensgesellschaft angehörten[153].

Die weltanschauliche Bewältigung des Krieges folgte nach 1918 den Vorgaben der Kriegsideologie. Auch 1919 noch galt »das Leid« als »der beste Lehrmeister«, wie es auf dem Bundestag zu Pfingsten hieß; in dieser karmisch aufgeladenen Evolutionstheorie »haben auch Kriege und Elend ihr Gutes, denn sie dienen der Entwicklung«[154]. Allerdings wurde die Einrichtung des Völkerbundes positiv gewertet[155]. Der Vorwurf, die international organisierte Freimaurer und damit auch die Theosophie trage Schuld an der deutschen Niederlage, muß, wie in der Anthroposophie, auch in der I.T.V. ein Thema gewesen sein. Karl Heises 1919 erschienene »Entente-Freimaurerei und der Weltkrieg«, zu dem Steiner eine Vorrede verfaßt hatte (s. 10.4.1) und in der Heise behauptete, die internationale Freimaurerei unter dem Primat des englischen Königs Eduard VII. habe die Vernichtung Deutschlands zum Ziel gehabt, wurde auch in der I.T.V. als eine Erklärung für die deutsche Niederlage herangezogen[156], erweitert um das Argument eines damit verbundenen »jüdischen Einflusses«[157]. Politikdistanz schien angesichts solcher Debatten klug: »Es ist weise, daß in der Verfassung der I.T.V. festgelegt ist, daß sie sich niemals mit sozialen und politischen Reformen befassen

149 Rudolph: Warum die »Theosophische Verbrüderung« *niemals* … verzichten kann, 191.

150 Theosophische Kultur 8 / 1916, 253.

151 Schreiben des XIX. (2. K.S.) Armeekorps. Stellvertretendes General-Kommando an das Polizeiamt der Stadt Leipzig vom 16. April 1918, StA Leipzig, PP-V 2561, fol. 90r.

152 Ebd., fol. 90v.

153 Ebd.

154 Theosophische Kultur 11 / 1919, 217.

155 Ohne besonderen Nachdruck 1920 (ebd., 12 / 1920, 220); 1928 (ebd., 20 / 1928, 185) wurde seine »Verwandtschaft« mit dem »theosophischen Verbrüderungsideal explizit betont.

156 Allerdings wollte Otto Gebhardi auf dem Bundestag zu Pfingsten 1919 die deutsche Freimaurerei von diesem Vorwurf ausgenommen wissen (ebd., 11 / 1919, 218), was auf Verbindungen zu maurerischen Logen hindeuten könnte.

157 Syring: Schwarzmagische Strömungen, 174.

darf«, befand Rudolph 1919 auf dem Bundestag[158]. Gleichwohl war der sozialen Frage nicht auszuweichen, und so präsentierte Rudolph noch am gleichen Abend in seinem Festvortrag über »Theosophie und Sozialismus« seine Lösung:

> »Alle sozialistischen Reformen sind eine Etappe auf dem Wege zur Gotteserkenntnis. In den Reformen kommt die Sehnsucht der Menschen nach Freiheit und Glück zum Ausdruck, die nur durch die Gotteserkenntnis gestillt werden kann. Wesen und Ziel des Sozialismus ist der Selbsterkenntnis der Wahrheit, die Theosophie. Die 6. und 7. Wurzelrasse werden eine kommunistische Wirtschaftsordnung besitzen.«

1919 wurde in einer neuen Satzung mit deutlich modifizierten »Zwecken« das nach dem Ersten Weltkrieg veränderte Selbstverständnis nachjustiert:

> [1.] »Ihr Hauptzweck, den Kern einer allgemeinen Menschenverbrüderung auf *theosophischer Grundlage* zu bilden, war und ist der gemeinsame Zwecke aller Zweige der ›Internationalen Theosophischen Verbrüderung‹, welche die Prinzipien der *ursprünglichen, unveränderten (undogmatischen und toleranten) Verfassung* der durch *H. P. Blavatsky* im Jahre 1875 In New-York gegründeten *Brüderschaft* angenommen haben und an denselben festhalten.
>
> [2.] Das vorurteilsfreie *Studium* der *arischen* und anderen *Religionssysteme*, Philosophien und Wissenschaften des Ostens und Westens, der Hinweis auf die *Wichtigkeit* dieses Studiums hinzuweisen und die *Verbreitung* der erlangten Erkenntnisse (Aufklärung);
>
> [3.] Die *Erweckung, Entwicklung* und *Pflege* der im Menschen noch schlummernden höheren Erkenntnis- und Willenskräfte (Weisheit, Liebe, Selbstbeherrschung), die Erkenntnis der in der Natur waltenden, noch wenig bekannten *Gesetze des Geistes* und die uneigennützige *Verwendung* der erlangten Kräfte und Fähigkeiten zum Besten der Menschheit. *(Veredelung und Durchgeistigung.)*«[159] (wichtige Ergänzungen von mir unterstrichen)

Der auffälligste Befund ist die teils sublime, teils offene Distanzierung vom theosophischen Internationalismus. Das Ziel einer Verbrüderung »ohne jeden Unterschied bezüglich der Rasse, der Nationalität, des Glaubens und der Confession, des Standes und Geschlechtes« sind im ersten »Zweck« gestrichen (tauchen allerdings in einem Anhang wieder auf[160]), und im zweiten ist das Studium »arischer« Vorstellungen den westlichen und östlichen Auffassungen vorgeordnet worden. Hinzugefügt wurde im ersten Punkt sodann die nachdrückliche, fast penetrante Berufung auf die »ursprüngliche« Theosophie, in deren Kontinuität man sich mit untergründigem Alleinvertretungsanspruch setzte. Wieder einmal war die innertheosophische Pluralität zum Gegenstand von Abgrenzungen geworden.

In den zwanziger Jahren läßt sich eine zunehmende Nationalisierung mit völkischen Untertönen in der I.T.V. beobachten. Dafür gibt es viele kleine Indizien, die hier exemplarisch aus dem Jahr 1923 stammen: etwa ein Artikel von Syring,

---

[158] Theosophische Kultur 11/1919, 217.

[159] Bundes-Satzungen der »Theosophischen Gesellschaft in Deutschland«. Sitz Leipzig. Deutsche Sektion der Internationalen »Theosophischen Verbrüderung«, Hauptquartier Leipzig, 1919, StL PP-V 2613, 2 (§ 4). 3 (§ 8).

[160] Ebd., S. 21.

der ein »unverfälschtes Christentum« forderte, in dem die »arischen Quellen« von den »jüdischen« zu trennen seien, um dem »arisch-germanischen Wesen und Werden« in Deutschland zum Durchbruch zu verhelfen, oder die Diktion, daß die Teilnehmer an der »Sommerschule« nun aus den deutschen »Gauen« anreisten[161]. Beiträge zu asiatischen Religionen wurden seltener, die europäischen Traditionen, immer mit einem besonderen Interesse an mutmaßlich »esoterischen« Strömungen, dominierten die Vereinszeitschrift Theosophische Kultur. Schließlich war man auf dem Weg, die »Sekten«existenz durch Körperschaftsrechte zu ersetzen: »Eine große *Mitgliederwerbung*« sollte 1929 »die staatliche Anerkennung der I.T.V. als Religionsgesellschaft« ermöglichen[162].

### *3.11.5 Die Zeit des Nationalsozialismus*

Mit der Machtübernahme der Nationalsozialisten, die einige Mitglieder in den Reihen der I.T.V. besaßen[163], setze eine massive Bewegung auf nationalsozialistische Vorstellungen hin ein[164]. Rudolph zielte am 14. April 1933 auf klare Verhältnisse: »Jedes Mitglied der ITV ist ein Nationalsozialist.«[165] Der Anteil der in die NSDAP wirklich Eingetretenen läßt sich nicht exakt ermitteln, dürfte aber deutlich im zweistelligen Bereich gelegen haben[166]. Erhard Bäzner hatte bereits am 8. April Rudolph den Vorschlag unterbreitet, »die Bezeichnung ›international‹ jetzt fallenzulassen«. Die Gesellschaft bestehe außerhalb Deutschlands ohnehin fast nur aus Deutschen, er nannte Deutschschweizer und Deutschböhmen[167];

---

161 Syring: Jüdischer und arischer Gottesbegriff, 259 (arische Quellen); ebd., 276 (arisch-germanischen Wesen). Gaue in: Theosophische Kultur, ebd., 311.

162 Albrecht, Horst / Ruge, Ludwig / Annen, Fritz: Rundschreiben an die Theosophischen Gesellschaften in Deutschland betr. den neuen § 31,2 der Bundessatzungen, SdA Moskau, 1516-1-33, Bll. 74–80, Bl. 74.

163 So unterzeichneten Walter Einbeck und Ernst Voss als Parteigenossen, nicht aber Rudolph (BArch, R 5101 / 23856, Bl. 5r). Einbeck war Maler und hat Gemälde von NS-Größen angefertigt, so von Adolf Hitler und Rudolf Hess (http: / / www.portal-ns.com / thecensure / art7.htm und www.thirdreichruins.com / kunsthaus2.htm; aufgerufen am 25.2.2006); die Hinweise auf diese Internetseiten verdanke ich Frank Reitemeyer.

164 Dazu mit vielen Detailinformation Bigalke: Zur Theosophie in Leipzig, Kap. 6. Ich habe im folgenden vor allem Material widergegeben, das sich bei Bigalke nicht findet.
Rudolph schickte schon vor 1933 mehrfach Schriften an das Kultusministerium in Karlsruhe. Dabei artikulierte er unter anderem die Identität von einheitlicher »Volksgemeinschaft« und monistischer Theosophie (vgl. auch Anm. 181): »Wir sind der Überzeugung, dass eine sittliche und geistige Erneuerung des deutschen Volkes allein die Grundlage bilden kann für einen wirtschaftlichen und sozialen Aufstieg der deutschen Volksgemeinschaft. Dieses Ziel ist nur zu erreichen durch die Gründung einer neuen Staatsreligion, welche die Verbrüderung des deutschen Volkes vertritt«; Brief Rudolphs vom 29.9.1932, an das Ministerium des Kultus und des Unterrichts (Generallandesarchiv Karlsruhe, Kultusministerium, 235 / 12847).

165 Hermann Rudolph: Die ITV und die NSDAP, in: BArch, R 58 / 6198, Teil 2, zit. nach der Hausarbeit von Michaela Rose (Humboldt-Universität Berlin, Wintersemester 2003 / 04).

166 Eine Frankfurter Gruppe hielt nach dem Krieg fest: »Der Prozentsatz der augenblicklichen Mitglieder, die der NSDAP oder einer ihrer Gliederungen angehörten, beträgt 25 %.« Geschichtlicher Überblick über die Theosophische Gesellschaft, (kurz?) nach 1945; Stadtarchiv Frankfurt a. M., Kulturamt, Signatur 751, fol. 6.

167 BArch, R 58 / 5405, Bl. 145r.

allerdings waren die Österreicher schon 1912, die Schweizer unter N. Rongger 1932 ausgeschieden[168]. Und im April fanden sich der Theosophischen Kultur die ersten Reaktionen auf die Machtergreifung in der Einladung zum »Bundestag« an Pfingsten, unterzeichnet von Rudolf Kaupisch, Ludwig Ruge und Walter Einbeck. Internationalismus und Nation, von nun an ein Dauerbrenner in der Debatte um das Selbstverständnis der I.T.V., wurden vorsichtig im völkischen Sinn miteinander verschränkt:

> »Das Menschentum als das Wesentliche, was jedem Menschen zugrunde liegt, ... muß im wahren Sinne des Wortes ›international‹ sein. Die ›Internationale Theosophische Verbrüderung‹ hat mit irgend welchen politischen, zweckhaften Absichten, die sich zu dem Volkstum in Gegensatz stellen oder es untergraben, nichts zu tun. Die ›Internationale Theosophische Verbrüderung‹ ist völlig unpolitisch«. »Die ›Internationale Theosophische Verbrüderung‹ als Organisation verkennt nicht, daß aus jedem Volkstum die arteigenen, gestaltenden Kräfte geboren werden, und daß jedes Individuum in der Kultur seines Volkes verwurzelt und verankert ist.«[169]

Im Mai verstärkte Hermann Rudolph die völkische Ausrichtung, indem er Feindbilder im Sinne Nationalsozialismus definierte. Die wahren »antinationalen ... Mächte« seien »die katholische Kirche, das Judentum und der Groß-Orient«[170]. Allerdings finden sich in seiner Stellungnahme auch die Sätze, daß »Glaubens- und Parteigenossen« als »niedere Bewußtseinsgrade« in der Theosophie eingeschlossen seien und daß es die »Pflicht eines jeden deutschen Menschen [ist], mitzuwirken, daß das Deutschtum nicht durch nationalen Fanatismus entarte und zum Feind des Volkstums werde«[171]. Rudolph suchte offenbar nach einer Balance zwischen theosophischen und nationalistischen Vorstellungen. Daß Gefahr im Verzug war, konnte man kaum übersehen. So löste sich der Theosophische Bruderorden nach Attacken aus dem Umfeld der Ludendorffs am 1. Mai 1933 auf[172].

Aber diese Äußerungen waren nur der Auftakt zu einer hochgestimmten Annäherung an den Nationalsozialismus. Gertrud Bäzner nahm in ihrem Referat über den Bundestag der I.T.V. zu Pfingsten (4. Juni 1933) eine euphorische Stimmung wahr:

> »Jeder fühlt sich von der neuen Welle idealen Volks- und Menschentums mit emporgehoben und gliedert sich freudig ein in den Ring der neuschaffenden Gemeinschaft.«[173]

Wie weit dabei Überzeugungen und Anbiederung ineinandergriffen, ist unklar. Bei Hermann Rudolphs öffentlichem Vortrag am Pfingstsonntag dürften die Überzeugungen, wie seine späteren Veröffentlichungen belegen, dominiert haben. Für ihn stand

> »die gegenwärtige Menschheit an der Wende zweier Zeitalter. Die einflußreichsten Mächte in der Entwicklung sind der Nationalsozialismus und die Theosophie. ... Der

[168] Bäzner: Zur Geschichte der Theosophischen Gesellschaft (13. Folge), 8.
[169] Ebd.
[170] Rudolph: Der religiöse Internationalismus, 155.
[171] Ebd., 156.
[172] Bigalke: Zur Theosophie in Leipzig, Kap. 6.1; vgl. Anm. 120.
[173] Theosophische Kultur 25/1933, 212.

N.-S. ist in seinem tiefsten Grunde Religion, d. H. der auf die höhere Einheit gerichtete Wille. Ihrem Wesen nach seien der N.-S. und die Theosophie, die Selbsterkenntnis der Wahrheit, eins, nur dem Grade nach verschieden. Der N.-S. bezweckt die sittliche Erneuerung des Menschen, die Theosophie sei dessen geistige Wiedergeburt. Die nationale Einigung sei die gigantische Tat Adolf Hitlers, das deutsche Volk stehe nunmehr am Anfange einer gewaltigen Entwicklung. Der Vortrag wurde mit jubelndem Beifall aufgenommen.«[174]

In der abschließenden »Kundgebung« des Bundestages kam die Deutung des Nationalsozialismus als Hilfsorganisation und Vorstufe der Theosophie – eine abwegige Verkennung der neuen Machtverhältnisse – und die damit verbundene inhaltliche Annäherung nochmals auf den Punkt:

»Die Theosophische Gesellschaft in Deutschland begrüßt die nationale Einigung als notwendige Vorstufe und Voraussetzung für die theosophische Verbrüderung. Sie erkennt die Liebe zum Volke als eine Auswirkung der theosophischen Gesinnung an und erklärt, auch in Zukunft in Übereinstimmung mit der nationalsozialistischen Regierung für die theosophische Aufklärung und Erziehung des deutschen Volkes zu wirken.«[175]

Die Delegiertenversammlung strich nun auch das Prädikat »international« und beschloß einstimmig, daß nur Arier in den Generalrat gewählt werden dürften; gleichzeitig lehnte man das Führerprinzip »noch« zugunsten von Wahlverfahren ab[176]. Am 4. Juni 1933 änderte man (ein Teil der I.T.V.? – s. u.) auch den Namen der I.T.V. in Theosophische Verbrüderung[177], einen Tag später wurde Max Schmerler zum Bundesvorsitzenden gewählt[178]. Zugleich begann, und davon war selbstverständlich in der Vereinszeitschrift keine Rede, eine intensive Überwachung durch die Geheime Staatspolizei[179].

In den nächsten Wochen finden sich Indizien versinterner Spannungen, die momentan nicht genau erfaßbar sind, aber wohl das Vorspiel zu einem schweren Konflikt waren, der im Mai 1934 aufbrach. Am 20. August 1933 lag eine neue Satzung für eine Deutsche Theosophische Gesellschaft vor[180]. Im ersten der drei »Zwecke« war der lange Bezug auf Blavatsky und die in New York gegründete Theosophische Gesellschaft gestrichen und durch die Aussage, »die D.T.G.

---

174 Ebd., 213. Rudolph hat seine Rede unter dem Titel »Nationalsozialismus und Theosophie« noch 1933 monographisch veröffentlicht.

175 Theosophische Kultur 25/1933, 217.

176 Im anonymen »Bericht über den 34. Bundestag Pfingsten 1933« hieß es: »Die I.T.V. hat auf Beschluß der Delegierten-Versammlung zu Pfingsten 1933 das Wort ›international‹ gestrichen. … weil das Wort ›international‹ sowohl von der nationalsozialistischen Regierung als auch vom deutschen Volke gegenwärtig im Sinne der überstaatlichen Mächte, also politisch und in der Bedeutung von anational verstanden wird.« (S. 45); die Arier-Regelung S. 44. Hinsichtlich der Vereinsverfassung formulierte man, »daß der Bund noch das parlamentarische Wahl- und Verwaltungssystem, nicht aber das nationalsozialistische Führersystem besitzt« (S. 35).

177 Bigalke: Zur Theosophie in Leipzig, Kap. 6.1. Vgl. dazu auch Koch: Bericht der Hauptversammlung 1933, 141.

178 Anonym: Bericht über den 34. Bundestag Pfingsten 1933 in Leipzig, 31.

179 Bigalke: Zur Theosophie in Leipzig, Kap. 6.2.

180 Die neue Vereinsverfassung: Satzungen der Deutschen Theosophischen Gesellschaft e. V., 20. August 1933, StA Leipzig, PP-V 2613.

[Deutsche Theosophische Gesellschaft] will … der religiösen Einigung des deutschen Volkes und der Menschheit dienen«, ersetzt worden[181]. Die Forderung nach Unterschiedslosigkeit hinsichtlich Rasse, Nationalität, Glauben, Konfession, Stand und Geschlecht fehlte nun vollständig, auch der Hinweis auf die »Philosophien und Wissenschaften des Ostens« war entfallen.

Diese Satzungsänderung hat offenbar die nationalistischen Interessen einiger Mitglieder nicht befriedigt. Am 1. Oktober 1933 unterzeichneten Hermann Rudolph, Hermann [Rudolf] Fischer und Max Göppert als Funktionsträger der D.T.G. ein Positionspapier, das die völkischen Positionen radikalisierte. Unter dem Untertitel »Deutscher Charakter und ihre *deutsche* Sendung« wollte das Papier »Mißverständnisse«, möglicherweise Anfragen an die Loyalität der Theosophie seitens der Nationalsozialisten, ›aufklären‹. Aus dem von völkischen Schlagworten durchtränkten Papier greife ich nur einige wenige heraus. Die Aufgabe der Deutschen Theosophischen Gesellschaft sei es,

> »am Beginn des neuen, lichten Zeitalters das religiöse Erwachen des arisch-germanischen Geistes zu fördern. … Sie wurde gegründet in bewußtem Gegensatz zu den Theosophischen Gesellschaften Adyar (Indien) und Point Loma (U.S.A.), um das Verbrüderungsideal in der deutschen Kultur zum Ausdruck bringen zu können.[182] … Die religiöse Weltsendung des deutschen Volkes und die religiöse Einigung der arischen Völker und aller Menschen durch die theosophische Verbrüderung [sei das Ziel der D.T.G.]. Das deutsche Volk soll seine vom Entwicklungsgesetz ihm zugewiesene Aufgabe als religiöser Führer erkennen. Diese Aufgabe liegt in seiner mystischen Natur und seiner Entwicklungsstufe begründet. … [Die D.T.G.] steht … voll und ganz auf dem Boden der nationalen Einheit … Die D.T.G. ist ein Wegweiser und Mitarbeiter der Nationalsozialistischen Bewegung auf geistigem Gebiete. Viele ihrer Mitglieder, vor allem der Vorstände und der Ausschüsse, sind Parteimitglieder oder Anhänger (Fachschaften usf.) der NSDAP.[183] … Sie stand und steht in keiner Verbindung mit der Anthroposophischen Gesellschaft des Dr. Steiner, dessen Ziele und magische Praktiken sie ablehnt.[184] … Sie zählt weder Freimaurer noch Marxisten und Pazifisten und auch (außer etwa 3 oder 4) keine Nichtarier zu ihren Mitgliedern … Die D.T.G. vertritt auf Grund ihrer Satzung den deutschen Glauben und die deutsche Gesinnung. … Sie will … die Erweckung des Christusgeistes im deutschen Menschen. Sie begeistert zur

---

[181] Ebd., § 1. – Seit Ende 1932 sind Materialsendungen Rudolphs an das Kultusministerium in Karlsruhe erhalten (Generallandesarchiv Karlsruhe, Kultusministerium, 235 / 12847 [keine Paginierung durch das Archiv]); für die Post vor 1933 s. o. Anm. 164. Am 26.7.1933 sandte er an Innenminister Wagner die Schrift »Religion ist Bruderschaft« und schrieb: »Die nationale Einheit hat ihre festeste Stütze in der religiösen Einheit des Volkes. Diese gründet sich auf eine vernünftige, einheitliche Weltanschauung, die mit dem kosmischen, göttlichen Entwicklungsgesetz in Einklang steht.« Rudolph unterschrieb hier noch (distanziert?) »mit deutschem Gruss!«. Am 11. 9.1933 kam an Kultusminister Dr. Otto Wacker, »Nationalsozialismus und Theosophie«, am 20.9.1933 sandte Hermann Fischer an das Kultusministerium erneut »Religion ist Bruderschaft« und »Nationalsozialismus und Theosophie«. Am 10.2.1934 kam von Rudolph »Der deutsche Glaube« und ein Faltblatt mit den Grundsätzen der ITV unter dem Titel »Die Theosophische Verbrüderung. Die arische Religion und ihre Prinzipien« in Karlsruhe an, am 24.10.1934 unterschrieb Rudolph erstmals mit »Heil Hitler!«. Rudolphs letztes erhaltenes Anschreiben an das Kultusministerium mit einer Schriftensendung stammt vom 23.4.1935.

[182] Deutsche Theosophische Gesellschaft e. V. Deutscher Charakter und ihre *deutsche* Sendung, 1.10.1933 (Anm. 1), 77$^{r}$.

[183] Ebd.

[184] Ebd., 77$^{v}$-78$^{r}$.

höchsten Pflichterfüllung. ... Sie steht zu den christlichen Konfessionen nicht in Gegensatz. Sie ... begründet und vertieft sie [»deren Glaubenssätze und Kultusformen«] auf Grund des protestantischen (arisch-germanischen) Prinzips der Freiheit der Auslegung.«[185]

Dieses Papier stellt die ehemaligen Ideale und Ziele der I.T.V. nachgerade auf den Kopf. Wieweit dahinter eine taktische Unterwerfung oder Überzeugungen stecken, ist nicht mit letzter Sicherheit zu klären; die Affirmation NS-naher Positionen war jedenfalls massiv.

Die hart NS-nahe Linie dokumentierte im November 1933 in der Vereinszeitschrift Theosophische Kultur auch der ehrenhalber promovierte Danziger Ingenieur und Professor Otto Lienau in einem »Bekenntnis der Deutschen Theosophischen Gesellschaft ... zum Nationalsozialismus«. Vom Nationalsozialismus als der »in Blut und Boden wurzelnden *Liebe zum Volke*« ist da die Rede, vom Einsatz »jedes Einzelnen bis zur Selbstaufopferung«[186], und daß die »*Theosophische Bewegung in Deutschland*« nun »*ihre nationale Fassung und ihre Eingliederung in das Volkstum gefunden*« habe[187]. In dieser Tendenz lag auch ein Aufsatz von Amalie Baum über »den Sinn des Hakenkreuzes«, die nicht nur unter Rückgriff auf Blavatskys »Geheimlehre«, sondern auch unter Berufung auf Schriften Guido Lists, Alfred Rosenbergs und Friedrich Nietzsches im Zeichen des Hakenkreuzes »die Lebensbejahung der neuen Zeit«, wie Hitler gesagt habe, und »den Anbruch der Weltenwende« sah. »In diesem Zeichen wirst du siegen! Heil dem deutschen Volke! Heil allen Völkern der Erde!« beschloß sie ihren Artikel[188].

Am 20. Mai 1934 kam es auf dem 15. Bundeskongreß in Magdeburg (19.–23.5.) zur Spaltung[189]. Das Präsidium mit Hermann Rudolph, Walter Einbeck und Ernst Voss hielt an der Theosophischen Verbrüderung und ihrem Namen fest, während sich eine andere Fraktion auf die (endgültige?) Gründung der Deutschen Theosophischen Gesellschaft verständigte, deren Vorsitzende Schmerler und Erhard Bäzner wurden[190]. Die Trennung geht aber nicht in der Opposition von NS-distanzierten und NS-nahen Mitgliedern auf, wie die Prädikate »international« und »deutsch« in den Vereinsnamen suggerieren; die Frage der Nähe oder Distanz zum Nationalsozialismus spielt in den Auseinandersetzungen kaum eine Rolle[191]. Vermutlich wirkte die Positionierung unter der

---

[185] Ebd., 78r.

[186] Lienau: Nationalsozialismus und Theosophie, 344.

[187] Ebd., 348.

[188] Baum: Der Sinn des Hakenkreuzes, 52f. (List), 45 (Rosenberg), 71 (Nietzsche) und (Weltenwende), 77 (Schluß). Spätestens 1936 nahm die Gestapo allerdings Anstoß an der theosophischen Verwendung des Hakenkreuzes; vgl. Bigalke: Zur Theosophie in Leipzig, Kap. 6.6.

[189] Die Jahresversammlung wurde als »Allgemeiner Theosophischer Kongreß« für Pfingsten 1934 zwar in der Theosophischen Kultur zweimal angekündigt, aber zum ersten und einzigen Mal in der Geschichte der Zeitschrift folgte keine Dokumentation des Kongresses; 1935 gab es dann wieder Berichte dieser Zusammenkunft.

[190] Brief von Gertrud Bäzner an Hermann Fischer, 21.2.1970, S. 1; StA Coburg, ITV 5. Bäzner schreibt – möglicherweise unzutreffend – noch von der »I.T.V.«.

[191] Zeitnahe interne Aussagen liegen augenblicklich nicht vor; die Debatte ließ sich nur über die nach dem Krieg gemachten Äußerungen, die von der Rechtfertigung der alter Positionen geprägt sind, rekonstruieren.

NS-Herrschaft katalytisch für schon länger bestehende Divergenzen. Hermann Rudolph habe »mehr die philosophische Seite« repräsentiert, Erhard Bäzner »dagegen brachte die Geisterlehren nach der Art Stillings in die ITV«[192]. Der alte theosophische Konflikt zwischen Hermeneutikern und Empirikern dürfte wieder aufgeflammt sein. Bäzner verfügte in dieser Auseinandersetzung schon lange über eine eigene institutionelle Basis, seit 1919 bestand eine Stiftung, um »die Niederschrift seiner übersinnlichen Erlebnisse« zu ermöglichen[193].

Der genaue Ablauf des Konfliktes in Magdeburg ist augenblicklich nicht bis ins letzte Detail nachvollziehbar. Bäzner soll einen Antrag gestellt haben, Rudolph abzusetzen, den Sitz des Hauptquartiers nach Dresden zu verlegen und das Vermögen dieser Vereinigung zu übereignen[194]. 45 Ortsgruppen sollen sich nach Aussage Gertrud Bäzners aus dem Jahr 1970 der jetzt in Dresden ansässigen D.T.G. angeschlossen haben[195], die damit die überwiegende Mehrheit der Mitglieder an sich gezogen hätte. Hermann Rudolph hingegen berichtete am 17. Juli 1934 dem Vorsitzenden der Ortsgruppe Stettin, Georg Krenke, über den Austritt von »15 Ortsgruppen, darunter 8 alte Zweige. Einige haben sich noch nicht entschieden. ... Vortragsreisen gibt es zur Zeit nicht. Wir müssen die Zweige neu aufbauen.«[196] Die D.T.G kündigte als Ausgangspunkt ihres Neuanfanges eine Sommerschule in Bad Weißer Hirsch bei Dresden an[197]. Sie führte auch ein Mitgliedsblatt weiter, häufig mit NS-affirmativen Positionen[198]. Hingegen wurde die I.T.V. am 31. Mai als Deutsche Theosophische Verbrüderung neugegründet[199], wobei neben Rudolph noch Marianne Böhme und Ewald Marx zu den führenden Mitgliedern zählten[200]. Formaljuristische Streitigkeiten um die Zuordnung beider Gesellschaften und um Vermögensfragen folgten[201]. Daneben kursierten

[192] Ewald Marx, Notiz vom 25.3.1948, hektographiert, S. 1; StA Coburg, ITV 5. Rudolph soll zu seinem Schritt von Einbeck und Voss überredet worden sein. Brief Bäzner an Fischer (Anm. 190).

[193] Satzung der Erhard Bäzner-Stiftung, 1.7.1919, hektographiert, S. 1; StA Coburg, ITV 6. Die Stiftung sollte auch Mittel für Bäzners Vortragstätigkeit und Reisen bereitstellen. Nach einer anderen Ausfertigung der Satzung soll die Stiftung bereits am 1.1.1914 gegründet worden sein; StA Coburg, ITV 14.

[194] Walter Einbeck, Eidesstattliche Erklärung vom 29.8.1958, handschriftlich, S. 1; StA Coburg, ITV 5. Vollzogene Verlegung nach Dresden nach Fischer: 100 Jahre »Theosophische Gesellschaft«, 30.

[195] Brief Bäzner an Fischer (Anm. 190), S. 2.

[196] Brief Hermann Rudolph an Georg Krenke, 17.6.1934, SdA Moskau, 1516-1-33, Bl. 156.

[197] Vgl. den Rundbrief von Marianne Böhme, SdA Moskau, 1516-1-33, Bl. 148; die Sommerschule sollte vom 14. bis 27. Juli 1934 stattfinden.

[198] Vgl. etwa den Artikel zur »Reinigung der Rasse« durch Reinkarnation; L.B.: Karma – Vererbung – Rasse, 16.

[199] Nach Bigalke: Zur Theosophie in Leipzig, Kap. 6.2.

[200] Vgl. SdA Moskau, 1516-1-33, Bl. 144. Im Brief von Bäzner an Fischer (Anm. 190), S. 8, heißt es allerdings, »die kleine ITV erlosch bald«.

[201] Formal galt die D.T.G. zuerst nur als Landesverband der Theosophischen Verbrüderung (Bigalke: Zur Theosophie in Leipzig, Kap. 6.2). Rudolph soll am 31. Mai die D.T.G. seiner Theosophischen Verbrüderung zugerechnet haben; Brief von Bäzner an Fischer (Anm. 190), S. 2. Rudolph argumentierte, der Auflösungsbeschluß der Magdeburger Versammlung wäre nur durch die Theosophische Verbrüderung möglich gewesen; Rudolph: Die rechtliche Lage der Ortsgesellschaft, 31 (August 1934). Außerdem gebe es nun zwei Arten von Mitgliedern, solche der Theosophischen Verbrüderung und Neueingetretene (ebd., 32). Bäzner wiederum soll Funktionäre, die in beiden Gesellschaften Mitglied sein wollten, ausgeschlossen haben; Stellungnahme von Hermann Fischer, 14.1.1970, maschinen-

Gerüchte über Verleumdungen. Bäzner stritt nach dem Krieg ab, Material über Rudolph und die I.T.V. an das scharf agitierende NS-Blatt Der Judenkenner zu Händen von Ernst Pistor und des »Redakteurs Paulus« geschickt zu haben[202].

Die Nationalsozialisten sahen in diesen Debatten ihre Zweifel an der »Volkstreue« der ehemaligen I.T.V.-Theosophen sicher nicht zerstreut. »Ich glaube nicht,« schrieb der Minister für kirchliche Angelegenheiten, Hans Kerrl, am 31. Oktober 1934, »daß man Hermann Rudolph unbeaufsichtigt seine Schriften, Flugblätter, Reklame verbreiten lassen kann.« Aber zugleich dokumentierte er die Ambivalenzen im Umgang mit den Theosophen. Er nahm den esoterischen Anspruch ernst und forderte das Gestapa auf, herauszufinden, »wie er in den Besitz der arischen Geheimlehre kommt«[203].

Die Ernüchterung über den Nationalsozialismus muß sich aber bald eingestellt haben. Ideologisch NS-konforme Artikel nahmen in der Theosophischen Kultur in den Folgemonaten deutlich ab, ohne je ganz zu verschwinden[204]; die euphorische Anbiederung hatte Mitte 1934 ein Ende. Über die Gründe finden sich keine Informationen, aber in einigen Stellungnahmen wird zumindest deutlich, daß man sich durch NS-nahe Medien in die politische Defensive gedrängt sah. Im Reichswart, dem Organ der »Deutschen Glaubensbewegung«, war die Theosophie 1934 als Sammlung »verworrener Fremdlehren«, die ihre »Weisheiten aus dem Ausland« beziehe, angegriffen worden[205]. Dagegen verwahrte sich Rudolph nicht zuletzt mit dem Hinweis, die »völkische Einstellung der Theosophischen Verbrüderung« sei schon vor und kurz nach dem Ersten Weltkrieg offenkundig gewesen[206]. Aber im nächsten Heft des Reichswart unterstellte man erneut eine Unvereinbarkeit von internationaler Verbrüderung (nun im marxistischen Sinn) und völkischer Gesinnung[207]. Im September 1935 wurde der Zugriff des Staates härter, das Geheime Staatspolizeiamt Dresden beschlagnahmte einige Schriften Rudolphs[208]. Rudolph, Voss und Einbeck versuchten, in einer Eingabe an den Reichsinnenminister Kerrl ihre Theosophie über eine Diffamierung aller anderen theosophischen Gruppen einschließlich der Anthroposophen zu retten[209], im November 1935 wies Waldemar Blankenhorn den Vorwurf zurück, »daß sich

---

schriftlich, S. 2; StA Coburg, ITV 6. Die Vermögensfragen sind angerissen in Aufzeichnungen von unbekannter Hand, 9.3.1970, handschriftlich, S. 2; StA Coburg, ITV 6. Teilweise wurde die D.T.G. gerichtlich als Nachfolgerin der I.T.V. anerkannt; Anonym: Ein gerichtliches Urteil zu unseren Gunsten (1.5.1935), 4–6.

[202] Stellungnahme von Erhard Bäzner (zur Trennung 1934), Weißer Hirsch, Dresden, 15.11.1947, S. 1; StA Coburg, ITV 5. Zu den Verleumdungen in der Presse Bigalke: Zur Theosophie in Leipzig, Kap. 6.4.

[203] Zit. nach Bigalke, ebd., Kap. 6.3.

[204] Vgl. etwa noch Blankenhorn: Germanentum.

[205] Rudolph: Gibt es eine theosoph[ische] Fremdlehre? 322 (mit Bezug auf den Artikel Neu-Germanischer Idealismus, in: Reichswart, Nr. 39, 1934).

[206] Ebd., 323.

[207] Auf diesen Artikel (Kein Dogma, aber Offenheit, in: Reichswart, Nr. 40, 1934) hat Rudolph wiederum reagiert, in: Theosophische Kultur 26/1934, 383.

[208] Bigalke: Zur Theosophie in Leipzig, Kap. 6.3.

[209] BArch, R 5101/23856, Bl. 26r (17.8.1935). Eine erste Welle von kritischen Aussagen und Abgrenzungen gegenüber der Anthroposophie findet sich bereits 1920; vgl. Theosophische Kultur 13/1920, 186. 189. 190. 192. 218.

die Spitzenleitung aller theosophischen Gesellschaften aus Freimaurern des 33. Grades zusammensetzt«[210], im Dezember wehrte sich Rudolph gegen die Gleichsetzung der theosophischen »Verbrüderung« mit der Adyar-Theosophie, der in Ludendorffs Zeitschrift Am heiligen Quell deutscher Kraft unterstellt worden war, in der Liberal-Katholischen Kirche Hochgradmaurer zu besitzen[211], und im Januar 1937 verwahrte er sich erneut gegen »freimaurerische Ziele« angesichts des Vorwurfs »theosophischer Maurerei«, die von katholischen Bischöfen in der Theosophie (auch damit war die Liberal-Katholische Kirche gemeint) betrieben werde[212]. Aber diese Äußerungen verhinderten nicht, daß die Nationalsozialisten den aufgelösten Theosophischen Bruder-Orden ins Visier nahmen und deshalb im Februar 1936 Voss' Wohnung durchsuchten, der daraufhin Parteiabzeichen und Mitgliedsbuch verlor[213]. Man sah sich also trotz der Annäherung an völkische Positionen und der Anerkennung des Nationalsozialismus mit den Polemiken der Nationalsozialisten konfrontiert, die immer wieder einen Fokus besaßen: theosophischer Internationalismus und völkische Gesinnung seien unvereinbar und die Theosophie im Zweifel als »undeutsche« Vereinigung abzulehnen.

Eine weitere Strategie, die eigene Haut zu retten, bestand in der genannten Diffamierung anderer theosophischer Gemeinschaften, insbesondere der Anthroposophie: Sie sei im Gegensatz zur Theosophie »nur eine von vielen Weltanschauungen, die einen Teil der theosophischen Lehren in sich aufgenommen hat«, die nur »die niederen Tugenden« (März 1934) lehre[214] und sei schlicht nicht theosophisch (Dezember 1935)[215]; im Januar 1936 folgte der Vorwurf, in der Anthroposophie herrsche Steiners Anspruch auf »*unbedingte* Autorität«, die in »blindem *Dogmenglauben*« ende und zu »okkulter Dressur« führe[216], während man sich im gleichen Heft von der Adyar-Theosophie distanzierte[217]. Im Mai 1936 zog man auf dem »Bundestag« die Abgrenzung von der eigenen Tradition bis zur Revision der theosophischen Geschichte durch. Als Gründungsjahr nannte Fischer nun nicht mehr das traditionell kanonisierte Jahr 1875, die Gründung in New York, sondern das Jahr 1897, das Datum der Abspaltung der Theosophie Hartmanns, mithin der eigenen, »deutschen« Gründung[218]. Vermutlich sah man

---

210 Theosophische Kultur 27 / 1935, 264; über die Quelle der Vorwürfe werden keine Angaben gemacht.

211 Ebd., 283 (unter Bezug auf Harry Doerfel [unter dem Pseudonym S. Ipares]: Liberal-Katholische Kirche und Theosophische Gesellschaft, in: Am heiligen Quell deutscher Kraft, 5. Februar 1935).

212 Theosophische Kultur 28 / 1936, 47; dabei distanzierte sich Blankenhorn auch – ohne daß die Namen fielen – von der Liberal-Katholischen Kirche der Adyar-Theosophie.

213 BArch, 58 / 6620, 642 (Durchsuchung bei Voss); ebd., 659–665 (Abnahme der Mitgliedszeichen von Voss); vgl. Bigalke: Zur Theosophie in Leipzig, Kap. 6.5. In den Denunziationen von Mitgliedern des Theosophischen Bruder-Ordens wurden nun auch explizit freimaurerähnliche Rangstufen und rituelle Zeremonien zum Vorwurf gemacht (nach Bigalke: ebd., Kap. 6.5, Anm. 45). Im März 1936 legte auch die SS-Zeitschrift Das Schwarze Korps mit Verleumdungen gegen Rudolph nach (ebd., Kap. 6.5).

214 So Walter Einbeck in: Theosophische Kultur 26 / 1934, 93.

215 So Waldemar Blankenhorn in: ebd., 27 / 1935, 287.

216 So Franz Ettig in: ebd., 28 / 1936, 44 f.

217 Ebd., 47.

218 Ebd., 140.

in den nationalsozialistischen Angriffen auf Anthroposophen und Adyar-Theosophen eine Gefährdung der eigenen Position, der man sich durch Abgrenzung zu entziehen trachtete.

Parallel dazu finden sich auch nach den beschriebenen Enttäuschungen über den Nationalsozialismus weltanschauliche Freundschaftsadressen an ihn. Im November 1934 betonte Waldemar Blankenhorn die Übereinstimmung der »völkischen Einstellung« der Theosophie mit den Zielen des Nationalsozialismus:

> »1. Liebe zum Volke; 2. Pflichterfüllung dem Volke, der Gemeinschaft gegenüber, selbst unter Aufopferung des Lebens; das selbstlose Dienen für das Volksganze; ... 4. Ablehnung des politischen Internationalismus (der einer antinationalen Auffassung entsprach); 5. Ablehnung der rein äußerlich aufgefaßten, verhängnisvollen Verbrüderungsidee, die einer materialistischen Gleichmacherei entsprach und somit eine Vermischung der Völker und Rassen befürwortete, wodurch der Degeneration und dem Verfall Vorschub geleistet wurde.«[219]

Dies kann man als verzweifelten Versuch lesen, Restbestände theosophischer Kernvorstellungen – Internationalismus, der keinesfalls politisch sein darf, Verbrüderung, die »Völker und Rassen« nicht vermischen will – durch eine weitgehende Annäherung an die NS-Semantik und gegründet auf partielle inhaltliche Übereinstimmungen zu wahren. Dies war allerdings eine abschüssige Ebene, die weitere Zugeständnisse vorbereitete. Im Anschluß an diese Positionsbestimmung zitierte Blankenhorn Punkt 24 des NS-Parteiprogramms, in dem sich sowohl die »Freiheit« zu einem NS-konformen »positiven Christentum« als auch die Absicht zur ›Bekämpfung‹ »des jüdisch-materialistischen Geistes« findet[220]. Auf der Sommerschule 1934 war schon über den »deutschen Glauben« gepredigt[221] und die »Idee wahrer Volksgemeinschaft ..., wie sie Deutschlands Führer verkündet« beschworen worden[222], 1935 wurde der politische Pazifismus abgelehnt, aber der »*religiöse* Pazifismus« als »Standpunkt der kosmischen Einheit« verteidigt[223]. Bis zuletzt versuchten offenbar selbst die nationalsozialistischem Gedankengut Aufgeschlossenen die Differenzen zum Nationalsozialismus – etwa in den ausgedünnten Begriffen von Brüderlichkeit und Internationalismus – durchzuhalten. Im Kirchenministerium sah man allerdings 1936 die Angebote, Brücken zu bauen, nicht: Der Beamte Haugk »hätte die Sommerschulen verboten, wenn er davon gewußt hätte«[224].

1936 starteten Hermann Walter Einbeck, Schieweck und Hermann Rudolf Fischer einen letzten großen Versuch, durch Interventionen bei den Staats- und Parteibehörden in Berlin die Theosophische Verbrüderung zu retten. Fischers Bericht ist ein spannendes Dokument aus dem letzten Jahr vor dem Verbot, weil es dokumentiert, welche Zugänge sich einer vom Verbot bedrohten Organisation

---

[219] Ebd., 26/1934, 351.
[220] Ebd., 352.
[221] So Walter Einbeck, in: ebd., 284.
[222] Ebd., 286.
[223] Ebd., 27/1935, 286. Im Hintergrund standen Vorwürfe von Nationalsozialisten, daß Berufssoldaten nach den Vorstellungen in der I.T.V. in Anlehnung an buddhistische Vorstellungen zu den »leiderzeugenden Berufen« gehörten (BArch, R 5101/23856, Bl. 30$^r$).
[224] Wiedergabe der Position Haugks durch Fischer, siehe die folgende Anm.

weiterhin boten[225]. Bei der Gestapo suchte man Karl Hasselbacher auf, dem man eine Erklärung über die »Verbrüderung« und den »Bruder-Orden« überreichte. Im Kirchenministerium gab es ein offenbar längeres Gespräch mit dem »Sachbearbeiter Haugk«, in dem klar wurde, daß dieser die Theosophie für Unsinn hielt: Bäzner betrachtete er aufgrund seiner Aurenbilder als »reif für das Irrenhaus«, die theosophische Anthropologie fand er »unverständlich«, und insgesamt hielt er die Theosophie für »volksfeindlich«. Er legte auch offen dar, daß das Verbotsverfahren eingeleitet sei. Das Kirchenministerium habe bei der Gestapo ein Urteil angefordert und – so Haugk – entscheide dann, im Bedarfsfall in Abstimmung mit dem Innenministerium, über das Verbot. »Wenn die Gestapo das Verbot nicht ausspräche, so würde er es von sich aus tun«. Das entsprach zwar nicht dem Machtgefälle im NS-Staat, war aber als Drohkulisse deutlich. Weitere Besuche fanden im Innenministerium, im Außenpolitischen Amt der NSDAP, in der Förderstelle des Schrifttums, bei Mathes Ziegler im Amt Rosenberg und bei sechs weiteren Stellen statt. Meist wurde man weiterverwiesen, offenbar ließ sich nur Ziegler auf ein Gespräch ein: »Stellen sie sich hinter Rosenberg«, forderte er, und lehnte es gleichzeitig ab, »in dieser Richtung einen Weg zu zeigen«. Es konnten keine Zweifel bestehen, daß die Zeit der theosophischen Gesellschaften ihrem Ende entgegenging.

Im letzten Heft der Theosophischen Kultur vom März 1937 endete Amalie Baumanns Aufsatz über »Völkisches und religiöses Erwachen« mit der Schlußbemerkung »Fortsetzung folgt«[226]. Die allerdings erschien nicht mehr. Bereits im »Winter 1935 / 36« war der Berliner Vorsitzende Albert Daenert von der Gestapo verhört worden[227]. Die Theosophische Gesellschaft in Deutschland soll sich am 11. Februar 1937 angeblich selbst aufgelöst haben, doch habe die nationalsozialistische Regierung nach einer anderen Lesart diesen Schritt nicht anerkannt[228]. Der Aufhebungsbeschluß vom 20. Juli 1937 traf auch die Gruppen in der Tradition Franz Hartmanns[229], doch wurde zumindest die Berliner Gruppe erst am 17. Oktober 1938 im Vereinsregister gelöscht[230]. Die Verfolgungen zogen sich aber noch länger hin. Rudolph und andere sollen 1937 und – im Zusammenhang mit der »Aktion gegen Geheimlehren« (s. o. 3.5.5) – noch 1941 »für Wochen eingesperrt« gewesen sein[231].

---

225 Bericht [handschriftlicher Nachtrag: »von Rudolf Fischer«] über den Besuch in Berlin vom 19. bis 22. Juli 1936 (Einbeck, Schieweck, R. Fischer), 2 Bll., datiert auf den 25.7.1936, mit Schreibmaschine; StA Coburg, ITV 6. Fischer schreibt wohl falsch Hasselbach. Von den 12 Besuchen sind nur sechs genannt.

226 Theosophische Kultur 29 / 1937, 63.

227 Beetz: Theosophie im »Dritten Reich«, 57.

228 Selbstauflösung nach Bäzner: Zur Geschichte der Theosophischen Gesellschaft (13. Folge), 8. Verweigerung der Anerkennung nach: Stellungnahme von Erhard Bäzner zur Trennung 1934 (Anm. 202), 2.

229 Fischer: 100 Jahre »Theosophische Gesellschaft«, 30; Bigalke: Zur Theosophie in Leipzig, Kap. 6.7. Dabei wurden neben Bibliotheken, Karteien und »Kultgegenständen« auch Wertpapiere in Höhe von 50.000 Reichsmark beschlagnahmt (ebd.).

230 Faksimile bei Beetz: Theosophie im »Dritten Reich«, 58.

231 Gertrud Fischer / Hermann Fischer: Erinnerungen an Hermann Rudolph (1865–1945), hektographiert, S. 4; StA Coburg, ITV 23. Erhard Bäzner sah sich dem Vorwurf ausgesetzt, daß die Ver-

Gleichwohl gab es mehr oder minder klandestine Kontinuitäten[232]. Die »Sonnenhaus-Werkgemeinschaft« Robert Syrings in Bad Liebenzell wurde wohl 1938 als theosophische Nachfolgeorganisation aufgelöst[233], Anatol Rembe hielt noch im März 1938, observiert von der Staatspolizei, Vorträge vor ehemaligen Mitgliedern[234]. Mitglieder der Frankfurter Gruppe wiederum seien, wie diese nach dem Krieg berichteten, »im engeren Kreise« weiterhin zusammengekommen[235], in Berlin traf sich »in unregelmäßigen Abständen … eine Gruppe von sechs bis zwölf Mitgliedern zum ›Kaffeetrinken‹ in einer Privatwohnung«[236]. Einige Nationalsozialisten glaubten, nur Teilerfolge im Kampf gegen die theosophischen Gesellschaften erzielt zu haben, weil Rudolf Heß und seine Frau die Arbeit der Gestapo »verhindert« hätten[237]. Doch wird man dies mit einem Fragezeichen versehen; hier könnte es um verfälschte oder übertriebene Argumente in einer Auseinandersetzung unter Nationalsozialisten gehandelt haben.

1947 scheiterten Gespräche über eine Wiedervereinigung der beiden seit 1934 gespaltenen Gesellschaften[238]. Im gleichen Jahre wurde die I.T.V. in München unter dem Vorsitzenden Ewald Marx restituiert und später von Walter Einbeck geleitet[239]. Hermann Rudolph, der 1945 nach Coburg geflüchtet war, starb dort am 29. Juli 1946 ohne Besitz und »Pension«, »in den dürftigsten Verhältnissen lebend«[240]. Erhard Bäzner hingegen wurde Bundesvorsitzender der Theosophischen Gesellschaft in Deutschland[241], die von der sowjetischen Militäradministration zugelassen wurde, jedoch nach der Gründung der DDR 1949 nicht mehr fortbestehen konnte[242]. In Westdeutschland wurde sie zu Pfingsten 1949 in Frankfurt wiederbegründet, die Einrichtung einer »Sommerschule« folgte 1953[243]. »Aber in der breiten Öffentlichkeit war das Echo auf diese Aktivitäten …

---

haftung aufgrund seiner Denunziation erfolgt sei; Stellungnahme von Erhard Bäzner zur Trennung 1934 (Anm. 202), 1.

232 Dazu Bigalke: Zur Theosophie in Leipzig, Kap. 8.

233 Ohne Quellennachweis bei Bigalke: Zur Theosophie in Leipzig, Kap. 8.1. Syring hatte sich schon in den zwanziger Jahre von der Magdeburger Ortsgruppe getrennt. Details im Brief von Bäzner an Fischer (Anm. 190), S. 3.

234 Bigalke: Zur Theosophie in Leipzig, Kap. 8.1, vermutet, hier habe eine Zusammenarbeit von Theosophen und Staatspolizei vorgelegen. Der Satz »Die Vorträge werden zusammen mit der Stapo überwacht.« (BArch, R 58 / 6197, Teil 3, Bl. 674r [2.3.1938]) dürfte sich aber auf die interne Kooperation zwischen NS-Stellen beziehen.

235 Geschichtlicher Überblick über die Theosophische Gesellschaft (Anm. 166), fol. 6.

236 Beetz: Theosophie im »Dritten Reich«, 58.

237 BArch, R 58 / 6197, 14 (22.5.1941).

238 Gesprächsnotizen über ein Gespräch vom 25.6.1947 in Leipzig; StA Coburg, ITV 6. Zu Gründungsaktivitäten seit 1946 vgl. StA Coburg, ITV 3.

239 Gründung in München nach der Satzung von 1959; StA Coburg, ITV 15. Namen nach Fischer: 100 Jahre »Theosophische Gesellschaft«, 33.

240 Walter Einbeck: Hermann Rudolph. Ein deutscher Mystiker des 20. Jahrhunderts (8.5.1895–29.7.1947), hektographiert, S. 4; StA Coburg, ITV 23. Nach Steinberger: Esoteriker des Westens, 172, lebte Rudolph an seinem Lebensende von »öffentlicher Fürsorge«.

241 Fischer: 100 Jahre »Theosophische Gesellschaft«, 34.

242 Zur sowjetischen Zone Beetz: Die »Theosophische Gesellschaft in Deutschland« in der Gegenwart, 101; zur DDR ebd., und ders.: Theosophie im »Dritten Reich«, 61.

243 Beetz: Die »Theosophische Gesellschaft in Deutschland«, 101.

erheblich geringer als erwartet.«[244] Allerdings erhielt Gertrud Bäzner vor Gericht am 4. November 1970 eine pauschale Entschädigung von 10.000 DM für die verlorenen Bücher, Bankguthaben, den Verlag und andere Vermögenswerte[245]. 1989 besaß die D.T.G. 300 Mitglieder, ihre Zentrale in Berlin stand unter der Leitung von Hans Beetz[246]; ihr Berliner Zweig hatte 2004 25 bis 30 Mitglieder und einen »Freundeskreis«[247].

---

244 Ebd., 102.
245 Gertrud Bäzner gegen den Freistaat Bayern, Protokoll der Gerichtsentscheidung vom 4.11.1970; StA Coburg, ITV 9.
246 Holthaus: Theosophie, 71.
247 Rademacher: Der Untergang von Religionen, 222.

## 3.12 Supernationale Theosophische Gesellschaft (Hugo Vollrath)

| | |
|---|---|
| Gründungsdatum | 8.9.1923 |
| Vorsitzender | Hugo Vollrath |
| Adressen (Leipzig) | Königstraße 12 (1931); Lessingstraße (1934); Verlag: Inselstraße 29 (1923); »Heim«: (vor 1933?) in der Egelstraße[1] |
| Verlag | Kulturverlag – Theosophisches Verlagshaus Leipzig (1923, 1931)[2] |
| Zeitschriften | Theosophie[3] |

Die letzte bedeutendere Neuentstehung einer theosophischen Gruppe war die Gründung Hugo Vollraths am 8. September 1923[4]: »Die Theosophische Gesellschaft, Hauptquartier Leipzig (Supernationale Theosophische Gesellschaft)«[5]. Zu dieser Gemeinschaft gibt es außer wenigen biographischen Daten zu Vollrath und den Informationen in den Vereinsakten kaum gesicherte Fakten. Wie die Realität bei dieser Gemeinschaft aussah, ist weit weniger klar, als es die folgenden Seiten suggerieren. Die Geschichte dieser Gemeinschaft ist eng mit seiner Person verbunden, dessen Leben allerdings nochmals schlechter erforscht ist als dasjenige Franz Hartmanns[6].

Der 1877 geborene Vollrath, Sohn des Kaufmanns Bernhard Vollrath aus dem sächsischen Loitzsch bei Hohenleuben, hatte das Recht erhalten, ohne Reifezeugnis die Universität zu besuchen und in Leipzig zwischen 1901 und 1904 Kameralistik studiert[7]. Den Titel eines Doktors der Staatswissenschaften, den er seit 1905 trug, führte er wohl ohne Berechtigung[8]. 1899 wurde er als Mitarbeiter von Franz Hartmann genannt[9], danach sei er ein führendes Mitglied in der Internationalen Theosophischen Verbrüderung gewesen (MTG 8,9), unter anderem als

---

[1] Königstraße: Anonym: Warum verbindet sich die I.T.V. nicht (Kap. 3.11, Anm. 1), 1; Lessingstraße: Befragung von Karl Milde zur Person Hugo Vollraths, 11.6.1934, StA Leipzig, PP-V 4849, unpaginiert, 4 Seiten, S. 1; Verlag, Inselstraße: Verfassung und Satzungen (1923) (siehe die folgende Anm.), 14; Heim, Egelstraße: Befragung von Karl Milde, s. o., 1.

[2] 1923: Verfassung und Satzungen der Theosophischen Gesellschaft. Gegründet in New York am XVII. November MDCCCLXXV (ca. 1923, mit Siegel auf der Titelseite), StA Leipzig, PP-V 4849, separat paginiert, S. 4; 1931: Anonym: Warum verbindet sich die I.T.V. nicht (Kap. 3.11, Anm. 1), 3.

[3] Verfassung und Satzungen (1923), ebd., 4. 11.

[4] Becher: Das Theosophische Verlagshaus Leipzig, 238.

[5] Auch genannt: Die Theosophische Gesellschaft in Leipzig; im Vereinsregister unter Theosophische Gesellschaft Supernational, nach: Anonym: Warum verbindet sich die I.T.V. nicht (Kap. 3.11, Anm. 1), 1.

[6] Wichtige Informationen bei Howe: Uranias Kinder, und bei Ravagli: Unter Hammer und Hakenkreuz, 288–296. Einen Nachlaß scheint es nicht zu geben. Allerdings erschien nach dem Zweiten Weltkrieg (in den sechziger / siebziger Jahren?) von Ritter: Die Frucht der zehnten Hierarchie, »nach Aufzeichungen-Briefen« vor allem von Vollrath.

[7] Klatt: Der Nachlaß von Wilhelm Hübbe-Schleiden, 283.

[8] Nach Howe: Uranias Kinder, 112 f., hatte er seine Universitätskarriere abgebrochen, um Hartmanns Schüler zu werden, führte aber den Doktortitel, den er 1914 habe ablegen müssen. Nach Bigalke: Zur Theosophie in Leipzig, Kap. 7.2, wurde ihm sein Doktortitel am 24.11.1934 wegen einer angeblich gefälschten Disseration aberkannt. Zu den Umständen der Aufdeckung Howe, S. 157. Titel seit 1905 nach Klatt: Der Nachlaß von Wilhelm Hübbe-Schleiden, 283.

[9] Frick: Die Erleuchteten, II / 2, 309; Klatt: Der Nachlaß von Wilhelm Hübbe-Schleiden, 283.

Bibliothekar der Leipziger I.T.V.[10] Bis 1908 war er Mitglied der Adyar-Theosophie, aus der Steiner ihn aufgrund einer Vielzahl von Konflikten ausschloß (s. o. 3.4.3f). Im Juli 1910 berichtete Vollrath, daß er die Vertretung der »Freien Internationalen Sektion« in Deutschland übernommen habe[11], einer Fraktion der Theosophischen Gesellschaft Adyar, die offenbar die Gesellschaft nicht verlassen hatte und die in jedem Land einen eigenen Sekretär erhalten sollte[12].

Die Verlagstätigkeit bildete einen Schwerpunkt in Vollraths theosophischen Aktivitäten, gleichzeitig aber auch eine Quelle steter Auseinandersetzungen. Er war – die genauen Daten sind unbekannt – Leiter der Theosophischen Buchhandlung, in der die Schriften der Adyar-Theosophie in Deutschland erschienen, und hatte im November 1907 mit Theobald Becher das Theosophische Verlagshaus gegründet[13]. Dies wurde zu einem wichtigen Konfliktfaktor mit Steiner, der mit Marie von Sivers die Mitarbeit »versprochen« habe; »als dann die Werke von Leadbeater angekündigt wurden, traten aber beide aus taktischen Gründen zurück«, so Becher[14]. Fischer zufolge hat Vollrath sein eigenes Verlagshaus 1912 mit der Theosophischen Zentralbuchhandlung von Arthur Weber (später: Hans Fändrich und noch später Heinrich Tränker) verschmolzen, wohingegen nach Frick die Theosophische Zentralbuchhandlung weiterbestand und nach dem Ersten Weltkrieg Konkurs angemeldet habe[15]. Das Theosophische Verlagshaus existierte bis 1937 und publizierte ein breites Spektrum okkultistischer und lebenreformerischer Bücher und Zeitschriften. Hier gab Vollrath neben einer großen Zahl weiterer Zeitschriften und Bücherreihen okkulten Inhalts die Zeitschrift Theosophie mit ihrer Beilage Theosophische Rundschau heraus[16].

Vollraths Aktivitäten in theosophischen und anderen weltanschaulichen Gruppen sind augenblicklich kaum überschaubar. Sicher war er im Sternorden Annie Besants 1911 aktiv, in den er unter Umgehung Steiners eingetreten war

---

[10] Frick, ebd., II / 2, 309; ob darunter der Zweig oder die Sektion zu verstehen ist, bleibt bei Frick unklar.

[11] Theosophie, 1 / 1910–11, 191.

[12] Ebd., 190. Diese »Sektion« war nach der Generalversammlung der Theosophischen Gesellschaft am 26. Dezember 1908 gegründet worden. Ihr gehörte u. a. Bertram Keightly an und sie sollte für Theosophen da sein, »die die Beschlüsse und Ansichten der Majorität aus innerer Überzeugung nicht anzunehmen imstande sind« (ebd.). Von einer Zahl von 49 Mitgliedern an werde Besant ein Diplom (für einen Zweig?) ausstellen (ebd., 191).

[13] Becher: Das Theosophische Verlagshaus Leipzig, 235; Frick: Die Erleuchteten, II / 2, 309.

[14] Becher, ebd., 236.

[15] Fischer: 100 Jahre »Theosophische Gesellschaft«, 28; Frick: Die Erleuchteten, II / 2, 309.

[16] Zeitschriften im Verlag Vollrath, nach: Theosophie 2 / 1911–12, nach S. 78:

1. Mitteilungen der Deutschen Gesellschaft für Psychische Forschung. Schriftleiter: Georg Kaléta.
2. Weg zum Licht. Illustrierte Monatsschrift zur Förderung der geistigen Weltanschauung, Schriftleiter: Carl Zawadzki.
3. Prana. Zentralorgan. Monatsschrift zur Förderung der angewandten Geheimwissenschaften, besonders der Astrologie, Neu-Gedankenlehre usw., Schriftleiter Karl Brandler-Pracht.
4. Gesundes Leben. Illustrierte Monatsschrift für harmonische Kultur des Körpers und Geistes, hg. v. Ludwig und Lisbeth Ankenbrand (Organ des »Bundes für gesundes Leben«) [in: Theosophie 3 / 1912–13, nach S. 176: Gesundes Leben und Harmonische Kultur. Monatsschrift für Körper-, Seelen und Geistespflege, Schriftleiter Dingfelder].
5. Monatsschrift für astrologische Forschung, Schriftleiter E. Tiede, Marienwerder (der Zeitschrift »Theosophie« im Exemplar der Staatsbibliothek Berlin beigebunden).

(s. 3.4.5a). Am 20. November 1912 eröffnete er in Leipzig eine direkt von Besant autorisierte Loge der Adyar-Theosophie[17], nachdem seine Wiederaufnahme in Steiners deutsche Sektion gescheitert war[18]. Seine Frau Clara Ortlepp, mit der er von 1909 bis zur Scheidung 1913 verheiratet war, war ebenfalls in der Adyar-Theosophie und gründete die Wanderer-Loge in Breslau[19]. Wenn Hugo Vollraths Zuordnung zur Mazdaznan-Bewegung stimmt[20], ist sie angesichts der Aktivitäten ihres Gründers Otoman Z. A. Ha'nish (i. e. Otto Hanisch) kaum vor 1909 / 10 wahrscheinlich[21]. Er wird auch als Vertreter der Rosenkreuzerbewegung von Max Heindel (s. 8.4.2c) genannt[22]; auch dies wäre in den Jahren ab 1909 / 10 am wahrscheinlichsten. 1913 bis 1917 firmierte er als Herausgeber der Schriften des Spiritisten Bo Yin Ra (i. e. Herbert Schneiderfranken)[23]. 1914 wurde er wegen Fahnenflucht verhaftet[24].

Nach dem Ersten Weltkrieg findet man Vollrath in Korrespondenz mit dem Rat geistiger Arbeiter[25], vor allem aber war er in der deutschen Astrologie-Bewegung sehr aktiv, doch scheiterte er, ihre Kontrolle zu übernehmen[26]. Zu einem unbekannten Zeitpunkt (nach dem Ersten Weltkrieg?) gründete er den »Buddhistischen Verlag« und den Verlag »Centrale für Reformliteratur«[27]. In den zwanziger Jahren soll er mit Theodor Reuß und dem O.T.O.-Umfeld in Kontakt gestanden haben[28]. Am 5. Juni 1926 trat er aus der evangelisch-lutherischen Kirche aus[29], zwischen 1927 bis 1931 soll er nach Gestapo-Akten Mitglied der SPD gewesen sein[30]. 1933 sei er durch Abdhul Bahai zum Erfurter Bischof der Gnostischen Kirche ernannt worden; dies kann zumindest hinsichtlich Abdhul Bahais, der seit 1921 nicht mehr lebte, nicht stimmen[31]. 1933 / 34 war er wieder in internen Intrigen der deutschen Astrologen aktiv[32]. In den dreißiger Jahren ist er als Nationalsozialist nachweisbar (s. u.), 1943 ist Vollrath verstorben.

Vollraths 1923 gegründete Supernationale Theosophische Gesellschaft dürfte keine vollständige Neubildung gewesen sein, da sie von Anfang an relativ hoch organisiert war und über feste Einrichtungen und eine große Mitgliederzahl (s. u.) verfügte – wenn die Verzeichnisse verläßlich sind und es sich nicht um potemkinsche Dörfer handelt. Allerdings sind die Genese und die Verbindung zu

---

17 Lindenberg: Steiner (Chronik), 323.

18 Ebd., 311.

19 Klatt: Der Nachlaß von Wilhelm Hübbe-Schleiden, 285.

20 Ebd., 283.

21 Vgl. Glowka: Deutsche Okkultgruppen, 115.

22 Miers: Lexikon des Geheimwissens ([7]1993), 642.

23 Ebd.

24 Howe: Uranias Kinder, 117.

25 Im Jahr 1918; BArch, R 58 / 6199, Bl. 437.

26 Howe: Uranias Kinder, 132 f., vgl. auch 117.

27 Klatt: Der Nachlaß von Wilhelm Hübbe-Schleiden, 283.

28 Möller / Howe: Merlin Peregrinus, 250.

29 BArch, 5101 / 23856, Bl. 57.

30 Ebd. In dieser Zeit wurde er auch am 2.4.1927 wegen eines Vergehens gegen § 185–186 des Reichsstrafgesetzbuchs (Beleidigung) verurteilt (BArch, R 5101 / 23856, Bl. 56[r]).

31 Klatt: Der Nachlaß von Wilhelm Hübbe-Schleiden, 283. Todesdatum Abdhul Bahais bei Frick: Die Erleuchteten, II / 2,310, von dem Klatt möglicherweise seine Informationen falsch übernommen hat.

32 Howe: Uranias Kinder, 153. Zum Umfeld auch Stuckrad: Geschichte der Astrologie, 329–333.

anderen theosophischen Vereinigungen unklar; am ehesten kommt eine Abspaltung von der Internationalen Theosophischen Verbrüderung in Frage[33]. Vollrath wollte seine Vereinigung offenbar nur Theosophische Gesellschaft nennen, doch kam es dabei zu Problemen auf dem Amtsgericht, alldieweil eine »Theosophische Gesellschaft in Deutschland«, die Internationale Theosophische Verbrüderung, auf diesen Namen in Leipzig eingetragen war. Da kein Name doppelt vergeben werden durfte, mußte nach dem Vereinsrecht eine Spezifizierung eingetragen werden. Daraufhin machte »der Beamte des Amtsgerichts« den Vorschlag, »eine Bezeichnung ›international‹ oder ›supernational‹ beizufügen«[34].

Das Prädikat »supernational« wurde in der undatierten, möglicherweise 1923 entstandenen Satzung dann allerdings weltanschaulich aufgeladen. Es drücke die Absicht aus, »entsprechend der gegenwärtigen Weltlage, die in allen Erdteilen ansässigen deutschen Schüler der Theosophie, die in Verbindung mit der deutschen Seelen- und Geisteskultur bleiben wollen, zu sammeln«[35]. Vollrath prätendierte also eine global agierende, aber deutschsprachige und weltanschaulich auf Deutschland ausgerichtete theosophische Gemeinschaft. Möglicherweise lieferte Vollrath für diese regionale Fokussierung ein okkultes Autoritätsargument nach: »Die Meister hätten das Hauptquartier der T.G. von Osten (Adyar in Indien) nach Westen (nach Leipzig) verlegt«[36].

Die Vereinigung sollte in »Sektionen, Logen und Einzelmitglieder«[37] gegliedert sein, doch lassen sich supranationale Organisationsstrukturen nicht nachweisen. Aus der Geschichte beständiger Konflikte hatte man die Konsequenz gezogen, einen »Ehrenrat« einzurichten mit der »Aufgabe, Krisen und Sezessionen vorbeugend zu vermeiden und letzten Endes auszugleichen«[38]. Hinsichtlich politischer Aktivitäten waren die Satzungsbestimmungen restriktiv: Zumindest die Mitglieder des Vorstandes »dürfen kein politisches Amt bekleiden«; »das Recht der Selbstbestimmung wird insofern beschränkt«[39].

Die Supernationale Theosophische Gesellschaft besaß vermutlich von Anfang an subsidiäre Einrichtungen, von denen die Satzung fünf nennt:

»I. Die Leihbibliothek der Theosophischen Gesellschaft mit ihren Nebenstellen und Zweigen.
II. Die Zeitschrift ›Theosophie‹, als Presse-Organ der Theosophischen Gesellschaft.
III. Der Wohlfahrts-Fonds, als gemeinnütziges Unternehmen der Theosophischen Gesellschaft.
IV. Das Obstgut [in Loitzsch] in der Provinz Sachsen.
V. Der Kulturverlag – Das Theosophische Verlagshaus – Leipzig, Inselstraße 29.«[40]

---

[33] Vgl. u. Anm. 56.

[34] Verfassung und Satzungen (1923) (Anm. 2), 13.

[35] Ebd., 5. Daß sie sich in ihrer Satzung als »territorial-nationalistischen Verein« bezeichnet habe (Anonym: Warum verbindet sich die I.T.V. nicht [Kap. 3.11, Anm. 1], 5), ließ sich in der mir vorliegenden Ausfertigung nicht bestätigen.

[36] Nach: Anonym: Warum verbindet sich die I.T.V. nicht (Kap. 3.11, Anm. 1), 2.

[37] Verfassung und Satzungen (1923) (Anm. 2), 9.

[38] Ebd., 1933 hießen die Mitglieder zusätzlich »Seelenberater«; Verfassung und Satzungen (1933), 8.

[39] Ebd., 3.

[40] Lokalisierung Loitzsch nach der Satzung von 1933.

Am 21. Juli 1925 wurde in Leipzig der Franz-Hartmann-Bauverein ins Vereinsregister eingetragen[41]. Er sollte »der Theosophischen Gesellschaft (supernational) Hauptquartier Leipzig (E.V.) ein eigenes Heim schaffen, um ihre gemeinnützigen Unternehmungen und Wohlfahrtsbestrebungen zu fördern«[42]. Im Lauf seiner achtjährigen Existenz amtierten zwei Vorstände: Zuerst die Gruppe »Studienrat Paul Schwarzbach, Architekt Arthur Hoh, Schriftleiter Theobald Becher«. Dieser Gründungsvorstand führte die Geschäfte bis 1930, ihm folgten dann »Architekt Arthur Hoh, Rosa verwitwete Käppler, Schriftleiter Theobald Becher« nach[43]. Die konkreten Bauvorhaben oder -tätigkeiten lassen sich augenblicklich nicht ermitteln. Im baufreudigen und finanziell zumeist liquiden theosophischen Milieu waren eigene Gebäudigkeiten nicht selten; möglicherweise spielte auch die Vorbildfunktion der Dornacher Bauten eine Rolle. Ob das »Heim« der Supernationalen Theosophischen Gesellschaft, das sich (vor 1933?) in der Egelstraße befand[44], auf die Aktivitäten des Bauvereins zurückgeht, ist unklar. Am 5. Juni 1933 wurde der Bauverein aufgelöst und in Vollraths Theosophische Gesellschaft überführt[45].

Mit dem Jahr 1933 stehen Daten zur Sozialstruktur zur Verfügung. Die soziale Formation der Supernationalen Theosophischen Gesellschaft ist durch eine offenbar fast vollständig erhaltene Mitgliederliste analysierbar[46], die 1933 oder kurz darauf, jedenfalls vor dem Verbot im Jahr 1937, erstellt worden ist[47].

Von der Zahl der Mitglieder her war die Supernationale Theosophische Gesellschaft kleiner als die Anthroposophische Gesellschaft und die Internationale Theosophische Verbrüderung, doch gehörte sie im Vergleich zur Tingley-Theosophie zu den größeren Gruppierungen. Dreiviertel der Mitglieder wohnten in Deutschland. Die Geschlechterverteilung ergibt für die gesamte Mitgliedschaft eine Minderheit der Frauen, deren Anteil bei mindestens 40,5 Prozent (maximal 43,6 Prozent) lag. In den vier größten Lokalgruppen ergibt sich allerdings ein differenzierter Befund:

| | | | |
|---|---|---|---|
| Berlin | 62,2 % | München | 46,8 % |
| Leipzig | 60,0 % | Stockholm | 58,1 % |

Frauen waren demnach in Städten überrepräsentiert, was im Umkehrschluß bedeutet, daß in kleineren Städten und auf dem Land die Männer die Mehrheit stellten. Der Anteil von Adeligen und Promovierten ist im Vergleich mit der Adyar-Theosophie vor dem Ersten Weltkrieg klein (vorausgesetzt, alle Titel sind aufgeführt).

Die regionale Verteilung der Orte mit Gruppen oder Einzelmitgliedern ergibt ein imposantes Gitternetz auf dem Globus (vgl. Tab. 3.20).

---

41 Registerakte StA Leipzig, PP-V 1372, Leitblatt (Errichtung der Satzung am 8. Juli 1925). Die Bestände in der Bayerischen Staatsbibliothek München sind im Zweiten Weltkrieg verbrannt.

42 Satzungen (des Franz-Hartmann-Bauvereins), StA Leipzig, PP-V 1372, fol. 2r, § 2.

43 Registerakte StA Leipzig, PP-V 1372, Leitblatt.

44 Befragung von Karl Milde zur Person Hugo Vollraths (Anm. 1), 1.

45 Koch: Bericht der Hauptversammlung 1933, 142.

46 Die Theosophische Gesellschaft. Hauptsitz Leipzig E.V. Gleichgeschalteter Verein. Mitgliederliste, StA Leipzig, PP-V 4849, fol. 160–202.

47 Diese Datierung ergibt sich aus dem Hinweis »gleichgeschalteter Verein«.

*Tab. 3.19:* Zweige und Mitglieder der Supernationalen Theosophischen Gesellschaft

| Orte | | |
|---|---|---|
| Gesamtzahl | Deutschland | Ausland |
| 413 | 298 | 115 |

| Personen | Teilmengen | | | | | |
|---|---|---|---|---|---|---|
| Gesamtzahl | Männer | Frauen | unbek. | Ausländer | Adelige | Promovierte |
| 1367 | 776 | 554 | 37 | 292 | 15 | 23 |
| Teilmengen in % | 56,4 % | 40,5 % | 3,2 % | 25,3 % | 1,3 % | 2,0 % |

| Ausgewählte lokale Gruppen | | | | | | |
|---|---|---|---|---|---|---|
| | Gesamt | Männer | Frauen | unbek. | Teilmengen der gesamten Personengruppe | |
| | | | | | Adelige | Promovierte |
| Berlin | 124 | 45 | 77 | 2 | 1 | 1 |
| Leipzig | 80 | 30 | 48 | 2 | 3 | 3 |
| München | 47 | 23 | 22 | 2 | 0 | 3 |
| Stockholm | 31 | 13 | 18 | 0 | 0 | 0 |

Quelle: Siehe Anm. 46.

Die beeindruckende Internationalität wird allerdings bei näherem Hinsehen relativiert. Die meisten Orte lagen in Europa und Amerika. In Asien (wobei man vor allem an Indien denken könnte), Afrika und Australien hatte man mit Ausnahme von Südafrika und Japan keine Niederlassungen. Sodann stammen fast alle Namen in den ausländischen Orten (ausgenommen die skandinavischen Länder) etymologisch aus dem deutschen Raum. Dies entspricht dem national orientierten Selbstverständnis der Supernationalen Theosophischen Gesellschaft, deutsche Theosophen im Ausland zu vereinigen. Die Mitglieder in ausländischen Zweigen waren mit anderen Worten Deutsche oder Deutschstämmige. Schließlich war die Zahl der Mitglieder in einem Ort zumeist gering: Die durchschnittliche Mitgliederzahl in einer der 115 nichtdeutschen Gruppen betrug rechnerisch 2,5 Personen; zieht man bei dieser Durchschnittsberechnung die großen Ortsgruppen etwa in Stockholm (31 Mitglieder) und Kopenhagen (21 Mitglieder) ab, gab es in den meisten Orten nur ein oder zwei Mitglieder. Zum dritten sind die Gruppen in den nach dem Ersten Weltkrieg von Deutschland abgetrennten Gebieten als ausländische gezählt. Die französischen Mitglieder wohnten mit einer Ausnahme im Elsaß und in Lothringen, die tschechoslowakischen in Böhmen und die polnischen, von einer Person abgesehen, in Oberschlesien. Per saldo war die Supernationale Theosophische Gesellschaft eine deutsche Organisation mit wenigen ausländischen Dependancen, die durch deutsche Auswanderer entstanden waren, worauf einige Einträge explizit hindeuten.

*Tab. 3.20:* Ortsverzeichnis von Zweigen und Einzelmitgliedern

| Europa | | Amerika | | übrige Welt | |
|---|---|---|---|---|---|
| Dänemark | 2 | Argentinien | 1 | Japan | 1 |
| Estland | 1 | Brasilien | 4 | Südafrika | 1 |
| Finnland | 1 | Costa Rica | 1 | | |
| Frankreich | 5 | Mexiko | 1 | | |
| Italien | 3 | Südamerika | 1 | | |
| Jugoslawien | 5 | Uruguay | 1 | | |
| Litauen | 3 | U.S.A | 9 | | |
| Luxemburg | 1 | | | | |
| Norwegen | 1 | | | | |
| Österreich | 17 | | | | |
| Polen | 13 | | | | |
| Rumänien | 2 | | | | |
| Schweden | 13 | | | | |
| Schweiz | 9 | | | | |
| Sowjetunion | 1 (St. Petersburg) | | | | |
| Spanien | 1 | | | | |
| Tschechoslow. | 14 | | | | |
| Ungarn | 2 | | | | |

Quelle: Siehe Anm. 46.

Nur bei wenigen Personen finden sich Berufsangaben (s. Tab. 3.21). Sie sind aufgrund der geringen Zahl (93 Nennungen [= 6,8 % der Gesamtmenge], 73 Männer und 20 Frauen) nicht repräsentativ, geben aber Hinweise auf das Herkunftsmilieu:

In dieser Stichprobe dominiert ein bürgerliches Mittelklassenmilieu, sowohl Arbeiter als auch Selbständige und höhere Beamte bilden eine Minderheit[48]. Bei den Frauen fehlen allerdings Unterschichtsberufe, die genannten weiblichen Mitglieder dürften aber, wie bei Theosophinnen häufig, eine Ausbildung besessen haben.

Mit der Machtübergabe an die Nationalsozialisten versuchte Vollrath seiner Supernationalen Theosophischen Gesellschaft eine Brücke zum Nationalsozialismus zu bauen. Er selbst war Parteimitglied. In einem denunziatorischen Spit-

[48] Der von der Polizei befragte Karl Milde berichtete 1934: »An den Vorträgen nehmen Mitglieder der Theosophischen Gesellschaft und andere Interessenten aus allen Volksschichten und Nationen daran [sic] teil. Vorwiegend Frauen aus allen Kreisen alt und jung. Die Theosophische Gesellschaft zählte früher etwa 300 Mitglieder. Heute ist die Mitgliederzahl bedeutend zurückgegangen.« (Befragung von Karl Milde zur Person Hugo Vollraths [Anm. 1], 1) Seine Angaben sind wohl kaum auf die Mitgliedschaft zu übertragen, da zu den Vorträgen, wie Milde festhielt, auch viele Nichtmitglieder kamen. Die Mitgliederzahl dürfte sich auf den Leipziger Zweig respektive auf eine optisch wahrnehmbare Größe beziehen, da Milde nicht von einem Einblick in die Mitgliederkartei sprach.

*Tab. 3.21:* Berufsangaben

**Männer**

*Arbeiter*
Arbeiter (5) (davon 3 in Duisburg)
Bahnarbeiter
Bauarbeiter
Bergmann (3) (in Lugerowice)
Markthelfer

*Angestellte*
Bankbeamter
Postassistentin
Postoffizial
Schreiber
Zollassistent

*Beamte*
Amtmann a.D.
Justizobersekretär i.R.
Milchkontrollbeamter
Oberpostsekretär (2)
Oberregierungsrat
Polizeibeamter
Polizeiwachtmeister
Stadtamtmann
Stadtingenieur
Stadtobersekretär

*Armee*
Hauptmann
Oberfeldwebel
Sanitäter in der Kommandantur

*Lehrer*
Lehrer (2)
Oberlehrer
Studienrat

*Handwerker*
Bäcker (2)
Friseur
Konditor
Maler (4)
Maschinenschlosser
Schmied
Schumachermeister
Werkmeister (2)

*Händler*
Buchhändler
Drogist
Kaufmann (3)

*Selbständige*
Architekt
Bildhauer
Fabrikant
Ingenieur
Juwelier
Landwirt (2)

*Heilkundliche Berufe*
Heilkundiger
Krankenpfleger
Naturheilkundiger
Tierarzt

*Künstlerische Berufe*
Graphiker
Kunstmaler (2)
Musiker
Musiklehrer
Photograph

*Sonstige*
Kapitän
Kapitän a.D. (2)
Pastor

**Frauen**

Angestellte
Apothekerin
Ärztin (cand. med.)
Directrice
Gemeindeschwester
Kaufmännische Angestellte
Kontoristin
Kunstgewerblerin
Lehrerin
Modistin
Pensionsinhaberin
Postbeamtin
Sängerin
Schauspielerin
Schneiderin
Schwester (4)
Schwester, Landesheilanstalt

Quelle: Siehe Anm. 46. Die Berufsbezeichnungen wurden wörtlich übernommen. Die »Kunstmaler« waren A. Heumann und Friedrich Hundt, der Pastor war Peithmann aus Hemmern in Westfalen. Zahlen in Klammern: mehrfach genannte Berufe.

zelbericht behauptete der Leipziger Buchhändler Karl Milde, Vollrath sei um 1931 herum der NSDAP beigetreten und habe »seinerzeit die Bewegung mit Spenden unterstützt«[49]. Nach der Machtübernahme der NSDAP finden sich dafür Bestätigungen. In den Akten des Reichskirchenministeriums heißt es, »Vollrath ist nach einer Mitteilung der Polizeiverwaltung Loitzsch / Zeitz seit mehreren Jahren Mitglied der NSDAP der dortigen Ortsgruppe«[50]. Und in einem Brief an Reichskirchenminister Hanns Kerrl unterzeichnete Vollrath als Parteigenosse[51]. Vollrath versuchte jedenfalls engagiert, seine theosophische Gesellschaft dem Nationalsozialismus anzunähern. Schon im April 1933 hatte er dem Reichsleiter der Deutschen Christen, Joachim Hossenfelder, einen Besuch abgestattet[52] und ihm erklärt, auch die Theosophie sei der »Rassenpflege bereits bewußt verbunden«; Vollrath begrüßte die »durch Adolf Hitler« gebildete »Kirche des III. Reiches ..., als deren natürlicher Schutzpatron die T.G. sich fühlen kann«[53]. Damit schätzte er allerdings die Machtverhältnisse völlig falsch ein.

1933 nahm er jedenfalls Kurs auf die NSDAP. In einer Fragenbeantwortung lobte er seine Anhänger: Es seien »gerade die Mitglieder der T.G., die befähigt sind, sich stark und gut in diese Arbeit zu stellen«, womit er die »Nationale Bewegung« meinte[54]. Während der Hauptversammlung im Juli 1933 verkündete Vollrath, Hitler zeige in seiner Person, daß die Spaltung zwischen petrinischem und paulinischem Christentum, zwischen »Machtmenschentum und Zweiseelenmenschentum« überwindbar sei[55]. Offenbar löste Vollrath nun auch die Bande zur I.T.V[56], außerdem suchte er Anschluß an die NS-nahe »Akademie der Lebenserneuerung« (s. 3.5.5). Auf einer außerordentlichen Hauptversammlung im August 1933 legte man nach: Die Theosophie bejahe das Gleichschaltungsgesetz und das Ariergesetz, und nun sei die »Gleichschaltung der Germania mit der Himmelkönigin Maria« »vollzogen«[57]. Diese »Gleichschaltung« wurde in Anwesenheit eines Vertreters der Kulturpolitischen Abteilung, Dr. Schingnitz, offziell vollzogen. »Das Unwägbare, hier ist es getan«[58], modifizierte man euphorisch den Schluß von Goethes Faust. Die Theosophen Vollraths anerkannten das Füh-

---

49 Befragung von Karl Milde zur Person Hugo Vollraths (Anm. 1), 2. Die verleumderische Qualität des Berichtes von Karl Milde zeigt sich beispielsweise in der Behauptung, Vollrath habe eine »perverse« Sexualität praktiziert (ebd., 3).

50 BArch, R 5101 / 23856, Bl. 57r. Nach Angaben Mildes sei er aber der Leipziger Kreisleitung nicht als Parteimitglied bekannt, soll jedoch 1934 der Ortsgruppe Loitzsch bei Zeitz angehört haben; Befragung von Karl Milde zur Person Hugo Vollraths (Anm. 1), 3.

51 BArch, R 5101 / 23856, Bl.62v. Die Wendung zum Nationalsozialismus wurde Vollrath von Milde aber als taktisches Manöver unterstellt (Befragung von Karl Milde zur Person Hugo Vollraths [Anm. 1], 2), aber dafür gibt es augenblicklich keine Belege.

52 Hossenfelder schrieb daraufhin am 8. April einen Brief an Vollrath, dessen Inhalt jedoch nicht bekannt ist; Koch: Bericht der Hauptversammlung 1933, 140.

53 Ebd. Als weiterer Mitbegründer wird »Dr. de La-Porte, Direktor des sozialethischen Institutes an der Berliner Universität« genannt.

54 Theosophie 21 / 1933, 92.

55 Koch: Bericht der Hauptversammlung 1933, 139.

56 »Die ›Theosophische Gesellschaft in Deutschland‹ ... war bisher nur eine Sektion der I.T.V.« (Koch: Bericht der Hauptversammlung 1933, 141).

57 Vollrath: Außerordentliche Hauptversammlung, 182.

58 Ebd., 183.

rerprinzip und wählten Vollrath zu ihrem Leiter[59]. Möglicherweise sah man sich nun quasi-offiziell von staatlicher Seite anerkannt.

In diesem Zusammenhang – 1933 oder kurz darauf – wurde eine neue Satzung verfaßt[60]. Sie zeigt eine recht weitgehende Annäherung an die Erwartungen der nationalsozialistischen Machthaber, wie vor allem ein Vergleich der »drei Zwecke« der Theosophie dokumentiert.

*Tab. 3.22:* Verfassung und Satzungen, 1923 / 1933

| Verfassung und Satzungen, 1923 | Verfassung und Satzungen, 1933 |
| --- | --- |
| »1. Die Bildung des Kernes eines die ganze Menschheit umfassenden geistigen Bruderbundes, ohne Unterschied der Rasse, der Nation, des Geschlechtes, des Glaubens, und des Standes. | »1. Die Bildung des Kernes eines die ganze Menschheit umfassenden geistigen Bruderbundes. |
| 2. Das vergleichende, unbefangene Studium der Weltreligionen, Mythologien, philosophischen Systeme und Wissenschaften des Abend- und Morgenlandes. | 2. Das vergleichende, unbefangene Studium der Weltreligionen, Mythologien, philosophischen Systeme, Künste, Wissenschaften und Weltanschauungen. |
| 3. Die Erforschung der noch unerklärten (okkulten) Naturgesetze, die allseitige Weckung der in der Menschennatur schlummernden höheren Kräfte und Fähigkeiten und deren Anwendung zum Wohle der Menschheit.« | 3. Die Erforschung der noch unerklärten Naturgesetze, die allseitige Weckung der in der Menschennatur schlummernden höheren Kräfte und Fähigkeiten und deren Anwendung zum Wohle des Volkes, der Rasse und der Menschheit.« |

Quelle: s. Anm. 2.

Die Fassung der »Zwecke« aus dem Jahr 1923, in relativ enger Anlehnung an die ursprünglichen Zielsetzungen formuliert, wurde 1933 radikal umgestaltet: Im ersten Punkt war die Formulierung »ohne Unterschied der Rasse, der Nation, des Geschlechtes, des Glaubens, und des Standes« gestrichen, im zweiten fehlte der Verweis auf »Abend- und Morgenland«, während das Studium der »Weltanschauungen« (lesbar als Reflex auf die nationalsozialistische »Weltanschauung«) hinzugefügt worden war. Im dritten Punkt fehlte das Adjektiv »okkult«, während dem »Wohl der Menschheit« das »Wohl des Volkes« und »der Rasse« vorgeordnet wurden. Auch die Organisationsbeschreibungen wurden teilweise umformuliert: Die vielleicht fremd klingenden »Sektionen« waren eliminiert,

[59] Anonym: Die Einigungsbestrebungen, 236.

[60] Eine Datierung ins Jahr 1933 oder später ergibt sich aus der Erwähnung der »Gleichschaltung«; in: Die Verfassung und die Satzungen der Theosophischen Gesellschaft (E.V.), in das Vereinsregister beim Amtsgerichte zu Leipzig eingetragen (ca. 1933, ohne Siegel auf der Titelseite), StA Leipzig, PP-V 4849, separat paginiert, S. 13.

ebenso die an Freimaurerei erinnernden »Logen«; stattdessen gliedere sich die »Gesellschaft« (nicht mehr: »Theosophische Gesellschaft«) »in Landesabteilungen, Arbeitsgemeinschaften, Studienkreise, Vertreter und Einzelmitglieder«[61].

Was auf den ersten Blick wie eine Unterwerfung unter nationalsozialistische Vorstellungen aussieht, erweist sich bei näherer Betrachtung als Versuch eines Balanceaktes zwischen Anpassung und Widerständigkeit. Die gestrichenen supranationalen Ziele des Bruderbundes »ohne Unterschied der Rasse, der Nation, des Geschlechtes, des Glaubens, und des Standes« tauchten in einem Anhang unter einem christlichen Überbau wieder auf:

> »Zur Kernbildung gehören: die Erkenntnis von Rasse, Nation, Menschheit und die Erkenntnis von Gott dem unsterblichen Lehrmeister: Wo zwei oder drei versammelt sind in MEINEM Namen, das bin ICH mitten unter ihnen. (Matth. XVIII. 20)«[62]

Zudem hatte man sich offenbar geweigert, den Begriff »Toleranz«[63] zu beseitigen. Er habe sich »eine eigene Biographie erworben« und sei »deshalb nicht in ›Duldsamkeit‹ oder ›Sanftmut‹ verdeutscht worden«[64]. Auch die Sammlung der »deutschen Schüler« »in allen Erdteilen«, die im Text fehlt, erschien im Anhang mit dem Hinweis, daß sie sich »als fruchtbar erwiesen habe«, wieder auf[65]. All dies könnten Indikatoren sein, daß der Kurs einer scharfen Nationalisierung auf Widerstände stieß und die kosmopolitische Grundhaltung der Theosophie ein Widerlager gegen den nationalsozialistischen Anti-Internationalismus bildete. Gleichwohl: In der Sonderrolle Deutschlands war man sich bis in die rassistische Rhetorik hinein offenbar mit den Nationalsozialisten einig:

> »Im Deutschen Volke ist diese theosophische Weltanschauungs- und Rassenfrage tiefer verstanden worden. Die Theosophische Gesellschaft, jetzt Hauptsitz Leipzig, betrachtet, im schärfsten Gegensatze zur englisch-indischen Auffassung, gerade das Deutsche Volk als die Krönung der V. teutonisch-germanischen Unterrasse der V. arischen Hauptrasse. Aus dieser Weltlage hat es auch die Vollmacht in religiösen Tiefenfragen, in religiöser Erneuerung (theosophischen Lebensfragen) selbständig übernommen.«[66]

Dies ist nicht nur ein Beleg für Nationalisierungspotentiale, sondern auch für die Anschlußfähigkeit der theosophischen Rassenlehre an den nationalsozialistischen Rassismus. So deutlich wie hier ist diese Brücke unter Theosophen aber wohl nur selten gebaut worden.

Aber die Lage blieb prekär. Vollrath versuchte, in einem Brief an den Reichskirchenminister Hanns Kerrl andere theosophische Gesellschaften und die Anthroposophie zu diffamieren[67]. Möglicherweise hat Vollrath im Angesicht des drohenden Verbotes am 9. April 1937 noch ein Treffen mit Kerrl arrangieren

---

[61] Ebd., 9.
[62] Ebd., 13.
[63] Ebd., 3.
[64] Ebd., 13.
[65] Ebd., 14.
[66] Ebd. Die Bezüge auf die »englisch-indische« Theosophie dürften sich auf die rassentheoretischen Debatten nicht zuletzt in der Adyar-Theosophie und auf Annie Besant beziehen, die im Ersten Weltkrieg »nur das englische Volk als das auserwählte Volk« betrachtet hatte (s. o. 3.5.2a).
[67] BArch, R 5101 / 23856, Bl. 62.

können[68], doch auch die Supernationale Theosophische Gesellschaft wurde am 20. Juli 1937 verboten, wobei die Gestapo »109 Kisten mit Schriftmaterial und Kultgegenständen« beschlagnahmte[69]. In abenteuerlichen Wendungen scheint Vollraths Leben zu Ende gegangen zu sein: Aus der »Ortsverhaftung« durch die Nationalsozialisten in Loitzsch 1942 sollen ihn theosophische Freunde 1942 nach Lützschena bei Leipzig »entführt« haben; in deren Kreis sei er 1943 verstorben[70]. Damit endete auch die Geschichte seiner theosophischen Gesellschaft; sie wurde nach dem Krieg nicht wieder begründet.

---

68 Nach Bigalke: Zur Theosophie in Leipzig, Kap. 7.2. In den von ihr angegebenen Akten des Bundesarchivs, BArch, 58/6202, 193–194, habe ich diese Information jedoch nicht gefunden. Am 20.6.1936 hatte Vollrath jedenfalls um ein Gespräch gebeten (BArch, R 5101/23856, Bl. 71$^{r}$).

69 BArch, R 58/602, 199, zit. nach Bigalke: Zur Theosophie in Leipzig, 54.

70 Steinberger: Esoteriker des Westens, 169. Ravagli: Unter Hammer und Hakenkreuz, 296, vermutet, Vollrath sei 1945 »in der Nähe von Leipzig … vermutlich bei Bombenangriffen« gestorben; Quellenangaben fehlen.

## 3.13 Die Tempelgesellschaft (Francis La Due)

Die Tempelgesellschaft ist die kleinste der größeren theosophischen Gemeinschaften. Allerdings sind die momentan zugänglichen Informationen über die deutsche Sektion ausgesprochen dürftig. Die Gruppe The Temple of the People spaltete sich 1898 von der amerikanischen theosophischen Gesellschaft unter der Leitung von William H. Dower und Francis La Due[1] vermutlich wegen der Streitigkeiten um die Nachfolge von Judge ab. In ihr galt neben Blavatsky »Meister Hilarion« als geistiger Führer[2]. Er soll mit bürgerlichem Namen Hilarion Smerdis geheißen, als Mönch auf dem Berg Athos gelebt und mit Blavatsky in engem Kontakt gestanden haben[3]. Briefe an Olcott und Mabel Collins werden ihm zugeschrieben, und Mabel Collins (i.e. Kenningale Cook) soll er das Buch »Licht auf den Weg« diktiert haben – was Collins später widerrufen habe[4].

In Deutschland, wo die Tempelgesellschaft auch »Tempel der Menschheit« oder »Theosophische Gesellschaft Halkyon« hieß, habe der Maler und Bildhauer Adolf Martin Oppel (1840–1923)[5], der zum Gründungsvorstand der Adyar-Theosophie gehörte, aber schon bald austrat[6], die Gruppe »kräftig vertreten«[7]. Oppel verfaßte eine Reihe theosophischer Schriften, gründete den A.M.O.-Verlag (aufgelöst 1937[8]) und veröffentlichte in Steiners Zeitschrift Lucifer Gnosis in den Jahren 1904 und 1905 Teile (?) aus seinem »Adeptenbuch«.

Über viele Jahre arbeitete die Tempelgesellschaft relativ eng und harmonisch mit der Internationalen Theosophischen Verbrüderung zusammen. In deren Zeitschrift Theosophische Kultur wurden beispielsweise Artikel der »Tempelgesellschaft« und von »Meister H.« (scil. Hilarion) publiziert, die Schrift der Tempelgesellschaft »Aus lichter Höhe« erschien im Theosophischen Kultur-Verlag. Die letzte Veröffentlichung von Texten der Tempelgesellschaft in der Theosophischen Kultur datiert aus dem Jahr 1928 (s.o. 3.11.2). Die Beanspruchung der Autorität des »Meister Hilarion« durch die Tempelgesellschaft sei dann aber den Führungspersonen der Internationalen Theosophischen Verbrüderung zum Problem geworden, warum erst nach jahrelanger Zusammenarbeit, ist unklar; da jedenfalls »eine Anzahl ›Botschaften‹ dem Geiste und der Erziehungsmethode der I.t.V. widersprachen«, habe man die weitere Publikation von Literatur

[1] Santucci: Theosophical Society, 1120.

[2] Fischer: 100 Jahre »Theosophische Gesellschaft«, 25.

[3] Godwin: Theosophical Enlightenment, 297.

[4] Miers: Lexikon des Geheimwissens ($^{7}$1993), 294.

[5] Berufsangaben nach Klatt: Der Nachlaß von Wilhelm Hübbe-Schleiden, 212. Sterbedatum nach Miers: Lexikon des Geheimwissens ($^{7}$1993), 46.

[6] Lindenberg: Steiner (Chronik), 202; 1904 ist Oppel aus dem Vorstand ausgetreten (ebd., 224). Am 16.3.1910 schenkte er Hermann Rudolph von der I.T.V. zwei Schriften von Mabel Collins (mit Widmung). Dabei handelte es sich um Mabel Collins' Bücher »Ein Ruf aus der Ferne«, Lorch 1909, und »Die Krone der Liebe«, Lorch 1909 (Landesbibliothek Coburg, Theos 57 und 58).

[7] Fischer: 100 Jahre »Theosophische Gesellschaft«, 25.

[8] Ebd.

der Tempelgesellschaft abgelehnt[9]. Deshalb sei erst 1931 eine offizielle Gruppe in Deutschland gegründet worden[10].

Aktivitäten im Rahmen der Tempelgesellschaft lassen sich nur punktuell nachweisen. Einige mit »Euer Vater Hilarion« unterzeichnete Dokumente tragen Daten zwischen den Jahren 1899 und 1912[11]. Seit 1928 erschien bis mindestens 1935 die Zeitschrift Der Templer. Am 17. Juli 1931 wurde Elisabeth Ninow in Berlin-Charlottenburg nach Ablauf ihrer »Pruefungszeit« »benachrichtigt, dass Sie berechtigt sind, um Aufnahme in die Mitgliedschaft des ersten Inneren Ordens des Tempels, des Ordens der 36, zu bitten«[12]. In den dreißiger Jahren kam es auch zu Priesterweihen, so Fritz Ammons »Ordination to the Order of the Priesthood«[13]. Nach dem Zweiten Weltkrieg wurde die Tempelgesellschaft neu gegründet, seit 1963 erscheint die Vierteljahresschrift »Der Templer« in der »Deutschen Tempel Verlagsgesellschaft« Berlin[14].

---

9 Die I.T.V. [sic] und die Tempelgesellschaft, SdA Moskau, 1516-1-33, Bl. 86.

10 Holthaus: Theosophie, 72. Sollte dieses Datum stimmen, kann es angesichts der länger nachweisbaren Praxis nur sehr formal gemeint gewesen sein (vgl. auch Anm. 12).

11 Schulungsmaterial in: SdA Moskau, 1516-1-4; August 1899 (Bl 65r); 1.11.1913 (Bl. 64[r]); 15.8.1906 (Bl. 38[r]); 13.7.1912 (Bl. 32[r]).

12 Brief von William H. Dower an Elisabeth Ninow, 17. Juli 1931; SdA Moskau, 1516-1-4, Bl. 2. Das Verhältnis dieser Arkanarbeit zur öffentlichen Organisation ist unklar. Die »Pruefungszeit« könnte darauf hinweisen, daß es vor 1931 eine geheime Arbeit ohne eine offen vereinsmäßige Organisation gab.

13 BArch, R 58 / 6197, Teil 2, Umschlag Bl. 336. Hier auch weitere Materialien zur Geschichte der Tempelgesellschaft in den dreißiger Jahren.

14 Fischer: 100 Jahre »Theosophische Gesellschaft«, 34; aktuelle Publikation laut Zeitschriftendatenbank.

## 3.14 Kleine theosophische Gemeinschaften

Die Geschichte der Theosophie ist nicht nur die Geschichte ihrer größeren Vereinigungen, sondern auch die Geschichte der theosophischen Bewegung (s. 4.4.2b). Stark institutionalisierte Gruppen und individuelle Rezipienten sind die Pole eines theosophischen Milieus, das historiographisch derzeit nicht kartierbar ist. Da es gleichwohl für die Verbreitungs- und Rezeptionsgeschichte der Theosophie eine zentrale Rolle spielt, liste ich weitere Institutionalisierungen alphabetisch auf.

*Ariosophen / Guido von List-Gesellschaft.* Die Guido von List-Gesellschaft gehört ins germanophile Spektrum der völkischen Bewegung, besaß allerdings Theosophen unter ihren Mitgliedern oder Sympathisanten (Johannes Balzli, Franz Hartmann, Karl Heise)[1]. In welchem Ausmaß die List-Gesellschaft wirklich theosophisch geprägt war, bliebe zu klären[2].

*Bund für Theosophie und Geheimwissenschaft.* Von Casimir von Zawadsky vermutlich nach 1913 gegründete und vermutlich Steiner-kritische Gruppe; Zawadsky war auch Herausgeber der »Zeitschrift für Theosophie und Geheimwissenschaft (Okkultismus)«[3].

*Christlich-Theosophische Vereinigung.* In Grünberg 1922 als »Okkultistischer Verein« gegründet, der sei dem 1. April 1924 den Titel »Christlich-Theosophische Vereinigung« führte. 1937 von den Nationalsozialisten aufgelöst[4].

Das *Collegium Pansophicum* verstand sich als »rosenkreuzerische Geheimgesellschaft«[5] zur Pflege des Gedankengutes von Franz Hartmann. Es wurde vermutlich von Wilhelm Otto Barth und Heinrich Tränker gegründet[6], seine Existenz ist um das Jahr 1923 herum anzusetzen[7].

Die *Deutsche Theosophische Gesellschaft* wurde in Dresden gegründet und dort am 14. Februar 1929 ins Amtsgerichtsregister eingetragen. Der »ganze Vorstand« bestand aus einer Person, dem auf sieben Jahre gewählten Kaufmann Ludwig Kurt Adam[8].

*Deutscher Theosophenbund* (s. 3.5.2a)

*Freie Theosophische Gesellschaft.* Im Juni 1915 als Abspaltung vermutlich von der Adyar-Theosophie genannt[9].

---

[1] Goodrick-Clarke: Die okkulten Wurzeln des Nationalsozialismus, 36–48; Namen ebd., 45.

[2] Nach Voy: Die religiösen Implikationen der Ariosophie, 23, scheint es allenfalls Versuche gegeben zu haben, an Blavatsky in dem Anspruch anzuknüpfen, die älteste Religion zu repräsentieren oder zu repristinisieren. Dies wäre kaum mehr als ein name-dropping.

[3] Klatt: Der Nachlaß von Wilhelm Hübbe-Schleiden, 306.

[4] BArch, R 58 / 6202, Teil 3, Bl. 161r.

[5] So die Deutung von Bochinger: »New Age«, 144.

[6] Ebd., 144; vgl. auch Glowka: Deutsche Okkultgruppen, 75.

[7] Glowka, ebd.

[8] Schwarzbach: Die »Deutsche Theosophische Gesellschaft«, 262.

[9] Theosophie 6 / 1915–16, 146.

*International Theosophical Society I.T.S. / Unabhängiger Weltbund der Wahrheitssucher (neutral).* Briefkopf vom 1. August 1913[10]. Generalsekretär Ewald von Wedel, Bremen; Bundesdirektor Arthur Weber. Weber findet sich bei der I.T.V., man habe auch eine Dependence in Adyar.

Die *Lotus-Gesellschaft* wurde 1921 in München von Heinrich Tränker, einem Anhänger Franz Hartmanns, sowie unter anderem von A. A. Otto und Wilhelm Otto Barth zur Beschäftigung mit dem Gedankengut Hartmanns gegründet[11] (vgl. Collegium Pansophicum).

Die *Neu-Theosophische Vereinigung* mit Sitz in München, deren Gründung der Bildhauer und Maler August Kottonau am 1. September 1897 anzeigte[12], wurde kaum zwei Jahre später wieder aufgelöst[13]. Ob sie der Internationalen Theosophischen Verbrüderung zuzurechnen ist, ist unklar, allerdings taucht eines ihrer im Vereinsregister genannten Mitglieder, der Kaufmann Joseph Elkan, 1904 als Vorsitzender der in Theosophische Gesellschaft München umbenannten Theosophischen Vereinigung wieder auf; und hierbei handelt es sich nun eindeutig um eine Ortsgruppe der Internationalen Theosophischen Verbrüderung[14].

*Oschm-Rahmah-Johjihjah.* 1903 beschrieb Eberhard Buchner »die theosophisch-kommunistische Loge Oschm-Rahmah-Johjihjah« in einem Mietshaus im »Südosten von Berlin«[15], die 1889 von dem »Berliner Stadtmissionar« Albert Artopé[16] gegründet worden sei. Ihre 24 Mitglieder, von denen 19 ehelos lebende Frauen seien, lebten ohne Leiter und besäßen im Sinne eines »*geistigen* Kommunismus« (so ein Mitglied) nur Gemeineigentum. Der Name sei aus indischen Begriffen zusammengesetzt; »Oschm bedeute die Wesenheit, zu der sich der Mensch in seinen früheren Daseinsformen emporgearbeitet habe, … Rahmah sei die Gegenwart mit ihren Kämpfen und Wirrungen, … Johjihjah die endliche Harmo-

---

[10] StA Coburg, ITV 1.

[11] Frick: Die Erleuchteten, II / 2, 309; vgl. auch Glowka: Deutsche Okkultgruppen, 78–80.

[12] Brief August Kottonau an die Polizeidirektion München, 1.9.1897; Staatsarchiv München, Pol. Dir. München 674; weitere Mitglieder waren Carl Catoir, »cand. med.«, und der »Kaufmann« Joseph Elkan.

[13] Brief von August Kottonau an die Polizeidirektion München, 24.4.99; Staatsarchiv München, Pol. Dir. München 674.

[14] Josef Elkan ist unter dem Datum 19.9.1904 als Vorsitzender eingetragen; Leitblatt des Aktes Staatsarchiv München, Pol. Dir. München 682. Die Umbenennung nach dem Brief von Max Kolb an die Polizeidirektion München, Eingangsstempel 26.1.1905, Staatsarchiv München, Pol. Dir. München 682.

[15] Buchner: Sekten und Sektierer in Berlin, 78. Hier weitere Angaben: Gründung 1889 (S. 83); Artopé (S. 80); 19 Frauen (83 f.); ohne Leiter (S. 84); nur Gemeineigentum (S. 79); »Harmonie« (S. 80); Swedenborgianismus (82 f.); Sonntagsschule (S. 87 f.).
Statuten unter: Verfassung der theosophisch-kommunistischen Loge »Oschim-Rahmah-Johjihjah«. Begründer Albert Artopé †, Berlin 1899 (BArch, R 58 / 5405, Bl 135$^r$; gedruckte Fassung ebd., 135$^r$-142$^r$). Allerdings ist nicht klar, ob »Theosophie« hier noch für die alte Bedeutung der christlichen Theosophie steht.

[16] Artopé gehörte vermutlich zumindest 1887 der Swedenborgianischen Kirche an. Er war erster Herausgeber der Zeitschrift »Die Neue Kirche. Organ der Kirchengemeinschaft der Neuen Kirche«. Er schied aber mit der Nr. 19 aus (nach dem Katalog der Swedenborg-Sammlung der Württembergischen Landesbibliothek Stuttgart).

nie, in die sich alle Dissonanz auflöse«. Im Hintergrund stand aber offensichtlich ein stark biblisch begründeter und pantheistisch ausgeformter Swedenborgianismus Artopés. Von praktischen Tätigkeiten ist nur im Rahmen einer Erziehung für Kinder die Rede. 1899 bezeichnete sie sich als »geschlossene« Loge, »deshalb nimmt sie auch keine neuen Mitglieder in sich auf«. Verwalter war zu diesem Zeitpunkt Albert Göthke, sein Stellvertreter Wilhelm Dämpfert[17].

*Theosophische Deutsche Nationalgesellschaft.* Als Generalsekretär einer Theosophischen Deutschen Nationalgesellschaft wurde 1920/21 Otto Schwarz erwähnt (s. 3.5.3)[18].

*Thomassin, Charles.* In Berlin gebe es eine neue theosophische Vereinigung, meldete der Spiritist Hans von Gumppenberg 1894[19]. »An der Spitze der Bewegung steht der bekannte Pantheist Charles Thomassin«[20], der einen reflektierten Empirismus spiritistischen Zuschnitts gegen die Theosophie verteidigen wolle.

*Undogmatischer Verband* (s. o. 3.4.5c).

*Verband deutscher Okkultisten.* In dem am 25. Mai 1896 auf dem »Congress Deutscher Okkultisten« gegründeten Verband deutscher Okkultisten waren neben zwei »Spiritisten« und zwei »Okkultisten« zwei Vorstandsmitglieder Theosophen: »Pfarrer Max Gubalke, Berlin, indische Theosophie« und »Redacteur Leopold Engel, Berlin, Deutsche Theosophie«[21].

*Waldloge Berlin.* Eine möglicherweise selbstständige lokale Gruppe, die sich möglicherweise im Freien traf, war die im Frühjahr 1897 gegründete »Waldloge« Paul Zillmanns (1872–1940). Er war Herausgeber der »Metaphysischen Rundschau« und der »Neuen Metaphysischen Rundschau« in Berlin-Lichterfelde[22], der um 1900 (wohl 1896) als Anhänger Hartmanns nachweisbar ist und 1914 aus der Adyar-Theosophie (?) austrat[23].

---

[17] Geschlossene Loge nach BArch, R 58/5405, Bl. 139$^{v}$; Personenangaben ebd., 141$^{r}$ (für 1899). Dämpfert tauchte später als Mitglieder der »Allgemeinen geistigen Verbrüderung« auf (BArch, R 58/6200, Bll. 734ff.).

[18] Klatt: Der Nachlaß von Wilhelm Hübbe-Schleiden, 254.

[19] Zu Gumppenberg vgl. Châtellier: Entre Religion et philosophie.

[20] Von Gumppenberg: Metaphysische Rundschau, 1054.

[21] Glowka: Deutsche Okkultgruppen, 45; die Vereinzuordnungen waren von den Betroffenen selbst vorgenommen worden.

[22] Penzig: Theosophische Gesellschaften, 1216. Gründungsdatum nach Klatt: Der Nachlaß von Wilhelm Hübbe-Schleiden, 308; Glowka: Deutsche Okkultgruppen, 94, nennt als Gründungsjahr 1896.

[23] Vgl. Kap. 3.5, Anm. 8; zum Austritt Klatt: Der Nachlaß von Wilhelm Hübbe-Schleiden, 308.

## 3.15 Institutionelle Grundlagen weltanschaulicher Positionen. Ein Rückblick auf die theosophische Vereinsgeschichte

In den fünfzig Jahren zwischen 1875 und 1925 entwickelte sich ein globales Netz von Weltanschauungsgemeinschaften, die sich trotz einer hohen Binnendifferenzierung als »Theosophen« verbunden wußten. In Deutschland waren es letztlich wenige Jahre zwischen 1896 und 1914 sowie seit dem Ende des Ersten Weltkriegs, in denen eine Vielfalt von Vereinsgründungen bei per saldo wachsenden Mitgliederzahlen entstand. Dies waren die »goldenen Jahre« der theosophischen Expansion, denen erst in den 1970er Jahren zumindest für die Anthroposophie eine neue Wachstumsphase folgte.

1914 lag die Mitgliederzahl der deutschen theosophischen Gesellschaften bei etwa 5.000 Personen[1]. Aufgrund der quantitativ nicht erfaßten kleineren Gemeinschaften könnte die Gesamtzahl auch um einige hundert Personen höher liegen. 1925 dürfte sich die Zahl mit etwa 15.000 Theosophen verdreifacht haben[2]. Diese Zahlen sagen allerdings nichts über das weite Feld von den Sympathisanten über die faktisch Integrierten, aber nicht eingetretenen bis hin zu den locker sich mit theosophischen Ideen assoziierenden Gesinnungsfreunden; sinnvolle Zahlenangaben lassen sich dazu momentan nicht beibringen, doch finden sich im Kapitel über die Rezeption der Theosophie dazu einige Schlaglichter (s. 19.2.2). Auch waren die Grenzen zwischen den einzelnen theosophischen Gemeinschaften fließend: Doppelmitgliedschaften und Vereinswechsel lassen sich leicht nachweisen, die Übertritte ganzer Ortsgruppen oder – in der Frühphase – ganzer Landesgesellschaften kamen immerhin vor, und im Fall der Tempelgesellschaft gab es eine institutionalisierte Form der Doppelmitgliedschaft. Die an Lebensreform und alternativen Weltanschauungen oder neuen Religionen Interessieren bildeten ein in seiner Interdependenz noch kaum erforschtes Netz, in dem Doppelmitgliedschaften, uneindeutige Zugehörigkeiten, Wanderungen

---

1

| | | |
|---|---|---|
| Theosophische Gesellschaft Adyar | 1913 | 218 Personen |
| Theosophische Gesellschaft Point Loma | 1914 | 113 Personen |
| Internationale Theosophische Verbrüderung | 1915 | 612 Personen |
| Theosophische Gesellschaft New York | 1914 | 113 Personen |
| Anthroposophische Gesellschaft | 1914 | ca. 4.000 Personen |
| Summe | | 5.056 Personen |

Quellennachweise in den Kapiteln zu den einzelnen Gesellschaften.

2

| | | |
|---|---|---|
| Theosophische Gesellschaft Adyar | 1925 | 500 Personen (?) |
| Theosophische Gesellschaft Point Loma | 1925 | ? (50) Personen |
| Internationale Theosophische Verbrüderung | 1925 | 2.141 Personen |
| Anthroposophische Gesellschaft | 1925 | ca. 12.000 Personen (?) |
| Supernationale Theosophische Gesellschaft | 1925 | ca. 1.200 Personen |
| Summe | | 15.891 Personen |

Quellennachweise in den Kapiteln zu den einzelnen Gesellschaften. Die Daten für die Theosophische Gesellschaft Adyar sind durch Rückschluß der Angaben für 1928 ermittelt. Die Zahl für die Theosophische Gesellschaft Point Loma ist ohne nähere Anhaltspunkte geschätzt. Die Mitgliederzahl für die Supernationale Theosophische Gesellschaft ist durch Subtraktion der ausländischen Mitglieder außerhalb der mit dem Versailler Vertrag abgetretenen Gebiete entstanden; die Verläßlichkeit dieser Zahl ist die größte Unbekannte in dieser Rechnung.

zwischen Gruppen und synkretistische Überzeugungen zur Tagesordnung gehörten. Die Theosophie bestand nicht nur aus Vereinen hoch organisierter Gemeinschaften, sondern war eine Bewegung (s. 4.4.2).

Die Sozialstruktur der theosophischen Mitgliedschaft war in allen Ländern, soweit die zur Verfügung stehenden Daten Aussagen erlauben, bildungsbürgerlich geprägt; die detaillierteren Analysen zur Mitgliederstruktur der deutschen Sektion der Adyar-Theosophie vor dem Ersten Weltkrieg werden diesen Befund bestätigen (s. 4.1.2). Wirklich berühmte Mitglieder zählte allerdings die Theosophie in Deutschland unter ihren Kernmitgliedern nicht. Ein Exponent, wie sie etwa William Butler Yeats für die englische Theosophie darstellte, fehlte in Deutschland, allenfalls Christian Morgenstern kommt ihr nahe. Allerdings ist Rudolf Steiner inzwischen zu einem weltbekannten Vertreter der anthroposophischen Theosophie geworden.

Die Geschichte globaler Expansion »der« Theosophie war bei näherem Hinsehen seit den neunziger Jahren eine Geschichte ihrer Nationalisierung. Dabei spielten jeweils einzelne Führungspersönlichkeiten eine entscheidende Rolle: Was William Quan Judge mit der Herauslösung der amerikanischen Sektion der Theosophischen Gesellschaft Adyar 1895 demonstriert hatte, wiederholte sich bei Hartmann, Steiner oder Vollrath. Sie trennten sich nicht nur organisatorisch von den theosophischen Muttergesellschaften, sondern relativierten auch – wenngleich in sehr unterschiedlichem Ausmaß – das indische Erbe der Theosophie. Namentlich Steiner erhob in seiner Anthroposophie die philosophische und religiöse Tradition Deutschlands zur Leitkultur. Diese Nationalisierung war ein wichtiger, vielleicht der entscheidende, sicher aber oft verdeckter historischer Ort der Entstehung der Steinerschen Anthroposophie. Die nationale Abgrenzung steigerte sich mit dem Ersten Weltkrieg, als etwa Annie Besant sich in antideutsche Polemiken verstrickte, die den Geist des Nationalismus über den theosophischen Internationalismus triumphieren ließen. Auch diese Nationalisierung war noch steigerungsfähig, wie Hugo Vollrath mit dem scharf nationalen Profil seiner Sammlungsbewegung deutschsprechender Theosophen seit 1923 und der Annäherung an den Nationalsozialismus in den dreißiger Jahren bewies. Die NS-Zeit endete aber für die theosophischen Gesellschaften in einer Katastrophe: Internationalismus, Pazifismus, Freimaurerei, all die Schlagworte der nationalsozialistischen Bedrohungswahrnehmung, ließen sich den theosophischen Gruppen leicht zuweisen. Die Versuche, sich mit dem Nationalsozialismus zu arrangieren, die es in allen Gemeinschaften, wenngleich in unterschiedlicher Stärke gab, endeten auch dort, wo die Anbiederung in Selbstverleugnung überging, im Verbot.

Es ist aus heutiger Perspektive, nicht zuletzt im Wissen um den Blutzoll, den die nationalistische Überhöhung staatlicher Identitäten im 20. Jahrhundert forderte, leicht, das Scheitern des theosophischen Internationalismus zu kritisieren. Doch zum einen waren internationale Organisationen in Zeiten sich verschärfender internationaler Abgrenzungen Ausnahmeeinrichtungen gegen den Trend der Zeit. Vergleichbare Grenzüberschreitungen gab es am Ende des 19. Jahrhunderts am ehesten in der katholischen Kirche und in der Arbeiterschaft sowie, mit weitaus geringen Kohäsionskräften, in der Freimaurerei, die aber alle – die Freimaurerei eindeutig, die Arbeiterbewegung weitgehend, die katholische Kirche abnehmend – eurozentrisch waren, wohingegen die Theosophie zumindest programmatisch mit einer globalisierten Identität zwischen Europa und Asien changierte. Zum anderen gibt es Indizien, daß sich das nationenübergreifende Selbstverständnis der Theosophie gegenüber Zuspitzungen des Nationalstaatsgedankens und seinem Hurra-Patriotismus bei Ausbruch des Ersten Weltkriegs als sperrig erwies. Das Mißtrauen staatlicher Stellen gegenüber theosophischen Vereinigungen, das in Deutschland zur Überwachung und in Österreich bis zu deren Verbot führte, ist dafür ebenso ein Indiz wie die Mitgliedschaften von Theosophen in der Friedensbewegung während des Krieges, die zumindest für die Theosophische Gesellschaft Point Loma und die Internationale Theosophische Verbrüderung belegbar sind. Die wirklich bemerkenswerte Leistung der Theosophie bei der Überschreitung nationaler Grenzen liegt aber in ihrem Versuch einer Rezeption asiatischer Kulturen, die in der Konversion der Gründermütter und -väter – Blavatsky und Olcott waren zum Buddhismus, Besant zum Hinduismus übergetreten – ihren symbolischen Ausdruck fand. Heute ist klar, daß dieser Absicht nur begrenzt Taten folgten, daß insbesondere die »hermetische« (christliche) Reinterpretation der Theosophie die europäischen Anhänger umtrieb. Es gehört zu den gravierenden Perzeptionsproblemen von Theosophinnen und Theosophen, daß sie ihre zuinnerst europäische Perspektive in Wahrnehmungen und Wertungen verdrängten. Aber im Rahmen dieser Grenzen war die Theosophie ein ambitionierter Ausbruch aus dem imperialistisch überhöhten Eurozentrismus um 1900. Dieser Schritt blieb unter Theosophen strittig: Gerade diese Relativierung der normativen Geltung europäischer Traditionen wies etwa Steiner weitgehend zurück. Für die Religionsgeschichte in Deutschland ist die internationalistische Ausrichtung der Theosophie noch in einer weiteren Perspektive von Bedeutung. Es waren englische und amerikanische Traditionen alternativer Religionspraxis, die durch die Theosophie präsent wurden. Die Theosophie war ein Medium der Vermittlung dieses Typs anglo-amerikanischer Dissenter-Kulturen.

Allerdings war das Dilemma zwischen nationaler oder internationaler Ausrichtung nur ein Konfliktfeld im Umgang mit Pluralisierungsproblemen. Die Theosophie hatte mit ihrer Anhebung dogmatischer Verbindlichkeiten auf eine formal definierte Metaebene (»Keine Religion ist höher als die Wahrheit«) konkrete weltanschauliche Inhalte einer programmatischen Dogmenfreiheit überantwortet. Angesichts faktischer Dogmen im Konsensbereich der Theosophie war dieser Anspruch aporetisch und begünstigte auf der organisatorischen Ebene die Spaltungstendenzen. So war die Deutung der Rolle Krishnamurtis für Steiner der dogmatisierte Grund zur Trennung von Besant. Aber die dramatisierten inhaltlichen Unterscheidungsmerkmale bildeten vornehmlich ein Problem der Innenperspektive. In der Außenwahrnehmung waren die verschiedenen theosophischen Gesellschaften erstaunlich homogen: »Was das Trennende ist, weiß man noch viel weniger, als was das Verbindende ist«, meinte um 1905 herum der Theosophiekritiker Hans Freimark[3]. Und die Theosophen selbst ha-

[3] Freimark: Moderne Geisterbeschwörer, 24 f. Einige biographische Daten zu Freimark bei Hakl: Hans Freimark.

ben den Rekurs auf die – gleichwohl immer wieder nachjustierten – drei theosophischen Grundprinzipien nie in Frage gestellt. Ein minutiöser Vergleich ihrer weltanschaulichen Differenzen, der etwa durch eine Analyse von Schriften der Vertreter einzelner Gruppierungen und von Veranstaltungsprogrammen, würde die einzelnen Gruppen deutlicher profilieren, vermutlich aber das Bild einer in Grundsätzen kongruenten Bewegung bestärken[4].

Diese Gemeinsamkeiten hinderten die Theosophen nicht, die inhaltlichen Auseinandersetzungen in ihren Konflikten zu instrumentalisieren. Der Streit um Krishnamurti etwa war an seiner Wurzel auch eine personalisierte machtpolitische Fehde zwischen Besant und Steiner um die Herrschaft in der Adyar-Theosophie, zumindest in ihrer deutschen Sektion. Aber dies ist nur ein Beispiel, wie der Anspruch auf Dogmenfreiheit bei gleichzeitiger institutioneller Differenzierung und faktischer Dogmatisierung die Forderung nach Einheit beständig konterkarierte[5]. Zu einer produktiven Verarbeitung der Dissoziationsgeschichte ist es in der Theosophie während des 20. Jahrhunderts nicht gekommen. Theosophen litten durchweg unter den fortgesetzten Trennungen und Spaltungen und unternahmen immer wieder und zumeist vergeblich Versuche, die Gräben zu beseitigen.

Die Auseinandersetzung um weltanschauliche Gehalte, auf die ich im Blick auf Steiner im folgenden noch eingehen werde, war der Theosophie in Deutschland durch die angelsächsische Tradition mit vier Polen vorgegeben: (1.) Spiritismus, (2.) Wissenschaft, (3.) Fremdheit, letzteres vor allem unter Stichwort Indien, und (4.) Politik.

(1.) Die erste Generation der Theosophen kam aus dem Spiritismus: Olcott und Blavatsky und die Gründer der Theosophischen Gesellschaft im angelsächsischen Raum, Hübbe-Schleiden und viele Gründer der »Germania« in Deutschland. Und so wandelte sich das erste Sektionsorgan in Deutschland, die Sphinx, von einer spiritistischen zu einer theosophischen Zeitschrift. Diese Abwendung einer ganzen Generation von Bildungsbürgern vom Spiritismus war nun kein theosophischer Sonderfall. Der Spiritismus hatte in der zweiten Hälfte des 19. Jahrhunderts für viele an Plausibilität verloren, worüber seine mediale Präsenz hinwegtäuscht, die erst jetzt, mit der Erfindung der Photographie, einsetzte[6]; dies lassen spätere Konjunkturen, etwa im Ersten Weltkrieg, leicht übersehen. Jedenfalls waren die Versuche, die Metaphysik im Gefolge der modernen Naturwissenschaften zu empirisieren, in den Augen der Theosophen gescheitert. Die Aufdeckung vieler Betrugsfälle oder der Widerruf der Fox-Sisters hatten gerade die empirische Ebene diskreditiert, auf der man in Konkurrenz

---

[4] Vermutlich würden Gruppen wie die Oschm-Rahmah-Johjihjah-Gruppierung (s. o. 3.14) Ausnahmen bleiben.

[5] Nur wenige und meist randständige Zeitgenossen sahen diese Pluralisierung positiv, so der mit theosophischen Vorstellungen liebäugelnde Freimaurer Paul Stoß: »Denn nur dadurch, daß es verschiedene Organisationen gibt, bleibt die Möglichkeit offen, die vollständig undogmatische Grundlage der theosophischen Gesellschaft dauernd zu erhalten« (Stoß: Die Theosophischen Gesellschaften, 43).

[6] Vgl. die Dokumentationen: Im Reich der Phantome (Ausstellungskatalog Mönchengladbach 1997/98), und: Le troisième œil (Ausstellungskatalog Paris 2004/05).

mit der »modernen« Wissenschaft zu treten trachtete. Die Antwort der Theosophie auf diesen Plausibilitätsverlust hieß: Erfahrung statt Empirie, Hermeneutik statt Beweis. Die Erforschung der Religionsgeschichte an Stelle spiritistischer Séancen wurde auch für die deutschen Spiritisten ein schlagendes Argument, dem Spiritismus den Rücken zu kehren, der vermutlich um 1900 seinen Rückhalt im bildungsbürgerlichen Milieu mehr und mehr verlor. Vermutlich wären die deutschen Spiritisten diesen Weg auch ohne die Anstöße aus England gegangen; de facto verfolgten die deutschen Theosophen ihre neuen Ziele aufgrund der Vorlage der englischen Theosophie. Diese Wendung zu Hermeneutik und Religionskunde wird noch ein zentrales Thema bilden (s. 7.11). Daß über die Theosophie hinaus die »praktische Magie« bis heute eine stabile Tradition besitzt, ist ein anderes Kapitel.

(2.) Aber der Schatten des Spiritismus war länger, als vielen Theosophen bewußt war. Blavatsky hatte bis weit in ihre theosophische Zeit nicht von ihren spiritistischen Praktiken gelassen, wenn etwa Tassen und Teller auf geheimnisvollen Wegen zum rechten Zeitpunkt auftauchten – hier dürften auch viele Theosophen die Wurzeln gesehen haben. Weniger deutlich liegt der Bezug bei einigen vermeintlich spezifisch theosophischen Lehren wie der Existenz der »Mahatmas« resp. »Meister« zu Tage. Doch religionsphänomenologisch handelt es sich um umgeformte Vorstellungen von Medien, die gegenüber ihren spiritistischen Vorgängern nur des Jenseitsbezugs entkleidet waren.

Das zentrale Erbe des Spiritismus war jedoch die theosophische Wissenschaftsorientierung. Dessen Sehnsucht nach beweisbarer Transzendentalität kehrte in der Empirisierung der Theosophie wieder. Aus den nachgewiesenen Jenseitskontakten und Materialisationen wurde »objektive« Erkenntnis; auch darüber wird noch zu reden sein (s. 7.8). Daß Steiner in diesem Sinn ein neu gewandeter Spiritist war, hätte er vielleicht als Verleumdung zurückgewiesen, aber in der Logik einer Ideengeschichte als Transformationsgeschichte ist diese Konsequenz nicht besonders aufregend. Erst der Blick auf solche Brüche und Transformation öffnet den Blick auf seine Fähigkeit, kreativ mit Traditionsbeständen umzugehen.

(3.) Die Rezeption indischer Vorstellungen schließlich galt vielen Zeitgenossen als das herausragende Kennzeichen der Theosophie, seitdem Olcott einen »Buddhistischen Katechismus« geschrieben oder Blavatsky die »Geheimlehre« auf »tibetischen« Quellen aufgebaut oder Besant die »uralte Weisheit« unter normativer Vorlage indischer Quellen zum hermeneutischen Angelpunkt der theosophischen Weltanschauung gemacht hatten. Die Interpretationen asiatischer Traditionen waren, wie wir heute besser wissen als vor hundert Jahren, problematisch, gleichwohl wurde die »anglo-indische« Theosophie in Deutschland zum Synonym für Theosophie. Aber dies war immer auch eine polemische Rubrizierung, die die Theosophie in Deutschland nicht präzise und im Lauf der Jahre immer weniger traf. Die Geschichte der Theosophie in Deutschland war nämlich gerade durch die Relativierung oder gar Schließung dieser Öffnung auf asiatisches Gedankengut gekennzeichnet. Dies war jedoch kein spezifisch deutscher Vorgang. Die Entstehung »hermetischer« oder »rosenkreuzerischer«

Kreise in England war eine Konsequenz des Streites um die Hegemonie der europäisch-christlichen oder der indisch-buddhistischen (oder -hinduistischen) Traditionen. In Deutschland läßt sich diese Europäisierung (und das hieß immer auch: Christianisierung) der Theosophie bei allen Vereinigungen beobachten. Dies ist im Blick auf eine Kontextualisierung Steiners wichtig, der sich hier im Prinzip nicht von anderen Theosophen unterschied, die Differenzen allerdings in der Christologie im Dienst der Abgrenzung verabsolutierte (s. Kap. 8).

(4.) Letztendlich werden Eigenheiten der Theosophie in Deutschland im Vergleich mit der gesellschaftlichen Praxis bei den anglo-indischen Impulsgebern sichtbar: Olcott gründete schon zu Beginn seiner Tätigkeit als Theosoph Schulen, und Besant zog als Universitätsgründerin nach. Doch diese Dimension besaß in Deutschland vor dem Ersten Weltkrieg keine Parallelen. Die deutschen Theosophen lebten bis auf marginale Segmente bis 1914 in binnenorientierten Vereinigungen. Wenn es sinnvolle Applikationen des Begriffs Gnosis auf die Theosophie gibt, dann liegt in dieser Distanz zu gesellschaftlichen Problemlagen und der Konzentration auf ein oft individualisiertes Erkenntnismotiv eine Möglichkeit. Erst als der Glaube, durch Erkenntnis die Welt verändern zu können, in Verdun und an der Somme zu Blut gerann und die Koordinaten der bildungsbürgerlichen Welt in der Revolution des Jahres 1918 aus ihrer Fassung gerissen wurden, wandten sich auch die Theosophen in Deutschland in größerem Ausmaß praktischen Problemen zu.

## 3.16 Anhang: Theosophische Zeitschriften in Deutschland bis 1945

Die theosophischen Zeitschriften sind aufgrund der Vernichtung sehr vieler Archive eine höchst wichtige, für viele Fragen unersetzbare Quellengattung. Dieses Verzeichnis beruht auf einer bereits veröffentlichten Langfassung[1], die aber durch viele Informationen von Frank Reitemeyer, Berlin, der eine umfangreiche private Sammlung besitzt, ergänzt wurde. Seine zahlreichen Hinweise sind mit »FR« nachgewiesen[2]. Bei manchen Zeitschriften ist unklar, wieweit sie zu einer theosophischen Gesellschaft oder ins theosophisch interessierte Milieu gehören. Die anthroposophischen Zeitschriften seit 1913 sind nicht aufgenommen, da sie bibliographisch ausgezeichnet erfaßt sind[3]. Die deutschsprachigen Zeitschriften außerhalb Deutschlands, namentlich in der Schweiz und in Österreich (-Ungarn), sind nicht erfaßt[4].

Abkürzungen:

| | |
|---|---|
| FR | Frank Reitemeyer |
| I.T.V. | Internationale Theosophische Verbrüderung |
| TG | Theosophische Gesellschaft |

| | | |
|---|---|---|
| Adyar-Mitteilungen | 1912–1913 (?) | TG Adyar |
| Berichte und Nachrichten des theosophischen Strebens | 1916? | TG Adyar |
| Blätter für Brüderschaft | 1932–1934 | I.T.V. |
| Blätter für universale Bruderschaft | 1902–1904 | TG Point Loma |
| Blätter zur Pflege des höheren Lebens | 1903–1907 (?) | I.T.V. (nahestehend) |
| Blavatsky-Abende[5] [FR] | ? | ? |
| Botschaft des Friedens | 1924/1925 | TG Adyar |
| Bruderschaft | 1922–1923 | TG Point Loma. |
| Es werde Licht![6] | 1898–1899 | ITV |
| Geheimwissenschaftliche Rundschau[7] [FR] | 1910–? | TG Adyar |
| Die Gnosis | 1903 | keine spezifische TG |

[1] Zander: Theosophische Zeitschriften in Deutschland. Die von mir verantworteten Angaben beruhen auf Autopsien der Zeitschriften.

[2] Sein Kürzel hinter einem Titel bedeutet, daß sämtliche Informationen zu dieser Zeitschrift von ihm stammen. Ich habe nur bei einzelnen Titeln in den Fußnoten Informationen aus bibliographischen Hilfsmitteln hinzugefügt.

[3] Die anthroposophischen Zeitschriften, hg.v. G. Deimann.

[4] In der Schweiz gab es: Ex oriente lux. Offizielles Organ der Theosophischen Gesellschaft der Schweiz. Verantwortlich für die Redaktion: Frau F. Scheffmacher, Neusatzweg 17, Binningen, bei Basel [FR]. Das Theosophische Streben und die Theosophischen Studien waren Vereinszeitschriften für die deutschen und die österreichischen Zweige der Adyar-Theosophie.

[5] Hg. v. Robert Wihan, Eger. Beilage zum »Wahrheitsforscher«?

[6] Erster Jahrgang im Zeitungsformat, teilidentisch mit dem ersten Jahrgang des Theosophischen Wegweisers; vermutlich war der Titel »Es werde Licht« nur ein Obertitel zum eigentlichen Titel »Theosophischer Wegweiser« (FR).

[7] Untertitel: Zeitung zur weiteren Verbreitung einer höheren Weltanschauung. Gesundes Leben und harmonische Kultur. Theosophisches Verlagshaus Leipzig.

| | | |
|---|---|---|
| Die goldene Kette – Theosoph. Kinderzeitschrift[8] [FR] | ca. 1910 | TG Adyar (Vollrath) |
| Der Gralsbote. Mitteilungen der Parsifal-Loge Berlin (Adyar) | ?–? | TG Adyar |
| Der Herold | 1926–1928 | TG Adyar |
| Isis | 1908–1909 | TG Adyar (nahestehend) |
| Jahrbuch der Theosophie [FR] | 1902–? | I.T.V. |
| Die Jüngerschaft | 1915–1926 | I.T.V. (Bruder-Orden) |
| Der junge Theosoph[9] [FR] | ? | ? |
| Lebens-Spuren[10] [FR] | 1900/01–? | ? |
| Lichtbringer | 1913/1914 | TG Adyar (Sternorden) |
| Die Loge[11] [FR] | ? | ? |
| Lotusblätter[12] [FR] | 1921–? | ? |
| Lotusblüthen | 1893–1901 | I.T.V. (Hartmann) |
| Lotus Journal[13] [FR] | 1909–? | ? |
| Der Lotus-Zirkel-Bote[14] [FR] | um 1935 | TG Point Loma |
| Luzifer [Gnosis][15] | 1903–1908 | TG Adyar (Steiner) |
| Der Meister [16] [FR] | 1896–? | |
| Mentors Ansprachen. Zwanglos erscheinende Hefte der TG Hannover [FR] | 1915 | TG Adyar |
| Mitgliedsblatt der Deutschen Theosophischen Gesellschaft (e. V.) | 1934–1936 | I.T.V.[17] |
| Mitteilungen [des Ordens vom Stern im Osten] | vor 1929 | TG Adyar |
| Mitteilungen der deutschen Theosophischen Gesellschaft zu Berlin | 1897 | TG Adyar |
| Mitteilungen für die Mitglieder der Deutschen Sektion TG Adyar / der Theos. Gesell. (Hauptquartier Adyar)[18] | 1905–1914 | Anthrop. Gesellsch. |

[8] Untertitel: Ein Organ für Kinder und Eltern, gewidmet den Erziehungsfragen auf höherer naturwissenschaftlicher Basis. hg. v. Alice von Sonklar.

[9] Untertitel: Zeitschrift des Lotusbundes (Jugendkreises) der Deutschen Abt. der TG.

[10] Untertitel: Theosophische Monatsschrift von Karl Rohm. Zeitschrift für harmonische geistige und materielle Lebensentfaltung – Für jeden Gebildeten hochinteressante Zeitschrift für Theosophie, Mystik. Lichtgedanken. Erscheinungsdatum nach: Karlsruher virtueller Katalog.

[11] Untertitel: Eine Monatsschrift für höhere Weltanschauung, transzendentale Philosophie und Bruderschaft.

[12] Verlag O.W. Barth, München.

[13] Jugendzeitschrift.

[14] Erscheinungsort: Hamburg.

[15] Seit Januar 1904 mit dem Zusatz »Gnosis«.

[16] Deutschsprachige theosophische Zeitschrift aus Beloit in Wisconsin. Die erste vorliegende Nummer war angezeigt in der Metaphysischen Rundschau, Februar 1897; hg. von Prof. Dr. P. Braun und Emma Braun.

[17] Möglicherweise eine Abspaltung der I.T.V. von Hermann Ahner (FR).

[18] Ab April 1913 als: Mitteilungen für die Mitglieder der Deutschen Sektion der Anthroposophischen Gesellschaft (theosophischen Gesellschaft).

| | | |
|---|---|---|
| Mitteilungen der Internationalen Theosophischen Verbrüderung | 1911–1937 | I.T.V. |
| Mitteilungsblatt des Undogmatischen Verbandes für Mitglieder der TG Adyar[19] [FR] | ?–? [1926] | TG Adyar |
| Mitteilungsblätter der Deutschen Landesgesellschaft Theosophische Gesellschaft Adyar | 1934 | TG Adyar (Verweyen) |
| Nachrichten für die verehrten B.B. [Brüder] und S.S. [Schwestern] der Deutschen Section | 1913 | I.T.V. |
| Nachrichtenblatt der Theosophischen Verbrüderung | 1933–1936 (?) | I.T.V. |
| Neue Lotusblüten | 1908–1915 | I.T.V. (Hartmann) |
| Neue Metaphysische Rundschau | 1897–1915 | keine spezifische TG |
| Prana | 1909–1919 | keine spezifische TG |
| Perlen vom Orient[20] [FR] | 1907 | I.T.V. |
| Der schöpferische Mensch[21] [FR] | 1927–1939 (?) | I.T.V. (nahestehend) |
| Schwarz & Weiß[22] [FR] | annonciert 1897 | TG New York |
| Sonnenstrahlen[23] [FR] | April 1905–? | |
| Die Sphinx | 1886–1896 | TG Adyar (Hübbe-Schleiden) |
| Der Stern | 1928/29 | TG Adyar / Sternorden |
| Tafelrunde | 1933/34 | TG Adyar |
| Der Templer | 1928–1935 (?) | TG Halkyon |
| Theosophie | 1910–1937 | TG Adyar (Steiner-kritisch) / Supernat. TG |
| Das Theosophische Forum | 1930–1935 | TG Point Loma |
| Theosophische Kultur | 1909–1937 | I.T.V. |
| Theosophische Nachrichten | 1897–1898 | TG Point Loma (Hargrove) |
| Der Theosophische Pfad | 1911–1925 | TG Point Loma |
| Theosophische Rundschau [Vollrath] | 1912–1937 | TG Adyar |
| Theosophische Rundschau [Hartmann][24] | 1896–1897 | I.T.V. |

---

[19] Nachweisbar in: Theosophie 14/1926, Heft 4, S. 240.

[20] Untertitel: Gewidmet den Freunden einer höheren Welt-Anschauung als Grundlage zur Erkenntnis der wahren Menschennatur. Für Wanderer auf dem Wege zum wirklichen Geistesleben. Herausgegeben von Freunden der Internationalen Theosophischen Verbrüderung. Verlegt von Karl Heise, Zürich V, Veilchengasse 8, 1907, Heft 1, 16 S.

[21] Der schöpferische Mensch. Deutsche Sendschrift für seelische Kultur, hg. v. der Sonnenhaus-Werkgemeinschaft, Bad Liebenzell, »Schriftwalter« Robert Syring, Calw: Brücke-Verlag (Angaben nach dem Karlsruher Virutellen Katalog). Vermutlich handelte es sich um das Organ der Süddeutschen Sommerschule.

[22] Hg. v. Paul Raatz, Berlin.

[23] Theosophische Jugendzeitschrift.

[24] Nach den im Besitz von Frank Reitemeyer befindlichen Exemplaren ist diese Theosophische Rundschau bereits 1896 erschienen:

| | | |
|---|---|---|
| Theosophische Rundschau [Weber] | 1902–1906 | I.T.V. |
| Theosophische Rundschau [Zillmann] | 1896–? | TG Point Loma / TG New York |
| Theosophische Strahlen | 1902–mind. 1904[25] | TG New York |
| Theosophische Studien | 1929–1932 | TG Adyar |
| Die Theosophische Warte | 1917–1922 (?) | TG Point Loma |
| Theosophischer Korrespondenzbrief | um 1900? | TG Point Loma |
| Theosophischer Wegweiser zur Erlangung der göttlichen Selbsterkenntnis | 1899–1907 | I.T.V. |
| Theosophisches Leben | 1899–1922 | TG New York |
| Theosophisches Streben | 1913–1928 | TG Adyar |
| Universale Bruderschaft | 1904–1911 | TG Point Loma |
| Universaler Bruderbund | 1898 | TG Point Loma |
| Der Vâhan | 1899–1906 | TG Adyar |
| Die Wald-Loge [FR] | ?–? | Paul Zillmann |
| Der Wanderer | 1906–1908 | I.T.V. |
| Wege zum Licht | 1908–1912 | TG Adyar nahestehend? |
| Die weiße Fahne | 1920–1941 | Neugeist |
| Zeitschrift für Theosophie und Geheimwissenschaft | 1914 | TG Adyar nahestehend? (Okkultismus) |
| Zentralblatt für Okkultismus | 1907–1933 | keine spezifische TG |

(1.) Theosophische Rundschau. Zwanglose Hefte zur Verbreitung einer höheren Weltanschauung und zur Verwirklichung der Idee einer allgemeinen Menschenverbrüderung auf Grundlage der Erkenntnis der wahren Menschennatur. Herausgegeben von Dr. med. Franz Hartmann und einigen Mitgliedern der Theosophischen Gesellschaft in Deutschland. Verlag von Paul Zillmann, Berlin-Zehlendorf 1896«, Heft 1, 36 S.
(2.) Heft 2, 52 S., im »Verlag der Gral-Loge Berlin, Hallesches Ufer 7/8. 1897«. Hg.: »Die Redaction u. Expedition der Theosophischen Rundschau. (L. Engel, Schöneberg-Berlin, Feurigstr. 1)«, vierte Umschlagseite.
(3.) Heft 3, 84 S., im »Verlag des Theosophischen Vereins in Wien. 1897«.
Möglicherweise wurde diese Rundschau als Beilage zu den Lotusblüthen, die allerdings im Haupttitel nur 1893 mit »th« geschrieben wurde, fortgesetzt: »T.S. [Theosophical Society] in G. [Germany] – Rundschau. Für die deutschredenden Mitglieder der allgemeinen, freien, internationalen »Theosophischen Gesellschaft« (Theosophical Society) in allen Ländern. – Gratis-Beilage zu den »Lotusblüthen«.« O. O. u. o. J. u. o. Nr., 16 S. Weitere Beilagen zu den Lotusblüthen mit leicht geändertem Titel: (1.) o. O., o. J.; 56 S. (2.) Juli 1897. Leipzig, Verlag von Wilhelm Friedrich, paginiert S. 60–110. (3.) o. O., o. J.; paginiert 114–134.

[25] Flugschriften. 10 Hefte 1902–1904 bibliographisch nachweisbar (Staatsbibliothek Berlin). Hefte Nr. 17–18 im Besitz von FR.

# 4. Sozialstruktur und Vereinsleben der deutschen Adyar-Theosophie

Die Theosophie war in Deutschland ein bürgerliches Phänomen. Diese sozialhistorische Einordnung legen die Akteure, die im letzten Kapitel sichtbar wurden, nahe, und sie wird in diesem Kapitel für die deutsche Sektion der Theosophischen Gesellschaft Adyar mit quantitativen Daten unterlegt, die es wiederum ermöglichen, die Theosophie mit den historiographischen Debatten über die Formation des Bürgertums zu verknüpfen, das in den letzten beiden Jahrzehnten in Deutschland intensiv hinsichtlich sozialstatistischer Analysen und ideengeschichtlicher Kontexte erforscht worden ist[1]. Auf die dabei vorgelegten Materialien und Deutungsangebote stützt sich dieses Kapitel und setzt die Ergebnisse auch dort voraus, wo sie nicht separat nachgewiesen sind.

Die Schwerpunkte hinsichtlich der Theosophie liegen auf der Präsentation quantitativer Daten, einer Einordnung in die Bürgertumsdebatte (Kap. 4.1) und einer Skizze des Vereinslebens (Kap. 4.2). Die Analyse der Rolle von Frauen ist aufgrund ihrer hohen Bedeutung ausgegliedert (Kap. 4.3). Ich schließe einen Versuch an, die theosophische Vereinsgeschichte mit Hilfe soziologischer Theorien in den Rahmen des gesellschaftlichen Pluralisierungsprozesses um 1900 zu stellen (Kap. 4.4): Eine modifizierte Charismatheorie Max Webers hilft, die auf Steiners Person fixierte Vereinsgeschichte als sozialen Prozeß zu interpretieren, und die Diskussion um die Begriffe »Sekte« und »Bewegung« ermöglicht es, ein soziologisches Spezifikum der theosophischen Bewältigung der Pluralisierung deutlicher zu fassen.

## 4.1 Strukturen der Mitgliederschaft

### *4.1.1 Quantitative Daten für die Jahre zwischen 1900 und 1914*

Die Forschung über kleine religiöse Gemeinschaften verfügt noch kaum über empirische Daten zu deren soziologischer Struktur, etwa zu Verbreitung, Mitgliederzahl oder sozialer Schichtung[2]. Hinsichtlich vieler Gruppen ist augenblicklich unklar, in welchen Ausmaß oder ob überhaupt empirisches Material vorhanden ist. Infolgedessen ist das Mißverhältnis zwischen der von Zeitgenossen wie von

---

[1] Vor allem die vier Bände von: Bildungsbürgertum im 19. Jahrhundert. Außerdem: Bürgertum im 19. Jahrhundert, hg. v. J. Kocka, und: Wege zur Geschichte des Bürgertums, hg. v. K. Tenfelde u. a.

[2] Zu den Ausnahmen gehören die Deutschkatholiken, für die es rudimentäre Daten zur Mitgliederzahl und relative aussagekräftige Angaben zur Sozialstruktur bei Paletschek: Frauen und Dissens, 77–96. 328–339, gibt.

der Forschung behaupteten beträchtlichen sozialen Bedeutung derartiger Gruppierungen und dem Wissen um quantifizierbare Größen enorm.

Zu den meisten theosophischen Gesellschaften habe ich sozialstatistische Daten – meist bruchstückhaft und soweit sie mir zur Verfügung standen – im letzten Kapitel eingearbeitet. Umfängliche sozialstatistische Daten stehen, dies ist ein besonderer Glücksfall, allerdings für die Theosophische Gesellschaft Adyar für einige Jahre vor dem Ersten Weltkrieg zur Verfügung. Ihr internes Korrespondenzblatt, die »Mitteilungen für die Mitglieder der Deutschen Sektion der Theosophischen Gesellschaft« (November 1905 bis Juni 1914, im folgenden abgekürzt mit »MTG« / »MAG« zitiert) enthalten quantitative Daten zu Mitgliedern und Zweigen, aber auch qualitative Angaben zur Zweigarbeit (s. u. insbes. 4.2). Sehr grob dürfte die Sozialstruktur anderer theosophischer Gemeinschaften ähnlich aussehen, im Detail steht eine Analyse der Differenzen allerdings aus (vgl. exemplarisch 3.11.3).

*a. Entwicklung der »Zweige«, Topographie und Konfession*

Der Überblick über die Entwicklung der lokalen Zweige, vor 1914 meist »Logen« genannt [Tab. 4.2] dokumentiert ein kontinuierliches Wachstum der Gesellschaft seit dem Jahr 1904, aus dem die ersten Daten vorliegen[3]. Möglicherweise hat der Zuwachs schon nach der Sektionsgründung im Oktober 1902 eingesetzt. Erst durch die Spaltung in die Theosophische und Anthroposophische Gesellschaft Ende Dezember 1912 sank die Anzahl der Zweige zwischen Januar und April 1913 von 58 auf 46. Allerdings war der effektive Rückgang kleiner, da alle sechs Schweizer (theosophischen) Logen von der deutschen Sektion in die mit der Trennung eigenständige schweizerische (anthroposophische) Sektion gewechselt sind. 1913 wuchsen dann die ausländischen Zweige der Anthroposophischen Gesellschaft sprunghaft an, weil Steiner-nahe Theosophen nicht mehr an ihre theosophische Landesgesellschaft gebunden waren, so daß die Verluste in Deutschland möglicherweise mehr als ausgeglichen wurden. Andererseits ist unübersehbar, daß die Neugründung von Zweigen seit 1913 stagnierte.

Korreliert Vergleicht man die Mitgliedszahlen mit den Zweiggrößen [Tab. 4.1], waren im Dezember 1911 knapp die Hälfte der Mitglieder (44 %) in 27 Zweigen mit weniger als 20 Personen organisiert (23 von 52 Zweigen), knapp über die Hälfte der Mitglieder in 29 größeren Zweigen. Darunter befinden sich allerdings beiden größten Zweige Berlin und München I, die mit 440 resp. 165 Mitgliedern zusammen schon etwa 30 % der Mitglieder aufnahmen. Neben den recht großen Zweigen standen also viele kleine Logen. Bis auf wenige Ausnahmen (Malsch [bei Karlsruhe], Wyrow [bei Lodz?]) befanden sich alle Zweige in Städten, und zwar in Großstädten. Selbst wenn man konzediert, daß die städtischen Zweige auch als Anlaufstationen für Theosophen aus dem städtischen Umland gedient

---

[3] In den Zweigen sind auch »Zentren« inbegriffen, die teilweise Vorstufen zu Zweiggründungen, teilweise aber vermutlich auch kleinere Gruppen waren. Einige Zentren – wie dasjenige in Regensburg – haben lange bestanden, ohne jemals zum Zweig aufzusteigen.

haben könnten[4], bleiben die theosophischen Logen vor allem ein städtisches Phänomen; die qualitativen Analysen werden diesen Befund bestätigen.

Hinsichtlich der konfessionellen Struktur der Mitglieder sind nur indirekte Rückschlüsse möglich, da die personenbezogenen Daten in den »Mitteilungen« dazu keine Angaben beinhalten. Immerhin lassen sich die Städte nach ihrer Reformationsgeschichte aufteilen. Von den 53 in Tab. 4.1 genannten Städten lassen sich 35 den reformatorischen Bekenntnissen zuzählen (66,0 %), 14 der katholischen Konfession (26,4 %), vier Städte haben eine bikonfessionelle Tradition (7,5 %)[5]. Das topographische Konfessionsverhältnis spiegelt allerdings nicht die reale Verteilung unter den Mitgliedern wider, da einige namentlich bekannte Vertreter in »katholischen« Städten (etwa der Zweigleiter J. L. M. Lauweriks in Düsseldorf) evangelischer Konfession respektive Herkunft waren; vermutlich würde sich der Konfessionsproporz bei einer individuellen Aufschlüsselung zugunsten eines noch größeren Anteils von Protestanten verschieben. Auch diese Vermutung wird durch einige qualitative Daten gestützt (s. u. 4.1.3d).

*b. Mitgliederbewegung*

Die Mitgliederzahlen [Tab. 4.2] dokumentieren eine überschaubare Gruppierung, nicht nur hinsichtlich der Größe der meisten Zweige, sondern auch im Blick auf die Gesamtgemeinschaft, die sich vor dem Ersten Weltkrieg langsam an die Zahl von 4.000 Mitgliedern heranbewegte. Wie die Zweige wuchsen auch die Mitgliederzahlen stetig bis 1912, es gibt keine Indizien für einen Rückgang der Mitgliederzahl vor der Spaltung durch die vereinsinternen Auseinandersetzungen. Die Zunahme der Mitglieder von 1912 auf 1913 dürfte sogar den Mitgliederverlust überdecken, der durch den Verbleib von 218 Mitgliedern in der Theosophischen Gesellschaft Adyar entstand (s. 5.5.1); immerhin waren über 2.500 Mitglieder Steiner gefolgt. Der starke Anstieg der Mitglieder von 1912 auf 1913 dürfte, wie bei den Zweigen, auf die Einbeziehung ausländischer Zweige in die Anthroposophische Gesellschaft zurückzuführen sein.

Das sozialstrukturell aussagekräftigste Material bieten in den »Mitteilungen« die Listen der neu eingetretenen Mitglieder, die vom Dezember 1905 bis zum September 1908 publiziert sind[6]. Die Namen sind nach Geschlecht identifizierbar, verzeichnen Titel (Doktor, Professor, in Einzelfällen auch Ingenieur, militärische Ränge und Ehrentitel wie »Kommerzienrat«), Adelsprädikate sowie bei Frauen den (nicht-)ehelichen Status (»Frau« / »Fräulein«). In späteren Listen werden nur noch die Zahlen der Neueingetretenen genannt.

---

[4] So kam die Vorsitzende des Bonner Zweiges, Johanna Peelen, aus dem nahe Koblenz gelegenen Oberlahnstein (MTG 6,17).

[5] Als bikonfessionell habe ich Frankfurt a. M., Erfurt und Straßburg gezählt; New York ist nicht berücksichtigt.
Dieser topographischen Konfessionsschätzung entspricht grosso modo auch die quantitative Mitgliederverteilung: 1538 von 2.111 Mitgliedern waren 1911 in Zweigen in Städten mit traditionell evangelischer Konfession organisiert (Köln ist in dieser Rechnung mit 50 Mitgliedern geschätzt).

[6] Weitere Quellen, etwa die die Mitgliederkartei, liegen im Archiv der Anthroposophischen Gesellschaft in Dornach; die Stammrollen aus den Jahren vor dem Ersten Weltkrieg liegen allerdings teilweise im »Sonderarchiv« Moskau.

*Tab. 4.1*: Mitglieder (lokale Verteilung) der Theosophischen Gesellschaft Adyar in Deutschland, 1902–1914

Die Angaben der Mitglieder von 1905 bis 1911 beziehen sich auf Zweige, die Delegierte zu den jährlichen Generalversammlungen entsandt haben. Ob es darüber hinaus noch Zweige gegeben hat, die keine Delegierte entsandten und deshalb nicht aufgeführt wurden, ist unklar, aber unwahrscheinlich. Vermutlich müssen jedoch zur Gesamtzahl der Mitglieder noch die Einzelmitglieder gerechnet werden, die nicht in Zweigen organisiert waren; die hier addierten Zahlen liegen jedenfalls immer unter den offiziellen Angaben zur gesamten Mitgliederzahl (Tab. 4.2).

* = als Zentrum bezeichnet
e = Existenz belegt (nach der Rubrik Vertreter / »Auskünfte«)
a = als ausländische Gruppe weitergeführt

| | Angaben: Monat / Jahr | | | | | | | | | | |
|---|---|---|---|---|---|---|---|---|---|---|---|
| | 10/02 | 10/05 | 10/06 | 10/07 | 10/08 | 10/09 | 10/10 | 12/11 | 12/12 | 11/13 | 06/14 |
| Ascona | | – | – | – | – | – | – | – | e* | a | a |
| Augsburg | | – | – | – | – | – | – | – | e | e | e |
| Basel | | – | 14 | 18 | 20 | 26 | 28 | 37 | e | a | a |
| Berlin: Besant-Zw. | e | 83 | 133 | 164 | 214 | 316 | 384 | 440 | e | e | e |
| – Charlottenburg | e | | | | | | | | | | |
| – Abtlg. Prag | | – | – | 21 | 16 | – | – | – | – | – | – |
| Berliner Zweig | | 18 | – | – | – | – | – | – | – | – | – |
| Bern | | – | – | – | 16 | 23 | 34 | 31 | e | a | a |
| Bielefeld | | – | – | – | 10 | 15 | 15 | 17 | e | e | e |
| Bochum | | – | – | – | – | – | – | 7 | e | e | e |
| Bonn | | – | 7 | 13 | 17 | 16 | 16 | 15 | e | e | e |
| Bremen | | – | – | – | 11 | 16 | 21 | 23 | e | e | e |
| Breslau | | – | – | – | – | 14 | 22 | 27 | e | e | e |
| Charlottenburg | | 5 | e | 4 | – | – | – | – | – | – | – |

| | | | | | | | | | | | |
|---|---|---|---|---|---|---|---|---|---|---|---|
| Dresden I | | 9 | 13 | 14 | 12 | 11 | 11 | 7 | e | e | e |
| Dresden II | | – | – | – | – | 7 | 21 | 28 | e | – | – |
| Düsseldorf I | e | 15 | 21 | 11 | 17 | 31 | 42 | 50 | e | e | e |
| Düsseldorf II | | – | – | 14 | 16 | 17 | 17 | 21 | – | – | – |
| Eisenach | | – | – | – | 9 | 10 | 12 | 14 | e | e | e |
| Elberfeld | | – | 6* | 12 | 20 | 21 | 28 | 33 | e | e | e |
| Erfurt | | – | – | – | – | – | – | – | – | e | e |
| Essen | | – | – | – | – | 9 | 12 | 14 | e | e | e |
| Esslingen a.N. | | – | – | 11 | 11 | 13 | 13 | 14 | e | e | e |
| Frankfurt a.M. | | – | 10 | 18 | 23 | 30 | 35 | 33 | e | e | e |
| Freiburg i. B. | | 10 | – | 9 | 8 | 10 | 15 | 15 | e | e | e |
| Görlitz | | – | – | – | – | – | 8 | 8 | e | – | – |
| Göttingen | | – | – | – | – | – | e* | e* | e* | e* | e* |
| Graz | | – | – | – | – | – | – | 7 | e | a | a |
| Hagen | | – | – | – | – | – | – | – | – | (e)[1] | (e)[1] |
| Hamburg I | | 21 | 34 | 29 | 40 | 43 | 54 | 67 | e | e | e |
| Hamburg II | | | | | | | | – | e* | e* | – |
| Hannover | | 25 | 26 | 44 | 38 | 55 | 62 | 74 | e | e | e |
| Heidelberg | | – | 7 | 17 | 19 | 29 | 40 | 40 | e | e | e |
| Heidenheim | | – | – | – | – | – | – | 11 | e | e | e |
| Karlsruhe i. B. I | | 9 | 10 | 25 | 27 | 30 | 45 | 56 | e | e | e |
| Karlsruhe i. B. II | | – | – | – | – | – | – | – | – | e | e |
| Kassel | e | – | – | 14 | 17 | 25 | 34 | 43 | e | e | e |
| Klagenfurt | | – | – | – | – | – | 11 | 18 | e | a | a |

| | Angaben: Monat / Jahr 10/02 | 10/05 | 10/06 | 10/07 | 10/08 | 10/09 | 10/10 | 12/11 | 12/12 | 11/13 | 06/14 |
|---|---|---|---|---|---|---|---|---|---|---|---|
| Koblenz | | – | – | – | – | 12 | 20 | 21 | e | e | e |
| Köln | | 22 | 21 | 28 | 30 | 31 | 48 | – | e | e | e |
| Leipzig | e | 26 | 29 | 44 | 53 | 56 | 61 | 66 | e | e | e |
| Linz | | – | – | – | – | – | – | 15 | e | a | a |
| Lugano | e | 9 | 8 | 9 | 10 | 9 | 9 | 11 | e | a | a |
| Malsch (bei Karlsruhe) | | – | – | – | – | 15 | 13 | 15 | e | e | e |
| Mannheim | | – | – | – | 11 | 11 | 19 | 24 | e | e | e |
| Mühlhausen | | – | – | – | – | 11 | 16 | 18 | e | e | e |
| München I [2] | e | 33 | 39 | 57 | 62 | 101 | 133 | 165 | e | e | e |
| München II | | – | 14 | 19 | 14 | 19 | 19 | 30 | e | e | e |
| München III | | – | – | 10 | 16 | 16 | 19 | 25 | e | e | e |
| München IV | | – | – | – | – | – | 21 | 26 | e | e | – |
| Neuchâtel | | – | – | – | – | – | – | 12 | a | a | a |
| New York | | – | – | – | – | – | – | e | a | a | a |
| Nürnberg | | 18 | 21 | 33 | 52 | 60 | 67 | 75 | e | e | e |
| Pforzheim | | – | – | – | 14 | 19 | 20 | 19 | e | e | e |
| Regensburg | | – | 0* | 4 | e* | e* | e* | e* | e* | – | – |
| St. Gallen | | – | 13 | 17 | 17 | 22 | 27 | 31 | e | a | a |
| Straßburg I | | – | – | – | 16 | 7 | 9 | 11 | e | e | e |
| Straßburg II | | – | – | – | – | 10 | 9 | 9 | e | e | e |
| Stuttgart I | e | 9 | – | 36 | 51 | 58 | 77 | 69 | e | e | e |
| Stuttgart II | | 11 | 21 | 38 | 55 | 65 | 72 | 78 | e | e | e |

| | | | | | | | | | | | |
|---|---|---|---|---|---|---|---|---|---|---|---|
| Stuttgart III | | 11 | 17 | 18 | 18 | 24 | 51 | 55 | e | – | – |
| Tübingen I | | – | – | – | – | – | – | 11 | e | e | e |
| Tübingen II | | – | – | – | – | – | – | – | – | e | e |
| Weimar | | 11 | 15 | 13 | 7 | 8 | 8 | 9 | e | e | e |
| Wien | | – | – | – | – | – | 44 | 58 | e | a | a |
| Wiesbaden | | – | – | – | 8 | 8 | 15 | 19 | e | e | e |
| Wyrow (bei Lodz?)[3] | | – | – | – | – | e* | e* | e* | e* | e* | e* |
| Zürich | | – | – | – | 15 | 26 | 33 | 39 | e | a | a |
| Sektion | | – | – | 87 | – | – | – | – | | | |
| Gesamtzahlen | | | | | | | | | | | |
| Zweige | 10 | 17 | 22 | 30 | 37 | 43 | 47 | 52 | | | |
| Mitglieder | ? | 250 | 479 | 764 | 1.010 | 1.355 | 1.790 | 2.061 | | | |

[1] Auskunftserteilung.
[2] Wird im Vâhan 5 / 1903–04, 135, für den Februar 1904 als aufgelöst bezeichnet.
[3] Seit März 1909 als Zentrum geführt; MTG 9,10.

Quellen: 10 / 02 nach Vâhan 4 / 1902–03, 61. Die folgenden Jahre bis 1911 nach MTG 1,1; 4,1; 6,1; 8,1; 10,1; 11,1; 13, f. Die Zweige in den Jahren 1912 bis 1914 nach der Rubrik Vertreter / »Auskünfte« in MTG 14,27 f.; MAG 4,31 f.; 7,32.

*Tab. 4.2:* Mitglieder (Gesamtzahl) der Theosophischen Gesellschaft Adyar in Deutschland, 1904–1933 (nach 1912: Anthroposophische Gesellschaft)

| Zeitpunkt | Anzahl | Quelle |
|---|---:|---|
| 1902 | 120 | GA 262[2],39. |
| 1904 | 256 | MTG 1,3. |
| 1905 Oktober | 377 | MTG 1,3. |
| 1906 | 511 | Strakosch: Lebenswege, I,186. |
| 1906 | 569 | Errechnet nach MTG 8,5. |
| 1907 Januar | 591 | MTG 4,3. |
| 1907 Oktober | 872 | MTG 8,5. |
| 1908 Oktober | 1.150 | MTG 8,5. |
| 1909 | 1.500 | Strakosch: Lebenswege, I,186. |
| 1910 | 1.950 | Strakosch: Lebenswege, I,186. |
| 1911 März | 1.950 | MTG 13,3. |
| 1911 | 2.318 | Strakosch: Lebenswege, I,186. |
| 1912 März | 2.318 | MTG 13,3. |
| 1912 | 2.557 | Strakosch: Lebenswege, I,186. |
| 1913 | 3.702 | Strakosch: Lebenswege, I,186. |
| 1918 | ca. 4.000 | Lindenberg: Interview, 127. |
| 1924 | 12.000 | Steiner in GA 270a,147. |
| 1933 | über 7.000[1] | Werner: Anthroposophen in der Zeit des Nationalsozialismus, 61 (Angabe nur für Deutschland). |

Bemerkenswert ist die Geschlechterverteilung [Tab. 4.3]. Leicht mehr als die Hälfte der Neueingetretenen waren Frauen (50,7 %). Von diesen wiederum waren 228 Frauen (= 58,6 %) verheiratet (respektive verwitwet oder geschieden), wie im Umkehrschluß aus der Bezeichnung »Fräulein« für die komplementären 41,4 % der Frauen geschlossen werden kann. Die nicht verheirateten Frauen waren damit gegenüber der Gesamtpopulation der unverheirateten Frauen im Deutschen Reich massiv überrepräsentiert. 35 Frauen (= 9,0 % der Gesamtzahl der Frauen) waren adelig, von diesen adeligen Frauen waren 71,4 % verheiratet; der Anteil der verheirateten adeligen Frauen lag mithin deutlich höher als bei den bürgerlichen Frauen. Die Männer lassen sich sozialstatistisch weniger detailliert aufschlüsseln. Von den 379 Männern waren 23 adelig (= 6,1 %); zwölf (= 3,1 %) sind als Promovierte ausgewiesen.

Unklar ist, welche familiären Beziehungen unter den Eingetretenen herrschten. Von Januar bis August 1907 traten beispielsweise von 190 Personen 10 Männer und 10 Frauen mit übereinstimmenden Namen ein; dabei könnte es sich um Ehepaare handeln, da die weiblichen Neueintretenden mit Frau, nicht mit Fräulein bezeichnet sind. In einem Fall findet sich die Kombination Herr / Fräulein, so daß sowohl ein Geschwister- als auch ein Vater-Tochter-Verhältnis denkbar ist.

*Tab. 4.3:* Eintritte in die Theosophische Gesellschaft Adyar, Dezember 1905 bis September 1908

| | Männer | | | Frauen | | | | | Summen | | |
|---|---|---|---|---|---|---|---|---|---|---|---|
| | bürgerl. | adelig | promov. | bürgerl. | | adelig | | »prom.« | M | F | gesamt |
| | | | | Fr | Frl | Fr | Frl | | | | |
| Dez. 1905–März 1906 | 43 | 3 | 3 | 23 | 23 | 6 | 3 | – | 49 | 55 | 104 |
| Apr. 1906–Aug. 1906 | 44 | 3 | 1 | 18 | 14 | 3 | – | – | 48 | 35 | 83 |
| Sep. 1906–Jan. 1907 | 48 | 2 | 4 | 22 | 10 | 1 | – | 3 | 54 | 36 | 90 |
| Feb. 1907–Aug. 1907 | 77 | 11 | 3 | 57 | 28 | 8 | 5 | 1 | 91 | 99 | 190 |
| Sep. 1907–Feb. 1908 | 65 | 1 | 1 | 35 | 36 | 4 | – | 2 | 67 | 77 | 144 |
| März 1908–Sep. 1908 | 67 | 3 | – | 48 | 34 | 3 | 2 | – | 70 | 87 | 157 |
| Gesamtzahl | 344 | 23 | 12 | 203 | 145 | 25 | 10 | 6 | 379 | 389 | 768 |

Quellen (in chronologischer Reihenfolge): MTG 2,10; 3,5; 4,5 f.; 5,17 f.; 6,7: 7,1.

Wie repräsentativ die Eintrittsstatistik der Jahre 1905 bis 1908 für die gesamte Mitgliedschaft der Theosophischen Gesellschaft, das heißt unter Einschluß älterer Mitglieder war, ist schwer zu beurteilen. Es gibt keine Hinweise, daß die Geschlechterverteilung dort anders gewesen sei; Bestätigungen sind allerdings aus den mir zur Verfügung stehenden Materialien auch nicht zu ermitteln.

*c. Vorstandsmitglieder*

Verglichen mit der allgemeinen Eintrittsstatistik sind zwei Beobachtungen bei den Vorstandsmitgliedern auffällig [Tab. 4.4]: Zum einen liegt der Frauenanteil, ausgenommen im November 1905, immer unter 50 Prozent (bei etwa einem Drittel); Frauen waren also auf der Vorstandsebene unterrepräsentiert. Nach der Trennung von der Theosophischen Gesellschaft Adyar war eine von vier Vorstandsmitgliedern eine Frau, da seit April 1913 ein Rumpfvorstand über anderthalb Jahre bis zum Ausbruch der Krieges amtierte, in dem Rudolf Steiner und seine Lebensgefährtin Marie von Sivers sowie Michael Bauer und Carl Unger saßen. Zum anderen schnellt der Anteil der promovierten (Männer) im Vergleich mit der Eintrittsstatistik in die Höhe. Die Männer im Vorstand waren vor 1913 immer rund zu einem Drittel promoviert, im Rumpfvorstand waren es gar zwei von drei Männern, nämlich Steiner und Unger. Allerdings ist die Grundmenge der Vorstandsmitglieder für repräsentative Aussagen zu klein.

*Tab. 4.4:* Vorstandsmitglieder der Theosophischen Gesellschaft Adyar, 1905 bis 1914

| Zeitpunkt | Männer | (prom.) | Frauen | (Fr / Frl) | Frauenqoute | gesamt |
|---|---|---|---|---|---|---|
| 1905 November | 8 | (–) | 4 | (1 / 3) | 50,0 % | 12 |
| 1908 Oktober | 10 | (3) | 6 | (3 / 3) | 37,5 % | 16 |
| 1911 November | 11 | (3) | 6 | (3 / 3) | 35,3 % | 17 |
| 1912 März | 11 | (3) | 6 | (3 / 3) | 35,3 % | 17 |
| 1912 Dezember | 18 | (6) | 11 | (6 / 5) | 37,9 % | 29 |
| 1913 Januar | 18 | (6) | 11 | (6 / 5) | 37,9 % | 29 |
| 1913 April | 3 | (2) | 1 | (– / 1) | 25,0 % | 4 |
| 1913 Juni | 3 | (2) | 1 | (– / 1) | 25,0 % | 4 |
| 1913 Juli | 3 | (2) | 1 | (– / 1) | 25,0 % | 4 |
| 1913 November | 3 | (2) | 1 | (– / 1) | 25,0 % | 4 |
| 1914 Januar | 3 | (2) | 1 | (– / 1) | 25,0 % | 4 |
| 1914 Junuar | 3 | (2) | 1 | (– / 1) | 25,0 % | 4 |

Quellen (in chronologischer Reihenfolge): MTG 1,4; 8,9; 12,13; 13,38; 14,27; 15,26. MAG 1 / 2,38; 2,20; 3,39; 4,31; 5,24; 7,32.
Vgl. auch die jetzt bei Schmidt: Glossar, 975, zusammengestellten Daten.

*d. Delegierte zu Generalversammlungen*

Bei den Delegierten handelt es sich um die Vertreter von Zweigen bei den jährlichen, meist im Oktober stattfindenden Generalversammlungen der deutschen Sektion der Adyar-Theosophie [Tab. 4.5]. Dabei entsandte nicht jeder Zweig Mitglieder, einige benannten vielmehr fremde Mitglieder zur Wahrnehmung ihrer Interessen und übertrugen ihnen auch das Stimmrecht, so daß es zu einer Kumulation von Stimmen in den Händen einzelner Delegierter kam.

*Tab. 4.5:* Delegierte bei den Generalversammlungen der Theosophischen Gesellschaft Adyar, 1905 bis 1911

| Zeitpunkt | Männer | (prom.) | Frauen | (Fr. / Frl.) | Frauenquote | gesamt |
|---|---|---|---|---|---|---|
| 1905 | ? | ? | ? | ? | ? | ca. 20 |
| 1906 Oktober | 11 | (2) | 8 | (4 / 4) | 33,3 % | 23* |
| 1907 Oktober | 17 | (3) | 12 | (6 / 6) | 41,4 % | 29 |
| 1908 Oktober | 31 | (1) | 20 | (15 / 5) | 39,2 % | 51 |
| 1909 Oktober | 29 | (4) | 20 | (13 / 7) | 40,8 % | 49 |
| 1910 Oktober | 29 | (4) | 30 | (15 / 15) | 43,5 % | 69 |
| 1911 Dezember | 42 | (5) | 33 | (17 / 16) | 44,0 % | 75 |

* Bei vier Personen fehlen 1906 die Angaben zum Geschlecht.
Quellen (in chronologischer Reihenfolge): MTG 1,1; 4,1; 6,1; 8,1; 10,1; 11,1; 13,2 f.

Bei den Delegierten zu Generalversammlungen liegt die Frauenquote durchweg höher als im Vorstand und unterschreitet nie ein Drittel der Abgesandten. Ihre Quote stieg seit 1908 beständig und erhöhte sich 1911, als sie mit 44 % bis in die Nähe der Hälfte der Delegiertenschaft kamen. Die Zahl der unverheirateten Frauen bei den weiblichen Delegierten lag in der Regel bei etwa 50 %, ausgenommen die Jahre 1908 / 09, und war damit proportional leicht höher als der Anteil der Unverheirateten an der Gesamtzahl der weiblichen Mitglieder. Frauen besaßen also auf der mittleren Funktionsebene (im Gegensatz zum Landesvorstand) eine hohe Präsenz, die mit fast fünfzig Prozent nahe an ihren Mitgliederanteil herankam.

*e. Repräsentanten lokaler Zweige*

In einer Rubrik, die die größte Kontinuität aufweist und in fast jedem Heft geführt wurde, sind die »Vertreter« eines Zweiges aufgelistet, präziser: die »Vertreter der in Deutschland, Österreich und der Schweiz bestehenden Zweige und Zentren, welche Auskünfte über die Theosophische Gesellschaft (Hauptquartier Adyar) erteilen« (MTG 12,13) [Tab. 4.6]. Hinter dieser oder einer ähnlichen Formulierung standen die Anlaufstellen und möglicherweise auch die aktivsten (vielleicht auch die profilierungswilligsten) Personen eines Zweiges. Die aufgelisteten Personen können, müssen aber nicht mit den Vorstandsmitgliedern oder den Delegierten übereinstimmen. Zudem gab es mehrfach und für einige Zweige regelmäßig den Sonderfall, daß zwei Personen einen Zweig gemeinsam vertraten, so in Berlin Rudolf Steiner und Marie von Sivers, in München I die frühere Hofdame[7] Gräfin Pauline von Kalckreuth und Sophie Stinde.

Das Geschlechterverhältnis weist grosso modo eine kontinuierliche Erhöhung der Frauenquote aus. Noch die Vorsitzenden der zehn Logen, die sich 1902 zur deutschen Sektion zusammenschlossen, waren allesamt Männer[8]. Die anfängliche Quote von 23,1 % Frauen kletterte seit 1907 / 08 über die Marke von 30 %, stabilisierte sich für die Jahre 1909 bis 1913 bei über 35 % und stieg mit der Trennung von der Theosophischen Gesellschaft auf 45 % an. Möglicherweise spiegelt das Geschlechterverhältnis einen Aspekt der innergesellschaftlichen Auseinandersetzung, insofern Steiners Gegner in Deutschland vornehmlich Männer waren, mit deren Ausscheiden sich die Geschlechterarithmetik in der Anthroposophischen Gesellschaft zugunsten eines nochmals erhöhten Frauenanteils verschob; vielleicht handelt es sich aber auch um die institutionelle Ausprägung einer besonderen Bindung von Frauen an Steiner, die die qualitativen Quellen bestätigen (s. u. 4.3.1).

Die Rate der Adeligen schwankte bei den männlichen Repräsentanten zwischen 6,25 % (1906) und 15,8 % (Sept. 1908). Der Anteil der Promovierten war immer überproportional hoch: Im Ausnahmejahr 1913 sank er im April auf 8 %, doch lag er meist zwischen 20 % und 30 % und konnte sogar bis auf 42,9 % (Aug. 1907) steigen. Bei den Frauen lag die Rate der Adeligen kaum unter 20 %,

---

[7] Treichler: Wege und Umwege zu Rudolf Steiner, 44. Nach Lierl: Gräfin von Kalkreuth, Pauline, 346, war nur ihre Mutter Hofdame.

[8] Vâhan 4 / 1902–1903, 61.

*Tab. 4.6:* »Repräsentanten« lokaler Zweige (Deutschland)

In der Rubrik »Auskünfte« genannte Vertreter und Vertreterinnen von Zweigen der deutschen Sektion der Theosophischen Gesellschaft Adyar.

| | Männer bürgerl. | adelig | promov. | Frauen bürgerl. Fr | Frl | adelig Fr | Frl | Frauenqoten: Adelige / unverh. (%) | gesamt M | F | Quoten: Adelige / Frauen (%) | Summe |
|---|---|---|---|---|---|---|---|---|---|---|---|---|
| 1905 November | 15 | 2 | 3 | - | 3 | - | 3 | 50,0 / 50,0 | 20 | 6 | 19,2 / 23,1 | 26 |
| 1906 August | 16 | 1 | 3 | - | 4 | 1 | 1 | 50,0 / 83,3 | 20 | 6 | 11,5 / 23,1 | 26 |
| 1907 Januar | 15 | 4[1] | 3 | 2 | 3 | 1 | 1 | 28,6 / 57,1 | 22 | 7 | 19,4 / 22,6 | 31 |
| 1907 August | 14 | 3[1] | 6[2] | 5 | 3 | 1 | 1 | 20,0 / 40,0 | 22 | 10 | 15,6 / 31,3 | 32 |
| 1908 Februar | 19 | 2[1] | 5[2] | 4 | 4 | 1 | 1 | 20,0 / 50,0 | 25 | 10 | 14,3 / 28,6 | 35 |
| 1908 September | 19 | 3[1] | 5[2] | 6 | 4 | 1 | 1 | 16,7 / 41,7 | 26 | 12 | 13,2 / 31,6 | 38 |
| 1908 Dezember | 22 | 3[1] | 6[2] | 5 | 4 | 1 | 1 | 18,2 / 45,0 | 30 | 11 | 12,2 / 26,8 | 41 |
| 1909 März | 20 | 3[1] | 6[3] | 5 | 7 | 2 | 2 | 25,0 / 56,3 | 28 | 16 | 15,9 / 36,4 | 44 |
| 1910 Januar | 23 | 3[1] | 7[3] | 5 | 6 | 3 | 3 | 35,3 / 52,9 | 32 | 17 | 18,4 / 34,7 | 49 |
| 1910 Dezember | 22 | 4[1] | 8[3] | 8 | 5 | 4 | 2 | 31,1 / 36,8 | 33 | 19 | 19,2 / 36,5 | 52 |
| 1911 November | 28 | 4[1] | 9[2] | 12 | 4 | 4 | 2 | 27,3 / 27,3 | 40 | 22 | 16,1 / 35,5 | 62 |
| 1912 März | 28 | 3[1] | 10[4] | 11 | 6 | 4 | 2 | 21,7 / 52,2 | 40 | 23 | 14,3 / 36,5 | 63 |
| 1912 Dezember | 31 | 3[1] | 6[2] | 8 | 10 | 3 | 2 | 21,7 / 47,8 | 39 | 23 | 12,9 / 37,1 | 62 |
| 1913 Januar | 31 | 3[1] | 6[2] | 9 | 9 | 3 | 2 | 19,0 / 42,9 | 39 | 23 | 12,9 / 37,1 | 62 |
| 1913 April | 25 | 2 | 2 | 10 | 7 | 2 | 2 | 19,0 / 42,9 | 29 | 21 | 12,0 / 42,0 | 50 |
| 1913 Juni | 24 | 2 | 2 | 10 | 7 | 2 | 2 | 19,0 / 42,9 | 28 | 21 | 12,2 / 42,9 | 49 |
| 1913 Juli | 23 | 2 | 3[3] | 10 | 9 | 2 | 2 | 17,4 / 47,8 | 28 | 23 | 11,8 / 45,1 | 51 |
| 1913 November | 23 | 2 | 3[3] | 10 | 9 | 2 | 2 | 17,4 / 47,8 | 28 | 23 | 11,8 / 45,1 | 51 |
| 1914 Januar | 23 | 2 | 3[3] | 10 | 9 | 2 | 2 | 17,4 / 47,8 | 28 | 23 | 11,8 / 45,1 | 51 |
| 1914 Juni | 24 | 2 | 2 | 10 | 9 | 2 | 2 | 17,4 / 47,8 | 28 | 23 | 11,8 / 45,1 | 51 |

[1] Ein Adeliger war zugleich promoviert.
[2] Davon zwei Professoren.
[3] Davon ein Professor.
[4] Davon drei Professoren

Quellen (in chronologischer Reihenfolge):
MTG 2,10; 3,8; 4,9 f.; 5,18; 6,17 (1905 bis 1908 [Februar]).
MTG 7,6 f.; 8,16; 9,9 f.; 10,27; 11,17 (1908 [September] bis 1910).
MTG 12,13; 13,38 f.; 14,27 f.; 15,26 f. MAG 1 / 2,38 (1911 bis 1913 [April]).
MAG 2,20 f.; 3,39 f.; 4,31 f.; 5,24; 7,32 (1913 [Juni] bis 1914).

stieg aber nicht selten auch über die 30%-Grenze. Die Quote der unverheirateten Frauen notierte durchweg über 40% und erhöhte sich mehrfach über die 50%-Marke.

Bei den hier zum Vergleich aufgelisteten Vertreterinnen und Vertretern nichtdeutscher Zweige [Tab. 4.7] lag die Frauenquote ausnahmslos über 50%. Daten, die einen Rückschluß auf die Geschlechtsverteilung der gesamten Mitgliederschaft im Ausland zulassen, liegen mir nicht vor. Hinsichtlich der Männer im Ausland lassen sich nur wenige Adelige im Vergleich mit den deutschen Vertretern nachweisen; dies kann auf einem geringeren Adelsanteil beruhen, möglicherweise aber auch auf einer anderen Nomenklatur, die eine Identifizierung von Adeligen nicht erlaubt. Die Anzahl der Promovierten lag jedoch deutlich höher und betrug durchweg zwischen 30% und 40%. Die geringere Quote von Adeligen findet sich auch bei den ausländischen Frauen und bewegte sich immer um die 10%. Bemerkenswert ist der niedrigere Anteil der (soweit identifizierbar) unverheirateten Frauen, der zwischen 30% und 40% schwankte.

*f. Vergleichszahlen zur internationalen Adyar-Theosophie*

Ein kurzer Vergleich von Zweigen und Mitglieder der theosophischen Muttergesellschaft [Tab. 4.8] mit der deutschen Sektion der Theosophischen Gesellschaft Adyar [Tab. 4.9] läßt erkennen, daß der deutsche Ableger eine relativ große Sektion in der Gesamtgesellschaft war, sowohl hinsichtlich der Anzahl der Zweige als auch der Mitglieder, wenngleich die Theosophen im angelsächsisch-indischen Bereich dominierten, sowohl quantitativ als auch in den überregionalen Leitungspositionen. Die in Deutschland um 1900 übliche Rede von der Theosophie als »anglo-indischer« besitzt in diesem Größenverhältnis ihren realen Hintergrund und in dem im indischen Adyar (im britischen Vizekönigreich Indien) ansässigen »Hauptquartier« ihren symbolischen Ausdruck.

1912/13 dürfte die Theosophische Gesellschaft Adyar durch die Abtrennung der Anthroposophischen Gesellschaft in Deutschland etwa zehn Prozent ihrer Mitglieder verloren haben, mit den Übertritten nichtdeutscher Zweige zur Anthroposophischen Gesellschaft hat sich diese Quote auf etwa 15 Prozent erhöht.

*Tab. 4.7*: »Repräsentanten« (Ausland)

In der Rubrik »Auskünfte« genannte Vertreter und Vertreterinnen von Zweigen der deutschen Sektion der 1912 in Anthroposophische Gesellschaft unbenannten Theosophischen Gesellschaft Adyar, die erst seitdem ausländische Zweige besaß.

| | Männer bürgerl. | adelig | promov. | Frauen bürgerl. | | adelig | | Frauenqoten: Adelige / unverh. (%) | gesamt | | gesamt |
|---|---|---|---|---|---|---|---|---|---|---|---|
| | | | | Fr | Frl | Fr | Frl | | M | F | |
| 1912 Dezember | – | – | 1 | 3 | – | – | – | | 1 | 3 | 5[1] |
| 1913 Januar | – | – | 1[2] | 3 | 1 | – | – | | 1 | 4 | 7[1] |
| 1913 April | 15 | 1[3] | 6[4] | 14 | 8 | 2 | 1 | 12,0 / 36,0 | 21 | 25 | 49[1] |
| 1913 Juni | 17 | 1[3] | 6[4] | 15 | 11 | 2 | – | 7,1 / 39,3 | 24 | 28 | 55[1] |
| 1913 Juli | 19 | 1[3] | 7[5] | 17 | 11 | 2 | – | 6,7 / 36,7 | 26 | 30 | 61[1] |
| 1913 November | 18 | 1[3] | 7[4] | 19 | 14 | 4 | – | 10,8 / 36,8 | 24 | 37 | 66[1] |
| 1914 Januar | 20 | 1[3] | 7[4] | 18 | 14 | 3 | – | 8,6 / 40,0 | 27 | 35 | 67[1] |
| 1914 Juni | 23 | 1[3] | 7[4] | 23 | 14 | 5 | – | 11,9 / 33,3 | 30 | 42 | 77[1] |

[1] Differenz: Geschlecht nicht identifizierbar.
[2] Als »Professor« bezeichnet (Gymnasialprofessor?).
[3] Ein Adeliger war zugleich promoviert.
[4] Davon zwei (Gymnasial-?)Professoren.
[5] Davon drei (Gymnasial-?)Professoren.

Quellen (in chronologischer Reihenfolge):
MTG 14,28; 15,27. MAG 1 / 2,38 f.; 2,21 f.; MAG 3,40 f.; 4,32 f.; 5,24–26; 7,33 f.

*Tab. 4.8:* Zweige und Mitglieder Theosophische Gesellschaft Adyar (international), 1878 bis 1928

| Jahr | Zweige | Jahr | Zweige | Mitglieder |
|---|---|---|---|---|
| 1878[1] | 1 | 1894 | 394 | |
| 1879 | 2 | 1895 | 408 | |
| 1880 | 10 | 1896 | 428 | |
| 1881 | 25 | 1897 | 492 | |
| 1882 | 52 | 1898 | 542 | |
| 1883 | 95 | 1899 | 570 | |
| 1884 | 107 | 1900 | 607 | |
| 1885 | 124 | 1903[2] | 614 | |
| 1886 | 136 | 1904[3] | 761 | |
| 1887 | 158 | 1908[4] | 631 | 15.617 |
| 1888 | 179 | 1910[5] | 698 | 16.898 |
| 1889 | 206 | 1911[6] | | ca. 16.000 |
| 1890 | 241 | 1911 / 12[7] | 778 | 20.356 |
| 1891 | 279 | 1912[8] | 950[9] | 23.140 |
| 1892 | 304 | 1920[10] | | 36.350 |
| 1893 | 352 | 1928[11] | | 45.000 |

Quellen
[1]Zweigzahlen 1878 bis 1900 nach: Der Vâhan 2 / 1900–01, 104.
[2]Ebd. 5 / 1903–04, 134.
[3]Ebd.
[4]Wessinger: Annie Besant and the progressive Messianism, 74.
[5]Theosophie 1 / 1910–11, 48.
[6]Lutyens: Krishnamurti (dt.), 64.
[7]Theosophie, 2 / 1911–12, 78.
[8]Adyar-Mitteilungen, in: Theosophie 4 / 1913–14, 90.
[9]Zusätzlich »97 schlafende« Zweige.
[10]Lutyens: Krishnamurti (engl.), 46.
[11]Ebd.

*Tab. 4.9:* Einzelne Zweige und Mitglieder Theosophische Gesellschaft Adyar 1912 und 1913

| 1912 | Zweige | Mitglieder | 1913 | Zweige | Mitglieder |
|---|---|---|---|---|---|
| USA | 129 | 3.369 | | 137 | 4.145 |
| Indien | 338 | 5.170 | | 363 | 5.890 |
| Großbritannien | 67 | 2.023 | | 75 | 2.280 |
| Deutschland | 55 | 2.447 | | 19 | 218 |

Quellen: 1912: Theosophie 4 / 1913–14, 90; 1913: ebd., 486.

### *4.1.2 Soziale Schichtung*

Im Rahmen der historiographischen Bürgertumsdebatten der vergangenen Jahre sind methodologische und inhaltliche Fragen der sozialen Abgrenzung zu anderen Gesellschaftsschichten, insbesondere hinsichtlich der Leistungsfähigkeit der triadischen Schichtung Arbeiterschaft – Bürgertum – Adel intensiv diskutiert worden. Die dabei vorgebrachten Kritiken an der Unterkomplexität dieses Modells treffen auch sozialstratifikatorische Vereindeutigungen der Theosophischen Gesellschaft als bürgerliche und / oder adelige Vereinigung. Als ein Grundproblem hat sich die Undurchführbarkeit einer trennscharfen Abgrenzung sowohl über »horizontale« Konzepte (wie den Schichten- oder Klassenbegriff) als auch über partiell »vertikale« Modelle (etwa durch eine ständische Eingrenzung) herausgestellt[9]. Weder ist das Bürgertum ausreichend homogen, um es nur als Klasse auszuweisen, noch verfügt es über Rechtstitel als Merkmale eines einheitlichen Standes[10]. Insbesondere die Aporien »horizontaler« Schichtungsmodelle sind scharf gesehen worden. Häufig finden sich Überschneidungen mit Arbeiterschaft und Adel, wobei Bürger sich zu diesen Grenzen – durch Abstiegsängste oder Aufstiegshoffnungen getrieben – aktiv verhielten und damit zu einem dynamisierenden Faktor im ohnehin nie statischen Ensemble sozialer Milieus im Kaiserreich wurden. Ein Subtraktionsverfahren, das das Bürgertum als Residualkategorie gegen Arbeiter und Adelige abgrenzt[11], löst die Schwierigkeiten letztlich nicht, weil es die Definitionsprobleme teilweise in die »nichtbürgerlichen« Gruppen verlegt. Die Auflistung einzelner Gruppen des Bürgertums – etwa: Bildungsbürger, Wirtschaftsbürger, Beamte[12], oder: Kaufleute, Beamte, Intelligenz[13], oder: Groß- und Kleinbürger[14] (Ingenieure fehlen meist) – identifiziert zwar Untergruppen, läßt aber deren gemeinsame Außengrenzen offen. Im Lauf der historiographischen Debatte wurden zudem die Einschränkungen der »Reichweite und Tragfähigkeit strikt sozialgeschichtlicher Untersuchungsmethoden«[15] immer deutlicher, so daß sich ideengeschichtliche Merkmale, insbesondere der (für die Theosophie besonders wichtige) Bildungsbegriff, Fragen der politischen Orientierung, namentlich die Korrelation zwischen Demokratie und Bürgerlichkeit, an die sozialstatistischen Definitionsoptionen angelagert haben.

---

[9] Vgl. Henning: Das westdeutsche Bürgertum, 5–14; Conze / Kocka: Einleitung, 10 f.; Tenfelde / Wehler: Vorwort, 8 f.

[10] Conze / Kocka: Einleitung, 10.

[11] So die Lösung bei Vondung: Zur Lage der Gebildeten in der wilhelminischen Zeit, 25–28.

[12] Conze / Kocka: Einleitung, 11.
Kocka / Frey haben in ihrem Aufsatz »Einleitung und einige Ergebnisse« im Rahmen von Überlegungen zum Mäzenatentum darauf hingewiesen, daß die analytisch getrennten Gruppen von Wirtschafts- und Bildungsbürgertum im mäzenatischen Handeln in eine pragmatische Interferenz kommen, wo die einen die Förderungsziele formulierten und die anderen die nötigen Mittel zur Verfügung stellten (S. 10).

[13] Ruppert: Bürgerlicher Wandel, 298.

[14] Wehler: Die Geburtstunde des deutschen Kleinbürgertums, 200, sucht eine Abgrenzung des Kleinbürgertums in Abgrenzung vom Großbürgertum der traditionellen städtischen wirtschaftlichen Führungsschicht, die sich in der zweiten Hälfte des 19. Jahrhunderts mit neuen Wirtschaftseliten verbindet. Diese Abgrenzung des Großbürgertums dürfte auch für die Theosophie zutreffen.

[15] Tenfelde / Wehler: Vorwort, 8.

Definitionsunschärfen sind angesichts dieser Probleme der Kategorienbildung ein Konstitutionsmoment der Definitionen des Bürgertums[16], das als gesamtgesellschaftliches Phänomen oft nur in der kombinatorischen Verklammerung von Perspektiven erfaßbar bleibt. Aber dies erweist sich im Fall der Theosophie als ausgesprochen sinnvolle Rücknahme von Definitionszwängen, weil ihre Klientel keiner der genannten Merkmalskonfigurationen paßgenau folgt; insbesondere wenn man Individuen mit den soziologischen Konstrukten vermitteln will, erweisen sich alle Definitionsvorschläge als typisierende Kategorien. Zugleich ist aber deutlich, daß die meisten Kriterien der verschiedenen Bürgertumsdefinitionen partiell und in unterschiedlicher Intensität auch auf Theosophen und die Theosophie anwendbar sind. Die Frage nach einer positiven Definition von Bürgertum läßt sich damit für die Theosophie umformulieren als Frage nach ihren Merkmalen, die sie mit anderen bürgerlichen Gruppen teilt, und nach dem Maß dieser Übereinstimmung.

Angesichts der unterschiedlich problematischen Zugänge zur Erfassung des Bürgertums habe ich mich für das klassische Schichtenmodell von Arbeiterschaft, Bürgertum und Adel und damit gegen komplexere Differenzierungsmodelle entschieden. Ein negativer Grund dafür liegt in der Schwierigkeit, personenbezogene Daten über ausreichend viele Theosophen zu erhalten, um sie auf eine detaillierte Schichtendifferenzierung abbilden zu können. Ein positiver Grund liegt im Gebrauch der traditionellen Schichtenbegriffe Arbeiterschaft, Bürger(tum) und Adel in den theosophischen Quellen, sie bilden einen Teil des Orientierungsvokabulars in theosophischen Kreisen.

*a. Arbeiterschaft*

Am leichtesten fällt die Abgrenzung gegenüber der Arbeiterschaft, weil es keine Hinweise auf Überschneidungen in einem bemerkenswerten Maß gibt. Steiner selbst hatte zwar von 1899 bis 1905 an Arbeiter-Bildungsschulen in Berlin Unterricht erteilt (s. 14.2.1b), aber die seit 1900 aufgenommene Aktivitäten in der theosophischen Bibliothek des Grafen Brockdorff waren davon unabhängig. Immerhin erinnerte sich der Arbeiter Alwin A. Rudolph, der Steiner von der Arbeiter-Bildungsschule her kannte, sehr wohlwollend an Steiner, aber die Theosophie spielt in seinem Rückblick keine Rolle, und Rudolph ist Steiner auch nicht in die Theosophische Gesellschaft gefolgt[17]. Bezeichnenderweise hatte Steiner in diesen Schulen allgemeine Geschichte und keine politische Ökonomie gelehrt, er hielt mithin Distanz zu den spezifischen Themen der Arbeiterbewegung. Diese Ferne dokumentieren auch Steiners wenige theosophische Äußerungen zur sozialen Frage vor dem Ersten Weltkrieg, daß er etwa dazu kein politisches »Programm« besitze und die »bestehende Lebensordnung« aus karmischen Gründen »zunächst« bestehen bleiben müsse (s. 14.2.2).

Äußerungen anderer Theosophen bestätigen die relative Fremdheit gegenüber der proletarischen Lebenswelt. In den »Mitteilungen« ist von spezifischen

---

[16] Vgl. ebd.

[17] Vgl. Mücke/Rudolph: Erinnerungen an Rudolf Steiner; Mücke hingegen wurde Anthroposophin.

Problemen der Arbeiterschaft, die sich, vermittelt durch Arbeiter als mögliche Mitglieder der Theosophischen Gesellschaft, in den Berichten über die Zweigarbeit niedergeschlagen haben könnten, kaum die Rede. Immerhin wurde die Situation von Arbeitern 1908 von Münchener Theosophen in der Absicht aufgegriffen[18], einen »Kunst- und Musiksaal« für Arbeiter einzurichten:

> »Eine Stätte musste geschaffen werden, wo den Arbeitern Kunst und Schönheit nahe gebracht werden konnte – ein Raum, hart an der Straße liegend, wo die Vorübergehenden durch Transparente mit Programm an den Fenstern und durch die Musik im hellerleuchteten Saale angezogen würden, in ihren Arbeitskleidern hereinzukommen, um eine Stunde lang Künstlerisches in dem einfachen, aber doch schönheitsvollen Raume zu geniessen.« (MTG 7,4)[19]

Die ehemalige »grosse Bierwirtschaft« (ebd.) wurde mit Bildern und Reproduktionen ausgestaltet und in der Anfangszeit um ein »Wochenprogramm« erweitert: »Kunstauslage«, »Lichtbilder oder Oper«, »Märchen für Kinder«, »Konzert«, »Vorlesung über Theosophie für Anfänger«, »Sagen, Heldengeschichten, Dramen etc.« (ebd., 7,5) gehörten zu den Angeboten. In der Selbstwahrnehmung der Veranstalter lag in dem ästhetischen Angebot die Perforierung von Klassengrenzen:

> »Durch diesen Kunstsaal wird die Brücke geschlagen zwischen den Theosophen – den sogenannten Vornehmen und Reichen!! und der armen, arbeitenden Bevölkerung, was letztere als etwas sehr Erfreuliches empfindet.« (ebd. [Ausrufungszeichen im Original])

Ob man mit diesem Angebot aber die Lebenswelt der Arbeiter traf, steht allerdings zu bezweifeln. Schon die Lage in der Herzogstraße 39/o, also mitten in Schwabing, läßt vermuten, daß eher Theosophen und die Bohème statt Arbeiter »in ihren Arbeitskleidern« hereinschlenderten. Es fehlen auch Hinweise, daß aus dem Angebot der Betreuung und Kunstvermittlung eine Integration von Arbeitern in die Theosophische Gesellschaft erwachsen wäre.

Vermutlich verlief die Grenze des theosophischen Milieus zur Arbeiterschaft sehr scharf. Der Münchener »Kunst- und Musiksaal« für Arbeiter zeugt immerhin von einer Sensibilität einiger »sogenannter Vornehmer und Reicher« für die »soziale Frage«, die konkrete Realisierung dokumentiert hingegen ein kopflastiges Programm. Hinweise auf Arbeiter in der Theosophischen Gesellschaft finden sich denn auch fast nicht[20]. Die Anforderungen an Finanz- und Zeitres-

---

[18] Die »Kunststuben« habe der von Sophie Stinde geleitete Zweig »getragen«; Strakosch: Dr. med. Felix Peipers, 32.

[19] Teilabdruck dieser längeren Beschreibung auch in: Isis 1/1908, 454f. Zwei weitere Kunstzimmer entstanden in Charlottenburg und im Berliner Osten. Hier hingen Kunstwerke einer rotgestrichenen Wand, als Kontrast zur »trostlos steinernen Umgebung öder Arbeiterquartiere«, wie Marie von Sivers sich erinnerte (GA 277a,213). Im Berliner »Kunstzimmer« werde »viel musiziert« und (für eine vereinsinterne Aufführung) »das Weihnachtsspiel geprobt«; Vreede: Brief vom 24.11.1913. Außerdem gab es einen »theosophischen Herren- und Damenchor« und »Rezitationen von Melodramen« durch die »Baronesse Eckardtstein« (MTG 11,11).

[20] Als Ausnahme kann etwa Max Benziger gelten; Schmelzer: Benziger, Max.

sourcen sowie an Bildungskompetenzen, die Arbeitern normalerweise nicht zur Verfügung standen, werden diesen Befund bestärken (s. u. 4.1.3b-c).

*b. Adel*

Wie Arbeiterschaft und Bürgertum bildete auch der Adel eine differenzierte Sozialformation, für die höherer und niederer Adel nur eine grobe Unterteilung markieren und deren rechtliche Differenzierung nur begrenzt mit einer sozialen Schichtung parallel geht[21]. Zusätzlich war gerade im 19. Jahrhundert die Grenze zum Bürgertum an vielen Stellen durchlässig: Abstieg und damit Verbürgerlichung bedrohten gerade den wirtschaftlich schwachen Adel, die vermehrte Verleihung von Adelsprädikaten an Bürgerliche hingegen eröffnete umgekehrt den Aufstieg des ökonomisch konkurrierenden Bürgertums und schuf die Unterscheidung in neuen und alten Adel[22]. Kulturell zeigen sich die Interferenzen etwa in der bürgerlichen Übernahme adeliger Ideale der Lebensführung bis hin zum Konnubium (und schlußendlicher Nobilitierung), denen die Ausbildung spezifisch bürgerlicher Ideale zur Lebensführung im Adel zur Seite stand[23]. Per saldo war aber die Situation des Adels im 19. Jahrhundert[24] durch eine säkulare Reduktion von Macht und Standesprivilegien gekennzeichnet. Nur in einigen Bereichen, etwa dem Militär oder in Teilen der höheren Verwaltung, blieben Monopolstellungen erhalten, in einigen Regionen gelang die Transformation zu agrarischen respektive industriellen Führungseliten[25]. Seine sozialnormative Vorbildfunktion hat der Adel allerdings behalten, wenngleich die These der »Feudalisierung« des Bürgertums in der aktuellen Forschung relativiert wird[26].

Die relativ starke Rolle von Adeligen im engen Miteinander adeliger und bürgerlicher Mitglieder in der Theosophischen Gesellschaft lässt sich empirisch gut belegen. Von den 768 zwischen 1905 und 1908 Eingetretenen waren 58 Personen (= 7,6 %) Adelige, darunter knapp zwei Drittel (35 Personen) Frauen [vgl. Tab. 4.3]. In der exponierten Position der »Repräsentanten« [Tab. 4.6] stieg der

---

[21] Reif: Der Adel in der modernen Sozialgeschichte, 36.

[22] Zur Binnendifferenzierung ebd., 36–39.

[23] Henning: Die unentschiedene Konkurrenz, 24–28, hat drei Bereiche benannt. Adelskinder gingen in bürgerliche Schulen, und selbst Privaterzieher von Adelskindern waren oft Bürger; Arbeitsstellen in Staat, Wissenschaft und Kirche waren von bürgerlichen Vorstellungen geprägt; selbst die adelige Interessenvertretung – etwa in agrarischen Interessenverbänden – wurde vielfach von Bürgerlichen übernommen. Dazu anregend Linke: Sprachkultur und Bürgertum.

[24] Im Gegensatz zur Arbeiterschaft war der Adel für die Geschichtswissenschaft lange Zeit nur ein Randthema. Dies ändert sich aber in der aktuellen Forschung massiv. Vgl. Reif: Der Adel in der modernen Sozialgeschichte, 34–60; Adel und Bürgertum in Deutschland 1770–1848, hg. v. E. Fehrenbach; Wehler: Deutsche Gesellschaftsgeschichte, III, 167–179. 805–825. 1338–1340. 1437–1441; Leps: Auswahlbibliographie; Spenkuch: Herrenhaus und Rittergut, 375–377; Neumann: Der Adel in Deutschland und England.

[25] Wehler: Deutsche Gesellschaftsgeschichte, III, 167–174 (Monopolstellung); ebd., III, 174f. (Transformation).

[26] Die von Zunkel: Der Rheinisch-Westfälische Unternehmer 1834–1879, 107, formulierte These von der Aristokratisierung des Bürgertums ist in den letzten Jahren als Verallgemeinerung eines regionalen und auch dort nur für eine begrenzte Gruppe gültigen Ergebnisses kritisiert worden. Vgl. Kaelble: Sozialstruktur und Lebensweise deutscher Unternehmer 1907–1927, 140–145; Blackbourn: The German Bourgeoisie; Berghoff: Aristokratisierung des Bürgertums?

Anteil von Adeligen an; er lag immer über der Quote der neueingetretenen Mitglieder und überstieg sie nicht selten um das Doppelte und mehr. In einzelnen Logen dürften vor allem adelige Frauen eine zentrale Rolle gespielt haben. In Berlin etwa waren 1910 unter den 17 Delegierten der Generalversammlung vier adelige Frauen, den Münchener Zweig repräsentierten vier adelige Frauen von den sieben Delegierten (MTG 11,1). In der polemischen Literatur hat man Steiner nach dem Ersten Weltkrieg denn auch vorgeworfen, erst nach dem Krieg »sein proletarisches Herz« entdeckt zu haben, »nachdem er sich die ganzen Jahre vorher ... um die Aristokraten bemüht hatte«[27]. Daß Steiners theosophische Laufbahn in der Bibliothek des Grafen Brockdorff begann, ist in diesem Kontext eine signifikante Marginalie.

Hinter der Kopräsenz bürgerlicher und adeliger Milieus standen ökonomische und vor allem kulturelle Gemeinsamkeiten. Die Bildungsorientierung verband vermutlich adelige und bürgerliche Theosophen auf einer fundamentalen Ebene. Aufgrund der Diffusion bürgerlicher Werte in adelige Schichten und umgekehrt dürfte die Verflechtung zwischen Teilen des Adels und des Großbürgertums zugenommen haben[28], während zugleich wohl die Distanz zum Kleinbürgertum respektive zum niedrigeren Adel wuchs[29]. Da sich auch in der Theosophischen Gesellschaft ein quantitativ und qualitativ hohes Maß an bildungsbegründeten Haltungen findet, muß man davon ausgehen, daß zumindest vor 1914 diese adelig-bürgerliche Klientel eine zentrale Bedeutung besaß. Ob Adelige in der Theosophie verglichen mit anderen kleinen Weltanschauungsgemeinschaften einen außergewöhnlich großen Anteil stellten, vermag ich aufgrund fehlender Vergleichsdaten augenblicklich nicht zu sagen[30]; vermutlich war er in Steiners Adyar-Theosophie vergleichsweise hoch. Welche Karrierechancen damit für Theosophen aus kleinbürgerlichen Verhältnissen verbunden waren, müßte durch biographische Studien zur Mitgliedschaft ermittelt werden; Steiners Aufstieg vom Kind eines Bahnangestellten zum Führer einer bürgerlich-adeligen Weltanschauungsvereinigung könnte eine ungewöhnliche Karriere gewesen sein[31].

Nur schwer ist die Frage zu beantworten, wie sich die Rolle des Adels nach dem Ersten Weltkrieg in der Anthroposophischen Gesellschaft entwickelte. Es spricht vieles dafür, daß er seine Bedeutung nicht abrupt verlor, wie man in der Forschung für andere Bereiche lange Zeit als gerne annahm. Adelige Damen, die

---

27 Hummel: Eine geistige Revolte, 59. Von einem »aristokratischen Glanz« für die gesamte Theosophie vor dem Ersten Weltkrieg in England spricht Ahern: Sun at Midnight, 92; Aherns Vermutung, daß dies für die Anthroposophische Gesellschaft in Deutschland weniger zugetroffen hätte (ebd., 93), kann ich für die Jahre bis zu Steiners Tod 1925 nicht bestätigen.

28 Vgl. Tenfelde: Stadt und Bürgertum im 20. Jahrhundert, 348.

29 Mosse: Adel und Bürgertum im Europa des 19. Jahrhundert, 302.

30 Der Deutschkatholizismus, für den Vergleichsdaten vorliegen, war jedenfalls dominant ein Unterschichtenphänomen; vgl. Paletschek: Frauen und Dissens, 85 f.

31 Die für das Wilhelminische Deutschland nach 1900 belegte leichte Zunahme von sozialer Mobilität (Kaelble: Soziale Mobilität in Deutschland, 253. 322 f.) müßte für die Theosophische Gesellschaft über anderes Material als die Mitgliedschaftslisten, etwa unter Zuhilfenahme biographischer Literatur, die reichlich vorhanden, aber teilweise sehr abgelegen oder unpubliziert ist, untersucht werden. Mehr als eine vage Vermutung scheint mit augenblicklich nicht vertretbar zu sein.

»Tanten« (s. u. 4.3.1), blieben präsent, die Initiativfunktion von Graf Keyserlingk für den landwirtschaftlichen Kurs bezeugt ein fortbestehendes Engagement. Qualitativ und quantitativ verläßliche Zahlen fehlen jedoch.

*c. Bürgertum*

Die soziale Kategorie Bürgertum läßt sich mit relativ scharfen Grenzen zur Arbeiterschaft und zu kleinbürgerlichen Gruppen und relativ offenen gegenüber dem Adel bestimmen. Aber das Bürgertum besaß eine innere Mitte in einem kulturellen Werterahmen, in »Kultur im Sinne von Selbstverständnis, Weltdeutung und Lebensweise«, zu der auch Bildungsziele, Rollenverständnis der Geschlechter, Hochschätzung von Arbeit und Leistung, von Wissenschaft und Kunst oder Wohltätigkeit gehörten[32]. Von all diesen Faktoren wird im folgenden Kapitel die Rede sein. Dabei wird klar, dass das Bürgertum alles andere als eine Residualformation war, sondern vielmehr das Zentrum eines Kosmos von Inhalten und Lebensführungspraktiken darstellte, die auch die Theosophische Gesellschaft Adyar vor und nach dem Ersten Weltkrieg prägten.

### *4.1.3 Qualitative Merkmale von Bürgerlichkeit*

*a. Individuelle Biographien*

Eine repräsentative Analyse von Lebensläufen von Theosophen und Theosophinnen kann im Rahmen dieser Arbeit nicht vorgelegt werden, da die Eintrittslisten meist keine Angaben zu Einkommen, Beruf oder Bildungsstand geben; vermutlich wäre aber eine solche Analyse mit Hilfe lokaler Quellen und der Memoirenliteratur möglich. In einzelnen Fällen finden sich jedoch in den »Mitteilungen« Hinweise auf Bildungspatente und Berufe:

Pastor Heinrich Wendt (MTG 4,6)
Oberlehrer Dr. Rösel (ebd., 4,6)
Frau Oberlehrer Jürges (ebd., 5,17)
Frau Hofrat Bittner (ebd., 5,17)
Koloniedirektor a.D. Albrecht Wilhelm Sellin (ebd., 9,8)
Rechtsanwalt Dr. Cohen (ebd., 10,21)
Lehrer Pschorn (ebd., 10,23)
Bankbeamter Neumayr (ebd.)
Pfarrer Klein, Mannheim (ebd., 13,3)

Die »Mitteilungen« verzeichnen zudem einige akademische Titel: eine beträchtlich Zahl von Promovierten (s. o. 4.1.1b), fünf Ingenieure[33] und sieben Professoren. Bei den letzteren handelt sich wohl in vier Fällen um Schulprofessoren[34]

[32] Kocka / Frey: Einleitung und einige Ergebnisse, 9.

[33] K. Fischer (MTG 9,8); Jahn (ebd., 2,10); Karl Müller zur Hellen (ebd., 11,17); Fridolin Leuzinger (ebd., 10,24); cand. ing. Hans Schellbach (ebd., 4,6).

[34] Oskar Bol[t]z, Lugano (MAG 4,33); Karl Petz, Neuchâtel (ebd., 4,33); F. Schwendt, Stuttgart (ebd., 4,10); H. S. Hallo, Karlsruhe (ebd., 3,39).

und um drei Universitätsprofessoren: Andreas Voigt, Mitgründer der Universität Frankfurt (Main) und hier 1914 bis 1925 ordentlicher Professor der Wirtschaftlichen Staatswissenschaften; Alfred Gysi, von 1906 bis 1931 ordentlicher Universitätsprofessor am Zahnärztlichen Institut in Zürich, der mehrere Patente in der Zahnprothetik besaß; Hermann Beckh, in beiden Rechten promovierter Professor für Religionswissenschaften in Berlin[35].

In diesen Angaben dürften die Engagierten überrepräsentiert sein, und da die Aktivitäten zeit- und kostenintensiv waren, wird man den ökonomischen Status der weniger engagierten Mitglieder niedriger ansetzen müssen. Auch Frauen lassen sich auf dieser Ebene nicht fassen, wohl aber in qualitativen Analysen.

*b. Ökonomische Potenzen*

Ein Indiz für die Situierung der theosophischen Klientel oberhalb von Arbeiterschaft und kleinbürgerlichen Verhältnissen bieten die Hinweise auf finanzielle Aufwendungen im Rahmen der Vereinstätigkeit. Viele alltägliche Details, die auf beträchtliche frei verfügbare Mittel verweisen, finden sich in den Vereinsmitteilungen: der Besitz von Büchern oder Manuskripten mit Äußerungen Steiners als Grundlage für die Diskussionen in den Zweigen, die Unterhaltung der lokalen Vereinsräume, die Verlagerung von Vereinsaktivitäten in Restaurants der gehobenen Preisklasse oder die Beitragszahlungen an die Gesellschaft. Von diesen Abgaben oder von Zuwendungen einzelner Gönner dürften etwa Steiners Reisen bezahlt worden sein: Meist nahm er wohl die Bahn, zumindest nach dem Ersten Weltkrieg stand ihm ein Maybach oder Ford mit Chauffeur zur Verfügung[36], und in Städten nutzte er auch häufig die Kutsche[37]. Auch die Unterbringung – meist in noblen Hotels[38] – sowie möglicherweise auch die Fahrten anderer Vortragender wurden wohl aus diesen Quellen finanziert. Daß Theosophen deshalb als beliebte Opfer von Betrügern galten[39], verwundert nicht.

---

[35] Zu Voigt MTG 2,10, und: Vereinigung der Sozial- und Wirtschaftswissenschaftlichen Hochschullehrer, 608; zu Gysi MTG 9,8; MAG 4,33, und Schweizerisches Zeitgenossenlexikon, 348; zu Beckh siehe Gädeke: Die Gründer der Christengemeinschaft, 165–171.

[36] Kux: Erinnerungen an Rudolf Steiner, 427. 1914 könnte Steiner ein privates Vermögen von gut 10.000 Reichsmark zur Verfügung gestanden haben (GA 262$^2$,284. 296). Ob Hugo Vollraths Vorwurf, Steiner habe laut eigener Aussage »1.200 Mark bzw. 2.000 Mark für mich« aus der Sektionskasse erhalten, aber dieses Geld sei »für die Einrichtung des Berliner Hauptquartiers« verwandt worden, etwas Verläßliches über Steiners finanzielle Verhältnisse aussagt, ist unklar. Steiner replizierte mit der Bemerkung, »daß nicht einmal meine Reisen aus der Sektionskasse gezahlt« worden seien (GA 264$^2$,419).

[37] Steffen: Erinnerungen an die Aufführungen von Rudolf Steiners Mysteriendramen, 26.

[38] Als Hotels lassen sich nachweisen: Wien 1907: Grand Hotel Elefant (GA 262$^2$,194); Klagenfurt 1907: Hotel Moser (ebd., 194); Bern 1909: Grand Hotel & Bernerhof (ebd., 210); Frankfurt 1910: Russischer Hof (ebd., 220); Karlsruhe 1911: Hotel Germania (ebd., 227); Koblenz 1911: Hotel Monopol (ebd., 230); Elberfeld 1911: Hotel Weidenhof (ebd.); Düsseldorf 1911: Hotel Royal (ebd.); Wien 1913: Hotel de France (ebd., 272); Prag 1913: Hotel zum blauen Stern (ebd., 273). Fairerweise wird man einem Menschen, der so viel reiste wie Steiner, ein großzügiges Übernachtungsarrangement zubilligen.

[39] Mit Bezug auf Josua Klein vgl. Klatt: Theosophie und Anthroposophie, 58. Ein anderes Bild von Klein allerdings bei Kurzmeyer: Viereck und Kosmos, 54–58.

Spätestens mit der Etablierung der freimaurerischen Zeremonien wurden eigens ausgestattete Zeremonialräume notwendig. Von diesem Veranstaltungstyp ist in den Mitteilungen nie die Rede, aber er steht möglicherweise vielfach im Hintergrund, etwa wenn in Bern ein »Logenzimmer« in einem Privathaus eingerichtet wird oder dem Bonner Zweig von zwei Mitgliedern gleich ein eigenes Haus gekauft wurde (MTG 11,11). Es kann sich bei diesen Räumen allerdings auch um normale Versammlungsstätten gehandelt haben; über die Orte für maurerische Riten gibt es bisher keine präzisen Angaben. In Stuttgart kam es jedenfalls zur Errichtung eines Gebäudes mit einem Zeremonialraum Raum im Keller, in Malsch wurde ein Miniaturtempel vor dem Ersten Weltkrieg teilweise errichtet (s. 12.2.3), die Berliner Loge besaß seit 1909 »einen neuen, bedeutend größeren und schöneren Logenraum« (MTG 10,17). Wenn man zusätzlich noch die Kosten für die Inneneinrichtung, etwa Mobiliar, farbige Fenster, Wandverkleidungen, Schnitzarbeiten und Ausmalungen[40], für die Ritualgeräte und -kleidung, insbesondere für die bijouartige Pretiosen des Rosenkreuzerschmucks[41] in Rechnung stellt oder an die Theateraufführungen denkt, bei denen nicht nur Ausstattungskosten anfielen, sondern auch öffentliche Theater angemietet werden mußten, ergeben sich Indizien für ein ausgesprochen aufwendiges Vereinsleben.

Eine Quantifizierung der finanziellen Aufwendungen ist schwierig, da die mehrfach abgedruckten Bilanzen für die Theosophische Gesellschaft zwar Einnahmen zwischen 1.500 Reichsmark (1905) und 9.500 RM (1910) nachweisen[42], es sich jedoch dabei nur um die Spitze des Eisbergs weitaus umfangreicherer finanzieller Transaktionen gehandelt haben kann, wie sich an anderen Posten ablesen läßt. Für den »Kunst- und Musiksaal« rechnete der Münchener Zweig 900 bis 1000 Reichsmark pro Jahr (MTG 7,5), für den Münchener Kongreß von 1907 wurden die Ausgaben auf 4.000 bis 5.000 Reichsmark geschätzt (ebd., 4,3) die dafür projektierten Kosten wurden zwar überschritten, doch sei aufgrund der Spenden in Höhe von 4.359 Reichsmark (ebd., 5,12) kein Defizit entstanden[43].

Vergleicht man damit Arbeiterlöhne im Jahr 1913 – ein durchschnittliches Jahresgehalt lag im Textilgewerbe bei 786 Reichsmark, in der Metallerzeugung bei 1.513 Reichsmark[44] – ergeben sich schon auf der Ebene des Nominalgehalts etwa für den Münchener Kongreß Ausgaben in der Höhe eines mehrfachen Jahresgehalts eines Arbeiters; rechnet man diese Beträge auf das frei verfügbare Einkommen von Arbeiterhaushalten um, ergeben sich Ausgaben in der Höhe von Lebensgehältern, selbst wenn man bis zum Kriegsausbruch steigende Reallöhne bei Arbeitern in Rechnung stellt[45].

Aber selbst diese Angaben über Einnahmen und Kosten führen vermutlich hinsichtlich der realen ökonomischen Potenz der theosophischen Mitgliedschaft

---

[40] Vgl. die Abbildungen in GA 284, Abb. 6–10. Von einem theosophischen Bijoux an der Uhrkette wird berichtet in: Das Wirken Rudolf Steiners, Bd. IV, hg. v. H. H. Schöffler, 408.

[41] Vgl. die Arbeiten in GA K 51.

[42] 1905: 1.462,-- RM (MTG 1,3); 1907: 3.122,33 RM (ebd., 4,3); 1908: 5.643,27 RM (ebd., 8,5) 1910: 9.479,89 RM (ebd., 13,5).

[43] Steiner: Bilder okkulter Siegel und Säulen (1957), 71.

[44] Daten nach Nipperdey: Deutsche Geschichte 1866–1918, I, 304.

[45] Vgl. Mooser: Arbeiterleben in Deutschland, 61–67.

noch in die Irre, zumal einige Mitglieder über exorbitante pekuniäre Mittel verfügten. Der mehrfach berichtete Besitz großer Häuser für theosophische Veranstaltungen zeigt deutlicher den potentiell verfügbaren Reichtum, und die mit privaten Mitteln erbauten Wohn- und Arbeitshäuser in der unmittelbaren Umgebung des Johannesbaus in Dornach dokumentierten evidentermaßen einen großen Wohlstand. Die finanziellen Ressourcen präsentierte aber wohl am eindrücklichsten der Johannesbau selbst, dessen Bausumme Steiner auf etwa sieben Millionen Reichsmark bezifferte (s. 12.3.1). Dabei spielte Helene Röchling, die Tochter des Industriellen Heinrich Lanz (»Lanz«-Traktoren), die sich auch außerhalb der Theosophie in großem Stil mäzenatisch betätigte[46], eine zentrale Rolle. Die Theosophen haben im übrigen nie den Versuch gemacht, sich den Anschein besonderer Armut zu geben. Man wußte, daß man zu »den sogenannten Vornehmen und Reichen« (MTG 7,5) zählte.

*c. Bildung: Lektüren und Bibliotheken*

Bildung ist ein zentrales Kennzeichen des Selbstverständnisses bürgerlicher Kreise. Sie ist kein schichtgebundenes Gut, wird jedoch gruppenspezifisch erworben und ausgeprägt und kann dadurch den Umgang innerhalb einer Gruppe und deren Außenabgrenzung regeln und so zur Ausbildung gruppenbezogener Identitätsmerkmale führen[47]. Quantitativ lassen sich unter Zugrundelegung formaler Qualifikationen am Beginn des 20. Jahrhunderts etwa fünf Prozent (Maßstab: das Einjährige) oder knapp ein Prozent (Maßstab: akademischer Abschluß) der männlichen Bevölkerung dem Bildungsbürgertum zurechnen[48].

In der Praxis wird die mit Bildungsinhalten verbundene Orientierungsleistung für den einzelnen und die kommunikative und identitätsregulierende Funktion für die Gruppe über einen Bildungskanon, vor allem über die schulischen Curricula und über einen Lesekanon geregelt. Gerade der für die Theosophie einschlägige Lesestoff des Bürgertums ist in seiner Zusammensetzung und Geltung aber nur ungenau bekannt, und über dessen Unterschiede in Teilgruppen oder Teilmilieus des Bürgertums sind wir nur unzureichend informiert. Wolfgang Frühwald hat einen gesamtbürgerlichen Bildungsdialekt postuliert, der durch Schule, autoritative Verwendung in der Öffentlichkeit und nicht zuletzt durch die zu kanonischer Geltung aufgestiegene Zitatensammlung von Büchners »Geflügelten Worten« (in der ersten Auflage 1864) konstituiert und vermittelt wurde. Die Bibel, Luther, Goethe, Schiller, Lessing und Shakespeare lieferten darin die meisten Zitate[49] und behaupteten diese Spitzenposition auch in den Jahren bis zum Ersten Weltkrieg. Möglicherweise zu wenig Beachtung findet in den üblichen Kanonisierungen der Stellenwert naturwissenschaftlicher Literatur, insbesondere in ihrer popularisierten Form, aber schon ein kursorischer Überblick

[46] Siehe 12.3.1, v. a. Kap. 12, Anm. 93.

[47] Henning: Das westdeutsche Bürgertum, 485 f.; Kocka: Bürgertum und bürgerliche Gesellschaft, 28.

[48] Müller / Zymek: Sozialgeschichte und Statistik des Schulsystems, Tab. 5.10, S. 170; zur akademischen Qualifikation Wehler: Deutsche Gesellschaftsgeschichte, III, 713.

[49] Frühwald: Büchmann und die Folgen, 202.

über die Memoirenliteratur macht deutlich, in welchem Ausmaß naturwissenschaftliche Literatur in den Rang von Grundlagenlektüre gekommen war[50].

Eine Skizze des spezifisch theosophischen Bildungskanons zu geben, ist beim momentanen Forschungsstand nicht möglich. In der Theosophischen Gesellschaft traf Steiner auf die bürgerlichen und theosophischen Lektürebestände seiner Lesern und Hörern, die aber vorerst weder qualitativ noch quantitativ identifizierbar sind und deshalb für die Analyse nicht zur Verfügung stehen. Am leichtesten läßt sich noch ein Überblick über Steiners Lektüren geben, die über seine Schriften und Vorträge in die Vermittlung von theosophischen Inhalten eingeflossen sind. Dabei ist es nicht immer leicht, seine beiläufigen Verweise auf Literatur von denjenigen Autoren und Leseeindrücken zu trennen, die sein Denken nachhaltig bestimmt haben[51]. Goethe nahm unter allen Autoren seit den 1880er Jahren einen herausgehobenen Platz ein, und zwar sehr stark über seine naturwissenschaftlichen Schriften, die Steiner edierte hatte, weniger dagegen durch seine Belletristik, die sonst in bildungsbürgerlichen Kreisen dominierte. Die Wirkung von Philosophen des 19. Jahrhunderts, mit denen Steiner sich vor 1900 nachweislich beschäftigt hatte, ist in seiner theosophischen Phase über ein name-dropping hinaus oft nur schwer zu greifen, vermutlich spielte Sekundärliteratur wie Otto Willmanns Philosophiegeschichte eine wichtige Rolle. Kant besaß als Antipode seiner Erkenntnistheorie eine »negative« Sonderstellung, möglicherweise im Gegensatz zu den möglicherweise weitverbreiteten (neu-)kantianischen Lektüren. Theologische Literatur, von der Bibel über Frömmigkeitsschriften bis zu wissenschaftlichen Publikationen, fallen praktisch aus, allein die historisch-kritische Bibelforschung und religionsgeschichtliche Themen bilden eine Ausnahme. Um 1900 übte Haeckel eine immense Wirkung auf Steiner aus, sowohl hinsichtlich der »naturwissenschaftlichen« Begründung von Weltanschauung als auch in ihrer evolutiven Konzeption. Naturwissenschaftliche Literatur, vielfach in popularisierter Aufbereitung, hat Steiner lebenslang gelesen. Nach 1900 rückte die theosophische Literatur in eine hegemoniale Stellung ein. Mit diesem Literaturgepäck wurde Steiner auf zwei Ebenen zum Lieferanten von Bildungsgütern: Zum einen avancierte er zu einem Promoter der von ihm gelesenen Literatur (dies läßt sich am leichtesten an Goethe nachvollziehen), zum anderen und wichtiger noch wurde er zum Vermittler seiner eigenen Bildungsergebnisse einschließlich seiner Theosophie. Dieses Ensemble rückte unter deutschen Adyar-Theosophen in eine monopolartige Stellung ein: als Interpretationsschlüssel wie als Textgrundlage.

Die vereinssoziologische Dimension der theosophischen Literalität läßt sich relativ gut erfassen, da sich Hinweise auf Lese- und Schreibaktivitäten in der

---

[50] In das Blickfeld der Forschung gerückt bei von Engelhardt: Der Bildungsbegriff in der Naturwissenschaft, 106–116; jetzt eingehend bei Daum: Wissenschaftspopularisierung im 19. Jahrhundert.

[51] »Für Steiners Werdegang wichtige Literatur« bei Geisen: Anthroposophie und Gnostizismus, 560–563. Diese Liste ist in der Tendenz zutreffend und im einzelnen vielfach richtig, aber ohne Begründung ausgewählt, oft auch falsch und sicher unvollständig. Die von Geisen angegebenen Ausgaben sind durchweg nicht die von Steiner benutzten. Die folgenden Angaben stützten sich auf meine Lektüreeindrücke und wären durch Rezeptionsstudien zu fundieren.

Theosophischen Gesellschaft allerorten finden: Der Kern der Vereinsaktivitäten bestand in der Lektüre von Steiners Schriften und, als Höhepunkten, im Besuch seiner Vorträge. Dies kostete nicht nur Zeit und Geld, sondern bedurfte auch eines gehörigen Maßes an Bildungswissen (und zerstörter alter Gewißheiten), um Steiners Weltanschauungsproduktion nachvollziehen, respektive sie als Antworten auf Fragen der eigenen Bildungsgeschichte anverwandeln zu können. Die literarische Produktivität von Steiners Rezipienten bezeugen etwa die Vielzahl theosophischer Periodika (s. 3.16) und Bücher von Theosophen, insbesondere von Memoiren[52], und natürlich hatte Steiners Adyar-Theosophie seit 1908 einen eigenen Verlag (GA $262^2$,278), wie andere theosophischen Gesellschaften auch.

Die Mitteilungsblätter berichten häufig von Leihbibliotheken, die es vermutlich in der Mehrzahl der Zweige gab[53]. Die Freiburger Bibliothek zählte 1907 59 Bände, die man jedoch »nicht sehr viel benutzt« (MTG 4,7), während der Zweig Weimar berichtete, daß die »kleine Bibliothek« »von den Mitgliedern fleissig benutzt« werde (ebd., 4,9). Die Münchener Bibliothek konnte 1905 auf 200 (ebd., 2,10), 1907 auf 300 Bände verweisen (ebd., 4,9); sie hatte 1905 eine Ausleihrate von 200 Einheiten (ebd., 2,10). Seit 1906 besaß der Münchener Zweig ein Lesezimmer, 1908 sind sowohl ein »Theosophisches Lesezimmer« als auch eine »Theosophische Bibliothek« nachweisbar (ebd., 7,5). Die größte Einrichtung war die Sektionsbibliothek in Berlin, die im Dezember 1912 auf 1418 Bände angewachsen war (ebd., 14,29), vermutlich unter anderem durch die Schenkung der Bibliothek des Grafen Brockdorff 1907 an die deutsche Sektion (ebd., 4,3 f.). Die Berliner Bestände lassen sich, da die Akquisitionen teilweise fortlaufend publiziert sind, umreißen: Es dominierte theosophische und esoterische Literatur, dazu kamen philosophische, religiöse, historische und belletristische Werke, darunter einige Bücher in englischer und französischer Sprache[54]. Auffällig ist die große

[52] Exemplarisch die Publikationen von Theosophen, die zu Priestern der Christengemeinschaft wurden, bei Gädeke: Die Gründer der Christengemeinschaft, 524–538. Unvollständiger Nachweis bei Lindenberg: Steiner (Chronik), 636–639.

[53] Überraschenderweise sind bei Alberto Martino weder theosophische Leihbibliotheken noch deren Kataloge nachgewiesen, obwohl sie nicht nur in Archiven, sondern auch in Bibliotheken vorhanden sind. Auch fehlen offenbar theosophische Schriftsteller in den nichttheosophischen Bibliothekskatalogen, sind sie jedenfalls bei Martino nicht nachgewiesen. Unter den »esoterisch« einschlägigen Schriftstellern findet sich immerhin Edward Bulwer-Lytton unter den vielgelesenen Autoren der Jahrhundertwende (Martino: Die deutsche Leihbibliothek, 410–417).

[54] Ich nenne exemplarisch die Werke der ersten und letzten Neuanschaffungsliste von 1908 (MTG 6,18) und 1912 (ebd., 14,28 f.).
1908: G. H. Schubert: Die Symbolik des Traums. Goethe und Schiller: Briefwechsel. Torquato Tasso: Befreites Jerusalem. Th. Arldt: Das Atlantis Problem. Sante de Sanctis: Die Mimik des Denkens. Geschichte des Rabbi Jeschua ben Josef Hanootgri. F. Mendelssohn-Bartholdy: Briefe. Ant. Fogazzaro: Der Heilige. Geber: Summa Perfectionis etc. Ueber Alchemie. Bhagavad Gita, uebersetzt von M. A. Oppermann. M. A. Oppermann: Betrachtungen über die Bhagavad Gita. Friedrich Delitzsch: Mehr Licht. Annie Besant: H. P. Blavatsky and the Masters of Wisdom. G. W. Fr. Hegel: Philosophie der Geschichte. Transactions, 11nd. Annual Congress of the European Sections, Theosophical Society. Annie Besant: The Religious Problems in India – Islam, Jainism, Sikhism, Theosophy. Rudolf Steiner: Haeckel, die Welträtsel und die Philosophie. Ders.: Die Erziehung des Kindes. Ders.: Blut ist ein besonderer Saft. Ders.: Das Vaterunser. Carl Unger: Ein Weg der theosophischen Weltanschauung.
1912: Beda Kleinschmitt: Franziskus in Kunst und Legende. Konrad Burdach: Faust und Moses. Ralph Wado Trine: Was alle Welt sucht. H. Jennings: Die Rosenkreuzer, ihre Geschichte und Mysterien.

Zahl theosophischer »Wörterbücher«, die lexikalisch geordnet das theosophische Wissen strukturieren und nachschlagbar machen sollten[55]; offenbar war die Fremdheit der Materie groß. Der Zugang dürfte meist allen Interessierten, also nicht nur Mitgliedern der Theosophischen Gesellschaft, offengestanden haben. Für die Münchener Bibliothek galt, daß

> »jeden Donnerstag zwischen 5 und 7 Uhr nachmittags Bücher unentgeltlich entliehen werden [können] – auch von Nichtmitgliedern – und an den anderen Wochentagen, ausser Samstags, wird die Bibliothek allen Mitgliedern der beiden Logen auf 2 Stunden geöffnet. Nichtmitglieder müssen sich um Eintrittskarten bemühen.« (ebd., 4,9)

Derzeit ist allerdings völlig unklar, in welchem Ausmaß diese Bibliotheken das Lektüreverhalten der Vereinsmitglieder geprägt haben. Klar ist hingegen, daß das theosophische Bücherwesen ein Machtfaktor war[56].

Daß Steiners Tätigkeit in der Theosophischen Gesellschaft in der Bibliothek des Grafen Brockdorff begann, ist vor diesem Hintergrund kein Zufall. Schließlich dürfte das Leihbibliothekswesen auch nochmals ein Indikator für die Existenz einer größeren sozialen Mittelschicht unter Theosophen sein[57]. Da Bücher oft zu teuer für einen Mittelschichtshaushalt und auf die Kaufkraft von Leihbibliotheken ausgerichtet waren[58], erklärt sich vermutlich so auch teilweise die hohe Anzahl theosophischer Leihbibliotheken.

In der Zweigarbeit nahm die Lektüre spezifisch theosophischer Literatur wohl noch vor den Vorträgen Steiners oder anderer Theosophen den größten Raum ein. Der Berliner Zweig berichtet im August 1906 von folgenden Aktivitäten:

> »Die Abendversammlungen fanden wie gewöhnlich am Montag statt. In Abwesenheit Dr. Steiners funktionierten [sic] Fräulein von Sivers und Frau von Bredow. Es wurden von Fräulein von Sivers Studien aus der ›Akasha-Chronik‹ [von Steiner] (vergl. Lucifer-Gnosis, Nr 14–30) durchgenommen und besprochen. Frau von Bredow las aus Vorträgen Dr. Steiners vor. Dr. Steiner sprach mehrmals an diesen Abenden über Erziehungsfragen, Erdbeben, Vulkane und deren Zusammenhang mit dem mensch-

---

J. Cooper-Oakley: The Comte de St. Germain. Moritz Bartsch: Los von Kant? E. Juncker: Im Schatten des Todes. Ders.: Kalewala, I und II. Krishnamurti (Alcyone): Zu den Füssen des Meisters. Rudolf Steiner: Kalender 1912 / 13. Gerhard Hauptmann: Der Narr in Christo. Hans Waldemar v. Herwarth: Unser Luftreich – unsere Zukunft. Rainer Maria Rilke: Das Stundenbuch. Annie Besant u. a.: Adyar Pamphlets, Nr. 1–12. Annie Besant: Weltreligion. Arnold Oppel: Gedichte. Edouard Schuré: Die Heiligtümer des Orients. von Eckartshausen: Tagebuch eines Richters. Ders.: Sammlungen zur Sittenlehre für alle Menschen. Ders.: Gott ist die reinste Liebe. Gertrud Prellwitz: Vom Wunder des Lebens. Dies.: Die Legende vom Drachenkämpfer. Dies.: Weltfrömmigkeit und Christentum. Dies.: Oedipus. Dies.: Zwischen zwei Welten. Dies.: Michael Kohlhaas. Dies.: Seine Welt. Rudolf Steiner: Ein Weg zur Selbsterkenntnis des Menschen. Blaise Pascal: Gedanken. Seuse: Ausgewählte Schriften und Lebensbeschreibung. Mechthild von Magdeburg: Das fließende Licht der Gottheit. Franziskus: Legenden; Edouard Schuré: L'évolution divine. Du Sphinx au Christ. Rudolf Steiner: Die Stufen der höheren Erkenntnis, aus Luzifer-Gnosis Nr. 29–35. Hermann Grimm: Fragmente I und II. Walter Rathenau: Zur Kritik der Zeit. Georgewitz-Weitzer: Zentralblatt für Okkultismus. Friedrich Rittelmeyer: Jesus.

[55] Etwa: Weber (?): Kleines Wörterbuch ([4]1921) (Erstausgabe nicht ermittelt; 3. Aufl. o. J. [1909]). Blavatsky: Theosophisches Glossarium; dies.: Der Schlüssel der Theosophie (Kap. 4, Anm. 515).

[56] Vgl. Steiners Verselbständigung in diesem Segment mit Beginn seines Amtsantritts (s. 3.4.2) oder die Auseinandersetzungen um die Theosophische Buchhandlung (s. 3.11.2).

[57] Martino: Die deutsche Leihbibliothek, 657.

[58] Vgl. ebd., 639 f.

lichen Schicksal. Am Vorabend hielt die Gruppe ihren ›weissen Lotus-Tag‹, an dem Dr. Steiner im Anschluss an die Wirksamkeit von Frau Blavatsky sich über die Mysterien Griechenlands verbreitete.« (MTG 3,5)

In anderen Zweigen war Steiner seltener präsent. Die Äußerung aus dem Ekkehard-Zweig in St. Gallen, »in der Hauptsache studieren wir gemeinschaftlich durch Vorlesung und Diskussion das Buch von Dr. Steiner, ›Theosophie‹« (ebd., 4,9), dokumentiert das Ausweichen vom gehörten auf den gelesen Text. Steiners Veröffentlichungen dominierten bei den Lesetexten unangefochten. Die Hinweise aus den frühen Jahren auf andere Autorinnen und Autoren, daß man sich etwa der »Durcharbeitung der Geheimlehre von Frau H. P. Blavatsky« (ebd., 4,8) gewidmet habe, so der Hannoveraner Zweig im Jahr 1907, wurden immer seltener, bis gegen 1914 Steiners Schriften den Lektüreplan vollständig beherrschten. Dabei handelt es sich fast ausnahmslos um dessen theosophische Werke und um Vortragsnachschriften, allerdings wird auch mehrmals Steiners vortheosophische »Philosophie der Freiheit« als Studiengegenstand genannt[59].

Bildung ist allerdings nicht nur Medium sozialer Identitätsbildung, sondern auch konstitutiv Persönlichkeitsbildung und wird dann nicht nur über Bildungskanones, sondern auch über »Lebensführung« »auf dem Weg zur Selbstfindung« geformt[60]. Dabei brach die Dialektik von sozialer und individueller Bildung, die Spannungen von autonomer Selbstbildung und autoritativer oder gar autoritärer Lehre von Bildungsgegenständen, also von Individualisierung und sozialer Vermittlung, massiv auf. Um nur ein Beispiel zu nennen: Steiner propagierte nach 1900 »Selbsterlösung« (s. 7.4.2) und Dogmenfreiheit (s. 7.4.5c), konzipierte aber zugleich einen Schulungsweg, der seine Bildungsgüter erst nach der Unterwerfung unter die Autorität eines »Geheimlehrers« preisgeben sollte (s. 7.4.2). Angesichts von Steiners monopolartiger Stellung und der ihm entgegengebrachten, oft devoten Verehrung[61] und angesichts der weitgehend unkritischen Lektüre seiner Werke war der Anspruch auf autonome (spirituelle) Bildung de facto unterlaufen. Steiner und seine Theosophie dürften für die meisten Theosophen zum zentralen hermeneutischen Filter ihrer Weltinterpretation geworden sein, deren Inhalte nicht diskursiv angeeignet, sondern meditativ (s. 7.10.1f) verinnerlicht wurden, so wie im St. Galler Zweig 1907: »Die Mitglieder haben sich verpflichtet, zur Uebung in der Gedankenkonzentration, jeden Morgen zur festgesetzten Zeit einige bestimmte Sätze aus dem ›Pfad der Erkenntnis‹ für 8 Tage zu meditieren.« (MTG 4,9) Vermutlich bestätigt die Ernsthaftigkeit und Intensität, mit der die (Selbst-)Bildung unter Theosophen betrieben wurde, die Verschränkung von Arbeit und Bildung, die in der Historiographie oft postuliert wurde[62]. Von Muße jedenfalls vermitteln die meisten bildungsbezogenen Tätigkeiten wenig, das neuzeitliche, auf Arbeit beruhende Selbstwertge-

---

[59] MTG 6,9 (Basel); ebd., 6,10 (Berlin); ebd., 6,11 (Düsseldorf); ebd., 9,7 (Karlsruhe); ebd., 9,8 (Nürnberg).

[60] Koselleck: Einleitung – Zur anthropologischen und semantischen Struktur der Bildung, 24.

[61] Vgl. dazu die Beispiele bei Badewien: Anthroposophie, 178–190.

[62] Z. B. Koselleck: Einleitung – Zur anthropologischen und semantischen Struktur der Bildung, 32.

fühl[63] scheint auch unter Theosophen einen hohen Stellenwert eingenommen zu haben. Die Bildung war zwar von manueller Arbeit abgelöst, erfüllte strukturell jedoch die Funktion einer autonomisierenden Produktivkraft.

Die Theosophische Gesellschaft stand in der bildungsbegründeten Weltanschauungskonstruktion nicht allein. Goethe-Bünde, Nietzsche-Vereinigungen oder Humboldt-Vereine sind weitere Beispiele einer auf Bildung und Bildungsanspruch gegründeten Ausdifferenzierung des Vereinswesens. Carola Groppe hat in dieser Perspektive einen sozialstrukturell besonders auffälligen Parallelfall zu Steiners Theosophie beschrieben, den Kreis Georges, der (hochqualifizierte) Bildungsbürger rekrutierte, seine (ästhetische) Weltanschauung als Bildungsprojekt entwarf, im Kern einen esoterischen Bund unter der Führung eines priesterlichen Charismatikers schuf und als »geisteswissenschaftliche Schule« die Umsetzung seiner Vorstellungen mit wissenschaftlichem Anspruch vorantrieb[64]. Im Hintergrund sieht Groppe eine antipositivistische, historismuskritische Sicherung von Bildung in einer von naturwissenschaftlichem Denken stark geprägten Generation. Alle diese Merkmale ließen sich auch auf Steiners theosophische Gesellschaft übertragen.

*d. Konfession*

Die »heimatlosen Seelen« in der Theosophie (GA 258$^3$,148 [1923]) stammten auch in Deutschland mehrheitlich, vermutlich sogar weit überwiegend – darauf weisen alle erreichbaren Daten hin – aus dem Protestantismus. Katholiken waren selten(er), aber zu ihnen gehörte Steiner selbst, wodurch der Konfessionsproporz in der Vergangenheit verzerrt wahrgenommen wurde. Steiner war zwar katholisch getauft, aber in einem freigeistigen Elternhaus großgeworden, so daß man nicht von einer weitreichenden Prägung ausgehen kann; er ist schon von daher kein repräsentatives Beispiel für einen »katholischen« Anthroposophen. Juden gab es vereinzelt[65], Quantifizierungen sind mir jedoch nicht möglich. Die Dominanz von Protestanten ist bisher nur mit qualitativen Indikatoren zu belegen: lokale Schwerpunkte, weltanschauliche Themen, ästhetische Orientierungen oder rituelle Ausprägungen verweisen allesamt in den Protestantismus[66]. Die protestantische Klientel läßt sich vermutlich auf liberale Protestanten eingrenzen[67],

[63] Vgl. diese These bei Wiedemann: Arbeit und Bürgertum.

[64] Groppe: Die Macht der Bildung, Zit. 623.

[65] Karl König, der Gründer der anthroposophischen Camphill-Bewegung in England, war von Hause aus Jude, bei einigen Namen – Henriette Rosenwald (MTG 3,5) oder Dr. Cohen (ebd., 10,21) – kann man einen jüdischen Hintergrund vermuten.

[66] Vgl. die Konfessionstopographie der Städte (s. o. 4.1.1a), das Lebensreformmilieu (s. u. 4.1.3e) oder das theologiehistorische Umfeld der Dogmenfreiheit (s. 7.4.5c). Auch entstammen die meisten der namentlich identifizierbaren Adeligen protestantischen Familien. Oder: Die meisten Priester der der 1922 von Steiner gegründeten »Christengemeinschaft« kamen aus dem Protestantismus. Von den 45 Priestern (darunter drei Priesterinnen) waren nur drei katholisch getauft, und von diesen dreien hatte einer zuvor als protestantischer Pfarrer amtiert.

[67] Die Erforschung des bürgerlichen Protestantismus war – nach seiner Teilzerstörung durch den Ersten Weltkrieg und seine ökonomischen Folgen, nach der partiellen Diskreditierung durch die Unterstützung des Nationalsozialismus und schließlich nach der Bekämpfung des Kulturprotestantismus durch die barthianische Theologie nach dem Zweiten Weltkrieg – lange Zeit kaum betrieben worden, doch sind in den letzten Jahren wichtige Studien entstanden, in der auch einige

denen die Überschreitung von klassischen dogmatischen Grenzen, die Beschäftigung mit religionsgeschichtlichen Fragen oder auch mit alternativkulturellen Themen nahelag; genauere Forschungen und Daten fehlen aber[68]. Viele religiöse Praktiken in der Theosophischen Gesellschaft lassen sich als Kompensationen von Defiziten des Protestantismus und seiner Liturgie lesen. Die rituellen Handlungen in maurerischer Tradition – wobei zur Freimaurerei in Deutschland um 1900 mehrheitlich Protestanten gehörten – besetzten einen Bereich der ästhetischen Vermittlung von Religion, der im Predigtgottesdienst teilweise brachlag. Dessen ästhetisches Manko hat Steiner polemisch benannt, und 1918 die Predigt als Teil einer »faulen Pastoren- und Pfarrerwirtschaft« denunziert, in der den Leuten »mit dem Leben nicht zusammenhängendes Zeug zur sogenannten Erwärmung der Seelen« vorgeredet werde (GA 186,44). Vice versa finden sich bei Anthroposophen Zeugnisse für den tiefgreifenden Eindruck hochkirchlicher Liturgien. Friedrich Rittelmeyer etwa berichtete 1916 über ein Hochamt im Kölner Dom:

> »Man muß es einfach erlebt haben, wie ein solch herrlicher Dom wirkt, wenn nun seine Seele ihn erfüllt, wenn der ganze Chorraum aufstrahlt im Schein von vielen hundert Lichtern, über denen sich geheimnisvoll das Dunkel der Höhe wölbt, wie dann die Andacht der lebendigen Menschen, der Priester in ihren starkfarbigen, weißen und roten Gewändern diese lichte Welt belebt«. Dies müsse man erlebt haben, »um zu empfinden ..., wie wenig er [der Katholik] unsre protestantischen Gottesdienste überhaupt als Gottesdienste empfindet«[69].

Daß die 1922 konzipierte Liturgie der Christengemeinschaft im wesentlichen dem Tridentischen Rituale Romanum folgt, ist eine Wendung gegen den Protestantismus durch Adaptation katholischer Formen. Man kann die Theosophische Gesellschaft in konfessioneller Perspektive partiell als katholisierende Reaktion auf (vermeintliche) Defizite des Protestantismus lesen. Daß für manche Protestanten die Theosophie als Katalysator auf dem Weg in die katholische Kirche fungierte (Ludwig Kleeberg, Valentin Tomberg, Martin Kriele), unterfüttert diese Deutung.

### *e. Lebensreform*

Die Lebensreformbewegungen der Jahrhundertwende um 1900[70] waren – bei allem Zulauf aus Arbeiterkreisen und von Adeligen – dominant bürgerlich

---

Beziehungen zu dissentierenden Gruppen thematisiert sind. Eine Initialfunktion besaß auch hier Thomas Nipperdey, doch existiert inzwischen eine dichte Literatur. Vgl. Kulturprotestantismus, hg. v. H.M. Müller; Der deutsche Protestantismus um 1900, hg. v. F.W. Graf; Kultur und Kulturwissenschaften um 1900, Bd. II, hg. v. G. Hübinger; Ästhetik außerkirchlicher Religionspraxis, hg. v. V. Drehsen u.a.; Hölscher: Die Religion des Bürgers; Timm: Bildungsreligion im deutschsprachigen Protestantismus.

[68] Exemplarisch dafür steht Friedrich Rittelmeyer, dessen dogmatische Grenzlage von kirchlichen Stellen realisiert wurde: Er sei gegenüber den »Offenbarungstatsachen skeptisch« eingestellt, emanzipiere sich als »Subjektivist« von der »Autorität der H. Schrift«; vgl. Landeskirchliches Archiv Nürnberg, Personalakten Friedrich Rittelmeyer, Bewertung anläßlich seines Wechsels nach Berlin; dazu Zander: Friedrich Rittelmeyer, 261–265.

[69] Rittelmeyer: Hochamt im Kölner Dom, 53.

[70] Dazu: Handbuch der deutschen Reformbewegungen 1880–1933, hg. v. D. Kerbs u.a.

und wohl auch protestantisch geprägte Milieus zur »ersatzreligiösen Selbstbestimmung«[71]. Vielfältige Querverbindungen zur Theosophie liegen angesichts dieser Sozialstruktur auf der Hand und sind auch nachweisbar[72]: Inmitten der Naturheilsanatorien auf dem »Weißen Hirsch« bei Dresden hielten die Steiner-kritischen Adyar-Theosophen in den letzten Jahren vor dem Ersten Weltkrieg ihren »Sommerkurs« ab, die Schnittmenge zwischen europäischen Buddhisten und Theosophen war beträchtlich[73], oder auf dem Monte Veritá waren theosophische Ideen weit verbreitet[74] – um nur wenige Beispiele zu nennen.

Auch im Umfeld Steiners finden sich diese Querverbindungen, die ich auch hier nur illustriere. So gab es hinsichtlich diätetischer Reformvorstellungen breite Überschneidungen: wenn etwa der »öffentliche Leseabend« in Freiburg »im Vegetarischen Speisehaus Brunz« stattfand (MTG 4,7), auch die Dresdner und Karlsruher in einem im vegetarischen Speisehaus tagten (ebd., 6,11; 3,7), die Pforzheimer sich in einem »Reformrestaurant« trafen (ebd., 7,5), der Zschokke-Zweig in Zürich im »alkoholfreien Restaurant Karl der Grosse« zusammenkam (ebd., 9,8), die Bonner Theosophen zeitweise in einem »Teezimmer« logierten (ebd., 5,15) oder Anzeigen von »Pensionen und Erholungsstätten mit vegetarischer Verpflegung« Theosophen bewarben (MAG 1 / 2,42). Und das vegetarische Restaurant »Der Fruchtkorb« der Adyar-Theosophin Harriet Freiin von Vacano (gegenüber der neuen Pinakothek[75]) war einer der beliebtesten Versammlungsorte für Theosophen in München. Auch in Steiners Lehrgebäude lassen sich Berührungspunkte ausmachen. Im Blick auf die Reinkarnationslehre warnte er nachdrücklich vor Alkoholkonsum, da er die Fähigkeit zur Erinnerung einschränke, wenn nicht sogar ganz unmöglich mache[76]; und in der esoterischen Schulung hatte er die Parole ausgegeben: »Der Genuß von alkoholischen Getränken ist unvereinbar mit den Aufgaben der Meditation. ... Die Enthaltung von Fleischspeisen ist *nicht* geboten, wird aber angeraten« (GA 264²,148). Steiner ließ jedoch keinen Zweifel daran, daß die Zukunft einem strengen Vegetarismus gehöre. Dem Vivisektionisten drohte er an, nach dem Tod »genau alle die Qualen durch[zu]machen, die er den Tieren zugefügt hat« (GA 95,36), und stimmte damit in die in theosophischen Kreisen weitverbreitete Kritik an der Vivisektion ein[77]. Die Bedeutung des Abendmahls sei es, »von der Ernährung vom toten Tier überzugehen zu der Ernährung von der toten Pflanze« (GA 93a,246 f.). Damit war Steiner, der als Jüngerer »Frankfurter Würste – und Cognac« und »Schwarzen Caffee«[78] wohl nicht ohne ironischen Hinterton zu seinen Lieblingsspeisen gezählt hatte, als Theosoph zum Vegetarier und Prohibitionisten geworden (der gleichwohl aus pragmatischen Gründen auch hin- und wieder zum Fleisch griff).

---

71 Vom Bruch / Hofmeister: Kaiserreich und Erster Weltkrieg 1871–1918, 149. Zur protestantischen Präsenz vgl. Barlösius: Naturgemäße Lebensführung, 125–129. 212 f.
72 Dazu ausführlicher Zander: Theosophie und Anthroposophie, 433–436.
73 Baumann: »Importierte« Religionen, 519.
74 Schöneberger: Monte Verità und die theosophischen Ideen, 65–79.
75 Vgl. Zeylmans: Wer war Ita Wegman?, I, 55; vgl. auch Jünemann: »Der Winter weicht ...«, 27.
76 Vgl. GA 94,52 f.; GA 93a,64; Kleeberg: Wege und Worte (²1961), 75.
77 Z. B. Besant: Einweihung, 62.
78 Kugler: Feindbild Steiner, 68.

Prinzipienlocker verhielt er sich auch gegenüber dem Rauchen: Er hatte es sich als Theosoph abgewöhnt und nahm wohl stattdessen in seinen späteren Lebensjahren Schnupftabak[79].

Verbindungen zu Lebensreformbewegungen bestanden vor 1914 noch in vielen weiteren Bereichen: Die Eurythmie ist eine Variante des Ausdruckstanzes der ersten Jahre des 20. Jahrhunderts; die dabei und von vielen Theosophinnen getragenen Gewänder gehören in die Reformkleidung der Vorkriegsjahre; in die Dornacher »Anthroposophenkolonie«, die seit 1912 entstand, sind Anregungen der Gartenstadtbewegung eingegangen; das erste Goetheanum (»Johannesbau«) gehört architektonisch in den Jugendstil; die ersten Versuche, Naturheilverfahren in die Theosophie einzubringen, datieren noch aus den letzten Jahren vor dem Ersten Weltkrieg. Die Verbindungen zu Reformbewegungen waren, wie diese wenigen Hinweise zeigen, dicht. Sie bestanden allerdings fast nicht auf institutioneller Ebene, sondern durchweg aufgrund der persönlichen Beziehungen von Theosophen. Allerdings fehlten offenbar Bezüge zu politisch aktiven Bewegungen, etwa zur Frauen- oder Friedensbewegung[80]. Daß Steiner sein Verhältnis zu diesen Bewegungen im Modus der Überbietung konzipiert hat, entsprach dem theosophischen Selbstverständnis: Er betrachtete »alle Spezialbewegungen [als] peripherisch (z. B. Friedensbewegung, Antialkoholismus, Tierschutz usw.)« gegenüber einer Orientierung am »richtigen Geistesleben« aus theosophischer Überzeugung[81].

Nach dem Ersten Weltkrieg hat Steiner dann unter Einbeziehung der Anregungen von Lebensreformbewegungen Praxis zu gestalten gesucht. Dabei dürfte der Zustrom neuer, durch die Jugendbewegung geprägter und durch den Krieg gegenüber den Idealen der wilhelminischen Bürgerlichkeit kritischer Mitglieder diesen Trend massiv verstärkt haben[82]: In der »Dreigliederung des sozialen Organismus« vom Frühjahr 1919 finden sich organologische Vorstellungen oder Theorieelemente Silvio Gesells. Die 1919 gegründete erste Waldorfschule beerbte die Reformpädagogik der Aufbruchsjahre vor dem Ersten Weltkrieg, die seit 1920 entwickelte anthroposophische Medizin steht in der Tradition homöopathischer und naturheilkundlicher Verfahren, die Christengemeinschaft verstand sich 1922 als »neue Reformation« zur Überwindung der klassischen Kirchlichkeit, und mit dem biologisch-dynamischen Landbau griff Steiner 1924 die Versuche landwirtschaftlicher Reformbestrebungen auf. Noch heute wird in Dornach nahe beim Goetheanum das anthroposophische »Kaffee- und Speisehaus« als Reformrestaurant geführt, und »Weleda-« oder »Demeter«produkte haben den Weg in den bürgerlichen Normalhaushalt angetreten.

---

[79] So Wilson: Rudolf Steiner, 159.

[80] 1904 glaubte Steiner, daß die Frau durch die Frauenbewegung »innere Selbständigkeit« und »äußere Freiheit« bekommen habe. Nun könne sie »eine Mitarbeiterin des Mannes werden, aber nicht seine Rivalin« (GA 266a,554). Ob dies eine faktische oder eine normative Aussage ist, läßt sich im Kontext dieser Stelle nicht feststellen; positive Aussagen zur politischen Rolle der Frauenbewegung scheinen aber bei Steiner zu fehlen.

[81] Kleeberg: Wege und Worte ($^{2}$1961), 30.

[82] Vgl. den Bericht von Heinz Müller, unten 4.2.5.

Derartige Interferenzen zwischen verschiedenen Lebensreformbewegungen sind noch nicht systematisch erforscht. Jede dieser Bewegungen besaß organisatorische Kernbereiche, aber auch einen ausfransenden Rand und somit eine Organisationsform, bei der die klassische soziologische Kategorie der »Gruppe« nicht mehr greift (s. u. 4.4.2). Diese Uneindeutigkeit durch Interferenz trifft man konsequenterweise auch auf biographischer Ebene: Mehrfachmitgliedschaften oder die kombinatorische Verknüpfung von Inhalten in Biographien dürften sich bei vielen Theosophen finden. Auch derartige hybride Identitäten sind noch kaum erforscht. Die Biographie des »Athletenvaters« Theodor Siebert, der zwischen Körperkultur, Lebensreform und Theosophie changierte[83], steht exemplarisch für einen Synkretismus, der sich vermutlich als Ausdruck einer ganzheitlichen Weltanschauung und Lebenspraxis verstand.

*f. Bürgertumskritik*

Zum Bürgertum gehörte die Bürgertumskritik. Neben der Kanonisierung bürgerlicher Werte trat im 19. Jahrhundert ihre Kritik oder Bestreitung, und zwar nicht nur von außen durch Arbeiterschaft und Adel, sondern eben auch durch bürgerliche Kräfte. Seit etwa 1900 scheinen diese Unterminierungen an Prägnanz und Vehemenz zugenommen haben, wenngleich ein Urteil über diese Debatten selektive Züge trägt.

Der vielleicht schärfste, mit Anspruch auf philosophische Destruktion bürgerlicher Werte und ihrer ganzen Lebenswelt vorgetragene Angriff kam von Friedrich Nietzsche. Steiner hat ihm seit seiner nietzscheanischen Konfessionen in den 1890er Jahren lebenslang die Treue bewahrt, wenngleich die Nachwirkungen von Nietzsches antibürgerlicher Fundamentalkritik in Steiners theosophischer Phase ausgesprochen zahm sind. Wenn Steiner etwa 1915 Nietzsche bescheinigte, in seinem »Zarathustra« den »bewußten« Menschen und dessen kosmische Realität geahnt zu haben (GA 157,300), war er in die theosophische Weltanschauung eingemeindet, unter Absehung von seiner antibürgerlichen Polemik.

Eine zweite, politische Kritik betraf die obrigkeitsstaatliche, teilweise monarchistische Gesinnung im Bürgertum, das oft bedauerte republikanische Defizit. Theodor Mommsen kommentierte in seiner 1899 zu Papier gebrachten »Heringsdorfer Testamentsklausel« diesen Sachverhalt überaus bitter hinsichtlich seines Wunsches, ein Bürger zu sein‹: »Das ist nicht möglich in unserer Nation, bei der der Einzelne, auch der Beste, über den Dienst im Gliede und den politischen Fetischismus nicht hinauskommt.«[84] Eine vergleichbare Sensibilität für die partielle politische Entmachtung des Bürgertums findet sich bei Steiner und in der Theosophischen Gesellschaft nicht. Politik war vor 1914 fast kein Thema; das hinsichtlich der Lage der Arbeiter skizzierte Realitätsdefizit läßt sich auf die Wahrnehmung der politischen Lage des Bürgertums übertragen.

---

[83] Wedemeyer: Der Athletenvater Theodor Siebert, 60–149.

[84] Zit. nach Gall: »... ich wünschte ein Bürger zu sein«, 601.

Einer dritten, »vitalistischen« Kritik[85] sah sich das Bürgertum seit den letzten Jahren des 19. Jahrhunderts seitens Lebensphilosophie und Jugendbewegung ausgesetzt, einhergehend mit der Revision bürgerlichen Lebensstils, der Neuentdeckung von Natur und natürlichem Leben, von Gemeinschaft statt Gesellschaft. Punktuell lassen sich diese Anliegen auch in der Theosophischen Gesellschaft wiederfinden, von der Reinterpretation grundlegender Vorstellungen wie des Naturkonzeptes über die Rezeption einzelner Reformmotive bis zur alternativen Gesellschaftstheorie nach dem Ersten Weltkrieg. Doch fehlte eine ins Prinzipielle reichende In-Frage-Stellung der bürgerlichen Lebensführung. Eine Jugendbewegung etwa hat es im theosophischen Rahmen in Deutschland vor 1914 nicht gegeben; erst 1918 sind jugendbewegte Anthroposophen zur Anthroposophischen Gesellschaft gestoßen[86].

Eine fundamentale Kritik an der bürgerlichen Welt und insoweit an der Konstitution der Theosophie läßt sich vor 1914 nicht nachweisen, der bürgerliche Horizont der Lebensführung galt unbefragt. Kritik gab es hingegen an einzelnen Inhalten der bürgerlichen Weltanschauung und nicht zuletzt an der christlichen Religion. Aber dies spielte sich innerhalb des bürgerlichen Diskussionsraums ab.

## 4.2 Das alltägliche Vereinsleben

Das theosophische Vereinsleben besaß Strukturen, die sich bei allen Unterschieden von Zweig zu Zweig als charakteristische Größen durchziehen, aber bislang praktisch unbekannt waren. Ich fasse im folgenden Details zu einem Strukturbild theosophischer Zweigaktivitäten zusammen, in dem Differenzen und Ausnahmen hinter den Regelfall zurücktreten.

### *4.2.1 Räume*

Ein theosophischer Zweig besaß häufig eigene Räumlichkeiten für seine Veranstaltungen[87]: einen Privatraum oder, wie in Bonn oder Stuttgart, ein eigenes Haus. Wollte man die maurerischen Zeremonien vollziehen, waren abgeschottete Räume wegen der hohen Ausstattungsanforderungen und Geheimhaltungsvorschriften unabdingbar. Vielfach hat man, vor allem in kleineren Zweigen, auch in Gaststätten oder Restaurants – durchweg der gehobenen Kategorie – getagt. Ob das »alkoholfreie Restaurant Karl der Grosse« in Zürich (MTG 9,8) besonders preiswert war, mag man bezweifeln, eine Weihnachtsfeier im Heidelberger »Hotel Metropol« (ebd., 9,7), eine Versammlung im »patriotischen Haus«

---

[85] So Kocka: Bürgertum und bürgerliche Gesellschaft, 41.

[86] Vgl. exemplarisch die Memoiren von Lehr: Gelebte Erwartung, etwa die Seiten 215f. oder 306f.

[87] Zur sozialen Topographie der Räume und Orte theosophischer Vereinstätigkeit vgl. ausführlich Zander: Theosophische Orte, 119–147.

in Hamburg (ebd., 6,12) oder im Frankfurter »Börsen-Restaurant« (ebd., 5,14) war es nicht. Privaträume, die zur Verfügung standen, setzten angesichts ihrer Kapazitäten zur Aufnahme einer großen Zahl von Zuhörern großbürgerliche Verhältnisse voraus: In einer Hamburger »Privatwohnung« fanden 80 Personen bei einem Vortrag Steiners Platz (ebd., 7,6), und häufig, so in Breslau, wurden die Vereinsveranstaltungen in Privaträumen abgehalten (ebd., 10,19); in anderen Städten, so in Düsseldorf, war man in Lage, für die Zweigarbeit einen eigenen Raum anzumieten (ebd., 10,20), und die Buchbestände waren zumindest teilweise in eigenen Räumen untergebracht. Die genannten Aktivitäten der Münchener Loge mit dem »Kunst- und Musiksaal« fanden ebenfalls in einem gemieteten Raum statt.

In den Städten mit einer großen Mitgliederschaft, etwa in Berlin, München oder Stuttgart, existierten größere Wohn- oder Gebäudekomplexe, die man mietete oder besaß (s. 12.2.4; 12.3). Die Schaltzentrale bildete die Motzstraße 17 in Berlin, wo das deutsche Hauptquartier war, mit der mitgliederstärksten Loge, der größten Zweigbibliothek und dem Verlag der deutschen Adyar-Theosophie. Hier hatte auch Steiner seine Privaträume. Im Vorderhaus der Motzstraße war eines der Berliner »Kunstzimmer« eingerichtet, zudem wohnten auch in den dortigen Wohnungen Theosophen[88], offenbar in einer Art lockerer Wohngemeinschaft.

Im Gegensatz zur Arbeiterschaft, für die oft Kneipen und deren Säle den Ort ihrer öffentlichen und halböffentlichen Zusammenkünfte bildeten[89], blieben die Theosophen meist im abgeschlossenen Raum von der Öffentlichkeit getrennt. Die Raumgestaltung führte zu einer theosophischen »Aura«, die Assja Turgenieff für das Berliner Zweiglokal folgendermaßen wahrnahm:

> »Wie ein Schiff oder Inselchen im brausenden Meer des modernen Großstadtlebens war das Zweiglokal in der Geisbergstraße. ... In gesättigtem Blau gemalte Wände und noch dunkler blau die Tür, der Fußboden, Fenster und Stühle. Auch das seitlich gestellte Rednerpult war dunkelblau, darauf ein Strauß leuchtend roter Rosen. Die Vorhänge an den Fenstern waren hellblau, und auch die Decke war mit hellblauem Stoff bedeckt, der, in den Nähten fester angezogen, in merkwürdigen Wellen nach unten gebauscht herunterhing. ... Die Büsten von Hegel, Schelling, Fichte und Novalis, sowie zwei Radierungen von Raffaels Stanzen nahmen die Räume zwischen den Fenstern ein.«[90]

Bei Festveranstaltungen konnte ein »blaues Ampellicht« – etwa 1910 bei einer Blavatsky-Gedächtnisfeier (MTG 10,18) – den Raum illuminieren. Das Blau als Farbe des Kosmischen oder Seelischen und das Rot als Kontrastfarbe begegnen in den Räumen der Adyar-Theosophie immer wieder, bis in die privaten Zimmer Steiners hinein[91]. Man liebte vor 1914 offenbar den fetten Farbton. Die symbolistisch inspirierten Pastellfarben, die bis heute die anthroposophische Malerei

---

[88] Jünemann: »Der Winter weicht ...«, 30 f.

[89] Vgl. Kneipengespräche im Kaiserreich, hg. v. R.J. Evans.

[90] Turgenieff: Erinnerungen an Rudolf Steiner, 34 f.

[91] Sein Stuttgarter Gesprächszimmer hatte Steiner in einem »intensiven Rot« streichen lassen (Meyer: Wer war Rudolf Steiner?, 12 f.), während Turgenieff in Steiners Berliner Räumen in der Motzstraße 17 »staunend« »schöne Mahagonimöbel mit dicker violetter Ölfarbe überstrichen, die Farbe der Wände entsprechend« entdeckte (Turgenieff: Erinnerungen, 35). Zur Farbbedeutung GA 136,13 [3.4.12] (Blau als kosmische Farbe); GA 291a (1990), 313–315 (Blau als Farbe des Seelischen).

dominieren, waren in den Vorkriegsjahren nicht signifikant; erst beim Johannesbau, der seit 1913 in Dornach entstand, näherte man sich der ätherischen Farbpalette an. Die roten Rosen lassen sich auf das rosenkreuzerische Selbstverständnis beziehen, das Steiner seit 1906/07 propagierte (s. 8.4.2c), während die Büsten der Philosophen seinen Anspruch einer philosophischen Begründung der Theosophie dokumentierten, und hinter den Bildern Raffaels steht Steiners Anspruch, eine spirituelle Tradition der Kunst zu integrieren. Die Räume von Theosophen waren ein ästhetischer Mikrokosmos ihres Synkretismus. Der Berliner Logenraum dokumentiert dabei die Mittelklasse theosophischer Räume: Zwischen dem privaten Wohnzimmer und der ambitionierten Großarchitektur wie in Dornach gab es viele Stufen. Im übrigen läßt die Beschreibung Turgenieffs zwar ein plüschiges Ambiente vermuten, aber man war gegenüber »modernen« Arrangements durchaus aufgeschlossen. Bei der Eröffnung des Stuttgarter Logenhauses konnte Steiner die »im Lichter elektrischer Flammen aufblühenden Rosen des an der Vorderseite des Rednerpulten angebrachten Kreuzes« bewundern[92].

### *4.2.2 Zweigarbeit*

Der Zweigabend, der einmal in der Woche stattzufinden pflegte, war wohl meist ein »Leseabend« (z. B. MTG 3,5) oder »Studienabend« (z. B. ebd., 9,7), in dem theosophische, religionsgeschichtlich-philosophische Veröffentlichungen und mehr und mehr die Texte Steiners gelesen wurden: seine Bücher und Vorträge, die in hektographierten Vervielfältigungen für den internen Gebrauch zur Verfügung standen (s. u. 4.2.5). Vermutlich hat man als lectio continua passagenweise gelesen und dann die Texte unter der Ägide älterer Theosophen »durchgenommen« (ebd., 3,5), worin man eine autoritative Exegese vermuten darf.

Neben diesem kognitiven Programm besaß die Zweigarbeit eine starke ästhetische Dimension, deren Umsetzung wohl an einen hohen Bildungsstand und beträchtliche finanzielle Mittel gebunden war. Von den freimaurerischen Ritualen über den Bau eigenständiger Architekturen und deren Ausstattung mit Mobiliar und Malereien läßt sich eine bis ins Detail gehende Ästhetisierung des (Zweig-)Lebens nachvollziehen. Zusätzlich hatten die Zweigveranstaltungen oft einen ästhetischen Rahmen. »Die Abende werden womöglich mit Musik und ethischer Lektüre eröffnet und beschlossen«, so eine Nachricht des Berner Zweiges im Jahr 1908 (MTG 7,3). Der Berliner Zweig hingegen dokumentierte 1909 ein umfangreiches Repertoire eigenständiger künstlerischer Veranstaltungsformen. Es heißt, daß

> »an den Sonntag Nachmittagen … Freiin von Eckhardtstein durch ihre Erklärungen vielseitig ausgelegter Kunstblätter eine dankbare und Belehrung suchende Zuhörerschar zu gewinnen wusste. In demselben Masse zeigte sich auch die Freude der zahlreichen Besucher an den Sonntag-Abend-Konzerten, wo gute Musik in Gestalt von Klavier-, Harmonium- und Gesangs- wie auch Violinvorträgen geboten wurde, an

---

[92] Zit. nach Lindenberg: Steiner (Biographie), I, 533 f.

> deren Ausübung sich eine grosse Zahl der theosophischen Mitglieder – es seien hier nur Frau von Sonklar und Herr Günther Wagner genannt – in bereitwilliger Weise beteiligten. In stimmungsvollem Wechsel zu diesen musikalischen Leistungen traten die, namentlich von Fräulein v. Sivers dargebotenen Deklamationen, die sich an einem der letzten Sonntage sogar zu einer mit grossem Beifall aufgenommenen, kleinen szenischen Wiedergabe aus dem zweiten Teile des Faust erweiterten. Hand in Hand mit diesen Versuchen einer Volksbelehrung im Dienste des Wahren, Guten und Schönen, gingen ferner die von Herrn Mitscher an den Mittwoch Abenden bereitwillig übernommenen Vorträge über ›Mythen und Sagen‹ und die Sonnabend-Vorträge der Frau Reif über ›Das Wesen des Menschen‹.« (MTG 9,5)

Die Veranstaltungen für Mitglieder und diejenigen zur Werbung von Interessenten gehen offenbar in diesem Bericht ineinander über, unterschiedliche Zielgruppen erhielten mithin das gleiche ästhetische Programm.

Die Zweigarbeit fand in größeren Städten in mehreren Logen statt. Große Städte wie München oder Stuttgart besaßen vier beziehungsweise drei Zweige, und auch kleinere Orte wie Tübingen und Karlsruhe schon zwei Logen. Andererseits wurde der vergleichsweise gigantische Zweig Berlin – hier waren 1911 mit 440 Mitgliedern fast zwanzig Prozent der deutschen Adyar-Theosophen organisiert – nie geteilt, aber dies hing möglicherweise mit der Bindung an Rudolf Steiner und der angeschlossenen Zentrale der deutschen Adyar-Theosophie zusammen. In anderen Städten waren Parallelzweige oft Indikatoren für Spannungen unter den Theosophen: In Dresden führte die Gegnerschaft zwischen Steiner und Hermann Ahner, in Düsseldorf die weiterbestehende Orientierung des Zweiges unter Johannes L.M. Lauweriks an Blavatsky zur Gründung eigenständiger Logen. Im elsässischen Mühlhausen dokumentierten die Zweignamen »Paulus-Zweig« und »Groupe d'étude Jeanne d'Arc« (MAG 7,32 f.), daß die Sprach- und Nationalgrenzen auch von der Theosophie nicht überbrückt werden konnten[93].

Neben dem Zweigabend kannte die Theosophische Gesellschaft weitere Formen abgestufter Öffentlichkeit. Sie war ein Verein mit zwiebelschalenartigen Dimensionen interner Zugänglichkeit, die Differenzierung in »Logenabende«, »öffentliche Abende« und andere Vorträge Steiners (MTG 9,4) macht dies auch in den Mitteilungen deutlich, ebenso die Hinweise auf »Hörerkarten« (ebd., 6,9) oder einen »engeren Kreis« (ebd., 6,15). Der Regelbruch – die Mitnahme von Freunden zur Loge (ebd., 6,10) oder die Rücknahme eines solchen Vorrechts (ebd., 6,15) – lag, wie bei den maurerischen Riten, in Steiners Souveränität. Der arkane Kern der Theosophischen Gesellschaft wurde allerdings selbst in diesem internen Mitgliederblatt nicht sichtbar. Die Esoterische Schule, die Steiner seit 1904 in der deutschen Sektion leitete und die den Weg vom Sympathisantenkreis in den Arkanzirkel des theosophischen Zentrums bahnte, kam in den »Mitteilungen« nicht vor und blieb der Öffentlichkeit zu Lebzeiten Steiners weitgehend

[93] Der deutschsprachige Zweig gehörte zu Steiners theosophischer Gesellschaft, der französischsprachige zur französischen Landessektion (GA 262$^2$,206). Unklar ist, ob hinter den beiden Warschauer Gruppen, wo sich 1913 zwei Zweige der Anthroposophischen Gesellschaft anschlossen, einer unter »Frau Wiga von Siedlecka«, einer unter »Frau A. von Ulrich« (MAG 1 / 2,38 f.), ethnische oder weltanschauliche Differenten verbargen.

unbekannt. Und hinter den »intimen« Vorträgen der Esoterischen Schule lockte schließlich die Arkandisziplin des maurerischen »Erkenntniskultes«. Dessen Zeremonien bildeten den unangefochtenen Höhepunkt des Vereinslebens.

Die öffentliche Präsenz der Theosophie war demgegenüber verkopft, lag aber vielen Theosophen gleichwohl am Herzen. Wenn Rhetorikkurse arrangiert wurden, um »auch den der Bewegung Fernstehenden gegenüber die theosophische Weltanschauung wirksam vertreten zu können« (MTG 3,6) oder der Berner Zweig Zeitungsanzeigen schaltete, um auf sich aufmerksam zu machen (ebd., 11,11), wenn sie mit »Riesenplakaten« warben[94] oder ein Kunst- und Musiksaal eröffnet oder ein »stiller Leseabend« für »Selbstlesende« geschaffen wurde (ebd., 2,10), geschah dies immer als Teil einer public relations-Arbeit. In manchen Zweigen dürfte aber Außenwirkung ein mühsames Geschäft gewesen sein. Für Elberfeld wird von sechs Mitgliedern und sechs bis zwölf Zuhörern berichtet (ebd., 4,7), in Weimar ist von wenigen Besuchen durch Mitglieder wie Gäste die Rede (ebd., 4,9).

Das Verhältnis zu den Konkurrenzzweigen der nicht zu Adyar gehörenden theosophischen Gesellschaften, die es in allen größeren Städten gegeben haben dürfte, ist schwer zu durchschauen, da Arbeiten zur Geschichte der anderen theosophischen Gesellschaften fehlen. In den veröffentlichten »Mitteilungen« der Adyar-Theosophie kommen sie schlicht nicht vor, nur in Einzelfällen wird – wie 1911 in Görlitz (MTG 11,13) – vom Übertritt einer Loge in die Adyar-Theosophie berichtet. Andererseits macht schon Steiners Trennungsgeschichte von der Muttergesellschaft klar, daß es massive Konflikte gegeben haben muß. Die Aufarbeitung dieses Beziehungsnetzes steht noch aus.

Die Intensität der Arbeit hing wohl von der Mitgliederzahl und vom Engagement einzelner ab und war dementsprechend unterschiedlich. Große Zweige wie München konnten noch Zusatzprogramme wie den »Kunst- und Musiksaal« für Arbeiter anbieten (s. o. 4.1.2a), während kleinere Zweige zumindest zeitweise herumkrebsten; so klagte der Karlsruher Zweig 1906, daß aufgrund der wechselnden Teilnehmer keine kontinuierliche Lektüre möglich sei (MTG 3,7).

### *4.2.3 Reisen*

In den »Mitteilungen« ist ein intensives Reiseverhalten von Theosophen belegt. Zum einen reiste Steiner das ganze Jahr hindurch, Vorträge haltend, etwa vom September 1906 bis zum Januar 1907 in folgende Städte: Straßburg, Freiburg (i. B.), Colmar, Baden-Baden, Basel, Bern, St. Gallen, Regensburg, Nürnberg, Weimar, Berlin, Aschersleben, Berlin, Leipzig, Berlin, München, Leipzig, Hannover, Hamburg, Bremen, Düsseldorf, Elberfeld, Köln, Bonn, Frankfurt a. M., Heidelberg, Stuttgart, München, Leipzig, Kassel, Stuttgart, Karlsruhe, Nürnberg, Dresden, München, Berlin, Hannover, Heidelberg, Karlsruhe, Basel, Bern, Straßburg, Hamburg, Weimar, Leipzig, Wien, Budapest (MTG 4,4 f.). 1922 war sogar eine Konzertagentur in seine Reiseorganisation involviert (GA $262^2$,321). Dane-

[94] Verweyen: Betrachtungen über Mystik, 108.

ben reisten auch andere Mitglieder, um Vorträge halten, ich greife exemplarisch die »Mitteilungen« vom März 1909 heraus: Die Berlinerin Camilla Wandrey referierte in Hannover, ebenfalls die Stuttgarterin Toni Völker, die zudem in Heidelberg und Karlsruhe sprach. In Karlsruhe finden sich auch der Heidelberger Friedrich Schwab, Carl Unger aus Stuttgart, der Nürnberger Michael Bauer, in Heidelberg der Stuttgarter Adolf Arenson (MTG 9,7). In Bonn trug der Düsseldorfer Josef van Leer vor und Felix von Damnitz aus Elberfeld, der außerdem in Bremen gastierte (ebd., 9,6), und von Friedrich Husemann wissen wir, daß er seine Vorträge im Cut hielt[95]. Insgesamt soll es in diesem Jahr zwanzig Vortragsreisende gegeben haben (GA 262$^{2}$,205). Ob diese Reisen von den Vortragenden oder, was wahrscheinlicher ist, von der Gesellschaft oder den Zweigen getragen wurden, ist unklar.

Aber nicht nur die Vortragenden, sondern auch die Zuhörer reisten, wie sich Marie Savitch erinnerte:

> »Eine ganze Reihe von Mitgliedern der Deutschen Sektion, die nicht beruflich gebunden waren, reiste mit, – besonders zu den Zyklen, zu den Vortragsreihen. Es wurden Einrichtungen [sic] getroffen, dass, wenn Rudolf Steiner und Marie von Sivers im Hotel wohnten, auch eine Reihe von anderen massgebenden Persönlichkeiten in diesem Hotel wohnten. Man traf sich bei den Mahlzeiten, und ungezwungene Unterhaltung und Zusammensein wurden möglich.«[96]

Dies trug partiell familiäre Züge: Auch Marie von Sivers' Schwester Olga und ihre Mutter reisten manchmal mit[97].

### *4.2.4 Jahreslauf und Festkalender*

Das theosophische Jahr dürfte mit einer Osterfeier im theosophischen Rahmen, möglicherweise zusätzlich, häufiger aber parallel zur kirchlichen Feier, einen ersten Höhepunkt gefunden haben[98]. Am 8. Mai stand, bis zum Bruch der Beziehungen mit der Muttergesellschaft Adyar, der Weiße Lotus-Tag anläßlich Blavatskys Todestag auf dem Programm. Er wurde 1902 in Adyar durch Verteilen von Reis und Kupfermünzen begangen und gipfelte in der Lesung von Texten und Vorträgen Blavatskys[99]. In Deutschland beschränkte man sich wohl auf das ritualisierte Lesen von Texten[100] oder auf Blavatsky-bezogene Vorträge. Auch Steiner hat als Adyar-Thesoph diesen Tag mit großer Selbstverständlichkeit begangen und etwa 1906 »im Anschluss an die Wirksamkeit von Frau Blavatsky

---

[95] Husemann: Friedrich Husemann, 145.

[96] Savitch: Marie Steiner-von Sivers, 47. Das Mitreisen wird auch von José del Monte berichtet; Del Monte: José del Monte, 129.

[97] Sivers: Brief an Edouard Schuré vom 17.6.1907, 53.

[98] Osterfeier in Köln (MTG 9,6; 10,19); Vorträge zu »Charfreitag und Ostern« in Bern (ebd., 11,11); Weihnachts- und Osterfeier in Zürich (ebd., 14,26).

[99] Anonym: White Lotus Day.

[100] Auf einem späteren Bild einer Weißer-Lotus-Tag-Feier in Bukarest vom 8. Mai 1936 findet die Veranstaltung vor einem kleinen, altarartigen Tischchen mit einem Bild Blavatskys und Blumen statt; SdM 129-1-46, Bl. 34.

sich über die Mysterien Griechenlands verbreitet« (MTG 3,5). Am 8. Mai 1912 feierte er den Weißen Lotus-Tag zum letzten Mal[101].

Im Sommer ruhte die Zweigarbeit für sechs bis acht Wochen, jedenfalls in vielen Zweigen. Das Jahr dürfte vielfach mit »Theosophischen Weihnachtsfeiern« ausgeklungen sein. Beim Heidelberger »Christfest« wurde 1907 »›Das Weihnachtsmysterium‹ (nach Dr. Steiner)« verlesen (MTG 6,14), in Stuttgart lobte man einen »schönen esoterischen Verlauf« (ebd., 6,16), und in Köln war der Baum »mit Symbolen und Rosen geschmückt«, wobei Steiner einen Vortrag über Goethes Gedicht »Die Geheimnisse« hielt (ebd., 6,11). Der Leipziger Zweig hielt die Weihnachtsfeier 1907 am 21. Dezember (ebd., 6,15), 1908 feierten der Heidelberger Zweig (im »Hotel Metropol«) und der Berliner am 23. Dezember (ebd., 9,5.7). Offenbar ging man der direkten Konkurrenz mit dem etablierten Feiertermin aus dem Weg, eine Verdrängung der christlichen Weihnachtsfeiern (möglicherweise im Gegensatz zum Osterfest) gab es vor 1914 wohl nicht. Erst mit der Gründung der Christengemeinschaft als anthroposophisch inspirierter Kirche im Jahr 1922 kam es zu einem durchorganisierten alternativen Festkreis einschließlich der Passageriten.

Gleichwohl dürfte auch die soziale Funktion dieser Weihnachtsfeiern teilweise an die theosophischen Veranstaltungen übergegangen sein, bekundete doch der Basler Zweig, daß man sich zu Weihnachten »wie eine Familie« gefühlt habe (MTG 5,13). In der Gestaltung setzte die Theosophie eigene Akzente, etwa in München am 15. Dezember 1907:

> »Der Abend wurde eingeleitet und geschlossen mit Musik (Harmonium und Gesang). Alsdann verlas Baronin Gumppenberg ein von ihr für die Feier verfasstes Gedicht. Während der Vorlesung des Weihnachtsvortrages, den Herr Dr. Steiner im letzten Jahre in Berlin gehalten hatte, und während der ganzen Feier brannten die 33 Lichter des Baumes, der mit den bekannten Symbolen und mit Rosen geschmückt war.« (ebd., 6,15)

Die kryptisch benannten Symbole (Rosen in Köln und 33 Lichter in München) sind mit hoher Wahrscheinlichkeit als rosenkreuzerische Anspielungen zu entschlüsseln. Schon während des Jahres hatte man in Köln den Zyklus »Theosophie im Sinne der Rosenkreuzer« gelesen (heute GA 99), und Steiner bestätigte diese inhaltliche Spitze mit seinem Kölner Weihnachtsvortrag über »Die Geheimnisse«, dem locus classicus des Rosenkreuzerthemas bei Goethe. Die Zahl 33 dürfte christologisch zu deuten sein und sich auf die Lebensjahre Jesu beziehen[102].

### *4.2.5 Vorträge und Zyklen*

Ein Höhepunkt waren wohl in vielen Zweigen die Vorträge auswärtiger, renommierter Theosophen. Sie blieben aber eindeutig nur die zweite Wahl gegenüber den Auftritten Steiners, die einen emotionalen und im Selbstverständnis der Hö-

---

[101] Lindenberg: Steiner (Chronik), 318.

[102] Weniger wahrscheinlich ist ein Bezug zur Maurerei, wo der Schottische Ritus 33 Grade kannte.

rer intellektuellen Höhepunkt des Vereinslebens bildeten. Für kleinere Städte war ein Vortrag die einzige Option für eine Präsenz Steiners als Redner; in größeren Städten[103] steigerte Steiner dieses Mittel zu Vortragszyklen, zu denen man sich »eintrug«[104] und die bis zu vierzehn Tage dauern konnten. Den Zyklus VI (heute GA 104), der in der zweiten Junihälfte 1908 in Nürnberg stattfand, wertete ein Theosoph folgendermaßen:

> »Eine Zeit reinster Festesstimmung für unsere Loge waren die Tage vom 17.–30. Juni. Aus den verschiedensten Himmelsrichtungen – aus den Städten Deutschlands nicht nur, sondern auch aus Holland und England, aus Frankreich und der Schweiz, aus Russland und Serbien, selbst aus dem fernen Kalifornien – waren Freunde in der Theosophie herbeigeeilt, um mit uns Abend für Abend zu Füssen des tief verehrten Lehrers zu sitzen und den wunderbaren Offenbarungen zu lauschen, die er machte über die Apokalypse des Johannes.« (MTG 7,5)

Zu dem nächsten Zyklus, den Steiner im August in Stuttgart hielt, kamen 300 Personen (ebd.), in München wurden bei einem Vortrag Steiners 400, in Basel 500 Besucher gezählt (ebd., 4,9; 5,13). An diesen Zahlen wird deutlich, im welchem Ausmaß hier ein Attraktivitäts- und Integrationsfaktor für das Vereinsleben der Theosophischen Gesellschaft vorlag; konsequenterweise erhofften die Weimarer von einem Besuch Steiners eine Belebung der Zweigarbeit (ebd., 11,14).

Im Anschluß an viele Vorträge gab Steiner Raum zu einer »Fragenbeantwortung«, die allerdings keine offene Debatte war, sondern streng organisiert. So beschied Steiner bei dem Zyklus zum Matthäus-Evangelium 1910 die Anfrage »ob er eine Diskussion wünsche«, mit einem kategorischen »Nein! Da will jeder nur sich selber hören! Diskussion nicht, aber Fragenbeantwortung.«[105] Die Fragen waren normalerweise schriftlich zu formulieren, so daß Steiner »wie ein Kartenspieler die Zettel gemischt« vor sich hatte[106]. Vielleicht wollte man mit diesem Verfahren die Menge der Fragen in den Griff bekommen, sicher aber auch mißliebige Fragen vermeiden[107].

Diese Zyklen wurden mitstenographiert, zuerst unter der Hand von Zuhörern, und dann immer stärker durch geübte Stenographen, bis sich noch vor dem Ersten Weltkrieg ein professionalisiertes Dokumentationssystem einspielte, das an den zentralen Berliner Zweig angebunden war und Marie von Sivers koordinierte[108]. Erst diese Arbeit bot die Grundlage, die verschriftlichten Zyklen-

---

103 Vgl. weitere, auch dezidiert positive Wahrnehmungen in: Der andere Rudolf Steiner, hg. v. W. G. Vögele.

104 Eine Durchsicht der Vortragsorte belegt, daß in kleineren Zweigen keine Zyklen stattfanden; vgl. Mötteli u. a.: Übersichtsbände, II, 61–118. Bei Belyj: Verwandeln des Lebens, 453, der Hinweis auf das »Eintragen«.

105 Treichler: Wege und Umwege zu Rudolf Steiner, 39.

106 Schmiedel: Aufzeichnungen, 415. Schriftliche Fragen auch bei Bartsch: Ein Schlesier berichtet, 470.

107 1904 berichtete Steiner über störende Gäste: »Klerikale handfeste Männer« seien »erschienen und fingen an zu schreien: ›So etwas hast du uns nicht zu sagen; dafür sind unsere Pfarrer da.‹« (GA 262$^2$,77) Aber mit der Selektion der zugelassenen Fragen wurde selbstverständlich auch vereinsintern Politik betrieben, vgl. Kap. 16, Anm. 203.

108 Zu den Stenogrammen: Rudolf Steiner Gesamtausgabe. Eine Dokumentation, hg. v. der Rudolf Steiner-Nachlaßverwaltung, 25 f. Die Stenographen erhielten ein Honorar (GA 262$^2$,212), zumindest

vorträge zur Grundlage der weiteren Zweigarbeit zu machen. 1908 war dieses System soweit entwickelt, daß man Mitglieder, die an einem Zyklus nicht oder nicht vollständig hatten teilnehmen können, auf die schriftliche Verfassung vertrösten (MTG 7,5) und sogar auf einen regulären Bestelldienst verweisen konnte (ebd., 7,6). Die Klarschriftübertragungen, die Steiner in den meisten Fällen nicht gegenlas, wurden in einem verlagsartigen Unternehmen vervielfältigt (GA $262^2$,217), also hektographiert (oft in blauer, der »kosmischen« Druckfarbe), durchnumeriert und verkauft (ebd., 264). Sie blieben der nichttheosophischen Öffentlichkeit weitgehend unzugänglich und bildeten das Rückgrat der ehemals mündlichen »Offenbarungen« Steiners. Als organisiertes Geheimwissen waren sie ein wesentliches Mittel zur sozialen Integration in der Theosophischen Gesellschaft. Erst mit der gegen Steiners Willen erfolgten Weitergabe von Zyklen an Nichttheosophen verloren sie sie den Rang einer exklusiven Arkanlektüre.

Besaßen Steiners Mitgliedervorträge in großen Zweigen ein repräsentatives Ambiente, wie Assja Turgenieff es für Berlin beschrieben hat (s.o. 4.2.1), so war der Vortrag in einem Privathaus, wie ihn Margarita Woloschin erlebt hat, bescheidener dimensioniert:

> »Die Vorträge fanden in dem kleinen weißen Saal eines bürgerlichen Hauses statt. Rudolf Steiner stand vor einem gelbseidenen Vorhang an einem Tischchen. Er sprach an diesem ersten Abend über den Prolog des Johannesevangeliums ›Im Anfang war das Wort‹; dabei nahm er ein Maiglöckchen aus dem Sträußchen, das vor ihm stand: so wie das Maiglöckchen aus dem Samen entstand, der Same aber in der Blüte verborgen ist, so ist die Welt und der Mensch aus dem Wort entstanden«[109].

Eine eigene Kategorie waren Steiners Vorträge vor großem Publikum. Einen der lebendigsten Berichte (allerdings aus dem Jahr 1921, wobei sich die Wahrnehmungen einer neuen Generation von Anthroposophen spiegeln) hat Heinz Müller in seinen Erinnerungen an einen Mitgliedervortrag hinterlassen. Seine Perspektive war die eines jugendbewegten Wandervogels, der »einiges Staunen« hervorrief, als er »zum feierlichen Zweigabend in der vollen Wandervogelkluft erschien«[110]. Aber zugleich belegt diese Wertung, daß sich gegenüber den Vorkriegsjahren nicht allzuviel im Habitus geändert hatte und sein Bericht nicht nur für die Nachkriegszeit signifikant ist:

> »So fuhr ich, der glückliche, junge Habenichts, Ende August 1921 zum öffentlichen Kongreß in Stuttgart, der vom 29. August bis 6. September im Gustav-Siegle-Haus stattfand. Kaum dort angekommen, begegnete mir Oberstleutnant Seebohm[111] und konnte mir die soeben im Sekretariat der Anthroposophischen Gesellschaft erhaltene Mitgliederkarte überreichen. So konnte ich schon am Nachmittag den Beginn der

---

teilweise wurden die Stenographen durch Helene Röchling finanziert; Anonym: Helene Röchling – Biographisches, 32 f.
Marie von Sivers dürfte in der Motzstraße 17 eine beträchtliche Büroorganisation aufgebaut haben, in der die zentrale organisatorische Arbeit für die deutsche Sektion erledigt wurde – unter Zurückstellung ihrer eigenen Interessen: »Es ist sehr schwer, Künstlerin zu sein und Mädchen für alles in der Landesgesellschaft.« Sivers: Brief an Edouard Schuré vom 9.7.1907, 55.

[109] Woloschin: Die grüne Schlange, 200.

[110] Müller: Spuren auf dem Weg, 18.

[111] Richard Seebohm war Zweigleiter in Jena; Haid: Auf der Suche nach dem Menschen, 99.

Tagung mit einem Vortrag von Rudolf Steiner für Mitglieder erleben. Sehr rechtzeitig schon begab ich mich in den Gustav-Siegle-Haus-Saal, setzte mich hinten in die Nähe der Eingangstür und beobachtete die Hereinkommenden. Mit Oberstleutnant Seebohm betraten zwei Ehrfurcht gebietende Damen den Saal. Wie sich später herausstellte, waren es die Frau von Moltke, die Witwe des Chefs des Generalstabes, und Frau Margaretha Morgenstern. Sie gingen ganz weit nach vorn, wo offenbar einige Reihen reservierter Plätze waren, und blieben dort im Gespräch mit mehreren anderen führenden Anthroposophen längere Zeit stehen. Kurz vor Beginn des Vortrags gesellte sich zu ihnen Frau Marie Steiner, und etwa zur gleichen Zeit wurde auf die Bühne rechts ein Zuhörer im Rollstuhl hereingefahren. Dies war wie ein Zeichen für alle Anwesenden, daß jetzt jeden Augenblick der Vortrag beginnen würde. Eine erwartungsvolle, ehrfürchtige Stille breitete sich über die fast 2.000 Menschen aus. Pünktlich zur festgesetzten Zeit betrat dann auch Rudolf Steiner, von rechts kommend, die Bühne. Er wandte sich zunächst an den Herrn im Rollstuhl und verneigte sich ehrfürchtig vor ihm, indem er ihn mit Handschlag begrüßte. Herzlich applaudierend erhoben sich sämtliche Anwesenden, und Rudolf Steiner, lächelnd, winkte mit geöffneten Händen, während er auf das Pult auf der linken Seite der Bühne mit festen, elastischen Schritten zuging. Es war, als würde durch diese von Herzen kommende Geste nicht nur die Verbindung zu alten Freunden aufs neue geknüpft, sondern als ob auch jeder Neuhinzugekommene augenblicklich in die durch *ihn* getragene Geistgemeinschaft hereingebeten würde. Um so überraschender war, daß nach der Anrede ›Meine lieben Freunde!‹ Rudolf Steiner ein großes Taschentuch herauszog, es ein wenig umständlich ausbreitete und sich Stirn und Schläfen abtupfte. Währenddessen hatte man Zeit, die gestraffte, durch den schwarzen Gehrock noch betonte Gestalt zu betrachten. Später einmal hörte ich ihn ausführen, daß solch ein »Taschentuchausbreiten« keine Zufälligkeit sei, sondern dazu verhilft, daß die Wogen der Begeisterung sich glätten und eine sachlichere Atmosphäre für einen Vortrag geschaffen wird. Und so begann nun sein von mir mit so viel Spannung erwarteter Vortrag zu dem Thema: ›Anthroposophie, ihre Erkenntniswurzeln und Lebensfrüchte mit einer Einleitung über den Agnostizismus als Verderber echten Menschentums‹ (heute GA 78). Die warme, volltönende Stimme des Vortragenden, die Lebendigkeit jeder einzelnen Geste, die eingestreuten humorvollen Partien: alles das beeindruckte mich so sehr, daß ich nach dem Vortrage kaum in der Lage gewesen wäre, etwas vom Inhalt wiederzugeben. Keiner der Jenenser Professoren, keine noch so glänzende Vorlesung hatte auf mich je einen solchen Eindruck gemacht. Der Sturm der Begeisterung am Ende des Vortrags nahm auch mich voll mit. Immer wieder grüßte Rudolf Steiner dankend, bis er ging. Langsam leerte sich der große Saal, aber noch immer standen vorn im Gespräch mit Oberstleutnant Seebohm die beiden Damen. Endlich geleitete er sie zur Tür, und da er mich hinten an einer Säule lehnend entdeckt hatte, kam er auf mich zu. Nun konnte ich ihm so recht von Herzen danken dafür, daß ich als Gast der Jenaer Gruppe dieses Erlebnis haben konnte.«[112]

Die emotionale »Begeisterung«, die Müller so gefangennahm, daß Inhalte wie weggeblasen scheinen, zeigten auch andere Zuhörern. Alexander Strakosch bekannte hinsichtlich eines Vortrages das Gefühl, »als ob unsere Seelen damals direkt angesprochen worden seien. … hier steht einer nicht für sich, hier spricht eine Geisteskraft, der man vertrauen darf«[113]. Andrej Belyj hielt »Ohnmachten einer ganz besonderen Art« in seinen Erinnerungen fest:

---

[112] Ebd., 18 f.
[113] Strakosch: Lebenswege mit Rudolf Steiner, I, 24.

»ein Mensch hörte zu und kippte plötzlich um; er wurde hinausgetragen; ... später ließ ich mich von solchen Zwischenfällen überhaupt nicht mehr stören; der Doktor sprach: und ab und zu entstand hier und dort Unruhe; hier wurde jemand hinausgetragen, dort wurde jemand hinausgetragen; weder Steiner noch wir ließen uns dadurch stören«[114].

Ein wichtiges Dokument für die Wirkungen der Vorträge sind die Aufzeichnungen Fred Poeppigs, weil der durchwegs in sehr pathetischem Tonfall schreibende Theosoph auch frustrierende Folgen der mit den Verträgen gekoppelten Autoritätsansprüche festgehalten hat.

»Einerseits war das Empfangene so groß, daß man sich wie auf gewaltigen Fittichen emporgetragen fühlte. Was auch kommen mochte: – man stand gefestigt da ... siegessicher. Mut und Kraft, Freude und Licht aus tiefstem Innern ward einem zuteil. Man fühlte sich gewappnet. Man war gefeit.« »Das *andere* konnte eine tiefe Zerschlagenheit sein. ... Je mehr die Vorträge auf die esoterischen Geheimnisse wiesen, die im Menschen walten und die Bedingungen nannten, die der Mensch in sich erfüllen muß, um Eintritt in die Geisteswelt zu erlangen, um so stärker wurden die Depressionen«[115].

Diese Irritationen konnten für Außenstehende in massives Befremden umschlagen, wie selbst Theosophen klar war: »›Warum schreit denn der Mann so stark?‹ fragte mancher Zuhörer«, wie Assja Turgenieff überliefert[116].

Die Aussagen von nichttheosophischen Kritikern sind hinsichtlich von Vortragsstil und Auftreten Steiners um ein Vielfaches schärfer. Diese Dimension dokumentiert nach einem Vortrag in einem gemieteten Saal, zu dem mit Plakaten eingeladen worden war, etwa Paul Fechter, der vor dem Ersten Weltkrieg als Journalist für die »Dresdner Neuesten Nachrichten« und die Berliner »Vossische Zeitung« arbeitete (und nach dem Zweiten Weltkrieg die »Neuen Deutschen Hefte« redigierte):

»Ich hatte Rudolf Steiner etwa seit 1907 immer wieder in seinen Versammlungen erlebt, zuerst in Dresden, an Abenden, bei denen er schmal, dunkel, fast unauffällig in irgendeinem halb dunklen und halb leeren Saal vor ein paar Dutzend älterer Damen sprach, dann den raschen Aufstieg in Berlin, wo er schon 1912 im überfüllten Festsaal des Architektenhauses in der Wilhelmstraße Tausende von Zuhörern mit seinen Vorträgen anlockte. Ich sehe noch das Bild eines Abends: den strahlend hell erleuchteten, riesigen Raum, die wogenden Menschenmassen vor dem großen Podium mit dem noch leeren Rednerpult, im Hintergrund ein vom Boden bis zur Decke reichender, auf der Hälfte geteilter Vorhang – und unter diesem Vorhang, gerade in seiner Mitte, reglos, wartend, zwei auf das leere Podium vorragende Füße in schwarzen Halbschuhen, die da unbeweglich standen und des Augenblicks harrten, in dem sie sich in Bewegung setzen konnten. Sie mußten eine ganze Weile warten, bis auf einmal der Vorhang, der bisher vor dem Manne, dem diese Füße gehörten, zusammengegangen war, hinter der schmalen, schlanken, schwarzen Gestalt im langen Gehrock zusammenschlug, so daß Rudolf Steiner plötzlich wie aus der Erde aufgetaucht am Rande des Saales stand, reglos mit hängenden Armen und langem, schmalem, leicht abwärts geneigtem Gesicht unter dem dichten schwarzen Haar. Er stand und wartete, bis das Sprechen und Lachen im

[114] Belyj: Verwandeln des Lebens, 163.
[115] Poeppig: Heiliges Vermächtnis, 122. 123.
[116] Turgenieff: Erinnerungen, 36.

> Saal ganz von selbst immer mehr abgeebbt und verstummt war. Dann erst schritt er langsam zu dem Rednerpult und begann, die Augen unter den dunklen Brauen immer noch gesenkt, halblaut und langsam zu sprechen, bis er auf einmal ein paar Worte, einen Satz fast hastig, überraschend hervorstieß und dabei zum erstenmal die schweren Augenlider hob und nun den Blick brennend und bannend auf die faszinierten, atemlosen Zuhörer richtete. An jenem Abend lautete dieser Satz der Suggestion, knapp und kurz, klanglos, beinahe auch atemlos über die Hörermassen hingeworfen: ›Das ist der Tod!‹ – Durch den Saal glitt ein zitterndes Atmen: der große Rattenfänger hatte die Schar der Kinder nun fest in der Hand.«[117]

Fechter macht auch klar, daß das quantitative Wachstum der Theosophischen Gesellschaft mit einer erhöhten Außenaufmerksamkeit einherging. Steiners Theosophie besaß vor dem Ersten Weltkrieg zumindest in Berlin die Attraktivität, große Säle zu füllen, wobei allerdings das Verhältnis zwischen Mitgliedern, Sympathisanten und Außenstehenden offen bleibt.

## 4.3 Frauen

Die theosophischen Gesellschaften besitzen eine lange Tradition eines – teilweise dominierenden – weiblichen Einflusses, wie schon die Führungspersonen Blavatsky, Besant und Tingley dokumentieren. In Deutschland sind Frauen nie in höchste Leitungspositionen gerückt, waren aber ein prägender Faktor, wie schon die qualitativen Daten indizieren. Eine Majorität von Frauen in der Theosophischen Gesellschaft galt zu Lebzeiten Steiners als Allgemeinplatz. Daß es »mehr Frauen als Männer in der Anthroposophischen Gesellschaft« gibt (GA 150,76), hat Steiner 1913 selbst festgehalten. Dies bestätigt die polemische Literatur, die versuchte, ihn mit dem Vorwurf der »Mormonenwirtschaft« oder als »Weiberherzog« zu diskreditieren[118]. Ein sehr weit über die Fünfzig-Prozent-Marke hinausgehender Frauenanteil läßt sich allerdings nicht bestätigen, obwohl dies immer wieder, auch von Theosophen, behauptet wurde[119]. Möglicherweise resultiert diese Vermutung aus dem äußeren Erscheinungsbild theosophischer

---

[117] Fechter: An der Wende der Zeiten, 382.

[118] Schwartz-Bostunitsch: Doktor Steiner – ein Schwindler, 17. Diese teilweise gehässigen Unterstellungen über die Frauen in der Theosophischen Gesellschaft und über ihr Verhältnis zu Steiner sind aufschlußreich, insofern sie die augenfällig große Zahl von Frauen in der Außenwahrnehmung bestätigen. So schreibt der Schriftsteller Eberhard Buchner: Von den übersinnlichen Dingen, 190, Steiner besitze eine »suggestive Kraft«, die er »namentlich auf das weibliche Geschlecht auszuüben weiß«. Und der Philosoph Traugott Konstantin Österreich: Der Okkultismus im modernen Weltbild, 134, konnte sich bei einem Vortragsbesuch, wo er Steiner als gänzlich uncharismatischen Redner erlebte, »das Rätsel« nicht erklären, »weshalb ein Haufen von Frauen ihm damals von Ort zu Ort nachgereist sein soll, um immer und überall ihn wieder sprechen zu hören«.

[119] Goesch: Ordensgroßmeister Rudolf Steiner, behauptete beispielsweise, von 4.000 Mitgliedern seien 3.500 Frauen gewesen; zumindest die Zahl von 4.000 Mitgliedern ist für 1914 korrekt, die Zahl der Frauen wohl nicht. Auch außerhalb Deutschlands wird meist für spiritistisch-theosophische Gruppen eine Majorität von Frauen angenommen. Vgl. die qualitativ erfaßte hohe Bedeutung von Frauen bei Godwin: The Theosophical Enlightenment, oder die Hinweise bei Washington: Madame Blavatsky's Baboon, 136f.; zum Spiritismus und den weiblichen Medien vgl. Edelman: Voyantes, guérisseuses et visionnaires.

Veranstaltungen. Hier waren Frauen möglicherweise weit überproportional im Verhältnis zu den Mitgliedern präsent[120]. Steiner kannte den Vorwurf, daß bei seinen Vorträgen »so viele Frauen drinnen und nur ganz wenige Männer« sind, und, so fügte er hinzu, »im Allgemeinen hat sich ja auch in der Realität das ausgedrückt«[121].

### *4.3.1 Weibliche Lebensräume in den theosophischen Zweigen*

Mit Hilfe einiger qualitativer Beobachtungen läßt sich das statistische Datengerüst zu einer Skizze einer weiblichen theosophischen Lebenswelt ausbauen. Frauen stellten nicht nur die Mehrheit gegenüber den Männern, sondern dürften auch häufig den Männern den Weg in die Theosophie gebahnt haben. Steiner selbst, der durch Marie von Sivers zur Theosophie kam, ist dafür nur ein Beispiel[122].

Ein auffälliges Segment bildete ein Kreis älterer »Tanten« (so Steiner)[123], über die wir durch liebevoll-ironische Beschreibungen jüngerer Anthroposophen anschaulich informiert sind, etwa seitens der Russin Assja Turgenieff von einem für Mitglieder reservierten Zweigvortrag im Mai 1912:

> »In einem länglichen, blau ausgemalten Saal versammelte sich ein merkwürdiges Publikum: vorwiegend Damen, zumeist nicht ganz jung – viele trugen absonderliche hemdartige Kleider mit gerader Stola darüber –, auch hatten viele Ketten mit merkwürdigen Anhängern um den Hals. Doch auch da, wo Prätention sich geltend machte, konnte man keine geschmackvolle Erscheinung bemerken. Auffallend war der Mangel an Schminke. Sympathisch berührte vielfach ein menschlich warmer Gesichtsausdruck.«[124]

Ähnliches berichtete ihr theosophischer Freund Andrej Belyj über die »auffälligsten Merkmale« der »Tante«: »kurzes Haar, grella Stola, Tunika, Brille, lange Nase, starkes Kinn und das Kreuz mit Rosen auf der Brust; so saß sie in den ersten Reihen vor Steiner und lächelte verklärt bei seinen Witzen über die ›Tanten‹«[125]. Diese älteren Theosophinnen formten einen in die Augen springenden Typus: wallende Gewänder, keine Schminke, kurze Haare – ein Lebensreformvorstellungen entlehnter Habitus. Sie waren relativ reich, wie die Hinweise auf den Rosenkreuzer-Schmuck suggerieren, stellten vor 1914 möglicherweise die Majorität der Frauen und besaßen einen bildungsbürgerliches Hintergrund, wie Belyj nahelegte:

---

[120] Der Theosoph Kleeberg: Wege und Worte ([2]1961), 142, berichtete vom Münchener Kongreß 1907 schlicht: »Die meisten Besucher waren Frauen.«

[121] Steiner, Rudolf: Fragenbeantwortung vom 7.10.1921, hektorgraphiert vervielfältigt.

[122] Weitere Beispiele lassen sich leicht finden. Vgl. zu Ernst Stegemann Kap. 17, Anm. 12, zu Carl Graf Keyserlingk Kap. 17, Anm. 33, zu Emil Molt Kap. 15, Anm. 36.

[123] Turgenieff: Erinnerungen, 28; Belyj: Verwandeln des Lebens, 100.

[124] Turgenieff, ebd., 19f. Ein Kritiker wie der homosexuelle Hans Freimark hingegen sah »alte Frauen, die während der Vorträge schlafen, aber die Schlusssätze stets beifällig benicken«; Brief Freimarks an Wilhelm Hübbe-Schleiden, Nachlaß Hübbe-Schleiden, zit. bei Hakl: Hans Freimark, 21.

[125] Belyj: Verwandeln des Lebens, 100.

»Zur ›Tante‹ konnten Malerinnen werden, aber auch ehemalige Köchinnen, Damen mit höherer Schulbildung, Damen aus Wohltätigkeitsvereinen; das Hoffräulein, die Kaufmanns- oder Beamtenfrau, die Schauspielerin, Haushälterin oder Sozialdemokratin formte sich innerlich in der Esse der Anthroposophie zur ›Tante‹«; viele sollen »einen von der Öffentlichkeit bestätigten hohen Bildungsstand« besessen haben[126].

Die hohe Bedeutung dieser Frauen läßt sich an ihren Tätigkeiten im Vereinsleben ablesen. Viele leiteten Zweige[127], Mathilde Scholl kontrollierte als Herausgeberin der vereinsinternen »Mitteilungen« die innergesellschaftliche Kommunikation bis 1914, einige gehörten zum Kreis der Vortragsreisenden (s.o. 1.4) und referierten in anderen Zweigen: Die verheiratete Berlinerin Camilla Wandrey (MTG 9,7) und zwei unverheiratete Frauen, die Stuttgarterin Toni Völker (ebd., 9,7; 10,22) und die schon genannte Kölnerin Mathilde Scholl (ebd., 10,20). Diese Tätigkeiten dürften kaum ohne Steiners Rückendeckung ausgeübt worden sein und fanden, wie die wiederholten Reisen nahelegen, auch die Akzeptanz der Zuhörern. Derartige Vorträge gehörten zum Kernbereich der Herausbildung und Bestätigung der theosophischen Gruppenidentität. Auch in der internationalen Repräsentation der deutschen Sektion waren Frauen präsent[128], und im Vorbereitungskomitee für den Münchener Kongreß des Jahres 1907 saßen fünf Frauen und drei Männer (MTG 4,3); auf dem Kongreß selbst dominierten allerdings Männer[129]. Als Vorzugsstellung hat man auch die Delegation der Leitung des Berliner Zweiges an Marie von Sivers und Eugenie von Bredow in den Zeiten von Steiners Abwesenheit zu sehen, handelte es sich doch nicht nur um den größten Zweig in Deutschland, sondern auch um die Leitungszentrale der Adyar-Theosophie in Deutschland. Allerdings blieb Steiner das Zentrum der Gesellschaft, neben ihm als Offenbarungsvermittler gab es nur abgeleitete und von ihm abhängige Macht. Dieses Gefälle wird an dem Faktum deutlich, daß vier der fünf gerade genannten Frauen Steiners Schülerinnen in der »Esoterischen Schule« waren[130].

---

[126] Ebd., 99.

[127] Einzelne Zweigvorstände waren von Frauen dominiert. In Köln etwa amtierten 1910 unter sechs Vorstandsmitgliedern fünf Frauen (MTG 11,12), und als 1909 in Dresden ein zweiter Zweig gegründet wurde, war der gesamte vierköpfige Vorstand weiblich (ebd., 10,20). Dieser Fall war zugleich ein Politikum, da die erste Dresdener Loge unter Leitung Hermann Ahners zu denjenigen gehörte, die Steiner während der Abspaltung von der Theosophischen Gesellschaft Adyar 1912 Widerstand entgegensetzten, so daß die Gründung einer zweiten Loge im Jahr 1909 mit ihrem rein weiblichen Vorstand möglicherweise schon das Ergebnis einer innertheosophischen Konkurrenz war. Sofern es zwei Personen als »Vertreter« eines Zweiges gab, war darunter immer eine Frau. Eine Sonderrolle spielte der Münchener Zweig I, in dem Gräfin Pauline von Kalckreuth (als Nachfolgerin Fräuleins von Hoffstetten [ebd., 2,11]) und Fräulein Sophie Stinde den Zweig seit 1906 gemeinschaftlich vertraten (ebd., 3,8).

[128] Im deutschen Vorbereitungskomitee des dritten Kongresses der europäischen Sektion der Theosophischen Gesellschaft 1906 in Paris finden sich zwei Frauen neben drei Männern (MTG 2,1).

[129] Am Sonnabend wurden vier Vorträge von Männern und einer von einer Frau gehalten (MTG 5,5); im ›deklamatorisch-musischen‹ Teil traten zwei Männer und drei Frauen auf. Am Montag trugen zwei Männer und zwei Frauen vor, im musischen Teil ein Mann und zwei Frauen (ebd., 5,7f.). An einer Diskussion nahmen sieben Männer und zwei Frauen teil (ebd., 5,8).

[130] Zu Bredow, Scholl, Sivers siehe GA 264,42. 108; zu Wandrey vgl. den Meditationsspruch in GA 40,249.

Eine besondere Rolle spielten Frauen für die ästhetische Gestaltung des Zweiglebens: Imme von Eckardstein erklärte Kunstblätter (MTG 9,5), Deklamationen sind von Marie von Sivers (ebd.) und anderen Frauen überliefert (ebd., 11,11), und die Eurythmie als theosophische Tanzform war und blieb eine weibliche Domäne. Aber die ästhetischen Funktionen bedeuteten neben der Heraushebung auch die Behaftung mit einer klassisch »weiblichen« Rolle; und in der öffentlichen Repräsentation mußte sich die hohe Bedeutung der Frauen für die ästhetischen Belange nicht notwendig niederschlagen; bei den auf dem Münchener Kongreß ausgestellten Kunstwerken waren Künstlerinnen kraß unterrepräsentiert[131].

Die Psychodynamik des Geschlechterverhältnisses dürfte in der Theosophischen Gesellschaft um ein Vielfaches komplexer gewesen sein, als es Geschlechterproporz und die Verteilung der Aufgabenfelder durchblicken lassen, aber dazu fehlen eingehendere Untersuchungen. Aus Margarete Woloschins Äußerung, daß die Männer »pedantisch und philiströs und die Frauen prosaisch und zugleich sentimental« gewesen sein sollen[132], läßt sich immerhin ihre Wahrnehmung fortbestehender traditioneller Rollenzuweisungen entnehmen. Auch über Konflikte aufgrund von Steiners autoritativem Leitungsstil wissen wir noch wenig, aber auch dafür gibt es Indizien. Als Steiner 1913 eine »ägyptische Tempelszene« durch Bewegungen »nur nach der Seite« darstellen lassen wollte, brachte die Theosophin Lotus Péralté »nicht nur dicke Bücher, sondern auch einen Ägyptologen« mit, so daß Steiner nachgab (GA 277a,48). Mathilde Scholl hingegen zog sich 1913 aus der Anthroposophischen Gesellschaft ganz zurück (ohne mit Steiner persönlich zu brechen) und erteilte nach dessen Tod anthroposophischen Privatunterricht[133].

Dazu kamen Konflikte unter den Frauen: Eine Dimension der Rivalität gründete in der Verehrung Steiners. Der Theosoph Ludwig Kleeberg, der vor dem Ersten Weltkrieg zu den Jüngeren zählte, hat diese Reibungen 1909 anschaulich beschrieben:

> »Der Außenstehende ahnt nicht, welche Rivalitäten unter den prominenten Damen – oder welche sich dafür hielten – herrschten, etwa wenn Rudolf Steiner reiste. Die eine, etwa Frau von T., hatte irgendwie bei Frl. v. Sivers Erlaubnis und Vorrecht erreicht, die Fahrt in Rudolf Steiners Abteil machen zu dürfen, während dasselbe einer anderen nicht minder prominenten Theosophin, Frl. Mathilde Scholl, versagt wurde, und auch Frau Künstler in einem anderen Wagen reisen mußte.«[134]

Ein zweites Konfliktfeld trennte ältere und jüngere Theosophinnen, wie Belyj sich erinnerte:

> »Die reichen Rentnerinnen, die sich damals in komfortablen Häusern um das Goetheanum angesiedelt hatten, schwelgten beim Kaffee in mystischem und weniger mystischem Tratsch; die Jugend arbeitete, lärmte, lachte, verliebte sich und machte sich

---

131 Von Männern stammten die beiden Skulpturen sowie elf von zwölf Gemälden (MTG 5,11).
132 Woloschin: Die grüne Schlange, 200.
133 Meffert: Mathilde Scholl, 250; zum Unterricht 240. 252.
134 Kleeberg: Wege und Worte ($^2$1961), 217.

nichts aus Mystik: man wollte Steiner nicht verzeihen, daß er diesen ›Zigeunern‹ warme Zustimmung entgegenbrachte!«[135]

Dieser Generationswechsel spielte für die Jahre vor dem Ersten Weltkrieg allerdings keine größere Rolle. Das Kaiserreich blieb die Zeit der »Tanten«.

Historiographisch ist die Frage spannend, wie das Verhältnis dieser Frauen zur Frauenbewegung war. Ich habe keine Indizien für eine engere Verbindung oder für personelle Überschneidungen. Offenbar fanden selbständige Frauen in der deutschen Adyartheosophie einen Freiraum für ihre Lebensgestaltung, der sich nicht in politische Aktivitäten umsetzte. Damit war die Situation eine ganz andere als in England, wo theosophische Frauen zur Avantgarde des politischen Feminismus gehörten und ihr politisches Engagement spirituell überformten. Dies korrespondiert auch mit dem an anderer Stelle ermittelbaren Befund einer in der deutschen Sektion vergleichsweise starken Politikferne[136].

### *4.3.2 Steiners persönliche Beziehungen zu Frauen*

Die Praxis des Vereinslebens und Steiners programmatische Aussagen zu Frauenfragen sind nicht ohne sein persönliches Verhältnis zu Frauen zu verstehen. Nur soweit diese Beziehungsfragen Erkenntnisse zu den organisations- und wissenssoziologischen Fragen beitragen, sind sie hier von Belang. Vor 1900 war für Steiner vor allem die etwa drei Jahre ältere Rosa Mayreder wichtig, wie eine intensive Korrespondenz bezeugt (GA 38 f.). Für seine philosophischen Überzeugungen verdankt ihr Steiner vermutlich viel, doch von einer persönlicheren Beziehung ist in den Briefen nicht die Rede. Anfang der 1890er Jahre lernte Steiner die fast acht Jahre ältere Anna Eunike kennen, bei der er seit 1892 wohnte[137]. In den Briefen an sie (GA 39) fehlen nun philosophische Themen; Anna Eunicke scheint in fast mütterlicher Weise für Steiner die lebensweltliche Fürsorge wahrgenommen zu haben (vgl. etwa GA 39,301). 1899 haben sie geheiratet, aber schon bald danach als Steiner Marie von Sivers kennenlernte, ist die Beziehung auseinandergebrochen.

Marie von Sivers war seit 1900 die entscheidende Frau an Steiners Seite und spielte auch in der Theosophischen Gesellschaft eine herausgehobene Rolle[138]. Ihre Bedeutung für Steiner kann hier nicht angemessen gewürdigt werden, festzuhalten ist vor allem ihre vereinsintern exponierte Rolle: Sie hatte als Theosophin Steiner in die Theosophische Gesellschaft gezogen, er hat mit ihr die deutsche Sektion aufgebaut, sie hat für einige Bereiche wie die Eurythmie und die theosophische Sprachtechnik eine entscheidende Rolle gespielt. Zu Steiners Lebzeiten verfügte sie in der Vereinshierarchie über eine »besondere Machtstellung«

---

[135] Belyj: Verwandeln des Lebens, 55.

[136] Nachweis der Verbindung von Feminismus und Theosophie in England bei Dixon: Divine Feminine.

[137] Hecker: Rudolf Steiner in Weimar ($^2$1999), 44 f.

[138] Vgl. dazu Wehr: Rudolf Steiner, 393–408; Wiesberger: Marie von Sivers – ein Leben für die Anthroposophie.

und »beherrschte diese ... mit viel Grazie wie Energie; sie gleicht derjenigen des allmächtigen Herrn v. Lucanua (damaligen Kabinetchefs [sic] des Kaisers)«[139].

Zugleich wurde der Junggeselle Steiner von unverheirateten Theosophinnen verehrt und umworben, wie der Theosoph Ludwig Kleeberg belegt:

> »Ich hörte folgendes, von Frl. Toni Völker an Frl. Luise Maschmeier, meine spätere Frau, mitgeteilt: Fräulein Boesé habe dem in der theosophischen Bewegung damals bekannten Herrn Lévy vorgegeben, Rudolf Steiner wünsche, daß er sich mit ihr verlobe. Herr Lévy sprach mit Rudolf Steiner über die Angelegenheit, erfuhr aber, daß hierin nichts wahres sei.«[140]

Es bestehen angesichts ähnlicher, oft nicht so deutlicher Äußerungen in Memoiren (und in der steinerkritischen Literatur[141]) kaum Zweifel, daß Steiner nicht nur geistiger Mentor war, sondern seine Verehrung auch eine erotische Komponente besaß, bei der in der esoterischen Schülerschaft manche sexuelle Begierde sublimiert gewesen sein dürfte.

Dies zeigte sich, als Rudolf Steiner und Marie von Sivers zu Weihnachten 1914 heirateten. Der daraufhin ausgebrochene Streit in der Anthroposophischen Gesellschaft, die lange nur hinter vorgehaltener Hand kolportierte »Dornacher Krise« von 1915 (s. 3.8.1), ist soziologisch insofern aufschlußreich, als sie die emotionalen Bindungen vieler Frauen an Steiner dokumentierte, die sich offenbar in einem kollektiven Eifersuchtsdrama mit Steiners Eheschließung auseinandersetzten. Steiner hielt Marie von Sivers in dieser Debatte die Treue und setzte sie darüber hinaus bis zu seinem Lebensende in mehrfach geänderten Testamenten zu seiner Erbin ein (GA 262$^{2}$). Hinter die durchaus bürgerliche Fassade der Beziehung zu seiner zweiten Frau hat Steiner selten blicken lassen, auch über die engen persönlichen Beziehungen zu anderen Anthroposophinnen, die es nachweislich gegeben hat, sind wir noch kaum unterrichtet[142].

Welche Rolle Erotik und Sexualität in diesen Beziehungen gespielt haben, ist gleichfalls schwer zu sagen. Daß Körperlichkeit sublimiert wurde, haben schon Zeitgenossen vermutet. Das rückblickende Zeugnis Richard Spechts, in dessen Familie in Wien Steiner über Jahre gelebt hatte, dürfte seine Frauenbeziehungen nicht ganz unzutreffend beschreiben: »Er war nie ein ›junger Mensch‹ wie andere; war immer irgendwie abseits und auch mit Frauen hatte er im erotischen Sinn nie zu schaffen; selbst seine beiden Ehen sollen ja auf reinste Kameradschaft gestellt gewesen sein.«[143] Ein anderes Indiz mag diese Vermutung eines distanzierten Verhältnisses zur Sexualität bestätigen, die geringe Thematisierung von Se-

---

[139] Kleeberg: Wege und Worte ($^{2}$1961), 216.

[140] Ebd., 217.

[141] In der Zeitschrift »Theosophie« (1 / 1910, 569) ist beispielsweise von Steiners »schwärmerischen und entzückten Frauen« die Rede, mit denen er seine Zeit verbringe. Vgl. auch die Polemik von Schwartz-Bostunitsch und anderen, Anm. 118. Selbst Steiners Anhängerin Margareta Woloschin: Die grüne Schlange, 166, rutschte die Bemerkung in die Feder (nach einer Diskussionsattacke auf Steiner): »Schließlich ging Rudolf Steiner in Begleitung seiner empörten Damen weg.«

[142] Vgl. Weibring: Frauen um Rudolf Steiner. Zu Edith Maryon s. 12.4.2e, zu Ita Wegman s. 12.6.

[143] Specht: Aus Rudolf Steiners Jugendzeit.

xualität in Steiners fast uferlosem Werk[144]. Nicht zuletzt durch diese Verdrängung hat er Vermutungen induziert, daß es eine geheime, exzessiv ausgelebte Sexualität gegeben habe, ein viel traktiertes Thema der polemischen Literatur[145]. Da sich bislang kein Gerücht über »sexualmagische« Praktiken im esoterischen Arkanbereich hat belegen lassen, ist eher vom Gegenteil auszugehen: einer Verdrängung der Sexualität und ihrer spirituellen Sublimation.

Das durchweg von Verehrung und zumindest oft von persönlichen Beziehungshoffnungen geprägte Verhalten von Frauen gegenüber Steiner dürfte viele emanzipatorische Ansätze in der Theosophischen Gesellschaft konterkariert haben. Steiner hat diese Verehrung öfter toleriert als er sie kritisierte, vielleicht auch mit dieser Haltung Vereinspolitik gemacht, dies ist im Nachhinein schwer zu entscheiden. Ludwig Kleeberg legt eine abwehrend Haltung Steiners gegenüber weiblichen Avancen nahe (»Was konnte er anders tun, als diesen Unfug dulden?«[146]). Friedrich Rittelmeyer, der der erste »Erzoberlenker« der anthroposophischen Christengemeinschaft wurde, läßt durchblicken, daß Steiner wie ein charismatischer Magnet auf viele Frauen, aber auch auf Männer wirkte (»Er brachte es fertig, Menschen um sich zu haben, die ihn verehrten, aber nicht für ihn schwärmten«[147]). Die damit begründete persönliche Autorität Steiners war eine feste Grenze (und wohl auch eine Bedingung) der herausgehobenen Rolle von Frauen.

### *4.3.3 Die Verhältnisse zwischen den Geschlechtern in Steiners theosophischer Programmatik*

Steiners programmatische Äußerungen zur Frauenfrage lassen sich nicht auf einen Nenner bringen. Schon vor 1900 wechselte er mehrfach seine Positionen, die einer je eigenen Analyse bedürften. So finden sich auch im letzten Jahrzehnt des 19. Jahrhunderts divergierende Standpunkte: In seiner »Philosophie der Freiheit« lehnte er 1893 die Kategorisierung der Frau als »der Sklave des Gattungsmäßigen, des Allgemein-Weiblichen« ab und wollte sie »nicht als Gattungsmenschen, sondern als Individuen genommen« wissen, in dezidiert emanzipatorischer Wendung: Das zeitgenössische »Dasein« der Frauen sei »menschenunwürdig« (GA 4,239). Fünf Jahre später reproduzierte er hingegen das Standardrepertoire des wilhelminischen Patriarchalismus anläßlich von Reflexionen über das »Liebesproblem des Weibes«:

---

144 Brügge: Die Anthroposophen, hat diesen Befund auf die These zugespitzt, Steiner habe »Vorträge über nahezu alles außer Sex« gehalten (S. 22).

145 Für die Wahrnehmung aus Bohèmekreisen vgl. Szittya: Das Kuriositäten-Kabinett, 80: »Die Anwesenden [bei Steiners Vorträgen] sind meistens alte hysterische Weiber aus den bestimmten Kreisen, bei denen man das unappetitliche Gefühl von zurückgedrängtem sexuellen Hunger hat.« Hinsichtlich der damaligen maurerischen Zeremonien kursieren Gerüchte über »sexualmagische Praktiken« bis heute.

146 Kleeberg: Wege und Worte (²1961), 217.

147 Rittelmeyer: Meine Lebensbegegnung mit Rudolf Steiner, 84.

»Man mag sagen, was man will: Das Weib hat in sich den Drang nach dem Manne mit Größe, den es lieben kann wegen seiner Größe. Und glaubt es, diesen Mann gefunden zu haben, dann ist es grenzenlos egoistisch und möchte am liebsten diese Größe mit den Armen an den brünstigen Busen drücken und immer wieder drücken, und nicht mehr loslassen und in wollüstigen Küssen die Größe ersticken.« (GA 29,293)

Spekulativ kann man überlegen, ob hinter dieser Passage ein Bezug auf Anna Eunike steckt, die Steiner 1899 heiratete.

Aus diesen Äußerungen spricht eine – zeitgenössisch verbreitete – Angst vor Frauen, kompensiert durch die Deklamation männlicher Größe[148]. Immerhin war Steiner kein Vertreter einer strikten biologistischen Fixierung des »Wesens« der Frau, sein Postulat der »Kulturvererbung« (GA 29,380) aus dem Jahr 1899 kann man als biologistische Metapher für die Prägekraft sozialer Verhältnisse lesen.

Wie sich die antifeministischen Wurzeln bei Steiner um die Jahrhundertwende ausprägen konnten, dokumentierte er in seiner ersten öffentlichen Stellungnahme zur Theosophie, die er am 8. Oktober 1902, anderthalb Wochen vor der Gründung der deutschen Sektion der Theosophischen Gesellschaft, vor dem Giordano-Bruno-Bund abgab und in der er sich mit dem freien Schriftsteller Karl Julius Duboc (1829–1903), der Journalist bei der Berliner Nationalzeitung gewesen war und als Evolutionsanhänger und atheistischer Monist galt, auseinandersetzte. Duboc hatte in Hardens »Zukunft« der Theosophie in diffamierender Absicht »Weiblichkeit« vorgeworfen[149]. Steiner reagierte im Horizont männlicher Dominanzansprüche:

»Ich kenne die großen Mängel und Fehler der theosophischen Bewegung durchaus. *Duboc* hat die Theosophie eine weibliche Philosophie genannt. Das können wir ändern, indem wir sie im kritischen Deutschland zu einer männlichen machen.« (GA 51,315)

Die Zustimmung einzelner Zuhörer zu diesen Thesen war ihm sicher (ebd., 316 f.). Da es auch später, 1905 etwa, ähnliche Aussagen gibt (»es muß eine Zeit kommen, in der die Frau sich tatsächlich der Manneskultur annähert« [GA 93a,65]), kann man davon ausgehen, daß diese Äußerung kein Ausrutscher war. Sie paßt zu einer weitverbreiteten männerspezifischen Wahrnehmung, in der die Theosophie als Gegenentwurf zum »schwachen« und »weiblichen« Christentum stilisiert wurde.

Diese Position war jedoch angesichts der hohen Präsenz von Frauen und der normativen Bedeutung ihrer weiblichen Leitfiguren in der theosophischen Gesellschaften nicht zu halten. Steiner hat als Theosoph dann doch wieder emanzipatorische Äußerungen begrüßt, vergleichbar seiner Position im Umgang mit Rosa Mayreder. Beispielsweise hat er 1906 die universitäre Ausbildung von Frauen gutgeheißen[150] oder die Feminisierung der Theosophie bis in hochsym-

---

148 Der Kampf der Geschlechter, hg. v. H. Friedel.

149 Duboc: Weibliche Philosophie. »Mir begegnen seit einiger Zeit sehr viele Theosophen und namentlich Theosophinnen« (S. 366), stellte Duboc fest und nannte als Gründe für die Attraktivität der Theosophie die Möglichkeit der ›Versenkung‹ und dem »Somnambulismus« nahestehende Praktiken: »Das alles ist echt weiblich« (S. 371).

150 GA 54,110. Schon 1899 beklagte er in seiner individualanarchistischen Phase die Stellung der Frau in der Gesellschaft und forderte eine Reform (GA 31,331. 333).

bolische Akte hinein vollzogen, etwa mit der Zulassung von Frauen zu maurerischen Zeremonien, unmittelbar nachdem er 1905 das freimaurerische Diplom erworben hatte (GA 93,228). Von eminenter Bedeutung für sein Denken ist die Begründung dieses als Tabubruch inszenierten Aktes gegenüber der etablierten Johannismaurerei:

> »Unsere Aufgabe ist es, ... zur Erkenntnis des höheren übergeschlechtlichen Menschen zu gelangen. Es ist schwer, sich dazu durchzuringen, aber es ist möglich, und es wird gelingen, es wird zur Wirklichkeit werden.« (GA 93,242)

Mit diesem Zitat ist die entscheidende Pointe von Steiners Geschlechtertheorie beschrieben, die er im Gefolge seines Eintritts in die Theosophische Gesellschaft nach 1900 formulierte und bis zu seinem Lebensende variiert, aber nicht mehr revidiert hat[151]. Steiner nahm eine sekundäre Entstehung von Geschlechtern im Lauf der kosmischen Geschichte an: Sie sollten nur zeitweilig bestehen und insofern zu den sekundären und nicht konstitutiven Merkmalen von Humanität gehören. In der lemurischen Zeit habe es noch keine Geschlechter gegeben, »die Seele« sei damals »männlich und weiblich zugleich« gewesen (GA 11,75), »neutralen Geschlechts« (GA 118,135). Dann aber habe eine Gruppe von Menschen mehr die weiblichen, eine andere mehr die männlichen Geschlechtsmerkmale herausgebildet (GA 107,133), damit der »Geist« im Menschen Platz finden könne[152]. Augenblicklich treffe man den Menschen in zwei Geschlechter aufgespalten, aber dies verstand Steiner nur als temporären Zustand während der Zeit dichtester Materialisierung. In der Zukunft werde die Geschlechtlichkeit des Menschen wieder verschwinden und die theosophische Bewegung

> »die Menschheit dahin führen, in sich selber das Geschlecht zu überwinden und sich zu einem Standpunkt zu erheben, wo Geistselbst und Atman stehen, die übergeschlechtlich und überpersönlich sind, zum rein Menschlichen« (GA 54,130).

Geschlechtsmerkmale resp. -präferenzen werden zu einer transitorischen Episode der Menschheitsgeschichte, die biologische Geschlechtskonstitution des Menschen wird langfristig zugunsten eines rein seelisch-geistigen Verständnisses eliminiert.

Die gegenüber dem vergeistigten Zustand defizitär definierte Geschlechtskonstitution kompensierte Steiner durch Theorien, in denen »Polarität« und Aufhebung von »Gegensätzen« eine wichtige Rolle spielten. Der Ätherleib etwa sei »beim männlichen Geschlecht ... weiblich, beim weiblichen Geschlecht männlich« (GA 56,94), der Astralleib hingegen als eine Art Synthese der beiden niederen Hüllen »doppelgeschlechtlich« (GA 94,38). Dem Mann wurde »innere Weiblichkeit«, der Frau »innere Männlichkeit« zugeschrieben (GA 56,95), oder im Gang der Reinkarnationen werde das Geschlecht »in der Regel abwechselnd« angenommen (GA 99,59). Der Persönlichkeitskern, das »Ich«, war ohnehin geschlechtsfrei definiert. In diesem Horizont neutralisierte Steiner den Schlußvers von Goethes Faust – »Das ewig Weibliche zieht uns hinan« – durch

---

151 Stellennachweise bei Kretschmer: Ehe und Familie.
152 GA 11,76; hier auch S. 76f. weitere binnentheosophische Begründungen.

die Modifikation »Das ewig Männliche zieht uns hinan«, um schließlich die Geschlechtsbestimmung aufzuheben: »Das ewig Menschliche zieht uns hinan.« (GA 54,131)

Die Verschränkung der Geschlechtsmerkmale war letztendlich beim theosophischen Steiner nochmals komplizierter, weil er die Geschlechter und ihre Eigenschaften als »höheren Gegensatz« (GA $118^3$,98) mit seinem Evolutionskonzept verband.

> »Weil die Frau in der Entwickelung zurückgeblieben ist, hat sich ihr Stoffliches auch weicher und biegsamer erhalten, ist nicht so materiell geworden. Das Gehirn kann leichter vom Geiste aus regiert werden, während der Mann, der in der Entwickelung vorausgeeilt ist, Schwierigkeiten hat, die starre Materie, die dichteren Gehirnkräfte zu überwinden. Deshalb sind die Frauen empfänglicher für alle neuen Ideen, die Seele bemächtigt sich ihrer, und sie können ihre Gedanken leichter durch das Gehirn dirigieren, der Mann setzt seine zähen Gehirnteilchen nicht leicht in Tätigkeit.« (ebd., 165)

In derartigen Überlegungen interpretierte Steiner aktuelle Genderdifferenzen als Produkt einer kosmischen Evolution, um die Unterschiede und Hierarchisierungen in ein egalitäres Gesamtkonzept einzubinden. Die Frau sei also »zurückgeblieben«, aber dies verschaffe ihr einen Entwicklungsvorteil: Die geringere Verstofflichung mache sie dem Geistigen gegenüber offener. Der Anspruch in diesen Überlegungen, kein Geschlecht zu bevorzugen, findet sich in anderen Äußerungen nicht mehr. Im Anschluß an Äußerungen zur Gegengeschlechtlichkeit des Ätherleibes meinte Steiner:

> »Diese Tatsachen eröffnen uns interessante Einblicke in das Seelenleben der Geschlechter. Die Aufopferungsfähigkeit des Weibes zum Beispiel im Liebesdienste hängt zusammen mit der Männlichkeit ihres Ätherleibes, während der Ehrgeiz des Mannes erklärt wird, wenn wir die weibliche Natur seines Ätherleibes erkennen.« (GA 99,126)

Steiner fixierte damit klassische Geschlechtsstereotypen: die aufopferungsfähige Frau und den ehrgeizigen Mann.

Die Aufhebung dieser Geschlechtsstereotypen hängt an einem – in der Außenperspektive seidenen – Faden, an der evolutiven Kosmologie, in der die Egalisierung der Geschlechtsmerkmale in der Zukunft erfolgen soll. Dadurch aber stabilisierte Steiners Geschlechtertheorie in der Gegenwart die Rollenvorgaben des 19. Jahrhunderts. Für diese gesellschaftspolitisch entscheidende Genderbestimmung gebe ich ein weiteres Beispiel, in dem Steiner polar »die menschliche Wesenheit aus zwei Polen zusammenwirkend« 1908 dachte:

> »Wenn also der Mann durch seine äußerliche Körperlichkeit beispielsweise zum Krieger wird, indem diese äußere Tapferkeit gebunden ist an die äußere Organisation seines Körpers, so hat die Frau die innere Tapferkeit, die Fähigkeit der Aufopferung, der Hingabe. Der Mann geht, wenn er sich zum Schaffen erhebt, in dem auf, was draußen ist. Die Frau wirkt in hingebungsvoller Passivität in der Welt.« (GA 56,94)

Der Mann ist außenorientiert, aktiv und kämpfend, die Frau innengeleitet, passiv und gibt sich hin; derartige Aussagen ließen sich fast beliebig nachliefern.

Der weltanschauliche Kern von Steiners Geschlechtertheorie ist der theosophische Antimaterialismus. Steiner wollte die Anthropologie aus dem Determinismus einer biologistischen Interpretation befreien, und zwar durch eine Grundlegung des Menschen in einer geistigen Welt, durch die etwa die Vererbungsgesetze zu marginalen Randbedingungen würden (vgl. GA 112,128–130). Physiologische Merkmale wie Geschlechtlichkeit fallen in dieser Logik dann unter die Existenzbedingungen, die Steiner aus ihrer vermeintlich deterministischen Wirkung lösen wollte. Vor diesem Hintergrund wird der behauptete Wechsel des Geschlechtes in der Abfolge der Reinkarnationen zu einer antimaterialistischen Korrektur des biologischen Vererbungsverständnisses, bevor in Zukunft die Geschlechtsdifferenz vollständig aufgehoben sein werde[153]. Doch die im Kontext der Vergeistigungsteleologie negativ bestimmte Geschlechtlichkeit ist in nichtanthroposophischer Perspektive die Eliminierung eines Humanum: der körperlichen und geschlechtlichen Konstitution des Menschen.

### *4.3.4 Traditionen in Steiners theosophischem Frauenbild*

Die Neujustierung von Steiners Frauenbild durch kosmische Evolution und Antimaterialismus nach 1900 ist biographisch mit seiner Konversion zur Theosophie verbunden. Schon Blavatsky hatte postuliert, daß die Lemurier, »androgyn« waren und die »androgyne Menschheit sich geteilt hatte«[154]. Aber zugleich vertrat sie die Vorstellung vom getrennten und wieder zusammengeführten androgynen Ganzen, die nicht umstandslos auf eine Neutralisierung der Geschlechtlichkeit hinausläuft. Mit seiner Prognose einer Geschlechtseliminierung läßt sich Steiner vermutlich von vielen Androgynitätskonzepten unterscheiden: Die meisten Theorien arbeiten mit einer positiven Verschmelzung, Komplementarität oder Polarität. Steiners »Neutralisierung« scheint aber in der Geschichte der Androgynievorstellung relativ selten zu sein. Aus diesem Grund liegen seine Vorlagen vermutlich nicht in romantischen Anthropologien[155], auch die oft genannte Gnosis fällt wegen ihrer schwierigen Erreichbarkeit wohl aus[156].

Wahrscheinlich hat man weitere Quellen in der Genderdebatte um die Jahrhundertwende zu suchen. Von der »Hymne à l'androgyn« (1891) des französischen Okkultisten Joséphin Péladan über Carl Gustav Jungs anima-animus-Konzeption bis zu Magnus Hirschfelds Auflösung der Polarität von Mann und Frau in einer Vielzahl von Zwischenstufen gibt es dazu ein breites Diskursfeld[157], ohne daß sich Rückgriffe auf diese Autoren bei Steiner nachweisen lassen. Allerdings kannte Steiner Otto Weininger (1880–1903), den von Hirschfeld be-

---

[153] In den Zusammenhang seiner antimaterialistischen Invektiven gehört auch sein Verdikt gegenüber der Freudschen Psychoanalyse, dem »psychoanalytischen Unfug«, die er 1916 ebenfalls als Spielart des Materialismus verdammte, in der »auch schon die heiligsten Erlebnisse der Menschenseele auf Psycho-Sexualität zurückgeführt [werden]!« (GA 169,117).

[154] Blavatsky: Die Geheimlehre, II, 156. 179.

[155] Vgl. etwa Franz von Baaders Konzeption einer protologischen, paradisischen Androgynie, die durch den Sündenfall zur Geschlechtsdifferenz und eschatologisch wieder aufgehoben wird; Sill: Androgynie und Geschlechtsdifferenz, 173–248.

[156] Geschlechtsaufhebungen finden sich häufig, Beispiele der selteneren Geschlechtseliminierungen bei Delcourt / Hoheisel: Hermaphrodit, 679.

[157] Zu diesen Beispielen Aurnhammer: Androgynie, 205 f. 213.

einflußten und vielgelesenen Wiener Antifeministen und Antisemiten der Jahrhundertwende, auf dessen Buch »Geschlecht und Charakter« aus dem Jahr 1903 der Ex-Wiener Steiner 1908 (eine frühere Beschäftigung mit Weininger ist nicht belegbar) zurückgriff:

> »Er meinte nämlich: Das Wesen des Menschen kann nur so betrachtet werden, daß man in dem einzelnen Menschen nicht einseitig das Männliche und das Weibliche betrachtet, sondern bemerkt, daß dem Männlichen beigemischt ist das Weibliche und umgekehrt.« (GA 56,92). Es sei nach Weininger »nicht wahr, ... daß es Männer und Frauen gibt; es gibt nur männliche und weibliche Eigenschaften« (GA 170,12).

Weininger bot für Steiner eine Möglichkeit, die »theosophische« Androgynitätskonzeption zu plausibilisieren, etwa in der negativen Qualifizierung von Geschlechtlichkeit. Weiningers Reduktion von Geschlechtsmerkmalen auf sekundäre »Eigenschaften« kann man als Parallele zur Eliminierung der theosophischen Geschlechtstypen sehen. Auch bei Weininger findet sich am Schluß des Buches eine Apotheose der Erlösung vom Geschlecht und, wie bei Steiner, eine neutralisierende Aufhebung ins »Menschliche«:

> »der Mann muß von Geschlecht *sich* erlösen, und *so*, nur *so* erlöst er die Frau. *Allein* seine *Keuschheit*, nicht, wie sie wähnt, seine Unkeuschheit, ist ihre Rettung. Freilich geht sie, als *Weib*, so unter: aber nur, um aus der Asche neu, verjüngt, als der *reine* Mensch, sich emporzuheben.«[158]

Auf Weiningers Apotheose der Männlichkeit (wie auch auf dessen Misogynie und Antisemitismus) hat Steiner nicht kritisch reagiert. Dessen Theorie (in der Wahrnehmung Steiners), daß die Frau ihre Existenz dem Mann und seiner Begierde verdanke und daß dies die »Schuld« des Mannes sei, gab er noch 1916 mit (allenfalls leicht ironisch gebrochener) Bewunderung weiter:

> »Ja, Sie alle, die dem äußeren Ansehen nach wie Frauen aussehen, Sie müssen sich also vorstellen nach der Theorie Weiningers, daß Sie von den Männern, im Grunde genommen durch die Schuld der Männer, ins Dasein gerufen worden sind auf irgendeine unbekannte okkulte Weise! Das wird, man kann so schon sagen, mit großer Genialität in dem Buch ausgedrückt, mit Genialität ausgeführt, wie man in den letzten Jahrzehnten eben vielfach menschliche Genialität aufgefaßt hat.« (GA 170,15)

Schließlich ist es nicht unwahrscheinlich, daß die neutralisierte Geschlechtskonstitution, welcher Herkunft auch immer, eine Antwort auf Steiners persönliche Lebensführung transportierte. Die Temporalisierung der Geschlechtskonstitution und ihre Eliminierung im Geistigen hätte Steiners sexuell distanziertes Verhältnis zu Frauen als avancierte Form menschlicher Existenz ausgewiesen, weil sie der Annäherung an das Geistige schon näherstünde als die »unwissend« ausgelebte Geschlechtlichkeit. Auch die vielen unverheirateten Frauen konnten die ungelebten Beziehungen als Vorwegnahme einer stärker vergeistigten Existenz deuten.

---

[158] Weininger: Geschlecht und Charakter, 457; alle Hervorhebungen so im Original.

### *4.3.5 Theosophinnen im Spiegel von Gender-Forschungen*

Die intensive Erforschung der Geschlechterverhältnisse um 1900, nicht zuletzt hinsichtlich bürgerlicher Frauen[159], ermöglicht es, auch die Situation von Theosophinnen sozialhistorisch näher zu analysieren (wohingegen viele ideengeschichtliche Fragen spezifisch weiblicher religiöser Auffassungen hinsichtlich der Theosophie derzeit nicht beantwortbar sind[160]). In sozialhistorischer Perspektive bildet vor allem der hohe Frauenanteil in der Adyar-Theosophie einen Ansatzpunkt, die Ergebnisse dieser Forschungen einzuknüpfen. Diese hohe Präsenz ist zwar angesichts einer männerdominierten Gesamtgesellschaft bemerkenswert, aber hinsichtlich der Theosophischen Gesellschaft als religiöser Gemeinschaft weniger auffallend, da Frauen offenbar fast immer den größeren Anteil an praktizierenden Religiosen im 19. Jahrhundert stellten[161].

Als ein Grund und häufig an erster Stelle wird die Bedeutung von Religion für die psychische Bewältigung spezifisch weiblicher Lebensrisiken, insbesondere durch Schwangerschaften, genannt. Für Theosophinnen dürfte diese Dimension aufgrund der häufigen Ehelosigkeit an Bedeutung verloren haben. Wichtiger werden die frauenspezifischen Freiräume in Religionsgemeinschaften gewesen sein. Rebekka Habermas vertritt die These, daß diese eigenen (aber »abgespaltenen«) Kommunikationsräume in den großen Kirchen (etwa in Ordensgemeinschaften oder Diakonissenanstalten) einen der wenigen Zugänge zur Öffentlichkeit bildeten und eine eigene »Form ›weiblicher Religiosität‹, die [im protestantischen Bereich] pietistisch inspiriert ist und sich durch besondere Wertschätzung des weiblichen Sozialcharakters auszeichnet«[162], generierten. Damit sei gleichwohl eine Rollenzuweisung verbunden gewesen, die sich am patriarchalen Selbstver-

---

[159] Vgl. die bibliographischen Angaben bei Habermas: Weibliche Religiosität, 125–148; Hausen: Nachwort (in: Geschichte der Frauen); Jacobi: Zwischen Erwerbsfleiß und Bildungsreligion.

[160] Die Forschungslage ist für Deutschland weiterhin relativ schlecht. »Für den deutschen Bereich gilt immer noch, daß das Thema Frauen und Religion im 19. Jahrhundert bisher wenig bearbeitet ist, und der Forschungsstand weist im Vergleich mit den USA, England und Frankreich die größten Lücken auf.« Paletschek: Frauen und Säkularisierung, 300.
Ich nenne nur einige Beispiele dieser augenblicklich diskutierten Fragen. Daß Frauen in dissentierenden Gesellschaften eine konservative Religiosität ausgeprägt hätten, so die Tendenz bei Baumann: Protestantismus und Frauenemanzipation, und bei Paletschek: Frauen und Dissens, 109, die eine stärkere Verhaftung der deutschkatholischen Frauen an traditioneller Religiosität sieht, läßt sich für die Theosophie momentan nicht bestätigen. Im Deutschkatholizismus besaß auch die pantheisierende Theologie frauenspezifische Bezüge (ebd., 156–166), läßt sich aber im 19. Jahrhundert ubiquitär und auch bei Männern nachweisen. Für die im theosophischen Pantheismus naheliegende Identifizierung von Mater und Materie (Wartmann: Die Grammatik des Patriarchats, 19–24), gibt es keine signifikanten Hinweise, ähnliches gilt für die spannende Unterstellung eines weiblichen Weltbildes der Immanenz gegen die säkularisierte Welt der männlichen Ökonomie, in der Gott vertrieben sei und gegenüber der er in der weiblichen Welt wirksam wäre und regierte; vgl. Smith: Ladies of the Leisure Class, 102 f. Für Antworten hinsichtlich der Auffassungen von Theosophinnen bedürfte es einer Durchsicht ihrer Schriften und Memoiren.

[161] Daten für die USA, Frankreich und England bei McLeod: Weibliche Frömmigkeit, 134–156, S. 135 ff. Diese Dominanz von Frauen gilt auch für die Arbeiterschaft, vgl. exemplarisch Kneipengespräche im Kaiserreich, hg. v. R.J. Evans, 167.

[162] Habermas: Weibliche Religiosität, 135; vgl. allerdings zur theologisch begründeten Unterordnung von Frauen Baumann: Protestantismus und Frauenemanzipation.

ständnis des 19. Jahrhunderts orientiere und eine »Zwittergestalt« weiblicher Lebensformen erzeuge: »Sie eröffnet den bürgerlichen Frauen zu Beginn des 19. Jahrhunderts die Basis für eine unabhängige Lebensform jenseits der Ehe und übt sie gleichsam ein in eine neue bürgerliche weibliche Identität der Selbstaufopferung.«[163]

Einen spezifisch religiösen Freiraum gab es durch die liturgische Aufwertung von Frauenrollen sowohl bei kleineren religiösen Gemeinschaften als auch in Segmenten der Großkirchen. Bei den amerikanischen Shakern wurden Frauen am Ende des 18. Jahrhundert zu Offenbarungsmedien, bei den 1810 gegründeten Primitive Methodists hielten viele Frauen Predigten, in der Oneida Perfectionist Community wurden im 19. Jahrhundert »die Aufgaben … ohne Rücksicht auf konventionelle Geschlechtsstereotypen verteilt«[164]. Diese Beispiele aus den USA sind in dieser Prägnanz für Europa (bislang) nicht, strukturell gleichwohl belegt[165]. Die Unitarier legten ihre monistische Gottesvorstellung auf ein egalitäres Verhältnis zwischen Frauen und Männern um[166], im Deutschkatholizismus wies der Gründer Johannes Ronge den Frauen eine zentrale Rolle bei der Erlösung der Menschheit zu[167], und bei den Kongregationalisten wurde 1853 die erste Frau ordiniert[168]. Auch die Theosophie gehört in die Geschichte der Aufwertung von Frauenrollen in religiös dissentierenden Gemeinschaften im 19. Jahrhundert. Die dadurch vollzogene »Feminisierung« der Religion[169] führte bei Steiner allerdings erst nach dem Ersten Weltkrieg in der Christengemeinschaft zu kultisch argierenden Priesterinnen.

Wieweit dieser weibliche Eigenraum innerhalb religiöser Gemeinschaften eine Abdrängung von Frauen aus weiten Bereichen der gesellschaftlichen Öffentlichkeit bis hin zur Gettoisierung im privaten Raum bedeutete und der Selbständigkeitsgewinn durch die Familiarisierung der Religion mit einer Verstärkung der geschlechtsdifferenzierten Arbeitsteilung bezahlt wurde, wird augenblicklich kontrovers diskutiert. Ute Gause hat die emanzipatorische Wirkung bestritten, die Freisetzung der Frauen vom Haus habe allenfalls in die diakonische Arbeit geführt[170]. Zudem, so die Kritik von Herrad Ulrike Bussemer, seien die Besorgung der Hauswirtschaft und später die Beschäftigung als Lehrerin eine Sackgasse gewesen, die weitergehende Veränderungen blockierten[171] und den

[163] Habermas: Weibliche Religiosität, 138; eine vergleichbare Argumentation für adelige Frauen bei Paletschek: Adelige und bürgerliche Frauen, 175.

[164] McLeod: Weibliche Frömmigkeit, 147 f.

[165] Zur Erweckungsbewegung als »Aufbruch der Frauen« siehe Baubérot: Die protestantische Frau.

[166] McLeod: Weibliche Frömmigkeit, 148 f.

[167] Paletschek: Frauen und Dissens, 160–163.

[168] McLeod: Weibliche Frömmigkeit, 150.

[169] Schieder: Sozialgeschichte der Religion, 28; vgl. Paletschek: Frauen und Säkularisierung, 300.

[170] Gause: Frauen und Frömmigkeit im 19. Jahrhundert, 311–313. Ähnlich Hausen: Die Polarisierung der »Geschlechtscharaktere«, 387, oder Smith: Ladies of the Leisure Class, 48, die auf dem Hintergrund eines Wandels der Arbeitsgesellschaft mit der verstärkten Bindung der Frau ans Haus die Ausgrenzung von Hausarbeit gegenüber der öffentlichen Wirtschaftstätigkeit sehen.

[171] Bussemer: Frauenemanzipation und Bildungsbürgertum, 49–51; vgl. auch Stodolsky: Geschlecht und Klasse, 164–184. Die Ausbildung zur Lehrerin bedeutete allerdings seltener als für Männer einen

Verzicht auf Ehe und Familie forderten[172]. Rebekka Habermas hingegen hat das hinter dieser sozialstrukturellen Benachteiligung von Frauen stehenden »Konträrmodell« der Geschlechterzuordnung, »wonach die männliche Leistungsorientierung zunahm, während die weibliche Arbeit entwertet wurde«[173], zumindest für die Jahrzehnte um 1800 zurückgewiesen. Für beide Geschlechter habe sich das Normengerüst in die gleiche Richtung entwickelt: mit gleichen Zielen (»Arbeit an der Moral und an der Zivilisation«) und mit für beide Geschlechter zunehmender Orientierung auf Leistungssteigerung[174]. Auch der zunehmenden Fixierung der Frau auf das Haus (das teilweise immerhin die Dimensionen eines mittelständischen Unternehmens annehmen konnte[175]) widerspricht sie. Der den Frauen nachgesagte »höhere religiöse Sinn« sei nur anfänglich für die »Sakralisierung des Familienlebens« genutzt worden[176]. Seit dem zweiten Drittel des 19. Jahrhunderts hätten Frauen diesen »Sinn« für öffentliche Tätigkeiten genutzt – Habermas nennt Wohltätigkeitsvereine – und sich damit im öffentlichen Raum engagiert, was langfristig (zuerst nur Einzelfällen) auch zu einer bezahlten Berufsarbeit geführt habe[177].

Dieses Spannungsfeld zwischen familiären und außerhäuslichen Freiräumen läßt sich hinsichtlich der Theosophinnen mangels biographischer Studien nur für die Vereinstätigkeit beleuchten. Frauen fanden hier ein Tätigkeitsfeld, in dem sie öffentlich und verantwortlich aktiv werden konnten und in dem zugleich ihr religiöser »Sinn« gefördert oder akzeptiert wurde[178]. Namentlich für protestantische Frauen, die in der Theosophie wohl die Mehrheit der Frauen stellten und denen im Vergleich mit Katholikinnen weitaus weniger außerhäusliche oder außerkirchliche Betätigungsfelder geboten wurden[179], dürfte die Theosophie einen intermediären Entfaltungsraum zwischen Familie und Öffentlichkeit geboten haben. Die Theosophische Gesellschaft ging dabei einen Schritt weiter als die geschlechterspezifischen Vereine und institutionalisierte sich als gemischtgeschlechtliche Vereinigung mit Frauen in leitenden Positionen – bei allen Grenzen der effektiven Gleichberechtigung[180]. Eine Untersuchung der Biographien

---

sozialen Aufstieg (Kaelble: Soziale Mobilität und Chancengleichheit, 98 f.); ob daraus eine für Theosophinnen geringere Attraktivität folgte, ist unklar.

[172] Nipperdey: Deutsche Geschichte 1866–1918, I, 82. 87. 1907 waren »über 70 % der unverheirateten Frauen erwerbstätig, aber nur 26 % der Verheirateten (mit Einschluß der Mithelfenden) und wieder über 40 % der Verwitweten« (ebd., 77).

[173] Habermas: Frauen und Männer des Bürgertums, 395.

[174] Ebd., 396.

[175] In ihren Händen konnten die Finanzverwaltung, die Betreuung der Hausangestellten, die sozialen Kontakte von der Schule bis zur Kirche oder die Instandhaltung des Hausgebäudes liegen; Gall: Bürgertum in Deutschland, 167. Hier konnten vielfach eigenständige Sozialisationsleistungen und ein selbstverantwortetes Wirkungsfeld liegen; Habermas: Weibliche Religiosität, 126–131.

[176] Ebd., 398.

[177] Ebd.

[178] Den »höheren religiösen Sinn« von Frauen hatte schon der Spiritismus geschätzt, und auch Steiners oben zitierte Äußerungen, daß ihr »Gehirn … leichter vom Geist aus regiert werden« könne, mag eine Fortwirkung der Vorstellung vom besonderen sensus numinosus der Frauen sein.

[179] Gause: Frauen und Frömmigkeit im 19. Jahrhundert, 312 f.

[180] Auch diese Frage der emanzipatorischen Wirkung frauenspezifischer Vereine wird kontrovers diskutiert. Die durch geschlechterspezifische Vereine perpetuierte strukturelle Ungleichheit, so die

von Theosophinnen müßte klären, wie weit ihr Weg aus der Familie letztlich herausführte. Mir scheint aber, daß die Theosophische Gesellschaft für viele einen Freiraum jenseits von Familie und Kirche bot, dem man als Schritt auf eine volle Partizipation im vorpolitischen Raum eine Bedeutung nicht absprechen kann.

Eine besondere Attraktivität für Frauen dürfte in der Ausrichtung der Theosophischen Gesellschaft auf die lesende und schreibende Vereinstätigkeit gelegen haben. Dies kam gebildeten Frauen entgegen, für die angesichts eingeschränkter gesellschaftlicher Tätigkeitsfelder Lesen und Schreiben einen mentalen Freiraum und ein herausgehobenes Feld der Kommunikation bildete[181]. Ein dichter Publikationsmarkt für Frauen[182] belegt um 1900, daß die lesende Frau zu einem gesellschaftlichen Faktor geworden war. Frauen war zudem eine zentrale Funktion in der bürgerlichen Kommunikation zugewachsen, in der das Selbstverständnis des Bürgertums zunehmend durch Versprachlichung und insbesondere durch Verschriftlichung organisiert wurde und es zu einer »›Verbalisierung‹ der symbolischen Interaktion in der bürgerlichen Gesellschaft« kam[183]. Die Konsequenz des universitären Studiums blieb Frauen hingegen in Deutschland lange versperrt[184]. In dieser Ambivalenz von Literarisierung von Frauen und der Verweigerung entsprechender Bildungswege konnten Frauen in der Theosophischen Gesellschaft ihre Fähigkeiten und Schwerpunkte gut ausspielen, und so ist es wohl kein Zufall, daß diejenigen Frauengruppen, die sich in der bürgerlichen Frauenbewegung als die aktivsten erwiesen, die Künstlerinnen und Lehrerinnen[185], auch in der Theosophischen Gesellschaft ein wichtiges Segment bildeten.

Bei unverheirateten Theosophinnen lagen die Probleme nochmals anders. Ihnen war diese klassische Familienrolle zumindest in der Mutterposition verwehrt, zusätzlich wurden sie im Prozeß der Reduktion der Großfamilie aus dem

---

Kritik, sieht hingegen Habermas: Frauen und Männer, 398, in einem Rückkopplungseffekt im privaten Raum teilweise außer Kraft gesetzt.

181 Hoock-Demarle: Lesen und Schreiben in Deutschland; als europaweites Phänomen siehe Gay: Kult der Gewalt, 403–434.

182 Klingenstein: »Die Frauen müssen ganz andere Worte hören«, nennt für die Frauenpresse um 1900 Vereinszeitschriften, kommerzielle Frauenpresse (vor allem über Mode), berufsspezifische Blätter (v. a. für Lehrerinnen), Zeitschriften aus der Frauenbewegung (S. 120–128); dazu kam die monographische Literatur.

183 So die spannenden Thesen von Linke: Sprachkultur und Bürgertum, Zit. S. 4.

184 Im Gegensatz zu den europäischen Nachbarländern, wo Frauen seit den 1860er Jahren studieren konnten (und wohin einige deutsche Frauen auch auswichen), wurden Gasthörerinnen in Deutschland erst 1893 (Göttingen) und vollimmatrikulierte Studentinnen erst 1900 in Baden und 1903 in Bayern zugelassen; Titze: Wachstum und Differenzierung der deutschen Universitäten, 42; Koener: Auf fremdem Terrain, 81 f. 103. Nach einigen Dutzend Studentinnen in den ersten Jahren des 20. Jahrhunderts waren in den letzten fünf Friedensjahren drei bis sechs Prozent aller Studierenden Frauen (Titze, ebd., 42). Die medizinische Promotion von Dorothea Christiane Erxleben (1715–1762) im Jahr 1754 war am Ende des 19. Jahrhunderts vermutlich nicht präsent.
Ein hier bemerkenswertes, weil vom dissentierenden Milieu des Deutschkatholizismus beeinflußtes Modell war die 1846 gegründete Hamburger »Hochschule für das weibliche Geschlecht«, die allerdings für die universitäre Ausbildung von Frauen ohne größere Folgen blieb; vgl. Kleinau: Ein (hochschul-)praktischer Versuch.

185 Bussemer: Frauenemanzipation, 219. 223–235.

familiären Rahmen herausgedrängt[186]. Wie groß die Gruppe der unverheirateten Frauen in der deutschen Gesellschaft war, ist in der Literatur umstritten, dürfte aber über 15 Prozent der Frauen betragen haben[187]. Angesichts eines Anteils von fast 40 Prozent unverheirateter Frauen bei den weiblichen Mitgliedern in der Theosophischen Gesellschaft (s. Tab. 4.3), wobei Witwen nicht eingerechnet sind[188], muß die Attraktivität für diese Frauengruppe sehr ausgeprägt gewesen sein, vielleicht auch, weil mit dem Auseinandertreten von biologischer Reife und sozialen Gestaltungsmöglichkeiten gerade bei jungen unverheirateten Frauen die Unzufriedenheit mit traditionellen Angeboten der Lebensführung besonders hoch war[189].

Die Frage, ob die (überproportional vielen) adeligen Theosophinnen in dieser Ausgestaltung von Freiräumen eine besondere Rolle spielten, ist angesichts der erst anlaufenden Adelsforschung nur mit Vermutungen zu beantworten. Die emanzipatorische Tradition war hier möglicherweise stärker, beispielsweise war die Kritik an den Geschlechtsrollen bis in die 1840er Jahre vor allem ein Diskussionsfeld adeliger Frauen[190]. Das Problem der Ledigen könnte sich bei ihnen zugespitzt haben, weil adelige Frauen – im Gegensatz zu Männern – durch eine morganatische Heirat ihr Adelsprädikat verloren.

Die Diskussion über die Veränderung von Freiräumen und Grenzen weiblicher Lebenswelten ist eng verknüpft mit der Frage nach den dabei formulierten Geschlechtsidentitäten. Die religiösen Freiräume waren hier ambivalent, insofern die Gestaltungsmöglichkeiten für Frauen an die Übernahme von Geschlechtsbestimmungen geknüpft wurden, bei denen Frauenrollen in einer männlich bestimmten Gender-Konfiguration definiert waren[191]. Die kontroverse Debatte um das »gendering« von Geschlechtsrollen als gesellschaftliche Produktion von Geschlechterbildern hat sich inzwischen auf die Diskussion der Ausgestaltung sozialer und biologischer Dispositionen bei der Formierung von Geschlechterrollen verlagert[192], und in dieser Fassung ist diese Debatte für die gender-Bilder in der theosophischen Gesellschaft nutzbar.

---

[186] Ebd., 47.

[187] Bussemer ebd., gibt an, daß 85 Prozent aller Frauen heirateten, viele aber in höherem Alter. Paletschek: Adelige und bürgerliche Frauen, 174, vermutet, daß etwa die Hälfte der bürgerlichen Frauen verheiratet gewesen sei.

[188] Witwen lassen sich, da nicht als »Fräulein« tituliert, nicht erfassen. Nach der Aufhebung der Geschlechtsvormundschaft im 19. Jahrhundert waren ihnen zuvor unzugängliche Gestaltungsfreiräume eröffnet worden; Machtemes: Leben zwischen Trauer und Pathos.

[189] Vgl. die Überlegung bei Paletschek: Adelige und bürgerliche Frauen, 176.

[190] Ebd., 177; die ökonomische Benachteiligung adeliger Frauen sei geringer (ebd., 170), die Berufstätigkeit höher gewesen als bürgerlichen Raum (ebd., 179).

[191] Vgl. Habermas: Weibliche Religiosität, 138.

[192] Die These von Hausen: Die Polarisierung, 369, einer ›Erfindung‹ der Geschlechtsrollen im 19. Jahrhunderts als ahistorisch kritisiert etwa Kuhn: Das Geschlecht – eine historische Kategorie? Rang: Zur Geschichte des dualistischen Denkens über Mann und Frau, tendiert zu der diametralen Gegenthese, derzufolge diese Geschlechtspolarisierungen im 19. Jahrhundert nicht erfunden, sondern bestritten wurden (S. 198. 203) und es sich um eine Diskussion zur Revitalisierung unplausibel gewordener Stereotypen handelte. Zwischen Sexualität und Gender als biologischem und sozialkulturellem Geschlecht wird inzwischen weniger strikt getrennt, weil beide Kategorien aufeinander bezogen definiert werden, etwa bei Hof: Die Entwicklung der Gender Studies, 23–25. Zudem wurde

Das Frauenbild in der Theosophischen Gesellschaft scheint sich gegenüber diesen Stereotypen und ihren Begründungen in einem ambivalenten Spannungsfeld befunden zu haben. Einerseits wurden sie faktisch zementiert, indem sie als temporäre, aber eben hier und heute notwendig geltende Geschlechtsmerkmale reproduziert wurden: Die »Aufopferungsfähigkeit des Weibes« stand bei Steiner neben dem »Ehrgeiz des Mannes«, seine »äußerliche Körperlichkeit« neben ihrer »inneren Tapferkeit«, er erhebe sich »zum Schaffen«, sie »wirkt in hingebungsvoller Passivität« – um nur einige von Steiners Übernahmen standardisierter Rollenzuschreibungen des 19. Jahrhunderts in Erinnerung zu rufen (s. o. 4.3.3). Diese Rollen wurden bei Steiner zwar nicht natural, sondern »geistig« abgestützt, aber in ihrem Determinismus wirken beide Ansätze identisch[193]. Ob sich Steiners weibliche Klientel gegen diese Rollenzumutungen gewehrt hat, ist mir nicht bekannt; vielleicht hat es diesen Widerstand nicht gegeben, weil damit auch exklusive Statuserhöhungen verbunden waren. Andererseits bewirkte die wiederum über die »geistige Wirklichkeit« begründete Relativierung der Geschlechterrollen in der Konzeption der geschlechtlichen Neutralität des ursprünglichen wie des künftigen Menschen zumindest theoretisch eine Lockerung der Geschlechtsidentität und damit potentiell eine Freisetzung von Frauen aus gesellschaftlichen Rollenzumutungen, wenngleich die reale Befreiung in die Zukunft projiziert und damit von aktuellen Veränderungen gelöst war.

Ob man in dieser Aufweichung tradierter Strukturen einen emanzipatorischen Ansatz sehen darf, hängt zudem an der Bewertung der neutralisierten Geschlechterdifferenz. Jedenfalls ging es Steiner nicht um die Befreiung der Frau (und des Mannes) aus sozialen Rollenzuweisungen, sondern um die Eliminierung der geschlechtlichen Konstitution des Menschen. Der systematische Raum dieser Konzeption sind nicht die sozialen Konstitutionsbedingungen, sondern die kosmologischen Vorgaben. Die Geschlechtsaufhebung hat ihren Ursprung in einem gnostisierenden Antimaterialismus, in dem auch die sozialen Zustände als bloße Durchgangsstationen eines Spiritualisierungsprozesses verstanden wurden.

## 4.4 Theosophische Vereinsbildung in soziologischer Perspektive

### *4.4.1 Gruppenbildung durch charismatische Führung*

Die Entstehung der Theosophischen Gesellschaft, vor allem aber ihr Wachstum und ihre Popularisierung, gingen durch das Nadelöhr einer personenbezogenen Konstitutionsgeschichte. Steiners herausragende Stellung ist in der Außenperspektive unübersehbar und wurde auch von den Mitgliedern in tiefer Verehrung akzeptiert. In diesem Kraftfeld bietet sich Max Webers »Charisma«theorie als

---

gerade die kulturelle Komponente im Verhältnis von sex und gender als wechselseitige Beeinflussung männlicher und weiblicher Interpretationskategorien und Lebensformen gedeutet; Kuppler: Weiblichkeitsmythen, 272 f.

[193] Vgl. zur sozialen Konstruktion »naturaler« Eigenschaften siehe Budde: Auf dem Weg ins Bürgerleben, 149–253.

Angebot an, den vermeintlich irrationalen persönlichen Einfluß mit der Rationalität sozialstruktureller Gruppenbildungsprozesse zu verknüpfen.

Weber konzipierte seine Vorstellung innerhalb der allgemeinen Soziologie, vor allem als Elemente der Herrschafts- und der Religionssoziologie, an zwei Stellen in »Wirtschaft und Gesellschaft«[194]. Er entwickelte sie aber an der Analyse religiöser Gruppen, und darauf läßt sie sich weiterhin besonders gut anwenden. In der zentralen Passage zur Begründung von Herrschaft qualifizierte Weber das Charisma primär über Außeralltäglichkeit:

> »›*Charisma*‹ soll eine als außeralltäglich ... geltende Qualität einer Persönlichkeit heißen, um deretwillen sie als mit übernatürlichen oder übermenschlichen oder mindestens spezifisch außeralltäglichen, nicht jedem andern zugänglichen Kräften oder Eigenschaften [begabt] oder als gottgesandt oder als vorbildlich und deshalb als ›*Führer*‹ gewertet wird.«[195]

Außeralltäglichkeit verstand Weber als ein nicht routinisiertes, keinen festen Regeln unterworfenes Handeln[196], dessen Legitimität von der Person des Charismatikers abhänge[197], während sich die Beherrschten in »gläubiger, ganz persönlicher Hingabe« an den Führer binden[198]. Sie bildeten als »Gemeinde« den »Herrschaftsverband« des Charismatikers[199], letztlich weil er »der mit besonderer »Qualifikation« ausgestattete »religiöse *Virtuose*« sei[200]. Weber stufte das Charisma als außerordentlich starke Kraft für soziale Veränderungen ein und betrachtete es als »*die* große revolutionäre Macht in traditional gebundenen Epochen«[201].

Für die Analyse sozialen Wandels auf der Grundlage des Charisma-Konzepts führte Weber die Kategorien der »Veralltäglichung« und der »Versachlichung« ein. Mit Veralltäglichung bezeichnete er den Verlust des ursprünglichen, »reinen« Charisma, insofern eine Ausnahmesituation in Alltag überführt und darin das Charisma nur noch in transformierter Form, »traditionalisiert oder rationalisiert (legalisiert)«, aber auf Dauer gestellt, existiere[202]; letztlich werde strukturell der Zustand vor der charismatischen Revolution wieder hergestellt. Versachlichung bezeichnete demgegenüber den Versuch, Charisma im Alltag zu erhalten, »seine Umwandlung in ein Dauergebilde« zu sichern[203], wobei es von der charismatischen Persönlichkeit gelöst werde. Die wichtigsten von Weber genannten Institutionalisierungsformen – Gentil- und Erbcharisma – sind im Blick auf Steiner von geringem Interesse, hingegen ist eine bei Weber marginale, von der

---

[194] Weber: Wirtschaft und Gesellschaft ([5]1972), 140–148. 654–681; die religionssoziologischen Überlegungen ebd., 245 f. In meinen Überlegungen stützte ich mich vielfach auf die Analyse von Webers Charismakonzept bei Gebhardt: Charisma als Lebensform.

[195] Weber: Wirtschaft und Gesellschaft ([5]1976), 140.

[196] Ebd., 141.

[197] Nur in der religionssoziologischen Passage bindet Weber Charima auch an ein Objekt (ebd., 246).

[198] Ebd., 140.

[199] Ebd., 141.

[200] Ebd., 327.

[201] Ebd., 142. Diese Wirkung gelte nur außerhalb der Ökonomie: »reines Charisma« sei »spezifisch *wirtschaftsfremd*«.

[202] Ebd., 142 f., Zit. 143.

[203] Ebd., 671.

Weber-Forschung inzwischen aber zur Kompensation der Defizite von Webers Entwurf stärker berücksichtigte Dimension, das Charisma abstrakter Ideen respektive Weltbilder[204], hinsichtlich der Theosophie von Bedeutung: »Die charismatische Verklärung der Vernunft … ist die letzte Form, welche das Charisma auf seinem schicksalsreichen Weg überhaupt angenommen hat«[205]. Diese Orientierung sei »ihren normalen Inhalts nach ›sachlichen Charakters‹, ist Hingabe an die ›gemeinsame Sache‹«[206] und kennzeichnet eine Dimension in der Versachlichung des »reinen« Charisma.

Die charismatischen Züge von Steiners Autorität liegen in Äußerungen von Theosophen auf der Hand: Sie bezeugten die Dankbarkeit, daß »wir seine Schüler werden durften«[207], die Arglosigkeit, »berechtigterweise dem Lehrer ein unbegrenztes Vertrauen entgegenbringen« zu können[208], die Euphorie, daß er »allem Wissen gegenüber auf höherer Warte [lebte]«[209], die Überzeugung, daß er aufgrund seines übersinnlichen »Hellsehens« »die Ursache der Krankheit« »erforscht« habe[210], den Glauben, daß aus den Worten des »größten gottgesandten Zeitgenossen«[211] »die Stimme des Parakleten … spricht: des Weltentrösters, der die Seelen für die Schicksalsprüfungen des 20. Jahrhunderts stark zu machen suchte«[212], die Verzückung, daß in Steiner »der Geist selbst … die Sinnesschranken [durchbrach], die den Menschen im Erdenleben von dem Leben des Geistes trennen«[213], die magische Hoffnung, daß ihm geschenkte Rosen nach einem Vortrag »geheiligte Blumen« seien[214], die Entlastung, in ihm den »Führer zu neuem Menschentum« zu akzeptieren[215], die Apotheose zum Erlöser, da er »das Karma seiner Schüler mitträgt, wie Christus das Karma der ganzen Welt trug«[216]. Diese Motive fließen in einem Gedicht zusammen, das noch zu Lebzeiten Steiners Hans Reinhart im offiziösen Mitteilungsblatt der Anthroposophischen Gesellschaft, dem »Goetheanum«, 1921 veröffentlichte:

»Nun fand auch ich, Verirrter von dem Pfade,
Dein Licht und deine treue Führerschaft.
Aus deines Geistes Gral floss mir die Gnade,
und aus der Seele Bronnen quoll die Kraft«[217].

Diese Ehrfurchtsbezeugungen lesen sich wie eine Materialsammlung zu Webers Merkmalen des Charisma. Steiners Leistungen waren in den Augen seiner

---

[204] Vgl. dazu Gebhardt: Charisma als Lebensform, 69–74. 91–93; ders.: Das Charisma der Vernunft.
[205] Weber: Wirtschaft und Gesellschaft ($^5$1976), 726.
[206] Ebd., 682.
[207] König: Der 27. Februar 1861 als welthistorisches Datum, 24.
[208] Kichner-Bockholt: Die Erweiterung der Heilkunst, 107. 108.
[209] Lehrs: Die neue Generation, 119.
[210] Kirchner-Bockholt: Die Erweiterung der Heilkunst, 102. 106.
[211] Emil Bock, zit. nach Badewien: Anthroposophie, 182.
[212] Meyer: Wer war Rudolf Steiner?, 197.
[213] Poeppig: Heiliges Vermächtnis, 71.
[214] Turgenieff: Erinnerungen, 35.
[215] Rittelmeyer: Rudolf Steiner als Führer.
[216] Kleeberg Wege und Worte ($^1$1928), 124. Weitere Belege bei Badewien: Anthroposophie, 178–190.
[217] Reinhart: An Rudolf Steiner.

Anhänger überweltlich, in Webers Terminologie: außeralltäglich. Im Zentrum stand dabei die Steiner zugesprochene Fähigkeit, die »geistigen Welten« zu erkennen und darüber zu berichten und für andere den Weg dorthin zu ebnen. In seinem »Schulungsweg« (s. 7.4), wo Steiner zum Brückenbauer, zum Pontifex wurde, ist aber bereits der Weg zu einer Institutionalisierung (i. e. Versachlichung) seiner charismatischen Funktion gewiesen. Zu seinen Lebzeiten blieb Steiners außeralltägliche Stellung letztlich unangetastet. Es gab niemanden unter seinen Anhängern, der beansprucht hätte, in vergleichbarer Weise große Teile des Bildungswissens seiner Zeit als »höhere Einsicht« zu legitimieren oder zumindest Steiners »Clairvoyancen« nachzuvollziehen. Folglich fehlen auch Kritik oder kritische Anmerkungen in der durch devotionelle Dankbarkeit geprägten Haltung sehr vieler Anhänger.

Die von Weber benannten Transformationsprozesse der Veralltäglichung und Versachlichung lassen sich an der Theosophie geradezu lehrbuchartig nachvollziehen: Beispielsweise dokumentierten sich mit Steiners Ableben die Tradierungsprobleme des Charisma in den bis vor die Gerichte getragenen Nachfolgestreitigkeiten, als deren Ergebnis sich im Vorstand der Anthroposophischen Gesellschaft die »Dornacher Orthodoxie« als neue Herrschaftsschicht etablierte, die von Offenbarungsvermittlung auf Nachlaßverwaltung (in der Edition der Werke Steiners) und Schriftinterpretation (durch die Leseanweisungen in den offiziösen Dornacher Publikationen) umschwenkte und potentiell unkontrollierbare, charismanahe Gegenbewegungen (etwa den »esoterischen Vorstand«) eliminierte.

Die dabei konstitutive »charismatische Verklärung« der Theosophie hat Steiner selbst eingeleitet. Im Anspruch auf die allgemeine Zugänglichkeit seiner Offenbarungen etwa relativierte er zumindest konzeptionell seine persönliche Bedeutung und damit sein Personalcharisma. So sah Fred Poeppig nach dem letzten Vortrag Steiners, den er hörte, »die Wege zur Geisteswissenschaft gewiesen … Wie eine Erfüllung war diese Stunde.«[218] Nach Steiners Tod wurden dann die Außeralltäglichkeits-Prädikate des Meisters auf die Aura des Werks übertragen. Wie zu seinen Lebzeiten wurde sein Werk im Literalsinn als »heilige Schrift« gelesen, aber die offiziöse Edition in ihrer weitgehenden Verweigerung historisch-kritischer Aufarbeitung suchte dessen Einmaligkeit und Außeralltäglichkeit durch Versachlichung zu konservieren. Das Weltanschauungs-Charisma war allerdings nicht die »letzte Form«, die das Charisma auf seinem Weg angenommen hat, wie Weber meinte, sondern eine parallel zu personalem Charisma existierende, aber tradierungsbeständigere Variante; Personal- und Weltanschauungscharisma waren *kon*stitutive Dimensionen der theosophischen Gruppenbildung. Auch die Außeralltäglichkeit des Weltanschauungscharisma war zwar erosionsbedroht, stieg aber nach Steiners Tod zur beherrschenden Sinngebungsreferenz der Anthroposophie auf. Vermutlich wird die allfällige Historisierung von Steiners Œuvre dieser Position nur teilweise ihre Legitimität entziehen; der Schutz des Weltanschauungscharisma mit theosophischen Hermeneutiken (etwa als prin-

[218] Poeppig: Heiliges Vermächtnis, 184.

zipiell überholbare, aber gegenwärtig unüberholte Clairvoyance) begann schon unmittelbar nach seinem Tod.

Webers Charismatheorie ist in den letzten Jahren in der historischen Soziologie zum einen hinsichtlich der historischen Übertragbarkeit auf andere Phänomene analysiert worden. Zum anderen ging es um die systematische Stimmigkeit zentraler Begriffe respektive um Fehlstellen. Diese Fortschreibungen tragen weiterführende Einsichten auch für die Geschichte der Theosophischen Gesellschaft aus, deren Analyse wiederum das methodische Instrumentarium Webers weiter schärft.

(1.) *Historische Geltung.* Bei charismatischen Phänomenen dominiert Webers Interesse an »traditionalen« Kulturen, um die Entstehung des abendländischen Rationalismus in Abgrenzung zu »vorrationalen« Weltanschauungen zu profilieren. Die Applikation auf Phänomene des 20. Jahrhunderts fand in der Weber-Forschung aufgrund dieser Vorgaben lange nur kursorisch statt[219]. Erst Winfried Gebhardt hat in einer anregenden Studie versucht, Webers Charisma-Konzept systematisch auf eine zeitgenössische Bewegung umzulegen, auf das 1900 gegründete Projekt »Monte Veritá« bei Ascona, um ein »Charisma als Lebensform«, die Existenz charismatischer Ursprungssituationen auch außerhalb traditionaler Gesellschaften nachzuweisen. Dabei treten massive Übertragungsprobleme auf, die allerdings mehr an dem gewählten Beispiel als an der Applizierbarkeit respektive Erweiterbarkeit von Webers Theorie liegen[220]. Demgegenüber bestätigen

[219] Die wichtigsten wissenschaftlichen Anwendungsversuche arbeiten punktuell mit Webers Instrumentarium. Zablocki: The Joyfull Community, hat eine Studie über das alternative Siedlungsprojekt »Bruderhof« des charismatischen Eberhard Arnold, das seine institutionalisierte Form in der Hutterischen Gemeinschaft fand, verfaßt. In »Alienation and Charisma« hat Zablocki das Charismakonzept auf eine große Zahl von »communitarian movements« übertragen. Bei Green: Mountain of Truth, stehen charismatische Personen in der Deutung der Monte-Veritá-Kommunitäten in Ascona im Mittelpunkt, während die systematische Reflexion eher aphoristisch erfolgt. – Wichtige Hinweise und Erläuterungen zu diesem Feld verdanke ich Winfried Gebhardt.

[220] Gebhardt: Charisma als Lebensform, 153, konstatiert »eine grundsätzlich anti-institutionelle und anti-autoritäre Einstellung« auf dem Monte Veritá. Einen prinzipiellen Anti-Institutionalismus gab es wohl nicht, wie etwa die Genossenschaftskonzeptionen im mentalen Hintergrund der Gründungsgruppe belegen (vgl. Frecot: Landkrone über Europa, 57). Es ging um eine neue Organisationsform, nicht um ein uninstitutionalisiertes Zusammenleben. Die »Hochschätzung des Affektiv-Sinnlichen und Spontanen« mit ihren ekstatischen Elementen (Gebhardt, ebd., 153) läßt sich an Webers Kriterien des Charisma anknüpfen, wohingegen der »gewisse Anti-Intellektualismus« (ebd., 154), der, wie Gebhardt selbst sieht, von Intellektuellen getragen wurde, den anti-intellektuellen Affekt zu einer Variante intellektuellen Denkens macht. Das »zum Genie- und Übermenschenkult tendierende Elitebewußtsein« der Monteveritani rückt wieder in die Nähe von Webers Charismavorstellungen, während es »die Lösung von allen hergebrachten sozialen Bindungen« nicht gab. Die Bindungen an die bürgerliche Herkunft blieben inmitten aller Revisionen der bürgerlichen Ideale präsent: Man saß zwar 1902 in einem Haus mit einer »einfachen Bretterstube«, hörte aber im »Musikzimmer« »Parcival«, mit Ida Oedekoven am Flügel (Frecot, ebd., 57). Einer »prinzipiellen anti-ökonomischen Grundhaltung« widerspricht, daß man sich von Anfang an und sehr kontrovers Gedanken über die ökonomische Überlebensfähigkeit und die nötigen Wirtschaftsformen machte (Frecot, ebd., 58). Darüber hinaus wurde ein zentrales Kriterium von Webers Theorie, die starke personale Begründung des Charima, in der Kommunität konkurrierender Peers auf dem Monte Veritá aufgelöst. Wenn aber Gebhardts Kriterien »relevante Definitionsmerkmale des ›reinen‹ Charisma, so wie sie Max Weber erarbeitet hat«, sind (Gebhard, ebd., 156), ist an diesem Beispiel die Anwendbarkeit von Webers Charismabegriff in Frage gestellt.

Steiner und seine Theosophische Gesellschaft im folgenden die Verwertbarkeit von Webers Deutungsangebot.

(2.) *Evolutionismus.* Hinter der Charismatheorie steht Webers evolutionär konzipierte Geschichtstheorie. Das Evolutionstheorem gilt dabei aber nicht unabgegrenzt, da Weber die Entwicklungsgesetze typologisierend und historisch regionalisiert verwandte und sie damit von einem universalistischen Positivismus abgrenzte[221]. Allerdings wird man Weber nicht von jeglichen »Zwangsläufigkeiten« oder »Notwendigkeiten« zugunsten einer bloß »heuristischen« Konstruktion von Entwicklungstheorien[222] freisprechen können, da die linearen Verbindlichkeiten in seinem Werk bestehen bleiben: Methodisch, insofern er auch die (Ideal-)Typen aus historischen Daten und Interpretationen gewonnen hat, sie auf historische »Fakten« wieder anwandte und damit aus historischen Prozessen andere historische Prozesse zirkulär interpretierte. Materialiter beschrieb Weber Entwicklungsprozesse: Die Situierung etwa der revolutionären Macht des Charisma vor allem »in traditional gebundenen Epochen«, also in die entwicklungslogisch frühen Phase einer Geschichte[223], steht für eine kryptoevolutionäre Linearisierung, ebenfalls die Verortung der Vernunft in eine Spätzeit, als »die letzte Form« des Charisma auf seinem »Weg«. Weber stand mit seinem »evolutionstheoretischen Minimalprogramm«[224] in der Tradition des religionsgeschichtlichen Evolutionismus der Jahrhundertwende[225] und distanzierte sich zugleich von deren mechanistischen sozialdarwinistischen Varianten. Auf Steiner anwendbar wird das Charismakonzept somit erst, wenn man es nicht durch die Bindung an »frühe« Gesellschaftsformationen historisiert[226]. Steiners personales Charisma und dasjenige seiner Weltanschauung dementieren die notwendige Geltung von Webers evolutionärer Geschichtsphilosophie. Gruppenkonstitutive Prozesse der Wirkung und der Transformation sind keine »vormodernen« Vorgänge, sondern auch strukturelle Elemente »moderner« Gesellschaften. Nur so läßt sich die »Modernitäts«ambivalenz der Theosophischen Gesellschaft fassen.

(3.) *Mythos.* Aus Webers Evolutionsdenken resultiert ein blinder Fleck hinsichtlich der Fortgeltung mythischer Konstruktionselemente zeitgenössischer Weltbilder.

---

[221] Gebhard, ebd., 86 f., verweist etwa auf die idealtypische Nutzung der entwicklungstheoretischen Konstruktionen Webers. Roth: Politische Herrschaft und persönliche Freiheit, 285–305, hat Webers Nähe zu den tendenziell oder manifest sozialdarwinistischen Geschichtskonstruktionen des 19. Jahrhunderts herausgearbeitet. Die Spannung zwischen Webers hermeneutisch reflektierten Antiobjektivismus und der (tendenziell universalistischen) Anwendung seines Instrumentariums auf immer weitere kulturelle Räume (ebd., 297–299) bleibt jedoch bestehen.

[222] So Gebhard: Charisma als Lebensform, 87.

[223] Exemplarisch für eine derartige Zielrichtung der Anwendung Breuer: Der archaische Staat.

[224] Schluchter: Die Entwicklung des okzidentalen Rationalismus, 12.

[225] Kippenberg: Die Entdeckung der Religionsgeschichte, 80–98.

[226] Schon bei Weber gibt es dazu Ansätze, etwa in der Einbeziehung von Zeitgenossen wie dem Gründer der Mormonen, Joseph Smith (Weber: Wirtschaft und Gesellschaft, [5]1976, 140; ähnlich ebd., 654). Breuer: Max Webers Herrschaftssoziologie, 34, hat Webers Theorie strukturalistisch reinterpretiert: Charisma könne auf jeder Stufe erneut auftauchen, auch als Präsenz »älterer Formen des Charismas«. Auch Gebhards Überlegungen in »Charisma als Lebensform« funktionieren nur unter der Enthistorisierungsprämisse.

Weil »jener große geschichtliche Prozeß der *Entzauberung* der Welt«[227], der »*alle* magischen Mittel«[228] und das dahinter stehende Weltbild des »Mythos«[229] »verwarf«, zum »Verhängnis eines stahlhartes Gehäuses wurde«[230] und der Weg vom magisch-mythischen Weltbild zum »okzidentalen Rationalismus« bei Weber irreversibel scheint[231], gibt es für die Rationalität des Mythos bei ihm keinen Raum. »Weber entwirft«, so Stefan Breuer, »eine Entwicklungsgeschichte des Charisma und bindet diese eng an den großen religionsgeschichtlichen Prozeß der Entzauberung«[232]. Demgegenüber hat die neuere Forschung die Rationalitätsebenen des Mythos betont und ihn aus dem atavistischen Residuum, das ihm bei Weber kennzeichnet, entbunden. Auch Steiners Theosophie besitzt an zentralen Stellen mythische Elemente, etwa in der Kosmogenese (s. 7.6), hinsichtlich der prähistorischen Kulturen (s. 7.5.4) oder in den »Eingeweihten« und »Meistern« (s. 7.10.1e) – wenngleich nur in der Außenperspektive. Für Steiner handelt es sich um realistische Darstellungen, und dies gründet in seiner Überzeugung von der Antiquiertheit des Mythos, eine Auffassung, die er mit Weber teilte.

(4.) *Begründung des Charisma.* Die Herkunft der Autorität des Charismatikers ist bei Weber ungeklärt[233]. In der Herrschaftssoziologie wird sie über Außeralltäglichkeit deskriptiv gefaßt[234], in der Religionssoziologie mit einer organizistischen Metapher als »keim«hafte Anlage verstanden[235]. Damit fehlt eine soziologische Begründung der Geltung von Charisma. Luciano Cavalli hat demgegenüber die Abhängigkeit des Charisma von sozialen Akzeptanzbedingungen bis hin zum »Charisma als Schöpfung der Gruppe« postuliert[236] und damit den bei Weber asozialen Charismatiker in eine soziale Konstellation eingebunden. Mit diesem sozialen Interferenzraum werden wichtige Elemente der theosophischen Vereinsgeschichte erklärbar, warum beispielsweise der als Editor und Lektor gescheiterte Philosoph Steiner mit dem Eintritt in die Theosophische Gesellschaft plötzlich zur charismatischen Führerfigur wurde: Die neue bildungsbürgerliche Klientel gab Steiner die Möglichkeit, seine philosophische Vorbildung in eine im Vergleich mit anderen Theosophen ambitioniert konstruierte Weltanschau-

---

227 Weber: Die protestantische Ethik und der Geist des Kapitalismus, 94.

228 Ebd., 95.

229 Ders.: Wirtschaft und Gesellschaft ($^5$1976), 247.

230 Ders.: Die protestantische Ethik, 203.

231 Weber fragt zwar im Anschluß an das pessimistische Bild vom stahlharten Gehäuse, ob der Geist auch wirklich endgültig aus diesem Panzer entwichen sei und ob nicht »am Ende dieser ungeheuren Entwicklung ganz neue Propheten oder eine mächtige Wiedergeburt alter Gedanken und Ideale stehen werden« (ebd., 204), aber derartige Formulierungen sind im Œuvre Webers nur »der Unterton einer Hoffnung« (Krech: Zwischen Historisierung und Transformation, 320). An fast allen anderen Stellen, gerade in den Kontexten seiner Charisma-Theorie, verläuft die Geschichte der Rationalisierung in einer ›stahlharten‹ Linearität.

232 Breuer: Das Charisma der Vernunft, 161.

233 Diese häufige Kritik pointiert bei Wolpe: A Critical Analysis of some Aspects of Charisma, 310. 314; saldierend Zingerle: Theoretische Probleme und Perspektiven de Charisma-Forschung, 252–255.

234 Weber: Wirtschaft und Gesellschaft ($^5$1976), 140.

235 Ebd., 246.

236 Cavalli: Charisma, Gemeinde und Bewegung, 42 f., Zit. ebd., 42.

ung einzubringen und das emphatische »Erlebnis« der Theosophie und ihrer Riten mit einem intellektuell ansprechenden Überbau zu überhöhen. Diese Abbreviatur eines komplexen Rezeptionsprozesses begründet das bei Weber gesetzte Charisma sozial: sowohl in den Bedürfnissen der Theosophen als auch in den Fähigkeiten Steiners, darauf einzugehen. Charismatische »Herrschaft« wird damit zu einem Prozeß wechselseitiger Abhängigkeit. Die Erwartungen der Theosophen und die Weltanschauungsproduktion Steiners sind zwei Konstitutionsbedingungen, deren Aufeinandertreffen die »kritische Masse« ergab, um die charismatische »Herrschaft« auf der Seite des Führers zu begründen und die »Hingabe« auf Seiten der Geführten zu legitimieren. Charisma war auch in der Theosophischen Gesellschaft weder allein eine Schöpfung des Charismatikers noch ausschließlich eine »Schöpfung der Gruppe«, sondern existierte individuell *und* sozial verschränkt.

(5.) *Pathologie.* Mit dem Begründungsproblem des Charisma ist bei Weber die Pathologisierung von Charismatikern verbunden: Die »manischen Anfälle« eines »Berserkers«, die »epileptoiden Anfälle« des »Schamanen«, der »raffinierte Schwindlertyp« des »Mormonenstifters« oder ein »den eigenen demagogischen Erfolgen preisgegebener Literat wie Kurt Eisner« würden als Verhaltensmuster charismatischer Ursprungssituationen »von der wertfreien Soziologie mit dem Charisma der nach der üblichen Wertung ›größten‹ Helden, Propheten, Heilande durchaus gleichartig behandelt«[237]. Prinzipiell ist jede Religionsgründung jeder Zeit von Webers Pathologieverdacht betroffen, und da er keine Beispiele nichtpathologischer charismatischer Ursprungssituationen anführt, hielt er diese Pathologien wohl für einen normalen Bestandteil charismatischer Religionsbegründung. Dies hätte zur Konsequenz, charismatische Religion in nuce als »krankhafte« Erscheinung zu deuten. Diese pejorative, der Religionskritik des 19. Jahrhunderts entlehnte Begründungskonstruktion, die wohl auch biographische Wurzeln besitzt[238], hat Wolfgang Lipp einer wertneutralisierenden Operationalisierung zugeführt. Mit seiner »Annahme, Charisma habe devianten Charakter bzw. entstehe in sozialen Marginalbereichen«[239], eröffnet er die Möglichkeit, den Charismatiker und die für ihn konstitutive Gruppe als stigmatisierte zu erfassen und die Pathologie als Fremdzuschreibung zu deuten[240]. Indem ein Stigma in einem Prozeß der Selbststigmatisierung akzeptiert werden und damit in eine Selbstprivilegierung umschlagen kann[241] oder die Gesellschaft mit einer »Gegenstigmatisierung«[242] selbst zum devianten Phänomen erklärt wird, werden interaktive Mechanismen zwischen der Gesellschaft und einer kleineren Gruppe beschreibbar, die die Pathologisierungszuschreibung zum Kampfakt in

---

[237] Weber: Wirtschaft und Gesellschaft ($^5$1976), 140; ähnlich ebd., 654.

[238] Vermutlich werden in Webers Äußerungen seine eigenen Probleme im Umgang mit Religion und deren vermeintlich vorrationalen Formen kenntlich. Vgl. zu diesen Implikationen Lehmann: Max Webers »Protestantische Ethik«, 109–127, bes. 126 f.

[239] Lipp: Stigma und Charisma, 70.

[240] Ebd., 72. Zur autonomen Stigmatisierung als Möglichkeit sozialer Verselbständigung vgl. ders.: Selbststigmatisierung.

[241] Ders.: Charisma – Schuld und Gnade, 27.

[242] Ebd., 22.

einem Pluralisierungsprozeß machen[243]. Steiner und seine Theosophen bestätigen die devianzsoziologische Schlüssigkeit einer Umformung der Pathologisierungstheorie. In den ersten Jahrzehnten des 20. Jahrhunderts wurden Steiner und konsequenterweise – wenn der Charismatiker und seine Gefolgschaft in einem wechselseitigen Begründungsverhältnis stehen – auch seine Anhänger unter Pathologieverdacht gestellt. In medizinischer Perspektive hat diese meist polemisch geführte Diskussion wenig erbracht, jedoch den Blick auf die soziologischen Implikate verstellt[244]. Durch meine Arbeit hingegen zieht sich der Versuch, die Theosophie primär von ihrer Differenz gegenüber der hegemonialen Kultur her zu verstehen, die eine Vielzahl theosophischer Merkmale, von den »geistigen Wirkungen« in der Landwirtschaft bis zu abgöttischen Verehrung Steiners durch Frauen, pathologisieren konnte. In diesem Ansatz erklärt die Marginalisierung der Theosophie partiell auch Steiners charismatische Wirkungen.

(6.) *Alltäglichkeit.* Die mit Weber arbeitende religionssoziologische Forschung hat in den vergangenen Jahrzehnten die Verbindung zwischen Charisma und Außeralltäglichkeit gelockert, da die Präsenz von Charisma nicht nur auf eine religiöse Ursprungssituation beschränkt oder in veralltäglichter oder versachlichter Form oder in ein Weltanschauungscharisma transformiert existiert. So hat Bryan R. Wilson gesehen, daß »Sekten« Techniken entwickeln, Elemente der Ursprungssituation (etwa ein »Erleuchtungserlebnis«) auf Dauer zu stellen, etwa durch gesellschaftliche Abgrenzung mittels Eintrittsschranken und regionaler Wertsysteme[245]. Winfried Gebhardt hat darüber hinaus am Beispiel des christlichen Mönchtums und der Hutterischen Brüder demonstriert, wie die Überführung von Ursprungscharisma in ein dauerhaftes Element einer Lebensform realisiert werden kann[246]. Doch tritt auch der gegenläufige Fall auf, daß charismatische Qualitäten nicht die von Weber unterstellten sozialen Folgen auslösen, daß etwa keine Haltung der »Hingabe« entsteht oder sogar negative Einstellungen gegenüber dem Charismatiker auftreten[247]. Das entscheidende Defizit von Webers Theorie liegt aber nicht in der Deutung eines Alltags, der unberührt von einem charismatischen Ereignis fortschreitet, sondern in seiner fehlenden Berücksichtigung der für viele (Religions-)Gemeinschaften zentralen Akte zur Sicherung der Verankerung im Ursprung (in Webers Terminologie: zur Sicherung des Charisma): Es gibt in Webers Soziologie des Charisma keine Theorie von Fest und Ritus.

(7.) *Fest und Ritus.* Bei Fest und Ritus geht es mithin nicht um ein Anwendungsproblem von Webers Charismatheorie, sondern um eine substantielle

[243] Dies führt folgerichtig zu einer devianzsoziologischen Fragestellung; vgl. dazu das »Anomiekonzept« von Matthes: Einführung in die Religionssoziologie, II, 119–122.

[244] Vgl. dazu der zwar als Polemiker rezipierte, aber letztlich um eine seriöse medizinische Auseinandersetzung bemühte Treher: Hitler, Steiner, Schreiber, der bei Steiner eine Schizophrenie vermutete. Eine auf Steiners Biographie bezogene medizinische Debatte fehlt.

[245] Wilson: Religiöse Sekten, 234.

[246] Gebhard: Charisma als Lebensform, 105 ff.

[247] Cavalli: Charisma, Gemeinde und Bewegung, 35.

Ergänzung. In »eher ephemeren« Bemerkungen zum Fest[248] sieht Weber dessen »gemeinschaftsstärkende« Funktion[249] oder kommt im Zusammenhang von »magischen Tänzen und Orgien« darauf zu sprechen[250]. Zum Ritus hat er sich in »Wirtschaft und Gesellschaft« nur ein wenig ausführlicher geäußert und qualifizierte die Bedeutung des (nicht explizit definierten) Ritus für ethisch-rationales Handeln negativ: Weil der Ritus, wie »Zauberei« wirkend, sich in seiner Wirkung auf die Lebensführung nicht unterscheide und deshalb »sogar ... hinter der magischen Religiosität zurück[bleiben]« könne[251] und Riten ohnehin aufgrund »magischer Kraft« wirkten[252], sei der »Ritualismus ... vom *rationalen Handeln* direkt *ab*führend«[253]. Die anthropologische Dimension von Riten, wie sie etwa Arnold van Gennep hinsichtlich der primär einmaligen Passageriten – von der Geburt bis zu den Sterbe- und Begräbnisriten – 1909 diskutierte[254], ist nicht in seine Soziologie eingeflossen. Der evolutionistische Ansatz (und Webers protestantische Sozialisation[255]) führen hingegen durch die Zuordnung des Ritus zu magischen Verhaltensformen zur Degradierung gegenüber der »rationalen« Lebensführung. Die »charismatische Pointe« des Festes, dem man als organisatorisches Gerüst das Ritual zuschreiben kann[256], liegt in der Ermöglichung von dauerhaften Wirkungen des Charisma, die Weber nur im Modus von Veralltäglichung und Versachlichung kannte. Das Fest ist zwar in Webers Terminologie der Ort des potentiell Außeralltäglichen und insofern in seinen Konstitutionsbedingungen dem Charisma verwandt[257], bleibt aber, so Gebhardt, »Charisma auf Zeit«[258] und begrenzt den Raum möglicher charismatischer Aufbrüche. Zugleich begründen Feste jedoch eine, wie Gebhardt zu ergänzen ist, eigentümliche Form des »Charisma auf Dauer«: Feste werden üblicherweise repetiert, und in dieser immer wiederkehrenden Festzeit ist die sich wiederholende Möglichkeit gegeben, den Zugriff auf den Ursprung des Charisma zu erneuern.

Die Geschichte der Theosophischen Gesellschaft läßt sich ausgezeichnet mit dieser substantiellen Erweiterung von Webers Theorieangebot verstehen. Von

---

248 Gebhard: Charisma als Lebensform, 75; dazu auch die bei Gebhardt folgenden Überlegungen, S. 75–78.

249 Weber: Wirtschaft und Gesellschaft ($^5$1976), 246.

250 Ders.: Die Wirtschaftsethik der Weltreligionen, 251.

251 Ders.: Wirtschaft und Gesellschaft ($^5$1976), 321.

252 Ebd., 700.

253 Ebd., 322.

254 Van Gennep: Les rites de passage.

255 Der Kulturprotestant Weber hat vermutlich als Erwachsener nur in geringem Ausmaß (wenn überhaupt) Gottesdienste seiner lutherischen Kirche besucht, in der der Predigtgottesdienst dominierte; dem Katholizismus und seinen Ritualen stand er kritisch bis ablehnend gegenüber.

256 In dieser analytischen Differenzierung zwischen Fest und Ritual besitzt der Ritualbegriff einen organisationssoziologischen Kern, wie er am ehesten im »Rituale« im Sinn von Agende verwandt wird. Eine Unterscheidung zwischen Fest (als spontaner Manifestation) und Feier (als institutionalisierter Form), wie sie etwa Gebhardt: Der Reiz des Außeralltäglichen, 69 f., vornimmt, ist vom Sprachgebrauch her nicht zwingend. Schon sprachlich nötigt das zu »Fest« fehlende Verb im Deutschen zur Synchronisierung beider Begriffe; darüber hinaus finden sich spontane und institutionalisierte Elemente in beiden Formen.

257 So Gebhardt, ebd.

258 Ders.: Charisma als Lebensform, 75.

dem seit der Gründung gefeierten »Verfassungstag« an Blavatskys Todestag bis zu den nach dem Ersten Weltkrieg konzipierten Passageriten in der Christengemeinschaft hat Steiner im Lauf der Jahre ein umfassendes, repetetives Ritenangebot konzipiert, dessen Zentrum in den maurerischen Riten lag. Im Nachvollzug von Tod und Auferstehung in dessen oberen Graden, mit der Steiner die Ostergeschichte als zentraler Vorstellung der europäischen Religionsgeschichte überformte, erhielten Mitglieder individuell ihre Initiation, während zugleich die »Communitas« des inneren Zirkels neu formiert wurde, indem das einmalige Einweihungserlebnis im Mitvollzug nachvollziehbar blieb. In der Arkandisziplin sollten alltägliche Lebenssituationen gesprengt, Ursprungssituationen wiederholt und *insofern* auf Dauer gestellt werden. Sie blieben immer auf Steiner bezogen, der für sich selbst die Rolle des Priesters reservierte und damit in dieser Re-Präsentationssituation als Fokus der Revitalisierung seines Personalcharisma fungierte. Zugleich erlebte die Gemeinschaft feiernd die okkulte Gegenwelt. Gerade in dieser Leerstelle in Webers Charismakonzept jenseits von Veralltäglichung und Versachlichung kulminieren mithin die sozialen, vereinskonstitutiven Wirkungen des Charisma.

### *4.4.2 Vom Sektenbegriff zur Bewegungskonzeption*

#### *a. Die Konzeption der »Sekte« bei Troeltsch und Weber*

Das Selbstverständnis der Theosophischen Gesellschaft und die soziologischen Deutungen von »Sekten« sind zweieiige Zwillinge. Zeitgleich mit der Etablierung der Theosophie in Deutschland konzipierten die nur wenig jüngeren Generationsgenossen Steiners, Max Weber (1864–1920) und Ernst Troeltsch (1865–1923), ihre Analysen dissentierender Religionsgemeinschaften. Webers »Protestantische Ethik und der Geist des Kapitalismus« (1904/05) und Troeltschs »Soziallehren der christlichen Kirchen und Gruppen« zu frühneuzeitlichen Gemeinschaften (verfaßt 1907/11, publiziert 1912[259]), besaßen eine Initialfunktion für eine Debatte um religiöse Orientierung als konstitutiver Faktor gesellschaftlicher Organisation und Pluralisierung. Troeltsch und Weber teilten diese Zeitgenossenschaft mit einer Vielzahl weiterer Autoren: Emil Durkheim veröffentlichte 1912 »Les formes élémentaires de la vie religieuse«, Sigmund Freud 1913 »Totem und Tabu«, Bronislaw Malinowski erarbeitete in den Jahren um den Ersten Weltkrieg diesen Jahren die Ergebnisse, die er 1948 in »Magic, Science and Religion« zusammenfaßte[260]. Zwar lagen die Untersuchungsgegenstände zeitlich oder regional weit entfernt, doch deutet das kumulative Auftreten dieser Deutungen auf einen zeitgenössischen und regional naheliegenden Auslöser. Dazu gehört die religiöse und weltanschauliche Pluralisierung um 1900, und eine Exponentin war die Theosophie. In dieser Perspektive sind bei Troeltsch und Weber noch heute analytisch nutzbare Theorien entstanden, in der die hi-

[259] Graf: »endlich große Bücher schreiben«, 31. 41. Veröffentlicht wurden die »Soziallehren« als erster Band der »Gesammelten Schriften«, Tübingen 1912.

[260] Vgl. Zur Situation in Deutschland: Religionssoziologie um 1900, hg. v. V. Krech u. a.

storischen Untersuchungsgegenstände zugleich Projektionsflächen damals aktueller Veränderungen waren[261].

Das Werk von Troeltsch und Weber ist eng verflochten. Beide lebten in Heidelberg, wo sich Weber schon niedergelassen hatte, als Troeltsch 1894 dorthin zog und wo beide mit ihren Familien seit 1910 ein Haus bewohnten, ehe sie 1914 im Streit schieden[262]. Den engen Zusammenhang ihres »Doppelwerks« haben beide explizit festgehalten. Weber verbuchte noch 1920 in der überarbeiteten »Protestantischen Ethik« Troeltschs »Soziallehren« als »höchst willkommene Ergänzung und Bestätigung«[263] und hielt im gleichen Jahr in dem überarbeiteten Aufsatz »Kirchen und Sekten« ($^{1}$1906) fest, Troeltsch habe seinen Sektenbegriff »übernommen und eingehend behandelt«, so daß die »begrifflichen Erörterungen« weitgehend »fortfallen können«[264]. Troeltsch wiederum gestand 1920, in soziologischen Fragen »in den Bannkreis einer so übermächtigen Person wie Max Weber« geraten zu sein«[265]. Hinsichtlich des Sektenbegriffs hatte er aber 1912 schon auf eigene Überlegungen zum Verhältnis von Religion und Kirche aus dem Jahr 1895[266] und damit diskret auf seine Eigenständigkeit gegenüber Weber verwiesen[267]; letztlich dürfte der Sektenbegriff beider stark von Kaweraus Definition in der Protestantischen Real-Encyklopädie aus dem Jahr 1906 geprägt sein[268]. Bei aller Nähe waren die Erkenntnisinteressen beider in diesem Bereich unterschiedlich fokussiert. Troeltsch ging es um eine Analyse des Zeitgeistes aus der Perspektive und im Interesse protestantischer Theologie und mit Hilfe des soziologischen Instrumentariums[269]; hingegen zielte Webers Interesse auf die Genese der Persönlichkeitskonstitution in der »Entwicklung des okzidentalen Rationalismus«[270], in dem die Religionstheorie das zentrale Scharnier auf dem Weg zu dem erst postum edierten Entwurf einer allgemeinen Soziologie (»Wirtschaft

---

[261] Für Webers Calvinismus-Deutung sind die Kontexte in den Selbstverständigungsdebatten des Calvinismus im 19. Jahrhundert (siehe Anm. 288) und in Webers Biographie (siehe Anm. 271) herausgearbeitet worden, bei Troeltsch hat sich das Interesse an zeitaktuellen Entwicklungen unmittelbar in seinem Werk niedergeschlagen.

[262] Drescher: Ernst Troeltsch, 209, 214f. Zur Analyse der menschlichen und wissenschaftlichen Beziehungen grundlegend weiterhin Graf: Fachmenschenfreundschaft.

[263] Weber: Die protestantische Ethik, 18; daß Troeltsch Webers Sektenbegriff »akzeptiert« habe, ebd., 153.

[264] Weber: Die protestantische Ethik und der Geist des Kapitalismus (1906 u.d.T. Kirchen und Sekten), 207. Weber verwies zwar des öfteren darauf, daß Troeltsch den Sektenbegriff von ihm übernommen habe, gab aber offenbar keine Hinweise, daß auch er diese Typologie nicht neu geprägt hat.

[265] Troeltsch: Gesammelte Schriften, IV,11.

[266] Ebd., I, 364, mit Bezug auf seinen Aufsatz »Religion und Kirche«.

[267] So Drescher: Ernst Troeltsch, 389.

[268] Kawerau: Sektenwesen in Deutschland.

[269] Troeltsch formulierte als Ziel, »selbständig mit rückhaltlosem Eingehen auf die moderne Welt die christliche Ideen- und Lebenswelt zu durchdenken und zu formulieren« (Troeltsch: Gesammelte Schriften, I, S. VIII), ohne dabei jedoch spezifisch »theologische« oder »christliche« »Methoden der Forschung« anzuerkennen (ebd., S. IX).

[270] Vgl. die Weber-Interpretation von Schluchter: Die Entwicklung des okzidentalen Rationalismus. So in anthropologischer Fokussierung auch Hennis: Max Webers Fragestellung, 12f. 25f. 33f.

und Gesellschaft«) war[271]. Beide zeigten persönlich mehr oder minder deutliche Distanz zu dem von ihnen untersuchten »Sekten«typus: Troeltsch profilierte sich auf Lehrstühlen für Systematische Theologie in Bonn und Heidelberg als liberaler, großkirchlicher Protestant, Weber glaubte, daß das »*Anstalts*-Kirchentum« »überlegen« und die Zeit für »Sekten« »historisch vorbei« sei[272].

Den Sektenbegriff definierte Weber als Oppositionsbegriff zu Kirche, charakterisiert durch Freiwilligkeit: Die »Sekte« sei »*nur* voluntaristisch«, die »Kirche« »anstaltsmäßig« organisiert[273], eine Kirche sei eine »Gnaden*anstalt*«, »eine ›Sekte‹ dagegen ein voluntaristischer Verband ausschließlich (der Idee nach) religiös-ethisch Qualifizierter«[274]. In »Wirtschaft und Gesellschaft« ergänzte er, daß eine »Sekte« deshalb »notwendig auf Universalität verzichten … muß«[275]. Troeltsch hat diese antagonistische Bestimmung im Ansatz übernommen, sie aber in einem Kapitel über den mittelalterlichen Katholizismus phänomenologisch erweitert:

> »Der Typus der Kirche ist die überwiegend konservative, relativ weltbejahende, massenbeherrschende und darum ihrem Prinzip nach universale, d.h. alles umfassen wollende Organisation. Die Sekten sind dem gegenüber verhältnismäßig kleine Gruppen, erstreben eine persönlich-innerliche Durchbildung und eine persönlich unmittelbare Verknüpfung der Glieder ihres Kreises, sind eben damit von Hause aus auf kleinere Gruppenbildung und den Verzicht der Weltgewinnung angewiesen.«[276]

Herrschaftssoziologisch sind für Troeltsch die »Sekten« gegenüber »Welt, Staat und Gesellschaft indifferent«, »während die voll entwickelte Kirche den Staat und die herrschenden Schichten sich dienstbar macht«; spiritualitätspraktisch sei »die Askese der Kirche … Tugendmittel«, »die Askese der Sekten dagegen … nur das einfache Prinzip der Welterhaltung«[277]. »Das Wesen der Kirche ist« jedenfalls – hier kommt Webers Vorgabe zum Tragen – »der objektive *anstaltliche* Charakter«[278].

Darauf aufbauend definierte Troeltsch die »Sekte« als Gegenpol zum Objektivismus der Kirche über die Subjektivität ihrer Mitglieder: »Der radikale Individualismus … kommt nur in ihr zu seiner vollen Geltung«, die »Sekte« »betont an der Gnade die subjektive Verwirklichung und Auswirkung« und »schließt den vom Evangelium gepredigten Individualismus zusammen zur religiösen Genos-

---

[271] Die zentrale Rolle von Webers Religionssoziologie wird in neueren Entwürfen herausgestrichen. Lehmann: Max Webers »Protestantische Ethik, 109–127, liest dieses Buch in spannender, sicher noch diskussionswürdiger Weise als biographisches Werk. Hennis: Die spiritualistische Grundlegung der »verstehenden Soziologie« Max Webers, interpretiert die Begegnung mit dem amerikanischen Unitarismus als Angelpunkt seiner religionssoziologischen Schriften. Jaeger: Bürgerliche Modernisierungskrise, deutet Webers Wissenschaftskonzept als eine die hegemoniale Religion ablösende Deutungsmacht.

[272] Weber an Adolf von Harnach, 5.2.1906, in: Weber: Briefe 1906–1908, 33.

[273] Weber: Die protestantische Ethik, I, 153.

[274] Ders.: Die protestantischen Sekten, 211.

[275] Ders.: Wirtschaft und Gesellschaft ($^5$1972), 721.

[276] Troeltsch: Gesammelte Schriften, I, 362. Er sah seine Definition aber »prinzipiell« auch für die frühneuzeitlichen Sekten in Geltung; ebd., I, 797.

[277] Ebd., I, 362f.

[278] Ebd., I, 371.

senschaft«[279]. In diesem *soziologischen* Sinn konnte Troeltsch auch den Protestantismus als »Sekte« lesen, der gegen das »Uebermaß der Objektivierung« durch die mittelalterliche Kirche Ausdruck der »Subjektivierung« in den Städten der frühen Neuzeit sei und damit einem urchristlichen Anliegen zu seinem Recht verhelfe. An dieser Stelle liegt ein Angelpunkt des Verwendungsinteresses am Sektenbegriff bei Troeltsch und Weber: Sie faßt die Individualisierungstendenz in »Sekten« als eine Weichenstellung der europäischen Geschichte auf, die für Weber eine Teilantwort auf die Entstehung des europäischen Rationalismus, für Troeltsch zugleich eine entscheidende Leistung der protestantischen Tradition war. Die methodologischen Probleme dieses Konzeptes haben Troeltsch und Weber mehrfach reflektiert. Troeltsch sah etwa, daß seine Charakterisierungen (in Webers Terminologie) idealtypischen Zuschnitt besitzen, er wußte um das »Sektenmotiv innerhalb der Kirche«[280] und realisierte, daß der Sektenbegriff aufgrund der Verbindung mit dem Heterodoxiemotiv »irreführend« ist[281], weil er das Mißverständnis einer dogmatischen Positionsbestimmung anstelle einer soziologischen Analyse impliziert[282].

Mit den Überlegungen von Troeltsch und Weber lag eine Option auf die Analyse bis dato vernachlässigter und oft negativ stigmatisierter religiöser Gruppen außerhalb der Großkirchen vor und ein Ansatz, ihre Bedeutung für die gesellschaftliche Entwicklung zu bestimmen. Die Theosophie gehörte zwar bei beiden nicht zu den Demonstrationsobjekten ihrer Theorie, aber zumindest Troeltsch verfolgte ihr Wirken wachen Auges[283]. Die Theosophie war sozusagen eine der unsichtbaren Beisitzerinnen im Theoriefahrzeug von Troeltsch und Weber. In dieser Perspektive lassen sich zentrale Elemente ihres analytischen Instrumentariums auf die Theosophie anwenden:

(1.) Das Kriterium der *Freiwilligkeit*[284] unterscheidet die Theosophie mit den protestantischen »Sekten« von einem volkskirchlichen »Anstalts«christentum. Mitglied der Theosophischen Gesellschaft wurde man durch eine bewußte Beitrittsentscheidung, manchmal wohl gegen einen beträchtlichen psychologischen Außendruck und trotz teilweise scharfer antitheosophischer Polemik[285]. Mit dem Vordringen in den Arkanbereich wurde die Freiwilligkeit immer wieder aus-

---

279 Ebd., I, 376 f.

280 Ebd., I, 798; er sah »das Neue Testament … sowohl kirchenbildend als sektenbildend« (ebd., I, 377); vgl. Drescher: Ernst Troeltsch, 388 f.

281 Troeltsch: Gesammelte Schriften, I, 367.

282 Schon vor 1900 war in der einschlägigen Literatur zwar bekannt, daß »Sekte« etymologisch nicht zwingend von secare (abschneiden) abzuleiten und damit nicht als defizitäres Gegenüber von Kirche zu bestimmen ist, sondern von sequi, (nach)folgen, abstammen kann (Kawerau: Sektenwesen in Deutschland, 157). Der pejorative Beiklang des Begriffs Sekte im Deutschen war allerdings um 1900 unüberhörbar.

283 Troeltsch hat beispielsweise den Streit um den Johannisbau in München (das spätere Dornacher Goetheanum) verfolgt; Troeltsch: Religion, 545.

284 Mit Freiwilligkeit ist hier ein bewußt vollzogener Schritt gemeint, nicht die Freiwilligkeit, die es auch in den »Anstalts«christentümern gibt, dort aber nicht aktualisiert wird.

285 Exemplarisch dafür ist etwa die publizistisch geführte Kontroverse zwischen dem Generalmajor Gerold von Gleich und seinem Sohn Sigismund, dem der Vater die Konversion zur Theosophie nie verzieh; vgl. Gerold von Gleich: Rudolf Steiner als Prophet; Sigismund von Gleich: Wahrheit gegen

getestet: Schon der Zugang zu den nichtöffentlichen Vorträgen spielte sich im Anerkennungsverfahren von Anfrage und Zulassung ab[286], die Schulung setzte ein Gesuch an Steiner und seine Zusage voraus (Vgl. GA 264²,28), der Zutritt zu den maurerischen Riten war als Privileg auf der Grundlage einer bewußten Entscheidung konzipiert. Es gab allerdings relativ schnell einige »theosophische« Familien, sei es durch gemeinschaftlichen Eintritt oder durch nachwachsende Kinder, die nach dem Ersten Weltkrieg zunehmend durch anthroposophische Sozialisationseinrichtungen abgestützt wurden (Waldorfschule, Christengemeinschaft) und nach Steiners Tod zu einer geschlossenen Sozialisationskette erweitert wurden. Damit waren die Weichen für eine soziale Selbstreproduktion der Theosophie gestellt, die Freiwilligkeit für einen Teil der nachwachsenden Mitglieder zu einem formalen Kriterium machte. Damit aber begann die Transformation in die »Anstalts«struktur, die »Sekten« von Kirchen unterscheiden sollten. Voluntarismus galt nur für die Entstehung, nicht aber die Fortexistenz der Theosophie als »Sekte«.

(2.) Hinsichtlich der theosophischen *Partikularität* als Ausdruck eines fehlenden Universalismus ist, wie bei der Freiwilligkeit, zwischen Programmatik und faktischer Geltung zu unterscheiden. In ihrem Selbstverständnis verstand sich die Theosophie nicht als erwählte Minorität, sondern als Keimzelle einer weltweit und religionsübergreifend agierenden Bruderschaft. Im Überbietungsanspruch ihres Weltanschauungsbegriffs und im Synkretismus ihrer Weltanschauung kam dieser Universalitätsanspruch markant zum Ausdruck, und in der Anwendungsanthroposophie wurde noch zu Steiners Lebzeiten die Grundlage für den Umbau der esoterischen Gemeinschaft in einen umfassenden Weltanschauungskonzern gelegt. Die Theosophie zieht hinsichtlich des Universalismus die »anstaltsmäßigen« Kriterien auf sich. Die faktische Entwicklung der Theosophie zu einem partikularen Weltanschauungsangebot lief gleichwohl in die entgegengesetzte Richtung.

(3.) *Weltdistanz* kennzeichnete die Theosophie in Deutschland vor dem Ersten Weltkrieg. Abgesehen von bemühten Versuchen wie dem »Kunst- und Musiksaal« für Arbeiter (s.o. 4.1.2a) und von den öffentlichen Vorträgen verlief das theosophische Vereinsleben fast autistisch und war auf die Arkanpraktiken bezogen. Erst der Krieg bewirkte das gesellschaftspolitische »coming out« der Anthroposophie und addierte Segmente mit gesellschaftlich ambitionierten Mitgliedern, die allerdings inneranthroposophisch minoritär blieben. Wiederum stellt sich die Frage nach dem Verhältnis von theoretischem Anspruch und praktischen Wirkungen. Mir scheinen sich dabei gegenläufige Orientierungen zu überlagern. An die um Meditation, Selbsterkenntnis und Geheimriten kreisende Theosophie der Vorkriegsjahre lagerte Steiner auf Außenwirksamkeit zielende

die Unwahrheit über Rudolf Steiner; Gerold von Gleich: Vom geheimen und öffentlichen Wirken Rudolf Steiners.

[286] Müller: Spuren auf dem Weg, 18, etwa berichtete, daß er 1921 »zum feierlichen Zweigabend« noch kurz vor Beginn die erwartete Mitgliedskarte erhielt, um Steiners Vortrag beiwohnen zu können.

Praktiken an. Auch hier sprengte die Theosophie ihr »sekten«artiges Gehäuse, zumindest von ihrem Anspruch her.

(4.) Für die Beurteilung der Normalität von *Askese* fehlen für die Theosophie zu Steiners Lebzeiten biographische Untersuchungen, die das Verhalten der Mitglieder verläßlich beschreiben würden. Es ist aber immerhin plausibel, daß es strukturäquivalente Haltungen zur Askese in christlichen Sekten gab. Vegetarismus, Distanz zu Sexualität oder körpernegierende Kleidung lassen sich als Elemente eines Habitus des Verzichts lesen, der auf eine »vergeistigte« Existenz zielte. Die Wendung zur Praxis nach dem Krieg hat diesen »asketischen« Grundzug nicht beseitigt.

(5.) Auch das Kriterium der *Subjektivität* birgt Probleme in der Anwendung auf die Theosophie, da sie zwar eine individuelle Weltanschauungsproduktion propagierte, jedoch faktisch die *Objektivität* ihrer »übersinnlichen« Einsichten einforderte und hier ein Moment ihrer Attraktivität lag. Konsequenterweise hat Steiner auch »objektive« Organisationsstrukturen, worauf Troeltsch und Weber entscheidend abheben, eingefordert und eine hochorganisierte Gesellschaft geschaffen.

Dieser Durchgang durch die Kriterien von Troeltsch und Weber macht deutlich, daß ihr Instrumentarium bei der Theosophie zwar Analysemöglichkeiten eröffnet, aber die Schärfe der Trennung zwischen Kirche und Sekte nicht durchzuhalten ist. Ein Grund liegt in ihrem Analysegegenstand, den christlichen, näherhin protestantischen »Sekten« des Mittelalters und vor allem der frühen Neuzeit[287]. Um 1900 waren demgegenüber die Organisationsmöglichkeiten grundlegend verändert: Die staatlich gesicherte Vereinigungsfreiheit hatte den Zwang zur Organisation einer »Sekte« gegen eine Großkirche beseitigt, zumindest hinsichtlich der rechtlichen Grundlagen. Auch die Inhalte waren in der Theosophie postchristlich verschoben: Wiedertaufe, apokalyptisches Denken, Laikalität, die zentralen Themen der Dissenter des 16. Jahrhunderts, finden sich in der Theosophie allenfalls subkutan oder transformiert wieder[288].

---

[287] Auch die Sekundärliteratur folgt weitgehend dieser chronologischen Vorgabe. Vgl. exemplarisch: Max Webers Sicht des okzidentalen Christentums, hg. v. W. Schluchter, in der nur spätmittelalterliche und frühneuzeitliche Gruppen thematisiert werden; kein anderes Bild bieten die umfangreichen Überlegungen zu Webers Religionssoziologie bei Schluchter: Religion und Lebensführung.

[288] Troeltschs und Webers Distanz zu weltanschaulichen Phänomenen des 19. Jahrhunderts wird nun allerdings durch ein Problem ihres Ansatzes abgemildert. Ihr Problem ist die Interpretation mittelalterlicher und frühneuzeitlicher Geschichte unter Rückgriff auf die historiographische Literatur des 19. und frühen 20. Jahrhunderts, womit die Distanz zu den frühneuzeitlichen Verhältnissen wächst, ihre Theorie aber in den Denkhorizont eintritt, der auch die Theosophie bestimmte. Vgl. die zurückhaltend formulierten, in der Sache jedoch v.a. Webers Annahme über hochmittelalterliche religiöse Gemeinschaften weitenteils auf den Kopf stellende Studie von Selge: Max Weber, Ernst Troeltsch und die Sekten. Die Abhängigkeit von Webers Calvinismus-Studie von Matthias Schneckenburgers Calvinismuskonstruktion aus der Mitte des 19. Jahrhunderts ist herausgearbeitet von Graf: Die »kompetentesten« Gesprächspartner?, 225–233.
Für Troeltschs Abhängigkeit von den Denkhorizonten des 19. Jahrhundert vgl. die Aufsätze in den Troeltsch-Studien, 6/1993, 51–177, besonders die Überlegungen von Köpf: Die Idee der »Einheitskultur des Mittelalters«, und von Schorn-Schütte: Ernst Troeltschs »Soziallehren«.

Schon Troeltsch realisierte die zeitdiagnostischen Defizite der Typologie von »Kirche« und »Sekte«[289]. Er erweiterte sie 1908/09 durch »Mystik«[290] und postulierte 1912 in den »Soziallehren« »drei Haupttypen der soziologischen Selbstgestaltung der christlichen Idee: die Kirche, die Sekte und die Mystik«, innerhalb deren die Mystik in soziologischer Perspektive ein »selbständiges religiöses Prinzip« sei[291]. Sie habe sich im Protestantismus im Gegensatz zum Katholizismus selbst organisiert[292] und sich als »protestantische Mystik« nicht zur Kompensation »kirchlicher Aeußerlichkeit« entwickelt[293]. Ihr zentrales Kennzeichen sei »das Drängen auf Unmittelbarkeit, Innerlichkeit und Gegenwärtigkeit des religiösen Erlebnisses«[294], und mehrfach sprach Troeltsch auch vom »Gefühl« als Ausdruck der Mystik[295].

Mit dem Mystik-Begriff knüpfte Troeltsch nicht nur an spätmittelalterliche Autoren, sondern an einen um 1900 ausgesprochen verbreiteten Begriffsgebrauch an, der im weiten Sinn auf alternative, nichtkirchliche, subjektive Religion bezogen wurde[296]. Konsequenterweise hat er ihn auf Steiner explizit angewandt und ihm einen »mystischen Personenkult« unterstellt[297]. Auch in der religionssystematischen Beschreibung der Mystik als »kosmische Theorie«[298], die »antipersonalistisch« sei und kosmologisch »Pantheismus« und »Emanatismus« führe[299], liegen die Ähnlichkeiten zu Steiners Theosophie auf der Hand, ebenso wenn er mit seinem Mystik-Typus eine »Technik der Herbeiführung und Vollendung des mystischen Erlebnisses«[300] und einen »Stufengang« zur Erlangung der Unio[301] verband, die an Steiners Schulungsweg erinnern.

Schließlich qualifizierte er den sozialen Status von Vertretern mystischer Religiosität mit »Intellektualismus«[302] und erachtete die Mystik als »Asyl für die Religiosität wissenschaftlich gebildeter Schichten«[303]. Diese Einsicht in den Zusammenhang von Organisationstyp und sozialer Schichtung war Troeltsch (und

289 Troeltsch: Gesammelte Schriften, I, 364, sah, daß »die modernen auf dem Boden des Protestantismus erwachsenen ›Sekten‹ von denen des Mittelalters vielfach verschieden« sind. In den späten Überlegungen zur Kultursynthese hat Troeltsch das binäre Schema nicht mehr benutzt; vgl. Rendtorff: »Meine eigene Theologie ist spiritualistisch«, 185 f. In welchem Ausmaß Troeltschs Erklärungsversuche die sich wandelnde und seine Perzeption verwandelnde kulturelle Umwelt spiegeln, wird an den Brüchen in seinem Werk deutlich (vgl. Graf: »endlich große Bücher schreiben«, 27 f.), die die Soziallehren als work in progress ausweisen; vgl. Drescher: Zur Entstehung von Troeltschs »Soziallehren«, 23–25.

290 Molendijk: Zwischen Theologie und Soziologie, 50, datiert die Konzeption auf Ende 1908/Anfang 1909 und die Einarbeitung in den Dual von Kirche und Sekte auf die Jahre 1909/10 (S. 57–84).

291 Troeltsch: Gesammelte Schriften, I, 854.

292 Ebd., I, 797.

293 Ebd., I, 861; vgl. ebd., 850.

294 Ebd., I, 850.

295 Z. B. ebd., I, 854. 858.

296 Vgl. Mystique, mysticisme et modernité en Allemagne, hg. v. H. Châttelier.

297 Troeltsch: Die Revolution in der Wissenschaft, 1006.

298 Troeltsch: Gesammelte Schriften, I, 854.

299 Ebd., I, 855.

300 Ebd., I, 854 f.

301 Ebd., I, 857.

302 Ebd., I, 855.

303 Ebd., I, 967.

Weber) auch vorher nicht fremd, spielte aber in der Sektenanalyse nur eine geringe Rolle. Für die Theosophie als Religion von und für Mittel- und Oberschichten ist dieses Kriterium jedoch signifikant. Zwar betonte Troeltsch, daß er für die Analyse des Mystik-Typus Material »nur bis zum Ende des 18. Jahrhunderts« verwandt habe[304] und er die Entwicklungen um 1900 nicht einbeziehe, aber dies ist angesichts der diagnostischen Treffgenauigkeit zu bescheiden. Die Schwierigkeiten einer analytischen Applikation auf die Theosophie liegen letztlich an einem anderen Punkt: Der Mystiktypus bleibt als Theorie einer *Sozial*form unterbestimmt und gleicht eher einer – allerdings luziden – »dichten Beschreibung«[305]. Die Theosophie benötigt einen anderen Organisationsbegriff, als ihn die binäre Kodierung von Kirche und Sekte – auch als idealtypisches Konstrukt – liefert.

### *b. Jenseits von »Anstalt« und »Sekte«: Theosophische Gesellschaft und theosophische Bewegung*

Die Schwierigkeiten, die bei der Zuordnung der Theosophie zum »Sekten«konzept von Troeltsch und Weber sichtbar wurden, sind als strukturelle Probleme in der religionssoziologischen Literatur seit den zwanziger Jahren systematisch diskutiert worden. Zwei Veränderungen spielten dabei vor allem eine Rolle: Kirchen büßten ihren »Anstalts«charakter zunehmend ein, während »Sekten« zu Kirchen oder kirchenähnlichen Verbänden mutierten[306]; zudem brachen dem Sektenbegriff die scheinbar eindeutigen Schichtzuordnungen weg[307].

---

[304] Ebd., I, 965.

[305] Eine Applikation von Troeltschs Überlegungen auf eine Analyse tendenziell oder ganz postchristlicher Religionsgemeinschaften ist mir nicht bekannt. In diesem Zusammenhang wären seine Überlegungen zur Notwendigkeit und den sozialen Grenzen des Individualismus (ebd., II, 132 [1910]), seine wohl zunehmende Skepsis gegenüber der Bestandsfähigkeit des deutschen Staatskirchensystems (ebd., III, 327f. [1907]; II, 859f. [1910] III, 647f. [1913]) und vor allem die Entwicklung seiner Kulturtheorie hinzuzuziehen; dazu Hübinger: Ernst Troeltschs »Soziallehren«, 236–238; vgl. zur religionshistorischen Wendung Graf: Ernst Troeltsch. Kulturgeschichte des Christentums, 145–147.

[306] Zu den Zuordnungsoptionen, die weit über die zweipolige Kirchen-Sekten-Konzeption hinausgehen, vgl. Dienel: Kirche und Sekte, 233–239, der zwischen einem »fixen Gegenüber«, einer »Reihe von Typen«, einem »Entwicklungsprozeß«, einem »Mischungsverhältnis« und einem »kommunizierenden System« unterscheidet. Allerdings bleibt es dabei durchweg bei einer konstitutiven Bezugnahme auf Kirchen, so Matthes: Einführung in die Religionssoziologie, II, 114f., solange Kirchen kulturhegemonial wirken.
Die Option, Luhmanns Theorem des Latenzschutzes (Luhmann: Soziale Systeme, 456–465, bes. 459) auf kleine religiöse Gemeinschaften anzuwenden, um die Funktion kleinerer innerkirchlicher Gemeinschaften für den Schutz der kirchlichen Außengrenzen zu dokumentieren (so Fuchs: Die Weltflucht der Mönche), trägt für die Theosophie wenig aus, da sie fast nicht mehr, wie es christliche Sekten großenteils tun, die Funktion eines Schutzes der Umweltgrenze eines kirchlichen Systems übernimmt, sondern, in der Diktion Luhmanns, die Latenzen dieses Systems bewußtmacht und kommuniziert und damit selbst zum System wird, das wiederum eigene Latenzen ausbildet. Hingegen läßt sich mit diesem Ansatz die Theosophie als funktionsäquivalentes System zu Kirchen beschreiben, wie man es in Anlehnung an Gebhardt: Charisma als Lebensform, 187–190, tun könnte, der in der Struktur des Latenzschutzes eine Möglichkeit der ›Ausklammerung von Alternativen‹ sieht, um den »Gegenstandsbereich charismatischer Dauervergemeinschaftung« (S. 189. 187) zu sichern. Damit wäre die die Differenz von Kirche und Sekte aufgehoben.

[307] Das Verhältnis von Schichtzugehörigkeit und Sektenorganisation, das bei Weber eine marginale und bei Troeltsch eine deutlichere Rolle spielt, wurde vor allen in den Vereinigten Staaten als Kor-

Einen Ausweg suchte Bryan R. Wilson in einer Auffächerung der Sektentypologie, indem er Fundamentalisten, Pfingstbewegungen, revolutionäre Sekten, Introversionisten, Manipulationisten sowie thaumaturgische, reformistische und utopische Sekten und schließlich »Sonderfälle« unterschied[308]. Wilson führte die Theosophie in der Rubrik »Okkultismus« unter »Manipulationisten«[309] – eine hilflose Zuordnung, die Theosophie paßt bei ihm allenfalls unter die Sonderfälle. Will man nicht – contradictio in adjecto – zu einer Singularisierung von Typen schreiten, kann man, wie es Peter Gerlitz tut, Merkmale weitgehend frei Gemeinschaften zuordnen[310]. Damit wird das punktuelle Analyseinstrumentarium geschärft, aber letztlich endet diese Kombinatorik in jeweils atypischen Gemeinschaften und dem Verlust ihrer Vergleichbarkeit. Eine logische Konsequenz liegt in der Individualisierung von religiösen Haltungen, des personalen ›Zwangs zur Wahl‹ (Peter L. Berger)[311], der schon in Troeltschs Mystikbegriff mitschwingt. Dann aber bleiben die institutionellen oder kollektiven Korrelate individueller Orientierungen und die Zwänge zur institutionellen Abstützung individualisierter Religiosität unsichtbar.

Angesichts der unbefriedigenden Angebote soziologischer Zuordnungskategorien für die Theosophie und der ebenfalls unzulänglichen Individualisierungstheorien schlage ich vor, die Theosophie mit dem bislang in der Forschung kaum auf religiöse Gruppen um 1900 angewandten Konzept der »Bewegung« zu analysieren. In theosophischen Kreisen findet sich sehr früh eine Unterscheidung zwischen Theosophischer Gesellschaft und theosophischer Bewegung. Wenn sich 1884 ein Interessent nach der »theosophischen Bewegung« erkundigte[312], wenn es in der Zeitschrift Theosophisches Leben um 1900 eine Rubrik »Aus der Bewegung« gab oder Johannes Frohnmeyer 1920 sein Buch »Die theosophische Bewegung« veröffentlichte, machen Interessent, Insider und kritischer Beobachter deutlich, daß der Bewegungsbegriff neben dem Gesellschaftsbegriff eingeführt war. Damit nutzte man einen im 19. Jahrhundert weit verbreiteten

---

relation von Unterschichten und Sekten bestimmt. Niebuhr: The Social Sources of Denominationalism, 21–25, interpretierte die Annäherung an Kirchenstrukturen als Aufstieg von Unterschichten. Pope: Millhands and Preachers, 136–140, bestimmte Sekten als Reaktion auf die Defizite religiöser und ökonomischer Institutionen und korrelierte Sektenstruktur mit einem hohen Arbeiteranteil. Eine Übertragbarkeit dieser Überlegung auf die Theosophische Gesellschaft ist evidenterweise nicht möglich, da es in ihr praktisch keine Mitglieder von Unterschichten gab. Die Theosophie ist vielmehr ein Derivat der bürgerlichen Kultur, dessen – heute selbstverständlich scheinende – religiöse Differenzierung vor allem mit breitenwirksamen Bewegungen wie dem New Age ins Blickfeld der Soziologen kam.

[308] Wilson: Religiöse Sekten.

[309] Ebd., 156–159.

[310] So hat Gerlitz: Neue Religionen, 299–315, zehn Kriterien »Neuer Religionen« angegeben: Universaler Heilsanspruch und Theokratie – Vision und Planung einer neuen Gesellschaft – neue Spiritualität – autoritäre Strukturen – Schamanen und Charismatiker – Verheißung diesseitigen Glücks – Heilung durch den Geist – Seelsorge – Synkretismus – Gleichberechtigung der Frauen. Gerlitz enthält sich weitgehend methodologischer Reflexionen, insbesondere bleibt unklar, ab welchem »Mischungsverhältnis« der Kriterien von einer neuen Religion zu sprechen ist.

[311] Berger: Der Zwang zur Häresie, 47. 140 f.

[312] Prof. Fincklenburg, (Gymnasial-?)Professor aus Bonn; Brief Gustav Gebhard an Gabriel von Max, 21.9.1884, Germanisches Nationalmuseum Nürnberg, Teilnachlaß Gabriel von Max, I c 74.

Terminus zur Beschreibung von gesellschaftlicher Organisation, der sich seit der Französischen Revolution als Schlüsselbegriff der neueren Sozialgeschichte eingebürgert hatte[313]. »Mouvement social«, geprägt von den französischen Frühsozialisten[314], war um die Mitte des 19. Jahrhunderts in Deutschland etabliert. Marx und Ruge sahen bei der Verwendung des Begriffs Mitte der 1840er Jahre keine Notwendigkeit, ihn zu erläutern[315]. Freiherr von Stein schärfte ihn nach 1848 als soziologischen Terminus zur Beschreibung von Phänomenen sui generis der bürgerlichen Gesellschaft[316]. Über Jahrzehnte war der Begriff von der Arbeiterbewegung hegemonial besetzt[317], bis er gegen Ende des 19. Jahrhunderts in den Lebensreformbewegungen (etwa Frauenbewegung, Naturheilbewegung, Siedlungsbewegung oder Jugendbewegung) Verbreitung fand[318].

Die historiographische Operationalisierung des Bewegungsbegriffs war lange dominant mit den Forschungen zur Arbeiterbewegung verbunden, von denen sich aber die bürgerlichen Reformbewegungen des späten 19. Jahrhunderts signifikant unterschieden: Die bürgerlichen Gruppen waren nicht machtpolitisch ausgerichtet und wurden nicht zu Massenbewegungen. Mit der Debatte um »Neue soziale Bewegungen« der 1970er / 80er Jahre[319] sind die traditionellen Kategorisierungen in einem wesentlichen Punkt der sozialen Abgrenzung in Fluß geraten: Entscheidend für die Theosophie ist das Konzept der Bewegung als Organisation, die im Vergleich mit einem Verein oder Verband über offenere Außengrenzen verfügt, weil sie nicht nur über feste Mitgliedschaft, sondern auch über die Orientierung an gemeinsamen Ideen Menschen an sich bindet und auf dieser Grundlage für sozialen, in geringem Ausmaß auch für politischen Wandel mobilisiert[320].

---

313 Raschke: Soziale Bewegungen, 22. Material zur diachronen Geschichte des Bewegungsbegriffs findet sich vor allem in soziologischer Literatur, während die einschlägigen historiographischen Werke den Begriff außer im Blick auf die Arbeiterbewegung nur beiläufig behandeln. In den »Geschichtlichen Grundbegriffen« etwa fehlt das Lemma.

314 Rammstedt: Soziale Bewegung, 34.

315 Ebd., 53.

316 Ebd., 70. 27.

317 Raschke: Soziale Bewegungen, 31.

318 Handbuch der deutschen Reformbewegungen 1880–1933, hg. v. D. Kerbs u. a.

319 So ging es um die Frage, ob soziale Bewegungen in der Reaktion auf makrogesellschaftliche Lagen ihre Identität finden (Theorie der structural strains) oder durch ideologische Überbauten zusammengehalten werden (Framing-Ansatz), ob sich ihre Motive aus irrationalen Antrieben speisen oder bewußt Ressourcen mobilisieren, ob sie passiv reagieren oder aktiv Politik betreiben, von einzelnen Personen entscheidend geprägt werden oder in Führerfiguren nur den Ausdruck kumulierter Interessen besitzen, oder ob es einen Gegensatz zwischen der Organisation von sozialen Bewegungen und ihrer quer zu Institutionen liegenden Mobilisierung gibt. Dazu Koopmans: Konkurrierende Paradigmen oder friedlich ko-existierende Komplemente? Vgl. auch Sztompka: Jenseits von Struktur und Handlung.

320 Vgl. damit die Definition von Raschke: Soziale Bewegungen, 76, der unter einer sozialen Bewegung einen »kollektiven Akteur, der in den Prozeß sozialen bzw. politischen Wandels eingreift«, versteht. In seinen Erläuterungen macht Raschke klar, daß er seine Definition auf handlungsorientierte Moblisierung bezieht, die aber bei einer apolitischen Gruppen wie der Theosophischen Gesellschaft zumindest vor 1914 allenfalls sekundär greift. Die Theosophie zielte zwar auf sozialen Wandel, der aber im Kern ein Bewußtseinswandel sein sollte und dessen Bezüge auf gesellschaftliche Praxis gerade in Deutschland vor dem Krieg marginal blieben. Raschke hat derartige Grenzen gesehen und exemplarisch für die bürgerlichen Reformbewegungen die »Kunsterziehungsbewegung« eine ausgeklammerte Bewegung genannt (S. 78 f.).

Von Theosophen ist dieser systematische Angelpunkt der »Bewegung« primär als Verhältnis der in der Theosophischen Gesellschaft organisierten Mitglieder zu den vereinsfreien Theosophen, die dem theosophischen Gedankengut verpflichtet waren oder ohne formelle Zugehörigkeit mitarbeiteten oder theosophische Angebote in Anspruch nahmen, bestimmt worden; nicht zuletzt ging es um diejenigen, die von den Theosophen als anonyme Gesinnungsfreunde und Sympathisanten – mit welchem Recht auch immer – ihrer Weltanschauung zugerechnet wurden. Diese Diskussion dokumentierte 1893 Franz Hartmann, indem er die theosophische Bewegung als Ausdruck des »Fortschritts der Menschheit in der Erkenntnis der Wahrheit« definierte, die weit mehr sei als der »Verein« der Theosophischen Gesellschaft[321]. 1905 hielt die Theosophin Ivy Hooper auf der Konferenz der europäischen Landesgesellschaften der Theosophischen Gesellschaft Adyar einen Vortrag (auch Steiner referierte hier), in dem sie die Theosophical Society gegenüber dem »broader Theosophical movement« als eine Art Reflexions- und Organisationsagentur bestimmte[322]. Dahinter stand der Versuch, angesichts der Unmöglichkeit, das weit verbreitete theosophische Gedankengut, das sich nur partiell in der Mitgliedschaft in der Theosophischen Gesellschaft niederschlug, an die organisierte Theosophie zu binden, zumindest ein Interpretationsmonopol aufrecht zu erhalten.

Für die deutsche Landesgesellschaft der Adyar-Theosophie blieb das Selbstverständnis als Bewegung jahrelang fast bedeutungslos. Erst im Rahmen der Dissoziation von der theosophischen Muttergesellschaft füllte Steiner den Begriff. Im Februar 1912 etwa monierte er, man verwechsle auch unter Theosophen »die anthroposophische Bewegung[323] mit irgendeiner äußeren Organisation«. Und dann folgte die entscheidende inhaltliche Justierung: Er betone, »daß keinerlei Dogma, keinerlei positives Bekenntnis gefordert werden muß von denjenigen, welche sich einer so charakterisierten Organisation anschließen« (GA 135,84). Durch diese Konstruktion solle, führte er fast ein Jahrzehnt später aus, die »anthroposophische Bewegung … eine ganz universelle Bewegung« (GA 342,59 [1921]) werden, für die die Anthroposophische Gesellschaft allenfalls als »Hülle« in Frage komme (GA $260^4$,36 [1923]). Die Absicht dieser metaphorisierten Erläuterung ist klar: Die Theosophie, die in Steiners Augen mit der Krishnamurti-Affäre in eine sektenhafte Partikularität abgerutscht war, sollte als »Bewegung« ihren Universalitätsanspruch bewahren. Dabei erhielt die dogmatisierte Dogmenfreiheit die Funktion, möglichst alle weltanschaulichen Grenzen abzubauen. Daß dabei festgefügte Lehrsätze bestehen blieben und auch

---

Bochinger: »New Age« und moderne Religion, 199 f., bietet ein gutes Beispiel für die Schwierigkeiten der Operationalisierung des Bewegungsbegriffs bei religiösen Organisationsphänomenen hinsichtlich politischer Mobilisierung und Identität eines kollektiven Akteurs und verzichtet deshalb weitgehend auf eine Arbeit mit dem Bewegungsbegriff. Seine Probleme sind allerdings hinsichtlich des New Age aufgrund der diffusen Organisationsstruktur nicht nur graduell größer, sondern kategorial gegenüber einer theosophischen Bewegung verschieden.

[321] Hartmann: Über den Fortschritt der theosophischen Bewegung, 144.

[322] Hooper: The Relation of the Theosophical Society to the Theosophical Movement, 399; Hooper definierte die Theosophische Gesellschaft als »a specialised organ«.

[323] Im Original dürfte »theosophische Bewegung« gestanden haben.

die Verlagerung des theosophischen Konsenses auf eine erkenntnistheoretische Metaebene die Spannung zwischen der geschlossenen Gesellschaft und der offenen Bewegung nicht aufhob, blieb hinter dem universalistischen Anspruch des Bewegungskonzeptes stehen.

Aber auch die Organisation als Bewegung setzte ein Mindestmaß an sozialer Homogenität voraus. Der Rekrutierungsbereich der Anthroposophischen Gesellschaft blieb grosso modo auf ein bildungsbürgerliches Umfeld beschränkt. Die perforierten Vereinsgrenzen wurden nicht »jenseits von Klasse und Schicht« durchlässig, sondern innerhalb eines Milieus, in dem allerdings »Beziehungswahl«, Distinktionen durch Geschmack und Habitus oder gemeinsame Lebensstilelemente die relative ökonomische Gleichheit und die Außengrenzen der Bewegung markieren konnten[324].

Mit den praxisbezogenen anthroposophischen Tochterbewegungen, die nach dem Ersten Weltkrieg entstanden, wurde das theosophische Bewegungskonzept ausgeweitet. Steiner ließ die subsidiären und mit durchlässigeren Außengrenzen konzipierten Bewegungen neben der Anthroposophischen Gesellschaft mit ihrem revitalisierten Arkanbereich wachsen. Der Sympathisantenkreis unter dem Dach des Bewegungsbegriffs ließ hier in größerem Ausmaß als bei der Anthroposophischen Gesellschaft ein abgestuftes Verhältnis von Nähe und Distanz zu. In den folgenden Jahrzehnten erwuchsen daraus Mobilisierungskooperationen, bei denen es nur eine partielle Identifikation mit theosophischen Weltanschauungselementen gab oder gar die Theosophie nur als organisatorisches Dach für Aktivitäten genutzt wurde. So sollte, um zwei Beispiele zu nennen, in der Waldorfschule die »anthroposophische Dogmatik« zurückgenommen werden, um durch »praktische Handhabung der Anthroposophie« (GA 293,15) die Akzeptanz auch außerhalb des anthroposophischen Kernbereichs zu ermöglichen. Der Christengemeinschaft wies Steiner die Aufgabe zu, diejenigen anzusprechen, »die nicht innerhalb der anthroposophischen Bewegung stehen, die auch zu-

---

[324] Daß die »Beziehungswahl« die »Beziehungsvorgabe« der Milieuinstitution ersetze, hat Schulze: Die Erlebnisgesellschaft, 176–179, behauptet und eine über individualisierte und ästhetisierte Erfahrungen definierte »Erlebnisgesellschaft« postuliert. Dieser Ansatz kann die Verwandtschaft mit den Distinktionen durch Geschmack, die Bourdieu: Die feinen Unterschiede, nicht verleugnen, der mit seinem Habituskonzept auch einen Vorschlag gemacht hat, die Umrisse nichtreflexiv entstehender intermediärer Milieus zwischen Individuen und makrogesellschaftlichen Formationen zu bestimmen (ders.: Zur Soziologie symbolischer Formen, 125–158). Müller: Sozialstruktur und Lebensstile, hat Milieukonzepte als Lebensstilanalysen operationalisiert. Zur Analyse der »Lebensweisen von Gruppen« hat er einen Kriterienkatalog zur Identifizierung von Lebensstilen vorgelegt, der in einem variablen Modell des crossing-over über expressives Verhalten (außerhalb der überlebensnotwendigen Tätigkeiten), interaktives (hinsichtlich Kommensalität und Konnubium), evaluatives (Wertorientierungen betreffendem) und kognitives Verhalten (zur Wahrnehmung der sozialen Welt) regionale Milieus identifizierbar machen soll (ebd., 368–380, v. a. 377 f.).
Ich habe derartige Ansätze nicht auf die Theosophie angewandt, da sich deren Plausibilität in der historiographischen Analyse der Theosophie um die Jahrhundertwende nicht eingestellt hat. Zwar behaupteten Theosophen, die klassischen Vergemeinschaftungsformen zu durchbrechen, die Soziologen heute als Kennzeichen nachindustrieller Gesellschaften postulieren, aber in den Daten zur Sozialstruktur der Theosophischen Gesellschaft um 1900 läßt sich nur eine homogene bürgerliche Klientel, eine sozialstrukturell völlig ins mittlere und höhere Bürgertum integrierte Gruppe, belegen. Erst Transformationsprodukte der Theosophie wie die New Age-Bewegung kommen Lebensstilmilieus näher.

nächst keinen Weg finden … zur anthroposophischen Bewegung hin«[325]; sie solle »ihre Bekenner … außerhalb der Anthroposophischen Gesellschaft« suchen, denn »diejenigen, die den Weg einmal in die Anthroposophische Gesellschaft gefunden haben, die brauchen keine religiöse Erneuerung!«[326]

Als Klammer dieses heterogenen Konglomerats von Organisationsformen verblieb der Anthroposophie zum einen die Erwartung, daß sich die von Steiner »übersinnlich« geschauten Erkenntnisse auch außerhalb der Anthroposophischen Gesellschaft in der Praxis der Bewegungen durchsetzen würden, weil es in seinem Selbstverständnis »objektive« Einsichten waren. In diesem Horizont nahm Steiner 1924 die inhaltlich gefaßte Anthroposophie auf ein neukantianisch anmutendes Erkenntnisprogramm zurück, das seitdem als Kurzfassung der Anthroposophie populär geworden ist: »Anthroposophie ist ein Erkenntnisweg, der das Geistige im Menschenwesen zum Geistigen im Weltall führen möchte.« (GA 26,14) Zum anderen suchte Steiner am Ende doch wieder die Freiheit der Bewegung einzuschränken, weil ihm die Eigenständigkeiten wohl nicht mehr beherrschbar schienen. Nachdem er auf Weihnachtstagung des Jahres 1923 Vorsitzender der Anthroposophischen Gesellschaft geworden war, »kann man« »nicht mehr … unterscheiden die anthroposophische Bewegung von der Anthroposophischen Gesellschaft. Sie sind beide eins« (GA 260a[1],355 [1924]). Und so ist es nicht überraschend, daß hinter all diesen philosophischen Begründungen des Bewegungskonzeptes ein harter Kern an inhaltlichen Dogmen und politischen Führungsansprüchen stehenblieb; in der Analyse der »Dreigliederung« wird dies noch deutlicher werden. Die Konstruktion der Anthroposophie als Bewegung war eine organisatorisch »modernisierende« Reaktion auf die Unmöglichkeit, monopolistische Vergemeinschaftungsformen zu erstellen. Die Hoffnung, über allen anderen Religionen und Weltanschauungen präsidieren zu können, war im ersten Viertel des 20. Jahrhunderts erodiert. Die Bewegungsform sollte in diesem Dilemma neue Spielräume für die Durchsetzung des weltanschaulichen, wenn auch auf Erkenntnistheorie zurückgenommenen Absolutheitsanspruchs bieten.

Das politische Profil dieses Bewegungskonzeptes läßt sich an seinem Verhältnis zur Machtfrage näher bestimmen, wobei ich Joachim Raschkes Differenzierung zwischen macht- und kulturpolitischen Bewegungen nutze[327], in der sich eine machtpolitische Orientierung durch den expliziten Anspruch auf politische Herrschaft auszeichnet. Im Unterschied zwischen genuin oder wesentlich politischen Bewegungen wie der Arbeiter- und Frauenbewegung einerseits und den nur implizit politischen oder unpolitischen bürgerlichen Bewegungen wie den Lebensreformbewegungen andererseits gehört die Theosophie zur zweiten Gruppe. Diese Differenzierung hat allerdings typisierenden Charakter, weil auch die Arbeiterbewegung kulturelle Ambitionen besaß, allerdings zeitverzögert im Vergleich mit den kulturorientierten bürgerlichen Bewegungen[328], während die

[325] Steiner: Erster anthroposophischer Kurs für Theologen, 14.
[326] Ebd., 22.
[327] Vgl. Raschke: Soziale Bewegungen, 396–408. 451–466.
[328] Wunderer: Arbeitervereine und Arbeiterparteien, 29–76.

theosophische Bewegung im Laufe der Jahre auch politische Ambitionen ausbildete.

Direkte machtpolitische Ziele besaß zwar auch die Arbeiterbewegung sozialdemokratischer und christlicher Ausrichtung im Gegensatz zu Syndikalisten und Anarchisten nicht, sondern hatte sie an die mit der Bewegung verbundenen Parteien, SPD respektive Zentrum delegiert, doch waren sie damit unmittelbar in den Kampf um die politische Macht einbezogen. Hier liegen augenfällige Differenzen zur theosophischen Bewegung, die diese mit den meisten bürgerlichen Reformbewegungen teilte. Um direkte Machterlangung oder auch nur Machtbeteiligung ist es praktisch nie gegangen. Die Bereitschaft zu aktiver Politik im Jahr 1919, die insgesamt eine Ausnahme darstellt, verschwand so schnell wieder, wie sie in der tagespolitischen Desorientierung aufgebrochen war. Parteipolitisch haben sich Theosophen und Anthroposophen zu Steiners Lebzeiten nie organisiert, stattdessen findet man in der Konsequenz des monistischen Weltanschauungsanspruch die Wendung zu Überparteilichkeit und Parteienkritik[329]. Theosophen beschränkten sich auf die Veränderung von Einstellungs- und Verhaltensmustern und reduzierten das gesellschaftliche Engagement zumeist auf mentale Veränderungsprozesse[330]. Daß Steiner 1905 kein »Programm« in der sozialen Frage besitzen und vielmehr Menschen verändern wollte (s. 14.4.2)[331], bringt diese Einstellung auf den Punkt, das Scheitern der Dreigliederungsbewegung nach dem Ersten Weltkrieg war dazu der praktische Anschauungsunterricht.

Nachhaltigen Erfolg hatte das theosophische Bewegungsmodell in den praxisbezogenen Tochterbewegungen der Anthroposophie mit ihren unauffälligen, osmotischen Wechselbeziehungen zwischen Anthroposophischer Gesellschaft, anthroposophischer Bewegung und der Gesellschaft jenseits der Anthroposophie; auch die New Age-Bewegung (und weitere Bereiche der weltanschaulichen Alternativkultur ließen sich anfügen) lassen sich als Folgen dieser Öffnung traditioneller Vereinsstrukturen lesen. In der Matrix klassischer Kategorien von »Modernisierung« bleibt die theosophische Bewegung aber ambivalent. Die organisatorische Erweiterung des abgeschotteten Vereins zur offenen »Bewegung« läßt sich als Modernisierung verstehen, während die Theosophie in ihrem Hegemonieanspruch »antimodern« blieb. Die Ausgestaltung des anthroposophischen Bewegungssegmentes war eine organisationsdifferenzierende (in diesem Sinn moderne) Antwort auf die Uneinholbarkeit des (konservativen) monistischen Weltanschauungsanspruchs der Theosophie.

Allerdings blieb die Öffnung des Vereins zur Bewegung nicht das letzte Wort der Kontrolle des theosophischen Wissens. In einem faktisch nicht mehr kontrollierbaren Informationsmarkt, in dem Informationen damals nur wenigen

---

329 »Nicht urteilen nach Parteischablonen, nach Parteiprinzipien, … Parteimeinungen und Parteiprinzipien haben die Menschen vielfach abgebracht von ihrem Wirklichkeitsinstinkt«, urteilte Steiner 1919 (GA 332a,62). Vergleichbare Äußerungen könnte man von fast allen theosophischen Leitfiguren beibringen.

330 In dieser Bewertung folge ich Raschke: Soziale Bewegungen, 397. Daß mentale Wandlungen leichter zu organisieren sind, bezieht sich auf die organisatorischen Grundlagen, nicht auf die Effektivität ihrer Ergebnisse.

331 Steiner: Die soziale Frage und die Theosophie, 14.

Mitgliedern des inneren Zirkels zugänglich waren, die heute im Prinzip allen offen stehen, versagte auch die Bewegung als organisatorischer und kontrollierender Faktor. Man konnte schon vor dem Ersten Weltkrieg Theosoph sein, ohne sich einer theosophischen Gesellschaft anzuschließen oder sich der theosophischen Bewegung zugehörig zu fühlen. Diese Individualisierung einschließlich der individuellen Hybridisierung des Wissens, die inzwischen zu einem massenwirksamen Faktor religiöser Orientierungen geworden ist, war zu Beginn des 20. Jahrhunderts zwar eine Option, wurde aber nur begrenzt realisiert. Die Theosophie förderte durch ihre Publikationstätigkeit, die die (vermeintlichen) Informationsmonopole, insbesondere der Kirchen und der universitären Wissenschaft, brechen sollte, diesen Prozeß und lieferte mit ihrem Theorem der Dogmenfreiheit auch eine Legitimation. Damit schwächte sie aber zugleich die eigenen Möglichkeiten einer organisatorischen Anbindung theosophischer Vorstellungen an die organisierte Theosophie. Der Aufbruch der Theosophie in eine Bewegung eröffnete mithin eine neue Organisationsform, aber die erwies sich nur als Zwischenstation zu einer medialen Religion, die, gestützt auf einen freien Medienmarkt, keiner Organisation mehr zuarbeitet, um ihre Strukturen zu reproduzieren.

# Die Grundlegung der Weltanschauung Rudolf Steiners vor 1900

*Alle folgenden Kapitel dieses Buchs stehen im Zeichen Rudolf Steiners und seiner Anthroposophie. Keine andere theosophische Gesellschaft kann es hinsichtlich Kontinuität, philosophischem Anspruch, Breite der systematischen Darstellung und praktischer Umsetzung mit seiner Theosophie aufnehmen. Dies rechtfertigt es, der Analyse von Steiners Vorstellungswelt einen hervorgehobenen Stellenwert einzuräumen und auch einen Blick in seine vortheosophischen Phasen zu werfen. Dabei wird deutlich, unter welchen Voraussetzungen und mit welchen Transformationen er Theosoph wurde. Die Anthroposophie als Variante der Theosophie, die mit der deutschen Kultur imprägniert wurde, bleibt ohne Steiners Wurzeln bei Goethe, Kant, Nietzsche oder Eduard von Hartmann unverständlich.*

# 5. Steiner und Goethe

## 5.1 Disposition, Quellen und Literatur

Die Theosophie in Deutschland, soweit sie unter Steiners Ägide entstand, ist so eng mit dem Werk Goethes verknüpft, daß die Anthroposophie heute manchmal als eine Variante des Goetheanismus erscheint. Die Verklammerung dieser »deutschen« Theosophie zieht sich mit Goethe von den Mysteriendramen, die Wurzeln in Goethes »Märchen« besitzen, über den programmatisch »Goetheanum« genannten Dornacher Zentralbau zur »Dreigliederung«, deren »organische« Metaphorik an Denkfiguren Goethes gemahnt. Diese Symbiose von Goetheanismus und Theosophie gründet in der Biographie Steiners, für den Goethe zum zentralen Entrée in die intellektuelle Welt wurde. Nach den lesenden Suchbewegungen seiner Schulzeit, die ihn zu keinem weltanschaulichen Halt geführt hatten, fand er in Goethe seine Leitfigur und in Karl Julius Schröer einen akademischen Vermittler und Vater (Kap. 5.2–3). Schröer ermöglichte Steiner 1882 die Mitarbeit bei der Edition naturwissenschaftlicher Werke Goethes in Kürschners »Deutscher National-Litteratur«, womit eine anderthalb Jahrzehnte dauernde editorische Beschäftigung mit Goethe begann, deren Nachwirkungen für Steiner nicht überschätzt werden können. Sie endete 1897. Dazwischen lag die Herausgabe naturwissenschaftlicher Werke Goethes in der Weimarer »Sophien-Ausgabe« (1891–1896) sowie die Veröffentlichung einer Vielzahl von Artikeln zu Goethe (Kap. 5.5). 1886 hat Steiner in den »Grundlinien einer Erkenntnistheorie der Goetheschen Weltanschauung« eine erste Bestimmung seiner philosophischen Position in der Auseinandersetzung mit Goethe publiziert (GA 2). Nach Abschluß der Editionsarbeit veröffentlichte er 1897 »Goethes Weltanschauung« (GA 6), die er als Summe seiner Beschäftigung mit Goethe verstand, die aber mehr noch den zeitweiligen Bruch mit dem Idealismus seiner Goetherezeption dokumentiert. In dieser jahrelangen Beschäftigung mit Goethe hat Steiner gleichwohl wichtige Weichen für sein gesamtes philosophisches Denken gestellt, das sich auch in seiner Theosophie als prägendes Muster wiederfindet (Kap. 5.6).

Als Theosoph fand Steiner zu seiner Goethe-Frömmigkeit zurück, weil er realisierte, daß Goethe und der Goetheanismus starke weltanschauliche Parallelen mit der Theosophie aufwiesen, vom latenten Pantheismus bis zur ästhetischen Explikation von Erkenntnis. Zugleich ließ sich mit Goethe die »deutsche« Theosophie gegen die Konkurrenz in Adyar und anderen Landesgesellschaften abgrenzen. Goethe war eine Art »Meister« und machtpolitisch eingefärbter Identitätsgarant zugleich. So kam Steiner als Theosoph immer wieder auf Goethe zu sprechen, fast ausschließlich in Vorträgen; zu einer monographischen Ausarbeitung der Verbindung von Theosophie und Goetheanismus ist es nicht gekommen.

**Veröffentlichungen Steiners im Umfeld der Goethe-Editionen 1882 bis 1897**

| | |
|---|---|
| 1884 | [DNL I] Deutsche National-Litteratur. Historisch kritische Ausgabe, Hg. Joseph Kürschner, Band 114 (Goethes Werke, 33. Teil, Naturwissenschaftliche Schriften. I. Band), Hg. Rudolf Steiner. Mit einem Vorworte von Prof. Dr. K. J. Schröer, Berlin / Stuttgart: W. Spemann o. J. [1884] (abgeschlossen März 1883?). |
| 1884 | Kürschners Taschen-Konversations-Lexikon, Berlin / Stuttgart: Spemann [5]1884. |
| 1885 | Kürschners Taschen-Konversations-Lexikon, englische und französische Übersetzung. |
| 1886 | Grundlinien einer Erkenntnistheorie der Goetheschen Weltanschauung mit besonderer Rücksicht auf Schiller. Zugleich eine Zugabe zu »Goethes naturwissenschaftlichen Schriften« in Kürschners Deutscher National-Litteratur, Berlin / Stuttgart: Spemann 1886 (Abschluß im April 1886). |
| 1887 | [DNL II] Deutsche National-Litteratur. Historisch kritische Ausgabe. Hg. Joseph Kürschner, Band 115 (Goethes Werke, 34. Teil, Naturwissenschaftliche Schriften. II. Band), Hg. Rudolf Steiner, Berlin / Stuttgart: W. Spemann o. J. [1887] (abgeschlossen Mai 1887?). |
| 1887/88 | Neuauflage von Kürschners Taschen-Konversations-Lexikon. |
| 1888 | Kürschners Quart-Lexikon. Ein Buch für Jedermann. Mit 1460 Illustrationen, Berlin / Stuttgart: W. Spemann 1888. |
| 1888 | Pierers Konversations-Lexikon, Hg. Joseph Kürschner, 7 Bde., Berlin / Stuttgart: W. Spemann 1888–1893. |
| 1889 | Pierers Konversations-Lexikon, weitere Artikel. |
| 1890 | Beginn der Arbeit an der Dissertation, veröffentlicht 1892 unter dem Titel »Wahrheit und Wissenschaft«. |
| 1890 | Pierers Konversations-Lexikon, weitere Artikel; Ende der Mitarbeit Juni 1890. |
| 1890 | [DNL III] Deutsche National-Litteratur. Historisch kritische Ausgabe. Hg. Joseph Kürschner, Band 116 (Goethes Werke, 35. Teil, Naturwissenschaftliche Schriften. III. Band), Hg. Rudolf Steiner. Stuttgart: Union Deutsche Verlagsgesellschaft o. J. [1890] |
| 1891 | [Sophien-Ausgabe, Bd. 6] Goethes Werke. Herausgegeben im Auftrage der Großherzogin Sophie von Sachsen [Sophien- oder Weimarer Ausgabe]. II. Abtheilung, Goethes Naturwissenschaftliche Schriften. 6. Band: Zur Morphologie, I. Theil, Weimar: Böhlau 1891. |
| 1891 | Beginn (?) der Arbeit an der »Philosophie der Freiheit« im Oktober (bis 1893). |
| 1892 | [Sophien-Ausgabe, Bd. 7] Goethes Werke. Herausgegeben im Auftrage der Großherzogein Sophie von Sachsen [Sophien- oder Weimarer Ausgabe]. II. Abtheilung, Goethes Naturwissenschaftliche Schriften. 7. Band: Zur Morphologie, II. Theil, Weimar: Böhlau 1892. |
| 1892 | Beginn (?) der Arbeit an der Edition von Schriften Schopenhauers (fertiggestellt 1894) und Jean Pauls im Februar (fertiggestellt 1897). |
| 1892 | Wahrheit und Wissenschaft. Vorspiel einer »Philosophie der Freiheit«, Weimar: Hermann Weißbach 1892 [erschienen im Mai]. |
| 1893 | [Sophien-Ausgabe, Bd. 11] Goethes Werke. Herausgegeben im Auftrage der Großherzogin Sophie von Sachsen [Sophien- oder Weimarer Ausgabe]. II. Abtheilung, Goethes Naturwissenschaftliche Schriften. 11. Band: Zur Naturwissenschaft. Allgemeine Naturlehre, I. Theil, Weimar: Böhlau 1893. |

| | |
|---|---|
| 1893 | Die Philosophie der Freiheit. Grundzüge einer modernen Weltanschauung. Beobachtungs-Resultate nach naturwissenschaftlicher Methode. Berlin: 1894 [erschienen de facto im November 1893]. |
| 1894 | [Sophien-Ausgabe, Bd. 10] Goethes Werke. Herausgegeben im Auftrage der Großherzogin Sophie von Sachsen [Sophien- oder Weimarer Ausgabe]. II. Abtheilung, Goethes Naturwissenschaftliche Schriften. 10. Band: Zur Naturwissenschaft überhaupt. Mineralogie und Geologie. II. Theil. Weimar: Böhlau 1894. |
| 1894 | Schopenhauer-Ausgabe erschienen. |
| 1895 | Friedrich Nietzsche, ein Kämpfer gegen seine Zeit, Weimar: Emil Felber 1895. |
| 1896 | [Sophien-Ausgabe, Bd. 12] Goethes Werke. Herausgegeben im Auftrage der Großherzogin Sophie von Sachsen [Sophien- oder Weimarer Ausgabe]. II. Abtheilung, Goethes Naturwissenschaftliche Schriften. 12. Band: Zur Naturwissenschaft. Allgemeine Naturlehre, II. Theil, Weimar: Böhlau 1896. |
| 1897 | [DNL IV,1] Deutsche National-Litteratur. Historisch kritische Ausgabe. Hg. Joseph Kürschner. Band 117 (Goethes Werke, 36. Teil, I. Abteilung: Naturwissenschaftliche Schriften. IV. Band, Erste Abteilung), Hg. Rudolf Steiner. Stuttgart: Union Deutsche Verlagsgesellschaft o. J. [1897]. |
| 1897 | [DNL IV,2] Deutsche National-Litteratur. Historisch kritische Ausgabe. Hg. Joseph Kürschner. Band 117 (Goethes Werke, 36. Teil, Naturwissenschaftliche Schriften. IV. Band, Zweite Abteilung), Hg. Rudolf Steiner. Nebst Nachtrag und Generalregister zu Goethe I–XXXVI. Stuttgart: Union Deutsche Verlagsgesellschaft o.J. [1897]. |
| 1897 | Goethes Weltanschauung. Weimar: Emil Felber 1897 (fertiggestellt im April) |
| 1897 | Jean Paul-Ausgabe erschienen. |

In der anthroposophischen Rezeption ist Steiners Goethedeutung meist die einzige, die »wahrhaft« gültige. Damit wurde Steiners Interpretation von der Goetheforschung weitgehend abgekoppelt und an die – heute auch Anthroposophen kaum noch präsente – Goetheinterpretation am Ende des 19. Jahrhunderts gebunden. Die Rekonstruktion dieses Hintergrundes ist ein wichtiger Aspekt der folgenden Untersuchungen.

Die von Steiner in der »Deutschen National-Litteratur« verantworteten Bände liegen seit 1975 in einem Reprint vor (GA 1[a-e]). Breite Verwendung hat jedoch eine Ausgabe gefunden, in der die einleitenden Kommentare Steiners von Goethes Text gelöst worden, die, versehen mit einer redaktionellen, durchlaufenden Kapitelzählung aller Aufsätze zwischen 1884 und 1897, unter dem Titel »Einleitungen zu Goethes naturwissenschaftlichen Schriften« (GA 1) veröffentlicht sind. Diese 1926, also nach Steiners Tod zusammengestellte Sammlung wird unter Anthroposophen wie auch in der Wissenschaft als quasi monographisches Werk Steiners gelesen. Dies ist aus mehreren Gründen problematisch. So erhielt erst die Ausgabe des Jahres 1983 den Untertitel »Zugleich eine Grundlegung der Geisteswissenschaft (Anthroposophie)«, also eine redaktionelle Leseanweisung, die Steiners Intentionen nach 1900 umsetzt, indem sie die theosophische relecture der vortheosophischen Schriften forderte. Das eigentliche Problem dieser Ausgabe ist aber die Trennung der Interpretation Steiners vom Werk Goethes, die es unmöglich macht, die Angemessenheit seiner Goetheinterpretationen nachzuvollziehen. Daß dabei unterschiedliche Positionen aus der über zehnjährigen Publikationszeit nebeneinander stehen, ist dabei noch das kleinste Problem.

Die Sophien-Ausgabe der naturwissenschaftlichen Werke Goethes war eine unkommentierte Ausgabe, deren Schwerpunkt auf der Erstellung des Variantenapparats lag; diese Bände sind von anthroposophischer Seite nicht wieder gesondert aufgelegt worden. Möglicherweise stammen auch editorische Einleitungen, die sich jeweils vor den »Lesarten« finden, in Teilen von Steiner; sie sind für seine Goethe-Interpretation allerdings wenig ergiebig und offenbar bislang auch nicht vollständig gesondert gedruckt worden[1].

Steiners »Grundlinien einer Erkenntnistheorie der Goetheschen Weltanschauung« folgen in der Gesamtausgabe (GA 2) wohl im wesentlichen der Ausgabe aus dem Jahr 1924[2]. Vermutlich sind gegenüber der Erstausgabe von 1886 nur die Anmerkungen fortgelassen[3]. Darüber hinaus ist der Text orthographisch normalisiert, allerdings teilweise auch in typisch anthroposophischer Diktion denormalisiert, etwa in der Umformung von »Kulturentwicklung« (1886 / 1924) in »Kulturentwick<u>e</u>lung« in der aktuellen Gesamtausgabe[4]. Tiefgreifend hat Steiner 1918 sein Werk »Goethes Weltanschauung« von 1897 in anthroposophischem Sinn reformuliert, was er allerdings ableugnete[5] und in der heutigen Edition der Gesamtausgabe (GA 6) nicht sichtbar ist.

Als Sekundärliteratur liegt zu Steiners Goetheinterpretation eine ausgezeichnete und unüberholte, leider nur maschinenschriftlich veröffentlichte Dissertation von Wolfgang Raub vor[6]. Sie ist nur in wenigen Bereichen durch neuere Literatur zu ergänzen. Raub beschränkt sich mit dem Verhältnis Steiners zu Goethe auf einen wesentlichen Teil von Steiners Werk, ohne jedoch weder die Bedeutung für Steiners Leben insgesamt aus den Augen zu verlieren noch diesen Teil des Werks zu überschätzen, wie es bei Arbeiten zu Teilaspekten oft der Fall ist. Als einer der wenigen Wissenschaftler hat er quellenkritisch gearbeitet und die späteren Überarbeitungen des »Frühwerks« mit herangezogen. Auch der Scheinalternative, entweder den vortheosophischen oder den theosophischen Steiner zu bearbeiten, ist er nicht erlegen und hat die Transformation des idealistischen in den theosophischen Steiner in Kontinuitäten wie Brüchen nachgezeichnet. In seinen Bewertungen ist Raub irenisch: Er kann die Leistungen Steiners würdigen (etwa auf editorischem Gebiet und als Anreger der Goetheinterpretation), ohne die Mängel der Editionen oder die immer stärkere Funktionalisierung Goethes

---

1 Sie enthalten allerdings einige Marginalien zum Verhältnis von Suphan und Steiner, die in der überarbeiteten Fassung dieser Einleitungen in den Goethe-Jahrbüchern 1892 bis 1896, die in GA 30,512–523 abgedruckt sind, fehlen.

2 Offenbar beschränken sich die Eingriffe der GA auf orthographische Veränderung (etwa im Untertitel), die aber weitergehen als die üblichen Normalisierungen, wenn etwa im Untertitel Anführungszeichen schlicht umgesetzt werden. Vgl. auch Anm. 4.

3 Steiner: Grundlinien einer Erkenntnistheorie ([1]1886), S. IV und 14f.

4 Ebd, ([1]1886), 3. Noch in Ausgabe [2]1924, S. 3, steht »Kulturentwicklung«, in GA 2,17 steht heute »Kulturentwickelung«.

5 Steiner hingegen behauptete, »keine wesentliche Änderung des Inhalts« vorgenommen zu haben (GA 6,8).

6 Raub: Rudolf Steiner und Goethe.

für die Explikation von Steiners eigener Weltanschauung zu leugnen. Meinen Ausführungen lege ich insbesondere Raubs Analyse von Steiners Editionsarbeit in der »Deutschen National-Litteratur« und der Sophien-Ausgabe zugrunde, stark stütze ich mich auch auf einen Teil seiner Interpretation der Umformung des Frühwerks, wie es sich beispielsweise in den Faust-Kommentaren Steiners nach 1900 ablesen läßt. Eine weitere wichtige Arbeit ist Paul-Henri Bideaus umfangreiche Dissertation aus dem Jahr 1990, die allerdings nur die Zeit vor 1900 abdeckt und deren Schwerpunkt nicht nur auf der historisch-kritischen Aufarbeitung, sondern auch auf einer systematischen Interpretation liegt[7].

Für die Rezeptionstradition, in der Steiner zu verankern ist, sind schließlich die Untersuchungen Karl Robert Mandelkows von unschätzbarer Bedeutung[8], der noch deutlicher als Raub zeigt, in welch dichtes Traditionsgeflecht Steiner gehört. Mandelkow verhält sich allerdings an manchen Stellen allzu unkritisch gegenüber Steiners Interpretationsanweisungen aus der theosophischen Phase gegenüber seinem Frühwerk[9]. Daneben gibt es nur wenige historisch-kritisch hilfreiche Arbeiten; sie beschäftigen sich häufig mit Steiners theosophischer (Um-)Deutung Goethes[10].

## 5.2 Steiners philosophische Anfangsgründe

Steiners Bearbeitung von Goethes naturwissenschaftlichen Werken war für seine philosophische Biographie nicht der Ausgangspunkt, sondern eine zweite oder gar dritte Stufe philosophischer Weltaneignung. Der Weg dorthin gehört in eine Biographie im engeren Sinn und ist schwierig zu bearbeiten, weil die Informatio-

---

[7] Bideau: Rudolf Steiner et les fondements goethéens. Bideau stellt Steiners idealistische, antimaterialistische Position ins Zentrum seiner Rekonstuktion. Mit diesem Ansatz deutet er Goethe als »fondement et terrain nourricier de l'anthroposophie« (S. 622). Diese These müßte belegt werden, indem man die theosophische Rezeptionsgeschichte der goetheanischen Ideen Steiners aus der Zeit vor 1900 nachzeichnet. Aber Bideau hat sich auf die Phase bis 1897 beschränkt, wobei subkutan die theosophische Perspektive leitend ist, denn die nihilistischen Tendenzen der neunziger Jahre hat Bideau gegenüber Steiners Idealismus abgeblendet. In Steiners »Goethes Weltanschauung« (GA 6) von 1897 etwa zeichnet er Steiners Bruch nicht in der Schärfe, in der es meines Erachtens notwendig ist, nach (S. 545–552); vgl. dazu unten 5.6.3. Letztlich möchte Bideau Steiner als idealistische Alternative in die aktuelle kulturphilosophische Debatte einbringen. Deshalb glaubt er, daß Steiners »Grundlinien einer Erkenntnistheorie der Goetheschen Weltanschauung« »décrivent les grandes lignes de force d'une nouvelle forme de civilisation dans laquelle la connaissance scientifique et la création artistique se perçoivent comme complémentaires à partir d'une experience intérieure centrale« (S. 203).

[8] Mandelkow: Goethe in Deutschland.

[9] Vgl. etwa die Übernahme der Aussagen aus Steiners Autobiographie, ebd., I, 192.

[10] Weiland: Goetheanismus und Anthroposophie, weist nach, daß ähnliche oder gleiche Zentralbegriffe Goethes und Steiners, beispielsweise Anschauung und »geistige Welt«, inhaltlich nicht identisch sind (z. B. S. 213). Dies ist in der Sache zutreffend, in den Begründungen allerdings nicht sehr ausgreifend. Schöne: Goethes Farbentheologie, hat etwa die Umdeutung Goethes durch Steiner sehr kritisch und z.T. noch schärfer gegenüber den Schülern Steiners moniert; vgl. S. 117–119. 121–123. 161. Wenzel: Goethe und Darwin, stellt Steiner in die darwinistische Goetherezeption ein, doch fällt die Arbeit hinter die biographische Kontextualisierung von Raubs Dissertation, die Wenzel bibliographisch nachweist, aber nicht intensiv auswertet, zurück.

nen gerade für die Jugendzeit dünn sind, oft ist Steiner selbst die einzige Quelle. Für den philosophischen Vorlauf seiner Goetherezeption scheinen mir allerdings drei Station von Bedeutung:

(1.) In seiner Jugend dürfte Steiner mit weltanschaulichen Fragen, auch religiösen, kaum prägend in Berührung gekommen sein. Seinen Vater beschrieb er als »Freigeist« (GA 28,22), von einer katholischen Prägung – aber dies ist ein anderes Kapitel – ist in seiner Biographie nur wenig zu spüren.

(2.) Als prägendes Jugenderlebnis beschrieb Steiner 1923 eine Kantlektüre im Alter von sechzehn Jahren (1877)[11]. Er habe die »Kritik der reinen Vernunft« aus einem Reclam-Heftchen in ein Geschichtsbuch eingelegt, es im Unterricht gelesen (GA 28,30) und Kant »ganz unkritisch« rezipiert (ebd., 31). Die Kant-Kritik, die sich durch Steiners Œuvre bis zu seinem Tod zieht, muß irgend etwas mit dieser frühen Beschäftigung mit Kant zu tun haben, doch läßt sich darüber augenblicklich nur spekulieren. Denkbar ist, daß Kant sein kindliches Weltbild, vielleicht den Glauben an einen »unmittelbaren« Kontakt mit einer »geistigen« Welt (aber dies sind Steiners Deutungen seiner Jugend unter dem Einfluß der theosophischen Konversion), zerstört hat. Aber dahinter dürfte auch eine positive Anverwandlung Kants stehen, denn Steiner läßt keine Zweifel, daß ihn dessen Philosophie damals stark eingenommen hat. Möglicherweise führte diese Begegnung mit Kant nicht nur zur Zerstörung einer kindlichen Vorstellungswelt, sondern auch zur Befreiung davon. Im Laufe seiner idealistischen und theosophischen Phase gerierte sich Steiner als teilweise militanter Kritiker Kants[12], dem er schließlich vorwarf, den Einblick in die »höheren Welten« (so die theosophische Lesart) mit seiner philosophischen Kritik verbaut zu haben. Wie weit Steiner Kant dabei verstanden hat, ist ein ganz anderes Kapitel[13].

(3.) 1881 beschrieb Steiner ein nächtliches philosophisches Erlebnis, das sich als Antwort auf die kantische Subjektphilosophie lesen läßt (s. 9.4.2). Er glaubte, mit Schelling »die ganze idealistische Philosophie … in einer wesentlich modifizierten Gestalt« (GA 38,13) erkannt zu haben. Im Jahr vor seinem Eintritt in die Goethe-Edition hatte er damit offenbar zu einem Idealismus gefunden, an den er mit seiner Goethe-Deutung anschließen konnte.

(4.) Im Umfeld dieser Wendung zum Idealismus, noch vor oder unmittelbar am Anfang der Beschäftigung mit Goethe, setzte sich Steiner mit dem materialistischen Empirismus auseinander, den er als »Atomismus« identifizierte, als eine Art Begriffsnominalismus kritisierte und dem er abschwor[14]: Die Schuld für diesen Materialismus im 19. Jahrhundert wies der 21jährige Kant zu, der »Erkenntnis« auf den durch »Erfahrung … vermittelten sinnlichen Stoff« reduziert

[11] Datierung nach Lindenberg: Steiner (Chronik), 46.

[12] Vgl. nur das signifikante Detail, daß Kant wegen seines Erkenntnisskeptizismus unter »den Negern« – eine für Steiner eindeutig pejorative Wertung innerhalb seiner Rassentheorie – reinkarnieren müsse (GA 126,35).

[13] Dazu kritisch Kügler: Kants »Grenzen der Erkenntnis« in der Kritik Rudolf Steiners.

[14] Steiner: Einzig mögliche Kritik der atomistischen Begriffe (1882), 5; vgl. auch ders.: Die Atomistik und ihre Widerlegung (23.9.1890).

habe[15]. Steiner hingegen forderte eine sinnlich fundierte Erkenntnistheorie, um »das, was unseren Sinnen im Raume erscheint, in die Allgemeinheit des Begriffsinhaltes der Welt … aufgehen zu lassen«[16]. Gegen diese »verderbliche Tendenz der Naturwissenschaft«, bei der »Atomistik und Atheismus … Hand in Hand« gingen (GA 38,50 [1882]), setzte Steiner seinen Idealismus.

## 5.3 Karl Julius Schröer und Steiners Weg zu Goethe

Schicksalhafte Bedeutung besaß für Steiner die Begegnung mit dem Germanisten Karl Julius Schröer[17]. Ihm verdankte er die Hinführung zu Goethe, ihn nannte Steiner seinen »Lehrer und älteren Freund« (GA 20,89 [1916]), ja sogar »väterlichen Freund« (GA 274,9 [1922]); noch im Jahr vor seinem Tod bezeichnete er ihn als »meinen lieben Lehrer und Freund« (GA 28,221). Diese ungewöhnlich emotionale Diktion zeigt, daß Schröers Bedeutung für Steiner mit der Vermittlung des Zugangs zu Goethe weit unterschätzt ist; doch Steiner war im Blick auf die menschliche Beziehung jenseits sachlicher Fragen relativ verschwiegen, so daß überprüfbare Fakten vor allem hinsichtlich der wissenschaftsgeschichtlichen Bedeutung zur Verfügung stehen.

Schröer wurde am 11. Januar 1825 im damals ungarischen Pressburg (slowakisch: Bratislava) als Sohn des unter dem Anagramm Chr. Oeser bekanntgewordenen Rektors des dortigen evangelischen Lyceums[18] und der schriftstellerisch tätigen Mutter Therese, geb. Langwieser, geboren[19]. Sowohl für seine literarischen Interessen, etwa am Protestanten Goethe, als auch für seine deutschnationale Orientierung dürfte diese Jugend in einer protestantischen Enklave wichtig geworden sein. Nach wechselnden Tätigkeiten an Schulen, unter anderem in Pest und als Leiter der evangelischen Schulen in Wien, wurde er 1866 zum Dozenten an der Technischen Universität Wien berufen und ein Jahr später außerordentlicher, aber erst 1891, im Alter von 66 Jahren, ordentlicher Professor[20]. In Wien ist er am 15. Dezember 1900 »nach jahrelangem Siechtum«[21], Steiner sprach von »Altersschwachsinn« (GA 238$^5$,164), gestorben.

Den Schwerpunkt von Schröers Arbeit sah man um 1900 in den »Arbeiten auf dem Gebiete der Dialektforschung und der Volkskunde«[22]. In diesen Kontext gehören die Publikationen des Oberuferer Christgeburtsspiels und des Drei-Königs- sowie des Paradeisspiels[23], die Steiner durch Schröer kennengelernt und in anthroposophische Kreise übergeleitet hat (vgl. GA 39,468), wo sie noch heute in

---

[15] Steiner: Einzig mögliche Kritik der atomistischen Begriffe, 5.
[16] Ebd., 6.
[17] Viel Material zu Schröer bei Beck: Karl Julius Schröer.
[18] Payer von Thurn: Schröer (in: Biographisches Jahrbuch), 364.
[19] Biographica v.a. nach Payer von Thurn: Schröer (in: Biographisches Jahrbuch); Raub: Steiner und Goethe, 11–19; Payer von Thurn (?): Karl Julius Schröer † (Raub: Steiner und Goethe, 276, vermutet Payer von Thurn als Verfasser). Zur Mutter Wurzbach: Biographisches Lexikon, 348.
[20] Payer von Thurn: Schröer (in: Biographisches Jahrbuch), 364.
[21] Ebd.
[22] Ebd., 365.
[23] Schröer: Deutsche Weihnachtsspiele aus Ungarn.

der durch Schröer festgehaltenen Form gespielt werden. Diese sprachgeschichtlichen und volkskundlichen Forschungen dürften mit der für die identitätsbildende Funktion der Sprache sensibilisierenden Herkunft Schröers aus einer deutschsprachigen Minorität des Habsburgerreichs zusammenhängen. Schröer hat diesen Kontext selbst benannt und sich auch kämpferisch für die deutschen Minderheitenrechte eingesetzt[24]. Die teilweise stramm deutschnationalen Orientierungen Steiners besonders vor 1900 dürften von Schröer[25] mitbeeinflußt sein, den Begriff der »Volksseele« etwa hat Steiner nach eigenem Bekunden bei Schröer kennengelernt (GA 28,70). Vermutlich muß man auch Schröers evangelische Konfession hier in Anschlag bringen, gehörte doch die Orientierung am (protestantisch-preußischen) Deutschland für Protestanten im katholisch dominierten Österreich zu den identitätswahrenden Verhaltensweisen[26]; auch einen – allerdings in Österreich unter Katholiken ebenfalls nicht seltenen – Antiklerikalismus deutet Steiner bei Schröer an (GA 28,110).

Zu Goethe hat Schröer erst relativ spät gefunden[27]. Er gehörte zu den geistigen Vätern des 1878 gegründeten »Wiener Goethe-Vereins« und war seit 1886 Chefredakteur der in diesem Jahre begründeten »Chronik« des Goethe-Vereins. Wissenschaftlich bekannt wurde er durch den in erster Auflage 1881 erschienen Faust-Kommentar, den er wie sein Konkurrent Heinrich Düntzer mit ausführlichen Einleitungen und Zeilenkommentaren versah (ein Verfahren, das auch Steiner in seiner Goetheausgabe innerhalb der Deutsche National-Litteratur benutzte); noch zu Lebzeiten Schröers wurde der Faustkommentar mehrfach wieder aufgelegt[28] und ist heute der unter Anthroposophen verwendete Standardkommentar[29]. Die Aufführung des vollständigen Faust im Jahr 1883 in der Wiener Hofburg (eine durch Steiner dann in die Anthroposophische Gesellschaft eingeführte und bis heute bestehende Tradition) ist mit seinem Namen verbunden[30]. Deutungsgeschichtlich gehörte Schröer zur idealistischen Goetherezeption. Er sah zwar die Dialektik von Anschauung und Idee bei Goethe, frug jedoch letztlich nach dem »idealen Gehalt«:

> »Daß Goethe nicht von der Idee, sondern immer von der Anschauung ausging, ist von mir ... genügend dargelegt, daß man aber deshalb nicht nach der Idee seiner Dichtung zu fragen habe, d.h. nach ihrem idealen Gehalt, der doch in jedem Organischen zu suchen ist, das ist eben eine Ansicht, wie sie unsern jüngern Zeitgenossen eigen ist und zu vielem andern stimmt, wo ich mich zu folgen nicht veranlaßt fühle.« »Es kann nur *Eine* Goetheforschung geben, das ist die, die zunächst auf die Idee ausgeht.«[31]

---

[24] Payer von Thurn: Schröer (in: Biographisches Jahrbuch), 365 (deutschsprachige Minderheit); Wurzbach: Biographisches Lexikon, 348 (Minderheitenrechte).

[25] Vgl. diesbezüglich Schröer: Die Deutschen in Oesterreich-Ungarn.

[26] So schon die Überlegung bei Bock: Rudolf Steiner, 44.

[27] Zum folgenden Raub: Steiner und Goethe, 12.

[28] Auflagen nach Raub: ebd., 278. I. Teil: 1881, $^{2}$1886, $^{3}$1892, $^{4}$1898; II. Teil: 1881, $^{2}$1888, $^{3}$1896.

[29] »Unter völliger Verkennung des Fortschrittes auf dem Gebiet der Faustforschung – gerade auf dem Gebiet der ideellen Erfassung«, wie Raub: ebd., 278, schon 1964 kommentierte.

[30] Jaksch: Lexikon sudetendeutscher Schriftsteller, 246.

[31] Schröer: Faust von Goethe, Bd., II ($^{2}$1888), S. IX. XII.

Verständnis gründete für Schröer in einem quasi göttlichen Akt, dem kongenialen Versuch, Goethes Werke »nach[zu]fühlen, womöglich wie er selbst«[32]; oder, wie Steiner Schröers Ansatzpunkt interpretierte: »Würde Goethe so empfunden oder gedacht haben?« (GA 28,69) Die Philologie respektierte Schröer als sinnvolle Vorarbeiten[33], und im Gegensatz zu Steiner hatte Schröer seine philologischen Fähigkeiten auch vielfach unter Beweis gestellt[34]. Doch letztlich hat Schröer, so Raub, die Entwicklungen des »Positivismus und Historismus … nur zum kleinsten Teil mitgemacht und setzt gewissermaßen die Literaturbetrachtung der späten Goethezeit bruchlos fort«[35].

Steiners Verhältnis zu Schröer war in den ersten Jahren vom Gefälle des älteren, arrivierten Professors zu seinem Schüler bestimmt. Steiner begegnete Schröer bereits 1880, also im ersten Jahr seines Wiener Studiums, dessen naturwissenschaftlich-technische Pflichtinhalte ihn keineswegs zufriedenstellten, und fühlte sich von Anfang an von Schröers Vorlesung »gefesselt« (GA 28,41)[36]. Im gleichen Jahr, Steiner war nun 19 Jahre alt, las er aufgrund von Schröers Anregungen erstmals Goethes »Faust« (GA 28,43). Nach wenigen Vorlesungsstunden war Steiner mit Schröer bekanntgeworden und wurde von ihm nach Hause mitgenommen. Die Besuche »in seinem kleinen Bibliothekszimmer in der Wiener Salesianergasse« (GA 274,9) dürften im Laufe der folgenden Jahre häufig stattgefunden haben, und auch Außenstehende realisierten, daß Schröer »Rudolf Steiner besonders ins Herz geschlossen« hatte[37]. Die tiefen Eindrücke scheinen noch in den 1924 formulierten Memoiren Steiners durch:

> »Wenn ich zu Besuchen in die kleine Bibliothek Schröers kam, die zugleich sein Arbeitszimmer war, fühlte ich mich in einer geistigen Atmosphäre, die meinem Seelenleben in starkem Maße wohltat. … Er trug gewisse Empfindungen und Ideen über die literarischen Erscheinungen in sich und sprach diese rein menschlich aus, ohne viel das Auge im Zeitpunkt des Schreibens auf die ›Quellen‹ zu lenken.[38] … Ich erwarmte geistig, wenn ich bei ihm war. Ich durfte stundenlang an seiner Seite sitzen. Aus seinem begeisterten Herzen lebten in seiner mündlichen Darstellung die Weihnachtsspiele, der Geist der deutschen Mundarten, der Verlauf des literarischen Lebens auf. … Schröer gab mir dann immer Bücher aus seiner Bibliothek mit, in denen ich weiterverfolgen

---

32 Ebd., S. XII.

33 Ebd., S. XI.

34 Raub: Steiner und Goethe, 13, verweist auf Schröers »volkskundliche, lexikographische und germanistische Arbeiten« sowie auf die stete philologisch-historische Nachbesserung seines Faust-Kommentars in den verschiedenen Auflagen (ebd., 15).

35 Ebd., 14.

36 Steiner hörte bei Schröer u. a. die Vorlesungen über »Schillers Leben und Werke« und die »Geschichte der deutschen Dichtung seit Goethe« (Lindenberg: Steiner [Chronik], 53). Schröers Veröffentlichung »Die deutsche Dichtung des 19. Jahrhunderts« ist möglicherweise angesichts seiner nur begrenzten wissenschaftlichen Ausrichtung im Zusammenhang mit seiner Wiener Lehrtätigkeit entstanden. Er skizzierte in einer Vielzahl von Personen- und Werkbeschreibungen die deutsche Literatur seit Goethe und Schiller und ließ in den idealistischen Kommentaren kaum Orientierungsnöte aufkommen.

37 Specht: Aus Rudolf Steiners Jugendzeit, Sp. 2.

38 Ob Schröer wirklich so quellendistanziert war, wie Steiner hier schreibt, steht auf einem anderen Blatt. Dies Formulierung erinnert jedenfalls stark an das Bild des Hellsehers, der quellenunabhängig in den »höheren Welten« liest.

konnte, was Inhalt des Gesprächs war. Ich hatte wirklich immer, wenn ich so allein mit Schröer saß, das Gefühl, daß noch ein Dritter anwesend war: Goethes Geist. … Ich hörte mit der allergrößten Sympathie alles, was von Schröer kam.« (GA 28,69)

Weiß man um Steiners Ablehnung der Psychoanalyse und der damit verbundenen Distanz gegenüber ihrem Vokabular, lassen sich viele Termini als Beschreibung eines auch therapeutischen Verhältnisses interpretieren. Das »Wohltun« für das »Seelenleben« ist eine fast wörtliche Übersetzung für Psychotherapie, und die Metapher des »geistigen Erwarmens« suggeriert ein neues Leben, vielleicht einen Weg aus der kalten Rationalität der positivistischen Philologie und des »stahlharten Gehäuses« eines naturwissenschaftlich-technischen Studiums. Schon 1907 jedenfalls hatte Steiner resumiert: »Es war bei ihm wie in einer idealistischen Oase innerhalb der trockenen materialistischen deutschen Bildungswüste.« (GA $262^2$,17) In kaum einer Formulierung scheint das Gefälle von Schröer zu Steiner, man möchte sagen von Vater zu Sohn, so deutlich auf wie in der Aussage, »stundenlang an seiner Seite« zu sitzen, ja, sitzen zu »dürfen«, wie er dezidiert dankbar vermerkt. Schröer war der Gebende: an Bildungswissen, an Büchern, an »wahrer Freude« (GA 28,69), Steiner der Nehmende.

1924 hat Steiner die Beschreibung dieses Abhängigkeitsverhältnisses (bei dem es, wie gleich zu zeigen sein wird, noch in den 1880er Jahren nicht geblieben ist) im Anschluß an die oben zitierte längere Textpassage aber aus theosophischer Perspektive gegengelesen: »Dennoch konnte ich nicht anders, als auch ihm gegenüber das, wonach ich geistig intim strebte, in der eigenen Seele ganz unabhängig aufbauen.« (GA 28,69) Eigenständigkeit war nun ein von Steiner beständig wiederholter Topos, auch in seiner autobiographischen Lebensrelecture der Jahre 1923 bis 1925. Die Distanzierung gegenüber Schröer steht deshalb unter dem Vorbehalt der nachträglichen Reinterpretation des arrivierten Theosophen. Daß jedoch die Sicherung der geistigen »Intimität« keine automatische Folge des »Nicht-anders-Könnens«, sondern durchaus Ergebnis eines Ablösungsprozesses war, macht eine Formulierung drei Sätze später wohl deutlich: »Ich fand es damals sogar schwierig, für mich selbst den Unterschied zwischen Schröers und meiner Denkungsart in Worte zu bringen.« (GA 28,70) Steiners Begründung war eine sachliche[39], aber die Vermutung liegt nicht fern, daß die Selbstdifferenzierung zwischen dem dominierenden und offenbar faszinierenden Gedankengut Schröers und der eigenen Identitätsbildung, daß also die Sicherung der eigenen »Intimität« für Steiner ein schwieriges Unterfangen wahr. Die Emanzipation Steiners von Schröer dürfte erst ein Ergebnis der Entwicklung im Verlauf der achtziger und neunziger Jahre sein. Und noch eine Vermutung ist nicht von der

[39] »Er [Schröer] redete von Ideen als von den treibenden Mächten in der Geschichte. Er fühlte Leben in dem Dasein der Ideen. Für mich war das Leben des Geistes *hinter* den Ideen, und diese nur dessen Erscheinung in der Menschenseele.« (GA 28,70) Steiners Aussagen zum Thema »Geist«, einem zentralen Terminus seiner Theosophie, belegen Anfang der 1880er Jahre diese Begriffsdifferenzierung nicht, schließen sie allerdings aufgrund der dünnen Materiallage auch nicht aus. Seine eigentliche Karriere machte der Geistbegriff im Werk Steiners erst in der theosophischen Phase. Signifikant für den Rücktransport der Geistterminologie in die vortheosophischen Schriften ist beispielsweise die Transformation der »Ideenwelt« als »individuelles Dasein« aus dem Jahr 1897 (Steiner: Goethes Weltanschauung [1897], 203) zum »individuellen Geist-Dasein« im Jahr 1918 (GA 6,208).

Hand zu weisen: Die Distanzierung könnte mit der Konkordanz vieler Schröerscher und theosophischer Vorstellungen zusammenhängen; die große Nähe wäre dann, wie so oft, ein Motiv für die Distanzierung gewesen.

Mit den zugänglichen Dokumenten[40] läßt sich dieser Weg vom Schüler zum Freund recht genau nachzeichnen. Bis Mitte der achtziger Jahre dominierten in Steiners veröffentlichtem Briefkorpus bei Bezügen auf Schröer Sachfragen, die den Germanisten betrafen; dies ist auch bei den direkt an Schröer gerichteten Briefen aus den Jahren 1886 (?) und 1890 der Fall, in denen fachspezifische Fragen im Rahmen der Weimarer Goetheedition zur Debatte stehen (GA 38,142–144; GA 39,46–54). Aber Schröer kümmerte sich auch lebensweltlich um seinen Schützling, 1884 verschaffte er ihm eine Privatlehrerstelle bei der Familie Specht[41].

Kleinere Konflikte hat dieses Verhältnis offenbar überstanden. 1886 lernte Steiner auf Anregung Schröers 1886 die Dichtungen Marie Eugenie delle Grazies kennen, die damals gerade als »Genie« gehandelt wurde. Steiner las ihre »Dichtungen in einem Zuge« (GA 28,91). Auf ihr Gedicht »Die Natur« mit einem bitteren Pessimismus und einem fast zynischen Naturbegriff (»Mit ehernen Banden hält / Und kettet an Staub und Verwesung / Natur, Deine Zeug'rin, Dich fest«[42]) reagierte Steiner mit einem als Privatdruck verlegten »Sendschreiben« (GA 30$^1$,6), in dem er eine »Unabhängigkeit« »von der Gunst oder Ungunst« der »mörderischen Natur« postulierte: »Wir wollen *nichts* der Natur, uns selbst aber *alles* verdanken!« (ebd., 238). Der Goetheanist Schröer reagiert vergrätzt: Wenn Steiner so über die Natur denke, hätten sie sich »nie verstanden« (GA 28,93). Steiner war getroffen, noch 1924 klang die fast 40 Jahre zurückliegende Verletzung durch: »Ich war im tiefsten meiner Seele betroffen, als ich diese Zeilen von der Persönlichkeit empfing, an die ich mit stärkster Anhänglichkeit hingegeben war.« (ebd., 93)

Zu einem Zerwürfnis kam es jedoch nicht. Seit Anfang der neunziger Jahre sind persönliche Beziehungen zur Familie Schröer belegt: Steiner nahm Anteil an Sterbefällen in Schröers Umkreis (GA 39,76), Schröers Schwester las Steiner Gedichte vor (GA 274,163), und in einem nur fragmentarisch veröffentlichten Brief vom April 1891 klagte er seinem Mentor das Leid seiner Weimarer Lage (GA 39,87), der (daraufhin?) im August mit seiner Frau Weimar und Steiner besuchte (ebd., 112). Ende 1893 oder Anfang 1894 dürfte Steiner Schröer die »Philosophie der Freiheit« geschickt haben (ebd., 231). Im letzten publizierten Brief Steiners an Schröer vom November 1894 dokumentierte Steiner nochmals die Anteilnahme an Schröers persönlichem Lebensweg, etwa an dessen Auseinandersetzungen im Wiener Goethe-Verein (ebd., 228–231), im Ton devot, und ohne die väterliche Rolle Schröers in Frage zu stellen.

---

[40] Im Briefkorpus Steiners (GA 38 / 39) sind vier Briefe an Schröer veröffentlicht, davon einer nur auszugsweise. Schröers Briefe an Steiner sind unveröffentlicht, befinden sich jedoch teilweise seit Anfang der 1960er Jahre im Archiv der Rudolf Steiner-Nachlaßverwaltung in Dornach (Raub: Steiner und Goethe, 15. 278). Sie waren Raub zugänglich, der jedoch nur zu Sachverhalten mit Bezug auf die Goetheeditionen daraus zitierte; auch die Zitate bei Lindenberg: Steiner (Chronik), beschränken sich im wesentlichen auf Sachfragen.

[41] Lindenberg: Steiner (Chronik), 70.

[42] Zit. nach GA 30,602.

Persönliches Verhältnis und wissenschaftliche Zusammenarbeit verschränkten sich seit Beginn der 1880er Jahre so, daß aus dem Lehrer-Schüler-Verhältnis ein Verhältnis des wechselseitigen Gebens und Nehmens wurde. Diese gemeinsame Arbeit begann 1882 mit einem Paukenschlag, als Steiner von Schröer für die Herausgeberschaft von Goethes naturwissenschaftlichen Werken in der »Deutschen National-Litteratur« (DNL) vorgeschlagen wurde, einem monumentalen Editionswerk, an dem sich die Crème der deutschen Literaturwissenschaft unter der Ägide Joseph Kürschners mit 220 Bänden abarbeitete. Raub hat das Unerhörte des Schröerschen Vorschlags genau gesehen:

> »Man bedenke: einen 21-jährigen Studenten, der weder irgendein Examen noch einen akademischen Grad hatte und noch durch keine Arbeit öffentlich hervorgetreten war. Die anderen Mitarbeiter an dieser Goethe-Ausgabe waren alle angesehene Gelehrte: H. Düntzer, K.J. Schröer und G. Witkowski.«[43]

Raub hat den Vorgang mit unveröffentlichten Briefen Schröers aus dem Dornacher Archiv rekonstruieren können. Am 13. Mai 1882 unterbreitete Schröer Kürschner den Gedanken, die Farbenlehre von einem offenbar Newton-kritischen Kommentator herausgeben zu lassen: »Unsere Physiker werden erzogen dazu, sie [die Farbenlehre] nicht zu verstehen, alle ihre Instrumente sind danach eingerichtet und Goethe hatte doch Recht!«[44] Am 4. Juni schlug er Steiner vor:

> »Ein Student in höhern Semestern, der Physik, Mathematik und Philosophie betreibt, bei mir auch seit Jahren Vorlesungen hört, befaßt sich eingehend mit Goethes naturwissenschaftlichen Schriften. … Aus Gesprächen aber ersehe ich, daß er den Stoff beherrscht und eine selbständige, mir richtig scheinende Anschauung gewonnen hat. Er heißt Steiner.«[45]

Ein damals als Entscheidungsgrundlage in Aussicht genommener Probeaufsatz Steiners läßt sich nicht (mehr?) nachweisen. Vom 9. Oktober datierte schließlich Kürschners Beauftragung an Steiner, die ihn allerdings fest an Schröer binden sollte: »Ich freue mich besonders, daß Prof. Schröer als Protektor dieser Ausgabe figurieren wird.« (GA 38,52) Am 21. Oktober bestätigte Steiner: der »Plan« der Ausgabe sei »mit Herrn Prof. Schröer durchgesprochen« (GA 38,54)[46].

Der 1884 publizierte erste Band der Steinerschen Edition in der DNL erschien mit einem vierzehnseitigen Vorwort Schröers. Das darin formulierte Goethe-Verständnis zeigt Schröer erwartungsgemäß als Idealisten antipositivistischen Zuschnitts und als Vertreter der Einheit von Dichtung und Wissenschaft in Goethes Werk[47]. Daß Steiner diese Grundsätze, die sich in seiner Interpretation wiederfinden, von Schröer übernommen hat, liegt angesichts des engen Verhältnisses nahe. An einem anderen Punkt markierte Steiner jedoch zunehmend eine Gegenposition. Schröer betonte Goethes Wissen um die Grenzen des Erkenn-

---

[43] Raub: Steiner und Goethe, 10.

[44] Zit. nach Raub, ebd., 31.

[45] Zit. nach ebd.

[46] Steiners eigene Interpretation des Vorgangs als ›Einladung‹ (GA 28,93) entspricht zwar Kürschners höflichem Stil, suggeriert jedoch eine Art offener Vereinbarung, die kaum der faktischen Paketlösung unter Einbindung Schröers entspricht.

[47] Schröer: Vorwort (in: Goethes Werke = Deutsche National-Litteratur, Bd. 114).

baren[48]; ob Schröer 1884 schon geahnt oder gewußt hat, was schon 1886 (also lange vor Steiners theosophischem Erkenntnisoptimismus) in Steiners gerade genanntem »Sendschreiben« an delle Grazie offenkundlich wurde, bleibe dahingestellt[49].

Ein weiterer Bereich der Zusammenarbeit ergab sich durch Schröers Faust-Ausgabe[50], die zwischen 1881 und 1896 mehrfach aufgelegt wurde. Die genauen Einflüsse hat Raub nicht rekonstruiert. Schröer hat jedoch Steiners Einleitung im ersten Band der DNL von 1884 als seinen Vorstellungen kongenial empfunden. 1888 verwies er im seinem Faust-Buch auf sein Vorwort in der DNL und auf »Steiners eigene Ausführungen daselbst«, um sie nicht wiederholen zu müssen. Sie seien ein fortlaufender Nachweis ..., nicht nur von der Einheitlichkeit von Goethes Anschauungen, sondern auch von der Wissenschaftlichkeit derselben«[51]. 1892 bat Schröer, Steiner möge »Vorwort, Einleitung etc. bis S. XCIX« der dritten Auflage des ersten Teils des Faust-Kommentars durchsehen[52]. Dazu ist es vermutlich aufgrund von Steiners damaligem gesundheitlichem Zustand und seiner Arbeitsbelastung nicht gekommen, so daß, wie Raub vermutet, »die faktische Mitarbeit Steiners offenbar nur gering« war[53]. Der herzliche Dank Schröers suggeriert jedoch, daß es einen kontinuierlichen Austausch zwischen dem in Wien arbeitenden Schröer und dem in Weimar mit den Quellen beschäftigen Steiner gegeben hat. »Es war mir immer eine angenehme Beruhigung wenn der junge Freund einen Bogen gelesen hatte, ob er nun dort und da ein Versehen bemerkt hatte oder nicht. War mir ja doch auch der briefliche Gedankenaustausch mit ihm immer Erquickung und Freude, was ich hier gerne ausspreche und bezeuge.«[54]

Als Schröer am 15. Dezember 1900 starb, war Steiner gerade im Prozeß der Konversion zur Theosophie. Vermutlich hat Steiner nicht unmittelbar auf den

---

48 Ebd., S. VI. XI.

49 Das Verhältnis der Goethe-Interpretationen von Schröer und Steiner bedürfte einer eigenen Untersuchung, die das Werk beider Autoren vor 1900 vergleichen müßte und Steiners spätere Reinterpretation seines eigenen Idealismus (vgl. dazu die oben zitierte Differenzierung Steiners zu seinem und Schröers Verständnis der Idee, Anm. 39) zu berücksichtigen hätte. Die hier vorgeschlagenen Grundlinien der Beschreibung von Identität und Differenz beider legen sich aufgrund des von mir eingesehenen Materials nahe und decken sich auch mit den Einsichten bei Raub: Steiner und Goethe, z. B. 35.
Wehr: Rudolf Steiner, 93, meint, Steiner habe sich die »platonisierenden, ästhetisierenden Anschauungen seines eigenen Lehrers K.J. Schröer nicht zu eigen machen« können und sieht bei Steiner eine stärkere erkenntnistheoretische Fundierung als bei Schröer. Man kann zwar das Verhältnis beider auf Differenzen hin lesen, wie es Steiners eigener Interpretationsvorgabe entspricht, doch andererseits besaß Steiner in seinem Idealismus auch platonisierende Elemente, und die Wirkung von Goethes ästhetischem Denken auf Steiner war vermutlich beträchtlich (wenn auch möglicherweise anders als auf Schröer).

50 Erarbeitet bei Raub: Steiner und Goethe, 16f.

51 Zit. nach ebd., 16. Raub verweist auf Schröer: Faust II ($^2$1888), Vorwort (bei Raub zit. nach $^3$1896, S. IX).

52 Unveröffentlichter Brief Schröers im Archiv der Rudolf Steiner-Nachlaßverwaltung, zit. nach Raub, ebd., 16.

53 Ebd.

54 Zit. nach ebd., 17 (Zeichensetzung so bei Raub). Raub verweist auf Schröer: Faust I $^3$1896, S. XXV.

Sterbefall reagiert; der Tod seine Freundes Ludwig Jacobowski am 2. Dezember hat ihn jedenfalls stärker berührt, ihm widmete er zwei Nachrufe (GA $32^2$, 92–104). Gleichwohl tauchte Schröer auch bei dem Theosophen Steiner wieder auf. In den Mysteriendramen erschien Schröer in der Gestalt des Professor Capesius (s. 11.3.4) und dessen Vater Tobias Gottfried als wiederverkörperter Sokrates; nach dem Krieg wurde Schröer zum reinkarnierten Platon und zur wiedergeborenen Roswitha von Gandersheim[55].

## 5.4 Goethe als Naturphilosoph

Goethe hat seine naturwissenschaftlichen Schriften, namentlich die Farbenlehre, im Gegensatz zur Goetherezeption, die vornehmlich das belletristische Werk als sein Vermächtnis erben wollte, als einen zentralen Teil seines Lebenswerks betrachtet[56]. Die Konzentration auf die poetischen Schriften lag nicht nur an der Rubrizierung Goethes unter die »Dichter« im Zeitalter eines sich vertiefenden Grabens zwischen »Natur-« und »Geistes«wissenschaften, sondern auch an der »polemischen« Feindschaft Goethes gegenüber Newton in der Farbenlehre, wo Goethe in einigen zentralen physikalischen Fragen empirisch widerlegt wurde und als Gesprächspartner einer empirischen Naturwissenschaft diskreditiert schien. Und dennoch liegt im naturwissenschaftlichem Œuvre ein Schlüssel zu Goethes Weltanschauung und zugleich ein entscheidender Ansatz, den Goetheanisten und Theosophen Steiner zu verstehen.

Eine einheitliche Naturauffassung Goethes im Sinn eines konsistent formulierten Theorieentwurfs gibt es nicht. Er hat seine Vorstellungen lebenslang weiterentwickelt und dabei auch seine naturwissenschaftlichen Schriften fortgeschrieben. Die zentralen Werke, die »Schriften zur« Farbenlehre und »zur« Morphologie indizieren in ihrer jahrzehntelangen Veröffentlichungsgeschichte, die beispielsweise noch zu Lebzeiten Goethes zu einer Neuordnung des unter diesem Titel veröffentlichten Materials führte (vgl. HA XIII, 51), das hohe Maß an Veränderungen in Goethes intellektueller Biographie. Diese Varianten widerlegen das Konstrukt eines auch bei Steiner anklingenden geschichtstranszendenten »Genius« und führen in Goethes engagierte Auseinandersetzung mit zeitgenössischen naturwissenschaftlichen Vorstellungen[57], die sowohl Aufklärung und Romantik als auch gegen Lebensende den beginnenden Positivismus umfaßten. Die in diesem Zeitraum wachsende Faktenfülle und der damit verbundene Druck auf die Dynamisierung und Temporalisierung der zeitgenössischen (und eben auch seiner eigenen) Vorstellungen haben Goethe immer wieder zu einer Modifikation seiner Positionen veranlaßt. In der folgenden Skizze versuchte ich,

---

55 Zur Reinkarnation von Schröers Vater in GA $238^6$,162 siehe Schweizer: Eine kleine Textkorrektur. Zu den leicht verklausulierten Äußerungen über Platon siehe GA 2386,163 f., zu Roswitha ebd., 165.

56 Schöne: Goethes Farbentheologie, 8 f. Die folgende Darstellung zur Farbenlehre und zu ihrem biographischen Hintergrund stützt sich weitgehend auf die Überlegungen Schönes.

57 Wenzel: Goethe und Darwin, 7–23

zentrale Systemstellen zu skizzieren, ohne sie auf alle Modifikationen aller Lebensphasen hin auszulegen, wohlwissend, daß damit ein beträchtlicher Preis an Konstruktivität zugunsten einer pragmatisch auf Steiners Rezeption zugeschnittenen Überschau gezahlt wird.

In seiner Farbenlehre hatte Goethe Newtons Theorie der diversen Refrangibilität des Lichts, seiner »Brechung«, seiner »Spaltung« beim Weg durch ein Prisma, verworfen: Die Addition von Dunklem könne, so der Umkehrschluß aus der prismatischen Brechung in die Spektralfarben, nicht Helles ergeben. Stattdessen interpretierte er die Spektralfarben als Grenzphänomen, das beim Aneinanderstoßen von hellen und dunklen Flächen oder beim Durchgang durch ein trübes Medium wie Glas entstehe[58]. Das Licht erschien damit nicht als Objekt des analytischen wissenschaftlichen Zugriffs, sondern als »Subjekt«, das Farben als Epiphänomene erzeugt. Damit waren »die Farben«, wie Goethe in einem programmatischen Diktum verkündete, »Taten des Lichts, Taten und Leiden« (HA XIII 315,16[59]). Licht war für Goethe ein grundlegendes, mit sich selbst identisches und nicht mehr teilbares Fundamentalphänomen. Medium und Bedingung der Wahrnehmung des Lichts war nicht die technische Seh»hilfe« des Prismas aus Newtons »empirisch-mechanisch-dogmatischer Marterkammer«[60] (aber auch Brillen, Mikroskope oder Ferngläser lehnte er als Hilfsmittel zu Erkenntnis eines eidetischen Mehrwertes ab[61]), sondern die in diesem Sinn unvermittelte, unmittelbare Sehfähigkeit des Menschen: »Der Mensch an sich selbst, insofern er sich seiner gesunden Sinne bedient, ist der größte und genaueste Apparat, den es geben kann.«[62]

Albrecht Schöne hat als Tiefendimension dieser Theorie eine »Farbentheologie«, und dahinter wiederum ein pietistisch vermitteltes Bekehrungserlebnis des jungen Goethe gesehen[63], in dessen Folge er Licht als »Grund« aller Farben, als metaphysische Fundamentalkategorie, verschlüsselt habe. Dies ist plausibel, unterschätzt jedoch eine Dimension, die sich in der Goetheforschung erst nach sehr kontroversen Debatten Raum verschafft hat und mit Rolf Christian Zimmermann verbunden ist: Goethe verdankt eine entscheidende Prägung seiner Naturphilosophie hermetischen Quellen[64]. Die pantheisierenden Tendenzen und sein Spinozismus sind ohne die neuplatonischen Hintergrundtraditionen wohl nicht zu verstehen. In diesem Horizont interpretierte Goethe das Licht als »ewige Formel des Lebens« (HA XIII 337,14) und formulierte die Erkenntnis »des Lichtes in seiner Reinheit und Wahrheit«[65] als Konsequenz eines divinisierten Verständnisses des Lichtes, das als spaltbares Additionsprodukt diese einheitstiftende Funktion gerade nicht übernehmen könnte. Der Mensch galt dabei als kongenialer Korre-

[58] Schöne: Goethes Farbentheologie, 14f.
[59] Goethe ist mit der »Hamburger Ausgabe« (HA), hg. v. E. Trunz, nachgewiesen.
[60] Goethe. Die Schriften zur Naturwissenschaft [Leopoldina-Ausgabe], 1. Abtlg., Bd. 8, 361,15f.
[61] Belege bei Schöne: Goethes Farbentheologie, 127.
[62] Goethe. Die Schriften zur Naturwissenschaft [Leopoldina-Ausgabe], 1. Abtlg., Bd. 3, 444,3–5.
[63] Schöne: Goethes Farbentheologie, 11–23; Kommentar von Erich Trunz, in: HA I 730. Zu den hermetischen Kontexten Zimmermann: Goethes Verhältnis zur Naturmystik.
[64] Zimmermann: Das Weltbild des jungen Goethe.
[65] Eckermann: Gespräche mit Goethe, 470 (= 4.1.1824).

spondenzpartner, dessen Wahrnehmung der vom Licht umrissenen »Gestalten« darin gründe, daß sein Auge aufgrund seiner wesenhaften Identität mit dem Sonnenlicht in göttlicher Perspektive wahrnehme. Im Rückgriff auf den plotinischen Neuplatonismus[66] sind einschlägige (auch in anthroposophischen Kreisen vielzitierte) identitätsphilosophische Verse Goethes zu lesen:

»Wär nicht das Auge sonnenhaft,
Die Sonne könnt' es nie erblicken;
Läg' nicht in uns des Gottes eigne Kraft,
Wie könnt' uns Göttliches entzücken?« (HA I, 367)[67]

Nur in dieser metaphysischen Fundierung ist die als Religionsdisput geführte, lebenslange Polemik Goethes gegen den vermeintlich agnostischen Positivisten und Zergliederer, gegen den Götzen Newton, den Märchendichter der »Strahlenspalterei«, den »Baal Isaac« verständlich[68]: »Er irrt, und zwar auf eine entschiedene Weise.« (HA XIV 143,21 f.)

Weitere Dimensionen seiner Naturtheologie hat Goethe in den morphologischen Schriften expliziert. Sie waren für Steiners Rezeption wichtiger als die farbtheoretischen Schriften, da er die morphologischen 1884 als ersten Band in der DNL mit einer ausführlichen Interpretation herausgab und damit in eine intensive Beschäftigung mit der Morphologie gedrängt wurde. Zentrale Strukturbegriffe Goethes skizziere ich deshalb anhand der Morphologie von 1817.

*Anschauung.* Goethes Ziel war es, »die lebendigen Bildungen als solche zu erkennen, ihre äußern sichtbaren, greiflichen Teile im Zusammenhange zu erfassen, sie als Andeutungen des Innern aufzunehmen und so das Ganze in der Anschauung gewissermaßen zu beherrschen« (HA XIII 55,11–15). Diese »Einsicht in den Zusammenhang« (ebd., 54,30 f.) war sein Alternativprogramm zum sezierenden Vorgehen, den »trennenden Bemühungen« (ebd., 55,4) der zeitgenössischen Naturwissenschaften, wie er sie wahrnahm: »Was Chemie und Anatomie zur Ein- und Übersicht der Natur beigetragen haben, dürfen wir nur mit wenig Worten den Freunden des Wissens ins Gedächtnis zurückrufen.« (ebd., 54 f.) Wie in der Farbenlehre war die visuelle Unmittelbarkeit für Goethe die Garantin der Erfassung des Wesentlichen, den analytischen Verfahren eigne vor allem eine destruktive Kompetenz.

*Zusammenhang.* Mit der Anschaulichkeit garantierte Goethe zugleich, die »lebendigen Bildungen«, wie zitiert, »in ihrem Zusammenhange zu erfassen«. Die Apotheose des Gesichtssinns wurde zum Vehikel der Erfassung des »wahren« Textes der Natur und zur Bedingung, das Ganze gegenüber dem Mosaik der Analysierer wahrzunehmen.

---

[66] Dazu Schöne: Goethes Farbentheologie, 102.

[67] Wieder stellt sich die Frage, wie die traditionelle christliche Deutung und die esoterische Dimension in ein Verhältnis zu setzen sind. Schöne: Goethes Farbentheologie, 103, hat diesen Sachverhalt »ein wenig theologischer formuliert: daß die Gottebenbildlichkeit des Menschen Voraussetzung seiner Gotteserkenntnis sei«, aber in dieser traditionell schöpfungstheologisch interpretierten Metapher kommt gerade die pantheisierende Einfärbung zu kurz.

[68] Goethe. Die Schriften zur Naturwissenschaft [Leopoldina-Ausgabe], 1. Abtlg., Bd. 3, 228,12; vgl. dazu Schöne: Goethes Farbentheologie, 40 f. 143.

*Gestalt* benutzte Goethe als Synonym für die »Morphè« (HA XIII 55,25 f.). Er verwahrte sich allerdings gegen eine statische Interpretation und wollte in der Einleitung zur Morphologie »allenfalls dabei nur die Idee, den Begriff oder ein in der Erfahrung nur für den Augenblick Festgehaltenes« gedacht wissen (ebd., 55 f.). Das entscheidende Interpretament für Goethes Gestaltvorstellung war der Begriff der

*Idee (Typus, Urpflanze).* Ideen wurden für Goethe »beim Anschauen der Natur ... geweckt« und haben eine »größere Gewißheit« als die Natur selbst[69]. Die Idee galt ihm als die Identitätsgarantin hinter der Variabilität der Erscheinungen: »Daß nun das, was der Idee nach gleich ist, in der Erfahrung entweder als gleich, oder als ähnlich, ja sogar als völlig ungleich und unähnlich erscheinen kann, darin besteht eigentlich das bewegliche Leben der Natur« (HA XIII 57,32–35). Wie im Verhältnis dazu Typus und »Urpflanze« beziehungsweise »Urtier« zu bestimmen sind, ist in der Forschung umstritten. Goethe schrieb in der Morphologie, daß er »die Notwendigkeit« »fühlte«, »einen Typus aufzustellen, an welchem alle Säugetiere nach Übereinstimmung und Verschiedenheit zu prüfen wären, und wie ich früher die Urpflanze aufgesucht, so trachtete ich nunmehr das Urtier zu finden, das heißt nun doch zuletzt: den Begriff, die Idee des Tiers« (ebd., 63,6–12). Einmal mehr war auch hier die theologische Dimension nicht weit: Gegenüber Eckermann signalisierte Goethe die »hohe Bedeutung der Urphänomene, hinter welchen man unmittelbar die Gottheit zu gewahren glaube«[70].

*Empirie.* Es hieße jedoch, Goethe gründlich mißzuverstehen, reihte man ihn bruchlos in einen naturphilosophischen Idealismus ein. Er hat stets auch empirisch gearbeitet, beobachtend, forschend, auch sezierend: die Entdeckung des Zwischenkieferknochens ist nur ein bekannteres Ergebnis dieser Anstrengungen, und die Pflanzenbeschreibungen in der Morphologie sowie die beigegebenen Kupfer, die teilweise auf Zeichnungsvorlagen Goethes beruhen, sind eindrucksvolle Dokumente dieses Realienbezugs bei Goethe. Anschauung und Idee gingen bei ihm eine dialektische Symbiose ein, die trotz aller Verknüpfungsprobleme bemerkenswert ist.

*Dynamik (Polarität und Steigerung).* Die statischen Begriffe von Idee, Typus und »Urbild« korrelieren auf der phänomenalen Ebene mit einer dynamischen Betrachtung der »Gestalten«: Hier »finden wir ... nirgend ein Bestehendes, nirgend ein Ruhendes, ein Abgeschlossenes ., sondern daß vielmehr alles in einer steten Bewegung schwanke« (HA XIII 55,31–33); »der Lebensverlauf« sei ein »fortwährendes Umbilden, mit Augen zu sehen und mit Händen zu greifen« (ebd., 60,17–19). Goethe macht in dieser Dialektik von Identität und Veränderung auf ein »doppeltes Gesetz« aufmerksam: »1. Auf das Gesetz der innern Natur, wodurch die Pflanzen konstituiert werden. 2. Auf das Gesetz der äußern Umstände, wodurch die Pflanzen modifiziert werden.« (ebd., 586). Das Agens der Bewegung sah er in den »Triebrädern« von »Polarität und Steigerung« (ebd., 48,21 f.), einem nicht leicht eingrenzbaren, mehrfach von Goethe variierten

---

[69] Goethe, Hamburger Ausgabe, Briefe, III 419,18 f. (29.5.1801 an Henrik Steffens).
[70] Eckermann: Gespräche, 399 (23.2.1831).

Sachverhalt[71]. Die »Dualitäten« von »Wir und die Gegenstände, Licht und Finsternis, Leib und Seele, … Geist und Materie, Gott und die Welt« implizierten jedenfalls das »Lebensprinzip, welches die Möglichkeit enthält, die einfachsten Anfänge der Erscheinungen durch Steigerung ins Unendliche und Unähnlichste zu vermannichfaltigen« (ebd., 561). Goethe hatte damit seinen Erben ein Denkmodell hinterlassen, das variable Möglichkeiten bot, das Verhältnis von Idee und Phänomen zu bestimmen; schon bei der Interpretation Steiners wird die Unterbestimmung dieses Konzeptes bemerkbar .

*Metamorphose.* Die materiale Realisierung der zusammenhangbildenden Funktion der Idee lokalisierte Goethe in der Metamorphose. Er interpretierte gemeinsame Strukturmerkmale, etwa die Ähnlichkeiten »der Blätter, des Kelchs, der Krone, der Staubfäden« (HA XIII 64,24 f.) als »die geheime Verwandtschaft der verschiedenen äußern Pflanzenteile« (ebd., 64,23 f.), deren »Gesetze der Umwandlung, nach welchen sie [die Natur] Einen Teil durch den andern hervorbringt« (ebd., 64,19–21), er als Metamorphose bezeichnete und beschrieb. Dieses Bildungsprinzip vereinigte die Vielfalt der Phänomene durch den Aufweis ihrer gegenseitigen Konvertibilität: Alle Teile einer Pflanze vom Keimling bis zur Blüte konnte er aufgrund der Metamorphose als verwandt deuten. Die Logik dieses Ansatzes gründete allerdings – dies ist ein entscheidendes Axiom – auf der visuellen Wahrnehmung, nicht auf einem funktionalen Verständnis der einzelnen Teile. Das Wahrheitskriterium der Metamorphose war die eidetische Plausibilität für das erkennende Subjekt, keine objektivierbare Funktion der Einzelteile. Die Idee werde in der Metamorphose durch die Invarianzen in den Veränderungen sichtbar. Man erblicke »in dem uns einfach scheinenden Samen schon eine Versammlung von mehrern Einzelheiten, die man einander in der Idee gleich und in der Erscheinung ähnlich nennen kann. Daß nun das, was der Idee nach gleich ist, in der Erfahrung entweder als gleich, oder als ähnlich, ja sogar als völlig ungleich und unähnlich erscheinen kann, darin besteht das bewegliche Leben der Natur« (ebd., 57,28–35).

Goethes Wissenschaftsverständnis gehört in einen umfassenden Weltanschauungszusammenhang mit einer integrativen Zuordnung von Wissenschaft, Kunst und Religion, die die im 19. Jahrhundert teilweise dogmatisierte Trennung dieser Bereiche der Welterfahrung, sowohl hinsichtlich methodischer als auch inhaltlicher Differenzierungen unterlief. Diese Haltung kommt programmatisch in einem Gedicht Goethes zum Ausdruck:

»Wer Wissenschaft und Kunst besitzt,
Hat auch Religion;
Wer jene beiden nicht besitzt,
Der habe Religion.« (HA I, 367)

Goethe distanzierte sich damit nicht nur von der Dichotomie von Natur- und Geisteswissenschaften, sondern nahm darüber hinaus die Entsakralisierung von Wissenschaft und Kunst zurück, indem er sie als religionsäquivalente Zugänge

---

71 Vgl. den Kommentar von Dorothea Kuhn und Rike Wankmüller in HA XIII 559 f.

zum Göttlichen interpretierte[72]. Biographisch ist dieser postum veröffentlichte Vierzeiler über die mutmaßliche Datierung in die letzten Lebensjahren hinaus schwer einzuordnen[73], aber ihm war eine fulminante Wirkungsgeschichte im 19. Jahrhundert beschieden. Auch Steiner hat diese Verse ausgiebig zitiert. Schon 1887 hatte er diesen Integrationsansatz als eigenständige wissenschaftstheoretische Leistung Goethes gewürdigt (GA 1,134–140) und auch nach 1900 sich immer wieder auf diese Verse bezogen[74].

Mit der Editionstätigkeit rezipierte (und damit: verwandelte) Steiner Goethes naturphilosophisches Denken, nicht zuletzt dessen eidetisches, identitätsphilosophisch konzipiertes Wahrnehmungs- und Erkenntnismodell, das in der theosophischen Weltanschauung transformiert wieder auftauchte und dort die vorlaufende Adaptation goethescher Gedanken immer schon voraussetzt. In dieser Perspektive halte ich folgende Dimensionen von Goethes naturphilosophischem Denken fest:

- Goethe erweist sich als Augenmensch, für den die eidetische Wahrnehmung eine höhere Plausibilität als die analytische Aufschlüsselung der Welt besitzt, die in ihrer Differenzierungsleistungen nicht an die Erklärungsleistung der ganzheitlich gedeuteten »Gestalten« heranreiche. In der Phase eines gesteigerten, teilweise militanten Positivismus, in die Steiner hineinwuchs, war Goethe ein exzellenter Bezugspunkt einer »ganzheitlichen« und spirituellen Naturwissenschaft.
- Dieser ästhetische Ansatz weist dem erkennenden Subjekt einen zentralen Stellenwert im Erkenntnisprozeß zu und reduziert seine Abhängigkeit von den durch technische Hilfsmittel und wissenschaftliche Professionalisierung vermittelten Zugängen zur Natur. Die eidetisch begründete Autonomie unterläuft das naturwissenschaftlich-technische Erklärungsmonopol, indem sie den Augenschein nicht als Schein entlarven will, sondern als kongeniale Erkenntnisleistung des in die Natur integrierten Subjekts begreift. Diese Folgen waren schon am frühen Goetheanismus im 19. Jahrhundert ablesbar.
- Die pantheisierende Naturfrömmigkeit Goethes, die für ihn ein Offenbarungsverhältnis zur Natur konstituieren konnte, geht in der Alternative von Pantheismus oder Schöpfungstheologie nicht auf. Er habe, so Peter Hofmann, zwar die christliche Schöpfungstheologie nach dem Bruch mit seinem Jugendglauben verworfen, aber keinem eindimensionalen Spinozismus gehuldigt, indem er beanspruchte, Gott in der Natur zu sehen, ihn in seinen Wirkungen zu erkennen und den Menschen als Ausdruck Gottes zu sehen, ohne ihn mit Gott identisch werden zu lassen[75].
- Schon zu Goethes Lebzeiten wurde seine Erkenntnistheorie kritisiert. So hatte Schiller eine deutlichere Differenzierung von Hypothesenbildung und Fak-

[72] Vgl. die Parallelstellen bei Trunz, HA I 729f.
[73] Vgl. Trunz, HA I 729f.
[74] Allein neun Nachweise zwischen 1905 und 1923 bei Gädeke: Anthroposophie und die Fortbildung der Religion, 238–246.
[75] Hofmann: Goethes Theologie, 102–111.

tenbehauptung angemahnt[76] und damit implizit den idealistischen Überbau in die Begründungspflicht über die subjektive Plausibilität hinaus genommen. Unter dem Einfluß des Neukantianismus des späten 19. Jahrhunderts verselbständigte sich diese Debatte, deren Begründungsprobleme sich auch bei Steiner einstellten (s. u. 5.6.2b).

## 5.5 Steiner als Herausgeber Goethes

### *5.5.1 In der »Hetzerei« des Schreibens – 15 Jahre Goethe-Editor*

Zwischen 1882 und 1897, den Erscheinungsjahren des ersten und letzten von ihm betreuten Bandes der naturwissenschaftlichen Schriften Goethes in der DNL, liegt Steiners gut 15jährige Tätigkeit in der Editionsarbeit: vier Bände in der DNL (in fünf Teilen) und fünf Bände naturwissenschaftlicher Schriften Goethes in der Sophien-Ausgabe. Dazu kommen fünf monographische Werke und eine große Zahl von Lexikon-Artikeln in »Kürschners Taschen-Konversations-Lexikon« (mit Überarbeitungen in mehreren Auflagen), in Kürschners Quart-Lexikon und in »Pierers Konversations-Lexikon«[77] sowie viele Vorträge, Artikel, Aufsätze und Rezensionen zu Themen im Umfeld seiner Goetheedition, außerdem 1888 für einige Monate die Redakteurstätigkeit in der »Deutschen Wochenschrift« (s. 14.2.1a). Die Goetheedition steht mithin in engem Zusammenhang mit anderen Publikationen, die allerdings im folgenden zugunsten der Konzentration auf die Arbeit an den Goethetexten zurücktreten. Unterbelichtet bleibt auch der Entstehungsprozeß der Bände Steiners für die Sophien-Ausgabe, da der zugehörige Schriftwechsel unveröffentlicht ist. Die Arbeit an der DNL ist hingegen durch die Briefausgabe in GA 38 / 39 in Auswahl dokumentiert[78].

Die Editionsarbeit war nicht nur ein geistiger Höhenflug, sondern auch eine Fron, die in einer Lebenskrise mündete und so Steiners Weg in die Theosophie mit vorbereitete. Steiner hat sich in eine zuerst als Herausforderung und Chance, dann aber immer mehr als drückende Last empfundene Arbeit begeben und ist zunehmend in eine Publikationsmühle geraten, in der er nur noch mit handfesten und zunehmend massiven Lügen hinsichtlich seiner Ablieferungstermine

---

[76] Schöne: Goethes Farbentheologie, 107 f.

[77] Die Lexikon-Artikel sind aufgrund der anonymen Veröffentlichung augenblicklich nur unter Zuhilfenahme des Briefwechsels mit Kürschner in GA 38 und 39 erschließbar. Sie sollen in einem Band der GA veröffentlicht werden (GA 38,243); fünf Artikel aus dem »Pierer« sind abgedruckt in GA 38,244–276.

[78] In GA 38 / 39, in dem Materialien aus dem Archiv des Verlages Cotta in Marbach benutzt wurden, sind eine Reihe von Briefen und Telegrammen Steiners, die seine Editionstätigkeit im Rahmen der Schopenhauer- und Jean Paul-Edition im Verlag Cotta betreffen, nicht aufgenommen, obwohl dort Dokumente aus diesem Nachlaß gedruckt werden. Gründe für die selektive Einarbeitung fehlen, es gibt nicht einmal eine Andeutung, daß man nur einen Teil der vorhandenen Dokumente gedruckt haben könnte. Da in praktisch all diesen Schriftstücken Steiners Editionstätigkeit in einem recht schlechten Licht erscheint, drängt sich der Verdacht auf, man habe durch die Editionspraxis das allerdings ohnehin lädierte Bild von Steiners Zuverlässigkeit ein wenig schönfärben wollen, sofern man nicht einfach nachlässig gearbeitet hat.

weitere Aufträge akquirieren konnte. Die vergleichsweise dichte Beschreibung dokumentiert im folgenden, wie Steiner die Editoren um Tage vertröstete und nach Jahren belieferte, weil in diesem arbeitstechnischen Kontext der sozialhistorische Kontext sichtbar wird, in dem die scheinbar zeitlosen erkenntnistheoretischen Schriften der Jahre vor 1900 entstanden. Der Stil der folgenden Darstellung schwankt, der Tragikomik von Steiners Verhalten folgend. Im Fortgang der Jahre näherte sich die Editionsarbeit immer stärker einem Gaunerstück, in dem Steiner seine Partner über den Tisch zog, aber vielleicht müßte man auch von einer Art alpenländischem Bauernschwank sprechen, über dessen Volten man eigentlich schmunzeln müßte. Es war letztlich, wie ich schon hier vorausschicke, die Geschichte des Scheiterns großer Hoffnungen.

Steiner Vorgesetzter und Gegenspieler war in diesem Editionsprojekt Joseph Kürschner[79]. Er gehörte zu den unglaublich arbeitsamen Publizisten des 19. Jahrhunderts, dessen Werk sich nur nach Regalmetern bemessen läßt. Der 1853 geborene Theaterkritiker, Literat, Germanist und »Lexikograph« (wie er im 19. Jahrhundert genannt wurde) ist vor allem durch seine Tätigkeiten als Herausgeber bekannt geworden. Dazu zählten (nur unter anderem!): die vielgelesene Illustrierte »Vom Fels zum Meer«, die »Kunstkorrespondenz«, der »Literarische Verkehr«, eine »Literarische Korrespondenz«, die »Gekrönten Häupter«, »Das Preussische Abgeordnetenhaus«, das »Staatshandbuch«, das »Handbuch der Presse«, eine Operntextbibliothek, »Das ist des »Deutschen Vaterland«, »Der große Krieg«, »Deutschland und seine Kolonien«, gleich mehrere Lexika, darunter die siebte Auflage der Piererschen Enzyklopädie in sieben Teilen und ein Lexikon des deutschen Rechts, ebenfalls in sieben Bänden, die über 300 Bändchen umfassende Kollation von Erzählungen unter dem Titel »Bücherschatz« sowie als »Flagschiff« die »Deutsche National-Litteratur« deutscher Klassiker mit schließlich 220 Bänden. »Kürschners Deutscher Gelehrtenkalender« trägt bis heute seinen Namen. Zuerst Mitarbeiter des Spemann-Verlages in Stuttgart, wurde er Ende der 1880er Jahre literarischer Direktor der Deutschen Verlagsanstalt und 1895 literarischer Geschäftsführer des Verlages Hilger. Als Hofrat und Professor ehrenhalber starb er 1902, »vom Schlage gerührt«[80]: Ein Mann, der sich selbst nicht schonte und dies offenbar auch von seinen Mitarbeitern verlangte. Steiner hat dies zu spüren bekommen.

Am 9. Oktober 1882[81] schrieb Kürschner an Steiner den lebenswendenden Brief, der den jungen Scholasten in die Riege der Goethe-Exegeten katapultierte: »mit Vergnügen bereit, Ihnen die sämtlichen wissenschaftlichen Werke Goethes zu übertragen«. Bis zur Vertragsausfertigung (23.3.1883) verging noch ein halbes Jahr, Kürschner hatte noch »große Mengen von Manuskripten im Vorrat«, »zu sehr eilt es ... nicht« (9.3.1883). Im Vertrag (23.3.1883) verpflichtet sich Steiner zur Ablieferung im »druckfertigen Zustand, so daß wesentliche Änderungen

---

[79] Zum folgenden: Biographisches Jahrbuch und Deutscher Nekrolog (Berichtszeitraum 1902), 198.

[80] Ebd., 198.

[81] Nicht weiter nachgewiesene Verweise und Zitate sind unter dem jeweiligen Datum in GA 38 und GA 39 zu finden.

daran nicht mehr vorkommen können … bis zu folgenden Terminen: Band 1 bis 1. April 1883«, der zweite sollte am 1. August, der dritte am 1. Oktober folgen.

Aber hinter den Kulissen versuchte man möglicherweise, Steiners kühne Träume zu stutzen, denn es scheint, daß man ihm Goethes naturwissenschaftliches opus magnum, die Farbenlehre, vorenthalten wollte. Schröer hatte Steiner zwar dafür vorgeschlagen (28.9.1882) und Steiner Kürschner einen Gesamtplan unter Einschluß der Farbenlehre unterbreitet (21.10.1882), aber als Steiner die Bände der Hempelschen Goetheausgabe als Arbeitsunterlagen erhielt, fehlte die Farbenlehre, aus »Versehen«, wie Steiner meinte (21.10.1882). Eine Mahnung ein halbes Jahr später blieb erfolglos (23.3.1883, doch hat er letztlich doch die Farbenlehre in der DNL ediert.

Der Manuskript des ersten Bandes war am 23. März 1883 schon in Schröers Händen, so daß DNL I im März 1884 erscheinen konnte[82]. Unterdessen hatte Steiner im Oktober sein Studium an der TU aufgegeben[83], möglicherweise in der Hoffnung, im Grenzbereich von Naturwissenschaft und Literatur zu reüssieren[84].

Kürschner dürfte mit Steiners Leistung zufrieden gewesen sein, denn er bot ihm am 24.4.1884 die Mitarbeit in seinem »Taschen-Konversations-Lexikon« an. Steiner schlug ein, wollte sogar über die Mineralogie hinaus Zoologie und Botanik bearbeiten (2.5.1884), doch winkte Kürschner ab (7.5.1884). Kleinere Verzögerungen im Mai hielten sich offenbar in den Grenzen des Üblichen, die Publikation verlief reibungslos, und Kürschner stattete ihm im November »die *schwer empfundene* Schuld« ab. Kürschner ließ von dem erfolgreichen Taschen-Lexikon schon *1885* eine englische und französische Übersetzung erstellen, die Steiner für seine Artikel selbst übernommen haben soll[85]. Unter diesen Tätigkeiten mußte die Arbeit an der DNL wohl leiden, und Kürschner dürfte geahnt haben, daß er daran durch seine Bitten nach weiteren Texten nicht unschuldig war. Die erste ernstere Abmahnung fiel denn auch milde aus: Am 27.1.1886, fast zweieinhalb Jahre nach dem vereinbarten Abgabetermin, bat Kürschner »in der herzlichsten Weise, mir recht bald Aufschluß zu geben, bis wann ich nunmehr definitiv mit der Einsendung Ihres Manuskripts rechnen kann«.

Aber Steiner schickte nicht. Es war schon Herbst, als Kürschner am 7. Oktober einen schärferen Ton anschlug: »Ich ersuche Sie in der dringlichsten Weise, mir sobald als möglich weiteres zu senden«, er sei »in peinlichster Verlegenheit mit dem Verlag«. Kürschner wußte wohl nicht, daß Steiner seine »Grundlinien einer Erkenntnistheorie der Goetheschen Weltanschauung« im April 1886 abgeschlossen hatte[86], und wieweit er über Steiners Zusage über seinen Einstieg in eine zweite Goethe-Edition, die Sophien-Ausgabe (26.6.1886), eingeweiht war, muß offenbleiben. Hier realisierten sich Steiners Pläne allerdings nicht so glatt wie in der DNL. Zwar erhielt er um den 26.6.1886 herum von Erich Schmidt, dem Direktor des Weimarer Goethe-Archivs, die Zusage, in der Sophien-Ausga-

[82] Lindenberg: Steiner (Chronik), 69.
[83] Ebd., 66.
[84] Vgl. ebd., 66. 70.
[85] Vgl. GA 38,119. 121. Laut Kommentar in GA 38,304 nahm Steiner die Übersetzung selbst vor. Er besaß zumindest passable passive Fremdsprachenkenntnisse; ob er Hilfe erhielt, ist unbekannt.
[86] Lindenberg: Steiner (Chronik), 76.

be die Farbenlehre herausgeben zu können, aber Anfang 1897 ging Schmidt auf eine Professur nach Berlin, und sein Nachfolger, Bernhard Suphan, hat die Farbenlehre weitgehend Salomon Kalischer übertragen. Man kann dahinter weltanschauliche Differenzen vermuten[87], aber möglicherweise wußte Suphan auch um den säumigen Bearbeiter Steiner.

Am 21. November 1886 sandte Steiner den II. Band für die DNL an Kürschner, doch ohne Einleitung (GA 39,136f.). Kürschner scheint das Vertrauen in Steiner nicht verloren zu haben, denn am 6. Februar 1887 band er Steiner in die Neuauflage seines Taschen-Lexikons ein. Die Fertigstellung an DNL II verlief aber schleppend. Am 21. April 1886 forderte Kürschner Korrekturbögen und die Einleitung, die aber erst einen Monat später (24.5.1886) abgingen.

Am 10. Oktober 1887 lud Kürschner Steiner zu einem weiteren Projekt ein, die Neubearbeitung des »Pierer«, eine der großen Enzyklopädien des Kaiserreichs, einem, wie Kürschner betonte, direkten Konkurrenzprojekt zu Meyers Konversationslexikon (GA 38,220). Vielleicht hatte Kürschner angesichts der Arbeitsbelastung Verständnis für Steiners Terminverschiebungen, vielleicht hatte er auch keinen anderen Bearbeiter zur Hand, jedenfalls holte er Steiner auch in dieses Unternehmen. Der konnte die Arbeitsbelastung nicht abschätzen oder brauchte Geld oder wollte aus anderen Gründen nicht ablehnen, jedenfalls sagte er Kürschner am 24.10.87 zu und erbat zugleich weitere Artikel im »Pierer«, die ein gewandeltes Interesse signalisieren: Er wollte nun die »Naturphilosophie« übernehmen. Steiner stand damit am Beginn des Jahres 1888 bei Kürschner mit der DNL im Wort, hatte Bände in der Sophien-Ausgabe übernommen, sollte Artikel für die Überarbeitung des »Taschen-Konversations-Lexikons« und des »Quart-Lexikons«[88] besorgen, hatte Artikel für den »Pierer« versprochen (die teilweise einen erheblichen Umfang besaßen) und zu alledem seit dem 1. Januar 1888 die Redaktion der »Deutschen Wochenschrift« übernommen, für die er bis Jahresmitte allwöchentlich eine Zusammenfassung der Wochenereignisse schrieb (GA 31$^2$,17–110), von vielen anderen Veröffentlichungen ganz zu schweigen.

Damit hatte sich Steiner, wie sich bald zeigte, übernommen. Die Abmahnungen Kürschners nahmen zu, alle Termine überschnitten sich. Am 28. Juli 1888 versprach Steiner fürs »Taschen-Lexikon« »täglich mindestens zwei Buchstaben«, »für Pierer … morgen eine große Partie«, kündete den Abschluß von DNL III »in Bälde« an und ersuchte Kürschner »dringend« um eine Überweisung von Geld für die beiden ersten Bände der Goethe-Ausgabe[89]. Seinem Freund Friedrich Lemmermayer gestand Steiner am 17. August, daß ihm die Lexikonarbeit eine »Hetzerei sondergleichen« beschere. Inzwischen schreiben wir das

[87] David: Rudolf Steiners Berufung nach Weimar, 136. Ders.: Rudolf Steiners erste Goethearbeit, 96, vermutet, daß Steiner eine idealistische Position gegen Kalischers »materialistisch« orientierter eingenommen habe. Dies könnte stimmen, doch ist das möglicherweise antagonistische Verhältnis beider Männer noch nicht ausgeleuchtet.

[88] Kürschners Quart-Lexikon (1888). Steiner ist im Vorwort (Sp. VIII) als Verantwortlicher für »Mineralogie und Bergbau« genannt.

[89] Die finanziellen Probleme der Zusammenarbeit sind unklar. Ob Kürschner üblicherweise säumig zahlte oder damit nur auf Steiners Unpünktlichkeit reagierte, wird aus dem Briefwechsel nicht deutlich.

Jahr 1889, und von einer Beruhigung der Lage konnte keine Rede sein. Steiners Telegramme, deren Wahrheitswert immer bedenklicher wurde, jagten einander. »Morgen fällige Pierer-Artikel gehen bestimmt heute ab.« (19.2.1889); »beifolgende Blätter gehören noch in die Serie Daru-Desor« (Februar); »Piererartikel bis Em treffen morgen ein.« (19.4.1889); »anbei sende ich alle ... noch aus E restierenden Artikel« (April); »beiliegende E-Artikel entdecke ich eben als noch fehlend« (April); »anbei die von der fälligen Serie noch zurückgebliebenen Artikel. Der Artikel *Eiszeit* kann nur so sein, wie ich ihn gegeben habe« (1.5.89). Dies war für die nächste Zeit die Tonlage der Mitteilungen über den Stand am Pierer.

Am 6. Mai 1889 telegraphierte Steiner die Fertigstellung von DNL III, fast ein Jahr nach dem »in Bälde« angekündigten Abschluß. Am 12. Juni verkündete er erneut die Fertigstellung von DNL III und sandte eine Disposition der Bände III und IV, bat aber am 20. Juni »um einen, wenn auch ganz kleinen Aufschub wegen des dritten Bandes. ... Ich bitte Sie aber auf den Band bis *längstens* 27. d. M. zu rechnen. Die fälligen Piererartikel sende ich morgen ab.« Der 27. Juni verstrich um fast einen Monat, bis er am 17. Juni Kürschner einen Brief schickte, in dem er versprach, DNL III vor dem 20. oder 21. Juni noch auf die Post zu geben; außerdem erbat er fehlende Honorare für die vorhergegangenen DNL-Bände und Pierer-Artikel, und: »Pierer-Artikel folgen unverzüglich.« Am 12. August schließlich bestätigte Kürschner den Eingang des am 7.8.1889 expedierten Manuskriptes von DNL III, sah aber, wie es in der höflich eingekleideten Aufforderung hieß, »der Vorrede und Einleitung ... recht bald entgegen«. Am 22. August 1889 trafen sich Steiner und Kürschner, die Gesprächsatmosphäre und Ergebnisse sind unbekannt[90]. Am 5. Dezember monierte Kürschner Korrekturen dieses Bandes, am 22.12. stellen sich Schwierigkeiten mit den Tafeln ein, und weil sich in Sachen »Pierer« der Schriftwechsel zwischen Steiner und Kürschner einmal mehr auf die Preisklasse »Gebirge Eilbrief abgegangen« (10.12.1889) eingespielt hatte, platzte dem umtriebigen Kürschner am Tag vor Heiligabend der Kragen:

> »Stuttgart, 23. Dezember 1889
> Verehrter Herr !
> Ich weiß wirklich nicht, was ich Ihnen gegenüber verschuldet habe, daß Sie mich abermals in so riesige Verlegenheit bringen, wie dies mit dem Artikel ›Geologie‹ und der dazu erbetenen Tafel der Fall ist. Ich habe doch in meinem Schreiben ausdrücklich um umgehende Erledigung bzw. Rückantwort gebeten und bin bis heute noch nicht im Besitz der Sachen. Ich habe doch mit Ihren Pierer-Artikel die denkbar größte Nachsicht gehabt. ...«

In diesem Tonfall schrieb sich Kürschner seine Frustration über Steiner von der Leber, mit der Schlußaufforderung, nun auch mit DNL III endgültig überzukommen, habe er doch, »trotzdem mein Schreiben seit länger als 14 Tagen bei Ihnen ist, noch keine Silbe vernommen, noch Korrekturen erhalten«.

Das Jahr 1890 brachte keine Besserung. Steiners Beteuerungen, die Artikel für den »Pierer« werde er »bestimmt« wunschgemäß schicken (z. B. 23.3.1890), wurden gejagt von den Nachforderungen Kürschners. Und überhaupt stand der

---

[90] Angekündigt in GA 38,206, stattgefunden nach Lindenberg: Steiner (Chronik), 92.

Abschluß von DNL III noch aus, ein halbes Jahr Rückstand in der Fahnenkorrektur bemängelte Kürschner am 26. März. Inzwischen hatte Steiner trotz oder wegen alledem neue Ziele im Auge. Am 27. Mai erkundigte er sich bei Heinrich von Stein nach den Möglichkeiten einer Promotion in Rostock, seine Arbeit an der Dissertation dürfte also zu diesem Zeitpunkt begonnen haben[91].

Derweil kam es im Fall »Pierer« zur Krise. Am 2. März 1890 bereits hatte Kürschner neben Terminsäumnissen weitere Mängel in Steiners Artikeln durchblicken lassen (statt eines 30zeiligen Artikels waren nur 5–6 Zeilen angekommen), und am 10. Juni setzte Kürschner das von ihm selten benutzte Ausrufungszeichen gleich dreimal: »Sie sind jetzt bei H, während die Redaktion kontraktlich verpflichtet ist, am Samstag bis Me… abzuliefern!!!« Mit dieser Explosion verband Kürschner die Mitteilung, er sehe sich »leider genötigt, die von ihnen bearbeiteten Gebiete anderweit zu vergeben«. Das war im Klartext die Kündigung. Steiner reagierte prompt und beteuerte am 13. Juni, die »bis auf kleine Lücken« fertigen Artikel seien »sämtlich Montag früh bearbeitet in Ihren Händen«. Kürschner erwog offenbar, daraufhin Steiner weiter zu halten, aber sein Fachmann, der Professor und Botaniker Moritz Fünfstück, hatte offenbar die Nase voll:

> »Ich bin der Meinung, daß man sich darauf nicht einläßt. Die Worte ›bis auf kleine Lücken‹ flößen mir wenig Vertrauen ein, und wenn es auch diesmal vielleicht wirklich nur kleine Lücken wären, so bin ich fest davon überzeugt, daß doch bald der alte Trödel beginnen würde. Bisher war es wenigstens stets so.« (GA 38,230)

In einem am 21. Juni 1890 ausgefertigten Brief teilte Kürschner Steiner zudem mit, daß es »schwere sachliche Bedenken« gegenüber seinen Texten gegeben habe. Es sei per saldo, »ganz unmöglich« gewesen, ihn als Mitarbeiter zu halten. Aber Kürschner benötigte ja Steiner noch, fehlten doch die beiden letzten Bände von Goethes naturwissenschaftlichen Schriften in der DNL. So flocht Kürschner auch versöhnliche Töne ein und den Hinweis, Steiner möge die Korrekturen zu DNL III »möglichst bald« schicken.

Eben dies versprach Steiner einmal mehr, ohne sein Wort zu halten. Bis zum 5. Juli 1890 sollten die Korrekturen bei Kürschner sein, schrieb Steiner am 30. Juni, doch am 5. Juli waren bei Kürschner »nur 8 Bogen eingegangen und verstehe ich eigentlich nicht, wie Sie die 34 Bogen fertig bringen wollen«. Steiners weiteres Versprechen vom 30. Juni, den IV. Band der DNL in zwei Wochen fertigzustellen, »bis 10., längstens 12. Juli«, »verläßlich«, hat Kürschner schon gar nicht mehr ernst genommen, jedenfalls nicht mit diesen Terminvorgaben – DNL IV sollte de facto auch noch sieben Jahre auf sich warten lassen. Immerhin ist DNL III 1890 erschienen.

Nachdem Steiner im September 1890 von Wien nach Weimar verzogen war[92], dürfte er in der philologischen Arbeit an den Bänden der Sophien-Ausgabe gesteckt haben, deren erster Band 1891 erschien und dem jährlich unter der Kuratel Suphans ein weiterer folgte, fünf Jahre lang. Die editorische Grundlagenarbeit im Archiv hat Steiner, der gerade an seiner philosophischen Dissertation dokter-

---

[91] Lindenberg: Steiner (Chronik), 97.

[92] Zu Steiners Aufenthalt in Weimar Hecker: Rudolf Steiner in Weimar.

te, kaum gefallen. Am 7. Oktober 1891 beklagte er die Entfremdung gegenüber seiner »eigentlichen« Arbeit. Wo seine »eigentlichen« Interessen lagen, indizieren zwei andere Daten: am 23. Oktober legte er sein Rigorosum ab[93], und im Anschluß oder noch im Umfeld dieses Termins begann er mit der Arbeit an der »Philosophie der Freiheit« (s. 6.4). Vom IV. Band der DNL war in diesem Jahr nichts zu hören.

Am 7. Februar 1892 öffnete sich der Vorhang zu einem weiteren Akt des Steinerschen Editionsschauspiels, des öfteren nahe am Drama. An diesem Tag erklärte er sich in einem Brief an die J.G. Cotta'sche Buchhandlung bereit, »die literarhistorisch-biographischen Einleitungen zu *Schopenhauers* sämtlichen Werken sowie zu *Jean Pauls* Werken in Auswahl zu schreiben«. Angesichts der laufenden Arbeit an der Sophien-Ausgabe, der unabgeschlossenen DNL sowie dem Rausschmiß aus Pierers Lexikon fragt man sich, was Steiner in dieses neue Abenteuer getrieben hat. War es Geldnot? oder die Hoffnung auf wissenschaftliche Anerkennung? Selbstüberschätzung? Jedenfalls war seine Behauptung gänzlich schwindelerregend, er sei »in der Lage, das Manuskript bis zum 1. Juli abzuliefern, wie Sie es verlangen«. Daß er dann auch noch »die Herstellung des Textes, also die Ausarbeitung des Druckmanuskriptes«, übernehmen wollte, setzte dem Ganzen die Krone auf.

Acht Tage später, vom 15. Februar 1892, datiert ein Brief Kürschners, der wieder einmal Steiner in seine Pflichten rufen sollte, aber in welcher Diktion! Der fast unverrückbar verbindliche Kürschner ließ seiner Wut und Verzweiflung, gemessen an der konventionell-höflichen Wortwahl seiner übrigen Briefe, freien Raum:

> »Sehr geehrter Herr!
> Sie werden wohl unschwer erraten, was mir heute wieder die Feder in die Hand zwingt und mich an Sie schreiben läßt. ... Ich kann Ihnen Dutzende von Briefen und Karten vorlegen, worin die Leute den Verlag in der denkbar vorwurfvollsten Weise über die ungeheure Verschleppung und Verzögerung des Abschlusses zur Rede stellen und sich beschweren, und jede solche Karte, jeder Brief bringt mich dem Verlag gegenüber in eine immer unangenehmere Lage.
> *Zwei Jahre* sind es in der nächsten Zeit, daß ich auf meine *wiederholten* Mahnungen das erste Telegramm von Ihnen erhielt
> ›*Manuskript folgt bestimmt Sonnabend*‹.
> Es sind seither 87 Wochen vergangen und mindestens 4 ganz gleich lautende Telegramme auf meine Mahnungen an mich gekommen, von dem letzten Bande der Naturwissenschaftlichen Schriften aber noch kein einziges Blatt Manuskript. Lassen Sie es jetzt genug sein des grausamen Spiels und setzen Sie mich, bitte, endlich in den Besitz des Schlußbandes, jedenfalls im Lauf der nächsten beiden Wochen. Es wird Ihnen dafür sehr dankbar sein Ihr
> hochachtungsvollst ergebener
> Kürschner«

Auf das Ende des »grausamen Spiels« mußte er jedoch noch fünf Jahre warten.

Immerhin hatte Steiner inzwischen eine Einleitung zur Farbenlehre verfaßt und sie am 20. März 1892 Eduard von Hartmann geschickt. Aber am 29. Juni

---

[93] Ebd. (21999), 108.

mußte Steiner zu einer anderen Baustelle Stellung nehmen. Gegenüber Cotta erbat er »acht bis zehn Tage« Verlängerung – allerdings nur für die Schopenhauer-Ausgabe. In diese Situation platzte am 16. Juli ein ultimativ formuliertes Telegramm Kürschners: »Erhalte ich Goethe-Band bestimmt bis Montag. Längeres Warten nicht möglich. Kürschner«. Immerhin, nach drei oder vier Tagen, drahtete Steiner, daß er das Manuskript von DNL IV, wohl Teile davon, losschicke.

Fast ein Jahr lang herrscht im Briefkorpus Schweigen über Editionstermine. Steiner war inzwischen zu Anna Eunike gezogen, näherte sich langsam Nietzsche an, schrieb Aufsätze und, vor allem, an der »Philosophie der Freiheit«. Erst am 19. Juni *1893* erfährt man, daß seit März und Mai unbeantwortete Schreiben von Cotta auf Steiners Schreibtisch lagen, aus denen klar wird, daß der Juli 1892 als Ablieferungsdatum ergebnislos verstrichen war. Dahinter standen die in der Tat nicht leichten Probleme hinsichtlich eines kritischen Schopenhauer-Textes, aber letztlich hatte Steiner weder die Auswahl aus Jean Pauls Werken noch die Bandeinteilung für die Schopenhauer-Edition fertig; Vorschläge sollen »in den *allernächsten* Tagen« rausgehn, was dann auch einen Monat später (23.8.1893) geschah. Am 4. September meldete sich Steiner auch wieder auf einen wohl verlorenen Brief Kürschners und versprach ihm »noch einige kleine Nachträge« und die Einleitungen zu DNL IV »noch in dieser Woche«, sagte außerdem die Register für die Goethe-Bände und Arbeiten für das »Quart-Lexikon« zu, in das Kürschner ihn trotz allem wieder einbezogen hatte. Steiners Säumigkeit fand eine Begründung mit dem 15. November 1893: An diesem Tag erschien seine »Philosophie der Freiheit«, sein, wie er es selbst sah, Hauptwerk, an dem wohl die Hoffnung und letztlich Enttäuschung einer Professur hingen.

Vom Herbst 1893 an dominierte ein Thema drei Jahre lang Steiners Herausgeberarbeit: das Steiner zufolge täglich kurz vor der Vollendung stehende Schopenhauer-Projekt. »Text und Einleitung« »bis *spätestens* 5. November« (24.10.1893), »die *Einleitung* und der *Text*« »in wenigen Tagen« (4.1.1894), »die Einleitung und der Rest des Textes folgen in drei bis vier Tagen *bestimmt* nach« (30.1.1894), »morgen« (3.3.1894), »unwiderruflich übermorgen« (19.3.1894), und: »endlich … das Manuskript der Einleitung« (5.4.1894). Mit den Vertröstungen auf »morgen« und der beruhigenden Beigabe des »ganz bestimmt« verging das Jahr 1894, auch das Jahr 1895, in dem es in den Cotta'schen Ohren kaum glaubhaft geklungen haben dürfte, von Steiner am 5. Mai zu hören: »Noch *heute* geht bestimmt weiteres ab und *Dienstag*, den 7., ist alles in Ihren Händen. Ich bitte Sie recht sehr diesen *einen* Tag noch zu warten.« Am 15. Januar 1896 hieß es denn auch fast gleichlautend: »das übrige auch *heute abend* oder spätestes *morgen früh*«. Aber Steiner hatte in diesen Jahren und Monaten anderes zu tun. Seine Annäherung an Nietzsche hat er 1895 in einer eigenen Monographie dokumentiert (GA 5), die Querelen um das Nietzsche-Archiv (s. 6.3.1–2) hatten ihn mit Beschlag belegt.

1896 ging eine veritable Telegrammflut über die Cotta'sche Buchhandlung nieder, die ich nur am 12. Band der Schopenhauerausgabe illustriere[94]: »schopen-

[94] Die Angaben für die Daten vom 22.4.1896 bis zum 10.6.1896 in Telegrammen Steiners an die Cotta'sche Buchhandlung, Deutsches Literaturarchiv Marbach.

hauer zwoelf werde ich morgen absenden koennen« (22.4.1896); »schopenhauer 12 geht morgen frueh ab« (2.5.1896); »konnte unmöglich vor heute schopenhauer 12 absenden heute bestimmt« (11.5.1896); »Ich verspreche Ihnen aber nunmehr, daß Sie in zwei bis drei Tagen den Rest des Bandes erhalten werden.« (11.5.1896) »schopenhauer manuscript geht gewisz noch heute ab« (8.6.1896); »Schluß noch heute« (10.6.1896); »fortsetzung des schopenhauer manuscripts ist nun abgegangen« (10.6.1896); »restmanuscript und correcturen zu band 12 schopenhauer gehen heute ab« (27.6.1896). So folgten noch einige Drehungen im Schriftversand Steiners an Cotta, sowohl in veröffentlichten wie unveröffentlichten Dokumenten. Die letzten sicheren Hinweise auf den zwölften Band finden sich in einem Brief vom 13. August 1896: »ganz gewiß …« »nun in der denkbar kürzesten Zeit …«[95]. Immerhin dürfte die Ausgabe in diesem Jahr zur Auslieferung gelangt sein[96]. In der Sophien-Ausgabe wiederholten sich übrigens diese Probleme[97].

Die letzten Akte in Sachen DNL sind relativ zügig abgelaufen. Im Sommer 1896 wurden endlich die beiden letzten Bände der DNL (IV$^a$ und IV$^b$) fertig[98]; die Einleitung zur Jean Paul-Ausgabe gab er am 28. Oktober auf die Post, die letzten Korrekturen datieren vom 16. Mai 1897; in diesem Jahr ist die Jean Paul-Ausgabe denn auch erschienen. Am 28. April war noch ein weiteres Buch Steiners, »Goethes Weltanschauung« zum Druck gegangen[99], ein vorläufiger inhaltlicher Schlußstrich unter die Weimarer Zeit. Am 1. Juli 1897 begann für Steiner in Berlin ein neues Leben. Für Kürschner verließ damit »der vielleicht jüngste, aber jedenfalls auch mit eigenartigste Mitarbeiter der National-Literatur« dieses Publikationsunternehmen (GA 38,152).

Blickt man zurück, sind die meisten der von Steiner versprochenen Schriften fertiggeworden, irgendwann jedenfalls. Der vierte Band in Kürschners »Deutscher National-Litteratur« 14 Jahre nach der Ankündigung, Jean Pauls Werke sieben Jahre nach der Zusage. Es waren Jahre, in denen Steiners Goetheausgaben zunehmend in den Hintergrund seiner philosophischen und akademischen Aspirationen traten. Die »Hetzerei« des Schreibens war der Preis für den Freiraum für seine philosophischen Arbeiten. Aber wie mag es in einem Menschen aussehen, der über Jahre in unabgeschlossenen und in der terminierten Zeit un-

---

[95] Telegramm Steiners an die Cotta'sche Buchhandlung, Deutsches Literaturarchiv Marbach. Möglicherweise bezieht sich auch noch ein Brief vom 16. August 1896 in Marbach auf diesen Band der Schopenhauer-Ausgabe.

[96] Die Angabe bei Lindenberg: Steiner (Chronik), 111, die Schopenhauer-Ausgabe sei »als Manuskript« 1894 fertiggestellt worden, ist zumindest zu ergänzen.

[97] Auch Suphan und der Verlag Böhlau hatten unter Steiner bitter zu leiden. »Die Vorlage gleicht oft einer Rohabschrift« (Böhlau); »Durchnahme der zweiten Correctur kostete mich 5 Stunden« (Suphan); es »schleicht II12 unter Dr. Steiners Leitung in einem erbarmungswürdigen Tempo dahin«; »Bogen 18 ist augenblicklich in fünfter Correctur bei dem Bearbeiter«. Die Tonlage und die Sachklage sind von Kürschners Briefen kaum zu unterscheiden. Steiner mußte sich schließlich schriftlich verpflichten, schleunigst ein Manuskript abzuliefern, das »in einem solchen Zustand sein [soll], daß die Drucklegung mit der 3. Correctur erledigt sein kann.« Alle Zitate nach Raub: Steiner und Goethe, 106.

[98] Lindenberg: Steiner (Chronik), 139.

[99] Ebd., 143.

abschließbaren Arbeiten steckt, sich in immer weniger haltbare Terminzusagen verstrickt und sich deshalb von Falschmeldungen aus falscher Einschätzung des Arbeitsaufwandes (dies wird man bei der Zusage der Ablieferung der DNL-Bände aus dem Jahr 1883 annehmen) in immer mehr Lügen flüchtet? Die stereotype Formel »morgen bestimmt« dokumentiert nicht nur die Selbstverurteilung zur Unwahrheit, aus der sich Steiner über Jahre nicht mehr befreien konnte, sondern auch eine fast schizophrene Teilung seiner Vita in einen »ehrlichen« Teil, in dem er Zusagen an ihm nahestehenden Menschen einhielt, eine Hauslehrerstelle bekleidete, philosophierte, die Beziehung zu Anna Eunike aufbaute, und in die Welt seiner Edition, in der Anspruch und Wirklichkeit über Jahre tief auseinanderklafften. Steiner hat, wie man bei aller Unverschämtheit vieler Versprechungen festhalten muß, an der belliziösen Spannung zwischen beiden »Seelen« in seiner Brust gelitten, und dieses Leiden kulminierte in der zunehmend als Knechtung empfundenen philologischen Arbeit an der Sophien-Ausgabe und der menschlichen Einsamkeit in Weimar. Raub hat die menschliche Problematik von Steiners Editionsarbeit sensibel gesehen:

»›Es war eben ein Verhängnis, daß man zur Lösung einer vornehmlich philologischen Aufgabe einen Systematiker berufen hatte.‹ Die verantwortlichen Redaktoren hätten bei sorgfältiger Prüfung dies schon aus den vor Steiners Anstellung vorliegenden Bänden der DNL-Ausgabe ersehen können, spätestens aber auch dem ersten für die WA [Weimarer Ausgabe, i. e. die Sophien-Ausgabe] bearbeiteten Band. … Steiners schwere Schuld hingegen war es, den Editionsauftrag nicht zurückgegeben zu haben, sobald er erkannte, wie wenig ihm diese Form wissenschaftlicher Arbeit gemäß war.«[100]

Es bleibt eine weitere Frage: Warum hat er all dies all die langen Jahre auf sich genommen? Eine plausible Antwort liegt in seinen beruflichen Optionen: Steiner hatte wohl eine Professur im Auge, für Philosophie, vielleicht für Naturphilosophie. Das Vehikel war primär seine möglicherweise als Habilitationsschrift konzipierte[101] »Philosophie der Freiheit«, aber möglicherweise gehört die übrige Editionsarbeit, gerade die Veröffentlichung von Goethes naturwissenschaftlichen Schriften, zu den Leistungen, die helfen sollte, diese große Lebenshoffnung zu realisieren.

### *5.5.2 Steiners philologische Arbeit*

Die beiden großen Goethe-Editionen, die in der »Deutschen National-Litteratur« und die Sophien-Ausgabe, stellten sehr unterschiedliche Anforderungen an einen Herausgeber. In der DNL ging es um die Kommentierung und Kontextualisierung eines vorhandenen Textes und nur sekundär um eine Textkritik, in der Sophien-Ausgabe hingegen stand die Erstellung eines kritischen Textes mit Varianten-Apparat im Vordergrund, unter Verzicht auf einen Kommentar. Die Möglichkeit der direkten (d. h. nicht nur über die Anordnung des Stoffes ver-

[100] Raub: Steiner und Goethe, 104; Binnenzitat von Castle: Zur Geschichte der Ausgaben der naturwissenschaftlichen Schriften Goethes, 185.

[101] Vgl. Kap. 6, Anm. 97.

mittelten – dazu weiteres unten) inhaltlichen Auseinandersetzung mit Goethes Texten hat Steiner zumindest in den ersten Bänden der DNL engagiert wahrgenommen, während er die philologische Arbeit in der Sophien-Ausgabe mehr und mehr als lästige Kärnerarbeit empfunden und unter Sinnlosigkeitsverdacht gestellt hat.

Die anthroposophische Rezeption Steiners bezieht sich vornehmlich auf die Kommentierungen der DNL, die, wie gesagt, heute monographisch gelesen werden. Sie sind in der zeitgenössischen Kritik anfangs wohlwollend aufgenommen worden, mit einem sich jedoch verschärfenden kritischen Ton, je stärker Steiner die DNL-Bände als Plattform für seine eigenen philosophischen Theorien benutzte. Die harsche, teilweise bissige und polemische Kritik hat sich jedoch an den Bänden der Sophien-Ausgabe festgemacht und die Fehler Steiners minutiös zur Strecke gebracht, womit für die Zeitgenossen auch Steiners Goethe-Interpretation zur Disposition stand. Diese Mischung von Apologie und Polemik ist aufzulösen in eine Unterscheidung des Philologen Steiner vom Interpreten, soweit sich die verwickelte Wirklichkeit diesem Anspruch beugen läßt. Steiner war jedenfalls nicht nur dilettierender Philosoph und unfähiger Philologe, wie manche Kritik meinte, aber andererseits auch nicht der geniale Goethe-Interpret, der ohne philologische Kärnerarbeit dennoch tief in Goethes Denken eingedrungen sei, wie Anthroposophen oft meinen. Auf einer problematischen Textgrundlage gründet keine unproblematische Theorie.

Grundlage für DNL I war Kalischers Vorlage in der »Hempelschen« Ausgabe. »Die Erläuterungen sind bei Steiner wesentlich umfänglicher, die textkritische Behandlung ungleichmäßig, meist sehr knapp.« (Raub, S. 38)[102] Manches ist »sehr oberflächlich gearbeitet« (S. 38), Lesefehler, ausgetauschte Worte und fehlende Satzteile lassen sich monieren (S. 286). Gehalt, nicht Gestalt, Inhalt und Methode, nicht die Details waren Ziele von Steiners Arbeit (S. 40). Die Rezensionen lobten zum Teil außerordentlich, die Frage jedoch, wie in den Kommentaren Goethes und Steiners Gedankengut voneinander abzugrenzen ist, wurde schon bei diesem Erstlingswerk gestellt (S. 76–80). Auch in DNL II stützte sich Steiner in seiner Textkritik weitgehend auf Kalischers Vorarbeiten, worauf er allerdings nur selten hinwies. Mit zeitgenössischen Kontexten Goethes hat sich Steiner nur selektiv beschäftigt, in der Geologie etwa fast überhaupt nicht (S. 51). DNL III ist nach Raub ähnlich wie die beiden ersten Bände gearbeitet. »Dabei bleibt der Zeilenkommentar durchweg sachlich und dem Gegenstand zugewandt, dient also einem vertieften Textverständnis – sehr im Gegensatz zu den Einleitungen.« (S. 118) In DNL IV ist der Bezug auf Goethe weitgehend zurückgedrängt: »Steiners Ausgabe hat außer der Einleitung nur einen *Sach*kommentar, keine bibliographischen Angaben, keine Zitatnachweise.« (S. 120)

Nun zur Sophien-Ausgabe. Die Probleme, mit denen Steiner hier zu tun hatte, waren beträchtlich: »So großen und vielfältigen Schwierigkeiten wie Steiner hat

---

[102] Die philologische Analyse übernehme ich fast vollständig aus der Dissertation Raubs, der als erster und bislang letzter die philologischen Probleme näher untersucht hat; sie ist im folgenden längst nicht ausgeschöpft. Nachweis im Text mit der Seitenzahl bei Raub. Zur frühen zeitgenössischen Kritik an Steiners philologischer Arbeit vgl. Vorländer: Goethes Verhältnis zu Kant, 89 f.

wohl kein anderer Mitarbeiter der WA [Weimarer Ausgabe, d.i. die Sophien-Ausgabe] gegenübergestanden.« (S. 98) Entsprechend groß waren die Möglichkeiten, Leistungen zu erbringen wie Fehler zu machen, und beides hat Steiner getan. Er war der erste, der Teile von Goethes Nachlaß für die naturwissenschaftlichen Schriften sichten konnte, und, wie er es immer stärker artikulierte, tun mußte; hier liegen seine Leistungen. Zugleich hat er mit dem wachsenden Unwillen gegenüber der philologischen Feinarbeit immer nachlässiger gearbeitet, so daß die Bände der Sophien-Ausgabe sehr viele Fehler in Textphilologie und -anordnung aufweisen. Raub hat diese Probleme und damit fundamentale Probleme der Goethe-Rezeption Steiners unter drei Stichworten rubriziert:

(1.) *Auswahlprinzip* (S. 86–90). In einem 1904 erschienenen Nachtragsband zu den naturwissenschaftlichen Schriften der Sophien-Ausgabe[103] wurde eine Fülle handschriftlicher Materialien veröffentlicht, die Steiner nicht berücksichtigt hatte. Die Fehlstellen sind nicht Steiner anzulasten, der stets für eine umfangreiche Veröffentlichung des Materials plädiert hatte. Vielmehr liegen die Probleme zum einen in der Akquisitionsgeschichte des Weimarer Goethe- und Schiller-Archivs begründet, vor allem jedoch in einem Wandel des Auswahlprinzips: Erst im Lauf der Editionsgeschichte der Sophien-Ausgabe setzte sich das Prinzip möglichster Vollständigkeit gegenüber dem Konzept einer Auswahlausgabe durch, das der Sophien-Ausgabe ursprünglich zugrunde lag.

(2.) *Textanordnung* (S. 90–98). »In der Anordnung aber sah Steiner lebenslang seine eigentliche Leistung.« (S. 90) Hinter der Anordnungsdiskussion verbarg sich ein hochpolitisches Thema der Goethe-Interpretation: Sollte man Goethes Anordnung letzter Hand folgen oder eine genetische Textabfolge erstellen, die in der die Datierung ein leidlich objektivierbares Kriterium bot (wenn denn ein Entstehungszeitraum ermittelbar war), oder sollte die Anordnung nach einem vom Herausgeber festgelegten Prinzip vorgenommen werden, dessen Kriterien auch nach einer kritischen Debatte subjektiven Normen folgen würden? Bei den naturwissenschaftlichen Schriften war die Entscheidung besonders schwierig, da Texte letzter Hand vielfach nicht vorlagen und eine genetische Anordnung oft an fehlenden Datierungen scheiterte. Steiner ordnete in dieser Situation das Material selbst, und zwar auf der Grundlage seiner Rekonstruktion der »Weltanschauung« Goethes, wie er selbst formulierte, vor.

> »Grundsatz der Zusammenstellung des [sechsten] Bandes [der Sophien-Ausgabe] ist somit: das ganze Goethische Ideen-Gebäude, insofern es sich auf Botanik bezieht … mit allen von dem Begründer selbst gezogenen Consequenzen aufzuführen.«[104]

---

[103] Goethe: Naturwissenschaftliche Schriften (Sophien-Ausgabe II. Abteilung, Bd. 13), Nachträge.

[104] Steiner (und / oder Bernhard Suphan), in: Goethe: Naturwissenschaftliche Schriften (Sophien-Ausgabe, II. Abteilung, Bd. 6, [1891]), 367f. Vgl. auch die Begründung der Anordnung in den DNL nach einem induktiven Prinzip, das Steiner bei Goethe erschlossen hat (GA 1,132f.) und das strukturell ähnliche Argument in der Sophien-Ausgabe (II, 7, 227), wonach der siebte Band »diejenigen Arbeiten Goethes, die noch nicht unter der Herrschaft des Gedankens der Metamorphosenlehre stehen«, enthalte. – Steiner sprach von Goethes »Weltanschauung« etwa im Titel von GA 2 und GA 6.

Mit dieser Editionsentscheidung waren unter anderem zwei Folgeprobleme verbunden: Zum einen brach der Streit auf, wieweit Steiners Rekonstruktion der »Weltanschauung« Goethes auch tatsächlich Goethes Vorstellungen entsprach. In dem Maß, wie immer deutlicher wurde, daß Goethe für Steiner zu einer Plattform seiner eigenen Ideen wurde, geriet auch Steiners Textanordnung ins Kreuzfeuer der Kritik. Zum anderen trennte Steiner Texte und ordnete sie neu nach seiner Maßgabe, besonders vom siebten Band an (S. 93): Tagebuchaufzeichnungen wurden zerstückelt, Texte vertauscht, nur in Auswahl vorliegende Schriften nach fragwürdigen Kriterien aufgenommen, die Liste der Probleme ist lang. Zur Illustration greife ich auf ein Beispiel zurück, das Raub bietet: In Band 9 der naturwissenschaftlichen Schriften der Sophien-Ausgabe trennte Steiner Goethes Aufsatz »Zur Geologie, besonders der böhmischen« von dem daran anschließenden »Ausflug nach Zinnwalde und Altenberg« durch Einfügung des Aufsatzes »Problematisch«[105], wodurch nicht nur die Schlußsätze von »Zur Geologie« ihren Anschluß verloren, sondern ganz neue Bezüge entstanden. In einer scharfen Besprechung hat Gabriele Rabel (1880–1963), Physikerin und Biologin, die sich in einer psychischen Krise mit Steiners Werk beschäftigt hatte[106], dessen Vorgehen karikiert:

> »1. Sachlich Zusammengehöriges muß unbedingt auseinander. … 2. Alters- und Jugendarbeiten sollen regelmäßig miteinander abwechseln. Von zwei Verarbeitungen desselben Themas hat die spätere voranzugehen. Diese Regeln stehen im Dienste des Hauptgebots an den Leser: Du sollst dir von der Entstehung und Entwicklung eines Gedankens bei Goethe kein Bild wollen.«[107]

Steiner liefere, dies ist der Kern ihrer Kritik, nicht Goethes Weltanschauung, sondern seine eigene.

Dazu kamen zwei weitere Gravamina, die Steiners handwerkliche Kompetenz in Frage stellten. So widerspreche die Verteilung der neugeordneten Schriften Goethes, wie Raub bemerkt, »selbst dem von Steiner aufgestellten Schema in einzelnen Fällen« (S. 93). Und Steiner kannte »Goethes Sammlungen und die einschlägige naturwissenschaftliche Korrespondenz zu wenig« (S. 95). Max Semper (1870–1952), Paläontologe und Goetheforscher an der Technischen Universität Aachen, hat diese Fehler schon 1914 schonungslos offengelegt: Die »Trappformation« hielt Steiner, obwohl »bloße Lokalbeschreibung für eine allgemeine Theorie«, oder »Sammlungsetiketten für Ausarbeitungen«, und »eine selbst für die damalige Zeit überraschend unzulängliche Arbeit« von Goethes Sohn August hatte Steiner dem Vater zugeschrieben[108]. Zu allem Überfluß konnte Semper Orthographieprobleme benennen, belegen, daß Steiner fremde Zeitungsausschnitte als authentische Schriften Goethes einordnete oder nachweisen, daß

---

[105] In der »Sophien-Ausgabe« der Werke Goethes in II, 9 129–134.

[106] Biographische Informationen nach: www.janus.lib.cam.ac.uk (aufgerufen am 16.6.2005).

[107] Rabel: Rudolf Steiner als Goethe-Herausgeber. Raub: Steiner und Goethe, 311, hält diesen Tatbestand auch für »karikiert, aber im Sachlichen richtig erfaßt«. Deshalb ist auch seine Bewertung nur höflicher in der Diktion (S. 97): »Steiner trennt, was zusammengehört und verbindet, was richtiger geschieden geblieben wäre.«

[108] Müller: Steiner, der Goethekundige, Sp. 2 (Zeichensetzung so bei Müller). Die Zuschreibung an Goethes Sohn August hat auch Raub: Steiner und Goethe, 309, wahrscheinlich gemacht.

eine wichtige, »geradezu den dramatischen Wendepunkt seiner Studien bezeichnende Niederschrift« von Steiner nicht aufgenommen wurde und im Nachtrag abgedruckt werden mußte. Steiners Editionen waren ein Faß ohne Boden, selbst wenn man in Rechnung stellt, daß Semper an einigen Punkten über das Ziel hinausschoß[109]. Diese Kritik Sempers war 1914 noch als wissenschaftliche Sachkritik erschienen, ohne Steiner namentlich zu nennen[110]. Erst unter dem Eindruck der öffentlichen Wirkung Steiners hat Semper 1921 Roß und Reiter genannt[111], und auf ihn bezog sich auch der Artikel von Rabel[112].

(3.) *Philologische Probleme im engeren Sinn* (S. 98–106). Gerade im philologischen Bereich waren die Probleme besonders schwierig. Zerstreute, schwer datierbare Schriftstücke, postum »umsortierte« »Sammlungsfaszikel« (S. 98), Eckermannsche und Riemersche Kompilationen unter Goetheschen Originalen sind nur die Problemspitzen, mit denen sich Steiner herumschlagen mußte. Aber Steiner hat, so Raub, die Problematik der Quellengrundlage mit einem vordergründig eindeutigen Text verschleiert, und das, obwohl er nachweislich auf entsprechende Probleme hingewiesen worden war (vgl. S.100 f.). Die Qualität von Steiners Arbeit ist jedoch auch in der schlichten Texterstellung teilweise sehr problematisch, jedenfalls »ganz ungleichmäßig. Neben äußerst exakt gearbeiteten Partien steht sehr lässig Ediertes.« (S. 101) Raub hat exemplarisch belegt, was »von Steiner ausgelassen, falsch gelesen, ungenau gedruckt oder in den ›Lesarten‹ nicht vermerkt« wurde[113].

Steiner hat im Herbst 1924 in seiner Autobiographie auf diese Invektiven, wahrscheinlich auf Semper[114], reagiert:

> »Und so ist denn auch der Teil der Goethe-Schriften, den ich für die Weimarische Ausgabe herausgegeben hatte, nichts anderes geworden als ein Dokument für Goethes in seiner Naturforschung sich offenbarende Weltanschauung. Wie diese Weltanschauung im Botanischen, Geologischen usw. ihre besonderen Lichter wirft, das sollte zur Geltung kommen.« (GA 28,234 f.)

Die zentrale Aussage ist klar: An seiner Konstruktion von »Goethes Weltanschauung« hielt er unbeirrt fest, verstärkte ihre Geltung sogar noch durch die Qualifikation als »Offenbarung« und legitimierte sie im Fortgang der Argumentation mit seiner spirituellen Einsicht in die »geistige Welt« (ebd., 235). Damit wurde die theosophische Erfahrung retrospektiv zum Schlüssel der Goethedeutung aus seiner vortheosophischen Phase[115]. Zugleich gab er die offene Flanke

---

109 Raub, ebd., 308 f.

110 Semper: Die geologischen Studien Goethes, vgl. 371–380.

111 Die Richtigstellungen finden sich nach Raub: Steiner und Goethe, 308, schon »ausnahmslos« in der Veröffentlichung des Jahres 1914.

112 So Raub, ebd., 309.

113 Ebd., 101–102; Zit. S. 102.

114 Die auf das anschließende Zitat folgenden Hinweise auf die »geologisch-mineralogischen Schriften« und deren »Anordungs«probleme deuten auf Semper (GA 28,235). Denkbar ist auch ein Bezug auf Gabriele Rabel.

115 Steiner hat an dieser Stelle die geistigen Erfahrungen noch weiter zurück in seine Kindheit verlegt, wie er es schon 1913 gemacht hatte. Was immer in seiner Kindheit geschah – die Konstruktion dieser Erfahrung im theosophischen Geist ist davon nicht berührt.

seiner handwerklichen Fehler preis. Hatte er schon im Februar 1913 offen philologische Schwächen eingestanden (»auf eine eigentliche philologische Tätigkeit ist aber der Betreffende nie besonders stolz gewesen«[116]), so hat er diese 1924 ungeschminkt bekannt: »Ich werde nie in Abrede stellen, daß, was ich bei der Bearbeitung der Weimarischen Ausgabe in manchem Einzelnen gemacht habe, als Fehler von ›Fachleuten‹ bezeichnet werden kann. Diese mag man richtigstellen.« (GA 28,235) Der Konsequenz, daß der Umgang mit einem Text auch dessen Interpretation betrifft und sie angreifbar macht, ist Steiner jedoch ausgewichen. Dieses Eingeständnis hätte die ganze Konstruktion seiner Theosophie, in der »sein« Goethe im Laufe der Jahre in die Fundamente der »übersinnlichen« theosophischen Einsicht gelegt worden war, ins Wanken gebracht.

### *5.5.3 Steiners Bedeutung für die Goethe-Forschung*

Steiners vielleicht wichtigste Leistung war die Mitarbeit am Einstieg in eine Interpretationstradition, die Goethe von seinem naturwissenschaftlichen Werk her zu verstehen suchte, wofür vor Steiner die Namen Hermann von Helmholtz und vor allem Salomon Kalischer stehen. Damit wurde Goethes Selbstwahrnehmung, der ja in der Farbenlehre sein Hauptwerk sah, Rechnung getragen – im Gegensatz zur fast monokratisch dominierenden Rezeption über sein poetisches Werk beim lesenden Publikum und in der philologischen Wissenschaft.

Von den naturwissenschaftlichen Schriften her hat Steiner eine Totalitätskonzeption entworfen, die Goethes ganzheitlichen Anspruch in die zeitgenössische Weltanschauungsdebatte einbrachte und als »Goethes Weltanschauung« zur Diskussion stellte. Bei allem Streitpotential über die Möglichkeiten einer solchen Konzeption bleibt positiv zu bewerten, daß Steiner sich Tendenzen einer beliebigen Fledderei von Goethes Schriften entgegenzustellen suchte, allerdings in weltanschauungspolitischer Absicht: um sie als Ensemble für die weltanschauliche Orientierung zur Verfügung zu halten. Diese Tendenz machte sich bis in die editorischen Entscheidungen im Rahmen der Sophien-Ausgabe hinein bemerkbar, bei denen Steiner zukunftsweisend gegen eine Auswahlausgabe votierte. Die Schwächen hängen mit der Entscheidung für eine Gesamtausgabe zusammen. Steiner war von seinen philologischen Fähigkeiten her einer solchen (mit objektiv großen Schwierigkeiten verbundenen) Aufgabe nicht gewachsen, war mehr und mehr von dieser Arbeit frustriert und ist nicht zu den produktiven Möglichkeiten philologischer (oder biographischer[117]) Arbeit durchgestoßen. Dementsprechend scharf ist die Kritik an seiner editorischen Arbeit ausgefallen; daß Steiner seine Fehlleistungen an seinem Lebensende nicht beschönigt hat, ist honorig.

---

[116] Steiner: Skizze eines Lebensabrisses, 54.

[117] Steiners Umgang mit Goethes Vita blieb im großen und ganzen unkritisch. Der Euphorie über den Holisten Goethe entsprach keine Kritik, die den provinzverliebten (bis auf die Flucht nach Italien etwa nicht reisenden) oder sich teilweise in prätentiöser Selbstdarstellung gefallenden Goethe gegen den Strich der Interpretation als »Olympier« des Kaiserreichs gebürstet hätte. Mit der Vernebelung der Grenzen von Goethes Fähigkeiten korrespondiert ein guter Teil der unkritischen Akzeptanz von Goethes Vorstellungen.

Schwerer wiegen die Probleme oder manifesten Fehler der Goethe-Interpretation, die sich auch bei dem Eingeständnis der Unabgeschlossenheit jeder Goethe-Deutung monieren lassen (s. u.). Die Reduktion auf den jungen Goethe in den Jahren vor 1900 und damit in der formativen Phase von Steiners Goethe-Exegese hat die gesamte epistemologische Konzeption einer »Erkenntnis-Art Goethes« (GA 1,121) in eine Schieflage mit gravierenden Fehldeutungen gebracht: Indem Steiner Goethes Kant-Rezeption nicht realisierte, wurde Goethe zu einem Vertreter unbegrenzter Erkenntnis, und zwar gegen dezidiert anderslautende Aussagen von Goethe selbst. Ähnlich problematisch ist die allzu enge Bindung Goethes an den Darwinismus, für die es im Rahmen der Metamorphosenlehre zwar grundsätzlich Anknüpfungspunkte in der entwicklungslogischen Dynamisierung der Naturgeschichte gibt, die aber hoch problematisch wird, wenn Steiner die darwinistische Evolutionslehre mit einem Programm der teleologischen Ent-Wicklung (der anthroposophische Steiner schrieb deshalb nur noch »Entwickelung«) verband, ohne die typussprengende Anti-Teleologie in Rechnung zu stellen.

Das größte Problem liegt in der Funktionalisierung von Goethes Vorstellungen für Steiners eigene Weltanschauung. In seinen Ausführungen seit Mitte der achtziger Jahre benutzte Steiner Goethe mehr und mehr als Steinbruch und als öffentlich anerkannte Autorität, um den eigenen Vorstellungen den Rückenwind einer gesellschaftlich arrivierten Legitimationsinstanz zu Gute kommen zu lassen. Problematisch war dabei nicht die Formulierung einer Weltanschauung an und mit Goethe, sondern die Unterstellung, es handele sich dabei um eine Interpretation Goethes oder um eine Darstellung seiner »Weltanschauung«.

## 5.6 Steiners Goethe-Interpretation

### *5.6.1 Steiners Vorgänger: Goetherezeption in Deutschland*

Steiner war mit dem Eintritt ins Weimarer Archiv in den Gral der deutschen Rezeptionsgeschichte Goethes aufgestiegen[118]. Mit seiner Tätigkeit als Herausgeber naturwissenschaftlicher Schriften geriet er zwar in einen Randbereich, da in Deutschland die poetischen Werke des »Dichters« und »Olympiers« Goethe im Vordergrund standen, doch auch sein naturwissenschaftliches Œuvre besaß eine kleine, bemerkenswerte Leserschaft, die unter den kategorial recht unterschiedlichen Tradierungsfeldern eine eigene Goetherezeption begründete.

(1.) *Idealistische Tradition.* Schon bei Wilhelm von Humboldt wurde Goethe am Beginn des 19. Jahrhunderts in die Klassizität entrückt. Seine Interpretation, nach der Goethe die Antike wiederherstelle und sie in einer kongenialen Syn-

[118] Mandelkow: Goethe in Deutschland, I, 174ff. Dieses rezeptionsgeschichtliche Kapitel stützt sich vor allem auf die Darstellung Mandelkows, dem die nicht im einzelnen nachgewiesenen Informationen entnommen sind. Die folgende Differenzierung der Rezeptionsgeschichte in eigenständige Tradierungsbereiche hat vornehmlich eine analytische Funktion; Mandelkow macht deutlich, daß weder eine genetische Entwicklungslogik noch eine rubrizierende Systematisierung der realen Verflechtung der Rezeptionslinien entspricht.

these an die Moderne anbinde, legte den Grund zu einer (bildungsbürgerlichen) Wirkungsgeschichte, die Goethe zum überzeitlichen Maßstab für die Bewertung von Literatur, letztlich für Kultur überhaupt werden ließ[119]. Die Kritik an Goethe als dem genüßlichen Quietisten und apolitischen Ästheten[120], wie sie im Gefolge des romantischen Protestes und explizit in der politischen Goetheopposition des Jungen Deutschland formuliert wurde, war gegenüber der faktischen Kanonisierung Goethes im Kaiserreich weitgehend zurückgedrängt.

Als »Reichsstatthalter« Goethes nach 1871 hat Mandelkow Hermann Grimm bezeichnet[121], den ältesten Sohn Wilhelm Grimms, der 1886 an der Stelle Wilhelm Scherers in das Redaktionskollegium der Sophien-Ausgabe von Goethes Werken eintrat. In dieser Funktion ist ihm Steiner begegnet und hat ihm lebenslang ein respektvolles Andenken bewahrt. Grimm verwahrte sich zwar gegen eine unberührbare Klassizität des »Olympiers«, funktionalisierte ihn aber gleichwohl für die Stabilisierung einer »Gegenwart«, deren »Gaben … nicht mehr, wie früher, erst zu erhoffen oder zu erringen, sondern festzuhalten, auszubilden und auszunutzen« sind[122]. Dahinter stand Grimms Vorstellung, die Freiheitsgeschichte der Deutschen sei letztlich eine geistige Leistung, keine politische gewesen[123], und die Sicherung der erlangten Freiheiten sei demnach eine Frage kultureller Tradition, nicht machtpolitischer Sicherung. Die »radikale Historisierung« Goethes[124] als Voraussetzung seiner gesellschaftlichen Ummünzung ist unübersehbar.

(2.) *Naturwissenschaftliche Goethe-Rezeption.* Goethe war unter Naturwissenschaftlern keineswegs der unbekannte Außenseiter. Dafür mögen im Kaiserreich zwei Namen mit unterschiedlichen Wertungen stehen. Hermann von Helmholtz hat lebenslang an seiner Hochachtung für Goethe festgehalten und seine visuelle Kompetenz verteidigt, im Gegensatz zu seiner kritischen Haltung gegenüber Goethes physikalischer Theoriebildung im engeren Sinn (etwa in der Farbenlehre)[125]. Gegenüber der schon 1853 formulierten Position von Helmholtz' stellte Emil Du Bois-Reymonds Berliner Rektorratsrede aus dem Jahr 1882 (»Goethe und kein Ende«) radikal auf die Kritik am Naturforscher Goethe ab[126]. Verständlich wird die Schärfe seines Verdikts vermutlich nur, wenn man die gleichzeitige Funktionalisierung Goethes für die naturwissenschaftlich argumentierende, aber dabei gleichzeitig weltanschaulich teilweise hochengagierte darwinistische Goethe-Aneignung in Rechnung stellt.

(3.) *Darwinistische Goethe-Deutung.* Anknüpfend an die morphologischen Schriften hatte sich insbesondere nach der Jahrhundertmitte eine evolutionstheoretisch beeinflußte Goetherezeption etabliert. Sie fand ihre Leitfigur in Ernst Haeckel, der 1866 in seiner »Generellen Morphologie der Organismen«, einer

---

[119] Ebd., I, 47. 55.
[120] So Mandelkow: ebd., I, 102.
[121] Ebd., I, 206.
[122] Zit. nach Mandelkow, ebd.
[123] Vgl. ebd., I, 206f.
[124] Ebd., I, 86.
[125] Ebd., 183f.; Höpfner: Wissenschaft wider die Zeit, 155–171.
[126] Mandelkow: Goethe in Deutschland, I, 189f.

unter Naturwissenschaftlern hoch anerkannten Arbeit zur Klassifikation von Mikroorganismen, Goethes Entwicklungsdenken in eine Evolutionstheorie einschmolz, sich selbst in die Tradition von dessen anschauender Methode stellte und die programmatische Bedeutung Goethes signalisierte, indem er jedes Kapitel mit einem Goethezitat einleitete. Über die Differenzen zwischen den vordarwinischen Evolutionstheorien und ihrer Reformulierung durch Darwin hat sich Haeckel keine kritische Rechenschaft abgelegt und eine Kontinuität fundamentaler Gemeinsamkeiten postuliert. Von Haeckels Goethe-Rezeption führen direkte Traditionslinien zu Steiner, der aus seiner Anerkennung Haeckels nie ein Hehl gemacht hat (s. 9.3.3c). Die weltanschauliche Funktionalisierung Goethes war bei Haeckel evident, Mandelkow spricht von einer »pseudoreligiösen Inthronisation Goethes als des Hohenpriesters eines entwicklungsgeschichtlichen Pantheismus und Monismus«[127].

In die germanistische Goetheforschung gelangte die darwinistische Interpretation Goethes durch Salomon Kalischer (1845–1924), Philosoph und Physiker an der Technischen Hochschule Charlottenburg, für den Goethe »schon die fundamentalen Gedanken ausgesprochen hat, auf denen Darwins System sich aufbaut«[128]. Seit 1877 hatte er in der »Hempelschen Goetheausgabe« die naturwissenschaftlichen Schriften herausgegeben und edierte auch, Steiner ausstechend, die Farbenlehre in der Sophien-Ausgabe, so daß gerade im Editionsbereich die darwinistische Goethe-Interpretation stark war. Steiner hat Kalischers Ausgabe sicher gekannt, 1882 erbat er sie von Kürschner (GA 38,52)[129], der Steiner auf Kalischers Edition als quantitativ nicht zu überschreitende Vorgabe verpflichtete (ebd., 53). In der 184 Seiten langen Einleitung des Bandes 33 hat Kalischer die meisten der auch von Steiner traktierten Themen behandelt, etwa Goethes Einordnung unter die Vorläufer Darwins oder Goethes Verknüpfung von Poesie und Wissenschaft[130]; die Erkenntnistheorie allerdings fehlte bei ihm. In Weimar arbeiteten beide gleichzeitig in der zweiten Abteilung der Sophien-Ausgabe mit, doch ist von näheren Kontakten nichts bekannt. Raub konnte weder im Weimarer Goethe- und Schiller Archiv noch in Dornach einen Briefwechsel zwischen beiden ausfindig machen[131]. Ob die thematische Nähe besondere Abgrenzungsbedürfnisse nach sich gezogen hat, ist unbekannt.

(4.) *Goethephilologie.* Auf dem Hintergrund von Goethes »Klassizität« und Kanonisierung entwickelte sich seit den 1870er Jahren die Goethephilologie, die mit dem Namen Wilhelm Scherers verbunden ist und die nachhaltige und bis heute fortreichende Wirkungen für den Umgang mit Goethes Werk freisetzte. Sie suchte einen philologisch zuverlässigen Text zu erstellen, umstrittene Au-

---

[127] Ebd., I, 190.

[128] Zit. nach Raub: Steiner und Goethe, 27; zu Kalischer ebd., 26–30 und Mandelkow: Goethe in Deutschland, I, 190.

[129] Zu Kalischers Präsenz in Weimar David: Biographischer Beitrag zur Goethe-Arbeit Rudolf Steiners.

[130] Goethe's Werke, hg. v. S. Kalischer, 33. Theil, S. LXXIV und S. XXVIII f. Diese Einleitung war noch 1877 separat unter dem Titel »Goethe's Verhältnis zur Naturwissenschaft und seine Bedeutung in derselben« erschienen.

[131] Raub: Steiner und Goethe, 290.

torschaften zu klären, unklare Konzeptionen zu rekonstruieren und die Entstehungsgeschichte eines Werkes als hermeneutischen Schlüssel zu etablieren. Methodisch war sie am exakten und objektivierbaren Vorgehen der Naturwissenschaften orientiert. In der Erforschung des »Faust« wurde dies paradigmatisch durchexerziert und mit den im letzten Jahrhundertdrittel entstehenden Kommentarreihen zur Grundlage jeder weiteren Beschäftigung mit Goethe gemacht. Sowohl der spekulativen Goetheinterpretation in der Tradition Hegels als auch der subjektivierten, auf die ästhetische Eindrücklichkeit angelegten Goethelektüre sollte damit der Weg verbaut werden. Die Goethephilologie legte mit diesem Vorgehen den methodischen Grund der modernen Germanistik, näherhin für »das entstehungsgeschichtliche und das autorzentrierte, biographische Betrachtungs- und Erklärungsmodell von Literatur«[132].

Der methodische Neuansatz der Goethephilologie war einerseits emanzipatorisch, insofern er die idealistische Interpretation und jede andere vorgegebene Leseanordnung, selbst die von Goethe selbst favorisierte und dekretierte Lesart »letzter Hand«, philologisch in Frage stellte und sie für eine genetische Rekonstruktion freigab. Andererseits verknöcherte die Philologie bald zu einer materialversessenen und -fixierten Stubenwissenschaft, die ins Getto einer selbstbeschränkten Selbstbeschäftigung abdriftete[133]. Mitten in diese ambivalenten Kontexte der Goetheforschung stieg Steiner mit seiner Ankunft in Weimar ein, wobei er, wie zu zeigen ist, die Fron der materialen Kärrnerarbeit als so drückend empfand, daß er weitgehend unfähig wurde, die emanzipatorischen Dimensionen der Philologie fruchtbar zu machen. Die Polemik gegen philologisches und historisch-kritisches Arbeiten, die noch Steiners Theosophie zuinnerst prägt, dürfte von diesem Strang der Goetheinterpretation mitbedingt sein.

(5.) *Kulturkritik*. Die kulturkritische Funktionalisierung Goethes zieht sich teilweise quer durch die bislang genannten Rezeptionsansätze: Goethe galt als Remedium für unterschiedlichste »Krisen« der Kultur. Auch Steiner gehört teilweise zu diesen Kulturkritikern in goetheanisierender Absicht[134]. Seine antipositivistische Berufung auf Goethes Naturwissenschaft und der Versuch einer monistischen Überbietung sind dieser Dimension der Goethe-Rezeption verpflichtet.

(6.) *Populäre Goetherezeption*. In ihrer Wirkung kaum zu überschätzen und als wissenschaftliches Thema nur unzureichend bearbeitet[135] ist die Goethe-Rezeption außerhalb der akademischen Profession. Mehr als einige Marginalien sollen dafür nicht beigebracht werden. Schon im 19. Jahrhundert wurde Deutschland mit einer Fülle von Goethe-Denkmälern überzogen, die seinen Status als kultureller praeceptor germaniae illustrieren sollten[136]. Das Goethe-Jahrbuch konnte 1900 mit einer eigenen Rubrik »Ausstellungen, Bilder, Büsten, Statuen, Feiern,

---

[132] Mandelkow: Goethe in Deutschland, I, 214; vgl. zu diesem Abschnitt darüber hinaus ebd., 213–218.

[133] Vgl. die glänzende, bitterböse Kritik Hermann Bahrs, zit. bei Mandelkow: ebd., I, 212 f.

[134] Höpfner: Wissenschaft, 254.

[135] Mandelkow: Goethe in Deutschland, I, 319, bemängelt explizit das Fehlen von Arbeiten über Goethebünde und -vereine um die Jahrhundertwende.

[136] Gamer: Goethe-Denkmäler; Schuchard: Goethe auf dem Postament.

Gedenkplätze, -tafeln, -stätten, Sammlungen« aufwarten[137]. Der ebenfalls 1900 (ursprünglich gegen die Lex Heinze) gegründete Goethe-Bund soll 1902 »gegen 10.000 Mitglieder« besessen haben[138], die Goethe-Gesellschaft im gleichen Jahr 2.836 Personen[139]. In protestantischen Kirchen gab es Goethe-Predigten zu Losungen des Meisters aus Weimar, und Goethe-Literatur stand durchaus in den Regalen der Arbeiterbibliotheken[140]. Steiner konnte sich im Zentrum einer hegemonialen kulturellen Debatte fühlen, und viele Anhänger, die ihm in der theosophischen Phase zugewachsen sind, dürften ihn darin bestätigt haben.

### *5.6.2 Schwerpunkte der Goethe-Deutung Steiners*

Das Zentrum von Steiners Goethedeutung sind die Kommentare der Bände in der »Deutschen National-Litteratur«. In Anbetracht der fünfzehnjährigen Bearbeitungszeit und der biographischen Umbrüche kann man allerdings nicht von einer Interpretation im Singular sprechen. Vielmehr dokumentieren Steiners Deutungen einen Prozeß, in dem Steiner mit Goethe seine idealistische Position formulierte, aber auch in einer Art Vatermord sich 1897 mit Goethe in seine atheistische Phase verabschiedete (s. u. 5.6.3)[141].

#### *a. Idee*

Steiner interpretierte Goethe als einen Theoretiker der Ganzheitlichkeit, bei dem Theorie und Empirie – Steiner sprach etwa von »allgemeinen Begriffen« und »unmittelbarer Wirklichkeit« (GA 1,15) – oder organische und anorganische Welt (ebd., 79 ff.), in einer einheitsverbürgenden »Weltanschauung« formuliert seien. Der Leitterminus dieser Identitätsstiftung war der Begriff der Idee. Im Hintergrund stand ein Gegensatz, dessen Aufhebung ein zentrales Ziel in Steiners Vita bildete und ihn mit vielen Zeitgenossen verband: die Versöhnung von Naturwissenschaften und Idealismus angesichts einer partiell atheistischen, zumindest antiidealistischen Ausrichtung der empirisch arbeitenden (oder so wahrgenommenen) Naturwissenschaft. Heute wissen wir, daß dies kein ganz falsches, wenngleich reduktives Bild der Naturwissenschaften mit feindbildartigen

---

137 Goethe-Jahrbuch, 1900, 315–317.

138 Der große Brockhaus, Bd. VII, Leipzig [15]1930, 519.

139 Meyers Großes Konversations-Lexikon, Bd. VIII, Leipzig / Wien [6]1909, 168.

140 Zur sozialistischen Goethe-Rezeption Mandelkow: Goethe in Deutschland, I, 137–141.

141 Ich stütze mich vor allem auf die DNL-Kommentare und die anderen monographischen Veröffentlichungen. Die Aufsätze, die in großer Zahl vor allem in GA 30 bis 32 gesammelt sind, gehen meist darüber nicht hinaus, sind im wesentlichen Verwertungen, manchmal Vorstufen der Buchpublikationen. Der Kommentar zu DNL I, Steiners umfangreiches Erstlingswerk zu Goethe, ist seine sachbezogenste Auseinandersetzung und sein wichtigster Beitrag zur Forschung. Er arbeitete in enger Anlehnung an Goethes Texte, allerdings fast nur unter Berücksichtigung der Schriften vor 1800, eine Theorie zu Goethes Metamorphosenlehre und seine Ideenkonzeption aus und suchte die Genese dieses Komplexes vornehmlich im Rückgriff auf die »Italienische Reise« zu klären. Schon die Ausführungen in DNL II von 1887 lösen sich von Goethes Texten. – Die folgende Darstellung ist – natürlich – eine mehrschichtige Rekonstruktion: meine Deutung von Steiners Deutungen Goethescher Deutungen der Natur.

Zügen war[142]. Aber dieser Zusammenhang muß hinsichtlich seiner Angemessenheit hier nicht diskutiert werden, insoweit für Steiner selbst dieser Antagonismus, den er in seiner theosophischen Phase noch schärfer formulierte, außer Frage stand. Demgegenüber ermögliche die goethesche Philosophie, so Steiner, das »Wesen« der Dinge zu betrachten und zu reflektieren und mit den Errungenschaften und Herausforderungen dieser naturwissenschaftlich dominierten Moderne zu harmonisieren. Goethes Bedeutung liege dabei nicht auf der Seite der Empirie, jedenfalls nicht in der quantitativen Vermehrung entdeckter Details, sondern in seinem die Empirie voraussetzenden und zugleich aufhebenden Idealismus: nicht in »Einzelentdeckungen«, sondern in der »seiner Denkungsart gemäßen Naturansicht« (GA 6,101).

In Rahmen der Metamorphosenlehre nehme die Idee die Funktion der Einheitsstiftung wahr, indem sie Identität im Prozeß der Veränderung bewahre: »Die Idee eines Wesens, welches in beständiger Veränderung begriffen ist und dabei doch immer identisch bleibt, tritt uns hier entgegen« (GA 1,20), wie Steiner am Beispiel einer Pflanze erläuterte. Im Tierreich greife der Begriff der Idee noch weiter, insofern es bei Goethe nicht um ein »›einzelnes Tier‹, sondern [um] die ›Idee‹ des Tieres« überhaupt gehe (ebd., 1,42). Von hier aus war es nur ein kleiner Schritt zu der Auffassung, »daß *eine* Grundform die Gestalt des Menschen sowohl wie der Tiere beherrsche«[143] und daß Goethe »ganz klar« die Position vertrete: »Eine ideelle, typische Form, die als solche selbst nicht sinnenfällig wirklich ist, realisiert sich in einer unendlichen Menge … bis herauf zum Menschen.« (ebd., 1,47). Das Telos dieser Argumentation sei die universale Geltung der Idee für den Bereich des Lebendigen; Goethe vertrete die Auffassung, »daß der Idee nach alle Organismen gleich, nur der Erscheinung nach verschieden sind« (ebd., 100).

Damit gelten die empirischen Differenzen innerhalb des Lebendigen als erklärt: Sie seien als »Erscheinung« nur ein Epiphänomen der Idee im Bereich der anschaulichen Wahrnehmung. Steiner wollte so Goethe in der Tradition des Platonimus (GA 1,284) mit den empirischen Naturwissenschaften versöhnen und als kompatibel erweisen. In dieser Harmonisierung von Natur- und Geisteswissenschaften, von Empirie und Idee lag ein Zentrum von Steiners Goetheinterpretation. Er stellte immer wieder klar, daß Goethe bei der Anschauung einsetze, also vermittels sinnlicher Wahrnehmung erst zu den Ideen gekommen sei und sie nicht deontologisch setze. Schon die Anordnung der DNL, in der Goethes empirische Beobachtungen vor den theoretischen Konzepten stehen, dokumentiert dieses Verständnis. Steiner sah Goethe im Gleichgewicht zwischen Empirismus und Idealismus, seine »gesunde Natur fand sich von beiden Einseitigkeiten in gleicher Weise abgestoßen«. Er habe »jene fruchtbare Naturauffassung …, in welcher Idee und Erfahrung in allseitiger Durchdringung sich gegenseitig beleben und zu einem Ganzen werden« (ebd., 12), entwickelt. Trotzdem machte sich bei Steiner eine Hierarchisierung von Idee und Anschauung in der Schwerkraft

---

[142] Etwa: Kultur und Kulturwissenschaften um 1900, hg. v. R. vom Bruch / G. Hübinger.

[143] GA 1,45; Hervorhebung HZ.

platonisierender Traditionen immer wieder bemerkbar, wie eine Äußerung aus der drei Jahren späteren DNL II von 1887 belegt:

> »Begriff und Anschauung« stehen »zwar als wesensgleiche, jedoch verschiedene Seiten der Welt gegenüber. Und da die letztere den ersteren fordert, ... beweist sie, daß sie ihre Essenz nicht in ihrer Besonderheit, sondern in der begrifflichen Allgemeinheit hat. Diese Allgemeinheit muß aber der Erscheinung nach im Subjekte erst aufgefunden werden; denn sie kann zwar vom Subjekte *an* dem Objekte, nicht aber *aus* dem letzteren gewonnen werden.« (GA 1,154)

Das Wesen, die »Essenz«, liege im Begriff[144], dies sei das Fundament. Die Idee »ist sogar«, so Steiner 1884, »reeller als jeder einzelne Organismus«, selbst wenn die Erkenntnis des Begriffs vom sinnlich Gegebenen zur Idee verläuft; aber auch hier gilt: die Idee »*bewirkt* das zu Erfahrende« (GA 1,85).

Das Schwergewicht des Idealismus gegenüber der Empirie wird auch deutlich, wenn man die Erkenntnismöglichkeit der Idee bei Steiner außerhalb des Anspruchs auf eine systematische Explikation, wie sie in DNL II erfolgte (s. u. 5.6.2), betrachtet. Es gab nämlich bei Steiner eine Reihe von Plausibilitätsargumentationen zur Begründung der Realität der Idee, die durchweg bis 1887 datieren und die in DNL II breiter ausgefaltete erkenntnistheoretische Begründung als nachträglichen Legitimationsversuch erscheinen lassen.

- 1884 setzte Steiner in DNL I mit der Überlegung ein, daß die Erkenntnis des »Ganzen« (ein Begriff, den Steiner mit der »Idee« identifizieren konnte, s. u.) die Voraussetzung für die Entdeckung des Zwischenkieferknochens gewesen sei (GA 1,11). Die »Idee« erweise ihre Realität, indem sie heuristisch fruchtbar sei und neue Erkenntnisse ermögliche; sie bestätige dadurch die Anschlußfähigkeit an die empirische Biologie. Steiner erwog allerdings keine Differenzierung von Entdeckungs- und Erklärungszusammenhang und damit die Möglichkeit, daß die heuristische Logik nichts mit funktionalen Zusammenhängen zu tun haben könnte[145].
- Gleichfalls 1884 gab Steiner die Begründung, wonach ein Organismus »*nur im intuitiven Begriffe* erfaßt werden« könne, und zwar über »bloß Sinnenfälliges« hinaus (GA 1,83). Dieser Vorschlag funktioniert nur deduktiv und ist empiriekritisch, insofern Praxis (und insoweit Empirie) zur Bestätigung der Intuition wurde: »Daß es dem Menschen gegönnt sei, so zu erkennen, das zeigt Goethe durch die *Tat*.«[146]
- Eine weitere Plausibilisierungsstrategie findet sich in den »Grundlinien« von 1886[147]. Dort unterstellte Steiner, daß der Übergang von siedendem Wasser zu

[144] Gleichsetzung mit »Idee« beispielsweise in GA 1,100.151.

[145] Diese Unterscheidung gehört heute zum festen Repertoire wissenschaftstheoretischer Forschung. Die etwa in der Hermetik oft vorgenommene Folgerung von der Vollkommenheit der Welt auf die Kugelgestalt der Erde oder William Harveys Parallelisierung der makrokosmischen Kreisbewegungen mit dem Mikrokosmos Mensch, die zur Entdeckung des Blutkreislaufs führte, sind bekanntere Beispiele, in denen die heuristische und die explikative Logik nicht deckungsgleich sind.

[146] GA 1,83; Hervorhebung HZ.

[147] Das Werk dürfte bei der Neuauflage 1923 nur geringfügig überarbeitet worden sein. Allerdings wurden bei der Übernahme in die Gesamtausgabe Streichungen vorgenommen, etwa die Nachweise

Dampf »beim Denken« sofort als systematischer Gedanke auftrete: »Ich brauche die Gedanken nur in jener Form festzuhalten, in der sie in unmittelbarer Erfahrung auftreten, und sie erscheinen schon als gesetzmäßige Bestimmungen. … Der gesetzliche Zusammenhang … ist im Denken schon in seinem allerersten Auftreten vorhanden« (GA 2,43). Die Bedingung dieser Überlegung ist eine ebenfalls vorempirische Ontologisierung des Denkens (dazu s. u. 5.6.2b).

- Im gleichen Buch findet sich das Beispiel der Gewinnung des Allgemeinbegriffs »Dreieck«, der »*nicht durch die bloße Betrachtung aller einzelnen Dreiecke*« (GA 2,60) zustande komme, sondern bei dem ein Denken, das »kein inhaltsleeres Gefäß ist« (ebd., 61), vorausgesetzt wird.
- Schließlich noch ein Beispiel aus dem Jahr 1887. Steiner schloß sich in DNL II einer These George Berkeleys an, derzufolge »die Vorstellung des Baumes von jetzt … mit der desselben Baumes in einer Minute darauf, wenn ich zwischen beiden die Augen geschlossen halte, absolut nichts zu tun [habe] … Es kann die Identität also nur im Inhalte der Vorstellung, in deren *Was* liegen.« Auch hier wurde die sinnliche Erfahrung zur Bestätigung des in der Idee konstituierten Identität des Gegenstandes.

Vor diesem essentialistischen und intuitionistischen Hintergrund wird die Apotheose der »Idee«, die Steiner 1887 formulierte, verständlich:

> »In der *Idee* erkennen wir dasjenige, woraus wir alles andere herleiten müssen: das Prinzip der Dinge. Was die Philosophen das Absolute, das ewige Sein, den Weltengrund, was die Religionen Gott nennen, das nennen wir, auf Grund unserer erkenntnistheoretischen Erörterungen: die *Idee*.« (GA 1,162)

Doch zurück zur Einleitung in DNL I, in der sich derart steile Interpretationen der »Idee« noch nicht finden. Hier bestimmte Steiner die »Idee« jedoch noch näher und ordnete weitere, auch für Goethes naturwissenschaftliche Schriften teilweise wichtige Termini der »Idee« zu. Dabei konnte Steiner die Idee etwa in die Nähe des Prinzips rücken (GA 1,84) oder parataktisch mit »dem Ganzen« oder im Plural mit »Begriffen« identifizieren (ebd., 83.100). Die Schärfe seines Ideenbegriffs nahm Steiner damit zurück und reproduzierte damit auch Goethes Begriffsunschärfen. Den Weg, statt eines vermeintlichen Gesamtkonzeptes eine Kontextualisierung verschiedener Aussagen Goethes vorzunehmen, ist Steiner nicht gegangen[148].

Bei den Nachbarbegriffen der Idee geht es an erster Stelle um den »Typus«. Er war bei Steiner dem Organischen als Prinzip seiner Bildung zugeordnet, und zwar in dezidierter Polarisierung zu »der unorganischen Naturwissenschaft«, die an dieser Systemstelle von »Naturgesetzen« spreche (GA 1,87). Steiner konnte

---

von Belegstellen im Vorwort: Sie finden sich 1886 (S. IV), sind 1924 gekürzt worden (S. XIII) und fehlen in GA 2,15.

[148] Möglicherweise hat Steiner vor einer dekonstruktiven Begriffsverwendung zurückgeschreckt, weil er auch den Universalienstreit mit seinem Ansatz zu lösen und die Realität eines Allgemeinbegriffs »Idee« nachzuweisen trachtete; am Beispiel der Gewinnung des Begriffs »Dreieck« wird dies besonders deutlich. Steiner hätte dann allerdings der Goethe-Interpretation mehr Fragen aufgebürdet, als im Rahmen der Einführung in DNL I zu leisten war.

ihn bei Goethe zudem als »die sich im Organismus offenbarende Gesetzlichkeit« lesen (ebd., 30), als den Ort, wo »Ideelles und Reales zur Einheit geworden« ist, bestimmen (ebd., 87) oder ihn tendenziell mit der Idee gleichsetzen: »Diese dem rein Organischen im Organismus entsprechende Idee ist nun die Idee des Urorganismus, der *Typus* Goethes.« (ebd., 84) Diese unterschiedlichen Bestimmungen lassen sich zwar alle miteinander in Beziehung setzen, ergeben aber keinen scharf profilierten, schon gar keinen eindeutigen Begriff. Hier liegen wohl auch Grenzen der Systematisierungsfähigkeiten des 23jährigen Steiner.

Eine weitere Bestimmung erfuhr der Ideenbegriff durch teleologische Aufladung: »Die Idee des Organismus« sei »als Entelechie im Organismus tätig, wirksam; sie ist in der von unserer Vernunft erfaßten Form nur die Wesenheit der Entelechie selbst. Sie faßt die Erfahrung nicht zusammen; sie *bewirkt* das zu Erfahrende.« (GA 1,85) Indem Steiner die Entelechie als »die sich aus sich selbst in das Dasein rufende Kraft« bestimmte (ebd., 83), wies er ihr die gleichen Prädikate zu wie dem Typus, der »das sich aus sich herausbildende Leben« (ebd., 30) bezeichne. Entelechie wurde damit zum Prinzip, mit dem sich die Idee in Anschauung auslege. Damit situierte sich Steiner einmal mehr in der weltanschaulichen Auseinandersetzung des späten 19. Jahrhunderts: Das Entelechiemodell war eine Absage an den zeitgenössischen Mechanismus als Prinzip von Entwicklung[149].

In der Bewertung dieses Ansatzes bei Goethe zog Steiner alle Register eines Panegyrikers: »Diese Goethesche Methode ist offenbar die einzig mögliche, um in das Wesen der Organismenwelt einzudringen«, es »muß jeder Vorgang in der organischen Natur nach Goethes Ideen geschehen«, er gelangte »zu der allein befriedigenden Naturanschauung, welche die eine wahrhaft objektive Methode begründet« (GA 1,85.107.110). Den Grund dieser Laudatio macht Steiner in Abgrenzung von epochalen Gestalten der abendländischen Physikgeschichte wie Georges de Cuvier und Geoffroy Saint-Hilaire klar (ebd., 113–115): Goethes naturwissenschaftliche Methodik und Ergebnisse entwinde der Naturwissenschaft ihren Materialismus, ohne jedoch den empirischen Ansatz zu verleugnen. Damit gelinge Goethe die ihrerseits epochale Einsicht in den, wie er 1887 sagte, »objektiven Idealismus« (ebd., 129). Deshalb haben Goethes »Grundanschauungen« »für die Wissenschaft vom Organischen dieselbe Bedeutung … wie Galileis Grundgesetze für die Mechanik«, deshalb ist dem »Organiker« der »Typusgedanke« das, »was dem Physiker die drei Keplerschen Gesetze« sind: »*Goethe ist der Kopernikus und Kepler der organischen Welt.*« (ebd., 119.105.107)

Eine kritische Reflexion auf die wissenschaftstheoretischen Probleme seiner Thesenbildung, etwa auf ihren Status als Metatheorie über Goethe, sucht man bei Steiner vergebens, obwohl er sich (allerdings erst) 1887 darüber im Klaren zeigte, »daß Goethes wissenschaftliche Weltanschauung als abgeschlossenes Ganzes … nicht vorliegt« (GA 1,141; vgl. ebd., 142). Im Gegenteil: Daß »man«, also Steiner selbst, Goethes Thesen »den *von Goethe gemeinten* Sinn beilegt«[150], also keine Differenzierung zwischen sich und Goethe erkennen läßt oder den

---

[149] So schon gesehen bei Raub: Goethe und Steiner 45.

[150] GA 1,95; Hervorhebung HZ.

›Versuch‹ abweist, »Goethes Anschauungen *ohne Voraussetzung irgendeines positiven Standpunktes,* rein aus Goethes Wesen« zu erklären (ebd., 117), also seine eigenen hermeneutischen Bedingungen nicht in den Blick nimmt, machen Steiners Auslassungen zu einem emphatischen und ihn persönlich vermutlich sehr bewegenden, aber vorkritischen Text.

Zu dem nur begrenzt kritischen Umgang mit Goethes Werk gehört auch Steiners Umgang mit den Modifikationen, denen Goethe seinen Ideenbegriff im Spätwerk unterwarf: durch die Reformulierung der Erkenntnistheorie im Gefolge der Kant-Rezeption (s. u.), vor allem aber durch die positive Neubewertung der Historie[151]. In seiner späten Geschichtsphilosophie kurz nach 1800 hat Goethe die Opposition von idealer Natur und »chaotischer« Geschichte aufgehoben. Indem die Prädikate von Idealität und Chaos austauschbar wurden, unterwarf er die Geschichte wie schon zuvor die Natur dem Postulat der Vernünftigkeit[152]. Damit depotenzierte er die Absolutheit der Idee und vermittelte sie in ein dialektisches Verhältnis zur »Wirklichkeit«. Hermann Schmitz hat diese Wendung an Goethes Plotinkritik von 1805 nachgezeichnet[153], die sich in »Makariens Archiv« am Ende von »Wilhelm Meisters Wanderjahren« findet[154]:

> »Wir Menschen sind auf Ausdehnung und Bewegung angewiesen; diese beiden allgemeinen Formen sind es, in welchen sich alle übrigen Formen, besonders die sinnlichen, offenbaren. Eine geistige Form wird aber keineswegs verkürzt, wenn sie in der Erscheinung hervortritt, vorausgesetzt daß ihr Hervortreten eine wahre Zeugung, eine wahre Fortpflanzung sei. Das Gezeugte ist nicht geringer als das Zeugende, ja es ist der Vorteil lebendiger Zeugung, daß das Gezeugte vortrefflicher sein kann als das Zeugende.« (HA VIII 464,27)

Goethe verwies auf die *Notwendigkeit* der sinnlich gegebenen Gestalt und konnte sogar ihren Grund, das »Zeugende«, vom Gezeugten übertroffen sehen. Indem Goethe aber die Idee mit der Wirklichkeit konstituiert sein ließ, hob er das hierarchische Gefälle von der Idee zur Geschichte bis hin zur Möglichkeit der Umkehrung auf. Diese Spannbreite von Goethes Ideenvorstellung und ihre Entwicklung hat Steiner nicht realisiert (wie ein großer Teil der älteren Goetheforschung). Konsequenterweise hat er auch Goethes Konsequenz einer gleichzeitigen Begründung von Idee und Form nicht mitvollzogen.

Dieser Befund hängt nicht an der eingegrenzten Perspektive des jungen Steiner. Nach der Einleitung zu DNL I nahmen die Äußerungen zur »Idee« stark ab. Neben den zitierten Äußerungen in DNL II findet sich in den beiden restlichen Bänden der DNL das Thema kaum noch. Allerdings geht dort auch die textbezogene Auseinandersetzung mit Goethe drastisch zurück, wie schon an den abnehmenden Belegstellen von Goethes Text deutlich wird, die in DNL IV fast ganz fehlen. In den Monographien, die auf DNL I folgten, war vom Ideenbegriff nurmehr an einzelnen Stellen die Rede, und er stand, abgesehen von den

---

[151] Die folgenden Überlegungen nach Eichhorn: Idee und Erfahrung im Spätwerk Goethes, v. a. 34–40. 72–81.

[152] Ebd., 34 f.

[153] Schmitz: Das Altersdenken Goethes, 55 ff.

[154] Die zugrunde liegenden Sätze Plotins: HA VIII, 462 f., Nr. 17–25. Goethes Kritik ebd., Nr. 26–28.

»Grundlinien« von 1886, in Kontexten, die sich nicht mehr auf Goethe bezogen. Das gilt etwa für die Individualisierung des Begriffs der Idee in der »Philosophie der Freiheit« von 1894 (»der Künstler sucht dem Stoffe die Ideen seines Ich einzubilden« [GA 4,28]). Diese Distanzierung gilt auch für »Goethes Weltanschauung« von 1897, in der sich unter dem nominellen Bezug auf Goethe ganz andere Auseinandersetzungen abspielten, etwa eine antiplatonische Rekapitulation der Philosophiegeschichte hinsichtlich der Ideenlehre, die zwar auf Goethe zulief und ihn gegen platonisierende Interpretationen in Schutz nahm, jedoch Goethe faktisch nicht mehr in den Mittelpunkt stellte. Mehr noch: Steiner hat 1897 die Goethe-Verehrung der 1880er Jahre gegen den Anspruch ausgetauscht, den Meister aus Weimar zu überbieten (s. u. 5.6.3).

*b. Erkenntnistheorie und Kant-Rezeption*

Die Frage, wie die »Idee« zu erkennen sei, war ein Aspekt von Steiners lebenslanger Beschäftigung mit der Erkenntnistheorie. Gewonnen und formuliert hat er seine Positionen im Kontext seiner Beschäftigung mit Goethe; wieweit er Goethes Erkenntnistheorie zutreffend rekonstruiert hat, ist damit allerdings nicht beantwortet. Steiner formulierte zu Beginn seiner einschlägigen Passage in DNL II[155] Kants fundamentales Anliegen, demzufolge man eine »Erkenntnis des Wesens der Dinge« nicht anstreben könne, »ohne sich zuerst zu fragen, *wie* eine solche Erkenntnis möglich sei«[156]. Könnte man aus einer solchen Aussage schließen, das Steiner Kants transzendentalphilosophische Pointe, den Ansatz bei den Möglichkeitsbedingungen von Erkenntnis, realisiert hat, so stellt sich in der materialen Auseinandersetzung mit Kant heraus, daß er diesen Angelpunkt entschärfen und ihn »durchaus nicht an der Spitze der Erkenntnistheorie gestellt« wissen wollte (GA 1,143). »Wenn ich nach der Möglichkeit eines Dinges frage, dann muß ich vorher dasselbe erst untersucht haben.« Von Kant her wäre aber eben an dieser Stelle erst zu fragen, welche Bedingungen eine solche Untersuchung voraussetzt. Unreflektiert beim gegebenen Gegenstand anzusetzen, wäre in Kantischer Perspektive vorkritisches Denken. Steiner hingegen forderte dezidiert, »die Frage: *was ist das Erkennen?* zur ersten der Erkenntnistheorie« zu (ebd.), und seiner Meinung nach führt dieser Ansatz auch zur Lösung der Probleme der Erkenntnistheorie: »*daß* dieses *Was* zugleich der objektive Weltinhalt ist« (ebd., 166).

---

[155] Nach Andeutungen zu epistemologischen Fragen in DNL I (1884) hat Steiner diesen Überlegungen 1886 die Monographie »Grundlinien einer Erkenntnistheorie der Goetheschen Weltanschauung« gewidmet. Ein Jahr später finden sich seine Vorstellungen in konziser Form in der Einleitung zu DNL II (GA 1,141–167). Auf diesen Text, die stringenteste Darstellung von Steiners Erkenntnistheorie Mitte der 1880er Jahre, stützt sich die folgende Rekonstruktion seines Entwurfs. An einzelnen Stellen greife ich auf die »Grundlinien«, die im wesentlichen die gleiche Position bieten, und auf andere Schriften zurück; zu den erkenntnistheoretischen Überlegungen seiner »Philosophie der Freiheit« (1893) s. 6.4. DNL II hat gegenüber den übrigen Texten den unschätzbaren Vorteil, frontal mit der Auseinandersetzung von Steiners zentralem Gegner in epistemologischen Fragen einzusetzen, der in der »Philosophie der Freiheit« nur noch punktuell namhaft gemacht wird, mit Immanuel Kant.

[156] GA 1,142; Hervorhebung HZ.

Diese anti-transzendendalphilosophische Weichenstellung war für Steiner schlechterdings zentral, wie weitere Äußerungen belegen:

»Die Sinnenwelt stellt sich uns gegenüber wie aus der Pistole geschossen. … Wir können nur das eine sagen: Sie tritt uns gegenüber, sie ist uns gegeben.« (GA 1,158) Hingegen: »Wenn wir z. B. sagen: das Gegebene sei Vorstellung, so kann die ganze folgende Untersuchung nur unter dieser Voraussetzung geführt werden. Wir lieferten auf diese Weise keine voraussetzungslose Erkenntnistheorie, sondern wir beantworteten die Frage: was ist Erkennen? *unter der Voraussetzung*, daß das den Sinnen gegebene Vorstellung ist.« (ebd., 159)

In der Tat war Kants entscheidende kritische Einsicht, daß der Mensch »das Gegebene«, sofern es als Erkanntes (und damit auch als Vorstellung) zuhanden ist, reflektiert und es damit unter den Möglichkeitsbedingungen des erkennenden Subjekts wahrnimmt und es unter dieser Voraussetzung uns »gegenüber«tritt. Ähnlich war Steiner schon in DNL I gegenüber Kant in Stellung gegangen:

»Wir müßten [mit Kant] … bei den organischen Bildungen darauf verzichten, den notwendigen Zusammenhang der Idee des Ganzen, welche nur gedacht werden kann mit dem, was unseren Sinnen im Raume und in der Zeit erscheint, zu erkennen.« (ebd., 75 f.)

Kants Pointe lag knapp daneben. Es ging ihm nicht darum, »was unseren Sinnen im Raume und in der Zeit erscheint«, sondern darum, wie Erkenntnis unter den Bedingungen dieser raumzeitlichen Konstituierung möglich ist. Im Gegensatz zu Steiner wollte Kant keine »voraussetzungslose Erkenntnistheorie« (ebd., 159), sondern eine Erkenntnistheorie unter Bedingung ihrer Voraussetzungen entwerfen. Steiners Vorwurf an Kant lautete (formuliert an die Adresse des Kantianers Johannes Volkelt), daß er »den Weg zu einer möglichen objektiven Erkenntnis abschneidet« (ebd., 146) und Grenzen der Erkenntnis postuliere, die man überschreiten könne[157]. Diese Überschreitung der von Kant gezogenen Grenze war Steiners fundamentales Anliegen, in der Theosophie ist er darauf zurückgekommen[158].

Die Rückführung dieser Deutung auf Goethe ist einmal mehr ein problematisches Unterfangen, weil Goethe keine statische Position bietet, insbesondere durch seine Modifizierung der erkenntnistheoretischen Annahmen im Spätwerk. Die unschuldigen Formulierungen, mit denen Goethe Ende der achtziger Jahre von der Realität der Urpflanze berichtete, hat er im Laufe der Jahre kritisch in Frage gestellt. Die berühmte Begegnung mit Schiller am 20. Juni 1794, in der die ältere Literatur die »Konversion« eines vorkritischen Goethe zum Königsberger

[157] Steiner las Kant im Kontext der neukantianischen Rezeption als Weg zu einer allgemeinen Erkenntnistheorie, nicht zu einer revidierten Metaphysik. Letztlich ist Steiners Auseinandersetzung mit Kant eine mit den Neukantianern, aber diese Geschichte ist noch zu schreiben (s. am Ende dieses Abschnitts). Zur Rezeption Kügler: Kants »Grenzen der Erkenntnis« in der Kritik Rudolf Steiners. Seine Kritik an Steiner (etwa: Steiner habe übersehen, daß auch »sinnlichkeitsfreie Erfahrung« sich den »gegenständlichen Denkens« bedienen müsse, S. 110) ist im Prinzip zutreffend. Allerdings steht Kügler ganz auf der Seite Kants und reflektiert nur am Rand die Prägung der Erkenntnis durch das Objekt.

[158] Zusammenstellung von Steiners Kant-Kritiken ebd., 98–106.

Philosophen sah, ist inzwischen zwar entmythologisiert[159], aber Goethe hat seine philosophische Kritik gleichwohl mit Kant geschärft. Schillers scharfe Distinktion, Goethes Urpflanze sei keine Erfahrung, sondern eine Idee (HA X 540,38 f.), parierte Goethe, nachdem er sich »zusammengenommen« habe, mit der patzigen Bemerkung: »Das kann mir sehr lieb sein, daß ich Ideen habe ohne es zu wissen, und sie sogar mit Augen sehe.« (HA X 541,4–6) Letztlich aber sekundierte Goethe Kant, daß es unmöglich sei, das Wesen der Natur erkennen zu können, aber er beharrte darauf, daß es gleichzeitig unmöglich sei, darüber zu schweigen. In dieser Wendung im Sprachspiel suchte Goethe eine Erkenntnistheorie zwischen naiver Unmittelbarkeit und kritizistischem Weltverlust zu formulieren, wohlwissend, daß ihm Kant mit der zweiten Auflage der »Kritik der reinen Vernunft« entgegenkam. Die Revision seiner älteren Epistemologie in der Auseinandersetzung mit Kant kommt zum Ausdruck etwa in der »endgültigen Einteilung des Didaktischen Teils [der Farbenlehre] in Philosophische, Physische und Chemische Farben« in einer von Schiller empfohlenen Anlehnung an Kant[160] oder in der Anordnung von Quantitäten in »Mannigfaltigkeit – Totalität – Einheit« in Angleichung an die Kategorientafel bei Kant, der von »Einheit, Vielheit, Allheit« sprach[161]. In Bemerkungen gegenüber Eckermann hat er die vorkantische Phase durch die »vorkritische« Datierung seiner »Metamorphose der Pflanzen« bestätigt und die Gemeinsamkeiten mit Kant explizit bestätigt, wenn auch nicht näher ausgeführt: »Die Unterscheidung des Subjekts vom Objekt ... hatte Kant mit mir gemein, und ich freute mich, ihm hierin zu begegnen.«[162] Bei aller Annäherung hat Goethe jedoch Kants Zuspitzung auf eine strikte Bewußtseinsphilosophie nicht mitvollzogen[163]. So konnte er noch 1823 bei der Veröffentlichung der auf 1783 datierten Schrift »Der Versuch als Vermittler zwischen Objekt und Subjekt« (weiterhin) auffordern, »die Data der Beurteilung nicht aus sich, sondern aus dem Kreise der Dinge [zu] nehmen die er beobachtet« (HA XIII 10,31–33). Goethe blieb beim Primat der Anschauung, die ihm über die Geprägtheit der Sinne (»Wär nicht das Auge sonnenhaft«) die Vermittlung des Gegenstands ins Subjekt sicherte. In der Bindung der Wahrnehmung an die »Data« des Objekts blieb Steiner Goethes Intentionen eng verbunden, hier liegt ein kongeniales Anliegen beider.

Projiziert man diese Rekonstruktion von Grundpositionen der Erkenntnistheorie auf Steiners Analyse dieses Problemfeldes bei Goethe, so hat Steiner mit einer kontradiktorischen Positionierung von Goethe und Kant die Intentionen Goethes, insbesondere wenn man sein Spätwerk einbezieht, fundamental miß-

---

[159] Schieren: Anschauende Urteilskraft; Hofmann: Goethes Theologie, 111–155.

[160] Eichhorn: Idee und Erfahrung, 38.

[161] Ebd.; vgl. Kant: Kritik der reinen Vernunft, A 80 / B 106.

[162] Eckermann: Gespräche mit Goethe, hg. v. R. Otto, 215 (20.6.1827).

[163] So die Interpretation von Max Müller und Peter Eichhorn (Eichhorn: Idee und Erfahrung, 57 f.). Eichhorns Argumentation läuft darauf hinaus, daß »bei Goethe Subjekt und Objekt jeweils aneinander ihre *Seiendheit* innerhalb des konstituierenden erfahrbaren Horizontes des Seins« gewinnen (ebd., 58). Gerade die naturwissenschaftliche Kantkritik hat bis in die Gegenwart im offenen oder verdeckten Rückgriff auf Goethe die Abhängigkeit der Wahrnehmungsfähigkeiten von den Objekten betont, vgl. Lorenz: Die Rückseite des Spiegels, 21, oder Schmidt: Goethes herrlich leuchtende Natur, 49. Vgl. aber die dialektische Deutung dieses Verhältnisses bei Hofmann: Goethes Theologie.

verstanden, – oder er hat nicht begriffen, warum Goethe die transzendentalphilosophischen Angelpunkte der kritischen Philosophie respektierte[164]. Mit der Deutung Goethes als prinzipiellem Anti-Kantianer hat Steiner vermutlich seine eigene Distanzierungsgeschichte von Kant auf seine Leitfigur Goethe übertragen.

Vor dem Hintergrund dieser erkenntnistheoretischen Opposition Steiners gegen Goethe *und* Kant ist die oft in Anschlag gebrachte Differenz zwischen Steiner und Goethe hinsichtlich der Erkenntnisgrenzen und ihrer Überschreitung zu lesen, die wohlgesonnene wie kritische Steiner-Leser schon sehr früh notiert haben. Bereits Schröer hatte im Vorwort zu DNL I recht nachdrücklich darauf verwiesen, daß Goethe nicht angenommen habe, »bis zu den letzten Wahrheiten« vordringen zu können[165]. Steiner, namentlich als Theosoph, war hier ganz anderer Meinung. Die in der Steiner-Kritik immer wieder zitierten Stellen aus den »Maximen und Reflexionen« über den Zusammenhang von Geheimnis und Erkenntnis hatte Steiner als »Sprüche in Prosa« in seinem letzten Editionsband DNL IV / 2 selbst veröffentlicht[166]:

> »Wenn ich mich beim Urphänomen zuletzt beruhige, so ist es doch auch nur Resignation; aber es bleibt ein großer Unterschied, ob ich mich an den Grenzen der Menschheit resigniere oder innerhalb einer hypothetischen Beschränktheit meines bornierten Individuums«.
>
> »Die Wahrheit widerspricht unserer Natur, und zwar aus einem sehr einfachen Grunde: die Wahrheit fordert, daß wir uns für beschränkt erkennen sollen, der Irrtum schmeichelt uns, wir seien auf ein- oder die andere Weise unbegrenzt«.
>
> »Das schönst Glück des denkenden Menschen ist, das Erforschliche erforscht zu haben und das Unerforschliche ruhig zu verehren«[167].

Steiner hat von den drei Sprüchen einzig den letzten näher kommentiert. Demnach brauche das Unerforschliche »durchaus kein Unerkennbares, Verborgenes zu sein«, da »Begriffe als Forschungsorgane« nur bis zu der Grenze gingen, wo dasjenige begänne, »das in unmittelbarer Gegenwart aufgefaßt und festgehalten werden soll« (DNL IV / 2,387). An diesen Sentenzen Goethes und ihrer Interpretation wird deutlicher als an jeder Analyse, wie weit Steiner sich erkenntnistheoretisch von seinem Mentor Goethe entfernte.

Steiner suchte schon vor 1900 die »objektive« Erkenntnis des Gegenstandes, der Idee – ohne die Kontaminierung subjektiver Wahrnehmungsfilter, ohne »Vor-

---

[164] Schon die Zeitgenossen haben Steiners Kant-Rezeption an diesem Punkt kritisiert. Karl Vorländer bemängelte ein »völliges Mißverständnis der transscendentalen Methode von Seiten Steiners«. Er vertrete eine »mindestens stark einseitige und mit klaren Selbstzeugnissen Goethes in Widerspruch stehende Auffassung, in welcher ein an sich richtiger Gedanken (der Verschiedenheit der beiderseitigen Individualitäten) ins Extrem überspannt erscheint«; Vorländer: Goethes Verhältnis zu Kant, 63.

[165] Schröer: Vorwort (in: DNL I), S. VI.

[166] Zusammengestellt schon bei Raub: Steiner und Goethe, 293.

[167] Diese drei Zitate in DNL IV / 2,370 = HA XII 367,20; DNL IV / 2,359 = HA XII 409,321; DNL IV / 2,387 = HA XII 467,718.

stellungen«[168]. Wenn er dabei, wie gesagt[169], Kant in seinem systematischen Anliegen vermutlich nicht korrekt verstanden hat, könnte dies mit seiner Vorbildung als naturwissenschaftlicher Lehramtsstudent und philosophischer Autodidakt zusammenhängen. Kants erkenntnistheoretische Fundamentalfeststellung, daß es Erkenntnis nicht an den Möglichkeitsbedingungen menschlichen Erkennens vorbei gibt, bedeutet ja nicht – hier scheint ein Mißverständnis Steiners zu liegen –, daß es überhaupt keine Erkenntnis vom »Wesen« eines Gegenstandes gäbe und in diesem Sinn unübersteigbare Erkenntnisgrenzen gezogen wären, nur wäre auch eine solche Erkenntnis nicht außerhalb unserer Erkenntnisbedingungen möglich: In *diesem* Sinn gibt es bei Kant keine objektive Erkenntnis.

Steiners Antwort in der »Konsequenz der Goetheschen Weltanschauung« (GA 1,145) jedenfalls lautete, »die unmittelbare Erfahrung von vornherein als ein Ganzes von Vorstellungen auffassen« (ebd., 146). Entscheidend ist der Begriff der Unmittelbarkeit, die die im Subjekt liegenden Möglichkeitsbedingungen von Erkenntnis unterlaufen und zum »Wesen der Dinge« (ebd., 142) (das Steiner vermutlich mit dem Kantischen »An-sich« identifizierte) vorstoßen lassen soll. Steiner versprach die »Aussicht, zu einer *objektiven* Erkenntnis zu gelangen, weil wir das Objekt selbst sprechen lassen« (ebd., 159). Im Kontext dieses Ansatzes finden sich Äußerungen, in denen Steiner die Sistierung der Erkenntnisgrenzen als Aufhebung der Differenz von Gegenstand und Erkanntem verstand, etwa wenn er nicht mehr primär beim erkennenden Subjekt, sondern beim Gegenstand ansetzte, der »alles enthüllt, wessen wir bedürfen«, sofern wir ihm kein »hemmendes Vorurteil« entgegenbringen (ebd., 159); der Gegenstand offenbart, er spricht. Dies war eine Metaphorik, die eine unvermittelte Präsenz suggerierte.

Die entscheidende Nahtstelle zwischen der sinnlichen Affektion und dem idealen Gehalt bildete für Steiner das »Denken«, dessen Verständnis die Hauptlast seines systematischen Gegenentwurfs zu Kant trug:

> »Das Erkennen hat nur einen Sinn, wenn wir die den Sinnen gegebene Gestalt nicht als eine vollendete gelten lassen, wenn sie uns eine Halbheit ist, die noch Höheres in sich birgt, was aber nicht mehr sinnlich wahrnehmbar ist. Da tritt der Geist ein. Er nimmt jenes Höhere wahr. Deshalb darf das Denken auch nicht so gefaßt werden, als wenn es zu dem Inhalte der Wirklichkeit etwa hinzubrächte. Es ist nicht mehr und nicht weniger Organ des Wahrnehmens wie Auge und Ohr.« (GA 1,149)

[168] Wie im Brennspiegel wird dieser Frontverlauf nochmals in den Schlüsselbegriffen sichtbar: Ordnete Steiner sich dem »objektiven Idealismus« zu (GA 1,129), so hat Goethe sein Leben lang Wert darauf gelegt, als »Realist« zu gelten (Schadewaldt: Goethes Begriff der Realität, 44) und sich gegenüber Schiller und damit auch gegenüber Kant als »beschauender Mensch« zum »Stockrealisten« erklärt (Briefentwurf an Schiller, 27. oder 28. April 1798, in: Goethe: Briefe [Sophien-Ausgabe, IV. Abteilung, Bd. 13], 79,10 f.). Diese Differenz gilt auch gegenüber Steiner, der sich zwar *auch* einmal unter die Realisten einordnete, aber signifikanterweise nicht mit der Begründung, an der anschaulichen Wirklichkeit anzusetzen, sondern weil dieser Realismus »die Idee als das Reale anspricht« (GA 1,182). Daß Steiner sich dadurch gemeinsam mit seinem Erzfeind Kant, der seine Theorie von Erfahrungen als Vorstellungen »transcendentalen Idealism« nannte (Kritik der reinen Vernunft [21787], B 519), unter die Idealisten rubrizierte, ist dabei eine ungewollt hinterlistige Pointe der Philosophiegeschichte.

[169] Vgl. Anm. 164 und 190. Nachzeichnung der Auseinandersetzung mit Vorländer bei Bideau: Rudolf Steiner et les fondements goethéens, 579–592.

An dieser spannenden Stelle, die mit der Voraussetzung eines Mehrwertes im sinnlich Gegebenen beginnt, erhielt der »Geist«, der vorher nicht eingeführt und nachher nicht erläutert wurde, die entscheidende Vermittlungsfunktion[170]. Das »Denken« erschien anschließend nicht als Denkvorgang des Subjekts, sondern als der Reflexion vorgeordnetes »Organ«. Daß auch hier durch die Reflexion Kants Erkenntnisgrenze unterlaufen werden sollte, dokumentiert die Äußerung, daß das »Denken« nichts »hinzubrächte«; Erkenntnisorgan und Erkenntnisinhalt fallen insoweit zusammen. Mit einer überraschenden Nonchalance ignorierte Steiner den gesamten Problembereich der sozialen Konstituierung oder auch nur Vermittlung des Denkens und des Gedankens, also die Frage nach der sozialen Konstitution oder Konstruktion von Wirklichkeit. Im Denken sei (nach den »Grundlinien«) der Gegenstand »*unmittelbare Erfahrung geworden*«, es sei »Erfahrung in der höchsten Form, sie weist jeden Versuch zurück, etwas von außen in die Erfahrung hineinzutragen.« (GA 2,44)

Steiner schlug im unmittelbaren Anschluß an die zitierte Passage zur Geistmetaphysik die Brücke zu den Naturwissenschaften:

> »So wie jenes [das Auge] Farben, dieses [das Ohr] Töne, so nimmt das Denken Ideen wahr. Der Idealismus ist deshalb mit dem Prinzipe des empirischen Forschens ganz gut vereinbar. Die Idee ist nicht Inhalt des subjektiven Denkens, sondern Forschungsresultat.« (GA 1,149 f.)

Steiner unterlief damit (immer in seiner Wahrnehmung) nicht nur Kant, sondern auch – fast nebenbei – die Dichotomie zwischen Natur- und Geisteswissenschaften, indem er ihre Wahrnehmungsmethoden vereinheitlichte. Der systematische Preis war jedoch beträchtlich, übernahm er doch die naturwissenschaftlich-biologische Metaphorik und ahermeneutische Erkenntnisvermittlung im Modell von Reiz und Reaktion; insofern ist dann Erkenntnis, ganz wie in den exakten Wissenschaften, »Forschungsresultat«. Steiner summierte:

> »*Die Wirklichkeit tritt uns, indem wir uns ihr mit offenen Sinnen entgegenstellen, gegenüber. Sie tritt uns in einer Gestalt gegenüber, die wir nicht als ihre wahre ansehen können; die letztere erreichen wir erst, wenn wir unser Denken in Fluß bringen.* Erkennen heißt: zu der halben Wirklichkeit der Sinnenerfahrung die Wahrnehmung des Denkens hinzufügen, auf daß ihr Bild vollständig werden.« (GA 1,150)

Weil das so verstandene Denken die »Idee« selbst zum Forschungsergebnis mache, sah Steiner – wieder gegen Kant – eine »Kongruenz« der »Anschauung« mit einem kritischen »Begriff«, der unter diesen kritischen Möglichkeitsbedingungen der Anschauung formuliert sei, überwunden und deshalb die Grenzen dieser Möglichkeitsbedingungen auf die Idee, auf das »Wesen des Gegenstandes« hin überschritten (GA 1,151). Konsequenterweise konnte es für Steiner dann kein »Jenseits« der Welt geben: »Der gesamte Seinsgrund hat sich in die Welt ausgegossen, er ist in sie aufgegangen.« (GA 2,84) Steiner hatte seiner Meinung nach »der transzendenten Weltansicht Lockes, Kants, des späteren Schelling,

[170] In einer Formulierung, die an eine Paulusstelle im Römerbrief (8,26) erinnert, derzufolge in zwinglianischer Übersetzungstradition »Gottes Geist für uns eintritt«.

Schopenhauers, Volkelts, der Neukantianer und der modernen Naturforscher eine wahrhaft immanente gegenübergestellt« (GA 1,157).

Es bleibt die Frage, welche Rolle dem Subjekt in diesem Prozeß zukommt, wo doch »das Objekt selbst« Autor der Enthüllung ist (GA 1,159) und wo »ein Gedankenbilde« mir gegenübertrete, »ohne daß ich selbst an seinem Zustandekommen mitwirke« (ebd., 161). Steiners Antwort lautete: »Ein Gedankengebilde« »kommt nur so in das Feld meines Wahrnehmens, daß ich es selbst aus dem dunklen Abgrund der Wahrnehmungslosigkeit heraufhebe« (ebd.). Steiner meinte damit keineswegs eine innovative Verfertigung der Gedanken durch das Subjekt, wie es etwa in einem rezeptionsästhetischen Verständnis formuliert werden könnte, sondern eine maieutische Tätigkeit, mit der der Mensch in die Wirklichkeit setzte, was der »Gedanke« vorgebe:

> »Beim Gedanken weiß ich genau, daß das, was er mir zuwendet, zugleich sein *Alles* ist, daß er als in sich vollendete Ganzheit in mein Bewußtsein eintritt. … Beim Gedanken bin ich mir klar, daß jenes *Werden* ohne meine Tätigkeit nicht möglich ist. Ich muß den Gedanken durcharbeiten, muß seinen Inhalt nachschaffen, muß ihn innerlich *durchleben*«, so Steiner 1886 (GA 2,47).

Heraufheben, durcharbeiten, nachschaffen, durchleben, durchschauen (GA 1,167), Steiners Metaphorik beschreibt ein reproduktives Subjekt, das etwas in die Wirklichkeit bringt, aber keine Wirklichkeit (und sei es auch nur eine unter den Erkenntnisbedingungen des Subjektes modifizierte) schafft. Auch hier belegen Äußerungen wie die von der »Selbstentäußerung« als äußerster Zurücknahme des Subjekts Steiners Absicht, durch die Sistierung der erkenntnisproduktiven Rolle des Erkennenden die Objektivität des Erkannten zu garantieren. In einem kursiv gedruckten Merksatz in den »Grundlinien« heißt es: »*Reine Erfahrung ist die Form der Wirklichkeit, in der diese uns erscheint, wenn wir ihr mit vollständiger Entäußerung unseres Selbstes entgegentreten.*« (GA 2,28) Diesen Satz könnte man, wie schon den Geist-Begriff, auf seine Parallelen in der religiösen Literatur befragen, die Kenosis-Formeln des Philipperbriefs und die theologische Erfahrungsliteratur böten sich an. Und in der Tat folgte diesem Satz eine naturmystische Formulierung als Goethe-Zitat, die ein enges Verhältnis zwischen Gegenstand und Subjekt, hier zwischen Natur und Mensch transportiert (ohne jedoch die kenotische Spitze zu decken): Wir seien von der »Natur« »umgeben und umschlungen« und aufgenommen »in den Kreislauf ihres Tanzes« (ebd., 28). Die Identitätsformeln von Erkenntnissubjekt und Erkenntnisgegenstand in DNL II markieren diesen Fluchtpunkt von Steiners Überlegungen noch schärfer:

> »Wir gelangen, indem wir uns der Idee bemächtigen, in den Kern der Welt. Was wir hier erfassen, ist dasjenige, aus dem alles hervorgeht. Wir werden mit diesem Prinzipe eine Einheit; deshalb erscheint uns die Idee, die das Objektivste ist, zugleich als das Subjektivste.« (GA 1,163)

Oder, wie es im Eingangkapitel von DNL II in einer Formulierung heißt, die für Anthroposophen und Anthroposophinnen als vielleicht häufigst zitiertes Wort aus Steiners vortheosophischem Werken eine außerordentlich hohe Identifikationsoption birgt:

»Indem das Denken sich der Idee bemächtigt, verschmilzt es mit dem Urgrunde des Weltendaseins; das, was außen wirkt, tritt in den Geist des Menschen ein: er wird mit der objektiven Wirklichkeit auf ihrer höchsten Potenz *eins. Das Gewahrwerden der Idee in der Wirklichkeit ist die wahre Kommunion des Menschen.*« (GA 1,126)

In der Metaphorik des Einswerdens, Einheit-Werdens, des Verschmelzens und der »Kommunion«, einem wiederum hochreligiös besetzten Sprachfeld, könnte ein religiöses Fundament von Steiners Theoriegebäude, wie es sich schon 1887 im Brief an Josef Köck in der Formulierung vom Anschauen des Ewigen (GA 38,13) (s. 9.4.2) findet, formuliert sein. Die Ablehnung der Transzendentalphilosophie Kants fand ihr letztes Ziel nicht in der unvermittelten Erkenntnis des Gegenstandes, sondern in der Aufhebung der Differenz von Subjekt und Objekt, in einer mystischen Unio beider. Diese Festlegung entzieht sich als konfessorische Formulierung einer systematischen Kritik und hat Anrecht auf eine nicht weiter befragte Akzeptanz, denn sie ist ein von Steiner gestatteter Blick in sein forum internum.

Die Konsequenzen dieser Position bleiben jedoch Thema der Auseinandersetzung, etwa hinsichtlich der Eigenständigkeit des Menschen als erkennendem Subjekt, die unterlaufen ist, wenn seine Erkenntnis nur in der Reproduktion von Gegebenem liegt. Steiner scheint dieses drohende Dilemma gespürt zu haben und präzisierte vielleicht deshalb am Schluß seiner Überlegungen die Rolle des Menschen, indem er die Metapher der Enthüllung nochmals aufgriff, aber an dieser Stelle das enthüllende Subjekt wechselte: Hatte er an einer oben zitierten Stelle noch davon gesprochen, daß der Gegenstand selbst »alles enthüllt, wessen wir bedürfen« (GA 1,159), so wisse der Mensch, der den »objektiven Weltinhalt« kenne (ebd., 166),

»daß er mit dem Kern des Weltendaseins unmittelbarst verknüpft ist, daß *er* diesen Kern, der allen übrigen Wesen verborgen bleibt, enthüllt, daß in ihm der Weltgeist zur Erscheinung kommt, daß dieser ihm innewohnt. Er sieht sich selbst als Vollender des Weltprozesses, er sieht, daß er berufen ist, das zu vollenden, was die andern Kräfte der Welt nicht vermögen, daß er der Schöpfung die Krone aufzusetzen hat.« Da Gott die Schöpfung nur bis zu einem »gewissen Punkte« geführt habe, »hat er den Menschen entstehen lassen und dieser stellt sich, indem er sich selbst erkennt und um sich blickt, die Aufgabe, fortzuwirken, zu vollenden, was die Urkraft begonnen hat.« (ebd.)

Wieder einmal nutzte Steiner die Terminologie der religiösen Tradition, hier der christlichen Schöpfungslehre, um der ultimativen Antwort auf letzte Fragen Nachdruck zu verleihen. Signifikant ist an dieser Stelle die Umdeutung der christlichen Theologie, derzufolge der Mensch selbst die Krone der Schöpfung sei. Bei Steiner wurde demgegenüber der Mensch selbst zum Vollender der Schöpfung, trat an die Stelle, die im Christentum Gott vorbehalten war. Wenn also, wie zitiert, »Erkennen heißt: zu der halben Wirklichkeit der Sinnerfahrung die Wahrnehmung des Denkens hinzufügen, auf daß ihr Bild vollständig werde« (GA 1,150), wird der Mensch quasi göttlicher Agent (oder gar Subjekt?) der Vollendung der Schöpfung. »Im Denkakt strebt also die Natur«, so die Interpretation Raubs[171], »zu

[171] Raub: Steiner und Goethe, 54.

ihrer Selbstbewußtwerdung.« Hier kündigte sich eine andere Anthropologie an, die am Ende der 1890er Jahre in steilen Formulierungen ihren Ausdruck fand.

Der historische Hintergrund der erkenntnistheoretischen Reflexionen Steiners ist nur hinsichtlich seines Gegners Kant ganz klar. Die zeitnahen Kontexte jedoch ließ Steiner nicht erkennen. Allerdings liegen in der Konzentration der Philosophie auf Erkenntnistheorie Verbindungen zum neukantianischen Denken am Ende des 19. Jahrhunderts, wenngleich sich Steiners Denken nicht an deren metaphysikkritische Konzeptionen anschließen läßt[172]. Steiner scheint sich nicht darüber im Klaren gewesen zu sein, in welchem Ausmaß er trotz seiner Gegnerschaft zu Kant Neukantianier war. Nicht ganz klar ist auch, ob Beziehungen zu frühen Phänomenologen bestanden. Seine Übereinstimmung mit deren später formuliertem Leitsatz »Zurück zu den Sachen« ist zwar evident, aber in ihrer historischen Genese augenblicklich nicht überschaubar. Einen der wichtigen Vorläufer der Phänomenologie, Franz von Brentano, hat Steiner immerhin in den 1890er Jahren in Wien kennengelernt, wenngleich Brentanos Bedeutung augenblicklich nur schwer abzuschätzen ist[173].

*c. Metamorphose und darwinistische Theorie*

Steiners Rezeption der Metamorphosetheorie war von einem normativen Interesse geleitet, der darwinistischen Perspektive. Zeitbedingte Wahrnehmungsfilter gehören zu den unausweichlichen Bedingungen jeder Rezeption, aber an keinem Ort hat Steiner sie so unverstellt artikuliert. Schon in DNL I erhob Steiner 1884 den Anspruch, »das wahre Verhältnis der Goetheschen Naturanschauung ... zur Entwicklungstheorie in moderner Gestalt« darzustellen (GA 1,13), weil er glaubte, Goethes Vorstellungen schüfen »erst eine sichere Basis« für die »moderne Deszendenzlehre« (ebd., 31). In den »Grundlinien« (1886) galt, »*die Darwinsche Theorie setzt den Typus voraus*« (GA 2,103), und auch in »Goethes Weltanschauung« (1897) blieb dieses Verständnis im Kern unrevidiert bestehen:

> »Vom Standpunkte der Goetheschen Weltanschauung kann man sich den Behauptungen des Darwinismus gegenüber, soweit sie das tatsächliche Hervorgehen einer organischen Art aus der andern betreffen, nur zustimmend verhalten. Goethes Ideen dringen aber tiefer in das Wesen des Organischen ein als der Darwinismus der Gegenwart.« (GA 6,144)

Damit stellte sich Steiner, der wohl schon vor 1882 Darwin gelesen hatte[174], in die Tradition der zentralen These Kalischers, daß Goethe »schon die fundamentalen Gedanken ausgesprochen hat, auf denen Darwin's System sich aufbaut«, die Kalischer durch zahllose Goethezitate und Einzelbefunde zu belegen ver-

---

[172] Dazu Köhnke: Entstehung und Aufstieg des Neukantianismus; Sieg: Aufstieg und Niedergang des Marburger Neukantianismus.

[173] Man kann zwar angesichts von Äußerungen um 1900, in denen Steiner Brentano einen »geistreichen Poseur« nannte (GA 30,423), Steiner von Brentano »nur wenig beeindruckt« sehen (so Lindenberg: Steiner [Biographie], I, 69), aber das sagt angesichts von Steiners Brüchen in den 1890er Jahren wenig über die 1880er Jahre aus. Zu Brentanos Vorläuferrolle für die Phänomenologie vgl. Spiegelberg: The Phenomenological Movement, 27–52.

[174] Steiner: Autobiographischer Vortrag über die Kindheits- und Jugendjahre, 17, zur Datierung ebd., 34[17]. Zur positiven Wertung Ende 1883 vgl. GA 38,71–73.

sucht hatte[175]. In einigen Details setzte er sich allerdings von Kalischer ab. Steiner nahm beispielsweise keine »allen Pflanzen gemeinsame *reelle Stammform*« (so Kalischer) an[176], interpretierte also die »Urpflanze« nicht als phylogenetische »Urform«[177] und verringerte damit die Naturalisierung von Goethes Vorstellungen – doch dies sind Unterschiede in Einzelheiten, die die Fundamentalorientierung nicht berühren.

Steiner hat letztlich eine naive Verhältnisbestimmung von Goethe und Darwin vorgenommen, die man ihm angesichts des damaligen Kenntnisstandes über die Geschichte der Evolutionstheorie nicht über die Maßen ankreiden darf. Fragen der Transformation oder der Differenzierung der evolutionistischen Bewegung seit dem ausgehenden 18. Jahrhundert hat er allerdings nicht einmal ansatzweise als Problem gesehen (s. 9.3.3a). Dabei wären nicht nur die anschlußfähigen Theorieteile herauszustellen, daß etwa das evolutionistische Denken in Goethes Metamorphosenlehre konzeptionelle Anknüpfungspunkte besitzt, sondern auch die Differenzen im Auge zu behalten. Die neuere Forschung tendiert dazu, bei Goethe zwar ein dynamisches Naturverständnis und eine Theorie der »Entwicklung« anzunehmen, jedoch die Differenz deutlich zu markieren, die in Darwins Funktionsbeschreibung des Evolutionsprozesses liegt. Dazu zählen etwa die antiidealistische Theoriebildung in Darwins Modell der Selektion (das durch die Einbeziehung des Mutationsfaktors nach 1900 noch verschärft wurde) und die daraus gezogene Konsequenz einer Negation der Teleologie im Prozeß der Entwicklung oder die Kritik eines statischen Begriffs der hinter der Gestalt liegenden »Idee« durch die Dynamisierung der Artenkonstanz seit der Mitte des 18. Jahrhunderts. Diese Differenzen hatte schon Kalischer nicht realisiert[178] oder nicht als prinzipielle Gegensätze verstanden; der entscheidende Konvergenzbereich zwischen Goetheanismus und Darwinismus war für ihn die (anti-schöpfungstheologische) »natürliche Schöpfungslehre« Haeckelscher Prägung und die Theoriefähigkeit eines Modells der organischen Entwicklung ohne den Zwang, einen Hiatus annehmen zu müssen. Nur in diesem Verständnis war denn auch die Parallelisierung der Typuskonzeption in der Metamorphosenlehre und dem Naturgesetz der Darwinschen Evolutionstheorie bei Steiner (vgl. GA 2,104) gemeint.

*d. Ästhetik*

Anläufe zur Ausbildung einer ästhetischen Theorie hat Steiner mehrfach unternommen und, wie viele andere Bereiche, nicht systematisiert. Im Winter 1890 arbeitete er an »meiner ›Ästhetik‹« (GA 38,36), doch kam er nicht über ein Frag-

---

[175] Goethe's Werke, hg. v. S. Kalischer, 33. Theil, S. LXIII (erstes Zit.); Wenzel: Goethe und Darwin, 234 (zweites Zit.). Die Äußerung von Raub: Steiner und Goethe, 40, daß im »Goethebild Steiners« der »Grundton die Opposition gegen die darwinistische Schule« sei, ist demgegenüber nicht zu halten und einer der wenigen Punkte, bei denen ich Raub widerspreche. Raubs antidarwinistische Interpretation Steiners hängt möglicherweise mit der durch Haeckel ausgelösten Polarisierung pro oder contra Goethes Naturauffassung zusammen. Steiner positionierte sich in dieser Debatte als goetheanistischer Idealist unter Relativierung einzelner biologiewissenschaftlicher Positionen (s. o. 5.6.2a).

[176] Goethe's Werke, hg. v. S. Kalischer, 33. Theil, S. LXVIII.

[177] Vgl. Wenzel: Goethe und Darwin, 235.

[178] Vgl. ebd., 239.

ment hinaus[179]. Ästhetik war für ihn eine Theorie des Schönen (GA 30[1],39), keine generelle Theorie der Wahrnehmung. Die Wendungen seiner Ästhetik-Vorstellungen hat Raub nachgezeichnet[180], und seinen Ergebnissen folgt auch dieser Abschnitt.

In DNL II las Steiner 1884 das Kunstwerk als Verkörperung der Idee und als ihren adäquaten Ausdruck:

> »Ein Kunstwerk haben wir begriffen, wenn wir die Idee kennen, die in demselben verkörpert ist; wir brauchen nach keinem weiteren gesetzmäßigen Zusammenhang zwischen Idee (Ursache) und Werk (Wirkung) zu fragen.« (GA 1,199)

1889 allerdings kehrte er in dem Aufsatz »Goethe als Vater einer neuen Ästhetik« diese Theorie um: Es gebe den

> »alten Irrtum, daß der Inhalt des Schönen die Idee sei« (GA 30[1],43). »Ein *wirklicher Schein* aber ist es, wenn das Natürliche, Individuelle in einem ewigen, unvergänglichen Gewande, ausgestattet *mit dem Charakter der Idee,* erscheint; denn diese kommt ihr eben in Wirklichkeit *nicht* zu.« (ebd., 43 f.)

Wenn sich der Künstler auf das »Nachschaffen« (ebd., 31) des Naturprozesses einlasse, werde er der »Fortsetzer des Weltgeistes« (ebd., 44). In DNL IV (1897) wiederum beschrieb Steiner das Verhältnis von Idee und Kunstwerk im Modell der Adäquanz, demzufolge der Künstler (und der Philosoph) suchen, »das Vollkommene zu gestalten, das ihr Geist erschaut, wenn sie die Natur auf sich wirken lassen« (GA 1,331). Interessanterweise tauchte in diesem Zusammenhang schon das Motiv des »tiefer Schauenden« auf, für den Kunstwerke, in Anlehnung an Goethe, »eine Manifestation geheimer Naturgesetze« (ebd., 343) sind, eine Konzeption, die an Vorstellungen von Steiners theosophischer Zeit gemahnt, ohne daß sich allerdings Bezüge den späteren zu esoterischen Vorstellungen ausmachen ließen.

Ähnliche Dissonanzen treten bei der Beschreibung des Verhältnisses der Kunst zur Wissenschaft auf. War für Steiner 1884 »die Kunst ebenso objektiv wie die Wissenschaft« (GA 1,139), so findet sich 1889 in »Goethe als Vater einer neuen Ästhetik« die Wissenschaft zur übergeordneten Erkenntnisquelle erhoben: »Die Kunst suche nur zu veranschaulichen, was die Wissenschaft unmittelbar in der Gedankenform zum Ausdrucke bringt.« (GA 30[1],38) Explizit wandte er sich gegen Vischers Theorie von der Schönheit als der »Erscheinung der Idee«, denn damit sei die Funktion der Wissenschaft hinfällig: »Was dann die Kunst neben der Wissenschaft noch für eine selbständige Aufgabe haben soll, ist nicht einzusehen.« (ebd., 38) 1897 waren allerdings Wissenschaft und Kunst wieder gleichberechtigt: »Philosoph und Künstler haben das gleiche Ziel«, aber »verschiedene Mittel zu Gebote« (GA 1,331). Raub vermutet, daß diese widersprüchlichen Konzeptionen ihren Grund in der Marginalität des Themas für Steiner haben. Vermutlich hat er die Ästhetik nur nebenbei und in unterschiedlichen Anlässen mit unterschiedlichen Zielen traktiert, vielleicht spiegelt aber sein

---

[179] Unter dem Titel »Über das Komische und seinen Zusammenhang mit dem Leben« abgedruckt in GA 271,37–47. Die Identifizierung dieser Überlegungen mit der geplanten Ästhetik nach C. S. Picht und Raub: Steiner und Goethe, 298.

[180] Raub: Steiner und Goethe, 65–75.

Changieren auch den Versuch, die beiden »Hauptpfeiler« seiner »Weltanschauung« zu harmonisieren: »die Idee als Urgrund des Seins zu begreifen, und die Erfüllung des Menschseins in der schöpferischen Freiheit zu sehn.«[181] In den folgenden Jahren variierte Steiner seine ästhetischen Vorstellungen nochmals beträchtlich. 1898, in den Jahren als innerlicher Anarchist, verneinte er die Möglichkeit einer »allgemeinen Ästhetik« (GA 30[1],541):

> »Es kann keine allgemeinen Kunstgesetze, keine allgemeine Ästhetik geben. Jedes Kunstwerk fordert eine eigene Ästhetik. Und jede Kritik, die auf dem Aberglauben aufgebaut ist, daß es eine Ästhetik gibt, gehört für den naturwissenschaftlich Denkenden zum alten Eisen.« (ebd., 541)

In der theosophischen Zeit näherte sich Steiner wieder einem idealistischen Konzept der Ästhetik an. Im Februar 1918 interpretierte er Kunst als »Versinnlichung« dessen, »was nur geistig in der Seele sich offenbaren kann« (GA 271,111). Das sinnlich Erfahrbare war wieder zum Epiphänomen der Idee degradiert. Konsequenterweise sprach Steiner wenig später davon, die sinnenfällig erscheinende Natur zu »töten« (ebd., 122). Für Raub wird in dieser Konzeption nochmals »*ein* entscheidender Unterschied zu Goethe unübersehbar: Auch Goethe will im Kunstwerk sonst verborgene Kräfte sichtbar werden lassen, aber nicht, indem er die Gestalt der Wirklichkeit vernichtet, sondern *transparent* macht für das Erscheinen des Göttlich-Geistigen.«[182]

*e. Organik*

Goethe wurde für Steiner zum großen Inspirator eines »organischen« Denkens, sowohl einer Weltdeutung, die ihren Ausgangspunkt in der Sinnenwelt nahm, als auch für die lebenslange Akzeptanz »organischer« Denkformen. 1884 hielt er die »Goethesche Methode« für die »offenbar … einzig mögliche, um in das Wesen der Organismenwelt einzudringen«; es »muß jeder Vorgang in der organischen Natur nach Goethes Ideen geschehen«, er gelange »zu der allein befriedigenden Naturanschauung, welche die eine wahrhaft objektive Methode begründet« (GA 1,85.107.110). Sein goetheanisches Programm skizzierte er im Dezember 1886 in einem Brief an Schroer:

> »Was zufällige Erscheinung ist, muß so mit den Fäden der Idee durchwoben werden, daß das Mannigfaltige als aus der Einheit hervorquellend erscheint. … In der organischen Welt erscheint die Einheit selbst schon sinnlich-wirklich, und eben deshalb darf man hier bei der diskursiven Urteilskraft nicht stehenbleiben … Das Einzelne darf nicht neben dem Ganzen, sondern in und mit demselben real gegeben erscheinen« (GA 38,144).

Diese »Organik« habe ihre eigene Art und Weise der Naturbetrachtung (ebd., 134.136) und eigene, nicht der Mechanik der anorganischen Natur entsprechende Gesetze, hatte Steiner zwei Jahre zuvor geschrieben (ebd., 83.87). Andererseits

---

[181] Ebd., 71. Raub interpretiert insbesondere den Widerspruch zwischen den Versuchen von 1884 und 1889 über das Verhältnis von Idee und Kunstwerk als Versuch Steiners, die »schöpferische Freiheit des Menschen« im Prozeß des Erscheinens der Idee zu wahren (ebd., 68).

[182] Ebd., 74.

müsse eine »*wahre Organik als Wissenschaft*«, zu der Goethe den Weg gewiesen habe, »das System unserer Begriffe« – und darunter darf man wohl auch die traditionellen Naturwissenschaften rubrizieren – »um ein Gebiet … erweitern, so daß wir zu Gesetzen kommen, die uns das Organische ebenso begreiflich erscheinen lassen wie die unorganischen Gesetze die Erscheinungen der rein physischen und mechanischen Welt« (ebd., 83). Diese »Organik« solle explizit zu einer »der Physik, Chemie etc. ebenbürtigen« »Wissenschaft« werden (ebd., 87). In diese goetheanische Wissenschaftskonzeption hatte Steiner binnensystematisch konsequent eine erkenntnisrealistische Position inkorporiert.

*f. Steiners vorthesophische Goetherezeption – einige Grundlinien*
Steiner suchte bei Goethe nach einem festen Boden für seine Weltanschauung, und meinte ihn auch zu finden, namentlich in den diesem Abschnitt genannten Positionen. Wie alle überzeugten Interpreten hielt er seine Deutung für zutreffend, vielleicht sogar für »wahr«. Daß er sich damit in eine unabschließbare Deutungsgeschichte begab, in der er nicht nur andere Positionen relativierte, sondern auch von ihnen relativiert wurde, wurde für ihn keine kritische Daueranfrage an seine Interpretation.

Damit korrespondierte Steiners Goethebild, in dem Goethe eine »Weltanschauung« im Singular besaß. Aber damit unterschätzte er fatal die Dynamik von Goethes Schaffen, der seine naturwissenschaftlichen Vorstellungen nicht statisch oder abschließend formulierte, so daß jede »Fest«stellung seines Denkprozesses eine fixierbare Systematik unterstellt, die es bei Goethe nicht gab. Gerade Goethes naturwissenschaftliche Werke besitzen, da sie während dessen gesamter Lebenszeit entstanden, unterschiedliche Positionen und unterlagen zudem einem langen Veröffentlichungsprozeß, so daß manche Texte erst Jahrzehnte nach ihrer Niederschrift nach oft tiefgreifenden Überarbeitungen gedruckt wurden[183]. Außerdem hat Goethe vielfach mit Absicht eindeutige Antworten aufgeschoben oder offengelassen und gerade die abschließende Feststellung nicht getroffen, die man als Leser erwarten könnte. »Die« naturwissenschaftliche Weltanschauung oder gar »die Weltanschauung Goethes« ist ein postumes Konstrukt.

Dabei hat Steiner durchaus zentrale Elemente von Goethes Denken erfaßt, etwa die Ideenlehre des frühen Goethe (namentlich in DNL I). Steiner war dabei vermutlich nicht bewußt, wie sehr seine Deutung von Vorgaben der zeitgenössischen Rezeptionsgeschichte geprägt war. Die Identifizierung Goethes mit seinem »genialischen« Frühwerk, die durch eine teilweise massive Kritik an seinem Spätwerk (etwa durch Friedrich Theodor von Vischer) abgestützt wurde, war eine spezifische Blickverengung des 19. und frühen 20. Jahrhunderts, die auch Steiners Perspektive einengte.

Diese Fragen nach der Angemessenheit von Steiners Goethe-Interpretation machen allerdings nur im Licht der frühen Veröffentlichungen Steiners Sinn, in denen er sich an Texten Goethes abgearbeitet hat. Schon mit der Veröffentlichung von DNL II im Jahr 1886 war diese Phase grosso modo zu Ende. Die Einleitungen in DNL III und IV sowie vor allem »Goethes Weltanschauung« von 1897

[183] Kleinschnieder: Goethes Naturstudien, 8 f.

führen zwar noch Goethes Namen im Titel, doch benutzte Steiner den Olympier vor allem als Podium zur Darstellung seiner eigenen Weltanschauung[184], die in ihrer Genese eng mit Goethe verwachsen ist, doch im Laufe der Jahre Positionen bezogen hat, die von Goethe – gleich in welcher Altersphase – nicht mehr gedeckt waren. Wieweit Steiner diese rasant zunehmende Diskrepanz realisierte, ist nicht leicht zu entscheiden – aber zumindest kurz vor 1900, als sich Steiner von allen Autoritäten abzulösen trachtete, dürfte Steiner seine Differenzen gegenüber Goethes Auffassungen gesehen haben[185].

Die Selektion und und Konstruktion von Goethes Positionen erfolgte in der Perspektive eines Schlüsselbegriffs der kulturellen Debatten im Deutschland des ausgehenden 19. Jahrhunderts, dem der Weltanschauung. Der Metadiskurs der »Weltanschauungsdebatte« mit dem Ziel, eine neue, »einheitliche« Weltanschauung zu schaffen und alle Subdiskurse darin aufzuheben, prägte auch Steiners Deutung, wie er in DNL II 1887 programmatisch feststellte:

> »*Die Realisten begreifen nicht, daß das Objektive Idee ist, die Idealisten nicht, daß die Idee objektiv ist.* … Und wir vereinigen in unserer Ansicht alle Standpunkte, *insofern sie Berechtigung haben.* Unser Standpunkt ist Idealismus, weil er in der Idee den Weltengrund sieht; er ist Realismus, weil er die Idee als das Reale anspricht; und er ist Positivismus oder Empirismus, weil er zu dem Inhalt der Idee nicht durch apriorische Konstruktion, sondern zu ihm als einem Gegebenen kommen will.« (GA 1,182)

Damit hatte Steiner alle relevanten konkurrierenden Weltanschauungsansprüche eingesammelt[186] und in einem epistemologischen Monismus aufgehoben. Darin ist dann auch Goethe eingeordnet worden. Die großen Debatten des ausgehenden 19. Jahrhunderts, von der Erkenntnistheorie über den Vitalismus bis zu den kulturellen Evolutionstheorien ließen sich in diesem Rahmenwerk unterbringen.

Mit dieser Konzeption ist Steiner gerne, insbesondere von Anthroposophen, als Goetheanist gesehen worden. In der Tat benutzte Steiner den Begriff des Goetheanismus 1884 (GA 30[1],235), druckte Texte von Carl Gustav Carus (1789–1869) aus dem Umkreis seiner Zusammenarbeit mit Goethe (DNL I, 421–439) und benannte in Anmerkungen das intellektuelle Netzwerk des Goetheanismus

---

184 Diese zunehmende Diskrepanz hat Raub, ebd., 119, in aller Schärfe gesehen.

185 Steiner hat schon 1890 durchblicken lassen, daß seine Einleitung zu DNL III »einem tiefen Geistesbedürfnisse des Herausgebers« entstamme; sie sei eben »nicht aus dem Grunde geschrieben worden, weil in eine Goethe-Ausgabe … eben auch die Farbenlehre … aufgenommen werden muß« (GA 1,252). Vor 1900 wurde der Graben breiter. Der Gestus der Überbietung, mit dem Steiner 1897 in »Goethes Weltanschauung« seine Position vorstellte, impliziert ein Bewußtsein der tiefen Differenz zu Goethes Denken. Steiner sah etwa, daß ihn hinsichtlich der Theorie der Erkenntnisgrenzen von Goethe Welten trennten, eine Einsicht, die in anthroposophischer Zeit wieder weit zurücktrat. In Steiners Lebensrückblick finden sich aber wieder Stellen, in denen er diese Diskrepanz artikulierte. »Es« habe ihn von Goethe ›abgedrängt‹ zu seiner »eigenen Weltanschauung« hin (ebd., 131), er habe ›gerungen‹, Goethe »durch die Hilfe der eigenen Gedanken immer besser zu verstehen« (ebd., 132). »Ich verbrachte die letzten Jahre meines ersten Lebensabschnittes [vor dem Umzug nach Weimar im Jahr 1890] damit, mich abwechselnd vor mir selbst und vor Goethe zu rechtfertigen.« (ebd., 133)

186 Für Wenzel ist Steiners spezifische Neujustierung der Goethe-Interpretation sein Versuch, nicht nur die naturwissenschaftliche Diskussion um Goethe aufzugreifen, wie etwa Haeckel, sondern im Weltanschauungsdiskurs einen ganzheitlichen Entwurf, »Totalität«, vorzulegen; Wenzel: Goethe und Darwin, 239, vgl. auch 281. 285. 289.

(ebd., 417.421–423). Allerdings hat bereits Raub sehr vorsichtig von »vielen Parallelen zum Goethebild von Carus, Steffens etc., ohne daß darauf Bezug genommen wird«, gesprochen[187]. Damit ist das zentrale Problem angedeutet: Aus Parallelen folgt keine genetische Beziehung. Die Einordnung Steiners in eine goetheanistische Tradition ist, wie noch zu zeigen ist, eine nachträgliche Traditionskonstruktion (s. 9.4). Auch für eine Einordnung in die frühneuzeitliche »Monisten« gibt es keine Belege[188]. Wenn man einen zeitgeistigen Kontext angeben will, ist es eher der Neukantianismus als die goetheanistische Tradition.

### *5.6.3 »Goethes Weltanschauung«: Steiners relecture Goethes anno 1897*

1897 veröffentlichte Steiner nach den »Grundlinien« von 1886 und im Jahr des Abschlusses der Arbeiten an DNL IV seine zweite Monographie über Goethe: »Goethes Weltanschauung«. Nur vom Thema gehört diese Veröffentlichung in das Kapitel über Goethe, inhaltlich ist sie Ausdruck einer anderen, der nietzscheanischen Lebensphase Steiners. Seine biographische Krise hat sich in diesem Werk in einer radikalen Neuinterpretation Goethes niedergeschlagen, die nachgerade ein Mord an dem »Olympier« des Kaiserreichs ist[189] und ein helles Licht auf Steiners damalige Lebenslage wirft. Zugleich löste sich Steiner von den Konventionen höflicher wissenschaftlicher Debatten und warf sich in die polemische Weltanschauungsdebatte, wo er dann auch herbe Antworten einstecken müßte[190].

Über die Brisanz dieser relecture sind wir außergewöhnlich gut informiert, weil Steiner seiner Argumentation von 1897 bei der Neuauflage 1918 eigenhändig die Spitzen abgebrochen hat. Allerdings warf Steiner in der Vorrede zur Neuauflage Nebelkerzen: Er habe nur den »Stil« verändert, aber »keinen ersichtlichen Grund« gesehen, »ein Wesentliches an diesem Buche sonst zu ändern« (GA 6,7). Es gebe, so legte Steiner nach, »keine wesentliche Änderung des Inhalts (ebd., 8), und er bestärkte im Nachwort: »Alle darin [in der Ausgabe von 1897] dargestellten Gedanken gelten mir unverändert auch heute.« (ebd., 213) Diese Aussagen sind, höflich gesagt, falsch, und noch zu Lebzeiten wurde Steiner

---

[187] Raub: Steiner und Goethe 44.

[188] Röschert: Kontinuität und Wandel, 39, hat in den »Grundlinien« eine »Rezeption des Spinozismus« und Brunos gesehen. Dafür gibt es dort aber keine Belege; ein Verweis auf immanenztheoretische Vorstellungen reicht nicht, die konnte man auch von anderen Autoren beziehen.

[189] Anthroposophischerseits sind diese Veränderungen meist bestenfalls totgeschwiegen worden. Eine Zusammenstellung wichtiger Veränderungen aber bei Dollfus: Zur Erstausgabe von »Goethes Weltanschauung«, der jedoch den Konsequenzen einer brüchigen Biographie in diesen Jahren ausweicht. Offen benannt sind die Änderungen auch bei Röschert: Kontinuität und Wandel, 289, der aber damit »keine durchgreifende Veränderung« von Steiners Position verbunden sieht; diese Position ist meines Erachtens unhaltbar.

[190] Vorländer: Kant, Schiller, Goethe, 132, warf Steiner »eine isolierte und verbitterte Opposition gegen die gesamte moderne Philosophie (excl. natürlich Nietzsche) und die Naturwissenschaft« vor (und verteidigte tendenziell die positivistischen Naturwissenschaften), er kritisierte Steiners »Uebermass seiner durch keinerlei philosophische Sachkenntnis getrübte und durch keinerlei Selbsterkenntnis eingeschränkte Selbstüberhebung« und ironisierte das »vornehme Air« seiner auf das Erleben gestützten Deutungsansprüche. Vorländer sah auch bereits die antiidealistische Wendung, die Steiner in den Gegensatz zu seinen älteren Goethe-Deutungen brachte (ebd., 138). Vgl. Anm. 164.

mit den in parallelen Spalten gedruckten Gegenbelegen konfrontiert[191]. Bis heute werden in der Gesamtausgabe Steiners Eingriffe nicht offengelegt[192].

1897 hatte Goethe für Steiner die Rolle als Vaterfigur verloren: »Weil Goethe das innerste menschliche Erlebnis nicht kannte, war es ihm unmöglich, zu den letzten Gedanken über die sittliche Weltordnung zu gelangen« (GA 6,88). Oder: »Goethe ist bis zu der Anschauung der Freiheit nicht gekommen, weil er eine Abneigung gegen die Selbsterkenntnis hatte« (ebd., 94). Oder: Goethe habe sich im Alter dem Christentum wieder angenähert; gegenüber dieser »absteigenden Entwicklung« habe er, Steiner, die »aufsteigende Entwicklung« in der Zurückdrängung des Einflusses »der christlich-religiösen und philosophisch-platonischen Vorstellungen« bei Goethe zeigen wollen[193]. In diesen Äußerungen war die Verehrung für den »Kopernikus und Kepler der organischen Welt« von 1884 (GA 1,107) einer scharfen Distinktion zwischen Leistungen und Grenzen Goethes gewichen. Steiner sah sich nun selbst die von Goethe noch gezogenen Grenzen überschreiten und entwarf im Gefolge seiner Nietzsche-Rezeption eine neue Stellung des Menschen in der Natur.

Gegenüber der Idee war der Mensch vom Rezipienten zum Produzenten geworden. Im Kontext von Überlegungen zur »sittlichen Weltordnung« hieß es bei Steiner:

> »Wer aber Ideen in ihrer eigensten Wesenheit anzuschauen vermag, der wird bei den sittlichen gewahr, dahs nichts Äuhseres ihnen entspricht, dahs sie unmittelbar als Ideen produziert werden. Ihm ist klar, dahs weder ein göttlicher Wille, noch eine sittliche Weltordnung wirksam sind, um solche Ideen zu erzeugen.«[194]

Der Konnex der Idee zur Anschauung, zum Äußeren, war gelöst, die Identifizierung mit dem Göttlichen dekonstruiert. Dies ist ziemlich exakt das Gegenteil seiner Position der 1880er Jahre. Aber Steiner schloß auch eine gesellschaftliche Erzeugung der Idee aus, doch war dies weniger das Ergebnis eines Bewußtseinswandelns hin zu einer Sensibilität für soziale Faktoren als vielmehr eine Folge seines damaligen nietzscheanischen Individualismus. 1918 hat Steiner diese Po-

---

[191] So schon 1921 Mörike: Rudolf Steiner und die Wahrheit, und ein Jahr später Hauer: Wesen und Werden der Anthroposophie, 34–37.

[192] Die Gesamtausgabe verschweigt die Tiefe der Eingriffe, indem sie in den redaktionellen Vorbemerkungen zwar auf die Erstauflage verweist, jedoch mit keinem Wort die Überarbeitung erwähnt (GA 6,4). Mahnungen nach Steiners Tod, Steiners Veränderungen offenzulegen (so Ballmer: Editorin Marie Steiner, 45) verhallten ungehört.

[193] Die 1918 getilgte Stelle (Fehlstelle in GA 6,96 f.) lautet: »Es wird die Aufgabe einer besonderen Schrift sein, die psychologischen Gründe blohszulegen, die Goethe trotz der Richtung seiner Naturstudien zu Aussprüchen führten, die auf einen bei ihm vorhandenen Glauben an einen persönlichen Gott und an eine individuelle Fortdauer deuten. Als die Naturstudien in Goethes Leben zurücktraten, nahm er christliche und selbst mystische Elemente in sein Vorstellungsleben auf. Und mit zunehmendem Alter nahmen auch diese Elemente an Bedeutung für seine Weltanschauung zu. Hier habe ich mir weder die Aufgabe gestellt, die aufsteigende Entwicklung Goethes zu zeigen, die darin besteht, dahs sein eigenes Wesen den Einfluhs der christlich-religiösen und philosophisch-platonischen Vorstellungen, die in seiner Jugend an ihn herantraten, allmählich überwand und sich selbst herausarbeitete; noch wollte ich die absteigende Entwicklung charakterisieren, die ihn wieder zu christlichen und mystischen Vorstellungen hinführte. Er selbst sah die Änderung der Weltanschauung als Folge der verschiedenen Lebensalter an.« Steiner: Goethes Weltanschauung (1897), 80 f.

[194] Ebd., 73.

sitionen revidiert (im folgenden kursiv): So werden die Ideen ganz profan »produziert«, aber dies konnte Steiner 1918 nicht stehen lassen; als Theosoph sah er sie »*im Geist-Erleben* als Ideen produziert« (GA 6,88). Und die Aussage, daß kein »göttlicher Wille wirke« (1897), schränkte er auf einen »*nur äußerlich wirkenden* göttlichen Willen« ein« (GA 6,88), womit der göttliche Wille im Gegensatz zur Aussage von 1897 dann doch existieren und wirken sollte. Schließlich hat er 1897 die »Weltordnung« wieder eingesetzt, indem keine »*solche* Weltordnung wirksam ist, um diese Ideen zu erzeugen« (GA 6,89).

Eine vergleichbare Eskamotierung findet sich bei den erkenntnistheoretischen Positionen, wieder im Kontext einer Ethikbegründung. Wenn der Mensch selbst Produzent des zu Erkennenden sei, brauche es keine Vermittlung mehr zwischen dem Subjekt und dem Objekt der Erkenntnis. Beispielsweise flossen für Steiner 1897 die »höchsten Entscheidungen aus der Welt der sittlichen Ideen, die der Mensch selbst produziert«[195]. 1918 war der Mensch als Produzent wieder abgehalftert und nurmehr im Produktionsprozeß anwesend[196]. Geblieben waren eingerissenen Erkenntnisgrenzen. Steiner bestätigte 1918 seine Kritik: Goethe »befreit den Geist nur von allen Vermutungen, daß in der Natur ein Unbekanntes, Unergründliches sein könne« (GA 6,92). Daß er sich mit dieser Argumentation weit von Goethe entfernte, war Steiner bewußt (vgl. ebd., 94 f.), und er lieferte auch die philosophische Begründung seines Denkmalsturzes: Goethe sei in der Anschauung verhaftet geblieben und habe es nicht geschafft, »das Denken selbst zum Gegenstande des Denkens zu machen« (ebd., 85).

Hinter allem stand eine neue Zuordnung von Mensch und Welt. Im neuen Verständnis der »Anschauung« sei der Mensch »befreit« »von allem Abhängigkeitsgefühl«[197]. Er habe nicht mehr nur die Aufgabe, der Schöpfung »die Krone aufzusetzen« (GA 1,166), sondern »der Mensch selbst ist der Schöpfer« (GA 6,92). Und Steiner bekannte, daß er über Goethe »hinausgeht« (ebd.). Sein Gewährsmann war dabei Max Stirner, der von Steiner zustimmend mit makellos eindeutigen Sätzen zur Neujustierung des Menschenbildes zitiert wird:

> »Eigner bin ich meiner Gewalt, und ich bin es dann, wenn ich mich als *Einzigen* weiß. Im *Einzigen* kehrt selbst der Eigner in sein schöpferisches Nichts zurück, aus welchem er geboren wird. Jedes höhere Wesen über mir, sei es Gott, sei es Mensch, schwächt das Gefühl meiner Einzigkeit und erbleicht erst vor der Sonne dieses Bewußtseins. Stell' ich auf mich, den Einzigen, meine Sache, dann steht sie auf dem Vergänglichen, dem sterblichen Schöpfer seiner, der sich selbst verzehrt, und ich darf sagen: ich hab' mein Sach' auf Nichts gestellt.«[198]

Aber Steiner wollte diesen Absolutismus des Endlichen produktiv gewendet wissen und fügte mit einem Goethe-Zitat (Faust an Mephistopheles) hinzu: »In deinem Nichts hoff' ich das All zu finden« (GA 6,93).

---

[195] Ebd., 92.

[196] »Denn diese höchsten Entscheidungen fließen aus der Welt der sittlichen Ideen, bei deren Produktion die Seele des Menschen anwesend ist.« (GA 6,92)

[197] Steiner: Goethes Weltanschauung (1897), 92; 1918 schrieb Steiner dann: »von allem einseitigen Abhängigkeitsgefühl« (GA 6,92).

[198] GA 6,93; 1897 keine Hervorhebungen.

### *5.6.4 Theosophische Goethe-Interpretation*

Goethe war nicht nur Steiners zentrale weltanschauliche Referenzfigur der ersten Lebenshälfte, sondern behielt auch eine wichtige Stellung für den Theosophen und Anthroposophen Steiner. Die Interpretation von Goethe-Texten war dabei nur eine, vielleicht die nicht einmal wichtigste Dimension. Letztlich zieht sich Goethes Spur verwandelt oder scheinbar unmittelbar, mit konkreten Inhalten oder strukturellen Denkfiguren durch Steiners Œuvre. Man kann versuchen – nähere Analysen stehen noch aus – strukturelle Elemente von Goethes Denken in der Theosophie zu identifizieren. So ist offensichtlich, daß zwischen der Theorie einer »Objektivität« der Erkenntnis, die Steiner in der Beschäftigung mit Goethes Ideenlehre ausbildete, und den Objektivitätspostulaten in der »Philosophie der Freiheit« und in der theosophischen Epistemologie strukturelle Übereinstimmungen bestehen. Auch die Metamorphosenlehre läßt sich als strukturelles Analogon der Evolutionstheorie theosophischer Ausprägung lesen, wenngleich die Vorstellung der Materialisation des Geistigen in Steiners theosophischer Kosmologie keine Wurzeln bei Goethe besitzt. Man könnte weitere Details in Erwägung ziehen, etwa die binnensystematische Begründung von selbsttragender Entwicklung bei Goethe (im Modell von Polarität und Steigerung), die Steiner schon früh eine Distanzierung von der christlichen Schöpfungslehre und eine weltimmanente Entwicklungsalternative erlaubte. Auch die pantheistischen Motive Steiners sind – bei ähnlich komplexer Traditions- und Rezeptionslage wie hinsichtlich der Evolutionstheorie – wohl nicht ohne die Präsenz Goethes in der Lesegeschichte des jungen Steiner zu verstehen.

Weniger schwankenden Boden betritt man bei Steiners theosophischen Textinterpretationen, für die Raub wichtige Untersuchungen vorgelegt hat. Nach 1900 hat Steiner intensiver Goethes Dichtungen und weniger naturwissenschaftliche Werken ausgelegt. Ein wichtiger Bezugstext war Goethes »Märchen«, mit dem sich Steiner aber schon in den 1880er Jahren auseinandergesetzt hatte. Die Auslegungen dieses Textes folgten seit den 1880er Jahren Steiners weltanschaulichen Wandlungen[199], bis er nach 1900 eine genuin theosophische Deutung erhielt[200]. So las Steiner das Märchen 1908 als poetischen Ausdruck des Einweihungswegs: »Der goldene König ist ein Repräsentant der Einweihung für das Vorstellungsvermögen, der silberne König ist der Repräsentant für die Einweihung mit dem Erkenntnisvermögen des objektiven Gefühls, der eherne König ist der Repräsentant der Einweihung für das Erkenntnisvermögen des Willens.« (GA 57,63) Wieweit eine solche Deutung auf Motive oder Strukturen bei Goethe zurückgreifen kann, bliebe in einer dichten Exegese zu klären. Klar ist, daß Steiner nicht willkürlich an das Märchen anknüpfte, gleichzeitig aber frei mit Einzelheiten umging (etwa die Reihenfolge der geistigen Kräfte der theosophischen Reihenfolge anpaßte[201]). Ihren Höhepunkt hätte die Deutung des Märchens wohl in der Um-

---

[199] Dazu Raub: Steiner und Goethe, 202–207.

[200] Es gibt keine Hinweise auf Anstöße aus dem theosophischen Milieu zur Interpretation des Märchens. Umgekehrt gibt es aber theosophische Adaptionen, die von Steiner angestoßen sein könnten; vgl. etwa Wendel: Die symbolische Bedeutung des Goetheschen Märchens, 248–253. 274–286.

[201] Raub: Steiner und Goethe, 207.

arbeitung zu einem Mysterientheaterstück gefunden, die Steiner begonnen, aber nicht abgeschlossen hat. Die Mysteriendramen verdanken gleichwohl Goethe möglicherweise einige Anstöße (s. 11.3.1).

Eine noch größere Bedeutung erhielt Goethes »Faust«, den schon Steiner in Teilen aufführen ließ. Steiner sah als Theosoph darin eine Vertextung von Motiven des Einweihungsweges in die »geistige Welt«. Schon im Prolog sei diese Dimension, meinte Steiner 1909, als Ziel von Fausts Weg angedeutet, und am Beginn des zweiten Teils werde »gezeigt, wie des Faust Seele hineinwächst in die[se] Welt« (GA 57,333). Fausts Weg erschien als Abbreviatur der theosophischen Bewußtseinsgeschichte, von »Magie, ... Alchemie und ... Mystik, ... welche die Weisheit früherer Jahrhunderte war« (GA 273,10), durch den »völligen Materialismus« (ebd., 23) hindurch bis zur Verchristlichung seiner Biographie in der »Himmelfahrt« (GA 272,142 ff.). Diese mentale Evolution war nun für Steiner, wie im theosophischen Denken üblich, gleichzeitig an die Geschichte des Erkenntnisfortschritts gekoppelt[202]. Steiner hat allerdings weiterhin den Kommentar Schröers benutzt[203].

Die anthroposophische Deutung des »Faust« nach 1912[204] illustriere ich nur mit einigen Details, ohne die Stellung von Steiners Interpretation in der Faust-Forschung zu berücksichtigen, da er vielfach nur theosophische Inhalte an den Faust-Stoff anlagerte. Auch Widersprüche oder manifeste Fehlinterpretationen bleiben hier außer acht[205], da Steiner ohnehin mit der Einverleibung von Goethes Vorlage wie mit vielen anderen kulturellen Quellen verfuhr: Er paßte sie unter Verzicht auf eine hermeneutische Reflexion in seine Weltanschauung ein. So fing Steiner die Ambivalenzen der Mephisto(pheles)-Gestalt auf, indem er Luzifer und Ahriman (s. 8.3.2c) in ihm wirken sah (GA 22,54; GA 272,90); Fausts Heilschlaf am Beginn des zweiten Teils deutete Steiner als Vorbereitung auf Fausts

---

[202] 1897 hingegen hatte Steiner Goethe vorgehalten, unerfüllte Versprechungen abgegeben zu haben: »Man halte zusammen die stolzen Verse des Prometheus: ›Hier sitz ich ...‹ mit den demutsvollen im zweiten Teil des ›Faust‹: ›Wer immer strebend sich bemüht ...‹« (GA 32,64).

[203] Schröers Kommentar blieb auch für viele Anthroposophen ein letztes Wort zur Goethe-Forschung, so daß der Fortschritt der Goethe-Deutung des 20. Jahrhunderts an Steiner und seinen Schülern vorbeiging; Raub: Steiner und Goethe, 216. Noch heute wird in der Gesamtausgabe nach dem Schröerschen Werk zitiert (vgl. GA 272,323), ohne selbst im Kommentarteil der Gesamtausgabe der Werke Steiners die inzwischen üblich gewordene Verszählung anzugeben. Viele der folgenden Darstellungen und Überlegungen finden sich auch bei Raub, der nicht nur die spezifisch anthroposophischen Interpretationen, sondern auch alternative wissenschaftliche Deutungen beibringt.

[204] Im folgenden kann es nicht darum gehen, die Angemessenheit von Steiners Faust-Deutung oder Genese und Wandlungen aufzuzeigen. Raub: Steiner und Goethe, 213–233, hat diesen Komplex bereits einer längeren Darstellung und Kritik unterzogen.

[205] Raub, ebd., führt Beispiele widersprüchlicher Interpretationen an, z. B. die des Homunculus, der sowohl das »seelisch-geistige Wesen des Menschen« als auch das vom Menschen von sich gemachte Bild bezeichnen kann (S. 224).
Zu den Fehldeutungen zählt etwa Anaximander, dem Steiner als Vulkanist die tiefere Erkenntnis im Faust zusprach, obwohl Goethe den Neptunisten Thales aufgrund der damit verbundenen Option auf kontinuierliche Entwicklung vorzog; Steiner kannte offenbar den naturwissenschaftlichen Zusammenhang, wie schon in seinen Goethe-Editionen, nicht (ebd., 224 f.). Oder: Goethe selbst interpretierte den Schlußchor des Faust auch mit christlichen Motiven, verstand jedoch darunter nicht, wie Steiner, die Natur. Deren Beseeltheit war für Goethe vielmehr vor und außerhalb christlicher Überzeugungen gegeben (ebd., 231).

nächste Reinkarnation (GA 272,106 f.); das Reich der Mütter seien die durch imaginatives Hellsehen erreichbaren Gefilde (GA 273,83 f.), und den Verlauf der »Klassischen Walpurgisnacht« ordnete er drei Bewußtseinszuständen zu (ebd., 135 f.). In all diesen Interpretationen benutzte er ein Vokabular und Vorstellungen, das sich nicht bei Goethe findet. Die Kritik des sonst verständnisvollen Raub fällt angesichts dieser Uminterpretation denn auch harscher aus als sonst:

> Einzelne Urteile Steiners erzeugten, »selbst *wenn* sie Teilwahrheiten enthalten sollten, durch ihre apodiktische Form, die sich über nachprüfbare Beweise erhaben dünkt, in den Köpfen vieler Hörer und Leser verhängnisvolle Irrtümer. Hier wie an anderen Stellen lauert die Gefahr, daß Goethes Dichtung als Aushängeschild für ihr völlig fremde Anschauungen und Tendenzen mißbraucht wird!« »Wenn er [Steiner] auch manche rechte Einsicht gewonnen und durch seine abweichende Blickrichtung überraschende, neue Perspektiven eröffnet hat, so hat er doch gerade in den ›Faust-Vorträgen‹ auch soviel Falsches, Halbwahres und Verwirrendes gesagt, daß der Wert für die Forschung insgesamt sehr eingeschränkt wird. Der Leser, der sich *allein* auf Steiners Auslegungen verläßt, kann zu keinem wirklich objektiven und einigermaßen umfassenden Verständnis der Dichtung kommen.«[206]

## 5.7 »Deutsche« Theosophie aus dem Geist goetheanischer Ästhetik

Von Goethes kardinaler Bedeutung für Steiner war in diesem Kapitel beständig die Rede, besonders in den Abschnitten über Steiners philologischen Umgang mit Goethe und über die Goetheinterpretation seit den theosophischen Jahren. Für die vorliegende Arbeit, die nicht Steiners Biographie erzählt, sondern nur eine Geschichte der Theosophie in Deutschland, ist eine Dimension jedoch von besonderem Interesse: Goethe vermittelte Steiners theosophischen Vorstellungen ein eigenes Gepräge im Konzert der Theosophien in Deutschland. Steiner war, wie ich im Vorgriff auf das übernächste Kapitel gegen die anthroposophischen Deutungen festhalte, als Theosoph primär von theosophischen Schriften geprägt: Er war kein Goetheanist, der sich einen theosophischen Mantel übergeworfen hätte, sondern umgekehrt, er war Theosoph, der seine Theosophie an vielen Stellen goetheanisch einfärbte – wohl vor allem in seinen anthroposophischen Jahren.[207] Im Detail war alles komplizierter, schon weil die Beschäftigung mit Goethe in Steiners Leben zeitlich der Begegnung mit der Theosophie vorausging. Aber Steiners Theosophie gründet in der Begegnung mit theosophischen Autoren und entzündete sich nicht an Goethes Werken.

Dieser Transformationsprozeß müßte, wie mehrfach gesagt, in seinen Details Gegenstand einer eigenen Untersuchung sein. Strukturell und auch in vielen Konkretionen dürfte etwa Goethes ästhetischer Zugriff auf die Weltdeutung[208]

---

[206] Ebd., 230. 233.

[207] Dabei wäre zu untersuchen, ob Goethe nach der Trennung von der theosophischen Muttergesellschaft in seiner Bedeutung aufgewertet wurde oder ob Steiner ihn benutzte, traditionelle Lehren der Theosophie »goetheanisch« umzuschreiben.

[208] Auf eine zweite Dimension, durch die Goethe für die Theosophie wichtig wurde, gehe ich an dieser Stelle nicht zusammenfassend ein: auf die Transformation von Goethes Metamorphosenlehre in eine vom späten 19. Jahrhundert geprägte Evolutionstheorie.

ein spezifisch »deutsches« Merkmal von Steiners Theosophie sein[209]. Er verdankte Goethe vielleicht nicht die erste[210], sicher aber die folgenreichste Prägung, um die Welt im Vertrauen auf die Dignität und Richtigkeit der visuellen Anschauung wahrzunehmen. In der Spannung zwischen Anschauung und Reflexion traf Steiner die Entscheidung zugunsten der visuellen Ästhetik oft in Abgrenzung, manchmal in Opposition zum reflexiv erschlossenen (respektive wie Steiner wohl sagen würde, verschlossenen) Zusammenhang der Welt. Dieses Zutrauen zur Verläßlichkeit und »Wesentlichkeit« des Angeschauten und so zur Möglichkeit der Enthüllung der darin verkörperten Idee (beziehungsweise theosophisch gesagt: des darin wirkenden Geistigen) war für Steiner eine prinzipielle Alternative zu analytischen oder funktionalen Modellen der Welterschließung.

Steiner machte sich hier, vergleichbar dem Verhältnis von Metapher und Begriff, die Unterbestimmung der Anschauung gegenüber dem definierenden Begriff zu Nutze, setzte also, positiv gewendet, nicht auf die zwar scharfen, aber eingrenzenden begrifflichen Distinktionen, sondern auf den Bedeutungsüberschuß des anschaulichen Bildes. In dieser Weltweite der Anschauung brachte der zum Theosophen konvertierte Goetheaner immer wieder diejenigen »Erlebnisse« unter, die ihn in Konflikt mit der nicht auf subjektive Anschauung, sondern auf objektivierbare Meßbarkeit ausgerichteten klassischen Naturwissenschaft brachten. Steiners Berichte über die Kosmogenese oder die Erdentwicklung aus der »Akasha-Chronik« etwa sind Visionen (wenngleich er sie mit dem Anspruch auf naturwissenschaftliche Dignität als »Erkenntnisse« deklarierte), die durch die Erfahrbarkeit ihrer *Anschauung* legitimiert sind und die ihre Wissensgehalte als Bilder oder Ereignisgeschichten präsentieren.

Ein Gewinn dieser Kanonisierung von Anschauung läßt sich aus Steiners Perspektive gegenüber den »harten« empirischen Naturwissenschaften leicht greifen. Der Verlagerung der Forschung und Naturerklärung in weniger anschauliche Bereiche setzte die ästhetische Naturbetrachtung einen »begreifbaren« Zugang zur Natur entgegen. In der Physik etwa waren mit den Gesetzen der Thermodynamik oder der Elektrizität die anschaulichen Erklärungswege erschöpft, und mit der Unschärferelation und der Relativitätstheorie wurden kurz nach 1900 nicht nur die Wege der Anschaulichkeit verlassen, sondern Denkkategorien etabliert, die nur durch die Brechung und vielfache Vermittlung lebensweltlicher Wahrnehmungsformen zu begreifen waren. Was in der Physik in dieser umstürzenden Dimension registriert wurde, geschah in der Biologie stiller, aber kaum weniger folgenreich. In der zweiten Hälfte des 19. Jahrhunderts mutierte sie von einer Klassifizierungstopik, die entscheidend vom optischen Eindruck lebte, zu einer molekularbiologisch fundierten Wissenschaft. Auch hier wurde die An-

---

[209] Insbesondere im Ersten Weltkrieg finden sich deutschnationale Aufladungen Goethes, dem, um nur ein Beispiel zu nennen, »das deutsche Volk eine Entwickelungslehre« verdanke, »die aus dem tiefsten Inneren des deutschen Wesens selber kam« (GA 174a$^2$,51).

[210] Die eidetische Orientierung des jungen Rudolf Steiner bedürfte einer eigenen Analyse. So sind die Eindrücke aus einer katholischen Umgebung bei aller Distanz zur kirchlich verfaßten Religion nicht schlankweg zu negieren. Zumindest vermuten kann man, daß Goethe nun für den heranwachsenden Steiner eine Möglichkeit bot, dieser visuellen Orientierung einen wissenschaftlich akzeptierten Überbau und damit seinen ästhetischen Erfahrungen die Dignität einer philosophischen Position zu geben.

schaulichkeit zugunsten eines nicht mehr sinnlich wahrnehmbaren Funktionszusammenhangs aufgegeben. Daß Ernst Haeckel lebenslang auf der eidetischen Evidenz der Biologie im Geist Goethes beharrte (und ergo die molekularbiologische Wende nicht mehr mitmachte) und Steiner ihn lebenslang als kongenialen Interpreten der Natur akzeptierte, liegt nicht zuletzt in eben dieser Gemeinschaft ästhetischer Naturforschung.

Der psychologischen Entfremdung vom »unvermittelten« Natureindruck setzte Steiner die Beeindruckbarkeit, ja geradezu das Erlebnis des visuell »Wahr«nehmbaren entgegen. Wie Goethe übte er Distanz zum technischen Gerät der Naturforschung, ohne sich in eine prinzipielle Gegnerschaft zur Technik zu setzen (wie ja auch Goethe trotz des Verdikts über das Mikroskop mit geschliffenen Gläsern seine Infusionstierchen beobachtete). Ein solch eigenes Erlebnis ermöglicht es, auch ohne die Vermittlungsinstanzen einer hochtechnisierten Wissenschaft und einer immer komplizierter werdenden Bildung sich die Natur zum Erfahrungsfeld zu machen, stärkt also das Individuum in der Autonomie seiner je eigenen Annäherung an die sonst nur noch technisch oder schriftlich vermittelte Natur. Steiners goetheanische Ästhetik legitimierte die Interpretation der je eigenen visuellen Erfahrung als wirklichkeitsadäquat. Damit inaugurierte er ein Interpretationsmodell, das nicht nur für ihn und seine Klientel wirksam wurde, sondern auch außerhalb der Anthroposophie als Monitum für eine Erweiterung (oder auch Alternative) zur klassischen empirischen Naturwissenschaft galt. Das »Buch der Natur« wurde wieder zur Quelle der Erkenntnis: dezidiert antioffenbarungstheologisch, und in Besetzung eines Terrains, das (zumindest im Protestantismus) seit der Aufgabe der Physikotheologie nicht mehr bearbeitet wurde, so daß Steiner für seine im wesentlichen protestantische Anhängerschaft die theologische Naturlehre neu besetzen konnte.

Mit der ästhetisch begründeten Bildung von Zusammenhängen ergab sich fast automatisch eine Gegenposition zu einer Naturwissenschaft, die mit funktionalen Zusammenhängen als wirklichkeitsadäquaten Beschreibungen arbeitete. Ein Beispiel: Wenn Anthroposophen Heuschnupfen mit schalenbildenden Mitteln behandeln oder den zentrifugalen Kräften zentripetale entgegensetzen (s. 16.5.2e), wird die »Signatur« zum Ansatzpunkt einer Therapie, wohingegen die empirische Medizin nach Mitteln sucht, deren Heilwirkung sich aus einem biochemischen Vorgang bei der Linderung oder Heilung des Heuschnupfens, nicht aber aus einer visuell begründeten Kontraindikation ergibt. Selbst wenn die moderne Medizin einen solchen Zusammenhang als Entdeckungslogik akzeptiert, gilt er für die Erklärungslogik nur so lange, wie die molekular-funktionale Begründung mit der eidetischen Erklärung parallel geht. Sie installierte damit eine Metaebene, die in ihrer Wahrnehmung die Erklärungsgrenzen anschaulicher Medizin durchbrach, für Steiner jedoch deren Erklärungsleistungen unterbot. Steiner restituierte damit das frühneuzeitliche und hermetische Analogiedenken auf der Grundlage visueller Bezüge[211], das angesichts der konstitutiven Unanschaulichkeit der empirischen Wissenschaften zu einer lebensweltlich sinnstiftenden Naturerklärung werden konnte. Steiner ging es um die »reale Ge-

---

[211] Vgl. Foucault: Die Ordnung der Dinge, 46–77.

genwart«[212] gegenüber der überbordenden Präsenz der die Erkenntnisbedingungen diktierenden Vermittlungsinstanzen.

Über den Preis seines Ansatzes hat sich Steiner offenbar keine genauen Vorstellungen gemacht. Schon im Umgang mit Goethe vermißt man Reflexionen auf die Kategorienbildung der ästhetischen Wahrnehmung. Das Problem der Abgrenzung von Tieren und Pflanzen und der jeweiligen Arten untereinander, das Goethe mit Blick auf die augenscheinlichen Differenzierungen mit einem gewissen Recht noch verdrängen konnte, war zu Steiners Lebzeiten unausweichlich geworden. Goethes Beschränkung auf die Blattmodifikation oder das Endoskelett waren prinzipiell schon im 19. Jahrhundert zum Gegenstand der Kritik geworden[213]. Die behaupteten transzendenten »Ideen« in oder hinter diesen Dingen bildeten ein erkenntnistheoretisches Problem, waren doch die Kategorien, von denen Goethe ausging und die Steiner übernahm, aus der menschlichen Wahrnehmung gewonnen. Deshalb war nicht per se die Frage positiv beantwortet, ob die Kategorien dieser Wahrnehmung die wahrgenommenen Gegenstände adäquat erfassen und ob überhaupt alle benennbaren Kategorien vom Menschen wahrgenommen werden können. Steiner verabsolutierte mit anderen Worten die anthropomorphe Wahrnehmung, weil er Erfahrung an zu vielen Stellen mit visueller Erfahrung gleichsetzte. Hier rächte sich, daß Steiner – unter Berufung auf eine vermeintliche epistemologische Fundamentalopposition Goethes – nicht auf Kants Reflexionen über die Bedingungen von Erfahrung eingegangen war[214]. Aber diese systematischen Untiefen von Steiners Goethedeutung verhinderten nicht, daß Steiners Theosophie und Anthroposophie mit Goethe und seiner (hier, wie gesagt, nur exemplarisch herangezogenen ästhetischen Wahrnehmung) ein Markenzeichen erhielt. Gegenüber den Vordenkern der Adyar-Theosophie, aber auch gegenüber konkurrierenden theosophischen Gesellschaften, war Goethe ein Differenzkriterium, das Steiners Denken nicht grundlegend veränderte, aber unterscheidbar machte. Insofern wurde seine Theosophie durch Goethe zu einer »deutschen« Theosophie. Aber dies war mehr als ein »feiner Unterschied«. In der Höhe des reflexiven Niveaus, das Steiner aufgrund seiner Beschäftigung mit Goethe erlangt hatte, ließ Steiner die meisten anderen Theosophen weit hinter sich.

---

[212] George Steiner: Von realer Gegenwart.

[213] Wenzel: Goethe und Darwin, 16. 112. 285.

[214] Bleibt schon die individuelle Konstruktivität der ästhetischen Kategorien unreflektiert, so gilt dies um so mehr für die »gesellschaftliche Konstruktion der Wirklichkeit«. Die kulturelle Kontingenz der Interdependenz von Begriff und Wahrnehmung war für Steiner kein kritisches Korrektiv. Daß es eine andere Seite der »ästhetischen« Vernunft geben könnte, die weder mit der visuellen »Unmittelbarkeit« noch mit den »vernünftigen« Kategorien Kants sichtbar wird, und die es also ermöglichten, mit Kant gegen Kant zu argumentieren, ist Steiner nicht in den Sinn gekommen. Vgl. dazu Böhme: Das Andere der Vernunft. Daß mit der Verabsolutierung der menschlichen Visualität Steiner in die Tradition einer menschlichen Vernunftdeutung begab, in der sich das räsonierende Subjekt in die Stelle Gottes einwies, gehört zum Programm dieser »grandiosen Selbstermächtigung« (ebd., 17; vgl. 23), die nicht zufällig in Steiners Vorstellung der »Selbsterlösung« einen Ausdruck fand.
Konsequenterweise sind Überlegungen zur Sinnestäuschung bei Steiner marginal. Irrtum, uneindeutige Wahrnehmungen oder die Weite der Kombinatorik visueller Impressionen werden nicht als Grenzen oder In-Frage-Stellungen seines Systems reflektiert. Die »Heiligkeit« der anschaulichen Wirklichkeit hat autoimmunisierende Tendenzen, wird möglicherweise Opfer der Überzeugungskraft ihrer primären Evidenz, der Klarheit »auf den ersten Blick«.

# 6. Philosophische Positionen in den 1890er Jahren

## 6.1 Disposition, Quellen und Literatur

Die Beschäftigung mit Goethe führte Steiner in eine intensive Beschäftigung mit der Philosophie. Der rote Faden war dabei seine Gegnerschaft zu Kant, die er schon früh in seiner Beschäftigung mit Goethe ausgelebt hatte. Sein eigenes, idealistisches Programm war hingegen beträchtlichen Transformationen unterworfen und führte Steiner von einem religiösen in einen atheistischen Monismus, aus dem er erst durch die Konversion zur Theosophie wieder herausfand.

Mit philosophischen Fragen könnte sich Steiner außerhalb seiner Beschäftigung mit Goethe seit 1886 befaßt haben. Im dem salonartigen Lesekreis Eugenie delle Grazies traf er auf Philosophen der Wiener Universität, unter anderem auf Laurenz Müllner (1848–1911), der Philosophie an der katholischen Fakultät lehrte und an den sich Steiner später als Verfechter einer Vereinbarkeit von Christentum und Evolutionstheorie erinnerte (GA 20,185). Dazu kamen der Logiker Adolf Stöhr (1855–1921) von der Philosophischen Fakultät (dessen Nachfolger Moritz Schlick wurde) und der Zisterzienser Wilhelm Anton Neumann (1837–1919), der eine Professur für alttestamentliche Exegese an der Theologischen Fakultät bekleidete und renommierter Kunstwissenschaftler war (GA 28,9 f.). Allerdings wurden in diesem Kreis vermutlich hauptsächlich literarische Themen verhandelt; ob Steiner hier philosophische Fragen intensiv kennenlernte, steht in den Sternen und scheint mir weniger wahrscheinlich[1]. In Wien machte Steiner zudem die Bekanntschaft von Vinzenz Knauer (1828–1894), der Philosophiehistoriker und Benediktiner am Wiener Schottenstift war[2]. Mit ihm hat er korrespondiert und ihn auch nach 1900 noch häufig erwähnt[3], doch ist un-

---

[1] Dieser Kreis bedürfte im Blick auf Steiner einer eigenen Aufarbeitung. Historiographische Informationen bei Bock: Rudolf Steiner, 50–53, und, Bock teilweise (ohne Quellenangabe) rezipierend, Lindenberg: Steiner (Biographie), I, 140–144. Lindenbergs Auffassung, daß es vor allem um Dichtung ging (I, 141), dürfte zutreffen. Die Vermutung, Steiner habe in diesem Kreis philosophische Literatur, namentlich das Werk des Thomas von Aquin kennengelernt, kursiert in der anthroposophischen Literatur. Derartige Vermutungen machen sich bei Bock (ebd., 51) an dem Thomas-Kenner Karl Werner fest, den Bock zu dem Kreis hinzurechnet, den Steiner aber dort nicht getroffen habe. Lindenberg hingegen sieht deutlich (I, 145), daß wir darüber augenblicklich keine Kenntnisse besitzen und Steiners Vertrautheit mit der mittelalterlichen Philosophie dürftig war.

[2] Ob Knauer allerdings, wie Lindenberg: Steiner (Biographie), I, 141, behauptet, auch zu diesem Zirkel delle Grazies gehört, ist unklar.

[3] Beispielsweise hat Steiner in Knauers »Hauptproblemen der Philosophie« von 1892 die Stelle, wo dieser unter Rückgriff auf Platons Timaios von der Weltseele in Kreuzesform sprach, »kräftig angestrichen« (GA 8[9],190). Der Niederschlag dieser Lektüre findet sich 1902 in Steiners Buch »Das Christentum als mystische Tatsache« (ebd., 66.100.164) und noch häufig in den kommenden Jahren (z. B. GA 88,142 f. [1904]; GA 94,77 [1906]). An der Stelle aus dem Jahr 1902 wird deutlich, daß Steiner Knauer in einer Ausgabe las, die erst nach den Jahren im Kreis delle Grazies erschienen ist,

gewiß, wieweit Knauers genuin philosophischer Einfluß reichte. Letztlich steht eine dichte Analyse von Steiners Beschäftigung mit der Philosophie des 19. und frühen 20. Jahrhunderts noch aus[4].

Auf Steiners Weg zur Theosophie liegen zwei monographische Werke, seine Dissertation »Wahrheit und Wissenschaft« (1891) und seine »Philosophie der Freiheit« (1893). Beide Werke entstanden inmitten der zunehmenden Faszination an Nietzsche (und Stirner), die um 1890 herum greifbar wird und 1894 auf einen Höhepunkt zusteuerte, den sie 1895 mit »Friedrich Nietzsche, ein Kämpfer gegen seine Zeit«, fand. Diese nietzscheanische Klammer ist aufgrund der dekontextualisierenden, auf die systematische Deutung zielende Lektüre von Steiners philosophischen Schriften bislang nur unzureichend berücksichtigt worden. Ich halte demgegenüber eine Deutung von Steiners philosophischen Positionen auf dem Hintergrund seiner Nietzschelektüre für zwingend. Steiners Hauptschriften habe ich in groben Zügen kontextualisiert[5], hingegen die Frage der Angemessenheit von Steiners Interpretation von Philosophen, insbesondere seine Interpretation von Kant, Fichte, Nietzsche und Eduard von Hartmann nicht beantwortet; nur Steiners Rezeption dieser Philosophen ist der Gegenstand der folgenden Überlegungen. Die Literatur zu diesen Themenfeldern ist relativ eng mit Steiners einzelnen Veröffentlichungen verbunden. Sie wird deshalb an den jeweiligen Stellen genannt.

## 6.2 Steiners Dissertation »Wahrheit und Wissenschaft« (1890/91)

Steiners Dissertation gehört in eine längere, noch kaum aufgearbeitete Geschichte seiner akademischen Ambitionen. In Wien könnte sich Steiner (wohl gegen Ende der 1880er Jahre) nach der Möglichkeit einer Promotion erkundigt haben, die aber in Österreich aufgrund seines Realschulabschlusses und seines (ohnehin fehlenden) Examens an der Technischen Universität nicht möglich war (GA 28,148). Ob er mit einer Promotion schon damals eine akademische Karriere anstrebte oder nur seinen Status aufwerten wollte, ist unbekannt. Am

---

und er ein mehr religionshistorisches als ein philosophiegeschichtliches Thema rezipierte. Ob diese Beobachtung zur Rezeption Knauers durch Steiner verallgemeinert werden kann, bleibt zu prüfen.

[4] Dazu würden beispielsweise Franz von Brentano, Johannes Volkelt oder Otto Willmann gehören.

[5] Dichte philosophiehistorische Kontextualisierungen von Dissertation und »Philosophie der Freiheit« stehen noch aus. Die professionellen Philosophen haben beide Werke wegen ihrer Schwächen ignoriert, Anthroposophen die Kontexte aus systematischen Gründen für irrelevant erachtet. Zudem erschwert Steiners eklektische Sammlung von Versatzstücken mit ihrem teilweise popularphilosophischem Anstrich eine Zuordnung in philosophische Schulkontexte. Auch ich liefere im folgenden nur eine skizzenhafte Einordnung dieser Bücher.
Die anthroposophische Auseinandersetzung mit den Werken aus den 1890er Jahren war angesichts der radikal atheistischen Aussagen Steiners in dieser Phase vielfach wie paralysiert. Die Texte sind zwar seit langem in GA 30–32 publiziert, aber ihre Wahrnehmung litt unter der These einer starken weltanschaulichen Kontinuität, die die atheistischen Züge verdrängte und die durch Steiners theosophische Überarbeitung einiger Werke motiviert war. Neuerdings gibt es allerdings Versuche, diese Phase unter Rückgriff auf die Erstauflagen zu deuten, etwa Röschert: Kontinuität und Wandel. Methodisch halte ich Röscherts Ansatz für richtig, bei vielen Deutungen folge ich ihm allerdings nicht.

27. Mai 1890 frug er dann bei einer nicht bekannten Person nach, ob sein Goethe-Buch »Grundlinien einer Erkenntnistheorie der Goetheschen Weltanschauung« als Basis einer Promotion im Fach Philosophie an der Universität Rostock dienen könne[6]. Aber dieser Versuch einer schnellen Dissertation scheiterte. Im November dieses Jahres hatte er jedoch einen Doktorvater in dem Rostocker Philosophiehistoriker Heinrich von Stein gefunden[7], einem Platonspezialisten, der dem platonischen Idealismus auch weltanschaulich nahestand. Seine »Sieben Bücher zur Geschichte des Platonismus« stehen noch heute mit vielen Anstreichungen in Steiners Bibliothek[8], in von Stein hatte der goetheanistische Idealist Steiner einen Geistesverwandten gefunden[9]. Seine Dissertation reichte Steiner unter dem Titel »Die Grundfrage der Erkenntnistheorie mit besonderer Rücksicht auf Fichte's Wissenschaftslehre« ein[10] und bestand am 23. Oktober 1891 das Rigorosum in Philosophie, Mathematik und analytischer Geometrie, allerdings nur äußerst knapp mit der Bewertung »rite«[11]. Im März 1892 veröffentlichte er seine Dissertation, um ein kleines Schlußkapitel erweitert, als »Wahrheit und Wissenschaft. Vorspiel einer ›Philosophie der Freiheit‹« und widmete sie Eduard von Hartmann »in warmer Verehrung«[12].

Steiners Dissertation war in der argumentativen Struktur sein präzisestes Werk. Man mag seine Argumente akzeptieren oder ablehnen, aber Steiner versuchte, in einem methodisch kontrollierten Argumentationsgang, in Auseinandersetzung mit anderen Philosophen und mit nachvollziehbaren Literaturreferenzen seine Position zu entwickeln. Die Unterwerfung unter die Regeln des akademischen Arbeitens, die Heinrich von Stein eingefordert hatte – nämlich eine »auch äußerlich heraustretende Auseinandersetzung mit der Litteratur des betreffenden Gegenstandes, genaue Citate und methodische Beweisführung«[13] – führte zu einer Klarheit seiner Vorstellungen, wie sie sich in seinem Œuvre sonst selten findet.

Steiner begann mit einer kämpferischen Identifizierung seines Gegners: Kant und seine »in eitlem Dogmenwahn lebende Philosophie« (GA 3,10)[14]. Gegen

---

[6] Rudolf Steiners Dissertation, hg. v. D.M. Hoffmann u.a., 180. Hier wird die Adressatenangabe Heinrich von Stein (in GA 38,227) als falsch bezeichnet.

[7] Heinrich von Stein, Brief an Rudolf Steiner vom 15.11.1890, zit. nach ebd., 187f.

[8] Rudolf Steiners Dissertation, hg. v. D.M. Hoffmann u.a., 16.

[9] Möglicherweise beendete diese Arbeit seine kurzzeitige Identifikation mit »mystischen« Vorstellungen in Wien im Umkreis Ecksteins; vgl. 3.6.1.

[10] Steiner: Die Grundfrage der Erkenntnistheorie.

[11] Promotionsbericht aus der Promotionsakte, abgedruckt in: Rudolf Steiners Dissertation, hg. v. D.M. Hoffmann u.a., 203.

[12] Steiner: Wahrheit und Wissenschaft (1892). Das Werk ist gut greifbar in GA 3 und in: Rudolf Steiners Dissertation (ebd.). Zur Erweiterung der Buchhandelsausgabe 1892 siehe ebd., 12, doch gehen die Veränderungen über eine Erweiterung hinaus. Die normalisierte Schreibweise habe ich übernommen, soweit ich nach der GA-Ausgabe zitiere. Grundlage des Drucks in GA 3 ist die Buchhandelsausgabe von 1892, nur die Anordnung der Anmerkungen (nicht aber deren Text) wurde immer wieder verändert; vgl. Rudolf Steiners Dissertation, ebd., 11, die Neuordnung bei Steiner: Wahrheit und Wissenschaft (1925), 16f., und die wiederum veränderte Ordnung in GA 3,34f.

[13] Heinrich von Stein, Brief an Rudolf Steiner vom 15.11.1890, zit. nach: Rudolf Steiners Dissertation, hg. v. D.M. Hoffmann u.a., 188.

[14] Steiner 1892: Es sei ein »Fehler«, Kants, wenn er zu zeigen suche, »daß unser wissenschaftliches Bestreben sich innerhalb des erfahrungsmäßig Erreichbaren halten müsse und an die Erkenntnis des übersinnlichen Urgrundes, des ›Dinges an sich‹, nicht herankommen könne« (GA 3,9).

dessen Auffassung, daß der »Urgrund der Dinge … für unser Erkenntnisvermögen unzugänglich ist« (ebd., 9) und daß die »uns gegebenen Gegenstände« nichts als »unsere *Vorstellungen* seien« (ebd., 37), suchte er den »Beweis zu führen, daß für unser Denken alles erreichbar ist, was zur Erklärung und Ergründung der Welt herbeigezogen werden muß« (ebd., 10). Nach der »Überwindung des Subjektivismus« »begründen wir den *objektiven Idealismus*«[15], in der die »subjektive Form« zwar akzeptiert, aber zugleich als »Durchgangsstufe« entmachtet sei (ebd.).

Seine Kritik setzte an den »dogmatischen Voraussetzungen« von Kants vermeintlich »voraussetzungsloser Erkenntnistheorie« an (GA 3,34), insbesondere, daß »die Form aller Erfahrung im Subjekt begründet« sei (ebd., 33). Demgegenüber beanspruchte Steiner nachzuweisen, daß Kant nicht nur »Wahrheiten« voraussetze, die »von der Erfahrung unabhängig gewonnen werden« (ebd., 33), und wollte diese Position selbst begründen. Ein Nachweis war ihm die Prägung der Wahrnehmung durch äußere Eindrücke, die gegen die bloße Subjektivität der Vorstellung spreche[16]. Er folgerte, daß das »Bild der Außenwelt, das wir wirklich haben, von der Seele auf Grund des Empfindungsmaterials aufgebaut« werde (ebd., 43). Allerdings gestand er den Subjekttheoretikern zu, daß das »Weltbild« vor der »philosophischen Reflexion … schon Prädikate trägt, die nur durch das Erkennen vermittelt sind« (ebd., 51) und es also nicht nur »gegeben«, sondern »zugleich ein im Erkenntnisakte hervorgebrachtes ist« (ebd., 59). Aber in diesem Verständnis war seiner Auffassung nach die »Einheit des Weltbildes künstlich zerrissen« (ebd., 62), und deshalb wollte Steiner die »Brücke« vom »gegebenen[17] Weltbilde« zu dem »durch unser Erkennen« entstandenen Weltbild schlagen (ebd., 56). Diese »Wiederherstellung [der Einheit] geschieht in dem *Denken* über die gegebene Welt« (ebd., 62). Eine nicht nur akzidentielle, sondern konstitutiv subjektive Prägung des Denkens verneinte Steiner.

> »Dadurch, daß das Denken einen Bezug zwischen zwei abgesonderten Partien des Weltinhaltes herstellt, hat es gar nichts von sich aus über dieselben bestimmt. Es wartet ja ab, was sich infolge der Herstellung des Bezuges von selbst ergibt. … Alle Erkenntnisse beruhen darauf, daß der Mensch zwei oder mehrere Elemente der Wirklichkeit in die richtige Verbindung bringt und das sich hieraus Ergebende richtig erfaßt.« (ebd., 64)[18]

Dies betrachtete Steiner aufgrund der Anbindung an »Naturgesetze«, die »aus dem Gegebenen stammen« (ebd., 68), als »wissenschaftliches … Weltbild« (ebd., 67).

---

[15] Von Steiner auch als »transzendentaler Idealismus« bezeichnet (GA 3,45).

[16] Seine Beispiele nahm Steiner aus der Physik und aus der Sinnesphysiologie, namentlich nannte er Johannes Müller (GA 3,41 f.).

[17] Der nun immer wieder benutzte Terminus des Gegebenen war für Steiner die semantische Formel für eine Welt, die der subjektiven Wahrnehmung vorausliege; vgl. Anm. 23.

[18] Vgl. diesen Gedanken in antikantischer Wendung: »Das Denken sagt nichts a priori über das Gegebene aus, aber es stellt jene Formen her, durch deren Zugrundelegung a posteriori die Gesetzmäßigkeit der Erscheinungen zum Vorschein kommt.« (GA 3,67) Nochmals anders: »Das gegebene Weltbild [wird] denkend mit Begriffen und Ideen durchsetzt« (ebd., 68 f.), und: »Das Denken« »ordnet« »von sich aus den Inhalt des Weltbildes« und bringe »einen eigenen Inhalt im Momente des Erkennens hervor« (ebd., 63).

Nun folgte eine Auseinandersetzung mit Fichte, der die Wissenschaften in einer »Theorie des Bewußtseins« grundgelegt habe (GA 3,73). Doch habe Fichte den Grund nicht erkannt (ebd.) und ein »stolzes Gedankengebäude … ohne Fundament« errichtet (ebd., 11). Wie Kant sollte nun auch Fichte auf ein solides Fundament gestellt werden. Und wie bei Kant, wurde »das Gegebene« zur Basis einer neuen Deutung: »Das Ich gehört aber der Wirklichkeit an, und da ist es notwendig das Vorhandensein dieser oder jener Kategorie im Gegebenen festzustellen.« (ebd., 76). Das »Ich« baue »sich das Weltbild aus dem Zusammenfügen von Gegebenem und Begriff« (ebd., 80)[19]. Nun offerierte Steiner seine finale Lösung in der Konzeption des Denkens: »Das Gegebene durch das Denken bestimmen heißt *Erkennen*« (ebd., 83), und deshalb werde »im Denken die Essenz der Welt vermittelt« (ebd., 85). Damit seien die Fragen um Kants »Ding an sich« und Fichtes »›Ich‹ als Urprinzip« beantwortet (ebd., 87).

In dem für den Druck nachgetragenen, kurzen handlungstheoretischen Kapitel begründete Steiner seine Ethik. Wenn der Mensch die »Gesetzmäßigkeit« des »allgemeinen Weltgeschehens« erkannt habe (GA 3,91), sei »unser Handeln auch *unser* Werk« (ebd.). »*Die Gesetze seines Handelns erkennen heißt, sich seiner Freiheit bewußt sein.*« (ebd., 92) Dadurch seien, wie er schon im eingereichten Dissertationstext behauptet hatte, »unsere sittlichen Ideale … unser eigenes freies Erzeugnis« (ebd., 12).

Der Kontext von Steiners Arbeit war der deutsche Idealismus, den Steiner, von seiner Goethelektüre geprägt, kantkritisch zugespitzt und als Überbietung der Fichteschen Bewußtseinsphilosophie ausgelegt hatte. Aus dieser Tradition dürfte seine metaphysische Aufladung des Denkens stammen[20]. Faßt man den Kontext aber so allgemein, überdeckt man die zeitgenössischen Bezüge, diesseits der Meistererzählungen von Kant und Fichte. Steiners wichtigste Referenz war Eduard von Hartmann, der die Widmung des Bandes angenommen hatte[21] und im Vorwort als »bedeutendste philosophische Erscheinung der Gegenwart« apostrophiert wurde (GA 3,13)[22]. Mit Hartmann akzeptierte er die subjektive Prägung der Wahrnehmung (ebd., 12) und zugleich ihre Überwindung durch die physikalische und psycho-physische Dimension, die in seinen Augen die naturwissenschaftliche Grundlegung der Erkenntnistheorie bot (ebd., 14.16–18). Das Ausmaß seiner Bewunderung für Hartmann hatte Steiner schon Anfang 1891 ungeschminkt in der Zeitschrift »Deutsche Worte« offengelegt, wo er Hartmann für die Überwindung des spekulativen deutschen Idealismus durch eine Einbeziehung der Naturwissenschaften pries. Hier legte er auch klar, was in der Dissertation nur angedeutet ist: Damit sei Hegel vom Kopf auf die Füße gestellt

---

[19] Oder: »Das Gegebene durch das Denken bestimmen heißt Erkennen.« (GA 3,83)

[20] Vgl. etwa zur Teilhabe des Menschen an der Mitteilung Gottes im Denken bei Schelling; Schmidt-Biggemann: Philosophia perennis, 711.

[21] Rudolf Steiners Dissertation, hg. v. D.M. Hoffmann u. a., 208 f.

[22] Steiner führte im Literaturverzeichnis (GA 3,19) von Hartmanns »Kritische Grundlegung des transcendentalen Realismus« ($^{2}$1875), »Kirchmanns erkenntnistheoretischen Idealismus« (1889) und die »Kritischen Wanderungen durch die Philosophie der Gegenwart« (1890) an, nicht jedoch dessen meistdiskutiertes Werk, die »Philosophie des Unbewußten« (1869). Steiner hat das Werk allerdings gekannt und es Anfang 1891 eingehend besprochen (GA 30,291–295).

(GA 30,294f.). In diesem Kontext läßt sich Steiners Dissertation als goetheanischer Idealismus unter der Ägide Hartmanns lesen, in dem die zeitgenössische Naturwissenschaft mit dem Idealismus versöhnt werden sollte. Allerdings hat Hartmann in einem persönlichen Brief an Steiner klargestellt, daß er Steiners Realismus mit seiner postulatorischen Setzung des »Gegebenen« nicht teile[23].

Ein weiterer Kontext, der in den kommenden Jahren rasant an Bedeutung gewinnen sollte, war in der Dissertation nur angedeutet: Nietzsches Philosophie. Wenn man davon ausgeht, daß Titel und Schluß wie üblich zum Schluß verfaßt wurden, hat Nietzsche vermutlich im Verlauf der Abfassung des Textes an Bedeutung gewonnen und wurde möglicherweise Ende 1891 einbezogen. Der Untertitel »Vorspiel einer ›Philosophie der Freiheit‹« (GA 3,3) dürfte jedenfalls in Anlehnung an Nietzsches Untertitel in »Jenseits von Gut und Böse«, »Vorspiel einer Philosophie der Zukunft«, formuliert sein[24], und in dem kurzen ethischen Ausblick kann man Nietzsches Metaphysik des freien Subjektes erkennen. Der Verweis auf Fichte, der noch den Titel des Dissertationsdrucks dominiert hatte, war in der Buchhandelsfassung zugunsten der Anspielung auf Nietzsche in den Untertitel abgedrängt. Auch das Schlußkapitel, das der Buchhandelsausgabe angefügt war, hatte Steiner gegenüber der Rostocker Fakultät möglicherweise wegen der nietzscheanischen Einfärbung unterdrückt. Gegenüber Pauline Specht begründete er diesen Verzicht mit der fehlenden Akzeptanz in der Universität (GA 39,135).

## 6.3 Nietzsche (seit 1889)

Als Steiner im September 1890[25] von Wien nach Weimar umzog, trat er nicht nur in die stillen Hallen der Goethe-Philologie ein, sondern kam auch in das intellektuelle Erdbebengebiet der Nietzsche-Deutung. In der Nachbarschaft des Goethe- und Schiller-Archivs dämmerte der geistig umnachtete Friedrich Nietzsche (1844–1900) als Ikone einer antibürgerlichen Lebensphilosophie seinem Tod entgegen, aber sein Werk war längst dabei, die Weltanschauungskämpfe des ausgehenden 19. Jahrhundert massiv zu verschärfen. In der »Geburt der Tragödie aus dem Geiste der Musik« hatte Nietzsche in der dionysischen Deutung des Griechentums den Rausch und damit die bürgerliche Körper- und Sexualethik gegen die edle Einfalt und stille Größe Winckelmannscher Griechen-Rezeption ausgespielt, mit seiner Geschichtsphilosophie in den »Unzeitgemäßen Betrachtungen« den philologieverliebten Historismus gegeißelt, und gegen das Christentum hatte er die »Fröhliche Wissenschaft« gepredigt: Der »Übermensch« werde die christliche »Sklavenmoral« überwinden und eine Ethik »jenseits von Gut und Böse« leben, und schließlich sollten »Zarathustra« und der »Antichrist« Christus in die Bedeutungslosigkeit abdrängen.

---

23 Brief Hartmanns an Steiner vom Sommer (?) 1892, abgedruckt in: Rudolf Steiners Dissertation, hg. v. D.M. Hoffmann u.a., 214.
24 In: ebd., 12.
25 Lindenberg: Steiner (Chronik), 98.

Mit diesem Programm war Nietzsche zum Zentrum eines Denkens geworden, mit dem er Konvention durch »Leben« ersetzen wollte und zum Sturm auf das Ensemble bürgerlicher Ordnung und Wohlanständigkeit blies. Nietzsche wurde gegen Ende des 19. Jahrhunderts zu einer Größe, die der bürgerlichen Goethedeutung das intellektuelle Feuer entriß. Spätestens mit dem Umzug nach Weimar kam auch für Steiner die Zeit, in der er der Faszination Nietzsches erlag. Diese Auseinandersetzung war eingebettet in die Geschichte seines Verhältnisses zum Nietzsche-Archiv, und das bedeutet nicht zuletzt zu Elisabeth Förster-Nietzsche, Nietzsches Schwester und Nachlaßverwalterin. Diese außerordentlich turbulente Episode aus der zweiten Hälfte der neunziger Jahre hat David Marc Hoffmann minutiös rekonstruiert[26].

### *6.3.1 Steiner und das Nietzsche-Archiv*

Steiner datierte 1924 seine »erste Bekanntschaft« mit Nietzsche ins Jahr 1889 (GA 28,187), möglicherweise las er »Jenseits von Gut und Böse« (ebd., 139)[27]. Im Oktober 1890 stritt er sich mit seiner Freundin Rosa Mayreder, deren materialistische Positionen (GA 39,24) er ablehnte, über Nietzsche: Der Materialismus sei eine »sterile Weltsicht« (ebd., 41), Steiner war zu diesem Zeitpunkt noch ganz Idealist. Aber dies änderte sich schnell. Ende 1891 avancierte Nietzsche für Steiner zum »tragischen Held des Gedankens, der an höchste Probleme des Menschengeistes herantritt«, doch bewahrte sich Steiner noch eine kritische Distanz zu Nietzsches »unklaren« Inhalten (GA $30^1$,308)[28]. Als Steiner am 2. April 1892[29] einen Artikel über »Nietzscheanismus« veröffentlichte und schon den vierten Teil von »Also sprach Zarathustra« gelesen hatte (GA 31,454.460–466), war

---

[26] Hoffmann: Zur Geschichte des Nietzsche-Archivs, 159–232. 247–258. Hoffmann hat in seiner ausgezeichneten Arbeit die wichtigsten Quellen fast vollständig zusammengetragen. Hoffmann, ehemals Mitarbeiter in der Rudolf Steiner-Nachlaßverwaltung, hat im Gegensatz zu Teilen der älteren anthroposophischen Literatur nicht vor kritischen Bemerkungen zur Person Steiners zurückgescheut, läßt aber seine Sympathie für Steiner, auf den sich weite Teile der Darstellung beziehen, vielfach durchblicken. Auf seine Darstellung stütze ich mich stark, setze allerdings einige andere Akzente. Ich sehe Steiners Position kritischer, etwa hinsichtlich seiner Loyalität gegenüber dem Herausgeber Fritz Koegel. Steiners unablässige Versuche, selbst Herausgeber zu werden, sind kaum mit einer ungetrübten Freundschaft zu Koegel in Deckung zu bringen. Auch die damit zusammenhängende, nolens volens gegebene Abhängigkeit von Frau Förster-Nietzsche und Steiners Aufarbeitung dieses Verhältnisses scheint mir von Hoffmann nicht kritisch genug beschrieben worden zu sein. Im übrigen ist die Arbeit hinsichtlich der Nachweise nicht leicht zu benutzen, da zwar, etwa bei Steiners Autobiographie, in den Anmerkungen die »Gesamtausgabe« angegeben wird, die Seitenzahlen sich jedoch de facto auf eine andere Ausgabe mit abweichender Paginierung beziehen. Zu Hoffmanns Position vgl. auch Anm. 63.
Die Briefe von Elisabeth Förster-Nietzsche sind in einer separaten Edition veröffentlicht: Rudolf Steiner und das Nietzsche-Archiv, hg. v. D.M. Hoffmann; sie liegen teilweise bereits in GA 39 vor.

[27] Chronologischer Überblick bei Hoffmann: Zur Geschichte des Nietzsche-Archivs, 424–498. 513–523.

[28] Der Artikel ist 1892 in der Nr. 1 des Litterarischen Merkur erschienen und muß Ende 1891 vorgelegen haben.

[29] Veröffentlichung im Litterarischen Merkur 1892, Nr. 14, Datierung nach Hoffmann: Zur Geschichte des Nietzsche-Archivs, 726.

er verwandelt. In Sprachgestus und Vorstellungen präsentierte sich Steiner als nietzscheanischer Konvertit.

> »Unser geistiger Bestand muß zurückgeworfen werden ins Chaos. Was Jahrhunderte lang als Wahrheit gegolten hat, muß angezweifelt und neu bewiesen werden. Was Menschenalter hindurch als Schönheit bewundert worden ist, muß es sich gefallen lassen, blasierter Gleichgültigkeit zu begegnen.« (GA 31,453) »Friedrich Nietzsche ... macht das Antlitz jeder logisch-gewissenhaften Philisterseele schamrot. ... Friedrich Nietzsche stellt alles in Frage. ... Er will das Vorurteil ›Mensch‹ selbst überwinden und zum ›Übermenschen‹ hinüberleiten« (ebd., 454). Aus Nietzsche töne »das oberste Gesetz: der Mensch hat nur die einzige Aufgabe, die Summe seiner Persönlichkeit rücksichtslos, so stark als möglich und so weit als möglich, zur Geltung zu bringen« (ebd., 455).

Aber Steiner begann schon bald, die Abhängigkeit derartiger Positionen von Nietzsche zu leugnen, offenbar als man in seinem Umfeld die weltanschauliche Wende registrierte. Am 28. Januar 1893 behauptete Steiner, er habe Nietzsches »Ideen« »schon ausgebildet, bevor ich Nietzsche kennenlernte« (GA 31,468)[30], und im November legte er massiv weitere falsche Fährten aus. Nachdem Ferdinand Tönnies ihn unter die »Nietzsche-Narren« gezählt hatte, schrieb er dem Wiener Philosophen Vinzenz Knauer, es sei nicht wahr, daß er seine »Ethik des Individualismus« Nietzsche verdanke, vielmehr habe er diese Position bereits 1887 im zweiten Band von Goethes naturwissenschaftlichen Werken in der »Deutschen National-Litteratur« vertreten (GA 39,187). Davon kann allerdings keine Rede sein[31]. Doch diese retrospektive Konstruktion bildete nur eine Zwischenstation auf dem Weg zum konfessorischen Nietzscheaner. Ein weiterer Schritt war der Eintritt in das Nietzsche-Archiv Elisabeth Förster-Nietzsches. Ende Mai 1894 zeugen devote Briefe an Nietzsches Schwester von einer Annäherung (ebd., 214 f.). »Damals forderte ihr beweglicher liebenswürdiger Geist meine tiefste Sympathie heraus«, wenngleich er später mit ihr in »schwere Konflikte gekommen« sei, schrieb er noch 1924 (GA 28,252). Dabei ging es um das stets schwankende Verhältnis von Distanz und Nähe zu Nietzsches Schwester, das vor allem an der Frage, ob Steiner als (Mit-) Herausgeber in die Nietzsche-Edition einsteigen sollte, sichtbar wurde.

Am 3. November 1894 äußerte sich Steiner offenbar erstmals zur Situation im Nietzsche-Archiv. Eduard von der Hellen, Steiners Kollege in der Goethe-Edition, war ins Nietzsche-Archiv gewechselt und hatte sich dadurch Steiners Mißbilligung zugezogen, da »Hellen Nietzsche so wenig [kennt], wie er Goethe kennt« (GA 39,230). Aber diese Kritik hatte viel mit Steiners eigenen Interessen zu tun. Schon zu diesem Zeitpunkt war auch er als Nietzsche-Herausgeber gehandelt und abgelehnt worden. Als Grund sah er seine zu große Selbständigkeit, wie er in einem Brief an Pauline Specht, in deren Haushalt er in seinen Wiener Jahren zeitweise gewohnt hatte, am Vorweihnachtsabend 1894 darstellte (ebd., 238). Da er sich aber zugleich in dieser Mitteilung als glühender Nietzsche-Verehrer

---

[30] Literarischer Merkur, 1893, Nr. 4, Datierung nach Lindenberg: Steiner (Chronik), 119.

[31] Vgl. unten Anm. 33. Es ist nicht ganz klar, ob die Suche nach einer eigenen Position, die externe Kritik an seinem Nietzscheanismus oder die Sehnsucht nach einer konsistenten Biographie Steiner zu diesen Wendungen getrieben haben, sie finden sich jedenfalls Ende 1893 häufiger; vgl. GA 39,190. 194.

äußerte (s. u. 6.3.2a), dürften durchaus seine Ambitionen auf die Herausgeberschaft im Hintergrund gestanden haben. Auch Steiner wollte aus der Goethe-Philologie in den »Geist« des Nietzsche-Archivs fliehen (ebd., 258). Am 1. Februar 1895, als von der Hellen das Nietzsche-Archiv wieder verließ, reagierte Steiner jedenfalls auf eine Offerte Förster-Nietzsches, die sich als vorsichtige Einladung zu einer Tätigkeit im Nietzsche-Archiv lesen läßt (ebd., 239 f.), mit nur leicht verhohlener Euphorie. Er ›versicherte‹, »daß es mich mit wahrer Befriedigung erfüllt, wieder einige Stunden im Nietzsche-Archiv verleben zu können« (ebd., 241).

Zu einer förmlichen Herausgeberschaft ist es weder im Frühjahr 1895 noch zu einem späteren Zeitpunkt gekommen[32], aber Steiner hat sich zu diesem Zeitpunkt und in den folgenden Monaten im Umfeld des Nietzsche-Archivs mit Werk und Nachlaß des Philosophen beschäftigt. Ende April oder Anfang Mai 1895[33] erschien sein Nietzsche-Buch (s. u. 6.3.1), im Mai fertigte er als offiziöse Aufgabe eine Bibliographie zur Nietzsche-Literatur aus den Beständen des Naumburger Archivs an[34], und im Januar 1896 entstand, während eines wohl vierzehntägigen Aufenthaltes im Nietzsche-Archiv und in dessen Auftrag[35], eine Bibliographie von Nietzsches Werken[36]. In dem dadurch möglichen Einblick in Nietzsches Werk gründet wohl ein Teil seiner Dankbarkeit gegenüber Nietzsches Schwester[37]. Während dieser Zeit kam Steiner auch in den Genuß der fast touristischen Präsentation des dahindämmernden Nietzsche, den Förster-Nietzsche ausgewählten Gästen vorzuführen pflegte. Nietzsches Anblick hat Steiner ergriffen, wie eine Tagebucheintragung vom 22. Januar bezeugt, und bis zu seinem Tod berichtete er immer wieder von dieser Begegnung[38]. Im »Herbst 1896« (GA 31,519) verdichteten sich die Verbindungen zum Archiv. »Ich kam damals in jeder Woche zweimal zu Frau Förster-Nietzsche. Sie hatte sich von mir Privatstunden über die Philosophie ihres Bruders geben lassen.« (ebd., 519) Nietzsches Schwester zeigte sich von diesen vormittäglichen Doppelstunden (GA 39,297) von Dezember bis Mitte Januar 1897 (ebd., 318) begeistert. »Diese Vorlesungen entzücken mich! Ich sage Dir Dr. Steiner ist als Lehrer der Philosophie, als Philosoph *einfach großartig*, ich schwelgte!«[39]

---

[32] Hoffmann: Zur Geschichte des Nietzsche-Archivs, 173.

[33] So Hoffmann ebd., 174; Lindenberg: Steiner (Chronik), 132, spricht von Anfang April.

[34] Hoffmann: Zur Geschichte des Nietzsche-Archivs, 173 f.

[35] Vierzehn Tage nach Fritz Koegel, zit. bei Bock: Rudolf Steiner, 120. Steiner schrieb gegen Lebensende von »mehreren Wochen« (GA 28,190). Zur Problematik Hoffmann: Zur Geschichte des Nietzsche-Archivs, 183, Anm. 174.

[36] Hoffmann, ebd., 182 f.

[37] Vgl. die positiven Bemerkungen zu ihrer Person in einem Brief an Mayreder vom August 1895. »Ich bin dieser Frau dankbar. … Sie hat mir – nebst vielem anderen, was ich ihr danke – Einblick gewährt in Nietzsches intimstes Werk: ›Ecce homo‹. Und aus der Stunde, in der ich dieses Werk las, … stammt diese Stimmung.« (GA 39,257)

[38] Der eindrückliche Tagebuchtext ist erstmals veröffentlicht bei Hoffmann: Zur Geschichte des Nietzsche-Archivs, 185; Faksimile ebd., 754 f. Nach Hoffmann ist diese Eintragung außergewöhnlich, da Steiner in den über 600 »Notizbüchern« »fast ausschließlich Buchexzerpte und Vortragsskizzen« niedergelegt hat (ebd., 185[178]). Zu späteren Erzählungen dieser Begegnung vgl. GA 108[2],279 (1908); GA 57,365 (1909); GA 322,72 (1920); GA 235[8],162 f. (1924); GA 28,189 (1924).

[39] Brief Elisabeth Förster-Nietzsches an Clara Gelzer, zit. nach Hoffmann: Zur Geschichte des Nietzsche-Archivs, 199.

Entscheidend für Steiners weitere Geschichte mit dem Nietzsche-Archiv wurden jedoch die Auseinandersetzungen zwischen dem Herbst 1895 und dem Frühjahr 1897: der teilweise tief verletztende Streit um die Herausgeberschaft von Nietzsches Werken, ein verwirrendes Knäuel von wissenschaftlichen Ambitionen, Liebesbeziehungen, Selbstdarstellungsehrgeiz und gekränkten Gefühlen, das David Marc Hoffmann entflochten hat[40]. Die wichtigste Akteurin war Elisabeth Förster-Nietzsche als Leiterin des Archivs, die eine sehr eigenwillige Rezeption ihres Bruders festgeschrieben sehen wollte und deshalb zensierend in die Editionen eingriff[41]. Dies führte zu massiven Spannungen mit den oft wechselnden (Ko-)Herausgebern, vor allem mit dem während dieser Zeit durchgehend amtierenden Fritz Koegel sowie mit dem Verleger Gustav Naumann. In diese Konstellation trat Rudolf Steiner als damals gerade glühender Verehrer Nietzsches ein. Er suchte durchaus die Nähe Förster-Nietzsches, durchschaute aber teilweise die Machenschaften der Archivleiterin und wuchs mehr und mehr in ein freundschaftliches Verhältnis zu Koegel hinein.

Die Lage spitze sich gegen Ende des Jahres 1896 zu, als Koegels Verlobung mit Emily Gelzer öffentlich wurde. Wahrscheinlich hatte Elisabeth Förster-Nietzsche auf eine Beziehung zu Fritz Koegel gehofft und quittierte dessen Liasion mit Eifersucht[42]. Sie suchte nun, Koegel die Herausgeberschaft zu entziehen und an seiner Stelle Steiner zu gewinnen. In dieser vor allem von Förster-Nietzsche mit Lügen und Intrigen an die Öffentlichkeit getragenen Kabale interessiert im folgenden nur die Rolle Steiners. In seiner Autobiographie unterstellte er, daß allein Frau Förster-Nietzsche ihm eine Herausgebertätigkeit angetragen habe (GA 28,192), aber dies unterschlägt die neben seiner Loyalität zu Koegel evidenten eigenen Interessen an der Rolle des Editors und damit das implizite Konkurrenzverhältnis zu Koegel. Wenn Koegel entlassen werde, ließ er am 3. Dezember 1896 gegenüber seiner späteren Frau Anna Eunike durchblicken, »so *muß* ich eigentlich die Sache übernehmen. Denn es gibt einfach außer mir niemanden, der die Sache machen könnte« (GA 39,301). Von einem entscheidenden Gespräch zwischen Steiner und Förster-Nietzsche vom 5. Dezember 1896 gibt es nur Jahre später verfaßte Berichte. Förster-Nietzsche schrieb Steiner im September 1898 sehr konkret, Steiner habe »die bestimmte Zusage gegeben, daß Sie mit Dr. K. [Koegel] arbeiten wollten und daß Sie mit einem Gehalt von 3.000 M. zufrieden wären«[43]. Steiner hingegen äußerte zwei Jahre später: »Von einer Erklärung meinerseits, daß ich bereit wäre, *auch* Herausgeber zu werden, könne keine Rede sein«, wobei er die rechtliche Situation Koegels als Hindernis herausstellte: »Dr. Koegel sei kontraktmäßig der Herausgeber der Nietzsche-Ausgabe.« (GA 31,521) Insofern Förster-Nietzsche oft tendenziös bis unehrlich schrieb, während Steiner sich hinsichtlich seiner Interessen bedeckt hielt, ist der Verlauf des Gesprächs vom 5. Dezember 1896 nicht mehr zu klären. Koegel sah jedenfalls in Förster-Nietzsches Versuchen, ihn aus dem Archiv zu drängen sowie in

[40] Ebd., 135–285.
[41] Peters: Zarathustras Schwester.
[42] Hoffmann: Zur Geschichte des Nietzsche-Archivs, 201–204.
[43] Rudolf Steiner und das Nietzsche-Archiv, hg. v. D.M. Hoffmann, 235.

Steiners wirklicher oder vermeintlicher Zustimmung zur Übernahme der Herausgeberschaft einen ehrenrührigen Tatbestand, so daß er »alle Konsequenzen ziehen [werde], die ihr Verhalten fordert« (GA 39,303). Steiner hat diese leicht verklausulierte briefliche Mitteilung als das verstanden, was sie wohl sein sollte, als Aufforderung zum »Duell« (ebd., 307). Elisabeth Förster-Nietzsche habe angesichts dieser Zuspitzung nun gestanden, gelogen zu haben[44], und zwar, wie Anna Eunike eine Äußerung Förster-Nietzsches wiedergab, »aus Liebe«, um das Duell zu verhindern (ebd.).

Förster-Nietzsche galt im Kreis vieler Nietzscheaner damit als diskreditiert. Auch Steiner äußerte sich sehr kritisch über sie (»Sie hatte die Stirne, mir die unglaublichsten Dinge vorzumachen. Kurz, es ist alles unerhört« [GA 39,306]) und stand Koegel, zu dem über diese Affaire ein enges Verhältnis gewachsen war, bei. Steiner drängte zumindest öffentlich nicht ins Archiv. Gleichwohl blieb seine Haltung changierend. Denn schon gut eine Woche später, am 17. Dezember, dokumentierte er ein Gespräch mit Elisabeth Förster-Nietzsche, demzufolge er bereit gewesen wäre, Nietzsches »Umwerthung aller Werte« herauszugeben:

> »Dies wäre ein Plan gewesen, auf den ich hätte im Interesse der großen Nietzsche-Sache eingehen müssen, wenn ich nicht wollte, daß man mir bei jeder Gelegenheit den Vorwurf machte, ich tue nichts im Interesse Nietzsches. Ich mußte aber eine Bedingung daran knüpfen. Und diese war, daß von meinem Manuskript nichts gedruckt wird, bevor die von Koegel besorgte Ausgabe erschienen ist.« (GA 39,309)

Steiner deckte also seinen Freund Koegel hinsichtlich der von ihm besorgten Editionen, aber das widersprach seiner in diesen Tagen abgegebenen Absichtsbekundung, nicht »neben« (ebd., 302) oder gar an Stelle Koegels (ebd., 304) Herausgeber zu werden[45].

Als im Frühjahr 1897 Koegels Austritt aus dem Archiv aufgrund der fortgesetzten Auseinandersetzungen absehbar wurde, begab sich Frau Förster-Nietzsche erneut auf Kandidatensuche[46]. Steiner, den Förster-Nietzsche in der Zwischenzeit immer wieder hatte gewinnen wollen, war erneut im Spiel, Koegel bezeichnete ihn am 26. April als seinen »wahrscheinlichen« Nachfolger[47]. Steiner signalisierte seinerseits wieder Interesse und brachte sich als Aspiranten für die Editorenstelle am 2. Juli selbst in die Debatte. Er hatte auf eigene Initiative ein Gespräch mit Nietzsches Gegenvormund, Max Heinze, gesucht, und diesem »erklärt, daß er sich wohl getraue, die Ausgabe allein weiter zu machen, er könne jetzt noch nicht so gut die Manuskripte Nietzsches lesen wie Dr. Koegel, glaube dies aber bei seiner sonstigen Übung im Lesen von Handschriften bald fertig zu bringen«,

---

[44] Hoffmann: Zur Geschichte des Nietzsche-Archivs, 220 f.

[45] An diesem Punkt vermag ich Hoffmanns Salvierung Steiners nicht zu folgen. Steiner dokumentierte in den folgenden Monaten ein außerordentliches Interesse an einer Herausgeberschaft, offenbar auch in Konkurrenz zu Koegel.

[46] Zugleich versuchte Förster-Nietzsche, das »Magazin für Litteratur« zu erwerben, Koegel dorthin abzuschieben und die Zeitschrift zu einem Organ des Nietzsche-Archivs zu machen, während sich Steiner gleichzeitig bemühte, Redakteur dieses Magazins zu werden; Hoffmann: Zur Geschichte des Nietzsche-Archivs, 251.

[47] Fritz Koegel an Josef Hofmiller, 26.4.1898, zit. nach ebd., 273.

wenngleich Koegel ein »historisches Recht an der Ausgabe zusteht«[48]. Seine Mitarbeit knüpfte er aber eingedenk der schlechten Erfahrungen Koegels an präzise Bedingungen (GA 39,356); zu einer Einigung kam es aber letztlich nicht[49].

Im Umfeld dieser versuchten Rochaden wird auch deutlich, daß die enge Kooperation zwischen Koegel und Steiner, die zeitweise deutlich freundschaftliche Züge trug, im Untergrund Risse hatte und vielleicht wichtige Gemeinsamkeiten aus der gemeinsamen Gegnerin bezog. Koegel empfahl Steiner zwar als seinen »geeignetsten Ersatz«[50], hielt ihn aber nur für die pragmatisch zweitbeste Lösung, die ihm »*um der Sache* willen Recht sein« würde. Ansonsten aber sah er bei Steiner vor allem Probleme, wie er schon im April hatte verlauten lassen:

> »Steiner gibt das ›Magazin‹ [für Litteratur] heraus und bewältigt diese Arbeit *kaum* (er redigiert es *sehr* schlecht). Die Aufgabe aber, und besonders die wirren Entwürfe der ›*Umwertung*‹ fordern einen Mann und seine Zeit ganz, auch wenn er schneller arbeitet, als der zarte, kränkliche Steiner, der ein österreichisches Bummelchen ist.«[51]

Steiner seinerseits kritisierte am 27. Juni 1897 Koegel in einem Brief an Förster-Nietzsche. Seine Unterstützung für Koegels Konzeption des zwölften Bandes der Gesamtausgabe hinsichtlich der »Wiederkunft des Gleichen« zog er nun explizit zurück und kehrte seinem Bekannten damit in einem entscheidenden Punkt der Sachauseinandersetzung den Rücken: »Ich fühlte mich damals nicht berufen, abweichende Ansichten geltend zu machen, weil ich gegen bestehende Rechte nichts tun zu dürfen als meine Pflicht ansah.« (GA 39,363)

Dieser Brief an die »hochgeschätzte gnädige Frau« Förster-Nietzsche (GA 39,362) war zugleich ein weiterer Versuch Steiners, ins Nietzsche-Archiv einzutreten:

> »Sie dürfen mir glauben, gnädige Frau, daß es ganz und gar nicht in meinem Wesen liegt, meine persönlichen Interessen in die große Angelegenheit hineinzubringen, die Ihnen durch die Führung der Sache ihres Bruders geworden ist. Sie wissen, gnädige Frau, wie sehr ich zufrieden war mit der nebensächlichen Rolle, die mir eine Zeitlang beschieden war. … Sie, hochgeschätzte, gnädige Frau, wissen es aber auch am allerbesten, daß ich selbst nichts beigetragen habe zu *der* Rolle, die mir die Verhältnisse dann aufgedrängt haben. …
> Möchten Ihnen, gnädige Frau, diese meine Worte zeigen, daß sich in meinem Wesen nichts geändert hat und daß ich jederzeit werde die Worte aufrecht erhalten können, die ich Ihnen oft in den guten, schönen Stunden vor den unglückseligen Ereignissen gesagt habe. … Ich bin und werde immer für seine [Nietzsches] Sache einzustehen Kraft und Mut haben.
>
> In herzlicher Hochachtung
> Ihr ergebener
> Rudolf Steiner« (ebd., 363 f.)

---

[48] Max Heinze an Adalbert Oehler, 2.7.1897, nach David: Rudolf Steiners Zusammenarbeit mit dem Nietzsche-Archiv.

[49] Unterlagen zu den Gründen für dieses Scheitern fehlen; vgl. Hoffmann: Zur Geschichte des Nietzsche-Archivs, 270.

[50] Fritz Koegel an Josef Hofmiller, 25.9.1897, zit. nach ebd., 270.

[51] Fritz Koegel an Josef Hofmiller, 26.4.1898, zit. nach ebd., 273.

»Der Brief ist sehr schön empfunden, aber ich bin noch nicht ganz befriedigt«, kommentierte Förster-Nietzsche Steiners Schreiben, der anderthalb Monate später, am 23. August 1898, nachlegte:

> »Sie stellen die Sache so dar, als wenn ich es gewesen wäre, der zu jenen – sie können es mir glauben von mir sehr – bedauerten Vorgängen [im Dezember 1896] Veranlassung gegeben hätte. Ich muß demgegenüber doch daran festhalten, daß ich an all den Vorgängen nicht schuld war.« Er werde die Gesamtausgabe als jemand, »der erstens den Glauben hat, daß Friedrich Nietzsche die Zukunft gehört und der zweitens diesem größten Geist der neueren Zeit doch einigermaßen zu folgen glaubt betreuen.«[52]

Diese beiden letzten Briefe Steiners an Frau Förster-Nietzsche sind Dokumente eines finalen Anbiederungsversuchs an das Nietzsche-Archiv. Deren Schmeicheleien[53] gehen weit über Steiners sonstige Devotionsfloskeln hinaus und dokumentieren wohl die Nietzsche-Bindung Steiners, der vielleicht in einer Herausgebertätigkeit seine Lebensaufgabe sah. Liest man diese Briefe vor dem Hintergrund seiner vernichtenden Kritik und seines unverhohlenen Spotts an Förster-Nietzsche im Gefolge der Krise vom Dezember 1896, müßte man annehmen, daß er seine Meinung grundstürzend geändert hätte. Wahrscheinlicher ist, daß Steiner in seinen Huldigungen an die Archivleiterin log. Dafür spricht neben seinen nietzscheanischen Überzeugungen auch seine Lebenslage, die ihn wohl nach einem sicheren Hafen suchen ließ: Er war seit Mitte 1897 Leiter des »Magazins für Litteratur«, eine ihn nur in Grenzen zufriedenstellende und jedenfalls überaus anstrengende Arbeit, eine akademische Laufbahn hatte sich zerschlagen. In dieser Situation war Steiner offenbar fast jedes Mittel Recht, ins Nietzsche-Archiv zu kommen.

In einem Punkt erfüllte er allerdings die Hoffnungen Förster-Nietzsches nicht: Steiner verweigerte ihr die ersehnte Ehrenrettung, ihr zu bestätigen, sie habe in den Versuchen, ihn gegen Koegel als Herausgeber auszuspielen, nicht gelogen[54]. Förster-Nietzsche hingegen forderte auch in diesem Punkt noch Steiners Gefolgschaft: »Aus Ihrem letzten Briefe ging nun leider hervor«, begann sie ihre Antwort an Steiner, »daß Ihnen wiederum der Muth entfallen ist, die einfache Wahrheit zu sagen!«[55] Der Brief endet als »Abschiedsbrief«, da sie nun neue Herausgeber gefunden habe. So zerstörte sie alle Hoffnungen Steiners, der Herausgeber und damit ein entscheidender Interpret Nietzsches zu werden. Als Steiner am 8. und 9. Juli 1898 nach Weimar fuhr, kam es gleichwohl nochmals zu einer Begegnung mit Frau Förster-Nietzsche, bei der Steiner offenbar ein letztes Mal versuchte, sich als Herausgeber zu installieren, aber »ich sah bald, daß Frau Förster-Nietzsche die Wahrheit nicht wollte«, schrieb Steiner rückblickend 1900 (GA 31,527). Erst im Sommer 1898 hatte er wohl realisiert, daß für ihn kein Weg mehr ins Nietzsche-Archiv führte[56].

---

52 Rudolf Steiner und das Nietzsche-Archiv, hg. v. D.M. Hoffmann, 231.

53 In der Bewertung ähnlich Hoffmann: Zur Geschichte des Nietzsche-Archivs, 274.

54 So die wohl zutreffende Vermutung bei Hoffmann, ebd., 276f.; vgl. auch 279f.

55 Rudolf Steiner und das Nietzsche-Archiv, hg. v. D.M. Hoffmann, 232.

56 Hoffmann interpretiert die beiden einschmeichelnden Briefe Steiners als »Abschiedsbriefe« (ebd., 230). Davon kann allerdings keine Rede sein. Steiner war ohnehin in dieser Situation nicht Handelnder, wie Hoffmann unterstellt, sondern Spielball Förster-Nietzsches, selbst wenn man unterstellt, daß ihm in seiner mißlichen Lebenssituation kaum andere Möglichkeiten blieben als sich an-

In der ersten Hälfte des Jahres 1900 erhielt die Auseinandersetzung um das Nietzsche-Archiv einen Epilog, der die Debatten in eine breite Öffentlichkeit brachte[57]. Anlaß gab Ernst Horneffer, zu diesem Zeitpunkt Herausgeber am Nietzsche-Archiv, der in einer Veröffentlichung die Rekonstruktion von Nietzsches Lehre der »Ewigen Wiederkehr« durch Koegel (in dessen zwölften Band der Gesamtausgabe) scharf kritisierte. Steiner erhob am 10. Februar die Angelegenheit durch eine scharfe Replik im »Magazin für Litteratur« (GA 31,505–528) zu einem Gegenstand publikumswirksamer Auseinandersetzung, die neben dem »Magazin« über Ludwig Jakobowskis und Michael Georg Conrads Zeitschrift »Gesellschaft« und Maximilian Hardens »Zukunft« geführt wurde. Nietzsche betreffend ging es vor allem um die Frage, welche Anordnung der Nachlaßfragmente angemessen sei. Steiner verteidigte dabei Koegel, Horneffer hingegen seine eigene Rekonstruktion. In der heutigen Forschung hat kaum eine der damaligen Thesen noch unverändert Bestand. Die Positionen fast aller Beteiligten sind im übrigen weitgehend zugunsten einer strikt chronologischen Anordnung aufgegeben.

Diese Kontroverse vom Beginn des 20. Jahrhunderts wurde ein polemisches Nachkarten der Streitigkeiten zwischen 1896 und 1898, die für diese Debatte kaum historiographisch verwertbare Aussagen lieferte. Alle Seiten haben es in einzelnen Aussagen offenkundlich mit der Wahrheit nicht ganz so genau genommen, dies gilt für Förster-Nietzsche (für sie vielleicht in besonderem Maß) wie für Steiner, wie sich bei Hoffmann nachlesen läßt. Für Steiner wurde die Lage insofern besonders schwierig, als er am 10. Februar 1900 in seinem »Magazin für Litteratur« bereits auf den Briefwechsel zwischen ihm und Förster-Nietzsche verwiesen hatte (GA 31,528), worauf Förster-Nietzsche am 21. April in der »Zukunft« ihrerseits Passagen aus den für sie schmeichelhaften Briefen Steiners vom Juni und August 1898 zitierte[58]. Darin hatte Steiner ja Koegel für das Scheitern der Rezeption der Lehre von der »Ewigen Wiederkunft« verantwortlich gemacht und ihm implizit die Kompetenz als Herausgeber abgesprochen. Das war nun so ziemlich das genaue Gegenteil der Position, mit der er am 10. Februar angetreten war, Koegel zu verteidigen. Steiner begann, sich um Kopf und Kragen zu reden. Er schob nun das Sachinteresse an Nietzsche in den Vordergrund, leugnete persönliche Ambitionen und behauptete in einer »Erwiderung« am 19. Mai ebenfalls in der »Zukunft«, »daß ich niemals mich um die Stelle eines Nietzsche-Herausgebers beworben habe, daß ich einen solchen Wunsch auch nicht einmal angedeutet habe« (GA 31,595). Hier stimmte nun nichts mehr. Am 28. Juli 1900 endete die wechselseitige Polemik mit einem Nachschlag Ernst Horneffers in der Wiener »Zeit«[59]. Für Außenstehende dürfte es kaum möglich gewesen sein, zwischen Lüge und Wahrheit zu unterscheiden.

---

zubiedern. Steiner bot in beiden Briefen jedenfalls seine Mitarbeit an und unterwarf sich in der Schlußwendung des letzten Briefes geradezu einem Gnadenerweis Förster-Nietzsches: »Mich werden Sie, hochgeschätzte gnädige Frau, immer unter den Kämpfern für Nietzsche finden, wie auch die Würfel immer fallen mögen, und damit bin ich in immer gleicher Hochachtung Ihr ergebener Rudolf Steiner« (ebd., 232).

[57] Dokumentiert bei Hoffmann: Zur Geschichte des Nietzsche-Archivs, 337–406.

[58] Förster-Nietzsche: Der Kampf um die Nietzsche-Ausgabe, 117.

[59] Hoffmann: Zur Geschichte des Nietzsche-Archivs, 400.

Im Blick auf Steiner bleibt noch eine Frage im Raum stehen: Weshalb hat er sich 1900 mit solcher Verve in die Verteidigung Koegels gestürzt? Freundschaftsdienste sind unwahrscheinlich, da nach Hoffmann die Beziehung »längst eingeschlafen war«[60]. »Der *Grund* für Steiners beispiellos scharfen Angriff«, schreibt Hoffmann, »ist nicht ganz deutlich.«[61] Zu einer solchen Einschätzung kann man kommen, wenn man Steiner für den Herrn der Lage hält[62] und seine Hilflosigkeit in der Abhängigkeit von Förster-Nietzsche nicht in ihrer Schärfe sieht. Mir scheint es hingegen plausibel, daß es Steiner um eben diese Beziehung ging: Er wollte Frau Förster-Nietzsche seine Demütigung durch die Zurückweisung als Herausgeber, die im Februar 1900 anderthalb Jahre zurücklag, vergelten. Daß seine Replik auf Horneffer nicht zuletzt seine Abrechnung mit Elisabeth Förster-Nietzsche war, macht schon die Zielbestimmung am Ende des Artikels vom 10. Februar deutlich: Er wolle die Öffentlichkeit darüber aufklären, »*in welchen Händen Nietzsches Nachlaß ist*« (GA 31,528). Dabei stilisierte er sich als Philosophen, mithin als einen Nietzsche kongenialen Herausgeber, wohingegen »*Frau Förster-Nietzsche in allem, was die Lehre ihres Bruders angeht, vollständig Laie ist.* Sie hat nicht über das Einfachste dieser Lehre irgend ein selbständiges Urteil«. Dies wisse er aus den philosophischen »Privatstunden, die ich Frau Förster-Nietzsche zu geben hatte«, wie er nicht ohne maliziösen Unterton eröffnete (ebd., 520). Steiner visierte nicht nur die Rettung Koegels oder Nietzsches an, sondern die Diskreditierung der Schwester. Förster-Nietzsche, deren Verhalten über weite Strecken in der Tat perfide war, hat diesen Punkt präzise gesehen und in der wunden Stelle gebohrt: Steiner habe sich »rächen« wollen (ebd., 595). Erst auf diese Analyse hin schwang sich Steiner in seiner »Erwiderung« zu der Lüge auf, er habe nie Nietzsche-Herausgeber werden wollen.

### *6.3.2 Steiners Nietzsche-Interpretation*

#### *a. Die Nietzsche-Konfessionen der 1890er Jahre und Steiners Buch »Friedrich Nietzsche – ein Kämpfer gegen seine Zeit« (1895)*

Im frühesten literarischen Niederschlag seiner Auseinandersetzungen mit Nietzsche[63] charakterisierte Steiner ihn 1891 im »Litterarischen Merkur« als philosophischen Relativisten, für den »alle Maßstäbe … ein Geschichtlich Gewordenes« seien (GA 30,496). Für die weitere Interpretationsgeschichte Steiners wurde al-

---

[60] Ebd., 402.

[61] Ebd.

[62] Vgl. Anm. 56.

[63] Auch für diesen Bereich hat David Marc Hoffmann maßgebende Studien vorgelegt. Stärker als in der Darstellung und Kommentierung der Archivgeschichte wird in der Deutung von Steiners Nietzsche-Interpretation Hoffmanns anthroposophischer Hintergrund deutlich, etwa wenn er Steiners Deutung des »Antichristen« mit dem Motiv des »Einflusses ahrimanischer Mächte« mit der Bemerkung versieht: »Eine inhaltliche Beurteilung dieser spirituellen Mitteilungen ist Geistesforschern vorbehalten.« (Hoffmann: Zur Geschichte des Nietzsche-Archivs, 493) Ein atmosphärisches Indiz für seine anthroposophische Perspektive ist auch seine Hochschätzung von Steiners Reinkarnationsangaben: Dessen »Angaben über Nietzsches frühere Inkarnation sind auch bei allen Vorbehalten gegenüber der Wiederverkörperung philosophisch gesehen interessant« (ebd., 522).

lerdings ein anderer hermeneutischer Schlüssel relevant, mit dem er Nietzsches Werk bis 1893 deutete: Seine Bücher ›schwebten‹ »an der Grenzscheide zwischen ›Wahnsinn und Genialität‹« (ebd.) »der Reiz von Nietzsches Gedanken liegt in dem abnormen Gewande, in dem sie auftreten. … Nietzsche war mir nie ein philosophisches, sondern immer ein psychologisches Problem.« (ebd., [28.1.1893])[64] Diese Faszination kam 1892 in Steiners Artikel »Nietzscheana« fühlbar zum Ausdruck: »Nietzsches Nerven bekamen allmählich etwas Elastisch-Widerstrebendes: sie sprangen federartig ab, wenn sie an einen Gegenstand herankamen. Nietzsche wurde immer mehr ein elektrischer Nervenapparat.« Wer sich mit Nietzsche befasse, benötige deshalb eine physiologische Therapie: »Wer Nietzsche liest und sich ernstlich in ihn vertieft, braucht, um wieder zurechtzukommen, keine theoretische Widerlegung, sondern mehrwöchentliche gesunde Gebirgsluft und sehr viele kalte Bäder« (ebd., 458), verkündete Steiner, Nietzsches Hochgebirgsideologie aufgreifend. »Wer Gelegenheit hat sich nachher gehörig zu erholen, und wer kein Philister ist, der lese Nietzsche. Wir empfehlen es allen, die nicht wollen, daß ihr Gehirn sauer wird.« (ebd., 460) In diese Tendenz paßt auch die aus dem gleichen Jahr stammende (und sicher nicht auf die philosophische Goldwaage zu legende) Antwort in einem Fragebogen, wer er sein möchte, wenn nicht er selbst: »Friedrich Nietzsche vor dem Wahnsinn.«[65]

1894 hatte er den Ton der Verehrung dramatisch nach oben gestimmt und war ganz auf Nietzsches Seite. Am 23. Dezember schwärmte er in dem (schon teilweise zitierten) Brief an Pauline Specht:

> »Ist Ihnen Nietzsches ›Antichrist‹ vor Augen gekommen? Eines der bedeutsamsten Bücher, die seit Jahrhunderten geschrieben worden sind. Ich habe meine eigenen Empfindungen in jedem Satze wiedergefunden! Ich kann vorläufig kein Wort für den Grad der Befriedigung finden, die dieses Werk in mir hervorgerufen hat.« (GA 39,238)

Die »Erkrankung Nietzsches« erfuhr eine signifikante Umwertung: Steiner erklärte damit nicht mehr die (in seinen Augen) Problematik des veröffentlichten Werks, sondern bedauerte nur mehr, daß Nietzsche krankheitsbedingt sein philosophisches Œuvre nicht habe vollenden können (ebd., 238 f.). Seine Annäherung an Nietzsche ging so weit, daß er seine im Herbst 1893 vollendete »Philosophie der Freiheit« ein Jahr später für die Lösung der offenen Flanken in Nietzsches »Moralansicht« hielt und überhaupt seine eigene »›Freiheitsphilosophie‹ nicht spurlos an ihm [Nietzsche] vorübergegangen wäre«, wenn er sie nur hätte wahrnehmen können (ebd., 239).

Allerdings kann diese Rückprojektion von Kongenialität in diesem Ausmaß nicht stimmen. Noch am 28. Januar[66] 1893, als er an der »Philosophie der Freiheit« saß, hatte er ja definitiv Nietzsche als pathologischen Geist eingestuft, und in der Ende dieses Jahres gedruckten »Philosophie der Freiheit« findet sich kein expliziter (und auch kein implizit affirmativer) Bezug auf Nietzsche. Ein Datum post quem für Steiners Konversion von freundlichen zum konfessorischen

---

[64] Litterarischer Merkur, 28.1.1893 (Datum nach Hoffmann, ebd., 226, 10).
[65] Nach Hoffmann: Zur Geschichte des Nietzsche-Archivs, 427.
[66] S. o. Anm. 64.

Nietzscheaner[67] ist seine Lektüre des »Antichristen« im »Sommer« 1894, wie er Pauline Specht schrieb (GA 39,238). Da er aber an der gleichen Briefstelle eine unaufgearbeitete Betroffenheit signalisierte (»Ich kann vorläufig kein Wort für den Grad der Befriedigung finden«), mag seine Wendung zu Nietzsche kurz zuvor, also im Spätherbst 1894, stattgefunden haben.

Ende April oder Anfang Mai 1895 erschien Steiners Nietzsche-Schrift, mit der er sich in aller Öffentlichkeit als bekennender Parteigänger Nietzsches präsentierte: »Friedrich Nietzsche, ein Kämpfer gegen seine Zeit«[68]. Wieder beschrieb sich Steiner als kongenialer Kollege des Naumburgers:

> »Unabhängig von ihm und auf anderen Wegen als er, bin ich zu Anschauungen gekommen, die im Einklang stehen mit dem, was Nietzsche in seinen Schriften: ›Zarathustra‹, ›Jenseits von Gut und Böse‹, ›Genealogie der Moral‹ und ›Götzen-Dämmerung‹ ausgesprochen hat.« (GA 5,9)

Seine Übereinstimmung mit Nietzsche verlegte er um sieben Jahre weiter zurück, als er es Pauline Specht geschrieben hatte: Nicht erst 1893, sondern bereits 1886 habe er die gleiche »Gesinnung« wie Nietzsche gezeigt (ebd.). Aber sein Verhältnis zu Nietzsche sei mehr als philosophische Übereinstimmung, sei ein Art Glaube:

> »Ich gehöre zu den Lesern Nietzsches, welche, nachdem sie die erste Seite von ihm gelesen haben, mit Bestimmtheit wissen, daß sie alle Seiten lesen und auf jedes Wort hören werden, das er überhaupt gesagt hat. Mein Vertrauen zu ihm war sofort da« (ebd., 15).

Im Zentrum von Steiners Nietzsche-Schrift stand, neben zwei rahmenden Kapiteln über Nietzsches »Charakter« und »Entwickelungsgang«, »der Übermensch«. Hermeneutisch ist dieses Kapitel nicht ganz leicht zu lesen, da es sich als Referat Nietzsches gibt und insofern nicht notwendig Steiners eigene Position darstellen will. Aber schon die zitierten Eingangsformulierungen vom »Einklang« mit Nietzsches Vorstellungen und dem »Vertrauen« in sein Werk oder die euphorische Aussage von der Übereinstimmung der »Empfindungen« im Brief an Pauline Specht lassen bestenfalls in Detailfragen Raum für Differenzen[69]. In den Grundpositionen stimmte Steiner Nietzsche euphorisch zu.

So übernahm Steiner von Nietzsche die Kritik an der Metaphysik und an allen Idealismen:

---

[67] Hoffmann: Zur Geschichte des Nietzsche-Archivs, 435, spricht zwar von Nietzsche-Verehrung bei Steiner, hält ihn allerdings nicht für einen »gläubigen Jünger«. Für die Phase 1894/95 und vielleicht noch eine Weile danach scheint mir allerdings eine solch hohes Maß an Identifikation mit Nietzsches Werk vorzuliegen, daß man sehr wohl davon sprechen kann.

[68] Heute in GA 5. Die Ausgabe ist vermutlich gegenüber der Erstausgabe nicht verändert, zentrale Stellen sind jedenfalls identisch. Es sind allerdings anthroposophische Neuinterpretationen Steiners angefügt.

[69] Wenn Steiner überhaupt vorsichtige Kritik an Nietzsche äußerte, wie sie beispielsweise in dem Lob an Stirner durchscheint (GA 5,96–100), und wie er sie im privaten Raum deutlicher artikuliert hat, dann handelte es sich bestenfalls um einen noch immer unzureichenden Vitalismus Nietzsches: »Ich finde bei Stirner etwas, was mir bei Nietzsche fehlt: die *allseitig* entwickelten Lebenskräfte, die ungehemmt ihrer Naturtendenz folgen.« (GA 39,255 [20.8.1895])

> »Nun stammen ursprünglich alle Ideale aus natürlichen Instinkten. Auch was der Christ als Tugend ansieht, die ihm Gott geoffenbart hat, ist ursprünglich von Menschen erfunden, um irgendwelche Instinkte zu befriedigen. Der natürliche Ursprung ist vergessen und der göttliche hinzugedichtet worden.« (GA 5,39) »Aus dem Leiden und der kranken Sehnsucht ist der Glaube an das Jenseits geboren.« (ebd., 28) »Im christlichen Gotte ist … ein Nichts vergöttlicht« (ebd., 122).

Steiner hat diese biologistischen Argumente bis in die Begrifflichkeit von Gesundheit und Krankheit ausgezogen: »Ein kranker Instinkt nur kann sagen: mein Reich ist nicht von dieser Welt. Eines gesunden Instinktes Reich ist *nur diese Welt.*« (ebd., 49) Das Christentum und seine Reich-Gottes-Theologie, die Steiner hier in der Umprägung eines Verses aus dem Johannes-Evangelium (Joh 18,36) illustrierte, waren für Steiner zu diesem Zeitpunkt pathologische Phänomene.

Als anthropologisches Korrelat stehe der nihilistischen Kosmologie (vgl. GA 5,69) »das souveräne Individuum, das weiß, daß es nur aus seiner Natur heraus leben kann«, zur Seite: »der *Übermensch*« (ebd., 41). Wenn der Geist »inne« geworden sei, »daß kein Gott zu ihm redet« (ebd., 46), habe er die Abhängigkeiten von seinen eigenen Projektionen überwunden. Nun könne der »*schaffende* Einzelwille« (ebd., 73) Ziele setzen:

> »Die starke Persönlichkeit, die Ziele *schafft*, ist rücksichtslos in der Ausführung derselben. Die schwache Persönlichkeit dagegen führt nur aus, wozu der Wille Gottes oder die ›Stimme des Gewissens‹ oder der ›kategorische Imperativ‹ Ja sagt.« (ebd., 73)

Die ›vollkommene Freiheit‹, »rein gedankliche Triebfedern des Handelns zu schaffen«, habe er im übrigen schon in seiner »Philosophie der Freiheit« als »moralische Phantasie« entworfen (ebd., 91). Daß Steiner selbst sich den inhärenten Elitedefinitionen Nietzsches zuordnete, steht nicht nur angesichts einer solchen Zuordnung außer Zweifel[70].

Wie lange Steiner euphorischer Nietzscheaner geblieben ist, läßt sich nicht ganz klar bestimmen. Im Oktober 1895 pries er Nietzsche für die »Erlösung« der Philosophie aus ihrer Irrelevanz (GA 39,268); 1898 finden sich hymnische Töne auf Nietzsche in einem lyrischen Text in Steiners Notizbuch[71], und noch sein »individueller Anarchismus« des Jahres 1899 korrespondiert gut mit seinem nietzscheanischen Nihilismus[72] (wenngleich Steiner diesen Konnex 1893 noch abgelehnt hatte [ebd., 187]). Auch sein skizzierter Eingriff in die Debatte um die Lehre von der »Ewigen Wiederkunft« in der ersten Hälfte des Jahres 1900 (mit der er sich in seiner Monographie nicht näher beschäftigt hatte, da die diesbezüglichen Aufzeichnungen Nietzsches unveröffentlicht seien [GA 5,123]), läßt durchaus den weiterhin passionierten Nietzscheaner erkennen. Noch im April 1900 stellte er sich gegen die von Lou Andreas-Salomé verfochtene These, Nietzsches Wiederkunftslehre habe den »Charakter einer mystischen Offenbarung« angenommen (GA 31,556). Vielmehr sei sie, »nicht anders als *naturwissenschaftlich*« (ebd., 555), geradezu »mechanisch« (ebd., 556) zu interpretieren.

---

[70] Im Dezember 1894 etwa forderte er statt des »Nietzsche-Giglertums« »eine kleine Zahl von Lesern, die ihn verstehen« (GA 39,238).
[71] Abgedruckt bei Hoffmann: Zur Geschichte des Nietzsche-Archivs, 461–463.
[72] Vgl. ebd., 432–436.

Aber im Sommer 1900 wendete sich das Blatt. Am 7. Juli griff er letztmalig in die Debatte um die Editionspraxis des Nietzsche-Archivs ein, damit endeten seine Reaktionen auf die zermürbenden und »maßlosen Angriffe« (GA 31,601), denen er sich ausgesetzt sah. Am 27. Juli veröffentlichte er eine Erörterung über »Die Philosophie Friedrich Nietzsches als psycho-pathologisches Problem« (GA 5,127–152), in der er faktisch mit seiner Nietzsche-Verehrung brach. Nietzsche ermangele »des Sinns für objektive Wahrheit« (ebd., 128), in seiner »Gedankenwelt offenbart sich ein *Zerstörungstrieb*« (ebd., 138), und seine Philosophie zeige eine »gewisse *Inkohärenz*« (ebd., 143). Damit griff Steiner die relativ kritischen Äußerungen gegenüber Nietzsche aus der Zeit vor 1894 wieder auf. Aber nun reichte ihm die philosophische Widerlegung nicht, er suchte vielmehr in der »psycho-pathologischen« Problematisierung die Persönlichkeit Nietzsches zu demontieren. Als Nietzsche vier Wochen später starb, rechnete Steiner im sozialdemokratischen »Vorwärts« mit seinem ehemaligen Idol ab:

> »Wer Nietzsches Schriften wirklich mit Verständnis liest, der wird sich vor allen Dingen darüber klar werden, daß er es mit einem Mann zu tun hat, der dem wirklichen Leben der Gegenwart, den großen Bedürfnissen der Zeit ganz fernstand. … Deshalb konnte er auch nur zu Ideen kommen, die als Äußerungen einer merkwürdigen Einzelpersönlichkeit interessieren, zu denen sich aber in der Form, wie er sie ausgesprochen hat, kein anderer, im wahren Sinne des Wortes, als Anhänger bekennen sollte. … Ein merkwürdiger Denker ist am 25. August gestorben; nicht einer der führenden Geister der Zukunft.« (GA 31,491.491.497)

Nietzsche sollte als kulturelle Leitfigur entmachtet werden. Daß er »unzeitgemäß« gewesen sei, hatte Steiner auch 1895 behauptet (GA 5,15), allerdings mit der Konsequenz, ihn als Heros einer kommenden Zeit zu sehen. Nun wurde Nietzsches Querständigkeit zu einem Relikt der Vergangenheit. In der Folgezeit begann Steiner zudem, Nietzsche in Abhängigkeit von anderen Denkern zu lesen; er nannte Eugen Dühring (für die Lehre von der Ewigen Wiederkehr), William Henry Rolph und Charles Darwin (für den Sozialdarwinismus), Jean Marie Guyau (für das Konzept des »Willens zur Macht«) und Friedrich Albert Lange (für die Sprachanalyse und Wahrheitshermeneutik)[73]. Auch dies war eine Distanzierung von Nietzsche, eine Relativierung durch Kontextualisierung.

*b. Steiner und Lou Andreas-Salomé*

1894 veröffentlichte Lou Andreas-Salomé, die ehemalige Freundin Nietzsches (später Rilkes und nach 1900 mit engen Beziehungen zu den Wiener Psychoanalytikern) eine vielgelesene Nietzsche-Deutung: »Friedrich Nietzsche in seinen Werken«[74]. Die mit Steiner fast gleichaltrige Frau besetzte im Jahr vor Steiners Nietzsche-Veröffentlichung damit wichtige Positionen der öffentlichen Meinungsbildung. Steiner reagierte 1895 auf dieses Buch in seiner Einleitung zu

---

[73] Zu dieser Beobachtung Hoffmann: Zur Geschichte des Nietzsche-Archivs, 523. Vgl. exemplarisch zur »Ewigen Wiederkunft« die Behauptung der Abhängigkeit Nietzsches von Eugen Dührings »Cursus der Philosophie«, wobei Nietzsche den dort bekämpften Gedanken positiv gewendet habe (z. B. GA 31,550. 574).

[74] Andreas-Salomé: Friedrich Nietzsche in seinen Werken.

»Friedrich Nietzsche, ein Kämpfer gegen seine Zeit« mit kaum beherrschter Polemik:

> »Mein Bild des Übermenschen ist genau das Gegenteil des Zerrbildes geworden, das in dem augenblicklich verbreitetsten Buche über Nietzsche von Frau *Lou Andreas-Salomé* entworfen ist. Man kann nichts dem Nietzscheschen Geiste mehr Zuwiderlaufendes in die Welt setzen, als das mystische Ungetüm, das Frau Salomé aus dem Übermenschen gemacht hat. Mein Buch zeigt, daß in Nietzsches Ideen nirgends auch nur die geringste Spur von Mystik anzutreffen ist.« (GA 5,10)

Ihrer Autorität, die durch ihre Beziehung zu Nietzsche einen schwer angreifbaren Status besaß, setzte Steiner die Behauptung von Unabhängigkeit und Kongenialität entgegen, inhaltlich konterte er mit einer radikal antimystischen, antimetaphyischen Auslegung Nietzsches. Wenige Jahre später, nach seiner Konversion zur Theosophie, endete allerdings die Revision seiner eigenen Deutungen in eben dem Typus metaphysischer Interpretation, die er bei Andreas-Salomé verrissen hatte.

Die Abhängigkeiten von ihrem Buch, in Übernahmen wie in Abwendungen, reichen aber noch weiter. Steiners Nummerierung der Abschnitte in seinem Nietzsche-Buch kann man in ihrer Anlehnung an die Aphorismen-Nummerierung Nietzsches als Gegenentwurf zum »System Nietzsche«[75] lesen, das Andreas-Salomé konzipiert hatte. Ihrer Periodisierung von Nietzsches Leben in drei Abschnitte ist er hingegen gefolgt[76]. Auch in einem ihrer zentralen Interpretationsansätze steht er ihr sehr nahe oder ist er von ihr abhängig. Andreas-Salomé hatte die Deutung von Nietzsches Werk auf sein Leben bezogen und die Sprengung tradierter philosophischer Orientierungsmuster mit Nietzsches Umnachtung korreliert: »Das Bild des Wahnsinns steht am Ende der Philosophie Nietzsches als eine grelle und furchtbare Illustration zu den erkenntnistheoretischen Ausführungen, von denen er in seiner Zukunftsphilosophie ausgeht.«[77] Die Deutung Nietzsches als pathologischer Fall, die Steiner vor 1894 und seit 1900 wieder aufgriff, sind Andreas-Salomés Thesen (die allerdings damit nicht allein stand) eng verwandt. Daß Steiners Buch »den erklärten und denkbar größten Gegensatz zum vielbeachteten mystisch-pathologischen Bild dar[stellt], das Lou Andreas-Salomé in ihrer Schrift gegeben hat«, wie Hoffmann meint[78], verdeckt in seiner partiellen Stimmigkeit den Blick auf den ganzen Steiner, der sowohl eine pathologisierende als auch – nach dem Eintritt in die Theosophie – eine metaphysische Interpretation Nietzsches im Einklang mit Andreas-Salomé vornahm.

---

[75] Ebd. 12. 137.

[76] Dazu Hoffmann: Zur Geschichte des Nietzsche-Archivs, 489. Auch in seiner Relation von Instinkt und Reflexion (vgl. exemplarisch GA 5,16f.) scheint Steiner sich auf die Arbeit von Andreas-Salomé zu beziehen (vgl. etwa Andreas-Salomé: Friedrich Nietzsche in seinen Werken, 251). Ein systematischer Vergleich steht allerdings noch aus.

[77] Andreas-Salomé, ebd., 251.

[78] Hoffmann: Zur Geschichte des Nietzsche-Archivs, 522.

*c. Theosophische und anthroposophische Nietzsche-Deutung*

Die Abwendung von Nietzsche im Sommer 1900 war ein Schritt zur theosophischen Konversion. Aber Steiners Distanz gegenüber Nietzsche war vermutlich schon zu diesem Zeitpunkt beträchtlich, wie das Fehlen einschlägiger Publikationen über ihn in dieser Phase dokumentieren dürfte[79]. Steiner hat Nietzsche auch nach 1900 nicht vollkommen verdrängt, ihn allerdings bis 1925 nicht mehr als weltanschauliche Leitfigur betrachtet[80]. So hat Steiner auch in seinem ersten (nicht erhaltenen) Vortrag für die Berliner Theosophen am 22. September 1900[81] zwar über Nietzsche gesprochen, doch er hatte das Thema nur auf Anfrage aufgegriffen. Vielmehr wies Steiner ihm eine neue Funktion zu: Nietzsche wurde zum Exponenten, nachgerade zum Werkzeug mythischer Mächte. So berichtete Steiner am 11. November 1904 Mitgliedern seiner »Esoterischen Schule«, »Nietzsches ›blonde Bestie‹« sei ein »Vorspuk« »einer gewissen Wollust am Bösen, diesem Dämonischen« gewesen (GA 93,77), und 1917 sah er Nietzsche mit diesen Überlegungen zur »blonden Bestie« vom Teufel versucht (GA 177$^5$,74). Die Schlüsselbegriffe dieser Deutung stammen aus völlig anderen Kontexten: der »Spuk«, das »Dämonische« oder der »Teufel« gehören in die religiöse Semantik. Aus der pathologisierenden wurde eine religiöse Deutung Nietzsches, aus dem psychokranken Philosoph ein Dämon oder Agent des Teufels. In diesen Kontext gehört auch Steiners Glaube, wie er in einem vertraulichen Papier 1907 schrieb, Nietzsche habe, vermittelt durch Jean Marie Guyau (von dessen Lektüre durch Nietzsche Steiner aufgrund der Arbeit im Nietzsche-Archiv wußte [z.B. GA 28,190][82]), eine rosenkreuzerische Einweihung erfahren: »Sie besteht in der wahren Erkenntnis des Bösen. Diese Initiation muß mit ihren Hintergründen noch lange vor der Menge ganz verborgen bleiben.« (GA 262$^2$,25)

Unmittelbar nach der dämonologischen Interpretation gab Steiner am 1. Dezember 1904 eine weitere theosophische Deutung. Nietzsche habe mit seinen Vorstellungen »vor der Pforte« der griechischen Mysterien gestanden (GA 53$^2$,180)[83]. Nietzsches Griechenbegeisterung deutend, explizierte Steiner diesen Zusammenhang 1909 folgendermaßen:

> »Wie Nietzsche mit seiner Idee der ewigen Wiederkunft mit seinem ganzen Fühlen und Denken vor dem Tore der geisteswissenschaftlichen Wahrheit von der Reinkarnation stand, so stand er auch mit der Idee des Über-Menschen vor dem Tore der Geisteswis-

[79] In den Schriften, die Steiners Konversion im engeren Sinn begleiten, im »Christentum als mystische Thatsache« von 1902 (GA 8) und insbesondere in der zuvor veröffentlichten »Mystik im Aufgange des neuzeitlichen Geisteslebens und ihr Verhältnis zu modernen Weltanschauungen« (GA 7), wo Nietzsche zu erwarten gewesen wäre, kommt er nicht vor.

[80] Die Geschichte der Nietzsche-Rezeption in der Zeit Steiners als Theosoph ist bei Hoffmann: Zur Geschichte des Nietzsche-Archivs, 486–498, nur kursorisch behandelt. Eine detaillierte Geschichte der Transformation seiner vortheosophischen Nietzsche-Deutungen fehlt. Eine große Zahl von Bezügen auf Nietzsche ist bei Hoffmann ebd., 726–737, aufgelistet.

[81] Vgl. Lindenberg: Steiner (Chronik), 182; ders.: Steiner (Biographie), I, 314.

[82] Vgl. ebd., 488.

[83] Vgl. auch GA 108$^2$,292 (1908), wo Steiner behauptete, Nietzsche habe mit der Vorstellung der ewigen Wiederkunft des Gleichen in Richtung der Reinkarnation gedacht und seine Vorstellung in diese Richtung »weiterentwickelt«.

> senschaft[84], die uns zeigt, was wir als göttlichen Wesenskern des Menschen aufzufassen haben, der wirklich eine Art Über-Mensch ist – wenn wir den Ausdruck gebrauchen dürfen –, der Mensch, der durch viele Verkörperungen gegangen ist, und der hinaufsteigen wird zu noch höheren Graden des Daseins.« (GA 57,376)

Nietzsche wurde damit zu einem Wegbereiter der Theosophie, der jedoch am entscheidenden Schritt in die übersinnliche Erkenntnis gescheitert sei. Gleichwohl interpretierte Steiner den Übermenschen qua göttlichem Wesenskern nun dezidiert religiös und die ewige Wiederkunft als nicht durchreflektierte Vorform der Reinkarnation. Evidenterweise bestehen hier zur nihilistischen Nietzsche-Interpretation der neunziger Jahre und zur »mechanischen« Deutung der Wiederkunftslehre gewaltige Diskrepanzen. Diese radikale Uminterpretation machte aber die positive Präsentation Nietzsches vor Theosophen möglich. Wenn Steiner 1920 in Nietzsche »die Natur ihr offenbares Geheimnis enthüllen« sah (GA 322,73), um den Menschen zu zeigen, wie sie »nicht ihr Ich verlieren sollen«, damit nicht »die Zivilisation in Barbarei übergehen soll« (ebd.), gründete diese Transformation in der metaphysischen Relecture Nietzsches[85].

In den zwanziger Jahren wurde Nietzsche auch in das anthroposophische Karma-Konzept eingeordnet. Steiner »offenbarte« am 15. März 1924 eine Reinkarnationsbiographie (GA 235⁸,162–167), derzufolge Nietzsche früher eine asketische Existenz durchlebt habe, in der die Seele stark mit dem Körper verbunden gewesen sei. In Reaktion darauf habe in der letzten Inkarnation nur eine lockere Verbindung beider bestanden und die Seele zeitweise »über seinem Haupte« geschwebt (ebd.), womit Steiner wohl Nietzsches Demenz deutete. Insbesondere beim Abfassen einiger Teile von »Also sprach Zarathustra« sei Nietzsche »mit dem Seelischen außerhalb des Körpers« gewesen (ebd., 165) (und im übrigen habe Nietzsches Chloral-Konsum dieses Tendenz verstärkt [ebd., 165f.]). Mit diesen nicht ganz neuen Überlegungen zur Trennung von Nietzsches Seele und Körper[86] transformierte Steiner aufs Neue seine pathologisierende Interpretation Nietzsches: Aber keine dämonische Kraft, sondern eine Art Persönlichkeitsspaltung machte er nun für die Eigenheiten Nietzsches verantwortlich. Zusätzlich lagerte Steiner mit den Jahren neue mythologische Theoreme an seine Nietzsche-Deutung an, etwa mit der 1909 erstmals in die Theosophie eingeführten Vorstellung des Ahriman. Er habe etwa die Hand geführt, wo Nietzsche Jesus als »Idioten« bezeichnet habe (GA 237,177)[87].

---

[84] Im Original vermutlich: vor dem Tore der »theosophischen« Wahrheit resp. vor dem Tore der »Theosophie«.

[85] Daß nach Steiners Tod Anthroposophen diese Vorstellungen zu einer Art Erlösung Nietzsches resp. des Nietzscheanismus durch Anthroposophie weiterentwickeln konnten (Nachweise bei Hoffmann: Zur Geschichte des Nietzsche-Archivs, 490[200]), ist eine weitere Drehung der Transformationsschraube.

[86] Zu den Nachweisen für die Jahre 1908 und 1909 vgl. ebd., 492, Anm. 205.

[87] Für Hoffmann: ebd., 494f., ergibt sich aus anthroposophischer Perspektive hier noch ein besonderes Problem, da Steiner offensichtlich positive Konnotationen der Antichrist-Vorstellung bei Nietzsche nicht gesehen hat und die pejorative Kennzeichnung durch Steiner – so könnte man den Subtext bei Hoffmann offenlegen – einem »Geistesforscher« mit Einblick in höhere Welten eigentlich nicht unterlaufen sollte.

In Werken für die nichttheosophische Öffentlichkeit war Steiner in der Aufdeckung solcher Zusammenhänge allerdings zurückhaltender. In seiner 1914 erneut herausgegebenen Philosophiegeschichte sucht man derartige Interpretationen vergebens (GA 18,541–547). Immerhin hatte Steiner dort seine anti-metaphysische Nietzsche-Interpretation zurückgenommen und ihn für theosophische Vorstellungen anschlußfähig gemacht. Daß in »Nietzsches Weltanschauung« »der Agnosticismus als *persönliche Empfindung, als individuelles Erlebnis und Schicksal*« zu deuten sei, wie er 1901 in der Erstauflage festgestellt hatte[88], hatte der inzwischen dem Agnostizismus abholde Steiner 1914 gestrichen.

Eine Neuausgabe seines Buches »Friedrich Nietzsche, ein Kämpfer gegen seine Zeit« hat Steiner im Gegensatz zu anderen Werken der vortheosophischen Phase nicht mehr vorgenommen. Allerdings sei dies beabsichtigt gewesen. Eugen Kolisko berichtete im Vorwort zur posthumen Ausgabe des Jahres 1926, bereits 1921 mit Steiner über eine Neuauflage gesprochen zu haben. »Er äußerte die Absicht, diese Schrift mit seinen Aufsätzen über die psycho-pathologische Seite der Philosophie Friedrich Nietzsches aus dem Jahre 1900 zu vereinigen und dem Ganzen eine Vorrede voranzusenden.«[89] Außerdem sollte der Text um eine Stellungnahme Steiners zur Lehre von der »Wiederkunft des Gleichen« erweitert werden[90]. Bis heute folgt die Ausgabe von Steiners Nietzsche-Buch diesen Vorgaben. Die Aufsätze zu Nietzsches Psychopathologie sowie Passagen aus Steiners Autobiographie (als Ersatz für die nicht mehr geschriebene Ergänzung zur Wiederkunftslehre) werden weiterhin mit dem Text des Jahres 1895 im fünften Band der Rudolf Steiner-Gesamtausgabe abgedruckt.

Die theosophische Neuinterpretation Nietzsches macht aufgrund ihrer Rejustierungen deutlicher als viele andere Relecturen, wie massiv Steiner in seine Interpretationen eingreifen mußte. Seine Behauptungen einer Kontinuität seines Denkens, die allerdings inzwischen auch unter Anthroposophen nicht mehr unumstritten sind[91], zerbrechen an kaum einer Stelle in seinem Werk so deutlich wie in Steiners Beschäftigung mit Nietzsche. Es fällt leicht, einzelne Interpretationen vor und nach 1900 einander entgegenzusetzen, etwa wenn Steiner 1894 in seinem Brief an Pauline Specht den »Antichristen« »eines der bedeutsamsten Bücher, die seit Jahrhunderten geschrieben worden sind«, nannte (GA 39,238), aber dreißig Jahre später das gleiche Buch als ein Werk aus der »Zeit seines Verfalles« geißelte (GA 237,176); oder wenn er 1895 Andreas-Salomé kritisierte, daß sie Nietzsche unterstelle, seine Philosophie aus »*christlich-mystisch-theistischen* Instinkten heraus« geschaffen zu haben (»Jede Seite schmeckt [bei Andreas-Salomé] nach Christentum; jede Seite verrät die Ohnmacht, wahre Nietzsche-Luft zu atmen« [GA 39,259]) und wenn man gleichzeitig sieht, wie

---

88 Steiner: Welt- und Lebensanschauungen (1900 / 1901), II, 183.

89 Kolisko: Einleitung zur Neuausgabe 1926 [von Steiners Nietzsche-Buch], 1.

90 Ebd., 1 f.

91 Hoffmann: Zur Geschichte des Nietzsche-Archivs, sieht zwar die Probleme, läßt die Schärfe seines Urteils jedoch in der Schwebe: Im Bereich der »moralisch-metaphysischen Kritik« sei die »Distanzierung« »unübersehbar, so daß man hier, wo nicht von einem Bruch, so doch mindestens von einer tiefgreifenden Wandlung Steiners sprechen muß« (S. 523).

der theosophische Steiner Nietzsches Atheismus seiner christlich verstandenen Theosophie unterordnete.

Interessanter ist es jedoch, einen Blick auf die Strukturen der Transformationsprozesse und Umbesetzungen zu werfen. Wie schon bei der theosophischen Reinterpretation Goethes verleugnete Steiner als Theosoph seine Nietzscheanische Vergangenheit nicht, aber deren Integration fiel aufgrund des religionskritischen Nietzscheanismus, den sich Steiner während der zweiten Hälfte der neunziger Jahre explizit zu eigen gemacht hatte, weitaus schwerer. Vor allem die konfessorische Schrift »Friedrich Nietzsche, ein Kämpfer gegen seine Zeit« von 1895 bereitete – da öffentlich gut zugänglich – Probleme. Schon aufgrund der alerten Kritiker nach den Diskussionen über die Veränderungen in neu aufgelegten Werken konnte sich Steiner Eingriffe in den Text (auch wenn sie erneut nicht kenntlich gewesen wären) wohl nicht leisten. Steiner hätte möglicherweise einen anderen Weg gewählt, sein Nietzsche-Buch theosophiefähig zu machen und es gleichzeitig zu entschärfen, den Kolisko andeutete und den Steiner auch andernorts gegangen war: die Veränderung der hermeneutischen Rahmenbedingungen. 1895 entnahm er die Inhalte und dabei auch die Kriterien seiner systematisierten Interpretation Nietzsches in wesentlichen Teilen Nietzsches Œuvre: Metaphysikkritik, Nihilismus und die Vision des Übermenschen. Als Theosoph nahm Steiner Abschied von dieser werkimmanenten Kriteriologie durch die Umstellung der Hermeneutik von internen auf externe Kriterien. Nietzsche war nicht mehr Fokus und Ziel der Philosophiegeschichte, sondern wurde »vor das Tor der geisteswissenschaftlichen Wahrheit« (GA 57,376) postiert. Mit dieser topographischen Metapher ordnete Steiner Zentrum und Peripherie neu zu. Nietzsche rückte an den Rand und ins Vorfeld der Theosophie, die die hegemonialen Interpretationsvorgaben lieferte.

Parallel erhielt Nietzsche eine neue Funktion in Steiners Weltanschauungshaushalt: Er repräsentierte nach 1900 den materialistischen Nihilismus in seiner äußersten Zuspitzung. Nietzsches Werk explizierte so die theosophische Geschichtstheorie, die nach Steiner am Ende des 19. Jahrhunderts einen Tiefpunkt des Falls des Geistes in die Materie sah: »Bis zum Jahre 1899 geht das finstere Zeitalter, dann beginnt das helle«, verkündete Steiner zum Beispiel 1924 (GA 316,186). Nietzsche, der 1900 starb, ließ sich damit als Exponent der äußersten Krise der europäischen Geistesgeschichte lesen. Auf diesem Boden nutzte Steiner Nietzsche selektiv. »Böse« Tendenzen (wie die Auffassung der ›blonden Bestie‹) wurden teilweise mit Kategorien des theosophischen Weltbildes (dämonisch, ahrimanisch) negativ bewertet und so eingehegt. Die Vorstellung des Übermenschen hingegen konnte mit der Überführung in die Idee vom »göttlichen Wesenskern des Menschen« positiv eingestuft werden. Steiners theosophische Argumentationsfigur arbeitete dabei mit dem Anspruch, mehr über den Autor zu wissen als er über sich selbst. Diese Überzeugung war kein Spezifikum der Theosophie, aber als Theosoph hat Steiner sie mit noch weniger Skrupeln umgesetzt als vor 1900. Eine solche Selbstermächtigung kommt allerdings einem hermeneutischen Blankoscheck nahe, und in der Tat verlor Nietzsches Werk alle Sperrigkeit gegenüber einer Integration in die Theosophie, die in fundamentalen Fragen genau gegenläufig argumentierte. Diese neue Verortung wird insbesondere an der Nihilismusfrage deutlich. Steiner überführte Nietzsche durch die Anwendung externer Interpretationsvorgaben in eine metaphysische Deutung, gegen die sich Nietzsche nun wirklich mit aller Macht gestemmt hatte. Nach einer mehr als hundertjährigen Interpretationsgeschichte, die an der zentralen Stellung von Nietzsches intentionalem Nihilismus keine Zweifel läßt, erscheint eine solche Deutung abstrus. Für Zeitgenossen stellten sich Auslegungsoptionen völlig anders dar. Eine religiöse Nietzsche-Auslegung war um 1900 weit verbreitet, Andreas-Salomé war alles andere als ein Sonderfall[92].

## 6.4 Die »Philosophie der Freiheit«

### *6.4.1 Die Konzeption von 1893*

Am 14. November 1893 erschien das Werk[93], das Steiner lebenslang als sein opus magnum betrachten sollte: »Die Philosophie der Freiheit. Grundzüge einer modernen Weltanschauung. Beobachtungs-Resultate nach naturwissenschaftlicher Methode« (GA 4a,241)[94]. Nach den philosophischen Fingerübungen unter philologischen Zwängen in der Goetheausgabe und nach dem Gesellenstück der unter akademischen Regeln entstandenen Dissertation wollte Steiner nun sein philosophisches Meisterwerk liefern. Wann er mit diesem Buch begann, ist nicht ganz klar. Steiner hat selbst die Spur ausgelegt, in seinem »Sendschreiben« an delle Grazie von 1886 (s. 5.3) liege die »Urzelle« der »Philosophie der Freiheit« (GA 28,98). Aber viel mehr als die Forderung nach einer Freiheit gegenüber naturalen Zwängen ergibt sich aus delle Grazies Werk nicht. Seine Dissertation hingegen nahm im Untertitel »Vorspiel einer Philosophie der Freiheit« (GA 3,3) den Titel seines Nachfolgewerks schon vorweg, und vermutlich hat sich Steiner um die Jahreswende 1891/92 mit dem neuen Werk beschäftigt[95]. Inhaltlich ist dann daraus ein Buch geworden, das sich von seiner Dissertation zumindest in einem vergleichbaren Maß absetzt wie es sie fortführt.

Seine philosophische »Summe« entstand nun nicht als reiflich überlegtes Werk, sondern, wie schon die meisten Bände seiner zeitgleichen Goetheausgaben, in rastloser Hetze. Nur unter dem drohenden und flehenden Druck seines Verlegers Emil Felber, der sogar erwog, den angelaufenen Druck wegen

---

[92] Vgl. Aschheim: Nietzsche und die Deutschen, 219–250, sowie die Tagung in der Reimer-Stiftung über die »religiösen Impulse eines Antichristen« (23.–26.11.1998); die Tagungsbeiträge sind unveröffentlicht.

[93] Um möglichst lange den Schein der Aktualität zu wahren, trug das Titelblatt die Jahreszahl 1894.

[94] Steiners »Philosophie der Freiheit« ist in den letzten Jahren mit ihren älteren Vorlagen mehrfach herausgegeben worden. 1983 edierte Kurt Franz David die Erstausgabe von 1883 als Reprint: Steiner: Die Philosophie der Freiheit (1983). Die Druckfahnen von 1918 wurden, zusammen mit Rezensionen und den Reaktionen von Zeitgenossen, 1994 von David Marc Hoffmann und Walter Kugler als GA 4a herausgegeben (s. u. Anm. 111). – Die Aussagen von 1893 habe ich mit GA 4 nachgewiesen, soweit sie 1918 dort stehengeblieben sind. 1918 gestrichene Passagen sind mit der Erstausgabe respektive mit GA 4a belegt.

[95] Dies legt die Korrespondenz mit dem Verleger Emil Felber nahe (GA 4a,508).

Steiners Säumigkeit zu stoppen, wurde das Buch fertig. Die letzten Seiten sandte Steiner, als der Druck lief und schon die ersten Korrekturbögen bei ihm eintrafen (GA 4a,513–515). Für eine sorgfältige Relecture und Durcharbeitung des Manuskriptes bestand schlicht keine Zeit, offenbar nicht einmal für eine durchdachte Konzeption. Steiners Stilisierung der »Philosophie der Freiheit« als erkenntnistheoretisches Grundlagenwerk und die anthroposophische Rezeption als philosophisches Vermächtnis (»das philosophische Hauptwerk Steiners«[96]) verstellen den Blick, daß Steiner aus der Hektik der Tagesaktualität heraus ein Werk schuf, das vor allem seine unabgeschlossenen Suchbewegungen im Jahr 1893 dokumentierte. Zugleich ruhten auf diesem Werk möglicherweise große Lebenspläne, sollte Steiner vorgehabt haben, sich damit in Jena zu habilitieren und eine Professur für Philosophie anzustreben[97].

Die »Philosophie der Freiheit« zerfällt in drei Teile: in eine Erkenntnistheorie, in eine Ethik und in einen vollmundig »Die letzten Fragen« (GA 4,243) übertitelten Anhang; sie folgt also, von dem letzten Kapitel abgesehen, dem Aufriß der Dissertation. Im ersten, dem epistemologischen Abschnitt traten die alten Gegner wieder auf: die aufklärerischen Konzepte einer subjektiven Prägung der Wahrnehmung, die es dem Menschen nicht ermöglichen, die Dinge in ihrem Innersten zu erkennen. Die Galionsfigur dieser kritisierten Philosophie blieb Kant, der »glaubt, daß wir nun von den Veränderungen unseres eigenen Selbst, nicht von den diese Veränderungen veranlassenden Dingen an sich erfahren können« (ebd., 69)[98]. Auch den Kern seiner Antwort hatte Steiner beibehalten: ein Denken, das er nicht als soziale Konstruktion, sondern als subjektunabhängiges Phänomen begriff. Allerdings hatte er die naturwissenschaftliche Begründung verstärkt, indem er das Denken als Beobachtungsgegenstand auswies. Es besitze eine Art ontologischer Priorität, »es muß erst da sein, wenn wir es beobachten wollen« (ebd., 44). Nur zeitlich gehe die Beobachtung dem Denken voraus (ebd., 39). Da wir aber das Denken beobachten können, sei es ein »Beobachtungsobjekt« (ebd., 40). Die Prägung von Begriffen, die Steiner als subjektiven Akt anerkannte, galt ihm demgegenüber als sekundär. Mit diesem Konzept sah Steiner, hier folgte er wieder seiner Dissertation, die subjektive Konstitution der Wahrnehmung überwunden. Allerdings erhöhte er den Status des Denkens, indem er ihm quasi metaphysische Prädikate zuwies: Es sei »universell« (ebd., 90) und eine »absolute Kraft« (GA 4a,444).

Die Frage »Gibt es Grenzen des Erkennens?« (GA 4,112) beantwortete Steiner in der Formulierung schärfer, aber in der Sache wie 1891, mit einem glatten Nein: Es könne »von Erkenntnisgrenzen nicht gesprochen werden« (ebd., 115), denn »die Welt ist uns als Zweiheit« – damit meinte Steiner Wahrnehmung und Denken – »(dualistisch) gegeben, und das Erkennen verarbeitet sie zur Einheit (monistisch)« (ebd., 112). Die philosophische Systembildung fiel 1893 allerdings

---

[96] Lindenberg: Steiner (Biographie), I, 239.

[97] Dazu Germann: Die Promotion Rudolf Steiners, genannt in: Rudolf Steiners Dissertation, hg. v. D.M. Hoffmann u. a., 17[19]. Die Arbeit war mir nicht zugänglich.

[98] Zusätzlich grenzte sich Steiner von Berkeleys Sensualismus (GA 4,69), vom »Materialismus« (ebd., 30) und »Spiritualismus (ebd., 31) oder vom »naiven Realismus« und »kritischen Idealismus« (ebd., 81) ab.

ambitionierter aus. Diesen »Monismus«, als den Steiner seine Weltansuchung nun immer wieder bezeichnete, explizierte er in teilweise steilen Formulierungen: »In dem Denken haben wir das Element gegeben, das unsere besondere Individualität mit dem Kosmos zu einem Ganzen zusammenschließt.« (ebd., 91) »Ich bin ... wirklich die Dinge; ... insofern ich ein Teil des Allgemeinen Weltgeschehens bin« (ebd., 104). Steiner gab seinen Vorstellungen damit einen kosmologischen Überbau mit identitätsphilosophischen Formulierungen, die so in seiner Dissertation fehlten.

Diese Konzeption spitzte allerdings die Frage nach dem Status des Individuums prekär zu. Nur unser »Empfinden und Fühlen« sei »individuell« (GA 4,90). Während »wir« im »Denken« das »allgemeine Geschehen des Kosmos mitmachen«, sei »das Fühlen das, wodurch wir uns in die Enge des eigenen Wesens zurückziehen können« (ebd., 108 f.). Die Metaphorik der Enge konnotierte Individualität negativ, der einzelne wurde als emotionales Wesen gegenüber dem denkenden, das an der Weite und Allgemeinheit des Denkens partizipiere, abgewertet[99]. Steiner hat selbst realisiert, daß seine Anthropologie die Individualität bedrohte, wie er Eduard von Hartmann gestand: »Ich empfinde es auch als einen Mangel meines Buches, daß es mir nicht hat gelingen wollen, die Frage ganz klar zu beantworten, inwiefern das Individuelle doch nur ein Allgemeines, das Viele ein Eines ist« (GA 39,226 f.); denn der Gefahr, »daß wir im Denken eigentlich gar nicht mehr Einzelne sind, sondern lediglich ein allgemeines Weltleben mitleben« (ebd., 227), war in der Tat nicht auszuweichen.

Im zweiten Teil konzipierte Steiner seine Ethik. Damit schrieb er die Schlußskizze seiner Dissertation fort, aber daraus entstand ein eigenes Gebäude, für das er einen neuen Begriff heranzog: *»ethischer Individualismus«* (GA 4,160). Steiner sah bei freien Menschen »sittliche Ideen durch Intuition« (ebd., 178). Der Mensch »kann frei handeln, wenn er nur sich selbst gehorcht« (ebd.), der Monist sehe im »Leben nur den Zweck und die Bestimmung, die der Mensch ihm gibt«[100]. Eine sittliche Ordnung, »sittliche Prinzipien von außen« (ebd., 178) gebe es nicht. So weit hatte er sich in seiner Dissertation nicht vorgewagt. Die Probleme eines konsistenten Verständnisses von Steiners Vorstellungen wachsen mit diesem ethischen Kapitel gewaltig. Nach der erkenntnistheoretischen Abwertung des Individuums kam es in diesem Teil seines Buchs zu einer hochgezogenen Subjektivitätstheorie. Dies kann man zwar als Folge seiner Partizipation am Denken begründen, aber dies erklärt die ethische Absolutheit des Menschen als Schöpfer sittlicher Prinzipien nicht.

---

[99] Diese Abwertung findet sich immer wieder im Kontext des semantischen Feldes von Gefühl / Fühlen. Gefühl war mit Lust korreliert, die – im Gegensatz zur selbstmächtigen Begriffsbildung des Individuums – »durch einen Gegenstand« in ihm erzeugt wird, es also passiv betrifft (GA 4,41). Oder: »Die *Mystik*« bezeichnete er als »die Philosophie des Gefühls«, die »*erleben* will, was sie wissen soll«, also als eine Art Flucht vor der Rationalität des Denkens; Steiner: Die Philosophie der Freiheit (1893), 132. 1918 ist die Stelle geändert. Der »Irrtum« der Mystik bestehe in einer »bloß auf das Gefühl gebauten mystischen Anschauungsweise« (GA 4,139 f.).

[100] Steiner: Die Philosophie der Freiheit (1893), 172. 1918 war »Leben« in »Menschenleben« geändert (GA 4a,128 / GA 4,186).

Schließlich blieb auch die Antwort auf die Frage, wie das Individuum zu ethischen Entscheidungen komme, nebulös. Steiner behalf sich mit der Einführung neuer Begriffe: Freiheit sei die Wahlfreiheit, »Intuitionen« auszuwählen (GA 4,191), wobei die Intuition formal bestimmt blieb, etwa: »Sie ist für das Denken, was die Beobachtung für die Wahrnehmung ist.« (ebd., 95) Auch die Umsetzung bleibt unklar: Der »*freie Geist*« benötige zur Durchsetzung seiner »Ideen« »*moralische Phantasie*« (ebd., 193), aber was Steiner darunter verstand, ließ er offen. Sie werde vom Individuum »produziert« (ebd., 194), aber zugleich beruhe Handeln auf der Kenntnis der »*Naturgesetze*«, sei also insoweit doch nur reproduktiv: »Wir haben es mit Naturwissenschaft zu tun, nicht mit Ethik. ... Eine Ethik als Normwissenschaft kann es daneben nicht geben.« (ebd., 194.195) Freiheit erweist sich so wiederum »nur« als Einsicht in transsubjektive Vorgaben.

Ungeklärt blieb auch das Verhältnis des Individuums und seiner moralischen Phantasie zur sozialen Konstitution der Gesellschaft[101]. Konkurrierende Ansprüche oder Konflikte um Geltungsansprüche kamen bei Steiner nicht vor. Offenbar glaubte er, daß die unbegrenzte Erkenntnis und ihre naturwissenschaftliche Begründung zwingend die Einsicht in »das« Richtige mit sich bringen. Daneben formulierte Steiner unverhohlen eine Elitentheorie zur Ethikbegründung: »Was als gemeinsames Ziel einer menschlichen Gemeinschaft sich ergibt, das ist nur die Folge der einzelnen Willenstaten der Individuen, und zwar meist einiger weniger Auserlesener, denen die anderen, als ihren Autoritäten, folgen.« (GA 4,179) Selbst die »Staatsgesetze« seien »sämtlich aus den Intuitionen freier Geister entsprungen« (ebd., 171). Steiner wußte wohl, daß hier die Möglichkeit einer anarchistischen Interpretation seines Textes bestand. Er fürchtete, als »Staatsgefährlicher«[102] gebrandmarkt zu werden, und eben diese Assoziation hat sich bei den Zeitgenossen auch eingestellt[103].

Im den abschließenden »letzten Fragen« blies Steiner zum Sturm auf die Metaphysik[104]. »Die Welt ist Gott«[105], lautete sein Credo der Immanenz, »der persönliche Gott ist nur der in ein Jenseits versetzte Mensch«[106]. Er »findet im ganzen Gebiet des Denkens nicht, das nicht der diesseitigen Welt angehörte«[107]. Wenn dann »der Mensch ... das letzte Bestimmende seiner Handlung« ist, könne der Schlußsatz lauten: »Er ist *frei*.« (GA 4,253)

---

101 Schon den Zeitgenossen ist die fehlende Vermittlung von Individuum und sozialer Konstitution aufgefallen, oder das unklare Verhältnis von vernünftiger Einsicht im ersten und der verabsolutierten Freiheit des Individuums im zweiten Teil; vgl. GA 4a,438.

102 Philosophie der Freiheit ([1]1893), 160; 1918 geändert in »gefährlicher Mensch« (GA 4a,112 / GA 4,171).

103 In seiner Autobiographie deutete er an, daß man aus derartigen Positionen eine »politische Anschauung« lesen konnte (GA 28,277). In den Rezensionen war diese Perspektive sehr deutlich zu lesen.

104 1893 ging es Steiner um einen Generalangriff, 1918 hingegen schränkte er etwa die »Metaphysik« auf die »bloß hypothetische Metaphysik« ein; vgl. Steiner: Die Philosophie der Freiheit (1883), 240, mit GA 4a,202 / GA 4,252 (1918).

105 Steiner: Die Philosophie der Freiheit (1883), 239; 1918 gestrichen (GA 4a,201 / GA 4,250).

106 Steiner: Die Philosophie der Freiheit (1883), 239; 1918 ist der »persönliche Gott« verändert in: »der durch abstrakte Schlußfolgerung angenommene Gott« (GA 4a,201 / GA 4,250).

107 Steiner: Die Philosophie der Freiheit (1883), 240; 1918 ist der zweite Halbsatz vollständig theosophisch umgebaut (GA 4a,202 / GA 4,251 f.).

Die philosophischen Fragen seiner Dissertation wirkten in der »Philosophie der Freiheit« fort, ebenso die argumentativen Probleme, doch hat Steiner seine Positionen durchgängig radikalisiert. Auch die philosophiehistorischen Kontexte hat er nicht grundsätzlich verändert, doch zentrale Positionen neu justiert. Insbesondere Nietzsche war von der Peripherie ins Zentrum des Textes gerückt. Man kann die »Philosophie der Freiheit« als nietzscheanisch verschärfte und auf populärere Rezeption umgelegte Dissertation lesen[108]. Daß Steiner, wie er am Tag nach dem Erscheinen der »Philosophie der Freiheit« schrieb, »vom Nietzscheanismus völlig unbeeinflußt« sei (GA 39,187), ist weder inhaltlich noch angesichts seiner biographischen Nähe zu Nietzsche nachvollziehbar. Darüber hinaus bekannte er im Dezember 1893 explizit seine Nähe zu Max Stirner, der 1845 in »Der Einzige und sein Eigentum« eine atheistische, radikal individualistische Philosophie propagiert hatte. In einer zweiten Auflage wolle er »die Übereinstimmung meiner Ansichten mit den Stirnerschen ausführlich zeigen« (ebd., 193). Auch in der naturwissenschaftlichen Verankerung hatte Steiner nachgelegt: »Der ethische Individualismus ist somit die Krönung des Gebäudes, das *Darwin* und *Haeckel* für die Naturwissenschaft erstrebt haben.« (GA 4,200) Aber mehr als eine rhetorische Verstärkung war dies gegenüber der Dissertation nicht.

Eine dramatische Wendung hat Steiner allerdings hinsichtlich Eduard von Hartmanns vollzogen. Der zweite Untertitel, »Beobachtungs-Resultate nach naturwissenschaftlicher Methode«, war eine explizite Wendung gegen von Hartmanns »Spekulative Resultate nach inductiv-naturwissenschaftlicher Methode«, wie er seine »Philosophie des Unbewusstseins« im Untertitel genannt hatte[109]. Von Hartmann blieb wie in der Dissertation der meistzitierte Philosoph, aber die ehedem »bedeutendste philosophische Erscheinung der Gegenwart« (GA 3,13) betrachtete er nun als ängstlichen Erkenntnistheoretiker. Steiner lehnte dessen epistemologische Zurückhaltung ab, daß man nur von seinen Wahrnehmungen ein »direktes Wissen« haben könne (GA 4,70), und polemisierte gegen Hartmanns »spiritualistischem Dualismus«, in der der Mensch ein »Sklave des Willens« des »Absoluten« sei (ebd., 177). Damit wandte sich Steiner gegen Hartmanns Erlösung Gottes durch die Selbstverneinung des Menschen. Schließlich verwarf er den darin begründeten ethischen Pessimismus, mit dem Hartmann seit den 1870er Jahren in der philosophischen Debatte eine gewaltige Resonanz fand (ebd., 206–208). In dieser Perspektive läßt sich Steiners moralische Phantasie als Gegenposition zu von Hartmanns Pessimismus und seiner Soteriologie durch Selbstverleugnung lesen. Steiner sah die auf breiter Front entstandene Opposition in aller Schärfe: »Ich stehe in dem denkbar schärfsten Gegensatze zu

[108] In dieser Perspektive greift die Unterstellung einer mehr oder minder kontinuierlichen Entwicklung von Steiners philosophischem Denken hin zur »Philosophie der Freiheit«, wie sie auch in GA 4a,501–508 wieder postuliert wird, zu kurz. Es gibt seit seiner Goethe-Rezeption Elemente, die sich durchhalten und modifiziert werden, etwa sein Idealismus und das zunehmend weltimmanente Denken, aber daneben gibt es eben auch Diskontinuitäten, die an der Rezeption Stirners und vor allem Nietzsches hängen.

[109] Vgl. implizit GA 4,128 und explizit GA 39,193.

Eduard von Hartmann« (GA 39,187)[110]. In der Tat: Mit Nietzsche und Stirner hatte Steiner neue Vorbilder gefunden.

### *6.4.2 Die Überarbeitung von 1918*

In den letzten Kriegsjahren mit ihren relativ großen zeitlichen Freiräumen, in denen Steiner eine Reihe seiner Werke überarbeitete, nahm er sich auch die »Philosophie der Freiheit« spätestens seit 1917 (GA 4a,347) wieder vor. Steiner hoffte, Nichtanthroposophen die philosophische Dignität der Anthroposophie begründen und seinen Anhängern eine philosophische Begründung liefern zu können (GA 4,9). Die »Philosophie der Freiheit« sollte eine Brücke zwischen seinen beiden Lebensbereichen, dem philosophischen und dem anthroposophischen, schlagen. Dabei hat Steiner zahlreiche, nicht gekennzeichnete Veränderungen im Text vorgenommen und jedes Kapitel durch eine als Anhang kenntlich gemachte Passage ergänzt[111].

Die Abänderungen betreffen vor allem zwei Bereiche: die epistemologische Debatte und die weltanschaulichen Inhalte. In der philosophischen Auseinandersetzung versuchte er nochmals, Eduard von Hartmann, der 1918 seit zwölf Jahren tot war, Paroli zu bieten und der ohne Namensnennung als »sehr geschätzte Seite« auftauchte[112]. Hinsichtlich der theosophischen Wendung ist jedoch der zweite Bereich von besonderem Interesse, der Brückenschlag von seiner idealistischen respektive nietzscheanischen Philosophie zur Theosophie. Dazu veränderte Steiner teilweise die Semantik, etwa durch die Aufwertung des Begriffsfeldes des »Erlebens«. An dem ersten großen Eingriff, den Steiner vornahm, erhielt das Denken nun erst durch das Erleben seine volle Bedeutung, wurde also durch das »Erleben« relativiert[113]. An dieser Stelle hat Steiner auch den Begriff der Intuition neu umschrieben, als »das im rein Geistigen verlaufende bewußte Erleben eine

---

[110] Steiner hatte von Hartmann ein Exemplar der »Philosophie der Freiheit« geschickt, daß dieser reich glossiert Steiner zurücksandte (GA 4a,345–420). Von Hartmann bat mehrfach um eine Rücksendung, etwa im Mai und Oktober 1894; Drews / Hartmann: Philosophischer Briefwechsel, 89. 125; vgl. auch GA 4a,347. Er erhielt es spätestens im November zurück (Drews / Hartmann, S. 128; vgl. 292).

[111] Die Veränderungen der Publikation von 1918 finden sich in: Steiner: Philosophie der Freiheit, hg. v. K. F. David, 245–333. Die Vorlagen für die Druckfahnen von 1918 wurden von David Marc Hoffmann und Walter Kugler 1994 als Reprint veröffentlicht (GA 4a). Die dort dokumentierten Veränderungen wurden allerdings in den Druckfahnen teilweise nochmals überarbeitet (4a,31.239). Da eine kollationierte Zusammenstellung der Veränderungen fehlt, ist die Überprüfung der Veränderungen weiterhin mühsam.
Zu den unkenntlichen Eingriffen gehören Überarbeitungen (s. u.) oder Streichungen unter Neuformulierung neuer Abschnitte (z. B. Steiner: Die Philosophie der Freiheit [1893], 136–138, GA 4a 82–88 / GA 4 145–149) oder die ersatzlose Tilgung (z. B. die Schlußsätze des ehemaligen XV., seit 1918 XVI. Kapitels (Steiner: Die Philosophie der Freiheit [1893], 229, GA 4a,191 / GA 4,242). Vgl. zu weiteren Überarbeitungen oben die Anm. 100 bis 107.

[112] GA 4,103; vgl. auch S. 55.

[113] Neben der Wahrnehmung gehöre das Denken zur Wirklichkeit. Die »volle Wirklichkeit« werde aber erst »in der denkenden Durchsetzung der Wahrnehmung *erlebt*« (GA 4,146).

rein geistigen Inhaltes« (GA 4,146); die Reihe der semantischen Neubesetzungen ist jedoch lang[114].

Dramatische Eingriffe nahm Steiner in seinem weltanschaulich höchstbeladenen Schlußkapitel vor. Hier hatte er 1893 mit großer Verve eine weltimmanente Philosophie vorgelegt, die atheistisch war und sich mit seinem theosophischen Spiritualismus nicht mehr vereinbaren ließ. Glaubte er etwa 1893, daß es für den Menschen »nicht außerhalb seiner Welt eine höhere Wirklichkeit« gebe, so schränkte er dies 1918 auf »eine unerlebbare höhere Wirklichkeit« ein[115]. Dazu mußte er Folgeaussagen in ihr Gegenteil verkehren. Schrieb er 1893, daß das »Denken«, da es keine »höhere Wirklichkeit« gebe, »auf keine andere hinweist«, glaubte er 1917 / 18, daß es »die Kraft hat, sie zu verbürgen«[116]. Die Aussage »die Welt ist Gott« aus dem Jahr 1893 hat Steiner wohlwissend, daß er damit eine »geistige Welt« denkunmöglich machte, 1917 / 18 schlicht gestrichen[117]. Und schließlich ersetzte er die Formulierung, der Monismus finde »im ganzen Gebiet des Denkens nichts, das nicht der diesseitigen Welt angehörte«, durch »nichts, das nötigen könnte, aus dem Erlebnisbereich des Denkens durch Verleugnung der objektiv geistigen Wirklichkeit des Denkens herauszutreten«[118].

Hier war die monistische Kritik an höheren Welten durch das hochtheosophische Credo ersetzt. Zu dieser Veränderung wollte sich Steiner allerdings nicht bekennen und schrieb in seiner neuen Einleitung ein Kontinuitätspostulat fest: »Nur ein Übelwollender [wird] sich veranlaßt finden zu sagen, ich habe meine Grundüberzeugung geändert« (GA 4,10). Diese Feststellung, die in zentralen Teilen falsch ist, hat die Analyse der »Philosophie der Freiheit« über Jahrzehnte in Sackgassen geführt[119], weil sie die Veränderungsdynamik in diesem Werk ausgeblendet hat. In Wahrheit war Steiner 1893 nicht im Vorfeld der Theosophie, sondern auf dem Weg in den nihilistischen »Abgrund«, in dem er Ende der neunziger Jahre ankommen sollte.

---

114 Ein Beispiel ist die Aufwertung des Wortfeldes des »Wesens«, z. B. die Einführung der theosophischen Semantik der »menschlichen Wesenheit« (GA 4,7), dem »Wesensweben« (ebd., 145), der »Wesenheit des Geistigen« (ebd., 145) und dem »*Wesen* den Denkens« (ebd., 148) oder der Ersatz von »Ding« durch »Wesen« (Steiner: Die Philosophie der Freiheit [1893] 129; GA 4a,73 / GA 4,137). Andere Begriffe hat Steiner durch Einschränkungen anthroposophisch akzeptabel gemacht. Wurde 1893 »der Spiritualist« kritisiert, war es 1918 nur »der reine Spiritualist« (Steiner: Die Philosophie der Freiheit [1893], 26; GA 4a,268 / GA 4,31). 1893 kritisierte er den »Gespensterglauben«, 1918 nur den »naiven Gespensterglauben« (Steiner: Die Philosophie der Freiheit [1893], 115; GA 4a,51 / GA 4,31). Sprach Steiner 1893 von »dem Monismus« im allgemeinen, war es 1918 »der hier gemeinte Monismus« (Steiner: Die Philosophie der Freiheit [1893], 131; GA 4a,75 / GA 4,138).

115 Steiner: Die Philosophie der Freiheit [1893], 237; GA 4a,199 / GA 4,249.

116 Ebd.,

117 S. o. Anm. 105.

118 Steiner: Die Philosophie der Freiheit [1893], 240; GA 4a,202 / GA 4,251 f.

119 Röschert: Kontinuität und Wandel, 48, meinte, die »Philosophie der Freiheit« habe »die ihm [dem Buch] vorgezeichnete Gestalt ... erst ab der zweiten Auflage 1918 erhalten«. Röschert akzeptiert damit die Veränderung und löst die anthroposophische Deutung aus ihrer Statik, mildert aber zugleich die Schärfe des Bruchs ab. Es gibt keinen Beleg für diese Vorzeichnung in dem Sinn, daß Steiner eine Vorlage für seine theosophischen Überzeugungen geliefert hätte.

## 6.5 Philosophie im »Abgrund« (1897 / 1900)

Mitte der neunziger Jahre näherte sich Steiner einer veritablen midlife-crisis, dem »Abgrund« seines Lebens, wie er in der Rückschau selbst gestand (GA 28,277). Mit dem Schlußkapitel der »Philosophie der Freiheit« hatte er sich Ende 1893 von seinen alten Idealen distanziert, in seinem Nietzsche-Buch von 1895 und in »Goethes Weltanschauung« von 1897 mit seinem goetheanischen Idealismus gebrochen. Zugleich nahm Steiner seinen Abschied von Weimar, sowohl von der Stadt als auch von der Goethe-Edition. Mit der Übernahme des »Magazins für Litteratur« und dem Umzug nach Berlin im Sommer 1897[120] betrat er die Literaten- und Bohème-Szene der Hauptstadt. Mit diesem Schritt radikalisierte Steiner das individualistische und anarchistische Denken, das er Mitte der neunziger Jahre ausgebildet hatte. Nie sonst dachte Steiner so radikal, so unangepaßt, so frei.

Aber zugleich war Steiners Situation bedroht. Die finanzielle Situation im »Magazin für Litteratur« war offenbar nicht auskömmlich (GA 28,278), weil der Verleger Emil Felber zahlungsunfähig geworden war[121], und die Tätigkeit in der Arbeiterbildungsschule (s. 14.2.1b) reichte finanziell nicht für ein sorgenfreies Leben. Einen festen Halt bot zumindest in seinem privaten Raum Anna Eunike (1853–1911), Steiners zwölf Jahre ältere Lebensgefährtin und Mutter von fünf Kindern, die nach Berlin nachgezogen war und sein »ganzes Elend des Wohnens in einer eigenen Wohnung« (GA 28,278) beendet hatte. Steiner hat sie 1899 geheiratet[122].

### *6.5.1 Steiner als Anarchist*

Noch in Weimar hatte Steiner durch die Vermittlung Gabriele Reuters den Anarchisten John Henry Mackay (1864–1933) kennengelernt (GA 28,275). Ihm sandte Steiner am 1. Dezember 1893 seine »Philosophie der Freiheit«, zusammen mit einem Bekenntnis zu Stirner (GA 39,193). Damit kam Steiner in Kontakt mit dem anarchistischen Milieu des Kaiserreichs, doch haben sich die Verbindungen erst 1898 mit dem Umzug nach Berlin intensiviert (GA 28,275). Mackay, ein drei Jahre jüngerer Zeitgenosse Steiners, Sohn eines schottischen Vaters und einer Hamburger Mutter, war nach dem Tod des Vaters, kaum zwei Jahre alt, mit seiner Mutter nach Deutschland gekommen[123]. Er hatte sporadisch die Universität besucht und war finanziell bis 1902, dem Todesjahr seiner Mutter, relativ unabhängig, da er von ihr ein regelmäßiges Einkommen von 2.000 Reichsmark im Jahr erhielt[124]. 1888 erschien seine Gedichtsammlung »Sturm«, 1891 sein Buch

---

[120] Lindenberg: Steiner (Chronik), 148 f.
[121] Ebd.
[122] Ebd., 172.
[123] Biographische Daten bei Nettlau: Geschichte der Anarchie, V / 1, 209–215; Riley: Germany's Poet-Anarchist John Henry Mackay; Zube: Der Bahnbrecher John Henry Mackay, 12–87.
[124] Zube, ebd., 29.

»Die Anarchisten. Kulturgemälde aus dem Ende des XIX. Jahrhunderts«, das ihn als Exponenten des Anarchismus bekanntmachte[125].

Die anarchistische Szene war in den 1880er Jahren vielfach gespalten. Neben den kollektiven Anarchisten (Proudhon, Bakunin, Kropotkin), die Anarchie zur Durchsetzung etwa kommunistischer Strukturen propagierten, gab es den »individualistischen Anarchismus«, der sich in Deutschland vor allem auf Max Stirner (dessen Biographie Mackay geschrieben hatte) berief und soziale Strukturen als Herrschaft von Menschen über Menschen ablehnte. Eine zweite Konfliktlinie unter Anarchisten betraf die Anwendung von Gewalt, die »Propaganda der Tat«. Gewaltbereite Anarchisten, insbesondere von dem Russen Sergej Gennadijewitsch Netschajew motiviert, verübten in den letzten Jahrzehnten des 19. Jahrhunderts eine Reihe von Attentaten: 1878 war Wilhelm I. von Preußen bei einem Anschlag schwer verwundet worden; 1882, als Steiner gerade in Wien lebte, ermordete ein Anarchist dort den Schuhfabrikanten Merstallinger; 1888 wurden bei der »Haymarket Affair« in Chicago durch die Bombe eines Anarchisten ein Polizist getötet und weitere 70 Menschen verletzt; 1898 starb die österreichische Kaiserin Elisabeth unter den Dolchstößen des Anarchisten Luigi Luccheni; 1900 fiel der italienische König Umberto I, 1901 der amerikanische Präsident William McKinley Anarchisten zum Opfer, um nur die prominenteren Fälle zu nennen[126]. Diese »Propaganda der Tat« hatte Mackay, der sich wohl unter dem Einfluß des zehn Jahre älteren amerikanischen Anarchisten Benjamin Ricketson Tucker (1854–1939) zum »individuellen Anarchisten« gewandelt hatte, 1888 verurteilt, jedenfalls als aktuell nicht notwendig bezeichnet:

> »Keine Gewalt gegen die Gewalt des Staates, sondern Entziehung, Gehorsamsverweigerung, Unbotmäßigkeit – Aufkündigung des Zwangsverhältnisses in allen Mitteln und in jeder Form. Und Aufklärung, geistige Aufklärung, unablässig, immer und immer wieder. Allerdings, war dies unmöglich gemacht, waren Wort und Schrift erdrosselt und die Presse nur ein willenloses Werkzeug in den Händen der Machthaber und nur noch ihr Sprachrohr, dann musste die Bombe ihr letztes Wort sprechen … Dann, aber auch nur dann. So weit war es aber noch nicht, wenigsten nicht in den Ländern des Westens. … Fort daher endlich mit allen ebenso zwecklosen wie schädlichen Mitteln der Gewalt«[127].

Die »schöne Freundschaft« mit Mackay (GA 28,275), die sich wohl im Frühsommer 1898 entwickelte[128], ließ Steiner im Juli dieses Jahres das hohe Lob auf Mackays Stirner-Deutung singen (GA 32,212). Aber schon im September wurde Steiner erneut mit den politischen Folgen des Anarchismus, mit denen er sich ja bereits nach Erscheinen der »Philosophie der Freiheit« hatte auseinandersetzen müssen, konfrontiert. Nach dem Mord vom 10. September 1898 an Kaiserin

---

125 Die Auflage der »Anarchisten« betrug 1903: 6.500 Exemplare, bis 1911 ca. 8.000, 1924 etwa 12.000 und bis 1928 17.000 Exemplare; Riley: Germany's Poet-Anarchist, 73; Mackay: Abrechnung, 72.

126 Riley: Germany's Poet-Anarchist, 43 (Wilhelm I.); Springer: Geschichte und Kulturleben der Wiener Ringstraße, 247 (Merstallinger); Nettlau: Geschichte der Anarchie V / 1, 300 f. (Haymarket Affair).

127 Zit. nach Nettlau: Geschichte der Anarchie, V / 1, 213 f.

128 Vgl. noch die zurückhaltere Diktion im Brief vom 20.3.1898 (GA 39,361).

Elisabeth räumte Steiner in seinem »Magazin für Litteratur« Mackay Raum am 30. September ein, sich in einem offenen Brief von der »Propaganda der Tat« zu distanzieren (GA 31,282). Zugleich scheute Steiner sich nicht, seine Position mit derjenigen Mackays in einer offenen Antwort zu verbinden: »Wenn ich ... sagen sollte, ob das Wort ›individueller Anarchist‹ auf mich anwendbar ist, so müßte ich mit einem bedingungslosen ›Ja‹ antworten.« (ebd., 284) Von der Gewaltanwendung distanzierte sich auch Steiner (ebd.), aber weil die »gegenwärtigen Staaten« »auf Gewalt und Autorität gegründet« seien (so Steiner sprachlich in enger Anlehnung an Mackay), stehe er ihnen »feindlich gegenüber, weil sie die Freiheit unterdrücken« (ebd., 285 f.). Hingegen propagierte er in der Verbindung von Anarchismus und Sozialdarwinismus den »völlig freien Konkurrenzkampf« der Individuen (ebd., 285). 1899 setzte er gegen die Durchsetzung der alten Ideale wie Religion, Nationalität und Staat durch »Inquisition, Kanone und Zuchthaus« den »wahren Anarchismus« (GA 32,261). Vergleicht man diese Auffassung mit seinen staatstragenden (und deutschnationalen) Positionen aus der Wiener Zeit (s. 14.2.1a), wird klar, welch fulminante Wendung Steiner hier vollzogen hatte. Im Sommer 1899 erreichte die Freundschaft zwischen Steiner und Mackay ihren Höhepunkt. Steiner verfaßte eine euphemistische biographische Skizze (GA 32,258–270), und am 31. Oktober war Mackay mit Steiners Weimarer Bekannten Otto Bock Trauzeuge[129], als Steiner seine »Freundschaft« mit Anna Eunike in eine »bürgerliche Ehe umgewandelt« hat (GA 28,278). Doch mit seinem Übertritt in die Theosophie wenige Monate später sei die Beziehung zu Mackay, so Steiner, »zerstört worden« (ebd., 275).

### *6.5.2 Steiner als Atheist*

Steiner hatte seit den 1880er Jahren in den Spuren Goethes seinen Idealismus immer stärker weltimmanent, »weltfrömmer« gedacht. Wenn aber das Göttliche und die Welt gleich werden, liegen die Optionen, entweder die Welt göttlich oder das Göttliche weltlich zu verstehen, so nah beieinander, daß die beiden antagonistischen Möglichkeiten austauschbar werden. Man kann die Kosmologie pantheistisch oder atheistisch denken, ohne seinen philosophischen Ansatz in zentralen Punkten zu verändern. Eben diesen Weg ist Steiner gegangen. Die einzelnen Stufen bedürften einer genauen Durchsicht der Quellen, aber mit dem Schlußkapitel der »Philosophie der Freiheit« und mit »Goethes Weltanschauung« von 1897 waren die Karten auf dem Tisch. Hier war Steiner ein überzeugter Anhänger Nietzsches wie Stirners und Nihilist.

Mit dem Umzug nach Berlin hatte Steiner seine Position und vor allem deren publikumswirksame Präsentation verschärft. War sein Atheismus in den Weimarer Werken noch ein Ergebnis ziselierter philosophischer Argumente und in einem großen Weltanschauungsgebäude integriert gewesen, suchte Steiner mit den Artikeln im »Magazin für Litteratur« plakativ die Öffentlichkeit. Zudem

---

[129] Lindenberg: Steiner (Chronik), 172.

ist die Radikalisierung unübersehbar. Nach dem anarchistischen »coming out« 1898 spitzte Steiner im Folgejahr seinen Atheismus mit großer Geste zu.

Exemplarisch läßt sich Steiners Position an seiner Deutung Maurice Maeterlincks, der das numinos Religiöse in seiner Prosa an der Grenze der Ausdrucksmöglichkeiten zur Sprache brachte (s. 11.4.2c), ablesen. Am 23. Januar 1898 hatte er Maeterlincks Stück »L'Intruse« (Der Eindringling) als weltimmanente Mystik gedeutet. Wie Jakob Böhme sehe Maeterlinck, daß man »nicht den unter Blitz und Donner herannahenden Gott braucht, um das Geheimnis der Welt zu erkennen« (GA 29,251). Am 21. Januar 1899 zog Steiner Maeterlincks religiöses Denken auf seine atheistische Seite: »Und nichts hindert die, welche im Innersten den Reden Zarathustras, des Gottöters, zujubeln, geheime Wollust zu empfinden, wenn Maeterlinck von den Tiefen des Göttlichen mit religiöser Andacht spricht.« (GA 32,230) Denn Steiner glaubte, Maeterlinck habe sich mit seinem neuesten Werk »La sagesse et la destinée« zu den »gottlosen Menschen der modernen naturwissenschaftlichen Weltanschauung« (ebd., 231) im Geiste Stirners gestellt. Insbesondere anthroposophische Interpreten, die Steiner einen ungebrochenen, religiös deutbaren Idealismus unterstellten, haben in solchen Aussagen nur eine Absage an eine Religion des »Jenseits« lesen wollen, in denen die monistische Religiosität der 1880er Jahre erhalten geblieben sei. Aber Steiner ließ keine Zweifel an der areligiösen Apotheose des Diesseits:

> »Man findet es entsetzlich, wenn sie« – die »freien Geister« und »die Freunde des modernen naturwissenschaftlichen Bekenntnisses« – »von dem Menschen, dem doch ein Gott vom Himmel her das Dasein gegeben haben soll, nichts sehen als daß er ›zu drei Viertel eine Wassersäule sei und anorganische Salze in sich habe‹, die über sein Dasein mehr vermögen als alle erträumten geistigen Kräfte.« (ebd., 234 f.)

In diesem Naturalismus lag Steiners einmal mehr mit Nietzsche begründetes Credo:

> »In uns allen liegt noch etwas von dem Glauben, daß wir die Welt zu etwas Niedrigem, Gemeinem herabwürdigen, wenn wir sie des Göttlichen entkleiden und in ihr nichts sehen, als was wir wirklich in ihr mit unseren Sinnen und unserem Geiste wahrnehmen. Wir vermeinen den Menschen zu einem nahezu ekelhaften Wesen zu machen, wenn wir uns eingestehen, daß er aus den Stoffen dieser Welt besteht, und daß diese Stoffe auch den Naturgesetzen dieser Welt gehorchen. Aber das Natürliche, das Irdisch-Ungöttliche, ist nicht verächtlich: nur der verirrte Menschengeist hat es zu einem Verächtlichen gemacht, weil er sich durch eine lange Erziehung daran gewöhnt hat, immer nur bei der Vorstellung eines Jenseitigen in eine andächtige Stimmung zu geraten. Unsere besten Geister kranken daran, daß sie an das Göttliche im Jenseits nicht mehr glauben können und dennoch das Irdisch-Wirkliche nicht als einen Ersatz des verlorenen Göttlichen empfinden können. Nietzsche verkündete in seinem ›Zarathustra‹ die Heiligkeit und Göttlichkeit des Diesseits. Und Maeterlinck tat dasselbe in seinem ›Tresor des Humbles‹. Im Grunde sagen beide Geister dasselbe. Nur betont Nietzsche: All das Anbetungswürdige, all das Heilige: es ist kein Himmel und kein Jenseits; es ist eine Erde und ein Diesseits.« (ebd., 235)

Steiner ließ keinen Raum für ein ontologisch göttliches Diesseits als Ersatz eines Jenseits. Steiner zählte sich zu jenen, die man »gerne Materialisten« nannte (ebd., 234). Aber die Prädikate der alten göttlichen Welt wollte er, wie auch andere semantische Säkularisierer, für sein Diesseits gerettet wissen. Die Göttlichkeit der Welt war für ihn nun eine Metapher für deren Würde.

In diesem Deutungshorizont sind vergleichbare Aussagen aus den nächsten Monaten zu interpretieren[130]. Der Auffassung einer »sogenannten übernatürlichen Welt« setzte er am 13. Mai 1899 eine »würdige Welt- und Lebensauffassung« aufgrund der »Errungenschaften der Naturwissenschaften« entgegen (GA 30,386). Du Bois-Reymonds Auffassung von den Grenzen der Erkenntnis hielt er für eine »Naivität« aus der »Sucht«, »das Wissen zu beschränken, um für den Glauben Platz zu bekommen« (ebd., 390). Seinen alten Idealismus räumte er mit der Bemerkung ab, daß »die Welt des Idealen ein Geschöpf des Menschen ist«, die im »Rein-Natürlichen« wurzele (GA 32,249 [10. Juni]). Sie sei folglich ein Gegenstand der Psychologie:

> »Ich *erschaffe* eine Ideenwelt, die mir als das Wesen der Dinge gilt. Die Ideen erhalten durch mich ihr Wesen ... Im Erkennen der Ideen enthüllt sich nun gar nichts, was in den Dingen einen Bestand hat. Die Ideenwelt ... ist in keiner anderen Form vorhanden als in der von mir erlebten.«[131]

Am 1. Juli verband er seine anarchistische und mit einer explizit atheistischen Konfession: Nur »hingebungsvolle Naturen suchen ... nach einer Gottheit« (ebd., 263), während die »selbstbefreite Natur« (ebd., 265) damit aufräume:

> »An dem Gottesglauben ist das einzig Berechtigte: das in ihm steckende menschliche Gefühl, das nach einem Heiligen strebt. Nur ein Mensch, der das Bedürfnis hat nach heiligen, frommen Gefühlen, hat auch das Recht zum Atheismus. Wer nur deshalb Gott leugnet, weil er nicht den Drang nach dem Heiligen hat, dessen Atheismus erscheint schal und oberflächlich. Man muß, seiner Gemütsanlage nach, fähig sein zum Frommsein: dann darf man sich mit der entgöttlichten Welt zufrieden geben. Denn man hat mit dem Göttlichen nicht zugleich die Größe der Welt ausgetilgt.« (ebd., 267)

Möglicherweise haben Mackays atheistische Gedichte diese Zuspitzung bei Steiner vorangetrieben, wie der Jubel über die »große religiöse Stimmung ... in Mackays Gedicht ›Atheismus‹« vermuten läßt (ebd., 267), aber dies wissen wir nicht genau. Noch am 27. Januar 1900 suchte er Goethe unter die Atheisten zu ziehen, habe der doch »in der besten Zeit seines Lebens auf allen Glauben verzichtet« (ebd., 333).

In diesem Tonfall ziehen sich Steiners Äußerungen bis in den September 1900, als zwei Ereignisse zusammentrafen, die vermutlich kausal nichts miteinander zu tun haben: Steiner gab die Leitung des »Magazins für Litteratur« auf und begann wohl in der gleichen Woche, in der Theosophischen Bibliothek des Grafen Brockdorff Vorträge zu halten. Dies war der Anfang vom Ende seines Atheismus.

---

[130] Vgl. auch seine atheistischen Konfessionen im Zusammenhang seiner Haeckel-Lektüre (s. 9.3.3).

[131] Steiner: Welt- und Lebensanschauungen (1900/1901), S. II. Diese Stelle hat Steiner bei der Überarbeitung im Ersten Weltkrieg gestrichen, sie fehlt in GA 18.

## 6.6 Rezeptionen und Deutungen von Steiners philosophischen Vorstellungen

Außerhalb der Anthroposophie war Steiners philosophisches Werk nach einer kurzen Rezensionsphase, die vor allem die »Philosophie der Freiheit« betraf (vgl. GA 4a,421–500), praktisch vergessen[132]. Innerhalb der Theosophischen und später der Anthroposophischen Gesellschaft bereitete Steiner jedoch der Rezeption insbesondere der »Philosophie der Freiheit« einen Königsweg, indem er sie immer wieder als Grundlegung einer philosophischen Erkenntnis höherer Welten auswies. Namentlich in der umgearbeiteten Version des Jahres 1918 konnte sie als philosophische Propädeutik der Anthroposophie dienen[133].

Zu einer Debatte über Kontexte, Argumentationsstrategien oder Aporien kam es dabei nicht, und deshalb erscheint es aus anthroposophischer Perspektive bis heute als »ein tiefes Rätsel, weshalb Rudolf Steiners kognitive Leistung von der akademischen Welt fast völlig ignoriert oder im besten Falle als Auswuchs eines seltsamen Sektierergeistes behandelt wird«, so Marek Majorek 2002 in einer Baseler Dissertation[134]. Anthroposophen versuchten jedenfalls, Steiners philosophischen Ansatz zu retten. Die Argumentation dreht sich dabei immer um einen Angelpunkt: die subjektgegründete Erkenntnis als Sackgasse zu erweisen, aus der Steiner einen auf »objektiver« Erkenntnis – dieses Prädikat zieht sich durch alle diese Publikationen – gegründeten Ausweg gewiesen habe[135]: »Für Steiner [geht] die Initiative zur Erkenntnis nicht vom Subjekt, sondern … vom *Objekt* … aus«, so Majorek[136]. Weshalb Steiners »Philosophie der Freiheit« und deren Deutung durch Anthroposophen außerhalb der Anthroposophie weiterhin auf Rezeptionsprobleme stoßen, dokumentiert diese Dissertation exemplarisch. Die Probleme beginnen bei handwerklichen Mängeln Majoreks, die zugleich inhaltliche Vorentscheidungen sind, etwa wenn er die »Philosophie der Freiheit« in der Ausgabe letzter Hand (in GA 4) benutzt, also in der theosophisch überarbeiteten Version. Natürlich kann man sie werkimmanent in der Ausgabe von 1918 interpretieren, aber die Probleme ihrer Konsistenz sind damit verdrängt. Auch das Material zur Entstehungsgeschichte der »Philosophie der Freiheit«, das die Rudolf Steiner-Nachlaßverwaltung publiziert hat, zieht Majorek nicht zu Rate. Vielmehr mischt er theosophisches und idealistisches Denken Steiners, etwa wenn er Seele mit Astralleib gleichgesetzt[137]. Auch Majoreks systematische Interpretation ist alles andere als zwingend. Das Zentrum sieht er in Steiners theosophischer Konzeption des »sinnlichkeitsfreien Denkens«[138]. Daß dies ein antinaturalistischer Ansatz sei[139], ist nachvollziehbar, daß jedoch damit das Denken »aus seiner

[132] Dies konzedieren auch Anthroposophen, etwa Lindenberg: Steiner (Biographie), I, 238 f.

[133] Palmer: Rudolf Steiner über seine Philosophie der Freiheit.

[134] Majorek: Objektivität, 5.

[135] Kallert: Die Erkenntnistheorie Rudolf Steiners, oder Kiene: Grundlinien einer essentialen Wissenschaftstheorie.

[136] Majorek: Objektivität, 367.

[137] Ebd., 404

[138] Ebd., 360, wiederum mit Verweis auf eine Belegstelle aus den Jahren nach 1900 (GA 18,603).

[139] Ebd., 361 mit Verweis auf GA 28[8],245 aus dem Jahr 1924.

Abhängigkeit von der Wahrnehmung … befreit« werde, wie Majorek schreibt[140], nicht, da weder die Bedingungen dieses Denkens noch die historischen Voraussetzungen bei Steiner reflektiert werden. Letztlich führen Anthroposophen in der systematischen Absicht, die Dignität der »Philosophie der Freiheit« zu begründen, durchweg eine Debatte jenseits der Standards historisch-kritischer Philosophiegeschichte. Ohne eine Historisierung von Steiners Philosophie und einer offenen Reflexion auf die subjektkonstituierten Dimensionen von Erkenntnis wird die Rezeption Steiners in der philosophischen Debatte außerhalb des Kreises seiner Anhänger schwierig bleiben. Die philosophische Kritik haben Anthroposophen ohnehin weitgehend nicht-anthroposophischen Kritikern überlassen[141].

Wenn man Steiners philosophischem Denken gerecht werden will, kann man natürlich die Legitimität seiner zentralen Frage nach den Möglichkeiten objektiver Erkenntnis konzedieren, muß dann jedoch meines Erachtens neben den Verbindungslinien auch scharf die Unterschiede zwischen seinen vortheosophischen und seinen anthroposophischen Antworten reflektieren, denn zwischen den 1880er Jahren und der theosophischen Phase liegen gleich mehrere Veränderungen seiner philosophischen Position. In der »Erfahrung«, wie sie die Schelling-Lektüre von 1881 dokumentiert, galt Steiner die Existenz einer Ideenwelt von diesem punctum saliens her als Faktum, und man kann die philosophische Deutung Goethes als Versuch lesen, die Objektivität dieser Ideenwelt zu nachzuweisen. Damit scheiterte Steiner in der Begegnung mit Stirner und Nietzsche und zog die Konsequenzen in einem radikalen und atheistischen Immanenzdenken, in dem der Mensch zum Schöpfer der Idee wurde. Hier nehmen viele anthroposophische Deutungen Steiners Infragestellung des goetheanischen Idealismus um 1900 und damit die Dynamik seines Denkens nicht ernst. Allerdings hat Steiner in der Leugnung eines radikalen Bruchs als Theosoph diese Deutung selbst vorgeschrieben.

Steiners Kontinuitätspostulat verschleiert zudem seine Leistung in dem Versuch, den Idealismus für die Theosophie zu reaktivieren. Die Brücke zwischen dem vortheosophischen und dem theosophischen Idealismus bildete unter anderem ein Topos, dessen Bedeutung in der Überarbeitung der »Philosophie der Freiheit« 1918 wieder deutlich wurde (s. o. 6.4): Das Erleben rückte, ähnlich wie in der Schelling-Erfahrung von 1881, in eine zentrale Stellung ein. In der Überarbeitung seiner Philosophiegeschichte hatte Steiner 1914 diese Neujustierung sehr präzise offeriert: Man könne »die Antwort auf die Rätselfragen der Philosophie nicht in den Erlebnissen der Seele suchen, die sich dem gewöhnlichen Bewußtsein darbieten«, sondern müsse »zu jenen Quellen der Welt, in denen die Erlebnisse der Seele aus der wahren Wirklichkeit hervorsprudeln«, vordringen (GA $18^9$,602 f.). Dazu müsse sie »aus diesem gewöhnlichen Bewußtsein herausdringen. Sie muß etwas in sich erleben, was ihr dieses Bewußtsein nicht geben kann.« (ebd., 603) Diese Denkfigur ist allerdings nicht diskursiv durchsetzbar,

---

140 Ebd., 366.

141 Vgl. etwa die mit scharfem Blick geschriebene Analyse des ehemaligen Waldorflehrers Hahn: Freiheit der Philosophie.

weil es zu diesem außergewöhnlichen Bewußtsein keinen allgemein begehbaren Weg gibt. Steiner hat dies aufgrund seiner langen Auseinandersetzungen gewußt: »Ein solches Erkennen erscheint dem gewöhnlichen Bewußtsein zunächst als vollster Unsinn.« (ebd.) Die europäische Philosophietradition hat allerdings für diese Aporie eine Antwort im Petto: Ein Erleben, das zum Wissen führt, sei letztlich vom Glauben nicht zu unterscheiden. Aber diese Konsequenz hat Steiner gescheut wie der Teufel das Weihwasser. In allen Wendungen seines Lebens hat er an der »naturwissenschaftlichen« Forderung in philosophischen Debatten festgehalten, daß der Mehrwert seines Systems in einem Wissen liege, das den Glauben aufhebe. Dies sehen Anthroposophen bis heute so.

## 6.7 Steiners philosophische Kehren: Vom Idealismus über Nietzsche zur Theosophie

Es gibt eine hoch emotionale Debatte unter Anthroposophen, wie Steiner zur Theosophie fand und ob es dabei einen Bruch in seiner weltanschaulichen Biographie gab[142]. Eine Antwort müßte eine biographische Geschichte erzählen und Steiners Lebenswelt in den Jahren um 1900 dicht beschreiben. Und ohnehin sind die Metaphern von »Bruch« oder »Transformation« nur Vereindeutigungen höchst komplexer Prozesse, die Interpretationsrichtungen anzeigen, aber keine Fakten präsentierten. Wenn man davon ausgeht, daß Steiner seinen philosophischen Idealismus als Grundlage der Theosophie benutzte, werden der »ethische Individualismus« und der »individualistische Anarchismus« in dieser Deutung zu problematischen Stationen, weil er hier seine Vorstellungen so radikal umformulierte, daß die Idee zum Epiphänomen des Subjektes wurde. Diese Entthronung der Idee rechtfertigt es meines Erachtens, das Bild vom Bruch zu benutzen, während Kontinuitätstheoretiker noch in der Verlagerung des idealistischen Zentrums an die Peripherie von Steiners Weltanschauung Kontinuität sehen können.

Steiner selbst gibt allerdings in der Verarbeitung dieser Phase Hinweise, daß der Schnitt scharf und tief war. Dessen versöhnende Verwandlung in die Theosophie ist nicht leicht nachzuvollziehen, da vom September 1900 an, also seit der Begegnung mit der Theosophie, für einige Monate kaum präzis datierbare Dokumente vorliegen[143]. Aber noch seine Lebenserinnerungen machen immer dann, wenn er auf diese Jahre zu sprechen kam, die Erschütterung deutlich, denen er ausgesetzt war. Dazu zwei eindrückliche Bespiele. 1907 hat Steiner mündlich Edouard Schuré zu erklären versucht, wie es zu der Liaison mit Stirner und Nietzsche kommen konnte. Er deutete den Einstieg in die Berliner Radikalität

[142] Diese Debatten sind immer wieder an den Überarbeitungen seiner Werke aufgebrochen und teilweise polemisch geführt worden. Vgl. exemplarisch Lindenberg: Individualismus und offenbare Religion (1970) (s. 8.1).

[143] Offenbar sind keine Vorträge aus den letzen Monaten des Jahres 1900 erhalten (Schmidt: Das Vortragswerk Rudolf Steiners, 12–15), auch keine einschlägigen Briefe (GA 39,395 f.).

im Rahmen theosophischer Vorstellungen als Forderung seines »Meisters«, der ihm geboten habe:

> »Wenn du den Feind bekämpfen willst, musst du ihn zuerst verstehen. Den Drachen kannst du nur besiegen, wenn du seine Haut anziehst. Den Stier muss man bei den Hörnern nehmen. Im größten Missgeschick wirst du deine Waffen und deine Kampfgenossen finden. Ich habe dir gezeigt, wer du bist; jetzt gehe – und bleibe du selbst!« (GA $262^2$,32)[144]

Die Metaphorik des Feindes, des Drachens, des Identitätswechsels mit dem Überziehen einer fremden Haut, des Kampfes und der Identitätsforderung vermitteln den Eindruck einer dramatischen Situation, von Sein oder Nichtsein. Der Ernst des Kampfes läßt sich nachträglich leicht mit der vehementen Radikalität der Äußerungen zwischen 1898 und 1900 korrelieren, aber von einem Kampf findet sich in den erhaltenen Texten vor der Jahrhundertwende keine Spur. Vielmehr vermitteln sie den Eindruck, daß Steiner sich auf dem Gipfel seiner Autonomie wähnte.

Einen ganz ähnlichen Befund bietet ein Text, den Steiner im seinem autobiographischen Rückblick 1924 bot:

> »Das Schicksal hatte nun mein Erlebnis mit J.H. Mackay und mit Stirner so gewendet, daß ich auch da untertauchen mußte in eine Gedankenwelt, die mir zur *geistigen Prüfung* wurde. ... Damals nun, um 1898 herum, sollte meine Seele mit dem rein ethischen Individualismus in eine Art Abgrund gerissen werden. Er sollte aus einem rein-menschlich Innerlichen zu etwas Äußerlichem gemacht werden. Das Esoterische sollte ins Exoterische abgelenkt werden.« (GA 28,277)[145]

Wieder zeichnete Steiner das Bild der fremdem Identität im »Untertauchen«, und in der Ablenkung ins »Exoterische« kann man die Nachbeben seines Atheismus lesen. Aber in der Deutung des Jahres 1924 griff Steiner die explorative Dimension neuer Erfahrungen, die er 1907 im Aufruf des »Meisters« zum »Verstehen« anbot, nicht wieder auf. Suchte Steiner 1907 noch seine radikale Phase als eine Art Versuchung und als Ausflug in die Extreme der Moderne zu deuten, hat er 1924 die Situation so ernst beschrieben, wie sie für ihn vermutlich war: als »Abgrund«.

Steiner hat, dies bestätigen in meiner Perspektive seine frühen autobiographischen Zeugnisse unmittelbar und seine späten Erinnerungen implizit, vor 1900 mit seiner idealistischen Philosophie der 1880er Jahre gebrochen. Aber ein Bruch geht meist nicht mit einer Entsorgung der eigenen Geschichte einher, auch nicht bei Steiner. Er hat seine überkommenen Begriffe neu gedeutet und seine alten Vorstellungen neu konstelliert. Goethes Metamorphosenlehre konnte er im Rahmen der theosophischen Evolutionslehre neu deuten, der »objektive Idealismus« ließ sich in analogen Strukturen von Platons Reich der Ideen bis zur

---

[144] Diese Aussage findet sich nicht in der Vorlage Steiners für Schuré (GA $262^2$,61 f.), ist aber von Schuré mit Anführungszeichen als Zitat gekennzeichnet und als Antwort auf Schurés Frage ausgewiesen (ebd., 32). Marie Steiner hat später die Formulierung von der »Haut des Drachen« bestätigt (ebd.).

[145] Vgl. auch die Deutung dieser Phase Anfang 1925 als »Prüfung der Seele« (GA 28,272), eine Formulierung, die er schon 1911 als Titel für ein Mysteriendrama gewählt hatte.

übersinnlichen Welt der Theosophie wiederfinden. Und mit seiner »Philosophie der Freiheit« erhob er immer den Anspruch, Erkenntnisgrenzen zu sprengen: immer monistisch, aber 1893 radikal weltimmanent, während er 1917/18 dem Text eine übersinnliche und in diesem Sinn welttranszendente Dimension einschrieb. So ließ sich auch die Philosophiegeschichte neu lesen. 1906 tauchten etwa Fichte und Schiller als Theosophen avant la lettre, als Protagonisten einer »okkulten Unterströmung« (GA 35,52) wieder auf. Man mag all dies als kreative Kontinuität oder als mutigen Bruch deuten. Ich neige auch hier zur Metapher des Bruchs. Denn wenn man Diskontinuität als Ansatzpunkt (nicht: als monokausale Deutungsvorgabe) akzeptiert, ermöglicht sie es, den Steiner der späten 1890er Jahre in seiner Courage ernstzunehmen, ganz neue philosophische Standards für sich zu setzen. Und sie erlaubt einen präziseren Blick auf die Transformationsleistungen, die Steiner erbrachte, um seinen goetheanischen Idealismus in die Theosophie einzubringen. Denn die Theosophie war eben keine simple Verlängerung von Goethe, sondern ein komplexer Adaptionsprozeß, in dem Steiners philosophische Mühen eine Brücke bildeten und in dem seine kreative Intelligenz erst dann sichtbar wird, wenn man die Probleme nicht kleinredet, in die Steiner durch seine anarchistischen und atheistischen Wendungen gekommen war.

Steiners Theosophie

# 7. Theosophie

## 7.1 Disposition, Quellen und Literatur

Mit Steiners Beitritt zur Theosophischen Gesellschaft begann die Konstruktion seiner theosophischen »Weltanschauung«, die sich tiefgreifend von seinen Vorstellungen vor 1900 unterschied und die zum Fundament seiner Überzeugungen und gesellschaftlichen Wirkungen als Theosoph und späterer Anthroposoph wurde. Sein Einstieg in diese Welt weltanschaulicher und im Kern religiöser Vorstellungen vollzog sich zwischen 1900 und 1902 über eine philosophisch geprägte Annäherung (Abschn. 7.2), die er in seinem Buch »Theosophie« 1904 öffentlichkeitswirksam bestätigte. Der Prozeß der sukzessiven Anverwandlung theosophischer Inhalte, der grosso modo erst kurz vor dem Ersten Weltkrieg mit der Christologie (s. Kap. 8) auslief, ist einer der spannendsten Teile von Steiners geistiger Biographie, weil Weltanschauungsproduktion und persönliche Konversion verschmolzen. Dabei geht es wiederum nicht primär um die biographische Dimension seiner Vorstellungen, sondern um die Interferenzen seiner individuellen weltanschaulichen Entscheidungen mit den sozialhistorischen Dispositionen der theosophischen Ideen und in diesem Verständnis um eine »Diskursgeschichte« der theosophischen Auffassungen[1]. Diese Entwicklung läßt sich allerdings erst mit einem scharfen historisch-kritischen Blick erkennen, da in der Gesamtausgabe der Werke Steiners der genetische Zusammenhang der Vorträge aufgrund der Veröffentlichung nach »sachlichen« Kriterien zerstört ist und weil die Überarbeitungen seiner Monographien verschwiegen sind.

Meinen Einstieg bildet eine minutiöse, chronologische Durchsicht von Steiners Entwicklung zwischen 1900 und 1904 (Abschn. 7.2). Dieser Teil ist eine biographische Kriminalgeschichte, weil hier Licht in einen Bereich fällt, der vielen Zeitgenossen als ein wirkliches »Geheimnis« erschien: Wie kam der »seriöse« Goethe-Deuter und Philosoph Dr. Steiner in den »okkulten Sumpf« der Theosophie? Die detektivische Rekonstruktion der weltanschaulichen Konversion[2] endet im Mai 1904 mit dem Druck der »Theosophie«, die einen ersten, um die Anthropologie zentrierten Rezeptionsprozeß theosophischer Inhalte bezeugt (Abschn. 7.3). Der »Erkenntnispfad« (Abschn. 7.4) lieferte die epistemologische Begründung nach, die parallel erscheinenden Berichte »Aus der Akasha-Chronik«, aus dem theosophischen Weltgedächtnis, das Material zur der Menschheitsgeschichte (Abschn. 7.5). Mit der Herausgabe der 1904 schon zur Manuskriptreife gediehenen »Geheimwissenschaft« im Jahr 1910 kam die Darstellung

[1] Vgl. Hardtwig: Genossenschaft, Sekte, Verein, I, 18.

[2] Dieser Lebensabschnitt besitzt eine biographische Seite in der Beziehung zu Marie von Sivers, von der die weltanschauliche Konversion nicht zu trennen ist. Diese Dimension muß einer späteren Veröffentlichung vorbehalten bleiben.

*Chronologie:* Steiners theosophische Publikationen und Aktivitäten

| | | |
|---|---|---|
| 1902 | August | Steiner liest in Blavatskys »Secret Doctrine«. |
| 1902 | September | Steiner hat in »Das Christentum als mystische Thatsache« Edouard Schurés Werk »Les Grands Initiés« rezipiert. |
| 1902 | 19. Oktober | Wahl Steiners zum Generalsekretär der deutschen Sektion der Theosophischen Gesellschaft Adyar. |
| 1903 | Februar | Steiner kennt Leadbeaters »Man visible & invisible«. |
| | Juli | Steiner kennt Besants »Esoterisches Christentum« und Leadbeaters Astral-Ebene« und dessen »Grundlinien der Theosophie«. |
| | Herbst | Steiner arbeitet an der »Theosophie«. |
| | April / Mai | Publikation der »Theosophie«. |
| 1904 | 10. Mai | Steiner wird »Arch-Warden« (Landesleiter) der Esoterischen Schule in Deutschland. |
| | Juli | Beginn der Publikation des Schulungswegs »Wie erlangt man Erkenntnisse der höheren Welten?« (letzte Folge September 1905). |
| | Juli | Der erste Aufsatz »Aus der Akasha-Chronik« erscheint (letzte Folge 1908). |
| 1904/1909 | | »Die Geheimwissenschaft im Umriß« entsteht. |
| 1905 | 24. November | Theodor Reuß nimmt Steiner und Marie von Sivers in den Misraim-Ritus auf. |
| 1907 | Mai | Besant und Steiner einigen sich auf die Verselbständigung der Esoterischen Schule der deutschen Sektion. |
| 1908/1909 (?) | | Neuansatz des Schulungsweges in der »Geheimwissenschaft«. |
| 1909/10 | | Fragment einer theosophischen Synthese. |
| 1912 | 28. Dezember | Trennung von der Theosophischen Gesellschaft Adyar. |

der theosophischen Kosmologie verspätet zum Abschluß (Abschn. 7.6). Diese Theoriebildung blieb kein Glasperlenspiel. Für die mentale Formierung der theosophischen Mitglieder und für die Auseinandersetzung mit konkurrierenden Flügeln der Theosophischen Gesellschaft war die Definitionsmacht über Inhalte ein entscheidender Machtfaktor. Diesem schwer zugänglichen, aber soziologisch zentralen Bereich der Implementierung der theosophischen Weltanschauung in der »Esoterischen Schule« gehe ich im Abschnitt 7.10 nach. Die Organisationsgeschichte der Theosophischen Gesellschaft Adyar ist ausgegliedert (s. Kap. 3); die zeitparallelen institutionellen Entwicklungen finden sich dort[3], in diesem Kapitel stehen die ideengeschichtlichen Kontexte im Zentrum.

Diese Untersuchungen zur Entstehung der theosophischen Vorstellungen besitzen für die ideengeschichtliche Einordnung Steiners eine zentrale Bedeutung, weil nachweisbar ist, daß er die entscheidenden Inhalte und Justierungen seiner späteren Anthroposophie der Theosophie verdankt. Für die historiographische Außenperspektive ist das keine sonderlich überraschende Einsicht, aber für Steiners Selbstverständnis und die darauf aufbauenden Theosophen bedeutet dies eine revolutionäre, sozusagen konterrevolutionäre Inversion ihrer Traditionsdeutung. Aber auch für weite Bereiche der kritischen Sekundärliteratur, von wenigen, zumeist zeitgenössischen Beobachtern abgesehen, blieb Steiner bis heute der vielleicht undurchschaubare oder verquere, aber eigenständige Kopf, dessen philosophische Ambitionen aber nicht mit einer möglichen Abhängigkeit von der Theosophie in Zusammenhang gebracht wurden. Angesichts einer fast völlig fehlenden wissenschaftlichen Erforschung der theosophischen Dimension in Steiners Werk[4] nahm die Wahrnehmung Steiners als theosophieferner Solitär in den letzten Jahrzehnten sogar eher zu als ab.

---

[3] Ich wiederhole nur kurz die Daten der Steiners Theoriebildungen teils flankierenden, teils formenden Entwicklungen:

| | |
|---|---|
| Oktober 1902 | Gründung der deutschen Sektion der Theosophischen Gesellschaft Adyar Wahl Steiners zum Generalsekretär. |
| Mai 1904 | Steiner wird »Arch-Warden« der Esoterischen Schule. |
| Mai 1907 | Steiner und Besant trennen ihre Esoterischen Schulen. |
| Dezember 1912 | Gründung der Anthroposophischen Gesellschaft. |

[4] Die Defizite der Erforschung der Esoterik spitzen sich hinsichtlich der theosophischen Dimension von Steiners Werk zu. Es gibt dazu praktisch keine Literatur. Nur in der älteren Literatur bis in die zwanziger Jahre hinein war die Herkunft Steiners aus der Theosophie noch so präsent, daß aus diesem Wissen kritische Frage nach seinen verborgenen theosophischen Quellen erwuchsen. Neben einigen Zeitungsartikeln sind drei Werke wichtig: Johannes Frohnmeyer, evangelischer Theologe, beschrieb 1920 in »Die theosophische Bewegung« den theosophischen Hintergrund Steiners in grundlegenden Zügen. Der berühmte Indologe Jakob Wilhelm Hauer, der später im Nationalsozialismus zu den Deutschen Christen stieß und sich an der Verfolgung der Anthroposophie beteiligte, wies in »Werden und Wesen der Anthroposophie« 1922 öffentlichkeitswirksam auf Steiners Textrevisionen bei Neuauflagen hin, die seine theosophischen Wurzeln kaschierten. Max Kully, katholischer Pfarrer im Schweizerischen Dornach, hat 1926 in »Die Wahrheit über die Theo-Anthroposophie« teilweise leidenschaftlich, teilweise polemisch sehr viele Hinweise auf den theosophischen Hintergrund und Steiners Leugnung von Veränderungen geliefert. Dieses ältere Material ist bei dem Religionshistoriker Bernhard Maier: Die religionsgeschichtliche Stellung der Anthroposophie (1988), nochmals kurz präsentiert, aber nicht weiter erforscht worden. Der Anthroposoph Christoph Lindenberg widmet Steiners theosophischer Zeit in seiner zweibändigen Lebensbeschreibung »Rudolf Steiner Biogra-

Daß diese Immunisierung über fast hundert Jahre funktionierte, versteht man vielleicht leichter, wenn man sich die Schärfe der Eigenständigkeitsbehauptungen Steiners, wie er sie insbesondere nach der Trennung von der Adyar-Theosophie immer wieder artikulierte, vor Augen führt, etwa in einer Äußerung in seiner Autobiographie, geschrieben auf dem Sterbebett im Jahr 1925: »*Niemand blieb im Unklaren darüber*, daß ich in der Theosophischen Gesellschaft nur die Ergebnisse meines eigenen forschenden Schauens vortragen werde« (GA 28,294). Oder: In seinem Buch »Theosophie« werde »nichts gesagt, das nicht aus diesem geistigen Schauen stammt« (ebd., 306), sprich: unabhängig von den theosophischen Publikationen sei. Zudem erschwerte Steiner die Ermittlungen von Traditionslinien, da er in späteren Auflagen die Tiefe der Änderungen, mit denen er diese Abhängigkeiten verdeckte, leugnete. So wurden die Umarbeitungen seiner »Theosophie« zu bloßen »Erweiterungen und Ergänzungen«, wie er 1918 schrieb (GA 9,8). Schon 1903 behauptete Steiner gegenüber einer Anhängerin, es gebe keine Widersprüche in seinem Werk – offenbar gab es kritische Fragen[5]. Unter Anthroposophen führte diese Vorgabe zur Verdrängung der theosophischen Fundamente der Anthroposophie. Der Anthroposoph Christoph Lindenberg meinte noch 1997 in seiner umfangreichen Steiner-Biographie mit Blick auf Steiners Eintrittsphase in die Theosophische Gesellschaft, es müsse »deutlich gesehen werden, daß Steiner in keiner Weise an die üblichen Inhalte der damaligen Theosophie Blavatskys, Sinnetts oder Besants anknüpfte«[6]. Auch der tief in Steiners Vorstellungen eindringende evangelische Theologe Klaus Bannach schrieb noch 1998 in seiner Habilitationsschrift, daß Steiner »die theosophischen Inhalte (›Dogmen‹) gänzlich unwichtig sind«[7]. Von derartigen Traditionsbehauptungen wird im folgenden nur wenig übrig bleiben. An kaum einer Stelle dieser Arbeit ist in meinen Augen die Revision der historischen Einordnung der Anthroposophie so einschneidend.

Diese neue Sicht ist nicht zu ohne historiographische Kärrnerarbeit haben: Die Ermittlung zeitgenössischer Wissenshorizonte wird einen Schwerpunkt bilden, der Auflagenvergleich, für den es keine systematischen Vorarbeiten gibt, einen anderen. Der Nachweis von Steiners Aussagen erfolgt (unter Angabe des

---

phie« zwar einige Kapitel, stellt aber Steiners abwiegelnde Deutungen seiner theosophischen Vergangenheit nicht in Frage.

[5] Brief Steiners an Johanna Mücke, 22.9.1903, fol. 2, in: Steiner, Rudolf: Mein Lebensgang, Dornach [7]1962, nach S. 392: »Wer *alles* bei mir überschauen wollte, der würde Einklang sehen, wo er, da er es eben nicht überschaut, nur Widerspruch findet.«

[6] Lindenberg Steiner (Biographie), I, 314. Hella Wiesberger meinte 1972, die Bezüge auf Blavatsky seien »daraus zu erklären, daß sich die damaligen Zuhörer intensiv mit diesem Lehrgut der Gründerin der Theosophischen Gesellschaft beschäftigten und sich auf Grund der schwerverständlichen Darstellungen oft mit Fragen an Rudolf Steiner wandten« (GA 93a,14). Dies stellt hinsichtlich der Biographie Steiners die Abhängigkeiten auf den Kopf. Noch heute nennen Mitglieder der Rudolf Steiner Nachlaßverwaltung den Teil von Steiners Bibliothek, in der die Theosophica stehen, ironisch-distanziert und zugleich nachsichtig »die Schmuddelecke«.

[7] Bannach: Anthroposophie und Christentum, 91; vgl. aber die impliziten Revisionen etwa S. 170. 361 u.ö.

Noch im systematisch gut recherchierten Artikel bei Handbuch Religiöse Gemeinschaften und Weltanschauungen ([5]2000), 517f., gibt es außer dem Hinweis auf Steiners hellseherisches Selbstverständnis keinerlei Quellenverweise auf die Theosophie.

Veröffentlichungszeitpunktes) primär über die Gesamtausgabe, wenn jedenfalls die zum angegebenen Zeitpunkt gemachte, nachgetragene oder korrigierte Aussage dort heute noch steht. Nur heute nicht mehr in der Gesamtausgabe vorhandene Stellen belege ich in den Anmerkungen über ältere Ausgaben. Die jeweilige Entstehungszeit einer zitierten Stelle wird aus den Angaben zur zeitlichen Einordnung deutlich.

Die theosophischen Wurzeln bilden allerdings nur einen Bereich der historiographischen Kontextualisierung. Steiner brachte aus seiner vortheosophischen Phase ein beträchtliches naturwissenschaftliches und historisches Bildungswissen mit, das er in seine Theosophie eingeflochten hat. Die nachträgliche Begründung dieses Bildungswissens als »übersinnliche« Erkenntnis ist in der historiographischen Analyse zu rekontextualisieren. Dabei wird allerdings deutlich werden, daß Steiners Eigenständigkeitsbehauptungen in diesen persönlichen Wissensbeständen ein fundamentum in re besitzen[8].

Einige Kapitel von Steiners theosophischer Theorieproduktion oder von Themen, die er im Rahmen der Theosophischen Gesellschaft dargestellt hat, sind aus praktischen Gründen der Darstellung ausgegliedert: Die Christologie ist ein großes Thema für Steiner geworden, das durch die Diskussion mit christlichen Theologen nochmals aufgewertet wurde und schon aus rezeptionsgeschichtlichen Gründen eine eigene Darstellung verdient (s. Kap. 8). Auch die maurerischen Riten, die Steiner in die Esoterische Schule integrierte, sind separat behandelt (s. Kap. 10), da sie nicht nur ein umfangreiches Kapitel, sondern einen eigenständigen Traditionsstrang bilden.

Im Abschnitt 7.11 liegt das Herzstück der kulturhistorischen Interpretation der theosophischen Weltanschauung. Ich suche sie im Kontext des Historismus als Reaktion auf die Pluralisierung von Wissensbeständen durch historische, ethnologische und zum Teil auch naturwissenschaftliche Entdeckungen zu deuten. Was in Steiners Augen als sein subjektiver und singulärer Erkenntnisprozeß erscheint, wird in dieser Perspektive zu einem Exempel für die Verarbeitung von Deutungsoptionen im sich pluralisierenden Kaiserreich und der damit aufgeworfenen Orientierungsfragen. Die Suche nach den Gründen und Modi seiner Konstruktion einer neuen Erinnerungstradition mündet dabei in die (kultur-)politische Frage, welche neuen Hegemonien dabei entstanden und wie pluralismusfähig Steiners Versuch ist, dem als Bedrohung empfundenen Relativismus des Historismus zu entgehen.

[8] In vielen Einzelfällen habe ich auch die über die theosophischen Wurzeln hinausgehenden Quellen dokumentiert, doch war eine flächendeckende Einbindung in die Geschichte nichthegemonialer Traditionen nicht zu leisten, da sie in den für Steiner relevanten Ausläufern im 19. Jahrhundert noch nicht gut erforscht sind. Erst dann würde sich zeigen, ob es weitere Quellenbestände gibt, die an die Bedeutung der theosophischen Tradition heranreichen. Dafür habe ich bislang allerdings keine Indizien gefunden.

## 7.2 Steiners Weg in die Theosophie (1900 bis 1904)

Steiners Weg von seinem Atheismus Ende des 19. Jahrhunderts in die Theosophie war ein komplexer Rezeptionsprozeß in der Anverwandlung und Umwandlung theosophischer Vorlagen auf dem Weg zu einer spezifisch Steinerschen Theosophie. Die vornehmlich rezeptive Phase dürfte sich bis ins Jahr 1905 hingezogen haben, aber sehr bald begann er, gleichzeitig zu lesen und lehren, Rezeption und Produktion theosophischer Inhalte zu verbinden. Überraschenderweise ist diese formative Phase zwischen 1900 und 1904 bislang nie eingehender untersucht worden, vielleicht nicht zuletzt wegen der unüberwindlich scheinenden Schwierigkeiten aufgrund der schlechten Überlieferungslage: Steiners frühe Vorträge zwischen 1900 und 1904 müssen teilweise als verloren gelten oder liegen in problematischen Stenogrammen vor oder sind unvollständig, unveröffentlicht oder in veränderter Fassung publiziert. Bei einer dichten historisch-kritischen Analyse des inzwischen relativ reichhaltig vorliegenden Materials, das ich gegen die Sachordnung der Gesamtausgabe chronologisch bearbeitete, lassen sich diese Probleme allerdings minimieren.

Steiners Einstieg in die Theosophie war mit einschneidenden Änderungen seiner persönlichen Lebensführung verbunden. Die theosophische Konversion beendete seine Jahre in der Berliner Bohème, in der er sich seit 1897 bewegte, nachdem seine akademische Karriere gescheitert war und er die Redaktion des »Magazins für Litteratur« übernommen hatte. Gegen Ende September oder Anfang Oktober 1900 hielt er seinen ersten (verlorenen) Vortrag über Nietzsche in der theosophischen Bibliothek von Cay Graf Brockdorff und seiner Frau Sophie[9]. Am 29. September beendete Steiner seine Redaktionstätigkeit im »Magazin für Litteratur«, ohne daß die theosophische Tätigkeit schon eine Lebensperspektive gebildet haben dürfte. Denn er dozierte noch bis 1905 (seit 1899) an Berliner Arbeiter-Bildungsschulen (s. 14.2.1b), im September 1900 bewarb er sich auf eine Dozentur an der Berliner Humboldt-Akademie[10], die Erwachsenenbildung mit vornehmlich naturwissenschaftlichen Themen betrieb, und noch im Sommer 1902 bemühte er sich um eine Stelle als Redakteur bei der Wiener Zeitschrift »Die Zeit« (GA 39,409 f.586). Die Theosophie war ein Teil seiner Suchbewegungen nach Arbeit und Sinn.

Das wichtigste Indiz von Steiners Neuorientierung sind 27 Vorträge über »Mystik«, die er vom 6. Oktober 1900 bis zum 27. April des folgenden Jahres in der Bibliothek des Grafen Brockdorff hielt[11]. Ob Steiner in diesen Monaten bereits ein affirmatives inneres Verhältnis zur Theosophie besaß, liegt ganz im Dunkeln. Bis zum Herbst sind jedenfalls weitere Vorträge nur in der Arbeiter-Bildungsschule nachgewiesen[12]. Aber mitten in dieser Phase starb am 2. Dezember 1900 Mai sein Freund, der Schriftsteller Ludwig Jacobowski. Steiner hat dessen Nachlaß

[9] Wiesberger / Zoll: Zur Datierung von Rudolf Steiners ersten Vorträgen.
[10] Lindenberg: Steiner (Biographie), I, 313.
[11] Schmidt: Das Vortragswerk, 13. 18.
[12] Ebd., 18 f.

verwaltet[13] und hat vermutlich dessen Tod sehr betrauert (GA 39,407); die Bedeutung dieses Ereignisses für Steiners Konversionsprozeß ist allerdings schwer einzuschätzen. Im September 1901 folgte eine Buchveröffentlichung seiner Vorträge zur Mystik, »Die Mystik im Aufgange des neuzeitlichen Geisteslebens und ihr Verhältnis zur modernen Weltanschauung« (GA 7)[14], deren Relation zu den nicht überlieferten Vorträgen unklar ist. Angesichts der vermutlich schnellen Veränderungen von Steiners Positionen in diesen Monaten und aufgrund seiner Hinweise auf Veränderungen ist aber von beträchtlichen Unterschieden zwischen vorgetragener und gedruckter Fassung auszugehen[15]. Steiners breite Darstellung von »Mystikern« (Meister Eckhart, Tauler, Seuse, Ruysbroeck, Nikolaus von Kues, Agrippa von Nettesheim, Paracelsus, Weigel, Böhme, Giordano Bruno und Angelus Silesius) ist vielleicht auf das Interesse an »Mystikern« im theosophischen Milieu zurückzuführen. Sie ist aber zugleich ein Reflex auf ein damals verbreitetes Interesse an »der Mystik«, die als Exponentin einer »allgemeinen« Religion jenseits der verfaßten Religionsgemeinschaften oder als philosophische Theorie der Religionsbegründung galt (s. u. 7.10.1e). Auch Steiners Darstellung beruhte auf derartigen Deutungen und dabei auch auf seinen vortheosophischen Kenntnissen[16].

Im Vorwort (September 1901) sowie in der »Einführung« und im »Ausklang«, also in den mutmaßlich zuletzt geschriebenen Texten, finden sich die tagesaktuellen Positionen des in diesen Monaten zu einer spiritualistischen Weltsicht

---

[13] Lindenberg: Steiner (Biographie), I, 310.

[14] Der heute in GA 7 vorliegende Text ist ausweislich eines kursorischen Vergleichs bis auf die Normalisierung der Orthographie mit der Erstausgabe identisch. Die Datierung ergibt sich aus dem Vorwort, ebd., 14.

[15] Schmidt: Vortragswerk, nennt die Daten vom 6.10.1900 bis 27.4.1901. Steiner berichtete 1915, er habe damals über das »griechische und ägyptische Mysterienwesen« gesprochen (GA 254,46) und die Vorträge »wesentlich verkürzt in Buchform« (GA 264,406) publiziert. Im August hat Steiner die Fahnen korrekturgelesen (Lindenberg: Steiner [Chronik], 189), das Vorwort datiert vom September 1901 (GA 7,15). Der Weg vom Vortrag zum gedruckten Exemplar ist aber, wie beim »Christentum als mystischer Thatsache«, unklar.
Es ist symptomatisch, daß Mystiker in Steiners zeitgleich erschienener, aber wohl vor seiner Begegnung mit der Theosophie fertiggestellter Philosophiegeschichte praktisch nicht vorkommen; vgl. Steiner: Welt- und Lebensanschauungen (1900/1901), I, 135.
Vgl. auch die im Licht des Atheismus sehr kritische Beurteilung von Mystikern, etwa Böhmes, im Jahr 1899, dem Steiner die Auffassung zuschreibt, daß im »Innern« dem Menschen »nicht das Ich des Menschen, sondern doch wieder nur der Christengott« »entgegentrete« (GA 30,121). In dieser Äußerung eine »bruchlose Kontinuität« zu Steiners »Die Mystik« von 1901 zu sehen (so Lindenberg: Steiner [Biographie], I, 316) unterschlägt Steiners Neujustierung in diesen Monaten. Lindenberg erleichtert sich seine Kontinuitätstheorie, indem er Steiners Aufsatz mit dem abgeänderten Titel (»Der Individualismus in der Philosophie«) nachweist. Der ursprüngliche Titel lautete »Der Egoismus in der Philosophie« (GA 30³,607) und war bezeichnenderweise veröffentlicht in dem Sammelwerk: »Der Egoismus«, hg. von A. Dix (1899). In GA 30³ (1989) findet sich der originale Titel nur im Kommentar, da Steiner laut seiner Autobiographie (vgl. GA 28,305) den ursprünglichen Titel nur der Ausrichtung des Sammelbandes wegen akzeptiert habe.

[16] Vortheosophische Vorstellungen dokumentierte Steiner etwa, wenn er den Cusaner »seine Zuflucht zu einer von außen kommenden Offenbarung nehmen« sah (GA 7,98). Dies ist bis in Formulierungsteile hinein identisch mit einer religionskritischen Äußerung in dem gerade genannten Aufsatz »Der Egoismus in der Philosophie«, wo er das Wesen der Religion als die Unwissenheit beschrieb, »als Offenbarung von außen« zu betrachten, »was sie sich selber offenbart« (GA 30,103).

(re-)konvertierenden Steiner: »Die von uns unabhängige Welt ... [teilt] sich unserem Geiste mit« (GA 7,19). In anthropologischer Konkretion: »Mit der Erweckung meines Selbst vollzieht sich eine geistige *Wiedergeburt* der Dinge der Welt«, auf einer höheren Stufe« (ebd., 22). Die kosmologische Relation des Individuums bestimmte Steiner pantheisierend: Das »einzelne Ich wird in solchen Augenblicken aufgesogen von dem All-Ich; ... Wir sind nur als Individuum getrennt; das in uns wirkende Allgemeine ist ein- und dasselbe« (ebd., 31). Die für seine intellektuelle Biographie entscheidenden Neujustierungen liegen in der spirituellen Interpretation der Ende der 1890er Jahre noch atheistisch gedachten Welt. Vergleichbare Sätze hätte Steiner auch in seiner idealistischen Phase während der 1880er Jahre schreiben können, aber 1901 sind sie eben schon in den Horizont des theosophischen Denkens, wie der Bezug auf die »höhere Stufe« dokumentiert, eingestellt. In der Nähe zu seinem älteren Idealismus und in der Distanz zur Religionskritik seiner Berliner Bohèmezeit bildete die »Mystik« eine Brücke zur Theosophie. Ihr Vorwort zeigt, daß Steiner einen philosophischen Zwischenschritt bei seiner Konversion einlegte, den Rückgriff auf die ihm vertraute idealistische Tradition, aus der er zwei Zentren in die neue Weltanschauung übernahm, die er als endgültiger theosophischer Konvertit nicht mehr neuzuschaffen, sondern nurmehr umzuarbeiten brauchte: Erkenntnis des Göttlichen als Selbsterkenntnis im Innern des Menschen und die identitätsphilosophische Bestimmung von Materie und Geist. Spezifisch christliche Positionen, die für Steiner später wichtig wurden, bleiben in dieser Schrift ephemer. Natürlich waren die meisten seiner »Mystiker« Christen, aber im systematischen Kern seiner Argumentation kam Steiner ohne Referenzen auf die christliche Tradition aus; beispielsweise tauchte der Begriff »Christus« nur als Referat einer fremden Position auf (vgl. GA 7,40). Steiner waren überhaupt positive Religionen in dieser Schrift gänzlich fremd, nicht einmal der synkretistische Anspruch der Theosophie läßt sich greifen. Vielmehr konzipierte Steiner eine philosophische Religion. Damit war die »Mystik« ein Werk des Übergangs par excellence.

Im folgenden Herbst und Winter, seit Oktober 1901, hielt Steiner in der literarischen Vereinigung »Die Kommenden« 24 Vorträge über das Thema »Von Buddha zu Christus«; sie gelten als verloren[17]. Zugleich begann er (am 19. Oktober) mit einer Vortragsreihe über »Das Christentum als mystische Tatsache« (s. 8.2.2). Am 17. November lud die russische Theosophin Nina Gernet während einer Teegesellschaft anläßlich der Gründung der Theosophischen Gesellschaft Steiner ein, Mitglied der Gesellschaft zu werden, doch habe er – so Steiner 1911 – die »orientalisierende Mystik« der Theosophie kritisiert und eine Weltanschauung für das »Abendland« gefordert (GA 264,406). Dies hätte, wenn die späte Aussage stimmt, noch ganz in der Tendenz und Formulierung seiner polemischen Kritik an der Theosophie Franz Hartmanns im Jahr 1897 gelegen (GA 32,194). 1915 be-

[17] Schmidt: Das Vortragswerk, 20–29. Ob die Vorträge eine Teleologie der Religionsgeschichte auf Christus hin oder einen Überblick über die Geschichte boten, in dem Steiner die Religionen in etwa gleich wertete, ist unklar.

hauptete Steiner dann, Marie von Sivers habe bei diesem »Chrysanthemen-Tee« eine wichtige Rolle für seinen Weg in die Theosophie gespielt (GA 254,48)[18].

Am 11. Januar 1902 trat Steiner der Theosophischen Gesellschaft Adyar bei, und vom 1. bis zum 11. Juli nahm er bereits an einem theosophischen Kongreß in London teil. Hier traf er Annie Besant im Haus der Theosophin Esther Bright, wo er gewohnt hatte (GA 28,319f.), er hörte einen Vortrag Besants und wurde von der Präsidentin in einer »Audienz« empfangen[19]. Das Gehörte habe ihn ›tief bewegt‹, gestand er noch 1925, um unmittelbar anzuschließen: »Auf den Inhalt meiner Anschauungen hatte es aber keinen Einfluß« (GA 28,297). In dieser Zeit muß aber eine intensive Beschäftigung mit theosophischer Literatur begonnen haben oder lief schon eine kurze Zeit. Steiner selbst lieferte am 20. August 1902 in einem Brief an Marie von Sivers den unschätzbar wertvollen Hinweis, daß er Blavatskys »Secret Doctrine« (in der englischen Ausgabe?[20]) vor kurzem erhalten habe und sich mit dieser Bibel des theosophischen Okkultismus beschäftigte. Nun liege sie »auf meinem Schreibtisch, auf dem sie mir gerade jetzt große Dienste tut, da ich sie bei meinen einschlägigen Studien fortwährend nachschlagen muß« (GA 262$^2$,42).

Vom 14. August 1902 an bis zum 29. September las Steiner die Druckfahnen von Wilhelm Hübbe-Schleidens Buch »Diene dem Ewigen!«[21] und zeigte sich höchst beeindruckt: »Es gibt darin nichts, was mich nicht im tiefsten Sinne befriedigte«, schrieb er am 14. August Hübbe-Schleiden[22]. Daß dies keine taktische Anerkennung war, dokumentierte er am 20. August seiner Vertrauten Marie von Sivers: Es gehöre

> »jetzt zu meinen schönsten Stunden, die Schrift Hübbe-Schleidens mitentstehen zu sehen. Es ist für mich die allergrößte Befriedigung, mit Hübbe-Schleiden im Einklang arbeiten zu können. … In Hübbe-Schleiden lebt eine wirkliche geistesgeschichtliche *Potenz*«[23].

---

[18] Beide Aussagen Steiners (von 1911 und 1915) stehen im Kontext der zunehmenden respektive vollzogenen Distanzierung von der Theosophischen Gesellschaft, der die Relativierung der Rolle Gernets und die Hervorhebung von Sivers' geschuldet sein mag. Daß sich Steiner im November 1901 schon soweit mit der Theosophie verbunden hatte, daß er am 10.11.1901 bereits einen »theosophischen Vortrag« über Goethes Märchen von der Grünen Schlage gehalten habe (so Lindenberg: Steiner [Chronik], 190), ist unwahrscheinlich, jedenfalls hinsichtlich spezifisch theosophischer Inhalte.

[19] Lindenberg: Steiner (Biographie), I, 342.

[20] Offenbar hat Steiner, der des Englischen mächtig war, trotz einer vorliegenden Übersetzung das Werk in der Originalsprache gelesen. Ein Jahr später, am 1. September 1903, wies er in einem Vortrag auf Blavatskys »Isis unveiled« hin, die inhaltlich aber keine nachweisbar wichtige Rolle in seinem Werk spielte, und erneut auf die »Secret Doctrine« (GA 88,185), beide Werke mit englischem Titel, während er am 24. Dezember 1903 in einem Brief aus der deutschen Übersetzung zitierte (GA 88,194). Wenn er nicht schon im August 1902 mit der Übersetzung gearbeitet hat, tat er es spätestens Ende 1903. Daß Steiners im übrigen selektiv mit der öffentlichen Präsentation der »Geheimlehre« umging, dokumentiert eine inhaltliche Marginalie. Im öffentlichen Vortrag verwies er seine Zuhörer im November 1903 auf die »Hochebene« der dunkel raunenden »Dzyan«-Sprüche (ebd., 57.219), während er im privaten Brief deutlich machte, daß er sich auch mit dem Kleingedruckten in Blavatskys Werk intensiv beschäftigte (ebd., 194)

[21] Zu den Daten Rudolf Steiner: Briefe (1953/1955), II, 263. 302, zum Kontext s. 3.4.2.

[22] Ebd., II, 263.

[23] Ebd., II, 282f. (= GA 262$^2$,43).

Steiner lobte zudem Hübbe-Schleidens »scharfe Unterscheidung von Theologie und Theosophie«, womit er »die Brücke zu dem Evolutionsprinzip geschaffen« habe[24], und fühlte sich offenbar im »Sehnen nach dem Ewigen, nach dem *Wesen* aller Dinge« Hübbe-Schleiden kongenial verbunden[25]. Im Verlauf der Fahnenkorrekturen unterbreitete Steiner eine Reihe von Korrekturvorschlägen, die Hübbe-Schleiden, der ein Buch jenseits persönlicher Positionen liefern wollte und es anonym erscheinen ließ, berücksichtigte[26]. So nahm er Steiners idealistische Theorie vom Denken als einem Grund der Wirklichkeit auf, ebenso dessen Verweise auf Schillers »Ästhetische Briefe« und Goethes »Sprüche in Prosa«[27], später berücksichtigte er noch naturwissenschaftliche Vorstellungen Steiners, der die Formulierung kritisierte, daß die Natur keine Sprünge mache[28], sowie die Forderung nach einer erkenntnistheoretischen Verdeutlichung[29]. Auch hier noch war Steiners Zugang zur Theosophie offenbar ein philosophischer.

Aber schon Ende August 1902 begann Steiner mit der Konstruktion einer von der Theosophie unabhängigen »theosophischen« Biographie. In einem Schreiben an die Mitglieder der deutschen Adyar-Theosophie behauptete er, sein Beitritt sei »der Endpunkt einer langjährigen inneren Entwickelung. Ich trat nicht früher bei, als da ich wußte, daß die geistigen Kräfte, denen ich dienen muß, in der T.S. [Theosophical Society] vorhanden sind.« (GA $262^2$,87) Daß es sich hierbei um eine kontrafaktische Behauptung handelt, dokumentieren nicht nur seine antitheosophischen Aussagen von 1897 und seine atheistischen Äußerungen Ende der 1890er Jahre, sondern auch der Kontext dieser Feststellung: »Theosophen, zu denen ich spreche«, hatten seine »Gründe« für den Beitritt »mißverstanden« (ebd.). Unter den alten Mitgliedern gab es also bohrende Fragen nach den Motiven des ehemaligen Atheisten Steiner für seinen Eintritt in die Theosophische Gesellschaft, der, auch dies wird in dieser Passage klar, bereits die Hand nach »einem Amte«, dem Vorsitz der Landesgesellschaft, ausstreckte (ebd.). Steiner mußte mithin schon aus vereinspolitischen Gründen den Eindruck erwecken, er sei kein unbedarfter Debütant im Feld der Theosophie.

Im September 1902 publizierte Steiner seine Vorträge über »Das Christentum als mystische Thatsache« (GA 8), die er im Herbst und Frühjahr 1901/02 gehalten hatte (s. 8.2.2). Dieses Buch läßt sich als erstes Dokument einer ersten, langsamen Annäherung Steiners an Positionen der christlichen Tradition lesen. Die entscheidende Pointe ist allerdings der Graben zu Steiners späterer theosophischer Absolutheitsposition »des Christus«: Jesus, nicht »der Christus« (wie Steiner meist sagte) firmierte im Herbst 1902 als Eingeweihter, und zwar signifikanterweise als einer unter vielen. Diese Vorstellung gehört in die um

---

[24] Ebd., II, 264.
[25] Ebd., II, 285.
[26] Laut Kommentar (ebd., II, 424f.) wurden Steiners Korrekturvorschläge berücksichtigt. Der Vorgang ist allerdings komplex. Hübbe-Schleiden hat beispielsweise Steiners Forderung nach einer Verstärkung der erkenntnistheoretischen Dimension übernommen, die Vorlage jedoch abgemildert; Hübbe-Schleiden: Diene dem Ewigen!, 140.
[27] Steiner: Briefe (1953/1955), II, 285–289.
[28] Ebd., II, 291.
[29] Ebd., II, 294.

die Jahrhundertwende vorgenommenen Relativierungen Jesu im Rahmen der religionsgeschichtlichen Popularisierung, ist aber bei genauerem Hinsehen ein Indiz für Steiners Rezeption theosophischer Vorstellungen, näherhin des Buches »Les Grands Initiés« des frankophonen elsässischen Theosophen Edouard Schuré (s. 11.2.1). Marie von Sivers hatte es wohl 1898 gelesen und präsentierte seit Oktober 1904 ihre Übersetzung in der »Lucifer-Gnosis« der Öffentlichkeit. Steiner hat das Werk schon zu diesem Zeitpunkt aufgrund seiner intimen Beziehung zu Marie von Sivers 1902 mit sehr hoher Wahrscheinlichkeit gekannt. Auch andere Bücher Schurés hatte er rezipiert: Dessen »Sanctuaires d'Orient« nannte er im September 1902 eine »glänzende Darstellung des Geistes der eleusinischen Mysterien« (GA 8,96), im Juli 1903 titulierte er Schuré als »genialischen französischen Dichter und Denker« (GA 34,42), dessen »Grands Initiés« er zwei Monate später von einem »Zauber« umhüllt sah (ebd., 63) und die er für ein »Schlüsselbuch« »in unserer Zeit« hielt (ebd., 64). Schuré nannte zwar unter den Eingeweihten andere Exponenten (Rama, Krishna, Hermes, Moses, Orpheus, Pythagoras, Platon und Jesus[30]) als Steiner, der aus dieser Reihe nur Platon und Jesus aufnahm (GA 8, passim), aber die Geschichtskonstruktion, die Geistesgeschichte als Entwicklung zu lesen, an deren Knotenpunkten große Eingeweihte stehen, ist identisch[31]. Wenn Steiner sich 1910 bei Schuré, der Steiners Buch »Das Christentum als mystische Thatsache« ins Französische übersetzt hatte, für die »Zustimmung« zu seinem Werk bedankte (ebd., 9), stellte er die historischen Relationen sublim auf den Kopf, insofern seine Abhängigkeiten von Schuré hinter dem Dank zurücktraten. Dies entspricht der Schülerrolle, in die sich Schuré gegenüber Steiner 1910 begeben hatte, aber nicht den Relationen des Jahres 1902. Aber Steiners Glaube an die »›geheime‹ Religion der Auserwählten« respektive »Eingeweihten« (ebd., 19) muß relativ bald in die Überzeugung übergegangen sein, daß er selbst von einem »Meister« »geführt« sei (GA 264$^2$,66 [11.8.1904]). Der Anstoß zu diesen Überzeugungen kann auch von anderen theosophischen Autoren als Schuré ausgegangen sein, aber Schuré war in jedem Fall für Steiner ein großes Leseerlebnis, dem er die in »Das Christentum als mystische Thatsache« niedergelegte Konzeption verdanken dürfte. Die Existenz einer geheimen esoterischen Tradition, die er schon bald detailliert verkündete (etwa in seinem Schulungsweg seit Juni 1904), gehört mithin in die früh akzeptierten theosophischen Vorstellungen.

Für den Oktober 1902 läßt sich erstmals die Rezeption einer der europäischen Tradition fremden Vorstellung belegen, derjenigen des Karma, ein Begriff, der im späten 19. Jahrhundert vermutlich durch die Theosophie in Europa eingebürgert worden war. In einem Brief vom 2. Oktober an den Schriftsteller und Theaterkritiker Wolfgang Kirchbach (1857–1906), der 1888/89 Steiners Vorgänger als Redakteur des »Magazins für Litteratur« gewesen war und der eine

---

[30] Dabei handelt es sich um eine Erweiterung der »Weisen« der Renaissance-Esoterik; Faivre: Esoterik im Überblick, 108. Auffälligerweise fehlen aber Buddha und daneben Mohammed.

[31] Steiner mag es nicht leicht gefallen sein, Schurés Reihe spiritueller Genies zu akzeptieren, bildete sie doch ein in den esoterischen Untergrund verlagertes Pendant zu seiner Gruppe von Mystikern, die er im Jahr zuvor behandelt hatte. Aber diese Vermutung bleibt spekulativ.

zentrale Rolle bei der Gründung des Giordano Bruno-Bundes spielte, in dem auch Steiner zu diesem Zeitpunkt aktiv war[32], dokumentierte er die Lektüre einer Passage der Upanischaden über das »Karman«: »Eine ganze Lichtfülle fällt für mich auf den Erkenntnisbegriff, wenn ich ihn sehe in der Perspektive, die Brihadâranyaka-Upanishad 3, 2, 13 eröffnet« (GA 39,423). Dabei handelte es sich um ein Gespräch zwischen dem Weisen Yâjnavalkya und seinem Schüler Artabhâga, in dem der Adept wissen möchte, was nach dem Tod geschehe, wenn des Menschen

> »Rede in das Feuer eingeht, sein Odem in den Wind, sein Auge in die Sonne, sein Manas in den Mond, sein Ohr in die Pole, sein Leib in die Erde, sein Atman in den Akâça (Weltraum), seine Leibhaare in die Bäume, sein Blut und Samen in das Wasser, – wo bleibt dann der Mensch?«[33]

Yajnavalkya erklärte die Lösung zum großen Geheimnis und eröffnete seinem Schüler unter vier Augen, daß der Mensch als »Werk«, also im Karma, fortexistiere: »Fürwahr, gut wird einer durch gutes Werk, böse durch böses.«[34] Die monistische Identität allen Lebens und die karmische Explikation der Soteriologie und Ethik bilden, folgt man Steiners Konfession gegenüber Kirchbach, eine wichtige Schleuse seiner weltanschaulichen Konversion.

Mit seiner Lichtmetaphorik in der Begegnung mit dem Karma-Topos nutzte Steiner ein klassisches Motiv der europäischen »Bekehrungs«tradition, in der oft von »Erleuchtung« die Rede ist. Man kann mit dieser euphorischen Tonlage aus argumentieren, daß die Begegnung mit dem Karma-Denken noch nicht allzulange zurücklag. Bemerkenswerterweise fiel im Brief an Kirchbach der Begriff Reinkarnation, der systematisch zwingend an diese Stelle gehört, nicht[35], auch dies wohl ein Indiz, daß Steiner sich gerade in die Welt der Seelenwanderungsvorstellungen einlas und dieses Schlüsselwort noch nicht selbstverständlich nutzte. Der Bezug auf die Upanischaden dokumentiert schließlich, daß Steiner den Reinkarnationskomplex über hinduistische Vorstellungen, vermittelt wohl durch die Theosophie, kennenlernte. Seine späteren Behauptungen, den Zugang zur Reinkarnationsvorstellung über europäische Autoren gewonnen zu haben (s.u., Dezember 1903), sind im Licht dieser Passage als sekundäre Traditionskonstruktion zu bewerten.

Schließlich identifizierte Steiner im Fortgang des Briefes an Kirchbach Karma mit Evolution. Das Gespräch zwischen Yâjnavalkya und Artabhâga kommentierte er mit der Bemerkung: »Und das, wovon sie sprachen, war die Evolution, und das, was sie priesen, war die Evolution (Karman).« (GA 39,423) Steiner rezipierte die Karmalehre als Korrelat seiner naturwissenschaftlichen Vorstellungen und seines manifesten Glaubens an die Implikate von Haeckels Deutung der Evolution, die er im gleichen Brief an Kirchbach auch hinsichtlich der Geltung

---

32 Bruns: Giordano Bruno Bund, 164–166; vgl. auch GA 51,287–291.

33 Sechzig Upanishad's des Veda (hg. v. P. Deussen), 433; diese Übersetzung könnte auch Steiner vorgelegen haben.

34 Brihad-Aranyaka-Upanishad 3,2,13 (hg. v. P. Deussen, ebd., S. 433).

35 Die Reinkarnation als Terminus wie als Sache fehlte 1902 auch in dem Buch »Das Christentum als mystische Thatsache« (s. 8.2.2).

des »in alle Zukunft weiterlebenden« biogenetischen Grundgesetzes affirmierte (ebd., 423).

Eine knappe Woche später, es war Mittwoch, der 8. Oktober 1902, trat Steiner erstmals als Theosoph an die Öffentlichkeit. In einer Veranstaltung des Giordano Bruno-Bundes, auf der auch Kirchbach sprach, legte er in einem Vortrag über »Theosophie und Monismus« (GA 51,311) die Theosophie als konkordant zum naturwissenschaftlichen Denken aus: Sie sei der »Ausdruck des jeweiligen naturwissenschaftlichen Denkens« (ebd., 313) und die »*letzte Anforderung eines wahren Monismus zwischen Naturerkenntnis und Selbsterkenntnis*« (ebd., 314). Steiner verkündete »Gott als Symbol eines inneren Ideals« und die »Göttlichkeit der Natur« (ebd., 315).

Über Reinkarnation und Karma ließ er sich in diesem Vortrag nicht aus, spielte darauf aber möglicherweise in einer verklausulierten Formulierung während einer Diskussion im Giordano Bruno-Bund am 15. Oktober 1902 an, als er »in den Schriften der Vedantaphilosophie« ein monistisches Verständnis des Todes lokalisierte, bei dem alle Formen des Lebens und der Materie ineinander übergingen (GA 51,318). Am 20. Oktober, dem Tag nach der Gründung der Deutschen Sektion der Theosophischen Gesellschaft Adyar und seiner Wahl zum Generalsekretär, sprach Steiner im Kreis der Mitglieder der Theosophischen Gesellschaft über »Praktische Karmastudien«, also vermutlich über die Konstruktion von Reinkarnationsfiliationen[36]. Die Reaktion der Theosophen war schroff ablehnend[37], vermutlich weil Steiner in ein theosophisches Wespennest getreten hatte: Die Reinkarnationsfiliationen waren ein Machtzentrum der Arkanhierarchie, dann damit konnte man deutend über Biographien verfügen und die vereinsmäßig organisierte Hierarchie auf einem unkontrollierbaren Umweg außer Kraft setzen. Leadbeater hatte dieses Geschäft schon seit den 1890er Jahren betrieben[38]. Möglicherweise handelte es sich bei Steiners Vortrag um einen Versuch, Führungsambitionen in der Esoterischen Schule anzumelden, in die Steiner drei Tage später, am 23. Oktober, aufgenommen wurde (s. u. 7.10.1c). Er hat sich in den folgenden Jahren von diesen Reinkarnationsfiliationen weitgehend zurückgehalten. Zwar habe er im November 1903 noch einige »Beispiele« gegeben, »wie man sich die Entwickelung großer Führer der Menschheit durch ihre Wiederverkörperungen hindurch zu denken hat« (GA 34,537), aber erst 1924, als er sich in Mitgliedervorträgen lang und breit über die Reinkarnationen berühmter Personen ausließ (GA 235–240), hat er diesen frühen Ansatz ausgebaut.

---

[36] Der Vortrag ist offenbar erhalten, aber unveröffentlicht; vgl. Schmidt: Das Vortragswerk, 33. Meine Vermutung über den Inhalt hängt ohne Kenntnis dieser Mitschrift an Steiners Deutung aus dem Jahr 1924, als er den Vortrag von 1902 mit seinen 1924 konzipierten Reinkarnationsfiliationen verband.

[37] 1902 konnte man im Bericht über die Gründungsversammlung nur kryptisch lesen, daß auf den Vortrag »einzugehen wir uns versagen müssen«; Bresch (?): Die Bildung der deutschen Sektion der Theosophischen Gesellschaft (Teil 1), 62. Als Steiner 1924 Reinkarnationsfiliationen beschrieb, hat er mehrfach über die Situation von 1902 berichtet. Es habe »allerlebhaftesten Widerstand« (GA $238^6$,16) gegeben, die »astralischen Wellen des Bebens und Zitterns« »namentlich der alten Herren« habe er gespürt (GA 240,256). Man habe ihm nicht zugetraut oder zugebilligt, »in einer so esoterischen Weise anzufangen« (ebd., 41).

[38] Tillett: The Elder Brother, 114.

Für den 25. Oktober 1902 wird ein erster Vortrag Steiners »über das Gesamtgebiet der Theosophie« genannt, am 11. November begann das erste einer Vielzahl »Theosophischer Konservatorien« Steiners, bei denen es sich um kleine Gesprächszirkel von fünf oder sechs Mitgliedern der Theosophischen Gesellschaft handelte[39]. Von diesen Veranstaltungen liegen aber, wie von allen folgenden Konservatorien (die sich bis zum Oktober 1903 hinzogen), offenbar keine Mit- oder Nachschriften vor[40]. Die Titel jedoch dokumentieren, daß Steiner sich mit der Programmatik der Theosophie auseinandersetzte und darüber zu lehren begann. Diese Gleichzeitigkeit von Rezeption und Reproduktion theosophischer Inhalte wurde für die nächsten Monate und Jahre zu einem Strukturmerkmal: Von Anfang an präsentierte er sich als Lehrer, und nur dem kritischen Blick wird klar, daß er in der Anfangszeit vor allem und zugleich Lernender war.

Vom September 1902, als Steiner »Das Christentum als mystische Thatsache« publizierte, bis zum Mai 1904 (dem Datum der Veröffentlichung der »Theosophie«) respektive dem Juni 1904 (als er mit dem aufsatzweisen Druck des späteren Buches »Wie erlangt man Erkenntnisse der höheren Welten?« begann), fehlen größere Veröffentlichungen, doch schließen Vorträge und Briefe diese Lücke. So wird aus einem Brief Mathilde Scholls, einer späteren »esoterischen Schülerin«, deutlich, daß Steiner spätestens am 11. Februar 1903 Leadbeaters »Man visible & invisible« kannte (GA 264,42). Dieses Buch über die menschlichen Auren, ein mit farbigen Tafeln ausgestatteter und 1902 in London erschienener Band, hatte Steiner demnach wohl bald nach seiner Publikation rezipiert. In diese Phase fällt auch die Zeit der größten Verehrung für Annie Besant. Am 19. April 1903 dokumentierte Steiner seine ehrfürchtige Haltung, als er seine Freundin Marie von Sivers im Rahmen der organisatorischen Auseinandersetzung auf Zusammenhalt einschwor, und zwar »*alles* in vollster Treue und Hingebung an Mrs. *Besants* Intentionen« (GA 262$^2$,60). Von Sivers publizierte daraufhin (?) im Juni 1903 eine Eloge an Besant, die in ihrem salbungsvollen Tonfall die Unterwerfung in ein kindliches Abhängigkeitsverhältnis offenlegt:

> »Über die Schärfe von Frau Besants Geist, über ihre zwingende Logik ist die Größe ihrer Seele ausgegossen. … Eine Führerin in die Höhen und die Tiefen der Seele ist Annie Besant. … Wie ein Schauer geht es durch unsere Seele, wenn sie so spricht, wenn wir in ihr Auge blicken – denn wir wissen: sie spricht aus Erfahrung.«[41]

Auch Steiners Demutshabitus hat sich in den nächsten Monaten nicht verändert. Im Juni 1903 gab er ihr das »Versprechen, daß ich alle meine Kräfte einsetzen werde, um unserer Sache in Deutschland Verbreitung zu bringen. Es bedeutet für mich sehr viel, wenn mein Vorgehen Ihre Billigung findet.«[42] Und am 14. Mai 1904 etwa schrieb er anläßlich seines zweiten Besuchs in London an Franz Paulus, dem Leiter des Stuttgarter Zweiges (GA 262$^2$,82), und dessen Frau Doris, daß er die letzten Tage »gerade wegen unserer esoterischen Arbeit in Deutschland

---

[39] Lindenberg: Steiner (Biographie), I, 356.

[40] Zu den Vorträgen vgl. Schmidt: Das Vortragswerk, 33 f. Schmidt nennt auch keine Vertragsthemen.

[41] Von Sivers: Annie Besant, 15 (die ersten beiden Zitate) und 16.

[42] Brief Steiner an Besant, Anfang Juni 2003, Nachlaß Steiner.

hier bei unserem spirituellen Oberhaupte Mrs. Besant zubringen [mußte], um von ihr volle esoterische Autorisation für alles zu erhalten, was ich auf diesem Felde tue« (GA 264,54)[43].

Im Juni 1903 erschien das erste Heft der Zeitschrift »Luzifer«[44], deren Titel auf Blavatskys gleichnamige Zeitschrift, die von 1887 bis 1899 erschienen war, zurückging. Man könnte diesen Begriff zudem auf eine europäische Tradition beziehen, die Luzifer nicht als Teufel, sondern im Wortsinn und positiv als »Lichtbringer« sieht[45]. Aber auch die konkreten Weiterungen des Titels lagen näher: wenn er im programmatischen Eingangsartikel von den »Kindern des Luzifer« sprach (GA 34,28), zitierte er ohne Namensnennung Schuré und dessen Theaterstück gleichen Namens, das Marie von Sivers übersetzt hatte, seit Februar 1904 in »Lucifer Gnosis« abgedruckt wurde und das Steiner 1909 als »Mysteriendrama« aufführen ließ.

Steiners Kenntnisse theosophischer Vorstellungen schälen sich in diesen Monaten deutlicher heraus. Im Sommer 1903 belegen Privatstunden[46] für Marie von Sivers, ihre Schwester Olga und ihre Freundin Maria von Strauch-Spettini (GA 88,149–179; vgl. GA 262,34 f.) die Präsenz »indischer«, also von der Theosophie herrührender Ideen und Termini (etwa der »Avatare« [GA 88,149])[47]. Die biologische Evolutionslehre und die theosophische Emanationsvorstellung ergänzten sich nun in Steiners Augen wie eine Art romantisches Paar:

> »Ursprünglich dämmerte der Geist in sich selbst, Geist und Materie sind noch undifferenziert ineinander. So zeigen heute die Mollusken und Würmer noch kein gesondertes Nervenleben, die Empfindung durchdringt ihren ganzen einheitlichen Stoff, aus dem sie bestehen. Bei dem ersten Avatar trennte sich der Geist von der eiförmigen astralen, feinen Stoffhülle und bildete einen leuchtenden Punkt in ihr, mit seinen Strahlen sie durchdringend. Alle Entwicklung ist polarisch.« (GA 88,150)

Spätestens hier ist belegt, daß Steiners tastende Affirmation theosophischer Vorstellungen in eine tiefe Akzeptanz übergegangen waren, unter Einschluß haeckelianischer (»Mollusken und Würmer«) und goetheanischer (»polarisch«) Vorstellungen. Im Juli 1903[48] zeigte er in »Luzifer« Besants ›soeben erschienenes‹, d. h. übersetztes »Esoterisches Christentum« an (GA 34,42) sowie Leadbeaters

---

[43] Vgl. zeitlich parallel Steiners Lob auf Besants »Esoterisches Christentum« (s. 8.2.3).

[44] Luzifer. Zeitschrift für Seelenleben und Geisteskultur. Theosophie. Hefttitel Januar 1904: Lucifer mit der Gnosis, danach Lucifer Gnosis, Berlin / [ab Juni 1905] Leipzig 1903. Vgl. Die anthroposophischen Zeitschriften, hg. v. G. Deimann, 55–60.

[45] Vgl. Osterkamp: Lucifer.

[46] Sivers Aufzeichnungen sollen »stichwortartige Notizen« zugrunde liegen (GA 88,247). Durch Steiners gesamte Unterrichtungen ziehen sich aber strukturell vergleichbare Plausibilisierungen und bestätigen die relative Verläßlichkeit dieses Textes.

[47] Allerdings nannte Steiner auch europäische Gewährsleute, Paracelsus oder die Rosenkreuzer (GA 88,150.153).

[48] Lindenberg: Steiner (Biographie), I, 359, hört in der in diesem Monat beginnenden, dreiteiligen Artikelserie »Einweihung und Mysterien« »plötzlich« einen neuen Ton angeschlagen: »Hier wird nicht argumentiert, hier wird auf einmal bildhaft, stimmungsvoll dargestellt.« Zugleich weiß er auch, daß Steiner dieses Stilmittel später und des öfteren nutzte. Nähere Gründe gibt er nicht an, und ich kann kein biographisches oder sachliches Motiv ausmachen.

»Astral-Ebene« und dessen »Grundlinien der Theosophie«[49], Steiner konsumierte weiterhin die theosophische Grundlagenliteratur, und die Beispiele ließen sich vermehren. Signifikanterweise handelte es sich dabei vor allem um Werke der zweiten Generation des theosophischen Führungspersonals. Steiner wurde stark, möglicherweise sogar primär von diesen gerade aktuellen Publikationen geprägt; das Verhältnis zu den »Klassikern« wie Blavatsky und Sinnett, die er selbstverständlich auch rezipiert hat, bedürfte einer eigenen Analyse.

Die Theosophische Gesellschaft deute er nun zunehmend als historisch notwendigen Faktor. Am 24. August 1903 verkündete Steiner, »durch die Theosophie soll nun die Menschheit vorbereitet werden, damit dann, wenn das Geheimnis teilweise enthüllt wird, die schlechten Wirkungen paralysiert werden« (GA 88,187). Dieses »Geheimnis der fünften Wurzelrasse« (ebd., 186) war, kaum verhüllt, das theosophische Wissen selbst: Nachdem »in unserer Wurzelrasse« »die Fähigkeit des Intellektes, des Verstandes ausgebildet worden« sei, könne nun dieses Wissen, das bislang die »Adepten«, die »Führer« von »Rassen« besessen hätten, allgemeines Wissen werden. »Vor dem Jahre 1875 hat man nichts von diesen Dingen gewußt oder sie doch nicht beachtet.« (ebd., 186) Daß dies das Gründungsjahr der Theosophischen Gesellschaft war, mußte Steiner seiner Zuhörerschaft nicht eigens sagen. Diese Passage belegt zudem, daß Steiner die theosophische Rassenlehre mit ihren weitreichenden Konsequenzen offenbar in kurzer Zeit und en bloque übernommen hat; noch im Verlauf des Herbstes (s. u. Oktober 1903) gab er weitere Proben dieser neuen kulturellen Ordnung.

Wie intensiv sich Steiner mit »geistigen« Welten beschäftigte, belegt die Rezension von Leadbeaters (im Juli bereits angezeigter) »Astral-Ebene« im September 1903, in der er die Kenntnis von Astral- und Devachan-Ebenen, also des theosophischen Konzeptes der Zwischenzustände, dokumentierte. Zugleich ahnte Steiner, daß er sich mit seiner positiven Besprechung, die nichts von der späteren Abwertung Leadbeaters (vgl. GA 28,297) durchscheinen läßt, außerhalb der Theosophie diskreditierte. »Ich sehe im Geiste schon das Hohngelächter« der Zeitgenossen angesichts dieses Versuchs der Kombination von »Astralwelt« und »naturwissenschaftlicher Denkungsweise«, schrieb er, man werde ihn des »Aberglaubens« und des »Obskurantismus« zeihen (GA 34,426). Das bei Leadbeater neu angelesene Wissen setzte Steiner unmittelbar um: einen Monat später, am 28. Oktober, begann er mit einem sechs- oder achtteiligen Vortragszyklus, der Leadbeaters Titel »Astral-Ebene« nur minimal variierte: »Die astrale Welt«[50] – eine Abwandlung »für uns Deutsche«, da »der Ausdruck Astral-*Ebene* … so irreführend wie möglich ist« (ebd., 430). Dieser Zyklus endete am 2. Dezember mit einem Vortrag über das »Kama loka«[51], dem in der Theosophie benutzten Begriff für die Welt zwischen zwei Inkarnationen.

---

[49] Steiner: Die Kultur der Gegenwart (Juli 1903), 87.

[50] Schmidt: Das Vortragswerk, 50–53; die Berufung auf Leadbeater in GA 88,42.238. Schmidt zählt zwei Vorträge mehr als auf der Vortragsanzeige (ebd., 242) angekündigt und in der Gesamtausgabe aufgenommen sind (ebd., 19–89). Die Herausgeber der GA äußern sich dazu nicht (ebd., 243), nach Schmidt (ebd., 51 f.) würden die Vorträge zwei und fünf fehlen.

[51] Schmidt: ebd., 53.

Gegen Ende des Jahres 1903 trieb Steiner wiederum die Reinkarnationsfrage um. Am 6. September korrelierte er erneut Reinkarnationsvorstellungen mit indischen Traditionen und verwies für Reinkarnationserinnerungen auf die Autorität des »Buddha« und sein »Bewußtsein an die [sic] früheren Verkörperungen« (GA 52,25). Aber er suchte auch eine Möglichkeit der Inkulturation. Von Oktober bis Dezember 1903 veröffentlichte er in »Luzifer« zwei Aufsätze, »Reinkarnation und Karma, vom Standpunkte der modernen Naturwissenschaft notwendige Vorstellungen« (heute GA 34,67–91) und »Wie Karma wirkt« (ebd., 92–107). Darin suchte er den Anschluß an europäische Vorstellungen nicht über eine kulturgeschichtliche Traditionsbildung, sondern, wie der Titel sagt, über eine naturwissenschaftliche Plausibilisierung. Seine Gewährsleute waren nicht, wie später, etwa Lessing oder Gustav Widenmann[52], sondern er bezog sich auf Haeckel (z. B. ebd., 70.80–83) und erhob den vitalistischen Grundsatz »Jedes Seelische entsteht aus Seelischem« zum Leitsatz seiner Reinkarnationstheorie (ebd., 68). Daß die europäische Tradition der Reinkarnationsvorstellung keine Rolle in seinem Konzept spielte und er zugleich einen Anschluß an die westliche Tradition suchte, zeigt überdeutlich eine Marginalie: Zwischen den beiden Teilen des Aufsatzes »Reinkarnation und Karma« schrieb er am Schluß des Oktoberheftes von »Luzifer«, daß Goethe, Novalis, Schelling und Jean Paul, also Vertreter der ihm aus vortheosophischen Zeiten gut bekannten Literatur, hinsichtlich der Reinkarnationsvorstellung nichts oder nicht viel austrügen. Aber »diese umfassenden Wahrheiten« der Theosophie, und dazu zählten für ihn auch die »großen Weltgesetze von Reincarnation und Karma« respektive »die Lehre von der Wiederverkörperung«, »wird die theosophische Bewegung der deutschen Kultur einverleiben« (ebd., 535). Reinkarnationsvorstellungen waren 1903 für Steiner eindeutig noch immer aus Asien importierte Ergänzungen des europäischen Denkens.

Spätestens im Herbst dieses Jahres muß sich Steiner auch mit den theosophischen Prinzipien – Bruderschaft, religionshistorische Weltanschauungsbildung, okkulte Wissenschaft – beschäftigt haben, da die deutsche Sektion wohl am 18. Oktober 1903 ihre Satzung mit diesen Positionen verabschiedet hatte. Aber die Beschäftigung mit diesen Fragen dürfte einen längeren Vorlauf besessen haben, kulminierte doch in diesen »Prinzipien« der weltanschauliche Anspruch der Theosophie. Die Bildung eines »Kerns eine allgemeinen Bruderschaft« hatte er jedenfalls am 1. September als »Prophetie« verkündet (GA 88,188), den »verschiedenen Religionen« einen »esoterischen Inhalt, der allen gleich zugrunde liegt«, zu einem nicht näher bestimmten Zeitpunkt 1903 zugewiesen (GA 264²,265), und die okkulte Wissenschaft in seinen Reinkarnationsvorstellungen im Oktober gerade bestätigt.

Der Verweis auf die »Lemurier« am 3. Oktober 1903 (GA 52,39) zeigt erneut die Beschäftigung mit der theosophischen Rassenlehre. Steiner hat sie im we-

---

[52] Lessing kam 1904 bezeichnenderweise im Kapitel der »Theosophie« über »Reinkarnation und Karma« nur und zusammen mit Mozart als Beispiel vor, daß Genialität durch eine reinkarnatorische Geburtsfolge erreicht werde, nicht jedoch als Vertreter einer eigenen Reinkarnationsvorstellung (GA 9,79); vgl. dazu unten 7.11.2b.

sentlichen übernommen (s. u. 7.5.4), einschließlich der dahinterstehenden Kosmologie, und wenn das theosophische Material Fragen offenließ, offene Details ergänzt, etwa die in Blavatskys »Geheimlehre« fehlenden »Wurzelwahrheiten« der »fünften Rasse«[53]. Am 21. November 1903 berichtete er Marie von Sivers dann von einem seiner Vorträge zu diesem Themenfeld:

> »Der erste Teil behandelte das dreifache menschliche Werden: lunarisch-kamische Epoche: Bildung der manasisch-kamischen Psyche (1.2. Rasse) und Epoche der Verkörperungen des eigentlichen Menschengeistes (von der 3. Rasse an). Dann im 2. Teile folgten die Wege durch physische, kamische und Devachan-Welt. Ich versuchte den irdischen Menschenwandel zu charakterisieren als Durchziehen durch verschiedene Lebensstationen (Reinkarnationen)« (GA 262,34 f.).

Diese Passage zeigt, in welchem Ausmaß Steiners Weltanschauungskonstruktion work in progress war. Die Formulierung »ich versuchte« – anstelle des autoritativen Indikativ in Vorträgen – dokumentiert in dem privaten Brief Suchanstrengungen und unfertige Vorstellungen, wie sie in der zumeist dogmatischen Eindeutigkeit von Steiners öffentlichem Werk Seltenheitswert besitzen. Daß man an dieser Briefstelle auch einen Einblick in den flüssigen Zustand seiner Vorstellungen erhält, signalisieren die »indischen« Begriffe aus theosophischen Kontexten, die Steiner in der zweiten Hälfte des Jahres 1903 massiv in seinen Vorträgen verwandte[54]. In Blavatskys »Geheimlehre«, die Steiners unmittelbare Quelle gewesen sein kann (aber möglicherweise auch nur die Vorlage der von Steiner benutzten theosophischen Literatur war), findet sich jedenfalls auch die Zusammenfügung von Manas (Geist im weiten Sinn) und Kama (Begierde)[55] und deren Konjunktion mit der ersten und zweiten sowie der Einschnitt mit der dritten Rasse[56]. Steiner hat diese Begriffe später übersetzt (kama wurde zu Begierde, Manas zu »Geistselbst«, s. u.) und die »indischen« Termini aus seinem Œuvre eliminiert. Den besonderen Stellenwert der Deutschen vergaß Steiner bei seinen rassentheoretischen Überlegungen nicht: Die »Tiefen der deutschen *Volksseele*« mit der »*theosophischen* Betrachtungsart« zu verbinden, hatte er 1903 im Oktoberheft von »Luzifer« verkündet (GA 34,534). Schließlich indizierte die Einklammerung von »Reinkarnationen« und die ungewöhnliche Übersetzung mit »Lebensstationen« vermutlich, daß die Suche nach einem Verständnis der Seelenwanderung noch nicht abgeschlossen war, obwohl er bereits über dieses Thema referierte.

Im Dezember 1903 tauchten zwei weitere wichtige Persönlichkeiten der Theosophischen Gesellschaft in Steiners Werk auf, Mabel Collins und Sinnett. Mabel Collins, das Pseudonym für die in Deutschland geborene[57] Kenningale Cook

---

[53] Blavatsky: Die Geheimlehre, I, 73, behauptete, von den sieben »sieben Wahrheiten« seien erst vier »ausgehändigt«; in diese Lücke plazierte sich Steiner am 24. Dezember 1903 (GA 88,194). Der darin integrierte und später von Steiner ausgefaltete Atlantis-Mythos wurde am 7. Januar 1904 zu einem eigenständigen Vortragsthema; Schmidt: Das Vortragswerk, 55.

[54] Vgl. die Zusammenstellung indischer Begriffe für den Zeitraum vom Sommer 1903 bis zum Februar 1904 in GA 88,252–254.

[55] Blavatsky: Die Geheimlehre, II, 83. 649.

[56] Ebd., II, 265.

[57] Theosophisches Streben 14/1928, 60.

(1851–1927), hatte die Meditationsanleitung »Licht auf den Weg« verfaßt[58]. Im Dezember hatte Steiner »Exegesen« zu diesem schmalen Bändchen für seine esoterischen »Schüler« gehalten[59], und wohl 1904 seiner späteren Frau Marie von Sivers ein Exemplar mit einer Widmung versehen (GA 262²,83). Steiner schätzte Collins' Werk außerordentlich und verwandte es in seinen theosophischen Unterweisungen immer wieder (s. u. 7.4.4b). Alfred Percy Sinnett (1840–1921) war Journalist in Indien gewesen, dort ein enger Vertrauter Blavatskys geworden und hatte ihre Vorstellungen verschriftlicht. Im Dezember 1903 erwähnte Steiner die deutsche Ausgabe seiner »Okkulten Welt«[60], um die dort abgedruckten Briefe des Mahatma Koot Hoomi der Lektüre zu empfehlen (GA 88,195); auch Sinnetts »Geheimbuddhismus« dürfte er in diesen Monaten studiert haben (vgl. GA 34,255)[61].

Im Januar 1904 begann Steiner in seiner inzwischen mit der »Gnosis« vereinigten Zeitschrift »Luzifer« eine vierteilige Artikelserie »Von der Aura des Menschen«. Sie dokumentiert einen weiteren Rezeptionsschub der theosophischen Anthropologie. Von »*höherer Wahrnehmungsfähigkeit*« war die Rede und vom »geistigen Auge« (GA 34,115), den »*Farben*« der Aura, ihrer »Eiform« und in Einzelheiten von ihrer Größe: Man könne sich »– im Durchschnitt – etwa vorstellen, daß der *ganze* Mensch doppelt so lang und vier Mal so breit ist als der physische« (ebd., 110)[62]. Nachgerade plötzlich sprudelten bei Steiner Details über die Aura, von der bis dato nicht die Rede war. Ich gebe seine penible Ausführlichkeit in einer längeren Passage wieder, um das Ausmaß der Konkretionen sichtbar werden zu lassen:

> »Wesentlich unterscheidet sich die Aura einer religiös gestimmten Natur von einer solchen, die in den trivialen Erlebnissen des Tages aufgeht. Dazu kommt, daß alle wechselnden Stimmungen, alle Neigungen, Freuden und Schmerzen in der Aura ihren Ausdruck finden. …

---

[58] Sie hatte sich dabei auf einen »Meister Hilarion« berufen und dieses Buch wohl um 1884 herum verfaßt, als mit sie Blavatsky zusammenlebte und ihr bei der Fertigstellung der »Geheimlehre« half; Farnell: The Life and Works of Mabel Collins, 6f. Nach Miers: Lexikon des Geheimwissens (⁷1993), 145, habe sie diese Inspiration später widerrufen und so den Bruch mit Blavatsky herbeigeführt.

[59] GA 245,133.173; GA 267a,485–488; GA 264²,441–444.

[60] Sinnett: The Occult World (¹1881), deutsch: Die okkulte Welt (1896); die Briefe sind in den Text mit Auszügen integriert (dt. Ausgabe S. 66–138).

[61] Ders.: Esoteric Buddhism (¹1883); deutsch: Die esoterische Lehre oder Geheimbuddhismus (1884).
Bereits 1899 hatte Steiner die zweite, »vermehrte und verbesserte« Auflage (Leipzig 1899) des »Geheimbuddhismus« als »eine tiefe, wichtige Lehre des Morgenlandes« rezensiert, allerdings, wie andere Bücher dieser Sammelrezension auch, im Stile eines name-droppings (GA 32,487). Daß er dieses Werk um die Jahreswende 1903/04 herum auch als Grundlage zur Konstruktion seiner theosophischen Kosmologie benutzt hat, kann man nur indirekt über seine »Geheimwissenschaft« erschließen. Sie wurde zwar erst 1910 gedruckt, doch lag schon 1904 ein Manuskript vor. Da die Bedeutung von Sinnetts Werk dort nachweislich hoch ist und Steiner später theosophische Autoren herunterstufte, ist von einem frühen Studium von Sinnetts Werk auszugehen. Am 10. Juni 1904 tauchte der »Geheimbuddhismus« definitiv in theosophischen Zusammenhängen auf (GA 93¹,40), galt Steiner aber nun schon als weniger »tief«, verglichen mit der Pistis-Sophia.

[62] Steiners Zeichnungen von Auren in Vorträgen vom Januar 1904 (GA 291a,187) ähneln allerdings in den Proportionen viel mehr Leadbeaters Vorlagen.

> Bei der ersteren Art Menschen [mit »stark ausgeprägten Affekten«] durchfluten vorzüglich braune und braunrote Farbenströmungen aller Nuancen an bestimmen Stellen die Aura. Bei denen mit raffinierteren Affekten treten an denselben Stellen Töne von hellerem Rot und Grün auf. Man kann bemerken, daß mit wachsender Intelligenz die grünen Töne immer häufiger werden. Sehr kluge Menschen, die aber ganz in der Befriedigung ihrer animalischen Triebe aufgehen, haben viel Grün in ihrer Aura. Doch wird dieses Grün immer einen stärkeren oder schwächeren Anflug von Braun oder Braunrot haben. Unintelligente Menschen zeigen einen großen Teil der Aura durchflutet von braunroten oder sogar dunkel-blutroten Strömungen.
> Wesentlich anders als bei solchen Affekt-Naturen ist die Aura der ruhigen, abwägenden, nachdenklichen Menschen. Die bräunlichen und rötlichen Töne treten zurück; und verschiedene Nuancen des Grün treten hervor. Bei Denkernaturen zeigt die Aura einen wohltuenden grünen Grundton. So sehen vorzüglich jene Naturen aus, von denen man sagen kann: sie wissen sich in jede Lage des Lebens zu finden.« (GA 34,116f.)

Bei vielen Schriften Steiners, in denen sich zu anderen »okkulten« Bereichen analoge Detailbeschreibungen finden, steht man ratlos vor der Frage, wo die Quellen derartig minutiöser Schilderungen liegen. Steiners Antwort lautete schon in diesen Monaten, er »werde nie über irgend etwas *Geistiges* sprechen, das ich nicht unmittelbar aus geistiger *Erfahrung* kenne. Das ist mein Leitstern«[63], und sie wird mit den Jahren immer bestimmter lauten, er habe diese Informationen »höheren Welten« entnommen respektive sie in der »Akasha-Chronik« gelesen. In den frühen Schriften war Steiner jedoch von einer für den Historiker lebensrettenden Ehrlichkeit. »Ich mache«, schrieb er im Anschluß an die zitierte Passage, »zur Vergleichung mit meinen Angaben auf die Schrift C. W. Leadbeaters: ›Man visible and invisible‹ aufmerksam, die 1902 in London, Theosophical publishing Society, erschienen ist.« (ebd., 117)[64] Deshalb kann man die Wahrnehmung, daß, so Steiner, »mit wachsender Intelligenz die grünen Töne immer häufiger werden«, an der Illustration Nr. 19 von Leadbeaters Publikation gut ablesen[65], oder: Die negative Wirkung der »braunroten oder sogar dunkel-blutroten Strömungen« Steiners liest sich bei Leadbeater als Wirkungen des »häßliche Braunrot« und der »Beimischung von Dunkelorange«[66].

Die Offenlegung dieser Quelle kann ein Indiz sein, daß Steiner den Umgang mit theosophischer Literatur als Forschungsprozeß analog zum universitären Verfahren darzustellen versuchte, mit Grundlagenliteratur, die diskutiert werden und als Basis weiterer Forschungen dienen sollte. Er stellte sich jedenfalls noch nicht als den selbständig aus »höheren« Quellen schöpfenden Meister dar. Dies bestätigt eine beiläufige Äußerung im Text: »Ich möchte ausdrücklich bemerken, daß ich mich gerne korrigieren lasse von andern Forschern. Die Beobachtungen auf diesem Felde sind natürlich unsicher.« (GA 34,117) Dies war Rudolf cunctator, wie er sich bald darauf nicht mehr fand.

---

[63] Steiner, Brief an Johanna Mücke vom 22.9.1903, in GA 28[7] (1962), Faksimile nach S. 392, fol. 1.

[64] Bereits fast ein Jahr zuvor, im Februar 1903 (s.o.), hatte ja bereits eine esoterische Schülerin Steiner um Erklärungen zu diesem Band gebeten.

[65] Leadbeater: Der sichtbare und der unsichtbare Mensch, Tafel 19.

[66] Ebd., S. 79.

Im Frühjahr 1904 belegte Steiner, daß sich der Umbau seiner tradierten Weltanschauung ausweitete. Nun betraf es auch den Kernbereich der Anthropologie, die er bis zu diesem Zeitpunkt im Rahmen klassisch europäischer Vorstellungen expliziert hatte. So hatte er ja die Reinkarnationsvorstellung in den »praktischen Karmastudien« vom Oktober 1902 als Programm der Lebensdeutung übernommen und sie im Oktober 1903 als vitalistisches Konzept gedeutet (s. o.). Gleichfalls im Oktober 1903 hatte er die Seele ganz klassisch in »vegetative«, »animalische« und »Verstandesseele« differenziert (GA 52,34–36). Im Februar 1904 rief er nochmals eine klassische Vorstellung, den Ternar »*Leib, Seele* und *Geist*« als die »drei Glieder« der »*Wesenheit des Menschen*« auf, aber er verband sie schon mit theosophischen Vorstellungen, denn diese drei Glieder fänden in der »dreifachen Aura« ihren »übersinnlich sichtbaren Ausdruck« (GA 34,120 f.). Bis zu diesem Zeitpunkt fehlten substantielle Veränderungen der hergebrachten Anthropologie, Steiner fügte nur unterschiedliche Traditionen zusammen. Dies änderte sich im März 1904 unmerklich, aber mit massiven Folgen. In der »Lucifer Gnosis«-Ausgabe dieses Monats sprach Steiner vom »Empfindungsleib, oder, wie es unter Theosophen üblich geworden ist, [vom] Astralleib« (ebd., 129)[67]. Auch seine weiteren Kombinationen belegen den theosophischen Hintergrund. Zum einen korrelierte er »Astralleib« explizit mit theosophischen Vorstellungen, zum anderen identifizierte er wenig später »drei Glieder« »im Leibe« (ebd.), nämlich »physischer Leib, das Leben und der Empfindungsleib«, mit drei seelischen Gliedern, »Empfindungsseele, Verstandesseele und Bewußtseinsseele«, die nun ihrerseits mit der dreigliedrigen Aura »zu begreifen« seien (ebd., 132). Diese Verschachtelung anthropologischer Traditionen hat Steiner später aufgegeben und insbesondere die leibliche Dreiheit (mit dem sonderbaren Kollektivsingular »das Leben«) sowie den Aurabezug zurückgenommen.

In einem fast zeitgleichen Vortrag benutzte er am 7. März 1904 ein viergliedriges Menschenbild von »physischem Körper«, »Ätherdoppelkörper«, »astralischem Körper« und »Ich« (GA 52,254–257). Wenig später identifizierte er diese Termini dann explizit mit »indischen«, theosophischen Begriffen (s. u.). Sie finden sich bei Blavatsky in Ansätzen[68] und bei Besant in der mit Steiners Terminologie identischen Form[69], der sie folglich von seiner Präsidentin übernommen haben dürfte. Auch die eigentümliche Diktion »Ätherdoppelkörper« (in der Erstausgabe der »Theosophie« »Äther-Doppelleib [Linga sharira]«[70]), die

---

[67] Steiner dürfte diesen Begriff unmittelbar mit seinem Eintritt in die Theosophische Gesellschaft in seinen Wortschatz übernommen haben. Belege finden sich deshalb auch früher, etwa in GA 88,61 (18.11.1903).

[68] In Blavatskys »Geheimlehre« tauchen besonders im dritten, wohl von Besant redigierten und postum herausgegebenen Band die einschlägigen Begriffe einschließlich einiger »indisch«-theosophischer Äquivalente, etwa »physischer Körper«, »Astralkörper« und »höheres Ich« auf (z. B. III, 593).

[69] Einschlägig ist vor allem Besants Anthropologie »Der Mensch und seine Körper« ([1]1896, dt. 1898), die bis auf wenige Exkurse (etwa zur Aura) der Darstellung der Körperhüllen gewidmet ist. Diese Vorstellung war aber schon seit längerem etwa in theosophischen Zeitschriften popularisiert worden, vgl. etwa dies.: Der Tod – und was dann ([1]1893), erstmals übersetzt von Franz Hartmann in der Zeitschrift »Lotusblüthen«, 1894, Teil I, 170–210. 275–304. 337–368. 413–450.

[70] Steiner: Theosophie ([1]1904), 40.

er später in Ätherkörper änderte, dürfte auf Besant zurückgehen, die den »Linga Scharîra« als »das ätherische Spiegelbild oder den astralen Doppelgänger des physischen Körpers« zeichnet[71] oder in ihrer Anthropologie vom »ätherischen Doppelkörper« gesprochen hatte[72]. Diese nervöse Kombinatorik war vermutlich eine Folge des Überdrucks, einen umfassenden Anspruch auf ein »monistisches« theosophisches Weltbild angesichts der Heterogenität des einzuschmelzenden Materials aufrechtzuerhalten. Aber Steiner hatte sich auf diesen theosophischen Lesewegen mit großen Schritten seiner später kanonisierten theosophischen Anthropologie genähert.

Dieser Punkt war im April 1904 im Prinzip erreicht, Steiner fügte noch die drei »höheren« Glieder hinzu, so daß nun das neue, siebengliedrige theosophische Menschenbild komplett übernommen war:

»1. Der physische Leib (Sthula sharira),
2. Der Lebensleib (Linga sharira),
3. Der mit der Empfindungsseele verbundene Empfindungsleib (Astralkörper, kama rupa)
4. Die Verstandesseele (niederer Manas, kama manas),
5. Die geisterfüllte und das ›Ich‹ gebärende Bewußtseinsseele,
6. Den Lebensgeist (Spiritueller Körper, Budhi),
7. Den Geistesmenschen (Atma).« (GA 34,135)

Daß hier theosophische Bezüge und Wurzeln entscheidend waren, illustrierte Steiner nochmals in einer marginalen Bemerkung: »Wir setzen die in der theosophischen Literatur gebräuchlichen Ausdrücke in Klammern bei« (ebd.). In der theosophischen Literatur lassen sich denn auch diese Anthropologien bis in die Frühphase der Theosophischen Gesellschaft nachweisen. Anfang der 1880er Jahre hatte schon Sinnett ein siebenteiliges Menschenbild vorgelegt:

| | |
|---|---|
| »1. Körper | Rupa. |
| 2. Lebenskraft | Prana, oder Jiva. |
| 3. Astralkörper | Linga Scharira. |
| 4. Tierseele | Kama Rupa. |
| 5. Menschenseele | Manas. |
| 6. Geistseele | Buddhi. |
| 7. Geist | Atma.«[73] |

Der Vergleich mit Sinnetts siebenteiliger Körperkonstruktion macht klar, daß die Anthropologie unter Theosophen flüssig war und Steiner als neuer Mitspieler in den Produktionsprozeß einstieg, konkurrierend mit den bisherigen Protagonisten Blavatsky, Sinnett, Besant, Leadbeater und anderen Theosophinnen und Theosophen: Begriffe sind bei Steiner verschoben (etwa Linga sharira von der zweiten in die dritte Hülle), eliminiert (wie die Tierseele), die Lebenskraft kam via Lebensleib später zum Ätherleib, und das ganze System war durch die Existenz dreier künftiger Glieder dynamisiert. Steiner wird diese Umbesetzungen

[71] Besant: Der Tod – und was dann, 15f.
[72] Dies.: Der Mensch und seine Körper, 21.
[73] Sinnett: Die Esoterische Lehre, 24. Kama Rupa könne man mit »Wunschkörper«, Tierseele mit »Willenskörper« übersetzen (ebd., 29).

bestenfalls teilweise selbst vorgenommen haben; aber um deren Ausmaß festzustellen, müßte man die in den gut zwanzig Jahren zwischen Sinnetts und Steiners Äußerungen erschienene theosophische Literatur durchsehen.

Die Ideengeschichte dieser Hüllenvorstellung ist verwickelt. Steiner hat sie aus der Theosophie übernommen, soviel ist klar. Die theosophischen Quellen suggerieren mit ihrer Übersetzung »buddhistischer« Begriffe eine indische Herkunft. Auch wenn die Traditionsgeschichte noch nicht aufgeklärt ist, sprechen meines Erachtens nach gewichtige Indizien für ein europäische, mutmaßlich paracelsistische Anthropologie, die sekundär mit indischen Begriffen verbunden wurde[74].

---

[74] Bereits 1895 hatte Arthur Lillie in seinem Buch »Blavatsky and her »Theosophy« sieben anthropologische »Prinzipien« des Paracelsus mit sieben »Prinzipien« Blavatskys korreliert. Diese Liste publizierte Speyer: Die indische Theosophie, 319, erneut:

| Paracelsus | Blavatsky |
|---|---|
| 1. Der tierische Körper (animal body) | 1. Rûpa = der tierische Körper |
| 2. Der Archaeus (Lebenskraft) | 2. Jîva = Lebenskraft |
| 3. Der siderische Körper | 3. Linga śarîra = der astrale Körper |
| 4. Die tierische Seele | 4. Kâma rûpa = die tierische Seele |
| 5. Die vernünftige Seele | 5. Manas = Intellekt |
| 6. Die geistige Seele | 6. Buddhi = geistige Seele |
| 7. Der Mensch des neuen Olymps | 7. Âtnab = Geist |

In der Sekundärliteratur finden sich vergleichbare Vermutungen häufig, so bei Hauer: Werden und Wesen der Anthroposophie, 19 f., Bock: Rudolf Steiner, 435, Glasenapp: Das Indienbild deutscher Denker, 198–200, oder bei Wehowsky: Anthroposophie, 88. Wichmann: Das theosophische Menschenbild, sieht im Rahmen eines Vergleichs mit indischen Quellen eine »westliche Herkunft« (S. 32) der theosophischen Anthropologie, ohne aber europäische Quellen angeben zu können.
Allerdings sind parcelsische Anthropologien wie diejenige Lillies sekundäre Rekonstruktionen, die die Äußerungen des Paracelsus nachträglich zu einem »System« ordnen; zudem hat sich Paracelsus' Denken in der Distanzierung vom hermetischem Denken beträchtlich gewandelt; vgl. Gause: Paracelsus. Immerhin liefert seine Anthropologie in ihrer neoplatonischen Analogie von Mikro- und Makrokosmos, in der der Mensch die Ordnung des Himmels abbildet, eine Struktur, die man auch in der Theosophie wiederfinden kann; vgl. Müller-Jahnke: Astrologisch-magische Theorie und Praxis, 68–73. Müller-Jahnke sieht allerdings auch die beträchtlichen Unterschiede (S. 70). Die von Steiner im Deutschen benutzten Begriffe finden sich teilweise wörtlich bei Paracelsus (vgl. Paracelsus [Theophrast von Hohenheim]: Sämtliche Werke, I. Abtlg.): Er spricht vom »elementischen Leib« (X,650; XIV,589), der dem physischen Leib Steiners entspricht, dem »aerischen« Leib (XIV,650), dem Korrelat zum Ätherleib, dem »siderischen« Leib (XIV,650) oder »astralischen Corpus« (VII, 439), der im Astralkörper wieder auftaucht, sowie vom »ewigen« Leib, der bei Steiner sein Äquivalent im »Ich« oder »Geist« findet. Steiner hat 1906 (GA 94,19; GA 54,481) oder 1907 (GA $284^3$,54) selbst Hinweise auf Paracelsus als Quelle gegeben, aber es ist nicht klar, ob hinter diesem name-dropping der Rückgriff auf originale Paracelsiana stand. Mir scheint eine intensive Paracelsus-Lektüre unwahrscheinlich, seine Vorstellungen waren um 1900 in populärwissenschaftlicher Literatur weit verbreitet.
Die Traditionsgeschichte dieser Begriffe bis zur Theosophie ist kaum erforscht. Vgl. die Hinweise auf frühneuzeitliche Verwendungen bei Introvigne: Antoine Faivre, 598. 604 f. 607. Im unmittelbaren Umfeld der Theosophischen Gesellschaft tauchen die Begriffe etwa in der Frühgeschichte der Hermetic Brotherhood of Luxur bei Max Théon auf, vgl. Godwin: The Survival of the Personality, 406 f. Eine Rückverlagerung der Traditionsgeschichte in neuplatonische Vorstellungen ist denkbar, wäre aber auf eine analoge oder homologe Traditionsbildung hin zu untersuchen; vgl. Mead: Die Lehre vom feinstofflichen Körper. Der Paracelsismus des 16. und 17. Jahrhunderts, der gerade erst erforscht wird, könnte eine wichtige Vermittlerrolle übernommen haben (vgl. Corpus Paracelsisticum, hg. v. W. Kühlmann u. a.). Über welche Stationen diese Anthropologie aus dem paracelsistischen Milieu der frühen Neuzeit (wenn sie daher stammt) in die Theosophie um 1900 gekommen ist, bleibt noch zu untersuchen.

Steiner hat zwar seine anthropologische Position nicht mehr grundlegend verändert, wohl aber in Teilen nachjustiert. Den »Empfindungsleib«, den er im März eingeführt hatte, verschmolz er in der im April oder Mai 1904 erschienenen »Theosophie« mit der »Empfindungsseele«, die »Bewußtseinsseele« mit dem »Geistselbst« (GA 9,57). Dadurch entstand neben einer neunteiligen parallel eine siebenteilige Anthropologie, die er beide in seine »Theosophie« aufnahm und nicht mehr eliminierte (ebd.). Interessanter ist ein weiteres Detail. Steiner hatte offenkundlich Zuordnungsprobleme mit dem »Ich«, dem Zentrum seines Menschenbildes. Er sah es im April 1904 noch von der »›Ich‹ gebärenden Bewußtseinsseele« auf der fünften Ebene gezeugt. Aber schon in der »Theosophie« »blitzt das ›Ich‹« auf der vierten Ebene in der »Verstandesseele« auf[75], während es in den späteren klassischen Siebenteilungen unangefochten allein auf der vierten Ebene lokalisiert wird[76].

Zeitgleich verleibte sich Steiner auch die theosophische Kosmologie ein, wie er am 11. März 1904 dokumentierte, als er über den »Saturnzustand« referierte[77], oder in den Ausführungen über »theosophische Kosmologie« seit dem 26. Mai[78]. Aus nicht ermittelbaren Gründen ist es zur Publikation der zu diesem Zeitpunkt im Manuskript erstellten umfangreichen Kosmologie (s. u. 7.6.1) erst 1910 unter dem Titel Die »Geheimwissenschaft im Umriß« gekommen. Mit seiner Ernennung zum »Arch-Warden« der Esoterischen Schule durch Annie Besant am 10. Mai 1904, die er als »volle Weihe« seines »esoterischen Wirkens« verstand (GA 264,54), war er schließlich als spiritueller Führer ausgewiesen und Inhaber einer weiteren zentralen Machtposition in der deutschen Sektion. Damit schält sich das Jahr 1904 als Schwellenjahr heraus, in dem Steiner sich ausreichend in theosophischen Theorien belesen fühlte, um an die Herausgabe eigener Werke zu gehen und parallel zu den anderen Führungsfiguren der Theosophischen Gesellschaft Programmwerke zu veröffentlichen. Diese Phase der verehrungsvollen Anverwandlung der Theosophie endet nicht vor 1909; noch in diesem Jahr erhielt Steiner von Annie Besant das Recht, eine neue Ausgabe von Blavatskys »Geheimlehre« zu drucken[79].

Der dabei zurückgelegte Konversationsweg Steiners zur Theosophie weist im Rückblick folgende Stufen und Kennzeichen auf:

(1.) Steiner griff nach der atheistischen Phase der Jahre kurz vor 1900 auf seine philosophisch-idealistische Religiosität zurück, als er die ersten Schritte auf die Theosophie hin machte. Insbesondere die im September 1901 veröffentlichte »Mystik im Aufgange des neuzeitlichen Geisteslebens« dokumentiert diese Phase.

---

[75] Steiner: Theosophie $^{1}$1904, 40.

[76] Vgl. etwa GA 95,29 vom 24. August 1906, wo die drei höheren Stufen fünf bis sieben als Entwicklungsformen der Stufe vier gedeutet werden, und die Ergänzung in der Theosophie $^{3}$1910, 48, wo das »Ich als Seelenkern« bestimmt ist (heute GA 9,60).

[77] Schmidt: Das Vortragswerk, 58.

[78] Ebd., 61.

[79] Brief Besant an Steiner, 3.6.1909, Nachlaß Steiner. Es ist allerdings nicht ganz klar, ob Besant die Edition veranlassen wollte oder ob Steiner nachgefragt hatte. Als Problem galten die Übersetzungsrechte Froebes.

(2.) Die »übersinnlichen« Inhalte seiner neuen Weltanschauung stammen aus der theosophischen Literatur. Blavatsky, Schuré, Leadbeater, Mabel Collins, Sinnett und Besant sind einschlägige, in ihrer konstitutiven Bedeutung gut dokumentierte Namen.

(3.) Rezeption und Produktion verschränkten sich in diesen ersten Jahren. Die Notwendigkeit, zu lernen und gleichzeitig zu lehren, hat sich in immer wieder veränderten und erst langsam konsolidierten Positionen seiner neuen Weltanschauung niedergeschlagen.

(4.) Asiatische Quellen sind in Steiners Theosophie selten, und die wenigen Belege dürften durch die Theosophie vermittelt sein. Das intrikate Verhältnis von fremder und eigener Tradition wird am Beispiel der Rezeption der Reinkarnationslehre deutlich: Die »Lichtfülle« der Erleuchtung vermittelt im Oktober 1902 eine Lektüre in den Upanischaden, die Steiner wohl im theosophischen Milieu schätzen gelernt hatte. Er adaptierte sie an europäische Vorstellungen, indem er sie als »naturwissenschaftliche«, evolutive Vorstellung deutete; die Einbindung in die europäische Geistesgeschichte erfolgte erst später.

(5.) Scheinbar indische Vorstellungen, etwa die Hüllen der Anthropologie, dürften aus europäischen Quellen stammen (Paracelsismus?), die Steiner über die Theosophie rezipierte.

(6.) Christliche Vorstellungen spielten bis 1904 fast keine Rolle, christologische überhaupt keine. Jesus etwa galt – wohl im Rückgriff auf Schuré – als ein »Eingeweihter« unter anderen.

Auf diesem Fundament konnte sich Steiner nun an die Abfassung seines theosophischen Kanon begeben. Zwischen 1904 und 1905 legte er den Grund für vier Werke, die den monographischen Kernbestand seines theosophischen Werks bilden:

- Die Anthropologie der »Theosophie«,
- den »Erkenntnispfad« »Wie erlangt man Erkenntnisse der höheren Welten?«,
- die Kosmologie »Die Geheimwissenschaft im Umriß« und
- die als historischer Bericht konzipierte Darstellung »Aus der Akasha-Chronik«.

Die drei erstgenannten Werke hat Steiner bei Neuauflagen teilweise eingreifend überarbeitet und fortgeschrieben. Diese Veränderungen berücksichtige ich an wichtigen Stellen, um Veränderungen zu dokumentieren; eine systematische Kollationierung der Eingriffe hätte drei Editionsprojekte zur Folge gehabt. Auch die Analyse von Inhalten erfolgt selektiv, schwerpunktmäßig, um kulturelle Kontexte sichtbar zu machen und die Analyse der Theosophie im Rahmen des Historismus grundzulegen. Ein besonderes Augenmerk habe ich dabei auf Steiners Quellen gerichtet, weil hier die Forschungslücken besonders groß sind und an deren Identifizierung die historische Kontextualisierung Steiners hängt. Ausführlich berücksichtige ich vor allem Steiners Visionskorpus »Aus der Akasha-Chronik«, da sich in ihm seine Auseinandersetzung um das kulturelle Gedächtnis und den Umgang mit weltanschaulicher Pluralität am deutlichsten fassen läßt; außerdem bieten die »historischen« Beispiele ausgezeichnetes Material, um im mikroskopischen Blick die Legierungen von theosophischen und allgemeinkulturellen Vorstellungen nachzuzeichnen.

## 7.3 Die »Theosophie« (1904)

Seit Herbst 1903[80] dürfte Steiner an seiner ersten theosophischen Monographie gesessen haben, die im April oder Mai 1904 als »Theosophie« erschien[81]. Der Titel war Programm, Steiner stellte sich in den Rahmen der Theosophischen Gesellschaft, akzeptierte diesen Terminus als Schlüssel seiner neuen Weltanschauung und füllte diesen für manche unbekannten oder fremden, für andere durch die christliche Theosophie besetzten Begriff mit neuen Inhalten. Seit 1913, nach der Trennung von Besant, ersetzte er zwar den Begriff Theosophie bei Überarbeitungen seiner Schriften durch Anthroposophie oder Geisteswissenschaft, doch war diese Substitution bei dem Titel dieses prominenten Werks nicht möglich. Er dokumentiert als erratisches Lemma die Basis von Steiners Anthroposophie. Aber schon in seinen späteren Vorreden zu diesem Buch hat er den Begriff Theosophie einer damnatio memoriae unterworfen[82].

Ließ sich der Titel »Theosophie« nicht ersetzen, so konnte man das Symbol auf dem Umschlag der Erstausgabe, ein Hakenkreuz (mit nach rechts gerichteten Armen), tilgen. Es stammte aus dem Siegel der Theosophischen Gesellschaft und fehlte schon in der zweiten Auflage von 1908[83]. Für eine Abgrenzung gegenüber völkischen Gruppen gibt es keine Indizien. Möglicherweise wollte Steiner sich in einer nicht näher bestimmbaren Weise von theosophischen Inhalten distanzieren, vielleicht spielte auch eine Zurückhaltung gegenüber ihren Symbolen im allgemeinen hinein, auch gegenüber dem Uroboros des theosophischen Siegels oder dessen AUM-Zeichen hat sich Steiner abstinent verhalten; vielleicht gab es bei dem Hakenkreuz aber auch schon eine sublime Konkurrenz mit dem christlichen Symbol des Kreuzes im Rahmen der seit 1906 zunehmenden Christologisierung seiner Theosophie. Hinter der Titelseite findet sich – ebenfalls nur in der Erstausgabe von 1904 – eine weitere emblematische Verständnishilfe. Das Buch

---

[80] Lindenberg: Steiner (Biographie), I, 357, nennt ohne Belege diesen Termin. Sofern sich im Nachlaß keine konkreten Hinweise finden, kann man angesichts der inhaltlichen Korrelationen mit Vorträgen und Aufsätzen auch von einer längeren Erarbeitungszeit ausgehen.

[81] Im Aprilheft 1904 der Zeitschrift »Lucifer Gnosis« sprach Steiner von »meiner eben erscheinenden ›Theosophie‹« (GA 34,135). Lindenberg: Steiner (Chronik), 217, nennt ohne weitere Belege den Mai 1904. Von dem Manuskript ist nur eine kurze Passage existent oder veröffentlicht; Steiner: Der Pfad der Erkenntnis. Ein Entwurf. Der Erstdruck erschien in Berlin bei C. A. Schwetschke und Sohn, 1904 (teilweise überklebt: Leipzig, Verlag von M. Altmann [o. J.]).

[82] Vgl. Theosophie 91918, S. XII, wo »Theosophie« durch »Geisteswissenschaft« ersetzt ist (vgl. GA 9,12). Steiner hat in einem Einschub (Theosophie 91918, 6 [= GA 9,22, zweiter Absatz, »Der Betrachtung … angewendet worden ist«]) diese Veränderung mit der Begründung erläutert, der Begriff sei »durch Jahrhunderte hindurch« benutzt worden.

[83] Steiner hat dieses Symbol kaum benutzt, vgl. aber Anm. 162.

war »Dem Geiste Giordano Brunos gewidmet«[84]. Man kann darin eine Reverenz gegenüber dem von Steiner 1901 als Naturforscher mit monistischer Kosmologie gekennzeichneten »Mystiker« lesen (GA 7,131–135)[85], aber vermutlich gibt es noch eine innertheosophische Dimension. Annie Besant galt bei einigen Theosophen als Reinkarnation Brunos[86], die Widmung wäre dann eine Ehrbezeugung vor der damals hoch verehrten Lehrerin, und der Fortfall im Jahr 1908 dann ein Indiz für die sich abkühlende Beziehung und für Steiners Selbstbewußtsein, nun nicht mehr ihr Schüler zu sein.

Die Beschreibung der Inhalte dieses Buchs steht vor dem Problem, daß Steiner es so oft wie kein anderes Werk überarbeitet hat[87]. Die Veränderungen sind in seinen Vorworten offen angesprochen (z. B. GA 9,7–9.11), und im Gegensatz zu den Überarbeitungen vortheosophischer Publikationen stimmt es, daß sich dabei keine grundstürzenden inhaltlichen Veränderungen ergeben haben. Aber Streichungen, Korrekturen, vor allem aber Ergänzungen wechseln in bunter Folge ab, wobei sich der Umfang um etwa ein Drittel erweiterte[88]. Der folgende kursorische Überblick aus textkritischen und inhaltlichen Analysen fällt gleichwohl im Vergleich zu anderen Kapiteln relativ kurz aus, da Steiner in der »Theosophie« in wichtigen Bereichen Gegenstände rekapitulierte, die er schon zwischen 1902 und 1904 in Aufsätzen und Vorträgen ausgebreitet hatte, während er sich zu anderen Bereichen, etwa zur »esoterischen« Schulung, seit 1904 in eigenständigen Veröffentlichungen wesentlich detaillierter äußerte.

Im Kern ist die »Theosophie« eine theosophische Anthropologie[89]. In ihrem Mittelpunkt steht die Reinkarnationsvorstellung[90], wobei die Beschreibung des nachtodliches Weges von Seele und Geist in einem Zwischenreich den meisten Raum einnimmt. Die Erkenntnis von »Reinkarnation und Karma«[91] und

---

[84] Steiner: Theosophie [1]1904, S. III (unpaginiert).

[85] Denkbar ist auch ein Bezug auf den Giordano Bruno-Bund, in dem er erstmals öffentlich als Theosoph aufgetreten war; aber dies wäre angesichts der dort erfahrenen harschen Kritik ein teilweise trotziges Beharren auf der Kombination von »Theosophie und Monismus«.

[86] Lindenberg: Steiner (Chronik), 218.

[87] Keine der 22 Auflagen zu Steiners Lebzeiten dürfte ganz ohne Veränderungen publiziert worden sein. Folgende Auflagen sind in: Mötteli u. a.: Übersichtsbände, I, 24 f., vor 1925 nachgewiesen: [1]1904, [2]1908, [3]1910, [4]1910, [5]1910, [6]1914, [7]1915, [8]1916, [9]1918, [10]1918, [11]1918, [12]1919, [13–18]1920, [19]1922, [20]1922, [21]1922, [22]1922.
Zitate aus der Gesamtausgabe ohne Auflagenhinweis stammen immer aus der Erstauflage des Jahres 1904.

[88] Die Erstauflage umfaßt 7 vorgesetzte und 167 durchgezählte Seiten. Die GA-Ausgabe hat 208 durchgezählte Seiten und ist mit mehr Zeichen pro Seite gesetzt.

[89] Es gibt keine historisch-kritische Aufarbeitung von Steiners anthropologischen Vorstellungen. Ansätze zu einer nach Lebensphasen unterschiedenen Darstellung bei Klingler: Gestalt der Freiheit. Hecky: Verständigung über das Geheimnis des Menschen, 125–169, versucht dies ebenfalls. Dabei sind die theosophischen Dimensionen marginal berücksichtigt (ebd. 161–164). Steiners Anthropologie sei, so Hecky, »die einzige neuzeitliche Sicht des Menschen, welche das Geheimnis des einzelnen Menschen radikal gewahrt hat« (ebd. 168).

[90] Dazu Zander: Geschichte der Seelenwanderung.

[91] Dieser Untertitel (fehlt heute in GA 9,61) ist seit 1918 gestrichen (Theosophie [9]1918, 45), allerdings im Inhaltsverzeichnis stehengeblieben (GA 9,5).

die Wanderungen der Seele respektive des Geistes[92] seien die Einsicht in das »Schicksal« des Menschen (GA 9,61), in die Gründe von Glück und Unglück sowie Aufklärung über das Ziel und den Sinn des Lebens, Themen, die Steiner im Rahmen seiner Konversion seit 1901 immer wieder beschäftigten (vgl. GA 39,397). Mit der Einsicht in die »Wiederverkörperung des Geistes« (GA 9,61) lerne der Mensch, »sicher und fest in diesem Leben [zu] stehen. Er lernt die *Ursachen* des Lebens erkennen, während er ohne denselben« – den »Einblick« in die »übersinnliche Welt« – »wie ein Blinder sich durch die *Wirkungen* tastet.« (ebd., 11) Dies sei eine »*Grundwahrheit*« der Theosophie (ebd., 13)[93].

Er fühlte sich zu diesem Zeitpunkt bereits stark genug, um seine Eigenständigkeit als »Forscher« in »übersinnlichen« Angelegenheiten gegenüber den theosophischen Vorgaben herauszustreichen: »Der Verfasser dieses Buches schildert nichts, wovon er nicht Zeugnis ablegen kann durch Erfahrung … Nur in diesem Sinne Selbsterlebtes soll dargestellt werden.« (GA 9,12) Steiner leugnete so zu einem sehr frühen Zeitpunkt, mitten in der laufenden Anverwandlung theosophischer Vorstellungen, seine theosophischen Abhängigkeiten; welche eigenen »Erlebnisse« darin aufgegangen sein könnten, ist wohl nicht mehr zu klären. Angesichts der schon dargelegten manifesten Rezeption theosophischer Literatur kann man dies in der Außenperspektive als bewußte Verschleierung lesen. Dies ist zwar im Rahmen seiner Stellung als Leiter und damit Lehrer in der deutschen Sektion machtpolitisch plausibel, dürfte aber unterschlagen, daß die theosophische Literatur Steiner eine Lese»erfahrung« machen ließ, die er als eigenes Erlebnis »übersinnlicher Welten« deuten konnte. Diese Begründung der theosophischen Tradition durch ein subjektives Erlebnis war kein Ausrutscher, wie Steiner kurz darauf imperativisch einschärfte: »Solche Wahrheiten müssen *erlebt* werden. Theosophie hat nur in diesem Sinn einen Wert.«[94] Diese Äußerungen fügen sich in eine weit verbreitete Semantik des »Lebens« und »Erlebens« in Steiners Werk ein, hinter dem wohl seine Hochschätzung des lebensphilosophischen Denkens stand, das er schon vor 1900 schätzte und in der theosophischen Phase ein Widerlager gegen die Relativierungsbedrohung des Historismus bildete.

Das erste Viertel des Buches ist grundlegenden Fragen der theosophischen Anthropologie gewidmet (GA 9,24–60). Dabei dominiert übermächtig die trichotomische Anthropologie von Leib, Seele und Geist, die Steiner leibliche, seelische und geistige »Wesenheiten« nannte. Erst am Schluß dieses anthropologischen Teils fügte er – schon 1904 – die neun- und siebenteilige Hüllenanthropologie hinzu[95], die er 1910 durch eine Variante in der Deutung der siebenteiligen Anthropologie ergänzte (s. u.), in der die drei höheren Hüllen als Rekapitulationen

---

[92] Steiner betonte in späteren Schriften die Unsterblichkeit des Geistes, aber an dieser Stelle transportierte er offenbar noch klassische Vorstellungen über die Unsterblichkeit der Seele und sah in ihr das »Dauernde« situiert (GA 9,61), wodurch sie die »Erinnerung« transporiere (ebd., 62).

[93] Daß sein Vorwort mit der Reinkarnationsthematik begann, hat möglicherweise auch biographische Gründe, vielleicht hatte die Frage nach Tod und Lebenssinn hier eine Antwort gefunden.

[94] Theosophie [1]1904, S. VI (= GA 9,12; hier steht heute »Geisteswissenschaft« statt »Theosophie«).

[95] Theosophie [1]1904, 40, heute verändert in GA 9,57.

der unteren erschienen[96]. Andererseits strich er 1914 einen Zusatzbegriff wie den »Kausalkörper«, der das »Selbst« im »Geisterland« als »Träger der Ergebnisses früherer Verkörperungen bezeichnet«[97]. In ihrer Substanz aber entspricht die Hüllenanthropologie der im April 1904 nachweisbaren sieben- und neunteiligen Konzeption. Diese additive Reihung unterschiedlicher Anthropologen dokumentiert vermutlich, daß Steiner die theosophische Lehre der Körperhüllen erst seit kurzem kannte und sie locker mit der trichotomischen Anthropologie aus christlich-(neu)platonischer Tradition verbunden hat. Die noch in der heutigen Ausgabe markierte Textzäsur vor der Einführung der Hüllenanthropologie (GA 9,56) bestärkt diesen Befund. 1910 fügte er nun nochmals eine siebenteilige Variante der siebenteiligen Anthropologie an, die zur Standardformel auch der späteren anthroposophischen Anthropologie wurde:

»1. Physischer Leib
2. Lebensleib [gleich Ätherleib]
3. Astralleib
4. Ich als Seelenkern
5. Geistselbst als verwandelter Astralleib
6. Lebensgeist als verwandelter Lebensleib
7. Geistesmensch als verwandelter physischer Leib.«[98]

Die Gründe für Dopplung mit der bereits drei Seiten zuvor beschriebenen und tabellierten Anthropologie ist unklar. Möglicherweise wollte Steiner in der nachgeschobenen Zusammenfassung, in der sich diese Stelle heute befindet, die weitverbreitete siebenteilige Fassung präsent machen. Auf eine Harmonisierung hat er jedenfalls verzichtet, unter der impliziten Annahme, daß die verschiedenen Hüllenanthropologien letztlich identisch seien[99].

Das folgende Kapitel über Reinkarnation und Karma (heute GA 9,61–89) ist das Gelenkstück zu den späteren Beschreibungen der »übersinnlichen Welt«. Im Kern handelt es sich um eine schon Ende 1903 artikulierte Plausibilisierung im Rahmen naturwissenschaftlicher Vorstellungen, in der er nun aber sein Gegenprogramm präziser artikulierte. Gegen die biologische Theorie der Vererbung und ihren mehr oder minder unterstellten Determinismus setzte Steiner hier die »*geistige Vererbung*« (ebd., 72), die die Freiheit der geistigen Existenz garantiere. Schon in der zweiten Auflage sah er sich 1908 genötigt, an diesem Punkt nochmals seine Auffassung zu unterstreichen: »Es gehört zu den bedenklichsten

---

[96] Die Rede vom »verwandelten« Leib seit Theosophie $^{3}$1910, 48, heute GA 9,60. Neu ist seit 1910 auch der heute in GA 9,58 beginnende Schluß des Kapitels.

[97] Der Kausalkörper ist bereits im November 1903 als theosophische Vorstellung greifbar (GA 88,207) und wurde im Dezember »kausale Aura« genannt (ebd., 235). In der Erstauflage hat Steiner explizit die »theosophische Literatur« als Quelle des Begriffs bezeichnet und ihn mit dem »Ursachenkörper« gleichgesetzt (Theosophie $^{1}$1904, 115). Noch vorhanden $^{5}$1910, 128, gestrichen seit $^{6}$1914, 130.

[98] GA 9,60; vorhanden in $^{4}$1910, 46–48; die Auflage $^{3}$1910 war mir nicht zugängig.

[99] Diese Tabelle findet sich heute am Ende einer 1910 en bloque hinzugefügten, längeren Passage (GA 9,58 [bis S. 60).

Vorurteilen, wenn man die geistigen Eigenschaften eines Menschen durch Vererbung von Vater oder Mutter oder andern Vorfahren erklären will.«[100]

Nun folgen Berichte über die »drei Welten« (heute GA 9,90–171), die Steiner die physische, die seelische und die geistige Welt nannte. De facto beschrieb er vornehmlich die beiden letztgenannten Zonen. Religionsphänomenologisch handelt es sich um Visionsschilderungen, historisch stammt dieses Material weitgehend aus theosophischen Quellen, wie wiederum die in der Theosophischen Gesellschaft üblichen Begriffe dokumentieren, die allerdings seit der Auflage des Jahres 1914[101], also im Gefolge der 1912 vollzogenen Trennung von der Theosophischen Gesellschaft, gestrichen sind. Daneben könnten andere Quellen zumindest indirekt verarbeitet sein, vielleicht in der Theosophie weitergetragene spiritistische Jenseitsberichte. Deren Jenseitskonzept lehnte er als »geistig *Erweckter*« im Rahmen des theosophischen Monismus allerdings ab (ohne seinen Gegner allerdings explizit zu nennen): »Die Seelen- und Geisteswelt sind nichts *neben* oder *außer* der physischen, sie sind nicht räumlich von dieser getrennt.« (GA 9,94)

Steiner realisierte offenbar die Anstößigkeit solcher Erzählungen gegenüber dem Zeitgeist und versuchte, deren Akzeptanz durch die Angabe ihrer hermeneutischen Bedingungen zu reflektieren: »Manches kann ja zunächst nur gleichnisweise ausgesprochen und angedeutet werden« (GA 9,96), man müsse sich »bewußt bleiben, daß man vergleichsweise *andeutet*, was doch grundverschieden ist« (ebd., 97). Unter der Voraussetzung dieser mit Analogien argumentierenden Logik des »Gleichnisses« (ebd., 96) fühlte sich Steiner aber frei, seine Wahrnehmungen ganz realistisch wiederzugeben. Die Seelenwelt sei die »Begierden- oder Wunschwelt«, die »Welt des ›Verlangens‹« (ebd., 97), in der »*Sympathie* und *Antipathie*« herrschten (ebd., 99 f.). Hier unterscheide man auch »feste, flüssige und luft- und gasförmige Körper«, und hier sei die optische Perspektivverkürzung aufgehoben (ebd., 99). Im Seelenreich löse sich die Seele langsam vom Geist, mit dem sie nach der Trennung vom Körper durch den Tod noch verbunden gewesen sei (ebd., 108).

Die Seele durchschreite nun sieben »Regionen«:

»1. Region der Begierdenglut
2. Region der fließenden Reizbarkeit
3. Region der Wünsche
4. Region von Lust und Unlust
5. Region des Seelenlichtes
6. Region der tätigen Seelenkraft
7. Region des Seelenlebens« (GA 9,104 f.).

Diese Begriffe evozieren eine Art kartographischer Realität und rekurrieren auf Jenseitskonzepte nicht genau identifizierbarer Quellen. Aber strukturell ver-

---

[100] Theosophie $^2$1908, 54; der gesamte Absatz »Es gehört ...« (GA 9,74) wurde 1908 eingefügt.

[101] Vgl. oben Anm. 97 oder den Hinweis auf die Bezeichnung der »seelischen Welt«, die »in der gebräuchlichen theosophischen Literatur als ›astrale‹« bezeichnet werde; »die Geisteswelt heisst da die ›mentale‹«; Theosophie $^1$1904, 69. Die 6. Auflage stellte Steiner im Ende August 1914 fertig (GA 262$^2$,297).

gleichbare Aussagen sind sowohl in der christlichen wie in der hinduistischen und mahayana-buddhistischen Literatur über das Purgatorium weit verbreitet, und natürlich auch im Spiritismus[102]. Steiner hat den Terminus »Region« an einigen Stellen gestrichen und etwa die »Regionen der seelischen Welt« schon 1908 durch die »Erlebnisse der seelischen Welt« ersetzt[103], offenbar um die räumliche Assoziationen zu dämpfen. In den meisten Fällen ist es jedoch bei den »Regionen« geblieben[104].

Im Durchgang durch die Regionen komme es zu einer fortschreitenden Lösung von den leiblich-seelischen Grundlagen menschlicher Existenz. In der Region der »*Begierdenglut*« etwa stehe die »Austilgung« der »selbstsüchtigen Begierden« an (GA 9,113). Darin liege »das einzige Mittel ..., das Leid zu verhindern, das aus ihnen kommen muß«. Im »Läuterungsfeuer« trete dieser Schmerz »unverhüllt« auf (ebd., 114) und »die furchtbarsten Qualen werden offensichtlich«, aber diese Nachricht von Folterschmerzen hat Steiner 1918 gestrichen[105]. Ich springe in die fünfte Region. Hier lerne die »Seele«, »diese Leiblichkeit nicht mehr als etwas Wesentliches zu empfinden« (ebd., 116). »Es soll nicht unerwähnt bleiben, dass die Qualen dieser Region in besonderem Masse Selbstmörder erleben«[106]. Auch dieser Beschreibung nahm Steiner 1918 ihre sadistische Gegenständlichkeit, aus den Qualen wurden »Erlebnisse«[107]. In der »Region des Seelenlebens« sei schließlich »das Seelenwesen ... nunmehr aufgesogen von seiner Welt, der Geist aller Fesseln ledig« (ebd., 118). Steiner wußte, welche religionsgeschichtlichen Parallelen sich hier aufdrängten, das »Fegefeuer« oder »Läuterungsfeuer« (ebd., 113), wie er selbst sagte, respektive das »Kama-loca«; aber diese theosophische Formel hatte er bereits 1908 getilgt[108].

Nun betrete der Geist das »Geisterland«, wie das Jenseits im Spiritismus, der mutmaßlichen Quelle dieses Begriffs, häufig genannt wurde[109]. »In der theosophischen Literatur heißt es die ›*mentale*‹ Welt« oder »Devachan«, so Steiners 1914 gestrichene Erläuterung in theosophischer Terminologie[110]. Hier begegne er »Urbildern« »aller physischen Dinge und Wesenheiten« (GA 9,121). Die Rede von diesen »*schaffenden Wesenheiten*« (ebd., 122) hatte aber offenkundlich zu Mißverständnissen über ihren Realitätsstatus Anlaß gegeben, denn 1914 fügte Steiner hinzu, daß es sich bei ihnen keinesfalls um bloße »Abstraktionen«

---

102 Vgl. Lang / McDannel: Der Himmel, 393.

103 Theosophie $^{1}$1904, 94; vgl. $^{2}$1908, 97 und heute GA 9,119.

104 Vgl. auch die Leadbeater: Die Astral-Ebene. Steiner hat die Vielfalt übersinnlicher Wesen deutlich reduziert, auch dies ist bezeichnender Umgang mit derartigen Vorlagen.

105 Vgl. Theosophie $^{1}$1904, 89, und $^{9}$1918, 96; die Fehlstelle heute in GA 9,114.

106 Theosophie $^{1}$1904, 91.

107 Theosophie $^{9}$1918, 98 (= GA 9,116).

108 Vgl. die Fehlstelle in Theosophie $^{2}$1908, 91, und heute GA 9,113.

109 Steiners Dämonologie besitzt kaum direkte Verbindungen zur Magiedebatte der frühen Neuzeit. Bei ihm geht es um abstrakte Kräfte. Wenn sie personifiziert auftreten (etwa die »Volksgeister«), dann besitzen sie keine widergöttlichen Kräfte. Zur frühneuzeitlichen Debatte vgl. Brann: Trithemius and Magical Tradition.

110 »›*Mentale*‹ Welt« in: Theosophie $^{1}$1904, 95. Noch vorhanden $^{5}$1910, 106; vgl. die Fehlstelle in $^{6}$1914, 107, und heute GA 9,120. »Devachan« in Theosophie $^{1}$1904, 103; vgl. die Fehlstelle in $^{6}$1914, 117 (noch vorhanden $^{5}$1910,116) und heute GA 9,129.

handle.[111] Steiner wollte seine Texte mithin nicht als Metaphern oder Gleichnisse mißverstanden wissen. In den Beschreibungen des Geisterlandes nutzte er teilweise ausgesprochen konkrete geographische Begriffe, sprach von »Meeren« und »Flüssen« (GA 9,126) und von der »Kontinentalmasse des ›Geisterlandes‹« (ebd., 125). Diesen Ausführungen hat er fast zeitgleich ausführliche Beschreibungen vermeintlich untergegangener Kontinente, vor allem von Atlantis (s. u. 7.5.5), zur Seite gestellt[112]. Der Geist durchschreite schließlich sieben nicht näher bezeichnete Regionen, in deren letzter er, wie Steiner seit 1908 schrieb, die »*ewigen Namen*« erfahre[113]. Im »Geisterland« stellten sich auch synästhetische Erfahrungen ein, wie er 1908 hinzufügte, neben das »geistige Sehen« trete das »geistige Hören«[114]. Möglicherweise hatte Steiner in der Zwischenzeit Kenntnis von Theorien derartiger Verschränkungen sinnlicher Erfahrungen erhalten, wie sie vor dem Ersten Weltkrieg insbesondere in künstlerischen Kreisen intensiv diskutiert wurden[115].

Überraschenderweise schloß Steiner nach dem Hinweis auf das siebentägige Geisterland schon 1904 erneut und in einem eigenen Kapitel Überlegungen zum Dasein des »Geistes im Geisterland nach dem Tode« an (GA 9,129–145). Man kann dies mit neuen inhaltlichen Details begründen, aber derartige Wiederholungen stellen textkritisch eher die Frage nach Brüchen und nicht harmonisierten Erweiterungen. Klar ist jedenfalls, daß Steiner schon bei der Erstauflage Texte hintereinanderschaltete, ohne sie zu systematisieren. Aus diesem Kapitel hebe ich zwei Details heraus, die neue inhaltliche Schwerpunkte dokumentieren. Zum einen formulierte Steiner eine monistische Korrelation von Ich und Geistigem mit einem der wenigen Rekurse auf indische Quellen. Der Mensch

> »nimmt sich als Geist unter Geistern, als ein Glied des Urgeistes war, und er wird daher zu sich selbst sagen: ›Ich bin der Urgeist‹. (Die Weisheit des Vedanta sagt: ›Ich bin Brahman‹, d. h. ich gehöre als ein Glied dem Urwesen an, aus dem alle Wesen stammen.)«[116]

Diese Identität des menschlichen Ich mit dem Göttlichen, die er explizit mit dem Vedanta verband und auf dessen Atman-Brahman-Denken bezog, versuchte Steiner allerdings 1914 zurückzunehmen und strich außerdem den Verweis auf die indische Vorstellung. Das Verhältnis zum »Urgeist« lautet nun: Der Mensch

> »nimmt sich als Geist unter Geistern, als ein Glied der Urgeister war, und er wird in sich selbst des Urgeistes Wort fühlen: ›Ich bin der Urgeist‹.«[117]

---

[111] Theosophie $^{6}$1914, 109 f. (= GA 9,122).

[112] Dies legen Formulierungen aus dem Jahr 1907 nahe, in denen er sich gegen »devachanische Bilder« aus Scott-Elliots Atlantis-Vorstellungen abgrenzte (GA 99,35).

[113] Theosophie $^{2}$1908, 106 (= GA 9,128). In der Erstauflage endete diese Passage mit der deutlich wohl theosophischen Quellen verdankten Aussage von den »Ideen ... der physischen Welt« als dem »Abglanz, den Schatten dieser Keimgedankenwesen der höheren geistigen Welt«; vgl. Theosophie $^{1}$1904, 102, heute GA 9,127.

[114] Theosophie $^{2}$1908, 100 f. (= GA 9,123).

[115] Vgl. Vom Klang der Bilder, hg. v. K.v. Maur.

[116] Theosophie $^{1}$1904, 109.

[117] Theosophie $^{6}$1914, 123 (= GA 9,134), noch vorhanden $^{5}$1910, 122; Veränderungen von mir unterstrichen.

Der Mensch wurde also nicht mehr als Glied des »Urgeistes«, sondern nur noch als Glied der Geister im Sinne eines Mitgliedes der Geisterschar verstanden. Folglich war er nicht mehr mit dem Urgeist identisch, sondern nur noch dessen »Wort«. Steiner benutzte damit eine Metaphorik, wie sie sich insbesondere in der johanneischen Theologie findet. Auch deterministische Akzente hat Steiner später herausgenommen. »Als ein Glied der göttlichen Weltordnung fühlt sich ein solches Selbst [in den höheren Regionen des Geisterlandes] ununterbrochen«[118], schrieb er 1904. Als ein solches »kann« es sich, milderte Steiner 1918 den Indikativ in eine modale Formulierung ab[119], fühlen, und das Prädikat »ununterbrochen« hatte er schon 1914 gestrichen[120].

Das zweite Detail betrifft eine der in diesem Kapitel[121] relativ seltenen Konkretionen. In der vierten Region

> »verbringen … Künstler, Gelehrte, grosse Erfinder einen grossen Teil ihres Aufenthaltes im ›Geisterlande‹ und steigern hier ihr Genie, um bei einer Wiederverkörperung im verstärkten Masse zur Fortentwickelung der menschlichen Kultur beitragen zu können.«[122]

Im Gegensatz zu asiatischen und antiken europäischen Seelenwanderungsvorstellungen dominierte hier mit der Verschwisterung von Evolution und Geniekult die fortschrittsoptimistische Ausrichtung. Insoweit diese Gestalten der Menschheit eine Hilfestellung bieten, erinnern sie formal an indische Boddhisattvas, die als erleuchtete Menschen sich aus Mitleid nochmals der Fron einer Wiedergeburt unterwerfen. Aber diese Hilfe geschieht bei Steiner nicht aus Barmherzigkeit und auch nicht in der Perspektive einer Beendigung der Wiedergeburten, sondern ist eher Teil einer kooperativ gestalteten spirituellen Evolution.

Der zweite Durchgang durch das »Geisterland« endete mit einer pathetischen Lösung der Sinnfrage für den wandernden »Menschen«: »Er kennt das grosse ›Warum‹ des Daseins.«[123] 1914 hat Steiner diese Passage gestrichen[124], aber den Anspruch in der Sache aufrecht erhalten. Bis heute steht in der »Theosophie«, daß »die Rätsel dieser drei Welten [der physischen, seelischen und geistigen] für ihn gelöst sein müssen« (GA 9,144)[125]. Ganz strich er hingegen 1914 den elitären, in Klammern eingefaßten Zusatz, daß »die grossen Führer des Menschengeschlechtes … allein in dieser Region des Geisterlandes zu finden« seien[126]. Er

[118] Theosophie ¹1904, 118.
[119] Vgl. ⁸1916, 133, mit der Fehlstelle in ⁹1918, 125, die heute GA 9,143 entspricht.
[120] Fehlstelle in ⁶1914, 133 (noch vorhandenen ⁵1910, 13); heute GA 9,143.
[121] Die Kapitel sind nicht durchgehend numeriert und werden von mir auch nicht gezählt. Diese fehlende Ordnung könnte ein weiterer Hinweis auf eine nicht mehr systematisierte Konzeption sein.
[122] Theosophie ¹1904, 114; heute verändert GA 9,139. Vergleichbare Vorstellungen finden sich im Spiritismus (vgl. Lang / McDannell: Der Himmel, 394. 401) oder in der Theosophie bei Besant: Die uralte Weisheit (1905), 95, derzufolge sich »Politiker, Staatsmänner, Männer der Wissenschaft« in der Region der »astralen Bibliothek« langsam vom »Astralkörper« lösen.
[123] Theosophie ¹1904, 120; »der Mensch« ebd., 119.
[124] Fehlstelle Theosophie ⁶1914, 135, noch vorhanden ⁵1910, 132 (heute GA 8,145).
[125] Schon 1904 mit diesem eigentümlichen Imperativ.
[126] Theosophie ¹1904, 120, vgl. die Fehlstelle ⁶1914, 135, noch vorhanden ⁵1910,32 (heute GA 8, 145).

eliminierte damit nicht nur einen Bezug auf theosophische Quellen (vermutlich Schurés »Grands initiés«), sondern flachte die Hierarchien der geistigen Welt ein wenig ab, eine Tendenz, die sich auch an anderen Stellen findet.

Im folgenden Kapitel beschrieb Steiner, auch hier vieles doppelnd, Wechselwirkungen zwischen den »drei Welten« (GA 9,146–157). Das (faktisch) vorletzte Kapitel übertitelte er »Von den Gedankenformen und der menschlichen Aura« (ebd., 158). Der Begriff »Gedankenformen« ist zwar nicht gerade ein theosophischer Neologismus[127], aber als Plural und in der Verbindung mit Aura ein fast eindeutiger Bezug auf Leadbeaters und Besants 1905 als Buch erschienene (und schon vorher in Aufsätzen veröffentlichte) Publikation »Gedankenformen« (s. 9.5.4b). Die Kongruenz der Inhalte bestätigt dieses Abhängigkeitsverhältnis. Um nur ein Beispiel zu geben:

> »Blau ist hier das Zeichen von Frömmigkeit. Je mehr sich die Frömmigkeit der religiösen Inbrunst nähert, desto mehr geht das Blau in Violett über«[128],

postulierte Steiner 1904. In den Gedankenformen von Leadbeater und Besant hieß es:

> »Die verschiedenen Schattierungen von Blau sind der Gradmesser für die Religiosität; ... Eine Mischung aus Liebe und Ergebung gibt sich durch eine violette Färbung kund«[129].

Weitere inhaltliche Übereinstimmungen ließen sich leicht beibringen, aber sie würden nur bestätigen, was Steiner hinsichtlich des Vorläuferwerks der Gedankenformen, Leadbeaters »Man visible and invisible«, in »Lucifer Gnosis« selbst gesagt hatte (s. o. 7.2, Januar 1904): Man möge zum Vergleich dort nachschauen.

Im Laufe der Zeit hat Steiner der Boden unter der Aura-»Forschung« mehr und mehr als schwankend empfunden. 1918 fügte er hinzu, daß dieses Kapitel der »Theosophie« »wohl ... am leichtesten zu Mißverständnissen Anlaß« gebe (GA 9,204), »man wird das Sprechen von ›Aura‹ dem Geistesforscher nicht so leicht verzeihen« (ebd., 207), wohl aber einem »Naturforscher« wie »Prof. Dr. Moritz Benedikt« (ebd., 206). Diese Äußerungen, die auf problematische und kritische Reaktionen gegenüber Steiners Buch schließen lassen, entstammen einem Zusatz zur »Theosophie«, in dem er sich zu Benedikts Versuchen eines physikalischen Nachweises von Farbauren äußerte[130]. Der Wiener Ordinarius für

[127] Belege aus dem späten 18. Jahrhundert in: Deutsches Wörterbuch, hg. v. J. und W. Grimm, IV,1975.

[128] Theosophie $^{1}$1904, 145 f.; in GA 9,170 fehlt nur das Wort »hier«.

[129] Leadbeater / Besant: Gedankenformen (zuerst teilweise in der Zeitschrift »Lucifer«, englische Erstausgabe 1902), 1908, S. 30. 31.

[130] Benedikt: Ruten- und Pendellehre (1917); Steiners Zitat S. 17. Die militärische Nützlichkeit sah Bendikt bei der Hygiene in Spitälern (wofür schon Kaiser Wilhelm II. den Einsatz von Ruten akzeptiert habe [S. XI f.]) und bei der Entdeckung von Munition und Waffen (S. 58). Steiner hatte Benedikt schon früh wahrgenommen (etwa GA 55,143 [31.1.1907]), seine biologistischen Vorstellungen akzeptiert und in seine eigene Gedankenwelt übertragen, etwa Benedikts Theorie einer physischen Veranlagung zum »Verbrechertum« (GA 174b$^{2}$,7 [24.11.1915]). Benedikts okkultistische Wurzeln liegen nach dessen eigenem Eingeständnis (Ruten- und Pendellehre, S. 92) bei Karl von Reichenbach.

Elektrotherapie und Nervenpathologie, Moriz [sic] Benedikt (1835–1920) hatte während des Krieges die Wirksamkeit von Ruten und Pendeln (auch mit Blick auf eine militärische Verwendung) zu beweisen versucht und dazu das Instrumentarium der Wissenschaft in Gleichungen und Tabellen vorgewiesen. Steiner dokumentierte mit dem Verweis auf die Autorität Benedikts, daß die zwischen Spiritismus und Theosophie changierende »Beweis«führung übersinnlicher Wirkungen weiterhin eine ungebrochene Plausibilität besaß. Gleichzeitig schirmte er 1918 jedoch seine Theosophie nach den unliebsamen Erfahrungen mit seiner Rolle als Aura-Kundiger durch eine schroffe Grenzziehung zu den empirischen Naturwissenschaften ab. Die »*geistige* Aura« (wie er einschränkend präzisierte, Hervorhebung HZ) könne nicht mit »äußeren naturwissenschaftlichen Mitteln« erforscht werden. »Sie ist nur dem geistigen Schauen zugänglich, das durch den Erkenntnispfad gegangen ist« (GA 9,207 f.). Diese Äußerung wirft ein Schlaglicht auf die Veränderungen seines Verhältnisses zu den Naturwissenschaften, die im Kapitel zur »Geheimwissenschaft« noch deutlicher werden.

Den Abschluß des Buches bildete eine kurze Skizze des »Erkenntnispfades« (GA 9,172), den Steiner im Juni 1904, also einen oder zwei Monate nach der Veröffentlichung der »Theosophie«, ausführlicher abzudrucken begann und der im nächsten Kapitel analysiert wird. Diese Skizze endete mit dem Hinweis, »die weitere Schilderung des ›Pfades‹ *soll* hier nicht gegeben werden«[131]; noch im Entwurf hatte er festgesetzt, eine Fortsetzung »*kann* hier nicht gegeben werden«[132] (Kursivsetzungen HZ). 1908 sah nochmals alles anders aus, seitdem bestimmte er seine »Geheimwissenschaft« zur Fortsetzung der »Theosophie«[133].

Die Analyse der »Theosophie« erweist Steiner als einen beständig seine Texte überarbeitenden Autor. Der Konsequenz, daß er auch beständig deren Inhalte, seine »Weltanschauung«, änderte, ist nicht auszuweichen. Man könnte diese Veränderungen mit leichterer Hand positiv bewerten, hätte sich Steiner nicht so massiv gegen das Zugeständnis tiefgreifender Veränderungen gewehrt. Daß es sich bei den Eingriffen in den Text um bloße »Erweiterungen und Ergänzungen« handle, wie er 1918 im Vorwort schrieb (GA 9,8), stimmt immer weniger, je weiter die Neuausgaben vom Erstdruck wegrücken. Die »Theosophie« ist ein eminentes Dokument für den kontinuierlichen Wandel von Steiners Vorstellungen. Dabei läßt sich eine wichtige Zäsur zur Rezeption der theosophischen Anthropologie näher bestimmen: Das Fundament der »Theosophie« bildete bis in die letzte Auflage die trichotomische Anthropologie von Leib, Seele und Geist, eine Struktur, der auch die Aufteilung in drei »Welten« folgte. Die Hüllenanthropologie war im April / Mai 1904 ein bloßes Anhängsel (GA 9,56–58), das auf die Struktur des Buchs keinen Einfluß hatte. Bringt man diese Beobachtung mit dem Befund des letzten Kapitels zusammen, wonach Steiner zwischen Februar und April 1904 beständig seine anthropologischen Vorstellungen auf eine Hüllenan-

---

131 Theosophie $^{1}$1904, 167.

132 Steiner: Der Pfad der Erkenntnis. Ein Entwurf, 12.

133 Der Schlußhinweis auf »eine weitere Schrift« (Theosophie $^{1}$1904, S. VII), hinter der man eine Kosmologie oder den Schulungsweg vermuten könnte, ist seit $^{2}$1908, S. VII (GA 9,193), durch einen expliziten Hinweis auf die »Geheimwissenschaft« ersetzt.

thropologie hin überarbeitete, wird die These plausibel, daß die »Theosophie« Anfang 1904 nahezu fertig vorlag, als Steiner die Hüllenanthropologie rezipierte und seinem Manuskript nachträglich einfügte. Einmal mehr bestätigten dieser Befund oder die Quellen zur Aurenlehre die massive und dominante Abhängigkeit von theosophischer Literatur. Steiners Einstieg in die europäische Esoterik ging nicht über alte oder christliche oder deutsche Traditionen (allesamt Optionen, die Steiner später mehr und mehr der theosophischen vorzog), sondern nachweislich über theosophische Literatur.

## 7.4 Der »Erkenntnispfad« »Wie erlangt man Erkenntnisse der höheren Welten?« (1904/05)

### *7.4.1 Genese*

Steiners Schulungsweg, den er unter dem Titel »Wie erlangt man Erkenntnisse der höheren Welten?« seit Juni 1904 in seiner Zeitschrift »Lucifer Gnosis« bis zum September 1905 publizierte, fungierte als ein zentrales Integrationsmedium in der Theosophischen Gesellschaft, namentlich zur Formierung des inneren Kerns in der »Esoterischen Schule«. Bezeichnenderweise erschien die erste Folge des Schulungswegs am erstmöglichen Zeitpunkt nach seiner Ernennung zum Arch-Warden der Esoterischen Schule am 10. Mai 1904. Inhaltlich sollte der Schulungsweg den Zugriff auf »übersinnliche« Erkenntnisse begründen, auf »Gnosis«, wie Steiner mehrfach sagte (GA 10,16.38.41). Aber im Duktus der theosophischen Grundlagenwerke lieferte der Schulungsweg die (intentional vorgängige, faktisch nachträgliche) Legitimation einer »Schau«, deren Ergebnisse Steiner kurz zuvor (im April oder Mai 1904) ja schon in der »Theosophie« veröffentlicht hatte. Zugleich sollte der Schulungsweg die noch darüber hinausreichenden Berichte aus dem Weltgedächtnis der Akasha-Chronik absichern, die Steiner einen Monat später, im Juli 1904, ebenfalls in »Lucifer Gnosis«, parallel zu veröffentlichen begann. Daß er erst nach der Publikation der »Theosophie« mit der Beschreibung des Schulungsweges einsetzte, ist im übrigen ein gewichtiges Argument, daß er zuerst die Inhalte rezipierte und sich anschließend in die theosophischen Begründungsstrukturen einarbeitete.

Der Schulungsweg ist allerdings nicht nur als Legitimationsliteratur zu lesen, sondern auch in einem engeren Rahmen der vereinsmäßigen Organisation der Theosophischen Gesellschaft. Er sollte eine Grundlage für die »Esoterische Schule« bilden, in der der innere Kern der Gesellschaft über die Zuschreibung eines Habitus als »Eingeweihte« formiert wurde. Steiner selbst war 1902 in die Esoterische Schule der Theosophischen Gesellschaft eingetreten. Kurz nach seiner Beförderung zum Landesleiter und der Publikation der ersten Folge des Schulungspfades in »Lucifer Gnosis« begannen am 9. Juli 1904 erste Versuche einer eigenen »esoterischen« Unterrichtung. Im Juni 1905, kurz vor Abschluß seiner Aufsatzfolge, setzte dann die reguläre Arbeit mit seiner »Esoterischen Schule« ein.

Eine Analyse von Steiners Schulungsweg fehlt sowohl hinsichtlich der Genese als auch der Einordnung in vergleichbare Anleitungen[134]. Für beide Komplexe werde ich Beiträge zu einer historischen Einordnung liefern. Hinsichtlich genauer Referenzen hat er sich jedoch weitgehend in Schweigen gehüllt. Dies gehört zum Konzept eines okkulten Einweihungspfades, dessen Inhalte in einer nichtmateriellen Weltchronik liegen sollen. Die Logik eines solchen Konzeptes verträgt weder allzuviel Öffentlichkeit noch allzuviel Konstruktion durch einen individuellen Autor noch eine Situierung in zeitgenössische Kontexte. Gleichwohl kann man, wie bei Steiners »Theosophie«, die additive Entstehungsgeschichte und die Herkunft vieler Elemente aufdecken – im Gegensatz zur Wahrnehmung in der anthroposophischen Rezeptionsgeschichte, in der dieses Buch als Monolith aus einem Guß galt. Dem heute als Monographie in der »Gesamtausgabe« vorliegende Band »Wie erlangt man Erkenntnisse der höheren Welten?« ist aber ein beträchtlicher Teil seiner Hinweise auf eine komplexe Entstehungsgeschichte genommen worden[135]. Er erscheint kontrafaktorisch als durchkonzipierte Anleitung für einen Einweihungsweg, die von den »Bedingungen« der Einweihung bis zu den Fragen von »Leben und Tod« – um die erste und letzte Überschrift zu zitieren (GA 10,16.204) – wohlgeordnete Hinweise erhalte. Daß dieses als Grundlagenwerk der Steinerschen Theosophie ausgegebene Buch ein Fragment blieb und working by doing zusammengestückt wurde, wie Steiner immerhin durchblicken ließ[136], wird erst bei näherer Analyse klar.

[134] Historisch-kritische Literatur zu Steiners Schulungsweg fehlt sowohl von anthroposophischer wie von universitärer Seite. Die meisten Behandlungen waren kursorisch, etwa bei Frohnmeyer: Die theosophische Bewegung, 37–47, oder bei Messer: Die Philosophie der Gegenwart, 141–145, der vor allem die Frage nach Projektion und Realität stellt (S. 144f.). Dessoir: Vom Jenseits der Seele ($^{6}$1931), 438–452, hat versucht, Steiners Schulung psychologisch und psychologiehistorisch einzuordnen, doch blieb ihm der theosophische Kontext fast vollständig verborgen. Dessoir hat im übrigen erfolglos Steiners Übungen im Selbstversuch ausprobiert (Buch der Erinnerung, 117). Eine neuere psychologische Einordnung bei Grom: Anthroposophie und Christentum, 34–46. 129–141, wichtige historisch-kritische Erwägungen weiterhin bei Hauer: Werden und Wesen der Anthroposophie, 81–84. 99f. Einige Hinweise auf Veränderungen im Laufe der Editionsgeschichte mit allerdings nur wenigen Analysen finden sich bei Sam: Zur Editionsgeschichte von »Wie erlangt man Erkenntnisse der höheren Welten?«. Die anthroposophische Literatur hat meist ein existentielles Interesse. Vgl. exemplarisch Poeppig: Der michaelische Schulungsweg, oder Carlgren: Der anthroposophische Erkenntnisweg. Die aktuelle Relevanz meditativer Praktiken unter Anthroposophie ist schwer einzuschätzen. Eine institutionalisierte Form scheint es nicht zu geben, die individuelle Praxis wird von manchen Anthroposophen kritisch gesehen (vgl. Jens Heisterkamp, in: Info3, Heft 2, 2006).

[135] Vgl. zur Auflagengeschichte: Mötteli u.a.: Übersichtsbände, I, 25. Dort sind folgende Auflagen als Buchausgaben angegeben: $^{3}$1909; $^{4}$1910; $^{5}$1914; $^{6}$1914; $^{7}$1914; $^{8}$1918; $^{9}$1919; $^{10}$1920; $^{11}$1922. Als die beiden ersten Auflagen gelten der Druck in der Zeitschrift »Lucifer Gnosis« und ein daraus hergestellter Sonderdruck. Überarbeitungen haben nach Sam: Zur Editionsgeschichte, 64f., nur bis 1914 stattgefunden, die späteren Ausgaben seien Nachdrucke gewesen. Nach der Schließung der Esoterischen Schule 1914 bestand offenbar kein Bedarf mehr an einer weiteren Ausarbeitung des Schulungsweges.

[136] 1914 schrieb Steiner von »Aufsätzen ..., aus welchen das Buch zusammengesetzt ist« (GA 10,13). Man kann diesen Prozeß auch positiv, als Lernprozeß Steiners lesen; aber dies wäre das Thema einer methodisch anders angelegten Studie.

Die Indizienkette beginnt beim Titel. Die erste Buchauflage aus dem Jahr 1909 trug die Titelergänzung »I. Bändchen«, seit 1914 hieß es: »I. Teil«[137]. 1909 hatte Steiner im Vorwort geschrieben, daß »dieses Bändchen«[138] »den ersten Teil bringen [wird]; ein folgender wird die Fortsetzung enthalten«,[139] ohne Angaben über Inhalte. Noch bei der Neuauflage im August 1914, parallel mit einer Überarbeitung der Theosophie (GA $262^2$,297), hielt er diesen Anspruch im Vorwort explizit aufrecht (GA 10,14). Erschienen ist dieser zweite Teil nie[140].

Gegenläufig finden sich Hinweise, daß dieses »I. Bändchen« wesentlich kürzer konzipiert war, nämlich bis hin zu dem Kapitel, das logisch eine Zäsur bildet: wenn die Stufe der »Einweihung« erreicht ist (heute GA 10,75). Vor diesem Kapitel ist im Erstdruck in der Zeitschrift »Lucifer Gnosis« der sonst übliche Hinweis »Fortsetzung folgt« durch »Schluß folgt« ersetzt[141]. Der Beginn dieses prospektiven Schlußkapitels vom Oktober 1904 bestätigte Steiners Absicht, sein Werk zu beenden:

> »Die Einweihung ist die höchste Stufe der Geheimschule, über welche in einer Schrift noch Andeutungen gegeben werden können, die allgemein verständlich sind. Über alles, was darüber liegt, sind Mitteilungen schwer verständlich.«[142]

Im Klartext: Das Ziel ist erreicht, mehr ist kaum zu sagen und nicht zu publizieren. Gleichwohl gingen die Veröffentlichungen noch fast ein Jahr munter weiter, bis zum bis September 1905. Dabei handelt es sich teilweise um fast beliebig addierbare Teile. Der auf das (als Abschluß vorgesehene) Kapitel »Einweihung« folgende Abschnitt trägt die Überschrift »Praktische Gesichtspunkte« (ebd., 90)[143]. Dies läßt sich als Ergänzung der Theorie durch Praxis lesen, aber auch als Allerweltstitel, wie sie der diffuse Plural »Gesichtspunkte« andeutet. Der weitere Fortgang der Veröffentlichungsgeschichte bestätigt diese Unentschiedenheit, denn auch dieses Kapitel sollte ein letztes sein; es endete in »Lucifer Gnosis« im November 1904 mit dem Hinweis, über einen Punkt solle »noch in einem Schlußartikel gesprochen werden. (Schluß folgt.)«[144] Aber auch jetzt kam kein Ende.

Mit diesen Fortsetzungen änderte sich der Charakter der Aufsatzfolge. Im Juni 1905 gab Steiner seinen Ausführungen den Hinweis bei,

---

[137] Wie erlangt man Erkenntnisse $^{3}$1909, Titelblatt. Noch »Bändchen«: $^{4}$1910, S. III; nicht mehr: $^{5}$1914; vgl. GA 10,7.

[138] Steiner änderte 1914 in: »dieser Band«; Wie erlangt man Erkenntnisse $^{5}$1914, S. VII.

[139] Ebd., $^{3}$1909, S. III; GA 10,7.

[140] Steiner hat im Vorwort des Jahres 1914 einige seiner Veröffentlichungen als Fortschreibungen seiner Schulungsschrift interpretiert (GA 10,13; vgl. auch den Kommentar 227), von dem Anspruch auf Fortsetzung aber nicht Abstand genommen.

[141] Lucifer Gnosis, Heft 16, September 1904, 103; fehlt in GA 10.

[142] Vgl. GA 10,75. Seit $^{5}$1914,68 war »Geheimschule« durch »Geheimschulung« ersetzt; noch vorhanden in $^{4}$1910, 98.

[143] In: Wie erlangt man Erkenntnisse $^{4}$1910, 123, ist der Titel in »Die höhere Seelen- und Geisteserziehung des Menschen« umbenannt, doch wurde dieser Austausch $^{5}$1914, 85, wieder rückgängig gemacht.

[144] Lucifer Gnosis, Heft 18, November 1904, 166; fehlt in GA 10,101.

»daß zwischen dem Neuen, was der obige Aufsatz bringt, mit wenigen Sätzen rückblickend an gewissen Stellen auf einiges hingedeutet wird, was in anderem Zusammenhang schon berührt worden ist. Auch konnte dadurch auf Leser Rücksicht genommen werden, welche etwa erst von diesem dritten Jahrgang ab die Zeitschrift ›Lucifer-Gnosis‹ lesen. Es werden dadurch diese Artikel über die Erwerbung höherer Erkenntnisse auch von dieser Nummer ab in gewissem Sinne ein geschlossenes Ganzes bilden.«[145]

Steiner begann also aus publikationspragmatischen Gründen, für Zeitschriftenleser, die die älteren Hefte nicht besaßen, Inhalte zu wiederholen; auch dies erklärt die Heterogenität der zweiten Buchhälfte. Daß daneben die Einbeziehung von Inhalten, die Steiner neu gelesen oder kennengelernt hatte, eine Rolle spielte, wird sich noch zeigen.

Nach dem Abbruch der Aufsatzveröffentlichungen[146] zum Schulungsweg im September 1905 endete aber dessen Geschichte nicht. In den folgenden Jahren hat Steiner den dann 1909 monographisch publizierten Text immer wieder verändert. Abweichungen erschließen sich teilweise relativ offen, wenn er etwa in der Neuauflage des Jahres 1910 den Text teilweise neu unterteilte und mit veränderten Überschriften versah[147], während der Austausch einzelner Begriffe (etwa die Ersetzung von »Geheimschulung« durch »Geheimschule«) nicht direkt ins Auge fällt; 1914 er unterzog er den gesamten Text einer eingreifenden Überarbeitung (s. u.). Diese Revisionen haben die disparaten Züge des Buchs nochmals verstärkt. Seine Anweisungen zur gesamten Thematik verkomplizieren sich schließlich noch, weil Steiner nicht nur »Wie erlangt man Erkenntnisse der höheren Welten?« überarbeitete, sondern den Weg zur Erlangung übersinnlicher Erkenntnis auch in anderen Veröffentlichungen und mit wieder anderen Variationen behandelte.

So begann Steiner mit einer weiteren Aufsatzsammlung im Oktober 1905, also unmittelbar folgend auf den Abbruch der Reihe »Wie erlangt man Erkenntnisse der höheren Welten?«, und wiederum in der Zeitschrift »Lucifer Gnosis«. Die neuen Ausführungen hießen »Zwischenbetrachtung« und trugen den langen Titel: »Die Stufen der höheren Erkenntnis. Als Zwischenbetrachtung zu dem Artikel ›Wie erlangt man Erkenntnisse höherer Welten?‹«[148] Diese Serie setzte er bis in das Schlußheft von »Lucifer Gnosis« fort, wobei in dieser letzten Folge zwar die Formulierung »Zwischenbetrachtung« wegfiel[149], nicht jedoch der Hinweis »wird fortgesetzt«[150]. Auch die »Zwischenbetrachtung« (heute abgetrennt als GA 12) blieb ein Torso.

---

145 Lucifer Gnosis, Heft 25, Juni 1905, 388; fehlt in GA 10,170. Steiner beeilte sich aber festzuhalten, daß »ein vollständiges intimes Eindringen« die Lektüre des gesamten Werks voraussetze.

146 Sam: Zur Editionsgeschichte, 65, schreibt, die Aufsatzreihe sei »geschlossen« worden. Davon kann allerdings keine Rede sein. Wenn Steiner eine Reihe schließen wollte, hat er dies auch deutlich gesagt, etwa mit dem expliziten Hinweis auf einen »Schluß« (vgl. Anm. 144). Diese Folge ist zudem ausdrücklich als »Fortsetzung« deklariert; Lucifer Gnosis, Heft 28, September 1905, 486.

147 Nach Sam: Zur Editionsgeschichte, 63, ist der Text unverändert geblieben.

148 Lucifer Gnosis, Heft 29, Oktober 1905, 518.

149 Ebd., Heft 35, Mai 1908, 717.

150 Ebd., 722.

Beim augenblicklichen Forschungsstand scheint mir folgende Genese des Schulungswegs wahrscheinlich: Steiner beabsichtigte einen Einweihungsweg mit den drei relativ kompakten Stufen Vorbereitung, Erleuchtung und Einweihung (s. den folgenden Abschn.) zu verfassen. Schon dieses Schema weitete er allerdings durch Einfügung zusätzlicher »Bedingungen« auf. Den für Oktober 1904 angekündigten Schlußstrich hat er dann nicht gezogen, sondern immer wieder Kapitel angehängt, vermutlich weil er zu diesem Zeitpunkt zugleich Lernender und »esoterischer Lehrer« war. Das zu diesem Zweck angelesene Material (s. u. 7.4.2–4) ist dann sukzessive in seine Publikation des Schulungsweges eingeflossen. Abgeschlossen hat Steiner dieses Unternehmen nie. Im Blick auf den Schulungsweg in »Wie erlangt man Erkenntnisse der höheren Welten?« lassen sich »Die Stufen der höheren Erkenntnis« zwar als Fortsetzung lesen, aber aus inhaltlichen Gründen (s. u. 7.4.3a) spricht auch vieles dafür, darin einen Neuansatz seines Schulungsweges zu sehen.

Ein noch ungeschriebenes Kapitel ist die Rezeptionsgeschichte des Schulungsweges. Schon unter den Zeitgenossen las man dieses Buch Steiners mit interessiertem Blick[151], unter Anthroposophen wird es zu den zentralen Werken Steiners gerechnet, und welche Bedeutung es in alternativreligiösen Milieus im 20. Jahrhundert besessen hat, ist augenblicklich nicht zu beantworten.

### *7.4.2 Duktus und zentrale Gehalte*

Steiner formulierte das Ziel seines Schulungsweges in einem sprechenden Titel: »Erkenntnisse der höheren Welten«. Dies hieß näherhin, mental in die »geistige Welt« eintreten zu können und von dort Einblick in die Konstitution des Menschen, das Wesen von Natur und Welt, aber auch von der Geschichte und nicht zuletzt, wie er in den Schlußkapiteln ausführte, von Tod und Sterben, Reinkarnation und Karma zu erhalten. Diese »Geheimschule«[152] (1918 oder 1919 ersetzt durch »Geheimschulung«[153]) und den »geheimwissenschaftlichen oder okkulten Unterricht« (GA 10,16) wollte er von elitären Konstitutionsbedingungen befreien: Die »Fähigkeiten« zu diesem Erkenntnisgewinn »schlummern in *jedem* Menschen« (ebd.).

Der Weg umfasse drei »Stufen« (GA 10,42):

- Vorbereitung,
- Erleuchtung,
- Einweihung.

Sie »stammen aus einer Geheimüberlieferung, über deren Namen und Wesenheit genauere Angaben *zunächst* noch nicht gemacht werden können«[154]. Die-

[151] Vermutlich wurde im Prager Fanta-Kreis Steiners Schulungsweg diskutiert.
[152] Lucifer Gnosis, Heft 13, Juni 1904, 1.
[153] In: Wie erlangt man Erkenntnisse $^{7}$1914, 1, hieß es noch »Geheimschulen«, in $^{9}$1919, 1, »Geheimschulung«. Die Auflage $^{8}$1918 war mir nicht zugänglich.
[154] So noch: Wie erlangt man Erkenntnisse $^{4}$1910, 45.

sen Vorbehalt hat Steiner jedoch 1914 zurückgenommen[155]. Zuvor aber nannte Steiner[156] »Bedingungen« (GA 10,16), womit er eine Vielzahl von methodischen Vorentscheidungen fällte und auch gesellschaftliche Situierungen seines Einweihungsweges vornahm. Zu den Bedingungen zählte an erster Stelle eine »Grundstimmung«, die auf dem »Pfad der Verehrung« eine »Devotion« voraussetze (ebd., 19), aus der ein distanziertes Verhältnis zu »jeder Kritik, jedem richtenden Urteil« folge (ebd., 21) – darauf werde ich im Kontext der Autoritätsstrukturen des Schulungsweges noch näher eingehen. Die Veränderungen durch die Geheimschule sollten sich »unbemerkt von der äußeren Welt« vollziehen, »die Verwandlung geht lediglich mit der inneren Seite der Seele vor sich« (ebd., 24; vgl. auch 33. 57). Dies war wohl ein Hinweis auf die Arkandisziplin, möglicherweise auch eine Invektive gegen eine exaltierte Konversionsrhetorik, aber zugleich die Einweisung in eine weltdistanzierte Verinnerlichung. Schließlich postulierte Steiner als Gegenlager zum autoritären Einstieg auch die Autonomie des Schülers im Verhältnis zum Gegenstand der Schulung: »Jeder kann diesen höheren Menschen nur *selbst* in sich erwecken« (ebd., 32), und er eröffnete eine Fortschrittsperspektive: »Man bedenke, daß der ›höhere Mensch‹ im Menschen in fortwährender Entwickelung ist.« (ebd., 35) Die nun folgende »Vorbereitung« führe über die Konzentration auf das Werden und Vergehen des Lebens (ebd., 43) zur Ausbildung von »Hellseherorganen« (ebd., 45) und damit zur Öffnung und Wahrnehmung der »Seelenwelt, des sogenannten astralen Plans« (ebd.).

Die »Erleuchtung« schließlich erreiche man durch die »mit gespannter Aufmerksamkeit« (GA 10,54) vollzogene Betrachtung, etwa die Betrachtung naturaler Vorgänge (vgl. ebd., 54) wie eines Samenkorns (ebd., 61). Dabei »hänge [man] dem Gedanken nach: *das Unsichtbare wird sichtbar werden.*« (ebd.) Steiner streute in diesen Passus eine Reihe von Einzelheiten ein. Wie schon in dieser ersten Stufe versicherte er, daß sich »*Hellseherorgane*« bilden würden (ebd., 54). Aber er legte auch Wert auf die ethische Einbindung seines Weges: Die »moralische Kraft« müsse sich »während der Geheimschülerschaft fortwährend steigern«, der Eleve etwa »sein Mitgefühl für die Menschen- und Tierwelt« entwikkeln (ebd., 56) und zu einer »Kontrolle der Gedanken und Gefühle« kommen (ebd., 58). Auf der letzten Stufe, mit der, wie gesagt, die Anweisungen zur Erlangung von »Erkenntnissen der höheren Welten« ursprünglich enden sollten, erfahre der Schüler »die wahren Namen der Dinge«: »Darin besteht die *Einweihung*« (ebd., 73). Hier durchlaufe er drei »Proben«: Die »*Feuerprobe*« (ebd., 77) »besteht darinnen, daß er eine wahre Anschauung erlangt von den leiblichen Eigenschaften der leblosen Körper, dann der Pflanzen, der Tiere und des Menschen« (ebd., 76). Danach »offenbart sich« dem Initianden eine »okkulte Schrift« (ebd., 78)[157]. »Von dem höheren Wissen in *unmittelbarer Gestalt* kann der Einge-

155 Seit $^{5}$1914, 31, hieß es stattdessen, daß die Stufen »Glieder einer geistigen Schulung sind, über deren Namen und Wesenheit jeder sich klar wird, der sie richtig anwendet« (GA 10,42).

156 Wie erlangt man Erkenntnisse $^{5}$1914, 1; die »Bedingungen« fehlen noch in $^{4}$1910, 1.

157 Der Terminus ist allerdings nachgetragen (Wie erlangt man Erkenntnisse, $^{5}$1914, 72; er fehlt noch in $^{4}$1910, 103 f.). Damit nahm Steiner die Vermittlungsautorität der Eingeweihten zurück.

weihte nur in der erwähnten Zeichensprache etwas mitteilen« (ebd., 79). Dann folge die »Wasserprobe« (ebd., 82). »Durch diese muß sich erweisen, ob er sich frei und sicher in der höheren Welt bewegen kann.« (ebd., 80) In der »Luftprobe« (ebd., 87) schließlich »muß [er] ganz allein aus sich seinen Weg finden« (ebd., 85).

Der historische Kontext ist einfach zu bestimmen, die »Proben« entstammen freimaurerischen Traditionen[158] und waren allgemein bekannt; sie finden sich etwa in Mozarts Zauberflöte in der Wanderung durch Feuer, Wasser, Luft und Erde im dritten Akt. Im Bezug auf die »okkulte Schrift« kann man tiefere Wurzeln vermuten, etwa im Topos der heiligen Schrift, mit der Gott Logik und Inhalte der Welt verzeichnet habe und deren Entzifferung in der frühen Neuzeit ein Objekt religionsphilosophischer Spekulation war. Ein näherer Kontext war Blavatskys »Geheimlehre«, an deren Anfang die Strophen des Buches »Dzyan« stehen, dessen »archaische Phraseologie«[159] modernen Sprachen nachgerade unzugänglich sei. Eine zu Steiners Thesen über die okkulte Schrift fast parallele Aussage findet sich in dem theosophische Meditationsbüchlein »Licht auf den Weg« von Mabel Collins. Der Inhalt ihrer Schrift sei, so die Autorin, »vollständig in einer astralen Zeichenschrift geschrieben und kann von dem entziffert werden, der astral zu lesen versteht.«[160] Angesichts von Steiners ausgezeichneten Kenntnissen dieses Buchs dürfte er hier von der hochgeschätzten Mabel Collins angeregt oder sogar abhängig sein.

Die im Schulungsweg nun folgenden »praktischen Gesichtspunkte« (GA 10,90), also der Beginn der additiven Ergänzungen, bieten eine Sammlung schulungspraktischer und ethischer Anweisungen. Da geht es um die »Geduld« des Schülers (ebd., 90), seinen Verzicht auf »Neugierde« (ebd., 93) oder die »Erziehung des *Wunsch*lebens« (ebd., 93), um einige Begriffe herauszugreifen, die im weiteren Fortgang wiederholt und variiert werden. Erneut schließen sich nun, wie schon zu Beginn der Aufsatzreihe, »Bedingungen zur Geheimschulung« an (ebd., 102), und darin inkorporierte Steiner sechs Konditionen:

1. »körperliche und geistige Gesundheit zu fördern« (ebd., 103);
2. »sich als *ein Glied* des ganzen Lebens zu fühlen« (ebd., 105);
3. die »Gedanken und Gefühle« des Initianden sollten »ebenso Bedeutung für die Welt haben wie seine Handlungen« (ebd., 107);
4. die »eigentliche Wesenheit« des Menschen liege in seinem Inneren (ebd., 108);
5. ein einmal gefaßter Entschluß sei mit »Standhaftigkeit« zu befolgen (ebd., 109);
6. »Dankbarkeit gegenüber allem« (ebd.) bis hin zur »*Alliebe*« (ebd., 109 f.).

Im Kapitel zu »einigen Wirkungen der Einweihung« beschrieb Steiner einleitend synästhetische, meist optische, aber auch akustische (vgl. GA 10,173) Wahrnehmungen des Initiierten, etwa:

---

158 Lennhoff/Posner: Internationales Freimaurerlexikon, 1255.
159 Blavatsky: Geheimlehre, I, 50.
160 Mabel Collins: Licht auf den Weg ($^2$1888), 42 f.

»Ein reiner, edler Gedanke findet seinen Ausdruck wie in einer rötlichvioletten Ausstrahlung. Der scharfe Begriff, den der logische Denker faßt, fühlt sich wie eine gelbliche Figur mit ganz bestimmten Umrissen.« (ebd., 116)

In derartigen Bildern hat sich einmal mehr die Lektüre der »Gedankenformen« von Besant und Leadbeater sowie von Leadbeaters »Der sichtbare und der unsichtbare Mensch« niedergeschlagen[161]. Ganz evident ist der Bezug bei folgendem Zitat Steiners: »Ein Rachegedanke zum Beispiel kleidet sich in eine pfeilartige, zackige Figur« (GA 10,126), dem sich Bilder von Besant und Leadbeater unter dem Titel »Zorn« zur Seite stellen lassen (s. 9.5.2b).

Nun folgen lange Ausführungen über Chakren[162]. Für Steiner waren es die »Organe« des Initiierten (GA10,116), die er »Räder«, »Chakrams« oder »Lotusblumen« nannte (ebd., 117) und die mit dem Beginn ihres Drehens gleichzeitig den Einstieg in »die Fähigkeit des Hellsehens« markieren sollten (ebd., 117; vgl. 144). Wiederum und gleich mehrfach nutzte Steiner die Gelegenheit, Kataloge von Handlungsoption einzubauen, die ich aufliste, weil sie Wiederholungen, Dopplungen und Umformulierungen deutlich machen und die sekundäre Einknüpfung ehemals selbstständiger Traditionselemente in seinen Schulungsweg dokumentieren. In der 16blättrigen Lotosblume identifizierte Steiner acht »Seelenvorgänge« (ebd., 119):

1. »Die Art und Weise, wie man sich Vorstellungen aneignet« (ebd.);
2. Handeln mit »wohlerwogenen Gründen« (ebd., 120);
3. Reden »nur was Sinn und Bedeutung hat« (ebd.);
4. Handeln soll »zu den Handlungen seiner Mitmenschen und zu den Vorgängen seiner Umgebung stimmen« (ebd.);
5. »natur- und geistgemäßes« Leben des »Geheimschülers« (ebd., 121);
6. die Selbstprüfung seiner Fähigkeiten (ebd.);
7. das »Streben«, »möglichst viel vom Leben lernen« (ebd.);
8. schließlich das Gebot für den Geheimschüler, »von Zeit zu Zeit Blicke in sein Inneres tun« (ebd., 122).

An dieser Stelle ist der Rückgriff auf fremde Traditionen so offenkundig, daß Steiner die Quelle dieser Handlungsanweisungen offenlegte: »Der Kenner wird bemerken, daß die aufgezählten Seelenübungen dem entsprechen, was im Buddhismus als sogenannter achtgliedriger Pfad beschrieben wird.«[163] Der achtgliedrige Pfad – rechte Ansicht und rechtes Denken, rechte Rede, rechtes Handeln und Leben, rechtes Streben, rechte Wachsamkeit und Sammlung – bildete jedoch allenfalls das Strukturmodell für Steiner, in den Einzelheiten hat er Bestände der europäischen Tradition und näherhin des bürgerlichen Verhaltenskodex eingefüllt. Gleichwohl schienen Steiner die ›Entsprechungen‹ offenbar

[161] Vgl. Leadbeater: Der sichtbare und der unsichtbare Mensch, Abb. XII, und Besant / Leadbeater: Gedankenformen, Abb. 23; vgl. hier auch S. 54 f.

[162] In einem frühen Beleg aus der Zeit zwischen 1903 und 1905 hat Steiner in einem Notizbuch Chakren die Stichwörter »Kundalini Feuer«, »astrales Zentrum«, eine Aurafarbe (»blau«) und ein linksgewendetes Hakenkreuz zugeordnet (GA 267a,462).

[163] Lucifer Gnosis, Heft 20, Januar 1905, 228 (stark verändert in GA 10,125).

prekär, so daß er seit 1914 das »entsprechen« in »wiedererkennen« relativiert hat (ebd., 125)[164].

Bei der Betrachtung der zwölfblättrigen Lotusblume folgten weitere Verhaltensregeln. Wieder sollen am Beispiel des Werdens und Vergehens hellseherische »Sinne« entwickelt werden (GA 10,127), und zwar durch

1. »Gedankenkontrolle« (ebd.),
2. »Kontrolle der Handlungen« (ebd., 128),
3. »Erziehung zur Ausdauer« (ebd.),
4. »Duldsamkeit« (ebd.),
5. »Unbefangenheit« (ebd., 129),
6. »Gleichmut« (ebd.).

Genauere Quellen lassen sich nicht ermitteln, aber auch diese Liste könnte aus einem Meditations- oder Erziehungskompendium stammen. Warum Steiner ein solches Interesse an der Wiederholung ethischer Handlungsanweisungen entwickelte, ist nicht ganz deutlich[165].

Nach der Bestimmung der zehn-, acht- und sechsblättrigen Lotusblume schob Steiner überraschenderweise lange Ausführungen über den »Astralleib« oder »Astralkörper«[166] ein. Auch hier liegen – noch näher zu identifizierende – Bezüge zur Theosophie vor. Annie Besant beispielsweise hatte ebenfalls den Astralkörper im Rahmen meditativer Praktiken behandelt und das Hatha-Yoga als Atemtechnik trotz der Vorbehalte Blavatskys als Mittel beschrieben, »den Astralkörper austreten zu lassen«[167]. Und erneut arbeitete Steiner eine Verhaltenmatrix ein, die aus »*vier* Eigenschaften« bestehe, »welche sich der Mensch auf dem sogenannten Prüfungspfade erwerben muß, um zu höherer Erkenntnis aufzusteigen« (ebd., 145):

---

[164] In: Wie erlangt man Erkenntnisse [4]1910, 178, heißt es noch »entsprechen«, wobei die Passage zwar eingeklammert ist, aber im Fließtext steht. Seit [5]1914, 125, steht »wieder erkennen«, außerdem ist die Passage in eine Fußnote gerutscht.

[165] Neben der Integration von Wissensbeständen und Traditionen mag Steiners Interesse eine Rolle gespielt haben, gegen eine quietistische Nutzung des Schulungsweges Erkenntnis und Ethik zu verbinden. Aber hier könnte auch Druck von außen eine Rolle gespielt haben, vermutete man doch, »die Theosophische Gesellschaft habe keinen Moralkodex« (GA 34,618).

[166] Ebd., Heft 21, Februar 1905, 262, und ebd., Heft 22, März 1905, 289. Seit [5]1914 (oder erst [8]1918? diese Auflage war mir nicht zugänglich) schrieb er für beides: »Seelenleib« (GA 10,138).
Zeitweilig gab Steiner diesem Kapitel eine eigene Überschrift. In Lucifer Gnosis (Heft 22, März 1905, 289) trug der Abschnitt noch den Titel des übergeordneten Abschnitts (»Ueber einige Wirkungen der Einweihung«), in [4]1914, 203, stand »Die Ausbildung des Aetherleibes«. In GA 10,138 (seit [8]1918?) gibt es keinen Titel mehr. Steiner gab dabei den Hinweis, daß der Ätherleib »*annähernd* die Größe und Form des physischen Leibes« habe, eine Vorstellung, die an antike Verstellungen erinnert, etwa bei Irenäus: Adversus haereses II.34,1, oder bei Tertullian: De anima 32,6. Die Verbindungs- und Transformationswege, wenn es sie gab, sind allerdings unklar.

[167] Besant: Der Mensch und seine Körper, 9. Zu Blavatskys Kritik vgl. ihre Geheimlehre, I, 122. Sie hatte Hatha-Yoga-Praktiken, also körperliche Übungen, zugunsten von Raja-Yoga-Übungen, geistigen Übungen, zurückgestellt. Steiner kannte diese Auseinandersetzung und lehnte Hatha-Yoga-Übungen nur ab, »wenn sie auf der falschen Stufe gemacht werden« (GA 93a,45); vgl. den Kommentar ebd., 270 f. Zu Blavatsys Ablehnung vgl. Anm. 203.

1. »das Wahre von der Erscheinung zu scheiden« (ebd.);
2. »die richtige Schätzung des Wahren und Wirklichen«
3. in der Ausübung der »schon im vorigen Kapitel erwähnten« »sechs Eigenschaften« (ebd.);
4. schließlich »die Liebe zur inneren Freiheit« (ebd., 146).

Wer den Ätherleib ausgebildet habe, sehe »Gestalten«, die von »Gefühlen, Trieben« oder »Leidenschaften« verursacht würden (ebd., 150) (auch hier ist man wieder an Leadbeaters »Gedankenformen« erinnert) oder fühle sich als Mittelpunkt einer Kugel, wie Steiner in Aufnahme einer hermetischen Metapher sagte, oder werde Zahlen als Spiegelbild lesen (ebd., 152). Bei der Abhandlung der zweiblättrigen Lotusblume (ebd., 154) schließlich forderte er abermals ein »natur- und vernunftgemäßes Leben« ein (ebd., 155).

Die Lehre von den Lotosblumen respektive Chakren, die um 1900 in alternativreligiösen Milieus weit verbreitet war, hat Steiner wohl aus der theosophischen Literatur übernommen[168]. Steiner transformierte einmal mehr seine Vorlagen. Dabei sticht zum einen ein veränderter Körperbezug in die Augen. Die Chakren werden im Kundalini-Yoga von der Basis der Wirbelsäule (zwischen der Wurzel des Geschlechtsorgans und dem Anus) aufsteigend zum Kopf gelesen. Steiner hingegen begann beim Kehlkopf (Chakra mit 16 Speichen oder Blättern), es folgten das Herzchakra (12 Speichen), das Magenchakra (10 Speichen) (GA 10,118) und dasjenige in der Körpermitte (6 Speichen) (ebd., 135). Schließlich kam Steiner auf das zweiblättrige Chakra zu sprechen, das aber nun nicht mehr zwischen Genitalien und Anus, sondern »in der Augengegend« sitzen soll (ebd., 154). Steiner kehrte damit nicht nicht nur die Reihenfolge um, sondern eliminierte offenbar die sexuellen Deutungsmöglichkeiten der Chakrenlehre und nahm eine Zerstörung der Logik der traditionellen Körperzuordnung in Kauf. Im Juli 1904 war das noch anders gewesen, als er zehn Kraftzentren postuliert und dabei unter Rückgriff auf neohinduistische Literatur ein »Apan – in der Nähe der Sekretionsorgane« situiert hatte (GA 266a,111)[169].

In einem weiteren Kapitel bot Steiner seine Traumdeutung[170]. Sie lief auf das Ziel hinaus, Traum- und Wachbewußtsein gleichermaßen zugänglich zu machen und »die erwachte höhere Seele auch in das Tagesbewußtsein herüberzunehmen« (GA 10,177). Und wiederum flocht Steiner eine Aufstellung von Tugenden ein, diesmal mit negativen Vorzeichen als Warnung vor einer »dreifachen Verirrung«, die eintrete,

---

[168] Das opulenteste Werk dazu erschien allerdings erst nach Steiners Tod: Leadbeater: Die Chakras (1928). Nach Hauer: Wesen und Werden der Anthroposophie, 57, befinden sich die Chakren im indischen Denken nicht am Astralkörper, sondern am leiblichen Körper; die Kombination mit Astralkörpern sei in der Theosophie vorgenommen worden.

[169] In GA 266a,574 ist als Quelle angegeben: Die Wissenschaft des Atmens, übersetzt von Pandit Rama Prasad Kasyapa. Das Buch dieses Theosophen, der in theosophischen Kreisen als Experten in Yoga-Fragen gelesen wurde (Mitteilung von Albertina Nugteren vom 4.8.2005), war mir nicht zugänglich.

[170] Steiner gehört zu den Versuchen, die neuzeitliche Säkularisierung des Traums vom exterritorialen Gelände des Menschen zum materialistischen Unterbewußtsein zurückzunehmen; vgl. Alt: Der Schlaf der Vernunft. Bei Steiner war der Traum wieder das Fenster in ein Jenseits.

1. »wenn die Verbindungsbahnen« zwischen Wollen, Fühlen und Denken »zerstört werden, bevor das höhere Bewußtsein mit seiner Erkenntnis so weit ist, daß es die Zügel, die ein freies harmonisches Zusammenwirken der getrennten Kräfte herstellen, ordentlich zu führen vermag« (ebd., 188),
2. »wenn das Gefühl in einer maßlosen Art sich von den gesetzmäßigen Zügeln befreit« (ebd., 189) und
3. »wenn das Denken überwiegt« (ebd.).

Die drei Kategorien klassifizierte er dann, und auch dies kann man als Einarbeitung neuer Inhalte lesen, als »das Gewaltmenschentum, die Gefühlsschwelgerei, das kalte, leiblose Weisheitsstreben« (ebd., 190).

Den Schluß des Buches, genauer gesagt, des projektierten ersten und de facto einzigen Bandes, bilden Reflexionen über Tod und übersinnliche Welt. Steiner baute dabei einen »kleineren Hüter der Schwelle« (GA 10,193) in seinen Schulungsweg ein, der dem Menschen im Tod begegne. Er sei eine Art alter ego der schlechten Seiten eines Menschen, »aus dem Kontobuche deines eigenen Lebens gewoben« (ebd., 195), »ein übersinnliches Wesen …, das er [der Mensch] gewissermaßen selbst hervorgebracht hat« (ebd., 204) und das den Menschen über seine Karmabilanz aufkläre. Dieses Wesen entspreche einem »Todesengel« (ebd., 197). Aber mit dieser religionshistorischen Einbindung wies Steiner in die falsche Richtung, denn er griff bei der Konstruktion dieser Figur nicht auf den Fundus der älteren Religionsgeschichte zurück, sondern auf einen okkultistischen Roman des 19. Jahrhunderts, auf »Zanoni« von Edward Bulwer-Lytton, der zu den zentralen Referenzen der esoterischen Szene im 19. Jahrhundert gehörte und den auch Steiner in diesen Jahren intensiv rezipierte (s. u. 7.5.5b). Bulwer hatte in »Zanoni« im Gewand eines historischen Romans, der in der Zeit der Französischen Revolution spielte und deren Gottlosigkeit kritisierte, die Geschichte von Mejnour, einem alten »rosenkreuzerischen« Eingeweihten, Zanoni, ebenfalls einem Rosenkreuzer, und dem Engländer Glyndon, der Einweihung suchte, beschrieben. Bulwer-Lytton spielte in den Personen unterschiedliche Formen und Gefahren der Initiation durch. Zanoni endet zwar unter der Guillotine, geht aber durch die auch körperliche Zuneigung zu seiner Geliebten Viola in den Himmel ein[171]. Das vierte Buch überschrieb Bulwer mit »Hüterin der Schwelle«[172]. Hier hat Glyndon nach der amourösen Annähereung an die Italienerin Fillide die Vision eines weiblichen Gesichts, das sich als die »Hüterin der Schwelle« vorstellt und ihm mit einem Kuß zur Liebe der »Weisheit der zahllosen Jahrhunderte« verführen will[173]. Daß das Motiv des Hüters der Schwelle in Steiners Schulungsweg von Bulwer stammte, ließ sich angesichts der Verbreitung des »Zanoni« in okkultistischen Kreisen wohl nicht verbergen, und so trat Steiner die Flucht nach vorne an und konzedierte schon 1905, »in Bulwers ›Zanoni‹ wird romanhaft eine Darstellung dieses ›Hüters der Schwelle‹ gegeben« (GA 10,198)[174]. Die Rein-

---

[171] Zur Analyse des Romans Göbel: Edward Bulwer-Lytton, 171–182.
[172] Bulwer-Lytton: Zanoni (1843), 210 (»The Dweller of the Threshold«).
[173] Ebd., 257 (4. Buch, Kap. 7)
[174] Noch 1907 zitierte Steiner Bulwers »Zanoni« mit dem Satz: »Unsere Meinungen sind der Engelsteil von uns, unsere Taten der Erdenteil.« (GA 34,618 f.) Weniger wahrscheinlich ist es deshalb,

karnationsvorstellung hingegen hat Steiner an den Topos angelagert, Bulwer-Lytton hatte sie in »Zanoni« abgelehnt[175]. Diese Rezeptionsgeschichte belegt so deutlich wie wenige andere die Reifizierung fiktionaler Literatur zu okkultistischen »Fakten«.

Steiners Werk schloß mit der Erläuterung des »größeren« »Hüters der Schwelle«. Er sei eine »erhabene Lichtgestalt« (GA 10,210), der dem Menschen die Möglichkeit verkünde, nicht mehr reinkarnieren zu müssen und doch weiter »arbeiten« zu können:

> »Nun aber muß für dich eine Zeit beginnen, in welcher die befreiten Kräfte weiter an dieser Sinnenwelt arbeiten. Bisher hast du nur dich selbst erlöst, nun kannst du als ein Befreiter alle deine Genossen in der Sinnenwelt mitbefreien.« (ebd., 211)[176]

Steiner ergänzte also die Forderung nach Selbsterlösung durch die Möglichkeit, als Boddhisatva zu wirken. Der Terminus fiel nicht, in der Sache aber ging es um diese Figur der buddhistischen Tradition. Woher Steiner diese Vorstellung entnommen hat, ist gleichwohl unklar. Da sie auch in der europäischen Seelenwanderungstradition vorkommt, ohne von asiatischen Konzepten abhängig zu sein und vielmehr als eine systemimmanente Reaktion auf die Probleme einer Selbsterlösung durch Reinkarnation zu lesen ist[177], könnte auch Steiner die sympathetische Funktion der Vergeistigten eigenständig oder in Anlehnung an andere Konzepte entwickelt haben. In späteren Jahren mäßigte Steiners Christusfigur partiell dieses autosoteriologische Konzept.

Blickt man vom Schluß her auf die Konstruktionslogik von Steiners Schulungsweg zurück, wird deutlich, daß er zwar primär einen Erkenntnisweg bieten wollte, daneben aber zumindest zwei weitere Themenkomplexe mitbehandelt hat, die die ursprüngliche Intention teilweise an den Rand drückten. Zum einen lieferte er eine Ethik, begründet vielleicht in der Absicht, Erkenntniszuwachs mit moralischem Fortschritt zu koppeln. De facto sind daraus in der zweiten Buchhälfte ein halbes Dutzend Tugendkataloge erwachsen, die zum großen Teil mit dem Kanon bürgerlicher Lebensführungsideale übereinstimmen und teilweise von dort auch stammen dürften. Daß die Verkündigung des größeren »Hüters der Schwelle« die Pflicht (»nun aber *muß* für dich eine Zeit beginnen ...«) bringt, weiter zu »arbeiten«, ist für die Übernahme des bürgerlichen Wertekodex bis in die Arbeitsethik hinein signifikant. Zum andern geriet Steiner gerne und leicht auf ein Lieblingsfeld dieser Jahre, die Beschreibung übersinnlicher Welten, wie er es zuvor in der »Theosophie« getan hatte und wie er es zeitgleich in »Aus der Akasha-Chronik« und in der »Geheimwissenschaft« tat. Wegweisungen

---

daß Materialien von Mabel Collins eine Rolle spielten. Belyj: Verwandeln des Lebens, 449, berichtet zwar vom Hüter der Schwelle bei Collins, doch könnte diese Vorstellung auch in andern theosophischen Werken verbreitet gewesen sein und stammte wohl von Bulwer.

175 Godwin: The Theosophical Enlightenment, 128.

176 Gerade an den Figuren des kleinen und großen »Hüters der Schwelle« ließe sich Steiners psychologisches Programm gut ablesen. Dies könnte man im Vergleich mit zeitgenössischen psychagogischen Theorien, etwa Freudscher oder Jungianischer Provenienz, kontextualisieren und Steiners Profil herausarbeiten, aber dies ist nicht Ziel dieser Analysen.

177 Vgl. Zander: Geschichte der Seelenwanderung, 183. 190. 266.

und Zielbeschreibungen verschwimmen. Die Schrift »Wie erlangt man Erkenntnisse der höheren Welten?« formuliert auf dem Buchdeckel ein eindeutiges Programm, doch ihr Inneres verwahrt ein Konglomerat von Intentionen, die, und dies ist im folgenden zu zeigen, in ihrer Tiefenstruktur noch weitere Bruchlinien aufweisen.

### *7.4.3 Revisionen*

*a. Neuansatz in der »Zwischenbetrachung« (1905/08)*

Nach dem Abbruch der Aufsatzreihe »Wie erlangt man Erkenntnisse der höheren Welten?« im September 1905 hat Steiner seine Vorstellungen tiefgreifend verändert, als er im nächsten Monat mit der Aufsatzreihe »Die Stufen der höheren Erkenntnis« in »Lucifer Gnosis« einfach neu ansetzte. Immerhin schlug Steiner 1905 noch einen Bogen zu seinem bereits publizierten Schulungsweg, indem er den neuen Text im Untertitel eine »Zwischenbetrachtung« nannte, aber der Zusammenhang ist heute getilgt[178]; auch dieser Neuansatz blieb 1908 unvollendet liegen[179]. Die konkreten Motive von Steiners erneutem Versuch sind nicht deutlich. Möglicherweise erschien ihm die neue Matrix des Erkenntnisweges so different, daß er nicht mehr glaubte, seine lockeren Additionen weiter fortführen zu können. Er unterschied nun

- »materielle«,
- »imaginative«,
- »inspirierte« und
- »intuitive Erkenntnis«,

an die sich »noch weitere« anschließen sollen (GA 12,16).

Diese vier Stufen korrelierte er mit vier Wahrnehmungsebenen (Steiner sprach von »Elementen«): Erstens die »Sensation« (GA ebd., 18), die von »dem *Gegenstand*, welcher auf die Sinne einen Eindruck macht«, herrühren soll. Zweitens das

> »*Bild*, das sich der Mensch von diesem Gegenstande macht. Drittens der *Begriff*, durch den der Mensch zu einer geistigen Erfassung einer Sache oder eines Vorgangs kommt. Viertens das ›*Ich*‹, welches sich auf Grund des Eindruckes vom Gegenstande Bild und Begriff bildet.« (ebd., 16)

Seien bei der »materiellen Erkenntnis« alle vier Ebenen beteiligt, sollen sie im Aufstieg sukzessiv wegfallen, so daß auf der vierten Stufe, wenn die Inspiration nicht mehr vorhanden sei, nur noch das »Ich … in Betracht kommt« (ebd., 17).

---

[178] In Lucifer Gnosis (Heft 29, Oktober 1905, 518) trug der erste Aufsatz den Untertitel »Als Zwischenbetrachtung zu dem Artikel ›Wie erlangt man Erkenntnisse höherer Welten?‹«. Heute erscheint in GA 12 auf dem Titelblatt der Untertitel nicht mehr und suggeriert so mehr Eigenständigkeit, als Steiner es noch für angebracht hielt. Immerhin wird der Untertitel heute im Kommentar genannt (GA 12,87). Marie Steiners Eingriffe bei den postumen Ausgaben wurden teilweise wieder rückgängig gemacht (ebd., 88).

[179] Am Ende der letzten Folge stand: »Wird fortgesetzt«; Lucifer Gnosis, Heft 35, Mai 1908, 722.

Steiner lokalisierte in den folgenden Aufsätzen zwar Elemente des zuvor zum Erkenntnisweg Gesagten in diese Gliederung, so daß etwa die Imagination als ein »geistiges Schauen« und die Inspiration ein »geistiges Hören« deutbar wurde (GA 12,69), aber es ist unübersehbar, daß die Ausführungen vom Oktober 1905 in Terminologie und Gehalt neu sind und de facto weniger eine Fortführung als vielmehr einen Neuansatz des »Erkenntnispfades« darstellen (ebd., 16). Historisch ist das Material möglicherweise nichttheosophischer Herkunft[180]. Steiner hat diesen vierstufigen Ansatz, gekürzt um die »materielle Erkenntnis« und ohne die »weiteren« Stufen auszuführen, später gerne wieder aufgegriffen und damit nach dem Ersten Weltkrieg seine älteren erkenntnistheoretischen Ausführungen (vor der »Zwischenbetrachtung«) soweit überformt, daß man von einer partiellen Ablösung der frühen theosophischen Auffassungen sprechen kann. Die Konsequenzen aus dieser tiefgreifenden Revision hat Steiner insoweit gezogen, als er die »Zwischenbetrachtung« nicht in »Wie erlangt man Erkenntnisse der höheren Welten?« aufnahm; sie liegt heute unter dem Titel »Die Stufen der höheren Erkenntnis« in einem eigenen Buch (GA 12) vor.

Neben den Differenzen gibt es allerdings auch bemerkenswerte Kontinuitäten zum ersten Schulungsweg, da Steiners hochautoritäres Modell der Schülerschaft in dieser Publikation ungebrochen überdauert hat. »Der Schüler« müsse etwa »dem ›Guru‹« »Vertrauen« schenken, weil »sich ihm später Zusammenhänge offenbaren werden, welche er vorläufig noch nicht durchschaut«[181]. Gleichwohl soll bei seinem rosenkreuzerischen Weg »jede Abhängigkeit« des Schülers vom Lehrer aufgehoben sein (GA 12,49).

*b. Kritik an Steiners Autorität (1909)*

In Steiners 1909 publizierter »Geheimwissenschaft« findet sich als erratischer Block – eigentlich geht es in diesem Buch um die Geschichte des Kosmos (s. 7.6) – eine fast hundertseitige Wiedervorlage des Schulungswegs unter dem Titel »Die Erkenntnis höherer Welten (Von der Einweihung oder Initiation)« (GA 13,299–396). Dabei handelt es sich um eine nicht gerade systematisierte, aber immerhin sortierte Zusammenstellung von Schulungsanweisungen, die in seinem »Erkenntnispfad« und in dessen praktischer Umsetzung in der Esoterischen Schule seit 1905 zusammengekommen waren[182]. Wieweit er einzelne Teile seiner Übungen 1909 nachjustierte, kann an dieser Stelle auf sich beruhen bleiben, da es hier nicht um eine Geschichte von Steiners psychoinvasiven Methoden geht. Von Interesse sind allerdings die Veränderungen, die die Probleme des

---

[180] Vgl. Grom: Anthroposophie und Christentum, 132–136. Sachliche Ähnlichkeiten finden sich in zeitgenössischen Psychotechniken wie der Oberstufe des Autogenen Trainings, das Johannes Heinrich Schultz (1884–1970) allerdings erst in den zwanziger Jahren entwickelte.

[181] Lucifer Gnosis, Heft 32, 1906, 616. In GA 12,45 steht heute statt »dem ›Guru‹« Marie Steiners Ergänzung: »einem ›Führer‹ oder einem ›Guru‹« (vgl. ebd., 89).

[182] Selbst wenn das Manuskript der »Geheimwissenschaft« schon 1904/05 in einer augenblicklich unbekannten Form vorlag, spricht die Reflexion von Problemen des Schulungsweges, an dem Steiner bis 1905 publizierte, dagegen, auch diese Kapitel in der »Geheimwissenschaft« so früh anzusetzen. Steiner dürfte sie zwischen 1906 und 1909 nachgetragen haben.

Schulungsweges als Teil der Vereinsstruktur der Theosophischen Gesellschaft betreffen, und die sind bemerkenswert.

Einleitend dokumentierte Steiner ein Phänomen, das sonst außerhalb polemischer Angriffe kaum greifbar ist: Kritik an seinen Psychotechniken (GA 13,299–307). Steiner nannte keine Namen und ließ den Leser im Unklaren, ob die Anfragen aus dem inneren Kreis der Theosophen oder von außen kamen, aber er enthüllte Akzeptanzprobleme, verkleidet in einen normativen Text über gutes oder schlechtes Verhalten des Schülers. Zu den kleineren Beanstandungen gehörte die Kritik an der Veröffentlichung der Schulungsregeln, also an der Verletzung der Schweigepflicht (ebd., 303). Praktisch alle anderen Monita drehten sich um die autoritäre Rolle des esoterischen Lehrers und offenbar um die Forderung nach mehr Eigenständigkeit für die Schüler. Schon in der Eingangspassage konzedierte Steiner, daß es »Fälle von Selbsteinweihung« gebe (ebd., 300), und die waren im Schulungsweg nicht vorgesehen. Das Argument dieser Autonomen lautete wohl, es gebe die »Leitung von geistigen Mächten, in deren Führung soll man nicht eingreifen« (ebd., 301), was im Umkehrschluß heißen konnte, daß Steiner die Schranken des »esoterisch« Erlaubten überschritten habe. Steiner wehrte sich, indem der er diese Form der Selbständigkeit stigmatisierte und zu viel Eigenständigkeit mit Passivität infiziert sah. Diese Fälle

> »sollten aber nicht zu dem Glauben verführen, daß es das einzige Richtige sei, eine solche Selbsteinweihung abzuwarten und nichts zu tun, um die Einweihung durch regelrechte Schulung herbeizuführen.« (ebd.)

1913 legt Steiner nochmals nach und depotenzierte diese »Art von Selbst-Erweckung« (so 1910) zu einer »Art von unwillkürlicher Selbsterweckung«[183], also zu einer ohnmächtigen Erkenntnis, die Steiner schon lange etwa mit Spiritismus assoziiert hatte und in der Theosophie überwunden glaubte.

Sodann fürchtete man sich offenbar vor einem gläsernen Schüler, man fürchtete, wie Steiner in Anführungszeichen, also im Blick auf einen den Lesern möglicherweise bekannten Text oder Vorgang sagte, »einen Einfluß auf das verborgenste Heiligtum der Seele« (GA 13,302). Er respektiere demnach das Forum internum der Persönlichkeit nicht. Dahinter wiederum stand wohl nicht nur die Angst, Steiner könne diese Einblicke besitzen, sondern durch die Veröffentlichung der Schulungsanweisungen einem Mißbrauch vorbeugen (ebd., 303). Schließlich nannte er kryptisch »Mittel«, »die sich dem Bewußtsein des Schülers entziehen« (ebd.); ob damit Drogen oder suggestive Methoden gemeint sind, bleibt im Dunkeln. Angesichts der seltenen Hinweise auf Probleme im Umgang mit dem theosophischen Lehrgut kann man vermuten, daß die Schwierigkeiten mit der autoritären Struktur der Wissensvermittlung massiv waren. Ob oder wieweit die Vorwürfe zutrafen, ist hingegen nicht klar.

Steiner hielt jedenfalls alle Vorwürfe für abwegig und suchte mit großen Anstrengungen, den offenkundigen Ängsten vor der Macht des Lehrers die Spitze

---

183 Geheimwissenschaft $^{2}$1910, 280; die Auflage $^{3}$1910 war mir nicht zugängig. Ergänzung in Geheimwissenschaft $^{4}$1913, 290; heute: GA 13,301.

zu nehmen. Der ominösen »Mittel« bediene sich »kein *richtiger* Lehrer«[184], und wer keinen »*blinden* Glauben« (Hervorhebung von Steiner) – Glauben forderte er also durchaus – habe, »dem werden alle Bedenken schwinden. Einwände gegen eine regelrechte Schulung zu einem höheren Bewußtseinszustande werden ihn nicht stören.« (GA 13,304) Und den folgsamen Schülern versprach er schließlich, daß sie »nicht die mannigfaltigsten krummen und vergeblichen Seitenwege durchzumachen« haben (ebd., 305).

Steiners Gegenargumente blieben allesamt pragmatisch, am Autoritätsgefälle zwischen Lehrer und Schüler rüttelt Steiner nicht einen Moment lang. Er schärfte 1909 sogar nochmals das auf »Vertrauen« basierende Unterordnungsverhältnis ein:

> Der »Lehrer« »gibt dem Schüler die Verhaltensmassregeln, und der Schüler führt sie aus. Es wird dabei, wenn es darauf ankommt, nicht verschwiegen, warum diese oder jene Verhaltungsregel gegeben wird. Dass der Schüler zu dem Lehrer Vertrauen haben muß, ist etwas selbstverständliches. … Das Vertrauen braucht deshalb noch nicht blinder Glaube zu sein. … Nichts bedenkliches wird derjenige bei einem solchen Vertrauen finden, welcher sich sagt man kann ein Gefühl haben, das [sic] etwas das Richtige ist, bevor der Verstand in der Lage ist, zu urteilen. Man urteilt nicht nur selbst, wenn man seinen Verstand sprechen lässt, sondern auch, wenn man sich seinem unvoreingenommenen Wahrheitsgefühl überlässt. Wer anders denkt, der wird sich stets Hindernisse für die geistige Schulung schaffen. Völlig erkennen, wie ein Mittel zu dieser Schulung wirkt, kann man ja doch erst, wenn man dieses Mittel auf sich angewendet hat, und die Früchte desselben an der eigenen Entwicklung hat wahrnehmen können.«[185]

Dies war eine massive Bestätigung des auch in »Wie erlangt man Erkenntnisse der höheren Welten?« formulierten patriarchalen Autoritätsregimentes, in dem der Schüler dem Wohlwollen des väterlichen Lehrers »vertraut« und seinen kritischen Verstand gegen ein »unvoreingenommenes Wahrheitsgefühl« eintauscht. Wer Steiner hier nicht folge, so der drohende Nachsatz, stehe sich als »Hindernis« für die Erkenntnis des Geistigen selbst im Weg.

Diese Passage klingt, als habe Steiner angesichts kritischer Stimmen trotzig seine Position behauptet. Aber in dieser scharfen Diktion war Steiners Autoritätsforderung nicht mehr durchzuhalten. 1913 strich er die gerade zitierte Passage (von den beiden ersten Sätzen abgesehen) und färbte das Urteil über die selbständigen Einweihungsverfahren ein wenig freundlicher: Immerhin könne man »über die Wirkungsweise dieser Regeln sich richtige Vorstellungen machen«, aber »erleben kann man diese Wirkungsweise … erst während der Schulung« (GA 13,304). Damit verabschiedete Steiner die Semantik von Lehrer und Schüler, wenngleich er weiterhin für die Anthroposophen der autoritative Bezugspunkt ihrer Weltanschauung blieb, aber eben nur er allein. Ob er die zumindest sprachliche Minderung seines Autoritätsanspruchs in der Eliminierung der »Lehrer« als Konsequenz auf die Trennung von der Theosophischen Gesellschaft im Dezember 1912 vorgenommen hat, oder ob die Kritik an seinem autoritären

---

184 Geheimwissenschaft ²1910, 283; die Auflage ³1910 war mir nicht zugängig. Abänderung in Geheimwissenschaft ⁴1913, 293; heute: GA 13,303.

185 Geheimwissenschaft ²1910, 283 f.; Kommasetzung und Rechtschreibung nach dem Original.

Führungsstil dafür entscheidend war, läßt sich bei der augenblicklichen Quellenlage nicht sicher sagen.

Aber auch mit diesem Versuch der Besänftigung war für Steiner die Situation noch nicht bereinigt. 1920 sah er sich erneut mit Vorwürfen konfrontiert: Seine Schulung entfremde den Menschen seiner bisherigen »Lebensführung« (GA 13,305), gemeint war sein soziales Umfeld, und verändere seine »physische Konstitution« (ebd., 306)[186]. Die Kritik an möglichen freiheitsbeschränkenden Intentionen oder Folgen seines Schulungswegs hat Steiner offenbar zeitlebens nicht verlassen, aber die Geschichte dieses Widerspruch ist noch weitgehend ungeschrieben.

### *c. Die Eliminierung sexuell deutbarer Bezüge in der Kundalini-Terminologie (1910)*

Eine größere Revision betraf den Komplex des »Kundalini«, die nicht nur mit dem Abgrenzungsbedürfnis gegenüber der Theosophischen Gesellschaft zu tun hat[187]. 1914 strich Steiner in »Wie erlangt man Erkenntnisse der höheren Welten« nähere Ausführungen zum »eigentlichen höheren Lebenselement«, »dem sogenannten Kundalinifeuer«[188]. Das heute »Veränderungen im Traumleben des Geheimschülers« überschriebene Kapitel (GA 10,159) hatte sogar 1910 – allerdings nur in der Auflage dieses Jahres – den Untertitel »Erweckung des Kundalinifeuers« erhalten[189]. Seit 1914 stand im Text nur noch »geistige Wahrnehmungskraft«, wo vordem von »dem sogenannten *Kundalinifeuer*«, durch Sperrdruck herausgehoben, die Rede war[190]. Daß das »geistige Lichtorgan« (GA 10,164), mit dem der erleuchtete Mensch die Gegenstände und Wesen der geistigen Welt beleuchten könne, bis 1914 »Kundalinilicht« hieß, läßt der heute gedruckte Text nicht erahnen[191].

Die Motive für diese Eliminierung sind wohl einmal mehr in Steiners Distanzierung von Berührungsflächen mit sexuellen Dimensionen zu sehen[192]. Das »Kundalinifeuer« wurde in der zeitgenössischen okkultistischen Literatur im Muladhara-Chakra am Wirbelsäulenende lokalisiert[193], so daß in einigen Chakrenlehren durch diese Situierung in der Nähe der Genitalien die Reproduktionsenergien mit dem Kundalini verbunden werden konnten. Diese Vorstellung war bis in die Theosophie hinein verbreitet. So hatte Ernest Eggerton Wood, Annie Besants Privatsekretär, sogar *zwei* Chakren in den Unterleib situiert, eines »bei

---

186 Zuerst in Geheimwissenschaft $^{7-15}$1920, 318; die Auflage $^{6}$1913 war mir nicht zugängig.

187 Steiner hat diese Vorstellung im theosophischen Umfeld kennengelernt, vgl. die Nennung am 29. Dezember 1903 (GA 88,238). Auch Lauweriks – um nur ein Beispiel zu nennen – hat sich mit dieser Vorstellung beschäftigt (Bax: De geheime Leer van Lauweriks, 29).

188 Lucifer Gnosis, Heft 23, April 1905, 325; zur Fehlstelle vgl. GA 10,158.

189 Steiner: Wie erlangt man Erkenntnisse $^{4}$1910, 238.

190 Lucifer Gnosis, Heft 24, Mai 1905, 355; vgl. GA 10,163; ähnlich Lucifer Gnosis ebd., und GA 10,164. Möglicherweise hatte der gesperrte Druck auch Gliederungsfunktion, das ist an dieser Stelle nicht eindeutig zu entscheiden.

191 Bezüge auf das Kundalinifeuer sind in der GA nur in den erst 1979 veröffentlichen »esoterischen« Vorträgen vom September und Oktober 1905 stehengeblieben (GA 93a$^{3}$,19.91).

192 Keine Hinweise auf die Gründe dieser Veränderungen bei Sam: Zur Editionsgeschichte, 64.

193 So jedenfalls Miers: Lexikon des Geheimwissens ($^{7}$1993), 362.

den Geschlechtsorganen« und ein weiteres »an der Basis der Wirbelsäule, zwischen After und Geschlechtsorganen«[194]. Steiner hatte derartigen Vorstellungen allerdings schon in seiner anthropologischen Konstruktion die Basis entzogen, indem er diese Unterleibschakren auf Augenhöhe angehoben hatte (s. o. 7.4.2).

Die sexuelle Dimension des »Kundalinifeuers« dürfte in der orientalistischen Literatur gerade vor Steiners Revision des Schulungstextes im Jahr 1914 deutlicher geworden sein. 1908 etwa hatte Richard Schmidt, Professer für indische Philologie an der Universität Münster, »Fakire und Fakirtum im alten und modernen Indien« publiziert und seiner Darstellung Texte zur Yoga-Praxis in Übersetzung beigegeben, darunter Passagen über koitale Praktiken, die auf Karezza-Techniken und auf eine Zurückhaltung des Samens hinausliefen, um den Yogin zur Erkenntnis zu führen. Schmidt hatte zwar in seinem Quellenteil die seit längerem bekannten Stellen in lateinischer Übersetzung (wie vordem üblich) dokumentiert, im Anhang sie jedoch ins Deutsche übersetzt[195]. Daß sich die »höchst geheim zu haltende«[196] Technik auf die Göttin »Kundali« bezieht, machte Schmid in seinen Kommentaren eindeutig klar[197]. Wiederum ist unsicher, ob gerade dieses (relativ populäre[198]) Werk mit den immerhin expliziten Bezügen auf den Zusammenhang von Kundali und Sexualität der Auslöser für Steiners Streichung der »Kudalini-Feuer«-Stellen war. Derartige sexualmagische Erörterungen waren im Umfeld der frühen Theosophie und auch in Steiners Umfeld verbreitet[199]. Steiner geriet hier in eine Rezeption indischer Yogapraktiken, in der die ursprünglichen Konzepte auf den Kopf gestellt wurden: Die primäre spirituelle Interpretation in Indien, in der die sexuelle Dimension nebensächlich war oder abgewertet wurde, rückte bei vielen Europäern ins Zentrum der Tantra-Rezeption[200]. Schmidt steht aber für einen Typus einer sexuellen Konnotation der Erkenntnissuche, mit dem Steiner nichts zu tun haben wollte. Auch Wood hatte diese sexuelle Dimension des Kundalini angesprochen und von den im Prinzip legitimen »außerordentlich gesteigerten körperlichen Freuden« gesprochen[201], zugleich aber den »spirituellen Charakter« der sexuellen Metaphorik betont[202].

---

[194] Wood: Grundriß der Yogalehre (1961), 145 (Erstausgabe nicht ermittelt, Wood starb 1965). Wood war Privatsekretär Blavatskys und später Recording Secretary der Adyar-Theosophie; vgl. Klatt: Der Nachlaß von Wilhelm-Hübbe-Schleiden, 304.

[195] Schmidt: Fakire und Fakirtum (1908), lateinischer Text S. 201; Übersetzung S. 228. Schmidt hatte sich übrigens mit einem expressiven »Ignorabimus!« nicht zuletzt von den »modernen Auswüchsen der Theosophie und des Okkultismus« distanzieren wollen (S. V).

[196] Ebd., 200 (Nr. 42).

[197] Ebd., 200 (zu Nr. 39); 203 (Nr. 49. 115); 203 (Nr. 118 f.) u. ö.

[198] Neuauflage Berlin 1921.

[199] Möller / Howe: Merlin Peregrinus, 144–151. 156–164.

In diesen Jahren war auch Freimark: Okkultismus und Sexualität (1909), erschienen, eine kaum verbrämte voyeuristische Sammlung sexuell interpretierbarer Phänomene vom Attiskult über »Schwarze Messen« bis zur angeblichen Gebärunfähigkeit des »Mannweibes« Blavatsky (S. 46). Die Beispiele waren ethnologischer und historiographischer Literatur entnommen und wurden von Freimark auf die These hin gelesen, daß Okkultismus im Kern von sexuellen Praktiken geprägt sei (vgl. S. 8 f.). Genau dies war der strukturelle Gegenentwurf zu Steiners Verständnis von Okkultismus.

[200] Mitteilung von Albertina Nugteren vom 4.8.2005.

[201] Wood: Grundriß der Yogalehre, 142.

[202] Ebd.

Dahinter wiederum stand Blavatsky Ablehnung des auf eher körperliche Techniken ausgerichteten Hatha-Yoga zugunsten des Raja-Yoga, der über Vivekananda in der westlichen Welt bekanntgeworden war und dessen Schwerpunkt man in »geistigen« Prozessen sah. Für diese Vermittlung des Yoga spielte die Theosophie seit dem Ende des 19. Jahrhunderts eine zentrale Rolle, so daß Steiners Beschäftigung mit Kundalini- und Yoga-Fragen zu den Themen gehörte, für deren Popularisierung die Theosophie selbst verantwortlich zeichnete[203].

Möglicherweise liegen aber die Gründe für Steiners Streichung der Kundaliniterminologie nicht nur in Debatten des okkultistischen Milieus, sondern auch in seinem nächsten Umfeld. Die Reußsche Freimaurerei, der Steiner 1905 beigetreten war, hatte sich in diesem Zeitraum mit Spekulationen auseinanderzusetzen gehabt, daß es ihm um »sexualmagische« Praktiken gehe (s. 10.3.3). Eben dies hatte Theodor Reuß schon 1906 unter dem Pseudonym Pendragon angedeutet, als er die »Anbetung oder Verehrung der Reproduktionsorgane als Symbole der ewig sich erneuernden göttlichen Ur-Schöpferkraft« bezeichnete[204]. 1912 hat er diesen Konnex aus dem Dunkel der Vermutungen befreit und in seiner Zeitschrift »Oriflamme« den Zusammenhang von Sexualität und Spiritualität freiweg ausgesprochen: »Die Reproduktions-Energie ist Schöpfungs-Prozess. ... Und schließlich tritt die Große Vereinigung ein, wo der Uebende zum Seher wird – bei vollem Bewußtsein, – und das Gesehene erlebt. Dies ist weiße Sexual-Magie!«[205] »Was hier beschrieben wird«, kommentieren Helmut Möller und Ellic Howe diese Passage, »ist offensichtlich ein Form von Kundalini-Yoga«[206]. Eben dies könnte auch Steiner realisiert haben. Für ihn war allerdings diese Äußerung von Reuss doppelt pikant, denn im gleichen Heft der »Oriflamme« war er öffentlich als Mitglied des O.T.O. benannt worden. Die Eliminierung seiner eigenen Kundalini-Aussagen könnte eine Art Notbremse angesichts der drohenden Vorwürfe sexualmagischer Praktiken in seiner theosophischen Maurerei gewesen sein. Eingeholt haben ihn die Verdächtigungen sexueller Kundalini-Praktiken gleichwohl.

*d. Die antitheosophischen Überarbeitungen (1914)*

Eine einschneidende Zäsur liegt vermutlich mit der fünften Auflage 1914 vor, die wohl weder ohne die für 1909 dokumentierten Debatten (s. o. 7.4.3b) noch ohne die Revisionen des Jahres 1913 in der »Geheimwissenschaft« (s. u. 7.6.1) zu verstehen sind[207]. Steiner hat diese Veränderungen im Vorwort zu der Ausgabe

---

[203] Dazu Fuchs: Yoga in Deutschland, 3 f. Fuchs vermutet auch, daß das hierarchische Lehrer-Schüler-Verhältnis, die geheimwissenschaftliche Praxis von den Theosophen und die Reinkarnationslehre aus dem Yoga »übernommen« worden seien; dies ist allerdings nicht zwingend anzunehmen und eher unwahrscheinlich. Vgl. zu Blavatskys Ablehnung ihre Geheimlehre, III, 491; allerdings handelt es sich um eine Anmerkung (redaktionell? von Besant?) in dem postumen Band.

[204] Reuß [unter dem Pseudonym Pendragon]: Lingam-Yoni oder die Mysterien des Geschlechts-Kultus, 16.

[205] Zit. nach Möller / Howe: Merlin Peregrinus, 145; ausführliches Zitat in 10.3.3.

[206] Ebd.

[207] Die Auflage $^{8}$1918 lag mir nicht vor. Steiner kann die Änderungen auch erst 1918 vorgenommen haben. Angesichts seiner Beschäftigung mit politischen Themen im Umfeld des Kriegsendes gehe ich davon aus, daß er die Veränderungen bereits 1914 vorgenommen hat.

des Schulungswegs aus dem Jahr 1914 nicht geleugnet: »Zwar sind alle *wesentlichen* Glieder der Auseinandersetzungen, alle Haupttatsachen so geblieben, wie sie waren; doch sind *wichtige Änderungen* vollzogen worden.« (GA 10,12) Aber worin die Änderungen bestehen, deutete er nur schemenhaft an, und ob »alle *wesentlichen* Glieder« wirklich »geblieben« sind, ist eine ganz andere Frage. Diese neue Ausgabe griff allerdings nicht auf die Vorlage des Jahres 1910 zurück, sondern, wie erhaltene Druckfahnen zeigen[208], auf diejenige des Jahres 1909, so daß die Veränderungen der zweiten Auflage nicht (alle?) übernommen wurden.

Im Sommer 1914, als Steiner vermutlich seinen Schulungsweg überarbeitete[209], lag die Trennung von der Theosophischen Gesellschaft anderthalb Jahre zurück, die Eliminierung der theosophischen Bezüge besaß für Steiner oberste Priorität. Daß er »theosophische Schriften« zu Rate gezogen hat, vermutet man heute vielleicht nicht mehr, wenn man stattdessen seit 1914 von »geisteswissenschaftlichen Schriften« liest[210]; das gleiche gilt für den ausgemerzten Hinweis auf die »theosophischen Handbücher«[211]. Stößt man heute auf »Vorschriften« großer Eingeweihter (GA 10,148), so erinnert nichts daran, daß an dieser Stelle vordem ein Schlüsselbegriff der Theosophie stand und von »Ausflüssen ›uralter Weisheit‹« die Rede war[212]. Mehr noch, hinter dieser Formulierung verbarg sich vermutlich auch eine kleine Hommage an Annie Besant, deren Buch »The Ancient Wisdom« 1898 als »Die uralte Weisheit« übersetzt worden war und das Steiner wohl gut kannte[213]. Auch indische Begriffe wie »Kama loca« und »Devahan [sic]«, deren theosophische Provenienz evident war, hat Steiner gestrichen[214].

Über diese begrifflichen Änderungen hinaus veränderte Steiner das Verhältnis von Geheimschulung und Geheimschulen grundlegend. Als Theosoph hatte er wie selbstverständlich die Existenz einer esoterischen Lehrtradition und darin das Wirken von Geheimlehrern akzeptiert. Dies war vermutlich mit der fünften Auflage von 1914 anders. Die »Geheimlehrer« waren eliminiert, stattdessen finden sich »Lehrer des Geisteslebens«, »Geheimforscher«, »die Geheimschulung« oder »die Geisteswissenschaft«[215]. Allerdings ist vereinzelt auch der Terminus »Geheimlehrer« stehengeblieben (z. B. GA 10,102). Gestrichen wurden zudem »die Weisen« und ihre »Agenten«, die »erfahrenen Führer« und »Gurus« oder

---

208 Sam: Zur Editionsgeschichte, 63.

209 Das Vorwort der fünften Auflage ist auf den 7. September 1914 datiert (GA 10,14).

210 Lucifer Gnosis, Heft 21, Februar 1905, 259; vgl. zur Lesart seit 1914 GA 10,130.

211 Ebd., Heft 22, März 1905, 292; seit 1914 heißt es »in der Geisteswissenschaft« (GA 10,145).

212 Lucifer Gnosis, Heft 22, März 1905, 293. Vgl. auch die Revisionen von ebd., Heft 14, Juli 1904, 38, zu GA 10,40 f.

213 Vgl. Anm. 122. 325. 331. 545. Genannt hat er das Buch explizit 1923 (GA 258,98), lehnte aber einen Einfluß ab (ebd., 89).

214 Lucifer Gnosis Heft 24, Mai 1905, 357; die Begriff sind als Synonyme schlicht entfallen und fehlen heute in GA 10,168. In einem Text von 1924 (GA 234,155) scheint der Herausgeber Steiners Kenntnis dieses Buchs vorauszusetzen (ebd., 164).

215 Lehrer: ebd., Heft 14, Juli 1904, 33 (heute: GA 10,29); Geheimforscher: ebd., Heft 16, September 1904, 97 (heute: GA 10,58); Geheimschulung: ebd., Heft 19, Dezember 1904, 193 (heute: GA 10,103); Geisteswissenschaft: ebd., Heft 21, Februar 1905, 260 (heute: GA 10,134). Zur Datierung vgl. Anm. 207.

die »großen Menschheitslehrer«[216], und auch die »Meister« sind in der Mehrzahl dem Rotstift zum Opfer gefallen[217]. Konsequenterweise hat Steiner die »Geheimschulen« durch »Geheimschulung« ersetzt[218], den »Orden, der alle Eingeweihten umfaßt«, zu einem schlichten »Band« reduziert und die »äußeren Formalitäten« (bürokratische Bedingungen? Riten?) gestrichen[219]. Diese Redaktion läuft auf eine fundamentale Revision des theosophischen Geschichtsbildes hinaus. Steiner glaubte 1914 nicht mehr so wie zu hochtheosophischen Zeiten an die esoterischen Organisationen und die geheimen Meister hinter der exoterischen Welt, an soziale Strukturen jenseits der für alle faßbaren Gesellschaft, die er 1904 postuliert hatte (s. u. 7.10.1d).

Ganz herausgenommen hat Steiner die Hinweise auf eine eingeschränkte Öffentlichkeit im Rahmen der theosophischen Arkanwissenschaft und auf Inhalte, die nur in dem persönlichen Gespräch zwischen Schüler und Geheimlehrer weitergegeben würden. Der Satz, daß einige Wege

> »nicht öffentlich besprochen werden [dürfen], weil sie gewisse Wirkungen auf den Menschen haben können, die zuweilen das sofortige Eingreifen eines erfahrenen Geheimkundigen und jedenfalls dessen fortwährende Aufsicht nötig machen«[220],

ist durch völlig Umarbeitung faktisch gestrichen, ebenso die Belehrung, daß es »Anweisungen« gebe, die »nur dem einzelnen Menschen während seiner Geheimschulung« vermittelt werden[221]. Steiner hat auch den folgenden Satz getilgt:

> »Soviel über diese Übungen öffentlich gesagt werden kann, ist ... zum Teil mitgeteilt worden. Alles andere wird in den sogenannten Geheimschulen von Mensch zu Mensch angegeben.«[222]

Die letztgenannte Streichung hatte Steiner schon 1910 in der vierten Auflage vorgenommen[223]. Daraus wird man nicht schließen dürfen, daß Steiner bereits damals eine uneingeschränkte Öffentlichkeit für alle »esoterischen« Inhalte herstellen wollte. Vor dem Ersten Weltkrieg gab es eine selbstverständliche Arkandisziplin und auch keine so weite Verbreitung von Mitschriften, die ihn nach dem Krieg zu einer Zustimmung zur Veröffentlichung vorher geheimgehaltener Vorträge bewog; selbst nach 1918 hat er ja Texte aus der »Esoterischen Schule« nicht publiziert. Wenn es also nicht um prinzipielle Öffentlichkeit ging, muß eine Begründung an anderer Stelle liegen. Zum einen hatte Steiner wohl die

---

[216] Weise / Agenten: ebd., Heft 14, Juli 1904, 37 (heute in GA 10,39: »die Geistsucher«); Führer / Gurus: ebd., Heft 14, Juli 1904, 37 (heute in GA 10,40 faktisch gestrichen); Menschheitslehrer: ebd., Heft 18, November 1904, 165 (heute in GA 10,100: »Geistesforschung«).

[217] Geblieben in GA 10,18. Verändert ebd., 52, zugunsten von »Geheimwissenschaft« und »Wesenheiten der Geisteswelt« (vgl. Lucifer Gnosis, Heft 15, August 1904, 69) oder ersatzlos gestrichen in GA 10,157 (vgl. Lucifer Gnosis, Heft 23, April 1905, 324).

[218] Etwa in GA 10,71 (vgl. Lucifer Gnosis, Heft 16, September 1904, 102), in GA 10,75 (vgl. ebd., Heft 17, Oktober 1904, 129) oder in GA 10,172 (vgl. ebd., Heft 25, Juni 1905, 389).

[219] Orden: Lucifer Gnosis, Heft 14, Juli 1904, 33 (Band heute in GA 10,29); Formalitäten: ebd., Heft 19, Dezember 1904, 196 (zur Fehlstelle GA 10,110).

[220] Lucifer Gnosis, Heft 18, November 1904, 16 (heute in GA 10,98 f.)

[221] Ebd., Heft 22, März 1905, 291 (in GA 10,142 gestrichen.)

[222] Ebd., Heft 25, Juni 1905, 391.

[223] Vgl. Steiner: Wie erlangt man Erkenntnisse, $^{4}$1910, 266.

Absicht, den strikten Arkanvorbehalt zu lockern. Aber es bleibt undeutlich, wie weit er dabei wirklich gehen wollte. Zum anderen hat Steiner möglicherweise schon Jahre vor der Trennung von der Theosophischen Gesellschaft die Existenz einer esoterischen Tradition bestreiten wollen, über die er nicht zugleich verfügte. Konkret könnte sich seine Aussage gegen ein Sonderwissen des »östlichen« Schulungswegs von Annie Besant richten, von dem er 1907 seinen »westlichen« abgetrennt hatte. Aber dies bleibt spekulativ.

Den Streichungen entsprechen spiegelbildlich Einfügungen, von denen es relativ wenige gibt, die aber ebenfalls die Veränderungen seines Verhältnisses zur Theosophie im Jahr 1914 dokumentierten. Am deutlichsten geschah dies an einer Stelle, wo er nach dem ›Betreten der geistigen Welt‹ eine neue Wahrnehmungsqualität des frisch Eingeweihten beschrieb: »Buddhas Reden zum Beispiel wirken jetzt in einer neuen Art auf ihn ein.«[224] 1914 schlug sich an dieser Stelle die christologische Revision seiner Weltanschauung nieder: Nun sollen »Buddhas Reden und die Evangelien« wirken (GA 10,144), und konsequenterweise haben nicht nur Buddha, sondern seit 1914 zusätzlich »die Evangelienschreiber« »Offenbarungen« ausgesprochen[225].

### *7.4.4 Wurzeln und Kontexte*

*a. Asiatische oder europäische Wurzeln?*

Evidenterweise finden sich in Steiners Schulungsweg Elemente aus der buddhistischen Tradition, etwa in Buddhas achtgliedrigem Pfad, auf den Steiner verwies. Für viele Beobachter bestätigten solche Beobachtungen die indische Abhängigkeit der »anglo-indischen Theosophie«. So führte Jakob Wilhelm Hauer »alle Grundzüge« der »Geheimschulung« Steiners »auf die *buddhistische Schulung*« zurück[226]. Die »*wunderbaren Wirkungen*« etwa seien »ganz ähnlich wie bei Steiner« konzipiert[227], ebenso das göttliche Gehör, das Geistesauge[228], Schau von Lichterscheinungen, Geisteswesen, »Erkenntnis fremder Herzen, ihrer Gedanken und Gefühle«, »magische Kräfte, weitgehende Unabhängigkeit vom physischen Körper und seinen Funktionen«, Einsicht in das Karmagesetz[229]. Zugleich

---

[224] Lucifer Gnosis, Heft 22, März 1905, 292.

[225] Ebd., Heft 22, März 1905, 292 (Einfügung in GA 10,145).
Solche Einfügungen nahm Steiner vielfach punktuell vor. So werden etwa im Fortgang dieser Stelle »Wiederholungen« im Rahmen einer Meditation nur in »Buddhas Reden« begründet, während von den Evangelien keine Rede ist. Dies kann man inhaltlich deuten, daß es in den Evangelien diese Wiederholungen nicht gäbe, aber angesichts der nachweisbaren Einfügung auch vermuten, daß Steiner den Text nicht konsequent auf Linie gebracht hat.
Wenige Seiten später belegte er möglicherweise nochmals die Distanzierung von Versatzstücken der buddhistischen Tradition, die er bis dato augenscheinlich akzeptiert hatte: Aus der Überwindung der »Illusion des *persönlichen* Selbst« (Lucifer Gnosis, Heft 23, April 1905, 322), eine Formulierung, die man auf buddhistische Vorstellungen beziehen kann, war nun »die Illusion, welche aus der persönlichen Begrenztheit stammt« (GA 10,151), geworden.

[226] Hauer: Wesen und Werden der Anthroposophie, 99.

[227] Ebd., 100.

[228] Vgl. bei Steiner GA 10,54 f. 82 .

[229] Hauer: Wesen und Werden der Anthroposophie, 100.

realisierte Hauer die bloß »formalen« Ähnlichkeiten bei »Konzentrationsübungen, Meditationen, Betrachtungen über die grossen Wahrheiten des Systems. Gleichartigen Bewusstseinszuständen bis zum »upekha«, dem ›leibfreien Denken‹, dem ›Leben im reinen Denken‹«[230]. Inhaltliche Differenzen sah Hauer hingegen in Steiners Ziel der Einsicht in übersinnliche Welten, denn diese Erlösung würde die buddhistische Vorstellung vom Rad der Geburten eliminieren[231]; letztlich gehe es um die Vollendung im europäischen und um das Erlöschen im asiatischen Kulturraum[232].

Gegenüber der um 1900 weit verbreitete Generalvermutung asiatischer Wurzeln der Theosophie und ihres Schulungsweges, die bei Hauer vergleichsweise differenziert artikuliert ist, fasse ich einige Ergebnisse kurz zusammen. Einige Vorlagen lassen sich teils eindeutig, teils wahrscheinlich der Zeit um 1900 sowie der Theosophischen Gesellschaft und ihrem Umfeld zuweisen ließen:

- Aus der Theosophie stammen Werke Annie Besants und Charles Webster Leadbeaters (»Gedankenformen«, »Der sichtbare und der unsichtbare Mensch«, »Die uralte Weisheit«).
- Auch Schuré mit seinem theosophischen Programm der Eingeweihten tauchte im Schulungsweg wieder auf, zwar nicht namentlich, aber er stand leicht erkennbar hinter dem Hinweis auf die »›großen Eingeweihten der Menschheit‹« (GA 10,157). Steiner war das Werk so wichtig, daß er die Nennung von »großen Eingeweihten« sogar 1914 an einer weiteren Stelle in den Text einfügte[233].
- Die Kundalini-Vorstellungen dürften ebenfalls auf theosophische Quellen zurückgehen, die wiederum in einem nicht näher bekannten Verhältnis zu Debatten über Sexualität und Spiritualität im okkultistischen Milieu vor dem Ersten Weltkrieg standen.
- Die Chakrenlehre, die bei Steiner nicht außerhalb theosophischer Zusammenhänge vorkommt, hat Steiner zumindest durch theosophische Vermittlung rezipiert, und auch die Bezüge auf die »okkulte Schrift« könnten aus diesem Umfeld stammen.
- Edward Bulwer-Lyttons Roman »Zanoni«, ein in theosophischen Kreisen weitverbreitetes Werk, hat Steiner nach eigenen Aussagen rezipiert und von dort die Vorstellung der »Hüter der Schwelle« übernommen.
- Aus maurerischen Traditionen stammten die »Proben« für den Prüfling. Die Vermittlung lief möglicherweise über die von Theodor Reuß gekauften Rituale, aber dieser Topos war auch über offene Quellen zur Maurerei bekannt.

---

230 Ebd., 99 f.; Satzbau so bei Hauer.

231 Ebd., 99.

232 Ebd., 100. Hauer griff seinerseits auf Heiler: Die buddhistische Versenkung, zurück, bei dem in der Tat die Differenzen zwischen Steiners Vorstellungen und buddhistischen ins Auge stechen. Auch Hummel: Indische Mission und neue Frömmigkeit, 191, sieht, ohne weitere Spezifizierung, große Differenzen sowohl zur buddhistischen Erkenntnis der »Vier Wahrheiten vom Leiden« als auch zur »hinduistischen Einheitserfahrung von Atman und Brahman«. Dieser Komplex bedürfte allerdings eine intensiveren Bearbeitung mit soliden indologischen Kenntnissen.

233 GA 10,148; vgl. Lucifer Gnosis, Heft 22, März 1905, 293.

Angesichts dieses Befundes ist meines Erachtens Hauers Einsicht umzudrehen: Die buddhistischen Traditionen prägen nicht »alle Grundzüge«, sondern nur einzelne Elemente von Steiners Schulungsweg. Die »Grundzüge« sind vielmehr theosophischer Provenienz. Soweit Bezüge auf asiatische Vorstellungen nachweisbar sind, ist eine direkte Abhängigkeit Steiners von asiatischen Quellen nicht nachweisbar und auch nicht wahrscheinlich. Alle Beobachtungen nötigen vielmehr zu der Folgerung, daß er Termini oder Vorstellungen aus Asien über die Literatur aus der theosophischen Bewegung und ihrem Umfeld rezipierte.

*b. Steiners Verhältnis zu anderen Schulungswegen*
Mit der Identifizierung der Herkunft einzelner Elemente ist noch nicht geklärt, woher das Strukturkonzept von Steiners Schulungsweg (sofern man diesen Singular angesichts des Konglomerats divergenter Teile noch akzeptiert), stammt. Die Frage nach Steiners Eigenständigkeit läßt sich nicht im Blick auf die klassischen europäischen Traditionen beantworten. Für eine Kenntnis etwa der ignatianischen »Exerzitien« oder Therese von Avilas »Innerer Burg« gibt es keine Hinweise, weder explizit noch im Aufbau des Textes. Hingegen ist klar, daß er sich auf zeitgenössische Debatten um die Erkenntnis »höherer Welten« bezog. Es gebe »viele gefährliche, ja verwerfliche Prozeduren« (GA 10,57), ließ er sich kryptisch vernehmen, »andere Wege, die schneller zum Ziele führen« und von denen »einiges … doch immer wieder in die Öffentlichkeit dringt« (ebd., 98 f.). Klarer sind seine Wendungen gegen den spiritistischen Mediumismus (ebd., 117), die er 1918 in seinem Nachwort noch verstärkte (ebd., 219); aber Vorlagen für seinen Schulungsweg lassen sich damit nicht identifizieren.

Die nächsten Vorbilder liegen wohl im Umfeld der Theosophischen Gesellschaft. Bemerkenswerterweise begann Steiner, gleichzeitig mit seinem Schulungsweg Passagen »Aus dem ›Adeptenbuch‹ von A. M. O.« in seiner Zeitschrift »Lucifer Gnosis« zu veröffentlichen[234]. Hinter dem Akronym verbarg sich der Bildhauer und Theosoph Adolf Martin Oppel, der zwischen 1902 und 1904 im Vorstand der deutschen Adyar-Theosophie saß. Steiner pries das »Adeptenbuch« 1904 als »Bereicherung unserer abendländischen mystischen Literatur«, »das von Welten spricht, die man nicht durch äußere Wissenschaft, sondern nur durch innere Erfahrung erreicht«[235]. Er nahm Oppelts Buch offenkundlich zu diesem Zeitpunkt nicht als Konkurrenz, sondern als Grundlage oder Ergänzung seiner Vorstellungen wahr. Oppelts meditativ gestimmtes Werk, das in den in »Lucifer Gnosis« abgedruckten Teilen um Überlegungen zur Wesensidentität von Gott und Mensch kreiste, war aber eher eine Sammlung von Inhalten als von methodischen Anleitungen. Es gehört in das Genre frommer Betrachtungen, wohingegen Steiner zumindest in seiner Selbstwahrnehmung einen analytischen

[234] Lucifer Gnosis, Juni 1904, S. 6. Die letzte Folge, als »Fortsetzung betitelt«, erschien im Novemberheft (Nr. 30) 1905.
Von Oppel sind weitere Publikationen bekannt, die in einem unbekannten Verhältnis zu seinem »Adeptenbuch« stehen: Die Dämonen (1910), Der Denker (1910), Praktische Mystik (1917), Der mystische Mensch (1919), Okkultismus und Mystik (1925).
[235] Anonyme Einleitung in Lucifer Gnosis, Juni 1904, 6; der Text stammt allerdings vermutlich, wie die anderen ungezeichneten Artikel auch, aus Steiners Feder.

Ansatz philosophisch begründeten Erkenntnisgewinns präsentierte. Aber diese Scheidung zwischen Weisheit und Wissenschaft verliert bei näherem Hinsehen viel von ihrer unterstellten Trennschärfe. Letztlich ist die Bedeutung des »Adeptenbuchs« angesichts von Steiners Eklektizismus nicht leicht zu bestimmen. Sicher ist nur, daß er zumindest dieses Werk gekannt und so hoch geschätzt hat, daß er es als parallele Lektüre zu seinem Erkenntnisweg bis ins letzte Heft des Jahrgangs 1905 von »Lucifer Gnosis« anbot[236].

Nachweislich gekannt und empfohlen hat er auch Annie Besants 1898 auf deutsch erschienenes Buch »Im Vorhof des Tempels« (GA 34,521)[237] und ihr Werk »Der Pfad der Jüngerschaft«[238], das er unmittelbar nach dem Erscheinen der deutschen Übersetzung ausführlich im Mai 1905 rezensierte (GA 34,520–529); beide waren aus Vorträgen entstanden, also wie Steiners Schulungsweg keine Bücher aus einem Guß, und entsprechend wenig systematisiert. Zudem befand sich Besants Buch »Das Denkvermögen« wohl in seiner Bibliothek[239]. Das noch am stärksten systematisierte Buch »Im Vorhof« beschreibt die Wanderung der »Seele« durch einen Vorhof in den Tempel, wie sie »in wenigen Leben« das erreiche, wofür »Rassen« und die »Menschheit als Ganzes« lange bräuchten[240]. Den Beginn des »Pfades« bilden Anweisungen an den Leser zur Selbstkontrolle und Reinigung, etwa durch die »Läuterung seiner Begierden-Natur« und des »niederen Ego«[241]. Dann soll er durch »Gedanken-Beherrschung«[242] »reif« werden »für das Betreten jenes steileren und kürzeren nach oben führenden Pfades«[243], bis er im Vorhof »etwas Grösseres ... als diesen Intellect« erkenne[244], dasjenige, »was den Universal-Geist individualisirt«[245]. Sobald der »Jünger« »seinen Weg in den äusseren Hof gefunden und nun den Meister um Belehrung anfleht«[246] – hier erst baute Besant eine personale Identität ein[247] – werde er vom Lehrer ermahnt, den Intellekt zu reinigen, ehe er, »frei von Begehren und frei von Schmerz ... in der Ruhe der Sinne die Majestät der spirituellen Wesenheit erblickt«[248]. Nach

236 Letzter Teil in Lucifer Gnosis, Heft 30, 1905, 567–572.

237 Besant: Im Vorhof.

238 Dies.: Der Pfad der Jüngerschaft.

239 Dies.: Das Denkvermögen. Die Erwähnung in GA 266a,568 könnte auf Steiners Bibliotheksbestand hinweisen.

240 Besant: Im Vorhof, 10.

241 Ebd., 18.

242 Ebd., 28. In »Denkvermögen« hatte Besant physikalistisch die materiell faßbaren Wirkungen der Gedanken beschrieben. »Es gibt noch eine andere Art von viel feineren Aetherschwingungen [als Licht], welche wir percipiren ... und wir nennen diese Bewegungen Gedanken.« (S. 31) Diese Materialisierung ebnete ihr zugleich die Möglichkeit, empiristisch mit diesen Phänomenen umzugehen.

243 Besant: Im Vorhof, 35.

244 Ebd., 36.

245 Ebd., 37. Er bilde »selbst die Vehikel (Träger)« (ebd.), wie es in einer neuplatonisch anmutenden Terminologie heißt.

246 Ebd., 42.

247 Auch in dies.: Der Pfad der Jüngerschaft, 45–49, 76, findet sich die Bedeutung des Lehres, hier »Guru« genannt, im Mittelteil des Werks. In »Im Vorhof« bestand sie aber darauf, daß »auf der Schwelle« »vor der goldenen Pforte«, die in den »grossen Tempel« führe, die Türe »Jeder öffnen kann« 114.

248 Besant: Im Vorhof, 51, mit Verweis auf »Kathopanishad. II. 20.« In dies.: Der Pfad der Jüngerschaft, 1, sprach sie vom Ziel der »Vereinigung mit dem Einen«.

dieser Bestimmung des Zieles der Schülerschaft folgten noch Hinweise zur »Bildung des Charakters«[249], also der ethischen Handlungsfähigkeit durch »Contemplation«[250], und Tugendkataloge, etwa angelehnt an die Bhagavad-Gita die Forderung nach »Furchtlosigkeit, Reinheit des Herzens, Ausharren im Suchen nach Weisheit, Freigebigkeit, Selbstbeherrschung, Opferwilligkeit und Studium der Shastras …«[251]. In der Struktur und bei vielen Inhalten gibt es Parallelen zu Steiners Schulungsweg. So erinnert zwar Besants Forderung nach »Gedankenbeherrschung« an Steiners Anleitungen zur »Gedankenkontrolle« (GA 10,127), aber dies war eben flottierendes theosophisches Lehrgut. Unmittelbare Abhängigkeiten fallen nicht ins Auge. Schon Hübbe-Schleiden vermutete, daß Steiner sich in Besants Werken und aus dem Fundus von Blavatskys Esoterischer Schule, den Besant in Händen hielt, bedient habe[252]. Daß aber »der ganze anthroposophische Pfad an ihm [Besants »Im Vorhof«] gemodelt« sei, wie Hauer meinte[253], scheint mir eine unzulässig Vereindeutigung, wenngleich die Richtung seiner Vermutung stimmt.

Schon Besant konnte auf Vorlagen zurückgreifen, die wiederum auch Steiner zur Verfügung gestanden haben dürften, etwa Sinnetts »Wachstum der Seele«, entstanden in den 1890er Jahren, der wie Steiner eine Vielzahl von Tugendkatalogen bot[254]. Blavatskys 1893 erschienene »Stimme der Stille« hat Steiner 11. August 1904 zu Schulungszwecken verwandt (GA 264$^2$,453–461). Sie beschrieb über weite Strecken Erlebnisse im Bereich des »Übersinnlichen«, wobei aber die inhaltliche Übereinstimmungen, die sich etwa beim »Kundalini«-Feuer ergeben,[255] gering bleiben. Möglicherweise hat Steiner sich auch bei Eliphas Levi bedient[256].

Auf ein Werk aber verwies Besant expressis verbis, auf das »mediumal ›niedergeschriebene‹« »Licht auf den Weg« von Mabel Collins[257]. Damit befindet man sich in einem theosophischen Zitierkartell, denn mit diesen Meditationsanleitungen hat sich auch Steiner intensiv auseinandergesetzt. Auf Collins Büchlein, das schon in den 1880er Jahren übersetzt worden war (vgl. GA 245,173), hat er sich seit seinen »Exegesen« im Dezember 1903 in Mitgliedervorträgen aus der Zeit der Abfassung des Schulungsweges bis vermutlich Anfang 1907 im-

---

249 Besant: Im Vorhof, 56.

250 Ebd., 69.

251 Ebd., 73, mit Verweis auf das 16. Gespräch von Krishna mit Arjuna; weitere Tugendkataloge etwa im »Pfad der Jüngerschaft«, 51, 69

252 Zit. bei Klatt: Theosophie und Anthroposophie, 175. Der Vorwurf, Steiner habe in seinem Schulungsweg »einfach die E. S. Vorschriften und Ratschläge der Besant-Blavatsky breitgetreten«, der 1915 unter Theosophen kursierte (siehe ebd., 83), trifft wohl so nicht zu, indiziert aber die Wahrnehmung (oder Unterstellung) von Ähnlichkeiten unter Insidern.

253 Hauer: Werden und Wesen der Anthroposophie, 99.

254 Sinnett: Das Wachstum der Seele; Entstehungsdatum nach Besants Vorwort, S. VII; Tugendkataloge S. 336–359.

255 Blavatsky: Stimme der Stille und andere ausgewählte Bruchstücke, 31 (in der Anm.).

256 In einer Aufzeichnung Hübbe-Schleidens vom 25 Juni 1907 findet sich eine Stelle (GA 266,250), die die Herausgeber der GA (ebd., 585) an eine Stelle bei Eliphas Levi: Dogma und Ritual der Hohen Magie, 160, erinnert. Zu Steiners Benutzung dieses Werks vgl. 12.2.2.

257 Besant: Im Vorhof, 118 f., Zit. S. 119.

mer wieder bezogen[258] und ihre weisheitlich anmutenden Sentenzen zitiert[259]. So hielt Steiner im Oktober 1905 ein ausgesprochen hohes Lob für die »Stimme der Stille« bereit: »Ein herrliches Büchelchen, das … nach und nach dem Menschen durch die Kraft der Worte wirkliches Hellsehen gibt« (GA 54,55). Man kann vermuten, daß es ihm auch persönlich viel bedeutet hat. Auch Collins Roman »Flita. Wahre Geschichte einer schwarzen Magierin«, hat Steiner 1905 sehr positiv rezensiert (GA 34,512–515). Noch im Januar 1913 vermittelte Steiner Bücher von ihr an Interessenten, vermutlich ihren Schulungsweg (GA 262,147); in diesem Jahr soll er sie auch persönlich getroffen haben[260].

Einige inhaltliche Übereinstimmungen mit Collins Meditationsbuch sind bemerkenswert. Auf die Parallele zwischen ihrer »astralen Zeichenschrift« und Steiners »okkulter Schrift« habe ich bereits hingewiesen (s. o. 7.4.2). Stärker noch schlägt zu Buche, daß sie unter den wenigen Autoren Bulwer-Lytton mit seinem Roman Zanoni anführt, den auch Steiner heraushob und den er möglicherweise durch ihre Vermittlung in seinem Schulungsweg rezipiert hat. Schließlich dürfte Collins Steiner in der Distanzierung zur theosophischen Muttergesellschaft gefolgt sein. Sie habe zu den »Meistern« als Vermittlern respektive Autorin eines Einweihungsweges im Laufe ihres Lebens ein distanziertes Verhältnis bekommen und sei 1913 in die Anthroposophische Gesellschaft eingetreten[261]. Andererseits mied Steiner ihre scharfe Diktion vom »Ertöten« von Lebensvollzügen (etwa des »Ehrgeizes« oder der »Liebe zum Leben«)[262]. Und auch die Struktur seines Schulungsweges hat er aus ihrem Buch nicht entnommen, Collins Werk ist (wie auch Blavatskys »Stimme der Stille«) eine aphoristische Sammlung von Weisheitslehren und in noch geringerem Maß systematische Meditationsanleitungen als Steiners auch nicht streng durchkomponiertes Buch.

Eine weitere theosophische Anweisung für die Erlangung von Hellsichtigkeit erwähnte Steiner in seinen Werken offenbar nicht, Leadbeaters »Clairvoyance« aus dem Jahr 1899, das 1909 ins Deutsche übersetzt wurde[263]. Leadbeater begann mit einer Situierung der »Clairvoyance« – ein Terminus, den Steiner erst 1922/23 benutzte (z. B. GA 215,26)[264] – in einem naturwissenschaftlichen Kontext[265], innerhalb dessen Hellsehen für Leadbeater ein Phänomen der »vierten Dimension« war[266]. Die Beispiele sind materialistischer als bei Steiner, wenn etwa von den »wunderbaren Resultaten der Röntgenstrahlen«, deren »feinere Schwingungen dem Menschen zum Bewusstsein gebracht werden« können, die

---

[258] Vgl. etwa GA 266a,25 (8.2.1904); GA 93a,48 (30.9.1905); GA 94,45 (30.5.1906).

[259] Im Juni 1905 etwa den Satz: »Ehe vor den Meistern kann die Stimme sprechen, muß das Verwunden sie verlernen.« (GA 34,389)

[260] Collins: Light on the Path / Licht auf dem Weg, 121.

[261] Miers: Lexikon des Geheimwissens ([7]1993), 145.

[262] Collins: Licht auf den Weg, 5–7, Zit. 5.

[263] Leadbeater: Hellsehen (1909?); das Exemplar der Universitätsbibliothek Münster wird in der bibliothekarischen Erfassung mit dem (Aquisitions-?) Jahr 1909 geführt; im Buch selbst ist auf eine offenbar kürzlich veröffentlichte weitere Übersetzung, Sinnetts »Wachstum der Seele«, verwiesen (S. 3).

[264] Es scheint unter den etwa 70 Belegen nur 1914 eine Ausnahme in GA 154,97 zu geben.

[265] Leadbeater: Hellsehen, 4–12.

[266] Ebd., 33.

Rede ist oder von der Wahrnehmung von »Vibrationen«[267]. Aber das Argumentationsmuster in der monistischen Egalisierung »geistes-« und »naturwissenschaftlicher« Realitätszugänge stimmt mit demjenigen Steiners überein. Auch bei Leadbeater stand das Hellsehen im Prinzip allen Menschen offen, sind die Informationen aus der Vergangenheit in der »Akasha-Chronik« zu lesen (und nicht, wie er abgrenzend gegen Blavatsky hinzufügte, im »Astrallicht«), und vergangene Reinkarnationen sollen sich in der übersinnlichen Welt ermitteln lassen[268]. Hinsichtlich des künftigen Schicksals schätzte Leadbeater die Erkenntnismöglichkeiten allerdings höher ein als Steiner und postulierte eine Vorausschau[269], die Steiner zurückhaltend behandelte. Aber in der Wertschätzung der »Leitung eines erfahrenen Lehrers« trafen sich Leadbeater und Steiner wieder, wobei beide die Abgrenzung zu spiritistischen Praktiken wie etwa der »magnetischen Trance« suchten[270]. Schlußendlich forderte auch Leadbeater auf dem »Pfad der Selbstentwicklung« keine blinde Gefolgschaft, sondern eine skeptische Kritikfähigkeit:

> »Es wird gut sein, wenn alle Schüler der Theosophie beständig daran denken, dass der Okkultismus die Apotheose des gesunden Menschenverstandes ist und dass jede Vision, die sie haben, nicht notwendigerweise ein Bild aus der Akasha-Chronik sein muss und nicht jeder impulsive Einfall eine Offenbarung von oben. Es ist weit besser, sich durch einen gesunden Skeptizismus auszuzeichnen, als durch zu grosse Leichtgläubigkeit; und es ist eine vorzügliche Regel, niemals eine okkulte Erklärung für irgend eine geistige Erfahrung zu suchen, wenn eine einfache deutliche, physische Erklärung genügt.«[271]

Vom methodischen Ansatz bis in manche Details des Schulungswegs sind die Übereinstimmungen zwischen Leadbeater und Steiner frappierend. Daraus läßt sich nicht notwendig schließen, daß Steiner dieses Buch gekannt hat, aber es dokumentiert, in welchem Ausmaß Leadbeaters Vorstellungen oder ähnliche theosophisches Allgemeingut waren.

Per saldo läßt sich Steiners Schulungsweg mit der eklektischen Sammlung von Inhalten ohne klare Konzeption keinem Vorbild zuweisen. Als Gerüst könnte einer der theosophischen Schulungswege gedient haben, aber letztlich dominieren in »Wie erlangt man Erkenntnisse der höheren Welten?« die additiven Züge. Der Schulungsweg ist ein Buch mit Brüchen, mit Wiederholungen selbst zentraler Wegmarken[272] und mit dem mehrfach angekündigten Schluß, bevor Steiner den Text schlicht liegenließ. Man kann diese Quellenverarbeitung als kreativen Synkretismus lesen, aber dies wäre eine unbeabsichtigte Nebenfolge.

---

267 Ebd., 7. 8.

268 Allgemeine Offenheit ebd., 3; Akasha-Chronik ebd., 91; Reinkarnationen ebd., 115–118.

269 Ebd., 127.

270 Ebd., 158.

271 Ebd., 119 f.

272 Beispielsweise die oftmalige Bestimmung des Grenzüberschritts zwischen sinnlicher und »übersinnlicher« Welt, etwa im Beginn des Hellsehens oder in der vollzogenen Einweihung oder der Begegnung mit dem »Hüter der Schwelle« oder in der Vervielfachung von Tugendkatalogen.

### *7.4.5 Hermeneutische Probleme*

*a. Erkenntnis und Autorität*

Im Schulungsweg fällt die Häufung eines modalen Hilfsverbs auf: »müssen«. »Man muß« einen Gedanken »*erleben*« (GA 10,62), »der *gesunde* Sinn« »muß« »fortwährend gepflegt werden« (ebd., 63), der Initiand »muß ... immerfort und fort üben« (ebd., 54), er »muß« »seine moralische Kraft ... fortwährend steigern« und er »muß« »sein Mitgefühl« vergrößern (ebd., 56), in der Wasserprobe »muß sich erweisen« wie sich der Schüler »in der höheren Welt bewegen kann« (ebd., 80), der Mensch »muß« »*vier* Eigenschaften« erwerben, »um zu höherer Erkenntnis aufzusteigen« (ebd., 145), und selbst wenn er die Reinkarnationen hinter sich gelassen hat, »muß« »eine Zeit beginnen, in welcher die befreiten Kräfte [des boddhisatvaartigen Menschen] weiter an dieser Sinnenwelt arbeiten« (ebd., 211). Ich wiederhole diese Formulierungen mit einer gewissen Penetranz, weil im Stakkato der Imperative das Verhältnis von Pflicht und Wahl, von Determination und Freiheit aufgeworfen ist und sich die Frage nach projektiver Wahrnehmung in das Problem der Autorität im Vermittlungsprozeß transformiert. Soziologisch heißt dies, die Frage nach den Machtstrukturen im Verhältnis von Erkenntnis und Autorität zu stellen, näherhin zu fragen: wie das Postulat einer demokratisierten esoterischen »Gnosis« umgesetzt wird.

Autorität tritt im Verhältnis zwischen Schüler und Lehrer, zwischen dem Adepten und dem Eingeweihten als Forderung nach »Devotion« auf. Sachlich gründet diese Forderung sowohl in den unterstellten formalen Kenntnissen des Eingeweihten über die Methode des Wissenserwerbs als auch in seinem materialen Wissen, denn als Leser in der Akasha-Chronik ist er virtuell allwissender, gottgleicher Initiierter. Dieses Autoritätsverhältnis hat Steiner in einem locus classicus, der auch in der anthroposophischen Literatur oft zitiert wird, expliziert (spätere Veränderungen, vermutlich aus dem Jahr 1914 – dazu s. u. – unterstrichen):

> »Eine gewisse Grundstimmung der Seele muß den Anfang bilden. Der Geheimforscher nennt diese Grundstimmung den *Pfad der Verehrung*, der Devotion <u>gegenüber der Wahrheit und Erkenntnis</u>. Nur wer diese Grundstimmung hat, kann Geheimschüler werden. Wer Erlebnisse auf diesem Gebiete hat, der weiß, welche Anlagen bei denen schon in der Kindheit zu bemerken sind, welche später Geheimschüler werden. Es gibt Kinder, die mit heiliger Scheu zu gewissen von ihnen verehrten Personen emporblicken. Sie haben eine Ehrfurcht vor ihnen, die ihnen im tiefsten Herzensgrunde verbietet, irgendeinen Gedanken aufkommen zu lassen von Kritik, von Opposition. Solche Kinder wachsen zu Jünglingen und Jungfrauen heran, denen es wohltut, wenn sie zu irgend etwas Verehrungsvollem aufsehen können. Aus den Reihen dieser Menschenkinder gehen viele Geheimschüler hervor. Hast du einmal vor der Tür eines verehrten Mannes gestanden und hast du bei diesem deinem ersten Besuche eine heilige Scheu empfunden, auf die Klinke zu drücken, um in das Zimmer zu treten, das für dich ein ›Heiligtum‹ ist, so hat sich in dir ein Gefühl geäußert, das der Keim sein kann für deine spätere Geheimschülerschaft. Es ist ein Glück für jeden heranwachsenden Menschen, solche Gefühle als Anlagen in sich zu tragen. Man glaube nur ja nicht, daß solche Anlagen den Keim zur Unterwürfigkeit und Sklaverei bilden. <u>Es wird später die erst kindliche Verehrung gegenüber Menschen zur Verehrung gegenüber Wahrheit</u>

und Erkenntnis. Die Erfahrung lehrt, daß diejenigen Menschen auch am besten verstehen, das Haupt frei zu tragen, die verehren gelernt haben da, wo Verehrung am Platze ist. Und am Platze ist sie überall da, wo sie aus den Tiefen des Herzens entspringt.«[273]

Diese Passage beschreibt das Verhältnis von Geheimschüler und Geheimlehrer, Initiation war für Steiner ein personalisierter Prozeß. Er beginne mit »Verehrung«, die Steiner in der »Devotion« als Teil einer in der Kindheit ansetzenden Entwicklung beschrieb. Aber schon am Ende dieser Passage ist die kindliche Haltung zu einer Metapher für den Habitus des erwachsenen Geheimschülers geworden, das Kind wird zur Metapher für den Adepten.

Nun finden sich in diesem »Devotions«-Text Einschränkungen der Macht der Eingeweihten, die personale Autorität ist an einzelnen Stellen durch Sachautorität ersetzt, da es doch – wie es an den oben von mir unterstrichenen Stellen heißt – um »Devotion« »gegenüber der Wahrheit und Erkenntnis« gehe und »die erst kindliche Verehrung gegenüber Menschen zur Verehrung gegenüber *Wahrheit und Erkenntnis*« werde. Aber diese Stellen in der aktuellen Gesamtausgabe sind tückisch, handelt es sich doch um Ergänzungen aus dem Jahr 1914. Steiner hatte die Verehrung ursprünglich nicht auf abstrakte Größen, sondern auf Menschen bezogen und versuchte erst später, diese persönliche Bindung durch einen Bezug auf eine unpersönliche Wahrheit oder Erkenntnis zu relativieren oder gar aufzuheben. So deutlich die Absicht ist, so ambivalent bleibt das Ergebnis: Steiner hat zwar der Entpersonalisierung der Initiation an derartigen Stellen eine Brücke gebaut, aber die personalisierte Autorität nur relativiert, nicht eliminiert. Die metaphorische Verkindlichung des Adepten ist geblieben und damit die hierarchische Konstruktion. Und ohnehin blieben die Geheimlehrer als Autoritäten der Erkenntnisordnung an vielen anderen Stellen im Schulungsweg stehen: Vielleicht weil er sie bei der Revision übersehen hat, wahrscheinlicher aber, weil er im Grunde an der Autoritätsfigur des Initiierten festhielt.

Weitere autoritätsrelativierende Gegenlager finden sich im Fortgang der Argumentation. »In sich selbst muß der Geheimschüler einen neuen, einen höheren Menschen gebären« (GA 10,35), forderte Steiner. Aber der seit der schriftlichen Fassung am Ende eines Absatzes durch einen Gedankenstrich abgetrennte Satz steht nicht nur dadurch isoliert und ist nicht nur ein paraphrasiertes Traditionszitat von Angelus Silesius[274], sondern auch diese Selbstgeburt beruht auf der durch Devotion[275] und Unterwerfung begründeten Adeptenschaft. Zu diesen Relativierungen der Autorität gehört auch eine Aussage zu den Handlungsgrenzen des »Geheimlehrers« (seit 1914: »Lehrers des Geisteslebens«[276]). Steiner schränkte ein, er solle »in keines Menschen freien Willensentschluß« eingreifen (GA 10,29). Später forderte Steiner »die volle Selbstgeltung eines jeden Menschen un-

[273] Lucifer Gnosis, Heft 13, Juni 1904, 2f.; GA 10,19f.

[274] Johannes Schefflers Vers aus dem »Cherubinischen Wandersmann«, »Wird Christus tausendmal in Bethlehem geboren und nicht in dir, du bleibst doch ewiglich verloren«, war Steiner wohlbekannt, und er hat ihn während der Abfassung der oben zitierten Paraphrase (sie erschien im Juli 1904 in: Lucifer Gnosis, Heft 14, 36) in einem Vortrag vom Juni 1904 zitiert (GA 52,86).

[275] Ein kritischer Zuhörer wie Kafka registrierte 1911 eine »devotionelle Stimmung« grundsätzlich bei Vorträgen Steiners; Kafka: Tagebücher [Textband], 159.

[276] In: Wie erlangt man Erkenntnisse, seit $^{5}$1914, 16. Noch $^{4}$1910, 24, hieß es: »Geheimlehrer«.

eingeschränkt zu schätzen und als etwas Heiliges, von uns Unantastbares – auch in Gedanken und Gefühlen – zu betrachten, was in dem Menschen wohnt« (ebd., 70). Diese Äußerungen waren Versuche einer Sicherung gegen Übergriffe auf das Forum internum des Menschen, aber es bleiben (bloße) Aufforderungen an den jeder Kontrolle enthobenen Geheimlehrer. Und, um ein letztes Beispiel zu nennen, nach der Feuerprobe »muß« dem Schüler, wie Steiner schrieb, die »okkulte Schrift« eröffnet werden (ebd., 78). Aber diese Einschränkung der Macht des Lehrers stand unter dem Determinismus einer höheren Gewalt, denn »die Wege, die den Menschen reif zum Empfange eines Geheimnisses machen, sind genau bestimmte. Ihre Richtung ist mit unauslöschlichen, ewigen Buchstaben vorgezeichnet in den Geisteswelten, in denen die Eingeweihten die höheren Geheimnisse behüten.« (ebd., 19) Auch der Geheimlehrer war nur Mittler einer übergeordneten Autorität.

Wenn letztlich übergeordnete Mächte um den richtigen Schulungsweg wissen, ist folgerichtig Kritik den Lernenden verboten: »Jede Kritik, jedes richtende Urteil vertreiben ebenso die Kräfte der Seele zur höheren Erkenntnis, wie jede hingebungsvolle Ehrfurcht sie entwickelt« (GA 10,21), meinte Steiner etwa, und beim Geheimschüler soll »zu gewissen Zeiten« sogar »alles verständesmäßige Urteilen schweigen« (ebd., 50). Dies war auch Teil einer kulturkritischen Reserve Steiners, derzufolge »in der veräußerlichten Zivilisation unserer Tage«, dem »kritischen Zeitalter« eben, »die Ideale … herabgezogen« würden (ebd., 22). Steiner beeilte sich zwar festzuhalten, daß man »gerade der Kritik, dem selbstbewußten menschlichen Urteil«, »die Größe unserer Kultur« verdanke (ebd.), doch relativierte er diese Feststellung umgehend, indem er sie gegen die Erlangung »*höherer* Erkenntnis« ausspielte: »Was wir dadurch [das ›selbstbewußte Urteil‹] an äußerer Kultur gewonnen haben, mußten wir mit einer entsprechenden Einbuße an *höherer* Erkenntnis, an spirituellem Leben bezahlen.« (ebd.) Zur Kritik als einer fundamentalen, auch formalen Kategorie zur Prüfung seines Gegenstandes besaß Steiner ein gebrochenes Verhältnis.

Aber Steiner ging noch weiter und unterlief bereits die Reflexion auf eine mögliche Kritik, indem er die Verehrung im »Devotions«text in die Emotionen verlagerte (»heilige Scheu«, »Gefühl«). Vergleichbar wirkte der Verweis auf die »Anlage«, eine biologische Metapher, die eine Disposition oder gar Determination unterstellte und ebenfalls die Diskursivität des Verhältnisses zwischen Lehrendem und Lernendem unterlief. In dieser autoritären Disposition sah Steiner ein festes Gesetz, daß von Generation zu Generation weitergegeben werde, wie er wenige Zeilen später erläuterte:

> »Der Eingeweihte hat sich nur dadurch die Kraft errungen, sein Haupt zu den Höhen der Erkenntnis zu erheben, daß er sein Herz in die Tiefen der Ehrfurcht, der Devotion geführt hat, Höhe des Geistes kann nur erklommen werden, wenn durch das Tor der Demut geschritten wird.« (GA 10,20)

Okkultes Wissen konnte man in Steiners Augen nicht autonom erwerben, sondern nur in einem hierarchischen Gefälle erhalten. Nun ist jede gesellschaftliche Traditionsbildung und jedes Lernen von einem Autoritätsverhältnis umschlossen, aber Steiner ging über diese regulative Funktion von Autorität hinaus. Die kritische Vergewisserung hinsichtlich Angemessenheit, Ausübung und Inhalte der autoritären Vermittlung war nicht zugelassen. Deshalb gehörte die Einweihung zu einer hierarchischen, einer heiliger Ordnung, die nicht über Plausibilität und Einwilligung, sondern über Unterwerfung unter eine Autorität funktionierte und eher der Vermittlung von »Weisheit« ähnelte denn Wissenschaft war.

Diese Grundstruktur läßt sich durch eine Vielzahl nur selektiv beigebrachter Belege illustrieren:

- »Einzusehen ist, daß solche Meditationstätigkeit besser zum Ziele führt, wenn sie unter Anleitung erfahrener Menschen geschieht. Solchen Menschen, die von sich aus wissen, wie alles am besten zu machen ist.« (GA 10,40)
- »Hat der Mensch es so weit gebracht [auf der Stufe der »Erleuchtung« mit »Geistesaugen« zu sehen] …, so stehen ihm viele Wege offen. Aber es ist keinem anzuraten, noch weiter zu gehen ohne kundigen Führer.«[277] Seit 1914 ist der »kundige Führer« durch »sorgfältige Beachtung des vom Geistesforscher Gesagten oder sonst von ihm Mitgeteilten« ersetzt (GA 10,56)[278].
- »Ich muß zwar alles tun zu meiner Seelen- und Geistesausbildung; aber ich werde ganz ruhig warten, bis ich von höheren Mächten für würdig befunden werde zu bestimmter Erleuchtung.« (ebd., 91)
- »Allein, es gibt auch über höhere Wahrheiten in Wirklichkeit nur *eine* Meinung.« (ebd., 113)
- »Eine wirkliche Gefahr liegt nur dann vor, wenn der Geheimschüler durch Ungeduld oder Unbescheidenheit sich gegenüber den Erfahrungen der höheren Welt zu früh eine gewisse Selbständigkeit beimißt, wenn er nicht abwarten kann, bis ihm die zureichende Einsicht in die übersinnlichen Gesetze wirklich zuteil wird.« (ebd., 183)
- Schließlich forderte Steiner bis in seine letzten Lebensjahre, den Inhalten den Primat vor der Methode des Schulungswegs einzuräumen: »Man wird über die echte Natur dieses Erlebten dann volle Klarheit erhalten, wenn man praktisch durchführt, was im zweiten (letzten) Teile dieses Buches [der »Geheimwissenschaft«] als ›Weg‹ zu den übersinnlichen Erkenntnissen geschildert wird. Man könnte leicht glauben, das Umgekehrte sei richtig: dieser Weg müsse zuerst geschildert werden. Das ist aber nicht der Fall.« (GA 13,50 [1920]) Die Methode war Anleitung zum bloßen Nachvollzug.

Die Schüler waren bei Steiner an Vorgaben gebunden, über die sie nicht verfügen, und auch die Lehrer (und dabei darf man wohl auch denken: Steiners Konkurrenten) sollten einer höheren Macht unterliegen. Die einzige Instanz, die produktiv über die Optionen des Schulungswegs verfügte, war Steiner als Verfasser des Schulungsbuches. Letztlich fehlt eine der Einübung in die »Devotion« vergleichbare Wegleitung des Schülers in Kritikfähigkeit und Selbständigkeit. Daß damit Persönlichkeitsbildung und Machtverwaltung nicht nur innerhalb der Theosophischen Gesellschaft eine enge Bindung eingehen, sondern auch die

---

[277] Lucifer Gnosis, Heft 15, August 1904, 71.

[278] Verändert in: Wie erlangt man Erkenntnisse, $^{5}$1914, 47, alte Fassung in $^{4}$1910, 69.

außertheosophische Gesellschaft prägen sollen, wird im Kapitel über die politischen Optionen Steiners deutlich (s. 14.5.1g).

Letztlich hängt die Bestimmung des hermeneutischen Schlüssels an der Entscheidung, ob man den Schulungsweg von den hierarchischen oder selbstbestimmenden Stellen her liest. In anthroposophischen Kreisen ist die Tendenz deutlich, die Textpartikel, die einen eigenverantwortlichen Schulungsweg zu konzipieren scheinen, als interpretationsleitend zu betrachten. Meines Erachtens nach unterschlagen diese Versuche die autoritative Grundlegung jedweder Erkenntnisbemühungen im hierarchischen Verhältnis von »Geheimlehrer« und Schüler und der beide beherrschenden heiligen Erkenntnisordnung. Auch die Relativierungen des personalen Verhältnisses zugunsten abstrakter Prinzipien seit 1914 änderten am hierarchischen Prinzip nichts, denn die Abkehr vom Institut der geheimen Meister und Eingeweihten bedeutete keine prinzipielle Reduktion der gegenüber Kritik abgeschotteten Autorität im Schulungsweg. Bestenfalls wird die Autorität heischende Instanz durch eine andere Autorität relativiert, schlechtestenfalls verschärft sich das Autoritätsproblem: Je stärker man die Autorität auf eine abstrakte Instanz hin verlagert, desto schwerer wird deren Kontrolle, weil eine personalisierte Autorität in Abstraktion aufgeht oder sich dahinter verbirgt – bis hin zur Ungreifbarkeit. Autoritär bleibt der Schulungsweg in jeder Variante.

*b. Irrtum und Täuschung*

In der historiographischen Analyse geht es hinsichtlich der Erkenntnisse Steiners nicht um wahr und falsch, da nicht seine Wahrnehmungen, sondern nur seine Aussagen über seine Wahrnehmungen den Gegenstand der Analyse bilden. In diesem Sinn ist die Frage von Irrtum und Täuschung gleichwohl virulent, und darüber hat sich Steiner ausgesprochen häufig geäußert. Schon aus seiner Zeit philosophischer Ambitionen von 1900 dürfte ihm die Spannung von Projektion und Rezeption geläufig gewesen sein. Spannend ist dabei die Frage, wie sich Steiner als Theosoph die Vermeidung von Täuschungen vorstellte.

Einen ersten Fokus bilden die zwischen 1904 und 1905 im Schulungsweg von Steiner selbst zur Prüfung der Wahrheitsfrage angeführten Kriterien. Er wies darauf hin, daß der Mensch beim ›Erleben‹ übersinnlicher Eindrücke »nicht Phantasie und geistige Wirklichkeit miteinander … verwechseln« dürfe (GA 10,62). Dieser präzisen Artikulation des Problems folgte aber die Allerweltsantwort, »daß der *gesunde* Sinn, der Wahrheit und Täuschung unterscheidet, fortwährend gepflegt werden muß« (ebd., 62 f.). Kriterien zur Unterscheidung eines »gesunden« von einem ungesunden Sinn fehlen. Steiner glitt vielmehr in eine lebensphilosophisch getönte Evidenz ab, die den eröffneten rationalen Diskurs unterlief. »Man muß«, schrieb er, einen angezielten Gedanken »in sich *erleben*« (ebd., 62). Dieses Erlebnis liefere dann einen epistemischen Mehrwert. Auch die Feststellung, es gehe um »*geistige* Wahrnehmung« (ebd., 64), nicht um normalsinnliche, wie man ergänzen kann, verlegte die Evidenzkriterien in einen Raum, dessen Plausibilität vorab hätte sicher gestellt werden müssen. Erwarte der Initiand, so jedenfalls sein antimaterialistisches Credo, »im Geistigen nur eine Wiederholung des Physischen zu finden«, »müßte ihn [das] auf das Bitterste beirren« (ebd., 65). Konkretionen, wie diese augenscheinliche Klarheit übersinnlichen Erlebens von Projektionen zu unterscheiden sei, fehlen.

1909 aber präsentierte Steiner einen systematisierten Versuch, die Eliminierung von Täuschungen im Schulungsweg zu beschreiben (GA 13,381–387). An dieser Stelle waren seine Überlegungen an den »Hüter der Schwelle« (s. o. 7.4.2) gebunden, dessen Kontaktierung vor einer Täuschung in der übersinnlichen Welt bewahre; doch geben Steiners Ausführungen auch unabhängig von dieser Figur einen Einblick in sein Denken. Täuschungen ergäben sich zum einen, wenn »man durch die eigene seelische Wesenheit die Wirklichkeit färbt« (ebd., 382). Diese projektive Täuschung könne man ausschalten, wenn der Schüler »erst das Bild des eigenen Doppelgängers erkannt hat« (ebd., 384). Zum anderen drohten Täuschungen, »wenn man einen Eindruck, den man empfängt, unrichtig deutet« (ebd., 383). Diese rezeptive Täuschung sei eliminierbar, wenn der Schüler »sich die Fähigkeit erwirbt, an der Beschaffenheit einer Tatsache der übersinnlichen Welt zu erkennen, ob sie Wirklichkeit oder Täuschung ist« (ebd., 384). Man kann Steiner also nicht vorwerfen, die Probleme übersinnlicher Wahrnehmung nicht gesehen zu haben, aber die Antworten blieben unbefriedigend. Bei der projektiven Täuschung läßt sich die Metapher des Doppelgängers als Hinweis auf Gegenstandsproduktion des Subjekts beziehen, doch die Erkenntnis des Doppelgängers ist ein Unterscheidungskriterium, das man im Verlauf des Schulungsweges gewinnen soll, so daß es kein Kriterium außerhalb dieses Prozesses gibt. Dieses Problem schlägt auch im zweiten Täuschungsproblem zu Buche, denn die zu erwerbenden Fähigkeiten erhält man nicht außerhalb des Schulungsweges. Steiner kann deshalb zusammenfassend auch folgern: Wer »Täuschung und Selbsttäuschung (Suggestion und Autosuggestion)« in der höheren Wahrnehmung vermute, »berücksichtigt nicht, daß in jeder wahren Geistesschulung durch die ganze Art, wie diese verläuft, die Quellen der Täuschung verstopft werden« (ebd., 385).

Daran schloß Steiner allerdings noch eine Überlegung an, die der Semantik von »Imagination« und »Intuition« nach (s. o. 7.4.3a) in eine zweite Phase von Ausführungen zum Schulungsweg gehören dürfte. Im Aufstieg von der »Imagination« zur »Intuition« »entfernt der Geistesschüler« die »eigene Seelentätigkeit aus dem Bewußtsein« (GA 13,386). Steiner konzipierte damit eine Art Selbstentäußerung des Subjektes oder selbstloser Rezeptivität, die kenotischen Traditionen des Christentums oder der Anatta-Lehre des Buddhismus nahesteht. Er hat allerdings diese vergleichsweise seltenen subjektkritischen Töne mit der in seinem Werk andernorts dominieren Wertschätzung des »Ich« letztlich nicht vermittelt. Diese Überlegungen waren ein erratisches Moment der Realisierung von Aporien im Erkenntnisprozeß.

Dem theoretischen Problembewußtsein entsprach nur selten eine materiale Kritik seiner Aussagen. Er hat zwar schon 1904 (und auch in späteren Jahren) offen eingestanden, daß auch der Hellseher sich täuschen könne (GA 11,23), doch zumeist richtete sich die Kritik an die anderen. Einer »Täuschung und Phantastik« durch subjektive Wahrnehmung erliege nur derjenige, »welcher ohne die richtige Vorbereitung an die übersinnliche Welt herantritt« (GA 13,384 [1909]). Da er sich als Hellseher, der die »richtige Vorbereitung« schon hinter sich hatte, betrachtete, sah er sich von dem Vorwurf fehlender Vorbereitung nicht betroffen. Im Irrtum waren meist die anderen[279]. Steiners eigene Hinweise auf Probleme bei einer »übersinnlichen« Lektüre, bei der sich schnell die Frage nach Irrtum stellt, hat er auch, wenngleich sehr selten, mitgeteilt[280]. In der historiographischen Analyse seiner »Schau« läßt sich allerdings dokumentieren, daß Steiners eigene Täuschungen seine Epistemologie und ihre Ergebnisse in Frage stellen: vom Nachweis der Abhängigkeit »hellsichtiger« Erkenntnisse von zeitgenössischen Informationen bei Atlantis und seinen Luftschiffen (s. u. 7.5.5) bis zur Täuschung über die Person König Arthurs (s. u. 7.5.6).

*c. Dogmenfreiheit*

Der Anspruch, daß der Schulungsweg zu einer spirituell autonomen Persönlichkeit führen solle, stand im Kontext eines Selbstverständnisses der Theosophie als antiautoritärer Vereinigung. »Keine Religion ist höher als die Wahrheit« lautete schon das Motto aus der Gründungszeit[281], das in Deutschland zu dem Programmsatz umgeformt worden war, daß die Theosophische Gesellschaft von ihren Mitgliedern »keinen Glauben an irgend ein Dogma« verlange (s. 3.4.3a). Hier lag zweifelsohne ein Moment hoher Attraktivität, das gegen reale oder vermeintliche kirchliche Dogmatismen und weltanschauliche Fremdbestimmungen die Freiheit selbstbestimmter Überzeugungen verhieß.

Diese Position war, anders als Theosophen glaubten, kein theosophisches Sondergut, sondern beerbte die Glaubens- und Gewissensfreiheit, die konzeptionell zum Kernbestand der christlichen Religionsgeschichte zählt und als antidogmatisches Recht von dissentierenden Gemeinschaften in der europäischen Geschichte durchgesetzt wurde. In der freireligiösen Szene des 19. Jahrhunderts war sie propagiert worden[282] und hatte im liberalen Protestantismus der Jahrhundertwende zu scharfen Auseinandersetzungen über die Verbindlichkeit der christlichen Tradition geführt[283].

---

[279] Vgl. exemplarisch seine Revision der theosophischen Ideenbildung um 1900 im Jahr 1915 (GA 254,75) oder seine Hinweise auf Schwierigkeiten Unberufener bei der Lektüre der Akasha-Chronik (GA 99, 44 f.).

[280] Etwa 1913, also nach Ende der unmittelbaren Konkurrenz mit Besant, sprach er über seine »Einsichten« in die sogenannten verborgenen Jahren Jesu zwischen der Jugend und seinem Auftreten als 30jähriger Mann. Steiner glaubte, ein »schweres Erlebnis« Jesu geschaut zu haben: »Ich muß sagen, … daß ich heute noch nicht in der Lage bin anzugeben, an welchem Orte seiner Reisen sich dieses Ereignis zugetragen hat. Die Szene selbst in einem hohen Grade richtig zu entziffern war mir möglich. Allein den Ort gerade für diese Szene ist mir heute nicht möglich anzugeben.« (GA 148,62 f.) Ein weiteres Eingeständnis von Lektüreschwierigkeiten ebd., 86. Auch hat er eingestanden, sich in Theodor Reuß getäuscht zu haben (GA 28,337), aber dies betraf in seiner Wahrnehmung keine als übersinnlich deklarierte Einsicht. Eine Analyse potentieller Selbstkritiken Steiners wäre eine lohnende Aufgabe.

[281] Zur Genese s. 3.2.3, zu den konzeptionellen Problemen 3.4.5d.

[282] Bahn: Deutschkatholiken und Freireligiöse, 64.

[283] Zum »Apostolikumsstreit« vgl. Niebergall: Agende, und Barth: Apostolisches Glaubensbekenntnis. Als biographische Studie Müller: Persönliches Glaubenszeugnis. Für Männer im liberalen Protestantismus gehörte Bekenntnisfreiheit nachgerade zum religiösen Erziehungsprogramm, vgl. Hölscher: »Weibliche Religiosität«?, 53 f.

Aber das theosophische Dogma der Dogmenfreiheit war ein performativer Widerspruch, setzte es doch zumindest voraus, daß die Dogmenfreiheit als dogmatischer Satz (im Sinn eines unbedingten Anspruchs) gelte und von der Dogmenfreiheit auszunehmen sei. Aber in der konkreten Auseinandersetzungen ging es dann beinhart auch um Inhalte, um den »richtigen« Weg zur Erkenntnis der theosophischen »Wahrheit«[284]. Das Korrelat dieses Widerspruchs waren nicht nur die Kritiken am Schulungsweg (s. o. 7.4.3b), sondern mehr noch die vielen, vielen Auseinandersetzungen, die im Namen der Dogmenfreiheit geführt wurden: vom Streit um Hugo Vollrath über die Krishnamurti-Affäre bis zu Hübbe-Schleidens »Undogmatischem Verband«. Die Dogmatisierung der Dogmenfreiheit dürfte der Theosophie eine ihrer schwersten Hypotheken aufgeladen haben, nämlich eine strukturelle Konfliktunfähigkeit, da sie für Konflikte, die es »eigentlich« nicht geben durfte, auch kein Regelungsinstrumentarium entwickelte. Faktische Dogmen im Sinn von konsensuellen Lehrsätzen prägten die Theosophie deshalb wie alle anderen Weltanschauungsvereinigungen, vielleicht sogar stärker. Selbst ein wohlgesinnter Kritiker wie Christian Geyer konnte sich »gar nicht genug über die Dogmengläubigkeit der Anhänger und namentlich Anhängerinnen wundern«[285].

Ideengeschichtlich war das Postulat der Dogmenfreiheit ein Korrelat des Anspruchs auf monistische Weltanschauungsproduktion. Sie sollte es der Theosophischen Gesellschaft erlauben, gesellschaftliche Differenzen in der Theosophie aufzuheben und gleichzeitig individualisierte Überzeugungen zu wahren. Im Umgang mit den pluralisierten Weltanschauungsoptionen um die Jahrhundertwende sollte die Dogmenfreiheit einen möglichst weiten Freiraum zu bieten, ohne aber mögliche Konflikte, nämlich die Bildung von Konsens und die Auswirkungen des individuellen Dissenses, lösen zu können. Der Anspruch auf die Überbietung traditioneller Weltanschauungen oder die Einsetzung eines formalen Waxhrheitsbegriffs reichten für ein effektives Konfliktmanagement nicht aus.

## 7.5 »Aus der Akasha-Chronik« (1904/08)

### *7.5.1 Genese und Intentionen*

Im Juli 1904 erschien in Steiners Zeitschrift »Lucifer Gnosis« der erste Aufsatz einer Artikelserie unter dem Titel »Aus der Akasha-Chronik« (seit 1907 »Zur ›Akasha-Chronik‹«[286]). Der Autor blieb anonym, Steiner firmierte jedenfalls nicht als Verfasser, wie er es etwa im gleichen Heft als Urheber eines Artikels aus der Reihe »Wie erlangt man Erkenntnisse der höheren Welten?« tat; auf ein

[284] Der Begriff fällt des öfteren im Umkreis der Auseinandersetzungen um die Abtrennung der Anthroposophischen Gesellschaft, z. B. MAG I/2, 1.12.

[285] Geyer: Heiteres und Ernstes, 245; zu Geyer s. 18.2.6.

[286] Lucifer Gnosis, Heft 34, o. J. [1907], 684.

Pseudonym, das er in anderen Fällen benutzte[287], hatte er ebenfalls verzichtet. Auch in der formalen Gestaltung wich der Artikel von anderen Aufsätzen ab: Nach einer Einführung begann der Berichtstext (GA 11,26) mit heute nicht mehr vorhandenen Anführungszeichen[288], erschien mithin formal als Referat fremder Positionen. Die Texte »Aus der Akasha-Chronik« sollten als apersonale Offenbarungstexte verstanden werden. Doch schon 1905 eröffnete Steiner seinen Theosophen, daß er diese Berichte »aus der inneren, mystischen Erfahrung heraus« verfaßt habe (GA 54,135). Für die letzten, seit 1907 gedruckten Teile firmierte er explizit als Verfasser[289], seit 1908 erschienen dann Teile dieses Textkonvoluts (»Unsere atlantischen Vorfahren«) als Separatdrucke unter seinem Namen, und in der »Geheimwissenschaft« hat er 1909 auf die Vorläuferfunktion der Texte von 1905 verwiesen (GA 13,255); an Steiners Autorschaft besteht also kein Zweifel. Die gesamte Aufsatzserie hat aber erst seine Frau 1939 postum publiziert[290].

In der Serie »Aus der Akasha-Chronik« beanspruchte Steiner, einen Bericht übersinnlicher, geschauter Inhalte bieten, sie war also die materiale Konkretion zu den intentional vornehmlich formalen Anweisungen des Schulungsweges. Insofern war die über weite Strecken parallele Veröffentlichung des Schulungsweges, der einen einmonatigen Vorlauf in »Lucifer Gnosis« besaß, Programm. Im September 1905 brach die Darstellung des Schulungsweges ab, mit dem Herbst dieses Jahres gerieten auch die Darstellungen »Aus der Akasha-Chronik« ins Stocken. Zwischen 1906 und 1908 tröpfelten nur noch einige Artikel nach (heute GA 11,205–232). Einen Abschluß fand auch diese Aufsatzfolge nicht, der letzte Satz lautet in der »Gesamtausgabe« bis heute: »In folgenden Artikeln wird über die Zukunft von Erde und Menschheit einiges zu sagen sein« (GA 11,232); der letzte Hinweis in der Zeitschriftenpublikation – »Wird fortgesetzt«[291] – fehlt in der Gesamtausgabe allerdings.

Die Aufsatzfolge zeigt einmal mehr die Merkmale eines nur begrenzt systematisch durchgeführten Konzeptes. Vorgriffe und Rücksprünge wechseln ab, vor allem aber besteht die Reihe aus zwei kaum verbundenen Blöcken: Nach einer methodischen Skizze (GA 11,21–25) folgt zuerst eine Darstellung der Geschichte der Menschheit (ebd., 26–110) und darauf eine Kosmologie (ebd., 111–232). Diese Gliederung erinnert (in umgekehrter Reihenfolge) an die »Kosmogenesis« und »Anthropogenesis« in Blavatskys beiden ersten, zu ihren Lebzeiten erschienenen Bänden der »Geheimlehre«. Steiner hat der Kosmologie schließlich einen eigenen Band, die »Geheimwissenschaft im Umriß«, gewidmet. Seine kosmologischen Vorstellungen sind unter Einschluß der Positionen in »Aus der Akasha-Chronik« dort zusammen behandelt (s. 7.6).

---

[287] Steiner schrieb beispielsweise unter dem Namen »K. Tinter«; vgl. Die anthroposophischen Zeitschriften, 58.

[288] Vgl. Lucifer Gnosis, Heft 14, Juli 1904, 53.

[289] Lucifer Gnosis, Heft 34, o. J. [1907], Titelblatt.

[290] Bibliographische Nachweise in: Mötteli u. a.: Übersichtsbände, I, 26.

[291] Lucifer Gnosis, Heft 35, o. J. [1908], 726.

### *7.5.2 Historische Forschung versus »eingeweihte« »Schau«*

Mit einem programmatischen Paukenschlag begann Steiner im Juli 1904 seine Veröffentlichungen »Aus der Akasha-Chronik«. Die erst heute als »Vorwort« marginalisierte Passage (GA 11,21) war de facto eine Abrechnung mit der Geschichtsforschung und ihrer Methodik: »Durch die Geschichte kann sich der Mensch über einen geringen Teil dessen belehren, was die Menschheit in der Vorzeit erlebt hat« (ebd.), setzte Steiner ein. Die Historiographie besitze mit anderen Worten einen unzureichenden Zugriff auf die geschichtlichen Fakten. Zu dieser »Begrenztheit« komme ihre »Unsicherheit«: »Man vergleiche nur einmal die Schilderungen, die von verschiedenen Geschichtsschreibern über eine und dieselbe Sache gegeben werden; und man wird sich bald überzeugen, auf welch unsicherem Boden man da steht.« (ebd.) Steiner bezog sich damit auf die durch das Quellenmaterial bedingten Grenzen historischer Forschung. In diesen theoretisch nicht sehr ausgefalteten Überlegungen kann man ihm leicht folgen, selbst wenn man etwa seine Bedenken hinsichtlich der Widersprüchlichkeit in der von ihm postulierten Schärfe nicht teilt. Insoweit dokumentiert Steiner einen von ihm nicht weiter spezifizierten Teil der Debatte der Jahrhundertwende über die Möglichkeiten und Grenzen der Historiographie.

Dann aber folgt eine entscheidende Wendung in der Argumentation: »Niemand kann sagen, ob das, was erhalten geblieben ist, auch das Wesentliche ist, wenn er bei den äußeren Zeugnissen stehenbleibt.« (ebd.) Die Abhängigkeit von der Interpretation mutmaßlich nicht wesentlicher »äußerer Zeugnisse« beanspruchte er durch Einsichten aufzuheben, deren Erlangung er (wie gesagt, zeitgleich) in seinem Erkenntnisweg beschrieben habe.

> »Erweitert der Mensch auf diese Art sein Erkenntnisvermögen, dann ist er behufs Erkenntnis der Vergangenheit nicht mehr auf die äußeren Zeugnisse angewiesen. Dann vermag er zu *schauen*, was an den Ereignissen nicht sinnlich wahrnehmbar ist, was keine Zeit von ihnen zerstören kann. Von der vergänglichen Geschichte dringt er zur unvergänglichen vor. Diese Geschichte ist allerdings mit andern Buchstaben geschrieben als die gewöhnliche. Sie wird in der Gnosis, in der Theosophie die ›Akasha-Chronik‹ genannt.« (ebd., 22)

Diese verstand Steiner, wie Blavatsky, durchaus materiell. Der »Akasha-Stoff« stehe, erläuterte Steiner 1905, »zwischen der physischen und der astralen Materie« und sei »feinste physische Materie, die allerfeinste Materie, in welcher der Gedanke sich unmittelbar ausprägen kann.« (GA 53,230). Vor diesem Hintergrund sind detaillierte Angaben Steiners aus dem Jahr 1909 einzuordnen:

> »Wenn ein Wesen zu einem körperlichen Dasein gelangt, so vergeht mit seinem körperlichen Tode das Stoffliche. Nicht in der gleichen Art ›verschwinden‹ die geistigen Kräfte, welche dieses Körperhafte aus sich herausgetrieben haben. Sie lassen ihre Spuren, ihre genauen Abbilder in der geistigen Grundlage der Welt zurück. Und wer durch die sichtbare Welt hindurch die Wahrnehmung zu dem Unsichtbaren zu erheben vermag, der gelangt endlich dazu, etwas vor sich zu haben, was man mit einem gewaltigen geistigen Panorama vergleichen könnte, in dem alle vergangenen Vorgänge der Welt verzeichnet sind. Man kann diese unvergänglichen Spuren alles Geistigen die ›Akasha-Chronik‹ nennen, indem man als Akasha-Wesenheit das Geistig-Bleibende des Welt-

geschehens im Gegensatz zu den vergänglichen Formen des Geschehens bezeichnet.« (GA 13,141 f.)

Mit dem Schlüsselbegriff des »Schauens« im Jahr 1904 zog Steiner einen scharfen Schnitt zwischen historischer Quellenforschung und übersinnlicher Wahrnehmung, zwischen hermeneutischer Wissenschaft und okkulter Vision. Dies war für ihn zugleich eine Opposition von Wissenschaft und Leben, die spätestens seit Nietzsches vitalistischer Geschichtskritik als populäres Bildungswissen wissenschaftskritisch umgemünzt war:

»Die verflossenen Vorgänge ... stehen vor ihm [dem Leser in der Akasha-Chronik] nicht wie die toten Zeugnisse der Geschichte, sondern in vollem *Leben*. Es spielt sich vor ihm in einer gewissen Weise ab, was geschehen ist.« (GA 11,22 f.)

Allerdings frug Steiner nicht nach dem »Nutzen für das Leben«, sondern nach dem Nutzen für die Geschichte. Geschaute Geschichte diente in ihrer Lebendigkeit primär zur Absicherung der »unsicheren« Quellenbasis, nicht einer Lebenspraxis. Und diese Schau sollte allumfassend sein. Das zitierte »gewaltige geistige Panorama« (GA 13,142), dessen Wurzeln wohl im Lebenstableau oder Lebenspanorama des Spiritismus liegt, erhob den Anspruch auf Totalität, Steiner wollte im Prinzip keine Frage mehr offenlassen.

Der Frage nach Wahrheit und Irrtum wich Steiner nicht aus. Auch die »geistige Anschauung« besitze keine »Unfehlbarkeit« (GA 11,23).

»Auch diese Anschauung kann sich täuschen, kann ungenau, schief, verkehrt sehen. ... Allein die Zuverlässigkeit der Beobachtung ist hier eine doch weit größere als in der äußerlichen Sinnenwelt. ... Und was verschiedene Eingeweihte über Geschichte und Vorgeschichte mitteilen können, wird im *wesentlichen* in Uebereinstimmung sein. ... Hier herrscht seit Jahrtausenden so volle Uebereinstimmung, daß sich damit die Übereinstimmung, die zwischen den äußeren Geschichtsschreibern auch nur eines Jahrhunderts besteht, gar nicht vergleichen läßt.« (ebd.)

Visionären Irrtum schloß er also nicht ganz aus, marginalisierte ihn jedoch. Gegenüber der historisch-kritischen Wissenschaft baute Steiner einen dezidierten Überlegenheitsanspruch auf, mit dem die Unterstellung einer harmonischen esoterischen Tradition zum Hebel wurde, die Geschichtswissenschaften aufgrund ihrer Quellenprobleme und ihrer Deutungspluralität zu diskreditieren.

Wie prekär die Zuordnung von kritischer Geschichtswissenschaft und schauender Wahrnehmung war, mögen im Vorgriff auf die Ausführungen des folgenden Kapitels Steiners Ausführungen zur »altindischen« Kultur aus dem Jahr 1909 verdeutlichen:

»Was hier unter ›alten Indern‹ verstanden wird, fällt nicht zusammen mit demjenigen, was gewöhnlich darunter gemeint wird. Äußere Dokumente aus jener Zeit, von der hier gesprochen wird, gibt es nicht. Das gewöhnlich ›Inder‹ genannte Volk entspricht einer Entwickelungsstufe der Geschichte, welche sich erst lange nach der hier gemeinten Zeit gebildet hat.« (GA 13,275)

Steiner hielt also an den »alten Indern« als historischer Größe fest, unterschied sie aber von den heute kulturell oder ethnisch (Steiner präzisierte an dieser Stelle nicht) definierten Bewohnern des indischen Subkontinents. Mit dieser Differenzierung entzog er seine »altindische Kultur« dem prüfenden Zugriff der Historiographie, die als »äußere« Wissenschaft auf dieses Internum der Geschichte keinen Zugriff habe. Deshalb räumte er auch materialen »indischen« Quellenbestände keine kritische Relevanz ein:

> »Was in den Weisheitsbüchern der Inder (in den Veden) enthalten ist, gibt nicht die ursprüngliche Gestalt der hohen Weistümer, welche in der ältesten Zeit durch die großen Lehrer gepflegt worden sind, sondern nur einen schwachen Nachklang.« (ebd., 274)

Steiner brach die Brücken zu einer historiographischen Überprüfung seiner Vorstellungen ab und immunisierte seine Schau gegen den Zugriff der Historiographie. Das war seine Position im Kampf um das kulturelle Gedächtnis.

Steiners Konstruktionsprinzipien und ihre materiale Durchführung fordern geradezu eine Gegenüberstellung von »äußerer«, kritischer Wissenschaft und visionärer Geschichtsbetrachtung heraus. Die historisch-kritische Nachfrage nach Steiners Quellen für die Akasha-Chronik, der Vergleich von »geschauten« Erkenntnissen mit Ergebnissen einer Untersuchung mit Mitteln der »äußerlichen Sinnenwelt«, wie Steiner sagen würde, bildet daher einen wichtigen Aspekt der folgenden Analyse. Aber die Konstruktionsgeschichte von Steiners Vorstellungen und die Frage nach seinen Quellen war und ist ein emotional hoch umstrittenes Feld, weil damit seine Dignität als »Hellseher« und okkulter »Forscher« zur Diskussion stand. Schon zu Steiners Lebzeiten hatte Jakob Wilhelm Hauer gefordert, er möge irgendein unerhelltes Gebiet aus der Geschichte mit Hilfe der Akasha-Chronik erforschen[292]; eine in ihrem empirischen Interesse nachvollziehbare und zugleich evident polemische Forderung. Ein historisch-kritischer Zugriff geht allerdings weit über die Einschätzung der historiographischen Dignität der Akasha-Chronik hinaus: Die Verläßlichkeit des Schulungsweges und die Stimmigkeit und Nachvollziehbarkeit »geschauter« Ergebnisse und damit der epistemologische Angelpunkt des gesamten theosophischen Systems stehen in dieser Analyse zur Disposition. Angesichts dieser kritischen Masse der Problemstellung zwischen exoterischer und esoterischer Wissenschaft sei eine methodische Selbstbegrenzung historisch-kritischer Wissenschaft ins Gedächtnis gerufen: Es geht nicht um eine Verifizierung oder Widerlegung von Steiners Hellsichtigkeit, sondern um eine Analyse seiner verschriftlichten Wahrnehmungen. Geschichtswissenschaft ist Textkritik und kontextuelle Analyse, keine Bewertung von Inhalten hinsichtlich eines Selbstverständnisses als Ergebnisse übersinnlicher »Schau«.

Im Vergleich mit Blavatsky war Steiner in der Vereinbarung historisch-kritischer Forschungsergebnisse mit seinen »hellsichtig« gewonnenen Erkenntnissen aus der Akasha-Chronik außerordentlich zurückhaltend. Hinweise auf historiographische Literatur, die ihm bestätigen könnte, hat er im Gegensatz zu Blavatsky tunlichst vermieden. Mögliche Parallelen könnte man zwar als Parallelen »esoterischer« und »exoterischer« Forschungsergebnisse verstehen und damit die theosophische »Schau« bestätigt sehen, aber der Soupçon einer Abhängigkeit schwingt immer mit. Die darin begründete Angst vor den potentiell delegitimie-

[292] Hauer: Werden und Wesen der Anthroposophie, 94.

renden Konsequenzen der Konkurrenz mit der Geschichtswissenschaft dürfte denn auch ein Motiv Steiners gewesen sein, seine Quellen nicht offenzulegen.

### *7.5.3 Die »Akasha-Chronik«*

Der zentrale Begriff »Akasha-Chronik« unterstellt einen eindeutigen Traditionsbezug, eine indische Herkunft. Schon Blavatsky hatte chronikartige indische Werke mit dem Wissen aller Zeiten postuliert (s. u.), und Sinnett 1883 in seinem von Blavatsky abhängigen »Geheimbuddhismus« die Gleichsetzung von Akasha und Weltgedächtnis vorgenommen, die eine Lehre des »älteren Buddhismus« sei[293]. Tatsächlich findet sich in vedischen Texten und in den Upanischaden die Vorstellung vom Akasha-»Raum« oder vom Akasha als »Naturmacht«. In seltenen Fällen wurde er zum Ursprung aller Dinge erklärt oder als Tonträger Äther genannt und unter die Elemente eingereiht[294]. Die theosophische Definition als Weltgedächtnis, wie sie bei Steiner dann dominant vorliegt, ist jedoch in der indischen Religionsgeschichte nicht belegt[295].

Doch die demonstrative Indisierung der theosophischen Vorstellungen scheitert nicht nur an den fehlenden indischen Vorstellungen einer Akasha-Chronik, sondern auch an Blavatskys Verhaftung in der europäischen Tradition. Steiner hatte denn auch schon die Flucht nach vorne angetreten und unterstellte europäische Wurzeln. »Die unvergängliche Geschichte« werde, so in einer schon zitierten Stelle, »in der Gnosis, in der Theosophie die ›Akasha-Chronik‹ genannt« (GA 11,22). In der Gnosis findet sich eine solche Terminologie allerdings so wenig wie in indischen Texten[296]. Letztlich gibt es mehrere Optionen, die Herkunft der theosophischen Akasha-Chronik zu erklären, und die müssen sich nicht ausschließen:

(1.) Schon 1877 schrieb Blavatsky in der »Entschleierten Isis«, die Bilder vergangener Ereignisse »liegen in jenem alles durchdringenden, universalen und stets festhaltenden Medium gebettet, das die Philosophie ›Seele der Welt‹ … nennt«[297] und das Blavatsky zugleich als »universalen Äther« kennzeichnen konnte[298]. Die Weltseele als Korrelat eines Weltgedächtnisses hat in Europa eine lange Tradition[299] und nötigt nicht zur Annahme eines interkulturellen Transfers. Blavatsky dürfte die Vorstellung der Weltseele allerdings kaum aus antiken oder frühneuzeitlichen Vorstellungen übernommen haben, wie manchmal vermutet

---

293 Sinnett: Esoterische Lehre, 83.

294 Frauwallner: Geschichte der indischen Philosophie, II, 105 f. Vgl. auch Deussen: Geschichte der Philosophie, II, 102. 259.

295 Hummel: Indische Mission und neue Frömmigkeit im Westen, 189.

296 Möglicherweise bezog sich Steiner auch auf die Zeitschrift Gnosis, die mit seiner Zeitschrift Lucifer 1904 vereinigt wurde.

297 Blavatsky: Isis entschleiert, I, 183.

298 Ebd.

299 Nachweise bei Schlette: Die Weltseele; vgl. auch die als Bildungswissen weitverbreitete biblische Vorstellung vom »Buch des Lebens« (Ps 69,29; Dan 7,10; Apk 13,8; 21,27 u. ö.).

wird[300], weitaus näher liegen okkultistische Vorstellungen des 19. Jahrhunderts, die später die Weltseele in ihrem Œuvre marginalisierten. In ihrer »Geheimlehre« sprach sie dann von indischen Büchern und solchen der »Atlantier«, in denen Vergangenheit und Zukunft aufgezeichnet seien[301].

(2.) In den naturwissenschaftlichen Errungenschaften der Gegenwart sah sie ihre Auffassungen begründet und bestätigt. Mit »psychometrischen« Kräften begabte Medien seien nachweislich in der Lage, aus archäologischen »Marmorstückchen« von Häusern das Leben darin ehemals lebender Personen zu rekonstruieren, wie bei William Denton (einem geologisch interessierten Okkultisten) nachzulesen sei[302]. Vergangenes sah sie wie

> »Daguerreotypen ... auf dem Astrallicht gedruckt, wo ... ein Bericht von allem, was war, ist oder je sein wird, aufbewahrt wird. Die Wissenschaft hat den ersten Teil dieser hermetischen Lehre, bereits angenommen und nachgewiesen«[303],

wobei sie sich auf die »Religion of Geology« Edward Hitchcocks berief, einem kongregationalistischen Pfarrer, der zugleich President der Amherst University war und sich der Versöhnung wissenschaftlicher Geologie und christlicher Theologie verschrieben hatte[304]. Außerdem hatte sie John William Drapers »Conflict between Religion and Science« herangezogen[305], der darin behauptete, daß »die Bilder unserer Freunde oder Ansichten von Landschaften ... auf der empfindlichen Oberfläche des Auges verborgen werden«. Diese Ergebnisse der »Psychometrie«, die »einer der grössten Beweise von der Unzerstörbarkeit des Stoffes ist, der die Eindrücke der Aussenwelt auf ewig festhält«, mache »unser inneres Schauen« fähig, »Ereignisse zu unterscheiden, die Hunderttausende von Jahren früher stattfanden«[306]. Blavatskys Vorstellungen sollten die Unsicherheiten der historischen Quellenforschung, übereinstimmend mit Steiners Intentionen, beseitigen. Aber ihre Korrelation dieses Weltgedächtnisses mit empirischen Methoden war ungleich stärker als bei Steiner, der mit dem Nachweis (populärer) naturwissenschaftlicher Referenzen zurückhaltend war.

(3.) Eine wichtige Rolle dürften okkultistische Memorationskonzepte des 19. Jahrhunderts gespielt haben, etwa die Vorstellung vom Astrallicht bei Eliphas Levi. Dieses okkultistische Derivat einer memorativen Weltseele könnte von Levi zu

---

[300] Es ist wohl als Hinweis auf eine geringe Verflechtung mit der philosophischen Tradition zu werten, wenn der Begriff Weltseele in Blavatskys »Geheimlehre« nur in Zitaten und ohne Bezug zum Akasha auftaucht; vgl. Blavatsky: Geheimlehre, I, 225; III, 398.

[301] ebd., II, 53.

[302] Blavatsky gab in der Fußnote (Isis entschleiert, I, 183) den Hinweis auf W. und Elisabeth M. F. Denton; bibliographisch nachweisbar ist nur William Denton: Soul of Things; or psychometric Researches and Discoveries, Boston 1873.

[303] Blavatsky: Isis entschleiert, I, 185; Kommasetzung so im Original.

[304] Hitchcock: Religion of Geology ([1]1852) (aus dem Reprint von 1975 die biographischen Angaben).

[305] Dabei handelt es sich um Drapers »History of the Conflict Between Religion and Science« aus dem Jahr 1875; das vielgelesene Buch war 1901 bereits in der 23. Auflage erscheinen.

[306] Blavatsky: Isis entschleiert, I, 186.

Blavatsky gewandert sein[307]. Blavatskys oben zitierte Hochschätzung des Astrallichts in Zusammenhang mit den mit Daguerrotypien in der »Entschleierten Isis« dokumentiert eine sehr positive Rezeption, die in der »Geheimlehre« allerdings einem zwischen Zustimmung und Ablehnung changierenden Verhältnis gewichen ist[308]. Auch Steiner kannte das Astrallicht und deutete es 1905 als »verdichteten« Äther (GA 93a,77), hat allerdings den Begriff später selten benutzt[309]. Vergleichbare Vorstellungen eines »ätherischen« Weltgedächtnisses gab es im 19. Jahrhundert häufig[310]. Hauer etwa brachte den »Od«-Begriff, dessen Erfinder Karl von Reichenbach (1788–1869) zweimal in der »Geheimlehre« nachgewiesen wird[311], in die Debatte, da das Od ebenfalls eine memorative Qualität besitze[312], und Joseph Smith besaß im Buch Mormon ein Sondergedächtnis, zu dessen Lektüre er jedoch eine »Prophetenbrille« benötigte; weitere strukturelle Parallelen ließen sich im 19. Jahrhundert leicht aufzeigen.

Blavatsky muß angesichts der fehlenden Verbindungen der Akasha-Chronik-Vorstellung zur indischen Tradition und der manifesten Bezugnahme auf Vorstellungen des 19. Jahrhunderts aus diesen oder vergleichbaren Quellen geschöpft haben; genauere Kenntnisse fehlen aber zur Zeit. Auch die Frage, wieweit die »naturwissenschaftlichen« Memorationsinstanzen im 19. Jahrhundert den Primat vor kulturellen Gedächtnisvorstellungen besaßen, läßt sich nicht klären. Auf momentan nicht bis ins letzte nachvollziehbaren Wegen ist das Konzept dann von Blavatsky und aus ihrem Umfeld zu Steiner gekommen.

(4.) Gegen Ende des 19. Jahrhunderts, wohl noch zu Blavatskys Lebzeiten, sind in der Theosophischen Gesellschaft und in ihrem Umfeld die Zugriffe auf das Weltgedächtnis »operationalisiert« worden. Mit »Astralprojektionen« (auch »Astralwanderungen« genannt) hoffte man, seinen Körper verlassen und in die Astralsphäre vordringen zu können, während »Astralvisionen« zumindest eine Lektüre in der Astralwelt ermöglichen sollten (ohne den Körper zu verlassen)[313]. Diese Psychotechniken setzten ein Gedächtnis auf »höherer« Ebene voraus, und phänomenologisch sind insbesondere die »Astralvisionen« mit Steiners Lektüren

---

[307] Hauer: Werden und Wesen der Anthroposophie, 89, vermutete einen Zusammenhang mit Paracelsus, aber ob die Gleichsetzung des Astrallichts mit dessen »siderischem Licht« (Blavatsky: Geheimlehre, I, 274) wirklich auf einen inhaltlichen Bezug deutet, ist fraglich. Einen solchen Bezug hatte offenbar schon Levi hergestellt (vgl. Miers: Lexikon des Geheimwissens, [7]1993, 79), der die Vorstellung einer memorativen Qualität des Astrallichts pflegte; Williams: Eliphas Levi, 102.

[308] Blavatsky identifizierte in der »Geheimlehre«, I, 105, Akasha mit dem Astrallicht, in I, 275 lehnte sie dies ab. Dieselbe schwankende Position findet sich auch hinsichtlich des »Ether« (vgl. ebd., I, 124; III, 538). Bei Leadbeater finden sich »Astralbilder (astral records)« (Die Astral-Ebene, 21) im Inhaltsverzeichnis als »Bilder im Astrallicht«.

[309] Erst in den zwanziger Jahren ist Steiner wieder stärker auf das Astrallicht zu sprechen gekommen, vgl. etwa die Deutung des »Astrallichts« als »feiner Substantialität des Akasha« (GA 233a,85).

[310] Blavatsky: Geheimlehre, I, 105; I, 361.

[311] Ebd., I, 105; I, 361.

[312] Hauer: Werden und Wesen der Anthroposophie, 89. Die Od-Konzeption in: Reichenbach: Odisch-magnetische Briefe ([1]1852, Wien 1980). Für Hauer war Od allerdings eher eine Art Lebenskraft: »kosmisches Dynamit« (S. 24, Kap. 3) oder »Weltkraft« (S. 39, Kap. 7), die er mit dem Anspruch einer Vereinheitlichung der Naturkräfte auflud, etwa des Mesmerismus und des Magnetismus oder der Wärme und der Elektrizität (S. 55, Kap. 10).

[313] Zu diesem Komplex Ney: Theorie und Technik der Astralvision.

in der Akasha-Chronik in wesentlichen Teilen identisch. Derartige Vorstellungen spielten in den Arkana des »Hermetic Order of the Golden Dawn« ein wichtige Rolle, dessen Exponenten teilweise aus der Theosophie kamen oder dorthin enge Beziehungen besaßen, so daß auch für die »Astralprojektionen« und »-visionen« inhaltliche Querverbindungen zu vermuten sind[314]. Die Bezüge zu Steiner sind unklar, aber nicht auszuschließen. Als sich 1903 nach dem Zerfall des »Golden Dawn« drei Gruppen bildeten, folgte eine Robert W. Felkin[315], der mit Steiner in Kontakt trat (wohl erst 1906), später aber engere Beziehungen entwickelte (s. 10.4.1). Aber auch im engeren theosophischen Umfeld Steiners gab es um 1900 eine praktische »Nutzung« des Weltgedächtnisses. Nach Blavatskys Tod hatten Besant und Leadbeater in der Esoterischen Schule der Theosophischen Gesellschaft eine ausgeweitete Erforschung von »Etheric Records« vorangetrieben, wichtige Ergebnisse allerdings erst nach 1905 monographisch veröffentlicht[316]. Spätestens bei Leadbeater ist der Terminus »Akasha-Chronik« für ein umfassendes Weltgedächtnis (auch mit der Möglichkeit einer Vorausschau) eingebürgert[317]. Er galt denn auch in Steiners Umfeld als erster Leser in der Akasha-Chronik[318].

Steiner konnte also auf eine blühende theosophische »Forschung« über ein kollektives Gedächtnis zurückgreifen, als er 1904 mit der Veröffentlichung seiner Akasha-Chronik (immer in der englischen, von der Theosophie herrührenden Schreibweise mit »sh«) an die Öffentlichkeit trat. Dabei hat er sich vorsichtig gegenüber einigen theosophischen Traditionen abgegrenzt. Auf eine literale Fixierung von unzugänglichen Texten, wie Blavatskys sie in den Dzyan-Strophen vorgenommen hatte, legte er sich nicht fest. Vielleicht hatte er die Folgeprobleme einer Konkretisierung von Quellen gesehen; die Veröffentlichungen William Emmette Colemans, der minutiös die Vorlagen von Blavatskys Kompilationen aufgedeckt hatte, mochten da ein abschreckenden Beispiel bilden[319]. Steiner bot Inhalte nur in der Brechung durch eine Erzählung (in der Selbstwahrnehmung: als Ergebnisse übersinnlicher Schau), wodurch er sich vor einem Teil der quellenkritischen Probleme schützte. Abgegrenzt hat er sich vor 1914 aber auch gegen alternative Memorationstheorien in der okkultistischen Literatur wie der Theorie des Astrallichts. 1905 charakterisierte er es als eine Art minderer Akasha-Chronik, in dem wesentliche Informationen nicht enthalten seien und erwähnte die Informationen zu Schurés »Großen Eingeweihten«, die nur im Äther der Akasha-Chronik – materiell handle sich um »verdichteten« Äther (GA 93a,77) – hätten gefunden werden können [ebd., 79]). Dies war mutmaßlich mit Blavatsky eine Abgrenzung gegen Eliphas Levi[320]. Im gleichen Jahr bestätigte er

---

314 Ebd., 2.

315 Ebd., 4.

316 Vgl. Farquhar: Modern Religious Movements in India, 272, oder Nethercot: The Last Four Lives, 48.

317 Leadbeater: Hellsehen, 91.

318 Brief von Ludwig Deinhard an Wilhelm Hübbe-Schleiden, 3.2.1913 (in Klatt: Theosophie und Anthroposophie, 250).

319 Campbell: Ancient Wisdom Revived, 33 f.

320 Möglicherweise zielte er auch auf eine Abgrenzung gegenüber Blavatsky, soweit sie sich gegen die Identifizierung von Äther und Akasha ausgesprochen hatte; Blavatsky: Geheimlehre, I, 277.

allerdings auf dem letzten Stand der Technik die materialistische Konstruktion der »Akasha-Materie«, denn sie »bildet wirklich einen Phonographen« (GA 54,136). Aber dies sind Differenzen auf der Basis einer fundamentalen Übereinstimmung mit der theosophischen Deutungstradition, die die europäischen Vorstellungen eines Weltgedächtnisses mit dem indischen Begriff der »Akasha-Chronik« etabliert hatte.

### *7.5.4 Die Geschichte der Menschheit und ihrer Rassen*

#### *a. Rassen als Medium der Evolution*

Im Rahmen der »Schau« in die Akasha-Chronik bot Steiner eine Entwicklungsgeschichte der Menschheit, in der er dann wiederum eine Rassentheorie inkorporierte[321]. Die Menschheit sei innerhalb einer Kosmologie von sieben »Planetenstufen« auf der vierten, der »Erdenstufe«, genau in der Mitte der kosmischen Geschichte, angesiedelt. Diese »Erdenstufe« unterteilte Steiner wiederum in sieben »Wurzelrassen« (GA 11,32) oder Epochen:

I. polarische (ebd., 105)
II. hyperboräische (ebd.)
III. lemurische (ebd., 32)
IV. atlantische (ebd., 26)
V. arische (ebd., 32)
VI. sechste künftige Epoche
VII. siebte künftige Epoche[322].

Die heutige Menschheit situierte er in der fünften, »arischen« Epoche. Jede Wurzelrasse sei wiederum in sieben »Stufen« oder »Unterrassen« unterteilt (ebd., 33), wobei Steiner aber nur drei »Wurzelrassen« näher beschrieb, Lemurier, Atlantier und Arier[323]. Die atlantische Stufe unterteilte er in die »Unterrassen« der

[321] Literatur zu den seit der frühen Neuzeit und insbesondere im 18. und 19. Jahrhundert entwickelten Rassentheorien ist in den letzten Jahren in großem Umfang erschienen. Hingegen war die historische Aufarbeitung der theosophischen Rassenvorstellungen über lange Zeit kein Thema. Einen wichtigen Anstoß lieferte Schmid: Die Anthroposophie und die Rassenlehre Rudolf Steiners, 138–194; siehe daneben meinen Aufsatz: Sozialdarwinistische Rassentheorien. Historisch systematisiert und mit Anmerkungen zur Rezeptionsgeschichte habe ich die Thematik dargestellt in: Anthroposophische Rassentheorie. – Inzwischen gibt es Versuche von Anthroposophen, Steiners Rassenvorstellungen im historischen Kontext zu deuten. Bader / Ravagli: Rassenideale sind der Niedergang der Menschheit [Rassismusvorwurf]. Ich möchte diese Anstrengungen nicht mit leichter Hand abwerten, aber in wissenschaftlicher Perspektive befriedigen diese (für eine breite Leserschaft geschriebenen) Ausführungen nicht. Dazu drei Beobachtungen: Die bis zu diesem Zeitpunkt erschienene nichtanthroposophische Literatur ist bis auf eine polemische Kritik an Peter Bierls Buch »Wurzelrassen, Erzengel und Volksgeister« ignoriert; Kontexte werden vor allem dann benannt, wenn die Hoffnung besteht, daß sie Steiner entlasten; die theosophischen Aussagen Steiners nach 1900 sollen durch diejenigen des philosophischen Individualisten Steiner vor 1900 entschärft werden. – Zu weiteren Dimensionen der aktuellen Debatte s. u. 7.5.4c.

[322] Die sechste und siebte Epoche sind zu erschließen.

[323] Allerdings finden sich diese Angaben nicht alle in »Aus der Akasha-Chronik« und sind aus Steiners zeitnah entstandenen theosophischen Schriften, vor allem aus der »Geheimwissenschaft«, vielfach unter Absehung von inhaltlichen Differenzen, eingefügt.

IV.1 Rmoahls (ebd., 34)
IV.2 Tlavatli-Völker (ebd., 36)
IV.3 Tolteken (ebd., 37)
IV.4 Ur-Turanier (ebd., 39)
IV.5 Ursemiten (ebd., 41)
IV.6 Akkadier (ebd.)
IV.7 Mongolen (ebd., 42).

Die arische Stufe umfasse, so Steiner 1909 (GA 13,273–286.401 f.), die

V.1 altindische Kultur
V.2 urpersische Kultur
V.3 ägyptisch-chaldäische Kultur
V.4 griechisch-lateinische Kultur
V.5 fünfte nachatlantische Kultur
V.6 die zukünftige und eine
V.7 weitere nachatlantische Kultur[324].

Die historischen Bezüge hat Steiner mit wechselnden Zuordnungen vorgenommen. 1907 etwa rechnete er die Meder zu den Persern und die Babylonier zu den Chaldäern (GA 99,133), aber die Grundstruktur blieb bestehen. Die fünfte Unterrasse in der vierten Wurzelrasse sei für die Gegenwart konstitutiv.

> »Dieser Zeitabschnitt hat um das zwölfte, dreizehnte und vierzehnte Jahrhundert nach Christus allmählich begonnen, nachdem er sich vom vierten, fünften Jahrhundert an vorbereitet hatte. Ganz deutlich ist er vom fünfzehnten Jahrhundert an aufgetreten. Der vorhergehende griechisch-lateinische Zeitraum hat ungefähr im achten vorchristlichen Jahrhundert seinen Anfang genommen.« (GA 13,402)

Die Geschichte verlaufe demnach linear[325] und eurozentrisch, die Entstehung der fünften Unterrasse war mit der europäischen Neuzeit parallelisiert.

Im Hintergrund dieser Geschichtserzählung stand eine durch und durch evolutionäre Philosophie, deren Kern eine Bewußtseinsgeschichte der Menschheit bildete. Dabei spielte die Entwicklung des »logischen Verstandes« auf Kosten eines in den frühen Phasen »hochentwickelten Gedächtnisses« (GA 11,26) eine wichtige Rolle. Die Menschheitsgeschichte erschien als negativer Prozeß der Rationalisierung, wobei die Menschen ihr Gedächtnis, und das war für Steiner das Bewußtsein vom »geistigen« Ursprung des Menschen, verloren hätten.

---

[324] Die Stufen werden in der theosophischen Literatur teilweise mit genauen Jahreszahlen eingegrenzt. Dann ergibt sich folgende Chronologie (nach Grom: Anthroposophie, 193 f.):

| | |
|---|---|
| Altindische Kultur | 7227–5067 v. Chr. |
| Urpersische Kultur | 5057–2907 v. Chr. |
| Ägyptisch-chaldäische Kultur | 2907–747 v. Chr. |
| Griechisch-lateinische Kultur | 747 v. Chr.–1413 n. Chr. |
| Fünfte nachatlantische Kultur | 1413–3573 n. Chr. |
| zukünftige Kultur | 3573–5733 n. Chr. |
| weitere nachatlantische Kultur | 5733–7893 n. Chr. |

[325] Bei Besant: Uralte Weisheit, 330, ist die Finalisierung in der bei Steiner nicht detailliert ausgeführten letzten Rassen auf der Erde präziser; bei ihr stehen am Ende der siebten Rasse »vollendete göttliche Menschen«.

Der Schulungsweg als Methode einer erneuerten Erinnerung erhielt damit eine entscheidende Funktion in der gerade sich wieder respiritualisierenden Geschichte.

In diesen Rahmen bettete Steiner eine Fortschrittsgeschichte der Menschheit ein, in die sehr viele Konkretionen eingearbeitet sind. Die beiden ersten »Wurzelrassen«, die »polarische« und die »hyperboräische«, handelte er im Einklang mit anderen theosophischen Werken[326] sehr kurz ab. Das menschliche Wesen sei in diesen Phasen »im Grunde ein einziges Gehörorgan« gewesen: »Dieser Sinn entwickelt sich zuerst«. Auch »Fortpflanzungsorgane« »treten jetzt als solche auf« (GA 11,103). »Im Innern des Gebildes« werde »eine besondere Partie abgesondert«; dort »wirkt nun das Seelische weiter. Hier wird die Seele der Träger des Lebensprinzipes (in der theosophischen Literatur Prana genannt)« (ebd.).

Die »Lemurier« haben sich Steiner zufolge aus den »Ichtyosauriern, Pleiosauriern und so weiter« entwickelt (GA 54,140 [1905]). In ihnen habe in der ersten Hälfte der Kulturphase »die zweigeschlechtliche, männlich-weibliche Seele in einem eingeschlechtlichen, männlichen *oder* weiblichen Leib gewohnt« (GA 11,75). Damals »konnte jeder Mensch einen anderen aus sich hervorgehen lassen« (ebd., 76). Die Entstehung der beiden Geschlechter beschrieb er mit dem Begriff der »Spaltung« (ebd., 87). Steiner rezipierte einen androgynen Ursprungsmythos, dessen Vorlagen aber momentan nicht benennbar sind. Er transponierte ihn in die ersten drei Wurzelrassen, so daß auch die Geschlechtsdifferenzierung als Entfernung vom Ursprung zu lesen ist. Das Bewußtsein der Menschen charakterisierte Steiner als ein »*traumartiges*; er lebte in *Dumpfheit*« (ebd., 79).

Neben diesen fundamentalen Bestimmungen listete Steiner weitere Details auf, die ich nur illustrativ auswähle: In der lemurischen Rasse lokalisierte Steiner etwa »die Erreger von Menschenweisheit. Man nennt sie deshalb *Bringer des Lichtes* (Luzifer).« (GA 11,85) »Die Knaben wurden in der kräftigsten Art abgehärtet« (ebd., 59) – wie in Sparta, hat man den Eindruck –, wohingegen die »Mädchenzucht« auf die Entwicklung einer »kräftigen *Phantasie*« angelegt gewesen sei (ebd., 59f.). Die Menschen hätten in »Erdhöhlen« gelebt und das »Bedürfnis, den Naturdingen eine durch den Menschen herbeigeführte Form zu geben«, habe zur ›Umformung‹ von »Hügeln« geführt (ebd., 60), eine »instinktive Tätigkeit«, wie Steiner präzisierte (wobei er den Begriff von der Verwendung bei Tieren differenziert wissen wollte) (ebd., 61). Auch »Tempelstätten« habe es in der lemurischen Epoche bereits gegeben. Dort sei aber »nicht eigentlich Religion« gepflegt worden, sondern »göttliche Weisheit und Kunst«. »Der Mensch empfand, was ihm da gegeben wurde, unmittelbar als ein Geschenk der geistigen Weltkräfte.« (ebd., 63) Eine Differenz oder Entfremdung zwischen »geistiger« und materieller Welt verneinte Steiner für diese Phase; in theosophischer Perspektive herrschte eine spirituelle Harmonie. Die langsam entstehenden Eingeweihten bewirkten eine Gruppenbildung und »übertrugen den Frauen die Ordnung und Einrichtung dieser Gruppen« (ebd., 66). Steiner postulierte hier die Entstehung einer Art Matriarchat unter männlicher Führung. Der Einfluß der

[326] Für Blavatsky: Geheimlehre, II, 276, hatten die ersten beiden Rassen »keine eigene Geschichte«.

Frauen habe zur Bildung der »Begriffe von ›gut und böse‹« geführt, wie Steiner in Anlehnung an Vorstellungen des zweiten biblischen Schöpfungsberichtes (Gen 3) formulierte. Die Frauen sollen zudem ein »somnambules Anschauen« besessen haben (GA 11,67), der konkurrierende spiritistische Mediumismus wurde also einer vergangenen Epoche zugewiesen. »Weise ›Priesterinnen‹« hätten schließlich die Religion gebracht und das Erwachen des Seelenlebens bewirkt, wie Steiner in einer langen, erzählenden Passage berichtete:

»Die Akasha-Chronik zeigt auf diesem Gebiete schöne Szenen. Es soll eine solche beschrieben werden. Die Sonne ist eben im Osten aufgegangen. Mächtige Schatten wirft der palmenartige Baum, um den ringsherum die anderen Bäume entfernt worden sind. Das Antlitz nach Osten gewendet, verzückt, sitzt auf einem aus seltenen Naturgegenständen und Pflanzen zurechtgemachten Sitz die Priesterin. Langsam, in rhythmischer Folge strömen von ihren Lippen wundersame, wenige Laute, die sich immer wiederholen. In Kreisen herum sitzt eine Anzahl Männer und Frauen mit traumverlorenen Gesichtern, inneres Leben aus dem Gehörten saugend. – Noch andere Szenen können gelesen werden. An einem ähnlich eingerichteten Platze ›singt‹ eine Priesterin ähnlich, aber ihre Töne haben etwa Mächtigeres, Kräftigeres. Und die Menschen um sie herum bewegen sich in rhythmischen Tänzen. Denn dies war die Art, wie die ›Seele‹ in die Menschheit kam. Die geheimnisvollen Rhythmen, die man der Natur abgelauscht hatte, wurden in den Bewegungen der eigenen Glieder nachgeahmt. Man fühlte sich dadurch *eins* mit der Natur und den in ihr waltenden Mächten.« (GA 11,68 f.)

Steiners Quelle für diese Geschichte ist nicht ermittelt, die Intention, den engen Zusammenhang von Mensch, Natur und geistigen Mächten als frühes Stadium der Menschheitsevolution herauszustellen, liegt hingegen klar auf der Hand[327].

Bei den »Atlantiern« (GA 11,26), der nächsten »Wurzelrasse«, »geschah die Verwaltung des Menschengeschlechts« von den »Mysterientempeln« aus (ebd., 45). Dieser noch allgemeinen Äußerung steht eine im Gegensatz zu den »Lemuriern« in »Unterrassen« spezifizierte Entwicklungserzählung zu Seite. Die »Rmoahals« (ebd., 34), die erste Unterrasse, sollen über »heilkräftige« Worte, mithin über sprachmagische Fähigkeiten verfügt haben, so »daß sie das Wachstum der Pflanzen fördern, die Wut der Tiere zähmen konnten« (ebd., 35). Bei den »Tlavatli-Völkern« hielt er die »eine Art religiöser Verehrung Verstorbener«, »einen *Ahnenkultus*« für erwähnenswert (ebd., 36), bei den »Tolteken« sah er »die *persönliche Erfahrung* immer mehr an Bedeutung« gewinnen (ebd., 38). Die »Ur-Turanier« bildeten die »Denkkraft« aus (ebd., 40), und die »Ursemiten« »entwickelten ... das Denken auf Kosten der Herrschaft über die Lebenskraft« (ebd., 40). Sie hätten sich auch das Feuer nutzbar gemacht, da ihnen nun nicht mehr die Lebenskraft zu Gebote gestanden habe (ebd., 51 f.); allerdings wies Steiner an anderer Stelle der lemurischen Zeit den erstmaligen Gebrauch des Feuers zu (ebd., 69). Die »Akkadier« hätten als »Führer« nicht mehr die Tatkräftigen, sondern die »*Klugen*« anerkannt (ebd., 41), die Intellektualisierung der Menschheit sei also vorangeschritten. Die »Mongolen« schließlich hätten den »unmittelbaren naiven *Glauben*« an »die Macht über das Leben« gepflegt:

---

[327] Die psychologische Frage, was diese Vermischung von facts und fiction biographisch bedeutet, sei an dieser Stelle zumindest gestellt, eine Antwort gehört allerdings aber in einen anderen Typus der Analyse.

»Sie erschienen ihren Nachbarn wie von dieser geheimen Kraft *besessen* und ergaben sich ihr selbst auch in blindem Vertrauen. Ihre Nachkommen in Asien und einigen europäischen Gegenden zeigten und zeigen noch viel von dieser Eigenart.« (ebd., 43)

Dies erinnert an schamanistische Praktiken, doch ist nicht nachweisbar, daß auch Steiner daran dachte.

Über die fünfte, »arische« »Wurzelrasse« ließ sich Steiner vergleichsweise kurz aus. Immerhin erfährt man, daß die »Eingeweihten« eine zentrale Stellung erhielten:

»Die menschlichen Eingeweihten, die heiligen Lehrer, wurden nun ... Führer der übrigen Menschheit. Die großen Priesterkönige der Vorzeit, von denen nicht die Geschichte, wohl aber die Sagenwelt Zeugnis ablegt, gehören der Schar dieser Eingeweihten an.« (GA 11,55)

Diese Stelle ist auch hinsichtlich einer hermeneutischen Bestimmung aufschlußreich. Narrative Texte wie Sagen mit einer zumeist hochkomplexen Verschränkung von historischem Gehalt und literarischer Explikation wurden im Prinzip für Steiner zu einfachen Quellen.

*b. Quellen der Rassentheorie*

Das strukturierende Gliederungsprinzip ist in den Berichten aus der Akasha-Chronik die Lehre von den »Wurzelrassen« und ihren »Unterrassen«. Die nächstliegenden Parallelen finden sich im theosophischen Schrifttum. Blavatsky hatte bereits auf Sinnetts »Geheimbuddhismus« von 1883 verwiesen, wo die Entwicklung der »Wurzelrassen« »sehr gut beschrieben« sei, so daß man »gegenwärtig keine weitere Erläuterung« benötige[328]. Sinnetts Differenzierung der sieben »Wurzelrassen« mit je sieben »Stammrassen« in zusätzlich sieben »Zweigrassen«[329] findet sich bei Steiner aber nicht, und auch die Namen weiterer Unterrassen kann er nicht aus dieser Quelle bezogen haben, da auch bei Sinnett die Namen der Unterrassen bis auf Lemurier und Atlantier fehlen. Bei Blavatsky finden sich in ihrer »Geheimlehre« aus dem Jahr 1888 ebenfalls »Lemurier« und »Atlantier«[330], und auch bei Besant trifft man auf eine Rassenlehre, allerdings fehlen auch hier einige Namen, die Steiner kannte[331].

Die fehlenden Informationen finden sich bei dem theosophischen Schriftsteller William Scott-Elliot, dessen entscheidende Bedeutung Steiner selbst dokumentierte: Die Geschichte über Atlantis »kann der Leser in dem Büchlein ›Atlantis, nach okkulten Quellen, von W. Scott-Elliot‹ nachlesen« (GA 11,24). Dahinter standen – was Steiner aber möglicherweise nicht wußte – auch Vorstellungen von Besant und Leadbeater[332]. Teile von Scott-Elliots Buch waren schon 1903

[328] Blavatsky: Geheimlehre, I, 183.

[329] Sinnett: Esoterische Lehre, 65.

[330] Nur exemplarisch Blavatsky: Geheimlehre, II, 808–823.

[331] Besant: Uralte Weisheit, 329 (1898); hier fehlen etwa die Namen der ersten beiden »Wurzelrassen«.

[332] Im Theosophischen Streben 5/1918–19, Heft III–V, S. 61, hieß es anläßlich eines Teilabdrucks von beider Buch »Der Mensch. Woher, wie und wohin?« in einer redaktionellen Anmerkung, die offenbar auf Besant und Leadbeater zurückging, zum Kapitel »Die Zivilisation von Atlantis«: »Ein gu-

in der Wiener Zeitschrift »Gnosis«, dem 1904 mit Steiners Zeitschrift »Luzifer« vereinigten Periodikum, erschienen, aber Steiner verwies auf die wohl 1903 publizierte Ausgabe des Leipziger Verlages Th. Grieben[333]. Diese Offenlegung einer Quelle, mit der Steiner ausnahmsweise seine Abhängigkeit direkt belegte, mag mit der weiten Verbreitung dieses schmalen Büchleins in theosophischen Kreisen zusammenhängen, gründet aber wohl auch in Steiners Überzeugung von der wissenschaftlichen Dignität dieser Publikation. Steiner setzte denn auch Scott-Elliots Ausführungen geradezu voraus, regte die Leser an, bei weiterem Informationsbedarf dort ›nachzulesen‹ und stufte seine eigenen »Mitteilungen« als bloße »Ergänzungen ... zu dem in jenem Buche Gesagten« ein (ebd., 24): In Scott-Elliots »Atlantis« findet man die sieben atlantischen Unterrassen von den »Rmoahals« bis zu den »Mongolen« in der gleichen Reihenfolge und mit den gleichen Namen wie bei Steiner[334]. Die Einbindung der Menschenrassen in ein kosmologisches Ablaufschema gibt es allerdings bei Scott-Elliot nicht, dafür hätte man dann bei Blavatsky, Sinnett oder auch Besant nachzuschlagen[335].

Steiner hat allerdings Scott-Elliot nicht nur »ergänzt«, sondern den Stoff auch einer Bearbeitung unterzogen. Scott-Elliots Neigung zur narrativen, manchmal anekdotischen Ausgestaltung geht bei Steiner zurück, es fehlen etwa historienartige Passagen, wonach etwa die Akkadier die Semiten »in vielen Schlachten zu Wasser und zu Lande« geschlagen und beide Seiten »beträchtliche Flotten« benutzt haben sollen[336]. Allerdings hat Steiner historische Konkretisierungen nicht ausgespart, sondern nur zurückgenommen und eben ihm offenbar bei Scott-Elliot fehlendes »ergänzt«. Auch an den ambitionierten Zahlenspekulationen über das Alter einzelner Rassen beteiligte sich Steiner nicht mehr so intensiv. Scott-Elliots Datierung der Entstehung der Akkadier vor etwa 800.000 Jahren[337] findet sich bei ihm ebensowenig wie eine auf Blavatskys »Geheimlehre« zurückgehende Datierung der Menschheitsgeschichte auf 18 Millionen Jahre[338]. Auch die amazonenartigen »*Regimenter von Frauen*« in der turanischen Zeit[339] strich Steiner, der aber ein Matriarchat bei den Lemuriern kannte (GA 11,66). Darüber hinaus hat Steiner den Schwerpunkt verlagert und die Rassenentwicklung auf eine Bewußtseinsgeschichte zugespitzt. Immer wieder kam er auf die Entwicklungsstadien

ter Bericht hierüber kann in ›Die Geschichte von Atlantis‹ von W. Scott-Eliott nachgelesen werden. Die Verfasser des vorliegenden Buches waren unter den Mitarbeitern, die den Stoff darin ordneten und zusammenstellten, sodaß das Gebiet uns sehr vertraut ist.«

333 Scott-Eliott: Zur Geschichte der Atlantis. Zur Verlagspublikation die heute in GA 11,24 gestrichenen bibliographischen Hinweise aus Lucifer Gnosis, Heft 14, Juli 1904, 52.

334 Scott-Elliot: Atlantis nach okkulten Quellen ($^2$1903), 31–37. Es gibt nur eine kleine, aber für mich nicht weiter ausdeutbare Differenz. Steiner sprach von »Ur-Turaniern« statt von »Turaniern«, beide aber von »Ursemiten«.

335 Zu Blavatsky und Sinnett s. o. 7.6.4, zu Besant ihr Buch: Uralte Weisheit, 320–323.

336 Scott-Elliot: Atlantis ($^2$1903), 36.

337 Ebd.

338 So in einer 1932 herausgegebenen Kurzfassung der »Geheimlehre«: »Konnten die Menschen vor achtzehn Millionen Jahren existieren? Hierauf antwortet der Okkultismus bejahend, trotz aller wissenschaftlicher Gegner.« Nach Blavatsky: Die Geheimlehre (hg. v. F. Hartmann), 158.

339 Scott-Elliot: Atlantis ($^2$1903), 43.

der »Denkkraft« zu sprechen, unter Zurückdrängung konkreter Berichte über das Leben in den untergegangenen Rassen.

Ob Scott-Elliot die Nomenklatur der theosophischen Rassen entwickelt hat oder ob er neben Besant und Leadbeater Vorgänger im (theosophischen?) Literaturkanon besaß, ist unklar, aber auch nicht entscheidend. Wichtig ist vielmehr, daß er nicht viele Vorläufer – sofern es sie überhaupt gab – besessen haben kann, da sich ein Teil seiner Begriffe in gut datierbare zeitgenössische Debatten einordnen läßt. Einige Rassennamen waren für historische Völker seit dem frühen 19. Jahrhundert in Gebrauch, etwa die Tolteken, Semiten, Akkader oder Mongolen, ohne daß Scott-Elliots Begriffe mit den üblicherweise benutzten Begriffen für Ethnien identisch wären. Die Polarier und Hyperboräer hingegen beziehen sich auf griechische Vorstellungen der Antike. Der Schlüssel für Scott-Elliots Konstruktion liegt aber in Neologismen des 19. Jahrhunderts. So sind die Lemurer von »Lemuria« abzuleiten, ein von dem englischen Biologen Philipp Lutley Sclater (1829–1913) 1874 eingeführter Begriff, um einen hypothetischen Kontinent zwischen Asien, den Sunda-Inseln und Madagaskar zu bezeichnen, der nicht zuletzt die Verbreitung einer Halbaffen-Art, der Lemuren, die in Indien und auf Madagaskar vorkommen, erklären sollte. Scott-Elliot hat sich im Gegensatz zu Steiner explizit auf Sclater bezogen[340] und seinen Ausführungen über Lemuria Landkarten mit dem Umrissen des ehemaligen Kontinents beigegeben[341]. Auch darauf hat Steiner verzichtet, aber immerhin eine exakte geographische Lokalisierung vorgenommen (GA 11,57). Im übrigen hatte Ernst Haeckel – worauf Scott-Elliot wie Steiner verwiesen – die Lemuria-Theorie affirmativ aufgegriffen[342], die dadurch für Steiner an Glaubwürdigkeit gewonnen haben könnte.

Zeitgenössische Wurzeln besitzen auch andere Völkernamen. Die Turanier waren eine Sammelbezeichnung, die der deutsch-englische Orientalist Max Müller (1823–1900) für nicht-indogermanische und nicht-semitische Völker Asiens und Europas geprägt hatte, also ein durch negative Abgrenzung gewonnener Kollektivname, der aber mit zunehmender Differenzierung der Ethnogeographie aufgelöst wurde. Daß mit Turaniern synonym die pantürkische Bewegung bezeichnet wurde, indiziert die damalige Breite des Begriffs. Die Rmoahals und die Tlavatli-Völker gehen wohl auf Namen mittelamerikanischer Völker zurück, die wiederum Blavatsky oder Scott-Elliot aufgegriffen haben dürften[343].

---

[340] Ders.: Das untergegangene Lemuria, 3 f. – Steiners Quelle für seine Lemuria-Theorie ist im Gegensatz zu den Atlantisvorstellungen nicht genau auszumachen. Scott-Elliots Lemuria kommt in der englischen Erstausgabe von 1904 in Betracht, die deutsche erschien erst 1905, während Steiner bereits im Oktober 1904 mit seinen Ausführungen über Lemuria begonnen hatte (Lucifer Gnosis, Oktober 1904, Heft 17, 154). Als Quellen kommen aber auch die theosophischen Standardwerke, wie Sinnetts Esoterischer Buddhismus, 63, oder Blavatskys Geheimlehre, etwa II, 832 f., in Frage, wo auch die wissenschaftlichen Autoritäten, Heinrich Schmidt (Deszendenzlehre und Darwinismus), Alfred Russel Wallace und Ernst Haeckel aufgerufen werden.

[341] Scott-Elliot:Das untergegangene Lemuria, Anhang.

[342] Ebd., 3 f., und Camp: Versunkene Kontinente, 61 f. Steiners Bezug auf Haeckel in: GA 54,134 1905.

[343] Nach Blavatsky: Collected Writings, V, 223 (in Ausführungen über »Esoteric History« [1883]), sei im »Popul-Vuh«, dem heiligen Buch der Guatemalteken, von den »Thlinkithians« die Rede. Nach Scott-Elliot: Atlantis ($^2$1903), 32, wiederum seien die Rmoahals von der Aschanti-Küste (heute Gha-

Hingegen hat Steiner vermutlich einzelne Elemente eingefügt. Möglicherweise hat er beispielsweise die theosophische Konzeption 1910, als er ältere Aussagen systematisierte, spiritualisiert, indem er Völker von einem »Volksgeist« und »dirigierenden« »Erzengeln« (GA 121,24) geleitet sah oder später die Existenz eines »Volksseelenwesens« (GA 65,592 f. [1916]) postulierte. Möglicherweise hat er damit seine Position gegen Besant geschärft[344], denn parallel spiritualisierte er auch seine Christologie über das Theorem der »Erscheinung des Christus im Ätherischen« (s. 8.2.7)

Die im Hintergrund dieser Rassenkonzepte stehenden Theorien waren Ende des 19. Jahrhunderts überholt: die Lemuria-Hypothese hatte sich als unbelegbar erwiesen, die Turanier-Hypothese als zu wenig differenziert. Die Evolutionstheorie, die alle historischen Erzählungen Steiners bis in die Details hinein prägt und die »absolut« zentrale Matrix seiner Konzeption bildet, ist heute als eurozentrischer Sozialdarwinismus erkannt. Kulturhistorisch ist allerdings in diesem Zusammenhang nicht der Plausibilitätsverlust dieser Theorien interessant, sondern deren Bedeutung als Indikatoren für das Ausmaß der theosophischen Bemühungen, zeitgenössische Wissensbereiche und Wissenschaftsstandards zu integrieren. Versuche einer soziologischen Reformulierung der ethnischen Identitätskonstruktionen in seinem Umfeld, etwa bei Karl Lamprecht und seinem Begriff des »Gesamthabitus«, hat Steiner wohl nicht wahrgenommen, und er hätte sie in seinem ontologisierenden Ansatz vermutlich auch abgelehnt.

*c. Rassismus bei Steiner?*

Mit den Rassen reicht die theosophische Evolutionstheorie in die Deutung der Gegenwart[345]. Steiner ordnete die Rassen einer Fortschrittsgeschichte zu, in der beispielsweise heutige Indianer als »degenerierte Menschenrasse« im »Hinsterben« (GA 105,106.107 [1908]) oder schwarze Afrikaner als defiziente Spezies der Menschen- und Bewußtseinsentwicklung, als »degenerierte«, »zurückgebliebene« Rasse (ebd., 106) erschienen. Umgekehrt habe die weiße Rasse »das Persönlichkeitsgefühl am stärksten ausgebildet« (GA 107,288 [1909]). Dies sind nur Kernsätze einer Rassentheorie, die Steiner 1904 erstmals formulierte, um sie 1910 in einem komplexen System und in zunehmender Abgrenzung zu theoso-

na) als Sklaven der Tolteken nach Amerika gekommen, von Tlavatli-Kriegern nach Grönland abgedrängt worden (ebd., 46), in Kalifornien und Rio de Janeiro ansässig gewesen, später aber in der dravidischen Rasse (heute: Südindien) aufgegangen (ebd., 47). – Otto Schulz' »okkulter Roman« Tlavatla belegt, daß der Begriff in esoterischen Kreisen kursierte; Schulz schrieb aber in den zwanziger Jahren und könnte seine Begrifflichkeit von Steiner übernommen haben.

344 Zander: Anthroposophische Rassentheorie, 307. In Steiners Zyklus »Die Mission einzelner Volksseelen im Zusammenhang mit der germanisch-nordischen Mythologie« von 1910 (GA 121) erhielt die Rassentheorie und ihre »Völkerseelenkunde« ihre dichteste Darstellung (vgl. ebd., 303–308).

345 Die Debatte um die rassistischen Auffassungen in Steiners Werk ist weiterhin zwischen Anthroposophen und Außenstehenden hoch umstritten und wird oft polemisch geführt. Während Ditfurth: Feuer in die Herzen, 219, Steiners Rassentheorie als eine Lehre, »wie sie rassistischer und menschenverachtender kaum sein kann«, betrachtete, verriß Lorenzo Ravagli: Unter Hammer und Hakenkreuz, 343, die Versuche einer wissenschaftlichen Aufarbeitung als »Irrläufer«, die mit »schielendem Blick« verfaßt seien. Zu einigen Entwicklungen bis in die Gegenwart vgl. Zander: Anthroposophische Rassentheorie, 299–309.

phischen Positionen auszufalten. Mit seinem Ausstieg aus der Theosophie hat er diese Vorstellungen keinesfalls über Bord geworfen, sondern sie 1923 nochmals in Vorträgen vor Arbeitern des Goetheanum in vergröberter, »popularisierter« Form wiederholt, aber ohne Revision im inhaltlichen Bestand. Die weiße war nun »die zukünftige, die am Geiste schaffende Rasse« (GA 349,67 [1923]).

Als Substruktur der Rassen betrachtete Steiner das »Volk«, das er mit der gleichen Konstruktionslogik modellierte. Dabei könne »für eine wirkliche Psychologie der Völkercharaktere ... die anthropologische, ethnographische, selbst die historische Betrachtung der gewöhnlichen Wissenschaft keine ausreichende Grundlegung geben« (GA 121,7 [1910]), wie Steiner unter Beanspruchung eines »höheren Grades an Vorurteilslosigkeit« postulierte (ebd., 12). Auch die Völker sollten natürlich »dem Fortschritt in der menschlichen Entwickelung« unterliegen (ebd., 25), wobei Steiner realisierte, daß im »notwendigen Gang« die Evolution der Völker zur Konkursmasse der Rassengeschichte werden können:

> »Ist das nicht ein ungeheuer harter Gedanke, daß ganze Völkermassen unreif werden und nicht die Fähigkeit entwickeln, sich zu entfalten, daß nur eine kleine Gruppe fähig wird, den Keim zur nächsten Kultur abzugeben? – Aber dieser Gedanke wird für Sie nicht mehr etwas Beängstigendes haben« (GA 104,89 [1908]).

Möglicherweise dachte Steiner hier wieder einmal an die Avantgarde der Meister oder zumindest der Eingeweihten, die dem Biologismus in dieser Entwicklung wehren sollten. Aber diese Teleologie mit deterministischen Zügen war kein Einzelfall:

> »Es ist ein Fortschritt in der menschlichen Entwickelung. ... Es ist gleichgültig, wie wir die Dinge bewerten; der notwendige Gang führt die Menschheit vorwärts, mag man das auch später Niedergang nennen. Die Notwendigkeit führt die Menschheit vorwärts.« (GA 121,25)

In der Konsequenz dieses Denkens lag auch Steiners Bestimmung des Judentums, das ebenfalls als evolutionshistorisch überholt galt (s. 8.3.2b), und in diesen Kontext gehören auch seine Völkerstereotypien, die gleichfalls hierarchisiert waren und die Deutschen als Avantgarde der Entwicklung sahen (s. 14.3.1a). All dies war Teil eines breiten und frei vagierenden Gedankengutes in Deutschland und in den europäischen Nachbarnationen, für das sich nur in Einzelfällen konkrete Vorbilder nachweisen lassen dürften[346]. Im Ersten Weltkrieg kam für die völkerpsychologische Hierarchisierung der Ernstfall, und nach dem Zweiten konnten einzelne Anthroposophen wie Max Stibbe, der Mitbegründer der niederländischen Waldorfschulen, mit der Verteidigung der Apartheid in Südafrika auch Steiners rassentheoretisches Denken umsetzen[347]. Andererseits: Ein scharfer Rassismus, wie ihn völkische Gruppen propagierten, ist daraus nicht geworden[348].

---

[346] Wissenschaftshistorisch ist der Locus classicus inzwischen Wundt: Völkerpsychologie, der aber mit seiner Trennung in eine empirische Individualpsychologie und eine geisteswissenschaftliche Sozialpsychologie eine Reflexionsform bietet, die weit von den Vereindeutigungen der vulgären Völkerstereotypen entfernt ist.

[347] Vgl. ebd., 335.

[348] Der Warnung von Sonnenberg: »Keine Berechtigung innerhalb des modernen Völkerlebens«, 204 f., Steiner allzuschnell unter das völkische Milieu zu subsumieren, die er auch an meinen älteren

Steiners Rassentheorie kann man nicht rein historisch abhandeln, man wird zwangsläufig, auch bei einem Versuch, Darstellungen und Wertungen zu trennen, in Wertungsdebatten hineingezogen. Wenn man den Streit mit Anthroposophen sucht, dann kann man ihn in der Rassenthematik finden. Kein Thema rührt die Emotionen so auf wie dieses, selbst die sexualmagischen Vorwürfe können da nicht mithalten. Im Gegensatz zu den unbelegten Vorwürfen über sexuelle Praktiken gibt es hinsichtlich der rassentheoretischen Vorstellungen Steiners Material, das nicht einfach der Phantasie von Kritikern entspringt, wie die wenigen vorgelegten Zitate aus einer Fülle ähnlicher Äußerungen (zu denen noch diejenigen in den Kapiteln über die Völkerpsychologie und das Judentum kommen) belegen. Anthroposophen halten es allerdings für illegitim, daraus einen Rassismus Steiners abzuleiten, unter anderem mit folgenden Begründungen[349]:

- In der Zukunft komme es zu einer Auslöschung von Rassenmerkmalen[350]. Aber damit verlagert man die Lösung der Probleme aktueller Rassenkonstruktion auf eine künftige Zeit. Die negativen Wertungen, die für die absehbare Zukunft in Kraft bleiben, gelten dann heute fort.
- Man müsse in unterschiedlichen Rassen reinkarnieren, aber mit dieser Art »Rache« des Schicksals sind der Rassentheorie ihre aktuellen Abwertungen nicht genommen.
- Für alle Rassen gebe es auch positive Wertungen Steiners. »Es gibt keine Äußerung Steiners, die aus heutigem Verständnis negativ interpretiert werden kann, wo sich nicht zugleich eine Gegenbewegung positiver Art fände«, so Stefan Leber[351]. Konkret: Indianer seien nicht nur »degeneriert«, sondern haben (gerade deshalb) »ein religiöses Gefühl«; oder: »Neger« besitzen durch ihre »Triebhaftigkeit« den Vorteil des »Schutzes vor dem Fall in den Materialismus«[352]. Aber wenn man beispielsweise Steiners Zuordnung von »religiösem Gefühl« zu »den Negern« positiv liest, muß man darüber hinwegsehen, daß Gefühlsreligion für Steiner evolutiv von der »wissenschaftlichen« Erkenntnis religiöser Phänomene längst überholt ist. Das läuft zudem auf eine Akzeptierung der Stereotypen Steiners hinaus. Man kann Steiner allenfalls zu Gute halten, daß er diese Wahrnehmungsraster mit vielen Zeitgenossen teilte und es sicher nicht leicht war, sie kritisch gegenzulesen. Vermutlich hat er, nur um ein Beispiel zu nennen, schwarze Afrikaner nie als intellektuelle Gesprächspartner kennengelernt, er soll sie nur im Baseler Zoo (!) als exotische Ausstellungs»stücke« gesehen haben[353].
- Steiners Ziel sei eine Gesellschaft ohne Rassenschranken. Aber dieser Anspruch für den Bereich der Praxis hebt die Theorie nicht auf, die zudem im-

---

Publikationen kritisiert, stimme ich zu. Elemente rassischen Denken implizieren nicht automatisch eine Zugehörigkeit zur völkischen Bewegung.

349 Dazu Zander: Anthroposophische Rassentheorie, 338–340.

350 Etwa in dem schon zitierten Satz: »Die Rasse kann zurückbleiben, eine Völkergemeinschaft kann zurückbleiben, die Seelen aber schreiten über die einzelnen Rassen hinaus.« (GA 104,89)

351 Leber: Anthroposophie und die Verschiedenheit des Menschengeschlechts, 44 (»Es gibt ...«); Ähnlich Frensch: Auf der Suche nach dem Anrüchigen, 11 f.

352 Leber, ebd., 40. 44.

353 Mündlicher Hinweis von Uwe Werner, 3.2.2006.

mer wieder herangezogen werden kann, um Rassendifferenzen wertend zu begründen. Auch reicht es nicht, Beispiele für eine nichtrassistische Praxis in der Anthroposophie[354] gegen Steiners Theorie auszuspielen. Die rassistischen, antijudaistischen oder die fragwürdigen völkerpsychologischen Äußerungen bleiben dann ein unangetasteter Fundus der Anthroposophie.

- Steiners Klischees über andere Völker seien jugendliche Entgleisungen. »In den Jahren bis 1900 ändert sich aber auch die Einschätzung des geistigen Lebens anderer Völker. Die alten Klischees sind verschwunden«[355], so Christoph Lindenberg. Angesichts der bis in das Jahr 1923 hineinreichenden Völker- und Rassenstereotypien ist dies falsch.
- »Humor, Ironie und Augenzwinkern« hätten in den Vortragsaufzeichnungen keine Spuren hinterlassen, Bemerkungen über Mulattenkinder seien »scherzhaft« gemeint, so Hans-Jürgen Bader und Lorenzo Ravagli[356]. Das ist wohl in manchen Fällen richtig, erklärt aber nicht alle Entgleisungen Steiners. Und heute fragen wir uns natürlich, mit welchen hintergründigen Stereotypen Witze arbeiten.
- Steiners rassentheoretische Äußerungen bewirkten nur »im Falle einer Vereinnahmung« eine »schwerwiegende Diskriminierung«, ansonsten seien die inkriminierten Zitate »mißverständlich« oder »unbedenklich«, so die niederländische anthroposophische Kommission, die Steiners Rassentheorien in Augenschein nahm[357]. Das allerdings erscheint in der Außenperspektive schlicht verharmlosend angesichts der Schärfe vieler Äußerungen Steiners.

Derartige Argumente tragen für die historisch verantwortete Interpretation von Steiners Theorien nichts aus: Historisches Verständnis und aktuelle Handlungsnorm sind zwar keine zusammenhanglosen, aber erstmal unterschiedliche Kategorien. Geschichtliche Positionen können gegenwärtige Werthaltungen begründen, müssen es aber nicht.

Meines Erachtens muß vielmehr jede Beschäftigung mit Steiners Rassentheorien eng an seinem Selbstverständnis ansetzen, und dies geschieht auch unter Anthroposophen. Drei Versuche, Steiner mit Steiner zu verstehen, scheinen mir zentral:

(1.) Rassen sind für Steiner ein Epiphänomen der Materie und sollen den Menschen als geistiges Wesen letztlich nicht betreffen:

> »Da alle Menschen in verschiedenen Reinkarnationen durch die verschiedenen Rassen durchgehen, so besteht, obgleich man uns entgegenhalten kann, daß der Europäer gegen die schwarze und die gelbe Rasse einen Vorsprung hat, doch keine eigentliche Benachteiligung« (GA 121,78 [1910]).

Weil der Mensch also in der Reinkarnation in andere Rassen und Völker inkarnieren müsse, seien rassische oder völkische Dimensionen der Anthropologie

---

354 Vgl. etwa Geraets: Inkanyezi, der, soweit man ein Urteil gewinnen kann, von einer beindruckenden Arbeit berichtet.

355 Lindenberg: Rudolf Steiner und die geistige Aufgabe Deutschlands, 884.

356 Bader / Ravagli: Rassenideale sind der Niedergang [Rassismusvorwurf], 13. 162.

357 Anthroposophie und die Frage der Rassen, 319.

sekundär. Dies war Steiners Versuch, dem biologischen Determinismus zu wehren[358]. Allerdings ist dies eine bloße Binnenperspektive, die nur für Reinkarnationsanhänger plausibel ist. In der Außenperpektive bleiben die Abwertungen bestehen. Aber auch die Binnenperspektive hat ihre Tücken: Wenn das karmische Schicksal eine Folge guter oder schlechter Taten ist, ist das Leben in einer »degenerierten« oder »passiven« Rasse eine Strafe (oder Vorleistung für ein besseres Leben). Kant etwa bekam dies zu spüren, da Steiner glaubte, »daß in Kant eine junge Seele lebte. Ja, die Tatsachen sagen es, da ist nichts dagegen zu machen. Und man könnte nun darauf hinweisen, daß die jüngeren Seelen sich allerdings in der Mehrzahl in den farbigen Rassen verkörpern, daß also die farbigen Rassen, namentlich die Negerrasse, vorzugsweise jüngere Seelen zur Verkörperung bringen.« (GA 126,35 [1910]) Dies bedeutet, daß »Neger«, Indianer oder andere negativ stigmatisierte Menschen in dieser Verkörperung ihre Strafinkarnation ableisten[359].

(2.) Rassen seien ein kollektiver Faktor und beträfen das Individuum letztlich nicht: »Die Rasse kann zurückbleiben, eine Völkergemeinschaft kann zurückbleiben, die Seelen aber schreiten über die einzelnen Rassen hinaus.« (GA 104,89 [1908]) Auch in derartigen Aussagen kann man Steiners Versuch lesen, den biologischen Determinismus zu umgehen, Steiner wollte keine Fixierung auf eine blutsmäßige Abstammung. Aber zugleich drückt sich darin eine ungeheure Naivität gegenüber der kulturellen Prägekraft gesellschaftlicher Verhältnisse, und eben dies sind »Rassen« auch, aus. Zudem bleibt auch hier die Evolution das unangetastete Gesetz der Kultur: Wer zurückbleibt, gehört zur Konkursmasse. Die Abwertung aktueller Völker und Rassen bleibt bestehen.

(3.) Rassen seien ein Intermezzo der Menschheitsgeschichte. »Die Rassen sind entstanden und werden einmal vergehen, werden einmal nicht mehr da sein.« (GA 121,76 [1910]) Erneut artikulierte Steiner sein antimaterialistisches Leitmotiv, aber bei näherem Hinsehen bleibt dies ein gänzlich unpolitisches Argument. Die Rassenentstehung, die erst in der lemurischen Zeit begonnen habe, werde in der sechsten und siebten »Entwickelungsepoche« verschwinden (ebd.), das heißt: frühestens ungefähr im 9. Jahrtausend. Für eine politische Erledigung der Rassenfrage und für die Geltung von Steiners Rassentheorien ist dies eine lange,

---

[358] Überzeugung, daß die Anthroposophie mit ihrer Akzentuierung der spirituellen Dimension »das wahre Problem des Rassismus«, den »neuzeitlichen Materialismus« bewältige, auch etwa bei Archiati: Die Überwindung des Rassismus, 13; zur Argumentation mit der Reinkarnation vgl. nur exemplarisch ebd., S. 17 f., oder Leber: Anthroposophie und die Verschiedenheit des Menschengeschlechts, 37 f. 40.

[359] Steiner hat die Konsequenz, daß der Tod durch Katastrophen karmisch zu begründen sei, selbst gezogen (GA 34,361–363), die Übertragung auf den Holocaust durch heutige Anthroposophen ist mir nur mündlich bekannt. Yonassan Gershom, der derartige Thesen vertritt, wird auf anthroposophische Tagungen eingeladen und in anthroposophischen Medien diskutiert (vgl. Diet: Auf den Spuren der Opfer, 288–291). Gershoms Buch »Kehren die Opfer des Holocaust wieder?«, wurde 1997 im Dornacher anthroposophischen Verlag Geering publiziert. Die in dieser Vorstellung vom selbstverschuldeten Holocaust-Schicksal implizierte Entlastung der Täter zieht inzwischen in rechtsradikalen Milieus außerhalb der Anthroposophie weite Kreise; vgl. Zander: Geschichte der Seelenwanderung, 583 f.

eine zu lange Zeit. Daß die Vielfalt von Völkern und Rassen ein Reichtum der Pluralität sein könnte, tritt im übrigen nicht in Steiners Blickfeld.

Schließlich unterschätzen derartige Interpretationen von Einzelstellen die Bedeutung einer zentralen Konstruktionsstelle in Steiners Denken: der Evolutionsdoktrin. Steiner sah die Entwicklung von Rassen, wie die Kosmologie oder die Bewußtseinsgeschichte, als evolutiven Prozeß, der er letztlich alle Dimensionen des Kosmos, des Lebens oder der Kultur unterwarf. Hier liegt ein zentrales Problem seiner Rassismen, sie sind der Ausdruck eines tief im 19. Jahrhundert verwurzelten Evolutionsdenkens, das alle Bereiche seiner Weltanschauung prägte. Steiner formulierte mit seinem theosophischen Sozialdarwinismus eine Ethnologie, in der die Rede von »degenerierten«, »zurückgebliebenen« oder »zukünftigen« Rassen keine »Unfälle«, sondern das Ergebnis einer konsequent durchgedachten Evolutionslehre waren. Ich sehe im Gegensatz zu vielen Anthroposophen keine Möglichkeit, diese Konsequenz zu bestreiten[360]. Ein weiteres zentrales Problem liegt im Rassenbegriff: Anthropologen bestreiten heute, daß dem klassischen, auch kulturellen Begriff der Rasse ein genetisches Substrat unterliegt.

Zurück zur Eingangsfrage dieses Kapitels, mit deren Beantwortung die Deutung der Geschichte zur Stellungnahme in einer aktuellen Debatte wird: Gibt es einen Rassismus bei Steiner? Wenn Rassismus die Bindung wichtiger Elemente der Anthropologie an augenblicklich existierende Rassen bedeutet, seien diese biologisch oder spirituell definiert, dann kann man Steiner als Rassisten bezeichnen. Es wäre hilfreich, wenn manche Anthroposophen zugestehen würden, daß dies keine schlicht polemische Aussage ist, sondern in der kontextualisierenden Deutung des historischen Materials gründet. Zugleich aber gibt es bei Steiner Versuche, die deterministischen Konsequenzen dieses Denkens zu brechen, und es wäre gut, wenn viele Kritiker zur Kenntnis nehmen würden, daß Steiner kein Rassist sein wollte; aus diesem Grund spreche ich lieber von Steiners Rassentheorie als von Rassismus. Aber diese abgemilderte Begrifflichkeit birgt für die politische Debatte das Problem einer möglicherweise voreiligen Salvierung Steiners. Denn es gibt neben philanthropischen Anthroposophen solche, die rassistisch denken, wie es bei den Kritikern verständnisvolle neben blindwütigen gibt. Wir wären einen großen Schritt weiter, wenn man die historisch bedingten und in meiner Wahrnehmung vorhandenen Rassismen bei Steiner und die politischen Konsequenzen analytisch differenzieren könnte, bei Anhängern wie Kritikern Steiners.

Solange Anthroposophen sich hier zurückhalten, weil man Steiners höhere Einsicht nicht in Frage stellen will oder mit dem Argument, die Anthroposophie kenne keine Dogmen, auch rassistische Deutungen von Anthroposophen innerhalb der Anthroposophischen Gesellschaft deckt, bleibt die Debatte explosiv. Es gibt meines Erachtens nur einen Weg, Steiners Rassentheorie zu entschärfen: Indem man sie als zeitgebundene Vorstellungswelt historisiert, sich insoweit

---

[360] Es reicht nicht, »Degeneration« als das »Herausfallen aus der fortwährenden Bildung und Umbildung« zu deuten; so Bader / Ravagli: Rassenideale sind der Niedergang [Rassismusvorwurf], 56. Immerhin stellt man sich damit Steiners heute unbequemen Vorstellungen, aber die normative Abwertung wird durch eine solche Deutung nicht aufgehoben.

davon distanziert und in normativer Hinsicht als Irrtum verwirft. So führt ein Weg von Steiners evolutionär hierarchisierter Rassentheorie zu einer egalitären Philanthropie. Aber vor einer solchen Revision schrecken viele Anthroposophen weiterhin zurück, weil dies den Einstieg in die Kritik von Steiners »höherer Einsicht« bedeuten würde.

### *7.5.5 Der Atlantis-Mythos*

#### *a. Atlantis im geologisch-historischen Unschärfebereich um 1900*

In Steiners Paläogeologie spielen als untergegangene Kontinente vor allem Lemuria und Atlantis eine wichtige Rolle. Die Spekulationen über eine untergegangene Landmasse namens Atlantis gründen in Platons Dialogen Kritias und Timaios und wurden seit der frühen Neuzeit und vor allem seit Francis Bacons Nova Atlantis von 1627 in der utopischen Literatur immer wieder aufgegriffen. Sie florierten gerade in den Jahren um 1900[361]. Auch Steiner behauptete, es gebe

> »Schilderungen derjenigen Tatsachen, die sich abspielten, als zwischen Amerika und Europa noch das sogenannte atlantische Festland vorhanden war. Auf diesem Teil unserer Erdoberfläche war einstmals Land. Der Boden dieses Landes bildet heute den Grund des Atlantischen Ozeans. ... Daß der Meeresboden des Atlantischen Ozeans einstmals Festland war, daß er durch etwa eine Million von Jahren der Schauplatz einer Kultur war, ... dies, sowie die Tatsache, daß die letzten Reste dieses Festlandes im zehnten Jahrtausend v. Chr. untergegangen sind, kann der Leser in dem Büchlein ›Atlantis, nach okkulten Quellen, von W. Scott-Elliot‹ nachlesen.« (GA 11,24)

Steiner griff also auch für seine Atlantis-Vorstellungen nicht auf die frühneuzeitlichen oder antiken Vorstellungen zurück, sondern wieder auf Scott-Elliot. Da Steiner keine weiteren Werke der Atlantis-Literatur der Jahrhundertwende in den Berichten »Aus der Akasha-Chronik« nannte und die Übereinstimmungen mit Scott-Elliot bis ins Detail gehen, kann man davon ausgehen, daß er 1904/05 Steiners zentrale oder sogar einzige Referenz bildete[362].

Im Rahmen formaler wissenschaftlicher Präzision wies Scott-Elliot »fünf Klassen« von Quellen aus, die er detailliert für seine These ausgeschöpft habe:

> »1. Die Ergebnisse der Tiefsee-Forschung.
> 2. Die Verteilung der Tier- und Pflanzenwelt auf der Erde.
> 3. Die Ähnlichkeit gewisser Sprachen und Volksstämme.

---

[361] Der unüberschaubaren Literatur über die Suche nach einem realen Atlantis ist inzwischen eine ähnlich breite Literatur zur Seite getreten, die die geologische Theorie eines untergegangenen Kontinents widerlegt und als kulturhistorisches Skript rekonstruiert hat. Vgl. exemplarisch Brentjes: Atlantis; Atlantis. Fact or Fiction?, hg. v. E.S. Ramage; de Camp: Versunkene Kontinente. Auch die Versuche, Atlantis mit archäologisch erfaßbaren Kulturen zu identifizieren, haben keine allgemein anerkannten Ergebnisse gebracht; vgl. Luce: Atlantis (Kreta); Zangger: Atlantis (Troia).

[362] Ob oder in welchem Ausmaß Steiner neben Scott-Elliot auf andere theosophische Klassiker zurückgegriffen hat, ist unklar. Steiners Rückgriff auf theosophische Atlantis-Schriften ist in der Literatur seit langem bekannt, vgl. Frohnmeyer: Die theosophische Bewegung, 117f.; Hauer: Werden und Wesen der Anthroposophie, 91f.; Kully: Die Wahrheit über die Theo-Anthroposophie, 130. – Inzwischen wird auch Steiner als Quelle für die Zuverlässigkeit der Atlantis-Vorstellung gehandelt, etwa bei dem Gründer der Bochumer Sternwarte, Heinz Kaminiski: Atlantis, 128–161.

4. Die auffallende Übereinstimmung der Religionen, Sitten und Gebräuche und Baudenkmäler verschiedener Völker.
5. Das Zeugnis
   a) von Schriftstellern des Altertums,
   b) von Überlieferungen früherer Rassen, und
   c) archaischer Sintflutlegenden.«[363]

Scott-Elliot markierte damit (wie auch Blavatsky) viel deutlicher als Steiner den Diskursraum, in dem er seine Veröffentlichung gelesen wissen wollte: Die wissenschaftliche Debatte, in der sich die philologische Erschließung der antiken Schriftsteller und die Empirie »moderner Wissenschaft« kreuzen sollten. Konkret berichtete Scott-Elliot von den Ergebnissen der Kartographierung des Meeresgrundes nach »der Expedition des englischen Kanonenbootes ›Challenger‹ und des amerikanischen ›Delphin‹«, die nach Auskunft der Zeitschrift »Popular Science Review« vom Juli 1878 »im eocänen Alter (vor mehr als 1 Million Jahren) Teile *eines größeren Festlandes*« nachgewiesen haben sollen; bei den tierischen Fossilien nannte Scott-Elliot etwa »Überreste des *Kamels* in Indien, Afrika, Südamerika und Kansas«[364].

»Das größte aller Probleme aber bildet der *Pisang* oder die Banane. ›Auf welchem Wege‹, so fragt Professor [Otto?] Kuntze, ein hervorragender deutscher Botaniker, ›wurde diese Pflanze – ein Kind des heißen Asiens und Afrikas –, die bei einem Transport durch die gemäßigte Zone zugrunde gehen mußte, nach *Amerika* gebracht?‹«[365]

In der Sprachgeschichte hingegen sah Scott-Elliot wieder Rückenwind für seine Thesen. Das Baskische sei, so habe ein nicht näher identifizierter Mr. Farrer behauptet, mit den amerikanischen verwandt und das Phönizische vom Atlantischen abzuleiten[366]. »Die Untersuchungen von Le Plongeron, De Quatrefages, Bancroft und anderen« hätten sodann »erwiesen«, daß der »Negertypus« bis vor kurzem in Amerika existiert habe und aus Afrika stammen müsse. Kreuz und Sonnenscheibe seien diesseits und jenseits des Atlantiks verehrt worden, das griechische Wort für Gott »Theos«, das jüdische »Jah« und das mexikanische »Teo« miteinander verwandt und Taufzeremonien bei allen Nationen anzutreffen; Humboldts »Forschungen in Mexiko« und Precotts »Mexiko« gäben darüber Auskunft. Pyramiden hüben und drüben wurden als Belege beigebracht, schließlich die Berichte der antiken europäischen und amerikanischen Literatur[367].

Das Verfahren, aus phänomenalen Analogien homologe Traditionen zu konstruieren, hat Scott-Elliot der zeitgenössischen Atlantis-Literatur entnommen Davon wird noch die Rede sein. In den Konsequenzen ging Scott-Elliot so weit, auch für Atlantis (wie für Lemuria) genaue geographische Karten mitzuliefern und exakte Datierungen anzugeben, die für Lemuria eine Zeit vor »4–5 Millio-

[363] Scott-Elliot: Atlantis ($^2$1903), 11.
[364] Ebd., 11 (Expedition); ebd., 12 (Eozän); ebd., 12f. (Kamel).
[365] Ebd., 14; darüber hinaus spielen Veröffentlichungen von Alfred Russel Wallace, dem Grenzgänger zwischen Wissenschaft und Spiritismus, etwa sein »Inselleben«, eine wichtige Rolle. Bei Kuntze dürfte es sich um Otto Kuntze (1843–1907) handeln.
[366] Ebd., 15f. Scott-Elliot verwies dabei auf Farrers Buch »Sprachfamilien«.
[367] Ebd., 17. (wissenschaftliche Untersuchungen, »Negertypus«); ebd., 18f. (Gottesnamen, Humboldt); ebd., 20f. (Pyramiden); ebd., 22–26. (antike Berichte).

nen Jahren« und für Atlantis einen Zeitraum seit »etwa 800.000« bis zum exakten Untergang von Poseidonis anno 9564 angeben[368]. Steiners Datierung des Untergangs von Poseidonis »im zehnten Jahrtausend« dürfte sich auf Scott-Elliot beziehen, der seinerseits vermutlich auf andere Atlantisliteratur zurückgriff[369], in der wiederum eine Ausarbeitung der schon bei Platon mit 9.000 Jahren vor Solon angegebenen Bestimmung des Untergangsdatums vorlag.

Scott-Elliots Verfahren entsprach hinsichtlich des methodischen Anspruchs auf wissenschaftliche Dignität okkulter Theorien exakt demjenigen Steiners, die übersinnliche Schau sollte sich am empirischen Stand der Wissenschaft messen lassen. Bei Scott-Elliot war zwar der Bezug zu älteren spiritistischen Techniken noch deutlicher, er glaubte an ›unwiderlegliche Beweise‹, die sich aus »Experimenten«, die »das Hellsehen in Verbindung mit dem Mesmerismus studiert haben«, ergäben[370], eine Verbindung, die bei Steiner nicht auftauchte; aber im Prinzip stimmten beide hinsichtlich der Verläßlichkeit übersinnlicher Erkenntnisse überein. In der Durchführung fällt allerdings ein signifikanter Unterschied ins Auge: Scott-Elliot bot eine Vielfalt von Quellenbelegen. Unter seinen Literaturtiteln vermeldete er »die neuesten wissenschaftlichen Untersuchungen«[371] und wies sie mit teilweise exakten bibliographischen Angaben nach. Dies entsprach Blavatskys Verfahren in der »Geheimlehre« mit dem beträchtlichen Anmerkungsapparat. Steiner hingegen wich einer möglichen Nachprüfung aus und verlagert seine Plausibilisierung in die Esoterische Schule und ihre Arkanerkenntnisse. Steiner verzichtete auf einen direkten Bezug zur Empirie, um sich freizumachen von den Gefährdungen durch eine empirische Überprüfung. Er versicherte sich so einerseits der wissenschaftlichen Begründungen, suchte sich aber andererseits gegen einen kritischen Zugriff auf seine übersinnlichen Erkenntnisse abzuschotten.

Belegt Steiner für die Atlantis-Thematik im Jahr 1904 keine wichtige Quelle über Scott-Elliot hinaus, so ist die Lage bei Scott-Elliot anders. Hinter ihm stand ein Klassiker der Atlantis-Theorie: Ignatius Donnelly und sein Buch »Atlantis«, 1882 auf englisch erschienen und 1895 in deutscher Übersetzung nachweisbar. Scott-Elliot bescheinigte ihm »a great mass of evidence«[372], und schon Blavatsky hatte sein Werk ein »wundervolles Buch« genannt[373]. Donnelly (1831–1901), von 1863 bis 1869 Abgeordneter des amerikanischen Kongresses, veröffentlichte nach seiner Zeit als Politiker eine Reihe von Büchern, die zwischen Sachbuch und Science Fiction changierten. 1883 erschien der Roman »Ragnarok: The Age of Fire and Gravel«, 1891 der Zukunftsroman »Caesar's Column«, ein Werk, das unter anderem durch den Vorgriff auf die Prinzipien von Fernsehen und Radio

---

368 Scott-Elliot: Das untergegangene Lemuria, 18 (Lemuria); ders.: Atlantis, 10 (Atlantis). Karten ebd., im Anhang.

369 Der Schriftsteller okkultistischer Sujets, Banning, nahm ebenfalls an, Poseidonis sei 9564 v. Chr. versunken; vgl. de Camp: Versunkene Kontinente, 74. Auch Sinnett: Esoterische Lehre, 63, kannte die Poseidonis-Geschichte.

370 Scott-Elliot: Atlantis ($^2$1903), 2.

371 Ebd., 10.

372 Scott-Elliot: Atlantis / Lemuria (1968), 8; in der deutschen Ausgabe offenbar getilgt.

373 Blavatsky: Geheimlehre, II, 279.

Aufmerksamkeit fand. 1888 und 1899 »dechiffrierte« er in zwei Veröffentlichungen einen Code, mit dem er die Werke Shakespeares Francis Bacon zuwies (die in der Anglistik am Ende des letzten Jahrhunderts diskutierte »Bacon-Hypothese«). Daraus kann man schließen, daß er auch Bacons »Nova Atlantis« gekannt haben dürfte.

Donnelly verstand sein Atlantis-Werk als Sachbuch und als Versuch, die Existenz dieses Kontinents wissenschaftlich zu belegen, ohne auf hellseherische Mittel zurückzugreifen. Seine zentrale These jedoch, daß Atlantis untergegangen sei und in Erinnerungen, Mythen oder auch technischen Errungenschaften alter amerikanischer und euro-asiatischer Völker weiterlebe, hat Scott-Elliot übernommen. Auch Donnellys Belege tauchten bei Scott-Elliot – teilweise punktgenau – wieder auf: etwa die These, daß das phönizische Alphabet und das der Mayas von demjenigen der Atlantier abstamme[374], oder seine wissenschaftlichen »Beweise« mit Sonar-Untersuchungen des Meeresbodens oder die Verteilung von Fauna und Flora oder die Sprachvergleiche. Donnelly war nun wiederum nicht der Erfinder der Atlantisgeschichte im 19. Jahrhundert (schon 1870 fand in Jules Vernes »20.000 Meilen unter dem Meer« eine Begehung des unterseeischen Atlantis statt[375]), aber Donnellys materialgesättigtes 500-Seiten-Werk wurde zur Grundlage der Auseinandersetzung um Atlantis zwischen literarischer Fiktion, pseudowissenschaftlichen Beweisen und ernsthafter Forschung im 19. Jahrhundert.

Die Thematisierung des Atlantis-Topos bei Steiner nach 1904/05 belegt, daß er die Überstellung der Atlantis-Erzählung in die Akasha-Chronik selbst als Problem wahrgenommen hat. Mitte 1904, um diesen Ausgangspunkt nochmals festzuhalten, waren die Atlantis-Erzählungen und Scott-Elliots Bericht für ihn unbestreitbare geschichtliche Tatsachen. Sein Hinweis auf die grundlegende Bedeutung von Scott-Elliots Publikation läßt sich jedenfalls als Indiz lesen, daß damit in Sachen Atlantis alles Wesentliche gesagt sei und die Theorien von einem untergegangenen Kontinent wissenschaftliche Verläßlichkeit beanspruchen könnten. Entweder war ihm die immer schon kontroverse Diskussion über die Existenz von Atlantis unbekannt oder er hielt die Existenz von Atlantis für belegt.

1907 aber sind neue Töne nachweisbar, Steiner wertete Scott-Elliots Darstellungen ab. Er bezog nun ein, daß Flutkatastrophen auch in anderen Bereichen stattgefunden haben – er nannte Norddeutschland und Mitteleuropa (GA 99,45) – und Scott-Elliots Befunde zu Atlantis auch anders interpretiert werden könnten. Es könne jedenfalls zu »Verwechslungen« kommen:

> »Das ist wirklich der Fall gewesen in den Angaben von *Scott-Elliot* über Atlantis, die zwar durchaus stimmen, wenn man sie anwendet in bezug auf die astralen Bilder, doch nicht mehr, wenn man sie anwendet auf die devachanischen der wirklichen Akasha-Chronik. Das mußte einmal gesagt werden.« (GA 99,45)[376]

---

[374] Donnelly: Atlantis, 31–45. 214–236.

[375] Vernes: Zwanzigtausend Meilen unter dem Meer, 176–181 (Kap. IX).

[376] Ähnlich 1915, als er die »vorgeschichtlichen Ergebnisse« in der Theosophischen Gesellschaft durch »eine Art mediumistischer Forschung« zustande gekommen sah (GA 254,25).

Dies war eine verklausulierte Distanzierung von Scott-Elliot, zumindest von »Angaben«, womit er möglicherweise Details meinte. Er begründete Scott-Elliots Fehler jedoch nicht wissenschaftlich, sondern mit einer Differenzierung »übersinnlicher« Ebenen, der Scott-Elliot nicht fähig gewesen sei. Steiner autorisierte sich als höheren Eingeweihten, indem er Scott-Elliot metaphorische Aussagen über die Astralebene zuschrieb, sich selbst aber den Einblick in die »wirklich« Welt der Devachanebene vorbehielt. Steiner sah wohl einige konstruktive Anteile bei in Scott-Elliots Theorie, stellte aber den Gesamtkomplex nicht in Frage.

Vor dem Ersten Weltkrieg erfuhr die Atlantis-Theorie in der scientific community einen massiven Plausibilitätsverlust. Die hinter der Vorstellung versunkener Kontinente stehende Theorie der Hebung und Senkung von Landmassen zur Begründung der Verteilung von Wasser und Erde, der geologische Dreh- und Angelpunkt der Atlantisgeschichte, wurde 1912 durch Alfred Wegeners Lehre von der Kontinentaldrift erledigt, die die Form und Lage der Kontinente durch eine Expansion des Erdvolumens und durch eine Bewegung der Erdschollen voneinander weg erklärte. Derartige Überlegungen waren nicht neu, schon 1787 hatten von Alexander von Humboldt und 1910 Frank B. Taylor vergleichbare Vermutungen angestellt, aber sie blieben auch nach Wegeners Lösungsangebot noch jahrelang heftig umstritten[377].

Neben den geologischen Fundamenten gingen auch die kulturwissenschaftlichen Theorieteile einer Verbindung zwischen Europa, Afrika und Amerika via Atlantis in den Jahren um den Ersten Weltkrieg herum langsam unter[378]. Ein zentrales Interesse der von Amerika ausgehenden Atlantisliteratur des 19. Jahrhunderts, die Herkunft der Amerikaner zu klären[379], wurde bald durch andere Theorien erklärt. Mit der Annahme einer Besiedlung über die heute unter Wasser liegende Beringstraße vor 11.000 bis 12.000 Jahren wurde die Hypothese einer transatlantischen Landbrücke überflüssig[380]. Im übrigen waren viele »Beweise« Donnellys unzutreffend, etwa die sprachlichen Homologien, andere trivial, wie die cis- und transatlantische Verwendung von Pfeil- und Bogen, von Speeren oder Streitäxten[381], und seiner These widersprechende Argumente, so die fehlende Verwendung des Rades in Amerika außerhalb des Spielzeugs, fehlten. Auch Frühdatierungen der menschlichen Besiedlung in Amerika, wie sie Scott-Elliot vorschlug, der schon vor 800.000 Jahren eine erste Katastrophe für Atlantis behauptete und eine entsprechend frühe Besiedlung Amerikas postulierte, sind durch die Erforschung der amerikanischen Besiedlungsgeschichte widerlegt: Einzelne Funde (geritzte Karibu-Knochen in Kanada) sind nicht älter als 27.000 Jahre, menschliche Artefakte bringen es auf nicht mehr als 17.000, in

377 Ein Argument war beispielsweise die Erwartung der Kontraktion der Erde durch Abkühlung; vgl. Hölder: Geologie und Paläontologie, 243–256.

378 Vgl. Franke: Atlantis.

379 Vgl. zu den Thesen Donnellys kritisch de Camp: Versunkene Kontinente, 50–60. 113–190.

380 Selbst neuere Theorien zur Besiedlung über den Atlantik und Grönland respektive über die Pazifikküste oder sogar quer über den Pazifik gehen nicht über eine Besiedlung seit 30.000 Jahren hinaus.

381 Donnelly: Atlantis, 143.

Mittelamerika auf maximal 12.000 Jahre[382]. Zudem erhielt die Atlantis-Euphorie mit dem Ersten Weltkrieg einen politischen Dämpfer, da sich das Interesse von kulturellen transatlantischen Verbindungen auf Abgrenzungen verlagerte und auch damit Motive der fiktionalen Beschäftigung mit Atlantis austrocknete[383].

Aber die Revision der naturwissenschaftlichen und kulturellen Grundlagen der Atlantis-Theorie berührte Steiners weltanschauliche Verwertung nicht grundsätzlich. Er hat die Auflösung der Fundamente seiner Atlantis-Theorie insbesondere durch die Geologie offenbar nicht wahrgenommen[384]. Bis zu seinem Lebensende betrachtete er die Atlantis-Mythologie als historische Wahrheit. Noch 1919 etwa schlug er Lehrern an der Stuttgarter Waldorfschule die Geschichte von Atlantis (und Lemurien) als Unterrichtsstoff vor, deretwegen man die »gewöhnliche Geologie desavouieren« müsse (GA 300a,86).

*b. Technische Errungenschaften in Steiners Atlantis-Erzählung und die Bedeutung Bulwer-Lyttons*

Bis in welche Details Steiners Vertrauen in Scott-Elliots Schilderungen reichte und wie kreativ er damit umging, dokumentieren Beispiele zu technischen »Erfindungen« in Atlantis. Als Beleg für die zeitgenössischen Kontexte der »übersinnlichen Erkenntnisse« würden sie die an der Atlantis-Vorstellung gewonnenen Einsichten nur doppeln. Aber im mikroskopischen Blick wird die tagesaktuelle Transformation des theosophischen Materials erst sichtbar und lassen sich die Triebkräfte für Steiners Aktualisierungsdrang benennen.

So beschrieb Steiner die Energieversorgung auf Atlantis:

> »Pflanzen wurden in der atlantischen Zeit nicht bloß gebaut [sic], um sie als Nahrungsmittel zu benutzen, sondern um die in ihnen schlummernden Kräfte dem Verkehr und der Industrie nutzbar zu machen. Wie wir Vorrichtungen haben, um die in den Steinkohlen schlummernde Kraft in unseren Lokomotiven in Bewegungskraft umzubilden, so hatten die Atlantier Vorrichtungen, die sie – sozusagen – mit Pflanzensamen heizten, und in denen sich Lebenskraft in technisch verwertbare Kraft umwandelte.« (GA 11,29, vgl. auch GA 93,52)

Steiner nahm sich mit den Lokomotiven ein Symbol der technischen Innovationskraft im 19. Jahrhundert vor. Sie gehörten zu den Vorzeigestücken des Fortschritts und befanden sich zur Zeit der Abfassung der Texte von Scott-Elliot und Steiner in rasanter Entwicklung: Gerade war 1897 etwa der »Heißdampf« eingeführt worden, seit 1904 experimentierte man mit Kohlenstaub als Brennstoff, der 1908 von Rudolf Diesel konzipierten Dieselmaschine blieb vorerst der Durchbruch versagt, während die Turbo-Dampflok der schwedischen Brüder Ljungström im gleichen Jahr einsatzfähig wurde. Aber all diese Lokomotiven fuhren mit sozusagen toter Pflanzenenergie, mit Kohle, während die Atlantier den Zugriff auf die »Lebenskraft« besitzen sollten. Diese Vorstellung gehört zwar in den weiteren Kontext der vitalistischen Vorstellungen des 18. Jahrhunderts, dürfte sich aber konkret auf den Begriff »vril« beziehen, den Scott-Elliot wahr-

---

382 Selbst extreme und umstrittene Frühdatierungen gehen nicht über 80.000 Jahre hinaus.

383 De Camp: Versunkene Kontinente, 275.

384 Wegeners Name ist in Steiners Werk nicht nachgewiesen.

scheinlich aus Edward Bulwer-Lyttons Roman »The Coming Race« entlehnt hatte[385]. Steiner kannte Bulwer-Lyttons Werk ebenfalls, ob durch die Vermittlung Scott-Elliots oder auf anderem Weg, muß offenbleiben. Schon am 2. Januar 1906 hatte er auf das »rosenkreuzerische Geheimwissen« in Bulwers »Zukunftsroman ›Vril‹« (i. e. »The Coming Race«) hingewiesen (GA 93$^{1}$,281) und in diesem Jahr Vril als »die pflanzliche Kraft« bezeichnet, die der Mensch im Gegensatz zur mineralischen (worunter er etwa Schwerkraft und Elektrizität rechnete) noch nicht benutzen könne. Die im »Atavismus« lebenden Fakire hingegen seien dazu (wie einst die Atlantier, könnte man ergänzen) bereits in der Lage, und auch andere Menschen würden sie künftig in ihren »Dienst zwingen« können (GA 97$^{3}$,299). Steiner hat Bulwers Roman so hoch geschätzt, daß er ihn noch 1922 von seinem engen Mitarbeiter Guenther Wachsmuth als »Vril oder eine Menschheit der Zukunft« ins Deutsche übersetzen ließ[386] und ihn 1923 als Lektüre für die zehnte Waldorfschul-Klasse empfahl (GA 300c,106).

Bulwer-Lytton (1803–1873) war nun eine entscheidende Gelenkstelle für die Verklammerung des Begriffs »Vril« mit naturwissenschaftlichen und naturphilosophischen Debatten. Er war Schriftsteller und Politiker, unter anderem Mitglied des Londoner Parliament, dessen umfangreiches Œuvre Novellen, Theaterstücke und Romane, darunter okkultistische (»Zanoni«, »Zicci«) und futuristische umfaßte. Seine Hochschätzung in okkultistischen Kreisen[387] und namentlich bei Steiner[388] beruhte auf der Vermutung, Bulwer sei 1850 Rosenkreuzer in einer Frankfurter Loge, später Ehrenmitglied der »Societas Rosicruciana in Anglia« (SRIA), 1871 Großmeister einer weiteren Rosenkreuzergruppe, des »Metropolitan College« und zu guter Letzt »grand patron« im Golden Dawn gewesen[389].

---

385 Vril bezeichnete Scott-Elliot: Atlantis ($^{2}$1903), 66, als »persönliches Vril«, aber es sollte auch die Luftschiffe antreiben.

386 »Auf Veranlassung« Steiners übersetzt und gedruckt; nach dem Kommentar in GA 93$^{3}$,352. Steiner hat dazu einen Umschlagentwurf geliefert; Rudolf Steiner als illustrierender Künstler, hg. v. E. Schweigler, Abb. 31.
Bulwers Werk besitzt allerdings eine wesentlich komplexere Narration als von Steiner realisiert. Bulwer schrieb eine utopiekritische Utopie, eine »gegenutopische Romanfiktion« (so Seeber: Gegenutopie und Roman, 150), die den Verlust des Menschlichen in der entgrenzten Utopie kritisiere. Gerade beim Begriff »Vril« schwanke Bulwer-Lytton zwischen modernen und konservativen Positionen, seiner »elektrischen« Modernität und seiner »mystischen« Kraft (vgl. 155). Schnackertz: Darwinismus und literarischer Diskurs, 68, sieht in »The Coming race« gar eine »anti-evolutionäre Utopie«.

387 Frenschkowski: Okkultismus und Phantastik.

388 Der zentrale »rosenkreuzerische« Referenztext war Bulwers Roman »Zanoni«, den Steiner nachweislich kannte. Die rosenkreuzerischen Inhalte sind hier aber nur im Zitat des Rosenkreuzer-*Topos* auf die Rosenkreuzerschriften des 17. Jahrhunderts bezogen. Der engere historische Kontext für Bulwer waren die Mythologisierung der Rosenkreuzer im freimaurerischen Umfeld um 1800 und der sich aus der Naturphilosophie des frühen 19. Jahrhunderts (Mesmer, Reichenbach) sich herausentwickelnde Okkultismus; so zu Recht Zipser: Edward Bulwer-Lytton and Germany, 132–140.

389 Eine verläßliche Biographie Bulwer-Lyttons fehlt. Die konkreten und unzuverlässigen Detailinformationen über rosenkreuzerische Aktivitäten nach Miers: Lexikon des Geheimwissens ($^{6}$1986), 85 f., und mit anderen Informationen ebd., $^{7}$1993, S. 129. Miers dokumentiert aber nur die Gerüchteküche. Faktisch entbehren die Berufungen rosenkreuzerischer Gruppen des 19. Jahrhunderts auf Bulwer jeder Grundlage, vgl. Gilbert: The Supposed Rosy Crucian Society. Schon Frick: Die Erleuchteten, II / 2, 351, stellt die Historizität der Angaben über Bulwers Mitgliedschaften in okkultistischen Vereinigungen in Frage. Zipser: Edward Bulwer-Lytton and Germany, 125–149, hat Bulwers Verhältnis zum esoterischen Umfeld untersucht. Okkulte Interessen lassen sich schon in den zwanziger Jah-

Historisch ist von alledem, abgesehen von spiritistischen Praktiken und möglicherweise einer Freimaurer-Mitgliedschaft, fast nichts nachweisbar[390]. Seine Einverleibung in esoterische Kreise war möglicherweise ein Rückschluß von seinen guten Kenntnissen über Geheimlehren, die er in seinen Romanen verarbeitete[391].

Als letztes größeres Werk veröffentlichte Bulwer-Lytton 1871 die Erzählung »The Coming Race«, in der er in einer unterirdischen Welt die künftige Zivilisation entwarf. Er schrieb einerseits einen Science-Fiction-Roman, in dem er auf utopische Literatur bis hin zu Ludvig Holberg, Thomas Morus, Francis Bacon und Plato rekurrierte[392], aber auch auf die naturwissenschaftlichen Diskussionen des 19. Jahrhunderts, etwa in der Evolutionslehre, äußerte sich aber auch antidemokratisch und antifeministisch[393]. In diesem Werk beschrieb Bulwer-Lytton »vril«: »I should call it electricity«, die Wissenschaft fasse darunter »magnetism, galvanism, &c«. »These people consider that in vril they have arrived at the unity in natural energic agencies, which has been conjectured by many philosophers above ground«[394] und könne auch mit »mesmerism, electro-biology, odic-force« umschrieben werden[395]. Bulwer-Lytton konzipierte mithin »vril« in seinem Roman als universale Kraft, die die verschiedenen Naturkräfte in eine einzige zusammenführte, durchaus entsprechend der Maxwellschen Feldtheorie vom Beginn der 1860er Jahre. »Vril« war eine Art »vis vitalis« (hier könnte auch die etymologischen Wurzeln liegen), die in der frühneuzeitlichen Physiologie als Lebensprinzip des Organischen galt. Bulwer übernahm diese naturphilosophische Vorstellung in den Empirismus des 19. Jahrhunderts unter Einbeziehung okkultistischer Konzepte; zur Erfindung des Begriffes »Vril« soll er durch Eliphas Levi angeregt worden sein[396]. Steiners Übersetzung als »Lebenskraft« lag auf der Traditionslinie Bulwers und dessen Suche nach einer universalen Kraft. Diese Theoriebildung stand allerdings außerhalb des damaligen wissenschaftlichen mainstream, da der Begriff Lebenskraft mit der Dominanz der experimentellen Physiologie um 1850 marginalisiert worden war und die Vorstellung erst mit Hans Drieschs Neovitalismus und seiner »Philosophie des Organischen« von 1909 nochmals kurzfristig in die Diskussion kam. In der Theosophischen Gesellschaft jedoch stand Steiner mit dem Rekurs auf Bulwers Vril nicht allein. Vor

---

ren plausibel machen (S. 126), der rosenkreuzerische Topos ist 1837 nachweisbar (S. 127). Aber erst William W. Westcott, der selbsternannte »Supreme Magus« der englischen Rosenkreuzer, berichtete 1916 von der Einweihung Bulwers in eine Frankfurter Rosenkreuzer-Loge (S. 128).

[390] Godwin: Bulwer-Lytton, 215 (Spiritismus); Lennhoff/Posner: Freimaurerlexikon, 972–974 (maurerische Mitgliedschaft).

[391] Bulwers Quellen sind ein eigenes, allerdings literaturwissenschaftlich lösbares Problem. Dazu Christensen: Edward Bulwer-Lytton, 170 ff.; vgl. auch Bowler: Theories of Human Evolution, 120 ff.

[392] Herausgearbeitet bei Petri: »The Coming Race«.

[393] Vgl. zu dieser Mischung aus visionärer neuer Welt und Gegenutopie Seeber: Gegenutopie und Roman; Müllenbrock: Die Entstehung der Antiutopie; Schnackertz: Darwinismus und literarischer Diskurs, 68–78; Göbel: Bulwer-Lytton, 235–241.

[394] Bulwer-Lytton: The Coming Race, 45 (Kap. VII).

[395] Ebd., 46. Od war ein durch Karl von Reichenbach eingeführter Begriff für eine nicht wahrnehmbare, vom Menschen ausstrahlende Kraft (Odisch-magnetische Briefe, 1852).

[396] Miers: Lexikon des Geheimwissens ($^7$1993), 129.

Scott-Elliot hatte auch Blavatsky diesen Topos rezipiert, sprach allerdings vorsichtiger über das »von dem grossen Novellisten erdichtete Vril«[397]. Bei Steiner hingegen gibt es 1904 keine Hinweise, daß er die fiktionale Verwendung des Begriffes »vril« durch Bulwer-Lytton reflektiert hätte, bei ihm ist aus dem Romantopos ein Faktum geworden.

Die Nutzung des »Vril« beschrieb Steiner nun detailliert. Es sei – Steiner sprach von Lebenskraft (GA 11,28) – beispielsweise die Energiequelle für atlantische Luftschiffe. Die Darstellung dieser Flugmaschinen ist nun ein Paradestück für Steiners Vernetzung mit zeitgenössischen Kontexten. Dazu gebe ich Steiners unmittelbar an das eingangs genannte Zitat von der Lebenskraft in Pflanzensamen folgende Ausführungen über die Lebenskraft als »technisch verwertbarer Kraft« wieder:

> »So wurden die in geringer Höhe über dem Boden schwebenden Fahrzeuge der Atlantier fortbewegt. Diese Fahrzeuge fuhren in einer Höhe, die geringer war, als die Höhe der Gebirge der atlantischen Zeit, und sie hatten Steuervorrichtungen, durch die sie sich über diese Gebirge erheben konnten.« (ebd., 29) »Ihre Verwendbarkeit beruhte darauf, daß in dieser Zeit die Lufthülle … viel dichter war als gegenwärtig.« (ebd., 30)

Diese pittoreske Schilderung läßt sich in der Sache fast identisch auch bei Scott-Eliott nachlesen (worauf erstmals Jakob Wilhelm Hauer 1922 aufmerksam gemacht hat[398]):

> »Die *Flughöhe* belief sich nur auf einige 100 Fuß, so daß, wenn hohe Berge in der Fluglinie lagen, die Richtung gewechselt und der Berg umfahren werden mußte, – die verdünntere Luft leistete nicht länger die Stütze. Hügel von etwa 1.000 Fuß waren das Höchste, was überfahren werden konnte.«[399]

Vermutlich war also bereits Scott-Elliot dafür verantwortlich, daß die Vril-Vorstellung zu einer historischen Tatsachenbehauptung umgeformt wurde.

Diese Schilderungen von Luftschiffen geben nun ausgesprochen spannende Hinweise auf Steiners Traditionsbearbeitung. Von der geringen Flughöhe über die Probleme bei hohen Bergen bis zu den Überlegungen zur Luftkonsistenz finden sich die bei Scott-Elliot aufgeworfenen Fragen bei Steiner wieder ein, wohingegen er viele Details, die einmal mehr Scott-Elliots Visionen in die zeitnahe Wissenschaftsgeschichte situieren, nicht aufgriff: etwa einen Motor in der Art des Amerikaners Keely (den Steiner gleichwohl in Aussicht stellte)[400], die Beschreibung einer Art Düsentriebwerk[401] oder die Verwendung von Aluminium[402].

---

[397] Blavatsky: Isis entschleiert, I, 126.

[398] Hauer: Werden und Wesen der Anthroposophie, 92. Das Beispiel ist dann in der Literatur über Steiner mehrfach wieder aufgegriffen worden, etwa von Maier: Die religionsgeschichtliche Stellung der Anthroposophie, 46f. Scott-Elliots Vorstellungen von Flugschiffen sind allerdings nicht notwendig von Bulwer-Lytton abzuleiten (so Maier, ebd., 47); in dessen Roman »Das kommende Geschlecht« haben die Bewohner ablegbare Flügel.

[399] Scott-Elliot: Atlantis ($^2$1903), 67.

[400] Ebd., 66. Zu Keely s. 9.3.1.

[401] Ebd., 66f.

[402] Scott-Elliot: Atlantis / Lemuria (1968), 49; fehlt in der deutschen Ausgabe. Dieses Metall konnte erst 1825 (Oested) und 1827 (Wöhler) in kleinsten Mengen gewonnen und 1854 industriell hergestellt werden; seit 1890 hatten sich elektrolytische Verfahren (Siemens) eingebürgert. Die komplizier-

Doch zeigt sich der Druck des technischen Fortschritts auf die Fortschreibung des Textes im mikroskopischen Vergleich der parallelen Passagen von Steiner und Scott-Elliot, wenn man die Frage der technischen Flugprobleme ins Auge faßt.

Pflanzenfahrzeuge gehörten als fiktionale Hybride in den Fundus der technischen Utopien des ausgehenden 19. Jahrhunderts, doch als Scott-Elliot 1896 seine »Story of Atlantis« veröffentlichte, hoben reale »Schiffe« der Luft bereits ab: Im experimentellen Bereich gab es ballonartige Luftschiffe mit Wasserstoff oder erhitzter Luft, also mit Gasen, die leichter als die sie umgebende Luft waren und Steuerungsmöglichkeiten besaßen[403]. Zwischen Scott-Elliots und Steiners Texten lagen dann die großen Forschritte in der Entwicklung starrer Luftschiffe: Ferdinand von Zeppelins LZ 1 war am 2. Juli 1900 gestartet, ein Jahr später umkreiste Alberto Santo-Dumont mit seinem Prall-Luftschiff »Nr. 5« den Eiffelturm. Wie eng Steiner in den Grenzen der zeitgenössischen Technik dachte, wird im direkten Vergleich mit Scott-Elliot sichtbar. Die »verdünnte« (Scott-Elliot) beziehungsweise »dichtere« Luft (Steiner) in der atlantischen Zeit – zum Wechsel der Konsistenz der Luft komme ich noch – war eine zentrale Frage für die Funktionstüchtigkeit von Luftschiffen um 1900. Die Dichte der Luft begrenzt aus physikalischen Gründen das Überfliegen von Bergen, dessen Probleme Scott-Elliot so minutiös beschrieb. Steiner transformierte nun Scott-Elliots Vorstellungen mit einer unscheinbaren, aber folgenträchtigen Veränderung. In Steiners Ausführungen vom Juli 1904 können sich die Luftschiffe vermittels »Steuervorrichtungen« »über diese Gebirge erheben«. Seine Fluggeräte scheiterten nicht mehr an Hügeln von gut 300 Metern Höhe, sondern konnten hohe Berge überfliegen.

Diese Differenz läßt sich technikgeschichtlich präzise kontextualisieren, denn diesem scheinbar kleinen Fortschritt entsprach eine Revolution des Flugzeugbaus um die Jahrhundertwende. Versuche mit Fluggeräten, die schwerer waren als Luft, wurden vielfach durchgeführt: Otto Lilienthal erprobte Gleitfluggeräte und war 1896 nahe Berlin nach über 2.000 Versuchen tödlich abgestürzt; 1900 erfanden die Gebrüder Wright die Tragflächenverwindung und verbesserten damit entscheidend die Steuermöglichkeiten. Seit 1902/03 gab es illustriertes Material über die Gebrüder Wright auf dem Kontinent[404], so daß man sich auch ein »Bild« von der neuen Errungenschaften machen konnte. Die beiden ersten gesteuerten Motorflüge der Wrights am 17. Dezember 1903 bildeten »nur« noch die Krönung ihrer Experimente durch den Einsatz von Maschinen. 1904 waren, wie es in einer populären Veröffentlichung hieß – »lenkbare Luftschiffe« flugfähig, »Flugmaschinen« hingegen noch in der Erprobung, »doch ist auch hier ein Fortschritt unverkennbar«[405], wie die Wrights in diesem Jahr bewiesen, als

ten Herstellungsverfahren, noch heute über energieaufwendige Elektrolyseverfahren, machen deutlich, daß die Verwendung von Aluminium in Atlantis ein Versuch der Aufwertung der Prähistorie durch die wissenschaftlichen Standards des 19. Jahrhunderts ist.

[403] Vgl. Haaland: Leichter als Luft, 89–106.

[404] Gibbs-Smith: The Invention of the Aeroplane, 34.

[405] Groß: Die Luftschiffahrt, 72.

sie Kurven und Achterfiguren flogen. 1909 überquerte Louis Blériot den Ärmelkanal, im Ersten Weltkrieg haben sich die Entwicklungen dann überschlagen.

Die Geschichte der Aeronautik legt offen, daß die Veränderungen, die Steiner an Scott-Elliot vornahm, exakt dem technischen Fortschritt im Flugzeugbau zwischen 1896 und 1904 entsprachen. Die Benutzung des Flügels anstelle der Gashülle und die Erfindung der Verwindung, und des Höhenruders sind genau die Verbesserungen, die es Steiner ermöglichten, seine Flugzeuge über die Berge fliegen zu lassen. Dem Wechsel vom Luftschiff zum Flugzeug ist auch die ins Gegenteil gekehrte Bestimmung der »verdünnten« zur »dichteren« Luft bei Steiner zuzuschreiben. Luftschiffe sollten bei dünnerer Luft leichter steigen, Flugzeuge auf dichterer Luft besser aufruhen; daß die Gesetze der Aerodynamik ganz andere Funktionsbeschreibungen fordern – allenfalls »hängt« das Flugzeug in der Luft – war Steiner wohl unbekannt. Die Ausgestaltung der Akasha-Chronik, dies ist die zentrale Einsicht, wurde dem technischen Fortschritt angepaßt, die geistige Welt spiegelte die technische Wirklichkeit. Ob Steiner Scott-Elliots Text absichtlich fortgeschrieben hat, um ihn auf dem laufenden Stand der Technik zu halten, oder ob ihm die Veränderungen unbewußt oder wider Willen unterlaufen sind, läßt sich heute kaum mehr entscheiden. Für die historiographische Analyse Steiners ist seine Textbearbeitung unabhängig von einem derartigen Motiv Gold wert.

### *7.5.6 König Artus und die »übersinnliche« Schau*

An dem Anspruch, übersinnliche Erkenntnisse über historische Ereignisse zu vermitteln, hat Steiner bis zu seinem Lebensende festgehalten, sich allerdings von den theosophischen Leitfiguren, ihren Konkretionen und ihrer empiristischen Methodik, zunehmend distanziert. Die 1904 dokumentierte Wertschätzung Scott-Elliots war schon 1907 erodiert, und nach dem Bruch des Jahres 1912 hat Steiner diese Bezüge auch prinzipiell in Frage gestellt. 1915 sah er die »vorgeschichtlichen Ergebnisse« in der Theosophischen Gesellschaft durch »eine Art mediumistischer Forschung« zustande gekommen (GA 254,25), im Klartext also durch spiritistische Techniken, und bezog diese Einschätzung auch auf Scott-Elliot (ebd., 26), wohingegen er selbst »etwas völlig Neues« präsentiert habe, einen Zugriff »mit den modernen wissenschaftlichen Methoden« (ebd.). Diese Degradierung Scott-Elliots war eine der letzten nachweisbaren Nennungen des einst so geschätzten Theosophen. Vom Kern der Sache, dem Mehrwert »übersinnlicher« Einsicht gegenüber der kritischen Wissenschaft, hat sich Steiner aber nicht distanziert. Die nach dem Ersten Weltkrieg etablierten Praxisfelder etwa beruhen ohne Abstriche auf diesem Postulat, und auch die »Korrektur« der quellenanalytischen Geschichtswissenschaft haben daran nichts geändert. Dazu ein Beleg aus den letzten Tagen seines öffentlichen Wirkens, bevor er Ende September 1924 sein Krankenlager bezog.

Steiner besuchte im August 1924 Schloß Tintagel in Cornwall, der Sage nach im 5./6. Jahrhundert die Residenz König Artus' und seiner Tafelrunde. Mit diesem Wissen im Hinterkopf erklärte Steiner, wenn man in Tintagel stehe, bekomme man »heute noch durchaus jenen Eindruck, der einem sagt, was eigentlich diese Ritter der Tafelrunde, die Artus-Ritter, da oben machten in diesem Riesenschloss, von dem die letzten Steine, die abbröckelnden Steiner, die spätesten Zeugen, stehen«[406]. Pathetischer gab Günther Wachsmuth, Ohrenzeuge von Steiners Beschreibung, die Situation wieder:

»Als Rudolf Steiner dann auf der Höhe des Felsens die Mauerreste der alten Burg überschaute, … da wurde ihm aus der geistigen Schau die Vergangenheit gegenwärtig, und er schilderte uns nun in lebendigen Bildern, mit der Hand auf die einzelnen Teile der Burg weisend, wo einst der Saal der Tafelrunde, die Räume des Königs und seiner Ritter gewesen waren.«[407]

Dieser Vision stehen allerdings archäologische Erkenntnisse entgegen, wonach die Ruinen von einem Schloß stammen, das um 1140 erbaut wurde; vorher habe an diesem Platz bestenfalls ein keltisches Kloster gestanden[408]. Steiner hätte sich dann getäuscht. Diese Spannung zwischen Empirie und Vision, die sich aufgrund neuer Forschungen in den achtziger Jahren verschärft hatte, war der Zeitschrift »Goetheanum«, dem quasi amtlichen Organ der Anthroposophischen Gesellschaft, 1989 einen Leitartikel wert, in dem unter Berufung auf archäologische Befunde – einer überdurchschnittlichen Zahl von Scherben und neuer Ruinen – wenigstens gerettet werden sollte, daß Steiner den richtigen Ort und den richtigen Zeitpunkt angegeben habe; zumindest ein Lagerplatz sei hier gewesen[409].

Die literaturwissenschaftliche Problematik des Artusstoffs ist bei dieser Diskussion um archäologische Realien noch nicht berücksichtigt, und hier vermehren sich die Probleme. Daß die Gralsepik ein Stoff des 12. Jahrhunderts ist, hat die Forschung seit langem gesehen: Die Gralsrunde wurde im ritterlichen Milieu hochmittelalterlicher Schriftsteller erfunden, eine Rückverlegung ins fünfte oder sechste Jahrhundert ist historisch nicht belegbar. Die neuere literaturwissenschaftliche Forschung hat allerdings die Anfragen an einen realen Kern der Artuserzählung radikal verschärft. Demnach läßt sich die Gestalt des König Artus – in Gegensatz zu vielen anderen sagenhaften Gestalten – nicht in den Quellen nachweisen und geht in ihren vermeintlich historischen Fundamenten auf die Artussage zurück[410]. König Artus ist mithin eine fiktive Gestalt.

[406] GA 238,49 f.; ähnlich deutlich GA 240,241.

[407] Wachsmuth: Rudolf Steiners Erdenleben, 606.

[408] Wilson: Rudolf Steiner, 128. Vgl. das Referat archäologischer Ergebnisse bei Katz: Rudolf Steiner und Tintagel, 342.

[409] Ebd., 343.

[410] Vgl. die minutiösen Ausführungen in dem Sammelartikel »Arthus« (in: Lexikon des Mittelalters), 1074–1078.

## 7.6 »Die Geheimwissenschaft im Umriß« (1904/09)

### *7.6.1 Genese und Intentionen*

Die »Geheimwissenschaft im Umriß« (GA 13) bildet heute den Abschluß von Steiners monographischem theosophischen Œuvre. Sie setzte der Anthropologie in dem Buch »Theosophie« eine Kosmologie von gewaltigen Dimensionen auf[411]. Wenige Wochen vor seinem Tod, am 10. Januar 1925, verfaßte Steiner das letzte Vorwort zu einer Neuausgabe der »Geheimwissenschaft«, in dem er »über die Seelenverfassung, aus der heraus es [das Buch] entstanden ist«, Auskunft gab:

> »Ursprünglich war mein Plan, seinen wesentlichen Inhalt als letzte Kapitel meinem lange vorher erschienenen Buch ›Theosophie‹ anzufügen. Das ging nicht. ... die kosmischen Zusammenhänge, die in der ›*Geheimwissenschaft*‹ darzulegen waren, ... waren im einzelnen da; nicht aber im Gesamtbild.« (GA 13,25)

Im Angesicht seiner prekären gesundheitlichen Lage legte Steiner damit offen, daß er 1904 mit der Synthese einer theosophischen Kosmologie überfordert war. Über die Gründe wie über den Konstruktionsprozeß schwieg er. 1904 lag aber ein bislang unpubliziertes Manuskript vor[412]; was zwischen 1904 und dem Dezember 1909, als Steiner dem Werk das Vorwort der Erstausgabe (Druck 1910) voranstellte (GA 13,15), geschah, ist momentan nur in Teilen rekonstruierbar. 1905 muß er die Veröffentlichung fest ins Auge gefaßt haben[413], seit 1906 war sie in den Mitteilungen angekündigt[414], 1907 kündete er »in kürzester Zeit« das Erscheinen der »Geheimwissenschaft« als Fortsetzung der »Theosophie« an, das nur durch seine Vortragstätigkeit verzögert worden sei[415]; diese Feststellung erneuerte er 1908[416].

Inhaltlich parallele Ausführungen veröffentlichte er allerdings unentwegt. Das wichtigste Dokument sind die in der zweiten Hälfte des Jahres 1905 veröffentlichen Aufsätze zur Kosmologie in der Reihe »Aus der Akasha-Chronik« (GA 11), die die früheste ausführliche Fassung der Kosmogenese dokumentieren[417]. Bis 1909 äußerte sich Steiner immer wieder in Vorträgen zu seinen kosmischen Vor-

---

[411] Forschungsliteratur, insbesondere historisch-kritische, gibt es zu diesem Werk fast nicht. Die wichtigsten (von mir nicht immer geteilten) Thesen finden sich bei Hauer: Werden und Wesen der Anthroposophie, 49–56. Grom: Anthroposophie und Christentum, hat sich mit der in der »Geheimwissenschaft« implizierten evolutiven Psychologie beschäftigt, die hier aber nur am Rande behandelt wird. – Steiners Äußerungen zu wissenschaftstheoretischen oder anthropologischen Fragen sind in diesem Buch marginal und nur in Einzelfällen berücksichtigt. Die Revision des Schulungsweges innerhalb der »Geheimwissenschaft« ist oben (7.4.3b) behandelt.

[412] Nach Lindenberg: Steiner (Chronik), 218; vgl. auch Anm. 133.

[413] Im General Report, Dezember 1905, in: The Theosophist 27/1906, S. 57, kündigte Steiner an, sein Werk »will appear in a short time under the title: ›Introduction into the Secret Science‹«. Darauf bezieht sich möglicherweise eine gleichlautende Datierung im Kommentar, in Steiner: Bilder okkulter Siegel und Säulen (1957), 96, Anm. zu S. 15. Die an dieser Stelle gegebene Begründung, das Buch sei »lediglich aus technischen Gründen« erst 1909 erschienen, ist unwahrscheinlich.

[414] Lindenberg: Steiner (Chronologie), 240.

[415] Steiner (?): Mitteilungen, 671.

[416] Steiner: Theosophie ²1908, 167.

[417] Vgl. auch 7.5.1.

stellungen und machte die Veränderungen seiner Theorie nachvollziehbar, vor allem Vorträgen in zwei Vortragszyklen von 1906 (GA 95) und 1907 (GA 99)[418]. Darüber hinaus lassen sich Tendenzen der Veränderung aus den Unterschieden zwischen dem ersten, mutmaßlich frühen Kapitel der »Geheimwissenschaft« und dem sicherlich zuletzt verfaßten Vorwort ermitteln. Die 1910, vermutlich im Februar[419], veröffentlichte Fassung soll er dann zwischen 1908 und 1909 niedergeschrieben haben[420]; dies ist plausibel, aber bislang nicht näher belegt. Im April 1909 sprach er dann vermutlich in dem Zyklus »Geistige Hierarchien und ihre Widerspiegelung« zum ersten Mal in der innertheosophischen Öffentlichkeit ausführlich über seine Kosmologie (GA 110).

In weiteren Auflagen hat Steiner auch die »Geheimwissenschaft« fortgeschrieben. Insbesondere die Veränderungen der als 7. bis 15. Auflage gekennzeichneten Ausgabe des Jahres 1920 waren einschneidend[421]. Begann das Buch bis 1913 mit der Formulierung, »das Wort ›Geheimwissenschaft‹« wirke wie ein »zauberhafter Reiz«, während andere sich abgestoßen fühlten[422], war 1920 daraus »ein altes Wort: ›Geheimwissenschaft‹« geworden. Der »zauberhafter Reiz« fehlte nun, und Steiner holte sogleich die Leser bei den Empfindungen ab (GA 13,33). Die theosophische Tradition war zur Belastung geworden. Wie schon bei der »Theosophie« wähle ich eine Darstellung, die beim Referat der Inhalte auch wichtige Veränderungen in unterschiedlichen Auflagen mitberücksichtigt. Dabei sind letztlich neben den Modifikationen des Jahres 1920 nur die relativ wenigen Veränderungen aus den Jahren 1913 und 1925 einzubeziehen; eingreifende Veränderungen finden sich vor allem im ersten Kapitel (»Charakter der Geheimwissenschaft«, ebd., 33 ff.)[423].

Nach einigen erkenntnistheoretischen Überlegungen rekapitulierte Steiner anthropologische Themen, die er bereits in der »Theosophie« traktiert hatte. Die Hüllenanthropologie präsentierte er in der kanonischen Siebenerteilung (GA 13,52–79), der alle Spuren ihrer Konstruktionsgeschichte fehlen[424]. Die Trichotomie war komplett verschwunden, Steiner benötigte sie in seiner Kosmologie nicht

---

[418] Diese und weitere Äußerungen habe ich allerdings nicht systematisch kollationiert.

[419] Die erste Ausgabe ist in dem Exemplar in der Bibliothek des Goetheanum (Dornach) von Oskar Schmiedel seiner Frau Thekla im Februar 1910 gewidmet. Da Schmiedel zum engen Mitgliederkreis um Steiner gehörte, dürfte dies in etwas das Erscheinungsdatum der Erstauflage sein.

[420] Lindenberg: Steiner (Biographie), I, 430.

[421] Folgende Ausgaben sind bei Mötteli u. a.: Übersichtsbände, I, 27, nachgewiesen: [1]1910, [2]1910, [3]1910, [4]1913, [5]1913, [6]1913, [7–15]1920, [16–20]1925. Da die Auflagen 1910 in schneller Folge erschienen und bei Mötteli, ebd., keine Veränderungen angegeben sind, stimmt die zweite vermutlich mit der ersten Auflage überein. Dies bestätigt das in der GA abgedruckte Vorwort zur ersten Auflage (GA 13,7–15), das mit demjenigen der zweiten Auflage übereinstimmt. Die 5. und 6. Auflage waren mir nicht zugänglich.

[422] Geheimwissenschaft [2]1910, 1, und [4]1913, 1.

[423] Wiederum zitiere ich nach der Gesamtausgabe, sofern die Aussage aus einer bestimmten Auflage heute noch in der Gesamtausgabe steht; Zitate aus der Gesamtausgabe ohne Auflagenhinweis stammen aus der Ausgabe des Jahres 1910.

[424] »1. Physischer Leib; 2. Ätherleib oder Lebensleib; 3. Astralleib; 4. Ich; 5. Geistselbst; 6. Lebensgeist; 7. Geistmensch.« (GA 13,78) Er fügte aber eine Wiederholung des Sterbe- und Reinkarnationsprozesses an (ebd., 80–136). Dabei parallelisierte er den Schlaf mit dem Sterben: Der Astralleib löse sich vom Ätherleib und kehre in die »Harmonie des Weltalls« zurück (ebd., 87).

mehr. Dann folgte als großer Block die Kosmologie, mit der er auch andere Teile seiner Weltanschauung verknüpfte, so daß ein komplexes und schwer überschaubares Konglomerat entstand. Diese nichtkosmologischen Ausführungen hat er bei Neuauflagen – soweit der Vergleich wichtiger Stellen zeigt – kaum verändert.

Der wissenschaftshistorische Kontext seiner Kosmologie mit ihren Millionen von Jahren war die gigantische Erweiterung des geologischen und chronologischen Rahmens, in den die Geschichte der Menschheit und der Erde einzubetten waren, wobei das Ende dieser Blickerweiterung noch unabsehbar war. Vermutete man im 18. Jahrhundert noch, das Alter der Erde liege bei einigen tausend Jahren, so schätzte William Thomson, der spätere Lord Kelvin, im Anschluß an Lyells »Principles of Geology« (1830–1833) 1862/63 das Alter der Erde auf zehn bis 400 Millionen Jahre[425]. Die astrophysikalische Ausdehnung folgte erst Jahrzehnte später. Um 1900 war nur die eigene Galaxis bekannt, erst 1923/24 eröffnete Edwin Hubble mit der Identifizierung des Andromeda-Nebel die Entdeckung weiterer Galaxien[426]. Parallel erweiterte sich in der Paläoanthropologie die Geschichte des Menschen. Galt er bis zur Mitte des 19. Jahrhunderts den Evolutionsbiologen als spätes, einige tausend Jahre altes Produkt der Entwicklungsgeschichte, änderte sich die Lage 1858, als in der englischen Brixham-Höhle menschliche Knochen zusammen mit denen von Tieren, die wesentlich älter sein mußten, gefunden wurden. Mit der Evolutionstheorie verschob sich ein möglicher Beginn der Menschengeschichte in unvordenkliche Zeiten und Zustände. Der Rückgriff von Theosophen auf indische Kosmologien mit ihren wesentlich längeren Zeiträumen lag angesichts dieser neuen Dimensionen naturwissenschaftlicher Hypothesen nahe. Auch Steiners zeitlich weit ausgreifende »Geheimwissenschaft« läßt sich bis in die Details der Berichte über Atlantis als Versuch einer monumentalen Antwort auf diese Wissenserweiterung lesen.

Aber hinter dem Projekt der geheimwissenschaftlichen Kosmologie steht auch die Geschichte einer Säkularisierung des Kosmos, dem nicht einmal mehr seine physikotheologische Verweisfunktion zugebilligt wurde. In diesem Kontext kreierte Steiner ein Gegenprogramm, das ihn nahe an viele Monisten und an die Pantheisten um 1900 heranbrachte: die Resakralisierung der Welt. Steiners Kosmos war ein lebendiger Organismus, in dem es keine tote Materie gab[427].

### *7.6.2 Der Ursprung der Welt*

Vor der Beschreibung der ersten Stufe der materiellen Welt ventilierte Steiner die Frage nach Herkunft und Grund ihrer Entstehung. Für den »geschulten Forscher«

---

425 Burchfield: The Age of the earth, 141.

426 Zu diesem populären Feld Berentsen: Vom Urnebel zum Zukunftsstaat.

427 Die dichteste und sehr verständnisvolle Deutung dieses Komplexes, der weit über die Darstellungen in der »Geheimwissenschaft« hinausgeht, hat Bannach: Anthroposophie und Christentum, 146–391, gegeben. Er nimmt eine zunehmende Distanzierung von theosophischen Gehalten und eine immer stärkere christliche Durchdringung der Kosmologie an. Über viele Details dieser im Prinzip stimmigen Analyse müßte man allerdings diskutieren.

»sind alle Umwandlungen in dem Stofflichen des Erdenplaneten Offenbarungen geistiger Kräfte, die hinter dem Stofflichen liegen. Wenn aber solche geistige Beobachtung in dem Leben der Erde immer weiter zurückgeht, so kommt sie an einen Entwickelungspunkt, an dem alles Stoffliche erst anfängt zu sein. Es entwickelt sich dieses Stoffliche aus dem Geistigen heraus. Vorher ist nur Geistiges vorhanden. … Man hat einen Vorgang vor sich, der sich – auf einer höheren Stufe – so abspielt, wie wenn man ein Gefäß mit Wasser betrachtet, in dem sich nach und nach durch kunstvoll geleitete Abkühlungen Eisklumpen herausbildeten.« (GA 13,139 f.)

In anderen Metaphern sprach er von der »Verdichtung« der Erde aus einem »geistigen Weltwesen« heraus (ebd., 140) oder vom »Herauskristallisieren« der materiellen Welt (GA 56,279 [1908]), wobei das Geistige das »leitende und führende Prinzip« bleibe (GA 13,140). Überraschenderweise nahm Steiner in der »Geheimwissenschaft« seine Aussagefreudigkeit über die Fragen nach dem Anfang wenige Seiten später kryptisch zurück, da

»alles Fragen nach dem ›Woher‹ endigen muß bei den … Saturnzuständen. Denn man ist auf ein Gebiet gekommen, wo die Wesen und Vorgänge nicht mehr durch das sich rechtfertigen, aus dem sie entstammen, sondern durch sich selbst.« (ebd., 171)

Die Herkunft dieser Vorstellungen ist unklar. In der Sache formuliert Steiner eine Kosmologie, die eine lange europäische Tradition besitzt. Plotin (205–270 n. Chr.) etwa begründete die Existenz einer materiellen Welt mit der »Emanation«, dem Überfließen des Geistigen und kam zu strukturanalogen Konsequenzen, etwa in der panpsychischen Vorstellung einer »Weltseele«, von der alle Lebewesen bis hin zu den Pflanzen »von dem gleichen Urgrund ausgegangen« seien[428]. Ob Steiner auf Plotin oder eine neuplatonische Tradition zurückgegriffen hat, ist unklar, aber eher unwahrscheinlich. Vielmehr wird man auch hier nach zeitgenössischen Vorlagen suchen, da vergleichbare Konstruktionen zu seinen Lebzeiten in vielen Varianten zur Verfügung standen[429]. Nahe liegen jedenfalls ähnliche Vorstellungen in der Theosophie, etwa Blavatskys Emanationskosmologie[430]. Die von Steiner verwandten Metaphern signalisieren über die weltanschauliche Literatur hinaus Bezugspunkte in seinem naturwissenschaftlichen Umfeld. Das »Gefäß mit Wasser«, aus dem »durch kunstvoll geleitete Abkühlungen Eisklumpen« sich herausbilden, erinnert mehr an die

[428] Plotin: Schriften, übers. v. R. Harder, IV 7.14,8 (= I$^a$,67 [2]). Vgl. dazu Schlette: Die Weltseele, 102–112. Zur Emanation Zintzen: Bemerkungen zur neuplatonischen Seelenlehre, 44–55, und den Überblick in Plotin: Schriften, VI, 103–175.

[429] An Spinoza und Goethe denkt man natürlich bei Steiner als ehemaligem Goethe-Herausgeber schnell, ebenfalls an die pantheisierenden Tendenzen im deutschen Idealismus. Vgl. die Belege aus dem romantischen und naturphilosophischen Denken des 19. Jahrhunderts bei Schlette: Die Weltseele, 187–204, oder bei Espagne: Federstriche, v. a. 11–38, oder bei Gladigow: Pantheismus und Naturmystik. Vielleicht liegen noch näher die populären pantheisierenden Vorstellungen um 1900, etwa bei Ernst Haeckel, Bruno Wille, Wilhelm Bölsche und sehr vielen anderen; dazu Gebhard: »Der Zusammenhang der Dinge«, Fick: Sinnenwelt und Weltseele, und Heidelberger: Die innere Seite der Natur. Als wacher Zeitgenosse kommentierte diese Tendenzen Eucken: Zur Würdigung der pantheistischen Strömungen. Letztlich sind die Belege für die Jahre um 1900 ubiquitär. Solange keine konkreteren Belege für Steiners Lektüren vorliegen, muß es beim Verweis auf diesen weiten Referenzhorizont bleiben.

[430] Blavatsky: Geheimlehre, I, 31. 36 f.

Kühlschlangen der in der zweiten Hälfte des 19. Jahrhunderts konstruierten Kältemaschienen als an philosophische Konzeptionen vom »Überfließen« des Einen.

Auch in Steiners vortheosophischem Idealismus finden sich ähnliche Vorstellungen: Der frühe Schellingexkurs des knapp zwanzigjährigen vom »Ewigen in uns« (GA 38,13) oder das Ende der achtziger Jahre formulierte »Credo«, demzufolge die »Ideenwelt« »der Urquell und das Prinzip allen Seins« sei, zeigt die Nähe idealistischen und theosophischen Denkens in diesem Punkt, wie auch Steiners »Philosophie der Freiheit«, in der es 1893 hieß, daß wir

> »in dem Denken ... das Element gegeben [haben], das unsere besondere Individualität mit dem Kosmos zu einem Ganzen zusammenschließt. Indem wir empfinden und fühlen (auch wahrnehmen), sind wir einzelne, indem wir denken, sind wir das all-eine Wesen, das alles durchdringt. Dies ist der tiefere Grund unserer Doppelnatur: Wir sehen in uns eine schlechthin absolute Kraft zum Dasein kommen, eine Kraft, die universell ist, aber wir lernen sie nicht bei ihrem Ausströmen aus dem Zentrum der Welt kennen, sondern in einem Punkte der Peripherie.« (GA 4,91)

Steiner besaß seit seiner Studentenzeit – und nur von seiner atheistischen Phase unterbrochen – pantheisierende Tendenzen in seinem Denken. Seit Ende des 19. Jahrhunderts nannte er diesen Tatbestand mit Vorliebe Monismus. Im Gegensatz zu fast allen anderen Elementen seiner theosophischen Weltanschauung, insbesondere seiner Anthropologie, deren Herkunft aus der Theosophie und deren Unterschiede zu seinen vorherigen Vorstellungen in den letzten Kapiteln deutlich wurden, gibt es in der Kosmologie zumindest im Ansatz eine Verbindung zwischen dem idealistischen und dem theosophischen Steiner.

Steiners Gegner in der Kosmologie war vornehmlich der Materialismus, aber daneben hatte er auch die christliche Schöpfungslehre der »creatio ex nihilo« im Visier, wie er in seinem Schulungsweg festhielt: »Der Geheimschüler weiß, daß aus dem Nichts nicht etwas geschaffen werden kann« (GA 10,111). Ein solcher Anti-Kreationismus war etwa in monistischen Kreisen um die Jahrhundertwende weit verbreitet, Steiner konnte ihn beispielsweise bei dem verehrten Haeckel oder in Blavatskys »Geheimlehre« lesen[431]. Die Kritik an der Schöpfungstheologie galt konsequenterweise auch für den Menschen:

> »Es gibt nur zweierlei: *entweder* es ist jede Seele durch ein *Wunder geschaffen*, wie die tierischen Arten durch Wunder geschaffen sein müßten, wenn sie sich nicht auseinander entwickelt haben; *oder* die Seele hat sich entwickelt und ist in anderer Form früher dagewesen, wie die tierische Art in anderer Form da war.« (GA 34,85)

Konsequenterweise eliminierte Steiner den personalen Gottesbegriff der klassischen europäischen Theologie. Stattdessen nutzte er in seiner theosophischen Phase ein Neutrum wie »das Göttliche« oder den unpersönlichen »Geist« oder das »Geistige« als Äquivalente und sprach etwa 1901 von der »Göttlichkeit der Natur« (GA 51,315). Das apersonal gedachte Weltprinzip wollte Steiner jedoch nicht als Pantheismus verstanden wissen, wie er in der »Geheimwissenschaft« hinsichtlich der Konstitution des »Ich« ausführte:

---

[431] Haeckel: Welträtsel, 302–304; Blavatsky: Geheimlehre, I, 253.

> »Leicht kann … das Mißverständnis entstehen, als ob solche Anschauungen« – Steiner bezieht sich auf das (nicht nachgewiesene) Zitat »Der Gott, der im Menschen wohnt, spricht, wenn die Seele sich als Ich erkennt« – »das Ich mit Gott für *Eins* erklären. Aber sie sagen durchaus nicht, daß das Ich Gott sei, sondern nur, daß es mit dem Göttlichen von einerlei Art und Wesenheit ist. Behauptet denn jemand, der Tropfen Wasser, der dem Meere entnommen ist, sei das Meer, wenn er sagt: der Tropfen sei derselben Wesenheit oder Substanz wie das Meer? Will man durchaus einen Vergleich gebrauchen, so kann man sagen: wie der Tropfen sich zu dem Meere verhält, so verhält sich das ›Ich‹ zum Göttlichen. Der Mensch kann in sich ein Göttliches finden, weil sein ureigenstes Wesen dem Göttlichen entnommen ist.« (GA 13,67)

Steiner identifizierte also das »Ich« des Menschen nicht mit der Gesamtheit des Göttlichen, hielt es aber in »Art und Wesenheit« mit ihm für identisch. Diese Spannung zwischen differenz- und identitätstheoretischen Argumentationsmustern steht exemplarisch für seinen Versuch, der von ihm postulierten Enge einer kreationistischen Weltsicht zu entkommen, ohne in einem als Bedrohung wahrgenommenen, subjektauflösenden Pantheismus aufzugehen. Liest man Steiners Position von der Differenz zwischen »Ich« und dem »Göttlichen« her, kann man seine Position als Panentheismus bezeichnen; sieht man die Wesensgleichheit von »Ich« und Göttlichem, von »Meer« und »Tropfen« (einer von Steiner gerne verwandten, mit hoher Binnenplausibilität ausgestatteten Metapher[432]), als Angelpunkt, ist der Pantheismusbegriff entgegen Steiners Selbstwahrnehmung angemessen.

Steiners Position war und blieb allerdings flüssig. In der frühen theosophischen Phase war die pantheisierende Grundlegung deutlich, während Steiner seinen Pantheismus-Vorbehalt in den letzten anthroposophischen Jahren wohl schärfer artikulierte. Erst im Rahmen der Christologisierung seiner Theosophie nach 1909 und insbesondere im Umfeld der Gründung der Christengemeinschaft 1922 hat er sich traditionellen christlichen Vorstellungen terminologisch angenähert, ohne jedoch die Hegemonie seines allumfassend gedachten Geistigen zurückzunehmen[433]. Die Äußerungen in der »Geheimwissenschaft« liegen als changierende Positionen in der Mitte dieses Prozesses.

---

[432] Diese Metapher hat Steiner sehr häufig verwandt und offenbar als höchst angemessen erachtet. Dazu einige Beispiele. 1907: »So ist die menschliche Seele ein Tropfen aus dem Meere der Gottheit, aber sie ist nicht Gott, und so wie der Tropfen sich mit seiner eigenen Substanz vereinigen kann, wenn Sie ihn ins Meer gießen, so vereinigt sich die Seele als ein Tropfen der Gottheit in geistiger Weise in Gebet oder Meditation mit ihrem Gott.« (GA 97,104) »Die Seele ruhte bis dahin [bis zur »Beseelung«] in der großen allgemeinen Wesenheit wie der Tropfen in dem Glase Wasser.« (ebd., 107) In seinen Meditationsanleitungen hieß es, vermutlich 1907 (GA 267,229):

»Lichterstrahlende Gebilde
Glänzendes Wogenmeer des Geistes,
Euch verließ die Seele.
In dem Göttlichen weilte sie«.

Dies sei »so bildhaft wie möglich vorzustellen. So denke man bei den beiden ersten Zeilen ein Lichtmeer, in dem sich Gestalten formen« (ebd., 230). Vgl. auch die Aussage aus dem Jahr 1909, daß, bevor »wir zum ersten Mal in einen physischen Leib herabgestiegen sind«, die Seele »in einem Meer göttlich-geistigen Lebens und Webens« gewesen seien (GA 125,199). »Das war unser gemeinsamer Ursprungspunkt.« (ebd., 200)

[433] Insoweit muß ich meine allzu eindeutige Festlegung Steiners auf eine pantheistische Position in Zander: Reinkarnation und Christentum, 221 f., zurücknehmen.

### *7.6.3 Planetarische Stufen*

Die Kosmogonie, die Steiner in den Mitteilungen »Aus der Akasha-Chronik« (1904 bis 1908) kurz und relativ gut überschaubar vorgestellt hatte, war in der »Geheimwissenschaft« zu einem verästelten und manchmal ausufernden Lehrkomplex gewuchert, den ich zur Grundlage der Darstellung von Steiners Ausführungen in beiden Werken nehme. Hier beschrieb er die Entwicklung des Kosmos von seiner Verstofflichung zur Respiritualisierung, in deren Mitte in der »Erdenstufe« die Geschichte der aktuellen Menschheit situiert ist, die im Wendepunkt der dichtesten Materialisierung lebe und – letztlich via Theosophie – den Rückweg ins Geistige betrete. Eine evolutive Logik strukturiert, wie in Steiners übrigem Werk, diesen Prozeß. Zwischen den beiden großen Darstellungen um 1905 in der »Akasha-Chronik« und von 1909 in der »Geheimwissenschaft« fällt eine Schwerpunktverlagerung ins Auge: Der Stellenwert der Entwicklung des menschlichen »Bewußtseins« war durch die Ausweitung der kosmogonischen Passagen, nicht zuletzt durch die verstärkten Parallelisierungen mit physikalischen Vorgängen, massiv relativiert.

Steiner gliederte seine Beschreibung in sieben planetarische »Entwicklungsstufen« oder »Entwicklungsformen« (GA 13,148), auch »Zustände« (ebd., 174) oder »Perioden« (ebd., 218) genannt.

a. Saturnstufe
b. Sonnenstufe
c. Mondstufe
d. Erdenstufe
e. Jupiterstufe
f. Venusstufe
g. Vulkanstufe

1905 hatte er diese Stufen zusätzlich, wie »in der theosophischen Literatur« üblich, in sieben kleinere »Runden« oder »Globen« unterteilt (GA 11,176.147), doch führte er diese Feingliederung in keinem Werk detailliert durch. Die 1905 in der Sonnenperiode etwa geschilderte Siebenteilung (ebd., 173–182) hat er 1909 nicht wiederholt (vgl. GA 13,174–218).

*a. Saturnstufe*
Mit der »Saturnstufe« bezeichnete Steiner die erste Phase der Verstofflichung. Zu Beginn seiner Ausführungen grenzte er sich von zeitgenössischen astrophysikalischen Theorien ab. Auf die Vorstellung des »Urnebels« wollte er nicht »näher eingehen« (GA 13,139); er verwarf sie nicht, schärft aber dem Leser die Priorität geistiger Wirkungen ein (ebd., 139 f.). Doch wenig später bediente sich Steiner der Versatzstücke der zeitgenössischen Physik. In der »mittleren« Periode bestehe der Saturn »der Hauptsache nach nur aus ›Wärme‹« (ebd., 156). Der theosophische Forscher spreche davon

> »in gleichem Sinn … wie von Gas, von Flüssigkeit und von festem Körper. Sie ist ihm nichts anderes als verdichtete Wärme in dem Sinne, wie die Flüssigkeit verdichteter Dampf ist oder der feste Körper verdichtete Flüssigkeit« (ebd., 157).

Steiner adaptierte hier Theorien zur Kosmo- und Geogonie des 19. Jahrhunderts. Um 1900 galt der (Neo-)Neptunismus, wonach sich die feste Erdoberfläche aus Wassermassen heraus entwickelt hätten, als biblizistische Position[434], wohingegen die von Kant, Herschel und Laplace hergeleitete »Nebulartheorie« dominierte, derzufolge die Erde wie alle Planeten als »condensierte Weltmaterie« zu betrachten sei, »die während der Verdichtung eine glühende Temperatur erhielt und sich erst durch Abkühlung mit einer festen Kruste umgab«[435]. Konnte sich Steiner damit auf allgemein akzeptierte Vorgaben einer physikalischen Kosmologie stützen, so besaß er in vielen Detailfragen weiterhin einen großen Spielraum: So war das Verhältnis von festen und flüssigen Bestandteilen der Erde um 1900 der Gegenstand von Hypothesen[436], zu deren Klärung das wissenschaftliche Instrumentarium noch fehlte. Daß der Bonner Chemiker Gustav Bischof eine Basaltkugel in die Sayner Eisenhütte schleppte, um sie dort zu erhitzen und anhand der Abkühlzeit Rückschlüsse auf die Konstitution der Erde zu ziehen[437], illustriert, wie schwierig die Forschung und wie groß der Raum für Spekulationen zu Steiners Zeiten noch war.

Zugleich aber waren Details der »neuen« Astrophysik bereits so weit verbreitet, daß Steiners Lehre vom »Nebelball«, der durch Rotation zu einer »Gaskugel« und dann zu einem »Glutball« geworden sei, aus dem durch die Abkühlung dieser Wärmeformationen ein Planet entstehe, schon vor 1900 nicht nur bei Ernst Haeckel[438], sondern auch in populären Erdkundebüchern zu lesen war[439]. Diese Wärmetheorie bezog Steiner auch auf die Anthropologie. Der Mensch der Saturnepoche – soweit man davon reden könne – besitze einen physischen Leib, den Steiner vom mineralischem Körper durch das Charakteristikum eines »feinen, dünnen, ätherischen Wärmekörpers« (GA 13,159) unterschied. Diese Kennzeichnung ist offenbar der ambitionierten Korrelation von Planeten- und Menschengeschichte an dieser Stelle geschuldet, sie spielt in Steiners übrigem Werk keine dominante Rolle.

Er sah in einem außerordentlich verschachtelten Prozeß in der Saturnepoche Geistwesen am Werk, die die Entwicklung des Planeten und der Menschen steueren. Sie sollen einen »›Luftkreis‹ geistiger Art« (GA 13,160) um den Saturn bilden, seien also wie der Saturnring gestaltet. Keinem weiteren Planeten schrieb Steiner einen solchen Ring zu, und dies ist wohl dem Erkenntnisstand des Jahres 1909 zuzuschreiben, da das Ringsystem des Uranus erst 1977 entdeckt wurde. Die Geister benannte Steiner 1909 mit folgenden Namen (ebd., 160–167):

1. Geister der Weisheit oder Kyriotetes / Herrschaften
2. Geister des Willens oder Throne
3. Geister der Bewegung oder Dynameis / Mächte
4. Geister der Form oder Exusiai / Gewalten

---

434 Zittel: Geschichte der Geologie, 247.
435 Ebd.
436 Ebd., 251.
437 Ebd.
438 Haeckel: Die Welträtsel, 305 f. 316.
439 Jacob: Unsere Erde ($^2$1895), 340; von hier die Zitate.

5. Geister der Persönlichkeit oder Archai / Urbeginne
6. Geister der Liebe oder Seraphim
7. Feuergeister oder Archangeloi / Erzengel
8. Söhne des Zwielichts oder des Lebens oder Angeloi / Engel
9. Geister der Harmonien oder Cherubim

Die sprechenden Namen bezeichneten ihre Funktionen, den Menschen Willen, Bewegung, Form, Persönlichkeit und andere Eigenschaften zu vermitteln, wie Steiner in der großen, fast erratischen Passage zur Saturnepoche erläuterte[440].

Über seine Quellen machte Steiner keine genauen Angaben, eröffnete aber 1909 immerhin, daß die Engel der »christlichen esoterischen Wissenschaft« (GA 13,162) entstammten (1905: der »christlichen Geheimwissenschaft« [GA 11,163]). Letztlich gehen die griechischen Begriffe auf die Hierarchienlehre des Pseudo-Dionysius Areopagita zurück[441], wobei Steiner weder den Autor noch die benutzte Ausgabe nannte. Diese Engelschar, die er 1905 wohl noch vor allem mit synkretistischem Anspruch aufbot, besaßen 1909 stärker die Funktion, Steiner innerhalb der Theosophischen Gesellschaft als christlich-europäischen Geheimwissenschaftler zu positionieren. In der inhaltlich parallelen Darstellung des Jahres 1905, in der er bereits die griechischen Namen nannte, machte Steiner jedoch deutlich, daß die theosophischen Wurzeln bedeutsamer waren, als er 1909 durchblicken ließ. In der »Geheimwissenschaft« würden die Geistwesen »wegen ihres erhaben-feinen Strahlenkörpers ›strahlende Leben‹ oder auch ›strahlende Flammen‹« genannt (GA 11,162). Die »Dynamis« (wie es 1905 noch in falscher Übertragung aus dem Griechischen hieß) seien die »Mahat« »in der theosophischen Literatur« (ebd., 164), die Archai mit den »Asuras« gleichzustellen und die Angeloi mit den »Lunar-Pitris oder auch Barhishad-Pitris« (ebd., 166. 167). Welche Schriften Steiner genau mit »theosophischer Literatur« meinte, verschwieg er einmal mehr; in Blavatskys »Geheimlehre« trifft man aber auf all diese Termini[442], ohne daß Steiner sie von dort übernommen haben muß[443].

Den weitaus meisten Platz nehmen im Saturnzustand – der umfangreichsten Schilderung eines »Planetenzustandes« – die Schilderungen der kosmischen Entwicklungsprozesse ein. Der Saturnzustand sei am Anfang »durch und durch nichts als Wille. Man hat es da also mit einem ganz seelischen Zustande zu tun«

[440] Zudem sollen auch die »Geister« eine Entwicklung durchmachen, in der sie etwa auf bestimmten Stufen zu »Menschen« werden (vgl. GA 11,177); Steiner hat diese Genealogie aber nicht konsequent durchgestaltet. Weitere sprechende Namen waren die 1905 als »Geister der Finsternis« (ebd., 165. 177) oder der »›Selbstheit‹ (Egoismus)« (ebd., 165) bezeichneten; sie besaßen leicht differierende Funktionen gegenüber 1909 genannten Archai.

[441] Vgl. Pseudo-Dionysius Areopagita: De coelestia hierarchia, Kap. 4–9.

[442] »Mahat« wird von Blavatsky etwa ein ›Flammen gebärendes‹ »Universalgemüt« genannt (Blavatsky: Geheimlehre, II, 242), und »Asura« erscheint sowohl als »dämonische … Gottheit« wie unter Berufung auf den Rig-Veda als »Höchster Geist« (ebd., II, 49. 59). Die »Lunaren Pitris« finden sich nur kurz am Schluß des postum von Besant herausgegebenen Teils (ebd., III, 592), die »Barhishad Pitris« werden als Besitzer »des *physischen* schöpferischen Feuers« geschildert (ebd., II, 99).

[443] Zurückhaltung gegenüber Blavatskys »Geheimlehre« als Quelle fordert zum einen ihre alles andere als eindeutige Terminologie. Zum anderen sind ihre Bemerkungen zu den »Lunaren Pitris« marginal, so daß Steiner auf ausführlichere theosophische Darstellungen zurückgegriffen haben könnte.

(GA 13,161). In der Materialisierungsgeschichte beschrieb Steiner die Tätigkeit von »Feuergeistern«:

> »Da und dort ein aufflackerndes und sich wieder abdunkelndes Lichtleben. Zitternde Flammen an diesen oder jenen Stellen, etwas wie zuckende Blitze an anderen, tritt auf. Die Saturnwärmekörper beginnen zu flimmern, zu glänzen, ja zu strahlen.« (ebd., 164)

Quellenhinweise fehlen wie üblich und sind von dem Selbstverständnis einer »übersinnlichen Schau« her auch nicht zu erwarten, aber man fühlt sich an Erzählungen oder Gemälde der Jahrhundertwende zur Entstehung der Erde erinnert, wo Blitze der noch nicht festen Materie Leben eingeben[444]. In der nachfolgenden Phase der »Angeloi« schilderte Steiner synästhetische Zustände, die er auch in »Theosophie« postuliert hatte. Zu dem »Lichtspiel« kämen »durcheinanderwogende Geschmacksempfindungen«, und alles werde »als Ton, als eine Art Musik wahrgenommen« (GA 13,166); auch hier fehlen nähere Indizien für Quellen.

Den Menschen im üblichen Sinn habe es damals nicht gegeben, aber seine »Keime« (GA 13,148) seien vorhanden gewesen. In einem Vortrag zeichnete er 1906

> »dieses menschliche Gebilde … wie eine Art aurisches Ei und darin ein merkwürdiges schaliges Gebilde in Form einer kleinen Birne, wie zusammengefügte Austernschalen, ein Art von Wirbeln« (GA 95,85).

Möglicherweise fließen hier verschiedene Traditionen ineinander. Das »aurische Ei« konnte man im Nachtragsband von Blavatskys »Geheimlehre« finden[445], die biomorphen Gebilde mögen von (populär-)wissenschaftlichen zoologischen Werken angeregt sein, die Theorie der »Wirbel« war in theosophischen Kreisen als Teil astrophysikalischer Spekulationen beliebt[446].

Das Bewußtsein der Saturnwesen beschrieb Steiner als prärationale, »dumpfe Art des Bewußtseins. Es ist noch dumpfer und dämmerhafter als das Traumbewußtsein des gegenwärtigen Menschen.« (GA 13,167) 1905 hatte er es noch »tiefes Trancebewußtsein« (GA 11,170) genannt, aber diese spiritistische Terminologie 1909 nicht wieder aufgegriffen. Vermutlich fehlte wegen des ungeliebten Spiritismus 1909 auch der Begriff des »Mediums«, das in »Trance« frühere planetarische Zustände wahrnehmen könne (ebd., 145). Steiner transformierte mithin die spiritistischen Vorstellungen in eine psychologisch weniger auffällige Semantik (vergleichbar im übrigen den Veränderungen, die auch Sigmund Freud in seiner Abwendung vom spiritistisch eingefärbten Hypnosebegriff vorgenommen hatte). Am Ende der Saturnentwicklung habe der Mensch eine »maschinenmäßige Persönlichkeitsoffenbarung« erreicht (GA 13,173). Diese Vorform des Menschen bleibe im prärationalen Stadium, doch offenbar soll die mechanistische Begrifflichkeit einen Entwicklungsschritt bezeichnen.

---

444 Vgl. etwa das Titelbild von Heinrich Harder bei Bölsche: Die Schöpfungstage (1906).
445 Blavatsky: Geheimlehre, III, 495.
446 Vgl. Harrison: Das Transcendentale Weltall (dt. um 1897), 53. Im Nachlaß Hübbe-Schleiden befinden sich Photographien solcher Wirbel.

Zwischen zwei Planetenstufen situierte Steiner eine »Ruhepause«, den »Weltenschlaf« (GA 13,184 f.). Davon sprach Steiner 1909 nur noch an ganz wenigen Stellen, während er 1905 den »morgenländischen«, theosophisch assimilierten Begriff »Pralaya« (den er vereinzelt mit »Chaos« gleichsetzte, GA 11,200) sehr häufig benutzt hatte[447]. Auch der Terminus »Manvantara« als Bezeichung für die aktiven Phasen der kosmischen Geschichte (ebd., 143) war 1909 ganz verschwunden, wie auch die Differenzierung zwischen dem »hochgeistigen« oder »›gestaltlosen‹ … Arupazustand« und dem »›gestalteten‹ … Rupazustand« (ebd., 201) (die 1906 noch um physische und astrale Zustände erweitert waren [GA 95,86]). Auch der Verweis auf innertheosophische Diskussionen um die Frage, ob »in den Ruhepausen alles Leben erstorben sei«, war 1909 gestrichen. 1905 hatte er noch eine klare Antwort geliefert: Die Auffassung vollständiger Ruhe sei »ganz unrichtig, … obwohl diese Vorstellung in vielen theosophischen Kreisen heute angetroffen wird« (GA 11,143). Der Wandel der Aussagen zu den kosmischen »Ruhepausen« illustriert die zwischen 1905 und 1909 zurückgehende Bedeutung theosophischer Konkretionen und Termini.

Neben vielen inhaltlichen Details machte Steiner im Kapitel über die Saturnphase auch Aussagen zu prinzipiellen Gesetzmäßigkeiten, nach denen die planetarischen Perioden ablaufen sollen: keine systematische Beschreibung des Funktionswerks der Kosmogenese, sondern eine Sammlung eingestreuter Bemerkungen, die aber zentrale Dimensionen seiner Konstruktionslogik erläutern. Das wichtigste Element war die Evolutionstheorie, die bei Steiner (selbstverständlich) auf Höherentwicklung teleologisiert war. Ein »Wiederholungszustand« sei etwa »durch die inzwischen eingetretene Vergeistigung ein höherer« (GA 13,148), und schlußendlich sei in der Zukunft eine Vervollkommnung zu erwarten (ebd., 153). Weitere Belege ließen sich leicht nachliefern und dokumentierten einmal mehr, daß Steiners Konstruktionslogik ein Derivat zeitgenössischer Evolutionslehren war.

Wieweit die Evolutionsvorstellung Steiners Denken en detail prägte, wird an der Rekapitulationstheorie klar. Bei einer neuen Planetenverkörperung komme es zu einem »Wiederholungszustand« (GA 13,148), in dem ein Planet als »Wiederverkörperung des früheren planetarischen Zustandes« erscheine (ebd., 147 f.). Dies war die auf die Kosmologie umgelegte Reinkarnationsvorstellung[448], womit »das Gesetz der Reinkarnation« zum »allgemeinen Weltgesetz« werde (GA 95,84 [1906]). Bei dieser reinkarnatorischen Rekapitulation applizierte Steiner das von Ernst Haeckel popularisierte »biogenetische Grundgesetz«, demzufolge bei Lebewesen »die Ontogenesis … eine kurze und schnelle Rekapitulation der Phylogenesis« sei[449], auf die Kosmogenese. Dies war eine Konsequenz seiner hohen Verehrung für Haeckel und der Hochschätzung dieser Theorie gerade in diesen Jahren (GA 39,423). Von der Rekapitulationstheorie war konsequenterweise auch die Anthropologie betroffen. Wenn er 1906 frühe Menschen als »eine

---

[447] Z. B. GA 11,143. 147. 169 u. ö.

[448] Vgl. die Rede von der »Wiederverkörperung« der Erde (GA 13,145) oder der »Saturn-Verkörperung« (ebd., 156).

[449] Haeckel: Die Welträtsel, 111.

Art Fisch-Vogeltier« (GA 95,96) charakterisierte und ihnen eine Physiologie ohne »Lungen, sie atmeten durch röhrenförmige Kiemenorgane (ebd., 97), zuwies, war auch das eine unmittelbare Umsetzung der Haeckelschen Rekapitulationstheorie, in der gerade das Beispiel embryonaler Kiemen eine populäre Rolle spielte. Ein Jahr später trieb er diese Vorstellung noch weiter. Aus dem Menschen als »Kiemen-Atmer« werde ein

> »Lungen-Atmer ... Die Schwimmblase wandelte sich um zu Lungen. Dadurch wurde er fähig, die höheren geistigen Wesenheiten in sich aufzunehmen .... Diese Umwandlung der Schwimmblase in die Lunge drückt die Bibel mit den wunderbaren monumentalen Worten aus: ›Und Gott blies dem Menschen den Odem ein, und er ward eine lebendige Seele.‹« (GA 99,119 [1907])[450]

Andere Konstruktionslogiken spielten eine nachrangige Rolle. Das Mikro-Makrokosmos-Schema etwa kam zwar vor, wenn Steiner etwa menschliche und kosmische Entwicklung aufeinander bezog: Es bestehe »ein Zusammenhang ... zwischen der Entwickelung des Menschen und derjenigen seines Himmelskörpers, der Erde« (GA 13,137). Aber das war nicht mehr als eine Anspielung auf die in der hermetischen Tradition weit verbreitete Korrespondenzlogik[451], sie bildete weder ein Gegengewicht zur Evolutionstheorie noch wurde sie systemverändernd dort integriert.

*b. Sonnenstufe – Mondstufe – Erdenstufe*

In der »Sonnenentwicklung« (GA 13,176) werden die Saturnzustände wiederholt (ebd., 174). Dann »verdichtet sich diese Wärmesubstanz bis zu dem Zustand, den man mit dem gegenwärtigen Gas- oder Dampfzustand vergleichen kann« (ebd., 176). Die Geister sind erneut in Tätigkeit und die menschenartigen Wesen erhalten ein weiteres Körperglied, den »Lebensleib« (ebd., 180). All das zeichnete Steiner nur noch mit kurzen, im Vergleich zur Saturnphase kargen Strichen. Daß der Mensch ein »Pflanzenmensch« sei, wie er noch 1905 geschrieben hatte (GA 11,191), ist 1909 entfallen, ebenso die auf theosophische Quellen verweisende Aussage, daß er den »Lebensgeist (Buddhi) als »Keimanlage« erhalte (ebd., 179). Der Mensch empfange, so Steiner 1905, das »um einen Grad hellere« »Sonnenbewußtsein« (ebd., 148). Zum ersten Mal war auf dieser Stufe die Rede von zurückgebliebenen Lebewesen, sowohl auf Seiten der Geister wie der Menschen (GA 13,179 f.). An späterer Stelle sah er in derartigen Wesen die »Vorfahren des Tierreiches« (ebd., 242).

In der Mondverkörperung sei der Planet eine »Grundmasse ... aus einer halblebendigen Substanz« (GA 13,192). Nun ströme der »Astralleib in die Menschenwesen« ein, es erhalte »die ersten seelischen Eigenschaften« (ebd., 188). Daß das menschliche Wesen nun »Tiermensch« genannt werden könne (GA 11,191 [1905]), ist 1909 entfallen, auch die Beschreibung, es sei ein Wesen ohne »feste Knochen. Sein Gerüst ist knorpelartig. ... Sein Fortbewegen ist ... ein schwe-

---

[450] Diese Stelle bezieht sich auf Genesis 2,7. Auch andere religiöse Traditionen situierte Steiner in kosmischen Rekapitulationsphasen. 1907 etwa sah er dort das Purgatorium als »wirkliche Hölle« (GA 99,118). In der »Geheimwissenschaft« finden sich derartige Bezüge aber nicht (mehr).

[451] Faivre: Esoterik im Überblick, 24 f.

bendes.« (ebd., 192) An vergleichbaren Stellen, so einer Äußerung aus dem Jahr 1906 – »Pflanzen und Tiere waren geleeartig, wie Eiweiß, wie gewisse Quallen und Meerpflanzen« (GA 95,95) – kann man sich des Eindrucks nicht erwehren, Steiner könnte zeitgenössische biologische Tafelwerke vor Augen gehabt haben[452]. Die geologische Vorstellung aus dem Meer gehobener Landmassen, die die Neptunistentheorie des 18. Jahrhunderts beerbt hatte, mag den konkreten Hintergrund dieser Aussage bilden. 1909 war das Äquivalent zu dieser Verdichtung in einer Art semifreddo die Aussage, daß das »Menschenwesen« sich von »Tierpflanzen« ernähre, die »schwebend-schwimmend … oder auch leicht angewachsen« existierten (GA 13,198). Auch hier scheinen zeitgenössische Vorstellungen der Evolution des Pflanzen- ins Tierreich im Hintergrund zu stehen. Hier wird man auch die Vorlage für eine Äußerung aus dem Jahr 1907 suchen: »Die Mondenberge bestanden aus solchen Verholzungen. … Darauf wuchsen die Pfanzentieren … wie heute die Korallen.« (GA 99,108) Bei einzelnen »Tiermenschenwesen« trete schließlich erstmals »Zweigeschlechtlichkeit« auf, berichtete er 1905 (GA 11,193); 1909 bot er das Detail, daß der »Geistesmenschenkeim« (GA 13,210) entstehe. Bewußtseinsgeschichtlich entwickle der Mensch, so Steiner 1905, »das Bilderbewußtsein mit seinem sinnbildlichen (symbolischen) Charakter« (GA 11,194). Dies scheint dem Repertoire zeitgenössischer entwicklungspädagogischer oder religionshistorischer Sozialdarwinismen entnommen.

Mit der Erdenperiode erreichte Steiner die Gegenwart. Aufgrund der fortschreitenden Verdichtungsprozesse beginne beim Menschen »eine ursprüngliche Art des Ernährungsprozesses« (GA 13,227), und der Mensch, der diesen Namen nun zu Recht trage, entstehe: »Festere Teile« würden eingegliedert (ebd., 232), das »Ich« ausgebildet (ebd., 147), der Mensch zu einem »individualisierten Seelenwesen« (ebd., 243 f.). Die »Trennung in ein männliches und weibliches Geschlecht« liege, im Gegensatz zu den Äußerungen des Jahres 1905, nicht in der Monden-, sondern in der Erdenstufe (ebd., 231). Mit dem Verlust »der früheren unbegrenzten Fähigkeiten des Gedächtnisses« (ebd., 271) »erwachte … das Selbstbewußtsein« (ebd., 272). Den Bewußtseinszustand, den Steiner 1905 als »gegenständliches Bewußtsein« (GA 11,151) beschrieben hatte, nannte er 1909 »Bilderbewußtsein«, »jedoch mit Beibehaltung des vollen Selbstbewußtseins. Es wird nichts Traumhaftes, Dumpfes in seinem Bilderschauen sein« (GA 13,178).

In die Erdenentwicklung flocht Steiner 1909 eine Reihe von Sondersträngen ein, die ich nur nenne:

- die These, daß »unser gegenwärtiger Mond« »damals« die Erde »verlassen« habe (GA 13,231);
- die Geschichte von Wesen, die auf andere »Planeten entrückt« (ebd., 240) worden seien und dort ihre Entwicklungen durchmachten;

[452] Er besaß Haeckels »Kunstformen der Natur«, erschienen 1899–1904. Haeckels Abbildungen in der Monographie über die Radiolarien (1862) oder die Medusen (1879) gehörten zu den Ikonen der Kunst um 1900.

- die Erzählung von »Atlantis« (ebd., 259), die er in den Berichten »Aus der Akasha-Chronik« schon intensiver geschildert hatte;
- den Bericht vom ersten »Unheil in der Menschheit«, das »gegen die Mitte der atlantischen Entwicklungszeit« aufgetreten sei (ebd., 266). Als Grund gab Steiner die vorzeitige Offenbarung von »Geheimnissen der Eingeweihten« an. Dadurch hätten einige Wesen zu früh »Einsicht in die verborgenen Erkenntnisse« erhalten, »wodurch die höheren Wesen die Naturkräfte lenken« (ebd., 266), vermutlich eine Parallele zur biblischen Schöpfungsgeschichte, in der der Genuß des Adam gereichten Apfels ebenfalls unrechtmäßige Erkenntnis symbolisiert (Gen 3).
- In einem langen Exkurs stellte Steiner Elemente der theosophischen Rassentheorie und die älteren »Kulturzeitalter« (ebd., 295) vor.

Dieser gegenwartsbezogene Teil klang in eine apokalyptische Situierung aus:

> »Doch kündigt sich gegenwärtig bereits die Morgenröte der sechsten nachatlantischen Kulturperiode an. ... Die sechste Kulturepoche wird die Harmonie zwischen beiden [den »Erlebnissen der Sinneswelt« und den »Offenbarungen des Geistes«] zur vollen Entwickelung bringen.« (ebd., 298)

Steiner markierte hier eine Geschichtserwartung, die sich insbesondere durch die Jahre vor dem Ersten Weltkrieg zog: die Theosophische Gesellschaft als messianische Organisation, die die Welt am Punkt ihrer tiefsten Verstrickung in die Materie rette und auf den Weg zum Geist führe. Die Theosophie stand hier in der Tradition endzeitlicher Erwartungen, wobei der Kairos in der aktuellen Zeitenwende lag, während das Ende in unabsehbarer Ferne wartete. Aber vermutlich sind einmal mehr auch innertheosophische Auseinandersetzungen hinter dieser Passage zu lesen: Während Steiner 1909 an seiner »Geheimwissenschaft« schrieb, begann Besant, Krishnamurti als Weltenlehrer aufzubauen und künden Theosophen parallel die Heraufkunft der sechsten Wurzelrasse an[453]. Diese historische Wende wollte Steiner möglicherweise in seinem Sinn interpretiert sehen.

*c. Jupiterstufe – Venusstufe – Vulkanstufe*

Steiner hatte in seiner Kosmogonie nun den Punkt erreicht, wo die hellseherische Rekonstruktion der Vergangenheit in die visionäre Schau der künftigen Entwicklungen umschlagen mußte. Zuvor allerdings fügte er eine fast hundertseitige Revision seines Schulungsweges ein (s. o. 7.4.3b). Dann folgen, vor der abschließenden, bunten Mischung von »Einzelheiten aus dem Gebiete der Geisteswissenschaft« (GA 13,418), die Ausblicke in die Zukunft, die sich »in übersinnlicher Anschauung« beobachten ließen (ebd., 398). So beginne im Jupiterzustand,

---

[453] Leadbeater veröffentlichte in der von Steiners Kritiker Hugo Vollrath neugegründeten Zeitschrift »Theosophie« gerade eine zehnteilige Folge über die »die Anfänge der sechsten Wurzelrasse«, die diese in englischen Publikationen schon laufende Debatte nach Deutschland brachte; Leadbeater: Die Anfänge der sechsten Wurzelrasse. Daß die Vorstellung in den Köpfen deutscher Theosophen präsent war, dokumentierte Hübbe-Schleiden im August 1911 in einem Brief an Steiner: Er wolle »nun auch nichts anderes als für diese 6. Wurzelrasse eine ganz universelle, dogmenlose, unkonfessionelle Religiosität anbahnen«; Brief vom 9.8.1911, in: Klatt: Theosophie und Anthroposophie, 197.

nachdem in der Erdenentwicklung der Tiefpunkt der kosmischen Materialisierungsgeschichte erreicht sei, die Respiritualisierung. Das »Mineralreich« werde es nicht mehr geben und »die Kräfte dieses Mineralreiches werden in pflanzliche umgewandelt sein« (ebd., 412). Pflanzen- und Tierreich seien ebenfalls verwandelt, und das Menschenreich bestehe aus der »Nachkommenschaft der auf der Erde entstandenen bösen Gemeinschaft«, wohingegen die Nachkommen der Guten »auf eine höhere Stufe« aufgestiegen seien und »einen großen Teil der Arbeit« darin fänden, »die in die böse Gemeinschaft gefallenen Seelen so zu veredeln, daß sie den Zugang in das eigentliche Menschenreich noch finden können« (ebd.). Damit band Steiner Arbeitsethos und die karmische Funktion von Boddhisattvas zusammen. »Von Geburt und Tod in dem gegenwärtigen Sinne«, hatte er 1905 geschrieben, »kann auf dieser Stufe nicht mehr die Rede sein. Denn der ›Tod‹ tritt ja doch nur dadurch ein, daß das Bewußtsein auf eine Außenwelt angewiesen ist« (GA 11,156). Die Bewußtseinsstufe hatte er in diesem Jahr als »selbstbewußtes Bilderbewußtsein« (ebd., 155 f.) beschrieben.

Im Venuszustand sei auch das Pflanzenreich verschwunden. »Das niederste Reich wird das abermals verwandelte Tierreich sein«, daran schlössen sich »drei Menschenreiche von verschiedenen Vollkommenheitsgraden« an (GA 13,412). Der Bewußtseinszustand hatte 1905 »selbstbewußtes Gegenstandsbewußtsein oder überpsychisches Bewußtsein« geheißen (GA 11,157). Der Mensch werde dann, so eine 1909 nicht übernommen Formulierung, »Wesen nicht nur wahrnehmen und beeinflussen, sondern selbst schaffen« (ebd., 157).

Die Vulkanstufe schloß 1909 die Ausführungen über die Wiedervergeistigung ab. »Die entwickelte Menschheit aber schreitet in einem völlig vergeistigten Dasein zur Vulkanentwickelung weiter, deren Schilderung außerhalb des Rahmens dieses Buches liegt.« (GA 13,413) Und doch war Steiner nicht so verschwiegen, um nicht einige Ausblicke zu geben: Im Vulkanzustand erreiche der Mensch das »Ideal menschlicher Entwickelung«: »Die Vergeistigung, welche der Mensch durch seine eigene Arbeit erlangt« (ebd.). Den »Bewußtseinszustand« dieser Stufe hatte er 1905 als »Gottseligkeit« oder als »spirituelles Bewußtsein« bezeichnet (GA 11,159) und den Menschen ein »hohes schöpferisches (überspirituelles) Bewußtsein« in Aussicht gestellt (ebd., 162). Offenbar hat man auch »das höchste Glied der sogenannten Monade des Menschen«, den »Geistesmenschen« – »in der theosophischen Literatur nennt man die ›Atma‹«, – in den Vulkanzustand zu lokalisieren (ebd., 168).

Diese Aussagen aus dem Jahr 1909 bildeten allerdings nur noch die Schwundstufe wesentlich weitergreifender Visionen vier Jahre zuvor. Damals hatte er nach der Vulkanstufe fünf weitere »Bewußtseinsstufen« (GA 11,161 f.) erwartet, ohne jedoch Details zu verraten. Zudem hatte er das »geheimwissenschaftliche« Sonderwissen stärker betont: Über die Vulkanstufe könne »öffentlich nicht viel mitgeteilt werden«, weitere Informationen seien nur den »Geheimschülern der höheren Ordnung« zugänglich, »die ihren physischen Körper verlassen dürfen und außerhalb desselben übersinnliche Erkenntnisse sich aneignen können« (ebd., 159).

Als kosmischen Endzweck verkündete Steiner in den Ausführungen zur »Vulkanstufe« die Vergeistigung als Ziel der kosmischen Geschichte. Diesen Telos, der präziser Respiritualisierung heißen müßte, hat er 1908 in einem Vortrag prägnanter als in der »Geheimwissenschaft« beschrieben.

> »Wenn wir … auf die Umwandlungen unseres Erdenmenschen blicken, eröffnet sich uns die Perspektive dieses Erdenwerdens nach der Vergeistigung hin. Da haben wir Geist am Anfang und Geist am Ende. Geist war der Ursprung und Geist ist das Ziel. Das ist das Geheimnis der Erdenevolution.« (GA 56,285 f.)

Damit distanzierte sich Steiner von den Unendlichkeitskosmologien theosophischer Provenienz, etwa von Sinnetts »Weltenkette … ohne Ende«[454]. Dieser sah »am Schluß des Weltenketten-Pralayas der neu erwachenden Welt Antriebe« auf eine neue kosmische Runde hin[455], Sinnetts ›grenzenloses Weltall‹[456] hatte weder Anfang noch Ende.

Wenn allerdings die vergangenen und künftigen Phasen der »geschauten« Entwicklung in ihren Stadien festliegt, stellt sich in Steiners Konzeption die Frage, wie »die menschliche Freiheit mit dem Vorauswissen und Vorausbestimmtsein der zukünftigen Gestaltung der Dinge« vereinbar sei, wie Steiner selbst sah (GA 13,413 f.) Steiner suchte eine Antwort, indem er menschliche und kosmische Freiheit trennte: Der Mensch werde »auf dem Jupiter und der Venus so frei sein, wie es seinem Innern entspricht, eben *innerhalb* der Verhältnisse, die dort entstehen werden« (ebd., 414). Der Mensch besitze innerhalb festgelegter Grenzen also Wahlfreiheit, wohingegen Steiner die Determination des kosmischen Prozesses als Konsequenz seiner Finalisierung der Geschichte im Geist nicht in Zweifel zog.

### *7.6.4 Quellen für die Struktur der Kosmologie*

Hinsichtlich seiner Quellen war Steiner in der »Geheimwissenschaft«, wie in seinen anderen theosophischen Werken, verschwiegen. Wichtige Elemente kann man zwar, wie sich an vielen Einzelheiten zeigen ließ, zeitgenössischen Vorstellungen in der (populären) Naturwissenschaft und der Theosophie zuordnen, aber die Vorlage(n) für die grundlegende Konzeption sind damit noch nicht identifiziert. Danach haben ihn wohl bereits seine Zeitgenossen gefragt, denn 1925 reagierte er auf Mutmaßungen um die historischen Ursprünge der »Geheimwissenschaft«: »Unterbewußtes« oder »unbewußtes« Wissen habe er, so lauteten wohl einige Fragen, vermittelt, der »Autosuggestion« sei er erlegen, »gnostische Lehren« und »orientalische Weisheitsdichtungen« seien verarbeitet (GA 13,30 f.). Die psychologisierenden Vermutungen unbewußter Rezeptionsprozesse mußten sein Selbstverständnis als Naturwissenschaftler, Philosoph und Hellseher ins Mark treffen, und von »orientalischen« Bezügen wollte er seit seiner Trennung von der Theosophischen Gesellschaft ohnehin nichts mehr wissen. Steiner trat deshalb die Flucht nach vorne an und postulierte eine weitgehende Autonomie: »Meine Erkenntnisse des Geistigen, dessen bin ich mir voll

---

454 Sinnett: Die Esoterische Lehre, 39.
455 Ebd., 204.
456 Ebd., 210.

bewußt, sind Ergebnisse eigenen Schauens.« (GA 13,30) Und dann formulierte er eine Traditionsabstinenz, die das bisherige Verschweigen durch Verleugnen in den Schatten stellte:

»So hatte ich die Ergebnisse meines Schauens vor mir. Sie waren zunächst ›Anschauungen‹, die ohne Namen lebten. Sollte ich sie mitteilen, so bedurfte es der Wortbezeichnungen. Ich suchte *dann* später nach solchen in älteren Darstellungen des Geistigen, um das noch Wortlose in Worten ausdrücken zu können. Ich gebrauchte diese Wortbezeichnungen frei, so daß wohl kaum *eine* derselben in meinem Gebrauche zusammenfällt mit dem, was sie dort war, wo ich sie fand. Ich suchte aber nach solcher Möglichkeit, mich auszudrücken, *stets erst*, nachdem mir der Inhalt im eigenen Schauen aufgegangen war. *Vorher Gelesenes* wußte ich beim eigenen forschenden Schauen durch die Bewußtseinsverfassung, die ich eben geschildert habe, auszuschalten.« (ebd., 30 f.)

So habe er den Begriff »Astralleib« beim »Lesen mittelalterlicher Schriften« gefunden und in den Termini »Angeloi, Archangeloi … erneuerte ich einfach die christliche Gnosis« (ebd., 31)[457].

Von diesen Aussagen bleibt bei einer Traditionskritik kaum ein Stein auf dem anderen. Schon in den letzten Kapiteln wurde klar, daß etwa der Begriff Astralleib theosophische Quellen besitzt. Auch Steiners Erläuterung, in einem vorbegrifflichen Stadium im Übersinnlichen geforscht zu haben, wird damit obsolet. Die gesamte Begründung autonomer, traditionsunabhängiger Schau ist inkonsistent, wie Steiner selbst mit der Behauptung dokumentierte, er habe »*vorher Gelesenes*« ausgeschaltet. Indem er zugestand, *daß* er auf Literatur zurückgegriffen habe, stellte er sein Postulat in Frage, nur auf »Ergebnisse eigenen Schauens« aufzubauen. Die gewundene Theorie der Ausschaltung bereits gewußter Einsichten, als deren Konsequenz man das Rad ein zweites Mal erfinden müßte, läßt sich am ehesten als Verdrängung deuten.

Steiners Quellen sind nun allerdings mit der »Geheimwissenschaft« in der Ausgabe letzter Hand, wie sie die Gesamtausgabe heute bietet, schwer aufzuklären. Die im Gegensatz zu »Aus der Akasha-Chronik« 1909 immer schon fehlenden Belege für die theosophische Tradition sind seit 1920 durch den zusätzlichen Hinweis auf Goethe überdeckt (GA 13,34), und mit diesem einzigen Traditionsverweis wird zumindest der unkundige Leser auf eine völlig falsche Spurensuche geschickt. Steiner hat de facto die Kosmogonie aus theosophischen Quellen übernommen, dies machen eine Vielzahl expliziter Verweise in »Aus der Akasha-Chronik« auf »theosophische Literatur« ebenso deutlich wie die impliziten Übernahmen, die etwa in »indischen« Begriffen, die Steiner als theosophisches Material kennenlernte, vorliegen.

Letztlich war Blavatskys »Geheimlehre« Steiners zentrale Referenz. Schon der Titel von Steiners Kosmologie macht diese Bindung klar: Blavatskys Geheim*lehre* war in Steiners Geheim*wissenschaft* aufgehoben, der in okkultistischen Kreisen

[457] Eine fast unendliche Debatte rankt sich angesichts solcher Äußerungen um die Frage, ob Steiner oder andere Theosophen gnostische Vorstellungen verarbeitet haben; zuletzt Geisen: Anthroposophie und Gnostizismus. Angesichts der Übereinstimmungen mit dem theosophischen Material, den Anleihen in den Naturwissenschaften und der weiterhin schwierigen Zugänglichkeit gnostischer Schriften ist nur von einer strukturellen Ähnlichkeit, nicht von einer genetischen Abhängigkeit auszugehen.

geläufige Begriff umbesetzt. Schon vor der Publikation der »Geheimwissenschaft« hatte Steiner in Mitgliedervorträgen durchblicken lassen, daß Blavatskys opus magnum ein zentraler Referenzhorizont war. Wenn er etwa 1906 meinte, daß die »Geheimlehre« »zwar die Aufgabe, aber nicht die Lösung« bot, »die ... erst in jüngster Zeit gefunden worden« sei (GA 95,87), wies er Blavatsky als Angelpunkt seiner Intervention aus: Das Rätsel der »sieben Planeten mit je sieben mal sieben Zuständen«, das von ihr kryptisch »geheimwissenschaftlich geschrieben 777« worden sei, löste er so auf, daß »unser Planetensystem 7 mal 7 mal 7 oder 343 Verwandlungen durchzumachen« habe (ebd., 86).

Welche Dimensionen die Nutzung der »Geheimlehre« aber faktisch besaß, beweist ein Vortragszyklus, den Steiner von September bis November 1905, also während der Niederschrift der Artikelserie »Aus der Akasha-Chronik« und kurz nach der ersten Manuskriptfassung der Geheimwissenschaft, hielt. In diesen mündlichen, ursprünglich einem persönlich eingeladenen (GA 93a,14) Theosophenzirkel vorbehaltenen Äußerungen fällt der Name Blavatsky im Gegensatz zu den allgemeinen Mitgliedervorträgen oder den Texten aus »Lucifer Gnosis« respektive der »Geheimwissenschaft« immer wieder. Dazu fünf Beispiele[458]:

(1.) Die Verbindung verschiedener Bewußtseinsstufen mit Tieren, Pflanzen und Mineralien (GA 93a,36) muß Steiner unter direktem Rückgriff auf die »Geheimlehre« (Geh.[459] III, 558) ausgeführt haben. »Gewisse Tiere« besäßen »ein Bewußtsein auf dem astralen Plan« (Blavatsky: »Astralplan«), wo auch das »Idiotenbewußtsein« angesiedelt sei (nach Blavatsky leben dort »Idioten«) und wo das Bewußtsein etwa von »indischen Nachtinsekten« (Blavatsky: »einigen (indischen) Nachtmotten«) oder »Spinnen« (Steiner und Blavatsky) anzusiedeln sei. Die »Mineralien« (Blavatsky: »Steine«) besäßen hingegen nur ein »kama-pranisches Bewußtsein« (Vitalbewußtsein, beide). Steiner spann den von Blavatsky hingeworfenen Faden fort. Die Spinnfäden würden »vom Astralplan herein gesponnen«, dies findet sich bei Blavatsky nicht.

(2.) Steiner berichtete von »sieben Stufen von Wesenheiten: Erstens die Götter, zweitens Pitris, drittens Nirmanakayas [also irdische Verkörperungen von Boddhisattvas und Buddhas], viertens Boddhisattvas, fünftens reine Menschen, sechstens Menschen, siebtens Elementarwesen« (GA 93a,55). Bei Blavatsky (Geh. III, 587) lautete die entsprechende Reihe »(I) höhere Götter; (II) Devas oder Pitris (alle Klassen); (III) Nirmanakayas; (IV) Boddhisattvas; (V) Menschen in Myalba[460]; (VI) Kama Rupische [Steiner übersetzte Astralkörper-] Existenzen, sei es von Menschen oder Tieren, im Kama Loka oder im Astrallicht; (VII) Elementale (Subjektive Existenzen).« Steiner formte einige Begriffe um und entfernte, im Gegensatz zur ersten Bezugnahme, einige Satzpartikel, übernahm aber ansonsten alles.

---

[458] Die im folgenden genannten Bezüge auf Blavatskys »Geheimlehre« sind großenteils von der Herausgeberin dieses Zyklus, Hella Wiesberger, nachgewiesen worden. Vgl. generell zu dem parallelen Material von Steiners »Geheimwissenschaft« bei Blavatsky: Geheimlehre, I, 176–193.

[459] Nachweis der »Geheimlehre« mit »Geh.« und der Band- und Seitenzahl der deutschen Ausgabe.

[460] Nach dem Verständnis Blavatskys (Geheimlehre, III, 526) die Hölle auf Erden.

(3.) Blavatsky habe »Jehova einen Mondgott genannt« (GA 93a,56, berichtete Steiner zutreffend (Geh. II, 148, vgl. auch ebd., 497). Daß Jehova ein auf das »Sexuelle« bezogener »Fruchtbarkeitsgott« (GA 93a,149) sei, wie Blavatsky »Jehova richtig charakterisiert hat« (GA 88,211), könnte Steiner aus Blavatskys Konstruktion übernommen haben, auch, daß das Radikal Jod im hebräischen Gottesnamen als phallisches Zeichen zu deuten sei (Geh. II, 490; vgl. auch ebd., 148). Diese Vorstellung von Jahwe als Furchtbarkeitsgott war allerdings Anfang des 20. Jahrhunderts in der religionsgeschichtlichen Literatur verbreitet[461].

(4.) Einig waren sich Steiner und Blavatsky, daß in einer feinmateriellen Umhüllung des Menschen, dem »aurischen Ei« (GA 93a,74; Geh. III, 494–496), das »Karma« abzulesen sei (GA 93a,75; Geh. III, 496). Steiners Ergänzung, daß sie eine »blaue Grundfärbung« besitze, fehlte bei Blavatsky und klingt nach Besants und Leadbeaters Lehre der Aurenfarben (s. 9.5.2b).

(5.) Steiner nannte als Zahl der »Prajapatis«, die bei Blavatsky göttliche Schöpfungswesen sind, »1065, das heißt: 10-6-5«. Sie seien mit der »Evolution vom Saturn bis zum Vulkan«, den »5 Globen oder Formzuständen, 6 Runden oder Lebenszuständen, 10 Planeten oder Bewußtseinszuständen« in Verbindung zu bringen (GA 93a,211). Blavatsky kannte die »1065« ebenfalls als Zahl der »Prajapatis« (Geh. I, 117) und wollte sie aus dem Mahabharata entnommen haben, wo es 21 Prajapatis gebe, deren Quersumme sich aus den Zahlen 10, 6 und 5 ergebe (oder auch »dreimal sieben«); daß sie diese Zahlenkombinatorik aus der Kabbala entnommen habe, könnte zumindest für das Konstruktionsprinzip stimmen (Geh. I, 117). Steiner rationalisierte Blavatskys nur dürftig verbundenen Synkretismus, indem er ihr Material auf seine planetarische Kosmologie umlegte; wie aber die zehn Planeten auf die späteren sieben planetarischen Zustände, die er in seiner »Geheimwissenschaft« postulierte, passen, bleibt offen.

Steiners Umgang mit Blavatskys Text stellt sich in diesen Beispielen als kreative Umnutzung dar. Er schlachtete Blavatskys »Geheimlehre« aus, erläuterte Details und nahm andere weg, erweiterte und veränderte, wo er es für nötig hielt, schnitt Passagen neu zusammen oder paßte sie an seine Vorstellungen an, schließlich erläuterte er seinen Schülern, wo sie mit dem Werk nicht zurecht kamen, Blavatskys Werk in seinem Sinn (z. B. GA 264,46 f.). Hinter Steiners Umgang mit der »Geheimlehre« standen ähnlich lockere Prinzipien, wie sie Blavatsky bei der Zurichtung ihrer Quellen an den Tag gelegt hatte. Beide kombinierten ihr Material relativ frei und ordnen es ihren Überbauten unter, diese Gemeinsamkeit auf der Metaebene der Konstruktionslogik ist mindestens so bemerkenswert wie Steiners Selbstbedienung mit ihrem Material: Die war massiv, aber nicht sklavisch, und bemerkenswert im theosophischen Kontext ist diese Feststellung erst durch Steiners spätere Leseanweisung, nach der seine Abhängigkeit keine gewesen sein sollte.

---

461 Vgl. nur exemplarisch die Theorien zur Identifikation von Jahwe mit Baal bei Baudissin: Baal und Bel, 335 f.

Daß Steiner sich in Blavatskys »Geheimlehre« alimentiert hat, kann man nur in einer hagiographischen Innenperspektive in Frage stellen. Hella Wiesberger meinte 1972, die Bezüge auf Blavatsky seien »daraus zu erklären, daß sich die damaligen Zuhörer intensiv mit diesem Lehrgut der Gründerin der Theosophischen Gesellschaft beschäftigten und sich auf Grund der schwerverständlichen Darstellungen oft mit Fragen an Rudolf Steiner wandten« (GA 93a,14). Dies stellt allerdings die Traditionsgeschichte, in der Lektüre, Anverwandlung und Transformation des Materials aus der »Geheimlehre« nachweisbar sind, auf den Kopf[462]. Steiner sah sich vielmehr als Schüler Blavatskys und respektierte noch 1906, daß sie von »einer der höchsten geistigen Individualitäten inspiriert« gewesen sei (GA 95,87)[463].

Blavatskys »Geheimlehre« ist ihrerseits nicht ohne Sinnetts »Geheimbuddhismus« zu denken, auf den sie mehrfach in den kosmologischen Passagen verwies[464] (wobei Sinnett seinerseits das Material von Blavatsky erhalten hatte[465]). Steiner dokumentierte nun 1905, daß er sich an Sinnett abarbeitete, als er dessen Theorie ewiger Entwicklung zugunsten seiner Finalisierungstheorie nur meinte korrigieren zu dürfen, indem er den Autor und sein Werk »Esoterischer Buddhismus«, die er beide explizit nannte (GA 11,209), lobte:

> »Der Entzifferer [der Akasha-Chronik, i.e. Steiner selbst] weiß sich dabei im vollen Einklange mit der wahren okkulten Geist-Erforschung. Es könnte ihm sonst nimmermehr beifallen, gegen die verdienstvollen Bücher der theosophischen Literatur solches einzuwenden. Auch darf er die – eigentlich ganz überflüssige – Bemerkung machen, daß die Inspirationen des im ›Esoterischen Buddhismus‹ erwähnten großen Lehrers nicht im Widerspruche stehen mit dem hier Dargelegten, sondern daß das Mißverständnis erst dadurch entstanden ist, daß der Autor des genannten Buches die schwer ausdrückbare Weisheit jener Inspiration in seiner Art in die jetzt übliche Menschensprache übersetzt hat.« (ebd., 210)

Fundamentale Interpretationsdifferenzen als Mißverständnisse zu deuten – dies hat Steiner nur in seiner Phase höchster Verehrung der Autoritäten der Theosophischen Gesellschaft getan. Spätere Urteile sind in diesem Punkt schärfer ausgefallen: als Kritik und Korrektur.

Angesichts Steiners hier ausdrücklich bestätigter intensiver Beschäftigung mit Sinnetts »Geheimbuddhismus« überrascht es nicht, daß die Struktur seiner Kosmologie mit derjenigen Sinnetts identisch ist: Die Zahl der sieben Welten findet sich schon bei Sinnett, ihre Differenzierung nach dem Mischungsverhältnis von »Geist und Stoff« und die Kennzeichnung der »zurückgebliebendsten und

---

[462] Auch viele Details des Umgangs mit Blavatskys Texten, die Steiner offenlegte, widersprechen Wiesbergers Deutung. So hat er die Informationen über die Zahl 1065 auch an anderer Stelle gegeben (GA 266a,464 [März 1909]) oder die Zuordnung von Tugenden zum Tierkreis schlicht als Vorgabe Blavatskys bezeichnet (GA 267a,528).

[463] Vgl. auch Steiners euphorische Verehrungsadresse an Blavatsky vom 7.5.1905 in GA 262², 110-114.

[464] Vgl. etwa Blavatsky: Geheimlehre, I, 183 und 186.

[465] Sinnetts und Blavatskys Quellen wären ein eigenes Kapitel. Vermutlich hat man auch hier nicht in Indien zu suchen. Bei Godwin u. a.: The Hermetic Brotherhood of Luxor, 138, findet sich etwa die Vermutung, daß die Kosmologie in Sinnetts »Esoterischem Buddhismus« auf die Hermetic Brotherhood of Luxor zurückgehe.

der fortgeschrittensten« als der »stoffärmsten, der durchgeistigsten der ganzen Reihe«[466]. Daß es »in der Stufenreihe geistiger Vervollkommnung … fortwährend aufwärts« gehe, meinten Sinnett wie Steiner, die Zuordnung von Mikro- und Makrokosmos spielte bei Sinnett (wie allerdings in weiten Bereichen der »esoterischen« Literatur) eine wichtige Rolle[467]. Und hinsichtlich der Wirkungen früherer planetarischer Verkörperungen vertrat Sinnett ein zwar in Details abweichendes, aber strukturgleiches Modell[468]. Unterschiede bleiben zum einen an einer kleinen Stelle in der Terminologie. Sinnetts fundamentale Metapher von der »Weltenkette«, einem alten hermetischen Bild[469], hat Steiner nicht aufgegriffen. Zum anderen lehnte er den Vermittlungsversuch zwischen ewig-zyklischer und linearer Entwicklung, Sinnetts Metapher von der »spiralförmigen Fortbewegung« in der kosmischen Entwicklung[470], angesichts seiner streng zielgerichteten eigenen Konstruktion ab. Damit nahm er den theosophischen Vorlagen mögliche Anklänge an zyklische Vorstellungen indischer Provenienz und teleologisierte sie im Rahmen europäischer Konzepte um 1900: Von seinem Fortschrittskonzept, seinem evolutiven Plan der Höherentwicklung ließ er sich nichts abmarkten. Steiners Kosmologie war radikal linearisiert, die einzige Abweichung von einer Geraden bildete der Bogen, den der Materialisierungsprozeß von der Vergeistigung nach »unten« zur Verstofflichung mache, um dann wieder nach »oben« der Respiritualisierung zuzustreben. Auch die Rekapitulationen vor jeder neuen Planetenstufe ändern daran nichts.

Steiner begab sich mit diesen Positionen in eine teilweise kontroverse innertheosophische Debatte um die Einzelheiten der Kosmogonie. Blavatsky hatte bereits in ihrer »Geheimlehre« zu Sinnetts Buch Stellung genommen und es »korrigiert«. So hatte Sinnett die Menschheit aktuell in die fünfte Rasse der vierten Runde positioniert[471] (wie auch Steiner), wohingegen Blavatsky sie in die »Mitte des vierten Umlaufs«[472], also in die vierte Rasse, plazierte. Diese Auseinandersetzungen dürfte Steiner durch die theosophische Literatur gekannt haben. In Harrisons 1897 übersetztem »Transcendentalem Weltall«, das Steiner gelesen hat[473], war diese Debatte beispielsweise nachzulesen[474]. Auch Steiners überraschende und in seinem Text sperrige Vorstellung, daß sich nach Abschluß des Mondzustandes während des Erdenzustandes der Mond aus der Erde löse (GA 11,124; GA 13,231), hat möglicherweise Hintergründe in einer theosophischen Kontroverse. Hier hatte Sinnett (als erster?) eine achte Sphäre über die sieben all-

---

466 Sinnett: Die Esoterische Lehre, 54 (sieben Welten); ebd., 38 (Geist/Stoff); ebd., 39 (»stoffärmste …).
467 Ebd., 40 (Vervollkommnung); ebd., 218 (Mikro- und Makrokosmos).
468 Ebd., 48 f.
469 Ebd., 34. Zur Kette Lovejoy: Die große Kette der Wesen.
470 Sinnett: Die Esoterische Lehre, 40.
471 Ebd., 56.
472 Blavatsky: Geheimlehre, I, 253.
473 Das Werk befindet sich in Steiners Bibliothek (GA 93,303), schon 1904 ist eine Lektüre anzunehmen (so der Kommentar ebd., 303. 323).
474 Harrison: Das Transcendentale Weltall, 95.

gemein anerkannten hinaus postuliert[475]. Dies hatte wiederum Sinnett behauptet und Blavatsky abgelehnt[476]. Ob dieser Befund bedeutet, daß sich Steiner im Zweifel gegen Blavatsky und für Sinnett entschied, bliebe zu klären. An anderen Stellen hat er jedenfalls auch von Sinnett abweichende Positionen vertreten. Steiner ließ etwa die Geschlechtertrennung entweder in der Mond- oder der Erdenstufe stattfinden (s. o. 7.5.4a), wohingegen Sinnett einen »zwiegeschlechtlichen« »Urstoff« postulierte[477].

Meine unzureichende Kenntnis von Steiner möglicherweise bekannten theosophischen Texten betrifft auch alle anderen Details potentieller Abhängigkeiten, da die in Frage kommende theosophische Literatur angesichts von Steiners Quellenverschwiegenheit erst erfaßt und dann durchgesehen werden müßte. So läßt sich etwa hinsichtlich der Engelchöre nicht sagen, ob Steiner sie wirklich selbst eingefügt hat. Die Vorstellung findet sich in ihrer Struktur schon bei Blavatsky, wo die »lebendigen und intelligenten Kräfte« allerdings »Dhyan Chohans« heißen[478]; sie kannte auch einige der Engel, doch die Namen der christlichen Tradition könnten auf Steiner und seine Abgrenzungsbedürfnisse von der Theosophischen Gesellschaft verweisen. Das theosophische Gerüst der Kosmologie blieb allerdings davon unberührt. Steiner steckt, soviel ist klar, tief in einer theosophieinternen Tradition einschließlich ihrer Kontroversen, ohne daß man augenblicklich hinsichtlich jedes Details seine genaue Position bestimmen könnte.

Wie weit Steiners Vorstellungen von indischen abhängig sind, ist, wie schon beim Schulungsweg oder bei der Anthropologie[479], auch in der Kosmologie ein schwieriges Kapitel. Eine direkte Beziehung kann nach dem vorliegenden Befund ausgeschlossen werden, da Steiner alles indisch Klingende eigenen Aussagen zufolge durch »theosophische Literatur« erhielt. Über diese Brücke könnten indische Vorstellungen, etwa zur Materie als Derivat des Geistes, zu Steiner gekommen sein, aber in spätantiken Emanationstheorien oder pantheistischen Theorien des 19. Jahrhunderts finden sich ebenfalls strukturelle Äquivalente. Auch in den immens großen Zeiträumen der theosophischen Kosmologie sind indische Traditionen, etwa in hinduistischen Weltalterlehren, nicht auszuschließen, doch sind in der physikalischen Astronomie auch in Europa am Ende des 19. Jahrhunderts die Zeitschranken im Prinzip gefallen. Der Prozeß des Lebens auf mehreren Planeten erinnert etwa an den Topos der Planetenwanderung, der im 18. Jahrhundert zwar Hochkonjunktur als ein christlich verstandenes Modell der Eschatologie mit der Möglichkeit einer postmortalen Höherentwicklung besaß, aber auch im 19. Jahrhundert durchaus geläufig war[480]. Genuin indische Quellen etwa für Blavatskys Kosmogonie kann man nicht prinzipiell ausschlie-

---

475 Sinnett: Die Esoterische Lehre, 122. Hier ist kryptisch, aber ohne Beleg auf »ältere geheimwissenschaftliche Werke« verwiesen.

476 Vgl. Harrison: Das Transcendentale Weltall, 87. Diese Debatte gab es nicht nur in der Theosophie. Auch Hitler behauptete 1942, der Mond sei aus der Erde weggeschleudert worden; Hitler: Monologe im Führerhauptquartier (20/21.2.42).

477 Sinnett: Die Esoterische Lehre, 203.

478 Blavatsky: Geheimlehre, I, 250.

479 S. o. Anm. 74.

480 Vgl. Zander: Geschichte der Seelenwanderung, 356–365. 430–433. 474.

ßen, scheinen mir aber äußerst unwahrscheinlich zu sein und wären aber erst zu identifizieren und zu belegen[481].

In den (mir zugänglichen) theosophischen Werken findet sich allerdings kein Hinweis auf die Herkunft einer zentralen Eigenheit von Steiners Kosmologie, auf die Namen seiner Planeten. Sinnett und Blavatsky hatten die Planeten schlicht mit Buchstaben von A bis G durchgezählt[482]. Blavatsky kannte zwar großenteils die bei Steiner vorkommenden Planetennamen, verband sie aber in der »Geheimlehre« nicht mit den Planetenstufen[483]. Gleichwohl verwies Steiner 1905 explizit auf Blavatskys ersten Band der »Geheimlehre« (GA 93a,211.278), seine Fortschreibungen empfand er offenbar als bloße Ausfaltung ihrer Vorstellungen, wie sich auch an anderen Stellen belegen läßt. Eine noch unbekannte theosophische Quelle ist nicht auszuschließen, möglicherweise aber hat Steiners die Begriffe selbst eingesetzt. Hauer hatte wegen des Saturnbegriffs eine Abhängigkeit Steiners von Manichäismus und Mithraskult postuliert, doch sind seine Argumente nicht stichhaltig[484]. Immerhin hat er wohl mit seinem Verweis auf europäische Quellen Recht. Steiners Folge der Planeten,

Saturn,
Sonne,
Mond,
Erde,
Jupiter,
Venus,
Vulkan

entspricht einer spätantiken Hebdomenlehre, in der die sieben Wochentage mit den sieben Planeten des ptolemäischen Kosmos sekundär verbunden worden waren[485]. Die Reihung war variabel und wurde weniger nach dem astronomischen Ordnungskriterium Umlaufzeit[486] als vielmehr nach kulturellen Konjunktionen konstruiert, in denen man etwa häufig mit Saturn, der den höchsten Platz

---

[481] Auch hinsichtlich der Kosmologie vagieren in der wissenschaftlichen Literatur Ableitungen aus dem indischen Denken. »Indic and Eastern is significantly given priority over the Hermetic or the Biblical«, so Trompf: Macrohistory in Blavatsky, 289; Belege fehlen allerdings auch hier.

[482] Sinnett: Die Esoterische Lehre, 46–49; Blavatsky: Geheimlehre, I, 253.

[483] Vgl. Blavatsky: Geheimlehre, II, 48 f.

[484] Hauer: Wesen und Werden der Anthroposophie, 52 f. Grundsätzlich ist fraglich, ob Steiner manichäische Texte, wenn er sie überhaupt kannte, gut kannte. Hauer muß dann Chronos als »Regent der urältesten Periode der Erdentwicklung« im »Mithrasdienst« mit Saturn gleichsetzen, um die mithräische Verbindung herstellen zu können; diese Operation macht eine direkte Verknüpfung unwahrscheinlich. Ein weiteres und zentrales Argument Hauers, »Steiners Abhängigkeit vom Manichäismus bei der Zentralgestalt seines Systems, dem Sonnenwesen Christus«, ist hingegen sicher falsch, da »der Christus« in der theosophischen Anfangsphase, in der Steiner seine Kosmologie formulierte, keine Rolle spielte. Hauers Materialgrundlage war allerdings schlecht. Die Texte »Aus der Akasha-Chronik«, in denen diese Fehlstelle deutlich wird, waren 1922 nur als schwer zugängliche Zeitschriftenaufsätze veröffentlicht; die erste Buchpublikation erschien 1939.

[485] Zu dieser antiken Konstruktionsgeschichte Boll: Hebdomas, 2556.

[486] Diese astronomisch begründete Gliederung (Mond, Merkur, Venus, Sonne, Mars, Jupiter, Saturn) war im zweiten vorchristlichen Jahrhundert in Ägypten bei Nechepso-Petosiris vorgenommen worden (ebd. 2567).

in der Götterhierarchie einnahm, begann[487], wie es auch Steiner tat. Schon in der Antike lautete die häufigste Reihung

Saturn,
Sonne,
Mond,
Mars,
Merkur,
Jupiter,
Venus[488],

sie entsprach also im wesentlichen Steiners Hierarchie.

Diese Reihenfolge ist durch die astrologische Literatur in die Neuzeit tradiert worden, auf einer ihrer Tradierungsstufen wird sie Steiner entnommen haben, vielleicht läßt sich hier sogar eine mit Steiners Reihe identische Folge finden. Diese war aber weit verbreitet, so daß eine Quelle Steiners, wenn sie sich identifizieren ließe, mit anderen gleichlautenden Planetenketten identisch wäre[489]. Steiners zwei Abweichungen von der klassischen Reihe könnten auf ihn selbst zurückgehen. Zum einen fehlt die Erde, wohl weil sie im heliozentrischen Weltbild dezentriert ist. Sie nahm die Stelle des Mars ein, der möglicherweise wegen seiner »kriegerischen« Konnotationen eliminiert wurde. An wenigen Stellen nannte Steiner Mars aber gleichwohl (GA 13,253.260.262), ohne ihn jedoch in die Planetenhierarchie einzubauen; diese Nennung könnte belegen, daß Steiner die klassische Siebenerfolge vor Augen hatte. Zum anderen ist – aus mir nicht bekannten Gründen – Merkur durch Vulkan ersetzt und an die letzte Stelle gerückt. Die astronomisch notwendige Ergänzung durch die bis 1900 neuentdeckten Planeten Uranus (entdeckt 1781) und Neptun (entdeckt 1846) – Pluto wurde erst nach Steiners Tod 1930 gesichtet – hat Steiner unterlassen und die Traditionsvorlage als verpflichtend akzeptiert.

Ein weiteres Kennzeichen von Steiners Kosmologie, die Verbindung von Planeten mit Kulturen in einer linearen Entwicklungsgeschichte, ist wiederum theosophisches Traditionsgut, wie am Atlantis-Komplex exemplarisch deutlich wurde (s.o. 7.5.5). Auch hier sind allerdings keine asiatischen Quellen wahrscheinlich. Kulturdarwinistische Konzepte waren um 1900 weit verbreitet und gehören in die Tradition von Konzepten, die seit dem Spätmittelalter greifbar sind[490]. Allerdings ist unklar, ob Steiner derartige Quellen kannte.

---

[487] Ebd. 2577.

[488] Ebd.

[489] So ist beispielsweise eine Siebenteilung der Kosmologie in sieben Planeten oder Planetengötter, analog zu den Wochentagen, in der Literatur um 1900 als Kennzeichen der babylonischen Literatur diskutiert worden; vgl. Bousset: Hauptprobleme der Gnosis, 21–23. Bei Bousset spielt der Steiner bekannte Chwolson: Die Ssabier und der Ssabismus, eine zentrale Rolle. Vgl. bei Chwolson ebd., II, 22. 430f. 440. 609.

[490] Bei Roger Bacon (~1214–1290) etwa findet sich ein Schema, das er von Abu Ma'shar übernommen hat (nach Campion: The Great Year, 356):

| | |
|---|---|
| Jupiter in Konjunktion mit Saturn: | Judentum |
| Jupiter in Konjunktion mit Mars: | chaldäische Religion |
| Jupiter in Konjunktion mit der Sonne: | ägyptische Religion |

Neben den ideengeschichtlichen Traditionen besitzen die zeitgenössischen Naturwissenschaften als Quellenfeld eine eminente Bedeutung. Man kann dabei nicht sagen, daß Steiner sich stärker als seine theosophischen Vorbilder auf naturwissenschaftliche Literatur gestützt habe. Auch Sinnett und Blavatsky bedienten sich dort, Sinnett verwies etwa auf Camille Flammarion[491], und in der »Geheimlehre« finden sich viele (allerdings nachgetragene) englische Literaturtitel in den Fußnoten. Steiner griff fast immer auf deutsche Autoren zurück, namentlich auf Haeckel, dessen biogenetisches Grundgesetz und Evolutionstheorie in ihrer Bedeutung für Steiner auf der Hand liegen. Überraschenderweise hat Steiner Charles Lyell in seinen theosophischen Kosmologien nicht erwähnt, obwohl er den Engländer vor 1900 als Vertreter einer evolutionären Geologie rezipiert und neben Darwin und Haeckel im Dreigestirn der Evolutionstheoretiker (GA 30,364) hoch gelobt hatte (ebd., 159.359–364). Hinsichtlich der planetarischen Entwicklung sind die Parallelen zu Lyell schlagend, doch gibt es auf eine Verarbeitung Lyells nach 1900 nur wenige Hinweise (etwa in GA 52,187 f. [1904]). Daß sich darüber hinaus grundlegende Fragen der Astrophysik, etwa die Diskussion um die Rolle des Urnebels, auch in der theosophischen Literatur finden[492], begründete demgegenüber keine spezifische Traditionslinie: Dies war ein allgemein verbreiteter Diskussionsstoff.

Genaueres als über die Details von Steiners Traditionsbindungen kann man über den Konstruktionsvorgang und die Konstruktionslogik seiner Kosmologie ermitteln. Der Vergleich der Fassungen von 1905 und 1909 legt einen Wachstumsvorgang offen, der in seinem Kern ein Additionsprozeß war. Die 1905 relativ knappe und gut gegliederte, mehrfach in graphikartigen Aufstellungen zusammengefaßte Darstellung (vgl. GA 11,170.181 f.) war 1909 zu einem verästelten Konvolut gewuchert. Gestrichen hat Steiner letztlich nur die evidenten Bezüge auf seine theosophischen Quellen, vor allem Begriffe. Sein Additionsverfahren besaß zwei Zentren: Zum suchte Steiner synkretistisch möglichst viele, namentlich europäische Traditionen in die Kosmologie einzuschmelzen. Die Engelchöre des Dionysius, verbunden mit theosophischen Geisternamen und mit sprechenden deutschen Begriffen versehen, machen diesen Vorgang exemplarisch deutlich. In seinen Vorträgen hat er, etwa in den Jahren 1906/07, auch die Bibel (GA 95,94, GA 99,101) oder die germanische Mythologie (GA 99,108 f.) in seine Kosmologie einbezogen. Wesentlich weiter griffen die Synkretisierungen durch Zahlenspekulationen: Sieben Körperhüllen, sieben Planeten, die an einzelnen Stellen dann noch auf die sieben Wochentage bezogen werden

---

| | |
|---|---|
| Jupiter in Konjunktion mit der Venus: | Islam |
| Jupiter in Konjunktion mit Merkur: | Christentum |
| Jupiter in Konjunktion mit dem Mond: | Antichrist |

Das Modell findet sich einschließlich seiner Teleologie immer wieder in der astrologischen Literatur des Spätmittelalters, etwa bei Pierre d'Aily (~1350–1420) oder bei Franciscus Florentinus (geb. ~1420) (Campion, ebd., S. 356 f.). In der siebenteiligen Kosmologie einschließlich des Einweihungswegs sieht Johnson: The Masters Revealed, 146, in Anlehnung an Henri Corbin die ismaelitische Gnosis als nächste Verwandte. Aber derartig weit ausgreifende Theorien benötigten eine solidere Fundierung.

491 Sinnett: Die Esoterische Lehre, 200.

492 Vgl. etwa ebd., 207. Sinnett hatte bereits in: Das Wachstum der Seele, 226, die These der kosmologischen Nebelverdichtung nach Laplace aufgegriffen.

(GA 95,90 f. [1906]) oder 7 x 7 x 7 Runden banden heterogene Materialien über ein formales Kriterium zusammen.

Ein zweites Zentrum lag in Steiners Anliegen, Anthropologie und Kosmologie, Menschenwelt und Geisterwelt in einem integralen System zusammenzuschmieden. Den Schlüssel boten ihm dafür die versetzt verlaufende, aber strukturparallele Geschichte von Menschen und Geistern, manchmal auch die Mikro-Makrosmos-Theorie. Materielle und geistige, irdische und übersinnliche Welt wollte Steiner als eine Art siamesischer Zwillinge, die durch einen gemeinsamen »Kreislauf« des Geistigen miteinander verbunden sind, verstanden wissen. Dieses »monistische« Anliegen ist in Steiners oft ausuferndem Erzählstil nicht immer leicht zu erkennen, in der Sache aber deutlich.

## 7.7 Das Fragment einer theosophischen Synthese (1909/10)

1910 saß Steiner an einem systematisierenden, stark erkenntnistheoretisch ausgerichteten Buch zu seiner Weltanschauung. Die »Theosophie« war 1904 und die »Geheimwissenschaft« 1909 erschienen, zum Schulungsweg hatte er viel Material publiziert, und so mag Steiner eine theosophische Summe ins Auge gefaßt haben. Im Umfeld der achten Generalversammlung der deutschen Sektion hatte er im Oktober 1909 Überlegungen zu einer »Anthroposophie« im Rahmen der Theosophie vorgetragen, in der dieser später zentrale Terminus vermutlich erstmalig in programmatischer Absicht fiel. »Theosophie ist das Stehen auf dem Bergesgipfel, Anthroposophie ist Stehen in der Mitte ... Der Standort und der Gesichtspunkt ist nur ein anderer« (GA 115⁴,17). Theosophie sei das Sprechen Gottes im Menschen, Anthroposophie, wenn der Mensch im Menschen, der zwischen Gott und Natur stehe, spreche (ebd., 17 f.). Dies kann man vor dem Hintergrund der dann folgenden Reflexionen über die Sinnesphysiologie als Versuche lesen, die Theosophie nochmals tiefer, naturwissenschaftlich ambitioniert zu fundieren, und im Hintergrund kann man auch einen Anspruch auf Eigenständigkeit (nicht jedoch auf Separation) mithören.

Ende 1910 begann Steiner, noch während des Schreibens das Manuskript in die Druckerei zu geben (GA $45^4$,213), im November 1910 lag es »halb gedruckt« vor (GA $262^2$,238). Aber das Buch blieb ein Torso, dessen Fragmente erst 1951 unter dem Titel »Anthroposophie« publiziert wurden[493], wobei nicht klar ist, daß das Werk diesen Titel tragen sollte. In den kurzen Aufzeichnungen eröffnete eine Metaebene mit einer neuen Leseanweisung für alte Texte. Er setzte mit einer fundamentalen Begriffsbestimmung ein: Als »Anthropologie« bezeichnete er die Lehren von der physiologischen Konstitution des Menschen (GA $45^4$,15), als »Theosophie« die Anschauungen über dessen »geistige« Dimension (ebd., 16). »Anthroposophie« sei die vermittelnde Perspektive zwischen der naturwissenschaftlichen Empirie und dem »Überblick« der »Theosophie« (ebd., 19). Sie ver-

[493] Erste Teile des schon teilweise gesetzten Manuskriptes wurden 1951 veröffentlicht, zusammen mit weiteren Teilen 1970 als GA 45 (Mötteli u. a.: Übersichtsbände, I, 46). Die aktuelle, wiederum überarbeitete Auflage erschien 2002.

binde den Blick von der theosophischen »Anhöhe« mit den Detailerkenntnissen der »physischen Beobachtung« (ebd., 19). Steiner nahm damit Überlegungen aus den Oktobervorträgen auf und akzeptierte weiterhin den umfassenden Deutungsanspruch der Theosophie, wie ihn die Gipfel-Metaphorik transportierte. Dann aber suchte er mit der »Anthroposophie« eine Verbindung herzustellen, die er den Naturwissenschaften – hier in Gestalt der Physiologie – schuldig zu sein glaubte: »So kann Anthroposophie aus der Anthropologie in die Theosophie hinüberleiten« (ebd., 20), die Anthroposophie liege »in der Mitte« zwischen den beiden Polen (ebd., 124). Eine Distanzierung von der Theosophie nahm Steiner mithin nicht vor, im Gegenteil: Sie blieb die Sachverwalterin des Geistigen. Allenfalls die Formulierung, daß »nicht untersucht« werden solle, ob der Begriff Theosophie »glücklich oder unglücklich gewählt« sei, kann man theosophiekritisch lesen (ebd., 16). Klar ist jedenfalls, daß dieser Begriff der Anthroposophie mit dem Namen, der später die Anthroposophische Gesellschaft führte, nichts zu tun hat. Dies konzediert auch Cornelius Bohlen als Herausgeber dieser Texte in der Gesamtausgabe (ebd., 227). Auch Steiner war der Meinung, daß er erst später die »eigentliche Anthroposophie gegeben« habe (GA 322,106).

In den folgenden Teilen dominierte, jedenfalls in der fragmentarischen Form, wieder Steiners Tendenz zur additiven Verfertigung von Büchern. Es folgen Überlegungen zur Sinnesphysiologie. Steiner fügte den fünf klassischen Sinnen (Sehen, Hören, Riechen, Schmecken, Tasten / Fühlen, GA $45^4$,22) noch fünf weitere hinzu: den »Lebenssinn« (ebd., 23), den »Eigenbewegungssinn«, den »Gleichgewichts- oder statischen Sinn« (ebd., 24), den »Lautsinn oder Sprachsinn« (ebd., 28 f.) und den »Begriffssinn« (ebd., 30). 1917 erweiterte Steiner diese Reihe um weitere Sinne (GA 21,147)[494]. Die Herkunft dieser Sinneslehre ist unklar, sie dürfte aber aus der Physiologie des 19. Jahrhunderts stammen und hängt möglicherweise mit Konzepten Franz von Brentanos (GA $45^4$,187) oder Herbarts (ebd., 189) zusammen. Möglicherweise spielt auch die seit der frühen Neuzeit diskutierte Frage von neuen Sinnen für eine erweiterte Erkenntnis eine Rolle.

Diese Sinnesphysiologie sollte »geistige« Deutungen des Menschen gewährleisten, dann folgten Überlegungen zur Konstitution des »Ich«. Demnach »bauen die Kräfte der übersinnlichen Welt die Sinnesorgane auf« und machen damit »den ›Ich-Menschen‹ möglich« (GA $45^4$,52). Es hat den Anschein, als wolle Steiner einerseits die ihm aus seiner idealistischen Phase geläufige »Ich«-Konstitution revitalisieren, sie aber mit der Theosophie verbinden. Bei aller Vorläufigkeit scheint allerdings Steiners Anliegen klar: Das Fragment war der Versuch einer Prinzipienlehre, um Physiologie und übersinnliche Erkenntnis zusammenzubringen, die übersinnliche Erkenntnis in einer Sinneslehre zu begründen und in diesem Kraftakt das erkenntnistheoretische Problem der Theosophie zu lösen. Dabei unterwarf er das theosophische Material mit philosophischem Anspruch einer neuen Deutungshegemonie oder suchte es philosophisch zu fundieren. Doch blieb das hierarchische theosophische Denken dominant. »Man wird da-

494 Vgl. dazu Heft 34 der Beiträge zur Rudolf Steiner-Gesamtausgabe, Dornach 1971.

hin *geführt*, auf eine Außenwelt zu deuten, die … die ›höhere Geisteswelt‹ genannt werden« könne (ebd., 88)[495].

Die Gründe, warum Steiner das bis ins Stadium korrigierter Druckfahnen (GA 45⁴,212.216) gelangte kleine Werk nicht fertiggestellte, liegen auf mehreren Ebenen. Zum einen war Steiner, wie er im Frühjahr 1911 in entwaffnender Ehrlichkeit gestand, mit seiner physiologisch begründeten Erkenntnistheorie überfordert: Es sei ihm »unmöglich« gewesen, »die Wahrheiten, die spirituell vor mir stehen, den Weg durch die Feder auf das Papier nehmen zu lassen« (GA 262²,238). Bei dem Versuch, »genauer zu formulieren«, was er zu wissen meinte, sei er dann hängengeblieben (GA 324,109 [1921]). Später sei die »Überlastung« hinzugekommen (GA 322,106 [1920]). Diese Begründungen sind honorig und ernstzunehmen. Gleichwohl scheint mir Steiners ehrliche Pragmatik nur die halbe Wahrheit zu sein. Entscheidend für den Abbruch des Büchleins könnte die Absicht sein, mit den später »Anthroposophie« genannten Vorstellungen eine eigene Position in der Theosophie zu begründen. Dies war nach der Verselbständigung der Anthroposophischen Gesellschaft im Jahr 1912 hinfällig geworden. Aber vielleicht waren die Gründe noch einfacher: Nach dem Krieg standen praktische Fragen im Mittelpunkt von Steiners Interessen. Sie drängten die Reflexionen über die Prinzipien des theosophischen Weltbildes an den Rand oder Steiner dazu, sie – wie bei der Medizin – in einem praktischen Kontext zu formulieren.

## 7.8 Theosophische Erkenntnistheorie

Steiners theosophische Schriften besitzen unterhalb aller Konkretionen und aller detailverliebten Erzählungen einen Subtext: eine theosophische Erkenntnistheorie[496]. Neben beiläufigen Bemerkungen stehen in vielen theosophischen Werken exkursartige Kapitel, deren Inhalte ich teilweise schon wiedergegeben habe. An dieser Stelle geht es um einen systematisierenden Blick auf das Ensemble dieses Herzstücks von Steiners Theosophie, verstand er sich doch als philosophisch reflektierender Kopf, nicht als Jäger und Sammler okkulter Absonderlichkeiten. Diesen Kernbereich erläuterte er am 29. September 1904, mitten in der Hochphase der Abfassung seiner theosophischen Schriften, beginnend mit einem Lob auf die Naturwissenschaften. »Die Wissenschaft ist heute auch imstande, Weltkörper zu photographieren, die wir nicht sehen können.« (GA

---

[495] Hervorhebung HZ. Zu den Schlußsteinen der »Psychosophie« und »Pneumatosophie« sei Steiner nur noch in mündlichen Überlegungen gekommen (vgl. GA 45,213 f.) Dies sollte in einigen zwischen 1909 und 1911 gehaltenen Vorträgen geschehen sein (GA 115). Die genauen Zusammenhänge sind noch zu analysieren.

[496] Ein systematischer epistemologischer Diskurs fehlt bei Steiner. Die Gründe dafür liegen möglicherweise in der Inadäquanz dessen, was Steiner ein Erlebnis (hier: »*erlebtes* Denken« [GA 21,137] nennt einerseits und der philosophischen Theorie andererseits. Steiner bemühte sich, die ihn überzeugende Wirkung des theosophischen Erlebnisses mit einem philosophischen Überbau zu sichern, aber nur nachträglich und ohne intensive Reflexionen. Diese Schnittstelle ist der Lebensphilosophie des 19. Jahrhunderts als Problem natürlich gut bekannt, doch bezieht sich Steiner nicht auf die einschlägigen Debatten.

53,31) Der Vorstoß in die unsichtbare Welt, den schon die Spiritisten für ihre Weltanschauung nutzbar machen wollten, faszinierte auch Steiner. Ihm war mit anderen Theosophen »klar: Was die Naturwissenschaft sagt, ist etwa Unzerstörbares, ist etwas, worauf wir bauen müssen.« (ebd., 33) Allerdings stand sie für Steiner im Geruch des Materialismus, doch besitze die Theosophie ein Antidot: Sie vermittle den Menschen »höhere Fähigkeiten« (ebd., 35), und – dies war der Dreh- und Angelpunkt der gesamten theosophischen Epistemologie –, brauche die Konkurrenz mit den Naturwissenschaften nicht zu scheuen: »Erweitert hat sich diese Wissenschaft, vertiefen aber soll die theosophische Weltbewegung dieses Wissenschaft.« (ebd., 36) Theosophie war für Steiner eine komplementäre Wissenschaft des Übersinnlichen, Grenzen der Erkenntnis sollte es nicht mehr geben.

Steiner konnte damit an sein goetheanisches Denken anknüpfen, wo er ja gleichfalls die Erkenntnisgrenzen kassiert hatte (s. 5.6.2b), doch hat er allenfalls an Strukturen dieser vortheosophischen Überlegungen angeknüpft. Die inhaltlichen Konkretionen stammen aus der Theosophie. Spannender, aber auch schwer erkennbar, sind die Veränderungen seiner Erkenntnis*theorie*, die Steiner immer wieder in seine Texte eingestreut, aber nie systematisiert hat. Dies läßt sich gut an seinem Changieren zwischen realistischen und metaphorischen Vorstellungen nachvollziehen. 1905 noch hatte er erkenntnisrealistisch etwa seine Lektüren in der Akasha-Chronik für präziser gehalten als die Aufzeichnungen von »Geschichtsschreibern« (GA 11,21) und auch die Konkurrenz mit den Naturwissenschaften nicht gescheut:

> »Es braucht wohl kaum gesagt zu werden, daß diese Beobachtung anderer Weltkörper ganz verschieden von derjenigen ist, welche der gegenwärtige Mensch mit seiner wissenschaftlichen Astronomie vornehmen kann. Die astronomische Beobachtung stützt sich auf das ›helle Tagesbewußtsein‹ und nimmt daher andere Weltkörper von außen wahr.« (ebd., 146)

Daß es sich um die gleichen »Weltkörper« handele und nicht um eine Metapher, stand 1905 außer Frage. Mit diesem Anspruch auf präzise, realistische Deskription unterlief er aber die Möglichkeiten einer von den Naturwissenschaften abgekoppelten Metaphorologie.

1909 aber finden sich in der »Geheimwissenschaft« Anweisungen zur metaphorischen Deutung seiner Aussagen. Die »Bezeichnungen« der Planeten dürften »*zunächst* in keinen Zusammenhang gebracht werden … mit den gleichnamigen, die für die Glieder unseres gegenwärtigen Sonnensystems gebraucht werden« (GA 13,148). Gleichwohl reiben sich seine Aussagen zu den Planetenstadien mit dem Anspruch auf metaphorische Vermittlung, weil seine Anleihen bei Physik, Biologie und Religionsgeschichte im Umkreis dieser Beschreibungen den Eindruck transportieren, daß diese Wissenschaften in großem Umfang Inhalte geliefert haben. Die Gründe für die metaphorisierenden Tendenzen wären in Detailuntersuchungen zu klären. Möglicherweise gab es Anfragen an die historische oder naturgeschichtliche Verläßlichkeit seiner Aussagen.

Eine Positionsveränderung im Verhältnis von induktiver und deduktiver Erkenntnis (einschließlich ihrer hierarchischen Implikationen) indiziert eine 1910 nachgetragene Vorbemerkung in der »Theosophie«[497]. Steiner stellte den induktiven Erkenntnisgewinn, also Erkenntnis als Ergebnis der Naturbetrachtung und des Schulungsweges, auf den Kopf:

»Der Grundsatz: erst höhere Welten anzuerkennen, wenn man sie geschaut hat, ist ein Hindernis für dieses Schauen selbst. Der Wille, durch gesundes Denken erst zu verstehen, was später geschaut werden kann, fördert dieses Schauen. Es zaubert wichtige Kräfte der Seele hervor, welche zu diesem ›Schauen des Sehers‹ führen.« (GA 9,23)

Steiner forderte nunmehr einen kaum verhüllten Autoritätsglauben ein, der die Anerkennung höherer Welten zur Voraussetzung ihrer Erfahrbarkeit machte. Eine Differenz von »gesundem Denken« und der Erkenntnis »höherer Welten« wurde nicht reflektiert, damit das »gesunde Denken« de facto zu einem bloßen Nachvollzug Steinerscher Einsicht gemacht. Der Einstieg in den hermeneutischen Zirkel war auf Deduktion umgestellt und damit das Schwergewicht des Erkenntnisprozesses von Erfahrung auf Autorität verlagert. Möglicherweise hatte sich die Hoffnung, der Schulungsweg könne zwangsläufig und für jede Schülerin und jeden Schüler zur Erkenntnis höherer Welten führen, als Illusion herausgestellt, möglicherweise reagierte Steiner auf Frustrationserfahrungen von Schülern, die die gesteckten Erkenntnisziele nicht erreicht hatten, oder auf Autonomieansprüche von Adepten, die die Akzeptanz der Einsichten Steiners von eigener Einsicht abhängig machten.

In diesen Zusammenhang gehören auch Steiners zunehmende Behauptungen seiner Unabhängigkeit von der Theosophie. Der Weg von der ehrfürchtigen Vermittlung theosophischer Klassiker in den ersten Jahren nach 1902 bis zu den Behauptungen in seiner Autobiographie, er habe nur »die Ergebnisse meines eigenen forschenden Schauens« präsentiert (GA 28,294), war lang und kulminierte erstmals im Rahmen der Ablösung von der Theosophischen Gesellschaft. Um 1910 herum fand diese Distanzierung einen symbolischen Ausdruck, als der Künstler Thaddäus Rychter an einem Portrait Steiners arbeitete. Steiner verwarf ein »Hochrelief«, »auf welchem sich dem linke Ohre des Hauptes ein Adler naht«, da »der moderne Geistesforscher des Zuraunens nicht bedürfe, weil seine Forschung selbständig sei«[498].

1913 justierte Steiner in der »Geheimwissenschaft« seine Position am Verhältnis der theosophischen zur naturwissenschaftlichen Erkenntnis nach. Dazu muß man sich kurz die Grundposition, die er noch 1909 in diesem Buch bekräftigt hatte, vor Augen führen: »Die sichtbaren Tatsachen weisen deutlich durch ihre eigene innere Wesenheit auf eine verborgene Welt hin« (GA 13,42), weshalb »die Darstellung dieses Buches in Wirklichkeit mit allen Fortschritten gegenwärtiger Wissenschaft übereinstimmt« (ebd., 9). Steiner warf – wohl stärker als um 1904/05 – nun seine persönliche Autorität in die Waagschale, wie er am Beispiel der Vereinbarkeit der theosophischen Lehren mit der physikalischen Wärmelehre klarstellte, die in den kulturellen Debatten zur Kosmologie intensiv ventiliert

---

[497] Erstmalig in: Theosophie $^{3}$1910, 7.
[498] Gümbel-Seiling: Mit Rudolf Steiner in München, 15.

wurden[499]: Er habe »sich in der Zeit seiner Studien die hinreichende Grundlage und Möglichkeit geschaffen, bis heute alle die tatsächlichen Fortschritte auf dem Gebiete der physikalischen Wärmelehre verfolgen zu können« (ebd.). In seiner doppelten Autorität als Natur- und Geisteswissenschaftler gründete 1909 sein Postulat der Verbindung von Empirie und Schau. Zugleich wies er Einsprüche der Philosophie gegen sein Programm übersinnlicher Schau zurück. Er wandte sich dabei gegen den »modernen Pragmatismus« eines William James oder Ferdinand Canning Scott Schiller, ohne aber deren Argumente zu diskutieren (ebd., 12). 1913 aber änderten sich in der »Geheimwissenschaft« Tonlage und Aussagen[500]. Steiner akzeptierte explizit,

> »daß diejenige Erkenntnis, welche gegenwärtig als wissenschaftlich gilt, nicht in die übersinnlichen Welten vordringen kann, und diese Gründe *sind in gewissem Sinne unwiderleglich*« (ebd., 17).

Vielmehr habe der Mensch eine Art Anlage, die durch Meditation zur übersinnlichen Schau »erkraftet« werden könne (ebd., 19). Nicht mehr seine wissenschaftliche Kompetenz, sondern sein »Erleben« war also zum zentralen Faktor zur Begründung geheimwissenschaftlicher Erkenntnisse geworden. Die Spannung zwischen den Naturwissenschaften und Steiners Geisteswissenschaft hatte sich beträchtlich erhöht, die naturwissenschaftliche Erkenntnis lag nicht mehr auf gleicher Augenhöhe mit der theosophischen: Sie konnte die theosophische Erkenntnis nicht mehr so einfach stützen, sie aber auch nicht mehr leichthin kritisieren.

Gleichwohl willigte er im Frühjahr 1915 auf Anfrage Friedrich Rittelmeyers im Prinzip ein, sich von dem Würzburger Begründer der »Denkpsychologie«, Oswald Külpe (Rittelmeyers Doktorvater), »ausfragen« und insoweit seine hellseherischen Fähigkeiten überprüfen zu lassen. Dazu kam es aber nicht, vielleicht weil Rittelmeyer Steiners Bedenken akzeptierte, daß das Hellsehen »sehr kompliziert« sei, wohl weniger, weil Külpe im Dezember 1915 verstarb[501]. 1917 aber verstand sich Steiner doch zu einem Schritt in die außertheosophische Öffentlichkeit, den er in den späten theosophischen Jahren kaum mehr machte: Er reagierte auf öffentliche Kritik an seiner Position, die der Psychologe Max Dessoir ausführlich artikuliert hatte (s. 9.3.2a). Und Steiner fand in den Kriegsjahren Zeit, dies mit zwar punktuellen Auslassungen, aber doch leidlich systematisch zu tun. Er behauptete, die Anthroposophie schreite »*schauend*« (GA 21,138) an einem »Grenzorte des Erkennens« in eine »andere Form des Erkennens«, in ein »andersartiges Erkennen« fort (ebd., 136). Damit bestätigte Steiner seine methodologische Differenzierung zwischen Natur- und Kulturwissenschaften aus dem Jahr 1913.

Es scheint, daß diese Schere durch Fortschritte in der Physik, die für den theosophischen Laien nicht mehr beherrschbar waren, (mit) geöffnet wurde, etwa

---

[499] Osietzki: Geschlechterverhältnisse in der Medizin, 182–198.

[500] Die Genese dieser Veränderung bedürfte einer Durchsicht weiterer Textstellen; Steiner wird sie 1913 nicht zum ersten Mal formuliert haben.

[501] Rittelmeyer: Meine Lebensbegegnung, 68 f.

durch die Relativitätstheorie (s. 9.3.4c). Und diese Öffnung der Schere zwischen Natur- und Geisteswissenschaften blieb offen, in einer anderen Variante trifft man darauf im Mai 1920. Steiner gab in einem neuen Vorwort zur »Geheimlehre« die Leseanweisung, im »Erleben« den hermeneutischen Schlüssel der Epistemologie zu sehen, eine Position, »die mir das wiederholte Durchleben des Dargestellten notwendig werden ließ« (GA 13,24). In dieser Perspektive arbeitete er auch den Text der einführenden Bemerkungen um[502]:

> »In der Naturwissenschaft liegen die Tatsachen im Felde der Sinneswelt vor; … der geisteswissenschaftliche Darsteller muß diese Seelenbetätigung in den Vordergrund stellen … Man lernt erkennen, daß für die naturwissenschaftliche Darstellung das ›Beweisen‹ etwas ist, was an diese gewissermaßen von außen herangebracht wird. Im geisteswissenschaftlichen Denken liegt aber die Betätigung, welche die Seele beim naturwissenschaftlichen Denken auf den Beweis wendet, schon in dem Suchen nach den Tatsachen. Mann kann diese nicht finden, wenn nicht der Weg zu ihnen schon ein *beweisender* ist. Wer diesen Weg wirklich durchschreitet, hat auch schon das Beweisende erlebt; es kann nichts durch einen von außen hinzugefügten Beweis geleistet werden.« (GA 13,40 f.)[503]

Der Weg zur Erkenntnis war damit an die Absolvierung des Schulungsweges geknüpft. Einen eigenständigen Weg der Naturwissenschaften gab es nicht. Die Äußerung des Jahres 1909, daß »die sichtbaren Tatsachen … deutlich durch ihre eigene innere Wesenheit auf eine verborgene Welt hin[weisen]« (ebd., 42), war damit ausgehöhlt. Wenn Widersprüche zwischen beiden Erkenntniswegen ausgeschlossen werden (ebd., 51), kann die Naturwissenschaft nur nachvollziehen, was der »Geheimforscher« aufgeschlossen hat. Die Naturwissenschaft wurde zur Magd der Anthroposophie.

Deren Weg des Erkenntnisgewinns hat er seit 1922 dann mit einem neuen Begriff zu fassen gesucht, der sich seitdem durch sein Werk zieht: Die Anthroposophie erstrebe »exakte Clairvoyance, exaktes Hellsehen« »nach dem Muster der exakten Naturwissenschaft und mit naturwissenschaftlicher Genauigkeit« (GA 211,142 [14.4.1922]). Aber im weiteren Verlauf seiner Ausführungen machte er klar, daß er diese Aussage kulturell gewendet wissen wollte: Er verstand darunter eine »Initationswissenschaft« (ebd., 144) durch die »Übung des Denkvermögens« (ebd., 147). Die exakte Clairvoyance war mithin ein Teil des Schulungsweges. Warum Steiner diesen im spiritistischen Milieu großgewordenen Begriff eingeführt hat, ist unklar. Offenbar suchte er bei seiner Neujustierung der Erkenntnistheorie nach einem neuen Begriff – und da war die Auswahl begrenzt[504].

---

502 Möglicherweise schon in der Auflage $^{6}$1913, die mir nicht zugägnlich war.

503 Vgl. auch: »Aber sie [die Anthroposophie] kommt zu der Einsicht, daß es neben den naturwissenschaftlichen wahre geisteswissenschaftliche Methoden gibt. Diese bestehen nicht in äußeren Experimental-Arbeiten, sondern in einer Entwickelung der für das gewöhnliche Bewußtsein verborgenen Kräfte der Menschenseele. Aber bei dieser Methode kommt nicht eine nebulose Mystik zum Vorschein, sondern solche Fähigkeiten, die ebenso exakt wirken wie die mathematisch-geometrischen. Deshalb kann man von einem exakten übersinnlichen Schauen sprechen.« (GA 36$^{1}$,275 [24.9.22])

504 1914 hatte er in einer singulären Nutzung dieses Begriffs »nicht bloß« »Clairvoyance« gefordert, sondern mehr, »eine bestimmte Seelenverfassung« (GA 154,97). Hier dürfte die Abgrenzung von der spiritistischen Tradition noch virulent sein. Seit 1922 finden sich dann viele Belege. Natürlich wußte

Am 10. Januar 1925, zweieinhalb Monate vor seinem Tod, verfaßte Steiner ein letztes Vorwort zur »Geheimwissenschaft«. Darin kappte er alle wichtigen Leinen einer gleichberechtigen Koexistenz von exoterischer Wissenschaft und esoterischer Erkenntnis. Zum einen wies er die Vorfeldfunktion der Kulturwissenschaften zurück, indem er seine Lektüren theosophischer Literatur (und damit der Vermittlung durch das geschriebene Wort) für irrelevant erklärte. Zum anderen spreizte er die in den Jahren zuvor erhöhte Spannung zwischen Natur- und Geisteswissenschaften zur Diastase auf. Die »damalige Seelenstimmung« des Jahres 1909 habe ein Vorwort inspiriert, dem man 1925 anmerke, »wie stark ich mich mit allem, was ich damals über Geisteserkenntnis schrieb, vor der Naturwissenschaft verantwortlich fühlte« (GA 13,25). Hier schrieb ein todkranker Mann in fast souveräner Distanz über sein ehedem emphatisches Verhältnis zur Naturwissenschaft. Die Konsequenzen dieses leise selbstkritischen Rückblicks eröffnete Steiner, als er auf das Verhältnis von Wissenschaft und Geheimwissenschaft zu sprechen kam. Dies war ein Thema öffentlicher Kritik, wie Steiner durchblicken ließ. Er suchte nun die Möglichkeit, von Geheimwissenschaft zu reden, durch eine Spiritualisierung zu retten:

> »Geheimwissenschaft ist Wissenschaft von dem, was sich insoferne im ›Geheimen‹ abspielt, als es nicht draußen in der Natur wahrgenommen wird, sondern da, wohin die Seele sich orientiert, wenn sie ihr Inneres nach dem Geiste richtet.« (ebd., 29)

Wieder war das Erleben im »Inneren« der Seele der sichere Ankerplatz der Erkenntnis. Und dann folgte ein neuer Absatz, bestehend aus einem einzigen Satz, der Stakkato seiner Worte zu einem indikativischen Skelett kristallisiert und Steiners hochtheosophisches Programm des Monismus von Natur- und Geisteswissenschaft mit einem kratzenden Federstrich eliminierte:

> »›Geheimwissenschaft‹ ist Gegensatz von ›Naturwissenschaft‹.« (ebd., 29)

Steiner hatte damit seine Epistemologie umkodiert: von objektiver Erkenntnis auf subjektives Erleben.

Mit jeder Variante der Erkenntnistheorie war die Frage nach einem Subtext unter dem epistemologischen Text verbunden. War all dies Projektion oder Realität? In Steiners Werken firmierte diese Debatte unter der Frage nach der Rolle des Irrtums im Rahmen theosophischer Erkenntnis. Diese Möglichkeit beim Hellsehen war Steiner durchaus bekannt (z.B. GA 13,59.386), aber meist als Problem bei anderen. Mit dem Eingeständnis eigener Irtümer hat sich Steiner immer schwer getan. Bis auf Ausnahmen hat Steiner eher uminterpretiert als revoziert (s.o. 7.4.5b), die Auseinandersetzung um das Verhältnis von Natur- und Geheimwissenschaft ist dafür nur ein Beispiel.

---

Steiner auch 1922 noch, daß mit der exakten Clairvoyance die Verwechslung mit »dem Halluzinierenden oder dem Medium« drohte (GA 211,162).

## 7.9 Zwischenbilanz: Grundlinien von Steiners Rezeption der Theosophie

1. *Theosophie.* Mit der Konversion in die Theosophie und dem Aufstieg zum Generalsekretär der deutschen Sektion der Theosophischen Gesellschaft Adyar waren die Akzeptanz und Verinnerlichung zentraler theosophischer Vorstellungen über die Lektüre theosophischer Schriften verbunden. Diese banale Feststellung muß man nur treffen, weil Steiner an diesem Punkt größte, im Laufe der Jahre phobisch gesteigerte Distanzbedürfnisse artikulierte. Demgegenüber ergibt der quellenanalytische Befund, daß die Inhalte von Steiners theosophischer Weltanschauung von ihrer Begründungsstruktur als »übersinnliche Erkenntnisse« in der Makrostruktur ihrer Inhalte sowie in sehr vielen mikroskopisch aufdeckbaren Details aus der theosophischen Literatur stammen. Der Nachweis des von Steiner nie ganz offengelegten und im Laufe der Zeit immer stärker kaschierten Zusammenhangs mit der Theosophie gelingt nicht nur über die Aufdeckung paralleler Argumentationsmuster und Inhalte, sondern auch über Steiners eigene Hinweise auf die Bedeutung theosophischer Quellen, die in den Publikationen aus den Jahren bis etwa 1905 noch relativ zahlreich sind. Vor allem die Veröffentlichungen in seiner Zeitschrift »Luzifer« und »Lucifer Gnosis« enthalten viele Hinweise, die heute in der »Gesamtausgabe« seiner Werke getilgt sind. Daß die erste monographische Dokumentation seiner Konversion zur Theosophie den Namen »Theosophie« im Titel trug, bewahrte sie davor, durch »Anthroposophie« oder »Geisteswissenschaft« ersetzt zu werden, wie es zumeist dem Begriff »Theosophie« in den Werken ging, die Steiner nach der Trennung von der Theosophischen Gesellschaft neu auflegte. Vermutlich hatte Steiner zuerst die theosophischen Inhalte rezipiert, ehe er sich in die Legitimierungsstruktur, den »Erkenntnispfad«, einarbeitete. Er hatte zwar anfangs den umgekehrten Weg für die theosophischen Schüler verordnet, aber es gibt keine Hinweise, daß er selbst so vorgegangen wäre und mit der meditativen Schulung begonnen hätte (und dies dürfte auch für die meisten seiner Schülerinnen und Schüler gelten). In diesen theosophischen Rahmen hat er seine vortheosophischen Lektüren, insbesondere aus dem Bereich des deutschen Idealismus (hier namentlich Goethe) und der populären Naturwissenschaft, gestellt und reinterpretiert.

2. *Asien.* Die seit 1900 dominierende Außenperspektive, die »anglo-indische« Theosophie sei durch asiatisches, buddhistisches oder hinduistisches Denken geprägt, läßt sich für Steiner nicht bestätigen, und dies gilt sowohl für andere deutsche theosophische Gesellschaften als auch für weite Teile der europäischen Adyar-Theosophie. Steiner hat nur punktuell asiatische Vorstellungen rezipiert und sie in jedem Fall einer eurozentrischen Hermeneutik unterworfen; in den letzten Jahren vor dem Ersten Weltkrieg hat er vermehrt, wie an der »Kundalini«-Vorstellung deutlich wurde, vermeintlich »indische« Vorstellungen auch wieder eliminiert. Wie komplex aber die Rezeptionsprozesse verlaufen konnten, wird an einem Beispiel, das ausnahmeweise tiefgreifende Wirkungen asiatischer Vorstellungen belegt, deutlich: Steiner hat die Reinkarntionslehre über eine Upanischaden-Lektüre – die ihm vermutlich Theosophen vermittelt hatten – schätzen

gelernt, sie unmittelbar darauf als evolutive Vorstellung mit naturwissenschaftlichen Deutungsmustern verbunden und sie in späteren Jahren als europäische Tradition ausgewiesen.

3. *Quellentypologie.* Unter der gegen kritische Nachfragen immunisierenden Oberfläche »übersinnlicher«, unmittelbar auf Erkenntnisgegenstände zugreifenden Schau liegen für den historiographischen Blick die Quellen, aus denen Steiner die Akasha-Chronik montierte. Wenn auch vermutlich nicht alle wichtigen Werke dieses Fundus augenblicklich identifizierbar sind, so lassen sich doch wichtige Lektüren in drei literarischen Gattungen erkennen.

- Von den Konstruktionsstrukturen bis in die inhaltlichen Details der Akasha-Chronik zeigt der historische Befund, daß Steiner die *theosophische Literatur* rezipiert und daraus eigene Werke kompiliert, aber auch in seinem Sinn fortgeschrieben hat. Folgende theosophische Autoren hat er nachweislich gelesen: Annie Besant, Helena Petrovna Blavatsky, Mabel Collins, Charles Webster Leadbeater, Edouard Schuré, William Scott-Elliot und Alfred Percy Sinnett. Daß er weitere Autoren gekannt und verwertet hat, ist wahrscheinlich.
- *Populärwissenschaftliche Literatur.* Steiner, der ehemalige Student an der Wiener Technischen Hochschule, hat sein Interesse für naturwissenschaftlich-technische Fragen und die Lektüre einschlägiger Werke bis an sein Lebensende behalten, auch nicht – alles andere wäre überraschend – während der Anverwandlung der Theosophie. Dabei las er kaum akademische, sondern zumeist populärwissenschaftliche Werke und verschränkte seine vortheosophische Wissenschaftsgläubigkeit mit den Plausibilisierungsstrategien seiner theosophischen Quellen, die miteinander verbunden in Steiners Texten auftauchen. Die Atlantisvorstellung und der Rassenkomplex sind beispielsweise massiv mit Elementen der damaligen Geologie und Ethnologie durchsetzt. Fragen kann man allenfalls, welche Werke Steiner über theosophische Literatur und welche er eigenständig wahrgenommen hat. Scott-Elliot illustriert dabei die theosophisch vermittelte Rezeption von Populärwissenschaft, seinen Haeckel hingegen hat er unabhängig von der Theosophie gelesen. Steiner gehört mit seiner Rezeption allgemeinverständlicher Literatur in die breite Strömung der weltanschaulichen, nachgerade religiös gefärbten Verarbeitung naturwissenschaftlicher Erkenntnisse, die Andreas Daum für das Kaiserreich um 1900 eindrücklich beschrieben hat[505]. Der kategorialen Differenz zwischen kritischer Literatur oder empirischer Forschung einerseits und ihrer populären Aufarbeitung andererseits war sich Steiner allerdings ebensowenig bewußt wie viele seiner popularisierenden Kollegen. Kaum ein Faktor indiziert diese Problemstelle so auffällig wie das Fehlen von Werken der naturwissenschaftlichen Avantgarde.
- *Fiktionale Literatur.* Steiner die Verwendung fiktionaler Literatur zu unterstellen, besitzt angesichts seines Wahrheitsanspruchs einen polemischen Beigeschmack, aber eben diese Grenzverwischung war in theosophischen Krei-

505 Daum: Wissenschaftspopularisierung.

sen durchaus üblich und offenbar auch nicht anrüchig. Ein Beispiel bildet dafür das Werk Bulwer-Lyttons, der mit seinen okkultistischen Romanen unter Theosophen als »Wissender« hohe Anerkennung genoß. Bei Blavatsky, die im Genre der phantastischen Literatur ausgesprochen belesen gewesen sein muß[506], lassen sich die Transpositionen seiner Romantopoi in Weltanschauung an vielen Stellen vermuten und teilweise belegen[507]. Auch Steiners Übernahme von Bulwers Neologismus »Vril« und der damit verbundenen Inhalte dokumentiert diese »Realisierung« von Belletristik. Ob Steiner die Fiktionalität von Bulwers Werken nicht klar war oder ob er darin eine Ummantelung esoterischer Arkana sah, ist schwer zu entscheiden, aber für die Analyse des Transformationsvorgangs auch nicht ausschlaggebend. Wie fließend der Übergang zwischen Weltanschauungsprosa und imaginärer Unterhaltungsliteratur war, zeigt sich in der Doppelexistenz einiger Theosophinnen wie Blavatsky und Mabel Collins, die neben ihren Weltanschauungsschriften auch ein beträchtliches literarisches Œuvre hinterlassen haben[508]; als Autor von Erzählungen und Romanen ist Steiner allerdings nicht aufgetreten.

5. *Produktionsprozeß*. Steiners Werke seiner hochtheosophischen Phase sind nicht aus einem Guß und entstanden auch nicht nach einer festliegenden Konzeption. Vielmehr ließ sich nachweisen, daß sie sukzessiv entstanden: Parallel laufende Aufsatzreihen, Buchveröffentlichungen mit immer wieder überarbeiteten Neuauflagen, dazwischen Vorträge und Briefe an Mitglieder legen einen kontinuierlichen Produktionsprozeß offen, dessen Ende bis zu seinem Tod nicht absehbar war. Manches wurde nie fertig: Der Schulungsweg »Wie erlangt man Erkenntnisse der höheren Welten?« sollte explizit nur einen ersten Band bilden und blieb unfertig liegen, ebenso wie die Mitteilungen »Aus der Akasha-Chronik«. Die beständigen Veränderungen relativieren Steiners Anspruch auf »exakte Clairvoyance« und weisen ihn weitenteils als Bricolage- und Transformationstechniker aus. Dabei wurden manche Inhalte hart dogmatisiert, etwa die Reinkarnationsvorstellung, im Prinzip auch der Atlantis-Komplex, andere hingegen unterlagen größeren Wandlungen, etwa die Rolle der »Meister« und »Eingeweihten«. Steiners Position läßt sich deshalb nur innerhalb enger chronologischer Grenzen bestimmen. Angemessen ist zumeist ohnehin eine diachrone Perspektive. So läßt sich in den zentralen Fragen des Menschenbildes und der Kosmologie der prozessuale Charakter seiner Weltanschauungsfindung bis in Einzelschritte hinein dokumentieren. Die theosophische Anthropologie der sieben Körperhüllen hat sukzessive die trichotomische Leib-Seele-Geist-Vorstellung von ihrem dominierenden Platz verdrängt, ohne sie vollständig zu ersetzen. In diesem Prozeß hat Steiner zu einem frühen Zeitpunkt auch die Reinkarnationslehre übernommen. Die Kosmologie der sieben planetarischen Stufen einschließlich der Wurzel- unter Unterrassen-Vorstellung hat Steiner an einen vorher nur unscharf definierten Platz seines Weltbildes gesetzt und auch hier die theosophischen

---

506 Frenschkowski: Okkultismus und Phantastik, 87–90.
507 Ebd., 90–99.
508 Ebd., 85–87.

Doktrinen en détail rezipiert. Vergleichbare Prozesse gibt es in fast allen Teilen seines Œuvres.

6. *Evolution.* Das wichtigste Konstruktionsprinzip von Steiners theosophischer Weltanschauung (und der seiner Vorgänger) heißt Evolution. Die frühneuzeitlichen europäischen Fortschrittsmodelle wurden mit evolutiven Vorstellungen vor allem aus der Biologie verschmolzen und bildeten das Strukturgerüst sowohl der Anthropologie, die für Steiner im Kern eine Bewußtseinsgeschichte ist, als auch der Kosmologie, die von einem geistigen Urzustand über den Tiefstpunkt der Materialisierung in der aktuellen Zeitepoche bis zur Respiritualisierung verlaufe. Dabei verzichtete er auf die Entteleologisierung der Geschichte, die in der Evolutionsbiologie um 1900 diskutiert wurde.

7. *Autorität.* Steiner wollte den Zugriff auf »übersinnliche« Erkenntnisse keiner Kontrolle unterworfen wissen. Dieser Anspruch konkurrierte jedoch mit einer massiv autoritären Konstruktion der Wissensvermittlung, die auf einem nicht demokratisierbaren Wissenszugang in der Esoterischen Schule, auf »Eingeweihten« und »Geheimschulen« beruhte. Auch Steiner sah sich in der Nachfolge großer Führergestalten der »esoterischen« Tradition. Diese oligarchische Struktur der Wissensvermittlung hat Steiner zwar im Lauf der Jahre eingeschränkt, aber nicht aufgehoben und auch in seinen nachtheosophischen Theorien, etwa der »Dreigliederung«, wieder zum Tragen gebracht. Im Verhältnis zwischen selbständigem Wissensgewinn und autoritativer Wissensvermittlung blieb die Dominanz der »Führer« oder »Eingeweihten« die regulative Norm. Der Erkenntnisweg »Wie erlangt man Erkenntnisse der höheren Welten?« legt davon ein beredtes Zeugnis ab.

8. *Metaphorologie.* Die Akzeptanz Steiners unter Theosophen lebte von seinen Sprachbildern. Seit Steiners Beschäftigung mit Goethe eignete seinem Denken eine »anschauende«, bildhafte Dimension, die er in der theosophischen Phase noch ausgebaut hat. Man muß Metaphern nicht als bloß rhetorisches Element einer durch logische oder wissenschaftliche Definitionen »fortgeschrittenen« Sprache abwerten, wie es um 1900 verbreitet war, sondern kann in ihnen mit Blumenberg einen irreduziblen Mehrwert sehen: keine »*Restbestände* … auf dem Wege ›vom Mythos zum Logos‹«. sondern »*Grundbestände* der philosophischen Sprache«[509]. Das Problem, respektive die Chance ist bei Steiner allerdings das schwebende Verhältnis seiner Metaphern zu den bezeichneten Gegenständen. Metaphern waren für ihn, etwa in der Beschreibung der »Saturnphase«, eben keine Instrumente einer philosophischen Sprache, sondern Abbildungen der Realität und fallen insoweit nicht mehr unter den Begriff der Metapher. Zwar hat er in seinem Spätwerk die realistische Metapherndeutung

---

509 Blumenberg: Paradigmen zu einer Metaphorologie, 9. Vgl. als Anwendungsbeispiel ders: Schiffbruch mit Zuschauer. Blumenberg interessieren dabei die Funktionen, nicht die Inhalte von Metaphern, die er in seinem skeptizistischen Spätwerk als die Möglichkeit beschreibt, den »Absolutismus« der Wirklichkeit mit seiner Sinnlosigkeit rhetorisch aufzufangen; in diesen Konsequenzen hat er sich weit von Steiners Positionen entfernt.

relativiert, aber die älteren Reifizierungen von Bildern nicht zurückgenommen. Gegen den mainstream der philosophischen Tradition Europas, die seit der frühen Neuzeit theologische Gegenstände metaphorisiert hatte, drängte Steiner weitenteils zu einer erkenntnisrealistischen Nutzung metaphorischer Sprache.

9. *Historismus.* In Steiners theosophischer Geschichtskonzeption – auch hierin trifft er sich mit seinen theosophischen Vorbildern – manifestierte sich ein scharfer Antihistorismus. Der »garstige breite Graben«, den die historisch-kritische Forschung zur älteren Geschichte der Menschheit aufgerissen hatte und der letztlich jede historische Aussage von der Gegenwart distanzierte, sollte durch den nichtempirischen Zugriff auf ein Weltgedächtnis, die Akasha-Chronik, geschlossen werden. Über diesen zentralen Kontext der Theosophie ist noch zu sprechen.

### *Anhang: Eine virtuelle theosophische Bibliothek Steiners*

Um Steiners Rezeptionsprozeß der Theosophie genauer beschreiben zu können, müßte man wissen, welche ihrer Schriften Steiner wahrgenommen hat; eine diesbezügliche Durchsicht seiner Schriften fehlt allerdings. Wichtige Hinweise könnte Steiners Bibliothek liefern, von der allerdings kein Katalog der Theosophica vorliegt. Ein kursorischer Blick über die theosophischen Bestände, die in der Nachlaßsammlung aufgestellt sind, zeigt eine beträchtliche, vielleicht drei bis vier Regalmeter umfassenden Sammlung theosophischer Werke, aber die Rezeptionsfrage ist damit nicht gelöst, solange nicht die Werke auf Anstreichungen oder herausgetrennte Blätter durchgesehen sind. Doppelt vorhandene Werke (etwa Blavatskys »Geheimlehre« in englischer Sprache) lassen auf Schenkungen schließen, und überhaupt ist die Geschichte der beim Umzug von Berlin nach Dornach en bloque verpackten Büchersammlung unklar. Somit wissen wir heute nicht, welche Bücher dieser Bibliothek Steiners tatsächlich benutzt hat. Einen ersten verläßlichen Schritt zur Rezeptionsgeschichte ermöglicht die Zusammenstellung der nachweislich von ihm benutzten theosophischen Literatur. Die in seiner Zeitschrift »Luzifer« / »Lucifer Gnosis« abgedruckten theosophischen Publikationen sind nur aufgenommen, wenn Steiner sie in seinem Werk verarbeitet hat. Damit wird ein abgesicherter Kernbestand von theosophischen Lektüren Steiners greifbar.

Der Katalog ist gegliedert in:

Kurze Angaben zum Autor
EA Erstausgabe.
ÜS Übersetzung ins Deutsche.
I Stichpunkte zu den Inhalten.
RS Referenzen Steiners und Bedeutung für Steiner; dabei geht es vor allem um Belege vor 1914 und um explizite oder eindeutige Bezüge. Der genaue Erstbeleg konnte meist nicht sicher ermittelt werden.

*a. Monographien*

ANNIE BESANT (1847–1933). 1889 Beitritt zur Theosophischen Gesellschaft, 1907 deren Präsidentin, 1917 Präsidentin des Indischen Nationalkongresses.

EA In the Outer Court, London 1895.
ÜS Im Vorhof des Tempels. Fünf Vorträge, Leipzig: Grieben o. J. (1898); Leipzig: Th. Grieben (L. Fernau) $^{2}$1910.
I Meditationsanleitungen.
RS Empfohlen von Steiner im Mai 1905 (GA 34,521).

EA The Path of Discipleship. Four Lectures [Vorträge 1895], London u. a. 1896.
ÜS Der Pfad der Jüngerschaft. Vier Vorträge. Übersetzt von Hildegard Gräfin Scheler; Leipzig: Altmann 1905.
I Anleitungen zur Meditation und zum Schulungsweg.
RS Rezensiert von Steiner im Mai 1905 (GA 34,520–529).

EA The Ancient Wisdom. An Outline of Theosophical Teachings, London 1897.
ÜS Die uralte Weisheit, Leipzig 1898; Leipzig: Grieben $^{2}$1905; ebd., $^{3}$1912. Übersetzungen von Ludwig Deinhard[510].
I Kleines Kompendium der theosophischen Lehren.
RS Der Terminus »uralte Weisheit« ist bei Steiner sehr häufig, seine Kenntnis dieses Buches hat Steiner jedoch verschleiert (s. 8.2.4).

EA Esoteric Christianity or The Lesser Mysteries, London / Benares 1901; in Heftform 1898.
ÜS Esoterisches Christentum oder Die kleinere Mysterien. Autorisierte Übersetzung von Mathilde Scholl, Leipzig: Th. Grieben's Verlag (L. Fernau) 1903.
I Theosophische Deutung des Christentums.
RS Im Juli 1903 zeigte Steiner das Esoterische Christentum als ›soeben erschienen‹ an (GA 34,42); die Bedeutung dieses Werks für Steiner ist mutmaßlich hoch (s. 8.2.3).

EA Thought-Power. Its Control and Culture, London / Benares: Theosophical Publishing Society 1901.
ÜS Das Denkvermögen. Seine Beherrschung, Entwicklung und richtige Anwendung, Autorisierte Bearbeitung aus dem Englischen von Ludwig Deinhard, Berlin: C. A. Schwetschke & Sohn 1902; Leipzig: Altmann $^{2}$1908.
I Theosophische Anthropologie.
RS In GA 266a,568 erwähnt; das Buch hat sich eventuell einmal in Steiners Bibliothek befunden.

EA A Study in Consciousness, London 1904.
ÜS Keine zeitgenössische Übersetzung.
I Esoterische Anthropologie.
RS Steiner besaß den Text in einer Übersetzung von Ludwig Deinhard als Manuskript, das ihm am 14. Juli 1905 schon einige Zeit zur Verfügung stand[511].

---

[510] Deinhard nach den Angabe der Bibliotheken im Karlsruher Virtuellen Katalog; nach GA 258,186 soll Mathilde Scholl die Übersetzerin der Ausgabe 1898 gewesen sein.

[511] Brief von Wilhelm Hübbe-Schleiden an Ludwig Deinhard, 14.7.1905 (in: Klatt: Theosophie und Anthroposophie, 179).

Besant / Leadbeater (biographische Angaben zu ihm s. u.). Besant und Leadbeater haben insbesondere in den Jahren vor dem Ersten Weltkrieg sehr eng zusammengearbeitet und dabei einige Werke gemeinsam publiziert.

EA Thought-Forms. A Record of Clairvoyant Investigation, London u. a.: Theosophical Publishing Society 1905[512]. Vorher wohl in Teilen in der Zeitschrift »Lucifer«.
ÜS Gedankenformen. Übersetzt von der »Literarischen Abteilung des Theosophischen Verlagshauses«, Leipzig: Theosophisches Verlagshaus 1908.
I Darstellung materialisierter Gedanken, die in Farbbildern wiedergegeben sind.
RS Steiner hat das Werk in seiner »Theosophie« etwa für die Beschreibung von Auren benutzt (s. 9.5.2b).

EA Occult Chemistry. November 1895 in »Lucifer«. Unter diesem Titel nur von Besant, London / Benares: Theosophical Publishing Company 1905. Zusammen mit Leadbeater als: Occult Chemistry. Clairvoyant Observations on the Chemical Elements, Adyar: Office of The Theosophist 1908.
ÜS Okkulte Chemie. Eine Reihe hellseherischer Beobachtungen über die chemischen Elemente. Atomlehre, Leipzig: Theosophisches Verlagshaus o. J. [1908? 1909?[513]]
I Hellsichtige »Erforschung« der chemischen Elemente.
RS Die Vorstellung eines »permanten Atoms«, das einen Identitätsfaktor in einer neuen Reinkarnation bilde (GA 97³,146 [17.3.1907]), stammt aus der Okkulten Chemie (so der Kommentar ebd., 327). Auch 1915 könnte ein Hinweis auf die Publikation Besants und Leadbeaters vorliegen (GA 254,224), aber erst 1920 findet sich ein expliziter Hinweis, wobei Steiner die okkulte Chemie als »atomistisch« ablehnte (GA 199,267).

EA Man: Whence, How and Whither. A Record of Clairvoyant Investigation, Adyar: Theosophical Publishing House 1913.
ÜS Der Mensch. Woher, wie und wohin. Aufzeichnungen nach hellseherischen Untersuchungen, Düsseldorf: Pieper 1931
I Reinkarnationsbiographien.
RS Steiner könnte dieses Werk unmittelbar nach seinem Erscheinen wahrgenommen haben. Am 1.10.1913 lehnte er die These ab, man könne in einer früheren Inkarnation als Affe gelebt haben (GA 148⁵,19); dies beziehen die Kommentatoren ebd., 335, auf Leadbeater. Am 15.7.1914 bezeichnete Steiner dann Leadbeaters Reinkarnationsvisionen explizit in diesem Buch als »abstrus« (GA 155,185).

Helena Petrowna Blavatsky (1831–1891). 1875 Mitgründerin der Theosophischen Gesellschaft, 1878 Übersiedlung mit Henry Steel Olcott[514] nach Indien, 1885 Rückkehr nach Europa und Gründung der »Esoterischen Schule«.

EA Isis Unveiled. A master-key to the mysteries of ancient and modern science and theology, Bd. 1: Science; Bd. 2: Theology, New York: J. W. Bouton 1877 / auch: London: Theosophical Publishing House 1877 (?).

---

[512] Die bei Tillett: The Elder Brother, 320, genannte Edition London: Theosophical Publishing House 1901, ließ sich in den Nationalkatalogen nicht nachweisen.
[513] Widersprüchliche Angaben in den Nationalkatalogen.
[514] Von Olcott hat Steiner offenbar kaum etwas gelesen, er erwähnte aber kurz dessen »People from the Other World« aus dem Jahr 1875 (GA 254,36).

ÜS Isis entschleiert. Ein Meisterschlüssel zu den alten und modernen Mysterien, Wissenschaft und Theologie. Bd. I: Wissenschaft, Leipzig: Lotus-Verlag o. J. (1907); Die Entschleierte Isis. Ein Meisterschlüssel zu den Geheimnissen alter und neuer Wissenschaft und Theologie. Bd. II: Theologie, Leipzig: Theosophisches Verlagshaus o. J. (1909).

I Erste der »Grundschriften« Blavatskys; noch stark vom Spiritismus beeinflußte Sammlung religionshistorischen Materials.

RS Von Steiner beispielsweise am 1. September 1903 (GA 88,185) oder am 29. September 1904 erwähnt (GA 53,30 f.). Trotz weiterer Nennungen ist eine intensive Bearbeitung momentan nicht nachweisbar.

EA The Secret Doctrine. The synthesis of science, religion, and philosophy, Bd. 1: Cosmogenesis; Bd. 2: Anthropogenesis, London: Theosophical Publishing Company 1888; Bd. 3: London u. a.: The Theosophical Publishing Society u. a. 1897 (postum herausgegeben von Annie Besant).

ÜS Die Geheimlehre. Die Vereinigung von Wissenschaft, Religion und Philosophie, 3 Bde. und ein Registerband. Bd. I: Kosmogenesis; Bd. II: Anthropogenesis; Bd. III: Esoterik. Leipzig: Verlag W. Friedrich o. J. [1899–1921; im Akquisitionskatalog der Bayerischen Staatsbibliothek München sind Faszikellieferungen für die Jahre 1897 bis 1902 nachgewiesen]. Übersetzt von Robert Froebe. Reprint nach der dritten Auflage (mit teilweise abweichendem Satz des Inhaltsverzeichnisses) Den Haag: J. J. Couvreur o. J. (um 1969?)

I Notdürftig systematisierte Sammlung von Materialien zu allem, was Blavatsky für weltanschaulich relevant hielt. Der dritte Band soll Materialien der Esoterischen Schule enthalten.

RS Seit August 1902 (GA 262$^2$,42) von Steiner studiert, bis 1905 (?) häufig verwandt.

EA Glossary of Theosophical Terms used in the Key to Theosophy, London 1891.

ÜS Der Schlüssel der Theosophie. Erklärung der Ethik, Wissenschaft und Philosophie. Übersetzer Eduard Herrmann, Leipzig: Friedrich o. J. (circa 1907); »neue, einzig autorisierte Auflage« Leipzig: Altmann 1907.

I Theosophisches Lexikon.

RS Von Steiner »bearbeitet, wenn nicht gar übersetzt« (Kommentar in GA 262$^2$,172); Korrekturbögen im Archiv der Rudolf Steiner-Nachlaßverwaltung[515].

EA The Voice of Silence. Being chosen fragments from the Book of the golden precepts. For the daily use of the lanoos (disciples), London: Theosophical Publishing House / New York: W. Q. Judge 1889 (?).

ÜS Stimme der Stille, Leipzig: Friedrich 1892. Auch alle weiteren Übersetzungen von Hartmann. Unter dem (zusätzlichen?) Titel: Die Grundlage der indischen Mystik, Leipzig: Friedrich 1893; unter dem Titel: Die Stimme der Stille. Indische Mystik. Ausgewählte Bruchstücke aus dem »Buche der goldenen Lehren« Leipzig: Theosophisches Verlagshaus o. J. (1902).

I Aussagen Blavatskys zur Meditation.

RS Von Steiner als Vorlage für seine Unterrichtung der der Esoterischen Schule benutzt (s. 7.10.1f).

EA The Theosophical Glossary, hg. v. George Robert Stow Mead, London: Theosophical Publishing Society, 1892.

---

[515] Vermutlich handelt es sich bei diesem Werk wie auch bei dem »Theosophischen Glossarium« um eine wichtige Positionsbestimmung Steiners im breiten Segment der theosophischen Lexika (s. Kap. 4, Anm. 55).

ÜS Theosophisches Glossarium. Eine Ergänzung zum Schlüssel der Theosophie, Leipzig: Altmann 1908.
I Theosophisches Lexikon.
RS Von Steiner bearbeitet (nach GA $262^2$,172)[516].

EDWARD BULWER-LYTTON (1803–1873). Schriftsteller und Politiker, unter anderem Mitglied des Londoner Parliament. Erfolgreicher Romanautor des 19. Jahrhunderts, in esoterischen Kreisen insbesondere mit »okkulten« Romanen.

EA ZANONI, London 1842
ÜS Zanoni, Leipzig: Frederick Fleischer 1842.
I Roman, der als Klassiker spiritueller Einweihung gilt.
RS Hieraus stammt Steiners Vorbild für den »Hüter der Schwelle« (GA 10,198; s. o. 7.4.2).

EA THE COMING RACE, Edinburgh / London: W. Blackwood and sons 1871.
ÜS Vril oder einer Menschheit Zukunft, Übersetzer Günther Wachsmuth, Stuttgart: Der Kommende Tag 1922.
I Utopischer Roman.
RS Von Steiner vermutlich kurz nach 1900 gelesen. Günther Wachsmuth war Mitarbeiter Steiners und übersetzte den Roman auf Steiners Veranlassung (s. o. 7.5.5b).

MABEL COLLINS (i. e. Kenningale Cook) (1851–1927). Theosophin, Schriftstellerin.

EA LIGHT ON THE PATH. A treatise written for the personal use of those who are ignorant of the Eastern Wisdom, and who desire to enter within its influence. Written down by M.C. Fellow of the Theosophical Society, London: (?) 1885 / Madras: Scottish Press 1885.
ÜS Licht auf den Weg. Eine Schrift zum Frommen derer, welche, unbekannt mit des Morgenlandes Weisheit, unter deren Einfluß zu treten begehren, Leipzig $^2$1888. Dritte, veränderte Auflage 1898 (in GA 266a,568 erwähnt, eventuell in Steiners Bibliothek), Leipzig: Grieben $^4$1904. Auch erwähnt als Übersetzung von Oscar von Hoffmann (GA 266a,569) Anfang der 1880er Jahre.
I Meditationsbuch.
RS Im Dezember 1903 sind »Exegesen« Steiners zu diesem schmalen Bändchen nachweisbar (GA 245,133), das für ihn vermutlich auch persönlich eine sehr hohe Bedeutung besaß.

EA THE BLOSSOM AND THE FRUIT. A true story of a black magician, London: Published by the Authors 1888.
ÜS Flita. Wahre Geschichte einer schwarzen Magierin. Übersetzt von Mitgliedern der Theosophischen Society, Jugenheim an der Bergstraße: Suevia 1904.
I Roman.
RS Von Steiner 1905 positiv rezensiert (GA 34,512–515).

EA THE STORY OF THE YEAR. A a record of feasts and ceremonies, London: George Redway 1895.

---

[516] Das 63seitige Bändchen erinnert in seiner deutschen Ausgabe mit einzelnen Formulierungen an Steiners Stil und Auffassungen. Man müßte dieser Beobachtung durch einen Vergleich mit der englischen Vorlage und einer Wortfelduntersuchung im Werk Steiners nachgehen.

ÜS Die Geschichte des Jahres. Ein Bericht über Feste und Feiern. Übersetzt von H. B. und A. M. O. [Adolf Martin Oppel], Leipzig: Theosophisches Verlagshaus 1904.
I Meditativer Text zur Initiation am Verlauf des christlichen Jahres von Weihnachten bis Ostern.
RS Im April 1905 von Steiner positiv rezensiert (GA 34,515–520).

Charles George Harrison (1855–?). Harrison soll ein esoterikinteressiertes Mitglied der anglikanischen Kirche gewesen sein[517].

EA The Transcendental Universe. Six lectures on occult science, theosophy, and the Catholic faith, delivered before the Berean Society, London: James Elliott & Co. 1894.
ÜS Das Transcendentale Weltall. Sechs Vorträge über Geheimwissen, Theosophie und den katholischen Glauben, gehalten von der »Berean Society« (1894, deutsch um 1897), Stuttgart [Reprint der deutschen Ausgabe] o. J.
I Kosmologische Spekulationen.
RS Steiner bekannt (s. 7.6.4).

Franz Hartmann (1842–1912). Zusammenarbeit mit Blavatsky schon in Indien. Gründungen eigenständiger theosophischer Vereinigungen, darunter 1896 der Theosophischen Gesellschaft in Deutschland. Große Wirkung unter deutschen Theosophen als spiritueller Schriftsteller.

EA Bhagavadgita; Erstausgabe in einer europäischen Sprache 1785 durch Charles Wilkins (englisch).
ÜS Mehrere Übersetzungen ins Deutsche im 19. Jahrhundert. Im theosophischen Milieu: Die Bhagavad Gita oder das Hohe Lied enthaltend die Lehre der Unsterblichkeit. In poetischer Form nach Edwin Arnolds Sanskrit-Übersetzung ins Deutsche übertragen von Franz Hartmann, Leipzig: Wilhelm Friedrich o. J. [1899] (bereits 1892 in den »Lotusblüthen« abgedruckt).
I Klassischer indischer Text aus dem Mahabharata, in dem Krishna dem Ardjuna den Weg zur Erlösung weist.
RS Von Steiner 1899 als »tiefsinniges indisches Gedicht« bezeichnet (GA 32,194). Anhand der Übertragung Hartmanns polemisierte er zu diesem Zeitpunkt gegen die Theosophie. In seiner theosophischen Zeit hat er sich weiterhin positiv auf die »Bhagavadgita« bezogen (z. B. GA 142).

Wilhelm Hübbe-Schleiden (1846–1916). Seit den 1890er Jahren einer der Gründungsväter der Theosophie in Deutschland. Nach einer Phase intensiver Zusammenarbeit mit Steiner (1902 / 03), in der Steiner ihn hoch schätzte, wurde Hübbe-Schleiden zunehmend der Führer der Steiner-kritischen Adyar-Theosophen in Deutschland.

EA Jesus, ein Buddhist? Eine unkirchliche Betrachtung, Braunschweig: C. A. Schwetschke & Sohn (Appelhans & Pfenningstorff) 1890.
ÜS Deutschsprachige Erstausgabe.
I Populäre Aufbereitung der historisch-kritischen Debatte um die buddhistischen Wurzeln Jesu, die Hübbe-Schleiden annimmt.
RS Steiner bezeugte am 26. August 1902 die Lektüre dieser Schrift[518].

517 Ravagli: Unter Hammer und Hakenkreuz, 226.
518 Steiner: Briefe (1953 / 1955), II, 291.

EA Diene dem Ewigen! Was nützt die Theosophische Gesellschaft ihren Mitgliedern? Lebe deinem höchsten Ideale getreu, Berlin: Schwetschke und Sohn, 1902
ÜS Deutschsprachige Erstausgabe.
I Weltanschauliche Grundlegung der Theosophie.
RS Steiner hat die Drucklegung dieser Schrift zwischen dem 14. August und dem 29. September 1902 durch Korrekturvorschläge begleitet und eine hohe Wertschätzung des Textes bekundet (s. o. 7.2)

Charles Webster Leadbeater (1847–1934). Seit dem Ende des 19. Jahrhunderts enge Kooperation mit Besant und einer der wichtigsten Verfasser von weltanschaulichem theosophischem Schrifttum in der zweiten Generation von Theosophen. 1916 / 18 Gründer der Liberal Katholischen Kirche. Die gemeinsamen Publikationen mit Besant s. o. unter Besant / Leadbeater[519]

EA The Astral Plane. Its scenery, inhabitants and phenomena, London: Theosophical Publishing Society 1895.
ÜS Die Astral-Ebene. Ihre Szenerie, ihre Bewohner und ihre Phänomene. Übersetzung Günter Wagner (nach der 3. englischen Ausgabe) (Theosophische Handbuch, Nr. 5), Leipzig: Grieben 1903.
I Jenseitsbeschreibungen.
RS Von Steiner im Juli 1903 erwähnt (Luzifer, Heft 2, Juli 1903, 86–87, S. 87), im September besprochen (GA 34,426), im November zur Lektüre empfohlen (GA 52,92 f.).

EA Titel unbekannt, veröffentlicht in Blavatskys Zeitschrift »Luzifer«, März 1897.
ÜS Unser Verhalten den Kindern gegenüber.
I Kritik an der englischen christlichen Erziehung, Forderung einer »karmischen« Erziehung.
RS Den Artikel hat Steiner im Rahmen der Übersetzungsarbeit an den Theosophen Günther Wagner geschickt (GA 264,46) und ihn in seiner Zeitschrift »Luzifer« (Nr. 7, Dezember 1903, 271–292) abgedruckt.
EA Clairvoyance, London: Theosophical Publishing House 1899.
ÜS Hellsehen (Clairvoyance), Übersetzt von der »Literarischen Abteilung des Theosophischen Verlagshauses«, Leipzig: Theosophisches Verlagshaus o. J. (1909).
I Leadbeaters Schulungsanweisung, in großen Teilen auch Berichte über das Leben nach dem Tod.
RS Kenntnis Steiners nicht sicher nachweisbar (s. o. 7.4.3d).

EA Man Visible and Invisible. Examples of different types of men as seen by means of trained clairvoyance. With twenty two coloured illustrations, London: Theosophical Publishing Society 1902.
ÜS Der sichtbare und der unsichtbare Mensch. Darstellung verschiedener Menschentypen, wie der geschulte Hellseher sie wahrnimmt, Leipzig: Theosophisches Verlagshaus o. J. (?1908) [erste Auflage nicht nachweisbar]. Dieser Nachdruck benutzt die Übersetzung von A.V. Ulrich aus einem nicht genannten Jahr; er ist jedenfalls gegenüber dem Erstdruck von 1902 erweitert (etwa um das Kapitel XIV); andererseits fehlen die Tafeln zur Farbentypologie der englischen Erstausgabe; Reprint (der dritten Auflage aus dem Jahr?) Freiburg i. B. 1964 (Ausgabe $^{8}$1996).
I Darstellung menschlicher Auren, die in Farbbildern wiedergegeben sind.

[519] Bibliographie von Leadbeaters Schriften bei Tillett: The Elder Brother, 316–320.

RS Steiner selbst hat dieses Werk im Januar 1904 in seiner Zeitschrift »Lucifer Gnosis« selbst empfohlen; er verwies auf die 1902 in London erschienene Ausgabe (s. 7.2).

EA An Outline of Theosophy, London: Theosophical Publishing Society, 1902.
ÜS Grundlinien der Theosophie, Berlin: C. A. Schwetschke & Sohn 1903; Leipzig: Altmann $^{2}$1909.
I Einführung in die Theosophie.
RS Von Steiner im Juli 1903 erwähnt (Luzifer, Heft 2, Juli 1903, 86–87, S. 87).

George Robert Stow Mead (1863–1933). Klassischer Philologe und bedeutender Übersetzer gnostischer Literatur. 1891 bis 1898 Generalsekretär der englischen Sektion, später aus der Theosophischen Gesellschaft ausgeschieden.

EA Fragments of a Faith Forgotten. Some short sketches among the Gnostics mainly of the first two centuries – a contribution to the study of Christian origins, London / Benares: Theosophical Publishing Society 1900.
ÜS Fragmente eines verschollenen Glaubens. Kurzgefaßte Skizzen über die Gnostiker, besonders während der zwei ersten Jahrhunderte. – Ein Beitrag zum Studium der Anfänge des Christenthums, unter Berücksichtigung der neuesten Entdeckungen, Berlin 1902.
I Übersetzung gnostischer Schriften.
RS Schon 1902 benannte Steiner Mead als Autorität (GA 8,147). 1904 übernahm er Meads aus Übersetzung der »Pistis Sophia« die Meinung, Jesus sei nach seiner Auferstehung noch ein Jahr im Geheimen bei den Jüngern geblieben (GA 93$^{3}$,40; Nachweis der Referenz ebd., 304; vgl. Mead S. 347).

Edouard Schuré (1841–1929). Frankophoner Elsässer, einflußreicher esoterischer Schriftsteller; Theosoph.

EA Les grands initiés. Esquisses de l'histoire secrète des religions. Rama, Krishna, Hermès, Moïse, Orphée, Pythagore, Platon, Jésus, Paris: Perrin 1889.
ÜS Übersetzung von Marie von Sivers seit 1904 in »Lucifer Gnosis«. Monographisch: Die großen Eingeweihten. Skizze einer Geheimlehre der Religionen. Rama, Krishna, Hermes, Moses, Orpheus, Pythagoras, Plato, Jesus, übersetzt von Marie von Sivers, Leipzig: Altmann 1907. Steiner sprach von einer ersten deutschen Ausgabe des Jahres 1909[520].
I Spirituelle, vom Anspruch her religionshistorische Darstellung der großen »Eingeweihten« der Menschheit.
RS Wahrscheinlich ein zentrales Werk für Steiners Konversion zur Theosophie (s. o. 7.2).

EA Sanctuaires d'Orient. Égypte, Grèce, Palestine ex Oriente lux, Paris: Perrin 1898.
ÜS Die Heiligtümer des Orients (Ägypten – Griechenland – Palästina), Leipzig: Altmann 1912. Eine Ausgabe Leipzig 1908, übertragen von Marie von Sivers (GA 53,493), ist bibliographisch nicht nachweisbar.
I Historisch-belletristische Darstellung der antiken Mysterien.
RS Steiner spätestens 1904 bekannt (GA 53,175).

EA Les enfants de Lucifer (drame antique). La soeur gardienne (drame moderne), Paris: Perrin 1900.

---

520 Steiner: Vorwort zur dritten deutschen Auflage [von Schurés »Großen Eingeweihten«], 11.

ÜS In Fortsetzungen gedruckt in: Lucifer-Gnosis, 1904, Heft 9 bis Heft 16. Buchausgabe: Die Kinder des Lucifer. Schauspiel in fünf Aufzügen. Autorisierte Übersetzung von Marie von Sivers, Leipzig: in Kommission bei M. Altmann 1905.
I Drama über den Konflikt zwischen Heidentum und Christentum in der Antike.
RS Am 4. Mai 1905 von Steiner erwähnt (GA 53,413) und seit 1909 unter Steiners Ägide aufgeführt.

EA Le drame d'Eleusis. Monographische Ausgabe zu Steiners Lebzeiten nicht nachweisbar.
ÜS Das heilige Drama von Eleusis. Monographische Ausgabe zu Steiners Lebzeiten ebenfalls nicht nachweisbar.
I Drama über die Eleusinischen Mysterien.
RS Von Steiner am 4. Mai 1905 als »genial« qualifiziert (GA 53,412 f.) und seit 1907 unter Steiners Ägide aufgeführt.

William Scott-Elliot (?–?). Theosoph.

EA The Story of Atlantis. A geographical, historical, and ethnological sketch. illustrated by four maps of the world's configuration at different periods. With a preface by [Alfred Percy] Sinnett, London o. J.: Women's Printing Society 1896.
ÜS Atlantis nach okkulten Quellen. Eine geographische, historische und ethnologische Skizze. Übersetzer F.P., nebst einem Vorwort von A. P. Sinnett, Leipzig: Grieben o. J. (1903). Mir lag die »zweite unveränderte Auflage«, Freiburg (Breisgau): Verlagsbuchhandlung Fr. Paul Lorenz, o. J. (1912) vor: Atlantis nach okkulten Quellen. Eine geographische, historische und ethnologische Skizze mit vier farbigen Karten, welche die Erdoberfläche zu verschiedenen Zeitenepochen darstellen. Es gibt ein weitere Exemplare der zweiten Auflage, in der der Verlagsort Freiburg durch Leipzig überklebt war.
I Versuch der wissenschaftlichen Plausibilisierung der Existenz von Atlantis und narrative Ausformulierung mit vielen Details.
RS Im Juli 1904 wies Steiner dieses Werk als Vorlage seiner Atlantis-Beschreibung in »Aus der Akasha-Chronik« aus (GA 11,24, S. o. 7.5.5a-b).

EA The Lost Lemuria. With two maps showing distribution of Land-areas at different periods, London: Theosophical Publishing Society 1904.
ÜS Das untergegangene Lemuria. Mit zwei Landkarten, welche die Verteilung von Wasser und Land zwei verschiedener Zeiten veranschaulichen, Leipzig 1905.
I Parallelwerk zu Scott-Elliots Atlantis über Lemurien.
RS Steiner wohl seit Oktober 1904 bekannt (s. Anm. 340).

Alfred Percy Sinnett (1840–1921). Journalist, Präsident der Londoner Loge und enger Vertrauter Blavatskys; 1911–1920 Vizepräsident der Adyar-Theosophie.

EA Esoteric Buddhism, London: Theosophical Publishing House (?) 1883. Seit 1881 in der Zeitschrift »The Theosophist« veröffentlicht.
ÜS Die Esoterische Lehre oder Geheimbuddhismus, Leipzig: J. C. Hinrichs'sche Buchhandlung 1884.
I Erste Systematisierung des theosophischen Denkens, basierend auf »Meisterbriefen«, die von Blavatsky autorisiert (oder teilweise selbst verfaßt?) wurden.
RS Schon beim Erscheinen der deutschen Ausgabe in den 1880er Jahren hatte Steiner das Buch wahrgenommen, es aber nicht geschätzt (GA 28,103). Im Juli 1902 lernte

Steiner Sinnett persönlich kennen[521]. Am 29. September 1904 erwähnte er den »Esoterischen Buddhismus« (GA 53,30 f. vgl. auch 405), 1905 lobte und korrigierte er das Werk (GA 11,209).

### *b. Zeitschriften*

Wieweit Steiner die dichte theosophische Zeitschriftenlandschaft in Deutschland rezipiert hat, ist unklar. Er dürfte die Publikationen konkurrierender theosophischer Gesellschaften[522] gekannt haben, aber es gibt wenig Hinweise auf deren intensive Lektüre. Hier sind nur diejenigen Periodika genannt, mit denen er sich zumindest zeitweise intensiver beschäftigt haben dürfte.

#### Lotusblüten

EA Lotusblüten. Untertitel ab 1893: Theosophische Monatsschrift [Cover]; Ein monatlich erscheinendes Journal enthaltend Originalartikel und ausgewählte Übersetzungen aus der orientalischen Literatur in Bezug auf die Grundlage der Religionen des Ostens und der *Theosophie.* 1897 mit der »Theosophischen Rundschau« [teilweise auch nur: Rundschau] »Gratis-Beilage zu den ›Lotusblüthen‹« (beigebunden im Exemplar der Bayerischen Staatsbibliothek München, 1897 / I, mit der Ausgabe August 1897 [genaue Erscheinungsweise unbekannt; möglicherweise schon 1898 nur als Rubrik weitergeführt (vgl. in diesem Jahrgang, S. 699)]. Redakteur: Franz Hartmann. Leipzig: Wilhelm Friedrich 1892–1901.

ÜS Deutschsprachige Originalausgabe.

I Zentrales Organ der »Hartmannianer«, dessen Artikel Hartmann großenteils selbst schrieb. Offen für indische Traditionen und die am stärksten spirituell ausgerichtete deutsche theosophische Zeitschrift.

RS Am 16. September 1902 schrieb Steiner an Wilhelm Hübbe-Schleiden, daß er die »Lotusblüten« »durchgenommen« habe; er bewertete diese konkurrierende Zeitschrift negativ[523]. Vermutlich hat Steiner dieses zentrale Kommunikationsmedium unter den deutschen Theosophen aber schon früher kennengelernt. Auf seine Verarbeitung des Nachfolgeorgans »Neue Lotusblüten« (1908–1915) gibt es keine Hinweise.

#### The Theosophist

EA The Theosophist. A magazine of oriental philosophy, art, literature and occultism. Conducted by H. S. Olcott. Madras: Published by the proprietors at the Theosophical Society's Head Quarters, Adyar, 1879 ff.

ÜS Keine vollständige Übersetzung; einzelne Artikel im Váhan.

I Offizielle Vereinszeitschrift der Adyar-Theosophie.

RS Die Übersendung eines Exemplars an Steiner durch Wilhelm Hübbe-Schleiden ist am 23. August 1902 dokumentiert[524].

#### Der Vâhan.

EA Der Vâhan. Zeitschrift für Theosophie, Organ der Theosophischen Gesellschaft; ab Jahrgang 4, Heft 5: Der Vâhan. Unabhängige Monatsschrift für Theosophie. Redakteur Richard Bresch, Leipzig, wohl im Selbstverlag, 1 / 1899–1900 bis 7 / 1905–1906.

---

[521] Lindenberg: Steiner (Chronologie), 197.
[522] Dazu Zander: Theosophische Zeitschriften.
[523] Steiner: Briefe (1953 / 1955), II, 296.
[524] Ebd., II, 284.

ÜS Deutschsprachige Originalausgabe, teilweise Übersetzungen aus dem »Theosophist«.

I Der Vâhan war das erste offiziöse Mitteilungsblatt Adyar-Theosophie in Deutschland.

RS Steiner hat den Vâhan sehr bald nach seiner Annäherung an die Theosophie als Veröffentlichungsorgan der deutschen Adyar-Theosophen wahrgenommen, ihn aber als Konkurrenzorgan durch die eigenen Mitteilungen und durch »Lucifer Gnosis« ausgeschaltet (s. 3.4.2).

## 7.10 Arkanwissen als sozialer Faktor

Die Esoterische Schule der Theosophie liegt historiographisch auf der Grenze: Sie war ein zentraler institutioneller Faktor und gehört als solcher in die Organisationsgeschichte. Aber als eine zentrale Agentur für die Vermittlung der theosophischen Weltanschauung ist sie in diesem Kapitel behandelt. Dabei gibt es einen Bereich innerhalb der Esoterischen Schule, der historisch ein so großes Eigenleben entfaltet hat, daß er ausgegliedert ist: die Freimaurerei (s. Kap. 10).

### *7.10.1 Die Esoterische Schule*

Mit der Esoterischen Schule kommt man zu einer zentralen Dimension der theosophischen Vermittlung von Wissen und religiöser Erfahrung. Hier sollte esoterisches Wissen wie ein rationaler Lehrstoff vermittelt und übersinnliche Erfahrung mit einem systematischen Zugriff möglich werden. Einmal mehr wäre eine Vorgeschichte zu erzählen, die vermutlich vom christlichen Katechismus über die okkulten Vereinigungen des 18. Jahrhunderts in die Theosophie liefe. Man wird an die freimaurerischen Instruktionen denken, an die Unterweisungen im frühen Martinismus oder später im Golden Dawn. Allein, die Forschungslage ist für eine solche Geschichte noch zu schlecht. Klar ist nur, daß die Theosophie eine schon länger existierende Form der Vermittlung esoterischen Wissens systematisch zu einer »Schule« ausbaute. Und sicherlich besetzte die Theosophie hier eine Leerstelle der europäischen Spiritualitätsgeschichte, denn Meditation fehlte, mit Ausnahme der Besinnung in kontemplativen Klöstern, in der religiösen Praxis. So bekannte der katholische Theologe Aloys Goergen noch nach dem Zweiten Weltkrieg, daß seine »eigenen Forschungen nach der Praxis der christlichen Kontemplation … ziemlich ergebnislos verlaufen« waren, so daß sich ihm erst in der Begegnung mit Karlfried Graf Dürckheim die Tür zur Meditation geöffnet hatte[525].

*a. Die Esoterische Schule unter Blavatsky*

Die Geschichte der »Esoterischen Schule« in den theosophischen Gesellschaften ist schwer rekonstruierbar, denn sie galt als große Arkandisziplin im kleinen

---

[525] Goergen: Die Wiederentdeckung des Kults, 49 (zuerst 1996 in der Festschrift für Graf Dürckheim).

Kreis. Aber zugleich war sie neben dem Präsidentenamt das wichtigste Machtinstrument in der Theosophischen Gesellschaft, so daß »esoterische« Intention und offene Funktionalisierung zur innertheosophischen Einflußnahme kaum auseinanderzuhalten sind[526]. Diese Konstellation prägte auch Steiners Aktivitäten bei seiner Übernahme der Führungsposition in der deutschen Sektion der Adyar-Theosophie.

Bereits im Dezember 1884 hatte Blavatsky in Adyar einen Versuch unternommen, eine Esoterische Schule einzurichten und die Londoner »Inner Group« mit Informationen zu versorgen[527]. Auf verschlungenen Wegen präludierten diese Aktivitäten die Gründung der Londoner »Esoteric Section« (oder »Eastern School of Theosophy«[528]) unter Blavatsky, die nach ihrer Flucht aus Indien im Oktober 1888 von ihr und Olcott im »Lucifer« angekündigt worden war. Schon in dieser Bekanntmachung wurde die prekäre Situation im Machtduopol zwischen Olcott als dem organisationsstarken Präsidenten und Blavatsky als charismatischer Esoterikerin sichtbar[529]. Blavatsky firmierte als »head«, »she is solely responsible to the Members [sic] for results; and the section has no official or corporate connection with the Esoteric Society in the person of the President-Founder«[530]. Eine implizite Anerkennung fand diese Spannung durch die Installation eines »Real Head« in der Figur eines »Meisters«[531], der den fortexistierenden Machtkonflikt – noch im Juli 1890 hatte Blavatsky offen mit der Spaltung der Gesellschaft gedroht[532] – auf eine nicht greifbare Ebene auslagerte.

Neben der Konkurrenz zu Olcott könnte auch eine innertheosophische Konkurrenz ein Grund für den Ausbau der Esoterischen Schule gewesen sein. 1884 hatte sich in London eine Gruppe von Mitgliedern unter der Leitung von Anna Kingsford und Eduard Maitland von der Theosophischen Gesellschaft organisiert, die eine stärkere Berücksichtigung der christlichen Tradition forderte und die »Hermetic Society« gründete, die bis 1888 florierte (s. 3.2.4). Die Strömung ging dann in den Golden Dawn über, der 1888 seine ersten zwei Dutzend Mit-

---

526 Eine Geschichte der Esoterischen Schulen fehlt. Immerhin ist in den letzten Jahren aufschlußreiches Material publiziert worden, das zentrale Strukturen darzustellen erlaubt. Für die Frühgeschichte im Umkreis Blavatskys bilden das wichtigste Material die Mitschriften ihrer Esoterischen Schule, veröffentlicht durch Spierenburg: The Inner Group Teachings of H. P. Blavatsky; darin: ders. / Caldwell: A Historical Introduction. Vgl. auch die informative Darstellung bei Wiesberger: Rudolf Steiners esoterische Lehrtätigkeit, 140–144. Zur Esoterischen Schule bei Hargrove siehe Cooper: The Esoteric School Within the Hargrove Theosophical Society.

527 Wichtige Personen waren dabei Olcott, Subba Row, das Ehepaaar Cooper-Oakley und S. Ramaswami Iyer; vgl. den Kommentar von Boris M. de Zirkoff in: Blavatsky, Collected Writings, XII, 479. Die »Inner Group« war lange nur aus marginalen Hinweisen bekannt, vgl. Williams: The Passionate Pilgrim, 197 f.

528 Das Kürzel »ES« wurde von Blavatsky in beide Varianten aufgelöst; Gilbert: Golden Dawn, 22 f. Möglicherweise mit ihrem Tod wurde die »Esoteric School« nun die »Eastern School« genannt – das Kürzel E. S. und die Terminologie Esoterische Schule aber blieb gleichwohl; vgl. Spierenburg / Caldwell: Historical Introduction, S. XV.

529 Zu diesem Konflikt Campbell: Ancient Wisdom, 95–103.

530 Spierenburg / Caldwell: Historical Introduction, S. VII f.

531 Ebd., VIII.

532 Campbell: Ancient Wisdom, 98.

glieder aufgenommen hatte[533]. Die Esoterische Sektion dürfte auch eine Antwort auf diese »hermetische« Herausforderung gewesen sein[534].

Die Mitgliederzahl der Londoner Esoterischen Schule Blavatskys war stets klein, nur 15 Mitglieder der mit kaum mehr als zehn Personen tagenden Gruppe sind bekannt[535]. Doch gehörten fast alle zum Führungskern der Theosophischen Gesellschaft, etwa Annie Besant, Archibald Keightley, Constance Wachtmeister, George Robert Stow Mead, William Quan Judge oder William Winn Westcott[536]. Olcott wurde zumindest Repräsentant für Asien[537], als Sekretäre fungierten Besant und Mead. Das unumschränkte Haupt der Schule aber war Blavatsky. Sie allein hielt die Vorträge, sie allein bestimmte über die Mitglieder des Kreises: »Any application will be regarded as an absolute disqualification«, verkündete sie den Mitgliedern der Theosophischen Gesellschaft[538]. Einen Monat vor ihrem Tod, am 1. April 1891, ernannte sie Annie Besant zur »Chief secretary«, eine Verfügung, die die Machtverhältnisse klären sollte und die auch Judge am 11. April unterzeichnete[539]. Aber schon wenig später brachen ungeachtet der Verfügung Blavatskys die Auseinandersetzungen zwischen Besant und Judge auf, die zur Abtrennung der amerikanischen Adyar-Theosophen unter Judge führten.

Die Versammlungen bestanden nach den veröffentlichten Quellen aus Vorträgen Blavatskys und ihren Antworten auf Fragen[540]. Ob Verbindungen zu maurerischen Aktivitäten bestanden, läßt sich nicht sagen[541]. Blavatskys Äußerungen wurden mitgeschrieben respektive, so Judge, »in a more or less fragmentary form« festgehalten und später von Besant und Mead ausformuliert[542]. Besant berichtete von der fragmentarischen Form nichts, betonte aber, daß Blavatsky die Texte gegengelesen habe, was sich in Einzelfällen wohl auch nachweisen läßt[543].

---

533 Gilbert: The Golden Dawn and the Esoteric Section, 2–5.

534 So auch Foster: W. B. Yeats, I, 103.

535 Es wurden nie mehr als 11 Personen zu den Teilnehmern der 22 Treffen gezählt; vgl. Spierenburg / Caldwell: Historical Introduction, S. XIII f.; Teilnehmer S. XV. Laheri, Westcott und Judge waren »›out-side‹ members«, S. XIV; Zahl der Treffen S. XIV.

536 Die übrigen waren Alice Leighton-Cleather, Claude F. Wright, Emily Kislingsbury, E. T. Sturdy, H. A. W. Coryn, Isabel Cooper-Oakley, Laura M. Cooper, Rai B.K. Laheri und Walter R. Old; ebd., XXXIII.

537 Ebd., IX.

538 Ebd., XI.

539 Ebd., XV.

540 Blavatsky hatte die Suche nach einer »Wisdom-Religion« (The Theosophical Movement, 169) unter der Ägide der Meister für »the ›elect‹ of the T.S.« »for the salvation of the whole society« (ebd., 174) als Ziel der Tätigkeit deklariert. In einem Gelöbnis mußten die Probanden unter anderem versichern, »to preserve inviolable secrecy as regards the signs and passwords of the School and all confidental documents« und »to give what support I can to the Theosophical movement, in time, money, and work« (Gilbert: Golden Dawn, 22). Es gibt Gerüchte, die wohl auf Yeats zurückgehen, daß man auch praktische Magie betrieben oder angezielt habe; vgl. Taylor: Annie Besant, 253. Es ist unklar, ob dies, nicht zuletzt angesichts der Hodgson-Affäre, zutrifft.

541 Blavatsky unterzeichnete zumindest mehrfach mit den ins Dreieck gesetzten drei maurerischen Punkten, z. B. Spierenburg / Caldwell: Historical Introduction, S. IX. XI. XV. XXVI.

542 Ebd., XXVI.

543 Ebd.

Die heute zugänglichen »originalen« Texte[544] kursierten in den ersten Jahren des 20. Jahrhunderts offenbar nur unter sehr wenigen ehemaligen Mitgliedern der Esoterischen Schule. Besant veröffentlichte allerdings (die?) Unterlagen im 1897 erschienenen dritten Band der »Secret Doctrine«, der, so Besant, Lehren enthalte, »welche H. P. Blavatsky ihren weiter fortgeschrittenen Schülern mündlich zu geben pflegte«[545]. In dieser Form wurden die Schulungstexte wohl vornehmlich für Steiner greifbar[546]. Bis in die deutsche Ausgabe hinein läßt sich allerdings die Unsicherheit der Zeitgenossen über den Status dieser Texte nachvollziehen. Besants Aussage, daß »die Zeit für ihre [der Texte] Beschränkung auf einen engen Kreis abgelaufen ist«, kommentierte der Übersetzer Robert Froebe mit dem Hinweis, daß er »die Verantwortung für Tatsache und Vollständigkeit dieser Veröffentlichung der Herausgeberin überlassen« müsse[547]. Angesichts der massiven Abweichungen von den heute von Spierenburg und Caldwell publizierten Unterlagen scheint dieses Mißtrauen berechtigt. Vorträge, Fragen und Antworten sind von Besant weitgehend in einen Fließtext gebracht, Inhalte zusammengestellt und redaktionell soweit bearbeitet worden, daß ihre Zuordnung zu den heute vorliegenden Texten nur begrenzt möglich ist[548]. Die textkritischen Probleme können allerdings im Blick auf die Geschichte der Esoterischen Schule in Deutschland außer Betracht bleiben, da eine Rezeption, insoweit es für eine Präsenz der Originaldokumente keinerlei Hinweise gibt, ausschließlich auf dem dritten Band der »Geheimlehre« beruhte.

*b. Die Esoterische Schule unter Besant*

Mit der Übernahme der Esoterischen Schule durch Annie Besant kam es zu dramatischen Veränderungen[549]. Die Arkanarbeit stand nun einer großen Zahl von Mitgliedern offen, sie wurde (in Zusammenarbeit mit Leadbeater?[550]) hierarchisch durchorganisiert und erhielt diejenige Gestalt, in der Rudolf Steiner sie kennenlernte. Eine frühe Information aus dem deutschen Sprachraum über diese Arbeit findet sich bei Gustav Meyrink, der 1891 Mitbegründer der Prager theosophischen Loge »Zum blauen Stern« war: »Annie Besant belohnte mich für meinen Eifer, indem sie mich in einen gewissen engeren Kreis der T.S., dessen Zentrum in Adyar in Indien ist, aufnahm. Ich erhielt von ihr nach und nach Lehrbriefe, den Yoga betreffend.« Dazu hatte Besant möglicherweise praktische Übungen vermittelt[551]. Auch andere Interessierte haben in diesen Jahren über die

[544] Vor der Veröffentlichung durch Spierenburg waren die Texte mit wenigen Ausnahmen bereits unter »E.S.T. Instructions« in: Blavatskys Collected Writings, XII, 477–713, abgedruckt.

[545] Besant: Die uralte Weisheit (1898), 324.

[546] In der deutschen Ausgabe der Geheimlehre, III, 433–594. Vgl. Bestermann: Mrs Annie Besant, 192. Steiner kannte allerdings auch interne Materialien, s. u. 7.10.1c.

[547] Blavatsky: Geheimlehre, III, 434.

[548] Vgl. etwa die Zusammenstellungen der Bedeutungen von Farben in den Inner Group Teachings, 4, und in der Geheimlehre, III, 457. 476. Ein konziser Vergleich der Textdifferenzen steht aus.

[549] Eine wissenschaftliche Aufarbeitung fehlt. Vgl. die Hinweise bei Dixon: Divine Feminine, 73–75, aber erst für die Zeit seit 1907.

[550] So die Vermutung bei Washington: Madame Blavatsky's Baboon, 126.

[551] Dieses Zitat stammt aus einem Lebensrückblick, der aus kritischer Distanz wohl knapp drei Jahrzehnte später geschrieben ist. Bei den unmittelbar darauf folgenden Äußerungen zur Praxis ist

Esoterische Schule spekuliert[552]. Die meisten mir zugänglichen Detailinformationen zu Struktur und Inhalten der Esoterischen Schule stammen aber von Steiner und aus seinem Umfeld. Nach seinen Unterlagen gab es nun »zwei Abteilungen«, als erste den »Orden der Prüfung, der Hörer«, auch »Shrâvaka-Orden« genannt (GA 264,132.28), und eine zweite Abteilung, in die man nach Ablegung eines Gelöbnisses gelangte und die in Grade eingeteilt war (ebd., 132). Nach einer Prüfungszeit habe es (wohl in der zweiten Abteilung) vier Wege gegeben:

- »die allgemeine Disziplin;
- die christlich-gnostische oder Disziplin der Hingabe;
- die pythagoräische oder intellektuelle und künstlerische Disziplin;
- die karmische oder Tathandlungsdisziplin« (ebd., 131).

Der Eintritt in höhere Grade nach einem, später zwei Jahren (ebd., 28) war streng formalisiert: Der »Sub-Warden [Gruppenleiter] des Kandidaten« verfaßte einen »Bericht«, aufgrund dessen der »korrespondierende Sekretär der Abteilung« die Beförderung beschloß (ebd., 132). Man war der Esoterischen Schule entweder als Mitglied einer lokalen Gruppe oder als brieflich korrespondierendes Mitglied angeschlossen (ebd., 135)[553].

Es gab ein Aufnahmegelöbnis nach der Prüfungszeit, das zu Steiners Eintrittszeit folgenden Wortlaut besessen haben dürfte:

> »Ich versprechen, niemandem außerhalb der E.S. irgendwelche Unterlagen des Prüfungsordens der E.S. zu zeigen, sowie die Regeln der … Disziplin, in welche ich nun eintrete, zu befolgen. Ich verspreche ferner, dem äußeren Haupt der Schule oder ihrem Vertreter auf Verlangen erhaltene Unterlagen zurückzugeben.« (GA 264,133)

Dieses Versprechen war allerdings beträchtlichen Veränderungen unterworfen[554]. Auch Steiner hat das Formular für seine Schüler abgewandelt (s. u. 7.10.1f).

---

nicht zu unterscheiden, was von Besant und was aus anderen Quellen stammt: »Von diesem Augenblick an bis zu meinem etwa drei Monate spätern Austritt, führte ich das Leben eines Wahnsinnigen. Lebte nur von Vegetabilien, schlief kaum mehr, genoß zweimal täglich je einen in Suppe aufgelösten Eßlöffel voll Gummi arabicum …, machte Nacht für Nacht acht Stunden lang Asanaübungen (asiatische Sitzstellungen mit unterschlagenen Beinen), dabei den Atem anhaltend, bis ich Todesrütteln empfand. … Die Rezepte zu all dem hatte ich mir, soweit ich sie nicht von Annie Besant erhielt, aus Büchern indischer oder mittelalterlicher Provenienz herausgefischt.« Meyrink: Die Verwandlung des Blutes, 212 f. Den Hinweis auf diese Stelle verdanke ich Sebastian Meurer. Auch die Beobachtung von Brod: Höhere Welten, 539, daß Meyrink das Bild eines »Hüters der Schwelle« besessen habe, deutet auf Besants (oder Steiners?) Schulungsweg.

552 Hartmann: Ohne Titel, Antwort auf eine Frage, in: Lotusblüthen 1 / 1893, 865 f., gab die Existenz der »E.S. d. h. ›Eastern Section‹ der ›Orientalischen Abteilung der Theosophischen Gesellschaft‹« zu, nannte aber keine Details.

553 Besant unterschied in ihren Vorträgen zwischen »members«, »members of the higher grades« und den »leaders«; Bestermann: Annie Besant, 192. Wie diese Ränge genau mit der Struktur der Esoterischen Schulen zusammenhängen, ist unklar.

554 Die Informationen in der Rudolf Steiner-Gesamtausgabe sind uneindeutig, weil nach einer Information an anderer Stelle das Versprechen, »die Theosophie zum alles bestimmenden Faktor seines Lebens zu machen«, so der redaktionelle Text (GA 264,28), zum Gelöbnis gehört haben soll. Die theosophischen Quellen vermitteln ein weitaus komplizierteres Bild. Das Gelöbnis von Blavatskys esoterischer Schule aus dem Jahr 1895 dokumentiert Gomes: Creating the New Age, 64. Ein Ge-

Das tägliche Leben sollte durch Meditationen morgens, mittags und abends gestaltet werden. Darüber hatte der Schüler Tagebuch zu führen, und er

> »muß dem Sub-Warden an der ersten Zusammenkunft des Monats eine schriftliche Bescheinigung geben, daß er die Regeln befolgt hat, oder, wenn dies nicht der Fall war, welche Unterlassungen er gegangen [sic] hat, und aus welchem Grunde. Nachlässige Schüler werden nach drei Verwarnungen aufgefordert, ihre Papiere zurückzugeben und gelten nicht mehr als Mitglieder der Schule.« (GA 264,135)

Alkohol, Fleisch und Drogen waren verboten (ebd., 135 f.)[555]. Wenigstens eine halbe Stunde war für das Studium eines Buches »aus der beigefügten Liste« vorgesehen (ebd., 135). Zur Pflichtlektüre wird wohl Blavatskys »Geheimlehre« gezählt haben, und hier vor allem der dritte Band[556]. Eine Schülerin berichtete von der freiwilligen Lektüre der »Bhagavadgita« und von Blavatskys »Stimme der Stille« (ebd., 43); darüber hinaus dürften Werke Besants und Leadbeaters auf dem Leseplan gestanden haben, wie es in einer (allerdings Besant-kritischen) Publikation heißt:

> »Mrs. Besant withdrew the pledge, memorandum, and instructions of H. P. B. [Blavatsky] and substituted a new ›pledge‹ for her ›esoteric‹ students. This was followed by ›studies‹ and ›instructions‹ of her own, and by the circulation in her ›School‹ of the ›clairvoyant investigations‹ of Mr. Leadbeater and herself which were later published as ›Occult Chemistry‹. … The ›E.S.T.‹ [Esoteric Section of Theosophy], which controlled absolutely the exoteric Society, speedily became a ›hall of Occultism‹ and a ›factory for the manufacture of initiates‹«[557].

---

löbnis, das schon Besants dominante Rolle voraussetzt, übermittelt der (notorisch unzuverlässige) Miers: Lexikon des Geheimwissens ($^{6}$1986), 135:
»1. Ich beherzige die 3 Zwecke der TG [Theosophischen Gesellschaft].
2. Ich bin überzeugt von der Wahrheit der Hauptlehren der esoterischen Philosophie, d. h. der Existenz einer Einheit, von der alles abstammt, dem Gesetz der Periodizität, der Identität des Geistes im Menschen mit dem universellen Geist, der Reinkarnation, des Karma, der Existenz der Großen Bruderschaft.
3. Ich wünsche Mitglied der ES zu werden, um mein Leben zu reinigen und zu vergeistigen, um ein nützlicher Diener der Menschheit zu werden.
4. Ich halte es für erwiesen, daß HPB (Blavatsky) im Besitz eines Wissens ist, welches ihre Mission als Abgesandter der Großen Bruderschaft bescheinigt, und daß diese Schule, die sie gegründet hat, daher unter dem Schutz der Großen Bruderschaft steht.
5. Ich anerkenne Annie Besant als ihren Nachfolger als Chef dieser Schule unter der Leitung der Meister und als ihren Abgesandten, den sie ernannt haben, um die Ziele zu erreichen.«
Dieser Text fehlt allerdings in Miers' Neuauflage von 1993. Die diesbezüglichen Informationen bei Frick: Die Erleuchteten, II / 2, 313, sind möglicherweise von Miers übernommen.
Ein weiteres Gelübde wurde 1914 in den »Mitteilungen«, abgedruckt: »Ich verpflichte mich, vor der Welt die Theosophische Gesellschaft zu stützen und im besonderen mich unbedingt und unverzüglich den Befehlen des Oberhauptes der Esoterischen Sektion zu unterwerfen in allem, was mein Verhältnis zur theosophischen Bewegung betrifft; mit ihr zu arbeiten in der Richtung, die sie bestimmen wird, um das Kommen des Weltlehrers vorzubereiten und der Gesellschaft jede mir mögliche Unterstützung durch Zeit, Geld und Arbeit zu gewähren.« Zit. nach Wiesberger: Rudolf Steiners esoterische Lehrtätigkeit, 134. Diese Fassung dürfte allerdings erst aus dem Jahr 1912 stammen (nahegelegt ebd.) und setzt jedenfalls die Entwicklungen um Krishnamurti voraus.

[555] Welche Rolle »rites and mysteries« in »a secret room«, bei denen »the disciples dabbled in hypnotism«, hinsichtlich Steiners spielten, ist unklar; vgl. Bestermann: Mrs Annie Besant, 172.

[556] Vgl. GA 28,319 und Farquhar: Modern Religious Movements, 261.

[557] Theosophical Movement, 685.

Das Lesen in den »ätherischen Archiven«, der späteren »Akasha-Chronik« Steiners, ist vermutlich unter Besant in den Lehrplan der Esoterischen Schule gekommen, wobei Leadbeater wohl eine wesentliche Rolle spielte[558].

### c. *Steiner als esoterischer Schüler*

Wenige Wochen vor seinem Tod hat Steiner 1925 seine Rolle in Besants Esoterischer Schule umschrieben:

> »Ich hatte mein anthroposophisches Wirken in die Theosophische Gesellschaft hineingestellt. Ich mußte deshalb informiert sein über alles, was in derselben vorging. Um dieser Information willen und darum, weil ich für Vorgeschrittene in der anthroposophischen Geist-Erkenntnis selbst einen engeren Kreis für notwendig hielt, ließ ich mich in die ›Esoterische Schule‹ aufnehmen.« (GA 28,318) »Daß ich innerhalb der ›Esoterischen Schule‹ der Mrs. Besant hätte etwas Besonderes lernen können, lag schon deshalb außer dem Bereich der Möglichkeit, weil ich von Anfang an nicht an den Veranstaltungen dieser Schule teilnahm, außer an wenigen, die zu meiner Information, was vorgeht, dienen sollten. … Es war ja in der Schule damals kein anderer wirklicher Inhalt als derjenige, der von H. P. Blavatsky herrührt, und der war ja schon gedruckt. Außer diesem Gedruckten gab Mrs. Besant allerlei indische Übungen für den Erkenntnisfortschritt, die ich aber ablehnte. … Es wurde geradezu die Absurdität behauptet, ich wäre zu der Geist-Erkenntnis überhaupt nur durch die esoterische Schule von Mrs. Besant geführt worden.« (ebd., 319)

Aus dieser Selbstdarstellung müßte man schließen, daß die Esoterische Schule für Steiner persönlich überhaupt nichts bedeutet habe. Er habe schlicht Informationen gesucht, um in innertheosophischen Interna auf dem Laufenden zu sein und um Fortgeschrittenen einen engeren Kreis zu bieten. Die historiographisch zugänglichen Informationen bieten ein anderes Bild.

Am 23. Oktober 1902 wurde Rudolf Steiner (und Marie von Sivers?) durch Annie Besant in die Esoterische Schule aufgenommen, so Wilhelm Hübbe-Schleiden, ein Bürge des Aufnahmegesuchs, das Steiner am 17. Januar 1902 eingereicht hatte[559]. Offenkundlich falsch ist mithin Steiners Aussage, »niemals war von meiner Seite irgendein Antrag gestellt worden, Mitglied der [Theosophischen] Gesellschaft zu werden«[560]. Mit Steiners Beitritt wurde in Deutschland eine eigene Esoterische Schule eingerichtet, die die zumeist tastenden Versuche einer esoterischen Unterweisung zentralisierten. Was etwa aus der spirituellen Belehrung durch (Schulungs-)Briefe wurde, die John Cordes, der später zu den Adyar-treuen Steiner-Kritikern gehörte, zwischen 1900 und 1902 schickte[561], ist

---

[558] Zur Rolle Leadbeaters Frohnmeyer: Die theosophische Bewegung, 24; Miers: Lexikon des Geheimwissens ($^{7}$1993), 371.

[559] Hübbe-Schleiden: Denkschrift, 64. Das Datum bestätigt für Steiner Lindenberg: Steiner (Chronik), 203. Von Reden: Dr Hübbe-Schleiden's Denkschrift, 35, behauptet allerdings, »in bezug auf Fräulein von Sivers entspricht diese Angabe dem wirklichen Tatschenbestande *nicht*«. Übernommen in: Wiesberger: Aus dem Leben von Marie Steiner-von Sivers, 213.
Falsch ist die Behauptung in Steiner-kritischer Literatur, Steiner habe der Esoterischen Schule nie angehört, so in anonymen Anmerkungen zu Bolliger: Der Einbezug der Freimaurerei in die Anthroposophie Rudolf Steiners, 45.

[560] GA 264$^{2}$,407 (14.12.1911); stattdessen ist von einer Einladung von Brockdorffs die Rede.

[561] Cordes' Briefe an unbekannte Empfänger datieren vom 8.2.1900 und vom 6.8.1902; SdM 1291-1-9, Bll. 48 f.

unklar. Versuche deutscher Theosophen um Hübbe-Schleiden, 1903 eine eigene, »rosenkreuzerisch« titulierte Schulung einzurichten, sind offenbar im Sande verlaufen[562]; möglicherweise handelte es sich hier bereits um eine Reaktion auf Steiners Aktivitäten. Ein Jahr später erwies sich Hübbe-Schleiden allerdings als schlechter Verlierer im Rennen um die Einrichtung der Esoterischen Schule und konterte Steiners Gründung mit der These, man könne aus der veröffentlichten theosophischen Literatur auch »*selbständig* für sich *allein*« all das lernen, was Steiner vermittle[563]. Die deutschen Theosophen, die bis dato an die Esoterische Schule in London angeschlossen waren (GA 264,21), dürften jedenfalls in Steiners Hände übergegangen sein.

Steiner befand sich in diesen Jahren in einer Phase hingebungsvoller Verehrung für Besant; von ihr zu lernen, war also keineswegs für ihn, wie in einer zitierten Äußerung aus dem Jahr 1925, »außer dem Bereich der Möglichkeit« (GA 28,319). Im Oktober 1902 nannte er sie in einem öffentlichen Vortrag (in einer in der Gesamtausgabe fehlenden Stelle) eine »Persönlichkeit«, »die ich als ein … religiöses Genie erkennen möchte«[564], im Juni bezeichnete er sie gegenüber Marie von Sivers als »Priesterin« (GA $262^2$,41). Ins Jahr 1903 dürfte die ihn möglicherweise sehr bewegende Lektüre ihres Buches »Esoterisches Christentum« fallen (s. 8.2.3), und in diesem Jahr versprach er im April auch, mit Marie von Sivers »alles in vollster Treue und Hingebung an Mrs. Besants Intentionen« zu tun (GA $262^2$,60). »Wo sie spricht«, so Steiner auf dem Kongreß der europäischen Landessektion im Juni 1904, »wird der Geist der Zuhörer zu den Höhen göttlicher Erkenntnis erhoben« (GA 34,541). Sie sei ein »Bote der Meister«, glaubte er im August, und wenn Menschen nicht »unerschütterlich« »zu Annie Besant stehen, so fügen sich diese selbst die schwerste Schädigung zu« (GA 264,79). Als Steiner Besant im September 1904 auf einer Vortragsreise begleitete[565] und zehn öffentliche Vorträge von ihr wiedergab[566], hatte sich, so seine Anhängerin Emmy Gumpenberg, »die Ueberzeugung in unseren Köpfen festgesetzt …, daß Dr. Steiner Mrs. Besants bester Schüler sei«[567]. 1905 gestand er, »durch Frau Besant habe ich auch den Weg zu H. P. Blavatsky gefunden« (MTG 1,1). Die Äußerungen vieler (allerdings vor allem kritischer) Zeitgenossen bestätigen, daß Steiner in diesen Jahren Besants Schüler war und sich als solcher verstand[568]. Erst mit der Ent-

[562] Klatt: Theosophie und Anthroposophie, 71 f.
[563] Ebd., 175.
[564] Steiner: Monismus und Theosophie, 754; Fehlstelle in GA 51,315. Da diese Veröffentlichung bei Mötteli u. a.: Übersichtsbände, I, 51, nicht genannt ist, mag keine Unterschlagung, sondern fehlendes Wissen bei den Editoren der Gesamtausgabe vorliegen.
[565] Lindenberg: Steiner (Chronik), 222 f.
[566] Schmidt: Das Vortragswerk, 65 f.
[567] Gumpenberg: Erinnerungen an Rudolf Steiner, 54.
[568] Hauer: Werden und Wesen der Anthroposophie, 43, gibt von ehemaligen Schülern Steiners die Aussage weiter, daß Steiner Ihnen mündlich und schriftlich berichtet habe, Schüler Besants gewesen zu sein. Die Schülerschaft Steiners behauptet auch die Adyar-Theosophin gebliebene Alice von Sonklar: Zur Verteidigung einer Unglücklichen, 401. Noch Adolf Köberle berichtete im Gespräch mit mir, daß Steiner der Wahrnehmung von Zeitgenossen zufolge sehr von Annie Besant »beeindruckt« war. Gegenteilige anthroposophische Aussagen dürften demgegenüber der Interpretationsvorgabe Steiners folgen, z. B. Heyer: Wie man gegen Rudolf Steiner kämpft, 43. Auch Bewertungen von Lindenberg: Steiner (Biographie), etwa I, 337 f., reproduzierten Steiners späte Distanzierungen.

fremdung im Lauf der folgenden Jahren hat er die Verehrung Besants abgelegt, aber noch 1925 gestand er ihr »eigene Erlebnisse« »aus der geistigen Welt« zu (GA 28,320). Seine autobiographischen Distanzierungen haben angesichts der kontradiktorischen Aussagen der frühen Quellen mutmaßlich die Funktion, die außerordentlich hohe Bedeutung dieser Frau zu verdecken.

Wie Steiners Unterrichtung durch Besant, die vermutlich eher eine geleitete Kenntnisnahme von Inhalten war, ist unklar. Schriftliche Hinweise oder Unterweisungen sind denkbar[569], mündliche ebenfalls, doch dürfte es bei den wenigen, insgesamt sechs nachweisbaren Treffen zwischen 1902 und 1905[570] allenfalls teilweise um Belange der Esoterischen Schule und weniger um seine persönliche Spiritualität gegangen sein[571]. In welchen Schritten Steiner in die esoterische Arbeit eintrat, ist kaum nachvollziehbar, in seiner Einsetzung als Leiter wird aber deutlich, daß die »volle esoterische Autorisation« (s. u. 7.10.1f) ein schrittweises Hineinwachsen voraussetzte.

Steiners Lektüren im engeren Umfeld der Esoterischen Schule sind nur schwer zu bestimmen, schon weil man zwischen seinem persönlichen Lernmaterial und dem Lehrmaterial für seine Schüler nur schwer unterscheiden kann. An erster Stelle könnten Eindrücke aus Blavatskys »Geheimlehre« gestanden haben, am 20. August 1902 war er jedenfalls mit dem »fortwährenden Nachschlagen« in dieser Schrift beschäftigt (s. o. 7.2), und noch 1905 bemühte er sich um die Verdeutlichung schwer verständlicher Stellen im dritten Band der »Geheimlehre« (vgl. GA 93a,268). Auch einige Meditationstexte für ihn und seine eigenen Schüler waren theosophisches Traditionsgut. So nutzte er in den ersten Jahren einen Meditationsspruch aus der Esoterischen Schule der Theosophischen Gesellschaft, den Steiner möglicherweise selbst ins Deutsche übertragen hatte (GA 266a,571):

»Strahlender als die Sonne
Reiner als der Schnee
Feiner als der Äther
Ist das Selbst,
Der Geist in meinem Herzen.
Dies Selbst bin Ich,
Ich bin dies Selbst.« (z. B. GA 264,63; GA 245,85.170.)

Davor war in der Esoterische Schule Besants vorgesehen: »Wende … deine Gedanken auf das höchste Selbst als den Gott außer dir und in dir, und präge dir ein, daß du eins mit ihm bist« (GA 264,137). Dieser Satz gehört in den Kernbestand des theosophischen Bekenntnisses und könnte ein Leitmotiv der esoterischen Unterweisung gebildet haben.

Als didaktische Grundlage seiner Schulung könnte Blavatskys »Stimme der Stille« gedient haben, die Steiner an seine eigenen Schüler im Mai 1904 weiterreichte (GA 245,147–157). Vielleicht hat er auch Mabel Collins' Buch »Licht

[569] Briefe Annie Besants sind in Dornach vorhanden, aber unveröffentlicht. In den mir von der Nachlaßverwaltung vorgelegten Briefkopien befindet sich keinerlei Schulungsmaterial.
[570] Zu den Treffen mit Besant vgl. Kap. 7, Anm. 353.
[571] Nachweislich etwa im September 1904 (GA 264,27).

auf den Weg«, das er überaus schätzte, mit dem Schulungsmaterial der Esoterischen Schule kennengelernt und dann seine »Lehren« »der inneren Konzentration« weiterempfohlen (GA 94,45). Sein frühester Umgang mit diesen Texten liegt jedenfalls durchweg vor dem Beginn der Veröffentlichung seines eigenen Schulungsweges seit Juni 1904. Da sich in Steiners Nachlaß auch ein Exemplar von Blavatskys »The Esoteric School of Theosophy. Instruction No. III« aus dem Jahr 1889 gefunden hat (GA 264,467), das als Privatdruck für Schüler der Esoterischen Schule weitergegeben wurde, kann man davon ausgehen, daß sich Steiner daraus bediente. Ein übersetztes Teilstück in einem Schreiben an einen eigenen Schüler dokumentiert, daß aus der eigenen eine Unterrichtung Dritter wurde.

Andererseits gibt es eine bemerkenswerte Leerstelle. Es fehlen Indizien, daß Steiner selber meditiert hätte. In den Memoiren aus seinem engeren Umfeld, etwa Marie von Sivers', sind mir jedenfalls keine Belege dafür bekanntgeworden. Die Meditationen, die er an seine Schüler gab, hatten zwar theosophische Wurzeln, waren aber, nach allem, was augenblicklich historisch ermittelbar ist, Produkte eines selbsternannten Lehrers ohne praktische Erfahrung.

*d. Die Meister*

Die Esoterische Schule war für Steiner ein zentraler Faktor der klandestinen kulturellen Traditionen und ihrer Weitergabe durch »Meister« und durch die Theosophische Gesellschaft. Die historiographische Pointe dieser Vorstellung liegt in der Funktion dieser Meister als Tradenten eines geheimen kulturellen Gedächtnisses und als Gegenlager gegen alle Probleme der Texthermeneutik. In den ersten theosophischen Jahren sah Steiner hinter Besant »die Meister« stehen, denen die Lenkung der Menschheit und namentlich der Theosophischen Gesellschaft und ihrer Esoterischen Schule zugeschrieben wurde. Sie gehörten zum festen Bestandteil der theosophischen Weltanschauung und waren seit Blavatskys Affäre um die »Meisterbriefe« (s. 3.2.4) und deren teilweise Veröffentlichung durch Sinnett 1881 in »The Occult World« (deutsch 1896) der esoterikinteressierten Öffentlichkeit und spätestens seit Dezember 1903 auch Steiner wohlbekannt. Von den historischen Wurzeln der Meistervorstellungen, die vermutlich ein spiritistisches Erbe in der Theosophie bildeten (s. 3.2.4), hatte Steiner möglicherweise keine Kenntnisse[572]. Im Steiners Umgang mit den Meistern spiegelt sich in nuce die Veränderung seines Verhältnisses zu Besant und zur Theosophischen Gesellschaft, weil die Meister der symbolische Ausdruck von Machtverhältnissen waren: Nur Blavatsky hatte sie in Tibet »persönlich« besucht, mit der Gründung der Theosophischen Gesellschaft aber waren sie zu einer ungreifbaren Instanz geworden, die den esoterischen Mehrwert der Gesellschaft sicherte und zugleich die Führung als alleinige Kontaktpersonen privilegierte. 1907 waren sie konsequenterweise beim Tod Olcotts ein unkontrollierbarer Hebel, die Machtfrage in der Nachfolge der Präsidentschaft zu entscheiden.

---

[572] Zumindest 1915 dokumentierte er seine Kenntnisse über »King John« (GA 254,37 f.).

Dieser verzwickten Gemengelage aus Idealismus und Opportunismus näherte sich Steiner zuerst als Schüler[573]. Im Sommer 1903 waren die Meister für ihn »Mahatmas« und »tibetanische Lehrer« (GA 88,154), er übernahm ihre von Blavatsky kundgegebenen »Namen« wie »Meister K. H.«, also Koot Hoomi (ebd., 195 [Dezember 1903])[574] und »Meister Morya (GA 266a,111 [9.7.1904]), er las »ihre« Briefe als autoritative Schriften (GA 88,195). Er bezeichnete sich »nur« als »das Mittel ., die Gedanken der Meister zum Ausdruck zu bringen« (GA 266a,111 [9.7.1904]). »Ich kann und darf nur soweit führen«, schrieb er an einen (namentlich in der Gesamtausgabe nicht genannten) »Schüler« am 11. August 1904, »als der erhabene Meister, der mich selber führt, mir die Anleitung gibt« (GA 264,33). Und ein Vierteljahr später, am 15. Dezember, teilte er mit, daß ihm die Meister das Recht zur Veröffentlichung der Regeln der Esoterischen Schule gegeben hätten (ebd., 32). »Täglich« höre er die »Mahnung« der »heiligen Meister« (GA 262$^2$,86 [9.1.1905]), und die Schule galt konsequenterweise als »von den Meistern selbst begründet und steht unter der Leitung der Meister« (GA 264$^2$,87), wie er 1905 einer Schülerin schrieb. Auf die »Theosophische Gesellschaft selbst als solche« (damit waren wohl die organisations- und machtpolitischen Fragen gemeint), hätten die »Meister selbst« jedoch, so hielt er schon zu diesem Zeitpunkt reservierend fest, »*nie* einen Einfluß genommen« (ebd.). In diesen Jahren dürften auch die Kopien der offiziösen Portraits der Mahatmas »Kuthumi« und »Morya«, die nach Anweisungen Blavatskys entstanden waren, von Hermann Schmiechen für Steiner angefertigt worden sein, die dann in esoterischen Stunden gezeigt wurden[575].

Daß Steiner seinen Weg in die Theosophie von einem »heiligen Meister« gelenkt sah, wie er am 9. Januar 1905 seiner Frau gestand, ist nur konsequent:

> »Ich kann Dir nur sagen, wenn der Meister mit nicht zu überzeugen gewußt hätte, daß trotz alledem [der innertheosophischen Auseinandersetzungen] die Theosophie unserem Zeitalter notwendig ist: ich hätte auch *nach* 1901 nur philosophische Bücher geschrieben und literarisch und philosophisch gesprochen.« (GA 262$^2$,86)

Noch im September 1907 schrieb er an Edouard Schouré, der mit seinen »Großen Eingeweihten« für die Präsenz der Meister-Vorstellung bei Steiner eine herausgehobene Rolle spielt, daß er zuerst keinem »M.« begegnet sei, sondern »einem von ihm Gesandten, der in die Geheimnisse der Wirksamkeit aller Pflanzen und ihres Zusammenhanges mit dem Kosmos und mit der menschlichen Natur vollkommen eingeweiht war« (ebd., 16). Steiner unterzog damit seine Biographie einer Relecture im Horziont der Meister-Vorstellung, doch bleibt unklar, welche realen Begegnungen sich damit verbanden. In dem Pflanzenkundigen kann man den »Kräutersammler« Felix Kogutzki, den er Anfang der 1880er Jahre kennengelernt hatte[576], vermuten, aber wer sich hinter dem Meister verbergen könnte, der 1901 seine Konversion bewirkt habe, ist ganz unklar – wenn es diese

[573] Eine wissenschaftliche Bearbeitung der »Meister« in Steiners Biographie fehlt; vgl. unter weltanschaulicher Perspektive die Zusammenstellung bei Hella Wiesberger in GA 264$^2$,241–259.
[574] Steiner übernahm offenbar die eingedeutschte Form »Kuthumi« (GA 266a,111).
[575] Wiesberger: Rudolf Steiners esoterische Lehrtätigkeit, 137; vgl. auch unten Anm. 605.
[576] Lindenberg: Steiner (Biographie), I, 85–90.

Begegnung je gab[577]. Gegenüber seinen Schülern hat Steiner offenbar selbst einen Meister-Habitus angenommen oder wirkte zumindest so. In einer esoterischen Stunde verschmolzen bei einer Teilnehmerin mediumistische Vorstellungen des Spiritismus mit der Meistervorstellung der Theosophie:

> »Wenn er zu den esoterischen Stunden kam, sah er nicht aus wie Rudolf Steiner, sondern nur wie sein Gehäuse. ›Es sprechen aus mir die Meister der Weisheit und der Empfindungen‹, begann er. Es war stets feierlich. Man kann das gar nicht vergessen, den Ausdruck seines Gesichtes.«[578]

Auch andere Aufzeichnungen seiner Schüler legen nahe, daß in den frühen esoterischen Unterrichtungen die Grenze zwischen Steiners Darstellung und einer unmittelbaren Äußerung der Meister verschwamm: »Die Mahatmas werden uns heute etwas zu sagen haben. ... Jetzt wird der Meister Morya sprechen« heißt es in einer Mitschrift vom 14. Juli 1904 (GA 266a,114).

Im November 1905 finden sich Indizien, daß er sich von der theosophischen Orthodoxie zu lösen begann: Christian Rosenkreutz firmierte nun als weiterer »Meister« (GA 266a,117), am 12. Februar 1906 nannte er den »Meister Jesus« (ebd., 124f.), am 26. Juni war »Meister Saint-Germain«, ein vagierender Hochgradmauerer vom Ende des 18. Jahrhunderts, dazugekommen (ebd., 157), also Figuren der europäischen Religionsgeschichte. Im Hintergrund wurde auch ein »Meister Hilarion« gehandelt (GA 266a,570), der in der konkurrierenden theosophischen Tempelgesellschaft neben Blavatsky verehrt wurde[579], aber offensichtlich auch in der Adyar-Theosophie präsent war. Am 22. Oktober 1906 tauchten die Meister Koot Hoomi, Morya, Jesus und Christian Rosenkreutz mit Funktionsnamen als »Meister der Weisheit und des Zusammenklange der Empfindungen« auf (ebd., 166), einen Monat später finden sich die Meister mit ihren Funktionsbestimmungen, aber anonymisiert (ebd., 173). In diesem Inkognito blieben die Meister bis zur Trennung von der Theosophischen Gesellschaft in Steiners Werk über Jahre präsent. Der Verzicht auf die Mahatma-Bezeichnung und die Europäisierung der Meister[580] war ein Teil des Ausdrucks seiner Eigenständigkeit. Noch 1909 sah er die Theosophie und das spirituelle Leben von den Meistern begründet (GA 264²,332), doch im Rahmen der zunehmenden Spannungen mit der theosophischen Orthodoxie und der Etablierung seiner eigenen nahm die Bedeutung der Meister weiter ab. Insbesondere als Steiner den Einsatz unüberprüfbarer Meisterworte im theosophischen Machtkampf realisierte, in dem Besant 1907 als Präsidentin durchgesetzt werden konnte, weil sie sich auf noch von Olcott empfangene Anweisungen der »Meister« stützen konnte, muß sein Glauben an die spirituelle Dignität der Meister einen Bruch bekommen ha-

---

[577] Hella Wiesberger und Julius Zoll unterstellen im Kommentar in GA 262²,87, daß sich dahinter eine reale Begegnung verberge. Die angeführte Vermutung über den möglichen Begegnungszeitraum und die Belegstelle sind allerdings keine Belege für die reale Existenz dieses Meisters.

[578] Schirmer-Bey: Erinnerungen, 140.

[579] Fischer: 100 Jahre »Theosophische Gesellschaft«, 25; vgl. auch 3.13.

[580] Die orientalischen Meisternamen scheinen 1906 zu verschwinden; der letzte mir bekannte Beleg, in dem Koot Hoomi mit Morya zusammen mit »zwölf Meistern der weißen Loge« genannt werden, stammt vom 22. Oktober 1906 (GA 266a,165).

ben[581]. Seit 1913 scheint die »Meister«-Terminologie mit einem Schlag praktisch verschwunden zu sein[582], doch hat Steiner an dieser Autoritätsagentur strukturell festgehalten. 1923 mochte er Blavatskys »Mahatmas« nicht prinzipiell in Frage stellen (GA 254,32), und in der 1924 neugegründeten Esoterischen Schule waren sie als »geistige Mächte« (GA 270c,15) weiterhin vorhanden (s. u. 7.10.1g).

*e. Mysterienkulte*

Die Meister sollten allerdings nicht nur als Autoritäten hinter Steiners persönlicher Unterweisung und der seiner Esoterischen Schule stehen, sondern auch die Tradierung des kulturellen Gedächtnisses der Theosophie gewährleisten (s. u. 7.11.2d-e). In dieser Funktion waren sie in die Vorstellung eines von Mysterienkulten gehüteten und tradierten Wissens eingebunden, ein Feld, in dem man um 1900 noch mit vergleichsweise geringer Gefährdung spekulative Theorien vertreten konnte. 1902 konstruierte Steiner die Geschichte von

> »den Personen, welche in die Mysterien[583] eingeweiht wurden in jenen geheimnisvollen Weisheitsinhalt, der dem Volke entzogen wurde und der über die höchsten Fragen Licht brachte« (GA 8,19).

Es habe die Mysterien »bei den alten Völkern überall« gegeben (ebd.), und ihre Tradition sei quer durch die Geschichte für ihn nachvollziehbar: Die »Atlantier« hätten »Mysterientempel« gekannt (GA 11,45 [1904]), die Philosophie der Griechen habe »auf demselben Gesinnungsboden« gestanden »wie die mystische Erkenntnis« (GA 8,38), Jesus sei ein »Initiierter« in einem »Mysterientempel« gewesen (ebd., 107) und die vier Evangelisten sollen »aus vier verschiedenen Mysterientraditionen« stammen (ebd., 112). Nach der Antike werde die Tradition zunehmend dünner, existiere aber fort: Siegfried galt ihm als Gründer des »Drottenmysteriums« (GA 57,426 [1909]), in der Gralsgeschichte verberge sich eine Mysterientradition (ebd., 433) und die »Mysterien der Rosenkreuzer« (ebd., 439) sollen die ungebrochene Weiterführung der Mysterienschulen bis in die Neuzeit belegen. Diese Traditionskonstruktion hat Steiner vor dem Ersten Weltkrieg besonders intensiv traktiert, daran aber grundsätzlich bis zu seinem Lebensende festgehalten[584].

Daß er selbst als Eingeweihter einer Mysterienschule betrachtet werden wollte, ließ er manchmal durchblicken. So eröffnete er 1905 einem »exoterischen« Zuhörerkreis, daß »meine Darstellung der Menschheitsgeschichte, in den Aufsätzen ›Aus der Akasha-Chronik‹, aus der inneren, mystischen Erfahrung heraus« stamme und in Übereinstimmung mit den Überlieferungen der »sogenannten Geheimschulen« stehe (GA 54,135). Das mit »Geheimschulen« und »Mysterienweisheit« verbundene Lehrer-Schüler-Verhältnis hat er auf seine Esoterische Schule umgelegt, und die zwischen 1909 und 1913 geschriebenen »Mysterien-

---

[581] Vgl. Wiesberger: Rudolf Steiners esoterische Lehrtätigkeit, 144 f. 150 f.

[582] Vgl. Mötteli: Register zur Rudolf Steiner Gesamtausgabe. Sachwortregister, I, 620.

[583] Seit 1910: »durch die Mysterien«.

[584] Noch 1923 hielt er Aristoteles und Theophrast für Tradenten eleusinischer Weisheit (GA 232, 161), und 1924 sprach er von einer mittelalterlichen Mysterienunterweisung im Mittelalter (GA 233).

dramen« (GA 14) sollten an die alten Mysterienriten anknüpfen. Steiner wollte als Myste gelten und sah die Theosophische Gesellschaft in der Sukzession der Mysterienschulen.

Faktisch stammt die Konstruktion einer nie unterbrochenen Mysterientradition vermutlich aus der maurerischen Tradition des 18. Jahrhunderts[585]. Schon im historischen Teil von Andersons Konstitutionenbuch besaß sie einen hervorgehobenen Platz, und machte dann im 18. Jahrhundert Karriere[586], unter Theosophen galt sie als sicher[587]. Blavatskys »Entschleierte Isis« trug den Untertitel »Meisterschlüssel zu den alten und modernen Mysterien, Wissenschaft und Theologie«, Schurés »Heiligtümer des Orients« betrachtete Steiner als ein Buch »aus dem Geiste der eleusinischen Mysterien« (GA 53,175). Im 19. Jahrhundert trat neben diese Mysterientheorie eine oft ahistorische Berufung auf »die Mystik«. Die Konjunktur des Mystikbegriffs um 1900 ist augenblicklich nicht überschaubar, aber er war zum Synonym eines Mehrwerts erfahrener Religiosität jenseits der trockenen Bücherwissenschaft aufgestiegen[588]. Auch Steiner plazierte sich mit seinem »Christentum als mystischer Thatsache« in diesem Diskursraum.

»Das Christentum als mystische Thatsache« verweist in seinem historischen Material allerdings noch auf eine weitere Quelle, die wissenschaftliche Literatur. Steiner hat sie in der Gestalt der 1886 erschienenen »Philosophie des Heraklit von Ephesus im Lichte der Mysterienidee« von Edmund Pfleiderer (1842–1902), Theologe und Professor für Philosophie in Tübingen, auch namentlich benannt (GA 8,39)[589]. Gegen die zeitgenössischen Deutungen, die aus Heraklit den »Empiriker und Sensualisten unserer Tage machen«, vertrat Pfleiderer die »Hypothese« »einer tiefinneren Sympathie des Ephesiers für den Sinn und Herzpunkt der Mysterien«[590]. Dies ist eine philosophiehistorisch heute überholte Theorie[591], die allerdings Steiners damaliger Situation entsprach und seinen eigenen Weg von einer empiristischen Position vor 1900 in die theosophischen »Mysterien« als strukturgleiches Thema in der Biographie des Heraklit spiegelte. Für eine hi-

---

585 Einschlägig Cudworth: The True Intellectual System of the Universe, 314. 317; dazu Assmann: Moses, der Ägypter, 121 f. Zur Freimaurerei Maurice: Freimaurerei um 1800, 352. 373 f., und zur Rezeption antiker Mysterien bei den Illuminaten Meumann: Zur Rezeption antiker Mysterien, 289–292.

586 Vgl. dazu Meumann: Zur Rezeption antiker Mysterien, 289–291; Maurice: Die Mysterien der Aufklärung, 281–294; ders.: Freimaurerei um 1800, 352. 373 f.

587 Vgl. bei Sinnett: Das Wachstum der Seele, 274–287, die Rückführung der Esoterischen Schule auf die antiken Mysterienkulte. In Blavatskys »Geheimlehre« finden sich die Belege ubiquitär.

588 Dazu: Mystique, mysticisme et modernité en Allemagne, hg. v. H. Châtellier.

589 Pfleiderer: Die Philosophie des Heraklit. Daß Steiner darüber hinaus Apuleius' Text über die Isismysterien benutzt habe (so Dessoir: Vom Jenseits der Seele, [6]1931, 447), ist zwar nicht auszuschließen, wäre aber über allgemeine Ähnlichkeiten hinaus genauer zu belegen.

590 Die drei Zitate bei Pfleiderer ebd., 5. 348. 27 f.

591 Am nächsten kommt man den Eleusinen in Heraklits Biographie noch mit seiner Familie, in der die Würde des Basileus, die die Aufsicht über die eleusinischen Mysterien mit sich brachte, vererbt wurde. Heraklit soll jedoch eben dieses Amt seinem Bruder abgetreten haben; Zeller: Die Philosophie der Griechen I / 2, 787. Das einzige heraklitische Fragment, in dem der Mysterienbegriff vorkommt (Diels-Kranz 14 = Marcovich 87), wird Heraklit von einem Teil der Forschung nicht zugeschrieben (vgl. Marcovich: Heraclitus, 467). Wenn man es als echt akzeptiert, hätte Heraklit die Mysterien kritisiert (Kahn: The Art and Thought of Heraclitus, 263).

storiographische Fundierung der antiken Mysterienkulte trägt Pfleiderers Titel nichts aus. Pikanterweise war aber die Nachzeichnung der »Mysterientraditionen« eine Traditionskonstruktion aus dem Fundus seines Gegners, der historisch-kritischen Forschung.

*f. Steiner als esoterischer Lehrer*

Der Übergang von Steiners Schülerschaft in die Lehrerrolle dürfte fließend gewesen sein. Anfang Juni 1903 schrieb er Annie Besant, »ich weiß auch, daß die E.S. das *Herz* der theosophischen Gesellschaft sein muß«[592]. Die Lehrtätigkeit im Sommer dieses Jahres im privaten Kreis, wo seine Geliebte, Marie von Sivers, sowie ihre Freundin von Strauch-Spettini und ihre Schwester Olga seine Schülerinnen waren (s. o. 7.2), ging in die Unterrichtung anderer Theosophen über[593], die sich beispielsweise über »führerlose« Studien bei ihm beschwerten (GA 264,43). Mit zunehmendem Selbstbewußtsein als Theosoph, vielleicht auch mit wachsender Einsicht in die vereinsinterne Funktionalisierung der Esoterik in der Theosophischen Gesellschaft, gestaltete Steiner die Esoterische Schule zunehmend in eigener Regie.

Am 10. Mai 1904 ernannte Besant Steiner zum Landesleiter der Esoterischen Schule für »Germany & the Austrian Empire«; nach eigenen Angaben wurde Steiner auch für die »deutsche Schweiz« zuständig[594]. Vier Tage später berichtete er,

> »ich mußte gerade wegen unserer esoterischen Arbeit in Deutschland die letzten Tage in London hier bei unserem spirituellen Oberhaupte Mrs. Besant zubringen, um von ihr volle esoterische Autorisation für alles zu erlangen, war ich auf diesem Felde tue. … mein esoterisches Wirken hat erst in den letzten Tagen noch die volle Weihe erhalten.« (GA 264,54)

Worin diese »Weihe« bestand, ist unklar. Erst jetzt begann er, seine eigene Esoterische Schule zu errichten. Am 9. Juli 1904 fand die erste esoterische Stunde statt (ebd., 25), aber die reguläre Arbeit setzte erst im Juni 1905 ein (ebd., 27). Bei al-

---

[592] Brief Steiner an Besant, Anfang Juni 1903, Nachlaß Steiner.

[593] Die Veröffentlichungen zu den esoterischen Stunden in der Gesamtausgabe beginnen mit Aufzeichnungen einer unbekannten Person vom 8. Februar 1904 (GA 266a,21), drei Monate vor Steiners offizieller Ernennung zum Arch-Warden. Dies suggeriert eine autoritätskritische Durchbrechung des Reglements, wogegen jedoch Steiners Äußerungen, die einen Regelgehorsam dokumentieren (s. o. 7.10.1b), sprechen. Vier Vorträge vor dem 10. Mai, dem Tag seiner Ernennung zum Arch-Warden, gehören zwar inhaltlich in den Bereich der esoterischen Unterrichtung und in die Nähe der Esoterischen Schule, wie die Benutzung von Mabel Collins' »Licht auf den Weg« belegt (GA 266a,25), aber es gibt keinen Hinweis, daß sie innerhalb der esoterischen Schule gehalten wurden. Steiner hat sich zu diesem Zeitpunkt noch an die theosophische Kleiderordnung gehalten.
Wie lange er Marie von Sivers esoterische Unterweisungen und Meditationen gegeben hat, ist unklar. Noch im April 1905 ist davon wie selbstverständlich die Rede (GA $262^2$,96).

[594] Zit. Besant nach dem Faksimile in GA 264,26; Steiners Beanspruchung der deutschsprachigen Schweiz nach ebd., 144. Im einführenden Kommentar ist nur von einer Zuständigkeit Steiners für Deutschland und Österreich die Rede (ebd., 26), während aber mit dem »Austrian Empire« das gesamte Habsburgerreich gemeint gewesen sein könnte. Steiner hat demgegenüber auch die Zuständigkeit für Ungarn behauptet (ebd., 144), die aber möglicherweise nur auf dem Papier bestand. Während seine Führungsfunktion über diese Gebiete von Besants Schreiben gedeckt wird, findet der Anspruch auf die »deutsche Schweiz« dort keine Grundlage – aber genau hier kam es später zu Konflikten (s. 3.4.5b).

ledem blieb Besant Leiterin der Esoterischen Schule: »Das gegenwärtige Haupt«, schrieb er im Januar 1905, »ist unsere liebe, hochverehrte Annie Besant« (ebd., 87). Inwieweit Besant nach der Trennung im Mai 1907 auf dem Münchener Kongreß (s. 3.4.3e) noch eine formelle Leitungsfunktion behielt, ist unklar[595].

Steiners Tätigkeit in der ersten Klasse der Esoterischen Schule lag in zwei Bereichen: den Vorträgen vor einer Gruppe von Mitgliedern und dem individuellen Unterricht, der vermutlich oft mündliche Unterweisungen, aber auch briefliche Unterrichtungen beinhaltete[596]. Die meisten Dokumente liegen aus der Einzelunterweisung vor, doch spiegelt dies möglicherweise nicht das reale Verhältnis von Gruppen- und Einzelarbeit wider.

Das Reglement der Schule entsprach recht genau dem theosophischen Vorbild: Das Ziel war eine Elite »wahrer Theosophen« (GA 264,24). Die Aufnahme erfolgte zuerst in einen Vorbereitungskurs, den »Shrâvaka-Orden«, in dem etwa Reinkarnation und Karma den Schülern »Gewißheiten des Lebens« werden sollten und in dem sie sich für einen der vier Wege zu entscheiden hatten (vgl. ebd., 87)[597]. Das Regelwerk galt als »vertraulich« (GA 139.141.145), hektographierte Übungstexte trugen die Aufschrift »Streng vertraulich« (GA 267a,134); die Regeln mußten vom Schüler handschriftlich abgeschrieben werden und wurden dann an Besant gesandt (GA 264,60). Nach Absolvierung der esoterischen Unterrichtung konnte man in die zweite und dritte Abteilung der Esoterischen Schule, die maurerischen Aktivitäten, eintreten. Wohl bis 1907 mußten die Schüler Gelöbnisse ablegen (ebd., 30), nicht zuletzt unter Verpflichtung zur Geheimhaltung. Der Text lautete in der Ausfertigung für Ita Wegman vom 11. September 1905[598]:

»Versprechen
(Ist abzuschreiben, mit vollem Namen und Adresse zu unterzeichnen und an Dr. Rudolf Steiner, A.W.E.S.T.S. [Arch-Warden of the Esoteric School of the Theosophical Society] zu senden).
Ich gebe mein Ehrenwort, dass ich die Regeln des Srâvaka-Ordens der Esoterischen Schule der Theosophischen Gesellschaft sorgfältig lesen und möglichst genau einhalten werde, dass ich ferner sie niemand [sic] zeigen werde, der nicht Mitglied der Schule ist, ebensowenig wie eines der anderen Papiere oder eine der anderen Mitteilungen, die ich erhalten werde mit der Aufschrift »Vertraulich, im Auftrage des Hauptes der E.S.T. [Esoteric School of Theosophy, i. e. Besant]«. Auch werde ich auf Verlangen diese Papiere und Mitteilungen zurückgeben.
Alter: Name:
Religion: Adresse:
Kirche, Secte, etc.:«

---

595 In seiner Autobiographie sprach Steiner kryptisch vom Ende des »äußeren Zusammenhangs« im Jahr 1907 (GA 28,319). Dahinter könnte sich mehr als eine bloß inhaltliche Differenzierung verbergen.

596 Briefe an Schüler der Esoterischen Schule seit 1903; erster Brief an Mathilde Scholl am 1. Mai 1903 (GA 264,43–46).

597 Zu einer Ausfaltung dieser unterschiedlichen Ansätze ist es bei Steiner wohl nicht gekommen. Vgl. das Material zum Regelwerk der Esoterischen Schule in GA 264,131–143.

598 Text in der handschriftlichen Ausfertigung Steiners für Ita Wegman. Aus dem Ita Wegman-Archiv in Arlesheim, Faksimile bei Jucker: Anthroposophische Medizin, 24. Vgl. dazu die Vorlage (s. o. 7.10.1b).

Steiner hat Besants Gelöbnis (s. o. 7.10.1b) mit leichten Veränderungen übernommen: Das »Versprechen« war zu einem »Ehrenwort« geworden, während er die Ausrichtung auf ein äußeres Schuloberhaupt, also auf Besant, gestrichen hat. Gleichwohl bestand auch in der deutschen Sektion ein enges, von hoher Verehrung geprägtes Lehrer-Schüler-Verhältnis, wie viele Mitglieder bezeugt haben, das aber nun auf Steiner ausgerichtet war. Andrej Belyi verstand sich als »Vernehmender«[599], ähnlich äußerte sich Mathilde Scholl 1905 gegenüber Steiner: »Alles, was ich brauche, geben Sie mir und wird mir gegeben und das ist so viel, daß ich nur mit ehrfurchtsvollem Staunen den Blick erhaben kann zu all dem, was kommt.«[600]

Die Aufnahmeschritte konnten recht zügig verlaufen, wie Oskar Schmiedel berichtete, der Steiner 1907 kennengelernt hatte: »Im Frühjahr 1908 erhielt ich von ihm persönliche Übungen … Etwa ein Jahr später kam ich in die sogenannte E.S. [Esoterische Schule]. Ein weiteres Jahr danach wurde ich in die M. E. [Mystica Aeterna der Freimaurerei] aufgenommen.«[601] Es ist unklar, in welchem Ausmaß es die vier »Wege« Besants (allgemeine, christliche, pythagoräische und karmische Disziplin [s. o. 7.10.1b]) bei Steiner noch gab. Die Relativierung des christlichen Weges als einer unter anderen dürfte bei der zunehmenden Ausrichtung der deutschen Sektion auf eine europäisch-christliche Esoterik zum Problem geworden sein. Die esoterischen Unterrichtsstunden fanden in den Räumen der theosophischen Zweige oder in Privatzimmern statt. Nicht nur in Berlin, sondern in jeder Stadt, in der ein »esoterischer Kreis« bestand, hielt Steiner auch esoterische Stunden ab, wobei neben den Ortsansässigen viele reisende Theosophen teilnahmen. Belyi berichtet, »wir, die augenblicklichen Schüler und ›Esoteriker‹«, hatten nach »vorbereitenden Meditationen und Konzentrationsübungen«[602] »das Recht, bei sämtlichen ›Stunden‹ … anwesend zu sein«[603]. Steiner hat doziert, aber auch »Worte des Meisters« und Meditationsgedichte verlesen (GA 266a,222 [1.7.1909]).

Die Zweigräume hat man sich vermutlich in einer Ausstattung vorzustellen (vgl. auch 4.2.1), wie sie die Theosophin Assja Turgenieff beschrieb: In einem blaugestrichenen Raum mit blauen Möbeln und Büsten von Philosophen dozierte Steiner von einem Rednerpult mit einem Strauß roter Rosen aus. Dem Dissidenten Heinrich Goesch zufolge waren die Räume aber bei den esoterischen Veranstaltungen besonders geschmückt.

> »In den esoterischen Stunden hingen hinter dem Vortragenden nicht bloß ein Rosenkreuz (ein schwarzes Kreuz mit einem Kranz roter Rosen), sondern womöglich noch zwei Bilder beturbanter orientalischer Meister der Großen Weißen Loge. In einem

---

[599] Belyi: Verwandeln des Lebens, 189.
[600] Mathilde Scholl, Brief an Steiner vom 23. Januar 1905, zit. nach GA 264,29.
[601] Schmiedel: Aufzeichnungen, 416. Datum der ersten Begegnung ebd., 415. Offenbar dokumentiert diese Äußerung einen gewissen Automatismus, dem Steiner 1924 einen Riegel vorzuschieben versuchte. Es dürfe nach zwei Jahren Mitgliedschaft in der Anthroposophischen Gesellschaft keine automatische Mitgliedschaft in der esoterischen Klasse geben; außerdem müßten die Leiter vor Ort die freie Entscheidung über die Aufnahme besitzen (GA 260a[1],126).
[602] Belyi: Verwandeln des Lebens, 188 f.
[603] Ebd., 192.

Gefäße befanden sich drei Räucherstangen, welche von Steiner vor der Eingangsanrufung des jeweils leitenden Geistes mit einem oder mehreren Streichhölzern angezündet wurden.«[604]

In Stuttgart wurde »der ganze Raum mit Stoff ausgespannt«[605]. Die Außeralltäglichkeit der Situation wurde durch eine Eingangskontrolle herausgehoben, verspätete Mitglieder konnten ausgeschlossen werden[606]. Und in der Veranstaltung »wurde immer streng darauf geachtet, daß wir die Kopfbedeckung abnahmen«[607]. Wieweit Steiner dabei als Lehrer und Vorbild präsentiert wurde, dokumentiert eine Erinnerung des Bildhauers Ernst Wagner, der zwei Büsten Steiners geschaffen hatte. Eine davon zeigte Steiner mit geschlossenen Augen, dem in diesen Jahren auf theosophischen Gemälden weitverbreiteten Typus des Meditierenden: Die Plastik war während der Mysterienspiele »im Vorraum des Vortragssaales aufgestellt und zwar auf den Wunsch Dr. Steiners von einem Vorhang verdeckt, den der jeweilige Beschauer wegziehen musste«[608].

Wichtige Arbeitsunterlagen dürften in der Anfangsphase theosophische Materialien gewesen sein, aber die konkreten Informationen darüber sind ausgesprochen dürftig[609]. Wir wissen etwa, daß Laura Mary Mead, die Frau des Generalsekretärs der englischen Sektion, Schriften an die deutsche Sektion geschickt hat[610]. Besants Empfehlung, Leadbeaters »Christian Creed« als Studienmaterial zu benutzen[611], hat Steiner jedoch 1904 abgelehnt (GA 264,27). Sicher ist, daß Mabel Collins' »Licht auf den Weg« eine zentrale Rolle spielte, Steiner aber auch Blavatskys »Stimme der Stille« empfahl. Mit der Publikation der Theosophie und des Schulungsweges dürften seine eigenen Materialien in den Mittelpunkt des Unterrichts gerückt sein, insbesondere der »Erkenntnispfad« »Wie erlangt man Erkenntnisse der höheren Welten?«

Das inzwischen publizierte umfangreiche Konvolut von Unterrichtungen der Esoterischen Schule (GA 267 f.) dokumentiert, über welche Materialbreite Steiner verfügte und wie er das Material auf individuelle Bedürfnisse zuschnitt (GA 266a-c). Dazu einige Beispiele:

---

[604] Goesch: Ordensgroßmeister Rudolf Steiner. Nach Belyi: Verwandeln des Lebens, 433, hat Steiner auch den sogenannten Rosenkreuzerspruch (»Ex Deo nascimur / In Christo morimur / Per Spiritum Sanctum reviviscimus«) gesprochen.

[605] Del Monte: José del Monte, 128. Nicht ganz klar ist, ob es sich um eine Innenausstattung für eine maurerische Veranstaltung handelte.

[606] Zeylmans: Wer war Ita Wegman?, I, 209.

[607] Schirmer-Bey: Erinnerungen, 140.

[608] Ernst Wagner: Weg und Wandlung, unveröffentlichtes Manuskript im Besitz der Rudolf Steiner- Nachlaßverwaltung, zit. nach: Der andere Rudolf Steiner, 172.

[609] Nach Lindenberg: Steiner (Biographie), I, 375, sei es »sicher«, daß Steiner »praktisch unabhängig« von Besant in der Esoterischen Schule gelehrt habe. Angesichts der vielen offenen und vielleicht nicht mehr lösbaren Fragen, angesichts Lindenbergs Tendenz, die Bedeutung der Theosophie und namentlich Besants abzuschwächen, und schließlich angesichts der im folgenden belegten Rezeption theosophischen Materials scheint es mir plausibler, in der Einstiegsphase von einer beträchtlichen Bedeutung theosophischen Materials auszugehen – von der Lindenberg auch wenige Sätze später selbst spricht.

[610] Scholl, Brief an Steiner 23.1.1905, zit. nach GA 264,29.

[611] Offenbar hat Besant sehr früh realisiert, daß Steiner auf die christliche Tradition ausgerichtet war. Sie kam ihm mit diesem Ratschlag entweder entgegen oder versuchte, ihn in diesen Bereich einzugrenzen.

- Sehr zahlreich sind Meditationssprüche (GA 267 f.). Derartiges Spruchgut findet sich allerdings auch vielfältig außerhalb der Esoterischen Schule, etwa im »Anthroposophischen Seelenkalender« (GA 40,19–48).
- Eine herausgehobene Rolle spielte das Mantram »Strahlender als die Sonne« (s. o. 7.10.1c), das Steiner aus Besants Esoterischer Schule übernommen hatte. Er gab es in Briefen als Meditationstext an Schüler weiter (etwa GA 264,160) und verwandte es in esoterischen Vorträgen (z. B. GA 266a,211). Steiner hat diese Verse allerdings von 1905 / 06 an (ebd., 571) durch einen eigenen Spruch ersetzt[612]:

  »In den reinen Strahlen des Lichtes
  Erglänzt die Gottheit der Welt.
  In der reinen Liebe zu allen Wesen
  Erstrahlt die Göttlichkeit meiner Seele.
  Ich ruhe in der Gottheit der Welt;
  Ich werde mich selbst finden
  In der Gottheit der Welt.« (GA 245,35)

- Inhaltlich noch enger fokussierte Texte sind demgegenüber seltener, liegen aber etwa in den Betrachtungen über Passion und Auferstehung, »christlich gnostische Meditation« genannt, vor (GA 264,167 f.).
- Konzentrationsübungen finden sich häufig, etwa bezogen auf Körperbereiche, wie sie angesichts der Hinweise im Schulungsweg zu erwarten sind (z. B. ebd., 106.171–173), als Betrachtungen geometrischer Formen (ebd., 163 f.), des Rosenkreuzes (ebd., 124.174), von Auren (ebd., 186 f.) oder als Farballegorien (ebd., 194–197).
- Suggestive Techniken lehnte Steiner ab (ebd., 114), doch die im Schulungsweg vorgezeichnete autoritäre Grundrichtung hat er beibehalten. Deshalb hielt er eine ungenannte Frau, die den »störenden« Glauben habe, »sie tue nicht das rechte«, letztlich für unfähig, den Schulungsweg zu gehen: »Eine okkulte Entwickelung ist nur möglich, wenn der Mensch energisch gerade *solche* Zweifel und Bedenken von sich weghält.« (ebd., 116)

Die Übungen dürften die Schüler meist zu Hause durchgeführt haben. In den (nicht sonderlich häufigen) Anweisungen zur praktischen Ausgestaltung gibt es etwa im Schulungsweg skizzenhafte Anweisungen zur »Meditation« (GA 10,38). Es »genügen fünf Minuten jeden Tag« (ebd., 31), aber »man muß … immerfort und fort üben« (ebd., 54), lauten einige Hinweise. Johannes Maria Verweyen berichtete – allerdings für die Adyar-Theosophie in den zwanziger Jahren – wie man sich diese Praxis möglicherweise auch vor dem Krieg vorstellen kann: Tägliche, »möglichst gleich in der Frühe geübte … Meditation« zur Unterscheidung von »Persönlichkeit« und »höherem ›Selbst‹«, mit dem Ziel, Tugenden wie »Selbstbeherrschung, Wahrheit, Güte, Freundlichkeit« auszubilden, wobei Sprüche aus der Weisheitsliteratur von der Bibel bis zur Bhagavadgita zu Grunde gelegt wurden[613].

---

612 Vermutlich seit Oktober 1906 (GA 266a,571) gab es einen weiteren Meditationstext: »Im Geiste lag der Keim meines Leibes« (ebd., 89).
613 Verweyen: Heimkehr, 158; vgl. auch ebd., 169.

Die inhaltliche Ausrichtung von Steiners Esoterischer Schulung bedürfte einer eigenen Untersuchung. Im Mittelpunkt stand der Versuch, die Erfahrung einer »geistigen Welt« zu vermitteln, die durch eine Aufforderung zur Selbsterkenntnis und inhaltlich durch eine pantheisierende Metaphysik fundiert war. Vergleicht man Blavatskys Mantram »Strahlender als die Sonne« (s. o. 7.10.1c) mit Steiners Spruch »In den reinen Strahlen des Lichtes«, wird deutlich, daß er den pantheisierenden Ansatz beibehielt, aber die weitgehend offene Vorlage inhaltlich eingrenzte und sprachlich sorgfältiger komponierte. Die grundlegende Einheit von Selbst und Weltganzem zieht sich durch alle seine Texte (nur exemplarisch GA 266a,97.136). Das theosophische Material dominiert dabei, wenngleich die »europäische« Semantik und die christlichen Bezüge im Laufe der Jahre umfangreicher wurden. Im Gegensatz zu öffentlichen Äußerungen scheint er jedoch in den esoterischen Schulungsmaterialien »indische« Vorstellungen kontinuierlich präsentiert zu haben, in den esoterischen Schulungsmaterialien finden sich auch nach 1914 noch komplette indischsprachige Texte[614]. Die theosophische Substanz behielt dabei in allen Zeiten und Textensorten ihre hegemoniale Position.

In den Meditationsanweisungen scheinen vor allem in der Anfangsphase asketische Ideale stark gewesen zu sein: »1. Ertöte den Ehrgeiz. 2. Ertöte die Liebe zum Leben. 3. Ertöte den Wunsch nach Behagen.« (GA 266a,25) Steiner folgte dabei, wie er offenlegte, den Vorgaben von Mabel Collins. Sodann springt die Leistungsethik ins Auge:

> »Wir müssen unser Leben zu einer Schule des Lernens machen. ... Die meisten geben sich der Lust und dem Schmerz hin. Und wenn das Leben an ihnen vorüberzieht, zieht Schmerz, Freude und Behagen vorüber; sie lernen von ihrem Leben gar nichts. Der Theosoph dagegen sagt sich: Jeder Tag muß mich vorwärtsbringen; jeder Tag muß für mich eine Stufe der Entwicklung sein.« (ebd., 39)

Steiners Theoreme von Selbsterlösung und spiritueller Evolution finden in derartigen Aufforderungen zur Pädagogisierung des Lebens ihr Handwerkszeug. Diese beiden Äußerungen vom Februar 1904 waren noch sehr prononciert und flachen in ihn späteren Anweisungen ab, verschwanden jedoch nie ganz.

Daß ein solcher Meditationsweg nicht nur Chancen, sondern auch Risiken und unerwünschte Nebenwirkungen besaß, etwa bei seelisch labilen Menschen, liegt bei einem psychologisch und therapeutisch völlig unerfahrenen Mann wie Steiner auf der Hand. Als Mathilde Scholl ihm beispielsweise 1905 von »Depressionszuständen« (so die Beschreibung Steiners) berichtete, antwortete Steiner locker: »Machen Sie sich darüber keine Sorgen. Solche Erlebnisse sind notwendige Begleiterscheinungen einer wirksamen esoterischen Arbeit.« (GA 264,96) Immerhin hatte die Verpflichtung bestanden, »Störungen in der meditativen Praxis unverzüglich schriftlich zu melden«[615]. Weitere Probleme, bei denen nicht zu entscheiden ist, ob sie durch Steiners Methoden hervorgerufen oder verstärkt wurden oder ob sie aufgrund einer zugunsten von Meditationen unterlassenen

---

[614] GA 266a,137 (18.4.1906), ebd., 156 (6.5.1906) und GA 266c,385 (30.9.1923). Das Verständnis der Texte wurde durch deutsche Übertragungen hergestellt, Fremdsprachenkenntnisse sind nicht anzunehmen.

[615] Zeylmans: Wer war Ita Wegman?, I, 52, mit Abdruck eines entsprechenden Briefes von Wegman.

notwendigen Behandlung aufkamen, sind zum einen in Steiners impliziten Reaktionen auf Kritik (s. o. 7.4.3b), zum anderen in polemischen Beiträgen greifbar, aber in ihrer Bedeutung augenblicklich kaum einschätzbar[616]. Überhaupt fehlt eine psychologiehistorischen Untersuchung von Steiners Meditationspraxis, von wenigen Vorstudien abgesehen[617].

Während des Münchener Kongresses im Mai 1907 kamen Steiner und Besant überein, die Esoterischen Schulen zu trennen. 1908 setzte Besant die Mitglieder in den »Esoteric Papers« von der neuen Stellung ihres »guten Kollegen Dr. Steiner« in Kenntnis. Es sei besser, »wenn seine Schüler eine besondere Organisation bilden unter seiner Verantwortung, anstatt daß sie ein nur nomineller Teil der E.S.T. [Esoteric School of Theosophy] bleiben und doch auf ihn als ihr Haupt hinschauen«[618]. Die »Theosophie des Rosenkreuzers«, über die Steiner am 22. Mai 1907, einen Tag nach dem Ende des Münchener Kongresses, zu dozieren begann, war allerdings hinsichtlich eines eigenständigen Profils seiner Schule noch mehr Programm als Vollzug. Den schon seit Jahren verkündeten theosophischen Inhalten fügte er nur in der letzten Stunde vom 6. Juni Ausführungen über »den rein christlichen Weg« und seine »sieben Stufen« der Einweihung an, die er dem Johannes-Evangelium entnommen habe (GA 99,153.155); viel mehr als ein neuer Mantel über alten Kleidern war dies noch nicht. Weder Besant noch Steiner legten Details des Trennungsreglements offen und schwiegen sich auch über dessen machtpolitische Implikate aus. Mit dem Ersten Weltkrieg wurde Steiners esoterische Arbeit eingestellt.

Die Wirkungsgeschichte von Steiners esoterischer Unterrichtung ist noch weitgehend ungeschrieben. Die Rezeption durch Max Heindel und im »Lectorium Rosicrucianum« (s. 8.4.2c) beleuchtet nur einen Aspekt einer sicher wichtigen Rolle Steiners im theosophischen Milieu. Aber besonders spannend sind die – oft zeitweiligen – Sympathisanten, wie Max Dessoir und Ernst Bloch. Einen kleinen Einblick in eine solche vorübergehende Liaison hat uns Max Brod (1884–1968) überliefert, der Steiner in Prag hörte, vermutlich im März 1911[619]. Im Rahmen spiritistischer Interessen[620] war er zur Theosophie gekommen: Er interessiere sich »auch für ›Höhere Welten‹«[621], womit er vermutlich Steiners Buchtitel »Wie erlangt man Erkenntnisse der höheren Welten?« aufgriff. Seine Beschreibung von Inhalten des Schulungsweges von dem »direkten Schauen der höheren Welt« bis zur Forderung nach der Nüchternheit des »Geheimschü-

---

[616] Vgl. etwa die größere Zahl der aufeinander reagierenden Beiträge in den Psychischen Studien 44/1917, in den Heften März bis Juni.

[617] Vgl. Dessoir: Vom Jenseits der Seele ($^{6}$1931), 438–452; Grom: Anthroposophie und Christentum, 34–46. 129–141.

[618] Zit. nach Wiesberger: Rudolf Steiners esoterische Lehrtätigkeit, 152.

[619] Steiner hielt am 19. und 25. März zwei öffentliche Vorträge über »Wie widerlegt man Theosophie?« und »Wie verteidigt man Theosophie?« (Váňa: Übersicht der Vorträge Rudolf Steiners in Prag, 40). Brods Äußerung, er sei »weder Antitheosoph noch Theosoph« (Brod: Höhere Welten, 538), könnten sich auf diese beiden Vorträge beziehen. Daß er einen Vortrag Steiners »über Theosophie« gehört habe, bestätigt er explizit S. 543.

[620] Brod, ebd., 539.

[621] Ebd., 538.

lers«[622] lassen vermuten, daß Brod sich mit diesem Schulungsweg intensiver beschäftigt hat.

*g. Die Wiedererrichtung der Esoterischen Schule seit 1924*

Steiner hat nie einen Zweifel an seiner Absicht gelassen, die Esoterische Schule einschließlich ihrer Riten nach dem Krieg wiederherzustellen. Schon 1915 sprach er von einer bloßen »Pause« (GA 253,159), und im engsten Privatkreis hat er schon im Juni 1918 in einem Einzelfall die Arbeit fortgeführt[623]. Am 20. Dezember 1918, wenige Wochen nach Kriegsende, sprach Steiner von dem »notwendigen« Schritt, »an Ritual und Symbolik gewissermaßen anzuknüpfen« (GA 186³,286), und Ende 1919 sah er in den religiösen Feiern der in diesem Jahr gegründeten Waldorfschule eine Anknüpfung an die durch den Krieg unterbrochenen Kulte[624]. Seit 1920 hielt Steiner dann wieder esoterische Stunden ab[625], und vor individuellen Anfragen und spiritueller Führung konnte er sich ohnehin kaum retten[626]. An der Wende zum Jahr 1924 eröffnete er die Weihnachtstagung mit drei Hammerschlägen (GA 260a³,90), und in seinem vorletzen Lebensjahr begann er erneut, eine esoterische Sektion, ein »modernes Mysterium« (GA 270c,191), nun »Klasse« genannt, einzurichten. Dabei hat möglicherweise seine enge Vertraute Ita Wegman eine wichtige Rolle gespielt[627]. Über die »erste Klasse«,

---

622 Die Details seiner Beschreibung finden sich jedenfalls alle in Steiners Schulungsweg wieder. Er beschreibt es als Position der »Theosophie, dass jeder durch gewisse Seelenübungen zu einem direkten Schauen der höheren Welt gelangen kann. Diese Lehre ... gründet sich also nicht auf objektive Beweisgründe, sondern auf subjektives Erleben jedes Beteiligten« (ebd., 543). Allerdings hat Brod in dieser Individualisierung, die auf Steiners Betonung des subjektiven Faktors zurückgehen dürfte, dessen Anspruch auf »objektive« Erkenntnistheorie nicht wahrgenommen oder umgedeutet. Daß er Steiner schätzte, dokumentiert eine weitere Formulierung, die ebenfalls Elemente aus Steiners Schulungsweg aufgreift: »Wie fein betont er [Steiner], dass der ›Geheimschüler‹ vor allem nüchtern sein soll, dass Phantasterei mit dieser ›höheren Welt‹ nichts zu tun hat« (S. 543). Möglicherweise ist Brod übrigens, wie er anklingen läßt, über eine Beschäftigung mit der Phänomenologie Husserls (wie Ernst Bloch, S. 19.2.2a) zur Theosophie gekommen.

623 Berthold: Ludwig Graf Polzer-Hoditz, 254, behauptet, Steiner habe am 6. Juni (Datierung nach Lindenberg: Steiner [Chronik], 395 f.) auf dem oberösterreichischen Schloß Tannbach, das Polzer-Hodiz 1906 gekauft hatte, »eine Handlung unter dem Zeichen des Rosenkreuzes« vollzogen. Steiner hatte seine Mutter in Horn besucht und machte einen Abstecher zu dem ihm befreundeten Polzer-Hoditz. Über den Ritus gibt es offenbar keine genauen Kenntnisse. Da diese Veranstaltung stattfand, nachdem »das Ehepaar Polzer mit ihren Gästen« – offenbar einschließlich Steiners – »die hl. Messe in Gutau« besucht hatte (Berthold, ebd.), kann man spekulativ vermuten, daß Steiner auch auf den Meßbesuch reagierte. – Nach der Drucklegung wurde mir Kiersch: Zur Entwicklung der Freien Hochschule, der die erste Klasse behandelt, bekannt.

624 Herbert Hahn, zit. nach Wiesberger: Rudolf Steiners esoterische Lehrtätigkeit, 298. Die bei ihr ebd., 297 f., beigebrachte Stelle aus dem Jahr 1924, derzufolge man schließen könne, Rituale seien, so Steiner, »nicht mehr zeitgemäß« (GA 353,294), trägt diese Folgerung nicht, da sie sich auf die Organisationsform der Freimaurerei bezieht.

625 Belege bei Wiesberger, ebd., 299 f.

626 Keyserlingk: Erinnerungen an frühe Forschungsarbeiten, 86, bat Steiner 1923 zwischen Tür und Angel bei einem Empfang um eine Meditation. Steiner: »Als Erstes machen sie natürlich die Rückschau«.

627 Die Erste Klasse der Esoterischen Schule soll erst wieder »durch ihre Anregung 1924 entstanden« sein, so Zeylmans: Ita Wegman und die Anthroposophie, 12. Zudem habe Steiner Wegman dann neben sich in die Esoterische Schule gestellt; so Schmiedel: Aufzeichnungen, 439.

für die er von Februar bis August dieses Jahres Vorträge hielt[628], ist er aufgrund seines Todes nicht hinausgekommen[629], zwei weitere Klassen (GA 270a,128), in der mutmaßlich rituelle Zeremonien (»Kultus-Offenbarungen« [GA 270b,174]) stattfinden sollten[630], konnte er nicht mehr einrichten. Er wollte aber wohl »die III. Klasse selbst führen als Erneuerung der einstigen F.M. [Freimaurerei]«[631]

Das spirituelle Profil im Vergleich zum »Erkenntnispfad« »Wie erlangt man Erkenntnisse der höheren Welten?« von 1904/05, der 1924 nur selten erwähnt ist (z.B. GA 270a,46), zeigt einen Interpretationsstand der Anthroposophie, wie er sich auch in öffentlichen Vorträgen der Nachkriegsjahre findet. Der Anteil des Arkanwissens, das er nicht in öffentlichen Vorträgen präsentiert hatte und der schon vor dem Krieg gering gewesen war, tendierte nach dem Krieg gegen Null. In mäandernden Überlegungen, die kaum ein didaktisches Konzept erkennen lassen, suchte Steiner die Präsenz des Geistigen in der Welt seinen Schülern nahezubringen. Die Distanz zur Theosophie war aber noch deutlicher markiert als 1913/14: Die theosophische Nomenklatur ist praktisch komplett verschwunden[632], der Begriff »Okkultismus« durch »Esoterik« ersetzt[633], und manche Themen, etwa die Auren- oder die Kundalinivorstellungen, fehlen ganz. Die Mantren, die vor 1914 zum persönlichen Schulungsmaterial gehörten, waren nun in die Vorträge integriert. Ein neues Zentrum bildete die ubiquitäre Rede vom »Hüter der Schwelle«, der im Schulungsweg von 1904/05 noch am Schluß der Ausführungen stand. Berufungen auf christliche Traditionen hatten ihren Platz ausgebaut, sichtbar etwa in der hervorgehobenen Rolle der Hierarchienlehre des

---

628 Nach Wiesberger: Rudolf Steiners esoterische Lehrtätigkeit, 305, hat Steiner keine individuellen Unterrichtungen im Rahmen dieser Schule mehr vorgenommen. Dies dürfte aber vor allem zeitökonomische Gründe besessen haben. Seine Betreuung Ita Wegmans zeigt, daß er bei besonderem Interesse sehr wohl individuelle Instruktionen erteilte.

629 Ein unter Anthroposophen kursierendes Tagebuch von Polzer-Hodiz sei gefälscht, die Aussagen über die eingerichtete zweite und dritte Klasse fiktiv; Zeylmans: Ita Wegman und die Anthroposophie, 131–133.

630 Vgl. Kap. 12, Anm. 571, und 10.4.2 sowie 12.4.4. Für Marie Sivers stand immer fest, daß Steiner diese höheren Klassen errichten wollte. In ihren Aufzeichnungen für eine Ansprache bei der Feier zum Gedenken von Rudolf Steiners Todestag am 30. März 1926 hieß es: »Er hat uns verlassen, bevor er das begonnene Werk zu Ende hat führen können, bevor er uns das hat geben können, was er als die zweite und dritte Klasse bezeichnete. In der zweiten hat er uns den Kultus geben wollen, der entsprochen hätte dem, was die in Imaginationen ausgeflossenen Offenbarungen der übersinnlichen Schule Michaels vom [Ende des 18. und Beginn des 19.] Jahrhunderts gewesen sind.« (Zit. Nach Wiesberger: Rudolf Steiners esoterische Lehrtätigkeit, 307; Text in eckigen Klammern von Wiesberger) 1947 erwähnte Marie Steiner in einem Brief an Helga Geelmuyden in Norwegen, daß sich Steiner ihr gegenüber dahingehend geäußert habe, »daß in Klasse II manches bildhaft würde hineinfließen von dem, was er uns in der M.E. [Mystica aeterna] gegeben hat und daß in der Klasse III sich dieses zur moralischen Kraft umgewandelt haben würde« (Zit. nach ebd., 306f.).

631 Poeppig: Rückblick auf Erlebnisse, 109.

632 Zu den Ausnahmen gehört etwa das »Geisterland«, das allerdings in dem bereinigten Begriffsgelände seine Herkunft nicht mehr erkennen läßt.

633 Steiner spricht von »realer Esoterik« (GA 270a,28), »esoterischer Erkenntnis« (ebd., 30), vom »Wesen der Esoterik« (ebd., 65), von »esoterischem Leben« (ebd., 65) oder von »Esoterikern« (ebd., 66). Das Adjektiv »okkult« ist aber nicht ganz verschwunden (GA 270b,178; GA 270c,15). Der jetzt dominierende Begriff »Esoterik«/»esoterisch« zeigt, daß die Hochphase der Plausiblität des Okkultismus mit dem Ersten Weltkrieg vorbei war. Ob dahinter auch eine Abkehr vom Wissenschaftsanspruch des Okkultismus steht, ist unklar.

Dionysius Areopagita (z. B. GA 270c,75.121–124), in der Verbindung von Zeitaltern mit Engeln (ebd., 13) oder im Erzengel Michael, der schon in Steiners Freimaurerritus zur Führungsfigur avanciert und nun zum »Leiter« erkoren war (vgl. etwa GA 270b,174 / GA 270c,14). Die Christusvorstellung spielte allerdings kaum eine Rolle, vielleicht weil der Konflikt mit Besant längst passé war, vielleicht auch, weil die Abgrenzungsprobleme zur 1922 gegründeten Christengemeinschaft das Gefüge der Anthroposophischen Gesellschaft ins Mark erschütterten. Letztendlich ist der Neuigkeitswert der Klassenverträge gering, Steiners Vorstellungshaushalt war gefüllt, Veränderungs- und Erweiterungsimpulse, wie sie die Auseinandersetzung mit Annie Besant nach sich gezogen hatten, fehlten. Daß es »Wiederholungsstunden« gab, hatte Steiner früher nicht konzediert (GA 270c,11).

Das interessanteste Kapitel der neuen Esoterischen Schule ist die vereinsgeschichtliche Dimension. Vermutlich wollte Steiner die oben genannten »esoterischen Kreise«, die sich seit 1920 in der Anthroposophischen Gesellschaft gebildet hatten (GA 270a,127), einbinden. Aber die neue Schule war wohl auch eine Reaktion auf Steiners Enttäuschung über viele Mitglieder der Anthroposophischen Gesellschaft, denen er mangelndes Engagement und eine unzureichende esoterische Verankerung vorwarf. Der Neuorganisation der Anthroposophischen Gesellschaft, deren Leitung er Weihnachten 1923 übernommen hatte, folgte deshalb die Einrichtung der Esoterischen Schule. Steiner hatte dabei ein Zwiebelschalenmodell im Kopf: Der »Anthroposophie« und der »anthroposophischen Bewegung« als etwas »Übergesellschaftlichem« wurde die Anthroposophische Gesellschaft als »Verwaltungsgesellschaft« für das »anthroposophische Weisheits- und Lebensgut« zur Seite gestellt (ebd., 145), deren »esoterischen Kern« (GA 270c,14) wiederum die Esoterische Schule bilde. Doch letztlich war der Geltungsanspruch der Esoterischen Schule unabgegrenzt, denn sie sei auch »der esoterische Grundstock und Grundquell alles esoterischen Wirkens innerhalb der anthroposophischen Bewegung« (GA 270a,150). Zusätzlich galt die Esoterische Schule als »esoterische Institution« der Freien Hochschule für Geisteswissenschaften (ebd., 1), die Steiner wohl als Gelenkstück zwischen arkaner und öffentlicher Welt konzipierte. Doch hielt er diesen Versuch für »nicht gelungenen« (GA 270c,192.12).

Von seiner autoritären Konzeption hatte Steiner keinen Deut zurückgenommen[634]. Dem esoterischen Vorstand am Goetheanum, den er im Rahmen der »Neugründung« der Anthroposophischen Gesellschaft 1924 eingerichtet hatte, sprach er eine massive Leitungsautorität zu. Hinter dessen liberaler Aufgabe als »Initiativ-Vorstand« drohten massive Kontrollfunktionen:

> »Die Leitung der Schule muß Freiheit darinnen haben, demjenigen das zu geben, was sie zu geben hat, dem sie es zu geben für richtig hält. Und da man nicht Mitglied der Schule zu sein braucht, … so muß schon auch die Leitung der Schule ihre Bedingungen stellen können« (GA 270b,116).

---

[634] Die autoritären Züge der Leitung der Esoterischen Schule wurden im Lauf der Vorträge eher gestärkt als abgeschwächt. Möglicherweise hängt dies mit schlechten Erfahrungen im Gehorsam der Schüler zusammen, von denen Steiner berichtete (siehe unten, S. 721).

Die Zustimmung der Leitung dekretierte er auch für »irgend etwas, was vom Goetheanum in Dornach ausgeht und weiter verwendet wird als ein Esoterisches« (GA 270a,147), sie »allein« habe die »Entscheidung darüber, ob man ein würdiges Mitglied dieser Schule ist« (GA 270c,15). Die Herrschaftsmacht des Vorstandes resultiere aus einer direkten Legitimation durch die okkulten Hierarchien: »Verantwortlich ist die Leitung dieser Schule nur den geistigen Mächten, der Michael-Macht selber gegenüber für dasjenige, was sie tut« (ebd.), denn die Schule wurde »begründet ... von der geistigen Macht, welcher die Lenkung dieses Zeitalters obliegt« (ebd., 14). Die geistigen Mächten sollen die/eine Esoterische Schule »eingesetzt« haben (GA 270b,174), sie sei die Einrichtung, die »die geistigen Mächte ... gerade für unsere Zeit als das Richtige für die Menschheit ansehen« (GA 270c,161). Der esoterische Vorstand besaß damit einen Teil der Funktionen, die früher die für Mitglieder fast unzugänglichen theosophischen »Meister« innehatten (und von denen nun nicht mehr die Rede war[635]). Aber auch der Vorstand blieb nur eine nachgeordnete Instanz im Gefälle der Hierarchien.

Der Zugang zur neuen Esoterischen Schule war betont elitär und restriktiv konzipiert. Nur Besitzer von »Zertifikaten« sollten Einlaß erhalten (GA 270a,1), die »Mitgliedskarte« unterschrieb Steiner persönlich (ebd., 147), ein eigener »Rundbrief« erschien, allerdings nur in einer Folge (ebd., 149.215). Der Preis für diese Gratifikationen war Unterordnung. Die »esoterischen Kreise« »müssen nach und nach in dieser Schule aufgehen«, »alle«, wie Steiner unmißverständlich festhielt (ebd., 127). Dies lief auf eine Art Kaderbildung für die Anthroposophischen Gesellschaft hinaus:

> »Und es müssen daher diejenigen Persönlichkeiten, welche aus irgendwelchen Untergründen heraus vermeinen, irgend etwas Esoterisches in der Welt zu begründen ohne den Zusammenhang mit dem Vorstande am Goetheanum, die müssen ... sich mit dem Vorstande an Goetheanum voll verständigen ... Die Verbindung mit der Schule muß als eine durchaus konkrete aufgefaßt werden. ... Die Schule muß der Meinung sein können, das Mitglied sei ein wirklicher Repräsentant der anthroposophischen Sache vor der Welt und ein jedes Mitglied vertrete exoterisch die Anthroposophie so, wie es sie vertreten muß als Mitglied der Schule.« (ebd., 150)

Steiner war offenkundlich gewillt, seine Vorstellungen mit einer Härte durchzusetzen, die die Esoterische Schule vor 1914 nicht kannte: Am 28. August hatte er 16 Mitglieder zeitweilig ausgeschlossen, am 6. September waren es bereits zwanzig (GA 270b,116; GA 270c,15).

Die sanktionsbewehrte Geheimhaltung hat Steiner minutiös erläutert. Es dürfe im Prinzip überhaupt nichts aus diesen Klassenstunden »irgendwie weiter mit[ge]teilt« werden, ordnete Steiner am 25. April an, aber er ahnte wohl, daß dies illusorisch sein würde und verbot im Nachsatz zumindest den Postversand (GA 270b,27). Am 6. September sah er sich erneut gezwungen, die Geheimhaltungsvorschriften einzuschärfen und sie gleichzeitig zu lockern, und dies indiziert wohl die Unwirksamkeit der hochgezogenen Schweigeverordnung: Mantren dürften immerhin an Mitglieder der Schule weitergegeben werden, doch sei

[635] So Wiesberger: Rudolf Steiners esoterische Lehrtätigkeit, 305.

»in jedem einzelnen Fall« (GA 270c,29) die Erlaubnis bei ihm oder Ita Wegman einzuholen (ebd., 30.45.63). Erneut rekurrierte Steiner auf die archaisierende Unmittelbarkeit des Mündlichen: Die briefliche Weitergabe der Mantren sei verboten, dekretierte er am 6. September (ebd., 30), und die für den persönlichen Gebrauch mitgeschriebenen Vorträge müßten nach acht Tagen verbrannt werden (ebd., 45.63). Steiners Begründung klang rational und drohend zugleich: Vortragstext (ebd., 45) und Mantren (ebd., 63) verlören außerhalb der Schule ihre Wirkung. Dies sei ein »okkulter Grundsatz«, eine »okkulte Tatsache«, ein »Diktat der geistigen Welt« (ebd., 45.64). Am 13. September forderte schließlich die Praktikabilität des Umgangs mit den Geheimhaltungsvorschriften ihren Tribut: Trotz neuer Mitglieder wurden diese Regeln nicht mehr repetiert (ebd., 65).

Gleichwohl drangen Informationen aus der Schul»klasse« über Jahrzehnte aus dem internen Kreis nicht heraus, obwohl die Klassenvorträge in Dornach vor den hörberechtigten Anthroposophen verlesen wurden. Erst in den letzten Jahrzehnten des 20. Jahrhunderts machten Raubdrucke die Runde, wurde die Geheimhaltungspflicht von Anthroposophen angesichts der wenig aufregenden Inhalte in Frage gestellt und schien die gruppendynamische Formation der Schule, an die Steiner die Wirkung seiner Ausführungen geknüpft hatte, erschöpft. Gegen Steiners ausdrücklichen Willen traten die Vertreter der Nachlaßverwaltung und der Vorstand der Anthroposophischen Gesellschaft die Flucht nach vorn an und veröffentlichten 1992 das letzte Arkanum, das Steiner seinen Schülern hatte mitgeben wollen[636].

### *7.10.2 Das Geheimnis als Machtfaktor*

*a. Strategien der Geheimhaltung*

Die »okkulten« Erkenntnisse waren im Prinzip als Geheimwissen vor der Öffentlichkeit zu verbergen, darin unterschied sich Steiner nicht von anderen Theosophen, und hinsichtlich dieses Strukturelementes gibt es auch keinen Bruch mit der frühneuzeitlichen Esoterik[637]. Was in Steiners Perspektive ein »ontolo-

---

[636] Die unübliche gemeinsame Unterzeichnung des Vorwortes nicht nur durch Mitglieder der Nachlaßverwaltung, sondern durch Vorstandsmitglieder (im Namen der Freien Hochschule für Geisteswissenschaften) (GA 270a, S. XV) hängt sowohl mit dem fortbestehenden Streit um die »esoterische« Funktion des Vorstandes als auch mit den vehementen Kritiken zusammen, die bei der Veröffentlichung von Steiners Freimaurerritualen 1987 über die Nachlaßverwaltung hereingebrochen waren. Einen weiteren Grund für die Veröffentlichung bot das Autorenrecht, dessen Schutz für die autoritative Verwaltung und deren ökonomischen Verwertung 1995 ablief (ebd., S. XIII). Dem »Sonderhinweis«, in dem Steiners Geheimhaltungsanweisung einschließlich ihrer massiven »esoterischen« Begründungen als irrelevant erklärt werden (GA 270c,239–241), fehlt angesichts der Pragmatik des Vorgangs das Eingeständnis, daß Steiners Regeln des Jahres 1924 unhaltbar waren und die aus nachvollziehbaren Gründen erfolgte Publikation seinem Willen widerspricht.

[637] Demgegenüber sieht Schlögl: Von der Weisheit zur Esoterik, 53–86, mit der öffentlichen Zugänglichkeit »esoterischen« Materials das Ende der Logik der Geheimhaltung, die bis ans Ende des 18. Jahrhunderts reichte. Die Theosophie aber dokumentiert, daß Arkanstrukturen keine real differenten Gegenstände benötigen und daß Geheimhaltung auch unter anderen als den frühen zeitlichen Bedingungen sozial plausibel ist.

gisches« Kennzeichen der theosophischen Arkana war, ist in der Außenansicht eine soziologische Funktion: Das Geheimnis ruhte auf einer funktionalen, nicht auf einer kategorischen Grenze. Es gab keine »reale« Alterität im Arkanbereich der Theosophie, keine Erkenntnisse, die sich grundlegend von dem allen zugänglich gemachten Wissen unterschieden hätten, sondern nur die Zuweisung von besonderer Bedeutung an Gegenstände, die die Mitglieder als geheime deklarierten und die in dieser Funktion Abgrenzung nach außen und Kohäsion nach innen herstellten.

Steiners Umgang mit den esoterischen Inhalten ist auf einen relativ klaren roten Faden zu bringen: Er hielt Geheimhaltung für richtig und notwendig, aber teilweise hinsichtlich anderer Bereiche als die theosophische Muttergesellschaft. Gleichwohl sah er sich zu einer Flexibilisierung der entlang des »Geheimnisses« bestimmten Grenze von Innen und Außen gezwungen: angesichts der Veröffentlichung (des »Verrats«) von Geheimnissen, der damit zurückgehenden Kontrolle über die Richtigkeit und die Verbreitung der Texte[638] und vielleicht auch wegen der geringen inhaltlichen Unterschiede zwischen den internen und den externen Inhalten. Zudem stellte sein Drang an die Öffentlichkeit in der Hoffnung, die Konkurrenz mit den empirischen Naturwissenschaften und der kritischen Geschichtswissenschaft bestehen zu können, die theosophische Arkandisziplin unter Publikationsvorbehalt. Es gehörte letztlich, wie in anderen Geheimgesellschaften auch, zum Prinzip der theosophischen Geheimnisses, von seiner Übertretung zu leben[639]. Bereits am 15. Dezember 1904 hatte er im inneren Zirkel mitgeteilt, daß er die Autorisation der Meister besitze, die Regeln der Esoterischen Schule zu veröffentlichen (s. o. 7.10.1d).

Steiner trat den Weg in die Öffentlichkeit demonstrativ schon zu Beginn seiner theosophischen Laufbahn an, indem noch vor der regulären Eröffnung seiner esoterischen Schule die Texte »Aus der Akasha-Chronik« in »Lucifer Gnosis« druckte. Dabei handelte es sich zwar nur um eine Mitgliederzeitschrift, doch eine effektive Kontrolle der Geheimhaltung war damit nicht mehr möglich. Der Anspruch auf wirklich verschwiegenes Wissen findet sich allerdings in den Texten »Aus der Akasha-Chronik« gleichwohl, wenn auch nur noch ganz vereinzelt und im Modus des Verweises. Es »muß hier eine Stelle der Akasha-Chronik wegbleiben«, schrieb er im September 1904, da »über den Ursprung *dieser* Kenntnisse und Künste« – offenbar spielte Steiner auf die Übermittler der Kenntnisse des Feuergebrauchs an, womit im theosophischen Denken ein ebenfalls geheimnisverräterischer Lichtbringer (Luzifer)[640] gemeint sein konnte – »öffentliche Mitteilungen zu machen ... *vorläufig* nicht erlaubt« sei (GA 11,51). An einer

---

[638] Vgl. dazu das Heft 105 der »Beiträge zur Rudolf Steiner-Gesamtausgabe«, Dornach 1990.

[639] Ähnliche Überlegungen zur Ambivalenz des Geheimnisses sind für das 18. Jahrhundert vielfach angestellt worden. Für des 19. Jahrhundert vgl. Linse: Das Buch der Wunder und Geheimwissenschaften, 219–221.

[640] Die Gestalt des Luzifer beschleunigt im theosophischen Denken Steiners die Evolution, war damit positiv konnotiert, aber Luzifer tue dies vorzeitig und erhielt damit einen negativen Bewertungsanteil. Er würde dann seinerseits zu den Veröffentlichern eines geheimzuhaltenden Wissens gehören.

weiteren Stelle wurde nicht der Inhalt, sondern der Code der Akasha-Chronik unter Arkanvorbehalt gestellt:

> »Die Einzeichnungen in der ›Akasha-Chronik‹ sind nur schwer in unsere Umgangssprache zu übersetzen. Leichter ist die Mitteilung in der in Geheimschulen üblichen symbolischen Zeichensprache, deren Mitteilung aber gegenwärtig noch nicht erlaubt ist.« (ebd., 99)

Steiner zog sich damit teilweise auf das theosophische Traditionsgut der »Eingeweihten« und der »Geheimschulen« zurück, das hier in besonders exponierter Form auftauchte. Wie sich das Wissen dieser Eingeweihten zu den Inhalten der Akasha-Chronik verhalte, explizierte Steiner nicht näher.

Im Juli 1918, mitten in der Agonie des Ersten Weltkriegs, nahm Steiner mit prinzipiellen Erwägungen zur »Früheren Geheimhaltung und jetzigen Veröffentlichung übersinnlicher Erkenntnisse« (GA 35,391) in von Bernus' Zeitschrift »Das Reich« Stellung. Angesichts des sich »immer mehr ausbreitenden Naturwissens« sei es unabdingbar, daß »übersinnliche Fähigkeiten« entwickelt würden (ebd., 405), die in der Logik von Steiners Konzept jede Geheimhaltung ohnehin unmöglich machen würden. Da dieser Prozeß evolutiv notwendig sei, sah er andernfalls höchst bedrohliche Folgen[641]. Aber das neue »Zeitalter, in dem übersinnliche Erkenntnis nicht mehr ein Gemeingut weniger bleiben kann« (ebd., 408), blieb faktisch dem patriarchal begründeten Veröffentlichungsreglement der Eingeweihten unterworfen[642]: In der Esoterischen Schule mußten die Schüler Geheimhaltungsgelöbnisse ablegen, handschriftliche Kopien der »Zyklen« trugen vor dem Ersten Weltkrieg noch das Steinersche Imprimatur (»Vom Vortragenden genehmigte Abschrift«)[643], und die faktisch internen Drucke (die Steiner im Prinzip der Öffentlichkeit zugänglich machen wollte [GA 260$^5$,50]), trugen auch nach dem Krieg bis lange nach Steiners Tod den Vermerk:

> »Als Manuskript für die Angehörigen der freien Hochschule für Geisteswissenschaft, Goetheanum, Klasse I, gedruckt. Es wird niemand [sic] für die Schriften ein kompetentes Urteil zugestanden, der nicht die von dieser Schule geltend gemachte Vor-Erkenntnis durch sie oder auf eine von ihr selbst als gleichbedeutend erkannte [sic] Weise erworben hat. Andere Beurteilungen werden insofern abgelehnt, als die Verfasser der entsprechenden Schriften sich mit den Beurteilern in keine Diskussion über dieselben einlassen.«[644]

---

[641] »Verödung, Verwirrung, Unbefriedigheit des Seelenlebens, innere Haltlosigkeit, Willensverkehrtheit und in deren Folge auch physische Verkümmerung und Ungesundheit müßten dann eintreten.« (GA 305,405)

[642] Anthroposophische Interpreten verweisen mit Vorliebe auf relativierende Aussagen Steiners, die aber das Problem der Kontrolle der Öffentlichkeit nicht aufheben. Vgl. etwa Wiesberger: Rudolf Steiners esoterische Lehrtätigkeit, 303, die Steiners Aussage von 1923, daß »unser Zeitalter tatsächlich auch geistig demokratisch geworden« sei (GA 257$^4$,201), als Beleg für seine Veröffentlichungsabsicht herzieht. Doch bezieht sich diese Stelle nur auf eine ohnehin unkontrollierbare Veröffentlichung (dazu Kap. 14, Anm. 311).

[643] Steiner: Die Theosophie des Rosenkreuzers (Abschrift von »Frl. Knispel, Berlin«), Titelblatt.

[644] Häufig in frühen Textausgaben gedruckt; hier nach dem nachträglich eingeklebten Text in dem von Knispel abgeschriebenen Zyklus »Die Theosophie des Rosenkreuzers«. Vgl. dazu Steiners Vorgabe in GA 260$^5$,51.

An die Stelle der Geheimhaltung war die autoritative Einforderung von Geltung und die Diskussionsverweigerung getreten. Während viele interne Vorträge noch für den inneren Kreis der Theosophen freigegeben waren, hat Steiner weite Teile der Materialien aus der Esoterischen Schule (etwa die maurerischen Texte oder die Schulungsunterlagen) nie veröffentlicht; sie wurden postum – zuerst als Raubkopien – gedruckt. Die maurerischen Agenden erschienen in der Gesamtausgabe 1987 (GA 265), die »Klassentexte« der neuerrichteten Esoterischen Schule erst 1992 (GA 270). Für diesen unentschiedenen Umgang, bei dem der äußere Druck vor der freien selbstbestimmten Freigabe die entscheidende Rolle spielte (s. o. 7.10.1g), hatte Steiner schon 1918 eine jede Handhabung ermöglichende salvatorische Klausel geliefert: »Ich habe nur dasjenige zu verschweigen, von dem ich weiß, daß es der gegenwärtigen Menschheit wegen ihrer Unreife noch nicht mitgeteilt werden kann.« (GA 264,14) Die in liberalen anthroposophischen Kreisen vertretene Auffassung, Steiner habe mit der Einrichtung der »Freien Hochschule für Geisteswissenschaften« nach dem Ersten Weltkrieg auch die Arkandisziplin beseitigt, ist angesichts der »Klassenstunden« nicht zu halten. An der zweigeteilten Welt der wissender Esoteriker und einweihungsbedürftiger Exoteriker hat Steiner bis zu seinem Tod festgehalten, einer Veröffentlichung stimmte er nur dann zu, wenn sie ohnehin nicht zu vermeiden war.

Steiners Changieren zwischen faktischer und gewollter Arkandisziplin einerseits und der teils demonstrativen, teils widerwillig zugestandenen Öffentlichkeit andererseits läßt sich über die soziale Funktion des Geheimnisses und geheimer Gesellschaften erfassen. Die Theosophische Gesellschaft steht damit nicht in der Tradition von »Mysterientraditionen«, sondern gehört in den Rahmen von Veränderungen der sozialen Öffentlichkeit seit dem 18. Jahrhundert, in deren Folge die Auseinandersetzung über öffentliche Fragen zunehmend staatlicher Kontrolle entzogen wurde[645]. Die aus der Privatisierung von Diskursen herrührende Pluralisierung von Öffentlichkeit wurde in Geheimgesellschaften unmittelbar in eine gegengesellschaftliche Abschottung umgesetzt, die aber im 19. Jahrhundert mit der zunehmenden Vereinigungsfreiheit ihre gesellschaftspolitische Plausibilität und am Ende des 19. Jahrhunderts weitgehend ihre Bedeutung verlor. Dies trifft für die Theosophische Gesellschaft in eminenter Weise zu: Die politische Funktion ihrer Arkandisziplin fehlt, gesellschaftsverändernde Absichten lassen sich in ihren esoterischen Bereichen nicht mehr ausmachen. Ihr Selbstverständnis, daß innerlich veränderte Menschen auch die Politik verändern, ist nicht falsch, steht allerdings im Verdacht schlichter Selbstberuhigung, wenn dem, wie in der Vorkriegstheosophie, keine Taten folgen. Deshalb zog sie mit ihrer Selbstverschleierung auch nicht mehr das Interesse der Zensur an[646]. Das theosophi-

---

[645] Vgl. Habermas: Strukturwandel der Öffentlichkeit; trotz der inzwischen gegenüber dem historischen Befund geäußerten und von Habermas auch eingestandenen Mängel beschreibt der Titel einen charakteristischen Zug der Transformationsgeschichte der gesellschaftlichen Selbstorganisation in der frühen Neuzeit. Wieweit dabei die hermetische Wurzeln auch außerhalb der bürgerlichen Öffentlichkeit liegen, kann hier auf sich beruhen bleiben. Dazu aber Neugebauer-Wölk: Arkanwelten im 18. Jahrhundert, 34–44.

[646] Die Zensur zeigte zwar im Ersten Weltkrieg nochmals Interesse an der Theosophie, nicht jedoch wegen ihrer Inhalte, sondern wegen des internationalen Netzwerks.

sche Geheimnis besaß demgegenüber eine primär binnenreferentielle, auf das Vereinsleben bezogene Funktion: Separation nach außen, nicht zuletzt gegenüber konkurrierenden theosophischen Gruppen, und Integration nach innen[647].

Der Enthüllungsgestus aber war der Theosophie seit Blavatskys okkultistischem Erstlingswerk »Die entschleierte Isis« inhärent, mit dem sie sich in die aufklärerische Tradition der Aufdeckung letzter Geheimnisse gestellt hatte, in der es keinen Raum für ein Unbegreifbares geben sollte[648]. Die gleichwohl praktizierte Geheimhaltung besaß einen weiteren Zweck: Sie diente zur äußeren Abschottung einer mit dem zeitgenössischen Denken nur noch partiell kompatiblen, vielen befremdlich wirkenden Weltanschauung[649]. Weil aber die Theosophie mit dem Anspruch auf Außenwirkung auftrat und die gesellschaftliche Relevanz des theosophischen Wissens postulierte, konnte auch dieses Geheimnis kein absolutes sein, denn absolute und damit inkommunikable Geheimnisse, die nicht von vornherein auf Enthüllung hin konzipiert sind, verlieren die Öffentlichkeit, die das Geheimnis als konstitutiven Widerpart benötigt. Absolute Geheimnisse »provozieren … Anbetung, aber nicht … Forschungsdrang«[650]. Die Geheimhaltung einer Vereinigung aber, die zugleich Geheimnisse produziert und (andere) öffentlich macht, gerät sehr schnell in ein Grenznutzen-Kalkül zwischen Abgrenzung und Attraktivität, weil man beides nicht unbegrenzt zugleich erhöhen kann[651]. Steiners changierendes Verhältnis zur Geheimhaltung erklärt sich aus dieser zwingend elastischen Grenze: Enthüllung muß sein, wo das Geheimnis Fremde anlocken soll oder wo es »verraten« wurde, sie kann stattfinden, wo das Arkanwissen banal geworden ist, und sie muß von der Dauerproduktion neuer Geheimnisse begleitet werden, wenn man einen hierarchischen Wissensvorsprung vor der »exoterischen« Gesellschaft behalten will.

Neben der äußeren Profilierung steht die interne Legierungsfunktion des Geheimwissens. Die soziale Identität aufgrund von Mitwisserschaft kompensiert nicht nur den Verlust von Sonderwissen an eine vereinsexterne Öffentlichkeit[652], sondern ist möglicherweise die zentrale Funktion eines ohne äußeren Zwang perpetuierten Arkanwissens. Florian Maurice hat diesen Zusammenhang jüngst in aller Schärfe für die Freimaurerei um 1800 pointiert: Geheim waren schon

---

647 So schon für die Maurerei des 18. Jahrhunderts Hardtwig: Eliteanspruch und Geheimnis, 75. Optionen einer solchen soziologischen Analyse äußerte bereits 1906, in unmittelbarer Zeitgenossenschaft zu Steiners esoterischen Aktivitäten, Simmel: Das Geheimnis und die geheime Gesellschaft. Vgl. zu dieser soziologischen Interpretation der Geheimhaltung weiterhin Sievers: Geheimnis und Geheimhaltung. Nicht über Sievers hinaus geht in den hier interessierenden Fragen Westerbarkey: Das Geheimnis. Vgl. aber die vielfach anregenden Aufsätze zur psychologischen Dimension in: Geheimnis und Geheimhaltung, hg. v. A. Spitznagel.

648 Zu der Metaphorik des Schleiers der Isis Gladigow: Vom Geheimnis zum Naturrätsel, 85–89.

649 Die Befremdlichkeiten werden etwa bei den unterstellten, aber wohl nicht praktizierten sexualmagischen Riten der Steinerschen Freimaurerei deutlich, aber auch bei weniger exotischen Gegenständen wie der Selbsterlösungsvorstellung, die selbst Theosophen und Anthroposophen über Jahrzehnte nicht oder nur schleppend akzeptiert haben; vgl. die Nachweise bei Zander: Reinkarnation und Christentum, 266 f.

650 Assmann: Die Erfindung des Geheimnisses, 7.

651 Vgl. zu dieser prekären Kreuzung Sievers: Geheimnis und Geheimhaltung, 77 f., und Nedelmann: Geheimhaltung, Verheimlichung, Geheimnis, 6.

652 Vgl. ebd., 5 f.

damals weder Rituale noch Inhalte, sondern unzugänglich war allein das soziale Leben in einer Loge: Das Geheimnis organisiert soziale Differenz[653]. Nichts anderes gilt für die Theosophische Gesellschaft. Nicht das »geheime« theosophische Wissen war der Kern der Arkana – Steiner hatte schließlich die maurerischen Riten auf dem Markt für winkelmaurerische Riten 1905 gekauft (GA 265,83) – sondern das Leben unter theosophischen Schülern, von der Lektüre theosophischer Werke über den Besuch der Mysteriendramen bis zur Stiftung von Freundschaften (und teilweise von Ehen)[654]. Weil in dieser vereinskonstitutiven Funktion die zentrale Bedeutung des theosophischen Geheimnisses lag, spielte es auch eine zentrale Rolle bei den machtpolitischen Auseinandersetzungen innerhalb der Gesellschaft.

*b. Geheimwissen in Konflikten*

Der Zugriff auf die Akasha-Chronik sicherte Steiners Position als esoterischer Führer der Theosophischen Gesellschaft. Dies dokumentierte sich gemeinhin in der weitläufigen Produktion von Inhalten, davon war ausführlich die Rede, im Einzelfall auch in der Befriedigung privater Nachfragen, so habe er für Alexander von Bernus in die Akasha-Chronik geschaut, als dieser Auskunft über sein Kind erbat, das sich bei einem tragischen Unfall erhängt hatte[655]. Aber im Konfliktfall wurde das Geheimwissen in harten machtpolitischen Fragen innerhalb der Theosophischen Gesellschaft eingesetzt. Die Nutzung des Geheimwissens zur Erzeugung von Differenz geschah allerdings so häufig, daß man sie fast als den Regelfall bezeichnen kann.

Diese konfliktsteuernde Funktion läßt sich an Steiners Prozeß der Distanzierung von orthodoxen theosophischen Vorstellungen exemplarisch ablesen. Er begann bei unauffälligen inhaltlichen Fragen. 1905 rückte er etwa von Sinnetts deterministischer Kosmologie ab (s. o. 7.6.3c), 1907 degradierte er Scott-Elliots Konkretionen des Akasha-Wissens zu mediumistischen Kundgaben (s. o. 7.5.6). Zur scharfen Waffe wurde das Arkanwissen jedoch in der Auseinandersetzung um die Führung in der Adyar-Theosophie. Als der Konflikt zwischen Steiner und Annie Besant 1909 eskalierte, nachdem die Präsidentin einen neuen »Weltenlehrer« unter ihrer Protektion aufzubauen begann, warnte die Präsidentin den Leiter der deutschen Sektion, »dass jeder nur nach seiner Entwicklung diese schwer zu entziffernde Chronik der Akasha-Welt entziffern kann«[656] und mahnte zur Vorsicht, wo Steiner mit seinen Angaben aus der Akasha-Chronik allein stehe[657]. Sie formulierte, in traditioneller Terminologie, ein Konkordanz-Prinzip der Wahrheit, doch war ihr Hegemonieanspruch mit der Behauptung, die Mehr-

---

[653] Maurice: Die Mysterien der Aufklärung, 278–280.

[654] Im Gegensatz zu der von Maurice relativierten Bedeutung maurerischer Riten könnte die Rolle dieser Zeremonien in der Theosophischen Gesellschaft aufgrund ihrer häufigen Feiern allerdings höher gewesen sein, als Maurice sie für die Jahre um 1800 in der Freimaurerei vermutet.

[655] Nach Sladek: Alexander von Bernus, 69 f.

[656] Annie Besant auf dem Budapester Kongreß der Theosophischen Gesellschaft 1909; hier nach Steiners Referat ihres Vortrags in MTG 10,12.

[657] Nach Templeton: Carl Unger, 115; ob dies aus Gründen der Sicherung von Besants Erkenntnismonopol geschah oder weil ihr Steiners Visionen zu seltsam schienen, bleibt bei Templeton offen.

heitsmeinung zu vertreten, unüberhörbar. In dieser Perspektive erhalten alle Waffen, die in der Trennungsgeschichte der Theosophischen Gesellschaft aufgeboten wurden, ihre Schärfe durch den von der Gegenseite schwer kompensierbaren Anspruch, damit auf ein für andere unzugängliches Wissen zurückzugreifen.

Bis heute blieb der Zugriff auf »übersinnliches« Wissen ein wesentliches Element anthroposophischer Identität und ein Machtfaktor der Auseinandersetzung um Hegemonie innerhalb der Anthroposophischen Gesellschaft. Ein instruktives Beispiel ist der »Fall Tomberg«[658]. Valentin Tomberg (1900–1973), Deutschbalte evangelischer Konfession, wurde 1932 Generalsekretär der estnischen Anthroposophischen Gesellschaft und trat wohl 1943 in die orthodoxe, 1945 in die katholische Kirche über[659]. Er war Ausgangspunkt einer beträchtlichen Konversionsbewegung von Anthroposophen in die katholische Kirche, ihm folgten unter anderen die beiden Kölner Staatsrechtler Ernst von Hippel und Martin Kriele, der heute sein Nachlaßverwalter ist. In Tomberg und seinem Werk war eine spirituelle Autorität entstanden, die Steiners de facto monokratischen Geltungsanspruch als Hellseher in Frage stellte. Im Dezember 1933 wurde ihm im »Goetheanum« die Kompetenz als authentischer Interpret Steiners abgesprochen[660], Marie Steiner blies 1936 zum ›unvermeidlichen Kampf‹ gegen den »wahnbefangenen« »okkulten Lehrer«[661] und betrieb seinen Ausschluß aus der Anthroposophischen Gesellschaft. Nach dem Zweiten Weltkrieg soll es, so Martin Kriele, ein Verbot gegeben haben, Tombergs Bücher in den Zimmern der Studenten im Priesterseminar der Christengemeinschaft aufzubewahren, und noch 1995 wurde dem inzwischen Verstorbenen vorgehalten, er habe »Schmeichelei und Dolchstich mit jesuitischer Raffinesse« gehandhabt und sei »in das Lager [der] unerbittlichsten Erzfeinde« der Anthroposophie, also der katholischen Kirche, gewechselt, so daß sein Verhalten »nicht anders denn als geistiger Verrat bezeichnet werden« könne[662]. Diese Position wird heute längst nicht mehr von allen Anthroposophen geteilt. Aber diese Polemik legt das Konfliktpotential in dem Anspruch offen, Steiner gleich in die verborgene »übersinnliche« Welt einzutreten.

## 7.11 Historismus und Theosophie

Steiners Theosophie läßt sich als Reaktion auf eine zentrale kulturelle Auseinandersetzung um das europäische Selbstverständnis im 19. Jahrhundert lesen: Sie war eine Antwort auf den Historismus, also auf den Umgang mit den Folgelasten der Entdeckung neuer historischer Quellen und außereuropäischer Kulturen. Von – um nur zwei Beispiele zu nennen – der Gnosis bis zum Buddhismus war

[658] Prokofieff / Lazaridès: Der Fall Tomberg.
[659] Zur Biographie Heckmann: Valentin Tombergs Leben, und Kriele: Anthroposophie und Christentum, 159–174.
[660] Kriele, ebd., 164.
[661] Steiner, Marie: Briefe und Dokumente, 328. 324. 321.
[662] Prokofieff / Lazaridès: Der Fall Tomberg, 18. 98. 99.

um 1900 eine kaum noch erfaßbare Menge von Sinnsystemen präsent geworden, mit drei dramatischen Folgen:

1. Der Historismus generierte kulturellen *Relativismus*, weil jede Sinndeutung in Konkurrenz zu anderen Deutungsansprüchen geriet. Dies traf zuerst das hegemoniale Christentum, aber unvermeidlich auch alle Alternativen.
2. Relativismus bedeutete *Pluralismus*, weil die Vervielfältigung von Deutungsoptionen nicht mehr rückgängig zu machen war.
3. Dieses schlichte Faktum wiederum generierte *Konflikte*, erbitterte Auseinandersetzungen um die Deutung der Pluralität; davon ist im folgenden verstärkt zu reden.

Diese Kontextualisierung der Theosophie ist ein Herzstück dieser Arbeit, die nun folgende historiographische Analyse der Logiken theosophischer Weltanschauungsproduktion. Ihr steht ein zweites zur Seite, ihr Wissenschaftsverständnis (s. Kap 9.).

### *7.11.1 Historismus als Verunsicherung der Gegenwart durch die Vergangenheit*

Die Historismusdebatte als Koordinatensystem kultureller Pluralisierung ist in den vergangenen Jahren in der Geschichtswissenschaft hinsichtlich der systematischen Zusammenhänge von Pluralisierung und Relativismus, von Entfremdung und Identität, von Gestaltungsfreiräumen und Geltungsansprüchen intensiv erforscht worden[663]. Insbesondere ein Gegenstandsbereich, die religiösen und weltanschaulichen Urkunden, um die es im folgenden geht, waren als kulturelle Grundlagen von der Verzeitlichung vermeintlich zeitinvarianter Fundamente betroffen. Aber gerade in diesem zentralen Bereich ist die Historismusdebatte hinsichtlich der Theosophie in zwei Dimensionen zu rekapitulieren respektive überhaupt erst zu rekonstruieren: Die bibliographische Präsenz »fremder« Welten ist hinsichtlich ihrer Bedeutung für die Theosophie zusammenzustellen (s. im folgenden Teil a), und die rudimentären Verbindungen zur intellektuellen Debatte sind im Blick auf die Person Steiners zu ziehen (s. die Teile b und c).

Für die Theosophie war damit eine konfessorische Frage nach ihrer Situierung in der intellectual history des 19. Jahrhunderts verbunden: Sie war eine Bewegung gegen die historisch-kritische Analyse der europäischen Religionskultur um 1900, sollte doch die »objektive«, »übersinnliche« Erkenntnis die historistische Relativierungsdrohung entschärfen. Theosophen empfanden von daher die Anwendung der historischen Kritik auf ihre eigene Geschichte als den Sieg des Gegners, gegen den sie angetreten war. Die fehlenden historisch-kritischen Ar-

[663] Ich stütze mich vor allem auf die von Otto Gerhard Oexle rekonstruierte Bedeutung des Historismusbegriffs als Historisierung aller kultureller Prozesse, die er in Abgrenzung von Friedrich Meineckes Verständnis des Historismus als Individualisierungsprozeß formuliert; vgl. seine Ausführungen in: Geschichtswissenschaft im Zeichen des Historismus, 9–136. Außerdem: Lübbe: Die Aufdringlichkeit der Geschichte, 56–80; Wittkau: Historismus; Rüsen: Konfigurationen des Historismus; Historismus in den Kulturwissenschaften, hg. v. Oexle / Rüsen; Geschichtsdiskurs, Bd. III: Die Epoche der Historisierung, hg. v. W. Küttler u. a.

beiten sind deshalb nicht nur Ausdruck einer historischen Blindheit, sondern auch ihrer historischen Epistemologie. Die historische Kritik, ein zentrales Thema der neuzeitlichen europäischen Religionsgeschichte, ist angesichts der tiefen Gräben, die die Theosophen zu dieser Methodik aufgerissen haben und über die sie bis heute wachen, weiterhin ein emotionsbesetztes Kapitel.

*a. Kulturrevolution durch Philologie*

Pierre Daniel Chantepie de la Saussaye (1848–1920), der niederländische Theologe und Religionshistoriker und einer der Begründer der Religionswissenschaft, kennzeichnete die historische Situation in seinem »Lehrbuch der Religionsgeschichte« (dem ersten des entstehenden Fachs Religionswissenschaft) 1887 wie folgt:

> »In der Herbeischaffung und Bearbeitung neuen Materials, von dessen Reichhaltigkeit man früher kaum eine Ahnung hatte, liegt die grosse Leistung unseres Zeitalters. Ihre Blüthe verdankt die Religionswissenschaft den Entdeckungen und Fortschritten auf den Gebieten der Linguistik, der Philologie, der Ethnographie, der Völkerpsychologie, der Mythologie, der Folklore. Durch das vergleichende Studium der Sprachen sind die Völkerverwandtschaften ans Licht gezogen worden, womit eines der Hauptmittel gegeben war, um zu einer Gruppierung der Menschheit zu gelangen. Die Philologie hat Denkmäler in bisher völlig unbekannten Sprachen entziffert und ist soweit fortgeschritten, dass sie uns die Schriften der alten Völker des Orients in classischen Ausgaben und zuverlässigen Uebersetzungen vorlegt.«[664]

Fast zeitgleich hatte Nietzsche schon die Frage nach »Nutzen und Nachteil« derartiger Literaturproduktion gestellt, und auch eine Generation später, 1918, sah Ernst Troeltsch die Konsequenzen der Aufhäufung des Materials pessimistisch:

> »Es mag schwer sein, so viel Wissen zu verdauen und die Herrschaft über den erweiterten Stoff zu behalten. Aber die sinnlose Bücherproduktion und Vielschreiberei der letzten Dezennien war schon sowieso überflüssig. Wenn die heutige ›ahistorisch‹ gerichtete Jugend, soweit sie es wirklich ist, an dem ungeheuren Brei verzweifelt, durch den sie sich durchfüttern soll, dann ist das als erstes Entsetzen des Lernenden wohl begreiflich.«[665]

Seine auf den Punkt gebrachte Krisendiagnose des Historismus lautete: »Alles wackelt«. Gleich ob man die »grosse Leistung« oder den »ungeheuren Brei« sah, den Wirkungen dieser Präsenz konnte sich niemand entziehen.

Die Gründergeneration der Theosophischen Gesellschaft hatte auf diese Situation in einer ihr eigenen Weise reagiert und den Weg vom Spiritismus in die Religionsgeschichte angetreten, von der empirischen zur hermeneutischen Begründung ihrer Weltdeutung. Die Feststellung, daß Theosophen damit auf diese Zugänglichkeit schier unüberschaubarer Mengen neuerschlossener kultureller Traditionen reagierten, ist so banal, wie ein Überblick über die Dimensionen dieser Herausforderung schwer zu gewinnen ist; eine umfassende Zusammenstellung zur Geschichte dieser textlichen Präsenz fremder (antiker und außereu-

---

[664] Chantepie de la Saussaye: Lehrbuch der Religionsgeschichte, Bd. I ($^1$1887), 4.
[665] Troeltsch: Ueber Maßstäbe zur Beurteilung historischer Dinge, 3.

ropäischer) Kulturen ist mir nicht bekannt[666]. Der Prozeß der Materialakkumulation lief in Europa schon seit Jahrhunderten, kam aber, der Selbstwahrnehmung von Zeitgenossen zufolge, im 19. Jahrhundert in eine kritische Größenordnung. Zwar hatte auch im Mittelalter die Kenntnis neuer Texte beständig zugenommen, etwa derjenigen des Aristoteles seit dem 12. oder der Neuplatoniker im 13. Jahrhundert, und mit den ins lateinische Europa flüchtenden Byzantinern kamen seit Ende des 14. Jahrhunderts große Corpora bis dato unbekannter antiker Schriften nach Europa, aber sie entstammten durchweg dem Raum der europäischen Antike, die seit den Kirchenvätern und der Scholastik in den christlichen Deutungshorizont integriert war. In der frühen Neuzeit war nicht zuletzt die »okkulte« Wissenschaft immer auch eine Abarbeitung historischer und ethnologischer Quellen[667]. Einschneidende Veränderungen zog hingegen die langsam ansteigende Präsenz von nichteuropäischen Literaturen sowie die Übersetzung dieser wie auch europäischer Schriften nach sich. In der Zangenbewegung von Übersetzungen, die kritischen Ausgaben oft vorausgingen, und Editionen altbekannter Texte erwuchs in der frühen Neuzeit die eine Hälfte des Historisierungspotentials[668], die andere gründete in dem explosionsartigen Anschwellen neuerschlossener Materialmassen im 19. Jahrhundert. Die Präsenz dieser alten und neuen Kulturen wurde dabei von einem elitären Diskurs in eine populäre Rezeption überführt. Im Gegensatz zur verbreiteten, von Theosophen geförderten Wahrnehmung, in der Theosophie seien dabei vornehmlich asiatische Texte rezipiert und gefördert worden, wird bei näherem Hinsehen klar, daß die östlichen Literaturen nur einen – in der Außenperspektive besonders auffälligen – Teil des theosophischen Materialfundus bildeten. De facto spielten die europäischen Traditionen meist eine wesentlich größere Rolle.

Die folgende, schlicht parataktische Zusammenstellung von Quellen und Übersetzungen, die um 1900 erschlossen waren, soll in ihrem Stakkato den Blick für das Gebirge von Quellen schärfen, das Theosophen zu besteigen und sich zu unterwerfen antraten und das sie zugleich mit aufschütteten. Sie konnten also auf einen breiten, historisierungsproduktiven Fundus von Übersetzungen zurückgreifen, zugleich aber spielten sie durch die eigene Übersetzungstätigkeit eine wichtige Rolle in der Pluralisierung von Weltdeutungsangeboten[669]. Man

[666] Vgl. aber für belletristische Werke Rössig: Literaturen der Welt in deutscher Übersetzung; für religionswissenschaftliche Publikationen Hardy: Zur Geschichte der vergleichenden Religionsforschung, II, 97–135; Pinard de la Boullaye: L'Etude comparé, I, 361–373.

[667] Vgl. Hunter: The Occult Laboratory.

[668] Vgl. Geimer: Die Vergangenheit der Kunst, der auf die imaginative Re-Produktion von Ganzheit angesichts der Menge antiquarischer Literatur und ihrer gleichzeitigen Lückenhaftigkeit verweist.

[669] Die theosophische Publikationsgeschichte ist unaufgearbeitet. Man kann sie als Parallelentwicklung zu der vom liberalen, vor allem protestantischen Bürgertum abgestützten Popularisierung lesen. Die Titel mit theosophischem Hintergrund (bibliographische Erfassung meist in den folgenden Anmerkungen) macht die Spanne der Ambitionen deutlich: Meads und Schmitts Editionen gnostischer Schriften traten mit den Anspruch von Wissenschaftlichkeit auf, zu den populäreren Vermittlungsversuchen gehören die im Theosophischen Verlagshaus Hugo Vollraths in Leipzig verlegten Geschichten der Kabbala von Erich Bischof oder der nordischen Mythologie von Gibson (Gibson: Die nordische Mythologie im Lichte der Geheimlehre [1900?]), neben denen in Vollraths Angebot Klassiker wie die »Bhagavadgita« (in Franz Hartmanns Übertragung), Thomas von Kempens »Nachfolge Christi« (1895?) oder Johann Schäfflers »Cherubinischer Wandersmann« standen.

kann vermutlich die Theosophie nicht adäquat verstehen, wenn man sich die philologische Realität hinter diesen Diagnosen nicht in ihrer Massivität vor Augen führt.

*Texte aus Asien*

Unter den ostasiatischen Quellen[670] standen seit dem 18. Jahrhundert konfuzianische Texte aus China zur Verfügung, vermittelt vor allem durch die Jesuiten[671]. Die »Zend-Avesta« hatte Antequil Duperron in einer dreibändigen Übersetzung 1771 in Paris auf den Markt gebracht, Friedrich Spiegel publizierte sie zwischen 1852 und 1863 auf deutsch. Lange bekannt war aus dem vorderasiatischen Bereich nur der Koran, der 1610 von Salomon Schweigger ins Deutsche übersetzt worden war. Indische Quellen standen in nennenswertem Umfang erst seit dem ausgehenden 18. Jahrhundert zur Verfügung. Bis zu diesem Zeitpunkt gab es durchweg nur eine indirekte, vor allem durch Reisebeschreibungen und Missionsberichte vermittelte Kenntnisse indischer Literatur. Bahnbrechend wirkten die Publikationen in Indien lebender Engländer. Charles Wilkins gilt als erster des Sanskrit mächtiger Europäer und legte 1785 die englische Übersetzung der »Bhagavadgita« vor; William Jones folgte 1789 mit Kalidasas Drama »Sakuntala« und 1796 mit dem »Gesetzbuch Manus«[672]; alle diese Werke wurden schon um 1800 auch ins Deutsche übersetzt[673]. Auf diesen und einer Reihe weiterer Übersetzungen ruhte die romantische Rezeption um 1800 und die populäre Rezeption asiatischer Texte (insbesondere der »Bhagavadgita«) um 1900.

Seit Mitte des 19. Jahrhunderts entstanden monumentale Quelleneditionen, und dafür steht insbesondere der Deutsch-Engländer Friedrich Max Müller (1823–1900). Seine epochale sechsbändige Übersetzung des »Rigveda« in der Kommentierung des Sayana erschien zwischen 1849 und 1874. Kurz zuvor war schon die vierbändige Übersetzung von Alexandre Langlois publiziert worden (1848–1851), Horace Hayman Wilson arbeitete an seiner englischen Übersetzung zeitweise parallel (1850–1888). Auf deutsch erschien 1875 eine Auswahl von Karl Friedrich Geldner und Adolf Kaegi, der zwei umfangreichere Ausgaben von Alfred Ludwig (1876–1888) und Hermann Grassmann (1876/77) folgten. Max Müllers weit umfangreicheres Übersetzungsprojekt bildeten jedoch »The Sacred Books of the East« (50 Bände zwischen 1879 und 1910), in denen er un-

---

Vgl. das Verlagsverzeichnis in: Theosophie 2/1911–12, rückwärtiges Deckblatt von Heft 12. Steiner hat sich an dieser Arbeit übrigens weder als philologischer Kärrner noch als deutender Herausgeber beteiligt, er blieb Weltanschauungskonstrukteur, der mit der übersinnlichen Schau ein Argument gegen die religionsgeschichtliche Handarbeit bereithielt.

670 Zum Überblick Lach: Asia in the Making of Europe; Windisch: Geschichte der Sanskrit-Philologie. Für die Zeit bis 1800 vgl. Osterhammel: Die Entzauberung Asiens, 176–208.

671 Chinesische Literatur wurde vor allem über die von den Jesuiten herausgegebenen »Lettres édifiantes et curieuses des Missions étrangères de la compagnie de Jésus« zugänglich (zwischen 1702 und 1776 in 34 Bänden); vgl. Berger: China-Bild und China-Mode, 49, und Lach: Asia in the Making of Europe, II/2, 39–392.

672 Windisch: Geschichte der Sanskrit-Philologie, 22 f.

673 Übersetzung der »Bhagavadgita« durch Wilhelm von Schlegel 1823 (lateinisch) und Carl Rudolf Samuel Peiper 1834 (deutsch). »Sakuntala« 1791 durch Georg Forster, und das »Gesetzbuch Manus« 1791 durch Johann Christian Hüttner.

ter anderem vedische Hymnen, Teile aus dem Mahabharata, den Upanischaden und der Zend-Avesta, Vedanta- und Gesetzes-Texte, Brahmanas, buddhistische Sutren, den Koran sowie jainistisches, taoistisches und konfuzianisches Material präsentierte. Seit 1895 folgten, ebenfalls von Müller herausgegeben, die »Sacred Books of the Buddhists«.

Die Upanishanden, 1805 von Antequil Duperron in einem Teilbestand aus dem Persischen ins Lateinische und 1879 und 1884 auf der Grundlage originalsprachlicher Texte innerhalb der »Sacred Books of the East« von Müller ins Englische übersetzt, wurden 1897 durch Paul Deussen auf Deutsch in einer bis heute nicht ersetzten Ausgabe zugänglich. Unter den Mahajana-Texten standen auf Deutsch neben der Bhagavadgita weitere Auszüge aus dem Mahabharata von Franz Bopp seit 1824 zur Verfügung[674]. Das heilige Buch der Sikh, Adi-granth, war 1877 durch Ernst Trumpp ediert worden. Dazu kamen in den letzten Jahren des 19. Jahrhunderts in Deutschland Übersetzungen kanonischer buddhistischer Texte, etwa durch Karl Eugen Neumann die »Reden Gotamo Buddho's aus der mittleren Sammlung Majjhimanikayo des Pali-Kanons« (1896 / 1902) oder »Die Lieder der Mönche und Nonnen Gotamo Buddo's. Aus dem Theragata und Therigata« (1899). Literatur aus Tibet war im 19. Jahrhundert unbekannt und kam erst 1900 nach der Entdeckung tibetischer Manuskripte in einer Höhle in Turkestan originalschriftlich in den Westen[675]. Die erste Übersetzung des »tibetanischen Totenbuchs« soll immerhin von der Theosophie beeinflußt gewesen sein[676] (und Gregoire Kolpaktchys Übersetzung des ägyptischen Totenbuchs – erstmals 1842 gedruckt – habe Steiner angeregt [GA 265,47][677]). Aber erst nach der Annexion Tibets durch China im Jahr 1959 brachten flüchtende Mönche Texte in größerem Umfang aus dem tibetischen Hochland in die westliche Welt[678].

Auch in den toten Sprachen des Nahen Ostens war im 19. Jahrhundert das Zeitalter der Entdeckungen angebrochen. Die ägyptischen Hieroglyphen wurden 1822 von Jean François Champollion dechiffriert. Damit wurde die immer schon hochgeschätzte ägyptische Kultur[679], die namentlich für eine »esoterische« Tradition seit Jahrhunderten die Begründung geliefert hatte[680] und deren Bedeutung sich noch im Gründungsakt der Theosophischen Gesellschaft zeigte, weiter aufgewertet. Die altpersische Keilschrift war 1802 von Georg Friedrich Grotefend entziffert worden, und 1852 stellten die durch Auten Henry Layard entdeckten Keilschriftfragmente der Bibliothek des assyrischen Königs Assurbanipal umfangreiche Textkonvolute zur Verfügung. Mit der Herausgabe der Amarnabriefe 1896 oder der 1901 / 02 gefundenen Gesetze Hammurabis standen wichtige Do-

---

674 Nalas und Damjanti, übersetzt von Franz Bopp (1838).
675 Walter: Tibetan Religions, 506.
676 The Tibetan Book of the Dead, hg. v. W.Y. Evans-Wentz, [1]1927. In den Vorworten findet sich zumindest theosophisches Gedankengut (etwa die Reihe großer Eingeweihter, S. X), die Wertschätzung der »the Occult Sciences« (S. XX) oder der Dank an den Theosophen Johan van Manen (S. XXI).
677 Zur Publikationsgeschichte Hermsen: »Die Reise der Seele nach dem Tod«, 37–50 (zum Erstdruck S. 41).
678 Grönbold: Die tibetische Literatur, 697.
679 Vgl. zur Geschichte ägyptischer Textpräsenz Assmann: Moses der Ägypter.
680 Hornung: Das esoterische Ägypten.

kumente, im gleichen Jahr, in dem Steiner in die Theosophie eintrat, zur Verfügung[681]. Die hethitischen Keilschriften lagen um diese Zeit noch unlesbar in den Archiven der Wissenschaft, es gelang Friedrich Hrozny 1915, sie zu entziffern.

Schließlich gehören ins weitere Umfeld dieser Materialien Sammlungen von Überlieferungen mündlicher Kulturen. Das Paradebeispiel dieser Literaturgattung war James George Frazers Sammlung »The Golden Bough«, 1890 erstmals in zwei Bänden erschienen und schließlich in der dritten Auflage (1907–1915) auf zwölf Bände angewachsen. Die in der Perspektive einer religiösen Evolution gesammelten Dokumente vielfach schriftloser Völker waren allerdings durch die Hierarchisierung in »primitive« und »zivilisierte« Ethnien in ihrer relativistischen Wirkung auf die europäische Tradition entschärft.

Die Quellenpublikationen wurden von einer großen Zahl wissenschaftlicher und weltanschaulicher Literatur begleitet. In Deutschland wirkte Arthur Schopenhauer (1788–1860) bahnbrechend, doch kam es erst im späten 19. Jahrhundert zu einer intensiveren Rezeption seines Werks. In England stand vor 1900 wiederum Max Müller im Zentrum der sekundären Quellenerschließung, in Frankreich Paul Oltramare (»Histoire des idées théosophiques dans l'Inde«, 1906/1923), in Deutschland waren es etwa Paul Deussen (»Allgemeine Geschichte der Philosophie«, 1894ff.) oder Hermann Oldenberg (»Lehre der Upanishaden und die Anfänge des Buddhismus«, 1915; »Buddha. Sein Leben, seine Lehre, seine Gemeinde«, 1881). Darüber hinaus gab es eine Popularisierung in beträchtlichem Ausmaß; Hans Ludwig Helds »Deutsche Bibliographie des Buddhismus« verzeichnete 1916 über 2500 mehrheitlich populärwissenschaftliche Aufsätze und Monographien zum Buddhismus[682]. Wie weit Interessen der Anverwandlung gehen konnten, wird an dem genannten Karl Eugen Neumann, der sich als deutscher Buddhist empfand, deutlich. Die Anschlußfähigkeit an die europäische Tradition war für ihn ein Kriterium der Rezeption buddhistischer Literatur. Mit Blick auf Schopenhauer sah er teilweise den Buddhismus »ganz auf dem Boden des transcendentalen Idealismus« stehen[683], konnte er Meister Eckhart als authentischen Interpreten der buddhistischen Lehre vom Leiden deuten und Franz von Assisi als »ächten abendländischen Bhikkhu« präsentierten[684].

Über die populären Wirkungen dieser Texteditionen gibt es im Gegensatz zur wissenschaftlichen Rezeption momentan nur sehr ungenügende Kenntnisse. Unübersehbar ist allerdings dabei die Rolle der Theosophie, die je nach Perspektive sich mit dem Prädikat »anglo-indisch« schmückte oder damit diskreditiert wurde. Die Gleichberechtigung, wenn nicht gar höhere Bewertung der indischen Traditionen wurde zu einem ihrer Merkmale in der interkulturellen Auseinandersetzung um 1900[685]. Wichtige Texte der asiatischen Traditionen waren zu-

[681] Vgl. zur Assyriologie Kraus: Geschichte der historisch-kritischen Erforschung des Alten Testaments, 305f.
[682] Held: Deutsche Bibliographie des Buddhismus (1916).
[683] Neumann: Die innere Verwandtschaft buddhistischer und christlicher Lehren, 103.
[684] Ebd., 107.
[685] Die theosophischen Editionen indischer Literatur bedürften einer eigenen Aufarbeitung.

mindest in der angelsächsischen Theosophie bekannt[686]. Sehr bald beteiligte sich auch die Theosophische Gesellschaft in Adyar an der Erfassung von Quellen und trug in ihrer Bibliothek systematisch vor allem Sanskrit- und Pali-Handschriften zusammen, die heute als deren weltweit größte Sammlung gelten. Dabei spielte das Motiv, mit der Erforschung der asiatischen Literaturen das Übergewicht der europäischen Tradition zu verringern, sowohl kulturpolitisch als auch im Rahmen der biographischen Distanzierung vieler Theosophen vom Christentum eine wesentliche Rolle. Auch in Deutschland übersetzten Theosophen, meist aus englischsprachigen Vorlagen (etwa 1892 Franz Hartmann die »Bhagavadgita,« die Steiner ja verrissen hatte[687]). Auch Steiner bediente sich aus dem Fundus der Übersetzungen aus dem Indischen, als er im Oktober 1902 und 1904 in der ersten Auflage seiner »Theosophie« (s. o. 7.3) den Vedanta lobte oder sich aus Deussens Upanischaden-Übersetzung alimentierte. All dies förderte die Theosophie in einer Zeit, in der in Europa die Hochachtung vor den »Weisen aus dem Osten« im Eurozentrismus des Kolonialismus unterging[688].

*Texte aus Europa*

Die antiken, orthodoxen und häretischen Werke waren über die Kirchenväterschriften im Prinzip verfügbar und standen seit dem 17. Jahrhundert durch die Textausgaben der Mauriner in auch nach heutigen Maßstäben teilweise guten Editionen zur Verfügung. Die Leistung des 19. Jahrhunderts bestand zum ersten in einer Sammlung der Ausgaben und damit in einem erleichterten Zugang, die in dem verlegerischen Großunternehmen von Jacques-Paul Migne in einer Ausgabe lateinischer Väterschriften in 221 Quartbänden (1844–1864) und ihres griechischen Pendants in 166 Bänden (1857–1866) kulminierte. In der zweiten Hälfte des 19. Jahrhundert kamen – teilweise bis heute nicht abgeschlossene – kritische Textausgaben hinzu: Das »Corpus scriptorum ecclesiasticorum latinorum«, herausgegeben von der Wiener Akademie der Wissenschaften seit 1866, die »Griechischen christlichen Schriftsteller der ersten drei Jahrhunderte«, seit 1897 von der Kirchenväter-Kommission der Preußischen Akademie der Wissenschaften ediert. Auch die Übersetzungen der Kirchenväter, die es für viele Autoren vor allem seit dem 18. Jahrhundert gab, wurden nun in großen, für ein gebildetes Laienpublikum konzipierten Reihen vorgelegt. Die Bibliothek der Kirchenväter erschien in ihrer ersten Reihe mit 80 Bänden zwischen 1866 bis 1888, in Schottland kamen parallel seit 1866 (bis 1872) 25 Bände der Edinburgher »Ante-Nicene Christian Library« heraus, ergänzt zwischen 1886 und 1900 in Buffalo durch 28 Bände der »Select Library of the Nicene and Post-Nicene Fathers«.

---

[686] Blavatsky: Collected Writings, bezog sich beispielsweise schon 1877 auf Max Müller (I, 239.250) oder auf William Jones (I, 239). Steiner kam auf Müllers Werk mit seinem Eintritt in die theosophische Welt anläßlich des Todes von Müller (28.10.1900) zu sprechen (GA 31,374).

[687] Die Bhagavad Gita oder das Hohe Lied enthaltend die Lehre der Unsterblichkeit. In poetischer Form nach Edwin Arnolds Sanskrit-Übersetzung ins Deutsche übertragen von Franz Hartmann, Leipzig o. J. [1899]. Möglicherweise existierte schon eine Ausgabe Berlin 1892; in diesem Jahr hatte Hartmann die (gleiche?) Übertragung bereits in seiner Zeitschrift »Lotusblüthen« veröffentlicht. Steiners Verriß in GA 32,194–196.

[688] Vgl. Osterhammel: Die Entzauberung Asiens.

Gewichtige Kompendien, von denen ich exemplarisch nur Harnacks vierteilige »Geschichte der altchristlichen Literatur« (1893–1904) nenne, erschlossen den Textfundus neu. Theosophische Auswahlsammlungen antiker Literatur wie Meads wirkungsmächtiges Gnosis-Buch fußten auf diesen Editionen.

Die Kirchenväterschriften bildeten auch einen zentralen Zugang zur Gnosis, zudem waren seit dem 15. Jahrhundert gnostische und hermetische Vorstellungen in den Schriften des »Hermes Trismegistos« zugänglich[689]. Auf die Gnosis beriefen sich Theosophen besonders gerne, galt sie doch als Teil der großkirchlich unterdrückten »Esoterik«, deren Wahrheit sie zu beerben und ans Licht zu bringen beanspruchten. Allerdings war bis zum Ende des 19. Jahrhunderts die gnostische Originalliteratur praktisch unzugänglich, die Gnosis mithin ein ideales Feld der Spekulation. In der Gnosisforschung des 19. Jahrhunderts ging es weitenteils um die Frage der Überlieferungsstemmata, näherhin ob Hippolytus, Irenäus von Lyon oder Justin der Märtyrer den zuverlässigsten Zugriff auf die gnostische Vorstellungen ermöglichten. So drehten sich beispielsweise Harnacks Schriften zur Quellenkritik der Gnosis aus den 1870er Jahren ausschließlich um diesen Punkt[690], für Adolf Hilgenfelds »Ketzergeschichte« aus dem Jahr 1884 gilt nichts anderes[691], ebensowenig für Johannes Kunzes 1894 vorgenommene Quellenscheidung[692]. Noch für Wilhelm Bousset war 1907 die Quellenlage vor allem durch Lücken gekennzeichnet:

> »Wir beklagen den Untergang der meisten direkten Quellen und Zeugnisse für die Zustände des religiösen Lebens im vorchristlichen synkretistischen Zeitalter. Nur hier und da, nur auf Teilstrecken dieses ganzen großen Gebietes fällt hier das Licht geschichtlicher Quellen. Mühsam muß die Forschung ihren Weg suchen und tappt sehr oft im fast undurchdringlichen Dunkel.«[693]

Die Zugänglichkeit gnostischer Vorstellung war mithin in der formativen Phase der Theosophie am Ende des 19. Jahrhunderts außerordentlich eingeschränkt. Die wichtigste gnostische Originalschrift war die 1773 aufgefundene »Pistis Sophia«, die 1851 von Moritz Gotthilf Schwartze und Julius Heinrich Petermann herausgegeben und ins Lateinische übersetzt wurde, eine Übersetzung ins Französische folgte 1895 von Emile Amélineau. Die wissenschaftliche Rezeption lief aber erst zu Beginn der neunziger Jahre an[694], in der Debatte um Probleme der Gnosis spielte die »Pistis Sophia« vor 1900 noch kaum eine Rolle. Neben ihr waren 1900 nur noch zwei weitere gnostische Originalquellen bekannt, der Brief

---

689 Exemplarisch hinsichtlich der Gnosis-Rezeption bei Paracelsus und den Paracelsisten herausgearbeitet von Gilly: Das Bekenntnis zur Gnosis von Paracelsus bis auf die Schüler Jacob Böhmes, 385–425.

690 Harnack: Zur Quellenkritik der Geschichte des Gnosticismus (1873); unter dem gleichen Titel erweitert in: Zeitschrift für die historische Theologie (1874); die gleiche Problemstellung bei Lipsius: Die Quellen der aeltesten Ketzergeschichte (1875).

691 Hilgenfeld: Die Ketzergeschichte des Urchristentums (1884).

692 Kunze: De historiae gnosticismi fontibus (1894).

693 Bousset: Hauptprobleme der Gnosis (1907), 7 f.

694 Harnack: Über das gnostische Buch Pistis Sophia (1891).

des Ptolemaios an Flora sowie drei koptische Schriften, die allerdings noch unveröffentlicht waren[695].

Signifikanterweise versuchten Theosophen, diesem Quellenproblem entgegenzutreten, obwohl sie auch ihre Gnosistheorien damit der historischen Kritik aussetzten und faktisch destabilisierten. Der klassische Philologe und Sekretär Blavatskys, George Robert Stow Mead, edierte 1900 die »Fragments of a Faith Forgotten. The Gnostics«, die zwei Jahre später 1902 ins Deutsche übersetzt wurden und in einem epochalen Popularisierungsschritt Gnostica einem breiteren, des Griechischen und Lateinischen nicht mächtigen Publikum erschlossen[696]. Wiederum ein Jahr später, 1903, legte Eugen Heinrich Schmitt eine neue, nochmals umfangreichere Sammlung gnostischer Schriften mit dem Untertitel »Grundlagen der Weltanschauung einer edleren Kultur« vor[697]. Die Texte reichen von der Antike bis, im zweiten Band von 1907, zur damaligen Gegenwart, die Theosophie und Rudolf Steiner oder die moderne Physik und Ernst Haeckel einschließend. Schmitts Biographie ist ungeschrieben, doch war auch er Theosoph oder stand der Theosophie zumindest zeitweise nahe[698]. Auch Erich Bischoffs »Vom Reiche der Gnosis« von 1906 gehört ins okkultistische oder theosophische Milieu. Erst am Anfang des 20. Jahrhunderts wurden in der Oase Turfan (Sinkiang / Westchina) Originaltexte entdeckt, die 1904 unmittelbar im Anschluß an die Expedition, zwar veröffentlicht, aber in der populären Literatur kaum rezi-

---

[695] Vgl. Krüger: Gnosis, Gnostizismus, 728. 731.

[696] Mead: Fragmente eines verschollenen Glaubens. Der zentrale Teil umfaßt lange Textwiedergaben und Einleitungen zu sowohl innerhalb als auch außerhalb der Kirchenväter überlieferter Texte. Meads bescheidener Hinweis, daß »bisher Niemand versucht hat, das ganze Material zusammen zu tragen« (S. VI), dürfte stimmen. Seinen theosophischen Hintergrund deckte Mead nicht auf, machte aber seine Position deutlich: Er sei Unitarist, es gebe »nur eine Religion« (S. 6), und Christus erhielt (auf antijüdischem und antiislamischem Hintergrund, S. 6) eine herausragende Rolle als großer »Lehrer« (S. 3).

Mead hat noch eine zweite Sammlung herausgegeben: The Complete Echoes from the Gnosis (1906–1908). Diese Sammlung hat offenbar in Deutschland kein Echo mehr gefunden. Bei den schmalen Bändchen von zusammen 150 Seiten handelt es sich um gnostische, aber auch hermetische Texte (etwa die »Chaldäischen Orakel«), die Mead aus wissenschaftlichen Ausgaben, etwa der Bibliotheca Teubneriana, übersetzte. In der Kommentierung mischte er wissenschaftliche Literatur (etwa Franz Cumont) mit explizit theosophischer Deutung (z. B. S. 162).

[697] Schmitt: Die Gnosis. Grundlagen der Weltanschauung einer edleren Kultur (1903 / 1907).

[698] Schmitt hatte 1898 oder kurz zuvor einen Preis der Berliner Philosophischen Gesellschaft für eine Darstellung der Weltanschauung Hegels erhalten (GA 31,475), und Steiner erkannte in diesem Jahr in dem (wohl auch noch 1903 [GA 34,412]) in Pest wohnenden Individualanarchisten und Nietzscheaner Schmitt einen Geistesverwandten (GA 31,476). Schmitt dürfte, wie Steiner, um 1900 eine religiöse Wende vollzogen haben. Er gehörte zu den Gründungsmitgliedern des Giordano Bruno-Bundes (gegründet 1900), der bis mindestens 1906 existierte (Bruns: Giordano Bruno Bund, 163). Hier dokumentierte er innerhalb eines Vortragszyklus vermutlich seine Reinkarnationsüberzeugung (ebd., 172). In diesem Zeitraum war er Mitglied der Neuen Gemeinschaft in Berlin-Schlachtensee (dies.: Die neue Gemeinschaft, 367). Als Theosoph hat Steiner Schmitts Gnosis-Buch überaus positiv besprochen (GA 34,411–414) und es für seine Theoriebildung, etwa zu den Manichäern, benutzt (vgl. den Kommentar in GA 93,308). In den letzten Jahren vor dem ersten Weltkrieg ist Schmitt als Beiträger der idealistischen Zeitschrift »Brücke« (1911–1914) der Gesellschaft der Charonfreunde nachgewiesen (Parr: Charon, 71).

piert wurden[699]. Die sensationelle Entdeckung einer gnostischen Bibliothek in Nag Hammadi ließ bis 1945 auf sich warten.

Ähnlich komplex ist die Lage hinsichtlich der für die Theosophie ebenfalls hochgeschätzten Mysterienkulte der Antike. Wichtige Texte und Textfragmente waren um 1900 bekannt, aber wissenschaftlich nur begrenzt aufgearbeitet, und unter der Vielzahl der Mysterienstätten hatte sich das wissenschaftliche Interesse fast ganz auf Eleusis konzentriert, ohne befriedigende Ergebnisse, wie Erwin Rohde 1894 bedauerte:

> »Von den einzelnen Vorgängen und Handlungen bei dem langgedehnten Feste kennen wir kaum das Aeusserlichste, und auch dies nur sehr unvollständig. Ueber das, was im Inneren des grossen Weihetempels vor sich ging, das eigentliche Mysterium, geben uns kaum einige Andeutungen später, nicht immer zuverlässiger Schriftsteller dürftigen Bericht.«[700]

Nach weiterer hundertjähriger Forschungszeit haben sich heute die Kenntnisse so weit verdichtet, daß man die Vorgänge zumindest der Eleusinen mit einer gewissen Verläßlichkeit beschreiben kann[701].

Auch die Essener waren um 1900 von einem relativ dichten Schleier umgeben. Die Hinweise vor allem bei Josephus Flavius wurden erst durch die Entdeckung der essenischen Bibliothek in Qumran (1947/56) auf ein breites Textfundament gestellt, so daß die Berufung auf die »Essäer« als »natürlichem Übergang von den Mysterien zu dem Christentum« (GA 8,148), wie Steiner sie im Einklang mit theosophischen Geschichtskonstruktionen etwa bei Annie Besant behauptete, ein damals ungedeckter und heute ad acta gelegter Scheck war. Die Theosophie stand mit dieser Deutung der Essener aber in einer seit dem frühen 18. Jahrhundert gepflegten Tradition, die Essener zum Angelpunkt einer alternativen, vom Judentum unabhängigen Genese des Christentums zu machen[702].

Eine vergleichbare Problemlage ergibt sich bei den Katharern, die allerdings in der Theosophie um 1900 noch nicht die Bedeutung besaßen, die sie heute in der Populäresoterik besitzen. Als Nachfolger der Manichäer (GA 93[1],69) galten auch sie als Gnostiker und, so Steiner, »fromme Ketzer« (GA 51,177). Einige Texte kirchlicher Autoren, etwa diejenigen Bernhards von Clairvaux und des Alanus ab Insulis, waren zwar im Migne zu greifen, aber doch in dem umfangreichen Editionswerk relativ versteckt, und die Werke des 18. Jahrhunderts, etwa Moneta Cremonensis' »Adversus Catharos et Valdenses« (1743) dürfte selten zugänglich gewesen sein. Umfangreichere Quellen stellte 1890 Ignatz von Döllinger in seinen »Beiträgen zur Sektengeschichte des Mittelalters« zur Verfügung,

---

699 Müller: Handschriftenreste in Estrangelo-Schrift aus Turfan (1904); ihre Rezeption findet sich allenfalls in der wissenschaftlichen Literatur, etwa bei Bousset: Hauptprobleme der Gnosis.

700 Rohde: Psyche (1894), I, 288. Auch die Erschließung der archäologischen Quellen hatte in diesen Jahren kaum Fortschritte hinsichtlich der Arkangehalte gebracht; vgl. Rubensohn: Die Mysterienheiligtümer in Eleusis und Samothrake (1892). Vgl. auch die inhaltlich nur mühsam weiterhelfende Zusammenstellung von Quellen und deren Auswertung bei Reitzenstein: Die hellenistischen Mysterienreligionen (Vortrag 1909).

701 Burkert: Antike Mysterien, 75–97.

702 Wagner: Die Essener in der wissenschaftlichen Diskussion. Vgl. auch Maurice: Esoterische Traditionen in der Freimaurerei, 283.

ein Handbuch der dominikanischen Inquisitoren, die »Somme des autorités à l'usage des prédicateurs méridionaux«, gab Celestin Douais 1896 heraus. Katharische Originalquellen waren 1900 noch nicht zugänglich. Der einzige urschriftliche Text, der »Liber de duobus principibus«, wurde erst 1936 herausgegeben, die Verhörprotokolle des Bischofs von Pamiers, Jacques Fourniers, 1965 publiziert. Berufungen auf die Katharer waren zu Steiners Lebzeiten eine Berufung auf eine in der Tat okkulte Geschichte.

Nicht weniger vertrackt war die Situation bei den Schriften der Rosenkreuzer, auf deren Schultern Steiner sich seit 1907 verstärkt zu stellen behauptete. Die Schriften des frühen 17. Jahrhunderts waren zwar in gängigen Sprachen gedruckt und im Prinzip zugänglich, aber teilweise außerordentlich schwer erreichbar, die Verfasserfrage –bei wichtigen Schriften geht man heute nicht mehr von Einzelautoren aus – war um 1900 noch ungeklärt[703], die Tradition durch die Rezeption in einem Teil der maurerischen Bewegung kontrafaktisch in eine weit zurückreichende Vorzeit verlängert worden[704]. Bezeichnenderweise verzeichnete das Lexikon »Die Religion in Geschichte und Gegenwart« 1913 als einzige Literaturangabe Hargrave Jennings' zweibändiges Werk »Die Rosenkreuzer, ihre Gebräuche und Mysterien« aus dem Jahr 1870, das 1912 ins Deutsche übersetzt worden war. Jennings aber gehörte nicht zur wissenschaftlichen Zunft, sondern zu einer okkultistischen Rosenkreuzerfraktion[705].

Die außerbiblische jüdische Literatur war aufgrund philosemitischer Strömungen seit dem 18. Jahrhundert rege übersetzt worden. Den Jerusalemer Talmud hatte Blasio Ugolino zwischen 1755 und 1765 ins Lateinische und Moise Schwab in 11 Bänden ins Französische (1878–1889) übersetzt. Im deutschen gab es in der Ausgabe von August Wünsche eine Übersetzung des Babylonischen Talmud (1886–1889). Die Mischna war von Wilhelm Surenhuysen 1698 bis 1703 in sechs Bänden ins Lateinische und von Johann Jakob Rabe in ebenfalls sechs Bänden 1760 bis 1763 ins Deutsche, die Tosephta von Ugolino zwischen 1755 und 1757 ins Lateinische übersetzt worden. Wichtige Textkorpora waren also in neueren Sprachen zugänglich, und die genannten Ausgaben waren nicht die einzigen, wenn auch die Zugänglichkeit dieser Ausgaben teilweise nicht unproblematisch gewesen sein dürfte.

Die Kabbala hingegen, die für Blavatsky das Zentrum der esoterischen Tradition des Judentums bildete, war demgegenüber außerhalb hebräischer Drucke kaum greifbar. Das Ansehen der Kabbala war im mitteleuropäischen Judentum durchweg sehr schlecht, eine Beschäftigung damit ein Randphänomen und der Kosmos der kabbalistischen Werke folglich fast zur Gänze unübersetzt. Einzig

---

[703] Nur die »Chymische Hochzeit Christiani Rosencreutz« (1616) besitzt mit Valentin Andreae einen eindeutig benennbaren Verfasser. Die »Fama Fraternitatis« (Erstdruck Ende 1613) und die »Confessio Fraternitatis« (1615) entstammen wohl einem Kreis um Tobias Hess; Gilly: Die Rosenkreuzer als europäisches Phänomen.

[704] Vgl. zur Traditionsgeschichte im 18. / 19. Jahrhundert Lamprecht: Neue Rosenkreuzer, und die (in der Traditionskonstruktion allerdings weitenteils unhaltbaren) Passagen bei Edighoffer: Die Rosenkreuzer, 58–73. 85–127.

[705] Landgrebe: Rosenkreuzer (1913), 29; zu Jennings' Biographie vgl. Godwin: The Theosophical Enlightenment, 261–275.

Christian Knorr von Rosenroth hatte in seiner »Kabbala Denudata« 1677 und 1684 zwei Bände mit vor allem lurianischem Schrifttum lateinisch gedruckt, ansonsten war man auf die Bruchstücke in Übersichtsbänden von hebräischkundigen Forschern, etwa auf Franz Joseph Molitors »Geschichte der Philosophie oder über die Tradition« (1827–1853) oder auf Adolphe Francks »La Kabbale« (1843, deutsch 1844) angewiesen. Signifikanterweise war es auch hier wieder ein Theosoph, Erich Bischof, der 1903 in Th. Grieben's Verlag (wo auch ein Teil von Steiners Werken erschien) eine bescheidene, aber vergleichsweise solide Systematisierung kabbalistischer Vorstellungen unter den Rubriken Metaphysik, Anthropologie und Magie herausgab[706]. Mehr Gewicht hatte erst der 1929 erschienene Auswahlband »The Holy Kabbalah« von Arthur Edward Waite; auch er war Theosoph (und ehemaliges Mitglied des Golden Dawn). Gerschom Scholem, der die Kabbalaforschung revolutionieren und auf ein wissenschaftliches Fundament stellen sollte, wurde erst 1897 geboren. Angesichts dieser schwierigen Quellenlage waren inhaltliche Fragen teilweise hoch umstritten. Um wiederum ein für die Theosophie wichtiges Feld, das Verhältnis von Kabbala und Gnosis, herauszugreifen: Bis weit ins 19. Jahrhundert hinein bereitete etwa die Unterscheidung von kabbalistischen und gnostischen Tradition angesichts der Debatten über die Wurzeln der Kabbala, die oft noch in der Antike gesucht wurden, erhebliche Probleme[707], weder Gnosis noch Kabbala ließen sich präzise bestimmen und einander zuordnen. In eben dieser Unschärfe aber bildete sie für die Theosophie ein wichtiges Projektionsfeld.

Die germanischen Mythologien schließlich wurde seit dem 19. Jahrhundert zugänglich. Die erste Ausgabe der Edda gab Finnur Magnusson 1787 bis 1828 heraus, die erste deutsche Ausgabe von Hermann Lüning folgte 1859, und Jacob Grimm legte in seiner »Deutschen Mythologie« von 1835 eine religionsphänomenologische Sammlung germanischer Götterüberlieferungen und volksreligiöser Frömmigkeitsformen vor, die Europas innere Fremde aufschlossen.

*Die Konkurrenz religionshistorischer Textwissenschaft*

Die philologische Expansion geriet zu einem kulturellen Großunternehmen, in dem das kulturhistorische Forschungsfeld neu organisiert wurde. Parallel zur Theosophie entstand dabei die Religionswissenschaft[708], auch sie mit dem Schwerpunkt auf der philologischen Quellenerschließung, allerdings im Rahmen hochspezialisierter Erforschung von Sprachen und Texten. Als gegen Ende des 19. Jahrhunderts die ersten Vorlesungen für Religionsgeschichte gehalten und die ersten Lehrstühle für Religionswissenschaft eingerichtet wurden, entstand die ursprünglich von Theologen, Altphilologen, Indologen oder Orientalisten betriebene Religionsforschung als eigenständige Disziplin. In Großbritannien wurden schon im 19. Jahrhundert Lehrstühle für religionsgeschichtliche Fragen eingerichtet[709], in Deutschland gab es seit 1904/05 Lehraufträge über religions-

---

706 Bischoff: Die Kabbalah (1903).

707 Vgl. exemplarisch Rossel: Kritische Geschichte der Untersuchungen über den Gnostizismus (1847), 190–192.

708 Dazu Kippenberg: Die Entdeckung der Religionsgeschichte.

709 Rudolph: Die Religionsgeschichte an der Leipziger Universität, 18 f.

geschichtliche Themen für Theologen[710], 1910 eine Professur für Allgemeine Religionsgeschichte und Religionsphilosophie in Berlin, die 1914 von der Theologischen in die Philosophische Fakultät überging[711]. Im gleichen Jahr entstand ein erster Lehrstuhl für Religionswissenschaft in Leipzig 1914[712], weitere kamen nach dem Ersten Weltkrieg hinzu. Damit erhielten fremde Religionen – die Religionswissenschaften definierten sich geradezu über die Thematisierung von Religion unter Absehung vom Christentum – eine institutionelle Vertretung im universitären Rahmen, die einerseits einer spirituellen Anverwandlung fremdkultureller Vorstellungen Hilfestellung leistete, andererseits aber auch der weltanschaulichen Einverleibung Widerstand entgegensetzte[713].

Für Deutschland hatte die religionsgeschichtliche Forschung innerhalb der Theologie, angestoßen durch die literaturwissenschaftliche Exegese der biblischen Schriften, eine ausgesprochen hohe Bedeutung. Hier begann vielfach die Erschließung nichteuropäischer Religionen, bevor sie sich in den Religionswissenschaften verselbständigte. Die Bedeutung der theologischen Erforschung fremder Religionen war in Deutschland so groß, daß um 1900 religionswissenschaftliche Lehrstühle außerhalb theologischer Fakultäten in weitaus geringerem Maß etabliert wurden als in anderen europäischen Ländern; die erste Generation der Religionswissenschaftler bestand fast vollständig aus Theologen. Den Nukleus dieser Forschung bildete die »Religionsgeschichtliche Schule«[714], die sich um die historische Kontextualisierung der Bibel und ihrer Theologien, insbesondere unter Einbeziehung altorientalischer, aber auch indischer Quellen bemühte. Der Systematiker Ernst Troeltsch, der Alttestamentler Hermann Gunkel, die Neutestamentler Wilhelm Bousset und Johannes Weiss sowie als Spiritus rector der Kirchenhistoriker Albert Eichhorn waren die Exponenten dieser Forschungen. Durch ihre liberale Theologie – Akzeptanz der Pluralisierung religiöser Traditionen und der Deutung des Christentums in diesem Kontext – führten sie die religionsgeschichtliche Kontextualisierung der Bibel zugleich in die Konfrontation mit weiten Teilen der theologischen Zunft, namentlich den konservativen Theologen. Für die Theosophie aber waren sie in ihrer Offenheit für fremde Religionen Geistesverwandte, in der Relativierung eigener Absolutheitsansprüche blieben Theosophen jedoch zurückhaltend.

Wie die Theosophen suchten die theologischen Religionsforscher die Öffentlichkeit, von wissenschaftlich ambitionierten Nachschlagewerken wie dem Lexikon »Die Religion in Geschichte und Gegenwart« (1909–1913)[715] bis zu den dezidiert populären »Religionsgeschichtlichen Volksbüchern«, die seit 1906 teil-

---

[710] Ebd., 62.

[711] Ebd., 63.

[712] Ebd., 113.

[713] Dies ließe sich exemplarisch an der Rolle Max Müllers ablesen, dessen »Sacred Books of the East« einerseits ein zentrales Quellenkorpus für Theosophen bildeten, der aber gleichzeitig ein scharfer Kritiker der theosophischen Anverwandlung des Sanskritmaterials wurde; Müller: Esoterischer Buddhismus.

[714] Die religionsgeschichtliche Schule ist inzwischen zum Gegenstand theologiegeschichtlicher Forschung geworden; Murrmann-Kahl: Die entzauberte Heilsgeschichte; Lüdemann / Schröder: Die Religionsgeschichtliche Schule.

[715] Vom zweiten Band an fehlt auf der Titelseite der definite Artikel.

weise Zehntausender-Auflagen erreichten[716]. Sie waren vor allem in bildungsbürgerlichen Kreisen, unter Lehrern und akademisch Gebildeten, verbreitet, kaum jedoch, wie auch erhofft, in Volksbibliotheken und Arbeiterkreisen[717]. Aber dies ist im Blick auf den noch kaum erfaßten Markt religionsgeschichtlicher Populärliteratur nur die Spitze eines Eisbergs.

Die religionswissenschaftliche Professionalisierung war für die Theosophie höchst ambivalent, da sie mit der Religionsforschung in der Bereitstellung von Quellen konkurrierte. Diesen Wettlauf verloren die Theosophen, weil sie in der philologischen Aufarbeitung das steigende Niveau nicht halten konnten. Schärfer noch entwickelten sich die Deutungskonkurrenzen. Theosophie wie Religionswissenschaften verwerteten um 1900 zwar die neuerschlossenen Kulturen in weltanschaulich geprägten Deutungssystemen, man kann die Religionswissenschaft nachgerade als kulturreligiöse und insoweit religionsproduktive Einrichtung deuten, aber der Stachel methodischer Neutralität, den beide beanspruchten, wurde im Laufe der Jahre in den Religionswissenschaften zu einem kritischen Maßstab gegenüber der eigenen Wissenschaftspraxis, den die Theosophie so nicht entwickelte. Wissenschaftliche Interpretation bedeutete letztlich den Abschied von existentieller Aneignung zugunsten hypothesengesteuerter Analysen, die Schere zwischen der religionswissenschaftlichen Distanz zum bearbeiteten Material und dessen sinnhafter Deutung öffnete sich progressiv in der ersten Hälfte des 20. Jahrhunderts. In der zweiten Hälfte wurde aus dieser Konkurrenz ein hierarchischer Konflikt zwischen Religionswissenschaft und Theosophie, als die Theosophie selbst zum Untersuchungsgegenstand der Wissenschaft wurde, die die theosophische Erschließungs- und Rezeptionsgeschichte der Jahre um 1900 historisierte.

Doch vor dem Ersten Weltkrieg war, etwa bei Steiner, die Theosophie noch ganz von dem Gefühl des Mehrwertes der theosophischen Schau gegenüber dem philologischen Handwerk geprägt. Seine fast obsessive Rekonstruktion der Vergangenheit in »Aus der Akasha-Chronik« und in der »Geheimwissenschaft« vermittelte hinsichtlich ihrer Masse wie der postulierten Lückenlosigkeit den Eindruck, auch alle künftigen Anfragen abwehren zu können. Nach dem Krieg gab es bei Steiner keine Fortschreibung dieser enzyklopädischen Entwürfe mehr, die Anwendungsorientierung trat in den Vordergrund. Man kann dies mit der »erledigten« historiographischen Arbeit begründen, aber vermutlich spielt auch ein gewandeltes wissenschaftliches Umfeld eine Rolle: Die Erweiterung des historischen Wissens war auch ohne übersinnliche »Schau« ein außerordentlich erfolgreiches Unternehmen, dessen Ergebnisse sich gegen die dogmatisierten theosophischen Rekonstruktionen der Geschichte zu wenden begannen.

### *b. Theosophie als Antwort auf den Historismus*

Dieser kursorische Blick über die Geschichte der Zugänglichkeit religiöser Texte und ihrer Wirkungen führt vor Augen, in welchem Ausmaß die Landschaft des kulturellen Wissens im 19. Jahrhundert neu gestaltet wurde. Es war das Jahrhun-

---

716 Ausgewählte Verkaufsstatistiken bei Janssen: Theologie fürs Volk, 211.

717 Ebd., 158.

dert der Goldgräberstimmung in der Philologie, deren Erschließungsarbeiten die Kopräsenz einer Vielfalt kultureller Deutungsmodelle nach sich zogen, wie sie nie zuvor irgendeine Kultur gekannt hatte. Vergangene oder fremde Kulturen wurden in wichtigen Teilen oder zur Gänze erstmals sichtbar, Übersetzungen machten sie auch außerhalb der gelehrten Zunft zugänglich, die Relativität der europäischen Traditionen, des Judentums und des Christentums, wurde evident. Zusammen mit der parallelen wissenschaftlichen und populären Sekundärerschließung des Materials lagen um 1900 Textkonvolute vor, die selbst für Fachleute nur noch schwer überschaubar waren und Ernst Troeltsch vom »ungeheuren Brei« reden ließen. Diese überwältigende Fülle von neuem und originalem Material unterscheidet das 19. Jahrhundert von den Bedingungen, unter denen die romantische Philoxenie etwa eines Johann Gottfried Herder oder Friedrich Schlegel blühte oder unter denen man die Idealisierung des Fremdem vom »edlen Wilden« bis zum »orientalischen Weisen« im 18. Jahrhundert betrieb. Pointiert gesagt wurden fremde Welten vom Korrektiv zur Alternative der europäischen Tradition.

Erfolg zeitigt Streit, dies galt auch für religionsgeschichtliche Themen. Die öffentliche Debatte um Geltungsansprüche dokumentierte, in welchem Ausmaß die Historismusdebatte dem Wilhelminischen Deutschland – Vergleichbares ließe sich für andere europäische Gesellschaften sagen – unter die Haut ging. Der emotionale Streitwert der normativen Wirkungen historischer Forschung im Wilhelminischen Deutschland läßt sich exemplarisch am »Bibel-Babel-Streit« ablesen[718]. Als der Assyriologe Friedrich Delitzsch in einem Vortrag am 13. Januar 1903 Parallelen zwischen biblischen und babylonischen Schriften erörterte – fachwissenschaftlich nichts Neues – und dabei an einigen Stellen auch von der Überlegenheit der babylonischen Religion sprach, geriet der Vortrag zum Eklat. Nicht weil andere Forscher widersprachen, sondern weil Kaiser Wilhelm II., der dem Vortrag beigewohnt hatte, in einem an Tageszeitungen lancierten, konfessorischen Brief kaum verhohlen die Angst vor den Konsequenzen der historischen Bibelkritik artikulierte und Delitzsch »dringend« riet, »seine Thesen nur in theologischen Schriften und im Kreise seiner Kollegen zu ventilieren, uns Laien aber … damit zu verschonen«[719]. Auf dieses Vorzeigebeispiel öffentlicher Unruhe durch historische Forschung hat Steiner nicht reagiert, vielleicht weil er 1903 gerade über beide Ohren in der Akquisition theosophischen Wissens steckte. Aber er hat eine strukturell parallele Debatte geführt, als er sich und seine Theosophen gegenüber dem historisch-kritischen Exegese zu immunisieren suchte, indem er seine hellsichtige Schau zum Korrektiv über die Debatten um den biblischen Text erhob (s. 8.3.1).

Aus dieser Konstellation heraus erhielten die eingangs kurz angesprochenen zentralen und zirkulär miteinander verbundenen Folgen des Historismus, Re-

---

[718] Vgl. dazu die Zusammenfassung der Argumente aus der Perspektive der liberalen Theologie bei Küchler: Bibel und Babel (1909); Kraus: Geschichte der historisch-kritischen Erforschung des Alten Testaments, 309–314.

[719] Wilhelm II.: Brief an Friedrich Hollmann (Admiral und Staatssekretär des Reichsmarineamtes), 113; im Anschluß Pressereaktionen.

lativismus und Pluralismus, ihre Dynamik: Jede neu zugängliche Weltdeutung relativierte die vorhandenen, Tendenz um 1900: dramatisch steigend. Mit einer der wichtigsten Reaktionen, der hermeneutischen Distanzierung vom historischen Gegenstand, die die Vermittlung von Fakten zum Nadelöhr ihrer Geltung machte, war ein weiterer Motor des historischen Relativismus angeworfen, den man der historischen Forschung schnell zum Vorwurf machte. Und sobald diese historischen Erkenntnisse gegenwartsbezogen reformuliert, mithin potentiell weltanschaulich funktionalisiert wurden, wirkte die Nutzung historischer Forschungsergebnisse zusätzlich relativistisch, weil sie sinnproduzierende Deutungsmodelle auf historische »Fakten« stellte, die sich mit zunehmender Forschung als kontingent und vermehrbar erwiesen. Der Pluralismus historischer Weltdeutungen wurde so zum Ausgangspunkt für den Pluralismus aktueller Weltanschauungen.

Die historistische Revolution gebar mithin Fortschrittseuphorie und Krisenrhetorik als einen siamesischen Zwilling des Lebensgefühls in Europa um 1900. Auch der Umgang der Theosophen und Theosophinnen mit dem Historismus bewegte sich in der Gleichzeitigkeit von »Fortschritt« und »Krise«. Die ungeahnten Welten zwischen der Antike und Asien galten ihr als Bereicherung, stellten aber zugleich die Frage nach den normativen Implikaten, und dies bedeutete den Einstieg in den »Kulturkampf« um Geltungsansprüche. Die Theosophie betrachtete sich als Nutznießerin und Bewältigerin dieser Auseinandersetzung, weil sie ihren Monismus als Antwort auf diese Pluralisierung sah. Aber sie war mehr, sie knüpfte den historischen Knoten zumindest so viel als sie ihn löste: Sie schuf etwa mit ihren Quellenpublikationen teilweise die Fragen, als deren Antwort sie sich anbot. Daß sowohl die konkreten Fragen und Antworten als auch die Metaebene der Debatte um Möglichkeitsbedingungen dieses Diskurses der historistischen Konstellation verdankt war, ist den Theosophen um 1900 kaum klargeworden. Deshalb sahen sie auch nicht oder selten, daß alle und ergo auch ihre eigenen Lösungsversuche einer progressiven Veralterung unterlagen. Sowohl Ordnungskonzepte als auch deren Kanonisierungsvoraussetzungen besaßen um 1900 rapide abnehmende Halbwertszeiten. Der Historismus, der mit seiner Relativierung tradierter Deutungssysteme die Konstruktion neuer Weltanschauungen ermöglicht hatte, untergrub gleichzeitig deren Geltungsreichweite sowohl mit der Präsentation von neuem, noch nicht integriertem Material als auch mit der Historisierung der vermeintlich endgültigen weltanschaulichen Lösungen. Die Historisierung bildete den Einstieg in den Zirkel der Destruktion und Konstruktion von Weltdeutungen, der um 1900 florierenden Weltanschauungsdebatte, den viele Zeitgenossen als einen circulus vitiosus fürchteten, andere aber, und dazu zählten durchweg die Theosophen und Theosophinnen, als Beginn eines neuen Zeitalters begrüßten.

Konkret wurden in der Theosophie zwei Reaktionen wichtig: Zum einen sollte alles bekannte Material in einen neuen Deutungsentwurf integriert werden, in einem großen, auf die aufklärerischen Vorstellungen einer natürlichen Religion zurückgehenden Synkretismus[720]. Doch ging dieser holistische Anspruch zum

---

[720] Dazu Welsh: Heilige Geometrie, 64; Godwin: The Theosophical Enlightenment, 27–48.

anderen mit einer bemerkenswerten Selektion einher: Mit dem Wachstum der positiven Kenntnisse hatte auch das Wissen um die Lücken zugenommen. Die Beanspruchung historischer Traditionen unter Theosophen war gerade an den Punkten besonders ausgeprägt, wo die Erreichbarkeit der Quellen besonders problematisch war: hinsichtlich tibetischer, gnostischer, kabbalistischer oder rosenkreuzerischer Traditionen und bei den Mysterienreligionen. Theosophen und Theosophinnen verwandten also einerseits das neu zugängliche Material zur Weltanschauungskonstruktion, nutzten aber zugleich die damaligen Kenntnislücken, um dort die unbelegbaren, »esoterischen« Scharnierstellen ihrer Traditionskonstruktion unterzubringen. Letztlich suchten sie das Bedrohungspotential in den Relativierungsfolgen des Historismus zu entschärfen, indem sie in einer synkretistischen Weltanschauungskonstruktion die souveräne Assimilation der vermehrten Deutungsmöglichkeiten suggerierten. Und doch tobte in der monistischen Kugel des theosophischen Kosmos weiterhin der Kampf um den Umgang mit dem neuen Pluralismus. Historismus war nicht nur Aneignung und Aktualisierung der Vergangenheit, sondern auch deren interessengebundene Deutung bis hin zur Instrumentalisierung[721]. Der Übermensch, die Normierung der Erinnerung und die Konstruktion einer neuen Tradition waren zentrale Schauplätze dieses Kampfes um die gesellschaftliche »Identität«, auf die dieses Kapitel zuläuft. Eine weitere Antwort, die naturwissenschaftliche Dignität der theosophischen Erkenntnis ist, wie gesagt, das Thema eines weiteren Kapitels.

*c. Deutungen des Historismus im intellektuellen Umfeld der Theosophie*

Die Theosophie und namentlich Rudolf Steiners Leben ist nicht nur umgeben von der Präsenz des neuen historischen Materials, sondern auch von den zentralen Daten der intellektuellen Historismusdebatte in Deutschland. Vier Jahre nach dem Erscheinen von Droysens »Historik« wurde Steiner 1861 geboren, während seiner Schulzeit im Wiener Becken las Burckhardt zwischen 1868 und 1873 »Über das Studium der Geschichte« und publizierte Nietzsche 1874 »Über den Nutzen und Nachtheil der Historie für das Leben«. Im Jahr von Steiners Studienabbruch, 1883, legte Dilthey seine »Einleitung in die Geisteswissenschaften« vor. 1902, mit Steiners Eintritt in die Theosophische Gesellschaft, äußerte sich Rickert zu den »Grenzen der naturwissenschaftlichen Begriffsbildung«, Webers »›Objektivität‹ sozialwissenschaftlicher und sozialpolitischer Erkenntnis« folgte zwei Jahre später, im gleichen Jahr wie Steiners »Theosophie«, und als Steiner nach dem Ersten Weltkrieg den Weg in die Praxis suchte, zog Weber zwischen 1917 und 1919 seinen persönlichen Schlußstrich unter diese Debatte in »Wissenschaft als Beruf«, sechs Jahre vor Steiners Tod. Steiner hat zwar alle diese Autoren wahrgenommen, sich aber keine ihrer geschichtstheoretischen Schriften intensiv erarbeitet. Gleichwohl läßt sich sein Diskursrahmen am leichtesten unter Rückgriff auf diese intellektuellen Leitfiguren beschreiben, da sie die vagierende Debatte auf den Begriff brachten[722].

---

[721] Schulin: Arbeit an der Geschichte, 8.

[722] Diese Fokussierung auf die Historismusdebatte als Teil der Möglichkeitsbedingung von Steiners Denken bringt es auch mit sich, daß die heute intensiv geführte Debatte um die Reflexion auf die

Eine Reflexionszäsur zum Status der Geschichtswissenschaften angesichts der Präsenz neuen historischen Materials bildete 1857 die »Historik« Johann Gustav Droysens (1808–1884). Er zog die Konsequenzen aus Einsicht, daß die die Gegenwart bedingende Vergangenheit kategorial von ihr unterschieden ist[723]: Geschichte sei weder ein Gegenstand unmittelbarer noch zeitinvarianter Erfahrung, sondern eine nur durch Quellen sekundär vermittelte Erkenntnis und insofern »empirisch«[724]. Der Geschichtswissenschaft gehe es deshalb nur um das »gewußte Seiende, das gewußte Geschehene«[725]. Das dem Historiker zur Verfügung stehende Material als Grundlage »empirischen Erfahrens und Erforschens«[726] wollte er aber im Gegensatz zu den Naturwissenschaften im kulturwissenschaftlichen Forschungsprozeß verstehend angeeignet sehen[727]. Daraus folgte die prinzipielle Überholbarkeit historiographischer Ergebnisse: Jede historische Einsicht wurde selbst wieder ein »geschichtliches Resultat«[728], Geschichtsschreibung wird zur unabschließbaren Forschungswissenschaft. Gegen den philosophischen Überbau der Geschichtsschreibung durch eine »supranaturalistische und materielle Weltanschauung« hat sich Droysen verwahrt[729], aber nur soweit es um eine »falsche Alternative« gehe[730]: Die »Gewißheit der Zwecke und des höchsten Zwekkes« sowie der »Theodizee« der Geschichte suchte er festzuhalten[731]. Abgesehen von dieser Teleologie liest sich Steiners theosophische Geschichtskonstruktion wie eine diametrale Gegenposition zu Droysens Begrenzung der historischen Forschung auf quellenvermittelte Erkenntnis. Gegen die Deutungsabhängigkeit und Vorläufigkeit quellengestützter Forschung setzte Steiner die Objektivität und Endgültigkeit einer »übersinnlichen« Einsicht, die den prinzipiellen Relativismus der kritischen Geschichtswissenschaft sistierte.

Daß eine im Sinne Droysens betriebene Wissenschaft in ihrem empirisch begründeten Historismus als Krisengenerator gegenüber Erwartungen an die Geschichtsschreibung, soweit sie der Stabilisierung historischer Grundlagen einer Kultur einschließlich ihrer Wertorientierungen dienen sollte, empfunden wurde, dokumentierte Jakob Burckhardt (1818–1897) seit 1868 in seinen Vorlesungen »Über das Studium der Geschichte«, die 1905 als »Weltgeschichtliche Betrachtungen« berühmt wurden. »Der beständige Wandel der Zeiten rafft die Formen, welche das äußere Gewand des Lebens bilden, unaufhörlich mit sich, auch die Formen des geistigen Lebens.«[732] An diesem Wandel war der historische Empirismus Droysens mitbeteiligt, insofern er die Geschichte als ein der Veränderung

---

historistischen Konstitutionsbedingungen der Geschichtswissenschaft im folgenden weitgehend unberücksichtigt bleibt.

[723] Hardtwig: Die Verwissenschaftlichung der Geschichtsschreibung, 79f.; vgl. zur Einordung Oexle: Geschichtswissenschaft im Zeichen des Historismus, 31–33.

[724] Droysen: Historik, 7 (1857).

[725] Ebd., 9 (1857).

[726] Ebd., 397 (1857/58).

[727] Ebd., 398 (1857/58).

[728] So Droysen ebd., 399, hinsichtlich des forschenden Subjekts.

[729] Ebd., 399.

[730] Ebd.,

[731] Ebd., 436.

[732] Burckhardt: Über das Studium der Geschichte, 107.

enthobenes Fundament der Gegenwart zerstörte und den sich in der Realität und im Bewußtsein der Zeitgenossen vollziehenden kulturellen Wandel rasant beschleunigte[733]. Burckhardt sah die Historisierungsfolgen, an deren Genese er mitwirkte, und suchte nach einer geschichtsphilosophischen Antwort, in diesem Ansatz Steiner strukturell durchaus verwandt. In einer »bewegten Periode« wie der seinen sei in der »Betrachtung und Erforschung des Früheren und Seitherigen« ein »Gegengewicht« zu schaffen, wolle man nicht »alle Besinnung verlieren«[734]. Destruktive und konstruktive Effekte der Geschichtsforschung wirken bei Burckhardt zeitgleich und in nachgerade zirkulärer Verklammerung. Seine Lösung lag im Ideal einer autonomen Lebensführung, die historischen Kontingenzen bewältigte. Steiner ging einen anderen Weg als Burckhardt, indem er die theoretisch hochgeschätzte Autonomie des Individuums praktisch wieder in einen festliegenden Gang der Geschichte einfügte: Der festliegende Geschichtsverlauf in der Kosmologie der »Geheimwissenschaft« und die finalisierte Kulturevolution in der Akasha-Chronik wirken wie Bollwerke gegen die schwankenden Konjekturen Burckhardts.

Letztlich überwiegen in Burckhardts skeptischer Analyse die zerstörerischen Effekte historischer Forschung: Historismus führte zum »Sturz von Moralen und Religionen«[735]. Diese pessimistische Tonlage findet sind auch unter seinen Nachfolgern immer wieder. Für Wilhelm Dilthey war kurz vor 1900 »jede Weltanschauung … historisch bedingt, sonach begrenzt, relativ. Eine furchtbare Anarchie des Denkens scheint mir hieraus hervorzugehen.«[736] »Alles wackelt«, drückte Ernst Troeltsch dieses Lebensgefühl verunsicherter Grundlagen in einem geflügelten Wort aus. Dies waren allesamt Positionen, gegen die Steiner eine neue Sicherheit versprach.

Die Alternative zwischen der Scylla spekulativer Geschichtsphilosophie und der Charybdis empirischer Quellenforschung wurde 1874 von Friedrich Wilhelm Nietzsche zur Aporie zugespitzt. Der mit Burckhardt intensiv verkehrende Nietzsche suchte in den »unzeitgemäßen Betrachtungen« »Über den Nutzen und Nachtheil der Historie für das Leben« nicht nur die weltgeschichtlichen Konstruktionen des deutschen Idealismus und namentlich Hegels zu erledigen[737], sondern auch den historischen Positivismus, dessen »Stoffhuberei« die Maßstäbe der Lebensführung historisiere und relativiere oder sie überhaupt eliminiere.

> »Jetzt regiert nicht mehr allein das Leben und bändigt das Wissen um die Vergangenheit: sondern alle Grenzpfähle sind umgerissen und alles, was einmal war, stürzt auf den Menschen zu.[738] … Das *Begriffsbeben*, das die Wissenschaft erregt, [nimmt] dem

---

[733] Vgl. Hardtwig: Geschichtsschreibung zwischen Alteuropa und moderner Welt, v. a. 201–272.
[734] Burckhardt: Über das Studium der Geschichte, 248.
[735] Ebd., 229.
[736] Dilthey: Weltanschauungslehre, 222; der Text ist nicht genau datiert.
[737] Nietzsche: Über den Nutzen und Nachtheil der Historie für das Leben (1874), in: Kritische Gesamtausgabe, III / 1, 304 f.
[738] Ebd., III / 1, 267 f.

Menschen das Fundament aller seiner Sicherheit und Ruhe, den Glauben an das Beharrliche und Ewige«[739]. »Zuviel geschichtswissenschaftliche Erkenntnis!«[740]

Nietzsches Lösung hieß »Leben«: »daß die Kultur nur aus dem Leben hervorwachsen und herausblühen kann«, daß man »von Zeit zu Zeit« die Kraft brauche, »eine Vergangenheit zu zerbrechen und aufzulösen, um leben zu können«[741]. Allein: Die Präsenz des historischen Materials ließ sich mit dem Verweis auf seine lebensfeindliche Wirkung nicht neutralisieren, da das Leben eine unterbestimmte Norm blieb, die allenfalls ein »vorwissenschaftliches Herrschaftsverständnis zwischen Historie und Leben«[742] wiederherzustellen vermochte. Steiner stand einer solchen Position näher, als es beim ersten Blick auf sein festgefügtes Weltanschauungsgebäude scheint. Die Forderung, übersinnliche Erkenntnisse nicht nur kognitiv zu gewinnen, sondern sie zu »erleben« und damit der historistischen Mittelbarkeit zu entreißen, hat er lebenslang propagiert[743]. Nietzsches inhaltlichen Implikaten, insbesondere seinem Atheismus, den er Ende der 1890er Jahre übernommen hatte, erteilte er allerdings als Theosoph eine entschiedene Absage.

Parallel zu der auf Geschichtsphilosophie und historische Methodologie zielenden Historismusdebatte steigerte sich die Konfrontation in dem schon seit Droysen mitthematisierten Zuordnungsverhältnis von Natur- und Kulturwissenschaften zu einem eigenständigen Diskurs, weil der Druck, die methodischen Vorgehensweisen experimenteller Naturwissenschaften auch gegenüber den »Geistes«wissenschaften in eine normative Geltung zu versetzen, zunahm und zumeist – und hier lag eine wesentliche Zuspitzung – ohne ausreichenden Rekurs auf die hermeneutischen Differenzen zwischen beiden Optionen geführt wurde. Wilhelm Dilthey (1833–1911) versuchte 1883 in seiner »Einleitung in die Geisteswissenschaften«, diesen Konflikt durch die scharfe Trennung beider (von ihm antagonistisch profilierter) Wissenschaftsformen zu entschärfen. Sowohl seien die »Verfahrensweisen der Geisteswissenschaften ... sehr verschieden von denen der Naturwissenschaften«[744] als auch die Gegenstandsbereiche kategorial unterschieden: »Dort [in den Geisteswissenschaften] entsteht im Verstehen ein geistiges Objekt, hier im Erkennen der physische Gegenstand.«[745]

Diltheys schiedliche Trennung unterschiedlicher Bereiche mit unterschiedlichen Zugängen (die er wesentlich differenzierter ausgeführt hat als hier skizziert) stellte Wilhelm Windelband (1848–1915) anticartesianisch 1894 in Frage, indem er eine einheitliche Wirklichkeit unterstellte, die jedoch mit unterschiedlichen Zugängen erfaßbar sei. Auf der Grundlage eines »methodischen Gegen-

---

739 Ebd., III / 1, 326.

740 Zit. nach Wittkau: Historismus, 50.

741 Nietzsche: Über den Nutzen und Nachtheil der Historie, III / 1, 265.

742 Wittkau: Historismus, 51.

743 Die lebensphilosophischen Bezüge reichen im theosophischem Schrifttum von den Anweisungen im Schulungsweg, daß der Mensch übersinnliche Eindrücke »in sich *erleben*« (GA 10,62) oder die »Wirkungsweise« ihrer »Regeln« »erleben« müsse (GA 13,304), bis zum sinnlichen Erlebnis der maurerischen Zeremonien.

744 Dilthey: Einleitung in die Geisteswissenschaften (1883), 119 f.

745 Ders.: Der Aufbau der geschichtlichen Welt (1910), 86.

satzes« nannte er mit »neuen Kunstausdrücken« die Naturwissenschaften als »Erfahrungswissenschaften« oder »Gesetzeswissenschaften« »nomothetisch«, die »historischen Disziplinen« als »Ereigniswissenschaften« »idiographisch«[746]. Heinrich Rickert (1863–1936) schließlich postulierte um 1900 auch die Vereinheitlichung der Methoden, insofern es in den Geisteswissenschaften auch gesetzesartige, in den Naturwissenschaften auch einzelfallbezogene Theorien gebe, während er eine Unterscheidung in »wertfreie« und abstrahierende Zugänge auf Seiten der Naturwissenschaften und »wertbestimmte« und individualisierende auf geisteswissenschaftlicher Seite beibehielt[747]. Letztlich ließ sich der kategoriale Graben zwischen Natur- und Geisteswissenschaften nicht offenhalten, eine Richtung, wie sie schon bei Droysen gewiesen war und bei Max Weber in komplexer Modifikation wieder auftauchte. Steiner steckte, wie noch auszuführen ist, mitten in diesen Abgrenzungsdebatten. Sein Ziel einer »monistischen« Verbindung von Natur- und Geisteswissenschaften klingt nach einer Aufhebung der Kategoriendifferenz und damit nach Überwindung von Diltheys dichotomischem Ansatz, doch bei näherem Hinsehen erweist sich die theosophische Einheit als Organisation der Wirklichkeitserfassung unter der Hegemonie naturwissenschaftlicher Methodik.

Max Webers Lebens- und Schaffenszeit (1864–1920) endete zwar in etwa mit dem Tod Steiners 1925, doch setzte Weber nicht nur aufgrund zufälliger zeitlicher Konjunktionen einen Schlußpunkt. Vielmehr saldierte er die Debatte um Natur- und Sozialwissenschaften (die bei Weber zumeist nicht mehr Geisteswissenschaften hießen) und reflektierte deren Verhältnis mit der Frage nach der Werthaltigkeit von Erkenntnissen erneut. Dabei unterschied er die naturalen Phänomene von kulturellen Werten und Normen[748]. Unter dieser Prämisse postulierte er, »daß eine methodisch korrekte wissenschaftliche Beweisführung auf dem Gebiete der Sozialwissenschaften«[749], also eine Tatsachenerkenntnis, intersubjektiv möglich und in diesem Sinne wissenschaftlich sei und hier keine methodische Differenz zu den Naturwissenschaften bestehe. Allerdings negierte Weber Verschiedenheit nicht prinzipiell, verlagerte aber die Problematik ins Subjekt des Forschers, dessen Interesse zum Angelpunkt der normativen Bestimmung kulturwissenschaftlich erforschter Gegenstände wurde. Er müsse »in jedem Augenblick den Lesern und sich selbst zum Bewußtsein … bringen, *welches* die Maßstäbe sind, an denen die Wirklichkeit gemessen und aus denen das Werturteil abgeleitet wird«[750].

Darin war 1904 auch eine Antwort auf Nietzsches Vorwurf der lebenszerstörenden Wirkung der historiographischen Empirie enthalten[751]. Werturteile fallen für Weber nicht in den Bereich der Wissenschaft, die deshalb »das Leben« in

---

[746] Windelband: Geschichte und Naturwissenschaften (1894), alle Zit. S. 167.
[747] Rickert: Die Grenzen der naturwissenschaftlichen Begriffsbildung (1896/1902), 447.
[748] Weber: Die »Objektivität« sozialwissenschaftlicher und sozialpolitischer Erkenntnis (1904), 153f.
[749] Ebd., 155.
[750] Ebd., 156.
[751] Zur intensiven Auseinandersetzung Webers mit Nietzsche vgl. Hennis: Max Webers Fragestellung, 167–191; Peukert: Max Webers Diagnose der Moderne, 11–26.

seiner Orientierungsfunktion nicht relativistisch entmachten könne. Mehr noch: »Das Leben« wurde zur normativen Instanz für die Selektionsprozesse am historischen Material. Im Ziel, »die uns umgebende Wirklichkeit des Lebens, in welches wir hineingestellt sind, *in ihrer Eigenart* zu verstehen«[752], stellte er Nietzsches Hierarchie eines der Wissenschaft übergeordneten Lebens wieder her, weil »es« in Gestalt des forschenden Subjekts und seiner kontingenten Interessen in der faktisch unbegrenzten Vielfalt historischer Phänomene auswähle[753]. Gleichzeitig verzichtete er darauf, die historische Wissenschaft als belastenden, nachgerade ruinösen Überfluß zu eliminieren, wie Nietzsche es nahegelegt hatte, indem er zwar die Tatsachenerkenntnis der Wissenschaft von der Werterkenntnis des Lebens kategorial unterschied, funktional aber beide komplementär zuordnete. Die »Lebenserscheinungen in ihrer Kultur*bedeutung*« leben von einer Voraussetzung, so Weber 1904: der »Beziehung der Kulturerscheinungen *auf Wertideen*«[754]. Wird aber das je individuelle Leben zur Instanz normativer Selektionsprozesse und erhält es die abschließende Zuständigkeit über Werturteile, entfallen transsubjektive und damit überzeitliche Letztbegründungen. Seine Lösung des Relativismusproblems gründete also nicht zuletzt in der Relativierung nichtrelativistischer Normansprüche, also in der Aussonderung überzeitlicher Werterkenntnis als möglichem Gegenstand wissenschaftlicher Forschung[755]. Weber verwarf allerdings auch diese Kategorie nicht ganz, bildete aber für derartige Letztbegründungen eine Residualkategorie: »Nur positive Religionen – präziser ausgedrückt: dogmatisch gebundene *Sekten* – vermögen dem Inhalt von *Kulturwerten* die Dignität unbedingt gültiger *ethischer* Gebote zu verleihen.«[756] Die Wissenschaft hingegen verfiel unter der Einsicht der Vorläufigkeit jeder Erkenntnis im Prozeß des weiterlaufenden Forschungsprozesses (»Fortschritt ins Unendliche« »ins Unendliche laufender Betrieb«[757]) der radikalen Relativierung: »Wissenschaftlich … überholt zu werden, ist … nicht nur unser aller Schicksal, sondern unser aller Zweck«[758]. In der Tiefe dieser Historisierung drohte aber auch die Historisierung des Historismus selbst, insofern Weber auch die universale Vernunft relativistischen Geltungsbeschränkungen unterwarf.

Sowohl hinsichtlich der Wertbindung des Forschers als auch hinsichtlich der historischen Relativierung aller wissenschaftlichen Erkenntnis ließe sich Webers Position als Dementi von Steiners Theorem der subjektunabhängigen und kulturinvarianten »objektiven« Erkenntnis lesen. Auch der religiösen Verwendung von Geschichtsphilosophie, sowohl hinsichtlich letzter Antworten im Sinn reli-

---

752 Weber: Die »Objektivität« sozialwissenschaftlicher und sozialpolitischer Erkenntnis (1904), 170f.

753 Ebd., 177f. Insofern Webers Lösung der Wertfrage am Indidiviuum, an seinen normativen Setzungen und seiner Lebensführung hing, und insofern er metaphysische Wertbestimmungen institutioneller, »positiver« Religion verwarf, bot Weber selbst ein kulturprotestantisch eingefärbtes Lösungsmodell an.

754 Ebd., 175.

755 Vgl. Wittkau: Historismus, 144.

756 Weber: Die »Objektivität« sozialwissenschaftlicher und sozialpolitischer Erkenntnis (1904), 154.

757 Weber: Wissenschaft als Beruf (1917/19), 593.

758 Ebd., 592.

giösen Heils als auch für die Konstitution von Totalitäten, die durch keine Forschung mehr überholbar sein sollten, hat Weber den Abschied gegeben[759] und damit ebenfalls eine der Theosophie diametral entgegengesetzte Position bezogen.

Von diesem normativen Zentrum her, der religiösen Imprägnierung der theosophischen Weltanschauungsantwort, läßt sich Steiner in die gesamte Debatte einstellen. Dilthey sah im Historisierungsprozeß eine eminent religionskritische Pointe – »die Systeme der Metaphysiker sind gefallen«[760] –, postulierte aber zugleich, daß »das Messer des historischen Relativismus, welches Metaphysik und Religion gleichsam zerschnitten hat, ... auch die Heilung herbeiführen« müsse[761]. Für die Rettung der Metaphysik standen im Historismus-Diskurs zwei Optionen zur Verfügung, die sich an den antipodischen Zwillingen Weber und Troeltsch einmal mehr verdeutlichen lassen: Die Subjektivierung von Wertentscheidungen, das kulturprotestantische Programm der »Persönlichkeit«, die in ihren Lebensentscheidungen die fraktionierte Welt wieder zusammenfassen soll[762], war Webers Option, eine transpersonale Wertedimension hingegen die Antwort Troeltschs: »Wir müssen Ordnungen und Werte zunächst aus dem empirischen Wissenschaften herausholen, indem wir den in ihnen liegenden logischen und philosophischen Gehalt aus der empirischen Forschung herausentwickeln«[763].

Daß Steiner den zweiten Weg ging, ist evident. Seine Antwort mußte sich einer Problemtrias gegenüber bewähren[764], die nur als Paketlösung verhandelbar war:

- (1.) Wie erreicht man Objektivität angesichts des Verlustes von historischer »Unmittelbarkeit« im hermeneutischen Zirkel?
- (2.) Welche Werte lassen sich als grundlegend und verbindlich identifizieren und welche Maßstäbe stehen dabei für eine Entscheidung angesichts einer Pluralität von Werten zur Verfügung?
- (3.) Schließlich: Welche Erkenntnistheorie ist dem historistischen Wahrheitsbegriff angemessen, wenn der Historismus auch die Epistemologie nicht unberührt läßt?

1. In der Objektivitätsdebatte nahm Steiner, wie viele Zeitgenossen, Maß an den Naturwissenschaften. Letztlich beanspruchten seine Lektüren in der Akasha-Chronik eine der wissenschaftlichen Methodik gleichkommende Objektivität, weil sie nicht Interpretation, also Verstehen, sondern »unmittelbare« Schau sein wollten. Dieser Weg aber war, um Webers Kritiken aufzugreifen, nicht gangbar

---

[759] Hardtwig: Geschichtsreligion, 16f. 19.

[760] Dilthey: Antrittsrede in der Akademie der Wissenschaften (1887), 11.

[761] Ders.: Weltanschauungslehre, 232.

[762] Vgl. Graf: Rettung der Persönlichkeit; Murrmann-Kahl: Die entzauberte Heilsgeschichte, 481–491.

[763] Troeltsch: Das Wiedererwachen der Geschichtsphilosophie, 109. Troeltsch hat im übrigen so klar wie kaum einer seiner Zeitgenossen erkannt, daß die »okkultistische Theosophie« eine Reaktion auf den Historismus war; ders.: Die Krisis des Historismus (1921), 441.

[764] Vgl. die Problemdisposition bei Oexle: Geschichtswissenschaft im Zeichen des Historismus, 11.

angesichts der Individualisierung von Selektionsentscheidungen und der Werthaltigkeit historischer Gegenstände.

2. Die Folgefrage einer Definition von Werten und Maßstäben löste Steiner mit einer evolutionstheoretisch begründeten Hierarchisierung, wie sie etwa die sozialdarwinistische Reihung von Rassen und Kulturen zwischen Atlantis und der Gegenwart dokumentiert.

3. Seine Erkenntnistheorie mußte der Kritik am Historismus und seiner Methodik konsequenterweise folgen: Erkenntnis sollte nicht hermeneutisch, sondern unmittelbar und deshalb objektiv und folglich zeitinvariant sein. Die Akasha-Chronik als außerhistorisches Gedächtnis war ein monumentaler Versuch, transhistorische Fakten zu ermitteln und die darauf aufbauenden Wertentscheidungen der historistischen Relativierung zu entziehen.

Es scheint, als habe Steiner die Zumutungen des Historismus nicht an sich herangelassen. 1919 setzte er sich mit der Schrift des Tübinger systematischen Theologen Friedrich Traub, »Rudolf Steiner als Philosoph und Theosoph« auseinander, in der Traub die These vertrat, »das Christentum ist eine geschichtliche Religion«. Die Theosophie hingegen besitze natürlich auch eine Geschichte, die aber »zur Begründung ihrer Wahrheitsüberzeugung der Geschichte nicht bedarf[765]. Steiner Reaktion auf Traubs Christentumsinterpretation (dessen präzise Deutung der Theosophie er nicht angriff), ist bezeichnend:

> »Ja, ich muß sagen, bei einer solchen Bemerkung könnte einem der Verstand stillstehen: Ein evangelischer Theologe, der behauptet, die Wahrheit des Christentums beruhe nur auf der Geschichte, es seien im Christentum nicht ewige Wahrheiten enthalten!« (GA 255b,58)

Einmal abgesehen davon, daß Steiner Traub in seinem Sinne verschärfte – Traub hatte nicht behauptet, die Wahrheit des Christentums beruhe »nur auf der Geschichte«, sondern es sei »in seiner Wahrheitsgeltung an die Geschichte gebunden« (vgl. ebd., 57) –, und abgesehen davon, daß auch Traub wohl nicht bestritten hätte, daß im Christentum »ewige Wahrheiten enthalten« seien, ist die Zielrichtung von Steiners Argumentation bezeichnend: Die konstitutive Bindung des Christentums an die Geschichte war ihm suspekt, Wahrheit sollte es jenseits der Geschichte, in einer übersinnlichen Wahrheit geben.

Für die religiös »Musikalischen« unter Steiners Zeitgenossen war mit diesen Debatten im ersten Viertel des 20. Jahrhunderts die Frage nach den Folgen des Historismus längst nicht beantwortet. Steven Wasserstrom hat mit seiner magistralen Studie über die religionswissenschaftlich imprägnierte Religiosität von Gershom Scholem, Mircea Eliade und Henry Corbin illustriert, wie man »Religion after Religion«, Religion nach dem Todesstoß der historischen Kritik, seit den 1920er Jahren auch denken wollte[766]. Im Kontext einer religionswissen-

---

[765] Traub, zit. nach GA 255b,57.

[766] Wasserstrom: Religion after Religion. Wasserstroms Arbeit steht auf der Grenzscheide zwischen wissenschaftlich-distanzierter und religionsaffirmativer Darstellung; seine implizite Kritik an der historischen Kritik aus dem Geist religiöser Erfahrung kann aber an dieser Stelle auf sich beruhen blei-

schaftlichen Religionstheologie, nämlich derjenigen Rudolf Ottos, der Religion nicht über eine philologische und kontextualisierende Analyse, sondern über Erfahrung verstehe, reinterpretiert Wasserstrom das implizite religiöse Selbstverständnis seiner Protagonisten. Deren Form wissenschaftlicher Beschäftigung mit der Religionsgeschichte sei eine, wie er Eliade sagen läßt, »phanic« Technik[767]: Die kritische Analyse lege zwar das historische Geheimnis offen, verdecke aber zugleich das inwendige religiöse. »The true dialectic of the sacred: by the mere fact of *showing* itself, the sacred *hides itself*« (Eliade)[768]. Die Epiphanie des Heiligen ereigne sich in seiner vermeintlichen Zerstörung. Der Fluchtpunkt der historisch-kritischen Methode liege damit nicht in einer, wie Steiner befürchtete, vollständigen Zerstörung des Religiösen, sondern in der Eröffnung eines neuen Geheimnisses hinter der historischen Oberfläche. Die historische Kritik wird in dieser Perspektive zu einer Bedingung religiöser Erfahrung auf dem Boden philologischer Destruktion. Was Steiner zu überwinden trachtete, gerät hier zum Fundament einer religionswissenschaftlich begründeten Erfahrung. In Wasserstroms Deutung soll der Weg zur »reintegration« in den göttlichen Ursprung über einen »mystical symbolism« führen, nicht über »objektive« höhere Erkenntnis: Der Religiöse müsse sich der »Ergriffenheit« aussetzen[769], nicht aber selbstmächtig »höhere Welten« erkunden. Insbesondere in der christlichen Kabbala findet Wasserstrom Schlüsselbegriffe wie »reintegration«, »tradition«, »theosophy«, aber »this is a story not yet told in scholarship«[770]. Letztlich wird die frühneuzeitliche Theosophie als Reaktion auf die Pluralisierung ihrer Zeit begriffen, eine potentielle Gemeinsamkeit mit der Namensschwester, die Steiner nicht präsent war. Diese Konstellation führte auch Wassersteins Protagonisten dazu, sich als Esoteriker zu betrachten oder sich in deren Nähe zu rücken, wie er mit einem Bekenntnis Scholems an Corbins Witwe Stella nach dessen Tod beleuchtete: »We were … the first scholarly excavators of esoterical imagination«[771]. Diese ambitionierte intellektuelle Religion braucht neben der Einsicht in die Unausweichlichkeit der Textkritik die Gewißheit, daß der Historismus eben doch nicht in der Orgie der Destruktion stecken bleibt. Steiner ist diesen Weg nicht gegangen, und er hätte wohl auch bei seiner Anhängerschaft dafür keine Anerkennung gefunden – denn Gewißheit suchten Theosophen gegen den Historismus, nicht durch ihn hindurch.

---

ben. Diese Variante der religiös geprägten Deutung der Religionsgeschichte hat im 20. Jahrhundert noch weitere Kreise gezogen, man denke etwa an George Steiners »Von realer Gegenwart« oder an Schmidt-Biggemanns »Philosophia perennis«.

[767] Ebd., 34.

[768] Eliade, Journal (Eintrag vom 1.10.1965), zit. nach Wasserstrom, ebd., 35.

[769] Ebd., 37 (reintegration). 36 (symbolism). 23 f. (Ergriffenheit; der Begriff ist nicht ins Englische übersetzt).

[770] Ebd., 49. 51

[771] Brief Scholems vom 26.10.1978, zit. ebd., 255.

### *7.11.2 Logiken theosophischer Weltanschauungsproduktion*

Der Historismus bildete den Hintergrund für eine Vielzahl von Diskursen um das kulturelle Selbstverständnis. Ich greife davon im folgenden fünf Bereiche aus dem Spannungsfeld von Pluralisierung und Identitätsbildung im Kaiserreich heraus. In der Analyse des Literarisierungsprozesses als Teil der Vereinsgenese der Theosophischen Gesellschaft (s. u., Abschnitt a) geht es um den Übergang von Mündlichkeit zur Schriftlichkeit, der zumeist Gegenstand ethnologischer oder mittelalterlicher Forschungen ist, aber bei der mitten in einer Schriftkultur entstehenden Theosophie Kanonisierungsvorgänge an ihren Wurzeln sichtbar macht. Die Analyse der Einverleibung fremder Welten (Abschnitt b) beleuchtet die Normierungsentscheidungen, die eine Minderheitenkultur wie die Theosophie angesichts nichteuropäischer, in Europa ebenfalls minoritärer Kulturen, traf, und in der Auseinandersetzung um den neuen Menschen (Abschnitt c) spiegelt sich die Konstitution der theosophischen Anthropologie in einer signifikanten außertheosophischen Debatte. Zentral ist jedoch der Kampf um das kulturelle Gedächtnis (Abschnitt d), weil hier die Inhalte eines veränderten gesellschaftlichen Konsenses teilweise formuliert, zumindest aber historisch rückverlagert und als langfristige Verbindlichkeiten ausgelegt werden. Eine derartige Traditionsbildung ist, entgegen mancher Vermutungen, ein hochdynamischer Vorgang, der nicht die (vielleicht) erhoffte Stillegung von Veränderung bringt, sondern im Gegenteil gesellschaftlichen Wandel produziert (Abschnitt e).

#### *a. Die Genese der Theosophischen Gesellschaft als Literarisierungsprozeß*

Steiners Aufsätze und Monographien, die heute den Zugang zu seiner Weltanschauung bahnen, bildeten zu seinen Lebzeiten keineswegs das Zentrum der Kommunikation in der Theosophischen Gesellschaft. Seinen beiden Büchern (»Theosophie«, »Geheimwissenschaft«) und den Aufsatzreihen (etwa zum Schulungsweg oder »Aus der Akasha-Chronik«) stand zwischen 1902 und 1910 schon quantitativ eine Überzahl von über 1300 Vorträgen gegenüber. Sie waren größtenteils für ein theosophisches Publikum bestimmt, nur 169 Vorträge (= 13 %) wurden vor der vereinsexternen Öffentlichkeit gehalten[772]. Die theosophische Arkandisziplin war in ihrem Kernbereich eine mündliche Kultur. Bis zu Steiners Lebensende wuchs das Vortragskorpus auf über 6.000 Vorträge an, weil seine Reden bis zu seinem Tod ihren Platz als sozialer Fokus der innertheosophischen Verständigung behaupteten. Verschriftet[773] waren sie nur kommunikative Derivate[774].

---

[772] Mötteli u. a.: Übersichtsbände, I, 348–356 (= 1306 Vorträge); hier auch die Kennzeichnung der öffentlichen Vorträge. Die Angaben bei Möttleli differieren leicht von den Nennungen bei Schmidt: Das Vortragswerk Rudolf Steiners.

[773] In der Literaturwissenschaft wird zwischen Verschriftung als materialer Textproduktion und Verschriftlichung als kulturellem Komplex, der auch den Umgang mit den verschrifteten Texten einschließt, unterschieden.

[774] Bezeichnenderweise hat Steiner etwa seine »Geheimwissenschaft« nicht mit Fußnoten versehen, wie Blavatsky ihre »Geheimlehre«; dies hatte nicht nur mit der Verschleierung von Quellen zu tun, sondern diente auch dem Ausweis der seherischen legitimierten Unmittelbarkeit.

Diese Wechselwirkungen zwischen Mündlichkeit und Schriftlichkeit innerhalb einer hoch literaten Kultur beleuchten die Entstehungsgeschichte der Theosophie in einer für die neuere Geschichte bislang kaum genutzten Perspektive, in der die Herausbildung der Vereinsidentität als Literarisierungsgeschichte sichtbar wird. Eine relativ intensive Erforschung dieses Interferenzfeldes gibt es allerdings in den Literaturwissenschaften und in der Ethnologie, wo der Übergang von mündlichen zu Schriftkulturen und für Europa insbesondere die mittelalterliche Verschriftlichungsgeschichte analysiert worden ist[775]. Die Forschung hat keinen Zweifel an der Fortexistenz mündlicher Kommunikationsformen in schriftgeprägten Kulturen gelassen[776], sie gleichwohl kaum zur Analyse gesellschaftskonstruktiver Vorgänge herangezogen. Dies geschieht im folgenden in der Deutung von Vergemeinschaftungsprozessen der Theosophischen Gesellschaft.

Steiners Vorträge waren nicht nur Informationsveranstaltungen, sondern auch und für die Mitglieder der Theosophischen Gesellschaft sogar primär Verkündigungsereignisse. Die Abschottung von der nichttheosophischen Öffentlichkeit war dabei zwar ein Signal der Exklusivität, aber doch nur die Ausgrenzung eines Vorhofs. Für die »wirklichen« Arkana war mit der Esoterischen Schule oder den maurerischen Zeremonien ein sakraler Raum geschaffen worden, in der Vorträge zu Einweihungsreden umkodiert waren. Das hier geltende Geheimhaltungsgebot schützte natürlich auch die Mündlichkeit und stilisierte sie zum Kairos des theosophischen Vereinslebens. Steiners Hinweise in seinen Schriften, daß mit dem Gedruckten längst nicht alles gesagt sei, werden diese Wahrnehmung verstärkt haben.

Diese Epiphaniesituation der Mündlichkeit ist in der Forschung als Kommunikationssituation sui generis beschrieben worden. So erhält die mündliche Verkündigung in nichtschriftlichen Kulturen Autorität durch Performanz, durch ritualisierte Oralität[777]. Auch Steiner verzichtete nicht auf dieses Arrangement. Die esoterischen »Offenbarungen« (wie Steiner häufig sagte) fanden vor den theosophischen »Eingeweihten« und in sakral ausgezeichneten Räumen statt. Steiners Auftreten verstärkte diesen Effekt durch die Liquidierung einer Rollengrenze einer »reinen« Schriftkultur. Er trat im Arkanbereich nicht nur als Redner, gar als interpretierender, sondern auch als passiver Mittler auf. In der bereits zitierten Wahrnehmung Jenny Schirmer-Beys, daß Steiner in den »esoterischen Stunden ... nicht aus[sah] wie Rudolf Steiner, sondern nur wie sein Gehäuse«[778], wird zumindest in der Wahrnehmung einer Anhängerin Steiners mediale Funktion augenfällig erkennbar. Diese Rolle als Medium hat Steiner bis zu seinem Tod

---

[775] Insbesondere in älteren Veröffentlichungen wird der Bogen von »Frühformen der Schriftlichkeit« kryptoevolutiv zur »Oralität im Rückzug« geschlagen; so die Kapitelüberschriften in: Schrift und Gedächtnis, hg. v. A. Assmann u. a., 45. 213.

[776] Vgl. etwa für die Perspektiven und die Methodologie dieser Anwendung der Mündlichkeits-Schriftlichkeitsforschung etwa Winkgens: Die kulturelle Symbolik von Rede und Schrift. Die grundlegende Frage, wie Verschriftlichungsprozesse zu deuten sind, wird in der Forschung kontrovers beantwortet: als Gegensatz zur mündlichen Tradierung, als skalierter Übergang, etwa durch die Verstärkung schon im Mündlichen vorhandener Kommunikationsstrukturen, oder als beständig oszillierendes Phänomen.

[777] Bäuml: Autorität und Performanz.

[778] Schirmer-Bey: Erinnerungen, 140.

nicht abgelegt[779]. Sie entsprach strukturell der Rolle des Barden in mündlichen oder des Propheten in schriftlichen Kulturen, die eine an ihre Person gebundene Funktion ausüben. Auch Steiner verklammerte in seinem Zugriff auf die Akasha-Chronik Person und Mitteilung und war, wie der privilegierte Barde, Monopolist, der in seinen Vorträgen den faktisch einzigen Zugang zu den Grundlagen der theosophischen Weltanschauung lieferte. Steiner war Orator im doppelten Wortsinn: Redner und Beter zugleich, säkularer und religiöser Agent, Interpret und Künder.

Diese mündliche Wiedergabe entzog die »übersinnlich« gespeicherten Informationen den Unsicherheiten des geschriebenen Textes, der üblicherweise unter dem Verdacht der Fehlerhaftigkeit der Nicht-Authentizität steht, etwa durch Abschreiben; in der Theosophischen Gesellschaft hatten diese Probleme durch die Klartextübertragungen der Stenogramme ohnehin (aber vielleicht nicht vielen bewußt) eine gewaltige Dimension angenommen. Die Mündlichkeit reduzierte auch die Interpretationsbedürftigkeit, die einem schriftlichen Text in weitaus größerem Maß eignet als dem gesprochenen Wort. Steiners Rede suggerierte unmittelbares Wissen in der greifbaren Anwesenheit des privilegierten Verkünders. Die Trennung von gewußtem Material und wissenden Personen, die mit der Verschriftlichung mündlichen Wissens einhergeht, wurde in Steiners Vorträgen retrokonvertiert. Dies restituierte die »heilige« Dimension des Ursprungswortes, für die es religionsgeschichtlich überaus viele Beispiele gibt – die Reden Buddhas, die Worte der Propheten, die Gleichnisse Jesu, die Auditionen Mohammeds –, und hielt die in Schriftkulturen zurückgehende Bedeutung des Wortes (»mündliche Nebenabsprachen bedürfen der Schriftform«) auf, zumindest in der »Ursprungssituation« des Vortrags. Mit diesem Rückgriff auf die »Unmittelbarkeit« des mündlichen Ursprungs stand Steiner unter den Weltanschauungskonstrukteuren der Jahre um 1900 nicht allein. Das beginnende 20. Jahrhundert kennt eine große Zahl »barfüßiger Propheten« (Ulrich Linse)[780], die die Gründung von Gemeinschaften an die Magie des gesprochenen Wortes banden. Darin fanden die Hörer mutmaßlich eine »lebendige« Authentizität, die den »hölzernen« Buchstaben und die Uneindeutigkeit des interpretierten Schrifttextes nicht »zu Wort« kommen ließen.

Der kulturhistorische Kontext von Steiners Rückgriff auf mündliche Textkonstitution war makrosozial die Verstärkung mündlicher Kommunikationsformen im 19. Jahrhundert. Gewöhnlich fällt in der Mediengeschichte des Kaiserreichs eine andere Entwicklung ins Auge, die immer weitere Bevölkerungskreise erfassende Alphabetisierung und die darauf aufbauende Literaturversorgung, von den Reclamausgaben der Literatur über naturkundliche Heftchen für breite Kreise bis zu den populären Zeitschriften allgemeinen Inhalts. Ohne diese Voraussetzungen ist natürlich auch die Wissensvermittlung der Theosophischen Gesellschaft nicht zu verstehen, doch ebenso auffällig, wenngleich in der Forschung weniger beachtet, ist die Zunahme der spezifisch

---

779 Vgl. seine Rolle als medialer Übermittler von Botschaften des verstorbenen Grafen Moltke; Zander: Der Generalstabschef Helmuth von Moltke d.J., 450 f.

780 Linse: Barfüßige Propheten.

mündlichen Wissensvermittlung. Vorträge bildeten auch außerhalb der Theosophie eine wesentliche, teilweise vielleicht sogar die primäre Grundlage der populären Wissenskommunikation: Die Rednerkultur in der Arbeiterschaft, Wilhelm Ostwalds Sonntagspredigten, der Schlagabtausch zwischen Ernst Haeckel und dem Jesuiten Erich Wasmann in öffentlichen Diskussionen, die Beschaffung von Reisemitteln für theosophische Redner, die Vortragsreisen, in denen der Liberalprotestant Friedrich Rittelmeyer auf die ebenfalls reisenden freireligiösen Kollegen traf, sind nur heterogene Indizien einer verbreiteten oralen Kultur im Kaiserreich[781]. Der Grund für diese Ausweitung des Vortragswesens lag wohl nur zum Teil in einer begrenzten Lesekompetenz der Hörer. Vielmehr, und dieser Kontext dürfte für Steiners Vortragstätigkeit entscheidend gewesen sein, boten Vorträge die Möglichkeit, die Schwelle für die Popularisierung namentlich komplexer Inhalte weiter abzusenken und in einem Kreis von Gleichgesinnten zu diskutieren. Daß die Mündlichkeit die genannte sakrale Atmosphäre herstellen und die Geheimhaltungsmöglichkeiten verbessern sollte, waren darüber hinaus spezifisch theosophische Motive.

Im Hintergrund der theosophischen Oralität dürfte der Druck des Historismus spürbar sein: Die mündliche Ursprungsphase läßt sich als Reaktion auf die Scheidung der Vergangenheit von der Gegenwart deuten, die es in mündlichen Kulturen insoweit nicht gibt, als es keine veraltenden, »unlesbar« werdenden Texte, sondern nur das je aktuelle gesprochene Wort gibt, und als Reaktion auf die unsicher gewordene Begründung einer Weltanschauung in der schriftlichen Überlieferung, die die historische Kritik ihrer unmittelbaren Bedeutsamkeit für die Gegenwart entzogen hatte. Die Trennung von Vergangenheit und Gegenwart, von Unmittelbarkeit und Interpretation realisierte allerdings auch Steiner, wenngleich in homöopathischen Dosen. Er gestand seine Irrtumsfähigkeit (s. o. 7.4.5b) und damit die kulturelle Produktion des »Offenbarungs«wissens ein und konzedierte so dessen Interpretationsbedürftigkeit. Dies war eine unvermeidliche Folge der Möglichkeit, seine Texte nachzulesen und mit theosophischen Schriften zu vergleichen. Wichtiger noch war die zunehmende Ergänzung seiner medialen (passiven) Rolle durch eine interpretierende (aktive), womit er ebenfalls Deutungsnotwendigkeiten konzedierte, die jedoch zugleich die Selbstevidenz und Unmittelbarkeit des mündlichen Textes dementierten.

Dieser für den Kairos der mündlichen Ursprünglichkeit »gefährliche« Übergang in die Schriftlichkeit entsprach in seiner Massivität nicht Steiners Intentionen (jedenfalls nicht den geäußerten). Man sollte zwar Steiners Bedürfnis nach gedruckter Präsenz auch in der theosophischen Öffentlichkeit nicht unterschlagen, doch das Verlangen nach verschrifteten Reden ging von Anhängern aus. Sie schrieben die Äußerungen ihres Meisters mit, bevor Berufsstenographen die Kanonbildung professionalisierten, ließen unautorisierte Vervielfältigungen kursieren, die Steiner verärgerten, und es waren die Theosophen, die für die Zweigarbeit reproduzierte Äußerungen Steiners forderten. Daraus entstand

[781] Vgl. Fricke: Die deutsche Arbeiterbewegung 1869 bis 1914, 485–504; Daum: Wissenschaftspopularisierung, 226–229 (Haeckel und Wasmann); Rittelmeyer: Aus meinem Leben, 216f. (Rittelmeyer und Freireligiöse).

eine eigenständige Produktion »heiliger« Bücher: handschriftlich kopierte Texte oder im »kosmischen« Blau oder Violett hektographierte, sorgfältig gebundene Bände[782]. Sie dienten einer Art Lectio Divina in den Logen und markierten den Übergang vom sakralen Manuskript in den profanen Druck[783]. Die Lektüre im Gruppenrahmen konnte allerdings die aufgrund der Verschriftung mögliche Individuallektüre und damit die Pluralisierung nicht aufhalten[784], auch die Kanonisierung des Steinerschen Œuvres blieb dagegen machtlos. Die Verschriftlichung der Theosophie konstituierte ihre Sozialgestalt unter einer zerstörerischen Transformation ihres oralen Ursprungs.

Steiners Changieren zwischen Mündlichkeit und Schriftlichkeit läßt sich zusammenfassend als Rekapitulation des Übergangs von einer mündlichen in eine literate Kultur lesen. Den didaktischen Nutzen des Vortrags nutzte er, um eine neue Gemeinschaft zu formieren: Mit der Zentrierung der »Offenbarung« der Arkangehalte auf seine Person und die von ihm verkündeten Inhalte besaß er die Herrschaft über diese Ursprungssituation und zugleich die Macht zur Formierung der sakralen Konstitution der Theosophischen Gesellschaft. Indem er auch die Verschriftung so weit als möglich kontrollierte (die von Steiner im eigenen Verlag durchgeführte und bis heute verlegerisch faktisch monopolisierte Herausgabe seiner Vorträge ist dafür ein Indiz), steuerte er zugleich die Interpretation seines Werks, indem etwa nachträgliche Veränderungen des Textes kommentarlos unterschlagen wurden. Die Entstehung der Theosophischen Gesellschaft ist in dieser Perspektive strukturell eine Form der Ethnogenese in einer schriftgeprägten Gesellschaft.

Doch mündlich konstituierte Gemeinschaften lassen sich in einer Schriftkultur nicht auf Dauer stellen, weil wesentliche Folgen der Verschriftlichung auch für mündliche Subsysteme in Schriftkulturen gelten. Die Existenz der Schriftkultur stand für die Theosophische Gesellschaft nicht zur Disposition, wohl aber wurden zeitweise die Grenzen der Schriftlichkeit verflüssigt und mündliche Kommunikationsformen revitalisiert. Die reine Mündlichkeit blieb aber selbst als Arkandisziplin ein Atavismus, schon weil alle Hörer Steiners auch schreibkundig waren. Eine Gedächtniskultur, die bei einer Ausweitung der schriftlichen Kommunikation zurückgedrängt wird, ist in der Theosophischen Gesellschaft hinsichtlich Steiners Vorträgen erst gar nicht entstanden. Nur in der sekundären persönlichen Erinnerung blieb die Autorität des nicht schriftlich Gefaßten erhalten, doch haben Anthroposophen mit einer überquellenden Memoirenliteratur auch diese mündliche Tradition durch Fixierung zerstört. Über seinen Tod hin-

---

782 In öffentlichen Bibliotheken sind diese Drucke meines Wissens nicht vorhanden, wohl aber in der Bibliothek des Goetheanum in Dornach. In meinem Besitz befindet beispielsweise der 1911 gehaltene Zyklus XIX »Von Jesus zu Christus« (heute GA 131) in einem wohl vor 1914 gedruckten Exemplar, der bis 1958 die handschriftlichen Vermerke der Lektüre im Marburger Zweig trägt. Ein handschriftliche Kopie des Zyklus II, »Die Theosophie des Rosenkreuzers« (heute GA 99) diente möglicherweise nur dem privaten Gebrauch; s. o. Anm. 644.

783 Illich: Lectio Divina, 19–23.

784 Zu diesem zentralen Effekt von Verschriftlichung vgl. Ong: Writing is a Technology that Restructures Thought, 36–45; Goody/Watt: Konsequenzen der Literalität, 45–104. Vgl. auch Winkgens: Die kulturelle Symbolik von Rede und Schrift, 49–51.

aus ließ sich die Zeit der mündlichen Offenbarungen ohnehin nicht verlängern, spätestens zu diesem Zeitpunkt waren Kommunikationsquelle und Empfänger getrennt, wurde Schriftlichkeit angesichts fehlender neuer Offenbarungsträger zur Überlebensfrage. Die Phase der Mündlichkeit blieb aber für die Theosophische Gesellschaft der Kairos, aus dem Schriften und damit die weltanschauliche Identität ihren Legitimationsgrund und ihren kanonischen Umfang erhielten.

*b. Die Aneignung fremder Welten*

Als Steiner 1900 mit der Theosophischen Gesellschaft in Kontakt trat, begegneten ihm vermutlich erstmalig außereuropäische Kulturen zumindest in Schriftform. Ihren lebendigen Vertretern ist er allerdings lebenslang kaum begegnet, und außereuropäischen Boden hat Steiner nie betreten. Der deutschnational orientierte Naturwissenschaftsstudent und Goetheeditor, der seine philosophische Heimat in den Ausläufern des deutschen Idealismus suchte, konnte noch 1897 mit Asien überhaupt nichts anfangen, wie er in einem Verriß der Theosophen anläßlich der Besprechung von Hartmanns Bhagavadgita-Übertragung dokumentierte: »Wir Abendländer« seien »auf abstraktes Denken« »angewiesen«, wohingegen die »orientalischen Wahrheitssucher« auf »mystisches Schauen« zurückgriffen; »mit Achselzucken« sähen die Theosophen »auf die ganze europäische Wissenschaft« und hielten die »abendländischen Erkenntnisse« für Oberflächenphänomene (GA 32,194). Steiner belegte, daß ihm nicht nur indisches Denken, sondern auch dessen theosophische Anverwandlungen unvertraut waren. Dies änderte sich knapp drei Jahre später dramatisch.

Theosophie verhieß Begegnung mit Fremdheit: Theosophen propagierten indische Vorstellungen, man hatte viele Mitglieder in Indien und auch einige Inder in leitenden Positionen, die Gründer der Theosophischen Gesellschaft hatten mit der Konversion zum Buddhismus dessen Superioritätsanspruch propagiert, und nicht zuletzt sammelte, verlegte, popularisierte und verweltanschaulichte die Theosophie indische Literatur. Theosophie stand im Selbstverständnis von führenden Theosophen wie Blavatsky, Olcott und Besant und in der Außenwahrnehmung wohl der meisten Zeitgenossen für eine indisch geprägte Vereinigung, die die kulturelle Hegemonie Europas bestritt.

Daß im Detail alles viel komplizierter war, wissen wir heute besser. Asien war um 1900 weitgehend eine black box, die Indienkenntnisse von Deutschen speisten sich vor allem aus der Literatur. Neben den literarischen sowie indologischen Veröffentlichungen waren es in einem noch schwer abschätzbaren Ausmaß Publikationen von Missionaren, die Wissen über Indien vermittelten, ehe seit dem Ende des 19. Jahrhunderts Texte von deutschen Buddhisten dazukamen. Erst im 20. Jahrhundert kam es zu wenigen Indienreisen von Schriftstellern: Waldemar Bonsels muß um 1900 in Indien gewesen sein, 1910 reiste Stefan Zweig, 1911 Hermann Graf Keyserling[785]. Die Rezeption solcher Intellektueller war wohlwollend, von persönlichen Interessen geprägt und hoch projektiv: Fritz Mauthner fand im Buddhismus seine agnostische Sprachphilosophie bestätigt, Bonsels entdeckte ein tief religiöses Land, das er im religionskritischen Europa

[785] Ganeshan: Das Indienbild deutscher Dichter, 141. 291. 240.

verloren sah, für Hermann Graf Keyserling, der sich seiner begrenzten Einsichten bewußt war, wurde die Begegnung mit dem Hinduismus zu einem Katalysator für sein »geistiges« Erwachen, das er in seiner Darmstädter »Schule der Weisheit« umzusetzen trachtete[786]. Diese Indienrezeption gehört in eine lange, bis in die Gegenwart reichende Rezeptionsgeschichte, die auch bei den indienverliebten oder wissenschaftlich ambitionierten Freunden zutiefst eurozentrisch geprägt war[787]. Und daß die asiatischen Religionen in der Begegnung mit der europäischen Kultur teilweise zu einer europäisch geprägten Selbstwahrnehmung gefunden hatten[788], die überhaupt erst viele Anschlüsse ermöglichte, war vielen Theosophen vermutlich unbekannt. Man kann gleichwohl die Wirkungen des theosophischen Engagements als eine strukturelle Historisierung deuten, die nicht über alte, sondern über kulturfremde Gegenstandsbereiche verlief, aber strukturgleiche Folgen wie die klassische Historisierung nach sich zog.

Auch in der Theosophie hatte europäisches Gedankengut eine ausgesprochen hohe Bedeutung behalten. Dies belegen, wie die Analyse von Steiners theosophischen Schriften gezeigt hat, sowohl seine eigenen Vorstellungen als auch seine Vorlagen etwa bei Blavatsky oder Sinnett. Die Komplexität dieser Mischung sei an einem Thema demonstriert, das sich durch alle Kapitel von Steiners theosophischer Weltanschauungsproduktion zieht, seiner Reinkarnationslehre. Als Steiner 1911, da er sich bereits als souveräner Theosoph deutscher Zunge betrachtete, auf die Reinkarnationslehre zu sprechen kam, rief er Gotthold Ephraim Lessing mit seiner »Erziehung des Menschengeschlechts« aus dem Jahr 1780 und Friedrich Hebbel mit einer Notiz (GA 127,189 f.) sowie Maximilian Droßbach (1810–1884) und Gustav Widenmann (1812–1876) (GA 131,61.64) als Kronzeugen auf[789]. Diese drei Namen konterkarierten weitverbreitete Erwartungen im 19. und frühen 20. Jahrhundert, denen Reinkarnationsvorstellungen als asiatische Importe galten. Steiners Vertreter der Reinkarnationslehre beinhalten mithin ein Programm, indem sie eine europäische Tradition der theosophischen Reinkarnationsvorstellungen behaupten. Dieses Kontinuitätsmodell hat Steiner bis zu seinem Tod beibehalten, noch 1923 versuchte er, Reinkarnation mit Lessing plausibel zu machen (GA 349,179 f.).

Steiners theosophische Vorlagen waren nun ihrerseits bereits komplexe Komposita von Traditionen, wie sich an Blavatskys Reinkarnationsvorstellungen ablesen läßt: Die Reinkarnationsvorstellung, die sie in ihrer spiritistischen Phase kennengelernt hatte, lehnte sie bis zur Übersiedlung nach Indien 1878 ab. Im Kontakt mit dem Buddhismus akzeptierte sie Reinkarnation mithin als »asiatisches« Modell, das sie allerdings in entscheidenden Teilen durch europäische

---

786 Vgl. die biographischen Skizzen ebd. – Keyserling traf auch Annie Besant in Adyar, und trat in ein sehr distanziertes Verhältnis zur Theosophie, nachdem er kurzzeitig mit ihr geliebäugelt hatte.

787 Diese bis in die Wissenschaft reichende (post-)koloniale Perspektive hat 1978 Edward W. Said in seinem Buch »Orientalism« nachhaltig aufgebrochen. Vgl. zur aktuellen Debatte, die in ihrer scharfen Wahrnehmung von Differenzen deutlich macht, wie eingeschränkt man der Theosophie ihre engen Blickwinkel vorhalten darf: Religion im Spiegelkabinett.

788 Vgl. Lüddeckens: Das Weltparlament der Religionen, 17–80.

789 Zu Lessing vgl. Zander: Geschichte der Seelenwanderung, 343–352; zu Droßbach und Widenmann ebd., 411–413.

Vorstellungen überformte: Die Reinkarnation besaß für Blavatsky in einer individualistischen »Monade« ein Subjekt, der Verlauf der Wiedergeburten war fortschrittstheoretisch konzipiert, und den empirisierbaren »Beweis für die *Wiederverkörperung*« sah sie geführt[790]. Blavatsky glaubte, mit der Reinkarnation werde asiatische »Weisheit« nach Europa transportiert, während in der Außerperspektive ein Modell, das nicht nur in Asien existierte, mit europäischen Inhalten ausgestattet worden war. Diese Mischung unterschiedlicher Kulturen war bei anderen Theosophen im Prinzip gleich und nur in der materialen Ausstattung different.

In einer dieser symbiotischen Mischungen begegnete Steiner der Reinkarnationslehre, nachdem sie vor 1900 für ihn keine Rolle gespielt hatte[791]. Er rezipierte also keine »reine« Reinkarnationslehre asiatischer oder europäischer Provenienz, sondern ein Traditionskonglomerat, als er sich im Oktober 1902 über Karmafragen äußerte. Doch in seiner Rezeption hat er diesen Komplex vereindeutigt, denn die initiale Funktion wies er damals asiatischen Vorstellungen zu: »Lichtfülle« komme für ihn in dieser Frage aus der »Brihadâranyaka-Upanishad« (GA 39,423) (s. o. 7.2 [Okt. 1902]); noch Ende 1903 hielt er an dieser Ableitung aus Asien fest, europäische Reinkarnationsvorstellungen spielen in Steiners frühen theosophischen Jahren keine Rolle. Aber schon 1902 hatte er »Karman« mit »Evolution« gleichgesetzt und 1903 »Reinkarnation und Karma« als »vom Standpunkte der modernen Naturwissenschaft notwendige Vorstellungen« (GA 34,67–91) etikettiert, ihnen also ein europäisches Verlaufsmodell unterlegt. Die Parallelen zu Blavatskys Mélange von asiatischen und europäischen Vorstellungselementen liegen auf der Hand: Auch Steiner akzeptierte ein aus Asien stammendes Modell, um es mit europäischen Vorstellungen auszustatten. Erst im Rahmen der Trennung von der Adyar-Theosophie zwischen 1907 und 1912 stieß Steiner die vermeintlich eindeutigen indischen Ursprünge der Reinkarnationslehre zugunsten der ebenso nur vermeintlich eindeutigen europäischen Wurzeln ab.

Die Hegemonie des europäischen Zuschnitts der Reinkarnationsvorstellung kulminierte in der Soteriologie. Der Theravada-Buddhismus, in den Blavatsky und Olcott übergetreten waren, forderte in der Tradition von Buddhas Auffassungen eine Erkenntnis der Scheinhaftigkeit jeder menschlichen Identitätskonstruktion und konsequenterweise die Auslöschung des Ich im Samsara. Diese Destruktionsforderung, die schon Blavatsky und Olcott fremd geblieben war, hat auch Steiner nie akzeptiert und sie im Rahmen seines Evolutionsdenkens in ihr Gegenteil verkehrt, indem er die »entelechelische« Vervollkommung des »Ich« forderte. Diese Europäisierung der Reinkarnation hatte allerdings weniger mit bewußter Uminterpretation als mit der fehlenden Einsicht in anthropologische Differenzen zu tun. Selbst die deutschen Buddhisten realisierten erst in den

[790] Nachweise und ausführlichere Beweisführung ebd., 477–482.

[791] In seinen Aufsätzen vor 1900 (GA 30–33) kommen Tod und Sterben fast nicht vor, erst mit seinem Eintritt in die Theosophische Gesellschaft wurde der Tod zum Thema. Die Schlagwortregister zu einschlägigen Lemmata belegt diese gespaltene Chronologie, vgl. die Begriffe Tod (Mötteli: Register zur Rudolf Steiner Gesamtausgabe. Sachwortregister, II, 1766–1770), Reinkarnation und Karma (ebd., II, 1418–1439) oder Unsterblichkeit (Mötteli u. a.: Übersichtsbände, II, 398).

zwanziger Jahren, daß ihre vor dem Ersten Weltkrieg unterstellte reinkarnatorische Fortschrittsvorstellung angesichts der buddhistischen Quellen unhaltbar war[792].

Steiners mehrschichtiger Rezeptions- und Konstruktionsprozeß der Reinkarnationsvorstellung steht exemplarisch für die Amalgamierung unterschiedlicher Traditionen in seiner Theosophie. Sein Verständnis des Weltgedächtnisses als Akasha-Chronik, der achtgliedrige Pfad oder die Kundalinibezüge im Schulungsweg, die Anthropologie der Chakren und Körperhüllen oder die Kosmologie in der »Geheimwissenschaft« dokumentieren neben vielen Details die Übernahme des in der Theosophie als »indisch« deklarierten Materials, das aber ausnahmslos schon in der Gründergeneration der Theosophischen Gesellschaft europäisch gedeutet und ausgestaltet worden war: die Linearisierung der Kosmologie, die »Objektivierung«, wie sie die Rezeption der Reinkarnation über naturwissenschaftliche Plausibilitäten suggeriert, oder der Sozialdarwinismus hinter der Kultur- und Bewußtseinsentwicklung stehen beispielhaft dafür.

Mit der Trennung von der Theosophischen Gesellschaft war 1912 die Hochphase des asienbezogenen Synkretismus vorbei, die Theosophie wurde von Steiner zumindest intentional europäisiert. Diesen Schritt meinte er aber nur tun zu müssen, weil er weder 1897 noch nach seinem Eintritt in die Gesellschaft realisierte, in welchem Ausmaß die Theosophie immer schon der europäischen Tradition verpflichtet war. Die je nach vereinspolitischen Abgrenzungsbedürfnissen »abendländisch« oder »indisch« vereindeutigten und insoweit konstruierten Grenzen dokumentieren einmal mehr die pragmatischen Anteile in der Deutung der Theosophie und zeigen, daß Steiner die epistemologischen Probleme und die synkretistischen Uneindeutigkeiten, in die er mit seiner theosophischen Konversion geriet, nicht realisierte, wie sich an drei xenologischen Strukturfragen ablesen läßt[793]:

(1.) Die zirkuläre Struktur als Möglichkeitsbedingung einer Wahrnehmung von Fremdheit blieb Steiner offenbar undeutlich, jedenfalls hat er sich darüber nie in philosophisch ambitionierter Weise ausgelassen – ganz im Trend seiner gegenüber hermeneutischen Fragen unempfindlichen Theoriebildung. Verstehen von Fremdheit ist nur im Horizont des eigenen Denkens und unter der Voraussetzung des Selbstverstehens möglich. Unter dieser Bedingung kann Fremdes als Fremdes erkannt werden, darf aber zugleich nicht radikal fremd sein, da es dann die Möglichkeit des Verstehens von Fremdem nicht gäbe[794]. Auf diesem Spannungsbogen zwischen dem Fremden, das seine Differenz nicht ausspielen kann und dem Fremden, das als kategorial Fremdes überhaupt nicht erkennbar ist, scheint

---

[792] Vgl. Zander: Geschichte der Seelenwanderung, 509–511.

[793] Zur sehr umfangreichen xenologischen Literatur vgl. nur exemplarisch: Kulturkontakt, Kulturkonflikt, hg. v. I.-M. Greverus u. a., bes. die Kapitel »Fremde Kultur als Muster für Alternativkulturen und soziale Bewegungen« (II, 403–485), und »Eigene Fremde« (II, 585–709); für historische Fragen, allerdings ohne Berücksichtigung der Theosophie, Bitterli: Die »Wilden« und die »Zivilisierten«; zur Theoriedebatte pars pro toto Lévinas: Die Spur des Anderen, 209–235.

[794] Vgl. unter diesem Aspekt die Rehabilitierung des Vorurteils bei Gadamer: Wahrheit und Methode, 250–290, oder bei Lévinas: Die Spur des Anderen, 211, die Klage über die Zerstörung der Andersheit des Anderen durch seine »Enthüllung« in der »abendländischen Philosophie«.

mir die Theosophie eine assimilatorische Position auf dem ersten Spannungspol zu besetzen: Die Vorstellungen fremder, namentlich indischer Kulturen galten als Teil einer »uralten Weisheit«, die zu einem allen Menschen aller Zeiten gemeinsamen Fundus gehöre, der sich gerade durch seine fehlende Fremdheit als menschenverbindende Tradition erweise. Daß hier die europäische Vorstellung einer »philosophia perennis«[795] stärker als die Lehrer-Schüler-Tradition im buddhistischen Sangha Pate stand, ist wahrscheinlich. Verständnisprobleme werden von Theosophen konsequenterweise nicht primär in der fremden, sondern in der eigenen Tradition gesucht, namentlich in ihrer These der aus europäischer Arroganz (und damit meinen viele Theosophen, namentlich im Gefolge Blavatskys, christlicher Überheblichkeit) resultierenden Erkenntnisverweigerung.

(2.) Fremdheit war für Steiner keine innere Dimension der Kultur, sondern lag jenseits ihrer Grenzen; Fremdheit wurde damit durch Abgrenzung, nicht auf dem Weg der Selbstverständigung definiert. Das Fremde war für ihn vor 1900 eine außereuropäische, »orientalische«, kaum eine innergesellschaftliche (oder gar biographische) Dimension. Erst über die Entfremdung vom mainstream der deutschen Kultur, in die er mit dem Übertritt in die Theosophische Gesellschaft geriet, kam ihm die eigene Fremde näher, wurde die marginale (und in diesem Sinne fremde) europäische »Esoterik« von ihrer Stigmatisierung befreit und zu seiner neuen Heimat. Deren randständige Position hat er allerdings nie akzeptiert: Die Hegemonie, die er seiner Weltanschauung prophezeite, sollte deren Marginalität aufheben und ihn auch in den Augen der Mehrheitskultur wieder an die Stelle rücken, an der er sich immer sah: im Zentrum.

(3.) Die Begegnung mit Fremden konstituiert nicht nur die eigene Identität, sondern setzt auch (neue) Prozesse der Identitätsbestimmung frei. Die Begegnung mit dem indischen Denken bedeutete für viele Theosophen eine Horizonterweiterung, vielleicht auch Erfahrungsvertiefung. In der initialen Zündung der Reinkarnationsvorstellung durch indische Anregungen bei Steiner ist dieser Prozeß exemplarisch greifbar. Die neue Identität der Theosophie wurde zu einer gemischtkulturellen, mit alten und mit bislang unbekannten Ingredienzen. Aber jede Aufhebung von Fremdheit in einer neuen Identität generiert zugleich eine neue Fremdheit, wie auch die Theosophen erfahren mußten. Sie gerieten in eine kulturelle Binnenfremdheit in Europa und mußten, wenn sie ihre neue Identität erhalten wollten, zur Diaspora in den europäischen Nationen werden. Der Preis der transnationalen »Brüderlichkeit« und der darin liegenden Aufhebung interkultureller Fremdheit führte die Theosophie um 1900 in das Getto innerkultureller Entfremdung.

Die xenologische Gretchenfrage lautet hinsichtlich Steiners Umgang mit fremden Kulturen, in welchem Ausmaß Fremdheit dabei möglich und zugelassen war. Auffällig ist im Vergleich mit anderen Leitfiguren der theosophischen Bewegung wie Blavatsky oder Besant, daß die Elemente vermeintlicher oder realer »indischer« Herkunft in Steiners Theosophie zunehmend und programmatisch

---

[795] Schmidt-Biggemann: Philosophia perennis; Assmann: Moses, der Ägypter.

in den Untergrund abgedrängt wurden und letztlich wohl auch weniger bedeutend waren als bei seinen Vorbildern[796]. In den ersten Jahren hat er zwar noch den Impuls dieser fremden Traditionen kenntlich gemacht, aber mit der machtpolitischen Trennung war zumindest auf der Oberfläche die weltanschauliche Scheidung verbunden, die an symbolischen Akten der damnatio memoriae wie der Eliminierung des Bezugs auf den Vedanta in der »Theosophie« augenfällig werden. Aus der positiven Projektionsfläche, die Asien für die Theosophie im 19. Jahrhundert war, sowohl für die »europäische« wie für die »asiatische« Fraktion in der Theosophischen Gesellschaft, wurde bei Steiner ein zunehmend abgedunkeltes Terrain, in dem nurmehr das Licht der europäischen Tradition leuchten sollte. Die Trennung von der Adyar-Theosophie setzte nach 1912 diese weltanschauliche Distanzierung organisatorisch um. Auf diesem Hintergrund wurde bei Steiner der Raum für eine positiv besetzte Annäherung an ein kategorial Fremdes eng. Das Postulat der »uralten Weisheit« und ihres nicht an Kulturen und Zeiten gebundenen Wissens signalisierte ein Gespür für die aufbrechenden Kulturdifferenzen, aber die theosophische Antwort lautete nicht, sie auf der Basis ihrer Verschiedenheit zu versöhnen, sondern ihre Einheit apriorisch zu unterstellen.

Die Ambivalenz von Attraktion und Bedrohung des Fremden entflechtete Steiner in einem langen und grosso modo ohne große Gesten geführten Prozeß (jedenfalls hinsichtlich der Inhalte, organisationsgeschichtlich sah manches anders aus) zugunsten einer »rosenkreuzerisch« vereindeutigten, eurozentrischen und christlich verstandenen Theosophie, die ihre universalistischen Ideale mehr und mehr auf dem Papier trug. Die Hierarchisierung von Rassen und Kulturen war nur der Überbau über deutschtümelnde Völkerstereotypen, mit denen Steiner dann im Ersten Weltkrieg die politische Entwicklung begleitete. Gegenüber vielen weitaus enger national oder nationalistisch denkenden Weltanschauungsvereinigungen im Kaiserreich[797] besaß Steiners Theosophie immer noch eine beträchtliche Weite, in der zumindest die Vision einer »universalen Brüderschaft« nicht begraben wurde und der freundschaftliche, wenn auch hierarchisierte Blick auf fremde Kulturen gewahrt blieb. Fremdes als Fremdes zu erkennen und bestehen zu lassen, war aber für Steiner nur in einem geringen Maß möglich, jedenfalls nur soweit, als der europäische Interpretationsrahmen nicht in Frage gestellt wurde.

Gegenüber dem Anspruch allerdings, mit dem die Theosophie einmal angetreten war, die Egalität aller großen »Weisheits«traditionen gegen die Hegemonie der europäischen Kultur durchzusetzen, hatte sich das ehemalige Reformziel in sein eurozentrisches Gegenteil verkehrt. Der problematischste Effekt dieser Entwicklung aber war vielleicht die zunehmende Undurchschaubarkeit des Status des Fremden: Es war in einem plakativen Universalismus verborgen, in dem

---

[796] Eine Bewertung dieses Verhältnisses ist augenblicklich nicht möglich, da Untersuchungen über das Verhältnis zwischen europäischen und asiatischen Traditionen bei fast allen Leitfiguren der Theosophie fehlen.

[797] Vgl. das Handbuch zur »Völkischen Bewegung« 1871–1918.

zunehmend europäische und schließlich deutsche Inhalte herrschten, die aber weiterhin im Mantel des Weltbürgers auftraten.

*c. Die Schaffung des neuen Menschen*

»Körper, Geist und Seele galten gleichermaßen als traumatisiert« – so beschreibt Wolfgang Krabbe den psychohistorischen Hintergrund der zur »Selbstreform« aufrufenden Lebensreformbewegungen[798]. Die Belege für dieses depressiv angehauchte Lebensgefühl sind Legion. Hugo von Hofmannsthals Konfession im berühmten Chandos-Brief aus dem Jahr 1902, die Ordnung des Lebens verloren zu haben – »mein Fall ist, in Kürze, dieser: Es ist mir völlig die Fähigkeit abhanden gekommen, über irgend etwas zusammenhängend zu denken oder zu sprechen«[799] – mag mit seinen radikalen Identitätszweifeln stellvertretend für das anthropologische Unbehagen an der Jahrhundertwende stehen. Generalisierungen verbieten sich, vermutlich fand sich diese mentale Desorientierung häufiger bei Literaten und Bohémiens als bei Naturwissenschaftlern und Ingenieuren, wohl häufiger bei Fortschrittszweiflern als bei Evolutionsbegeisterten, aber die Dekadenzphobie war sicher keine gesellschaftliche Marginalie, blickt man auf die Vielzahl der Reformprojekte: Von Freuds Psychoanalyse über die Philosophie des Übermenschen bei Nietzsche bis zum neuen Körpergefühl der Naturheil- und Freikörperkulturbewegung, vom neuen priesterlichen Menschen der christlichen Jugendbewegung über den sozialistischen Menschen jenseits der Entfremdung bis zum »reinrassigen« Volksgenossen zieht sich die Vision des »neuen Menschen«[800] – oder zumindest des verbesserten alten.

Auch Steiner arbeitete an einem neuen Subjekt, wenngleich das pathetische Schlagwort vom »neuen Menschen« bei ihm keine große Rolle spielte. Sein Buch »Theosophie« (s. o. Kap. 2) war im Kern eine Anthropologie, bildete jedoch nur das Gravitationszentrum seiner Neukonzeption des Menschen in seinem theosophischen Œuvre. Steiners anthropologische Suchbewegungen haben keine abschließend harmonisierten Bestände hinterlassen, insbesondere in den ersten Jahren nach seinem Eintritt in die Theosophische Gesellschaft dokumentieren die hektischen Umbauarbeiten – Trichotomie und Hüllenanthropologie, die Kombination mit Auravorstellungen oder die zeitweilige Addition von Kausalkörper und Ätherdoppelkörper – flüssige Vorstellungen, die aber gleichwohl archimedische Punkte besaßen. Im Vergleich zu vielen, vielleicht zu den meisten Reformprojekten seiner Zeit ging es Steiner nicht um ein ganzheitliches Ideal, um Körper, Seele und Geist, sondern bei der Abwehr »materialistischer« Menschenbilder stand der Geist im Mittelpunkt seines Interesses, nicht die Seele, und schon gar nicht der Körper[801]. Diese Interessenlage läßt sich an Steiners Frauenbild, an den Entsexualisierungstenzenden seiner Geschlechterkonstitu-

---

[798] Krabbe: Lebensreform / Selbstreform, 73.

[799] Hofmannsthal: Ein Brief [Chandos-Brief] (1902), 48.

[800] Einige der genannten Beispiele bei Küenzlen: Der Neue Mensch.

[801] Die Hochschätzung des Körpers, die etwa in der Freikörperkultur-Bewegung oder der Sexualreform einen euphorischen Ausdruck fand, schlägt sich bei Steiner und in seiner Theosophie nicht nieder. Signifikanterweise werden selbst körperbezogene Praktiken wie die Diät bei Steiner gerne in ätherische Bereiche abgelenkt: Sie helfe dem physischen Leib, »den Ätherleib aus sich herauszusto-

tion und in seinen Androgynitätsvorstellungen aufzeigen, aber auch nochmals an der weltanschaulichen Achse der theosophischen Anthropologie, der Reinkarnationslehre, ablesen: Gegen die körperliche (und damit meinte Steiner: materialistische) Vererbungslehre stellte er die »geistige Vererbung« (GA 9,72) in der Wiederverkörperung, und in der Konsequenz dieses Ansatzes deklarierte er jedes Individuum als »Wiederholung seiner selbst« und deshalb zur »eigenen Gattung« (ebd., 79). »Ungefähr« im Jahr 5700 stellte er bei einer »normalen« Entwicklung ein Ende der physischen Verkörperungen in Aussicht: »Die Frauen werden in diesem Zeitalter unfruchtbar« und »die Menschenkinder werden dann nicht mehr in der heutigen Weise geboren« (GA 196,90 [1920]). Diese Konzeption impliziert nicht nur körperdistanzierte, teilweise körperfeindliche Konsequenzen, sondern auch eine hochgezogene Individualisierungspointe: Das zur Gattung gewordene spirituelle »Ich« des Menschen sei dann wesentlicher biologischer und sozialer Bindungen ledig.

Im Karmakonzept hat diese Autonomisierung ihren zugespitzten Ausdruck gefunden, denn der von Natur und Gesellschaft an entscheidenden Stellen gelöste Mensch wird zum Erlöser seiner selbst stilisiert. Die Forderung nach Selbsterlösung, deren strukturelle Merkmale sich schon vor 1900 finden lassen, zieht sich als explizites Programm durch Steiners gesamtes theosophisches Denken. 1902 verlangte er vom antiken Mysten, daß er seine »Vollendung« »selbst übernehmen« müsse, 1909 behauptete er, seit der Erscheinung »des Christus« könne gelehrt werden, »was man die Kraft der Selbsterlösung des menschlichen Ichs nennt« (GA 109–111,100), und noch 1921 schärfte er den Priestern der Christengemeinschaft ein, daß der Mensch »in bezug auf die persönliche Sünde auf die Selbsterlösung angewiesen« sei (GA 343a,640)[802]. Die Schärfe von Steiners Position wird im Kontext der europäischen Theologiegeschichte in der Ablehnung der Vergebung von Schuld sichtbar. Barmherzigkeit war für Steiner eine Art Angst vor Autonomie. Es könne

> »vor der Auffassung der menschlichen Freiheit gar nicht der Wunsch entstehen, es solle uns irgendwelche Sünde vergeben werden … So hat es mit dem Karma durchaus seine Richtigkeit, daß uns gewissermaßen kein Heller nachgelassen wird, daß wir alles bezahlen müssen« (GA 155,182.183).

Das Theoriegebäude von Reinkarnation und Karma, in die Mysterientradition eingestellt und dadurch mit Anciennitätsprädikaten aus Europa ausgezeichnet, erweist sich aber bei näherem Hinsehen als Antwort auf Fragen der Anthropologie des 19. Jahrhunderts: Der Mensch war bei Steiner als autonomer Gestalter seines Schicksals konzipiert, gegen die Fixierung durch biologische Vorgaben, gegen die Zwangsverhältnisse sozialer Strukturen und gegen die Erlösung durch Beziehung in der christlichen Theologie. Andererseits sah er keine Probleme, sich im gegnerischen Arsenal zu bedienen und beispielsweise aus der Biologie

---

ßen« (GA 266b,120 [1910]). Zu ungezwungener oder gar lustvoller Körperlichkeit hatte Steiner nur ein gebrochenes Verhältnis.

[802] Die Einschränkung auf die »persönliche Sünde« gründet in Steiners Funktion »des Christus«, der die kosmische, »objektive« im Gegensatz zu subjektiven Erlösung betreibe (vgl. GA 155,189). Zum Selbsterlösungskomplex bei Steiner vgl. Zander: Reinkarnation und Christentum, 244–249.

evolutive Vorstellungen zu entnehmen, mit denen in Reinkarnationsverläufen Menschen ihr »Genie« ›fortentwickeln‹ sollten (GA 9,139). Daß Steiners Gegner potemkinsche Dörfer waren, haben ihm schon Zeitgenossen vorgehalten: Die Vorgaben der Biologie ließen zwischen Dispositionen und Determination Freiräume, soziale Verhältnisse waren in Politik und Gesellschaft veränderbar, wenn man sich nur hineinbegab, und der soteriologische Determinismus war ein Problem in spezifischen protestantischen Kreisen. Steiners scharfe Profilierung seines Ideals hat unter den Bestreitungen seiner Auffassungen nicht gelitten, ebensowenig unter dem hochautoritär konzipierten Lehrer-Schüler-Verhältnis, in das sich Theosophen hineinbegeben mußten, wenn sie an der verheißenen Entwicklung selbstbestimmter Persönlichkeit teilhaben wollten oder auch nicht an Steiners pantheisierenden Vorstellungen, die wie die Vielzahl der Reinkarnationen die Individualität eines Subjektes bis zur Unkenntlichkeit ausdehnten[803].

Hinter Steiners nach 1900 formuliertem Menschenbild scheint ein esoterisches, der europäischen Tradition fremdes Konzept zu stehen, insbesondere wenn man es zusammen mit dem damit symbiotisch verbundenen Karma-Konzept wahrnimmt. Doch im Innern verbergen sich europäische (und säkulare) Strukturen. In Steiners Autonomiepostulat erinnert vieles an Nietzsches »Übermenschen«, und diese Analogien könnten auf Steiners Nietzsche-Lektüren zurückgehen, die er im Gegensatz zu vielen Zeitgenossen, bei denen Nietzsche zum Stichwortgeber entschärft war, intensiv und verehrungsvoll gepflegt hatte. In seinem Nietzsche-Buch hatte er 1895 »den *Übermenschen*« als »das souveräne Individuum, das weiß, daß es nur aus seiner Natur heraus leben kann« gefeiert (GA 5,41) und ein gottloses (ebd., 46) Subjekt zum »rücksichtslosen« Akteur erkoren:

> »Die starke Persönlichkeit, die Ziele *schafft*, ist rücksichtslos in der Ausführung derselben. Die schwache Persönlichkeit dagegen führt nur aus, wozu der Wille Gottes oder die ›Stimme des Gewissens‹ oder der ›kategorische Imperativ‹ Ja sagt.« (ebd., 73)

Die damit postulierte ›vollkommene Freiheit‹ (ebd., 91) läßt sich, transformiert in ein spiritualisiertes Evolutionsprogramm, in Steiners reinkarnatorischer Anthropologie wiederfinden. Nietzsche wie Steiner stempelten zudem vermeintlich autonome Subjekte zu Schülern. Es gibt zwar keine genetische Verbindung, wohl aber eine strukturelle Analogie zwischen Nietzsches »Kloster freierer Geister«[804] und Steiners Esoterischer Schule.

In dieser Dialektik von übermenschlicher Autonomie und devoter Schülerschaft wird die Rückseite des Postulats der Selbsterlösung sichtbar: deren Bindung an die Autorität von »Meistern«. Steiner befand sich damit vor dem Ersten Weltkrieg in durchaus illustrer Gesellschaft. Der in der Esoterischen Schule erzogene Mensch erinnert insbesondere an ein zeitgleich konzipiertes Unterordnungsverhältnis, an die Psychoanalyse Sigmund Freuds (1859–1939). Die frappierenden Strukturähnlichkeiten liegen in der Bestimmung des Verhält-

---

[803] Ob Steiner einen regelrechten Pantheismus oder nur einen Panentheismus oder nur einen Hylozoismus vertrat, ist ein umstrittenes Thema; welche Individualität ein Mensch besitzt, wenn er ins Geistige eingegangen ist, läßt sich in jedem Fall kaum sagen. Systematisch führt auch die Reinkarnation zur Aufhebung von Individualität durch die Überlagerung unzählbarer Individualitäten.

[804] Treiber: Nietzsches »Kloster für freiere Geister«.

nisses von Therapeut und Patient. Der psychoanalytische Therapeut besitzt wie der theosophische Lehrer ein Wissen über eine unterbewußte respektive übersinnliche Welt, steuert dessen Verwendung und führt so den Kranken zur Heilung respektive den Schüler zur Einsicht. Sitzt der Therapeut »nur« hinter dem Patienten, für diesen unsichtbar, so bleibt der »Meister« für den Theosophen gänzlich verborgen. Daß Steiner Freuds Psychoanalyse als »Entartung« und »Materialismus« abgelehnt hat (GA 253,66.81), ändert an diesen strukturellen Gemeinsamkeiten nichts. Freud wie Steiner sind autoritative Verwalter einer prima vista verborgenen, okkulten Welt. Zumindest in Ansätzen ist inzwischen bekannt, daß diese strukturelle Parallele ein historisches Fundament besitzt: Freud kommt, insbesondere über die Lehrjahre bei Joseph Breuer (den Steiner in seinen Wiener Jahren kennengelernt hatte [GA 28,146; GA 253,66]), aus der Hypnoseforschung, die wiederum Wurzeln im Spiritismus besitzt, wo in der Frühgeschichte Ärzte und Spiritisten (aus denen dann häufig Theosophen wurden) gemeinsam an der Erforschung der verborgenen psychischen Welt saßen.

Die autoritäre Substruktion der Theosophie ist mit Steiners Autonomieanspruch, den er in der Selbsterlösungsforderung transportierte, auf intrikate und wohl unlösbare Weise verschmolzen. Die von Steiner versprochene Gleichzeitigkeit von Freiheit und Beheimatung als Antwort auf eine anthropologische »Obdachlosigkeit«, wie etwa Hofmannsthal sie beklagte, gibt es in der Theosophie nur bei vorheriger Akzeptanz von Autorität. Wie die »neuen« Theosophen in der Realität aussahen, welche psychologischen Wirkungen Steiners Anthropologie und seine Schulung hatten und unter welchen Bedingungen autoritätshörige Adepten oder freie Geister entstanden, ist noch fast unerforscht.

*d. Der Kampf um das kulturelle Gedächtnis*

Ins Zentrum der durch den Historismus ausgelösten kulturellen Verunsicherung führt Steiners kämpferische Konkurrenz gegenüber den tradierten Inhalten des kollektiven Gedächtnisses. Intensivierte Memorationsanstrengungen sind in der Regel eine Reaktion auf eine als krisenhaft erlebte Transformation des materialen Erinnerungsbestandes und seines gesellschaftlichen Interpretationsrahmens. Auch die Attraktivität seiner Theosophie gründete in der Versicherung, die Unübersichtlichkeit des neuen Wissen zu ordnen und die schwindsüchtige Vergeßlichkeit, die mit den neuen historischen Quellen bewiesen schien, durch den Zugriff auf das Weltgedächtnis zu heilen. Diese Art des »Kulturkampfes« um das kollektive Gedächtnis läßt sich aufgrund der intensiven Forschungen mit dem in den letzten Jahren gut ausgebauten geschichtswissenschaftlichen Instrumentarium an Steiners Weltanschauungskomplex analysieren[805].

Eine entscheidende Interpretationshilfe gab noch zu Steiners Lebzeiten Maurice Halbwachs (1877–1945), indem er die Memoria innerhalb des »kollektiven Bezugrahmens des Gedächtnisses« situierte[806], also ein transhistorisches Wissen

---

805 Ich stützte mich vor allem auf Halbwachs: Das Gedächtnis und seine sozialen Bedingungen ($^1$1925), auf Aleida Assmann: Erinnerungsräume, und auf die die Debatte saldierenden und weiterführenden Überlegungen von Jan Assmann: Das kulturelle Gedächtnis.

806 Halbwachs: Das Gedächtnis, 22

bestritt, indem er seine gesellschaftliche und historische Rahmung identifizierte. Das Gedächtnis einer sozialen Gruppe gilt ihm weder als objektive Abbildung historischer Sachverhalte noch als Ergebnis einer freien Zusammenstellung der Vergangenheit, sondern als Konstruktion jenseits eines deterministischen Strukturalismus oder konstruktivistischer Beliebigkeit. Dieses »habituelle Gedächtnis«[807] ist für Halbwachs veränderbar, ohne vollständig ersetzbar zu sein, historisch kontingent, aber trotzdem die Grundlage verbindlicher Orientierungen. Jan Assmann hat diesen Zusammenhang als »konnektive Struktur« expliziert, als Verbindung von Gedächtnis und kultureller Identität[808], bei der die soziale Dimension einer Gesellschaft mit ihrer Zeitdimension und die individuelle Weltanschauungskonstruktion mit der kollektiven verknüpft und so Sinn konstituiert werde.

Diese Eckdaten einer kulturellen Theorie des Gedächtnisses stehen in einem mehrpoligen Spannungsverhältnis zu Steiners Vorstellung von der Akasha-Chronik als Weltgedächtnis. Einerseits beschäftigte Halbwachs, der eine halbe Generation jünger war als Steiner und in dessen Todesjahr (1925) seine »Cadres sociaux de la mémoire« publizierte, ein auch Steiner umtreibendes Problem: die abnehmende Selbstverständlichkeit des kulturellen Erinnerungsfundus und seine damit einhergehende gruppenspezifische Aufteilung. Diese Konstellation führte zwangsläufig zur Frage, worin der memorative Konsens der Gesellschaft bestehe. Auch Steiner stellte diese Frage, doch aus einem völlig anderen Interesse heraus: Er war auf der Suche nach der »wahren«, nicht nach der kontingenten Vergangenheit. Im Gegensatz zu Steiner fällte Halbwachs deshalb auch kein Urteil über die historische Richtigkeit erinnerter Gehalte, so daß seine soziologische und Steiners epistemologische Perspektive diametral einander gegenüberstehen: Wo sich Steiners Interesse auf die historische »Wahrheit« richtete, ging es Halbwachs um die Konstruktionsbedingungen historiographischer Wahrnehmung. Sinn als Ordnungsfaktor historischer Gegenstände ist bei Steiner eine apriorische Setzung, bei Halbwachs ein posteriorisches Ergebnis. Steiners konnektive Struktur der Erinnerung war mit einem nachgerade antisoziologischen Affekt aufgeladen, er konstituierte Sinn idealistisch. Während Halbwachs und Assmann die sozialen Kon-Stituenten (im wörtlichen Sinn von *mit*bedingenden, nicht determinierenden Faktoren) des kollektiven Gedächtnisses festhalten, sah Steiner gerade hier das Einfallstor einer sinnzerstörenden, mit dem Stigma des »Materialismus« behafteten Rekonstruktion der Vergangenheit. Die Freiheit der sozialen Rahmenbedingungen erschien Steiner als Zufälligkeit einer realitätsvergessenen (Steiner würde wohl sagen: geistvergessenen) Kultur. Angesichts der Alternative zwischen einer vergänglichen, also tradierungsbedürftigen, und einer virtuell ewigen Speicherung von Wissen (traditionell in der Alternative zwischen Wachstafel und Magazin expliziert[809]), verstand Steiner die Akasha-Chronik als ein Büchermagazin, dem allerdings durch seine »geistige« Existenz ein Schicksal wie der Bibliothek von Alexandria erspart beleiben sollte.

807 Ebd. 145.
808 Assmann: Das kulturelle Gedächtnis, 16.
809 So Harald Weinrich nach Assmann: Zur Metaphorik der Erinnerung, 13.

Wenngleich Steiner also mit seiner ahistorischen Konstruktion des Weltgedächtnisses ein Prinzip unterstellte, das der kulturwissenschaftlich ermittelbaren Genese kollektiver Erinnerung diametral entgegenläuft, so korrespondieren damit jedoch keine entsprechend differenten Inhalte. Von der Genese des Kosmos über die Geschichte der Menschheit bis zu den detaillierten Angaben über einzelne Geschichtsepochen findet sich nichts, was sich nicht im Prinzip oder nachweislich in Büchern – zu allermeist des 19. Jahrhunderts – nachlesen läßt. Die Kontextualisierung etwa der Rassen- oder Atlantisvorstellungen hat gezeigt, daß das Gedächtnis der Theosophie ein normaler Fall der Erinnerung dessen ist, so Halbwachs, »was die Gesellschaft in jeder Epoche mit ihren jeweiligen Bezugsrahmen rekonstruieren kann«, und daß sie sich wie »jede Gegenwart … ihre spezifische Vergangenheit« schuf[810], die sie aber als allgemeine und invariable Weltgeschichte deklarierte. Die Akasha-Chronik war kein größeres oder tieferes Gedächtnis als das gesamtgesellschaftliche, sondern ein Subsystem mit allerdings eigenständigen Selektions- und Kanonisierungskriterien.

Die Konsequenzen von Steiners Desozialisierung des Gedächtnisses finden sich in allen Teilen seines memorativen Komplexes; letztlich könnte man die gesamte Theosophie von dem Nukleus der Gedächtniskonzeption aus einer deutenden Relecture unterziehen. Ich greife vier signifikante Komplexe heraus:

(1.) *Mythologie.* Die Differenz zum kulturrelativen Wissen markierte Steiner durch mythische Aussageformen. Versteht man mythisches Denken als eine spezifische Aussagelogik, die nicht analytisch, sondern erzählend ist, wesentlich mit metaphorischen Elementen arbeitet, oft mit spezifischen Praktiken der Weitergabe und religiös bestimmter Rezeption verknüpft ist sowie die Vergangenheit wertbezogen rekonstruiert[811], dann lassen sich zentrale Vorstellungen des erinnerten theosophischen Wissens in der Außenperspektive als Mythologeme lesen: Den Anfang der »Saturnphase« bietet Steiner in einer metaphernreichen Erzählung, nicht als kosmologische Theorie; dieser Bericht war bis 1909 inhaltlich und auch danach noch hinsichtlich seiner Letztbegründungen an die theosophischen Bedingungen der Wissenstradierung gebunden. Religiös aufgeladen war dieser Mythos, als er die Grundlage einer auf Respiritualisierung und Selbsterlösung zielenden Kosmogenese und insofern einer sinn- und wertorientierenden Weltanschauung bildete. Letztlich enthob der Mythos auch bei Steiner die Aktualität der Vergänglichkeit, dies dürfte seine entscheidende funktionale Leistung nicht nur für die theosophische Konstruktion von Erinnerung sein.

Wie in mythoskonstituierten Kulturen führte auch bei Steiner die Verbindung von der mythischen in die historische Vergangenheit über den Hiatus zwischen Ursprung und Gegenwart. Zwischen der Entstehung des Kosmos in der »Saturnphase« und den Berichten über die historische Zeit der »atlantischen« und »arischen« »Wurzelrasse« öffnet sich die Lücke einer nur sporadisch behandelten Geschichte, wie sie in jedem Mythos zwischen erzählter Ursprungszeit und er-

---

810 Halbwachs: Das Gedächtnis, 390; zweites Zitat Halbwachs, zit. nach Hölscher: Tradition und Geschichte, 115.

811 Vgl. Brisson: Einführung in die Philosophie des Mythos; zur Revitalisierung von Mythos-Konzepten Mohn: Mythostheorien.

lebter Gegenwart klafft. Der Ethnologe Jan Vansina hat diese Lücke als »floating gap« beschrieben[812], bei dem die jüngere Vergangenheit immer wieder nachgezogen wird und ältere Epochen im »gap« einer dunkel werdenden Vergangenheit versinken. Auch Steiner hat für diesen flüssigen Umgang mit den Grenzen der zeithistorischen Erinnerung eindrückliche Beispiele geliefert, mikroskopisch etwa in der Modernisierung von Luftschiffen in seiner Atlantis-Erzählung. Mythische und historische Zeit sind auch bei Steiner elastisch miteinander verbunden.

Binnen- und Außenperspektive fallen allerdings in der mythologischen Identifizierung von Kernteilen der Theosophie auseinander, da Steiner in seiner Innenansicht keinen Mythos bieten wollte. Ein erster Grund seiner antimythischen Haltung liegt in der theosophischen Geschichtssystematik, in der der Mythos als Relikt einer durch die Evolution überholten Ära galt, wie Steiner im Einklang mit der religionshistorischen Mythentheorie seiner Zeit glaubte: »Sagen und Mythen« seien Überreste »alten Hellsehens« (GA 57,412) und sollten durch »exakte Clairvoyance« (GA 215,26) überwunden sein. Daß die Forschung inzwischen die Aufhebung des Mythos in rationales Denken zu den Akten der Wissenschaftsgeschichte gelegt hat und ihn als differente Aussagenkategorie begreift[813], war für Steiner noch nicht abzusehen. Hinter dieser Entgegensetzung von Mythos und »exaktem« Wissen liegt aber noch ein weiterer Grund von Steiners Abweisung des Mythos. Er beanspruchte, objektive Berichte der Vergangenheit zu bieten, keine poetischen Aussagen. Und doch verbinden ihn an diesem Punkt tiefe strukturelle Gemeinsamkeiten mit mythischen Texten: Nur der fiktionale Überschuß der Dichtung ermöglicht es, die »Suche nach der verlorenen Zeit« mit Gewinn abzuschließen. Die Grenze zwischen der Literatur, die die kategoriale Differenz zwischen Gegenwart und Vergangenheit postuliert, und derjenigen, die die »verlorene Zeit« dem Leben wieder anverwandelt, liegt zwischen Historiographie und Belletristik[814]. In diesem existentiellen, erneut antihistoristischen Anliegen trifft sich Steiners mythologische Narration mit jeder erzählenden Literatur.

(2.) *Unmittelbarkeit und Vermittlung.* Die »Schau« der Eingeweihten unterstellte eine von keiner Interpretation verstellte Unmittelbarkeit. Schon Halbwachs hatte seine gedächtnistheoretischen Überlegungen in den »Cadres sociaux de la mémoire« mit Kritiken an einem vergleichbaren Versprechen, der Unmittelbarkeit des Traums, begonnen, den er gegen Freud nicht als Dokumentation einer Vergangenheit, sondern als deren Rekonstruktion las, die wie jede Gedächtnisleistung innerhalb sozialer Rahmenbedingungen erfolge. Halbwachs zerstörte den Unmittelbarkeitsanspruch des psychoanalytischen Skriptes, in dem den unbewußten Anteilen die Dignität der Ursprünglichkeit zugewiesen war, und ver-

---

[812] Vansina: Oral Tradition as History, 23.

[813] Wenn Aufklärung über Mythen aufklärt, indem sie deren narrative Struktur analysiert, steht sie in der Gefahr, ihren Rationalismus zum strukturellen Mythos zu machen und eine unbewußte und dem kritischen Zugriff unzugängliche Mythik zu konstruieren; so etwa die klassische Kritik bei Adorno / Horkheimer: Dialektik der Aufklärung.

[814] So Assmann: Erinnerungsräume, 408; auch der Bezug auf Proust ebd.

neinte die Hoffnung, Erinnerung von ihrer Interpretation zu (er)lösen. »Verborgene« Erinnerungen besitzen für Halbwachs ein spezifisches Profil, aber keinen kategorial eigenständigen Status. Steiner ging strukturell den gleichen Weg wie Freud. Die Akasha-Chronik galt wie der Traum als sicherer Hafen vor den Mißgriffen des reflexiven Verstandes sowohl des Patienten wie des Adepten, jedenfalls aus der Perspektive der Hellsichtigen und Analytiker. Akasha-Chronik und Traum sind in dieser Außenperspektive ununterscheidbar.

Zur Herstellung einer sozialen Wirkung der zuvorderst subjektiven Unmittelbarkeit gibt es zwei Optionen: »Repetition und Interpretation« als »funktionell äquivalente Verfahren in der Herstellung kultureller Kohärenz«[815]. Nach allem bisher Gesagten, etwa hinsichtlich des Anspruchs auf Objektivität oder Unmittelbarkeit des theosophischen Wissens, war Interpretation als kritische Umgangsform bei Steiner nicht vorgesehen, Auslegungsregeln hat er konsequenterweise nicht gegeben. Theosophisches Wissen wurde vielmehr durch wiederholtes Lesen, durch Repetition angeeignet. Hier lag ein zentraler Ansatzpunkt, den Historismus nicht nur konzeptionell, sondern auch sozial auszuhebeln. Text und Kommentar traten intentional auseinander, die Entfremdung vom ursprünglichen Wissen durch die parasitären Diskurse des Sekundären versprach Steiner aufzuheben. Die Lektüre in der Akasha-Chronik gleicht einem Spaziergang in Emile M. Ciorans Paradies, »où l'on savait tout mais où l'on expliquait rien«[816]. Der Verzicht auf Deutung – so jedenfalls die Absicht, die Praxis ließ sich damit nicht komplett regulieren – sollte zur Eindeutigkeit des Umstrittenen führen. Aber die unaufhebbare »Asymmetrie von Text und Leser«[817] wurde bei Steiner zur Hierarchie des Textes über den Leser. Mit einer Ausnahme: Steiner selbst behielt das Recht nicht nur auf Präsentation, sondern auch auf die Auslegung des Materials, wie er in der Fortschreibung bei Neuauflagen seiner Bücher oder in den stillschweigenden Revisionen in Vorträgen dokumentierte. Die antihermeneutische Stabilisierung erkaufte sich Steiner durch eine sofort einsetzende, wenn auch nicht immer sofort registrierte Veralterung des Wissens. Wenn man ständige Interpretation als Ausweg aus einer solchen Historisierung ablehnt, bleibt nur noch die autoritative Schließung der Weltanschauungsproduktion. Dies ist faktisch geschehen; spätestens nach seinem Tod wurde sein virtuell unbegrenzter Zugriff auf das Weltgedächtnis zur abgeschlossenen Offenbarung.

(3.) *Kanonisierung und Konflikt.* Da universales Wissen zur Identitätsbildung untauglich ist, war auch Steiner zu Kanonisierung und Zensur gezwungen[818]. Theoretisch sollte dieser Prozeß von allen »Eingeweihten« und Hellsichtigen gesteuert werden, doch faktisch normierte Steiner allein den weltanschaulichen Wissensbestand der deutschen Adyar-Theosophie, er wählte ihre Wissensbe-

---

815 Ders.: Das kulturelle Gedächtnis, 89. Die dritte Option einer Intertextualität als Vermittlung unterschiedlicher theosophischer Kanones oder der Theosophie mit der hegemonialen Erinnerungskultur entfällt bei Steiner, da sein theosophischer Überbietungsanspruch ein Subordinationsverhältnis postulierte.

816 Zit. nach Gladigow: Der Kommentar als Hypothek des Textes, 36.

817 Iser: Der Akt des Lesens, 257.

818 Vgl. die einleitenden Kapitel in: Kanon und Zensur.

stände aus, er überführte das unbewohnte Speichergedächtnis ins lebendige Funktionsgedächtnis[819], er aktivierte die Inhalte des abgelegten, literarischen Wissens und definierte den gegenwartsrelevanten Bestand. Einen vergleichbaren Herrschaftsanspruch erhob er auch hinsichtlich eines zweiten Kanonisierungsscharniers, des Übergangs vom kommunikativen (rezenten und oft mündlichen) in das kulturelle (verschriftete und vor allem kanonisierte) Gedächtnis[820]: Er wählte aus dem »kommunikativen«, vor allem theosophischen Wissen aus, fügte aus Literatur oder Populärwissenschaft weiteres Material hinzu und verfestigte diese Mischung vermittels »übersinnlicher« Legitimation zu einem Wissenskanon, der das kulturelle Gedächtnis der Theosophie bildete. Diese neue Norm galt nach der Trennung von der Theosophischen Gesellschaft monopolistisch und dekanonisierte ältere theosophische Autoritäten, etwa Blavatsky und Besant. Aber in der Tiefe des Konzeptes der Akasha-Chronik ging Steiner noch einen Schritt weiter. Der Totalitätsanspruch des Weltgedächtnisses negierte den Unterschied zwischen dem kommunikativen und dem kulturellen Gedächtnis: Alle Probleme dieses Übergangs und der damit verbundenen Wissensverluste und Bedeutungsveränderungen sollten beseitigt sein. Das damit entstehende unbegrenzte Gedächtnis war das Pendant zum synkretistischen Universalitätsanspruch der Theosophie.

Das Vergessen wird damit zu einem Unglück im Prozeß der Memoration. Ein konstruktives Vergessen, das die Auswahl des Wissenswerten begleitet und die aussichtslose Vollständigkeit des Bewahrens in Auswählen überführt und das die Trennung von Abfall und Sammlungswürdigem, die zuallererst den Wert des Wichtigen begründet, ermöglicht, kannte Steiner in seinem Totalitätsanspruch nicht[821]. Er akzeptierte die Wissensexplosion im Gefolge des Historismus radikal, aber nur, um sie in einer allwissenden Einheit aufzuheben. Faktisch jedoch spielte auch bei Steiner das aktive und passive Vergessen eine konstitutive Rolle: An der Behandlung seiner Gegner kann man die jede Kanonisierung begleitenden Varianten der Selektion ablesen, in der er zwischen Ignoranz (etwa gegenüber der Theologie), Relevanzverringerung (etwa der Meistervorstellung) oder machtpolitischer damnatio memoriae (wie sie nach 1912 die theosophischen Klassiker traf) changierte. Der Zwang zum Vergessen traf schließlich und unvermeidlich die Genese seiner eigenen Vorstellungen, weil hier die Selektionsprozesse als konstruktive Verfahren seiner Weltanschauungsproduktion sichtbar wurden. Daß nurmehr die jüngste Schicht des theosophischen Gedächtnisses, repräsentiert ausschließlich durch seine eigenen Schriften (und auch die nur in den Auflagen letzter Hand), die normativen Ansprüche trug, entspricht den wissenssoziologisch erhebbaren Befunden in der Entstehung anderer kanonisierter Wissensbestände[822]. Diese kanonisierende Selektion führte fast zwangsläufig zu Konflikten. Eingriffe oder Korrekturen des normierten Wissens waren zwar in

---

819 Unterscheidung nach Assmann: Erinnerungsräume, 408.

820 Unterscheidungen bei dems.: Das kulturelle Gedächtnis, 48–56.

821 Dazu: Vom Nutzen des Vergessens; zum Bewahren Assmann: Erinnerungsräume, 408 f.; zum Sammeln ebd. 12. 383 f., und Pomian: Der Ursprung des Museums.

822 Assmann: Fünf Wege zum Kanon, 15.

der theosophischen Theorie vorgesehen und sollten nach der Absolvierung des Schulungsweges möglich sein, führten aber, wo immer sie seitens der »Schüler« angestrebt wurden, zu massivsten Konflikten und im Ernstfall zum Ausschluß aus der Gesellschaft.

(4.) *Historismus.* Steiners Kampf um das kulturelle Gedächtnis war letztlich ein Versuch, Pluralisierungsprozesse des Historismus stillzustellen, wo die Präsenz der Vergangenheit und daneben (und mit abnehmender Virulenz) die Präsenz des Fremden den Kanon und die Ordnung des Wissens der europäischen Kultur ins Schwanken brachten. Jede auf Erinnerung gestützte Identität mußte unter diesen Bedingungen revidiert oder gar neu konstruiert werden. Dieses Geschäft betrieb Steiner für die Theosophie mit einem alles integrierenden, »monistischen« Anspruch. Die virtuelle Vollständigkeit der Akasha-Chronik war Steiners Antwort auf die permanente Vermehrung des Wissens. Das zweite Kernproblem des Historismus, die Relativierung jeglichen Wissens, sah er mit der Akasha-Chronik ebenfalls gelöst: Die evolutive Hierarchisierung und die Überhöhung der Theosophie zum hermeneutischen Schlüssel der Wissensinterpretation überführte relative in fest relationierte Positionen. Damit hob Steiner zwar in der Tat die durch die historische Kritik entstandene Entfremdung der Gegenwart von der Vergangenheit auf, aber um den Preis der Zerstörung eines kritischen Zugriffs auf die Geschichte. Zudem sicherte die transhistorische Thesaurierung in der Akasha-Chronik das kollektive Gedächtnis der Theosophie vor den zeit- und kulturrelativen Erinnerungskompositionen nur um den Preis ihrer Isolation vom sozialen Kontext. Die Aufhebung der Historisierung, die Steiner sich zum Ziel gesetzt hatte, blieb in ihrem antihistoristischen Affekt »okkult«: Sie war, weil nicht sein konnte was nicht sein durfte, für Theosophen schwer erkennbar.

*e. Traditionsbildung als Triebkraft gesellschaftlichen Wandels*

Die Kanonisierung von Memorabilien macht nur Sinn, wenn man bereit ist, auch ihren Fortbestand zu sichern. Steiner zog die notwendigen Konsequenzen und konstituierte eine neue Tradition. Historiographisch gerät man damit im Gegensatz zur Erinnerungsforschung auf ein nicht sonderlich dicht bearbeitetes Gelände[823]. Reinhart Koselleck hat darin eine déformation professionelle der Historiker gesehen, die vor allem Veränderung wahrnähmen[824], und Aleida Assmann in der Traditionsabstinenz der Geschichtswissenschaften eine Fernwirkung der Soziologie vermutet, die in ihrer Fortschrittsorientierung »den Begriff der Tradition in der Regel eher verworfen als erforscht« habe[825]. In den letzten Jahren ist aber die Erforschung der Tradition als spezifisch kulturelle Strukturbildung und Deutungsform in das Blickfeld der historischen Forschung gerückt[826]. Deren Ergebnisse bilden das Instrumentarium der folgenden Überlegungen.

---

823 So das Monitum bei Aleida Assmann: Zeit und Tradition, 64.

824 Vgl. Koselleck: Wie neu ist die Neuzeit?, 544 f.

825 Aleida Assmann: Zeit und Tradition, 79.

826 Die hilfreichste Veröffentlichung stammt von Aleida Assmann: Zeit und Tradition. Daneben Raulff: Quis custodiet custodes?; Assmann: Fünf Wege zum Kanon, v. a. 13–16; Dialektik. Enzyklopädische Zeitschrift für Philosophie und Wissenschaften, 1998, Heft 1: Die Idee der Tradition.

Traditionsbildung geschieht, und dies gilt nicht nur für Steiner, reaktiv auf gesellschaftlichen Wandel. Wo näherhin Veränderungen als Krise gedeutet werden, kann eine Reaktion in der Konstruktion von Kontinuität liegen, und wo sich die kulturelle Veränderung beschleunigt, wie im Historismus, steigt die Neigung, nach Sicherungen für die Beständigkeit einer nicht beliebig veränderbaren Daseinsorientierung zu suchen. Individuen wie Gruppen leben nachgerade von dem Dementi, daß Diskontinuitätserfahrungen die Existenz allein bestimmen[827]. Steiners Konstruktion einer esoterischen Weitergabe »uralter Weisheit«, sein Postulat einer Tradierungsagentur in Gestalt der geheimen Meister oder die Begründung einer eigenen Wissenstradition in der Theosophischen und später Anthroposophischen Gesellschaft sind zentrale Elemente einer Veränderungen intentional aufhebenden Traditionsgründung, für die es aber keine historiographischen Belege gibt[828]. Die Konstruktionslogik von Steiners Umgang mit Traditionen und Traditionskomponenten behandle ich auf zwei Ebenen. Zuerst benenne ich, einige in den letzten Kapiteln gewonnene Einsichten zusammenführend, stark deskriptiv fünf Elemente seiner Traditionsbildung, bevor ich in einem zweiten Schritt mit Hilfe der Traditionstheorien Warburgs und Blumenbergs die Frage nach Kontinuität und Diskontinuität im theosophischen Synkretismus stelle.

(1.) *Normierte Tradition.* Die normativen Funktionen, die mit jeder Traditionsbildung einhergehen, um die Vergangenheit der Verfügungsgewalt durch die Gegenwart zu entziehen (oder sie ihr zu unterwerfen), sind, wie im letzten Kapitel beschrieben, in Steiners Kanonisierungsversuchen manifest. In der Außenperspektive allerdings unterwarf er die Vergangenheit der Ausdeutung durch die Gegenwart, indem er seine Erzählungen über die Vergangenheit als objektive Ergebnisse seiner Hellsichtigkeit deklarierte und die Annäherungen an eine Objektivität, wie sie im Rahmen einer historisch-kritischen Methodik möglich ist, ausschlug. Insoweit sich diese Normierung mit dem faktischen Zugriffsmonopol auf das Weltgedächtnis verbindet, verkleidet diese Art der Traditionsbildung zugleich die ideenpolitischen Machtstrukturen in der Theosophischen Gesellschaft, in der »esoterisches« Wissen Herrschaftswissen par excelence war.

(2.) *Vitalisierte Tradition.* Steiner verband das Kontinuitätsmodell einer mündlichen (und in diesem Sinn lebendigen) Tradition mit dem Gleichzeitigkeitsmodell der schriftlichen Präsenz der Vergangenheit[829]. In der mündlichen Weitergabe geheimen Wissens, wie es Steiner in der esoterischen Tradition und nament-

---

Hammer: Claiming Knowledge, hat die Traditionsbildung konstruktivistisch als »Strategie« zur Herstellung von Wissen neben »science« und »experience« beschrieben. Mir geht es im folgenden wie schon in den letzten Kapiteln nicht zuletzt um die externen, von Gruppen nur schwer beherrschbaren Elemente eines weltanschaulichen Konstitutionsprozesses.

[827] Vgl. Aleida Assmann: Zeit und Tradition, 158.

[828] Die antihistoristische Vorstellung einer geheimen, im »Wesen« unveränderten Tradition ist inzwischen Längsschnittstudien über sehr komplexe Transformationsgeschichten zu einzelnen Gegenständen gewichen. Vgl. Assmann: Moses, der Ägypter; Schmidt-Biggemann: Philosophia perennis; Hornung: Das esoterische Ägypten; Zander: Geschichte der Seelenwanderung.

[829] Vgl. Assmann: Fünf Wege zum Kanon, 13f., und Aleida Assmann: Zeit und Tradition, 109.

lich in den theosophischen »Meistern« verkörpert sah, postulierte er den vitalen Strom der Arkana, während die verschrifteten Berichte aus der Akasha-Chronik die gesicherte und normierte, aber eben auch tote Tradition bildeten. Durch den dauernd möglichen Zugriff auf die Akasha-Chronik sollten auch diese Bereiche ihrer Versteinerung zu traditionalen Beständen entzogen sein, aber dies blieb schon zu Steiners Lebzeiten Programm. Steiners Absicht, Traditionsbildung jenseits der historistischen Problemfolgen zu betreiben, liegt ebenso auf der Hand wie ihr Scheitern.

(3.) *Synkretistische Tradition.* Steiner reagierte auf die unüberschaubare Wissensvermehrung im 19. Jahrhundert nicht mit selektiven, sondern mit additiven Mechanismen, da der monistische Anspruch vollständiges Wissen forderte und in dieser Gestalt zu einem Differenzkriterium gegenüber Weltanschauungskonkurrenten wurde. Diese synkretistische Traditionsbildung wurde durch den theosophischen Überbietungsanspruch und seine evolutive Ordnung des Wissens auf einer Metaebene organisiert. In der Außenperspektive strukturierte Steiner die Wissensmassen mit Hilfe einer bricolageartigen Technik, die ihre nächsten Verwandten in den seit der frühen Neuzeit benutzten eklektischen Verfahren besitzt[830]. Nicht die historisch-kritisch nachweisbare Genese, sondern die interessegeleitete Verknüpfung regulierten die kombinatorische Traditionsproduktion.

(4.) *Rehabilitierung des Ancienntätsprinzips.* Steiners Fortschrittseuphorie war nur eine Dimension seiner Traditionsdeutung und unterlegt von einer gegenläufigen Deutungsnorm, die Alter mit Wahrheit identifizierte. Damit griff er gegen eine dominierende Strömung der europäischen Aufklärung, die das Alte im Namen des Neuen respektive des Fortschritts als Veraltetes entwertete[831], auf vorneuzeitliche Traditionen zurück. Von Steiners Kosmologie, die den Materialisierungsprozeß als degressiven Vorgang begriff, bis zu seiner kulturellen Traditionskonstruktion auf Grundlage einer philosophia perennis zieht sich die Hochschätzung der Anciennität, deren Konflikt mit der Teleologie des Fortschritt durch die Behauptung gelöst wurde, daß Ursprung und Telos identisch seien.

(5.) *Traditionsstabilisierung.* Jede Tradition benötigt Maßnahmen zu ihrer Erhaltung. Habitualisierte Lebensführung auf individueller und vereinsförmige Institutionalisierung auf sozialer Ebene waren dabei zentrale Funktionen, die eine theosophische Identität erstellten und tradierungsfähig machten und zugleich den (in Steiners Augen: noch) fehlenden unmittelbaren Zugriff auf das Weltgedächtnis durch Tradition ersetzen sollten. Von der Lektüre der Schriften Steiners bis zur Feier der maurerischen Riten reichte das Angebot an kompensatorischen Angeboten, aus denen nach Steiners Tod eine tradierungsfähige anthroposophische Identität zusammengestellt wurde.

---

[830] Vgl. für das 16. Jahrhundert etwa Bodins Umgang mit Autoritäten bei Blair: The Theatre of Nature, 107–116, oder im 18. Jahrhundert die programmatische Nutzung der Eklektik für die Erweiterung und Neukonstruktion von Wissensformationen bei Sparn: Auf dem Wege zur theologischen Aufklärung, 71–77.

[831] Hazard: Die Krise des europäischen Geistes, 56–80.

Steiners antihistoristische Weltanschauungskonstruktion war mithin eine Traditionskonstruktion aus dem Geist des Historismus. Dagegen hätte er sich wohl mit allen ihm zur Verfügung stehenden Kräften gewehrt, da er in der Unmittelbarkeit des Wissenszugangs und der außerhalb der Geschichte liegenden Ordnung des Wissens die Probleme des Historismus aufgehoben sah und, dies ist hinsichtlich der Traditionskonstruktion von besonderer Bedeutung, damit die Fiktionalität des historischen Wissens dementiert glaubte. Daß aber Tradition (gleich dem Gedächtnis) einem sozialen Konstruktionsprozeß unterliegt, ist wissenssoziologisch unabweisbar. Dies muß nicht bedeuten, Tradition mit Fiktionalität zu identifizieren. Selbst die »invention of tradition«, die Eric Hobsbawm in einem inzwischen fast geflügelten Wort gerade für das 19. Jahrhundert belegt hat, meint keine Erfindung sensu strictu, sondern ihre Konstruktion auf der Grundlage oder mit Hilfe und jedenfalls über bestehenden Traditionen. In diesem Sinn ist Tradition für Hobsbawm immer auch »adaption« innerhalb einer »invention« gewesen[832]. Traditionsbildung ist fast immer Transformation von Tradition. Für die Logik dieses Prozesses lassen sich zwei Modelle heranziehen, die die Gegenstände von Tradition material oder funktional bestimmen und sich an den Vorstellungen von Aby Warburg und Hans Blumenberg exemplifizieren lassen.

Aby Warburg (1866–1929) initiierte 1927 das »Mnemosyne«-Projekt, mit dem er das Bildgedächtnis der europäischen Kultur, verankert in der Antikenrezeption der Renaissance, zu untersuchen beabsichtigte[833]. Warburg war wie Steiner mit der Vorstellung einer evolutionären Kulturentwicklung großgeworden, hatte sich jedoch nach dem Ersten Weltkrieg, nicht zuletzt unter dem Druck einer tiefen persönlichen Krise mit Schizophreniesymptomen[834], zu einem Traditionsmodell ohne Teleologie entschieden. Der hier interessierende methodologische Kern von Warburgs psychohistorischer Traditionstheorie[835] liegt in seiner Annahme, daß Bilder oder Bildelemente als fester Materialbestand weitergegeben werden. Wandel sei vor allem ein Modus der Neuinterpretation, weniger eine Invention

---

[832] Hobsbawm: Introduction: Invention of Traditions, 5.

[833] Schindler: Zwischen Empfinden und Denken, 123–165. Vgl. auch Warburgs Explikation gegenüber Wilamowitz-Moellendorff (1924), in der er nahelegte, das »Symbol« als »Funktion des sozialen Gedächtnisses [zu] begreifen, weil hier das hemmende oder treibende umschaltende Organ entsteht, das zwischen triebleidenschaftlicher Kinesis und ordnender kosmologischer Theorie das Bewusstsein und den Willen zu ausgleichender Besonnenheit als höchster Kulturmacht schafft« (zit. nach Forster: Die Hamburg-Amerika-Linie, 34). Warburg konfundierte seine Kulturtheorie mithin in einer Anthropologie, die stark biographische Züge trägt. Aus diesem psychologisierenden Ansatz heraus erklärt sich auch die Terminologie der »Pathosformeln«, die für Warburg affektbeladene und Affekte bearbeitende Bildsymbole waren. Mit dieser Kulturtheorie verband er auch ein politisches Projekt, in dem er Bildung durch Kunst im Geist von Aufklärung, letztlich im Geist des Neuhumanismus der Jahrhundertwende, propagierte (so die These von Brosius: Kunst als Denkraum) und in der sein Kosmopolitismus auch (zunehmend) als Reaktion auf den Antisemitismus zu lesen ist (Schoell-Glas: Aby Warburg und der Antisemitismus).

[834] Zu dieser Krise Warburg: Schlangenritual; dazu das wichtige Nachwort von Ulrich Raulff, S. 61–94. Zu den Krankheitssymptomen Chernow: Die Warburgs, 326. 328. 330.

[835] Vgl. zu seiner »historischen Psychologie des menschlichen Ausdrucks« etwa Warburg: Ausgewählte Schriften und Würdigungen, 185.

neuer Bildthemen. Wie Steiner und andere Zeitgenossen[836] nahm auch Warburg eine Tradition der fast dinglichen Weitergabe von Themen durch die Zeit an, brach aber die linearisierte Anordnung durch die Niederlegung klassischer Zeitgrenzen auf[837] und eliminierte die Teleologie durch eine frei kombinierende Anordnung von Bildern (etwa in Tafelentwürfen zum Mnemosyne-Atlas), die an Montagetechniken der zwanziger Jahre etwa bei Kurt Schwitters erinnern[838]. Das Konzept des späten Warburg lief damit Steiners sozialdarwinistisch eingefärbtem Kulturverständnis entgegen. Warburg steht für das klassische Modell der auf festgelegte Bild- oder Textdokumente gestützten Traditionsbildung in Europa, das kulturelle Identät an ein überliefertes »depositum«[839] und deren Lebendigkeit an den Interpretationsprozeß dieses kanonisierten Bestandes bindet.

Ein strukturell anderes Modell bietet der Philosoph Hans Blumenberg (1920–1996)[840]. Er hatte in seinen frühen Schriften die Möglichkeiten einer Reformulierung der Metaphysik diskutiert, sich aber seit den sechziger Jahren (»Die Legitimität der Neuzeit«, 1966) einem antiidealistischen Skeptizismus zugewandt, der in der »Genesis der kopernikanischen Welt« (1975) in einer schroffen Installation einer übermächtigen, jegliche humane Sinnproduktion ihrer kosmologischen Dignität entkleidenden Natur gipfelte. Allenfalls in der theologische Fragen reformulierenden »Matthäuspassion« (1988) hat Blumenberg sein Verhältnis zur Metaphysik überdacht, ohne aber von seiner Skepsis, in der sich die Person angesichts des »Absolutismus der Wirklichkeit« verflüchtigte, abzulassen. In diesem Spannungsfeld liegen seine wissenschaftsgeschichtlichen Werke, insbesondere die »Genesis der kopernikanischen Welt«, in denen Blumenberg ein Modell der Traditionsbildung inkorporierte, das er nicht systematisch explizierte, aber in einer fast »dichten« Beschreibung ausgearbeitet hat. Der Angelpunkt seiner Traditionskonstruktion ist die Unterstellung fester Fragen, nicht, wie man ihn gegen Warburg abgrenzen könnte, materialer, wie auch immer durch Interpretation neugefaßter Antworten. Blumenberg postulierte »absolute Metaphern«, die die Totalität der Wirklichkeit erschließen sollen; sie »›beantworten‹ jene vermeintlich naiven, prinzipiell unbeantwortbaren Fragen, deren Relevanz ganz einfach darin liegt, daß sie nicht eliminierbar sind, weil wir sie nicht *stellen*, sondern als

---

[836] Ein vergleichbares Modell hat seit den zwanziger Jahren ebenfalls Ernst Robert Curtius in »Europäische Literatur und lateinisches Mittelalter« entworfen, das er unter dem Eindruck des Nationalsozialismus ausgearbeitet hatte. Er postulierte eine »Kontinuität der literarischen Tradition« (S. 397) und deren »Verkettung« (ebd. 385). »Der Geist« benötige »Gehäuse« zu seinem Transport und »Formen, um zu kristallisieren« (ebd. 399). Raulff: Quis custodiet custodes?, 3, sieht »gleichsam verkapselte« »rhetorischen *Orte*«.

[837] »Antike, Mittelalter und Neuzeit als zusammenhängende Epoche«, so Warburg: Ausgewählte Schriften, 185.

[838] Forster: Die Hamburg-Amerika-Linie, 32.

[839] Vgl. dazu insbesondere die Traditionsvorstellung in der katholischen Theologie; Pieper: Über den Begriff der Tradition; Congar: La tradition et les traditions.

[840] Zum Werk Sparn: Hans Blumenbergs Herausforderung der Theologie; Wetz: Hans Blumenberg zur Einführung. Publiziertes biographisches Material fehlt weitgehend. Neben seinen kritischen Werken zur Wissensgenese hat Blumenberg sich lebenslang mit den symbolischen Formen von Erkenntnis, mit Metaphern und Mythen beschäftigt, die im folgenden materialiter unberücksichtigt bleiben.

im Daseinsgrund *gestellte* vorfinden«[841]. In der Durchführung dieser Denkfigur deutete er Kopernikus in der Frage einer adäquaten Kosmologie als Metaphysiker, der das ptolemäisch-theologische Weltbild mit der Rekonstruktion einer harmonischen Ordnung des Kosmos retten wolle, es aber verliere, weil er den Kosmos physikalisch objektiviere[842]. Die mittelalterliche Antwort sei mit der neuzeitlichen durch einen langen Transformationsprozeß verbunden, aber am Ende dieses Wandlungsprozesses stehe eben eine neue Antwort auf eine alte Frage und kein neugedeutetes altes Material. Blumenberg nennt diesen Vorgang »Umbesetzung«, die gerade darin keine Tradition im Sinne Warburgs ist[843]. Die Verlagerung von Kontinuitäten in die Bedingung der Traditionsbildung impliziert eine »dekonstruktivistische« Mentalität hinsichtlich materialer Traditionsbestände, ermöglicht aber die Beschreibung von Diskontinuitäten[844].

Setzt man Steiners Modell ins Verhältnis zu Warburgs und Blumenbergs Optionen der Traditionsbildung, so sieht Steiner wie Warburg seine Mission in der Aufgabe, Traditionen, die dem hegemonialen kulturellen Gedächtnis ganz oder ins Unbewußte entglitten seien, aufzudecken und zu bewahren. Die bei beiden aus unterschiedlichen Gründen (gleichwohl jeweils stark psychohistorisch motiviert) verborgene Tradition wird auf ein formal gleiches Ziel hin aufgegriffen: Identität sozial abzusichern. Um bei Steiner zu bleiben: Er suchte die »Wahrheit« seiner Theosophie im Mehrwert ihres Traditionsdepositum zu erweisen, gegründet in der Partizipation am Strom der esoterischen Tradition und konfirmiert durch »übersinnliche« Einsicht. Steiner bot insofern wie Warburg ein Modell der Traditionsbildung durch Weitergabe fester Wissenselemente, beanspruchte aber darüber hinaus nicht nur Fremdgewordenes neu zu deuten, sondern auch die Lücken und Fehler, unter denen die text- und realiengestütze Geschichtswissenschaft leidet, souverän zu füllen. So ungewohnt und »esoterisch« seine Techniken, historisches Wissen zu erlangen, auch scheinen, er ist nur ein Beispiel traditioneller Kontinuitätstheorie. Und dies ist er in extremer Form, weil er alle Friktionen des Traditionsprozesses zu überbrücken und alle seine Unklarheiten aufzuklären versprach. Was keines Historikers Auge je geschaut hat, sollten diejenigen sehen, die Steiners Weg verstehen und ihm folgen.

In der historisch-kritischen Außenperspektive läßt sich die behauptete Kontinuität allerdings nicht bestätigen, sie bleibt insoweit eine künstliche Tradition.

---

[841] Blumenberg: Paradigmen zu einer Metaphorologie, 19.

[842] Vgl. Blumenbergs Zusammenfassung seines Konzeptes in: Kopernikus im Selbstverständnis der Neuzeit, 364.

[843] Ders.: Die Genesis der kopernikanischen Welt, I, 162.

[844] Alternativ könnte man Thomas S. Kuhns Theorie des Paradigmenwechsel heranziehen, der, wie Blumenberg, am Wechselverhältnis zwischen einem System und seinen Elementen kulturellen Wandel untersucht, um die Logik von Entdeckungen zu erklären. Im Gegensatz zu Blumenberg postuliert Kuhn eine plötzliche Veränderung des Systems, eine »Revolution« des »Paradigma« (Kuhn: Die Struktur wissenschaftlicher Revolutionen, 104), verstanden als Ensemble »gemeinsamer Regeln und Annahmen« einer wissenschaftlichen »Gemeinschaft« (ebd. 62. 57). Das Paradigma soll kippen, wenn sich seine Erklärungsfähigkeit erschöpft hat und ein alternatives Deutungssystem zur Verfügung stehe. Weder die Plötzlichkeit noch die Radikalität eines Paradigmenwechsels – dies sind schon in den ausgedehnten Debatten um Kuhns Theorie geäußerte Kritiken – lassen sich aber auf Steiners Traditionskonstruktion gut anwenden.

Historisierungen von Mythen wie bei Platons Atlantis, unbegründete oder zumindest zweifelhafte Verknüpfungen von naturwissenschaftlichen Theorien mit kulturellen Deutungen, die Steiner im »Saturnzustand« ausbreitete, oder die Verwendung fiktionaler Texte, für die Bulwer-Lyttons Romane nur ein Beispiel sind, zahlen für ihre »Lebendigkeit« den Preis der Entfremdung von der historischen Kritik. In der Konsequenz zerstörte Steiner damit die Möglichkeit einer kontinuierlichen Tradition, weil jedes Postulat einer zwar transformierten, aber im Kern ununterbrochenen Weitergabe nur begrenzt von außen unüberprüfbare Behauptungen verträgt. Steiner näherte sich mit dieser Traditionskonstruktion einem Modell an, das zu überwinden er angetreten war, und kam zu einer Tradition mit stark diskontinuierlichen Elementen, die Blumenbergs Analysen weitaus näher steht als Warburgs Konzept.

Zur Annäherung an Steiners Relation zu Blumenberg rufe ich die Komplexität dieses Verhältnisses von Kontinuität und Bruch in Steiners Theosophie in Erinnerung, die sich am Beispiel des Einbaus der Reinkarnationslehre in Steiners Weltanschauung demonstrieren ließ: Hinter der Behauptung, unter Berufung auf Lessing eine europäische Tradition zu bieten, stand eine Initialzündung durch indische Vorstellungen, die er durch die Theosophie kennengelernt hatte, deren Konzeptionen ihrerseits wieder Kompositionen aus europäischen und indischen Vorstellungen unter europäischer Hegemonie gewesen waren. Steiners zunehmende Versuche, eine eigenständige Theosophie abzugrenzen, führten ihn allerdings zur kontrafaktischen Behauptung einer europäischen Reinkarnationstradition in seiner Theosophie. Tradition erscheint schon innertheosophisch als kombinatorische Summe mit vielen Wurzeln.

Nochmals komplexer wird die Situation, wenn man Steiners Reinkarnationskonzept in die europäische Eschatologie einstellt, in der Seelenwanderungsvorstellungen über Jahrhunderte nicht nachweisbar sind. Steiners Konstruktion von Kontinuität kann die Diskontinuitäten nur mühsam, nämlich über die Behauptung einer verborgenen Tradition, überdecken, wobei sich seine Pointe, die Behauptung einer europäischen Reinkarnationstradition in der Theosophie, als Revision eigener älterer Annahmen herausgestellt hat. Blumenbergs Konzeption der »Umbesetzung« läßt den entscheidenden Faktor der Neuformierung deutlich werden, ohne einen unüberbrückbaren Traditionsbruch postulieren zu müssen: Steiner ersetzte auf der Systemstelle der Todesbewältigung, die man mit Blumenberg als eine jener nicht »eliminierbaren« Fragen, die – im vollen Passiv – »gestellt« sind, verstehen kann, »Auferstehung« durch »Reinkarnation«, wobei er den historischen Hiatus durch Traditionskonstruktionen zu über brücken suchte.

In zentralen anthropologischen, kosmologischen, theologischen und gesellschaftspraktischen Fragen sind die Unterschiede zwischen beiden Modellen der Todesbewältigung jedoch so tiefgreifend, daß es bislang nie zu einer kulturprägenden Mischung beider Vorstellungskomplexe kam[845]. Bei Steiner kam es immerhin zu einer Komposition, in der asiatischer Ursprung und europäische Instrumentierung nurmehr schwer voneinander zu scheiden sind. Daß

---

[845] Zu den systematischen Problemen vgl. Zander: Geschichte der Seelenwanderung, 151 f.

diese Umbesetzung unter Theosophen als Kontinuitätsthese Akzeptanz fand, dürfte daran liegen, daß sie eine Antwort auf zeitgenössische eschatologische Bedürfnisse implizierte: beispielsweise in dem Anspruch, Fortschritt und Selbsterlösung denken und wissenschaftlich beweisen zu können. Dies minderte das Fremdheitspotential der Reinkarnationsvorstellung und bettete sie in etablierte Plausibilitäten und Erwartungshorizonte ein. Steiner wollte im Sinne Warburgs eine alte Vorstellung in neuer Interpretation tradieren, aber de facto bereitete er im Sinne Blumenbergs der Einsetzung eines neuen Topos den Weg, der die Umbesetzung vieler Systemstellen in der Anthropologie und letztlich im gesamten kulturellen »Haushalt« nach sich zog.

Deutet man Steiners Traditionsbildung stärker mit Blumenberg als mit Warburg, wird das innovative Potential seiner Weltanschauungskonstruktion sichtbar. An manchen Stellen wie in der Frage der Todesbewältigung baute Steiner geradezu umstürzlerisch Vorstellungen der europäischen Ideentradition um. Doch die wirklich revolutionären Konsequenzen exekutierte er wider Willen, denn Theosophie hieß für ihn wie für die Gründungsmütter der Theosophischen Gesellschaft, altes, »uraltes« Wissen zu revitalisieren. Die Konzeption der Reinkarnation mit neuzeitlichen Verlaufsmustern war genau dies nicht, eher schon kann man dies den etwa zweieinhalb Jahrtausende alten und kontinuierlich weitergegebenen indischen Vorstellungen zusprechen. Je älter Steiner wurde, um so deutlicher präsentierte er sich aber als Agent einer europäischen Tradition, so daß der systemsprengende Impuls des indischen Denkens überdeckt wurde. Nur in den ersten Jahren nach seiner theosophischen Konversion ist deutlich, in welchem Ausmaß die theosophische Weltanschauung eine Konstruktion von Tradition durch Umbesetzung war.

Letztlich war die Traditionsbehauptung in der Theosophie ein Mantel, unter dem Wandel Akzeptanz fand. Neue mentale Bedürfnisse, in der Eschatologie etwa die genannten Hoffnungen auf Fortschritt, Selbsterlösung und Empirizität, erhielten gerade in dem existentiell sensiblen Todesfrage die Dignität erprobter Erfahrung. Damit beschleunigte die neugeschaffene Tradition den Wandel, dessen Unwägbarkeiten stillzustellen sie angetreten war.

# 8. Christologie

## 8.1 Disposition, Quellen und Literatur

Mit dem Beitritt zur Theosophischen Gesellschaft wurde Steiner in die Auseinandersetzung um die Hierarchie der Religionen im theosophischen Kosmos hineingezogen, und dies war in weiten Teilen eine Debatte um die Rolle des Christentums (s. 3.2.4). Denn mit der demonstrativen Wertschätzung von nichteuropäischen, namentlich »indischen« Traditionen oder von heterodoxen Strömungen Europas durch die Theosophie war die Zuordnung zu den hegemonialen Christentumstraditionen nicht geklärt. Blavatsky hatte sich zwar kirchen- und auch christentumskritisch positioniert, aber weil in Europa praktisch alle Theosophen christlich sozialisiert waren und viele am Christentum – oft in einer »esoterischen« Interpretation – festhielten, wurde diese Debatte seit Bestehen der Theosophischen Gesellschaft leidenschaftlich geführt. Schon die hermetischen Kreise um Anna Kingsford und Edward Maitland in den 1880er Jahren (s. 3.2.4) und Annie Besants Aufwertung des Christentums im Jahrzehnt darauf (s. u. 8.4.1) hatten klargemacht, wie sehr die Zuordnung der Religionen im Fluß war. Es ist also nicht zutreffend, daß Steiner, wie er suggerierte und Anthroposophen es vielfach übernommen haben, eine »indische« Theosophie christlich erweitert oder die Dominanz indischen Denkens zurückgedrängt und der europäisch-christlichen Tradition erst den »gebührenden«, in seiner Perspektive zentralen Platz zugewiesen habe. Vielmehr traf er auf ein formiertes Diskussionsfeld, in dem Theosophen schon länger versuchten, die christliche Tradition theosophisch zu deuten und in dem er sich mit seiner Christentumsinterpretation (nur) positionieren mußte. Dies nötigte ihn, sich erstmals in seinem Leben intensiv mit dem christlichen Lehrhaus zu beschäftigen, wobei er, wie zu zeigen ist, entscheidende spirituelle Impulse den theosophischen Deutungen des Christentums verdankte. Diese Abhängigkeit hat Steiner teils verschleiert und teils geleugnet.

Deshalb besitzt auch in diesem Kapitel die Rekonstruktion der Genese von Steiners Vorstellungen einen hohen Stellenwert. Sie ermöglicht es zudem, die religionsgeschichtliche Stellung der Anthroposophie neu zu bestimmen, die auch in der wissenschaftlichen Literatur in Steiners starker Aufladung der Theosophie durch christliche Vorstellungen gesehen wird. Diese im Prinzip zutreffende Annahme ist hinsichtlich der Bedeutung des theosophischen Erbes zu prüfen. Steiner hat, wie sich herausstellen wird, christlich geprägte Vorstellungen entwickelt, die ihn nicht aus dem theosophischen Horizont herausführten, mit denen er sich aber gleichwohl von anderen Theosophen und Theosophinnen unterscheiden konnte. Seine persönliche Entwicklung wäre dabei ein eigenes Kapitel und bleibt, da ich keine Biographie schreibe, weitgehend ausgespart.

Die aufregende Dimension dieses Kapitels liegt in der Möglichkeit, die Entstehung von Steiners Christologie manchmal im Tagesrhythmus zu verfolgen und ihre Ausformulierung im Detail zu kontextualisieren, da Steiner in präzise datierbaren Vorträgen auf meist ebenso präzise identifizierbare theosophische Herausforderungen reagierte und in diesen Konflikten seine christologische Theorie entwickelte und immer wieder nachjustierte. Von besonderem Interesse sind dabei die Wendepunkte in Steiners Denken und deshalb die Erstbelege von veränderten oder neuen Aussagen. Die entscheidenden Jahre liegen zwischen 1902 und 1911, also während seiner Adaption theosophischer Vorstellungen und der beginnenden Distanzierung von der Theosophischen Gesellschaft (Abschn. 8.2). In welchem Ausmaß Steiner seine Christologie den theosophischen Anstößen und Auseinandersetzungen verdankte, macht schon die Chronologie deutlich: Vor 1900 sind Hinweise auf Christus marginal, und mit der Verselbständigung der Anthroposophischen Gesellschaft im Jahr 1913 endete bis auf kleine Nachträge auch die Konstruktion respektive Weiterbildung seiner Christologie.

Die Christologie verknüpfte Steiner netzartig mit fast allen Themenbereichen seines Vorstellungsgebäudes; man könnte seine Weltanschauung aus der Sicht ihrer christologischen Elemente schreiben. Ich beschränke mich aber in diesem Kapitel auf die Analyse weniger Felder, wobei es neben den historischen Dimensionen um einige Fragen geht, die im Zusammenhang mit der klassischen (theologischen) Enzyklopädie christologischer Themen stehen (Abschn. 8.3).

Steiners christologische Äußerungen sind großenteils in der Gesamtausgabe veröffentlicht. Das Material entstammt fast ausschließlich Vorträgen, deren gedruckter Text insbesondere bei den frühen Äußerungen – wie bei allen Stenogrammen aus dieser Zeit – vom gesprochenen Wort abweicht. Wieweit im Druck nachträgliche Veränderungen vorgenommen wurden, ist schwer zu sagen; zumindest ist auch hier der Begriff »Theosophie« nach 1913 teilweise durch »Anthroposophie« ersetzt worden. Einige Vortragsreihen befassen sich fast ausschließlich mit christologischen Fragen, doch fehlen christologische Aussagen in kaum einem Zyklus vor dem Ersten Weltkrieg. Darüber hinaus liegt als Monographie Steiners »Christentum als mystische Thatsache« von 1902 vor, die allerdings auch aus einer Vortragsreihe entstanden ist, wobei die Gesamtausgabe die einschneidend überarbeitete Ausgabe von 1910 bietet (GA 8) (s. u. 8.2.6). Daneben ist nur noch eine kurze Fassung seiner Theoriebildung mit dem Stand August 1911 von Steiner monographisch zum Druck gegeben worden (»Die geistige Führung des Menschen und der Menschheit«, GA 15). Die hinter Steiners Aussagen stehenden Quellen und Kontexte muß man detektivisch ermitteln, die theologische Literatur seiner Bibliothek ist nur teilweise veröffentlicht[1].

Die Sekundärliteratur besteht anthroposophischerseits weitgehend aus einer reichhaltigen Erbauungsliteratur und aus Wiedergaben der Positionen Steiners[2]; historisch-kritische Arbeiten fehlen fast ganz. Historiographisch wichtig ist vor allem eine kleine Arbeit von Christoph Lindenberg, der 1970 die inhaltlichen

---

[1] Hoffmann: Verzeichnis der Literatur zu den Themen »Leben Jesu« und »Moderne Evangelienkritik«, 42–45. Von den 708 Titeln in der Rubrik Theologie hat Hoffmann 64 Titel diesen beiden Segmenten der historisch-kritischen Forschung zugewiesen.

[2] Vgl. exemplarisch die Auslegung des Neuen Testaments von Emil Bock (1895–1959): »Das Evangelium«.

Differenzen in unterschiedlichen Perioden Steiners in der Christologie benannt hat und dafür massive Kritik von Anthroposophen einstecken mußte[3]. Die Konsequenz einer theosophischen Kontextualisierung der Christologie Steiners hat er allerdings weder hier noch in späteren Veröffentlichungen gezogen[4].

Aus der wissenschaftlichen Literatur ragen zwei Arbeiten heraus. Die Pionierarbeit zur Christologie, die zugleich eine Pionierarbeit der Erforschung der Anthroposophie ist, hat der lutherische Theologe Klaus von Stieglitz 1955 mit seiner Dissertation »Die Christosophie Rudolf Steiners« vorgelegt[5]. Sein Hauptinteresse lag auf einer systematischen Rekonstruktion der (von ihm »Christosophie« genannten) Christologie Steiners: ein beeindruckender Versuch, auf breiter Materialbasis Steiners Aussagen zu systematisieren[6]. Allerdings hat er die historischen Kontexte in unterschiedlichem Maß und oft unzureichend berücksichtigt. Angesichts völlig fehlender Forschungen und schwer zugänglicher Quellen war

[3] Lindenberg: Individualismus und offenbare Religion (1970), bes. 49–53. Bei der Neuauflage dieses Buchs brachen 1995 die inneranthroposophischen Polemiken erneut auf. Ammon Reuveni, Redaktionsmitglied der Mitgliederzeitschrift der Anthroposophischen Gesellschaft, »Das Goetheanum«, kritisierte Lindenberg überaus scharf in seinem Artikel »Scheinwissenschaftlichkeit und Dogmatismus«. Er legte den Finger in die offene Wunde des anthroposophischen Selbstverständnisses, auf das Verhältnis von historischer und hellseherischer Methode. Reuveni forderte, getreu Steiners Intentionen den historischen (»äußeren«) Fakten »eine *untergeordnete Stelle*« gegenüber hellseherischen Einsichten zuzubilligen (S. 126). Demgegenüber biete Lindenberg nur einen »Dogmatismus der Äußerlichkeit« (S. 130), er geriere sich geradezu als »*unfehlbare* anthroposophische Autorität« (S. 131). Auch wenn sich Reuveni damit (m. E. zu Recht) auf Steiners theosophisches Selbstverständnis berufen konnte, war damit sowohl in der Diktion wie hinsichtlich der Behauptung, Steiner habe sich nicht gewandelt (S. 128), der Bogen überspannt. Nach der Kritik forschungsoffener Anthroposophen (vgl. Röschert in: Die Drei, 6/1995, Beiheft) stürzte 1996 die Redaktion des »Goetheanum« (vgl. dort 74/1995–96, 562) über diesen Versuch, die Steiner-Exegese vor der historischen Kritik abzuschotten.

[4] Vgl. Lindenberg: Steiner (Biographie), I, 443–463; allerdings hat Lindenberg die Veränderungen in Steiners Christologie benannt, ebd., I, 451. 453. 455 f.

[5] Stieglitz: Christosophie; er nennt auch fast vollständig die ältere Literatur, S. 325–345. Insbesondere im »zweiten Hauptteil«, in dem von Stieglitz einzelne Elemente der Christusvorstellung Steiners vorstellt, ist seine Arbeit unersetzt. Allein die Benutzung ist mühsam, da von Stieglitz die Gesamtausgabe der Werke Steiners, die seit 1955/56 erschien, noch nicht benutzten konnte. – Ein Vergleich mit wichtigen Loci der Theologie bei Wehrhahn: Die Christologie Rudolf Steiners.
Eine Auseinandersetzung mit Stieglitz aus einer anthroposophischen Position bei Hecky: Verständigung über das Geheimnis des Menschen, 204–211. Er kritisiert scharf, daß Stieglitz Steiner durch eine theologische Brille interpretiert und ein »statisches und schematisches Denken« (S. 211) an den Tag gelegt habe; Hecky hält »von Stieglitz' Bücher für dialoghemmend« (ebd.). Ob dies so stimmt, ist hier nicht zu diskutieren; die historiographische Pionierarbeit und deren Konsequenzen für die Theologie sind damit aber massiv unterbewertet. Darüber hinaus halte ich von Stieglitz' Schrift »Einladung zur Freiheit«, für eine der kenntnisreichsten Arbeiten im Umfeld von Steiners Christologie. Er erhebt allerdings darin keinen Anspruch auf historisch-kritische Analytik.

[6] Eine systematische Konzeption hat Steiner nie vorgelegt. Die anthroposophischen Versuche, diese Lücke zu schließen, sind durchweg unbefriedigend, weil sie Steiners implizite Ausgrenzung älterer Positionen, wie er sie etwa 1910 in der Überarbeitung des »Christentums als mystischer Thatsache« manifest werden ließ, übernahmen. Eine Hermeneutik, unterschiedliche Phasen und Geltungsansprüche in Steiners Theoriebildung in Relation zu setzen, gibt es bis heute nicht. Die stringente Systematisierung des Steinerschen Konvoluts scheitert – soviel im Vorgriff auf die folgenden Untersuchungen – an den fehlenden hermeneutischen Voraussetzungen bei Steiner, der keine Handhabe zur Ordnung des heterogenen Materials anbot. Er hat beispielsweise situationsbedingte Aussagen weder relativiert noch gar annulliert.

eine solche Arbeit in den fünfziger Jahren aber auch kaum zu leisten. Steiners Biographie und die exegetischen Diskussionen der Jahre um 1900 hat er hingegen einbezogen, doch fehlt die entscheidende theosophische Debatte weitgehend, und damit ein zentraler Referenzhorizont Steiners[7]. Diese Lücke schloß 2001 der lutherische Theologe Werner Thiede, als er bei einer Untersuchung über die Vorstellung des »kosmischen Christus« entdeckte, daß dieser Begriff vermutlich von Annie Besant geprägt wurde[8]. In diesem Zusammenhang hat er auch erstmals und minutiös die Entstehung von Steiners Christologie im theosophischen Kontext nachgewiesen[9]. Thiedes Buch ist deshalb die Grundlage einer jeder historiographischen Analyse von Steiners Christologie. Seine und von Stieglitz' Überlegungen zum Verhältnis von Steiners Vorstellungen zu den kirchlichen Deutungstraditionen greife ich allerdings nicht auf (etwa zur Pneumatologie, Trinitätsthematik, Pantheismusfrage, zu Soteriologie und Selbsterlösung, zum Verhältnis von Altem und Neuem Testament oder zur Angelologie / Dämonologie)[10], so daß stärker als in anderen Kapiteln Themenbereiche fehlen oder nur kursorisch behandelt sind. Im Zentrum steht bei mir vielmehr die historische Genese von Steiners Christologie im Rahmen der Auseinandersetzungen in der Theosophischen Gesellschaft. Dabei werte ich gegenüber Thiede einige biographische Entwicklungen Steiners (namentlich sein »Gestanden-Haben« vor dem Ereignis von Golgatha) neu und intensiviere die Kontextualisierungen, insbesondere hinsichtlich der Theosophie (Abschn. 8.4).

## 8.2 Genese und Konzeptionen von Steiners Christus-Vorstellung

### *8.2.1 Biographische und methodische Vorbemerkungen*

Für viele Anthroposophen beginnt Steiners Beschäftigung mit theologischen Themen im Elternhaus. Ich halte diese Deutung letztlich für unzutreffend: In

---

[7] So war ihm die Erstauflage des »Christentums als mystische Thatsache« nur in der französischen Übersetzung Edouard Schurés zugänglich (Stieglitz: Christosophie, 265). Ein weiteres historiographisches Problem ergibt sich aus Stieglitzens Interesse am anthroposophisch-christlichen Dialog. In seinem irenischen Ansatz deckt er zwar viele Widersprüche Steiners auf (z. B. ebd., 56. 92. 104. 281. 282), aber er meidet die Konsequenz, daß es sich um nicht harmonisierbare Aussagen handelt.

[8] Thiede: Wer ist der kosmische Christus?, 129–148.

[9] Ebd., 155–313. Meine Analysen der Geschichte von Steiners Christologie waren beim Erscheinen von Thiedes Arbeit abgeschlossen. Die von Thiede herausgearbeitete Bedeutung von Besants »Esoterischem Christentum« war mir allerdings nicht so klar. Ob allerdings wiederum dieses Buch zentral war, wie Thiede vermutet, möchte ich nicht leichthin bestätigen. Es spricht viel dafür, hinter Steiners zeitweilig fehlenden Bezügen auf dieses Werk eine Distanzierung von Besant zu sehen, aber wieweit dies Steiners tiefe Betroffenheit verdeckt (so Thiede) oder doch nur eine begrenzte Bedeutung für Steiner dokumentiert, vermag ich nicht zu entscheiden. Eine Analyse der Bedeutung dieses Buches fehlt sowohl hinsichtlich der historischen wie der weltanschaulichen Fragen.

[10] Auch Klaus Bannach hat in »Anthroposophie und Christentum« eine theologisch höchst anspruchsvolle Auseinandersetzung mit Steiners Vorstellungen vorgelegt, die allerdings in ihrer historischen Kontextualisierung (S. 430–454) schwach ist (s. 9.4.2); vgl. zu den zentralen Fragen der Christologie S. 443–446. Zur Trinitätslehre s. u. 8.2.5; zur Pantheismusfrage s. 7.6.2; 7.3; zur Selbsterlösung s. 18.2.3; zum Verhältnis von Altem und Neuem Testament s. u. 8.3.2b.

diesem allenfalls traditional katholischen und stark freigeistigen Milieu spielten religiöse Fragen wohl allenfalls eine Nebenrolle[11]. Auch als Goethe-Herausgeber und in seinen Werken aus 1880er/90er Jahren blieben Themen des Christentums ephemer. Steiners innere Bindung an das Christentum begann erst mit dem Eintritt in die Theosophie nach 1900.

Doch selbst eine auf die theosophische Phase beschränkte Geschichte der Christusvorstellung Steiners gehört zu den schwierigen Kapiteln seines Weltanschauungskomplexes. Die Probleme beginnen bei der breiten und gleichzeitig komplexen Quellenlage. Er hat sich in Vorträgen seit 1902 unentwegt zu christologischen Fragen geäußert, insbesondere, wie gesagt, bis zum Ersten Weltkrieg, doch tauchen christologische Fragen in den gleichzeitig erschienenen Monographien zu den klassischen theosophischen Themen, also in der »Theosophie«, in »Wie erlangt man Erkenntnisse der höheren Welten«, in »Aus der Akasha-Chronik« oder in der »Geheimwissenschaft« nur marginal auf. Dieser Befund läßt sich als Versuch deuten, Theosophisches und Christliches zu trennen. Doch da Steiner bis zu den Konflikten mit Besant dafür keinen Bedarf erkennen läßt, scheinen mir andere Begründungen plausibler: Zum einen waren in den theosophischen Vorlagen für diese Themenfelder Fragen des Christentums nicht thematisiert, zum anderen mußte sich Steiner seine christologischen Vorstellungen erst mühsam erarbeiten, und er tat es »anlassgebunden« so von Stieglitz[12], ohne, wie sich zeigen wird, ein systematisches Programm. Gleichzeitig fehlten die kanonisierten theosophischen Vorlagen, wie er sie in den Publikationen zur Kosmologie und Anthropologie vorfand. Die theosophische Christologie war zwar ein intensiv diskutiertes und umstrittenes Feld, aber weniger durch »autoritative« Publikationen abgedeckt. In diesem Diskursfeld hat Steiner seine christologischen Vorstellungen immer wieder umgeschrieben, ergänzt, abgeändert, Teile eliminiert, alles durchweg stillschweigend, und er hat wesentliche Veränderungen geleugnet[13]. Eine Christologie Steiners gibt es deshalb nur in historischen Momentaufnahmen.

Zu der theosophischen Literatur kamen die Fragen, die Theologen und theologisch interessierte Theosophen an ihn herantrugen und denen er nicht ausweichen konnte[14]. Dabei ging es um die Einzigartigkeit Jesu Christi, um das Verhältnis von dessen personaler oder kosmischer Konstitution oder um die Bedeutung des Kreuzestodes. Damit waren klassische Fragen der theologischen Anthropolo-

---

[11] Diese Behauptungen wären in einer biographischen Untersuchung zu erhärten. Auf eine katholische Prägung seiner Kindheit und Jugend gibt es keine Hinweise, und ohnehin wäre man dann noch nicht bei Kenntnissen der Fragen und Methoden reflexiver Theologie. In der Beschäftigung mit Goethe entwickelte er in den 1880er Jahren zwar eine idealistische Religiosität, aber für eine Beschäftigung mit christologischen Fragen gibt es keine Indizien. Auch im Wiener Kreis um Laurenz Müllner dürfte es mehr um philosophische und literarische als um theologische Fragen gegangen sein. Nach seiner atheistischen Lebenskrise in den 1890er Jahren interessierte sich dann Steiner nur noch religionskritisch für theologische Fragen.

[12] S. u. Anm. 282.

[13] S. u. Anm. 110. Anthroposophen haben Steiners Kontinuitätspostulat gerne übernommen. Für Elisabeth Vreede etwa »vollendet« Steiner »bis zuletzt, was er im fünfundzwanzigsten Lebensjahr angekündigt hat«; Vreede: Die Bodhisattvafrage, 66.

[14] S. u. Anm. 49.

gie, Pneumatologie oder Soteriologie aufgeworfen, die einen der am intensivsten diskutierten Bereiche der europäischen Ideengeschichte bilden. Diese Konfrontation mit theologischen Diskurstraditionen klingt nach Fremdbestimmung durch ein für Steiners Denken inadäquates System, doch ist die Sache komplizierter. Steiner hat diese Systemstellen der theologischen Tradition zunehmend selber thematisiert, möglicherweise auch aufgrund der Lektüre theologischer Literatur, vielleicht auch, weil sich viele Fragen der Christologie (wie die gerade genannten) aus den biblischen Texten ergeben. Zudem haben sowohl Anthroposophen als auch Theologen versucht, Steiner im Rahmen dieses klassischen Fragenrasters zu verstehen und zu analysieren. Je nach Perspektive kann dabei Steiners Eigenständigkeit oder seine Übereinstimmung im Verhältnis zu den christlichen Traditionen hervortreten. Das interpretatorische Problem gründet dabei in einem Befund, der im Verlauf der folgenden Darstellung en détail sichtbar werden wird: Steiner war im systematischen Fragen unbedarft und besaß über die theologisch-dogmatische Literatur am Beginn des Jahrhunderts oft keine Kenntnisse. Er hat sich zwar, wie die umfangreiche Literatur zur Bibelforschung um 1900 in seiner Bibliothek belegt[15], mit derartigen Fragen beschäftigt, aber häufig auf populäre Literatur zurückgegriffen, namentlich hinsichtlich altphilologischer Sprachkenntnisse oder der methodischen Probleme der historischen Kritik blieb er ein theologischer Laie. Seine Positionen hat er ohne strukturiertes Wissen, ohne ein systematisches Konzept und ohne theologische Kenntnisse immer wieder nachjustiert. Dies schmälert seine Anstrengungen nicht, relativiert aber die systematische Belastbarkeit seiner Aussagen.

Jegliche Periodisierung der Christologie ist angesichts von Steiners kontinuierlichen Fortschreibungen ein pragmatisches Unterfangen. Man kann die Veränderung der Beziehung zu Annie Besant, etwa die Trennung der Esoterischen Schule 1907 oder die Eskalation der Konflikte durch die Inthronisation des Weltenlehrers Krishnamurti seit 1909 zu Umbruchstellen definieren, aber die Konfliktdynamik zwischen Steiner und Besant besitzt mit diesen Zeitpunkten nur äußerliche Zäsuren. Die innere Entwicklung der Christologie Steiners läuft diesen symbolischen Schnittstellen teilweise voraus (vor allem die Christologisierung seit 1906 scheint mir einschneidend), teilweise folgt sie ihnen nach (etwa in der Zuspitzung der Auseinandersetzungen nach 1909).

### *8.2.2 Der Ausgangspunkt: »Das Christentum als mystische Thatsache« (1902)*

»Das Christentum als mystische Thatsache«[16] war Steiners Einstieg in christentumskulturelle Fragen. Er hat es immer wieder als maßgebliches Werk[17] und 1912 als Programmschrift bezeichnet, die er »im einzelnen ausgebaut« habe (GA 139,202). Dieser »Ausbau«, der oft ein tiefgreifender Umbau war, ist ein Gegen-

---

[15] Hoffmann: Verzeichnis der Literatur.

[16] Alle Zitate aus dem Jahr 1902 werden mit GA 8 nachgewiesen, sofern sie heute dort noch stehen; später veränderte Stellen sind nach der Erstausgabe zitiert.

[17] Z. B. 1910 (GA 123[7],165); weitere Nachweise bei Stieglitz: Christosophie, 279.

stand der folgenden Untersuchungen. Werkhistorisch schließt das Buch an »Die Mystik im Aufgange des neuzeitlichen Geisteslebens« vom Herbst 1901 an (GA 7), in dem er europäische »Mystiker« der Neuzeit in 27 Vorträgen zu den Angelpunkten der europäischen Geistesgeschichte stilisiert hatte (s. 7.2). Die genuin christliche Geschichte und Theologie spielten hier keine Rolle.

Auch »Das Christentum als mystische Thatsache« war eine sekundäre Monographie, entstanden aus einer Reihe von 24 Vorträgen, die er zwischen dem 19. Oktober 1901 und dem 26. April 1902 in der theosophischen Bibliothek der Brockdorffs hielt[18]. Mitte Juni dürfte er die Ausarbeitung fertiggestellt haben (GA 39,411), im September 1902 erschien die Buchausgabe[19]. Der Umarbeitungsprozeß mit offenbar tiefgreifenden Veränderungen in der ersten Jahreshälfte 1902 ist aufgrund der unveröffentlichten Vortragsmitschriften augenblicklich nicht nachvollziehbar[20]. Das Buch entstand zu einer Zeit, als sich Steiner noch jenseits öffentlicher Aufmerksamkeit in die Nähe der Theosophischen Gesellschaft bewegte. Erst im Oktober 1902 wurde er Mitglied und Generalsekretär der deutschen Sektion und trat Besants Esoterischer Schule bei. Das »Christentum als mystische Thatsache« ist das Werk einer biographisch zentralen Übergangsphase.

Im Titel thematisierte Steiner zwei für ihn 1902 wichtige Aspekte seiner Christentumsinterpretation. »Der Zusatz ›als mystische Tatsache‹ will *ganz* ernst genommen werden«, schrieb er am 2. Oktober 1902 seinem Freund Kirchbach, den er vom Giordano Bruno-Bund her kannte, wobei »mystisch« als »Erkenntnis-Gesinnung« (GA 39,422) im Sinn einer philosophischen, erkenntnistheoretisch ausgerichteten Religion zu verstehen war: »Ich brauchte, um das zu verstehen, was ich unter der ›höheren Erkenntnis‹ verstehe, ein Wort, und griff zu Mystik« (ebd., 420). Offenbar betrachtete er Erkenntnis und Mystik als weitgehend dekkungsgleich (ebd., 420f.) und benutzte den Begriff Mystik wohl auch aus Verlegenheit. Bei der »Thatsache«, dem zweiten Zentralbegriff des Titels[21], dachte Steiner an die (naturwissenschaftliche) Faktizität der übersinnlichen Einsicht und Welt (vgl. GA 8,119f.). Zumindest im Hintergrund dürfte der Titel auch eine Affirmation des historischen Jesus, dessen Existenz am Beginn des 20. Jahrhunderts bestritten oder stark relativiert wurde, ausdrücken.

---

[18] Schmidt: Vortragswerk, 21–29.

[19] Lindenberg: Steiner (Chronik), 194; als genauen Erscheinungstermin vermutet Lindenberg den 10. September 1902 (ebd., 199). Am 2. Oktober sandte Steiner schon ein Exemplar an Hübbe-Schleiden; Steiner: Briefe (1953/1955), II, 306.

[20] Das Verhältnis der 24 Vorträge zur Buchausgabe, die keine Vortrags-Gliederung sichtbar werden läßt, ist völlig unklar. Es scheint, als seien nicht alle Referate in die Buchausgabe übernommen worden. Lindenberg: Steiner (Biographie), I, 325, der die Mitschriften offenbar gesehen hat, deutet tiefgreifende Veränderungen dunkel an: Das »spätere Konzept« des Buches habe Steiner bei den Vorträgen »noch nicht vor Augen« gestanden. Steiners Äußerung vom 10. Juni 1902, daß es bei der Erstellung des Buches »darauf an[kam], mir Zeit zu lassen« (GA 39,411), bestätigt diese Einschätzung.

[21] Möglicherweise liegen Quellen dieser Begriffsverwendung in der in der Ritschl-Schule. Allerdings hatte der Begriff seit der Debatte um das Leben Jesu am Ende des 19. Jahrhunderts seine Unschuld verloren, nachdem man den hohen Deutungsgehalt der biblischen Texte realisiert hatte.

Steiner zeichnete in seinem christentumskundlichen Erstlingswerk ein Bild Jesu, das er im Laufe der Jahre stark veränderte[22]. So fehlte Jesus oder Christus in der ersten Hälfte des Buches, in dem es um die vorchristliche »Mysterienweisheit« geht. Steiner beschäftigte sich vielmehr, ganz auf der Linie seiner »Mystik«, mit den antiken Mysterien im allgemeinen, nicht aber mit den christlichen. Erst in der zweiten Hälfte – in der Vortragsreihe mutmaßlich ungefähr zu Beginn des Jahres 1902 – kam Steiner auf Jesus zu sprechen (GA 8,102). Doch das Prädikat »Christus« spielte in dem gesamten Werk nur eine marginale Rolle und kam, wie in der »Mystik«, vornehmlich in Fremdzitaten vor[23]. Steiner besaß zu diesem Zeitpunkt noch keine auf eine *historische* »Thatsache« bezogene Christologie. Viellmehr war sein Christusverständnis spirituell, wie er Hübbe-Schleiden am 19. August 1902, wenige Tage vor der Veröffentlichung des »Christentums als mystischer Thatsache«, schrieb: Der »Christus in uns« sei eine »Entwicklung, die aus dem ›Heiligen Geist‹ (der Christus-Schöpferin) in uns hervorgeht«[24]. »Der Christus« war 1902 eine ahistorische Größe und stand jenseits der positiven Religionen, wie eine Anspielung auf die Isis an der gleichen Stelle deutlich macht. Dies war ein theosophisches Konzept.

Folglich fehlten wichtige Dimensionen einer christologischen Deutungsebene. Jesus erschien als einer von vielen Eingeweihten in die Mysterienkulte. Steiners entscheidende Quelle dafür war Edouard Schurés Buch »Die großen Eingeweihten«, dessen »glänzende Darstellung des Geistes der eleusinischen Mysterien« er 1902 pries (GA 8,96) und dessen Zustimmung zu seinen Thesen er noch 1910 ausdrücklich erwähnte (ebd., 9). Jesus stellte er auf die gleiche Stufe wie alle Eingeweihten, der damit, wie viele vor ihm, »eine Stufe der Initiation« betrete[25]. Sterben und Auferstehen waren 1902 in diesem Kontext als Stufen einer Einweihung konzipiert, also in ihrem historischen Gehalt irrelevant. Die Geschichte Jesu spielte dabei keine Rolle, als historisches Gelenkstück zwischen antiken Mysterien und Christentum galten Steiner die Essener (ebd., 146.148).

Daneben postulierte Steiner unter Berufung auf Rudolf Seydel (1835–1892), der außerordentlicher Professor für Philosophie in Leizpig war und eine Beeinflussung des Christentums durch den Buddhismus vertrat[26], einen »Parallelis-

---

[22] Eine Zusammenstellung der Veränderungen unten, 8.2.6

[23] Z.B. Steiner: Das Christentum als mystischen Thatsache ([1]1902), 52. 88. 106f. (= GA 8,67.109.131f.). Fast alle »christologischen« Stellen in der heutigen GA sind Einfügungen aus dem Jahr 1910, z.B. alle Belege in GA 8,107, mit Ausnahme der Bezeichnung des auferstandenen Jesus als Christus ([1]1902,86). Eine weitere Ausnahme findet sich in der parataktischen Gleichsetzung »Logos, Christus« ([1]1902,132 = GA 8,162).

[24] Steiner: Briefe (1953/1955), II, 278.

[25] Steiner: Das Christentum als mystische Thatsache ([1]1902), 86. 1902 sprach Steiner konsequenterweise von »den Initiierten«, die derartige Erfahrungen machten (ebd., 86), 1910 bezog er diese Aussage auf »den Initiieren« Christus (GA 8,107). 1910 hieß es signifikanterweise, Jesus betrete »eine Stufe, *die in einem höheren Grade* der Initiation *ihren Ausdruck findet*« (ebd.; Veränderungen von 1910 von mir kursiv). Damit war Jesus über die anderen Eingeweihten hinausgehoben. Außerdem fügte Steiner 1910 hinzu, daß Jesus »der durch die Innewohnung der Christenwesenheit Eingeweihte« sei (ebd., 106).

[26] Seydel: Das Evangelium Jesu in seinen Verhältnissen zur Buddha-Sage. Steiner hat anscheinend eine (noch stärker popularisierende?) Kurzfassung (Buddha und Christus, Breslau 1883) benutzt (GA 8,186); vgl. Schweitzer: Leben-Jesu-Forschung, 334f. Die buddhistischen Einflüsse sind heute

mus« (GA 8,102) zwischen den Viten Buddhas und Jesu. Allerdings enthalte »das Jesus-Leben … mehr als das Buddha-Leben« (ebd., 106), indem »Jesus« in Sterben und Auferstehen den »Allgeist« nochmals »in menschlicher Gestalt in das gegenwärtige Dasein« erweckt habe, während Buddha im Allgeist »zerfließt«[27]. Damit fällte Steiner ein Urteil in einer damals intensiv diskutierten Frage und charakterisierte das Christentum als personalistisch, während er den Buddhismus mit seiner Anatta-Lehre pantheistisch deutete. Zugleich relativierte er damit die theosophische Hochschätzung des Buddhismus, ohne aber Jesus zum Fluchtpunkt der Religionsgeschichte zu erklären.

Eine wesentliche Leistung Jesu bestand für Steiner in der öffentlichen Präsentation des geheimen Mysterienwissens: »Was sich also für die alten Mysterienkulte im Innern der Mysterientempel abgespielt hat, das ist durch das Christentum als eine weltgeschichtliche Thatsache aufgefaßt worden.« (GA 8,107) Die zentralen Inhalte der Mysterien seien damit auf das Christentum übergegangen: »Fortan gab es keine mystischen Methoden mehr für diejenigen, die zur Christengemeinde gehörten; sondern die Überzeugung, daß in dem gegenwärtig gewesenen Worte das Göttliche gegeben sei.«[28] Jesus kam es also Steiner zufolge »gar nicht auf die äußeren Einweihungsprozesse an. … In den Mysterien wurde durch geheimnisvolle symbolische Prozeduren die Überzeugung der Unsterblichkeit hervorgerufen. Da wurden ›selig, die schauten‹; aber Jesus wollte *alle* selig machen; dazu war notwendig, daß ›glauben auch die, welchen nicht schauen‹.«[29] Steiner sah im Christentum offenbar eine Internalisierung der Rituale von Mysterienkulten und zudem im »Glauben« eine Krücke für diejenigen, die nicht die Schau (die auch das wichtige Ziel seiner eigenen Theosophie war) erreichten.

Jesus selbst sei »vergottet« gewesen, aber das habe er mit »der von ihm gestifteten Gemeinschaft« geteilt. »Was in Jesus vergottet war, ist für seine ganze Gemeinschaft vergottet« (GA 8,109)[30]. Jesus erschien als »einzigartiger Initiierter« (ebd., 112), aber er blieb ein Mensch: Träger des »Ewigen« und nicht dessen Präsenz[31]. Er war eine »Buddha-Persönlichkeit«, ein »Buddha-Jesus«, eine »Buddhanatur«, die nur »dadurch von der eines gewöhnlichen Menschen verschieden

---

in der Forschung zugunsten einer Kontextualisierung Jesu ins Judentum bis zur Marginalität relativiert.

27 Steiner: Das Christentum als mystische Thatsache (¹1902), 86; 1910 wurde aus Jesus »Christus Jesus« (GA 8,107).

28 Steiner: Das Christentum als mystische Thatsache (¹1902), 87. 1910 rehabilitierte Steiner die Mysterien teilweise. Der Satz lautete nun: »Fortan *konnte ein Teil dessen, was vorher nur durch die* mystischen Methoden *zu erreichen war*, für diejenigen, die zur Christengemeinde gehörten, *durch* die Überzeugung *ersetzt werden*, daß in dem gegenwärtig gewesenen Worte das Göttliche gegeben sei.« (GA 8,108; Veränderungen von 1910 von mir kursiv)

29 Ebd., ¹1902, 105; diesen Text hat Steiner 1910 vollständig gestrichen (vgl. GA 8,129 f.). Im Binnenzitat bezieht sich Steiner auf Joh 20,29.

30 Die »Vergottung« des Menschen strich Steiner 1910 zugunsten der Entwicklung eines »höheren Selbst«; ebd., ¹1902, 117, und GA 8,146.

31 1902 schrieb Steiner: »Und man hat alles dieses Ewige auf Jesus abgelagert.« (ebd., ¹1902, 122) 1910 hingegen hieß es: »Und man konnte alles dieses Ewige in Jesus schauen.« (GA 8,151)

[ist], daß sie auf einer höheren Entwicklungsstufe des Seelenlebens steht«[32]. Von all dem, was – dies im Vorgriff – in den folgenden Jahren für Steiner wichtig und zu zentralen Eigenheiten seiner Christologie werden sollte, war 1902 mit keinem Wort die Rede: Das »Mysterium von Golgatha« oder die kosmische Deutung des Christus besaßen in diesem Konzept keinen Platz und kamen nicht vor. Jesus war einer unter vielen Eingeweihten, eine Auszeichnung durch das Christusprädikat gab es noch nicht. Steiner vertrat 1902 noch die weitgehende Egalität der Religionen in der theosophischen Religionsgeschichte.

### *8.2.3 Christologisierung bis 1906*

Als Steiner sich zwischen 1902 und 1906 eine zunehmend eigenständige Position in der Theosophischen Gesellschaft erarbeitete, führte dies auch in christologischen Fragen zu wachsender Selbständigkeit, ohne daß daraus Konflikte mit anderen Theosophen und Theosophinnen, etwa mit Annie Besant, erwachsen wären. Erst die nach Olcotts Tod (Februar 1907) vollzogene Wahl Besants zur Präsidentin im Mai 1907 sowie die im gleichen Monat vorgenommene Teilung der Esoterischen Schule (s. 3.4.3e) waren Indizien einer innertheosophischen Differenzierung, die, wie im Nachhinein klarer ist, das Potential zum Bruch beinhaltete. In diesem Prozeß formte Steiner seine Christusvorstellung fließend um, deren wichtigste Veränderung die Aufstockung der Person Jesu zu »dem Christus« war – sicher eine der hochbedeutsamen Veränderungen in Steiners Leben.

Aber davon war 1902 und in den nächsten Monaten und Jahren noch wenig zu sehen, äußerte sich Steiner doch nach der Veröffentlichung des »Christentums als mystischer Thatsache« vorerst kaum zu spezifisch christlichen Themen. An seinem Vortragkorpus läßt sich diese Interessenlage ablesen: 1903 findet sich gerade ein einziger (nicht überlieferter) Vortrag mit christlicher Thematik[33], und dabei ging es weniger um Jesus oder Christus als um den Bibel-Babel-Streit, also um die Rolle der Bibel im Umfeld der altorientalischen Religionen, eine damals heiß diskutierte Frage. Im Sommer 1903 plazierte Steiner auf den Schultern des »genialischen« Edouard Schuré (GA 34,42) Jesus – wie schon 1902 – in die Reihe der »großen Eingeweihten: Rama, Krishna, Hermes, Moses, Orpheus, Pythagoras, Platon und Jesus. Stufenweise sind durch diese Führer die Kräfte in die Menschheit eingestrahlt worden« (ebd., 63). Neu war dabei wohl, daß er vom »Meisterwort« Jesu sprach (ebd., 64), womit er ihn vermutlich unter die theosophischen »Meister« einreihte[34].

---

[32] Ebd., [1]1902, 119; die letzten drei Zitate entstammen einem 1910 gestrichenen Abschnitt (vgl. GA 8,148).

[33] Am 19. März 1903 sprach Steiner über »Die Theosophie und die Fortbildung der Religionen (mit Berücksichtigung der Babel-Bibel-Frage)«; Schmidt: Vortragswerk, 43. Im Sommer 1903 charakterisierte er nach einer stichpunktartigen Mitschrift offenbar Jesus auch als rosenkreuzerischen Avatar und sah ihn in seinen Inkarnationen mit dem »Karma der Christenheit« verbunden (GA 88,153).

[34] Für einen Bezug auf das maurerische Meisterwort liegt diese Äußerung zu früh.

Die wichtigsten Entwicklungen des Jahres 1903 sind, zumindest hinsichtlich der Langzeitfolgen, mit Annie Besant verbunden. Sie genoß zu diesem Zeitpunkt Steiners tiefe Verehrung: »*Alles* in vollster Treue und Hingebung an Mrs. *Besants* Intentionen« (GA 262²,60), hatte er Marie von Sivers am 19. April dieses Jahres eingeschärft[35]. Steiner war damals seit einem Jahr Mitglied von Besants Esoterischer Schule, ein Jahr später würde er der Leiter ihrer deutschen Abteilung sein. Besant veröffentlichte 1903 die deutsche Übersetzung ihres Buches »Esoteric Christianity«[36], das Steiner, »soeben ... erschienen«, im Juli-/Septemberheft der Zeitschrift »Luzifer« seiner theosophischen Klientel vorstellte (GA 34,42). Autorin und Werk lobte er in hohen Tönen. »*Annie Besant*, die Seele der theosophischen Bewegung« (ebd., 45), habe, wie Schuré in seinen »Großen Eingeweihten«, das Christentum »lichtvoll« als »Werk solcher Einweihung« (ebd., 45.42), das heißt in die Mysterienkulte, beschrieben. Diese Deutung lag ganz auf der Interpretationslinie, wie Steiner sie auch in der »Mystik« oder dem »Christentum als mystischer Thatsache« dokumentiert hatte. Die lange Doppelrezension von Schurés und Besants Büchern läßt keinen Raum für Zweifel an Steiners guter Kenntnis und Hochschätzung beider Publikationen. Im Sommer 1903 sprach Steiner in einem überlieferungssicheren Text von »Jesus, in dem der Christus verkörpert ist« (ebd., 64) und dokumentierte damit eine Annäherung an klassische Vorstellungen des Christentums.

Auch 1904 blieb die Christologie randständig. Von den 289 nachgewiesenen Vorträgen lassen sich nur in sechs Vortragstiteln Bezüge auf das Christentum ausmachen[37]. Darunter findet sich ein Vortrag vom 1. Januar 1904, in dem Steiner der Theosophie in einem öffentlichen Vortrag das Stigma einer »buddhistischen Weltanschauung« (GA 52,62) nehmen wollte. Als Zentrum bestimmte er hingegen die Notwendigkeit, »jeder einzelne Mensch« solle »einen Christus« (nicht: den Christus) »in seinem Innern ... gebären« (ebd., 69). Und dann folgte eine kleine Lehrtafel seiner damaligen theosophischen Christologie: Christus habe nur vor den Jüngern, die »Eingeweihte«, »Meister« gewesen seien, exklusive »höchste Weisheiten« gelehrt (ebd., 76), ihnen die Mysterienlehre der »Wiederverkörperung« mitgeteilt, »und auch das Abendmahl ist nichts anderes als eine Einweihung« (ebd., 79). In anderen Positionen näherte sich Steiner aber weiter den Vorstellungen des hegemonialen Christentums und seiner Terminologie an. So deutete er am 4. Januar Christus als »eine Erscheinung des Geistes«

---

35 Zur Verehrung Besants s. 7.2 [April 1903].

36 Die Vorträge aus dem Jahr 1898 waren noch im gleichen Jahr in Heftform erschienen und 1901 unter dem Titel »Esoteric Christianity or The Lesser Mysteries« veröffentlicht worden (Thiede: Wer ist der kosmische Christus?, 131 f.). Die deutsche Ausgabe erschien unter dem Titel »Esoterisches Christentum oder Die kleinen Mysterien«, übersetzt von Mathilde Scholl, Leipzig: Th. Grieben's Verlag (L. Fernau) 1903. Das Erscheinungsdatum von Steiners Publikation im Sommer 1903 ergibt sich aus Steiners Präsentation im Juli-/Septemberheft von Lucifer (GA 34,42).

37 Schmidt: Vortragswerk, 55–73. Daten: 4.1./25.3./11.7. (zwei Vorträge)/1.11./4.11. Die Vortragstitel sind sehr allgemein gehalten, spezifisch christologische Bezüge fehlen. Bezüge auf christologische Themen finden sich aber in Vorträgen zu anderen Themen, vgl. etwa die Deutung des Christus als »jungfräulicher Geistmaterie« am 25.2.1904 (GA 88,139).

(GA 52,73)[38]. Diese Tendenz gilt auch 1905, wobei die Zahl der christentumsbezogenen Äußerungen stieg[39].

In der zwischen Juni 1904 und September 1905 publizierten Aufsatzfolge »Wie erlangt man Erkenntnisse der höheren Welten?« spielten Bezüge auf das Christentum allerdings nicht einmal in Beispielen eine Rolle. Das ist selbst dann bemerkenswert, wenn man Steiners Überlegungen als Methodenreflexionen liest, denn Bezüge auf andere religiöse Traditionen, insbesondere die buddhistischen, finden sich sehr wohl (z.B. GA 10,125.144f.). Steiner hat dieses Defizit 1914 gesehen und christliche Bezüge nachgetragen, indem er die Evangelien als Offenbarungen der geistigen Welt deutete[40].

1906 aber stellte Steiner wichtige Weichen für die systematische Christologisierung seines Jesusbildes. Jesus, bis dato ein »großer Eingeweihter« und ein Buddha unter vielen, stieg nun zu einer einzigartigen Figur auf, die die Absolutheit des Christentums im Konzert der Religionen herstellte[41]. Jesus wurde zu ei-

---

[38] Es ist aber unklar, wie überlieferungssicher der Text des »stenographiekundigen Franz Seiler« (GA 52,425) ist. So wird die christologische Auffassung von David Friedrich Strauß der Position eines »schlichten Mannes aus Nazareth« entgegengesetzt (ebd., 66), was aber keinen Sinn macht. Thiede: Wer ist der kosmische Christus?, 173, meint, Steiner habe im Januar 1904 im Widerspruch zu früheren Aussagen das Golgatha-Ereignis seiner »Heilswirksamkeit« und »äußeren Tatsächlichkeit« entkleidet (GA 52,8f.). Steiners in der Tat stark symbolische Interpretation des Kreuzestodes in dieser Passage legt den Schwerpunkt auf den inneren Nachvollzug. Diese Stelle vermittelt den Eindruck, als habe Steiner auf der Suche nach einer existentiellen Anverwandlung des Kreuzigungsgeschehens die systematischen Konsequenzen übersehen. Steiners Ausführungen scheinen mir vor allem ein Indiz für seine unsicheren Suchbewegungen zu sein; das »Golgotha-Ereignis« spielte zu diesem Zeitpunkt noch keine Rolle.

[39] Zur Kontinuität der Jesusdeutung einige Belege. »Jesus, der den Christus in sich getragen hat«, galt ihm als einer der »großen Eingeweihten« (GA 53,277 [16.3.1905]). »Christus« »lehrt nichts Neues, aber er lebt im unmittelbaren Dasein, in eigenster Persönlichkeit dasjenige, was die andern gelehrt haben.« (ebd., 279) Doch schon im August hierarchisierte Steiner die Mysterien, insoweit die »Adonisauferstehungsfeier«, »Mythrasweihe und so weiter« »in dem großen Mysterium von dem gekreuzigten und auferstandenen Gottessohn ihre *Erfüllung* gefunden haben« (GA 34,481). Am 5. November sprach er vom »großen Guru, dem Christus Jesus« (GA 94,284), einen Tag später hieß es: »Christus ist die Sonne.« (ebd., 300). Am 16. November betrachtete er Jesus als »Buddha«, der von einer »Weisheitsstätte« ausgesandt sei (GA 54,162). Am 14. Dezember behauptete er, die »Universalseele« werde im Griechischen mit »Chrestòs« bezeichnet und sei im Orient »als die Buddhi« bekannt (ebd., 243). Die Äußerungen Steiners lassen keine lineare Entwicklung seiner Position erkennen. Das kann an seinen Suchbewegungen liegen, aber auch an der schlechten Überlieferungslage bei vielen Stenogrammen dieser Zeit. Deshalb sehe ich die Auffassung von Thiede: Wer ist der kosmische Christus?, 174, Steiner habe 1905 »die Heilsobjektivität des Golgatha-Mysteriums wieder ins Blickfeld« gerückt, kritisch. Sie ist wohl auch Konsequenz einer (zu) frühen Datierung von Steiners christologischer Konversion bei Thiede. Die von ihm als Beleg angegebene Stelle (Ga 93a,131–133) trägt seine Argumentation nicht.

[40] Statt »Buddhas Reden z.B.« (Wie erlangt man Erkenntnisse, [4]1910, 214) hieß es seit 1914 »Buddhas Reden und die Evangelien z.B.« ([5]1914,146; heute GA 10,144). Auch die »Evangelien-Schreiber« ([5]1914,147; heute GA 10,145) sind 1914 nachgetragen. An anderen Stellen hat Steiner die Bedeutung des Buddhismus zurückgenommen. Noch in »Wie erlangt man Erkenntnisse« ([4]1910), 178, meinte Steiner, daß seine »Seelenübungen dem entsprechen, was im Buddhismus als achtgliedriger Pfad beschrieben wird«. 1914 hieß es nur noch, daß seine Ausführungen »mit gewissen Lehren des Buddha übereinstimmen« ([5]1914,125; heute GA 10,125).

[41] Am 19. Dezember 1904 bezeichnete Steiner das Christentum »Erfüllung der vorhergehenden Religionen«; Steiner: Die Geburt des Lichtes, 371 (in der Gesamtausgabe in GA 90/91 zu erwarten).

ner kosmischen Größe, die Steiner als entscheidenden Motor und finalen Punkt der Evolution definierte. Dieser Vorgang erfolgte schleichend, und nicht immer sind die Umbruchstellen, wenn es sie denn gab, zu identifizieren; klar ist allein der Prozeß der Christologisierung.

Am 19. Februar 1906 konstatierte Steiner bei einer Auslegung des Johannes-Evangeliums eine »tiefe Verwandtschaft des Christus Jesus mit dem Gottmenschen, der in jedem Menschen veranlagt ist« (GA 94,196). Man kann darin eine Applikation seiner pantheisierenden Anthropologie lesen. Unmittelbar darauf hob er den Christusgeist in Jesus heraus, wenn er feststellte, daß »das eigene höhere Ich ... in seiner Vollendung den Christus darstellt« (ebd., 197). Möglicherweise ist mit diesen frühen Aussagen im Jahr 1906 Steiners christologische Konversion nicht in allen Konsequenzen, wohl aber im Prinzip vollzogen. Einen weiteren Schritt kann man am 31. Mai sehen, als Steiner behauptete, die Einweihung in die antiken Mysterien finde »in Wahrheit in dem Christus ihre Krönung« (ebd., 50). Schließlich läßt sich auch eine Äußerung vom 13. Juni, daß »das Karma und der Christus ... der Inbegriff der ganzen Evolution seien« (ebd., 116), als Indiz für eine zunehmende Überhöhung von Jesus durch den Christus lesen.

Am 10. Juli 1906 stellte Steiner möglicherweise zum ersten Mal drei »Einweihungsformen« vor (GA 94,176)[42]:

- Die »orientalische Schulung« sei durch die Entleerung von äußeren Eindrücken und eine »bedingungslose« Autorität des »Geheimschülers« gegenüber dem »Guru« gekennzeichnet (ebd., 175).
- Die »christliche« »Einweihungsform« beschrieb er als Umgang mit Bildern, die sieben »Stufen« (Fußwaschung, Geißelung, Dornenkrönung, Kreuzigung, mystischer Tod, Grablegung, Auferstehung) beinhalte (ebd., 176).
- Die »dritte Schulungsart« sei die »rosenkreuzerische«, die auf Christian Rosenkreutz zurückgehe und die »allerfreieste« im Lehrer-Schüler-Verhältnis sei, wenngleich der Schüler »leicht die devotionelle Stimmung verliert«. In diese Einweihungsform integrierte er seine vortheosophischen Werke. Die »Philosophie der Freiheit« und »Wahrheit und Wissenschaft« seien »Stützpunkte und Wegweiser« für das auf diesem Weg geforderte »sinnlichkeitsfreie Denken« (ebd., 176).

Entscheidend war Steiners Hierarchisierung religiöser Traditionen. Der »orientalische« (gemeint war wohl der buddhistische) Weg wurde als autoritär abge-

---

[42] Erstmalige Thematisierung nach Lindenberg: Steiner (Biographie), I, 406, Steiners Aussagen in GA 94,174–176. Die dreiseitigen Notizen dürften nur den Duktus des Vortrags und allenfalls Kernbegriffe wiedergeben. Trotz der rudimentären Überlieferung scheinen die wesentlichen Positionen aber korrekt festgehalten zu sein, da Steiner sich in späteren, besser dokumentierten Vorträgen ähnlich äußerte. Beispielsweise differenzierte er am 6. November 1906 »entsprechend den Unterrassen unserer Hauptrasse« den »indisch-orientalischen Jogaweg, den christlich-gnostischen Weg seit dem 15. Jahrhundert, den christlich-rosenkreuzerischen Weg seit dem 15. Jahrhundert. Der erste ist nicht für Europäer. Der zweite ist für den Menschen der mittleren Zone geeignet, ... aber der rosenkreuzerische Weg ... ist zweckmäßiger« (ebd., 276). – Die Quellen finden sich weitenteils im okkultistischen Bereich um 1900; die Vorbilder für die christliche Einweihung liegen wohl in einer im katholischen Bereich verbreiteten Passionsfrömmigkeit in der Karwoche.

wertet, und der christliche Weg (gemeint war wohl das kirchliche Christentum) galt Steiner angesichts der »Einwände der heutigen Wissenschaft und Kultur« als verbraucht (GA 94,276f. [4.11.1906]). Hingegen erhob Steiner sein eigenes Programm, den rosenkreuzerischen Weg, unter dem Postulat der Freiheit der Erkenntnissuche zu einer philosophisch begründeten Schulungsform, die so an die Spitze der Wertepyramide gelangte. Dies war noch keine Verabsolutierung seines Christusverständnisses, wohl aber ein Schritt dorthin.

Eine weitere Justierung von mutmaßlich noch höherer Bedeutung (in einer weiter zunehmenden Zahl christologischer Äußerungen[43]) nahm Steiner am 2. Dezember 1906 vor, dem ersten Adventssonntag dieses Jahres. In einer relativ ausführlichen Deutung des Lebens Jesu reicherte er die Einweihungskonzeption durch eine präzise Angabe an: »Jesus wurde Christus im dreißigsten Jahre seines Lebens« (GA 97,64). Von einem Zusammenhang mit der Taufe Jesu sprach Steiner dabei nicht, aber evidenterweise datierte er den Vorgang auf das Taufdatum Jesu und rezipierte die Taufchristologie des Markus-Evangeliums. Das Geschehen stellte er sich folgendermaßen vor: »Es hat also das Ich des Jesus von Nazareth im dreißigsten Jahre seines Lebens das große Opfer gebracht, seine gereinigten Leiber der Individualität des Christus zur Verfügung zu stellen.« (ebd., 65) Die Einweihungskonzeption hielt er jedoch bei, Jesus sei »Chela im dritten Grade« gewesen (ebd., 64). Aber zugleich setzte er Christus gegen diejenigen Personen ab, die er früher in Anlehnung an Schuré auf eine Stufe mit Jesus (damals ohne Christusprädikat) gestellt hatte: »Was Christus auf der Erde tat, wurde vorbereitet durch die andern großen Lehrer, die vorangingen, Buddha, der letzte Zarathustra, Pythagoras« (ebd., 68). Die ehedem egalitäre Gemeinschaft der Weisen war in bloße Vorbereiter und den eigentlichen Lehrer hierarchisiert. Zudem war der Christus zum kosmologischen Faktor erhoben: »Der Christus« sei »Träger der Erdenentwickelung« (ebd., 70), »ist der Erdengeist, und die Erde ist sein Leib« (ebd., 69). In diesem Kontext sprach Steiner erstmals[44] explizit vom »Mysterium von Golgatha« (ebd., 64), einem später zentralen Begriff seiner Christologie. Im Zentrum des Golgatha-Ereignisses sah er das Christentum als universelle Religionen begründet: »Alle Einzelegoismen fließen hin mit dem Blute Christi am Kreuz« (ebd., 75)[45].

Mit der Kosmologisierung ging, wenngleich in leichten Dosierungen, eine Historisierung des Christus einher. Die Einweihung sei von Christus vom astralen Plan auf den physischen geholt worden (GA 97,71). »Mit dem Erscheinen des Christus Jesus wurde nun das ganze Mysterium, das ganze Erlebnis, auf dem physischen Plan verwirklicht.« (ebd., 73) Oder: »Der höchste Erdengeist mußte

---

[43] Vgl. eine Äußerung vom 6.11.1906: »Christus stellt uns ein Wesen dar, wie es sonst keines auf der Erde gegeben hat. … Christus wird sich in allen Menschen verkörpern. … Christus ist die Sonne.« (GA 94,300)

[44] Diesen Erstbeleg sieht auch Thiede: Wer ist der kosmische Christus?, 178.

[45] Damit meinte Steiner wohl schon zu diesem Zeitpunkt eine Aufhebung henotheistischer oder clanbezogener Religionsvorstellungen zugunsten einer in Individuen universalisierten Religion. Vgl. seine Äußerung vom 25.3.1907, wonach »mit dem Erscheinen des Christus Jesus« »alle engeren Blutsbande reißen« (GA 96,267) und »die Menschheit … ihr Ich zum universellen Ich erweitert« (ebd., 268).

in einem Leibe inkarniert werden.« (ebd., 75) Man kann derartige Aussagen als Versuche lesen, die überzeitliche, allenfalls in Evolutionsprozesse eingebundene Christologie[46] nun auch geschichtlich, zumindest irdisch zu fundieren. Die Einwohnung des Christus in der Taufe und die Bedeutung des »Mysterium von Golgatha« sind dafür Indikatoren.

In den folgenden Monaten häuften sich Äußerungen, die die zunehmende Bedeutung der Christusvorstellung belegen. Christus sei »der größte der Religionslehrer« (GA 97,92), behauptete Steiner am 17. Februar 1907 (dem Sterbetag Olcotts). Am 25. März identifizierte der die »Buddhi« mit »dem Logos, dem Wort. Das nennt man in dem esoterischen Christentum den Christos.« (GA 96,255) Am 12. April wies er in einer Osteransprache »Jesus Christus« eine entscheidende Rolle im Karmaprozeß zu, da »sein Opfertod … hineinwirkt in das Karma der ganzen Menschheit. Er konnte das Karma der ganzen Menschheit tragen helfen« (ebd., 306)[47]. Mitten in diesem Prozeß der christologischen Neuorientierung wurde Annie Besant am 1. Mai 1907 zur Präsidentin gewählt. Dies war eine organisatorische und machtpolitische Zäsur, die aber auf Dauer auch massive Konsequenzen für Steiners Christologie zeitigte.

Mit der Erklärung des Jesus zum Christus relativierte Steiner die theosophischen Traditionen, ihre Lehre von der Egalität aller Religionen und namentlich der »großen Eingeweihten« (Schuré) sowie der Einordnung des Christentums in die Tradition der Mysterien (Besant). Faktisch und wahrscheinlich ungewollt näherte sich Steiner damit den großkirchlichen Theologien an, insbesondere hinsichtlich der weltgeschichtlichen Einzigartigkeit des Christus, seiner Deutung als personaler Figur (und weniger als eines apersonalen Prinzips) und der historischen Konstitution des Christus einschließlich der Heilswirksamkeit des Golgatha-Ereignisses.

Über die Gründe dieser dramatischen Veränderungen, die im Frühjahr 1906 feststellbar sind und in der zweiten Hälfte des Jahres 1906 an Dynamik gewannen, gibt es augenblicklich allenfalls plausible Spekulationen. Christoph Lindenberg sieht in den seit Februar 1906 in der Theosophischen Gesellschaft kursierenden Vorwürfen gegenüber Leadbeater, sich unmoralisch gegenüber Jungen verhalten zu haben, einen entscheidenden Anstoß zumindest für die Herausbildung eines eigenen Schulungsweges[48]. Dies ist angesichts eines Briefes von Steiner an Besant vom Juli 1906 plausibel (GA 264,280 f.), erklärt die Christologisierung aber nicht. Man kann auch überlegen, ob Steiner nach einem eigenständigeren Profil suchte, da angesichts von Olcotts kritischem Gesundheitszustand, von dem regelmäßig im Supplement des »Theosophist« die Rede war, die Wahl eines neuen Präsidenten ihre Schatten vorauswarf. Aber es gibt keine Hinweise auf eine konfliktreiche Absetzung von Besant und insofern keinen Grund für eine inhaltliche Distanzierung durch eine eigene Christolo-

46 Vgl. noch am 6.2.1906: »Jesus sagte: Ich bin hierhergekommen, um die Einleitung dieser Evolutionsepoche herbeizuführen« (GA $97^3$,22).

47 Diese für Steiners Karmakonzeption wichtige kompensatorische Funktion des Christus kann man bereits am 13. Juni 1906 angelegt sehen (vgl. GA 94,116).

48 Lindenberg: Steiner (Biographie), I, 406; ders.: Steiner (Chronik), 247. Zur Datierung der Leadbeater-Affäre vgl. Ransom: A Short History, 356.

gie. Immerhin scheint mir erwägenswert, daß Steiner nach seinem Eintritt in die Theosophische Gesellschaft stark mit Traditionen der europäischen Theologie konfrontiert wurde, entweder durch Anfragen der Mitglieder, die ihre traditionelle christliche Frömmigkeit als fragendes Erbe in ihre neue theosophische Existenz einbrachten[49], oder durch seine Beschäftigung mit theologischer Literatur. Vielleicht spielte auch Steiners eurozentrisches Denken eine Rolle für die Aufwertung der europäischen, christlichen Tradition, vielleicht auch das von Thiede in die Debatte geworfene »Esoterische Christentum« Besants (s. u. 8.2.4). Aber darum wissen wir immer noch nicht, warum es gerade 1906 zur Christologisierung kam.

Letztlich liegen momentan keine schlüssigen externen Motive für den Christologisierungsprozeß im Denken Steiners vor. Man kommt meines Ertrachtens nicht ohne die Annahme aus, daß Steiner »den Christus« – aus welchen Motiven auch immer – als eine innere Erfahrung deutete. Gegen eine nur machtpolitisch motivierte Christologisierung spricht neben den fehlenden Konflikten in der Theosophischen Gesellschaft im übrigen die Konsequenz, mit der Steiner auch nach der Trennung von der Muttergesellschaft an seiner Christusvorstellung (wohl auch in der persönlichen Praxis) festgehalten hat und die ein ausschließlich strategisches Motiv unwahrscheinlich macht.

#### *8.2.4 Steiners »Gestanden-Haben vor dem Mysterium von Golgatha«*

Das »Mysterium von Golgatha«, von dem Steiner erstmals am ersten Adventssonntag des Jahres 1906 sprach und die gerade genannte christologische Konversion voraussetzt, hat er in seiner Autobiographie zu einer Wende seines Lebens stilisiert. Das Kapitel, das 1925 die erste Januarausgabe des »Goetheanum« eröffnete, kaum drei Monate vor seinem Tod, beschloß er mit den pathetischen Worten:

> »Auf das geistige Gestanden-Haben vor dem Mysterium von Golgatha in innerster ernstester Erkenntnis-Feier kam es bei meiner Seelen-Entwickelung an.« (GA 28,272)

In der Autobiographie ist dieser Satz von Formulierungen umrahmt, die auf das Zeitfenster der »Jahrhundertwende« verweisen. Aber diese Hinweise beziehen sich auf Steiners Aussage, daß der »wahre Inhalt« des »Christentums« sich »keimhaft vor meiner Seele … zu entfalten« begonnen habe (ebd.); für die zeitliche Eingrenzung der »Golgatha-Erfahrung« tragen diese Äußerungen wenig aus.

Werner Thiede hat in einer spannenden Konjektur versucht, Steiners Konversionserfahrung näher zu datieren. Er vermutet, daß Besants Buch »Esoterisches Christentum«, das 1903 auf deutsch erschienen war und dessen Bedeutung von

[49] Die theosophische Literatur quillt über vor »Fragenbeantwortungen«. Der »Vahân« bestand beispielsweise im wesentlichen aus diesen Fragen und Antworten, die sich auch in Steiners Vortragswerk häufig finden. Einige leicht greifbare Beispiele bei Zander: Geschichte der Seelenwanderung, 483 f.

der älteren Literatur nicht gesehen wurde, einen hohen Stellenwert in Steiners theosophischer Biographie besitzt. Seine Folgerung, Steiner habe durch die Lektüre dieses Buches ein »zentrales, wohl visionäres Geschehen dann im Jahr 1903« gehabt, ist allerdings aufgrund der fehlenden christologischen Ausgestaltung seiner Vorstellungen in diesen Jahren sowie der fehlenden einschlägigen Terminologie bis 1906 – der Begriff des »Mysterium von Golgatha« etwa fehlt – ohne Grundlage in Steiners Werk[50]. Schon Thiedes Suche nach dem »genauen Datum«[51] verengt den Blick im Sinn einer traditionell punktuell argumentierenden Konversionsbiographik der europäischen Kulturgeschichte. Das Muster des plötzlich zum Paulus gewandelten Saulus oder des durch die innere Stimme des »tolle et lege« konvertierten Augustinus bilden die Matrix eines zentralen Stranges religiöser Selbstdeutungen, die den Vorlauf und den Prozeßcharakter von Konversionen notorisch unterschlägt. Bei Steiner liegt der Fall nicht anders, wenngleich das Zeitfenster seiner Konversion Ende 1905/Anfang 1906 nicht groß zu sein scheint. Er gestand 1925 selbst, daß er Anfang des 20. Jahrhunderts »dem Wort-Inhalt nach« »widersprechende Äußerungen über das Christentum tat« (GA 28,272), und auch seine Metapher vom »keimhaften« Wachstum (ebd.) deutet auf die Prozeßhaftigkeit seiner Konversion.

Möglicherweise ist die Rolle von Besants »Esoterischem Christentum« im Rahmen dieser Entwicklung zu bestimmen. Es ist, dies macht Thiedes wichtiger Fund leicht vergessen, neben Schurés »Großen Eingeweihten« »nur« Steiners zweite wichtige theosophische Lektüre für die Konstruktion seiner Christologie. Immerhin lobte er im September 1903 öffentlich Besants Werk als »Schlüsselbuch« und eine »Grundlage«, durch die »der verborgene Sinn der Bibelworte sich für den hingebungsvollen Leser enthüllt« (GA 34,64). Aber genauer äußerte sich Steiner weder vor noch nach 1906. So kann man nur mutmaßen, was er bei Besant für die Fortbildung seiner Christologie finden konnte. Besant bestätigte jedenfalls seine Auffassung von den Mysterienkulten als entscheidende Traditionsvermittler für das Christentum, und sie bot ihm eine weitaus breitere Christologie, als er sie 1903 besaß. Besant differenzierte dreifach zwischen dem »historischen Christus«, der für sie vor allem »Jesus der Heiler und Lehrer«

---

[50] Thiede: Wer ist der kosmische Christus?, 170. Er erwägt zwar einen Vorlauf »zur ›mystischen‹ Bejahung Christi« seit 1901/1902, aber gerade für eine christologische Wendung gibt es keine Belege. Die Belege, die Thiede dann auf S. 171 für eine christologische Wende im Zentrum des »Gestanden-Habens« beibringt, datieren bis auf eine marginale Aussage zum »Logos, Christus« von 1902 (dazu s. o. Anm. 23); alle anderen datieren später oder stammen nicht von Steiner selbst.
In Steiners Bibliothek stehen zwei Ausgaben von Besants »Esoterischem Christentum«, aber beide ohne Anstreichungen. Dies kann bedeuten, daß Steiner darin nicht intensiv gelesen hat, kann auch auf geschenkte Exemplare deuten, aber möglicherweise ist sein Exemplar aus dem Jahr 1903 nicht in der Bibliothek (erhalten). Marie von Sivers hatte Besants Buch ebenfalls gelesen, noch 1907 berichtete sie emphatisch von der tiefen Wirkung (GA 262[2],190).
Steiner notierte – allerdings erst 1924! – in seinem Notizbuch: »1903 = die christl[ichen] Myst[erien] gehen auf«. Faksimile bei Grosse: Die Weihnachtstagung als Zeitenwende, 124; Auflösung der Abkürzungen nach ebd., 125. Faksimile auch bei Reuveni: Scheinwissenschaftlichkeit und Dogmatismus, 129. Thiede: Wer ist der kosmische Christus?, 170, hat diese Äußerung auf eine biographische Wendung durch Besants »Esoterisches Christentum« bezogen. Aber diese Äußerung paßt auch bruchlos zu Steiners damaliger Einordnung des Christentums in die Mysterientradition.

[51] Thiede, ebd., 170.

war[52], sodann dem »mythischen Christus«, der über Symbole und Erzählungen erfahren werde[53] und als »grosser Meister des Westens« fungiere[54], und schließlich dem »mystischen Christus«, der »im Menschen geboren wird«[55]. Daß Steiner nach 1903 nur selten auf Besants Buch verwies, ist allerdings ein Argument, das gegen dessen hohe Bedeutung spricht und das angesichts von Steiners damaliger Besant-Verehrung schwer wiegt. Man müßte dann argumentieren, daß Steiner seine innere Betroffenheit verborgen habe, in dem er Besants Buch vor der Öffentlichkeit verschwieg. Dies ist weniger künstlich als es den Anschein haben mag: Er mochte es als Oberhaupt der deutschen Adyar-Theosophen, der sich über große theosophische Theorien verbreitete und in seinen Schulungsweg 1904 / 05 von Einsichten in »höhere Welten« berichtete und den Weg zu ihrer Erkenntnis lehrte, als problematisch empfinden, seine realen Quellen offenzulegen und einzugestehen, daß auch er sich auf der Suche befand und dabei war, eigene Erfahrungen zu machen, die zudem offensichtlich auf theosophischen Grundlagen beruhten, über die er zu verfügen beanspruchte. Thiede hat nachgewiesen, daß einige explizite Bezüge auf Besants Werk teilweise erst Jahre später, nachweislich seit 1909 – und nun kritisch – erfolgten. Erst in der Distanzierung von Besant würde die Bedeutung ihres Buches für Steiner nach seiner Rezension im Jahr 1903 greifbar, erst die Abnabelung machte die Nabelschnur wieder sichtbar. Aber ich halte, wie gesagt, Steiners Schweigen über das Buch bei der gleichzeitigen Verehrung Besants für ein gewichtiges Gegenargument. Gleichwohl bleibt der mögliche Einfluß von Besants »Esoterischem Christentum« eine schwer kalkulierbare Größe: Steiner hat es gekannt und gelesen, zuerst geschätzt und später kritisiert. Es ist durchaus möglich, daß es trotz des Abstandes von drei Jahren zwischen der Erstlektüre 1903 und der Christologisierung 1906 einen wesentlichen Anstoß für Steiners Christologisierung gab. Aber Steiners Verschwiegenheit in diesen Jahren macht eine belastbare biographische Rekonstruktion sehr schwierig.

Angesichts dieser Befunde gibt es meines Erachtens keinen zwingenden Grund, die Einsicht in das »Mysterium von Golgotha« einer punktuellen »Erfahrung« im Jahr 1903 oder bis 1906 zuzuschreiben. Wenn es sie gab, ist sie in den Quellen nicht greifbar, aber ich halte sie beim augenblicklichen Kenntnisstand auch nicht für wahrscheinlich. Vielmehr scheint es mir erwägenswert, das »Gestanden-Haben vor dem Mysterium von Golgatha« im Rahmen der sukzessiven Christologisierung von Steiners Denken zu deuten und es als verdichtete »Erfahrung« zu verstehen. Die Umbruchphase dieses Prozesses könnte als eine Phase der gut Anfang 1906 laufenden christologischen Überformung seines Jesusbildes Ende 1906 gelegen haben.

---

[52] Besant: Esoterisches Christentum, 90.

[53] Vgl. ebd., 109.

[54] Ebd., 104.

[55] Ebd., 123. Hier könnte sich Steiner auch hinsichtlich weiterer Vorstellungen bedient haben, vgl. etwa Besants Logos-Sonnen-Spekulation, ebd., 109 f.

### *8.2.5 Vom Konsens zum Konflikt: Steiners Christusvorstellung im Widerstreit mit einem neuen Weltenlehrer (1907 bis 1909)*

1907 wurde zu einem weiteren einschneidenden Jahr für Steiners Christologie. Nicht weil er sie innovativ weiterentwickelt hätte, sondern weil sie ins Gravitationsfeld der innertheosophischen Rankünen geriet[56]. Als Annie Besant im Juni 1907 zur neuen Präsidentin der Adyar-Theosophie gewählt war, hatte Steiner im Rennen um dieses Amt ausgespielt (s. 3.4.3d). Und selbst wenn er diese Bewerbung nicht mit letzter Anstrengung verfolgt hat, wofür vieles spricht, stand nun eine Frau über ihm, die ihm bislang formal einigermaßen gleichgestellt war und mit der er sich organisatorisch wie inhaltlich wohl glaubte messen zu können. Die 1909 vollzogene Rehabilitierung Leadbeaters stellte Besants Durchsetzungsfähigkeit exemplarisch unter Beweis. Daß diese Konstellation für die Christologie nicht folgenlos blieb, zeigte sich bis zum bitteren Ende der Trennung im Jahr 1912.

Eine erste Reaktion auf die neue Machtkonstellation bildete die Trennung der Esoterischen Schule, die Steiner mit Besant während ihres Besuches auf dem Münchener Kongreß im Mai 1907 vereinbarte (s. 3.4.3e). Das Abkommen hatte eine inhaltliche Oberfläche, wonach Steiner den westlichen, »rosenkreuzerischen«, Besant hingegen den östlichen Weg lehren solle. Im Kern ging es aber auch um eine machtpolitische Regelung, die Steiner eine eigene Basis in seiner weitgehend verselbständigten Esoterischen Schule sicherte. Als er am Tag nach dem Münchener Kongreß mit dem Vortragszyklus »Die Theosophie des Rosenkreuzers« begann, wiederholte er – materialreicher, aber strukturgleich – im letzten Vortrag die Konzeption unterschiedlicher Einweihungswege, wie er sie bereits am 10. Juli 1906 entworfen hatte (GA 99,152–166). Eine eigene, gar Besant-kritische Christologie formulierte er dabei nicht[57]. Aber in der Überordnung des »rosenkreuzerischen« Weges über alle anderen Einweihungsformen artikulierte Steiner mit der Überhöhung des Christentums in den theosophischen Debatten zugleich seinen persönlichen Superioritätsanspruch. »Eine Grundvoraussetzung, die bei der Rosenkreuzer-Schulung mehr oder weniger fortfällt, ist die, daß man den strengsten Glauben hat an die Persönlichkeit des Christus Jesus.« (GA 99,154)[58] In diesem Kontext standen weitere Profilierungen

---

[56] Im Vordergrund standen die Auseinandersetzungen mit Besant (s. 3.4). Die Debatten um die Christologie dürften jedoch wesentlich weiter bis in Steiners Anhängerschaft gereicht haben, sind aber augenblicklich noch kaum faßbar. Vgl. aber die Kritik von Nicolaj Berjaev, der monierte, daß Christus im Schulungsweg fehle; nach Fedjuschin: Russlands Sehnsucht nach Spiritualität, 165. Die folgenden Ausführungen setzen die Darstellung der Konfliktgeschichte in Kap. 3 voraus. Aus pragmatischen Gründen habe ich wichtige Daten wiederholt.

[57] Inhaltlich bot er signifikanterweise nichts fundamental Neues. Es dominierten traditionelle theosophische Themen: die theosophische Anthropologie, Karma, Verkörperungen der Erde oder die Entstehung der menschlichen Rassen. Die wenigen spezifisch »rosenkreuzerischen« Fragen rahmten seine Ausführungen am ersten und letzten Vortragstag. Der entscheidende Punkt war weniger der Inhalt als der Anspruch, eine eigene Position, eine »Rosenkreuzer-Theosophie« (GA 99,158) zu begründen.

[58] Der Satz ist wohl so gemeint, daß man zur höheren Erkenntnis des Christus nicht bedürfe. Man müsse ihn gleichwohl als den »Führer der Feuergeister« und den »Gottmenschen« festhalten (GA 99,154).

seiner rosenkreuzerischen Position. Bereits im Dezember 1906 hatte Steiner die Nachprüfbarkeit seines rosenkreuzerischen Weges einer Objektivierung durch traditionelle wissenschaftliche Kriterien entzogen, indem er die rosenkreuzerischen Schriften der Frühen Neuzeit als irrelevant erklärte, da darin »über das, was wirklich Rosenkreuzerei ist«, nichts zu finden sei (GA 97,208). Steiner trat mit dieser spiritualistischen Deutung in die Fußstapfen älterer Theosophen[59] und argumentierte strukturell vergleichbar der Berufung auf nichtschriftliches Material in der Akasha-Chronik: Vielmehr seien »die Geheimnisse der Rosenkreuzer nur durch mündliche Tradition überliefert worden« (ebd.). Damit war gegenüber einer Konkurrenz oder gar Kontrolle seines Vorgehens durch Besant eine schwer übersteigbare Hürde errichtet.

Aber die Situation war 1907 noch weit vom späteren Konfliktniveau entfernt. Die »Theosophie des Rosenkreuzers« (GA 99) ist angesichts ihrer Übereinstimmungen mit klassischen Inhalten der Theosophie vielmehr ein Beleg, daß Steiners eigenständiger Weg vorerst in weiten Teilen Postulat blieb. Faktisch produzierte er unter dem Begriff der »Rosenkreuzertheosophie« eine Theoriehülse, mit der er eine Eigenständigkeit behauptete, für die er vorerst kaum entsprechende Inhalte – eben auch keine christologischen – lieferte (s. 3.4.3e und unten 8.4.2c). Steiner besetzte vielmehr eine Tradition, von der sich die Theosophie in ihrer Gründungsphase abgesetzt hatte, die deshalb im theosophischen Kontext nur schwach besetzt war und überdies eindeutig der europäischen Tradition zugeordnet werden konnte.

Die sublimen Auseinandersetzungen um den »richtigen« Weg zur Erkenntnis waren nur das Vorgeplänkel zur Klärung der »Wahrheit« in der Theosophie. Zum Prüfstein wurde die von Besant und Leadbeater ausgerufene Ankunft eines großen Menschheitslehrers (s. 3.4.4–5). Religionsgeschichtlich handelte es sich bei dem wiederkehrenden Christus oder Weltenlehrer[60] um eine Variante der Naherwartungsvorstellung, die vielleicht reinkarnatorisch ausgestaltet war, insofern Christus in dieser Person wieder präsent sein sollte, vielleicht auch angereichert um Avatar-Konzepte. Zwar wurden indische Termini über diesen Komplex geblendet, namentlich mit dem Begriff des Bodhisattva, aber die apokalyptische Grundierung verweist auf Wurzeln in Europa. Hier fand sich die Vorstellung eines reinkarnierenden Christus im 19. Jahrhundert häufiger[61]. Seit 1904 läßt sich

---

[59] Schon Franz Hartmann war 1887 zur Spiritualisierung geschritten und hatte »das Wesen eines echten Rosenkreuzers« als »das göttliche Licht der Selbsterkenntnis« beschrieben; Hartmann: Unter den Adepten, zit. nach Lienhard: Unter dem Rosenkreuz, 153.

[60] Es wäre zu klären, wie Besant und Leadbeater das Verhältnis zwischen Krishnamurti und Christus wirklich konzipiert haben, ob es also um eine Reinkarnation recte rite, um eine Geistweitergabe oder die Manifestation eines ewigen Geistes handelte, und wie sich diese Vorstellung im Lauf der Auseinandersetzung mit Steiner wandelte. Steiner seinerseits hatte zwischen der frühen Identifizierung Jesu als Avatar im Jahr 1903 (s. o. Anm. 33), mit der er eine Reinkarnation des Christus ausschließen konnte, und der Christologie des Erscheinens im Ätherischen seit 1910 (s. u.) eine breite Interpretationspalette zur Verfügung.

[61] Die Geschichte dieser Vorstellung und strukturell vergleichbarer ist schlecht aufgearbeitet. Antike Vorstellungen eines Propheta perennis, wie sie sich bei den Elkesaïten finden, liegen trotz der Quellenpublikationen des 19. Jahrhunderts zu weit entfernt. Im 19. Jahrhundert sahen aber beispielsweise die Irvingianer Christus im Stammapostel »verkörpert« (Köhler: Irving und Irvingianer,

in der Theosophie die Suche nach einem großen Eingeweihten nachweisen, und 1908 dürften diese Aktivitäten öffentlich sichtbar gewesen sein, da Besant in einer Tournee durch die Vereinigten Staaten »unaufhörlich von der bevorstehenden Ankunft des Weltenlehrers« gesprochen habe[62]. In diesem Zusammenhang könnte auch Steiner davon erfahren haben, dies jedenfalls legt eine Äußerung vom Februar 1913 nahe:

> »Einige Zeit nach dem Münchener Kongress tauchte in der Theosophischen Gesellschaft die von Mrs. Besant vertretene Behauptung von dem ›kommenden Christus‹ in einer Form auf, die ich auf Grund meiner Forschungsresultate zunächst für dilettantisch halten musste.« (MAG I/2,5)

Daß Steiner die Sache 1907/08 (?) nicht so »dilettantisch« gesehen hatte, wie er in der Nachbetrachtung behauptete, steht auf einem anderen Blatt.

Seit 1907 erhöhte sich aber die Veränderungsgeschwindigkeit von Steiners Christologie. Dabei stärkte er die historische Verankerung des Christus[63]. Andere Ausgestaltungen seiner Christus-Vorstellung blieben ephemer, wie die mythologische Beschreibung der Trinität am 3.Juni 1907:

> »Die Geister der Ichheit hatten auf dem Saturn als Anführer eine Wesenheit, die man den Vatergott nennt. Die Geister des Feuers hatten auf der Sonne als Anführer den Christus … Auf dem Monde war der Anführer der Geister des Zwielichts dasselbe, was im Christentum der Heilige Geist ist.« (GA 99,110)

Die Trinität als Kollektiv von Hordenführern für Geister hat Steiner später nicht wieder angegriffen, aber sie ist vielleicht charakteristisch für seine Suchbewegungen in der Christusfrage zu diesem Zeitpunkt. Dazu traten in diesen Monaten immer steilere Aussagen zur Superiorität des Christentums, wie diejenige vom 29. Februar 1908: »Das Christentum ist größer als alle Religion! Das ist die Rosenkreuzerweisheit.« (GA 102²,115)[64] Die Gegenposition zum theosophi-

---

699), der christliche Spiritist August Hermann Hain verstand sich als Inkarnation Gottes (Handbuch religiöse Gemeinschaften, hg. v. H. Reller u. a., ⁵2000, 281), Josua Klein zumindest als »Erneuerung der Christusgestalt« (so die Deutung bei Frecot u. a.: Fidus, 110); zurückhaltender ist Klein gedeutet bei Kurzmeyer: Viereck und Kosmos, 42. 63. Vgl. die kursorischen Hinweise zum Kontext unter Neuoffenbarern bei Müller: Jesus Christus, 516.

[62] Jayakar: Krishnamurti, 38, hier nach Thiede: Wer ist der kosmische Christus?, 187.

[63] So auch Thiede, ebd., 186. Vgl. etwa Steiners Äußerung vom 28.8.1909, daß erst durch das »Werk des historischen Christus« ein »mystischer Christus« möglich geworden sei (GA 113,121). Dies sei die »Wahrheit« (ebd., 120). Zu diesen Veränderungen zählt auch die Beobachtung von Lindenberg: Steiner (Biographie), I, 453, daß Steiner den Inkarnationskörper des Christus zwischen 1904 und 1909 von karmischen Folgen befreit habe. Dies dürfte der Abschottung Jesu von der Erbsünde in der großkirchlichen Theologie nachgebildet sein.

[64] Von der Vielzahl ähnlicher Äußerungen nenne ich nur einige exemplarisch. 20.11.1907: »Durch die Erscheinung des Jesus Christus tritt etwas ganz Neues auf in Bezug auf die Einweihungsart«. Dadurch »wurde es möglich, das, was Lebensgeist war, direkt einzudrücken in den Lebensleib.« (GA 100²,224) Und: Christus sei »der erste, der einen Ätherleib besaß, der ganz durchsetzt war vom Geistselbst«, gewesen; die mit ihm verbunden seien, können »dieselbe Initiation« durchmachen (ebd.). 29.2.1908: Der Mensch werde »fähig sein … auszubilden … den Lebensgeist oder Buddhi. Und dieses Ereignis ist die Tat von Golgatha, ist die Erscheinung des Christus auf der Erde!« (GA 102⁴,81). Am 24.3.1908 behauptete er, »daß der Christus von dem Mysterium von Golgatha an die künftige Erdentwicklung zu führen hat« (GA 102⁴,110). Schließlich eine Äußerung vom 10.4.1909: Erst seit

schen Motto »Keine Religion ist höher als die Wahrheit« war darin unüberhörbar. Doch fehlten offensiv ausgetragene Konflikte, eine »bedrohliche Situation« im Jahr 1908 hat es, entgegen Thiedes Auffassung, in christologischen Fragen wohl nicht gegeben[65].

Im Mai 1908 sprach Steiner über das Johannesevangelium. Erstmals war ein Evangelium für ihn nicht mehr ein austauschbarer Anlaß, seine Theosophie weitestgehend unabhängig vom biblischen Text darzulegen[66]. Aber die theosophischen Themen dominierten dennoch, von der theosophischen Anthropologie bis zur Menschheitsgeschichte. Von einer textbezogenen Exegese kann keine Rede sein, aber Steiner begann, sich stärker mit biblischen Texten zu beschäftigen und sich der christlichen Tradition über deren Grunddokumente zu nähern.

Am 1. Januar 1909 machte Steiner deutlich, daß er seine Vorstellungen selbständig fortschrieb und sprach erstmals von dem polaren Paar Ahriman und Luzifer (s. u. 8.3.2c), damit weitenteils bibelfremde Vorstellungen an die Christologie anlagernd. Auch Besant agierte selbstredend eigenständig. Ihre wohl wichtigste Entscheidung betraf in diesem Jahr die Wiederaufnahme Leadbeaters in die Theosophische Gesellschaft, die zwar unmittelbar nichts mit der Christologie zu tun hat, aber über die Verschlechterung der Atmosphäre auch auf dieses Feld durchschlug. Leadbeater nahm sofort seine Funktion als spirituelle Begleit- und Leitfigur Besants wieder ein und forcierte die Installation eines Weltenlehrers. Im April 1909 könnte Steiner von diesen Absichten Kenntnis erhalten haben[67].

Es gab also in der Theosophischen Gesellschaft einiges zu besprechen, als für den Zeitraum vom 30. Mai bis zum 2. Juni 1909 der turnusmäßige Kongreß der europäischen Sektionen der Adyar Theosophie Gesellschaft anberaumt war, diesmal in Budapest, wo sowohl Besant als auch Steiner erwartet wurden. Die theosophische Klientel war verunsichert: »Man kann oft hören, da und dort in Europa: Woran soll man sich halten? Mrs. Besant lehrt dies, Dr. Steiner das etc.«[68] Deutsche Theosophen hofften anscheinend, Besant werde mit dem neuen Weltenlehrer auftreten[69]. Und schon Wochen oder Monate vor der Zusammenkunft kursierten Vermutungen über die Zuspitzung der »Weltenlehrer«-Debatte[70]. Vor diesem Hintergrund sind begriffliche Positionsbesetzungen Steiners zu lesen, der etwa noch vor dem Budapester Kongreß den Begriff des »Christus-Ereignisses« als betont »historische Tatsache« in seiner Christus-Konzeption starkmachte (GA 57,430). In diesem Kontext ist auch ein Vortrag vom 10. April 1909, dem

---

Christus könne gelehrt werden, »was man die Kraft der Selbsterlösung des menschlichen Ichs nennt« (GA 109–111,100).

[65] Thiede: Wer ist der kosmische Christus?, 198. Vgl. das Thiedes Interpretation entgegenstehende Zitat bei ihm selbst, S. 187.

[66] GA 103. Vgl. damit noch die theosophischen Ausführungen über das Johannesevangelium im Frühjahr 1906 (GA 94,187–223). Ein ähnlich ausgerichteter Vortragszyklus zu diesem Thema im Herbst 1906 ist zutreffend mit »Die Theosophie an Hand des Johannes-Evangeliums« betitelt (ebd., 227).

[67] Levy: Mrs. Annie Besant, 1913, 162 ff., hier nach Thiede: Wer ist der kosmische Christus?, 192.

[68] Steiner in seinem Rückblick auf den Budapester Kongreß (MTG 10,10).

[69] Vgl. Vreede: Die Bodhisattvafrage, 45 f.

[70] Dafür sprechen die Vorbereitungen für die neue Rolle Steiners (s. u. 8.2.5); all dies dürfte nicht aus dem Stehgreif passiert sein.

Ostersonntag, zu lesen. Steiner sprach erstmals vom »Maitreya-Buddha dem Erneuten großen Lehrer und Führer der Menschheit«, der ein Nachfolger Buddhas sei (GA 109,94)[71]. Der Bezug auf Krishnamurti war unüberhörbar. Allerdings entzog er sich tags darauf jeglicher Festlegung über einen möglichen Ankunftstermin (ebd., 105.117). In den nächsten Monaten und Jahren, wohl bis zum 5. November 1911 (GA 130,121), verknüpfte Steiner mehrfach die Debatte um den Weltenlehrer mit der Maitreya-Thematik[72]. Das vereinspolitische Interesse liegt auf der Hand: Steiner akzeptierte im Prinzip die Existenz des kommenden Weltenlehrers, ging auch mit der indischen Terminologie des Maitreya-Buddha auf Besant und Leadbeater zu, vermied aber die Christologisierung dieser Vorstellung. Dadurch versuchte er vielleicht, Einfluß auf die Deutung, vielleicht auch auf die Umsetzung der »Erscheinung« (etwa in der Terminfrage) zu behalten. Die Antwort, daß er selbst der Bodhisattva sei, hat Steiner erst 1910 gegeben (s. 8.3.1). Die spirituelle Machtpolitik in der Theosophischen Gesellschaft stand in Budapest jedenfalls auf der Agenda.

Hier dürften sich Steiner und Besant erstmals seit dem Münchener Kongreß von 1907 wiedergesehen haben. Die Differenzen zwischen dem Leiter der deutschen Sektion und der Präsidentin der Gesamtgesellschaft waren jetzt nicht mehr zu verheimlichen, und das Arrangement der Reden markierte das Konfliktfeld: Steiners Vortrag vom 31. Mai trug den Titel »Von Buddha zu Christus«, Besant sprach noch am selben Tag über »The Christ, who is he?« In diesen programmatischen Vorträgen waren die Konflikte um die Durchsetzung eines Weltenlehrers, die Auseinandersetzung um den Modus seiner Erwählung und um seine Stellung schon unentwirrbar verknüpft. Vereinspolitisch lag das Gesetz des Handelns in den Händen von Besant und Leadbeater, die mit der Auswahl Krishnamurtis ein fait accompli geschaffen hatten. Auch für die weiteren Auseinandersetzungen würde man in Adyar die Trümpfe in der Hand halten, sofern – wie es dann auch geschah – der künftige Weltenlehrer in Adyar von Leadbeater erzogen wurde. Damit drohte die Dominanz der Führer in Adyar und des »östlichen Weges«.

Steiner hingegen war organisatorisch und konzeptionell an den Rand gedrängt. Auf die Auswahl des Weltenlehrers hatte er keinerlei Einfluß gehabt (und ihn wohl auch nicht gewollt), und seine Verkündigung vom rosenkreuzerischen Weg, der für den Westen optimal sein sollte, lief Gefahr, schon im Anfangsstadium marginalisiert zu werden. Eine physische Präsenz des Christus (falls dies Besants und Leadbeaters Vorstellung zutreffend beschreibt) war in Steiners Lehre nicht vorgesehen. Und die seit 1907 verankerte Doktrin von der kosmologischen Bedeutung »des Christus« ließ sich nur schwer mit dessen konkreter, körperlicher Wiederkunft verbinden. Steiner hat seine Position in diesen Antagonismen später gerne auf die Formulierung zugespitzt, die Ankunft »des Christus« sei ein einmaliges Ereignis der Erdgeschichte.

---

71 Erstmalige Nennung nach Lindenberg: Steiner (Chronik), 276.

72 Am 27.2.1910 bezeichnete Steiner den Maitreya-Buddha den »größten Verkündiger des Christus-Impulses« (GA 118,225). »Der Bodhisattva, der an Gautamas Stelle trat, als dieser zum Buddha wurde, wird niedersteigen in der Gestalt des Maitreya-Buddha, um die Menschen zur vollen Anerkennung des Christus zu bringen.« (ebd., 225)

In dieser Situation nutzte Steiner seine Rede in Budapest, um seine Position zu markieren. Dabei referierte er über weite Strecken konventionelle theosophische Lehren, aber nicht, ohne auf seine »Rosenkreuzertheosophie« hinzuweisen. Bemerkenswert war jedoch, daß er behauptete, der vor allem als Naturwissenschaftler bekanntgewordene russische Gelehrte Michail Lomonossow »trug den Ätherleib des Galilei in sich« (GA 109–111,150). Nota bene: hier wurden herausragende Fähigkeiten nicht über das theosophische Reinkarnationsmodell erklärt, wie üblich, sondern über die (nur an dieser Stelle von Steiner benutzte?) Theorie der Weitergabe eines Ätherleibes. Man kann dies als sublime Kritik am Modell eines reinkarnierten Christus lesen. Und Steiner strich seine Kompetenz heraus, indem er die Unkenntnis anderer angesichts seiner Deutung väterlich in Schutz nahm: »Das ist keine Schande, man kann nicht alles wissen auf dem physischen Plan.« (ebd., 151) Diese Unkenntnis trat er an, auch hinsichtlich des Christus zu bekämpfen: Er postulierte eine »Christus-Wesenheit«, die »stellvertretend« etwa in »Ahura Mazdao«[73] oder in »Jahve oder Jehova« »dastand«; aber »jetzt, in der vierten Kulturepoche, lebte dieselbe Wesenheit drei Jahre auf unserer physischen Erde« (GA 109–111,152). »Seit dem Ereignis von Golgatha ist er der planetarische Geist der Erde, und seither ist er zu finden in der physischen Erdenaura.« (ebd., 153) Steiner schränkte also die Wiederkehr eines »Christus-Prinzips« auf die »vorchristliche« Zeit ein und begrenzte die Anwesenheit »des Christus« in einen menschlichen Körper auf die drei Jahre zwischen Taufe und Kreuzigung. Darin war sein Widerspruch gegen die Installation Krishnamurtis als neuem Christus unüberhörbar: Der zum kosmischen Geist gewordene Christus könne in Krishnamurti nicht sein.

Aber dann präsentierte Steiner einen Kompromißvorschlag nach dem Lomonossow-Galilei-Modell:

> »Der Leib des Jesus von Nazareth, der Ätherleib, Astralleib und das Ich des Jesus von Nazareth, sie sind in großer Vervielfältigung in der geistigen Welt vorhanden. Das ist etwas höchst Bedeutungsvolles, was damit gesagt wird. … Viele Kopien vom Ätherleib- und Astralleibe und vom Ich des Jesus von Nazareth sind da, um einverleibt zu werden den vorläufigen Trägern des Christus-Prinzips.« (GA 109–111,153) »Eine Kopie des Ätherleibes des Jesus von Nazareth trug zum Beispiel Augustinus« (ebd., 153), und weitere Kopien des Astralleibes besaßen Franz von Assisi und Elisabeth von Thüringen (ebd., 154). »Sie wirken aus dem heraus, worinnen einst der Christus war« (ebd.).

Nach diesem Vermittlungsangebot hätte ein Krishnamurti sich als Körperglied des Jesus von Nazareth verstehen dürfen, er hätte sogar »aus dem heraus« wirken dürfen, »worinnen einst der Christus war«. Aber der wiedergekommene Christus wäre er nicht mehr gewesen, sondern bloßer Vorbereiter, wie Steiner explizierte:

> »Solche Menschen, die sich hinaufringen können zu den Höhen der spirituellen Weisheit und Liebe, sie sind Kandidaten für die Kopien des Ich des Jesus von Nazareth, sie

[73] Diese Gottheit des Zarathustrismus kommt in Steiners christologischen Vorträgen vor dem Ersten Weltkrieg häufig vor, seine Quellen sind unbekannt. In der theosophischen Literatur war diese religiöse Tradition (unter Rückgriff auf die Chaldäischen Orakel) bei Blavatsky und Besant präsent; vgl. Stausberg: Faszination Zarathushtra, II, 435–437.

sind dann die Christus-Träger, die wahren Christophoren. Sie sollen auf dieser Erde die Vorbereiter sein für sein Wiedererscheinen.« (ebd., 154)

Dieses nach dem Modell Johannes des Täufers modellierte Wiedererscheinen sollte sich jedoch abspielen wie das Damaskus-Erlebnis des Paulus (ebd., 153): spirituell, nicht körperlich. Diese Rede zeigt, daß Steiner wahrscheinlich nicht mit der Option in den Kongreß gegangen war, seine Christologie in einer Grundlage, der letztmaligen Verkörperung »des Christus« in Jesus von Nazareth zu revidieren. Doch dokumentiert das Konzept der »Kopien« von Körpergliedern, wieviel Spielraum in dogmatischen Fragen eingeplant war und wieweit Steiners Bereitschaft ging, seine Theorie in diesem machtpolitischen Poker zu modifizieren.

Leider ist Besants Antwort in ihrem Vortrag »The Christ, who is he« nicht im Original zugänglich[74], sondern nur in der Wiedergabe Steiners (MTG 10,12–14), die er vor der deutschen Sektion am 18. Juni 1909 vortrug[75]. Er referierte Besants Position mit der Intention, die Gemeinsamkeiten herauszustreichen und deutete die Unterschiede als legitime Ausprägungen theosophischer Wahrheitssuche. So sah er in Besants Rede eine »Uebereinstimmung« im »Grundprinzip«, aber »jeder Okultist« habe die Dinge »so darzustellen, wie sie sich ihm selbst darstellen« (MTG 12,12). Vielleicht glaubte Steiner, daß durch seine Interpretation Krishnamurtis als Bodhisattva die Probleme gelöst seien[76]. Möglicherweise hatte Besant ihrerseits einen Unterschied zwischen einem Bodhisattva und Christus gemacht, wobei Steiner den Bodhisattva als »Amt« (ebd.) deutete, woraus man schließlich könnte, daß der Begriff Christus als personales Prädikat verstanden wurde. Jedenfalls sei, behauptete Steiner, die »Wesenheit, die jenseits der Sphäre der Rishis war« und die »dieselbe ist, wie der Christus«, in einer »viel angemesseneren Weise als früher in dem Jesus von Nazareth für die letzten drei Jahre seines Lebens verkörpert« gewesen[77]. Dies könnte bedeuten, daß Steiner eine Sonderstellung des Christus forderte, Besant diese aber relativierte. Dies sind Konjekturen mit vielen Unbekannten, doch werden sie hinsichtlich Besants von den Erinnerungen eines Teilnehmers, Alexander Strakosch, gestützt, der auf seine während des Vortrags angefertigten Notizen zurückgegriffen habe. Ihm zufolge war »the

---

[74] Die Budapester Kongreßakten gingen aufgrund des Todes des Vorsitzenden der ungarischen Sektion verloren und wurden nie gedruckt; Besant: The Stockholm Congress, 757. Ein vollständiger Text ihres Vortrags war mir nicht zugänglich; insofern ist die Zusammenfassung durch Steiner in den »Mitteilungen« der deutschen Sektion, wo er Besants Vortrag übrigens sehr wohlwollend bewertete (»von grosser Intuition und tiefer Empfindung«, MTG 12,11), der augenblicklich wichtigste Zugang. Steiner machte klar, daß er »nicht im strengen Sinne ein Referat gebe über Mrs. Besants Vortrag, sondern … in freier Weise meine eigenen Ideen an Mrs. Besants Auseinandersetzungen knüpfe« (ebd., 12).

[75] Die Datierung ergibt sich aus einem Vorwort zu Steiners Bericht (MTG 12,7) und einem Hinweis bei Lindenberg: Steiner (Chronik), 283.

[76] Steiner gab Besant folgendermaßen wieder: »So können wir es auch ganz verstehen, wenn Mrs Besant sagte, dass die Individualität, die als Buddha auftrat, früher die verschiedensten Stufen der Entwicklung durchgemacht hat, dass sie reifer und reifer und zu bestimmter Zeit ein Bodhisattva geworden ist.« (MTG 12,13)

[77] MTG 10,13; vgl. ausführlich zu den Rishis GA 109–111,152. Aber letztlich hielt Steiner die Differenzen für überbrückbar, – und fast für arbiträr: »Wem der Name Bodhisattva besser gefällt, – wozu sich Mrs. Besant bekennt – der wird die Sache anders darstellen als der welcher den Namen Christus als richtiger betrachtet.« (MTG 10,14)

Christ« für Besant ein »Bodhisattwa und schreitet dann zum Buddha vor«. Er biete »immer wieder die alte Weisheit in der neuen Form«, Besant habe also »in dem Christus auch nur einen dieser höchsten Lehrer« gesehen[78].

In Steiners Bericht folgten nun auf seine eben zitierten Ausführungen zur »angemessenen« Verkörperung des Christus Sätze, die ein spirituelles Wiederkommen Christi präferieren, aber vielleicht auch eine reale Wiederkehr möglich erscheinen lassen:

> »Es mag in äusserlichen Angaben ein Widerspruch bestehen, – das sind äusserliche Angaben – aber vollkommen kann man dem beistimmen, dass der Christus – in Bezug auf die Art und den Zeitpunkt zeigen mir meine Erkenntnisse anderes als Mrs. Besant – wiederkommen wird, und dass ihn diejenigen erkennen werden, welche dazu vorbereitet sind. Man sollte vielmehr das Vorbereitetsein betonen, als das Wiederkommen. Es könnte leicht der Fall sein, dass die Menschen den Christus haben, ihn aber nicht erkennen, wenn er auch länger als drei Jahre unter ihnen wäre. … Es ist im Grunde der Menschheit ein schlechter Dienst geleistet, wenn auch auf eine bestimmte Zeit hingewiesen wird.« (MTG 10,13)

Hinter der anderen »Art« der Erscheinung mag die spiritualisierende Deutung der Wiederkunft des Christus stehen; hier sind die Unterschiede zu Besants Position manifest. Immerhin hielt er fest, daß Besant »andere« Erkenntnisse besitze, und dies könnte das Tor zu einem Kompromiß hinsichtlich der körperlichen Wiederkehr des Christus sein – und geschehe sie auch nur in Körperhüllen. Auch die Rede vom »Zeitpunkt« könnte andeuten, daß Steiner bereit war, Besants Naherwartung entgegenzukommen, wenngleich er ihr nicht die Bestimmung des Termins überlassen wollte[79]. Möglicherweise war selbst hier noch Verhandlungsspielraum gegeben. Klar ist bei dieser elastischen Dogmatik nur zweierlei: Es gab unterschiedliche Auffassungen, und es gab den engagierten Willen, die theosophische Harmonie zu wahren. Ich sehe keine Indizien für eine schiefe Ebene, die unvermeidlich zur Trennung führen mußte.

Mit dieser Deutung werden Kompromißangebote Besants in Budapest verständlich, Steiner entweder organisatorisch oder ideenpolitisch zu »entschädigen«, sollte er den Weltenlehrer Krishnamurti akzeptieren. So versuchte man offenbar, Steiner die Leitung des Sternordens, der zur Förderung des neuen Weltenlehrers gegründet werden sollte, anzutragen. In Budapest bildete sich Steiner zufolge

> »eine, ich möchte sagen, internationale Gesellschaft der ehrlichen Leute … Diese internationale Gesellschaft stellte mir von Indien aus den Antrag, ihr Präsident zu werden. Und ich sagte 1909 zu Mrs. Besant: Es ist gar keine Rede davon, daß ich jemals in ei-

---

[78] Strakosch: Lebenswege mit Rudolf Steiner (1994), 49. Die Hinweise auf die Notizen während des Vortrags S. 480[46].

[79] Man kann diese Stelle als frühen Hinweis auf das später als »Erscheinen des Christus im Ätherischen« Bezeichnete deuten; explizit ist in dieser Passage davon aber nicht die Rede. Vgl. auch die Aussage vom 27. April 1907, »daß der Christus in Zukunft wieder erscheinen wird« (GA 96,321). Ob Steiner eine reale oder spirituelle Wiederkunft gemeint hat und ob das konkrete Rechnen mit drei Jahren auch auf eine reale Wiederkunft bezogen werden kann, läßt sich mit dem äquivoken Text nicht entscheiden.

ner okkulten Bewegung irgendetwas anderes sein will, als im Zusammenhang mit der deutschen Kultur« (GA 167,79).

Zwar ist vom Sternorden hier nicht explizit die Rede, doch kommt, da die Präsidentschaft der Gesamtgesellschaft seit zwei Jahren besetzt war, nur der Sternorden in Frage. Ein zweites Kompensationsgeschäft sollte Steiner, falls er in die Leitung des Ordens eingewilligt hätte, sozusagen ideell »upgraden«: Er hätte dann als reinkarnierter Evangelist Johannes gelten dürfen[80], wäre mithin als Christus-Verkündiger legitimiert gewesen[81]. Aber dies hätte zugleich die Einwilligung in einen nachgeordneten Status bedeutet und wäre pikanterweise die Rolle gewesen, auf die er Krishnamurti zurückschrauben wollte. Jedenfalls hoffierte Besant ihren Generalsekretär mit einer Anerkennung von hohem symbolischen Wert: Er erhielt »die große Subba Row Medaille« für »Wie erlangt man Erkenntnisse der höheren Welten?« (MTG 12,5). Stolz berichtete Steiner, daß die von Olcott gestiftete Auszeichnung zuerst Blavatsky, dann Mead und schließlich Besant verliehen worden sei, ehe die Präsidentin sie ihm als erstem aus ihrer Hand überreicht habe (ebd., 14)[82].

Steiners Kongreßbericht vermittelt durchgängig den Eindruck, daß trotz der unterschiedlichen Auffassungen ein »Wille einträchtigen Zusammenwirkens« herrschte: »Wir wollen daher einträchtiglich unter uns und einträchtiglich mit der theosophischen Bewegung sein.« (MTG 12,14) Er suchte den Konsens und den Ausgleich mit Besant, dies jedenfalls ist eine zentrale Nachricht seines Kongreßberichtes nach außen. Man wird unterstellen dürfen, daß auch Besant eine friedliche Konfliktregelung anstrebte, jedenfalls nahm Steiner ihre Position so wahr, andernfalls hätte er sich kaum so euphorisch über die weitere theosophische Zusammenarbeit geäußert. Wollte man diese Äußerungen nur als strategische Freundlichkeiten betrachten, müßte man für diese Deutung weitere Belege beibringen. Gleichwohl hielt jede Seite an ihren Grundpositionen fest und versuchte mit Zugeständnissen in weniger zentralen Fragen – Leibkopien hier, Leitung des künftigen Sternordens dort – die andere Seite herüberzuziehen. Wie die exakten Vereinbarungen mit Besant ausgesehen haben, ist aber ebensowenig bekannt wie der Inhalt der Unterredungen auf dem Münchener Kongreß[83].

---

[80] In Budapest »war es ja auch, daß man mit mir hat einen Kompromiß schließen wollen, denn es ging damals die Absicht, diesen Alcyone zum Träger des Christus zu ernennen. Man wollte mit mir einen Kompromiß schließen, man wollte mich zum wiederverkörperten Johannes ernennen, den Evangelisten, und man würde mich dann dort anerkannt haben.« (GA 167,79 [28.3.16]) Wehr: Rudolf Steiner, 418, bezweifelt aufgrund falscher chronologischer Angaben diese Offerte Besants. In der Sache sehe ich keine Notwendigkeit, die Absicht dieses Geschäfts in Frage zu stellen.

[81] Unklar ist, ob Steiner sich nicht selbst noch höher stilisierte und als »wiedergekommenen Christus« sah oder von Anhängern so wahrgenommen wurde; diesbezügliche Gerüchte streute jedenfalls Steiners Intimfeind Vollrath 1912 aus; Klatt: Theosophie und Anthroposophie, 212.

[82] Steiner bedankte sich am 18.2.1909 in einem Brief an Besant, thematisierte aber zugleich das Problem der Mitgliedschaft Vollraths (TheosA Adyar, File 118 [achtseitiger Brief], S. 6).

[83] Marie Steiners Erinnerungen hingegen suggerieren die prinzipienfeste Abgrenzung Steiners, sprechen aber auch vom »gütlichen Vergleich« und sind ohnehin Jahrzehnte später veröffentlicht. »Die einst [in München] getroffene Vereinbarung der Unabhängigkeit seiner geistigen Arbeit, die er als Bedingung seines Wirkens in der Theosophischen Gesellschaft gefordert hatte, wurde ins Gedächtnis zurückgerufen und als verpflichtend für die Zukunft wieder anerkannt. Damals ging die

Doch nach dem Budapester Kongreß, der am 2. Juni 1909 zu Ende gegangen war, setzten sich die zentrifugalen Kräfte durch. Steiner bekräftigte seine Position, indem er am 24. Juni den Christus als »die größte aller Erscheinungen« bezeichnete (GA 112,13), und am 3. Juli behauptete er, der Christus sei »nicht ... durch vorherige Inkarnationen durchgegangen« (ebd., 179). Besant wiederum, die von Budapest aus nach England und seit Anfang August durch die Vereinigten Staaten reiste, sprach in den USA über »The Coming Christ«[84], um die Ankunft des Weltenlehrers zu signalisieren oder ihn zu suchen, er sollte ja aus dem Westen kommen. Von der »Entdeckung« Krishnamurtis, der seit Januar 1909 in Adyar war, wußte sie möglicherweise noch nichts, Leadbeater soll sie erst am 6. Oktober unterrichtet haben[85].

Steiner schärfte seinerseits das Profil seiner Christologie durch eine Verstärkung der kosmischen Dimension. Hier gab es teilweise weitreichende Übereinstimmungen mit Besant, denn die Vorstellung des nicht mehr in einen Menschen wiederkehrenden Christus, die Steiner in Budapest entworfen hatte, läßt sich kosmologisch deuten. Aber nun machte Steiner die Differenzen stark. Am 28. August näherte er sich Besants Begriffsschöpfung des »kosmischen Christus« an[86] und besetzte ihn um: »Der Christus« werde von einem »kosmischen Gotte ... ein mystischer Gott immer mehr und mehr ..., der von den Menschen im Inneren des Seelenlebens wird erlebt werden können« (GA 113,119). »Der Christus ist geworden von einem kosmischen Gotte zu einem irdischen Gott, der die Seele der Erde ist in der Zukunft.« (ebd., 127) Der kosmische Christus wurde damit auf die Erde beschränkt und zu einer Figur der Vergangenheit mit verminderter aktueller Relevanz, der »wahre« Christus hingegen von einer eher »naturalen« zu einer stärker historischen Figur. Die ideenpolitischen Konsequenzen für die innertheosophische Debatte hat Werner Thiede scharf akzentuiert:

> »Damit hat die faszinierende Rede vom ›kosmischen Christus‹, welcher in Besants Denksystem die Trägerfigur für zyklische Verkörperungen und insofern für ihre apokalyptische Naherwartung darstellt, ihre zukunftsorientierende Funktion eingebüßt und ist, pointiert gesagt, zu einem allenfalls edle Vergangenheit erinnernden Ausdruck degradiert.«[87]

Die Zeichen drehten nach dem Budapester Kongreß langsam auf Sturm.

In dieser Situation schlug Steiner am 18. September 1909 ein neues Kapitel seiner Christologie auf und lehrte die Existenz zweier Jesusknaben[88]. Um die Probleme der beiden neutestamentlichen Stammbäume im Matthäus- und Lukas-Evangelium zu lösen, nahm er mit Bezug auf 2 Sam 5,14 zwei Geschlechter-

---

Unterredung noch im Sinne eines gütliches Vergleiches aus«; so Anfang der 20er Jahre, Marie Steiner: Geschehnisse, 3.

[84] Ransom: A Short History, 384.

[85] Meyer: Bodhisattvafrage, 115.

[86] Thiede: Wer ist der kosmische Christus?, 195.

[87] Ebd., 196. Mir scheint Thiedes Analyse für den längerfristigen Umgang mit dem Weltenlehrer-Topos richtig. 1909/10 versuchte Steiner noch, die Naherwartung aufrecht zu erhalten, verlegte allerdings das baldige Erscheinen des Christus ins »Ätherische«.

[88] Erstbeleg nach Krause-Zimmer: Wann begann Rudolf Steiner über die zwei Jesusknaben zu sprechen, 33.

folgen Davids an, eine salomonische und eine nathanische (GA 114⁹,92). Aus beiden Linien habe zur Zeit der Geburt Jesu jeweils ein Ehepaar mit den Namen Joseph und Maria gelebt, was Steiner als »nicht weiter wunderbar« einstufte (ebd.). Der salomonische Jesus aus der königlichen Linie, wohnhaft in Nazareth, von dem Matthäus berichte, sei der reinkarnierte Zarathustra (ebd., 93), der nathanische Jesus priesterlicher Abstammung, in Bethlehem beheimatet, von dem Lukas rede, sei der reinkarnierte Buddha (ebd.). Als Jesus zwölf Jahre alt war, »drang« die »Zarathustra-Ichheit« »aus dem Körper des salomonischen Jesusknaben heraus und übertrug sich auf den nathanischen Jesus« (ebd., 110). Der salomonische Jesus sei gestorben, ebenfalls die Mutter des nathanischen Jesus, der Vater des salomonischen Jesusknaben schon tot gewesen (ebd., 110f.). Die übriggebliebenen Elternteile hätten zu guter Letzt zusammengefunden: »Die Mutter des salomonischen Jesuskindes ... wurde in dem Hause des nathanischen Joseph aufgenommen« (ebd., 111). 1913 behauptete Steiner dann noch, bei der Taufe Jesu sei der »Geist« der verstorbenen Mutter auf die lebende übergegangen (GA 148⁵,85). Schließlich kam, so weiterhin Steiner, auf den nathanischen Jesus in der Jordantaufe das »göttliche Schöpfungswort« herunter (GA 114⁹,149); und in der Jordantaufe habe »die Einwohnung des Christus« stattgefunden (ebd., 90).

Diese Erzählung von den zwei Jesusknaben, die viele kritische Steiner-Leser unverhohlen als krause Geschichte verspotteten, rief auch unter seinen Anhängern Kopfschütteln hervor. »Bei den Zuhörern herrschte eine ungeheure Aufregung, von der man sich heute kaum einen Begriff machen kann ... und nicht alle wurden sogleich fertig damit, ja es gab Ungläubige und Zweifler damals, ... die sich allmählich zurechtfanden.«[89] Gleichwohl hat Steiner zumindest vor dem Ersten Weltkrieg engagiert an dieser Vorstellung festgehalten[90].

---

[89] Treichler: Wege und Umwege, 37, zit. nach Lindenberg: Steiner (Chronik), 284, Auslassungspunkte im Original. Zu Christian Geyer, der diese Lehre für »anstößig« hielt, habe er noch in den zwanziger Jahren – ob aus Überzeugung oder aus Taktik, ist unklar – gesagt: »Ja meinen Sie, das gehe mir nicht selbst ebenso?« (Geyer: Heiteres und Ernstes, 247)

[90] Die Versuche einer Plausibilisierung ziehen sich durch die orthodoxe Rezeption von Steiners Werk. Prominent sind die Versuche von Krause-Zimmer: Die zwei Jesusknaben in der bildenden Kunst, die Belege für Steiners Auffassungen in der europäischen Kunstgeschichte sucht. Sie glaubt die beiden Jungen beispielsweise auf mittelalterlichen Altartafeln in chronologisch konsekutiven, aber nebeneinander dargestellten Szenen (z. B. Anbetung der Hirten und Darbringung der Geschenke durch die Hl. Drei Könige) zu erkennen. Wenn man allerdings hier unterschiedliche Jesusknaben und unterschiedliche Eltern zu erkennen glaubt (S. 21–24, Abb. 1 und 2), verkennt man die Erzähltechnik in mittelalterlichen Bildern, wo sie mit der gleichzeitigen Präsentation chronologisch sukzessiver Szenen arbeitet, gründlich. Oder: Zwei Knaben bei Maria interpretiert sie als zwei Jesusknaben, nicht als Johannes den Täufer und Jesus (z. B. bei einem Bild Peruginos, S. 82 und Abb. 40), obwohl diese Auflösung gängig ist und auch dann gilt, wenn die Attribute nicht in mittelalterlicher Deutlichkeit vorhanden sind. Raffaels »Madonna di Duca del Terranuova« (Berlin, Stiftung Preußischer Kulturbesitz) bietet zwar mit drei kleinen Kindern ein Erklärungsproblem: Handelt es sich bei dem dritten Jungen um Jacobus Minor, in der lateinischen Tradition der Herrenbruder (Klessmann: Gemäldegalerie Berlin, 156), um einen Heiligen von besonderer Nähe zum Auftraggeber oder um ein Stifterkind? Die Frage muß offen bleiben. Für Krause-Zimmers Konjektur, daß es sich um den zweiten Jesus handle (Krause-Zimmer, ebd., 74–77, Abb. 37) spricht außerhalb der anthroposophischen Binnentheorie aber nichts: Das bei Raffael frühe (um 1505) und singuläre Thema taucht in seinem weiteren Werk nicht mehr auf (obwohl es in anthroposophischer Perspektive hätte wichtig sein müssen), Äußerungen Raffaels gibt es nicht, Nebenbelege bei Zeitgenossen auch nicht. Ohnehin

Die Gründe für die Rezeption oder Konstruktion der Zwei-Knaben-Genealogie Jesu dürften im Umfeld des theosophischen Antihistorismus liegen[91]. Schon im April 1907 hatte Steiner die beiden Stammbäume als »Keimpunkt zu all den Zweifeln, die hinsichtlich der Einheitlichkeit der Schrift« beständen (GA 55,242), moniert. Die Theorie der beiden Jesusknaben wäre dann eine Antwort auf die In-Frage-Stellung der Konsistenz der Bibel durch die historisch-kritische Exegese, die gerade bei den Stammbäumen seit der frühen Neuzeit ansetzte[92]. Steiners Rettung der Schrift beruhte auf einer wörtlichen Schriftauslegung[93], in der er die Stammbäume als historische Faktenaussagen verstand, sie aber mit einer spekulativen (in Steiners Verständnis: hellsichtigen) Ergänzung versah. Darüber hinaus dürfte es Gründe im theosophischen Kontext geben. Thiede macht darauf aufmerksam, daß durch die fehlende Avatar-Christologie bei Steiner die Möglichkeit der Integration anderer Religionen wegfalle, so daß Steiner einen neuen Weg benötige[94]. Steiner konnte in der Tat mit seiner Stammbaumkonstruktion religiöse Traditionen Asiens seiner Christologie als Vorläufer unterordnen. Die Vereinigung der beiden Jesusknaben waren für ihn der »Zusammenfluß des Buddhismus und Zarathustrismus« (GA 114$^{9}$,111). Dahinter darf man wiederum auch eine Profilierung gegenüber Besant und der »östlichen« Theosophie lesen.

Wie labil das Spannungsfeld von Harmonie und Dissens im auslaufenden Jahr 1909 war, zeigte eine Äußerung Steiners am 24. Oktober, die im Januar 1910 im Mitteilungsblatt der Theosophischen Gesellschaft referiert wurde:

> »Besant und Steiner kommen also offenbar recht gut nebeneinander aus, wenn sie auch verschiedene Wege gehen. Es war eben notwendig, den alten Strom der theosophischen Bewegung mit einer neuen Strömung zu vereinigen, ihr von gewisser Seite her

---

trägt Krause-Zimmer alle Deutungen ohne Rückgriff auf die wissenschaftliche Literatur vor, allein gestützt auf Steiner. Innere Inkonsistenzen – von einem eigentlich notwendigen zweiten Elternpaar fehlt auf allen Bildern jede Spur – bleiben im Raum stehen.

91 Die Quellen Steiners sind unklar. Ob es in Leadbeaters »etheric records« Parallelen gibt, bleibt zu prüfen. Gnostische Parallelen überzeugen nicht. Hoheisel: Vorlesung Anthroposophie, nennt apokryphe Schriften. Steiner habe auf das Ägypter-Evangelium verwiesen, wo der Menschensohn komme, »wenn die zwei eins sein werden«. Allerdings ist dort, wie auch im koptischen Thomas-Evangelium, von der Vereinigung von Mann und Frau die Rede; vgl. Neutestamentliche Apokryphen in deutscher Übersetzung, hg. v. W. Schneemelcher, 177. Mittelalterliche Quellen, auf die Frick: Die Erleuchteten, II / 2,275, und II / 1,154–188, verweist, bleiben diffus und beziehen sich möglicherweise auf ein dualistisches Menschenbild. Die kabbalistische Vorstellung der »Seelenschwängerung« (Ibbur), auf die Hauer: Werden und Wesen der Anthroposophie, 17, im Gedanken der »Seelenschwängerung« (Ibbur) hinweist, trägt nicht, weil es dabei um eine zusätzlich vorhandene Seele geht.

92 Die Stammbaumfrage war seit der Antike ein umstrittenes Feld (vgl. Luz: Evangelium nach Matthäus, I, 95 f.) und seit der kritischen Exegese im 17. Jahrhundert ein Thema der Christentumskritik; vgl. etwa Hazard: Die Krise des europäischen Geistes, 251.

93 »Nur müssen wir alles in den Evangelien wörtlich nehmen« heißt es bei Steiner explizit hinsichtlich der Stammbaumfrage (GA 112,161). Derartige Fragen stellen sich allerdings nur, wenn man zugunsten einer Reduktion auf den Wortsinn auf andere Hermeneutiken verzichtet. Es handelt sich hier in der Geschichtstheologie des Matthäus-Evangeliums nicht um eine leibliche Ahnenreihe im biologischen Sinn, vielmehr wird Jesus sowohl in die Tradition des königlichen Israel als auch in die universalistische Abrahamstradition gestellt; Luz: Evangelium nach Matthäus, I, 97.

94 Thiede: Wer ist der kosmische Christus?, 197. Den religionshistorischen Superioritätsanspruch hat Thiede richtig gesehen; allerdings zeigte Steiner in seinem »Fünften Evangelium«, daß er dieser Zwickmühle auch anders entkommen konnte (s. u. 8.2.8).

neues Lebensblut zuzuführen. Von irgend einem leeren Harmoniegerede wird nicht Fruchtbares kommen.« (MTG 12,5)

Weniger diplomatisch verklausuliert hieß das: Es gab Konflikte. Tags darauf, am 25. Oktober, hatte er hinsichtlich des Weltenlehrers Klartext gesprochen: »Der Christus war ein einziges Mal physisch da« (GA 116,33). Nach dem Budapester Kongreß hatten sich die Spannungen zwischen Steiner und Besant in der zweiten Hälfte des Jahres 1909 erhöht. Weniger deutlich sind die Hintergründe. Vermutlich hatte Steiner mitbekommen, daß die Würfel in Adyar im Herbst 1909 gefallen waren, Krishnamurti als Weltenheiland auserkoren war. Es spricht viel dafür, daß Steiner diese Entwicklung weder machtpolitisch noch – aber hier war er weiterhin für Kompromisse offen – inhaltlich hinnehmen wollte. Trennung forderte öffentlich noch keiner.

Am 11. Januar 1910 schufen Leadbeater und Besant weitere Fakten und unterzogen Krishnamurti einer ersten Einweihung. Ob Steiner davon (im Vorfeld?) Kenntnis hatte, ist nicht bekannt, aber die Situation muß angespannt gewesen sein. Tags darauf sprach Steiner jedenfalls erstmals über das »Wiedererscheinen Christi im Ätherischen im weiteren Verlauf des 20. Jahrhunderts«[95]. Offenbar maß er diesem Vortrag eine außerordentliche Bedeutung zu, denn er fand zu einer unüblichen Uhrzeit statt und unterbrach den Zyklus, den Steiner in diesen Tagen in Stockholm hielt[96]. Da der Vortrag unveröffentlicht ist[97], müssen mögliche Inhalte aus einem zwei Wochen später, am 25. Januar, gehaltenen Vortrag erschlossen werden:

»So erfassen wir jetzt Geisteswissenschaft in einem ganz andern Sinn. ... Denn sie ist eine Vorbereitung auf das ganz konkrete Geschehen des Wiedererscheinens des Christus. Der Christus wird wiedererscheinen deshalb, weil die Menschen sich zu ihm hinaufheben werden im Äthersehen. ... Es wird dann nicht mehr nötig sein, das Dasein des Christus aus allerlei Urkunden zu beweisen«. Die Menschen würden den Christus als »Erlebnis« haben, »gleich wie der Paulus dazumal bei Damaskus überzeugt ward: Das ist der Christus – so wird es Menschen geben, die sich durch ihr Erleben im Ätherischen überzeugen werden, daß der Christus wirklich lebt. Das ist das größte Geheimnis unseres Zeitalters: das Geheimnis von dem Wiederkommen des Christus« (GA 118[3],28).

Damit vertrat Steiner zum einen eine ahistorisch konzipierte Erfahrungskonzeption, wie sie als Ausdruck seiner Historismuskritik sein theosophisches Denken durchzieht, indem er gegen alle »Urkunden« und ihre Deutungsunsicherheit und damit gegen die historisch-kritische Bibelinterpretation ein »Erlebnis« als Basis seiner Christologie auswies. Zum anderen distanzierte er sich von möglichen kosmologischen Deutungen des Christus. Zudem war die tagespolitische Spitze unüberhörbar, die sich gegen einen wiedergekommenen Christus in der Person Krishnamurtis richtete und die Steiner wenig später noch deutlicher artikulierte:

»Der materialistische Sinn wird dieses Ereignis sich vorstellen, daß er denkt, der Christus steige im Fleische herunter .... Eine Anzahl von Menschen wird es geben, die in

[95] So Lindenberg: Steiner (Chronik), 289. Schmidt: Vortragswerk, 150, nennt als Vortragstitel »Die Erscheinung des Christus im Ätherischen«.
[96] Lindenberg: Steiner (Chronik), 289 (Uhrzeit); Schmidt, ebd. (Stellung im Zyklus).
[97] Schmidt; ebd.

> ihrem maßlosen Hochmut das benützen und sich ausgeben werden unter den Menschen als der wiederverkörperte Christus. Falsche Christusse wird uns daher das nächste Zeitalter bringen können.« Theosophen[98] sollten »nicht verwechseln das Wiederkommen des Christus in einem geistigen Leibe, wahrnehmbar nur für ein höheres Schauen, mit einem solchen im physischen Fleische. Das wird eine der furchtbarsten Versuchungen sein« (GA 118³,29).

Der »wiederverkörperte Christus« war niemand anders als der angekündigte neue Weltenlehrer. Dies haben die deutschen Theosophen zweifelsohne begriffen[99], auch wenn der Name Krishnamurti nicht fiel[100]. Allerdings habe sich Steiner nur einmal öffentlich, am 13. Juni 1910, so zu dieser Thematik geäußert[101]; man kann dies als Versuch deuten, den Konflikt nicht über Gebühr eskalieren zu lassen.

Im Hintergrund dieser Auseinandersetzung standen schwerste Geschütze: Der Materialismus-Vorwurf identifizierte die Verkünder Krishnamurtis mit dem Hauptgegner der Theosophie, und mit der Rede von »falschen Christussen« – wenig später von »falschen Messiassen« (GA 118,224) – entwarf Steiner ein endzeitliches Szenario, das an die falschen Propheten der Johannes-Apokalypse gemahnte und ihre vielen Nachfolger in der europäischen Religionsgeschichte[102]. Steiner nahm damit dogmatische Festlegungen vor, die die Grenze zwischen wahr und falsch, Rechtgläubigen und Ketzern, die die Theosophie niederzureißen versucht hatte, wieder aufrichtete.

Aber diese Theologie des ätherischen Christus erweist sich in der Rückschau als anlaßbezogenes Theorem im Kampf mit Besant und Leadbeater. Steiner hatte zwar schon früher von einem künftigen Erscheinen des Christus gesprochen[103], aber die Zuspitzung auf eine ätherische Präsenz war eine Erfindung des Jahres 1910, die so lange ihren Dienst tat, wie der Konflikt mit Adyar andauerte. 1911 suchte er für Vorstellungen in diesem Umfeld, für das »Schauen des Christus« (GA 131⁷,91–94, Zit. 94), noch Rückendeckung bei Pascal und Wladimir Solowjow, und drei Tage später lehnte er sich an Blavatsky an, die betont habe, daß der Christus »nicht im fleischlichen Leibe« wiederkommen werde (GA 284³,158)[104]. Doch nach 1913 hat sich Steiner nicht mehr so intensiv auf dieses Theorem bezogen und die Formulierung vom im Ästhetischen wiedererscheinenden Christus nur noch selten gebraucht[105]. Sie hatte ihre Funktion aus der Abgrenzung erhalten und erst sekundär zum Aufbau seiner eigenen Position gedient.

---

[98] In der Gesamtausgabe steht, wahrscheinlich nachträglich verändert, »Anthroposophen«.

[99] Vgl. Klatt: Theosophie und Anthroposophie, 199.

[100] Nach Vreede: Bodhisattvafrage, 31, soll Steiner Krishnamurti nie namentlich erwähnt haben.

[101] Giersch: Rudolf Steiner über die Wiederkunft Christi, 108; hier auch ein reiche, aber teilweise unkritische Sammlung von Belegstellen zu diesem Feld.

[102] Apk 16,13; 19,20; 20,10.

[103] S. o. Anm. 79.

[104] Die Fundstelle bei Blavatsky ist in GA 284³,184 als nicht identifizierbar ausgewiesen. Auch ich habe keine entsprechende Stelle finden können. Möglicherweise gibt es sie bei Blavatsky auch in dieser Eindeutigkeit nicht. Sie hatte auch kaum Gründe, sich in den 1880er/90er Jahren entsprechend zu äußern.

[105] So die Anthroposophin Elisabeth Vreede: Bodhisattvafrage, 60. Vgl. die Belege bei Giersch: Rudolf Steiner über die Wiederkunft Christi, 110, demzufolge Steiner am 12. September 1924 letztmalig (in einem bis dato unveröffentlichten Vortrag) von der »Sichtbarwerdung des ätherischen Christus« gesprochen habe.

Seit dem Frühjahr 1910 häuften sich kryptische Invektiven gegen Krishnamurti und sein Umfeld. Am 9. März bezeichnete Steiner das tibetische Schamballa, das in theosophischen Kreisen vielfach als reales Land galt, als »Märchenland« »orientalischer Schriften« (GA 116,121). Im dem Mysteriendrama »Die Pforte der Einweihung«, uraufgeführt am 15. August 1910, verkündete die Seherin Theodora, daß man bald Christus mit »Geistesaugen« sehen werde (GA 14a,37): auch dies eine publikumswirksame Kritik an der Weltenlehrer-Christologie.

Am 4. September 1910 eröffnete Steiner ein neues Abgrenzungsfeld und ließ sich erstmals über Jeshua ben Pandira in einem öffentlichen Vortrag aus. Besant hatte 1903 in ihrem »Esoterischen Christentum« behauptet, Jesus sei als Jeshu ben Pandira in Wirklichkeit im Jahr 105 v. Chr. geboren[106], und damit auf antike, um 1900 erneut ventilierte Vorstellungen zurückgegriffen[107]. Steiner hatte allerdings bis zu diesem Zeitpunkt öffentlich wohl keine abweichende Meinung vertreten[108]. Nun aber, wo die Historizität Jesu eine neue Funktion in der Widerlegung Krishnmurtis erhielt, widersprach er Besant (ohne sie namentlich zu nennen): Jeshu ben Pandira sei »Lenker und Leiter … in den Essäer-Gemeinden« gewesen, den man »nicht verwechseln [dürfe], wie es einige Talmudisten tun, mit dem ›Jesus von Nazareth‹« (GA 123,89). Historisch besitzt allerdings auch diese Deutung kein Fundament. Wenn jedenfalls Jeshu ben Pandira als Maitreya-Buddha wieder inkarniere[109], dann, so Steiners Forderung, »muß als ein sicheres Kennzeichen angegeben werden, daß er sich nicht für den Christus ausgeben wird« (GA 123,201). Sollte Steiner die Rolle des Maitreya-Buddha auf sich bezogen haben, hätte diese Kritik über Krishnamurti hinaus auf Besant selbst gezielt.

Am 10. September übte Steiner erneut (und wieder ohne Namensnennung) Kritik an Besants Krishnamurti-Konzeption und dessen Inthronisation für einen Verstoß gegen seine Konzeption spiritueller Evolution:

> »Es gäbe keinen Fortschritt, wenn der Christus noch ein zweites Mal in einem physischen Leibe erscheinen müßte; … Dann hätte sein erstes Erscheinen nicht bewirkt, daß sich höhere Kräfte im Menschen entwickeln.« (GA 123[7],200)

---

106 Besant: Esoterisches Christentum, 92. Schon Franz Hartmann soll Jesus von Nazareth mit Jeschu ben Pandira identifiziert haben (Bock: Steiner, 176 f.), aber möglicherweise geht diese Auffassung auf Leadbeater zurück. 1903 hatte George R. S. Mead dazu seine Schrift »Did Jesus Live 100 BC« publiziert, der sich, wie Leadbeater, schon länger mit den Ursprüngen des Christentums beschäftigte; vgl. Tillett: The Elder Brother, 69 f. 295[23].

107 Die Vordatierung der Geburt Jesu geht auf polemische jüdische Literatur des ersten und zweiten nachchristlichen Jahrhunderts zurück und zielte auf eine Leugnung der davidischen und übernatürlichen Geburt Jesu; vgl. Kraft: Pandera). Diese Geschichte war in der Leben-Jesu-Diskussion um die Jahrhundertwende bekannt (vgl. Schweitzer: Leben-Jesu-Forschung, 332 f. 375 f.), wurde aber auch in der Weltanschauungsliteratur vertreten. So hat Haeckel: Die Welträtsel, 413, die Pandira-Hypothese über die Herkunft Jesu aufgegriffen.

108 Datierung der ersten öffentlichen Äußerung nach Vreede: Bodhisattva, 38. Daß Steiner die Differenz zu Besant schon viel länger bewußt war, belegen die Erinnerungen von Kleeberg: Wege und Worte ([2]1961), 82, für das Jahr 1905.

109 Vgl. auch die Äußerung vom 13.4.1910: »Der Bodhisattva, der an Gautamas Stelle trat, als dieser zum Buddha wurde, wird niedersteigen in der Gestalt des Maitreya-Buddha, um die Menschen zur vollen Anerkennung des Christus zu bringen. Er wird der größte Verkündiger des Christus-Impulses sein und vielen das Erlebnis von Damaskus bringen.« (GA 118[3],227)

Zwei Tage später bediente er sich einer der schwersten Waffen im theosophischen Weltanschauungsarsenal, mit der selbst das Toleranzprinzip gebrochen werden konnte, der Wahrheitsfrage:

> »Könnten wir uns nur in einem Augenblick davon überzeugen, daß wir die Wesenheit, die in dem Christus ist, bezeichnen dürften mit einem anderen Namen, so würden wir es tun. Denn um die Wahrheit ist es uns zu tun und nicht um unsere Vorliebe« (ebd., 254).

### *8.2.6 Veränderungen von Steiners Christus-Vorstellung zwischen 1902 und 1910 angesichts der Neuauflage des »Christentums als mystischer Thatsache«*

Während dieser Eskalation des Konfliktes um die Christologie in der Theosophischen Gesellschaft gab Steiner sein christologisches Erstlingswerk, »Das Christentum als mystische Thatsache«, im Mai 1910 (GA 8,10) erneut heraus. Darin hat er die Veränderungen seiner Auffassungen zwischen 1902 und 1910 dem historisch-kritischen Blick in wünschenswerter Deutlichkeit belegt, indem er den Text überarbeitete. Auf der Textoberfläche sind diese Veränderungen jedoch nicht kenntlich gemacht. Vielmehr leugnete Steiner im Vorwort die inhaltliche Brisanz seiner wohl nach Hunderten zählenden Eingriffe: »Irgend etwas Wesentliches an der ersten Auflage zu ändern, hat sich der Verfasser bei Veranstaltung dieser zweiten Auflage nicht veranlaßt gesehen. Dagegen finden sich in derselben Erweiterungen des vor acht Jahren Dargestellten.« (ebd.) Angesichts der massiven Eingriffe fragt man sich, ob Steiner bewußt gelogen oder das Ausmaß der Veränderungen verdrängt hat[110]. Weitere Veränderungen nahm Steiner in den zwanziger Jahren vor[111]. Faktisch sind die Veränderungen von 1910 grundstürzend, wobei Modifikationen in fünf Bereichen herausragen (alle Kursivsetzungen H. Z.):

*Religionsgeschichtliche Stellung des Christentums*

| 1902: | 1910: |
|---|---|
| »Das Christentum als mystische Thatsache ist eine Entwickelungsstufe der Mysterienweisheit.« ([1]1902,134) | Das Christentum als mystische Tatsache ist eine Entwicklungsstufe *im Werdegang der Menschheit; und die Ereignisse in den Mysterien und die durch dieselben bedingten Wirkungen sind die Vorbereitung zu dieser mystischen Tatsache.*« (GA 8,165) |

[110] Die Veränderungen sind bis heute in der Gesamtausgabe weder kenntlich gemacht noch redaktionell auch nur erwähnt. Die Erstauflage ist seit 1995 als Reprint wieder leichter zugänglich.

[111] Marzahn: Zum Neudruck der Erstausgabe von Rudolf Steiners Schrift »Das Christentum als mystische Tatsache«, 72, berichtet, Steiner habe für 1921 eine überarbeitete Fassung zu veröffentlichen beabsichtigt. Die korrigierte Auflage erschien aber erst postum 1925 und bildet die Grundlage der heutigen GA 8.

Das Christentum war 1910 nicht mehr eine Stufe der Mysterien unter vielen, sondern wurde zum zentralen Ereignis der Menschheitsgeschichte, indem Steiner die Mysterien zu Vorläufern depotenzierte.

*Historisierung*

| 1902: | 1910: |
| --- | --- |
| »Der da in Bethlehem geboren ist, hat einen ewigen Charakter«. ([1]1902,88) | Der da in Bethlehem geboren ist, hat einen ewigen Charakter ... *der christliche Myste ... schaut ... zugleich das geschichtliche Ereignis auf Golgatha*«. (GA 8,109) |

War der Christus 1902 noch ein geschichtstranszendentes, ewiges Prinzip, so hatte Steiner diese Position 1910 durch die Möglichkeit einer christlichen Mystik, das »geschichtliche Ereignis« zu schauen, erweitert. Da nun das Christentum in eine zentrale Stelle eingerückt war, beinhaltete diese historische Perspektive auch einen normativen Mehrwert.

In diesen Historisierungskontext gehören auch weitere Nachjustierungen. Mystische Erkenntnis setzte Steiner 1910 nicht mehr mit philosophischer Erkenntnis formal gleich (vgl. auch [1]1902,25 f.), sondern knüpfte sie an ein »geschichtliches Ereignis«. Auch damit war Mystik nicht mehr geschichtstranszendent und ein Sonderfall philosophischer Logik im religiösen Kontext, sondern eine auf konkrete Ereignisse bezogene religiöse Erfahrung. Dieser historischen Konkretisierung korrespondierte die Anerkennung historischer Voraussetzungen: Die 1902 bedauerte Voraussetzungshaftigkeit des Christentums für den christlichen Mystiker wertete er 1910 positiv[112]. Zudem ersetzte Steiners »das verzauberte Göttliche«[113] durch »den verzauberten Gott«[114] und nahm die 1902 in pantheistischer Spitze formulierte Möglichkeit des Menschen, Gott als Produkt menschlichen Handelns zu sehen, zurück.

*Jesus und Christus*

Mit der Erhöhung des Christentums zur einzigartigen Religion war aus dem eingeweihten Menschen Jesus in der Auflage von 1910 »der Christus« geworden. Die Transformation zum Gottmenschen (vgl. GA 94,196 [1906]) hat Steiner 1910 konsequent in die Neuauflage eingetragen. Der Begriff »Christus«, der 1902 sehr selten war und fast nur als von Steiner referierte Position auftauchte[115], wurde 1910 zu einem von Steiner selbst verwandten Hoheitstitel. An vielen Stellen erweiterte er den Namen »Jesus« durch »Christus«[116] oder fügte neue Passagen

[112] Lindenberg: Individualismus, 49 f.

[113] Steiner: Das Christentum als mystische Tatsache ([2]1910), 30.

[114] Ebd., [4]1910, 30 (GA 8,36). Möglicherweise setzte Steiner den definiten Artikel – wie bei ihm noch häufiger – in Absetzung von der landläufigen Übersetzungen von Joh 1,1b, in denen meist »ton theon« mit »Gott« (ohne Artikel) wiedergegeben wird.

[115] S. o. Anm. 23.

[116] Z. B. [1]1902,87 im Vergleich mit GA 8,107, oder [1]1902,107 im Vergleich mit GA 8,131 als zwei Beispiele für eine Vielzahl von Überarbeitungen.

über »den Christus« an (z. B. GA 8,149.157). Die Person Jesu wurde damit umgedeutet und aufgewertet: So wurde aus der Feststellung »Jesus ist Logos selbst, persönlich geworden« ([1]1902,87) im Jahr 1910 die Aussage: »*In* Jesus ist *der* Logos selbst persönlich geworden.« (GA 8,107) Die Verwendung des bestimmten Artikels 1910 und die Streichung des Komma erhoben Jesus über den Kreis der vielen mit Logos begabten Menschen hinaus zum herausgehobenen Träger des einzigen Logos.

Besonders markant waren die Veränderungen in Steiners Streichungen. Die menschliche Seite Jesu fiel dem Rotstift zum Opfer: Aus der »Persönlichkeit Jesu« ([1]1902,119) wurde 1910 das »Christus-Geheimnis« (GA 8,148), der »Mensch, in dem geistig-höchste Eigenschaften waren« ([1]1902,119) und »die höchste Persönlichkeit, die aus dem Essäismus hervorgehen konnte« (ebd., 120) fielen 1910 ersatzlos weg. Komplett beseitigte er Aussagen, die Jesus in den egalitären Kreis der großen »Eingeweihten« aller Religionen stellten: Die Rede von der »neuen Buddha-Persönlichkeit« und vom »Buddha-Jesus« (ebd., 119) waren 1910 verschwunden. Stattdessen fügte Steiner hinzu, daß Jesus »der durch die Innewohnung der Christenwesenheit Eingeweihte« sei (GA 8,106).

Auch das Verständnis der Mysterienhandlungen Jesu veränderte sich grundlegend. Die Kreuzigung auf Golgatha, in der Erstauflage von 1902 nicht thematisiert[117], wurde 1910 überhaupt erst zum Thema. Der für den späten Steiner zentrale Begriff des »Mysterium von Golgatha« erschien 1910 neu im Text (z. B. GA 8,109.130). So war es nur konsequent, daß 1902 die Begründung für den Tod Jesu auf Mysterienverrat lautete, eine 1910 nicht getilgte Feststellung (GA 8,129); aber die kosmische Dimension des Todes Jesu, die 1910 dominierte, hatte es 1902 noch nicht gegeben.

Die alten Weihen degradierte Steiner, indem er sie zu »bildhaften« Ereignissen erklärte und nur Jesus eine ›wirkliche‹ Einweihung in seiner Auferstehung zusprach.

| 1902: | 1910: |
|---|---|
| »Aber er betritt auch in diesem | »Aber er betritt auch in diesem |
| Augenblicke eine Stufe | Augenblicke eine Stufe, *die in* |
| | einem höheren Grade |
| der Initiation. | der Initiation *ihren Ausdruck* |
| Er leidet und stirbt.« | *findet.* Er leidet und stirbt.« |
| In der Auferstehung erweckt | In der Auferstehung erweckt |
| »Jesus« den »Allgeist | »*Christus* Jesus« den »Allgeist |
| noch einmal in menschlicher | noch einmal in menschlicher |
| Gestalt in das gegenwärtige | Gestalt in das gegenwärtige |
| Dasein. Solche war mit den Ini- | Dasein. Solche war mit *dem* Ini- |
| tiierten bei den höheren Weihen | tiierten bei den höheren Weihen |
| vollzogen. | *in einem Sinne* vollzogen [, *der* |
| Die im Sinne des | *bildhaft ist].* Die im Sinne des |
| Osiris-Mythus Initiierten waren | Osiris-Mythus Initiierten waren |
| zu solcher Auferstehung | zu solcher Auferstehung *[in* |
| | ihrem Bewußtsein als in einem |

[117] Noch 1906 bezeichnete sie Steiner als »Einweihungsszene« (GA 94,220).

| | |
|---|---|
| gelangt. Diese | *Bild-Erlebnis]* gelangt. Diese |
| ›große‹ Initiation | ›große‹ Initiation[, *aber nicht* |
| | als Bild-Erlebnis, sondern als |
| wurde also im | *Wirklichkeit,]* wurde also im |
| Jesus-Leben der Buddha-Initia- | Jesus-Leben der Buddha-Initia- |
| tion hinzugefügt.« ([1]1902,86 f.) | tion hinzugefügt.« ([2]1910,112)[118] |

Auf eine spitze Formel gebracht: 1902 war das Christentum für Steiner nur eine »mystische Thatsache« unter vielen anderen, 1910 war es die entscheidende »Tatsache« in der Religionsgeschichte geworden[119].

*Reinkarnation*

Neben diesen fundamentalen Veränderungen in der Christologie ragt noch ein inhaltlicher Eingriff außerhalb der Christologie heraus: 1902 hatte Steiner nicht von Reinkarnation gesprochen. Heraklit interpretierend verstand er den »Menschen als Mittelgeschöpf zwischen Irdischem und Göttlichem« (GA 8,48). Was der Mensch mit dem Göttlichen zugleich besitze, was »wie ein Ewiges wirkt, daß es treibt und kraftet wie ein Ewiges« (ebd., 44), das nenne Heraklit den »Dämon« des Menschen, der sich »nicht innerhalb einer Persönlichkeit abschließen« könne (ebd., 45). Dann hieß es weiter:

| 1902: | 1910: |
|---|---|
| »Der große Gedanke der | »Der große Gedanke der |
| Seelenwandelung springt wie | *Wiederverkörperung* springt wie |
| etwas Selbstverständliches | etwas Selbstverständliches |
| aus den Heraklitischen | aus den Heraklitischen |
| Voraussetzungen.« ([1]1902,32) | Voraussetzungen.« (GA 8,45) |

Es ist ganz eindeutig, daß Steiner den Dämon 1902 nicht als Synonym für einen reinkarnierenden Aspekt des Menschen, sondern als Partizipation am Ewigen, Göttlichen verstand. Ebenso eindeutig ist eine zweite Stelle, bei der Steiner einen gesamten Abschnitt neu formulierte:

---

[118] Steiner hat diese Stelle in den zwanziger Jahren (s. o. Anm. 111 und unten Anm. 142) überarbeitet und die Passagen, die in eckigen Klammern stehen, ersetzt, außerdem wurde »Mythus« zu »Mythos« (GA 8,107).
Mit der Einführung des »Mysterium von Golgatha« seit 1906 ist zu begründen, daß Steiner die Mysterien 1910 vereinzelt auch aufwertete:

| 1902: | 1910: |
|---|---|
| »Das Vertrauen zu den im Innern des | »*Zu dem* Vertrauen zu den im Innern des |
| Menschen aufleuchtenden mystischen | Menschen aufleuchtenden mystischen |
| Kräften bei der Einweihung sollte | Kräften bei der Einweihung sollte |
| ersetzt werden durch das Vertrauen zu | *hinzukommen* das Vertrauen zu |
| dem Einen, dem Urinitiator.« ([1]1902,88) | dem Einen, dem Urinitiator.« (GA 8,108) |

[119] Gegen Lindenberg: Individualität und offenbare Religion (1970), 53, muß man Steiner nicht unterstellen, daß erst im »Ergreifen der historisch-tatsächlichen Bedeutung des Christus-Ereignisses« im Jahr 1900 die Behauptung der »Tatsache« in Steiners Buchtitel gerechtfertigt sei. Der Titel läßt sich 1902 auch auf die für Steiner außer Frage stehende »Tatsache« einer (mystischen) Erfahrung und als Front gegen die Leugnungen der Existenz Jesus oder gegen den zeitgenössischen Materialismus lesen.

| | |
|---|---|
| 1902:<br>»Der Glaube an die Seelenwandelung ist Voraussetzung einer solchen Lebensführung, wie sie bei Essäern und Therapeuten zu finden ist. Die höher entwickelte Seele wird auf eine höhere Stufe der herrschenden Hierarchie steigen. Sie wird ein in höherem Grade Eingeweihter werden.« ([1]1902,119) | 1910:<br>*»Innerhalb der Essäer- oder Therapeutengemeinde sucht sich die Seele durch einen entsprechenden Lebenswandel für die Erweckung des ›höheren Menschen‹ reif zu machen.«* *In einem »weiteren Schritt« habe man sich zu der »Ahnung« durchgerungen, »eine Menschen- Individualität könne in wiederholten Erdenleben sich zu immer höheren und höheren Stufen der Vollkommenheit entwickelt haben.«* (GA 8,148) |

Steiner hat an diesen beiden Stellen nicht nur die Begriffe, sondern auch die zugehörigen Kontexte ausgetauscht. Aus den Stufen der Einweihung, in die die Seelenwandelung eingetragen war, ist die Vervollkommnung in verschiedenen Reinkarnationen getreten. Die für den Reinkarnationssachverhalt typischen Begriffe Steiners – Wiederverkörperung, wiederholte Erdenleben – sind 1910 neu eingeführt und ersetzen das Reden von der »Seelenwandelung«. Bei aller lautlichen Nähe dieses Begriffs zur Seelenwanderung belegen die Verwendungszusammenhänge völlig unterschiedliche Inhalte. Den Begriff Seelenwanderung, der nur eine kleine Korrektur bedeutet hätte, hat Steiner allerdings nicht verwandt, da bei ihm keine Seele, sondern das »Ich« reinkarnieren soll. All diese Veränderungen sind aber nur Schlaglichter auf die flächendeckende, wahrscheinlich Hunderte von Stellen umfassende Textrevision des Jahres 1910[120].

### *8.2.7 Die finale Krise (1911 bis 1913)*

1911 begann der Show-down der Trennungsgeschichte. Die ehedem einträchtige theosophische Gemeinschaft zwischen Steiner und Besant hatte nicht nur, wie 1910, unter untergründigen Invektiven zu leiden, sondern unter offen sichtbaren Dissoziationseffekten, weil sich die Auseinandersetzung von inhaltlichen Fragen, in denen es keine wesentlichen Veränderungen mehr gab, auf organisatorische Weichenstellungen verlagerte[121]. Die dogmatischen Waffen waren geschliffen, nun wurden sie machtpolitisch eingesetzt.

Am 11. Januar 1911, dem Jahrestag der Einweihung Krishnamurtis, wurde in Adyar der »Order of the Star in the East« gegründet, weitere Einweihungen Krishnmurtis und weitere organisatorische Maßnahmen im Umfeld des Sternordens folgten. Nun mußte jedem klar sein, daß Besant und Leadbeater bereit waren, ihr Projekt »Weltenlehrer« durchzusetzen. Im Juni verschärfte sich die

[120] Aus den weiteren Veränderungen: Zum Teil sind Begriffe neu eingeführt, die Steiner 1902 so noch nicht verwandt hat (z.B. der Begriff »Individualität« [GA 8,148]), zum Teil mußte er in neugeschriebenen Textpassagen seit 1902 aufgetretene Widersprüche klären (etwa das Verhältnis der Offenbarung der Mysterien durch Jesus zu den neuen Geheimnissen, auf die man in der Theosophischen Gesellschaft stieß [ebd., 144f.]).

[121] Die Ereignisse sind im Blick auf die ausführliche Abhandlung in Kap. 3 hier nur knapp dargestellt, soweit sie für das Verständnis der christologischen Entwicklungen notwendig sind.

Situation, als Besant Hugo Vollrath zum Sekretär des Sternordens ernannte. Da Steiner ihn aus der deutschen Sektion ausgeschlossen hatte, ging es formal zwar um das Problem, ob ein Ausschluß aus der Sektion den Ausschluß aus der Gesamtgesellschaft nach sich ziehe, faktisch aber um Frage, wer in Deutschland über welche »Bataillone« verfügte. Immerhin versuchte Besant offenbar bald, den Konflikt zu entschärfen und ernannte noch im Juli Hübbe-Schleiden zum Repräsentanten des Sternordens in Deutschland[122]. Aber Steiner und seine Anhänger waren schon im Herbst 1910 mit der Gründung eines »Theosophisch-Künstlerischen-Fonds« einen ähnlichen Weg vorausgegangen, der mit der Eintragung des »Johannesbauvereins« in das Vereinsregister am 9. Mai 1911 feste Formen annahm. Die Organisationsform war strukturidentisch mit derjenigen des Sternordens: Der Johannesbauverein war eine theosophische, aber formal von der Theosophischen Gesellschaft getrennte Vereinigung (s. 12.3.1).

Ein möglicherweise früher Höhepunkt des Konflikts blieb allerdings aus. Ein für den September 1911 geplanter Kongreß der Europäischen Sektionen der Adyar-Theosophie in Genua, auf dem Besant mit Krishnamurti[123] hatte anreisen wollen und auf dem eine direkte Konfrontation mit Steiner unausweichlich gewesen wäre und erwartet wurde[124], fiel aus (s. 3.4.5b). Stattdessen trafen sich im August 1911 800 Anhänger Steiners, um über einen eigenen »Bund« zu beraten[125], am 10. Dezember 1911 wurde auf der Vollversammlung der deutschen Sektion offen über die Trennung von Adyar anläßlich einer breiten Debatte um Vollrath und den Sternorden diskutiert (MTG 13,8–35). Steiner lehnte eine Abspaltung noch ab (ebd., 13,33), artikulierte aber offen die Kritik an der »Präsidentin in Adyar« (ebd.). Dabei könnte es polemischer hergegangen sein, als es im gedruckten Protokoll (GA 264², 404–418) nachzulesen ist. Steiners Drohung, »er wolle einmal deutsch reden mit Adyar!«[126], die Steiners Gegner Vollrath überlieferte, tauchte im offiziellen Protokoll nicht auf. Am 16. Dezember gründeten Steiner und seine Anhänger den »Bund zur Pflege rosenkreuzerischer Geisteswissenschaft« (MTG 13,36), eine kaum verhüllte separatistische Organisation.

Die programmatische Auseinandersetzung Steiners beschränkte sich 1911 vor allem auf die Akklamation und die Erweiterung bekannter Positionen. So erhöhte er am 17. September die Bedeutung des »Erscheinens« des Christus »im Ätherischen«, indem er ihn von jeglicher kultureller Tradierung löste. Er erklärte nicht nur die Bibel für überflüssig, da man ihn »auch kennen wird, den Christus, wenn alle Bibeln verbrannt wären«, sondern hielt das »Schauen« dieser Erscheinung für »ein Ereignis von einer ähnlichen Bedeutung wie dasjenige, das sich auf Golgatha abgespielt hat« (ebd., 21). Damit nahm Steiner die Historisierung des Christus, für die die Einführung des »Mysterium von Golgatha« eine wichtige Entscheidung war, aus strategischen Gründen zurück. Dies war selbstredend

---

122 Klatt: Theosophie und Anthroposophie, 183.

123 So Vreede: Bodhisattvafrage, 45 f.

124 »Es wird in Genua voraussichtlich zu sehr ernsten Auseinandersetzungen kommen, namentlich zwischen Frau Besant und Dr. Steiner«, schrieb Ludwig Deinhard am 22. August an Hübbe-Schleiden; zit. nach Klatt: Theosophie und Anthroposophie, 200.

125 Lindenberg: Steiner (Biographie), I, 498.

126 Vollrath in einem Brief an Hübbe-Schleiden, nach Klatt: Theosophie und Anthroposophie, 211.

auf Krishnamurti gemünzt, und auch der Hinweis, daß es zum »Ur-Rüstzeug des Okkultisten gehört, daß der Maitreya-Buddha unbekannt in der Jugend sein wird« (GA 130,25 [17.9.11]), zielte auf den jugendlichen Weltenheiland. Noch deutlicher spielte er auf Krishnamurti am 7. Oktober an. Der Christus habe nicht in einem hohen Eingeweihten gewohnt, sondern in einem Körper, der von der Zarathustra-Individualität verlassen worden sei (GA 131$^{7}$,84). Dies war nicht nur das Gegenteil seiner vor 1906 formulierten Christologie, sondern widersprach auch direkt Äußerungen von 1909, desavouierte aber Krishnamurti[127]. Derartige Operationen machen deutlich, in welchem Ausmaß die Christologie zum tagespolitischen Geschäft geworden war, in dem Steiners Wendungen weniger einem systematischen Konzept folgten, als vielmehr eine Waffe im Kampf mit Adyar um die ideenpolitische Macht in der Theosophischen Gesellschaft bildeten.

Auch eine der wenigen substantiellen Erweiterungen der Christologie in diesen Jahren ist vor dem Hintergrund des Vorlaufs zur Trennung zu sehen. Am 13. Oktober 1911 formulierte Steiner wohl erstmalig eine Theorie der objektiven Erlösung durch Christus. Dahinter verbarg sich die Vorstellung, daß der Mensch seine persönliche karmische Schuld durch Selbsterlösung abzutragen habe, wohingegen die kosmischen, die Welt betreffenden Schuldfolgen von »dem Christus« übernommen würden (GA 131,196–200). Dem stellte er die »Objektivität der Erlösungstat«, »die ausgleichende Tat – das Ereignis von Golgatha« zur Seite (ebd., 199). Daraus wurde im Laufe der Zeit ein ausgeprägtes Selbsterlösungskonzept (s. 18.2.3).

Am 20. Oktober 1911, zur Eröffnung des Winterhalbjahres, bezog Steiner offen gegen Besant Position, indem er in die Debatte um den historischen Jesus eingriff. Aufgrund seiner »okkulten Forschungen« (GA 133$^{4}$,21) behauptete er, es sei »eine vollständige Verwechslung«, daß Jesus ben Pandira der historische Jesus des Christentums gewesen sei, wie Besant, die er hier beim Namen nannte, behaupte, vielmehr habe ben Pandira 500 Jahre vor Christus gelebt (ebd., 19). Steiner nannte nun öffentlich Besants »Esoterisches Christentum« als Quelle dieser Auseinandersetzung (ebd., 19 f.), demgegenüber er sich »das Recht vorbehalte«, die Fakten »richtig[zu]stellen« (ebd., 20). Aber zugleich eröffnete er auch einen Weg zur Senkung des Konfliktpotentials, indem er die ganze Angelegenheit als »Mißverständnis« beschrieb, das man »sehr leicht … beseitigen« könne (ebd., 21). Die Vermutung von Theosophen jedoch, Steiner habe sich in diesen Jahren selbst als wiedergekommenen Christus[128] oder etwas Ähnliches verstanden, könnte trotz aller Elastizität der Christologieproduktion auf einer Verwechslung mit seiner Bodhisattva-Rolle (s. 8.3.1) beruhen – aber man möchte nichts mehr für unmöglich halten.

Auch Besant versuchte offenbar, die Wogen zu glätten. Am 22. November 1911 schlug sie Steiner in einem Brief vor, im »Theosophist« eine Darstellung seiner Christologie zu veröffentlichen. »I suppose that you & I hold very dif-

---

[127] 1909 hatte Jesus noch »ein hoher Eingeweihter« zu sein, ehe er der Träger des Christus werden konnte (GA 123$^{7}$,23).

[128] Klatt: Theosophie und Anthroposophie, 212.

ferent views.«[129] Wiederum ist nicht klar, wo sich hier Kompromißbereitschaft und machtpolitische Berechnung kreuzten, allerdings könnte dieses Angebot ein Indiz sein, daß die Fronten zu diesem Zeitpunkt auch auf Seiten Besants immer noch nicht so verhärtet waren, wie es im Rückblick scheint.

Am 1. Mai 1912 feierte Steiner zum letzten Mal den Gedenktag Blavatskys[130]. Aber zu diesem Zeitpunkt stand nicht mehr nur Besant, sondern die gesamte theosophische Tradition zur Disposition. Die Polemik verschärfte sich: Dem Buddha wies Steiner am 12. Juni ein Platz auf dem Mars als Friedensstifter zu (GA 137,204) und drängte so seine irdische Wirksamkeit zurück. Nachdem Hübbe-Schleiden am 19. Juni in einem Vortrag den Vorwurf erhoben hatte, die deutsche Sektion sei wie eine Kirche oder Sekte organisiert[131], hielt Steiner gegen und wetterte am 20. Juli 1912 gegen »Vereine oder Orden für das Herannahen von künftigen Weltheilanden« (GA 133,167)[132]. Anfang Juli hatte Besant allerdings nochmals plurale Zugänge zur Christologie offengehalten, als sie auf der Jahresversammlung der englischen und walisischen Sektion Christus sprechen ließ: »*Auf welchem Wege ein Mensch sich mir nähert, auf dem Wege heisse ich ihn willkommen, denn alle Wege führen zu mir.*«[133] Im Sommer verteidigte sie allerdings auch die Identität des Jesus ben Pandira mit dem biblischen Jesus[134], während Steiner am 16. September in verschärftem Ton erneut gegen Krishnamurti polemisierte. Er hielt es für »ein völliges Unding ..., von dem Christus so zu sprechen wie von den Bodhisattvas und den anderen Menschheitsführern. Das sollte so selbstverständlich sein, daß jede Wiederverkörperung des Christus als etwas Absurdes erscheint, als etwas, was gar nicht gesagt werden kann, wenn man sich die Dinge nur ganz einfach vor Augen stellt.« (GA 139⁴,46)

Das Christentum erschien, weil sein Stifter als einziger von der Wiederverkörperung ausgenommen wurde, unverhohlen als absolute Religion und als Ziel der Religionsgeschichte: »Es ist lediglich eine Anerkennung der Wahrheit, einer solchen Wahrheit, die heute jede Religion auf der Erde annehmen kann, wenn sie nur will. ... Diese Dinge objektiv zu betrachten, das ist es, wozu wir uns durchringen müssen.« (GA 139⁴,47)[135] Das theosophische Drama mündete schließlich

---

[129] Brief Besant an Steiner, privater Brief, Nachlaß Steiner.

[130] Nach Lindenberg: Steiner (Chronik), 318.

[131] Ebd.

[132] Zur inhaltlichen Abgrenzung über die Unterschiede in der Vorstellung des kosmischen Christus vgl. Thiede: Wer ist der kosmische Christus?, 204–213.

[133] Besant: Christus von verschiedenen Standpunkten aus betrachtet, 19.

[134] Thiede: Wer ist der kosmische Christus?, 207. Die Zusammenkunft muß am 4. oder 5. Juli begonnen haben; Ransom: A Short History, 396.

[135] Steiner legte in diesem Zusammenhang einem konvertierten Buddhisten am 17. September 1912 einen Text in den Mund, der in das klassische Genre des Symbolon fällt und als eine Abbreviatur seines damaligen »Bekenntnisstandes« gelten kann: »Was wird ... der Buddhist, der Anthroposoph geworden ist, sagen? Er wird sagen: Ich versuche zu verstehen, was der innerste Nerv des Christentums ist: daß es sich beim Christus um etwas anderes als um einen Religionsstifter handelt, daß es sich beim Mysterium von Golgatha um eine unpersönliche Tatsache handelt, darum handelt, daß nicht ein Mensch Jesus von Nazareth dagestanden hat als Religionsstifter, sondern daß der Christus in ihn eingezogen ist, gestorben am Kreuz und so das Mysterium von Golgatha vollzogen hat. Und daß dieses Mysterium von Golgatha eine kosmische Tatsache ist, darauf wird es ankommen.« (GA 139,70)

in die turbulente Eskalationsspirale von Herbst 1912, die mit der Gründung der Anthroposophischen Gesellschaft im Dezember und dem Ausschluß von Steiners Anhängern aus der Theosophischen Gesellschaft im März 1913 ihren Abschluß fand. Christologisch wurden in dieser Zeit keine neuen Akzente mehr gesetzt, Steiner war mit Organisationskabalen bis über beide Ohren beschäftigt.

Mit der Trennung von der Muttergesellschaft liefen sowohl Steiners Invektiven gegen Adyar als auch seine christologische Ideenproduktion langsam aus. In dem programmatischen Zyklus »Die Bhagavad Gita und die Paulusbriefe«, also über östliche und westliche Religion, nahm er am 28. Dezember, dem Tag der Trennung von der Muttergesellschaft Adyar, »am Ausgangspunkt der Begründung der anthroposophischen Gesellschaft im engeren Sinne« (GA 142$^4$,9), die Gelegenheit war, Orient und Okzident in seiner Perspektive nochmals zu hierarchisieren:

> »Der Lichtschein, in den sich der Christus kleidet, ist der Krishna. Und weil der Christus den Krishna zu seiner eigenen Seelenhülle genommen hat, durch die der dann fortwirkt, ist enthalten in dem, was aufstrahlt, ist in dem Christus auch alles das, was einstmals Inhalt der erhabenen Gita war.« (ebd., 122)

Am 7. Februar 1913 lokalisierte Steiner in Sizilien den Ort der »Feinde des Gral« (GA 144,71) und stigmatisierte damit den Ort, an dem Krishnamurti seine zweite Initiation erhalten hatte. Aber am 1. Mai setzte er erneut einen eigenen programmatischen Akzent, als er über den Erzengel Michael sprach und ihm einen herausragenden Platz im anthroposophischen Lehrgebäude zuwies (s. u. 8.3.2d).

Ein schärferes Nachkarten folgte im Herbst. Am 1. Oktober 1913 sprach Steiner über »das Fünfte Evangelium«[136] als Ergebnis seiner »Akasha-Forschung« und stilisierte sich zum Verkünder eines eigenen »Evangeliums der Erkenntnis« (GA 245,129). Die dabei benutzte Neuoffenbarungsterminologie des »Fünften Evangeliums« war im 19. Jahrhundert verbreitet und findet sich schon bei Ernest Renan oder Friedrich Nietzsche[137]. Steiner machte sich anheischig, das unbekannte Leben Jesu zwischen dem zwölften und dreißigsten Lebensjahr aufzudecken und besetzte ein Feld, das in der kirchlichen Orthodoxie apokryphen Schriften überlassen worden war. Dabei hat er aber wohl nicht auf apokryphe Texte zurückgegriffen, sondern eigene Vorstellungen entwickelt. Die Nutzung seines »Evangeliums« für die Abgrenzung gegenüber Besant und ihrem östlichen Weg ist dabei evident. So verlegte Steiner ein »Geistgespräch« zwischen Jesus und Buddha in die Jahre des jüngeren Jesus:

> »Es gehört zu meiner okkulten Verpflichtung, Ihnen des Inhalt dieses Geistgespräches mitzuteilen, denn wir dürfen, ja wir müssen heute diese bedeutsamen Geheimnisse der Menschheitsevolution berühren. In diesem bedeutsamen Geistgespräch erfuhr Jesus

---

[136] Erstbeleg bei Steiner möglicherweise am 18. April 1910; nach Lindenberg: Steiner (Chronik), 293.

[137] Renan hat Palästina für sich als »Offenbarung« bezeichnet: »Mir stand ein fünftes Evangelium vor den Augen«; siehe Renan: Das Leben Jesu ($^3$1864), 45. Zu Nietzsche: Kritische Gesamtausgabe, Briefwechsel, III/1,327. Zum Umfeld im frühen 20. Jahrhundert vgl. Driesmans: Judas. Das fünfte Evangelium (1909), oder aus der Reihe der »Religionsgeschichtlichen Volksbücher«; Brückner: Das fünfte Evangelium (1910).

von Nazareth von dem Buddha, daß dieser etwa sagte: Wenn meine Lehre so, wie ich sie gelehrt habe, völlig in Erfüllung gehen würde, dann müßten alle Menschen den Essäern gleich werden. Das aber kann nicht sein. Das war der Irrtum meiner Lehre.« (GA 148,69)

Entscheidend ist hier die implizite Hierarchisierung: Indem Steiner Buddha nötigte, seinen »Irrtum« einzugestehen und sich selbst zu demontieren, versuchte er, Besant und ihre als buddhistisch wahrgenommene Tradition mit quasi allerhöchster okkulter Legitimation, als »übersinnliche« Offenbarung und mit Berufung auf Jesus, in den Bereich der Häresie zu verweisen.

### *8.2.8 Christologie in der anthroposophischen Zeit (1913 bis 1925)*

Nach der Trennung, namentlich seit dem Ersten Weltkrieg, gab es keine großen inhaltlichen Bewegungen mehr. Die Vorstellung des kosmischen Christus etwa nutzte er 1914 nurmehr negativ in Abgrenzung zu gnostischen Auffassungen, auch 1917 und 1918 nur noch kursorisch[138]. Neu waren allenfalls einzelne deutschnationale Aufladungen des Christusmotivs[139].

Dennoch setzte sich Steiner wohl 1921 an die Überarbeitung des »Christentums als mystischer Thatsache«[140], aber die Veränderungen blieben gegenüber der letzten Ausgabe von 1910 marginal[141], etwa wenn er die Autonomie des Menschen einschränkte[142]. Auch das Gottesbild rejustierte er.

| 1902 / 1910: | zwanziger Jahre: |
|---|---|
| »Gott« »hat *sich* selbst in unendlicher Liebe hingegeben; er hat sich ausgegossen; er hat sich in die Mannigfaltigkeit der Naturdinge zerstückelt; sie leben, und er lebt nicht. Er ruht in ihnen. | »Gott« »hat sich selbst in unendlicher Liebe hingegeben; er hat sich ausgegossen; er hat sich in die Mannigfaltigkeit der Naturdinge zerstückelt; sie leben, und er Er lebt nicht *in ihnen*. Er ruht in ihnen. *Er lebt im* |

[138] So auch Thiede: Wer ist der kosmische Christus?, 216.

[139] 1916 stimmte Steiner einem katholischen Priester, Xavier Schmid, zu, daß das »deutsche Volk auserwählt« sei, »Christus« »geistig zu gebären« (GA 65,627).

[140] S. o. Anm. 111.

[141] Die folgenden Beobachtungen beruhen auf einem kursorischen Vergleich der zweiten Auflage von 1910 und der heutige Ausgabe in GA 8, mit den Korrekturen letzter Hand. Wann Steiner die Veränderungen genau vorgenommen und ob er nur die ersten Kapitel durchgesehen hat, ist nicht ganz klar; vermutlich gab es zwischen der zweiten und vierten Auflage (jeweils 1910) keine Eingriffe in den Text.

[142] Der Mensch könne Gott nicht mehr »erwecken« (Steiner: Das Christentum als mystische Tatsache, $^{2}$1910,30 / $^{4}$1910,30), sondern nur »das Leben des Gottes in sich erfahren« (GA 8,36). Daneben sind Fehler beseitigt. Schellings »Theosophie der Offenbarung« ($^{2}$1910,133 / $^{4}$1910,133) ist durch »Über die Gottheiten von Samothrake« ersetzt (GA 8,125). An anderen Stellen sind Begriffe ausgetauscht; so steht an Stelle von »symbolisch« ($^{2}$1910,135 / $^{4}$1910,135) »bildhaft« (GA 8,127) u. ö., vgl. auch oben Anm. 118. Kleinere Veränderung betreffen die Einführung oder Tilgung von Sperrungen bei Wörtern. Die großen Erweiterungen des Jahres 1910 (z. B. GA 8,157 oder 172 f.) blieben unangetastet.

| | |
|---|---|
| Und der Mensch<br>kann ihn erwecken.<br>Soll er ihn zum<br>Dasein kommen lassen,<br>*muß* er ihn<br>schaffend erlösen.« ($^{1}$1902,23 = $^{2}$1910,29 f.) | *Menschen*. Und der Mensch<br>kann *das Leben des Gottes in sich erfahren*. Soll er ihn<br>*zur Erkenntnis* kommen lassen,<br>muß er *diese Erkenntnis*<br>schaffend erlösen.« (GA 8,36) |

In der Passage der zwanziger Jahre wird nicht mehr Gott erlöst, sondern nurmehr die Erkenntnis über ihn. Das oft gnostisch gedeutete Motiv des erlösten Erlösers ist verschwunden. Aus der Erlösung Gottes durch den Menschen wurde die Selbsterlösung des Menschen durch die Erkenntnis über Gott. Auch pantheisierende Positionen sind zurückgenommen, Gott »lebt« nicht mehr in den »Naturdingen«, aber immer noch im Menschen. Außerdem nahm Steiner pantheisierende Formulierungen zurück. Dies war faktisch eine die Annäherung an klassische Positionen der kirchlichen Theologie; wie weit Steiner dies gewollt hat, ist aber nicht klar.

Die weitere Distanzierung von der »mater magna«, der Theosophischen Gesellschaft, findet man in den Leerstellen. Nochmals sind Bezüge auf die Theosophie gestrichen[143]. Auch in anderen Werken kamen viele Termini und Vorstellungen, die Steiner vor dem Ersten Weltkrieg in der Auseinandersetzung mit der Theosophie kreiert hatte, nach 1918 nicht mehr oder kaum noch vor: die zwei Jesusknaben, der Maitreya-Buddha oder eben der kosmische Christus hatten ihre Funktion als Kampfbegriffe verloren. Die kreativen Jahre der Christologie waren vorbei.

## 8.3 Gegenstände der theologischen Enzyklopädie im Umkreis von Steiners Christologie

Steiners theosophische Christologie ist einschließlich ihrer Hermeneutik und ihrer Erweiterung bislang weder umfassend historisch-kritisch noch, soweit dies möglich ist, systematisch bearbeitet worden[144]. In den folgenden Überlegungen stecke ich diesen Horizont mit exemplarischen Themen ab, die ich teils wegen ihrer grundlegende Bedeutung, teils um exemplarisch Steiners Umgang mit Themen zu dokumentieren, herausgreife. Dies bedeutet, Deutungsvorgaben der christlichen Theologie zu übernehmen. Allerdings haben sich auch Steiner und seine Anhänger im Rahmen dieses Interpretationshorizontes bewegt und die damit verbundenen Themenvorgabe übernommen. Man muß davon ausgehen, daß sie sich über diese untergründige Imprägnierung christologischer Fragen durch die großkirchlichen Theologien nicht im Klaren waren.

---

[143] So fehlt der Verweis auf Hübbe-Schleidens »vortreffliche Anhandlung« »Jesus ein Buddhist« (Steiner: Das Christentum als mystische Tatsache, $^{2}$1910,107 / $^{4}$1910,107, gestrichen: GA 8,102) nach dem Hinweis auf Seydel.

[144] Stieglitz' »Christosophie« ist eine Arbeit, die diesem Anspruch nahe kommt, allerdings die genannten Schwächen in der historischen Kontextualisierung besitzt; Thiede: Wer ist der kosmische Christus?, beschränkt sich auf die Christologie im engeren Sinn.

### *8.3.1 Theosophische Hermeneutik und biblischer Text*

Steiners Umgang mit der Christologie changierte zwischen dem instrumentellen Einsatz im Machtkampf in der Theosophischen Gesellschaft und der Wertschätzung als einem spirituellen Zentrum seiner Theosophie. Um diesen zweiten Punkt geht es im folgenden. Das »Gestanden-Haben vor dem Mysterium von Golgatha« war, unabhängig von seiner Datierung und genauen inhaltlichen Füllung, in Steiners letzten Jahren eine Chiffre für seine Christologisierung der Theosophie. Für die Anthroposophische Gesellschaft wurde die Christologie zu einem Merkmal ihrer Identität, und die Anthroposophie sollte ein Monopol in der Vermittlung seiner Christusvorstellung haben: »Ja, das Mysterium von Golgatha kann für unsere heutige Zeit *nur* durch Anthroposophie, durch Geistesforschung begriffen werden.«[145] Steiner beanspruchte eine autoritative Deutungskompetenz, die er nach dem gleichen Muster konstruierte wie den Anspruch auf Einsicht in übersinnliche Welten in anderen theosophischen Schriften. Er verschob nur die Semantik, beispielsweise indem er den Begriff der Offenbarung noch prominenter einsetzte. Als er sich 1913 zum fünften Evangelisten stilisierte (GA 148), überhöhte er sich zum Offenbarungsträger, wohinter wiederum sein Anspruch auf übersinnliche Erkenntnis stand. Hier liegt ein Angelpunkt von Steiners christologischer Hermeneutik.

Diese Prätention stieß unter vielen Anhängern auf Wohlwollen. Friedrich Rittelmeyer etwa erachtete Steiners Selbstverständnis als legitim und akzeptierte die darauf beruhende Bibelinterpretation:

> Steiner habe »die Probe machen können und alles, was nach dem Tod Christi geschehen sei, zuerst durch Geistesforschung festgestellt. Als er dann die Bibel aufgeschlagen habe, konnte er erkennen, daß die Berichte der Evangelien in allen Einzelheiten übereinstimmten mit den Bildern, die sich ihm ergaben, nur daß sich in die Evangelien, wie sie uns heute vorliegen, schon aus Mangel an Verständnis ein materialistischer Zug eingemischt habe.«[146]

Die Russin Assja Turgenieff beschrieb Steiner während eines Vortrags über das »Fünfte Evangelium« mit hagiographischen Zügen als vom Geist ergriffener, fast entrückter Seher:

> »In der Mitte [des Saals] Rudolf Steiner, so zart und zerbrechlich in seinem schwarzen Gehrock, mit weit auf das Geschaute sich öffnendem Blick. … Selbst zutiefst erschüttert, versagte ihm manchmal die Stimme, die Worte kamen zaghaft, mit Mühe gesprochen.«[147]

Steiner verkündete nicht nur neue Lehren, sondern inszenierte oder fühlte sich als Geistergriffener.

---

[145] GA 112,156. Sperrung in der Gesamtausgabe. Anstelle von Anthroposophie, möglicherweise auch anstelle der beiden Begriff Anthroposophie und Geistesforschung, ist im Original Theosophie zu setzen.

[146] Rittelmeyer: Lebensbegegnung, 61.

[147] Turgenieff: Erinnerungen, 44. Ähnlich, aber in expressionistischer Diktion Belyi: Verwandlungen des Lebens, 453–458.

In der Hochphase der Auseinandersetzung mit Annie Besant dürfte er diese Dimension nochmals aufgestockt haben, indem er sich in buddhistischer Semantik als Bodhisattva verstand, als Reinkarnation der »Individualität«, die später zum Buddha Maitreya werden und den Christus verkündigen würde. Allerdings sind von Steiner selbst in der Gesamtausgabe nur verschlüsselte Aussagen überliefert, so daß man auf indirekte Folgerungen angewiesen ist. 1909 kennzeichnete er den Bodhisattva als »Vorboten« und »Nachfolger« des Christus, »die seine Arbeit der Menschheit wiederum nahezubringen haben« (GA 116³,31). Am 10. September 1910 präzisierte er:

> »Und wenn die Menschheit – ich will das nur andeutend sagen – heute das Glück haben könnte, daß jener Jeshu ben Pandira, der damals inspiriert wurde von dem großen Bodhisattva, der einst der Maitreya Buddha sein wird, sich in unserer Zeit wieder inkarnieren würde, so würde er es als die wichtigste Aufgabe betrachten, hinzuweisen auf den ätherischen Christus, der in ätherischen Wolken zu erscheinen hat, und er würde betonen, daß *einmal* das Christus-Ereignis im physischen Leibe sich abgespielt hat. ... das muß als sicheres Kennzeichen angegeben werden, daß er sich nicht für den Christus ausgeben wird.« (GA 123⁷,201)

Im Rahmen seiner gegen Krishnamurti entwickelten Theorie vom Erscheinen des Christus im Ätherischen legte er dem Maitreya-Buddha Äußerungen in den Mund, die er soeben selbst gemacht hatte. Damit rückte er sich sublim in die Position eines Bodhisattva und autoritativen Verkündigers des Christus, und so haben es auch Elisabeth Vreede, die bei dem Vortrag anwesend war[148], und andere anthroposophische Interpreten verstanden[149].

Vielleicht hat sich Steiner als der Bodhisattva des 20. Jahrhunderts gesehen, wie sich aus einer Äußerung vom 1. Oktober 1911 schließen läßt, in der den Träger des Maitreya-Buddha beschrieb: Er verlebe eine unscheinbare Jugend, aber zwischen dem 30. und 33. Lebensjahr vollziehe sich eine tiefgreifende Wandlung, es komme gar zu einer »Umwechslung der Persönlichkeit«, und für die Menschen werde er sich als Träger des Bodhisattva zu erkennen geben (GA 130,99). Diese Vita ist natürlich nach dem Leben Jesu konstruiert, läßt sich aber auch auf Steiner beziehen: Unauffällig war seine Jugend sicher, es gibt gute Gründe, eine Wandlung vom 30. Lebensjahr (1891) an anzunehmen, und die Erkennbarkeit für die Menschen kann man mit Steiners Dissertation »Wahrheit und Wissenschaft« und seiner »Philosophie der Freiheit«, die im 30. und 33. Lebensjahr er-

---

[148] Vreede: Bodhisattva, 38 f.

[149] So Adolf Arenson (nach Meyer: Bodhisattva, 165) und Maximilian Rebholz, in: Rundbrief zur systematischen Erarbeitung des anthroposophischen Lehrgutes, Heft 3, S. 9 (nach: Stieglitz: Christosophie, 164). Auch Stieglitz, ebd., 164, geht von diesem Selbstverständnis Steiners aus.
Ein Gegenargument findet sich bei Meyer: Bodhisattva, 168, der die explizite Antwort Steiners auf die Frage bietet, ob er der Bodhisattva sei. »Ich bin es nicht«, habe Steiner geantwortet. Diese Aussage soll allerdings Steiner gegenüber Günther Wagner unter vier Augen getan haben, der es Walter Vegelahn, dem Stenographen dieses Vortrags, berichtete, der es wiederum kurz vor seinem Tod an jemanden weitergegeben haben soll, der ungenannt bleibt, von dem aber Meyer eine schriftliche Aufzeichnung besitze. Neben der brüchigen Traditionslinie spricht ein spezielles Interesse gegen Meyer: Angesichts der Gerüchte um einen neuen Bodhisattva in der Gestalt Valentin Tombergs wollte Meyer offenbar der Thematik ihr Vorbild nehmen.

schienen, verbinden. Seine Anhänger, die in ihm ohnehin eine christusgleiche Gestalt sehen konnten[150], wären ihm darin vermutlich gefolgt.

Steiners Selbstverständnis als Hellseher zeitigte auch ohne die Überhöhung als Bodhisattva massive Folgen für die Deutung des biblischen Textes, wie sich mit exemplarischen Äußerungen Steiners deutlich machen läßt:

- Die »Geistesforschung« werde »die eigentliche Richterin sein über das, was in den Urkunden vorkommt« (GA 112,28 [25.6.1909]).
- Die den Evangelien zugrunde liegenden Wahrheiten seien nicht mit Hilfe »äußerer Dokumente« zu erfassen, sondern nur durch »Selbstseher« (GA 114,171 [24.9.1909]).
- »Die Kraft, um die Evangelien interpretieren zu können, wächst einzig und allein auf geisteswissenschaftlichem Boden. Nur aus der Geisteswissenschaft ist die Wahrheit über die Evangelien zu gewinnen!«[151] (ebd., 178 [25.9.1909])
- Nur denjenigen, die »durch die anthroposophische Weltanschauung«[152] vorbereitet seien, das Christus-Ereignis »verständnisvoll, lichtvoll zu schauen«, werde Christus als »Herr des Karma« zwischen zwei Inkarnationen nicht »erscheinen wie eine furchtbare Strafe« (GA 131$^7$,222 [14.10.1911]).
- »Es gibt nur einen hellseherischen Weg zu dem Mysterium von Golgatha, trotzdem es auf dem physischen Plan sich vollzogen hat.« (GA 139,188 [24.9.1912])

Derartige Aussagen laufen auf die Herrschaft der Schau über den biblischen Text hinaus, auf einen übersinnlichen Absolutheitsanspruch. Unter Berufung auf seine Funktion als Offenbarungsträger relativierte Steiner die biblische Überlieferung zugunsten seiner »Clairvoyance« und beanspruchte, unzugängliche Dimensionen der Bibel, ihren »geheimen Sinn« (GA 8,131), zu dechiffrieren. Norma normans war nicht mehr die Heilige Schrift des Christentums, sondern Steiners hellsichtige Einsicht, durch die der textus receptus zu einer disponiblen Interpretationsmasse wurde. Die Spannung zwischen historischer Überlieferung und Geistcharisma löste Steiner zugunsten der spiritualistischen Option auf. Seine schon zitierte Forderung, »die Evangelien nur wörtlich [zu] nehmen« (GA 112,174 [1909]), und zwar »jedes Wort« (ebd., 279), wird durch die »übersinnliche Hermeneutik« mit ihren massiven Eihgriffen in den Text konterkariert. Andere Möglichkeiten des Umgangs mit Textproblemen, etwa eine allegorische oder symbolische Deutung, wies Steiner zurück[153].

Selbstkritische Reflexionen über seine Rolle im Konstitutionsprozeß des theosophischen Textes der Christologie hat Steiner nur sehr selten angestellt.

---

[150] Jenny Schirmer-Bey sah ihn 1908 in einem Vortrag über das Johannes-Evangelium »manchmal mit kreuzförmig ausgebreiteten Armen« vor einem Fenster stehen; Schirmer-Bey: Erinnerungen, 140.

[151] Im Original dürfte statt geisteswissenschaftlich / Geisteswissenschaft theosophisch und Theosophie stehen.

[152] Im Original dürfte es »theosophische Weltanschauung« heißen.

[153] Vgl. zur expliziten Kritik an einer symbolischen Interpretation GA 123$^7$,250 [1910], zur Revision eines ursprünglich affirmativ verwendeten Symbolbegriffs etwa Steiners Buch: Das Christentum als mystische Thatsache ($^1$1902), 102 f. / GA 8,126 f.

Die Schwierigkeiten in der Beurteilung seiner eigenen Rolle beginnen mit der kontrafaktischen Leugnung fundamentaler Veränderungen und setzen sich in der Immunisierung gegenüber eigenen Fehlern fort. Nur in frühen und privaten Äußerungen gestand Steiner auch »Fehler« ein, etwa »historische« im »Christentum als mystischer Thatsache« (GA 39,422 [1902]), ohne sie, soweit erkennbar, zu korrigieren[154]. Aber das Verhältnis zwischen »Hellsehen« und biblischer Textkritik hat er praktisch nicht thematisiert.

Gleichwohl finden sich Hinweise, daß die Entstehung des theosophischen Textes mit mehr Irritationen verbunden war, als es das Pathos der clairvoyanten Faktenbehauptungen vermuten läßt. Man muß derartige Hinweise mit der Lupe suchen, und sie bleiben kryptisch, aber es gibt sie. 1910 etwa meinte Steiner im Blick auf alttestamentliche Themen,

> »es wird sich nicht leicht jemand eine Vorstellung davon machen, ... wie schwierig der Weg ist, der zu diesen tieferen Grundlagen der biblischen Schöpfungsgeschichte führt, wie schwer es ist, die Parallelisierung der vorher aufgefundenen geisteswissenschaftlichen Tatsachen mit den entsprechenden biblischen Stellen wirklich zu finden. ... Dennoch glaube ich in gewisser Beziehung, daß ich auch nicht ein einziges Wort in diesem Vortragszyklus gebraucht habe, von dem ich nicht sagen kann: Es wird stehenbleiben können, es ist ... ein adäquater Ausdruck dessen, was zur richtigen Vorstellung führen kann.« (GA 122,187 f. [26.08.1910])

Hier ließ Steiner durchblicken, daß der Zugriff durch »hellseherische« Methoden in einem komplexen Wechselverhältnis zum biblischen Text stehen konnte. Diese Stelle dokumentiert aber auch, dass Steiner zuerst theosophische Positionen formulierte und den biblischen Text nachträglich darauf bezog. Welche Interpretationsentscheidungen hinter dem »schwierigen Weg« standen, ist unklar, aber wenn er davon sprach, das alles »stehen bleiben« könne, kann man vermuten, daß er Veränderungen zumindest erwogen hat.[155] Doch zugleich kanonisierte er damit seinen Text, dem er ein Kennzeichen heiliger Schriften, die Unveränderbarkeit, zuschrieb.

Angesichts der Dominanz von Steiners Offenbarungsanspruch über den biblischen Text sah er sich schon zu seinen Lebzeiten mit dem Vorwurf konfrontiert, den Schriften der jüdisch-christlichen Tradition einen normativen Überbau zu geben, der aufgrund seiner hellseherischen Begründung in praxi von niemandem nachvollzogen oder kontrolliert werden könne. Die Debatte, ob Steiners Anthroposophie als christlich zu bezeichnen ist, hat in dieser Problematik einen zentralen Ansatzpunkt.

---

[154] Das Beispiel der historischen Einordnung des Dionysius Areopagita in den beiden Auflagen von 1902 und 1910 weist nur eine Verschlimmbesserung auf (s. u. 8.4.3a, Punkt 6.). Als Beispiele von unter der Hand vorgenommenen Korrekturen vgl. aber ebd., Punkt 3, und unten Anm. 258.

[155] Auch Rittelmeyers Hinweise, daß Steiner etwa den Namen eines Ortes in der Akasha-Chronik nicht habe finden können oder daß ihm Einzelheiten gefehlt hätten (Rittelmeyer: Lebensbegegnung, 56 f. 61.), gehören zu den Hinweisen, daß Steiners »Einsichten« in einem Prozeß Verunsicherungen, mutmaßlich auch Revisionen, Rückwärts- und Seitbewegungen unterworfen waren. Vgl. zur Frage des Irrtums 7.4.5b.

### *8.3.2 Exemplarische Themen*

*a. Christus*

Die Deutung der Person Jesu ist das zentrale Thema der christlichen Theologie: von den großen Auseinandersetzungen der Antike um die »Natur« und die Personalität Jesu Christi bis zu der Frage in Steiners Umfeld, ob Jesus gelebt habe. Der theologische Laie Steiner besaß keinen systematischen Zugang zu diesen dogmatischen Fragen, konnte aber ihren Reflexen nicht ausweichen und hat sie deshalb auch thematisiert, meist implizit. Es ist im Rahmen dieser Arbeit nicht möglich, die Facetten von Steiners christologischer Dogmatik angemessen darzustellen[156]. Vier Themen hat er dabei häufig diskutiert, wobei sich deren Relevanz von den theologischen Vorgaben und weniger von Steiners Interessen an der Christologie herleitet:

- Der Ausgangspunkt seiner Christusdeutung war die Vorstellung einer Geburt Christi »*in mir*« (GA 7,41 [1901]), die Steiner gerne mit Versen des Angelus Silesius, »Wird Christus tausendmal in Bethlehem geboren / Und nicht in dir: du bleibst doch ewiglich verloren« (GA 34,31 [1903]), illustrierte. Später bezog sich Steiner überaus häufig auf das paulinische Theologumenon des »Christus in mir« (Gal 2,20) (GA 104a,129 [1907] u.ö.), das um 1900 in okkultistischen Kreisen en vogue war[157]. Diese spiritualisierende Ausrichtung der Christologie behielt er auch nach seiner Wendung zu einer stärker historischen Theologie bei, vermutlich weil sie mit der theosophischen Vorstellung vom göttlichen Kern des Menschen harmonisierbar war. Steiners Positionen wären aber für verschiedene Lebensphasen genauer zu bestimmen.
- In einer spiritualistischen Christologie wird die Frage nach dem Verbleib und dem Status des Leibes des (auferstandenen) Christus zu einem eigenen Diskussionsfeld[158]. Angesichts von Aussagen, in denen Steiner die leibliche Konstitution »des Christus« bis zur Irrelevanz abwertete, wird er von Theologen in die doketistische Tradition gestellt[159]. Für Theologen war diese Frage von hoher Brisanz, weil daran die historische Verankerung des Lebens Jesu und die Auferweckung mitsamt der Leiblichkeit hing. Mit der Wendung zu einem stärker historischen Verständnis des Christus noch vor dem Ersten Weltkrieg verminderte Steiner das doketistische Deutungspotential. Der Status der Leiblichkeit des Christus blieb jedoch aus theologischer Warte prekär.

---

[156] Dazu die umfangreichen Überlegungen bei Stieglitz: Christosophie, 183–237.

[157] Vgl. etwa Georgiewitz-Weitzer (u.d. Pseudonym G.W. Surya): Moderne Rosenkreuzer, 113 (= 7. Kap. [Ein neuer Mensch]): »Deshalb sagt die Bibel: ›Der *Christus in uns* ist das Geheimnis unserer Erlösung.‹« Es ist eine ganz andere Frage, wieweit dies die paulinische Theologie trifft. Die Formulierung des »Christus in mir« ist bei Paulus selten, für ihn bezeichnet vielmehr die sehr häufig verwandte Formulierung des »in Christus sein« das Zentrum seiner Christologie.

[158] Vgl. Thiede: Wer ist der kosmische Christus?, 180f., zur theologischen Problematik auch Bannach: Anthroposophie und Christentum, 449–454.

[159] Der Leib sei bei der Kreuzigung »eigentlich ein gleichgültiges Objekt … gegenüber der Seele« (GA 97³,188 [1907]). In derartigen Äußerungen Steiners gründen theologischen Zuschreibungen eines Doketismus bei Steiner.

- Zur Reflexion der Christologie im Rahmen der Trinitätslehre besaß Steiner ein unbedarftes Verhältnis. Hart mythologische Vorstellungen (s. o. 8.2.5) stehen neben Äußerungen, in denen der Trinität topographisch ein Reich »über den Seraphim« (GA 110⁷,160 [1909]) zugewiesen wird oder in denen sie polytheistisch erscheint, wenn Steiner »von dem Vatergotte, von dem Sohnesgotte und dem Gotte, dem Heiligen Geist« sprach (GA 214,171 [1922]). Seine Annäherung an Positionen der tradierten kirchlichen Theologie ist zwar deutlich, wenn er 1924 fast »orthodox« formulierte, es handle sich nicht um »drei Götter«, sondern um »drei göttliche Gestalten« (GA 353,109). Eine systematische Trinitätskonzeption gibt es bei Steiner aber nicht.
- Hinter allen Fragen der Christologie steht die Gotteslehre. Steiner, der in seiner idealistischen Phase der 1880er Jahre zeitweise einer deistischen Konzeption anhing, neigte von seinem theosophischen Monismus her zu einer pantheisierenden Gottesvorstellung, die in den ersten Jahren nach 1900 auch in manifeste Pantheismen umgeschlagen ist. Allerdings hat er die Probleme eines ungebremsten identitätsphilosophischen Denkens später gesehen und seinen Pantheismus relativiert (s. 7.6.2; 7.3), so daß ich in dieser Arbeit meist von einem pantheisierenden Denken bei Steiner spreche[160].

*b. Judentum und Altes Testament*

Ein Problem vieler christlicher Theologien taucht bei Steiner sozialdarwinistisch verschärft wieder auf, die Herabstufung des Judentums zu einem überwundenen Vorläufer des Christentums[161]. Sein Antijudaismus vor 1900 (s. 14.2.1a) und die theosophischen Hierarchisierungen von Völkern und Rassen (s. 7.5.4) führten auch zur Deklassierung des Judentums. Zu kulturellen Definitionsmerkmalen traten rassische hinzu, so daß im Kontext von Steiners Evolutionstheorie ein Syndrom entstand, in dem das Judentum sowohl religionsgeschichtlich wie biologisch als überwunden galt.

[160] Zu Steiners Deismus: »Die erhabenste Gottesidee bleibt doch immer die, welche annimmt, daß Gott sich nach der Schöpfung des Menschen ganz von der Welt zurückgezogen und den letzteren ganz sich selbst überlassen habe.« (GA 1,125 [1887]) Gegen die Zuschreibung eines Pantheismus hat Bannach: Anthroposophie und Christentum, 147, Steiner massiv in Schutz genommen. Er sieht allerdings auch, daß in Steiners evolutivem Konzept für die Schöpfungstheologie kein Raum ist. Wichtige systematische Konsequenzen, wie die pantheisierenden Konsequenzen seiner Evolutionskosmologie, verhandelte Steiner zudem in seinen theosophischen Werken, namentlich in der »Geheimwissenschaft« (s. 7.6). Weder über die systematischen noch über die historischen Fragen ist das letzte Wort gesprochen.

[161] Vgl. Zander: Anthroposophische Rassentheorie, 318–320. Die Abwertung des Judentums hat bereits Stieglitz: Christosophie, 73–77, herausgearbeitet.
Inzwischen stellt man sich auch in der Anthroposophie diesem Kapitel, vgl. Bader u. a.: Rassenideale sind der Niedergang der Menschheit (Antisemitismusvorwurf). Die Versuche, Steiner zu kontextualisieren, werden allerdings in apologetischer Absicht vorgenommen. Zu meiner prinzipiellen Kritik an diesem Buch vergleiche die Bemerkungen zu einem Schwesterbuch über Steiners Rassismus, Kap. 7, Anm. 321. Differenziert hingegen Sonnenberg: »Keine Berechtigung innerhalb des modernen Völkerlebens«, der die Koexistenz von Antijudaismus und Kritik am Antisemitismus bei Steiner nicht leichtfüßig übergeht. Er macht in seinem sehr fundierten Artikel mit viel Verständnis, aber auch mit notwendiger Kritik die Ambivalenz von Steiners Denken deutlich und hilft, Steiner in diesem brisanten Feld zu verstehen.

Rassische Definitionselemente dokumentiert etwa die Äußerung, daß die »Jehova-Kraft« nicht im Individuum, sondern »im Vererbungsprozeß« zu lokalisieren sei (GA $176^2$,250 [1917]). Häufiger arbeitete Steiner mit kulturellen Merkmalen, die sich durchweg auf eine evolutive Bewußtseinstheorie beziehen, in der das alttestamentliche Judentum als kollektives, präindividuelles Phänomen galt:

> »Der Bekenner des Alten Testaments sagte noch nicht in seiner Persönlichkeit: Ich bin ein Ich. Er fühlte sich in dem ganzen alten jüdischen Volke und fühlte das Gruppen-Volks-Ich«, wohingegen erst der Christ das »Ich-bin« fühle (GA 103,58 [1908]). Im »althebräischen Volk … ist das Bewußtsein noch nicht durchgedrungen bis zum individuellen Einzelwesen des Menschen« (GA 131,159 [1911])[162].

Daneben treten Äußerungen noch aus der vortheosophischen Phase, mit denen Steiner für eine Assimilation des Judentums plädierte:

> »Das Judentum als solches hat sich aber längst ausgelebt, hat keine Berechtigung innerhalb des modernen Völkerlebens, und daß es sich dennoch erhalten hat, ist ein Fehler der Weltgeschichte … Den Juden selbst muß ja zu allererst die Erkenntnis aufleuchten, daß alle ihre Sonderbestrebungen aufgesogen werden müssen durch den Geist der modernen Zeit.« (GA 32,152 [1888])

Was heute wie ein geistiges Vorspiel zum Holocaust aussieht, war in der damaligen Debatte ein Votum gegen nationalstaatliche Organisation des Judentums, das sind die »Sonderbestrebungen«. Steiner vertrat allerdings keine egalitäre Assimilation des Judentums, sondern formulierte seine Position gegen ein Wiener Judentum, das sich nationalistisch assimilierte, aber zugleich versuchte, seine jüdische Identität zu bewahren. Steiner forderte die Auslöschung dieser Differenz[163]. Aber dies ist die Außenperspektive. Der Jude Ladislaus Specht, in dessen Familie Steiner als Hauslehrer arbeitete, empfand diese Äußerung hingegen als tiefen Vertrauensbruch, die den Antisemiten zuarbeite (s. 14.2.1a). Steiner war sich offenbar der Tragweite seiner Äußerungen nicht bewußt, und eine vergleichbare Unbedarftheit muß man auch bei seinen Assimilationstheorien annehmen.

Daß in persönlichen Beziehungen diese Abwertungen des Judentums nicht zwingend durchschlugen, gehört zu den um 1900 nicht seltenen Widersprüch-

---

[162] Strukturell vergleichbare Äußerungen finden sich in allen Perioden von Steiners theosophischer Zeit.
– 1905: Die »semitische Art« sei nur noch »das Zersetzungsferment« (GA $262^2$,106).
– 1907: Mit dem »Christus-Ereignis« sei das »althebräische Volk« an sein welthistorisches Ende gekommen, es habe Christus nur »vorbereitet« (GA $100^2$,181). Das Gesetz des Alten Testaments als bloß äußere Ordnung werde mit Christus durch »Hingabe« »von innen heraus« überwunden (ebd., 222).
– 1910: Die kulturelle »Mission« des Judentums, nämlich den Monotheismus zu vertreten, sei mit dem Ende der »ägyptisch-chaldäischen« Epoche abgelaufen (GA 121,127).
– 1911: »Jahwe oder Jehova« gilt nur als ein »Spiegelbild«, Jesus Christus jedoch als die »eigene Gestalt«, das »Urbild« des Christus (GA 129,181 f.).
– 1912: Das Judentum habe nur ein »Sich-passiv-Verhalten zu dem Gotte Jahwe oder Jehova« gekannt, während das Christentum zu einem »aktiven inneren Bewußtsein der Seele von ihrem Wesen« führe (GA 139,40).
– 1917: Nach dem »Mysterium von Golgatha« sei die »Jehova-Kraft« durch die »Christus-Kraft« ersetzt (GA $176^2$,250).

[163] Staudenmaier: Rudolf Steiner and the Jewish Question.

lichkeiten[164]. So war Steiner mit Ludwig Jacobowski, einem vermutlich assimilierten und früh verstorbenen Dichter aus jüdischer Familie, befreundet. Auch für Dreyfus hat Steiner Partei ergriffen[165] und in den »Mittheilungen aus dem Verein zur Abwehr des Antisemitismus« veröffentlicht[166]. Steiner sah offenbar das Problem Antisemitismus, doch verhinderten die Stellungnahmen nicht, später als Theosoph das Ende des Judentums als sozialer Größe zu fordern, etwa wenn er 1913 im »Fünften Evangelium« mit Offenbarungsgestus dem jugendlichen Jesus eine Äußerung an seine Mutter die Worte in den Mund legte, daß

> »in der Substanz der Evolution des Judentums kein Vermögen mehr besteht, heraufzureichen zu den Offenbarungen des Gottesreiches (GA 148,60); … Es ist nicht mehr für diese Erde möglich die Offenbarung des alten Judentums, denn die alten Juden sind nicht mehr da, um sie aufzunehmen. Das muß als etwas Wertloses auf unserer Erde angesehen werden.« (ebd., 80)

Noch 1924 hielt Steiner fest (und auch diese Äußerungen kann man wieder antizionistisch oder als Assimilationsforderung deuten): »So könnten die Juden eigentlich nichts Besseres vollbringen, als aufgehen in der übrigen Menschheit, sich vermischen mit der übrigen Menschheit, so daß das Judentum als Volk einfach aufhören würde.« (GA 353,202) Dies geschehe nicht wegen des »Hasses der anderen Menschen«. Steiner realisierte also inmitten judentumskritischer Äußerungen aufmerksam den Judenhaß seiner Zeitgenossen und die davon ausgelöste Identitätsbildung im Judentum.

Ein kritischer Blick auf seine evolutionsbegründeten Abwertungen des Judentums hat sich ihm gleichwohl nicht eröffnet, hier liegt das Kernproblem seines theosophischen Antisemitismus. Ihm war wohl auch nicht klar, in welch großem Ausmaß er mit derartigen Hierarchisierungsmodellen evolutionistische Entwürfe der Ethnologie und Religionswissenschaft um 1900 aufnahm[167]. Bis heute fällt es Anthroposophen schwer, die Ambivalenz Steiners zwischen der Verteidigung jüdischer Positionen einerseits und seinen Antijudaismen und Antisemitismen andererseits zu realisieren[168].

---

164 Vgl. auch Sonnenberg: Zionismus, zu den »jüdischen Rezipienten der Anthroposophie«.

165 Steiners Parteinahme für Dreyfus in GA 31,221–231. Dazu und zu Jacobowski vgl. Zander: Anthroposophische Rassentheorie, 293.

166 GA 31,382–420. Allerdings hat sich Steiner dabei mit seiner deutschnationalen Orientierung nicht immer leicht getan, vgl. ebd., 387 f., oder das Lob über deutschnationale Orientierungen ohne Antisemitismus (ebd., 418 f.). Die Aufsätze bedürften einer eigenen Analyse.

167 Kohl: Geschichte der Religionswissenschaft, 244–246; Kippenberg: Die Entdeckung der Religionsgeschichte, 88 f. 111 f., sieht allerdings eine Abschwächung des Evolutionsparadigmas bei den führenden Köpfen der Religionswissenschaft um 1900. Für die Popularisatoren im Umfeld der Theosophie gilt dies nicht.

168 Anthroposophische Publikationen neigen in dieser Frage zu einer selektiven Wahrnehmung des Steinerschen Œuvres. Aussagen, die sich positiv werten lassen, werden zitiert, negative marginalisiert oder unterschlagen. Damit wird Steiners Ambivalenz dann reingewaschen: »Aufgrund der … aktiven Ablehnung des Rassismus und Antisemitismus entbehren … Aussagen, die eine Nähe Steiners … zu solchen Ideologien nahe legen, jeder Grundlage.« Bader / Ravagli: »Rassenideale sind der Niedergang der Menschheit« (Flugblatt).

Die evolutionäre Matrix ist auch auf Steiners Umgang mit dem Alten Testament durchgeschlagen, wie sich exemplarisch an seinem biblischen Gottesbild nachvollziehen läßt[169]. Längere Ausführungen darüber finden sich erst unter dem Einfluß okkultistischer Literatur, mit deren Vorstellungen Steiner Jehova oder Jahwe einer frühen Entwicklungsstufe zuordnete. 1905 bezeichnete er »Jehova«[170] als »Rangordnung in der Hierarchie« und berief sich dabei auf Eliphas Levi (GA 93a,58). Im gleichen Jahr deutete er unter Rückgriff auf Blavatsky Jehova als »Mondgott« (ebd., 56.149)[171]. 1908 war für ihn »›Jahwe‹ oder ›Jehova‹« einer von sechs Elohim, der sich abgespalten und statt der Sonne den Mond zum Aufenthaltsort gewählt habe (GA 103,53). Wenig später allerdings interpretierte Steiner den Mond als »Symbolum für Jahve oder Jehova« (ebd., 55)[172]. 1910 finden sich die Elohim als Exusiai in die neunfach gestufte Rangfolge der Hierarchien eingeordnet (GA 122,87)[173].

Eine detaillierte Studie über Steiners Umgang mit der hebräischen Bibel steht noch aus. Diese wenigen Stellen illustrieren aber, wie seine Jahwe-Vorstellungen der Modifizierung, insbesondere durch theosophische Stoffe, unterlagen. Dabei hat er an seine Jahwevorstellung eine Vielzahl von Komplexen angelagert, die sich einer Systematisierung entziehen. Allen gemeinsam ist allerdings Steiners Entscheidung, den Gott des Alten Testaments nicht als Hochgott, sondern als untergeordnetes Wesen zu begreifen.

*c. Luzifer und Ahriman*

Steiner überarbeitete und reinterpretierte die biblische Theologie nicht nur, sondern ergänzte sie auch massiv mit mythologischen Elementen (in der Binnenperspektive: realen Wesen)[174], die ganz oder teilweise aus außerbiblischen Quellen stammen. Ein Beispiel sind Luzifer und Ahriman, die Steiner sukzessiv einführte, ehe er sie als polare Gegensätze kanonisierte.

Als der Begriff Luzifer in der Theosophie heimisch wurde, hatte er eine lange Karriere in der Neuzeit hinter sich und war von der Identifizierung Luzifers mit dem Teufel (nach Jes 14,12 in Verbindung mit Lk 10,18) gelöst. Schon im

---

[169] Daß Übereinstimmungen gering sind, haben Theologen scharf erkannt. Vgl. Stieglitz: Christosophie, 73–77; Badewien: Anthroposophie, 71–78.

[170] In seinen frühen Äußerungen benutzte Steiner den Jehova-Begriff; daß er in späteren Jahren zumindest den Jahwe-Begriff parallel verwandt hat, läßt darauf schließen, daß er von der fehlerhaften Jehova-Terminologie Kenntnis bekommen hat.

[171] Vgl. etwa Blavatsky: Geheimlehre, I, 415. 421; II, 79.

[172] In undatierten Meditationsanweisungen hat er auch Christus mit einem Elohim gleichgesetzt (GA 245,58).

[173] Daneben gibt es eine Reihe weiterer Qualifikationen: 1905 sprach er von einem »Jehovaprinzip und einem Luziferprinzip«, Jehova nahm offenkundlich Ahrimans Rolle ein. 1906 setzte er Jehova mit dem »unaussprechlich menschlich-göttlichen Ich« und überhaupt mit »Ich« gleich (GA 94,19.133). 1909 klassifizierte er Jahwe als eine der »göttlich-geistigen Wesenheiten«, der mit »Ahura Mazdao« vergleichbar sei (GA 112,121).

[174] Steiners Umgang mit Mythen war allerdings nicht eindimensional, er konnte auch Figuren der antiken Götterwelt, etwa Isis, entzaubern und als Symbole kosmischer Kräfte deuten (GA 180,45). Aber an dieser Stelle war Steiner (in der Außenperspektive) mythenproduktiv.

18. Jahrhundert war Luzifer vielfach zum positiven »Lichtbringer« mutiert[175]. In dieser Tradition hatte Blavatsky ihrer ersten Zeitschrift den Namen »Lucifer« gegeben, und Steiner folgte ihr mit seiner Zeitschrift gleichen Titels. Der Name habe in der anthroposophischen Rezeption »einfach ›Lichtträger‹« bedeuten sollen, schrieb er 1925, und konzedierte zugleich, daß er erst »später« den »Gegenpol« Ahriman konstruiert habe: »So weit war damals der Inhalt der Anthroposophie noch nicht ausgebildet« (GA 28,315).

Das polare Paar Luzifer und Ahriman besaß eine längere Inkubationszeit, in der Steiner Luzifer noch mit anderen Gegenfiguren kombinierte. 1905 sprach er von einem »Jehovaprinzip und einem Luziferprinzip«, wobei der Mensch beim alleinigen Lehren des Jehovaprinzips »der Erde verfallen« würde; Jehova trug materialistische Eigenschaften, wie er sie ab 1909 Ahriman zuwies. Nachdem er am 22. Februar 1906 Luzifer als »notwendige Ergänzung des Christusprinzips« bezeichnet hatte (GA 54,325), fand sich 1908 eine Polarität von Christuslamm und Sorat, dem »zweihörnigen Tier« aus der babylonischen Mythologie. Dem Lamm schrieb er »geistige Kräfte« und »weiße Magie« zu, Sorat hingegen, Verhärtung und »schwarze Magie« (GA 104,231), also die später ahrimanisch genannten Kräfte. Warum er am 1. Januar 1909 erstmalig (GA 107$^{5}$,169)[176] und nun endgültig die Polarität von Luzifer und Ahriman einsetzte, ist unklar. Jedenfalls griff er mit Ahriman eine mythische Figur auf, die sich in der iranischen Mythologie und im Umkreis Zarathustras als Widerpart von Ahura Mazda fand; die Besetzung der Zarathustra-Tradition hatte ja auch bei 1909 den beiden Jesusknaben eine Rolle gespielt (s. o. 8.2.5).

In den folgenden Jahren baute Steiner die polare Rollenbesetzung von Luzifer und Ahriman weiter aus. 1917 etwa führte er »luziferische« und »ahrimanische Elementarwesen« ein (GA 180,52 f.), wobei er als ahrimanisch überzogene »technisch-mechanische, physikalische, chemische und ähnliche Gedanken« bis in »Finanzielles« hinein verstand (ebd., 53); 1919 klassifizierte er die wortwörtliche Auslegung der Bibel und die Konfessionsbildung als ahrimanisch (GA 193,194). Luzifer und Ahriman waren zu einem dialektischen Gegensatzpaar geworden, das sich vom ursprünglich christologischen Umfeld gelöst hatte und das Steiner nutzte, um widersprüchliche oder antagonistische Prozesse zu beschreiben[177]. 1923 wies Steiner in einem Vortrag vor Arbeitern am Goetheanum den beiden Wesen folgende Eigenschaften zu (GA 349,226):

---

[175] Vgl. Osterkamp: Lucifer, v. a. 213–248. Für Steiner könnte man eine Vorlage in Goethes Bearbeitung des Luzifer-Stoffes vermuten (dazu Zimmermann: Das Weltbild des jungen Goethe, II, 126–132), doch findet sich wohl keine Bearbeitung des Themas vor 1906.

[176] Erstbeleg nach Lindenberg: Steiner (Chronik), 277. Aber noch im Sommer 1909 setzte er Ahriman mit Mephistopheles gleich (GA 112,241).

[177] In dieser Konzeption haben sich Luzifer und Ahriman in der Anthroposophie heute etabliert. Baumann: Wörterbuch, 1–5, interpretiert Luzifer als spiritualistisches, Ahriman als materialistisches Prinzip. Die ahrimanische Konnotation sei im wesentlichen negativ, doch wirke Ahriman auch als Korrektiv für Luziferwirken, denn »auch Luzifer dehnt seine Macht in Bereiche aus, die ihm nicht zustehen« (S. 4). Da diese korrektive Funktion für Luzifer gleichfalls gelte, entstehe eine doppelte Polarität. Für die Zeitgenossen war all das schwer zu verstehen. So wurde der Bezug auf Luzifer von Kritikern mit dem Instrumentarium der tradierten Dämonologie als »Satanismus« mißverstanden; Steffen: Aus der Schicksalsgeschichte des Goetheanums [Teil I], 8.

| | ahrimanisch | luziferisch |
|---|---|---|
| körperlich | Verhärtung | Verweichung |
| | Verkalkung | Verjüngung |
| seelisch | Pedanterie | Phantastik |
| | Philisterhaftigkeit | Schwärmerei |
| | Materialismus | Mystik |
| | Trockener Verstand | Theosophie |
| geistig | Aufwachen | Einschlafen |

Letztlich aber war die Zuordnung von Luzifer und Ahriman noch komplexer, weil Steiner mit mehrpoligen Wechselbeziehungen arbeitete.

*d. Michael*

Unter den biblischen respektive mythologischen Figuren im Umkreis von Steiners Christologie greife ich den für das Selbstverständnis Steiners wichtigen Engel Michael heraus. Seit 1907 sah Steiner in Michael den Engel des gegenwärtigen Zeitalters: Gabriel habe im November 1879 »auf dem Astralplan« die Herrschaft an Michael abgetreten[178]. 1913 beschrieb er Michael als »die bedeutendste Wesenheit in der Hierarchie der Erzengel« (GA 152,36)[179] und wieder als Führer der neuen Epoche der Menschheitsgeschichte (ebd., 38)[180]. Im Gegensatz zu Gabriel, den er als Führer des Zeitalters materialistischer Wissenschaft verstand, sei Michael der »Inspirator der Wissenschaft« in einem »spirituellen Sinne« (ebd., 43). Gegenüber den Äußerungen von 1907 waren die inhaltlichen Veränderungen gering, charakteristisch aber war 1912/13 der Aufbau Michaels zu einer neuen Leitfigur: 1912 soll der Johannesbau-Verein in »Michael-Bau-Verein« umbenannt worden sein (s. 12.3.1), und 1913 wurde aus der Freimaurerei der »Michael-Dienst« (s. 10.4.1). Auch nach 1913 rekurrierte Steiner des öfteren auf Michael, möglicherweise aber erst gegen Lebensende wieder intensiver. In der »Hochschule für Geisteswissenschaften« in Dornach war eine »Michaelschule« geplant[181], von einem »Michaelfest« sprach er 1923 (GA 223,71) und von einer Michael-Gemeinschaft« 1924 (GA 240,240). Michael war, vergleichbar der Rosenkreuzer-Konzeption, zu einer Chiffre für den Anspruch auf Christlichkeit geworden.

---

178 Steiner: Früheste ausführliche Nachschrift von Rudolf Steiners Darstellung des Michael-Ereignisses, 5. Vgl. auch GA 245,110. Die Feststellung von Lindenberg: Steiner (Chronik), 334, daß Steiner erstmals 1913 über Michaels Gegenwartsbedeutung gesprochen habe, ist insoweit zu korrigieren.

179 In diesem Zusammenhang integrierte Steiner die Michaelsfigur in die Vorstellung himmlischer Hierarchien, wobei er zur Engels-Hierachie 1907 und 1913 etwa Anael, Zachariel, Raphael, Samael, Gabriel und Michael zählte (GA 237,125). Er hat diese Wesen auch auf politische Vorstellungen appliziert, etwa in der Vorstellung der Völkerengel, vgl. GA 121,23 f. (1910).

180 »Hauptsächlich« seien die Erzengel »die Führer der verschiedenen Nationen« (GA 152,38).

181 Vgl. GA 265,444; Grosse: Weihnachtstagung, 143; Polzer-Hoditz: Erinnerungen, 201.

## 8.4 Kontexte

### *8.4.1 Theosophische Christologien*

In Steiners Selbstdarstellung und in der anthroposophischen Rezeption gilt seine Christologie als kardinales Unterscheidungskriterium von anderen Theosophen und Theosophinnen[182]. Dieses Bild ist vor dem Hintergrund der Trennungsgeschichte gezeichnet worden, in der die Adyar-Theosophie als Ausdruck »östlicher« Religionen galt. Steiners stilisierte christologische Eigenständigkeit entspricht allerdings nicht der Pluralität religiöser Optionen in der Theosophischen Gesellschaft. Vielmehr wurde die Debatte um die historische und normative Stellung des Christentums heftig geführt, auch andere Theosophen versuchten, das Christentum in eine Schlüsselstellung zu bringen. Nicht einmal mit seinem schlußendlich formulierten christlichen Absolutheitsanspruch stand Steiner unter Theosophen allein, und möglicherweise deutete sogar die Mehrheit der Mitglieder die Theosophie christlich oder zumindest vor einem christlichen Hintergrund. Aber die theosophische Christentumsdebatte ist heute kaum noch bekannt: Dabei spielen die Marginalisierung der Theosophie in Deutschland eine wichtige Rolle, sodann die Niederlagen der christlichen Fraktion in der Theosophischen Gesellschaft, schließlich die Außenwahrnehmung, die in der Theosophie vornehmlich »indisches« Gedankengut fand. Da eine Aufarbeitung dieses Stranges der theosophischen Geschichte fehlt, kann es hier nur um Anmerkungen zu diesem Kontext von Steiners Christologie gehen.

Entscheidende Daten für die religiöse Ausrichtung der Theosophie waren der Eintritt des Gründerpaares Blavatsky und Olcott in den Buddhismus im Jahr 1880, dem vier Jahre später Leadbeater folgte. Angesichts der teilweise realen, häufiger aber oberflächlichen und immer eurozentrischen Rezeption buddhistischer Vorstellungen, der Propaganda für den Buddhismus und nicht zuletzt aufgrund von Blavatskys unversöhnlichem Verhältnis zu Christentum und Kirche besaß die Deutung der Theosophie als »indische« oder zumindest »anglo-indische« Weltanschauung durchaus ein Fundament[183]. Doch schon bei Leadbeater liegt die Sache komplexer, da dieser ehemalige anglikanische Geistliche zunehmend christliche Gehalte thematisierte und schließlich zum Gründer der theosophischen »Liberal-Katholischen Kirche« wurde. Ähnlich komplex liegt das Verhältnis zum Christentum bei Annie Besant, die mit einem anglikanischen Pfarrer verheiratet gewesen war. Sie trat zwar auch in ein konfessorisches Verhältnis zu indischen Religionen, vor allem zum Hinduismus, aber spätestens seit den neunziger Jahren griff sie die christliche Tradition auf, wobei möglicherweise ihre Freundschaft zu Leadbeater eine wichtige Rolle spielte. In der Theosophi-

---

[182] Die theosophische Literatur hat erwartungsgemäß eine andere, stärker die machtpolitischen Aspekte betonende Perspektive, vgl. Ransom: Short History, 397 f.

[183] Auch Olcott verstand sich als Buddhist, propagierte seine Position aber nicht so christentumskritisch wie Blavatsky. Seine Denklogik blieb weiterhin dem Protestantismus seiner Herkunft verpflichtet, wie Prothero: The White Buddhist, herausgearbeitet hat. Eine vergleichbare europäische und christliche Imprägnierung des Denkens gilt aber auch für Blavatsky.

schen Gesellschaft gab es jedenfalls zu dem Zeitpunkt, als Steiner eintrat, auf der Leitungsebene eine zunehmende Einbeziehung der spirituellen Christentumsgeschichte im Rahmen des religionssynkretistischen Ansatzes.

Auf der Mitgliederebene war diese Auseinandersetzung schon länger und intensiver geführt worden, bis hin zu Schismen[184]. Anfang der 1880er Jahre hatten beispielsweise Anna Kingsford und Edward Maitland in der englischen sowie Countess Marie Caithness in der französischen Sektion eine stärkere Berücksichtigung des Christentums verlangt. Die unterschiedlichen Interessen waren aber namentlich zu Blavatskys Lebzeiten kaum auszugleichen, so daß Kingsford und Maitland 1884 eine eigene Vereinigung, The Hermetic Society, gründeten[185]. Mit Kingsfords Tod 1888 verlor die Debatte an Brisanz, aber nun brachte Besant ihrerseits christliche Inhalte in die Theosophie ein, etwa in »Esoteric Christianity«, damit einen Schlüsselbegriff des Kreises um Kingsford und Maitland aufnehmend. Auch in Deutschland haben sich vergleichbare Prozesse abgespielt. Hier kam es meines Wissens nicht zu christlich begründeten Spaltungen, aber eine starke Stellung des Christentums prägte bei einer fortbestehenden, teilweise aber inhaltlich dünnen Affirmation der indischen Vorstellungen das weltanschauliche Bild der theosophischen Vereinigungen in Deutschland.

Die Bedeutung dieser Richtungsdebatten und der faktisch stark christlichen Prägung der Theosophie für Steiners Christologie ist augenblicklich schwer einzuschätzen. Er hat jedenfalls nachweislich christentumsbezogene Literatur führender Theosophen gelesen. Als Teil einer theosophischen Mentalität ist er dem Christentum zudem bei den Mitgliedern begegnet. Hier war es als Sozialisationsfaktor vorhanden, sicher oft kirchenkritisch eingekleidet, aber oft auch affirmativ präsent, namentlich wenn man sich auf »Ketzer«, »Gnostiker« oder »Mystiker« berief, in denen man die authentische Tradition eines »esoterischen Christentums« vermutete. In diesem Feld muß momentan vieles in der Schwebe bleiben, sicher ist aber, daß Steiner mit seiner Christologie ein alles andere als jungfräuliches Gelände betrat und keinesfalls allein agierte.

### *8.4.2 Rosenkreuzerische Theosophie*

Als zentralen historischen Kontext seiner Christologie postulierte Steiner seit 1906/07 eine rosenkreuzerische Tradition. Namentlich gegenüber Besant positionierte er sich zunehmend als »Rosenkreuzer«, davon war mehrfach die Rede. 1906 konstruierte er eine rosenkreuzerische »Einweihungsform« (s. 8.2.3), während des Münchener Kongresses verselbständigte er seine Esoterische Schule als westlichen, »rosenkreuzerischen« Weg (s. 3.4.3e), in seine Freimaurerei nahm er Elemente der rosenkreuzerischen Hochgrade auf (s. 10.5.2f), 1911 kam es zur

---

[184] Diese Geschichte der Binnendifferenzierung ist erst in Ansätzen erforscht. Vgl. Godwin: The Theosophical Enlightenment, 333–362; Santucci: Blavatsky, 181; ders.: Theosophical Society, 1119; Goodrick-Clarke: Hermeticism and Hermetic Societies, 552–555.

[185] Dazu Godwin: The Theosophical Enlightenment, 333–346; zur vorlaufenden Debatte ebd., 227–246. Die Intensität der Debatten illustrieren die Memoiren von Steiger: Memorabilia.

Gründung eines »Bundes zur Pflege rosenkreuzerischer Geisteswissenschaft« im Rahmen der organisatorischen Distanzierung von Adyar (s. o. 8.2.7), und auch in diesem Kapitel war schon mehrfach von »rosenkreuzerischen« Elementen die Rede. Dem Rosenkreuzertum unterstellte er eine spezifisch europäisch-esoterische Tradition des Christentums, es war für ihn vor allem vor dem Ersten Weltkrieg der Ausdruck des »wahren« Christentums.

*a. Frühneuzeitliche Rosenkreuzer*

Am Beginn der Rosenkreuzergeschichte stehen drei anonym veröffentlichte Schriften des frühen 17. Jahrhunderts: Die »Fama fraternitatis Oder Brüderschaft des Hochlöblichen Ordens des R. C. An die Häupter, Stände und Gelehrten Europae« (beigebunden war die »General-Reformation, der gantzen weiten Welt«), die »Confessio fraternitatis«, beide erschienen 1614, und die »Chymische Hochzeit Christiani Rosencreutz anno 1459«, gedruckt zwei Jahre später. Die Frage der Verfasserschaft bewegt seitdem Anhänger und historische Forschung. Entgegen einer langen Tradition der Zuschreibung an den Württemberger lutherischen Pfarrer Valentin Andreae (1586–1654) hat man nur bei der »Chymischen Hochzeit« mit einem eigenhändigen Werk Andreaes zu rechnen, hinter den anderen Schriften stehen Andreae und sein Umkreis[186].

Christian Rosenkreutz wurde der »Confessio« zufolge 1378 geboren und starb, so die chymischen Hochzeit«, 1459. Er sei in einem Kloster aufgewachsen, habe in Damaskus die arabischen Wissenschaften kennengelernt und schließlich die Rosenkreuzer-Bruderschaft gegründet, die hundert Jahre lang verborgen bleiben sollte. Nachdem die Brüder 1604 sein Grab gefunden hätten, das er sich als »Kompendium des Alls«, so die »Fama« errichtet habe, sei die Bruderschaft an die Öffentlichkeit getreten[187]. Einen historischen Beleg für diese Bruderschaft gibt es nicht, sie ist ebenso fiktiv wie ihr Gründer Christian Rosenkreutz. Ziel der Schriften war eine neue Reformation der christlichen, namentlich lutherischen Kirche nach der Konfessionalisierung am Beginn des 17. Jahrhunderts. In vielfach alchemistischer Semantik präsentierten sie eine spiritualistisch eingefärbte Theologie, zurückgreifend auf protestantische Theosophen wie Jakob Böhme und Valentin Weigel sowie auf paracelsisches und hermetisches Gedankengut; direkten Einfluß dürften Simon Simon Studions »Naometria« und John Dees »Monas« besessen haben.

Die Resonanz war überwältigend. Allein bis 1620 erschienen etwa 200 Rosenkreuzerschriften[188], bis mit dem Dreißigjährigen Krieg die Präsenz dieses rosenkreuzerischen Denkens zurückging. Die Nachwirkung blieb jedoch so groß, daß noch René Descartes nach Rosenkreuzern in Süddeutschland forschen ließ[189].

[186] Vgl. die neuen Forschungen des Nestors der Rosenkreuzerforschung, Gilly: Rosenkreuz als europäisches Phänomen und: Cimelia Rhodostaurotica, hg. v. C. Gilly. Daneben die älteren Werke: Montgomery: Cross and Crucible; Das Erbe des Christian Rosenkreuz, hg. v. der Bibliotheca Philosophica Hermetica. Zum Überblick Edighoffer: Die Rosenkreuzer, und Yates: The Rosicrucian Enlightenment.

[187] Zit. nach: Handbuch religiöse Gemeinschaften ($^3$1985), hg. v. H. Reller u. a., 422.

[188] Gilly: Iter Rosicrucianum.

[189] Ders.: Campanella and the Rosicrucians, 207.

Einflüsse auf Comenius, Spener, Leibniz, Herder oder Goethe sind nachweisbar[190]. Im 18. Jahrhundert kam es zur Errichtung von maurerischen Rosenkreuzerorden[191], worunter der »Orden der Gold- und Rosenkreuzer« als aufklärungskritische Vereinigung in Deutschland Furore machte und 1781 den preußischen König Friedrich Wilhelm II. als »Ormesus Magnus« aufnehmen konnte[192]. In den Hochgradriten überlebten rosenkreuzerische Bezüge christlichen Profils in einzelnen Graden bis in die Gegenwart[193]. Ansonsten jedoch verschwand die rosenkreuzerische Tradition im Verlauf des 18. Jahrhunderts »bis auf kleine, uns kaum dokumentierte Gruppen. Als diese Tradition zu Beginn unseres Jahrhunderts dann erneut auflebte, hatte sie sich so gut wie vollständig von den Manifesten und ihrem Rosenkreuzermythos gelöst.«[194]

*b. Vorstellungen über Rosenkreuzer in Steiners Umfeld um 1900*

Als Steiner sich nach 1900 anschickte, die Rosenkreuzertradition zu beerben, fand er ein von der Wissenschaft weitgehend unbearbeitetes Feld vor. Erst im ausgehenden 20. Jahrhundert setzte eine Forschung ein, die die Literar- und Rezeptionsgeschichte der Rosenkreuzermanifeste des 17. Jahrhunderts auf verläßliche Grundlagen stellte. Um 1900 waren die historischen Rosenkreuzer eine black box, die man in esoterischen Kreisen fast nach Belieben füllte. In dieser Situation boomten am Ende des 19. Jahrhunderts neugegründete »rosenkreuzerische« Gruppen[195]. Deren Berufung auf eine 1850 in Frankfurt am Main bestehende Rosenkreuzerloge ist fiktiv, verläßlich ist jedoch das Datum 1865, als in England die »Societas Rosicruciana in Anglia« gegründet wurde, die Stichwortgeberin für weitere Neugründungen. Behauptungen über Steiners Verbindung zu dieser Gesellschaft im Jahr 1905 respektive seine Mitgliedschaft sind ziemlich sicher falsch[196]. Kurz vor 1900 war das Rosenkreuzerthema populär. Beispielsweise fanden von 1892 bis 1897 die »rosenkreuzerischen« Kunstsalons in Paris statt (1892 bis 1897), an denen sich bekannte Symbolisten wie Fernand Khnopff beteiligten[197]; im deutschsprachigen Raum dokumentiert Rudolf Lothars 1905 in Wien und 1906 in Leipzig aufgeführtes Schauspiel »Die Rosenkreuzer«[198] die Attraktivität des Sujets. Auf das revitalisierte rosenkreuzerische Denken in der Freimaurerei stieß Steiner bei der Einrichtung seiner eigenen maurerischen Zeremonien. Aber offenkundig besaß sein Lieferant Reuß ein Gespür für die konstruktive Dimension der Rosenkreuzereuphorie: Für eine rosenkreuzerische »Großloge für Deutschland«, die 1901 neun Grade bearbeitet habe, konzedierte

---

[190] Rosenkreuz als europäisches Phänomen, hg. v. der Bibliotheca Philosophica Hermetica u.a.; Brecht: »Er hat uns die Fackel übergeben«.

[191] Vanloo: L'utopie Rose-Croix.

[192] Möller: Die Bruderschaft der Gold- und Rosenkreuzer, 204.

[193] Lennhoff/Posner: Freimauer-Lexikon, 1338 f.

[194] Hoheisel: Die Symbolik der Rosenkreuzerbruderschaft, 91. Selbst für eine Lesekontinuität gibt es kaum Anhaltspunkte.

[195] Dazu Lamprecht: Neue Rosenkreuzer, vgl. auch 3.2.2.

[196] Behauptet bei Miers: Lexikon des Geheimwissens ($^6$1986), 386. 383; in der Ausgabe $^7$1993, 587. 591, sind diese Behauptungen gestrichen.

[197] Pincus-Witten: Les salons Rose-Croix; ders.: Occult symbolism in France.

[198] Lennhoff/Posner: Freimaurerlexikon, 1338.

er, daß es »gar keinen Zusammenhang mit den alten Rosenkreuzern als den Namen und die Rituale« gebe[199].

Auch im engeren Umkreis der Theosophie waren rosenkreuzerische Bestrebungen en vogue. In ihrem Vorfeld entwickelten sich Am Ende des 19. Jahrhunderts in den Vereinigten Staaten unter der Leitung von Pascal Beverly Randolph und Hargrave Jennings rosenkreuzerisch genannte Strömungen[200]. Jennings Buch »Die Rosenkreuzer, ihre Gebräuche und Mysterien« (englisch 1870, deutsch 1912) wurde in Deutschland so hoch geschätzt, daß es im wissenschaftlich renommierten Lexikon »Die Religion in Geschichte und Gegenwart« 1913 zur zentralen Referenzstelle beim Stichwort »Rosenkreuzer« avancierte[201]. Bei der Gründung der Theosophischen Gesellschaft erwog man, sich als rosenkreuzerische Gemeinschaft zu verstehen[202], und Friedrich Eckstein soll noch von Blavatsky ein Rosenkreuz erhalten haben (s. 3.6.1). Franz Hartmann, der seine autobiographischen Aufzeichnungen 1887 unter dem Titel »An Adventure among the Rosicrucians« publizierte, hatte die gleiche Strategie wie Steiner verfolgt und das theosophische Denken (zumindest an einigen Stellen) in ein »rosenkreuzerisches« umgewidmet[203]. Dabei hatte er 1893 das Rosenkreuzertum spiritualisiert, vielleicht weil er dieses Feld besetzen wollte: »Sie können sich darauf verlassen, dass es in Europa keine echte Rosenkreuzer-Gesellschaft giebt, welche diesen Namen trägt. Die Selbsterkenntnis kann nur durch geistiges Wachstum, nicht aber durch ›Diplome‹ erlangt werden.«[204] Ihm sagte man auch die Gründung eines »Esoterischen Ordens vom Rosenkreuz« nach[205], den 1905 Reuß übernommen und später in den inneren Kreis des Ordo Templi Orientis überführt haben soll. Steiners Mentor und späterer Gegner Hübbe-Schleiden wollte gleichfalls für das »Rosenkreuzertum« wirken[206] und hatte wohl 1902/03 schon einen Rosenkreuzer-Kreis als inneren Kern der Theosophischen Gesellschaft geschaffen[207]. Anna Minsloff wiederum, die Steiner 1907 zur Übernahme des Präsidentenamtes in der Theosophischen Gesellschaft drängte, war zuvor als Abgesandte einer Rosenkreuzerströmung aufgetreten[208]. Leadbeater hielt das Rosenkreuz 1911 für ein Attribut des »Master

---

[199] Reuß: Was muß man von der Freimaurerei wissen?, 79f., zit. nach Frick: Die Erleuchteten, II/2,475.

[200] Vgl. Godwin: Theosophical Enlightenment, 247–275.

[201] Landgrebe: Rosenkreuzer.

[202] Siehe 3.2.1. Schon über den Golden Dawn dürften rosenkreuzerischen Vorstellungen in die Theosophie gekommen sein; Gilbert: The Golden Dawn Companion, 10.

[203] Blavatsky habe sich zeitweise als Rosenkreuzerin verstanden, Hartmann und Gustav Meyrink sollen in die »rosenkreuzerischen Schule« von Johannes [i. e. Alois] Mailänder (die Steiner gekannt habe), gegangen sein; Smit: Gustav Meyrink, 151; Meister: Hypostasierung, 142–147.

[204] Hartmann: ohne Titel (Antwort auf eine Frage).

[205] Miers: Lexikon des Geheimwissens ($^{6}$1986), 183; Handbuch religiöse Gemeinschaften ($^{3}$1985), hg. v. H. Reller u. a., 425. Ob damit ein »im Sammelorden des O.T.O. integrierter Ordo Rosicrucianum …, zu dem auch Steiner und Theodor Reuß gehörten«, zu tun hat, ist unklar. Außer diesem Hinweis bei Frick: Die Erleuchteten, II/2,384, gibt es dafür allerdings keine Belege.

[206] Ebd.

[207] Klatt: Theosophie und Anthroposophie, 184; vgl. auch ebd., 184f. 192. 196; zum inneren Kreis 71f.

[208] Turgenieff: Erinnerungen, 15; zu Minsloff vgl. 3.4.5d.

Jesus«[209], und James Ingall Wedgwood, der spätere Bischof der Liberal Katholischen Kirche, schuf 1912 den Temple of the Rosy Cross, um rituell die Ankunft Krishnamurtis zu begleiten[210]. Aber es gab auch Theosophen, die die Meditation über »ein mit roten Rosen geziertes, schwarzes Kreuz« für Satanismus hielten[211]. Diese Dunstwolke von Gerüchten, nur auf dem Papier bestehenden Gemeinschaften und real existierenden Gruppen läßt sich erst mit dem Blick der Nachgeborenen leidlich durchschauen. Eines ist allerdings ganz klar: Steiner bewegte sich auf einem ausgetretenen Pfad des im Okkultismus um 1900. Hier war der Begriff »Rosenkreuz« einerseits diffus genug war, um ihn noch füllen zu können, andererseits besaß er christliche Konnotationen, die Steiner seit 1906 zunehmend als Charakteristikum seiner theosophischen Identität propagierte.

*c. Steiners Rosenkreuzer-Konzept*

Steiner hielt Christian Rosenkreutz für eine historische Persönlichkeit und die Rosenkreuzerbruderschaft für eine reale Organisation. Eine literarische Fiktion hat er nicht erwogen und sich gegen eine potentielle Literarkritik immunisiert, indem er die Schriften für unerheblich erklärte und die relevanten Informationen einer mündlichen Tradition zuwies (vgl. GA 97,208)[212]. Von den Rosenkreuzerschriften des 17. Jahrhunderts kannte er vermutlich nur die »Chymische Hochzeit«, seine Kenntnisse der rosenkreuzerischen Literatur aus dem Okkultismus des 19. Jahrhunderts sind unklar. Unter diesen Bedingungen lieferte er detaillierte Informationen zur »Biographie« von Rosenkreutz und zur »Geschichte« der Bruderschaft. So sei die Bruderschaft durch die Einweihung von »einer Anzahl von Persönlichkeiten – die kaum die Zahl zehn überstieg« (GA $93^2$,58 [1904]) begründet worden. Die Zahl der Mitglieder präzisierte er 1907 auf sieben Personen, aus der Bruderschaft wurde der »Rosenkreuzer-Orden«[213].

Die weltanschaulichen Äußerungen zu Christian Rosenkreutz und den Rosenkreuzern beginnen erst 1904 und besitzen ihre höchste Konzentration zwischen 1907 und 1914, während sich nach dem Ersten Weltkrieg nur noch vereinzelte Aussagen finden[214]. Steiner hat mithin den Rosenkreuzerkomplex erst im Verlauf seines Hineinwachsens in die Theosophische Gesellschaft kennen- und schätzengelernt. Dazu paßt, daß er in der Aufzählung der »großen Eingeweihten« aus dem Jahr 1903 Rosenkreutz nicht erwähnte (s. o. 8.2.3)[215]. Die häufigen Er-

---

[209] Tillett: The Elder Brother, 144.

[210] Tingay: The Ritual Dimension of Theosophy, 9 f. Daneben Dixon: Divine Feminine, 82 f., und Wittemans: Histoire des Rose-Croix, 172. 210.

[211] »Dies sind die Farben des Teufels, das ist gewiß! Schwarz ist die Farbe der Finsternis und Unwissenheit, rot die Farbe der Leidenschaft.« Edge: Meditation über ein schwarzes Kreuz.

[212] Auch in der Gesamtausgabe ist die kritische historiographische Literatur nicht rezipiert, Rosenkreuz wird als reale Person vorgestellt. Allerdings kann man den Hinweis, daß es sich bei Rosenkreuz um eine »von der äußeren Geschichte nicht als historisch angesehene Persönlichkeit« handle (GA $93^2$,306 f.), als leise Distanzierung von Steiners Substantialisierung lesen.

[213] Steiner: Bilder okkulter Siegel und Säulen (1957), 62.

[214] Mötteli: Register zur Rudolf Steiner-Gesamtausgabe. Sachwortregister, II, 1463–1468; ebd., Personenregister, 377 f.

[215] Rosenkreutz fehlt auch in Steiners Philosophiegeschichte von 1900 (und auch in der Neubearbeitung, GA 18).

wähnungen in der Phase der Auseinandersetzung mit Annie Besant hingegen verdeutlichen, daß die Rosenkreuzervorstellung wie die Christologie in dieser Konfrontation entwickelt und geschärft wurde. Steiners zentrales Anliegen war die Konstruktion einer europäisch-esoterischen Tradition mit Hilfe des Rosenkreuzertums. Dazu integrierte er Rosenkreutz in eine Reinkarnationsreihe: Er sei in Lazarus und in Hiram Abiff (GA 265,419 f.) und im Grafen von Saint Germain inkarniert gewesen[216]. Seit 1906 / 07 bezeichnete Steiner Rosenkreutz und Jesus als die beiden »Meister des Westens« und drängte so die »östlichen Meister« zurück[217].

Die rosenkreuzerische »Einweihungsform«, die er 1906 als höchsten Weg gekennzeichnet hatte (s. o. 8.2.3), sollte 1907 sieben »Stufen« der Erkenntnis umfassen: »Studium, Imaginative Erkenntnis, Inspirierte Erkenntnis oder das Lesen der okkulten Schrift, Bereitung des Steins der Weisen, Entsprechung zwischen Makrokosmos und Mikrokosmos, Hineinleben in den Makrokosmos, Gottseligkeit« (GA 99,158). Die Stufen bezogen sich auf psychologische und hermetische Konzepte und blieben gegenüber der christlichen Tradition, der er 1906 ohnehin nur die zweitrangige Einweihungsform zugewiesen hatte, unspezifisch und hatten, wie es bei der damaligen Quellenlage nicht verwunderlich ist, kaum etwas mit den frühneuzeitlichen Rosenkreuzern zu tun. So wirkt die rosenkreuzerische Ausgestaltung im letzten Vortrag seines Vortragszyklus »Die Theosophie des Rosenkreuzers« (GA 99), unmittelbar nach der Trennung von Besants Esoterischer Schule 1907 gehalten, angeklebt und veränderte die theosophischen Inhalte nur oberflächlich. Die »Theosophie nach rosenkreuzerischer Methode« (ebd., 11) war noch ein thetischer und dünner »rosenkreuzerischer« Überbau über genuin theosophische Themen. Für Steiner war »Rosenkreuzerei« primär eine Chiffre, die seinen Anspruch einer eigenständigen, zunehmend christlich geprägten Theosophie aufnehmen sollte. Bis zum Ersten Weltkrieg hat Steiner die christlichen Gehalte verstärkt eingetragen, aber in den ersten Jahren blieb die Beanspruchung des Rosenkreuzertopos für Steiner ein Container, in den er das, was für ihn europäische »Esoterik« und christlich relevant war, einfüllen konnte.

Steiners Etikettierung der Theosophie mit »rosenkreuzerischen« Begriffen und die damit verbundene Profilierung seiner Theosophie führte zu einem ausgedehnten praktischen und semantischen Feld, für das ich (ohne Chronologisierung) einige Beispiele, konzeptionelle wie lebensweltliche, nenne, die dokumentieren, wie intensiv Steiner versuchte, die deutsche Theosophie »rosenkreuzerisch« (übrigens nicht: goetheanisch) zu prägen. So hat er den sogenannten Rosenkreuzerspruch »Ex deo nascimur, in Christo morimur, per spiritum sanctum reviviscismus« in ungezählten Situationen deklamiert, manchmal mit beträchtlichem Pathos:

> »Deshalb sprach er bei den esoterischen Stunden den zweiten Satz des Wahlspruchs: ›In … (Schweigen – und eines anderen Blick aus seinen Augen) … morimur‹ abge-

[216] Hella Wiesberger in GA $264^2$,246.
[217] Dies., ebd., 244–246.

hackt, mit Strenge und Erregung, erfüllt von Jenem, was zwischen ›In‹ und ›morimur‹ steht«[218].

Konkretisiert hat Steiner die rosenkreuzerischen Inhalte bezeichnenderweise gerne naturwissenschaftlich. Rosenkreutz habe die Entdeckung der »Spektralanalyse«, die Evolution im Organischen und die Erkenntnis eines anderen Bewußtseinszustandes »durch Anerkennung des Hypnotismus und der Suggestion« als Probleme bezeichnet, die durch den wissenschaftlichen Fortschritt zu lösen seien (GA 262²,23 [1907]). Der westliche Weg war für Steiner zuinnerst mit Fortschritt in den »exakten« Wissenschaften verknüpft. In seinen Meditationsanweisungen gab Steiner das Rosenkreuz – als schwarzen Balken mit sieben roten, stilisierten Rosen – oft als Hilfe an[219]. Als äußere Zeichen der Identifikation wurden auf Steiners Anregungen hin rosenkreuzerische Brustkreuze gearbeitet, die je nach ökonomischer Potenz der Auftraggeber recht kostbar sein konnten (GA K 51,68–72) und die vielfach offen getragen wurden, wie schon Zeitgenossen auffiel[220]. Solche Kreuze sollen während der freimaurerischen Zeremonien verliehen worden sein[221], Steiner selbst habe in diesen Ritualen eine »Rosenkreuz-Medaille« getragen[222]. Einladungskarten zu einigen Aufführungen der Mysteriendramen waren mit einem Rosenkreuz geschmückt[223], und in den freimaurerischen Veranstaltungen waren rosenkreuzerische Bezüge prominent. Auch als Patron fungierte Rosenkreutz häufig: als Namensgeber für den Hamburger »Christian-Rosenkreuz-Zweig« über den »Bund für rosenkreuzerische Geisteswissenschaft« (s. 3.4.5a) bis zur »Gesellschaft für Art und Kunst«, die unter dem Patronat Rosenkreuz' stand[224], bis zur Rosenkreuzergesellschaft mit ihren Hierarchien, die bei der Grundsteinlegung des Johannesbaus in Aktion trat (s. 12.4.1). Zudem bleibt eine schwer faßbare persönliche Dimension bei Steiner. Sollte er auch außerhalb der maurerischen Rituale eine Medaille oder ein Brustkreuz mit rosenkreuzerischen Motiven getragen haben[225], wäre dies ein

---

218 Belyi: Verwandeln des Lebens, 433.

219 Sowohl in Grundlagenwerken wie der Geheimwissenschaft (GA 13,311 [1909]) als auch in konkreten Meditationsanweisungen (GA 245,52 [undatiert]), auch mit gezeichneten Vorlagen (GA 264²,124 [1908]); vgl. auch Hauer: Werden und Wesen der Anthroposophie, 78, und Österreich: Der Okkultismus, 141 f.

220 Vgl. die Brustbilder der Gräfin Pauline von Kalckreuth und von Marie von Sivers, in: Das Wirken Rudolf Steiners, II, 15. 23. Zur zeitgenössischen Wahrnehmung Kully: Die Wahrheit über die Theo-Anthroposophie, 263. Vgl. zur ikonographischen Tradition Vanloo: Les Bijoux Rose+Croix. Die ikonographische Vorlage findet sich in Andreaes »Chymischer Hochzeit«, wo Rosenkreutz seine Kleidung beschreibt: Ich »umbgürtet meine lenden mit einem Blutrohten Bendel kreuzweiss über die Achseln gebunden. Auff meinen Hut steckt ich vier rohter Rosen« (zit. nach: Handbuch religiöse Gemeinschaften, 31985, hg. v. H. Reller u. a., 423). Hierbei handelte es sich um das Familienwappen Andreaes. Auf den theosophischen Bijous finden sich meist sieben Rosen.

221 »Les initiés reçoivent de sa main une rose-croix en or«, so Wittemans: Histoire des Rose-Croix, 166.

222 Kully: Geheimnisse, II, 36.

223 Das Wirken Rudolf Steiners, II, hg. v. W. Groddeck, 52.

224 Gädeke: Anthroposophie und die Fortbildung der Religion, 154.

225 Nach einer mündlichen Mitteilung soll Steiner ein rosenkreuzerisches Brustkreuz getragen haben; möglicherweise ist es nicht mit der Medaille identisch, von der Kully (s. o. Anm. 222) sprach.

Hinweis auf eine tiefere Frömmigkeitsdimension in diesem Symbol. Auch seinen unbekannten Meister soll Steiner als Rosenkreuzer identifiziert haben[226].

Steiner wandelte sich bald, je mehr er unter Okkultisten Ansehen gewann, vom Rezipienten zum Vermittler rosenkreuzerischer Inhalte. Belegt ist Steiners Einfluß auf Max Heindel, ein auf den mütterlichen Namen[227] zurückgehendes Pseudonym für Carl Louis Fredrik Graßhoff (1865–1919)[228]. Heindel, 1904/05 Vizepräsident der Adyar-Theosophie für Kalifornien[229], war offenbar unter dem Namen Graßhoff zwischen November 1907 und März 1908 Mitglied in Steiners Esoterischer Schule[230] und soll Steiner zufolge »viele meiner Vorträge und Zyklen abgeschrieben haben« (MAG I/1, 24), die Graßhoff offenbar von Mitgliedern ausgeliehen hatte (GA 262²,229; GA 174b²,200). Möglicherweise trennte sich Graßhoff/Heindel von Steiner, weil ihm der Zutritt zu allen oder den höheren Graden der maurerischen Riten verweigert wurde[231]. 1909 gründete er in den USA The Rosicrucian Fellowship, im gleichen Jahr gab er »The Rosicrucian cosmo-conception, or mystic Christianity» heraus, dessen Grundideen von Steiner stammen dürften[232]. Steiner hat Heindel schon 1913 des Plagiats beschuldigt (vgl. GA 148⁴,97 und MAG I/1, 24)[233]. In den ersten Auflagen hat Heindel die Beziehung zu Steiner offen eingestanden[234], in aktuellen Auflagen ist man auf die Entschlüsselung kryptischer Hinweise auf einen »älteren Bruder«, den Heindel als »Lehrer verehrte«, angewiesen[235].

Neben Heindel sah Neville Meakin in Steiner einen wahren Vertreter der Rosenkreuzertradition (s. 10.4.1). Evident sind auch die Wirkungen auf das Lectorium Rosicrucianum, das Jan van Rijckenborgh, ein ehemaliger Anhänger Heindels, in den zwanziger Jahren gründete; die lange bestrittene Übernahme anthroposophischen Gedankengutes wird heute nicht mehr in Frage gestellt.

---

[226] Poeppig,: Rudolf Steiner, zit. nach Ringren: Anthroposophie, 8.

[227] Haack: Geheimreligion der Wissenden, 43.

[228] Heindel: Die Weltanschauung der Rosenkreuzer (1991), 1.

[229] Miers: Lexikon des Geheimwissens (⁷1993), 283.

[230] Zur Datierung s.u. Anm. 234. Sekundäre Quellen für dieses Datum bei Paschmann: Rudolf Steiners Anthroposophie, 16, und Miers: Lexikon des Geheimwissens (⁷1993), 283.

[231] Nach Miers, ebd. (⁶1986), 189, habe Heindel die Esoterische Schule verlassen, weil Steiner ihm Hochgrade des Ordo Templi Orientis versagt habe. In der Ausgabe ⁷1993, 283, ist nur noch von verweigerten »Geheimnissen« des »Misraim-Ritus« die Rede. Nach einem anonymen Artikel [wohl Herbert Fritsche]: Merlins Merkbuch, 54, sei Heindel von Steiner »schwer enttäuscht« worden.

[232] Schon ein kursorischer Überblick macht von der Kosmogonie in ihren sieben Planetenstufen bis zur Christologie des Einfließens Christi in die Erde (Heindel: Weltanschauung [1991], 437. 420) klar, daß hier Steinersches Gedankengut vorliegt.

[233] Die Literatur ist dieser Einschätzung gefolgt, etwa Shepard: Encyclopedia of Occultism, I, 421 f., oder Wilson: Rudolf Steiner. Visionnaire, 185.

[234] In der Erstausgabe steht die Widmung: »Meinem geschätzten Freund Dr. Rudolf Steiner in dankbarer Anerkennung«; in der zweiten der Hinweis »Von Anfang November 1907 bis Ende März 1908 widmete der Schreiber des Buches seine Zeit, um die Lehren Dr. Steiners zu erforschen«. Von der dritten Auflage an fehlen die Hinweise auf Steiner (nach den Exemplaren in der Bibliotheca Philosophica Hermetica, Amsterdam).

[235] Heindel: Weltanschauung (1991), S. X.

### *8.4.3 Historische Kritik der Bibel*

Neben den alternativreligiösen Christentumsvorstellungen beeinflußten Steiner populär-wissenschaftliche Debatten der theologischen Bibelkritik. Mit der historisch-kritischen Theologie, also der quellengestützten und kontextualisierenden Analyse namentlich der biblischen Schriften, stößt man auf Steiners größten Feind gleich nach dem Materialismus. Die Gegner der historischen Kritik fürchteten, der spirituelle Gehalt der Bibel werde durch die historische Kritik auf bloßes Menschenwerk reduziert und Religion als Projektion entlarvt. Angesichts dieser »Drohung« hatte Steiners Quellenverschwiegenheit in der Christologie nicht nur die Funktion, seine Eigenständigkeit zu untermauern, vielmehr verweigerte er sich damit der historistischen Deutungslogik und ihren Methoden, weil er angetreten war, gerade sie zu bekämpfen. Gleichwohl liegt Steiners Verankerung in der theologischen Historismusdebatte vor 1914 auf der Hand: Er rezipierte ihre Literatur[236] und definierte seine Stellung nolens volens als Gegenposition zu seinen damaligen Antagonisten.

Die historisch-kritische Debatte war für Steiner auf zwei Ebenen von Bedeutung: Zum einen stritt man um die Dignität des biblischen Textes, da in der philologischen Kritik die lange Genese des textus receptus belegt wurde. Der vermeintlich ursprüngliche Text wurde in dieser Analyse zu einen sekundären Konstrukt. Zum anderen realisierte man durch Text- und Realienfunde die enge Verzahnung von Judentum und Christentum mit den Nachbarkulturen, die in der »Religionsgeschichtlichen Schule« der liberalen Theologie zu einem neuen Erklärungsparadigma ausgebaut wurde[237]. Diese Debatten, die seit dem 17. Jahrhundert mit zunehmender Intensität geführt wurde, waren, und dies ist für Steiners Rezeption wichtig, im 19. Jahrhundert auf der Ebene populärer Vermittlung angelangt[238]. Im folgenden geht es um einige wichtige Dimensionen der historischen Textkritik; ein Beispiel zur religionshistorischen Kontextualisierung folgt anhand von Steiners Deutung der Mysterienkulte.

#### *a. Textkritik*

Seit Richard Simons (1638–1712) Untersuchungen über den Pentateuch begann man in der wissenschaftlichen Theologie zu wissen, daß der biblische Text eine überaus komplexe Entstehungsgeschichte besitzt[239]. Die Voraussetzung der Eindimensionalität der Schriften (etwa in einer Verbalinspiration) wurde in der theologischen Forschung zugunsten einer genetischen Theorie, die mit mehre-

---

[236] Hoffmann: Verzeichnis der Literatur; ders.: Verzeichnis der Erwähnungen der »Leben-Jesu-Forschung«.

[237] Zur religionshistorischen Wende in der Theologie vgl. Lüdemann / Schröder: Die Religionsgeschichtliche Schule; Murrmann-Kahl: Die entzauberte Heilsgeschichte. Für die Debatte des späten 19. und frühen 20. Jahrhunderts ist weiterhin Schweitzer: Leben-Jesu-Forschung, ein unentbehrlicher Cicerone.

[238] Vgl. Janssen: Theologie fürs Volk; unter den Quellen exemplarisch die in vielen Bändchen und teilweise hoher Auflage erschienenen »Religionsgeschichtlichen Volksbücher für die deutsche christliche Gegenwart«.

[239] Zu diesem vielfach aufgearbeiteten Komplex vgl. Merk: Bibelwissenschaft II. Neues Testament.

ren Quellen und redaktionellen Überarbeitungen rechnete, revidiert. Die Zuschreibung der biblischen Bücher an monographische Verfasser war damit vielfach obsolet. Noch im 18. Jahrhundert kam es zur Erstellung eines gesicherten griechischen Textes und zur Aufgabe des textus receptus, sowie, als Konsequenz der Textkritik, zur Rekonstruktion der Geschichte des Urchristentums als Bedingung der Textgenese.

David Friedrich Strauß dramatisierte 1835 mit seinem »Leben Jesu, kritisch bearbeitet« die Diskussion, indem er weite Teile der synoptischen Jesusüberlieferung zu Mythen erklärte. Die bis ins 20. Jahrhundert laufende Folgedebatte suchte nach einer verläßlichen historischen Grundlagen einer Biographie Jesu. Die schärfsten Kritiker bestritten seit dem Ende des 18. Jahrhunderts die Historizität Jesu, noch 1909 betrachtete Arthur Drews unter dem Titel »Christusmythe« Jesus als mythologische Erfindung. Mildere Versionen der Kritik beschnitten die christologische Dimension des Lebens Jesu. Ernest Renan, dessen »Vie de Jésus« als eines der meistgelesenen Bücher des 19. Jahrhunderts gilt und das auch Steiner kannte, bot ein naturlyrisch gestimmten Jesus, den, so Albert Schweitzer, Renan »als Künstler unter dem blauen Himmel Galiläas getroffen und mit begeisterten Griffel festgehalten hatte. Die Welt aber war ergriffen«. Doch gebe es »kaum ein Werk, das so von Geschmacklosigkeiten – und der grauenhaftesten Art – wimmelt«[240].

Die wissenschaftliche Diskussion vor der Jahrhundertwende konzentrierte sich immer stärker auf die Frage, welches der vier Evangelien in welchem Ausmaß als Grundlage eines historischen Lebens Jesu dienen konnte: Johannes oder die Synoptiker? Und gebührte unter den Synoptikern nun Matthäus, Markus oder Lukas die Priorität? Den heute noch akzeptierten Nachweis der Markus-Priorität und der Zwei-Quellen-Theorie für die beiden anderen Synoptiker lieferte 1863 Heinrich Julius Holtzmann, doch blieb diese These noch lange nach der Jahrhundertwende umstritten; vor allem die Anciennität des Johannes-Evangeliums besaß auch unter den Fachwissenschaftern Anhänger. Eine inhaltliche Zäsur bedeutete dann 1892 Johannes Weiß' schmales Bändchen »Die Predigt Jesu vom Reiche Gottes«, der das liberale Jesusbild mit seiner sittlichen Deutung der Botschaft Jesu und den impliziten Fortschrittsannahmen verabschiedete und die eschatologische Dimension der Reich-Gottes-Predigt herausarbeitete[241].

Steiner hat einen beträchtlichen Teil dieser Debatten gekannt, wie die Nennung vieler Diskutanten belegt[242]. Renans »Leben Jesu« erwähnte er bereits 1902 (GA 8,120) und hat es auch später häufig genannt, Otto Pfleiderers »Entstehung

---

240 Schweitzer: Leben-Jesu-Forschung, 208.

241 Nichts von dieser wissenschaftlichen Literatur findet sich in der bislang verzeichneten theologischen Literatur aus Steiners Bibliothek (Hoffmann: Verzeichnis der Literatur). Allerdings besaß er Schweitzers »Leben-Jesu-Forschung« in der Erstauflage von 1906, wo man all diese Debatten nachlesen konnte.

242 Hoffmann: Verzeichnis der Literatur. Andererseits ließ Steiner in einem Gespräch mit Albert Schweitzer, der ihm die Leben-Jesu-Forschung bei einem Treffen am 11. Januar 1906 als Gesprächsthema anbot, weder Kenntnisse noch Interesse an dem Thema erkennen; Schweitzer: Meine Begegnung mit Rudolf Steiner, 34 (vgl. auch 19.2.2a); zu Steiners Umgang mit dem biblischen Text weiterhin Stieglitz: Christosophie, 46–59.

des Christentums« von 1905 rezensierte er im August dieses Jahres (GA 34,479–482), und Peter Jensen und William Benjamin Smith, die die Geschichtlichkeit Jesu bestritten, kannte er spätestens seit 1910 respektive 1912 (GA 123,237; GA 139,186). Diese Namen stehen nur exemplarisch für eine Vielzahl weiterer Werke in Steiners Bücherbestand zur historisch-kritischen Bibelforschung um 1900, der mehr als sechzig Nummern umfaßt[243]. Steiner lehnte nicht nur einzelne Positionen, sondern die Prinzipien der historisch-kritischen Textforschung ab, weil sie eine spirituelle Lektüre unmöglich mache. Seine Invektiven wuchsen sich häufig zu einer Fundamentalkritik an »der Bibelkritik« aus, in der einzelne Gegner nicht mehr auszumachen sind: »Als die Bibelkritik anfing, da ging die Ehrfurcht und Achtung vor der Bibel verloren. Aber aus der Bibelkritik wird nie anderes erwachsen« (GA 97,99 [1907]); die »heutige, rein historisch-kritisch-theologische Forschung« habe das Johannes-Evangelium »malträtiert« (GA 112,138 [1909]); unter der »Philologisiererei« mancher Theologen seien die Evangelien »zerflattert« (GA 200,114 [1920]); einen Beitrag Hermann Gunkels disqualifizierte er 1905 als bloße »Schutzschrift für die moderne Bibelkritik« (GA 34,479). An der historisch-kritischen Forschung ließ Steiner kaum ein gutes Haar[244].

Steiner besaß zwar in der Textkritik einen klaren Gegner, jedoch keine eindeutige eigene Position. Unübersehbar ist einerseits vielerorts seine Hochschätzung des faktisch vorliegenden Textes, die in die Aufforderung zu wörtlicher Bibelauslegung münden konnte: »Man muß die Evangelien nur wörtlich nehmen« (hinsichtlich der beiden Jesusknaben) (GA 114,93 [1909]); oder: »man nehme doch wörtlich, was Jesus im Johannes-Evangelium ist« (hinsichtlich der Inkarnation des Logos) (GA 8,123 [1902]). Andererseits wußte Steiner um »Widersprüche« in den Evangelien und sah, daß die Evangelien keine »Dokumente« im historischen Sinn sind (GA 139,185 [1912]), die man einfach wörtlich nehmen könne. Überhaupt seien »die überlieferten Evangelienbücher … etwas durchaus Unzuverlässiges« (GA 131,108 [1911]), wie er im Widerspruch zu seinen Anweisungen, den Text wörtlich zu lesen, meinte. Vielfach übernahm Steiner die Einsichten der getadelten Textkritik und betrachtete den Text letzter Hand als Ergebnis eines Prozesses. Das Markusevangelium etwa sei derart verdorben, daß man sich auf seinen Text nicht berufen könne[245] – wohl ein Seitenhieb gegen die These der Markus-Priorität. Aber die Annahme eines problematischen Textes in seiner überlieferten Form hatte für Steiner eine wichtige Funktion: Sie legitimierte die Emendation von Texten durch übersinnliche Erkenntnis: »Wie sollten wir also kein Recht haben … die Evangelien wieder zurückzuführen auf die aus der Akasha-Chronik nachweisbare ursprüngliche Gestalt?« (ebd., 110 [1911]). Dies ist des Pudels Kern der theosophischen Antwort auf den Historismus im Gewand der Bibelkritik: höhere Einsicht statt literaturwissenschaftlicher Text-

[243] S. o. Anm. 1.
[244] Alfred Jeremias, zu dessen Religionsgeschichte er »immer wieder« gegriffen habe (GA 39,474), nannte er 1923 in kleinem Kreis (wenn auch in anderem Zusammenhang) »eine ganz gemeine Natur«, einen »gemeinen Heuchler«, ein »Ekel« (GA 259,285).
[245] Vgl. Werner: Anthroposophisches Christentum?, 55.

exegese. Die Spannung zwischen Texttreue und hellseherischer Textveränderung blieb dabei ungeklärt[246].

Vergleicht man Steiners Festlegungen mit einigen Positionen der zeitgenössischen theologischen Diskussion, so wird deutlich, daß er mitten in der Debatte um die historische Kritik stand und Partei ergriff:

(1.) Das *Johannes-Evangelium* hielt er für das »Evangelium der Evangelien« (GA 112,256 [1909]). Seine Begründung war jedoch keine historisch-kritische, sondern entsprang einer normativen petitio: Das Johannes-Evangelium lasse »in die tiefsten Geheimnisse des Christus-Impulses hineinblicken« (GA 112,138 [1909]) und sei ein »Wahrheitsquell«, aus der eine »Gewißheit« wachse, »zu der man eigentlich keine äußeren Tatsachen braucht« (GA 94,187 [1906]). Steiner stand damit in der gerade ausklingenden Tradition der Johannes-Priorität, die von der historisch-kritischen Exegese, ausgehend von der chronologischen Priorität der Synoptiker, in Frage gestellt wurde. Steiners Begründung ähnelte den Rettungsversuchen etwa Daniel Schenkels (1813–1885): »Ohne das vierte Evangelium mangelte uns im Bilde des Erlösers die unergründliche Tiefe und die unerreichbare Höhe.«[247]

(2.) Hinsichtlich der damals leidenschaftlich diskutierten *Verfasserschaft des Johannesevangeliums*[248] entschied Steiner sich nicht für eine der damals üblichen Lösungen, weder für den auf eine Notiz des Papias zurückgehenden ephesinischen Presbyter Johannes noch für den »Lieblingsjünger« Jesu, sondern für die überaus seltene Lösung Lazarus (GA 103$^{10}$,64 [1908]). Steiner folgte damit offenbar dem Zürcher Philosophieprofessor Johannes Kreyenbühl[249], der wohl weitgehend alleinstehend diese Verfasserthese vertrat[250]. Dies paßte zu Steiners Überhöhung des Lazarus zu einem Mitglied der Mysterienkulte, der in einer Art Todesschlaf eingeweiht worden sei.

(3.) Beim *Matthäus-Evangelium* ging Steiner von einer »aramäischen Urschrift des Matthäus-Evangeliums« aus, die im Jahr 71 vorgelegen habe (GA 123$^{7}$,84 [1910]). Ein Jahr später meinte er allerdings nur noch, daß sich »sogar äußerlich historisch nachweisen lasse«, »daß das Matthäus-Evangelium ursprünglich hebräisch geschrieben war«, aber nur mit hebräischen Buchstaben, nicht in hebräischer Sprache (GA 131,110 [1911]). Hieronymus habe dann bei seiner Übersetzung »die Dinge, die nach seiner und nach der Kirchenanschauung der damaligen Zeit zerstörend wirken konnten, fort[gelassen] und ersetzte sie durch andere« (ebd., 111). Aber Hieronymus sei nicht eingeweiht gewesen. »So liegt uns also das Matthäus-Evangelium heute vor in der Zurichtung eines Menschen, der es nicht verstanden hat .... Das sind alles durchaus wahre Tatsachen.« (ebd.) Steiner griff mit der These eines hebräischen Urtextes nicht nur auf die Einsicht

---

246 Das Problem ergibt sich nur deshalb in dieser Schärfe, weil Steiner weder für seine wörtliche Auslegung noch für seine hellseherische Erweiterung Einschränkungen angab.

247 Zit. nach Schweitzer: Leben-Jesu-Forschung, 226.

248 Vgl. Becker: Das Evangelium nach Johannes, I, 62–64.

249 Kreyenbühl: Das Evangelium der Wahrheit, I, 158–161.

250 Stieglitz: Christosophie, 275 f.

zurück, daß Matthäus für Judenchristen schrieb, sondern wohl auch auf eine alte Diskussion um ein Fragment von Papias (60 / 70 – 120 / 130), in dem dieser von einem »Hebraidi dialektos« sprach – wobei dialektos aber mit Stil, Redeweise übersetzt werden kann[251]. Das Sprachproblem hat sich inzwischen allerdings als wesentlich komplizierter herausgestellt. Matthäus hat nach allem, was wir wissen, auf griechisch geschrieben. Und auch die Zwei-Quellen-Theorie, derzufolge ein Markustext und die Logienquelle Matthäus vorgelegen haben, hilft hinsichtlich hebräischer Grundlagen nicht weiter, weil sowohl Markus als auch die Logienquelle griechisch abgefaßt waren. Es bleiben also Überarbeitungen und das Sondergut des Matthäus für nichtgriechische Einflüsse übrig. Nur hier kann man Semitismen feststellen – allerdings neben Verbesserungen, die auf die Beherrschung eines gehobenen Koine-Griechisch verweisen[252]. Ein hebräischer oder mit hebräischen Lettern geschriebener Text ist damit jedoch nicht in Sicht; eine mögliche Erklärung der semitischen Anklänge ist das zweisprachige Milieu, in dem Matthäus lebte[253].

Steiners Theorie zur Sprache des Matthäus-Evangeliums stammt offenbar von Daniel Chwolson, ein Konvertit vom Judentum ins Christentum und Professor für semitische Philologie in St. Petersburg, der 1910 vergleichbare Behauptungen mit Bezug auf eine Talmudstelle (Schabbath 116a) aufgestellt und eine Datierung auf das bei Steiner genannte Jahr 71 vorgenommen hatte[254]. Chwolsons Thesen haben sich ebensowenig wie Steiners Behauptungen zur Rolle des Hieronymus in der Wissenschaft durchsetzten können. Schon die skizzierten Erkenntnisse zur Entstehung des Matthäus-Evangeliums schließen eine entscheidende Rolle des Hieronymus aus. Hieronymus hat nur das Alte Testament aus dem Hebräischen übersetzt, bei den Evangelien hat er wahrscheinlich nur eine lateinische Vorlage anhand des griechischen Textes überarbeitet[255]. Auch erweisen die erhaltenen griechischsprachigen Kodices des Matthäus-Evangeliums, die älter sind als die Übersetzungen des Hieronymus, Steiners Theorie der Eingriffe in den Text durch Hieronymus als falsch. Steiner war einer verbreiteten, aber nicht belegbaren Vermutung aufgesessen, es habe in der Spätantike eine kirchliche Zensur des biblischen Textes gegeben. Damit wurden kirchliche Strukturen in das frühe Christentum projiziert, die es damals nicht gab.

(4.) Steiners Darstellung der *Essener* liegt auf dem Niveau vor Entdeckung der Handschriften am Toten Meer in den Jahren 1947 bis 1956. Seine Kenntnisse über deren innere Struktur gehen nirgendwo über das damals bekannte Material hinaus und beinhalten nichts von den Erkenntnissen (etwa über Riten und Theologie), die wir seit den Handschriftenfunden vom Toten Meer besitzen. Der Gegensatz von jüdischer und essenischer Lehre, den Steiner unterstellte (GA

---

251 Zit. nach Kürzinger: Papias, 35.

252 Nach Luz: Das Evangelium nach Matthäus, I, 33 f.; hier auch Beispiele für die Veränderungen des Matthäus.

253 Vgl. ebd., I, 33.

254 Offenlegung des Bezuges auf Chwolson in GA 123,259 f. Bei dem Werk Chwolsons geht es um dessen 1910 soeben erschienenes Buch »Über die Frage ob Jesus gelebt hat« (GA 13 f.).

255 Nautin: Hieronymus, 309.

148[4],69 [1913]), ist unzutreffend; die Essener waren eine zwar eigenständige, aber innerjüdische Reformgruppe. Auch ihre Vorläuferfunktion für das Christentum ist heute nicht mehr zu halten: In Galiläa, wo Jesus lebte und lehrte, gab es anscheinend kaum Essener ,[256] wohl ein Grund, weshalb im essenischen Schrifttum nichts über Jesus und seine Anhänger zu finden ist. Daß »aus dem Vorhandensein solcher Sekten«[257] »die Persönlichkeit Jesu völlig verständlich werde«,[258] widerspricht allem historischen Wissen, stand aber im Einklang mit einer damals weitverbreiteten, auch bei Theosophen anzutreffenden Deutung[259]. Und daß Johannes der Täufer ein »Laienbruder innerhalb der Essäergemeinschaft« war (GA 148[4],69 [1913]), ist eine im 19. Jahrhundert oft vorgetragene und durch Jesu Lebensweise angeregte Vermutung[260], die aber ebenfalls durch nichts belegt ist.

(5.) Die *Parallelisierung von Jesus und Buddha*, die Steiner 1902 durch Rudolf Seydel »schlagend nachgewiesen« sah (GA 8,102) und für die er auch auf eine »vortreffliche Abhandlung« Hübbe-Schleidens verwies[261], fußte auf Versuchen des späten 19. Jahrhunderts, angesichts von realen oder vermeintlichen Übereinstimmungen in dem Leben und der Lehre beider Stifter den Buddhismus zur Erklärung der Lehre Jesu fruchtbar zu machen, eine Diskussion, die eine immense Literatur hervorgebracht hat[262]. Aber aufgrund der – bei allen Analogien und Ähnlichkeiten – großen Unterschiede kann von dominierenden Parallelen keine Rede sein. Angesichts der – bei allen Analogien und Ähnlichkeiten – großen Unterschiede kann von überzeugenden Parallelen keine Rede sein; derartige Thesen zählen heute weitgehend zu den Irrwegen der Forschung. Im Konflikt mit Adyar hat Steiner die Verbindung zwischen Christentum und Buddhismus aus vereinspolitischen Motiven ohnehin zurückgenommen.

(6.) Aufschlußreich sind hinsichtlich der Beziehung Steiners zu wissenschaftlichen Debatten seine Schwankungen gegenüber der historischen Einordnung des *Dionysos Areopagita*. 1902 hielt er die Schriften des Areopagiten, der nach mittelalterlicher Überlieferung ein Athener Jünger des Paulus gewesen sein soll (Apg 17,34), für Pseudepigraphen, wie seine Formulierung der »Bücher des angeblichen Areopagiten Dionysos« belegt[263]. 1910 strich er das »angeblich« und

---

[256] Stegemann: Ein neues Bild des Judentums, 180.

[257] Steiner meint zusätzlich eine Beeinflussung Jesu durch die Therapeuten annehmen zu können. Dies ist bei ihrer Beschränkung auf Ägypten unwahrscheinlich; vgl. Betz: Essener und Therapeuten, 390.

[258] Steiner: Das Christentum als mystische Thatsache ([1]1902), 119; 1910 gestrichen (vgl. GA 8,148).

[259] Gemeinsamkeiten mit den Essenern wurden seit den ersten Jesusromanen des 18. Jahrhunderts ventiliert; vgl. Schweitzer: Leben-Jesu-Forschung, 79–87, und Maurice: Die Mysterien der Aufklärung, 282. Die enge Verbindung zu den Essenern war um 1900 ein feststehender Topos vor allem in der populären Literatur, eben auch bei theosophischen Schriftstellern (Schweitzer, ebd., 369 f. 373. 376).

[260] Vgl. Schweitzer, ebd., 369 f.

[261] Steiner: Das Christentum als mystische Thatsache ([1]1902), 82; 1910 gestrichen (vgl. GA 8,102).

[262] Vgl. Schweitzer: Leben-Jesu-Forschung, 333–336, und Haas: Bibliographie zur Frage nach den Wechselbeziehungen zwischen Buddhismus und Christentum.

[263] Steiner: Das Christentum als mystische Thatsache ([1]1902), 125.

machte damit Dionysos zu einem Jünger Pauli (GA 8,154). Dies war, wie der Gang der Forschung zeigt, gerade die falsche Option, denn heute sind die Werke des Areopagiten als neuplatonisch beeinflußte Schriften vom Anfang des sechsten Jahrhunderts identifiziert. Steiners Schwanken wird verständlicher, wenn man realisiert, daß er seine Aussagen zu einem Zeitpunkt machte, als die heute akzeptierte Option sich in der Wissenschaft gerade durchzusetzen begann. Erst mit den Untersuchungen von Josel Stiglmayr (1895) und Hugo Koch (1900) war die schon seit der frühen Neuzeit in Frage gestellte Identität des Areopagiten mit dem Paulus-Anhänger wissenschaftlich widerlegt[264]. Die Einsicht fand umgehend Eingang in die einschlägigen zeitgenössischen Lexika[265].

Steiner fällte also prononcierte Urteile in historisch-kritischen Fragen, besaß jedoch kein entsprechendes wissenschaftliches Rüstzeug. Diese Grenzen werden bei einem Blick auf seine Sprachkenntnisse des Griechischen und Hebräischen deutlich. 1910 behauptete er, »ein Wort aus dem Matthäus-Evangelium« – »ich bin nicht gekommen, den Frieden zu bringen, sondern das Schwert« (Mt 10,34b) – »wird gewöhnlich ganz falsch übersetzt …: ›Ich bin nicht auf diese Erde herabgestiegen, um von der Erde wegzuwerfen den Frieden, sondern um wegzuwerfen das Schwert‹« (GA 123[7],253), lautete seine Übersetzungsalternative. Das griechische »bállein« heißt zwar werfen, doch gibt es für das Kompositum »wegwerfen« keine Begründung[266]. Zudem heißt es im unmittelbar vorhergehenden Versteil 10,34a: »Denkt nicht, ich sei gekommen, um Frieden auf die Erde zu bringen.« Die Ergänzung von »bállein« durch »epí ten gen« im griechischen Text würde in Steiners Diktion »den Frieden auf die Erde wegwerfen« lauten und ergäbe ebenfalls keinen Sinn. Verständlich wird diese Stelle denn auch nicht durch eine Veränderung der Textgrundlage, sondern durch Kontextualisierung, etwa in der Erfahrung der frühen Christen, daß eine Konversion zu Spannungen führen kann: Eben dies erläutert die Metapher vom »gebrachten« Schwert.

Ein oft vorliegendes, aber von Steiner nicht immer offengelegtes Motiv für seine eigenwilligen Übertragungen war die theosophische Theorie als hermeutischer Schlüssel. Ein Beispiel bietet seine Übersetzung von Vers 13,18 des Johannes-Evangeliums: »Der mein Brot isset, der tritt mich mit Füßen« (GA 103,126 [1908]): »Dieses Wort muß wörtlich genommen werden«, fügte er hinzu, denn »die Erde« sei »der Leib des Erdengeistes, das heißt des Christus« (ebd.). Dieses Theorem war offensichtlich eine theosophische petitio principii, die Steiner seiner Übersetzung unterlegte. Er hatte nicht begriffen, daß dieser Satz, ein Zitat aus dem Psalter (41,10), als Schriftbeweis fungiert und zudem eine Metapher war, die gerade nicht »wörtlich« genommen werden darf. Den griechischen Text hat er wohl ohnehin nicht konsultiert, seine Übersetzung findet sich im Wortlaut in

---

264 O'Daly: Dionysius Areopagita, 780.

265 Sprach die »Realencyklopädie« 1898 noch (aber immerhin) von der vermuteten Abhängigkeit von Proklos (412?-485) (Möller / Bonwetsch: Dionysius Areopagita, 689 f.) so hatte sich diese Einsicht 1910 in der ersten Auflage der »Religion in Geschichte und Gegenwart« schon durchgesetzt (Schiele: Dionysius Areopagita, 81 f.).

266 Vgl. Hauck: ballo, ek-, epiballo, 524 f.

der Lutherbibel[267]. Ein anderes Beispiel findet sich in seiner Umformulierung einer Seligpreisung der Bergpredigt (Mt 5,3–11): »Selig sind die, die das Geistselbst als erstes geistiges Glied zu sich herunterholen; denn sie werden Gottes Kinder heißen« (GA 123[tb],180 [1910]). Dieser Satz in theosophischer Semantik soll eine Übersetzung oder Übertragung – Steiner ließ sich darüber nicht aus – der siebten Seligpreisung sein, die in einer vor dem griechischen Text verantwortbaren Übersetzung lautet: »Selig, die Frieden stiften; denn sie werden Söhne Gottes genannt werden.« (Mt 5,9) Steiner ignorierte den griechischen Text, um ihm ein Element der theosophischen Anthropologie, das »Geistselbst«, zu unterlegen.

Schlecht war es auch um Steiners hebräische Sprachkompetenz bestellt[268]. »Jesus«, so Steiner, »bedeutet im Grunde genommen ›geistiger Arzt‹. Das ist eine ziemlich richtige Übersetzung, namentlich wenn man auf die Gefühlswerte geht.« (GA 123[tb],188 [1910]) Auch hier stellt sich die Frage, ob er mit Übersetzung nicht Übertragung meinte, aber selbst dann bliebe seine Formulierung zumindest unpräzise, insofern Jesus von Jehoschua abzuleiten ist, das mit »Jahwe rettet« / »Jahwe ist Heil« zu verdeutschen ist. Unzutreffend ist auch die Übersetzung von »Eli, Eli, lama sabachthani« (Mt 27,46 = Mk 15,34) mit »Mein Gott, mein Gott, wie hast du mich erhöhet« (GA 97,72 [1906]) oder mit »Mein Gott, mein Gott, wie stark, wie sehr hast du mich verherrlicht, vergeistigt« (GA 96[2],295). An dieser Stelle läßt sich vom griechisch-aramäischen Text her nicht mehr argumentieren, da von »sabachthani« / »ekkatelipes« kein Weg zu einer Übersetzung mit »verherrlichen« führt. Sabachthani ist von der aramäischen Wurzel »zaàf« (zürnen, schelten) abzuleiten[269] und in dieser Bedeutung auch leicht als Zitat von Ps 22,1 identifizierbar. »Ekkatelipes« heißt »verlassen« und wird in dieser Bedeutung auch an anderen Stellen des Neuen Testaments benutzt[270]. Steiner unterlegte dem Text seine Vorstellungen ohne Rücksicht auf die philologischen Grundlagen.

Steiner mangelte es nicht nur an philologischer Kompetenz, sondern auch an anderem grundlegendem Fachwissen. Ein Detail zeigt exemplarisch, daß Steiner in die Debatte und ihre Fachterminologie hineinwachsen mußte. 1906 dokumentierte er eine falsche Vorstellung von einem Zentralbegriff der damaligen Diskussion, den »synoptischen« Evangelien: »Synoptisch werden sie genannt, weil man den Inhalt zusammenfaßt« (GA 94,187). Dies ist aber die Beschreibung einer Evangelienharmonie, während mit einer Synopse die parallele Darstellung der Evangelien gemeint ist.

Steiner besaß letztlich zwar den Anspruch, nicht jedoch die handwerklichen Fähigkeiten, mit der wissenschaftlichen Exegese seiner Zeit in eine Sachdiskus-

---

[267] Haug: Geistesschau oder Verstandeswissen, 71, macht auf die philologischen Probleme dieser Deutung Steiners aufmerksam. Er geht davon aus, daß sich Steiners übersinnliche Wahrnehmung retten ließe, allerdings: »Dem Wortlaut des Evangeliums tut er Gewalt an«. Steiner habe im übrigen oft die Exegesen von Karl Weizsäcker konsultiert, aber wohl nicht an dieser Stelle.

[268] Hebräisch-Kenntnisse hat Steiner möglicherweise überhaupt nicht besessen, sein rudimentäres griechisches Sprachwissen könnte er sich als Autodidakt angeeignet haben – falls er hier kein Wissen aus zweiter Hand verbreitete.

[269] Gnilka: Das Evangelium nach Markus, II, 322.

[270] Apg 2,27; Röm 9,29; Hebr 10,25 u. ö.

sion zu treten. Er kannte ein breites Spektrum von Schriften, vor allem populärwissenschaftliche, aber auch Forschungsliteratur, und er hat, wie sich an den Veröffentlichungen von Pfleiderer oder Chwolson ablesen läßt, auch manche Neuerscheinungen gelesen. Doch für eine systematische Aufarbeitung des Gelesenen fehlten ihm einschlägige Kenntnisse – und wohl auch die Zeit.

*b. Religionsgeschichtliche Kontextualisierung am Beispiel der Mysterienkulte*

Die Folgen des Einbruchs der Religionsgeschichte in die Theologie ließe sich in Steiners christentumsbezogenen Vorträgen allerorten belegen. Zumindest in Stichworten sind fast alle Debatten, vom Bibel-Babel-Streit bis zu den Auseinandersetzungen über mögliche ägyptische, assyrische, babylonische oder gnostische Abhängigkeiten des Christentums präsent. Von zentraler Bedeutung war für Steiner aber die Theorie, das Christentum stehe in der Tradition der antiken Mysterienkulte, Jesus sei ein Eingeweihter gewesen und die christlichen Riten von den Einweihungsakten in Mysterien her zu deuten. Derartige Theorien hat Steiner nach seiner Bekanntschaft mit der Theosophie rezipiert, aber zwischen 1906 und 1910 dann wieder zumindest hinsichtlich der Person Jesu relativiert, den er vom »Eingeweihten« zu »dem Christus« erhöhte.

Steiner zählte die Mysterien zur geheimen, esoterischen Tradition der Menschheit, die durch das Christentum öffentlich geworden seien (GA 94,119 [1906]). Auch die Freimaurerei gehöre in die Mysterientradition, allerdings unterstellte er ihr Mysterienverrat (GA 265,93 [1911]). Die Theosophische Gesellschaft habe die Mysterien revitalisiert: »Die Erforschung der Weisheit, wie sie gepflegt worden ist in den Mysterien und bei den Rosenkreuzern im Mittelalter, hat man wieder aufleben lassen durch die theosophische Bewegung«, so Steiner 1904 (GA 52,302). Er sah seine Rolle in der zunehmend öffentlichen Präsentation ehemals »esoterischen« Wissens, wenngleich er faktisch Arkanwissen lebenslang sekretierte. Die Grundthese einer ungebrochenen Mysterientradition ermangelt allerdings jeglicher Belege. Vielmehr handelt es sich dabei um eine in der Frühen Neuzeit konstruierte und in der Freimaurerei des 18. Jahrhunderts popularisierte Traditionstheorie (s. 7.10.1e).

Allerdings hat Steiner die unkritische Rezeption dieses Topos im Laufe seines Lebens relativiert. So setzte er sich 1917 mit der Kritik von Charles François Dupuis' »Origine de tous les cultes« auseinander, der im 18. Jahrhundert die Mysterien als Priesterbetrug betrachtet hatte[271]. Aber es gab auch Konsistenzprobleme seiner Weltanschauung, die eine Revision begünstigten. Das 1906 eingeführte »Mysterium von Golgatha« war ja neben seiner historischen Faktizität als spirituelles Erleben charakterisiert, das Tradition relativierte. Derartige Gründe dürften die Vehemenz erklären, mit der Steiner 1920 das Christentum von der Mysterientradition im Widerspruch zu früheren Äußerungen absetzte: »Wenn heute gesagt wird, daß ich jemals dargestellt habe die Sache so, als wenn das Mysterium von Golgatha eine Umgestaltung der alten Mysterien wäre, so ist dieses eine objektive Unwahrheit, eine haarsträubende objektive Unwahrheit.« (GA 255b,100)

[271] Dupuis: Abrégé de l'origine de tous les cultes, 424. 429. Dazu Steiner in GA 180[1],44–47; vgl. auch GA 202,267.

Steiners Bild der antiken Mysterien stimmt nur in groben Zügen mit den heutigen wissenschaftlichen Kenntnissen überein[272]. So ist deren Verständnis als Arkangesellschaft nur partiell zutreffend. »Die Mysterien konnten«, schreibt Walter Burkert, »nicht ›in den Untergrund gehen‹, weil ihnen die verpflichtende und dauerhafte Organisation einer ›Sekte‹, geschweige einer eigentlichen ›Religion‹ durchaus fehlte. Sie waren innig verquickt mit dem Gesellschaftssystem der Antike, das schließlich unterging.«[273] Auch hinsichtlich der zentralen Rituale besteht eine beträchtliche Deckungslücke zwischen den historisch faßbaren und Steiners Vorstellungen. Die Rituale sind bis heute großenteils unbekannt geblieben, mutmaßlich stand etwa in den Eleusinen die Verheißung ewigen Lebens, die am Beispiel des Vergehens und Werdens des Getreides nachvollzogen wurde, im Mittelpunkt[274]. Steiners weitreichende Traditionstheorien, wonach etwa das »Meßopfer« aus den Mysterien entstanden (GA 265,41 [1923]) sei, reduzieren hochkomplexe Prozesse partieller Beerbung und tiefgreifender Transformation auf einen kulturhistorischen Staffellauf. Aber die Probleme reichen noch tiefer, insoweit Steiner eine differenzierte Welt von Kulten summarisch rezipierte. Es gab nicht »die« Mysterien und »die« Einweihung, wie Steiner suggerierte, vielmehr ist heute (noch stärker als schon im 19. Jahrhundert) klar, daß es sich um regional organisierte und sehr unterschiedliche Mysterienstätten und Gruppen handelte, die von einer organisierten Mitgliedschaft bis zu »persönlichen Optionen im Rahmen des allgemeinen polytheistischen Systems« differenzierte Partizipationsangebote bereithielten[275]. Auf welche Mysterien sich Steiners Aussagen beziehen, bleibt weitgehend offen, aber angesichts der relativ häufigen Erwähnung der Eleusinen, seltener der Kabiren, hatte er wohl vor allem diese im Auge.

Sucht man nach potentiellen zeitgenössischen Diskurskontexten für Steiners Verbindung von Christentumsgeschichte und Mysterientheorie, liegt die These der Hellenisierung des Christentums nahe. Doch spielten die Mysterienkulte in der Debatte in Steiners Umfeld nur eine kleine Rolle (vor allem hinsichtlich Taufe und Eucharistie), da um 1910 die Kenntnisse über die antiken Mysterien begrenzt und viele vermeintliche Parallelen sich als nicht zwingend herausstellten. Die zeitgenössische wissenschaftliche Literatur, die Steiner gekannt haben kann, war jedenfalls hinsichtlich dieses Zusammenhangs sehr zurückhaltend[276]. Erwin Rohdes »Psyche« von 1894[277] spielt in Steiners Werk keine Rolle, ebenso wenig Franz Cumonts berühmte »Mystères de Mithra« von 1900 (1903 übersetzt)[278]. Die vehemente Diskussion, die von der religionsgeschichtlichen Schule mit den Arbeiten Richard Reitzensteins, Wilhelm Boussets oder Carl Clemens ausgelöst

[272] Vgl. zur aktuellen Debatte: Metzger: A Classified Bibliography of the Graeco-Roman Mystery Religions, und Burkert: Antike Mysterien.

[273] Burkert, ebd., 55.

[274] Ebd., 78–83.

[275] Ebd., 17.

[276] Etwa Döllinger: Heidenthum und Judenthum (1857), 108–180; ähnlich reserviert Anrich: Das antike Mysterienwesen (1894).

[277] Rohde: Psyche.

[278] Cumont: Die Mysterien des Mithra.

wurde[279], ist erst weit nach 1900 losgebrochen, so daß auch sie für eine Initialzündung bei Steiner ausfällt. Möglicherweise liegen die Quellen wieder einmal im theosophischen Umfeld. Für die eleusinischen Mysterien hat Steiner jedenfalls 1902 auf Schurés »glänzende Darstellung« in dessen »Sanctuaires d'Orient« aus dem Jahr 1898 verwiesen (GA 8,96), für die Kabiren allerdings auf Schelling (ebd., 125)[280]. Bei alledem ist nicht ersichtlich, daß Steiner sich mit den Quellen auseinandergesetzt hat[281]. Letztlich machte er einen funktionalen Gebrauch der Mysterientraditionen. Sie dienten ihm als Versatzstücke, um eine spirituelle Tradition jenseits der Großkirchen zu postulieren. Daß diese Theorie weltanschaulich und nicht historisch begründet war, sehen wir heute schärfer als schon zu Beginn des 20. Jahrhunderts.

## 8.5 Steiners Christologie zwischen historisch-kritischer Forschung und übersinnlicher Erkenntnis

1. Steiner hat sein Weltbild nach 1900 immer stärker unter Einbeziehung christlicher Vorstellungen expliziert. Insoweit seine persönliche Spiritualität berührt ist, entzieht sich dieser Bereich einem abschließenden analytischen Zugriff und forderte Respekt vor Steiners forum internum.

2. Eine kontextuelle Analyse von Steiners Aussagen läßt erkennen, wie eng die Genese seiner Christologie mit den theosophischen Vorgaben und innertheosophischen Auseinandersetzungen vor dem Ersten Weltkrieg verknüpft ist. Den Ausgangspunkt bildete eine von Schuré und Besant abhängige Mysterientheorie, die Jesus unter die großen Eingeweihten der Geschichte zählte. Hätte Steiner diese Jesusinterpretation nicht revidiert, wären die inhaltlichen Auseinandersetzungen mit Besant kaum so scharf ausgefallen. Seine Veränderungen der Jesus-Deutung seit 1906 führten ihn jedoch vom mainstream der Adyar-Theosophie weg: zur Christologisierung Jesu, zur Betonung der Singularität des »Christus-Ereignisses« und zu einer stärker historischen Fundierung der kosmischen Christologie. Dieser Konflikt wurde zur Krise durch die Ausrufung Krishnamurtis zum Weltenlehrer und zu einer Art Reinkarnation Christi seitens Besants und Leadbeaters. Diesem Programm setzte Steiner 1910 seine Theorie einer spirituellen Präsenz Jesu, der »Erscheinung Christi im Ätherischen« entgegen. Zugleich

---

279 Reitzenstein: Die hellenistischen Mysterienreligionen (1910); Bousset: Kyrios Christus (1913); Clemen: Der Einfluß der Mysterienreligionen (1913).

280 Dabei korrigierte er die Titelangabe von »Philosophie der Offenbarung« (Das Christentum als mystische Thatsache, [1]1902, 101) in: »Über die Gottheiten von Samothrake« (GA 8,125).

281 Aufgrund der fehlenden Auseinandersetzung mit den historischen Quellen fehlte ihm ein Widerlager, als er seine Mysterientheorie fortschreibend seiner Weltanschauung anpaßte. So schrieb er 1902, »die Sinnlichkeit zu unterdrücken« sei Teil der Einweihung (Das Christentum als mystische Thatsache, [1]1902, 9). Wie wenig damit ein historischer Sachverhalt gemeint war, bezeugt die Veränderung dieses Satzes im Jahr 1910. Nun ging es in der Einweihung darum, »die Sinnlichkeit in die Gewalt des Geistes zu bringen« (GA 8,20) – wohl ein Tribut an seine inzwischen entstandene Konzeption von »Geisteswissenschaft«.

war diese Debatte eine Facette der persönlichen und mit Machtfragen verbundenen Auseinandersetzungen in der Theosophischen Gesellschaft. Nachdem Annie Besant Präsidentin geworden war, hatte sich das Verhältnis zwischen beiden kontinuierlich veschlechtert. Persönliche Eitelkeiten, handfeste Machtansprüche und ehrliche Überzeugungen hinsichtlich der Deutung des Christus geronnen zu einer kaum noch trennbaren Mischung. Daß auch die Theorie von der »Erscheinung des Christus im Ätherischen« nach 1913 nurmehr selten gebraucht wurde, dokumentiert, daß Steiner seine Christologie bis in inhaltliche Kernfragen hinein in Abhängigkeit von diesen innertheosophischen Auseinandersetzungen formulierte und einsetzte. Ob eine konsensuelle Konfliktlösung möglich gewesen wäre, ist eine müßige Frage. Das im theosophischen Selbstverständnis fixierte antidogmatische Prinzip machte jedenfalls ein Konfliktmanagement ausgesprochen schwierig.

3. Die Veränderungen von Steiners Christologie beinhalteten zugleich Annäherungen an die großkirchliche Dogmatik. Da Steiner sich nachweislich mit der christologischen Literatur im Rahmen der Leben-Jesu-Diskussion beschäftigt hat, ist davon auszugehen, daß diese Distanzierung von Adyar auch mit der Rezeption wissenschaftlicher Theologie verbunden war – ohne daß Steiner letztlich eine Christologie im Sinn der hegemonialen europäischen Tradition vertreten hätte. Mit seiner Christologie nahm Steiner ein großangelegtes Werk in Angriff, weil er versuchte, die theologische Enzyklopädie in ihrer ganzen Breite im theosophischen Geist zu reformulieren. Von der Schöpfungslehre über die Soteriologie bis zur Eschatologie hat er sich zu den klassischen Loci der theologischen Dogmatik geäußert, allerdings nur neben all seinen anderen Tätigkeiten und häufig zwischen Tür und Angel. Die pointilistische Struktur seiner Christologie, die oft aphoristische Behandlung von Nachbarthemen und die fehlende Systematik gründen deshalb nicht nur in Steiners fehlender theologischer Bildung, sondern zu einem großen Teil auch im Zeitmangel, sich intensiv mit theologischen Themen zu beschäftigen.

4. Steiner hat seine Christologie mehrfach und einschneidend erweitert oder verändert, allerdings geleugnet, daß es sich dabei um wesentliche Veränderungen gehandelt habe. Wieweit Steiner die Tiefe dieser Modifikationen verdrängt oder bewußt verleugnet hat, bleibt intensiver zu diskutieren.

5. Einen hermeneutischen Schlüssel zu den Veränderungen seiner Aussagen bot Steiner nicht, weder über einen inneren Kanon noch über die Bedeutung unterschiedlicher Kontexte hat er systematisch reflektiert. So blieben disparate und widersprüchliche Aussagen stehen. Die Frage, wie sich diese Veränderungen zu seinen hochgezogenen Aussagen über die Leistungsfähigkeit hellsichtiger Erkenntnisse verhalten, hat Steiner, nur marginale Irrtümer zugestehend, nicht beantwortet. Die Parallelität unterschiedlicher Christologien illustrieren drei Beispiele:

- Die Taufchristologie, wonach der Christus den Leib des 30jährigen Jesus bei der Johannestaufe in Besitz nahm, steht neben der von Steiner später übernommenen präexistentianischen Theorie der beiden Jesusknaben;

- die Mysterientradition wurde in ihrer alles dominierenden Bedeutung, die sie 1902 besaß, zunehmend zurückgeschnitten;
- und die Historizität des Christus, noch 1902 kein Thema, hat er zwar seit 1906 betont, aber mit der Einführung des Modells der Erscheinung des Christus im Ätherischen seit 1910 auch wieder spiritualisiert.

6. Die Beanspruchung hellseherischer Erkenntnis war für Steiner ein Zentrum seines theosophischen Selbstverständnisses. In der Christologie erhielt diese Clairvoyance die Funktion, gegen die Verunsicherungen durch die historisch-kritische Exegese »objektive« Fakten zu liefern. Hier sah Steiner eine Herausforderung, die man in ihrer Bedeutung nicht überschätzen kann: Die historische Kritik war für ihn der materialistische, geistfeindliche Todesstoß für die Religion. Natürlich hat er Teile dieses Denkens akzeptiert und angewandt, etwa in der religionshistorischen Kontextualisierung des Christentums als Teil der antiken Mysterientradition, aber letztlich blieb die historische Kritik für ihn eine Analyse ohne Spiritualität. Hierin gründen seine Korrekturen des biblischen Textes und seine autoritativen Deutungen der christlichen Tradition. Zugleich legitimierte Steiner mit dem Hellsehen seine Position gegenüber konkurrierenden theosophischen Christologien. Im Verhältnis zu den akademischen Methoden dominierten die »übersinnlichen« Einsichten, weil das Verhältnis von »hellseherischer« Lektüre zu historisch nachprüfbaren Quellen im Zweifel zugunsten der gegen externe Argumente immunisierenden Clairvoyance aufgelöst wurde.

7. Steiners Letztbegründung der Christologie in höherer, ahistorisch konzipierter Einsicht darf nicht darüber hinwegtäuschen, daß er wichtige Probleme der damaligen theologischen und weltanschaulichen Diskussion aufgegriffen hat. Gegenüber der potentiellen Destruktivität der historischen Kritik am Beginn des 20 Jahrhunderts tat sich die Theologie schwer, diesen Zugriff auf den biblischen Text spirituell aufzufangen. Steiner konnte der philologischen Bibelkritik mit einem gewissen Recht vorwerfen, einen zertrümmerten Text ohne Sinn und Zusammenhang zurückzulassen. Dagegen bot er seinen Weg an, die Integrität der Bibel zu retten und sie als Dokument einer geistigen, »göttlichen« Geschichte auszuweisen. Die Attraktivität seiner Christologie hat viel mit dieser Sinnstiftung zu tun. Aber Sinn konnte Steiner nur durch autoritative Setzungen wiederherstellen, so daß zwischen dem durch die christliche Tradition approbierten heiligen Text, dessen »wörtliche« Beachtung Steiner mehrfach forderte, und seinen hellseherischen »Verbesserungen«, die er selbstherrlich vornahm, doch der tiefe, »garstige Graben« des Historismus klafft. Die biblischen Schriften als Ergebnis einer langen Entwicklung und als Ausdruck pluraler Erfahrungen blieben Steiner weitgehend fremd.

8. Steiner war ein Seismograph für die Defizite des großkirchlichen Christentums und seiner vornehmlich protestantischen Klientel. Die kosmologische Dimension der Christologie, die meditativen Techniken oder die Selbsterlösungskomponente, wie er sie in der Reinkarnationslehre anbot, lassen sich als Antworten auf theologische Defizite der (protestantischen) Kirchen respektive der mehrheitlich protestantischen Mitglieder der Theosophischen Gesellschaft

lesen, etwa in der Naturtheologie oder hinsichtlich der Meditation, oder als Alternativen zu protestantischen Lehren wie der passivischen Soteriologie, die vom Zeitgeist vielfach als Absage an die Autonomie des Menschen gedeutet wurde.

9. Im Strudel der religionsgeschichtlichen Entdeckungen hatten viele um 1900 die Eigenheiten des Christentums aus den Augen verloren. Steiner kannte dieses Problem, hatte er doch in den ersten Jahren seiner Mitgliedschaft in der Theosophischen Gesellschaft an der Gleichwertigkeit aller Religionen und ihrer Aufhebung in einer theosophischen Metareligion (»Keine Religion ist höher als die Wahrheit«) festgehalten. In den Jahren vor dem Ersten Weltkrieg betonte er jedoch die Charakteristika des Christentums immer stärker und überführte sie in eine Theorie der Absolutheit des Christentums. Die egalitäre Religionstheorie der Theosophie ließ er damit hinter sich und verschaffte seinem Christentum eine neue Identität. Aber zugleich hielt Steiner in anderen Bereichen an der Öffnung auf die Religionsgeschichte fest, das theosophische Erbe blieb stabil. So hat er durch die Integration des Christentums in die (altorientalische) Religionsgeschichte, namentlich hinsichtlich der Mysterienkulte, zumindest bei ausgestorbenen Religionen das Christentum wieder auf die Religionsgeschichte hin geöffnet. Dies war, wenn auch heute im Detail kaum noch eine von Steiners Positionen unserem historischen Wissen standhält, eine Erweiterung enger historischer Horizonte. Letztlich war die Christologie, vergleichbar einem generellen und zentralen Anliegen der Theosophie (s. 7.11), ein Versuch, mit dem Historismus fertig zu werden.

10. Aus der Distanz eines Jahrhunderts erscheinen der Geist von Steiners Christologie, seine »hellsichtigen« Aufklärungen und seine »Korrekturen« oder »Verbesserungen« der Bibel und der Christentumsgeschichte als Zeitgeist. Was Steiner mit der Würde höherer Einsicht versah, weil er den Historismus bekämpfen und das Christentum dem (vermeintlichen) Historisierungsverhängnis entziehen wollte, historisierte ihrerseits die anthroposophische Christologie und ist heute als Parteimeinung des Streites um Bibel und Christentum im Kaiserreich erkennbar. Und viele dieser Meinungen gelten heute in der Wissenschaft, wie es dem Prinzip unabgeschlossener historiographischer Erkenntnis einspricht, nicht jedoch der Hermeneutik höherer Einsicht, als widerlegte Thesen, die nur in ihrem zeitbedingten Kontext verständlich werden. Innertheosophische Auseinandersetzungen und die historisch-kritische Exegese waren die alles entscheidenden, durchaus sinnlichen Welten, mit denen sich Steiner auseinandersetzte. Deshalb gilt Klaus von Stieglitz' Wertung, die er in seiner bahnbrechenden Dissertation 1955 formulierte, in historiographischer Perspektive weiterhin: Steiners Christologie ist »eine vielfach anlaßgebundene spekulative Weltanschauung«[282]. Über den theologischen Stellenwert seiner Deutungstheorien, die sich anderer Methoden als der historisch-kritischen bedienen, ist damit kein Urteil gefällt.

[282] Stieglitz: Christosophie, 240.

# 9. Wissenschaft

## 9.1 Disposition

Steiner war von »der« Naturwissenschaft – im Singular, wie er immer sagte – fasziniert: von ihren Entdeckungen, ihren Erklärungsmöglichkeiten, ihren Erfolgen in der technischen Umsetzung.

> »Die Wissenschaft hatte … die Methode ausgearbeitet, mit all den wunderbaren Werkzeugen, welche die neuere Zeit geschaffen hat, das Physische zu erforschen. Sie hat nicht nur mit dem Mikroskop die kleinsten Lebewesen erforscht, nein, diese Wissenschaft hat mehr getan. Sie hat es fertiggebracht, den Planeten Neptun, lange bevor er gesehen wurde, auszurechnen! Die Wissenschaft ist heute auch imstande, Weltkörper zu photographieren, die wir nicht sehen können. Sie kann mit Hilfe der Spektralanalyse ein Schema des Zustandes der Himmelskörper geben, und sie hat in ungemein interessanter Weise gezeigt, wie die Weltkörper durch den Raum eilen mit einer Geschwindigkeit, von der wir vorher keine Ahnung hatten. … Die Wissenschaft hat es dazu gebracht, auch die Bewegung dieser Himmelskörper mit einer besonders interessanten Methode zu messen. Dies ist ein Beweis dafür, wohin uns diese Erkenntnis führen kann.« (GA 53,31)[1]

Dieses Zitat Steiners aus dem Jahr 1904 steht exemplarisch für den Prinzipal eines schwärmerischen Grundgefühls, das ihn von frühester Jugend bis an sein Lebensende begleitet hat. Noch 1921 wollte der »durchaus festgehalten« wissen, »daß der Ursprung und die Quelle der Anthroposophie in naturwissenschaftlichen Erwägungen liegt« (GA 342,173). Veränderungen stellen nur Modulationen dieses Cantus firmus dar.

Sein Wissenschaftsbegriff implizierte in weiten Bereichen die normative Geltung naturwissenschaftlicher Methoden und Ergebnisse, wovon sich Steiner vor allem zwei Leistungen erhoffte: Die Theosophie könne zum einen die Geltungsansprüche der zeitgenössischen (Natur-) Wissenschaft und die Dynamik ihres Fortschritts integrieren; zum anderen beanspruchte er, den Universalitätsanspruch sowie die Empirizität der Naturwissenschaften und ihrer Methodologie, auf dem sein weitreichender Erkenntnis- und Handlungsoptimismus gründete, in die Kultur zu übernehmen. Die Verbindung von Naturwissenschaft und »Geisteswissenschaft« (im theosophischen Verständnis) war Steiners Lebensthema. Dieses zweite Herzstück der Theosophie neben der Antwort auf den Historismus (s. 7.11.2) war gleichwohl noch nicht Gegenstand einer historisch-kritischen Analyse, vielleicht wegen der Unstrittigkeit, mit der Anhänger wie Gegner diese Dimension zum Zentrum der Theosophie rechneten[2].

---

[1] Dieser Text stimmt vom Duktus bis in Formulierungsdetails mit der Einleitungspassage von Haeckel: Die Welträtsel, 14 f., überein.

[2] Vgl. etwa Bannach: Anthroposophie und Christentum, 114–130, der kritisch nach der Kohärenz als Kriterium von Wissenschaftlichkeit in der Anthroposophie fragt (S. 124), während der An-

Die eminente Bedeutung der Naturwissenschaften um 1900, von der Grundlagenforschung über die technischen Umsetzungen bis zu ihren kulturellen Wirkungen, liegen auf der Hand und sind hinsichtlich des Verhältnisses von Natur- und Kulturwissenschaften – ihren wechselseitigen Hegemonieansprüchen, lebensweltlichen Verklammerungen oder Gräben der »two cultures« (Charles Percy Snow) – nur soweit als Rahmen zu skizzieren, wie sie die theosophische Weltanschauungsproduktion betreffen (Abschn. 9.2). Steiners Vorstellungen sind auf dieser Grundlage zu rekonstruieren (Abschn. 9.3). Das Bemühen der Theosophie um Wissenschaftlichkeit war für Steiner vornehmlich eine Theoriedebatte, bis er nach dem Ersten Weltkrieg diese konzeptionellen Fragen um Anwendungsfelder erweiterte. Bis 1914 standen hingegen Fragen der erkenntnistheoretischen Begründung der Theosophie oder der Anschlußfähigkeit an empirische Methoden im Zentrum seines Interesses; die Alternative einer »geistigen« Wissenschaft gegenüber einer »materialistischen«, im Lauf seiner theosophischen Einfärbung als »ahrimanisch« stigmatisierten Naturwissenschaft und Technik, prägte seinen Ansatz. Diese Debatte suchte Steiner mit der Avantgarde der naturwissenschaftlichen Vorstellungen zu führen. Evolutionslehre, vierte Dimension oder Relativitätstheorie sind exemplarische Stichworte für diesen Anspruch (s. u. 9.3.3–4). Seine reale Diskussionsebene bildete gleichwohl die Populärwissenschaft[3] und dabei vor allem theosophische Literatur, wie immer wieder deutlich werden wird. Daß Naturwissenschaftler wie Max von Laue (s. u. 9.6.1) oder Albert Einstein (s. u. 9.4.3c) Steiner für inkompetent hielten, illustriert diesen Befund.

Die Analyse der Genese von Steiners theosophischem Konzept der Naturwissenschaft und seiner Quellen hat die Funktion, die Entstehung seiner Weltanschauung und ihrer Konstruktionslogik zu erhellen. Eine Standardantwort, die von Steiner vorformuliert, von seinen Anhängern wiederholt und bis in die wissenschaftliche Literatur hinein vertreten wurde, lautete, Steiner stehe in einer Tradition naturphilosophischer Esoterik und namentlich als Goetheanist in der Tradition der romantischen Naturphilosophie[4]. Die Prüfung dieser These fällt in wichtigen Bereichen negativ aus (Abschn. 9.4). Strukturmerkmale Goetheschen Denkens sind nicht zu leugnen, doch ist darüber, so meine These, die dominante Rolle der »positivistischen« Problemdispositionen des späten 19. Jahrhunderts aus dem Blick geraten: An ihnen hat sich Steiner seine Position erarbeitet, nicht an der romantischen Naturphilosophie. Der Grund für diese kontrafaktische An-

throposoph Michael Kirn: Hegels Phänomenologie des Geistes, den »objektiven Idealismus« Steiners als philosophisch kohärent zu erweisen sucht. Weitere anthroposophische Literatur zur binnensystematischen Plausibilisierung von Steiners Wissenschaftsverständnis gibt es reichlich; ambitioniert etwa Kiene: Grundlinien einer essentialen Wissenschaftstheorie.

[3] Vgl. exemplarisch Steiners Hinweis: »›Kosmos‹ Heft 10, eine Abhandlung über die sogenannte alte Atlantis, wo ein Gelehrter, der ganz auf dem Boden der Naturwissenschaft steht«, schreibe (GA 100,120 [25.6.1907]); dabei handelte es sich um Theodor (?) Arldt im Jahrgang 1905 (ebd., 265); auf diese Publikation hatte Steiner auch am 26.5.1906 verweisen (GA 94,24). Vgl. auch Anm. 190.

[4] Vgl. für die wissenschaftliche Literatur etwa Faivre: Accès de l'ésotérisme occidental, II, 96, der Steiner in den »courant théosophique« stellt, oder Bannach: Anthroposophie und Christentum, der Schelling und damit eine idealistisch-romantische Tradition als entscheidenden Traditionshintergrund identifiziert.

bindung an das romantische Denken liegt nicht nur an dem »materialistischen« Image der Naturwissenschaft um 1900, das in Steiners Augen eine Distanzierung forderte, sondern vermutlich ebenso an dem Bedürfnis der Theosophie, sich von der eigenen Wurzel zu emanzipieren, dem Spiritismus und seinem »Positivismus«. Von Blavatsky bis Steiner haben Theosophen und Theosophinnen die spiritistische Verbindung als Mesalliance aus vorkritischen Zeiten gesehen, die nur im Gestus der Überbietung präsent bleiben sollte. Und weil der Spiritismus lange Zeit wissenschaftlich so gut wie unerforscht war, konnte diese entscheidende Verbindung verborgen bleiben. Der Spiritismus ist deshalb in diesem Kapitel insoweit zu rekonstruieren, als es für das Verständnis der Theosophie als dessen Transformationsprodukt notwendig ist (s. u. 9.5.1).

Erst vor diesem Hintergrund ist die wissenschaftshistorische Einordnung der Theosophie möglich. Sie ist zwar in der Tat in die Geschichte einer esoterischen, »okkulten« Tradition zu stellen, die inzwischen als frühneuzeitliches Gelenkstück zur new science gut erforscht ist, jedoch daran nicht genetisch anzuschließen, sondern als strukturelles Äquivalent zu beschreiben (s. u. 9.5.2). Der Problemhorizont der Theosophie ist die new science in der Ausprägung des 19. Jahrhunderts. In diesem Kontext hatte sich die Theosophie die Aufgabe erkoren, die (vermeintlich materialistische) Empirie mit ihrem spirituellen Idealismus zu versöhnen. Daß die Empirie dabei unter die Herrschaft der Theorie kam und damit die empirische Konstitutionsbasis der offenen Forschungswissenschaft verlor, kennzeichnet das theosophische Verhältnis von Theosophie und naturwissenschaftlicher Methodologie.

## 9.2 Die Naturwissenschaften als kultureller Faktor um 1900

»Die Haeckelschen Forschungsergebnisse bilden sozusagen das erste Kapitel der Theosophie oder Geisteswissenschaft« (GA 54,20)[5], befand Steiner 1905. Eine solche Verweltanschaulichung wird vor dem Hintergrund einer Deutungstradition verständlich, die die Entstehung der neuzeitlichen Naturwissenschaften als die Geschichte unabsehbarer Erkenntnisfortschritte und technischer Erfolge las. Neben aller ideologischen Überhöhung besaß diese Wahrnehmung einen ausgesprochen harten Kern: Die Entdeckungen überschlugen sich in der zweiten Hälfte des 19. Jahrhunderts, die Erklärungshorizonte mußten im Abstand weniger Jahre immer wieder neu abgesteckt werden, die Methoden änderten sich im Laufe weniger Forschergenerationen grundlegend, explosionsartige Wissenszuwächse und eine für manche Zeitgenossen ans Wunderbare grenzende Innovation und technische Umsetzung bildeten das Fundament der gesellschaftlichen Wirkungsmacht der Naturwissenschaften diesseits rhetorischer Beschwörungen. Diese Entwicklungen bilden ein Feld breiter Forschungen, deren Ergebnisse ich punktuell darstelle, insoweit sie einen Bezugshorizont von Steiners Wissenschaftsverständnis bilden.

---

5 Der Begriff »Geisteswissenschaft« dürfte redaktionell hinzugefügt worden sein.

### *9.2.1 Naturwissenschaftliche Dominanzen*

Im letzten Drittel des 19. Jahrhunderts, also in den Jahren von Steiners intellektueller Sozialisation, erlebten die Naturwissenschaften einen Zuwachs an Wissen, methodischer Reflexion, technischer Umsetzung und (auch kulturellen) Deutungspotentialen, die sie in den Augen der Zeitgenossen zu dominierenden sozialen Faktoren aufsteigen ließen, womit sie einen seit der frühen Neuzeit erhobenen Anspruch auch umzusetzen schienen[6]. Die Biologie brach von der Morphologie über die Zellforschung in die Molekularbiologie und Biochemie um; die Physik erhielt noch vor der Jahrhundertwende eine einheitliche »Feldtheorie«, die disparate Phänomene einer einheitlichen Erklärung unterwarf; in der Geologie wurde die Erdgeschichte von einigen tausend auf Millionen Jahre ausgedehnt; die Astronomie erweiterte das Wissen um den Kosmos durch die Entdeckung neuer Planeten, dann neuer Sonnensysteme und Galaxien; die Mikrophysik und die Radiologie eröffneten bislang unsichtbare Räume; die Mathematik operationalisierte den Umgang mit irrationalen Größen.

Diese Dynamik läßt sich an der von Steiner mit dem Namen Haeckel aufgerufenen Biologie exemplarisch illustrieren. 1859 hatte Darwin in seiner Evolutionstheorie ein vielen Zeitgenossen revolutionär anmutendes erscheinendes Paradigma für die Einheit der Natur unter Einschluß des Menschen präsentiert (s. u. 9.3.3a); in den 1860er Jahren setzte sich die Einsicht in die zellulare Struktur des Organischen durch; nach Friedrich Mieschers Untersuchungen von 1871 sah man im Protoplasma, nicht mehr in der Zelle, den Sitz des Lebens; vier Jahre später (1875) präzisierte Oscar Hertwig den Vorgang der Befruchtung als Verschmelzung von Ei und Samenzelle und revidierte damit die Protoplasmatheorie; nach weiteren neun Jahren schieden 1884 mit der Entdeckung der Chromosomen die Geschlechtszellen als letzte erreichbare Trägerinnen der Fortpflanzung aus, ehe die Zytologie 1902 mit der Entdeckung der genetischen Strukturen die traditionelle Biologie in Biochemie umbrach[7]. Die Folgen für die Bakteriologie, um nur ein Beispiel herauszugreifen, durch die erstmals in der Geschichte der Menschheit grausame Krankheiten heilbar wurden, waren ohne die Zellforschung undenkbar: Die Entdeckung der Erreger von Milzbrand (1876), Tuberkulose (1882) und Cholera (1883) durch Robert Koch und die Identifizierung einer großen Zahl weiterer Krankheitsursachen machte es möglich, jahrtausendealte Geißeln der Menschheit mit einem Schlag zu bewältigen.

All dies sind fast feuilletonistische Hinweise auf dramatische Erweiterungen der Wissens- und Erfahrungsräume im 19. Jahrhundert, die gleich mehrfach das Prädikat »revolutionär« verdienen, das auch technischen Umsetzungen, von

---

[6] Schon in der 1688 aufgebrochenen Querelle des Anciens et Modernes spielte die Behauptung der überlegenen Naturwissenschaft auf Seiten der Modernen eine zentrale Rolle; vgl. Schmidt: Die Geschichte des Genie-Gedankens, I, 15.

[7] Vgl. Schulz. Begründung und Entwicklung der Genetik, 542–548; Nipperdey: Deutsche Geschichte 1866–1918, I, 613–618.

der Medizin bis in die technisch-industriellen Entwicklungen, zusteht[8]. Steiners Evolutionsdenken ist nicht ohne die Biologie, sein kosmischer Monismus nicht ohne die Physik oder seine planetarische Entwicklung nicht ohne die Geologie zu denken, und sein Antimaterialismus setzte das Ensemble der wissenschaftlichen Positivismen voraus.

Konsequenterweise änderte sich auch die gesellschaftliche Stellung der Naturwissenschaften. Ihre Bedeutung an den Universitäten wuchs, ihre Verselbständigung durch Ausgliederung aus der Philosophischen Fakultät (erstmals 1863) wurde von den Zeitgenossen durchaus als Einschnitt verstanden[9]. Die staatliche und private Förderung naturwissenschaftlicher Forschung nahm rasant zu und wurde zu einem politischen, auch rüstungspolitischen, und nicht zuletzt zu einem ökonomischen Faktor im Wilhelminischen Deutschland. Die unter starker privater Beteiligung ablaufende Gründung außeruniversitärer Forschungsinstitutionen wie der Kaiser-Wilhelm-Institute[10] oder die seit den 1870er Jahren steil ansteigende Staatsquote für Ausgaben in Wissenschaft und Technik[11] belegen die politische und soziale Relevanz der Naturwissenschaften am Ende des 19. Jahrhunderts. Die (natur-)wissenschaftliche Forschung außerhalb von Universitäten und Wirtschaft wurde hingegen progressiv entprofessionalisiert; dagegen hat sich die Theosophie mit aller Kraft und – in der Außenperspektive – vergebens gewehrt.

Gleichzeitig änderte sich die Binnenstruktur der Naturwissenschaften. Der Spezialisierung der Fächer trat eine Vereinheitlichung von Theorien und Methoden zur Seite: Magnetismus, elektrische Phänomene, Optik und Mechanik wurden in der Physik zusammengeführt, die im Periodensystem der Elemente in die Chemie übergriff, während die Chemie ihrerseits als Biochemie eine Teildisziplin der Biologie wurde. Die Vielzahl monistischer Weltanschauungen einschließlich der Theosophie lassen sich als reaktive kulturelle Parallelstrukturen auf diese naturwissenschaftlichen Vereinheitlichungstendenzen lesen.

Zwei zentrale Veränderungen von Methodologie und Geltungsanspruch der Naturwissenschaften im Rahmen dieser Entwicklung möchte ich herausheben, da sich an Ihnen die konzeptionellen Differenzen zu Steiners Theosophie ganz besonders deutlich zeigen. Herbert Schnädelbach hat diese Neujustierungen mit Empirisierung und Temporalisierung umschrieben[12]: Empirisierung als Eliminierung der ontologischen Orientierung, als Primat der Erfahrung vor der Theorie; sie war der Motor der naturwissenschaftlichen Dynamik dieser Jahrzehnte. Die Temporalisierung relativierte alle Ergebnisse zu zeitlich befristeten Einsichten, die Fiktion »letzter« naturwissenschaftlicher Wahrheiten fiel, Wissenschaft mutierte zu einem offenen System, deren weltanschauliche Axiomatik

---

[8] Vgl. Zloczower: Career Opportunities (mit statistischem Material zur dominierenden Rolle der deutschen Wissenschaft bis zum Ersten Weltkrieg); Sticker: Die Erweiterung des Erfahrungsbereiches des Menschen.

[9] Schnädelbach: Philosophie in Deutschland, 41. 286.

[10] Burchardt: Wissenschaftspolitik im Wilhelminischen Deutschland, 55–66.

[11] Statistische Übersichten bei Pfetsch: Zur Entwicklung der Wissenschaftspolitik in Deutschland, 52. 69–90.

[12] Schnädelbach: Philosophie in Deutschland, 108. 117.

und »Zweckbindung« entfiel. Damit, sowie mit der Einsicht, daß auch die naturwissenschaftliche Theoriebildung von kulturellen Denklogiken abhing, fielen auch die Naturwissenschaften unter die Historisierungsfolgen und wurden Teil des kulturellen Systems. Diese Pointe ist wichtig, weil Steiner genau diese Folge zu umgehen trachtete.

### *9.2.2 Fortschrittsemphase und Fortschrittskritik*

Die von Schnädelbach beschriebenen wissenschaftstheoretischen Relativierungen drangen allerdings nicht soweit ins öffentliche Bewußtsein, daß sie in der Lage gewesen wären, das hohe Ansehen der Naturwissenschaften und die damit verbundenen Erwartungen sowie die weltanschaulichen Funktionalisierungen vor dem Ersten Weltkrieg entscheidend einzugrenzen. Das 19. Jahrhundert blieb durchweg, wo es nicht wissenschaftseuphorisch war, wissenschaftsfreundlich eingestellt. Steiner bildete dabei keine Ausnahme, auch er gehörte zu den Fortschrittsüberzeugten unter den naturwissenschaftlich Interessierten.

Gleichwohl diskutierten Naturwissenschaftler differenziert über die öffentliche Rolle und die gesellschaftliche Bedeutung ihrer Disziplin, in der sich beträchtliche Veränderungen in ihrer Selbsteinschätzung im Verlauf des 19. Jahrhunderts dokumentieren. Virchows Sakralisierung – »Es ist die Wissenschaft für uns Religion geworden« (1865)[13] – widersprach strukturell sieben Jahre später Emil du Bois-Reymond in seiner berühmten Rede »Über die Grenzen des Naturerkennens«[14]. Der Schüler und Nachfolger Johannes Müllers, der mit seinen »Untersuchungen über thierische Elektricität« (1848–1884) zum Pionier des Sinnesphysiologie aufstieg und von der Berliner Universität zweimal zum Rektor, fünfmal von der medizinischen Fakultät als Dekan berufen wurde, bezweifelte prinzipiell das Postulat unbegrenzter naturwissenschaftlicher Erkenntnisfortschritte und Erklärungsansprüche und brach mit dem »Glauben« an die omnipotente Problemlösungskompetenz der Naturwissenschaften. Er hielt an »Sieben Welträtseln« fest. Sein Schlußwort – »Ignorabimus« – bildete die Devise der jahrzehntelang nachbebenden Debatte, in der sich auch Rudolf Steiner aufstellte: als vehementer Kritiker du Bois-Reymonds (s. u. 9.3.2a-b). Zu den populären Kritikern gehörte auch Steiners naturphilosophischer Mentor Haeckel, der seine Anhänger unter der Losung »Impedivi progredimur« zu seinen Fahnen rief und 1899 in seinen »Welträthseln«, du Bois-Reymond aufgreifend, die Lösung der offenen Fragen anbot und damit eines der wahrscheinlich auflagenstärksten Bücher des Kaiserreichs publizierte[15]. Steiner seinerseits variierte um 1900 häufig die Rätselmetapher und trat wie Haeckel gegen die von Du Bois-Reymond postulierten Erkenntnisgrenzen an.

---

[13] Zit. nach Schipperges: Weltbild und Wissenschaft, 37. 40.

[14] Du Bois-Reymond: Reden, I, 441–473. 1880 hat er seine Thesen in einer weiteren Rede (»Die sieben Welträtsel«) verteidigt und erweitert.

[15] Nach Kraußе: Ernst Haeckel, 107, betrug die Auflage 400.000 Exemplare; Übersetzungen erfolgten in 30 Sprachen.

### *9.2.3 Popularisierung und Verweltanschaulichung*

Die Evolutionstheorie war der vielleicht gesellschaftlich wirksamste, aber bei weitem nicht der einzige Bereich der Popularisierung naturwissenschaftlicher Ergebnisse zwischen »industrieller Revolution« und »Verwissenschaftlichung der Lebenswelt«[16]. Diese Umsetzung betraf alle Fächer und wirkte in alle gesellschaftlichen Schichten. Dieses lange Zeit für Deutschland kaum erforschte Feld hat Andreas Daum erschlossen und dabei drei für die Analyse der Theosophie strukturell wichtige Thesen formuliert:

1. Die Wissenschaftspopularisierung war ein Vorgang mit »deutlichen politischen Implikationen«[17]. Damit gerät die Theosophie, die grosso modo politisch inaktiv war, implizit und im Umkehrschluß in eine Randlage unter den Verwertern popularisierter Wissenschaft.
2. Die Popularisierung transzendierte die scheinbar dichotomische Welt der »zwei Kulturen« von Natur- und Kulturwissenschaften[18]; eben dies tat auch Steiners theosophischer »Monismus« ostentativ.
3. Popularisierte Weltdeutungen boten Konzepte, deren »antimetaphysische Momente deutlich abgeschwächt« waren[19]. Hier liegt eine der wichtigsten Neujustierungen von Daums Arbeit. Die vielfach in Verbindung mit der Säkularisierungsthese religionskritisch gedeuteten Ergebnisse der Wissenschaften wurden so sicher nicht immer rezipiert, weite Teile der populärwissenschaftlichen Literatur erweisen sich als religionsaffirmativ. Dies nimmt der Theosophie das Merkmal eines religiösen Sonderfalles.

Die Popularisierung der Naturwissenschaften beinhaltete immer auch einen Schritt hin zu ihrer weltanschaulichen Nutzung. Für Rudolf Virchow etwa besaß Wissenschaft ein »politisches Mandat«[20], oder Wilhelm Ostwald hielt »monistische Sonntagspredigten«. Vermutlich verlagerten sich die expliziten weltanschaulichen Ansprüche zu Beginn der achtziger Jahre aus der akademischen Wissenschaft stärker in die Hände der popularisierender Sekundärverwerter[21]. Dabei waren die Weltanschauungsvereinigungen mit teils impliziten, teils expliziten normativen Ansprüchen ein wichtiger, vielleicht sogar der entscheidende Katalysator. Die Theosophie bildete in deren Kreis nur ein Beispiel für die weltanschauliche Anverwandlung naturwissenschaftlicher Erkenntnisse, vergleichbar dem Monistenbund[22], in dem Haeckel seit 1906 als Ehrenvorsitzender religionsaffirmativ und Ostwald 1911 als Präsident eher religionskritisch amtierten. Ein ganz anders

---

[16] Schulz: Philosophie in der veränderten Welt, 11 f.

[17] Daum: Wissenschaftspopularisierung, 4. Daneben Schwarz: Der Schlüssel zur modernen Welt.

[18] Daum: Wissenschaftspopularisierung, 12 f.

[19] Ebd., 14. Damit ist eine ältere Forschungsmeinung, die die meisten Darwinisten in Deutschland für Gegner des Christentums und für Materialisten hielt, wie etwa Montgomery: Germany, 84, überholt.

[20] So Schipperges: Anspruch und Programm der Naturforscherversammlung, 21. Zum liberalen Politiker Virchow vgl. Goschler: Rudolf Virchow.

[21] Vgl. Schipperges: Weltbild und Wissenschaft, 57.

[22] Simon-Ritz: Die Organisation einer Weltanschauung, 35–56; Drehsen / Zander: Rationale Weltveränderung durch ›naturwissenschaftliche‹ Weltinterpretation?, 226–232.

gelagertes Beispiel ist die 1879, vier Jahre nach der Theosophischen Gesellschaft von Mary Baker Eddy gründete Christian Science, die wie die Theosophie im Begriff der »Geistes*wissenschaft*« den Wissenschaftsbegriff in ihre Selbstbezeichnung aufgenommen hatte und die methodisch kaum reflektierte Konkordanz von Naturwissenschaft und Religion predigte. Die Beispiele ließen sich leicht vermehren: Die Theosophie konnte sich jedenfalls als Teil und subjektiv als Avantgarde der »Versöhnung«[23] zwischen Naturwissenschaft und Religion fühlen.

## 9.3 Steiner und die Naturwissenschaften

### *9.3.1 Idealistische Grundlegung und theosophische Adaptionen*

In der Begegnung mit Julius Schröer fand Steiner seit 1880 zu einem Idealismus, der entscheidende Weichen auch für seine Theosophie stellte. Schon 1881 hatte er dem materialistischen Empirismus, den er als »Atomismus« identifizierte, abgeschworen und Goethes Organik an dessen Stelle gesetzt. Nach 1900 knüpfte er nach seiner atheistischen Phase an seine idealistischen Jahre an, der Goetheanismus fand in der Theosophie und ihrer Verbindung von Idealismus und Empirie eine anschlußfähige Weltanschauung. Am 8. Oktober 1902, anderthalb Wochen vor seiner Wahl zum Generalsekretär der deutschen Sektion der Theosophischen Gesellschaft, hatte sich Steiner erstmals öffentlich über die Theosophie und seine neue Nähe zu ihr geäußert. Als Forum wählte er den »monistischen« Berliner Giordano Bruno-Bund, der in seinen Statuten den ›harmonischen Zusammenschluß‹ von »Naturwissenschaft, Philosophie, Kunst und Andacht« zum Vereinszweck erhoben hatte[24]. Steiner legte seine Wendung zur Theosophie offen, betonte allerdings deren europäische Tradition und vermied das Bekenntnis zur Adyar-Theosophie. In den Spitzensätzen dieses Textes kehrte Steiner seine kaum zwei Jahre alten atheistischen Interpretationen der Geltungsansprüche der Naturwissenschaften ins Gegenteil um:

> »Klar muß es ausgesprochen werden, daß nur auf Grund der modernen Naturwissenschaft eine ernste Weltanschauung gesucht werden kann, ich werde niemals von dem Gedanken abweichen, daß nur in ihr ein Heil gegeben ist.« (GA 51,311)

Diese Zuschreibung von Erlösungsbedeutsamkeit war auch dem idealistischen Steiner der 1880er Jahre nicht fremd gewesen[25], aber an dieser Stelle baute er sie zu einer hochprogrammatischen Stellungnahme aus.

> »Ich weiß, daß es kein Heil außerhalb der Naturwissenschaft geben kann, aber wir müssen neue Methoden der Seelenforschung auf naturwissenschaftlicher Grundlage finden, um das zu können, was alle alten religiösen Anschauungen vermochten: eine große Einheit zwischen religiösem Bedürfnis und Wissenschaft herzustellen.« (ebd., 315 f.)

---

[23] Vgl. Daum: Das versöhnende Element in der neuen Weltanschauung.

[24] Zitate nach Bruns: Giordano Bruno Bund, 163.

[25] In einem Brief an Theodor Vischer hatte er 1882 das »Heil der Wissenschaft« in Aussicht gestellt (GA 38,48).

Das Programm, Religion und Wissenschaft zu versöhnen – ein zentrales Theorem des Goetheanismus –, war hier als theosophisches Konzept mit dem Anspruch reformuliert, die religiösen Traditionen in ihrem Geltungsanspruch abzulösen. Vom vortheosophischen Idealismus unterschied sich seine Position zu diesem Zeitpunkt vor allem im Implikat einer vereinsmäßigen Verweltanschaulichung.

Der Gegner dieses Programms war der zum Feindbild stilisierte Materialismus. »Die Wissenschaft«, gemeint waren mit diesem Kollektivsingular die materialistischen Naturwissenschaften, sei noch nicht »von der Materie zum Geist aufgestiegen« (GA 52,28), monierte er 1903. Konkret hatte er wiederum die »atomistische Theorie« im Auge, in der eine »Sinnesempfindung« »auf objektive Vorgänge«, auf »Schwingungen irgendeines Stoffes« zurückgeführt werde und die »nicht mehr Wissenschaft, sondern Religion« sei (ebd., 372 [1904]). Aber auch »die geistige Bewegung [ist] vom Materialismus in der herbsten Weise angekränkelt worden«. Weshalb es sich »in der Theosophie« »nur darum handeln kann, das Geistige als solches zu erkennen« (ebd., 373). In diesem Konflikt müsse sie aktuell »verzichten, ganz und gar verzichten darauf, etwa zu glauben, daß eine Art Harmonie zwischen der heutigen Gelehrsamkeit und der Theosophie möglich sei«; dazu müsse »die Gelehrsamkeit selbst so weit sein ..., daß sie Theosophie [sic] verstehen kann« (ebd., 374). In derartigen Aussagen artikulierte sich der Überlegenheitsanspruch der Theosophie, den Steiner in der theosophischen Frühphase besonders pointiert formulierte, aber auch später nie fallenließ. Daß er auch in existentiellen Fragen die materialistische Wissenschaft für inkompetent hielt, war nur konsequent: »Die heutige Wissenschaft [hat] selbst sich völlig unfähig erklärt, die großen Fragen des Daseins zu beantworten« (ebd., 286f.).

In seinem Antimaterialismus kam Steiner zwangsläufig in Konkurrenz mit anderen Formen von Religion, mit insbesondere den Kirchen. Er wollte zwar »nicht die Grundwahrheiten der Religionsbekenntnisse« bestreiten (GA 52,28 [1903]), sie aber allemal überbieten. Die »Geisteswissenschaft«, behauptete Steiner 1910, stehe »im Grunde auf einem ganz anderen Boden ... als irgendein Religionsbekenntnis. Sie steht auf dem Boden rein geistiger Wissenschaft.« (GA $118^1$,194) Steiner wollte keine »geistig« minderwertige Religion stiften, sondern eine religiöse Weltanschauung schaffen, um die Religionen im mehrfachen Sinn aufzuheben[26]. Der Konflikt mit der »materialistischen« Naturwissenschaft blieb derweil erhalten. 1913 strich er beispielsweise den Mehrwert seiner »Geisteswissenschaft« gegenüber der »äußeren Wissenschaft mit ihren äußeren Instrumenten« heraus (GA 63,127), der er seitens der Theosophie »das geistige Erforschen« (ebd., 130) und die »inneren Erlebnisse, welche der Geistesforscher mit seinem Denken hat« (ebd., 135), gegenüberstellte. 1914 sah er die Probleme mit den empirischen Wissenschaften in deren »Vorurteilshaftigkeit« gegenüber der »Geisteswissenschaft« begründet (ebd., 402), doch letztlich galt für ihn die Kompatibilität von »Geisteswissenschaft« und Naturwissenschaften als eherner dogmatischer Satz:

> »Wenn nun irgendein Satz heute abend gesprochen werden müßte, welcher nicht voll bestehen könnte vor der strengsten Kritik naturwissenschaftlicher Weltanschauung, so

---

[26] Vgl. die Nachweise in Zander: Die Anthroposophie – eine Religion?

würde ich diese Betrachtung lieber ungesprochen lassen.« »Nichts ist im ganzen Umfange der naturwissenschaftlichen oder geschichtswissenschaftlichen Erkenntnis da, was nicht im vollen Einklange stände mit den Erkenntnissen der Geisteswissenschaft.« (GA 64,323.402 [1915])

Sätze wie diese transportierten den allgegenwärtigen Anspruch auf Universalität der Theosophie, ohne sie mit der hermeneutischen Reflexion auf das Verhältnis von Geistes- und Naturwissenschaften, wie sie im 19. Jahrhundert geführt wurde, zu vermitteln.

Das Programm der Unterwerfung des Materialismus mit seinen eigenen Waffen führte allerdings fast zwangsläufig zur subversiven Unterwanderung der Theosophie mit materialistischen Vorstellungen. So sollte der Zugriff auf übersinnliche Welten in Zukunft nicht nur mit Hilfe meditativer Schulung, sondern mit materialen Organen möglich werden. »Es ist möglich, daß sich Organe, Geistesaugen entwickeln, in ähnlicher Weise, wie sich in diesem physischen Leibe Sinnesorgane, Augen und Ohren, entwickelt haben«, meinte Steiner 1905. »Dann treten höhere Fähigkeiten auf. Das muß man zunächst glauben« (GA 54,24). 1913 postulierte er die Entwicklung des neuronalen Sprachzentrums, von »Brocas Organ«, zum Reinkarnationsgedächtnis: »Dieses physische Organ wird das physische Mittel für die Erinnerung an eine frühere Inkarnation sein, was jetzt nur erreicht werden kann durch eine höhere geistige Entwickelung« (GA 152,21)[27]. Steiner formulierte eine Art von geistigem Materialismus mit naturwissenschaftlichem Anspruch, der letztlich ein Erbe des Spiritismus in der Theosophie war.

Hinter dem Anspruch auf methodische Parität mit den Naturwissenschaften stand allerdings mehr, das Postulat ihrer inhaltlichen Überbietung. 1904 brachte Steiner diese Hegemonieforderung pathetisch auf den Punkt:

»Die Naturwissenschaft ist reif, die Früchte einer höheren Weltanschauung in Empfang zu nehmen. Und alles Sträuben wird ihr nichts nützen; sie wird den Bedürfnissen der sehnenden Menschenseele Rechnung tragen müssen.« (GA 11,19)

Steiner drückte sich mit den Jahren weniger emotional aus, aber die vertikale Ordnung blieb.

In einem öffentlichen Vortrag vom 12. November 1917 in Zürich äußerte sich Steiner zusammenfassend über »Anthroposophie und Naturwissenschaft«. Darin dokumentierte er die hohe Konstanz seiner theosophischen Position, die nun unter Anthroposophie firmierte: Sie stehe »auf dem Boden« der »Naturwissenschaft« (GA 73,110) und müsse sich »aus der Naturwissenschaft heraus« entwickeln (ebd., 116). Dies bedeutete, deren Ergebnisse in den Rang durchgängiger Verbindlichkeit für seine »Geisteswissenschaft« zu erheben: »Geisteswissenschaft« müsse »in gewisser Weise« »aufbauen … auf den neuesten Ergebnissen der Naturwissenschaft« (ebd., 111). Die »Geisteswissenschaft« besitze ihrerseits naturwissenschaftliche Dignität: Sie habe »gewisse Forschungsergebnisse zu ge-

[27] Abgelehnt hat Steiner derartige geistige Materialismen auch, allerdings mit Vorliebe bei anderen, etwa die »materialistischen Schwingungsvorgänge« der »Theosophie« (GA 52,373 [1904]), wobei er wohl Besants und Leadbeaters »okkulte« Naturwissenschaft im Sinn hatte.

ben, von denen sie glaubt, aus ebenso wissenschaftlicher Berechtigung heraus reden zu können, wie die auf das Sinnliche gestützte, mit Mikroskop und Teleskop ausgerüstete Wissenschaft von ihren Ergebnissen redet« (ebd., 136). Zwar könne sie in konkreten Fragen auch »neben« ihr stehen (ebd., 147), doch dürfe er in seinem monistischen Anspruch keine Widersprüche zulassen: »Was ich vorbringe, ... ist in jahrzehntelanger Forschung in vollem Einklange mit der naturwissenschaftlichen Entwickelung der neueren Zeit gewonnen« (ebd., 121). Steiner hatte dafür auch ein Beispiel zur Hand: Das »Gesetz« von der »Erhaltung der Energie« komme mit der »Seelenlehre« nicht in Konflikt (ebd., 114–116). Aber Steiners Kompatibilitätstheorie stand, wie das Verhältnis zur Religion, unter dem Vorbehalt der anthroposophischen Überbietung. Letztlich »muß«, so Steiner, seine Weltanschauung »in fast allen Dingen« über die einzelnen Naturwissenschaften »hinausgehen« (ebd., 110).

Das Verhältnis von Wissenschaft und Theosophie blieb bis zur Entstehung der Praxisfelder nach dem Ersten Weltkrieg weitgehend eine Theoriedebatte, in der es allenfalls utopische Umsetzungserwartungen gab. 1905 etwa hoffte Steiner, daß die Ankündigung des englischen Artisten, Dirigenten und Zimmermanns John E.W. Keely (1827–1898), mit Hilfe ätherischer Schwingungen einen Motor mit Wasser zu betreiben, realistisch sei. Steiner glaubte, dabei werde »jene treibende Kraft, die aus dem Seelischen hervorgeht«, aktiviert (GA 93,287; vgl. GA 53,295). In die Vorkriegszeit gehören auch Vorstöße zur Anwendung der theosophischen Einsichten in einer medizinischen »Farbentherapie« (s. 16.4.1) und der Herstellung von Farben. 1912/13 kamen die Arbeiten am »Strader-Apparat« hinzu, der ursprünglich eine Dekoration für die »Mysteriendramen« Steiners war (s. 11.3.5). Für das Arbeitszimmer Straders, der den skeptischen Naturwissenschaftler verkörperte, waren (damals) futuristisch anmutende »Mechanismen« oder »Maschinen« gebaut worden[28], die offensichtlich eine Laboratoriumseinrichtung darstellen sollten und für die Steiner in Zeichnungen[29] detaillierte Angaben, etwa in der dezidierten Verwendung von Materialien wie der radioaktiven »Uranpechblende«[30], dem unter Spiritisten hochgeschätzten Metall mit scheinbar jenseitigen Ausstrahlungen, lieferte. Steiner glaubte, daß diese – nie genauer benannte – Funktion des Strader-Apparats »in einer nicht zu fernen Zukunft« »verwirklicht werden würde«[31]. Derartige Versuchsanordnungen müssen im »esoterischen« Umfeld der Theosophie relativ verbreitet gewesen sein, doch fehlen genauere Untersuchungen[32]. Besants und Leadbeaters »Okkulte Chemie«[33] etwa gehört in diesen Kontext. Weitergehende Versuche gab es in der deutschen Adyar-Theosophie vor dem Krieg nicht. Erst unter dem Druck des gesellschaftlichen Wandels versuchte Steiner die theosophische Beerbung und Überhöhung der Naturwissenschaften praktisch umzusetzen. Geistige Kräfte

[28] Zur Benennung vgl. Kugler: Drei Skizzen von Rudolf Steiner, 3, und: Modell und Skizzen von Hans Kühn, hg. v. W. Kugler, 10. 12.

[29] Kugler: Drei Skizzen von Rudolf Steiner.

[30] Schmiedel: Erinnerungen an die Proben, 147.

[31] Ebd., 151.

[32] Vgl. die Hinweise bei Klatt: Theosophie und Anthroposophie, 53. 68.

[33] Besant/Leadbeater: Okkulte Chemie.

sollten physikalische Vorgänge belegbar steuern. Neben die utopischen Konzepte (so gab es, um ein Beispiel zu nennen, in den zwanziger Jahren »physikalische Experimente, denen die Aufgabenstellung Rudolf Steiners zugrunde lag, durch das Zusammenbiegen des Spektrums mit einem Magneten und dem hieraus entstehenden Pfirschblüt Lebensätherkräfte zu gewinnen«[34]) traten nun Umsetzungsanweisungen für die Pädagogik, die Medizin oder die Landwirtschaft, und letztlich verstand er auch seine Gesellschaftstheorie als Ergebnis in diesem Sinn »wissenschaftlicher« Einsichten. Sie wurden letztlich zu den dominierenden Applikationen der theosophischen »Wissenschaft«. Steiner betrieb damit analog zur technischen Nutzung wissenschaftlicher Erkenntnisse die Anwendung seiner »wissenschaftlichen« Ergebnisse. Diesem säkularen Trend des 19. Jahrhunderts folgte er mit großer Zeitverzögerung, aber konsequenter als andere theosophische Gemeinschaften in Deutschland.

### *9.3.2 Elemente des theosophischen Wissenschaftsverständnisses*

Antimaterialismus und der Anspruch auf »exakte« Methodologie mit der daraus für Steiner folgenden methodischen Äquivalenz von empirischer Naturwissenschaft und theosophischer Geisteswissenschaft sind die beiden Gravitationszentren seines Wissenschaftsverständnisses. Steiner hat seine Position nie im Zusammenhang expliziert; ob es ihn gibt, ist fraglich. Die in diesem Abschnitt behandelten Themenbereiche folgen deshalb nicht den Erfordernissen einer systematisierten Wissenschaftstheorie, sondern den von Steiner gesetzten Schwerpunkten.

#### *a. Erkenntnistheorie*

Im Geist der Fokussierung von Philosophie auf Erkenntnistheorie im ausgehenden 19. Jahrhundert, die im Neukantianismus zu einer staatlich privilegierten Form der Bekämpfung des historistischen Relativismus geworden war[35], ist auch Steiners beständiger Versuch der erkenntnistheoretischen Begründung seiner Philosophie und später der Theosophie zu lesen[36]. In der naturwissenschaftlichen Methodik sah Steiner demgegenüber eine Möglichkeit, die Erkenntnisgrenzen ins Unbegrenzte zu öffnen. Konsequent distanzierte er sich von Naturwissenschaftlern, die die naturwissenschaftliche Begründung eines so erweiterten Erkenntnisanspruchs verweigerten. Gegen den genannten du Bois-Reymond gerichtet kritisierte er etwa 1893 in seiner »Philosophie der Freiheit«, daß »aus dem Begriffe des Erkennens, wie wir ihn bestimmt haben, … von Erkenntnisgrenzen nicht gesprochen werden kann« (GA 4,115). Und in den »Welt- und Lebensanschauungen im 19. Jahrhundert« (1900) stellte sich Steiner hinsichtlich der Grenzen der Naturerkenntnis in Opposition zu du Bois-Reymond auf die Laplacesche Position

---

[34] Anonym: Zu diesem Heft [Der Zwölffarbenkreis], 1.

[35] Sieg: Aufstieg und Niedergang des Marburger Neukantianismus, 14f.

[36] Vgl. dazu im Kapitel über Goethe Abschn. 5.6.2b und vor allem im Kapitel zur theosophischen Weltanschauung Abschn. 7.8.

virtuell totaler Mathematisierbarkeit jeglicher Erkenntnis[37]. Bei der Neuauflage dieses Buchs im Jahr 1914 unter dem Titel »Rätsel der Philosophie« eliminierte Steiner allerdings die Kritik an Bois-Reymond[38]. Die Option unbegrenzter Erkenntnis hielt er zwar bei, besetzte diese Stelle aber unter spirituellen Auspizien neu: Die Anthroposophie sollte nun (unter Einbeziehung naturwissenschaftlicher Methodik) die Lösung der »Rätsel der Philosophie« garantieren, die in den »Welt- und Lebensanschauungen« noch der Omnipotenz naturwissenschaftlicher Erkenntnis zugeschoben worden waren. Für diesen Stellenwechsel lieferte die Neuedition von 1914 einen bezeichnenden Schlußpunkt: Der 1901 das Buch abschließende »Ausblick« auf eine »naturwissenschaftliche Weltanschauung« war 1914 durch den »Ausblick auf eine Anthroposophie« ersetzt[39].

In den philosophischen Reflexionshorizont der Epistemologie, wo es um Fragen der biologischen oder kulturellen Bedingungen des Wahrnehmens oder der Konstruktivität des Erkenntnisprozesses hätte gehen müssen, hat Steiner sich überraschenderweise kaum gestellt. Seine Schulungsschrift zur Erlangung von »Erkenntnissen der höheren Welten« aus den Vorkriegsjahren kam beispielsweise ohne diese Dimension aus. Erst auf die Kritik Max Dessoirs an der Anthroposophie[40] ließ sich Steiner 1917 intensiver über epistemologische Fragen außerhalb der theosophischen Binnenöffentlichkeit aus. Zum einen behauptete er, die Anthroposophie schreite an einem »Grenzorte des Erkennens« in eine »andere Form des Erkennens«, in ein »andersartiges Erkennen« fort (GA 21,136) – »*schauend*«, wie er hinzufügte (ebd., 138) – und lasse, wie Steiner gegen seinen alten Gegner Materialismus gewendet meinte, die physiologischen Bedingungen des Erkennens hinter sich. Zum anderen sekundierte er Gideon Spicker, Ordinarius für Philosophie in Münster, in der These der unhintergehbaren »Notwendigkeit des Denkens« (ebd., 137), darin seine eigene Theorie der Objektivität des Denkens aufgreifend, die er 1893 in der »Philosophie der Freiheit« postuliert und aus der er die Aufhebung von Erkenntnisgrenzen geschlossen hatte[41]. Steiners realistischer Erkenntnistheorie entsprach konsequenterweise der Anspruch, den erkannten »geistigen« Gegenständen eine objektive Existenz zuzuschreiben. Jenseitige Welten, Völkerengel oder geistige Kräfte im Wachstum von Pflanzen waren für ihn so reale Phänomene wie die Gegenstände der Wissenschaft im Labor, der Theorie sollte eine Praxis entsprechen. Dies ist von seinem Ansatz her konsequent und wäre nicht weiter bemerkenswert, wenn sich dahinter nicht das existentielle Anliegen der naturwissenschaftlichen Fundierung der Theosophie gegen den Historismus verbergen würde: eine Wirkung geistiger Kräfte nam-

---

[37] Steiner: Welt- und Lebensanschauungen, II, 40 (heute GA 18,432).

[38] Es handelt sich in den »Welt- und Lebensanschauungen« (ebd.) um die Seiten 81–85, die in der überarbeiteten Ausgabe der »Rätsel der Philosophie« (GA 18) auf Seite 433 f. zu erwarten wären.

[39] Ebd., II, 187 (= GA 18,594).

[40] Dessoir: Vom Jenseits der Seele (1917), hatte in diesem Werk Steiner scharf kritisiert (S. 254–263), worauf Steiner – was er außerordentlich selten tat – explizit reagierte. Die Ausführungen zur Erkenntnistheorie sind den Antikritiken gegen Dessoir aber nur angeschlossen, sie beziehen sich nicht unmittelbar darauf. Im internen Kreis bezeichnete Steiner Dessoir am 21. August 1917 als »gehässigen Angreifer unserer Bewegung« (GA 261,335).

[41] Vgl. GA 4,99 und die Kritik an Erkenntnisgrenzen ebd., 115.

haft und fühlbar machen zu können. Hier liegt sein Motiv, »Gesetzmäßigkeiten« aufzuzeigen, um subjektive Gewißheit in objektive Empirie überführen und um Entfremdung, also die Bedingung der Gewißheitsfrage, überwinden zu können.

*b. Theoriebildung*

Das Theorem objektiver und unbegrenzter Erkenntnis zog bei Steiner ein kritisches Verhältnis zur Bildung und Überprüfung von Hypothesen nach sich. Er wolle nicht »Spekulationen«, »Hypothesen« oder »Theorien« aufstellen, sondern eine »Gesetzmäßigkeit« »beobachten« (GA 73,135 [1917]). »Alles Geistige ist ebenso wie alles Körperliche von solchen notwendigen Naturgesetzen beherrscht« (GA 51,58 [1901]), mit deren Erkenntnis, so läßt sich folgern, man die Ebene der Hypothesen schon hinter sich gelassen habe. »Erkenntnis auf dem hellen, klaren Weg wahrer Wissenschaftlichkeit« lautete die populärere Fassung dieser Positionsbestimmung (GA 52,303 [1904]).

Auch bei dieser methodologischen Positionsbestimmung liegt das antihistoristische Anliegen auf der Hand. Steiner trat in Distanz zur prinzipiellen Hypothesenhaftigkeit naturwissenschaftlicher Theoriebildung und Ergebnisformulierung, um Sicherheit und Gewißheit an die Stelle von Fraglichkeit und Zweifel zu setzen. Diese psychologisch nachvollziehbare Position ist allerdings mit dem Problem konfrontiert, daß die Naturwissenschaften keine »Naturgesetze« im umgangssprachlichen Sinn (und in der von Steiner geforderten lebensweltlichen Orientierungssicherheit) kennen und keine Gesetzmäßigkeiten behaupten, die nicht aufgrund ihrer Aussagebedingungen eine hypothetische Komponente behielten. Wo aber Naturgesetze nicht erkenntnisrealistisch verstanden werden, gelten sie nur konditional und als approximative Annäherungen an die Wirklichkeit[42]. Auch wenn hypothetisch erschlossene Allsätze eine Grundlage naturwissenschaftlicher Praxis bilden, gilt nichtdestoweniger, daß kein Allsatz aus einer endlichen Zahl von Singularsätzen in einem Induktionsverfahren gefolgert werden kann. Die moderne Physik hat dann auch die strikte Statusbestimmung von naturwissenschaftlichen Theorien als Hypothesen vorgenommen[43].

Auf diese schon um 1900 reflektierte Problematik[44] finden sich bei Steiner kaum Bezüge. Die Unabschließbarkeit wissenschaftlicher Theoriebildung und die daraus resultierende Vorläufigkeit ihrer Erkenntnisse sah Steiner durch seine objektivistische Epistemologie überholt. Er hat deshalb nicht in Erwägung gezogen, daß alles, was er mit naturwissenschaftlicher Emphase als theosophische Fakten vortrug, immer auch hypothetischen oder gar fiktionalen Charakter besitzen mußte.

*c. Immanenzpostulat*

Die Entgrenzung von Erkenntnis und die Entfallibilisierung der Theoriebildung hängen eng mit einem Wirklichkeitsverständnis zusammen, in dem es keine

---

[42] Vgl. Diemer: Grundriß der Philosophie, II, 595. 606.

[43] Dazu Vollmer: Was sind und warum gelten Naturgesetze?

[44] Vgl. etwa von Helmholtz, der Naturgesetze als Voraussetzungen (und nicht etwa als Ergebnisse) der Naturforschung bezeichnet hatte; Diemer: Grundriß der Philosophie, II, 593.

Sonderbereiche der Erkenntnis, kein »Jenseits« geben sollte. In dieser »monistischen« Beschränkung auf einen weltimmanenten Gegenstandsbereich suchte Steiner den Naturwissenschaften zu folgen, dehnte seine Methodologie aber zugleich auf kulturelle, namentlich traditionell religiöse Dimensionen aus. Schon in seiner vortheosophischen Phase hatte Steiner ein »Jenseits« ausgeschlossen. »Alle dem Transzendenten beigelegten Qualitäten sind nur Entlehnungen aus der Sphäre des immanenten Weltinhaltes«, schrieb er 1894 in wachsender Distanz zu seinem Idealismus (GA 39,225), um ein Jahr später, nunmehr als Nietzscheaner, keine »größere Verirrung« als den »Glauben an ein Jenseits« zu notieren (GA 5,27). Für den Theosophen Steiner waren 1907 die »geistigen Welten fortwährend um uns herum und nicht in einem Jenseits räumlich von uns getrennt« (GA 100,47). 1913 verwarf er du Bois-Reymonds Konzept eines »Supranaturalismus« (GA 63,62.65), und 1924 wollte er das »Jenseits« bloß metaphorisch verstanden wissen (GA 235,53). Steiner blieb seit seiner idealistischen Phase einem immanenten Denken verpflichtet, das atheistisch oder später spiritualistisch sein konnte.

Nun besaß die als erhöhtes Stockwerk verstandene Übernatur im neuzeitlichen Naturbegriff keinen empirischen Freiraum mehr, nachdem die Natur zu einer unendlichen Größe angewachsen war. Insofern macht die Verweigerung eines transzendenten Jenseits bei Steiner Sinn. Gleichwohl kam er als Theosoph nicht ohne funktionsäquivalente Begriffe zur Transzendenz aus, insofern er eine Differenz zwischen der materiellen und der hellsichtig geschauten Welt postulierte. Einen der wichtigsten Ersatzbegriffe bildete das »Übersinnliche«, das schon mit seinem Präfix den stukturanalogen Stellenwert zu traditionellen Transzendenzbegriffen indiziert. Das Übersinnliche als Analogon zum Übernatürlichen (respektive Supranaturalen) war bei Steiner allerdings nun doch wieder von der natürlichen Welt getrennt, insofern es als Einsicht in »höhere« Welten, so der Titel seines Schulungsweges (GA 10), gekennzeichnet wurde und als kategorial different nur Adepten und Eingeweihten zugänglich galt. Die von Steiner festgehaltene intersubjektive Überprüfbarkeit und Objektivierbarkeit seiner Einsichten bleibt angesichts des faktisch arkanen Wissens von der »höheren« Welt auf die theosophische Innenperspektive beschränkt, während er in der naturwissenschaftlichen Außenperspektive in ein Jenseits empirischer Verifikation (oder Falsifikation) trat. In der dadurch praktisch eintretenden Opposition von Sinnlichem und Übersinnlichem perpetuierte er wider Willen die kategoriale Entfremdung des Übersinnlichen vom Sinnenhaften, die sich im 19. Jahrhundert zuspitzte[45] und die er aufzuheben angetreten war.

*d. Natur- und geisteswissenschaftliche Methodologie*

Steiners Beanspruchung naturwissenschaftlicher Verfahren gehört zu seinen Versuchen, Kultur- und Naturwissenschaften in ein produktives Verhältnis zu

---

[45] Die sprachhistorischen Befunde legen jedenfalls nahe, daß der Umschlag von einer komparativen Verwendung des »über« (im Sinne von mehr als) zu einer kontradiktorischen (im Sinne von anders als), die bei Steiner tragend wird, erst im 19. Jahrhundert erfolgte. Vgl. die Einträge zum Lemma »Übernatur« in: Deutsches Wörterbuch, hg. v. J. und W. Grimm, Bd. 23, 435.

bringen. In pointierter Verkürzung kann man seine Position[46] auf die Formel bringen: Identität in den Methoden und Komplementarität bei den Inhalten. Die beanspruchte Methodenidentität hatte Steiner aus seiner idealistischen Phase in die Theosophie eingebracht. Seine »Philosophie der Freiheit« hatte er 1894 auf »Beobachtungs-Resultate nach naturwissenschaftlicher Methode« gegründet und diese Qualifizierung auch in der revidierten Neuauflage 1918 beibehalten (GA 4,3). 1900 umschrieb Steiner diesen Anspruch auf eine gleichgerichtete Methodologie folgendermaßen:

> »Nun gibt es zwei Möglichkeiten, das eine Wesen, das Geist und Natur zugleich ist, zu beschreiben. Die eine ist: ich zeige die Naturgesetze auf, die in der Wirklichkeit tätig sind. Oder ich zeige, wie der Geist es macht, um zu diesen Gesetzen zu kommen. Beide Male leitet mich eines und dasselbe. … In dem einen Falle treibe ich Natur-, in dem anderen Geisteswissenschaft.« (GA 18,215)

Auch die »Geisteswissenschaft«, also die Theosophie, glaubte er 1918 »nur so aufbauen [zu dürfen], wie es die Naturwissenschaft auf dem äußeren physischen Gebiete tut«[47]. Steiner erachtete mithin geistige Prozesse und Erkenntnisvorgänge im gleichen Maße für objektivierbar und reproduzierbar wie experimentelle Ergebnisse der Naturwissenschaften. Daß Steiner den Naturwissenschaften damit faktisch eine Prävalenz in der Methodologie einräumte, empfand er nicht als Problem.

Steiner schien nicht wahrzunehmen, daß die Erkenntnisse der theosophischen Geisteswissenschaft – von der Herstellung von Lebensätherkräften aus »Pfirschblüt« bis zu den Informationen der »Akasha-Chronik« – in ihrer Funktion komplementärer »Ergänzung« (GA 73, Titel) die beanspruchte naturwissenschaftliche Methodik aushebelte, da er den empirischen Ansatz durch Zusatzannahmen erweiterte, die einen empirischen Anspruch unzugänglich sind. Dazu ein instruktives Beispiel. Den gordischen Knoten im Wechselverhältnis von Ursache und Wirkung, expliziert am Verhältnis von Henne oder Ei, löste Steiner mit der Auskunft, daß die traditionellen Naturwissenschaften seiner Meinung nach diese Frage nicht beantworten könnten.

> »Nun sieht da schauendes Bewußtsein noch allerlei anderes … Die Kräfte, die das Ei gestalten, die kommen aus dem Kosmos … Das, was als Ei im Huhnkörper sich entwickelt … ist ein Abbild des Kosmos.« Diese Erkenntnis werde »eine Errungenschaft sein der geisteswissenschaftlich befruchteten Naturwissenschaft« (GA 73,130).

Doch die von Steiner postulierten »kosmischen Wirkungen« entzogen sich empirischer Überprüfung, sie sind als naturphilosophische Konstrukte keine Gegenstände exakter Wissenschaft. In diesem Dilemma fürchtete Steiner bezeichnenderweise gerade bei den »konkreten Ergebnissen« seiner Forschungen »mißverstanden zu werden« (ebd., 148); gerade sie sind jedoch in den exakten Wissenschaften der Angelpunkt einer möglichen Verifizierung (oder Falsifizierung) von Theorien.

---

[46] Vgl. dazu die Vorworte in der »Geheimwissenschaft« (GA 13), die Steiner seit 1910 im Abstand einiger Jahre bis in sein Todesjahr 1925 hinein dem Text immer wieder hinzugefügt hat (s. 7.8).

[47] Steiner: Wie kann man wissenschaftlich das übersinnliche Leben erkennen?, 28.

Die unterstellte Universalität der naturwissenschaftlichen Methodologie hatte für Steiner wiederum einen antihistoristischen Fluchtpunkt. Sie sollte die Erkenntnissicherheit, die die nicht-naturwissenschaftlichen Disziplinen verloren hatten, durch eine naturwissenschaftliche Reifizierung wieder einholen. Damit begrenzte er wider Willen die Möglichkeit einer inhaltlichen Konvergenz naturwissenschaftlicher und theosophischer Erkenntnisse: nicht nur, weil sich die empirische Belegbarkeit anthroposophischer Erkenntnisse in der Außenperspektive nicht bestätigt hat, sondern auch, weil die Alternative zwischen identifikatorischem oder antithetischem Verhältnis von Natur- und Geisteswissenschaften seit der hermeneutischen Diskussion der achtziger Jahre des 19. Jahrhunderts zunehmend an Trennschärfe verlor. Aber nicht wissenschaftstheoretische Zuordnungen, sondern lebensweltliche Plausibilität waren letztlich das organisierende Zentrum von Steiners Zuordnung von kultur- und naturwissenschaftlicher Methodologie. Während sich »die Naturwissenschaft unserer Zeit ganz bestimmten Fragen gegenüber für unfähig [erklärt], sie zu beantworten« (GA 52,387), werde »der Theosoph ... der zeitgenössischen Entwickelung auf jedem Gebiete die richtige Stellung anzuweisen verstehen« (ebd., 377), hatte Steiner 1904 prophezeit.

### *9.3.3 Evolutionsdenken um 1900*

Die Evolutionslehre bildet den – um einen nur methaphorisch sinnvollen Superlativ ausnahmsweise zu benutzen – »absolut« zentralen Bestandteil von Steiners theosophischer Weltanschauung. In fast jedem Kapitel dieser Arbeit kommen die offenen oder verdeckten evolutiven Konstruktionen oder Substruktionen zur Sprache, Steiners theosophisches Weltbild ist von der Kosmologie über die reinkarnatorische Anthropologie bis hin zu seiner Kulturtheorie von evolutiven Vorstellungen durchtränkt. Die Kapitel der vorliegenden Arbeit ließen sich auch unter der Perspektive der Evolutionstheorie und ihrer Verarbeitung durch Steiner arrangieren, wollte man eine exemplarische Geschichte der Popularisierung evolutiver und namentlich der Verarbeitung sozialdarwinistischer Vorstellungen schreiben. In der eingeschränkten Absicht, Steiners Verhältnis zu den Naturwissenschaften näher zu bestimmen, geht es deshalb hier neben einigen systematischen Fragen vor allem um Steiners Verhältnis zu Ernst Haeckel, der für die Bedeutung des Evolutionsdenkens bei Steiner seit den 1890er Jahren eine herausragende Bedeutung besaß.

*a. Evolutionslehre*

Die mit Charles Darwin (1809–1882) verknüpfte Etablierung der Entwicklungstheorie durch »On the Origin of Species by Means of Natural Selection, or the Preservation of Favoured Races in the Struggle for Life« (1859) gilt als Übertritt in ein neues Wissenschaftsparadigma[48]. Diese durch die Darwinisten des 19. Jahr-

[48] Vgl. zur Evolutionslehre vor allem die Forschungen von Peter Bowler. Übersichten über die Theoriekonzeptionen und -debatten: ders.: Theories of Human Evolution, dazu seine Biographie Darwins nebst einer Wirkungsgeschichte. Kulturelle Implikate der Evolutionstheorie hat Bowler untersucht in: The Invention of Progress, und in: Darwinism. Die Erforschung des Darwinismus

hunderts vielfach symbolisch überhöhte Periodisierung übersah aber in ihren scharfen Abgrenzungsvarianten, daß die evolutive Deutung von Entwicklung eine lange Vorgeschichte ins 18. Jahrhundert hinein besaß[49] und daß spätestens seit Jean-Baptiste Lamarcks »Philosophie zoologique« von 1809 eine komplexe Transformationstheorie für biologische Phänomene zur Verfügung hatte, die mit der These der Vererbbarkeit angeborener Eigenschaften die Debatte während des gesamten 19. Jahrhunderts beeinflußte. Darwin war insofern nicht der »Erfinder« der Evolutionstheorie. Zudem verwahrte er sich gegen die Applikation des Begriffs Evolution auf seine Theorie, da er sie mit den teleologischen Implikaten des traditionellen Evolutionsbegriffs und seiner präformationstheoretischen Entfaltungstheorie nicht behaftet sehen wollte[50]. Eine überscharfe Abtrennung Darwins von seinen Vorgängern scheitert auch an seiner Zwitterstellung hinsichtlich der Teleologie zwischen dem traditionellen Kreationismus und einer ohne metaphysische Zwecke argumentierenden Naturwissenschaft[51], und last but not least verband Darwin seine Theorie mit den (für Haeckel und Steiner überaus wichtigen) Rekapitulationstheorien[52], die ihre Wurzeln in »romantischen« Vorstellungen besitzen, so daß Originalität und Alterität von Darwins Theorie im Konzert vergleichbarer Modelle inzwischen gegenüber den Überhöhungen des 19. Jahrhunderts relativiert werden. Dem Verhältnis von Steiners Theosophie zu derartigen älteren Konzepten werde ich noch nachgehen (s. u. 9.4).

Die wissenschaftsgeschichtlich entscheidenden Argumente Darwins für die Verabschiedung einer Konstanz der Arten bildeten die Theoreme von natürlicher Zuchtwahl und Selektion. Die dabei ungeklärte Problematik der Beständig-

---

wurde in Deutschland lange auf die Vorgeschichte des Nationalsozialismus enggeführt, vgl. Evans: In Search of German Social Darwinism, 57–72. Mit der Internationalisierung der Forschung sind die Forschungsinteressen neu bestimmt und kontextualisiert worden, vgl. Die Rezeption von Evolutionstheorien, hg. v. E. Engels.

[49] Viele Einzelprobleme der Darwinschen Theorie, etwa Evolution, Transformation oder Gattungsbildung, waren schon vor Darwin diskutiert worden. Darwin selektierte Teile dieser Debatte und formierte sie neu zu einem Theoriekomplex; vgl. zu vordarwinischen Debatte: Forerunners of Darwin, hg. v. B. Glass u. a. Die naturwissenschaftsrelevante Geschichte des Evolutionsbegriffs reicht bis in die frühe Neuzeit zurück; vgl. Briegel: Evolution. Die Vorgeschichte des Evolutionsdenkens läßt sich in einzelnen Fragen bis weit in die frühe Neuzeit zurückverfolgen; so wurden schon seit dem 18. Jahrhundert Affenvorfahren von französischen Anthropologen unterstellt, doch hob erst die Evolutionstheorie programmatisch und endgültig die bis dahin bestehenden Gattungsgrenzen auf. Vgl. Ape, Man, Apeman, hg. v. R. Corbey u. a.

[50] Engels: Biologische Ideen von Evolution, 22 f.

[51] Der Zweck der Evolution war für Darwin sicher eine mit der orthodoxen Theologie strittige Frage (vgl. Bowler: Darwinism, 6), aber bei ihm ist die Lage insoweit kompliziert, als er in biologischen Äußerungen eine Zweckbestimmung ausschloß, sie hinsichtlich kultureller Kontexte seiner Theorie hingegen implizierte (ebd., 6. 12). Darwin wollte eine Teleologie der Naturgeschichte nicht ausschließen, sie aber auch nicht als wissenschaftliches Ergebnis behaupten, so Bowler: Charles Darwin, 106; vgl. auch ebd., 125. Zum Lamarckismus bei Darwin vgl. Bowler: The Eclipse of Darwinism, 58–66. Bowler: The Non-Darwinian Revolution, fordert, die Mythologisierung von Darwins Theorie durch ihre Verbindung mit einem monokratischen Geltungsanspruch zurückzunehmen. »Darwin's theory should been seen not as the central theme in nineteenth-century evolutionism but as a catalyst that helped to bring about the transition to an evolutionary viewpoint within an essentially non-Darwinian conceptual framework« (S. 5).

[52] Nachweise bei Richards: Darwin's Romantic Biology, 128–130, der darüber hinaus Darwin breit in die romantische Naturphilosophie insbesondere deutscher Provenienz einordnet.

keit neuer Merkmale suchte er in Anlehnungen an Lamarckistische Anschauungen zu erklären[53]. Lamarcks Fortschrittstheorem hatte Darwin allerdings nicht übernommen[54], in Konsequenz seines Entwicklungskonzeptes, das kein lineares Entwicklungsmodell implizierte[55]. Der vielleicht entscheidende Konflikt hinsichtlich der kulturellen Anwendung von Darwins Vorstellungen war dabei über die Frage der natürlichen Zuchtwahl und der implizierten Eliminierung einer übernatürlichen Lenkung der Evolution ausgebrochen[56], wobei biologische und biologisch getarnte Argumentationsfiguren eine schwer unterscheidbare Gemengelage (populär-)metaphysischer Debatten bildeten, die erst nach Darwins Tod mit der Entdeckung der genetischen Konstitution der Vererbung durch die Mutationstheorie um die Jahrhundertwende aufgebrochen wurde. Für Steiner wurden diese Debatten hinsichtlich ihrer »materialistischen« Implikate wichtig.

Auch andere Theorieelemente, insbesondere die Fragen nach Teleologie und Lamarckismus, wurden von Darwins Fachkollegen sehr kontrovers diskutiert und in immer neuen Interpretationen und Zuordnungen präsentiert, wobei zusätzlich neue wissenschaftliche Entdeckungen alte Theorien bis hin zur Revision veränderten[57]. Die Evolutionstheorien unterlagen mithin in der zweiten Hälfte des 19. Jahrhunderts einer sehr hohen Veränderungsgeschwindigkeit.

Die gesellschaftliche Funktionalisierung der Evolutionstheorien als »Sozialdarwinismus« ist unter dem Eindruck der nationalsozialistischen Verbrechen insbesondere hinsichtlich der rassenpolitischen Auswirkungen diskutiert worden[58]. Damit aber werde, so Eve-Marie Engels, »eine ganze Diskussionskultur« ausgeklammert[59]. Die unter dem Stichwort (Sozial-)Darwinismus verhandelten kulturellen Wirkungen der Evolutionsbiologie waren vielmehr ein weit ausgreifendes kulturelles Phänomen mit schwer absteckbaren Grenzen[60]. Es erhielt aber möglicherweise erst dort seine kritische Masse, wo es ein gesamtkulturelles Deutungs- und Veränderungspotential, nicht zuletzt hinsichtlich der Politik, implizierte[61]. Daß gerade hier nicht von Darwin herleitbare Elemente (etwa die

[53] Engels: Biologische Ideen von Evolution, 25.

[54] Ebd., 39.

[55] Bowler: The Invention of Progress, 12.

[56] Ders.: Darwinism, 14f.

[57] Vgl. dazu die Beispiele in: Rezeption von Evolutionstheorien im 19. Jahrhundert.

[58] Vgl. die verkürzte Argumentation bei Gasman: The Scientific Origin of National Socialism. Zu diesem Bereich Weingart u. a.: Rasse, Blut und Gene; Becker: Sozialdarwinismus; Evans: In Search of German Social Darwinism.

[59] Engels: Biologische Ideen von Evolution, 14.

[60] Man kann angesichts des kaum abgrenzbaren Phänomenbereichs die These vertreten, daß »Darwinismus« überhaupt keinen bestimmten Theorietyp beschreibe, da vordarwinische Evolutionisten dann auch Darwinisten wären. Junker: Historiographische Reflexionen zur »Darwin-Industrie«, schlägt stattdessen vor, die Anknüpfung an Werke Darwins und die Behauptung von Evolutionsprinzip und Selektionstheorie als Kriterien für die Verwendung des Begriffs »Darwinismus« zu nehmen (S. 60). Gleichwohl lassen sich die Grenzen zwischen darwinistischen und nichtdarwinistischen Theorieelementen selbst in einer Person oft nicht ziehen – Steiner ist dafür ein Beispiel –, so daß sich ein so eingegrenzter Darwinismus-Begriff auf (zu) viele lebensweltliche Phänomene der Jahrhundertwende nicht anwenden läßt. Letztlich gab es um 1900 fast keine weltanschauliche neutrale Rezeption Darwins, keinen Darwin ohne Darwinismus; vgl. Bayertz: Darwinismus als Ideologie.

[61] Bayertz: Darwinismus als Weltanschauung, hat den Schwerpunkt des Darwinismus nicht als Opposition gegen »Wissenschaft und Religion als ›natürliche‹ Feinde« beschrieben, »sondern vor al-

Fortschrittsvorstellung und / oder der Determinismus in den Rassentheorien) eine signifikante Bedeutung besaßen[62] oder für diametral entgegengesetzte Optionen etwa affirmativ oder kritisch gegenüber dem survival of the fittest und damit gegenüber dem Krieg[63] vereinnahmt werden konnten, macht auch an dieser Stelle die schillernde Uneindeutigkeit der kulturellen Applikation der Evolutionsbiologie aus. Gerade bei Steiner wird immer wieder deutlich, daß nicht nur seine Rassenvorstellungen, sondern seine gesamte Weltanschauung von der Kosmologie bis zur Gesellschaftstheorie und von der Anthropologie bis in die Pädagogik mit evolutiven und näherhin fortschrittstheoretischen Vorstellungen versetzt ist, wobei der politische Darwinismus in der Theosophie aufgrund ihrer unpolitischen Grundhaltung vor 1918 eine nachgeordnete Rolle spielte. Der weltanschauliche Darwinismus konstituierte jedenfalls um 1900 eine umfassende kulturelle Fortschrittstheorie, die erstmals der Erste Weltkrieg massiv in Frage stellte[64].

Den Streitgegenstand mit dem höchsten emotionalen Ausschlag bildete wohl das Verhältnis des Darwinismus zur Religion. Die Kritik seitens der Theologen und Philosophen entzündete sich am Immanenztheorem und an der Naturalisierung des Menschen[65]. Dieser Zusammenhang ist allerdings weitaus komplexer, als es die Antithese von Darwinismus versus Religion unterstellt. Neben der Opposition gab es die Kooperation, neben der Überordnung des Darwinismus die Prävalenz der Religion, neben dem atheistischen den explizit religiösen Darwinismus, der für den angelsächsischen Bereich gut belegt ist und auch für Deutschland sehr wichtig gewesen sein dürfte. Bereits die Berufung auf Darwin als Atheisten war eine weltanschauliche Projektion, Darwin gehörte in die Tradition des englischen Deismus[66]. Gleichwohl ging mit der Rezeption von Darwin

---

lem als einen Kampf gegen die geistigen Fundamente der noch bestehenden feudalen Strukturen und für eine umfassende Modernisierung der Gesellschaft« (S. 138). Clark: Social Darwinism in France, versucht den detaillierten Nachweis, daß der Darwinismus in Frankreich auf alle Lebensgebiete und politisch sowohl auf rechte wie linke Gruppierungen wirkte (S. 177 f.), seit den 1890er Jahren aber vor allem von konservativen Gruppierungen benutzt wurde (S. 179). Auch Hawkins: Social Darwinism in European and American Thought, 147, vertritt die These, daß zumindest die Pioniere des Sozialdarwinismus »overwhelming liberal« gedacht hätten. Die Nutzung von rechten wie linken politischen Gruppen – möglicherweise nicht mit den gleichen zeitlichen Schwerpunkten – läßt sich auch in Deutschland belegen; vgl. Griese / Pawelzig: Friedrich Engels und Charles Darwin, und Becker: Sozialdarwinismus. Für Bowler: Darwinism, 10–12, sind Kapitalismus und Rassenfrage die besonders virulenten Diskussionsbereiche des Sozialdarwinismus.

[62] Bowler: The Non-Darwinian Revolution; vgl. zur Problematik der »progression through struggle« S. 197 sowie zu den Rassentheorien in ihrem Determinismus S. 199.

[63] So die gut belegte These bei Krook: Darwinisms, war and history.

[64] Bowler: The Invention of Progress, 200 f.

[65] Vgl. Bayertz: Darwinismus als Weltanschauung, 138; Bowler: Darwinism, 6. – Junker: Darwinismus und Botanik, 308–310, nennt darüber hinaus als Konfrontationsbereiche zwischen Religion und Darwinismus die Unterminierung der Teleologie, die Eliminierung der Theodizee und die Stilisierung des Kampfes ums Dasein zu einer sinnlosen Vernichtung der dabei sterbenden Lebewesen.

[66] 1879, drei Jahre vor seinem Tod, schrieb Darwin: »In my most extreme fluctuations I have never been an atheist in the sense of denying the existence of God. I think generally (and more and more I grow older), but not always, that an Agnostic would be the more correct description of my state of mind.« Darwin: The Life and Letters of Charles Darwin, 1887, I, 304, zit. nach Bowler: Charles

eine lange Tradition einer theistischen Evolutionslehre zumindest als hegemoniale Wissenschaftstradition unter[67]. Steiner hat die religiöse Ambivalenz zumeist nicht scharf gesehen. Für ihn blieb die »materialistische« Konsequenz der Evolutionslehre die dominante Bedrohung.

*b. Ernst Haeckel*

Ernst Haeckel (1834–1919)[68] war durch taxonomische Forschungen über Kleinstlebewesen im Meer (»Die Radiolarien«, 1862) früh berühmt geworden und hatte in seiner Habilitationsschrift und wissenschaftlichem Opus magnum, der zweibändigen »Generellen Morphologie der Organismen« (1866), eine umfassende Taxonomie auf entwicklungstheoretischer Grundlage präsentiert. In der Rückschau erreichte Haeckel mit diesem Werk den Höhepunkt seiner Bedeutung für die wissenschaftliche Biologie. Zwei Grundzüge seines Zugang zur biologischen Welt waren zu diesem Zeitpunkt bereits ausgeformt und haben sich sein Leben lang durchgehalten: die ästhetische, in morphologische Ordnungsstrukturen übertragene Wahrnehmung und die entwicklungstheoretische Explikation des Zusammenhangs unterschiedlicher Arten.

Mit der Wendung zum Darwinismus stieß Haeckel auch auf sein weltanschauliches Lebensthema. Er hatte 1860 die deutsche Übersetzung von Darwins »Origin of Species« gelesen und sich umgehend Darwins Theorie verschrieben. Bereits 1862 trat er öffentlich als Anhänger Darwins auf, suchte unmittelbar darauf mit Darwin-Kollegs und -Vorlesungen Wirkung in der Öffentlichkeit und legte ein Evolutionskonzept seiner »Generellen Morphologie der Organismen« zugrunde, deren zweiten Band er den »Begründern der Descendenztheorie« Darwin, Goethe und Lamarck widmete (wobei er jedes Kapitel mit einem Goethe-Zitat einführte)[69]. Spätestens seit 1868 gehörte er mit seiner »Natürlichen Schöpfungsgeschichte« zur Avantgarde der Popularisatoren des Darwinismus. 1872 nahm er in seinen Vorstellungshaushalt die Theorie des »biogenetischen Grundgesetzes« auf, demzufolge in der individuellen Ontogenese die Phylogenese »rekapituliert« werde, die bald und oft unter seinem Namen als popularisierte und teilweise sozialdarwinistisch genutzte Abbreviatur der Entwicklungslehre Furore machte. Daß dahinter Vorstellungen der idealistischen und »romantischen« Naturphilosophie standen[70], mag Haeckel noch bewußt bewesen sein,

---

Darwin, 207; vgl. biographisch Desmond / Moore: Darwin, 738, systematisch ebd., 699–715. Seiner unorthodoxen Tendenzen blieb Darwin sich aber immer bewußt; vgl. Bowler: Charles Darwin, 73. Vgl. zu Darwins Skeptizismus Vogt: Sozialdarwinismus, 117–122.

[67] Bowler: The Eclipse of Darwinism, 44–57.

[68] Eine umfassende Biographie fehlt; sehr hilfreich aber Kraußе: Ernst Haeckel, und Ernst Haeckel. Biographie in Briefen, hg. v. G. Uschmann. Zu seiner Evolutionstheorie vgl. den knappen Artikel von Sandmann: Ernst Haeckels Entwicklungslehre. Eine gute Übersicht über die weltanschauliche Dimension seiner Werke bei Daum: Wissenschaftspopularisierung, 303–307.

[69] Haeckel: Generelle Morphologie.

[70] Rinard: The Problem of the Organic Individual, sieht als unmittelbare Quellen Alexander Braun und Johannes Müller. Zum Hintergrund schon bei Darwin S. Richards: Darwin's Romantic Biology, und: Forerunners of Darwin, hg. v. B. Glass u. a.

Vgl. zur Vorstellung des »Parallelismus« schon 1793 Kielmeyer: Über die Verhältniße der organischen Kräfte unter einander, 261: »Auch der Mensch und Vogel sind in ihrem ersten Zustande

Steiner sah diese Traditionslinie vor dem Ersten Weltkrieg wohl nicht mehr. Haeckels »Welträthsel« des Jahres 1899, »populärwissenschaftliche Studien über Monistische Philosophie auf Grund der Entwickelungs-Lehre«[71], wurden zur Bibel des volkstümlichen Darwinismus, in der er von »unserem Körperbau« über die »Stammesgeschichte«, die »Unsterblichkeit der Seele«, die »Entwicklungsgeschichte der Welt« hin zu »unserer monistischen Religion« und »Sittenlehre« die »Lösung der Welträtsel« aus dem Geist Darwins proklamierte[72].

Der Name Haeckel wurde in der deutschen Öffentlichkeit zu einem fast unvermeidlichen Stichwort, wenn es über Evolution diskutiert wurde, sei es bei August Bebels Konjunktion von Sozialismus und Darwinismus im Reichstag[73], sei es bei der Debatte um die Evolutionslehre an den Schulen, in der Haeckel mit Rudolf Virchow zusammenstieß[74], oder wenn es um die weltanschauliche Fundierung des Monistenbundes ging[75]. Zu guter Letzt transferierte Haeckel den von Darwins Popularisator Thomas Henry Huxley dramatisierten Anspruch, die »vormoderne« kirchliche Ethik durch eine moralische Erneuerung vermittels Wissenschaft abzulösen[76], nach Deutschland. Nicht zuletzt auf solch vereindeutigten Problemdefinitionen und Freund-Feind-Bestimmungen ruhte Haeckels Popularität, wie sie der evangelische Theologe Friedrich Niebergall im Rahmen von didaktischen Überlegungen für den Gymnasialunterricht skizzierte:

> »Unter den genannten [Gegenwarts-] Fragen wird immer an erster Stelle die Weltanschauungsfrage zu stehen haben, und die heißt für die Primaner und auch für die oberste Klasse des Lehrerseminars einfach Haeckel. … An Haeckel macht den jungen Herren hauptsächlich dies Freude, daß er gegen das herrschende Christentum und den herrschenden Idealismus mit den ›unwiderstehlichen Beweismitteln der Wissenschaft‹, und das ist natürlich die Naturwissenschaft, loszieht.«[77]

Der – so Haeckel – »offenkundige und unversöhnliche Gegensatz zwischen der modernen wissenschaftlichen und der überlebten christlichen Weltanschauung«[78] als Angelpunkt einer Haeckel-Interpretation unterschlägt allerdings die Veränderungen in der gerade für Steiner wichtigen religiösen Dimension von Haeckels Weltanschauungsproduktion, die er zunehmend zu einem monisti-

---

pflanzenartig, … und erst späterhin schließt sich ein Sinn nach dem anderen beinahe in eben der Ordnung, wie sie in der Reihe der Organisationen von unten auf zum Vorschein kommen, in ihm auf«. Eine Generation später schreibt Meckel: System der vergleichenden Anatomie, I, 396 f.: »Diese Zurückführung der verschiednen Arten der regelmäßigen Mannichfaltigkeit auf einander geschieht durch die Nachweisung, daß … die Entwicklung des einzelnen Organismus nach denselben Gesetzen als die der ganzen Thierreihe geschieht, d.h. das höhere Thier in seiner Entwicklung dem Wesentlichen nach die unter ihm stehenden, bleibenden Stufen durchläuft«, was Meckel in der Folge minutiös beschreibt. Zit. nach Burkholz: Reflexe der Darwinismus-Debatte, 62.

71 So der Entwurf des Titel, vgl. das Faksimile des handschriftlichen Exposés, in: Ernst Haeckel, hg. v. Institut für Geschichte der Medizin, 11.

72 Haeckel: Die Welträtsel, 9. 97. 241. 295. 419. 439. 461.

73 Daum: Wissenschaftspopularisierung, 71 f.

74 Goschler: Rudolf Virchow, 65–83.

75 Vgl. Drehsen / Zander: Rationale Weltveränderung, 226–229, und Simon-Ritz: Die Organisation einer Weltanschauung, 133–138.

76 Vgl. Haeckel: Die Welträtsel, 443 f.

77 Niebergall: Leben Jesu und apostolisches Zeitalter, 215.

78 Haeckel: Die Welträtsel, 393.

schen Programm der Verbindung von Religion und Wissenschaft ausbaute[79]. So sah Haeckel »den *Pantheismus* erst aus der geläuterten Naturbetrachtung des denkenden Kulturmenschen hervorgehen«[80].

*b. Haeckel und Steiner*

Steiner hat Haeckel seit den 1880er Jahren wahrgenommen[81]. 1882 lobte er ihn als Naturwissenschaftler, der auch Goethe lese (GA 38,56), im folgenden Jahr als konsequenten Darwinisten (ebd., 73); allein den Ausgangspunkt der Goethe-Interpretation bei Kant nahm er Haeckel übel. Derartige Äußerungen (in durchweg beiläufigen Erwähnungen) belegen, daß Steiner Haeckel kannte und den Organiker in Goetheschem Geist schätzte.

In den neunziger Jahren intensivierte sich das Verhältnis, dokumentiert durch eine Reihe von Briefen. Wie es zu diesem Kontakt kam, ist nicht ganz klar. Steiner bedankte sich in dem Brief für eine Zustimmung zu seinen Positionen, die Haeckel in der »Zukunft« geäußert hatte (GA 39,165 f.)[82]. Haeckel hatte Steiner (oder umgekehrt) offenbar als Bundesgenossen entdeckt. Heute steht der erste erhaltene Brief Steiners an Haeckel vom 4. Dezember 1892 mit einer langen Konfession am Anfang einer engen Beziehung:

> »Ich kämpfe, seitdem ich schriftstellerisch tätig bin, *gegen* allen Dualismus und sehe es als die Aufgabe der Philosophie an, durch eine streng positivistische Analyse unseres Erkenntnisvermögens den Monismus wissenschaftlich zu rechtfertigen, also den Nachweis zu führen, daß die in der Naturwissenschaft gewonnenen Ergebnisse wirkliche *Wahrheiten* sind. Deshalb mußte ich mich ebenso gegen den Kantianismus mit seinen zweierlei Wahrheiten wie gegen das moderne ›Ignorabimus‹ wenden. Mir gelten die Resultate der Wissenschaft als die einzig berechtigten Bestandteile einer Weltanschauung. Neben ihnen kann ich keine andere Religion anerkennen. Ich bin deshalb auch ein entschiedener Anhänger der Behauptung: ›daß ... eine *vernünftige Weltanschauung* bereits sicher gewonnen ist‹ und bin auch überzeugt, daß es keine prinzipiell unlösbaren ›Welträtsel‹ gibt, sondern daß der Kulturprozeß, insofern er ein wissenschaftlicher ist, darinnen besteht: den Zustand des *Nichtwissens* immer mehr und mehr in den des *Wissens* zu verwandeln.« (GA 39,166)

In einem bekenntnishaften Stakkato signalisierte Steiner seine Übereinstimmung mit Haeckelschen (oder Haeckel unterstellten) Positionen, wobei angesichts ei-

---

[79] Holt: Ernst Haeckel's Monistic Religion, sieht eine zunehmende religiöse Einfärbung von Haeckels Weltanschauung, darunter in den 1880er Jahren eine Wendung zu pantheistischen Positionen. Über Details kann man mit Holt streiten, aber die Tendenz Haeckels, ein religiös geprägtes Gesamtkonzept – von System läßt sich bei Haeckels unregelmäßiger und wenig konsequenten Behandlung des Themas nicht sprechen – vorzulegen, sieht Holt richtig, wobei ich eine pantheistische Grundtendenz Haeckels auch vor den 1880er Jahren sehe.

[80] Haeckel: Die Welträtsel, 367.

[81] Die Beziehung von Steiner und Haeckel bedürfte einer eingehenderen Untersuchung. Die Arbeit von Hemleben: Rudolf Steiner und Ernst Haeckel, ist zum einen überholt, da Hemleben beispielsweise den in GA 38 / 39 seit 1985 / 1987 vorliegenden Briefwechsel nicht berücksichtigen konnte; auch seine Auswertung von Steiners Bezugnahmen auf Haeckel nach 1900 sind sehr sporadisch. Zum anderen liest Hemleben die Haeckel-Rezeption Steiners von dessen theosophischer Position her und vor allem von den späten Aussagen Steiners, in denen er sich von Haeckel partiell distanzierte (etwa ebd., 81).

[82] Steiner schrieb in der »Zukunft« vom 29. Oktober 1892, die Zustimmung Haeckels folgte dort am 12. November, S. 315.

niger zugespitzter Formulierungen, etwa des Lobs auf die »streng positivistische Analyse«, zumindest fragwürdig ist, ob dies wirklich Steiners eigene Meinung war oder ob er sich einer bei Haeckel vermuteten Position andiente[83]. Der gegen Kant und du Bois-Reymond gerichtete epistemologische Optimismus in Verbindung mit einem naturwissenschaftlich begründeten Erkenntnisfortschritt bildete aber eine Basis, auf der sich Steiner und Haeckel treffen konnten.

Diesem Brief folgten weitere, die wenig über weltanschauliche Fragen, aber um so mehr über einen regen Schriftentausch unterrichten[84]. Am 17. Februar 1894 war Steiner zu Haeckels sechzigstem Geburtstag eingeladen, als »der einzige Weimarer«, wie er hervorhob (GA 39,209). Im Hintergrund dieses Geburtstagskontaktes könnten Steiners Versuche stehen, eine akademische Karriere einzufädeln. »Ich rechne mit meinen eigenen Bestrebungen sehr auf Haeckel« (ebd.), hieß es kryptisch und isoliert in einem Brief an Pauline Specht, und sein Freund Moriz Zitter hatte Haeckel in diesem Zeitraum brieflich um die Vermittlung einer Privatdozentur für Steiner gebeten[85]. Die Annäherung an Haeckel stände dann im Spannungsfeld von ideeller Übereinstimmung und karrieretechnischer Strategie. In diesem Zusammenhang und in Verbindung mit Haeckel tauchen in Steiners Briefwechsel nun auch erstmals religionskritische Töne auf; er hoffte, wie er ebenfalls im Brief an Pauline Specht schrieb, mit der »monistischen Philosophie« zusammen mit der »monistischen Naturwissenschaft« – auch hier wird man an Haeckel denken dürfen – »die volksverdummenden religiösen Vorurteile besiegen zu können« (ebd.).

Seit Mitte der neunziger Jahre brachen die nachweisbaren Kontakte ab, um in den Jahren 1899/1900 wieder intensiver geknüpft zu werden. Am 10. Mai 1899 berichtete Steiner über die Veränderung seiner Lebensumstände seit Haeckels Geburtsfeier, so daß man von einem seitdem fehlenden Kontakt zu Haeckel ausgehen muß (GA 39,374). Erneut bildete der Austausch von Veröffentlichungen einen wesentlichen Bestandteil der Korrespondenz[86]. Deutlich ist, daß in dieser zweiten Kontaktphase Haeckel den Weg zu Steiner gesucht hat, möglicherweise um die »Kunstformen« im »Magazin für Litteratur« rezensieren zu lassen, ein Ziel, daß Haeckel mit Einschränkungen erreichte (vgl. ebd., 376. 379)[87]. Haeckel

---

[83] Die Unsicherheit hängt mit der Bestimmung seiner weltanschaulichen Position im Jahr 1892 zusammen. Er stand, vor der Veröffentlichung seiner »Philosophie der Freiheit« im Jahr 1893, noch auf einer idealistischen Position und war bei seinem Nietzscheanismus, zu dem ein Positivismus eher passen würde, noch nicht angekommen.

[84] Steiner erhielt 1893 von Haeckel den »Monismus als Band zwischen Religion und Wissenschaft. Glaubensbekenntnis eines Naturforschers« geschenkt, Steiner revanchierte sich mit einigen Bänden seiner Goethe-Edition (GA 39,169). Haeckel wiederum schickte die »Anthropogonie« in der vierten Auflage von 1892 (ebd., 170), während Steiner die Eisenacher Rede Haeckels auf der 55. Versammlung der deutschen Naturforscher und Ärzte über »Die Naturanschauung von Darwin, Goethe und Lamarck« dankend ablehnen konnte, da er sie bereits besaß (ebd., 171).

[85] Nach Lindenberg: Steiner (Chronik), 51; Lindenberg gibt allerdings kein Datum an.

[86] Steiner etwa bedankte sich für die »Kunstformen der Natur« mit einigen Heften seines »Magazins für Litteratur« (GA 39,374).

[87] Aus der Offerte einer Anzeige (GA 39,376) wurde das Angebot einer »ausführlichen Besprechung« (ebd., 379), zu der es jedoch nicht kam (vgl. den Kommentar ebd., 574. 576); es blieb bei einer redaktionellen, wohl von Steiner verfaßten Anzeige im »Magazin für Litteratur« am 11.3.1899 (heute in GA 30,571 f.).

kündigte Steiner auch ein Exemplar einer »größeren philosophischen Arbeit« (ebd., 375), die »Welträthsel«, an, die Steiner spätestens Anfang November 1899 erhielt (ebd., 381).

Dieser Kontakt, vielleicht gar die Lektüre der »Welträthsel«, führte zu einer öffentlichen Verteidigung Haeckels durch Steiner, die, auf den Januar 1900 im Vorwort datiert, in der Zeitschrift »Gesellschaft« unter dem Titel »Haeckel und seine Gegner« in drei Teilen erschien (heute GA 30,152–200). In dieser großen Hommage schilderte Steiner Haeckel als Goetheanisten und Darwinisten und als »tiefe philosophische Natur« (ebd., 164). Vor dem Hintergrund seines damaligen Atheismus sah er unter Haeckels Kritikern »die Menschen mit alten, durch die verschiedenen Kirchenreligionen großgezogenen Glaubensvorstellungen« (ebd., 166). Er beschrieb unter Berufung auf Haeckel das, »was wir kurzweg ›menschliche Seele‹ nennen«, »nur« als »die Summe unseres Empfindens, Wollens und Denkens, die Summe von physiologischen Funktionen, deren Elementarorgane die mikroskopischen Ganglienzellen unseres Gehirns bilden« (ebd., 171), und er sah das »logische Denken, wie das ästhetische Urteil« materialistisch »entstehen«: »Über diese Frage allein spricht sich die vergleichende Physiologie und Gehirnanatomie aus.« (ebd., 174) Daß er ein »geistiges Urwesen ... (zum Beispiel Schopenhauers Wille oder Hartmanns unbewußter Geist)« ablehnte (ebd., 177), war konsequent. In diesem Kontext findet sich eine der prononciertesten atheistischen Aussagen Steiners:

> »Wäre die menschliche Vernunft nur Abbild einer ewigen, dann könnte sie ihre Gesetzmäßigkeit nimmermehr durch Selbstbeobachtung gewinnen, sondern sie müßte sie aus der ewigen Vernunft heraus erklären. Wo immer aber eine solche Erklärung versucht worden ist, ist stets einfach die menschliche Vernunft in die Welt hinaus versetzt worden. Wenn der Mystiker durch Versenken in sein Inneres sich zur Anschauung Gottes zu erheben glaubt, so sieht er in Wirklichkeit nur seinen eigenen Geist, den er zum Gott macht« (ebd., 178).

Nachdem Steiner in zwei Dritteln seiner Abhandlung vor allem Haeckel präsentiert hatte, kam er im letzten Teil zu seinem eigentlichen Thema, der Verteidigung Haeckels gegen seine Gegner vornehmlich naturwissenschaftlicher Provenienz, vor allem gegen Virchow, Weismann und du Bois-Reymond[88]. Rudolf Virchows Einwände gegen die Deszendenztheorie und seine Mahnung, keine »Probleme zu Lehrsätzen umzubilden«, verwarf Steiner als »absonderliche Stellung« (ebd., 181); August Weismanns Vorbehalte gegen die Lamarckistische Theorie der Vererbung erworbener Eigenschaften hielt er für gegenstandslos, da – »man braucht nur die Entwickelung der Instinkte bei den höheren Tieren zu betrachten« – »eine solche Vererbung stattfindet« (ebd., 192); Emil du Bois-Reymond mußte einmal mehr Kritik wegen seiner epistemologischen Skepsis (s. o. 9.3.2a) einstecken (ebd., 194–196).

Steiner befand sich nun in der Hochphase seiner Haeckel-Verehrung und bat Haeckel, nachdem er ihn in einem Brief zum ›Gipfel‹ »der philosophischen Entwickelung des neunzehnten Jahrhunderts« stilisiert hatte (GA 39,383), die Wid-

---

[88] In seiner Philosophiegeschichte des 19. Jahrhunderts (»Welt- und Lebensanschauungen«, 1900/1901) reproduzierte er weitgehend diese Ausführungen des dritten Teils (heute GA 18,400–419).

mung der »Welt- und Lebensanschauungen« anzunehmen: Haeckel schlug ein (ebd., 384) und bedankte sich mit weiteren Schriften[89].

Mit Steiners Übertritt in die Theosophie änderte sich an der Hochschätzung Haeckels nichts, obwohl Steiner nun den zuletzt atheistisch gedeuteten Haeckel spiritualistisch lesen mußte und obwohl Blavatsky eine (von Steiner nicht näher erläuterte) Kritik an einer Position wie derjenigen Haeckels geäußert hatte (vgl. GA 54,10 f.)[90]. 1902 nannte Steiner sich einen »begeisterten Verehrer *Ernst Haeckels*« (GA 8,179) und 1904 »verehrt« er ihn »als eine monumentale wissenschaftliche Größe« (GA 52,141). Aus diesem und dem folgenden Jahr stammen die massivsten (und teilweise schon zitierten) Verklammerungen von Theosophie und Haeckelschem Denken: »Wer zu dem, was der Materialist sagt, noch den Geist hinzuzufügen versteht, der studiert in diesem Haeckelismus die schönste elementare Theosophie. Die Haeckelschen Forschungsergebnisse bilden sozusagen das erste Kapitel der Theosophie oder Geisteswissenschaft« (GA 54,19 f.)[91], so Steiner 1905, und vice versa (1904) werde »die Wissenschaft, insofern sie von Ernst Haeckel dargeboten wird, erst verständlich, wenn man die Theosophie als Voraussetzung, als Grundlage hat« (GA 52,370). Hinsichtlich des »großen Weltgesetzes … der Reinkarnation«, führte Steiner 1905 aus, gelte »auf höheren geistigen Gebieten nichts anderes … als das, was das Gesetz im Sinne Darwins und Haeckels angedeutet hat[92].

1905/06 legte Steiner in Vorträgen über »Haeckel, die Welträtsel und die Theosophie« Rechenschaft über seine fortbestehende Haeckel-Verehrung ab. Er stellte das »wunderbare Gebäude seiner [Haeckels] Philosophie« (GA 54,10) in die Tradition der Romantischen Naturphilosophie (ebd., 12) und rechnete ihm als herausragende Leistung an, daß er dem »Darwinismus« zum Durchbruch verholfen habe (ebd., 10–20). Allein die neben seiner »spiritualistischen Gefühlsseele« sitzende »materialistische Denkerseele«, die »materialistisch kühne Art des Denkens«, mit der er dem »Darwinismus« eine »materialistische Tendenz« gegeben habe, kritisierte Steiner (ebd., 16), aber dieses Problem sei für Theosophen leicht lösbar: »Man braucht nur die von ihm bearbeiteten Tatsachen theosophisch oder geisteswissenschaftlich zu durchdringen und seine eigene naive Philosophie zu einer höheren zu erheben.« (ebd., 32) »Haeckels Ausführungen« sollten Lehrstoff für eine »elementare Geisteswissenschaft« bleiben (ebd., 32).

In den folgenden Jahren behielt Steiner die positive Grundeinstellung bei. 1914 strich er in der Erweiterung der »Welt- und Lebensanschauungen« zu den »Rätseln der Philosophie« zwar die Widmung an Haeckel, änderte aber an den

---

[89] Haeckel übersandte die »Natürliche Schöpfungsgeschichte« in der neunten Auflage, die »Arabischen Korallen« und die »Gasträa-Theorie«, außerdem ein 1900 von Wilhelm Bölsche verfaßtes »Lebensbild« von ihm (Haeckel) sowie das unter dem Namen Saladin (i. e. Steward Ross) veröffentlichte, judentums- und christentumskritische Buch »Jehova's gesammelte Werke« (1897) (GA 39,387).

[90] Im Kontext von Blavatskys Werk ist klar, daß mit ihrer Kritik Haeckel gemeint war, und sie nicht nur vergleichbare Positionen im Blick hatte. Vgl. zu ihrer scharfen Kritik exemplarisch: Die Geheimlehre, II, 276, wo sie Haeckel vorwarf, mit der These der Abstammung vom Affen die »göttliche« Herkunft des Menschen in Frage zu stellen; Haeckel galt ihr schlicht als Materialist.

[91] Der Begriff »Geisteswissenschaft« dürfte redaktionell hinzugefügt worden sein.

[92] Steiner: Die soziale Frage und die Theosophie, 17.

Ausführungen über ihn nichts Substantielles[93]. Es fügte nur eine Passage hinzu (GA 18,419–421), in der er den Anspruch auf Überbietung des Haeckelschen Denkens wiederholte: In theosophischer Perspektive müsse man »eine höhere Weltanschauung zu dem Haeckelschen Naturbilde hinzufügen« (GA 18,421). 1917 firmierte Haeckel als »ganz durchgeistigter Mensch« (GA 174,217), 1920 wandte Steiner dessen biogenetisches Grundgesetz auf die Entwicklung von Kindern an, wollte es allerdings nur auf »innere Erlebnisse« (GA 301,67) und nicht auf die körperliche Entwicklung bezogen wissen. 1921 konnte er zwar Haeckels »Belfern« gegen die »unbefleckte Empfängnis« mit milder Kritik überziehen (GA 343,544) und einige andere Aussagen Haeckels kritisieren, um aber im gleichen Jahr festzuhalten, daß er »vom anthroposophischen Standpunkt aus den Inhalt des Monismus bejahen« müsse (GA 78,73). 1924 wurde Haeckel, wie viele andere Steiner wichtige Personen, über eine Reinkarnationsfiliation in die theosophische Geschichtsdeutung eingebunden. Haeckel sei die Reinkarnation Papst Gregor VII., also desjenigen Papstes, der im Dictatus Papae die päpstliche Superiorität in temporalibus gefordert und den Investiturstreit hervorgerufen hatte; offensichtlich versuchte Steiner, Haeckels Kirchenfeindschaft zu erklären. Per saldo hatte Steiners Verehrung Haeckels bis zu seinem Tod Bestand – in den Jahren 1900 bis 1905 fast uneingeschränkt, danach mit leichten Vorbehalten: »Immer ist das kritisch Gesagte in Herzlichkeit getaucht«, so der Anthroposoph Johannes Hemleben[94]. Haeckel hingegen soll Steiners Theosophie »für einen großen Unsinn« gehalten haben[95].

Die verwunderte Frage, wie der Theosoph Steiner der gleiche Mensch sein könne, der Haeckel zuvor verteidigt und ihm sogar die »Welt- und Lebensanschauungen« mit ihren religionskritischen Zügen gewidmet habe, ist schon von Zeitgenossen gestellt worden, wie Steiner berichtete (GA 13,13). Polarisiert man den Empiriker Haeckel der Frühphase mit seiner relativen Distanz zur Religion mit dem Theosophen Steiner und seinem Anspruch, die empirische Welt geistig zu überhöhen, scheinen die Gräben in der Tat unüberbrückbar. Aber Haeckels Œuvre ist gerade in seinem Verhältnis zur Religion schillernd und gab Steiner die Möglichkeit einer kontinuierlichen Haeckel-Rezeption von der idealistischen über die atheistische in seine theosophische Phase hinein. Mit Werken, in denen sich Haeckel affirmativ zur religiösen Verweltanschaulichung seiner naturwissenschaftlichen Auffassungen äußert, also dem »Monismus als Band zwischen Religion und Wissenschaft« und vor allem den »Welträthseln« mit ihrem expliziten Pantheismus, ließ sich sowohl sein Idealismus und Goetheanismus vor 1900 als auch seine Theosophie nach 1900 vereinbaren. Aber diese Dimension ließ sich auch umdeuten, wie Steiner in »Haeckel und seine Gegner« 1900 in seinem Atheismus deutlich machte. In diesem Changieren zeigt sich wieder das

---

[93] Ein Zitat Haeckels wird deutlicher gekennzeichnet (Steiner: Welt- und Lebensanschauungen, II, 54 / GA 18,401 [»nach ewigen … ändern könnte«]), ein Teil der Auseinandersetzung um Haeckel im 19. Jahrhundert ist gestrichen (Welt- und Lebensanschauungen, II, 59–61 / GA 18,409), aber ansonsten blieb der Text praktisch unangetastet.

[94] Hemleben: Rudolf Steiner und Ernst Haeckel, 151.

[95] So zitiert Kully: Die Wahrheit über die Theo-Anthroposophie, 321, den Okkultismus-Kritiker Hans Freimark, der diese Information wiederum aus dem Umfeld Haeckels habe.

Janusgesicht des Monismus, in dem das »Ganze« stofflich und damit materialistisch gedeutet werden kann, oder die Materie als Derivat des Geistes erscheint, womit der Monismus zur Basis einer spirituellen Weltdeutung wird.

Haeckels pantheistischer Monismus und insbesondere seine Evolutionstheorie blieben Fermente, die alle weltanschaulichen Wandlungen Steiners überstanden und eine Brücke von Goethe über die positivistisch verstandene Naturwissenschaft in die Theosophie bildeten. Mit Haeckel erhielt Steiners Idealismus eine verstärkte Option auf naturwissenschaftliche Erklärbarkeit, die Steiner nicht bei Haeckel kennengelernt hatte, aber von ihm einen bedeutenden Plausibilitätszuwachs erhielt. Die Evolutionstheorie bildete in diesem Komplex das entscheidende Funktionselement als Agens einer Weltentwicklung, die Steiner sowohl an Goethes Theoreme von Entfaltung und Metamorphose als auch an die theosophische Vorstellung einer teleologischen Entwicklung des Kosmos anlegen konnte. Monismus, Pantheismus und Evolution, schon bei Haeckel durchaus im Geist Goetheschen Morphologiedenkens expliziert, trafen auf so viele Anschlußstellen bei Steiner, daß die Kontinuität Haeckels letztlich wenig überraschend ist.

*d. Steiners Evolutionsdenken im wissenschaftshistorischen Kontext*

Die Akzeptanz der Haeckelschen Evolutionstheorie hing für Steiner nach 1900 an der ihrer antimaterialistischen Deutung. Er wurde nicht müde, die empiristische Reduktion zu kritisieren, bei der das »sinnlich Tatsächliche« andere »Erkenntnisgebiete« als »phantastische Sphären« erscheinen lasse (GA 73,113 [1921]), die Naturwissenschaft »nur äußere Formelworte« (GA 190$^2$,155 f. [1919]) habe, ihre Unfähigkeit zur »Vergeistigung der Kultur« zeige (GA 174b,177 [1916]) und »häufig nichts anderes ist als ein Unberücksichtigtlassen des geistigen Bandes« (GA 56,341 [1908]). Weil hingegen Haeckel »das Sinnenfällige einmal seinem inneren Zusammenhange nach dargestellt« habe (GA 54,19 [1905]), konnte Steiner seine Evolutionslehre zur Vorschule der Theosophie erheben.

Peter J. Bowler hat demgegenüber für die überwiegende Rezeption der Evolutionslehre ein konträres Szenario gezeichnet: Ein zentrales Problem sei die atheistische Bedrohung durch die Evolutionstheorie gewesen (s. o.). Diese Ängste gab es selbstverständlich auch bei Steiner hinsichtlich anderer Evolutionstheorien, aber seine Rezeption war evidenterweise das genaue Gegenteil: Evolution war für ihn ein Vehikel zur Konstruktion eines religiösen Weltbildes. Damit stand er sicher nicht allein; es sei nur an so unterschiedliche religiöse Evolutionisten wie Henry Bergson oder Wilhelm Bölsche erinnert und nochmals an die Forschungsergebnisse von Andreas Daum, wonach »bürgerliche Religiosität« sich in weiten Teilen aus popularisierten naturwissenschaftlichen Vorstellungen zusammensetzt, unter explizitem Einfluß darwinistischer Ideen[96].

In wissenschaftshistorischer Perspektive ist an Steiners Beerbung von Haeckel bemerkenswert, daß er sich auf einen Biologen stützte, der seit den 1870 Jahren von der empirischen Forschung abgekoppelt war und weder die revolutionären Perspektivverschiebungen in der Evolutionsbiologie vor 1900 hin zu einer zellularen noch nach 1900 zu einer molekularbiologischen Erklärung der Reproduk-

[96] Daum: Wissenschaftspopularisierung, 466 f.

tionsvorgänge mitvollzogen hatte. Sicher, diese Erkenntnis setzte sich auch in der scientifc community erst langsam und mit schweren Auseinandersetzungen durch, doch Haeckel war mit anderen Worten zu dem Zeitpunkt, als Steiner ihn zu rezipieren begann, Vertreter eines überholten Erkenntnisstandes in der Wissenschaft. Steiner kannte zwar jüngere Konzepte, etwa die Keimplasma-Theorie August Weismanns (GA 30,189–194), aber er ließ kein Bewußtsein erkennen, daß schon damit wesentliche Teile von Haeckels Werk in Frage gestellt waren[97]. Anderen Zeitgenossen, die ebensowenig wie Steiner der biologischen Zunft zugehörten, war diese Historisierung Haeckels hingegen bewußt, wie etwa Eduard von Hartmann 1903 dokumentierte:

> »Etwa seit Darwin's Tode im Jahr 1881 gilt er [Haeckel] in fachwissenschaftlichen Kreisen nicht mehr als der wissenschaftliche Hauptvertreter des Darwinismus in Deutschland, sondern Weismann ist an seine Stelle getreten. In Laienkreisen dagegen ist sein Ansehen noch gewachsen; hier nimmt er durch seine ›Welträthsel‹ etwa die Stellung ein wie Büchner in den fünfziger Jahren durch ›Kraft und Stoff‹.«[98]

Die Auseinandersetzung mit Weismann führte Steiner signifikanterweise auf einem anderen Feld, dem Lamarckismus. Schon Haeckel hatte Lamarcks Theorie der Vererbung erworbener Eigenschaften hoch geschätzt[99], und Steiner sekundierte ihm 1899: »Die Tatsache der Vererbung von erworbenen Eigenschaften« sei »unwiderleglich« (GA 30,193). Daß die Biologie dem Lamarckismus im Fortgang der Forschung zentrale Grundlagen entzog, haben weder Haeckel noch Steiner wahrgenommen. Vergleichbares gilt für das »biogenetische Grundgesetz« Haeckels, das Steiner immer wieder in seine Theoriebildung einbezog. Es werde »in alle Zukunft weiterleben«, meinte er 1903 (GA 39,423), oder er beschrieb mit diesem Modell 1910 in seiner Kosmologie die »Wiederverkörperung des früheren planetarischen Zustandes« (GA 13,147 f.), um nur zwei Beispiele zu nennen. Auch in dieser Frage wurde die Differenz zwischen Haeckel und seinem Rezipienten Steiner auf der einen und der empirischen Forschungswissenschaft auf der anderen Seite zunehmend größer.

---

97 Der Verlust des Kontaktes mit der Forschungsavantgarde läßt sich bei Steiner häufig beobachten und sei hier (und auch nur exemplarisch) an einem weiteren prominenten Beispiel, dem Kinderpsychologen und Graphologen Wilhelm Thierry Preyer (1841–1897), nachvollzogen. 1921 griff Steiner Preyers Theorie der Entwicklung des Lebens auf, der von einer anfangslosen Bewegung ausging, die er in Vorträgen aus den Jahren 1872/78 unter Rückgriff auf die Protoplasma-Theorie gegen die Hypothese der »Urzeugung« formuliert hatte (Preyer: Naturwissenschaftliche Thatsachen und Probleme, 60). Steiner sah darin eine Bestätigung seiner theosophischen Kosmologie der Erde als »großes lebendiges Wesen« (GA 52,389) und rief zugleich eine vortheosophische Leseerfahrung auf. Bereits 1897 hatte er ihm einen Nachruf verfaßt (GA 30,346–359) und 1904 dessen Vorstellungen vitalistisch mit der These, Preyer habe die Erde als ein »lebendiges Wesen« betrachtet, in die Theosophie integriert. Auch Preyers Vitalismus begriff Steiner nicht als vorläufige Formulierungen eines temporären Ergebnisses einer offenen Forschungswissenschaft, denn Preyers Protoplasmatheorie war zum Zeitpunkt ihrer Verwertung durch Steiner wissenschaftlich überholt. Steiner transportierte den Forschungsstand seiner Lesezeit im 19. Jahrhundert in die Formulierung der Theosophie im 20. Jahrhundert. Eine Unterstellung strukturell übertragbarer Ergebnisse könnte man zu Steiners Gunsten in der Berufung auf Preyer mitlesen, aber dies bleibt spekulativ, denn explizit reflektiert hat Steiner diese Deutungsoption nicht.

98 Hartmann: Die Abstammungslehre seit Darwin, 292.

99 Vgl. Haeckel: Generelle Morphologie, II, 166.

Sodann folgte Steiner Haeckel in der teleologischen Deutung des Evolutionsverlaufs. In dieser unter Biologen im 19. Jahrhundert hoch umstrittenen Frage hatte sich die wissenschaftliche Biologie um 1900 zunehmend von der Vorstellung eines zielgerichteten Verlaufs, der als biologischer Ausweis einer göttlichen Entwicklungsgeschichte hätte gelten können, verabschiedet[100]. Für Haeckel aber war die zweckbestimmte Entwicklung konstitutiv, die Humangenese vom Affen über einen negroiden Typus zum antikischen Europäer, wie er sie in »Stammbäumen« in seinen Büchern darstellte, schien ihm evident[101]. Steiner dachte strukturgleich. Schon in seinen idealistischen Vorstellungen hatten Präformations- und Entfaltungslehren einen Endzweck vorgegeben, und nur während seines Atheismus um 1900 hatte Steiner die Möglichkeiten einer Teleologie komplett demontiert: Es gebe keine »Zielstrebigkeit« in der »naturwissenschaftlichen Weltanschauung«[102]. Für den Theosophen Steiner hingegen verlief die Evolution auf ein Ziel hin. So hat er als Bestimmung der kosmischen Geschichte, der Planeten wie der Rassen und auch der Individuen die Vergeistigung ausgewiesen. Bis in Details hinein, etwa der negroiden Rassen als Übergänge der Evolutionsgeschichte, lassen sich im übrigen Haeckels und Steiners teleologisierte Anthropologie parallelisieren.

Steiner stützte sich aber nicht nur auf einen von der wissenschaftlichen Debatte überholten Biologen, sondern zudem vornehmlich auf Haeckels populärwissenschaftliche Werke. Haeckels akademisches Meisterstück, die »Generelle Morphologie«, spielte für Steiner keine Rolle. Die vielbeschworene Kompatibilität von Naturwissenschaft und Theosophie wurde von Steiner in der Evolutionstheorie mithin auf der Ebene weltanschaulicher Vermittlungswerke hergestellt und nicht in der Auseinandersetzung mit wissenschaftlich ambitionierten Theorien gesucht.

Die populäre Wirkung Haeckels hing schließlich, und hier tritt man in einen Zirkel von Vermittlung und Begründung, an einer ästhetisch erfahrbaren Plausibilität. Haeckels Theorien waren plastisch, er hielt sich von der Unanschaulichkeit zellular- oder molekularbiologischer Modelle fern. Diesen Punkt kann man kaum überschätzen: Haeckels populäre Werke waren durchweg reich illustriert, eine Art biblia pauperum des späten 19. Jahrhunderts. Damit erreichte er eine breite Öffentlichkeit, er beeinflußte die Formensprache des Jugendstils[103], aber er löste auch mit vermutlich gefälschten Bildern, die seine Theorie der monistischen Urzeugung visuell bestätigen sollten, kontroverse öffentliche

[100] Bowler hat in seinen Werken immer wieder auf die komplexe Konstellation von Fortschrittsglauben und Teleologiekritik hingewiesen. Erst die Genetik mit der Wiederentdeckung Mendels 1900 wurde letztlich zur Revolution auch für den Darwinismus, insofern die lineare Teleologie durch zufällige Neukombination und die Ermöglichung einer Theorie nichtlinearer Entwicklung zerstört war; vgl. Bowler: The Mendelian Revolution. Zu den Vertretern der Teleologie in Deutschland vgl. Engels: Biologische Ideen von Evolution im 19. Jahrhundert, 20f., oder Junker: Zur Rezeption der Darwinschen Theorien, 163–165.

[101] Vgl. exemplarisch eine Illustrationstafel bei Haeckel: Natürliche Schöpfungsgeschichte (1868), vor dem Titelblatt.

[102] Steiner: Welt- und Lebensanschauungen im neunzehnten Jahrhundert, II, 187.

[103] Kockerbeck: Ernst Haeckels »Kunstformen der Natur«.

Debatten aus[104]. Diese ästhetische Evidenzerzeugung wird man in ihrer Bedeutung für Steiner, der gleichfalls abstrakten Theorien abhold war, eine metaphernreiche Sprache liebte und Hunderte von Wandtafelzeichnungen zu seinen Vorträgen hinterließ, hoch einschätzen. Auch hier standen weder Haeckel noch Steiner allein. Die kulturelle Aneignung der Natur durch die »Poetisierung der Naturwissenschaft« war um 1900 weit verbreitet[105]. Aber dies war ein Weg, der Kunst und Naturwissenschaft um 1900 auseinanderführte: Die Popularisierer vervielfältigten Verständnismöglichkeiten, die harten Wissenschaftler hingegen reduzierten sie[106]. In der Theosophischen Gesellschaft begegnete er schließlich einer Vereinigung, die die Verbindung von Evolution und Kultur und Religion zu einem Zentrum ihrer Weltanschauung gemacht hatte[107].

### *9.3.4 Neue Dimensionen der Physik*

Der theosophische Anspruch, im Schulterschluß mit der naturwissenschaftlichen Avantgarde Weltanschauung zu entwerfen und dabei immer die neuesten Entdeckungen abzuschöpfen, die den theosophischen Monismus bestätigen oder die Realität der geistigen Welten empirisch hieb- und stichfest machen sollten, kommt vielleicht am deutlichsten in dem Interferenzbereich von Physik und Theosophie zum Ausdruck. Hatte die Evolutionstheorie in den Augen von Theosophen das theosophische Entwicklungskonzept bestätigt, so versprachen neue physikalische Entdeckungen den Durchbruch zu einer fundamentalen wissenschaftlichen Bestätigung der Theosophie jenseits der diskreditierten spiritistischen Experimente. Der Komplex neuer »Dimensionen« von Mehrdimensionalitätskonzepten bis zur Relativitätstheorie schien dabei Königswege in die Versöhnung von Empirie und »Schau« zu bieten (s. u. 9.3.4).

#### *a. Die zeitgenössischen Debatten um die vierte Dimension*

Die mehrdimensionale, nichteuklidische Geometrie ist heute ein Thema der theoretischen Mathematik, und das war sie auch in ihrer formativen Phase während der ersten Hälfte des 19. Jahrhunderts; die Geschichte dieses »heroic age in geometry« ist als Teil einer abstrakten Ideengeschichte der Mathematik oft beschrieben worden[108]. Hingegen waren die kulturellen Implikate, etwa weltanschauliche Optionen ihrer Theoretiker oder die normativen Ausdeutungen von Popularisatoren, in der Wissenschaftsgeschichte nur selten ein Thema[109]. Doch

---

104 Gursch: Die Auseinandersetzungen um Ernst Haeckels Abbildungen.

105 Daum: Wissenschaftspopularisierung, 316–323, Zit. 316.

106 Dazu Kemp: Bilderwissen.

107 Hanegraaff: New Age Religion and Western Culture, 462–482.

108 Boyer: A History of Mathematics, 572 (Zit.). Zum historischen Überblick ebd., 572–597; zur Geschichte auch Becker: Grundlagen der Mathematik in geschichtlicher Entwicklung, 168–213; Katz: A History of Mathematics, 691–718; Rosenfeld: A History of Non-Euclidean Geometry; Stillwell: Mathematics and Its History, 255–274.

109 Vgl. Scholz: Geschichte des Mannigfaltigkeitsbegriffs, 345–347. Eine Sozialgeschichte der Mathematik hinsichtlich kollektiver Akteure und ihrer Institutionen, in ideologiekritischer Ausrichtung

eben diese Dimension ist hinsichtlich der Theosophie von besonderem Interesse. Um 1900 herum bildete die nichteuklidische Geometrie eine Projektionsfläche kultureller (im folgenden: theosophischer) Deutungsmuster und besaß in dieser Konstellation weit mehr Mütter und Väter als die theoretische Mathematik. In der theosophischen Debatte um die vierte Dimension kreuzte sich die mathematische Deutungsoption mit der älteren Suche nach erweiterten Wahrnehmungsmöglichkeiten. Während wir über die Geschichte der kulturellen Wirkungen der Debatten um die vierte Dimension immerhin durch eine kunsthistorische Veröffentlichung von Linda Dalrymple Henderson gut unterrichtet sind[110], fehlt eine vergleichbare Arbeit zur Geschichte postulierter erweiterter Wahrnehmungsmöglichkeiten, die gleichwohl für die Theosophie ein zentrales Thema bilden.

Diese Erwartung einer bis in die Physiologie hineinreichenden Erweiterung unseres Erkenntnisapparates gibt es spätestens seit dem 18. Jahrhundert. In Lessings Nachlaß findet sich das Manuskript »Daß mehr als fünf Sinne für den Menschen seyn können«, in dem er einen »sechsten Sinn« und weitere, »uns noch unbekannte Sinne« voraussagte: »So können und werden gewiß, z. B. der elektrischen Materie, oder der magnetischen Materie ebenfalls besondre Sinne entsprechen«[111]. Dieser Text ist von Charles Bonnets »Palingenesie« angeregt[112], wo dieser von »neuen Sinnen« nach der »Auferstehung« gesprochen hatte[113]. Über die spiritistischen Medien führte der verschlungene Weg der »noch unbekannten Sinne« zu den »im Menschen schlummernden Kräften« der Theosophie. Noch 1913 postulierte Steiner die Entwicklung einer physischen Instanz zur Reinkarnationserinnerung in »Brocas Organ« (GA 152,21)[114].

Die Debatte um eine vierte Dimension hingegen hat ihre Wurzeln zum einen in den 1820er Jahren, als Carl Friedrich Gauß, Nikolai Ivanovitsch Lobaschewsky und Janos Bolyai unabhängig voneinander die Grundlagen der euklidischen Geometrie in Frage stellten[115]. Sie bestritten das euklidische Parallelenaxiom, demzufolge durch einen gegebenen Punkt nur eine einzige parallele Linie zu einer gegebenen Linie gezogen werden kann, da in einem sphärischen Raum das als allgemeingültig postulierte Parallelenaxiom Euklids nicht mehr zutrifft. In der populären Rezeption wurde vor allem das Beispiel der Dreiecksberechnung – in der nichteuklidischen Geometrie kann die Winkelsumme größer oder kleiner als 180 Grad sein – zu einem Demonstrationsobjekt für die neue Geometrie. Eine zweite Wurzel lag in der Erweiterung der Zahl der Dimensionen eines

---

sowie unter Einbindung in allgemeine soziale Entwicklungen steht weitenteils noch aus, so Mehrtens: Social History of Mathematics, 271.

[110] Henderson: The Fourth Dimension. Eine auf den engeren Bereich der Kunst bezogene Kurzfassung hat sie unter dem Titel »Mystik, Romantik und die vierte Dimension«, veröffentlicht, wo allerdings die entscheidenden wissenschaftsgeschichtlichen Kontexte nicht aufgenommen sind. Vgl. zu den Wirkungen auch Kemp: Bilderwissen, 156–158.

[111] Zit. nach: Lessing: Sämtliche Schriften, XVI, 524. Die folgenden Überlegungen zum historischen Ort dieses Fragments nach Altmann: Lessings Glaube an die Seelenwanderung, 20–27.

[112] Ermittelt von Dilthey: Ueber Gotth. Ephr. Lessing, 290 f.

[113] Bonnet: Philosophische Palingenesie, II, 381.

[114] Vgl. auch Anm. 310.

[115] Vgl. dazu und zu den folgenden Angaben die in Anm. 108 / 109 genannten Literaturhinweise; zur gleichzeitigen mehrfachen Entdeckung vgl. Houzel: The Birth of Non-Euclidean Geometry, 3 f.

Raumes. Auch hier finden sich die ersten Anstöße in den 1820er Jahren, konzeptionelle Ausarbeitungen legten 1844 Hermann Grassmann und 1854 Georg Friedrich Bernhard Riemann in seiner Habilitationsschrift vor[116]. Auch diese Erweiterungen der Mathematik erforderten eine Revision des Parallelenaxioms und trafen sich insofern mit den Debatten um die euklidische Geometrie, führten aber darüber hinaus zur Diskussion um die Existenz eines »Hyperraums«, indem man die Differenz von zwei- und dreidimensionalem Raum analog auf die Differenz von drei- und vierdimensionalem Raum übertrug[117].

Neben die mathematiktheoretische Debatte trat bald die Diskussion um die philosophischen Implikationen dieses Theoriebereichs. Zu den frühen Stichwortgebern gehörte wohl Gustav Theodor Fechner, der 1846 in den »Vier Paradoxa« möglicherweise erstmals über die Unfähigkeit zweidimensional lebender Lebewesen, einen dreidimensionalen Raum zu erkennen, schrieb[118]. Einen (ersten?) Popularisierungsschub erhielten die Vier-Dimensionen-Theorien durch Sartorius von Waltershausens Gauss-Biographie von 1856[119]. Die öffentliche Debatte über die vierte Dimension ging zu wichtigen Teilen dann auf Hermann von Helmholtz zurück, der sich autodidaktisch und im Rückgriff auf Riemann Theorien der Mannigfaltigkeit erarbeitet hatte[120] und dieses Thema mit seinen Ende der 1860er Jahre öffentlich vorgetragenen Überlegungen für ein nichtwissenschaftliches Publikum popularisierte[121]. Helmholtz verband seine mathematiktheoretischen Interessen mit philosophischen Fragen, die in seine Zeit der kritischen Distanzierung von Kants Erkenntnistheorie fielen. Sie waren antipositivistisch und auf die Widerlegung apriorischer Wahrnehmungskategorien vermittels der nichteuklidischen Geometrie ausgelegt[122]. In diesem Kontext verneinte Helmholtz 1869 die Möglichkeit einer Vorstellbarkeit der vierten Dimension[123], ohne damit die genau in diese Richtung laufende Popularisierung und Wirkung der Dimensionenfrage bremsen zu können. Max Brods maliziöse Beobachtung, Gustav Meyrink habe in Prag um 1900 »die Verknüpfung von vierter Dimension mit dandyhafter Eleganz« betrieben[124], illustriert, in welchen Ausmaß die vierte Dimension zum Caféhausthema geworden war.

Im Rahmen dieses Popularisierungsprozesses wurde das Mehrdimensionen-Denken mit einer langen historischen Tradition versehen. Dazu sollten Platon, Henry More, Friedrich Christoph Oetinger oder Jean-Baptiste d'Alembert gehö-

---

116 Grassmann: Die lineare Ausdehnungslehre (1844); Riemann, Georg Friedrich Bernhard: Über die Hypothesen, welche der Geometrie zu Grunde liegen (1854).

117 Die ersten Überlegungen zu alternativen Raumkonzepten finden sich in Kants frühen Schriften (Rosenfeld: A History of Non-Euclidean Geometry, 179f.), kamen aber erst in der geometrietheoretischen Debatte zum Tragen.

118 Fechners Funktion für die Popularisierung ist nicht leicht zu ermitteln; bei Steiner zumindest scheint er keine Brückenfunktion zu besitzen. Allerdings hat Hinton (s. u.) ihn gekannt, vgl. Henderson: The Fourth Dimension, 2968.

119 Ebd., 18f.

120 Zu Helmholtz siehe Scholz: Geschichte des Mannigfaltigkeitsbegriffs, 115–123.

121 Henderson: The Fourth Dimension, 12–15.

122 Helmholtz: Ueber die tatsächlichen Grundlagen der Geometrie (1866/69), 610–617.

123 Ders.: Über den Ursprung und die Bedeutung der geometrischen Axiome (1869), 43.

124 Brod: Streitbares Leben, 303.

ren[125]. Nachdem Friedrich Zöllner insbesondere Henry More als autoritativen Ahnvater benannte, sah sich der Wiener Ordinarius für Philosophie, Robert Zimmermann, herausgefordert, in einer Schrift der Wiener Akademie der Wissenschaften 1881 klarzustellen, daß es sich bei More um eine Wendung gegen den cartesischen Raumbegriff handelte, der mit Zöllners spiritistischem Verständnis der vierten Dimension (s. u.) nichts zu tun habe[126]. All diese historischen Stationen haben mit der mathematischen Geschichte des Mannigfaltigkeitsdenkens kaum etwas gemein und bildeten vielmehr für das theosophische Milieu eine Möglichkeit zur Rückprojektion ihrer Vorstellungen in kanonisierte Autoren.

Diese populäre Rezeption koppelte sich gegen Ende des 19. Jahrhunderts schnell und nachhaltig von der mathematiktheoretischen Fachdiskussion ab. Seit den 1870er Jahren kam es in England, Frankreich und Deutschland zu einer relativ breiten gesellschaftlichen Thematisierung der Relation zwischen Raum und Zeit[127]. Die vierte Dimension wurde zur Container-Kategorie für nahezu alles, was es an »wissenschaftlich« behaupteten, aber empirisch nicht (in der Überzeugung von Spiritisten: noch nicht) beweisbaren Fakten einer jenseitigen oder übersinnlichen Welt gab. Die zeitlich parallel laufende Diskussion in der theoretischen Mathematik, etwa die um 1900 vorgenommene Systematisierung und Erweiterung der Mannigfaltigkeitstheorie durch Henri Poincaré, wurde dabei in ihrer kritischen Potenz offenbar nicht wahrgenommen, ebensowenig seine konstruktive, nicht apriorische Deutung von Raum und Zeit[128]. Die Popularisierung der identifikatorischen Konjunktion von vierter Dimension und »realer« Metawelt wurde nach Linda Dalrymple Henderson in drei Bereichen vorangetrieben[129]:

1. Populärphilosophie,
2. Spiritismus und
3. Theosophie.

Sie sind durch

4. Science Fiction-Literatur und
5. Kunst

---

[125] Zu Platon Zöllner: Wissenschaftliche Abhandlungen, III, 605 f., der dessen Ideenwelt mit der vierten Dimension identifizierte. Auf More verwies Zimmermann: Henry More und die vierte Dimension, 403. More betrachtete als »quarta dimensio« das Reich der Geister (More: Enchiridion metaphysicum, Kap. 28,7]. Oetinger hatte die vierte Dimension ebenfalls als Ort der zu »Geistern« gewordenen Verstorbenen benannt (vgl. Zöllner, ebd., III, 576–580). D'Alembert benutzte 1754 in der »Encyclopédie« den Begriff die Formulierung einer »quatrième dimension«, worunter er jedoch die Zeit verstand (Anonym: Dimension, 1010).

[126] Zimmermann: Henry More und die vierte Dimension; zu Zöllner S. 403. 447 f.; zur anticartesianischen Argumentation S. 422 f. 426.

[127] Henderson: The Fourth Dimension, 11. 17–22. – Sommerville: Bibliography of Non-Euclidean Geometry, bietet eine chronologische, systematische und nach Autoren geordnete Bibliographie, die von der Antike bis 1911, aber mit ganz überwiegendem Schwerpunkt auf dem 19. Jahrhundert, die Fülle der Literatur und die Dichte der Debatte dokumentiert. Sommerville konzentriert sich aber auf die Rekonstruktion des fachwissenschaftlichen Diskurses und berücksichtigt nur in geringem Maß populäre Literatur (Abbot, Hinton) und theosophische Autoren überhaupt nicht.

[128] Rosenfeld: A History of Non-Euclidean Geometry, 269 f.

[129] Henderson: The Fourth Dimension, 25, und ihre Ausführungen ebd., 25–36.

zu ergänzen. Dabei sind im Blick auf Steiner vor allem die Debatten bis in die ersten Jahre des 20. Jahrhunderts von Interesse, da der Schwerpunkt seiner Beschäftigung mit der vierten Dimension in den Jahren 1904 bis 1906 lag.

(1.) Für die Populärphilosophie stehe, so Henderson, die Vorstellung eines »Hyperraumes« im Zentrum, eine Terminologie, die spätestens seit Eugenio Beltramis (1835–1899) Rede vom hyperbolischen Raum in der Debatte war[130]. Der herausragende Exponent der Popularisierung des Hyperraums, der auch für Steiner zu einem zentralen Gewährsmann wurde, war Charles Howard Hinton (1853–1907). Er hatte Mathematik und Physik in Oxford studiert, war Lehrer, später Universitätsdozent für Mathematik an amerikanischen Universitäten und starb als Angestellter des Washingtoner Patentamts[131]. Seit 1880 hatte er eine Vielzahl von Publikationen über die vierte Dimension vorgelegt und auch dabei neue Wahrnehmungsmöglichkeiten postuliert:

> »I shall bring forward a complete system of four-dimensional thought – mechanics, science, and art. … We can never see … four-dimensional pictures with our bodily eyes, but we can with our mental and inner eye«[132].

Seine Bücher »A New Era of Thought« (1888) oder »The Fourth Dimension« (1904) wurden zu Standardwerken der Debatte. In Deutschland gehören ins populärphilosophische Umfeld Vermittlungsversuche wie die des Mathematikers und Professors für Maschinenbau, Victor Schlegel (1843–1905), der sich 1888 mit der Darstellbarkeit vierdimensionaler Körper befaßt hatte[133].

(2.) Von besonderer Bedeutung für die Rezeptionsgeschichte in Deutschland war der Einfluß Karl Friedrich Zöllners nach seiner Konversion zum Spiritismus. Er war über Fragen der wissenschaftlich kontrovers diskutierten physikalischen Wirkungen über Distanz[134], über die Rezeption von Kants Vorstellung des absoluten Raums[135] und über Riemanns Thesen des nichteuklidischen Raums[136] zu den Fragen der vierten Dimension gekommen, deren Realität er nach Kontakten mit dem Spiritismus in England und nicht zuletzt unter dem Einfluß des Mediums Henry Slade proklamierte[137]. Die vierte Dimension wurde für ihn eine reale Größe, in

---

[130] Stillwell: Mathematics and Its History, 263 f.

[131] Henderson: The Fourth Dimension, 26 f.

[132] Hinton: A New Era of Thougth, London 1888, 86 f., zit. nach Henderson: The Fourth Dimension, 27 f. Hinton war im übrigen durch eine Abhandlung Zöllners über den vierdimensionalen Raum in William Crookes »Quaterly Journal of Science« auf die vierte Dimension aufmerksam geworden; vgl. den Kommentar in GA 324a,239.

[133] Ziegler: Rudolf Steiner und der mehrdimensionale Raum, 2 f.

[134] Vgl. Zöllner: Wissenschaftliche Abhandlungen, I, 16–288.

[135] Vgl. ebd., II, 903 f.

[136] Meinel: Karl Friedrich Zöllner, 13.

[137] Zöllner hat sein Engagement in der spiritistischen Debatte im dritten Band seiner »Wissenschaftlichen Abhandlungen« ausführlich dokumentiert. Zu Zöllners Theorie der vierten Dimension vgl. Luttenberger: Friedrich Zöllner; Renninger: Echte vierte Raumdimensionen als paranormale Wirksphäre?; Kurzweg: Die Geschichte der Berliner »Gesellschaft für Experimental-Psychologie«, 46 f.; Herrmann: Karl Friedrich Zöllner, 68–85.
Nach Henderson: The Fourth Dimension, 22 f., finden sich die frühesten ambitionierten Aussagen Zöllern in dem Artikel »On space of Four Dimensions«, im »Quaterly Journal of Science«, April

der spiritistische Phänomene ganz konkret ihre Lösung finden sollten. Er verlegte beispielsweise die Entknotung unendlicher Schnüre durch Slade in die vierte Dimension[138]. Eine Mathematisierung der vierten Dimension nahm Zöllner jedoch nicht vor[139], er transformierte vielmehr eine mathematische Logik in die Ontologie eines Jenseits und gab ihr eine »wissenschaftliche« Rückendeckung.

Kritik kam sowohl von kirchlicher wie von naturwissenschaftlicher Seite. Der katholische Neuscholastiker Constantin Gutberlet akzeptierte zwar die Existenz übersinnlicher Phänomene, hielt aber den Spiritismus vielfach für Betrug[140]. Auf Seiten der Naturwissenschaftler nahmen Rudolf Virchow und Wilhelm Wattenbach 1890 Carl Cranz' Kritik an der vierten Dimension in ihre »Sammlung gemeinverständlicher wissenschaftlicher Vorträge« auf, die Cranz in einem »Vortrag, gehalten bei dem Stiftungsfest der mathem.-naturw. Vereins der technischen Hochschule in Stuttgart am 8. Dezember 1888«, geäußert hatte[141]. Cranz verwarf »die meisten« Theorien aus »dem nebelhaften Gebiet der Transcendentalphysik« – ein Seitenhieb auf Zöllner – und hielt sie für »Phantastereien«[142]. Die »mehrdimensionalen Räume« Zöllners oder du Prels seien bloß »analytische Fiktionen«[143], und »die behaupteten spiritistischen Wahrnehmungen sind vollends nicht Sache der Naturwissenschaft«[144]. Die Antikritik des damals wohl noch dem Spiritismus nahestehenden späteren Theosophen Ludwig Deinhard dokumentierte, daß man diese Anfragen ernst nahm[145].

(3.) In der Theosophie findet sich im Dschungel von Blavatskys »Geheimlehre« auch eine Passage zur vierten Dimension, die sie aber durchaus nicht umstandslos als physikalische Grundlage der theosophischen Kosmologie betrachtete[146]. Die vierte Dimension sei keine einfache Erweiterung der ersten drei Dimensionen, sondern eine qualitativ neue Größe, »das nächste Charakteristikon« der Materie, »nennen wir es für den Augenblick ›Durchdringbarkeit‹«. Dieses »Charakteristikon« »wird dem nächsten Sinne des Menschen entsprechen, den wir ›normales Hellsehen‹ nennen können«[147]. Blavatsky glaubte mit »Gewißheit, daß mit dem Fortschritte der Zeit die Charakteristika der Materie sich ebenso vermehren werden, wie die Fähigkeiten der Menschheit« – gemeint war eine Befähigung, diese Dimension wahrzunehmen – »eine Vermehrung erfahren werden«[148].

Die weitere Geschichte der Verarbeitung des Topos der vierten Dimension in der Theosophie ist momentan nicht genau zu überblicken, aber Blavatsky dürf-

---

1878. Zöllners Überlegungen zu »Originellen Raumauffassungen« lassen sich allerdings bis in die frühen 1870er Jahre zurückverfolgen, so Luttenberger: Friedrich Zöllner, 196.

[138] Zöllner: Wissenschaftliche Abhandlungen, II, 911 f. 921–923.

[139] Rucker: Geometry, Relativity and the Fourth Dimension, 10.

[140] Gutberlet: Der Spiritismus.

[141] Cranz: Gemeinverständliches über die vierte Dimension, Hinweis auf dem Titelblatt.

[142] Ebd., 19.

[143] Ebd., 49.

[144] Ebd., 62.

[145] Deinhard: Die vierte Dimension, 52–55.

[146] Blavatsky berief sich auf Spiritisten und Theosophen als Vordenker, unter anderem auf Zöllner, die »eine gesunde, aber unvollständige Intuition« besäßen; Blavatsky: Die Geheimlehre, I, 271.

[147] Ebd., I, 272.

[148] Ebd.

te nur einen punktuellen Anstoß geliefert haben. Vermutlich gaben Theosophen der zweiten Generation starke Anstöße zur Rezeption, etwa George R. S. Mead, der Generalsekretär der englischen Adyar-Theosophen, der 1900 die vierte Dimension als gnostische Vorstellung deutete[149]. Wichtiger war wohl Charles Webster Leadbeater, der 1900 das Büchlein »The Fourth Dimension« veröffentlichte, das fast vollständig auf Hinton beruhte, der Leadbeaters Interesse geweckt hatte[150]. 1903 widmete er in dem umfangreichen Werk »The other Side of Death«, das im wesentlichen eine Auseinandersetzung mit dem Spiritismus ist, der vierten Dimension ein längeres Kapitel[151], wo er gegen Hinton die vierte Dimension nicht als höhere physische Dimension deutete, sondern sie mit dem »Astral plane« verknüpfte[152]. Leadbeaters Impulsfunktion für die intensive Debatte unter französischen Theosophen in den Jahren 1910 bis 1912, bei der man möglicherweise zugleich Einflüsse von Henri Poincaré und seinen Publikationen aus den Jahren 1902 bis 1908 verarbeitete, sind deutlich[153], und auch auf die deutsche Theosophie ist sein Einfluß anzunehmen. Daß dies aber nur Splitter eines größeren Diskussionszusammenhangs im theosophisch-spiritistischen Milieu in den zwei Dezennien vor dem Ersten Weltkrieg sind, wird sich bei Rudolf Steiner noch zeigen.

Welche Konkretion die Debatten in Steiners Umfeld erreicht hatten, zeigt Robert Blums »Vierte Dimension«, 1906 im theosophischen Verlag Max Altmann erschienen. Es ist ein illustratives Beispiel für die Ontologisierung der vierten Dimension im unmittelbaren zeitlichen Umfeld Steiners. Blum entwarf die vierte Dimension im Rückgriff auf die mittelalterliche Unterscheidung von Quadrivium und Trivium:

»›Die untern vier [Stadien] sind sichtbar, die oberen drei sind unsichtbar‹, das ist das okkulte Axiom; daher bildet Stoff im 4. Stadium oder in der vierten Dimension die Grenzlinie oder Brücke zwischen dem ›*Sichtbaren*‹ und dem ›*Unsichtbaren*‹, als ›Ather‹ [sic] oder ›Weltäther‹ der Wissenschaft, als strahlende Materie, Elektronen, Jonen etc. Diese subtile Ätherart bildet das substantielle Substrat der vierten Kraft und aller ihrer verschiedenen Modifikationen, welche wir als Elektrizität, Magnetismus, Wärme, Licht, Lebenskraft etc. kennen, und was die Hindus ›Prana‹ nennen. Sie ist für uns noch fühlbar im elektrischen Strom und noch sichtbar im elektrischen Funken, in der Flamme, in den Röntgenstrahlen und fluoreszirenden Körpern, in der Aurora borealis etc. sowie auch im Lichte der Sonne; denn ›Prana‹ ist essentiell ›Solarmaterie‹. Aber diese Solarmaterie, als Substratum der höheren Modifikationen von Kraft, wie Lebenskraft, Nervenkraft etc., ist für unsere physischen Sinne nicht mehr wahrnehmbar.«[154]

Die vierte Dimension war zum Generalschlüssel für alles Unerklärbare geworden.

(4.) In enger Verbindung mit der wissenschaftlichen Debatte entstand seit den 1880er Jahren fiktionale Literatur, die sich der Vorstellung einer vierten Dimen-

---

[149] Mead: Fragmente eines verschollenen Glaubens, 261 f.
[150] Leadbeater: The Fourth Dimension, 6; ders.: Hellsehen, 33 f.
[151] Ders.: The other Side of Death, 107–125.
[152] Ebd., 109; vgl. auch 78. 468.
[153] Henderson: The Fourth Dimension, 45 f.
[154] Blum: Die vierte Dimension, I, 10 f.

sion bediente[155]. Einer ihrer Exponenten war Herbert George Wells, der mit »The Time Maschine« von 1895 zu den Vätern der modernen Science Fiction-Literatur gehört und der unter dem Einfluß von Hinton die Dimensionentheorien literarisch verarbeitete[156]. Die möglicherweise einflußreichste belletristische Verarbeitung lieferte Edwin A. Abbotts Roman »Flatland« aus dem Jahr 1884, eine ästhetische Analogisierung, die von den Versuchen erzählte, einem im flachen, zweidimensionalen Land lebenden Menschen andere Dimensionen klarzumachen. Die literarische Verknüpfung hat für die Theosophie insofern eine besondere Bedeutung, als in deren Schrifttum – in der Außenperspektive – Fiktionalität und Realität eine schwer trennbare Mischung eingehen und sich wechselseitig beeinflußt haben, wie man etwa an Blavatsky selbst ablesen kann, die sowohl Autorin als auch Rezipientin fiktionaler Werke war.

(5.) In der Kunst hat Henderson die Rezeption der Theorie der vierten Dimension im Kubismus für die Jahre 1909 bis 1914 nachgewiesen[157]. Wie darüber hinaus die Wirkungen auf die Kunst insgesamt und insbesondere auf die theosophische Kunstproduktion einzustufen sind, ist momentan unklar. Zumindest kann die Vermutung im Raum stehen bleiben, daß die spirituell interessierte Kunstszene vor dem Ersten Weltkrieg über den Kubismus hinaus Rezipientin und Produzentin von Vorstellungen über eine vierte Dimension war. Die Popularität dieser Debatte in künstlerischen Milieus in den Jahren um 1900 mag ein kleines Detail aus dem Jahr 1891 veranschaulichen: Das Karnevalsfest der Wiener Künstlergenossenschaft stand unter dem Titel »Im Reiche der vierten Dimension«[158].

Die große Zeit weltanschaulicher Mehr-Dimensionen-Theorien dürfte zwar mit dem Ersten Weltkrieg ihr Ende gefunden haben, aber die Debatte lief nur langsam aus. In der Theosophie oder der Populärphilosophie war das Thema Anfang der zwanziger Jahre weiter präsent[159]. Einen nachdenklichen und literarisch anspruchsvollen Beitrag legte 1928 der symbolistische Schriftsteller und Literaturnobelpreisträger Maurice Maeterlinck vor.

> »Der Raum, jenes große Geheimnis« über das nur scheinbar alles gesagt sei, beginnt Maeterlinck, erwache »unter dem Zauberstab eines genialen Physikers, lebt wieder auf, vervielfältigt sich, wird von unerwarteten Tatsachen und Ereignissen bevölkert, wächst unabsehbar über unsere Vorstellung, unseren Verstand hinaus, erwirbt eine vierte Dimension«[160].

---

155 Henderson: The Fourth Dimension, 33.
156 Ebd., 33–35.
157 Vgl. die Tabelle ebd., 59–63.
158 Hübbe-Schleiden: Die Wiener in der vierten Dimension.
159 Einen Überblick über die Jahre nach 1900, allerdings ohne Berücksichtigung von Henderson, bei Kern: The Culture of Time and Space, 131–180.
Zur Theosophie vgl. Hanlon: Eine Einführung in die vierte Dimension (engl. Original in: Theosophist, März 1922, nach: Theosophisches Streben 1922); Toledo: Die vierte Dimension. Zur Populärphilosophie vgl. Pick: Die vierte Dimension als Grundlage des transzendentalen Idealismus (1920 im spiritistischen Verlag Oswald Mutze), der den Nachweis einer vierten Dimension aus der Zahl der chemischen Elemente unternahm, die bei mehr als 81 Elementen einen empirischen Beweis der vierten Dimension liefern sollten. Diese Dimension sei aber zugleich in der Tradition der Kantischen Erkenntnistheorie unerkennbar.
160 Maeterlinck: Die vierte Dimension, 7.

Der Angelpunkt der Dimensionsverwirrung war für ihn die Differenz zwischen sinnlicher Wahrnehmung und mathematisch konstruierbaren Welten, in diesem Sinn zwischen euklidischer und nichteuklidischer Geometrie[161]. Maeterlinck ging es aber um mehr als um Theorie. »Das Problem der vierten Dimension ist nicht nur ein mathematisches, es greift in das wirkliche Leben ein, wenigstens in das höhere Leben des Alltags«[162], es gehe im Tiefsten um »mystische Geometrie oder die Mystik der Geometrie«[163]. Aber bei Maeterlinck endete die vierte Dimension, wie bei anderen Zeitgenossen, etwa Rudolf Kassner[164], in einem neuen Thema der Physik, das auch für Steiner in der Fluchtlinie der Theorien von der vierten Dimension lag: in Einsteins Relativitätstheorie[165].

*b. Die vierte Dimension bei Steiner*

Steiners intensive Beschäftigung mit der vierten Dimension drängt sich auf einen schmalen Zeitraum zusammen, auf die Monate zwischen Ende 1904 und November 1905. Vor 1904 sind bislang keine Thematisierungen der vierten Dimension bekannt, danach beschränkte er sich, mit Ausnahme eines Vortrags im Oktober 1908[166], auf die Beantwortung von Fragen[167]. Die reichten zwar bis ins Jahr 1922 hinein (GA 324a,221), dokumentieren aber nicht sein eigenes Interesse, sondern die fortdauernde Resonanz des Themas bei seiner Klientel. Die Motive für Steiners eigene Beschäftigung mit der vierten Dimension, zumindest ihrer weltanschaulichen Implikate, lagen angesichts dieser Chronologie nicht in seinem Studium an der Technischen Universität in Wien, also in den Jahren vor 1900, sondern erwuchsen aus der Theosophie. Diese Anstöße mögen bei ihm immerhin auf ein altes Interesse für Geometrie gestoßen sein. Eine Wurzel in seiner Wiener Zeit behauptete er nicht einmal in den Jahren 1904/05, sondern erst sieben Jahre nach den Vorträgen über die vierte Dimension, am 25. November 1912, einen Monat vor der Trennung von Besant, als der Ausweis von Eigenständigkeit das Gebot der Stunde war. Er wisse

> »aus eigener Erfahrung, daß ich wie ein plötzliches Aufleuchten Einsicht in eine außerordentlich wichtige Eigenschaft des Astralraums damals hatte, als ich – vor jetzt vielen Jahren – auf der Hochschule mit neuerer Geometrie, wie man sie damals kannte, und analytischer Mechanik beschäftigt war« (GA 324a,130).

[161] Vgl. ebd., 23.
[162] Ebd., 8.
[163] Ebd., 31.
[164] Das Thema wird bei Kassner 1938 greifbar, als er Grund sah, die »vierte Dimension« als Element der Relativitätstheorie von einer »transzendenten« Dimension unterschieden zu wissen; Kassner: Anschauung und Beobachtung, 142.
[165] Maeterlinck: Die vierte Dimension, 91.
[166] GA 324a,100–110; Steiners Notizbucheintragungen dazu sind publiziert bei Ziegler: Rudolf Steiner und der mehrdimensionale Raum, 12–17.
[167] Auch diese Fragen dokumentieren die externen, auf Steiner zukommenden Anstöße, zur vierten Dimension Stellung zu nehmen. Sie sind offenbar nur soweit abgedruckt, wie Antworten Steiners erhalten sind. Es muß aber weitere Anfragen gegeben haben; vgl. diejenige Mathilde Scholls (vermutlich vom Juni 1904) in Meffert: Mathilde Scholl, 519.

Nochmals ein Dutzend Jahre später schrieb er 1923 in seiner Autobiographie, daß er als Kind »an der Geometrie das Glück zuerst kennen gelernt« habe (GA 28,17), ohne allerdings einen Bezug auf die vierte Dimension herzustellen. Doch diese späten Äußerungen revidieren nicht die entscheidende Bedeutung der theosophischen und über die Theosophie vermittelten populärwissenschaftlichen Materialien zur vierten Dimension. Sein erster Vortrag zur vierten Dimension am 24. März 1905 war keine Initialzündung, sondern der Versuch, die vagierende Debatte in der Theosophischen Gesellschaft einzufangen und ihr eine hegemoniale Interpretation zu geben.

Den Nachweis der initialen Bedeutung des theosophischen Milieus erbringen die Äußerungen Steiners zur vierten Dimension im Jahr 1904. Vom 2. Juli dieses Jahres datiert ein Brief, den ihm der altgediente Theosoph Ludwig Deinhard schrieb: »Wie steht es mit der Besprechung von Hintons 4$^{th}$ Dimension? Wollen Sie die selbst machen?«[168] Mit Hintons 1904 erschienener »Fourth Dimension« ist Steiner demnach unmittelbar nach ihrer Veröffentlichung bekanntgemacht worden. Am 1. November dieses Jahres wurde das Thema erneut an Steiner herangetragen: Jan Arnaldus Schouten (1883–1971), möglicherweise zu diesem Zeitpunkt Theosoph[169], ab 1914 Professor für Mathematik in Delft und seit 1950 Direktor des Mathematischen Zentrums in Amsterdam, stellte im Rahmen einer »Fragenbeantwortung« »einige Fragen über die vierte Dimension«. Steiner kündigte daraufhin an, »über die vierte Dimension einen Vortrag zu halten« (GA 324a,119), womit er am 24. März 1905 begann. Schouten kam ihm nun bei der Vortragsgestaltung zu Hilfe und lieferte Demonstrationsobjekte, die Steiner am 17. Mai 1905, bei dem letzten Vortrag der dreiteiligen Reihe, benutzte (ebd., 34)[170].

Nun finden sich zwei Bezüge Steiners auf die vierte Dimension vor dem 2. Juli 1904[171], dem Datum von Deinhards Brief. Am 30. Mai 1904 war Steiner im Rahmen eines Vortrags über den Spiritismus auf die vierte Dimension zu sprechen gekommen. Dabei hatte er vier Namen (Friedrich Zöllner, Ernst Heinrich Weber, Gustav Theodor Fechner und Oskar Simony [GA 52,301]) genannt, bis auf Simony keine Mathematiker; dahinter steckte allerdings ausweislich dieser Textstelle nicht mehr als ein name-dropping. Der spannende Punkt dieser Ersterwähnung ist ihr Kontext, die Naturforschung des Spiritismus, die Steiner vom Materialismus infiziert sah. Er rückte – die Mitschrift ist hier allerdings nicht ganz klar – die Rede von der vierten Dimension mithin in die Nähe des spirituellen Materialismus, den er gerade ablehnte (ebd.). Der Erstbeleg für die vierte Dimension ist damit aller Wahrscheinlichkeit nach eine Ablehnung der theosophischen Verwertbarkeit der vierten Dimension.

---

168 Zit. nach Ziegler: Rudolf Steiner und der mehrdimensionale Raum, 11.

169 Schouten war 1904 vermutlich Mitglied in der Theosophischen Gesellschaft. 1913 berichtete seine Mutter Steiner brieflich, daß ihr Sohn daran denke, aus der Theosophischen Gesellschaft auszutreten; ob er, wie sie hoffte, in die Anthroposophische Gesellschaft eintrat, ist unklar; Auszug ihres Briefes in GA 324a,241.

170 Am 1. Dezember 1905 forderte Schouten seine »Modelle« zurück (vgl. Schoutens Brief im Kommentar zu GA 324a,240); sie befinden sich heute nicht mehr im Nachlaß Steiners (ebd., 242).

171 Chronologie von Steiners Nennungen der vierten Dimension bei Ziegler: Rudolf Steiner und der mehrdimensionale Raum, 10.

Der zweite Bezug stammt vom 21. Juni 1904, als Steiner auf dem ersten Kongreß der Föderation der europäischen Sektionen der Theosophischen Gesellschaft im Amsterdam über »Okkultismus und Mathematik« sprach. Der Vortrag selbst gilt als verloren, doch hat Steiner zwei Autoreferate publiziert. Das erste erschien kurze Zeit nach dem Vortrag im Juniheft von »Lucifer Gnosis«[172]. Demzufolge habe er über Pythagoräer, Platoniker und Gnostiker gesprochen, deren »Sphärenmusik« nicht mit »abstrakter Mathematik«, sondern mit dem »*intuitiven Schauen* des Okkultisten« in Verbindung zu bringen sei. In der Neuzeit sei diese Dimension zwar verloren gegangen, aber der Okkultist könne Newtons und Leibnizens Differential- und Integralrechnung »innerlich … *erleben*«. Zweierlei ist an diesen Auslassungen bemerkenswert: Vom vierdimensionalen Raum ist mit keinem Wort die Rede, und die mathematische Tradition wurde, wie in den Äußerungen vom 30. Mai 1904, einer materialistischen Tradition zugeordnet, in der sich »der okkulte Sinn aus den Wissenschaften zurückgezogen« habe. In den publizierten Kongreßakten erschien dann 1906, also nach seinen insgesamt sieben Vorträgen, die er 1905 zur Vierdimensionalität gehalten hatte, ein zweites Autoreferat, in dem Steiner überraschenderweise auf die Mehrdimensionalität zu sprechen kam. Die »Infinitesimalrechung« galt nun als »kräftiges Erziehungsmittel« für neuere Mathematiker (Gauss, Riemann, Simony, Kurt Geissler), die »den Raumbegriff über die Dreidimensionalität« in die vierte Dimension hinein erweitert hätten (GA 35,13). Angesichts dieser Quellenlage ist davon auszugehen, daß Steiner in Amsterdam nicht über die vierte Dimension gesprochen hat und sich in dem zweiten Autoreferat eine Rückprojektion seiner in der Zwischenzeit erfolgten Beschäftigung mit dem vierdimensionalen Raum niedergeschlagen hat. Man kann allenfalls vermuten, daß Steiner während dieses Kongresses von Mehrdimensionalitätstheorien in theosophischen Deutungen erfahren hat[173].

Nun komme ich zu Steiners Vorträgen aus dem Jahr 1905, in denen die vierte Dimension (mit)behandelt ist und die inzwischen in einer für die Lesebedürfnisse von Anthroposophen und Anthroposophinnen aufbereiteten Form vorliegen[174]. Steiners Darstellungen zielen, dies ist wichtig, in allen Vorträgen auf eine

---

[172] Steiners anonymer Kongreßbericht in Lucifer Gnosis (Juni 1904, S. 25–31; Steiners Vortrag S. 30 f., alle Zitate S. 30). Der Bericht scheint angesichts seines Duktus von Steiner zu stammen, doch ist anzunehmen, daß er zumindest seinen eigenen Vortrag selbst referierte, wenn er den gesamten Bericht nicht geschrieben haben sollte. Schmidt: Das Vortragswerk, 63, führt denn auch diesen Bericht als »Autoreferat«.

[173] Sarah Corbett publizierte unter dem Titel »Regular Four-dimensional Hypersolids« in den Kongreßakten Ausführungen über die vierte Dimension, u. a. auf der Grundlage der Werke Hintons. Im darauf folgenden Jahr wurde in den Kongreßakten ein akronym gezeichneter Artikel mit zum Ausschneiden vorbereitetem didaktischem Material veröffentlicht: W. J. L.: Notes on the Fourth Dimension.

[174] Die Textgrundlage bilden Vorträge, deren Entstehungsumstände nicht mehr bekannt sind (GA 324a,225). »Es wurde versucht, aus den in ihrer Qualität sehr unterschiedlichen Notizen einen flüssig lesbaren Text zu erarbeiten« (ebd., 226); es handelt sich also »nicht um wörtliche Mitschriften« (ebd.). Der Status von Einschüben und die Wege der Kompilation unterschiedlicher Quellen sind im vorliegenden Lesetext nicht mehr nachprüfbar, nur beim Vortrag vom 24.5.1905 werden zwei Textvarianten abgedruckt (ebd., 58–62). Als Lesetext ist eine hilfreiche Textvorlage entstanden, die überhaupt viele Äußerungen Steiners erst verständlich macht; aber dies ist eben Deutung und kein kritischer Text.

ästhetische Plausibilisierung und fast überhaupt nicht auf eine mathematische Explikation von Mannigfaltigkeitsphänomenen. Neben den genannten, aber wohl nicht erhaltenen Modellen Schoutens können dafür exemplarisch seine Analogieschlüsse stehen, die von Punkt über Linie, Fläche und Kubus schreiten und eine der dritten Dimension analoge vierte postulieren (z. B. GA 324a,14–16), eine Denkfigur, die Steiner Hinton verdankte (ebd., 109). In diese schlußfolgernde Analogisierung gehört auch eine Begründung der Wahrnehmbarkeit der vierten Dimension:

> »Hängen Sie hier an die Wand Bilder, so sind diese zweidimensional, sie bleiben im allgemeinen starr. Haben Sie aber Bilder, die sich in der zweiten Dimension bewegen, verändern, so müssen Sie schließen, daß die Ursache dieser Bewegung nur außerhalb der Wandfläche liegen kann, daß also die dritte Raumdimension die Veränderung angibt. Finden Sie Veränderungen innerhalb der dritten Raumdimension selbst, so müssen Sie schließen, daß eine vierte Dimension zugrunde liegt« (ebd., 82).

Andere Beispiele sind Plausibilisierungen der vierten Dimension mit Hilfe von Rhombendodekaedern (ebd., 69) oder seine Ausführungen über die zeitgenössisch viel diskutierten Verknotungen von Bändern, die sich im vierdimensionalen, nicht jedoch im dreidimensionalen Raum auflösen lassen (z. B. ebd., 23) und für die er möglicherweise unmittelbar auf Abbildungen in Veröffentlichungen Simonys (oder Zöllners) zurückgriff[175]. In diesen mit Analogien arbeitenden Ableitungsmodellen waren eine fünfte und sechste Dimension kein prinzipielles Problem mehr, nur komplizierter (ebd., 84 f.).

Steiners Gewährsleute, die er nannte, nicht aber notwendigerweise gelesen haben muß, sind zum einen die teilweise bereits genannten Vordenker in der mathematischen Zunft, etwa Bolyai, Gauß, Riemann (GA 324a,13), aber auch immer wieder Simony (ebd., 23) sowie Zöllner (ebd., 17), der trotz seines exponierten Spiritismus möglicherweise wegen seines wissenschaftlichen Renomées Steiners wohlwollendes Urteil fand: Zöllner habe versucht, »die geistige Welt mit unserer sinnlichen Welt in Einklang zu bringen« (ebd., 90). Die zentrale Figur dürfte jedoch für Steiner der sehr oft erwähnte »geistvolle Hinton« (ebd., 25) gewesen sein, der etwa am 24. Mai 1905 das gesamte Argumentationsmaterial für Steiners Vortrag lieferte (ebd., 50–62). Dort gründeten Steiners Überlegungen

---

Eine wichtige Ergänzung bilden die »Beiträge zur Rudolf Steiner Gesamtausgabe«, Heft 114/115, Dornach 1995, in der neben zusätzlichen Texten Steiners sowie Erläuterungen auch die auf dieses Thema im weitesten Sinn bezogenen Bücher aus Steiners Bibliothek stehen (Aus der Bibliothek Rudolf Steiners [Mathematik/Physik], hg. v. R. Ziegler). Allerdings sind die Angaben in den »Beiträgen« mit denen in GA 324a nicht immer harmonisierbar; so fehlt etwa in den »Beiträgen« (S. 116 f.) unter den Werken Oskar Simonys in Steiners Bibliothek dessen Werk »Über spiritistische Manifestationen vom naturwissenschaftlichen Standpunkte« (1884), das nach GA 324a,296 vorhanden sein soll.

[175] Simonys schmales Buch »Gemeinfaßliche, leicht controlirbare Lösung der Aufgabe: ›In ein ringförmig geschlossenes Band einen Knoten zu machen‹ und verwandter merkwürdiger Phänomene« (Wien [3]1881) befand sich in Steiners Bibliothek (Aus der Bibliothek Rudolf Steiners [Mathematik/Physik], hg. v. R. Ziegler, 116). Auch in Zöllners Werken gab es ähnliche Abbildungen; Zöllner: Wissenschaftliche Abhandlungen, Bd. I, Tafel IV, und Bd. II, 928. Diese Verknotungstheorien waren für Spiritisten zugleich eine Option, materialistischen Naturauffassungen, etwa in der Wirbelatomtheorie, entgegenzutreten; so Epple: Die Entstehung der Knotentheorie, 166 ff., insbes. 171.

teilweise »mit identischen Figuren« auf Hintons »Fourth Dimension«[176]. Zwei Wochen später verwies Steiner auf drei nicht näher genannte Bücher Hintons, die er besessen haben muß und bei denen es sich vermutlich um »Scientific Romances, A New Era of Thought« und »The Fourth Dimension« handelte[177]. Das Verhältnis von genannten und benutzten Autoren macht deutlich, wo Steiners Quellen für seine Vier-Dimensionen-Theorien liegen: In der Populärliteratur, namentlich in der theosophischen, nicht in wissenschaftlichen Werken.

Von zentraler Bedeutung ist nun die Frage, wie Steiner die vierte Dimension weltanschaulich deutete und mit der theosophischen Kosmologie verband. Alle ästhetischen Hilfen seien zwar »Analogien« (GA 324a,67) und das Problem der Mathematik sei die Erschließung des vierdimensionalen Raums »nur als Verallgemeinerung«, nicht aber »aus der Realität heraus«, jedoch würden mathematische »Korrelationen zu einer übersinnlichen Welt ... zur Wirklichkeit« (ebd., 130) – jedenfalls in der theosophischen Betrachtung, wie man aus dem Kontext erschließen kann. Deshalb gelte hinsichtlich der vierten Dimension: »Wer imstande ist, dort Beobachtungen zu machen, hat es mit einer Wirklichkeit zu tun, die weit hinausreicht über das, was wir als das Sinnlich-Wirkliche kennen.« (ebd., 13) Allerdings solle die Erkenntnis der vierten Dimension »Anschauung«, explizit nicht »Vorstellung« sein (ebd., 58) und dementsprechend nicht durch mathematische Reflexionen, sondern durch »Anschauungsübungen« erlangt werden: »Man muß lange meditieren« (ebd.)[178]. Steiner löste damit die Diskussion um die vierte Dimension von der mathematischen Logik und ihrem Anspruch auf Intersubjektivität, um sie an seinen Schulungsweg zu binden. Die »Objektivität« der vierten Dimension hing damit an der theosophischen Axiomatik.

Konkret verknüpfte Steiner 1905 die vierte Dimension mit dem Astralraum: Mit Hilfe der Vorstellungen vom vierdimensionalen Raum könne man »eine Art von Begriff« über das »sogenannte astrale Gebiet« schaffen (GA 324a,34), und »das Astralbewußtsein ist vierdimensional in einer gewissen Beziehung« (ebd., 120). In einer tabellierten Aufstellung liest sich diese Verknüpfung wie folgt:

»Die astrale Sphäre ist die vierte Dimension.
[unteres] Devachan bis Rupa ist die fünfte Dimension.
[oberes] Devachan bis Arupa ist die sechste Dimension.« (ebd., 89)[179]

[176] Diese Figuren befinden sich in Hintons »The Fourth Dimension« in Kapitel 12; vgl. den Kommentar in GA 324a,242.

[177] Steiners Verweis in GA 324a,75; die Einzeltitel nach ebd., 249. In Steiners Bibliothek befinden sich allerdings nur »Scientific Romances« und »A New Era of Thought« (ebd., 292). »The Fourth Dimension«, wovon sich in Steiners Nachlaß eine theosophische (?) Rezension befinde, ist wegen des von Steiner daraus verwandten Bildmaterials hinzuzuzählen.

[178] In diesen Zusammenhang der übersinnlichen Verfaßtheit des Menschen sind auch Äußerungen Steiners zu lesen, wonach man nur von einer höheren Dimension eine niedere ganz wahrnehmen könne; deshalb müsse sich der Mensch, der den dreidimensionalen Raum wahrnehmen könne, bereits in der vierten Dimension befinden (GA 324a,29 f.).

[179] Ergänzungen in eckigen Klammern von mir. In einer fast identischen Aufstellung (ebd., 86) ist den Mitschriften zufolge diese Präzisierung des Devachan von Steiner selbst vorgenommen worden.

Traditionsgeschichtlich liegt hier wieder eine Verarbeitung theosophischer Vorgaben durch Steiner vor, hatte Leadbeater doch 1903 genau diese Verknüpfung des Astralraums mit der vierten Dimension in Abgrenzung von Hinton ebenfalls vorgenommen (s. o. 9.3.4a). Die Erweiterung auf weitere Dimensionen könnte dann ein Versuch gewesen sein, Leadbeaters Anstoß zu erweitern und zu überbieten.

Die Anwendung seiner Dimensionentheorie dokumentierte Steiner etwa mit folgendem Beispiel: Eine »im Astralischen« als 467 gelesene Zahl sei in der physischen Welt als 764 zu lesen (GA 324a,34). Hinter diesem spielerisch anmutenden Zahlendreher stehen möglicherweise die Symmetrievorstellungen in der Plausibilisierung der vierdimensionalen Geometrie, wie sie vergleichbar in der Vorstellung der gedrehten Bänder vorliegen, deren Verknotung durch die Versetzung von der dritten in die vierte Dimension gelöst werden könne. In der Nähe solcher Vorstellungen liegen auch Spiegelungstheorien, wonach der Zeitpfeil umgekehrt werde (»im Astralen ist zuerst der Sohn da und dann der Vater« [ebd., 35]). Dementsprechend sollen »die noch höheren Welten … sich polar zu diesen« (unteren?) verhalten (ebd., 89).

Die Integration der Mehrdimensionentheorie in die theosophische Kosmologie nahm Steiner als nicht als Elemente eines mathematischen Modells, sondern als ontologisierte Realien vor. Indem er aber die vierte Dimension konkret der untergeordneten Astralsphäre zuwies, verlor sie ihren übergreifenden Anspruch, die gesamte Kosmologie von einer Metaebene aus hegemonial neu zu ordnen, wie es noch Zöllner beanspruchte. Steiner akzeptierte die Theorien der vierten Dimension, regionalisierte allerdings ihre Bedeutung, indem er den theosophischen Überbau der vierten wie allen weiteren Dimensionen überstülpte.

Die eingangs genannten Fragenbeantwortungen zur vierten Dimension in den 1920er Jahren[180] können nicht darüber hinwegtäuschen, daß Steiner noch vor dem Ersten Weltkrieg mit dem Vortrag vom Oktober 1908 faktisch seine Ausführungen zur vierten Dimension abbrach. Über die Gründe hat sich Steiner in den vorliegenden Materialien nicht ausgelassen. Vielleicht ließ ihn die abnehmende kulturelle Dignität des Themas in der universitären Wissenschaft vorsichtig werden, vielleicht war ihm auch klar, daß er nicht in der Lage war, die Explikation der vierten Dimension auf dem Niveau der theoretischen Mathematik nachzuvollziehen. Aber letztlich erhielt man die Erklärungsleistungen der Astralebene auch ohne eine Verknüpfung mit der vierten Dimension, die ohnehin zu einem untergeordneten Elemente der theosophischen Kosmologie degradiert und als Faktor harter Empirie durch ihre Klassifizierung als Meditationsprodukt entwertet war.

### *c. Quantenphysik und Relativitätstheorie*

Während die vierte Dimension letztlich als eigenständiges Thema im Schatten der »höheren Welten« verschwand, hielt Steiner weiterhin Ausschau nach einer naturwissenschaftlichen Theorie, die sowohl die Dignität eines von der naturwissenschaftlichen Avantgarde abgesicherten Erkenntnisfortschrittes inkorporieren

---

[180] GA 324a,159 f. 165 f. 194 f. 198 f. 211.

sollte als auch ausreichend unabgeschlossen sein mußte, um den Mehrwert des Wissens, den die Theosophie zu erschließen behauptete, spekulativ integrieren zu können. Eine solche Konstruktion fand Steiner in der Relativitätstheorie, die er noch vor dem Ersten Weltkrieg mit der vierten Dimension korrelierte und später als deren funktionalen Ersatz präsentierte.

Die Plausibilität dieses Substitutionsprozesses erschließt sich vor dem Hintergrund von zwei antagonistischen Positionen am Ende des 19. Jahrhunderts: der weitverbreiteten Auffassung von der hohen Stabilität der klassischen Physik und der Behauptung der revolutionären Rolle der Quanten- und Relativitätstheorie. Die eine Position, die erst in den ersten Dezennien des 20. Jahrhunderts ihre hegemoniale Geltung verlor, dokumentierte Ende der 1870er Jahre der Münchener Physikprofessor Philipp von Jolly gegenüber dem jungen Max Planck (1858–1947), dem drei Jahre älteren Zeitgenossen Steiners. Von Jolly gehörte zu den Zeitgenossen, die die »Physik« für ausdiskutiert hielten und der deshalb Planck von einem Physikstudium abriet: Die Physik sei »eine hochentwickelte, nahezu voll ausgereifte Wissenschaft …, das System als Ganzes stehe ziemlich gesichert da, und die theoretische Physik nähere sich merklich demjenigen Grad der Vollendung, wie ihn etwa die Geometrie schon seit Jahrhunderten besitze«[181].

Die Gegenfraktion, zu der man in ihrer Selbstwahrnehmung auch die Spiritisten und Theosophen zählen kann, prognostizierte hingegen umstürzende neue Entwicklungen, die dann auch, wenngleich nicht in Konkordanz zu den Erwartungen von Okkultisten, kamen. 1873 legte James Clark Maxwell vier Grundgleichungen der Elektrodynamik vor, die nicht nur eine Vereinheitlichung der bis dato als eigenständig betrachteten magnetischen, optischen und elektrischen Phänomene boten, sondern auch eine Theorie des elektrischen Feldes beinhalteten, das neben der Materie zu einer kosmologischen Fundamentalkategorie avancierte. Spiritisten konnten diese Entdeckungen auf die von ihnen behauptete einheitliche Realität hinter physikalischen Phänomenen beziehen.

Wissenschaftshistorisch aber waren Maxwells Gleichungen ein wesentlicher Schritt auf die Quantentheorie hin, die Max Planck am 14. Dezember 1900 in der Berliner Physikalischen Gesellschaft erläuterte und die das Weltbild der Physik entgegen von Jollys Erwartungen revolutionierte, indem sie die bis zu diesem Zeitpunkt dominierende klassische Physik zugunsten der Quantenphysik relativierte und die 1926/27 – Steiner war zu diesem Zeitpunkt bereits verstorben – durch Niels Bohr und Werner Heisenberg in der »Kopenhagener Deutung« eine kohärente Deutung erhielt. Zum Kern des neuen Theoriekomplexes gehörten physiktheoretische Innovationen: Die Heisenbergsche Unschärferelation postulierte, daß Teilchen des Atoms sich nicht wie Gegenstände der klassischen Physik beobachten und messen ließen, da das Teilchen je nach Beobachtungssituation als Korpuskel oder Welle erscheint, und, so die »Kopenhagener Deutung«, daß »zwei Begriffe der klassischen Physik, die derselben Theorie angehören, (etwa ›Ort‹ und ›Impuls‹), ›nicht gleichzeitig benutzt werden können, gleichwohl aber beide benutzt werden müssen‹«[182]. Die Konsequenzen hinsichtlich der klassi-

[181] Max Planck, zit. nach: Geschichte der Naturwissenschaften, hg v. H. Wußing, 378.
[182] Carl Friedrich von Weizsäcker, zit. nach Link/Maul: Physik, 177.

schen mechanischen Physik waren auch in nichtmathematisierter Darstellung als revolutionäre Konsequenzen nachvollziehbar oder zumindest zu erahnen: Die makrophysikalisch faßbare Wirklichkeit in der Mikrophysik wird durch die Beobachtung überhaupt erst hergestellt. Damit war die klassische Unterscheidung in (Beobachtungs-)Subjekt und (Analyse-)Objekt aufgehoben; die diskontinuierliche »Komplementarität« von Korpuskel- und Wellenmodus des Teilchens hatte zur Folge, daß die Mikrowelt nicht mehr »analog der Makrowelt … als ein Ensemble von gegeneinander abgegrenzten Körpern« zu verstehen war[183]; aus der »Unschärfe« der Meßergebnisse folgte, daß sich Aussagen über ein Teilchen aufgrund der »Komplementarität« nicht mehr deterministisch, sondern nur noch statistisch formulieren lassen; und die Aufhebung des klassischen Determinismus relativierte Grundbegriffe der Physik, wie den der Kausalität.

Schließlich verließ die Physik mit der Quantenphysik vollends die Bereiche der anschaulichen oder lebensweltlich explizierbaren Zusammenhänge, die die vierte Dimension auch für Steiner noch zu besitzen schien. Die neuzeitliche Mediatisierung des Zugangs zur Wirklichkeit durch technische Geräte wurde in der Quantenphysik verschärft und Unanschaulichkeit durch Mathematisierung zur notwendigen Erkenntnisbedingung. Bilder und Sprache explizierten die gewonnenen Einsichten nicht mehr adäquat. Damit war die neue Einheit der Natur in der nachmechanischen Physik von der Lebenswelt durch eine hohe kulturelle Vermittlungsleistung getrennt. Zeitgenossen wie Max Born haben diesen Preis gesehen:

> »Das alte Streben nach Beschreibung der ganzen Welt in einer einheitlichen philosophischen Sprache ist unerfüllbar. Viele haben dies gefühlt, aber es ist das Verdienst der modernen Physik, die exakte logische Beziehung zwischen zwei scheinbar miteinander unverträglichen Beschreibungsweisen aufgezeigt und sie auf einer höheren Ebene in Einklang gebracht zu haben.«[184]

Gleichwohl versuchte Steiner, die Relativitätstheorie mit seiner Weltanschauung zu verbinden. Er hat sie nur selten (etwa in GA 324a,210f.) mit seinen früheren Theorien der vierten Dimension verknüpft, aber der Rückgang seiner Ausführungen über die vierte Dimension, die nach dem Ersten Weltkrieg, wie gesagt, nurmehr in Andeutungen und nur bei den »Fragenbeantwortungen« zum Thema wurde, fällt mit dem Anwachsen seiner Stellungnahmen zur Relativitätstheorie, die allerdings nie zu einem eigenständigen Vortragsthema wurde, ineins. Entscheidend ist jedoch die strukturelle Analogie: Vierte Dimension wie Relativitätstheorie sollten physikalische Verbindungsglieder zu den höheren Dimensionen des theosophischen Weltbildes bilden. Die »höheren Gebiete« (ebd., 169) in Zusammenhang mit der Relativitätstheorie zu thematisieren, war für Steiner konsequent, und allenfalls Details von Einsteins Theorie, etwa daß er sich genötigt gesehen habe, »den Äther überhaupt zu streichen« (ebd., 173 [1920]), wurden für Steiner zum Problem. An der prinzipiellen Analogie änderte dies nichts, und so haben denn auch die Herausgeber der Werke Steiners sinnvollerweise

[183] Tomberg: Naturphilosophie, 514.
[184] Born: Physik im Wandel meiner Zeit, 56; Äußerung aus den Jahren 1936/37.

die Äußerungen zur vierten Dimension und zur Relativitätstheorie zusammen veröffentlicht (GA 324a).

Steiners erste bislang nachgewiesene Bezugnahme auf die Relativitätstheorie datiert vom 27. November 1913, als er in einer kurzen Bemerkung ein neues Zeitverständnis in der Relativitätstheorie entstehen sah (GA 324a,133). Diese Äußerung besaß wissenschaftsgeschichtlich einen bemerkenswerten Vorlauf: Am 28. April 1912 hatte Einstein höchstpersönlich einen Vortrag Steiners besucht[185]. Irgendwelche Reaktionen Steiners sind nicht bekannt, aber Einstein äußerte sich eindeutig: »Der Mann hat offenbar keine Ahnung von der Existenz einer nichteuklidischen Geometrie.«[186] Mindestens ebenso bemerkenswert wie Einsteins Besuch ist das hinter solchen Aktivitäten aufscheinende intellektuelle Milieu im Vorkriegs-Prag, wo etwa im Salon Fanta, in dem Einstein regelmäßig und auch Kafka verkehrten, 1912 über die Relativitätstheorie diskutiert wurde[187]. Bei Steiner gibt es allerdings keinen Anhaltspunkt, daß aus diesem Besuch Anregungen für die Beschäftigung mit der Relativitätstheorie erwachsen wären. Steiners gewichtigste Auslassung, die zugleich die einzige schriftliche und systematische ist, stammt von 1918, als er sich in den von Terminen relativ freien Kriegsjahren offenbar mit der Relativitätstheorie beschäftigte; weder Intensität noch Quellen sind allerdings bekannt. In einem kurzen, dreiseitigen Text (GA 18,590–593) sah Steiner in der Relativitätstheorie das Ende jeglicher Ontologie. Raum und Zeit würden nur noch relational bestimmt (ebd., 590 f.). Die sei eine »Nichtigkeitserklärung einer jeglichen wirklichen Wissenschaft über die Natur« und das Ende der Mathematik, deren Wissenschaftlichkeit in der Fähigkeit gesehen worden sei, »unabhängig von der Naturbeobachtung die Gesetze des Raumes und der Zeit fest[zu]stellen« (ebd., 592). Steiner stimmte diesen Konsequenzen der Relativitätstheorie hinsichtlich des Menschen als einem naturalen Wesen explizit zu, er werde »innerhalb der Naturdinge und Naturvorgänge« »den Folgerungen dieser Relativitätstheorie nicht entgehen können« (ebd., 590–592). Doch dann folgte die entscheidende weltanschauliche Verknüpfung:

> »Man wird aber eben dadurch in Geist-Erkenntnis getrieben werden. In dem Erweisen der Notwendigkeit einer Geist-Erkenntnis, die unabhängig von der Naturbeobachtung auf geistigen Wegen gesucht wird, liegt das Bedeutsame der Relativitätstheorie. Daß sie so zu denken nötigt, macht ihren Wert innerhalb der Weltanschauungsentwickelung aus.« (ebd., 592 f.)

Diese Position hat Steiner nicht mehr revidiert, wenngleich seine Kritik an einzelnen Elementen der Relativitätstheorie zunahm und er seine Verständnisgrenzen deutlicher artikulierte, die letztlich dokumentieren, daß sein Horizont in wesentlichen Teilen der von Jollys klassischer Physik blieb[188]. Noch 1922 bestätigte

---

[185] Vgl. dazu Váňa: Rudolf Steiner in Prag, 17 f. Korrektur des falschen Datums bei Binder: Der Prager Fanta-Kreis, 132. Steiners Vortrag gilt als verloren, siehe Schmidt: Das Vortragswerk, 185.

[186] Halla: Anläßlich des Todes von Albert Einstein, hier nach Binder: Der Prager Fanta-Kreis, 132.

[187] Ebd.

[188] So hatte Steiner am 7. März 1920, drei Wochen vor seiner Beanstandung, daß Einstein den »Äther« gestrichen habe (s. o.), Einstein kritisiert, daß er die mechanischen Prinzipien auf das »Licht« (GA 324a,138) und auf das »ganze Weltsystem« (ebd., 139) angewandt habe. Dies seien »zwei prinzipielle Fehler« Einsteins (ebd.). Er könne den Gedanken, daß »eine Uhr mit Lichtgeschwindigkeit

er die prinzipielle Geltung seines theosophischen Überbaus mit Anklängen an die Theorie höherer Dimensionen: Im dreidimensionalen Raum sei die Relativitätstheorie »absolut richtig« (GA 324a,210), weshalb man sie erst vom »ätherischen Gebiet« aus kritisieren könne (ebd., 211), also von einer Ebene aus, die in der theosophischen Systematik noch unterhalb der Astralebene liegt, die er 1905 mit der vierten Dimension identifiziert hatte (s. o. 9.3.4b). Im »Geistigen« jedenfalls »hört die Gültigkeit der der Relativitätstheorie auf« (ebd., 212).

Die Konsequenzen des quantenphysikalischen Umbruchs und der von Einstein 1905 und 1914/15 entwickelten Relativitätstheorie hat Steiner in seiner Tragweite und insbesondere hinsichtlich der Relativierung seiner eigenen Position in der klassischen Physik wahrscheinlich nicht realisiert. Er hat selbst 1920 seine begrenzte Kompetenz anklingen lassen, als er Zuhörern gestand, sich »nur vorübergehend mit der Einsteinschen Theorie beschäftigt« zu haben (GA 324a,139); im übrigen hat er auch nicht zwischen spezieller und allgemeiner Relativitätstheorie unterschieden[189]. Schon die dominant populärwissenschaftlichen Quellen[190] dürften die Grenzen des Verstehens eng abgesteckt haben[191].

---

fortfliegt und wieder zurückkommt« »absolut nicht vollziehen«. »Und an den Stellen, wo Einstein auf solche Gedanken kommt, zeigt es sich bei ihm, daß er auf so prinzipiellen Fehlern fußt, wie diejenigen, die ich jetzt besprochen habe.« (ebd., 140) »Da kommen wir natürlich dahin, daß wir … jede Ausbreitung überhaupt, die eine Niveaufläche bildet, niemals so zu denken haben …, daß es irgendwo möglich ist, daß sich eine Entität ausbreitet und man sagen könnte, sie breitet sich ins Unendliche aus. Es kommt immer eine gewisse Sphäre, wo die Sache zurückprallt. … Es gibt kein solches unendliches System, das sich decken würde mit dem Begriff der Ausbreitung und sich dann im Wesenlosen zerstreute. … Nirgends, wenn man vom Licht spricht, hat man es zu tun mit etwas, das sich ausbreitet nach allen Seiten. Wir haben immer etwas, was man vergleichen könnte mit stehenden Wellen. Hier muß man die Formel suchen, nicht also in der gewöhnlichen Mechanik.« (ebd., 140 f.)

[189] Vgl. den Kommentar in GA 324a,261.

[190] In Steiners Bibliothek findet sich vornehmlich populäre Literatur zur Relativitätstheorie; vgl. Aus der Bibliothek Rudolf Steiners [Mathematik / Physik], hg v. R. Ziegler, 88–121. Mit Anstreichungen etwa Karl Bollerts' »Einstein's Relativitätstheorie« (1921) (ebd., 92); dies war ein Versuch, Kants Erkenntnistheorie mit Einsteins Relativitätstheorie zu verbinden. Theodor Busams »Der Irrtum Einsteins« (1921) ist ein schmales, populäres Heftchen, ebenso Gruners »Elemente der Relativitätstheorie« (1922) (»mit Anstreichungen, nicht aufgeschnitten«). Palágyis »Die Relativitätstheorie in der modernen Physik« (1914) (ohne Anstreichungen Steiners), ist eine populäre, weitgehend ohne Mathematisierung vorgenommene Darstellung der Relativitätstheorie. Palágyi akzeptierte sie, trachtet aber deren »Widersprüche« aufzuheben, etwa indem der »Äther« in einer »Korrelationstheorie« mit der Materie der Relativitätstheorie »entgegengesetzt« wurde (S. 71). Weitere populäre Veröffentlichungen in Steiners Bibliothek stammen von Max Hasse, Carl Madary, Joseph Petzold und von dem Anthroposophen Herrmann von Baravalle und der Anthroposophin Elisabeth Vreede (mit Anstreichungen).
Zur anspruchsvolleren Literatur gehören (die von Einstein gegengelesenen) philosophischen Erwägungen Ernst Cassirers »Zur Einsteinschen Relativitätstheorie« (1921), und Einsteins Aufsatz »Das Relativitätsprinzip« von 1911, sowie dessen 70seitige Broschüre »Über die spezielle und die allgemeine Relativitätstheorie gemeinverständlich« (1917), auf die Steiner sich häufig bezog (vgl. die Nachweise in: Aus der Bibliothek Rudolf Steiners [Mathematik / Physik], hg. v. R. Ziegler, 96 f.).

[191] Wie weit Steiner die Relativitätstheorie verstanden hat, möchte ich aufgrund meiner äußerst schwachen Kenntnisse der theoretischen Physik nur sehr zurückhaltend beantworten. Immerhin scheint er die Grenzen der klassischen Konstellation von Beobachter und Objekt gesehen zu haben, wie seine Auslassungen 1918 klarmachen. Gleichwohl eröffnen sich mit seiner realistischen Epistemologie beträchtliche Vereinbarkeitsprobleme, die er aber nicht zur Sprache brachte. Die Debatten um die Komplementarität von Korpuskel- und Wellenmodus klingen in Steiner Werk allenfalls indirekt an, etwa in den Formulierungen über die »stehenden Wellen« (siehe Anm. 188) und in der

Steiners Bezugnahmen auf die Relativitätstheorie machen klar, daß für ihn nicht deren physiktheoretische Merkmale zentral waren, sondern weltanschauliche Interessen im Mittelpunkt standen. Bemerkenswerterweise nutzte er sie dabei nicht als komplexitätsgesteigerte Theorie zur Beschreibung einer übersinnlichen Dimension, um die vierte Dimension zu überbieten. Hierin unterschied er sich etwa von Maeterlinck, der einige Jahre später zugunsten einer Aufhebung der vierten Dimension in der Relativitätstheorie argumentierte (s. o. 9.3.4a). Vielmehr grenzte er den Geltungsraum der Relativitätstheorie auf die dreidimensionale »physische« Welt (im theosophischen Verständnis) ein. Er depotenzierte mithin ihre Relevanz und machte seine »geistigen« Einsichten zum Maßstab ihrer Kritik.

Man kann hinter seinem Verständnis der Mehrdimensionentheorie und der Relativitätstheorie ein gewandeltes Verhältnis zu den Naturwissenschaften sehen: Das hohe Maß an Gemeinsamkeiten zwischen Naturwissenschaften und Theosophie, das in der identifikatorischen Bestimmung von »astraler Sphäre« und vierter Dimension 1905 seinen Ausdruck fand, war 1918 hinsichtlich der Relativitätstheorie einer Hierarchisierung gewichen, in der er die physikalischen Theorien von der »höheren« Warte der Theosophie beurteilte und relativierte, die damit ihrerseits dem naturwissenschaftlichen Zugriff entzogen war. Dahinter kann man eine Einsicht in die methodischen und inhaltlichen Differenzen zwischen Natur- und Kulturwissenschaften sehen, mit der sich Steiner von der euphorischen Hoffnung der okkultistischen Hochphase vor dem Ersten Weltkrieg, daß die Naturwissenschaften seine »Einsichten« bestätigen würden, verabschiedete (s. 7.8). Einen neuen Graben zwischen »Natur- und Geisteswissenschaft« gab es allerdings in Steiners Perspektive dadurch allenfalls zeitweise, da seine theosophische »Geisteswissenschaft« ihre regulative Funktion ausbaute und als absoluter Souverän von ihrer »höheren« Position aus allen anderen Erkenntnisbereichen ihre Grenzen zuwies.

## 9.4 Romantische Naturwissenschaft und Steiners Theosophie

### *9.4.1 Steiner und die Romantik*

Nach den bisherigen Analysen steht Steiner mit seinem Wissenschaftsverständnis im Problemhorizont des späten 19. und frühen 20. Jahrhunderts. Steiner selbst hat jedoch eine ganz andere Traditionslinie stark gemacht, seine Herkunft aus

---

Kritik am Verzicht auf den Äther. Fragen der Unschärferelation und des Determinismus kann man 1918 ebenfalls indirekt aufgeworfen sehen, sie sind aber in ihrem kritischen Potential gegenüber der klassischen Physik in der »übersinnlichen« Erkenntnis aufgehoben. Skeptisch macht Steiners Überzeugung, die Wissenschaftlichkeit der Mathematik sei durch die Relativitätstheorie in Frage gestellt, wo doch gerade ihre mathematisierte Explikation einen wesentlichen Teil ihrer Formulierbarkeit ausmacht.

Von Anthroposophen wird Steiners Darstellung und Deutung der Relativitätstheorie als relevanter Beitrag zur wissenschaftlichen Debatte gesehen und führen zumindest zur Behauptung der Konkordanz zwischen Steiners Theorie und den Ergebnissen der Relativitätstheorie (vgl. die Literaturangaben in GA 324a,259).

dem Goetheanismus des 18. und 19. Jahrhunderts, und angesichts seiner Tätigkeit als Herausgeber naturwissenschaftlicher Schriften Goethes ist dies auch plausibel. Da zudem ein romantischer Protagonist wie Novalis für ihn wichtig war oder er romantische Naturwissenschaftler wie Carus, Lotze, Oken oder Troxler des öfteren nannte, liegt es nahe, Steiner als Erben der romantischen Naturphilosophie zu betrachten. Anthroposophen haben diese Traditionsverknüpfung Steiners bereitwillig akzeptiert, und auch die wissenschaftliche Literatur ist diesen Vorgaben gefolgt[192]. Die strukturellen Ähnlichkeiten zwischen Steiners Weltbild und Grundzügen der romantischen Naturphilosophie liegen auf der Hand: auf der methodischen Seite etwa die Priorität einer idealistischen Theoriebildung vor der empirischen Verifizierung von Hypothesen und auf der inhaltlichen ein spirituelles Naturverständnis, oft in Verbindung mit einer vitalistischen oder pan(en)theistischen Metaphysik.

Gegen diese Einbindung erhob sich lange ein historiographischer Einwand: Die Tradition des romantischen Denkens galt seit der Mitte des 19. Jahrhunderts als abgebrochen[193]. Als symbolischer Einschnitt wurde Hegels Todesjahr 1831 und die dadurch beschleunigte Transformation des deutschen Idealismus angesetzt, aber letztlich verdrängt worden sei die romantische Naturphilosophie durch die höhere Plausibilität der empirischen Forschungswissenschaft und deren technischer Umsetzungen[194]. Daß diese für einen säkularen Trend zutreffende Beschreibung jedoch naturphilosophische Kontinuitäten ausblendet, hat jüngst Andreas Daum hinsichtlich der Popularisierung naturwissenschaftlicher Vorstellungen belegt und die »Beharrungskraft naturphilosophischen Denkens« mit ihrer religiösen Imprägnierung herausgearbeitet[195]. Auf diesem Hintergrund erschiene Steiners Einbettung in eine Traditionsgeschichte der romantischen Naturphilosophie weit weniger spektakulär. Die Wege der Traditionsbildung waren jedoch komplizierter, wie sich an den Protagonisten der romantischen Naturphilosophie in Steiners Denken zeigen läßt. Dazu bietet sich zum einen Goethe an, aber der war hier ambivalent: Die Verwandtschaft in wichtigen Vorstellungsbereichen – etwa im idealistischen, näherhin organologischen oder pantheisierenden Denken – ist evident, aber im Zentrum von Steiners Interesse standen erkenntnistheoretische und weniger naturphilosophische Fragen und vor allem:

---

192 Zur anthroposophischen Sicht vgl. Weiland: Goetheanismus und Anthroposophie, zur wissenschaftlichen Debatte Gebhard: »Der Zusammenhang der Dinge«, 495. 566 (sehr kritisch), und Fick: Sinnenwelt und Weltseele, 127f. Zur der wichtigen Studie Bannachs siehe Anm. 214.

193 Exemplarisch Hirschfeld: Romantische Medizin, 41: Sie laufe nur »bizarr, doch zeitunwirksam« weiter.

194 Vgl. Mandelkow: Goethe in Deutschland, I, 141–145. 181–188.

195 Daum: Wissenschaftspopularisierung, 29; vgl. auch ebd. 465–468, und oben 9.2.3. In der Literaturwissenschaft ist diese Tradition weit früher gesehen worden. Gebhardt: »Der Zusammenhang der Dinge«, 299, hat schon 1984 von der »materialistischen Rückkehr der Naturphilosophie« gesprochen, aber die darunter rubrizierten Vertreter – etwa Fechner, Haeckel und Bölsche – sind genau eines nicht, nämlich Materialisten. Demgegenüber ist meines Erachtens der romantische Schlüsselbegriff der »Weltseele« (so Fick 1993 in »Sinnenwelt und Weltseele«) eine zutreffende Vorstellung, die die Brücke zwischen der Romantik am Beginn des 19. Jahrhunderts und dem Romantizismus an dessen Ende schlägt. – Montgomery: The comparative Reception of Darwinism, 85f., realisierte, daß die Rezeption des Darwinismus ein Generationsproblem war und jüngere Wissenschaftler Darwin rezipierten, während die ältere Tradition weiterhin gelehrt wurde.

Die naturwissenschaftlichen Komplexe im engeren Sinn hat Steiner aus der Perspektive des späten 19. Jahrhunderts gedeutet.

Steiner selbst hat Hinweise gegeben, daß seine Bezüge zur Romantik nicht so stark waren, wie viele meinten. Den Terminus Romantik blendete er beispielweise aus[196], offenbar aufgrund der Konnotation der romantischen Subjektivitätsphilosophie mit Irrationalismus:

> »Die Romantiker sind die Erben des Fichteschen Gedankens von der Einzigkeit des Ich. Aber sie wollten dieses Ich nicht mit Vernunftideen und mit einem moralischen Glauben erfüllen wie Fichte, sondern beriefen sich vor allem auf die freieste, durch nichts gebundene Seelenkraft, auf die Phantasie.« (GA 18,210)

Dazu kam die Gegnerschaft der streng empirisch sich verstehenden Naturwissenschaft zur »romantischen« Naturphilosophie, die sich gerade um 1900 vom naturwissenschaftlichen Positivismus der Unwissenschaftlichkeit geziehen fand und wovon sich Spuren auch bei Steiner finden[197]. Damit ist die weitgehend akzeptierte Einstellung Steiners in die romantische und goetheanische Naturphilosophie keineswegs so eindeutig, wie es der Konsens von anthroposophischen Arbeiten und wissenschaftlicher Forschung unterstellt. Meines Erachtens ist die Verbindung zu dieser Denktradition dünn und in weiten Teilen nachträglich konstruiert, wie ich an Steiners Verhältnis zu den entscheidenden Protagonisten belegen werde.

### *9.4.2 Friedrich Wilhelm Joseph Schelling*

Wenn Goethe aufgrund von Steiners erkenntnistheoretischer Fokussierung nur eine mittelbare Brücke in die naturphilosophische Romantik bietet, so scheint Schelling (1775–1854) ein sicherer Traditionsweg zu sein. Schellings herausragende Bedeutung für die romantische Naturphilosophie ist unbestritten[198] und

---

[196] In den einschlägigen Nachschlagewerken zu Steiners Œuvre findet sich dieses Lemma nicht. Vgl. Arenson: Leitfaden; Karl: Handbuch; Mötteli u. a.: Übersichtsbände, II; mit einem Eintrag ausgesprochen marginal die Nennung bei Mötteli: Register zur Rudolf Steiner Gesamtausgabe. Sachwortregister, II, 1298. Teilweise handelt es sich aber auch um ein begriffliches Problem, weil die genannten romantischen Naturwissenschaftler als »Goetheanisten« firmieren und dann in diesem Kontext auftauchen.
Eine einheitliche Definition von Romantik und romantischer Naturphilosophie ist nur in einem weiten Rahmen möglich. Wandlungen wichtiger Topoi, etwa die Revozierung des Subjektivismus der Frühromantik oder die partielle Wendung vom demokratischen zu einem restaurativ-monarchischen Staatsverständnis in der späten Romantik, relativieren die Geltung enttemporalisierter Definitionen. Hinsichtlich der Naturphilosophie sind jedoch die idealistische Theoriebildung sowie ein organisches oder vitalistisches, oft religiös aufgeladenes Naturverständnis zentrale Merkmale.
Vgl. Gusdorf: Le romantisme, II, 359–691; zur Naturwissenschaft vgl. den Überblick von Rommel: Romantik und Naturwissenschaft; Durner / Moiso: Wissenschaftshistorischer Bericht zu Schellings naturphilosophischen Schriften.

[197] Oken habe sich beispielsweise nicht »möglichst rein an das Tatsächliche« gehalten wie Carl Ernst von Baer (GA 18,397).

[198] Zur Wirkungsgeschichte vgl. Hermann: Schelling und die Naturwissenschaften; Pieper: Schellings Wirkung im Überblick; Mende: Der Einfluß von Schellings »Princip«, 461–485.

wird auch für Steiner unterstellt[199]. Allerdings ist die Aufdeckung einer Schelling-Rezeption ein intrikates Unterfangen: Seine Wirkungen sind weitläufig, untergründig und indirekt vermittelt und deshalb oft schwer abgrenzbar. Für spezifisch naturphilosophische Fragestellungen kommt erschwerend hinzu, daß Schelling seine Vorstellungen über das Verhältnis von Natur und Geist, von Subjekt und Objekt im Laufe seines Lebens modifiziert und deshalb für unterschiedliche Natur(wissenschafts)konzepte Material geliefert hat. Auch im Blick auf Steiner ist es sinnvoll, Schellings Positionen und Veränderungen kursorisch zu rekapitulieren, da Steiner auf Werke aller Phasen Schellings zumindest zu sprechen kam.

Der junge Schelling bestimmte 1795 das Verhältnis von Ich und Welt in einer der mystischen Tradition entlehnten Metapher der »Anschauung«, und zwar des »Ewigen in uns«[200]. Die darin angelegte potentielle Konsequenz einer Identität von Subjekt und Objekt zog Schelling in den folgenden Jahren in seinem System absoluter, jeder Differenz vorgängiger Identität, beeinflußt von Spinoza und Giordano Bruno. »Die Natur soll der sichtbare Geist, der Geist die unsichtbare Natur seyn«[201], lautet einer der auch von Steiner vielzitierten Programmsätze dieser Phase (z. B. GA 18,213), in deren Konsequenz für ihn um 1800 die Lehre von einer (metaphorisch verstandenen?[202]) »Weltseele« und einem Panpsychismus lag. Nach den Polemiken Fichtes, insbesondere aber Hegels in der 1807 veröffentlichten »Phänomenologie des Geistes«, die kritisieren, daß Schellings System die Begründung von Differenz aus einer vorgängigen Einheit heraus nicht leisten könne, revidierte er seine Identitätsphilosophie durch die Konzeption einer ursprünglichen Differenz in der Einheit des Absoluten. Schelling löste sich von der Auffassung eines der Vernunft vollkommen intellegiblen Absoluten und entwarf eine negative Philosophie, in der nur das begrifflich Denkbare als Gegenstand der Erkenntnis des Absoluten erschien. Für seine Naturphilosophie bedeutete dies eine Distanzierung von der pantheistischen Konzeption seiner Jugendjahre hin zu einer der jüdisch-christlichen Tradition verpflichteten und durch kabbalistische Vorstellungen vermittelten Schöpfungstheologie[203]. Der späte Schelling löste sich zudem vom idealistischen Systemdenken und seinen binnenlogischen Konstruktionen und wandte sich der konkreten (»positiven«) Geschichte als Referenzraum philosophischer Reflexion zu, insbesondere in der »Philosophie der Offenbarung« (1842) und in der »Philosophie der Mythologe« (1845).

Steiners Auseinandersetzung mit Schelling wird erstmals 1881 gut greifbar. Im Winter dieses Jahres verfaßte er ein biographisches Dokument von eminenter Bedeutung. »Um 12 Uhr mitternachts« schrieb er einen intimen, konfessori-

199 Vgl. unten Text zu Anm. 214.

200 Schelling: Briefe über Dogmatismus und Kriticismus, 87; zum folgenden Coreth: Schelling, 33–50.

201 Schelling: Ideen zu einer Philosophie der Natur, 107.

202 So Schlette: Weltseele, v. a. 185.

203 Dazu Schulte: Zimzum bei Schelling.

schen Brief an seinen Freund Josef Köck[204] und berichtete von einer Erfahrung, die sich drei Nächte zuvor zugetragen habe[205]:

> »Lieber, getreuer Freund!
> Es war die Nacht vom 10. auf den 11. Januar, in der ich keinen Augenblick schlief. Ich hatte mich bis ½ 1 Uhr mitternachts mit einzelnen philosophischen Problemen beschäftigt, und da warf ich mich endlich auf mein Lager; mein Bestreben war voriges Jahr, zu erforschen, ob es denn wahr wäre, was Schelling sagt: ›Uns wohnt ein geheimes, wunderbares Vermögen bei, uns aus dem Wechsel der Zeit in unser innerstes, von allem, was von außen hinzukam, entkleidetes Selbst zurückzuziehen und da unter der Form der Unwandelbarkeit das Ewige in uns anzuschauen.‹ Ich glaubte und glaube nun noch, jenes innerste Vermögen ganz klar an mir entdeckt zu haben – geahnt habe ich es ja schon längst –; die ganze idealistische Philosophie steht nun in einer wesentlich modifizierten Gestalt vor mir; was ist eine schlaflose Nacht gegen einen solchen Fund!« (GA 38,13)

Der Weg zu dieser philosophischen Lebenswende läßt sich in Umrissen rekonstruieren. Steiner war zu diesem Zeitpunkt Student an der Wiener Technischen Hochschule. Der fast zwanzigjährige, weiterhin bei seinen Eltern in Oberlaa wohnende Hochschüler studierte seit dem Sommer 1879, also seit anderthalb Jahren. An die Universität hatte er nach eigenen Aussagen eine deprimierende Kant-Lektüre mitgenommen, aber schon mit Studienbeginn, möglicherweise seit dem Spätsommer 1879, Fichtes »Wissenschaftslehre« gelesen[206]. Mit dem Studium der naturwissenschaftlich-technischen Fächer war er 1880 in den Bannkreis Julius Schröers getreten und hatte im Verlauf der immer enger werdenden Beziehung auch einen Zugang zu Goethe gefunden. Als Lektüren lassen sich darüber hinaus Herbarts »Metaphysik«, Robert Zimmermanns »Ästhetik«, Haeckels »Generelle Morphologie«[207], aber auch Schriften des Kantianers Traugott Krug[208], Kants Nachfolger in Königsberg, ausmachen. Steiner stellte seine Lektüre gut fünfzig Jahre später als einen konsequenten und bewußten Weg von Kant zu Fichte dar[209], aber man kann diese Vielfalt von Schriften auch als zwar engagierte, aber richtungsoffene Suchbewegungen deuten[210], die man nicht von Zwischenstationen wie den Fichte-Aufzeichnungen aus dem Jahr 1879[211] oder der Schellingkonfession an Köck her deuten muß.

---

[204] Köck war ein Schulkamerad Steiners aus Wiener Neustadt, mit dem er in Wien in engeren Kontakt getreten war. Der Kommentar von GA 38,277 bezieht eine Stelle aus Steiners Autobiographie ohne Namensnennung (GA 28,61) auf Köck, aus der sich dann diese Informationen ergeben.

[205] Eine Provenienzangabe und Angaben zur Überlieferungsgeschichte des Briefes fehlen; gegen eine Echtheit sprechen vorderhand keine Gründe, allerdings wäre eine Prüfung dieses herausragenden Dokumentes sinnvoll.

[206] Vgl. Lindenberg: Steiner (Biographie), I, 59. 80 f.

[207] Ders.: Steiner (Chronik), 54.

[208] Ders.: Steiner (Biographie), I, 59.

[209] »Ich hatte es mit meiner Kantlektüre so weit gebracht, daß ich mir eine, wenn auch unreife Vorstellung von dem Schritte machen konnte, den Fichte über Kant hinaus tun wollte.« (GA 28,39)

[210] Lindenberg: Steiner (Biographie), 60, erhöht und rationalisiert die philosophischen Lektüren zu Studienbeginn zu einem Akt, in dem Steiner sich »einige Wochen Zeit« genommen habe, »sich über seine Gedanken klar zu werden«.

[211] Steiner: Über Fichtes »Wissenschaftslehre«.

Steiners emotionale Diktion im Brief an Köck legt aber offen, daß er mit dem Schelling-Erlebnis an einer wichtigen Zwischenstation angelangt war: Die »idealistische Philosophie« stehe nun »modifiziert« vor ihm. Ins Telos dieser Metamorphose setzte er Schellings Vision, das wahre »Selbst« zu erkennen und dort »das Ewige in uns anzuschauen«. Hatte Steiner in seiner damaligen Fichte-Interpretation noch das »reine«, nicht »empirische« Ich zwar als Fundament betrachtet, das gleichwohl »immer und immer nach rückwärts entschlüpft, wenn wir ihn ins Auge fassen wollen«[212], so hatte sich mit der Schelling-Lektüre Entscheidendes verändert. Steiner griff im Brief an Köck wieder die optische Metaphorik auf und wollte das, was er bei Fichte nicht »ins Auge fassen« konnte, nun mit Schelling ›in uns anschauen‹. Dies sollte nicht nur die Fundierung eines schwankenden Bodens in seinen epistemologischen Anstrengungen gegen Fichte sein, sondern wohl auch ein Versuch, Kants Erkenntniskritik zu entschärfen, die er als überflüssigen Graben zwischen Subjekt und Erkenntnisgegenstand gegeißelt hatte. Diese Deutung legt nicht nur Steiners philosophische Genese, sondern auch der Kontext dieser Schelling-Stelle nahe, in der Schelling kurz nach der von Steiner zitierten »intellectuellen Anschauung« den Zustand bezeichnet, in dem »das anschauende Selbst mit dem angeschauten identisch ist«[213].

Auf dieser »Konversionsgeschichte« beruht die Deutung Steiners als Schellingianer. Der Rückgriff auf den jungen Schelling läßt sich dabei als identitätsphilosophische (und antikantianische) »Modifikation« des deutschen Idealismus lesen, in der auch und gerade der spirituelle Monismus des Theosophen Steiner angelegt wäre. Diese Annahme einer überragenden Bedeutung Schellings steht hinter Klaus Bannachs bedeutender, systematischer Steiner-Interpretation[214]. Die romantische Naturphilosophie in der Gestalt von Schellings Konjunktion von Natur und Geist würde dann die Grundlage von Steiners Idealismus bilden und wäre auch die Matrix des theosophischen Monismus.

Diese These kann allerdings so nicht stimmen. Denn Steiner erfuhr seine umwälzende Erkenntnis an einem Text, der vor Schellings Wende zur »positiven« Naturphilosophie mit den »Abhandlungen zur Erläuterung des Idealismus der Wissenschaftslehre« 1797 liegt. Aber die Natur-Geist-Problematik, die im Pantheismus des jungen Schelling immerhin eine Brücke zu Steiners Monismen bilden könnte, interessierte Steiner offenkundlich nicht, er suchte vielmehr (und wie später wieder bei Goethe) seine erkenntnistheoretischen Probleme mit Schelling zu lösen. »Das Ewige in uns anzuschauen« war die Lösung auf eine epistemologische, nicht auf eine kosmologische Frage. Zudem fehlte in diesem Schelling-Text ein Widerlager, um den religionsgeschichtlich (im Sinne Schellings: »positiv«) begründeten kosmischen Spiritualismus der Theosophie an Schelling anzuknüpfen.

---

212 Ebd., 30.

213 Schelling: Briefe über Dogmatismus und Kriticismus, 88.

214 Bannach: Anthroposophie und Christentum. Der Schelling-Kenner Bannach sieht immer wieder Entsprechungen zwischen Schelling und Steiner, vgl. nur exemplarisch: Steiners »Kosmos ist ganz und gar vom Geist durchzogen. Das entspricht Schellings Idee von einer Weltseele« (S. 17), oder: »genau so« wie Schelling verstehe Steiner die Differenz von Natur- und Geisteswissenschaft (S. 116).

Ein zweiter, schwerer wiegender Befund tritt hinzu: Schelling, von Steiner sehr kritisch bewertet, spielte in Steiners Werk nur eine geringe Rolle, wie ein chronologischer Gang durch sein Werk belegt. Schon ein gutes halbes Jahr nach seinem Brief an Köck hielt er Schelling im Gegensatz zu Schiller zwar für »sehr scharfsinnig, aber nicht besonders *reich*« (GA 38,42). 1884 zieh er Schelling in einem Brief an Eduard von Hartmann eines »abstrakten platonischen Idealismus« (ebd., 107), 1887 kam Steiner im Rahmen von Goethes Quellen auf Schellings »Ersten Entwurf eines Systems der Naturphilosophie« (1799) ohne besondere Betonung zu sprechen (GA 1,225), und zwei Jahre später hagelte es wieder Kritik. Als »vollständig verfehlte Grundansicht« (GA 30,37) kritisierte Steiner in Schellings Kunstphilosophie den transzendenten Verweischarakter der Kunst, den er seines Anspruchs zu entkleiden suchte: »Die Kunst suche nur zu veranschaulichen, was die Wissenschaft unmittelbar in der Gedankenform zum Ausdruck bringt« (ebd., 38) – so Steiners Alternative. In der »Philosophie der Freiheit« forderte er dann 1893, Schellings Aussage, »die Natur erkennen, heißt, die Natur schaffen«, nicht zum Nennwert zu nehmen, denn dann werde man »wohl zeitlebens auf alles Naturerkennen verzichten müssen« (GA 4,48). 1897 wiederholte Steiner seine Kritik an Schellings Kunsttheorie (GA 5,82 f.). 1899, in der Hochphase seines Atheismus, wandte Steiner sich nochmals der Subjekt-Philosophie Schellings zu, jetzt auch unter Einbeziehung der Natur-Geist-Thematik:

> »In welcher Weise Schelling die Natur als eine materielle Ausgestaltung des Ich im einzelnen dargestellt hat, braucht hier nicht ausgeführt zu werden. Darauf kommt es in dieser Darstellung an, zu zeigen, in welcher Weise sich das Ich den Machtbereich wieder zurückerobert, den es im Verlauf der abendländischen Geistesentwickelung an ein selbstgezeugtes Geschöpf abgetreten hat. Deswegen können in diesem Zusammenhange auch die übrigen Schöpfungen Schellings nicht berücksichtigt werden. … Gleich wie Fichte kommt auch Schelling von der klaren Selbsterkenntnis wieder ab und sucht die aus dem Selbst fließenden Dinge dann aus anderen Wesenheiten abzuleiten.« (GA 30,140)[215]

Im Jahr 1900 erschien schließlich Steiners erster längerer Text zur Auseinandersetzung mit Schelling. Steiner hatte zur Jahrhundertwende für die Reihe »Am Ende des Jahrhunderts« eine Rückschau über die Philosophie des 19. Jahrhunderts übernommen. In diesem philosophiegeschichtlichen Abriß erhielt Schelling ein Pflichtkapitel unter der Überschrift »Die Klassiker der Welt- und Lebensanschauung«[216]. Dieser Text gibt allerdings keinen Aufschluß über Schellings Bedeutung für Steiner. Der entscheidende Grund liegt in der sprachlichen Konstruktion des Textes, in dem jeder Konjunktiv vermieden ist und die Indikative keine Differenzierung zwischen Darstellung und Wertung zulassen. Steiner referierte mit dem buchhalterischen Engagement eines Chronisten ohne Wertungen oder gar Emotionen, von ganz wenigen Stellen abgesehen, Werke Schellings aus allen Schaffenszeiten[217].

---

[215] Um 1900 oder vielleicht kurz davor findet sich das ambivalente Lob, Schelling habe durch die »Einseitigkeit« in der »Betonung auf der eigenen Kraft des Geistes« »gezeigt, zu welcher Gedankenhöhe der Mensch sich emporheben kann« (GA 33,20).

[216] Steiner: Welt- und Lebensanschauungen, I, 77–96, heute in GA 18,212–230.

[217] Vgl. den Anhang in GA 18,674 f.

Steiner setzte mit einer Metapher ein, die wieder an den erfahrungstheologischen Kontext des Briefes an Köck aus dem Jahr 1881 erinnert: Schelling als »Lichtblitz« (GA 18,212), als Erhellung der Philosophiegeschichte. Seinen systematischen Ausgangspunkt nahm Steiner jedoch in der schon in der »Philosophie der Freiheit« (GA 4,48) benutzten Aussage Schellings, daß über die Natur zu philosophieren soviel heiße, als sie zu erschaffen (GA 18,212), ohne diese Aussage allerdings so abzuqualifizieren wie 1893. Der Angelpunkt seiner Schelling-Deutung waren weiterhin epistemologische, nicht naturphilosophische Fragen, wenngleich die (bei Schelling unvermeidliche) identitätsphilosophische Problematik mehrfach vorkam[218]. Nur in erkenntnistheoretischen Fragen verstand sich Steiner ausnahmsweise zu einer pathetischen Formulierung:

> »In wahrhaft dithyrambischen Sätzen schildert Schelling das Gefühl, das in der Seele auflebt, wenn sie gewahr wird, daß ihr Leben nicht bloß ein individuelles, auf einen Punkt des Universums beschränktes ist, sondern daß ihr Tun ein geistig-allgemeines ist. Wenn sie sagt: ich weiß, ich erkenne – so heißt das in höherem Sinne: der Weltgeist erinnert sich an sein Tun vor dem Dasein der Dinge« (ebd., 220).

Man hat den Eindruck, als habe Steiner die Erkenntnistheorie Schellings in nietzscheanischer Einfärbung erneut gelesen[219]. Über den Verweis auf Schellings Kenntnisse von Jakob Böhme und die Kontakte zu Franz Baader in München kam Steiner auf Schellings Spätwerk, die »Philosophie der Offenbarung« und die »Philosophie der Mythologie«, zu sprechen (GA 18,227). Auch hier herrscht der neutrale Ton des Referats, doch scheint er Schelling zu kritisieren: »Ein persönlicher Gott, wie ihn Schelling in seiner späteren Zeit vorstellte, ist unberechenbar.« (ebd., 226) Im übrigen spielten die konkreten Inhalte, Schellings Wendung zu einer Philosophie der Geschichte, die als Anknüpfungspunkte an die (spätere) theosophische Verarbeitung der Religionsgeschichte nahegelegen hätten, keine Rolle. Steiner interpretierte am Übergang zu seiner theosophischen Phase Schellings Œuvre von den Frühschriften her, und die Deutung unterschied sich nicht von den Tendenzen, die im Anschluß an den Brief an Köck einsetzten und die Schelling-Interpretation über fast zwanzig Jahre kennzeichneten; sie waren nur, insbesondere 1899, atheistisch überformt. Im Blick auf die theosophischen Jahre ist immerhin bemerkenswert, daß Steiner möglicherweise schon 1899 das Spätwerk (»übrige Schöpfungen«) kannte, dann allerdings die Arbeiten zur Mythologie und überhaupt zur »positiven« Philosophie abgelehnt hätte.

Mit dem Eintritt in die Theosophische Gesellschaft änderte sich nichts an Schellings marginaler Stellung. Er erschien zumeist als Zwischenglied der Philosophiegeschichte in der Trias der deutschen Idealisten Fichte-Schelling-Hegel, so etwa schon 1901 (GA 51,60; GA 52,91; GA 192,21 u. ö.), manchmal ergänzt um Goethe, manchmal um Hölderlin. In dieser Konstellation hat Schelling in den folgenden 25 Jahren seinen Platz gefunden, was angesichts der fast vollstän-

---

218 »Natur und Geist« seien bei Schelling »eine und dieselbe Wesenheit in zwei verschiedenen Formen« (GA 18,214); »was unseren Augen tot und leblos erscheint, das stammt ursprünglich aus Geistigem« (ebd., 217); Schelling »machte nicht nur die menschliche Vernunft zu einer göttlichen, sondern den menschlichen Lebensinhalt zu der göttlichen persönlichen Wesenheit« (ebd., 228).

219 Ein Bezug zu Nietzsches Dionysos-Dithyramben läßt sich nur vermuten.

dig fehlenden Auseinandersetzung mit den philosophischen Ansprüchen seines Werks einem name-dropping nahe kommt. Auch dies sagt einiges über Schellings geringen Stellenwert für Steiner aus. Gleichzeitig kam es – in oft beiläufigen Ergänzungen – zu einer theosophischen Neujustierung. 1903 glaubte er, auch Schelling spreche von den großen Lehrern der Menschheit, die in der Theosophie »Meister« heißen, aber er sei »selbst kein Theosoph« gewesen« (GA 52,39). 1906 sah er Schelling »vom reinen Fichteanismus immer mehr zur Theosophie über[gegangen]« (GA 35,64), und 1910 bezeichnete er die Philosophie Schellings (sowie Fichtes und Hegels) als »nichts anderes, als das Resultat des sublimiertesten alten Hellsehens« (GA 121,179 f.). In dieser neuen Hochschätzung Schellings mußten alte Verdikte zum Problem werden. Als Steiner 1909 seine Veröffentlichung über »Goethe als Vater einer neuen Ästhetik« wieder auflegte, sah er sich zu einer historiographisch bemerkenswerten Ergänzung veranlaßt: Die Behauptung einer »vollständig verfehlten Grundansicht« aus dem Jahr 1889 (GA 30,37) in Schellings Ästhetik (s. o.) wollte er nur noch als Detailkritik bei prinzipieller Hochschätzung verstanden wissen (ebd., 46). Die Schriften zu Schellings »positiver« Philosophie, mit denen Steiner Schelling an den religionshistorischen Zugriff der theosophischen Tradition anschließen konnte, nannte er nun gelegentlich, interpretierte sie aber nicht intensiv[220]. Die »Philosophie der Offenbarung« geriet zu einer Bestätigung, daß das Christentum eine »Tatsache« sei (GA 332a,143 [1919]), so wie er auch in seiner programmatischen Christentumsschrift von 1902 getitelt hatte (GA 8).

Die offenbar einzige Ausnahme von der Reduktion Schellings auf Stichworte[221] war ein Kapitel in dem aus Vorträgen entstandenen[222] Buch »Vom Menschenrätsel« von 1916 (GA 20). Dessen Kontext waren Steiners Kriegsreden zur Stärkung des deutschen Selbstbewußtseins. Diese Funktionsbestimmung drückte sich etwa in der Interpretation der Bedeutung Böhmes für Schelling aus. Sah er sich 1900 bei Schelling nur an »Böhmes Anschauung« »erinnert« (GA 18,221), so deutete er jetzt Schelling als gelehrten Explikator Böhmes, als »ein Ergebnis des Volksgemütes selber« (GA 20,43): Schellings »Weltanschauung« sei das in seinem »Philosophengeist fortwirkende deutsche Volksgemüt des Görlitzer Schusters Jakob Böhme« (ebd., 46). Schelling erschien als Böhmes Adept, als ausführendes Organ der Tradition europäischer Esoterik und vor allem als respektabler Deutscher.

Dieses Schellingkapitel nahm seinen Ausgang wiederum in erkenntnistheoretischen Fragen und gipfelt in der These: »Geist in der Natur suchte Schelling durch die intellektuelle Anschauung.« (GA 20,41). Schellings spirituelles Naturverständnis stellte sich Steiner folgendermaßen vor:

---

[220] Vgl. nach der Nennung im Jahr 1900: 1904 »Philosophie der Mythologie« und »Philosophie der Offenbarung« (GA 34,535); 1917 (GA 273,97) und 1919 (GA 2385,201) »Über die Gottheiten von Samothrake«.

[221] Ins Jahr 1914 fällt noch der unveränderte Wiederabdruck von Steiners Schelling-Interpretation aus dem Jahr 1900 in den »Rätseln der Philosophie«. Der Verzicht auf Revisionen läßt sich, vergleichbar der Übernahme des Haeckel-Kapitels aus der Ausgabe von 1900 in der gleichen Veröffentlichung (s. o. 9.3.3c), mit der Übernahme struktureller Anknüpfungspunkte erklären.

[222] Lindenberg: Steiner (Biographie), II, 581.

> »Nun breitet er sich aus, dieser Leib des Weltengeistes, in seinen Zügen das offenbarend, was ihm einst das Geistige einverleibt hat, in seinem Werden und Weben die Gebärden zeigend, die Wirkungen des Geistigen darstellen [sic]. Vorangehen mußte dieses Geistwirken im Weltenleibe dem gegenwärtigen Zustande der Welt, damit er sich verhärte und im Mineralreiche ein Knochensystem, im Pflanzenreiche ein Nervensystem, im Tierreiche einen seelischen Vorläufer des Menschen zeuge. So ward der Weltenleib aus seiner Jugend in sein Alter eingeführt; das gegenwärtige Mineral-, Pflanzen- und Tierreich sind die gewissermaßen verhärteten Erzeugnisse dessen, was dereinst geistleiblich in einem Werden vollbracht wurde« (GA 20,41).

Hier wird deutlich, wie sich der Rekurs auf den frühen Schelling (der späte kam in dieser Veröffentlichung nicht vor) mit theosophischen Interpretamenten verschränkte. Das »Mineral-, Pflanzen- und Tierreich« als »verhärteter« Geist sind einerseits typisch theosophische Formulierungen, die allerdings Vorstellungen der romantischen Naturphilosophie – etwa in den organischen »Systemen« – so nahestehen, daß ihre sekundäre Verknüpfung nicht disparat wirkt. Daß hier kein Gedankengut Schellings vorliegt, hat aber selbst Steiner gespürt:

> »Diese Darstellung des Verhältnisses Schellings zur Natur ist gewiß nicht nur keine wörtliche, sondern nicht einmal eine solche in Vorstellungen, die Schelling selbst gebraucht hat. Doch bin in ich der Ansicht, daß man in solcher Kürze *treu* nur dann wiedergeben kann, wenn man den Geist einer Anschauung ins Auge faßt, und, um ihn auszudrücken, in Vorstellungen gebraucht, die in freier Art sich ergeben, um in wenigen Worten zu sagen, was die Persönlichkeit, von der man spricht, in einer Reihe ausführlicher Werke ausgesprochen hat. Die eigenen Worte dieser Persönlichkeit können, zu diesem Ziel gebraucht, deren Geist nur entstellen.« (GA 20,42)

Steiner sah in seiner Darstellung also eine Kurzfassung von Schellings weitläufigem Œuvre in dessen Geist. Die hermeneutische Klammer, daß Schellings eigene Worte zur kurzen Darstellung seiner Gedanken ungeeignet seien, öffnete allerdings der Uminterpretation Tür und Tor, und eben das war Steiners theosophische Einverleibung Schellings denn auch. Mit Schelling hat diese Naturphilosophie nur noch in einem strukturellen, nicht mehr Schelling-spezifischen Sinn zu tun.

In den weiteren Kriegsjahren und in der Nachkriegszeit entwickelte Steiner seine Schellinginterpretation nicht fort, justierte nur dessen Funktionalisierung nach. 1916 wurde Schelling – im Verein mit Fichte und Hegel – im genannten Kontext von Steiners Kriegsrhetorik nochmals als zentrale Bezugsgröße seiner »deutschen« Konzeption von Esoterik aufgerufen:

> »Was *Fichte*, was *Hegel*, was *Schelling* … gelehrt haben, das liegt weit hinaus über dasjenige, was die orientalische Weisheit, was das Brahmanentum enthält« (GA 167,279)[223].

1917 nutzte er Schelling zu einem Verdikt gegen die Theologie und wertete Schellings »Theosophie« als »eine Höhe, demgegenüber das später von der Theologie gedachte einen tiefen Abstieg darstellt« (GA 174[1],40). Seine ehemalige Heimat, die Adyar-Theosophie, erledigte er gleich mit: Ihre »theosophische Literatur« sei gegenüber Schelling »nur als etwas Vulgär-Triviales« zu verstehen (ebd., 279).

[223] Ähnlich GA 28,300.

1920 interpretierte er Schellings »Bruno« als »Vertiefung in die Mystik« (GA 322,125), 1922 relativierte er wieder einmal Schellings Bedeutung: »Es ist ja etwas ungeheuer Tragisches, daß diese kernigen, gewaltigen Denker, Fichte, Schelling, Hegel, doch eigentlich nicht bis zur Geistigkeit vordrangen.« (GA 213,124)

Wohin die theosophische Interpretation Schellings schlußendlich führte, dokumentiert ein Passus aus dem Jahr 1924. Schelling war zum Wegbereiter der Anthroposophie geworden: In seiner Vorstellung über das »Geistig-Seelische« habe etwas »einlaufen« können »in das Anthroposophische« (GA 238²,96). Schon in der Jugend sei ihm bei Schelling klar geworden (was er jetzt in anthroposophisch lesbarer Terminologie explizierte): »Da wirkt geistige Inspiration hinein« (ebd., 99). In Schellings »Bruno« sehe man, wie der Platonismus »fast auflebt«, und in der Schrift »Clara« spiele »die übersinnliche Welt eine große Rolle« (ebd., 97). Steiner kam auch auf Schellings Spätwerk zu sprechen, wobei er dessen Darstellung etwas mehr Raum gab als um 1900. In den »Weltaltern« sah Steiner »etwas drinnen wie eine Schilderung der [sic] alten Atlantis in ganz spiritueller Art« (ebd., 99), und am Schluß der »Philosophie der Offenbarung« gebe Schelling eine »großartige Interpretation« »der alten Mysterien« (ebd., 101 f.). Schellings »Wiedererwecken der alten Götterphilosophie« (ebd., 98) begründete Steiner mit einer Reinkarnationskette: Die »Individualität«, die in der Antike in Julian Apostata (und später in Herzeloyde und Tycho Brahe) inkarniert gewesen sei, habe auf Schelling »gewirkt« (ebd., 101).

Hier ist Schelling vollends in die Theosophie assimiliert, respektive teilweise in die Anthroposophie »eingelaufen«. Was noch 1916 ein »Fortwirken« Böhmes war, ist nun zu reinkarnatorischen Effekten geworden, wo eine »Individualität« auf Schelling »wirkt«. Bei der inhaltlichen Anbindung verzichtete Steiner wie schon 1916 (aber im Gegensatz zur Darstellung aus dem Jahr 1900) darauf, Schelling selbst durch Zitate zu Wort kommen zu lassen. Dies mag am Genus von Vortragsveranstaltungen liegen, die ein Zitieren längerer Passagen ohne Vorlagen schwierig machen; ganz stichhaltig ist dieses Argument allerdings nicht, da Steiner auf Vortragsreisen manchmal herausgetrennte Seiten aus Büchern mitnahm. Wahrscheinlicher ist, daß Steiner aus seinem angelesenen Fundus lebte und Schelling ohne Bezug auf primäre Texte theosophisch deutete. Der Zusammenhang mit Schelling bleibt jedenfalls ausgesprochen allgemein. Demgegenüber sind die theosophischen Inhalte relativ genau umschrieben. Atlantis und die Mysterienkulte besaßen in Steiners theosophischem Werk präzise Funktionsstellen, denen in Schellings Werken bestenfalls strukturelle Anknüpfungspunkte entsprachen. Dies scheint mir neben Steiners Hinweisen, Schelling früher gelesen zu haben – nämlich Schellings »Bruno« in seiner Jugend, die »Gottheiten von Samothrake« 1897, die »Philosophie der Mythologie« habe er wieder zur Hand genommen (GA 238²,99.101) – ein weiteres Indiz zu sein, daß man nach 1900 zumindest keine intensive Schelling-Lektüre vermuten darf, wenn er ihn denn überhaupt wieder gelesen hat. Steiners 1923/25 erschienene Autobiographie schließlich, die gerade die vermeintlich Schelling-intensive Jugendzeit weitläufig behandelt, bestätigt in dem nun nicht mehr überraschenden Befund, daß Schelling dort nur in marginalen Verweisen vorkommt (GA 28,40.168.300), die geringe Bedeutung Schellings für Steiner.

Diese Skizze von Steiners Schellingrezeption ermöglicht es, Steiners Verhältnis zur romantischen Naturphilosophie ex negativo zu präzisieren. Die naheliegenden und in der Literatur immer wieder angedeuteten Übereinstimmungen zwischen Schellings Naturphilosophie und Steiners theosophischer Kosmologie, die etwa Bannach zum Angelpunkt seiner systematischen Steinerinterpretation gemacht hat, erweisen sich als historisch unabhängige Deutungstraditionen: auf der einen Seite Schellings Korrelation von Natur und Geist, die spätestens nach Fichtes und Hegels Kritik hoch reflektiert antipantheistisch, aber monismusnah war und durchaus nichthegemoniale Traditionen rezipierte[224], auf der anderen Steiners pantheisierende Konjunktion von Natur und Geist innerhalb der idealistischen und später theosophischen Weltanschauung. Alle diese Konzepte liegen zwar systematisch nahe beieinander, weil sie die traditionelle Schöpfungstheologie der christlichen Tradition in identitätsphilosophischer Absicht fortschreiben (Schelling) beziehungsweise umschreiben (Steiner), aber historisch gibt es keinen Weg von Schelling zu Steiner. Steiners Schelling-Rezeption nimmt lebenslang ihren Ausgangspunkt in dessen erkenntnistheoretischen Fragestellungen, bei denen Steiner zudem zumindest vor 1900 naturphilosophische Themenbereiche aussparte. Dazu kommt, daß Steiner vor 1900, bis auf den herausragenden, aber solitären Erstbezug im Brief an Josef Köck von 1881, eine sehr kritische Schelling-Lektüre pflegte. Schellings Naturphilosophie und seine »positive« Philosophie schließlich traten erst nach der theosophischen Konversion in Steiners Blickfeld, aber ohne eine systematische Anverwandlung. Deren religionsgeschichtliche Verbindungsmöglichkeiten zur Theosophie scheint Steiner zwar realisiert zu haben, aber mehr als Stichworte (»Atlantis«, »Mysterienkulte«) hat er nicht aufgeworfen. Folglich kann sich Steiners theosophische Kosmologie nicht von Schelling herschreiben.

### *9.4.3 Weitere romantische Naturphilosophen*

Wenn Schelling als »romantischer« Inspirator Steiners ausfällt, muß dies noch nicht notwendig eine prinzipielle Trennung Steiners von der romantischen Naturphilosophie bedeuten. Steiner kannte jedenfalls eine Reihe weiterer Vertreter. Schon Raub hat auf »die vielen Parallelen zum Goethebild von Carus, Steffens etc., ohne daß darauf Bezug genommen wird«, verwiesen[225], und nach der theosophischen Wende blieben die Vertreter des »Goetheanismus« (GA 30,235 [1884]) für Steiner Exponenten einer spezifisch deutschen »mystisch-theosophischen Unterströmung«[226] (GA 35,63 [1906]). Welches Gedankengut sich bei diesen Goetheanisten von Goethe oder von Schelling herleitet, wäre ein eigenes Kapitel, eine Trennung zwischen Goetheanismus und einer davon differenten

[224] Vgl. Schulte: Zimzum bei Schelling.

[225] Raub: Rudolf Steiner und Goethe, 44. Der Zusammenhang ist kursorisch gesehen bei Dessoir: Vom Jenseits der Seele (61931), 454.

[226] Welches Gedankengut sich bei diesen Goetheanisten von Goethe oder von Schelling herleitet, wäre ein eigenes Kapitel.

romantischen Naturphilosophie ist jedenfalls, soweit sie nicht obsolet ist, intrikat. Die meisten dieser romantischen Naturphilosophen kamen auch nach 1900 nur mit marginalen Äußerungen in Steiners Werk vor[227], anderen, wie Novalis, wird zwar eine herausgehobene Stellung in der Theosophie zugewiesen, doch spielte er für naturphilosophische Fragen bei Steiner keine Rolle[228]. Aus diesem

[227] Eine historisch-kritische Aufarbeitung des Komplexes fehlt; hier nur einige Hinweise:
– Carl Gustav Carus (1789–1869) hat Steiner während seiner Zeit als Goethe-Editor kennengelernt. Nach 1900 kam Steiner überraschenderweise praktisch nicht mehr auf Carus zu sprechen. Bezeichnend dafür ist etwa Steiners Reaktion auf einen Waldorflehrer, der für die »Knochenlehre« auf Carus zurückgriff: Steiner ging in seiner Stellungnahme auf Carus nicht weiter ein (GA 300b,233 f.).
– Karl Franz von Eckartshausen (1752–1803) mit seinen Schriften »Kostis Reise« und »Die Hieroglyphen des Menschenherzens« hat Steiner 1918 genannt (GA 181,350). Sie seien geeignet, »die menschliche Seele für ein höheres Schauen aufzuschließen. Er hat auch das, was er Seelenleib nennt, sachgemäß und in schöner Weise beschrieben.« (GA 54,410). Frühere Stellen beinhalten nur Namensnennungen (z. B. GA 34,579 [1906]).
– Auch Joseph Ennemoser (1787–1854) kommt vor 1900 nicht vor. Er wird mehrfach kurz nach 1900 genannt. 1904 fiel schlicht sein Name (GA 53,293), 1906 firmierte er als Philosoph, »der auch Theosophie geschrieben hat, viel über Lebensmagnetismus mitgeteilt und auch über das Mysterienwesen einiges sehr Schönes in seinen Werken dargestellt hat, und der auch viel dazu getan hat, die griechische Mythologie im richtigen Licht zu zeigen« (GA 54,410). In der Philosophiegeschichte fehlt er in beiden Auflagen. 1919 war Ennemoser zum »deutschen Mystiker« avanciert, der in seinen »Schriften vieles enthält von dem, was durch den deutschen Geist … gegangen war« (GA 192,205).
– Gustav Theodor Fechner (1801–1897) wird relativ häufig bei Steiner erwähnt. Fechner ist ein komplexes Kapitel, als er metaphysikdistanziert oder gar -kritisch interpretiert werden kann (so Heidelberger: Die innere Seite der Natur). Fechner läßt sich aber auch als Spiritualist lesen, wenn er etwa Analogien zwischen dem menschlichen Individuum und der Erde herstellt (in seiner »Zend-Avesta«) und die Welt als Ganze als Äußerung eines höheren Geistes betrachtet, die ihn zu einer stark pantheisierenden Sicht und eine Allbeseelungslehre der Natur führt. Diese Eigenheit verband ihn ebenso mit Steiner (wenn man etwa an Steiners »Geistorganismus« denkt) wie die »ausgeprägte Neigung, Analogien zwischen Verschiedenartigem herzustellen« (so Röd: Traditionalistische und spiritualistische Strömungen, 293). Dabei argumentierte Fechner teilweise explizit christlich; neben einer Vielzahl von Bibelstellen bezog er sich auf die pantheisierend deutbare Passage in Apg 17,28, daß »also Gott im höchsten und allgemeinsten Sinne in uns lebt und webt und ist und wir in ihm«; Fechner Theodor: Drei Motive und Gründe des Glaubens, 171.
– Ernst Freiherr von Feuchtersleben (1806–1849) läßt sich in Steiners Œuvre erst 1914 nachweisen (GA $153^6$,39 [6.4.14]).
– Immanuel Hermann Fichte (1796–1879) kam 1894 nur als Herausgeber von Werken seines Vaters vor (GA 31,429), wurde aber 1916 unter der Rubrik »Eine vergessene Strömung im deutschen Geistesleben« mehrfach erwähnt; mehr als ein name-dropping war dies aber nicht (GA 20,63. 65. 68. 120. 166 f. 175). Engere Bezugnahmen wären angesichts von Fichtes Selbstverständnis als Theist (vgl. Hermann: Die Philosophie Immanuel Hermann Fichtes, 91–98) auch schwierig geworden.
– Gotthilf Heinrich von Schubert (1780–1860) wird ausgiebig mit einer Schelling-Interpretation zitiert (GA 20,39–41).
– Henrik Steffens (1773–1845) wird 1900 als Nachfolger Schellings erwähnt (GA 18,317), und 1916 (GA 20,31) und 1917 (GA $174^2$,279) genannt. 1923 widmete Steiner ihm eine ganz kurze biographische Skizze (GA 36,132).
– Karl Joseph Windischmann (1775–1839), ein zu Beginn des 19. Jahrhunderts vielgelesener romantischer Naturphilosoph, kommt offenbar nur an einer Stelle vor, er wurde 1914 neu in die Philosophiegeschichte aufgenommen (GA 18,341).

[228] Novalis (Friedrich Georg von Hardenberg, 1772–1801) spielte vor 1900 keine große Rolle, stieg aber danach zu einem Theosophen avant la lettre auf. Wurde er 1901 in Steiners »Welt- und Lebensanschauungen«, I, 75, noch kurz als »der liebenswürdigste der Romantiker« abgehandelt, war er 1914 in der Überarbeitung dieses Werks, zum theosophischen Offenbarungsträger mutiert: »Novalis

Grund analysiere ich nur drei besonders häufig genannte Vertreter auf die Option einer Theosophie aus dem Geist der Romantik intensiver.

*a. Lorenz Oken (1779–1851)*

Lorenz Oken (eigentlich: Ockenfuß) war als Mediziner und späterer Naturphilosoph Lehrstuhlinhaber in Jena, München, Erlangen und Zürich, außerdem Gründer der Gesellschaft Deutscher Naturforscher und Ärzte und Herausgeber der Zeitschrift »Isis«. Steiner kam 1884 anläßlich einer Goethe-Interpretation, »daß eine Grundform die Gestalt sowohl des Menschen sowohl wie der Tiere beherrsche« (GA 1,45), auf ihn zu sprechen. Steiner zitierte dann aus Okens »Lehrbuch der Philosophie«:

> »Das Tierreich ist nur *ein* Tier, d. h. die Darstellung der Tierheit mit allen ihren Organen jedes für sich ein Ganzes. Ein einzelnes Tier entsteht, wenn ein einzelnes Organ sich vom allgemeinen Tierleib ablöst und dennoch die wesentlichen Tierverrichtungen ausübt. Das Tiereich ist nur das zerstückelte höchste Tier: Mensch.« (GA 1,47)[229]

Steiner erläuterte, daß »bei jeder Tiergattung … einseitig ein Organsystem in den Vordergrund« trete, der Mensch hingegen, wie er mit Herder meinte, »*der große Zusammenfluß niederer organischer Kräfte sei*« (GA 1,48). Steiner explizierte damit die Vorstellung der organischen Einheit der gesamten belebten Natur in einem Gestaltkonzept.

1900 firmierte Oken bei Steiner als Nachfolger Schellings (GA 18,317), aber wichtiger wurde für Steiner in diesen Jahren ein weiterer Traditionszusammenhang: Schon 1899 war Oken zum Vorläufer der darwinschen Evolutionslehre geworden (GA 30,188, vgl. auch GA 18,374), 1901 näherhin zum Entdecker des unter Haeckels Namen bekannt gewordenen biogenetischen Grundgesetzes[230]. Mit dem Steiners Übertritt in die Theosophie wurde Oken häufiger erwähnt. So tauchte Oken 1906 / 07 in der Mikro-Makrokosmos-Spekulation (GA 97³,224 f.) oder als Evolutionsvertreter (GA 95,76) wieder auf. Als Steiner 1916 auf Oken zu sprechen kam, nahm er den Bezug auf Schelling wieder auf (GA 167,166) und brachte zugleich »die Idee: der Mensch ist zusammengefaßt aus dem gesamten Tierreich« (ebd., 166), wieder ein. Auch Oken wurde, wie Schelling, in den theosophischen Kontext eingebunden:

---

erfühlt, erlebt sich in der höheren Geistnatur. Was er ausspricht, fühlt er durch die ihm ursprüngliche Genialität wie die Offenbarungen dieser Geistnatur selbst.« (GA 18,211)

In einer großen Zahl von Äußerungen wurde Novalis theosophisch umgedeutet. Schon 1908 hatte Steiner aus den »Hymnen an die Nacht« »im umfassendsten Sinn gerade die Erkenntnis dieser geisteswissenschaftlichen [i. e. theosophischen] Wahrheiten« sprechen hören (GA 108,107). Novalis sei ein »Seher« gewesen, »er sah die Zeit, wo die Seelen der Pflanzen, der Tiere und der Menschen noch Genossen von göttlichen Wesenheiten waren« (ebd., 112). Und vor 1914 hatte Steiner Novalis als Reinkarnation des Elias sowie, des späteren Johannes des Täufers und nachmaligen Raffael integriert (GA 126⁵,110. 116 f. [1.1.1911]), womit Novalis zum Künder »des Christus« wurde (GA 108,120 [1908]; GA 143,180 f. [1912]; GA 133,93 [1912]).

[229] Die Gesamtausgabe weist als Fundort Okens »Lehrbuch der Philosophie« in der zweiten Auflage, Jena 1831, S. 389, nach, möglicherweise die von Steiner benutzte Ausgabe.

[230] GA 18,396. 399. 403; GA 30,581 f.

»Oken wollte aber das, was ich … angedeutet habe, aus der Geisteswissenschaft heraus, aus seiner genialen Intuition heraus den Menschen klarmachen. Er wollte zeigen, daß die einzelnen Teile, wie sie aus dem Ätherleib herausgebildet sind, eigentlich etwas mit den Formgestalten des Tieres zu tun haben. Das Ohr führte er zum Beispiel gerade auf eine Kombination von einem Storch und einer Maus zurück, aber die Zunge führte er zurück auf die Natur des Tintenfisches« (wobei Steiner an die Formähnlichkeit mit dessen Tentakeln dachte) (GA 167,167).

In diesem Zitat galt Oken weiterhin als Autor eines ästhetisch (in diesem Sinn: goetheanistisch) konzipierten Zusammenhangs der Natur, hier in analogen Organen von Mensch und Tintenfisch, in dem Steiner die Gestalttheorie Okens in theosophische Terminologie übertrug. Den Ätherleib, der das Spezifikum des Lebendigen sei und die mineralische Welt von Pflanzen und höheren Lebewesen trenne (GA 99,26), parallelisierte Steiner mit dem Gestaltprinzip. Aus einer Strukturanalogie, die man funktional als Prinzip des Lebendigen bei Ätherleib und Gestalt ausmachen könnte, wurde eine Homologie, in der das Gestaltprinzip in die Ätherleibvorstellung eingeordnet war und damit eine untergeordnete Position in Steiners Gesamtkonzept der Bereiche des Lebendigen erhielt.

Im Prinzip wiederholt sich die schon an Schelling ablesbare Interpretation naturphilosophischer Wissensbestände: Anschlußfähige Stellen hat Steiner aufgegriffen und in seine Theosophie integriert. Im Falle Okens müßte man wohl schärfer sagen: mit der theosophischen Ätherleibterminologie wurde Oken eine neue Begrifflichkeit übergestülpt. Eine konstitutive Funktion für die Formulierung von Steiners theosophischen Auffassungen ist auch hier nicht zu erkennen, die Indizien deuten auf nachträgliche Integration.

*b. Ignatz Paul Vitalis Troxler (1780–1866)*

Der Schweizer Arzt und Philosoph Ignatz Paul Vitalis Troxler, der ursprünglich Anhänger Schellings gewesen war, beanspruchte, eine grundlegende Naturphilosophie für die Medizin zu entwickeln[231]. Bei Troxler ist im Gegensatz zu anderen romantischen Naturphilosophen evident, daß Steiner ihn erst in theosophischer Zeit rezipiert hat. Er erwähnte ihn in seiner Philosophiegeschichte in der Ausgabe des Jahres 1901 nicht[232], so daß Steiner ihm keine Bedeutung zumaß, sollte er Troxler überhaupt gekannt haben[233]. Vor dem Ersten Weltkrieg ist er an höchstens vier Stellen nachweisbar[234], aber bei der Neubearbeitung seiner Philosophiegeschichte im Jahr 1914 erschien Troxler plötzlich als im »Ziel« der Theosophie verwandter Goetheanist (GA 18,344)[235]. Im Ersten Weltkrieg häuf-

---

231 Wiesing: Kunst oder Wissenschaft?, 214–229.

232 Steiner: Welt- und Lebensanschauungen. Troxler hätte dort, verglichen mit der Neuauflage von 1914, auf den Seiten II, 1–3 vorkommen müssen. In den Nachschlagemitteln zu Steiners Werken ist Troxler vor 1900 nicht nachgewiesen.

233 Bezeichnenderweise findet sich eine längere Besprechung von Troxler im Jahr 1916 (GA 20,65–70) unter der Überschrift »Eine vergessene Strömung im deutschen Geistesleben« (ebd., 58).

234 Als schlichte Information, die auf keinerlei intensive Beschäftigung schließen läßt, wird Troxler genannt in GA 35,216 (1906), GA 34,579 (1906) und in GA 130[4],221 (1912); Steiner verweist noch auf eine nicht mehr verifizierbare Nennung im Jahr 1911 (vgl. GA 130,351).

235 Über die von Steiner für diese Passagen wirklich gelesenen Werke Troxlers könnte nur ein Blick in seine Bibliothek und die Anmerkungen oder Anstreichungen in Büchern Auskunft geben. Ob

ten sich dann die Bezüge. Der Grund für die Karriere Troxlers liegt in seiner Benutzung des Begriffs »Anthroposophie«, und der wiederum wurde auf dem Hintergrund der theosophischen Vereinsquerelen für Steiner zu einem elektrisierenden Stichwort: Am 28. Dezember 1912 hatte er ja die Theosophische Gesellschaft in Anthroposophische Gesellschaft umgetauft. Die Bezüge auf Troxler und dessen Anthroposophie stellte Steiner mithin in dem Augenblick her, als er die Namensgleichheit für die Behauptung einer europäischen Tradition der neu gekürten theosophischen Anthroposophie verwenden wollte und als sein theosophisches Weltbild in seinen Grundzügen ausgebildet war. Deshalb kann man eine Abhängigkeit Steiners von Troxler ausschließen.

Die von Steiner behaupteten Überschneidungen und Kompatibilitäten zwischen seiner Theosophie (Anthroposophie) und Troxlers Anthroposophie folgten dem schon bei Schelling und Oken erhobenen Muster. Der Begriff der Anthroposophie war in Troxlers »Naturlehre des menschlichen Erkennens« als Erkenntnistheorie[236] und insofern als »Ur- und Grundphilosophie« konzipiert[237]; schlußendlich sei die »Anthroposophie« die »höchste Naturphilosophie«[238]. In dieser Perspektive deckte sich Troxlers Entwurf zumindest mit Vorstellungen des späten Steiner, der in Äußerungen der zwanziger Jahre Anthroposophie ebenfalls als Erkenntniskonzept verstanden wissen wollte[239]. Doch in den Details brechen die Unterschiede zwischen Troxler und Steiners theosophischem Denken auf. Troxler wies als Quelle der Philosophie »diesen dem Menschen eingebornen und von dem Menschen aus sich zu entbindenden Geist« aus[240]. Bei allen neuplatonischen Anklängen blieb Troxler damit, wie er explizit betonte, der Tradition einer spezifisch christlichen »Theosophie« verpflichtet[241]. Die daraus folgenden Differenzen zur Adyar-Theosophie zeigen sich etwa einer Passage aus Troxlers »Vorlesungen über Philosophie« von 1835:

> »Wenn es nun höchst erfreulich ist, daß die neueste Philosophie ... in jeder *Anthroposophie,* also in Poesie wie in Historie sich offenbaren muß, emporwindet, so ist doch nicht zu übersehen, daß diese Idee nicht eine Frucht der Spekulation sein kann und die wahrhafte Persönlichkeit oder Individualität des Menschen weder mit dem, was sie als subjektiven Geist oder absolute Persönlichkeit diesem gegenüberstellt, verwechselt werden darf.«[242]

---

Steiner die von den Kommentatoren der Gesamtausgabe genannten Werke Troxlers, die »Blicke in das Wesen des Menschen« und »Naturlehre des menschlichen Erkennens« (GA 312,386 [1920]), neben der nachweisbaren Lektüre »Vorlesungen über Philosophie« (s. u.) gelesen hat, muß vorerst offen bleiben.

236 Vgl. Troxlers Kennzeichnung seiner Anthroposophie als Forderung, »das menschliche Erkennen aus sich selbst zu erkennen«; dies sei eine »Anthroposophie, welche Anschauung und Gegenstand in sich hat«; Troxler: Naturlehre des menschlichen Erkennens, 16.

237 Ebd., 8.

238 Ebd., 97.

239 Vgl. GA 26[10],14: »Die Anthroposophie ist ein Erkenntnisweg, der das Geistige im Menschenwesen zum Geistigen im Weltenall führen möchte.«

240 Troxler: Naturlehre des menschlichen Erkennens, 7.

241 Ebd., 83 f.

242 Troxler, Vorlesungen über Philosophie, 101; Zit. bei Steiner GA 35,216.

In dieser ›Gegenüberstellung‹ betonte Troxler die Differenz zwischen Gott und Mensch in der Tradition christlicher Theologie gerade dort, wo sie Steiner in seiner Theosophie pantheisierend relativierte. Bezeichnenderweise zitierte Steiner diese Passage, ohne auf mögliche Spannungen zu sprechen zu kommen.

Auch in der Anthropologie suchte Steiner Troxler als Vorläufer der Anthroposophie zu deuten. Troxler habe (wie Johann Gottlieb Fichte und auch sein Sohn Immanuel Hermann) vom »ätherischen Leib« (GA 168,67) gewußt, so Steiner 1916. Im Hintergrund dieser Behauptung stehen Sätze von Troxler wie der folgende, den Steiner mehrfach zitierte:

> »Schon früher haben die Philosophen einen feinen, hehren Seelleib unterschieden von dem gröberen Körper, oder in diesem Sinne eine Art von Hülle des Geistes angenommen, eine Seele, die ein Bild des Leibes an sich habe, das sie *Schema* nannten und das ihnen der innere höhere Mensch war«[243].

Steiner konnte gar an diesem Satz die Anthroposophie als Erfüllung von Troxlers Konzeption proklamieren[244]:

> »Der Zusammenhang, in dem diese Worte bei Troxler stehen, und dessen ganze Weltanschauung bezeugen, daß man bei ihm Bestrebungen sehen darf, die sich durch eine Geisteswissenschaft im Sinne dieser Schriften erfüllen lassen.« (GA 35,216)

Aber an anderer Stelle erschien Troxler im gleichen Jahr nur »wie eine Art Vorbote« (GA 171,334), der »in gewissen Ideen« auf Anthroposophie »hingearbeitet« habe (ebd., 338).

Letztlich hat Steiner anthropologische Differenzen zu Troxler nicht einmal als Möglichkeiten erwogen. Steiner sanktionierte die theosophische Schichtenanthropologie in Troxlers Unterscheidung von »hehrem Seelleib« und »gröberem Körper«, ohne die dualistische Konstruktion der theosophischen Anthropologie, in der die Körperhüllen austauschbare Elemente sind, mit Troxlers monistischer Anthropologie zu vergleichen, in der die feinstofflichen Körper Konstituenten des Menschen waren. Die Geschichte des feinstofflichen Körpers in der Geschichte der europäischen Anthropologie (s. 7.2 [April 1904]) hätte zwar ein Anlaß sein können, über genetische oder strukturelle Beziehungen zwischen Troxler und der Theosophie nachzudenken (vergleichbares gilt für die siebenteilige Anthropologie Troxlers[245]), doch lagen diese Optionen nicht im Bereich von Steiners Interessen. Vermutlich hatte Steiner auch kaum nähere Kenntnisse über Troxler und seine historischen Kontexte. Ein Versuch, sich zumindest über die Biographie Troxlers zu informieren, scheiterte jedenfalls. 1920 berichtete Steiner, er habe »mit einem Freunde« »in dem Lexikon, das viele Dinge verzeichnet

---

[243] GA 18,344 [1914]; diese Zitate bei Troxler: Vorlesungen über Philosophie, 87.

[244] Eine drittes Mal hat Steiner diesen Satz einen guten Monat später, am 22.2.1916 zitiert (GA 168,222).

[245] Auch in der siebenteiligen Anthropologie Troxlers ließen sich formale Ähnlichkeiten ausmachen, der zwischen »1. dem Körper, 2. dem Leib, 3. der Seele, 4. der leidenden Sinnlichkeit, 5. der tätigen Sinnlichkeit, 6. dem Gemüt, 7. dem Geist« unterscheidet; Güntensperger: Die Sicht des Menschen bei Ignatz Paul Vital Troxler, 77 f. Allenfalls in der Polarisierung von Körper und Geist gibt es allerdings strukturelle Ähnlichkeiten mit Steiners Modell. Das Gemüt als innere und die Sinnlichkeit als äußere Mitte (so Güntensperger, S. 78) sind Steiner fremd.

aus der Geschichte der Universität [Bern], bei Troxler nur herausfinden [können], daß er sehr viele Krache mit der Universität gemacht hat« (GA 312,34). Per saldo verdrängte die Behauptung einer Tradition europäischer Esoterik deren historisch-kritische Prüfung.

Die Methodik von Steiners Traditionskonstruktion läßt aufgrund der selten deutlichen Lage bei der Rezeption Troxlers genauer als an vielen anderen Stellen bestimmen (und deren Ergebnisse gelten m. E. nicht nur für die naturphilosophische Dimension). Steiners Anschlüsse an Troxler sind homologe Interpretationen analoger Phänomene. Steiner amalgamierte keineswegs beliebige Versatzstücke, sondern wählte gezielt »augenscheinlich« adaptierbare Vorstellungen wie den wortgleichen Anthroposophiebegriff oder die strukturelle Ähnlichkeit im Menschenbild aus. Diese an der Gegenstands«oberfläche« sichtbaren Übereinstimmungen kontrollierte Steiner aber nicht auf ihre Reichweite in die Tiefe von Troxlers Vorstellungen hinein. Die materialen Differenzen innerhalb formaler Übereinstimmungen blieben damit ausgeblendet, mögliche Widersprüche kamen – ob bewußt oder unbewußt, bleibe dahingestellt – nicht in den Blick. Aus Überschneidungen formaler Details folgerte Steiner die grundsätzliche Integrationsfähigkeit Troxlers, aus strukturellen Ähnlichkeiten wurden materiale Übereinstimmungen. Je weiter man sich allerdings von den Ähnlichkeiten an der »Oberfläche« entfernt, um so schmaler werden die Segmente möglicher Übereinstimmungen. Weil keine Homologien mehr vorliegen, und dies ist bei Troxlers Anthroposophiebegriff und seiner Anthropologie der Fall, deutete Steiner analog interpretierbare Elemente in Homologien um.

Demgegenüber stimmt Peter Heussers Auffassung, »die von Troxler angestrebte Anthroposophie ist als eine Vorläuferin der von Steiner entwickelten Anthroposophie zu betrachten, obwohl diese völlig unabhängig von ihr entstanden ist«[246], nur im zweiten Teil der Aussage. Troxler ist kein Vorläufer, sondern ein nachträglich integrierter Denker. Heusser folgte Steiners Vorgaben und einer unter Anthroposophen verbreiteten Interpretation des Verhältnisses von Troxler und Steiner[247]. Heusser hat denn auch selbst gesehen, daß sich »inhaltlich gesehen« »zwischen der Anthroposophie Troxlers und derjenigen Steiners nur sehr begrenzt Vergleiche anstellen« lassen[248]. Troxlers weltanschauliche Position hat Albert Güntensperger in ganz anderen Traditionen verortet: bestimmend sind der idealistisch-romantische, aber auch der neuplatonische und nicht zuletzt der pietistische Hintergrund[249].

Immerhin führte Troxlers Sonderstellung bei Steiner in anthroposophischen Kreisen zu einer intensiven Beschäftigung mit diesem Romantiker und zur Neu-

---

246 Heusser: Der Schweizer Arzt und Philosoph Ignatz Paul Vital Troxler, 333; vgl. auch Heussers weitere Behauptungen einer Geistesverwandtschaft zwischen Troxler und Steiner ebd., 333–337. Vergleichbare Differenzen gelten m. E. auch für den Versuch, bei Troxler und Steiner gleichlautende Begriffe wie denjenigen der »Meditation« auf inhaltliche Homologien hin zu interpretieren (ebd., 335).

247 Vgl. nur exemplarisch zu weiteren anthroposophischen Troxler-Deutungen Lauer in: Widmer / ders.: Ignatz Paul Vitalis Troxler, 191. Lauer sieht »eindeutig« eine »wesentlichste [sic] geistige Verwandtschaft« zwischen Troxler und Steiner.

248 Heusser: Der Schweizer Arzt und Philosoph Ignatz Paul Vital Troxler, 335.

249 Güntensperger: Die Sicht des Menschen bei Ignatz Paul Vital Troxler, 12–25.

ausgabe einer Reihe von Troxlers Schriften; Naturwissenschaftshistoriker sprechen sogar von einer durch Steiner in die Wege geleiteten Wiederentdeckung Troxlers[250].

*c. Rudolf Hermann Lotze (1817–1881)*

Lotze noch zu den romantischen Naturphilosophen zu rechnen, ist aufgrund seiner späten Geburt, die ihn immerhin zwanzig Jahre in die Lebenszeit Steiners hineinragen ließ, vielleicht überraschend, doch gehört er in die Tradition des organistischen Naturdenkens und dokumentiert in seiner vermeintlichen »Verspätung« gerade die oft übersehene Kontinuität der romantischen Naturphilosophie. Auch Lotze gehört zu denjenigen, die Steiner erst nach seiner Konversion zur Theosophie positiv entdeckte; vor 1900 gibt es nur marginale Hinweise mit kritischem Unterton[251]. In seiner atheistischen Phase um 1900 verriß er ihn sogar gnadenlos bei dem Versuch, den Materialismus Karl Vogts auf ein festes Fundament zu stellen: »Theologisierende Philosophen, wie zum Beispiel Lotze, haben unerhörtes Unglück angerichtet.« (GA 30,420) Hätte Vogt seinen Materialismus besser begründet – »nein, Vogt der Dicke hätte sagen müssen, die Gedanken verhalten sich zu den Gehirnvorgängen wie die bei einem Reibungsvorgang entwickelte Wärme zu diesem Reibungsvorgang« – »dann hätte der biedere Struwwelpeter Lotze nichts einwenden können.« (ebd., 421)

Konsequenterweise behandelte Steiner Lotze 1901 in seiner Philosophiegeschichte des 19. Jahrhunderts nur kritisch. Er sei, obwohl »von der Naturwissenschaft ausgegangen«, »abseits [zu] stellen von dem Strome moderner Gedankenentwickelung«. Lotze wie Fechner gingen »abseits ihre Wege, fast eigensinnig überhörend, was um sie herum vorgeht. Es tönt etwas zeitfremdes aus ihren Meinungen heraus.«[252] Eine solche Bewertung war mit den gewandelten Vorstellungen des Theosophen Steiner natürlich nicht mehr kompatibel, er tilgte sie 1914 bei der Neuauflage seiner Philosophiegeschichte[253]. Den weiter nutzbaren Konsensbereich hat Steiner hingegen stehenlassen:

> »Weil aber alle Dinge in ihrem Innern ein Gemeinsames aufweisen müssen, so muß ihnen allen auch mit unserer Seele das gemeinsam sein, was deren innersten Kern ausmacht. Wir dürfen daher uns das Innere der Dinge ähnlich der Beschaffenheit unserer eigenen Seele vorstellen. Und der Weltgrund, der als das Gemeinsame aller Dinge waltet, kann von uns nicht anders gedacht werden, denn als eine umfassende Persönlichkeit nach dem Bilde unserer eigenen Persönlichkeit.« (GA 18,507)

Die Interpretation Lotzes als Möglichkeit, die Welt nach dem Maß der eigenen Persönlichkeit zu denken, die 1901 ein Nachhall der hochindividualistischen Phase kurz zuvor war, ließ Steiner allerdings stehen. Als Anthroposoph konnte Steiner eine solche Stelle einer Relecture unterziehen und als monistische Er-

---

250 Drewsen: Rez. Heusser, Der Schweizer Arzt und Philosoph Ignatz Paul Vital Troxler.

251 Die früheste mir bekannte Erwähnung stammt aus dem Jahr 1892/93, wo er Lotze wegen dessen Hochschätzung philosophischer Erkenntnistheorie kritisierte (GA 30,48). 1897 (ebd., 540) und 1898 (ebd., 368) hat Steiner ihn nur kurz als Ästhetiker genannt.

252 Steiner: Welt- und Lebensanschauungen, II, 154.

253 Sie hätten stehen müssen in GA 18,503.

kenntnistheorie lesen, in der der »Weltgrund« aus theosophischer Tradition materialiter neu besetzt war und in der das Subjekt sich als dessen Erkenntnisort bestimmen ließ.

Diese Deutung der von Steiner 1914 vorgenommenen Reinterpretation Lotzes läßt sich nicht aus den »Rätseln der Philosophie« (GA 18) in dieser Klarheit entnehmen, wird aber durch Steiners Lotze-Interpretationen aus den umliegenden theosophischen Jahren bestätigt. 1904 etwa erwähnte er Lotze in seiner »Theosophie«, um plausibel zu machen, daß der Mensch Empfindungsorgane für übersinnliche Wahrnehmungen besitze[254]. Die Religionsphilosophie Lotzes, die er um 1914 herum kennen- oder schätzengelernt haben dürfte[255], war für Steiner Anlaß, Lotze als dezidiert religiösen Denker zu kennzeichnen, der »geistige Tiefe genug« gehabt habe, »um sich eben von der Welt überzeugen zu lassen, daß man von einem Göttlichen, das die Welt durchdringt, sprechen kann«; davon rede Lotze aber nicht in der Weise, daß man es »mit dem Christus-Namen bezeichnen könnte«[256]. Diese eindeutigen Formulierungen machen den Wandel von Steiners Lotze-Interpretation klar: Auch Lotze konnte zum Vordenker von Steiners religiösem Monismus in die Anthroposophie eingemeindet werden.

Die Angemessenheit von Steiners Interpretation wäre auch hinsichtlich Lotzes ein eigenes Kapitel. Für Lotze waren Welt und Geschöpfe zwar eine Äußerung Gottes respektive der unendlichen Substanz und wurden nicht als geschaffene Entitäten verstanden, sondern als »ihre Wirkungsweise, nicht ihr Product«[257]. In dieser pantheisierenden Tendenz wollte Lotze auch eine Allbeseelung der Natur nicht ausschließen, um »hinter der ruhigen Oberfläche der Materie … die Wärme einer verborgenen geistigen Regsamkeit zu suchen«[258]; hier liegen Anknüpfungsstellen an Steiners Kosmologie. Aber letztlich wies Lotze einen pantheistischen Spinozismus von sich und verstand den göttlichen Grund als einen personalen[259]. Auch in der beanspruchten Reichweite des Denkens unterschied sich Lotze von Steiner. Daß das Innere des Geistes dem Denken »durchaus unfaßbar« bleiben könnte, hat Lotze gesehen: »Der Geist und sein Leben ist mehr als Denken«[260].

### *9.4.4 Rezeptionsstrukturen romantischer Naturphilosophie*

Steiners Theosophie besaß nur eine Wurzel in der romantischen Naturphilosophie: Goethe (soweit man ihn der Romantik zuordnen will). Sein organologischer Pantheismus korrespondierte mit dem Geistmonismus der Theosophie, und sein Entwicklungsdenken ließ sich in Evolution umdeuten, um (bei allen Anfragen an die Angemessenheit der dahinter stehenden Goetheinterpretation) nur zwei Beispiele zu nennen. Diese Rezeption besaß zwei signifikante Merk-

---

254 GA 9,91; Erstauflage 1904, S. 65 f.
255 Sie kommt in GA 18 nur in einem Nachtrag aus dem Jahr 1914 vor (S. 508 f.)
256 GA 1534,128 (12.4.1914) und GA 175,205 (10.4.17).
257 Lotze: Mikrokosmus [sic], III, 585.
258 Ebd., I, 395.
259 So Röd: Traditionalistische Strömungen, 300.
260 Lotze: Mikrokosmus, II, 160.

male: Den jungen Steiner interessierten an Goethe diese naturphilosophischen Elemente nur sekundär, vielmehr nutzte er ihn primär als Projektionsfläche seiner erkenntnistheoretischen Erwägungen; hier dachte Steiner im Kontext des Neukantianismus des späten 19. Jahrhunderts (s. o. 9.3.2a). Ein zweiter Punkt ist folgenreicher: Steiner entnahm Goethe Strukturen der Naturinterpretation: Antimaterialismus, Evolution der Natur, überhaupt die religiöse Aufladung des Kosmos waren derartige Anschlußstellen. Aber die konkreten Inhalte lieferten Steiner um 1900 populäre Naturwissenschaftler wie Haeckel, nach 1900 war die theosophische Literatur seine entscheidende Lieferantin, von der Evolution des Kosmos bis zur sozialdarwinistischen Geschichte der Menschheit. Und immer gingen analoge Traditionsbildung und homologe Sukzession eine komplexe Verknüpfung bei Steiner ein.

Alle anderen romantischen Naturphilosophen hat Steiner nachträglich integriert, nachdem er sie als Geistesverwandte entdeckt hatte. Nur scheinbar bildet Schelling eine Ausnahme: Ihm verdankte Steiner zwar 1881 punktuell eine eindrückliche Leseerfahrung, allerdings wurde daraus kein direkter Weg zur Theosophie, im weiteren Verlauf der achtziger und in den neunziger Jahren spielte Schelling keine Rolle. Die ganze Schärfe der nachgetragenen Tradition zeigt die post festum vorgenommene Investitur Troxlers zu einem theosophischen Kronzeugen, der aufgrund seiner Verwendung des Begriffs Anthroposophie in besonderem Maß als Ahnherr geeignet schien.

Die Rezeptionsgeschichte dieser romantischen Naturphilosophen (Goethe ausgenommen) eröffnet zugleich den Blick von der systematisch orientierten Philosophiegeschichte auf die sozialhistorischen Kontexte dieser Traditionskonstruktion. Es gibt kaum Bezüge auf romantische Naturphilosophen in den Jahren 1902 bis 1906/07, dann erst, nachdem sich Steiner gegenüber Besant als »europäischer« Okkultist abzugrenzen begann, steigen sie langsam an. Troxlers Entdeckung und Funktionalisierung im Rahmen der Trennung von der Theosophischen Gesellschaft bringt die soziologische Dimension der Rezeption auf den Punkt. Die Machtauseinandersetzungen in der Theosophischen Gesellschaft steuerten zu beträchtlichen Teilen die nachträgliche Traditionsproduktion hinsichtlich der romantischen Naturphilosophen[261].

Erst in seinem letzten Lebensjahrzehnt hat Steiner planmäßig (wenngleich auf der Oberfläche der philosophischen Probleme) die Bedeutung dieser Philosophengruppe hochgestuft. Um 1916 fand er Zeit, sich mit den Naturphilosophen als einer »vergessenen Strömung im deutschen Geistesleben« (GA 20,58) zu beschäftigen. Seit 1918 hieß der Johannesbau Goetheanum, im gleichen Jahr wurde der »Goetheanismus« zum Antipoden eines amerikakritischen »Wilsonismus« und zu einem Signet der deutschen geistigen Kultur überhaupt – »ich rechne dazu alles dasjenige, was sich dazumal an die Namen Schiller, Lessing, Herder und so weiter noch knüpft, auch an die deutschen Philosophen« (GA 185,178.163), und 1919 prognostizierte Steiner die »Auferstehung« des »Goe-

[261] In dem Redaktionsartikel »Die Goetheanisten« (in: Die Drei, 1981) 48, wird das Jahr 1918 als Zäsur in der Rezeptionsgeschichte ausgewiesen. Dies verschleiert allerdings m. E. sowohl den zeitlichen Initialpunkt als auch die Motivlage, die eben nicht im Umfeld des Ersten Weltkriegs lagen.

theanismus« (GA 188,142). In den zwanziger Jahren häufen sich die Nennungen, zusammen mit seinen Bemühungen, der deutschen Kultur eine besondere Bedeutung in der sozialen Evolution zuwiesen. Die Rezeption der romantischen Naturphilosophen wurde zu einem Element der Nationalisierung von Steiners Theosophie. Sucht man ein Spezifikum von Steiners Theosophie, findet man in dieser nachträglichen Einfärbung mit »romantischem Denken« einen wichtigen Faktor.

## 9.5 Wissenschaftliche »Gegen«kulturen und die Theosophie

Der Blick auf die großen Formationen Naturwissenschaft und romantische Naturphilosophie in den beiden letzten Kapiteln ermöglichte es zwar, Steiner vor dem Hintergrund dieser beiden makrokulturellen Wissenschaftstraditionen zu deuten, doch sind damit wichtige Kontexte noch nicht erfaßt. Darüber hinaus spielen »alternative« Wissenschaftstraditionen, von denen ich drei für Steiner wichtige vorstelle, eine zentrale Rolle.

### *9.5.1 Spiritismus*

Mitteilungen von Geistern, automatisches Schreiben, Materialisationserscheinungen oder in Trance stammelnde Medien, um nur einige Phänomene des Spiritismus zu nennen, scheinen mit den Ansprüchen der Theosophie – etwa auf Hybridisierung unterschiedlicher Kulturen und methodisch kontrollierte Wissenschaft – nichts zu tun zu haben. Doch das Gegenteil ist der Fall. Schon in der Geschichte der Theosophie wurde deutlich, daß sie ein Transformationsprodukt des Spiritismus war. Und auch in Deutschland traf die Theosophie auf ihre Wurzel, auch deutsche Spiritisten nahmen den Weg vom Spiritismus in die Theosophie.

*a. Relevanz und weltanschauliche Konzeption*
Der Spiritismus war in Deutschland um 1900 kein Randphänomen. Zwar fehlen verläßliche quantitative Daten, aber er war eine in allen Bildungsschichten anzutreffende Bewegung[262], die von sich beanspruchte, auf der Höhe des Rationalitätsanspruchs der Zeit zu stehen und namentlich den Anspruch einer empirischen Forschungswissenschaft ernst zu nehmen, deren Konkurrenz sie unter den Bedingungen methodisch kontrollierter Empirie auch hinsichtlich mentaler Phänomene suchte. Diesen zentralen Angelpunkt hat der deutsche Spiritist Carl du Prel 1891 in seiner Spätphase scharf artikuliert. Zwar könne man »die Moral des Neuen Testaments« als »vollauf genügend« betrachten,

---

[262] Sozialgeschichtliche Faktoren bleiben im folgenden weitgehend ausgeblendet, da die Theosophie vor allem auf das spiritistische Konzept der Metaphysik reagierte, aber keine Unterschichtenklientel bediente, die in spiritistischen Kreisen oft stark war. Zum Unterschichtenspiritismus s. u. Linse, Anm. 266.

»aber sie hat für einen großen Teil der Menschheit ihre Stütze verloren, den Unsterblichkeitsglauben. Diesen wiederherzustellen und zwar nicht als Glaubensartikel, sondern – wie das schon dem Charakter des 19. Jahrhunderts entspricht – auf experimentellem Wege, ist die eigentliche Aufgabe des Spiritismus, und damit wird auch der Moral wieder ihre Motivationskraft gegeben werden.«[263]

Erscheint das naturwissenschaftliche Selbstverständnis im Rückblick als fatale Schwäche, so galt es um 1900 als vermeintlich verläßliche Fundierung in einer Auseinandersetzung an unübersichtlichen Fronten. Spiritisten beriefen sich durchaus legitim auf anerkannte Naturwissenschaftler. So nahmen die beiden Curies zwischen 1905 und 1908 an spiritistischen Experimenten teil, um die damals noch unscharfe Erklärung der 1895 entdeckten von radioaktiven Strahlen auszutesten, und Spiritisten feierten in den »x-rays« die Bestätigung ihrer Theorie der Durchdringung der Materie mit für das menschliche Auge unsichtbaren Strahlen[264]. Erst 1912 wurde der wissenschaftsinterne Streit über die Natur der Röntgenstrahlen in Experimenten mit ihrer Brechung in Kristallen entschieden, aber der kulturelle trickle-down Effekt, daß damit ein spiritistischer »Beweis« verlorengegangen war, benötigte noch Jahre. Wenn, um fast willkürlich prominente Zeitgenossen zu nennen, Hugo Bergmann, Henri Bergson, Georg Cantor, Arthur Conan Doyle, Wassily Kandinsky, Thomas Mann, Rainer Maria Rilke oder Franz Werfel sich ernsthaft mit dem Spiritismus auseinandersetzten[265], mag daran seine potentielle Dignität in den Augen von Zeitgenossen aufscheinen. Vorerst müssen diese Namen dafür bürgen, daß der Spiritismus kein marginales Phänomen war.

Der Spiritismus ist für Deutschland insgesamt schlecht, teilweise überhaupt nicht erforscht[266]. Im Gegensatz zur angelsächsischen Welt traf der Spiritismus in Deutschland schon in seiner Entstehungsphase auf den erklärten Widerstand

[263] Du Prel: Experimentalpsychologie und Experimentalmetaphysik, 147, zit. nach Linse: Geisterseher, 17.

[264] Asendorf: Ströme und Strahlen, 139–148; Glasser: Wilhelm Röntgen, 182–184; Kemp: Bilderwissen, 114–117. Zu analogen telemedialen Fragen Kittler: Gespenster im Draht und im Äther.

[265] Vgl. zu einigen Namen Mystique, mysticisme et modernité en Allemagne, hg. v. H. Châtellier.

[266] Eine ausgezeichnete Monographie hat jetzt für Deutschland Sawicki: Leben mit den Toten, vorgelegt. Leider hat er gerade die Zeit um 1900, die für Steiner und die Theosophie von zentraler Bedeutung ist, nicht mehr intensiv mitbehandelt. Ein Forschungsbericht bei Zander: Spiritismus in Deutschland. Eine Bibliographie liegt vor von Crabtree: Animal Magnetism, die in der deutschen Spiritismus-Forschung vermutlich deshalb nicht wahrgenommen wurde, weil sie im Titel den Schwerpunkt auf den Mesmerismus legt. Sie geht allerdings weit darüber hinaus und bietet bis zum Erscheinungsjahr 1925 Material für die Geschichte des Spiritismus im engeren Sinn. Unter den vielen älteren Veröffentlichungen zum Spiritismus ragen drei Werke heraus:
– Kiesewetter: Geschichte des neueren Occultismus (1891), 415–799. Der Meininger Privatgelehrte Kiesewetter (1853–1895) kam möglicherweise aus dem Spiritismus und stieß später zur Theosophie, verabschiedete sich aber von beiden Strömungen wieder. Steiner hat dieses Werk gekannt (GA 121,216).
– Aksakow: Animismus und Spiritismus ([1]1890, [5]1919). Der in Deutschland lebende russische Staatsrat und Psychologe Aksakow (1832–1903) veröffentlichte seine Positionen ursprünglich in Fortsetzungsartikeln gegen die Spiritismus-Kritik Eduard von Hartmanns aus dem Jahr 1885. Die Fehden um den Spiritismus und die Argumentationsfiguren werden, wenngleich in spiritistischer Deutung, hier in teilweise epischer Breite greifbar.
– Tischner: Geschichte der Parapsychologie (1960). Der Augenarzt und Spiritist Tischner (1879–1961) stellte dieses Buch aus älteren Vorarbeiten zusammen. Es ist im zweiten Band eine Geschichte

einflußreicher Mitglieder der scientific community und wurde in ihr nie zu einem respektablen Diskussionsgegenstand. Deshalb ist die Forschung bis heute vielfach auf Werke der Jahrhundertwende und auf spiritistische Literatur angewiesen.

### *b. Spiritismus in Deutschland zwischen 1849 und 1914 und die Naturwissenschaften*

Als »Geburtsjahr« des Spiritismus gilt das Jahr 1848, als die »Fox-Sisters« Klopfgeräusche als Nachrichten aus dem Jenseits deuteten (s. 3.2.1). »Empirische« Jenseitskontakte wurden zu einem Markenzeichen dieses Typs der Geisterkommunikation[267], der Spiritismus zu einer »okkultistischen Internationale«[268] und zu einer Massenbewegung. Die Sensationen des amerikanischen Spiritismus erreichten Anfang der 1850er Jahren mit zwei weiblichen Medien, Mrs. Hayden und Mrs. Roberts, Europa[269]. In den 1870er Jahren setzte die wissenschaftliche Beschäfti-

---

des Spiritismus in Deutschland, die aufgrund ihrer Dichte und der Sammlung zum Teil schwer erreichbarer Materialien weiterhin unverzichtbar ist.
Vor Sawickis Werk sind nur vereinzelt historisch-kritische Untersuchungen zum Spiritismus in Deutschland veröffentlicht worden, die weiterhin von Belang sind:
– Kurzweg: Die Geschichte der Berliner »Gesellschaft für Experimental-Psychologie« (1976). Diese ohne direkte Forschungsnachfolge gebliebene Pionierarbeit dokumentiert wichtige Personen, Ereignisse und soziale Praktiken des deutschen Spiritismus einschließlich ihres theosophischen Umfeldes. Sie ist, wenngleich auf die Berliner Szene und Max Dessoir konzentriert, weiterhin die mit Abstand wichtigste Veröffentlichung zur Geschichte des Spiritismus in Deutschland.
– Dessoir selbst hat wichtige Beiträge zur Erforschung des Spiritismus geliefert, die aber in historiographischer Perspektive nur sekundär einschlägig sind; vor allem seine immer wieder aufgelegte Analyse »Vom Jenseits der Seele« ($^{1}$1917, $^{6}$1931), sowie das von ihm herausgegebene Sammelwerk »Der Okkultismus in Urkunden« (1925), mit zwei umfangreichen Einzelbänden: Gulat-Wellenburg u. a.: Der physikalische Mediumismus; Baerwald: Die intellektuellen Phänomene.
– Bauer: Spiritismus; ders.: Spiritismus und Okkultismus; Überblicke über den deutschen Spiritismus und Einordnung in die internationalen spiritistischen Diskurse.
– Linse: Geisterseher und Wunderwirker; ders.: Der Spiritismus in Deutschland um 1900. Eine sozialhistorische Untersuchung der spiritistischen Bewegung und partielle Identifizierung als Unterschichtenreligiosität.
– Die Literaturwissenschaft befindet sich augenblicklich in einer Phase intensiver Bearbeitung spiritistischer Dimensionen ihrer Protagonisten um 1900. Erschienen sind: Mystique, mysticisme et modernité en Allemagne autour de 1900, hg. v. H. Châtellier, mit Aufsätzen insbesondere zum Spiritismus in der Literatur mit der Tendenz, das antimoderne Ressentiment gegenüber dem Spiritismus kritisch zu diskutieren; Braungart: Spiritismus und Literatur um 1900; Hagen: Radio Schreber; Hilke: L'écriture automatique; Pytlik: Okkultismus und Moderne. Eine wichtige Tagung zu »Spiritismus und ästhetische Moderne« fand 2004 in Tübingen statt (Veranstalter: Georg Braungart / Priska Pytlik). An einer Biographie du Prels arbeitet Tomas Kaiser.
Für England, die Vereinigten Staaten von Amerika und für Frankreich ist die Forschungslage aufgrund der gesellschaftlichen Akzeptanz und der gesellschaftlichen Verbreitung wesentlich besser; diese Literatur ist im folgenden hinsichtlich ihrer systematischen Fragen und für Deutschland wichtiger relevanter historischer Informationen eingearbeitet.

[267] Die massive und explizite Konkurrenz zu den Naturwissenschaften war, davon war schon die Rede, nur eine Variante des Spiritismus, die allerdings im Blick auf die Theosophie von besonderem Interesse ist. Dies galt lange als zentrales Kennzeichen, doch hat Sawicki: Leben mit den Toten, auf die Vielfalt anderer, stärker »kulturell« definierter Traditionen aufmerksam gemacht. Meine Interessen liegen allerdings gerade bei den »klassischen« Spiritismen.

[268] Linse: Geisterseher, 10.

[269] Vgl. Tischner: Geschichte der Parapsychologie, 143. 163 f.; Oppenheim: The other world, 11.

gung mit spiritistischen Phänomenen ein[270] und führte zur Gründung einer Reihe wissenschaftlicher Gesellschaften, allen voran die 1882 gegründete Londoner Society of Psychical Research[271]. Ihr Mitglied Richard Hodgson hatte 1885 mit seinem im Auftrag der Society erstellten Report über Blavatskys spiritistische Betrügereien die Theosophische Gesellschaft in eine existenzbedrohende Krise gestürzt.

Diese Forschungen fanden außerhalb Deutschlands durchweg unter Beteiligung von akzeptierten Mitgliedern der scientific community statt, die allerdings, insbesondere in England, oft keine Lehrstühle innehatten. So nahmen an spiritistischen Experimenten mit Eusapia Palladino, die unter der Leitung von Jules Courtier, Psychologe an der Sorbonne, zwischen 1905 und 1908 am Institut Général Psychologique durchgeführt wurden, u. a. Henri Bergson teil, seit 1900 Professor am Collège de France und seit 1914 Mitglied der Akademie Française, ferner die genannten Marie und Pierre Curie, die 1903 den Nobelpreis für Physik erhalten hatten, Charles Richet, 1913 Nobelpreisträger für Medizin, der Physiologe Jean-Baptiste Perrin, der schließlich Präsident der Académie des Sciences wurde und im Pantheon begraben liegt, oder Jacques-Arsène d'Arsonval, Biophysiker am Collège de France[272]. Für England und Amerika ließe sich eine vergleichbare Liste illustrer Namen zusammenstellen, neben dem Chemiker William Crookes war es in England vor allem der Evolutionsbiologe Alfred Russel Wallace.

In Deutschland brach die große Zeit des Spiritismus erst in den 1870er Jahren an. Er erreichte in der Öffentlichkeitswahrnehmung einen Höhepunkt und zugleich seine experimenta crucis in den Sitzungen mit dem amerikanischen Medium Henry Slade, der offenbar im Herbst 1877 – auf der Flucht vor einer Gefängnisstrafe wegen Betrugs[273] – nach Deutschland kam[274]. Hermann von Helmholtz lehnte eine Teilnahme an den Versuchen ab, ebenfalls der im Prinzip diesen Phänomenen gegenüber offene Eduard von Hartmann. Rudolf Virchow erklärte sich zu einer Untersuchung unter von ihm definierten Bedingungen bereit, allerdings kam diese Sitzung offenbar nicht zustande[275]. Die Reihe der dann doch beiwohnenden Wissenschaftler war gleichwohl ein illustrer Kreis: der Psychologe Gustav Theodor Fechner, der Physiker Wilhelm Weber, der Mathematiker Wilhelm Scheibner, der Physiologe Carl Ludwig und der Chirurg Carl Thiersch, der Astrophysiker Karl Friedrich Zöllner, Wilhelm Wundt als Psychologe, sowie Hugo Kronecker und Christiani, zwei Assistenten Emil du Bois-Reymonds; Fechner und Weber traten für die Echtheit der von Slade demonstrierten Phänomene ein, Wundt war zumindest beeindruckt, während Ludwig und Thiersch skeptisch blieben[276]. Nach den Sitzungen mit Slade gab es

270 Bauer: Spiritismus und Okkultismus, 61, im Rückgriff auf die Periodisierung von Charles Richet aus dem Jahr 1922.

271 Oppenheim: The other world, 123–135. Zur kritischen Interferenz mit dem Spiritismus vgl. auch Gauld: The Founders of Psychical Research.

272 Namen nach Bauer: Spiritismus und Okkultismus, 77.

273 Oppenheim: The other world, 22 f.

274 Kurzweg: Die Geschichte der Berliner »Gesellschaft für Experimental-Psychologie«, 25. Vgl. zu allen folgenden Informationen auch parallel Sawicki: Leben mit den Toten.

275 Kurzweg: Die Geschichte der Berliner »Gesellschaft für Experimental-Psychologie«, 27 f.

276 Ebd., 32. 39; Tischner: Geschichte der Parapsychologie, 176.

nur einen hochkarätigen Konvertiten, der damit allerdings seine Akzeptanz in der scientific community verlor: Johann Karl Friedrich Zöllner (1834–1882), der zu den Begründern der modernen Astronomie während ihres Umbruchs von der Positionsastronomie zur Astrophysik gehörte[277] und spiritistische Phänomene vermittels einer Theorie der vierten Dimension erklärte (s. o. 9.3.4a). Aber »beim Spiritismus schien die Toleranzgrenze der Wissenschaftskultur« – der deutschen im Gegensatz zur englischen, wie man Christoph Meinels Wertung ergänzen müßte – »endgültig erreicht.«[278]

Die Popularisierung seit den 1880er Jahren liegt noch weitenteils im Dunkeln. Es kam zu wohl volatilen, in summa aber erfolgreichen Vereinsaktivitäten[279]. Eine öffentliche Debatte stieß Eduard von Hartmann an, der mit seiner »Philosophie des Unbewußten« schon 1869 sein Interesse am Grenzbereich von reflexivem Denken und intuitivem Verhalten bekundet hatte und sich 1885 mit seiner Schrift »Der Spiritismus« aus bislang ungeklärten Gründen in die Debatte einschaltete. Carl du Prel, Privatgelehrter wie Hartmann, war am Ende des 19. Jahrhunderts die dominierende Persönlichkeit des Spiritismus und Spiritus rector der »Münchener Schule«, die sich psychologischen Experimenten verschrieben hatte. In ihr Umfeld gehörten unter anderen Wilhelm Hübbe-Schleiden, Carl Kiesewetter, der Maler Gabriel von Max und der Techniker Max Seiling[280], also Personen, die führende Rollen in der Theosophischen Sozietät Germania und der frühen Theosophie in Deutschland spielten. Aus diesem Kreis heraus entstand 1886 oder Anfang 1887 die Münchener Psychologische Gesellschaft[281]. Aus der Vielzahl der Spiritismus-Interessierten hebe ich nur zwei Namen heraus: Max Dessoir, der, ehemals spiritismusnah, 1888 in Berlin zu den Mitbegründern der »Gesellschaft für Experimental-Psychologie« gehörte und zu den ersten Erforschern der Theosophie in Deutschland zählt, und Albert von Schrenck-Notzing, der bis zu seinem Tod im Jahr 1929 den »experimentellen« Spiritismus in Deutschland repräsentierte und in seiner jenseitsdistanzierten Deutung eine Rolle für den Umschlag der Geisterhypothese in Psychologie spielte. Seinen Münchener Séancen verdanken wir ein literarisches Denkmal von hohem Rang: den Erfahrungsbericht Thomas Manns, der 1923 dem schrenckschen Zirkel mehrfach beiwohnte[282].

Die intellectual history des Spiritismus über diese relativ simplen Bezüge zum naturwissenschaftlichen Empirismus hinaus kommt wissenschaftlich gerade erst in den Blick[283]. Dazu zählt die Auseinandersetzung von Spiritisten mit der neukantianisch gedeuteten Sinnesphysiologie, die die Existenz okkulter Welten als

---

277 Zu Zöllner siehe Meinel: Karl Friedrich Zöllner, 99–104.

278 Ebd., 42.

279 Vgl. Kiesewetter: Geschichte des neueren Occultismus, 503–505. 616–799; Kurzweg: Die Geschichte der Berliner »Gesellschaft für Experimental-Psychologie«, 136–202.

280 Tischner: Geschichte der Parapsychologie, 204.

281 Schrenck-Notzing: Albert von Keller, 347, nennt 1886, hingegen Kiesewetter: Geschichte des neueren Occultismus, 504, das Jahr 1887.

282 Mann: Okkulte Erlebnisse (zuerst 1924); dazu Pytlik: Okkultismus und Moderne, 115–165.

283 Ich verdanke dazu wichtige Einsichten den Kolloquien zum Spiritismus in den vergangenen Jahren. Für spezifizierte Nachweise verweise ich auf die angekündigten Publikationen dieser Veranstaltungen (s. o. Anm. 266).

Bund von 1902 war die Bewertung des Spiritismus invertiert, er galt Steiner nun als defizienter, aber im Prinzip seriöser Bruder der Theosophie.

> »Die moderne Geisteswissenschaft, die Theosophie« hingegen »sucht nicht durch Ausschaltung des Bewußtseins, sondern durch Höherentwickelung des Bewußtseins die Geisteswelt zu erforschen .... Das ist der Unterschied zwischen dem theosophischen Schüler und dem spiritistischen Medium.« (ebd., 235)

Diese Haltung blieb während der nächsten Jahre in den Grundpositionen stabil[291].

Am 6. April 1914 findet sich dann eine kurze Notiz, in der die zwar oberlehrerhafte, aber freundliche Bewertung der ersten theosophischen Jahre verschwunden ist. Der Spiritismus schaue »geistige Wesenheiten und Vorgänge äußerlich« an, und der »rein äußerliche Spiritismus« – es ist unklar, ob damit jeder oder nur ein bestimmter Spiritismus gemeint ist – sei ein »Kind« des »Aberglaubens des Materialismus« (GA 153$^{4}$,27). Der Spiritismus erschien nicht mehr als Gegner, sondern als Agent des Materialismus. Als in der zweiten Kriegshälfte der Spiritismus erneut an Zulauf gewann, wurde auch Steiner durch Mitglieder der Anthroposophischen Gesellschaft damit konfrontiert. »Gestern«, dokumentierte er am 27. November 1916 die tagesaktuelle Beschäftigung, habe er von einem »lieben Freund, Herrn Heywood-Smith« einen Bericht über ein Buch bekommen (GA 172,223), das er aber nicht selbst gelesen habe (ebd., 227): den Bericht des englischen Experimentalphysikers Oliver Lodge über spiritistische Kundgaben seines im Krieg gefallenen Sohnes Raymund[292]. Schon zu diesem Zeitpunkt glaubte er, es werde »nichts anderes vorliegen als der Versuch einer sogenannten Brüderschaft des linken Pfades« (des oft »schwarzmagisch« genannten Okkultismus) (ebd., 227). Gut zwei Monate später qualifizierte er Lodge endgültig ab: Es habe sich nur um Kundgaben des »Ätherleibes« (GA 175,26) gehandelt[293], um eine »materialistische Art« des »Sehnens nach der geistigen Welt« (ebd., 28). Diese ablehnende Position vertrat Steiner nach außen bis zu seinem Lebensende.

Extrem überraschend, nachgerade unglaublich klingen angesichts dieser Distanzierungen Berichte, denen zufolge Steiner in der Phase seiner deutlichsten Kritik am Spiritismus insgeheim als spiritistisches Medium praktizierte. Nach dem Tod Helmuth von Moltkes am 18. Juni 1916 übergab Steiner dessen Witwe Eliza neben einem guten Dutzend Briefe seit dem 9. August 1916 auch fast 50 »Mitteilungen«, die letzte am 17. Juni 1924. In ihnen berichtete Steiner von Moltkes karmischem Schicksal und, weit bemerkenswerter, er übermittelte Botschaften Moltkes aus dem Jenseits[294], in denen historische und familiäre Ereignisse gedeutet werden. Steiner fungierte mithin (wie ja auch in der Esoterischen Schule) in klassischer Weise als spiritistisches Medium. Er dürfte diese Nach-

[291] Vgl. die gleiche Argumentation am 11.10.1915 (GA 254,25 f.).

[292] Lodge: Raymond (November 1916); mir lag die 4. Auflage vom Dezember 1916 vor.

[293] Offenbar registierte Steiner nicht, daß er für diese Funktion 1906 den Astralleichnam respektive 1907 den Ätherleichnam eingebaut hatte (GA 100,43).

[294] Diese »Mitteilungen« sind veröffentlicht in: Helmuth von Moltke 1848–1916, hg. v. Th. Meyer, Bd. II. Dazu Zander: Der Generalstabschef Helmuth von Moltke, 450–454. Schon 1911 gab es aber schon das on-dit unter Theosophen, Steiner verkehre »astraliter oder astro-mentaliter« mit Toten; Klatt: Theosophie und Anthroposophie, 194.

richtenbeschaffung allerdings völlig anders gedeutet haben, nämlich als Ergebnis »clairvoyanter« Einsichten eines »höherentwickelten« Bewußtseins, aber in der Außenperspektive sind die »post-mortem Mitteilungen« Moltkes von klassischen Geisterkundgaben nicht zu unterscheiden. Andererseits ist diese Entwicklung nicht ganz so überraschend, verstand sich Steiner doch bis 1914 ohnehin nur als reflektierterer Spiritist. Es gibt jedenfalls für die Geschichte der Theosophie in Deutschland kein anderes Beispiel, das die Beharrungskraft des Spiritismus und die fortwirkende Plausibilität seines Denkens deutlicher dokumentiert als diesen praktischen Spiritismus des Spiritismuskritikers Steiner.

Vor diesem Hintergrund läßt sich die Rolle des Spiritismus für Steiners Wissenschaftsverständnis bestimmen. Im zentralen Punkt, in der Deutung der Theosophie als »exakter«, für eine empirische Überprüfung offener Wissenschaft, gab es keine Differenzen zum Spiritismus. Hier liegt das entscheidende spiritistische Erbe, nicht in der Übernahme der einen oder anderen Variante medialer Kundgaben, selbst wenn Steiner als Medium tätig wurde. Im Kern der Theosophie stand wie im Spiritismus die Akzeptanz von Intersubjektivität und Wiederholbarkeit als den Kriterien exakter Wissenschaft. Historisch trat die Theosophie auch in Deutschland in dem Augenblick in die Geschichte des Spiritismus ein, als deren experimentelle Dimension durch Betrugs- und Täuschungsfälle sowie durch fehlende Reproduzierbarkeit an Glaubwürdigkeit verlor. In Steiners Ablehnung der Kundgaben Oliver Lodges tauchte diese Problematik im spiritistischen Revival während des Ersten Weltkrieges wieder auf. Die Umkodierung vom laborartigen Experiment zur kulturgeschichtlichen Forschung erwies sich schon in der Gründungsgeschichte der Theosophischen Gesellschaft als entscheidendes Abgrenzungsmerkmal, und nichts anderes vollzog, wenngleich zeitgerafft in den Jahren vor dem Ersten Weltkrieg, auch Steiner. Auch er wandte sich der Religionsgeschichte zu und ersetzte das spiritistische Experiment funktional durch den theosophischen Schulungsweg. Aber die wissenschaftstheoretische Grundlage blieb dabei unangetastet. Die Einsichten in »höhere Welten« sollten im Prinzip so nachprüfbar sein wie die Experimente auf dem Tisch des Physikers und die medialen Erscheinungen in Séancen. Das Verständnis der Theosophie als naturwissenschaftliche oder zumindest naturwissenschaftskompatible »Geistes*wissenschaft*« ist das zentrale Erbe des Spiritismus.

### *9.5.2 Okkultismus*

In der zweiten Hälfte des 19. Jahrhunderts etablierte sich ein neuer Begriff für ein alternatives Wissenschaftsverständnis in Abgrenzung zur universitären empirischen Forschungswissenschaft: Okkultismus (zur Begriffsgeschichte s. 2.2.2). Der Spiritismus wurde gegen Ende des 19. Jahrhunderts zunehmend als dessen Spezialfall angesehen. Der mit dem Begriff Okkultismus verbundene Anspruch und die Leistung dieses Begriffs in den Augen der ihn positiv benutzenden Zeitgenossen ist heute kaum noch erkennbar, da Okkultismus seit langem pejorativ konnotiert ist und nachgerade als das Gegenteil von Wissenschaft gilt. Friedrich Mauthner meinte 1910, es könne »kein Wort stark genug sein, die

Dummheit dieser neuesten Form der alten Wundersucht zu charakterisieren«[295], und Theodor W. Adorno glaubte 1951, daß »Panik« »nach Jahrtausenden von Aufklärung wieder herein[bricht]«: »Die Vernünftigkeit des Wirklichen« werde »durch hüpfende Tische und die Strahlen von Erdhaufen ersetzt«, Okkultismus sei »ein Symptom der Rückbildung des Bewußtseins«, »ist die Metaphysik der dummen Kerle«[296]. »Wissenschaftskriminalität« schlugen Otto Prokop und Wolf Wimmer 1976 als angemessenes Synonym für Okkultismus vor[297].

*a. Okkultismus um 1900*

Viele Zeitgenossen der Jahre um 1900 setzten hingegen große Hoffnungen in den Okkultismus, den sie als eine Geisteswissenschaft mit empirischen Methoden, als Versuch verstanden, eine verborgene Realität der Welt mit naturwissenschaftlichen Mitteln zu erfassen. So etwa Carl du Prel: »Der Okkultismus ist nur unbekannte Naturwissenschaft. Er wird bewiesen werden durch die Naturwissenschaft der Zukunft.«[298] Die vierte Dimension (s. o. 9.3.4a), die Elektrizität[299] oder die Röntgenstrahlen (s. u. 9.5.2b) galten als Hoffnungsträger, um innerhalb der etablierten Naturwissenschaften übersinnliche Phänomene zu dokumentieren. Zugleich erfand man nachgerade alte Wissenschaften: Der Kollektivbegriff Alchemie für ein heterogenes Feld frühneuzeitlicher Naturforschung dürfte nicht zuletzt unter theosophischem Einfluß retroprojektiv entstanden sein[300]. Wie weit man das Feld okkulter Wissenschaft absteckte, mag der Untertitel der zwischen 1897 und 1915 erschienenen, von dem Berliner Theosophen Paul Zillmann herausgegebenen »Neuen Metaphysischen Rundschau« verdeutlichen: »Monatsschrift für philosophische, psychologische und okkulte Forschungen, in welcher enthalten ist Archiv für Biomagnetismus; Rundschau für Astrologie; Theosophisches Forum; Phrenologische Rundschau; Metaphysische Bücherei«. Vom zweiten Jahrgang an hieß es dann knapper: »Monatsschrift für philosophische, psychologische und okkulte Forschungen in Wissenschaft, Kunst und Religion«. Die Konkurrenz, das »Zentralblatt für Okkultismus« (1907–1933), publiziert im theosophischen Verlag Max Altmanns, nannte sich vergleichbar weit ausgreifend »Monatsschrift zur Erforschung der gesamten Geheimwissenschaften«. Diese Titel illustrieren das Programm, im Wortsinn Metaphysik zu sein, empirisches Wissen einer höheren Welt. Wie schon beim Spiritismus ist allerdings im Einzelfall zu klären, ob dieser Bereich weltimmanent oder transzendent (und damit im engeren Sinn als religiöse Alternative) gedacht wurde.

---

295 Mauthner: Wörterbuch der Philosophie, II, 459.

296 Adorno: Minima Moralia, 271. 273. 271. 274.

297 Prokop / Wimmer: Der moderne Okkultismus, zit. nach Bender / Bonin: Okkultismus, 1144.

298 Prel: Der Spiritismus, 14 f.

299 Zum historischen Vorlauf Benz: Theologie der Elektrizität. Zur Theosophie Goodrick-Clarke: The Esoteric Uses of Electricity. Für Steiner war die »gefrorene Elektrizität« im Grunde transformierter »Geist« (GA 56,59)

300 Principe / Newman: Some Problems with the Historiography of Alchemy. Lawrence Principe vertritt die These, daß der Singular »Alchemie« eine Konstruktion ist, die ein höchst heterogenes Feld vereinheitlicht und vor allem auf eine spirituelle Tradition reduziert (ders.: Alchemy I: Introduction). Dabei dürfte die Theosophie eine wesentliche Rolle gespielt haben.

Allerdings war der Anspruch auf Demonstrierbarkeit des Jenseits, die der Spiritismus postuliert und die Theosophie – transformiert in »objektive« geistige Erkenntnis – übernommen hatte, von den empirischen Naturwissenschaften durch einen breiten Graben getrennt: Die empirisierte Transzendenz spiritistischen und theosophischen Zuschnitts war unter Laborbedingungen oder in standardisierten sozialwissenschaftlichen Verfahren nicht reproduzierbar. Diese Differenz wurde von Kritikern als Falsifizierung des spiritistischen und des theosophischen Anspruchs gedeutet, die Gegenseite sah darin indes das Defizit und die Rückständigkeit der »Empiristen« und »Materialisten«. In diese Deckungslücke, die der Fortschritt der Naturwissenschaften schließen sollte, setzte der Okkultismus die noch unerforschten Bereiche der Natur, die, wie es im dritten Programmsatz der Theosophischen Gesellschaft hieß (hier in der Variante der Satzung der deutschen Sektion von 1902), »noch unerklärten Naturgesetze und die im Menschen schlummernden Kräfte«[301]. Aus dieser Hoffnung erklärt sich das hohe Interesse von Theosophen an neuen Entwicklungen in den Naturwissenschaften und insbesondere an den Themen mit einem noch ungeklärten Mehrwert.

Diese spiritualisierende Entempirisierung war auch der Angelpunkt von Steiners Verständnis des Okkultismus, wenn er diesen Begriff benutzte[302]. Entempirisierung ist dabei zum einen eine Außenperspektive, denn Steiner hat ja den Anspruch auf Objektivierbarkeit und Intersubjektivität und in diesem Sinn auf »Geisteswissenschaft« nicht aufgegeben, zum anderen galt die Verabschiedung von der praktischen Empirie nicht in den Anwendungsfeldern der Theosophie. Steiner hat dann auch während seiner gesamten Zeit als Theosoph und Anthroposoph den Begriff Okkultismus mit hoher Anerkennung benutzt, allerdings nicht für die Physik einer unbekannten geistigen Welt, sondern als Wissen um geheime kulturelle Zusammenhänge. So begriff er am 2. Dezember 1904 beispielsweise Freimauerriten als »äußerlich-symbolische« »Abbilder von alten okkulten Vorgängen« (GA 93$^2$,86), die von »okkulten Bruderschaften«, den »Führerbruderschaften der Menschheit«, weitergegeben worden seien (GA 93$^2$,200 [1905]). Die kulturalistischen Definitionsmerkmale des Okkultismus blieben bei Steiner dominant. Letztlich war, wie er 1909 postulierte, »Okkultismus« mit »Geisteswissenschaft« als Synonym für Theosophie identisch.

### *b. Exempel: Auren und Gedankenbilder*

Diese Generalperspektive erhält im mikroskopischen Blick erst ihre Tiefenschärfe, die ich exemplarisch an der Vorstellung menschlicher Auren, die Rudolf Steiner via Theosophie akzeptierte, dokumentiere. Auren gehören seit den prähistorischen Ritzzeichnungen zum Bestand der religiösen Ikonographie, wurden aber im 19. Jahrhundert durch die Theosophie popularisiert. Dabei versuchten Theosophen, diese Phänomene auf mehreren Ebenen naturwissenschaftlich zu

---

[301] Theosophische Gesellschaft. Deutsche Sektion. Allgemeine und Sektionsverfassung nebst Satzungen, Nachlaß Hübbe-Schleiden 800,1, S. 3.

[302] Untersuchungen dazu fehlen. Bannach: Anthroposophie und Christentum, 73–94, bietet in seinem Kapitel »Zum Okkultismusbegriff in der Anthroposophie« nur Material zum theosophischen Hintergrund Steiners.

plausibilisieren. Ein Weg waren die Röntgenstrahlen, die für den Spiritismus eine Bestätigung von unsichtbaren, okkulten, nun aber empirisch nachweisbaren Phänomenen bildeten[303]. Sie galten als besonders prägnanter Beleg für die »immer schon« im Okkultismus behaupteten Metadimensionen der Welt von der Schwerkraft über die Elektrizität bis zur Lebenskraft, deren Erforschung den Okkultismus endgültig gesellschaftsfähig machen würde. Gegen Ende des 19. Jahrhunderts kam es zu Versuchen, vitale Strahlen photographisch zu dokumentieren. Bereits Carl Ludwig Freiherr von Reichenbach hatte Anfang der 1860er Jahre versucht, sein »Od« auf photographischen Platten zu verifizieren – vergeblich[304].

Der französische Major Louis Darget (1847–1921) sah allerdings nach Röntgens Entdeckung neue Chancen für einen Nachweis unsichtbarer Strahlen[305], den er an Gedanken von Menschen durchzuführen beabsichtigte. Er avancierte seit 1896 zu einem wichtigen Exponenten der um 1900 populären Gedankenphotographie[306], von der sich Kandinsky zu einigen Gemälden anregen ließ[307]. Darget soll sich etwa bei einem Wutausbruch eine photographische Platte an die Stirn gehalten haben, auf der sich wirbelartige Strukturen eingeprägt hätten (Abb. 9.1).

1902 publizierte der Theosoph Charles Webster Leadbeater seine Bilder des »unsichtbaren«, also okkulten Menschen, wo auf der Tafel »heftiger Zornesausbruch« die Wirbel wie auf Dargets Photo wieder auftauchen (Abb. 9.2).

Auch Dargets Hintergrundmuster, die explosionsartig auseinanderstiebenden Staubflächen, finden sich bei Leadbeater wieder; allein die Zacken hat er verdeutlichend hinzugefügt. Angesichts der ikonographischen Übereinstimmungen dürfte Leadbeater die Photographie Dargets oder ein ähnliches Bild als Vorlage für die »hellsichtig« wahrgenommenen Bilder benutzt haben.

Allerdings ist die Entstehungsgeschichte komplexer, denn von einigen Elementen der Aurenbilder, etwa von protuberanzenartigen Koronen und zackigen Auren, berichten auch Menschen mit Migräneanfällen[308]. Leadbeater hat vor 1900 offenbar die Auren-Erfahrungen von »two or three persons« für seine Ausarbeitungen beigezogen[309] und versucht, sich so eine eigene »experimentelle« Grundlage zu verschaffen. Dies ist in doppelter Hinsicht bemerkenswert. Zum einen könnten diese Wahrnehmungen zackiger Muster die Vorlage für die Ergänzungen von Dargets Photographien gebildet haben; man hätte dann mit einer mehrschichtigen Verschränkung von Quellen zu rechnen. Zum anderen dokumentiert Leadbeater, wie ernst diese Generation der Theosophen die eigene

303 S. o. Anm. 264. Zu den theosophischen Reflexen vgl. etwa Leadbeater: Hellsehen, 7: »Die Erfahrungen der Röntgenstrahlen geben ein Beispiel von den wunderbaren Resultaten, die erzielt werden, wenn nur einige dieser feineren Schwingungen dem Menschen zum Bewusstsein gebracht werden«.

304 Krauss: Jenseits von Licht und Schatten, 23–26.

305 Ebd., 48.

306 Zu Darget ebd., 48–51; auch Chéroux: Ein Alphabet unsichtbarer Strahlen, 15f. Zu Dargets Einstieg in die Gedankenphotographie im Jahr 1896 Fischer: »La Lune au front«, 140.

307 Vgl. Ackermann: Eine Sprache, die besser wirkt als Esperanto, 195. – Für hilfreiche Hinweise zu diesem Themenfeld und die Einsicht in fast unzugängliche Literatur und Materialien danke ich Andreas Fischer vom Institut für Grenzgebiete der Psychologie und Psychohygiene in Freiburg i. B.

308 Podoll u. a.: The Theosophists' Aura Vision; hier auch Abbildungen.

309 Leadbeater: The Aura, 1897, S. 14, zit. nach ebd., 172.

*Abb. 9.1:* Louis Darget: La Colère, 1896.

empirische Arbeit noch nahm. Bei Steiner gab diese Art der »Grundlagenforschung« nicht mehr, vielmehr suchte er eine empirische Bestätigung der theosophischen Einsichten, etwa in der Medizin oder in der Landwirtschaft.

Den weltanschaulichen Unterbau für die Gedankenbilder hatte schon Annie Besant geliefert und Ideen materiell faßbare Wirkungen zugeschrieben: »Es gibt noch eine andere Art von viel feineren Aetherschwingungen [als Licht], welche wir percipiren … und wir nennen diese Bewegungen Gedanken.«[310] Die »Gedanken-Uebertragung« ist unter diesen Voraussetzungen kein Problem, und Besant postulierte Körperteile wie »die Zirbel-Drüse, deren Function unsern Physiologen total unbekannt ist« zum »Organ der Gedankenübertragung«[311]. Die photographische Erfassung von Gedanken galt unter diesen Bedingungen nur als Vorspiel ihrer wissenschaftlichen Erforschung und Nutzung.

Ähnliche Formen wie auf Dargets »Gedankenphotographie« – in sich verkurvte, sichelmondförmige Elemente »wie Felsbrocken, die beim Sprengen weg-

[310] Besant: Das Denkvermögen, 31. Besant war teilweise sehr ausführlich, etwa: »Das schwächliche, hin- und herschwankende Denken der überwiegenden Mehrzahl der Menschen erzeugt in der Denk-Sphäre nur lahme Schwingungen, die bald erscheinen, bald wieder verschwinden und nur unbestimmte, mit geringer Lebenskraft begabte Formen hervorrufen. Eine Gedanken-Form muss klare, bestimmte Umrisse haben und von Leben erfüllt sein, wenn sie in einer bestimmten Richtung ausgesandt werden soll, und muss auch hinlängliche Stärke besitzen, um beim Erreichen ihres Zieles eine Reproduktion ihrer selbst hervorbringen zu können.« (ebd., 50 f.) Diese Kräfte könne man durch Übungen zur »Concentration« (98) mental schulen (98–117). Auch hier gibt es die Möglichkeit, der Wissenschaft unbekannte Körperfunktionen zu Hilfe zu nehmen, nun in den »Gehirn-Nervenzellen«. »Diese Zellen bestehen natürlich in letzter Linie aus Atomen und die Wände dieser Atome aus einer Reihe von Spirillen, durch die Ströme von Lebenskraft hindurchfliessen.« »Solcher Spirillen sind allemal 7 beieinander, von denen nur 4 benutzt werden«. Die drei übrigen sollen »erst in einer späteren Evolutionsperiode als Kanäle dienen«, können aber jetzt schon »zur Thätigkeit angefacht« werden (127).

[311] Ebd., 51; eine ähnliche black-box sah Besant in den »Gehirn-Nervenzellen« (ebd., 127).

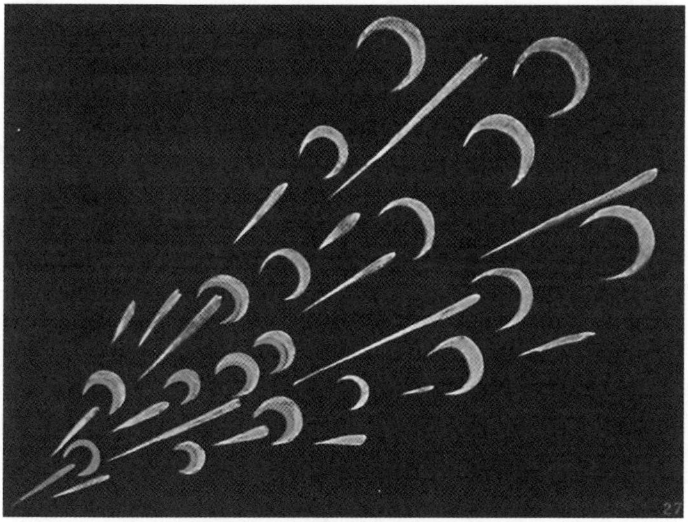

*Abb. 9.2:* Charles Webster Leadbeater: Bild einer »photographisch« abbildbaren »Gedankenform«: »Furcht, Plötzlicher Schreck« (1902).

geschleudert werden«[312] – finden sich in Leadbeaters und Besants »Gedankenformen« (1902) wieder (Abb. 9.3).

Die Autoren erläuterten, daß sich dieses Bild entwickeln könne, wenn jemand »sehr bestürzt« sei. Im Gegensatz zum Bild »heftiger Zornesausbruch« lieferten sie einen expliziten Hinweis auf ein Vorbild aus der Gedankenphotographie: auf Hippolyte Baraduc (1850–1909), Arzt an der Pariser Salpetrière, der in etwa zeitgleich mit Darget arbeitete und 1897 ein Buch über »menschliche Strahlenphotographie«, also über Lichtbilder von Auren, geschrieben hatte[313]. Gegenüber Baraduc hat sich jedoch die Begründung der Wahrnehmung bei Besant und Leadbeater gravierend geändert: Besant und Leadbeater wollten keine materielle Photographie bieten, sondern geistige Wahrnehmungen, Bilder, »wie der geschulte Hellseher sie wahrnimmt«[314], offenbar in Rücknahme von Besants weitaus materialistischerer Vorstellung aus dem Jahr 1901. Leadbeater reagierte also in typisch theosophischer Weise auf das Empirieproblem des Spiritismus: Er historisierte es, denn auch Auren beruhten für ihn »auf dem gemeinsamen Zeugnis der Tradition der früheren Religionen«[315], und er spiritualisierte es in eine pädagogisch vermittelbare Erfahrung: Sie sei dem »Schüler der theosophischen Forschung« zugänglich[316]. Andere Theosophen führten diese Photogra-

[312] Leadbeater / Besant: Gedankenformen (englische Erstausgabe 1902), Leipzig 1908, 58. Besant: Karma, 10, verwies auf einen Artikel vorlaufenden in »Lucifer«, September 1898.

[313] Baraduc: Méthode de radiographie humaine (1897). Zu Baraduc vgl. Krauss: Jenseits von Licht und Schatten, 51–56.

[314] Leadbeater: Der sichtbare und der unsichtbare Mensch, Untertitel.

[315] Ebd., 10 f.

[316] Ebd., 11.

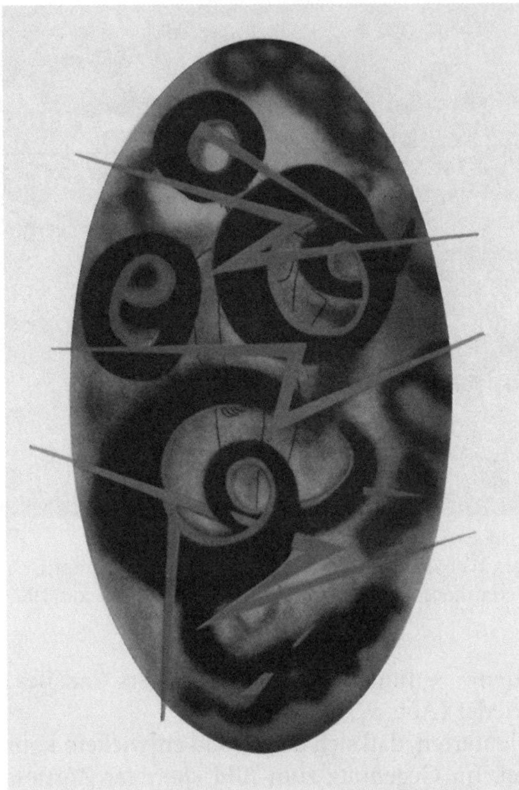

*Abb. 9.3:* Charles Webster Leadbeater: Bild einer »Aura«
»Heftiger Zornesausbruch« (1902).

phien auf okkulte Wahrnehmungsoptionen zurück[317]. In der Außenperspektive hingegen ist diese Deutung ein sekundärer Firnis. Die Wurzeln liegen vielmehr im späten 19. Jahrhundert: in der empiristischen Gedankenphotographie und in inneren Bildern von Menschen in psychischen Grenzsituationen.

*c. Von den qualitates occultae zum Okkultismus*

Als Metabegriff bietet der Terminus Okkultismus leichter als Spiritismus die Möglichkeit, das Wissenschaftsverständnis von Steiners Theosophie kulturhistorisch zu situieren. Das Profil seines Okkultismusbegriffs erschließt sich in seinen Tiefendimensionen, wenn man ihn in die Geschichte der frühneuzeitlichen qualitates occultae stellt, die in den letzten Jahren Gegenstand wissenschaftsgeschichtlicher Debatten waren[318]. Das aus der Antike bekannte Adjektiv »occultus« wurde im Begriff der qualitates occultae in der frühneuzeitlichen

[317] In den Neuen Lotusblüten 1 / 1908, nach S. 148, ist eine Photographie spiritistischer Erscheinungen mit dem Untertitel versehen: »Direkte Aufnahme von im Astrallicht erzeugten Gedankenformen«.
[318] Meinel: Okkulte und exakte Wissenschaften.

Wissenschaft als Ergänzung in den auf sinnliche Wahrnehmung konzentrierten Renaissance-Aristotelismus eingeführt[319], verlor aber im 17. und 18. Jahrhundert seine Deutungskompetenz an die new science. Dieser Prozeß ist durch Transformationen sowohl der Konzeption als auch der sozialen Situierung des frühneuzeitlichen Okkultismus gekennzeichnet.

(1.) Noch im 16. Jahrhundert kam es zur Auflösung des Systems spezifischer qualitates occultae, indem jede verborgene Eigenschaft mit einer Substanz gleichgesetzt wurde[320]. Damit avancierten die qualitates zum zentralen, weil nun unverzichtbaren Teil der Forschung[321]. In Verbindung mit dieser Universalisierung vollzog sich die Mechanisierung der Physik, die in der Perspektive neuerer Forschungen nicht zur Eliminierung der Metaphysik geführt, sondern Raum für die qualitates occultae geschaffen habe[322], die demnach nicht Objekt der Säkularisierung, sondern Medium der Durchsetzung einer »supranaturalistischen Ontologisierung« waren[323]. Damit ging eine Neubewertung der Anomalie einher, die nun zum Ausgangspunkt wissenschaftlicher Verfahren wurde und in dieser Funktion den Regelfall, der diese Systemstelle in der aristotelischen Tradition besaß, ablöste[324].

Die Differenzierung in sinnliche und okkulte Qualitäten unterstellte eine kategoriale Unterscheidung zwischen Oberfläche und Tiefe der Dinge. Diese Differenz löste sich im Prozeß der Konstituierung der neuzeitlichen Wissenschaft auf, weil auch die sinnlich nicht sichtbare Welt der empirischen Überprüfung zugänglich wurde[325]. Der Einsatz technischer Hilfsmittel wie des Mikroskops zielte zwar in der Anfangsphase auf die Erforschung okkulter Eigenschaften, doch kam es im 17. Jahrhundert zum Abschied von einer semiotischen Naturauffassung, wonach es eine anschauliche, aber in den Tiefen verborgene Wahrheit gebe und das innere Wesen der Natur sich nicht der Anschauung erschließe[326].

Die Einebnung der Kategorien von Oberfläche und Tiefe – wobei die Forscher seit etwa 1600 durch den Einsatz technischer Geräte die Grenze von Manifestem und Okkultem selbst verschoben[327] – erschloß zwar die (okkulte) »Tiefe« der Dinge, allerdings unter Verlust der Anschaulichkeit, da Mathematisierung zum Medium der Naturerfassung aufstieg. Indem sinnliche und nichtsinnliche Erfahrungen zu kategorial gleichen Dimensionen der Wissenschaft wurden, nahm der Begriff des Okkulten »zunehmend die Nebenbedeutung des Unerklärlichen, ja Übernatürlichen an und wurde zum polemischen Begriff«[328]. Wo alles an einer

---

319 Dazu Blum: Qualitates occultae.
320 Meinel: Okkulte und exakte Wissenschaften, 23.
321 Ebd., 26.
322 Hutchison: What happenend to the occult qualities.
323 Ders.: Supernaturalism and the Mechanical Philosophy, 297.
324 Meinel: Okkulte und exakte Wissenschaften, 26.
325 Ebd.
326 Ebd., 32. Man kann diesen Prozeß als einen neuen Nominalismus deuten, als »Erkenntnis, daß Zeichen und Formeln nichts mit der menschlichen Sprache zu tun haben«, Atlan: Wissenschaft und mystische Überlieferungen, 185.
327 Meinel: Okkulte und exakte Wissenschaften, 30.
328 Ebd., 27.

Oberfläche liegt, wird die Tiefendimension zur Fiktion, jedenfalls von der Erforschbarkeit ausgeschlossen[329].

Mit dieser Zurückdrängung des Okkulten ging ein fundamentaler Wandel von der old zur new science hinsichtlich des Traditionsbegriffs einher. Die Geltung des Alten wurde zunehmend zugunsten des Neuen verschoben, zeitgleich zur literarischen Querelle des anciens et modernes. Naturwissenschaftsgeschichtlich bedeutete dies die Umkodierung des Beweisverfahrens: Nicht mehr Reproduktion bewährten Wissens, wie es das rezeptartige »Nachkochen« in alchemistischen Laboratorien zur »Kunst« erhoben hatte, sondern Öffnung auf unbekannte Ergebnisse bildete nun den Fokus wissenschaftlicher Neugier. Die damit verbundene Entmachtung der Tradition wurde zu einem Angelpunkt des Modernitätsgefühls der new science.

(2.) Parallel zur Durchsetzung der new science bestimmte die Wissenschaft ihren gesellschaftlichen Ort neu. Sie fand nicht mehr im privaten, »okkulten« Raum statt, etwa dem alchemistischen Laboratorium, sondern in der Öffentlichkeit, in wissenschaftlichen Gesellschaften und Akademien[330]. Damit wiederum war ein tiefgreifender Wandel in der Forschungsorganisation verbunden. In der old science war Wissen im Sinne von Weisheit an Tradition geknüpft, deren Geltung nicht von neuen Forschungsergebnissen, sondern von der korrekten Tradierung abhing. Somit war die Weitergabe von Weisheit an die Verläßlichkeit eines kleinen Kreises, von »adepti and ›initiates‹« geknüpft[331]. Dieses konstitutive und von freiem öffentlichen Zugang abgeschirmte Lehrer-Schüler-Verhältnis löste sich mit der new science als öffentlicher Wissenschaft weitgehend auf und zog ebenfalls eine zunehmende Ausgrenzung des Okkulten nach sich.

Um 1800 waren im Grenzbereich von populärer und universitärer Wissenschaft dann die Konfliktlinien gezeichnet, an denen sich auch Steiner abarbeitete: Eine universitäre Qualifikation wurde zum formalen Kriterium für Seriosität, die sinnliche Erfahrung und die schaustellerische Darstellung wurden gegen die unsinnliche Verstandeserkenntnis ausgespielt, die pädagogische Abzweckung galt als seriositätsgefährdend, die Mathematisierung wurde zum Königsweg des Ausweises von Wissenschaftlichkeit[332]. Vor diesem Hintergrund läßt sich das Wissenschaftsverständnis der Theosophie im Vergleich mit zentralen Elementen der old science näher bestimmen.

(ad 1.) Die Theosophie ging, wie die frühneuzeitliche Lehre von okkulten Qualitäten, von einer zweigeschossigen Naturauffassung aus, indem sie eine materielle und eine geistige und damit eine offen zugängliche und eine verborgene, okkulte Dimension unterschied. Insofern erfolgte die Verwendung des Begriffs Okkultismus in der Theosophie an dieser zentralen Systemstelle strukturgleich zur

---

329 Vgl. ebd., 35.

330 Ebd. Dieser Prozeß wurde, zumindest in England, in starkem Ausmaß von Dissentern gegen die High-Church vorangetrieben; vgl. Curry: Saving Astrology. Im 19. Jahrhundert waren die Vorzeichen demgegenüber vertauscht, die theosophischen Dissenter hielten an der old science fest.

331 Vickers: Okkulte Wissenschaften, 127.

332 Hochadel: Öffentliche Wissenschaft, 273–308.

frühneuzeitlichen Konzeption. Allerdings ging die Theosophie davon aus, daß die verborgenen Dimensionen der Welt im Prozeß des naturwissenschaftlichen Fortschritts offenbar werden würden. Das theosophische Beweisverfahren postulierte damit, wie die old science, festliegende Ergebnisse, die nur bestätigt werden müßten, setzte aber mit dem Fortschrittspostulat eine Verfahrens- und Öffnungsklausel ein, die aus der new science stammte. Viele Theosophen haben um 1900 unter diesen Bedingungen Szenarien für die empirische Überprüfung ihrer »höheren« (d. h. okkulten) Einsichten konzipiert. Leadbeaters und Besants Anlehnung der Wahrnehmbarkeit von Auren an die Gedankenphotographie ist dafür ein Beispiel, bei Steiner finden sich analog in den zwanziger Jahren die genannten Anweisungen für »physikalische Experimente«. Auch die Applikationen von der theosophischen Freimaurerei über die Eurythmie bis zur anthroposophischen Medizin und Landwirtschaft sind letztlich Ausprägungen dieses praktischen Okkultismus, der sich mit dem Anspruch der spiritistisch-theosophischen Empirie deckt, geistige, mit »normalen« naturwissenschaftlichen Mitteln nicht erfaßbare Wirkungen sichtbar werden zu lassen. Im Gebrauch des Okkultismusbegriff wurden diese materialistischen Elemente allerdings von dem oben genannten kulturellen Verständnis des Okkultismus bei Steiner (und auch bei anderen Theosophen) überformt. Steiner verwandte Okkultismus zumeist als Synonym für geheimes Wissen[333].

Dieses Wissen explizierte Steiner, auch hier im Einklang mit dem frühneuzeitlichen Okkultismus, nicht in einem mathematisierten Skript, sondern semiotisch. Er wollte jedoch keine symbolische oder allegorische Deutung, sondern eine Beschreibung »realer« Gegebenheiten und Prozesse vorlegen. Daß er sich dabei sprachlicher Ausdruckformen bediente, müßte ihn nicht in den Gegensatz zu empirischen Forschungswissenschaften bringen, zumindest nicht auf der Ebene ihrer umgangssprachlichen Explikation. Aber Steiner baute Sprache zu einem zentralen Vermittlungsmedium aus, wobei er auf die Mathematisierung von Inhalten vollständig verzichtete. In der Außenperspektive bleibt allerdings jede sprachliche Explikation metaphorisch und ist von semiotischen Naturdeutungen letztlich nicht zu unterscheiden. Bei Steiner kam es so zu einer semiotischen Naturdeutung wider Willen. Dies liegt an Steiners fehlenden Fähigkeiten einer abstrakt-mathematischen Formalisierung weltanschaulicher Inhalte, aber auch an der Popularisierung komplexer Zusammenhänge, die mit einer unanschaulichen Mathematisierung bei seiner Klientel nicht greifen würde.

(ad 2.) Auch hinsichtlich der soziologischen Produktion und Tradierung des Okkultismus finden sich in der Theosophie Strukturanalogien zur Konstellation in frühneuzeitlichen Prozessen. Sie wollte aus der Dunkelheit der spiritistischen Séance-Zimmer in das Licht der wissenschaftlichen Öffentlichkeit treten. Schon

[333] Steiner faßt, dies macht die Lage kompliziert, unter Okkultismus nur das verborgene Wissen als kulturelle Dimension, während die »naturwissenschaftlich«-praktische Erfahrbarkeit einer geistigen Welt, der praktische Okkultismus, ein Implikat der Theosophie ohne eigenen Gattungsbegriff ist. Hinter der verbalen Deklarierung der Anwendungstheosophie als nichtokkultistisch steckt eine nachvollziehbare Logik, wollte Steiner doch die naturwissenschaftliche Dignität seiner Theosophie nicht durch die Schaffung der Sonderkategorie eines (physikalischen) »Okkultismus« gefährden.

Blavatsky hatte die Sitzungskabinette durch religionswissenschaftliche Forscherrunden ersetzt und, ich verweise einmal mehr auf dieses signifikante Detail, ihre »Geheimlehre« mit Fußnoten untermauert, um die Kompatibilität mit der akademischen Wissenschaft augenfällig zu demonstrieren. Insoweit findet sich die Theosophie auf der Seite der new science. Aber Blavatsky hielt eine »esoterische« (das griechische Äquivalent von occultus) Arkandisziplin etwa in der »Esoterischen Schule« weiterhin für notwendig. Jenseits aller machtpolitischen Ambitionen spiegelte sich darin das Bedürfnis, einen vor dem offenen Diskurs geschützten Raum zu reservieren. Mit dieser Konstruktion trat sie auf die Seite der old science.

Steiner hat diese ambivalente Konstruktion von öffentlicher und privater Wissenschaft beibehalten. Er trat noch 1902 mit seiner theosophischen Konfession im Giordano Bruno-Bund an die Öffentlichkeit, doch gehörte die Einrichtung einer nichtöffentlichen »Esoterischen Schule« 1904/05 zu seinen ersten Aktivitäten als Generalsekretär. Und die »Geheimwissenschaft«, seine Antwort auf Blavatskys »Geheimlehre«, erschien ohne Fußnoten und verabschiedete sich damit von den Usancen des kulturwissenschaftlichen Wissenschaftsdiskurses, indem er die textbezogene Prüfung seiner »geisteswissenschaftlichen« Ergebnisse undurchführbar machte und ihren Nachvollzug an die esoterische Schülerschaft rückverwies. In diese abgeschottete Innenwelt baute Steiner die hierarchische Konstruktion des Meister-Schüler-Verhältnisses konsequent ein. Okkulte Bruderschaften, geheime Meister und devote Adepten korrespondieren punktgenau mit dem Tradierungsprogramm der old science, in der die Vermittlung von »Weisheit« – ein in der Theosophie überaus gerne benutzter Begriff (s. u. 9.5.3) – auch auf persönliche Schülerschaft gestützt war. Steiner relativierte zwar die hohe Rolle externer Meister, die er in den ersten Jahren postuliert hatte, setzte sich aber de facto selbst als »Meister« seiner Arkanschule ein. Daß er noch in seinen letzten Lebensjahren, nachdem er im Ersten Weltkrieg die Esoterische Schule geschlossen hatte, erneut eine esoterische »Klasse« einzurichten begann, illustriert das lebenslange Festhalten am öffentlichkeitsgeschützten Innenraum.

Zwar hielt er die Akzeptanz der Theosophie auch in der Öffentlichkeit für eine Frage der Zeit, bis die Naturwissenschaft »reif« sei, »die Früchte einer höheren Weltanschauung in Empfang zu nehmen«, wie er 1904 meinte (»und alles Sträuben wird ihr nichts nützen«) (GA 11,19). Dieser Überschwang scheint Steiner im Lauf der Jahre abhanden gekommen zu sein (s. 7.8), doch hat er die Hoffnung nicht aufgegeben, Öffentlichkeit und Hegemonie verbinden zu können. Der Rückzug in die Arkandisziplin war in Steiners Perspektive kein prinzipieller Schnitt gegenüber der wissenschaftlichen Öffentlichkeit, doch war faktisch die Esoterisierung des Kerns der Theosophischen Gesellschaft angesichts der Unmöglichkeit, ihre Ergebnisse in der Außenperspektive nachzuvollziehen, dauerhaft, so daß von außen das okkulte Innere der Theosophischen Gesellschaft einen konstitutiven Teil ihres Wissenschaftskonzeptes bildete. Steiner etablierte in soziologischer Perspektive eine zweigeteilte Welt mit unverdeckten und okkulten Qualitäten, präziser gesagt, mit offenen und okkulten Zugängen zur Erkenntnis. Demgegenüber blieb der Anspruch auf Öffentlichkeit weitgehend Programm.

Steiners Theosophie war gekennzeichnet durch die Dialektik eines Systems, das die qualitates occultae revitalisierte und genau dies nicht wollte.

Der Vergleich zwischen dem Okkultismus der Frühen Neuzeit und dem des 19. Jahrhunderts zeigt, daß die Theosophie in entscheidenden, konzeptionellen wie soziologischen Elementen auf Seiten der old science steht und die »modernen« Elemente Einsprengsel im Rahmen dieser Grundorientierung sind. Raum für Innovation bot diese Bearbeitung von Tradition allerdings kaum[334]. Gleichwohl steht die Frage offen, ob es sich dabei um eine genetische oder strukturelle Verwandtschaft handelt. Eine verläßliche Antwort läßt sich momentan nicht geben, denn das Verständnis okkulter Qualitäten ist nur bis ins 18. Jahrhundert hinein gut erforscht, während für das 19. Jahrhundert die Forschungen weitgehend fehlen[335].

Die traditionelle Forschung postuliert eine Entwicklung, in der die qualitates occultae »aufgeklärt« und damit eliminiert wurden. In dieser Diskussion sah eine Wissenschaftlergruppe, angestoßen von Thesen Frances Yates', die entscheidenden Wurzeln der modernen Naturwissenschaften in der Hermetik[336]. Demgegenüber haben Wissenschaftler in jüngeren Forschungen, insbesondere Brian Vickers, eine Erklärung aufgeboten, die von einer prinzipiellen Differenz zwischen okkulter und exakter Wissenschaft ausgeht: Metaphorische Redeweise, Verdinglichung von Begriffen und Bildern oder statische Korrespondenzraster benennt er als kategoriale Differenzen, aus denen er die Unmöglichkeit einer Transformation einer vorneuzeitlichen Wissenschaftskonzeption in die new science ableitet[337]. Im Rahmen von Vickers Ansatz kann es deshalb keine genetische Transformation von der old zur new science geben.

Meine Untersuchungen zur Genese der zentralen weltanschaulichen Gehalte der Theosophie belegen, daß sie auf Debatten des 19. Jahrhunderts reagierte und keine älteren Traditionen aufgriff oder revitalisierte. Sie steht mithin in einem strukturellen, nicht in einem genetischen Verhältnis zum frühneuzeitlichen Okkultismus. Die Theosophie selbst hat hingegen die genetische Ableitung mit

334 Vgl. die im nächsten Abschnitt diskutierten Optionen der These von Yates zu den Wurzeln der new science in der Hermetik. Inzwischen sind die Debatte zur innovativen Potenz dissentierender Milieus weit differenzierter geworden. Vgl. die Forschungen von Merton zum Zusammenhang von radikalem Puritanismus, Demokratie und new science (Science, Technology and Society in Seventeenth Century England) oder die Debatten um die Wurzeln der Monadologie bei Leibniz oder das Gravitationskonzept bei Newton.

335 Meinel: Okkulte und exakte Wissenschaften, 43. Sind, fragt Meinel, »Wissenschaft und Mystizismus« »aufeinander bezogen und bedingen einander?« »Verhalten sich ihre jeweiligen Entwicklungsraten wie alternierende oder wie gegenläufig-kompensatorische Pendelausschläge? Und was schließlich, wenn diese Bewegungen tatsächlich ursächlich gekoppelt sein sollten, ist die Funktion einer solchen Kopplung für die Wissenschaftsentwicklung und den Erkenntnisprozeß insgesamt?« (S. 39).

336 Yates: Giordano Bruno and the Hermetic Tradition. Vgl. zu dieser breit geführten Debatte die Zusammenfassung der Argumente bei Westman: Magical Reform and Astronomical Reform, der den hermetischen Kontext bei Bruno als nicht verallgemeinerbaren Ausnahmefall für die Genese des heliozentrischen Weltbildes darstellt.

337 Vickers hat seine Überlegungen mehrfach ausgeführt: On the Function of Analogy in the Occult; ders.: Analogy versus Identity; ders.: Okkulte Wissenschaften.

den Verweisen auf hermetische, kabbalistische oder rosenkreuzerische Quellen behauptet. Nach meinen Beobachtungen dürften die »geheimen« alten Traditionen durchweg nachträglich in die Theosophie eingebunden worden sein; dies schließt nicht aus, daß es – etwa im monistisch-pantheisierenden »courant théosophique« – Traditionsbrücken gibt[338]. Zur These einer dominant genetischen Tradierung okkulter Wissensformen und Gehalte verleitet zwar die Beobachtung, daß viele derjenigen Elemente in der Theosophie wieder auftauchen, die für den frühneuzeitlichen Okkultismus als charakteristisch gelten: Metaphorik, Verdinglichung von Begriffen und Bildern oder analoge Deutung von Korrespondenzbeziehungen. Aber da sich die Traditionsbrücken in die Frühe Neuzeit nicht schlagen lassen, ist bis zum Beweis des Gegenteils einer strukturalistischen Deutung für die zentralen Elemente des theosophischen Okkultismus der Vorzug zu geben.

Zu dieser Argumention ex negativo tritt eine vielleicht entscheidende Begründung für die strukturellen Analogien auf einer wissenssoziologischen Ebene. Die Theosophie besaß Inhalte, die dem wissenschaftlichen Diskurs unzugänglich waren: prinzipiell in der Außenperspektive, zeitweilig in der Innenperspektive. Dieses traditionsbegründete und als solches der offenen Forschungswissenschaft entzogene Wissen wurde mit Konstruktionen geschützt, mit denen auch in der old science die Traditionsweitergabe gesichert wurde: Arkandisziplin und Lehrer-Schüler-Verhältnis, dem auch eine inhaltlich Spaltung in offenes und geheimes Wissen entsprach. Der theosophische Okkultismus besaß mit anderen Worten nicht deshalb strukturanaloge Wissensformen mit dem frühneuzeitlichen Okkultismus, weil das theosophische Sonderwissen mit einem »esoterischen« Wissen der Frühen Neuzeit übereingestimmt hätte, sondern weil die Vermittlungsformen diesen Wissen ähnlich waren.

Diese Wissensform korrespondierte zudem mit sozialen Rezeptionsbedingungen: Bildgestützte, mit anschaulichen Theorien unterlegte und wenig mathematisierte Wissensgehalte verlangten keine professionalisierten Rezipienten, wohingegen die new science im 18. und 19. Jahrhundert in einem gegenläufigen Professionalisierungsprozeß hochspezialisierte Fachwissenschaften hervorgebracht hatte, die durch hohe Wissensbarrieren abgeschirmt waren. Die zentrale Systemstelle des theosophischen Okkultismus war die Popularisierung von Wissenschaft im 19. Jahrhundert. Die populäre Wissensproduktion in der Theosophie, die einer nicht akademisch gebildeten Klientel versprach, Weltanschauung auf dem Niveau universitärer Wissenschaft zu liefern und die auf Seite der Wissensproduzenten unfähig war, das Niveau des wissenschaftlichen Fachdiskurses zu halten, konstruierte ein eigenes, begreifbares, anschauliches, nicht mathematisiertes Erklärungsmodell. Dieses wurde vor dem Zugriff kritischer Wissenschaft als okkulter, esoterischer Raum geschützt; nur so ließ sich seine lebensweltliche

---

338 Faivre: Accès de l'ésotérisme occidental, II, 45–100. – Für das Wissenschaftsverständnis der Theosophie scheint mir das nur in Aspekten zu gelten. Barrow: Independent Spirits, 71–73, etwa sieht eine direkte Linie von Newtons und den im 18. Jahrhundert aufgegriffenen Vorstellungen der Durchlässigkeit der Materie für unbestimmbare Kräfte zum Spiritismus. Dies wäre auch eine Möglichkeit, eine genetische Tradition für die Theosophie zu postulieren.

Relevanz sichern. Theosophischer Okkultismus besaß eine ausgesprochen starke soziale Funktion: die Konstruktion von Lebenswelten zu ermöglichen, die unter dem Zugriff der kritischen – in den Augen von Theosophen: zersetzenden, zerstörerischen – Methodologie der empirischen Forschungswissenschaft nicht überlebensfähig wären.

### *9.5.3 Weisheit*

Weisheit und Wissenschaft bildeten in Steiners theosophischer Zeit ein Begriffspaar, das die Verortung der Theosophie zwischen Kultur und Naturwissenschaft in eine historisch tief verwurzelte Deutungstradition ermöglichen sollte. Gegenüber dem Okkultismusbegriff, der primär die Konkurrenz zu den empirischen Forschungswissenschaften erfolgreich entscheiden sollte, indiziert der Weisheitsbegriff die hermeneutische Dimension des theosophischen Überbietungsanspruchs.

Der Weisheitsbegriff war bei Steiner ein theosophisches Erbe, wie schon die chronologische Verbreitung des Begriffs in Steiners Œuvre dokumentiert: Weisheit und ihre Komposita spielten vor 1900 keine Rolle[339]. 1901 aber wurde sie in der »Mystik im Aufgange des neuzeitlichen Geisteslebens« als höchste Erkenntnis einigen Autoren der Philosophie- und Religionsgeschichte zugeschrieben[340], und 1902 fand sich der Weisheitstopos in Steiners »Christentum als mystischer Thatsache« in fast der Hälfte der Überschriften. In diesem Werk war Weisheit nicht mehr ein Epitheton der Philosophiegeschichte, sondern konstitutives Element der Theosophie innerhalb eines Syndroms, das sich an dem von Steiner überaus häufig benutzten Kompositum »Mysterienweisheit« (GA 8,18.34.93.116 u. ö.) kristallisierte: Weisheit war mit den Mysterien verbunden und in diesem Zusammenhang mit der Tradierung von Geheimnissen und mit der Einweihung in die Arkana (ebd., 20). Die Weisen waren folglich die Eingeweihten (ebd., 38–53). Diese Vorstellung war insbesondere bis zum Ersten Weltkrieg stark ausgeprägt.

Spielte der Begriff »Theosophie« als Ordnungsbegriff 1902 noch keine Rolle, so identifizierte Steiner am 7. November 1903 seine Weisheitsvorstellungen ausdrücklich als theosophische: »Theosophische Weisheit« sei als Gegenbegriff zu »abendländischer Wissenschaft« zu lesen (GA 52,42). Sie sei alt, und »wirkliche Gottesweisheit« empfange man durch das Studium der »Urreligionen« (GA 52,42). Hinter den »verschiedenen Arten der Weisheit« stehe eine sich »immer wieder offenbarende Urweisheit« (ebd., 47), die den Graben der historischen Kritik überbrücken soll; das am 1. Februar 1906 formulierte Ziel der Theosophie, »den Weisheitskern in allen großen Kulturreligionen zu suchen« und auch diejenigen des Christentums »vertiefen« (GA 54,254), übernahm eines

---

[339] Vgl. Mötteli: Register zur Rudolf Steiner Gesamtausgabe. Sachwortregister, II, 1849–1853; eigene Lektüren bestätigen diesen Befund.

[340] Steiner identifizierte sie bei Hegel, der auf neuplatonische Traditionen (Plotin, Proklos) zurückgegriffen habe (GA 7,16), bei Ruysbroek (ebd., 76) und bei Jakob Böhme (ebd., 125).

der drei Grunddogmen der Theosophie und schrieb das Anciennitätspostulat fort. Schließlich richtete er die Schülerschaft in den Weisheitstraditionen auf ein modernes Ziel hin aus: Die »Weisheitsschüler« hätten »höhere Weisheit« vor allem durch »Selbsterziehung, Selbstentwicklung« gesucht und sich deshalb einen »Führer« gesucht (GA 52,43).

1906 finden sich im Kontext der zunehmenden Beschäftigung Steiners mit christologischen Themen Konjunktionen zwischen Weisheit und Christentum: Durch das Christentum sei die Weisheit aus den Mysterien an die Öffentlichkeit getreten (GA 54,268), und da Wissen und Weisheit sich getrennt hätten (ebd., 270), habe das Christentum den »Glauben« - bei Steiner offenbar eine Art sensus spiritualis - »während der Entwicklung der »Menschheit zur Materialität« gesichert (ebd., 271). Die Konkurrenz der Weisheit zur empirischen Wissenschaft blieb bei alledem bestehen, wenn auch in leicht veränderter Diktion: Im Gegensatz zum Materialismus sei Weisheit »unmittelbares Wissen vom Jenseits« (ebd., 275).

1907 hatte die Konfliktgeschichte mit Annie Besant so weit begonnen, daß Steiner am 22. Mai den Weisheitsbegriff mit in sein Adyar-kritisches Vokabular übernehmen konnte. Seine eigene »Theosophie nach rosenkreuzerischer Methode« sei »die uralte und immer neue Weisheit in einer unserer Gegenwart angemessenen Methode« (GA 99,11). Der kritische Zungenschlag gegenüber der methodologischen Angemessenheit von Besants »Uralter Weisheit« von 1903 war kaum zu überhören. Rosenkreuzerische Weisheit sei, auch dies gehört zur erweiterten Traditionsbildung, »bis weit in das 18. Jahrhundert hinein beschlossen in einer engbegrenzten Bruderschaft« tradiert worden (ebd., 12). Steiner wiederholte als »charakteristische Dinge« der »rosenkreuzerischen Weisheit« (ebd., 4) das (zumindest intentional) nichtautoritäre Lehrer-Schüler-Verhältnis[341] und forderte, daß im Gegensatz zur nichtspirituellen »allgemeinen geistigen Kultur« die »Rosenkreuzer-Weisheit« kein theoretisches »System« sei, sondern »etwas, was man brauchen kann« (ebd., 17) und »praktische Bedeutung« habe (ebd., 19).

Steiner bewegte sich mit seiner Hochschätzung des Weisheitstopos in einem zeitgenössischen Umfeld, in dem Weisheit insbesondere im literarischen und populärphilosophischen Umfeld Konjunktur hatte. Die vielleicht bekannte Institution war dabei die 1920 von Hermann Graf Keyserling in Darmstadt gegründete »Schule der Weisheit«. Die für Steiner mutmaßlich wichtigste Vermittlungsagentur war allerdings die Theosophie. Schon Blavatsky hatte in ihrer »Entschleierten Isis« versucht »zu beweisen, dass jeder alten volkstümlichen Religion dieselbe uralte Weisheit zugrunde liegt, ... bestätigt von den Initiierten jedes Landes«[342]. Annie Besants »Die uralte Weisheit«, 1898 übersetzt und 1905 erneut herausgegeben, war ihm nicht entgangen. »Theosophische Weisheit ist uralt« (GA 52,41),

[341] Vgl. GA 99,14.17. Weisheit impliziere »Hellsehen« (ebd., 14), womit er »einen höheren Grad spiritueller Fähigkeiten« meinte (ebd., 15) und vermeide ein »Guru«-Verhältnis (ebd., 16); demgegenüber postulierte er ein auf Sachautorität begründetes Verhältnis, wie der »kundige Mathematiker zu dem Mathematikschüler« (ebd., 16 f.); dies sei kein »Autoritätsglaube«, sondern ein Lernen durch »einsehen« (ebd., 17).

[342] Blavatsky: Isis, II, 99.

dekretierte er 1903. Wie immer ist unklar, auf welche Quellen Steiner definitiv zurückgriff; er stand mit seiner theosophischen Revitalisierung von Weisheit jedenfalls nicht allein.

Die Funktion von Steiners Rekurs auf den Weisheitstopos fügt sich in die Geschichte seiner neuzeitlichen Redefinition fast nahtlos ein. Aleida Assmann[343] hat diese Funktionsverschiebung als Trennung von Weisheit und Wissenschaft gedeutet, die im Zerbrechen der klassische Definition »sapientia est rerum divinarum et humanarum scientia« ihren Ausdruck fand[344]. Im Hintergrund steht eine epistemologische Weichenstellung in der Renaissance, die hinter die christliche Weisheitsdefinition, die die unaufhebbare Differenz zwischen göttlicher und menschlicher Weisheit postulierte, auf die antiken und insbesondere stoische Konzeption zurückgriff, mit der sich die Erkennbarkeit von Weisheit behaupten ließ[345]. Steiners Erkenntnisoptimismus kam dieser Paradigmenwechsel entgegen. Sapientia wurde in der Neuzeit von einem Oberbegriff von Wissensformen zu einem Unterbegriff des Wissens und »mit der Kontemplation göttlicher Dinge, scientia mit der Erforschung menschlicher Dinge verbunden«[346]. Dies bedeutete den Bruch zwischen Weisheit und Wissenschaft, in dem die normative Dimension von Weisheit, nachgerade ihre Heilsbedeutsamkeit auf die Wissenschaft überging; dies war kein linearer Prozeß, sondern ein oszillierender Vorgang, in dem »Weisheitsboom und Wissenskrise« häufig einander bedingten[347].

Auch Steiner suchte mit seiner Verhältnisbestimmung von Weisheit und Wissenschaft eine wahrgenommene Krise zwischen kultureller Welt und naturwissenschaftlicher Theoriebildung, zwischen Geisteswissenschaft und Naturwissenschaft zu entschärfen. Weisheit stand für ihn fast synonym mit Theosophie und ihrer Synthese zwischen diesen »zwei Welten«. Steiner wollte dabei in seiner Binnenwahrnehmung nicht in die üblichen Hierarchisierungen eingestellt sein, die mit der Trennung der sapientia einhergingen und in der die weisheitliche »Tiefe« gegen den wissenschaftlichen Positivismus oder empirische Objektivität gegen die lebensweltliche Irrelevanz ausgespielt werden konnte. Weisheit explizierte in seinem Selbstverständnis seinen integrativen Monismus, doch bleibt in der Außenperspektive die Dominanz des »geistigen« Überbietungsanpruchs charakteristisch.

Steiners integrative Konzeption hatte das Weisheitskonzept schon in der Antike und der frühen Neuzeit besessen[348]:

---

343 Aleida Assmann: Was ist Weisheit?

344 Ebd., 23; hier auch Belege der bis in die Antike reichenden Nachweise.

345 Rice: The Renaisscance Idea of Wisdom, 91 f.

346 Aleida Assmann: Was ist Weisheit?, 23.

347 So Zitat und Vermutung ebd., 26. Vgl. zur Ablösung der hermetischen Weisheit in der frühneuzeitlichen Hermetik durch die analytische Wissenschaft auch ihr Aufsatz »Die Weisheit Adams«.

348 Assmann: Was ist Weisheit?, 15–17. Assmann hat daneben ein zweites Koordinatengerüst zur Identifizierung weisheitlicher Wissensformen angeboten: die richterliche Weisheit des klaren Urteilsvermögens, die magische Weisheit der Verwendung von göttlichem Wissen in menschlicher Macht, die väterliche Weisheit, die nicht geheim ist und im Sprichwort ihren Ausdruck findet, schließlich die skeptische Weisheit, die in der Absage an konsistente Entwürfe in den Nihilismus oder in den Zugang zu einer verborgenen Harmonie führt (ebd., 28–42).

- umfassendes statt partikularen Wissens,
- tiefes Wissen statt großer Wissensmengen,
- schwer erreichbares Wissen, das nicht unbedingt esoterisch, aber entweder vergessen oder nicht auf eindeutigen Wegen erreichbar sei,
- schließlich lebenspraktisch wirksames, existentiell verlohnendes Wissen, das zwischen »Richtigkeits- und Wichtigkeitswissen« zu unterscheiden vermöge[349].

Alle diese Dimensionen lassen sich in Steiners theosophischem Weisheitskonzept wiederfinden: Der monistische Anspruch auf ein holistisches Wissenskonzept, seine Tiefgründigkeit, seine Verborgenheit vor den Augen einer exoterischen Öffentlichkeit sowie seine »praktische Bedeutung« waren auch Elemente der Theosophie. Die entscheidende Klammer, die die Elemente des weisheitlichen Modells der Wissensvermittlung zusammenhielt, war aber die personalisierte Tradierung. Die Vater-Sohn-Konstellation, die Assmann als die paradigmatische Situation der Weitergabe von Weisheit interpretiert[350], finde in der Weisheitsschule ihre konsequente Institutionalisierung[351]. Eben dieses Element kam auch bei Steiner in entscheidender Weise zum Tragen: Sein Glaube an die theosophischen »Meister«, die aus dem Hintergrund die Weltgeschicke lenken (s. 7.10.1d), und die Einrichtung seiner eigenen »Esoterischen Schule« suchten der persönlichen Validität theosophischen Wissens Rechnung zu tragen. Theosophie war nicht nur als Monismus Weisheit, sondern auch, weil die Vermittlung ihres Gehaltes als nicht beliebig pädagogisierbar und operationalisierbar galt. Dieses weisheitliche Lehrer-Schüler-Modell griff also, wie das Verständnis der Theosophie als Okkultismus, auf ein frühneuzeitliches Modell des Wissenszugangs zurück, das die empirische Forschungswissenschaft in einen idealistischen Überbau einordnete, in wichtigen Elementen auch unterordnete, und über eine autoritäre Tradierungslinie den Primat der »Geisteswissenschaft« in Steiners Verständnis sicherte.

## 9.6 Wissenschaft im Geist der Theosophie: Versöhnung von Idealismus und Empirie

### *9.6.1 Wissenschaftshistorische Einordnung Steiners*

Zu den Stimmen, die sich zu Steiners Lebzeiten zu seinem Wissenschaftskonzept äußerten, gehörte 1922 eine sehr prominente: Max von Laue (1879–1960), Schüler Plancks und Nobelpreisträger des Jahres 1914, der bahnbrechende Experimente zur Beugung von Röntgenstrahlen an Raumgittern durchführte und die Relativitätstheorie weiterentwickelte, sich also mit den Fragen beschäftigte, die auch Theosophen umtrieben. Nach der Lektüre zweier Schriften aus Steiners theosophischer Hochphase – »Unsere atlantischen Vorfahren« (heute GA

349 So Hahn: Zur Soziologie der Weisheit.
350 Aleida Assmann: Was ist Weisheit?, 33.
351 Ebd., 35.

11,26–43) und die »Geheimwissenschaft« (GA 13) – sah Laue die Widersprüche zu den Ergebnissen der empirischen Wissenschaft offen zu Tage liegen[352] und stufte Steiner als »Phantasten« ein[353]. Wissenschaftliche Empirie und Steiners Schau, dies war der systematische Kern seiner Kritik, gehörten zwei völlig unterschiedlichen Welten an. Der Vorwurf einer Kategorienverletzung, der Überschreitung der Grenzen naturwissenschaftlicher Aussagemöglichkeiten zugunsten theosophischer Geltungsansprüche, bildete auch, mit mehr Beispielen illustriert, den Fluchtpunkt der Analyse der »anthroposophischen Wissenschaft« durch den Pionier der Parapsychologie, Max Dessoir[354]. Diese Haltung war unter Zeitgenossen weit verbreitet. Goethes Forderung, das Erforschliche zu erforschen und das Unerforschliche ruhig verehren, hat sich Steiner immer wieder anhören müssen.

Dessoir hat ein weitergehendes Deutungsangebot angeschlossen und den »magischen Idealismus« (im Zitat von Novalis[355]) als Überbau von »Geheimwissenschaften« postuliert. Darin bildeten eine hintergründige Bedeutungsebene oder eine übergeordnete Metaebene im Rahmen einer semiotischen Naturdeutung, abhängig von der Tradition eines »vormodernen« oder romantischen Denkens, konstitutive Elemente[356]. In Fortschreibung dieser Perspektive wird der Magiebegriff in den Kulturwissenschaften heute vielfach zur Beschreibung von Deutungssystemen genutzt, die von »moderner« Rationalität kategorial abweichen. Magie ist dann kein vorwissenschaftliches Denken im Rahmen eines evolutionstheoretisch eingefärbten Ansatzes, etwa als Kennzeichen »primitiver« Gesellschaften, wie es insbesondere in der Religionswissenschaft um 1900 verbreitet war[357] und das Steiners Distanz zu diesem Begriff begründete haben dürfte. Vielmehr wird Magie zum Ausdruck einer Binnenrationalität, deren Voraussetzungen vom neuzeitlichen Wissenschaftsverständnis (partiell) nicht geteilt werden. Als funktionaler Differenzbegriff kann Magie in jeder Gesellschaft vorkommen und sich auch in einer aufgeklärten finden, wenn entweder »stets beständiger werdende Wirklichkeitsausschnitte aus dem Erkenntnismodell ausgeschlossen werden«[358] oder wenn die subjektiven Fähigkeiten nicht mehr zur Integration der Phänomenvielfalt im wissenschaftlichen Weltbild der Neuzeit ausreichen. Eine so verstandene Magie würde also in den Augen ihrer Vertreter auf (vermeintli-

---

[352] Laue nannte auch konkrete, besonders auffällige Diskrepanzen. Die dichtere Luft in Atlantis, die nach Steiner das Fliegen ermöglicht habe, lasse sich in der paläontologischen Forschung nicht nachweisen, die im Gegenteil eine Erdatmosphäre, die von der heutigen nicht wesentlich abweiche, postuliere; Laue: Steiner und die Naturwissenschaft, 46. Oder: Wärme sei im Gegensatz zu Steiners Ausführungen in der Geheimwissenschaft »kein Stoff, sondern eine Form der Energie« (ebd., 48).

[353] Ebd., 49.

[354] Dessoir: Vom Jenseits der Seele ([6]1931), 467–486.

[355] Hardenberg: Das Allgemeine Brouillon (1798/99), hg. v. R. Samuel, 385. 430.

[356] Dessoir: Vom Jenseits der Seele ([6]1931), 500–557.

[357] Klassische Positionen in: Magie und Religion, hg. v. L. Petzoldt. Zur Kritik am Eurozentrismus evolutiver Modelle: Magie. Die sozialwissenschaftliche Kontroverse, hg. v. H.G. Kippenberg u. a. Zur Religionswissenschaft um 1900 vgl. Kippenberg: Die Entdeckung der Religionsgeschichte, 120–142.

[358] Mongardini: Über die soziologische Bedeutung des magischen Denkens, 55. Zur schichtenspezifischen Deutung religiöser Phänomene als Magie Daxelmüller: Das literarische Magieangebot, II, 837–863.

che) Reduktionismen oder Defizite hegemonialer Weltdeutungsmuster reagieren und wäre von der »klassischen« Magie nur durch ihre Verdecktheit, nicht durch andere Funktionsweisen unterschieden[359].

Gegen eine Rubrizierung Steiners unter Magie sprechen allerdings zwei Gründe. Zum einen hat er selbst den Magiebegriff als theurgische Erzwingung von Ergebnissen mit der Gefahr, zu »schwarzer Magie« zu werden, abgelehnt (etwa GA 180,51 f.), zum anderen ist die pejorative Konnotation des Magiebegriffs bis heute hoch und die Gefahr evolutiver Hierarchisierungen groß. Gleichwohl ließe sich Steiners naturwissenschaftliches Denken als Magie im Sinn der funktionalen Differenz eines alternativen Deutungssystems benutzten.

Eine vergleichbare nichthierarchische Zuordnung scheint mir auch in der Deutung der Theosophie als Mythos möglich. Heiner Ullrich hat mit Überlegungen Gaston Bachelards bei Steiner »mythisches« Denkens identifiziert[360], es allerdings hierarchisierend dem »vorwissenschaftlichen« Denken zugewiesen[361]. Die von Ullrich beschriebenen mythischen Elemente[362] lassen sich jedoch auch, im Einklang mit Revisionen in der Mythos-Debatte der vergangenen Jahre, als Bestandteile einer strukturell differenten Weltanschauung formulieren.

Steiner schließlich in den Animismus einzuordnen, greift gleichfalls zu kurz. Ein solcher Ansatz liegt angesichts von Steiners Äußerungen über die Erde als »Geistorganismus« (GA 180,61) oder als »lebendigen Erdorganismus« (GA 94,26) nahe. Der theosophische Kosmos ist in der Tat wie die Welt des Animismus ein System geistbegründeter, insofern lebendiger Wechselwirkungen, die Steiner überall dort besonders stark machte, wo die Möglichkeiten einer Begründung mit Ergebnissen der empirischen Naturwissenschaften besonders schwierig oder nicht gegeben waren. Zudem hat Steiner den Animismus durchaus nicht generell verworfen, dies mache nur »die dilettantische Wissenschaft von heute« (GA 257,89 [1923]). Aber mit der Animismustheorie würde sich nur ein Segment von Steiners Wissenschaftsdeutung, ihr vitalistischer respektive pantheisierender Teil, deuten lassen. Zudem rechnen die an »primitiven« Gesellschaften entwickelten Animismustheorien nicht mit einer so komplexen Verbindung von Natur, Naturwissenschaft und weltanschaulicher Deutung, wie sie Steiner bietet, so daß die Erklärungsreichweite einer auf die Theosophie übertragenen Animismustheorie bei allen erhellenden Perspektiven begrenzt bliebe.

Die Singulare Okkultismus, Magie oder Mythos machen deutlich, daß die Theosophie eine hohe Ambivalenz gegenüber solchen Rubrizierungen besitzt, und die würde sich noch verstärken, wenn man die Theosophie auf Ihre dia-

---

[359] Zingerle: Magie und Paramagie, 110; Zingerle nennt diese abgeleitete Magie »paramagische« Haltungen.

[360] Ullrich: Waldorfpädagogik und okkulte Weltanschauung, 196.

[361] Ebd., 189–213, Zit. S. 196. Dies liegt in der Tendenz evolutiv konzipierter, namentlich älterer religionswissenschaftlicher Mythos-Theorien.

[362] Dazu zählt Ullrich das Verharren bei der Evidenz des ersten Blicks, in der nach Bachelard die Leidenschaft des subjektiven Interesses die Objektivität der Wahrnehmung dominiere; die Universalisierung partialer Erfahrungen, der Bachelard vorwirft, für die konkreten Einzelheiten den Blick zu verlieren; das Bedürfnis nach einheitlicher Erkenntnis, dem Differenzen als Irrtümer erschienen und das sich für Ullrich bei Steiner in den Analogieketten wiederfindet; ein Substantialismus, der Qualitäten, ja sogar metaphorische Zuschreibungen als substantielle Größen lese; Ullrich, ebd., 196–212.

chronen Veränderungen hin durchsehen würde. Aber ambivalente Konzepte lassen sich nur mühsam anwenden. Angemessener schiene es mir, die theosophische (Natur-)Wissenschaft nicht durch Großtheorien, sondern über punktuelle Transformationsleistungen zu beschreiben, in der sich der partielle Nutzen großer Theorien zu bewähren hätte[363]. Eine Option möchte ich abschließend skizzieren: die Theosophie als idealistische Theorie der materiellen Welt. Sie war nicht nur eine Antwort auf den Historismus, sondern auch Ausdruck einer Suche nach einem neuen Verhältnis von Natur und Geist, das in der Persepktive der Idealisten um 1900 mit der »materialistischen« Naturwissenschaft auseinanderzufallen drohte.

### *9.6.2 Die Herrschaft der Theorie über die Empirie: Steiners Wissenschaftsverständnis*

Steiners Wissenschaftsverständnis stellt sich im Rückblick so komplex dar, wie es kaum anders sein kann, wenn man ein Thema lebenslang traktiert, das im 19. Jahrhundert zwischen religiöser Verheißung und widergöttlichem Materialismus changierte[364]. Beide Varianten konnten jeweils sowohl idealistisch als auch positivistisch begründet werden, und in dieser Kreuzmatrix hat sich auch Steiner bewegt. Meines Erachtens ist es sinnvoll, in diesen Spannungsbogen von idealistischer Konzeption und empirischer Konfirmation auch Steiners Wissenschaftskonzept einzustellen und dabei auf eine Zuordnung zu den oben genannten Theorieoptionen zu verzichten, die, wie gesagt, alle in einzelnen Aspekten stimmen, ohne die spezifischen Zuschnitt von Steiners Weltanschauung zu erfassen.

Wissenschaft hieß für Steiner lebenslang, an den Naturwissenschaften und ihren Methoden Maß zu nehmen und ihre Inhalte auch bei kulturellen Deutungen einzubeziehen. Die naturwissenschaftlich-technische Variante der Wissenschaft hatte ihm sein Elternhaus mit auf den Weg gegeben, die naturphilosophisch-idealistische hatte er über Julius Schröer und den Goetheanismus an der Wiener Technischen Universität kennengelernt. Als Goethe-Editor wurde diese Tradition über anderthalb Jahrzehnte seine Heimat, bis er nach dem Ausstieg aus der schlußendlich ungeliebten Herausgebertätigkeit und vermutlich durch Begegnungen mit scheinbar harten Empirikern wie Haeckel und sicher beschleunigt durch seine Lektüre Nietzsches auf die Seite des antiidealistischen Empirismus

[363] Dazu ein Beispiel an der kulturhistorischen Schnittstelle des Wunders, an dem sich die neuzeitlichen Naturwissenschaften abarbeiteten. Sie kritisierten in der »Metaphysik der Gleichförmigkeit« (Daston / Park: Das Wunderbare, 421) die emotionale Bindung und die damit verknüpfte Inszenierung des Wundererlebnisses, und zwangen diejenigen Segmente der Theologie, die das Wunder als Bruch der Naturgesetze verstanden, die subjektive Evidenz des Wunders zu akzeptieren. Diesen Ball der new science nahm die Theosophie in ihrem Objektivitätspostulat auf und band Erfahrung an eine erkenntnisrealistische und objektivistische Epistemologie. Daß die von Meistern an Adepten vermittelte höhere Einsicht diese Subjektivität reproduzierte, blieb für Theosophen eine Außenperspektive, denn die Subjektivität des Wunders gehörte zu ihren Feindbildern, darin fideistischen Theologien des 19. Jahrhunderts verwandt. Aber dies wäre eine eigene Debatte.

[364] Vgl. Kultur und Kulturwissenschaften um 1900, hg v. R. vom Bruch / G. Hübinger.

wechselte. Um 1900 hatte er seine idealistische Frömmigkeit verloren, als Atheist und Positivist stand er »vor dem Tore der Theosophie« (GA 95).

In der Theosophischen Gesellschaft fand Steiner die Verbindung von idealistischem Konzept und empirischem Anspruch, die in seiner Biographie zu diesem Zeitpunkt auseinandergefallen waren. Hier konnte Haeckel zum »ersten Kapitel« eines spiritualistischen Monismus werden, die Kategorien der empirischen Naturwissenschaften – Intersubjektivität, Wiederholbarkeit, Überprüfbarkeit und in diesem Sinn Objektivität – ließen sich intentional inkorporieren. Diese weltanschauliche Nutzung ist nur von dem gewaltigen Druck her zu verstehen, den naturwissenschaftliche Methoden und Inhalte auf die Interpretation der sozialen Welt ausübten. Vielleicht nie zuvor in der europäischen Geschichte war diese Wucht so gewaltig gewesen wie in den letzten Jahrzehnten des 19. Jahrhunderts, und auf diese mutmaßlich singuläre Konstellation reagierte Steiner mit der emphatischen Inanspruchnahme der Naturwissenschaften für die Begründung seiner theosophischen Weltanschauung. In dieser Hochschätzung der Exaktheit der Naturwissenschaften unterlief Steiner allerdings ein kardinaler Fehler: Er unterschätzte die kulturellen Bedingungen der Explikation naturwissenschaftlicher Theorien und Wahrnehmungen, er verkannte, in welchem Ausmaß die Naturwissenschaften Kulturwissenschaften sind[365].

Auf die von vielen Zeitgenossen scharf gezeichnete Opposition von Idealismus und Positivismus reagierte Steiner im Geist der Theosophie und in der Tradition des Spiritismus vermittelnd. Die bislang in der Forschung nicht realisierte konstitutive Bedeutung des Spiritismus hatte dieser Versöhnung den Boden bereitet. Die Séance-Zimmer als Laboratorien der Transzendenz waren von Blavatsky und Olcott in Diskussionszirkel zur Feststellung religionsgeschichtlicher Objektivität überführt worden, die auch Steiner mit einer objektiven Erkenntnistheorie übersinnlicher Welten krönte. Der spiritistische Anspruch auf Empirie gab bei dieser Versöhnung von Idealismus und Positivismus die entscheidenden Vorgabe, während die romantischen Naturphilosophen, ganz im Gegensatz zur communis opinio in der Literatur über Steiner, eine sekundäre Rolle spielten: In ihrem idealistischen Denken waren sie der Theosophie verwandt, aber der Empirisierungsemphase des späten 19. Jahrhunderts fremd.

Daß im Detail manches komplizierter ist, hat etwa die Begriffstrias Lamarckismus, Rekapitulationstheorie und Teleologie im Rahmen von Steiners Evolutionstheorie sichtbar gemacht. Hier griff Steiner auf Elemente zurück, die ihre Wurzeln in der Naturphilosophie der Jahre um 1800 besitzen, aber um 1900 mit empiristischem Anspruch reformuliert und von Koryphäen wie Haeckel und (wie heute weitaus klarer ist) Darwin miteinander verbunden worden waren. Einen ins Auge fallenden, leicht kryptischen Bezug auf diese idealistische Substruktion birgt der Begriff »Entwicklung«, den Steiner vor 1900 manchmal, nach 1900 praktisch immer »Entwickelung« schrieb: Er rief damit die teleologisch imprägnierte Vorstellung der »Entfaltung« als wörtlichen Sinn von Evolution auf. Es blieb bei einer zentralen idealistischen Position: der Vorrangstellung der

---

[365] Zu diesem weiten Feld Vollmer: Was sind und warum gelten Naturgesetze?; Collins / Pinch: Der Golem der Forschung.

Theorie vor der Empirie, der Steiner letztlich nur die Dienstfunktion der Bestätigung des theoretisch ohnehin Gewußten zuwies. Steiner suchte, in einem klassischen Wortspiel, Weisheit statt Wissenschaft.

In dieser idealistisch-empirischen Mélange finden sich allerdings bezeichnende Leerstellen. Empirisierung und Temporalisierung, mit zwei Stichworten Herbert Schnädelbachs, das heißt die methodisch kontrollierte und nachvollziehbare Überprüfung von Ergebnissen und ihr hypothetischer, prinzipiell revidierbarer Status, hat Steiner nur unter Vorbehalten auf die Theosophie bezogen. Empirisierung blieb, wie im Okkultismus der frühen Neuzeit, schon in der Innenperspektive der Hegemonie der Ideen untergeordnet. Aufgrund dieser Theoriefixierung der Erfahrung blieben die Ergebnisse »übersinnlicher Schau«, ihre unterstellte Wiederholbarkeit und Intersubjektivität, in der Außenperspektive (und, wie Anthroposophen oft klagen, auch in der Innenperspektive) empirisch nicht nachvollziehbar. Und gegen die Temporalisierung seiner Einsichten hat sich Steiner vehement gewehrt. Der Relativierungsbedrohung durch den Historismus suchte er ja gerade durch naturwissenschaftliche Objektivierung auszuweichen, ohne zu realisieren, daß »geisteswissenschaftliche« Erkenntnisse vom Objektivitätstheorem der Naturwissenschaften nicht abzusichern waren und auch die Naturwissenschaften als temporalisierte Disziplinen seinen Erwartungen nicht mehr folgten.

Hier schließt sich der Kreis zur Historismusproblematik. Die Forderung nach einer naturwissenschaftlichen Objektivität der Theosophie erhielt ihre Schärfe durch den (vermeintlichen) Relativismus und Subjektivismus des historistischen Denkens. Die selektive und weltanschauungsgesteuerte Nutzung der Naturwissenschaften, die in der Konzeption der Theosophie als geschlossenem System jenseits einer »prozeduralen Forschungswissenschaft«, um nochmals einen Terminus von Schnädelbach zu leihen, zum Ausdruck kam, besaß einen hohen Preis: Sie band die Theosophie an die Naturwissenschaften auf dem Status der Jahre um 1900. Dies betrifft evidentermaßen die naturwissenschaftlichen Inhalte der Theosophie, etwa die Evolutionslehre Haeckelscher Provenienz als »erstes Kapitel« der Theosophie, die Steiner einschließlich ihrer sozialdarwinistischen Elemente auf dem Forschungsstand der zweiten Hälfte des 19. Jahrhunderts rezipierte. Von dieser historischen Relativierung war aber auch die Theorieebene betroffen. Die um die Zuordnung von »Geistes- und Naturwissenschaften« geführten wissenschaftstheoretischen Debatten von Droysen über Dilthey bis Weber hat Steiner nicht in ihrer Brisanz wahrgenommen und sich letztlich kein Problembewußtsein für die Zuordnung von Theorie und Empirie angeeignet. Deshalb war seine Theosophie mit den methodischen und materialen Veränderungen in den Naturwissenschaften unentwegt von ihrer Historisierung bedroht. Und weil die hegemoniale Steuerungsebene in der Theosophie auch für empirische Ergebnisse die »höhere« Einsicht blieb, konterkarierte die Temporalisierung Steiners Versuche, den kulturellen Veränderungsdruck mit empirischen, vermeintlich veränderungsresistenten Verfahren aufzufangen. Dies war der Preis des Primats des Idealismus vor der Empirie.